दस्तावेज़ : मंटो

कहानियाँ

पाताल

नया क़ानून से फुँदने तक

बराए नाम

राजकमल प्रकाशन

सआदत हसन मंटो

दस्तावेज़

1

चयन, संयोजन एवं परिचय

बलराज मेनरा, शरद दत्त

ISBN : 978-81-267-2874-9

मूल्य : ₹5000
(पाँच खंडों का पूरा सेट)

पहला संस्करण : 1993
पाँचवाँ संस्करण : 2019

प्रकाशक : राजकमल प्रकाशन प्रा. लि.
1-बी, नेताजी सुभाष मार्ग, दरियागंज
नई दिल्ली-110 002

शाखाएँ : अशोक राजपथ, साइंस कॉलेज के सामने, पटना-800 006
पहली मंजिल, दरबारी बिल्डिंग, महात्मा गांधी मार्ग, इलाहाबाद-211 001
36 ए, शेक्सपियर सरणी, कोलकाता-700 017

वेबसाइट : www.rajkamalprakashan.com
ई-मेल : info@rajkamalprakashan.com

मुद्रक : बी.के. ऑफसेट
नवीन शाहदरा, दिल्ली-110 032

MANTO DASTAVEZ (Vol. 1)
by Saadat Hassan Manto

मोपासाँ के नाम
सौ बरस पहले जिसके बस जिस्म को मौत आई थी

अनुक्रमणिका

→

मंटो–*1954*

जहाँ मंटो ने
आख़िरी साँस ली–
31, लक्ष्मी मैंशन,
लाहौर

लाहौर का पागलख़ाना

मंगू कोचवान
का ताँगा

वो बाज़ार, लाहौर

میری قبر کا کتبہ
یہ
لوح
سعادت حسن منٹو
کی
قبر کی ہے
جو اب بھی سمجھتا ہے کہ اس کا نام
لوح جہاں
حرفِ مکرر نہیں تھا
(منٹو)
پیدائش ۱۱ مئی سنہ ۱۹۱۲ وفات ۱۸ جنوری سنہ ۱۹۵۵

कत्बा

पहला शब्द

सच के कई पहलू होते हैं: लिबास, वज़्अ-क़त्अ, बातचीत, लेखन, भाषण, सेज़मर्रा की ज़िंदगी के तौर-तरीक़े, विचार, आस्थाएँ और मूल्य।

सौंदर्यशास्त्रीय दृष्टिकोण, छंद और भाषाई ढाँचा साहित्यकार के लिए सच का ही एक पहलू है। मानव-इतिहास में इस सच ने कई रूप धारण किए हैं—इनकार, विरोध, विद्रोह, स्वीकार, स्वीकार्यता, समर्पण।

सदियाँ बीतीं जब प्रागैतिहासिक काल की धुंध में खोए हुए आदमी ने ऊँचे पर्वतों के पीछे जंगलों से आकाश की ओर लपकती आग को देखा, और शोले की ज़बान में जो लफ़्ज़ उस तक पहुँचे वे अस्पष्ट थे। उसने सोचा : हो न हो, यह रहस्यमयी ज्वाला किसी ऐसी सच्चाई की त्रासदी है जो गहरे भेदों की कोख में छिपी हुई है। उसने इसे कुछ नाम दिए। उसने अपने अनुभव को सच्चाई की सतह तक लाने के जतन किए। लेकिन कई सदियों बाद जब वह सतह दरियाफ़्त हुई तो पता चला कि अनुभव सच्चा था, मगर उसकी बुनियादें जिस यथार्थ पर कायम थीं वह एक फ़रेब के सिवा और कुछ नहीं था।

सबसे बड़ा सच समय है,
और आदमी
समय के निर्धारण और उसके हिसाब-किताब का बुनियादी साधन है।

समय के साथ कितनी ही सच्चाइयाँ फ़रेब बन जाती हैं और कितने ही सपने सच्चाई में ढल जाते हैं। समय न तो अँधेरों का सिलसिला है, न इतिहास और सभ्यता के किसी अनदेखे रास्ते पर एक अंधी दौड़। समय एक पारलौकिक, यथार्थ से परे, दैवी शक्ति भी नहीं है।

इन सबके विपरीत
समय एक तलाश है, संज्ञान है, विज़न है,
और एक कुरुक्षेत्र या कर्मभूमि है।

समय का ओर-छोर, उसके निर्धारण की कोई सीमा अगर क़ायम की जा सकती है, और उसे एक नाम दिया जा सकता है, तो वह दीवार, वह सीमा, वह नाम आदमी है।

मानव-इतिहास ने समय की जिन धाराओं को, उन धाराओं से चिपकी हुई जिन मानव-छायाओं को, चिंतन की जिन लहरों और फुसफुसी आस्थाओं और भ्रामक धारणाओं और मूल्यों को रद्द किया, उनकी हैसियत अतीत के गड्ढे में पड़े कूड़े-करकट के ढेर से अधिक कुछ भी नहीं। इस ढेर में उन इंसानों के चेहरे भी दिखाई देते हैं, जिन्होंने दूसरे इंसानों से जानवरों जैसा सुलूक किया। सोने और चाँदी और संगमरमर और पत्थरों के वो बुत और महल-दोमहले भी दिखाई देते हैं जिनकी नींवों में इंसानी लहू की पाइपलाइन बिछी हुई थी। इस ढेर में वे सामाजिक विद्वेष और प्रतिरक्षात्मक कार्रवाइयाँ, वे सांस्कृतिक, आर्थिक, राजनीतिक, समष्टिगत और व्यष्टिगत दृष्टिकोण भी नज़र आते हैं जो फ़रेब से भरे और झूठे थे। इस ढेर में वे आदर्श भी छिपे हुए नज़र आते हैं, जिनका इंस्पिरेशन सिर्फ क्षुद्र स्वार्थ या हितसाधन था।

संस्था, अपने-आपमें, एक निष्पक्ष, न्यूट्रल और सीधा-सादा मासूम-सा शब्द है। संस्थाएँ शैक्षिक भी होती हैं, सामाजिक, सांस्कृतिक और मानसिक भी। लेकिन जब किसी संस्था से किसी एक व्यक्ति, राष्ट्र, वर्ग या विचारधारा की रक्षा का काम जुड़ जाता है, या संस्था जब विद्वेष और संकुचित दृष्टि या रूढ़ि का चोला पहन लेती है, या जब किसी संस्था से व्यक्तिगत या सामाजिक सत्ता का हित जुड़ जाता है, उस समय संस्थाएं षड्यंत्र भी बन जाती हैं और दूसरे इंसानों के लिए एक क़हर भी। फिर उनकी निगाह में उस इकाई की कोई क़द्रो-क़ीमत नहीं रह जाती जिससे मनुष्य की सत्ता, मानव-जीवन, सभ्यता और संस्कृति की एकता परिभाषित होती है।

आदमी सच्चाई है, कोई अमूर्त्त इकाई नहीं कि अपने स्वार्थ या अपने व्यक्तिगत और राष्ट्रीय हितों की खातिर उसके साथ मनमानी की जा सके। ऐसी तमाम संस्थाएँ जिनका निर्माण कुछ व्यक्तियों, वर्गों, संप्रदायों की सुरक्षा को मज़बूत बनाने के लिए या कुछ उपयोगी विद्वेषों की पुष्टि के लिए किया जाता है—उन्हें धर्म का नाम दिया जाए या राजनीति का—सिर्फ पाखंड हैं। ऐसी संस्थाएँ चाहे समाज-सुधार के नाम पर स्थापित की जाएँ, चाहे किसी एक समूह या समुदाय के कल्याण के लिए, उनके उद्देश्य सीमित होते हैं। उद्देश्यों का सीमित होना भी कोई बुराई नहीं, बशर्ते कि उनका पोषण केवल इसलिए न किया जा रहा हो कि उससे किसी व्यक्ति, या आस्था, या विचारधारा की सांप्रदायिकता की जड़ें मज़बूत हों।

हम तटस्थ रहकर आदमी को उसके अधिकार नहीं दिला सकते। समय के हर मोड़ पर हमें अपनी निर्णय-शक्ति, अपनी चयन-दृष्टि का व्यवहार करने की ज़रूरत पड़ती है। हमें सच्चाई और फ़रेब, उजाले और अँधेरे के बीच किसी न किसी सीमा की तलाश करनी होती है। ज़िंदगी एक जटिल यौगिक सही, मगर हमें उसकी संयोग-क्रिया के तत्वों को अलग करके, उन्हें पहचानकर कुछ फ़ैसले करने होते हैं। इन्हीं फ़ैसलों पर मानव-संस्कृति की

उन्नति, उसकी दिशा और गति का निर्धारण निर्भर होता है।

जिस सुबह फ़िरंगी व्यापारियों ने इस उपमहाद्वीप की धरती पर क़दम रखा था, उनके सरों पर एक सीमित, स्वघोषित, राष्ट्रीय लक्ष्य का सायबान था। वे उस सायबान को आकाश में बदलना चाहते थे, और यह भी चाहते थे कि वह आकाश धरती के उस छोटे से टुकड़े के लिए हो जिसका नाम बर्तानिया है। वे एशिया में, अफ़्रीक़ा में, पूरे दक्षिण-पूर्व में उसी छोटे से टुकड़े के विस्तार के लिए साधन ढूँढते फिर रहे थे। कार्ल मार्क्स के शब्दों में, अगर वे इतिहास के अचेतन उपकरण बन गए, तो यह कारनामा उनका नहीं, बल्कि उस युग के कुछ ऐसे मानसिक और सांस्कृतिक दृष्टिकोणों का था जिनकी लगाम उन्होंने मज़बूती से पकड़ रखी थी। अपने उद्देश्यों की पूर्ति और उन्नति के लिए उन्होंने शिक्षा और चिंतन के नाम पर कुछ ऐसे विचारों, आदर्शों, जीवन की कुछ ऐसी शैलियों को प्रचलित करना चाहा जो उनके फ़रेब का मुलम्मा बन सकें। जब राजनीतिक सत्ता हाथ आ गई तो उनके वे ही विचार, आदर्श और शैलियाँ क़ानून बन गईं।

यह सच है कि क़ानून सामाजिक ढाँचे और सामाजिक संगठन को बरक़रार रखने के लिए अपरिहार्य होते हैं। लेकिन क़ानून बनाए जाते हैं जीवन और चिंतन और सभ्यता के द्वंद्ववाद को सामने रखकर, और उनके समष्टिगत उद्विकास के साथ-साथ क़ानूनों में कुछ परिवर्तन भी लाए जाते हैं। बीसवीं शताब्दी के नवें दशक में किसी नैतिक अपराधी को पत्थर मारना, किसी सामाजिक विद्रोही को सरे-आम कोड़े लगाना बर्बरियत और वहशत के उस युग में साँस लेने के समान है जो इतिहास की धुंध में कब का ग़ायब हो चुका है—

> हम अतीत से अपने-आपको अलग नहीं कर सकते,
> मगर वर्तमान
> क़ुली नहीं कि अतीत के बोझ को उठाए,
> हाँफता-काँपता, भविष्य की ओर बढ़ता रहे।
> वे लोग जिनके कंधे इस बोझ के नीचे दबे रहते हैं—
> उनका एक अतीत होता है,
> उनका एक वर्तमान,
> मगर उनका कोई भविष्य नहीं होता।

उनका भविष्य इसलिए नहीं होता कि उनके वर्तमान की चारदीवारी में सिर्फ़ एक दरवाज़ा खुला होता है—पीछे का दरवाज़ा। इसी दरवाज़े से उन तक अतीत की दुर्गन्ध, अतीत के ज़ंग खाए हुए नैतिक और सामाजिक नियमों की बुझती हुई आवाज़ें पहुँचती हैं।

साहित्य की रचना करनेवाला, जो एक साथ तीन युगों—अतीत, वर्तमान और भविष्य—की डोर का सिरा अपनी पकड़ में रखता है, उन लोगों की समझ में नहीं आ सकता

जो समय को केवल अतीत और वर्तमान के दायरों में सिमटा हुआ और ठहरा हुआ देखते हैं। वे इस भ्रम के शिकार, अपनी खुशफ़हमियों की गत पर नाचते रहते हैं कि राजनीतिक या सामाजिक सत्ता ने उन्हें अपने समय का स्वामी बना दिया है, मगर समय को पकड़ने की कोशिश या बचकानी इच्छा हवा को मुट्ठी में क़ैद करने के समान है। समय आगे बढ़ जाता है क्योंकि समय सिलसिला है—एक ऐसा सिलसिला जिसका अंत कहीं नहीं।

समय निरंतरता है,
एक अंतहीन सिलसिला, जिसकी माला में
व्यक्ति और घटनाएँ और विचार
मनकों की तरह पिरोए हुए हैं
समय एक शक्ति है, कभी न समाप्त होनेवाली।
इस शक्ति को ख़ूराक मिलती है
जीवन के उस द्वंद्ववाद से जो विकासोन्मुखी है—
समय,
नाम और स्थान और भाषा और आस्था और
प्रतिरक्षाओं के शिकंजों से मुक्त,
हवा के झोंके की तरह
एक स्थायी और शाश्वत लहर है
जो एक साथ दसों दिशाओं में सफ़र करती है,
और इस सफ़र का सिलसिला तो अटूट है ही।

मंटो एक आदमी था।

वह एक विज़न, एक संज्ञान, एक तलाश, एक शक्ति, हवा के एक झोंके की तरह चिंतन की एक शाश्वत लहर भी था। इस लहर के सफ़र का सिलसिला अटूट है।

वह आज भी हमारे साथ है,
और कल भी
वे जो हमारे बाद आएँगे,
उसे अपने साथ पाएँगे।

मंटो यह जानता था कि आदमी सबसे बड़ा सच है, और सच अटूट होता है। इसलिए मंटो ने आदमी को ख़ानों में बाँटने का कोई जतन नहीं किया। वह जानता था कि आदमी अपने-आपमें एक ऐसी सृष्टि है, एक माइक्रोकॉज़्म, जिसमें समय के तमाम आयाम अपना केंद्रबिंदु पाते हैं।

इस सृष्टि में अँधेरे और उजाले की लड़ाई कितने युगों से जारी है। मंटो ने इस लड़ाई का दृश्य उन आदमियों के हृदय के कुरुक्षेत्र में भी देखा जो अँधेरों के वासी थे। हमारे परंपराबद्ध और नैतिक मूल्यों के टिमटिमाते हुए दिये, जिन्होंने अंधे क़ानूनों को जन्म दिया था, उस अँधेरी दुनिया तक उन दियों की रौशनी पहुँचने में असमर्थ थी। शायद इसीलिए मंटो उर्दू भाषा का सबसे ज़्यादा बदनाम साहित्यकार है, जिसे सबसे ज़्यादा ग़लत समझा गया। क़ानून अंधे थे, मगर वे आँखें जिनसे फ़िरंगी हुकूमत या ख़ुदा की बस्ती के तथाकथित बुद्धिजीवियों, साहित्यकारों, सामाजिक कार्यकर्त्ताओं, नैतिक उत्तरदायित्व की झूठी और पाखंडपूर्ण धारणा का झंडा ऊँचा करनेवाले नागरिकों तथा साहित्यिक पत्रिकाओं के संपादकों के चेहरे सजे हुए थे, क्या वे आँखें भी अंधी थीं? और वे साहित्य समालोचक, नैतिकता के वे प्रचारक जिन्होंने साहित्य को अपने विद्वेषों के प्रकाशन का एक आसानी-से-उपलब्ध माध्यम समझ रखा था, और जो लकड़ी की तलवारों से मंटो का सर क़लम करने की धुन में मगन रहे, आख़िर वे क्या देख रहे थे?

यह सवाल हमारा नहीं, और न ही नवयुग के सांस्कृतिक मूल्यों का है।

यह सवाल मंटो की प्रताड़ित कहानियों, उन कहानियों के चरित्रों–

'काली शलवार' की सुलताना और ख़ुदाबख़्श और शंकर और मुख़्तार,

'धुआँ' के मसऊद और कुलसूम,

'बू' के रणधीर और बेनाम घाटन लड़की,

'ठंडा गोश्त' के ईशर सिंह और कुलवंत कौर,

'खोल दो' की सकीना और सिराजुद्दीन,

और

'ऊपर, नीचे और दरम्यान' के मियाँ साहिब, बेगम साहिबा, मिस सिलढाना, डाक्टर जलाल, नौकर और नौकरानी–

इन सबका है।

और इस सवाल का रुख़ सिर्फ़ उन अदालतों या इंसाफ़ की कुर्सी पर बैठे हुए उन इंसानों की तरफ़ नहीं, जिन्होंने मंटो को मुजरिमों के कटघरे में खड़ा किया, बल्कि उन सामाजिक विद्वेषों की तरफ़ है जो सच के अस्तित्व से इनकार करने के आदी थे। यह सच मंटो की अपनी कल्पना की उपज न था। यह सच हमारे सामाजिक ढाँचे की देन था। मंटो ने सिर्फ़ यह किया कि इस सच पर चढ़े हुए ग़िलाफ़ अपने क़लम की नोक से चाक कर दिए–इसलिए कि उसकी आँख पर्दों में छिपी हुई सच्चाई को देखनेवाली आँख थी।

वह सच्चाई जिसे मंटो देख रहा था, हमारे सामाजिक जीवन का हिस्सा है। मंटो ने अपने संज्ञान की प्रयोगशाला में इन परिस्थितियों को एक नए, धृष्टतापूर्ण वस्तुपरक परिप्रेक्ष्य में देखने की कोशिश की। यह वस्तुपरकता भी अपने-आपमें एक बहुत कड़वा सच थी; मंटो

के युग तक उर्दू के किसी भी दूसरे कहानीकार ने इस सच को अपना अनुभव नहीं बनाया था। इसीलिए वह सच, जो हमारे सामाजिक जीवन का एक अंग था, हमारे समाज के लिए एक अनहोनी वारदात बन गया।

मंटो का क़ुसूर यह था कि उसने एक ऐसे सच के चेहरे से नक़ाब उठाई जिसे देखने की हिम्मत हमारा समाज अपने-आपमें पैदा नहीं कर सका। सो मंटो और उसके समाज की लड़ाई हौसलामंदी और बुज़दिली की लड़ाई है।

समाज के पास क़ानून के हथियार थे, और मंटो के पास एक साहित्यकार का क़लम। यह लड़ाई इस तरह हुई कि हमारा समाज एक साहित्यकार से युद्ध के नियमों की एक सिरे से अनदेखी करके उस पर हावी होने की कोशिश करता रहा। और मंटो की मजबूरी यह थी कि उसे एक साथ दो ज़िम्मेदारियाँ निभानी थीं—एक तो समाज के एक ऐसे होशमंद और सच्चाई को पहचाननेवाले नागरिक की ज़िम्मेदारियाँ जो अपनी आँख पर समाज की दी हुई ऐनक लगाए बिना वास्तविकता को अपनी नंगी आँख से देखने की कोशिश करता है; दूसरी वे ज़िम्मेदारियाँ जो एक कहानीकार के रूप में उसने अपनी इच्छा और चुनाव से स्वीकार की थीं। मंटो अगर चाहता तो अपने-आपको एक सुधारगृह का प्रबंधक बना बैठता और उन नंगी सच्चाइयों को जो उसकी नंगी आँखों की पलकों पर थीं, कुछ ऐसे दाँव-पेंच से बयान करता कि बात सिरे से बदल जाती। आख़िर रंडियों और नैतिक अपराधियों और यौन के मामले में भटके हुए पात्रों की कहानियाँ उसके अलावा उर्दू के दूसरे कहानीकारों ने भी तो लिखी हैं!

मंटो और दूसरों में सबसे बड़ा फ़र्क़ यही था कि मंटो कड़वी सच्चाई को मीठे फ़रेबों के कैप्सूल में बंद नहीं करता। वह सच्चाइयों का रिपोर्टर नहीं था, और उसे यह गुर भी आता था कि एक सच्चाई, जो हमारे सामाजिक जीवन का हिस्सा हो, उसे एक रचनात्मक सत्य किस तरह बनाया जाए। सो उसने पत्रकारिता के बजाय साहित्य का रास्ता चुना, और उन सच्चाइयों को एक ऐसी दुनिया में खींच लाया जिसकी चौहद्दी में सिर्फ़ उसका सिक्का चलता था। वह दुनिया उसकी कला की दुनिया थी—एक ऐसी दुनिया जिसमें उसकी कल्पनाओं, उसके शब्दों और उसके कलाकारवाले विज़न की हुक्मरानी थी।

वे साहित्यकार जो इस दुनिया में हर तरह की मनमानी को उचित समझते हैं, अपने साथ सच्चे हों तो हों, उस समाज के साथ सच्चे नहीं रह सकते जो उन कहानियों को एक तार्किक और वस्तुगत आधार प्रदान करता है। सच्चाई की इन दोनों सतहों पर एक साथ सफ़र सिर्फ़ इस सूरत में मुमकिन हो सकता है जब वह आदमी जो कहानीकार है, उन आदमियों को जो उसकी कहानियों के पात्र बनते हैं, बराबर की सतह पर देख सके। इसके लिए कहानीकार को अपनी कल्पित ऊँचाइयों से उतरकर गंदी गलियों, अँधेरी बस्तियों और ठुकराए हुए लोगों को सीने से लगाना पड़ता है ताकि वे अपने दिल की धड़कनों में दूसरों के दिल की

धड़कन का सुराग़ भी पा सकें।

मंटो ने अपनी कला की दुनिया के चारों ओर कोई दीवार खड़ी नहीं की। इसलिए उस तक वे भटके हुए, बहके हुए, बुरे और ठुकराए हुए पात्र भी आज़ादी से पहुँच जाते हैं जिनके लिए हमारे साहित्य, समाज और हमारे रूढ़िग्रस्त सामाजिक मूल्यों ने अपने दरवाज़े बंद कर रखे थे। उन्होंने जो एक दरवाज़ा खुला छोड़ रखा था वह बैकडोर था। इस दरवाज़े से प्रवेश की सुविधा सिर्फ़ उन मूल्यों और मानदंडों और परंपराओं को प्राप्त थी जिनका जन्म अतीत की कोख से हुआ था।

और मंटो,
वह एक साथ तीन युगों की दिशा देख रहा था—
अतीत, वर्तमान और भविष्य,
क्योंकि जिस तरह
समय की इकाई और उसका सिलसिला अटूट और अंतहीन है,
उसी तरह
आदमी भी एक अटूट सच्चाई है।

बलराज मेनरा, शरद दत्त

पाताल

Long is the way
And hard, that out of hell leads upto light.

John Milton

पाताल

"हर शह्र में बदररौएँ[1] और मोरियाँ मौजूद हैं जो शह्र की गंदगी को बाहर ले जाती हैं—हम अगर अपने मरमरी ग़ुस्लख़ानों की बात कर सकते हैं, अगर हम साबुन और लैवेंडर का ज़िक्र कर सकते हैं तो उन मोरियों और बदररौओं का ज़िक्र क्यों नहीं कर सकते जो हमारे बदन का मैल पीती हैं।"

मंटो

अफ़सानानिगार और जिंसी मसाइल (कहानीकार और यौन-समस्या) के शीर्षक से बात करते हुए मंटो ने कहा था : "नीम के पत्ते कड़वे सही, मगर ख़ून ज़रूर साफ़ करते हैं...", लेकिन मंटो ने न तो कभी मसीहाई का दावा किया, न कहानी लिखनेवालों पर यह बोझ डाला कि बुरे लोगों को वे अच्छाई का रास्ता दिखाएँ। यह रवैया जिस मानसिक श्रेष्ठता की सतह पर सामने आता है, मंटो ने अपनी सृजन-शक्ति से परिचित होते हुए भी स्वयं को उस सतह से हमेशा दूर रखा। उसका कहना था : "हम मर्ज़ बताते हैं, लेकिन दवाख़ानों के मुहतमिम (प्रबंधक) नहीं हैं...।" सो उसने अपने कर्म की सीमा निर्धारित कर ली और सुधारक या निर्माता की भूमिका से अलग, साहित्यकार के रूप में अपनी गतिविधियों से संतुष्ट रहा।

पारंपरिक नैतिकता ने मनुष्यों और मानवीय अनुभवों की जो श्रेणियाँ बना रखी थीं, और हमारे कुछ सफल लिखनेवाले भी अँधेरे और उजाले, नेकी और बदी, अच्छे लोगों और बुरे लोगों के जिस विभाजन में विश्वास रखते थे, उसे सृजन की सतह पर एक तरह की जाति-प्रथा का नाम दिया जा सकता है।

हमारे सांस्कृतिक और रचनात्मक इतिहास में मंटो की विशिष्टता यह है कि उसने सबसे पहले ऐसे चरित्रों की पहचान की और उनको समझने का बोझ उठाया, जिनसे साधारण लिखनेवाले बचकर चलने के आदी थे। मंटो ने सबसे पहले यह देखने और दिखाने की कोशिश की कि कोठे पर बैठनेवाली कस्बी भी एक औरत होती है। यह औरत जीवन का जो ढर्रा अपनाती है वह उसका अपना चयन नहीं होता; समाज की संरचना भी अधिकांश स्थितियों में उसे इस राह पर लगाने की ज़िम्मेदार ठहरती है। अपराध और दंड, अच्छाई

और बुराई की वे तमाम धारणाएँ जो सदियों से हमारे समाज में प्रचलित रही हैं, मंटो उन्हें रद्द करता है।

कोठे पर बैठनेवाली औरत को समाज ने कोई भी नाम दिया हो, किसी भी नाम से पुकारा हो, मंटो का सरोकार बहुत साफ़ है। मंटो की कस्बियाँ जिस्म का कारोबार करनेवाली वे औरतें हैं जो शुद्ध मानवीय सतह पर अपने ग्राहकों से संबंध स्थापित करती हैं और जिनकी मानवीयता का मर्म एक अमानवीय और अधोनैतिक परिवेश के माध्यम से निर्धारित होता है। इस तरह एक नैतिक आयाम स्वयं प्रकट हो जाता है। मंटो हमें बताता है कि शरीर का व्यापार अनिवार्यत: अस्तित्व के व्यापार का पर्याय नहीं होता।

मानवता से मंटो की प्रतिबद्धता इतनी गहरी और मज़बूत थी कि किसी चरित्र के जीवन में पतन की कोई भी सीमा उस प्रतिबद्धता को कमज़ोर न कर सकी। जो लोग मंटो की कहानियों में विषय और अंतर्तत्व के चयन के आधार पर 'पतनशीलता' का तत्व ढूँढ निकालते हैं, उनकी साहित्यिक समझ के साथ-साथ उनकी इंसान की समझ भी संदिग्ध दिखाई पड़ती है। मंटो की चेतना में मनुष्यों की समानता की एक ताक़तवर लहर उस चेतना की जीवनरेखा के रूप में हमेशा सक्रिय रही। मंटो जीवन के किसी भी अनुभव, मानव-अस्तित्व की किसी भी अभिव्यक्ति से न तो कभी भयभीत होता है, और न ही उससे घृणा और ऊब का प्रदर्शन करता है। इस दृष्टि से देखा जाए तो मंटो की समझदारी प्रगतिशीलता की पुरानी धारणा से अलग, एक नई परिभाषा की माँग करती है।

मुहम्मद हसन अस्करी ने कहा था :

> *"(मंटो) की दृष्टि में कोई भी मनुष्य मूल्यहीन नहीं था। वह हर मनुष्य से इस आशा के साथ मिलता था कि उसके अस्तित्व में अवश्य कोई-न-कोई अर्थ छिपा होगा जो एक-न-एक दिन प्रकट हो जाएगा। मैंने उसे ऐसे अजीब आदमियों के साथ हफ़्तों घूमते देखा है कि हैरत होती थी। मंटो उन्हें बर्दाश्त कैसे करता है ! लेकिन मंटो बोर होना जानता ही न था। उसके लिए तो हर मनुष्य जीवन और मानव-प्रकृति का एक मूर्त रूप था; सो, हर व्यक्ति दिलचस्प था। अच्छे और बुरे, बुद्धिमान और मूर्ख, सभ्य और असभ्य का प्रश्न मंटो के यहाँ ज़रा न था। उसमें तो इंसानों को क़ुबूल करने की क्षमता इतनी अजीब थी कि जैसा आदमी उसके साथ हो, वह वैसा ही बन जाता था।"*

'पाताल'[1] मंटो के लिए केवल पारंपरिक समाजशास्त्र और औपचारिक नीतिशास्त्र द्वारा परिकल्पित जनसंख्या का भाग है। मंटो अनुभव की इस सतह पर भी अपनी मानवता और अपने 'मर्दूदो-मक़्हूर'[2] पात्रों की मानवता, दोनों से अपनी समझ का संबंध सुरक्षित रखता है।

---

1. पानी निकालने की नाली, मोरी।
2. ठुकराए हुए, कहर के शिकार।

लाइसेंस

अब्बू कोचवान बड़ा छैल-छबीला था; उसका ताँगा-घोड़ा भी शहर में नंबर वन था; वह कभी मामूली सवारी नहीं बिठाता था; उसके लगे-बँधे गाहक थे, जिनसे उसको रोज़ाना दस-पंद्रह रुपए वसूल हो जाते थे, जो उसके लिए काफ़ी थे—दूसरे कोचवानों की तरह नशा-पानी की उसे आदत नहीं थी, लेकिन साफ़-सुथरे कपड़े पहनने और हर वक़्त बाँका बने रहने का उसे बेहद शौक़ था।

जब उसका ताँगा किसी सड़क पर से घुँघरू बजाता हुआ गुज़रता तो लोगों की आँखें ख़ुद ब ख़ुद उसकी तरफ़ उठ जातीं : "वह बाँका अब्बू जा रहा है··· देखो तो किस ठाट से बैठा है··· ज़रा पगड़ी देखो, कैसी तिरछी बँधी है···"

वह लोगों की निगाहों से यह बातें सुनता तो उसकी गर्दन में एक बड़ा बाँका ख़म पैदा हो जाता और उसके घोड़े की चाल और ज़्यादा पुरकशिश हो जाती; उसके हाथों ने घोड़े की बागें कुछ इस अंदाज़ से पकड़ी होतीं, जैसे उनको पकड़ने की कोई ज़रूरत ही नहीं, ऐसा लगता, जैसे घोड़ा उसके इशारों के बग़ैर चला जा रहा है, जैसे घोड़े को अपने मालिक के हुक्म की ज़रूरत ही नहीं; बाज़ औक़ात तो ऐसा महसूस होता कि अब्बू और उसका घोड़ा चन्नी, दोनों बस एक हैं, बल्कि सारा ताँगा एक हस्ती है—और वह हस्ती अब्बू के सिवा और कौन हो सकती थी।

वे सवारियाँ, जिनको वह क़ुबूल नहीं करता था, दिल ही दिल में उसको गालियाँ देतीं; बाज़ बददुआएँ भी देतीं, 'ख़ुदा करे इसका घमंड टूट जाए··· ख़ुदा करे इसका ताँगा-घोड़ा दरिया में जा गिरे···'

उसके होंठों पर, जो हल्की-हल्की मूँछों की छाँव में रहते थे, ख़ुद-एतिमाद मुसकराहट नाचती रहती; उसको देखते ही कई कोचवान जल-भुन जाते—उसकी देखादेखी चंद कोचवानों ने इधर-उधर से क़र्ज़ लेकर नए ताँगे बनवाए; ताँगों को पीतल के साज़ो-सामान से सजाया, फिर भी अब्बू के ताँगे-सी शान पैदा न हो सकी, और न ही उन्हें वह गाहक नसीब हो सके, जो अब्बू और उसके ताँगे-घोड़े के शैदाई थे।

एक दिन दोपहर को अब्बू दरख़्त की छाँव में ताँगे पर बैठा ऊँघ रहा था कि एक आवाज़ उसके कानों में भिनभिनाई; उसने आँखें खोलकर देखा··· एक औरत ताँगे के बंब के पास खड़ी थी।

उसने औरत को बमुश्किल एक नज़र देखा, मगर औरत की तीखी जवानी एकदम उसके दिल में खुब गई⋯वह औरत नहीं, जवान लड़की थी, सोलह-सतरह बरस की; दबली-पतली, लेकिन मज़बूत; रंग साँवला, मगर चमकीला; कानों में चाँदी की छोटी-छोटी बालियाँ; सीधी माँग और सुतवाँ नाक, नाक की फुनंग पर एक छोटा-सा चमकीला तिल; लंबा कुर्ता और नीला लाचा; सिर पर चदरिया।

लड़की ने कुँवारी आवाज़ में पूछा: "वीरा, टेशन का क्या लोगे?"

उसके होंठों की मुसकराहट शरारत इख़्तियार कर गई: "कुछ नहीं!"

लड़की के चेहरे की सँवलाहट सुर्ख़ी माइल[1] हो गई: "क्या लोगे टेशन का?"

उसने लड़की को अपनी नज़रों में समोते हुए कहा: "तुझसे क्या लेना भाग-भरिए⋯चल आ, बैठ ताँगे में।"

लड़की ने घबराए हुए हाथों से अपना ढका हुआ मज़बूत सीना ढाँका: "कैसी बातें करते हो तुम!"

वह मुसकराया: "चल आ, अब बैठ भी जा⋯जो तू देना चाहे, दे देना।"

लड़की कुछ देर सोचती रही, फिर पायदान पर पाँव रख ताँगे में बैठ गई: "चल जल्दी ले चल टेशन!"

उसने पीछे मुड़कर देखा: "बड़ी जल्दी है तुझे सोणिए!"

"हाए-हाए, तू तो⋯" लड़की कुछ और कहते-कहते रुक गई।

ताँगा चल पड़ा⋯और चलता रहा, कई सड़कें घोड़े की सुमों के नीचे से निकल गईं।

उसके होंठों पर शरारत-भरी मुसकराहट नाच रही थी⋯लड़की सहमी हुई बैठी थी।

जब बहुत देर हो गई तो लड़की ने डरी हुई आवाज़ में पूछा: "टेशन नहीं आया अभी?"

"आ जाएगा⋯तेरा-मेरा टेशन एक ही है।" उसने मानीखेज़[2] अंदाज़ में जवाब दिया।

"क्या मतलब?"

उसने पलटकर लड़की की तरफ़ देखा और कहा: "अल्हड़िए, क्या तू इतना भी नहीं समझती कि तेरा-मेरा टेशन एक है⋯उसी वक़्त एक हो गया था, जब अब्बू ने तेरी तरफ़ देखा था⋯तेरी जान की क़सम, तेरा यह गुलाम झूठ नहीं बोलता।"

लड़की ने सिर पर पल्लू ठीक किया⋯उसकी आँखें साफ़ बता रही थीं कि वह अब्बू की बात का मतलब समझ चुकी है; उसके चेहरे से यह भी पता चलता था कि उसने अब्बू की बात का बुरा नहीं माना है।

वह कशमकश में थी; दोनों का टेशन एक हो, या न हो, अब्बू बाँका सजीला तो है; क्या वह अपनी बात का पक्का भी है; क्या वह अपना टेशन छोड़ दे?⋯

अब्बू की आवाज़ ने उसको चौंका दिया: "क्या सोच रही है भागभरिए?"

घोड़ा मस्त ख़रामी से दुलकी चाल चल रहा था; हवा ख़ुनुक थी; सड़क के दुरूया[3] उगे हुए दरख़्त भाग रहे थे और उनकी टहनियाँ झूम रही थीं; घुँघरुओं की यक आहंग झनझनाहट के सिवा और कोई आवाज़ नहीं थी।

वह गर्दन मोड़े लड़की के साँवले हुस्न को निगाहों से चूम रहा था··· कुछ देर के बाद उसने घोड़े की बागें जँगले की सलाख़ के साथ बाँध दीं और उचककर पिछली सीट पर लड़की के साथ आन बैठा।

लड़की ख़ामोश रही।

उसने लड़की के दोनों हाथ पकड़ लिए : "दे-दे अपनी बागें मेरे हाथों में!"

लड़की ने सिर्फ़ इतना कहा : "छोड़ भी दे मेरे हाथ···" लेकिन दूसरे ही लम्हे वह अब्बू के बाज़ुओं में थी और उसका दिल ज़ोर-ज़ोर से फड़फड़ा रहा था।

अब्बू ने हौले-से प्यार भरे लहजे में कहा : "यह ताँगा-घोड़ा मुझे अपनी जान से ज़्यादा अज़ीज़ है··· क़सम ग्यारहवें पीर की, मैं ताँगा-घोड़ा बेच दूँगा और तेरे लिए सोने के कड़े बनवाऊँगा··· ख़ुद फटे-पुराने कपड़े पहनूँगा, लेकिन तुझे रानी बनाकर रखूँगा··· क़सम वह्दहु-ला-शरीक[4] की, ज़िंदगी में यह मेरा पहला प्यार है··· तू मेरी न बनी तो मैं तेरे सामने अपना गला काट लूँगा···" उसने लड़की को अपने बाज़ुओं के हलक़े से अलग किया : "जाने क्या हो गया है मुझे··· चल तुझे टेशन छोड़ आऊँ।"

लड़की ने हौले-से कहा : "नहीं··· अब तू मुझे हाथ लगा चुका है।"

उसकी गर्दन झुक गई : "मुझे माफ़ कर दे··· मुझसे ग़लती हो गई।"

"निभा लोगे इस ग़लती को?"

लड़की के लहजे में चैलेंज था, जैसे किसी ने अब्बू से कहा हो : 'ले जाओगे अपना ताँगा उस ताँगे से आगे निकालकर?···"

उसका झुका हुआ सिर उठा; उसकी आँखें चमक उठीं : "भागभरिए···" यह कहकर उसने अपने मज़बूत सीने पर हाथ रखा : "अब्बू अपनी जान दे देगा···"

लड़की ने अपना दायाँ हाथ बढ़ाया : "तो यह ले मेरा हाथ।"

उसने लड़की का हाथ मज़बूती से पकड़ लिया : "क़सम अपनी जवानी की, अब्बू तेरा ग़ुलाम रहेगा···"

दूसरे रोज़ अब्बू और उस लड़की का निकाह हो गया।

नाम लड़की का इनायत, यानी नीति था और वह ज़िला गुजरात की मोचन थी।

वह अपने रिश्तेदारों के साथ आई थी; उसके रिश्तेदार स्टेशन पर उसका इंतज़ार करते ही रह गए और वह मुहब्बत की सारी मंज़िलें तय कर गई।

अब्बू और नीति, दोनों बहुत ख़ुश थे··· न नीति ने चाहा, न अब्बू ने ताँगा-घोड़ा बेचा, न नीति के लिए सोने के कड़े बने, लेकिन अब्बू ने अपनी जमा-पूँजी से नीति को सोने की बालियाँ खरीद दीं और कई रेशमी जोड़े बनवा दिए··· नीति के लिए यह कम न था।

लश-लश करते हुए रेशमी लाचे में जब वह अब्बू के सामने आती तो अब्बू का दिल नाचने लगता : "क़सम पंजतन पाक की, दुनिया में तुझ-सा सुंदर और कोई नहीं···" वह नीति को अपने सीने के साथ लगा लेता : "नीति, तू मेरे दिल की रानी है।"

दोनों जवानी की मस्तियों में ग़र्क़ थे··· दोनों को गाते, हँसते, सैरें करते और एक-दूसरे की बलाएँ लेते हुए एक महीना ही गुज़र पाया था कि दफ़अतन एक रोज़ पुलिस ने अब्बू को

गिरफ़्तार कर लिया, नीति भी पकड़ी गई।

अब्बू पर अग़वा का मुक़द्दमा चला कि नीति बालिग़ नहीं थी, नीति के अदालत में साबितकदम रहने के बावजूद अब्बू को दो बरस की सज़ा हो गई।

जब नीति ने अदालत का हुक्म सुना तो वह अब्बू के साथ लिपट गई, उसने रोते हुए सिर्फ़ इतना कहा : ''मैं अपने माँ-बाप के साथ नहीं जाऊँगी··· तेरे घर में बैठकर तेरा इंतज़ार करूँगी···''

अब्बू ने उसकी पीठ पर थपकी दी : ''जीती रह··· मैंने ताँगा-घोड़ा दीने के सिपुर्द किया हुआ है··· उससे किराया वसूल करती रहना।''

नीति के माँ-बाप ने बहुत ज़ोर लगाया, मगर वह उनके साथ न गई; थक-हारकर उन्होंने नीति को उसके हाल पर छोड़ दिया।

नीति अकेली अब्बू के घर में रहने लगी···हर शाम दीना उसे पाँच रुपए दे जाता, जो उसकी ज़रूरतों के लिए काफ़ी थे; इसके अलावा कुछ थोड़े-से रुपए उसने जमा भी कर रखे थे।

हफ़्ते में एक बार अब्बू से उसकी मुलाक़ात जेल में होती, यह मुलाक़ात बहुत ही मुख़्तसर होती।

उसके पास जितनी जमा-पूँजी थी, वह उसने अब्बू को जेल में आसाइशें[5] पहुँचाने में सर्फ़[6] कर दी··· एक मुलाक़ात में अब्बू ने उसके बुच्चे कानों की तरफ़ देखा और पूछा : ''तेरी बालियाँ कहाँ गई नीति ?''

वह संतरी की तरफ़ देखकर मुसकराई : ''गुम हो गईं कहीं !''

अब्बू ने क़दरे-ग़ुस्से होकर कहा : ''तू मेरा इतना ख़याल न रखा कर··· मैं जैसे भी हूँ, ठीक हूँ।''

उसने कुछ न कहा और मुसकराती हुई चली आई कि मुलाक़ात का वक़्त पूरा हो चुका था··· घर पहुँचकर वह बहुत रोई, घंटों आँसू बहाती रही··· उस मुलाक़ात में उसने बड़े ज़ब्त से काम लिया था और मसकराती रही थी; उसने महसूस किया था कि अब्बू की सेहत बुरी तरह गिर चुकी है; वह गिरांडील अब्बू घुल-घुलकर आधा रह गया है; वह उसे पहचान न सकी थी।

उसने सोचा : 'अब्बू को मेरा ग़म खा रहा है··· जुदाई ने अब्बू की यह हालत कर दी है··· !'

ग़म, जुदाई, जेल, जेल का घटिया खाना, जेल की कड़ी मशक़्क़त, इतना कुछ तो उसको मालूम था, यह मालूम नहीं था कि दिक़ का मर्ज़ अब्बू को विरसे में मिला है।

अब्बू का बाप अब्बू से कहीं ज़्यादा गिरांडील था, लेकिन दिक़ ने उसे चंद हफ़्तों में क़ब्र के अंदर पहुँचा दिया था; अब्बू का बड़ा भाई कड़ियल जवान था, मगर ऐन जवानी में इस मर्ज़ ने उसे दबोच लिया था··· अब्बू इस हक़ीक़त से ग़ाफ़िल था।

जब वह जेल के हस्पताल में आख़िरी साँसें ले रहा था, उसने अफसोस भरे लहजे में नीति से कहा : ''मुझे मालूम होता कि मैं इतनी जल्दी मर जाऊँगा तो क़सम वहदहु-

ला-शरीक की, तुझे कभी अपनी बीवी न बनाता ··· मैंने तेरे साथ ज़ुल्म किया है, मुझे माफ़ कर दे ··· देख, मेरी एक ही निशानी है, मेरा ताँगा-घोड़ा, उसका ख़याल रखना ··· और चन्नी बेटे के सिर पर हाथ फेरकर कहना कि अब्बू ने प्यार भेजा है ···''

अब्बू मर गया; नीति का सबकुछ मर गया; इतनी जल्दी सबकुछ मर गया।

नीति हौसलेवाली औरत थी; उसने सद्मा बर्दाश्त कर ही लिया ··· वह तमाम दिन घर में तने-तन्हा[7] पड़ी रहती।

शाम को दीना आता, पाँच रुपए उसके हवाले करता, उसे दम दिलासा देता और कहता : ''भाभी, अल्लाह मियाँ के आगे किसी की पेश नहीं चलती ··· अब्बू मेरा दोस्त ही नहीं, भाई भी था ··· मुझसे जो हो सकेगा, ख़ुदा के हुक्म से ज़रूर करूँगा ···''

जब नीति की इद्दत के दिन पूरे हो गए तो एक दिन दीने ने साफ़-साफ़ लफ़्ज़ों में नीति से कहा कि वह उससे शादी कर ले ··· नीति के जी में आई कि वह दीने को धक्के मारकर बाहर निकाल दे, मगर उसने सिर्फ़ इतना कहा : ''भाई, मुझे शादी नहीं करनी।''

उसी दिन से दीने के रवैये में फ़र्क़ आ गया ··· पहले वह बिला नाग़ा शाम को पाँच रुपए दे जाता था, अब वह कभी चार रुपए देने लगा, कभी तीन कि बहुत मंदा है, फिर वह दो-दो, तीन-तीन दिन ग़ायब रहने लगा, बहाना यह कि बीमार था, इसलिए ताँगा जोत न सका; ताँगे का कोई कल-पुर्ज़ा ख़राब हो गया था, मरम्मत के चक्कर में सारा दिन बर्बाद हो गया।

जब पानी सिर से निकल गया तो नीति ने दीने से कहा : ''भाई दीने, अब तुम तकलीफ़ न करो ··· ताँगा-घोड़ा मेरे हवाले कर दो।''

बड़ी लैतो-लाल[8] के बाद बिल-आख़िर[9] दीने ने बा-दिले-नाख़्वास्ता[10] ताँगा-घोड़ा नीति की तहवील[11] में दे दिया।

कई दिन तक सोचते रहने के बाद नीति ने ताँगा-घोड़ा अब्बू के एक और गहरे दोस्त माँझे के सिपुर्द कर दिया. चंद दिनों के बाद माँझे ने भी शादी की दरख़्वास्त की; नीति ने इनकार किया तो माँझे की आँखें भी बदल गईं ··· थक-हारकर नीति ने ताँगा-घोड़ा एक अनजाने कोचवान के हवाले कर दिया; एक शाम वह अनजाना कोचवान पैसे देने आया तो नशे में धुत था, उसने ड्योढ़ी में क़दम रखते ही नीति पर हाथ डालने की कोशिश की; नीति ने उसको खरी-खरी सुनाई और घर से बाहर निकाल दिया।

नीति अजीब उलझन में गिरफ़्तार थी।

आठ-दस रोज़ से ताँगा-घोड़ा बेकार तबेले में पड़ा हुआ था; घास-दाने का ख़र्च एक तरफ़, तो तबेले का किराया दूसरी तरफ़ ··· कोचवान थे कि कोई शादी की दरख़्वास्त करता था, कोई उसकी इस्मत पर हाथ डालने की कोशिश करता था और कोई पैसे मार लेता था।

नीति सोच-सोचकर पागल हो गई ··· एक दिन बैठे-बैठे उसे ख़याल आया : 'क्यों न ताँगा मैं आप ही जोतूँ, आप ही चलाऊँ ···' जब वह अब्बू के साथ घूमने के लिए निकला करती थी तो ताँगा वह ख़ुद ही चलाया करती थी, शहर के रास्तों से भी वह वाक़िफ़ थी।

उसने सोचा : 'लोग क्या कहेंगे ?'

फिर, ख़ुद ही उसने अपने सवाल का जवाब दिया : 'क्या औरतें मेहनत-मज़दूरी नहीं करतीं ··· ? दफ़्तरों में जानेवाली औरतें ··· कोयले चुननेवालियाँ ··· घरों में बैठकर भी तो हज़ारों औरतें काम करती हैं ··· हरज ही क्या है, फिर पेट तो किसी हीले से पालना ही है ··· '

उसने कुछ दिन सोच-विचार किया और आख़िर में फ़ैसला कर लिया कि ताँगा वह ख़ुद चलाएगी ··· उसको ख़ुद पर पूरा एतिमाद[12] था।

एक दिन अल्लाह का नाम लेकर वह तबेले पहुँच गई।

उसने पीतल का साज़ो-सामान चमकाया; घोड़े को नहलाया-धुलाया और ख़ूब प्यार किया; ताँगा जोतने लगी तो सारे कोचवान हक्का-बक्का रह गए ··· अभी सारे कोचवान हैरतज़दा ही थे कि वह अब्बू से दिल ही दिल में प्यार की बातें करती हुई तबेले से बाहर निकल गई ··· उसके हाथ रवाँ थे, जैसे वह ताँगा चलाने के फ़न पर हावी हो।

शहर में एक तहलका बरपा हो ग़या कि एक ख़ूबसूरत औरत ताँगा चला रही है, हर जगह इसी बात का चर्चा था ··· लोग सुनते थे और उस वक़्त का इंतज़ार करते थे, जब नीति और उसका ताँगा उनकी सड़क पर से गुज़रेगा।

शुरू-शुरू में तो सवारियाँ नीति के ताँगे में बैठने से झिझकीं, मगर चंद ही दिनों में उनकी यह झिझक दूर हो गई ··· अब एक मिनट के लिए भी नीति का ताँगा ख़ाली न रहता; इधर एक सवारी उतरती, उधर दूसरी सवारी बैठ जाती; कभी-कभी तो सवारियाँ आपस में लड़ने-झगड़ने भी लग जातीं कि किस सवारी ने पहले नीति को बुलाया था ··· नीति को ख़ूब आमदन हो रही थी।

उसने महसूस किया कि ताँगा दिन-भर चलता रहता है, न उसको और न अब्बू के चन्नी को सुस्ताने का कोई वक़्त मिलता है ··· उसने सोच-समझकर ताँगा जोतने के औक़ात मुक़र्रर[13] कर लिए; वह सुबह सात बजे से बारह बजे तक और दोपहर दो बजे से शाम छः बजे तक ताँगा जोतने लगी; अब आराम भी मिलने लगा, आमदन तो थी ही।

वह जानती थी कि बेशतर लोग सिर्फ़ उसकी क़ुर्बत हासिल करने के लिए उसके ताँगे में बैठते हैं; वह बेमतलब, बेमक़सद उसे ताँगा इधर-उधर घुमाने-फिराने को कहते हैं; ताँगे में बैठकर आपस में गंदे-गंदे मज़ाक करते हैं; उसको सुनाने के लिए अजीब-अजीब बातें करते हैं।

वह अक्सर महसूस करती कि वह तो ख़ुद को नहीं बेचती, लेकिन लोग चुपके-चुपके उसे ख़रीद लेते हैं ··· वह यह भी जानती थी कि शहर के सारे कोचवान उसको बुरा समझते हैं ··· इन तमाम एहसासात के बावजूद वह मुज़्तरिब[14] नहीं थी; अपनी ख़ुद एतिमादी के बायस वह पुरसुकून थी।

एक दिन शहर की कमेटी ने उसको बुलाया और कहा : "तुम ताँगा नहीं चला सकतीं।"

उसने पूछा : "जनाब, मैं ताँगा क्यों नहीं चला सकती ?"

"लाइसेंस के बग़ैर तुम ताँगा नहीं चला सकतीं ··· अगर तुमने लाइसेंस के बग़ैर ताँगा

चलाया तो तुम्हारा ताँगा-घोड़ा ज़ब्त कर लिया जाएगा··· और औरत को ताँगा चलाने का लाइसेंस नहीं मिल सकता···" शहर की कमेटी ने जवाब दिया।

उसने कहा : "हुज़ूर, आप मेरा ताँगा-घोड़ा ज़ब्त कर लें, पर मुझे यह तो बताएँ कि औरत ताँगा क्यों नहीं चला सकती··· औरतें चर्खा चलाकर अपना पेट पाल सकती हैं; औरतें टोकरी ढोकर रोज़ी कमा सकती है; औरतें कोयले चुन-चुनकर अपनी रोटी पैदा कर सकती है··· मैं ताँगा चलाकर क्यों अपना पेट नहीं भर सकती ?··· मुझे और कोई काम करना आता ही नहीं··· ताँगा-घोड़ा मेरे ख़ाविंद का है, मैं उसे क्यों नहीं चला सकती ?··· हुज़ूर, आप मुझ पर रहम करें··· आप मुझे मेहनत-मज़दूरी से क्यों रोकते हैं ? मैं अपना गुज़ारा कैसे करूँगी··· बताइए ना मुझे, बताइए··· ?"

शहर की कमेटी ने जवाब दिया : "जाओ, बाज़ार में जाकर बैठ जाओ··· वहाँ कमाई ज़्यादा है···"

नीति के अंदर जो नीति थी, जलकर राख हो गई—उसने हौले-से 'अच्छा जी' कहा और चली गई।

उसने औने-पौने दामों ताँगा-घोड़ा बेचा और सीधी अब्बू की क़ब्र पर गई।

एक लहज़े के लिए वह ख़ामोश खड़ी रही··· उसकी आँखें बिलकुल ख़ुश्क थीं, जैसे बारिश के बाद चिलचिलाती धूप ने सारी नमी चूस ली हो।

फिर उसके भिंचे हुए होंठ वा हुए और वह अब्बू से मुख़ातिब हुई : "अब्बू, आज तेरी नीति कमेटी के दफ़्तर में मर गई··· !"

दूसरे दिन उसने शहर की कमेटी के दफ़्तर में अर्ज़ी दी।

और उसको अपना जिस्म बेचने का लाइसेंस मिल गया।

---

1. खाली लिए हुए; 2. अर्थपूर्ण; 3. दोनों ओर; 4. वह एक है, उसका कोई शरीक नहीं; 5. सुख-सुविधा; 6. ख़र्च; 7. बिलकुल अकेली; 8. हस्तांतरण, सिपुर्दगी; 9. अंततः; 10. मजबूरन; 11. टाल-मटोल; 12. विश्वास; 13. समय नियत करना; 14. आतुर, व्याकुल।

डरपोक

वहाँ कोई न था, मगर म्युनिसिपल कमेटी की लालटेन, जो दीवार में गड़ी हुई थी, जावेद को घूर रही थी; बार-बार वह उस चौड़े सहन को, जिस पर नानकशाही ईंटों का ऊँचा फ़र्श बना हुआ था, तय करके उस नुक्कड़वाले मकान तक पहुँचने का इरादा करता, जो दूसरी इमारतों से बिलकुल अलग-थलग था, मगर वह लालटेन, जो मरनई आँख की तरह हर तरफ़ टकटकी बाँधे देख रही थी, उसके इरादे को मुतज़लजित[1] कर देती और वह उस मोरी के उस तरफ़ हट जाता, जिसको फाँदकर वह सहन को चंद क़दमों में तय कर सकता था, सिर्फ़ चंद क़दमों में।

उसका घर उस जगह से काफ़ी दूर था, मगर वह यह फ़ासला बड़ी तेज़ी से तय करके वहाँ पहुँच गया था; उसके ख़यालात की रफ़्तार उसके क़दमों की रफ़्तार से ज़्यादा तेज़ थी; रास्ते में उसने बहुत-सी चीज़ों पर ग़ौर किया था—वह बेवक़ूफ़ नहीं था; उसे अच्छी तरह मालूम था कि वह एक बेसवा के पास जा रहा है, और उसको इस बात का भी पूरा शऊर था कि वह किस ग़रज़ से बेसवा के पास जा रहा है।

वह एक औरत चाहता था; औरत, ख़्वाह वह किसी शक्ल में भी हो—औरत की ज़रूरत उसकी ज़िंदगी में यकबयक पैदा नहीं हुई थी; एक ज़माने से यह ज़रूरत उसके अंदर आहिस्ता-आहिस्ता शिद्दत[2] इख़्तियार करती रही थी, और अब दफ़अतन[3] उसने महसूस किया था कि अब वह औरत के बग़ैर एक लम्हा भी ज़िंदा नहीं रह सकता—उसे औरत ज़रूर मिलनी चाहिए, ऐसी औरत, जिसकी रान पर वह हौले-से तमाँचा मार सके और आवाज़ सुन सके; ऐसी औरत, जिससे वह वाहियात क़िस्म की गुफ़्तगू कर सके।

वह पढ़ा-लिखा होशमंद आदमी था; वह हर बात की ऊँच-नीच समझता था; मगर औरत के मामले में अब वह मज़ीद ग़ौरो-फ़िक्र करने के लिए तैयार नहीं था—उसके दिल में एक ऐसी ख़्वाहिश पैदा हो चुकी थी, जो उसके लिए नई न थी; औरत की क़ुर्बत हासिल करने की ख़्वाहिश इससे पहले भी कई बार उसके दिल में पैदा हुई थी, और उस ख़्वाहिश को पूरा करने के लिए इन्तिहाई कोशिशों के बाद जब उसे नाउम्मीदी का सामना करना पड़ा था तो वह इस नतीजे पर पहुँचा था कि उसकी ज़िंदगी में सालिम औरत कभी नहीं आएगी, और अगर उसने सालिम औरत के लिए तलाश जारी रखी तो वह किसी रोज़ दीवाने कुत्ते की तरह किसी राह चलती औरत को काट खाएगा।

किसी राह चलती औरत को काट खाने की नौबत अभी नहीं आई थी; अब उसके दिल में एक नई ख़्वाहिश ने करवट बदली थी—अब किसी औरत के बालों में अपनी उँगलियों से कंघी करने का ख़याल उसके दिमाग़ से निकल गया था; औरत का तसव्वुर उसके दिमाग़ में मौजूद था और औरत के बाल भी उसके दिमाग़ में थे, मगर अब उसकी ख़्वाहिश थी कि वह उन बालों को वहशियों की तरह खींचे, नोचे, उखाड़े।

उसके दिमाग़ में से वह औरत निकल चुकी थी, जिसके होंठों पर वह अपने होंठ इस तरह रखने का आरज़ूमंद था जैसे तितली फूलों पर बैठती है; अब वह उन होंठों को अपने गर्म-गर्म होंठों से दाग़ना चाहता था—हौले-हौले सरगोशियों में बातें करने का ख़याल उसके दिमाग़ से निकल चुका था; अब वह बुलंद आवाज़ में बातें करना चाहता था, ऐसी बातें, जो उसके मौजूदा इरादे की तरह नंगी हों।

अब सालिम औरत उसके पेशे-नज़र नहीं थी। वह ऐसी औरत चाहता था, जो घिस-घिसाकर शिकस्ता-हाल[4] सूरत इख़्तियार कर चुकी हो; ऐसी औरत जो आधी औरत हो, और आधी कुछ भी न हो।

एक ज़माना था, जब वह औरत कहते वक़्त अपनी आँखों में एक ख़ास क़िस्म की ठंडक महसूस किया करता था; जब औरत का तसव्वुर उसे चाँद की ठंडी दुनिया में ले जाता था; वह बड़ी एहतियात से 'औरत' कहता था, जैसे उसको उस नाज़ुक लफ़्ज़ के टूट जाने का डर हो—एक अर्से तक वह ख़्वाबों की उस दुनिया की सैर करता रहा था, मगर अंजामकार[5] उसे महसूस हुआ कि औरत, जिसकी तमन्ना उसके दिल में है, उसकी ज़िंदगी का ऐसा ख़्वाब है, जो वह ख़राब मेदे के साथ देख रहा है।

वह अब ख़्वाबों की दुनिया से बाहर निकल आया था—बहुत दिनों तक ज़ेहनी तौर पर वह अपने आपको बहलाता रहा था, मगर अब उसका जिस्म ख़ौफ़नाक हद तक बेकार हो चुका था; उसके तसव्वुर की शिद्दत ने उसकी जिस्मानी हिस्सियात की नोक-पलक कुछ इस तौर पर निकाल दी थी कि अब ज़िंदगी उसके लिए सूइयों का बिस्तर बन गई; हर ख़याल एक नश्तर बन गया; और औरत उसकी नज़रों में ऐसी शक्ल इख़्तियार कर गई जिसको वह बयान करना चाहता तो न कर सकता।

जावेद ख़ुद को कभी इंसान समझता था, मगर अब उसे इंसानों से नफ़रत हो चुकी थी, इस क़दर कि वह अपने आपसे भी मुतनफ़्फ़र[6] हो चुका था, वह ख़ुद को ज़लील करना चाहता था, इस तौर पर कि उसके ख़ूबसूरत ख़याल जिनको वह अपने दिमाग़ में फूलों की तरह सजा के रखता रहा था, ग़िलाज़त में लिथड़[7] जाएँ : 'क्या हुआ, अगर मैं नफ़ासत तलाश करने में नाकाम रहा हूँ ... ग़िलाज़त तो है, जो मेरे चारों तरफ़ फैली हुई है ... मेरा जी चाहता है कि अपनी रूह और जिस्म के हर ज़र्रे को इस ग़िलाज़त से आलूदा कर दूँ ... मेरी नाक जो ख़ुशबुओं की मुतजस्सिस[8] रही है, अब बदबूदार और मुतअफ़्फ़िन[9] चीज़ें सूँघने के लिए बेताब है ... मैंने अपने पुराने ख़यालात का चोग़ा उतारकर आज इस महल्ले का रुख़ किया है ... यहाँ हर शै एक पुरअसरार तअफ़्फ़ुन[10] में लिपटी हुई नज़र आ रही है ... यह दुनिया किस क़दर भयानक तौर पर हसीन है ...।'

नानकशाही ईंटों का नाहमवार फ़र्श उसकी नज़रों के सामने था; लालटेन की बीमार रौशनी में जब उसने फ़र्श की तरफ़ ग़ौर से देखा तो उसे महसूस हुआ कि बहुत-सी नंगी औरतें औंधी लेटी हुई हैं और उनकी हड्डियाँ जा-बजा उभरी हुई हैं—उसने फिर इरादा बाँधा कि उस फ़र्श को तय करके उस नुक्कड़वाले मकान की सीढ़ियों तक पहुँच जाए और कोठे पर चढ़ जाए, मगर म्युनिसिपल कमेटी की लालटेन ग़ैर मुख़्ततिम[11] टिकटिकी बाँधे उसकी तरफ़ घूर रही थी, उसके क़दम उठ न सके और वह भिन्ना-सा गया : 'यह लालटेन मुझे क्यों घूर रही है ?···यह मेरे रास्ते में क्यों रोड़े अटकाती है ?···'

वह जानता था कि लालटेन की आँख महज़ एक वाहिमा[12] है और उसका हकीक़त से कोई ताल्लुक़ नहीं; फिर भी उसके क़दम रुक जाते और वह अपने दिल में भयानक इरादे भरे, मोरी के उस तरफ़ खड़ा रह जाता, उसे महसूस होता कि उसकी ज़िंदगी के सत्ताईस बरसों की झिझक, जो उसे विरसे में मिली थी, उस लालटेन में आन बैठी है और उसका रास्ता रोक रही है—मगर उसे तो वहाँ अपनी ज़िंदगी का सबसे भद्दा खेल खेलना है, ऐसा खेल, जो उसे कीचड़ में लथपथ कर दे, जो उसकी रूह को मुलव्वस[13] कर दे।

नुक्कड़ के उस मकान में एक मैली-कुचैली औरत रहती थी; उस औरत के पास चार-पाँच जवान औरतें थीं, जो दिन के उजाले और रात के अँधेरे में यकसाँ भद्देपन से पेशा करती थीं; वे औरतें गंदी मोरी से ग़िलाज़त निकालनेवाले पंप की तरह चलती थीं—जावेद को उस कहबाख़ाने के मुताल्लिक़ उसके एक दोस्त ने बताया था, जो हुस्नो-इश्क़ की ताश कई मर्तबा उस कब्रिस्तान में दफ़न कर चुका था; उसके दोस्त ने कहा था : "तुम औरत-औरत पुकारते हो, पर औरत है कहाँ···मुझे तो अपनी ज़िंदगी में सिर्फ़ एक औरत नज़र आई है···वह मेरी माँ थी···मुझे तो जब कभी औरत की ज़रूरत महसूस हुई है, मैंने माई जीवाँ के कोठे को अपना बेहतरीन रफ़ीक़[14] पाया है···बख़ुदा माई जीवाँ औरत नहीं, फ़रिश्ता है···ख़ुदा उसको खिज़्र की उम्र अता फ़रमाए···"

माई जीवाँ और उसके यहाँ की चार-पाँच पेशा करनेवाली औरतों के मुताल्लिक़ वह बहुत कुछ सुन चुका था—उसको मालूम था कि उन चार-पाँच औरतों में से एक हर वक़्त गहरे रंग के शीशोंवाला चश्मा पहने रहती है, इसलिए कि किसी बीमारी के बायस उसकी आँखें ख़राब हो चुकी हैं; एक काली-कलूटी लौंडिया है, जो हर वक़्त हँसती रहती है—उस काली-कलूटी लौंडिया के मुताल्लिक़ वह जब भी सोचता तो एक अजीबो-ग़रीब तस्वीर उसकी आँखों के सामने खिंच जाती : 'हाँ, मुझे ऐसी ही औरत चाहिए, जो हर वक़्त हँसती रहे···ऐसी औरतों को हर वक़्त हँसते ही रहना चाहिए···जब वह हँसती होगी तो उसके काले-काले होंठ यूँ खुलते होंगे, जैसे बदबूदार गंदे पानी में मैले-मैले बुलबुले उठते हैं और फटते हैं···'

माई जीवाँ के यहाँ एक छोकरी ऐसी भी थी, जो बाक़ायदा तौर पर पेशा करने से पहले गलियों और बाज़ारों में भीख माँगा करती थी; वह एक बरस से उस नुक्कड़वाले मकान में थी, जहाँ पिछले अठारह बरसों से यही काम हो रहा था; वह लड़की अब पाउडर और सुर्ख़ी लगाती थी—वह सोचता : 'उसके सुर्ख़ी लगे गाल बिलकुल दाग़दार सेबों के मानिंद होंगे,

जिन्हें हर कोई ख़रीद सकता है...'

उन चार-पाँच औरतों में से उसके ज़ेहन में कोई एक ख़ास औरत नहीं थी : 'मुझे तो कोई भी मिल जाए...मैं चाहता हूँ कि मुझसे दाम लिए जाएँ और खट-से एक औरत मेरी बग़ल में थमा दी जाए...एक सैकेंड की देर न हो...किसी क़िस्म की गुफ़्तगू न हो, कोई नर्मोनाज़ुक जुमला मुँह से न निकले...बस क़दमों की चाप सुनाई दे, दरवाज़ा खुलने की खड़खड़ाहट उभरे, रुपए खनखनाएँ और औरत मेरी बग़ल में हो...फिर मुलाक़ात हो हैवानों की तरह...तहज़ीबो-तमद्दुन के संदूक़ में ताला लग जाए, और थोड़ी देर के लिए एक ऐसी दुनिया आबाद हो जाए, जिसमें सूँघने, देखने और सुनने की नाज़ुक हिस्सियात ज़ंग लगे उस्तरे की मानिंद कुंद हो जाएँ...'

वह बेचैन हो गया; एक उलझन-सी उसके दिमाग़ में पैदा हो गई; इरादा उसके अंदर इतनी शिद्दत इख़्तियार कर चुका था कि अगर पहाड़ भी उसके रास्ते में होते तो वह उनसे भिड़ जाता, मगर म्युनिसिपल कमेटी की एक अंधी लालटेन, जिसको हवा का एक झोंका बुझा सकता था, उसकी राह में बुरी तरह हाइल[15] हो गई थी।

उसकी बग़ल में पान की दूकान खुली हुई थी; तेज़ रौशनी में उस छोटी-सी दूकान का असबाब इस क़दर नुमायाँ हो रहा था कि बहुत-सी चीज़ें नज़र नहीं आ रही थीं; क़ुमक़ुमे के इर्द-गिर्द मक्खियाँ इस अंदाज़ से उड़ रही थीं, जैसे उनके पर बोझिल हो रहे हों—उसने जब उनकी तरफ़ देखा तो उसकी उलझन में इज़ाफ़ा हो गया; वह नहीं चाहता था कि उसे कोई सुस्त रफ़्तार चीज़ नज़र आए; उसका कर गुज़रने का इरादा, जो वह अपने घर से लेकर यहाँ आया था, उन मक्खियों के साथ बार-बार टकराया; वह उस टकराव के एहसास से इस क़दर परेशान हुआ कि उसके दिमाग़ में एक हुल्लड़-सा मच गया : 'मैं डरता हूँ, मैं ख़ौफ़ खाता हूँ...उस लालटेन से मुझे डर लगता है...उस लालटेन ने मेरे तमाम इरादे तबाह कर दिए हैं...मैं डरपोक हूँ...मैं डरपोक हूँ...लानत है मुझ पर...'

उसने कई लानतें अपने-आप पर भेजीं, मगर ख़ातिरख़्वाह[16] असर पैदा न हुआ; उसके क़दम आगे न बढ़ सके—नानकशाही ईंटों का नाहमवार फ़र्श उसके सामने लेटा रहा।

गर्मियों के दिन थे; निस्फ़[17] रात गुज़रने पर भी हवा ठंडी नहीं हुई थी; बाज़ार में आमदो-रफ़्त बहुत कम थी; गिनती की सिर्फ़ चंद दूकानें खुली थीं; फ़ज़ा ख़ामोशी में लिपटी हुई थी—कभी-कभी हवा के किसी गर्म झोंके के साथ किसी कोठे से थकी हुई मौसीक़ी का कोई टुकड़ा उधर आ निकलता और गाढ़ी ख़ामोशी में घुल जाता।

माई जीवाँ के क़हवाख़ाने से ज़रा उधर हटकर, सामने, बड़े बाज़ार में दूकानों के ऊपर कोठों की एक क़तार थी; कोठों में कई जगह ज़िंदगी के आसार नज़र आ रहे थे; एक खिड़की में तेज़ रौशनी के क़ुमक़ुमे के नीचे एक सियाहफ़ाम औरत बैठी पंखा झल रही थी; उसके सिर के ऊपर बिजली का बल्ब जल रहा था, और ऐसा दिखाई दे रहा था कि सफ़ेद आग का एक गोला है, जो पिघल-पिघलकर उस वेश्या पर गिर रहा है।

अभी उसने उस सियाहफ़ाम औरत के मुताल्लिक़ कुछ ग़ौर करना शुरू किया ही था कि बाज़ार के उस सिरे से, जो उसकी आँखों से ओझल था, बड़े भद्दे नारों की सूरत में चंद

आवाज़ें बुलंद हुईं—थोड़ी ही देर में तीन आदमी झूमते-झामते, शराब के नशे में चूर, नमूदार हुए, तीनों के तीनों उस सियाहफ़ाम औरत के कोठे के नीचे पहुँचकर खड़े हो गए।

उसके कानों ने ऐसी-ऐसी वाहियात बातें सुनीं कि उसके तमाम इरादे उसके अंदर सिमटकर रह गए।

एक शराबी ने, जिसके क़दम बहुत ही ज़्यादा लड़खड़ा रहे थे, अपने मूँछों भरे होंठों से बड़ी भद्दी आवाज़ के साथ एक बोसा नोचकर उस काली वेश्या की तरफ़ उछाला और एक ऐसा जुमला फेंका कि उसकी सारी हिम्मत पस्त हो गई।

कोठे पर बर्क़ी लैंप की रौशनी में बैठी उस सियाहफ़ाम औरत के होंठ एक आबनूसी क़हक़हे ने वा किए और उस शराबी के जुमले का जवाब यूँ दिया, जैसे उसने टोकरी-भर कूड़ा नीचे फेंक दिया हो।

ग़ैर मरबूत क़हक़हों का एक फ़व्वारा-सा छूट पड़ा और उसके देखते-देखते वे तीनों शराबी कोठे पर चढ़ गए—और वह निशस्त[18], जहाँ वह काली वेश्या बैठी हुई थी, ख़ाली हो गई।

वह अपने-आपसे और ज़्यादा मुतनफ़्फ़र हो गया : 'तुम···तुम क्या हो···? मैं पूछता हूँ, आख़िर तुम क्या हो?··· न तुम यह हो, न तुम वह हो···न तुम इंसान हो, न तुम हैवान हो···तुम्हारी ज़हानतो-ज़कावत[19] सब धरी की धरी रह गई है···तीन शराबी आते हैं, उनके दिल में शायद तुम्हारे दिल की तरह कोई इरादा नहीं होता, फिर भी वे बेधड़क उस वेश्या से बातें करते हैं, हँसते हैं, क़हक़हे लगाते हैं और कोठे पर चढ़ जाते हैं···और तुम···और तुम कि अच्छी तरह समझते हो, तुम्हें क्या करना है, यूँ बेवक़ूफ़ों की तरह बीच बाज़ार में खड़े हो और एक बेजान लालटेन से ख़ौफ़ खा रहे हो···तुम्हारा इरादा इस क़दर साफ़ और शफ़्फ़ाफ़ है, फिर भी तुम्हारे क़दम आगे नहीं बढ़ते···लानत है तुम पर···'

यकायक उसके अंदर एक लम्हे के लिए ख़ुदइंतक़ामी का जज़्बा पैदा हुआ; उसी लम्हे उसके क़दमों में जुंबिश हुइ और वह मोरी फाँदकर माई जीवाँ के कोठे की तरफ़ बढ़ा; वह सीढ़ियों के पास पहुँचा ही था कि उसे ऊपर से एक आदमी उतरता हुआ दिखाई दिया; वह ज़रा पीछे हट गया; ग़ैर इरादी तौर पर उसने अपने-आपको छुपाने की कोशिश भी की—लेकिन कोठे पर से नीचे आनेवाले आदमी ने उसकी तरफ़ कोई तवज्जोह न दी।

उस आदमी ने अपना मलमल का कुर्ता उतारकर काँधे पर धरा हुआ था और अपनी दाहिनी कलाई में मोतिए के फूलों का मसला हुआ हार लपेटा हुआ था; उसका बदन पसीने से शराबोर हो रहा था—उसके वुजूद से बेख़बर वह आदमी अपने तहमद को दोनों हाथों से घुटनों तक ऊँचा किए नानकशाही ईंटों का ऊँचा-नीचा फ़र्श तय करके मोरी के उस पार चला गया।

उसने सोचा कि उस आदमी ने उसकी तरफ़ क्यों नहीं देखा, फिर उसकी नज़रें लालटेन से जा टकराईं : 'तुम कभी अपने मक़सद में कामयाब नहीं हो सकते, इसलिए कि तुम डरपोक हो···याद है तुम्हें, पिछले बरस बरसात में जब तुमने उस हिंदू लड़की इंदिरा से अपनी मुहब्बत का इज़हार करना चाहा था तो तुम्हारे जिस्म में सकत न रही थी; कैसे-कैसे

भयानक ख़याल तुम्हारे दिमाग़ में पैदा हो गए थे; याद है; तुमने हिंदू-मुस्लिम फ़साद के मुताल्लिक़ भी सोचा था और डर गए थे; डर के मारे तुमने उस लड़की को भुला दिया था··· और हमीदा से तुम इसलिए मुहब्बत न कर सके कि वह तुम्हारी रिश्तेदार थी और तुम्हें इस बात का ख़ौफ़ था कि तुम्हारी मुहब्बत को ग़लत नज़रों से देखा जाएगा; कैसे-कैसे वहम उन दिनों तुम्हारे ऊपर मुसल्लत[20] थे··· फिर तुमने बिलक़ीस से मुहब्बत करना चाही, मगर बिलक़ीस को सिर्फ़ एक बार देखकर तुम्हारे सब इरादे ग़ायब हो गए, और तुम्हारा दिल वैसे का वैसा बंजर रहा··· क्या तुम्हें इस बात का एहसास नहीं कि हर बार तुमने अपनी बेलौस मुहब्बत को ख़ुद आप ही शक की नज़रों से देखा··· तुम्हें इस बात का कभी पूरी तरह यक़ीन न आ सका कि तुम्हारी मुहब्बत ठीक फ़ितरी रंग में है··· तुम हमेशा डरते रहे हो··· इस वक़्त भी तुम ख़ाइफ़ हो; यहाँ घरेलू औरतों और लड़कियों का कोई सवाल नहीं है; हिंदू-मुस्लिम फ़साद का भी इस जगह कोई ख़द्शा नहीं है; इसके बावजूद तुम कभी इस कोठे पर नहीं जा सकोगे··· मैं देखूँगी, तुम किस तरह ऊपर जाते हो···'

उसकी रही-सही हिम्मत भी पस्त हो गई; उसने महसूस किया कि वह वाक़ई परले दर्जे का डरपोक है—बीते हुए वाक़िआत तेज़ हवा में रखी हुई किताब के औराक़ की तरह उसके दिमाग़ में देर तक फड़फड़ाते रहे, और पहली मर्तबा उसको बड़ी शिद्दत के साथ एहसास हुआ कि उसके वुजूद की बुनियादों में एक ऐसी झिझक बैठी हुई है, जिसने उसे क़ाबिले-रहम हद तक डरपोक बना दिया है।

फिर किसी के सीढ़ियों से उतरने की आवाज़ आई तो वह चौंक पड़ा।

वही, जो गहरे रंग के शीशोंवाला चश्मा पहनती थी, और जिसके मुताल्लिक़ वह कई बार अपने दोस्त से सुन चुका था, नीचे, सीढ़ियों के इख़्तितामी[21] चबूतरे पर खड़ी थी।

वह घबरा गया—इससे पहले कि वह पीछे हटता, गहरे रंग के शीशोंवाली ने बड़े भद्दे तरीक़े पर उसे आवाज़ दी : "आओ, आओ··· मेरी जान, घबराओ नहीं··· आओ, आओ···" फिर उसने पुचकारा : "चले आओ··· आ भी जाओ···"

उसे महसूस हुआ कि अगर वह कुछ देर और वहाँ ठहरा तो उसकी पीठ में दुम उग आएगी और उस वेश्या के पुचकारने पर हिलना शुरू कर देगी।

उसने घबराई हुई नज़रों से देखा—माई जीवाँ के क़हबाख़ाने की उस चश्मा चढ़ी लौंडिया ने कुछ इस तरह अपने बालाई जिस्म को हरकत दी कि उसके तमाम इरादे पके हुए बेरों की मानिंद झड़ गए।

चश्मेवाली ने फिर पुचकारा : "आओ मेरी जान··· अब आ भी जाओ···"

वह तेज़ी से मुड़ा और भाग उठा; मोरी फाँदकर वह बाज़ार में पहुँचा ही था कि उसने एक ऐसे क़हक़हे की आवाज़ सुनी, जो ख़तरनाक तौर पर भयानक था—वह काँप उठा।

जब वह अपने घर के पास पहुँचा तो ख़यालात के हुजूम में से दफ़अतन एक ख़याल ने आगे बढ़कर उसे तस्कीन[22] दी : 'जावेद, तुम एक बहुत बड़े गुनाह से बच गए··· ख़ुदा का शुक्र बजा लाओ।

1. कंपायमान; 2. तीव्रता; 3. सहसा; 4. जर्जर; 5. परिणामस्वरूप; 6. घृणित; 7. सने; 8. खोजी; 9. दुर्गंधयुक्त; 10. दुर्गंध; 11. न समाप्त होनेवाली; 12. भ्रम; 13. किसी पाप या अपराध में भागीदार; 14. साथी; 15. रुकावट; 16. मनचाहा; 17. आधी; 18. बैठने की जगह; 19. विवेक और बुद्धिमत्ता; 20. छाया हुआ; 21. अंतिम; 22. तसल्ली।

पहचान

एक निहायत ही थर्ड क्लास होटल में देसी व्हिस्की की बोतल ख़त्म करने के बाद यह तय हुआ कि बाहर घूमा जाए और एक ऐसी औरत की तलाश की जाए, जो होटल और व्हिस्की के पैदा कर्दा तकद्दुर[1] को दूर कर सके; कोई ऐसी औरत ढूँढ़ी जाए, जो होटल की कसाफ़त[2] के मुक़ाबले में नफ़ासत पसंद और बदज़ाइक़ा व्हिस्की के मुक़ाबले में लज़ीज़ हो।

फ़ख़ ने होटल की ग़लीज़ फ़ज़ा से बाहर निकलते ही मुझसे और मसऊद से कहा : "कोई दानेदार औरत हो ... अच्छे गवैए के गले की तरह उसमें बड़े-बड़े दाने हों ... ख़ुदा की क़सम, तबीयत साफ़ हो जाए।"

व्हिस्की दानों से बिलकुल ख़ाली थी; सोडा भी बिलकुल बेजान था; ग़ालिबन इसी वजह से फ़ख़ दानेदार औरत का क़ायल हो रहा था।

हम तीनों औरत चाहते थे—फ़ख़ दानेदार औरत चाहता था; मुझे ऐसी औरत मतलूब[3] थी; जो बड़े सलीक़े से वाहियात बातें करे; और मसऊद को ऐसी औरत की ज़रूरत थी, जिसमें बनियापन न हो, जो अपने दाम के रुपए लेकर ट्रंक में, या जहाँ उसका जी चाहे, रखे और कुछ अर्से के लिए भूल जाए कि उसने कोई सौदा किया है।

उस बाज़ार का रास्ता हम जानते थे, जहाँ औरतें मिल सकती हैं; काली, नीली, पीली, लाल और जामुनी रंग की औरतें; पेड़ों की तरह उनके मकान एक क़तार में दूर तक दौड़ते चले गए हैं; यह रंगबिरंगी औरतें पके हुए फलों के मानिंद लटकती रहती हैं; आप नीचे से ढेले मारकर उन्हें गिरा सकते हैं—हमें ये औरतें मतलूब नहीं थीं; दरअसल हम अपने-आपको धोका देना चाहते थे; हम ऐसी औरत या औरतें चाहते थे, जो उर्फ़े-आम में प्राइवेट हों, यानी जो मंडी के हुजूम से दूर शरीफ़ मुहल्लों में अपना कारोबार चला रही हों।

हम तीनों में फ़ख़ सबसे ज़्यादा तजुर्बेकार था, क़ुव्वते-इरादी[4] भी उसमें हम सबसे ज़्यादा थी—एक ताँगा जब हमारे पास से गुज़रा तो उसने हाथ के इशारे से उसे रोका और बग़ैर किसी झिझक के मानीख़ेज़ लहजे में ताँगेवाले से कहा : "हम सैर करना चाहते हैं ... चलोगे?"

ताँगेवाले ने, जो संजीदा और मतीन[5] आदमी मालूम होता था, हम तीनों की तरफ़ बारी-बारी देखा—मैं झेंप गया—ख़ामोशी ही ख़ामोशी में वह हमसे कह गया था : 'तुम नौजवानों को शराब पीकर यह क्या हो जाता है?'

फ़ख़ ने दुबारा ताँगेवाले से कहा : "हम सैर करना चाहते हैं··· चलोगे ?" फिर फ़ौरन ही उसे कुछ ख़याल आया और उसने अपना मतलब और ज़्यादा वाज़ेह[6] कर दिया : "कोई माल-वाल है तुम्हारी निगाह में ?"

मसऊद और मैं, हम दोनों, एक तरफ़ खिसक गए थे—मसऊद ने घबराकर मुझसे कहा : "यह फ़ख़ कैसा आदमी है··· इसे कुछ समझाओ !"

मसऊद से मैं कुछ कहने ही वाला था कि फ़ख़ ने हम दोनों को आवाज़ दी : "आओ भई, आओ··· बैठो ताँगे में।"

हम तीनों ताँगे में बैठ गए—मुझे अगली निशस्त पर जगह मिली।

दिसंबर के आख़िरी दिन थे; रात के आठ बज चुके थे; व्हिस्की पीने के बावजूद हमें सर्दी महसूस हो रही थी; मैं अगली निशस्त पर बैठा था और तीनों में सबसे कमज़ोर था, इसलिए मेरे कान सुन्न हो रहे थे—जब ताँगा डफ़रिन ब्रिज के नीचे उतरा तो मैंने मफ़लर निकालकर कानों और सिर पर लपेट लिया और ओवरकोट का कॉलर भी ऊँचा कर लिया।

साँस घोड़े के नथुनों से भाप बनकर निकल रहा था—हम तीनों ख़ामोश थे—ताँगेवाला मोटे और खुरदुरे कंबल में लिपटा ख़ामोशी से ताँगा चला रहा था—मैंने उसकी तरफ़ ग़ौर से देखा; संजीदगी उसके चेहरे पर ठिठुर-सी रही थी जो मुझे बहुत बुरी मालूम हुई; मैंने फ़ख़ से कहा : "फ़ख़, यह आदमी कैसा है··· कोई बात ही नहीं करता··· ऐसा मालूम होता है, कास्ट्रॉयल पीकर बैठा है।"

ताँगेवाला मेरे इस रिमार्क पर भी ख़ामोश रहा—फ़ख़ ने कहा : "ज़्यादा बातें करनेवाले ठीक नहीं होते··· हमारा मतलब समझ गया है··· जहाँ अच्छी चीज़ होगी, वहीं ले चलेगा।"

मसऊद, जो सिगरेट सुलगा रहा था, एकदम बोला : "वल्लाह, औरत कितनी अच्छी चीज़ है··· औरत, औरत कम चीज़ ज़्यादा है···"

मैंने मसऊद की बात को ज़रा और ख़ूबसूरत बनाकर कहा : "मसऊद, चीज़ नहीं, चीज़ी···"

मसऊद कि शाइर था, बस फड़क उठा : "वल्लाह, क्या बात पैदा की है··· चीज़ नहीं, चीज़ी··· मियाँ ताँगेवाले, चीज़ और चीज़ी में जो फ़र्क़ है उसका ध्यान रखना···"

ताँगेवाला ख़ामोश रहा—अब मैंने और ग़ौर से उसकी तरफ़ देखा; मज़बूत जिस्म का आदमी था; उम्र पैंतीस बरस के लगभग होगी; पतली-पतली मूँछें थीं, जिनके बाल नीचे को झुके हुए थे; सर्दी के बायस उसने कंबल का ठाटा-सा बना रखा था, इसलिए उसका पूरा चेहरा नज़र नहीं आ रहा था—मैंने उसकी तरफ़ देखकर फ़ख़ से पूछा : "कहाँ ले जा रहा है यह हमें ?"

फ़ख़ ने, जो ज़्यादा सोच-विचार का आदी नहीं था, जवाब दिया : "इतने बेताब क्यों होते हो··· अभी थोड़ी देर के बाद चीज़ तुम्हारे सामने आ जाएगी।"

मसऊद ने फ़ख़ से कहा : "तुमसे कोई बात हुई है इसकी ?"

फ़ख़ ने जवाब दिया : "रोशनआरा रोड पर कुछ मेमें रहती हैं··· कहता है, हमारे काम की हैं।"

मेमों का ज़िक्र सुनकर मसऊद को अपने एक दोस्त की नज़्म याद आ गई—नज़्म का हवाला देकर उसने कहा : ''तो चलो, आज लगे हाथों अर्बाबे-वतन[7] की बेबसी का इंतिक़ाम भी ले लिया जाए ⋯ वल्लाह, ऐसा मालूम होता है कि हमारा ताँगेवाला साहबे-ज़ौक़ है ⋯ वह नज़्म ज़रूर पढ़ी होगी इसने ⋯ ''

इसके बाद देर तक मेमों के मुताल्लिक़ गुफ़्तगू होती रही—मैं और मसऊद मेमों के बिलकुल कायल न थे, लेकिन फ़ख़्र को औरतों की यह क़िस्म पसंद थी : ''उनका इल्म साइंटिफ़िक होता है ⋯ उनके मुक़ाबले में मशरिक़ी औरतों को रखिए तो वही फ़र्क़ नज़र आएगा, जो हमारी रेवड़ी और इनकी टॉफ़ी में है ⋯ दरअसल बात यह है कि मेमों का पैकिंग बड़ा अच्छा होता है।''

मैंने कहा : ''फ़ख़्र, मुमकिन है, तुम्हारा नज़रिया दुरुस्त हो ⋯ मगर मेरे भाई, मैं ऐसे नाज़ुक मौक़ों पर ज़बान की मुश्किलात बर्दाश्त नहीं कर सकता ⋯ मैं अपने दफ़्तर में बड़े साहब के साथ अँग्रेज़ी बोल सकता हूँ, यहाँ दिल्ली में रहते हुए इस ताँगेवाले से उर्दू में बातचीत करना गवारा कर सकता हूँ, मगर उस नाज़ुक मौक़े पर मैं अँग्रेज़ी में गुफ़्तगू नहीं कर सकता ⋯ मेरी पतलून अँग्रेज़ी, मेरी टाई अँग्रेज़ी, मेरा जूता अँग्रेज़ी ⋯ यह सब चीज़ें अँग्रेज़ी हो सकती हैं ⋯ मगर बाख़ुदा, वह चीज़ मुझसे अँग्रेज़ी में नहीं हो सकती ⋯ ''

फ़ख़्र मेमों के बारे में अपना नज़रिया भूल गया और हँसने लगा—मसऊद शायद अभी तक अपने दोस्त की लिखी हुई नज़्म पर ग़ौर कर रहा था, जिसमें शाइर ने एक फ़िरंगी औरत के होंठ चूसकर अर्बाबे-वतन की बेबसी का इंतिक़ाम लिया था—दफ़अतन चौंककर उसने कहा : ''क्यों भई, यह ताँगा कब तक चलता रहेगा ?''

ताँगेवाले ने एकदम बागें खींचकर ताँगा ठहरा दिया और फ़ख़्र से कहा : ''वह जगह आ गई साहब ⋯ आप अकेले चलिएगा या ⋯ ''

हम तीनों ताँगेवाले के पीछे-पीछे हो लिए।

हमें वह एक नीम रौशन गली में ले गया—यह गली दिल्ली की आम गलियों से कुछ मुख़्तलिफ़[8] थी कि बहुत चौड़ी थी; दाएँ हाथ को एकमंज़िला मकान था, जिसकी खिड़कियों और दरवाज़ों पर चिक़ें लटकी हुई थीं—एक दरवाज़े की चिक़ उठाकर ताँगेवाला अंदर दाख़िल हो गया, फिर चंद लम्हात के बाद वह बाहर आया और हमें अंदर ले गया।

कमरे में घुप्प अँधेरा था—मैंने जब कहा, ''भाई, हम कहीं औंधे मुँह न गिर पड़ें'' तो दूसरे कमरे से किसी औरत की भद्दी-सी आवाज़ आई : ''लालटेन तो ले गया होता तू ⋯ !''

थोड़ी-सी देर के बाद ताँगेवाला एक अंधी-सी लालटेन लेकर नमूदार हुआ : ''चलिए, अंदर तशरीफ़ ले चलिए।''

हम तीनों अंदर तशरीफ़ ले गए—हमें दो काली भुजंगी इंतिहाई बदसूरत औरतें नज़र आईं, जिन्होंने फ़्रॉक पहन रखे थे।

यह मेमें थीं—मैंने बमुश्किल अपनी हँसी रोककर फ़ख़्र से कहा : ''क्या लज़ीज़ टॉफ़ियाँ हैं !''

मेरी बात सुनकर उन मेमों में से एक, जिसका सियाह चेहरा सुर्ख़ी थुपी होने के बायस

ज़्यादा पकी हुई ईंट की-सी रंगत इख़्तियार कर गया था, हँसी—मैं भी हँस दिया और मैंने बड़े प्यार से पूछा : "क्या नाम है आपका ?"

उसने कहा : "लूसी ।"

मसऊद ने आगे बढ़कर दूसरी से पूछा : "और आपका ?"

उसने जवाब दिया : "मेरी ।"

फ़ख़ भी थोड़ा आगे बढ़ा : "क्यों साहब, आप काम क्या करती हैं ?"

दोनों लजा गईं—एक ने अदा से कहा : "कैसा बात करता है तुम ?"

दूसरी ने कहा : "चलो जल्दी करो⋯रहना माँगता है या नहीं⋯हमें रोटी पकाना है ।"

मैंने उसके हाथों की तरफ़ देखा—उसके हाथ गीले आटे से भरे हुए थे और वह हाथ मल रही थी; उसके मलते हुए हाथों में से कच्चे फ़र्श पर मरोड़ियाँ गिर रही थीं—मुझे ऐसा मालूम हुआ कि अनाज रो रहा है; मरोड़ियाँ अनाज के आँसू हैं।

ताँगेवाला हमें क़तई तौर पर ग़लत जगह ले आया था । हम तीनों के तीनों उस मकान में पहुँचकर सख़्त परेशान हो गए, मगर हम अपनी परेशानी उन दो औरतों पर ज़ाहिर करना नहीं चाहते थे—हमें सख़्त नाउम्मीदी हुई थी; अगर हम उनसे साफ़ लफ़्ज़ों में कह देते कि वह हमारे मतलब की नहीं हैं तो ज़रूर उनके जज़्बात को ठेस पहुँचती—औरत, जिसके हाथ आटे में लिथड़े हों, जज़्बात से आरी नहीं हो सकती।

मैंने उन दोनों औरतों की तारीफ़ की; फ़ख़ ने भी मेरा साथ दिया; फिर हम तीनों बहुत जल्द वापस आने का वादा करके वहाँ से निकल आए ।

ताँगेवाला हमारा मतलब समझ गया था; उसे चंद लम्हात के लिए वहाँ ठहरना पड़ा—जब वह बाहर निकला तो फ़ख़ ने उससे कहा : "तुम इन्हें मेमें कहते हो ?"

ताँगेवाले ने बड़ी मतानत[9] के साथ जवाब दिया : " सब लोग यही कहते हैं साहब !"

"लोग झख मारते हैं⋯मैंने सोचा था कि तुम मेरा मतलब समझ गए होगे⋯अब ख़ुदा के लिए किसी ऐसी जगह ले चलो, जहाँ चंद घड़ियाँ हम अपना दिल बहला सकें⋯"

मसऊद ने हम तीनों का इज्तिमाई[10] मक़सद और ज़्यादा वाज़ेह करने की कोशिश की : 'देखो, हम ऐसी जगह जाना चाहते हैं, जहाँ हम कुछ देर बैठ सकें⋯हमें ऐसी औरत के पास ले चलो, जो बातें करने का सलीक़ा रखती हो⋯भाई, हम कोरे नहीं हैं, किसी फ़ौज के सिपाही नहीं हैं⋯हम तीन शरीफ़ आदमी हैं, जिन्हें औरत से बातचीत किए बरसों गुज़र चुके हैं⋯समझे ?"

ताँगेवाले ने इस्बात[11] में सिर हिला दिया :"तो चलिए बैठिए⋯आपको सदर बाज़ार ले चलता हूँ ।"

फ़ख़ ने पूछा : "वहाँ कौन है ?"

ताँगेवाले ने घोड़े की बागें थामकर जवाब दिया : " एक पंजाबन है⋯बहुत लोग आते हैं उसके पास ।"

ताँगे ने पंजाबन के घर का रुख़ इख़्तियार कर लिया ।

रास्ते में उन दो मेमों का ज़िक्र छिड़ गया, हम में से हर एक को वहाँ जाने का अफ़सोस

था, हम तो उनसे नाउम्मीद हुए ही थे, शायद हमसे कहीं ज़्यादा वह नाउम्मीद हुई थीं; मैंने उनको कुछ रुपए दे दिए होते, मगर यह भीख होती, उनकी तज़लील[12] होती।

फ़ख़्र ने हमारी इस गुफ़्तगू में ज़्यादा हिस्सा न लिया; वह चाहता था कि उनका ज़िक्र न किया जाए, लेकिन जब तक ताँगा पंजाबन के घर तक न पहुँचा, न चाहने के बावजूद उनका ज़िक्र होता रहा।

ताँगा एक फ़राख़ बाज़ार में फ़ुटपाथ के पास रुका।

तवेले के साथवाला मकान उस पंजाबन का था—ताँगेवाले के पीछे-पीछे हम तीनों ने उधर का रुख़ किया; ज़ीना तय करके हम ऊपर पहुँचे; सामने पाख़ाना था, दरवाज़े से बेनियाज़; उसके साथ पुरानी वज़्अ का मुग़लई कमरा था— हम चारों उस कमरे में दाख़िल हुए, कमरे के आख़िरी सिरे पर चार आदमी फ़्लैश खेलने में मसरूफ़ थे, जो हमारी आमद से ग़ाफ़िल रहे, अलबत्ता एक औरत जो उनके पास खड़ी थी और उनमें से एक के पत्तों में दिलचस्पी ले रही थी, आहट पाकर हमारी तरफ़ आई।

यहाँ भी कमरे में एक लालटेन जल रही थी, जो फ़्लैश खेलनेवालों के घेरे में थी; रोशनी मद्धिम थी—जब वह औरत फ़ख़्र के क़रीब पहुँची और अपने कूल्हे पर हाथ रखकर खड़ी हो गई तो मैंने उसे ग़ौर से देखा—उसकी उम्र कम अज़ कम पैंतीस बरस थी; छातियाँ बड़ी-बड़ी थीं, जो उसने बड़े ही बेहूदा और फ़हश अंदाज़ से ऊपर को उठा रखी थीं; तंग माथे पर नीले रंग का चाँद ख़ुदा हुआ था—जब वह मसऊद की तरफ़ देखकर मुसकराई तो मुझे उसके सामने के दाँतों में सोने की कीलें नज़र आईं।

उसने फ़ख़्र को आँख मारी और पूछा : "कहो, क्या बात है ?"

फ़ख़्र ने बच्चे की तरह कहा : "आपका नाम ?"

उसने फिर अपने कूल्हे पर हाथ रखे, ज़रा फैली, हम तीनों को बारी-बारी देखा और कहा : "गुलज़ार।"

फ़ख़्र ने फ़ौरन ही माज़िरत[13] की : "माफ़ कीजिएगा, हम गुलाब के यहाँ आए थ, ग़लती से इधर चले आए !"

वह ज़रा आगे बढ़ी, फ़ख़्र के हाथ से सिगरेट छीना, कश लगाया और फ़्लैश खेलनेवालों के पास चली गई, जो अभी तक हमारी आमद से ग़ाफ़िल थे।

बड़ी ख़ौफ़नाक औरत थी, उसका मुँह कुछ इस अंदाज़ से खुलता था, जैसे नीबू निचोड़नेवाली मशीन का खुलता है।

ताँगे में बैठते ही हम तीनों ने ताँगेवाले को फिर अपना मतलब समझाया कि हम किस क़िस्म की औरत चाहते हैं। उसने हम तीनों का लैक्चर सुना और कहा : "आप थोड़े लफ़्ज़ों में मुझे बताइए कि आप कहाँ जाना चाहते हैं ?"

मैंने तंग आकर फ़ख़्र से कहा : "भई, तुम ही इसे उन थोड़े-से लफ़्ज़ों में समझाओ, जो तुम्हारे पास बाक़ी रह गए हैं।"

फ़ख़्र ने उसे समझाया : " देखो, हमें किसी लड़की के पास ले चलो⋯ऐसी औरत के पास, जो सोलह-सतरह बरस की हो⋯इससे ज़्यादा की हर्गिज़ न हो⋯समझे ?"

ताँगेवाले ने कंबल की बुक्कल मारकर बागें थामीं और कहा : "आपने पहले ही कह दिया होता...चलिए, अब आपको ठीक जगह पर ले चलता हूँ।"

आधे घंटे के बाद वह ठीक जगह भी आ गई।

ख़ुदा मालूम कौन-सा बाज़ार था, एक मकान की दूसरी मंज़िल पर एक बैठक-सी थी, जिसके दरवाज़े पर मोटा और मैला टाट लटक रहा था—जब हम अंदर दाख़िल हुए तो सामने आँगन में एक देहाती बुढ़िया चूल्हा झोंक रही थी; मिट्टी के कूँडे में गुँधा हुआ आटा पास ही पड़ा था, धुआँ इस क़दर था कि अंदर दाख़िल होते ही हमारी आँखों में आँसू आ गए।

बुढ़िया ने चूल्हे में लकड़ियाँ झाड़कर हमारी तरफ़ देखा और ताँगेवाले से देहाती लहजे में कहा : "इन्हें अंदर ले जाओ।"

ताँगेवाले ने दियासलाई जलाकर हमें अँधेरे कमरे में दाख़िल किया और कील से लटकी हुई लालटेन को रौशन करके बाहर चला गया।

मैंने कमरे का जायज़ा लिया—कोने में एक बहुत बड़ा पलंग था, जिसके पाए रंगीन थे; पलंग पर मैली-सी चादर बिछी हुई थी, तकिया भी पड़ा था, जिस पर सुर्ख़ रंग के फूल कढ़े हुए थे, पलंग के साथवाली दीवार की कार्निस पर सरसों के तेल की एक मैली बोतल और लकड़ी की कंघी पड़ी थी; लकड़ी की कंघी में सिर का मैल और बालों का एक गुच्छा फँसा हुआ था, पलंग के नीचे एक टूटा हुआ ट्रंक था, ट्रंक पर एक काली गुरगाबी रखी हुई थी।

मसऊद और फ़ख़ दोनों, पलंग पर बैठ गए—मैं खड़ा रहा।

थोड़ी देर के बाद एक पस्त क़द लड़की अपने से दुगना दुपट्टा ओढ़ने की कोशिश करती हुई अंदर दाख़िल हुई—फ़ख़ और मसऊद, दोनों उठ खड़े हुए।

जब वह लड़की लालटेन की रौशनी में आई तो मैंने उसे देखा—उसकी उम्र बमुश्किल चौदह बरस के क़रीब होगी; उसकी छातियाँ आड़ू के बराबर थीं, मगर उसके चेहरे से मालूम होता था कि वह अपने जिस्म को पीछे छोड़कर बहुत आगे निकल चुकी है, बहुत आगे, जहाँ शायद उसकी माँ भी न पहुँच सकी हो, उसकी माँ, जो शायद बाहर आँगन में चूल्हा झोंक रही थी; उसके नथुने फड़क रहे थे और वह इस अंदाज़ से अपना एक हाथ हिला रही थी, जैसे वह अभी मक्कार दूकानदार की तरह डंडी मारेगी और पूरा तौल नहीं तौलेगी।

हम तीनों उसको हैरत भरी नज़रों से देखते रहे—फ़ख़ शर्म महसूस कर रहा था और मसऊद की सारी शाइरी सिमटकर शायद उसके नाख़ूनों में आ गई थी; वह बुरी तरह अपने नाख़ून दाँतों से काट रहा था।

मैंने एक बार फिर उस लड़की की तरफ़ ग़ौर से देखा, जैसे मुझे अपनी आँखों पर यक़ीन न आया हो—वह ठिगनी-सी लड़की थी, जो एक बहुत बड़ा मैला दुपट्टा ओढ़ने की कोशिश कर रही थी; उसका रंग गहरा साँवला था; उसके बदन की साख़्त से मालूम होता था कि वह बड़ी तेज़ चलती हुई गाड़ी थी, जो अब एकदम रुक गई है, पहियों में बुरी तरह ब्रेक लगे हुए हैं और वहीं खड़े-खड़े धूप और बारिश में उसका रंग-रोग़न उड़ गया है—उस उम्र में भद्दी

से भद्दी लड़की के जिस्म में भी वह जो एक क़िस्म की शोख़ जाज़बियत[14] होती है, वह उसमें बिलकुल नहीं थी; कपड़ों के बावुजूद वह नंगी दिखाई देती थी, बहुत ही बेहूदा और नावाजिब तरीक़े पर नंगी—उसके जिस्म का निचला हिस्सा क़तई तौर पर ग़ैर निस्वानी[15] था।

मैं कुछ कहने ही वाला था कि उस लड़की के अक़्ब[16] से एक बुड्ढा नमूदार हुआ—बिलकुल सफ़ेद दाढ़ी; उसका सिर ज़ो'फ़[17] के बायस हिल रहा था।

लड़की ने देहाती ज़बान में बुड्ढे से कुछ कहा तो मैंने नतीजा निकाला कि वह बुड्ढा उस लड़की का नाना है।

हम तीनों सही मानो में उठ भागे—नीचे बाज़ार में पहुँचे तो हमारा तकद्दुर[18] कुछ दूर हुआ।

लड़की और बुड्ढे को देखकर हमारे जमालियाती ज़ौक़[19] को बहुत ही शदीद सदमा पहुँचा था—देर तक हम चुपचाप रहे।

फ़ख़ टहलता रहा; मसऊद एक कोने में बैठ गया; मैं ओवरकोट की जेबों में हाथ डाले आसमान की तरफ़ देखता रहा।...आसमान पर नामुकम्मल चाँद बिलकुल उस ज़र्द बेसवा लौंडिया की तरह, जिसके जिस्म का निचला हिस्सा क़तई तौर पर ग़ैर निस्वानी था बादल के एक बहुत बड़े टुकड़े का दुपट्टा ओढ़ने की कोशिश कर रहा था, उसके ज़रा कुछ दूर बादल का एक छोटा-सा सफ़ेद टुकड़ा उस लड़की के नाना के ज़ईफ़[20] सिर की तरह लरज़[21] रहा था—मेरे बदन पर झुरझुरी तारी हो गई।

हम ग़ालिबन दस-बारह मिनट तक बाज़ार में गुमसुम-से रहे।

फिर ताँगेवाला नीचे आया—फ़ख़ के पास जाकर उसने कहा : "आपने आठ बजे ताँगा लिया था, अब ग्यारह बजे हैं...तीन घंटों के पैसे दे दीजिए..."

फ़ख़ ने कुछ कहे बग़ैर उसको दो रुपए दे दिए।

रुपए लेकर वह मुसकराया : "साहब, आपको कुछ पहचान नहीं...ऐसी करारी लौंडिया तो शहर भर में नहीं मिलेगी आपको...ख़ैर, आपको इख़्तियार है...ताँगे में बैठिए, मैं अभी आया।"

ताँगेवाले को फिर ऊपर जाने की ज़हमत[22] न उठाना पड़ी कि वह सफ़ेद रीश बुड्ढा उसके पीछे-पीछे चला आया था और मोरी के पास खड़ा अपना ज़ईफ़ सिर हिला रहा था।

बुड्ढे को दो रुपए देने के बाद जब ताँगेवाले ने बागें थामीं तो उसकी संजीदगी ग़ायब हो चुकी थी; 'चल बेटा' कहकर उसने अपनी भद्दी, मगर मसर्रत[23] भरी आवाज़ में गाना शुरू कर दिया : "सावन के नज़ारे हैं...लला लला ला... !"

1. पैदा की हुई मलिनता; 2. मलिनता या गंदगी; 3. वांछित, चाहिए; 4. इच्छाशक्ति; 5. गंभीर; 6. स्पष्ट; 7. वतन के लोगों; 8. अलग; 9. गर्भाग्ना; 10. सामूहिक; 11. स्वीकारोक्ति; 12. बेइज़्ज़ती; 13. क्षमा चाहना; 14. आकर्षण; 15. जिसमें नारीत्व न हो; 16. पीछे; 17. निर्बलता; 18. उदासी; 19. सौंदर्यबोध संबंधी रसिकता; 20. निर्बल; 21. काँपना; 22. तकलीफ़; 23. प्रसन्नता।

दस रुपए

वह गली के उस नुक्कड़ पर छोटी-छोटी लड़कियों के साथ खेल रही थी।

उसकी माँ उसे चाल में ढूँढ रही थी—किशोरी को अपनी खोली में बिठाकर और बाहरवाले से चाय लाने के लिए कहकर वह चाल की तीनों मंज़िलों में अपनी बेटी को तलाश कर चुकी थी, मगर जाने वह कहाँ मर गई थी। सँडास के पास जाकर भी उसने आवाज दी थी : ''ए सरिता...सरिता!'' मगर वह सँडास में तो थी ही नहीं और जैसाकि उसकी माँ समझ रही थी, अब सरिता को पेचिश की शिकायत भी नहीं थी कि दवा पिए बग़ैर उसको आराम आ चुका था।

वह बाहर गली के उस नुक्कड़ पर, जहाँ कचरे का ढेर पड़ा रहता है, छोटी-छोटी लड़कियों के साथ खेल रही थी और हर क़िस्म के फ़िक्रो-तरद्दुद[1] से आज़ाद थी।

उसकी माँ बहुत मुतफ़क्किर[2] थी—वह किशोरी को अंदर खोली में बिठा आई थी। किशोरी ने कहा था : ''तीन सेठ बाहर बड़े बाज़ार में मोटर लिए खड़े हैं।'' सरिता कहाँ ग़ायब हो गई है...मोटरवाले सेठ हर रोज़ तो आते नहीं...यह तो किशोरी की मेहरबानी है कि महीने में एक-दो बार मोटी आसामी ले आता है...वरना ऐसे मुहल्ले में, जहाँ पान की पीकों और जली हुई बीड़ियों की मिली-जुली बू से किशोरी ख़ुद घबराता हो, वहाँ भला सेठ लोग कैसे आ सकते हैं... किशोरी होशियार है, इसीलिए वह किसी आदमी को मकान पर नहीं लाता, बल्कि सरिता को कपड़े-वपड़े पहनाकर बाहर ले जाता है...वह उन लोगों से कह दिया करता है कि साहब, आजकल ज़माना बड़ा नाज़ुक है; पुलिस के सिपाही हर वक़्त घात में लगे रहते हैं; अब तक दो सौ धंधा करनेवाली छोकरियाँ पकड़ी जा चुकी हैं; कोर्ट में मुझ पर भी एक केस चल रहा है; इसलिए फूँक-फूँककर क़दम रखना पड़ता है...

सरिता की माँ को बहुत ग़ुस्सा आ रहा था—जब वह नीचे उतरी तो सीढ़ियों के पास रामदेई बैठी बीड़ियों के पत्ते काट रही थी।

सरिता की माँ ने पूछा : ''तूने सरिता को कहीं देखा है...? जाने कहाँ मर गई है...! बस, आज मुझे मिल जाए, वह चार चोट की मार मारूँ कि बंद-बंद ढीला हो जाए...लौठा की लौठा हो गई है, पर सारा दिन लौंडों के साथ कुदकड़े लगाती रहती है...!''

रामदेई बीड़ियों के पत्ते काटती रही। उसने सरिता की माँ को कोई जवाब न दिया।

सरिता की माँ ने रामदेई से ख़ासतौर पर कुछ पूछा ही नहीं था, वह तो बस यूँही बड़बड़ाती हुई रामदेई के पास से गुज़र गई थी—आमतौर पर यही होता था कि हर

दूसरे-तीसरे दिन उसे सरिता को ढूँढना पड़ता था, और वह रामदेई को, जो सारा दिन सीढ़ियों के पास पिटारी सामने रखे बीड़ियों पर लाल और सफ़ेद धागे लपेटती रहती थी, मुख़ातिब[3] करके यही अल्फ़ाज़ दुहराया करती थी।

एक और बात वह चाल की सारी औरतों से कहा करती : 'मैं तो अपनी सरिता का किसी बाबू के साथ ब्याह करूँगी ''' इसीलिए तो उससे कहती हूँ कि कुछ पढ़-लिख ले ''' ! पास ही मुनसीपालटी ने एक स्कूल खोला है, सोचती हूँ कि उसमें सरिता को दाख़िल करा दूँ ''' बहन, इसके पिता को बड़ा शौक़ था कि मेरी लड़की पढ़ी-लिखी हो ''' !' इसके बाद वह एक लंबी आह भरकर अपने मरे हुए शौहर का क़िस्सा छेड़ देती, जो चाल की हर औरत को ज़बानी याद था।

सरिता की माँ की बात तो जाने दीजिए, अगर रामदेई से पूछा जाता कि जब सरिता के बाप को (जो रेलवाई में काम करता था) बड़े साहब ने गाली दी तो क्या हुआ था, रामदेई फ़ौरन बता देती कि सरिता के बाप के मुँह में झाग भर आया था; वह साहब से कहने लगा : 'मैं तुम्हारा नौकर नहीं हूँ, सरकार का नौकर हूँ ''' तुम मुझ पर रोब नहीं जमा सकते ''' देखो, अगर फिर गाली दी तो तुम्हारे ये दोनों जबड़े हलक़ के अंदर कर दूँगा ''' ; बस फिर क्या था, साहब ताव में आ गया और उसने एक और गाली दे दी ''' इस पर सरिता के बाप ने ग़ुस्से में साहब की गर्दन पर ऐसी धौल जमाई कि साहब का टोप दस गज़ परे जा गिरा और उसको दिन में तारे नज़र आ गए ''' मगर फिर भी वह बड़ा आदमी था, आगे बढ़कर उसने सरिता के बाप के पेट में अपने फ़ौजी बूटों से इस ज़ोर की ठोकर मारी कि सरिता के बाप की तिल्ली फट गई और वहीं लाइनों के पास गिरकर उसने जान दे दी ''' सरकार ने साहब पर मुक़द्दमा चलाया और साहब से पूरे पाँच सौ रुपए सरिता की माँ को दिलवाए ''' मगर सरिता की माँ की क़िस्मत बुरी थी, उसको सट्टा की चाट पड़ गई और पाँच महीने के अंदर-अंदर सारा रुपया बर्बाद हो गया '''

सरिता की माँ की ज़बान पर हर वक़्त यह कहानी जारी रहती थी, लेकिन किसी को यक़ीन नहीं था कि कहानी सच है या झूठ—चाल में किसी आदमी को भी सरिता की माँ से हमदर्दी न थी, शायद इसलिए कि वह सबके-सब ख़ुद हमदर्दी के क़ाबिल थे, कोई किसी का दोस्त नहीं था। उस बिल्डिंग में अक्सर ऐसे आदमी रहते थे, जो दिन भर सोते थे और रात को जागते थे कि उन्हें रात को पासवाली मिल में काम पर जाना होता था; उस बिल्डिंग में सब आदमी बिलकुल पास-पास रहते थे, लेकिन किसी को एक-दूसरे में दिलचस्पी न थी।

चाल में क़रीब-क़रीब सब लोग जानते थे कि सरिता की माँ अपनी जवान बेटी से पेशा कराती है। जब वह कहा करती : 'मेरी बेटी को तो दुनिया की कुछ ख़बर ही नहीं ''' ' तो कोई उसको झुठलाने की कोशिश न करता था कि वह किसी के साथ अच्छा-बुरा सलूक करने के आदी ही न थे—बस, एक बार ऐसा हुआ था कि सुबह-सवेरे नल के पास तुकाराम ने सरिता को छेड़ा था और सरिता की माँ तुकाराम की बीवी को पुकारते हुए बहुत चीख़ी-चिल्लाई थी : 'इस मुए गंजे को तू सँभाल के क्यों नहीं रखती ''' परमात्मा करे यह दोनों आँखों से अंधा

हो जाए, जिनसे इसने मेरी कुँआरी बेटी की तरफ़ बुरी नज़रों से देखा है⋯सच कहती हूँ, एक रोज़ ऐसा फ़साद होगा कि तेरी इस गंजी सौग़ात का मारे जूतों के सिर पिलपिला कर दूँगी⋯बाहर जो चाहे करता फिरे पर यहाँ इसे भले मानसों की तरह रहना होगा⋯सुना तूने ?' और तुकाराम की भैंगी बीवी धोती बाँधते-बाँधते बाहर निकल आई थी : 'ख़बरदार मुई चुड़ैल, जो तूने एक लफ़्ज़ भी और ज़बान से निकाला⋯यह तेरी सरिता तो होटल के छोकरों से भी आँख-मिचौली खेलती है और तू क्या हम सबको अंधा समझती है⋯क्या हम सब जानते नहीं कि तेरी सरिता आए दिन बन-सँवर के बाहर क्यों जाती है⋯बड़ी आई इज़्ज़तवाली⋯जा जा, दूर दफ़ान हो यहाँ से⋯' फिर सरिता की माँ ने बहुत ज़ोर देकर नफ़रत भरे लहजे में कहा था : 'और वह तेरा यार घासलेटवाला⋯दो-दो घंटे उसे खोली में बिठाकर क्या तू उसका घासलेट सूँघती रहती है⋯'

तुकाराम की भैंगी बीवी के मुताल्लिक़[4] बहुत-सी बातें मशहूर थीं और यह बात तो ख़ासतौर पर सब लोगों को मालूम थी कि जब घासलेटवाला आता है, तो वह उसे अंदर बुलाकर दरवाज़ा बंद कर लेती है—तुकाराम की बीवी से सरिता की माँ की बोलचाल ज़्यादा देर तक बंद न रही थी और फिर दोनों का आपस में समझौता हो गया था कि एक रोज़ रात को सरिता की माँ ने तुकाराम की बीवी को धुप अँधेरे में किसी से मीठी-मीठी बातें करते पकड़ लिया था और दूसरे रोज़ रात को तुकाराम की बीवी ने सरिता को एक जैंटेलमेन आदमी के साथ मोटर में बैठे देख लिया था।

सरिता की माँ बड़बड़ाते हुए सरिता को इधर-उधर खोज रही थी कि सामने से तुकाराम की बीवी आ गई—सरिता की माँ ने पूछा : "तूने कहीं सरिता को तो नहीं देखा ?"

तुकाराम की बीवी ने भैंगी आँखों से गली के नुक्कड़ की तरफ़ देखा : "वहाँ घूरे के पास पनवाड़ी की लौंडिया के साथ खेल रही है⋯" फिर उसने आवाज़ धीमी करके पूछा : "अभी-अभी किशोरी ऊपर गया था⋯क्या तुमसे मिला ?"

सरिता की माँ ने इधर-उधर देखकर हौले से कहा : "ऊपर बिठा आई हूँ⋯पर यह सरिता हमेशा वक़्त पर कहीं ग़ायब हो जाती है⋯कुछ सोचती नहीं, कुछ समझती नहीं, बस दिन भर खेलती-कूदती रहती है⋯" यह कहकर वह तेज़ी से घूरे की तरफ़ बढ़ी और जब वह सीमेंट की बनी हुई मूतरी के पास पहुँची तो उसे देखकर सरिता फ़ौरन उठ खड़ी हुई।

सरिता के चेहरे पर अफ़सुर्दगी[5] के आसार पैदा हो गए—उसकी माँ ने उसका बाज़ू पकड़ते हुए और उसे खींचते हुए ख़श्म आलूद[6] लहजे में कहा : "चल घर चलकर मर⋯तुझे तो सिवाय उछल-कूद के और कोई काम ही नहीं⋯" फिर रास्ते में उसकी माँ ने हौले-से कहा : "किशोरी बड़ी देर से आया बैठा है⋯एक मोटरवाले सेठ को लाया है⋯चल तू भाग के ऊपर चल और जल्दी-जल्दी तैयार हो जा⋯और सुन, वह नीली जार्जेट की साड़ी पहनियो⋯और देख, यह तेरे बाल बहुत बुरी तरह बिखर रहे हैं⋯तू जल्दी से तैयार हो जा, कंघी मैं कर दूँगी।"

यह सुनकर कि कोई मोटरवाले सेठ आए हैं, सरिता बहुत ख़ुश हुई; उसे सेठ से इतनी दिलचस्पी नहीं थी, जितनी मोटर से। मोटर की सवारी उसे बहुत पसंद थी, जब मोटर

फ़र्राटे भरती हुई खुली-खुली सड़कों पर चलती और उसके मुँह पर हवा के तमाचे पड़ते तो उसके दिल में एक नाक़ाबिले-बयान मसर्रत[7] उबलना शुरू हो जाती; मोटर में बैठकर उसको हर शै एक हवाई चक्कर दिखाई देती और वह समझती कि वह ख़ुद एक बगूला है, जो सड़कों पर उड़ता चला जा रहा है।

सरिता की उम्र ज़्यादा से ज़्यादा पंद्रह बरस की होगी, मगर उसमें भपना[8] तेरह बरस की लड़कियों का-सा था; वह औरतों से मिलना-जुलना और उनसे बातें करना बिलकुल पसंद नहीं करती थी; वह सारा-सारा दिन छोटी-छोटी लड़कियों के साथ ऊटपटाँग खेलों में मसरूफ़ रहती, ऐसे खेल जिनका कोई मतलब ही न हो; मिसाल के तौर पर वह गली की काली लुकफिरी सड़क पर खड़िया मिट्टी से लकीरें खींचने में बहुत दिलचस्पी लेती थी और इस खेल में वह इस इन्हिमाक[9] से मसरूफ़[10] रहती थी, जैसे सड़क पर यह टेढ़ी-बंगी लकीरें अगर न खींची गईं तो आमदो-रफ़्त बंद हो जाएगी; कभी-कभी खोली से पुराने टाट उठाकर, अपनी नन्ही-नन्ही सहेलियों के साथ कई-कई घंटे उन टाटों को फ़ुटपाथ पर झटकने, साफ़ करने, बिछाने और फिर उन टाटों पर बैठे रहने के ग़ैर दिलचस्प खेल में मशग़ूल रहती थी।

सरिता ख़ूबसूरत नहीं थी; रंग उसका सियाही माइल गंदुमी था; बंबई के मरतूब मौसम के बायस उसके चेहरे की जिल्द हर वक़्त चिकनी रहती थी; उसके पतले-पतले होंठों पर, जो चीकू के छिलके दिखाई देते थे, हर वक़्त एक ख़फ़ीफ़-सी[11] लरज़िश[12] तारी रहती थी और ऊपर के होंठ पर पसीने की तीन-चार नन्ही-नन्ही बूँदें हमेशा कँपकँपाती रहती थीं—उसकी सेहत अच्छी थी; कि ग़िलाज़त में रहने के बावजूद उसका जिस्म सुडौल और मुतनासिब[13] था; ऐसा मालूम होता था कि उस पर जवानी का हमला बड़ी शिद्दत[14] से हुआ है; जब वह सड़क पर फुर्ती से इधर-उधर चलती थी और जब उसकी मैली घघरी ऊपर को उठ जाती थी तो कई राह चलते मर्दों की निगाहें उसकी पिंडलियों की तरफ़ उठ जाती थीं, जिनमें जवानी के हमले के बायस ताज़ा रंदा की हुई सागवान की लकड़ी-जैसी चमक दिखाई देती थी, उन पिंडलियों पर, जो बालों से बिलकुल बेनियाज़[15] थीं, मसामों के नन्हे-नन्हे निशान देखकर उन संगतरों के छिलके याद आ जाते थे, जिनके छोटे-छोटे ख़लियों में तेल भरा होता है और जो थोड़ा-सा दबाव पड़ने पर ऊपर की तरफ़ उठकर आँखों में घुस जाया करता है—उसकी बाँहें भी सुडौल थीं; कंधों पर उनकी गोलाई, मोटे और बड़े बेढब तरीक़े से सिले हुए ब्लाउज़ के बावजूद, बाहर झाँकती थी—उसके बाल बड़े घने और लंबे थे और उनमें से खोपरे के तेल की बू आती रहती थी, वह अपने बालों की लंबाई से ख़ुश नहीं थी कि खेलकूद के दौरान में उसकी चोटी उसे बहुत तकलीफ़ दिया करती थी, जो एक मोटे कोड़े के मानिंद उसकी पीठ को थपकती रहती थी; उसे अपनी चोटी को मुख़्तलिफ़[16] तरीक़ों से क़ाबू में रखना पड़ता था।

सरिता का दिलो-दिमाग़ हर क़िस्म के फ़िक्रो-तरद्दुद से आज़ाद था। दोनों वक़्त उसे खाने को मिल जाता था। उसकी माँ घर का सब काम-काज करती थी। हाँ, सुबह को सरिता दो बालटियाँ पानी से भरकर अंदर रख देती और शाम को हर रोज़ लैंप में एक पैसे

का तेल भरवा लाती—कई बरसों से वह यह काम बड़ी बाक़ाइदगी से कर रही थी; हर शाम आदत के बायस ख़ुद ब ख़ुद उसका हाथ उस प्याले की तरफ़ बढ़ता, जिसमें पैसे पड़े होते और फिर वह लैंप उठाकर नीचे चली जाती।

कभी-कभी, यानी महीने में चार या पाँच बार जब किशोरी सेठ लोगों को लिए आता था तो सेठ लोगों के साथ होटलों में या कहीं अँधेरे मक़ामों पर जाने को वह तफ़रीह ख़याल करती थी; उसने इस बाहर जाने के सिलसिले के दूसरे पहलुओं पर कभी ग़ौर नहीं किया था; वह समझती थी कि दूसरी लड़कियों के घरों में भी किशोरी-जैसे आदमी आते होंगे और उन्हें भी सेठ लोगों के साथ बाहर जाना पड़ता होगा, और रात को वरली के ठंडे-ठंडे बैंचों पर या जूहू की गीली रेत पर जो कुछ होता है, सबके साथ होता होगा। एक बार उसने अपनी माँ से कहा था : 'माँ, अब तो शांता भी काफ़ी बड़ी हो गई है⋯ उसको भी मेरे साथ भेज दिया करो ना⋯ यह सेठ लोग मुझे अंडे खाने को देते हैं⋯ शांता को अंडे बहुत अच्छे लगते हैं⋯' और उसकी माँ ने गोलमोल बात कही थी : 'हाँ-हाँ, उसको भी किसी रोज़ तुम्हारे साथ भेज दूँगी⋯ उसकी माँ तो पूना से वापिस आ जाए⋯' और दूसरे ही रोज़ उसने शांता को, जो उस वक़्त संडास से निकल रही थी, यह ख़ुशख़बरी सुनाई थी : 'तेरी माँ पूना से आ जाए तो सब मामला ठीक हो जाएगा⋯ तू भी मेरे साथ वरली जाया करेगी⋯' फिर उसने पिछली रात की बात शांता को कुछ इस तरीक़े से सुनाना शुरू की थी, जैसे उसने कोई बहुत ही प्यारा सपना देखा हो। शांता को, जो सरिता से दो बरस छोटी थी, सरिता की बातें सुनकर कुछ ऐसा लगा था, जैसे उसके सारे जिस्म के अंदर नन्हे-नन्हे घुँघरू बज रहे हों; सरिता की सब बातें सुनकर भी उसकी तसल्ली न हुई थी, और उसने सरिता का बाज़ू खींचकर कहा था : 'चल, नीचे चलते हैं⋯ वहाँ बातें करेंगे⋯।' फिर वे दोनों मूतरी के पास, जहाँ गिरधारी बनिए ने बहुत-से टाटों पर खोपरे के मैले टुकड़े सुखाने के लिए डाल रखे थे, बैठकर देर तक कँपकँपी पैदा करनेवाली बातें करती रही थीं।

धोती के परदे के पीछे सरिता नीली जार्जेट की साड़ी पहन रही थी और साड़ी के मस ही से उसके बदन में गुदगुदी हो रही थी, मोटर की सैर का ख़याल उसके दिमाग़ में परिंदों की-सी फड़फड़ाहटें पैदा कर रहा था—अबकी बार सेठ कैसा होगा और उसे कहाँ ले जाएगा, यह और इस क़िस्म के दूसरे सवाल उसके दिमाग़ में नहीं आ रहे थे; जल्दी-जल्दी कपड़े बदलते हुए उसने एक-दो मर्तबा यह ज़रूर सोचा कि ऐसा न हो, मोटर चले और चंद ही मिनटों में किसी होटल के दरवाज़े पर रुक जाए, फिर एक बंद कमरे में सेठ शराब पीना शुरू कर दे और उसका दम घुटना शुरू हो जाए—उसे होटलों के बंद कमरे पसंद नहीं थे कि उनमें आमतौर पर लोहे की दो चारपाइयाँ इस तौर पर बिछी होती हैं, गोया उन पर जी भरके सोने की इजाज़त नहीं है।

जल्दी-जल्दी उसने जार्जेट की साड़ी पहनी और शिकनें दुरुस्त करती हुई एक लम्हे के लिए किशोरी के सामने आ खड़ी हुई : "किशोरी, ज़रा देखो, पीछे से साड़ी ठीक है न ?" और जवाब का इंतज़ार किए बग़ैर वह लकड़ी के उस टूटे हुए बक्स की तरफ़ बढ़ी, जिसमें उसने जापानी सुर्ख़ी रखी हुई थी, एक धुँधले आईने को खिड़की की सलाख़ों में अटकाने के

बाद दोहरी होकर उसके गालों पर पाउडर मला, फिर जब सुर्ख़ी लगाकर वह बिलकुल तैयार हो गई तो मुस्कुराकर उसने किशोरी की तरफ़ दाद तलब[17] निगाहों से देखा—शोख़ रंग की नीली साड़ी में, होंठों पर बेतरतीबी से सुर्ख़ी की धड़ी जमाए और साँवले गालों पर प्याज़ी रंग का पाउडर मले वह मिट्टी का एक ऐसा खिलौना मालूम हो रही थी, जो दीवाली के दिनों में खिलौने बेचनेवालों की दूकान में सबसे ज़्यादा नुमायाँ दिखाई दिया करता है।

इतने में उसकी माँ आ गई—उसने जल्दी-जल्दी सरिता के बाल दुरुस्त किए और कहा : "देखो बेटा, अच्छी-अच्छी बातें करना ··· जो कुछ वह कहें, मान लेना ··· यह सेठ जो हैं, बड़े आदमी हैं ··· मोटर इनकी अपनी है ···" फिर किशोरी से मुख़ातिब होकर उसने कहा : "अब तू जल्दी से ले जा इसे ··· बेचारे कब के खड़े राह देख रहे होंगे!"

दूसरे ही लम्हे किशोरी और सरिता गली में थे।

बाहर बड़े बाज़ार में, जहाँ एक कारख़ाने की लंबी-सी दीवार दूर तक चली गई है, एक पीले रंग की मोटर 'यहाँ पेशाब करना मना है' के छोटे-से बोर्ड के पहलू में खड़ी थी और मोटर में तीन हैदराबादी नौजवान अपनी-अपनी नाक पर रूमाल रखे किशोरी का इंतज़ार कर रहे थे—वह मोटर और आगे कहाँ ले जाते कि दीवार भी दूर तक चली गई थी ओर पेशाब का सिलसिला भी।

जब गली के मोड़ पर उस नौजवान को, जो मोटर का हैंडिल थामे बैठा था, किशोरी नज़र आया तो उसने अपने बाक़ी दो साथियों से कहा : "लो भई, वह आ गए ··· वह रहा किशोरी और ··· और ···" उसने गली के मोड़ की तरफ़ निगाहें जमाए रखीं : "अरे यह तो बिलकुल छोटी-सी लड़की है ··· ज़रा तुम भी देखो न— अरे भई, वो नीली साड़ी में ···" और जब किशोरी और सरिता मोटर के पास पहुँच गए तो पिछली सीट पर बैठे दो नौजवानों ने सीट के दरमियान में से अपने-अपने हैट उठा लिए और जगह बना दी—किशोरी ने आगे बढ़कर मोटर का पिछला दरवाज़ा खोला और फुर्ती से सरिता को अंदर दाख़िल कर दिया। दरवाज़ा बंद करने के बाद किशोरी ने उस नौजवान से, जो मोटर का हैंडिल थामे हुए था, कहा : "माफ कीजिएगा, ज़रा देर हो गई ··· यह बाहर अपनी किसी सहेली के पास गई हुई थी ··· तो ··· तो ···"

उस नौजवान ने मुड़कर सरिता की तरफ़ देखा और फिर किशोरी से कहा : "ठीक है ··· लेकिन ···" उसने मोटर की खिड़की में से अपना सिर बाहर निकाला और हौले-से कहा : "शोर-वोर तो नहीं मचाएगी ना ?"

किशोरी ने अपने सीने पर हाथ रखकर कहा : "सेठ, आप मुझ पर भरोसा रखिए ···"

उस नौजवान ने जेब में से दो रुपए निकाले और किशोरी के हाथ में थमा दिए : "जाओ, ऐश करो!"

किशोरी ने सलाम किया और नौजवान ने मोटर स्टार्ट कर दी।

शाम के पाँच बज रहे थे।

बंबई के बाज़ारों में गाड़ियों, ट्रामों, बसों और लोगों की आमदो-रफ़्त[18] बहुत ज़्यादा थी—सरिता ख़ामोशी से दो नौजवानों के बीच में दुबकी-सी बैठी हुई थी; बार-बार वह

अपनी रानों को जोड़कर उन पर अपने हाथ रख देती; वह कुछ कहते-कहते रुक-सी जाती...शायद वह मोटर चलानेवाले नौजवान से कहना चाहती थी : 'सेठ, जल्दी-जल्दी मोटर चलाओ...यूँ तो मेरा दम घुट जाएगा।'

बहुत देर तक किसी ने कोई बात न की—अगली सीट पर बैठा नौजवान मोटर चलाता रहा और पिछली सीट पर दोनों हैदराबादी नौजवान दाएँ और बाएँ कोनों में सिमटे अपनी-अपनी अचकनों में वह इज़्तिराब[19] छुपाते रहे, जो अबकी दफ़ा एक जवान लड़की को बिलकुल अपने पास देखकर उन्हें महसूस हो रहा था, ऐसी जवान लड़की जो कुछ वक़्त के लिए उनकी अपनी थी, यानी जिससे वह बिला ख़ौफ़ो-ख़तर[20] छेड़छाड़ कर सकते थे।

वह नौजवान, जो मोटर चला रहा था, दो बरस से बंबई में क़यामपिज़ीर[21] था और सरिता-जैसी कई लड़कियाँ दिन के उजाले और रात के अँधेरे में देख चुका था; उसकी पीली मोटर में मुख़्तलिफ़ रंगो-नस्ल की छोकरियाँ दाख़िल हो चुकी थीं, इसलिए उसे कोई ख़ास बेचैनी महसूस नहीं हो रही थी—हैदराबाद से उसके दो दोस्त आए हुए थे और उनमें एक, जिसका नाम शहाब था, बंबई में पूरी तरह सैरो-तफ़रीह करना चाहता था और उसी के लिए किफ़ायत ने, यानी बंबई में क़यामपिज़ीर मोटर के मालिक ने अज़राहे-दोस्तनवाज़ी[22] किशोरी के ज़रिए सरिता हासिल कर ली थी, दूसरे हैदराबादी दोस्त अनवर में अख़लाक़ी जुर्रत[23] कम थी, इसलिए वह मारे शर्म के किफ़ायत से यह न कह सका कि उसके लिए भी एक हो जाए।

किफ़ायत ने सरिता को पहले कभी नहीं देखा था कि किशोरी बहुत देर के बाद यह नई छोकरी कहीं से निकालकर लाया था; इस नएपन के बावजूद उसने अभी तक सरिता में दिलचस्पी न ली थी, शायद इसलिए कि वह एक वक़्त में सिर्फ़ एक काम कर सकता था; शायद मोटर चलाने के साथ-साथ वह सरिता की तरफ़ ध्यान नहीं दे सकता था।

जब शहर पीछे रह गया और मोटर मुज़ाफ़ात[24] की एक सड़क पर चलने लगी तो सरिता उछल पड़ी; वह दबाव जो अब तक उसने अपने ऊपर डाल रखा था, ठंडी हवा के झोंकों और उड़ती हुई मोटर ने एकदम उठा दिया, उसके अंदर बिजलियाँ-सी दौड़ गईं और वह सर-ता-पा[25] हरकत बन गई; उसकी टाँगें थिरकने लगीं, बाज़ू नाचने लगे, उँगलियाँ कँपकँपाने लगीं और वह अपने दोनों तरफ़ भागते हुए दरख़्तों को दौड़ती हुई निगाहों से देखने लगी।

अब शहाब और अनवर भी आराम महसूस कर रहे थे—शहाब ने, जो सरिता पर अपना हक़ समझता था, हौले-से अपना बाज़ू उसकी कमर में हाइल करना चाहा तो एकदम सरिता के गुदगुदी उठी और वह तड़पकर अनवर पर जा गिरी; फिर पीली मोटर की खिड़कियों में से बाहर उछलकर दूर तक पीछे की जानिब उसकी हँसी लुढ़कती चली गई। शहाब ने जब एक बार फिर उसकी कमर की तरफ़ हाथ बढ़ाया तो वह दोहरी हो गई और हँसते-हँसते उसका बुरा हाल हो गया—अनवर कोने में दुबका पड़ा बैठा रहा और अपने मुँह में थूक पैदा करने की कोशिश करता रहा।

शहाब के दिलो-दिमाग़ में शोख़ रंग भर गए। उसने किफ़ायत से कहा : "वल्लाह,

बड़ी करारी लौंडिया है···'' यह कहकर उसने ज़ोर से सरिता की रान में चुटकी भर ली।

सरिता ने इसके जवाब में अनवर का कान हौले-से मरोड़ दिया, शायद इसलिए कि वह उसके बिलकुल पास था—मोटर में क़हक़हे उबलने लगे।

किफ़ायत बार-बार मुड़-मुड़कर देख रहा था, हालाँकि उसे अपने सामने लगे छोटे-से आईने में सबकुछ दिखाई दे रहा था—क़हक़हों के ज़ोर का साथ देने की ख़ातिर उसने मोटर की रफ़्तार तेज़ कर दी।

सरिता का जी चाहा कि वह बाहर, सामने, मोटर के मुँह पर बैठ जाए, वहाँ, जहाँ हवा के टकराव से काँपती हुई परी फँसी पड़ी थी—वह आगे की तरफ़ झुकी हुई थी; शहाब ने उसे छेड़ा तो सँभलने की ख़ातिर उसने किफ़ायत के गले में अपनी बाँहें हमाइल[26] कर दीं; किफ़ायत ने ग़ैर इरादी तौर पर उसके हाथ चूम लिए; एक सनसनी-सी उसके जिस्म में दौड़ गई और वह फाँदकर अगली सीट पर किफ़ायत के पास बैठ गई और उसकी टाई से खेलने लगी : ''तुम्हारा नाम क्या है ?'' उसने किफ़ायत से पूछा।

''मेरा नाम ?'' किफ़ायत ने कहा : ''मेरा नाम किफ़ायत है।'' यह कहकर उसने दस रुपए का एक नोट सरिता के हाथ में थमा दिया।

सरिता ने उसके नाम की तरफ़ कोई तवज्जोह[27] न दी और नोट अपनी चोली में उड़सकर बच्चों की तरह ख़ुश होकर कहा : ''तुम बहुत अच्छे आदमी हो···तुम्हारी यह टाई बहुत अच्छी है।'' उस वक़्त सरिता को हर शै अच्छी नज़र आ रही थी, वह चाहती थी कि जो कुछ बुरा है, अच्छा हो जाए और···और फिर ऐसा हो···कि मोटर तेज़ी से दौड़ती रहे और हर शै हवाई बगूला बन जाए; एकदम उसका जी चाहा कि गाए—उसने किफ़ायत की टाई छोड़ दी और गाना शुरू कर दिया : 'तुम्हीं ने मुझको प्रेम सिखाया··· सोए हुए हृदय को जगाया···'कुछ देर वह यह फ़िल्मी गीत गाती रही, फिर एकदम पिछली सीट की तरफ़ घूम गई और अनवर को गुमसुम देखकर कहने लगी : ''तुम चुपचाप क्यों बैठे हो···कोई बात करो, कोई गीत गाओ···'' यह कहती हुई वह उचककर पिछली सीट पर चली गई और फिर शहाब के बालों में अपनी उँगलियों से कंघी करने लगी : ''आओ, हम दोनों गाएँ···तुम्हें याद है वह गाना, जो देविका रानी ने गाया था···मैं बन की चिड़िया बन के बन बन डोलूँ रे—देविका रानी कितनी अच्छी है···'' उसने दोनों हाथ जोड़कर अपनी ठोड़ी के नीचे रख लिए और आँखें झपकाते हुए कहा : ''देविका रानी और अशोक कुमार पास-पास खड़े थे···देविका रानी कहती थी : मैं बन की चिड़िया बन के बन बन डोलूँ रे···और अशोक कुमार कहता था···तुम कहो ना···'' सरिता ने गाना शुरू कर दिया : ''मैं बन की चिड़िया बन के बन बन डोलूँ रे···''

शहाब ने अपनी भद्दी आवाज़ बुलंद की : ''मैं बन का पंछी बन के बन बन डोलूँ रे···''

और फिर बाक़ाइदा ड्यूएट[28] शुरू हो गया; किफ़ायत ने हॉर्न बजाकर ताल का साथ दिया, सरिता ने तालियाँ बजानी शुरू कर दीं—सरिता का बारीक सुर, शहाब की फटी हुई आवाज़, हॉर्न की पों-पों, हवा की साँय-साँय और मोटर के इंजन की फड़फड़ाहट, सब मिल-जुलकर एक आरकेस्ट्रा बन गए।

सरिता ख़ुश थी, शहाब ख़ुश था, किफ़ायत ख़ुश था… इन सबको ख़ुश देखकर अनवर को भी ख़ुश होना पड़ा; वह दिल में बहुत शर्मिंदा हुआ कि उसने ख़्वाहमख़्वाह अपने को क़ैद कर रखा है; उसके बाज़ुओं में हरकत पैदा हुई, उसके सोए हुए जज़्बात ने अँगड़ाइयाँ लीं और वह सरिता, शहाब और किफ़ायत की शोर-अफ़शाँ[29] ख़ुशियों में शरीक होने के लिए तैयार हो गया।

गाते-गाते सरिता ने अनवर के सिर पर से उसका हैट उतारकर अपने सिर पर रख लिया, जो बेध्यानी में अनवर ने पहन लिया था… यह देखने के लिए कि हैट उसके सिर पर कैसा लगता है, सरिता उचककर अगली सीट पर चली गई और नन्हे-से आईने में अपना हैट से ढका हुआ सिर और चेहरा देखने लगी।

अनवर सोचने लगा, क्या वह मोटर में शुरू ही से हैट पहने बैठा है।

सरिता ने ज़ोर से किफ़ायत की मोटी रान पर तमाचा मारा : ''अगर मैं तुम्हारी पतलून पहन लूँ और कमीज़ पहनकर तुम्हारी-ऐसी टाई लगा लूँ तो क्या मैं पूरा साहब न बन जाऊँगी ?''

किफ़ायत की समझ में कुछ न आया कि वह क्या कहे, क्या करे—उसने यूँही अनवर से कहा : ''अनवर, वल्लाह तुम निरे चुग़द हो…''

अनवर ने महसूस किया कि वह वाक़ई बहुत बड़ा चुग़द है।

किफ़ायत ने सरिता से पूछा : ''तुम्हारा नाम क्या है ?''

''मेरा नाम ?'' सरिता ने हैट के फ़ीते को अपनी ठोढ़ी के नीचे जमाते हुए कहा : ''मेरा नाम सरिता है।''

शहाब पिछली सीट से बोला : ''सरिता, तुम लड़की नहीं फुलझड़ी हो।''

अनवर ने कुछ कहना चाहा, मगर कुछ कह न सका।

सरिता ने ऊँचे सुरों में गाना शुरू कर दिया : ''प्रेम नगर में बनाऊँगी घर मैं… तज के सब सन-सा-आ-र…''

किफ़ायत और शहाब के दिल में बयक-वक़्त यह ख़्वाहिश पैदा हुई कि उनकी यह मोटर यूँही सारी उम्र चलती रहे।

अनवर फिर सोच रहा था कि वह चुग़द नहीं है, तो क्या है।

'प्रेम नगर में बनाऊँगी घर मैं… तज के सब सन-सा-आ-र' के टुकड़े देर तक उड़ते रहे।

सरिता के बाल, जो उसकी ढीली चोटी की गिरफ़्त से अब आज़ाद हो गए थे, यूँ लहरा रहे थे, जैसे गाढ़ा धुआँ हवा के दबाव से बिखर रहा हो— वह ख़ुश थी।

शहाब ख़ुश था, किफ़ायत ख़ुश था और अब अनवर फिर ख़ुश होने का इरादा कर रहा था।

गीत ख़त्म हुआ तो सबको थोड़ी देर के लिए महसूस हुआ कि जो ज़ोर की बारिश हो रही थी, एकाएकी थम गई है। किफ़ायत ने सरिता से कहा : ''कोई और गीत गाओ।''

सरिता ने गाना शुरू कर दिया : "मोरे अँगना में आए आली... मैं चाल चलूँ मतवाली..."

मोटर भी मतवाली चाल चल रही थी।

आख़िरकार सड़क के सारे पेच ख़त्म हो गए और समंदर का किनारा आ गया।

दिन ढल रहा था और समंदर से आनेवाली हवा ख़ुनुकी इख़्तियार[30] कर रही थी।

मोटर रुकी तो सरिता ने हैट उतारकर सीट पर रख दिया और दरवाज़ा खोलकर बाहर निकल आई; फिर उसने साहिल[31] के साथ-साथ बेमक़सद दौड़ना शुरू कर दिया।

किफ़ायत और शहाब भी दौड़ने लगे।

खुली फ़ज़ा में, बेपायाँ समंदर के पास, ताड़ के ऊँचे-ऊँचे पेड़ों तले, गीली-गीली रेत पर सरिता समझ न सकी कि वह क्या चाहती है, उसका जी चाह रहा था कि बयकवक़्त[32] फ़ज़ा में घुल जाए, समंदर में फैल जाए, इतनी ऊँची उठ जाए कि ताड़ के दरख़्तों को ऊपर से देख सके, साहिल की रेत की सारी नमी पैरों के ज़रिए अपने अंदर जज़्ब[33] कर ले और फिर... और फिर... वही मोटर हो, वही उड़ानें, वही तेज़-तेज़ झोंके और वही मुसलसल[34] पौं-पौं—वह बहुत ख़ुश थी।

जब तीनों हैदराबादी नौजवान साहिल की गीली-गीली रेत पर बैठकर बीयर पीने की तैयारी करने लगे तो किफ़ायत के हाथ से सरिता ने बोतल छीन ली : "ठहरो, मैं डालती हूँ..." उसने इस तरह गिलास में बीयर उँडेली कि झाग ही झाग पैदा हो गए; वह यह तमाशा देखकर बहुत ख़ुश हुई, साँवले-साँवले झागों में उसने अपनी एक उँगली डुबोई और अपने मुँह में डाल ली; जब कड़वाहट महसूस हुई तो बुरा मुँह बनाया।

किफ़ायत और शहाब बेइख़्तियार हँस पड़े—अनवर भी हँस रहा था।

बीयर की छः बोतलें कुछ तो झाग बनकर साहिल की रेत में जज़्ब हो गईं और कुछ किफ़ायत, शहाब और अनवर के पेट में चली गईं।

सरिता गाती रही।

अनवर ने एक बार निगाहें जमाकर सरिता की तरफ़ देखा—उसे महसूस हुआ कि वह बीयर की बनी हुई है; उसके साँवले गाल समंदर की नम आलूद हवा के मस[35] से गीले हो रहे थे, वह बेहद मसरूर[36] थी... अब अनवर भी ख़ुश था; उसके दिल में यह ख़्वाहिश पैदा हो रही थी कि समंदर का सारा पानी बीयर बन जाए और वह उसमें ग़ोते लगाए, सरिता उसमें डुबकियाँ ले।

सरिता ने एक-एक ख़ाली बोतल अपने दोनों हाथों में थामी और धीरे-से एक दूसरी से टकरा दी; झंकार पैदा हुई तो उसने ज़ोर-ज़ोर से हँसना शुरू कर दिया—किफ़ायत, शहाब और अनवर भी हँसने लगे।

हँसते-हँसते सरिता ने किफ़ायत से कहा : "आओ मोटर चलाएँ..."

सब उठ खड़े हुए।

ख़ाली बोतलें गीली-गीली रेत पर औंधी पड़ी रह गईं और वे सब भागकर मोटर में बैठ गए।

फिर वही हवा के तेज़-तेज़ झोंके आने लगे, वही मुसलसल पौं-पौं शुरू हो गई, वही सरिता के गाढ़ा धुआँ-से बाल बिखरने लगे—गीतों का सिलसिला फिर शुरू हो गया।

मोटर हवा में आरे की तरह चलती रही और सरिता गाती रही—वह पिछली सीट पर शहाब और अनवर के दरमियान बैठी हुई थी; अनवर ऊँघ रहा था; उसने शरारत से शहाब के बालों में अपने दाएँ हाथ की उँगलियों से कंघी करना शुरू कर दी और वह उसके देखते-देखते सो गया; उसने अनवर की तरफ़ रुख़ किया तो उसे भी सोया हुआ पाया—वह दोनों के बीच में से उठकर अगली सीट पर किफ़ायत के पास बैठ गई और आवाज़ दबाकर हौले-से कहने लगी : "आपके दोनों दोस्तों को सुला आई हूँ... अब आप भी सो जाइए..."

किफ़ायत मुसकराया : "फिर मोटर कौन चलाएगा?"

सरिता भी मुसकराई : "अपने-आप चलती रहेगी!"

फिर वह बाज़ार आ गया, जहाँ किशोरी ने सरिता को मोटर के अंदर दाख़िल किया था, फिर वह दीवार आ गई, जहाँ 'यहाँ पेशाब करना मना है' का बोर्ड लगा हुआ था।

सरिता ने कहा : "बस यहाँ रोक लो।"

मोटर रुकी ही थी और पेशतर इसके कि किफ़ायत कुछ सोच सकता या कह सकता, सरिता मोटर से बाहर निकल चुकी थी, उसने इशारे से सलाम किया और गली की तरफ़ चल दी।

किफ़ायत हैंडिल पर हाथ रखे हुए सरिता को जाता हुआ देख रहा था और साथ ही अपने ज़ेहन में सारी शाम को ताज़ा करने की कोशिश कर रहा था कि सरिता के क़दम रुक गए; वह मुड़ी; उसकी तरफ़ बढ़ी; क़रीब पहुँची और चोली में से दस रुपए का नोट निकालकर उसने किफ़ायत के पास सीट पर रख दिया।

किफ़ायत ने हैरत से नोट की तरफ़ देखा और कहा : "सरिता, यह क्या..."

"यह रुपए... लेकिन किस बात के?" यह कहकर वह फ़ुर्ती से दौड़ गई।

किफ़ायत सीट के गद्दे पर पड़े हुए नोट की तरफ़ देखता रह गया—फिर उसने मुड़कर पिछली सीट की तरफ़ देखा—शहाब और अनवर भी नोट की तरह पड़े हुए थे।

---

1. चिंता; 2. चिंतित; 3. संबोधित; 4. संबंधित; 5. उदासीनता; 6. क्रोधित; 7. अकथनीय प्रसन्नता; 8. शारीरिक विकास; 9. तन्मयता; 10. व्यस्त; 11. हल्की-सी; 12. कँपकँपी; 13. सुगठित; 14. तीव्रता; 15. आज़ाद; 16. विभिन्न; 17. प्रशंसा पाने की इच्छुक; 18. आवागमन; 19. आतुरता, व्याकुलता; 20. बग़ैर किसी डर के; 21. ठहरा हुआ; 22. मित्र की आवभगत के लिए; 23. शिष्टाचार; 24. शहर के पास की बस्ती; 25. सिर से पैर तक; 26. डालना; 27. ध्यान; 28. युगल गीत; 29. शोर बिखेरती; 30. धारणा; 31. किनारा; 32. उसी समय, एक ही समय; 33. सोख लिया जाना; 34. निरंतर; 35. स्पर्श; 36. प्रसन्नचित्त।

बर्मी लड़की

ज्ञान की शूटिंग थी, इसलिए किफ़ायत जल्दी सो गया।

फ़्लैट में और कोई था नहीं; बीवी-बच्चे रावलपिंडी चले गए थे; हमसायों से उसे कोई दिलचस्पी नहीं थी; यूँ भी बंबई में लोगों को अपने हमसायों से कोई सरोकार नहीं होता—किफ़ायत ने ब्रांडी के चार पैग पिए, खाना खाया, नौकरों को नीचे बाज़ार में सोने के लिए भेजा और दरवाज़ा बंद करके सो गया।

सुबह पाँच बजे के क़रीब उसके ख़ुमार आलूद कानों को 'धंक' की आवाज़ सुनाई दी; उसने आँखें खोलीं; उसी वक़्त नीचे बाज़ार में से एक ट्राम दनदनाती हुई गुज़री—चंद लम्हात के बाद दरवाज़े पर बड़े ज़ोरों की दस्तक हुई।

वह उठा; पलंग से उतरा तो उसके नंगे पैर टख़नों तक पानी में चले गए; उसको सख़्त हैरत हुई कि कमरे में इतना पानी कहाँ से आ गया; बाहर कॉरीडोर में कमरे से भी ज़्यादा पानी था।

दरवाज़े पर दस्तक जारी थी—उसने पानी के मुताल्लिक़ सोचना छोड़ा और दरवाज़ा खोला।

ज्ञान ने ज़ोर से कहा : "इतनी देर··· ? यह सब क्या है ?"

किफ़ायत ने जबाब दिया : "पानी···"

"पानी नहीं, लड़की···।" यह कहकर ज्ञान नीम अँधेरे कॉरीडोर में दाख़िल हुआ—उसके पीछे एक छोटे-से क़द की लड़की थी।

ज्ञान को फ़र्श पर फैले हुए पानी का कुछ एहसास न हुआ, लेकिन लड़की ने कॉरीडोर में दाख़िल होते ही अपना पाजामा ज़रा ऊपर उठा लिया और छोटे-छोटे क़दम उठाती ज्ञान के पीछे चली गई।

किफ़ायत के ज़ेहन में पहले पानी था, अब वह लड़की दाख़िल हो गई और डुबकियाँ लगाने लगी : 'यह लड़की कौन है···शक्लो-सूरत और लिबास से बर्मी मालूम होती है···लेकिन ज्ञान इसे कहाँ से ले आया ?'

ज्ञान अंदर कमरे में जाकर कपड़े तब्दील किए बग़ैर पलंग पर लेटा और लेटते ही सो गया—किफ़ायत ने उससे बात करना चाही, मगर ज्ञान ने सिर्फ़ 'हूँ हाँ' में जवाब दिया, आँखें न खोलीं।

वह लड़की सामनेवाले दूसरे पलंग पर बैठी थी—किफ़ायत ने एक नज़र लड़की की तरफ़ देखा और कमरे से बाहर निकल गया।

बावर्चीख़ाने में जाकर उसे मालूम हुआ कि रबड़ का वह पाइप, जो रात को बड़ा ड्रम भरा करता था, ड्रम से बाहर निकला हुआ है; तीन बजे के क़रीब जब नल में पानी आया तो उसने तमाम घर सेराब[1] कर दिया।

तीनों नौकर नीचे बाज़ार में सो रहे थे; उसने तीनों को जगाया और पानी ख़ारिज करने के काम पर लगा दिया और ख़ुद भी उनके साथ शरीक हो गया, सब कटोरियों से पानी उठाने लगे और बालटियों में डालने लगे--उस बर्मी लड़की ने जब सबको काम करते देखा तो वह भी अपने सैंडिल उतारकर उनका हाथ बँटाने लगी।

उसके हाथ छोटे और गोरे थे, उँगलियों के नाख़ून बढ़े हुए थे, मगर उन पर सुर्ख़ी लगी हुई नहीं थी; उसके बाल छोटे और कटे हुए थे, जिनमें हल्की-हल्की लहरें थीं; वह मर्दाना वज्अ[2] का खुला, मगर रेशमी पाजामा पहने हुए थी; ऊपर उसने सियाह रंग का कुर्ता पहन रखा था, जिसमें उसकी छोटी-छोटी छातियाँ छुपी हुई थीं।

जब उसने उनका हाथ बँटाना शुरू किया तो किफ़ायत ने उसे मना किया : ''आप तकलीफ़ न कीजिए···!''

उसने कोई जवाब न दिया, वह छोटे-छोटे सुर्ख़ी लगे होंठों से मुसकराई और काम में लगी रही।

आध-पौन घंटे के अंदर-अंदर तमाम घर से पानी निकाल दिया गया। किफ़ायत ने सोचा : ''चलो यह भी अच्छा ही हुआ··· इसी बहाने सारा घर धुलकर साफ़ तो हो गया···''

बर्मी लड़की हाथ धोने के लिए ग़ुस्लख़ाने में चली गई।

किफ़ायत कमर सीधी करने के लिए पलंग पर लेटा ही था कि सो गया।

नौ बजे के क़रीब उसकी आँख खुली, जागते ही उसे पानी का ख़याल आया, फिर उसने बर्मी लड़की के मुताल्लिक़ सोचा, जो ज्ञान के साथ आई थी—'कहीं सब ख़्वाब तो नहीं था···' लेकिन उसके सामने पलंग पर ज्ञान सो रहा था और फ़र्श धुला हुआ था।

किफ़ायत ने ग़ौर से ज्ञान की तरफ़ देखा—ज्ञान पतलून, कोट, जूतों समेत औंधा पड़ा सो रहा था।

किफ़ायत ने उसको जगाया।

उसने एक आँख खोली और पूछा : ''क्या है?''

''यह लड़की कौन है?''

ज्ञान एकदम चौंका : ''लड़की···कहाँ है···?'' फिर वह फ़ौरन ही चित लेट गया : ''ओह···बकवास न करो···सब ठीक है···'' और फिर सो गया।

किफ़ायत ने ज्ञान को फिर जगाने की कोशिश की, मगर वह सोया रहा।

उसको साढ़े नौ बजे अपने काम पर जाना था; उसने जल्दी-जल्दी ग़ुस्ल किया, शेव भी ग़ुस्लख़ाने के अंदर ही की—जब वह ड्राइंगरूम में गया तो उसे नाश्ते की मेज़ सजी हुई नज़र आई।

सुबह नाश्ते में उसके यहाँ आमतौर पर बहुत ही मुख़्तसर चीज़ें होती थीं; दो उबले हुए अंडे, दो तोस, मक्खन और चाय—मगर उस दिन मेज़ रंगीन थी।

उसने ग़ौर से देखा—छिले हुए अंडे अजीबो-ग़रीब अंदाज़ में कटे हुए थे कि फूल मालूम हो रहे थे, सलाद मौजूद था, बड़ी ख़ूबसूरती से प्लेट में सजा हुआ; तोसों पर मीनाकारी की हुई थी।

वह चकरा गया—फिर वह बावर्चीख़ाने में गया।

वह बर्मी लड़की चौकी पर बैठी, सामने अँगीठी रखे कुछ कह रही थे और तीनों नौकर उसके इर्द-गिर्द बैठे हँस रहे थे।

किफ़ायत को देखकर वह उठ खड़े हुए, बर्मी लड़की ने आँखें घुमाकर उसकी तरफ़ देखा और मुसकरा दी।

उसने बर्मी लड़की से बात करना चाही, लेकिन वह कैसे बात करता, क्या बात करता; वह उसे जानता तक नहीं था; उसने अपने एक नौकर से सिर्फ़ इतना पूछा : ''आज नाश्ता किसने तैयार किया है बशीर ?''

बशीर ने बर्मी लड़की की तरफ़ इशारा किया : ''बाई जी ने।''

बर्मी लड़की मुसकरा रही थी।

उसने जल्दी-जल्दी बाँका-सजीला नाश्ता खाया और कपड़े पहनकर अपने दफ़्तर रवाना हो गया।

शाम को जब वह घर वापस आया तो उसने देखा, वह बर्मी लड़की उसके स्लीपिंग सूट का बचा हुआ इकलौता पाजामा पहने हुए अपना कुर्ता इस्तिरी कर रही है—वह पीछे हट गया कि बर्मी लड़की सिर्फ़ पाजामा पहने हुए थी।

''आ जाइए !''

बर्मी लड़की का लहजा बड़ा साफ़-सुथरा था—जब वह कमरे में दाख़िल हुआ तो बर्मी लड़की ने अपने छोटे-छोटे होंठों पर मुसकराहट पैदा करके उसको सलाम किया; उसकी मौजूदगी में बर्मी लड़की ने कोई हिजाब[3] महसूस न किया, वह बड़े सुकून से अपना सियाह कुर्ता इस्तिरी करती रही— उसने देखा कि बर्मी लड़की की छोटी-छोटी गोल छातियों के दरमियाने हिस्से में इस्तिरी की तपिश के बायस पसीने की नन्ही-नन्ही बूँदें जमा हो गई हैं।

उसने ज्ञान के बारे में पूछने के लिए बशीर को आवाज़ देना चाही, मगर रुक गया; उसने बशीर को बुलाना मुनासिब न समझा कि बर्मी लड़की आधी नंगी थी। उसने हैट उतारकर एक तरफ़ रख दिया और थोड़ी देर तक बर्मी लड़की की नीम उरियानी[4] देखता रहा; उसने ख़ुद में कोई हैजान[5] महसूस न किया— बर्मी लड़की का बदन बेदाग़ था; जिल्द निहायत ही मुलायम थी कि निगाहें फिसल-फिसल जाती थीं।

जब कुर्ता इस्तिरी हो गया तो बर्मी लड़की ने स्विच ऑफ़ कर दिया, फिर उसने कुर्ता तह किया और इस्तिरीशुदा पाजामे पर रख दिया : ''मैं नहाने जा रही हूँ...'' उसने कहा और कपड़े और इस्तिरी उठाकर चली गई।

वह सिर खुजलाने लगा : 'कौन है यह लड़की ?' उसके दिमाग़ में बड़ी खुदबुद हो रही थी।

वह उस लड़की के मुताल्लिक़ सोचता तो सारा वाक़िया उसकी आँखों के सामने आ जाता; दस्तक सुनकर रात को उसका उठना, कमरे में पानी ही पानी होना; उसका दरवाज़ा खोलना और ज्ञान को जवाब देना : 'पानी···।' ज्ञान का कहना : 'पानी नहीं, लड़की···' और एक नन्ही-सी गुड़िया का छम-से अंदर आ जाना।

उसने दिल में कहा : 'हटाओ ना अब यह सब···ज्ञान आएगा तो सबकुछ मालूम हो जाएगा···वैसे लौंडिया है दिलचस्प···इतनी छोटी है कि जी चाहता है, जेब में रख लो···चलो ब्रांडी पीते हैं···'

बशीर ने गिलास, ब्रांडी और बर्फ़ वग़ैरह सबकुछ मुलाक़ाती कमरे में रख दिया तो उसने कपड़े बदले और पीना शुरू कर दी--उसने पहला पैग ख़त्म किया तो उसे गुस्लख़ाने का दरवाज़ा खुलने की 'चूँ' सुनाई दी; दूसरा पैग बनाकर वह इंतज़ार करने लगा; उसे उम्मीद थी कि वह बर्मी लड़की उस मुलाक़ाती कमरे में ज़रूर आएगी; उसके मुक़र्ररा[6] चार पैग ख़त्म हो गए, मगर वह न आई; ज्ञान भी न आया—वह झुँझला गया।

उसने बेडरूम में जाकर देखा—बर्मी लड़की इस्तिरी किए हुए कपड़े पहने, अपनी गोल-गोल छोटी-छोटी छातियों पर हाथ रखे बड़े इत्मीनान से सो रही थी; पास ही मेज़ पर उसके अपने स्लीपिंग सूट का बचा हुआ इकलौता पाजामा बड़ी अच्छी तरह तह किया हुआ रखा था।

उसने वापिस मुलाक़ाती कमरे में आकर ब्रांडी का डबल पैग गिलास में डाला और एक ही घूँट में नीट ही चढ़ा गया—थोड़ी देर के बाद उसका सिर घूमने लगा; उसने बर्मी लड़की के मुताल्लिक़ सोचने की कोशिश की; उसने महसूस किया कि बर्मी लड़की कटोरी में पानी भर-भर के उसके दिमाग में डाल रही है।

खाना खाए बग़ैर वह सोफ़े पर लेट गया और बर्मी लड़की के मुताल्लिक़ कुछ सोचने की कोशिश करते हुए सो गया।

सुबह हुई तो उसने देखा कि वह मुलाक़ाती कमरे में सोफ़े के बजाय अंदर बेडरूम में अपने पलंग पर है—उसने अपने हाफ़िज़े[7] पर ज़ोर दिया : ''मैं रात को कब यहाँ आया···क्या मैंने खाना खाया था ?''

उसे कोई जवाब न मिल सका—सामनेवाला पलंग ख़ाली था।

उसने ज़ोर से बशीर को आवाज़ दी—बशीर भागा-भागा अंदर आया।

उसने पूछा : ''ज्ञान साहब कहाँ हैं ?''

''जी, वह रात को नहीं आए।'' बशीर ने जवाब दिया।

''क्यों ?''

''मालूम नहीं साहब !''

''वह बाई जी कहाँ हैं ?''

''मछली तल रही हैं।''

उसके दिमाग़ में मछलियाँ तली जाने लगीं—वह उठकर बावर्चीख़ाने में गया।

बर्मी लड़की चौकी पर बैठी सामने अँगीठी रखे मछली तल रही थी—उसको देखकर बर्मी लड़की के होंठों पर एक छोटी-सी मुसकराहट पैदा हुई और उसने हाथ उठाकर उसे सलाम किया और फिर अपने काम में मश्ग़ूल[8] हो गई—उसने देखा कि नौकर बेहद मसरूर[9] थे और बड़ी मुस्तैदी[10] से बर्मी लड़की का हाथ बँटा रहे थे।

उसने बशीर से कहा : "इधर आओ बशीर, अपनी तनख़्वाह ले लो... मैं कल दफ़्तर से कुछ रुपए ले आया था..."

बशीर को कुछ दिनों की छुट्टी पर अपने मुल्क जाना था, वह कई दिनों से कह रहा था कि उसकी वालिदा बीमार है; घर से कई ख़त आ चुके हैं, उसे तनख़्वाह दे दी जाए।

बशीर ने तनख़्वाह सँभाल ली तो उसने कहा : "नौ बजे गाड़ी जाती है, उसीसे चले जाओ।"

"जी अच्छा..." बशीर ने जवाब दिया।

नाश्ता बेहद लज़ीज़ था, ख़ासतौर पर मछली के टुकड़े—नाश्ता शुरू करने से पहले उसने बशीर के ज़रिए बर्मी लड़की को बुलवाया था, मगर वह नहीं आई थी; बशीर ने कहा था : "जी, वह कहती हैं, वह बाद में नाश्ता करेंगी..."

किफ़ायत की माली हालत बहुत पतली थी; ज्ञान भी आसूदा हाल[11] नहीं था; दोनों इधर-उधर से पकड़कर गुज़ारा कर रहे थे; ब्रांडी का बंदोबस्त ज्ञान कर देता था, बाक़ी खाने-पीने का सिलसिला भी किसी न किसी तरह चल ही रहा था—जिस फ़िल्म कंपनी में ज्ञान काम कर रहा था, उस कंपनी का दीवाला निकलने के क़रीब था, मगर ज्ञान को यक़ीन था कि कोई मो'जिज़ा[12] ज़रूर रूनुमा[13] होगा और कंपनी सँभल जाएगी—शूटिंग हो रही थी, ग़ालिबन इसीलिए ज्ञान रात को न आ सका था।

नाश्ता करने के बाद उसने झाँककर बावर्चीख़ाने में देखा—बर्मी लड़की काम में मश्ग़ूल थी; तीनों मुलाज़िम हँस-हँसकर बर्मी लड़की से बातें कर रहे थे।

उसने बशीर से कहा : "मछली बहुत अच्छी थी।"

बर्मी लड़की ने मुड़कर देखा—उसके होंठों पर छोटी-सी मुसकराहट थी।

वह दफ़्तर चला गया—उसको उम्मीद थी कि कुछ रुपयों का बंदोबस्त ज़रूर हो जाएगा, लेकिन वह शाम को ख़ाली जेब वापस आया।

बर्मी लड़की अंदर बेडरूम में पलंग पर लेटी कोई तसवीरोंवाला रिसाला[14] देख रही थी— उसको देखकर वह बैठ गई और फिर सलाम किया।

उसने बर्मी लड़की के सलाम का जवाब दिया और पूछा : "ज्ञान साहब आए थे?"

"दोपहर को आए थे और खाना खाकर चले गए थे... फिर अभी शाम को आए थे चंद मिनटों के लिए..." यह कहकर बर्मी लड़की ने एक तरफ़ हटकर तकिया उठाया और काग़ज़ में लिपटी हुई बोतल उठाई : "यह दे गए थे आपके लिए।"

उसने बोतल थाम ली—काग़ज़ पर ज्ञान की तहरीर में चंद अल्फ़ाज़ मौजूद थे : 'कमबख़्त यह चीज़ किसी न किसी तरह मिल ही जाती है, लेकिन पैसा नहीं

मिलता···बहरहाल ऐश करो···'

उसने बोतल पर लिपटा हुआ काग़ज़ अलग किया—ब्रांडी की बोतल थी।

बर्मी लड़की ने उसकी तरफ़ देखा और मुसकराई।

वह भी मुसकरा दिया : ''आप पीती हैं?''

बर्मी लड़की ने ज़ोर से अपना सिर हिलाया : ''नहीं!''

उसने नज़र भरकर बर्मी लड़की को देखा और सोचा : 'क्या छोटी-सी नन्ही-मुन्नी गुड़िया है···' उसका जी चाहा कि बर्मी लड़की उसके साथ बैठे, बातें करे।

उसने कहा : ''आइए, उधर दूसरे कमरे में बैठते हैं···''

''नहीं···मैं कपड़े धोऊँगी।''

''इस वक़्त?''

''इस वक़्त अच्छा होता है···रात को धोए, सुबह तक सूख गए···फिर उठते ही इस्तिरी कर लिए।''

किफ़ायत थोड़ी देर खड़ा रहा; जब उसे कोई बात न सूझी तो मुलाक़ाती कमरे में बैठकर उसने ब्रांडी पीनी शुरू कर दी—खाने का वक़्त हुआ तो उसने बर्मी लड़की को बुलवाया, मगर बर्मी लड़की ने कहलवा भेजा कि वह ज्ञान के साथ खाना खाएगी।

उसने खाना खाया और बेडरूम में अपने पलंग पर जाकर सो गया। रात के तक़रीबन एक बजे उसकी आँख खुल गई—चाँदनी रात थी, हल्की-हल्की रौशनी कमरे में फैली हुई थी; बड़े मज़े की हवा चल रही थी।

उसने करवट बदली तो देखा, सामने के पलंग पर एक छोटी-सी सुडौल गुड़िया ज्ञान के चौड़े बालों भरे सीने के साथ चिमटी हुई है—उसने आँखें बंद कर लीं।

थोड़े वक़्फ़े[15] के बाद उसने ज्ञान की आवाज़ सुनी : ''अब मुझे सोने दो···जाओ कपड़े पहन लो···''

सुबह छः बजे के क़रीब वह उठ बैठा—वह रात को सोचकर सोया था कि सुबह जल्दी उठेगा; उसे ट्राम का बहुत लंबा सफ़र तय करके एक आदमी के पास जाना था, जिससे उसे कुछ मिलने की उम्मीद थी।

वह पलंग पर से उतरा तो उसने देखा कि बर्मी लड़की नंगे फ़र्श पर उसके स्लीपिंग सूट का बचा हुआ इकलौता पाजामा पहने अपने छोटे-से सुडौल बाज़ू को सिर के नीचे रखे नीम उरियानी में बड़े सुकून से सो रही है।

उसने बर्मी लड़की को जगाया—बर्मी लड़की ने अपनी काली-काली आँखें खोलीं।

उसने कहा : ''आप यहाँ फ़र्श पर क्यों लेटी हैं?''

बर्मी लड़की के छोटे-छोटे होंठों पर नन्ही-सी मुसकराहट पैदा हुई : ''ज्ञान साहब को आदत नहीं है किसी को अपने साथ सुलाने की···''

उसको ज्ञान की इस आदत का इल्म था। उसने कहा : ''जाइए, मेरे पलंग पर लेट जाइए।''

बर्मी लड़की उठी और उसके पलंग पर लेट गई।

वह ग़ुस्लख़ाने में चला गया—वहाँ रस्सी पर बर्मी लड़की के कपड़े लटक रहे थे।

जब उसने अपने बदन पर साबुन मला तो उसका ख़याल बर्मी लड़की के मुलायम जिस्म की तरफ़ चला गया, जिस पर से निगाहें फिसल-फिसल जाती थीं।

ग़ुस्ल से फ़ारिग़ होकर उसने कपड़े पहने और घर से निकल आया।

सुबह-सवेरे का निकला वह रात के ग्यारह बजे वापस आया—उसकी जेबें ख़ाली थीं।

बेडरूम में गया तो उसने देखा कि ज्ञान और बर्मी लड़की, इकट्ठे लेटे हुए हैं।

उसने मुलाक़ाती कमरे में बैठकर ब्रांडी पीना शुरू कर दी—वह बहुत ज़्यादा थका हुआ था; बहुत ज़्यादा मायूस था; बर्मी लड़की के मुताल्लिक़ सोचते-सोचते वह वहीं सोफ़े पर सो गया।

वह सुबह पाँच बजे उठा—तिपाई पर उसका चौथा पैग पड़ा-पड़ा बासी हो चुका था।

वह बेडरूम में गया—बेडरूम के नंगे फ़र्श पर बर्मी लड़की सो रही थी और अलमारी के आईने के सामने ज्ञान खड़ा टाई बाँध रहा था।

टाई की गिरह ठीक करने के बाद ज्ञान ने अपने दोनों हाथों में बर्मी लड़की को उठाया और अपने पलंग पर लिटा दिया। जब ज्ञान ने उसको देखा तो कहा : "हाँ, तो कुछ बंदोबस्त हुआ रुपयों का?"

उसने बड़ी मायूसी से कहा : "नहीं।"

"अच्छा तो मैं जा रहा हूँ···देखो शायद कुछ हो जाए।"

पेशतर इसके कि वह ज्ञान को रोकता, ज्ञान तेज़ी से बाहर निकल गया; फिर कॉरीडोर से ज्ञान की आवाज़ आई : "तुम भी कोशिश करना किफ़ायत···"

उसने पलटकर पलंग की तरफ़ देखा—बर्मी लड़की बड़े सुकून के साथ सो रही थी; उसके नन्हे-से सीने पर छोटी-छोटी गोल-गोल छातियाँ चमक रही थीं।

वह कमरे से निकलकर ग़ुस्लख़ाने में चला गया—ग़ुस्लख़ाने में रस्सी पर बर्मी लड़की के धुले हुए कपड़े लटक रहे थे।

ग़ुस्लख़ाने से फ़ारिग़ होकर वह बाहर निकला तो उसने देखा कि बर्मी लड़की नौकरों के साथ बैठी नाश्ता तैयार करने में मसरूफ़[16] है—उसने नाश्ता किया और घर से बाहर निकल गया।

इसी तरह चार दिन और गुज़र गए—उसको बर्मी लड़की के मुताल्लिक़ कुछ मालूम न हो सका।

ज्ञान कभी रात को देर से आता था और कभी सुबह बहुत जल्दी निकल जाता था—ख़ुद उसका अपना भी यही हाल था।

पाँचवें रोज़ सुबह जब वह उठा तो बशीर ने उसको ज्ञान का एक रुक्क़ा दिया : 'ख़ुदा के लिए किसी न किसी तरह दस रुपए पैदा करो और बर्मी लड़की को दे दो···'

बर्मी लड़की इस्तिरी कर रही थी; कुरते की सिर्फ़ एक आस्तीन बाक़ी रह गई थी, जिस पर वह बड़े सलीक़े से इस्तिरी फेर रही थी—उसने बर्मी लड़की की तरफ़ देखा; बर्मी लड़की ने भी उसकी तरफ़ देखा; जब उनकी निगाहें चार हुईं तो बर्मी लड़की मुसकरा दी।

उसने सोचा कि वह दस रुपए कहाँ से पैदा करे—वह सोचते-सोचते कॉरीडोर में चला गया।

थोड़ी देर के बाद बशीर ने आकर कहा : "साहब..."

उसने चौंककर पूछा : "क्या बात है?"

"जी, कुछ कहना है..." बशीर ने दस रुपए का एक नोट जेब में से निकाला और उसकी तरफ़ बढ़ा दिया : "मैं मुल्क नहीं गया साहब..."

उसने ग़ैर इरादी तौर पर नोट ले लिया : "लेकिन तुम गए क्यों नहीं अभी तक?"

"साहब, चला जाऊँगा कल-परसों..."

उसने नोट जेब में डाल लिया : "अच्छा...मैं रुपए शाम को लौटा दूँगा तुम्हें..."

बर्मी लड़की ने फिर ख़ूबसूरत नाश्ता तैयार किया; उसने फिर भरपूर नाश्ता किया—जब उसे यक़ीन हो गया कि बर्मी लड़की भी नाश्ता कर चुकी है तो वह बावर्चीख़ाने में गया और उसने बर्मी लड़की को दस रुपए का नोट दिया : "ज्ञान साहब मुझे दे गए थे कि आपको दे दूँ..."

बर्मी लड़की ने नोट लेकर बशीर को आवाज़ दी। बशीर आया तो बर्मी लड़की ने कहा : "जाओ, टैक्सी ले आओ..."

बशीर चला गया तो उसने पूछा : "आप जा रही हैं?"

"जी हाँ!" यह कहकर वह बेडरूम में चली गई।

बशीर आया तो वह हाथ में रूमाल लिए बेडरूम से बाहर निकली और सलाम करने के बाद बोली : "अच्छा जी, अब मैं चलती हूँ...ज्ञान साहब को मेरा सलाम बोल देना..."

उसने डूबती नज़रों से देखा—बर्मी लड़की के होंठों पर एक छोटी-सी मुसकराहट थी।

बर्मी लड़की ने तीनों नौकरों के साथ हाथ मिलाया और चली गई—उसने देखा कि तीनों नौकरों के चेहरों पर उदासी छा गई है।

जाने कब ज्ञान आया और आते ही पूछने लगा : "कहाँ है वह बर्मी लड़की?"

"चली गई!"

"कैसे...? दस रुपए दिए थे तुमने उसे?"

"हाँ!"

"तब ठीक है...तब ठीक है!" ज्ञान सोफ़े पर बैठ गया।

उसने पूछा : "कौन थी यह बर्मी लड़की?"

"मुझे मालूम नहीं!"

वह सर-ता-पा[17] हैरत बन गया : "क्या मतलब?"

ज्ञान ने जवाब दिया : "मतलब यही कि मैं नहीं जानता, कौन थी?"

"झूठ न बोलो यार..."

"तुम्हारी क़सम, सच कहता हूँ किफ़ायत!"

उसने पूछा : "फिर तुम्हें कहाँ मिल गई थी वह?"

ज्ञान ने अपनी टाँगें मेज़ पर रख दीं और मुसकराया : "अजीब दास्तान है यार...पानी

का सैलाब आनेवाली रात मैं शंकर के यहाँ चला गया था; वहाँ मैंने बहुत पी ली… अँधेरी स्टेशन से गाड़ी में सवार होते ही मैं सो गया और गाड़ी मुझे सीधा चर्च गेट ले गई… चर्च गेट पर मुझे एक मुसाफ़िर ने जगाया… मैंने कहा : 'मुझे ग्रांट रोड जाना है…' वह हँसा : 'हुज़ूर, आप तीन स्टेशन आगे निकल आए हैं…' दूसरे प्लेटफ़ार्म पर अँधेरी जानेवाली गाड़ी खड़ी थी; मैं उसमें सवार हो गया; गाड़ी चली तो मुझे फिर नींद आ गई और मैं वापस अँधेरी पहुँच गया…"

उसने पूछा : "मगर तुम्हारी नींद और गाड़ी का लड़की से क्या ताल्लुक़ है?"

"यार, तुम सुन तो लो…" ज्ञान ने सिग्रेट सुलगाया : "अँधेरी पहुँचा, यानी जब मेरी आँख खुली तो क्या देखता हूँ, मैं एक छोटी-सी लौंडिया के साथ चिमटा हुआ हूँ… पहले तो मैं डर गया कि वह जाग रही थी… मैंने पूछा : 'कौन हो तुम…?' वह मुसकराई; मैंने फिर पूछा : 'भई, कौन हो तुम?' वह फिर मुसकराई और कहने लगी : 'इतनी देर से मुझे चूम रहे हो और अब पूछते हो कि मैं कौन हूँ…!' मैंने हैरत से कहा : 'अच्छा…' वह हँसने लगी; मैंने उसे अपने साथ भींच लिया, सुबह तीन बजे तक हम दोनों प्लेटफ़ार्म की एक बेंच पर लिपटे पड़े रहे… साढ़े तीन बजे सुबह की पहली गाड़ी आई तो हम उसमें सवार हो गए… मैंने सोचा था कि एक-आध दिन में बंदोबस्त करके कुछ रुपए उसको दे दूँगा… यहाँ पहुँचे तो पानी का तूफ़ान आया हुआ था… है ना दिलचस्प दास्तान!"

उसने कहा : "हाँ, दास्तान तो ख़ासी दिलचस्प है, मगर वह इतने दिन यहाँ क्यों रही?"

ज्ञान ने सिगरेट फ़र्श पर फेंक दिया : "वह कहाँ रही, मैंने ही उसे जाने न दिया… मेरे पास कुछ था ही नहीं, जो उसे देता और चलता करता… बस दिन गुज़रते गए… मैं बेहद शर्मिंदा था… कल रात मैंने उसे साफ़-साफ़ कहा : 'देखो दिन बढ़ते जा रहे हैं; तुम अपना एड्रैस मुझे दो; मैं तुम्हारा हक़ तुम्हें पहुँचा दूँगा; आजकल मेरा हाल बहुत पतला है…"

उसने बड़े ज़ब्त[18] के साथ पूछा : "तुम्हारी बात सुनकर उसने क्या कहा?"

ज्ञान ने अपने सिर को जुंबिश दी : "कुछ अजीब लड़की थी… कहने लगी : 'क्या कहते हो…? मैंने तुमसे कुछ माँगा है?… हाँ, मुझे दस रुपए ज़रूर दे देना… मेरा घर यहाँ से बहुत दूर है; मैं टैक्सी में जाऊँगी; मेरे पास एक भी पैसा नहीं है…' "

उसने बड़ी मुश्किल से पूछा : "नाम क्या है उसका?"

ज्ञान सोचने लगा।

"भूल गए क्या?"

ज्ञान ने अपनी टाँगें मेज़ पर से हटा लीं : "नहीं यार, भूल क्या गया, मैंने तो उससे नाम ही नहीं पूछा… भई, हद हो गई…" यह कहकर ज्ञान हँसने लगा।

किफ़ायत उदास हो गया।

---

1. जलमग्न; 2. ढंग; 3. लज्जा; 4. अधनंगापन; 5. उत्तेजना; 6. निश्चित; 7. स्मरण; 8. व्यस्त; 9. प्रसन्नचित्त; 10. चुस्ती; 11. ख़ुशहाल; 12. चमत्कार; 13. प्रकट होना; 14. पत्रिका; 15. अतराल; 16. व्यस्त; 17. सिर से पैर तक; 18. सहनशीलता।

शादी

जमील को अपना शेफ़र लाइफ़ टाइम क़लम मरम्मत के लिए देना था।

उसने टेलीफ़ोन डायरेक्टरी में शेफ़र कंपनी का नंबर तलाश किया; फ़ोन करने से उसे मालूम हुआ कि उनके ऐजेंट मैसर्ज़ डी.जे. स्मेवेयर हैं, जिनका दफ़्तर ग्रीन होटल के पास वाक़े[1] है।

उसने टैक्सी ली और फ़ोर्ट की तरफ़ चल दिया; ग्रीन होटल पहुँचकर उसे मैसर्ज़ डी. जे. स्मेवेयर का दफ़्तर तलाश करने में दिक़्क़त न हुई; पास ही था, तीसरी मंज़िल पर।

लिफ़्ट के ज़रिए वह तीसरी मंज़िल पर पहुँचा—कमरे में दाखिल होते ही चौबी दीवार की छोटी-सी खिड़की के पीछे उसे एक ख़ुशशक्ल एंग्लो इंडियन लड़की नज़र आई, जिसकी छातियाँ ग़ैर मामूली तौर पर नुमायाँ[2] थीं।

उसने क़लम उस खिड़की के अंदर दाखिल कर दिया—वह मुँह से कुछ न बोला।

लड़की ने क़लम उसके हाथ से ले लिया, खोलकर एक नज़र देखा, एक चिट पर कुछ लिखा और चिट उसके हवाले कर दी—मुँह से वह भी कुछ न बोली।

उसने चिट देखी—क़लम की रसीद थी।

वह चलने ही वाला था कि पलटकर उसने लड़की से पूछा : "मेरा ख़याल है, दस-बारह रोज़ में तैयार हो जाएगा?"

लड़की बड़े ज़ोर से हँसी।

वह कुछ खिसियाना-सा हो गया : "मैं आपकी हँसी का मतलब नहीं समझा।"

लड़की ने खिड़की के साथ मुँह लगाकर कहा : "मिस्टर, आजकल वार है वार...यह क़लम अमरीका जाएगा...तुम नौ महीने के बाद तपास[3] करना।"

वह बौखला गया : "नौ महीने?"

लड़की ने अपने बुरीदा[4] बालोंवाला सिर हिलाया—उसने फ़ौरन लिफ़्ट का रुख किया।

'यह नौ महीने का सिलसिला ख़ूब है...नौ महीने...इतनी मुद्दत के बाद तो औरत गुलगूथना बच्चा पैदा करके एक तरफ़ रख देती है...नौ महीने...नौ महीने तक इस छोटी-सी चिट को सँभाले रखो...और यह भी कौन वसूक़[5] से कह सकता है कि नौ महीने तक आदमी याद रख सकता है कि उसने एक क़लम मरम्मत के लिए दिया था...हो सकता है, इस दौरान में वह कमबख़्त मर-खप ही जाए...साला सब ढकोसला है...क़लम में मामूली-सी ख़राबी है, उसका फ़ीडर ज़रूरत से ज़्यादा रौशनाई सप्लाई करता है; इसके

लिए उसे अमरीका भेजना सरीहन[6] चालबाज़ी है ··· फिर उसने सोचा : लानत भेजो जी उस क़लम पर ··· अमरीका जाए या अफ़्रीका ···'

उसने वह क़लम ब्लैक मार्केट से एक सौ पचहत्तर रुपए में ख़रीदा था और एक बरस तक उसे ख़ूब इस्तेमाल किया था; हज़ारों सफ़हे काले कर डाले थे—वह एकदम क़ुनूती[7] से रजाई[8] बन गया, और रजाई बनते ही उसे ख़याल आया कि वह फ़ोर्ट में है और फ़ोर्ट में शराब की बेशुमार दूकानें हैं; व्हिस्की तो, ज़ाहिर है, नहीं मिलेगी, लेकिन फ़्रांस की बेहतरीन ब्रांडी मिल जाएगी ···

उसने क़रीबवाली शराब की दूकान का रुख़ किया।

ब्रांडी की एक बोतल ख़रीदकर वह लौट रहा था कि ग्रीन होटल के पास आकर रुक गया—होटल के नीचे क़द्दे-आदम शीशों का बना हुआ क़ालीनों का शो-रूम था, जो उसके दोस्त पीर साहब का था।

उसने सोचा : 'चलो अंदर चलें ···'

चंद लम्हात के बाद वह शो-रूम में था और अपने दोस्त पीर साहब से, जो उम्र में उससे काफ़ी बड़े थे, हँसी-मज़ाक़ की गुफ़्तगू कर रहा था।

बारीक काग़ज़ में लिपटी ब्रांडी की बोतल दबीज़ ईरानी क़ालीन पर लेटी हुई थी—पीर साहब ने बोतल की तरफ़ इशारा करते हुए कहा : "यार जमील, इस दुल्हन का घूँघट तो खोलो ··· ज़रा इससे छेड़ख़ानी तो करो।"

वह मतलब समझ गया : "तो पीर साहब, गिलास और सोडे मँगवाइए ··· फिर देखिए, क्या रंग जमता है!"

फ़ौरन ही गिलास और यख़बस्ता[9] सोडे आ गए।

पहला दौर हुआ—दूसरा दौर शुरू होने ही वाला था कि पीर साहब के एक गुजराती दोस्त अंदर चले आए और बड़ी बेतकल्लुफ़ी से क़ालीन पर बैठ गए।

इत्तिफ़ाक़ से होटल का छोकरा दो के बजाय तीन गिलास उठा लाया था—पीर साहब के गुजराती दोस्त ने बड़ी साफ़ उर्दू में चंद इधर-उधर की बातें कीं, तीसरे गिलास में यह बड़ा पैग डाला, गिलास को सोडे से लबालब भरा, तीन-चार लंबे-लंबे घूँट लिए, रूमाल से मुँह साफ़ किया और कहा : "सिगरेट निकालो यार!"

पीर साहब में सातों ऐब शरई[10] थे, मगर वह सिगरेट नहीं पीते थे—उसने अपना सिगरेटकेस निकाला और क़ालीन पर रख दिया, साथ ही लाइटर भी।

पीर साहब ने गुजराती का तआरुफ़ कराया : "मिस्टर नटवरलाल ··· आप मोतियों की दलाली करते हैं।"

उसने एक लहज़े के लिए सोचा : 'कोयलों की दलाली में तो आदमी का मुँह काला होता है ··· मोतियों की दलाली में?'

पीर साहब ने उसकी तरफ़ देखते हुए कहा : "मिस्टर जमील ··· मशहूर सौंग राइटर।"

उसने नटवरलाल के साथ हाथ मिलाया और फिर नया दौर शुरू हुआ और ऐसा शुरू हुआ कि बोतल ख़ाली हो गई।

उसने सोचा : 'यह कमबख़्त मोतियों का दलाल बला का पीनेवाला है... मेरी प्यास और मेरे सुरूर की सारी ब्रांडी चढ़ा गया... ख़ुदा करे, इसे मोतियाबिंद हो जाए...'

जूँ ही आख़िरी दौर के पैग ने उसके पेट में क़दम जमाए, उसने नटवरलाल को माफ़ कर दिया और कहा : "मिस्टर नटवरलाल, उठिए, एक बोतल और हो जाए।"

नटवरलाल फ़ौरन उठा, उसने अपने सफ़ेद डगले[11] की शिकनें दुरुस्त कीं, धोती की लाँग ठीक की और कहा : "चलिए!"

वह पीर साहब से मुख़ातिब हुआ : "हम अभी हाज़िर होते हैं।"

उसने और नटवरलाल ने बाहर निकलकर टैक्सी ली और शराब की दूकान पर पहुँचे।

उसने टैक्सी रुकवाई ही थी कि नटवरलाल ने कहा : "मिस्टर जमील, यह दूकान ठीक नहीं... सारी चीज़ें महँगी मिलती हैं..." फिर वह टैक्सी ड्राइवर से मुख़ातिब हुआ : "देखो, कोलाबा चलो!"

कोलाबा पहुँचकर नटवरलाल उसे शराब की एक छोटी-सी दूकान में ले गया—ब्रांडी का जो ब्रांड उसने फ़ोर्ट से लिया था, वह तो न मिला लेकिन एक दूसरा मिल गया, जिसकी नटवरलाल ने बहुत तारीफ़ की कि नंबर वन चीज़ है।

नंबर वन चीज़ ख़रीदकर दोनों बाहर निकले।

साथ ही बॉर थी। नटवरलाल रुक गया : "मिस्टर जमील, क्या ख़याल है आपका... एक-दो पैग यहीं से पीकर चलते हैं..."

उसे भला क्या एतिराज़ हो सकता था—उसका नशा हालते-नज़अ[12] में था।

दोनों बॉर के अंदर दाख़िल हुए—उसको ख़याल आया कि बॉरवाले तो कभी बाहर की शराब पीने की इजाज़त नहीं दिया करते : "मि. नटवरलाल, हम यहाँ कैसे पी सकते हैं... यह लोग इजाज़त नहीं देंगे।"

नटवरलाल ने ज़ोर से आँख मारी : "सब चलता है।" यह कहकर वह एक केबिन के अंदर घुस गया।

वह भी नटवर लाल के पीछे था।

नटवरलाल ने ब्रांडी की बोतल संगीन तिपाई पर रखी और बैरे को आवाज़ दी—जब बैरा आया तो उसको भी आँख मारी : "देखो, दो सोडे रोजर्ज़, ठंडे... और दो गिलास, एकदम साफ़!"

बैरा आर्डर लेकर चला गया और फ़ौरन सोडे और गिलास लेकर आ गया।

नटवरलाल ने दूसरा आर्डर दिया : "फ़र्स्ट क्लास चिप्स, फ़र्स्ट क्लास कटलस और टोमाटो सॉस..."

बैरा चला गया तो नटवरलाल उसकी तरफ़ देखकर मुसकराया; फिर उसने बोतल का कार्क अलग किया; एक गिलास में उससे पूछे बग़ैर एक डबल पैग डाला और उसकी तरफ़ बढ़ा दिया; दूसरे गिलास में डबल पैग से कुछ ज़्यादा बड़ा बनाया, दोनों गिलासों में सोडा हल किया और अपना गिलास उठा लिया—दोनों ने गिलास टकराए।

वह प्यासा था, एक ही जुरए[13] में उसने आधा गिलास ख़त्म कर दिया—सोडा बहुत

ठंडा और तेज़ था, वह फूँ-फूँ करने लगा।

दस-पंद्रह मिनट के बाद चिप्स और कटलस आ गए—वह सुबह घर से नाश्ता करके निकला था, लेकिन ब्रांडी की वजह से उसे भूख लग गई थी, चिप्स भी गर्म-गर्म थे और कटलस भी, वह पिल पड़ा, नटवरलाल ने उसका साथ दिया—दो ही मिनट में प्लेटें साफ़ हो गईं।

दो प्लेटें और मँगवाई गईं—दो घंटे इसी तरह गुज़र गए, बोतल तीन चौथाई ग़ायब हो चुकी थी। उसने सोचा कि अब पीर साहब के पास जाना बेकार है।

सुरूर बढ़ रहा था, नशा जम रहा था, वह और नटवरलाल हवा के घोड़ों पर सवार थे—ऐसे सवारों को आमतौर पर ऐसी वादियों में जाने की बड़ी ख़्वाहिश होती है, जहाँ उन्हें उरियाँ[14] बदन हसीन औरतें मिलें; वह इनकी कमर में हाथ डालकर उन्हें घोड़े पर बिठा लें और यह जा, वह जा।

उसका दिलो-दिमाग़ उस वक़्त किसी ऐसी ही वादी के मुताल्लिक़ सोच रहा था, जहाँ उसकी मुठभेड़ किसी ऐसी ख़ूबसूरत औरत से हो जाए, जिसको वह अपने तपते हुए सीने के साथ भींच सके, इतनी ज़ोर से कि उसकी हड्डियाँ तक चटख़ जाएँ।

उसको इतना तो मालूम था ही कि वह ऐसी जगह पर है, ऐसे इलाक़े में है, जो अपने क़हबाख़ानों की वजह से सारी बंबई में मशहूर है; जिन्हें ऐयाशी करना होती है, वह उधर ही का रुख़ करते हैं; जिस लड़की को लुक-छुपकर पेशा करना होता है, वहीं आती है।

उसने नटवरलाल से कहा : "मैंने कहा, वह⋯वह, मेरा मतलब है, इधर कोई छोकरी-वोकरी नहीं मिलती?"

नटवरलाल ने अपने गिलास में एक और बड़ा पैग उँडेला और हँसा : "मिस्टर जमील, एक नहीं, हज़ारों⋯हज़ारों⋯हज़ारों⋯"

शायद नटवरलाल की 'हज़ारों, हज़ारों' की गर्दान[15] जारी रहती, अगर उसने काट न दी होती : "इन हज़ारों में से आज एक ही मिल जाए तो हम समझें कि नटवर भाई ने कमाल कर दिया।"

नटवरलाल मज़े में था; उसने झूमकर कहा : "जमील भाई, एक नहीं, हज़ारों⋯चलो गिलास ख़त्म करो⋯"

बोतल में जो कुछ बचा था, दोनों ने ख़त्म किया, बिल अदा करने और बैरे को तगड़ी टिप देने के बाद दोनों बाहर निकले—केबिन में हल्की रौशनी थी और बाहर तेज़ धूप चमक रही थी, उसकी आँखें चुँधिया गईं; एक लहज़े के लिए उसे कुछ नज़र न आया; जब उसकी आँखें तेज़ धूप को क़बूल करने लगीं तो उसने नटवरलाल से कहा : "चलो भई⋯!"

नटवरलाल ने तलाशी लेनेवाली निगाहों से उसकी तरफ़ देखा : "माल-पानी है ना?"

उसके होंठों पर नशीली मुसकराहट नमूदार हुई; नटवरलाल की पसलियों में कुहनी से टहोका देकर उसने कहा : "बहुत माल है नटवर भाई, बहुत⋯" उसने जेब में से सौ-सौ के पाँच नोट निकाले : "क्या इतने काफ़ी नहीं?"

नटवरलाल की बाछें खिल गईं : "काफ़ी⋯? बहुत ज़्यादा हैं⋯! चलो आओ, पहले एक

बोतल ख़रीद लें⋯ वहाँ ज़रूरत पड़ेगी।''

उसने सोचा : 'बात बिलकुल ठीक है⋯ वहाँ ज़रूरत नहीं पड़ेगी तो क्या किसी मस्जिद में पड़ेगी⋯?'

फ़ौरन बोतल ख़रीदी गई, फ़ौरन टैक्सी ली गई, और वह दोनों उस वादी की सैयाही[16] के लिए निकल पड़े।

सैकड़ों क़हबाख़ाने थे—बीस-पच्चीस का जाइज़ा लिया गया, मगर जमील को कोई औरत पसंद न आई।

सब औरतें मेकअप की मोटी और शोख़ तहों के अंदर छुपी हुई थीं—वह चाहता था कि ऐसी लड़की मिले, जो मरम्मतशुदा मकान मालूम न हो; जिसको देखकर यह एहसास न हो कि जगह-जगह उखड़े हुए पलस्तर के टुकड़ों पर बड़े अनाड़ीपन से सुर्ख़ी और चूना लगाया गया है।

नटवरलाल तंग आ गया—उसके सामने जो भी औरत आती, वह कहता : ''जमील भाई, चलेगी?''

मगर 'जमील भाई' उठ खड़ा होता : ''हाँ चलेगी⋯ और हम भी चलेंगे!''

दो जगहें और देखी गईं; उसे फिर मायूसी का मुँह देखना पड़ा—वह सोच रहा था : 'इन औरतों के पास कौन आता होगा, जो सुअर के सूखे हुए गोश्त के टुकड़ों की तरह दिखाई देती है⋯ इनकी अदाएँ कितनी मक्रूह[17] हैं⋯ उठने-बैठने का अंदाज़ कितना फ़हश[18] है⋯ और कहने को यह प्राइवेट हैं⋯ दरपर्दा पेशा करनेवाली औरतें⋯' उसकी समझ में नहीं आता था कि वह पर्दा है कहाँ, जिसके पीछे वह धंधा करती हैं?

वह सोच ही रहा था कि नटवरलाल ने टैक्सी रुकवाई और चला गया—उसे कोई ज़रूरी काम याद आ गया था।

अब वह अकेला थ; टैक्सी तीस की रफ़्तार से चल रही थी; साढ़े चार बज चुके थे।

उसने ड्राइवर से पूछा : ''यहाँ वह चीज़ मिलेगी?''

ड्राइवर ने जवाब दिया : ''मिलेगी जनाब!''

''तो चलो उसके पास।''

ड्राइवर ने इधर-उधर दो-तीन मोड़ घूमे और एक पहाड़ी बँगलानुमा बिल्डिंग के पास टैक्सी खड़ी कर दी; फिर उसने दो-तीन मर्तबा हॉर्न बजाया।

उसका सिर नशे के बायस सख़्त बोझिल हो रहा था और आँखों के सामने धुंध-सी छाई हुई थी—उसे मालूम ही न हो सका कि वह कैसे और किस तरह वहाँ पहुँचा; जब उसने अपने सिर को ज़रा झटका तो उसने देखा कि वह एक पलंग पर बैठा हुआ है और उसके पास ही एक जवान लड़की, जिसकी नाक की फुनँग पर एक छोटी-सी फुंसी थी, अपने बुरीदा बालों में कंघी कर रही है।

उसने लड़की को ग़ौर से देखा—वह सोचना चाहता था कि वहाँ कैसे पहुँचा है, मगर उसने सोचा कि सोचना फ़ुज़ूल है—उसने अपनी जेब में हाथ डालकर अंदर ही अंदर नोट गिने; फिर उसने पास ही पड़ी हुई तिपाई पर ब्रांडी की सालिम बोतल देखी—उसकी

तशफ़्फ़ी[19] हो गई कि सब ठीक है, और उसने महसूस किया कि नशा किसी क़दर नीचे उतर गया है।

वह उठा और उस गेसू बुरीदा[20] लड़की के पास गया; जब उसकी समझ में और कुछ न आया तो उसने मुसकराकर कहा : "कहिए, मिज़ाज कैसा है?"

लड़की ने कंघी मेज़ पर रखी और कहा : "आप कहिए, आपका मिज़ाज कैसा है?"

"बस ठीक हूँ..." उसने लड़की की कमर में हाथ डाला : "आपका नाम?"

"बता तो चुकी हूँ एक दफ़ा...मेरा ख़याल है, आपको यह भी याद न रहा होगा कि आप टैक्सी में यहाँ आए थे...आप जाने कहाँ-कहाँ घूमते रहे होंगे...टैक्सी का बिल अड़तीस रुपए था...आपने बिल अदा किया और एक शख़्स नटवरलाल को बेशुमार गालियाँ दीं..."

वह अपने अंदर डूबकर सारे मामले की तह तक जाना चाहता था, लेकिन उसने सोचा कि इसकी कोई ज़रूरत नहीं; वह अक्सर भूल जाया करता है; वह सिर्फ़ इतना याद कर सका कि टैक्सी का बिल अड़तीस रुपए बना था, जो उसने अदा किया था।

लड़की पलंग पर बैठ गई : "मेरा नाम तारा है।"

उसने तारा के कंधे पकड़े; तारा को पलंग पर लिटाया और अपने हाथों और होंठों से उसे प्यार करने लगा।

थोड़ी देर के बाद उसको प्यास महसूस हुई—उसने कहा : "दो यख़बस्ता सोडे और गिलास तो मँगवाओ।"

तारा ने दोनों चीज़ें फ़ौरन मँगवा दीं।

उसने बोतल खोली, दो पैग बनाए, और फिर वह और तारा, दोनों पीने लगे।

तीन पैग पीने के बाद उसने महसूस किया कि उसकी हालत बेहतर हो गई है—वह बहुत देर तक तारा को चूमता-चाटता रहा, फिर उसने सोचा कि क़िस्सा मुख़्तसर करना चाहिए : "तारा, कपड़े उतार दो!"

"सारे कपड़े?"

"हाँ, सारे!"

तारा ने सारे कपड़े उतार दिए और पलंग पर लेट गई।

उसने तारा के नंगे जिस्म को एक नज़र देखा और महसूस किया कि अच्छा जिस्म है। उसका निकाह हो चुका था और उसने अपनी बीवी को बस दो-तीन मर्तबा देखा था। उसके दिमाग़ में ख़यालात का एक ताँता बँध गया : 'उसका बदन कैसा होगा...क्या वह तारा की तरह एक मर्तबा कहने पर अपने सारे कपड़े उतारकर उसके साथ लेट जाएगी...क्या वह उसके साथ ब्रांडी पिएगी...क्या उसके बाल कटे हुए हैं...'

ख़यालात के ताँते में उसका ज़मीर[21] जाग उठा : 'निकाह का यह मतलब है कि तुम्हारी शादी हो चुकी है...सिर्फ़ एक मरहला[22] बाक़ी है कि तुम अपनी ससुराल जाओ और लड़की का हाथ पकड़कर ले आओ...क्या यह तुम्हारे लिए वाजिब है कि एक बाज़ारू औरत को अपनी आग़ोश की ज़ीनत[23] बनाओ...ख़ुम के ख़ुम लुटाते फिरो...'

वह बहुत ख़फ़ीफ़[24] हुआ; उसकी आँखें मुँदना शुरू हो गईं और वह सो गया—थोड़ी ही

देर में तारा भी ख़्वाबे-गफ़लत[25] के मज़े लेने लगी।

उसने कई बेरब्त, ऊटपटाँग ख़्वाब देखे; कोई दो घंटे के बाद एक बहुत ही डरावना ख़्वाब देखते हुए वह हड़बड़ा के उठ बैठा—जब उसकी आँखें अच्छी तरह खुलीं तो उसने देखा कि वह एक अजनबी कमरे में है और एक अलिफ़ नंगी जवान लड़की उसके साथ लेटी हुई है।

वह ख़ुद भी अलिफ़ नंगा था—वह बौखला गया; उसने पाजामा उलटा पहन लिया और उसको एहसास तक न हुआ; कुर्ता पहनकर उसने जेबें टटोलीं—सबके-सब नोट मौजूद थे।

उसने सोडा खोला और एक पैग बनाकर पिया; फिर उसने तारा को हौले-से झँझोड़ा : ''उठो ··· उठो ना ··· !''

तारा आँखें मलती हुई उठ बैठी।

उसने कहा : ''कपड़े पहन लो!''

तारा ने कपड़े पहन लिए।

बाहर गहरी शाम रात बनने की तैयारियाँ कर रही थी।

उसने सोचा : 'अब कूच करना चाहिए ···' लेकिन वह तारा से कुछ पूछना चाहता था कि बहुत-सी बातें उसके ज़ेहन से निकल गई थीं; उसने हिचकिचाते हुए तारा से पूछा : ''क्यों तारा, जब हम लेटे ··· मेरा मतलब है, जब मैंने तुमसे कपड़े उतारने को कहा तो उसके बाद क्या हुआ?''

''कुछ नहीं ··· आपने अपने कपड़े उतारे और मेरे बाज़ू पर हाथ फेरते-फेरते सो गए ···'' तारा ने जवाब दिया।

''बस?''

''हाँ ··· लेकिन सोते-सोते आप दो-तीन मर्तबा बड़बड़ाए 'मैं गुनाहगार हूँ, मैं गुनाहगार हूँ ···' '' तारा पलंग पर से उठी और अपने बाल सँवारने लगी।

उसने एक डबल पैग अपने हलक़ में जल्दी-जल्दी उँडेला, बोतल को काग़ज़ में लपेटा और दरवाज़े की तरफ़ बढ़ा—यकायक वह रुका; उसने अपनी जेब से सौ रुपए का एक नोट निकाला और आगे बढ़कर तिपाई पर रख दिया।

तारा ने पूछा : ''चले?''

''हाँ ··· फिर कभी आऊँगा ···'' यह कहकर वह लोहे की पेचदार सीढ़ियों से नीचे उतर गया।

बड़े बाज़ार की तरफ़ उसके क़दम उठने ही वाले थे कि हॉर्न बजा। उसने मुड़कर देखा तो एक टैक्सी खड़ी थी; उसने सोचा : 'चलो अच्छा हुआ यहीं मिल गई ··· पैदल चलने की ज़हमत से बच गए ···'

उसने ड्राइवर से पूछा : ''क्यों भाई, ख़ाली है?''

ड्राइवर ने जवाब दिया : ''ख़ाली है ··· ? क्या मतलब?''

''तो फिर ···'' वह मुड़ा।

''किधर जाता है सेठ?'' ड्राइवर ने उसको पुकारा।

उसने जवाब दिया : "कोई और टैक्सी देखता हूँ।"

ड्राइवर दरवाज़ा खोलकर बाहर निकल आया : "मस्तक तो नहीं फिरेला···यह टैक्सी तुम्हीं ने तो ले रखी है।"

वह बौखला गया : "मैंने ?"

ड्राइवर बड़े गँवारपने पर उतर आया : "हाँ तूने···साला दारू पीकर सबकुछ भूल गया···"

इस पर तू-तू मैं-मैं शुरू हो गई; इधर-उधर से लोग इकट्ठे हो गए।

उसने टैक्सी का दरवाज़ा खोला और अंदर बैठ गया : "चलो!"

ड्राइवर ने टैक्सी स्टार्ट की : "किधर ?"

उसने कहा : "पुलिस स्टेशन!"

ड्राइवर ने वाही-तबाही बकना शुरू कर दी।

वह सोच में पड़ गया : 'जो टैक्सी मैंने ली थी, उसका बिल अड़तीस रुपए बना था और जो मैंने अदा कर दिया था···वह दूसरी टैक्सी कहाँ से आन टपकी···मैं नशे की हालत में ज़रूर हूँ, मगर यक़ीनी तौर पर कह सकता हूँ कि न यह वह टैक्सी है और न यह वह ड्राइवर है, मुझे वहाँ ले गया था···'

जब टैक्सी पुलिस स्टेशन पहुँची तो उसके क़दम बुरी तरह लड़खड़ा रहे थे।

सब-इंस्पेक्टर फ़ौरन भाँप गया कि मामला क्या है—उसने उसे कुर्सी पर बैठने के लिए कहा।

ड्राइवर ने अपनी दास्तान बयान की, जो सर-ता-पा ग़लत थी।

वह उस दास्तान की तर्दीद[26] करता, मगर उसमें ज़्यादा बोलने की हिम्मत नहीं थी—उसने सब-इंस्पेक्टर से कहा : "जनाब, मेरी समझ में नहीं आता, यह क्या क़िस्सा है···जो टैक्सी मैंने ली थी, उसका बिल अड़तीस रुपए बना था, जो मैंने अदा कर दिया था···अब मुझे मालूम नहीं, यह कौन है और मुझसे कैसा किराया माँगता है···"

ड्राइवर ने कहा : "हुज़ूर इंस्पेक्टर बहादुर, यह दारू पिएला है···"

वह झुँझला गया : "अरे भई कौन सुअर कहता है कि उसने नहीं पी···सवाल तो यह है कि आप कहाँ से तशरीफ़ ले आए···"

सब-इंस्पेक्टर ग़ैर-मुतवक़्क़े[27] तौर पर शरीफ़ आदमी था; उसने ड्राइवर के बार-बार बयालीस रुपए कहने के बावजूद पंद्रह रुपए तय कर दिए—ड्राइवर बहुत चीख़ा-चिल्लाया, मगर सब-इंस्पेक्टर ने उसे डाँट-डपटकर पुलिस स्टेशन से बाहर निकलवा दिया, फिर उसने एक सिपाही को दूसरी टैक्सी ले आने के लिए कहा।

टैक्सी आई तो सब-इंस्पेक्टर ने एक सिपाही उसके साथ कर दिया कि उसे घर तक छोड़ आए।

उसने लुकनत[28] भरे लहजे में बहुत-बहुत शुक्रिया अदा किया और पूछा : "जनाब, क्या ग्रांट रोड पुलिस स्टेशन है ?"

सब-इंस्पेक्टर ने ज़ोर का क़हक़हा लगाया और अपने पेट पर हाथ रखते हुए कहा :

"मिस्टर, तुमने वाक़ई ख़ूब पी रखी है... यह कोलाबा पुलिस स्टेशन है... जाओ, अब घर जाकर सो जाओ..."

वह घर पहुँचा और खाना खाए बिना, कपड़े उतारे बग़ैर सो गया—ब्रांडी की बोतल भी उसके साथ सोती रही।

दूसरे रोज़ सुबह दस बजे के क़रीब वह उठा—उसके जोड़-जोड़ में दर्द था, सिर में जैसे बड़े-बड़े वज़नी पत्थर भरे पड़े थे; मुँह का ज़ाइक़ा ख़राब था—उसने जूँ-तूँ उठकर फ्रूट साल्ट[29] के दो-तीन गिलास पिए; फिर चार-पाँच प्याले चाय के पिए, तब कहीं शाम को जाकर उसकी तबीयत क़दरे-बहाल[30] हुई और उसने ख़ुद को गुज़श्ता[31] वाक़िआत के मुताल्लिक़ सोचने के क़ाबिल महसूस किया।

वाक़िआत की बहुत लंबी ज़ंजीर थी; बाज़ कड़ियाँ तो सलामत थीं, मगर बाज़ ग़ायब; वाक़िआत का तसल्सुल[32] शुरू से लेकर ग्रीन होटल तक और ग्रीन होटल से कोलाबा के बॉर तक बिलकुल साफ़ था; फिर नटवरलाल के साथ उस वादी की सैयाही शुरू होती थी और मामला गडमड हो जाता था; चंद झलकियाँ दिखाई देती थीं, बड़ी वाज़ेह, मगर फ़ौरन ही मुबहम[33] परछाइयों का सिलसिला शुरू हो जाता था; वह कैसे उस लड़की के घर पहुँचा; उस लड़की का नाम उसके हाफ़िज़े[34] से फिसलकर किस खड्ड में जा गिरा—लड़की की शक्लो-सूरत उसे बड़ी अच्छी तरह याद थी।

वह उस लड़की के घर कैसे पहुँचा था, उसने महसूस किया कि यह जानना उसके लिए बड़ा अहम है—अगर उसका हाफ़िज़ा उसकी मदद करता तो बहुत-सी कड़ियाँ मिल जातीं, मगर बसद[35] कोशिश वह किसी नतीजे पर न पहुँच सका—और यह टैक्सियों का क्या सिलसिला था; उसने पहली को तो छोड़ दिया था, मगर वह दूसरी कहाँ से टपक पड़ी थी—सोच-सोचकर उसका दिमाग़ पाश-पाश[36] हो गया; उसने महसूस किया कि जितने वज़नी पत्थर उसके दिमाग़ में भरे पड़े थे, सब आपस में टकरा-टकराकर चूर-चूर हो गए हैं।

रात को उसने ब्रांडी के तीन पैग पिए, थोड़ा-सा हल्का खाना खाया और गुज़श्ता वाक़िआत के मुताल्लिक़ सोचता-सोचता सो गया।

वह कड़ियाँ, जो गुम थीं, उनको तलाश करना अब उसका मसलक[37] हो गया—वह चाहता था कि जो कुछ उस रोज़ हुआ था, मिनो-अन[38] उसकी आँखों के सामने आ जाए और रोज़-रोज़ की मग़ज़पाशी दूर हो—अब उसको इस बात का भी बड़ा क़लक़ था कि उसका गुनाह नामुकम्मल रह गया था।

वह सोचता था : 'यह अधूरा गुनाह जाएगा किस खाते में...' वह चाहता था कि उसके अधूरे गुनाह की भी तकमील[39] हो जाए।

तलाशे-बिसयार[40] के बावजूद वह पहाड़ी बँगलानुमा बिल्डिंग उसकी आँखों से ओझल रही—जब वह थक-हार गया तो एक दिन उसने सोचा : 'क्या वह सब ख़्वाब तो नहीं था?'

फिर उसने सोचा : 'मगर ख़्वाब में आदमी रुपए तो ख़र्च नहीं करता... उस रोज़ मेरे

कम से कम ढाई सौ रुपए ख़र्च हुए थे…'

एक रोज़ उसने पीर साहब से नटवरलाल के मुताल्लिक़ पूछा तो उन्होंने बताया कि नटवरलाल उस रोज़ के बाद दूसरे ही दिन कहीं समंदर पार चला गया है ग़ालिबन मोतियों के सिलसिले में—उसने नटवरलाल पर हज़ार लानतें भेजीं और फिर तलाश शुरू कर दी।

एक दिन अचानक ही उसे अपने हाफ़िज़े में उस पहाड़ी बँगलानुमा बिल्डिंग की दीवार पर पीतल की एक नेमप्लेट नज़र आई : 'डॉक्टर… डॉक्टर बैराम जी…'

कोलाबा की गलियों में चलते-चलते आख़िर वह एक ऐसी गली में जा निकला, जो उसे जानी-पहचानी-सी लगी—दूरूया[41]। उसी क़िस्म की पहाड़ी बँगलानुमा बिल्डिंगें थीं, हर बिल्डिंग के बाहर पीतल की छोटी-छोटी नेमप्लेटें लगी हुई थीं; किसी बिल्डिंग पर चार, किसी पर पाँच, किसी पर तीन।

वह दाएँ-बाएँ ग़ौर से देखता हुआ आगे बढ़ रहा था और उसके दिमाग़ में वह ख़त भी घूम रहा था, जो उसे सुबह उसकी सास की तरफ़ से मौसूल[42] हुआ था कि इंतज़ार की हद हो गई है, तारीख़ मुक़र्रर[43] कर दी गई है, अब वह आ जाए और अपनी दुल्हन को ले जाए : "और मैं इधर खोई हुई एक कड़ी ढूँढ रहा हूँ… अपने एक नामुकम्मल[44] गुनाह को मुकम्मल करने की कोशिश में मारा-मारा फिर रहा हूँ…"

एकदम उसे अपने दाहिने हाथ पीतल की नेमप्लेट नज़र आई, जिस पर खुदा हुआ था : 'डॉक्टर एम. बैराम जी, एम. डी.।'

वह काँपने लगा : "वही बिल्डिंग, बिलकुल वही रंग…, वही लोहे की पेचदार सीढ़ियाँ…"

वह सँभला और फिर बेधड़क सीढ़ियाँ चढ़ गया—अब उसके लिए हर चीज़ जानी-पहचानी थी।

कॉरीडोर के सिरे पर उसने सामनेवाले दरवाज़े पर दस्तक दी।

थोड़ी देर के बाद एक लड़के ने दरवाज़ा खोला—उसने फ़ौरन पहचान लिया कि वही लड़का है, जो उस रोज़ सोडे और गिलास लाया था।

उसने अपने होंठों पर मस्नूई मुसकराहट पैदा करते हुए लड़के से पूछा : "बेटा, बाई जी हैं ?"

लड़के ने इस्बात[45] में सिर हिलाया : "जी हाँ !"

"जाओ उनसे कहो, साहब मिलने आए हैं।" उसके लहजे में बेतकल्लुफ़ी थी।

लड़का दरवाज़ा भेड़कर अंदर चला गया।

थोड़ी देर के बाद दरवाज़ा खुला और तारा नमूदार हुई—तारा को देखते ही उसने पहचान लिया कि वही लड़की है; अब तारा की नाक पर फुंसी नहीं थी।

उसने कहा : "नमस्ते !"

"नमस्ते… कहिए मिज़ाज कैसा है ?" तारा ने अपने कटे हुए बालों को एक ख़फ़ीफ़-सा झटका दिया।

उसने जवाब दिया : "अच्छा है… मैं पिछले दिनों बहुत मसरूफ़ रहा, इसलिए न आ

सका…कहिए फिर, क्या इरादा है?"

तारा ने बड़ी संजीदगी से कहा : "माफ़ कीजिए, मेरी शादी हो चकी है…"

वह बौखला गया : "शादी…? कब…"

तारा ने फिर संजीदगी से जवाब दिया : "जी आज सुबह…आइए, आपको अपने पति से मिलाऊँ…"

वह चकरा गया और कुछ कहे-सुने बग़ैर खटाखट सीढ़ियाँ उतर गया।

सामने टैक्सी खड़ी थी—उसका दिल एक लहज़े के लिए साकित[46] हो गया।

तेज़ क़दम उठता वह बड़े बाज़ार की तरफ़ बढ़ा ही था कि ड्राइवर ने ज़ोर से कहा : "सेठ साहब, टैक्सी…।"

उसने झुँझलाकर कहा : "नहीं कमबख़्त, शादी…"

---

1. स्थित; 2. प्रकट; 3. मालूम; 4. कटे हुए; 5. विश्वास; 6. खुल्लम-खुल्ला; 7. निराश; 8. आशावादी; 9. ठंड से जमा हुआ; 10. इस्लामी धर्मशास्त्र के अनुसार जो करना पाप है; 11. वस्त्र; 12. मरणावस्था; 13. घूँट; 14. नग्न; 15. रट; 16. सैर; 17. घृणित; 18. अश्लील; 19. तसल्ली; 20. कटे हुए बालोंवाली; 21. अंतरात्मा; 22. कठिन काम; 23. शोभा; 24. लज्जित; 25. गहरी नींद; 26. किसी बात को झूठ साबित करना; 27. अप्रत्याशित; 28. हकलाहट; 29. फलों का नमक; 30. पहले से कुछ बेहतर; 31. गत; 32. सिलसिला; 33. अस्पष्ट; 34. स्मरण-शक्ति; 35. सैकड़ों बार; 36. टुकड़े-टुकड़े; 37. धर्म; 38. हू-ब-हू; 39. पूर्ति; 40. बहुत अधिक खोज; 41. दोनों तरफ़; 42. प्राप्त; 43. निश्चित; 44. अधूरे; 45. स्वीकारोक्ति; 46. स्पंदन रहित।

शारदा

बड़े डाकख़ाने से कुछ आगे, बंदरगाह के फाटक से कुछ इधर, सिगरेटवाले की दूकान से नज़ीर को स्कॉच मुनासिब दामों पर मिल जाती थी—जब उसने पैंतीस रुपए अदा करके काग़ज़ में लिपटी हुई बोतल थामी तो उस वक़्त दिन के ग्यारह बजे थे; यूँ तो वह रात को पीने का आदी था, मगर उस रोज़ मौसम ख़ुशगवार होने के बायस वह चाहता था कि सुबह ही से शुरू कर दे और रात तक पीता रहे।

बोतल हाथ में पकड़ वह ख़ुश-ख़ुश घर की तरफ़ रवाना हुआ; उसका इरादा था कि वह बोरीबंदर के स्टैंड से टैक्सी पकड़ेगा, एक पैग टैक्सी में बैठकर पिएगा और हल्के-हल्के सुरूर में घर पहुँच जाएगा; बीवी पीने से मना करेगी तो वह कहेगा : 'देखो मौसम कितना अच्छा है... ।' फिर वह उसे वह भोंडा-सा शेर सुनाएगा :

'की फ़रिश्तों की राह अब्र ने बंद,
जो गुनाह कीजिए सवाब है आज।'

वह कुछ देर ज़रूर चख़ करेगी, लेकिन बिलआख़िर ख़ामोश हो जाएगी, और फिर उसके कहने पर क़ीमे के पराँठे बनाना शुरू कर देगी।

वह कोई बीस-पच्चीस क़दम ही चला होगा कि एक आदमी ने उसको सलाम किया।

नज़ीर का हाफ़िज़ा[1] कमज़ोर था; उसने सलाम करनेवाले आदमी को न पहचाना, लेकिन उस पर यह ज़ाहिर न किया कि वह उसको नहीं जानता—बड़े अख़्लाक़ से उसने कहा : "क्यों भई, कहाँ होते हो... ? कभी नज़र ही नहीं आए!"

उस आदमी ने मुसकराकर कहा : "हुज़ूर, मैं तो यहीं होता हूँ... आप ही कभी तशरीफ़ नहीं लाए!"

नज़ीर ने उस आदमी को फिर भी न पहचाना : "मैं अब जो तशरीफ़ ले आया हूँ।"

"तो चलिए मेरे साथ..."

नज़ीर उस वक़्त बड़े अच्छे मूड में था : "चलो..."

उस आदमी ने नज़ीर के हाथ में बोतल देखी और मानीख़ेज़ तरीक़े पर मुसकराया : "बाक़ी सामान तो आपके पास है।"

नज़ीर ने फ़ौरन ही जान लिया कि वह आदमी दल्लाल है : "तुम्हारा नाम क्या है ?"

"करीम... आप भूल गए थे!"

नज़ीर को याद आ गया कि उसकी शादी से पहले करीम उसके लिए अच्छी-अच्छी

लड़कियाँ लाया करता था, बड़ा ईमानदार दल्लाल था वह करीम–उसने ग़ौर से देखा तो सूरत जानी-पहचानी मालूम हुई; फिर पिछले तमाम वाक़िआत उसके ज़ेहन में उभर आए।

उसने करीम से माज़िरत चाही : ''यार, मैं तुम्हें पहचान नहीं सका था ⋯ मेरा ख़याल है, ग़ालिबन छः बरस हो गए हैं तुमसे मिले हुए।''

''जी हाँ !''

''तुम्हारा अड्डा तो पहले ग्रांट रोड का नाका हुआ करता था ?''

करीम ने बीड़ी सुलगाई और ज़रा फ़ख़्र से कहा : ''वह मैंने छोड़ दिया है ⋯ आपकी दुआ से अब यहाँ एक होटल में धंधा शुरू कर रखा है।''

नज़ीर ने दाद दी : ''यह बहुत अच्छा किया है तुमने।''

करीम ने और ज़्यादा फ़ख़्रिया लहजे में कहा : ''दस छोकरियाँ हैं ⋯ एक बिलकुल नई है।''

नज़ीर ने छेड़ने के अंदाज़ में कहा : ''तुम लोग यही कहा करते हो।''

करीम को बुरा लगा : ''क़सम क़ुरान की, मैंने कभी झूठ नहीं बोला ⋯ सुअर खाऊँ, अगर वह छोकरी बिलकुल नई न हो ⋯'' फिर उसने अपनी आवाज़ धीमी की और नज़ीर के कान के साथ मुँह लगाकर कहा : ''आठ दिन हुए हैं जब पहला पैसेंजर आया था ⋯ झूठ बोलूँ तो मेरा मुँह काला हो।''

नज़ीर ने पूछा : ''कुँवारी थी ?''

''जी हाँ ⋯ दो सौ रुपए लिए थे उस पहले पैसेंजर से।''

नज़ीर ने करीम की पसलियों में एक टहोका दिया : ''तुम तो यहीं भाव पक्का करने लगे !''

करीम को नज़ीर की बात फिर बुरी लगी : ''क़सम क़ुरान की, सुअर हो जो आपसे भाव करे ⋯ आप तशरीफ़ ले चलिए ⋯ आप जो भी देंगे, मुझे क़ुबूल होगा ⋯ करीम ने आपका बहुत नमक खाया है।''

नज़ीर की जेब में उस वक़्त साढ़े चार सौ रुपए थे; मौसम अच्छा था; मूड भी अच्छा था; उसके जी में आया कि वह छः बरस पीछे के ज़माने में चला जाए–वह बिन पिए मसरूर था : ''चलो यार, आज फिर तमाम ऐयाशियाँ हो जाएँ ⋯ लेकिन एक और बोतल का बंदोबस्त होना चाहिए।''

करीम ने पूछा : ''आप कितने में लाए हैं यह बोतल ?''

''पैंतीस रुपए में।''

''कौन-सा ब्रांड है ?''

''जानीवाकर !''

करीम ने छाती पर हाथ मारकर कहा : ''मैं आपको तीस में ला दूँगा।''

नज़ीर ने दस-दस के तीन नोट निकाले और करीम के हवाले कर दिए : ''नेकी और पूछ-पूछ ⋯ यह लो ⋯ मुझे होटल में बिठाकर तुम पहला काम यही करना ⋯ तुम जानते हो,

मैं ऐसे मौक़ों पर अकेला नहीं पिया करता।"

करीम मुसकराया : "और आपको याद होगा, मैं डेढ़ पैग से ज़्यादा नहीं पिया करता।"

नज़ीर को याद आ गया कि करीम छः बरस पहले सिर्फ़ डेढ़ पैग पिया करता था; वह मुसकराया : "आज दो हो जाएँ?"

"जी नहीं, डेढ़ से ज़्यादा एक क़तरा भी नहीं..."

करीम एक थर्ड क्लास बिल्डिंग के पास ठहर गया, जिसके एक कोने में छोटे-से मैले बोर्ड पर लिखा था : 'मैरीना होटल'... नाम ख़ूबसूरत था, मगर इमारत निहायत ही ग़लीज़ थी; सीढ़ियाँ शिकस्ता[3]—ग्राउंड फ़्लोर पर सूदख़ोर पठान बड़ी-बड़ी शलवारें पहने खाटों पर लेटे हुए थे; पहली मंज़िल पर क्रिश्चियन आया लोग नज़र आ रही थीं और दूसरी मंज़िल पर जहाज़ों के बेशुमार ख़लासी; तीसरी मंज़िल 'मैरीना होटल' थी और चौथी मंज़िल पर कोने का एक कमरा करीम के पास था, जिसमें कई लड़कियाँ मुर्ग़ियों की तरह अपने दड़बे में बैठी हुई थीं।

करीम ने होटल के मालिक से चाबी मँगवाई और तीसरी मंज़िल का एक बड़ा, लेकिन वेहंगम-सा[4] कमरा खोला, जिसमें लोहे की एक चारपाई, एक कुर्सी और एक तिपाई पड़ी थी; तीन अतराफ़[5] से यह कमरा खुला था; बेशुमार खिड़कियाँ थीं, जिनके शीशे टूटे हुए थे, और कुछ था या नहीं, हाँ हवा की बहुत इफ़रात थी।

करीम ने आरामकुर्सी, जो बेहद मैली थी, एक कुर्सी से भी ज़्यादा मैले कपड़े से साफ़ की और नज़ीर से कहा : "तशरीफ़ रखिए... लेकिन अर्ज़ यह है कि इस कमरे का किराया दस रुपए होगा।"

अब नज़ीर ने कमरे को ग़ौर से देखा: "दस रुपए ज़्यादा हैं यार!"

करीम ने कहा: "बहुत ज़्यादा हैं... लेकिन क्या किया जाए, साला होटल का मालिक बनिया है, एक पैसा कम नहीं करता... और नज़ीर साहब, मौज-शौक़ करनेवाले भी कम-ज़्यादा की परवाह नहीं करते।"

नज़ीर ने कुछ सोचकर कहा : "तुम ठीक कहते हो... किराया पेशगी दे दूँ?"

"जी नहीं... आप पहले छोकरी तो देख लीजिए..." यह कहकर वह कमरे से निकल गया।

थोड़ी देर के बाद वह वापिस आया तो उसके साथ एक निहायत ही शर्मीली-सी लड़की थी, घरेलू क़िस्म की हिंदू लड़की, जो सफ़ेद धोती बाँधे हुए थी; उम्र चौदह बरस के लगभग होगी; वह ख़ुशशक्ल तो नहीं थी, लेकिन भोली-भाली थी।

करीम ने लड़की से कहा : "बैठ जाओ... यह साहब मेरे दोस्त हैं, बिलकुल अपने आदमी हैं।"

लड़की नज़रें नीची किए लोहे की चारपाई पर बैठ गई।

"अपना इत्मीनान कर लीजिए नज़ीर साहब, मैं गिलास और सोडा लाता हूँ!"

करीम चला गया तो नज़ीर आरामकुर्सी पर से उठकर लड़की के पास बैठ गया और उसने अपने छः बरस पहले के अंदाज़ में पूछा : "आपका नाम?"

लड़की ने कोई जवाब न दिया—नज़ीर ने ज़रा सरककर उसके हाथ पकड़े और फिर पूछा : ''आपका नाम क्या है जनाब ?''

लड़की ने हाथ छुड़ाकर कहा : ''शकुंतला ।''

नज़ीर को वह शकुंतला याद आ गई, जिस पर राजा दुष्यंत आशिक़ हुआ था : ''मेरा नाम दुष्यंत है ।'' वह मुकम्मल ऐयाशी पर तुला हुआ था ।

लड़की ने उसकी बात सुनी और मुसकरा दी ।

इतने में करीम आ गया—उसने नज़ीर को सोडे की चार बोतलें दिखाईं, जो ठंडी होने के बायस पसीना छोड़ रही थीं : ''मुझे याद है कि आप रोजर्ज़ का सोडा पसंद करते थे··· मैं रोजर्ज़ ही का बर्फ़ में लगा हुआ सोडा लेकर आया हूँ ।''

नज़ीर ख़ुश हो गया : ''तुम कमाल करते हो करीम···'' फिर वह लड़की से मुख़ातिब हुआ : ''जनाब आप भी शौक़ फ़र्माएँगी ?''

लड़की ने कुछ न कहा ।

करीम ने जवाब दिया : ''नज़ीर साहब, यह नहीं पीती··· दस दिन ही तो हुए हैं इसको यहाँ आए हुए ।''

नज़ीर को अफ़सोस हुआ : ''यह तो बहुत बुरी बात है ।''

करीम ने जानीवाकर की बोतल खोलकर नज़ीर के लिए एक बड़ा पैग बनाया और आँख मारकर कहा : ''आप राज़ी कर लीजिए इसे ।''

नज़ीर ने एक ही जुरअे में गिलास ख़ाली कर डाला ।

करीम ने अपना पैग पिया तो फ़ौरन ही उसकी आवाज़ नशा-आलूद[6] हो गई—ज़रा झूमकर उसने नज़ीर से पूछा : ''छोकरी तो पसंद है ना आपको ?''

नज़ीर ने सोचा कि लड़की उसे पसंद है या नहीं, लेकिन वह कोई फ़ैसला न कर सका—उसने शकुंतला की तरफ़ ग़ौर से देखा । अगर उसका नाम शकुंतला न होता तो बहुत मुम्किन है, वह उसे पसंद कर लेता—वह शकुंतला, जिस पर राजा दुष्यंत शिकार खेलते-खेलते आशिक़ हो गया था, बहुत ही ख़ूबसूरत थी; कम से कम किताबों में तो यही दर्ज था कि वह चंदे आफ़ताब, चंदे माहताब थी, आहूचश्म[7] थी—उसने फिर शकुंतला की तरफ़ देखा—उसकी आँखें बुरी नहीं थीं; वह आहूचश्म भी नहीं थी, लेकिन उसकी आँखें उसकी अपनी आँखें थीं, काली-काली और बड़ी-बड़ी ।

उसने और कुछ न सोचा और करीम से कहा : ''बोलो मामला कहाँ तय होता है ?''

करीम ने गिलास में अपने लिए आधा पैग और उँडेला और कहा : ''सौ रुपए !''

नज़ीर ने फिर कुछ न सोचा : ''ठीक है···''

करीम ने अपना आधा पैग पिया और खिसक लिया ।

नज़ीर ने उठकर दरवाज़ा बंद कर दिया—वह शकुंतला के पास बैठा तो वह घबरा-सी गई; उसने प्यार लेना चाहा तो वह खड़ी हो गई । नज़ीर को शकुंतला की यह हरकत नागवार महसूस हुई, लेकिन उसने फिर कोशिश की; बाज़ू से पकड़कर उसने शकुंतला को अपने पास बिठाया और ज़बर्दस्ती चूमा—बड़ा ही बेकैफ़ सिलसिला था, लेकिन जानीवाकर

का नशा अच्छा था—उसको अफ़सोस हुआ कि इतनी महँगी चीज़ अच्छे नशे के बावुजूद बेकार जा रही है—शकुंतला बिलकुल अल्हड़ थी; उसको ऐसे मामलों के आदाब की कोई वाक़फ़ियत ही नहीं थी—नज़ीर एक अनाड़ी तैराक के साथ इधर-उधर बेकार हाथ-पाँव मार रहा था, आख़िर वह उकता गया।

दरवाज़ा खोलकर उसने करीम को आवाज़ दी।

करीम लपकता हुआ आया : "क्या बात है नज़ीर साहब ?"

नज़ीर ने बड़ी नाउम्मीदी से कहा : "कुछ नहीं यार, यह छोकरी अपने काम की नहीं है !"

"क्यों ?"

"कुछ समझती ही नहीं।"

करीम ने शकुंतला को एक तरफ़ ले जाकर बहुत समझाया, मगर वह कुछ न समझ सकी और शर्माती, लजाती, धोती सँभालती कमरे से बाहर निकल गई।

करीम ने कहा : "मैं अभी हाज़िर होता हूँ।"

नज़ीर ने उसको रोका : "जाने दो यार··· कोई और छोकरी ले आओ···" यकायक उसने कुछ और सोच लिया : "वह रुपए जो मैंने तुम्हें दिए थे, उनकी एक जानीवाकर ले आओ और शकुंतला के अलावा जितनी लड़कियाँ इस वक़्त मौजूद हैं, उन सबको यहाँ भेज दो··· मेरा मतलब है, वह लड़कियाँ जो पीती हैं··· आज कोई और सिलसिला नहीं होगा··· मैं बस बातें करूँगा।"

करीम बहुत अच्छी तरह से नज़ीर को समझता था—उसने चार लड़कियाँ कमरे में भेज दीं।

नज़ीर ने चारों लड़कियों को सरसरी नज़र से देखा—वह फ़ैसला कर चुका था कि अब प्रोग्राम सिर्फ़ पीने का होगा।

उसने लड़कियों के लिए गिलास मँगवाए और उनके साथ पीना शुरू कर दी; होटल से दोपहर का खाना मँगवाकर उन लड़कियों के साथ खाया और शाम के छः बजे तक बातें करता रहा, बड़ी फ़ुज़ूल क़िस्म की बातें—वह ख़ुश था कि जो कोफ़्त शकुंतला ने पैदा की थी, दूर हो गई है।

जानीवाकर की एक बोतल आधी बच गई थी, उसे वह साथ लेकर घर चला आया।

पंद्रह रोज़ के बाद फिर मौसम की वजह से उसका जी चाहा कि सारा दिन पीता रहे—सिगरेटवाले की दूकान से जानीवाकर ख़रीदने के बजाय उसने सोचा, क्यों न करीम से मिला जाए, वह तीस में ले देगा।

वह मैरीना होटल पहुँचा—इत्तिफ़ाक़ से करीम मौजूद था।

करीम ने मिलते ही बहुत हौले-से कहा : "नज़ीर साहब, शकुंतला की बड़ी बहन आई

हुई है··· आज ही सुबह की गाड़ी से पहुँची है··· बहुत हठीली है, मगर आप उसको ज़रूर राज़ी कर लेंगे।"

नज़ीर कुछ न सोच सका—फिर उसने अपने दिल में कहा : 'चलो देख लो··· !'

उसने करीम से कहा : "यार, पहले तुम जानीवाकर ले आओ।" उसने जेब में से तीस रुपए निकालकर करीम को दे दिए। करीम ने नोट लेकर नज़ीर से कहा : "मैं बोतल ले आता हूँ··· आप अंदर कमरे में बैठिए।"

नज़ीर के पास सिर्फ़ दस रुपए बाक़ी बचे थे, लेकिन वह कमरा खुलवाकर बैठ गया। उसने सोचा था कि जानीवाकर लेकर, एक नज़र शकुंतला की बहन को देखकर वह चल देगा और जाते वक़्त दो रुपए करीम को दे देगा।

तीन तरफ़ से खुले हुए हवादार कमरे में निहायत ही मैली आरामकुर्सी पर बैठकर उसने सिगरेट सुलगाया और टाँगें फैला दीं।

थोड़ी देर के बाद आहट हुई और करीम दाख़िल हुआ—उसने नज़ीर के कान के साथ मुँह लगाकर हौले-से कहा : "नज़ीर साहब, आ रही है, लेकिन आप ही राम[8] कीजिएगा उसे··· !" यह कहकर वह चला गया।

पाँच-सात मिनट के बाद एक लड़की, जिसकी शक्लो-सूरत क़रीब-क़रीब शकुंतला से मिलती थी, तेवरी चढ़ाए, शकुंतला के-से अंदाज़ में सफ़ेद धोती पहने कमरे में दाख़िल हुई; बड़ी बेपरवाई से उसने माथे के क़रीब हाथ ले जाकर नज़ीर को 'आदाब' कहा और लोहे के पलंग पर बैठ गई।

नज़ीर ने यूँ महसूस किया, जैसे वह उससे लड़ने आई है—छः बरस पीछे के ज़माने में डुबकी लगाकर उसने पूछा : "आप शकुंतला की बहन हैं ?"

उसने बड़े तीखे और ख़फ़गीआमेज़[9] लहजे में कहा : "जी हाँ !"

नज़ीर ख़ामोश हो गया—उसने उस लड़की को, जिसकी उम्र शकुंतला से ग़ालिबन तीन बरस बड़ी थी, बड़े ग़ौर से देखा।

नज़ीर की यह हरकत उस लड़की को बेहुत नागवार लगी—उसने बड़े ज़ोर से टाँगें हिलाकर कहा : "आप मुझसे क्या कहना चाहते हैं ?"

नज़ीर अपने होंठों पर छः बरस पीछे की मुसकराहट ले आया : "जनाब, आप इस क़दर नाराज़ क्यों हैं ?"

वह बरस ही तो पड़ी : "मैं नाराज़ क्यों न हूँ··· ? यह आपका करीम मेरी बहन को जयपुर से उड़ा लाया है··· बताइए आप, मेरा ख़ून नहीं खौलेगा··· ? मुझे मालूम हुआ है, मेरी बहन आपको भी पेश की गई थी··· !"

नज़ीर की ज़िंदगी में ऐसा मामला कभी नहीं हुआ था; कुछ देर सोचकर उसने बड़े ख़ुलूस के साथ उस लड़की से कहा : "शकुंतला को देखते ही मैंने सोच लिया था कि वह मेरे काम की नहीं है··· वह बहुत अल्हड़ है··· मुझे ऐसी लड़कियाँ पसंद नहीं··· आप शायद बुरा मानें, लेकिन यह हक़ीक़त है कि मैं उन औरतों को पसंद करता हूँ, जो मर्द की ज़रूरियात को समझती हैं···"

वह ख़ामोश रही।

नज़ीर ने पूछा : "आपका नाम ?"

उसने मुख़्तसरन[10] कहा : "शारदा।"

नज़ीर ने फिर पूछा : "आपका वतन ?"

"जयपुर।" उसका लहजा बहुत तीखा और ख़फ़गीआलूद[11] था।

नज़ीर ने मुसकराकर कहा : "देखिए आपको मुझसे नाराज़ होने का कोई हक़ नहीं है… करीम ने अगर कोई ज़्यादती की है तो आप उसको सज़ा दे सकती हैं… भला मेरा इसमें क्या क़ुसूर है…" वह उठा और यकायक उसने शारदा को अपने बाज़ुओं में समेट लिया और उसके होंठों को चूम लिया : "हाँ, इस जुर्म की सज़ा मैं भुगतने के लिए तैयार हूँ!"

शारदा कुछ कह न पाई; उसके माथे पर बेशुमार तब्दीलियाँ नमूदार हुईं; उसने फिर कुछ कहना चाहा, लेकिन वह फिर कुछ न कह सकी; वह उठ खड़ी हुई, लेकिन फ़ौरन ही बैठ गई।

नज़ीर उसे देख रहा था और कहना चाहता था : 'बताइए आप मुझे क्या सज़ा देना चाहती हैं ?' कि ऊपर से किसी बच्चे के रोने की आवाज़ आई।

शारदा उठी–नज़ीर ने उसे रोका : "कहाँ जा रही हैं आप ?"

"मेरी मुन्नी रो रही है दूध के लिए…" वह एकदम माँ बन गई और कमरे से बाहर निकल गई।

नज़ीर ने शारदा के बारे में सोचने की कोशिश की, मगर कुछ सोच न सका।

थोड़ी देर के बाद करीम आ गया, जानीवाकर, सोडे और गिलास वह साथ लाया था–उसने अपने और नज़ीर के लिए पैग बनाए और नज़ीर से राज़दाराना लहजे में पूछा : "कुछ बातें हुईं शारदा से… मैंने तो समझा था कि आपने उसे पटा लिया होगा ?"

नज़ीर ने मुसकराकर जवाब दिया : "बड़ी ग़ुसीली औरत है!"

"जी हाँ…सुबह आई है और अब तक मेरी जान खा गई है…आप ज़रा उसको राम करें… सच कहता हूँ, शकुंतला ख़ुद यहाँ आई थी… उसका बाप उसकी माँ को छोड़ चुका है… शारदा का मामला भी ऐसा ही है… उसका पति शादी के चंद माह बाद उसको छोड़कर ख़ुदा मालूम कहाँ चला गया है… अब अपनी बच्ची के साथ अपनी माँ के पास रहती है… ख़ुदा के लिए आप मना लीजिए ना उसको!"

नज़ीर ने कहा : "इसमें मनाने की क्या बात है ?"

करीम ने आँख मारी : "साली मुझसे तो मानती नहीं… जब से आई है, डाँट ही रही है।"

तभी शारदा अपनी एक साल की बच्ची को गोद में उठाए कमरे में दाख़िल हुई–उसने ग़ुस्से से करीम को देखा।

करीम ने जल्दी से अपना पैग पिया, और बाहर चला गया।

शारदा की बच्ची को सख़्त ज़ुकाम था; उसकी नाक बहुत बुरी तरह बह रही

थी—नज़ीर ने करीम को बुलाया और उसको पाँच रुपए का नोट देकर कहा : "जाओ विक्स ले आओ।"

'जी अच्छा' कहकर करीम चला गया।

नज़ीर अब शारदा की बच्ची की तरफ़ मुतवज्जेह[12] हुआ; उसको बच्चे वैसे भी बहुत अच्छे लगते थे—बच्ची ख़ुशशक्ल तो नहीं थी, लेकिन कमसिनी के बायस दिलकश थी—उसने बच्ची को गोद में ले लिया, और जिसे उसकी माँ न सुला सकी थी, उसके बालों में हौले-हौले उँगलियाँ फेरकर उसे सुला दिया और शारदा से कहा : "मुन्नी की माँ तो मैं हूँ।"

शारदा पहली बार मुसकराई : "लाइए, मैं मुन्नी को ऊपर छोड़ आऊँ।"

चंद ही मिनट के बाद वह लौट आई—उसके चेहरे पर ग़ुस्से के आसार नहीं थे।

नज़ीर उठा और शारदा के पास बैठ गया; थोड़ी देर वह ख़ामोश रहा, फिर उसने कहा : "क्या आप मुझे अपना पति बनने की इजाज़त दे सकती हैं⋯" और शारदा के जवाब का इंतज़ार किए बग़ैर उसने शारदा को अपने सीने के साथ लगा लिया—शारदा ने ग़ुस्से का कोई इज़हार न किया।

नज़ीर ने कहा : "जवाब दीजिए जनाब!"

शारदा ख़ामोश रही—नज़ीर ने एक पैग बनाया तो शारदा ने नाक सिकोड़कर कहा : "मुझे इस चीज़ से बड़ी नफ़रत है।"

नज़ीर ने पैग में सोडा हल किया और कहा : "आपको इस चीज़ से बड़ी नफ़रत है⋯ लेकिन क्यों?"

शारदा ने मुख़्तसर-सा जवाब दिया : "बस है!"

"तो आज से नहीं रहेगी⋯ यह लीजिए!" उसने गिलास शारदा की तरफ़ बढ़ा दिया।

"मैं हर्गिज़ नहीं पियूँगी!"

"मैं कहता हूँ, तुम हर्गिज़ इनकार नहीं करोगी।"

शारदा ने गिलास थाम लिया—थोड़ी देर तक वह गिलास को अजीब निगाहों से देखती रही; फिर उसने मज़लूमाना[13] निगाहों से नज़ीर की तरफ़ देखा और बाएँ हाथ से नाक बंद करके सारा गिलास ग़टाग़ट पी गई; उसका जी ज़रा की ज़रा मतलाया, मगर उसने ज़ब्त कर लिया; फिर उसने धोती के पल्लू से अपनी भीगी आँखें पौंछकर कहा : "यह पहली और आख़िरी बार है⋯ लेकिन मैंने क्यों पी है?"

नज़ीर ने उसके गीले होंठ चूम लिए और कहा : "यह मत पूछो⋯" फिर उसने उठकर दरवाज़ा बंद कर दिया।

शाम को सात बजे के क़रीब नज़ीर ने दरवाज़ा खोला।

सामने करीम खड़ा था।

शारदा नज़रें झुकाए ऊपर चली गई।

करीम बहुत ख़ुश था, उसने नज़ीर से कहा : "आपने कमाल कर दिया⋯ आप सौ नहीं, सिर्फ़ पचास दे दीजिए।"

नज़ीर बेहद मुतमइन[14] था, इस क़दर मुतमइन कि वह गुज़श्ता[15] तमाम औरतों को भूल चुका था; शारदा उसके जिंसी सवालात का सौ फ़ीसदी जवाब थी। उसने कहा : ''तुम्हें पैसे मैं कल दूँगा... होटल का किराया भी कल चुकाऊँगा... जानीवाकर और विल्स के बाद अब मेरे पास सिर्फ़ पाँच रुपए बाक़ी बचे हैं।''

करीम ने कहा : ''कोई वांदा[16] नहीं... मैं तो इस बात से ख़ुश हूँ कि आपने शारदा से मामला फ़िट कर लिया... हुज़ूर, वह मेरी जान खा गई थी... अब वह शकुंतला से कुछ नहीं कह सकती।''

नज़ीर जाने ही वाला था कि शारदा आ गई—शारदा को देखते ही करीम खिसक गया—उसकी गोद में मुन्नी थी।

नज़ीर ने मुन्नी की नन्ही-नन्ही उँगलियों में पाँच रुपए का नोट फँसाया तो शारदा ने 'ना ना... नहीं...' की—नज़ीर ने मुसकराकर कहा : ''यह तुम क्या कर रही हो... मैं इसका बाप हूँ!''

शारदा ख़ामोश हो गई, रुपए उसने मुन्नी की उँगलियों ही में फँसे रहने दिए—चंद घंटे पहले उसके तेवर ही कुछ और थे; ऐसा लगता था कि तेज़-तर्रार बातों के दरिया बहा देगी, मगर अब वह बात करने से भी गुरेज़ कर रही थी।

नज़ीर ने मुन्नी को गोद में लेकर प्यार किया और शारदा से कहा : ''लो भई शारदा, मैं अब चला... कल नहीं तो परसों ज़रूर आऊँगा।''

लेकिन नज़ीर दूसरे ही रोज़ मैरीना होटल पहुँच गया—शारदा के जिस्मानी ख़ुलूस[17] ने उस पर जादू-सा कर दिया था।

उसने करीम के आगे-पीछे के सब रुपए दिए, जानीवाकर की एक बोतल मँगवाई, अपने पसंदीदा सिगरेटों का एक डिब्बा मँगवाया और होटल के उसी तीन तरफ़ से खुले हवादार कमरे में शारदा के साथ बंद हो गया।

उसने शारदा से पीने के लिए कहा तो वह हौले-से बोली : ''मैंने कल ही कह दिया था कि यह पहली और आख़िरी बार है...''

नज़ीर अकेला पीता रहा—सुबह ग्यारह बजे से शाम के सात बजे तक वह शारदा के साथ रहा।

जब वह घर लौटा तो बेहद मुतमइन था, पहले रोज़ से भी ज़्यादा मुतमइन—शारदा अपनी वाजिबी-सी शक्लो-सूरत और कमगोई के बावजूद उसके शहवानी हवास पर छा गई थी।

वह बार-बार सोचता : 'शारदा कैसी औरत है... मैंने अपनी ज़िंदगी में ऐसी ख़ामोश, मगर जिस्मानी तौर पर ऐसी पुर-गो[18] औरत नहीं देखी...'

अब उसने हर दूसरे रोज़ मैरीना होटल जाना शुरू कर दिया—उसको रुपए-पैसे से कोई ख़ास दिलचस्पी नहीं थी—वह करीम को साठ रुपए देता। वह जानता था कि करीम दस रुपए होटलवाले को देता होगा; पचास में से बारह-तेरह रुपए अपनी कमीशन के वज़अ[19] कर लेता होगा, बाक़ी के शारदा के पास जाते होंगे; लेकिन न कभी उसने शारदा से

और न कभी शारदा ने उससे रुपए-पैसे की बात की।

अभी दो महीने ही गुज़रे थे कि उसके सरमाए ने जवाब दे दिया; इसके अलावा उसने बड़ी शिद्दत से महसूस किया कि शारदा उसकी इज़्दवाजी ज़िंदगी में बहुत बुरी तरह हाइल हो रही है, वह बीवी के साथ सोता है तो उसको एक कमी-सी महसूस होती है और वह चाहने लगता है कि बिस्तर में उसकी बीवी के बजाय शारदा मौजूद हो। उसको शदीद[21] एहसास था कि यह बुरी बात है; इसी एहसास की शिद्दत के सबब उसने कोशिश की कि शारदा से उसका सिलसिला किसी न किसी तरह ख़त्म हो जाए।

एक रोज़ उसने शारदा से कहा : ''शारदा, मैं शादीशुदा हूँ··· मेरी जितनी जमा पूँजी थी, सब ख़त्म हो गई है··· समझ में नहीं आता, मैं क्या करूँ··· तुम्हें छोड़ भी नहीं सकता और यह भी चाहता हूँ कि इधर का कभी रुख़ न करूँ···''

शारदा ने उसकी बात सुनी और ख़ामोश रही, फिर थोड़ी देर के बाद उसने कहा : ''जितने रुपए मेरे पास हैं, आप ले सकते हैं··· मुझे सिर्फ़ जयपुर तक का किराया दे दीजिए कि मैं शकुंतला को लेकर वापस चली जाऊँ।''

नज़ीर ने उसका प्यार लिया और कहा : ''बकवास न करो··· तुम मेरा मतलब नहीं समझीं··· बात यह है कि मेरा सारा रुपया ख़र्च हो गया है; बल्कि यूँ कहो कि ख़त्म हो गया है··· मैं यह सोच रहा हूँ कि तुम्हारे पास कैसे आ सकूँगा?''

शारदा ने कोई जवाब न दिया।

दूसरे रोज़ एक दोस्त से क़र्ज़ लेकर नज़ीर जब होटल में पहुँचा तो करीम ने उसे बताया कि शारदा जयपुर जाने के लिए तैयार बैठी है। नज़ीर ने शारदा को बुलवा भेजा, मगर वह न आई। शारदा ने करीम के हाथ बहुत-से रुपए भिजवाए और कहलवाया कि नज़ीर यह रुपए रख ले और उसे अपना एड्रेस दे दे।

नज़ीर ने करीम को अपना एड्रेस लिखकर दे दिया और रुपए वापस कर दिए—वह जाने ही वाला था कि शारदा आ गई; उसकी गोद में मुन्नी थी, उसने कहा : ''मैं आज शाम को जयपुर जा रही हूँ!''

नज़ीर ने पूछा : ''क्यों?''

शारदा ने मुख़्तसर-सा जवाब दिया : ''मुझे मालूम नहीं···'' और यह कहकर वह चली गई।

नज़ीर ने करीम से कहा कि वह शारदा को बुला लाए, मगर वह न आई—नज़ीर चला आया; उसको यूँ महसूस हुआ कि जैसे उसके बदन की हरारत चली गई है, जैसे उसके जिस्मानी सवाल का जवाब चला गया है।

शारदा चली गई, वाक़ई चली गई—करीम को शारदा के चले जाने का बहुत अफ़सोस था।

एक इत्तिफ़ाक़िया[22] मुलाक़ात के दौरान करीम ने नज़ीर से शिकायत के तौर पर कहा : ''नज़ीर साहब, आपने शारदा को क्यों जाने दिया?''

नज़ीर ने कहा : ''भाई, मैं कोई सेठ तो हूँ नहीं··· हर दूसरे रोज़ पचास एक, दस एक,

बोतल के तीस अलग और ऊपर का खर्च अलाहृदा ··· मेरा तो दीवाला पिट गया है ··· ख़ुदा की क़सम मक़रूज़[23] हो गया हूँ···''

करीम ख़ामोश रहा।

नज़ीर ने फिर कहा : ''मैं मजबूर था··· कहाँ तक यह क़िस्सा चलाता ?''

करीम ने कहा : ''नज़ीर साहब, शारदा को आपसे मुहब्बत थी।''

नज़ीर नहीं जानता था कि मुहब्बत क्या होती है, वह फ़क़त इतना जानता था कि शारदा में जिस्मानी ख़ुलूस था; वह उसके मर्दाना सवालात का बिलकुल सही जवाब थी; इसके अलावा वह और कुछ नहीं जानता था—शारदा के कुछ थोड़े-से हालात वह ज़रूर जानता था; यही कि उसका ख़ाविंद ऐयाश था और शादी के चंद माह बाद ही उसे छोड़कर चला गया था और कि मुन्नी की शक्ल अपने बाप पर है।

शारदा अपने साथ शकुंतला को जयपुर ले गई थी कि वह शकुंतला का ब्याह करना चाहती थी; उसकी ख़्वाहिश थी कि शकुंतला शरीफ़ाना ज़िंदगी बसर करे; वह शकुंतला से बहुत मुहब्बत करती थी—करीम ने बहुत कोशिश की थी कि शकुंतला पेशा करे; कई पैसेंजर एक-एक रात के दो-दो सौ रुपए देने के लिए तैयार थे, मगर शारदा नहीं मानती थी; वह करीम से लड़ना शुरू कर देती थी। करीम कहता : 'तुम जानती नहीं हो, तुम क्या कर रही हो···' वह जवाब देती : 'मैं जानती हूँ, मैं क्या कर रही हूँ··· अगर तुम बीच में न होते तो मैं नज़ीर साहब का एक पैसा भी ख़र्च न होने देती···'

एक बार शारदा ने नज़ीर से उसका फ़ोटो माँगा था, जो उसने अगली ही मुलाक़ात पर शारदा को दे दिया था; शारदा ने कभी नज़ीर से मुहब्बत का इज़हार नहीं किया था—जब वे दोनों साथ-साथ बिस्तर पर लेटे होते, वह बिलकुल ख़ामोश रहती; वह उसे बोलने के लिए उकसाता, मगर वह कुछ न कहती। नज़ीर उसके जिस्मानी ख़ुलूस का क़ायल था; जहाँ तक जिस्म का ताल्लुक़ था, वह इख़्लास[24] का मुजस्समा[25] थी।

शारदा के जाने के बाद चंद दिन तक तो वह उदास रहा, फिर उसके सीने का बोझ हल्का हो गया—वह उसकी घरेलू ज़िंदगी में बहुत बुरी तरह हाइल हो गई थी; वह अगर कुछ दिन और बंबई में रहती तो बहुत मुम्किन था, वह अपनी बीवी से बिलकुल ग़ाफ़िल हो जाता—अब वह अपनी असली हालत पर आने लगा था, शारदा का जिस्मानी लम्स[26] आहिस्ता-आहिस्ता उसके जिस्म से दूर हो रहा था।

एक दिन कि जब वह घर में बैठा दफ़्तर का काम कर रहा था, उसकी बीवी ने सुबह की डाक उसके सामने रखी और खोलना शुरू की—सारी डाक वही खोला करती थी—एक लिफ़ाफ़ा उसने खोला और कहा : ''मालूम नहीं, यह ख़त गुजराती में है या हिंदी में ?''

नज़ीर ने ख़त लेकर देखा; उसे भी मालूम न हो सका कि ज़बान हिंदी है या गुजराती; उसने ख़त ट्रे में रख दिया और अपने काम में मश्ग़ूल हो गया।

थोड़ी देर के बाद उसकी बीवी ने अपनी छोटी बहन नईमा को आवाज़ दी; वह आई तो उसने ख़त उठा कर नईमा को दिया और कहा : ''ज़रा पढ़ो तो क्या लिखा है··· तुम तो हिंदी और गुजराती पढ़ सकती हो।''

नईमा ने ख़त देखा और कहा : ''हिंदी में है…'' फिर उसने ख़त पढ़ना शुरू किया :

'जयपुर… प्रिय नज़ीर साहब…'

इतना पढ़कर वह रुक गई।

नज़ीर चौंका।

नईमा ने एक सतर पढ़ी :

'आदाब… आप तो मुझे भूल चुके होंगे, मगर जब से मैं यहाँ आई हूँ, आपको याद करती रहती हूँ…' नईमा का चेहरा सुर्ख़ हो गया, उसने ख़त पलटा और दूसरा रुख़ देखा : ''कोई शारदा है…''

नज़ीर उठ खड़ा हुआ; उसने हाथ बढ़ाकर नईमा से ख़त लिया और अपनी बीवी से कहा : ''ख़ुदा मालूम कौन है… मैं एक ज़रूरी काम से बाहर जा रहा हूँ…'' उसने बीवी को कुछ कहने का मौक़ा ही न दिया और घर से बाहर निकल गया।

एक दोस्त के पास जाकर उसने शारदा का ख़त सुना; फिर शारदा के ख़त-जैसे काग़ज़ मँगवाए और हिंदी में वैसी ही रौशनाई से अपने नाम शारदा की तरफ़ से ख़त लिखवाया; पहला फ़िक्रा शारदा के ख़त का ही रखा और बाद का मज़मून बदलवा दिया; मज़मून कुछ इस क़िस्म का लिखवाया कि वह उसे बंबे सैंट्रल पर इत्तिफ़ाक़ से मिली थी और इतने बड़े मुसव्विर[27] से मिलकर बहुत ख़ुश हुई थी, वग़ैरह-वग़ैरह—बीवी का मामला था; पेशबंदी ज़रूरी थी।

ख़त के झमेले से फ़ारिग़ होकर नज़ीर ने शारदा को अर्जेंट तार दिया कि वह उसके नए पते का इंतज़ार करे, और नया पता मिलने तक उसे ख़त न लिखे।

शाम को दिल में ख़दशा[28] लिए जब वह घर पहुँचा तो उसकी बीवी ने उससे शारदा के मुताल्लिक़ पूछा।

उसने कहा : ''अर्सा हुआ, मैं एक दोस्त को छोड़ने गया था… मेरा दोस्त शारदा को जानता था और वहीं प्लेटफ़ार्म पर उससे तआरुफ़ हुआ था… शारदा को मुसव्विरी का शौक़ है…''

बात आई-गई हो गई—चंद दिन बाद उसने शारदा को एक दोस्त का पता भेज दिया, और फिर शारदा के ख़त आना शुरू हो गए।

मैरीना होटल के उस मैले और तीन तरफ़ से खुले कमरे में उसकी मुलाक़ातें जिस शारदा से हुई थीं, वह बहुत कम गो थी, लेकिन अब वह बहुत लंबे ख़त लिखती थी। शारदा ने कभी उसके सामने अपनी मुहब्बत का इज़हार नहीं किया था, लेकिन अब उसके ख़त मुहब्बत के इज़हार से पुर होते थे; वही गिले-शिकवे, हिज्रो-फ़िराक़[29] और उसी क़िस्म की आम बातें, जो इश्क़िया ख़तों में होती हैं—नज़ीर को शारदा से वह मुहब्बत नहीं थी, जिस मुहब्बत का ज़िक्र अफ़सानों और नाविलों में अक्सर होता है; उसकी समझ में नहीं आता था कि वह जवाब में क्या लिखवाए; जवाब लिखने का काम उसका एक दोस्त करता था: वह हिंदी में जवाब लिखकर नज़ीर को सुना देता और नज़ीर कह देता : ''ठीक है!''

शारदा बंबई आने के लिए बेक़रार थी, लेकिन वह मैरीना होटल में करीम के पास नहीं

ठहरना चाहती थी। नज़ीर उसकी रिहाइश का कहीं और बंदोबस्त नहीं कर सकता था कि उन दिनों मकान मिलते ही नहीं थे; उसने किसी और होटल के बारे में सोचा, मगर फिर अपना ख़याल रद्द कर दिया और शारदा को लिखवा दिया कि वह अभी कुछ दिन और इंतज़ार करे।

उन्हीं दिनों फ़िरक़ावाराना फ़साद शुरू हो गए; बँटवारे से पहले की अजीब अफ़रा-तफ़री थी।

नज़ीर की बीवी ने कहा कि वह लाहौर जाना चाहती है : "मैं कुछ दिन वहाँ रहूँगी...अगर हालात ठीक हो गए तो वापस आ जाऊँगी, वरना आप लाहौर चले आइएगा।"

नज़ीर ने कुछ दिन तो उसे रोका, मगर जब उसकी बीवी का भाई लाहौर जाने के लिए तैयार हो गया तो वह भी तैयार हो गई, और फिर अपने भाई और बहन के साथ लाहौर चली गई।

वह अब अकेला था—उसने शारदा को सरसरी तौर पर लिखवाया कि वह अब अकेला है। जवाब में शारदा का तार आया कि वह आ रही है; तार के मज़्मून के मुताबिक़ वह जयपुर से चल चुकी थी।

नज़ीर एक लम्हे के लिए तो सिटपिटाया, मगर दूसरे ही लम्हे उसने महसूस किया कि उसका जिस्म बहुत ख़ुश है; वह शारदा के जिस्म का ख़ुलूस चाहता है; वह फिर वही दिन माँगता है, जब वह शारदा के साथ चिमटा होता था, सुबह ग्यारह बजे से शाम के सात बजे तक।

उसने सोचा कि अब रुपयों का मसला नहीं होगा, करीम नहीं होगा, होटल नहीं होगा, बस एक नौकर को राज़दार बनाना पड़ेगा और नौकर का मुँह बंद करने के लिए दस-पंद्रह रुपए काफ़ी होंगे।

दूसरे रोज़ सुबह वह स्टेशन पहुँचा, फ्रंटियर मेल आई तो तलाश के बावजूद शारदा उसे न मिली, उसने सोचा कि शायद किसी वजह से वह जयपुर ही में रुक गई है।

वहीं स्टेशन पर उसने नाश्ता किया और फिर लोकल ट्रेन पकड़कर अपने दफ़्तर के लिए रवाना हो गया।

वह महालक्ष्मी उतरा करता था—गाड़ी रुकी तो उसने देखा कि शारदा प्लेटफ़ार्म पर गेट के पास खड़ी है।

उसने ज़ोर से पुकारा : "शारदा!"

शारदा ने चौंककर उसकी तरफ़ देखा : "नज़ीर साहब!"

"तुम यहाँ कहाँ?"

"आप मुझे लेने नहीं आए तो मैं आपके दफ़्तर पहुँच गई...वहाँ पता चला कि आप अभी तक दफ़्तर नहीं आए हैं...मैं यहाँ प्लेटफ़ार्म पर आपका इंतज़ार कर रही थी!" शारदा ने शिकायतन कहा।

नज़ीर ने कुछ देर सोचने के बाद कहा : "तुम यहीं ठहरो... मैं अभी दफ़्तर से छुट्टी लेकर आता हूँ।"

शारदा को एक बेंच पर बिठाकर वह जल्दी-जल्दी दफ़्तर पहुँचा, एक अर्ज़ी लिखकर चपरासी के हवाले की और लौटकर शारदा को अपने घर ले चला—रास्ते में दोनों ने कोई बात न की, लेकिन उनके जिस्म आपस में गुफ़्तगू करते रहे, एक-दूसरे की तरफ़ खिंचते रहे।

घर पहुँचकर उसने कहा : "तुम नहा लो, मैं तुम्हारे नाश्ते का बंदोबस्त करता हूँ।"

शारदा ग़ुस्लख़ाने में दाख़िल हुई तो उसने अपने नौकर से कहा कि उसके एक दोस्त की बीवी आई है, वह जल्दी से नाश्ता तैयार कर दे; फिर उसने अलमारी में से जानीवाकर निकाली; दो के बराबर एक पैग गिलास में उँडेला और पानी मिलाकर ग़टाग़ट पी गया—वह उसी होटलवाले ढंग से शारदा से इख़्तिलात[30] चाहता था।

शारदा नहा-धोकर बाहर निकली—वह नाश्ता करने लगी तो नज़ीर ने नौकर को बहुत दूर बिला वजह एक काम पर भेज दिया।

शारदा इधर-उधर की बेशुमार बातें कर रही थी—नज़ीर ने महसूस किया, जैसे वह बदल गई है, पहले वह बहुत कम गो थी, अक्सर ख़ामोश रहती थी; अब वह बात-बात पर अपनी मुहब्बत का इज़हार कर रही थी।

नज़ीर ने सोचा : 'यह मुहब्बत क्या है... अगर शारदा मुहब्बत का इज़हार न करे तो कितना अच्छा हो... मुझे शारदा की ख़ामोशी पसंद थी... उसकी ख़ामोशी के ज़रिए मुझ तक बहुत-सी बातें पहुँच जाती थीं... शारदा को अब जाने क्या हो गया है... बातें कर रही है और ऐसा मालूम हो रहा है कि इश्क़िया ख़त पढ़कर सुना रही है...'

शारदा ने नाश्ता ख़त्म किया तो नज़ीर ने एक छोटा पैग तैयार किया और शारदा को पेश किया, लेकिन उसने इनकार कर दिया।

नज़ीर ने इसरार[31] किया तो उसने तेवरी चढ़ाकर, नाक बंद करके पैग अपने अंदर उँडेल लिया और मुँह बुरा बनाया—नज़ीर को अफ़सोस हुआ कि शारदा ने पैग क्यों पी लिया; उसके इसरार पर भी न पिया होता तो अच्छा होता।

उसने इस बारे में ग़ौर करना मुनासिब न समझा और उठकर दरवाज़ा बंद कर दिया; फिर शारदा को गोद में उठाकर बिस्तर पर ले गया और उसके साथ लेट गया : "तुमने लिखा था कि वह दिन फिर कब आएँगे... लो वह दिन फिर आ गए हैं... वही दिन, बल्कि रातें भी... उन दिनों रातें नहीं होती थीं, सिर्फ़ दिन होते थे, होटल के मैले-कुचैले दिन... यहाँ हर चीज़ उजली है, हर चीज़ साफ़ है... होटल का किराया नहीं, करीम नहीं... यहाँ हम अपने मालिक आप हैं..."

शारदा ने अपने फ़िराक़ की बातें शुरू कर दीं—वह ज़माना उसने कैसे काटा; वही किताबों और अफ़सानोंवाली फ़ुज़ूल-फ़ुज़ूल बातें; गिले-शिकवे, आहें; रातें तारे गिन-गिनकर काटना।

नज़ीर उठा, उसने एक और पैग पिया और सोचा : 'कौन तारे गिनता है, गिन भी कैसे

सकता है इतने सारे तारों को... बिलकुल फ़ुज़ूल बात है, बेहूदा और बकवास...'

सोचते-सोचते उसने शारदा की तरफ़ देखा और उसे अपने साथ लगा लिया—बिस्तर उजला था, शारदा उजली थी, वह ख़ुद उजला था, कमरे की फ़ज़ा भी उजली थी, लेकिन उसके दिलो-दिमाग़ पर वह कैफ़ियत तारी नहीं हो पा रही थी, जो मैरीना होटल के ग़लीज़ कमरे में लोहे की चारपाई पर शारदा की क़ुर्बत[32] में तारी हो जाती थी।

नज़ीर ने फिर सोचा कि शायद उसने कम पी है—उसने एक और पैग बनाया और एक ही जुरअे[33] में ख़त्म करके शारदा के साथ लेट गया।

शारदा ने फिर वही लाख मर्तबा कही हुई बातें शुरू कर दीं, वही हिज्रो-फ़िराक़ की बातें, वही गिले-शिकवे—नज़ीर उकता गया और उस उकताहट ने उसके जिस्म को कुंद कर दिया; उसने महसूस किया कि शारदा की सान घिसकर बेकार हो गई है, वह अब उसके जिस्म के जज़्बात तेज़ नहीं कर सकती।

उसने बड़ी मुश्किल से ख़ुद को अपनी सोच से अलग किया; बड़ी मुश्किल से शारदा की बातें न सुनीं—काफ़ी देर के बाद वह शारदा के जिस्म से उलझ सका।

जब वह फ़ारिग़ हुआ तो उसका जी चाहा कि टैक्सी पकड़े और अपने घर चला जाए, अपनी बीवी के पास, मगर जब उसने सोचा कि वह अपने घर में है और उसकी बीवी लाहौर में है तो वह दिल ही दिल में बहुत झुँझलाया—फिर उसके मन में यह ख़्वाहिश पैदा हुई कि उसका घर होटल बन जाए, वह दस रुपए कमरे के दे, पचास रुपए करीम को दे और चला जाए।

शारदा के जिस्म का ख़ुलूस बदस्तूर बरक़रार था, मगर वह फ़ज़ा नहीं थी; वह सौदा नहीं था; वह ग़िलाज़त[34] नहीं थी, वह सब चीज़ें मिलकर जो एक माहौल बनाती थीं, वह माहौल नहीं था; वह ख़ुद नहीं था—वह अपने घर में था; घर में उस बिस्तर पर था, जिस पर उसकी बीवी उसके साथ सोती थी।

घर और बीवी, होटल और शारदा, घर और शारदा; उसकी समझ में कुछ न आ रहा था कि मामला क्या है—कभी वह सोचता कि जानीवाकर ख़राब थी, कभी वह सोचता कि शारदा ने इल्तिफ़ात[35] नहीं बरता; कभी वह ख़याल करता कि शारदा ख़ामोश रहती तो सब ठीक रहता; फिर वह सोचता कि शारदा इतने दिनों के बाद मिली है, उसे दिल की भड़ास तो निकालना ही थी, एक-दो दिन में ठीक हो जाएगी, वही पुरानी शारदा बन जाएगी।

पंद्रह दिन गुज़र गए, मगर नज़ीर को शारदा, वह पुरानी होटलवाली शारदा महसूस न हुई।

शारदा की बच्ची मुन्नी जयपुर में थी; होटलवाले दिनों में मुन्नी उसके साथ होती थी—नज़ीर मुन्नी के ज़ुकाम के लिए, उसकी फुंसियों के लिए, उसके गले के लिए दवाएँ मँगवाया करता था; अब ऐसा कुछ न था, शारदा अकेली थी; और वह शारदा को और उसकी मुन्नी को बिलकुल एक समझता था—उन दिनों एक बार शारदा की दूध से भरी हुई छातियों पर दबाव पड़ने के बायस नजीर के बालों भरे सीने पर दूध के कई क़तरे चिमट गए

थे और उसने एक अजीब क़िस्म की लज़्ज़त महसूस की थी; उसने सोचा था : 'माँ बनना कितना अच्छा है और यह दूध... मर्दों में कितनी बड़ी कमी है कि वह खा-पीकर सबकुछ हज़म कर जाते हैं... औरतें खाती हैं और खिलाती हैं... किसी को पालना, अपने बच्चे ही को सही, कितनी शानदार चीज़ है...' मुन्नी शारदा के साथ नहीं थी और शारदा नामुकम्मल थी; उसकी छातियाँ भी नामुकम्मल थीं; अब उनमें दूध नहीं था, वह सफ़ेद-सफ़ेद आबे-हयात—वह शारदा को अपने सीने के साथ भींचता था तो वह उसको मना नहीं करती थी. शारदा अब वह शारदा नहीं थी—नहीं, शारदा वही शारदा थी; वह उस शारदा से कुछ ज़्यादा ही थी; इतने दिनों की जुदाई के बाद उसका जिस्मानी ख़ुलूस और तेज़ हो गया था; अब वह रूहानी तौर पर भी उसे चाहती थी; लेकिन नज़ीर को महसूस होता था कि शारदा में अब वह पहली-सी कशिश, या जो कुछ भी उन दिनों इसमें था, अब नहीं रहा था।

लगातार पंद्रह दिन शारदा के साथ गुज़ारने के बाद नज़ीर इस नतीजे पर पहुँचा कि दफ़्तर से पंद्रह दिन की ग़ैरहाज़िरी बहुत काफ़ी है—उसने दफ़्तर जाना शुरू कर दिया।

वह सुबह दफ़्तर जाता और शाम को लौटता—शारदा ने बिलकुल बीवियों की तरह उसकी ख़िद्मत शुरू कर दी, बाज़ार से ऊन ख़रीदकर उसके लिए एक स्वेटर बुन दिया; शाम को वह दफ़्तर से आता तो उसके लिए सोडे रखे होते; बर्फ़ से थर्मस भरी होती; सुबह शेव का सामान मेज़ पर रखा होता; ग़ुस्लख़ाने में गरम पानी पड़ा होता—वह ख़ुद झाड़ू देती; ख़ुद घर साफ़ करती—वह और भी ज़्यादा उकता गया।

रात को वह और शारदा इकट्ठे सोते थे; मगर अब उसने इस बहाने कि वह कुछ सोच रहा है, कुछ सोचना चाहता है, अलग सोना शुरू कर दिया।

उसकी उलझन और बढ़ गई—शारदा गहरी नींद सो जाती और वह जागता रहता और सोचता रहता कि यह सबकुछ आख़िर है क्या; शारदा आख़िर यहाँ क्यों है; मैरीना होटल में शारदा के साथ चंद दिन बड़े अच्छे गुज़रे हैं, मगर अब वह उसके साथ क्यों चिमट गई है; आख़िर इसका अंजाम क्या होगा; मुहब्बत वग़ैरह सब बकवास है; वह जो एक बात उनके बीच थी, अब नहीं रही है, और अब शारदा को जयपुर लौट जाना चाहिए—उकताहट और उलझन का एहसास कुछ दिनों के बाद गुनाह के एहसास में तब्दील हो गया; गुनाह वह मैरीना होटल में करता रहा था और शादी से पहले भी उसने ऐसे बेशुमार गुनाह किए थे, मगर उसको महसूस तक न हुआ था; अब उसने बड़ी शिद्दत से महसूस करना शुरू कर दिया कि वह अपनी बीवी के साथ दग़ा कर रहा है, अपनी सादा लोह[36] बीवी के साथ, जिसको उसने शारदा के ख़त के सिलसिले में चकमा दिया था—शारदा और भी ज़्यादा बेकशिश हो गई।

वह शारदा के साथ रूखा बर्ताव करने लगा, मगर शारदा के इल्तिफ़ात में कोई फ़र्क़ न आया—वह सिर्फ़ इतना जानती थी कि आर्टिस्ट लोग मौजी होते हैं, इसलिए वह नज़ीर की बेइल्तिफ़ाती का गिला नहीं करती थी।

पूरा एक महीना बीत गया—नज़ीर ने जब दिनों का हिसाब किया तो उसको बहुत

उलझन हुई : 'यह औरत क्या पूरा एक महीना यहाँ इस घर में रही है··· मैं किस क़दर ज़लील आदमी हूँ··· जैसे इस औरत के बिना मेरी ज़िंदगी अजीरन[37] है··· मैं कितना बड़ा फ्राड हूँ··· मैं क्यों उससे साफ़-साफ़ नहीं कह देता कि अब मुझे कोई लगाव नहीं रहा है··· क्या मुझे लगाव नहीं रहा, या उसमें अब वह पहली-सी बात नहीं रही ?···'

वह सोचता, मगर उसे कोई जवाब न मिलता—उसके ज़ेहन में एक अजीब अफ़रा-तफ़री फैली हुई थी; जब कभी इख़्लाक़ियात[38] का सवाल उसके दिमाग़ में गूँजता, बीवी से दग़ाबाज़ी का एहसास उस पर ग़ालिब हो जाता—कुछ दिन और गुज़रे तो यह एहसास और भी ज़्यादा शदीद हो गया और उसे ख़ुद अपने-आपसे नफ़रत होने लगी : 'मैं बहुत ज़लील हूँ··· यह औरत मेरी दूसरी बीवी क्यों बन गई है··· यह क्यों मेरे साथ चिपक गई है··· वह जो कुछ करती है, सब बनावट है··· वह मुझे इस बनावट से मेरी बीवी से जुदा करना चाहती है···'

उसकी नज़रों में शारदा और गिर गई और उसका सुलूक और ज़्यादा रूखा हो गया।

नज़ीर के रूखेपन को देखकर शारदा बहुत ज़्यादा मुलायम हो गई—उसने नज़ीर के हर आरामो-आसाइश का ख़याल रखना शुरू कर दिया।

नज़ीर को शारदा के रवैये से बहुत ज़्यादा उलझन होने लगी और वह शारदा से बेहद नफ़रत करने लगा।

एक दिन उसकी जेब ख़ाली थी; बैंक से रुपए निकलवाने उसको याद नहीं रहे थे; तबीयत ख़राब होने के सबब जब वह बहुत देर से दफ़्तर जाने लगा तो शारदा ने उसे कुछ कहना चाहा; वह शारदा पर बरस पड़ा : "बकवास करने की कोई ज़रूरत नहीं··· मैं ठीक हूँ··· बैंक से रुपया निकलवाना भूल गया हूँ और मेरे सारे सिगरेट ख़त्म हो गए हैं···"

दफ़्तर के पास की दूकान से उसको गोल्ड फ्लैक का डिब्बा मिला; यह सिगरेट उसको पसंद नहीं थे, मगर उधार मिल गए थे; उसने दो-तीन सिगरेट मजबूरन पिए—शाम को घर आया तो उसने देखा कि तिपाई पर उसके मनभाते सिगरेटों का डिब्बा पड़ा हुआ है—उसने ख़याल किया कि ख़ाली होगा; फिर सोचा, शायद एक-दो सिगरेट पड़े हों; डिब्बा खोलकर देखा तो भरा हुआ पाया।

उसने शारदा से पूछा : "यह डिब्बा कहाँ से आया ?"

शारदा ने मुसकराकर जवाब दिया : "अंदर अलमारी में पड़ा था।"

नज़ीर ने कुछ न कहा, उसने सोचा कि शायद उसने कभी डिब्बा खोलकर अंदर अलमारी में रख दिया था और फिर भूल गया था; लेकिन दूसरे दिन फिर तिपाई पर एक सालिम डिब्बा मौजूद था—उसने जब शारदा से इस डिब्बे की बाबत पूछा तो उसनें मुसकराकर वही जवाब दिया : "अंदर अलमारी में पड़ा था।"

नज़ीर ने बड़े ग़ुस्से के साथ कहा : "शारदा, तुम बकवास करती हो··· तुम्हारी यह हरकतें मुझे पसंद नहीं··· मैं अपनी चीज़ें ख़ुद ख़रीद सकता हूँ··· मैं भिखारी नहीं हूँ कि तुम हर रोज़ मेरे लिए सिगरेट ख़रीदा करो···"

शारदा ने बड़े प्यार से कहा : ''आप भूल जाते हैं, इसीलिए मैंने दो मर्तबा गुस्ताख़ी की।''

नज़ीर ने और ज़्यादा ग़ुस्से से कहा : ''मेरा दिमाग़ ख़राब है··· और मुझे यह गुस्ताख़ी पसंद नहीं।''

शारदा का लहजा बहुत ही मुलायम हो गया : ''मैं आपसे माफ़ी माँगती हूँ।''

एक लहज़े के लिए नज़ीर ने सोचा कि शारदा की कोई ग़लती नहीं है; उसे तो आगे बढ़कर शारदा का मुँह चूम लेना चाहिए कि वह उसका इतना ख़याल रखती है; लेकिन फ़ौरन ही उसको अपनी बीवी और घर का ख़याल आ गया कि वह दग़ा कर रहा है; उसने शारदा से बड़े नफ़रत भरे लहजे में कहा : ''बकवास न करो··· मेरा ख़याल है कि मैं कल तुम्हें यहाँ से रवाना कर दूँ··· जितने रुपए तुम्हें दरकार होंगे, मैं कल सुबह दे दूँगा···'' उसके दिल का बोझ हल्का तो हो गया, मगर उसने महसूस किया कि वह बड़ा कमीना और रज़ील है।

शारदा ने कुछ न कहा।

रात को नज़ीर की हिचकिचाहट के बावजूद शारदा उसके साथ ही सोई—वह सारी रात नज़ीर को प्यार करती रही।

नज़ीर तमाम रात उलझन में रहा, मगर उसने अपनी उलझन का कोई इज़हार न किया।

सुबह नाश्ते में बेशुमार लज़ीज़ चीज़ें मौजूद थीं—नज़ीर ने शारदा से कोई बात न की; नाश्ते से फ़ारिग़ होकर वह सीधा बैंक पहुँचा।

बैंक जाने से पहले उसने शारदा से सिर्फ़ इतना कहा था : ''मैं बैंक जा रहा हूँ··· थोड़ी देर में वापिस आ जाऊँगा।''

बैंक की वह शाख़, जिसमें उसका रुपया जमा था, बिलकुल नज़दीक थी—वह दो सौ रुपए निकलवाकर फ़ौरन ही वापस आ गया।

उसने सोचा था कि वह दो सौ रुपए शारदा के हवाले कर देगा और टिकट वग़ैरह दिलवाकर उसे रुख़्सत कर देगा।

जब वह घर पहुँचा तो उसके नौकर ने, जिसे वह इस तमाम अर्से में तक़रीबन भूल चुका था, कहा : ''वह चली गई हैं···''

उसने पूछा : ''कहाँ?''

नौकर ने कहा : ''जी, मुझसे उन्होंने कुछ नहीं कहा··· अपना ट्रंक और बिस्तर वह साथ ले गई हैं।''

वह बुझे-बुझे दिल के साथ अंदर कमरे में दाखिल हुआ तो उसने देखा कि तिपाई पर उसके पसंदीदा सिगरेटों का डिब्बा पड़ा है, भरा हुआ।

1. याददाश्त, स्मरणशक्ति; 2. क्षमा; 3. टूटी-फूटी; 4. बेढब-सा; 5. ओर या दिशा का बहुवचन; 6. नशायुक्त; 7. हिरनी-जैसी आँख; 8. वशीभूत; 9. क्रोधयुक्त; 10. संक्षिप्त में; 11. क्रोधयुक्त; 12. ध्यान देनेवाला; 13. पीड़ित; 14. संतुष्ट; 15. गत; 16. चिंता; 17. अपनत्व; 18. अधिक बोलनेवाली; 19. कटौती; 20. दांपत्य; 21. तीव्र; 22. संयोगवश; 23. क़र्ज़दार; 24. अपनत्व, स्नेह; 25. मूर्ति; 26. स्पर्श; 27. चित्रकार; 28. शंका; 29. वियोग; 30. मिलन; 31. हठ; 32. सामीप्य; 33. घूँट; 34. गंदगी; 35. ध्यान देना; 36. सीधी-सादी; 37. दूभर; 38. नैतिकता।

फ़ोभा बाई

हैदराबाद से शहाब आया तो बांबे सैंट्रल के प्लेटफ़ार्म पर पहला क़दम रखते ही उसने हनीफ़ से कहा : "देखो, आज शाम को वह मामला ज़रूर होगा... वर्ना याद रखो, मैं फ़ौरन वापिस चला जाऊँगा...!"

हनीफ़ को मालूम था कि वह मामला क्या है—शाम को उसने टैक्सी ली, शहाब को साथ लिया, ग्रांट रोड के नाके पर एक दल्लाल को बुलाया और उससे कहा : "मेरे दोस्त हैदराबाद से आए हैं... उनके लिए एक अच्छी-सी छोकरी चाहिए...!"

दल्लाल ने अपने कान में उड़सी हुई बीड़ी निकाली और उसको होंठों में दबाकर कहा : "दक्कनी चलेगी ?"

हनीफ़ ने शहाब की तरफ़ सवालिया नज़रों से देखा।

शहाब ने कहा : "नहीं भाई... मुझे कोई मुसलमान छोकरी चाहिए।"

"मुसलमान ?" दल्लाल ने बीड़ी को चूसा : "अच्छा चलिए...! यह कहकर वह टैक्सी की अगली निशस्त[1] पर बैठ गया और उसने ड्राइवर से कुछ कहा।

टैक्सी स्टार्ट हुई और मुख़्तलिफ़ बाज़ारों से होती हुई फ़ोरजट स्ट्रीट की साथवाली गली में दाख़िल हुई—यह गली एक पहाड़ी पर थी; बहुत ऊँचान थी; ड्राइवर ने टैक्सी को फ़र्स्ट गेयर में डाला तो हनीफ़ को महसूस हुआ कि टैक्सी रास्ते ही में रुककर पीछे की तरफ़ चलना शुरू कर देगी; मगर ऐसा न हुआ—दल्लाल ने ड्राइवर को ऊँचान के ऐन आख़िरी सिरे पर; जहाँ चौक-सा था, रुकने के लिए कहा।

हनीफ़ इस तरफ़ कभी नहीं आया था।

एक ऊँची पहाड़ी थी, जिसके दाएँ तरफ़ एकदम ढलान थी—जिस बिल्डिंग में दल्लाल दाख़िल हुआ, वह दो मंज़िला थी, हालाँकि दूसरी तरफ़ की बिल्डिंगें सबकी-सब चार मंज़िला थीं; हनीफ़ को बाद में मालूम हुआ कि ढलान के बायस उस बिल्डिंग की तीन मंज़िलें नीचे थीं, और उन तक लिफ़्ट जाती थी।

शहाब और हनीफ़, दोनों, ख़ामोश बैठे रहे—रास्ते में दल्लाल ने उस लड़की की बहुत तारीफ़ की थी; उसने कहा था : "बड़े अच्छे ख़ानदान की लड़की है... स्पेशल तौर पर आपके लिए निकाल रहा हूँ।"

दोनों सोच रहे थे कि वह लड़की कैसी होगी, जो स्पेशल तौर पर उनके लिए निकाली जा रही है।

थोड़ी देर के बाद दल्लाल नुमूदार हुआ—वह अकेला था।

ड्राइवर ने उसने कहा : "गाड़ी वापस करो।" यह कहकर वह अगली सीट पर बैठ गया। टैक्सी एक चक्कर लेकर मुड़ी; तीन-चार बिल्डिंगों के बाद उसने ड्राइवर से कहा : "यहाँ रोक लो···!" फिर वह हनीफ़ से मुख़ातिब हुआ : "आ रही है···पूछ रही थी, कैसे आदमी हैं···? मैंने कहा, नंबर वन···।"

दस-पंद्रह मिनट के बाद एकदम टैक्सी का पिछला बायाँ दरवाज़ा खोलकर एक औरत हनीफ़ के साथ बैठ गई।

रात का वक़्त था और गली में रौशनी कम थी···शहाब और हनीफ़, दोनों, उस औरत को अच्छी तरह देख न सके।

पिछली निशस्त पर बैठते ही उस औरत ने ड्राइवर से कहा : "चलो।"

टैक्सी तेज़ी से नीचे उतरने लगी।

हनीफ़ के पास ऐसी कोई जगह न थी, जहाँ वह मामला हो सकता; इसलिए, जैसा कि तय पाया था, वह डॉक्टर ख़ान की तरफ़ हो लिए।

डॉक्टर ख़ान मिलिट्री हॉस्पिटल में मुतऐयिन[2] थे और हॉस्पिटल ही में उसको दो रिहाइशी कमरे मिले हुए थे—शहाब ने बंबई पहुँचते ही डॉक्टर ख़ान को फ़ोन कर दिया था कि वह रात को हनीफ़ के साथ आएगा और मामला उनके साथ होगा।

टैक्सी मिलिट्री हॉस्पिटल पहुँची—दल्लाल रास्ते ही में सौ रुपए लेकर ग्रांट पर उतर गया था।

रास्ते में शहाब और हनीफ़ उस औरत को अच्छी तरह देख न सके थे, और न उनके बीच कोई ख़ास बातें हुई थीं। शहाब ने जब अपने ठेठ हैदराबादी लहजे में उस औरत से पूछा था 'आपका इस्मे-गिरामी[3]?' तो उस औरत ने कहा था : 'फ़ोभा बाई!'—हनीफ़ सोचता रह गया था : 'फ़ोभा बाई? यह कैसा नाम है!'

डॉक्टर ख़ान उनका इंतज़ार कर रहा था—सबसे पहले शहाब कमरे में दाख़िल हुआ—दोनों गले मिले और दोनों ने एक-दूसरे को ख़ूब गालियाँ दीं।

डॉक्टर ख़ान ने जब एक जवान औरत को दरवाज़े में खड़ा देखा तो एकदम ख़ामोश हो गया; फिर उसने कहा : "आइए-आइए···" उसने अपने सीने पर हाथ रखा : "मैं डॉक्टर ख़ान हूँ···और आप?" उसने शहाब की तरफ़ देखा।

शहाब ने उस औरत की तरफ़ देखा—औरत ने कहा : "फ़ोभा बाई।"

डॉक्टर ख़ान ने बढ़कर उस औरत से हाथ मिलाया : "आपसे मिलकर बहुत ख़ुशी हुई।"

फ़ोभा बाई मुसकराई : "मुझे भी ख़ुफ़ी हुई।"

शहाब और हनीफ़ ने एक-दूसरे की तरफ़ देखा।

डॉक्टर ख़ान ने दरवाज़ा बंद कर दिया और अपने दोस्तों से कहा : "आप दूसरे कमरे में चले जाइए···मुझे यहाँ कुछ काम करना है।"

शहाब ने जब फ़ोभा बाई से कहा : "चलिए" तो फ़ोभा बाई ने डॉक्टर ख़ान का हाथ

पकड़ लिया : ''नहीं, आप भी तफ़रीफ़ लाइए !''

''आप तशरीफ़ ले चलिए, मैं अभी आता हूँ।'' डॉक्टर ख़ान ने अपना हाथ छुड़ा लिया।

शहाब, हनीफ़ और फ़ोभा बाई अंदर दूसरे कमरे में चले गए।

थोड़ी-सी गुफ़्तगू के बाद शहाब और हनीफ़ को मालूम हो गया कि फ़ोभा बाई की ज़ुबान मोटी है; वह सीन और शीन अदा नहीं कर सकती; सीन और शीन के बदले उसके मुँह से फ़े निकलती है; सीन और शीन की जगह फ़े की अदाइगी ने उसे शोभा बाई से फ़ोभा बाई बना दिया है—कुछ देर और बातें करने के बाद उनको पता चला कि शोभा भी उसका असली नाम नहीं है; वह मुसलमान है और जयपुर उसका वतन है; चार साल हुए, वह भागकर बंबई चली आई थी—इससे ज़्यादा, दोनों दोस्त, फ़ोभा बाई के बारे में न जान सके।

शोभा बाई मामूली शक्लो-सूरत की थी—आँखें बड़ी नहीं थीं, नाक ख़ुश वज़अ थी; बालाई होंठ के ऐन दरमियान एक छोटे-से ज़ख़्म का निशान था : जब वह बात करती तो यह निशान थोड़ा-सा फैल जाता—शोभा बाई ने गले में जड़ाऊ नैकलेस पहना हुआ था और उसके दोनों हाथों में सोने की चूड़ियाँ थीं।

बहुत ही बातूनी औरत थी—थोड़ी ही देर में उसने इधर-उधर की बातें शुरू कर दीं।

हनीफ़ और शहाब सिर्फ़ : 'हू...हाँ' करते रहे।

फिर शोभा बाई ने दोनों दोस्तों के बारे में पूछना शुरू कर दिया—वह क्या करते हैं, कहाँ रहते हैं, उम्र कितनी है, फ़ादीफ़ुदा हैं या ग़ैर फ़ादीफ़ुदा; हनीफ़ इतना दुबला क्यों है; फ़हाब ने दो मफ़नूई दाँत क्यों लगवा रखे हैं; अगर वह गोफ़्तख़ोर है तो डॉक्टर ख़ान से इलाज क्यों नहीं करवाता, फ़रमाता क्यों है; फ़ेर क्यों नहीं गाता...।

शहाब ने शोभा को कई शेर सुनाए और शोभा ने बड़े ज़ोरों की दाद दी।

जब शहाब ने यह शेर सुनाया :

खेतों को दे लो पानी अब बह रही है गंगा,
कुछ कर लो नौजवानो, उठती जवानियाँ हैं।

तो शोभा उछल पड़ी।

''वाह जनाब वाह... बहुत अच्छा फ़ेर है... उठती जवानियाँ हैं... वाह वा...!''

फिर शोभा ने बेशुमार शेर सुनाए, बिलकुल बेजोड़, बेतुके, जिनका सिर था न पैर। शेर सुनाकर उसने शहाब से पूछा : ''फ़हाब फ़ाहब, मज़ा आया आपको ?''

शहाब ने जवाब दिया : ''बहुत !''

शोभा ने शरमाकर कहा : ''यह फ़ेर मेरे हैं... मुझे फ़ायरी का बहुत फ़ौक़ है।''

शहाब और हनीफ़, दोनों ने एक-दूसरे की तरफ़ देखा और मुसकरा दिए।

इसके बाद शोभा ने एक सही शेर सुनाया :

कभी तो मेरे दर्दे-दिल की ख़बर ले
मेरे दर्द फ़े आफ़ना होनेवाले।

हनीफ़ यह शेर कई बार सुन चुका था और शायद कहीं पढ़ भी चुका था।

शोभा ने कहा : ''हनीफ़ फ़ाहब, यह फ़ेर भी मेरा है !''

हनीफ़ ने ख़ूब दाद दी : '' ''माफ़ाल्ला, आप तो कमाल करती हैं !''

शोभा चौंकी : ''माफ़ कीजिएगा··· मेरी ज़ुबान में तो कुछ ख़राबी है, लेकिन आपने क्यों माफ़ाल्लाह के बदले माफ़ाल्लाह कहा ?''

हनीफ़ और शहाब, दोनों बेइख़्तियार हँस पड़े—शोभा भी हँसने लगी।

इतने में डॉक्टर ख़ान आ गया—उसने अंदर दाख़िल होते ही शोभा से कहा : ''क्यों जनाब, इतनी हँसी किस बात पर आ रही है ?''

ज़्यादा हँसने की बायस शोभा की आँखों में आँसू आ गए थे—उसने रूमाल से आँसू पोंछे और डॉक्टर ख़ान से कहा : ''एक ऐफ़ी बात हुई कि हम फ़ब हँफ़ पड़े।''

डॉक्टर ख़ान ने हँसना शुरू कर दिया।

शोभा ने कहा : ''आइए बैठिए···''चारपाई के एक तरफ़ सरककर उसने डॉक्टर ख़ान का हाथ पकड़ा और उसे अपने पास बिठा लिया।

फिर शेरो-शाइरी शुरू हो गई—शोभा ने लंबी-लंबी चार बेतुकी ग़ज़लें सुनाईं और सबने दाद दी।

अब शहाब उकता गया—वह मामला चाहता था।

शहाब के बदलते हुए तेवर देखकर हनीफ़ भाँप गया—उसने कहा : ''अच्छा भई शहाब, मैं रुख़्सत चाहता हूँ···इंशाअल्लाह कल सुबह मुलाक़ात होगी !''

हनीफ़ कुर्सी पर से उठा तो शोभा ने उसका हाथ पकड़ लिया : ''नहीं, आप नहीं जा फ़कते।''

हनीफ़ ने जवाब दिया : ''मैं माज़िरत[5] चाहता हूँ बीवी मेरा इंतज़ार कर रही होगी।''

''ओह···! लेकिन नहीं··· आप थोड़ी देर और ज़रूर बैठें, अभी तो फ़िर्फ़ ग्यारह बजे हैं···'' शोभा ने इसरार किया।

शहाब ने एक जम्हाई ली : ''बहुत वक़्त हो गया है।''

शोभा ने मुसकराकर शहाब की तरफ़ देखा : ''मैं फ़ारी रात आपके पाफ़ हूँ···''

शहाब का तकद्दुर[6] दूर हो गया :

हनीफ़ थोड़ी देर और बैठा, फिर रुख़्सत लेकर चला आया।

दूसरे रोज़ सुबह नौ बजे के क़रीब शहाब आया और उसने रात की बात सुनाई : ''अजीबो-ग़रीब औरत है यह फ़ोभा बाई···उसके पेट पर बालिश्त भर ऑपरेशन का निशान है··· रात कहने लगी कि वह एक लकड़ीवाले सेठ की दाश्ता[7] थी; सेठ ने उसे एक फ़िल्म कंपनी खोल दी थी, चेकों पर उसी के दस्तख़त होते थे; सेठ ने उसे एक मोटर ले दी थी, जो अब तक मौजूद है; बहुत-से नौकर-चाकर थे···लकड़ीवाला सेठ उससे बेहद मुहब्बत करता था···जब उसके पेट का ऑपरेशन हुआ था तो सेठ ने एक हज़ार रुपया ख़ैरात के तौर पर यतीमख़ाने को दिया था···''

हनीफ़ ने पूछा : ''लकड़ीवाला सेठ अब कहाँ है ?''

शहाब ने जवाब दिया : "दूसरी दुनिया में टाल खोले बैठा है... ख़ूब औरत है यह फ़ोभा बाई... जमकर मामला हुआ... मैं सोने लगा तो वह दूसरे कमरे में डॉक्टर ख़ान के साथ लेट गई... सुबह पाँच बजे डॉक्टर ख़ान ने कहा : 'शोभा, सुबह हो रही है, अब जाओ...' शोभा ने कहा : 'अच्छा मैं जाती हूँ... लेकिन मेरे यह ज़ेवर तुम अपने पाफ़ रख लो... मैं अकेली इनके फ़ाथ बाहर नहीं निकलती...' "

हनीफ़ ने पूछा : "और डॉक्टर ख़ान ने ज़ेवर रख लिए ?"

शहाब ने सिर हिलाया : "हाँ... हमारा ख़याल था कि नक़ली हैं... मगर जब दिन की रौशनी में देखे तो असली निकले।"

"और वह चली गई ?"

"हाँ चली गई... यह कहकर कि वह किसी रोज़ आकर अपने ज़ेवर वापफ़ ले जाएगी !"

"शहाब, यह तुमने बड़े अचंभे की बात सुनाई !"

"ख़ुदा की क़सम, यह हक़ीक़त है..." शहाब ने सिगरेट सुलगाया : "इसीलिए तो मैंने कहा कि अजीबो-ग़रीब औरत है यह फ़ोभा बाई !"

हनीफ़ ने पूछा : "वैसे औरत कैसी है ?"

शहाब ने कहा : "यह तुम डॉक्टर ख़ान से पूछना... वह एक्सपर्ट है।"

शाम को दोनों दोस्त डॉक्टर ख़ान से मिले—ज़ेवर डॉक्टर ख़ान के पास महफ़ूज़ थे।

डाक्टर ख़ान ने कहा : "मेरा ख़्याल है, शोभा किसी दिमाग़ी सद्‌मे का शिकार है।"

शहाब ने पूछा : "तुम्हारा मतलब है, पागल है ?"

डॉक्टर ख़ान ने कहा : "नहीं, पागल नहीं है, लेकिन उसका दिमाग़ यक़ीनन नार्मल नहीं है... बेहद मुख़्लिस[8] औरत है... एक लड़का है उसका जयपुर में... उसको बराबर दो सौ रुपए माहवार भेजती है... हर तीसरे महीने उससे मिलने जाती है... जयपुर पहुँचते ही बुर्क़ा ओढ़ लेती है कि वहाँ उसे परदा करना पड़ता है..."

हनीफ़ ने कहा : "यह तुमने कैसे समझा कि उसका दिमाग़ नार्मल नहीं ?"

डॉक्टर ख़ान ने जवाब दिया : "भई, यह मेरा ख़याल है... नार्मल औरत होती तो अपने डेढ़-दो हज़ार के ज़ेवर एक अजनबी के पास क्यों छोड़ जाती... फिर उसको मॉर्फ़िया के इंजेक्शन लेने की भी आदत है।"

शहाब ने पूछा : "क्या यह नशा होता है एक क़िस्म का ?"

डॉक्टर ने जवाब दिया : "बहुत ही ख़तरनाक क़िस्म का... शराब से भी बदतर !"

"इसकी आदत कैसे पड़ गई उसे ?" शहाब ने मेज़ पर से पेपरवेट उठाकर दवात पर रख दिया।

"मेरा ख़याल है, उसका ऑपरेशन बिगड़ गया था और शिद्दत के दर्द का एहसास कम करने के लिए डॉक्टर उसे मॉर्फ़िया का इंजेक्शन देते रहे थे, तक़रीबन दो महीने तक... बस यूँ आदत पड़ गई होगी।" फिर डॉक्टर ख़ान ने मॉर्फ़िया और उसके ख़तरनाक असरात पर एक लैक्चर-सा शुरू कर दिया।

एक हफ़्ता गुज़र गया और शोभा न आई।

शहाब वापस हैदराबाद चला गया।

एक दिन डॉक्टर ख़ान ज़ेवर लेकर हनीफ़ के पास पहुँचा : "चलो दे आएँ!"

दोनों ने ग्रांट रोड के नाके के पास उस दल्लाल को बहुत तलाश किया, जो शोभा को शहाब और हनीफ़ के पास लाया था, मगर वह न मिला। हनीफ़ को इतना मालूम था कि गली कौन-सी है और बिल्डिंग कौन-सी है।

डॉक्टर ख़ान ने कहा : "इतना काफ़ी है... हम पता लगा लेंगे... यह ज़ेवर मैं अब और अपने पास नहीं रख सकता... चोरी हो गए तो क्या करूँगा... वह तो अजीब बेपरवाह औरत है!"

दोनों टैक्सी में उसी बिल्डिंग के पास पहुँच गए—हनीफ़ ने बिल्डिंग की तरफ़ इशारा किया और डॉक्टर ख़ान से कहा : "तुम जाकर तलाश करो उसे... मैं नहीं जाऊँगा...।"

डॉक्टर ख़ान अकेला उस बिल्डिंग में दाख़िल हो गया—उसने एक-दो आदमियों से शोभा के बारे में पूछा, मगर किसी को कुछ पता न था।

जब लिफ़्ट नीचे से ऊपर आई तो किसी होटल का एक छोकरा प्यालियाँ उठाए बाहर निकला—डॉक्टर ख़ान ने छोकरे से पूछा तो उसने बताया कि वह सबसे निचली मंज़िल के आख़िरी फ़्लैट में चला जाए।

लिफ़्ट के ज़रिए डॉक्टर ख़ान नीचे पहुँचा और फिर उसने आख़िरी फ्लैट की घंटी बजाई—थोड़ी देर के बाद एक बुढ़िया ने दरवाज़ा खोला।

डॉक्टर ख़ान ने पूछा : "शोभा बाई हैं?"

बुढ़िया ने जवाब दिया : "हाँ, हैं!"

डॉक्टर ख़ान ने कहा : "जाओ उनसे कहो, डॉक्टर ख़ान आए हैं।"

अंदर से शोभा की आवाज़ आई : "आइए डॉक्टर फ़ाहब, आ जाइए।"

डॉक्टर ख़ान अंदर दाख़िल हुआ—छोटा-सा ड्राइंगरूम था, चमकीले फर्नीचर से भरा हुआ, फ़र्श पर क़ालीन बिछा हुआ था।

बुढ़िया दूसरे कमरे में चली गई तो शोभा की आवाज़ आई : "डॉक्टर फ़ाहब, अंदर आ जाइए... मैं बाहर नहीं आ फ़कती।"

डॉक्टर ख़ान दूसरे कमरे में दाख़िल हुआ—शोभा चादर ओढ़े लेटी हुई थी।

डॉक्टर ख़ान ने पूछा : "क्या बात है?"

शोभा मुसकराई : "कुछ नहीं डॉक्टर फ़ाहब... तेल मालिफ़ करवा रही थी!"

डॉक्टर ख़ान पलंग के पास ही कुर्सी पर बैठ गया—उसने जेब से रूमाल में बँधे हुए ज़ेवर निकाले और फिर रूमाल खोलकर पलंग पर रख दिए : "भई, कब तक मैं तुम्हारे इन ज़ेवरों की हिफ़ाज़त करता रहूँगा... तुम तो ऐसी गईं कि फिर हमारी तरफ़ का रुख़ तक न किया!"

शोभा हँसी : "मुझे बहुत काम थे... लेकिन आपने क्यों तकलीफ़ की... मैं ख़ुद आके ले जाती..." फिर उसने बुढ़िया से कहा : "चाय मँगवाओ डॉक्टर फ़ाहब के लिए।"

डॉक्टर ख़ान ने कहा : "नहीं, मुझे अब जाना है।"

"कहाँ?"

"हॉस्पिटल!"

"टैक्फ़ी में आ आए हैं आप?"

"हाँ।"

"बाहर खड़ी है?"

डॉक्टर ख़ान ने सिर के इशारे से 'हाँ' की।

"तो आप चलिए··· मैं अभी आती हूँ।" यह कहकर शोभा ने ज़ेवर तकिए के नीचे रख दिए और रूमाल डॉक्टर ख़ान को दे दिया।

डॉक्टर ख़ान गली में हनीफ़ के पास पहुँचा तो हनीफ़ ने पूछा : "मिल गई?"

डॉक्टर ख़ान मुसकराया : "मिल गई··· आ रही है!"

पंद्रह-बीस मिनट के बाद शोभा ने टैक्सी का दरवाज़ा खोला और अंदर बैठ गई।

फिर डॉक्टर ख़ान के कमरे में देर तक फ़ुज़ूल क़िस्म की शेरबाज़ी होती रही—शोभा ने हिज्रो-विसाल[9] और इश्क़ो-मुहब्बत के बेशुमार आमियाना[10] अशआर सुनाए और अपने नाम से मनसूब किए।

डॉक्टर ख़ान और हनीफ़ ने ख़ूब दाद दी।

शोभा बहुत ख़ुश हुई : "याक़ूब फ़ेठ-घंटों मुझसे फ़े'र फ़ुना करते थे।"

याक़ूब फ़ेठ वही लकड़ीवाला सेठ था, जिसने शोभा के लिए एक फ़िल्म कंपनी खोली थी।

डॉक्टर ख़ान और हनीफ़ हँस पड़े—शोभा भी हँसने लगी।

बस डॉक्टर ख़ान और शोभा की दोस्ती हो गई—शुरू-शुरू में तो वह हफ़्ते में दो बार आती थी, फिर क़रीब-क़रीब हर रोज़ आने लगी; रात को आती, सुबह सवेरे चली जाती; बिला नाग़ा मॉर्फ़िया का इंजेक्शन लेती; डॉक्टर ख़ान इंजेक्शन लगाने से पहले उसके बाज़ू पर बेहिस करनेवाली दवा लगाता; शोभा को यह ठंडी-ठंडी चीज़ बहुत पसंद थी।

तीन महीने गुज़रे तो शोभा अपने लड़के से मिलने जयपुर जाने के लिए तैयार हो गई—उसने अपनी मोटर डॉक्टर ख़ान के हवाले कर दी कि वह उसकी ग़ैर मौजूदगी में मोटर का ध्यान रखे।

डॉक्टर ख़ान उसे स्टेशन तक छोड़ने गया; देर तक दोनों एक-दूसरे से बातें करते रहे।

गाड़ी चलने लगी तो शोभा ने एकदम डॉक्टर का हाथ पकड़कर कहा : "मुझे क्यों एकदम ऐफ़ा लगा है कि कुछ होनेवाला है!"

डॉक्टर ख़ान ने कहा : "क्या होनेवाला है?"

शोभा के चेहरे से वहशत[11] बरसने लगी : "मालूम नहीं··· मेरा दिल बैठा जा रहा है।"

डॉक्टर ख़ान ने उसे दम-दिलासा दिया—गाड़ी चल पड़ी तो दूर तक शोभा का हाथ हिलता रहा।

जयपुर से डॉक्टर ख़ान को शोभा के दो ख़त मिले कि वह ख़ैरियत से पहुँच गई है और कि जब वह वापस आएगी तो डॉक्टर ख़ान के लिए बहुत-से तोहफ़े लाएगी। फिर कई दिन

के बाद उसका एक पोस्ट कार्ड आया, जिस पर लिखा था :

'मेरी अँधेरी ज़िंदगी में सिर्फ़ एक दीया था, वह कल, ख़ुदा ने बुझा दिया··· भला हो उसका !'

डॉक्टर ख़ान से पोस्ट कार्ड लेकर हनीफ़ ने यह अल्फ़ाज़ पढ़े तो उसकी आँखों में आँसू आ गए—'भला हो उसका' में बेपनाह ग़म था।

बहुत अर्सा गुज़र गया, मगर शोभा का कोई ख़त न आया—फिर एक बरस बीत गया और डॉक्टर ख़ान को शोभा का कोई पता न चला।

शोभा अपनी मोटर डॉक्टर ख़ान के हवाले कर गई थी—डॉक्टर ख़ान उस बिल्डिंग में गया, जिसकी सबसे निचली मंज़िल के आख़िरी फ़्लैट में वह रहा करती थी; फ़्लैट पर अब कोई और ही क़ाबिज़ था, एक दल्लाल क़िस्म का आदमी।

डॉक्टर ख़ान आख़िर थक-हारकर ख़ामोश हो गया—मोटर उसने एक गेराज में रखवा दी।

एक दिन हनीफ़ घबराया हुआ हॉस्पिटल पहुँचा, उसका चेहरा ज़र्द था।

डॉक्टर ख़ान ड्यूटी पर था।

एक तरफ़ ले जाते हुए हनीफ़ ने डॉक्टर ख़ान से कहा : "मैंने आज शोभा को देखा !"

डॉक्टर ख़ान ने हनीफ़ का बाज़ू पकड़कर एकदम पूछा : "कहाँ ?"

"चौपाटी पर··· मैं उसे मुश्किल से पहचान सका··· वह हड्डियों का एक ढाँचा है···"

"हड्डियों का ढाँचा···?" डॉक्टर ख़ान की आवाज़ खोखली थी।

हनीफ़ ने सर्द आह भरी : "वह शोभा नहीं है, उसका साया है··· आँखें अंदर को धँसी हुईं, बाल परेशान और गर्द आलूद[12] यूँ चल रही थी, जैसे अपने-आपको घसीट रही हो··· मेरे पास आई और कहने लगी : 'मुझे पाँच रुपए दो···' मैं उसे पहचान न सका, मैंने पूछा : 'क्या करोगी पाँच रुपए लेकर—' वह बोली : 'मॉर्फ़िया का टीका लगवाऊँगी···' एकदम मैंने ग़ौर से उसकी तरफ़ देखा; उसके बालाई होंठ पर ज़ख़्म का निशान मौजूद था, मैं चिल्लाया : 'शोभा···' उसने थकी हुई वीरान आँखों से मुझे देखा और पूछा : 'कौन हो तुम···' मैंने कहा : 'मैं हनीफ़ हूँ···' उसने जवाब दिया : 'मैं किफ़ी हनीफ़ को नहीं जानती···' मैंने तुम्हारा ज़िक्र किया, मैंने कहा : 'डॉक्टर ख़ान ने तुम्हें बहुत तलाश किया है, बहुत ढूँढा है···' मेरी बात सुनकर उसके होंठों पर ख़फ़ीफ़-सी मुसकराहट पैदा हो गई और वह कहने लगी : 'उफ़ फ़े कह दो··· मत ढूँढे मुझे··· मेरी तरफ़ देखो··· मैं इतनी मुद्दत फ़े अपना खोया हुआ लाल ढूँढ रही हूँ··· यह ढूँढना बिलकुल बेकार है··· कुछ नहीं मिलता···लाओ, पाँच रुपए दो मुझे···' मैंने उसे पाँच रुपए दिए और कहा : 'अपनी मोटर तो ले लो डॉक्टर ख़ान से···' लेकिन वह कमज़ोर क़हक़हे लगाती हुई चली गई···"

डॉक्टर ख़ान ने कहा : "कहाँ ?"

हनीफ़ ने जवाब दिया : "मालूम नहीं··· किसी डॉक्टर के पास गई होगी !"

डॉक्टर ख़ान ने बहुत तलाश किया मगर शोभा का कुछ पता न चला।

---

1. सीट; 2. नियुक्त; 3. शुभनाम; 4. मांसाहारी; 5. क्षमा; 6. उदासी; 7. रखैल; 8. निश्छल; 9. विरह और मिलन; 10. घटिया शेर; 11. भय, त्रास; 12. धूल से भरे हुए।

सिराज

नागपाड़ा पुलिस चौकी के उस तरफ़ जो छोटा-सा बाग़ है, उसके बिलकुल सामने, ईरानी होटल के बाहर, खंबे के साथ लगकर ढूँढू खड़ा था—दिन ढले, मुक़र्ररा वक़्त पर ढूँढू वहाँ पहुँच जाता और सुबह चार बजे तक अपने धंधे में मसरूफ़ रहता।

मालूम नहीं, उसका असली नाम क्या था, मगर सब उसे ढूँढू कहते थे; इस लिहाज़ से तो यह नाम बहुत मुनासिब था कि उसका काम अपने मुवक्किलों के लिए उनकी ख़्वाहिश और पसंद के मुताबिक़ हर नस्ल और हर रंग की लड़कियाँ ढूँढना था।

वह यह धंधा क़रीब-क़रीब दस बरस से कर रहा था—इस दौरान में हज़ारों लड़कियाँ उसके हाथों से गुज़र चुकी थीं; हर मज़हब की, हर नस्ल की, हर मिज़ाज की।

उसका अड्डा शुरू ही से वही रहा था; नागपाड़ा पुलिस चौकी के उस तरफ़, बाग़ के बिलकुल सामने, ईरानी होटल के बाहर खंबे के साथ।

वह खंबा उसका निशान बन गया था; मुझे तो वह खंबा ढूँढू ही मालूम होता था—मैं जब कभी उधर से गुज़रता, मेरी नज़र उस खंबे पर ज़रूर पड़ती, जिस पर जगह-जगह चूने और कत्थे से लिथडी हुई उँगलियाँ पोंछी गई थीं; मुझे ऐसा लगता कि ढूँढू खड़ा है और काली कांडी और सैंके की सुपारीवाला पान चबा रहा है।

वह खंबा काफ़ी ऊँचा था—ढूँढू भी दराज़ क़द था।

खंबे के ऊपर तारों का जाल-सा बिछा हुआ था, कोई तार दूर तक दौड़ता चला गया था और दूसरे खंबे के तारों के उलझाव में मुदग़म[1] हो गया था; कोई तार किसी बिल्डिंग में और कोई तार किसी दूकान में चला गया था, ऐसा लगता था कि उस खंबे की पहुँच दूर-दूर तक है और वह दूसरे खंबों के साथ मिलकर सारे शहर पर छाया हुआ है। उस खंबे के साथ टेलीफ़ोन के महकमे ने एक बक्स लगा रखा था, जिसके ज़रिए से वक़्तन-फ़वक़्तन[2] तारों की दुरुस्ती वग़ैरह की जाँच-पड़ताल की जाती थी—मैं अक्सर सोचता था कि ढूँढू भी उसी क़िस्म का एक बक्स है, जो लोगों की जिंसी जाँच-पड़ताल के लिए खंबे के साथ लगा रहता है, उसे आसपास के इलाक़े के अलावा दूर-दूर के उन तमाम सेठों का भी पता था, जिनको थोड़े-थोड़े वक़्फ़ों के बाद या हमेशा ही अपनी जिंसी ख़्वाहिशात के तने हुए या ढीले तार दुरुस्त कराने की ज़रूरत महसूस होती थी।

उसे उन तमाम छोकरियों का भी पता था, जो उस धंधे में थीं; वह उनके जिस्म के हर

ख़ट्टोख़ाल[3] से वाक़िफ़ था; उनकी हर नब्ज़ से आश्ना[4] था; कौन किस मिज़ाज की है और किस वक़्त और किस गाहक के लिए मौज़ूँ है, उसको इसका बख़ूबी अदाज़ा था—एक सिर्फ़ उसको सिराज के मुताल्लिक़ अभी तक कोई अंदाज़ा नहीं हुआ था; वह अभी तक सिराज की गहराई तक नहीं पहुँच सका था।

ढूँडू कई बार मुझसे कह चुका था : ''साली का मस्तक फिरेला है... समझ में नहीं आता मंटो साहब, कैसी छोकरी है... घड़ी में माशा, घड़ी में तोला, कभी आग, कभी पानी... अभी हँस रही है, क़हक़हे लगा रही है, फिर एकदम रोना शुरू कर देती है... साली की किसी से नहीं बनती, बड़ी झगड़ालू है; हर पैसिंजर से लड़ती है, साली से कई बार कह चुका हूँ कि देख, अपना मस्तक ठीक कर, वरना जा, जहाँ से आई है; अंग पर तेरे कोई कपड़ा नहीं, खाने को तेरे पास डेढ़या नहीं; मारा-मारी और धाँधली से तो मेरी जान, काम चलेगा नहीं... पर वह भी एक तुख़म है मंटो साहब, कुछ सुनती ही नहीं!''

मैंने सिराज को एक-दो मर्तबा देखा था... बड़ी दुबली-पतली लड़की थी, मगर ख़ूबसूरत; उसकी आँखें ज़रूरत से ज़्यादा बड़ी थीं; ऐसा लगता था कि वह उसके बैज़वी[5] चेहरे पर सिर्फ़ अपनी बड़ाई जताने की ख़ातिर छाई हुई हैं। मैंने जब उसको पहली मर्तबा क्लेयर रोड पर देखा था तो मुझे बड़ी उलझन हुई थी; मेरे दिल में यह ख़्वाहिश पैदा हुई थी कि उसकी आँखों से कहूँ, भई तुम थोड़ी देर के लिए एक तरफ़ हट जाओ कि मैं सिराज को देख सकूँ, लेकिन मेरी इस ख़्वाहिश के बावजूद, जो यक़ीनन मेरी आँखों ने उसकी आँखों तक पहुँचा दी होगी, वे उसी तरह उसके सफ़ेद बैज़वी चेहरे पर छाई रहीं... सिराज मुख़्तसर-सी थी, मगर इस इख़्तिसार के बावजूद बड़ी जामे[6] मालूम होती थी; ऐसा लगता था कि वह एक सुराही है, जिसमें उसके हज्म से ज़्यादा पानी मिली शराब भरने की कोशिश की गई है, और नतीजे के तौर पर वह सैयाल[7] चीज़ दबाव के बायस इधर-उधर तड़पकर बह निकली है... मैंने पानी मिली शराब इसलिए कहा है कि सिराज में तल्ख़ी थी, वही तल्ख़ी, जो तेज़ो-तुंद शराब में होती है; ऐसा लगता था, किसी धोखेबाज़ ने उसमें पानी मिला दिया है कि मिक़दार ज़्यादा हो जाए; मगर सिराज में निसाइयत[8] की जो मिक़दार थी, वैसी की वैसी मौजूद थी; और उसकी झुँझलाहट से, जो उसके घने बालों से, उसकी तीखी नाक से, उसके भिचे हुए होंठों से और उसकी उँगलियों से, जो नक़्शानवीसों की नुकीली और तेज़-तेज़ पेंसिलें मालूम होती थीं, मैंने यह अंदाज़ा लगाया था कि वह हर चीज़ से नाराज़ है; ढूँडू से, उस खंबे से, जिसके साथ लगकर वह खड़ा रहता था; उन गाहकों से, जो उसके लिए लाए जाते थे; अपनी बड़ी-बड़ी आँखों से भी, जो उसके सफ़ेद बैज़वी चेहरे पर क़ब्ज़ा जमाए रखती थीं; वह हर चीज़ से नाराज़ थी—वह अपनी पतली-पतली उन उँगलियों से भी, जो नक़्शानवीसों की पेंसिलों की तरह तेज़ थीं, नाराज़ थी; शायद इसलिए कि जो नक़्शा वह बनाना चाहती थी, उसकी उँगलियाँ नहीं बना सकती थीं।

यह तो ख़ैर एक अफ़सानानिगार के तास्सुरात[9] हैं, जो छोटे-से तिल में संगे-अस्वद[10] की तमाम सख़्तियाँ बयान कर सकता है; आप ढूँडू की ज़बानी सिराज के मुताल्लिक़ कुछ सुनिए।

ढूँडू ने एक दिन मुझसे कहा : ''मंटो साहब, आज साली ने फिर टंटा कर दिया⋯वह तो जाने किस दिन का सवाब काम आ गया⋯और आपकी दुआ से यूँ भी नागपाड़ा चौकी के सब अफ़सर मेहरबान हैं, वरना आज ढूँडू अंदर होता⋯आज उसने वह धमाल मचाई है कि मैं तो बाप रे बाप कहता रह गया⋯''

मैंने पूछा : ''बात क्या हुई थी ?''

''वही, जो हुआ करती है⋯मैंने लाख लानत भेजी अपनी हश्त-पुश्त[11] पर कि हरामी, जब तू उस छोकरी को अच्छी तरह जानता है तो फिर क्यों उँगली लेता है, क्यों उसको निकालकर लाता है⋯तेरी माँ लगती है या बहन⋯मेरी तो अक्ल काम नहीं करती मंटो साहब !''

हम दोनों ईरानी के होटल में बैठे हुए थे—ढूँडू ने कॉफ़ी मिली चाय पिर्च में उँडेली और सड़प-सड़प पीने लगा : ''असल बात यह है कि साली से मुझे हमदर्दी है !''

मैंने पूछा : ''क्यों ?''

ढूँडू ने सिर को एक झटका दिया : ''जाने क्यों⋯? यह साला मालूम हो जाए तो रोज़-रोज़ का टंटा न खतम हो जाए⋯'' फिर उसने एकदम पिर्च में प्याली औंधी करके मुझसे कहा : ''आपको मालूम है⋯अभी तक कुँआरी है⋯!''

यक़ीन मानिए, मैं एक लहज़े के लिए चकरा गया : ''कुँआरी ?''

''आपकी जान की क़सम।''

मैंने चाहा कि वह अपनी बात पर नज़रेसानी[12] करे। मैंने कहा : ''नहीं ढूँडू⋯!''

ढूँडू को मेरा यह शक नागवार मालूम हुआ : ''मैं आपसे झूठ नहीं कहता मंटो साहब⋯सोलहा आने कुँआरी है⋯आप मुझसे शरत लगा लीजिए।''

मैं सिर्फ़ इसी क़दर कह सका : ''मगर ऐसा क्योंकर हो सकता है ?''

ढूँडू ने बड़े वसूक़[13] के साथ कहा : ''ऐसा क्यों होने को नहीं सकता⋯सिराज-जैसी छोकरी तो इस धंधे में रहकर भी सारी उम्र कुँआरी रह सकती है⋯साली किसी को हाथ ही नहीं लगाने देती⋯मुझे उसकी सारी हिशटरी मालूम नहीं; इतना जानता हूँ कि पंजाबन है⋯लैमिंगटन रोड पर एक मेम साहब के पास थी; वहाँ से निकाली गई कि हर पैसिंजर से लड़ती थी, फिर भी वहाँ उसने दो-तीन महीने निकाल लिए कि मडाम के पास दस-बीस और छोकरियाँ थीं, पर मंटो साहब, कोई कब तक किसी को खिलाता है; मडाम ने एक दिन उसे तीन कपड़ों में निकाल बाहर किया⋯वहाँ से निकाली गई तो वह फ़ारस रोड पर एक दूसरी मडाम के पास जा पहुँची; यहाँ भी उसका माथा वैसे का वैसा था; यहाँ उसने एक पैसिंजर को काट खाया ! बड़ी मुश्किल से दो-तीन महीने यहाँ गुज़ारे⋯साली के मिज़ाज में तो जैसे आग भरी हुई है, अब कौन उसे ठंडा करता फिरे⋯फिर, ख़ुदा आपका भला करे, खेतवाड़ी के एक होटल में रही; पर यहाँ भी वही धमाल; होटल के मैनेजर ने आख़िर तंग आकर उसे चलता किया⋯क्या बताऊँ मंटो साहब, न साली को खाने का होश है, न पीने का, कपड़ों में जुएँ पड़ी हैं; सिर दो महीने से नहीं धोया⋯चरस के दो-एक सिगरेट कहीं से

मिल जाएँ तो फूँक लेती है, या किसी होटल के बाहर खड़ी होकर फ़िल्मी रिकार्ड सुनती रहती है···''

मेरे लिए यह तफ़सील काफ़ी थी; मैं अपने रद्‌दे-अमल से आपको आगाह नहीं करना चाहता कि अफ़सानानिगार की हैसियत से यह नामुनासिब है।

मैंने ढूँडू से महज़ सिलसिला-ए-गुफ़्तगू क़ायम रखने के लिए पूछा : ''जब उसे इस धंधे मे कोई दिलचस्पी ही नहीं तो तुम उसे वापस क्यों नहीं भेज देते···किराया तुम मुझसे ले लो !''

ढूँडू को मेरी बात नागवार मालूम हुई : ''मंटो साहब, किराए साले की क्या बात है···क्या मैं नहीं दे सकता ?''

मैंने टोह लेना चाही : ''फिर तुम उसे वापस क्यों नहीं भेजते ?''

ढूँडू कुछ अर्से के लिए ख़ामोश हो गया, फिर उसने कान में उड़सा हुआ सिगरेट का टुकड़ा निकालकर सुलगाया और धुएँ को नाक के दोनों नथुनों से बाहर फेंककर सिर्फ़ इतना कहा : ''मैं नहीं चाहता कि वह जाए।''

मैंने सोचा कि उलझे हुए धागे का एक सिरा मेरे हाथ में आ गया है : ''क्या तुम उससे मुहब्बत करते हो ?''

ढूँडू पर शदीद रद्‌दे-अमल हुआ : ''आप कैसी बातें करते हैं मंटो साहब !'' फिर उसने अपने दोनों कान पकड़कर खींचे : ''क़ुरआन की क़सम, मेरे दिल में ऐसा पलीद ख़याल कभी नहीं आया···मुझे तो सब···'' वह रुक गया, फिर उसने कहा : ''मुझे बस वह कुछ अच्छी लगती है···''

मैंने बड़ा सही सवाल किया : ''क्यों ?''

ढूँडू ने भी बड़ा सही जवाब दिया : ''इसलिए··· इसलिए कि वह दूसरों-जैसी नहीं···बाक़ी जितनी हैं, सब पैसे की पीर हैं···हरामी हैं अव्वल दर्जे की···पर सिराज है ना, कुछ अजीबो-ग़रीब है···निकाल के लाता हूँ तो राज़ी हो जाती है; सौदा हो जाता है; टैक्सी या विक्टोरिया में बैठ जाती है···अब मंटो साहब, पैसिंजर साला मौज शौक़ के लिए आता है, माल-पानी ख़रच करता है, ज़रा दबा के देखना चाहता है, या वैसे ही छूना चाहता है, बस फिर एक धमाल मच जाती है, सिराज मारा-मारी शुरू कर देती है···पैसिंजर शरीफ़ हो तो भाग जाता है, पियेला हो, या मवाली हो तो आफ़त···हर मौक़े पर मुझे पहुँचना पड़ता है, पैसे वापस करने पड़ते हैं और हाथ-पैर अलग जोड़ने पड़ते हैं···क़सम क़ुरआन की, सिर्फ़ सिराज की ख़ातिर···और मंटो साहब, आपकी जान की क़सम, इसी साली सिराज की वजह से मेरा धंधा आधा रह गया है···''

मेरे ज़ेहन ने सिराज का जो अक़बी[14] मंज़र तैयार किया था, मैं उसका ज़िक्र नहीं करना चाहता; हाँ इतना ज़रूर कहना चाहता हूँ कि ढूँडू ने जो कुछ बताया, वह मेरे ज़ेहन के तैयार किए हुए अक़बी मंज़र के साथ कुछ ठीक तौर पर जमता नहीं था; मैंने एक दिन सोचा कि ढूँडू को बताए बग़ैर सिराज से मिला जाए।

सिराज बाईकल्ला स्टेशन के पास ही एक निहायत वाहियात जगह में रहती थी, जहाँ

कूड़े-करकट के ढेर थे, आसपास का तमाम फ़ुज़्ला था—कॉरपोरेशन ने यहाँ ग़रीबों के लिए जस्त के बेशुमार झोंपड़े बना रखे थे।

मैं यहाँ उन बुलंद बाम इमारतों का ज़िक्र नहीं करना चाहता, जो उस ग़िलाज़तगाह से थोड़ी ही दूर इस्तादा[15] थीं कि उन बुलंदबाम इमारतों का इस अफ़साने से कोई ताल्लुक़ नहीं; दुनिया नाम ही नशेबो-फ़राज़[16] का है, या रफ़अतों और पस्तियों का।

ढूँढ़ू से मुझे सिराज के झोंपड़े का अता-पता मालूम था—मैं वहाँ गया, अपने ख़ुशवज़्अ कपड़ों को उस माहौल से छुपाते हुए; लेकिन यहाँ मेरी ज़ात मुताल्लिक़[17] नहीं।

बहरहाल मैं वहाँ गया—झोंपड़े के बाहर एक बकरी बँधी हुई थी; उसने मुझे देखा तो मिमियाई। अब अंदर से एक बुढ़िया निकली, जैसे पुरानी दास्तानों के किर्मख़ुर्दा अंबार से कोई कुटनी लाठी टेकती हुई निकलती है।

मैं लौटने ही वाला था कि टाट के जगह-जगह से फटे हुए परदे के पीछे मुझे दो बड़ी आँखें नज़र आईं, बिलकुल उसी तरह फटी हुईं, जिस तरह टाट का वह परदा फटा हुआ था; फिर मैंने सिराज का सफ़ेद बैज़वी चेहरा देखा और मुझे उन ग़ालिब आँखों पर बड़ा ग़ुस्सा आया।

सिराज ने मुझे देख लिया था—मालूम नहीं, वह अंदर क्या काम कर रही थी, लेकिन वह सब काम छोड़-छाड़कर बाहर आ गई, उसने बुढ़िया की तरफ़ कोई तवज्जोह न दी और मुझसे कहा : "आप यहाँ कैसे आ गए ?"

मैंने मुख़्तसरन कहा : "तुमसे मिलना था !"

उसने भी इख़्तिसार[18] ही के साथ कहा : "तो अंदर आ जाइए !"

मैंने कहा : "नहीं, तुम मेरे साथ चलो।"

मैंने सिराज के साथ चलने के लिए कहा तो किर्मख़ुर्दा दास्तानों की किर्मख़ुर्दा कुटनी बड़े दूकानदाराना अंदाज़ में बोली : "दस रुपए लगेंगे !"

मैंने बटुआ निकालकर दस रुपए बुढ़िया को दे दिए और सिराज से कहा : "आओ सिराजे !"

उसकी बड़ी-बड़ी आँखों ने एक लहज़े के लिए मेरी निगाहों को रास्ता दिया कि उसके चेहरे की सड़क पर चंद क़दम चल सकें—मैं एक बार फिर उसी नतीजे पर पहुँचा कि वह ख़ूबसूरत है, सिकुड़ी हुई ख़ूबसूरती, हनूत[19] लगी ख़ूबसूरती, सदियों की महफ़ूज़ो-मामून[20] और मदफ़ून[21] की हुई ख़ूबसूरती—मैंने एक लहज़े के लिए यूँ महसूस किया कि मैं मिस्र में हूँ और पुराने दफ़ीनों[22] की खुदाई पर मामूर[23] किया गया हूँ।

मैं ज़्यादा तफ़सील में नहीं जाना चाहता।

सिराज मेरे साथ थी; हम दोनों एक होटल में थे। वह मेरे सामने अपने ग़लीज़ कपड़ों में मलबूस[24] बैठी हुई थी, और उसकी बड़ी-बड़ी आँखें उसके बैज़वी चेहरे पर क़ब्ज़ा-ए-मुख़ालिफ़ाना[25] किए हुए थीं। मुझे ऐसा महसूस हो रहा था कि उसकी बड़ी-बड़ी आँखों ने सिर्फ़ उसके चेहरे ही को नहीं, उसके सारे वुजूद को ढाँप रखा है कि मैं उसके किसी रोएँ को भी न देख सकूँ।

बुढ़िया ने दस रुपए माँगे थे, जो मैंने उसे दे दिए थे; इसके अलावा मैंने चालीस रुपए सिराज को भी दिए; मैं चाहता था कि वह मुझसे भी उसी तरह लड़े-झगड़े, जिस तरह वह दूसरों के साथ लड़ती-झगड़ती है; इसीलिए मैंने सिराज से ऐसी कोई बात न की, जिससे मुहव्बत और ख़ुलूस की बू आए—मैं उसकी बड़ी-बड़ी आँखों से ख़ाइफ़[26] था; वह आँखें इतनी बड़ी थीं कि मेरे अलावा मेरे इर्द-गिर्द की सारी दुनिया को देख सकती थीं।

वह ख़ामोश थी।

वाहियात तरीक़े पर उसे छेड़ने के लिए ज़रूरी था कि मेरे जिस्म और ज़ेहन में ग़लत क़िस्म की हरारत पैदा हो—फिर मैंने व्हिस्की के चार बड़े पैग पिए और उसको आम पैसिंजरों की तरह छेड़ा, उसने कोई मुज़ाहमत[27] न की। मैंने दानिस्तन एक ज़बर्दस्त फ़ुज़ूल हरकत की; मेरा ख़याल था कि वह बारूद जो उसके अंदर भरा पड़ा है, उस बारूद को भक्-से उड़ाने के लिए मेरी ज़बर्दस्त फ़ुज़ूल हरकत की चिंगारी काफ़ी होगी, मगर हैरत है कि वह पुरसुकून रही।

उसने मुझे अपनी बड़ी-बड़ी आँखों के फैलाव में समेटते हुए कहा : ''मुझे चरस का एक सिगरेट मँगवा दीजिए!''

मैंने कहा : ''शराब पियोगी?''

''नहीं... मैं चरस का सिगरेट पियूँगी।''

मैंने उसे चरस का सिगरेट मँगवा दिया।

ठेठ चरसियों के अंदाज़ में सिगरेट पीकर उसने मेरी तरफ़ देखा—उसकी बड़ी-बड़ी आँखें अब अपना तसल्लुत[28] छोड़ चुकी थीं, उसी तरह जिस तरह कोई ग़ासिब अपना तसल्लुत छोड़ता है।

उसका चेहरा मुझे एक उजड़ी हुई, एक बर्बादशुदा सल्तनत नज़र आया, ताख़्तो-ताराज़ मुल्क; उसका हर ख़त, हर ख़ाल वीरानी की एक लकीर थी—मगर यह वीरानी क्या थी, क्यों थी; बाज़ औक़ात ऐसा भी होता है कि आबादियाँ ही वीरानों का बायस होती हैं; क्या वह इसी क़िस्म की कोई आबादी थी, जो बसना शुरू हुई ही थी कि किसी हमलावर के सबब अधूरी रह गई और उसकी दीवारें, जो अभी गज़ भर भी ऊपर न उठी थीं, आहिस्ता-आहिस्ता खँडहर बन गईं?—मैं एक चक्कर में था, लेकिन मैं आपको इस चक्कर में नहीं डालना चाहता; मैंने क्या सोचा? क्या नतीजा बरामद किया? आपको इससे क्या मतलब।

सिराज कुँआरी थी, या कुँआरी नहीं थी, मैं इसके मुताल्लिक़ भी नहीं जानना चाहता था—हाँ, चरस के धुएँ में लिपटी उसकी महज़ूनो-मख़्मूर[29] आँखों में मुझे एक ऐसी झलक नज़र आई थी, जिसको मेरा क़लम भी बयान नहीं कर सकता।

मैंने सिराज के साथ बातें करना चाहीं, मगर उसे बातों से कोई दिलचस्पी नहीं थी; मैंने चाहा कि वह मुझसे लड़े-झगड़े, मगर उसने मुझे नाउम्मीद किया।

आख़िर मैं उसे उसके घर छोड़ आया।

ढूँडू को जब मेरे इस ख़ुफ़िया सिलसिले का पता चला तो वह बहुत नाराज़ हुआ—उसके

दोस्ताना और ताजिराना जज़्बात बहुत बुरी तरह मज्रूह हो गए थे; उसने मुझे सफ़ाई का मौक़ा ही न दिया और सिर्फ़ इतना कहा : "मंटो साहब, मुझे आपसे यह उम्मीद न थी !" फिर वह खंबे से हटकर एक तरफ़ चला गया।

अजीब बात यह हुई कि दूसरे रोज़ शाम को वक़्ते-मुक़र्ररा पर वह मुझे अपने अड्डे पर नज़र न आया, मैंने सोचा, शायद बीमार हो; मगर उससे अगले रोज़ भी वह वहाँ मौजूद नहीं था।

इसी तरह एक हफ़्ता गुज़र गया—उस खंबे के क़रीब से मेरा हर सुबह-शाम आना-जाना होता था; मैं जब उस खंबे को देखता, मुझे ढूँडू याद आ जाता।

मैं बाईकल्ला स्टेशन के पास उस वाहियात जगह पर भी गया, जहाँ सिराज रहती थी, यह देखने के लिए कि वह कहाँ है, मगर वहाँ अब सिर्फ़ वह किमख़ुर्दा कुटनी रहती थी। मैंने उससे सिराज के मुताल्लिक़ पूछा तो वह अपनी पोपली मुसकराहट में लाखों बरस पुरानी जिसी करवट बदलकर बोली : "वह तो चली गई··· और हैं··· बुलवाऊँ···"

मैंने सोचा, यह क्या हुआ, ढूँडू और सिराज दोनों ग़ायब हैं और वह भी मेरी उस ख़ुफ़िया मुलाक़ात के बाद··· मैं उस ख़ुफ़िया मुलाक़ात के मुताल्लिक़ बिल्कुल मुतरद्दिद[30] नहीं था।

यहाँ पर मैं अपने ख़यालात आप पर ज़ाहिर नहीं करना चाहता; हाँ, मुझे यह हैरत ज़रूर थी कि वे दोनों कहाँ और क्यों ग़ायब हो गए हैं; उनमें मुहब्बत क़िस्म की कोई चीज़ नहीं थी, ढूँडू तो ऐसी चीज़ों से बालातर[31] था; फिर उसकी बीवी थी, बच्चे थे और वह उनसे बेहद मुहब्बत करता था; तब यह सिलसिला क्या था कि दोनों बयकवक़्त ग़ायब थे ?

मैंने सोचा, हो सकता है, अचानक ढूँडू के दिमाग़ में यह ख़याल आ गया हो कि सिराज को अब वापस अपने घर लौट जाना चाहिए—सिराज के लौट जाने के मुताल्लिक़ ढुँडू पहले फ़ैसला न कर सका था—मुम्किन है, अब उसने यह फ़ैसला कर लिया हो !

इसी उधेड़बुन में ग़ालिबन एक महीना गुज़र गया।

एक शाम अचानक मुझे ढूँडू नज़र आ गया, उसी खंबे के साथ लगकर खड़ा हुआ; मुझे ऐसा महसूस हुआ कि जैसे खंबे में एक मुद्दत तक करेंट फ़ेल रहने के बाद अब एकदम करेंट वापस आ गया है और खंबे में जान पड़ गई है; टेलीफ़ोन की तारों के बक्स में भी; ऐसा लगा, जैसे ऊपर, चारों तरफ़ फैले हुए तारों के जाल आपस में सरगोशियाँ कर रहे हैं !

मैं ढूँडू के पास से गुज़रा—उसने मेरी तरफ़ देखा और मुसकराया—फिर हम दोनों ईरानी के होटल में थे।

मैंने उससे कुछ न पूछा—उसने अपने लिए कॉफ़ी मिली चाय और मेरे लिए सादा चाय मँगवाई; फिर उसने पहलू बदलकर ऐसी निशस्त क़ायम की, जैसे वह मुझे कोई बहुत बड़ी बात सुनानेवाला हो; मगर उसने सिर्फ़ इतना कहा : "और सुनाओ मंटो साहब !"

मैंने कहा : "क्या सुनाएँ ढूँडू··· बस गुज़र रही है···"

वह मुसकराया : "ठीक कहा आपने··· बस गुज़र रही है, और गुज़र जाएगी··· यह साला गुज़रते रहना, या गुज़रना भी अजीब चीज़ है··· सच पूछिए तो इस दुनिया में हर चीज़ अजीब है···"

मैंने सिर्फ़ इतना कहा : ''तुम ठीक कहते हो ढूँडू !''

चाय आई तो हम दोनों ने पीना शुरू की। ढूँडू ने पिर्च में अपनी कॉफ़ी मिली चाय उँडेली और मुझसे कहा : ''मंटो साहब, सिराज ने मुझे सारी बात बता दी थी··· उसने कहा था : 'वह सेठ, जो तुम्हारा दोस्त है, उसका माथा फिरेला है···' ''

मैं हँसा : ''क्यों ?''

''उसने कहा : वह मुझे होटल में ले गया··· इतने रुपए दिए, पर सेठोंवाली कोई बात न की···''

मैंने कहा : ''वह क़िस्सा ही कुछ और था ढूँडू !''

वह पेट भरके हँसा : ''मैं जानता हूँ··· मुझे माफ़ कर देना··· मैं उस रोज़ तुमसे नाराज़ हो गया था···'' उसके अंदाज़े-गुफ़्तगू में, शायद पहली बार, अनजाने में बेतकल्लुफ़ी पैदा हो गई : ''पर अब वह क़िस्सा ख़लास हो गया है !''

''कौन-सा क़िस्सा ?''

''उस साली सिराज का क़िस्सा··· और किसका ?''

मैंने पूछा : ''हुआ क्या ?''

ढूँडू गुटकने लगा : ''जिस रोज़ वह आपके साथ गई थी, मुझे उसी रोज़ उस बुढ़िया से पता चल गया था और मैंने सोचा था कि आप ही हो सकते हैं और मैं आपसे नाराज़ हो गया था··· जब सिराज से मिला तो कहने लगी : 'मेरे पास चालीस रुपए हैं··· चलो, मुझे लाहौर ले चलो···' मैं बोला : 'साली, यह एकदम तेरे सिर पर क्या भूत सवार हो गया है···' वह बोली : 'नहीं, चल ढूँडू, तुझे मेरी क़सम···' और मंटो साहब, आप तो जानते ही हैं, मैं साली की कोई बात नहीं टाल सकता था कि वह मुझे अच्छी लगती थी। मैंने कहा : 'चल···' सो हम टिकट कटा के गाड़ी में सवार हो गए··· लाहौर पहुँचकर हम एक होटल में ठहर गए··· उसने मुझसे कहा : 'ढूँडू, मुझे एक बुर्क़ा ला दे···' मैं बुर्क़ा ले आया··· बुर्क़ा पहनकर वह लगी सड़क-सड़क और गली-गली घूमने··· इस तरह कई दिन गुज़र गए··· एक दिन मैंने अपने आपसे कहा कि यह भी अच्छी रही ढूँडू, उस साली का तो मस्तक फिरेला है, साला तेरा भेजा भी फिर गया क्या, जो इतनी दूर आ गया है उसके साथ ख़राब होने··· मंटो साहब, एक दिन हम ताँगे में बैठे हुए थे कि उसने ताँगा रुकवाया और सड़क के उस पार खड़े एक आदमी की तरफ़ इशारा करके मुझसे कहने लगी : 'ढूँडू, उस आदमी को मेरे पास होटल में ले आ··· मैं चलती हूँ वापिस होटल में···' मेरी अक़्ल जवाब दे गई··· मैं ताँगे से उतरा तो ताँगा यह जा, वह जा··· और मैं उस आदमी के पीछे-पीछे··· आपकी दुआ से और अल्लाहताला की मेहरबानी से मैं आदमी-आदमी को पहचानता हूँ··· मैंने उस आदमी से इधर-उधर की दो बातें कीं और ताड़ गया कि वह मौज-शौक़ करनेवाला आदमी है··· सो मैं बोला : 'बंबई का ख़ास माल है···' वह बोला : 'अभी चलो···' मैं बोला : 'नहीं, पहले माल-पानी दिखाओ···' उसने इतने सारे नोट दिखाए··· मैं अपने दिल में बोला कि चल ढूँडू, धंधा यहाँ भी चलना चाहिए··· पर मेरी समझ में यह बात नहीं आई थी कि उस साली सिराज ने सारे लाहौर में उसी आदमी को क्यों चुना है··· मैंने ख़ुद से कहा कि सब चलता है··· मैंने ताँगा लिया, उस

आदमी को साथ लिया और सीधा होटल में··· मैंने सिराज को ख़बर की तो वह बोली : 'अभी ठहर···' मैं ठहर गया··· थोड़ी देर के बाद मैं उस आदमी को, जो अच्छी शकल का था, अंदर ले गया··· सिराज को देखते ही वह साला यूँ बिदका, जैसे घोड़ा बिदकता है··· सिराज ने उस आदमी को पकड़ लिया···" ढूँडू ने प्याली में बची-खुची अपनी ठंडी कॉफ़ी मिली चाय एक ही जुरऐ में ख़त्म की और बीड़ी सुलगाने लगा।

मैंने कहा : "सिराज ने उस आदमी को पकड़ लिया ?"

ढूँडू ने बुलंद आवाज़ में कहा : "हाँ जी, पकड़ लिया उस साले को··· और कहने लगी : 'अब तू जाता कहाँ है ?··· मेरा घर छुड़ाकर तू मुझे अपने साथ किसलिए लाया था··· मैं तुझसे मुहब्बत करती थी··· तूने भी मुझसे यही कहा था कि तू मुझसे मुहब्बत करता है··· पर जब मैं अपना घरबार, अपने माँ-बाप छोड़कर तेरे साथ भाग निकली और अमृतसर से हम दोनों यहाँ, इसी होटल में आकर ठहरे तो रात ही रात तू क्यों भाग गया, मुझे अकेली छोड़कर ?··· किसलिए लाया था तू मुझे यहाँ, किसलिए भगाया था तूने मुझे ?··· मैं हर बात के लिए तैयार थी और तू मुझे छोड़कर भाग गया··· आ··· अब मैंने तुझे बुलाया है··· मेरी मुहब्बत वैसी की वैसी क़ायम है··· आ'··· और मंटो साहब, वह उस आदमी के साथ लिपट गई··· उस साले के आँसू भी टपकने लगे··· वह रो-रोकर माफ़ियाँ माँगने लगा : 'मुझसे ग़लती हो गई थी··· मैं डर गया था··· मैं अब तुमसे कभी अलग नहीं रहूँगा···' साला क़समें खाता रहा और जाने क्या-क्या बकता रहा··· फिर सिराज ने मुझे इशारा किया और मैं कमरे से बाहर चला गया··· मैं बाहर बरामदे में खाट पर सो रहा था कि सुबह सिराज ने मुझे जगाया और कहा : 'चल ढूँडू···' मैं बोला : 'कहाँ···?' वह बोली : 'वापस बंबई···' मैं बोला : 'और वह साला कहाँ है···?' सिराज ने कहा : 'सो रहा है··· मैं उस पर अपना बुर्क़ा डाल आई हूँ···"

ढूँडू ने अपने लिए दूसरी कॉफ़ी मिली चाय का आर्डर दिया तो सिराज ईरानी होटल में दाख़िल हुई। उसका सफ़ेद बेज़वी चेहरा निखरा हुआ था और उसके चेहरे पर उसकी बड़ी-बड़ी आँखें दो गिरे हुए सिगनल मालूम हो रही थीं।

---

1. समन्वित, मिल जाना; 2. समय-समय पर; 3. विशेषता; 4. परिचित; 5. अंडाकार; 6. भरपूर; 7. तरल; 8. नारीत्व; 9. भाव; 10. वह पत्थर जो का'बे में लगा है; 11. आठ पीढ़ियाँ; 12. पुनर्विचार; 13. विश्वास; 14. पीछे का; 15. खड़ी हुई; 16. ऊँच-नीच; 17. संबंधित; 18. संक्षेप; 19. मुर्दों या लाशों पर लगाई जानेवाली ख़ुशबू; 20. दफ़न किया हुआ; 22. ख़ज़ाने, गड़ा हुआ धन; 23. नियुक्त; 24. वस्त्र धारण किए हुए; 25. विरोध के बावजूद क़ब्ज़ा; 26. भयभीत; 27. रोक-टोक; 28. प्रभुत्व; 29. उदास और नशीली; 30. चिंतित; 31. अधिक ऊँचा, उत्कृष्ट।

सरकंडों के पीछे

कौन-सा शहर था, इसके मुताल्लिक़, जहाँ तक मैं समझता हूँ, आपको मालूम करने और मुझे बताने की कोई ज़रूरत नहीं; बस इतना कह देना ही काफ़ी है कि वह जगह, जो इस कहानी से मुताल्लिक़ है, सरहद के मुज़ाफ़ात[1] में थी, बार्डर के क़रीब; और जहाँ वह औरत रहती थी, वह घर झोंपड़ानुमा था, सरकंडों के पीछे।

घनी बाड़-सी थी, जिसके पीछे उस औरत का मकान था, कच्ची मिट्टी का बना हुआ; यह बाड़ से कुछ फ़ासले पर था, इसलिए सरकंडों के पीछे छुप-सा गया था कि बाहर कच्ची सड़क पर से गुज़रनेवाला कोई भी इसे देख नहीं सकता था।

सरकंडे बिलकुल सूखे हुए थे, मगर वह कुछ इस तरह ज़मीन में गड़े हुए थे कि एक दबीज़[2] परदा बन गए थे, मालूम नहीं वह सरकंडे उस औरत ने ख़ुद वहाँ पैवस्त किए थे या पहले ही से वहाँ मौजूद थे। बहरहाल, कहना यह है कि वह आहनी क़िस्म के परदापोश थे।

मकान कह लीजिए या मिट्टी का झोंपड़ा, छोटी-छोटी तीन कोठड़ियाँ थीं, मगर साफ़-सुथरी; सामान मुख़्तसर था, मगर अच्छा, पिछली कोठड़ी में एक बहुत बड़ा निवाड़ी पलंग था; पलंग के क़रीब ही कच्ची दीवार में एक ताक़चा था, जिसमें सरसों के तेल का दीया रात भर जलता रहता था; वह ताक़चा भी साफ़-सुथरा रहता था और वह दीया भी, जिसमें हर रोज़ नया तेल नई बत्ती डाली जाती थी।

अब मैं आपको उस औरत का नाम बताता हूँ, जो उस मुख़्तसर-से मकान में, जो सरकंडों के पीछे छुपा रहता था, अपनी जवान बेटी के साथ रिहाइश पज़ीर थी।

मुख़्तलिफ़ रिवायतें हैं : बाज़ लोग कहते हैं कि वह उसकी बेटी नहीं थी, एक यतीम लड़की थी, जिसको उसने बचपन ही से गोद लेकर और पाल-पोसकर बड़ा किया था; बाज़ कहते हैं कि वह उसकी सौतेली बेटी थी; कुछ ऐसे भी हैं, जिनका ख़याल है कि वह उसकी सगी बेटी थी—हक़ीक़त जो कुछ भी है, उसके मुताल्लिक़ वसूक़[3] से कुछ कहा नहीं जा सकता; हाँ, यह कहानी पढ़ने के बाद आप ख़ुद कोई राय क़ायम कर लीजिएगा।

देखिए, मैं आपको उस औरत का नाम बताना भूल गया—बात असल में यह है कि उस औरत का नाम कोई अहमियत नहीं रखता; उसका नाम आप कुछ भी समझ लीजिए : सकीना, मेहताब, गुलशन या कोई और; आख़िर नाम में रखा क्या है? लेकिन आपकी

सहूलत की ख़ातिर मैं उस औरत को सरदार कहूँगा।

सरदार अधेड़ उम्र की औरत थी; वह किसी ज़माने में यक़ीनन ख़ूबसूरत रही होगी; अब उसके सुर्ख़ो-सफ़ेद गालों पर किसी क़दर झुर्रियाँ पड़ गई थीं, फिर भी वह अपनी उम्र से कई बरस छोटी दिखाई देती थी, मगर हमें उसके गालों से कोई ताल्लुक़ नहीं।

उसकी बेटी—मालूम नहीं, वह उसकी बेटी थी भी या नहीं—शबाब का बड़ा दिलकश नमूना थी; उसके ख़द्दोख़ाल में ऐसी कोई चीज़ नहीं थी, जिससे यह नतीजा अख़्ज़[4] किया जा सकता कि वह फ़ाहिशा[5] है; लेकिन यह हक़ीक़त है कि उसकी माँ उससे पेशा कराती थी, और ख़ूब दौलत कमा रही थी। यह भी हक़ीक़त है कि उस लड़की को, जिसका नाम फिर आपकी सहूलत की ख़ातिर मैं नवाब रखे देता हूँ, इस पेशे से नफ़रत नहीं थी—असल में उसने आबादी से दूर एक ऐसे मक़ाम पर परवरिश पाई थी कि उसको सही इज़्दिवाजी ज़िंदगी का कुछ पता ही नहीं था।

जब सरदार ने बिस्तर पर, उस निवाड़ी पलंग पर पहला मर्द नवाब से मुतआरिफ़[6] कराया होगा तो नवाब ने यही समझा होगा कि तमाम लड़कियों की जवानी का आग़ाज़ कुछ इसी तरह होता है—अब वह अपनी उस कसबियाना ज़िंदगी से मानूस[7] हो गई थी; उसके नज़दीक उसकी ज़िंदगी का मुंतहा[8] यही थी कि अनजाने मर्द दूर-दूर से चलकर उसके पास आते थे और उसके साथ उस निवाड़ी पलंग पर सोते थे।

यूँ तो वह हर लिहाज़ से एक फ़ाहिशा औरत थी, उन मानों में, जिनमें हमारी शरीफ़ और मुतहहर औरतें उस-जैसी औरतों को देखती हैं, मगर सच पूछिए तो उसको इस अम्र[9] का क़त्अन एहसास न था कि वह गुनाह की ज़िंदगी बसर कर रही है—वह गुनाह के मुताल्लिक़ ग़ौर भी कैसे कर सकती थी; वह गुनाह के बारे में कुछ जानती ही नहीं थी।

उसके जिस्म में ख़ुलूस था—वह हर मर्द को जो हफ़्ते-डेढ़ हफ़्ते के बाद, एक तवील मसाफ़त[10] तय करके आता था, अपना आप सिपुर्द कर देती थी, वह समझती थी कि हर औरत का यही काम है; वह हर मर्द की हर आसाइश, हर आराम का ख़याल रखती थी; वह किसी मर्द की कोई नन्ही-सी तकलीफ़ भी बर्दाश्त नहीं करती थी।

नवाब को शहर के लोगों के तकल्लुफ़ात का इल्म नहीं था; वह यह क़त्अन नहीं जानती थी कि जो मर्द उसके पास मोटरों में बैठकर आते हैं, वह सुबह-सवेरे अपने दाँत बुरुश के साथ साफ़ करने के आदी होते हैं; वह आँखें खुलते ही सबसे पहले बिस्तर में चाय की एक प्याली पीते हैं और फिर रफ़ूए हाजत के लिए जाते हैं; उसने आहिस्ता-आहिस्ता बड़े अल्हड़ तरीक़े पर उन मर्दों की आदात से कुछ वाक़िफ़ियत हासिल कर ली थी, फिर उसे बड़ी उलझन होती थी कि सब मर्द एक तरह के नहीं होते थे; कोई सुबह-सवेरे उठते ही सिगरेट माँगता था तो कोई चाय, और बाज़ ऐसे भी होते थे, जो उठने का नाम ही नहीं लेते थे; कुछ सारी-सारी रात जागते रहते थे और सुबह मोटर में सवार होकर भाग जाते थे।

सरदार बेफ़िक्र थी—उसको अपनी बेटी पर, या जो कुछ भी वह उसकी थी, पूरा एतिमाद था कि वह अपने गाहकों को सँभाल सकती है। वह हर वक़्त अफ़ीम की गोली खाकर खाट पर सोई रहती थी; जब कभी ज़्यादा शराब पी लेने के बायस किसी गाहक की

तबीयत ज़्यादा ख़राब हो जाती थी तो वह उठाए जाने पर ग़ुनूदगी के आलम में उठा करती थी और नवाब को हिदायात दिया करती थी कि वह गाहक को अचार खिला दे, या नमक मिला गर्म पानी पिलाकर क़ै करा दे या फिर थपकियाँ दे-देकर सुला दे।

सरदार एक मामले में बड़ी मुहतात[11] थी, जूँ ही कोई गाहक आता था, वह उससे नवाब की फ़ीस पहले ही वुसूल करके अपने नेफ़े में महफ़ूज़ कर लेती थी और अपने मख़्सूस अंदाज़ में दुआएँ देने के बाद, कि वह आराम से झूले झूले, डिबिया में से अफ़ीम की गोली निकालकर और मुँह में डालकर सो जाती थी।

यूँ जो रुपया आता था, उसकी मालिक सरदार थी, लेकिन जो तोहफ़े तहाइफ़ वुसूल होते थे, वह नवाब ही के पास रहते थे—उसके पास आनेवाले लोग दौलतमंद होते थे, इसलिए वह बढ़िया से बढ़िया कपड़ा पहनती थी और क़िस्म-क़िस्म के फल और मिठाइयाँ खाती थी।

नवाब ख़ुश थी—मिट्टी से लिपे-पुते उस मकान में, जो सिर्फ़ तीन छोटी-छोटी कोठड़ियों पर मुश्तमिल[12] था, वह अपनी दानिस्त के मुताबिक़ बड़ी दिलचस्प और ख़ुशगवार ज़िंदगी बसर कर रही थी। एक फ़ौजी अफ़सर ने उसे ग्रामोफ़ोन और बहुत-से रिकार्ड ला दिए थे; फ़ुर्सत के औक़ात में वह उनको बजा-बजाकर फ़िल्मी गाने सुनती रहती थी और उनकी नक़्ल उतारने की कोशिश किया करती थी; उसके गले में कोई रस नहीं था, मगर वह उससे बेख़बर थी—सच पूछिए तो उसको किसी भी बात की ख़बर नहीं थी और न उसको इस बात की ख़्वाहिश थी कि वह किसी चीज़ से बाख़बर हो; जिस रास्ते पर वह डाल दी गई थी, वह रास्ता उसने क़बूल कर लिया था, बड़ी बेख़बरी के आलम में।

सरकंडों के उस पार की दुनिया कैसी है, उसके मुताल्लिक़ वह कुछ नहीं जानती थी, सिवाय इसके कि एक कच्ची सड़क है, जिस पर हर तीसरे-चौथे दिन धूल उड़ाती हुई एक मोटर आती है और रुक जाती है, फिर हॉर्न बजता है और उसकी माँ, या जो कोई भी वह उसकी थी, खाट पर से उठती है; सरकंडों के पास जाकर मोटरवाले से कहती है कि वह मोटर जरा दूर खड़ी करके अंदर आ जाए, फिर वह अंदर आ जाता है, और थोड़ी देर के बाद निवाड़ी पलंग पर बैठकर वह उसके साथ मीठी-मीठी बातों में मश्गूल हो जाता है।

उसके यहाँ आने-जानेवालों की तादाद ज़्यादा नहीं थी; यही कोई पाँच-छः लोग होंगे, मगर यह पाँच-छः लोग मुस्तक़िल गाहक थे, और सरदार ने कुछ ऐसा इंतज़ाम कर रखा था कि उनका बाहम तसादुम[13] न होता था—सरदार बड़ी होशियार औरत थी; वह हर गाहक के लिए कुछ इस तरह दिन मुक़र्रर करती थी कि किसी को भी शिकायत का मौक़ा न मिलता था। वह ख़ासतौर से इस बात का ध्यान भी रखती थी कि कहीं नवाब माँ न बन जाए—जिन हालात में नवाब अपनी ज़िंदगी गुज़ार रही थी, उन हालात में उसका माँ बन जाना यक़ीनी था, मगर सरदार दो-ढाई बरस से बड़ी कामयाबी के साथ इस क़ुदरती ख़तरे से निबट रही थी।

सरकंडों के पीछे यह सिलसिला दो-ढाई बरस से बड़े हमवार तरीक़े पर चल रहा था; पुलिसवालों को बिलकुल इल्म नहीं था; बस सिर्फ़ वही लोग जानते थे, जो वहाँ आते थे; या

फिर सरदार जानती थी और उसकी बेटी नवाब, या जो कोई भी वह उसकी थी।

एक दिन, सरकंडों के पीछे उस मकान में, एक इन्क़िलाब आ गया—एक बहुत बड़ी मोटर, ग़ालिबन डोज, कच्ची सड़क पर रुकी।

हॉर्न बजा तो सरदार कोठड़ी से बाहर निकली। बाड़ के पास आकर उसने देखा कि कोई अजनबी है—उसने कोई बात न की।

अजनबी ने सरदार को देखा, मगर कुछ न कहा; फिर उसने ज़रा दूर ले जाकर मोटर खड़ी की; मोटर से उतरने के बाद वह घनी बाड़ में तक़रीबन छुपे हुए रास्ते से, सरदार की तरफ़ देखे बग़ैर, यक़ीनी अंदाज़ से बढ़ा, जैसे बरसों का आने-जानेवाला हो।

सरदार सटपटाकर बाड़ के पास खड़ी की खड़ी रह गई।

दरवाज़े की दहलीज़ पर नवाब ने अजनबी का बड़ी प्यारी मुसकराहट से ख़ैरमक़दम[14] किया और फिर उसे उस कोठड़ी में ले गई, जिसमें निवाड़ी पलंग बिछा हुआ था।

अभी वे दोनों साथ-साथ पलंग पर बैठे ही थे कि सरदार आ गई। वह होशियार औरत तो थी ही, उसने महसूस किया कि अजनबी किसी दौलतमंद घराने से है, ख़ुशशक्ल भी है और सेहतमंद भी—उसने अंदर कोठड़ी में दाख़िल होकर अजनबी को सलाम किया और पूछा : ''हुज़ूर, आपको इधर का रास्ता किसने बताया?''

अजनबी मुसकराया, फिर बड़े प्यार से उसने नवाब के गोश्त भरे गालों में अपनी उँगली चुभोकर कहा : ''इसने...!''

नवाब तड़पकर एक तरफ़ सिमट-सी गई और उसने एक अदा के साथ कहा : ''हाँय, मैं तो कभी तुमसे मिली ही नहीं!''

अजनबी की मुसकराहट उसके होंठों पर और ज़्यादा फैल गई : ''लेकिन हम तो कई बार तुमसे मिल चुके हैं।''

नवाब ने पूछा : ''कहाँ...? कब?'' हैरत के आलम में उसका छोटा-सा मुँह कुछ इस तौर पर वा हुआ कि उसके चेहरे की दिलकशी में इज़ाफ़े का मूजब[15] हो गया।

अजनबी ने उसका गुदगुदा हाथ पकड़ लिया और सरदार की तरफ़ देखते हुए कहा : ''अपनी माँ से पूछ लो।''

नवाब ने बड़े भोलेपन के साथ अपनी माँ से, या जो कोई भी वह उसकी थी, पूछा कि वह शख़्स उससे कब और कहाँ मिला था—सरदार सारा मामला समझ गई थी कि वह पाँच-छः लोग जो उसके यहाँ आते हैं, उनमें से किसी एक ने नवाब का ज़िक्र किया होगा और सारा अता-पता बता दिया होगा। उसने नवाब से कहा : ''मैं बता दूँगी तुझे!'' और यह कहकर वह बाहर चली गई; खाट पर बैठकर उसने डिबिया में से अफ़ीम की गोली निकाली, मुँह में रखी और लेट गई; वह मुतमइन हो गई थी कि आदमी अच्छा है और कोई गड़बड़ नहीं करेगा।

वसूक़ से तो इस बारे में कुछ कहा नहीं जा सकता, लेकिन अग़लब[16] यही है कि अजनबी, जिसका नाम हैबत ख़ान था और जो ज़िला हज़ारा का बहुत बड़ा रईस था, नवाब के अल्हड़पन से इस क़दर मुतास्सिर हुआ कि उसने रुख़सत होते वक़्त सरदार से कहा : ''अब

नवाब के पास और कोई न आया करे…!"

सरदार होशियार औरत थी…उसने हैबत ख़ान से कहा : "ख़ान साहब, यह कैसे हो सकता है…? क्या आप इतना रुपया दे सकेंगे कि…"

हैबत ख़ान ने सख़्त नज़रों से सरदार की बात काट दी; फिर उसने अपनी जेब में हाथ डाला; सौ-सौ के नोटों की एक गड्डी-सी निकाली और नवाब के क़दमों में फेंक दी; इसके बाद उसने अपनी एक उँगली से हीरे की अँगूठी उतारी, नवाब की उँगली में पहनाई और तेज़ी से सरकंडों के उस पार चला गया।

नवाब ने नोटों की तरफ़ आँख उठाकर भी न देखा था, बस वह तो अपनी सजी हुई उँगली देख रही थी; काफ़ी बड़े हीरे से रंग-रंग की शुआएँ फूट रही थीं—बाहर कच्ची सड़क से मोटर स्टार्ट होने की आवाज़ उसके कानों में पहुँची तो वह चौंकी और सरकंडों की बाड़ की तरफ़ लपकी—गर्दो-ग़ुबार के सिवा सड़क पर कुछ भी नहीं था।

सरदार नोटों की गड्डी उठाकर नोट गिन चुकी थी; एक नोट और होता तो पूरे दो हज़ार होते; इस कमी का उसे अफ़सोस न हुआ—सारे नोट उसने अपनी घेरेदार शलवार के नेफ़े में बड़ी सफ़ाई से उड़सने के बाद डिबिया खोली, अफ़ीम की एक बड़ी गोली निकाली और बड़े इत्मीनान से मुँह में डालकर खाट पर लेट गई और देर तक सोती रही।

नवाब बहुत ख़ुश थी—वह बार-बार अपनी उस उँगली को देखती थी, जिसमें हीरे की अँगूठी पड़ी थी।

तीन-चार रोज़ गुज़र गए…इस दौरान में पाँच-छः पुराने गाहकों में से एक गाहक आया तो सरदार ने कहा कि पुलिस का ख़तरा है, इसलिए उसने धंधा बंद कर दिया है। यह गाहक जो ख़ासा दौलतमंद था, बेनैलो-मराम[17] वापस चला गया।

सरदार को हैबत ख़ान ने बहुत मुतास्सिर किया था; उसने अफ़ीम खाकर पींग के आलम में सोचा था कि अगर आमदनी उतनी ही रहे, जितनी कि है, और गाहक सिर्फ़ एक हो तो बहुत अच्छा है। उसने फ़ैसला कर लिया था कि वह सब गाहकों को आहिस्ता-आहिस्ता यह कहकर टरख़ा देगी कि पुलिसवाले उसके पीछे पड़ गए हैं, और वह यह बर्दाश्त नहीं कर सकती कि गाहकों की इज़्ज़त ख़तरे में पड़ जाए।

हैबत ख़ान एक हफ़्ते के बाद नमूदार हुआ—इस दौरान में सरदार दो और गाहकों को मना कर चुकी थी कि वह इधर का रुख़ न किया करें।

हैबत ख़ान उसी शान से आया, जिस शान से वह पहले रोज़ आया था—आते ही उसने नवाब को अपनी छाती के साथ भींच लिया, सरदार से उसने कोई बात न की। नवाब उसे, बल्कि यूँ कहिए, वह नवाब को उस कोठड़ी में ले गया, जहाँ निवाड़ी पलंग बिछा हुआ था। इस बार सरदार अंदर न आई; वह अपनी खाट पर अफ़ीम की गोली खाकर ऊँघती रही।

इस बार हैबत ख़ान बहुत महज़ूज़[18] हुआ; उसको नवाब का अल्हड़पन और भी ज़्यादा पसंद आया। नवाब पेशेवर रंडियों के चलित्तरों से क़तअन नावाक़िफ़ थी; उसमें वह घरेलूपन भी नहीं था, जो आम घरेलू औरतों में होता है; उसमें कोई ऐसी बात थी, जो ख़ुद उसकी अपनी थी, दूसरों से बिलकुल मुख़्तलिफ़; वह बिस्तर में हैबत ख़ान के साथ इस तरह

लेटती थी, जिस तरह कोई बच्चा अपनी माँ के साथ लेटता है, माँ की छातियों पर हाथ फेरता है, माँ की नाक के नथुनों में अपनी उँगलियाँ डालता है, माँ के बाल नोचता है, और फिर आहिस्ता-आहिस्ता सो जाता है।

हैबत ख़ान के लिए यह एक नया तज्रबा था, उसके लिए औरत की यह क़िस्म बिलकुल निराली, दिलचस्प और फ़रहतबख़्श[19] थी—वह अब हफ़्ते में दो बार आने लगा था कि नवाब उसके लिए एक बेपनाह कशिश बन गई थी।

सरदार ख़ुश थी कि उसे अपने नेफ़े में उड़सने के लिए काफ़ी नोट मिल जाते थे, लेकिन अब नवाब अपने अल्हड़पन के बावजूद सोचने लगी थी कि हैबत ख़ान डरा-डरा-सा क्यों रहता है—जब कभी सरकंडों के उस पार, कच्ची सड़क पर से कोई लारी या मोटर गुज़रती है तो वह क्यों सहम जाता है, क्यों उससे अलग होकर बाहर जाता है और क्यों छुप-छुपकर देखता है कि कौन है, कौन नहीं है?

एक रात बारह बजे के क़रीब सड़क पर से कोई लारी गुज़री—हैबत ख़ान और नवाब, दोनों एक-दूसरे से गुथे हुए सो रहे थे कि एकदम हैबत ख़ान बड़े ज़ोर से काँपा और उठकर बैठ गया।

नवाब की नींद बड़ी हल्की थी—हैबत ख़ान काँपा तो वह सिर से पाँव तक यूँ लरज़ गई, जैसे उसके अंदर ज़लज़ला आ गया है; चीख़कर उसने कहा : "क्या हुआ?"

हैबत ख़ान अब किसी क़दर सँभल चुका था, उसने ख़ुद को और ज़्यादा सँभालकर कहा : "कोई बात नहीं... मैं... मैं शायद ख़्वाब में डर गया था।"

रात की ख़ामोशी में लारी की आवाज़ दूर से अभी तक आ रही थी।

नवाब ने कहा : "नहीं ख़ान... कोई बात है... जब भी कोई मोटर या लारी सड़क पर से गुज़रती है, तुम्हारी यही हालत हो जाती है..."

हैबत ख़ान की शायद यह दुखती रग थी, जिस पर नवाब ने हाथ रख दिया था—उसने अपना मर्दाना वक़ार क़ायम रखने के लिए बड़े तेज़ लहजे में कहा : "मोटरों और लारियों से डरने की क्या वजह हो सकती है?"

नवाब का दिल बड़ा नाज़ुक था—हैबत ख़ान के तेज़ लहजे से उसे ठेस लगी और उसने बिलख-बिलखकर रोना शुरू कर दिया।

जब हैबत ख़ान ने नवाब को चुप कराया तो वह अपनी ज़िंदगी के एक लतीफ़तरीन हज़ से आश्ना हुआ और उसका जिस्म नवाब के जिस्म से और ज़्यादा क़रीब हो गया।

हैबत ख़ान अच्छे क़द-काठ का आदमी था, उसका जिस्म गठा हुआ था; वह ख़ूबसूरत था—उसकी बाँहों में नवाब ने ज़िंदगी में पहली बार बड़ी प्यारी हरारत महसूस की थी; उसको जिस्मानी लज़्ज़त की अलिफ़ बे हैबत ख़ान ही ने सिखाई थी, वह अब उससे मुहब्बत करने लगी थी, यूँ कह लीजिए कि वह शै, जो मुहब्बत होती है, उसके भेद अब नवाब पर खुल रहे थे।

हैबत ख़ान अगर एक हफ़्ते ग़ायब रहता तो नवाब ग्रामोफ़ोन पर दर्दीले गीतों के रिकार्ड बजाती और ख़ुद उनके साथ गाती और आहें भरती—वह अब तक बस एक उलझन में

गिरफ़्तार थी कि हैबत ख़ान मोटरों और लारियों की आमदो-रफ़्त से क्यों घबराता है ?

महीनों गुज़र गए—नवाब की सिपुर्दगी और उसके इल्तिफ़ात[20] में इज़ाफ़ा होता गया, मगर उसकी उलझन भी बढ़ती गई कि अब हैबत ख़ान चंद घंटों के लिए आता था और अफ़रा-तफ़री के आलम में वापस चला जाता था। वह महसूस करने लगी थी कि यह सब किसी मजबूरी की वजह से है; वह यह जान गई थी कि हैबत ख़ान का जी ज़्यादा से ज़्यादा देर उसके साथ रहने को चाहता है—उसने कई मर्तबा हैबत ख़ान से इस बारे में पूछा, मगर वह बात गोल कर गया।

एक दिन सुबह-सवेरे हैबत ख़ान की डोज सरकंडों के पार रुकी—नवाब सो रही थी, हॉर्न बजा तो वह चौंककर उठ बैठी, फिर वह आँखें मलती-मलती बाहर निकल आई।

हैबत ख़ान ज़रा फ़ासले पर मोटर खड़ी करने के बाद मकान के पास पहुँच चुका था; नवाब दौड़ती हुई उससे लिपट गई; वह उसे गोद में उठाकर अंदर उस कोठड़ी में ले गया, जहाँ निवाड़ का पलंग बिछा हुआ था।

देर तक दोनों बातें करते रहे, प्यार-मुहब्बत की बातें—जाने नवाब के दिल में क्या आई कि उस रोज़ उसने अपनी ज़िंदगी की पहली फ़र्माइश की : "ख़ान, मुझे सोने के कड़े ला दो!"

हैबत ख़ान ने उसकी मोटी-मोटी गोश्त भरी सुर्ख़-सफ़ेद कलाइयों को कई मर्तबा चूमा और कहा : "कल ही आ जाएँगे···तुम्हारे लिए तो मेरी जान हाज़िर है···!"

नवाब ने एक अदा के साथ, मगर अपने मख़्सूस अल्हड़ अंदाज़ में कहा : "ख़ान, जाने दो···जान तो मुझे ही देनी पड़ेगी!"

हैबत ख़ान यह सुनकर कई बार उसके सदक़े हुआ और बड़ा पुरलुत्फ़ वक़्त गुज़ारने के बाद चला गया; चलते-चलते वह वादा कर गया कि वह अगले दिन आएगा और सोने के कड़े उसके नर्म-नर्म हाथों में ख़ुद पहनाएगा।

नवाब ख़ुश थी—उस रात वह देर तक मसर्रत[21] भरे रिकार्ड बजा-बजाकर उस छोटी-सी कोठड़ी में नाचती रही, जिसमें निवाड़ी पलंग बिछा हुआ था।

सरदार भी ख़ुश थी—उसने फिर अपनी डिबिया में से अफ़ीम की एक बड़ी गोली निकाली और निगलकर सो गई।

दूसरे दिन नवाब और ज़्यादा ख़ुश थी कि सोने के कड़े आनेवाले हैं और हैबत ख़ान ख़ुद उसको कड़े पहनानेवाला है—वह सारा दिन मुंतज़िर[22] रही, पर वह न आया।

उसने सोचा : 'शायद मोटर ख़राब हो गई हो, शायद वह रात को आ जाए।' वह सारी रात जागती रही, मगर हैबत ख़ान न आया।

उसके दिल को, जो बहुत नाज़ुक था, बड़ी ठेस पहुँची—उसने अपनी माँ को, या जो कोई भी वह उसकी थी, बार-बार कहा : "देखो, ख़ान नहीं आया है···वादा करके फिर गया है···" फिर वह सोचती और कहती : 'ऐसा न हो, कुछ हो गया हो···' और वह सहम-सी जाती।

कई बातें उसके दिमाग़ में आ रही थीं : मोटर का हादिसा, अचानक बीमारी, किसी डाकू

का हमला—फिर बार-बार उसको लारियों और मोटरों की आवाज़ों का ख़याल आ जाता, जिनको सुनकर हैबत ख़ान हमेशा बौखला जाता था; वह सोचती रही, मगर उसकी समझ में कुछ न आया।

एक हफ़्ता गुज़र गया, मगर हैबत ख़ान न आया—इसी दौरान में तीन-चार लारियाँ और दो मोटरें उस कच्ची सड़क पर से धूल उड़ाती गुज़र गईं—नवाब का हर बार यही जी चाहा कि दौड़ती हुई उनके पीछे जाए और उन सबको आग लगा दे; वह महसूस कर रही थी कि यही वह चीज़ें हैं, जो हैबत ख़ान के आने में रुकावट का बायस हैं; फिर वह सोचती कि मोटरें और लारियाँ रुकावट का क्या बायस हो सकती है; फिर वह अपनी कमअक्ली पर हँसने लगती—यह बात उसकी समझ से बालातर थी कि हैबत ख़ान जैसा तनोमंद मर्द मोटरों और लारियों की आवाज़ सुनकर सहम क्यों जाता है, और इस हक़ीक़त को उसके दिमाग़ की पैदा की हुई कोई दलील झुठला न पाती; और जब ऐसा होता तो वह बेहद रंजीदा और मग़मूम[23] हो जाती और वह ग्रामोफ़ोन पर दर्दीले रिकार्ड सुनना शुरू कर देती और उसकी आँखें नमनाक हो जातीं।

एक हफ़्ता और गुज़र गया।

एक रोज़ दोपहर को जब नवाब और सरदार खाना खाकर फ़ारिग़ हो चुकी थीं और कुछ देर आराम करने के बारे में सोच रही थीं कि अचानक उन्हें बाहर कच्ची सड़क पर से मोटर के हॉर्न की आवाज़ सुनाई दी—दोनों आवाज़ सुनकर चौंकीं कि यह आवाज़ हैबत ख़ान की डोज की हॉर्न की आवाज़ नहीं थी।

सरदार बाहर बाड़ की तरफ़ लपकी कि देखें, कौन है; पुराना गाहक है तो उसे टरख़ा दे। जब वह सरकंडों के पास पहुँची तो उसने देखा कि एक नई मोटर में हैबत ख़ान बैठा हुआ है और पिछली निशस्त पर एक ख़ुशपोश और ख़ूबसूरत औरत मौजूद है।

हैबत ख़ान ने मोटर कुछ दूर खड़ी की और बाहर निकला; उसके साथ ही पिछली निशस्त से वह औरत भी बाहर निकली; दोनों उनके मकान की तरफ़ बढ़ने लगे।

सरदार ने सोचा कि यह क्या सिलसिला है ? औरत के लिए तो हैबत ख़ान इतनी दूर से चलकर यहाँ आता है; यह औरत, जो इतनी ख़ूबसूरत है, जवान है, क़ीमती कपड़ों में मलबूस है, हैबत ख़ान के साथ यहाँ क्या करने आई है—वह अभी यह सोच ही रही थी कि हैबत ख़ान उस ख़ूबसूरत औरत के साथ मकान में दाख़िल हो गया; वह उनके पीछे-पीछे चली; उसकी तरफ़ दोनों में से किसी ने ध्यान ही नहीं दिया था।

जब वह अंदर पहुँची तो उसने देखा कि नवाब, हैबत ख़ान और वह औरत, तीनों निवाड़ी पलंग पर बैठे हुए हैं और एक ख़ामोशी तारी है, अजीब क़िस्म की ख़ामोशी—ज़ेवरों से लदी-फँदी औरत किसी क़दर मुज़्तरिब[24] नज़र आ रही थी; उसकी एक टाँग बड़े ज़ोर से हिल रही थी।

सरदार दहलीज़ के पास ही खड़ी हो गई—उसके क़दमों की आहट सुनकर जब हैबत ख़ान ने उसकी तरफ़ देखा तो उसने सलाम किया।

हैबत ख़ान ने कोई जवाब न दिया—वह सख़्त बौखलाया हुआ था।

ज़ेवरों मे लदी-फँदी औरत की टाँग हिलना बंद हुई और वह सरदार से मुख़ातिब हुई : "हम आए हैं···खाने-पीने का तो कुछ बंदोबस्त करो !"

सरदार ने सर-ता-पा मेहमाननवाज़ बनकर कहा : "जो कहिए, अभी तैयार हो जाता है !"

उस औरत ने, जिसके ख़द्दोख़ाल से साफ़ मतरश्शेह[25] था, कि बडे धड़ल्ले की औरत है, सरदार से कहा : "तुम चलो बावर्चीख़ाने में···चूल्हा सुलगाओ···बड़ी देगची है घर में ?"

"है !" सरदार ने अपना वज़नी सिर हिलाया।

"तो जाओ···उसको धोकर साफ़ करो···मैं अभी आती हूँ।" वह औरत पलंग पर से उठी और ग्रामोफ़ोन देखने लगी।

सरदार ने माज़िरत भरे लहजे में कहा : "गोश्त तो यहाँ नहीं मिलेगा।"

उस औरत ने एक रिकार्ड पर सुई रखी : "मिल जाएगा···तुमसे जो कहा है, वह करो···और देखो, आग काफ़ी हो···"

सरदार यह अह्काम[26] लेकर चली गई—अब वह ख़ुशपोश औरत मुसकराकर नवाब से मुख़ातिब हुई : "नवाब, हम तुम्हारे लिए सोने के कड़े ले आए हैं।" यह कहकर उसने अपना वैनिटी बैग खोला और उसमें से बारीक सुर्ख़ काग़ज़ में लिपटे हुए कड़े निकाले, जो काफ़ी वज़नी और ख़ूबसूरत थे।

नवाब क़रीब बैठे हुए ख़ामोश हैबत ख़ान को देख रही थी—उसने कड़ों को एक नज़र देखा और हैबत ख़ान से बड़ी नर्मो-नाज़ुक मगर सहमी हुई आवाज़ में पूछा : "ख़ान, यह कौन है ?" उसका इशारा उस औरत की तरफ़ था।

वह औरत कड़ों से खेलती हुई बोली : "मैं कौन हूँ···? मैं हैबत ख़ान की बहन हूँ···" यह कहकर उसने हैबत ख़ान की तरफ़ देखा, जो उसके जवाब पर सिकुड़-सा गया था; फिर वह नवाब से मुख़ातिब हुई : "मेरा नाम हलाकत है···"

नवाब कुछ न समझ सकी—वह उस औरत की आँखों से ख़ौफ़ खा रही थी, जो यक़ीनन ख़ूबसूरत थीं, मगर बड़े ख़ौफ़नाक तौर पर खुली हुई थीं; उनमें जैसे आग बरस रही थी—फिर वह ज़रा आगे बढ़ी; उसने सिमटी हुई, सहमी हुई नवाब की कलाइयाँ पकड़ीं और उनमें कड़े डालने लगी; यकायक उसने नवाब की कलाइयाँ छोड़ दीं और हैबत ख़ान से मुख़ातिब हुई; "तुम जाओ हैबत ख़ान···मैं नवाब को अच्छी तरह सजा-बनाकर तुम्हारी ख़िद्मत में पेश करना चाहती हूँ···"

हैबत ख़ान मब्हूत[27] था; जब वह न उठा तो वह औरत, जिसने अपना नाम हलाकत बताया था, ज़रा तेज़ी से बोली : "जाओ···सुना नहीं तुमने ?"

हैबत ख़ान काँपा और नवाब की तरफ़ देखता हुआ बाहर निकल गया। वह बहुत मुज़्तरिब था; उसकी समझ में नहीं आ रहा था कि वह कहाँ जाए और क्या करे ?

कोठड़ियों के बाहर एक बरामदा-सा था, जिसके एक कोने में टाट लगा बावर्चीख़ाना था—हैबत ख़ान ने देखा कि सरदार आग सुलगा चुकी है।

उसने कोई बात न की और सरकंडों के उस पार कच्ची सड़क पर चला गया—उसकी

हालत नीम दीवानों की-सी थी; ज़रा-सी आहट पर वह चौंक उठता था—थोड़ी देर के बाद उसको दूर से एक लारी आती दिखाई दी; उसने सोचा कि वह लारी रुकवा ले और फिर उसमें बैठकर वहाँ से ग़ायब हो जाए; जब लारी उसके क़रीब पहुँची तो ऐसी धूल उड़ी कि वह धूल में गुम हो गया; उसने आवाज़ें दीं, मगर धूल के बायस उसका हलक़ इस क़ाबिल ही न रहा था कि वह बुलंद आवाज़ निकाल सकता।

गर्दो-ग़ुबार कम हुआ तो हैबत ख़ान तक़रीबन नीम मुर्दा था—उसने चाहा कि सरकंडों के पीछे उस मकान में जाए, जहाँ उसने कई दिन और कई रातें नवाब के अल्हड़ पहलू में गुज़ारी थीं, मगर वह जा न सका; उसके क़दम ही नहीं उठते थे।

वह बहुत देर तक कच्ची सड़क पर धूल में लथपथ खड़ा सोचता रहा—वह औरत जो उस वक़्त नवाब के पास थी, उसके साथ उसके ताल्लुक़ात काफ़ी पुराने थे; बहुत पुरानी बात है कि वह उस औरत के ख़ाविंद की मौत पर अफ़सोस करने गया था, जो उसका लँगोटिया था; वह मातमपुर्सी दोनों के बाहमी ताल्लुक़ात में तब्दील हो गई; दूसरे दिन वह फिर उस औरत के घर में था; उस औरत ने उसे ऐसे तहक्कुम[28] से अंदर बुलाया था और फिर ऐसे तहक्कुम से अपना आप उसके सिपुर्द किया था, जैसे वह उसका ग़ुलाम हो।

तब हैबत ख़ान औरत के मामले में बिलकुल कोरा था—शाहीना का अजीबो-ग़रीब तहक्कुम भरा इल्तिफ़ात उसके लिए बहुत बड़ी बात थी।

शाहीना के पास बेअंदाज़ा दौलत थी, कुछ उसकी अपनी और कुछ उसके मरहूम ख़ाविंद की—हैबत ख़ान को इस दौलत से कोई सरोकार नहीं था; शाहीना उसकी ज़िंदगी की सबसे पहली औरत थी और वह उसके तहक्कुम के नीचे दबकर रह गया था।

बहुत देर तक वह कच्ची सड़क पर खड़ा सोचता रहा और काँपता रहा, आख़िर उससे न रहा गया—वह सरकंडों की ओट में छुपे मकान की तरफ़ बढ़ा; बरामदे में टाट लगे बावर्चीख़ाने में उसने सरदार को कुछ भूनते हुए देखा।

जब वह अंदर उस कोठड़ी की तरफ़ बढ़ा, जहाँ निवाड़ का पलंग बिछा हुआ था तो उसने दरवाज़ा बंद पाया; उसने हौले-से दस्तक दी।

चंद लम्हात के बाद अंदर से दरवाज़ा खुला।

उसने देखा कि कच्चे फ़र्श पर ख़ून ही ख़ून फैला हुआ है; वह काँप उठा; फिर उसने शाहीना की तरफ़ देखा, जो दरवाज़े के पट के साथ लगी खड़ी थी।

शाहीना ने कहा : "मैंने तुम्हारी नवाब को सजा-बना दिया है…"

हैबत ख़ान ने अपने ख़ुश्क गले को लुआब से किसी क़दर तर करते हुए पूछा : "नवाब कहाँ है?"

शाहीना ने जवाब दिया : "कुछ तो पलंग पर है… और कुछ… उसका बेहतरीन हिस्सा बावर्चीख़ाने में है…"

हैबत ख़ान पर हैबत तारी हो गई—वह कुछ न कह सका; वहीं खड़ा रहा; उसने आँखें फाड़कर देखा कि फ़र्श पर ख़ून के साथ-साथ ख़ून भरे गोश्त के छोटे-छोटे टुकड़े भी पड़े हुए हैं और ख़ून में लथपथ एक तेज़ छुरी भी पड़ी हुई है, और निवाड़ी पलंग पर कोई ख़ून

आलूदा चादर ओढ़े लेटा हुआ है।

शाहीना ने मुसकराकर कहा : ''चादर उठाकर दिखाऊँ··· ? तुम्हारी सजी-बनी नवाब है···मैंने अपने हाथों से उसका सिंगार किया है···तुम पहले खाना खा लो, बहुत भूख लगी होगी तुम्हें···सरदार बड़ा लज़ीज़ गोश्त भून रही है···बोटियाँ मैंने ख़ुद अपने हाथों से काटी हैं···''

हैबत ख़ान के पाँव लड़खड़ा गए—वह बमुश्किल चिल्लाया : ''शाहीना, यह तुमने क्या किया··· ?''

शाहीना मुसकराई : ''जानेमन, पहली मर्तबा नहीं···यह दूसरी मर्तबा है···मेरा ख़ाविंद, अल्लाह उसे जन्नत नसीब करे, तुम्हारी तरह ही बेवफ़ा था···मैंने उसको ख़ुद अपने इन्हीं हाथों से मारा था और उसका गोश्त पकाकर चीलों और कव्वों को खिलाया था···तुमसे मुझे प्यार है, इसलिए मैंने तुम्हारे बजाय···'' उसने जुमला मुकम्मल न किया; तेज़ी से वह पीछे हटी और उसने हाथ बढ़ाकर ख़ून आलूदा चादर खींच ली।

हैबत ख़ान की चीख़ उसके हलक़ के अंदर ही फँसी रह गई और वह बेहोश होकर गिर पड़ा।

जब उसे होश आया तो उसने देखा कि शाहीना कार चला रही है, और वह ग़ैर इलाक़े में हैं।

---

1. आसपास; 2. मोटा; 3. विश्वास; 4. निकालना; 5. चरित्रहीन; 6. परिचित; 7. परिचित; 8. पराकाष्ठा; 9. विषय; 10. दूरी; 11. सतर्क; 12. सम्मिलित; 13. परस्पर टकराव; 14. स्वागत; 15. कारण; 16. संभवतः; 17. असफल; 18. आनंद विभोर; 19. आनंददायक; 20. प्रवृत्ति; 21. प्रसन्नता; 22. प्रतीक्षा में; 23. दुखी; 24. व्याकुल, आतुर; 25. प्रकट; 26. आदेश; 27. चकित; 28. हुक्म जताना, ज़ोर दिखाना।

ख़ुशिया

ख़ुशिया सोच रहा था।

बनवारी से काले तंबाकूवाला पान लेकर वह बनवारी की दूकान के साथ लगे उस संगीन चबूतरे पर बैठा हुआ था, जो दिन के वक़्त टायरों और मोटरों के मुख़्तलिफ़ पुर्ज़ों से भरा होता था; रात के साढ़े आठ बजे के क़रीब मोटर के पुर्ज़े और टायर बेचनेवालों की वह दूकान बंद हो जाती थी और दूकान का संगीन चबूतरा ख़ुशिया के लिए ख़ाली हो जाता था।

वह काले तंबाकूवाला पान आहिस्ता-आहिस्ता चबा रहा था और सोच रहा था।

पान की गाढ़ी तंबाकू मिली पीक उसके मुँह में इधर-उधर फिसल रही थी···उसे ऐसा लग रहा था कि उसके ख़यालात दाँतों तले पिसकर उस पीक में घुल रहे हैं···शायद यही वजह थी कि वह पीक फेंकना नहीं चाहता था।

वह पान की पीक मुँह में पुलपुला रहा था और उस वाक़िए पर ग़ौर कर रहा था, जो उसके साथ पेश आया था, बस कोई आध घंटा पहले।

मामूल के मुताबिक़ उस चबूतरे पर बैठने से पहले उसे खेतवाड़ी की पाँचवीं गली में जाना पड़ा था···उसी गली के नुक्कड़ पर मंगलौर से आई नई छोकरी कांता रहती थी, ख़ुशिया से किसी ने कहा था कि वह अपना मकान तब्दील कर रही है और वह इसी बात का पता लगाने के लिए वहाँ गया था।

उसने कांता की खोली का दरवाज़ा खटखटाया था और अंदर से आवाज़ आई थी: ''कौन है?''

ख़ुशिया ने कहा था: ''मैं ख़ुशिया···''

आवाज़ शायद पिछले कमरे से आई थी···थोड़ी देर के बाद दरवाज़ा खुला था और वह अंदर दाख़िल हुआ था।

जब कांता ने दरवाज़ा अंदर से बंद किया था तो ख़ुशिया ने मुड़कर देखा था और उसकी हैरत की कोई इंतिहा न रही थी···कांता नंगी खड़ी थी, बिलकुल नंगी; वह अपने जिस्म को सिर्फ़ एक तौलिए से छिपाए हुए थी, छुपाए हुए भी क्या कि छुपाने की जितनी चीज़ें होती हैं, वह तो सबकी-सब ख़ुशिया की हैरतज़दा आँखों के सामने थीं।

''कहो ख़ुशिया, कैसे आए···? मैं नहाने ही वाली थी···बैठो-बैठो···बाहरवाले से अपने लिए चाय तो कह आए होते···तुम तो जानते ही हो, वह मुआ रामा यहाँ से भाग गया है···''

ख़ुशिया, जिसकी आँखों ने कभी किसी औरत को यूँ अचानक तौर पर नंगा नहीं देखा था, बहुत घबरा गया था – उसकी समझ में नहीं आया था कि वह क्या करे; उसकी आँखें जो यकायक उरयानी से दो-चार हो गई थीं, अपने-आपको कहीं छुपाना चाहती थीं।

उसने जल्दी-जल्दी सिर्फ़ इतना कहा था : ''जाओ···जाओ तुम नहा लो···'' फिर एकदम उसकी ज़बान खुल गई थी : ''पर जब तुम नंगी थीं तो दरवाज़ा खोलने की क्या ज़रूरत थी···अंदर ही से कह दिया होता, मैं फिर आ जाता···जाओ तुम नहा लो···''

उसकी बात सुनकर कांता मुसकराई थी : ''जब तुमने कहा, ख़ुशिया, तो मैंने सोचा, हरज क्या है, अपना ख़ुशिया ही तो है··· और मैंने दरवाज़ा खोल दिया!''

कांता की वह मुसकराहट अभी तक उसके दिलो-दिमाग़ में तैर रही थी; कांता का नंगा जिस्म अब भी मोम के पुतले की मानिंद उसकी आँखों के सामने खड़ा था और पिघल-पिघलकर उसके अंदर दाख़िल हो रहा था।

कांता का जिस्म ख़ूबसूरत था···पहली मर्तबा ख़ुशिया को मालूम हुआ था कि जिस्म बेचनेवाली औरतें भी ऐसा सुडौल बदन रखती हैं और उसे इस बात पर हैरत हुई थी; लेकिन उसे इस बात पर ज़्यादा ताज्जुब हुआ था कि कांता नंग-धड़ंग उसके सामने खड़ी हो गई थी और उसको लाज तक न आई थी···कांता ने कहा था : 'जब तुमने कहा, ख़ुशिया, तो मैंने सोचा, हरज क्या है, अपना ख़ुशिया ही तो है···और मैंने दरवाज़ा खोल दिया।'

कांता और ख़ुशिया एक ही पेशे में शरीक थे···वह कांता का दल्लाल था, यूँ वे एक-दूसरे के बहुत क़रीब थे; लेकिन यह कोई ऐसी वजह नहीं थी कि कांता उसके सामने नंगी खड़ी हो जाती।

वह कांता के अल्फ़ाज़ में कोई और ही मतलब कुरेद रहा था, वह मतलब बयक वक़्त इस क़दर साफ़ और इस क़दर मुबहम[1] था कि वह किसी ख़ास नतीजे पर पहुँच नहीं पा रहा था।

उसने कांता का नंगा जिस्म देखा था, जो ढोलकी पर मढ़े हुए चमड़े की तरह तना हुआ था, उसकी लुढ़कती हुई निगाहों से बिलकुल बेपरवा; कई बार हैरत के आलम में उसने कांता के साँवले-सलोने जिस्म पर टोह लेनेवाली निगाहें गाड़ी थीं, मगर कांता का एक रुआँ तक भी न काँपा था; वह साँवले पत्थर की मूर्ति के मानिंद उसके सामने खड़ी रही थी, हर एहसास से आरी[2]।

एक मर्द के सामने एक नंगी औरत खड़ी थी; मर्द, जिसकी निगाहें तो कपड़ों में ढकी-छुपी औरत के जिस्म तक पहुँच जाती हैं और जो ख़याल ही ख़याल में, परमात्मा जाने, कहाँ-कहाँ पहुँच जाता है···लेकिन कांता ज़रा भी न घबराई थी; उसकी आँखें जैसे उसी वक़्त लांड्री से धुलकर आई थीं···कांता को थोड़ी-सी लाज तो आनी चाहिए थी; ज़रा-सी सुर्ख़ी तो उसके दीदों में पैदा होनी चाहिए थी; वह कसबी है तो क्या हुआ; पर कसबियाँ यूँ नंगी तो नहीं खड़ी हो जातीं···

ख़ुशिया को दल्लाली करते हुए दस बरस हो गए थे। इन दस बरसों में वह पेशा करनेवाली लड़कियों के तमाम राज़ों से वाक़िफ़ हो चुका था···उसे मालूम था कि पाए धोनी

के आख़िरी सिरे पर जो छोकरी एक नौजवान को भाई बनाकर रहती है, इसलिए 'अछूत कन्या' का रेकार्ड ''काहे करता मूरख प्यार' अपने टूटे हुए बाजे पर बजाया करती है कि उसे अशोक कुमार से बहुत बुरी तरह इश्क़ है और कई मनचले अशोक कुमार से उसकी मुलाक़ात कराने का झाँसा देकर अपना उल्लू सीधा कर चुके हैं··· उसे मालूम था कि दादर में जो पंजाबन रहती है, सिर्फ़ इसलिए कोट-पतलून पहनती है कि उसके एक यार ने कहा था : 'तेरी टाँगें तो बिलकुल उस अंग्रेज़ ऐक्ट्रेस की तरह हैं, जिसने 'मराको उर्फ़ ख़ूने-तमन्ना' में काम किया है···' उसने कई बार यह फ़िल्म देखा था और जब उसके यार ने कहा था : 'मारलेन डेट्रेच इसलिए पतलून पहनती है कि उसकी टाँगें बहुत ख़ूबसूरत हैं और उसने अपनी टाँगों का दो लाख का बीमा करा रखा है···' तो उसने पतलून पहननी शुरू कर दी थी, जो उसके चूतड़ों में बहुत फँसकर आती थी··· उसे यह भी मालूम था कि मज़गाँववाली दक्षिणी छोकरी सिर्फ़ इसलिए कॉलिज के ख़ूबसूरत लौंडों को फाँसती है कि उसे एक ख़ूबसूरत बच्चे की माँ बनने का शौक़ है; उसको यह भी पता था कि वह कभी अपनी ख़्वाहिश पूरी न कर सकेगी, इसलिए कि वह बाँझ है··· उसे यह भी मालूम था कि उस काली मद्रासन का, जो हर वक़्त कानों में हीरे की बूटियाँ पहने रहती है, रंग कभी सफ़ेद नहीं होगा; वह उन दवाओं पर बेकार रुपया बर्बाद कर रही है, जो वह अपना रंग सफ़ेद करने के लिए आए दिन ख़रीदती रहती है··· उसको उन तमाम छोकरियों का अंदर-बाहर का हाल मालूम था, जो उसके हलक़े में शामिल थीं; मगर यह बात उसके ध्यान में कभी आ ही नहीं सकती थी कि एक दिन कांता कुमारी, जिसका असली नाम इतना मुश्किल था कि वह उम्र भर याद नहीं कर सकता था, यूँ उसके सामने नंगी खड़ी हो जाएगी और उसको ज़िंदगी के सबसे बड़े ताज्जुब में डाल देगी।

ख़ुशिया सोच रहा था; सोचते-सोचते उसके मुँह में पान की पीक इस क़दर जमा हो गई थी कि अब वह मुश्किल से छालिया के नन्हे-नन्हे रेज़ों को चबा सकता था, जो उसके दाँतों की रेखों में से इधर-उधर फिसल जाते थे।

उसके तंग माथे पर पसीने की नन्ही-नन्ही बूँदें नमूदार हो गई थीं, जैसे मलमल में पनीर को आहिस्ता से दबा दिया गया हो··· जब वह कांता के नंगे जिस्म को अपने तसव्वुर में लाता था तो उसके मर्दाना वक़ार[3] को धक्का-सा लगता था और उसे महसूस होता था, जैसे उसका अपमान हुआ है।

एकदम उसने अपने-आपसे कहा : 'यह अपमान नहीं तो क्या है··· एक छोकरी नंग-धड़ंग तुम्हारे सामने खड़ी हो जाती है और कहती है—हरज ही क्या है, तुम ख़ुशिया ही तो हो··· ख़ुशिया न हुआ, साला वह बिल्ला हो गया, जो हर वक़्त तुम्हारे बिस्तर पर ऊँघता रहता है··· तो और क्या···?'

अब उसे यक़ीन हो गया कि सचमुच उसकी हतक हुई है··· वह मर्द था और उसको इस बात की ग़ैर महसूस तरीक़ पर तवक़्क़ो[4] थी कि औरतें, ख़्वाह वह शरीफ़ हों या बाज़ारी, उसे मर्द ही समझेंगी, और उसके और अपने दरमियान वह परदा क़ायम रखेंगी, जो एक मुद्दत से चला आ रहा है··· वह तो सिर्फ़ यह पता लगाने कांता के यहाँ गया था कि वह कब

मकान तब्दील कर रही है और कहाँ जा रही है ?

कांता के पास उसका जाना अक्सर बिज़नेस से मुताल्लिक़ था… अगर वह कांता की बाबत सोचता कि जब वह उसका दरवाज़ा खटखटाएगा, उस वक़्त वह अंदर क्या कर रही होगी तो उसके तसव्वुर में ज़्यादा से ज़्यादा इतनी बातें आतीं : सिर पर पट्टी बाँधे लेटी हुई होगी; बिल्ले के बालों में से पिस्सू निकाल रही होगी; उस बाल सफ़ा पाउडर से अपनी बग़लों के बाल उड़ा रही होगी, जो इतनी बास मारता है कि उसकी नाक बर्दाश्त नहीं कर सकती; ताश फैलाए पलंग पर अकेली बैठी पेशेंस खेलने में मश्ग़ूल होगी… बस इतनी बातें थीं, जो उसके ज़ेहन में आ सकती थीं… अपने घर में किसी को वह रखती नहीं थी, इसलिए उस बात का ख़याल तो आ ही नहीं सकता था… लेकिन कांता का दरवाज़ा खटखटाते हुए उसने कुछ भी न सोचा था, वह तो वहाँ काम से गया था; और कांता, वह कांता, जिसको वह हमेशा कपड़ों में देखा करता था, अचानक उसके सामने बिलकुल नंगी खड़ी थी, बिलकुल नंगी कि एक छोटा-सा तौलिया तो कुछ भी नहीं छुपा सकता; उसने महसूस किया था जैसे वह ख़ुद नंगा हो गया है… अगर बात सिर्फ़ इतनी होती तो वह अपनी हैरत किसी न किसी हीले से दूर कर लेता, लेकिन उसने तो कहा था : 'जब तुमने कहा, ख़ुशिया, तो मैंने सोचा, हरज क्या है, अपना ख़ुशिया ही तो है… और मैंने दरवाज़ा खोल दिया… ।' और यही बात उसे खाए जा रही थी ।

'साली मुसकरा रही थी…' वह बार-बार बड़बड़ा रहा था… वह महसूस कर रहा था कि कांता का जिस्म ही नहीं, उसकी मुसकराहट भी नंगी थी ।

उसे बार-बार बचपन के वह दिन याद आ रहे थे, जब पड़ोस की एक औरत उससे कहा करती थी : 'ख़ुशिया बेटा, जा दौड़ के जा, यह बाल्टी पानी से भर ला…; जब वह बाल्टी भर के लाया करता था तो वह औरत धोती के परदे के पीछे से कहा करती थी : 'इधर आ के मेरे पास रख दे… मैंने मुँह पर साबुन मला हुआ है, मुझे कुछ सुझाई नहीं देता…' वह धोती का परदा हटाकर बाल्टी उस औरत के पास रख दिया करता था और उसे साबुन की झाग में लिपटी एक नंगी औरत नज़र आया करती थी, मगर उसके दिल में किसी क़िस्म का हैजान पैदा नहीं होता था : 'तब मैं बच्चा था, बिलकुल भोला-भाला । बच्चे और मर्द में बहुत फ़र्क़ होता है… बच्चों से कौन पर्दा करता है… मगर अब तो मैं पूरा मर्द हूँ… मेरी उम्र इस वक़्त अट्ठाइस बरस के क़रीब है और अट्ठाइस बरस के जवान आदमी के सामने तो कोई बूढ़ी औरत भी नंगी खड़ी नहीं होती… ।

ख़ुशिया की सोच उसकी उलझन बन गई थी… कांता ने उसे समझा क्या है, क्या उसमें वह तमाम बातें नहीं हैं, जो एक जवान मर्द में होती हैं । इसमें कोई शक नहीं कि वह कांता को यकबयक नंग-धड़ंग देखकर बहुत घबरा गया था, लेकिन चोर निगाहों से क्या उसने कांता की उन चीज़ों का जाइज़ा नहीं लिया था, जो हर रोज़ के इस्तेमाल के बावजूद अभी अपनी असली हालत पर क़ायम थीं; क्या परेशान होने के बावजूद उसके दिमाग़ में यह ख़याल नहीं आया था कि दस रुपए में कांता बिलकुल महँगी नहीं; क्या उसने नहीं सोचा था कि दशहरे के दिन बैंक का वह मुंशी, जो दो रुपए की रिआयत न मिलने पर वापस चला

गया था, गधा था; क्या एक लम्हे के लिए उसके तमाम पट्ठों में एक अजीब क़िस्म का खिंचाव पैदा नहीं हो गया था; क्या उसने ऐसी अँगड़ाई नहीं लेनी चाही थी कि उसकी हड्डियाँ तक चटख़नें लगें; फिर क्यों मंगलौर की उस साँवली छोकरी ने उसको मर्द न समझा और ख़ुशिया समझकर अपना सबकुछ देखने दिया ?

उसने ग़ुस्से में आकर पान की गाढ़ी पीक थूक दी और फ़ुटपाथ पर कई बेल-बूटे बना दिए···पीक थूककर वह उठा और ट्राम में बैठकर अपने घर चला गया।

घर पहुँचते ही उसने नहा-धोकर नई धोती पहनी, नया कुर्ता पहना···उसी बिल्डिंग में जहाँ वह रहता था, एक सैलून था; उसने अंदर जाकर आईने के सामने अपने बालों में कंघी की, फिर फ़ौरन ही उसे कुछ ख़याल आया तो वह कुर्सी पर बैठ गया; उस रोज़ वह दूसरी मर्तबा दाढ़ी मुँडवाने बैठा था।

हज्जाम ने कहा : ''अरे भई ख़ुशिया, भूल गए क्या ? सुबह ही तो मैंने तुम्हारी दाढ़ी मूँडी थी!''

उसने बड़ी मतानत से अपनी दाढ़ी पर उलटे रुख़ हाथ फेरते हुए कहा : ''यार, खूँटी कुछ अच्छी तरह नहीं निकली थी।''

अच्छी तरह खूँटी निकलवाकर और चेहरे पर पाउडर मलवाकर वह सैलून से बाहर निकला।

सामने ही टैक्सियों का अड्डा था···उसने बंबई के मख़्सूस अंदाज़ में 'छी छी' करके एक टैक्सी ड्राइवर को अपनी तरफ़ मुतवज्जेह किया ओर हाथ के इशारे से टैक्सी लाने के लिए कहा।

जब वह टैक्सी में बैठ गया तो ड्राइवर ने मुड़कर उससे पूछा : ''कहाँ जाना है सेठ ?''

टैक्सी ड्राइवर के उन चार लफ़्ज़ों ने, ख़ास तौर पर 'सेठ' ने उसको बहुत मसरूर[5] किया···मुसकराकर उसने बड़े दोस्ताना लहजे में जवाब दिया : ''वह भी बताएँगे···पहले तुम ओपेरा हाउस की तरफ़ चलो, लैमिंगटन से होते हुए।

ड्राइवर ने मीटर की लाल झंडी का सिर नीचे दबा दिया, टन-टन हुई और फिर टैक्सी ने लेमिंगटन रोड का रुख़ इख़्तियार कर लिया।''

जब लेमिंगटन रोड का सिरा आ गया तो उसने ड्राइवर को हिदायत दी : ''बाएँ हाथ को मोड़ लो।''

टैक्सी बाएँ हाथ को मुड़ गई···अभी ड्राइवर ने गियर भी न बदला था कि उसने कहा : ''यह सामनेवाले खंबे के पास रोक लेना ज़रा।''

ड्राइवर ने ऐन खंबे के पास टैक्सी रोक ली।

ख़ुशिया ने दरवाज़ा खोला और सामने की पान की दूकान पर चला गया···उसने एक पान लिया और फिर एक आदमी से, जो पान की दूकान के पास ही खड़ा था, चंद बातें कीं; फिर उस आदमी को उसने टैक्सी में अपने साथ बिठा लिया और ड्राइवर से कहा : ''सीधा चलो—''

टैक्सी देर तक चलती रही—ख़ुशिया ने जिधर इशारा किया, ड्राइवर ने टैक्सी उधर

घुमा दी।

आख़िर मुख़्तलिफ़ पुर रौनक़ बाज़ारों में से गुज़रने के बाद टैक्सी एक नीम रौशन गली में दाख़िल हुई···गली में आमदो-रफ़्त बहुत कम थी; कुछ लोग सड़क के किनारे बिस्तर जमाए लेटे हुए थे, कुछ लोग बड़े इत्मीनान से चंपी करा रहे थे···टैक्सी जब उन चंपी करानेवालों से आगे निकल गई और गली के नुक्कड़ पर काठ के एक बँगलेनुमा मकान के पास पहुँच गई तो ख़ुशिया ने ड्राइवर को ठहरने के लिए कहा : ''बस अब यहाँ रुक जाओ।''

जब टैक्सी रुक गई तो ख़ुशिया ने उस आदमी को, जिसे वह पान की दूकान से अपने साथ बिठा लाया था, आहिस्ता से कहा : ''जाओ···मैं यहीं इंतज़ार करता हूँ।''

वह आदमी बेवक़ूफ़ों की तरह ख़ुशिया की तरफ़ देखता हुआ टैक्सी से बाहर निकला और सामनेवाले चोबी मकान में दाख़िल हो गया।

ख़ुशिया जमकर बैठ गया···उसने अपनी एक टाँग दूसरी टाँग पर रखकर जेब से बीड़ी निकाली और सुलगाई, फिर एक-दो कश लेने के बाद ही सड़क पर फेंक दी।

वह बहुत मुज़्तरिब[6] था; उसके सीने में फड़फड़ाहट-सी हो रही थी; उसे ऐसा लगा कि ड्राइवर ने बेकार ही टैक्सी का इंजन चला रखा है···उसने तेज़ी से कहा : ''क्यों बेकार को इंजन चालू कर रखा है तुमने ?''

ड्राइवर ने मुड़कर ख़ुशिया की तरफ़ देखा और कहा : ''सेठ, इंजन तो बंद है !''

जब ख़ुशिया को अपनी ग़लती का एहसास हुआ तो उसका इज़्तिराब[7] और भी बढ़ गया और उसने कुछ कहने की बजाय अपने होंठ चबाने शुरू कर दिए; फिर एकाएकी उसने अपने सिर पर वह कश्तीनमा टोपी पहन ली, जो अब तक उसने अपनी बग़ल में दबा रखी थी। उसने ड्राइवर का शाना हिलाया और कहा : ''देखो, अभी एक छोकरी आएगी···ज्यों ही वह अंदर दाख़िल हो, तुम टैक्सी चला देना···घबराने की कोई बात नहीं···मामला ऐसा-वैसा नहीं है।''

इतने में सामने के चोबी मकान से दो लोग बाहर निकले; आगे-आगे वह आदमी था, जो ख़ुशिया के साथ आया था और पीछे-पीछे कांता थी···कांता ने शोख़ रंग की साड़ी पहन रखी थी।

ख़ुशिया झट से दाएँ कोने की तरफ़ सरक गया।

उस आदमी ने टैक्सी का पिछला बायाँ दरवाज़ा खोला और कांता को अंदर दाख़िल करके एक धक्के से दरवाज़ा बंद कर दिया।

कांता अभी ठीक तरह से बैठ भी न पाई थी कि उसकी हैरत भरी आवाज़, जो चीख़ से मिलती-जुलती थी, टैक्सी के अँधेरे में उभरी : ''ख़ुशिया तुम···?''

''हाँ मैं···तुम्हें रुपए मिल गए हैं ना?'' फिर ख़ुशिया ने अपनी मोटी आवाज़ में कहा : ''देखो ड्राइवर, टैक्सी जुहू ले चलो···।''

ड्राइवर ने सेल्फ़ दबाया तो इंजन फड़फड़ाया···कांता ने क्या कहा, ख़ुशिया ने क्या

सुना, कुछ पता नहीं··· टैक्सी एक धचके के साथ आगे बढ़ी और उस आदमी को सड़क के बीच हैरतज़दा छोड़कर नीम रौशन गली में ग़ायब हो गई।

इसके बाद कभी किसी ने ख़ुशिया को मोटर के पुर्ज़ों की दूकान के संगीन चबूतरे पर नहीं देखा।

1. अस्पष्ट; 2. रिक्त, खाली; 3. प्रतिष्ठा; 4. आशा; 5. ख़ुश, प्रसन्नचित्त; 6. व्याकुल; 7. व्याकुलता।

दूदा पहलवान

सलाहू स्कूल में पढ़ता था तो शहर का हसीन-तरीन लड़का मुतसव्विर[1] होता था—उस पर बड़े-बड़े अमूरदपरस्तों[2] के दरमियान बड़ी ख़ूँख़्वार लड़ाइयाँ हुईं; एक-दो इसी सिलसिले में मारे भी गए।

सलाहू वाक़ई हसीन था—वह बड़े मालदार घराने का चश्मो-चिराग़[3] था, इसलिए उसको किसी चीज़ की कमी नहीं थी, मगर जिस मैदान में वह कूद पड़ा था, वहाँ उसको एक मुहाफ़िज़[4] की ज़रूरत थी, जो वक़्त पर उसके काम आ सकता।

शहर में यूँ तो सैकड़ों बदमाश और ग़ुंडे मौजूद थे, जो हसीनो-जमील[5] सलाहू के एक इशारे पर कट मरने को तैयार थे, मगर दूदे पहलवान में एक निराली बात थी—वह बहुत मुफ़लिस[6] था; बहुत बदमिज़ाज और अक्खड़ तबीयत का था, मगर इसके बावजूद उसमें ऐसा बाँकपन था कि सलाहू ने उसको देखते ही पसंद कर लिया और उनकी दोस्ती हो गई।

सलाहू को दूदे पहलवान की रफ़ाक़त[7] से बहुत फ़ायदे हुए; शहर के दूसरे ग़ुंडे, जो सलाहू के रास्ते में रुकावटें पैदा करने का मूजिब[8] हो सकते थे, दूदे की वजह से ख़ामोश रहे।

स्कूल से निकलकर सलाहू कॉलेज में दाख़िल हुआ तो उसने और पर-पुरज़े[9] निकाले और थोड़े ही अर्से में उसकी सरगर्मियाँ नया रुख़ इख़्तियार कर गईं—इसके बाद ख़ुदा का करना ऐसा हुआ कि सलाहू का बाप मर गया; अब वह तमाम जायदाद, इम्लाक[10] का वाहिद[11] मालिक था।

पहले तो उसने नक़दी पर हाथ साफ़ किया, फिर मकान गिरवी रखने शुरू किए—जब दो मकान बिक गए तो हीरामंडी की तमाम तवाइफ़ें सलाहू के नाम से वाक़िफ़ हो गईं।

मालूम नहीं, इसमें कहाँ तक सदाक़त[12] है, लेकिन लोग कहते हैं कि हीरामंडी में बूढ़ी नायिकाएँ अपनी जवान बेटियों को सलाहू की नज़रों से छुपा-छुपाकर रखती थीं कि मुबादा[13] वह सलाहू के हुस्न के चक्कर में न फँस जाएँ—इन एहतियाती तदाबीर[14] के बावजूद, जैसा कि सुनने में आया है, कई कुँवारी तवाइफ़ज़ादियाँ सलाहू के इश्क़ में गिरफ़्तार हुईं और उलटे रास्ते चलकर अपनी ज़िंदगी के सुनहरे अय्याम[15] उसके तलव्वुन[16] की नज़र कर बैठीं।

सलाहू खुल खेल रहा था।

दूदे को मालूम था कि यह खेल देर तक जारी नहीं रहेगा। वह उम्र में सलाहू से दुगना बड़ा था; उसने हीरामंडी में बड़े-बड़े सेठों की ख़ाक उड़ते देखी थी; वह जानता था कि हीरामंडी एक ऐसा अंधा कुआँ है, जिसको दुनिया भर के सेठ मिलकर भी अपनी दौलत से नहीं भर सकते; मगर वह सलाहू को कोई नसीहत नहीं देता था, शायद इसलिए कि वह जहाँदीदा[17] होने के बायस अच्छी तरह समझता था कि जो भूत उसके हसीनो-जमील बाबू के सिर पर सवार है, उसे कोई टोना-टोटका उतार नहीं सकता।

दूदा हर वक़्त सलाहू के साथ होता था—शुरू-शुरू में जब सलाहू ने हीरामंडी का रुख़ किया तो उसका ख़याल था कि दूदा भी ऐश में शरीक होगा, मगर आहिस्ता-आहिस्ता उसे मालूम हुआ कि दूदे को इस क़िस्म की ऐश से कोई दिलचस्पी नहीं है, जिसमें वह ख़ुद दिन-रात ग़र्क़ रहता है। दूदा गाना सुनता था, शराब पीता था, तवाइफ़ों से फ़हश मज़ाक करता था, मगर इससे आगे कभी नहीं जाता था। उधर उसका बाबू रात-रात भर अंदर किसी माशूक़ को बग़ल में दबाए पड़ा रहता और वह बाहर किसी पहरेदार की तरह जागता रहता।

लोग समझते थे कि दूदे ने अपना घर भर लिया है; दौलत की जो लूट मची हुई है, उसमें उसने अपने हाथ रंग लिए हैं—इसमें कोई शक नहीं कि जब सलाहू दादे-ऐश देने को निकलता था तो हज़ारों के नोट दूदे ही की तहवील[18] में होते थे, मगर यह सिर्फ़ सलाहू को मालूम था कि दूदे ने उनमें से एक पाई भी कभी इधर-उधर नहीं की।

दूदे को सिर्फ़ सलाहू से दिलचस्पी थी; वह सलाहू को अपना आक़ा समझता था; और यह बात लोग भी जानते थे कि वह किस हद तक सलाहू का ग़ुलाम है—सलाहू उसको डाँट-डपट लेता था; बाज़ औक़ात शराब के नशे में उसे मार-पीट भी लेता था, मगर दूदा ख़ामोश रहता—हसीनो-जमील सलाहू उसका माबूद[19] था और वह उसके हुज़ूर कोई ग़ुस्ताख़ी नहीं कर सकता था।

एक दिन इत्तिफ़ाक़ से दूदा बीमार था—सलाहू रात को हस्बे-मामूल[20] ऐश करने के लिए हीरामंडी पहुँचा; वहाँ किसी तवाइफ़ के कोठे पर गाना सुनने के दौरान में उसकी झड़प एक तमाशबीन से हो गई और हाथापाई में उसके माथे पर हल्की-सी ख़राशें आ गईं—दूदे को जब इस झड़प का इल्म हुआ तो उसने दीवार के साथ टक्करें मार-मारकर अपना सारा सिर ज़ख़्मी कर लिया, ख़ुद को बेशुमार गालियाँ दीं और बहुत बुरा-भला कहा; उसको इतना अफ़सोस हुआ कि दस-पंद्रह दिन तक सलाहू के सामने उसका सिर झुका रहा; एक लफ़्ज़ भी उसके मुँह से न निकला; उसको यह महसूस होता था कि उससे कोई बहुत बड़ा गुनाह सरज़द[21] हो गया है—लोगों का बयान है कि वह बहुत दिनों तक नमाज़ें पढ़-पढ़कर अपने दिल का बोझ हल्का करता रहा।

सलाहू की वह इस तरह ख़िदमत करता था, जिस तरह पुराने क़िस्से-कहानियों के वफ़ादार नौकर करते हैं—वह सलाहू के जूते पालिश करता था; उसके पाँव दाबता था; उसके चमकीले बदन पर मालिश करता था; उसके हर आराम और उसकी हर आसाइश[22] का ख़याल रखता था, जैसे वह उसके बत्न[23] से पैदा हुआ है।

कभी-कभी सलाहू नाराज़ हो जाता। यह वक़्त दूदे पहलवान के लिए बड़ी आज़माइश का वक़्त होता था—वह दुनिया से बेज़ार हो जाता, फ़क़ीरों के पास जाकर तावीज़-गंडे लेता; ख़ुद को तरह-तरह की जिस्मानी तकलीफ़ पहुँचाता। आख़िर जब सलाहू मौज में आकर उसे बुलाता तो उसे ऐसा महसूस होता कि उसे दोनों जहान मिल गए हैं!

दूदे को अपनी ताक़त पर नाज़ नहीं था, उसे यह घमंड भी नहीं था कि वह छुरी मारने के फ़न में यकता[24] है, उसको अपनी ईमानदारी और अपने ख़ुलूस पर भी कोई फ़ख़्र नहीं था; लेकिन वह अपनी इस बात पर बहुत नाज़ाँ था कि वह लँगोट का पक्का है—वह अपने दोस्तों-यारों को बड़े फ़ख़्रो-इम्तियाज़[25] से सुनाया करता था कि उसकी जवानी में सैकड़ों मर्दमार औरतें आईं, चलित्तरों के बड़े-बड़े मंत्र उस पर फूँके गए मगर वह, शाबाश है उसके उस्ताद को, वह लँगोट का पक्का रहा—यह बड़ नहीं थी। उन लोगों को, जो दूदे पहलवान के लँगोटिए थे, अच्छी तरह मालम था कि उसका दामन औरत की तमाम आलाइशों[26] से पाक है—मुतअद्दिद[27] बार कोशिश की गई थी कि वह गुमराह हो जाए, मगर हर बार नाकामी हुई थी—वह साबित क़दम रहा था।

ख़ुद सलाहू ने कई बार उसका इम्तिहान लिया—अजमेर के उर्स पर उसने मेरठ की एक काफ़िर अदा तवाइफ़ अनवरी को इस बात पर आमादा कर लिया कि वह दूदे पर डोरे डाले—अनवरी ने अपने तमाम गुर इस्तेमाल कर डाले, मगर दूदे पर कोई असर न हुआ।

उर्स ख़त्म होने पर जब वह लाहौर रवाना हुए तो गाड़ी में दूदे ने सलाहू से कहा: ''बाऊ, बस अब मेरा कोई और इम्तिहान न लेना... वह साली अनवरी बहुत आगे बढ़ गई थी... मुझे तुम्हारा ख़याल था, वरना गला घोंट देता हरामज़ादी का!''

इसके बाद सलाहू ने उसका और कोई इम्तिहान न लिया—दूदे के तम्बीही[28] अल्फ़ाज़ काफ़ी थे, जो उसने बड़े संगीन लहजे में अदा किए थे।

सलाहू ऐशो-इशरत में बदस्तूर ग़र्क़ था, इसलिए कि अभी तीन-चार मकान बाक़ी थे। हीरामंडी की तमाम क़ाबिले-ज़िक्र तवाइफ़ें एक-एक करके उसके पहलू में आ चुकी थीं और अब उसने झूठे जामों का दौर शुरू कर दिया था।

उन्हीं दिनों एकदम जाने कहाँ से एक तवाइफ़ अलमास पैदा हो गई और एकदम सारी हीरामंडी पर छा गई; उसे देखा किसी ने भी नहीं था, मगर इसके बावजूद उसके हुस्न के चर्चे आम थे कि हाथ लगाए मैली होती है, पानी पीती है तो उसके शफ़ाफ़[29] हलक़ में से नज़र आता है, हिरनी की-सी आँखें हैं, जिनमें ख़ुदा ने अपने हाथ से सुरमा लगाया है, बदन ऐसा मुलायम है कि निगाहें फिसल-फिसल जाती हैं—सलाहू जहाँ भी जाता था, उस परी चेहरा और हूर शमाइल[30] माशूक़ा के हुस्नो-जमाल की बातें सुनता था।

दूदे पहलवान ने फ़ौरन पता लगाया और अपने बाबू को बताया कि वह अलमास कश्मीर से आई है, वाक़ई ख़ूबसूरत है, अधेड़ उम्र की माँ उसके साथ रहती है, जो उस पर बड़ी कड़ी निगरानी रखती है, इसलिए कि वह लाखों के ख़्वाब देख रही है।

जब अलमास का मुजरा शुरू हुआ तो उसके कोठे पर सिर्फ़ वही साहिबे-सरवत[31] गए, जिनका लाखों का कारोबार था—सलाहू के पास अब इतनी दौलत नहीं थी कि वह उन तगड़े

दौलतमंद ऐयाशों का मुक़ाबला ख़म ठोंक के कर सकता; आठ-दस मुजरों ही में उसकी हजामत हो जाती; वह इसी ख़याल के मातहत ख़ामोश रहा और पेचो-ताब खाता रहा।

दूदा अपने बाबू की बेचारगी देखता तो उसे बहुत दुख होता, मगर वह क्या कर सकता था; उसके पास था ही क्या; एक सिर्फ़ उसकी जाम थी, मगर वह इस मामले में क्या काम दे सकती थी। बहुत सोच-विचार के बाद आख़िर दूदे ने एक तरकीब सोची कि सलाहू किसी तरह अलमास की माँ इक़बाल से राबिता[32] पैदा करे; अलमास की माँ पर यह ज़ाहिर करे कि वह उसके इश्क़ में गिरफ़्तार है, और इस तरह जब मौक़ा मिले तो अलमास को अपने क़ब्ज़े में कर ले।

सलाहू को तरकीब पसंद आई और फ़ौरन ही उस पर अमल दरामद शुरू हो गया।

अलमास की माँ इक़बाल बहुत ख़ुश थी कि उस ढलती उम्र में उसे सलाहू-जैसा ख़ूबरू चाहनेवाला मिल गया है और यह सिलसिला बहुत दिनों तक जारी रहा—इस दौरान में सैकड़ों मर्तबा अलमास उसके सामने आई; बाज़ औक़ात उसके पास बैठकर अलमास ने बातें भी कीं और उसके हुस्न से काफ़ी मुतास्सिर[33] भी हुई।

अलमास को हैरत थी कि सलाहू उसकी माँ में क्यों दिलचस्पी ले रहा है, जबकि वह ख़ुद सलाहू की आँखों के सामने मौजूद है, लेकिन उसकी यह हैरत बहुत देर तक क़ायम न रह सकी; उसे सलाहू की हरकातो सकनात[34] से मालूम हो गया कि वह चाल चल रहा है; इस इन्किशाफ़[35] से उसे ख़ुशी हुई कि अंदरूनी तौर पर उसके एहसासे-जवानी[36] को बड़ी ठेस पहुँच रही थी।

बातों-बातों में एक दिन सलाहू का ज़िक्र आया तो अलमास ने सलाहू की ख़ूबसूरती की ता'रीफ़ ज़रा चटख़ारा लेकर की, जो उसकी माँ इक़बाल को बहुत नागवार मालूम हुई और फिर उन दोनों में ख़ूब चख़ हुई—अलमास ने अपनी माँ से साफ़-साफ़ कह दिया कि सलाहू उसे बेवक़ूफ़ बना रहा है।

इक़बाल को बहुत दुख हुआ—अब सवाल बेटी का नहीं था, सवाल रक़ीब[37] का या मौत का था।

दूसरे रोज़ जब सलाहू आया तो इक़बाल ने उससे पूछा : "आप किसे पसंद करते हैं... मुझे या मेरी बेटी अलमास को?"

सलाहू को कहना पड़ा : "तुम्हें... मैं तुम्हें पसंद करता हूँ..." फिर उसे इक़बाल को मज़ीद[38] यक़ीन दिलाने के लिए और बहुत-सी बातें घड़ना पड़ीं।

इक़बाल यूँ तो बड़ी चालाक थी, मगर उसको किसी हद तक सलाहू की बात पर यक़ीन आ गया—वह अपनी उम्र के ऐसे मोड़ पर पहुँच चुकी थी, जहाँ मुहब्बत और जिस्म के झूठे हवाले भी सच्चे दिखाई देते हैं।

जब यह बात अलमास तक पहुँची तो वह बहुत जिज़बिज़[39] हुई—जूँ ही उसे मौक़ा मिला, उसने सलाहू को पकड़ लिया और उससे सच उगलवाने की कोशिश की।

सलाहू ज़्यादा देर तक अलमास की जिरह बर्दाश्त न कर सका, आख़िर उसे मानना ही पड़ा कि उसे इक़बाल से कोई दिलचस्पी नहीं है और असल में अलमास का हुसूल[10] ही उसके

पेशे-नज़र है—यह कबूलवाने पर अलमास की तसल्ली हो गई, मगर वह रग़बत[41] और वह लगाव जो उसके दिलो-दिमाग़ में सलाहू के मुताल्लिक़ पैदा हुआ था, ग़ायब हो गया और उसने ठेठ तवाइफ़ बनकर अपनी माँ को समझाया : ''माँ, बचपना छोड़ दो···सलाहू से मेरे दाम वसूल कर लो···तुम्हें वह क्या देगा ?''

अपनी लड़की की यह अक्लवाली बात इक़बाल की समझ में आ गई और वह सलाहू को दूसरी नज़र से देखने लगी।

सलाहू भी समझ गया कि उसका वार ख़ाली गया है; अब इसके सिवा और कोई चारा न था कि वह नीलाम में अलमास की सबसे बढ़कर बोली दे।

दूदे ने इधर-उधर से कुरेदकर मालूम किया कि अगर सलाहू अलमास की माँ के क़दमों में पच्चीस हज़ार रुपए ढेर कर दे तो अलमास की नथनी उतर सकती है।

सलाहू पूरी तरह जकड़ा जा चुका था, जाए रफ़्तन न पाए मांदनवाला[42] मामला था—उसने दो मकान बेचे और पच्चीस हज़ार रुपए लेकर इक़बाल के पास पहुँचा।

इक़बाल का ख़याल था कि सलाहू इतनी बड़ी रक़म पैदा नहीं कर सकेगा, लेकिन सलाहू जब रक़म ले आया तो वह बौखला-सी गई।

इक़बाल ने अलमास से मशवरा किया तो उसने कहा : ''इतनी जल्दी कोई फ़ैसला नहीं करना चाहिए···सलाहू से कहो कि पहले वह हमारे साथ कलियर शरीफ़ के उर्स पर चले···''

सलाहू को उर्स पर जाना पड़ा और इसका नतीजा यह हुआ कि पूरे पंद्रह हज़ार मुजरों में उड़ गए। उसकी उन तमाम तमाशबीनों पर, जो उर्स में शरीक हुए थे, धाक तो बैठ गई, मगर उसके पच्चीस हज़ार रुपयों को दीमक लग गई—जब वह वापस लाहौर आ गए तो बाक़ी का रुपया भी आहिस्ता-आहिस्ता अलमास की फ़रमाइशों की नज़्र हो गया।

दूदा अंदर ही अंदर ग़ुस्से से खौल रहा था; उसका जी चाहता था कि इक़बाल और अलमास, दोनों का सिर उड़ा दे, मगर उसे अपने बाबू का ख़याल था—दूदे के दिल में बहुत-सी बातें थीं, जो वह सलाहू को बताना चाहता था, मगर बता नहीं सकता था; इससे उसे और भी झुँझलाहट होती थी।

सलाहू बहुत बुरी तरह अलमास पर लट्टू था—पच्चीस हज़ार रुपए ठिकाने लग चुके थे और अब वह दस हज़ार रुपए उस मकान को गिरवी रखकर उजाड़ रहा था, जिसमें उसकी नेकसीरत[43] माँ रहती थी।

यह रुपया भी कब तक उसका साथ देता—इक़बाल और अलमास, दोनों जोंक की तरह सलाहू के साथ चिमटी हुई थीं—आख़िर वह दिन आ ही गया, जब उस पर नालिश हुई और अदालत ने कुर्क़ी का हुक्म दे दिया।

सलाहू बहुत परेशान हुआ—उसे कोई सूरत नज़र नहीं आती थी; कोई ऐसा आदमी नहीं था, जो उसे क़र्ज़ देता; ले-दे के एक मकान बचा था, और वह भी गिरवी पड़ा था; कुर्क़ी आई हुई थी और बैलिफ़[44] सिर्फ़ दूदे पहलवान की वजह से रुके हुए थे—दूदे ने उनको यक़ीन दिलाया था कि वह बहुत जल्द रुपए का बंदोबस्त कर देगा।

दूदे की बात सुनकर सलाहू बहुत हँसा था कि वह कहाँ से रुपयों का बंदोबस्त करेगा; सौ-दो सौ की बात होती तो उसे यक़ीन आ जाता, मगर सवाल पूरे दस हज़ार रुपयों का था—सलाहू ने दूदे पहलवान का बड़ी बेदर्दी से मज़ाक़ उड़ाया कि वह उसको तिफ़्ल[45] तसल्लियाँ दे रहा है।

दूदे ने सलाहू की यह लअन-तअन[46] बर्दाश्त की और चला गया।

दूसरे रोज़ दूदा आया तो उसका शंगर्फ़-ऐसा[47] चेहरा ज़र्द था; ऐसा मालूम होता था कि वह बिस्तरे-अलालत[48] पर से उठकर आया है—सिर न्योढ़ाकर उसने अपने डब में से रूमाल निकाला, जिसमें सौ-सौ के नोट बँधे पड़े थे और सलाहू से कहा : ''ले बाऊ, ले आया हूँ...''

सलाहू ने नोट गिने; पूरे दस हज़ार थे—टुकर-टुकर दूदे पहलवान का मुँह देखते हुए उसने कहा : ''यह रुपए कहाँ से पैदा किए तुमने ?''

दूदे ने अफ़सुर्दा[49] लहजे में जवाब दिया : ''हो गए पैदा कहीं से !''

सलाहू कुर्क़ी भूल गया—इतने सारे नोट देखकर उसके क़दम फिर अलमास के कोठे की तरफ़ उठने लगे।

दूदे ने सलाहू को रोका : ''नहीं बाऊ...अलमास के पास न जाओ...यह रुपया कुर्क़ीवालों को दो...''

सलाहू ने बिगड़े हुए बच्चे की मानिंद कहा : ''क्यों...? मैं जाऊँगा अलमास के पास।''

दूदे ने पहली बार कड़े लहजे में कहा : ''तू नहीं जाएगा।''

सलाहू तैश में आ गया : ''तू कौन होता है मुझे रोकनेवाला ?''

दूदे की आवाज़ नर्म हो गई : ''मैं तेरा ग़ुलाम हूँ बाऊ...पर अब अलमास के पास जाने का कोई फ़ायदा नहीं।''

''क्यों ?''

दूदे की आवाज़ में लरज़िश-सी[50] पैदा हो गई : ''न पूछ बाऊ...यह रुपया मुझे उसी ने दिया है...''

सलाहू क़रीब-क़रीब चीख़ उठा : ''यह रुपया अलमास ने दिया है...तुम्हें दिया है...''

''हाँ बाऊ, उसी ने दिया है...मुझ पर बहुत देर से मरती थी साली, पर मैं उसके हाथ नहीं आता था...तुझ पर तकलीफ़ का वक़्त आया तो मेरे दिल ने कहा : 'दूदे, छोड़ अपनी क़सम को...तेरा बाऊ तुझसे क़ुर्बानी माँगता है...' सो मैं कल रात उसके पास गया और...उससे यह सौदा कर लिया...'' दूदे की आँखों से टप-टप आँसू गिरने लगे।

1. विचारा हुआ; 2. सुंदर लड़कों से मैथुन करनेवाले; 3. संतान; 4. रक्षक; 5. बहुत सुंदर; 6. निर्धन; 7. साथ; 8. कारण; 9. हाथ-पाँव; 10. संपत्ति; 11. एकमात्र; 12. सच्चाई; 13. कहीं ऐसा न हो; 14. उपाय; 15. दिन; 16. अस्थिर चित्त; 17. अनुभवी; 18. क़ब्ज़ा; 19. इष्टदेव; 20. नियमानुसार; 21. घटित; 22. सुख-सुविधा; 23. गर्भ; 24. अद्वितीय; 25. गौरव से; 26. पाप का बहुवचन; 27. बहुत; 28. चेतावनी देनेवाले; 29. स्वच्छ; 30. समान; 31. धनी; 32. संपर्क; 33. प्रभावित; 34. गतिविधियाँ; 35. रहस्योद्घाटन; 36. जवानी का ख़याल; 37. अपने प्रेमी की दूसरी प्रेमिका; 38. अधिक; 39. नाराज़; 40. प्राप्ति; 41. चाह; 42. साँप के मुँह में छछूँदरवाला मामला; 43. चरित्रवान; 44. कुर्कीवाले; 45. बचकानी; 46. भला-बुरा कहना; 47. लाल-जैसा; 48. रोगशय्या; 49. दुखी; 50. कंपन-सी।

सौ कैंडल पावर का बल्ब

वह चौक में, क़ैसर पार्क के बाहर, जहाँ चंद ताँगे खड़े रहते हैं, बिजली के एक खंबे के साथ ख़ामोश खड़ा था और दिल ही दिल में सोच रहा था : कोई वीरानी-सी वीरानी है···!

यही पार्क, जो सिर्फ़ दो बरस पहले पुररौनक़ जगह थी, अब उजड़ा-पुजड़ा दिखाई दे रहा था, जहाँ पहले औरत और मर्द शोख़ो-शंग[1] फ़ैशन के लिबास में चलते-फिरते थे, वहाँ अब बेहद मैले-कुचैले कपड़ों में लोग इधर-उधर बेमक़सद फिर रहे थे; बाज़ार में काफ़ी भीड़ थी, मगर वह रंग नहीं था, जो कभी वहाँ मेले-ठेले की तरह हुआ करता था; आसपास की सीमेंट से बनी हुई बिल्डिगें भी अपना रूप खो चुकी थीं; सिर झाड़े, मुँह फाड़े वह एक-दूसरे की तरफ़ फटी-फटी आँखों से देख रही थीं, जैसे वह बेवा औरतें हों!

वह हैरान था कि वह ग़ाज़ा[2] कहाँ गया, वह सिंदूर कहाँ उड़ गया, वह सुर कहाँ ग़ायब हो गए, जो उसने कभी वहाँ देखे और सुने थे?···और यह कोई ज़्यादा अर्से की बात नहीं; अभी वह कल ही तो···दो बरस भी कोई अर्सा होता है भला···वहाँ आया था कलकत्ते से, जब उसे वहाँ की एक फ़र्म ने अच्छी तनख़्वाह पर बुलाया था; उसने कितनी कोशिश की थी कि उसे क़ैसर पार्क में एक कमरा ही मिल जाए, मगर वह नाकाम रहा था, हज़ार फ़रमाइशों के बावजूद—अब उसने देखा कि जिस कुँजड़े, जुलाहे और मोची की तबीयत चाहती है, फ़्लैटों और कमरों पर अपना क़ब्ज़ा जमा रहा है।

जहाँ किसी शानदार फ़िल्म कंपनी का दफ़्तर होता था, वहाँ चूल्हे सुलग रहे थे; जहाँ कभी शहर की बड़ी-बड़ी रंगीन हस्तियाँ जमा होती थीं, वहाँ धोबी मैले कपड़े धो रहे थे।

दो बरस में इतना बड़ा इन्क़िलाब!

वह हैरान था—वह उस इन्क़िलाब का पसमंज़र[3] जानता था, कुछ अख़बारों के ज़रिए से और कुछ उन दोस्तों के बयान से, जो उस शहर में मौजूद थे; उसे सब पता लग चुका था कि वहाँ कैसा तूफ़ान आया था; वह सोचता था, कोई अजीबो-ग़रीब तूफ़ान होगा, जो इमारतों का रंग-रूप भी चूसकर ले गया; इंसानों ने इंसान क़त्ल किए, औरतों की बेइज़्ज़ती की, और इमारतों की ख़ुश्क लकड़ियों और बेजान ईंटों से भी यही सुलूक किया; उसने सुना था कि उस तूफ़ान में औरतों को नंगा किया गया था, उनकी छातियाँ काटी गई थीं—अब जो कुछ भी वह अपने आसपास देख रहा था, सब नंगा और जोबन बुरीदा[4] था।

वह बिजली के खंबे के साथ लगा अपने एक दोस्त का इंतज़ार कर रहा था, जिसकी

मदद से वह अपनी रिहाइश का कोई बंदोबस्त करना चाहता था—उसके दोस्त ने कहा था : 'तुम कैसर पार्क के पास, जहाँ ताँगे खड़े रहते हैं, मेरा इंतज़ार करना !'

दो बरस हुए, जब वह मुलाज़िमत[5] के सिलसिले में वहाँ आया था तो ताँगों का वह अड्डा बहुत मशहूर जगह थी; शहर के सबसे उम्दा, सबसे बाँके ताँगे वहीं उसी जगह खड़े रहते थे कि वहाँ से ऐयाशी का हर सामान मुहैया हो जाता था; अच्छे से अच्छा रेस्तोराँ और होटल क़रीब था; बेहतरीन चाय, बेहतरीन खाना और दूसरे तमाम लवाज़िमात[6] भी मयस्सर थे—शहर के जितने बड़े दल्लाल थे, वहीं से दस्तयाब[7] होते थे कि कैसर पार्क में बड़ी-बड़ी कंपनियों के बायस रुपया और शराब पानी की तरह बहते थे ।

दो बरस पहले उसने वहाँ अपने दोस्त के साथ बड़े ऐश किए थे; अच्छी से अच्छी लड़की हर रात उनकी आग़ोश में होती थी, स्कॉच, जो जंग के बायस नायाब थी, एक मिनट में उसकी दर्जनों बोतलें मुहैया हो जाती थीं ।

ताँगे अब भी खड़े थे, मगर उन पर वह कलग़ियाँ नहीं थीं, वह फुंदने नहीं थे, पीतल के पालिश किए हुए साज़ो-सामान की वह चमक-दमक नहीं थी; सबकुछ शायद दूसरी चीज़ों की तरह उड़ गया था ।

उसने घड़ी में वक़्त देखा—सात बज चुके थे ।

फ़रवरी के दिन थे और शाम के साए गहरे हो चुके थे ।

उसने दिल ही दिल में अपने दोस्त को लानत-मलामत की—वह दाएँ हाथ के वीरान होटल में मोरी के पानी से बनी हुई चाय पीने के लिए जाने ही वाला था कि किसी ने हौले-से उसको पुकारा ।

उसने ख़याल किया कि शायद उसका दोस्त आ गया है, मगर जब उसने मुड़कर देखा तो एक अजनबी को खड़ा पाया; आम शक्लो-सूरत, लट्ठे की नई शलवार, जिसमें और ज़्यादा शिकनों की गुंजाइश नहीं थी और नीली पापलीन की क़मीज़, जो लांड्री में जाने के लिए बेताब थी ।

उसने पूछा : ''क्यों भई, तुमने मुझे बुलाया ?''

उसने हौले-से जवाब दिया : ''जी हाँ !''

उसने ख़याल किया कि कोई मुहाजिर[8] है और भीख माँग रहा है : ''क्या माँगते हो ?''

उसने उसी लहजे में जवाब दिया : ''जी कुछ नहीं ···'' फिर उसने क़रीब आकर कहा : ''कुछ चाहिए आपको ?''

''क्या ?''

''कोई लड़की-वड़की ?'' यह कहकर वह पीछे हट गया ।

उसके सीने में एक तीर-सा लगा—उसने आँखें फाड़कर उसको देखा : इस ज़माने में भी यह लोगों के जिंसी[9] जज़्बात टटोलता फिर रहा है—फिर इंसानियत के मुताल्लिक़ ऊपर तले उसके दिमाग़ में बड़े हौसलाशिकन[10] ख़यालात उभरे; उन्हीं ख़यालात के ज़ेरे-असर[11] उसने पूछा : ''कहाँ है ?''

उसका लहजा दल्लाल के लिए उम्मीद अफ़ज़ा[12] नहीं था—दल्लाल ने क़दम उठाते हुए

कहा : ''जी नहीं…आपको ज़रूरत नहीं…''

उसने दल्लाल को रोका : ''यह तुमने किस तरह जाना…? आदमी को हर वक़्त उस चीज़ की ज़रूरत होती है, जो तुम मुहैया कर सकते हो…सूली पर भी उस चीज़ की ज़रूरत होती है और जलती चिता में भी…! वह फ़लसफ़ी[13] बनते-बनते रुक गया : ''देखो, अगर वह चीज़ कहीं पास ही है तो मैं चलने के लिए तैयार हूँ…मैंने यहाँ एक दोस्त को वक़्त दे रखा है…''

दल्लाल उसके करीब आ गया : ''पास ही है, बिलकुल पास।''

''कहाँ ?''

''यह सामनेवाली बिल्डिंग में।''

उसने सामनेवाली बिल्डिंग को देखा : ''इसमें…इस बड़ी बिल्डिंग में ?''

''जी हाँ!''

वह लरज़ गया : ''अच्छा तो…'' फिर उसने सँभलकर पूछा : ''मैं भी साथ चलूँ ?''

''चलिए…लेकिन मैं आगे-आगे चलता हूँ…'' दल्लाल ने सामनेवाली बिल्डिंग की तरफ़ बढ़ना शुरू कर दिया।

वह सैकड़ों रूह शिगाफ़[14] बातें सोचता हुआ दल्लाल के पीछे हो लिया।

ज़रा-सा फ़ासिला था; चंद गज़ परे वह बिल्डिंग थी—दूसरे ही लम्हे दल्लाल और वह उस बिल्डिंग के अंदर थे।

अंदर से बिल्डिंग की हालत बहुत ख़स्ता थी; जगह-जगह ईंटें उखड़ी हुई थीं; कटे हुए पानी के नल बाहर को निकले हुए थे; हर तरफ़ कूड़े-करकट के ढेर थे।

शाम कब की गहरी हो चुकी थी—ड्योढ़ी में से गुज़रकर वह आगे बढ़े तो अँधेरा शुरू हो गया।

चौड़ा चकला सहन तय करके दल्लाल एक तरफ़ मुड़ा कि जहाँ इमारत बनते-बनते रुक गई थी, ईंटें नंगी थीं; चूना और सीमेंट मिले हुए सख़्त ढेर पड़े हुए थे; जा-ब-जा बजरी बिखरी हुई थी।

दल्लाल नामुकम्मल सीढ़ियाँ चढ़ते-चढ़ते रुका और मुड़कर उसने कहा : ''आप यहीं ठहरिए, मैं अभी आया।''

वह रुक गया और दल्लाल सीढ़ियाँ चढ़ गया—उसने गर्दन उठाकर सीढ़ियों के इख़्तिताम[15] की तरफ़ देखा तो उसे तेज़ रौशनी नज़र आई।

लम्हे मिनट बन गए तो वह दबे पाँव सीढ़ियाँ चढ़ने लगा—वह आख़िरी सीढ़ी पर पहुँचा तो उसे दल्लाल की बहुत ज़ोर की कड़क सुनाई दी : ''उठती है कि नहीं ?''

कोई औरत बोली : ''कह जो दिया, मुझे सोने दो।'' औरत की आवाज़ घुटी-घुटी-सी थी।

दल्लाल फिर कड़का : ''मैं कहता हूँ, उठ…मेरा कहना नहीं मानेगी तो याद रख…''

औरत की आवाज़ आई : ''तू मुझे मार डाल, लेकिन मैं नहीं उठूँगी…ख़ुदा के लिए मेरे हाल पर रहम कर।''

दल्लाल ने पुचकारा : ''उठ मेरी जान···ज़िद न कर···गुज़ारा कैसे चलेगा ?''

औरत बोली : ''गुज़ारा जाए जहन्नम में···मैं भूखी मर जाऊँगी···ख़ुदा के लिए मुझे तंग न कर···मुझे नींद आ रही है।''

दल्लाल की आवाज़ फिर कड़ी हो गई : ''तू नहीं उठेगी···हरामज़ादी, सुअर की बच्ची···''

औरत चिल्लाने लगी : ''मैं नहीं उठूँगी, नहीं उठूँगी, नहीं उठूँगी···''

दल्लाल की आवाज़ भिंच गई : ''आहिस्ता बोल, आहिस्ता बोल···कोई सुन लेगा···चल उठ, तीस-चालीस रुपए मिल जाएँगे।''

''देख मैं हाथ जोड़ती हूँ···मैं कितने दिनों से जाग रही हूँ···रहम कर, ख़ुदा के लिए मुझ पर रहम कर···'' अब औरत की आवाज़ में इल्तिजा[16] थी।

''बस एक-दो घंटे के लिए···फिर सो जाना···नहीं तो देख, मुझे सख़्ती करनी पड़ेगी।'' दल्लाल की आवाज़ आई।

यकायक ख़ामोशी तारी हो गई—चंद लम्हे वह दम साधे आख़िरी सीढ़ी पर खड़ा रहा; फिर उसने दबे पाँव आगे बढ़कर उस कमरे में झाँका, जिस कमरे में से बड़ी तेज़ रौशनी आ रही थी।

उसने देखा कि एक छोटा-सा, तेज़ रौशनी में जगमगाता हुआ, नंगा-बुच्चा कमरा है; फ़र्श पर एक औरत लेटी हुई है; कमरे में दो-तीन बर्तन हैं, बस और कुछ नहीं; दल्लाल दरवाज़े की तरफ़ पीठ किए औरत के पास बैठा औरत के पाँव दाब रहा है।

थोड़ी देर के बाद दल्लाल ने औरत से कहा : ''ले अब उठ···क़सम ख़ुदा की, तू एक-दो घंटे में आ जाएगी···आकर सो जाना।''

वह औरत एकदम यूँ उठी, जैसे आग देखते ही छछूँदर उठती है, और चिल्लाई : ''अच्छा उठती हूँ।''

वह पीछे हट गया; उस लम्हे वह डर गया था; फिर वह दबे पाँव सीढ़ियाँ उतर गया।

उसने सोचा कि भाग जाए, इस शहर ही से भाग जाए; इस दुनिया ही से भाग जाए; मगर कहाँ ?

फिर उसने सोचा कि वह औरत कौन है; क्यों उस पर इतना ज़ुल्म हो रहा है ?

और वह दल्लाल कौन है; उस औरत का क्या लगता है ?

वह उस छोटे-से कमरे में इतना बड़ा बल्ब जलाकर, जो सौ कैंडल पावर से किसी भी तरह कम नहीं है, क्यों रहते हैं, कब से रहते हैं ?

उसके दिमाग़ में सोच और उसकी आँखों में उस तेज़ बल्ब की रौशनी घुसी हुई थी।

इतनी तेज़ रौशनी में कौन सो सकता है; इतना बड़ा बल्ब ?

वह अभी अपनी सोच में गुम था कि आहट हुई—उसने देखा, दो साए उसके पास खड़े हैं।

''देख लीजिए···'' दल्लाल के साए ने कहा।

उसने कहा : ''देख लिया···''

''ठीक है ना ?''

''ठीक है !''

''चालीस रुपए होंगे ?''

''ठीक है !''

''दे दीजिए।''

वह सोचने-समझने के क़ाबिल न रहा था—उसने जेब में हाथ डाला, कुछ नोट निकाले और दल्लाल के हवाले कर दिए : ''देख लो कितने हैं!

पहले नोटों की खड़खड़ाहट हुई; फिर दल्लाल ने कहा : ''पचास हैं।''

उसने कहा : ''पचास ही रखो...'' उसके जी में आई कि वह एक बहुत बड़ा पत्थर उठाए और दल्लाल के सिर पर दे मारे।

दल्लाल ने कहा : ''तो ले जाइए इसे...लेकिन देखिए, इसे तंग न कीजिएगा और एक-दो घंटे के बाद यहीं छोड़ जाइएगा।''

वह उस बड़ी बिल्डिंग से बाहर आ गया।

बाहर एक ताँगा खड़ा था—वह आगे बैठ गया और वह औरत पीछे।

दल्लाल ने सलाम किया—एक बार फिर उसके जी में आई कि वह एक बहुत बड़ा उठाए और दलाल के सिर पर दे मारे।

वह उस औरत को पास ही के एक वीरान-से होटल में ले गया।

उसने अपने दिमाग़ को साफ़ करने की कोशिश की और उस औरत की तरफ़ देखा—वह औरत सिर से पैर तक उजाड़ थी, उसके पपोटे सूजे हुए थे; आँखें झुकी हुई थीं, उसका ऊपर का धड़ सारे का सारा ख़मीदा[17] था, जैसे वह एक ऐसी ख़स्ता इमारत हो, जो पल भर में गिरनेवाली हो!

उसने कहा : ''ज़रा गर्दन तो ऊँची कीजिए।''

वह ज़ोर से चौंकी : ''क्या ?''

''कुछ नहीं...मैंने सिर्फ़ इतना कहा था कि कोई बात तो कीजिए।''

उसकी आँखें सुर्ख बोटी हो रही थीं, जैसे उनमें मिर्चें डाली गई हों—वह ख़ामोश रही।

''आपका नाम ?'' उसने पूछा।

''कुछ भी नहीं...!'' उसके लहजे में तेज़ाब की-सी तेज़ी थी।

''आप कहाँ की रहनेवाली हैं ?''

''जहाँ की भी तुम समझ लो।''

''आप इतना रूखा क्यों बोलती हैं ?''

वह औरत जैसे जाग पड़ी—उसकी तरफ़ लाल बोटी आँखों से देखते हुए उसने कहा : ''तुम अपना काम करो...मुझे जाना है।''

उसने पूछा : ''कहाँ जाना है ?''

औरत ने बड़ी रूखी बेएतिनाई[18] से जवाब दिया : ''जहाँ से तुम मुझे लाए हो!''

''आप जाना चाहें तो जा सकती हैं।''

"तुम अपना काम करो ना... मुझे तंग क्यों करते हो ?"

उसने अपने लहजे में दिल का सारा दर्द भरकर कहा : "मैं तुम्हें तंग नहीं करता... मुझे तुमसे हमदर्दी है..."

वह झल्ला गई : "मुझे नहीं चाहिए कोई हमदर्द..." फिर वह क़रीब-क़रीब चीख़ पड़ी : "तुम अपना काम ख़त्म करो और मुझे जाने दो।"

उसने क़रीब आकर उस औरत के सिर पर हाथ फेरना चाहा तो उस औरत ने उसका हाथ ज़ोर से एक तरफ़ झटक दिया : "मैं कहती हूँ, मुझे तंग न करो... मैं कई दिनों से जाग रही हूँ... जब से यहाँ आई हूँ, जाग रही हूँ..."

वह सर-ता-पा[19] हमदर्द बन गया : "सो जाओ यहीं।"

औरत की आँखें और सुर्ख़ हो गईं; वह तेज़ लहजे में बोली : "मैं यहाँ सोने नहीं आई... यह मेरा घर नहीं..."

"तुम्हारा घर वह है, जहाँ से तुम आई हो ?"

"उफ़... बकवास बंद करो... मेरा कोई घर नहीं... तुम अपना काम करो, वर्ना मुझे छोड़ आओ... अपने रुपए ले लो उस... उस..." वह गाली देती-देती रह गई।

उसने सोचा कि इस औरत से इस हालत में कुछ पूछना और हमदर्दी जताना फ़ुज़ूल है। उसने कहा : "चलो, तुम्हें छोड़ आऊँ।"

और वह उस औरत को उस बड़ी बिल्डिग में छोड़ आया।

दूसरे दिन उसने क़ैसर पार्क के एक वीरान होटल में उस औरत की सारी दास्तान अपने दोस्त को सुनाई—उसके दोस्त पर रिक़्क़त[20] तारी हो गई; उसने अफ़सोस का इज़हार किया और पूछा : "क्या जवान थी ?"

उसने कहा : "मुझे मालूम नहीं... मैं उसे अच्छी तरह देख न सका था... मेरे दिमाग़ में तो एक ही ख़याल था कि पत्थर उठाकर दल्लाल का सिर क्यों न कुचल दिया ?'

उसके दोस्त ने कहा : "वाक़ई यह बड़े सवाब का काम होता !"

वह ज़्यादा देर तक होटल में अपने दोस्त के साथ न बैठ सका; उसके दिलो-दिमाग़ पर पिछले रोज़ के वाक़िए का बहुत बोझ था, चाय ख़त्म हुई तो वह रुख़्सत हो गया।

उसका दोस्त ताँगों के अड्डे पर आया; थोड़ी देर तक उसकी निगाहें उस दल्लाल को ढूँढ़ती रहीं, मगर वह दलाल कहीं नज़र न आया।

सात बज चुके थे—वह बड़ी बिल्डिग सामने थी, ज़रा-से फ़ासिले पर—उसने चंद क़दम उठाए और बिल्डिग में दाख़िल हो गया, ड्योढ़ी में से गुज़रकर वह आगे बढ़ा तो काफ़ी अँधेरा था; सहन तय करके सीढ़ियों के पास पहुँचा तो ऊपर उसे रोशनी दिखाई दी; वह दबे पाँव सीढ़ियाँ चढ़ने लगा; कुछ देर वह आख़िरी सीढ़ी पर खड़ा रहा—कमरे से तेज़ रौशनी आ रही थी, मगर न कोई आवाज़ थी, न आहट—उसने धीरे-से क़दम बढ़ाए।

दीवार की ओट में होकर वह कमरे के अंदर झाँका—सबसे पहले उसे बल्ब नज़र आया,

तेज़ रौशनी उसकी आँखों में घुस गई; उसने फ़ौरन ही मुँह फेर लिया कि अँधेरे की तरफ़ मुँह करके अपनी आँखों में से तेज़ रौशनी की चकाचौंध निकाल सके—फिर उसने गर्दन झुकाकर कमरे में झाँका कि उसकी आँखें बल्ब की ज़द में न आएँ, फ़र्श का जो हिस्सा उसने पहली नज़र में देखा, वहाँ चटाई पर एक औरत लेटी हुई थी—उसने ग़ौर से देखा : वह औरत सो रही थी, उसके मुँह पर दुपट्टा पड़ा हुआ था; उसका सीना साँस के उतार-चढ़ाव से हिल रहा था—वह ज़रा आगे बढ़ा; उसने बड़ी मुश्किल से निकलती हुई चीख़ दबाई : उस औरत से कुछ दूर नंगे फ़र्श पर एक आदमी पड़ा हुआ था; उस आदमी का सिर पाश-पाश था; पास ही एक ख़ून आलूदा ईंट पड़ी हुई थी—वह सब उसने देखा और सीढ़ियों की तरफ़ लपका, उसका पाँव फिसला और अगले ही लम्हे वह नीचे था; उसने चोटों की कोई परवाह न की और अपने होशो-हवास क़ायम रखने की कोशिश करते हुए बमुश्किल अपने घर पहुँचा और सारी रात डरावने ख़्वाब देखता रहा।

---

1. रंगीन और सुंदर; 2. पाउडर; 3. पृष्ठभूमि; 4. कटा हुआ; 5. नौकरी; 6. किसी कार्य से संबंधित वस्तुएँ; 7. उपलब्ध; 8. शरणार्थी; 9. काम संबंधी; 10. हौसला तोड़नेवाले; 11. प्रभाव में; 12. आशाप्रद; 13. दार्शनिक; 14. हृदय विदारक; 15. आख़िर; 16. प्रार्थना; 17. झुका हुआ; 18. उपेक्षा; 19. सिर से पैर तक; 20. रुलाई।

1919 की एक बात

"यह 1919 की बात है भाईजान, जब रौलट एक्ट के ख़िलाफ़ सारे पंजाब में ऐजीटेशन[1] हो रही थी…मैं अमृतसर की बात कर रहा हूँ…सर माइकल ने डिफ़ेंस ऑफ़ इंडिया रूल्स[2] के मातहत गाँधी जी का दाख़िला पंजाब में बंद कर दिया था…वह आ रहे थे कि पलवल के मक़ाम पर उनको रोक लिया गया और गिरफ़्तार करके वापस बंबई भेज दिया गया…जहाँ तक मैं समझता हूँ भाईजान, अगर अँग्रेज़ यह ग़लती न करता तो जलियाँवाला बाग़ का हादसा उसकी हुक्मरानी की सियाह तारीख़ में ऐसे ख़ूनीं[3] वर्क़ का इज़ाफ़ा कभी न करता…क्या मुसलमान, क्या हिंदू, क्या सिख, सबके दिल में गाँधी जी की बेहद इज़्ज़त थी; सब उन्हें महात्मा मानते थे…जब उनकी गिरफ़्तारी की ख़बर लाहौर पहुँची तो सारा कारोबार एकदम बंद हो गया…लाहौर से अमृतसरवालों को मालूम हो गया और यूँ चुटकियों में सारे शहर में मुकम्मल हड़ताल हो गई…कहते हैं कि नौ अप्रैल की शाम को डॉक्टर सत्यपाल और डॉक्टर किचलू की जलावतनी[4] के अहकाम[5] डिप्टी कमिश्नर को मिल गए थे; वह उनकी तामील के लिए तैयार नहीं था, इसलिए कि उसके ख़याल के मुताबिक़ अमृतसर में किसी हैजानख़ेज़ बात का ख़तरा नहीं था; लोग पुरअमन तरीक़े पर एहतिजाजी[6] जलसे करते थे; तशद्दुद[7] का तो सवाल ही पैदा नहीं होता था…मैं अपनी आँखों देखा हाल बयान करता हूँ…नौ तारीख़ को रामनवमी थी; जुलूस निकला, मगर मजाल है, जो किसी ने हुक्काम[8] की मर्ज़ी के ख़िलाफ़ एक क़दम भी उठाया हो, लेकिन भाईजान, यह सर माइकल भी अजब औंधी खोपड़ी का आदमी था…उसने डिप्टी कमिश्नर की एक न सुनी; उस पर बस यही ख़ौफ़ सवार था कि यह पंजाबी लीडर महात्मा गाँधी के इशारे पर अँग्रेज़ का तख़्ता उलटने के दरपै[9] हैं और जो हड़तालें हो रही हैं, जो जलसे मुनअक़िद[10] हो रहे हैं, उनके पसे-परदा[11] यही साज़िश काम कर रही है…डॉक्टर किचलू और डॉक्टर सत्यपाल की जलावतनी की ख़बर आनन-फ़ानन शहर में आग की तरह फैल गई…दिल हर शख़्स का मुकद्दर था; हर वक़्त धड़का-सा लगा रहता था कि कोई बहुत बड़ा हादसा होनेवाला है…लेकिन भाईजान, जोश बहुत ज़्यादा था; कारोबार बंद थे; शहर क़ब्रिस्तान बना हुआ था, पर इस क़ब्रिस्तान की ख़ामोशी में एक शोर था। जब डॉक्टर किचलू और डॉक्टर सत्यपाल की गिरफ़्तारी की ख़बर आई तो लोग हज़ारों की तादाद में इकट्ठे हो गए कि सब मिलकर डिप्टी कमिश्नर बहादुर के पास जाएँ और अपने

महबूब लीडरों की जलावतनी के अह्काम मन्सूख़[12] कराने की दरख़्वास्त करें, मगर वह ज़माना भाईजान, दरख़्वास्तें सुनने का नहीं था··· सर माइकल-जैसा फ़िऔंन[13] हाकिमे-आला[14] था; उसने दरख़्वास्त सुनना तो कुजा, लोगों के इस इज्तिमाअ[15] ही को ग़ैरक़ानूनी क़रार दे दिया··· अमृतसर, वह अमृतसर जो कभी आज़ादी की तहरीक[16] का सबसे बड़ा मर्कज़[17] था, जिसके सीने पर जलियाँवाला बाग़-जैसा क़ाबिले-फ़ख़्र[18] ज़ख़्म था, आज किस हालत में है··· उस मुक़द्दस[19] शहर में जो कुछ आज से पाँच बरस पहले हुआ, उसके ज़िम्मेदार भी अँग्रेज़ हैं··· होंगे भाईजान, पर सच पूछिए तो उस लहू में, जो वहाँ बहा है, हमारे अपने ही हाथ रँगे हुए नज़र आते हैं; ख़ैर··· डिप्टी कमिश्नर साहिब का बँगला सिविल लाइंस में था और हर बडा अफ़सर और हर बड़ा टोडी शहर के इसी अलग-थलग हिस्से में रहता था··· आपने अमृतसर देखा है तो आपको मालूम होगा कि शहर और सिविल लाइंस को मिलानेवाला एक पुल है, जिस पर से गुज़रकर हम ठंडी सड़क पर पहुँचते हैं, जहाँ हाकिमों ने अपने लिए अर्ज़ी जन्नत[20] बनाई हुई थी··· हुजूम जब हाल दरवाज़े के क़रीब पहुँचा तो मालूम हुआ कि पुल पर घुड़सवार गोरों का पहरा है··· हुजूम बिलकुल न रुका और बढ़ता चला गया··· भाईजान, मैं इस हुजूम में शामिल था; जोश कितना था, मैं बयान नहीं कर सकता, लेकिन सब निहत्थे थे, किसी के पास एक मामूली छड़ी तक भी नहीं थी··· असल में हुजूम तो सिर्फ़ इस ग़र्ज़ से निकला था कि इज्तिमाई तौर पर अपनी आवाज़ हाकिमे-शहर तक पहुँचा सके और दरख़्वास्त करे कि डॉक्टर किचलू और डॉक्टर सत्यपाल को ग़ैर-मश्रूत[21] तौर पर रिहा कर दिया जाए··· हुजूम पुल की तरफ़ बढ़ता रहा और जब पुल के क़रीब पहुँचा तो घुड़सवार गोरों ने फ़ायर शुरू कर दिए··· एक भगदड़ मच गई··· गोरे गिनती में चंद एक ही थे और हुजूम सैकड़ों पर मुश्तमिल[22] था··· लेकिन भाईजान, गोली की दहशत बहुत होती थी··· ऐसी अफ़रा-तफ़री फैली कि अलअमाँ[23]; कुछ लोग गोलियों से घायल हो गए और कुछ भगदड़ में ज़ख़्मी हो गए··· दाएँ हाथ की तरफ़ एक गंदा नाला था; एक धक्का लगा तो मैं नाले में गिर पड़ा··· गोलियाँ चलनी बंद हुईं तो मैंने उठकर देखा कि हुजूम तितर-बितर हो चुका है··· वे लोग, जो ज़ख़्मी हो गए थे, सड़क पर पड़े हुए थे और पुल पर घुड़सवार गोरे हँस रहे थे··· भाईजान, मुझे क़तअन याद नहीं कि उस वक़्त मेरी दिमाग़ी हालत किस क़िस्म की थी; मेरा ख़याल है कि मेरे होशो-हवास पूरी तरह सलामत नहीं थे··· नाले में गिरते वक़्त तो क़तअन मुझे होश नहीं था, लेकिन जब मैं नाले से बाहर निकला तो जो हादिसा वक़ूपज़ीर[24] हो चुका था, उसके ख़द्दोख़ाल[25] आहिस्ता-आहिस्ता मेरे दिमाग़ में उभरने शुरू हो गए··· दूर से शोर की आवाज़ आ रही थी, जैसे बहुत-से लोग ग़ुस्से में चीख़ रहे हों, चिल्ला रहे हों··· मैं गंदा नाला उबूर करके ज़ाहिरा पीर के तकिए से होता हुआ हाल दरवाज़े के पास पहुँचा तो मैंने देखा कि तीस-चालीस नौजवान जोश के आलम में पत्थर उठा-उठाकर हाल दरवाज़े के घड़ियाल पर मार रहे हैं··· घड़ियाल का शीशा टूटकर सड़क पर गिरा तो एक नौजवान ने बाक़ियों से कहा : 'चलो, मलिका का बुत तोड़ें···' दूसरे ने कहा : 'नहीं··· आओ, कोतवाली को आग लगाएँ···' तीसरे ने कहा : 'और मारे बैंकों को भी···' चौथे ने उन सबको रोका : 'ठहरो··· इससे क्या फ़ायदा

होगा ··· चलो पुल पर चलकर उन गोरों को मारें ··· ' मैंने चौथे नौजवान को पहचान लिया ··· वह थैला कंजर था; उसका नाम मुहम्मद तुफ़ैल था, मगर वह थैला कंजर के नाम से मशहूर था, इसलिए कि वह एक तवाइफ़ के बत्न से था ··· वह बड़ा आवारागर्द था; छोटी उम्र ही में उसको जुए और शराब नोशी की लत पड़ गई थी ··· उसकी दो बहनें, शमशाद और अलमास , अपने वक़्त की हसीन-तरीन तवाइफ़ें थीं; शमशाद का गला बहुत अच्छा था; उसका मुजरा सुनने के लिए रईस बड़ी-बड़ी दूर से आते थे ··· दोनों बहनें अपने भाई की करतूतों से बहुत नालाँ[26] थीं; शहर में मशहूर था कि दोनों ने एक तरह से अपने भाई को आक़[27] कर रखा है; फिर भी वह किसी न किसी हीले से अपनी ज़रूरियात के लिए अपनी बहनों से कुछ न कुछ वुसूल कर ही लेता था ··· वैसे वह बहुत ख़ुशपोश रहता था; अच्छा खाता था, अच्छा पीता था; वह बड़ा नफ़ासतपसंद था, बुज़्लासंजी[28] और लतीफ़ागोई उसके मिज़ाज में कूट-कूट के भरी हुई थी; मीरासियों और भाँडों के सूक़ियानापन[29] से वह बहुत दूर रहता था, लंबा क़द, भरे-भरे हाथ-पाँव, मज़बूत कसरती बदन; नाक-नक़्शे का भी वह ख़ासा था ··· पुरजोश लड़कों ने उसकी बात न सुनी और मलिका के बुत की तरफ़ जाने लगे; उसने फिर उनसे कहा : 'मैं कहता हूँ, मत ज़ाया करो अपना जोश ··· इधर आओ मेरे साथ ··· चलो उन गोरों को मारें, जिन्होंने हमारे बेक़ुसूर लोगों को ज़ख़्मी भी किया है और उनकी जान भी ली है ··· ख़ुदा की क़सम, हम सब मिलकर उनकी गर्दन मरोड़ सकते हैं ··· चलो ··· !' कुछ नौजवान मलिका के बुत की तरफ़ जा चुके थे, जो रह गए थे थैला की बात सुनकर रुक गए; थैला जब पुल की तरफ़ बढ़ा तो वे भी उसके पीछे-पीछे चलने लगे ··· मैंने सोचा कि माँओं के यह लाल बेकार मौत के मुँह में जा रहे हैं ··· मैं फ़व्वारे के पास दुबका खड़ा था; मैंने वहीं से थैले को आवाज़ दी और कहा : 'मत जाओ यार ··· क्यों अपनी और इनकी जान के पीछे पड़े हो ··· ?' थैले ने मेरी बात सुनकर एक अजीब-सा क़हक़हा बुलंद किया : 'थैला सिर्फ़ यह बताना चाहता है कि वह गोलियों से डरनेवाला नहीं ··· !' फिर वह अपने पीछे आते हुए नौजवानों से मुख़ातिब[30] हुआ : 'अगर तुम लोग डरते हो तो वापस जा सकते हो ··· !' ऐसे मौक़ों पर बढ़े हुए क़दम उलटे कैसे हो सकते हैं, और फिर वह भी उस वक़्त, जब एक जोशीला नौजवान अपनी जान हथेली पर रखकर आगे बढ़ रहा हो ··· थैले ने क़दम तेज़ किए तो उसके पीछे-पीछे बढ़ते हुए नौजवानों के क़दम भी तेज़ हो गए ··· हाल दरवाज़े से पुल तक का फ़ासला कुछ ज़्यादा दूर नहीं है; होगा कोई साठ-सत्तर गज़ के क़रीब ··· थैला सबसे आगे था ··· जहाँ से पुल का दो रूया[31] मुतवाज़ी[32] जँगला शुरू होता है, वहाँ से पंद्रह-बीस क़दम के फ़ासले पर उधर दो घुड़सवार गोरे खड़े थे ··· यकायक थैले ने नारा लगाया ··· जब वह जँगले के आग़ाज़ के क़रीब पहुँचा तो उधर से फ़ायर हुआ ··· मेरी आँखें आपसे आप मिच गईं; जाने मैंने क्यों समझा कि वह गिर पड़ा है; इस एहसास के साथ ही मैंने अपनी आँखें मुश्किल से खोलीं; मैंने देखा कि वह पीछे की तरफ़ देखते हुए आगे बढ़ रहा है ··· फ़ायर होते ही बाक़ी नौजवान भाग उठे थे और वह चिल्ला रहा था : 'भागो नहीं ··· चले आओ ··· !' उसका मुँह मेरी तरफ़ था कि एक और फ़ायर हुआ ··· उसने अपनी पीठ पर हाथ फेरा और पलटकर गोरों की तरफ़ देखा ··· अब उसकी पीठ मेरी तरफ़ थी; मैंने

देखा कि उसकी सफ़ेद बोसकी की क़मीस पर लाल-लाल धब्बे पड़ गए हैं... वह ज़ख़्मी शेर की तरह तेज़ी से आगे बढ़ा और पहले घुड़सवार गोरे पर लपका... इतने में एक और फ़ायर हुआ... फिर चश्म-ज़दन[33] में जाने क्या हुआ कि एक घोड़े की पीठ ख़ाली थी; एक गोरा ज़मीन पर था और थैला उसकी छाती पर चढ़ा बैठा था... दूसरे घुड़सवार गोरे ने, जो क़रीब ही था और ज़ख़्मी थैले की फ़ुर्ती और लपक से बौखला गया था, अपने बिदकते हुए घोड़े को रोका और फिर धड़ाधड़ फ़ायर शुरू कर दिए... इसके बाद क्या हुआ, मुझे मालूम नहीं; मैं वहीं फ़व्वारे के पास बेहोश होकर गिर पड़ा... भाईजान, जब मुझे होश आया, मैंने देखा कि मैं अपने घर में हूँ... चंद जान-पहचान के लोग मुझे फ़व्वारे के पास से उठा लाए थे... उनकी ज़बानी मुझे मालूम हुआ कि पुल पर गोली चलने की ख़बर से शहर में बिखरा हुआ हुजूम मुश्तइल[34] हो गया था और इस इश्तिआल[35] का नतीजा यह निकला कि टाऊन हॉल और तीन बैंकों को आग लगा दी गई, पाँच या छः गोरे मार दिए गए, और ख़ूब लूट मची... अंग्रेज़ अफ़सरों को लूट-खसोट का इतना ख़याल नहीं था... लेकिन पाँच या छः गोरे भी हलाक हो गए थे, इसी का बदला लेने के लिए जलियाँवाला बाग़ का ख़ूनीं हादसा रूनुमा[36] हुआ... डिप्टी कमिश्नर बहादुर ने शहर की बागडोर जनरल डायर के सिपुर्द कर दी... जनरल साहिब ने बारह अप्रैल को फ़ौजियों के साथ शहर के मुख़्तलिफ़ बाज़ारों में मार्च किया और दर्जनों बेगुनाह लोग गिरफ़्तार कर लिए... तेरह अप्रैल को, बैसाखी के रोज़, जलियाँवाला बाग़ में जलसा हुआ, क़रीब-क़रीब पच्चीस हज़ार का मजमा था... जनरल डायर मुसल्लह[37] गोरखों और सिक्खों के दस्ते के साथ वहाँ पहुँचा, और फिर निहत्थे लोगों पर गोलियों की अंधाधुंध बारिश शुरू हो गई... उस ख़ूनीं हादिसे के फ़ौरन बाद तो किसी को नुक़साने-जान का ठीक अंदाज़ा न हो सका, लेकिन बाद में जब तहक़ीक़[38] हुई तो पता चला कि एक हज़ार से ज़ाइद[39] लोग हलाक हुए हैं और तीन हज़ार के क़रीब ज़ख़्मी... लेकिन मैं तो थैले कंजर की बात कर रहा था... भाईजान, आँखों देखी आपको बता चुका हूँ... बे ऐब ज़ात ख़ुदा की है; थैले मरहूम में चारों ऐब शरई थे; वह एक पेशेवर तवायफ़ के बत्न से था, मगर वह जियाला था... मैं अब यक़ीन के साथ कह सकता हूँ कि उस मलऊन[40] घुड़सवार गोरे की पहली गोली भी थैले को लगी थी; जोश की हालत में वह महसूस तक न कर सका था कि उसकी छाती में गरम-गरम सीसा उतर चुका है; वह तो पहले फ़ायर की आवाज़ सुनते ही गर्दन घुमाकर भागते हुए नौजवानों को पुकारने लगा था... दूसरी गोली उसकी पीठ में लगी थी और तीसरी फिर सीने में... मैंने देखा तो नहीं था, पर सुना है कि जब उसका मुर्दा जिस्म गोरे से जुदा किया गया था तो उसके दोनों हाथ गोरे की गर्दन में इस बुरी तरह पैवस्त थे कि बहुत मुश्किल से अलहदा किए जा सके थे... गोरा जहन्नम वासिल[41] हो चुका था... दूसरे रोज़ जब थैले की लाश कफ़न-दफ़न के लिए उसके घरवालो के सिपुर्द की गई तो लाश गोलियों से छलनी हो रही थी... मेरा ख़याल है कि जब उस दूसरे घुड़सवार गोरे ने थैले पर अपना पूरा पिस्तौल ख़ाली किया था, उससे पहले ही थैले की रूह क़फ़से-उंसुरी[42] से परवाज़ कर चुकी थी; उस शैतान के बच्चे ने सिर्फ़ थैले के मुर्दा जिस्म पर चाँदमारी की थी... कहते हैं, जब महल्ले में थैले की लाश पहुँची तो कुहराम मच गया... अपनी बिरादरी

में वह इतना मक़बूल[43] नहीं था, लेकिन उसकी क़ीमा-क़ीमा लाश देखकर सब दहाड़ें मार-मारकर रोने लगे; उसकी बहनें, शमशाद और अलमास तो बेहोश हो गईं; जब थैले का जनाज़ा उठा तो दोनों बहनों ने ऐसे बैन किए कि सुननेवाले लहू के आँसू रोने लगे··· भाईजान, मैंने कहीं पढ़ा है कि फ़्रांस के इन्क़िलाब में पहली गोली वहाँ की एक टखयाई रंडी के लगी थी··· मरहूम थैला, यानी मुहम्मद तुफ़ैल एक तवाइफ़ का लड़का था; इन्क़िलाब की उस जद्दो-जहद में पहली गोली, जो थैले को लगी, वह गोली दसवीं थी या पचासवीं, इसके मुताल्लिक़ किसी ने भी तहक़ीक़ नहीं की है, शायद इसलिए कि समाज में उस ग़रीब का कोई रुत्बा नहीं था; मैं समझता हूँ कि पंजाब के उस ख़ूनीं ग़ुस्ल में नहानेवालों की फ़ेहरिस्त में थैले कंजर का नामो-निशान तक भी न होगा; और यह भी कौन जानता है कि ऐसी कोई फ़ेहरिस्त कभी बनाई भी गई थी··· सख़्त हंगामी दिन थे; फौजी हुकूमत का दौर-दौरा था; वह देव, जिसे मार्शल लॉ कहते हैं, शहर की गली-गली, शहर के कूचे-कूचे में डकारता फिरता था··· अफ़रा-तफ़री के आलम में थैले ग़रीब को यूँ जल्दी-जल्दी दफ़न किया गया, जैसे उसकी मौत उसके सोगवार अज़ीज़ों का एक संगीन जुर्म हो, और जिसके निशानात वह मिटा देना चाहते हों··· बस भाईजान, थैला मर गया, थैला दफ़ना दिया गया और··· और···''

मेरा हमसफ़र पहली मर्तबा कुछ और कहते-कहते रुक गया और ख़ामोश हो गया।

ट्रेन दनदनाती हुई चली जा रही थी—मुझे कुछ ऐसा महसूस हुआ कि पटरियों की खटाखट ने कहना शुरू कर दिया है : 'थैला मर गया, थैला दफ़ना दिया गया··· थैला मर गया, थैला दफ़ना दिया गया···' जैसे इस मरने और उस दफ़नाने के दरमियान कोई फ़ासला न हो; जैसे वह इधर मरा, उधर दफ़ना दिया गया—पटरियों की खटाखट के साथ पटरियों के उन अल्फ़ाज़ की हमआहंगी[44] मुझे कुछ इस क़दर जज़्बात से आरी लगी कि मुझे अपने दिमाग़ से पटरियों और अल्फ़ाज़, दोनों को जुदा करना पड़ा।

मैंने अपने हमसफ़र से कहा : ''आप कुछ और भी कहनेवाले थे!''

चौंककर उसने मेरी तरफ़ देखा : ''जी हाँ··· इस दास्तान का एक दर्दनाक हिस्सा अभी बाक़ी है।''

मैंने पूछा : ''क्या?''

उसने कहना शुरू किया : ''मैं आपसे अर्ज़ कर चुका हूँ कि थैले की दो बहनें थीं, शमशाद और अलमास, बहुत ख़ूबसूरत··· शमशाद लंबी थी; पतले-पतले नक़्श, ग़िलाफ़ी आँखें, ठुमरी बहुत ख़ूब गाती थी; सुना है, ख़ाँ साहिब फतह अली ख़ाँ से तालीम लेती रही थी··· अलमास के गले में सुर नहीं था, लेकिन बतावे[45] में अपना सानी नहीं रखती थी; मुजरा करती थी तो ऐसा लगता था कि उसका अंग-अंग बोल रहा है; उसके हर भाव में एक घात होती थी; उसकी आँखों में वह जादू था, जो हर एक के सिर चढ़ के बोलता था···''

मेरे हमसफ़र ने थैले की दोनों बहनों की तारीफ़ो-तौसीफ़[46] बयान करने में कुछ ज़रूरत से ज़्यादा वक़्त लिया, मगर मैंने टोकना मुनासिब न समझा।

थोड़ी देर के बाद वह ख़ुद ही उस लंबे चक्कर से बाहर निकला और दास्तान के दर्दनाक

हिस्से की तरफ़ लौट आया : ''बस क़िस्सा यह है भाईजान, कि उन आफ़त की परकाला दोनों बहनों के हुस्नो-जमाल[47] का ज़िक्र किसी ख़ुशामदी टोडी ने गोरे फ़ौजी अफ़सरों से कर दिया ··· जो पाँच या छः गोरे हलाक कर दिए गए थे, उनमें एक मेम भी थी ··· क्या नाम था उस चुड़ैल का ··· हाँ, मिस शैरोड ··· तो गोरे फ़ौजी अफ़सरों ने तय किया कि थैले की दोनों बहनो को बुलवाया जाए और ··· और जी भर के इंतिक़ाम लिया जाए ··· आप समझ गए ना भाईजान ?''

मैंने कहा : ''जी हाँ !''

मेरे हमसफ़र ने एक आह भरी : ''मर्गों-मातम[48] ऐसे नाज़ुक मामलों में तवाइफ़ें और कसबियाँ भी माँएँ-बहनें होती हैं ··· भाईजान, यह मुल्क अपनी इज़्ज़तो-नामूस [49] को, मेरा ख़याल है, पहचानता तक नहीं ··· जब ऊपर से इलाक़े के थानेदार को आर्डर मिला तो वह फ़ौरन तैयार हो गया ··· वह ख़ुद शमशाद और अलमास के मकान पर गया और उसने कहा कि साहिब लोगों ने दोनों बहनों को याद किया है, वह उनका मुजरा सुनना चाहते हैं ··· भाई की क़ब्र की मिट्टी भी अभी तक ख़ुश्क नहीं हुई थी, अल्लाह को प्यारा हुए उस ग़रीब को अभी सिर्फ़ दो दिन ही हुए थे कि ··· कि बहनों को हाज़िरी का यह हुक्म सादिर हुआ कि आओ, हाकिम के हुज़ूर नाचो ··· अज़ीयत[50] का इससे बढ़कर पुरअज़ीयत तरीक़ा और क्या हो सकता है ··· मुस्तबिद तमस्ख़ुर[51] की ऐसी मिसाल, मेरा ख़याल है, शायद ही कोई और मिल सके ··· हुक्म देनेवालों को इतना ख़याल भी न आया कि तवाइफ़ भी ग़ैरतमंद होती है ··· हो सकती है ··· क्यों नहीं हो सकती ··· ?'' मेरे हमसफ़र ने यकायक अपने-आपसे सवाल किया, लेकिन वह मुख़ातिब मुझसे ही था ।

मैंने कहा : ''हो सकती है !''

''जी हाँ ··· थैला आख़िर उनका भाई था, उसने किसी क़िमारख़ाने[52] की लड़ाई-भिड़ाई में अपनी जान नहीं दी थी, वह शराब पीकर दंगा-फ़साद करते हुए हलाक नहीं हुआ था ··· उसने अपने वतन की राह में बड़े बहादुराना तरीक़े पर शहादत[53] का जाम पिया था ··· वह एक तवाइफ़ के बत्न से था, लेकिन वह तवाइफ़ माँ भी तो थी ··· शमशाद और अलमास उसी माँ की बेटियाँ थीं ··· वह थैले की बहनें पहले थीं, तवाइफ़ बाद में थीं ··· वह थैले की लाश देखकर बेहोश हो गई थीं और जब थैले का जनाज़ा उठा था तो उन्होंने ऐसे बैन[54] किए थे कि सुनकर लोग लहू रोने लगे थे ···''

मैंने पूछा : ''तो क्या वे गईं ?''

मेरे हमसफ़र ने थोड़े वक़्फ़े के बाद अफ़सुर्दगी से जवाब दिया : ''जी हाँ ··· जी हाँ, वह गईं, ख़ूब सज-बनकर ···'' एकदम मेरे हमसफ़र की अफ़सुर्दगी तीखापन इख़्तियार कर गई : ''ख़ूब सोलह सिंगार करके वे अपने बुलानेवालों के पास गईं ··· कहते हैं कि ख़ूब महफ़िल जमी ··· दोनों बहनों ने अपने-अपने जौहर दिखाए ··· ज़र्क़-बर्क़ पिश्वाजों में मलबूस[55] वे कोहेक़ाफ़ की परियाँ मालूम हो रही थीं ··· शराब के दौर चलते रहे और वे नाचती-गाती रहीं ··· और कहते हैं कि ··· कि रात के दो बजे एक बड़े गोरे अफ़सर के इशारे पर महफ़िल बरख़्वास्त हुई ···'' मेरा हमसफ़र कुछ देर ख़ामोश रहा, फिर वह उठ खड़ा हुआ और झुकते

हुए खिड़की से बाहर पीछे की तरफ़ भागते हुए दरख़्तों और खंबों को देखने लगा ।

ट्रेन के पहियों और पटरियों की आहनी[56] गड़गड़ाहट की ताल पर उसके आख़िरी दो लफ़्ज़ नाच रहे थे : 'बरख़्वास्त हुई··· बरख़्वास्त हुई···'

मैंने अपने दिमाग़ में उसके आख़िरी दो लफ़्ज़ों को आहनी गड़गड़ाहट से नोचकर अलहदा करते हुए उससे पूछा : ''फिर क्या हुआ ?''

पीछे भागते हुए दरख़्तों और खंबों से नज़रें हटाकर उसने बड़े मज़बूत लहजे में कहा : ''फिर उन्होंने अपनी ज़र्क़-बर्क़ पिश्वाज़ें नोच डालीं और आलिफ़ नंगी हो गईं और कहने लगीं : ''लो हमें देख लो··· हम थैले की बहनें हैं··· उस शहीद की बहनें, जिसके ख़ूबसूरत जिस्म को तुमने सिर्फ़ इसलिए अपनी गोलियों से छलनी-छलनी किया था कि उस जिस्म में अपने वतन से मुहब्बत करनेवाली रूह बसी हुई थी··· हम उसी थैले की ख़ूबसूरत बहनें हैं··· आओ और अपनी शहवत[57] के गर्म-गर्म लोहे से हमारा ख़ुशबुओं में बसा हुआ जिस्म दाग़दार करो··· मगर ऐसा करने से पहले सिर्फ़ हमें एक बार अपने मुँह पर थूक लेने दो···'' यह कहकर मेरा हमसफ़र ख़ामोश हो गया, कुछ इस तरह कि अब वह कुछ नहीं कहेगा ।

मैंने फ़ौरन ही पूछा : ''फिर क्या हुआ ?''

उसकी आँखों में आँसू डबडबा आए : ''उनको··· उनको गोली से उड़ा दिया गया···''

मैंने कुछ न कहा ।

ट्रेन स्टेशन में दाख़िल हो चुकी थी—जब ट्रेन रुक गई तो उसने एक कुली को बुलाकर अपना असबाब उठवाया; जब वह जाने लगा तो मैंने उससे कहा : ''आपने जो दास्तान सुनाई है, उसका अंजाम मुझे आपका ख़ुदसाख़्ता[58] मालूम होता है ।''

चौंककर उसने मेरी तरफ़ देखा : ''यह आपने कैसे जाना ?''

मैंने कहा : ''आपके लहजे की मज़बूती में एक नाक़ाबिले-बयान कर्ब[59] था···''

मेरे हमसफ़र ने अपने हलक़ की तल्ख़ी थूक के साथ निगलते हुए कहा : ''जी हाँ··· उन हराम···'' वह गाली देते-देते रुक गया : ''उन्होंने अपने शहीद भाई के नाम पर बट्टा लगा दिया था···'' यह कहकर वह प्लेटफ़ार्म पर उतर गया ।

---

1. विरोध प्रदर्शन; 2. भारतीय सुरक्षा अधिनियम; 3. रक्तरंजित; 4. निष्कासित किया हुआ; 5. आदेश; 6. विरोध प्रदर्शन; 7. हिंसा; 8. सत्ताचालक, राजा, हुकूमत करनेवाले; 9. घात में; 10. आयोजित; 11. आड़ में; 12. रद्‌द; 13. मिस्र के एक अत्याचारी बादशाह का नाम; 14. उच्चाधिकारी; 15. सम्मेलन; 16. आंदोलन; 17. केंद्र; 18. गर्व करने योग्य; 19. पवित्र; 20. धरती का स्वर्ग; 21. बिना शर्त; 22. आधारित; 23. अल्लाह की शरण; 24. घटित; 25. विवरण; 26. नाराज़; 27. अधिकारों से वंचित; 28. हास्य-विनोद; 29. घटियापन; 30. संबोधित; 31. तरफ; 32. समानांतर; 33. पलक झपकते ही; 34. क्रोधित, भड़का हुआ; 35. उत्तेजना; 36. प्रकट होना; 37. सशस्त्र; 38. जाँच-पड़ताल; 39. अधिक; 40. तिरस्कृत, दुष्टात्मा; 41. पहुँचना; 42. पंचभूत रूपी पिंजड़े; 43. लोकप्रिय; 44. मिलती-जुलती; 45. नाचने में हाथ-पाँव और भौंहों के इशारे; 46. प्रशंसा; 47. सौंदर्य; 48. मृत्यु व शोक; 49. मान-मर्यादा; 50. यातना; 51. अत्याचारी ठठोल; 52. जूएखाने; 53. वीरगति; 54. रोना-पीटना; 55. नृत्य के लिए चमकीले वस्त्र पहने हुए; 56. लोहे की; 57. कामेच्छा; 58. स्वयं बनाया हुआ; 59. कष्ट, पीड़ा।

काली शलवार

देहली आने से पहले वह अंबाला छावनी में थी, जहाँ कई गोरे उसके गाहक थे। उन गोरों से मिलने-जुलने के बायस वह अँग्रेज़ी के दस-पंद्रह जुमले सीख गई थी। उनको वह आम गुफ़्तगू में इस्तेमाल नहीं करती थी लेकिन जब वह देहली में आई और उसका कारोबार न चला तो एक दिन उसने अपनी पड़ोसन तमंचाजान से कहाः "दिस लैफ़, वेरी बैड···" यानी यह ज़िंदगी बहुत बुरी है जबकि खाने ही को कुछ नहीं मिलता।

अंबाला छावनी में उसका धंधा बहुत अच्छी तरह चलता था। छावनी के गोरे शराब पीकर उसके पास आते थे और वह तीन-चार घंटों ही में आठ-दस गोरों को निबटाकर बीस-तीस रुपए पैदा कर लिया करती थी। ये गोरे उसके हमवतनों के मुक़ाबले में बहुत अच्छे थे। इसमें कोई शक नहीं कि वह ऐसी ज़बान बोलते थे, जिसका मतलब सुलताना की समझ में नहीं आता था मगर उनकी ज़बान से यह लाइल्मी उसके हक़ में बहुत अच्छी साबित होती थी। अगर वे उससे कुछ रिआयत चाहते तो वह सिर हिलाकर कह दिया करती थी; "साहब, हमारी समझ में तुम्हारी बात नहीं आता।" और अगर वे उससे ज़रूरत से ज़्यादा छेड़छाड़ करते तो वह उनको अपनी ज़बान में गालियाँ देना शुरू कर देती थी। वह हैरत में उसके मुँह की तरफ़ देखते तो वह उनसे कहती : "साहब, तुम एकदम उल्लू का पट्ठा है, हरामज़ादा है···समझा!" यह कहते वक़्त वह अपने लहजे में सख़्ती पैदा न करती बल्कि बड़े प्यार के साथ उनसे बातें करती—गोरे हँस देते और हँसते वक़्त वह सुलताना को बिलकुल उल्लू के पट्ठे दिखाई देते।

मगर यहाँ दिल्ली में वह जब से आई थी, एक गोरा भी उसके यहाँ नहीं आया था। तीन महीने उसको हिंदुस्तान के इस शहर में रहते हो गए थे, जहाँ उसने सुना था कि बड़े लाट साहब रहते हैं, जो गर्मियों में शिमले चले जाते हैं—उसके पास सिर्फ़ छः आदमी आए थे। सिर्फ़ छः, यानी महीने में दो और उन छः गाहकों से उसने, ख़ुदा झूठ न बुलवाए, साढ़े अट्ठारह रुपए वसूल किए थे। तीन रुपए से ज़्यादा पर कोई मानता ही नहीं था। सुलताना ने उनमें से पाँच आदमियों को अपना रेट दस रुपए बताया था मगर ताज्जुब की बात है कि उनमें से हर एक ने यही कहा था; "भई, हम तीन रुपए से ज़्यादा एक कौड़ी नहीं देंगे···" जाने क्या बात थी कि उनमें से हर एक ने उसे सिर्फ़ तीन रुपए के क़ाबिल समझा, चुनांचे जब छठा आया तो उसने ख़ुद उससे कहा : "देखा, मैं तीन रुपए एक टैम के लूँगी। इससे

एक धेला तुम कम कहो तो न होगा। अब तुम्हारी मर्ज़ी हो तो रहो वरना जाओ।" छठे आदमी ने यह बात सुनकर तकरार न की और उसके यहाँ ठहर गया। जब दूसरे कमरे में दरवाज़े-वरवाज़े बंद करके वह अपना कोट उतारने लगा तो सुलताना ने कहा : "लाइए एक रुपया दूध का।" उसने एक रुपया तो न दिया लेकिन नए बादशाह की चमकती हुई अठन्नी जेब में से निकालकर उसको दे दी और सुलताना ने भी चुपके से ले ली कि चलो जो आया है, ग़नीमत है।

साढ़े अट्ठारह रुपए तीन महीनों में—बीस रुपए माहवार तो उस कोठे का किराया था, जिसको मालिक मकान अँग्रेज़ी ज़बान में फ़्लैट कहता था। उस फ़्लैट में ऐसा पाख़ाना था, जिसमें ज़ंजीर खींचने से सारी गंदगी पानी के ज़ोर से एकदम नीचे नल में ग़ायब हो जाती थी और बड़ा शोर होता था। शुरू-शुरू में तो उस शोर ने उसे बहुत डराया था। पहले दिन जब वह रफ़ए-हाजत[1] के लिए उस पाख़ाने में गई तो उसकी कमर में शिद्दत[2] का दर्द हो रहा था। फ़ारिग़ होकर जब वह उठने लगी तो उसने लटकी हुई ज़ंजीर का सहारा ले लिया। उस ज़ंजीर को देखकर उसने ख़याल किया, चूँकि यह मकान ख़ास हम लोगों की रिहाइश के लिए तैयार किए गए हैं, यह ज़ंजीर इसीलिए लगाई गई है कि उठते वक़्त तकलीफ़ न हो और सहारा मिल जाया करे। मगर ज्यों ही उसने ज़ंजीर को पकड़कर उठना चाहा, ऊपर खटखट-सी हुई और फिर पानी एकदम इस ज़ोर के साथ बाहर निकला कि डर के मारे उसके मुँह से चीख़ निकल गई।

ख़ुदाबख़्श दूसरे कमरे में अपना फ़ोटोग्राफ़ी का सामान दुरुस्त कर रहा था और एक साफ़ बोतल में हाइड्रो कोनीन[3] डाल रहा था कि उसने सुलताना की चीख़ सुनी। दौड़कर वह बाहर निकला और सुलताना से पूछा : "क्या हुआ…? यह चीख़ तुम्हारी थी…?"

सुलताना का दिल धड़क रहा था। उसने कहा : "यह मुआ पैख़ाना है या क्या है? बीच में यह रेलगाड़ियों की तरह ज़ंजीर क्या लटका रखी है? मेरी कमर में दर्द था, मैंने कहा, चलो इसका सहारा ले लूँगी, पर इस मुई ज़ंजीर को छेड़ना था कि वह धमाका हुआ कि मैं तुमसे क्या कहूँ…"

इस पर ख़ुदाबख़्श बहुत हँसा था और उसने सुलताना को इस पाख़ाने की बाबत सबकुछ बता दिया था कि यह नए फ़ैशन का है, जिसमें ज़ंजीर हिलाने से सब गंदगी ज़मीन में धँस जाती है।

ख़ुदाबख़्श और सुलताना का आपस में कैसे संबंध हुआ, यह एक लंबी कहानी है। ख़ुदाबख़्श रावलपिंडी का था। इंटरेंस पास करने के बाद उसने लारी चलाना सीखी। चुनांचे चार बरस तक वह रावलपिंडी और कश्मीर के दरमियान लारी चलाने का काम करता था। उसके बाद कश्मीर में उसकी दोस्ती एक औरत से हो गई। उसको भगाकर वह साथ ले आया। लाहौर में चूँकि उसको कोई काम न मिला, इसलिए उसने औरत को पेशे पर बिठा दिया। दो-तीन बरस तक यह सिलसिला जारी रहा। फिर वह औरत किसी और के साथ भाग गई। ख़ुदाबख़्श को मालूम हुआ कि वह अंबाला में है, वह उसकी

तलाश में आया, जहाँ उसको सुलताना मिल गई। सुलताना ने उसको पसंद किया। चुनांचे दोनों का संबंध हो गया।

ख़ुदाबख़्श के आने से एकदम सुलताना का कारोबार चमक उठा। औरत चूँकि ज़ईफ़ुल-एतिक़ाद[4] थी, इसलिए उसने समझा कि ख़ुदाबख़्श बड़ा भागवान है, जिसके आने से इतनी तरक्क़ी हो गई है। चुनांचे उस ख़ुश-एतिक़ादी[5] ने ख़ुदाबख़्श की वक़अत उसकी नज़रों में और भी बढ़ा दी।

ख़ुदाबख़्श आदमी मेहनती था। सारा दिन हाथ पर हाथ धरकर बैठना पसंद नहीं करता था। चुनांचे उसने एक फ़ोटोग्राफ़र से दोस्ती पैदा की, जो रेलवे स्टेशन के बाहर मिनट कैमरे से फ़ोटो खींचा करता था। उससे उसने फ़ोटो खींचना सीखा। फिर सुलताना से साठ रुपए लेकर कैमरा भी ख़रीद लिया। आहिस्ता-आहिस्ता एक परदा बनवाया, दो कुर्सियाँ ख़रीदीं और फ़ोटो धोने का सब सामान लेकर उसने अलहदा अपना काम शुरू कर दिया।

काम चल निकला। चुनांचे उसने थोड़ी ही देर के बाद अपना अड्डा अंबाले छावनी में क़ायम कर दिया। यहाँ वह गोरों के फ़ोटो खींचता। एक महीने के अंदर-अंदर उसकी छावनी के मुताद्दिद[6] गोरों से वाक़िफ़ियत हो गई। चुनांचे वह सुलताना को वहीं ले गया। यहाँ छावनी में ख़ुदाबख़्श के ज़रिए से कई गोरे सुलताना के मुस्तक़िल[7] गाहक बन गए।

सुलताना ने कानों के लिए बुंदे ख़रीदे, साढ़े पाँच तोले की आठ कंगनियाँ भी बनवाईं, दस-पंद्रह अच्छी-अच्छी साड़ियाँ भी जमा कर लीं। घर में फ़र्नीचर वग़ैरह भी आ गया। क़िस्सा मुख़्तसर[8] यह कि अंबाला छावनी में वह बड़ी ख़ुशहाल थी मगर एकाएकी जाने ख़ुदाबख़्श के दिल में क्या समाई कि उसने देहली जाने की ठान ली। सुलताना इनकार कैसे करती जबकि ख़ुदाबख़्श को अपने लिए बहुत मुबारक ख़याल करती थी। उसने ख़ुशी-ख़ुशी देहली जाना क़बूल कर लिया। बल्कि उसने यह भी सोचा कि इतने बड़े शहर में जहाँ लाट साहब रहते हैं, उसका धंधा और भी अच्छा चलेगा। अपनी सहेलियों से वह देहली की तारीफ़ सुन चुकी थी। फिर वहाँ हज़रत निज़ामुद्दीन औलिया की ख़ानक़ाह[9] भी थी जिससे उसे बेहद अक़ीदत[10] थी। चुनांचे जल्दी-जल्दी घर का भारी सामान बेच-बचाकर वह ख़ुदाबख़्श के साथ देहली आ गई। यहाँ पहुँचकर ख़ुदाबख़्श ने बीस रुपए माहवार पर यह फ़्लैट लिया, जिसमें दोनों रहने लगे।

एक ही क़िस्म के नए मकानों की लंबी क़तार सड़क के साथ-साथ चली गई है। म्युनिसिपल कमेटी ने शहर का यह हिस्सा ख़ास कसबियों के लिए मुक़र्रर कर दिया था ताकि वह शहर में जगह-जगह अपने अड्डे न बनाएँ। नीचे दूकानें थीं और ऊपर दो मंज़िला रिहाइशी फ़्लैट। चूँकि सब इमारतें एक ही डिज़ाइन की हैं, इसलिए शुरू-शुरू में सुलताना को अपना फ़्लैट तलाश करने में बहुत दिक़्क़त महसूस होती थी। पर जब नीचे लांड्रीवाले ने अपना बोर्ड घर की पेशानी पर लगा दिया तो उसको एक पक्की निशानी मिल गई—'यहाँ मैले कपड़ों की धुलाई की जाती है।' यह बोर्ड पढ़ते ही वह अपना फ़्लैट तलाश कर लिया करती थी। इसी तरह उसने और बहुत-सी निशानियाँ क़ायम कर ली थीं।

मसलन बड़े-बड़े हुरूफ़ में जहाँ 'कोयलों की दूकान' लिखा था, वहाँ उसकी सहेली हीराबाई रहती थी, जो कभी-कभी रेडियोघर में गाने जाया करती थी। जहाँ 'शुरफ़ा[11] के लिए खाने का आला इंतज़ाम है' लिखा था, वहाँ उसकी दूसरी सहेली मुख़तार रहती थी। निवाड़ के कारख़ाने के ऊपर अनवरी रहती थी, जो उसी कारख़ाने के सेठ के पास मुलाज़िम थी। चूँकि सेठ साहिब को रात के वक़्त अपने कारख़ाने की देखभाल करनी होती थी, इसलिए वह अनवरी के पास ही रहते थे।

दूकान खोलते ही गाहक थोड़े ही आते हैं। चुनांचे जब एक महीने तक सुलताना बेकार रही तो उसने यही सोचकर अपने दिल को तसल्ली दी, पर जब दो महीने गुज़र गए और कोई आदमी उसके कोठे पर न आया तो उसे बहुत तश्वीश[12] हुई। उसने ख़ुदाबख़्श से कहा : "क्या बात है ख़ुदाबख़्श, पूरे दो महीने हो गए हैं हमें यहाँ आए हुए, पर किसी ने इधर का रुख़ भी नहीं किया... मानती हूँ, आजकल बाज़ार बहुत मंदा है, पर इतना मंदा भी तो नहीं कि महीने भर में कोई शक्ल देखने ही में न आए..."

ख़ुदाबख़्श को भी यह बात बहुत अर्से से खटक रही थी मगर वह ख़ामोश था, पर जब सुलताना ने ख़ुद बात छेड़ी तो उसने कहा : "मैं कई दिनों से इसकी बाबत सोच रहा हूँ। एक बात समझ में आती है, वह यह कि जंग की वजह से लोग-बाग दूसरे धंधों में पड़कर इधर का रास्ता भूल गए हैं... या फिर यह हो सकता है कि..." वह इसके आगे कुछ कहने ही वाला था कि सीढ़ियों पर किसी के चढ़ने की आवाज़ आई। ख़ुदाबख़्श और सुलताना दोनों उस आवाज़ की तरफ़ मुतवज्जेह[13] हुए। थोड़ी देर के बाद दस्तक हुई। ख़ुदाबख़्श ने लपककर दरवाज़ा खोला। एक आदमी अंदर दाख़िल हुआ। यह पहला गाहक था, जिससे तीन रुपए में सौदा तय हुआ। उसके बाद पाँच और आए। यानी तीन महीने में छः जिनसे सुलताना ने सिर्फ़ साढ़े अट्ठारह रुपए वुसूल किए।

बीस रुपए माहवार तो फ़्लैट के किराए में चले जाते थे, पानी का टैक्स और बिजली का बिल जुदा। इसके अलावा घर के दूसरे ख़र्च, खाना-पीना, कपड़े-लत्ते, दवा-दारू—और आमदन कुछ भी नहीं थी। साढ़े अट्ठारह रुपए तीन महीने में आए तो उसे आमदन तो नहीं कह सकते। सुलताना परेशान हो गई। साढ़े पाँच तोले की आठ कंगनियाँ जो उसने अंबाले में बनवाई थीं, आहिस्ता-आहिस्ता बिक गईं। आख़िरी कंगनी की जब बारी आई तो उसने ख़ुदाबख़्श से कहा : "तुम मेरी सुनो और चलो वापिस अंबाले... यहाँ क्या धरा है...? भई होगा, पर हमें तो यह शहर रास नहीं आया। तुम्हारा काम भी वहाँ ख़ूब चलता था, चलो, वहीं चलते हैं। जो नुक़सान हुआ है, उसको अपना सिर सदक़ा समझो। इस कंगनी को बेचकर आओ। मैं असबाब वग़ैरह बाँधकर तैयार रखती हूँ। आज रात की गाड़ी से यहाँ से चल देंगे..."

ख़ुदाबख़्श ने कंगनी सुलताना के हाथ से ले ली और कहा : " नहीं जानेमन, अंबाले नहीं जाएँगे। यहीं देहली में रहकर कमाएँगे। यह तुम्हारी चूड़ियाँ सबकी-सब यहीं वापिस आएँगी। अल्लाह पर भरोसा रखो। वह बड़ा कारसाज़ है। यहाँ भी वह कोई न कोई असबाब बना ही देगा!"

सुलताना चुप हो रही। चुनांचे आख़िरी कंगनी भी हाथ से उतर गई। बुच्चे हाथ देखकर उसको बहुत दुख होता था, पर क्या करती, पेट भी तो आख़िर किसी हीले से भरना था।

जब पाँच महीने गुज़र गए और आमदन ख़र्च के मुक़ाबले में चौथाई से भी कुछ कम रही तो सुलताना की परेशानी और ज़्यादा बढ़ गई। ख़ुदाबख़्श भी सारा-सारा दिन अब घर से ग़ायब रहने लगा था। सुलताना को इसका भी दुख था। इसमें कोई शक नहीं कि पड़ोस में उसकी दो-तीन मिलनेवालियाँ मौजूद थीं, जिनके साथ वह अपना वक़्त काट सकती थी। पर हर रोज़ उनके यहाँ जाना और घंटों बैठे रहना उसको बहुत बुरा लगता था। चुनांचे आहिस्ता-आहिस्ता उसने उन सहेलियों से मिलना-जुलना बिलकुल तर्क[14] कर दिया। सारा दिन वह अपने सुनसान मकान में बैठी रहती। कभी छालिया काटती रहती, कभी अपने पुराने और फटे हुए कपड़ों को सीती रहती और कभी बाहर बालकनी में आकर जंगले के साथ लगकर खड़ी हो जाती और सामने रेलवे शेड में साकित[15] और मुतहर्रिक[16] इंजनों की तरफ़ घंटों बेमतलब देखती रहती।

सड़क की दूसरी तरफ़ मालगोदाम था, जो इस कोने से उस कोने तक फैला हुआ था। दाहिने हाथ को लोहे की छत के नीचे बड़ी-बड़ी गाँठें पड़ी रहती थीं और हर क़िस्म के मालो-असबाब के ढेर-से लगे रहते थे। बाएँ हाथ को खुला मैदान था, जिसमें बेशुमार रेल की पटरियाँ बिछी हुई थीं। धूप में लोहे की यह पटरियाँ चमकतीं तो सुलताना अपने हाथों की तरफ़ देखती, जिन पर नीली-नीली रगें बिलकुल उन पटरियों की तरह उभरी रहती थीं। उस लंबे और खुले मैदान में हर वक़्त इंजन और गाड़ियाँ चलती रहतीं। कभी इधर, कभी उधर। उन इंजनों और गाड़ियों की छक-छक फक-फक सदा गूँजती रहती थी। सुबह-सवेरे जब वह उठकर बालकनी में आती तो एक अजीब समाँ नज़र आता। धुँधलके में इंजनों के मुँह से गाढ़ा-गाढ़ा धुआँ निकलता और गदले आसमान की जानिब मोटे और भारी आदमियों की तरह उठता दिखाई देता। भाप के बड़े-बड़े बादल भी एक शोर के साथ पटरियों से उठते और आँख झपकने की देर में हवा के अंदर घुल-मिल जाते। फिर कभी-कभी जब वह गाड़ी के किसी डिब्बे को जिसे इंजन ने धक्का देकर छोड़ दिया हो, अकेले पटरियों पर चलता देखती तो उसे अपना ख़याल आता। वह सोचती कि उसे भी किसी ने ज़िंदगी की पटरी पर धक्का देकर छोड़ दिया है और वह ख़ुद ब ख़ुद जा रही है, दूसरे लोग काँटे बदल रहे हैं और वह चली जा रही है... न जाने कहाँ? फिर एक रोज़ ऐसा आएगा जब उस धक्के का ज़ोर आहिस्ता-आहिस्ता ख़त्म होगा और वह कहीं रुक जाएगी, किसी ऐसे मक़ाम पर जो उसका देखा-भाला न होगा।

यूँ तो वह बेमतलब घंटों रेल की इन टेढ़ी-बाँकी पटरियों और ठहरे और चलते हुए इंजनों की तरफ़ देखती रहती थी, पर तरह-तरह के ख़याल उसके दिमाग़ में आते रहते थे। अंबाला छावनी में जब वह रहती थी तो स्टेशन के पास ही उसका मकान था मगर वहाँ उसने कभी इन चीज़ों को ऐसी नज़रों से नहीं देखा था। अब तो कभी-कभी उसके दिमाग़ में यह ख़याल भी आता कि यह जो सामने रेल की पटरियों का जाल-सा बिछा है और

जगह-जगह से भाप और धुआँ उठ रहा है, एक बहुत बड़ा चकला है। बहुत-सी गाड़ियाँ हैं, जिनको चंद मोटे-मोटे इंजन इधर-उधर धकेलते रहते हैं—सुलताना को बाज़ औक़ात यह इंजन सेठ मालूम होते, जो कभी-कभी अंबाला में उसके यहाँ आया करते थे। फिर कभी-कभी जब वह किसी इंजन को आहिस्ता-आहिस्ता गाड़ियों की क़तार के पास से गुज़रता देखती तो उसे ऐसा महसूस होता कि कोई आदमी चकले के किसी बाज़ार में से ऊपर कोठों की तरफ़ देखता जा रहा है।

सुलताना समझती थी कि ऐसी बातें सोचना दिमाग़ की ख़राबी का बायस है, चुनांचे जब इस क़िस्म के ख़याल उसको आने लगे तो उसने बालकनी में जाना छोड़ दिया। ख़ुदाबख़्श से उसने बारहा[17] कहा : "देखो, मेरे हाल पर रहम करो। यहाँ घर में रहा करो। मैं सारा दिन यहाँ बीमारों की तरह पड़ी रहती हूँ।" मगर उसने हर बार सुलताना से यह कहकर उसकी तशफ़्फ़ी[18] कर दी : "जानेमन ! मैं बाहर कुछ कमाने की फ़िक्र कर रहा हूँ। अल्लाह ने चाहा तो चंद दिनों में ही बेड़ा पार हो जाएगा..."

पूरे पाँच महीने हो गए थे मगर अभी तक न सुलताना का बेड़ा पार हुआ था न ख़ुदाबख़्श का। मुहर्रम का महीना सिर पर आ रहा था मगर सुलताना के पास काले कपड़े बनवाने के लिए कुछ भी न था। मुख़तार ने लेडी हैमिलटन की एक नई वज़्अ की क़मीज़ बनवाई थी, जिसकी आस्तीनें काली जार्जेट की थीं। उसके साथ मैच करने के लिए उसके पास काली साटन की शलवार थी, जो काजल की तरह चमकती थी। अनवरी ने रेशमी जार्जेट की एक बड़ी नफ़ीस साड़ी ख़रीदी थी। उसने सुलताना से कहा था कि वह इस साड़ी के नीचे सफ़ेद बोसकी का पेटीकोट पहनेगी, क्योंकि यह नया फ़ैशन है। उस साड़ी के साथ पहनने को अनवरी काली मख़मल का एक जूता लाई थी, जो बड़ा नाज़ुक था। सुलताना ने जब यह तमाम चीज़ें देखीं तो उसको इस एहसास ने बहुत दुख दिया कि वह मुहर्रम मनाने के लिए ऐसा लिबास ख़रीदने की इस्तिताअत[19] नहीं रखती।

अनवरी और मुख़तार के पास यह लिबास देखकर जब वह घर आई तो उसका दिल बहुत मग़मूम[20] था। उसे ऐसा मालूम होता था कि एक फोड़ा-सा उसके अंदर पैदा हो गया है। घर बिलकुल ख़ाली था। ख़ुदाबख़्श हस्बे-मामूल बाहर था। देर तक वह दरी पर गावतकिया सिर के नीचे रखकर लेटी रही। पर जब उसकी गर्दन ऊँचाई के बायस अकड़-सी गई तो वह बाहर बालकनी में चली गई ताकि ग़म अफ़्ज़ा[21] ख़यालात को अपने दिमाग़ से निकाल दे।

सामने पटरियों पर गाड़ियों के डिब्बे खड़े थे, पर इंजन कोई भी न था—शाम का वक़्त था। छिड़काव हो चुका था, इसलिए गर्दो-ग़ुबार दब गया था। बाज़ार में ऐसे आदमी चलने शुरू हो गए थे जो ताक-झाँक करने के बाद चुपचाप घरों का रुख़ करते हैं। ऐसे ही एक आदमी ने गर्दन ऊँची करके सुलताना की तरफ़ देखा। सुलताना मुसकरा दी और उसको भूल गई, क्योंकि अब सामने पटरियों पर एक इंजन नमूदार हो गया था। सुलताना ने ग़ौर से उसकी तरफ़ देखना शुरू किया और आहिस्ता-आहिस्ता यह ख़याल उसके दिमाग़ में आया कि इंजन ने भी काला लिबास पहन रखा है। यह अजीबो-ग़रीब ख़याल

दिमाग़ में से निकालने की ख़ातिर जब उसने सड़क की जानिब देखा तो उसे वहीं आदमी बैलगाड़ी के पास खड़ा नज़र आया जिसने उसकी तरफ़ ललचाई नज़रों से देखा था। सुलताना ने हाथ से उसे इशारा किया। उस आदमी ने इधर-उधर देखकर एक लतीफ़ इशारे से पूछा, किधर से आऊँ—सुलताना ने उसे रास्ता बता दिया। वह आदमी थोड़ी देर खड़ा रहा मगर फिर बड़ी फ़ुर्ती से ऊपर चला आया।

सुलताना ने उसे दरी पर बिठाया। जब वह बैठ गया तो उसने सिलसिला-ए-गुफ़्तगू शुरू करने के लिए कहा : "आप ऊपर आते डर क्यों रहे थे?"

वह आदमी यह सुनकर मुसकराया : "तुम्हें कैसे मालूम हुआ···डरने की बात ही क्या थी?"

इस पर सुलताना ने कहा : "यह मैंने इसलिए कहा कि आप देर तक वहीं खड़े रहे और फिर कुछ सोचकर इधर आए···"

वह यह सुनकर फिर मुसकराया : "तुम्हें ग़लतफ़हमी हुई है···मैं तुम्हारे ऊपरवाले फ़्लैट की तरफ़ देख रहा था। वहाँ कोई औरत खड़ी एक मर्द को ठेंगा दिखा रही थी। मुझे यह मंज़र पसंद आया। फिर बालकनी में सब्ज़ बल्ब रोशन हुआ तो मैं कुछ देर के लिए ठहर गया। सब्ज़ रौशनी मुझे पसंद है। आँखों को बहुत अच्छी लगती है···" यह कहकर उसने कमरे का जाइज़ा लेना शुरू कर दिया। फिर वह उठ खड़ा हुआ।

सुलताना ने पूछा : "आप जा रहे हैं?"

उस आदमी ने जवाब दिया : "नहीं, मैं तुम्हारे इस मकान को देखना चाहता हूँ···चलो, मुझे तमाम कमरे दिखाओ···"

सुलताना ने उसको तीनों कमरे एक-एक करके दिखा दिए। उस आदमी ने बिलकुल ख़ामोशी से उन कमरों का मुआइना किया। जब वे दोनों फिर उसी कमरे में आ गए जहाँ पहले बैठे थे, उस आदमी ने कहा : "मेरा नाम शंकर है···"

सुलताना ने पहली बार ग़ौर से शंकर की तरफ़ देखा। वह मुतवस्सित[22] कद का मामूली शक्लो-सूरत का आदमी था, मगर उसकी आँखें ग़ैर मामूली तौर पर साफ़ और शफ़्फ़ाफ़[23] थीं। कभी-कभी उनमें एक अजीब क़िस्म की चमक पैदा होती थी। गठीला और कसरती बदन था। कनपटियों पर उसके बाल सफ़ेद हो रहे थे। ख़ाकिस्तरी[24] रंग की गर्म पतलून पहने था। सफ़ेद क़मीज़ थी, जिसका कालर गर्दन पर से ऊपर को उठा हुआ था।

शंकर कुछ इस तरह दरी पर बैठा था कि मालूम होता था, शंकर के बजाय सुलताना गाहक है। इस एहसास ने सुलताना को क़दरे परेशान कर दिया। चुनांचे उसने शंकर से कहा : "फ़रमाइए···?"

शंकर बैठा था, यह सुनकर लेट गया : "मैं क्या फ़रमाऊँ, कुछ तुम ही फ़रमाओ। बुलाया तुम्हीं ने है मुझे···"

जब सुलताना कुछ न बोली तो वह उठ बैठा : "मैं समझा···लो अब मुझसे सुनो। जो कुछ तुमने समझा है, ग़लत है। मैं उन लोगों में से नहीं हूँ, जो कुछ देकर जाते हैं। डॉक्टरों की तरह मेरी भी फ़ीस है। मुझे जब बुलाया जाए तो फ़ीस देना ही पड़ती है···"

सुलताना यह सुनकर चकरा गई मगर इसके बावुजूद उसे बेइख़्तियार हँसी आ गई : ''आप काम क्या करते हैं ?''

शंकर ने जवाब दिया : ''यही जो तुम लोग करते हो !''

''क्या ?''

''तुम क्या करती हो ?

''मैं···मैं···मैं कुछ भी नहीं करती।''

''मैं भी कुछ नहीं करता।''

सुलताना ने भिन्नाकर कहा : ''यह तो कोई बात न हुई···आप कुछ न कुछ तो ज़रूर करते होंगे ?''

शंकर ने बड़े इत्मीनान से जवाब दिया : ''तुम भी कुछ न कुछ ज़रूर करती होगी ?''

''मैं झख मारती हूँ···''

''मैं भी झख मारता हूँ···''

''तो आओ दोनों झख मारें···''

''हाज़िर हूँ, मगर झख मारने के दाम मैं कभी नहीं दिया करता।''

''होश की दवा करो···यह लंगरख़ाना नहीं !···''

''और मैं भी वालंटियर नहीं···''

सुलताना अब रुक गई। उसने पूछा : ''यह वालंटियर कौन होते हैं ?''

शंकर ने जवाब दिया : ''उल्लू के पट्ठे···''

''मैं उल्लू की पट्ठी नहीं···''

''मगर वह आदमी ख़ुदाबख़्श जो तुम्हारे साथ रहता है, ज़रूर उल्लू का पट्ठा है।''

''क्यों ?''

''इसलिए कि वह कई दिनों से एक ऐसे ख़ुदारसीदा[25] फ़क़ीर के पास अपनी क़िस्मत खुलवाने की ख़ातिर जा रहा है, जिसकी अपनी क़िस्मत ज़ंग लगे ताले की तरह बंद है···'' यह कहकर शंकर हँसा।

इस पर सुलताना ने कहा : ''तुम हिंदू हो, इसीलिए हमारे उन बुज़ुर्गों का मज़ाक़ उड़ाते हो···''

शंकर मुसकराया : ''ऐसी जगहों पर हिंदू-मुस्लिम सवाल पैदा नहीं हुआ करते। बड़े-बड़े पंडित और मौलवी भी यहाँ आएँ तो शरीफ़ आदमी बन जाएँ।''

''जाने क्या ऊटपटाँग बातें करते हो···बोलो, रहोगे ?''

''उसी शर्त पर जो पहले बता चुका हूँ···''

सुलताना उठ खड़ी हुई : ''तो जाओ, रस्ता पकड़ो···''

शंकर आराम से उठा, पतलून की जेबों में अपने दोनों हाथ ठूँसे और जाते हुए कहा : ''मैं कभी-कभी इस बाज़ार से गुज़रा करता हूँ। जब भी तुम्हें मेरी ज़रूरत हो, बुला लेना···बहुत काम का आदमी हूँ।''

शंकर चला गया और सुलताना काले लिबास को भूलकर देर तक उसके मुताल्लिक़

सोचती रही। उस आदमी की बातों ने उसके दुख को बहुत हल्का कर दिया था। अगर वह अंबाले में आया होता, जहाँ कि वह ख़ुशहाल थी तो उसने किसी और ही रंग में उस आदमी को देखा होता और बहुत मुम्किन है कि उसे धक्के देकर बाहर निकाल दिया होता। मगर यहाँ चूँकि वह बहुत उदास रहती थी, इसलिए शंकर की बातें उसे पसंद आईं।

शाम को जब ख़ुदाबख़्श आया तो सुलताना ने उससे पूछा : "तुम आज सारा दिन किधर ग़ायब रहे हो ?"

ख़ुदाबख़्श थककर चूर-चूर हो रहा था। कहने लगा : "पुराने क़िले के पास से आ रहा हूँ। वहाँ एक बुज़ुर्ग कुछ दिनों से ठहरे हुए हैं। उन्हीं के पास हर रोज़ जाता हूँ कि हमारे दिन फिर जाएँ..."

"कुछ उन्होंने तुमसे कहा ?"

"नहीं, अभी वह मेहरबान नहीं हुए... पर सुलताना, मैं जो उनकी ख़िद्मत कर रहा हूँ, वह अकारत कभी नहीं जाएगी। अल्लाह का फ़ज़्ल शामिले-हाल रहा तो ज़रूर वारे-न्यारे हो जाएँगे।"

सुलताना के दिमाग़ में मुहर्रम मनाने का ख़याल समाया हुआ था। ख़ुदाबख़्श से रोनी आवाज़ में कहने लगी : "तुम सारा-सारा दिन बाहर ग़ायब रहते हो... मैं यहाँ पिंजरे में क़ैद रहती हूँ। कहीं जा सकती हूँ, न आ सकती हूँ। मुहर्रम सिर पर आ गया है। कुछ तुमने इसकी भी फ़िक्र की कि मुझे काले कपड़े चाहिएँ। घर में फूटी कौड़ी तक नहीं। कंगनियाँ थीं सो वो एक-एक करके बिक गईं। अब तुम्हीं बताओ, क्या होगा... यूँ फ़क़ीरों के पीछे कब तक मारे-मारे फिरा करोगे। मुझे तो ऐसा दिखाई देता है कि यहाँ देहली में ख़ुदा ने भी हमसे मुँह मोड़ लिया है। मेरी सुनो तो अपना काम शुरू कर दो। कुछ तो सहारा हो ही जाएगा..."

ख़ुदाबख़्श दरी पर लेट गया और कहने लगा : "पर यह काम शुरू करने के लिए भी तो थोड़ा-बहुत सरमाया चाहिए... ख़ुदा के लिए अब ऐसी दुख भरी बातें न करो। मुझसे अब यह बर्दाश्त नहीं हो सकतीं। मैंने सचमुच अंबाला छोड़ने में सख़्त ग़लती की, पर जो करता है, अल्लाह ही करता है और हमारी बेहतरी ही के लिए करता है। क्या पता है, कुछ देर और तकलीफ़ें बर्दाश्त करने के बाद हम..."

सुलताना ने बात काटकर कहा : "तुम ख़ुदा के लिए कुछ करो। चोरी करो या डाका डालो, पर मुझे एक शलवार का कपड़ा ज़रूर ला दो। मेरे पास सफ़ेद बोसकी की क़मीज़ पड़ी है, उसको मैं रँगवा लूँगी। सफ़ेद नेनून का एक नया दुपट्टा भी मेरे पास मौजूद है, वही जो तुमने मुझे दीवाली पर लाकर दिया था। यह भी क़मीज़ के साथ ही रँगवा लिया जाएगा। एक सिर्फ़ शलवार की कसर है, सो वो तुम किसी न किसी तरह पैदा कर दो... देखो, तुम्हें मेरी जान की क़सम ! किसी न किसी तरह ज़रूर ला दो... मेरी भत्ती[26] खाओ, अगर न लाओ..."

ख़ुदाबख़्श उठ बैठा : "अब तुम ख़्वाहमख़्वाह ज़ोर दिए चली जा रही हो... मैं कहाँ से लाऊँगा... अफ़ीम खाने के लिए तो मेरे पास एक पैसा तक नहीं..."

"कुछ भी करो मगर मुझे साढ़े चार गज़ काली साटन ला दो।"

''दुआ करो कि आज रात ही अल्लाह दो-तीन आदमी भेज दे...''

''तुम कुछ नहीं करोगे... तुम अगर चाहो तो ज़रूर इतने पैसे पैदा कर सकते हो... जंग से पहले यह साटन बारह-चौदह आने गज़ मिल जाती थी, अब सवा रुपए गज़ के हिसाब से मिलती है। साढ़े चार गज़ों पर कितने रुपए ख़र्च हो जाएँगे?''

''अब तुम कहती हो तो मैं कोई हीला करूँगा।'' यह कहकर ख़ुदाबख़्श उठा : ''लो, अब इन बातों को भूल जाओ। मैं होटल से खाना ले आऊँ।''

होटल से खाना आया। दोनों ने मिलकर ज़हर-मार[27] किया और सो गए। सुबह हुई तो ख़ुदाबख़्श पुराने क़िले वाले फ़क़ीर के पास चला गया और सुलताना अकेली रह गई। कुछ देर लेटी रही, कुछ देर सोई रही। कुछ देर इधर-उधर कमरों में टहलती रही—दोपहर का खाना खाने के बाद उसने अपना सफ़ेद नेनून का दुपट्टा और सफ़ेद बोसकी की क़मीज़ निकाली और नीचे लांड्रीवाले को रँगने के लिए दे आई। कपड़े धोने के अलावा वहाँ रँगने का काम भी होता था। यह काम करने के बाद उसने वापस आकर फ़िल्मों की किताबें पढ़ीं, जिनमें उसके देखे हुए फ़िल्मों की कहानी और गीत छपे हुए थे। ये किताबें पढ़ते-पढ़ते वह सो गई। जब उठी तो चार बज चुके थे। क्योंकि धूप आँगन में से मोरी के पास पहुँच चुकी थी। नहा-धोकर फ़ारिग़ हुई तो गर्म चादर ओढ़कर बालकनी में आ खड़ी हुई। क़रीब एक घंटा सुलताना बालकनी में खड़ी रही—अब शाम हो गई थी। बत्तियाँ रौशन हो रही थीं।

नीचे सड़क में रौनक़ के आसार नज़र आने लगे। सर्दी में थोड़ी-सी शिद्दत[28] हो गई मगर सुलताना को यह नागवार मालूम न हुई। वह सड़क पर आते-जाते ताँगों और मोटरों की तरफ़ एक अर्से से देख रही थी। दफ़अतन[29] उसे शंकर नज़र आया। मकान के नीचे पहुँचकर उसने गर्दन ऊँची की और सुलताना की तरफ़ देखकर मुसकरा दिया। सुलताना ने ग़ैर इरादी तौर पर हाथ का इशारा किया और उसे ऊपर बुला लिया।

जब शंकर ऊपर आ गया तो सुलताना बहुत परेशान हुई कि उससे क्या कहे। दरअसल उसने ऐसे ही बिला सोचे-समझे उसे इशारा कर दिया था। शंकर बेहद मुतमइन[30] था, जैसे यह उसका अपना घर है। चुनांचे बड़ी बेतकल्लुफ़ी से पहले रोज़ की तरह वह गावतकिया सिर के नीचे रखकर लेट गया।

जब सुलताना ने देर तक उससे कोई बात न की तो उसने कहा : ''तुम मुझे सौ दफ़ा बुला सकती हो और सौ दफ़ा ही कह सकती हो कि चले जाओ... मैं ऐसी बातों पर कभी नाराज़ नहीं हुआ करता।''

सुलताना शशोपंज[31] में गिरफ़्तार हो गई। कहने लगी : ''नहीं बैठो, तुम्हें जाने को कौन कहता है...''

शंकर इस पर मुसकरा दिया : ''तो मेरी शर्तें तुम्हें मंज़ूर हैं?''

''कैसी शर्तें?'' सुलताना ने हँसकर कहा : ''क्या निकाह कर रहे हो मुझसे?''

''निकाह और शादी कैसी? न तुम उम्र भर किसी से निकाह करोगी, न मैं। यह रस्में हम लोगों के लिए नहीं... छोड़ो इन फ़ुज़ूलियात को, कोई काम की बात करो...''

''बोलो, क्या बात करूँ?''

''तुम औरत हो···कोई ऐसी बात शुरू करो, जिससे दो घड़ी दिल बहल जाए। इस दुनिया में सिर्फ़ दूकानदारी ही दूकानदारी नहीं, कुछ और भी है···''

सुलताना ज़ेहनी तौर पर अब शंकर को क़बूल कर चुकी थी, कहने लगी : ''साफ़-साफ़ कहो, तुम मुझसे क्या चाहते हो ?···''

''जो दूसरे चाहते हैं।'' शंकर उठकर बैठ गया।

''तुममें और दूसरों में फिर फ़र्क़ ही क्या रहा ?···''

''तुममें और मुझमें कोई फ़र्क़ नहीं। उनमें और मुझमें ज़मीन-आसमान का फ़र्क़ है, ऐसी बहुत-सी बातें होती हैं जो पूछना नहीं चाहिएं, ख़ुद समझना चाहिए।''

सुलताना ने थोड़ी देर तक शंकर की इस बात को समझने की कोशिश की, फिर कहा : ''मैं समझ गई···''

''तो कहो, क्या इरादा है ?···''

''तुम जीते, मैं हारी। पर मैं कहती हूँ, आज तक किसी ने ऐसी बात क़बूल न की होगी।''

''तुम ग़लत कहती हो···इसी महल्ले में तुम्हें ऐसी सादा लौह औरतें भी मिल जाएँगी, जो कभी यक़ीन नहीं करेंगी कि औरत ऐसी ज़िल्लत[32] क़बूल कर सकती है, जो तुम बग़ैर किसी एहसास के क़बूल करती रही हो। लेकिन उनके न यक़ीन करने के बावजूद तुम हज़ारों की तादाद में मौजूद हो···तुम्हारा नाम सुलताना है न ?''

''सुलताना ही है···''

शंकर उठ खड़ा हुआ और हँसने लगा : ''मेरा नाम शंकर है···यह नाम भी अजीब ऊटपटाँग होते हैं। चलो आओ, अंदर चलें···''

शंकर और सुलताना दरीवाले कमरे में वापिस आए तो दोनों हँस रहे थे, न जाने किस बात पर। जब शंकर जाने लगा तो सुलताना ने कहा : ''शंकर, मेरी एक बात मानोगे ?''

शंकर ने जवाबन कहा : ''पहले बात बताओ।''

सुलताना कुछ झेंप-सी गई : ''तुम कहोगे कि मैं दाम वसूल करना चाहती हूँ मगर···''

''कहो-कहो···रुक क्यों गई हो ?''

सुलताना ने जुर्रत[33] से काम लेकर कहा : ''बात यह है कि मुहर्रम आ रहा है और मेरे पास इतने पैसे नहीं कि मैं काली शलवार बनवा सकूँ···यहाँ के सारे दुखड़े तो तुम मुझसे सुन ही चुके हो। क़मीज और दुपट्टा मेरे पास मौजूद था, जो मैंने आज रँगवाने के लिए दे दिया है।''

शंकर ने यह सुनकर कहा : ''तुम चाहती हो कि मैं तुम्हें कुछ रुपए दे दूँ, जो तुम काली शलवार बनवा सको।''

सुलताना ने फ़ौरन ही कहा : ''नहीं, मेरा मतलब यह है कि अगर हो सके तो तुम मुझे एक काली शलवार ला दो।''

शंकर मुसकराया : "मेरी जेब में तो इत्तिफ़ाक़ ही से कभी कुछ होता है । बहरहाल मैं कोशिश करूँगा । मुहर्रम की पहली तारीख़ को तुम्हें यह शलवार मिल जाएगी ...लो, बस अब ख़ुश हो गईं ना ।" फिर सुलताना के बुंदों की तरफ़ देखकर उसने पूछा : "क्या यह बुंदे तुम मुझे दे सकती हो ?"

सुलताना ने हँसकर कहा : "तुम इनका क्या करोगे ? चाँदी के मामूली बुंदे हैं । ज़्यादा से ज़्यादा पाँच रुपए के होंगे ।"

इस पर शंकर ने कहा : "मैंने तुमसे बुंदे माँगे हैं, इनकी क़ीमत नहीं पूछी । बोलो देती हो ?"

"ले लो..." यह कहकर सुलताना ने बुंदे उतारकर शंकर को दे दिए । फिर उसे अफ़सोस हुआ, मगर शंकर जा चुका था ।

सुलताना को क़तअन यक़ीन नहीं था कि शंकर अपना वादा पूरा करेगा मगर आठ रोज़ के बाद मुहर्रम की पहली तारीख़ को सुबह नौ बजे दरवाज़े पर दस्तक हुई । सुलताना ने दरवाज़ा खोला तो शंकर खड़ा था । अख़बार में लिपटी हुई चीज़ उसने सुलताना को दी और कहा : "साटन की काली शलवार है...देख लेना शायद लंबी हो...अब मैं चलता हूँ..."

शंकर शलवार देकर चला गया और कोई बात उसने सुलताना से न की । उसकी पतलून में शिकनें पड़ी हुई थीं । बाल बिखरे हुए थे । ऐसा मालूम होता था कि अभी-अभी सोकर उठा है और सीधा इधर ही चला आया है ।

सुलताना ने काग़ज़ खोला, साटन की काली शलवार थी । वैसी ही जैसी कि वह मुख़तार के पास देखकर आई थी । सुलताना बहुत ख़ुश हुई । बुंदों और उस सौदे का जो अफ़सोस उसे हुआ था, उस शलवार ने और शंकर की वादा ईफ़ाई[34] ने दूर कर दिया ।

दोपहर को वह नीचे लांड्रीवाले से अपनी रंगी हुई क़मीज़ और दुपट्टा ले आई । तीनों काले कपड़े जब उसने पहन लिए तो दरवाज़े पर दस्तक हुई ।

सुलताना ने दरवाज़ा खोला तो मुख़तार अंदर दाख़िल हुई । उसने सुलताना के तीनों कपड़ों की तरफ़ देखा और कहा : "क़मीज़ और दुपट्टा तो रँगा हुआ मालूम होता है । पर यह शलवार नई है...कब बनवाई ?"

सुलताना ने जवाब दिया : "आज ही दरज़ी लाया है..." यह कहते हुए उसकी नज़रें मुख़तार के कानों पर पड़ीं : "यह बुंदे तुमने कहाँ से लिए ?"

मुख़तार ने जवाब दिया : "आज ही मँगवाए हैं..."

इसके बाद दोनों को थोड़ी देर ख़ामोश रहना पड़ा ।

1. शौच निवृत्ति; 2. तेज़ी; 3. फ़ोटोग्राफ़ी से संबंधित रसायन; 4. भोली, जिसका साधु-संतों पर विश्वास हो; 5. विश्वास; 6. असंख्य; 7. स्थायी; 8. संक्षिप्त; 9. दरगाह; 10. श्रद्धा; 11. सभ्य लोगों ; 12. चिंता; 13. आकृष्ट; 14. छोड़ना; 15. खड़े हुए; 16. चलते-फिरते; 17. अनेक बार; 18. तसल्ली; 19. सामर्थ्य; 20. उदास; 21. दुख बढ़ानेवाले; 22. मध्यम; 23. स्वच्छ; 24. मटमैली; 25. अल्लाहवाला; 26. मृतक की स्मृति में खिलाया जानेवाला भोजन; 27. ज़बर्दस्ती खाना; 28. तीव्रता; 29. सहसा, अचानक; 30. संतुष्ट; 31. असमंजस; 32. नीचता; 33. साहस; 34. पूरा करना।

हतक

दिन भर की थकी-माँदी वह अभी-अभी अपने बिस्तर पर लेटी थी और लेटते ही सो गई थी।

म्युनिसिपल कमेटी का दारोग़ा-ए-सफ़ाई, जिसे वह सेठ जी के नाम से पुकारा करती थी, अभी-अभी उसकी हड्डियाँ-पसलियाँ झँझोड़कर, शराब के नशे में चूर, घर वापस गया था—वह रात को वहीं ठहर जाता मगर उसे अपनी धर्मपत्नी का बहुत ख़याल था, जो उससे बेहद प्रेम करती थी।

वह रुपए, जो उसने अपनी जिस्मानी मशक़्क़त[1] के बदले उस दारोग़ा से वुसूल किए थे उसकी चुस्त और थूक से भरी चोली के नीचे से ऊपर को उभरे हुए थे; कभी-कभी साँस के उतार-चढ़ाव से चाँदी के यह सिक्के खनखनाने लगते, तो उनकी खनखनाहट उसके दिल की ग़ैर आहंग[2] धड़कनों में घुल-मिल जाती; ऐसा मालूम होता कि इन सिक्कों की चाँदी पिघलकर उसके दिल के ख़ून में टपक रही है।

उसका सीना अंदर से तप रहा था—यह गर्मी कुछ तो उस ब्रांडी के बायस थी, जिसका अद्धा दारोग़ा अपने साथ लाया था और कुछ उस बेवड़ा[3] का नतीजा थी, जो सोडा ख़त्म हो जाने पर दोनों ने पानी मिलाकर पी थी।

वह सागवान के लंबे और चौड़े पलंग पर औंधे मुँह लेटी हुई थी, उसकी बाँहें, जो काँधों तक नंगी थीं, पतंग की उस काँप की तरह फैली हुई थीं, जो ओस में भीग जाने के बायस पतले काग़ज़ से जुदा हो जाए; दाएँ बाज़ू की बग़ल में शिकन आलूद[4] गोश्त उभरा हुआ था, जो बार-बार मूँड़े जाने के बायस नीली रंगत इख़्तियार कर गया था, जैसे नुची हुई मुर्ग़ी की खाल का एक टुकड़ा वहाँ पर रख दिया गया हो।

कमरा बहुत छोटा था जिसमें बेशुमार चीज़ें बेतरतीबी के साथ बिखरी हुई थीं; तीन-चार सूखे-सड़े चप्पल पलंग के नीचे पड़े थे, जिनके ऊपर मुँह रखकर एक ख़ारिशज़दा कुत्ता सो रहा था और नींद में किसी ग़ैर मरई[5] चीज़ का मुँह चिड़ा रहा था, इस कुत्ते के बाल जगह-जगह से ख़ारिश के बायस उड़े हुए थे; दूर से अगर कोई इस कुत्ते को देखता तो समझता कि पैर पोंछनेवाला पुराना टाट दोहरा करके ज़मीन पर रखा है।

उस तरफ़ छोटे-से दीवारगीर पर सिंगार का सामान रखा था; गालों पर लगाने की सुर्ख़ी, होंठों की सुर्ख़ बत्ती, पाउडर, कंघी और लोहे के पिन, जो वह ग़ालिबन अपने जूड़े में

लगाया करती थी। पास ही एक लंबी खूँटी के साथ सब्ज़ तोते का पिंजरा लटक रहा था और तोता गर्दन को अपनी पीठ के बालों में छुपाए सो रहा था; पिंजरा कच्चे अमरूद के टुकड़ों और गले हुए संगतरे के छिलकों से भरा पड़ा था; इन बदबूदार टुकड़ों पर छोटे-छोटे काले रंग के मच्छर या पतंगे उड़ रहे थे।

पलंग के पास ही बेंत की एक कुर्सी पड़ी थी, जिसकी पुश्त सिर टेकने के बायस बेहद मैली हो रही थी; इस कुर्सी के दाएँ हाथ को एक ख़ूबसूरत तिपाई थी, जिस पर हिज़ मास्टर्स वायस का पोर्टेबिल ग्रामोफ़ोन पड़ा था, इस ग्रामोफ़ोन पर मँढ़े काले कपड़े की हालत बहुत बुरी थी, ज़ंग आलूद सुइयाँ तिपाई के अलावा कमरे के हर कोने में बिखरी हुई थीं; इस तिपाई के ऐन ऊपर, दीवार पर चार फ़्रेम लटक रहे थे, जिनमें मुख़्तलिफ़ आदमियों की तसवीरें जड़ी हुई थीं।

इन तसवीरों से ज़रा इधर हटकर, यानी दरवाज़े में दाख़िल होते ही, बाईं तरफ़ की दीवार के कोने में गणेश जी की शोख़ रंग तसवीर थी, जो ताज़ा और सूखे हुए फूलों से लदी हुई थी; शायद यह तसवीर कपड़े के किसी थान से उतारकर फ़्रेम में जड़ाई गई थी; इस तसवीर के साथ ही छोटे-से दीवारगीर पर, जो कि बेहद चिकना हो रहा था, तेल की एक प्याली धरी थी, जो दीए को रौशन करने के लिए वहाँ रखी गई थी; पास ही दीया पड़ा था, जिसकी लौ हवा बंद होने के बायस माथे के तिलक के मानिंद सीधी खड़ी थी—इस दीवारगीर पर धूप की छोटी-बड़ी मरोड़ियाँ भी पड़ी थीं।

जब वह बोहनी करती थी तो दूर ही से गणेश जी की इस मूर्ति से रुपए छुआकर और फिर अपने माथे के साथ लगाकर उन्हें अपनी चोली में रख लिया करती थी; उसकी छातियाँ चूँकि काफ़ी उभरी हुई थीं, इसलिए वह जितने रुपए भी अपनी चोली में रखती, महफ़ूज़[6] पड़े रहते थे—अलबत्ता कभी-कभी जब माधो पूना से छुट्टी लेकर आता तो उसे अपने कुछ रुपए पलंग के पाए के नीचे उस छोटे-से गढ़े में छुपाने पड़ते थे, जो उसने ख़ास इस काम की गरज़ से खोदा था।

माधो से रुपए महफ़ूज़ रखने का यह तरीक़ा सौगंधी का रामलाल दल्लाल नें बताया था—उसने जब यह सुना था कि माधो पूने से आकर सौगंधी पर धावे बोलता है तो उसने कहा था : ''उस साले को तूने कब से यार बनाया है··· ? यह बड़ी अनोखी आशिक़ी-माशूक़ी है···साला एक पैसा अपनी जेब से निकालता नहीं और तेरे साथ मज़े उड़ाता रहता है···मज़े अलग रहे, तुझसे कुछ ले भी मरता है···सौगंधी, मुझे कुछ दाल में काला-काला नज़र आता है···उस साले में कोई बात ज़रूर है, जो तुझे भा गया है···सात साल से यह धंधा कर रहा हूँ और तुम छोकरियों की सारी कमज़ोरियाँ जानता हूँ···" यह कहकर रामलाल ने, जो बंबई शहर के मुख़्तलिफ़ हिस्सों में दस रुपए से लेकर सौ रुपए तक वाली एक सौ बीस छोकरियों का धंधा करता था, सौगंधी को बताया था : ''साली, अपना धन यूँ बर्बाद न कर···तेरे अंग पर से कपड़े भी उतारकर ले जाएगा वह तेरी माँ का यार···इस पलंग के नीचे छोटा-सा गढ़ा खोदकर उसमें सारे पैसे दबा दिया कर···और जब वह तेरा यार आया करे तो उससे कहा कर; 'तेरी जान की क़सम माधो, आज सुबह से एक धेले का मुँह नहीं देखा···ज़रा

बाहरवाले से कहकर एक कप चाय और अफ़लातून बिस्कुट तो मँगा... भूख से मेरे पेट में चूहे दौड़ रहे हैं...' समझीं ? बहुत नाज़ुक वक़्त आ गया है मेरी जान... इस साली कांग्रेस ने शराब बंद करके बाज़ार बिलकुल मंदा कर दिया है... पर तुझे तो कहीं न कहीं से पीने को मिल ही जाती है... भगवान क़सम, जब तेरे यहाँ कभी रात की ख़ाली की हुई बोतल देखता हूँ और दारू की बास सूँघता हूँ तो जी चाहता है, तेरी जून में चला जाऊँ...!''

सौगंधी को अपने जिस्म में सबसे ज़्यादा अपना सीना पसंद था—एक बार जमना ने उससे कहा था : ''नीचे से इन बंब के गोलों को बाँध के रखाकर... अँगिया पहना करेगी तो इनकी सख़्ताई ठीक रहेगी...!''

सौगंधी यह सुनकर हँस दी थी : ''जमना, तू सबको अपने सरीखा समझती है... दस रुपए में लोग तेरी बोटियाँ तोड़कर चले जाते हैं तो तू समझती है कि सबके साथ ऐसा ही होता होगा... कोई मुआ लगाए तो ऐसी-वैसी जगह हाथ... अरे.हाँ, कल की बात तुझे सुनाऊँ... रामलाल रात के दो बजे एक पंजाबी को लाया... रात भर के तीस रुपए तय हुए... जब हम सोने लगे तो मैंने बत्ती बुझा दी... अरे वह तो डरने लगा... सुनती हो जमना, तेरी क़सम, अँधेरा होते ही उसका सारा ठाठ किरकिरा हो गया... वह डर गया... मैंने कहा : 'चलो-चलो, देर क्यों करते हो... तीन बजनेवाले हैं, अभी दिन चढ़ आएगा...' वह बोला : 'रौशनी करो, रौशनी करो...' मैंने कहा : 'यह रौशनी क्या हुआ...' वह बोला : 'लाइट... लाइट...' उसकी भिची हुई आवाज़ सुनकर मुझसे हँसी न रुक सकी; 'भई मैं तो लाइट न करूँगी...' और यह कहकर मैंने उसकी गोश्त भरी रान की चुटकी ली... वह तड़पकर उठ बैठा और उसने लाइट ऑन कर दी... मैंने झट-से चादर ओढ़ ली और कहा : 'तुझे शर्म नहीं आती मरदुए...' वह पलंग पर आया तो मैं उठी और मैंने लपककर लाइट बुझा दी... वह फिर घबराने लगा... तेरी क़सम, बड़े मज़े में रात कटी... कभी अँधेरा कभी उजाला, कभी उजाला कभी अँधेरा... ट्राम की खड़खड़ हुई तो पतलून-वतलून पहनकर वह उठ भागा... साले ने तीस रुपए सट्टे में जीते होंगे, जो यूँ मुफ़्त में दे गया... जमना, तू बिलकुल अल्हड़ है... बड़े-बड़े गुर याद हैं मुझे इन लोगों को ठीक करने के लिए...!''

सौगंधी को वाक़ई बहुत से गुर याद थे, जो उसने अपनी एक-दो सहेलियों को बताए भी थे; आमतौर पर वह ये गुर सबको बताया करती थी : ''अगर आदमी शरीफ़ हो, ज़्यादा बातें न करता हो तो उससे ख़ूब शरारतें करो, अनगिनत बातें करो, उसे छेड़ो, सताओ, उसके गुदगुदी करो, उससे खेलो... अगर दाढ़ी रखता हो तो उसकी दाढ़ी में उँगलियों से कंघी करते-करते दो-चार बाल भी नोच लो... अगर उसका पेट बड़ा हो तो उसे थपथपाओ... उसको इतनी मोहलत ही न दो कि वह अपनी मर्ज़ी से कुछ कर पाए... वह ख़ुश-ख़ुश चला जाएगा और तुम बची रहोगी... ऐसे मर्द जो गुपचुप रहते हैं, बड़े ख़तरनाक होते हैं बहन... उनका दाव चल जाए तो हड्डी-पसली तोड़ देते हैं...!''

सौगंधी इतनी चालाक नहीं थी, जितनी ख़ुद को ज़ाहिर करती थी—उसके गाहक बहुत कम थे—ग़ायत दर्जा[7] जज़्बाती लड़की थी; यही वजह है कि वह तमाम गुर जो उसे याद थे, उसके दिमाग़ से फिसलकर उसके पेट में आ जाते थे, जिस पर एक बच्चा हो जाने के बायस

कई चुरसें पड़ गई थीं—इन चुरसों को पहली मर्तबा देखकर ऐसा लगा था कि उसके ख़ारिशज़दा कुत्ते ने अपने पंजे से यह निशान बना दिए हैं—जब कोई कुतिया बड़ी बेएतिनाई[8] से उसके पालतू कुत्ते के पास से गुज़रती थी तो वह शर्मिंदगी दूर करने के लिए ज़मीन पर अपने पंजों से इसी क़िस्म के निशान बनाया करता था।

सौगंधी दिमाग़ में ज़्यादा रहती थी लेकिन जूँ ही कोई नर्मो-नाज़ुक बात, कोई कोमल बोल उससे कहता तो झट पिघलकर वह अपने जिस्म के दूसरे हिस्सों में फैल जाती; गो मर्द और औरत के जिस्मानी मिलाप को उसका दिमाग़ बिलकुल फ़ुज़ूल समझता था मगर उसके जिस्म के बाक़ी आज़ा[9], सबके-सब उस मिलाप के बहुत बुरी तरह क़ायल थे; उसके आज़ा थकन चाहते थे, ऐसी थकन जो उन्हें झँझोड़कर, उन्हें मारकर सुलाने पर मजबूर कर दे। ऐसी नींद जो थककर, चूर-चूर हो जाने के बाद आए, कितनी मज़ेदार होती है; वह बेहोशी, जो मार खाकर बंद-बंद ढीले हो जाने पर तारी होती है, कितना आनंद देती है; कभी ऐसा मालूम होता है कि तुम हो और कभी ऐसा मालूम होता है कि तुम नहीं हो और इस होने और न होने के बीच में कभी-कभी ऐसा भी महसूस होता है कि तुम हवा में बहुत ऊँची जगह लटके हुए हो, ऊपर हवा, नीचे हवा, दाएँ हवा, बाएँ हवा, बस हवा ही हवा और फिर इस हवा में दम घुटना भी एक ख़ास मज़ा देता है।

बचपन में जब वह आँख-मिचौली खेला करती थी और अपनी माँ का बड़ा संदूक़ खोलकर उसमें छुप जाया करती थी तो नाकाफ़ी हवा में दम घुट जाने के साथ-साथ पकड़े जाने के ख़ौफ़ से वह तेज़ धड़कन, जो उसके दिल में पैदा हो जाया करती थी, उसे कितना मज़ा दिया करती थी।

सौगंधी चाहती थी कि अपनी सारी ज़िंदगी किसी ऐसे ही संदूक़ में छुपकर गुज़ार दे, जिसके बाहर उसको ढूँढनेवाले फिरते रहें; कभी-कभी उसको ढूँढ निकालें कि फिर वह भी उनको ढूँढने की कोशिश करे—यह ज़िंदगी जो वह पाँच बरसों से गुज़ार रही थी, आँख-मिचौली ही तो थी; कभी वह किसी को ढूँढ लेती थी और कभी कोई उसे ढूँढ लेता था। बस यूँ ही उसका जीवन बीत रहा था। वह ख़ुश थी, इसलिए कि उसको ख़ुश रहना पड़ता था—हर रोज़ रात को कोई न कोई मर्द उसके चौड़े सागवानी पलंग पर होता था और सौगंधी, जिसको मर्दों को ठीक करने के बेशुमार गुर याद थे, इस बात का बार-बार तहैया[10] करने पर भी कि वह उन मर्दों की कोई ऐसी-वैसी बात नहीं मानेगी और उनके साथ बड़े रूखेपन के साथ पेश आएगी, हमेशा अपने जज़्बात के धारे में बह जाया करती थी और फ़क़त एक प्यासी औरत रह जाया करती थी।

हर रोज़ रात को उसका पुराना या नया मुलाक़ाती उससे कहा करता था : 'सौगंधी, मैं तुझसे प्रेम करता हूँ···!' और सौगंधी यह जानते हुए भी कि वह झूठ बोल रहा है, बस मोम हो जाती थी और ऐसा महसूस करती थी, जैसे सचमुच उससे प्रेम किया जा रहा है—प्रेम···कितना सुंदर बोल है—वह चाहती थी कि इस प्रेम को पिघलाकर अपने अंग-अंग पर मल ले; इसकी अपने बदन पर मालिश कर ले कि यह सारे का सारा उसके मसामों में रच-बस जाए, या फिर वह ख़ुद उसके अंदर चली जाए, सिमट-सिमटाकर उसके अंदर

दाख़िल हो जाए और ऊपर से ढकना बंद कर दे—कभी-कभी जब प्रेम किए जाने का जज़्बा उसके अंदर बहुत शिद्‌दत[11] इख़्तियार कर लेता तो कई बार उसके जी में आता कि अपने पास पड़े हुए आदमी को अपनी गोद में लेकर थपथपाना शुरू कर दे और लोरियाँ देकर उसे अपनी गोद ही में सुला दे।

प्रेम कर सकने की अहलियत[12] उसके अंदर इस क़दर ज़्यादा थी कि हर उस मर्द से, जो उसके पास आता था, वह मुहब्बत कर सकती थी और फिर उस मुहब्बत को निबाह भी सकती थी। वह अब तक चार मर्दों से अपना प्रेम निबाह ही तो रही थी जिनकी तसवीरें उसके सामने दीवार पर लटक रही थीं—हर वक़्त यह एहसास उसके दिल में मौजूद रहता था कि वह बहुत अच्छी है। यह अच्छापन मर्दों में क्यों नहीं होता, यह बात उसकी समझ में नहीं आती थी—एक बार आईना देखते हुए बेइख़्तियार उसके मुँह से निकल गया था : 'सौगंधी, तुमसे ज़माने ने अच्छा सुलूक नहीं किया··· !'

यह ज़माना, यानी पाँच बरसों के ये दिन और उनकी ये रातें, उसके जीवन के हर तार के साथ वाबस्ता था, गो इस ज़माने से उसको ख़ुशी नसीब नहीं हुई थी, जिसकी ख़्वाहिश उसके दिल में मौजूद थी, ताहम[13] वह चाहती थी कि यूँ ही उसके दिन बीतते चले जाएँ। उसे कौन-से महल खड़ा करना थे, जो रुपए-पैसे का लालच करती—दस रुपए उसका आम निर्ख़[14] था, जिसमें से ढाई रुपए रामलाल अपनी दल्लाली के काट लेता था, साढ़े सात रुपए उसे रोज़ मिल ही जाया करते थे, जो उसकी अकेली जान के लिए काफ़ी थे—माधो जब पूना से बक़ौल रामलाल दल्लाल, सौगंधी पर धावे बोलने के लिए आता था तो वह दस-पंद्रह रुपए ख़िराज[15] भी अदा कर देती थी; यह ख़िराज सिर्फ़ इस बात का था कि सौगंधी को उससे कुछ वह हो गया था। रामलाल दल्लाल ठीक कहता था कि उसमें ऐसी कोई बात ज़रूर थी, जो सौगंधी को बहुत भा गई थी।

सौगंधी से जब माधो की पहली मुलाक़ात हुई थी तो उसने कहा था : 'तुझे लाज नहीं आती अपना भाव करते···! जानती है तू मेरे साथ किस चीज़ का सौदा कर रही है···? और मैं तेरे पास क्यों आया हूँ···? छीः छीः छीः···दस रुपए और जैसा कि तू कहती है, ढाई रुपए दल्लाल के···बाक़ी रहे साढ़े सात, रहे ना साढ़े सात···? अब इन साढ़े सात रुपयों में तू मुझे ऐसी चीज़ देने का वचन देती है, जो तू दे ही नहीं सकती और मैं ऐसी चीज़ लेने आया हूँ, जो मैं ले ही नहीं सकता···मुझे औरत चाहिए, पर तुझे क्या इस वक़्त, इस घड़ी मर्द चाहिए···? मुझे तो कोई औरत भी भा जाएगी, इसलिए कि मुझे औरत चाहिए, पर तुझे क्या मैं जँचता हूँ···? तेरा-मेरा नाता ही क्या है, कुछ भी नहीं···बस यह दस रुपए, जिनमें से ढाई दल्लाली में चले जाएँगे और बाक़ी इधर-उधर बिखर जाएँगे, तेरे और मेरे बीच में बज रहे हैं···तू भी इनका बजना सुन रही है और मैं भी···तेरा मन कुछ और सोचता है, मेरा मन कुछ और···क्यों न कोई बात करें कि तुझे मेरी ज़रूरत हो और मुझे तेरी···पूना में हवलदार हूँ···महीने में एक बार आया करूँगा, तीन-चार दिन के लिए···यह धंधा छोड़···मैं तुझे ख़र्च दिया करूँगा···क्या भाड़ा है इस खोली का···?'

माधो ने और भी बहुत कुछ कहा था, जिसका असर सौगंधी पर इस क़दर ज़्यादा हुआ था।

कि वह चंद लम्हात के लिए ख़ुद को हवलदारनी समझने लगी थी—बातें करने के बाद माधो ने उसके कमरे की बिखरी हुई चीज़ें क़रीने से रखी थीं और वह नंगी तसवीरें, जो सौगंधी ने अपने सिरहाने लटका रखी थीं, बिना पूछे-गछे फाड़ दी थीं और कहा था : 'भई, मैं ऐसी तसवीरें यहाँ नहीं रहने दूँगा··· और पानी का यह घड़ा··· देखो तो कितना मैला है और यह··· यह चीथड़े, यह चिंदियाँ··· उफ़··· कितनी बुरी बास आती है··· उठा के बाहर फेंक इनको··· और तूने अपने बालों का यह क्या सत्यानास कर रखा है और··· और···'

तीन घंटे की बातचीत के बाद सौगंधी और माधो आपस में घुल-मिल गए थे और सौगंधी को तो ऐसा महसूस हुआ था कि वह बरसों से हवलदार को जानती है—उस वक़्त तक किसी ने भी कमरे में बदबूदार चीथड़ों, मैले घड़े और नंगी तसवीरों की मौजूदगी का ख़याल नहीं किया था और न कभी किसी ने उसको यह महसूस करने का मौक़ा दिया था कि उसका एक घर है, जिसमें घरेलूपन आ सकता है—लोग आते थे और बिस्तर तक की ग़िलाज़त को महसूस किए बग़ैर चले जाते थे। कोई सौगंधी से यह नहीं कहता था : ''देखो तो आज तेरी नाक लाल हो रही है··· कहीं ज़ुकाम न हो जाए तुझे··· ठहर, मैं तेरे वास्ते दवा लाता हूँ···!''

माधो कितना अच्छा था। उसकी हर बात बावन तोला और पाव रत्ती की थी। क्या खरी-खरी सुनाई थी उसने सौगंधी को—उसे महसूस होने लगा था कि उसे माधो की ज़रूरत है, चुनाँचे उन दोनों में संबंध हो गया।

महीने में एक बार माधो पूना से आता था और वापस जाते हुए हमेशा सौगंधी से कहा करता था; 'देख सौगंधी, अगर तूने फिर से अपना धंधा शुरू किया तो बस तेरी-मेरी टूट जाएगी··· अगर तूने एक बार भी किसी मर्द को अपने यहाँ ठहराया तो चुटिया से पकड़कर बाहर निकाल दूँगा··· देख इस महीने का ख़र्च मैं तुझे पूना पहुँचते ही मनीआर्डर कर दूँगा··· हाँ, क्या भाड़ा है इस खोली का···?'

न माधो ने कभी पूना से ख़र्च भेजा था और न सौगंधी ने अपना धंधा बंद किया था। दोनों अच्छी तरह जानते थे कि क्या हो रहा है। न सौगंधी ने कभी माधो से यह कहा था : 'तू यह क्या टर-टर किया करता है··· एक फूटी कौड़ी भी दी है तूने···?' और न माधो ने कभी सौगंधी से पूछा था : 'यह माल तेरे पास कहाँ से आता है, जब कि मैं तुझे कुछ देता ही नहीं···?' दोनों झूठे थे; दोनों एक मुलम्मा की हुई ज़िंदगी बसर कर रहे थे—लेकिन सौगंधी ख़ुश थी; जिसको असली सोना न मिले, वह मुलम्मा किए हुए गहनों ही पर राज़ी हो जाया करता है।

उस वक़्त सौगंधी थकी-माँदी सो रही थी—बिजली का क़ुमक़ुमा जिसे ऑफ़ करना वह भूल गई थी, उसके सिर के ऊपर लटक रहा था; उसकी तेज़ रोशनी उसकी मुँदी हुई आँखों के साथ टकरा रही थी मगर वह गहरी नींद सो रही थी।

दरवाज़े पर दस्तक हुई।

रात के दो बजे यह कौन आया—सौगंधी के ख़्वाबआलूद कानों में दस्तक की आवाज़ भिनभिनाहट बनकर पहुँची। दरवाज़ा जब ज़ोर से खटखटाया गया तो वह चौंककर उठ बैठी—दो मिली-जुली शराबों और दाँतों की रेख़ों में फँसे हुए मछली के रेज़ों ने उसके मुँह के अंदर ऐसा लुआब[16] पैदा कर दिया था, जो बेहद कसैला और लेसदार था। धोती के पल्लू से उसने यह बदबूदार लुआब साफ़ किया और आँखें मलने लगी। पलंग पर वह अकेली थी। झुककर उसने पलंग के नीचे देखा; उसका कुत्ता सूखे हुए चप्पलों पर मुँह रखे सो रहा था और नींद में किसी ग़ैर मरई चीज़ का मुँह चिड़ा रहा था और तोता पीठ के बालों में सिर दिए सो रहा था।

दरवाज़े पर फिर दस्तक हुई।

सौगंधी बिस्तर पर से उठी। उसका सिर दर्द के मारे फटा जा रहा था। घड़े से पानी का एक डोंगा निकालकर उसने कुल्ली की और दूसरा डोंगा ग़टाग़ट पीकर उसने दरवाज़े का पट थोड़ा-सा खोला और कहा : ''रामलाल !''

रामलाल, जो बाहर से दस्तक देते-देते थक गया था, भिन्नाकर कहने लगा : ''तुझे साँप सूँघ गया था या क्या हो गया था ? एक क्लॉक से बाहर खड़ा दरवाज़ा खटखटा रहा हूँ···कहाँ मर गई थी ?'' फिर आवाज़ दबाकर उसने हौले-से कहा : ''अंदर कोई है तो नहीं ?''

जब सौगंधी ने कहा 'नहीं' तो रामलाल की आवाज़ फिर ऊँची हो गई : ''तो दरवाज़ा क्यों नहीं खोलती··· ? भई, हद हो गई···क्या नींद पाई है··· ? यूँ एक-एक छोकरी उतारने में दो-दो घंटे सिर खपाना पड़े तो मैं अपना धंधा कर चुका···अब तू मेरा मुँह क्या देखती है···झटपट यह धोती उतारकर वह फूलोंवाली साड़ी पहन···पौडर-वौडर लगा और चल मेरे साथ···बाहर मोटर में एक सेठ बैठे तेरा इंतज़ार कर रहे हैं···चल-चल एकदम, जल्दी कर···''

सौगंधी आरामकुर्सी पर बैठ गई और रामलाल आईने के सामने अपने बालों में कंघा करने लगा।

सौगंधी ने तिपाई की तरफ़ हाथ बढ़ाया और बाम की शीशी उठाकर, उसका ढकना खोलते हुए कहा : ''रामलाल, आज मेरा जी अच्छा नहीं···!''

रामलाल ने कंघी दीवारगीर पर रख दी और मुड़कर कहा : ''तो पहले ही कह दिया होता।''

सौगंधी ने माथे और कनपटियों पर बाम मलते हुए रामलाल की ग़लतफ़हमी दूर की : ''वह बात नहीं रामलाल···ऐसे ही मेरा जी अच्छा नहीं···बहुत पी गई···!''

रामलाल के मुँह में पानी भर आया : ''थोड़ी बची हो तो ला···ज़रा हम भी मुँह का मज़ा ठीक कर लें।''

सौगंधी ने बाम की शीशी तिपाई पर रख दी और कहा : ''बचाई होती तो यह मुआ सिर में दर्द ही क्यों होता···देख रामलाल, वह जो बाहर मोटर में बैठा है, तू उसे अंदर ही ले आ···!''

रामलाल ने जवाब दिया : "नहीं भई, वह अंदर नहीं आ सकते... जैनटलमैन आदमी हैं... वह तो मोटर को गली के बाहर खड़ी करते हुए भी घबराते थे... तू कपड़े-वपड़े पहन ले और ज़रा गली की नुक्कड़ तक चल... सब ठीक हो जाएगा।"

साढ़े सात रुपए का सौदा सौगंधी इस हालत में, जबकि उसके सिर में शिद्दत का दर्द हो रहा था, कभी क़बूल न करती, मगर उसे रुपयों की सख़्त ज़रूरत थी। उसके साथवाली खोली में एक मद्रासी औरत रहती थी, जिसका ख़ाविंद मोटर के नीचे आकर मर गया था। इस औरत को अपनी जवान लड़की समेत वतन जाना था। उसके पास चूँकि किराया ही नहीं था, इसलिए वह कसमपुर्सी[17] की हालत में पड़ी हुई थी—सौगंधी ने कल ही उसको ढारस दी थी और उससे कहा था : 'बहन, तू चिंता न कर... मेरा मर्द पूना से आने ही वाला है... मैं उससे कुछ रुपए लेकर तेरे जाने का बंदोबस्त कर दूँगी !...'

माधो पूना से आनेवाला था, मगर रुपयों का बंदोबस्त तो सौगंधी ही को करना था, चुनाँचे वह उठी और जल्दी-जल्दी कपड़े तब्दील करने लगी—पाँच मिनटों में उसने धोती उतारकर फूलोंवाली साड़ी पहनी और गालों पर सुर्ख़ पाउडर लगाकर तैयार हो गई। घड़े के ठंडे पानी का एक और डोंगा पिया और रामलाल के साथ हो ली।

गली जो कि छोटे शहरों के बाज़ारों से भी कुछ बड़ी थी, बिलकुल ख़ामोश थी; गैस के वह लैंप, जो खंबों पर जड़े हुए थे, पहले की निस्बत बहुत धुँधली रोशनी दे रहे थे, जंग के बायस उनके शीशों को गदला कर दिया गया था—उस अंधी रौशनी में गली के आख़िरी सिरे पर एक मोटर नज़र आ रही थी।

कमज़ोर रौशनी में उस सियाह रंग की मोटर का साया और रात के पिछले पहर की भेदों भरी ख़मोशी—सौगंधी को ऐसा लगा कि उसके सिर का दर्द फ़ज़ा पर भी छा गया है; एक कसैलापन उसे हवा के अंदर भी महसूस हुआ, जैसे ब्रांडी और बेवड़ा की बास से हवा भी बोझल हो रही हो।

आगे बढ़कर रामलाल ने मोटर के अंदर बैठे हुए आदमियों से कुछ कहा—इतने में सौगंधी मोटर के पास पहुँच गई।

रामलाल ने एक तरफ़ हटकर फिर कहा : "लीजिए वह आ गई... बड़ी अच्छी छोकरी है... थोड़े ही दिन हुए हैं इसे धंधा शुरू किए..." फिर उसने सौगंधी से मुख़ातिब होकर कहा : "सौगंधी, इधर आ... सेठ जी बुलाते हैं..."

सौगंधी साड़ी का एक किनारा अपनी उँगली पर लपेटती हुई आगे बढ़ी और मोटर के दरवाज़े के पास खड़ी हो गई।

सेठ साहिब ने बैटरी उसके चेहरे के पास रौशन की—एक लम्हे के लिए उस रौशनी ने सौगंधी की ख़ुमारआलूद आँखों में चकाचौंध पैदा की—फिर बटन दबने की आवाज़ पैदा हुई और रौशनी बुझ गई और साथ ही सेठ के मुँह से 'ऊँह...' निकली। फिर एकदम मोटर का इंजन फड़फड़ाया और मोटर यह जा, वह जा—

सौगंधी कुछ सोचने भी न पाई थी; उसकी आँखों में अभी तक बैटरी की तेज़ रौशनी घुसी हुई थी, वह ठीक तरह से सेठ का चेहरा भी न देख सकी थी—आख़िर यह हुआ क्या; इस

'ऊँह' का क्या मतलब था? 'ऊँह' जो अभी तक उसके कानों में भिनभिना रही थी : 'क्या··· ? क्या··· ?'

उसे रामलाल दल्लाल की आवाज़ सुनाई दी : ''पसंद नहीं किया तुझे··· अच्छा भई, मैं चलता हूँ···दो घंटे मुफ़्त ही में बर्बाद किए···''

यह सुनकर सौगंधी की टाँगों में, उसकी बाँहों में, उसके हाथों में एक ज़बर्दस्त हरकत पैदा हुई : 'कहाँ है वह मोटर··· कहाँ है वह सेठ··· तो 'ऊँह' का मतलब यह है कि उसने मुझे पसंद नहीं किया··· उसकी···' गाली उसके पेट के अंदर से उठी और ज़ुबान की नोक पर आकर रुक गई। वह आख़िर गाली किसे देती? मोटर तो जा चुकी थी। उसकी दुम की सुर्ख़ बत्ती उसके सामने, दूर, बाज़ार के अँधियारे में डूब रही थी और सौगंधी को महसूस हो रहा था कि वह लाल-लाल अंगारा 'ऊँह' है, जो उसके सीने में बरमे की तरह उतरता चला जा रहा है। उसके जी में आई कि ज़ोर से पुकारे : 'ओ सेठ··· ज़रा मोटर रोकना अपनी··· बस एक मिनट के लिए···' पर वह सेठ बहुत दूर निकल चुका था।

वह सुनसान बाज़ार में खड़ी थी—फूलोंवाली साड़ी, जो वह ख़ास-ख़ास मौक़ों पर पहना करती थी, रात के पिछले पहर की हल्की-फुल्की हवा में लहरा रही थी; साड़ी और उसकी रेशमी सरसराहट सौगंधी को बहुत बुरी मालूम हो रही थी, वह चाह रही थी कि उस साड़ी के चिथड़े उड़ा दे, क्योंकि साड़ी हवा में लहरा-लहराकर 'ऊँह··· ऊँह' कर रही थी।

गालों पर उसने पाउडर लगाया था और होंठों पर सुर्ख़ी—जब उसे ख़याल आया कि यह सिंगार उसने अपने-आपको पसंद कराने के वास्ते किया था तो शर्म के मारे उसे पसीना आ गया।

शर्मिंदगी दूर करने के लिए उसने सोचा : 'मैंने उस मुए को दिखाने के लिए थोड़े ही अपने आपको सजाया था··· यह तो मेरी आदत है··· मेरी क्या, सबकी यही आदत है··· पर··· पर··· यह रात के दो बजे और रामलाल दल्लाल और··· यह बाज़ार··· और वह मोटर और वह बैटरी की चमक···' यह सबकुछ ध्यान में आते ही रौशनी के धब्बे उसकी हद्दे-निगाह[18] तक फ़ज़ा में इधर-उधर तैरने लगे और मोटर के इंजन की फड़फड़ाहट उसे हवा के हर झोंके में सुनाई देने लगी।

उसके माथे पर बाम का लेप, जो सिंगार करने के दौरान बिलकुल हल्का हो गया था, पसीना आने के बायस उसके मसामों में दाखिल होने लगा—सौगंधी को अपना माथा किसी और का माथा मालूम हुआ। जब हवा का एक झोंका उसके अर्क़ आलूद[19] माथे के पास से गुज़रा तो उसे ऐसा लगा कि सर्द-सर्द टीन का एक टुकड़ा काटकर उसके माथे के साथ चस्पाँ कर दिया गया है; सिर में दर्द वैसे का वैसा मौजूद था मगर ख़यालात की भीड़-भाड़ और उनके शोर ने इस दर्द को अपने नीचे दबा रखा था।

सौगंधी ने कई बार इस दर्द को अपने ख़यालात के नीचे से निकालकर ऊपर लाना चाहा मगर नाकाम रही; वह चाहती थी कि किसी न किसी तरह उसका अंग-अंग दुखने लगे, उसके सिर में दर्द हो, उसकी टाँगों में दर्द हो, उसके पेट में दर्द हो, उसकी बाँहों में दर्द हो, ऐसा दर्द कि वह सिर्फ़ दर्द ही का ख़याल करे और बाक़ी सबकुछ भूल जाए। यह

सोचते-सोचते उसके दिल में कुछ हुआ—क्या यह दर्द था···? एक लम्हे के लिए उसका दिल सिकुड़ा और फिर फैल गया। यह क्या था···? लानत! यह तो वही 'ऊँह' थी, जो उसके दिल के अंदर कभी सिकुड़ रही थी और कभी फैल रही थी।

घर की तरफ़ सौगंधी के क़दम उठे ही थे कि रुक गए और वह ठहरकर फिर सोचने लगी: 'रामलाल दल्लाल का ख़याल है कि उसे मेरी शकल पसंद नहीं आई···शकल का तो उसने ज़िक्र नहीं किया, उसने तो यह कहा था: 'सौगंधी, तुझे पसंद नहीं किया···!' उसे···उसे···मेरी शकल पसंद नहीं आई तो क्या हुआ···मुझे भी तो कई आदमियों की शकल पसंद नहीं आती···वह, जो अमावस की रात को आया था, कितनी बुरी सूरत थी उसकी···क्या मैंने नाक-भौं नहीं चढ़ाई थी···जब वह मेरे साथ सोने लगा था, मुझे घिन नहीं आई थी···क्या मुझे उबकाई आते-आते नहीं रुक गई थी···? ठीक है, पर सौगंधी, तूने उसे दुत्कारा नहीं था, तूने उसे ठुकराया नहीं था···इस मोटरवाले सेठ ने तो तेरे मुँह पर थूका है···ऊँह···इस 'ऊँह' का और मतलब ही क्या है···यही कि इस छछूँदर के सिर में चमेली का तेल···ऊँह, यह मुँह और मसूर की दाल···अरे रामलाल, तू यह छिपकली कहाँ से पकड़ लाया है···इस लौंडिया की इतनी तारीफ़ कर रहा था तू···दस रुपए और यह औरत···ख़च्चर क्या बुरी है···।'

सौगंधी सोच रही थी और उसके पैर के अँगूठे से लेकर सिर की चोटी तक गर्म लहरें दौड़ रही थीं। उसको कभी अपने-आप पर ग़ुस्सा आ रहा था और कभी रामलाल दल्लाल पर, जिसने रात के दो बजे उसे बे आराम किया, लेकिन फ़ौरन ही वह ख़ुद को और रामलाल दल्लाल को बेक़ुसूर पाकर सेठ का ख़याल करने लगती—सेठ का ख़याल आते ही उसकी आँखें, उसके कान, उसकी बाँहें, उसकी टाँगें, उसका सबकुछ पीछे को मुड़ जाता कि वह उस सेठ को कहीं देख पाए। उसके अंदर यह ख़्वाहिश बड़ी शिद्दत के साथ पैदा हो रही थी कि जो कुछ हो चुका है, एक बार फिर हो, सिर्फ़ एक बार—वह हौले-हौले मोटर की तरफ़ बढ़े; मोटर के अंदर से एक हाथ बैटरी निकाले और उसके चेहरे पर रौशनी फेंके; फिर 'ऊँह' की आवाज़ आए और वह—और सौगंधी अंधाधुंध अपने दोनो पंजों से सेठ का मुँह नोचना शुरू कर दे; वह वहशी बिल्ली की तरह झपटे और अपनी सारी उँगलियों के सारे नाख़ून, जो उसने मौजूदा फ़ैशन के मुताबिक़ बढ़ा रखे थे, उस सेठ के गालों में गाड़ दे, उसे बालों से पकड़कर बाहर घसीट ले और धड़ाधड़ उसे मुक्के मारना शुरू कर दे और जब थक जाए, जब थक जाए तो रोना शुरू कर दे।

रोने का ख़याल सौगंधी को सिर्फ़ इसलिए आया कि उसकी आँखों में ग़ुस्से और बेबसी की शिद्दत के बायस तीन-चार बड़े-बड़े आँसू बन रहे थे।

एकाएकी सौगंधी ने अपनी आँखों से सवाल किया: 'तुम रोती क्यों हो···? तुम्हें क्या हुआ है कि टपकने लगी हो?'

आँखों से किया हुआ सवाल चंद लम्हात तक उन आँसुओं में तैरता रहा, जो अब पलकों पर काँप रहे थे—सौगंधी इन आँसुओं में से देर तक उस ख़ला[20] को घूरती रही, जिधर सेठ की मोटर गई थी।

फड़ फड़ फड़…!

यह आवाज़ कहाँ से आई…? सौगंधी ने चौंककर इधर-उधर देखा लेकिन किसी को न पाया।

अरे, यह तो तेरा दिल फड़फड़ाया है—वह समझी थी, मोटर का इंजन बोला है।

उसका दिल…यह क्या हो गया है उसके दिल को?…आज यह क्या रोग लग गया है उसके दिल को?…अच्छा-भला चलता-चलता रुककर धड़-धड़ क्यों करने लगता है, बिलकुल उसके उस घिसे हुए रिकार्ड की तरह, जो सुई के नीचे घूमता-घूमता एक जगह आकर रुक जाता था और 'रात कटी गिन-गिन तारे' कहता-कहता 'तारे, तारे' की रट लगाने लगता था?

आसमान तारों से अटा हुआ था—सौगंधी ने उनकी तरफ़ देखा और कहा: "कितने सुंदर हैं…!" वह चाहती थी कि अपना ध्यान किसी और तरफ़ पलट दे, पर जब उसने 'सुंदर' कहा तो झट से यह ख़याल उसके दिमाग़ में कूदा: 'यह तारे तो सुंदर हैं, पर तू कितनी भौंडी है…अभी-अभी तो तेरी सूरत को फटकारा गया है।'

'सौगंधी, तू बदसूरत नहीं है…!' यह ख़याल आते ही वह तमाम अक्स एक-एक करके उसकी आँखों के सामने आने लगे, जो इन पाँच बरसों के दौरान में वह आईने में देख चुकी थी; इसमें शक नहीं कि उसका रंग-रूप अब वह नहीं रहा था, जो आज से पाँच साल पहले था, जब वह तमाम फ़िक्रों से आज़ाद अपने माँ-बाप के साथ रहा करती थी; लेकिन वह बदसूरत तो अब भी नहीं थी। उसकी शक्लो-सूरत उन आम औरतों की-सी थी, जिनकी तरफ़ मर्द गुज़रते-गुज़रते घूर के देख लिया करते हैं; उसमें वह तमाम ख़ूबियाँ मौजूद थीं, जो सौगंधी के ख़याल में हर मर्द उस औरत में ज़रूरी समझता है, जिसके साथ उसे एक-दो रातें बसर करना होती हैं। वह जवान थी और उसके आज़ा मुतनासिब[21] थे; कभी-कभी नहाते वक़्त जब उसकी निगाहें अपनी रानों पर पड़ती थीं तो वह ख़ुद उनकी गोलाई और गदराहट को पसंद किया करती थी। वह ख़ुश ख़ल्क़[22] थी; इन पाँच बरसों के दौरान में शायद ही कोई आदमी उससे नाख़ुश होकर गया हो। वह बड़ी मिलनसार और बड़ी रहमदिल थी; पिछले ही दिनों क्रिसमस में, जब वह गोलपेठा में रहा करती थी, एक नौजवान लड़का उसके पास आया था; सुबह उठकर जब उसने दूसरे कमरे में जाकर खूँटी से कोट उतारा तो बटवा ग़ायब पाया, सौगंधी का नौकर यह बटुआ ले उड़ा था; वह बेचारा बहुत परेशान हुआ; वह छुट्टियाँ गुज़ारने के लिए हैदराबाद से बंबई आया था और अब उसके पास वापस जाने के लिए एक पैसा भी न रहा था; सौगंधी ने तरस खाकर उसे उसके दस रुपए वापस दे दिए थे।

'मुझमें क्या बुराई है…?' सौगंधी ने यह सवाल हर उस चीज़ से किया, जो उसकी आँखों के सामने थी: गैस के अंधे लैंप, लोहे के खंबे, फ़ुटपाथ के चौकोर पत्थर और सड़क की उखड़ी हुई बजरी—इन सब चीज़ों की तरफ़ उसने बारी-बारी देखा; फिर उसने आसमान की तरफ़ निगाहें उठाईं, जो उसके ऊपर झुका हुआ था, मगर उसे कोई जवाब न मिला।

जवाब उसके अंदर मौजूद था; वह जानती थी कि वह बुरी नहीं, अच्छी हैं; पर वह चाहती थी, कि कोई उसकी ताईद करे⋯कोई⋯कोई⋯उस वक़्त उसके काँधों पर हाथ रखकर सिर्फ़ इतना कह दे : 'सौगंधी, कौन कहता है कि तू बुरी है⋯जो तुझे बुरा कहे, वह आप बुरा है⋯!'

'नहीं, यह कहने की भी कोई ख़ास ज़रूरत नहीं⋯किसी का इतना कह देना ही काफ़ी है कि सौगंधी, तू बहुत अच्छी है⋯!'

वह सोचने लगी कि वह क्यों चाहती है, कोई उसकी तारीफ़ करे; इससे पहले उसे इस बात की इतनी शिद्दत से ज़रूरत महसूस नहीं हुई थी—आज क्यों वह बेजान चीज़ों को भी ऐसी नज़रों से देख रही है, जैसे उन पर अपने अच्छे होने का एहसास तारी करना चाहती है; उसके जिस्म का ज़र्रा-ज़र्रा क्यों माँ बन रहा है; वह माँ बनकर धरती की हर शै को अपनी गोद में लेने के लिए क्यों तैयार हो रही है; उसका जी क्यों चाहता है कि सामनेवाले गैस के आहनी खंबे के साथ चिमट जाए और उसके सर्द लोहे पर अपने गाल रख दे⋯उसके गर्म-गर्म गाल लोहे की सारी सर्दी चूस लें।

थोड़ी देर के लिए उसे ऐसा महसूस हुआ कि गैस के अंधे लैंप, लोहे के खंबे, फ़ुटपाथ के चौकोर पत्थर और हर वह शै, जो रात के सन्नाटे में उसके आसपास है, हमदर्दी की नज़रों से उसे देख रही है, उसके ऊपर झुका हुआ आसमान भी, जो मटियाले रंग की मोटी चादर मालूम हो रहा था और जिसमें बेशुमार सुराख हो रहे थे, उसकी बातें समझ रहा है ? उसे ऐसा भी लग रहा था कि वह तारों का टिमटिमाना भी समझ रही है—लेकिन उसके अंदर यह क्या गड़बड़ है; वह क्यों अपने अंदर उस मौसम की फ़ज़ा महसूस कर रही है, जो बारिश से पहले देखने में आया करता है।

सौगंधी का जी चाह रहा था कि उसके जिस्म का हर मसाम खुल जाए और जो कुछ उसके अंदर उबल रहा है, मसामों के रास्ते बाहर निकल जाए, पर यह कैसे हो, कैसे हो ?

गली के नुक्कड़ पर वह ख़ेते डालनेवाले लाल भबके के पास खड़ी थी—हवा के तेज़ झोंके से उस भबके की आहनी ज़ुबान, जो उसके खुले हुए मुँह में लटकती रहती है, लड़ख़डाती तो सौगंधी की निगाहें यक ब यक उस तरफ़ उठ जातीं, जिधर मोटर गई थी मगर उसे कुछ नज़र न आता।

उसकी ज़बर्दस्त आरज़ू थी कि मोटर एक बार फिर आए और⋯और⋯'न आए⋯बला से⋯मैं अपनी जान क्यों बेकार हलकान करूँ⋯घर चलते हैं और आराम से लंबी तानकर सोते हैं⋯इन झगड़ों में रखा ही क्या है⋯मुफ़्त की दर्दसरी[23] ही तो है⋯चल सौगंधी, घर चल⋯ठंडे पानी का एक डोंगा पी और थोड़ा-सा बाम मलकर सो जा⋯फ़र्स्ट क्लास नींद आएगी और सब ठीक हो जाएगा⋯सेठ और उसकी मोटर की ऐसी-तैसी⋯' यह सोचते हुए उसके ख़यालात का बोझ हल्का हो गया, जैसे वह किसी ठंडे तालाब से नहा-धोकर बाहर निकली हो; जिस तरह पूजा करने के बाद उसका जिस्म हल्का हो जाता था, उसी तरह अब उसका जिस्म हल्का हो गया था—जब वह घर की तरफ़ चलने लगी तो ख़यालात का बोझ न होने के बायस उसके क़दम कई बार लड़खड़ाए।

जब वह अपने घर के पास पहुँची तो एक टीस के साथ फिर तमाम वाक़िआ उसके दिल में उठा और दर्द की तरह उसके रूएँ-रूएँ पर छा गया; उसके क़दम फिर बोझल हो गए और वह इस बात को शिद्दत के साथ महसूस करने लगी कि घर से बुलाकर, बाहर बाज़ार में, उसके मुँह पर रौशनी का चाँटा मारकर, एक आदमी ने उसकी अभी-अभी हतक[24] की है—इस ख़याल के आते ही उसने अपनी पसलियों पर किसी के सख़्त अँगूठे का दबाव महसूस किया, जैसे कोई उसे भेड़-बकरी समझते हुए सख़्ती से दबा-दबाकर देख रहा हो कि गोश्त भी है या बाल ही बाल हैं।

'उस सेठ ने⋯परमात्मा करे⋯' सौगंधी ने चाहा कि उस सेठ को बद्दुआ दे, मगर फिर उसने सोचा कि बद्दुआ देने से क्या बनेगा⋯मज़ा तो जब था कि वह सामने होता और वह उसके वुजूद के हर ज़र्रे पर लानतें लिखती⋯उसके मुँह पर कुछ ऐसे अल्फ़ाज़ कहती कि फिर वह ज़िंदगी भर बेचैन रहता⋯कपड़े फाड़कर उसके सामने नंगी हो जाती और कहती : 'यही लेने आया था न तू⋯ले, दाम दिए बिना ले ले इसे⋯पर जो कुछ मैं हूँ, जो कुछ मेरे अंदर छुपा हुआ है, वह तू तो क्या, तेरा बाप भी नहीं ख़रीद सकता⋯'

इंतिक़ाम[25] के नए-नए तरीके उसके ज़ेहन में आ रहे थे; अगर उस सेठ से एक बार⋯सिर्फ़ एक बार⋯उसकी मुठभेड़ हो जाए तो वह यह करे⋯नहीं, यह नहीं यह करे⋯। यूँ उससे इंतिक़ाम ले⋯नहीं, यूँ नहीं यूँ—वह सेठ उसे एक बार मिल जाए तो वह उसे एक छोटी-सी गाली ही दे दे⋯बस सिर्फ़ एक छोटी-सी गाली, जो सेठ की नाक पर चिपकू मक्खी की तरह बैठ जाए और हमेशा वहीं जमी रहे।

इसी उधेड़बुन में वह दूसरी मंज़िल पर अपनी खोली के पास पहुँच गई—चोली में से चाबी निकालकर उसने ताला खोलने के लिए हाथ बढ़ाया तो चाबी हवा ही में घूमकर रह गई।

कुंडे में ताला नहीं था—सौगंधी ने किवाड़ अंदर की तरफ़ धकेले तो हल्की-सी चरचराहट पैदा हुई।

अंदर से किसी ने कुंडी खोली तो दरवाज़े ने जम्हाई ली—सौगंधी अंदर दाख़िल हो गई।

माधो मूँछों में हँसा और दरवाज़ा बंद करके सौगंधी से कहने लगा : "तो आज तूने मेरा कहा मान ही लिया⋯सुबह की सैर तंदुरुस्ती के लिए बड़ी अच्छी होती है⋯हर रोज़ इसी तरह सुबह उठकर घूमने जाया करेगी तो तेरी सारी सुस्ती दूर हो जाएगी⋯और वह तेरी कमर का दर्द भी ग़ायब हो जाएगा, जिसकी बाबत तू आए दिन शिकायत किया करती है⋯विक्टोरिया गार्डन तक तो हो आई होगी तू⋯क्यों?"

सौगंधी ने कोई जवाब न दिया, और न ही माधो ने जवाब पाने की ख़्वाहिश ज़ाहिर की, दरअसल जब माधो बात किया करता था तो उसका मतलब यह नहीं होता था कि सौगंधी उस बात में ज़रूर हिस्सा ले, और जब सौगंधी कोई बात किया करती थी तो यह ज़रूरी नहीं होता था कि माधो उस बात में हिस्सा ले; चूँकि कोई न कोई बात करना होती थी, इसलिए दोनों में से एक कुछ न कुछ कह दिया करता था।

माधो बेंत की कुर्सी पर बैठ गया, जिसकी पुश्त पर उसके तेल से चिपड़े हुए सिर ने मैल

का एक बहुत बड़ा धब्बा बना रखा था। फिर वह टाँग पर टाँग रखकर अपनी मूँछों पर उँगलियाँ फेरने लगा।

सौगंधी पलंग पर बैठ गई और माधो से कहने लगी : "मैं आज तेरा ही इंतज़ार कर रही थी।"

माधो सटपटाया : "इंतज़ार···? तुझे कैसे मालूम हुआ कि मैं आज आनेवाला हूँ!"

सौगंधी के भिचे हुए लब खुले और उन पर एक पीली-सी मुसकराहट नुमूदार हुई : "मैंने रात तुझे सपने में देखा था···यकायक उठ बैठी तो कोई भी न था···सो जी ने कहा, चलो कहीं बाहर घूम आएँ···और···"

माधो ख़ुश होकर बोला : "और मैं आ गया···भई बड़े लोगों की बातें बड़ी पक्की होती हैं···किसी ने ठीक ही कहा है कि दिल को दिल से राह होती है···तूने यह सपना कब देखा था?"

सौगंधी ने जवाब दिया : "चार बजे के क़रीब···"

माधो कुर्सी पर से उठकर सौगंधी के पास बैठ गया : "और मैंने तुझे ठीक दो बजे सपने में देखा···जैसे तू फूलोंवाली साड़ी···अरे बिलकुल यही साड़ी पहने मेरे पास खड़ी है और तेरे हाथों में···क्या था तेरे हाथों में···हाँ तेरे हाथों में रुपयों से भरी हुई थैली थी···तूने वह थैली मेरी झोली में रख दी और कहा : 'माधो, तू चिंता क्यों करता है···ले यह थैली···अरे तेरे-मेरे रुपए क्या दो हैं···!' सौगंधी, तेरी जान की क़सम, बस फ़ौरन उठा और टिकट कटाकर इधर का रुख़ किया···क्या सुनाऊँ, बड़ी परेशानी है, बैठे-बिठाए एक केस हो गया है···अब बीस-तीस रुपए हों तो इंस्पेक्टर की मुट्ठी गरम करके छुटकारा मिले···थक तो नहीं गई तू···लेट जा···मैं तेरे पैर दबा देता हूँ···सैर की आदत न हो तो थकन हो ही जाया करती है···इधर मेरी तरफ़ पैर करके लेट जा···"

सौगंधी लेट गई—दोनों बाँहों का तकिया बनाकर वह उस पर सिर रखकर लेट गई और उस लहजे में, जो उसका अपना नहीं था, माधो से कहने लगी : "माधो, यह किस मुए ने तुझ पर केस किया है···जेल-वेल का डर हो तो मुझसे कह दे···बीस-तीस क्या, सौ-पचास भी ऐसे मौक़ों पर पुलिस के हाथ में थमा दिए जाएँ तो फ़ायदा अपना ही होता है···जान बची सो लाखों पाए···बस-बस अब जाने दे, थकन कुछ ज़्यादा नहीं है···मुट्ठी चापी छोड़ और मुझे सारी बात सुना···केस का नाम सुनते ही मेरा दिल धक-धक करने लगा है···वापस कब जाएगा तू···?"

माधो को सौगंधी के मुँह से शराब की बास आई। उसने यह मौक़ा अच्छा समझा और झट से कहा : "दोपहर की गाड़ी से वापस जाना पड़ेगा···अगर शाम तक इंस्पेक्टर को पचास-सौ न थमाए तो···ज़्यादा देने की ज़रूरत नहीं···मैं समझता हूँ, पचास में काम चल जाएगा।"

"पचास···" यह कहकर सौगंधी बड़े आराम से उठी और चार तसवीरों के पास आहिस्ता-आहिस्ता गई जो दीवार पर लटक रही थीं। बाएँ तरफ़ से तीसरे फ़्रेम में माधो की तसवीर थी; बड़े-बड़े फूलोंवाले परदे के आगे कुर्सी पर वह अपने दोनों घुटनों पर हाथ रखे

बैठा था; तसवीर उतरवाते वक़्त तसवीर उतरवाने का ख़याल माधो पर इस क़दर ग़ालिब था कि उसकी हर शै तसवीर से बाहर निकल-निकलकर पुकार रही थी : 'हमारा फोटो उतरेगा, हमारा फोटो उतरेगा !...' कैमरे की तरफ़ माधो आँखें फाड़-फाड़कर देख रहा था; ऐसा मालूम होता था कि फोटो उतरवाते वक़्त उसे बहुत तकलीफ़ हुई होगी।

सौगंधी खिलखिलाकर हँस पड़ी। उसकी हँसी कुछ ऐसी तीखी और नुकीली थी कि माधो को सुइयाँ-सी चुभने लगीं। पलंग पर से उठकर वह सौगंधी के पास गया : "किसकी तसवीर देखकर तू इस क़दर ज़ोर से हँसी है?"

सौगंधी ने बाएँ हाथ की पहली तसवीर की तरफ़ इशारा किया जो म्युनिसिपैलिटी के दारोग़ा-ए-सफ़ाई की थी : "इसकी... मुंशीपालटी के दारोग़ा की... ज़रा देख तो इसका थोबड़ा... कहता था, एक रानी उस पर आशिक़ हो गई थी... ऊँह, यह मुँह और मसूर की दाल..." यह कहकर सौगंधी ने फ्रेम को इस ज़ोर से खींचा कि दीवार में से कील भी पलस्तर समेत उखड़ आई।

माधो की हैरत अभी दूर न हुई थी कि सौगंधी ने फ्रेम को खिड़की से बाहर फेंक दिया, दो मंज़िलों से यह फ्रेम नीचे ज़मीन पर गिरा और फिर काँच टूटने की झनकार सुनाई दी—सौगंधी ने झनकार के उठते ही कहा : "रानी भंगन कचरा उठाने आएगी तो मेरे इस राजा को भी साथ ले जाएगी...!"

एक बार फिर उसी तीखी और नुकीली हँसी की फ़ुआर सौगंधी के होंठों से गिरना शुरू हुई, जैसे वह उन पर चाक़ू या छुरी की धार तेज़ कर रही हो।

माधो बड़ी मुश्किल से मुसकराया, फिर वह हँसा : "ही-ही-ही..."

सौगंधी ने दूसरा फ्रेम भी नोच लिया और खिड़की से बाहर फेंक दिया : "इस साले का यहाँ क्या मतलब है...? भौंडी शकल का कोई आदमी यहाँ नहीं रहेगा... क्यों माधो?"

माधो फिर बड़ी मुश्किल से मुसकराया और हँसा : "ही-ही-ही..."

एक हाथ से सौगंधी ने पगड़ीवाले की तसवीर उतारी और दूसरा हाथ उस फ्रेम की तरफ़ बढ़ाया, जिसमें माधो का फ़ोटो जड़ा था।

माधो अपनी जगह पर सिमट गया, जैसे सौगंधी का हाथ उसकी तरफ़ बढ़ रहा हो।

एक सैकेंड में फ्रेम कील समेत सौगंधी के हाथ में था।

ज़ोर का कहक़हा लगाकर सौगंधी ने 'ऊँह' की और दोनों फ्रेम एक साथ खिड़की में से बाहर फेंक दिए।

दो मंज़िलों से जब दोनों फ्रेम ज़मीन पर गिरे और काँच टूटने की आवाज़ आई तो माधो को ऐसा मालूम हुआ कि उसके अंदर कोई चीज़ टूट गई है। बड़ी मुश्किल से उसने हँसकर कहा : "यह तूने अच्छा किया... मुझे भी यह फ़ोटो पसंद नहीं था।"

सौगंधी आहिस्ता-आहिस्ता माधो के पास आई और कहने लगी : "तुझे यह फ़ोटो पसंद नहीं था... पर मैं पूछती हूँ, तुझमें ऐसी कौन-सी चीज़ है, जो किसी को पसंद आ सकती है... यह तेरी पकौड़ा-ऐसी नाक, यह तेरा बालों भरा माथा, यह तेरे सूजे हुए नथुने, यह तेरे मुड़े हुए कान, यह तेरे मुँह की बास, यह तेरे बदन का मैल... तुझे अपना फ़ोटो पसंद नहीं था,

ऊँह··· पसंद क्यों होता··· तेरे ऐब जो छुपा रखे थे इसने··· आजकल ज़माना ही ऐसा है··· जो ऐब छुपाए, वही बुरा···"

माधो पीछे हटता गया। आख़िर जब वह दीवार के साथ जा लगा तो उसने अपनी आवाज़ में ज़ोर पैदा करके कहा : "देख सौगंधी, मुझे ऐसा दिखाई देता है कि तूने फिर से अपना धंधा शुरू कर दिया है··· अब मैं तुझसे आख़िरी बार कहता हूँ···"

सौगंधी ने माधो की बात काट दी और माधो के लहजे में कहना शुरू किया : "अगर तूने फिर से अपना धंधा शुरू किया तो बस तेरी-मेरी टूट जाएगी··· अगर तूने फिर किसी को अपने यहाँ ठहराया तो मैं चुटिया से पकड़कर तुझे बाहर निकाल दूँगा··· इस महीने का ख़र्च मैं तुझे पूना पहुँचते ही मनीआर्डर कर दूँगा··· हाँ, क्या भाड़ा है इस खोली का ?"

माधो चकरा गया।

सौगंधी ने अब अपनी आवाज़ में कहना शुरू किया : "मैं बताती हूँ··· पंद्रह रुपए भाड़ा है इस खोली का··· और दस रुपए भाड़ा है मेरा··· और जैसा कि तुझे मालूम है, ढाई रुपए दल्लाल के··· बाक़ी रहे साढ़े सात, रहे ना साढ़े सात··· इन साढ़े सात रुपयों में मैंने तुझे ऐसी चीज़ देने का वचन दिया था, जो मैं तुझे दे ही नहीं सकती थी और तू ऐसी चीज़ लेने आया था, जो तू ले ही नहीं सकता था··· तेरा और मेरा नाता ही क्या था, कुछ भी नहीं··· बस दस रुपए तेरे और मेरे बीच में बज रहे थे··· पहले तेरे और मेरे बीच में दस रुपए बजते थे, आज पचास रुपए बज रहे हैं··· तू भी इनका बजना सुन रहा है और मैं भी इनका बजना सुन रही हूँ··· यह तूने अपने बालों का क्या सत्यानास कर रखा है!" यह कहकर सौगंधी ने माधो की टोपी उँगली से एक तरफ़ उड़ा दी।

माधो को सौगंधी की यह हरकत बहुत नागवार गुज़री। उसने बड़े कड़े लहजे में कहा : "सौगंधी··· !"

सौगंधी ने माधो की जेब से रूमाल निकालकर सूँघा और फिर फ़र्श पर फेंक दिया : "यह चिथड़े, यह चिंदियाँ··· उफ़, कितनी बास आती है··· उठा के बाहर फेंक इनको···"

माधो चिल्लाया : "सौगंधी···"

सौगंधी ने तेज़ लहजे में कहा : "सौगंधी के बच्चे, तू आया किसलिए है यहाँ··· तेरी माँ रहती है इस जगह, जो तुझे पचास रुपए देगी या तू कोई ऐसा बड़ा गबरू जवान है, जो मैं तुझ पर आशिक़ हो गई हूँ··· कुत्ते, कमीने, मुझ पर रोब गाँठता है··· मैं तेरी दबैल हूँ क्या··· भिखमंगे··· तू अपने आपको समझ क्या बैठा है··· मैं पूछती हूँ, तू है कौन··· चोर या गठकतरा··· इस वक़्त तू मेरे मकान में करने क्या आया था ?··· बुलाऊँ पुलिस को··· पूना में तुझ पर केस हो न हो, यहाँ तुझ पर एक केस मैं खड़ा कर दूँगी···"

माधो सहम गया। दबे हुए लहजे में वह सिर्फ़ इस क़दर कह सका : "सौगंधी, तुझे हो क्या गया है ?"

"तेरी माँ का सिर··· तू होता कौन है मुझसे ऐसे सवाल करनेवाला ?··· भाग यहाँ से, वरना···" सौगंधी की बुलंद आवाज़ सुनकर उसका ख़ारिशज़दा कुत्ता, जो सूखे हुए चप्पलों पर मुँह रखे सो रहा था, हड़बड़ाकर उठ बैठा और उसने माधो की तरफ़ मुँह

उठाकर भौंकना शुरू कर दिया—कुत्ते के भौंकने के साथ ही सौगंधी ज़ोर से हँसने लगी।

माधो डर गया। गिरी हुई टोपी उठाने के लिए वह झुका तो उसे सौगंधी की गरज सुनाई दी : "ख़बरदार⋯पड़ी रहने दे वहीं⋯तू जा, तेरे पूना पहुँचते ही मैं इसे मनीआर्डर कर दूँगी⋯" यह कहकर सौगंधी ज़ोर से हँसी और हँसते-हँसते कुर्सी पर बैठ गई।

उसके ख़ारिशज़दा कुत्ते ने भौंक-भौंककर माधो को कमरे से बाहर निकाल दिया।

माधो को सीढ़ियाँ उतारकर जब कुत्ता अपनी टुंड-मुंड दुम हिलाता सौगंधी के पास वापस आया और उसके क़दमों के पास बैठकर अपने कान फड़फड़ाने लगा तो सौगंधी चौंकी।

उसने अपने चारों तरफ़ एक हौलनाक सन्नाटा देखा, ऐसा सन्नाटा, जो उसने पहले कभी न देखा था; उसे ऐसा लगा कि हर शै ख़ाली है; जैसे मुसाफ़िरों से लदी हुई रेलगाड़ी सब स्टेशनों पर मुसाफ़िरों को उतारकर अब लोहे के शेड में बिलकुल अकेली खड़ी है।

यह ख़ला, जो अचानक सौगंधी के अंदर पैदा हो गया था, उसे बहुत तकलीफ़ दे रहा था, उसने काफ़ी देर तक इस ख़ला को भरने की कोशिश की, मगर बेसूद[26]; वह एक ही वक़्त में बेशुमार ख़यालात अपने दिमाग़ में ठूँसती थी, मगर बिलकुल छलनी का-सा हिसाब था; इधर वह दिमाग़ को पुर करती थी, उधर वह ख़ाली हो जाता था।

बहुत देर तक वह बेंत की कुर्सी पर बैठी रही—सोच-विचार के बाद भी जब उसको अपना दिल परचाने का कोई तरीक़ा न मिला तो उसने अपने ख़ारिशज़दा कुत्ते को गोद में उठाया और सागवान के चौड़े पलंग पर उसे पहलू में लिटाकर सो गई।

---

1. परिश्रम; 2. बेमेल; 3. शराब; 4. सिलवटें पड़ा हुआ; 5. अदृश्य; 6. सुरक्षित; 7. बहुत अधिक; 8. उपेक्षा; 9. अंग; 10. पक्का इरादा; 11. तेज़ी; 12. योग्यता; 13. फिर भी; 14. भाव; 15. लगान; 16. थूक; 17. निःसहायता; 18. दृष्टि की सीमा; 19. पसीने में तर; 20. शून्य; 21. सुडौल; 22. अच्छे स्वभाव की; 23. झंझट; 24. बेइज़्ज़ती; 25. बदला; 26. व्यर्थ।

मम्मी

नाम उसका मिसेज़ स्टैला जैक्सन था, मगर सब उसे मम्मी कहते थे।

वह-दरमियाने क़द की, अधेड़ उम्र की औरत थी—उसका ख़ाविंद जैक्सन पिछली जंगे-अज़ीम[1] में मारा गया था और उसकी पैंशन स्टैला को पिछले चंद बरसों से मिल रही थी।

वह पूना में कैसे आई, कब से वहाँ थी? इसके मुताल्लिक़ मुझे कुछ मालूम नहीं—दरअसल मैंने उसके महल्ले-वुक़ूअ[2] के मुताल्लिक़ कभी जानने की कोशिश ही नहीं की थी; वह इतनी दिलचस्प औरत थी कि उससे मिलकर सिवाय उसकी जात के और किसी चीज़ से दिलचस्पी नहीं रहती थी; उससे कौन वाबस्ता है, इसके बारे में जानने की ज़रूरत ही महसूस नहीं होती थी।

मम्मी पूना के हर ज़र्रे से वाबस्ता थी; हो सकता है, मेरी बात में एक हद तक मुबालग़ा[3] हो, पूना मेरे लिए वही पूना है, उसके ज़र्रे वही ज़र्रे हैं, जिनके साथ मेरी चंद यादें मुंसलिक[4] हैं; और मम्मी की अजीबो-ग़रीब शख़्सियत हर एक ज़र्रे में मौजूद है।

मम्मी से मेरी पहली मुलाक़ात पूना ही में हुई।

मैं निहायत सुस्तउलवुजूद[5] इंसान हूँ, यूँ सैरो-सैयाहत[6] की बड़ी-बड़ी उमंगें मेरे दिल में मौजूद हैं, आप मेरी बातें सुनें तो समझेंगे कि मैं अनक़रीब कंचनचंघा या हिमालय की इसी क़िस्म के नाम की किसी और चोटी को सर[7] करने के लिए निकलनेवाला हूँ; ऐसा हो सकता है, मगर यह ज्यादा अग़लब[8] है कि मैं चोटी सर करने के बाद वहीं का हो रहूँ—ख़ुदा मालूम मैं कितने बरस से बंबई में था, आप इससे अंदाज़ा लगा सकते हैं कि जब मैं पूना गया तो मेरी बीवी मेरे साथ थी, एक लड़का पैदा होकर क़रीब-क़रीब चार बरस पहले मर भी चुका था; इस दौरान में... ठहरिए मैं हिसाब लगा लूँ... बस आप यह समझ लीजिए कि मैं कोई आठ बरस से बंबई में था, मगर इस दौरान में मुझे बंबई का विक्टोरिया गार्डन और म्यूज़ियम देखने की भी तौफ़ीक़[9] नहीं हुई थी।

यह तो महज़ इत्तिफ़ाक़ था कि मैं एकदम पूना जाने के लिए तैयार हो गया—मैं जिस फ़िल्म कंपनी में मुलाज़िम था, उसके मालिकों से एक निकम्मी-सी बात पर दिल में नाराज़ी पैदा हो गई और मैंने सोचा कि तकद्दुर[10] दूर करने के लिए पूना हो आऊँ; वह भी इसलिए कि पास था और वहाँ मेरे चंद दोस्त रहते थे।

हमें प्रभातनगर जाना था, जहाँ फ़िल्मों का मेरा एक पुराना साथी रहता था—स्टेशन से

बाहर आकर मालूम हुआ कि प्रभातनगर काफ़ी दूर है, मगर हम ताँगा ले चुके थे।

सुस्तरौ चीज़ों से मेरी तबीयत सख़्त घबराती है, मगर मैं अपने दिल से कदूरत[11] दूर करने के लिए पूना आया था, इसलिए मुझे प्रभातनगर पहुँचने में कोई उजलत[12] नहीं थी—पूना के ताँगे बहुत ही वाहियात क़िस्म के हैं, अलीगढ़ के इक्कों से भी ज़्यादा वाहियात; हर वक़्त गिरने का ख़तरा लगा रहता है; घोड़ा आगे चलता है और सवारियाँ पीछे।

अभी गर्द से अटे हुए एक-दो बाज़ार ही उफ़्ताँ-ख़ैज़ाँ[13] तय हुए थे कि मेरी तबीयत घबरा गई। मैंने अपनी बीवी से मश्वरा किया कि ऐसी सूरत में क्या करना चाहिए। उसने कहा कि धूप तेज़ है और जितने भी ताँगे दिखाई दिए हैं, सभी इसी क़िस्म के हैं; ताँगा छोड़ दिया तो पैदल चलना पड़ेगा और पैदल चलना ताँगे की सवारी से ज़्यादा तकलीफ़देह होगा—मैंने बीवी से इख़्तिलाफ़[14] मुनासिब न समझा कि धूप वाक़ई तेज़ थी।

ताँगा कोई एक फ़र्लांग और आगे बढ़ा होगा कि पास से उसी हवन्नक[15] टाइप का एक और ताँगा गुज़रा—मैंने उस ताँगे को सरसरी तौर पर देखा ही था कि एकदम कोई चीख़ा : "ओय मंटो के घोड़े!"

मैं चौंक पड़ा—चड्ढा था, एक घिसी हुई मेम के साथ, दोनों जुड़ के बैठे हुए थे—मेरा पहला रद्दे-अमल इंतिहाई अफ़सोस का था कि चड्ढे की जमालियाती हिस[16] कहाँ गई, जो ऐसी लाल लगामी के साथ बैठा हुआ है; उम्र का ठीक अंदाज़ा तो मैं उस वक़्त न लगा सका था, मगर उस औरत की झुर्रियाँ मुझे पाउडर और रूज की तहों में से साफ़ नज़र आ गई थीं; उसका मेकअप इतना शोख़ था कि मेरी बसारत[17] को सख़्त कोफ़्त हुई थी।

चड्ढे को मैंने एक अर्से[18] के बाद देखा था, वह मेरा बेतकल्लुफ़ दोस्त था; 'ओए मंटों के घोड़े' के जवाब में यक़ीनन मैंने भी कुछ इसी क़िस्म का नारा बुलंद किया होता, मगर चड्ढे के साथ उस औरत को देखकर मेरी सारी बेतकल्लुफ़ी झुर्रियाँ-झुर्रियाँ हो गई।

हम दोनों ने अपने-अपने ताँगे रुकवाए।

"मम्मी, जस्ट ए मिनट···" चड्ढे ने अँग्रेज़ी में उस औरत से कहा और ताँगे से कूदकर मेरी तरफ़ हाथ बढ़ाते हुए चीख़ा : "तुम···? तुम यहाँ ?" फिर उसने अपना बढ़ा हुआ हाथ बड़ी बेतकल्लुफ़ी से मेरी पुरतकल्लुफ़ बीवी से मिलाते हुए कहा : "भाभीजान, आपने कमाल कर दिया···इस गुल मुहम्मद को आख़िर आप खींचकर यहाँ ले ही आईं!"

मैंने पूछा : "तुम जा कहाँ रहे हो?"

चड्ढे ने ऊँचे सुरों में कहा : "एक काम से जा रहा हूँ···तुम ऐसा करो···" वह एकदम पलटकर मेरे ताँगेवाले से मुख़ातिब हुआ : "देखो, साहब को हमारे घर ले जाओ···किराया-विराया मत लेना इनसे···" फिर फ़ौरन ही निबटने के अंदाज़ में उसने मुझसे कहा : "अब तुम जाओ···नौकर घर में होगा···बाक़ी तुम ख़ुद देख लेना।" और फुदककर वह अपने ताँगे में उस बूढ़ी मेम के साथ बैठ गया, जिसको उसने मम्मी कहा था।

'मम्मी, जस्ट ए मिनट' से मुझे यकगूना तस्कीन[19] हुई थी, बल्कि यूँ समझिए कि वह बोझ, जो एकदम दोनों को साथ-साथ देखकर मेरे सीने पर आन पड़ा था, काफ़ी हद तक हल्का हो गया था।

चड्ढे का ताँगा चल पड़ा—मैंने अपने ताँगेवाले से कुछ न कहा।

तीन या चार फ़र्लांग चलकर हमारा ताँगा एक डाकबँगलानुमा क़िस्म की इमारत के पास रुक गया।

ताँगेवाले ने कहा : "आइए साहब!"

मैंने पूछा : "कहाँ?"

उसने जवाब दिया : "चड्ढा साहब का मकान यही है।"

"ओह..." मैंने सवालिया नज़रों से अपनी बीवी की तरफ़ देखा—उसके तेवर बता रहे थे कि वह चड्ढे के मकान के हक़ में नहीं है; सच पूछिए तो वह पूना ही आने के हक़ में नहीं थी; उसको यक़ीन था कि पूना में मुझे पीने-पिलानेवाले दोस्त मिल जाएँगे; तकद्दुर दूर करने का बहाना मेरे पास पहले ही से मौजूद है, इसलिए दिन-रात उड़ेगी—मैं ताँगे से उतर गया; अपना छोटा-सा अटैची केस उठाने के बाद मैंने अपनी बीवी से कहा : "चलो, आओ।"

वह ग़ालिबन मेरे तेवरों से जान गई थी कि उसे हर हालत में मेरा फ़ैसला क़बूल करना होगा, उसने हीलो-हुज्जत[20] न की और ख़ामोशी से मेरे साथ चल पड़ी।

बहुत मामूली क़िस्म का मकान था: ऐसा मालूम होता था कि मिलिट्रीवालों ने आरिज़ी[21] तौर पर एक छोटा-सा बँगला बनवाया था, थोड़े दिन इस्तेमाल किया और फिर छोड़कर चलते बने—चूने और गच का काम बड़ा कच्चा था, जगह-जगह से पलस्तर उखड़ा हुआ था।

मकान का अंदरूनी हिस्सा वैसा ही था, जैसा कि एक बेपरवा कुँवारे का हो सकता है; जो फ़िल्मों का हीरो हो और ऐसी कंपनी में मुलाज़िम हो, जहाँ माहाना[22] तनख़्वाह हर तीसरे महीने मिलती हो और वो भी कई क़िस्तों में।

मुझे पूरा एहसास था कि वह औरत, जो बीवी हो, ऐसे गंजे माहौल में यक़ीनन परेशानी और घुटन महसूस करेगी—मैंने सोचा कि चड्ढा आ जाए तो उसके साथ हम प्रभातनगर चलें, वहाँ फ़िल्मों का मेरा एक पुराना साथी रहता है; उसकी बीवी और बाल-बच्चे भी हैं; वहाँ के माहौल में मेरी बीवी क़हर दरवेश बर-जाने-दरवेश[23] दो-तीन दिन गुज़ार सकती है।

चड्ढे का नौकर भी अजीब लाउबाली[24] आदमी था—जब हम घर में दाख़िल हुए तो सब दरवाज़े खुले हुए थे और वह मौजूद नहीं था; जब वह आया तो उसने हमारी मौजूदगी का कोई नोटिस ही न लिया, जैसे हम सालहासाल[25] से वहीं बैठे हों और अभी सालहासाल वहीं बैठे रहने का इरादा रखते हों—जब वह कमरे में दाख़िल होकर हमें देखे बग़ैर पास से गुज़र गया तो मैं समझा कि शायद वह कोई मामूली-सा ऐक्टर है, जो चड्ढे के साथ रहता है; जब मैंने उससे नौकर के बारे में इस्तिफ़सार[26] किया तो मालूम हुआ कि वही ज़ाते-शरीफ़[27] चड्ढा साहब के चहीते मुलाज़िम हैं।

मुझे और मेरी बीवी, हम दोनों को प्यास लग रही थी—हमने नौकर से पानी लाने को कहा तो वह गिलास ढूँढने लगा।

बड़ी देर के बाद उसने एक टूटा हुआ मग अलमारी के नीचे से निकाला और

बड़बड़ाया : ''रात एक दर्जन गिलास साहब ने मँगवाए थे… मालूम नहीं, किधर गए !''

मैंने उसके हाथ में पकड़े हुए शिकस्ता[28] मग की तरफ़ इशारा किया : ''क्या आप इसमें तेल लेने जा रहे हैं ?''

'तेल लेने जाना' बंबई का एक ख़ास मुहावरा है, मेरी बीवी मुहावरे का मतलब न समझी और हँस पड़ी; नौकर किसी क़दर बौखला गया : ''नहीं साहब, मैं… मैं तपास[29] कर रहा था कि गिलास कहाँ हैं ?''

मेरी बीवी ने नौकर को पानी लाने से मना कर दिया—उसने वह टूटा हुआ मग वापस अलमारी के नीचे इस अंदाज़ से रखा, जैसे वही उसकी जगह हो, जैसे अगर उसे कहीं और रख दिया गया तो घर का सारा निज़ाम[30] दरहम-बरहम[31] हो जाएगा; फिर वह यूँ कमरे से बाहर निकल गया, जैसे उसको मालूम हो कि हमारे मुँह में कितने दाँत हैं।

मैं पलंग पर बैठा हुआ था, जो ग़ालिबन चड्ढे का था; कुछ दूर, ज़रा एक तरफ़ दो आरामकुर्सियाँ पड़ी थीं और उनमें से एक पर मेरी बीवी बैठी पहलू बदल रही थी ! काफ़ी देर तक हम दोनों ख़ामोश रहे।

फिर चड्ढा आ गया; वह अकेला था; उसको इस बात का क़तअन एहसास नहीं था कि हम उसके मेहमान हैं और हमारी ख़ातिरदारी उस पर लाज़िम[32] है—कमरे के अंदर दाख़िल होते ही उसने मुझसे कहा : ''दैट इज़ दैट… तो तुम आ ही गए ओल्ड ब्वॉय… आओ ज़रा स्टूडियो तक हो आएँ… तुम साथ होगे तो एडवांस मिलने में आसानी हो जाएगी… आज शाम को…'' मेरी बीवी पर उसकी नज़र पड़ी तो वह रुक गया; फिर खिलखिलाकर हँसने लगा : ''भाभीजान, कहीं आपने इसे मौलवी तो नहीं बना दिया ?…'' फिर वह और ज़ोर से हँसा : ''मौलवियों की ऐसी-तैसी… उठो मंटो… भाभीजान यहाँ बैठती हैं, हम अभी आ जाएँगे…।''

मेरी बीवी जलकर पहले ही कोयला हो चुकी थी, अब बिलकुल राख हो गई—मैं उठा और चड्ढे के साथ हो लिया; मुझे मालूम था कि वह थोड़ी देर पेचो-ताब खाएगी और फिर सो जाएगी, और यही हुआ। स्टूडियो पास ही था; चड्ढा ने किसी मेहता जी के सिर चढ़कर एक अफ़रा-तफ़री में दो सौ रुपए वुसूल किए और हम पौन घंटे के अंदर-अंदर वापिस घर लौट आए—हमने देखा कि मेरी बीवी आरामकुर्सी पर बड़े आराम से सो रही है।

हमने उसे बेआराम करना मुनासिब न समझा और दूसरे कमरे में चले गए, जो कबाड़ख़ाने से मिलता-जुलता था; उस कमरे में जो चीज़ भी मौजूद थी, हैरतअंगेज़ तरीक़े पर टूटी हुई थी और सब टूटी हुई चीज़ें मज्मूई[33] तौर पर एक सालिमगी[34] इख़्तियार कर चुकी थीं—हर शै गर्द आलूद थी और उस आलूदगी में एक ज़रूरीपन था, जैसे गर्द की मौजूदगी उस कमरे की बोहेमी[35] फ़ज़ा की तक्मील[36] के लिए लाज़िमी हो।

चड्ढे ने फ़ौरन ही अपने नौकर को ढूँढ निकाला और उसे सौ रुपए का नोट देकर कहा : ''चीन के शहज़ादे, दो बोतलें थर्ड क्लास रम की ले आओ और निस्फ़[37] दर्जन गिलास…''

यह मुझे बाद में मालूम हुआ कि थर्ड क्लास रम का मतलब थ्री एक्स रम है; यह भी मुझे बाद में मालूम हुआ कि उसका नौकर सिर्फ़ चीन ही का नहीं, दुनिया के हर मुल्क का

शहज़ादा है—चड्ढे की ज़बान पर जिस मुल्क का नाम आ जाता, उसका नौकर उसी मुल्क का शहज़ादा बन जाता—चीन का शहज़ादा सौ का नोट उँगलियों में खड़खड़ाता हुआ चला गया।

चड्ढे ने टूटे हुए स्प्रिंगोंवाले पलंग पर बैठकर अपने होंठ थ्री एक्स रम के इस्तिक़बाल[38] में चटख़ारते हुए कहा : "दैट इज़ दैट... तो आफ़्टर ऑल तुम इधर आ ही निकले..." फिर वह एकदम मुतफ़क्किर[39] हो गया : "यार, भाभी का क्या होगा... वह तो घबरा जाएगी..."

चड्ढा बग़ैर बीवी के था, मगर उसको दूसरों की बीवियों का बहुत ख़याल रहता था; वह उनका इस क़दर एहतिराम[40] करता था कि सारी उम्र कुँआरा रहना चाहता था। वह कहा करता था : 'यार, शायद यह मेरा एहसासे-कमतरी[41] है कि मैं अभी तक इस नेमत से महरूम[42] हूँ... जब कभी शादी का सवाल उठता है, मैं फ़ौरन तैयार हो जाता हूँ... लेकिन बाद में यह सोचकर कि अगर मेरी शादी हो गई तो मैं दोस्तों की बीवियों का एहतिराम कैसे कर पाऊँगा, मैं सारी तैयारी कोल्ड स्टोरेज में डाल देता हूँ...'

रम फ़ौरन ही आ गई और गिलास भी; चड्ढे ने छः गिलास मँगवाए थे, लेकिन चीन का शहज़ादा तीन लाया था कि तीन रास्ते में टूट गए थे; चड्ढे ने ख़ुदा का शुक्र किया कि बोतलें सलामत रहीं—उसने एक बोतल जल्दी-जल्दी खोलकर कुँआरे गिलासों में डाली और कहा : तुम्हारे पूना आने की ख़ुशी में।"

हमने लंबे-लंबे घूँट भरे और गिलास ख़ाली कर दिए।

दूसरा दौर शुरू करके वह उठा और दूसरे कमरे में जाकर देख आया कि मेरी बीवी अभी तक सो रही है—उसको बहुत तरस आ रहा था; कहने लगा : "मैं शोर मचाता हूँ... उनकी नींद खुल जाएगी... फिर ऐसा करेंगे, लेकिन ठहरो... पहले मैं चाय मँगवा लूँ..." उसने रम का एक छोटा-सा घूँट भरा और नौकर को आवाज़ दी : "जमेका के शहज़ादे!"

जमेका का शहज़ादा फ़ौरन ही आ गया।

चड्ढे ने कहा : "देखो, मम्मी से कहो, एकदम फ़र्स्ट क्लास चाय तैयार करके भेज दे... एकदम!"

जमेका का शहज़ादा चला गया तो चड्ढे ने अपना गिलास ख़ाली किया और फिर एक शरीफ़ाना पैग बनाकर कहा : "मैं फ़िलहाल ज़्यादा नहीं पियूँगा... पहले चार पैग मुझे बहुत जज़्बाती बना देते हैं... मुझे भाभी को छोड़ने तुम्हारे साथ प्रभातनगर जाना है..."

आधे घंटे के बाद चाय आ गई—बहुत साफ़-सुथरे बर्तन थे और बड़े सलीक़े से ट्रे में चुने हुए थे।

चड्ढे ने टीकोज़ी उठाकर चाय की ख़ुशबू सूँघी और मसर्रत[43] का इज़हार किया : "मम्मी इज़ ए ज्वैल[44]...!" फिर उसने इथोपिया के शहज़ादे पर बरसना शुरू कर दिया; उसने इतना शोर मचाया कि मेरे कान बिलबिला उठे; इसके बाद उसने ट्रे उठाई और मुझसे कहा : "आओ...।"

मेरी बीवी जाग रही थी।

चड्ढे ने ट्रे बड़ी सफ़ाई से शिकस्ता तिपाई पर रखी और मुअद्दबाना[45] कहा : "चाय हाज़िर है बेगम साहब !"

मेरी बीवी को यह मज़ाक़ पसंद न आया—उसने चाय की दो प्यालियाँ पी लीं कि बर्तन वग़ैरह साफ़-सुथरे थे और चाय अच्छी थी।

दो प्यालियाँ पीने के बाद उसको कुछ फरहत[46] पहुँची तो उसने हम दोनों से मुख़ातिब होकर मानीख़ेज़ लहजे में कहा : "आप तो अपनी चाय शायद पहले ही पी चुके हैं।"

मैंने कोई जवाब न दिया, मगर चड्ढे ने झुककर बड़े ईमानदाराना तौर पर कहा : "जी हाँ, यह ग़लती हमसे सरज़द[47] हो चुकी है...लेकिन हमें यक़ीन था कि आप हमारी ग़लती ज़रूर माफ़ कर देंगी..."

मेरी बीवी मुसकराई तो वह खिलखिला के हँस पड़ा : "हम दोनों बहुत ऊँची नस्ल के सुअर हैं, जिन पर हर हराम शै हलाल है... चलिए, अब हम आपको मस्जिद तक छोड़ आएँ !"

मेरी बीवी को फिर चड्ढे का मज़ाक़ पसंद न आया—दरअसल मेरी बीवी को चड्ढे ही से नफ़रत थी, बल्कि यूँ कहिए कि उसको मेरे हर दोस्त से नफ़रत थी; और चड्ढा तो बिलख़ुसूस[48] उसे बहुत खलता था कि वह एहतिराम के बावजूद बाज़ औक़ात बेतकल्लुफ़ी की हुदूद[49] फाँद जाता था; मगर चड्ढे को इसकी कोई परवाह नहीं थी; मेरा ख़याल है, उसने कभी इसके बारे में सोचा ही नहीं था, वह ऐसी फ़ुज़ूल बातों में दिमाग़ ख़र्च करना एक ऐसी इनडोर गेम समझता था, जो लूडो से कई गुना लायानी[50] है।

उसने मेरी बीवी के जले-भुने तेवरों को बड़ी हश्शाश-बश्शाश[51] आँखों से देखा और नौकर को आवाज़ दी : "कबाबिस्तान के शहज़ादे...एक अदद ताँगा लाओ, रोल्ज़ रॉयस क़िस्म का !"

कबाबिस्तान का शहज़ादा चला गया और साथ ही चड्ढा भी।

तख़लिया[52] मिला तो मैंने अपनी बीवी को समझाया कि कबाब होने की कोई ज़रूरत नहीं, इंसान की ज़िंदगी में ऐसे लम्हात आ ही जाया करते हैं, जो वहमो-गुमान में भी नहीं होते; उनको बसर करने का सबसे अच्छा तरीक़ा यही है कि उनको गुज़र जाने दिया जाए—लेकिन हस्बे-मामूल मेरी बीवी ने मेरी इस कंफ़्यूशिसयाना[53] नसीहत को पल्ले न बाँधा और बड़बड़ाती रही।

इतने में कबाबिस्तान का शहज़ादा रोल्ज़ रॉयस क़िस्म का ताँगा लेकर आ गया और हम प्रभातनगर के लिए रवाना हो गए।

और यह बहुत ही अच्छा हुआ कि फ़िल्मों का मेरा पुराना साथी घर में मौजूद नहीं था: हाँ उसकी बीवी थी—चड्ढे ने मेरी बीवी मेरे पराने साथी की बीवी के सिपुर्द की और कहा : "ख़रबूज़ा, ख़रबूज़े को देखकर रंग पकड़ता है... बीवी, बीवी को देखकर रंग पकड़ती है, और यह हम अभी हाज़िर होकर देखेंगे..." फिर वह मुझसे मुख़ातिब हुआ : "चलो मंटो, स्टूडियो में तुम्हारे पुराने साथी को पकड़ें।"

चडढा कुछ ऐसी अफ़रा-नफ़री मचा दिया करता था कि मुख़ालिफ़[54] क़ुव्वतों[55] को

सोचने-समझने का बहुत कम मौक़ा मिलता था—उसने मेरा बाज़ू पकड़ा और मुझे बाहर खींच लाया—मेरी बीवी देखती ही रह गई।

ताँगे में सवार होकर उसने कुछ सोचने के-से अंदाज़ में कहा : "यह तो हो गया... अब प्रोग्राम क्या बने..." फिर खिलखिलाकर हँस पड़ा : "मम्मी... ग्रेट मम्मी !"

मैं चड्ढे से पूछने ही वाला था : 'यह मम्मी किस तोतनख़ आमोन[56] की औलाद है' कि उसने बातों का कुछ ऐसा सिलसिला शुरू कर दिया कि मेरा इस्तिफ़सार[57] ग़ैर तबई[58] मौत मर गया।

ताँगा वापस उसी डाकबँगलानुमा इमारत के पास पहुँच गया, जिसका नाम सईदा काटेज था, मगर चड्ढा जिसको कबीदा[59] काटेज कहता था, इसलिए कि उसमें रहनेवाले, सबके-सब, कबीदा ख़ातिर रहते थे, हालाँकि यह ग़लत था, जैसा कि मुझे बाद में मालूम हुआ।

उस काटेज में काफ़ी आदमी रहते थे, जबकि बादियुन्नज़र[60] में वह जगह बिलकुल ग़ैर आबाद मालूम होती थी; सबके-सब उसी फ़िल्म कंपनी में मुलाज़िम थे, जो महीने की तनख़्वाह हर तीसरे महीने देती थी और वह भी कई क़िस्तों में—एक-एक करके जब उस काटेज के साकिनों[61] से मेरा तआरुफ़[62] हुआ तो मुझे पता चला कि सब असिस्टैंट डायरेक्टर थे; कोई चीफ़ असिस्टेंट डायरेक्टर था तो कोई उसका नायब और कोई नायब दर नायब; हर दूसरा किसी पहले का असिस्टेंट था और अपनी ज़ाती फ़िल्म कंपनी की बुनियादें उस्तुवार[63] करने के लिए सरमाया फ़राहम[64] करने की कोशिश कर रहा था, पोशिश[65] और वज्अ-क़त्अ[66] के एतिबार से हर एक हीरो मालूम होता था—कंट्रोल का ज़माना था, मगर किसी के पास राशनकार्ड नहीं था; हर वह चीज़, जो थोड़ी-सी तकलीफ़ के बाद कम क़ीमत पर दस्तेयाब[67] हो सकती थी, यह लोग ब्लैक मार्केट से ख़रीदते थे; फ़िल्म ज़रूर देखते थे; रेस का मौसम हो तो रेस ज़रूर खेलते थे, वरना सट्टा; जीतते 'शाज़ोनादिर[68]' थे, मगर हारते हर रोज़ थे।

सईदा काटेज की आबादी बहुत गुंजान थी; जगह कम थी, इसलिए मोटर गैरेज भी रिहाइश के लिए इस्तेमाल होता था—उस मोटर गैरेज में एक फ़ैमिली रहती थी; शीरीं नाम की एक औरत थी, जिसका ख़ाविंद शायद महज़ यकसानियत[69] तोड़ने के लिए असिस्टेंट डायरेक्टर नहीं था, हालाँकि वह उसी फ़िल्म कंपनी में मुलाज़िम था; वह मोटर ड्राइवर था; मालूम नहीं, वह काटेज में कब आता था, और काटेज से कब जाता था कि मैंने उस शरीफ़ आदमी को वहाँ कभी नहीं देखा। शीरीं के बत्न से एक छोटा-सा लड़का था, जिसको काटेज के तमाम साकिन फ़ुर्सत के औक़ात में प्यार करते थे; शीरीं जो क़बूल सूरत थी, अपना बेशतर वक़्त गैरेज के अंदर गुज़ारती थी।

काटेज का मुअज़्ज़ज़[70] हिस्सा चड्ढे और उसके दो साथियों के पास था; यह दोनों भी ऐक्टर थे, मगर हीरो नहीं थे, इनमें एक सईद था, जिसका फ़िल्मी नाम रंजीत कुमार था—चड्ढा कहा करता था : 'सईदा काटेज इसी ख़रज़ात[71] के नाम की रिआयत से मशहूर है... दरअसल इसका नाम कबीदा काटेज ही था..." सईद ख़ुशशक्ल था और बहुत कम

गो; चड्ढा उसे **कछुवा** कहा करता था, इसलिए कि वह हर काम बहुत आहिस्ता-आहिस्ता करता था... दूसरे ऐक्टर का नाम मालूम नहीं क्या था, मगर सब उसे ग़रीबनवाज़ कहते थे; वह हैदराबाद के एक मुतमव्विल[72] घराने से ताल्लुक़ रखता था और ऐक्टिंग के शौक़ में वह पूना चला आया था; तनख़्वाह उसकी ढाई सौ रुपए माहवार मुक़र्रर थी; एक बरस हो गया था उसे मुलाज़िम हुए, मगर इस दौरान में उसने सिर्फ़ एक दफ़ा ढाई सौ रुपए बतौर एडवांस लिए थे; वह भी चड्ढे के लिए कि चड्ढे पर एक बड़े ख़ूँख़्वार पठान के क़र्ज़ की अदाइगी लाज़िम हो गई थी; 'अदबे-लतीफ़[73]' क़िस्म की इबारत में फ़िल्मी कहानियाँ लिखना उसका शग़ल था, कभी-कभी शेर भी मौज़ूँ कर लेता था; काटेज का हर शख़्स उसका मक़रूज़[74] था—ग़ुल **बरादरान** अक़ील और शकील थे; दोनों किसी असिस्टेंट **डायरेक्टर के असिस्टेंट थे और बरअक्स निहिद नामे-ज़ंगी काफ़ूर की ज़र्बुलमसल के** इबताल की कोशिश में हमातन[75] मसरूफ़[76] रहते थे—बड़े तीन, यानी चड्ढा, सईद और ग़रीबनवाज़ हर वक़्त शीरीं का ख़याल रखते थे; वे तीनों एक साथ गैरेज में नहीं जाते थे; तीनों जब काटेज के बड़े कमरे में जमा होते तो उनमें से एक उठकर गैरेज में चला जाता और गैरेज में बैठकर शीरीं से घरेलू मामलात पर बातचीत करता रहता; बाक़ी दोनों अपने अशग़ाल[77] में मसरूफ़ रहते—जो असिस्टेंट क़िस्म के लोग थे, वह शीरीं का हाथ बँटाया करते थे, कभी बाज़ार से सौदा-सुलफ़ ला दिया, कभी लांड्री में कपड़े धुलने दे आए और कभी रोते बच्चे को बहला दिया—सईदा काटेज के साकिनों में कबीदा ख़ातिर कोई भी न था; सबके-सब मसरूर[78] थे, उनमें से कभी कोई अपनी कबीदगी[79] का, अपने हालात की नामुसाअदत[80] का ज़िक्र करता भी था तो बड़े शादाँ-ओ-फरहाँ[18] अंदाज़ में—इसमें कोई शक नहीं कि उन सबकी ज़िंदगी बहुत दिलचस्प थी।

हम काटेज के गेट में दाख़िल हुए ही थे कि ग़रीबनवाज़ काटेज से बाहर निकलता हुआ दिखाई दिया... चड्ढे ने उसकी तरफ़ ग़ौर से देखा और अपनी जेब में हाथ डालकर कई नोट निकाले और गिने बग़ैर ग़रीबनवाज़ को दे दिए : "चार बोतलें स्कॉच की... कमी आप पूरी कर दीजिएगा, बेशी हो तो मुझे वापस मिल जाए।"

ग़रीबनवाज़ के हैदराबादी होंठों पर गहरी साँवली मुसकराहट नुमूदार हुई।

चड्ढा खिलखिलाकर हँस पड़ा और मेरी तरफ़ देखकर उसने ग़रीबनवाज़ से कहा : "यह मिस्टर वन टू हैं, लेकिन इनसे मुफ़स्सल[82] मुलाक़ात की इजाज़त इस वक़्त नहीं मिल सकती... यह रम पिए हुए हैं... शाम को स्कॉच आ जाए तो... लेकिन आप जाइए!"

ग़रीबनवाज़ चला गया तो हम काटेज में दाख़िल हुए।

चड्ढे ने एक ज़ोर की जम्हाई ली और रम की बोतल उठाई जो निस्फ़ से ज़्यादा ख़ाली थी, उसने रौशनी में मिक़दार[83] का सरसरी अंदाज़ा किया और नौकर को आवाज़ दी : "क़ज़ाक़िस्तान के शहज़ादे..." जब क़ज़ाक़िस्तान का शहज़ादा नुमूदार न हुआ तो चड्ढे ने अपने गिलास में एक बड़ा पैग डालते हुए कहा : "ज़्यादा पी गया है कमबख़्त!" गिलास चढ़ाकर वह कुछ फ़िक्रमंद हो गया : "यार, तुम भाभी को ख़्वाहमख़्वाह ले आए... ख़ुदा की क़सम, मुझे अपने सीने पर एक बोझ-सा महसूस हो रहा है..." फिर उसने ख़ुद ही अपने को

तस्कीन[84] दी : ''मेरा ख़याल है, वह बोर नहीं होंगी वहाँ ?''

मैंने कहा : ''हाँ, वहाँ रहकर वह मेरे क़त्ल का फ़ौरी इरादा नहीं कर सकती...'' मैंने अपने गिलास में थोड़ी-सी रम डाली, जिसका ज़ाइक़ा बुसे हुए गुड़ की तरह था।

जिस कबाड़ख़ाने में हम बैठे हुए थे, उसमें सलाख़ोंवाली दो खिड़कियाँ थीं, जिनसे बाहर का ग़ैर आबाद हिस्सा नज़र आता था—खिड़की से किसी के ब-आवाज़े-बुलंद[85] चड्ढा का नाम लेकर पुकारने की आवाज़ सुनाई दी तो मैं चौंक पड़ा, मैंने गर्दन घुमाकर देखा तो म्यूज़िक डायरेक्टर वनकुतरे दिखाई दिया—कुछ समझ में नहीं आता था कि वनकुतरे किस नस्ल का है; मंगोली है, आर्य है, या क्या बला है; कभी-कभी उसके किसी ख़द्दोख़ाल[86] को देखकर आदमी किसी नतीजे पर पहुँचने ही वाला होता था कि तक़ाबुल[87] में कोई और ऐसा नक़्श नज़र आ जाता था कि फ़ौरन ही नए सिरे से ग़ौर करना पड़ जाता था; वैसे वह मरहटा था, मगर शिवाजी की तीखी नाक के बजाय उसके चेहरे पर बड़े हैरतनाक तरीक़े पर मुड़ी हुई चपटी नाक थी, जो उसके ख़याल के मुताबिक़ उन सुरों के लिए बहुत ज़रूरी थी, जिनका ताल्लुक़ बराहे-रास्त नाक से होता है।

वनकुतरे ने मुझे देखा तो चिल्लाया : ''मंटो... मंटो सेठ!'' चड्ढे ने वनकुतरे से भी ज़्यादा ऊँची आवाज़ में चिल्लाकर कहा : ''सेठ की ऐसी-तैसी... चल अंदर आ...!''

वनकुतरे फ़ौरन अंदर आ गया—उसने अपनी जेब में से हँसते हुए रम की एक बोतल निकाली और तिपाई पर रख दी : ''मैं साला उधर मम्मी के पास गया... वह बोला, तुम्हारा फ्रैंड आयला... मैं बोला, साला यह फ्रैंड कौन होने को सकता है... साला मालूम न था, साला मंटो है...''

चड्ढे ने वनकुतरे के कद्दू-ऐसे सिर पर एक धौल जमाई : ''अब चिपक साले के... तू रम ले आया, बस ठीक है।''

वनकुतरे ने अपना सिर सहलाया और मेरा खाली गिलास उठाकर अपने लिए पैग तैयार किया : ''मंटो, यह साला सुबह मिलते ही कहने लगा, आज पीने को जी चाहता है... मैं एकदम कड़का... सोचा क्या करूँ...''

चड्ढे ने एक और धप्पा वनकुतरे के सिर पर जमाया : ''चुप बे... जैसे तूने कुछ सोचा ही होगा...''

''सोचा नहीं तो साला यह इतनी बड़ी बाटली कहाँ से आ गया... तेरे बाप ने दिया मुझको ?...'' और वनकुतरे ने एक ही जुरऐ[88] में अपना गिलास ख़ाली कर दिया।

चड्ढे ने वनकुतरे की बात सुनी-अनसुनी कर दी और पूछा : ''तू यह बता, मम्मी क्या बोली... ? पोली थी वहाँ... ? ऐलमा कब आएगी... ? और हाँ, वह प्लैटीनम ब्लौंड...?''

वनकुतरे ने जवाब में कुछ कहना चाहा, मगर चड्ढे ने मेरा बाज़ू पकड़कर फ़ौरन ही कहना शुरू कर दिया : ''मंटो, ख़ुदा की क़सम, क्या चीज़ है... सुना करते थे कि एक शै प्लैटीनम ब्लौंड भी होती है, मगर देखने का इत्तिफ़ाक़ कल हुआ... बाल, जैसे चाँदी के महीन तार... ग्रेट... ख़ुदा की क़सम मंटो, बहुत ग्रेट... मम्मी ज़िंदाबाद...।'' फिर चड्ढे ने क़हरआलूद निगाहों से वनकुतरे की तरफ़ देखा और कड़ककर कहा : ''कनकुतरे के बच्चे,

नारा क्यों नहीं लगाता ... मम्मी ज़िंदाबाद ... ।''

चड्ढे और वनकुतरे, दोनों ने मिलकर 'मम्मी ज़िंदाबाद' के कई नारे लगाए—इसके बाद वनकुंतरे ने फिर चड्ढे के सवालों का जवाब देना चाहा, मगर चड्ढे ने उसे ख़ामोश कर दिया : ''छोड़ यार, मैं जज़्बाती हो गया हूँ ... इस वक़्त मैं यह सोच रहा हूँ कि आम तौर पर माशूक़ के बाल सियाह होते हैं, जिन्हें काली घटा से तश्बीह[89] दी जाती रही है ... मगर यहाँ कुछ और ही सिलसिला है ...'' फिर वह मुझसे मुख़ातिब हो गया : ''मंटो, बड़ी गड़बड़ हो गई है ... उसके बाल चाँदी के तारों-जैसे हैं ... चाँदी का रंग भी नहीं कहा जा सकता ... मालूम नहीं, प्लैटीनम का रंग कैसा होता है ... मैंने यह धात देखी नहीं है ... कुछ अजीब-सा रंग है उसके बालों का ... फ़ौलाद और चाँदी को मिला दिया जाए तो शायद ...''

''और उसमें साली थोड़ी-सी थ्री एक्स रम मिक्स कर दी जाए ...'' वनकुतरे ने दूसरा पेग ख़त्म किया ।

चड्ढे ने भिन्नाकर वनकुतरे को एक फ़रबाअंदाम[90] गाली दी : ''बकवास न कर ...'' फिर चड्ढे ने बड़ी रहमअंगेज़ नज़रों से मेरी तरफ़ देखा : ''मैं वाक़ई जज़्बाती हो गया हूँ ... हाँ वह रंग ... खुदा की क़सम, लाजवाब रंग है ... वह तुमने देखा है, वह जो मछलियों के पेट पर होता है ... नहीं-नहीं, मछली के पूरे जिस्म पर होता है ... पौमफ़्रेट मछली ... उसके वह क्या होते हैं ... नहीं-नहीं ... साँपों के ... साँपों के वह नन्हे-नन्हे खपरे ... हाँ खपरे ... बस उनका रंग ... खपरे ... यह नाम मुझे एक हिंदुस्तोड़े ने बताया था ... इतनी ख़ूबसूरत चीज़ और ऐसा वाहियात नाम ... पंजाबी में हम इन्हें चाने कहते हैं ... चाने में चनचनाहट है ... वही ... बिलकुल वही जो उसके बालों में है ... उसकी लटें नन्ही-नन्ही सँपोलियाँ मालूम होती हैं जो लोट लगा रही हों ...'' चड्ढा एकदम उठ बैठा : ''सँपोलियों की ऐमी-तैमी ... मैं जज़्बाती हो गया हूँ !''

वनकुतरे ने बड़े भोले अंदाज़ में पूछा : ''वह क्या होता है ?''

चड्ढे ने जवाब दिया : ''सेंटीमेंटल ... लेकिन साला तू क्या समझेगा, बालाजी बाजी राव और नाना फ़ड़नवीस की औलाद ... !''

वनकुतरे ने अपने लिए एक और पैग बनाया और मुझसे मुख़ातिब हुआ : ''यह साला चड्ढा समझता है, मैं इंगलिश नहीं समझता हूँ ... साला मैं मैटरीकुलेट हूँ ... साला मेरा बाप मुझसे बहुत मुहब्बत करता था ... उसने ...''

चड्ढे ने चिड़कर कहा : ''उसने तुझे तानसेन बना दिया ... उसने तेरी नाक मरोड़ दी कि तेरे अंदर से नकोड़े सुर आसानी से निकल सकें ... बचपन ही में उसने तुझे ध्रुपद सिखा दिया था ... और दूध पीने के लिए तू मियाँ की तोड़ी में रोया करता था ... और तूने पहली बात पट दीपकी में की थी और तेरा बाप ... और तेरा बाप जगत उस्ताद था, बैजू बावरे के भी कान काटता था ... और तू आज अपने बाप के कान काटता है ... इसीलिए तेरा नाम कनकुतरे है ...'' फिर चड्ढा मुझसे कहने लगा : ''मंटो, यह साला जब भी पीता है, अपने बाप की तारीफ़ें शुरू कर देता है ... इसका बाप इससे मुहब्बत करता था तो साला उसने मुझ पर क्या एहसान किया ... उसने साला इसको मैट्रिकुलेट बना दिया तो साला क्या मैं अपनी बी.ए. की डिग्री

फाड़ के फेंक दूँ...''

वनकुतरे ने चड्ढे की बौछार की मुदाफ़अत[91] करनी चाही, मगर चड्ढे ने उसको बोलने ही न दिया : ''चुप रह कनकुतरे... मैं कह चुका हूँ कि मैं सेंटीमेंटल हो गया हूँ... हाँ वह रंग... पौमफ़्रेट मछली के... नहीं-नहीं, साँप के नन्हे-नन्हे खपरे... बस उन्हीं का रंग... मम्मी ने ख़ुदा मालूम अपनी बीन पर कौन-सा राग बजाकर उस नागिन को बाहर निकाला है...''

वनकुतरे ने कुछ सोचते हुए कहा : ''तुम पेटी मँगाओ, मैं बजाता हूँ...''

चड्ढा खिलखिलाकर हँसने लगा : ''बैठ बे मैट्रिकुलेट के चाकोलेट...'' उसने रम की बोतल में से रम के बाक़ियात अपने गिलास में उँडेले और मुझसे कहा : ''मंटो, अगर यह प्लैटीनम ब्लौंड न पटी तो मिस्टर चड्ढा हिमालय पहाड़ की किसी ऊँची चोटी पर धूनी रमाकर बैठ जाएँगे...'' और उसने गिलास ख़ाली कर दिया।

वनकुतरे ने अपनी लाई हुई बोतल खोलनी शुरू की : ''मंटो, मुलगी एकदम चाँगली है...''

मैंने कहा : ''कभी देख लेंगे!''

चड्ढा फ़ौरन बोला : ''कभी क्यों, आज ही... आज रात मैं एक पार्टी दे रहा हूँ... यह बहुत ही अच्छा हुआ मंटो कि तुम आ गए और तुम्हारी वजह से श्री एक सौ आठ मेहता जी ने एडवांस भी दे दिया, वर्ना बड़ी मुश्किल हो जाती... आज की रात... आज की रात...'' और चड्ढे ने बड़े भौंडे सुरों में गाना शुरू कर दिया : ''आज की रात साज़े दर्द न छेड़...!''

वनकुतरे म्यूज़िक डायरेक्टर बेचारा चड्ढे की इस ज़्यादती पर सदाए-एहतिजाज[92] बुलंद करने ही वाला था कि ग़रीबनवाज़ और रंजीत कुमार आ गए।

दोनों के पास स्कॉच की दो-दो बोतलें थीं—दोनों ने बोतलें हिफ़ाज़त से एक किनारे पर रख दीं।

रंजीत कुमार से मेरे अच्छे-ख़ासे मरासिम[93] थे, मगर बेतकल्लुफ़ी नहीं थी; थोड़ी देर हमने 'आप कब आए?', 'आज ही आया' ऐसी रस्मी गुफ़्तगू की और फिर गिलास टकराकर पीने में मशग़ूल हो गए।

चड्ढा वाक़ई बहुत जज़्बाती हो गया था; अब वह हर बात में उस प्लैटीनम ब्लौंड का ज़िक्र ले आता था।

रंजीत कुमार रम की चौथाई बोतल चढ़ा गया था; ग़रीबनवाज़ ने तीन तगड़े पैग पी लिए थे, नशे के मामले में उन सबकी सतह अब तक़रीबन एक-जैसी थी—मैं तहम्मुल[94] से, धीरे-धीरे बहुत ज़्यादा पीने का आदी हूँ, इसीलिए मेरे जज़्बात मो'तदिल[95] थे।

मैंने उनकी गुफ़्तगू से अंदाज़ा लगाया कि वे चारों उस लड़की पर बहुत बुरी तरह फ़रेफ़्ता[96] हैं, जो मम्मी ने कहीं से पैदा की है—उस नायाब दाने का नाम फ़ीलस था और वह पूना के किसी हेयर ड्रैसिंग सैलून में मुलाज़िम थी, उसकी उम्र चौदह-पंद्रह बरस के क़रीब थी और आम तौर पर उसके साथ एक हीजड़ानुमा लड़का लगा रहता था—ग़रीबनवाज़ तो यहाँ तक उस पर गर्म था कि हैदराबाद में अपने हिस्से की जायदाद बेचकर दाँव पर लगाने के लिए तैयार था; चड्ढे के पास तुरप का सिर्फ़ एक पत्ता था, उसका क़बूल सूरत होना,

वनकुतरे का बज़ोमे-ख़ुद[97] यह ख़याल था कि उसकी पेटी सुनकर वह परी शीशे में उतर आएगी; और रंजीत कुमार जारिहाना[98]इक़दाम[99] ही को कारगर समझता था—लेकिन सब यही सोचते थे कि देखें, मम्मी किस पर मेहरबान होती है—इन सब बातों से मैंने यह अंदाज़ा लगाया था कि उस प्लैटीनाम ब्लौंड को, जिसका नाम फ़ीलस था, वह औरत, जिसे मैंने चड्ढा के साथ ताँगे में देखा था, किसी एक के हवाले कर सकती है।

फ़ीलस की बातें करते-करते चड्ढे ने अचानक अपनी घड़ी देखी और मुझसे कहा : ''जहन्नम में जाए वह लौंडिया···चलो यार, भाभी वहाँ कबाब हो रही होंगी···यार, मैं कहीं वहाँ भी सेंटीमेंटल न हो जाऊँ···ख़ैर तुम सँभाल लेना···'' अपने गिलास के आख़िरी चंद क़तरे हलक़ में टपकाकर उसने नौकर को आवाज़ दी : ''मिस्र के शहज़ादे···''

ममियों के मुल्क मिस्र का शहज़ादा आँखें मलता हुआ नमूदार हुआ, जैसे किसी ने उसको सदियों के बाद खोद-खाद के बाहर निकाला हो।

चड्ढे ने उसके चेहरे पर मेरे गिलास में से रस के कई छींटे मारे और कहा : ''दो अदद ताँगे लाओ, जो मिस्री रथ मालूम हों···''

ताँगे आ गए और हम चारों उन पर लदकर प्रभातनगर रवाना हो गए।

फ़िल्मों का मेरा पुराना साथी हरीश घर पर मौजूद था और मेरा इंतज़ार कर रहा था—उस दूर-दराज़ जगह पर भी उसने मेरी बीवी की ख़ातिर मुदारात[100] में कोई दक़ीक़ा[101]-फ़िरोगुज़ाश्त[102] नहीं किया था।

चड्ढे ने आँखों के इशारे से हरीश को सारा मामला समझा दिया और यह बहुत कारआमद साबित हुआ।

हरीश ने औरतों का माहिरे-नफ़सियात[103] बनकर हम सबकी मौजूदगी में बड़ी पुरलुत्फ़ बातें कीं और फिर यकायक मेरी बीवी से दरख़्वास्त की कि वह उसकी शूटिंग देखने चले, जो उसी रात होनेवाली थी।

मेरी बीवी ने, जिसका वक़्त हरीश के घर में कुछ अच्छा ही कटा था, पूछा : ''कोई गाना फ़िल्मा रहे हैं आप ?''

हरीश ने जवाब दिया : ''जी नहीं···गाना तो कल फ़िल्माया जाएगा···तो ठीक है, आप कल चलिएगा···!''

हरीश की बीवी, जो शूटिंग देख-देखकर और दिखा-दिखाकर आजिज़[104] आ चुकी थी, ने फ़ौरन मेरी बीवी से कहा : ''हाँ कल ठीक रहेगा···आज तो वैसे भी आपको सफ़र की थकन होगी!''

हम सबने इत्मीनान का साँस लिया।

हरीश ने फिर कुछ देर तक पुरलुत्फ़ बातें कीं और आख़िर में मुझसे कहा : ''चलो यार, तुम मेरे साथ चलो···'' उसने मेरे तीनों साथियों की तरफ़ देखा : ''मंटो मेरे साथ चल रहा है···हमारे सेठ साहब को एक कहानी की ज़रूरत है और मैं मंटो के बारे में बात कर चुका हूँ।''

मैंने अपनी बीवी की तरफ़ देखा : ''भई, इनसे इजाज़त ले लो।''

मेरी बीवी जाल में फँस चुकी थी; उसने कहा : "मैंने बांबे से चलते वक़्त इनसे कहा भी था कि अपना डाकूमेंट केस साथ ले चलिए, पर इन्होंने मेरी एक न मानी ... अब यह कहानी क्या सुनाएँगे!"

हरीश ने फ़ौरन कहा : "यार, तुम भी अजीब ग़ैर ज़िम्मेदार आदमी हो ... कहानी ज़बानी सुना सकते हो?"

मैंने इत्मीनान से कहा : "हाँ, ऐसा हो सकता है!"

फिर चड्ढे ने ड्रामे में तक्मीली[105] टच दिया : "तो भई, हम चलते हैं ... कल मिलेंगे ..." और वह तीनों सलाम-नमस्ते वग़ैरह करके चले गए।

थोड़ी देर के बाद मैं और हरीश बाहर निकले।

ताँगों के अड्डे के बाहर चड्ढे ने हमें देखते ही ज़ोर का नारा लगाया : "राजा हरीश चंद्र, ज़िंदाबाद ..."

हरीश के सिवा हम चारों मम्मी के घर की तरफ़ रवाना हो गए ... हरीश को अपनी एक दोस्त के हाँ जाना था।

वह भी एक काटेज थी, शक्लो-सूरत और साख़्त के एतिबार से सईदा काटेज-जैसी मगर इतनी साफ़-सुथरी कि मम्मी के सलीक़े और क़रीने का पता चलता था; फ़र्नीचर मामूली था, मगर जो चीज़ जहाँ थी, सजी हुई थी—प्रभातनगर से चलते वक़्त मैंने सोचा था कि कोई क़हबाख़ाना होगा, मगर उस घर की किसी चीज़ से भी बसारत[106] को यह शक नहीं होता था; वह घर वैसा ही शरीफ़ाना था, जैसा कि एक औसत दर्जे के ईसाई का घर होता है, बल्कि वह घर मम्मी की उम्र के मुक़ाबले में जवान दिखाई देता था; उस पर वह मेकअप नहीं था, जो मैंने मम्मी के झुर्रियोंवाले चेहरे पर देखा था।

जब मम्मी ड्राइंगरूम में आई थी तो मैंने सोचा था कि गिर्दो-पेश की जितनी चीज़ें हैं, वे आज की नहीं; बहुत बरसों की हैं, वे वैसी की वैसी पड़ी रही हैं, उनकी उम्र वहीं की वहीं रही है, सिर्फ़ मम्मी उनके आगे निकलकर बूढ़ी हो गई है—जब मैंने मम्मी के गहरे और शोख़ मेकअप की तरफ़ देखा था तो मेरे दिल में न जाने क्यों यह ख़्वाहिश पैदा हुई थी कि वह भी अपने गिर्दो-पेश के माहौल की तरह संजीदा-ओ-मतीन तौर पर जवान बन जाए।

चड्ढे ने मम्मी से मेरा तआरुफ़ कराया, जो बहुत मुख़्तसर था; और इख़्तिसार ही के साथ उसने मम्मी के मुताल्लिक़ मुझसे कहा : "यह मम्मी है ... दी ग्रेट मम्मी ...!"

मम्मी अपनी तारीफ़ सुनकर मुसकरा दी; मेरी तरफ़ देखकर उसने चड्ढे से अंग्रेज़ी में कहा : "तुमने चाय मँगवाई थी; हस्बे-मामूल निहायत अफ़रा-तफ़री में ... मालूम नहीं, उन्हें पसंद भी आई होगी या नहीं ..." फिर वह मुझसे मुख़ातिब हुई : "मिस्टर मंटो, मैं बहुत शर्मिंदा हूँ ... असल में सारा क़ुसूर तुम्हारे दोस्त का है, जो मेरा नाक़ाबिले-इस्लाह[107] लड़का है ..."

मैंने मुनासिबो-मौज़ूँ अल्फ़ाज़ में चाय की तारीफ़ की और शुक्रिया अदा किया।

मम्मी ने मुझे फ़ुज़ूल की तारीफ़ से मना किया और चड्ढे से कहा : "रात का खाना

तैयार है और यह मैंने इसलिए तैयार किया है कि तुम ऐन वक़्त के वक़्त मेरे सिर पर सवार हो जाओगे...''

चड्ढे ने मम्मी को गले से लगा लिया : ''यू आर ए ज्वैल मम्मी... यह खाना अब हम खाएँगे...''

मम्मी ने चौंककर पूछा : ''क्या मतलब...? नहीं, हरगिज़ नहीं।''

चड्ढे ने कहा : ''हम मिसेज़ मंटो को प्रभातनगर छोड़ आए हैं।''

मम्मी चिल्लाई : ''ख़ुदा तुम्हें ग़ारत करे...यह तुमने क्या किया?''

चड्ढा खिलखिलाकर हँसा : ''आज रात पार्टी जो होनेवाली थी...''

''वह तो मैंने मिसेज़ मंटो को देखते ही अपने दिल में कैंसिल कर दी थी...''

मम्मी ने अपना सिगरेट सुलगाया।

चड्ढे का दिल डूब गया : ''अब ख़ुदा तुम्हें ग़ारत करे... और यह सब प्लान हमने सिर्फ़ इस पार्टी के लिए बनाया था...'' वह कुर्सी पर यासज़दा[108] होकर बैठ गया और कमरे के हर ज़र्रे से मुख़ातिब होकर कहने लगा : ''लो, सारे ख़्वाब मलियामेट हो गए... प्लैटीनम ब्लौंड... औंधे साँप के नन्हे-नन्हे खपरों-जैसे रंगवाले बाल...'' एकदम वह उठा और उसने मम्मी को बाज़ुओं से पकड़ लिया : ''कैंसिल की थी... अपने दिल में कैंसिल की थी ना...लो मैं तुम्हारे दिल पर साद[109] बना देता हूँ...'' और उसने मम्मी के दिल के मक़ाम पर अपनी एक उँगली से बहुत बड़ा साद बना दिया और बाआवाज़े बुलंद पुकारा : ''हुर्रे...''

मम्मी मुताल्लिक़ा[110] लोगों को इत्तिला पहुँचा चुकी थी कि पार्टी मनसूख़[111] हो चुकी है। मैंने महसूस किया कि वह चड्ढे को दिलगीर करना नहीं चाहती है—उसने बड़ी शफ़क़त[112] से चड्ढे के गाल थपथपाए और कहा : ''तुम फ़िक्र न करो, मैं अभी इंतज़ाम करती हूँ...'' और वह इंतज़ाम करने बाहर चली गई।

चड्ढे ने ख़ुशी का एक नारा बुलंद किया और वनकुतरे से कहा : ''जनरल वनकुतरे, जाओ हैड-क्वार्टर्ज़ से सारी तोपें ले आओ...''

वनकुतरे ने सैल्यूट किया और हुक्म की तामील के लिए चला गया।

सईदा काटेज बिलकुल पास थी। वनकुतरे दस मिनट के अंदर-अंदर स्कॉच की बोतलें लेकर वापस आ गया; उसके साथ चड्ढे का नौकर भी था।

चड्ढे ने नौकर को देखा तो उसका इस्तिक़बाल किया : ''आओ आओ, कोहेक़ाफ़ के शहज़ादे...वह साँप के खपरों-जैसे रंग के बालोंवाली लौंडिया आ रही है... तुम भी क़िस्मत आज़माई कर लेना।''

रंजीत कुमार और ग़रीबनवाज़, दोनों को चड्ढे की यह 'सलाए आम है याराने-नुक्ता दाँ के लिए'[113] वाली बात बहुत नागवार मालूम हुई—दोनों ने मुझसे कहा कि यह चड्ढे की बहुत बेहूदगी है; इस बेहूदगी को उन्होंने बहुत महसूस किया था—चड्ढा हस्बे-आदत अपनी हाँकता रहा और वे दोनों एक कोने में बैठे एक-दूसरे से अपने-अपने दुख का इज़हार करते रहे।

चड्ढा, वनकुतरे, ग़रीबनवाज़, और रंजीत कुमार, चारों ड्राइंगरूम में मौजूद थे; मम्मी

ड्राइंगरूम में मौजूद नहीं थी—मैं सोच रहा था कि यह सब छोटे-छोटे बच्चे हैं और इनकी माँ इनके लिए खिलौने लाने बाहर गई हुई है; यह सब मुंतज़िर हैं; एक बच्चा चड्ढा मुतमइन है कि सबसे बढ़िया और अच्छा खिलौना उसे ही मिलेगा, इसलिए कि वह माँ का चहीता है; दो बच्चों का ग़म एक-जैसा है, इसलिए कि वह एक-दूसरे के मुनिस[114] बन गए हैं, चौथा बच्चा बस यूँही अलग पड़ा हुआ है; और वह प्लैटीनम ब्लौंड ··· वह एक छोटी-सी गुड़िया के मानिंद है।

हर फ़ज़ा, हर माहौल की अपनी मौसीकी होती है—उस वक़्त जो मौसीक़ी मेरे दिल के कानों तक पहुँची थी, उसमें कोई सुर इश्तिआल-अंगेज़[115] नहीं था; हर शै, माँ और उसके बच्चों और उनके बाहमी रिश्ते की तरह क़ाबिले-फ़हम[116] और यक़ीनी थी।

मैंने जब मम्मी को ताँगे में चड्ढे के साथ देखा था तो मेरी जमालियाती हिस[117] को सद्मा पहुँचा था; अब मुझे अफ़सोस हुआ कि मेरे दिल में उन दिनों के मुताल्लिक़ वाहियात ख़याल पैदा हुए थे; लेकिन एक सवाल अब भी मुझे बार-बार सता रहा था कि वह इतना शोख़ मेकअप क्यों करती है, जो उसकी झुरियों की तौहीन है; उस ममता की तज़हीक[118] है, जो उसके दिल में चड्ढे, ग़रीबनवाज़, रंजीत कुमार और वनकुतरे के लिए मौजूद है ··· और ख़ुदा मालूम और किस-किसके लिए।

बातों-बातों में चड्ढे से मैंने पूछा : "यार, यह तो बताओ, तुम्हारी मम्मी इतना शोख़ मेकअप क्यों करती हैं?"

"इसलिए कि दुनिया हर शोख़ चीज़ को पसंद करती है ··· तुम्हारे और मेरे-जैसे उल्लू इस दुनिया में बहुत कम बसते हैं, जो मद्धम सुर और मद्धम रंग पसंद करते हैं ··· जो जवानी को बचपन के रूप में नहीं देखना चाहते, जो बुढ़ापे पर जवानी का मुलम्मा पसंद नहीं करते ··· हम जो ख़ुद को आर्टिस्ट कहते हैं, उल्लू के पट्ठे हैं ··· मैं तुम्हें एक दिलचस्प वाक़िआ सुनाता हूँ ··· बैसाखी का मेला था, तुम्हारे अमृतसर में ··· रामबाग़ के उस बाज़ार में, जहाँ टखयाइयाँ रहती हैं, दो जवान जाट गुज़र रहे थे ··· एक सेहतमंद जवान ने, खालिस दूध और मक्खन पर पले हुए जवान ने, जिसकी नई जूती उसकी लाठी पर टँगी बाज़ीगरी कर रही थीं, ऊपर एक कोठे की तरफ़ देखा ··· निहायत वाहियात रंगों में लिपी-पुती एक सियाहफ़ाम टखयाई को देखकर, जिसकी तेल में चुपड़ी हुई बबरियाँ उसके माथे पर बड़े बदनुमा तरीक़े पर जमी हुई थीं, उस सेहतमंद जवान ने अपने साथी की पसलियों में ठोका देकर कहा : 'ओय लहना सियाँ ··· वेख ··· ओय ऊपर वेख ··· असी ते पिंड विच मज्झाँ ई ···'"

चड्ढा आख़िरी लफ़्ज़ ख़ुदा मालूम क्यों गोल कर गया, हालाँकि वह शाइस्तगी[119] का बिलकुल क़ायल नहीं था; वह खिलखिलाकर हँसने लगा : "उस जाट के लिए वह चुड़ैल ही उस वक़्त कोहक़ाफ़ की परी थी ··· और उसके गाँव की हसीनो-जमील मुटियारें, बेडोल भैंसें ··· हम सब चुग़द हैं, दरमियाने दर्जे के, इसलिए कि इस दुनिया में कोई चीज़ अव्वल दर्जे की नहीं हैं ··· तीसरे दर्जे की है, या दरमियाना दर्जे की ··· लेकिन ··· लेकिन फ़ीलस ··· फ़ीलस ख़ासुलख़ास दर्जे की चीज़ है ··· वह साँप के खपरों ···"

वनक़तरे ने चड्ढे के सिर पर धप्पा मारा : ''खपरे खपरे... तुम्हारा मस्तक फिर गया है।''

चड्ढे ने अपने बालों में उँगलियों से कंघी करते हुए कहा ''ले साले, अब तू सुना... तेरा बाप तुझसे कितनी मुहब्बत करता था...''

वनक़ुतरे बहुत संजीदा होकर मुझसे मुख़ातिब हुआ : ''बाई गॉड... वह मुझसे बहुत मुहब्बत करता था... मैं फ़िफ्टीन ईयर्ज़ का था कि उसने मेरी शादी बना दी...''

चड्ढा ज़ोर से हँसा : ''तुम्हें कार्टून बना दिया उस साले ने... भगवान उसे स्वर्ग में कैरियल की पेटी दे कि वह उसे वहाँ बजा-बजाकर तुम्हारी दूसरी शादी के लिए कोई हूर ढूँढता फिरे।''

वनक़ुतरे और भी संजीदा हो गया : ''मंटो, मैं झूठ नहीं कहता... मेरी वाइफ़ एकदम ब्यूटीफ़ुल है... हमारी फ़ैमिली में...''

''अरे तुम्हारी फ़ैमिली की ऐसी-तैसी... फ़ीलस की बात करो... उससे ज़्यादा और कोई ख़ूबसूरत नहीं हो सकता...''

चड्ढे ने ग़रीबनवाज़ और रंजीत कुमार की तरफ़ देखा, जो कोने में बैठे फ़ीलस के हुस्न के मुताल्लिक़ एक-दूसरे से अपनी-अपनी राय का इज़हार कर रहे थे : ''गन पाउडर प्लांट के बानियों... अच्छी तरह सुन लो, तुम्हारी कोई साज़िश कामयाब नहीं होगी... मैदान चड्ढे के हाथ रहेगा... क्यों वेल्ज़ के शहज़ादे ?''

वेल्ज़ का शहज़ादा टुकर-टुकर देख रहा था—चड्ढे ने ज़ोर का क़हक़हा लगाया।

ग़रीबनवाज़ और रंजीत कुमार एक-दूसरे से फ़ीलस के बारे में घुल-मिलकर बातें तो कर ही रहे थे, वह अपने-अपने दिमाग़ में फ़ीलस को हासिल करने की मुख़्तलिफ़ स्कीमें भी बना रहे थे, और यह उनके तर्ज़े-गुफ़्तगू से साफ़ अयाँ था।

शाम गहरी हो चली थी; ड्राइंगरूम में अब बिजली के बल्ब रौशन थे।

चड्ढा मुझसे बंबई की फ़िल्म इंडस्ट्री के ताज़ा हालात सुन रहा था कि बाहर बरामदे में मम्मी की तेज़-तेज़ आवाज़ सुनाई दी।

चड्ढे ने नारा बुलंद किया और बाहर चला गया—ग़रीबनवाज़ ने रंजीत कुमार की तरफ़ और रंजीत कुमार ने ग़रीबनवाज़ की तरफ़ मानीख़ेज़ नज़रों से देखा और फिर दोनों दरवाज़े की जानिब देखने लगे।

मम्मी चहकती हुई अंदर दाख़िल हुई; उसके साथ चार-पाँच एंग्लो इंडियन लड़कियाँ थीं, मुख़्तलिफ क़दो-क़ामत[120] और ख़ुतूत[121] की, पोली, डौली, किटी, ऐलमा और थेलमा, और वह हीजड़ानुमा लड़का, जिसे चड्ढा सिसी कहकर पुकारता था—फ़ीलस सबसे आख़िर में दाख़िल हुई, चड्ढे के साथ, चड्ढे का एक बाज़ू उस प्लैटीनम ब्लौंड की पतली कमर में हमाइल[122] था।

मैंने ग़रीबनवाज़ और रंजीत कुमार का रद्दे-अमल नोट किया—उनको चड्ढे की यह नुमाइशी फ़तेहमंदाना[123] हरकत पसंद नहीं आई थी।

लड़कियों के नाज़िल[124] होते ही एक शोर बरपा हो गया, एकदम इतनी अंग्रेजी बरसी

कि वनकुतरे मैट्रिकुलेशन के इम्तिहान में कई बार फ़ेल हुआ, मगर उसने कोई परवा न की और बराबर बोलता रहा। जब उससे किसी ने इल्तिफ़ात[125] न बरता तो वह ऐलमा की बड़ी बहन थेलमा के साथ एक सोफ़े पर अलग बैठ गया और पूछने लगा कि उसने हिंदुस्तानी डांस के और कितने नए तोड़े सीखे हैं—वनकुतरे इधर ता थई थई की वन टू थ्री बना-बनाकर थेलमा को तोड़े बता रहा था, उधर चड्ढा बाक़ी लड़कियों के झुरमुट में अंग्रेज़ी के नंगे-नंगे लिमरिक सुना रहा था, जो उसको हज़ारों की तादाद में ज़बानी याद थे; मम्मी सोडे की बोतलें और गज़क वग़ैरा मँगवा रही थीं, रंजीत कुमार सिगरेट के कश लगाता हुआ टकटकी बाँधे फ़ीलस की तरफ़ देख रहा था; और ग़रीबनवाज़ बार-बार मम्मी से कह रहा था कि रुपए कम पड़ जाएँ तो वह उससे ले ले।

स्कॉच खुली और पहला दौर शुरू हुआ--फ़ीलस को शामिल होने के लिए कहा गया तो उसने अपने प्लैटीनमी बालों को एक ख़फ़ीफ़-सा झटका देकर इनकार कर दिया कि वह शराब नहीं पिया करती; सबने इसरार[126] किया, मगर वह न मानी··· चड्ढे ने बददिली का इज़हार किया तो मम्मी ने फ़ीलस के लिए एक हल्का-सा मश्रूब[127] तैयार किया और गिलास उसके होंठों के साथ लगाकर बड़े प्यार से कहा : "बहादुर लड़की बनो और पी जाओ।"

फ़ीलस इनकार न कर सकी—चड्ढा ख़ुश हो गया और उसने इसी ख़ुशी में बीस-पच्चीस और लिमरिक सुनाए, सब मज़े लेते रहे।

मैंने सोचा : उरियानी[128] से तंग आकर इंसान ने सतरपोशी[129] इख़्तियार की होगी, यही वजह है कि अब वह सतरपोशी से उकताकर कभी-कभी उरयानी की तरफ़ दौड़ने लगता है···शाइस्तगी का रद्दे-अमल यक़ीनन नाशाइस्तगी है··· इस फ़रार का क़तई तौर पर एक दिलकश पहलू भी है : इंसान को एक मुसलसल यक आहंग कोफ़्त से चंद घड़ियों के लिए निजात मिल जाती है।

मैंने मम्मी की तरफ़ देखा, जो बहुत हश्शाश-बश्शाश जवान लड़कियों में घुली-मिली चड्ढे के नंगे-नंगे लिमरिक सुन-सुनकर हँस रही थी और क़हक़हे लगा रही थी; उसके चेहरे पर वही वाहियात मेकअप था, जिसके नीचे उसकी झुर्रियाँ साफ़ नज़र आ रही थीं—उसकी झुर्रियाँ भी मसरूर थीं।

मैंने फिर सोचा : आख़िर लोग फ़रार को बुरा क्यों समझते हैं—वह फ़रार, जो मेरी आँखों के सामने था, उसका ज़ाहिर तो बदनुमा था, लेकिन उसका बातिन[130] बेहद ख़ूबसूरत था, और उस बातिन पर कोई बनाव सिंगार, कोई ग़ाज़ा, कोई उबटना नहीं था।

पोली एक कोने में खड़ी रंजीत कुमार के साथ अपने नए फ़ॉक के बारे में बातचीत कर रही थी, वह रंजीत कुमार को बता रही थी कि उसने सिर्फ़ अपनी होशियारी से बड़े कम दामों पर ऐसी उम्दा फ़्रॉक तैयार कराई है; कपड़े के दो अलग-अलग टुकड़े, जो बज़ाहिर बिलकुल बेकार थे, अब एक ख़ूबसूरत पोशाक में तब्दील हो गए थे—और रंजीत कुमार बड़े ख़ुलूस के साथ पोली को दो नए ड्रैस बनवा देने का वादा कर रहा था, हालाँकि उसे फ़िल्म कंपनी से इतने रुपए यकमुश्त मिलने की हर्गिज़-हर्गिज़ उम्मीद नहीं थी।

डौली अलग बैठी ग़रीबनवाज़ से कुछ क़र्ज़ माँगने की कोशिश कर रही थी; वह ग़रीबनवाज़ को यक़ीन दिला रही थी कि वह दफ़्तर से तनख़्वाह मिलने पर यह क़र्ज़ ज़रूर अदा कर देगी—ग़रीबनवाज़ को क़तई तौर पर मालूम था कि डौली हस्बे-मामूल यह रुपया कभी वापिस नहीं देगी, मगर वह उसके वादे पर एतिबार किए जा रहा था।

थेलमा थी कि वनकुतरे से तांडव नाच के बड़े मुश्किल तोड़े सीख रही थी; वनकुतरे को मालूम था कि थेलमा के पैर सारी उम्र कभी तांडव नाच के बोल अदा नहीं कर सकेंगे, मगर वह थेलमा को बताए जा रहा था—थेलमा अच्छी तरह जानती थी कि वह अपना और वनकुतरे का वक़्त ज़ाया कर रही है, मगर वह बड़े शौक़ और इन्हिमाक[131] से वनकुतरे की बातें सुन रही थी।

ऐलमा और किटी, दोनों पिए जा रही थीं और आपस में किसी आलूई[132] की बात कर रही थीं, जिसने पिछली रेस में उनसे ख़ुदा मालूम कब का बदला लेने की ख़ातिर उन्हें ग़लत टिप दी थी।

चड्ढा तो बस फ़ीलस के साँप के खपरे-ऐसे रंग के बालों को पिघले हुए सोने की रंग के स्कॉच में मिला-मिलाकर पी रहा था।

फ़ीलस का हीजड़ानुमा दोस्त बार-बार जेब से कंघी निकाल रहा था और अपने बाल सँवार रहा था।

और मम्मी—वह कभी इससे बात कर रही थी, कभी उससे; वह कभी सोडे खुलवाती थी तो कभी टूटे हुए गिलास उठवाती थी—उसकी निगाह सब पर थी, उस बिल्ली की तरह, जो बज़ाहिर आँखें बंद किए-किए सुस्ताती है, मगर जानती है कि उसके बच्चे कहाँ-कहाँ हैं और क्या-क्या शरारत कर रहे हैं।

इस दिलचस्प तसवीर में कौन-सा रंग, कौन-सा ख़त ग़लत था?

ऐसा मालूम होता था कि मम्मी का वह भड़कीला और शोख़ मेकअप भी उस तसवीर का एक ज़रूरी जुज़ है।

ग़ालिब कहता है :

क़ैदे-हयातो-बंदे-ग़म अस्ल में दोनों एक हैं
मौत से पहले आदमी ग़म से नजात पाए क्यों।

क़ैदे-हयात और बंदे-ग़म जब अस्लन एक हैं तो यह क्या फ़र्ज़ है कि आदमी मौत से पहले थोड़ी देर के लिए नजात हासिल करने की कोशिश न करे; इस नजात के लिए कौन मलकुलमौत का इंतज़ार करे, क्यों न आदमी चंद लम्हात के लिए ख़ुदफरेबी के दिलचस्प खेल में हिस्सा ले।

मम्मी सबकी तारीफ़ में रत्बुल्लिसान[133] थी—उसके पहलू में एक ऐसा दिल था, जिसमें सबके लिए ममता थी।

मैंने सोचा : मम्मी ने शायद इसलिए अपने चेहरे पर रंग मल लिया है कि लोगों को उसकी असलियत मालूम न हो।

मम्मी में शायद इतनी जिस्मानी क़ुव्वत नहीं थी कि वह हर एक की माँ बन सकती।

उसने अपनी शफ़्क़त और मुहब्बत के लिए चंद लोग चुन लिए थे और बाक़ी सारी दुनिया को छोड़ दिया था।

मम्मी को मालूम नहीं था कि चड्ढा एक तगड़ा पेग फ़ीलस को पिला चुका है, चोरी-छिपे नहीं, सबके सामने; मम्मी उस वक़्त अंदर बावर्चीख़ाने में पोटेटो चिप्स तल रही थी—फ़ीलस नशे में थी, गहरे सुरूर में; जिस तरह उसके पालिश किए हुए फ़ौलाद के रंग के बाल आहिस्ता-आहिस्ता लहरा रहे थे, उसी तरह वह ख़ुद भी लहरा रही थी।

रात के बारह बज चुके थे। वनकुतरे अब थेलमा को तोड़े सिखाने के बाद यह बता रहा था कि उसका बाप साला उससे बहुत मुहब्बत करता था और चाइल्डहुड ही में उसने उसकी शादी बना दी थी और उसकी वाइफ़ बहुत ब्यूटीफ़ुल है।

ग़रीबनवाज़ आख़िर डौली को क़र्ज़ देकर भूल भी चुका था।

रंजीत कुमार अपने साथ पोली को कहीं बाहर ले गया था।

ऐलमा और किटी जहान भर की बातें कर-करके थक गई थीं और आराम कर रही थीं।

तिपाई के इर्द-गिर्द चड्ढा, फ़ीलस, उसका हीजड़ानुमा दोस्त और मम्मी बैठे हुए थे—चड्ढा अब जज़्बाती नहीं था; फ़ीलस उसके पहलू में बैठी थी, जिसने पहली दफ़ा अपने बदन में शराब का सुरूर महसूस किया था—फ़ीलस को हासिल करने का अज़्म चड्ढे की आँखों में साफ़ मौजूद था और मम्मी इससे ग़ाफ़िल नहीं थी।

थोड़ी देर के बाद फ़ीलस का हीजड़ानुमा दोस्त सोफ़े पर दराज़ हो गया और अपने बालों में कंघी करते-करते सो गया—ग़रीबनवाज़ ने मानीख़ेज़ नज़रों से ऐलमा की तरफ़ देखा; ऐलमा ने किटी से कुछ कहा और उठकर ग़रीबनवाज़ के साथ कहीं चली गई—किटी ने मम्मी से किसी मारग्रेट के बारे में बात की और रुख़्सत लेकर चली गई—वनकुतरे ने आख़िरी बार अपनी बीवी की ख़ूबसूरती की तारीफ़ की, फ़ीलस की तरफ़ हसरत भरी नज़रों से देखा, फिर थेलमा का बाज़ू थामकर उसके साथ कमरे से बाहर निकल गया।

एकदम जाने क्या हुआ कि चड्ढे और मम्मी में गरमागरम बातें शुरू हो गईं—चड्ढे की ज़ुबान लड़खड़ा रही थी और वह एक नाखलफ़[134] बच्चे की तरह मम्मी से बदज़बानी कर रहा था।

फ़ीलस ने चड्ढे और मम्मी में मुसालहत[135] की महीन-सी कोशिश की, मगर चड्ढा तो हवा के घोड़े पर सवार था—वह फ़ीलस को अपने साथ सईदा काटेज में ले जाना चाहता था और मम्मी इसके ख़िलाफ़ थी—वह बहुत देर तक चड्ढे को समझाती रही कि वह अपने इरादे से बाज़ आए, मगर चड्ढा कुछ सुन नहीं रहा था; वह बार-बार मम्मी से कह रहा था : "तुम दीवानी हो गई बूढ़ी दल्लाला... फ़ीलस मेरी है... पूछ लो इससे..."

मम्मी ने बहुत देर तक चड्ढे की गालियाँ सुनीं; आख़िर उसने बड़े समझानेवाले अंदाज़ में चड्ढे से कहा : "चड्ढा माई सन... तुम समझते क्यों नहीं... शी इज़ यंग... शी इज़ वेरी यंग...।" मम्मी की आवाज़ में कँपकँपाहट थी, एक इल्तिजा थी, एक सरज़निश थी, एक बडी भयानक तसवीर थी।

चड्ढा कुछ समझ न सका—उस वक़्त उसके पेशे-नज़र सिर्फ़ फ़ीलम और फ़ीलस का हुसूल[136] था।

मैंने फ़ीलस की तरफ़ देखा, और मैंने पहली दफ़ा बड़ी शिद्दत से महसूस किया कि वह बहुत छोटी उम्र की है, बमुश्किल पंद्रह बरस की। उसका सफ़ेद चेहरा, नुक़रई बादलों में घिरा हुआ, बारिश के पहले क़तरे की तरह लरज़ रहा था।

चड्ढे ने फ़ीलस को बाज़ू से पकड़कर अपनी तरफ़ खींचा और फ़िल्मी हीरो के अंदाज़ में उसे अपने सीने के साथ भींच लिया।

मम्मी ने एहतिजाज[137] की चीख़ बुलंद की : ''चड्ढा, छोड़ दो इसे··· फ़ार गॉड्ज़ सेक, छोड़ दो इसे···'' जब चड्ढे ने फ़ीलस को अपने चौड़े सीने से जुदा न किया तो मम्मी ने चड्ढे के मुँह पर एक चाँटा मारा : ''गैट आउट··· गैट आउट···!''

चड्ढा भौंचक्का रह गया—उसने फ़ीलस को अपने से जुदा करके एक धक्का दिया और मम्मी की तरफ़ क़हरआलूद निगाहों से देखता हुआ कमरे से बाहर निकल गया।

मैंने उठकर रुख़्सत ली और चड्ढे के पीछे-पीछे चला आया।

सईदा काटेज पहुँचकर मैंने देखा कि वह पतलून, क़मीज और बूट समेत कबाड़ख़ाने से मिलते-जुलते कमरे में पलँग पर औंधे मुँह लेटा हुआ है—मैंने उससे कोई बात न की और दूसरे कमरे में जाकर सो गया।

सुबह मैं देर से उठा—दस बज रहे थे।

चड्ढा सुबह ही सुबह उठकर बाहर चला गया था, कहाँ, यह किसी को मालूम नहीं था।

मैं जब ग़ुस्लख़ाने से बाहर निकला तो मैंने चड्ढे की आवाज़ सुनी—आवाज़ गैरेज से आ रही थी।

मैं रुक गया।

चड्ढा किसी से कह रहा था : ''वह लाजवाब औरत है··· ख़ुदा की क़सम, वह लाजवाब औरत है··· दुआ करो कि उसकी उम्र को पहुँचकर तुम भी वैसी ही ग्रेट हो जाओ···'' उसके लहजे में एक अजीबो-ग़रीब तल्ख़ी थी।

मैंने ज़्यादा देर ग़ुस्लख़ाने के बाहर रुके रहना मुनासिब न समझा और अंदर कमरे में चला गया—निस्फ़ घंटे तक मैंने चड्ढे का इंतज़ार किया; जब वह न आया तो मैं प्रभातनगर रवाना हो गया।

मेरी बीवी का मिज़ाज मो' तदिल था।

हरीश घर में मौजूद नहीं था; उसकी बीवी ने उसके मुताल्लिक़ इस्तिफ़सार किया तो मैं यही कह सका कि वह रात भर की शूटिंग के बाद स्टूडियो ही में सो रहा है।

कम से कम मेरी हद तक पूना में काफ़ी 'तफ़रीह' हो गई थी, इसलिए मैंने हरीश की बीवी से इजाज़त माँगी—उसने रस्मन हमें रोका भी, मगर मैं सईदा काटेज ही से फ़ैसला करके चला था—रात का वाक़िआ मेरे लिए ज़ेहनी जुगाली के वास्ते बहुत काफ़ी था।

हम बंबई के लिए चल दिए—रास्ते में बीवी से मैंने सबकुछ कह दिया; मैंने मम्मी की

बातें कीं; रात को जो कुछ हुआ था, वह उसे मैंने मिनो-अन[138] सुना दिया।

मेरी बीवी का रद्दे-अमल यह था कि फ़ीलस शायद मम्मी की कोई रिश्तेदार होगी, या वह उसे किसी अच्छी आसामी को पेश करना चाहती होगी, वरना चड्ढे से मम्मी की लड़ाई का कोई मतलब ही न था।

मैं ख़ामोश रहा: न मैंने तरदीद की. न ताईद।

कई दिन गुज़रने पर चड्ढे का ख़त आया, जिसमें उस रात के वाक़िए का सरसरी ज़िक्र था, और उसने अपने मुताल्लिक़ यह लिखा था : ''मैं उस रात हैवान बन गया था ⋯ लानत है मुझ पर!''

तीन महीने के बाद मुझे एक ज़रूरी काम से पूना जाना पड़ा—मैं सीधा सईदा काटेज पहुँचा।

चड्ढा मौजूद नहीं था—ग़रीबनवाज़ से उस वक़्त मुलाक़ात हुई, जब वह गैरेज से बाहर निकलकर शीरीं के ख़ुर्द साल बच्चे को प्यार कर रहा था।

ग़रीबनवाज़ बड़े तपाक से मिला—थोड़ी देर के बाद रंजीत कुमार आ गया—कछुए की चाल चलता हुआ और ख़ामोश बैठ गया; मैंने उससे कुछ पूछा तो उसने बड़े इख़्तिसार से जवाब दिया।

बातों-बातों में मुझे मालूम हुआ कि चड्ढा उस रात के बाद मम्मी के पास नहीं गया है और न ही मम्मी कभी सईदा काटेज में आई है, फ़ीलस को मम्मी ने दूसरे ही रोज़ उसके माँ-बाप के पास भिजवा दिया था; वह अपने उस हीजड़ानुमा दोस्त के साथ घर से भागकर आई हुई थी।

रंजीत कुमार को यक़ीन था कि अगर फ़ीलस कुछ दिन और पूना में रहती तो वह उसे ज़रूर ले उड़ता—ग़रीबनवाज़ को ऐसा कोई ज़ोम[139] नहीं था; उसे सिर्फ़ यह अफ़सोस था कि वह चली गई है।

चड्ढे के मुताल्लिक़ यह पता चला कि कई रोज़ से उसकी तबीयत नासाज़ है; बुख़ार रहता है, मगर वह किसी डॉक्टर से मश्वरा नहीं लेता; वह महीनों से सारा-सारा दिन इधर-उधर बेमक़सद घूम रहा है; उसे न खाने का होश है, न पीने का—ग़रीबनवाज़ ने जब मुझे ये बातें बताना शुरू कीं तो रंजीत कुमार उठकर चला गया—मैंने सलाख़ोंवाली खिड़की में से देखा; उसका रुख़ गैरेज की तरफ़ था।

मैं ग़रीबनवाज़ से गैरेजवाली शीरीं के मुताल्लिक़ कुछ पूछने के लिए ख़ुद को तैयार कर ही रहा था कि वनकुतरे सख़्त घबराया हुआ कमरे में दाख़िल हुआ—वनकुतरे से हमें मालूम हुआ कि चड्ढे को तेज़ बुख़ार है।

वनकुतरे उसे ताँगे में ला रहा था कि वह रास्ते में बेहोश हो गया।

मैं और ग़रीबनवाज़ बाहर की तरफ़ दौड़े—ताँगेवाले ने बेहोश चड्ढे को सँभाला हुआ था। हम सबने मिलकर चड्ढे को उठाया और कमरे में ले जाकर बिस्तर पर लिटा दिया। मैंने उसके माथे पर हाथ रखकर देखा; वाक़ई बहुत तेज़ बुख़ार था; 105^0 से क़तअन कम न होगा।

मैंने ग़रीबनवाज़ से कहा कि फौरन डॉक्टर को बुलाना चाहिए।

ग़रीबनवाज़ ने वनकुतरे से मश्वरा किया—वह 'अभी आता हूँ' कहकर चला गया।

थोड़ी देर के बाद वनकुतरे वापस आया तो उसके साथ मम्मी थी; वह हाँप रही थी; कमरे में दाख़िल होते ही उसने चड्ढे की तरफ़ देखा और क़रीब-क़रीब चीख़कर पूछा : "क्या हुआ मेरे बेटे को?"

वनकुतरे ने जब मम्मी को बताया कि चड्ढा कई दिन से बीमार है तो मम्मी ने बड़े रंज और ग़ुस्से के साथ कहा : "तुम कैसे लोग हो··· मुझे इत्तिला क्यों न दी···" फिर उसने मुझे, ग़रीबनवाज़ और वनकुतरे को मुख़्तलिफ़ हिदायात दीं—एक को चड्ढे के पाँव सहलाने की, दूसरे को बर्फ़ लाने की, तीसरे को चड्ढे का सिर दबाने की—चड्ढे की हालत देखकर मम्मी की अपनी हालत बहुत ग़ैर हो गई थी, लेकिन उसने तहम्मुल से काम लिया और डॉक्टर को बुलाने चली गई।

मालूम नहीं, रंजीत कुमार को गैरेज में कैसे पता चल गया; मम्मी के जाने के फ़ौरन बाद वह घबराया हुआ आया; जब उसने इस्तिफ़सार किया तो वनकुतरे ने चड्ढा के बेहोश होने का वाक़िआ बयान किया और यह भी कहा कि मम्मी डॉक्टर को लाने गई है; यह सुनकर रंजीत कुमार का इज़्तिराब[140] किसी हद तक दूर हो गया।

मैंने देखा कि ग़रीबनवाज़ और वनकुतरे भी अब मुतमइन थे, जैसे चड्ढे की सेहत की सारी ज़िम्मेदारी मम्मी ने अपने सिर ले ली है।

मम्मी की हिदायत के मुताबिक़ चड्ढे के पाँव सहलाए जा रहे थे और सिर पर बर्फ़ की पट्टियाँ रखी जा रही थीं।

जब मम्मी डॉक्टर को साथ लेकर आई, उस वक़्त चड्ढा किसी क़दर होश में आ रहा था।

डॉक्टर ने चड्ढा का मुआइना करने में काफ़ी देर लगाई, उसके चेहरे से मालूम हो रहा था कि चड्ढे की ज़िंदगी ख़तरे में है—मुआइने के बाद डॉक्टर ने मम्मी को इशारा किया और वे दोनों कमरे से बाहर चले गए—मैंने सलाख़ोंवाली खिड़की में से देखा; गैरेज की टाट का परदा हिल रहा था।

थोड़ी देर के बाद मम्मी आई; उसने ग़रीबनवाज़, वनकुतरे और रंजीत कुमार से फ़र्दन-फ़र्दन कहा कि घबराने की कोई बात नहीं।

चड्ढा होश में आ चुका था और आँखें खोलकर सुन रहा था—उसने मम्मी को हैरत की निगाहों से नहीं देखा था; वह एक उलझन-सी महसूस कर रहा था; चंद लम्हात के बाद जब वह समझ गया कि मम्मी क्यों और कैसे आई है तो उसने मम्मी का हाथ अपने हाथ में लिया और दबाकर कहा : "मम्मी, यू आर ग्रेट!"

मम्मी उसके पास पलँग पर बैठ गई—वह शफ़क़त का मुजस्समा[141] थी—चड्ढे के तपते हुए माथे पर हाथ फेरकर उसने मुसकराते हुए सिर्फ़ इतना कहा : "मेरे बेटे··· मेरे ग़रीब बेटे!"

चड्ढे की आँखों में आँसू आ गए, लेकिन फ़ौरन ही उसने उनको जज़्ब करने की

कोशिश की और कहा : ''नहीं… तुम्हारा बेटा अव्वल दर्जे का स्काउंड्रल है… जाओ अपने मरहूम ख़ाविंद का पिस्तौल लाओ और इसके सीने पर दाग़ दो…!''

मम्मी ने चड्ढे के गाल पर हौले-से तमाचा मारा : ''फ़ुज़ूल बकवास न करो…फिर वह चुस्तो-चालाक नर्स की तरह उठी और उसने हम सबसे मुख़ातिब होकर कहा : ''लड़को, चड्ढा बीमार है और मुझे हस्पताल ले जाना है इसे…समझे ?''

हम सब समझ गए।

ग़रीबनवाज़ ने फ़ौरन टैक्सी का बंदोबस्त कर दिया—चड्ढे को उठाकर टैक्सी में डाला गया; वह बहुत कहता रहा कि ऐसी कौन-सी आफ़त आ गई है, जो उसको हस्पताल के सुपुर्द किया जा रहा है; मगर मम्मी यही कहती रही कि बात तो कुछ भी नहीं, बस हस्पताल में ज़रा आराम रहता है—चड्ढा, जो बहुत ज़िद्दी था, उस वक़्त नफ़सियाती तौर पर मम्मी से मरऊब [142] था और किसी बात से इनकार नहीं कर सकता था।

चड्ढा हस्पताल में दाख़िल हो गया—मम्मी ने अकेले में मुझे बताया कि चड्ढे को हाइपरपाइरोकसिया है, यानी हाई फ़ीवर। वह बहुत परेशान थी, लेकिन उसको उम्मीद थी कि बला टल जाएगी और चड्ढा तंदुरुस्त हो जाएगा।

इलाज होता रहा—प्राइवेट हस्पताल था; डॉक्टरों ने चड्ढे का इलाज बहुत तवज्जोह से किया, मगर कई पेचीदगियाँ पैदा हो गईं; बुख़ार बड़ी मुश्किल से उतरता था, फिर चंद ही घंटों में तेज़ी से चढ़ जाता था।

डॉक्टरों ने बिल आख़िर यह राय दी कि चड्ढे को बंबई ले जाया जाए, मगर मम्मी न मानी, उसने चड्ढे को उसी हालत में उठवाया और अपने घर ले आई।

मैं ज़्यादा दिन पूना में ठहर नहीं सकता था—बंबई लौट आने के बाद मैंने टेलीफोन के ज़रिए कई मर्तबा चड्ढे का हाल दरयाफ़्त किया—मेरा ख़याल था कि वह जाँबर[143] न हो सकेगा, मगर फिर मुझे यह इत्तिला मिलने लगी कि आहिस्ता-आहिस्ता उसकी हालत सँभल रही है—उन्हीं दिनों एक मुक़द्दमे के सिलसिले में मुझे लाहौर जाना पड़ा; पंद्रह दिन के बाद लौटा तो मेरी बीवी ने चड्ढे का एक ख़त मुझे दिया, जिसमें सिर्फ़ यह लिखा था : ''अज़ीमुलमर्तबत[144] मम्मी ने अपने नाख़लफ़ बेटे को मौत के मुँह से बचा लिया है।''

इन चंद लफ़्ज़ों में बहुत कुछ था; इन चंद लफ़्ज़ों में जज़्बात का एक पूरा समंदर था—मैंने अपनी बीवी से चड्ढे के ख़त का ज़िक्र ख़िलाफ़े-मामूल बड़े जज़्बाती अंदाज़ में किया तो उसने मुतास्सिर होकर सिर्फ़ इतना कहा : ''ऐसी औरतें अमूमन ख़िद्मत-गुज़ार हुआ करती हैं।''

मैंने चड्ढे को दो-तीन ख़त लिखे, जिनका जवाब न आया, बाद में मुझे मालूम हुआ कि मम्मी ने उसको तब्दीली-ए-आबोहवा की ख़ातिर अपनी एक सहेली के यहाँ लोनावाला भिजवा दिया था।

लोनावाला में चड्ढा बमुश्किल एक महीना रह सका और उकताकर चला आया—जिस रोज़ वह पूना पहुँचा, इत्तिफ़ाक़ से मैं वहीं था।

लंबी बीमारी के बायस वह बहुत कमज़ोर हो गया था, मगर उसकी ग़ोग़ापसंद तबीयत

उसी तरह ज़ोरों पर थी; अपनी बीमारी का उसने इस तरह ज़िक्र किया, जिस तरह आदमी साइकिल के मामूली हादिसे का ज़िक्र करता है; अब कि वह जाँबर हो गया था, उसे अपनी ख़तरनाक अलालत के मुताल्लिक़ तफ़सीली गुफ़्तुगू बेकार मालूम होती थी।

सईदा काटेज में चड्ढे की ग़ैरहाज़िरी के दौरान में छोटी-छोटी कई तब्दीलियाँ हुई थीं—एक बरादरान, यानी अक़ील और शकील कहीं और उठ गए थे कि उन्हें अपनी ज़ाती फ़िल्म कंपनी क़ायम करने के लिए सईदा काटेज की फ़ज़ा मुनासिबो-मौज़ूँ मालूम नहीं हुई थी। उनकी जगह एक बंगाली म्यूज़िक डायरेक्टर आ गया था; उसका नाम सेन था और उसके साथ लाहौर से भागकर आया हुआ एक लड़का रामसिंह रहता था—सईदा काटेज में रहनेवाले सबके-सब रामसिंह से काम लेते थे, वह तबीयत का बहुत शरीफ़ और ख़िद्‌मतगुज़ार था; वह चड्ढे के पास उस वक़्त आया था, जब चड्ढा लोनावाला जा रहा था, चड्ढे ने ग़रीबनवाज़ और रंजीत कुमार से कहा था कि रामसिंह को सईदा काटेज में रख लिया जाए—सेन के कमरे में जगह थी, इसलिए रामसिंह ने वहीं अपना डेरा जमा दिया था।

रंजीत कुमार को कंपनी के नए फ़िल्म में हीरो मुतख़ब कर लिया गया था और उसके साथ यह वादा भी किया गया था कि अगर फ़िल्म कामयाब होगा तो उसको दूसरा फ़िल्म डायरेक्ट करने का मौक़ा भी दिया जाएगा—चड्ढा अपनी दो बरस की जमाशुदा तनख़्वाह में से डेढ़ हज़ार रुपए यकमुश्त हासिल करने में कामयाब हो चुका था; उसने रंजीत कुमार से कहा था : "मेरी जान, अगर कुछ वसूल करना है तो किसी लंबी बीमारी में मुब्तला हो जाओ··· मेरे ख़याल में हीरो और डायरेक्टर बनने से मरीज़ बनना बेहतर है।"

ग़रीबनवाज़ ताज़ा-ताज़ा हैदराबाद से वापस आया था, इसलिए सईदा काटेज किसी क़दर मरफ़ूउलहाल[145] थी—मैंने देखा कि गैरेज के बाहर अलगनी से ऐसी क़मीज़ें और शलवारें लटक रही थीं, जिनका कपड़ा अच्छा और क़ीमती है; शीरीं के ख़ुर्द साल बच्चे के पास नए खिलौने थे।

मुझे पूना में पंद्रह रोज़ रहना पड़ा—फ़िल्मों का मेरा पुराना साथी हरीश अब नई फ़िल्म की हीरोइन की मुहब्बत में गिरफ़्तार होने की कोशिश में मसरूफ़ था, मगर डरता था कि हीरोइन पंजाबी थी और उसका ख़ाविंद बड़ी-बड़ी मूँछोंवाला एक हट्टा-कट्टा मुस्टंडा था—चड्ढे ने हरीश को हौसला दिया था : "कुछ परवा न कर उस साले मूँछोंवाले की··· अगर पंजाबी ऐक्ट्रेस का ख़ाविंद बड़ी-बड़ी मूँछोंवाला पहलवान हो तो वह इश्क़ के मैदान में चारों ख़ाने चित गिरा करता है··· बस तू इतना कर कि सौ रुपए फ़ी गाली के हिसाब से मुझसे पंजाबी की दस-बीस हैवीवेट क़िस्म की गालियाँ सीख ले··· यह गालियाँ ख़ास मुश्किलों में तुम्हारे बहुत काम आया करेंगी।"

हरीश सौ रुपए की जगह एक बोतल फ़ी गाली के हिसाब से छः गालियाँ पंजाब के मख़्सूस लबो-लहजे में सीख चुका था, मगर अभी तक उसे अपने इश्क़ के रास्ते में कोई ऐसी ख़ास मुश्किल दरपेश नहीं आई थी, जो वह उन गालियों की तासीर का इम्तिहान ले सकता।

मम्मी के घर हस्बे-मामूल महफ़िलें जमती थीं, पोली, डौली, किटी, ऐलमा, थेलमा वग़ैरा सब आती थीं—वनकुतरे बदस्तूर थेलमा को तांडव नाच के मुश्किल तोड़े सिखाता

था और वह सीखने की पुरखुलूस कोशिश करती थी; ग़रीबनवाज़ हस्बे-तौफ़ीक़ कर्ज़ देता था; रंजीत कुमार, जिसको अब कंपनी की नई फ़िल्म में हीरो का चांस मिल रहा था, किसी एक लड़की को बाहर खुली हवा में ले जाता था; चड्ढे के नंगे-नंगे लिमरिक सुनकर उसी तरह क़हक़हे बरपा होते थे—एक सिर्फ़ वह नहीं थी, वह जिसके बालों के रंग के लिए सही तश्बीह ढूँढने में चड्ढे ने काफ़ी वक़्त सर्फ़ किया था, मगर उन महफ़िलों में चड्ढे की निगाहें उसे ढूँढती नहीं थीं; हाँ जब कभी उसकी नज़रें मम्मी की नज़रों से टकराकर झुक जाती थीं तो मैं महसूस करता था कि उसको अपनी उस रात की दीवानगी का अफ़सोस है, ऐसा अफ़सोस, जिसकी याद से उसको तकलीफ़ होती है; इसलिए चौथे पैग के बाद किसी न किसी वक़्त इस क़िस्म का जुमला उसकी ज़ुबान से बेइख़्तियार निकल जाता था : 'चड्ढा, यू आर ए डैम्ड ब्रूट।' उसका जुमला सुनकर मम्मी ज़ेरे-लब मुसकरा देती थी; उसकी ज़ेरे-लब मुसकराहट जैसे हमेशा चड्ढे से कहती थी : 'डौंट टॉक राट···!' वनकुतरे से बदस्तूर चड्ढे की चख़ चलती थी; सुरूर में आकर जब वनकुतरे अपने बाप की तारीफ़ में या अपनी बीवी की ख़ूबसूरती के मुताल्लिक़ कुछ कहने लगता था तो चड्ढा उसकी बात बहुत बड़े गँडासे से काट डालता था; वनकुतरे ग़रीब चुप हो जाता था और अपना मैट्रिकुलेशन का सर्टीफ़िकेट तह करके जेब में डाल लेता था।

मम्मी वही मम्मी थी; पोली की मम्मी, डौली की मम्मी, चड्ढे की मम्मी, रंजीत कुमार की मम्मी—सोडे की बोतलों, गज़क की चीज़ों और महफ़िल जमाने के दूसरे साज़ो-सामान के इंतज़ाम में वह उसी पुरशफ़क़त[146] इन्हिमाक[147] से हिस्सा लेती थी; उसके चेहरे का मेकअप वैसा ही वाहियात होता था; उसके कपड़े उसी तरह शोख़ो-शंग[148] होते थे; ग़ाज़े और सुर्ख़ी की तहों से उसकी झुर्रियाँ उसी तरह झाँकती थीं; मगर अब ये झुर्रियाँ मुझे मुक़द्दस[149] दिखाई देती थीं, मुक़द्दस झुर्रियाँ, जो हर वक़्त निहायत वाहियात रंगों में लुथड़ी रहती थीं।

मम्मी वही मम्मी थी—वनकुतरे की ख़ूबसूरत बीवी के जब इस्क़ात[150] हुआ तो मम्मी ही की बरवक़्त मदद से उसकी जान बची, थेलमा जब मारवाड़ से एक ख़तरनाक मर्ज़ ख़रीद लाई तो मम्मी ही के इसरार पर उसके बेटों ने थेलमा का इलाज करवाया; किटी को एक मुअम्मा हल करने के सिलसिले में पाँच सौ रुपए का इनाम मिला तो मम्मी ने किटी को मजबूर किया कि वह कम अज़ कम आधे रुपए ग़रीबनवाज़ को दे दे, क्योंकि ग़रीबनवाज़ का हाथ तंग है—मेरे पंद्रह रोज़ के क़याम के दौरान में मम्मी ने कई मर्तबा मुझसे मेरी बीवी के बारे में पूछा था और तश्वीश का इज़हार किया था कि जब पहले बच्चे की मौत को इतने बरस हो चुके हैं तो दूसरा बच्चा अब तक क्यों नहीं हुआ?

मम्मी वही मम्मी थी, लेकिन वह रंजीत कुमार से ज़्यादा रग़बत[151] के साथ बात नहीं करती थी; ऐसा मालूम होता था कि रंजीत की नुमाइशपसंद तबीयत उसको अच्छी नहीं लगती थी; मेरे सामने एक-दो मर्तबा वह अपनी नापसंदीदगी का इज़हार भी कर चुकी थी—म्यूज़िक डायरेक्टर सेन से मम्मी नफ़रत करती थी; चड्ढा जब सेन को अपने साथ लाता था तो वह कहती थी : 'ऐसे ज़लील इंसान को यहाँ मत लाया करो···' चड्ढा वजह

पूछता था तो वह बड़ी संजीदगी से जवाब देती थी : ''मुझे यह आदमी ओपरा-ओपरा-सा मालूम होता है···फ़िट नहीं बैठता मेरी नज़रों में···' और चड्ढा हँस देता था।

मम्मी के घर की महफ़िलों की पुरख़ुलूस गर्मी लिए मैं वापस बंबई चला आया—उन महफ़िलों में रिंदी[152] थी, बलानोशी थी, जिंसी रंग था, मगर कोई उलझाव नहीं था; हर चीज़ हामिला[153] औरत के पेट की तरह क़ाबिले-फ़हम थी, उसी तरह उभरी हुई; बज़ाहिर उसी तरह कुढब, बैंडी और देखनेवाले को गोमगो[154] की हालत में डालनेवाली, मगर असल में बड़ी सही, बासलीक़ा और अपनी जगह पर क़ायम।

बंबई लौट आने के कई हफ़्तों के बाद मैंने एक रोज़ सुबह के अख़बारों में पढ़ा कि म्यूज़िक डायरेक्टर सेन मारा गया है; उसको क़त्ल करनेवाला कोई रामसिंह है, जिसकी उम्र चौदह-पंद्रह बरस के क़रीब बताई जाती है—मैंने फ़ौरन पूना टेलीफ़ोन किया, मगर मुझे कोई मिल न सका।

एक हफ़्ते के बाद चड्ढे का ख़त आया, जिसमें हादिसा-ए-क़त्ल की पूरी तफ़सील मौजूद थी, और जो मुख़्तसरन मैं अपने अल्फ़ाज़ में लिख रहा हूँ : एक रात सब सोए हुए थे कि चड्ढे के पलंग पर अचानक कोई गिरा; चड्ढा हड़बड़ाकर उठ बैठा; उसने रौशनी की तो देखा कि सेन है, ख़ून में लथपथ—चड्ढा अच्छी तरह अपने होशो-हवास सँभालने भी न पाया था कि दरवाज़े में रामसिंह नुमूदार हुआ; उसके हाथ में छुरी थी—फ़ौरन ही ग़रीबनवाज़ और रंजीत कुमार भी आ गए; सारी सईदा काटेज बेदार हो गई—रंजीत कुमार और ग़रीबनवाज़ ने रामसिंह को पकड़ लिया और उसके हाथ से छुरी छीन ली—चड्ढे ने सेन को अपने पलंग पर लिटा दिया; चड्ढा अभी सेन से उसके ज़ख़्मों के मुताल्लिक़ कुछ पूछ भी न पाया था कि उसने हिचकी ली और ठंडा हो गया। ग़रीबनवाज़ और रंजीत कुमार की गिरफ़्त में रामसिंह था, मगर वे दोनों काँप रहे थे। सेन मर गया तो रामसिंह ने चड्ढे से पूछा : 'भापा जी, मर गया?' चड्ढे ने इस्बात में सिर हिलाया तो रामसिंह ने रंजीत कुमार और ग़रीबनवाज़ से कहा : 'मुझे छोड़ दीजिए···मैं भागूँगा नहीं···' चड्ढे की समझ में नहीं आ रहा था कि वह क्या करे; उसने नौकर को भेजकर मम्मी को बुलवाया—मम्मी आई तो सब मुतमइन हो गए—ग़रीबनवाज़ और रंजीत कुमार ने रामसिंह को छोड़ दिया—थोड़ी देर के बाद मम्मी ख़ुद रामसिंह को पुलिस स्टेशन ले गई।

इस हादिसे के बाद के कई महीने सईदा काटेज के लिए सख़्त परेशानी के महीने थे—पुलिस की पूछ-गछ, बयानात, अदालत में मुक़द्दमे की पैरवी।

मम्मी इस दौरान में बहुत दौड़-धूप करती रही—चड्ढे को यक़ीन था कि रामसिंह बरी हो जाएगा; और ऐसा ही हुआ, मातहत अदालत ही ने उसे साफ़ बरी कर दिया।

अदालत में रामसिंह का वही बयान था, जो उसने थाने में दिया था—मम्मी ने रामसिंह से कहा था : 'बेटा, घबराओ नहीं···जो कुछ हुआ है, सच-सच बताओ···'

रामसिंह ने तमाम वाक़िआत मिनो-अन बयान कर दिए थे कि सेन ने उसको प्लेबैक सिंगर बना देने का लालच दिया था, सेन बहुत अच्छा गानेवाला था और ख़ुद उसको भी मौसीक़ी से बड़ा लगाव था; वह इसी चक्कर में सेन की शहवानी ख़्वाहिशात पूरी करता

रहा; मगर इस अमल से उसे सख़्त नफ़रत थी और उसका दिल बार-बार उसे लानत-मलामत करता था, आख़िर वह इस क़दर तंग आ गया कि उसने सेन से कह दिया कि अगर सेन ने उसे फिर मजबूर किया तो वह उसे जान से मार डालेगा; और वारदात की रात को यही हुआ।

अदालत में रामसिंह ने यही बयान दिया।

मम्मी अदालत में मौजूद थी—वह आँखों ही आँखों में रामसिंह को दिलासा देती रही कि घबराओ नहीं, जो सच है, कह दो; सच की हमेशा फ़तह होती है; इसमें कोई शक नहीं कि तुम्हारे हाथों ने ख़ून किया है, मगर एक बड़ी नजिस चीज़ का, एक ख़बासत[155] का, एक ग़ैर फ़ितरी सौदे का।

रामसिंह ने बड़ी सादगी, बड़े भोलेपन और बड़े मासूमाना अंदाज़ में सारे वाक़िआत बयान कर दिए—मजिस्ट्रेट इस क़दर मुतास्सिर हुआ कि उसने रामसिंह को बरी कर दिया।

चड्ढे ने कहा : ''इस झूठे ज़माने में यह सदाक़त[156] की हैरत अंगेज़ फ़तह है''' और इस फ़तह का सेहरा मेरी बुड्ढी मम्मी के सिर है।''

चड्ढे ने मुझे उस जलसे में बुलाया था, जो रामसिंह की रिहाई की ख़ुशी में सईदा काटेजवालों ने किया था, मगर मैं मसरूफ़ियत के बायस शरीक न हो सका—एल बरादरान यानी अक़ील और शकील सईदा काटेज में वापिस आ गए थे कि बाहर की फ़ज़ा भी उनकी ज़ाती फ़िल्म कंपनी की तासीसो-तामीर के लिए रास न आई थी, अब वे फिर अपनी पुरानी फ़िल्म कंपनी में किसी असिस्टेंट के असिस्टेंट हो गए थे; उन दोनों के पास उस सरमाए में से चंद सौ रुपए ही बाक़ी बचे थे, जो उन्होंने अपनी फ़िल्म कंपनी की बुनियादों के लिए फ़राहम किया था; चड्ढे के मश्वरे पर उन्होंने यह सब रुपया जलसे को कामयाब बनाने के लिए दे दिया—चड्ढे ने उनसे कहा था : 'अब मैं चार पैग पीकर दुआ करूँगा कि अल्लाह तआला तुम्हारी ज़ाती फ़िल्म कंपनी फ़ौरन खड़ी कर दे।'

चड्ढे का बयान था कि उस जलसे में वनकुतरे ने शराब पीकर खिलाफ़े-मामूल[157] अपने साले बाप की तारीफ़ न की और न ही अपनी ख़ूबसूरत बीवी का ज़िक्र किया; ग़रीबनवाज़ ने किटी की फ़ौरी ज़रूरियात के पेशे-नज़र न सिर्फ़ किटी के दो सौ पचास रुपए लौटा दिए, उसे दो सौ रुपए क़र्ज़ भी दिए—रंजीत कुमार ने ग़रीबनवाज़ से कहा था : 'तुम इन बेचारी लड़कियों को यूँ ही झाँसे न दिया करो''' कुछ न कुछ दे दिया करो।'

मम्मी ने उस जलसे में रामसिंह को बहुत प्यार किया और सबको यह मश्वरा दिया कि रामसिंह को उसके घर भेज दिया जाए। दूसरे ही रोज़ ग़रीबनवाज़ ने रामसिंह के टिकट का बंदोबस्त कर दिया—शीरीं ने सफ़र के लिए खाना पकाकर दिया, और फिर सब रामसिंह को स्टेशन पर छोड़ने गए; ट्रेन चली तो वह देर तक हाथ हिलाते रहे।

ये छोटी-छोटी बातें मुझे उस जलसे के कई हफ़्तों के बाद मालूम हुईं, जब मुझे एक ज़रूरी काम से पूना जाना पड़ा।

सईदा काटेज में कोई ख़ास तब्दीली वाक़े न हुई थी, ऐसा मालूम होता था कि सईदा काटेज एक ऐसा पड़ाव है, जिसकी शक्लो-सूरत हज़ारहा क़ाफ़िलों के ठहरने और चल देने

से भी तब्दील न होती, वह कुछ ऐसी जगह थी, जो अपना ख़ला ख़ुद ही पुर कर लेती थी।

जिस रोज़ मैं सईदा काटेज पहुँचा, वहाँ शीरनी बँट रही थी—शीरीं के घर एक लड़का पैदा हुआ था।

वनकुतरे के हाथ में ग्लैक्सो का डिब्बा था, जो उन दिनों बड़ी मुश्किल से दस्तयाब होता था; उसने अपने बच्चे के लिए कहीं से दो डिब्बे पैदा किए थे और उनमें से एक वह शीरीं के नौज़ाइदा[158] लड़के के लिए ले आया था—चड्ढे ने आख़िरी दो लड्डू वनकुतरे के मुँह में ठूँसे और कहा: ''तू यह ग्लैक्सो का डिब्बा ले आया है···बड़ा कमाल किया है तूने···अब अपने साले बाप और अपनी साली बीवी की देखना, हर्गिज़ कोई बात न करना।''

वनकुतरे ने बड़े भोलेपन के साथ कहा: ''साले, मैं अब कोई पिएला हूँ···वह तो दारू बोला करती है···वैसे बाई गॉड, मेरी बीवी बड़ी हैंडसम है···''

चड्ढे ने इस क़दर बेतहाशा क़हक़हा लगाया कि वनकुतरे को और कुछ कहने का मौक़ा ही न मिला—फिर चड्ढा, ग़रीबनवाज़ और रंजीत कुमार मुझसे मुतवज्जेह हुए और उस कहानी की बातें शुरू हो गईं, जो मैं फ़िल्मों के अपने पुराने साथी हरीश के ज़रिए से पूना के एक प्रोड्यूसर के लिए लिख रहा था; कहानी की बातों से उकता जाने के बाद कुछ देर तक शीरीं के नौज़ाइदा लड़के का नाम मुक़र्रर होता रहा; सैकड़ों नाम पेश हुए, मगर चड्ढे को पसंद न आए—आख़िर मैंने कहा कि जाए पैदाइश, यानी सईदा काटेज की रिआयत से लड़का मौलूदे-मसऊद[159] है, इसलिए 'मसऊद' नाम बेहतर रहेगा; चड्ढे को यह नाम भी पसंद नहीं आया, लेकिन उसने आरिज़ी तौर पर 'मसऊद' क़ुबूल कर लिया।

चड्ढे ने वनकुतरे की बात पर बेतहाशा क़हक़हा लगाया था, मगर मैंने सईदा काटेज पहुँचने के थोड़ी ही देर बाद महसूस किया कि चड्ढे, ग़रीबनवाज़ और रंजीत कुमार, तीनों की तबीयत किसी क़दर बुझी-बुझी-सी है; मैंने सोचा कि शायद यह ख़िज़ाँ के मौसम की वजह से है, जब आदमी ख़्वाहमख़्वाह थकावट महसूस करता है—शीरीं का नया लड़का भी ख़फ़ीफ़ इज़्मेहलाल[160] का बायस हो सकता था, लेकिन यह शुब्हा इस्तिदलाल[161] पर पूरा नहीं उतरता था—सेन के क़त्ल की ट्रैजिडी···? मालूम नहीं, क्या वजह थी—लेकिन मैंने क़तई तौर पर महसूस किया कि वे तीनों अफ़सुर्दा थे; बज़ाहिर हँसते थे, बोलते थे, मगर अंदरूनी तौर पर मुज़्तरिब थे[162]।

मैं प्रभातनगर में फ़िल्मों के अपने पुराने साथी के घर कहानी लिखता रहा और यह मसरूफ़ियत पूरे सात दिन जारी रही—मुझे बार-बार ख़याल आता था कि चड्ढे ने इस दौरान में दख़लंदाज़ी क्यों नहीं की है; वनकुतरे कहाँ ग़ायब है—रंजीत कुमार से मेरे कोई गहरे मरासिम नहीं थे कि वह इतनी दूर मेरे पास आता; ग़रीबनवाज़ के मुताल्लिक़ मैंने सोचा कि शायद वह हैदराबाद चला गया हो—दूसरी तरफ़ फ़िल्मों का मेरा पुराना साथी अपनी नई फ़िल्म की हीरोइन के साथ उसके घर में, उसके बड़ी-बड़ी मूँछोंवाले ख़ाविंद की मौजूदगी में इश्क़ लड़ा रहा था।

मैं अपनी कहानी के एक बड़े दिलचस्प बाब का मंज़रनामा तैयार कर रहा था कि

चड्ढा बलाए-नागहानी[163] की तरह नाज़िल[164] हुआ।

कमरे में दाखिल होते ही उसने पूछा : ''इस बकवास का तुमने कुछ वुसूल किया है ?''

उसका इशारा मेरी कहानी की तरफ़ था, जिसके मुआवज़े की दूसरी क़िस्त मैंने, दो रोज़ हुए, वुसूल की थी : ''हाँ…दूसरा हज़ार मैंने परसों लिया है।''

''कहाँ है वह हज़ार ?'' वह मेरे कोट की तरफ़ बढ़ा।

''जेब में !''

उसने मेरे कोट की जेब में हाथ डाला, सौ-सौ के चार नोट निकाले और मुझसे कहा : ''आज शाम को मम्मी के यहाँ पहुँच जाना…एक पार्टी है !''

मैं उस पार्टी के मुताल्लिक़ कुछ दरयाफ़्त करने ही वाला था कि वह चला गया; वह अफ़सुर्दगी जो मैंने चंद रोज़ पहले उसमें महसूस की थी, बदस्तूर मौजूद थी; वह कुछ मुज़्तरिब भी था—मैंने कुछ सोचना चाहा, मगर मेरा दिमाग़ माइल न हुआ; कहानी के दिलचस्प बाब का मंज़रनामा मेरे दिमाग़ में बुरी तरह फँसा हुआ था।

फ़िल्मों के अपने पुराने साथी की बीवी से अपनी बीवी की बातें करने के बाद मैं शाम को साढ़े पाँच बजे के क़रीब प्रभातनगर से रवाना हुआ और सात बजे के क़रीब सईदा काटेज पहुँच गया।

गैरेज के बाहर अलगनी पर गीले-गीले पोतड़े लटक रहे थे और एल बरादरान, अक़ील और शकील नल के पास शीरीं के बड़े लड़के के साथ खेल रहे थे; गैरेज का टाट का परदा हटा हुआ था और शीरीं उनसे ग़ालिबन मम्मी की बातें कर रही थी—मुझे ऐसा लगा कि मुझे देखकर वह सब चुप हो गए हैं, मैंने चड्ढे के मुताल्लिक़ पूछा तो अक़ील ने कहा कि वह मम्मी के घर मिल जाएगा।

मैं वहाँ पहुँचा तो एक शोर बरपा था।

सब नाच रहे थे; पोली और डौली के साथ ग़रीबनवाज़, किटी और ऐलमा के साथ रंजीत कुमार और थेलमा के साथ वनकुतरे—चड्ढा अपनी गोद में मम्मी को उठाए इधर-उधर कूद रहा था—सब नशे में थे और एक तूफ़ान मचा हुआ था।

मैं कमरे में दाखिल हुआ तो सबसे पहले चड्ढे ने नारा लगाया; उसके बाद देसी और नीम विदेशी आवाज़ों का एक गोला-सा फटा, जिसकी गूँज देर तक कानों में सरसराती रही।

मम्मी बड़े तपाक से मिली, ऐसे तपाक से, जो बेतकल्लुफ़ी की हद तक बढ़ा हुआ था—मम्मी ने मेरा हाथ अपने हाथ में लेकर कहा : ''किस मी डियर !'' लेकिन उसने ख़ुद ही मेरा एक गाल चूम लिया और मुझे घसीटकर नाचनेवालों के झुरमुट में ले गई।

चड्ढा एकदम चीखा : ''बंद करो…अब फिर शराब का दौर चलेगा…'' फिर उसने नौकर को आवाज़ दी : ''स्कॉटलैंड के शहज़ादे, व्हिस्की की नई बोतल लाओ।''

स्कॉटलैंड का शहज़ादा नई बोतल ले आया; वह नशे में धुत था; जब वह बोतल खोलने लगा तो बोतल उसके हाथ से गिर पड़ी और चकनाचूर हो गई।

मम्मी ने स्कॉटलैंड के शहज़ादे को डाँटना चाहा तो चड्ढा ने मम्मी को रोक दिया और

कहा : ''एक बोतल टूटी है मम्मी···जाने दो, यहाँ तो दिल टूटे पड़े हैं···''

महफ़िल एकदम सूनी हो गई, लेकिन फ़ौरन ही चड्ढा ने उस लम्हाती अफ़सुर्दगी को अपने क़हक़हों से दरहम-बरहम कर दिया।

नई बोतल आई तो हर गिलास में ग्रांडील पैग डाला गया।

चड्ढे ने बेरब्त-सी[165] तक़रीर शुरू की : ''लेडीज़ एंड जैंटिलमैन···आप सब जहन्नम में जाएँ···मंटो हमारे दरमियान मौजूद है; बज़ोमे ख़ुद बड़ा अफ़सानानिगार बनता है···इंसानी नफ़सियात की, यह क्या कहते हैं, अमीक़ तरीन[166] गहराइयों में उतर जाता है मगर मैं कहता हूँ कि बकवास है···कुएँ में उतरनेवाले···कुएँ में उतरनेवाले···'' चड्ढा ने इधर-उधर देखा : ''अफ़सोस कि यहाँ कोई हिंदुस्तोड़ नहीं है···एक हैदराबादी है, जो क़ाफ़ को ख़ाफ़ कहता है, और जिससे दस बरस पीछे मुलाक़ात हुई हो तो कहेगा : 'परसों आपसे मिला था···' लानत है इसके निज़ाम हैदराबाद पर, जिसके पास कई लाख टन सोना है, करोड़हा जवाहिरात हैं, लेकिन मम्मी नहीं है···हाँ तो वह कुएँ में उतरनेवाले···मैंने क्या कहा था कि सब बकवास है···पंजाबी में जिन्हें टोबहे कहते हैं···वह ग़ोता लगानेवाले, वह मंटो के मुक़ाबले में इंसानी नफ़सियात को बदरजहा[167] बेहतर समझते हैं···इसलिए मैं कहता हूँ···''

सबने ज़िंदाबाद का नारा लगाया।

चड्ढा चीख़ा : ''साज़िश है···सब मंटो की साज़िश है···वर्ना मैंने तो हेर हिटलर की तरह तुम लोगों को मुर्दाबाद के नारे का इशारा किया था···तुम सब मुर्दाबाद···लेकिन पहले मैं···मैं···'' वह जज़्बाती हो गया : ''मैं, जिसने उस रात···उस साँप के पेट के खपरों-ऐसे रंगवाले बालों की एक लड़की के लिए अपनी मम्मी को नाराज़ कर दिया था···मैं ख़ुद को ख़ुदा मालूम कहाँ का डान जुआन समझता था···लेकिन नहीं···उसको हासिल करना कोई मुश्किल काम नहीं था···अपनी जवानी की क़सम, एक ही बोसे में उस प्लैटीनम ब्लौंड के कुँवारपने का सारा अर्क़ मैं अपने इन मोटे-मोटे होंठों से चूस सकता था···लेकिन यह एक···यह एक नामुनासिब हरकत होती···वह कमउम्र थी···इतनी कमउम्र, इतनी कमज़ोर, इतनी कैरेक्टरलैस···'' उसने मेरी तरफ़ सवालिया नज़रों से देखा : ''बताओ यार, इसे उर्दू, फ़ारसी या अरबी में क्या कहेंगे···कैरेक्टरलैस···लेडीज़ एंड जैंटिलमैन···वह इतनी छोटी, इतनी कमज़ोर और इतनी ला किरदार थी कि उस रात जिसी अमल में शरीक होकर या तो वह सारी उम्र पछताती रहती, या क़तअन भूल जाती···उन चंद घड़ियों की लज़्ज़त की याद के सहारे जीने का सलीक़ा उसको क़तई तौर पर न आता और मुझे इसका दुख होता···अच्छा हुआ कि मम्मी ने उसी वक़्त मेरा हुक़्क़ा-पानी बंद कर दिया···मैं अब अपनी बकवास बंद करता हूँ···मैंने असल में एक बहुत लंबी-चौड़ी तक़रीर करने का इरादा किया था, मगर मुझसे कुछ बोला नहीं जाता···मैं एक पैग और पीता हूँ···''

चड्ढा ने एक पैग और पिया—उसकी तक़रीर के दौरान में सब ख़ामोश थे; तक़रीर के बाद भी ख़ामोश रहे।

मम्मी ना मालूम क्या सोच रही थी—ग़ाज़े और सुर्ख़ी की तहों के नीचे उसकी झुर्रियाँ,

ऐसा दिखाई देता था, ग़ौरो-फ़िक्र[168] में डूबी हुई हैं।

बोलते रहने के बाद चड्ढा जैसे ख़ाली-सा हो गया था; वह इधर-उधर घूम रहा था, जैसे कोई चीज़ खो देने के लिए ऐसा कोना ढूँढ रहा हो जो उसके ज़ेहन में अच्छी तरह महफ़ूज़ रहे।

मैंने चड्ढा से पूछा : "क्या बात है चड्ढा ?"

उसने क़हक़हा लगाकर जवाब दिया : "कुछ नहीं··· बात यह है कि आज व्हिस्की मेरे दिमाग़ के चूतड़ों पर जमा के लात नहीं मार रही" उसका क़हक़हा खोखला था।

वनकुतरे ने थेलमा को एक तरफ़ सरकने के लिए कहा और फिर मुझे अपने पास बिठा लिया; इधर-उधर की बातें करने के बाद उसने अपने बाप की तारीफ़ शुरू कर दी कि वह बड़ा गुनी आदमी था; ऐसा हारमोनियम बजाता था कि लोग दमबख़ुद हो जाते थे—फिर उसने अपनी बीवी की ख़ूबसूरती का ज़िक्र शुरू कर दिया और मुझे बताया कि बचपन ही में उसके बाप ने यह लड़की चुनकर उससे ब्याह दी थी—बंगाली म्यूज़िक डायरेक्टर सेन की बात निकली तो उसने कहा : "मिस्टर मंटो, वह एकदम हलकट आदमी था··· कहता था, मैं ख़ाँ साहब अब्दुलकरीम ख़ाँ का शागिर्द हूँ··· झूठ, बिलकुल झूठ··· वह तो बंगाल के किसी भड़वे का शागिर्द था···"

घड़ी ने दो बजाए।

चड्ढा ने जड़बन बंद किया, किटी को धक्का देकर एक तरफ़ गिराया, बढ़कर वनकुतरे के कद्दू-ऐसे सिर पर धप्पा मारा और कहा : "बकवास बंद कर बे··· उठ और कुछ गा··· लेकिन ख़बरदार, अगर तूने कोई पक्का राग गाया···"

वनकुतरे ने फ़ौरन गाना शुरू कर दिया—उसकी आवाज़ अच्छी नहीं थी, मुरकियों[169] की नोकपलक वाज़ेह तौर पर उसके गले से नहीं निकलती थी; लेकिन वह जो कुछ भी गाता था, पूरे ख़ुलूस से गाता था—उसने मालकौंस में ऊपर-तले दो-तीन फ़िल्मी गाने सुनाए, जिनसे फ़ज़ा बहुत उदास हो गई।

उस उदास फ़ज़ा में थोड़ी-थोड़ी देर के बाद मम्मी और चड्ढा एक-दूसरे की तरफ़ देखते थे और नज़रें मिलते ही किसी और सिम्त[170] हटा लेते थे।

ग़रीबनवाज़ इस क़दर मुतास्सिर हुआ कि उसकी आँखों में आँसू आ गए।

लड़कियाँ आँखें फाड़े एक-दूसरे की तरफ़ देख रही थीं।

रंजीत कुमार बुत बना हुआ था।

चड्ढा ने ग़रीबनवाज़ की तरफ़ देखा और ज़ोर का क़हक़हा बुलंद किया : "हैदराबादवालों की आँखों का मसाना बहुत कमज़ोर होता है··· मौक़ा-बेमौक़ा टपकने लगता है···"

ग़रीबनवाज़ ने अपने आँसू पोंछे और ऐलमा के साथ नाचना शुरू कर दिया।

वनकुतरे ने ग्रामोफ़ोन के तवे पर रिकार्ड टिकाकर सुई रख दी और घिसी हुई ट्यून बजने लगी।

चड्ढा ने मम्मी को गोद में उठा लिया और कूद-कूदकर शोर मचाने लगा—उसका

गला बैठ गया था, उन मीरासिनों की तरह, जो शादी-ब्याह के मौकों पर ऊँचे सुरों में गा-गाकर अपनी आवाज़ का नास मार लेती हैं।

इस उछल-कूद और चीख़म-धाड़ में चार बज गए।

मम्मी एकदम ख़ामोश हो गई; फिर उसने चड्ढा से कहा: "बस, अब ख़त्म!"

चड्ढा ने हाथ बढ़ाया; पास पड़ी हुई औना-पौनी बोतल उठाई, मुँह से लगाई, ग़टाग़ट ख़ाली की, एक तरफ़ फेंकी और मुझसे कहा: "चलो मंटो, चलें!"

मैंने मम्मी से इजाज़त लेनी चाही तो चड्ढा ने मुझे अपनी तरफ़ खींच लिया: "आज कोई अलविदा नहीं कहेगा।"

हम दोनों बाहर निकल रहे थे कि मैंने वनकुतरे के रोने की आवाज़ सुनी—मैंने चड्ढा से कहा: "रुको चड्ढा, क्या बात है···" मगर वह मुझे धकेलकर आगे ले गया: "उस साले की आँखों का मसाना भी ख़राब है···"

मम्मी के घर से सईदा काटेज बिलकुल नज़दीक थी—रास्ते में चड्ढा ने कोई बात न की।

सोने से पहले मैंने उससे उस पुर शोर मगर उदास पार्टी के मुताल्लिक़ इस्तिफ़सार करना चाहा तो उसने कहा: "मुझे सख़्त नींद आ रही है···" और बिस्तर पर लेट गया।

सुबह उठकर में ग़ुस्लख़ाने में गया—बाहर निकला तो मैंने देखा कि ग़रीबनवाज़ गैरेज के टाट के साथ लगकर खड़ा है और रो रहा है।

मुझे देखकर वह आँसू पोंछता हुआ वहाँ से हट गया—मैंने पास जाकर उससे रोने की वजह दरियाफ़्त की तो उसने कहा: "मम्मी चली गई!"

"कहाँ?"

"मालूम नहीं।" यह कहकर ग़रीबनवाज़ ने सड़क का रुख़ किया।

चड्ढा बिस्तर पर लेटा हुआ था; ऐसा मालूम होता था कि वह एक लम्हे के लिए भी नहीं सोया है।

मैंने उससे मम्मी के बारे में पूछा तो उसने मुस्कराकर कहा: "हाँ, वह चली गई···सुबह की गाड़ी से उसे पूना छोड़ना था!"

मैंने पूछा: "मगर क्यों?"

चड्ढा के लहजे में तल्ख़ी आ गई: "हुकूमत को उसकी अदाएँ पसंद नहीं थीं, उसकी वज़अ-क़त्अ[171] पसंद नहीं थी···उसके घर की महफ़िलें हुकूमत की नज़र में क़ाबिले-एतिराज थीं···पुलिस उसकी शफ़क़त और मुहब्बत बतौर यर्ग़माल[172] के लेना चाहती थी; वह उसे माँ कहकर उससे एक दल्लाला का काम लेना चाहते थे···एक अर्से से उसका एक केस ज़ेरे-तफ़्तीश था; हुकूमत आख़िर पुलिस की तहक़ीक़ात से मुतमइन हो गई और उसको तड़ी पार कर दिया···शहर-बदर कर दिया···वह अगर क़हबा थी, दल्लाला थी···उसका वुजूद अगर सोसाइटी के लिए मुहलिक है तो उसका ख़ात्मा कर देना चाहिए···पूना की ग़िलाज़त को यह क्यों कहा गया कि तुम यहाँ से चली जाओ और कहीं और जाकर ढेर हो जाओ···" चड्ढा ने बड़े ज़ोर का क़हक़हा लगाया और थोड़ी देर ख़ामोश रहा; फिर

उसने बड़े जज़्बात भरे लहजे में कहा : 'मुझे अफ़सोस है मंटो कि उस ग़िलाज़त के साथ एक ऐसी पाकीज़गी चली गई है, जिसने उस रात मेरी एक बड़ी ग़लत और नजिस[173] तरंग को मेरे दिलो-दिमाग़ से धो डाला था... लेकिन मुझे अफ़सोस नहीं होना चाहिए... वह पूना से चली गई है... मुझ-ऐसे जवानों में वैसी नजिस और ग़लत तरंगें जहाँ भी पैदा होंगी, वहाँ वह अपना घर बनाएगी... मैं अपनी मम्मी उनके सिपुर्द करता हूँ... ज़िंदाबाद मम्मी... ज़िंदाबाद... चलो, ग़रीबनवाज़ को ढूँढें... रो-रोकर उसने अपनी जान हलकान कर ली होगी... इन हैदराबादियों की आँखों का मसाना बहुत कमज़ोर होता है... वक़्त-बेवक़्त टपकने लगता है...''

मैंने देखा—चड्ढा की आँखों में आँसू इस तरह तैर रहे थे, जिस तरह मक़्तूलों[174] की लाशें ।

---

1. विश्वयुद्ध; 2. वास्तविक स्थान; 3. अतिशयोक्ति; 4. जुड़ी हुई; 5. आलसी; 6. यात्राएँ; 7. विजय प्राप्त करने; 8. संभव; 9. सामर्थ्य, उत्साह; 10. उदासी; 11. उदासी; 12. जल्दी; 13. गिरते-पड़ते; 14. मतभेद; 15. टेढ़ा-मेढ़ा; 16. सौंदर्यबोध; 17. नज़र; 18. काफ़ी समय; 19. थोड़ी-सी संतुष्टि; 20. टाल-मटोल; 21. अस्थायी; 22. मासिक; 23. ग़रीब का ग़ुस्सा अपने ही ऊपर उतरता है; 24. निश्चिंत; 25. वर्षों से; 26. पूछताछ; 27. सज्जन; 28. टूटा हुआ; 29. पूछताछ करना; 30. प्रबंध; 31. अस्त-व्यस्त; 32. आवश्यक; 33. सामूहिक; 34. पूर्णता; 35. बोहेमियन, उच्छृंखल; 36. पूर्णता; 37. आधा; 38. स्वागत; 39. चिंतित; 40. आदर; 41. हीन भावना; 42. वंचित; 43. ख़ुशी, हर्ष; 44. हीरा; 45. शिष्टतापूर्वक; 46. आनंद; 47. घटित; 48. विशेष रूप से; 49. सीमाएँ; 50. उद्देश्यहीन; 51. प्रसन्न; 52. एकांत; 53. कन्फ्यूशियस-जैसा; 54. विरोधी; 55. ताक़तों; 56. प्राचीन मिस्र का शासक जिसकी मृत्यु पर ममीकरण (शव-परिरक्षण) आरंभ हुआ; 57. पूछताछ; 58. अस्वाभाविक; 59. सईदा का विलोम शब्द अर्थात् रंजीदा; 60. पहली दृष्टि; 61. निवासियों; 62. परिचय; 63. दृढ़; 64. उपलब्ध; 65. पहनावे; 66. रंग-ढंग; 67. उपलब्ध; 68. कभी-कभी; 69. समानता; 70. सम्मानीय; 71. गधे की नस्ल; 72. खाते-पीते; 73. सामान्य साहित्य; 74. क़र्ज़दार; 75. आँखों के अंधे नाम नैनसुख की लोकोक्ति को झुठलाने की; 76. पूरी तल्लीनता के साथ व्यस्त; 77. कार्यों; 78. प्रसन्नचित्त; 79. दुख-तकलीफ़; 80. परेशानहाली; 81. प्रसन्नचित्त; 82. सविस्तार; 83. मात्रा; 84. तसल्ली; 85. ऊँची आवाज़ के साथ; 86. अभिलक्षण; 87. समानता; 88. घूँट; 89. उपमा; 90. मोटी-सी; 91. बचाव; 92. विरोध की आवाज़; 93. संबंध; 94. धैर्य; 95. संतुलित; 96. आसक्त; 97. अपने गुमान में; 98. आक्रामक; 99. अग्रसरता; 100. आवभगत; 101. कमी; 102. भूल; 103. मनोवैज्ञानिक; 104. तंग; 105. अंतिम; 106. नज़र; 107. जिसका सुधार न हो सकता हो; 108. निराश; 109. स्वीकृति का चिह्न; 110. संबंधित; 111. रद्द; 112. आत्मीयता; 113. ऐरे-ग़ैरे नत्थु खैरे सभी को आमंत्रित कर लेना; 114. हमदर्द; 115. उत्तेजनाजनक; 116. समझ में आने योग्य; 117. सौंदर्यबोध संबंधी संवेदन; 118. उपहास; 119. शालीनता; 120. डील-डौल; 121. आकार; 122. डालना; 123. विजयी; 124. आया हुआ; 125. देखना, ध्यान देना; 126. हठ; 127. पेय; 128. नग्नता; 129. गुप्त अंगों को छिपाना; 130. अंतर; 131. एकाग्रता; 132. एक व्यक्ति का नाम; 133. प्रशंसक; 134. अवज्ञा करनेवाला; 135. समझौता; 136. प्राप्त करने की चाह; 137. प्रतिरोध; 138. ज्यों का त्यों; 139. घमंड; 140. व्याकुलता, आतुरता; 141. प्रतिमा; 142. आतंकित; 143. जीवित न रह पाना; 144. प्रतिष्ठित; 145. ख़ुशहाल; 146. ममता भरी; 147. तन्मयता; 148. रंग-बिरंगे; 149. पवित्र; 150. गर्भपात; 151. प्रेम से; 152. मस्ती; 153. गर्भवती; 154. असमंजस; 155. पाप; 156. सच्चाई; 157. आदत के विपरीत; 158. नवजात शिशु; 159. ख़ुशनसीब बच्चा; 160. उदासी; 161. दलील; 162. व्याकुल; 163. दैवी संकट; 164. प्रकट; 165. बेढंगी-सी; 166. अत्यधिक गहराई; 167. कई गुना अधिक; 168. सोच-विचार; 169. गाने के अंत में आवाज़ खींचना; 170. दिशा में; 171. रंग-ढंग; 172. बंधक; 173. गंदी; 174. जिसकी हत्या की गई हो।

बाबू गोपीनाथ

बाबू गोपीनाथ से मेरी मुलाक़ात सन चालीस में हुई—उन दिनों मैं बंबई का एक हफ़्तावार परचा एडिट[1] किया करता था।

दफ़्तर में अब्दुलरहीम सैंडो एक नाटे क़द के आदमी के साथ दाख़िल हुआ—मैं उस वक़्त लीडर लिख रहा था।

सैंडो ने अपने मख़्सूस[2] अंदाज़ में बआवाज़े-बलंद[3] मुझे आदाब किया और फिर अपने साथी से तआरुफ़ कराया : "मंटो साहब, बाबू गोपीनाथ से मिलिए।"

मैंने उठकर बाबू गोपीनाथ से हाथ मिलाया।

सैंडो ने हस्बे-आदत मेरी तारीफ़ों के पुल बाँधने शुरू कर दिए : "बाबू गोपीनाथ, तुम हिंदुस्तान के नंबर वन राइटर से हाथ मिला रहे हो⋯लिखता है तो धड़न तख़्ता हो जाता है लोगों का⋯ऐसी-ऐसी कंटीन्यूटली[4] मिलाता है कि तबीयत साफ़ हो जाती है⋯पिछले दिनों वह क्या चुटकुला लिखा था आपने⋯'मिस ख़ुरशीद ने कार ख़रीद ली।' अल्लाह बड़ा कारसाज़ है⋯क्यों बाबू गोपीनाथ, है ना एंटी की पैंटी पू⋯"

अब्दुलरहीम सैंडो का बातें करने का अंदाज़ बिलकुल निराला था; कंटीन्यूटली, धड़न तख़्ता और ऐंटी की पेंटी पू ऐसे अल्फ़ाज़ उसकी अपनी इख़्तिराअ[5] थे, जिनको वह गुफ़्तगू में बेतकल्लुफ़ इस्तेमाल करता था—मेरा तआरुफ़ कराने के बाद वह बाबू गोपीनाथ की तरफ़ मुतवज्जेह हुआ : "आप हैं बाबू गोपीनाथ⋯बड़े ख़ानाख़राब⋯लाहौर से झख मारते-मारते बंबई तशरीफ़ लाए हैं और साथ कश्मीर की एक कबूतरी है।"

बाबू गोपीनाथ मुसकराया।

अब्दुलरहीम सैंडो ने तआरुफ़ को नाकाफ़ी समझकर कहा : "नंबर वन बेवकूफ़ कोई हो सकता है तो वह आप हैं⋯लोग इनको मस्का लगाकर रुपया बटोरते हैं, मैं सिर्फ़ बातें करके इनसे हर रोज़ पोलसन बटर के दो पैकेट वसूल करता हूँ⋯बस मंटो साहब, यह समझ लीजिए कि बड़े ऐंटीफ़्लोजास्टिन[6] क़िस्म के आदमी हैं⋯आप आज शाम को इनके फ़्लैट पर ज़रूर तशरीफ़ लाइए।"

बाबू गोपीनाथ ने, जो ख़ुदा मालूम क्या सोच रहा था, चौंककर कहा : "हाँ हाँ, ज़रूर तशरीफ़ लाइए मंटो साहब⋯" फिर उसने सैंडो से पूछा : "क्यों सैंडो, क्या आप कुछ उसका शग़्ल[7] करते हैं ?"

अब्दुलरहीम सैंडो ने ज़ोर से क़हक़हा लगाया : ''अजी हर क़िस्म का शग़ल करते हैं··· तो मंटो साहब, आज शाम को ज़रूर आइएगा··· मैंने भी पीनी शुरू कर दी है, इसलिए कि मुफ़्त मिलती है।''

सैंडो ने मुझे फ़्लैट का पता लिखवा दिया, जहाँ मैं हस्बे-वादा शाम के छः बजे के क़रीब पहुँच गया।

तीन कमरों का साफ़-सुथरा फ़्लैट था, जिसमें बिलकुल नया फ़र्नीचर सजा हुआ था—सैंडो और बाबू गोपीनाथ के अलावा बैठनेवाले कमरे में दो मर्द और दो औरतें मौजूद थीं, जिनसे सैंडो ने मुझे मुतआरिफ़[8] कराया।

एक था ग़फ़्फ़ार साईं, तहमद पोश, पंजाब का ठेठ साईं, गले में मोटे-मोटे दानों की माला। सैंडो ने उसके बारे में कहा : ''आप बाबू गोपीनाथ के लीगल एडवाइज़र हैं··· मेरा मतलब समझ जाइए आप··· हर आदमी, जिसकी नाक बहती हो या जिसके मुँह से लुआब निकलता हो, पंजाब में ख़ुदा को पहुँचा हुआ दरवेश बन जाता है··· यह भी बस पहुँचे हुए हैं या पहुँचनेवाले हैं··· लाहौर से बाबू गोपीनाथ के साथ आए हैं, क्योंकि इन्हें वहाँ कोई और बेवक़ूफ़ मिलने की उम्मीद नहीं थी··· यहाँ आप बाबू गोपीनाथ से करैवन ए के सिगरेट और स्कॉच व्हिस्की के पैग पीकर दुआ करते रहते हैं कि अंजाम नेक हो···''

ग़फ़्फ़ार साईं यह सुनकर मुसकराता रहा।

दूसरे मर्द का नाम था ग़ुलाम अली; लंबा-तड़ंगा जवान, कसरती बदन, मुँह पर चेचक के दाग़—उसके मुताल्लिक़ सैंडो ने कहा : ''यह मेरा शागिर्द है और अपने उस्ताद के नक़्शे-क़दम पर चल रहा है··· लाहौर की एक नामी तवाइफ़ की कुँआरी लड़की इस पर आशिक़ हो गई थी··· बड़ी-बड़ी कंटीन्यूटलियाँ मिलाई गई थीं इसको फाँसने के लिए, मगर इसने कहा, मैं लँगोट का पक्का रहूँगा··· एक तकिए में बातचीत करते हुए बाबू गोपीनाथ से मुलाक़ात हो गई, बस उस दिन से उनके साथ चिमटा हुआ है··· हर रोज़ करैवन ए का डिब्बा और खाना मुक़र्रर है···''

यह सुनकर ग़ुलाम अली भी मुसकराता रहा।

गोल चेहरेवाली एक सुर्ख़ो-सफ़ेद औरत थी—कमरे में दाख़िल होते ही मैं समझ गया था कि यह वही कश्मीर की कबूतरी है, जिसके मुताल्लिक़ सैंडो ने दफ़्तर में ज़िक्र किया था—बहुत साफ़-सुथरी औरत थी, बाल छोटे थे और ऐसा लगता था कि कटे हुए हैं, मगर दर हक़ीक़त ऐसा नहीं था, आँखें शफ़्फ़ाफ़ और चमकीली थीं; चेहरे के ख़ुतूत से साफ़ ज़ाहिर होता था कि बेहद अल्हड़ और नातज्रिबाकार है।

सैंडो ने उससे तआरुफ़ कराते हुए कहा : ''ज़ीनत बेग़म··· बाबू साहब प्यार से ज़ीनू कहते हैं··· एक बड़ी ख़ुर्रांट नायिका कश्मीर से यह सेब तोड़कर लाहौर लाई थी··· बाबू साहब को अपनी सी.आई.डी. से पता चला और एक रात इसे ले उड़े··· मुक़द्दमेबाज़ी हुई और तक़रीबन दो महीने तक पुलिस ऐश करती रही··· आख़िर बाबू साहब ने मुक़द्दमा जीत लिया और इसे यहाँ ले आए··· धड़न तख़्ता!''

अब गहरे साँवले रंग की औरत बाक़ी रह गई थी, जो ख़ामोश बैठी सिगरेट पी रही थी, उसकी आँखें सुर्ख़ थीं, जिनसे काफ़ी बेहयाई मुतरश्शेह[9] थी।

बाबू गोपीनाथ ने उसकी तरफ़ इशारा किया और सैंडो से कहा : "इसके मुताल्लिक़ भी कुछ हो जाए!"

सैंडो ने उस औरत की रान पर हाथ मारा और कहा : "जनाब यह है टीन पटूटी फ़िल, फ़िल मिसेज़ अब्दुल रहीम सैंडो उर्फ़ सरदार बेगम··· आप भी लाहौर की पैदावार हैं··· सन छत्तीस में मुझसे इश्क़ हुआ और हुज़ूर दो बरसों ही में इन्होंने मेरा धड़न तख़्ता करके रख दिया··· मैं लाहौर छोड़कर यहाँ भाग आया··· बाबू गोपीनाथ ने इसे यहाँ बुलवा लिया है कि मेरा दिल लगा रहे··· इसको भी एक डिब्बा करैवन ए का राशन में मिलता है और हर रोज़ शाम को ढाई रुपए का मॉर्फ़िया का इंजेक्शन भी लेती है··· रंग काला है मगर वैसे बड़ी टिट फ़ार टेट क़िस्म की औरत है!"

सरदार बेगम ने एक अदा से सिर्फ़ इतना कहा : "बकवास न कर···!" उसकी अदा में पेशेवर औरत की बनावट थी।

सबसे मुतआरिफ़ कराने के बाद सैंडो ने हस्बे-आदत मेरी तारीफ़ों के पुल बाँधने शुरू कर दिए।

मैंने कहा : "छोड़ यार, आओ कुछ और बातें करें···।"

सैंडो चिल्लाया : "ब्वॉय, व्हिस्की एंड सोडा··· बाबू गोपीनाथ, लगाओ हवा एक सब्जे को···"

बाबू गोपीनाथ ने जेब में हाथ डालकर सौ-सौ के नोटों का एक पुलंदा निकाला और एक नोट सैंडो के हवाले कर दिया।

सैंडो ने नोट थामते हुए, उसे ग़ौर से देखते हुए, फिर उसे खड़खड़ाते हुआ कहा : "ओ गॉड··· ओ मेरे रब्बुल आलमीन[10]··· वह दिन कब आएगा, जब मैं भी लब लगाकर यूँ नोट निकाला करूँगा··· ग़ुलाम अली, जाओ, दो बोतलें जानीवॉकर स्टिल गोइंग स्ट्राँग की ले आओ···!"

बोतलें आईं तो सबने पीना शुरू कर दी—यह शग़्ल दो-तीन घंटे तक जारी रहा।

इस दौरान में सबसे ज़्यादा बातें हस्बे-मामूल[11] अब्दुल रहीम सैंडो ने कीं। पहला गिलास एक ही साँस में ख़त्म करके वह चिल्लाया : "धड़न तख़्ता··· मंटो साहब, व्हिस्की हो तो ऐसी··· हलक़ से उतरकर पेट में इन्क़िलाब ज़िंदाबाद लिखती चली गई है··· जियो, बाबू गोपीनाथ जियो···!"

बाबू गोपीनाथ बेचारा ख़ामोश रहा—कभी-कभी अलबत्ता वह सैंडो की हाँ में हाँ मिला देता था।

मैंने सोचा : 'इस शख़्स की अपनी कोई राय नहीं है? दूसरा जो भी कहे, मान लेता है।'

ज़ईफ़ुलए' तिक़ादी[12] का सुबूत ग़फ़्फ़ार साईं मौजूद था, जिसे बाबू गोपीनाथ बक़ौल सैंडो अपना लीगल एडवाइज़र बनाकर लाया था; लीगल एडवाइज़र से सैंडो का दरअसल यह मतलब था कि बाबू गोपीनाथ को ग़फ़्फ़ार साईं से अक़ीदत थी; यूँ भी मुझे

दौराने-गुफ़्तगू मालूम हुआ कि लाहौर में बाबू गोपीनाथ का अक्सर वक़्त फ़क़ीरों और दरवेशों की सुहबत में कटता था—एक बात मैंने ख़ासतौर पर नोट की कि वह कुछ खोया-खोया-सा है, जैसे कुछ सोच रहा हो।

मैंने उससे एक बार कहा : "बाबू गोपीनाथ, क्या सोच रहे हैं आप ?"

वह चौंक पड़ा : "जी मैं···मैं···कुछ नहीं···" यह कहकर वह मुसकराया और फिर उसने ज़ीनत की तरफ़ एक आशिक़ाना निगाह डाली : "इन हसीनों के मुताल्लिक़ सोच रहा हूँ···और हमें क्या सोच होगी !"

सैंडो ने कहा : "बड़े ख़ानाख़राब हैं बाबू गोपीनाथ···मंटो साहब, बड़े ख़ानाख़राब हैं···लाहौर की कोई तवाइफ़ ऐसी नहीं, जिसके साथ बाबू साहब की कंटीन्यूटली न रह चुकी हो !"

बाबू गोपीनाथ ने यह सुनकर बड़े भौंडे इन्किसार[13] के साथ कहा : "अब कमर में वह दम-ख़म नहीं मंटो साहब !" इसके बाद वाहियात गुफ़्तगू शुरू हो गई।

लाहौर की तवाइफ़ों के सब घराने गिने गए—कौन डेरादार[14] थी; कौन नटनी थी; कौन किसकी नोची थी; किसकी नथनी उतारने का बाबू गोपीनाथ ने क्या दिया था; वग़ैरह, वग़ैरह—यह गुफ़्तगू सरदार, सैंडो, ग़फ़्फ़ार साईं और ग़ुलाम अली के दरमियान होती रही, ठेट लाहौर के कोठों की ज़बान में। मतलब तो मैं समझता रहा, मगर बाज़ इस्तिलाहें[15] मेरी समझ में न आईं।

ज़ीनत बिलकुल ख़ामोश बैठी रही। वह कभी-कभी किसी बात पर मुसकरा देती।

मुझे ऐसा महसूस हुआ कि ज़ीनत को इस गुफ़्तगू से कोई दिलचस्पी नहीं है—उसने हल्की व्हिस्की का एक गिलास पिया भी तो बग़ैर किसी दिलचस्पी के, सिगरेट पीती थी तो मालूम होता था कि उसे तंबाकू और उसके धुएँ से कोई रग़बत[16] नहीं है, लुत्फ़ की बात यह है कि सबसे ज़्यादा सिगरेट उसी ने पिए।

बाबू गोपीनाथ से ज़ीनत को मुहब्बत थी, इसका पता मुझे किसी बात से न मिला।

हाँ, इतना ज़ाहिर था कि बाबू गोपीनाथ को ज़ीनत का काफ़ी ख़याल था—ज़ीनत की आसाइश के लिए हर सामान मुहैया था।

एक और बात मुझे महसूस हुई—उन दोनों में कुछ अजीब-सा खिंचाव था, मेरा मतलब यह है कि वे दोनों एक-दूसरे के क़रीब होने के बजाय मुझे कुछ कटे-कटे-से मालूम हुए।

सरदार आठ बजे के क़रीब डॉक्टर मजीद के हाँ चली गई कि उसे मार्फ़िया का इंजेक्शन लेना था। ग़फ़्फ़ार साईं तीन पेग पीने के बाद अपनी तस्बीह[17] उठाकर क़ालीन पर सो गया। ग़ुलाम अली को होटल से खाना लाने के लिए भेज दिया गया।

सैंडो ने अपनी दिलचस्प बकवास जब कुछ अर्से के लिए बंद की तो बाबू गोपीनाथ ने जो अब नशे में था, ज़ीनत की तरफ़ वही आशिक़ाना निगाह डालकर कहा : "मंटो साहब, मेरी ज़ीनत के मुताल्लिक़ आपका क्या ख़याल है ?"

मैंने सोचा कि क्या कहूँ—जब मैंने ज़ीनत की तरफ़ देखा तो वह झेंप गई—मैंने ऐसे ही कह दिया : "बड़ा नेक ख़याल है !"

बाबू गोपीनाथ ख़ुश हो गया : "मंटो साहब, है भी बड़ी नेक लोग... ख़ुदा की क़सम, न ज़ेवर का शौक़ है, न किसी और चीज़ का... मैंने कई बार कहा, 'जानेमन, मकान बनवा दूँ'... जवाब क्या दिया, मालूम है आपको... 'क्या करूँगी मकान लेकर, मेरा कौन है'... मंटो साहब, मोटर कितने में आ जाएगी ?"

मैंने कहा : "मुझे मालूम नहीं।"

बाबू गोपीनाथ ने ताज्जुब से कहा : "क्या बात करते हैं मंटो साहब... आपको और कारों की क़ीमत न मालूम हो... कल चलिए मेरे साथ... ज़ीनू के लिए एक मोटर लेंगे... मैंने अब देखा है कि बंबई में मोटर होनी ही चाहिए।"

ज़ीनत का चेहरा रद्दे-अमल से ख़ाली रहा।

बाबू गोपीनाथ का नशा थोड़ी देर के बाद बहुत तेज़ हो गया। हमातन[18] जज़्बात होकर उसने मुझसे कहा : "मंटो साहब, आप बड़े लायक़ आदमी हैं और मैं बिलकुल गधा हूँ... आप मुझे बताइए, मैं आपकी क्या ख़िद्मत कर सकता हूँ... कल बातों-बातों में सैंडो ने आपका ज़िक्र किया... मैंने उसी वक़्त टैक्सी मँगवाई और कहा, मुझे ले चलो मंटो साहब के पास... मुझसे कोई गुस्ताख़ी हो गई हो तो माफ़ कर दीजिएगा... मैं बहुत गुनाहगार आदमी हूँ... और व्हिस्की मँगवाऊँ आपके लिए ?"

मैंने कहा : "नहीं-नहीं... बहुत पी चुके हैं !"

वह और ज़्यादा जज़्बाती हो गया : "नहीं-नहीं... और पीजिए मंटो साहब..." यह कहकर उसने जेब से सौ-सौ के नोटों का पुलंदा निकाला और एक नोट जुदा करने लगा।

मैंने सब नोट उसके हाथ से ले लिए और वापस उसकी जेब में ठूँस दिए : "सौ का एक नोट आपने ग़ुलाम अली को दिया था... उसका क्या हुआ ?"

मुझे दरअसल कुछ हमदर्दी-सी हो गई थी बाबू गोपीनाथ से—कितने आदमी उस ग़रीब के साथ जौंक की तरह चिमटे हुए थे। मेरा ख़याल था कि बाबू गोपीनाथ बिलकुल गधा है।

वह मेरा इशारा समझ गया और मुसकराकर कहने लगा : "मंटो साहब, उस नोट में से जो कुछ बाक़ी बचा होगा, वह या तो ग़ुलाम अली की जेब से गिर पड़ा होगा या..."

अभी बाबू गोपीनाथ ने पूरा जुमला अदा नहीं किया था कि ग़ुलाम अली ने कमरे में दाख़िल होकर बड़े दुख के साथ यह इत्तिला दी कि होटल में किसी हरामज़ादे ने उसकी जेब में से सारे रुपए निकाल लिए हैं।

बाबू गोपीनाथ मेरी तरफ़ देखकर मुसकराया, फिर उसने सौ रुपए का एक नोट जेब से निकाला और ग़ुलाम अली को देकर कहा : "खाना जल्दी ले आओ।"

पाँच-छः मुलाक़ातों के बाद मुझे बाबू गोपीनाथ की सही शख़्सियत का इल्म हुआ; पूरी तरह तो ख़ैर इंसान किसी को भी नहीं जान सकता, लेकिन मुझे उसके बहुत से हालात मालूम हुए, जो बेहद दिलचस्प थे।

पहले तो मैं यह कहना चाहता हूँ कि मेरा यह ख़याल कि वह परले दर्जे का चुग़द है, ग़लत साबित हुआ—उसको इस अम्र का पूरा एहसास था कि सैंडो, ग़ुलाम अली और सरदार वग़ैरा जो उसके मुसाहिब[19] बने हुए हैं, मतलबी इंसान हैं; वह उनसे

झिड़कियाँ-गालियाँ सब सुनता था, लेकिन ग़ुस्से का इज़हार नहीं करता था।

उसने मुझसे कहा : "मंटो साहब, मैंने आज तक किसी का मश्वरा रद्द नहीं किया⋯जब भी मुझे कोई राय देता है, मैं कहता हूँ, सुब्हानल्लाह⋯वह मुझे बेवक़ूफ़ समझते हैं, लेकिन मैं उन्हें अक़्लमंद समझता हूँ⋯इसलिए कि उनमें कम अज़ कम इतनी अक़्ल तो है कि उन्होंने मुझमें एक ऐसी बेवक़ूफ़ी शनाख़्त कर ली, जिससे उनका उल्लू सीधा हो सकता है⋯बात दरअसल यह है कि मैं शुरू ही से फ़क़ीरों और कंजरों की सोहबत में रहा हूँ⋯मुझे उनसे कुछ मुहब्बत-सी हो गई है⋯मैं उनके बग़ैर नहीं रह सकता⋯मैंने सोच रखा है कि जब मेरी दौलत बिलकुल ख़त्म हो जाएगी तो मैं किसी तकिए में जा बैठूँगा⋯रंडी का कोठा और पीर का मज़ार, बस यह दो जगहें हैं, जहाँ मेरे दिल को सुकून मिलता है⋯रंडी का कोठा तो छुट जाएगा, इसलिए कि जेब ख़ाली होनेवाली है⋯लेकिन हिंदुस्तान में हज़ारों पीर हुए हैं, किसी एक के मज़ार पर चला जाऊँगा।"

मैंने उससे पूछा : "रंडियों के कोठे और तकिए आपको क्यों पसंद हैं?"

कुछ देर सोचकर उसने जवाब दिया : "इसलिए कि इन दोनों जगहों पर फ़र्श से लेकर छत तक धोखा ही धोखा होता है⋯जो आदमी ख़ुद को धोखा देना चाहे, उसके लिए इनसे अच्छा मुक़ाम और क्या हो सकता है?"

मैंने एक और सवाल किया : "आपको तवाइफ़ों का गाना सुनने का शौक़ है⋯? क्या आप मौसीक़ी[20] की समझ रखते हैं?"

उसने जवाब दिया : "बिलकुल नहीं⋯और यह अच्छा है, क्योंकि मैं कनसुरी से कनसुरी तवाइफ़ के हाँ जाकर भी अपना सिर हिला सकता हूँ⋯मंटो साहब, मुझे गाने से कोई दिलचस्पी नहीं, लेकिन⋯मुझे जेब में से दस या सौ रुपए का नोट निकालकर गानेवाली को दिखाने में बहुत मज़ा आता है⋯नोट निकाला और उसको दिखाया⋯वह उसे लेने के लिए एक अदा से उठी⋯पास आई तो नोट जुर्राब में उड़स लिया⋯उसने झुककर नोट बाहर निकाला तो हम ख़ुश हो गए⋯ऐसी बहुत फ़ुज़ूल-फ़ुज़ूल-सी बातें हैं, जो हम ऐसे तमाशबीनों को पसंद हैं⋯वरना कौन नहीं जानता कि रंडी के कोठे पर माँ-बाप अपनी औलाद से पेशा कराते हैं, और मक़बरों और तकियों में इंसान अपने ख़ुदा से⋯"

बाबू गोपीनाथ का शज्रा-ए-नसब[21] तो मैं नहीं जानता, बस इतना मालूम हो सका कि वह एक बहुत बड़े कंजूस बनिए का बेटा था; बाप के मरने पर उसे दस लाख रुपए की जायदाद मिली, जो उसने अपनी ख़्वाहिश के मुताबिक़ उड़ानी शुरू कर दी—बंबई आते वक़्त वह अपने साथ पचास हज़ार रुपए लाया था—उस ज़माने में सब चीज़ें सस्ती थीं, फिर भी हर रोज़ तक़रीबन सौ सवा सौ ख़र्च हो जाते थे।

ज़ीनू के लिए उसने फ़िएट मोटर ख़रीद ली; अब याद नहीं रहा, शायद तीन हज़ार रुपए में आई थी; ड्राइवर रखा तो लफ़ंगे टाइप का—बाबू गोपीनाथ को कुछ ऐसे ही आदमी पसंद थे।

फिर हमारी मुलाक़ातों का सिलसिला बढ़ गया।

बाबू गोपीनाथ की ज़ात से मुझे सिर्फ़ दिलचस्पी थी, लेकिन उसे मुझसे कुछ अक़ीदत[22]

हो गई; यही वजह है कि दूसरों की बनिस्बत वह मेरा बहुत ज़्यादा एहतिराम करता था।

एक रोज़ शाम के क़रीब जब मैं उसके फ़्लैट पर गया तो मुझे वहाँ शफ़ीक़ को देखकर सख़्त हैरानी हुई—अगर मैं मुहम्मद शफ़ीक़ तूसी कहूँ तो शायद आप समझ लें कि मेरी मुराद किस आदमी से है।

यूँ तो शफ़ीक़ काफ़ी मशहूर आदमी है, कुछ अपनी जिद्दत तराज़[23] गाइकी के बायस और कुछ अपनी बज़्लासंज[24] तबीयत की बदौलत, लेकिन उसकी ज़िंदगी का एक हिस्सा अक्सरियत से पोशीदा है; बहुत कम आदमी जानते हैं कि तीन सगी बहनों को यके-बाद दीगरे, तीन-तीन चार-चार साल के वक़्फ़े से, दाश्ता बनाने से पहले उसका ताल्लुक़ उनकी माँ से भी था। यह भी बहुत कम मशहूर है कि उसको अपनी पहली बीवी, जो थोड़े ही अर्से में मर गई थी, इसलिए पसंद नहीं थी कि उसमें तवाइफ़ों के ग़म्ज़े[25] और इश्वे[26] नहीं थे। यह तो ख़ैर हर आदमी, जो शफ़ीक़ तूसी से थोड़ी-बहुत वाक़िफ़ियत भी रखता है, जानता है कि चालीस बरस की उम्र तक सैकड़ों तवाइफ़ों ने उसे अपने यहाँ रखा, उसे अच्छे से अच्छा कपड़ा पहनाया, उम्दा से उम्दा खाना खिलाया, नफ़ीस से नफ़ीस मोटर रखकर दी, मगर उसने अपनी गिरह से किसी तवाइफ़ पर एक दमड़ी भी ख़र्च न की—औरतों के लिए, ख़ास-तौर पर वह जो पेशेवर हों, उसकी बज़्लासंज तबीयत, जिसमें मीरासियों के मिज़ाह की झलक थी, बहुत ही जाज़िबे-नज़र[27] थी, वह कोशिश किए बग़ैर उनको अपनी तरफ़ खींच लेता था।

मैंने जब शफ़ीक़ को हँस-हँसकर ज़ीनत के साथ बातें करते देखा तो मुझे हैरत न हुई, मैंने सिर्फ़ यह सोचा कि वह दफ़अतन वहाँ पहुँचा कैसे; एक सैंडो उसे जानता था, मगर उनकी बोलचाल एक अर्से से बंद थी; बाद में मुझे मालूम हो गया कि सैंडो ही उसे वहाँ लाया था; उन दोनों में सुलह-सफ़ाई हो चुकी थी।

बाबू गोपीनाथ एक तरफ़ बैठा हुक़्क़ा पी रहा था—मैंने शायद इससे पहले ज़िक्र नहीं किया कि वह सिगरेट बिलकुल नहीं पीता था।

मुहम्मद शफ़ीक़ तूसी मीरासियों के लतीफ़े सुना रहा था, जिनमें ज़ीनत किसी क़दर कम और सरदार बहुत ज़्यादा दिलचस्पी ले रही थी।

शफ़ीक़ ने मुझे देखा और कहा : "बिस्मिल्लाह, बिस्मिल्लाह... क्या आपका गुज़र भी इस वादी में होता है?"

सैंडो ने कहा : "तशरीफ़ लाइए इज़्राईल साहब यहाँ... धड़न तख़्ता!"

मैं सैंडो के पास बैठ गया—थोड़ी देर गपबाज़ी होती रही।

मैंने नोट किया कि ज़ीनत और मुहम्मद शफ़ीक़ तूसी की निगाहें आपस में टकराकर कुछ और भी कह रही हैं; ज़ीनत उस फ़न में बिलकुल कोरी थी, लेकिन शफ़ीक़ की महारत ज़ीनत की ख़ामियों को छुपाती रही—सरदार दोनों की निगाहबाज़ी को कुछ इस अंदाज़ से देख रही थी, जैसे ख़लीफ़े अखाड़े के बाहर बैठकर अपने पट्ठों के दाव-पेच देखते हैं।

इस दौरान में मैं भी ज़ीनत से काफ़ी बेतकल्लुफ़ हो गया था; वह मुझे भाई कहती थी जिस पर मुझे एतराज़ नहीं था, अच्छी मिलनसार तबीयत की औरत थी, कम गो, सादा

लौह साफ़-सुथरी—मुझे शफ़ीक़ से उसकी निगाहबाज़ी पसंद नहीं आई, अव्वल तो उस निगाहबाज़ी में भौंडापन था, इसके अलावा, कुछ यूँ कहिए, इस बात का भी दख़ल था कि वह मुझे भाई कहती थी।

शफ़ीक़ और सैंडो उठकर बाहर गए तो मैंने बड़ी बेरहमी के साथ ज़ीनत से निगाहबाज़ी के मुताल्लिक़ इस्तिफ़सार किया। फ़ौरन ही उसकी आँखों में यह मोटे-मोटे आँसू आ गए और वह रोती-रोती दूसरे कमरे में चली गई।

बाबू गोपीनाथ, जो एक कोने में बैठा हुक़्क़ा पी रहा था, तेज़ी से ज़ीनत के पीछे चला गया—सरदार ने आँखों ही आँखों में बाबू गोपीनाथ से कुछ कहा था, जिसका मैं कुछ मतलब न समझ सका था।

थोड़ी देर के बाद बाबू गोपीनाथ दूसरे कमरे से बाहर निकला और 'आइए मंटो साहब' कहकर मुझे अपने साथ अंदर ले गया।

ज़ीनत पलंग पर बैठी हुई थी—मैं अंदर दाख़िल हुआ तो वह दोनों हाथों से मुँह ढाँपकर लेट गई।

मैं और बाबू गोपीनाथ, हम दोनों पलंग के पास कुर्सियों पर बैठ गए।

बाबू गोपीनाथ ने बड़ी संजीदगी के साथ कहना शुरू किया : "मंटो साहब, मुझे इस औरत से बहुत मुहब्बत है···दो बरस से यह मेरे पास है···मैं हज़रते-गौसे-आज़म जीलानी की क़सम खाकर कहता हूँ कि इसने मुझे कभी शिकायत का मौक़ा नहीं दिया···इसकी दूसरी बहनें, मेरा मतलब है इस पेशे की दूसरी औरतें, दोनों हाथों से मुझे लूटकर खाती रहीं, मगर इसने कभी एक ज़ाइद पैसा मुझसे नहीं लिया···मैं अगर किसी दूसरी औरत के यहाँ हफ़्तों पड़ा रहा तो इस ग़रीब ने अपना कोई ज़ेवर गिरवी रखकर गुज़ारा किया···मैं जैसा कि आपसे एक दफ़ा कह चुका हूँ, बहुत जल्द इस दुनिया से किनाराकश[28] होनेवाला हूँ···मेरी दौलत अब कुछ दिन की मेहमान है···मैं नहीं चाहता, इसकी ज़िंदगी ख़राब हो···मैंने लाहौर में इसको बहुत समझाया कि तुम दूसरी तवाइफ़ों की तरफ़ देखो, जो कुछ वह करती हैं, सीखो···मैं आज दौलतमंद हूँ, कल मुझे भिखारी होना ही है···तुम लोगों की ज़िंदगी में सिर्फ़ एक दौलतमंद काफ़ी नहीं···मेरे बाद तुम किसी और को नहीं फाँसोगी तो काम नहीं चलेगा···लेकिन मंटो साहब, इसने मेरी एक न सुनी···सारा-सारा दिन शरीफ़ज़ादियों की तरह घर में बैठी रहती···मैंने ग़फ़्फ़ार साईं से मश्वरा किया···उसने कहा, बंबई ले जाओ···उसे मालूम था कि उसने ऐसा क्यों कहा है···बंबई में उसकी जाननेवाली दो तवाइफ़ें ऐक्ट्रेसें बनी हुई हैं···लेकिन मैंने सोचा, बंबई ठीक है···दो महीने हो गए हैं इसे यहाँ लाए हुए···सरदार को लाहौर से बुलाया है कि इसको सब गुर सिखा दे···ग़फ़्फ़ार साईं से भी यह बहुत कुछ सीख सकती है···यहाँ मुझे कोई नहीं जानता···यह कहती थी कि बाबू, तुम्हारी बेइज़्ज़ती होगी···मैं कहता था, तू मेरी फ़िक्र न कर···बंबई बहुत बड़ा शहर है, लाखों रईस हैं···मैं कहता हूँ, मैंने तुम्हें मोटर ले दी है, कोई अच्छा आदमी तलाश कर ले···मंटो साहब, मैं ख़ुदा की क़सम खाकर कहता हूँ, मेरी दिली ख़्वाहिश है कि यह अपने पैरों पर खड़ी हो जाए, अच्छी तरह होशियार हो जाए···मैं आज ही इसके नाम बैंक में दस

हज़ार रुपए जमा कराने को तैयार हूँ, मगर मुझे मालूम है, दस दिन के अंदर-अंदर यह बाहर बैठी होगी और सरदार इसकी एक-एक पाई अपनी जेब में डाल चुकी होगी··· आप भी इसे समझाइए कि चालाक बनने की कोशिश करे··· जब से मोटर ख़रीदी है, सरदार इसे हर रोज़ शाम को अपोलो बंदर ले जाती है, लेकिन अभी तक कामयाबी नहीं हुई··· सैंडो आज बड़ी मुश्किलों से मुहम्मद शफ़ीक़ को यहाँ लाया है··· आपका क्या ख़याल है उसके मुताल्लिक़···?''

मैंने अपना ख़याल ज़ाहिर करना मुनासिब न समझा।

बाबू गोपीनाथ ने खुद ही कहा : ''अच्छा खाता-पीता आदमी मालूम होता है और ख़ूबसूरत भी है··· क्यों ज़ीनू जानी, पसंद है तुम्हें?''

ज़ीनत ख़ामोश रही।

बाबू गोपीनाथ से जब मुझे ज़ीनत को बंबई लाने की ग़रज़ो-ग़ायत मालूम हुई तो मेरा दिमाग़ चकरा गया; मुझे यक़ीन न आया कि ऐसा भी हो सकता है, लेकिन बाद में मुशाहदे[29] ने मेरी हैरत दूर कर दी।

बाबू गोपीनाथ की दिली आरज़ू थी कि ज़ीनत बंबई में किसी अच्छे मालदार आदमी की दाश्ता बन जाए या ऐसे तरीक़े सीख जाए, जिससे वह मुख़्तलिफ़ आदमियों से रुपए वसूल करते रहने में कामयाब हो सके।

ज़ीनत से अगर सिर्फ़ छुटकारा ही हासिल करना होता तो बाबू गोपीनाथ के लिए यह कोई इतना मुश्किल काम नहीं था, वह एक ही दिन में यह काम कर सकता था—उसकी नीयत नेक थी, इसलिए उसने ज़ीनत के मुस्तक़बिल[30] के लिए हर मुमकिन कोशिश की; उसको ऐक्ट्रेस बनाने के लिए उसने जाली डायरेक्टरों की दावतें कीं; घर में टेलीफ़ोन लगवाया, लेकिन ऊँट किसी करवट न बैठा।

मुहम्मद शफ़ीक़ तूसी तक़रीबन डेढ़ महीने तक आता रहा; कई रातें भी उसने ज़ीनत के साथ बसर कीं, लेकिन वह ऐसा आदमी नहीं था, जो किसी औरत का सहारा बन सके।

बाबू गोपीनाथ ने एक रोज़ अफ़सोस और रंज के साथ कहा : ''शफ़ीक़ साहब तो बस ख़ाली ख़ूली जैंटलमैन ही निकले··· ठरला देखिए··· बेचारी ज़ीनत से चार चादरें, तकियों के छः ग़िलाफ़ और दो सौ रुपए नक़द हथियाकर ले गए··· सुना है, आजकल एक लड़की अलमास से इश्क़ लड़ा रहे हैं···!''

यह दुरुस्त था—अलमास सबसे छोटी और आख़िरी लड़की थी नज़ीरजान पटियालेवाली की; इससे पहले अलमास की तीन बहनें शफ़ीक़ की दाश्ता रह चुकी थीं··· दो सौ रुपए जो शफ़ीक़ ने ज़ीनत से लिए थे, मुझे मालूम है, अलमास पर ख़र्च हुए थे; बाद में अपनी बहनों के साथ लड़-झगड़कर अलमास ने ज़हर खा लिया था।

मुहम्मद शफ़ीक़ तूसी ने जब आना-जाना बंद कर दिया तो ज़ीनत ने कई बार मुझे टेलीफ़ोन किया और कहा : ''शफ़ीक़ को ढूँढकर मेरे पास लाइए!''

मैंने शफ़ीक़ को तलाश किया। किसी को इसका पता ही नहीं था कि वह कहाँ रहता है—एक रोज़ इत्तिफ़ाक़ से रेडियो स्टेशन पर मुलाक़ात हो गई। वह सख़्त परेशानी के आलम में था।

जब मैंने उससे कहा कि ज़ीनत तुम्हें बुलाती है तो उसने जवाब दिया : "मुझे यह पैग़ाम और ज़रियों से भी मिल चुका है... आजकल मुझे बिलकुल फ़ुर्सत नहीं... ज़ीनत बहुत अच्छी औरत है, लेकिन अफ़सोस है कि वह बेहद शरीफ़ है... मंटो, ऐसी औरतों से, जो बीवियों-जैसी लगें, मुझे कोई दिलचस्पी नहीं।"

शफ़ीक़ से जब मायूसी हुई तो ज़ीनत ने सरदार के साथ फिर अपोलो बंदर जाना शुरू कर दिया—पंद्रह दिनों में बड़ी मुश्किलों से कई गैलन पैट्रोल फूँकने के बाद सरदार ने दो आदमी फाँसे और उनसे ज़ीनत को चार सौ रुपए मिले।

बाबू गोपीनाथ ने समझा कि हालात उम्मीद अफ़्ज़ा[31] हैं, इसलिए कि उन दो आदमियों में से एक ने, जो रेशमी कपड़ों की मिल का मालिक था, ज़ीनत से कहा था कि वह ज़ीनत से शादी करेगा।

एक महीना गुज़र गया, लेकिन वह आदमी फिर ज़ीनत के पास न आया।

एक रोज़ मैं जाने किस काम से हार्न बी रोड पर जा रहा था कि मुझे फ़ुटपाथ के पास ज़ीनत की मोटर खड़ी नज़र आई—पिछली निशस्त पर मुहम्मद यासीन बैठा था, नगीना होटल का मालिक।

मैंने उससे पूछा : "यह मोटर तुमने कहाँ से ली?"

यासीन मुसकराया : "तुम जानते हो मोटरवाली को?"

मैंने कहा : "जानता हूँ।"

"तो बस समझ लो कि मेरे पास कैसे आई... अच्छी लड़की है यार!" यासीन ने मुझे आँख मारी।

मैं मुसकरा दिया।

इसके चौथे रोज़ बाबू गोपीनाथ टैक्सी पर मेरे दफ़्तर में आया। उससे मुझे मालूम हुआ कि ज़ीनत से यासीन की मुलाक़ात कैसे हुई।

एक शाम अपोलो बंदर से एक आदमी लेकर सरदार और ज़ीनत नगीना होटल गई थीं; वह आदमी तो किसी बात पर झगड़कर चला गया था, लेकिन होटल के मालिक से ज़ीनत की दोस्ती हो गई थी।

बाबू गोपीनाथ मुतमइन था कि दस-पंद्रह रोज़ की दोस्ती के दौरान में यासीन ने ज़ीनत को छः बहुत ही उम्दा और क़ीमती साड़ियाँ ले दी थीं।

बाबू गोपीनाथ अब यह सोच रहा था कि कुछ दिन और गुज़र जाएँ, ज़ीनत और यासीन की दोस्ती और मज़बूत हो जाए तो वह लाहौर वापस चला जाए—मगर ऐसा न हुआ।

उन्हीं दिनों नगीना होटल में एक क्रिश्चियन औरत ने एक कमरा किराए पर लिया और उसकी जवान लड़की मयोरियल से यासीन की आँख लड़ गई—अब ज़ीनत बेचारी होटल में बैठी रहती और यासीन सुबहो-शाम ज़ीनत की मोटर में उस लड़की को घुमाता रहता।

बाबू गोपीनाथ को इस बात का इल्म होने पर बहुत दुख हुआ। उसने मुझसे कहा : "मंटो साहब, यह कैसे लोग हैं... भई दिल उचाट हो गया है तो साफ़ कह दो... अपनी ज़ीनत भी अजीब है... उसे अच्छी तरह मालूम है कि क्या हो रहा है, मगर मुँह से इतना भी नहीं

कह सकती कि मियाँ, अगर तुमने उस क्रिस्तान छोकरी से इश्क़ लड़ाना है तो ख़ुद मोटर का बंदोबस्त करो, मेरी मोटर क्यों इस्तेमाल करते हो... मैं क्या करूँ मंटो साहब, बड़ी शरीफ़ और नेकबख़्त औरत है... कुछ समझ में नहीं आता... थोड़ी-सी चालाक तो बनना चाहिए!"

यासीन से क़तए-ताल्लुक़[32] होने पर जीनत ने कोई सद्‌मा महसूस न किया।

फिर बहुत दिनों तक कोई नई बात वुक़ूपज़ीर न हुई।

एक दिन मैंने टेलीफ़ोन किया तो मालूम हुआ कि बाबू गोपीनाथ लाहौर चला गया है, ग़ुलाम अली और ग़फ़्फ़ार साईं के साथ, रुपयों का बंदोबस्त करने कि पचास हज़ार रुपए ख़त्म हो चुके थे—जाते वक़्त वह ज़ीनत से कह गया था कि उसे लाहौर में कुछ ज़्यादा दिन लग जाएँगे क्योंकि उसे चंद मकान फ़रोख़्त करने पड़ेंगे।

अब सरदार को मार्फ़िया के इंजेक्शनों की ज़रूरत थी और सैंडो को पोलसन बटर की, तो दोनों ने मुत्तहदा[33] कोशिश की; वह हर रोज़ दो-तीन आदमी फाँसकर ले आते; सौ-सवा सौ रुपए रोज़ के हो जाते, जिनमें से आधे ज़ीनत को मिलते और आधे सैंडो और सरदार दबा लेते—ज़ीनत से कहा गया था कि बाबू गोपीनाथ वापस नहीं आएगा, और अब उसे अपनी फ़िक्र ख़ुद करनी चाहिए।

मैंने एक दिन ज़ीनत से कहा : "यह तुम क्या कर रही हो?"

उसने अल्हड़पन से कहा : "मुझे कुछ मालूम नहीं है भाईजान... यह लोग जो कहते हैं, मान लेती हूँ।"

मेरा जी चाह रहा था कि देर तक पास बैठकर उसे समझाऊँ कि जो कुछ वह कर रही है, ठीक नहीं है... सैंडो और सरदार अपना उल्लू सीधा करने के लिए उसे बेच डालेंगे, मगर मैंने कुछ न कहा।

ज़ीनत उकता देनेवाली हद तक बेसमझ, बेउमंग और बेजान औरत थी; उस कमबख़्त को अपनी ज़िंदगी की क़द्रो-क़ीमत ही मालूम नहीं थी, जिस्म बेचती, मगर उसमें बेचनेवालों का कोई अंदाज़ तो होता; वल्लाह मुझे बहुत कोफ़्त होती थी उसे देखकर; सिगरेट से, शराब से, खाने से, घर से, टेलीफ़ोन से, हत्ता कि उस सोफ़े से भी, जिस पर वह अक्सर लेटी रहती थी, उसे कोई दिलचस्पी नहीं थी।

बाबू गोपीनाथ पूरे एक महीने के बाद लौटा। वह माहिम गया तो वहाँ फ़्लैट में कोई और ही था—उसकी ग़ैर मौजूदगी में सैंडो और सरदार के मश्वरे से ज़ीनत ने बांद्रा में एक बँगले का बालाई हिस्सा किराए पर ले लिया था।

बाबू गोपीनाथ मेरे पास आया तो मैंने उसे ज़ीनत का नया पता बता दिया; फिर उसने मुझसे ज़ीनत के मुताल्लिक़ पूछा; जो कुछ भी मुझे मालूम था, मैंने उससे कह दिया, लेकिन यह न कहा कि सैंडो और सरदार उससे पेशा करा रहे हैं।

बाबू गोपीनाथ अब की बार दस हज़ार रुपए अपने साथ लाया था, जो उसने बड़ी मुश्किलों से हासिल किए थे। ग़ुलाम अली और ग़फ़्फ़ार साईं को वह लाहौर ही में छोड़ आया था।

टैक्सी नीचे खड़ी थी—बाबू गोपीनाथ ने इसरार किया कि मैं भी उसके साथ चलूँ।

क़रीबन एक घंटे में हम बांद्रा पहुँच गए—टैक्सी पाली हिल पर चढ़ रही थी कि सामने की तंग सड़क पर सैंडो दिखाई दिया।

बाबू गोपीनाथ ने ज़ोर से पुकारा : ''सैंडो!''

सैंडो ने जब बाबू गोपीनाथ को देखा तो उसके मुँह से सिर्फ़ इस क़दर निकला : ''धड़न तख़्ता!''

बाबू गोपीनाथ ने उससे कहा कि वह आए और टैक्सी में बैठ जाए और साथ चले, लेकिन सैंडो ने कहा : ''टैक्सी एक तरफ़ खड़ी करवाइए⋯मुझे आपसे कुछ प्राइवेट बातें करनी हैं।''

टैक्सी एक तरफ़ खड़ी कर दी गई।

बाबू गोपीनाथ बाहर निकला तो सैंडो उसे कुछ दूर ले गया। देर तक उनमें बातें होती रहीं—जब बातें ख़त्म हुईं तो बाबू गोपीनाथ अकेला टैक्सी की तरफ़ आया और उसने ड्राइवर से कहा : ''वापस ले चलो!''

बाबू गोपीनाथ ख़ुश था—जब हम दादर के पास पहुँचे तो उसनें कहा : ''मंटो साहब, ज़ीनू की शादी होनेवाली है!''

मैंने हैरत से पूछा : ''किससे?''

बाबू गोपीनाथ ने जवाब दिया : ''हैदराबाद सिंध का एक दौलतमंद ज़मींदार हैं⋯ख़ुदा करे, दोनों ख़ुश रहें⋯यह भी अच्छा हुआ कि मैं ऐन वक़्त पर आ पहुँचा⋯जो रुपए मेरे पास हैं, उनसे ज़ीनू का जहेज़ बन जाएगा⋯क्यों, क्या ख़याल है आपका?''

मेरे दिमाग़ में उस वक़्त कोई ख़याल नहीं था; मैं सोच रहा था कि यह हैदराबाद सिंध का दौलतमंद ज़मींदार कौन है; सैंडो और सरदार की कोई जालसाज़ी तो नहीं—लेकिन बाद में इस बात की तस्दीक़ हो गई कि वह हक़ीक़तन हैदराबाद सिंध का एक मुतमव्विल[34] ज़मींदार है, जो हैदराबाद सिंध ही के एक म्यूज़िक टीचर की मार्फ़त ज़ीनत से मुतआरिफ़[35] हुआ था; यह म्यूज़िक टीचर ज़ीनत को गाना सिखाने की बेसूद कोशिश किया करता था; एक रोज़ यह म्यूज़िक टीचर अपने मुरब्बी ग़ुलाम हुसैन (हैदराबाद सिंध के रईस का नाम) को साथ लेकर आया तो ज़ीनत ने ख़ूब ख़ातिर मुदारात की और ग़ुलाम हुसैन की फ़र्माइश पर उसने ग़ालिब की ग़ज़ल 'नुक्ता चीं है ग़मे दिल उसको सुनाए न बने' गाकर सुनाई; ग़ुलाम हुसैन सौ जान से उस पर फ़रेफ़्ता हो गया; इस बात का ज़िक्र म्यूज़िक टीचर ने ज़ीनत से किया; फिर सरदार और सैंडो ने मिलकर मुआमला पक्का कर दिया और शादी तय हो गई।

बाबू गोपीनाथ ख़ुश था—एक दफ़ा सैंडो के दोस्त की हैसियत से वह ज़ीनत के यहाँ गया और ग़ुलाम हुसैन से उसकी मुलाक़ात हुई।

ग़ुलाम हुसैन से मिलकर बाबू गोपीनाथ की ख़ुशी दूनी हो गई। उसने मुझसे कहा : ''मंटो साहब, ख़ूबसूरत और जवान और बड़ा लायक़ आदमी है⋯मैंने लाहौर से यहाँ आते

हुए दातागंज बख़्श के हुज़ूर जाकर दुआ माँगी थी, जो क़ुबूल हुई··· भगवान करे, दोनों ख़ुश रहें···।''

बाबू गोपीनाथ ने बड़े ख़ुलूस और बड़ी तवज्जोह से ज़ीनत की शादी का इंतज़ाम किया–दो हज़ार के ज़ेवर और दो हज़ार के कपड़े बनवा दिए और पाँच हज़ार नक़द दिए।

मुहम्मद शफ़ीक़ तूसी, मुहम्मद यासीन प्रोप्राइटर नगीना होटल, म्यूज़िक टीचर, सरदार, मैं और बाबू गोपीनाथ शादी में शामिल हुए–सैंडो दुल्हन की तरफ़ से वकील था।

ईजाबो-क़बूल[36] हुआ तो सैंडो ने आहिस्ता से कहा : ''धड़न तख़्ता !''

ग़ुलाम हुसैन सरज का नीला सूट पहने हुए था–सबने उसको मुबारकबाद दी, जो उसने ख़ंदापेशानी से क़बूल की।

ग़ुलाम हुसैन काफ़ी वजीह[37] आदमी था--बाबू गोपीनाथ उसके मुक़ाबले में छोटी-सी बटेर मालूम हो रहा था।

शादी की दावतों में ख़ुर्दो-नोश[38] का जो भी सामान होता है, बाबू गोपीनाथ ने मुहैया किया था।

दावत से जब सब फ़ारिग़ हुए तो बाबू गोपीनाथ ने सबके हाथ धुलवाए–मैं जब हाथ धोने के लिए आया तो उसने मुझसे बच्चों के से अंदाज़ में कहा : ''मंटो साहब, ज़रा अंदर जाइए और देखिए, ज़ीनू दुल्हन के लिबास में कैसी लगती है !''

मैं पर्दा हटाकर अंदर दाख़िल हुआ।

ज़ीनत सुर्ख़ ज़रबफ़त[39] का शलवार-कुर्ता पहने हुए थी, दुपट्टा भी उसी रंग का था, जिस पर गोट लगी हुई थी; चेहरे पर हल्का-सा मेकअप था, हालाँकि मुझे होंठों पर लिपस्टिक की सुर्ख़ी बहुत बुरी मालूम होती है, मगर ज़ीनत के होंठ सजे हुए लग रहे थे।

उसने शरमाकर मुझे आदाब किया तो बहुत प्यारी लगी–लेकिन जब मैंने दूसरे कोने में एक मसहरी देखी, जिस पर फूल ही फूल थे तो मुझे बेइख़्तियार हँसी आ गई।

मैंने ज़ीनत से कहा : ''यह क्या मसख़रापन है ?''

ज़ीनत ने मेरी तरफ़ बिलकुल मासूम कबूतरी की तरह देखा : ''आप मज़ाक़ करते हैं भाईजान···।'' उसने कहा और उसकी आँखो में आँसू डबडबा आए।

मुझे अभी अपनी ग़लती का एहसास भी न हुआ था कि बाबू गोपीनाथ ने, जो मेरे पीछे-पीछे ही अंदर चला आया था, बड़े प्यार के साथ अपने रूमाल से ज़ीनत के आँसू पोंछे और बड़े दुख में मुझसे कहा : ''मंटो साहब, मैं समझता था कि आप बड़े समझदार और लायक़ आदमी हैं···ज़ीनू का मज़ाक़ उड़ाने से पहले आपने कुछ सोच लिया होता···!''

बाबू गोपीनाथ के लहजे में वह अक़ीदत, जो उसे मुझसे थी, ज़ख़्मी नज़र आई–पेशतर इसके कि मैं उससे माफ़ी माँगता, उसने ज़ीनत के सिर पर हाथ फेरा और बड़े ख़ुलूस के साथ कहा : ''ख़ुदा तुम्हें ख़ुश रखे।'' यह कहकर उसने भीगी हुई आँखों से मेरी तरफ़ देखा–उसकी आँखों में मलामत[40] थी, बहुत ही दुख भरी मलामत–और चला गया।

1. संपादित; 2. विशिष्ट; 3. ऊँची आवाज़ से; 4. कंटीन्यूटी, कड़ी; 5. आविष्कार; 6. सूजन दूर करनेवाली एक एलोपैथिक दवाई; 7. दिलबहलाव का काम; 8. परिचित; 9. टपकना; 10. संसार का रब; 11. नियमानुसार, यथाविधि; 12. धर्म पर विश्वास दृढ़ न होना; 13. नम्रता; 14. वेश्याओं की जाति; 15. परिभाषा का बहुवचन; 11. लगाव; 17. ख़ुदा की इबादत में फेरी जानेवाली माला; 18. रोम-रोम से; 19. किसी बड़े आदमी के साथ उठने-बैठनेवाला, ख़ास दोस्त; 20. संगीत; 21. वंशावली; 22. श्रद्धा; 23. नई चीज़ें निकालनेवाला; 24. विनोदी; 25. सुंदर नारी के हाव-भाव; 26. नाज़ो-अंदाज़; 27. नज़र को अच्छा लगनेवाला; 28. छोड़ देना; 29. निरीक्षण; 30. भविष्य; 31. आशाप्रद; 32. संबंध-विच्छेद; 33. इकट्ठे; 34. धनाढ्य; 35. परिचित; 36. निकाह के समय दूल्हा-दुल्हन का एक-दूसरे को स्वीकार करना; 37. तगड़ा; 38. खाना-पीना; 39. ज़री के काम का क़ीमती कपड़ा; 40. निंदा।

नुतफ़ा

''मालूम नहीं, बाबू गोपीनाथ की शख़्सियत दरहक़ीक़त ऐसी ही थी, जैसी कि आपने अफ़साने में पेश की है, या वह महज़ आपके दिमाग़ की पैदावार है⋯मैं इतना जानता हूँ कि बाबू गोपीनाथ-जैसे अजीबो-ग़रीब आदमी आम मिलते हैं⋯मैंने जब आपका अफ़साना पढ़ा तो मेरा दिमाग़ फ़ौरन ही अपने एक दोस्त की तरफ़ मुन्तक़िल[1] हो गया, अपने दोस्त सादके़ की तरफ़⋯बाबू गोपीनाथ और सादिक़ में बज़ाहिर कोई मुमासलत[2] नहीं है, लेकिन मैं महसूस करता हूँ कि दोनों का ख़मीर एक ही मिट्टी से उठा है⋯आपके बाबू गोपीनाथ को दौलत विरासत में मिली थी, मेरे सादिक़ को अपनी मेहनतो- मशक़्क़त और ज़हानत के सिले[3] में⋯दोनों शाहख़र्च थे⋯आपका बाबू गोपीनाथ बज़ाहिर बुद्धू था; लेकिन दरअसल बहुत होशियार और बाख़बर आदमी था⋯मेरा सादिक़⋯अंदर-बाहर से बिलकुल एक जैसा था; वह बुद्धू था न चालाक; वह दरमियाने दर्जे की अक़्लो-फ़हम का आदमी था; अपने काम में आठों गाँठ होशियार. हिसाब का पक्का, लेनदेन के मामले में बड़ा बाउसूल⋯आपके बाबू गोपीनाथ को लुट जाने में मज़ा आता था, मेरे सादिक़ को दूसरों को लूटने में⋯बाबू साहब को पीरों-फ़क़ीरों के तकियों और रंडियों के कोठों से रग़बत[4] थी, सादिक़ को इनसे कोई दिलचस्पी नहीं थी⋯इन तमाम तफ़ावुतों[5] के बावुजूद मैं जब भी बाबू गोपीनाथ को सादिक़ के साथ खड़ा करता हूँ तो मुझे उन दोनों के ख़द्दोख़ाल[6] एक-जैसे नज़र आते हैं, जैसे वे दोनों जुड़वाँ हों⋯मैं तजज़िया[7] करना नहीं चाहता, हो सकता है आप, जब सादिक़ का हाल मुझसे सुनें तो उसको इंसानों की किसी और ही सफ़[8] में खड़ा कर दें, जिसमें बाबू गोपीनाथ की मूँछ का एक बाल भी न आ सकता हो, लेकिन मैं यही समझूँगा कि आपके तजज़िए में ग़लती हुई है, और मैं आपसे दरख़्वास्त करूँगा कि आप मेरे सादिक़ को उसी सफ़ में शामिल कीजिए, जिसमें आपका बाबू गोपीनाथ मौजूद है⋯मैं अफ़सानानिगार नहीं; मालूम नहीं, बाबू गोपीनाथ के हालात आपने मिनो-अन[9] बयान किए हैं, या उनमें कुछ रद्दो-बदल[10] किया है, बहरहाल, जो कुछ आपने बयान किया है, बहुत ख़ूब है; अगर बाबू गोपीनाथ हक़ीक़त में आपके बयान के मुताबिक़ नहीं है तो लानत है उस पर; और अगर वह ऐसा ही है जैसा कि अफ़साने में कहा गया है तो उस पर ख़ुदा की रहमत हो⋯यक़ीन मानिए, ऐसे लोग परस्तिश[11] के क़ाबिल होते हैं⋯सादिक़ का शुमार भी ऐसे ही लोगों में होता है⋯सादिक़ से मेरी पहली मुलाक़ात यहीं लाहौर में हुई थी; जंग का ज़माना

था; ठेकेदारियाँ बड़े ज़ोरों पर थीं; सादिक़ की पाँचों उँगलियाँ घी में थीं और सिर मुहावरे के मुताबिक़ कड़ाहे में; उसका मेल-मिलाप और असरो-रसूख़ काफ़ी था और वह शाहख़र्च तो था ही; वह दस-बीस पुरतकल्लुफ़ दावतें करता और एक कॉन्ट्रैक्ट अपनी जेब में डाल लेता···एक बात है; बेशक उसने बहुत कमाया; दोनों हाथों से गवर्नमेंट को लूटा, लेकिन उस लूट में से उसने उन लोगों को बराबर का हिस्सा दिया, जिनके ज़रिए से उसको उस लूट के मवाक़े बहम[12] पहुँचे थे···इसी दौरान में उसका गुज़र उन वादियों में भी हुआ, जिन वादियों का बाबू गोपीनाथ एक बहुत बड़ा ज़ाइर[13] था, लेकिन वह उनमें भटका नहीं, दूसरों के साथ महज़ रवादारी की ख़ातिर वह वहाँ जाता रहा और वापस अपने घर आकर अपने जूतों की गर्द झाड़कर बैठ जाता रहा; उसने बोतल से भी तआरुफ़[14] हासिल किया, मगर मुआनक़े[15] की नौबत न आने दी; बस एक-दो घूँट पी, सिर्फ़ दूसरों का साथ देने के लिए···उन कोठों पर, जहाँ आपके बाबू गोपीनाथ के क़ौल के मुताबिक़ धोखा ही धोखा होता है, सादिक़ ने ख़ुद को धोखा देने की कभी कोशिश न की···एक-दो बार उसे अपने साथियों की ख़ुशी के लिए रंडियों का मुँह चूमना पड़ा था और चंद एक वाहियात हरकतें भी करना पड़ी थीं, मगर वह इन बातों से कोई लुत्फ़ न हासिल कर सका था···वह रंडी के मुताल्लिक़ कभी सोच ही नहीं सकता था; हाँ अगर मिलिट्री के नौजवानों के लिए रंडियाँ फ़राहम[16] करने का ठेका उसे मिल जाता तो वह यक़ीनन उनके मुताल्लिक़ बड़े ग़ौरो-फ़िक्र से सोचना शुरू कर देता; दरअसल वह कारोबारी आदमी था···एकदम हालात ने कुछ ऐसा पलटा खाया कि सादिक़, वह सादिक़ ही न रहा; जंग ख़त्म हुई तो ठेके भी ख़त्म हो गए; फिर मुक़द्दमों का ऐसा ताँता बँधा कि वह कचहरियों के चक्कर में फँस गया; उसने जो दौलत पैदा की थी, सब मुक़द्दमों की नज़्र हो गई···मोटर के बजाय अब सादिक़ ताँगे पर होता था, या साइकिल पर; पहले नए से नया सूट उसके बदन पर होता था, अब उसे कपड़ों से कोई दिलचस्पी ही नहीं रही थी; पहले उसके ख़ुशामदी दोस्त उसे नवाब साहब कहकर पुकारते थे, अब वह सिर्फ़ 'सादक़ा···ओय सादक़ा' रह गया था; दोस्तों की इस तब्दीली-ए-तख़ातुब[17] को उसने क़तअन महसूस नहीं किया था; उसको अपने मुक़द्दमों की इतनी फ़िक्र थी कि वह ऐसी फ़ुरुआत[18] के बारे में सोच ही नहीं सकता था···कचहरियों के उस चक्कर के ज़माने में उसने अपनी मर्ज़ी से बोतल की तरफ़ हाथ बढ़ाया और थोड़े ही अर्से में बड़े धड़ल्ले का शराबी बन गया; उन्हीं दिनों उसकी मुलाक़ात सरहद के एक ख़ान से हो गई, जिसको वहाँ की हुकूमत ने सूबाबदर कर रखा था; उनकी यह मुलाक़ात रंडी के एक कोठे पर हुई थी; सादिक़ ज़िंदगी में पहली मर्तबा किसी इंसान के ख़ुलूस से मुतास्सिर हुआ···वह ख़ान अपने इलाक़े का बहुत बड़ा रईस था; वह बिलकुल अनपढ़ था, मगर जाहिल नहीं था, उसका दिलो-दिमाग़ क़ौम की फ़लाहो-बहबूद[19] के लिए पूरी तरह रौशन था; वह एक बहुत बड़ा इन्क़िलाब चाहता था, ऐसा इन्क़िलाब, जो ज़ुल्मो-सितम को ख़सो-ख़ाशाक[20] की तरह बहाकर ले जाए; वह चाहता था कि सरमाए की लानत से दुनिया आज़ाद हो जाए; दुनिया आज़ाद न हो तो कम अज़ कम उसका सूबा आज़ाद हो जाए; इन ख़यालात की पादाश[21] में उसे अपने सूबे से बाहर निकाल दिया गया था···मैं आपकी तरह

अफ़सानानिगार नहीं हूँ; मुझसे हाशियाआराई[22] नहीं होती… बस इतना कहूँगा कि ख़ान का कैरेक्टर भी कम दिलचस्प नहीं; किसी ज़माने में वह बड़ा पुरजोश सुर्ख़पोश था, सुर्ख़पोश तहरीक से वाबस्ता होकर उसने कई मर्तबा जेल देखी थी और अपनी जायदाद में से हज़ारों रुपए ख़र्च किए थे… कुछ बरस बाद की बात है, जब बँटवारा हुआ तो वह मुस्लिमलीगी बन गया; क़ायदेआज़म मुहम्मद अली जिनाह से उसको वालिहाना[23] इश्क़ हो गया; मुस्लिम लीग की तनज़ीम[24] के लिए उसने क़ाबिले-क़द्र ख़िदमात सरअंजाम दीं, लेकिन फिर हालात कुछ ऐसे हो गए कि जो लोग तालीमयाफ़्ता थे, ख़ान से आगे बढ़ गए और बड़े-बड़े मनसबों पर जा बैठे… ख़ान झुँझला गया; अपनी झुँझलाहट में उसने अपने ग़ैज़ो-ग़ज़ब[25] का बड़ा ख़ाम मुज़ाहिरा[26] किया; नतीजा यह निकला कि उसे कान से पकड़कर बाहर निकाल दिया गया… लेकिन मैं तो बँटवारे से पहले की बात कर रहा था… जिस ज़माने में सादिक़ की ख़ान से मुलाक़ात हुई, उन दिनों ख़ान की हालत बिलकुल बच्चों की-सी थी; उन बच्चों की-सी, जिनको मामूली-सी शरारत पर सख़्तगीर[27] मास्टर ने बैंच पर खड़ा कर दिया हो, या क्लास के एक कोने में मुर्ग़ा बनकर कान पकड़ने का हुक्म दे दिया हो… सादिक़ जब भी मुझसे ख़ान की बात करता तो यही कहता : 'ख़ान बड़ा बीबा आदमी है…' कुछ मैं भी उस ख़ान के मुताल्लिक़ जानता हूँ; यह वाक़िआ है कि सिर्फ़ 'बीबा' ही एक ऐसा लफ़्ज़ है, जो ख़ान की शख़्सियत को पूरे तौर पर अपने अंदर समेट लेता है… वह अपने सूबे से दूर था, बहुत दूर, मगर सरहद की याद उसे कभी नहीं सताती थी; उसके अपने गाँव में उसकी एक छोड़ दो बीवियाँ थीं, मगर उनके मुताल्लिक़ उसने कभी तरद्दुद[28] का इज़हार नहीं किया था; उसको कामिल[29] यक़ीन था कि ज़मींदारी से जो कुछ वुसूल होता होगा, उसकी बीवियों के इख़्राजात[30] के लिए काफ़ी से ज़्यादा होगा; उसके गाँव से उसका मैनेजर ख़ुद उसे भी सात-आठ सौ रुपए माहवार भेज दिया करता था, जो उसकी 'वॉक्स हाल[31] मोटर के पैट्रोल और उसकी शराब पर उठ जाते थे… घर ख़ान का हीरामंडी के एक कोठे पर था… सूबाबदर[32] होने के बाद उसने कुछ दिन हीरामंडी के मुख़्तलिफ़ कोठों पर झख मारी; आख़िरकार एक कोठा मुंतख़ब[33] करके वहाँ मुस्तक़िल[34] तौर पर अपने डेरे जमा दिए… डेढ़-दो महीने के बाद ख़ान को महसूस हुआ कि उसको उस कोठे की रंडी से इश्क़ हो गया है… उसने सादिक़ को उस राज़ से बड़े बीबेपन के साथ आगाह किया : 'सादिक़, वह रंडी, जिसके कोठे पर तुमसे पहली मुलाक़ात हुई थी, हमारे दिल के अंदर घुस गई है… उसको बदर करने की कोई तरकीब तुम्हारे दिमाग़ के अंदर आती हो तो हमको बताओ… !' सादिक़ ने ख़ान को बहुत-सी तरकीबें बताईं, जिन पर ख़ान ने अमल भी किया, मगर वह अपने दिल के अंदर से उस रंडी को 'शहर-बदर' न कर सका… एक बार फिर उसने उसी बीबेपन के साथ सादिक़ से कहा : 'सादिक़, वह रंडी हम पर सवार हो गई है, हम उसको अपनी बीवी बनाएगा…' सादिक़ ने ख़ान को बहुत समझाया-बुझाया, मगर ख़ान इश्क़ के हाथों मजबूर था… उस रंडी को भी ख़ान पसंद आ गया था; आख़िर एक दिन दोनों मियाँ-बीवी बन गए… रंडी के घरवालों को यह रिश्ता बिलकुल पसंद न आया; बड़ी गड़बड़ हुई, लेकिन फिर समझौता हो गया… रंडी वहीं कोठे पर ही रही और ख़ान रंडी के शौहर की

हैसियत से वहीं उसके साथ रहने लगा... सादिक़ ने एक दिन मुझसे कहा : 'ख़ान अजीबो-ग़रीब आदमी है... एक ऊँचे घराने से ताल्लुक़ रखता है, अख़बारी और सियासी दुनिया में नाम रखता है, लेकिन उसे कभी ख़याल नहीं आता कि वह एक बदनाम महल्ले में रहता है... एक रंडी, जिसके कभी हज़ारों गाहक थे, अब उसकी बीवी है... मुझे बाज़ औक़ात हैरत होती है कि वह पठान है, लेकिन उसकी ग़ैरत कहाँ सो रही है... सरहद में उसकी दो बीवियाँ हैं, औलाद मौजूद है, मगर वह किस इत्मीनान से हीरामंडी के एक कोठे पर एक चिचोड़ी हुई हड्डी चूसता रहता है... उससे इस बारे में कुछ कहता हूँ तो उसके बेरिया[35] चेहरे पर एक बीबी-सी[36] मुसकराहट पैदा हो जाती है और वह मुझसे कहता है : 'सादिक़, वह हमारा बीवी लोग उधर राज़ी-ख़ुशी है, हमें कोई तरद्दुद नहीं; और यह रंडी बहुत अच्छा है; हमसे मुहब्बत करता है; जो औरत उधर सरहद में होता है ना, मुहब्बत करना नहीं जानता, नाज़-नख़रा नहीं जानता...' और मुझे यक़ीन आ जाता है; मुझे ख़ान की हर बात का यक़ीन आ जाता है...' यह वाक़िआ है कि सादिक़, जिसको पहले किसी बात का यक़ीन नहीं आता था, अब उसे ख़ान के कहने पर चलना पड़ता था... जब सादिक़ मुक़द्दमों से फ़ारिग़ हुआ तो ख़ान के कहने पर उसने मिलिट्री की छोड़ी हुई बैरकें ढाने और उनका मलबा उठवाने का ठेका ले लिया; उसे इस काम से नफ़रत थी, मगर वह ख़ान के मश्वरे को कैसे टाल सकता था; एक बरस तक वह कुम्हारों, गधों और मलबे के धूल-ग़ुबार में फँसा रहा और उसने काफ़ी दौलत जमा की... अब ख़ुशामदी दोस्त फिर उसके गिर्द जमा हो गए... मेरा ख़याल था कि अब वह उन्हें मुँह नहीं लगाएगा, लेकिन उसने उन्हें धुत्कारने की कोई कोशिश न की; जंग के ज़माने में उन ख़ुशामदी दोस्तों की शुमूलीयत[37] सिर्फ़ दस्तरख़्वान पर होती थी, अब बोतल में भी वह शरीक होने लगे... ख़ान ने सादिक़ को बताया था : 'शराब बहुत अच्छी चीज़ है, ख़ुसूसन उस आदमी के लिए जो सूबाबदर कर दिया गया हो; बोतल से मुँह लगाते ही एक नया सूबा उसके दिलो-दिमाग़ में आबाद हो जाता है; दिलो-दिमाग़ में आबाद उस सूबे में वह एक कोने से दूसरे कोने तक, जहाँ वह चाहे, स्टूल पर खड़ा होके बाग़ियाना से बाग़ियाना तक़रीर[38] कर सकता है; सरमाए की तमाम लानतों से अपने इस नए सूबे को पाक कर सकता है... और फिर रंडी का कोठा; इससे बेहतरीन घर तो और कोई हो ही नहीं सकता... बीवी घरेलू क़िस्म और सगी क़िस्म की हो तो आदमी उसे गाली नहीं दे सकता; बीवी अगर रंडी हो तो गंदी से गंदी गाली भी उसे दी जा सकती हैं, उसकी माँ के सामने, उसकी फूफी के सामने, उसकी चची के सामने; और अगर उसका कोई बाप है और वह मौजूद है तो उसके भी सामने...' ख़ान ने अपने मख़्सूस ख़ाम[39] और बीबे अंदाज़ में रोज़मर्रा ज़िंदगी में गाली की अहमियत यों बयान की थी : 'गाली बहुत ज़रूरी चीज़ है; आदमी इसे वक़्तन-फ़वक़्तन[40] अपने अंदर से बाहर न निकाले तो तअफ़्फ़ुन[41] पैदा हो जाता है, जो बिलआख़िर दिलो-दिमाग़ पर बहुत बुरा असर करता है...' ख़ान ने सादिक़ को रंडी के साथ शादी करने के फ़वाइद[42] बताए थे : 'रंडी का कोठा और घरेलू घर, दोनों में ज़मीन-आसमान का फ़र्क़ है... घरेलू घर में सौ बखेड़े होते हैं; इतना साज़ो-सामान और इतने रिश्ते होते हैं कि आदमी उनसे छुटकारा हासिल करना चाहे तो

पूरी ज़िंदगी इसी कोशिश में बसर हो जाए··· यहाँ रंडी के कोठे पर ऐसी कोई मुश्किल नहीं; अपना होलडाल और ट्रंक उठाओ, अचकन कंधे पर डालो और किसी होटल में जाकर बड़े इत्मीनान से तलाक़ का काग़ज़ लिख दो··· एक बात और भी है; रंडी को समझने में अगर दिक़्क़त महसूस हो तो ऐसे कई आदमी मिल जाएँगे, जो उसे इस्तेमाल कर चुके होंगे; उनके तज्रिबों से फ़ायदा उठाया जा सकता है; फिर गाना-बजाना मुफ़्त; ऐयाशी की ऐयाशी, शादी की शादी··· जी उकता जाए तो छोड़ के चलते बनो; कोई एतिराज़ नहीं करेगा, कोई बुरा नहीं कहेगा··· बल्कि वह, जो शरीफ़ हैं, मरहबा[43] कहेंगे कि सुबह का भूला शाम को घर लौट आया; वह तो रंडी को लानती कहेंगे कि चिमट गई थी और ख़ुदावंद करीम का शुक्र बजा लाएँगे कि उसने निजात दिलाई··· फिर रंडी की ज़िंदगी में भी कोई ज़लज़ला नहीं आता; उसके लगे-बँधे गाहक तो मौजूद ही होते हैं··· इधर तुम्हारी ठेकेदारी ख़त्म हुई, उधर उन्होंने इत्मीनान का साँस लिया कि चलो, रास्ता खुला···' बोतल से बड़े ख़ुलूस के साथ मुँह लगाकर अब सादिक़ ने बाक़ायदगी से रंडियों के कोठों पर जाना शुरू कर दिया था, मगर उसने उनमें वह बात अभी तक नहीं देखी थी, जिसके मुताल्लिक़ वह अक्सर अपने पठान दोस्त ख़ान से सुना करता था··· ख़ान को सादिक़ के दिल का हाल अच्छी तरह मालूम था; उसको पता चल गया था कि सादिक़ हीरामंडी से उकता गया है; अब उसका कारोबार अच्छा है; आमदन की माक़ूल सूरत पैदा हो गई है; अब वह अपना घर बसाना चाहता है, जिसमें एक अदद बीवी हो, दस अदद बच्चे हों, कलोट हों, पोतड़े हों, चूल्हा हो, चिमटा हो, तवा हो; वह फल ख़रीदे तो सीधा घर पहुँचें; शराब की बोतलों के बजाय दूध की बोतलें ख़रीदे; मीरासियों और भड़वों के बजाय शरीफ़-शरीफ़ लोगों से मिले··· शुरू-शुरू में तो ख़ान अपने मख़्सूस अंदाज़ में उसे ऐसे वाहियात इक़दाम[44] से रोकने की नर्मो-नाज़ुक कोशिश करता रहा, लेकिन जब उसे मालूम हुआ कि सादिक़ ने अपने महल्ले में किसी से कोई मुनासिबो-मौज़ूँ रिश्ता ढूँढने के लिए कहा है तो उसको बहुत कोफ़्त हुई : 'सादिक़, यह तुम क्या हिमाक़त करनेवाला है; शादी-वादी हर्गिज़ मत करना··· यह दुनिया ऐसी है, जहाँ किसी वक़्त भी तुमको सूबाबदर या शहरबदर किया जा सकता है··· मैं इतने बरस काँग्रेस में रहा हूँ; मैंने सुर्ख़पोश तहरीक[45] चलाने में इतना काम किया है कि तुमको मेरे काम का अंदाज़ा ही नहीं हो सकता; मैंने अपनी पोलिटिकल लाइफ़ में सिर्फ़ इतना सीखा है कि ज़िंदगी में तुम जिसको भी शरीक बनाओ, वह अटेचीकेस की तरह होनी चाहिए, जिसको तुम जब चाहो, हाथ में उठाकर चलते बनो और जब चाहो, जहाँ चाहो, छोड़ दो; वह ज़्यादा क़ीमती नहीं होनी चाहिए; क़ीमती चीज़ों को छोड़ देने का बड़ा ग़म होता है··· सो बरादर, तुम शादी न करो; बाज़ आओ इस ख़याल से··· वह रंडी जिसके पास तुम जाते हो, क्या बुरी है··· उससे इश्क़ करना शुरू कर दो और यह कोई मुश्किल काम नहीं··· थोड़ी-सी प्रैक्टिस कर लो तो सब ठीक हो जाएगा···' सादिक़ ने घरेलू क़िस्म की औरत से शादी के हक़ में अपने दलाइल पेश किए, मगर ख़ान के सामने उन दलाइल की कोई पेश न चली : 'सादिक़, तुम उल्लू है, ख़ुदा की क़सम, उल्लू है··· तुम हमारी बात नहीं मानता, जिसके पास दो-दो बीवियाँ हैं, अपने क़बीले की··· तुम हमारी बात मानो; हम तुम्हारा दोस्त है; पठान है; ख़ुदा

की क़सम खाकर कहता है कि हम झूठ नहीं बोलता ··· यह दुनिया, जिसमें हम-जैसे मुख़्लिस आदमी को सूबाबदर करनेवाले हाकिम मौजूद हैं, इस दुनिया में रंडी के कोठे ही को अपना घर बनाना चाहिए ··· हमको तो इस घर में बहुत आराम है; तुम भी हीरामंडी में अपना घर बना लो और आराम से रहो ···' सादिक़ अजीब मख़मसे[46] में गिरफ़्तार था ··· मुझसे मिलता तो घंटों बातें करता रहता; वह हीरामंडी के सख़्त ख़िलाफ़ था, मगर चंद ही दिनों के बाद मैंने महसूस किया कि वह हीरामंडी का क़ायल होता जा रहा है; अब वह ख़ान की कही हुई बातें यूँ सुनाता था, जैसे उसके दिल को लग चुकी हों ··· एक रोज़ सादिक़ ने मुझसे कहा : 'मैंने सारी उम्र ठेकेदारी की है और ठेकेदारी से बढ़कर बेईमानी का और कोई कारोबार नहीं हो सकता; इसका अव्वल खोट, इसका आख़िर खोट; ठेकेदारी ऐसा बाज़ार है, जिसमें कोई खरा सिक्का नहीं चल सकता ··· सुना है, विलायत में ऐसी मशीनें बन गई हैं, जिनमें अगर खोटे सिक्के डाले जाएँ तो वह उन्हें बाहर निकाल देती हैं ··· ठेकेदारी एक ऐसी मशीन है, जिसमें अगर खरे सिक्के डाले जाएँ तो वह उन्हें क़बूल नहीं करेगी, फ़ौरन बाहर निकाल देगी ··· मुझे सारी उम्र यही कारोबार करना है कि मुझे सिर्फ़ यही कारोबार आता है ··· तो क्यों न मैं हीरामंडी ही में अपना घर बनाऊँ ··· हीरामंडी में भी बेईमानी का कारोबार होता है; वहाँ जो माल मिलता है, उसमें सिर्फ़ खोट ही खोट होता है ··· मैं समझता हूँ, मेरी रूहानी तस्कीन के लिए हीरामंडी की फ़ज़ा अच्छी रहेगी' ··· एक रोज़ सादिक़ ने मुझे बताया : 'आजकल ख़ान बहुत ख़ुश है ··· उसकी दोनों बीवियाँ वहाँ सरहद में उसके घर में ख़ुश हैं; उसकी औलाद भी ख़ुश है; उन सबकी ख़ैरियत उसको अपने मैनेजर के ज़रिए मालूम होती है ··· और यहाँ हीरामंडी में उसकी रंडी ख़ुश है; रंडी की माँ भी ख़ुश है; फूफी भी ख़ुश है; मीरासी भी ख़ुश हैं; और सबसे बड़ी बात तो यह है कि वह ख़ुद ख़ुश है ··· कभी-कभी वह उन हाकिमों के ख़िलाफ़ एक बयान अख़बारों में शाए[47] करवा देता है, जिन्होंने उसको सूबाबदर किया था और फिर वही बयान अपनी रंडी को सुना देता है; वह ख़ुश हो जाती है ··· उस रात गाने-बजाने की महफ़िल गरम होती है; ख़ान मस्नद पर गाव-तकिए का सहारा लेकर यूँ बैठता है जैसे वह एक तमाशबीन हो; उस्ताद जी और मीरासियों से इस तरह बातें करता है, जैसे उसने नई-नई तमाशबीनी शुरू की हो ··· उसकी रंडी मुजरा करती है; वह जेब में हाथ डालकर दस रुपए का नोट निकालता है और अपनी रंडी को देता है; फिर पाँच का, फिर दो का, फिर एक का ··· फिर वह महफ़िल बरख़ास्त कर देता है और अपनी रंडी के साथ सो जाता है और गुनाह आलूद रात बसर करता है ··· मैं समझता हूँ, ऐसी रात बड़े मज़े की होती होगी ···' जब एक रंडी के साथ सादिक़ की शादी का सवाल पैदा हुआ, यानी जब ख़ान ने सब मामला ठीक-ठाक कर लिया और सिर्फ़ ईजाबो-क़ुबूल की रस्म बाक़ी रह गई तो सादिक़ पीछे हट गया ··· ख़ान आग-बगूला हो गया, मेरे सामने उसने सादिक़ को बहुत ला'न-ता'न[48] की : 'तुम्हारी समझ पर पत्थर पड़ गए हैं सादिक़ ··· तुम उल्ले के पट्ठे हो ··· शरीफ़ औरत से शादी करके, ख़ुदा की क़सम, तुम पछताओगे ··· परवरदिगार की क़सम, यह दुनिया ऐसी नहीं है, जिसमें शरीफ़ औरत से शादी की जाए ··· इस दुनिया में रंडी ही अच्छी है ··· शरीफ़ मत बनो; याद रखो, अगर तुम शरीफ़ बन

गए, तो सूबाबदर कर दिए जाओगे; हीरामंडी में रहो; यही एक ऐसा सूबा है, जहाँ से तुम बदर नहीं किए जा सकते, इसलिए कि इस सूबे के साथ कोई हाकिम अपना रिश्ता क़ायम नहीं करता⋯तुम गधे हो⋯अपना घर यहीं बसाओ⋯इससे बेहतर जगह तुम्हें कहीं और नहीं मिल सकती⋯' सादिक़ ने अपने महल्ले में एक जगह बात पक्की कर ली थी, जब ख़ान ने उसको समझाया-बुझाया तो उसने अपना इरादा तर्क कर दिया, लेकिन वह रंडी के साथ शादी करने पर आमादा न हुआ; उसने मुझसे कहा : 'मैंने अब शादी का ख़याल ही छोड़ दिया है⋯मैं ख़ान का कहना ज़रूर मान लेता, मगर मेरा दिल नहीं मानता⋯मैं अब ऐश किया करूँगा; एक रंडी के पास नहीं, कई-कई रंडियों के पास जाया करूँगा⋯' और सादिक ने मुतअद्दिद रंडियों के यहाँ जाना शुरू कर दिया⋯अब कई ठेके उसे मिल गए थे और उसके पास दौलत की फ़िरावानी[49] थी⋯हीरामंडी से जब वह अपनी मोटर में गुज़रता तो चारों तरफ़, हर कोठे पर, रंगीन मुसकराहटें तितलियों की तरह उड़ने लगतीं⋯अब वह फिर नवाब साहब था, हीरामंडी का नवाब साहब⋯पूरे तीन बरस तक वह खुल-खेलता रहा, मेरा ख़याल है, उसका खुल-खेलना ग़ालिबन ख़ान की उस कोशिश का रद्दे-अमल था, जो ख़ान ने सादिक़ को अपने क़ालिब[50] में ढालने के लिए की थी⋯ख़ान चाहता था कि वह अपने तज्रुबात का निचोड़ सादिक़ के हलक़ में टपकाकर सादिक़ को अपने-जैसा बना ले, मगर इसका नतीजा यह निकला कि सादिक़ इधर का रहा, न उधर का; वह पूरा औबाश[51] बन गया; शुरू-शुरू में जिस रास्ते से उसको नफ़रत थी, वह उसी रास्ते का अनथक मुसाफ़िर बन गया⋯मैंने सादिक़ को बारहा[52] समझाया : 'देखो सादिक़, बाज़ आ जाओ; अपनी जवानी, अपनी सेहत और अपनी दौलत यूँ बरबाद न करो⋯' लेकिन वह न माना; वह मेरी बातें सुनता और मुसकरा देता : 'मेरी दुनिया, खोट की दुनिया है⋯मेरी इस खोट की दुनिया में एक बटा सौ हिस्सा सीमेंट होता है, बाक़ी सब रेत, और रेत भी ऐसी, जिसमें आधी मिट्टी होती है⋯मेरी ठेकेदारी में जो इमारत बनती है, उसकी उम्र अगर काग़ज़ पर पचास साल होती है तो ज़मीन पर और ज़िंदगी में उसकी उम्र दस साल से कम होती है⋯तो मैं अपने लिए पुख़्ता घर कैसे तामीर कर सकता हूँ⋯मेरा ख़याल है, मेरे लिए रंडियाँ ही ठीक हैं⋯शायद मैंने समाज के इस मलबे का भी ठेका ले रखा है⋯यही देखो, मैं रोज़ एक न एक बोरी ढोकर ठिकाने लगा देता हूँ⋯' सादिक़ अपनी दानिस्त[53] में बोरियाँ ढो-ढोकर ठिकाने लगाता रहा⋯मैंने सादिक़ से मिलना-जुलना बंद कर दिया, वह बहुत बदनाम हो चुका था, उसे मालूम था कि मैं उस से नाराज़ हूँ, लेकिन उसने मुझे मनाने की कोशिश न की⋯डेढ़ बरस के बाद एक दिन अचानक वह मेरे पास आया; मुझे महसूस हुआ कि वह कोई बहुत ही ज़रूरी बात कहना चाहता है, मगर वह कुछ कह नहीं पा रहा था; मैंने उससे पूछा : 'कुछ कहने आए हो ? उसने जवाब दिया : 'हाँ⋯मैं शादी कर रहा हूँ⋯!' मैंने उससे पूछा : 'किससे⋯?' उसने जवाब दिया : 'एक रंडी से⋯।' मुझे बहुत ग़ुस्सा आया : 'बको नहीं⋯!' उसने बड़ी संजीदगी से कहा : 'मैं मजबूर हो गया हूँ⋯!' मैं चिढ़ गया : 'मजबूरी कैसी⋯?' सादिक़ ने सिर झुकाकर कहा : 'उसके मेरा नुतफ़ा[54] ठहर गया है⋯' मैं ख़ामोश हो गया; अब उससे क्या कहता; कुछ समझ में नहीं आ रहा था; उसने अपना झुका

हुआ सिर उठाया और कहना शुरू किया : 'मैं मज़बूर हो गया हूँ… शादी के सिवा अब और कोई चारा नहीं… !' सादिक़ ने उस रंडी से शादी कर ली, मगर उसने उस रंडी के कोठे को अपना घर न बनाया बल्कि रंडी को अपने घर ले आया… उन लोगों ने, वह रंडी जिनकी रोज़ी का ठीकरा थी, बहुत दंगा-फ़साद किया, मगर सादिक़ ने कोई परवा न की; उसने हज़ारों रुपए पानी की तरह बहा दिए और आख़िर मामला सुलझाने में कामयाब हो गया… उस रंडी के बत्न से एक लड़की पैदा हुई; लड़की की पैदाइश के छः महीने बाद उसके दिल में जाने क्या आई कि उसने रंडी को तलाक़ दे दी और कहा : 'तुम्हारा असल मुक़ाम यह घर नहीं, हीरामंडी है… जाओ, इस लड़की को भी साथ ले जाओ… इस लड़की को शरीफ़ बनाकर मैं तुम लोगों के कारोबार के साथ ज़ुल्म नहीं करना चाहता… मैं ख़ुद कारोबारी आदमी हूँ और कारोबार के नुक़्ते अच्छी तरह समझता हूँ… जाओ… ख़ुदा मेरे इस नुतफ़े के भाग अच्छे करे… लेकिन देखो, इस लड़की को नसीहत देती रहना किसी से शादी करने की ग़लती कभी न करे… शादी ग़लत चीज़ है… !'' मुझे मालूम नहीं मंटो साहब, जो कुछ मैंने बयान किया है, वह सादिक़ के मुताल्लिक़ ज़्यादा है, या ख़ान के मुताल्लिक़… बहरहाल, मुझे तो यह दोनों उसी सफ़ के आदमी मालूम होते हैं, जिस सफ़ में आपका बाबू गोपीनाथ मौजूद है… इस दुनिया में, जहाँ सूबाबदर और शहरबदर किया जा सकता हो, ऐसे आदमी ज़रूर मौजूद होने चाहिएं, जिनको समाज कभी-कभी अपने और अपने बनाए हुए क़वानीन[55] के मुँह पर तमांचे के तौर पर मार सके… ।''

---

1. स्थानांतरण; 2. समानता; 3. बदले; 4. लगाव; 5. अंतर का बहुवचन; 6. अभिलक्षण; 7. विश्लेषण; 8. पंक्ति; 9. बिलकुल वैसा ही; 10. परिवर्तन; 11. पूजा; 12. अवसर मिले; 13. पूजास्थलों का दर्शनार्थी; 14. परिचय; 15. गले मिलने; 16. एकत्रित; 17. संबोधन में परिवर्तन; 18. निरर्थक बातें; 19. भलाई; 20. घास-फूस; 21. दंडस्वरूप; 22. बात को बढ़ा-चढ़ाकर बताना; 23. प्रेमियों-जैसा; 24. संस्था; 25. ग़ुस्सा; 26. अनुभवहीन प्रदर्शन; 27. रियायत न करनेवाला; 28. चिंता; 29. पूर्ण; 30. ख़र्चे; 31. कार का नाम; 32. राज्य से निष्कासित; 33. चयन; 34. स्थायी; 35. निश्छल; 36. प्यारी-सी; 37. सम्मिलित होना; 38. भाषण; 39. विशिष्ट अनुभवहीन; 40. समय-समय पर; 41. दुर्गंध; 42. लाभ; 43. शाबाश; 44. पग उठाना; 45. आंदोलन; 46. दुविधा; 47. प्रकाशित; 48. धिक्कार और निंदा; 49. अधिकता; 50. साँचा; 51. आवारा; 52. अनेक बार 53. जानकारी; 54. वीर्य; 55. नियम।

नया क़ानून से फुँदने तक

Life is just one damn thing after another.
Elbert Hubbard

'नया क़ानून' से 'फुँदने' तक

क्या 'नया क़ानून' से 'फुँदने' तक का मंटो उस मंटो का विस्तार है जिससे हमारा परिचय 'पाताल' की कहानियों से हुआ था?

इस प्रश्न का उत्तर आसान नहीं। हो सकता है, वास्तविकता इसके ठीक विपरीत हो।

एक कठिनाई और है। कलाकार मंटो ने इतने रास्ते खोज निकाले हैं कि ये कहना कठिन है कि कौन-सा मंटो किस मंटो का विस्तार है।

सिग्मंड फ़्रायड के बारे में यह ग़लतफ़हमी आम है कि उसके तमाम वैज्ञानिक आविष्कारों का केंद्र, उनकी धुरी, यौन है।

कहानी-प्रेमियों का बहुमत भी इस धोखे में फँसा हुआ है कि मंटो ने केवल यौन-अनुभवों पर व्यवस्थित कहानियाँ लिखी हैं।

दोनों के बारे में क़िस्सा कुछ और है।

फ़्रायड की चिंतन-प्रणाली में यौन-समस्याएँ उस प्रणाली के बस एक छोटे-से दायरे की हैसियत रखती हैं।

मंटो के इंसानी सरोकार और अनुभव केवल उच्छृंखल मर्दों और गिरी हुई औरतों की नीच भावनाओं तक सीमित नहीं हैं।

एक बार खुली अदालत में अपना बयाने-सफ़ाई देते हुए मंटो ने कहा था कि "ऐसी शायरी जो आप अपना मक़सद हो", जिसका क्षेत्र केवल एक सतही ढंग के सुखवाद तक सीमित हो, जो हमें किसी व्यापकतर मानवीय अनुभूति और अनुभव की राह न दिखाए, "ऐसी शायरी दिमाग़ी जलक़ (मानसिक मैथुन) है।" मंटो का विचार था कि ऐसी रचना लिखनेवाले और पढ़नेवाले, दोनों के लिए हानिकर होती है।

मंटो के एक आलोचक का यह विचार कि यौन पर लिखनेवाले तमाम साहित्यकारों में मंटो की रचनाएँ सबसे अधिक साफ़-सुथरी हैं, शायद अतिशयोक्ति-मात्र नहीं है। एक तो यह कि मंटो के यहाँ वह ढँका-छिपा सुखवाद नहीं जो यौन-वर्णन करनेवाले अधिकांश लेखकों की रचनाओं में किसी-न-किसी चोर-दरवाज़े से घुस आता है। दूसरे यह कि मंटो ने यौन-अनुभवों के अलावा भी बहुत-से मानवीय अनुभवों के ताने-बाने से अपनी कहानियाँ बुनी हैं। 'नया क़ानून' से 'फुँदने' तक में मंटो की सृजनशील कल्पना के इसी आयाम से

हमारा परिचय होता है।

फ्रायड के मनोविश्लेषण से मंटो किस हद तक परिचित था, यह प्रश्न गौण है। अलबत्ता मंटो के विभिन्न चरणों से संबंध रखनेवाली बहुत-सी कहानियों का अध्ययन हमें बताता है कि मंटो मनोवैज्ञानिक वास्तविकताओं के वर्णन की मर्यादाओं से अच्छी तरह परिचित था, और यह जानता था कि सच्चाई केवल सतह पर तैरती हुई वास्तविकताओं की खोज तक सीमित नहीं होती।

इसमें शक नहीं कि मंटो ने केंद्र से विस्थापित चरित्रों की कहानियाँ लिखी हैं, और स्वयं मंटो के अपने व्यक्तित्व में एक तरह का सनकीपन मौजूद था। मोपासाँ की तरह मंटो को भी इस बात में मज़ा आता था कि इंसान की वहशियाना भावनाएँ इस तरह नंगी की जाएँ कि पढ़नेवाला चौंक उठे। मगर इसका कारण मंटो के सनकीपन से आगे, इस वास्तविकता में छिपा हुआ है कि मंटो में सामान्य साहित्यकारों की झिझक और कायरता का लेशमात्र भी नहीं था। वह आँखें झपकाए बिना, ऐसी बातें भी बिना तकल्लुफ़ कह डालता था जिन्हें कहने का हौसला हमारे अधिकांश साहित्यकार नहीं रखते। उसके व्यक्तित्व का यह पहलू अपने-आपमें एक सकारात्मक मूल्य का सूचक है—इससे अलग, हमें यह बात भी नहीं भूलनी चाहिए कि उसने बहुत-से रचनात्मक और सकारात्मक चरित्र भी गढ़े हैं।

और ये शब्द स्वयं मंटो के हैं :

> *"अदब बीमारी नहीं, बल्कि बीमारी का रद्दे-अमल है—अदब दर्जा-ए-हरारत है अपने मुल्क का, अपनी क़ौम का—अदब अपने मुल्क, अपनी क़ौम, उसकी सेहत और अलालत की ख़बर देता रहता है।"*

'फुँदने' में मंटो ने आंतरिक परिदृश्य-चित्रण और कहानी की संरचना की एक नई सतह खोजी है, उस समय तक उर्दू गल्प की परंपरा का परिचय इस सतह से होना अभी शेष था। यह कहना ग़लत नहीं होगा कि 'नया क़ानून' से 'फुँदने' तक यथार्थ-चित्रण की जो लहर गतिमान दिखाई देती है, उसका संबंध एक तरफ़ तो सामाजिक सच्चाई से है, और दूसरी तरफ़ एक शुद्ध निजी प्रकार की आंतरिक सच्चाई से। मंटो ने इन दोनों के संयोग से कहानी की आंतरिक संरचना और अपने चरित्रों के मनोविज्ञान को यथार्थवाद का एक नया मर्म प्रदान किया है।

नया क़ानून

मंगू कोचवान अपने अड्डे में बहुत अक़्लमंद आदमी समझा जाता था; गो उसकी तालीमी हैसियत सिफ़र के बराबर थी और उसने स्कूल का मुँह भी नहीं देखा था, लेकिन इसके बावुजूद उसे दुनिया भर की चीज़ों का इल्म था। अड्डे के वह तमाम कोचवान, जिनको यह जानने की ख़्वाहिश होती थी कि दुनिया के अंदर क्या हो रहा है, उस्ताद मंगू की वसी[1] मालूमात से अच्छी तरह वाक़िफ़ थे।

पिछले दिनों जब उस्ताद मंगू ने अपनी एक सवारी से स्पेन में जंग छिड़ जाने की अफ़वाह सुनी थी तो उसने गामा चौधरी के चौड़े काँधे पर थपकी देकर मुदब्बिराना[2] अंदाज़ में पेशगोई[3] की थी : "देख लेना गामा चौधरी, थोड़े ही दिनों में स्पेन के अंदर जंग छिड़ जाएगी···" और जब गामा चौधरी ने उससे यह पूछा था कि स्पेन कहाँ वाक़े है तो उस्ताद मंगू ने बड़ी मतानत[4] से जवाब दिया था : "विलायत में, और कहाँ!"

स्पेन में जंग छिड़ गई और जब हर शख़्स को पता चल गया तो स्टेशन के अड्डे में जितने कोचवान हलक़ा बनाए हुक़्क़ा पी रहे थे, दिल ही दिल में उस्ताद मंगू की बड़ाई का एतिराफ़[5] कर रहे थे—उस्ताद मंगू उस वक़्त माल रोड की चमकीली सतह पर ताँगा चलाते हुए अपनी सवारी से ताज़ा हिंदू-मुस्लिम फ़साद पर तबादला-ए-ख़याल कर रहा था।

उस रोज़ शाम के क़रीब जब वह अड्डे में आया तो उसका चेहरा ग़ैर मामूली तौर पर तमतमाया हुआ था—हुक़्क़े का दौर चलते-चलते जब हिंदू-मुस्लिम फ़साद की बात छिड़ी तो उस्ताद मंगू ने सिर पर से ख़ाकी पगड़ी उतारी और बग़ल में दाबकर बड़े मुफ़क्किराना[6] लहजे में कहा : "यह किसी दरवेश की बददुआ का नतीजा है कि आए दिन हिंदुओं और मुसलमानों में चाक़ू-छुरियाँ चलती रहती हैं···मैंने अपने बड़ों से सुना है कि अकबर बादशाह ने किसी दरवेश का दिल दुखाया था और उस दरवेश ने जलकर ये बददुआ दी थी कि जा, तेरे हिंदुस्तान में हमेशा फ़साद ही होते रहेंगे···देख लो, जब से अकबर बादशाह का राज ख़त्म हुआ है, हिंदुस्तान में फ़साद पर फ़साद होते रहे हैं···" यह कहकर उसने ठंडी साँस भरी और हुक़्क़े का दम लगाकर फिर अपनी बात शुरू की : "यह काँग्रेसी हिंदुस्तान को आज़ाद कराना चाहते हैं···मैं कहता हूँ, अगर यह लोग हज़ार साल भी सिर पटकते रहें तो भी कुछ न होगा··· बड़ी से बड़ी बात यह होगी कि अंग्रेज़ चला जाएगा और कोई इटलीवाला आ जाएगा, या वह रूसवाला, जिसकी बाबत मैंने सुना है कि बहुत तगड़ा

आदमी है··· और हाँ, मै यह कहना भूल ही गया कि दरवेश ने यह बददुआ भी दी थी कि हिंदुस्तान पर हमेशा बाहर के आदमी राज करते रहेंगे···"

उस्ताद मंगू को अंग्रेज़ों से बड़ी नफ़रत थी और इस नफ़रत का सबब वह यह बताया करता था कि वह हिंदुस्तान पर अपना सिक्का चलाते हैं और तरह-तरह के ज़ुल्म ढाते हैं, मगर उसके तनफ़्फ़ुर[7] की सबसे बड़ी वजह यह थी कि छावनी के गोरे उसे बहुत सताया करते थे; वह उसके साथ ऐसा सुलूक करते थे, गोया वह एक ज़लील कुत्ता है--इसके अलावा उसे उनका रंग भी बिलकुल पसंद न था; जब कभी वह किसी गोरे के सुर्ख़ो-सफ़ेद चेहरे को देखता तो उसे मतली आ जाती; न मालूम क्यों, वह कहा करता था कि उनके लाल झुर्रियों भरे चेहरे देखकर उसे वह लाश याद आ जाती है, जिसके जिस्म पर से ऊपर की झिल्ली गल-गलकर झड़ रही हो।

जब किसी शराबी गोरे से उसका झगड़ा हो जाता तो सारा दिन उसकी तबीयत मुकद्दर[8] रहती और वह शाम को अड्डे में आकर हल मार्का सिगरेट पीते हुए या हुक़्क़े के कश लगाते हुए उस गोरे को जी भरकर कोसा करता—यह मोटी गाली देने के बाद अपने सिर को ढीली पगड़ी समेत झटका देकर वह कहा करता : "आग लेने आए थे, अब घर के मालिक ही बन गए हैं···नाक में दम कर रखा है इन बंदरों की औलाद ने···यूँ रोब गाँठते हैं, गोया हम इनके बावा के नौकर हैं···" इस पर भी उसका ग़ुस्सा ठंडा न होता; जब तक उसका कोई साथी उसके पास बैठा रहता, वह अपने सीने की आग उगलता रहता : "शकल देखते हो तुम उनकी···जैसे कोढ़ हो रहा हो, बिलकुल मुर्दार···एक धप्पे की मार और गिटपिट-गिटपिट यूँ बक रहा था, जैसे मार ही डालेगा···तेरी जान की क़सम, पहले-पहल तो जी में आई कि मल्ऊन[9] की खोपड़ी के पुर्ज़े उड़ा दूँ, लेकिन इस ख़याल से टल गया कि मुर्दार को मारना अपनी हतक है···" वह थोड़ी देर के लिए ख़ामोश हो जाता और नाक को अपनी ख़ाकी क़मीस की आस्तीन से साफ़ करने के बाद फिर अपने दिल की भड़ास निकालने लगता : "क़सम है भगवान की, इन लाट साहबों के नाज़ उठाते-उठाते तंग आ गया हूँ···जब कभी इनका मनहूस चेहरा देखता हूँ तो रगों में ख़ून खौलने लगता है···कोई नया क़ानून-वानून बने तो इन लोगों से नजात मिले···तेरी कसम, जान में जान आए···"

और जब एक रोज़ उस्ताद मंगू ने कचहरी से अपने ताँगे पर दो सवारियाँ लादीं और उनकी गुफ़्तुगू से उसे पता चला कि हिंदुस्तान में जदीद आईन[10] का निफ़ाज़[11] होनेवाला है तो उसकी ख़ुशी की कोई इंतिहा न रही।

दो मारवाड़ी, जो कचहरी में अपने दीवानी मुक़द्दमे के सिलसिले में आए थे, घर जाते हुए जदीद आईन यानी गवर्नमेंट आफ़ इंडिया एक्ट के मुताल्लिक़ आपस में बातचीत कर रहे थे।

"सुना है, पहली अप्रैल से नया क़ानून चलेगा···क्या हर चीज़ बदल जाएगी?"

"हर चीज़ तो नहीं बदलेगी, मगर कहते हैं कि बहुत कुछ बदल जाएगा···काफ़ी आज़ादी मिल जाएगी।"

"क्या ब्याज के मुताल्लिक़ भी कोई नया क़ानून पास होगा?"

"यह पूछने की बात है···कल किसी वकील से दरयाफ़्त करेंगे।"

उन मारवाड़ियों की बातचीत उस्ताद मंगू के दिल में नाक़ाबिले-बयान ख़ुशी पैदा कर रही थी—वह अपने घोड़े को हमेशा गालियाँ दिया करता था और चाबुक से बुरी तरह पीटा करता था, मगर उस रोज़, उसने बार-बार पीछे मुड़कर मारवाड़ियों की तरफ़ देखा और अपनी बढ़ी हुई मूँछों के बाल एक उँगली से बड़ी सफ़ाई के साथ ऊँचे करके घोड़े की पीठ पर बागें ढीली करते हुए बड़े प्यार से कहा : "चल बेटा, ज़रा हवा से बातें करके दिखा।"

मारवाड़ियों को उनके ठिकाने पर पहुँचाकर उसने अनारकली में दीनू हलवाई की दूकान पर आध सेर दही की लस्सी पीकर एक बड़ी डकार ली और मूँछों को मुँह में दबाकर, उनको चूसते हुए ऐसे ही बुलंद आवाज़ में कहा : "हत् तेरी ऐसी-तैसी···"

शाम को जब वह अड्डे को लौटा तो ख़िलाफ़े-मामूल[12] उसे वहाँ अपनी जान-पहचान का कोई आदमी न मिल सका—उसके सीने में एक अजीबो-ग़रीब तूफ़ान बरपा हो गया; वह एक बड़ी ख़बर दोस्तों को सुनानेवाला था, बहुत बड़ी ख़बर, और उस ख़बर को वह अपने अंदर से बाहर निकालने के लिए सख़्त मजबूर हो रहा था, लेकिन अड्डे में कोई था ही नहीं।

आध घंटे तक वह चाबुक बग़ल में दबाए स्टेशन के अड्डे की आहनी छत के नीचे बेक़रारी की हालत में टहलता रहा; उसके दिमाग़ में बड़े अच्छे-अच्छे ख़यालात आ रहे थे; नए क़ानून के निफ़ाज़ की ख़बर ने उसको एक नई दुनिया में लाकर खड़ा कर दिया था; वह उस नए क़ानून के मुताल्लिक़, जो पहली अप्रैल को हिंदुस्तान में नाफ़िज़[13] होनेवाला था, अपने दिमाग़ की तमाम बत्तियाँ रौशन करके ग़ौरो-फ़िक्र कर रहा था; उसके कानों में मारवाड़ियों का अंदेशा 'क्या ब्याज के मुताल्लिक़ भी कोई नया क़ानून पास होगा?' बार-बार गूँज रहा था और उसके तमाम जिस्म में मसर्रत[14] की एक लहर दौड़ा रहा था—कई बार अपनी घनी मूँछों के अंदर हँसकर उसने उन मारवाड़ियों को गाली दी : "···ग़रीबों की खटिया में घुसे हुए खटमल···नया क़ानून इनके लिए खौलता हुआ पानी होगा···"

वह बेहद मसरूर[15] था; ख़ासकर उस वक़्त उसके दिल को बहुत ठंडक पहुँचती, जब वह ख़याल करता कि गोरों सफ़ेद चूहों (वह उनको इसी नाम से याद किया करता था) की थूथनियाँ नए क़ानून के आते ही बिलों में हमेशा के लिए ग़ायब हो जाएँगी।

जब नत्थू गंजा पगड़ी बग़ल में दबाए अड्डे में दाख़िल हुआ तो उस्ताद मगू बढ़कर उससे मिला और उसका हाथ अपने हाथ में लेकर बुलंद आवाज़ में कहने लगा : "ला हाथ इधर, ऐसी ख़बर सुनाऊँ कि जी ख़ुश हो जाए···तेरी इस गंजी खोपड़ी पर बाल उग आएँ···" और यह कहकर उसने बड़े मज़े ले-लेकर नए क़ानून के मुताल्लिक़ नत्थू गंजे से बातें शुरू कर दीं—गुफ़्तगू के दौरान में उसने कई मर्तबा नत्थू गंजे के हाथ पर ज़ोर से अपना हाथ मारकर कहा : "तू देखता रह, क्या बनता है···यह रूसवाला बादशाह कुछ न कुछ ज़रूर करके रहेगा।"

उस्ताद मंगू मौजूदा सोवियत निज़ाम की इश्तिराकी[16] सरगर्मियों के मुताल्लिक़ बहुत

कुछ सुन चुका था और उसे वहाँ के नए क़ानून और दूसरी नई चीज़ें बहुत पसंद थीं; उसने नादानिस्ता[17] तौर पर रूसवाले बादशाह को इंडिया एक्ट यानी जदीद आईन के साथ मिला दिया और पहली अप्रैल को पुराने आईन में जो नई तब्दीलियाँ होनेवाली थीं, उनको वह रूसवाले बादशाह के असर का नतीजा समझ बैठा। कुछ अर्से से पिशावर और फ्रंटियर के दीगर शहरों में सुर्ख़ पोशों की तहरीक[18] चल रही थी; उसने उस तहरीक को भी अपने दिमाग़ में रूसवाले बादशाह और नए क़ानून के साथ ख़ल्त-मल्त कर दिया—इसके अलावा जब कभी वह किसी से सुनता कि फ़लाँ शहर में इतने बमसाज़ पकड़े गए हैं, या फ़लाँ जगह इतने आदमियों पर बग़ावत के इल्ज़ाम में मुक़द्दमा चलाया गया है तो उन तमाम वाक़िआत को वह नए क़ानून का पेशख़ैमा[19] समझता और दिल ही दिल में बहुत ख़ुश होता।

एक रोज़ उसके ताँगे में दो बैरिस्टर बैठे नए आईन पर बड़े ज़ोर से तन्क़ीद[20] कर रहे थे और वह ख़ामोशी से उनकी बातें सुन रहा था।

एक बैरिस्टर दूसरे बैरिस्टर से कह रहा था : ''जदीद आईन का दूसरा हिस्सा फ़ैडरेशन है, जो मेरी समझ में अभी तक नहीं आया···ऐसी फैडरेशन दुनिया की तारीख़ में आज तक न सुनी गई है, न देखी गई है···सियासी नज़रिए के एतिबार से भी यह फ़ैडरेशन बिलकुल ग़लत है, बल्कि यूँ कहना चाहिए कि यह कोई फ़ैडरेशन है ही नहीं।''

इसके बाद उन बैरिस्टरों के दरमियान जो गुफ़्तगू हुई, उसमें बेशतर अल्फ़ाज़ अंग्रेज़ी के थे, इसलिए उस्ताद मंगू कुछ ख़ास न समझ सका; उसने ख़याल किया कि वह लोग हिंदुस्तान में नए क़ानून की आमद को बुरा समझते हैं और नहीं चाहते कि उनका वतन आज़ाद हो; इसी ख़याल के ज़ेरे-असर उसने कई मर्तबा उन दोनों बैरिस्टरों को हिक़ारत की निगाहों से देखा और अपने दिल ही दिल में कहा : 'टोडी बच्चे!'

जब कभी वह किसी को दबी ज़बान में 'टोडी बच्चा' कहता तो यह महसूस करके दिल ही दिल में बड़ा ख़ुश होता कि उसने उस नाम को सही आदमी पर इस्तेमाल किया है और कि वह 'टोडी बच्चे' और 'शरीफ़ आदमी' में तमीज़ करने की अहलियत रखता है—उसके नज़दीक 'टोडी बच्चा' एक नाम था, जो किसी शरीफ़ आदमी का नहीं हो सकता था।

इस वाक़िए के तीसरे रोज़ वह गवर्नमेंट कॉलेज के तीन तलबा[21] को अपने ताँगे में बिठाकर मज़ंग जा रहा था कि उसने उन तीनों लड़कों को आपस में यह बातें करते हुए सुना:

''नए आईन ने मेरी उम्मीदें बढ़ा दी हैं···अगर मीम साहब असेंबली के मेंबर हो गए तो मुझे किसी सरकारी दफ़्तर में मुलाज़िमत ज़रूर मिल जाएगी।''

''वैसे भी बहुत-सी जगहें निकलेंगी···शायद हमारे हाथ भी कुछ आ जाए।''

''हाँ-हाँ, क्यों नहीं।''

''वह ग्रेजुएट जो बेकार मारे-मारे फिर रहे हैं, उनमें कुछ तो कमी होगी।''

इस गुफ़्तगू ने उस्ताद मंगू के दिल में जदीद आईन की अहमियत और भी बढ़ा दी और वह उसको ऐसी चीज़ समझने लगा, जो बहुत चमकती हो : 'नया क़ानून···' वह दिन में

कई-कई बार सोचता : 'यानी कोई नई चीज़ !' और हर बार उसकी नज़रों के सामने अपने घोड़े का वह नया साज़ आ जाता, जो उसने, दो बरस हुए, चौधरी ख़ुदाबख़्श से बड़ी अच्छी तरह ठोंक-बजाकर ख़रीदा था; उस साज़ से, जब वह नया-नया था, जगह-जगह लोहे की निकिल चढ़ी हुई कीलें चमकती थीं और जहाँ-जहाँ पीतल का काम था, वह तो सोने की तरह दमकता था—उसके नज़दीक इस लिहाज से भी नए क़ानून का दुरख़्शाँ-ओ-ताबाँ[22] होना यक़ीनी था।

पहली अप्रैल तक उस्ताद मंगू ने अपने ताँगे में बैठे-बैठे जदीद आईन के हक़ में और ख़िलाफ़ बहुत कुछ सुना—जदीद आईन का जो तसव्वुर[23] उसके ज़ेहन में क़ायम हो चुका था, क़ायम रहा। वह समझता था कि पहली अप्रैल को नए क़ानून के आते ही सब मामला साफ़ हो जाएगा और उसको यक़ीन था कि नए क़ानून की आमद पर जो तब्दीलियाँ नज़र आएँगी, उनसे उसकी आँखों को ज़रूर ठंडक पहुँचेगी।

आख़िरकार मार्च के इकत्तीस दिन ख़त्म हो गए और अप्रैल के शुरू होने में रात के चंद घंटे बाक़ी रह गए।

मौसम ख़िलाफ़े-मामूल सर्द था और हवा में ताज़गी थी... पहली अप्रैल को सुबह सवेरे उस्ताद मंगू उठा और अस्तबल में जाकर उसने ताँगे में घोड़े को जोता और बाहर निकल आया।

उसकी तबीयत ग़ैरमामूली तौर पर मसरूर थी—वह नए क़ानून को देखनेवाला था।

उसने सुबह के सर्द धुँधलके में कई तंग और खुले बाज़ारों का चक्कर लगाया, मगर उसे हर चीज़ पुरानी नज़र आई, आसमान की तरह पुरानी—उसकी निगाहें ख़ास तौर पर नया रंग देखना चाहती थीं, मगर सिवाय उस कलग़ी के जो रंग-बिरंग के परों से बनी थी और उसके घोड़े के सिर पर जमी हुई थी, और सब चीज़ें पुरानी नज़र आ रही थीं; वह नई कलग़ी उसने नए क़ानून की ख़ुशी में इकत्तीस मार्च को चौधरी ख़ुदाबख़्श से साढ़े चौदह आने में ख़रीदी थी।

घोड़े के टापों की आवाज़, काली सड़क, थोड़े-थोड़े फ़ासलों पर खड़े बिजली के खंबे, दूकानों के बोर्ड, उसके घोड़े के गले में पड़े हुए घुँघरुओं की झनझनाहट, बाज़ारों में चलते-फिरते लोग... इनमें कौन-सी चीज़ नई थी; ज़ाहिर है, कोई भी नहीं; लेकिन उस्ताद मंगू मायूस नहीं था : 'अभी बहुत सवेरा है... दूकानें भी तो सबकी-सब बंद हैं...' बंद दूकानों से उसे तस्कीन मिली; उसने सोचा : 'हाई कोर्ट में नौ बजे के बाद ही काम शुरू होता है, अब इससे पहले नए क़ानून का क्या नज़र आएगा?'

जब उसका ताँगा गवर्नमेंट कॉलेज के दरवाज़े के क़रीब पहुँचा तो कॉलेज के घड़ियाल ने बड़ी रुऊनत[24] से नौ बजाए... जो तलबा कॉलेज के बड़े दरवाज़े से अंदर जा रहे थे, ख़ुशपोश थे, मगर उस्ताद मंगू को न जाने क्यों उनके कपड़े मैले-मैले-से नज़र आए—इसकी वजह यह थी कि उसकी निगाहें किसी ख़ीराकुन[25] जलवे का नज़्ज़ारा करना चाहती थीं।

ताँगे को दाएँ हाथ मोड़कर वह थोड़ी देर के बाद फिर अनारकली में था—बाज़ार की

आधी दूकानें खुल चुकी थीं; लोगों की आमदो-रफ़्त भी बढ़ गई थी; हलवाइयों की दूकानों पर गाहकों की ख़ूब भीड़ थी; मनहारीवालों की नुमाइशी चीज़ें शीशे की अलमारियों में लोगों को दावते-नज़्ज़ारा दे रही थीं; बिजली के तारों पर कई कबूतर एक-दूसरे को चोंचें मार रहे थे—उस्ताद मंगू के लिए इन तमाम चीज़ों में कोई दिलचस्पी न थी; वह नए क़ानून को देखना चाहता था, ठीक उसी तरह जिस तरह वह अपने घोड़े को देख रहा था।

जब उस्ताद मंगू के घर में बच्चा पैदा होनेवाला था तो उसने चार-पाँच महीने बड़ी बेक़रारी में गुज़ारे थे; उसको यक़ीन था कि बच्चा किसी न किसी दिन ज़रूर पैदा होगा, मगर वह इंतज़ार की घड़ियाँ काट न पा रहा था; वह चाहता था कि अपने बच्चे को सिर्फ़ एक नज़र देख ले, इसके बाद वह पैदा होता रहे; इसी ग़ैर मग़्लूब[26] ख़्वाहिश के ज़ेरे-असर उसने कई बार अपनी निढाल बीवी के पेट को दबा-दबाकर और उसके ऊपर कान रख-रखकर अपने बच्चे के मुताल्लिक़ कुछ जानना चाहा था, मगर नाकाम रहा था। एक मर्तबा वह इंतज़ार करते-करते इस क़दर तंग आ गया था कि अपनी बीवी पर बरस भी पड़ा था : "तू हर वक़्त मुर्दे की तरह पड़ी रहती है··· उठ ज़रा चल-फिर कि तेरे अंग में थोड़ी-सी ताक़त तो आए··· यूँ तख़्ता बने रहने से कुछ न हो सकेगा··· तू समझती है कि इस तरह लेटे-लेटे तू बच्चा जन देगी?"

उस्ताद मंगू तब्अन बहुत जल्दबाज़ वाक़े हुआ था; वह हर सबब की अमली तश्कील[27] देखने का न सिर्फ़ ख़्वाहिशमंद था, बल्कि मुतजस्सिस[28] था।

उसकी बीवी गंगादेई उसकी इस क़िस्म की बेक़रारियों को देखकर आम तौर पर कहा करती थी : "अभी कुआँ खुदा नहीं है और तुम प्यास से बेहाल हो रहे हो।"

उस्ताद मंगू नए क़ानून के इंतज़ार में इतना बेक़रार नहीं था, जितना कि उसे अपनी तबीयत के लिहाज़ से होना चाहिए था; वह नए क़ानून को देखने के लिए घर से निकला था, ठीक उसी तरह जिस तरह वह महात्मा गाँधी या जवाहरलाल नेहरू के जुलूस का नज़्ज़ारा करने के लिए निकला करता था।

लीडरों की अज़्मत[29] का अंदाज़ा उस्ताद मंगू हमेशा उनके जुलूसों के हंगामों और उनके गले में डाले गए फूलों के हारों से किया करता था; अगर कोई लीडर गेंदे के फूलों से लदा हो तो उसके नज़दीक वह बड़ा आदमी था; और अगर किसी लीडर के जुलूस या जलसे में भीड़ के बायस दो-तीन आदमी कुचले जाएँ तो उसकी निगाहों में वह लीडर और भी बड़ा था··· नए क़ानून को वह अपने ज़ेहन के इसी तराज़ू में तौलना चाहता था।

अनारकली से निकलकर वह माल रोड की चमकीली सतह पर अपने ताँगे को आहिस्ता-आहिस्ता चला रहा था कि मोटरों की दूकान के पास उसे छावनी की एक सवारी मिल गई।

किराया तय करने के बाद उसने घोड़े को चाबुक दिखाया और दिल में ख़याल किया : 'चलो यह भी अच्छा हुआ··· शायद छावनी ही से नए क़ानून का कुछ पता चल जाए।'

छावनी पहुँचकर उसने सवारी को उसकी मंज़िले-मक़सूद पर उतार दिया और जेब से सिगरेट निकालकर, बाएँ हाथ की आख़िरी दो उँगलियों में दबाकर सुलगाया और पिछली

निशस्त[30] के गद्दे पर बैठ गया—जब उसको किसी सवारी की तलाश नहीं होती थी, या उसे किसी बीते हुए वाक़िए पर ग़ौर करना होता था तो वह आमतौर पर अगली निशस्त छोड़कर पिछली निशस्त पर बड़े इत्मीनान से बैठकर अपने घोड़े की बागें दाएँ हाथ के गिर्द लपेट लिया करता था; ऐसे मौक़ों पर उसका घोड़ा थोड़ा-सा हिनहिनाने के बाद बड़ी धीमी चाल चलना शुरू कर देता था, गोया उसे कुछ देर के लिए भाग-दौड़ से छुट्टी मिल गई है।

घोड़े की चाल और उस्ताद मंगू के दिमाग़ में ख़यालात की आमद बहुत सुस्त थी; जिस तरह घोड़ा आहिस्ता-आहिस्ता क़दम उठा रहा था, उसी तरह उस्ताद मंगू के ज़ेहन में नए क़ानून के मुताल्लिक़ नए क़ियासात[31] दाख़िल हो रहे थे; वह नए क़ानून की मौजूदगी में म्युनिसिपल कमेटी से ताँगों के नंबर मिलने के तरीक़े पर ग़ौर कर रहा था और इस क़ाबिले-ग़ौर बात को आईने जदीद की रौशनी में देखने की सई कर रहा था। वह इसी सोच-विचार में ग़र्क़ था कि उसने महसूस किया, किसी सवारी ने उसे बुलाया है; पीछे पलटकर देखने से उसे सड़क के उस तरफ़ दूर बिजली के खंबे के पास एक गोरा खड़ा नज़र आया, जो हाथ के इशारे से उसे बुला रहा था।

जैसा कि बयान किया जा चुका है, उस्ताद मंगू को गोरों से बेहद नफ़रत थी—जब उसने अपनी नई सवारी को गोरे की शक्ल में देखा तो उसके दिल में नफ़रत के जज़्बात बेदार हो गए। पहले तो उसके जी में आई कि बिलकुल तवज्जोह न दे और गोरे को वहीं छोड़कर आगे बढ़ जाए, मगर बाद में उसको ख़याल आया : 'इनके पैसे छोड़ना बेवक़ूफ़ी है··· कलग़ी पर जो साढ़े चौदह आने ख़र्च हुए हैं, इनकी जेब ही से वुसूल करने चाहिएं··· चलो चलते हैं···'

ख़ाली सड़क पर बड़ी सफ़ाई से ताँगा मोड़कर उसने घोड़े को चाबुक दिखाया—आँख झपकने में वह बिजली के खंबे के पास था।

घोड़े की बागें खींचकर उसने ताँगा ठहराया और पिछली निशस्त पर बैठे-बैठे गोरे से पूछा : "साहब बहादुर, कहाँ जाना माँगटा है ?" उसके सवाल में बला का तंज़िया[32] अंदाज़ था; 'साहब बहादुर' कहते वक़्त उसका ऊपर का मूँछों भरा होंठ नीचे की तरफ़ खिंच गया और पास ही गाल के उस तरफ़ जो मद्धम-सी लकीर नाक के नथने से ठोड़ी के बालाई हिस्से तक चली आ रही थी, एक लरज़िश के साथ गहरी हो गई, गोया किसी ने नुकीले चाक़ू से शीशम की साँवली लकड़ी में धारी डाल दी हो; उसका सारा चेहरा हँस रहा था—उसने अपने अंदर ही अंदर उस गोरे को अपने सीने की आग में जलाकर भस्म कर डाला था।

जब गोरे ने, जो बिजली के खंबे की ओट में हवा का रुख़ बचाकर सिगरेट सुलगा रहा था, मुड़कर ताँगे के पायदान की तरफ़ क़दम बढ़ाया तो अचानक उस्ताद मंगू की और गोरे की निगाहें चार हुईं, जैसे बयकवक़्त आमने-सामने की बंदूक़ों से गोलियाँ ख़ारिज हो गई हों और आपस में टकराकर एक आतशीं बगूला बनकर ऊपर को उड़ गई हों।

उस्ताद मंगू, जो अपने दाएँ हाथ से बाग के बल को खोलकर ताँगे पर से नीचे उतरनेवाला था, अपने सामने खड़े गोरे को यूँ देख रहा था, गोया वह उसके वुजूद के ज़र्रे-ज़र्रे को अपनी निगाहों से चबा रहा हो—और गोरा कुछ इस तरह अपनी नीली पतलून पर से ग़ैर मरई[33]

चीज़ें झाड़ रहा था, गोया वह उस्ताद मंगू के उस हमले से अपने वुजूद के कुछ हिस्से महफ़ूज़ रखने की कोशिश कर रहा हो।

गोरे ने सिगरेट का धुआँ छोड़ते हुए कहा : "जाना माँगटा या फिर गड़बड़ करने का ?"

"वही है…" यह दो लफ़्ज़ उस्ताद मंगू के ज़ेहन में पैदा हुए और उसकी चौड़ी छाती के अंदर नाचने लगे : "वही है…" उसने फिर वह दो लफ़्ज़ अपने मुँह के अंदर ही अंदर दुहराए और उसे पूरा यक़ीन हो गया कि वह गोरा, जो उसके सामने खड़ा था, वही है, जिससे पिछले बरस उसकी झड़प हुई थी, और उस ख़्वाहमख़्वाह के झगड़े में, जिसका बायस गोरे के दिमाग़ में चढ़ी हुई शराब थी, उसे तौअनोकर्हन[34] बहुत-सी बातें सहना पड़ी थीं—उसने गोरे का दिमाग़ दुरुस्त कर दिया होता, बल्कि उसके पुर्ज़े उड़ा दिए होते, मगर वह इस मस्लहत[35] की बिना पर ख़ामोश हो गया था कि इस क़िस्म के झगड़ों में पुलिस और अदालत का नज़ला आमतौर पर कोचवानों पर ही गिरा करता है।

उस्ताद मंगू ने पिछले बरस की लड़ाई और पहली अप्रैल के नए क़ानून पर ग़ौर करते हुए गोरे से कहा : "कहाँ जाना माँगटा है ?" उसके लहजे में चाबुक ऐसे तेज़ी थी।

गोरे ने जवाब दिया : "हीरामंडी।"

"किराया पाँच रुपए होगा।" उस्ताद मंगू की मूँछें थरथराईं।

गोरा हैरान हो गया; वह चिल्लाया : "पाँच रुपए… ? क्या तुम…"

"हाँ-हाँ, पाँच रुपए…" उस्ताद मंगू का दाहिना बालों भरा हाथ भिंचकर एक वज़नी घूँसे की शक्ल इख़्तियार कर गया : "क्यों, चलते हो या बेकार बातें बनाओगे ?" उसका लहजा ज़्यादा सख़्त हो गया।

गोरे के ज़ेहन में पिछले बरस का वाक़िआ मौजूद था, मगर वह उस्ताद मंगू के सीने की चौड़ाई भूल चुका था। वह ख़याल कर रहा था कि उस्ताद मंगू की खोपड़ी फिर खुजला रही है—उसने अपनी छड़ी बढ़ाई और उस्ताद मंगू को ताँगे पर से नीचे उतरने का इशारा किया।

बेद की पालिश की हुई पतली छड़ी उस्ताद मंगू की मोटी रान के साथ दो-तीन मर्तबा छुई—उसने बैठे-बैठे पस्त क़द[36] गोरे को देखा, गोया वह अपनी निगाहों के वज़न ही से उसे पीस डालना चाहता हो।

दूसरे ही लम्हे उस्ताद मंगू उछला, फिर उसका घूँसा कमान में से तीर की तरह से ऊपर को उठा और चश्मज़दन[37] में गोरे की ठुड्डी के नीचे जम गया—गोरा लड़खड़ा गया और उस्ताद मंगू ने उसे धड़ाधड़ पीटना शुरू कर दिया।

शशदरो-मुतहय्यिर[38] गोरे ने इधर-उधर सिमटकर उस्ताद मंगू के वज़नी घूँसों से बचने की कोशिश की और जब देखा कि उस्ताद मंगू पर दीवानगी की-सी हालत तारी है और उसकी आँखों में से शरारे बरस रहे हैं तो उसने ज़ोर-ज़ोर से चिल्लाना शुरू कर दिया।

गोरे की चीख़ो-पुकार ने उस्ताद मंगू की बाँहों का काम और भी तेज़ कर दिया—वह गोरे को जी-भर के पीट रहा था और साथ-साथ यह कहता जाता था : "पहली अप्रैल को भी वही अकड़-फूँ… पहली अप्रैल को भी वही अकड़-फूँ… अब हमारा राज है बच्चा… !"

लोग जमा हो गए और पुलिस के दो सिपाहियों ने बड़ी मुश्किल से गोरे को उस्ताद मंगू की गिरफ़्त से छुड़ाया।

उस्ताद मंगू दो सिपाहियों के दरमियान खड़ा था; उसकी चौड़ी छाती फूली हुई साँस की वजह से ऊपर-नीचे हो रही थी, मुँह से झाग बह रहा था; वह अपनी फैली हुई आँखों से हैरतज़दा हुजूम की तरफ़ देखते हुए हाँफती हुई आवाज़ में कह रहा था : "वह दिन गुज़र गए, जब ख़लील ख़ाँ फ़ाख़्ता उड़ाया करते थे··· अब नया क़ानून है मियाँ··· नया क़ानून!"

और बेचारा गोरा अपने बिगड़े हुए चेहरे के साथ बेवक़ूफ़ों की मानिंद कभी उस्ताद मंगू की तरफ़ देख रहा था और कभी हुजूम की तरफ़।

उस्ताद मंगू को पुलिस के सिपाही थाने में ले गए।

रास्ते में और थाने के अंदर भी वह 'नया क़ानून, नया क़ानून' चिल्लाता रहा, मगर किसी ने एक न सुनी।

"नया क़ानून, नया क़ानून, क्या बक रहे हो··· क़ानून वही है पुराना!" और उसको हवालात में बंद कर दिया गया।

---

1. विस्तृत; 2. नेताओंवाले; 3. भविष्यवाणी; 4. गंभीरता; 5. स्वीकारना; 6. विचारक-जैसे; 7. घृणा; 8. उदास; 9. तिरस्कृत (दुष्टात्मा); 10. नया क़ानून; 11. लागू होना, ज़ारी होना; 12. नियम के विरुद्ध; 13. लागू; 14. ख़ुशी; 15. प्रसन्न; 16. साम्यवादी; 17. बग़ैर समझे-बूझे; 18. आंदोलन; 19. किसी काम के लिए की जानेवाली कार्रवाही; 20. समालोचना; 21. छात्रों; 22. प्रकाशमान; 23. कल्पना; 24. घमंड; 25. चौंधिया देनेवाला; 26. अपराजित (जो दबाई न जा सके); 27. वास्तविक रूप; 28. जिज्ञासु; 29. महानता; 30. बैठने की सीट; 31. अनुमान; 32. व्यंग्यात्मक; 33. अदृश्य; 34. न चाहते हुए, बग़ैर इच्छा के; 35. अपने बनाव या बिगाड़ का ध्यान रखते हुए कोई काम करना; 36. छोटे क़द का; 37. पलक झपकते ही; 38. स्तब्ध।

शग़ल

(मैकसिम गोर्की की याद में)

यह पिछले दिनों की बात है जब हम बरसात में सड़कें साफ़ करके अपना पेट पाल रहे थे।

हममें से कुछ किसान थे और कुछ मज़दूरीपेशा—चूँकि पहाड़ी देहातों में रुपए का मुँह देखना बहुत कम नसीब होता है, इसलिए हम सब ख़ुशी-ख़ुशी छः आने रोज़ पर सारा दिन पत्थर हटाते रहते थे जो बारिशों के ज़ोर से साथवाली पहाडियों से लुढ़ककर सड़क पर आ गिरते थे। पत्थरों को सड़क पर से हटाना तो ख़ैर एक मामूली बात है, हम तो उस उजरत पर उन पहाड़ियों को ढाने पर भी तैयार थे जो हमारे गिर्दो-पेश सियाह और डरावने देवों की तरह अकड़ी खड़ी थीं—दरअसल हमारे बाज़ू सख़्त से सख़्त मशक़्क़त के आदी थे, इसलिए वह काम हमारे लिए बिलकुल मामूली था। अलबत्ता जब कभी हमें सड़क को चौड़ा करने के लिए पत्थर काटना पड़ते तो रात को हमें बहुत थकान महसूस होती; पट्ठे अकड़ जाते और सुबह को बेदार होते वक़्त ऐसा महसूस होता कि वह तमाम पत्थर, जो हम गुज़श्ता[1] रोज़ काटते और फोड़ते रहे हैं, हमारे जिस्मों पर बोझ डाले हुए हैं; मगर ऐसा कभी-कभी होता था।

हमारा काम हर रोज़ सुबह सात बजे शुरू होता जब तुलू[2] होते हुए सूरज की तिलाई किरनें चीड़ के दराज़ क़द दरख़्तों से छन-छनकर हमारे पासवाले नाले के ख़श्मआलूद[3] पानी से अठखेलियाँ कर रही होतीं और आसपास की झाड़ियों में नन्हे-नन्हे परिंदे अपने गले फुला-फुलाकर चीख़ रहे होते—यूँ कहिए कि हम क़ुदरत को अपने ख़्वाब से बेदार होता देखते : सुबह की हल्की-फुल्की हवा में शबनमआलूद सब्ज़ झाड़ियों की दिलनवाज़ सरसराहट, नाले में संगरेज़ों[4] से खेलते हुए कफ़आलूद पानी का शोर और बरसात के पानी में भीगी हुई मिट्टी की भीनी-भीनी ख़ुशबू; चंद ऐसी चीज़ें जो हमारे संगीन सीनों में एक ऐसी लताफ़त पैदा कर देतीं जो ज़िंदगी के उस दोज़ख़ में हमें बहिश्त के ख़्वाब दिखाने लगती।

हमें हर रोज़ बारह घंटे काम करना पड़ता, यानी सारा दिन हम सड़क की मोरियों और पत्थरों को साफ़ करते रहते। हमारा काम दिलचस्प न था मगर हमने उसकी नाख़ुशगवार यक आहंगी[5] को दूर करने के लिए एक तरीक़ा ईजाद कर लिया था : जब हम सब उस पहाड़ी के नीचे जमाशुदा मलबे को अपने बेलचों से हटा रहे होते, जिसके संगरेज़े हर वक़्त

सड़क पर गिरते रहते थे, तो हम एक सुर में कोई पहाड़ी गीत शुरू कर देते; मलबे के पत्थरों से टकराकर हमारे बेलचों की झनकार उस गीत की ताल का काम देती; वह गीत उस अफ़सुर्दगी को दूर कर देता जो वह गैर दिलचस्प काम करने से हमारे दिलों में पैदा हो जाती; जब तक उस गीत के सुर हमारी चौड़ी छातियों में से निकलते रहते, हम महसूस तक न करते कि उस दौरान में हमने मलबे के एक बहुत बड़े ढेर को साफ़ कर लिया है।

मोटर लारियों की आमदो-रफ़्त से भी हमारा दिल बहलता रहता जो रंग-बिरंगे मुसाफ़िरों को कश्मीर से वापिस ला रही होतीं या कश्मीर की तरफ़ ले जा रही होतीं—जब कभी कोई लारी हमारे पास से गुज़रती तो हम कुछ अर्से के लिए अपनी झुकी हुई कमरें सीधी करके सड़क के एक तरफ़ खड़े हो जाते और जमीन पर अपने बेलचे टेककर उसको सामनेवाले मोड़ के अक़ब[6] में गुम होते देखते रहते; उन लारियों को इतनी दूर तक जाते हुए देखते रहने का मक़सद यह होता कि हम थोड़ा सुस्ता लें—बाज़ औक़ात उन लारियों की शानदार असबाब से लदी हुई छतें, और उनकी खिड़कियों में से मुसाफ़िरों के लहराते हुए रेशमी कपड़ों की झलक हमारे दिलों में एक नाक़ाबिले-बयान तल्ख़ी पैदा कर देती और हम अपने आपको उन पत्थरों की तरह फ़ुज़ूल और नाकारा तसव्वुर करने लगते जिनको हमारे बेलचों के धक्के इधर-उधर पटकते रहते; उन मुसाफ़िरों के तरह-तरह के लिबास देखकर, जिन पर यक़ीनन बहुत से रुपए सर्फ़ आए होंगे, हम ग़ैर इरादी तौर पर अपने कपड़ों की तरफ़ देखना शुरू कर देते।

हममें से अक्सर का लिबास पट्टू के तंग पाजामे, गाढ़े की क़मीस और लुधियाने की सद्री पर मुश्तमिल[7] था। सबके पाजामे या तो घुटनों पर से घिस-घिसकर इतने बारीक हो गए थे कि उनमें से टाँगों के बालों की पूरी नुमाइश होती थी, या बिलकुल फटे हुए थे। क़मीसों और सद्रियों की भी यही हालत थी; उन पर जगह-जगह मुख़्तलिफ़ रंगों के पैवंद लगे हुए थे। क़रीब-क़रीब हम सबकी क़मीसों के बटन ग़ायब थे, इसलिए सीने आमतौर पर खुले रहते थे और काम में मसरूफ़ियत के वक़्त उन पर फैली हुई पसीने की बूँदें साफ़ नज़र आती थीं।

बारह बजे के क़रीब हम काम छोड़कर खाने के लिए सड़क के नीचे उतरकर किसी पेड़ के साए तले बैठ जाते—खाना हम सुबह कपड़े में बाँधकर अपने साथ लाते। तीन ढोडे[8] और आमतौर पर सरसों का साग होता जिनको हम अपने भूखे पेट में डाल लेते। खाने के बाद हम पानी अमूमन नाले से पिया करते। जिस रोज़ बारिश की ज़्यादती के बायस नाले का पानी ज़्यादा गदला हो जाता, उस रोज़ हम दूर सड़क के उस पार चले जाया करते जहाँ साफ़ पानी का एक चश्मा था।

खाने से फ़ारिग़ होकर हम फ़ौरन काम शुरू कर दिया करते, गो हमारा जी चाहता कि नर्म-नर्म घास पर लेटकर थोड़ी देर सुस्ता लें और फिर काम शुरू करें, मगर ऐसा क्योंकर हो सकता जबकि हमें हर वक़्त इस बात का ख़याल रहता कि पूरा काम किए बग़ैर उजरत न मिलेगी।

हमारा मत्महे-नज़र[9] काम करना और इस हीले से अपना पेट पालना था। हमें मालूम

था कि हममें से किसी ने अगर अपने काम में ज़रा-सी सुस्त रफ़्तारी या बेदिली का इज़हार किया तो ताश की गड्डी से नाकारा जोकर की तरह बाहर निकालकर फेंक दिया जाएगा, इसलिए हम दिल लगाकर काम किया करते कि हमारे अफ़सरों को शिकायत का मौक़ा न मिले। इसके यह मानी नहीं हैं कि हमारे अफ़सर हम पर बहुत ख़ुश थे। ऐसा क्योंकर हो सकता कि वह बड़े आदमी थे और उनका जाइज़ो-नाजाइज़ तौर पर ख़फ़ा होना भी दुरुस्त होता। कभी-कभी वे लोग ऐसे ही हमारे काम का मुआइना करते वक़्त अपनी बेइत्मीनानी का इज़हार करते हुए हम पर बरस पड़ते लेकिन हम, जो उनकी बड़ाई को बख़ूबी समझते थे, 'महाराज, महाराज' कहकर उनका ग़ुस्सा सर्द कर दिया करते। हम जानते थे कि उनका ग़ुस्सा बिलकुल बेजा है लेकिन हमारा एहसास हमारे दिलों में नफ़रत के जज़्बात पैदा न करता, शायद इसलिए कि कोरनिशों ने हमको बिलकुल मुर्दा बना रखा था; या फिर इसकी वजह यह थी कि हरदम हमको यह ख़ौफ़ दामनगीर रहता कि अगर हम काम से हटा दिए गए तो हमारी रोज़ी बंद हो जाएगी।

हम अपने काम से मुतमइन थे। यही वजह है कि हम थोड़ी मज़दूरी और ज़्यादा काम के मसले पर बहुत कम ग़ौर किया करते। इसकी ज़रूरत भी क्या थी कि यह काम पढ़े-लिखे आदमियों का होता है और हम बिलकुल अनपढ़ और जाहिल थे—दरअसल बात यह है कि हमारी दुनिया बिलकुल अलग-थलग थी जिसकी सरहदें पत्थर तोड़ने या उनको हटाने, बारह बजे रोटी खाने, फिर काम करने और इसके बाद अपने-अपने डेरों में सो जाने तक ख़त्म हो जाती थीं; हमें इन हुदूद के बाहर किसी शै से कोई सरोकार न था; दूसरे अल्फ़ाज़ में अपना और अपने मुताल्लिक़ीन[10] का पेट पालने के धंधे में हम कुछ ऐसी बुरी तरह फँसकर रह गए थे कि हम किसी और शै की ख़्वाहिश करना ही भूल गए थे।

हमारे काम पर सड़कों के महकमे की तरफ़ से एक निगराँ मुक़र्रर था, जो दिन का बेश्तर हिस्सा सड़क के एक तरफ़ चारपाई बिछाकर बैठे रहने में गुज़ार देता—वह ज़ात का पंडित था। ऊँचे तबक़े का इम्तियाज़ी[11] निशान सिंदूर के तिलक की सूरत में हर वक़्त उसकी सफ़ेद पेशानी पर चमकता रहता—हम अपने निगराँ को एहतिराम[12] और इज़्ज़त की निगाहों से देखते; अव्वल इसलिए कि वह ब्राह्मण था और दोयम इसलिए कि हम उसके मातहत थे; चुनांचे इधर-उधर के दूसरे कामों के अलावा हम बारी-बारी दिन में कई बार उसके पीने के लिए हुक़्क़ा ताज़ा किया करते और आग बनाकर उसकी चिलमें भरा करते।

पंडित का काम सिर्फ़ इतना था कि सुबह चारपाई पर अपने गेरवे रंग की कलफ़ लगी पगड़ी और रेशमी कोट उतारकर अपने गंजे सिर पर हाथ फेरते हुए हमारी हाज़िरी लगाए और फिर एक बड़े से रजिस्टर में कुछ दर्ज करने के बाद इधर-उधर टहलता रहे या हुक़्क़ा पीता रहे—वह अपने काम में बहुत कम दिलचस्पी लेता; अलबत्ता जब कभी मुआइने के लिए किसी अफ़सर की मोटर उधर से गुज़रना होती तो वह अपनी चारपाई उठवा देता और हमारे पास खड़ा हो जाया करता—उसकी इस चालाकी पर हम दिल ही दिल में हँसा करते।

एक रोज़ जबकि सुबह से हल्की-हल्की फुवार पड़ रही थी और हम बारह बजे खाना

खाने से फ़ारिग़ होकर हस्बे-मामूल अपने काम में मश्ग़ूल थे कि एक मोटर के हॉर्न ने हमें चौंका दिया—लारियों की निसबत हम मोटरों के देखने के बहुत शाइक़[13] थे, इसलिए कि उनमें हमारी भूखी नज़रों के देखने के लिए अजीबो-ग़रीब चीज़ें नज़र आतीं—हम कमरें सीधी करके खड़े हो गए।

इतने में मोड़ के अक़ब से सब्ज़ रंग की एक छोटी-सी मोटर नुमूदार हुई—जब वह हमारे क़रीब पहुँची तो हमने देखा कि उसकी बॉडी बारिश के नन्हे-नन्हे क़तरों के नीचे चमक रही है। वह बहुत आहिस्ता-आहिस्ता चल रही थी, शायद इसलिए कि पिछली सीट पर जो दो साहब बैठे हुए थे, उनमें से एक अपनी रानों पर ग्रामोफ़ोन रखे बजा रहे थे। जब वह मोटर हमारे क़रीब से गुज़री तो रिकार्ड की आवाज़ सड़क की साथवाली पहाड़ी के पत्थरों से टकराकर फ़ज़ा में गूँजी। कोई गा रहा था :

न मैं किसी का, न कोई मेरा
छाया चारों ओर अँधेरा
अब कुछ सूझत नाहीं मोहे, अब कुछ ···

आवाज़ में बेहद दर्द था। एक लम्हे के लिए ऐसा मालूम हुआ कि हम शायद बहरे-ज़ुल्मात[14] में डूब गए हैं।

जब मोटर अपनी नीम वा खिड़कियों से उस गीत के दर्दनाक सुर बिखेरती हुई हमारी नज़रों से ओझल हो गई तो हम सबने एक आह भरकर अपना काम शुरू कर दिया।

शाम के क़रीब जब सूरज की सुर्ख़ और गर्म टिकिया पिघले हुए ताँबे का रंग इख़्तियार करके एक सियाह पहाड़ी के पीछे छुप रही थी और उसकी उन्नाबी किरनें दराज़क़द दरख़्तों की चोटियों से खेल रही थीं, सब्ज़ रंग की वही मोटर हमें उस तरफ़ से वापिस आती दिखाई दी, जिधर वह दोपहर को गई थी। हमने उसके हॉर्न की आवाज़ सुनी तो काम छोड़कर उसको देखने लगे। आहिस्ता-आहिस्ता चलती हुई वह हमारे आगे से गुज़र गई और फिर दफ़अतन हमसे आधी जरीब[15] के फ़ासले पर खड़ी हो गई। वह ग्रामोफ़ोन जो उसमें बज रहा था, ख़ामोश हो गया।

थोड़ी देर के बाद पिछली सीट से एक नौजवान दरवाज़ा खोलकर बाहर निकला और अपनी पतलून को कमर पर से दुरुस्त करता हुआ हमारे पास से गुज़रा और आहिस्ता-आहिस्ता उस पुल की तरफ़ रवाना हो गया जो सामने नाले पर बँधा हुआ था—यह ख़याल करके कि वह नाले के पानी का नज़्ज़ारा करने के लिए गया है जैसा कि आम-तौर पर उधर से गुज़रनेवाले किया करते थे, हम अपने काम में मसरूफ़ हो गए।

अभी हमें अपना काम शुरू किए पाँच मिनट से ज़्यादा अर्सा न गुज़रा होगा कि पुल की तरफ़ से ताली की आवाज़ बुलंद हुई।

हमने मुड़कर देखा।

पतलून पोश नौजवान सड़क के साथ पत्थरों से चुनी हुई दीवार के पास खड़ा ग़ालिबन मोटर में बैठे अपने साथियों को मुतवज्जेह[16] कर रहा था—संगीन मुँडेर पर उस नौजवान से कुछ दूर एक लड़की बैठी हुई थी।

हममें से एक ने अपने बेलचे को बड़े ज़ोर से मोरी की गीली मिट्टी में गाड़ते हुए कहा : ''वह रामदई है।''

कालू ने, जो उसके पास खड़ा था, दरयाफ़्त किया : ''रामदई ?''

''संतो चमार की लड़की, और कौन !'' उसके लहजे में बेलचे के लोहे ऐसी सख्ती थी।

हम ब़ाक़ी चार हैरान थे कि इस गुफ़्तगू का मतलब क्या है; अगर वह लड़की, जो मुँड़ेर पर बैठी हुई है, संतो चमार की लड़की है तो कौन-सी अहम बात है कि हमारा साथी इस क़दर तेज बोल रहा है।

हम ग़ौर कर रहे थे कि फ़ज़ल ने, जो हम सबसे उम्र में बड़ा था और नमाज़-रोजे का बहुत पाबंद था, अपनी दाढ़ी को खुजलाते हुए निहायत ही मुफ़क्किराना[17] लहजे में कहा : ''दुनिया में एक अँधेर मचा है··· ख़ुदा मालूम लोगों को क्या हो गया ?''

फ़ज़ल की बात सुनकर हम सब असल मामला समझ गए और हमारे दिलों पर ग़म और ग़ुस्से की एक अजीबो-ग़रीब कैफ़ियत तारी हो गई।

ताली फिर बजी तो मोटर की पिछली निशस्त से पतलून पोश के एक साथी ने अपना सिर बाहर निकाला और यह देखकर कि उसका साथी उसे बुला रहा है, वह दरवाज़ा खोलकर बाहर निकला और हमारे क़रीब से गुज़रता हुआ पुल की जानिब बढ़ गया—हम बेवक़ूफ़ बकरियों की तरह उसे अपने साथी के पास जाता देखते रहे।

जब पतलून पोश नौजवान का साथी उसके पास पहुँच गया तो वे दोनों लड़की की तरफ़ बढ़े और उन्होंने लड़की से बातें करना शुरू कर दीं।

कालू पेचो-ताब खाकर रह गया और ख़शमआलूद लहजे में बोला : ''बदमाश··· !''

फ़ज़ल ने सर्द आह भरी और मग़मूम लहजे में कहने लगा : ''जब से यह सड़क बनी है और ऐसे बाबुओं की आमदो-रफ़्त ज़्यादा हो गई है, यहाँ के तमाम इलाक़ों में गंदगी फैल गई है··· लोग कहते हैं कि यह सड़क बनने से बहुत आराम हो गया है··· हो गया होगा, मगर इस क़िस्म के बेशर्मी के नज़ारे पहले कभी देखने में न आते थे··· ख़ुदा बचाए !''

इस दौरान में, हमने देखा, पतलून पोश के साथी ने लड़की को बाज़ू से पकड़ लिया है और ग़ालिबन उसको उठकर चलने के लिए कहा है—मगर वह मुँड़ेर पर अपनी जगह बैठी रही।

कालू से न रहा गया और उसने रामप्रसाद से कहा : ''आओ, ये लोग तो अब दस्तदराज़ी कर रहे हैं।'' यह कहकर कालू अकेला ही उस जानिब बढ़ने लगा कि हमने उसे रोक लिया और यह मश्वरा दिया कि तमाम मामला पंडित के गोश गुज़ार कर दिया जाए जो चारपाई पर सो रहा है; और फिर जो कुछ वह कहे, उस पर अमल किया जाए।

इस तजवीज़ को माक़ूल ख़याल करके हम सब पंडित के पास गए और हमने उसे जगाकर सारा क़िस्सा सुना दिया।

पंडित ने हमारी गुफ़्तगू को बड़ी बेपरवाई से सुना, जैसे कोई बात ही न हो, और उन दोनों नौजवानों की तरफ़ देखकर, जो लड़की को ख़ुदा मालूम किस तरीक़े से मनाकर अपने

साथ ला रहे थे, कहा : "जाओ, तुम लोग अपना काम करो ... मैं उनसे ख़ुद दरयाफ़्त करूँगा।"

पंडित का जवाब सुनकर हम बेचारगी की हालत में अपने काम पर आ गए, लेकिन हम सबकी निगाहें लड़की और उन दो नौजवानों पर जमी हुई थीं जो अब पुल तय करके पंडित की चारपाई के क़रीब पहुँच रहे थे—नौजवान आगे थे और लड़की थकी हुई घोड़ी की तरह उनके पीछे-पीछे चल रही थी।

जब वह पंडित के आगे से गुज़रने लगे तो पंडित चारपाई पर से उठा—दो-तीन मिनट तक उनसे कुछ बातें करने के बाद वह भी उनके साथ हो लिया।

जब वह नौजवान, लड़की और पंडित हमारे पास से गुज़रे तो हमने देखा कि नौजवानों के चेहरों पर एक हैवानी झलक नाच रही है, लड़की की निगाहें झुकी हुई हैं और पंडित बड़े अदब से उनके साथ-साथ चल रहा है।

मोटर के पास पहुँचकर पंडित ने आगे बढ़कर मोटर का दरवाज़ा खोला।

पहले पतलून पोश, फिर लड़की और इसके बाद दूसरा नौजवान, तीनों मोटर में दाख़िल हो गए—हमारे देखते-देखते मोटर चली और हमारी नज़रों से ओझल हो गई; हम आँखें झपकते ही रह गए।

"शैतान ... मरदूद ... !" कालू ने बड़े इज़्तिराब[18] से यह दो लफ़्ज़ अदा किए।

इतने में पंडित आ गया और हमको मुज़्तरिब[19] देखकर एक मस्नूई आवाज़ में कहने लगा : "मैंने उनसे दरयाफ़्त कर लिया है ... ऐसी कोई बात नहीं है ... वह लड़की को ज़रा मोटर की सैर कराना चाहते थे ... इंस्पेक्टर साहब के मेहमान हैं और डाकबँगले में ठहरे हुए हैं ... थोड़ी दूर ले जाकर वह लड़की को छोड़ देंगे ... अमीर आदमी हैं; इनके शग़्ल इसी क़िस्म के होते हैं ... तुम लोग अपना काम करो ..." यह कहकर पंडित चला गया।

हम देर तक ख़ुदा मालूम किन गहराइयों में ग़र्क़ रहे।

दफ़्अतन फ़ज़ल की आवाज़ ने हमें चौंका दिया—दो मर्तबा ज़ोर से थूककर उसने अपने हाथों को गीला किया और बेलचे को संगरेज़ों के ढेर में गाड़ते हुए कहा : "अगर अमीर आदमियों के यही शग़्ल हैं तो हम ग़रीबों की बहू-बेटियों का अल्लाह बेली है!"

---

1. गत; 2. उदय होते, निकलते; 3. क्रोधित, कुपित; 4. छोटे-छोटे पत्थरों; 5. एकरसता; 6. पीछे; 7. आधारित, शामिल; 8. मक्का की रोटी; 9. उद्देश्य; 10. संबंधियों; 11. विशेष; 12. सम्मान; 13. उत्कंठित, लालायित; 14. अँधेरे का समुद्र; 15. खेत आदि की नापतौल में काम आनेवाली ज़ंजीर; 16. ध्यानाकर्षित; 17. विचारक-जैसा; 18. बेचैनी; 19,. बेचैन, अशांत।

बाँझ

मेरी और उसकी मुलाक़ात आज से ठीक दो बरस पहले अपोलो बंदर पर हुई।

शाम का वक़्त था; सूरज की आख़िरी किरणें समंदर की उन दूर-दराज़ लहरों के पीछे ग़ायब हो चुकी थीं, जो साहिल के बैंच पर बैठकर देखने से मोटे कपड़े की तहें मालूम होती थीं—मैं गेट वे ऑफ़ इंडिया के इस तरफ़ पहला बैंच छोड़कर, जिस पर एक आदमी चंपीवाले से अपने सिर की मालिश करा रहा था, दूसरे बैंच पर बैठा हुआ था और हद्दे-नज़र तक फैले हुए समंदर को देख रहा था, दूर, बहुत दूर, जहाँ समंदर और आसमान घुल-मिल रहे थे, बड़ी-बड़ी लहरें आहिस्ता-आहिस्ता उठ रही थीं, ऐसा मालूम होता था कि एक बहुत बड़े गदले रंग का क़ालीन है, जिसे उधर से इधर समेटा जा रहा है—साहिल के सब क़ुमक़ुमे रौशन थे, जिनका अक्स किनारे के लरज़ाँ पानी पर कँपकँपाती हुई मोटी लकीरों की सूरत में जगह-जगह रेंग रहा था, पास ही पथरीली दीवार के नीचे कई कश्तियों के लिपटे हुए बादबान और बाँस हौले-हौले हरकत कर रहे थे; समंदर की लहरों और तमाशाइयों की आवाज़ एक गुनगुनाहट बनकर फ़ज़ा में घुली हुई थी; कभी-कभी किसी आने या जानेवाली मोटर के हॉर्न की आवाज़ बुलंद होती तो यूँ मालूम होता कि बड़ी दिलचस्प कहानी सुनने के दौरान में किसी ने ज़ोर से 'हूँ' की है।

ऐसे माहौल में सिगरेट पीने में बहुत मज़ा आता है—मैंने जेब में हाथ डालकर सिगरेट की डिबिया निकाली, मगर माचिस न मिली; जाने मैं कहाँ भूल आया था।

मैं सिगरेट की डिबिया वापिस जेब में रखने ही वाला था कि पास से किसी ने कहा : "माचिस लीजिएगा ?"

मैंने मुड़कर देखा—बैंच के पीछे एक नौजवान खड़ा था।

यूँ तो बंबई के आम बाशिंदों का रंग ज़र्द होता है, लेकिन उस नौजवान का चेहरा ख़ौफ़नाक तौर पर ज़र्द था।

मैंने उसका शुक्रिया अदा किया : "आपकी बड़ी इनायत है।"

उसने माचिस, जो उसके हाथ ही में थी, मेरी तरफ़ बढ़ा दी।

मैंने फिर उसका शुक्रिया अदा किया और कहा : "तशरीफ़ रखिए।"

उसने कहा : "आप सिगरेट सुलगा लीजिए ··· मुझे जाना है।"

मुझे महसूस हुआ कि उसने झूठ बोला है—उसके लहजे में ऐसी कोई बात नहीं थी कि

पता चलता, उसे जल्दी है और उसे कहीं जाना है।

आप कहेंगे कि लहजे से ऐसी बातों का किस तरह पता चल सकता है—हक़ीक़त यह है कि मुझे उस वक़्त ऐसा ही महसूस हुआ था।

मैंने एक बार फिर कहा : ''ऐसी जल्दी क्या है ? तशरीफ़ रखिए···'' यह कहकर मैंने सिगरेट की डिबिया उसकी तरफ़ बढ़ा दी : ''शौक़ फ़रमाइए।''

उसने सिगरेट की छाप की तरफ़ देखा और कहा : ''शुक्रिया··· मैं सिर्फ़ अपना ब्रांड पिया करता हूँ।''

आप मानें न मानें; मैं क़समिया कहता हूँ कि उसने फिर झूठ बोला।

उसके लहजे ने फिर चुग़ली खाई और मुझे उससे दिलचस्पी पैदा हो गई—मैंने अपने दिल में फ़ौरन क़स्द[1] कर लिया कि उसे ज़रूर अपने पास बिठाऊँगा और अपना सिगरेट पिलाऊँगा।

मेरे ख़याल के मुताबिक़ इसमें मुश्किल की कोई बात ही न थी कि उसके दो जुमलों ही ने मुझे बता दिया था, वह अपने आपको धोखा दे रहा है; उसका जी चाहता है कि मेरे पास बैठे और मेरा सिगरेट पिए; लेकिन बयकवक़्त उसके दिल में यह ख़याल भी पैदा होता है कि मेरे पास न बैठे और मेरा सिगरेट न पिए—'हाँ' और 'न' का यह तसादुम उसके लहजे में मुझे साफ़ तौर पर नज़र आया था—आप यक़ीन जानिए; उसका वुजूद भी होने और न होने के बीच लटका हुआ था।

उसका चेहरा, जैसा कि मैं बयान कर चुका हूँ, बेहद ज़र्द था; उस पर उसकी नाक, आँखों और मुँह के ख़ुतूत इस क़दर मद्धम थे, जैसे किसी ने तसवीर बनाई हो और फिर उसको पानी से धो डाला हो—कभी-कभी मेरे देखते-देखते उसके होंठ उभर-से आते, फिर राख में लिपटी हुई चिंगारी के मानिंद सो जाते—उसके चेहरे के दूसरे ख़ुतूत का भी यही हाल था; उसकी आँखें गदले पानी की दो बड़ी-बड़ी बूँदें थीं, जिन पर उसकी छोटी पलकें झुकी हुई थीं; बाल काले थे, मगर उनकी सियाही जले हुए काग़ज़ के मानिंद थी, जिसमें भूसलापन भी होता है; क़रीब से देखने पर उसकी नाक का सही नक़्शा मालूम हो सकता था, मगर दूर से देखने पर वह बिलकुल चपटी मालूम होती थी, इसलिए कि उसके चेहरे के ख़ुतूत बिलकुल ही मद्धम थे।

उसका क़द आम लोगों जितना था, यानी न छोटा न बड़ा; अलबत्ता जब वह एक ख़ास अंदाज़ से, यानी अपनी कमर की हड्डी को ढीला छोड़ के खड़ा होता तो उसके क़द में नुमायाँ फ़र्क़ पैदा हो जाता; इस तरह जब वह एकदम खड़ा होता तो उसका क़द उसके जिस्म के मुक़ाबले में बहुत बड़ा दिखाई देता—कपड़े उसके ख़स्ता हालत में थे, लेकिन मैले नहीं थे; कोट की आस्तीनों के आख़िरी हिस्से कसरते-इस्तेमाल के बायस घिस गए थे और फूसड़े निकल आए थे, कालर खुला था और क़मीस बस एक और धुलाई की मार थी, मगर उन कपड़ों में भी वह ख़ुद को बावक़ार[2] अंदाज़ में पेश करने की सई कर रहा था—मैंने 'सई कर रहा था' इसलिए कहा है कि जब मैंने उसकी तरफ़ देखा था तो उसके सारे वुजूद में बेचैनी की लहर दौड़ गई थी, और मुझे ऐसा मालूम हुआ था कि वह अपने आपको मेरी

निगाहों से ओझल रखना चाहता है।

मैं उठ खड़ा हुआ और अपना सिगरेट सुलगाकर मैंने सिगरेट की डिबिया फिर उसकी तरफ़ बढ़ा दी : ''शौक़ फ़रमाइए···'' यह मैंने कुछ इस तरीक़े से कहा कि वह सबकुछ भूल गया और उसने सिगरेट की डिबिया अपने हाथ में ले ली—मैंने फ़ौरन दियासलाई सुलगाई और अपने हाथ उसकी तरफ़ बढ़ाए—उसने जल्दी से डिबिया में से सिगरेट निकाला और अपने होंठों में दबाकर सुलगा लिया और पीना शुरू कर दिया।

एकाएकी उसे अपनी ग़लती का एहसास हुआ—उसने सिगरेट उँगलियों में थामकर हलक़ में मस्नूई[3] खाँसी के आसार पैदा करते हुए कहा : ''केवेंडर मुझे रास नहीं आते··· इसका तंबाकू बहुत तेज़ है; मेरे गले में फ़ौरन ख़राशें पैदा हो जाती हैं।''

मैंने पूछा : ''आप कौन से सिगरेट पसंद करते हैं ?''

''मैं···मैं···दरअसल मैं सिगरेट बहुत कम पीता हूँ···डॉक्टर अरोलकर ने मना कर रखा है···वैसे मैं थ्री फ़ाइव पीता हूँ, जिनका तंबाकू तेज़ नहीं होता।'' उसने तुतलाकर जवाब दिया।

उसने जिस डॉक्टर का नाम लिया, वह बंबई का बहुत बड़ा डॉक्टर है और उसकी फीस दस रुपए है; उसने जिन सिगरेटों का हवाला दिया, उनके मुताल्लिक़ आपको भी मालूम होगा कि बहुत महँगे दामों पर मिलते हैं—उसने एक ही साँस में दो झूठ बोले, जो मुझे हज़्म न हुए, मगर मैं ख़ामोश रहा, हालाँकि, सच अर्ज़ करता हूँ, उस वक़्त मेरे दिल में यही ख़्वाहिश चुटकियाँ ले रही थी कि उसका ग़िलाफ़ उतार दूँ और उसकी दरोग़गोई[4] को बेनक़ाब कर दूँ; उसे कुछ इस तरह शर्मिंदा करूँ कि वह मुझसे माफ़ी माँगे, मगर जब मैंने उसकी तरफ़ ग़ौर से देखा तो इस फ़ैसले पर पहुँचा कि उसने जो कुछ कहा है, वह उसका जुज़ बनकर रह गया है—झूठ बोलने के बाद चेहरे पर जो एक सुर्ख़ी-सी दौड़ जाया करती है, मुझे उसके चेहरे पर नज़र न आई; बल्कि मैंने यह महसूस किया कि वह जो कुछ कह चुका है, उसको हक़ीक़त समझ रहा है, उसके झूठ में इस क़दर इख़्लास था, यानी उसने इतने पुरख़ुलूस तरीक़े पर झूठ बोला था कि उसकी मीज़ाने-एहसास[5] में हल्की-सी जुंबिश भी पैदा नहीं हुई थी—ख़ैर छोड़िए इस क़िस्से को; ऐसी बारीकियाँ मैं आपको बताने लगूँ तो सफ़हों के सफ़हे काले हो जाएँगे और अफ़साना बहुत ख़ुश्क हो जाएगा।

थोड़ी-सी रस्मी गुफ़्तगू के बाद मैंने उसको राह पर लगा लिया और उसको एक और सिगरेट पेश करने के बाद मैंने समंदर के दिलफ़रेब मंज़र की बात छेड़ दी—अफ़साना निगार हूँ, इसलिए मैंने कुछ इस दिलचस्प तरीक़े पर उसे समंदर, अपोलो बंदर और वहाँ आने-जानेवाले तमाशाइयों के बारे में चंद बातें सुनाईं कि तीन-चार सिगरेट पीने पर भी उसके हलक़ में ख़रख़राहट पैदा न हुई।

यकायक उसने मेरा नाम पूछा—मैंने बताया तो वह उठ खड़ा हुआ और कहने लगा : ''आप···आप मिस्टर मंटो हैं···मैं आपके कई अफ़साने पढ़ चुका हूँ···मुझे···मुझे मालूम न था कि आप ही मिस्टर मंटो हैं···मुझे आपसे मिलकर बहुत ख़ुशी हुई है, वल्लाह बहुत ख़ुशी हुई है।''

मैंने उसका शुक्रिया अदा करना चाहा, मगर उसने बोलना शुरू कर दिया : ''मैंने अभी हाल ही में आपका एक अफ़साना पढ़ा है··· उनवान मैं भूल गया हूँ··· इस अफ़साने में एक लड़की है जो किसी मर्द से मुहब्बत करती है और जो उसे धोखा दे जाता है··· उस लड़की से एक और मर्द मुहब्बत करता है जो अफ़साना सुना रहा है··· जब उसको लड़की की उफ़्ताद[6] का पता चलता है तो वह लड़की से मिलता है और कहता है : 'ज़िंदा रहो··· उन चंद घड़ियों की याद में अपनी ज़िंदगी की बुनियादें खड़ी करो, जो तुमने उसकी मुहब्बत में गुज़ारी हैं··· उस मसर्रत[7] की याद में जो तुमने चंद लम्हात के लिए हासिल की थी···' मुझे पूरी इबारत याद नहीं रही, लेकिन आप मुझे यह बताइए, क्या ऐसा मुम्किन है··· मुम्किन को छोड़िए, यह बताइए, उस लड़की से मुहब्बत करनेवाले आप तो नहीं थे··· ? माफ़ कीजिएगा, मैं ऐसे सवाल कर रहा हूँ जो मुझे नहीं करने चाहिएँ··· मगर क्या आप ही ने उस लड़की से छत पर मुलाक़ात की थी और उसकी थकी हुई जवानी को ऊँघती हुई चाँदनी में छोड़कर नीचे अपने कमरे में सोने के लिए चले आए थे···'' वह कहते-कहते एकदम ठहर गया : ''मुझे ऐसी बातें नहीं पूछनी चाहिएँ··· अपने दिल का हाल कौन बताता है !''

मैंने कहा : ''मैं आपको बताऊँगा··· लेकिन पहली मुलाक़ात में सबकुछ पूछ लेना और सबकुछ बता देना अच्छा मालूम नहीं होता··· आपका क्या ख़याल है ?''

उसका वह जोश, जो गुफ़्तगू करते वक़्त उसके अंदर पैदा हो गया था, एकदम ठंडा पड़ गया—उसने धीमे लहजे में कहा : ''आपका फ़रमाना बिलकुल दुरुस्त है, मगर हो सकता है, आपसे फिर कभी मुलाक़ात ही न हो ।''

मैंने कहा : ''इसमें शक नहीं कि बंबई बहुत बड़ा शहर है, लेकिन हमारी एक नहीं, बहुत-सी मुलाक़ातें हो सकती हैं··· मैं बेकार आदमी हूँ, यानी अफ़सानानिगार··· आप मुझे हर रोज़ शाम को इसी वक़्त इसी जगह पाएँगे, बशर्ते कि मैं बीमार न हूँ··· इस जगह बेशुमार लड़कियाँ सैर को आती हैं और मैं इसलिए आता हूँ कि ख़ुद को किसी लड़की की मुहब्बत में गिरफ़्तार कर सकूँ··· मुहब्बत बुरी चीज़ नहीं है !''

''मुहब्बत··· मुहब्बत'' उसने कुछ कहना चाहा, मगर कह न सका और जलती हुई रस्सी की तरह आख़िरी बल खाकर ख़ामोश हो गया ।

मैंने अज़-राहे[8]-मज़ाक़ उससे मुहब्बत का ज़िक्र किया था— दरअसल उस वक़्त फ़ज़ा ऐसी दिलफ़रेब थी कि अगर मैं किसी लड़की पर आशिक़ हो जाता तो मुझे अफ़सोस न होता—जब दोनों वक़्त आपस में मिल रहे हों, नीम तारीकी में बिजली के क़ुमक़ुमे क़तार दर क़तार आँखें झपकना शुरू कर दें, हवा में ख़ुनुकी पैदा हो जाए और फ़ज़ा पर एक अफ़सानवी कैफ़ियत-सी छा जाए तो किसी अजनबी लड़की की क़ुर्बत की ज़रूरत महसूस होती है, ऐसी क़ुर्बत जिसका एहसास तहतश्शुऊर में छुपा रहता है ।

ख़ुदा मालूम उसने मेरे किस अफ़साने के मुताल्लिक़ मुझसे पूछा था; मुझे अपने सब अफ़साने याद नहीं हैं और ख़ासतौर पर वह तो बिलकुल याद नहीं हैं जो रूमानी हैं—मैं अपनी ज़िंदगी में बहुत कम लड़कियों से मिला हूँ—वह अफ़साने, जो मैंने लड़कियों के मुताल्लिक़ लिखे हैं, या तो किसी ख़ास ज़रूरत के मातहत लिखे हैं, या महज़ दिमाग़ी

ऐयाशी के लिए; मेरे ऐसे अफ़सानों में कोई ख़ुलूस नहीं है, इसलिए मैंने कभी उनके मुताल्लिक़ ग़ौर नहीं किया है—एक ख़ास तबक़े की औरतें मेरी नज़र से गुज़री हैं और उनके मुताल्लिक़ मैंने चंद अफ़साने लिखें हैं, मगर वह रूमानी नहीं हैं—उसने जिस अफ़साने का ज़िक्र किया था, वह यक़ीनन कोई अदना दर्जे का रूमान होगा, जो मैंने अपने चंद जज्बात की प्यास बुझाने के लिए लिखा होगा—लेकिन यह मैंने क्या बयान करना शुरू कर दिया है।

जब वह 'मुहब्बत... मुहब्बत...' कहकर ख़ामोश हो गया तो मेरे दिल में ख़्वाहिश पैदा हुई कि मुहब्बत के बारे में कुछ कहूँ—मैंने कहना शुरू किया : "मुहब्बत की यूँ तो बहुत-सी क़िस्में हमारे बाप-दादा बयान कर गए हैं, मगर मैं समझता हूँ कि मुहब्बत ख़्वाह मुलतान में पैदा हो या साइबेरिया में, सर्दियों में पैदा हो या गर्मियों में, अमीर के दिल में पैदा हो या गरीब के दिल में... मुहब्बत ख़ूबसूरत लोग करें या बदसूरत, बदकिरदार करें या नेकूकार... मुहब्बत, मुहब्बत ही रहती है; उसमें कोई फ़र्क़ पैदा नहीं होता... जिस तरह बच्चा पैदा होने की सूरत हमेशा से एक-सी चली आ रही है, उसी तरह मुहब्बत की पैदाइश भी एक ही तरीक़े पर होती है...यह जुदा बात है कि सईदा बेगम हस्पताल में बच्चा जने और राजकुमारी जंगल में; ग़ुलाम मुहम्मद के दिल में भंगन मुहब्बत पैदा करे और नटवरलाल के दिल में कोई रानी...जिस तरह बाज़ बच्चे वक़्त से पहले पैदा हो जाते हैं और कमज़ोर रहते हैं, उसी तरह वह मुहब्बत भी कमज़ोर होती है जो वक़्त से पहले जन्म ले लेती है... बाज़ दफ़ा बच्चे बड़ी तकलीफ़ से पैदा होते हैं, बाज़ दफ़ा मुहब्बत भी बड़ी तकलीफ़ देकर पैदा होती है...कभी-कभी हमल[10] गिर जाया करता है, उसी तरह कभी-कभी मुहब्बत भी गिर जाया करती है...बाज़ दफ़ा बाँझपन पैदा हो जाता है, ऐसे लोग भी हैं जो मुहब्बत करने के मामले में बाँझ हैं...इसका यह मतलब नहीं कि मुहब्बत करने की ख़्वाहिश उनके दिल से हमेशा के लिए मिट जाती है या उनके अंदर वह जज़्बा ही नहीं रहता; नहीं, मुहब्बत करने की ख़्वाहिश उनके दिल में मौजूद होती है, मगर वह इस क़ाबिल नहीं होते कि मुहब्बत कर सकें...जिस तरह चंद लोग अपने जिस्मानी नक़ाइस[11] के बायस बच्चा पैदा करने की अहलियत[12] नहीं रखते, उसी तरह चंद लोग अपने रूहानी नक़ाइस के सबब मुहब्बत पैदा करने की क़ुव्वत नहीं रखते...और यह तो मैं कह ही चुका हूँ कि मुहब्बत का इस्क़ात[13] भी हो सकता है..."

मुझे अपनी गुफ़्तुगू दिलचस्प मालूम हो रही थी, इसलिए मैं उसकी तरफ़ देखे बग़ैर लैक्चर दिए चला जा रहा था—जब मैं उसकी तरफ़ मुतवज्जेह हुआ तो मैंने देखा, वह दूर समंदर में कहीं ख़ला में देख रहा है और गुम है—मैं ख़ामोश हो गया।

जब किसी मोटर का हॉर्न बजा तो वह चौंका और मेरी तरफ़ देखकर कहने लगा : "जी आपने बिलकुल दुरुस्त फ़रमाया है।"

मेरे जी में आई कि उससे पूछूँ : 'दुरुस्त फ़रमाया है, इसको छोड़िए, यह बताइए कि मैंने कहा क्या है...' लेकिन मैं ख़ामोश रहा—मैंने उसको मौक़ा दिया कि वह अपने वज़नी ख़यालात दिमाग़ से झटक दे।

वह कुछ देर सोचता रहा—उसने फिर कहा : "आपने बिलकुल दुरुस्त फ़रमाया है,

लेकिन ··· ख़ैर छोड़िए इस क़िस्से को ···"

मुझे अपनी गुफ़्तगू बहुत अच्छी मालूम हुई थी और मैं चाहता था कि कोई मेरी बातें सुनता चला जाए—मैंने फिर से कहना शुरू किया : "तो मैं यह अर्ज़ कर रहा था कि बाज़ लोग मुहब्बत के मामले में बाँझ होते हैं, यानी उनके दिल में मुहब्बत करने की ख़्वाहिश तो मौजूद होती है, लेकिन उनकी यह ख़्वाहिश कभी पूरी नहीं होती ··· मैं समझता हूँ, इस बाँझपन का बायस रूहानी नक़ाइस हैं ··· आपका क्या ख़याल है ?"

उसका रंग और भी ज़र्द पड़ गया, जैसे उसने कोई भूत देख लिया हो ।

यह तब्दीली उसके अंदर इतनी जल्दी पैदा हुई कि मैंने घबराकर पूछा : "ख़ैरियत तो है··· आप बीमार हैं क्या ?"

"नहीं तो···नहीं तो···" वह कुछ ज़्यादा ही परेशान हो गया : "मुझे कोई बीमारी-वीमारी नहीं है ··· आपने कैसे समझ लिया कि मैं बीमार हूँ ?"

मैंने जवाब दिया : "इस वक़्त आपको जो कोई भी देखेगा, यही कहेगा कि आप बहुत बीमार हैं··· आपका रंग ख़ौफ़नाक तौर पर ज़र्द हो रहा है, मेरा ख़याल है, आपको घर चले जाना चाहिए ··· आइए, मैं आपको छोड़ आऊँ ।"

"नहीं, मैं ख़ुद चला जाऊँगा ··· मगर मैं बीमार नहीं हूँ ··· कभी-कभी मेरे दिल में मामूली-सा दर्द होने लगता है ··· मैं अभी ठीक हो जाऊँगा ···आप अपनी गुफ़्तगू जारी रखिए ।"

मैं थोड़ी देर ख़ामोश रहा—वह ऐसी हालत में नहीं था कि मेरी बात ग़ौर से सुन सकता ।

जब उसने इसरार[14] किया तो मैंने कहना शुरू किया : "मैं आपसे यह पूछ रहा था कि उन लोगों के मुताल्लिक़ आपका क्या ख़याल है जो मुहब्बत करने के मामले में बाँझ होते हैं···मैं ऐसे लोगों के जज़्बात और उनकी अंदरूनी कैफ़ियात का अंदाज़ा नहीं कर सकता··· लेकिन जब मैं उस बाँझ औरत का तसव्वुर करता हूँ जो एक बेटी या बेटा हासिल करने के लिए दुआएँ माँगती है, ख़ुदा के हुज़ूर में गिड़गिड़ाती है, और जब वहाँ से उसे कुछ नहीं मिलता तो टोने-टोटकों में अपना गौहरे-मक़सूद[15] ढूँढती है ··· श्मशानों से राख लाती है, कई-कई रातें जागकर साधुओं के बताए हुए मंत्र पढ़ती है, मन्नतें मानती है, चढ़ावे चढ़ाती है तो मैं ख़याल करता हूँ कि ऐसे लोगों की भी यही हालत होती होगी जो मुहब्बत के मामले में बाँझ हैं··· ऐसे लोग वाक़ई हमदर्दी के क़ाबिल हैं···मुझे अंधों पर इतना रहम नहीं आता जितना इन लोगों पर आता है ··· "

उसकी आँखों में आँसू आ गए—वह थूक निगलकर दफ़अतन उठ खड़ा हुआ और परली तरफ़ मुँह करके कहने लगा : "ओह, बहुत देर हो गई···मुझे एक ज़रूरी काम के लिए जाना था; बातों-बातों में कितना वक़्त गुज़र गया ··· "

मैं भी उठ खड़ा हुआ ।

वह पलटा और उसने मेरी तरफ़ देखे बग़ैर मेरा हाथ दबाकर "अब रुख़सत चाहता हूँ" कहा और चल दिया ।

दूसरी मर्तबा उससे मेरी मुलाक़ात फिर अपोलो बंदर पर हुई।

मैं सैर का आदी नहीं हूँ, मगर उस ज़माने में हर शाम अपोलो बंदर जाना मेरा दस्तूर हो गया था—उन्हीं दिनों आगरा के एक शाइर ने मुझे एक लंबा-चौड़ा ख़त लिखा जिसमें उसने निहायत ही हरीसाना[16] तौर पर अपोलो बंदर और वहाँ घूमनेवाली लड़कियों का ज़िक्र किया और मुझे उस लिहाज़ से ख़ुशक़िस्मत कहा कि मैं बंबई में हूँ—यक़ीन जानिए, उसका ख़त पढ़कर अपोलो बंदर से मेरी दिलचस्पी हमेशा के लिए फ़ना हो गई; अब भी जब कभी कोई मुझे अपोलो बंदर जाने को कहता है तो मुझे वह ख़त याद आ जाता है और मेरी तबीयत मतला जाती है—लेकिन मैं उन दिनों का ज़िक्र कर रहा हूँ, जब वह ख़त मुझे नहीं मिला था और मैं हर रोज़ शाम को अपोलो बंदर जाकर उस दूसरे बैंच पर बैठा करता था जिसके इस तरफ़ गेट वे ऑफ़ इंडिया के क़रीब पहले बैंच पर कई आदमी बैठे चंपीवालों से अपनी खोपड़ियों की मरम्मत कराते रहते हैं।

अक्तूबर की गर्मी में कमी वाक़े नहीं हुई थी, दिन पूरी तरह ढल चुका था और उजाले का कोई निशान बाक़ी नहीं रहा था; हवा चल रही थी, थके हुए मुसाफ़िर की तरह—सैर करनेवालों का हुजूम ज़्यादा था; मेरे पीछे मोटरें ही मोटरें खड़ी थीं; बैंच भी सबके-सब पुर थे—जहाँ मैं बैठा था, वहाँ दो बातूनी, एक गुजराती और एक पारसी, न जाने कब से जमे हुए थे; दोनों गुजराती बोल रहे थे, मगर मुख़्तलिफ़ लबो-लहजे से, पारसी की आवाज़ में दो सुर थे और वह कभी बारीक सुर में बात कर रहा था, कभी मोटे सुर में; और जब वे दोनों तेज़ी से एक साथ बोलते तो ऐसा मालूम होता, जैसे तोता-मैना की लड़ाई हो रही है।

मैं उनकी लामुतनाही[17] गुफ़्तुगू से तंग आकर उठा और टहलने की ख़ातिर ताजमहल होटल का रुख़ करने ही वाला था कि मुझे सामने से वह आता दिखाई दिया—मुझे उसका नाम मालूम नहीं था, इसलिए मैं उसे पुकार न सका, लेकिन जब उसने मुझे देखा तो उसकी निगाहें साकिन हो गईं, जैसे उसे वह चीज़ मिल गई हो, जिसकी उसे तलाश हो।

कोई बैंच ख़ाली नहीं था इसलिए मैंने उससे कहा : "आपसे बहुत दिनों के बाद मुलाक़ात हुई है··· चलिए, सामने रेस्तोराँ में बैठते हैं··· यहाँ तो कोई बैंच ख़ाली नहीं है।"

उसने रस्मी तौर पर चंद बातें कीं और मेरे साथ हो लिया।

थोड़ा-सा फ़ासला तय करने के बाद हम दोनों एक रेस्तोराँ में बेंत की बड़ी-बड़ी कुर्सियों पर बैठ गए—चाय का ऑर्डर देकर मैंने उसकी तरफ़ सिगरेटों का टिन बढ़ा दिया।

इत्तिफ़ाक़ की बात है, मैंने उसी रोज़ दस रुपए देकर डॉक्टर अरोलकर से मश्वरा लिया था—डॉक्टर अरोलकर ने मुझसे कहा था कि अव्वल तो मैं सिगरेट पीना ही मौक़ूफ़[18] कर दूँ और अगर ऐसा नहीं कर सकता तो अच्छे सिगरेट पिया करूँ, जैसे पाँच सौ पचपन—मैंने डॉक्टर अरोलकर की हिदायत के मुताबिक़ सिगरेटों का वह टिन उसी शाम ख़रीदा था।

उसने टिन की तरफ़ ग़ौर से देखा, फिर मेरी तरफ़ निगाहें उठाईं और कुछ कहना चाहा, मगर ख़ामोश रहा।

मैं हँस पड़ा : "आप यह न समझिएगा कि मैंने आपके कहने पर यह सिगरेट पीना शुरू कर दिए हैं··· यह महज़ इत्तिफ़ाक़ है कि आज मुझे भी डॉक्टर अरोलकर के पास जाना पड़ा,

क्योंकि कुछ दिनों से मेरे सीने में दर्द हो रहा है ··· डॉक्टर अरोलकर ने मुझसे कहा है कि मैं यह सिगरेट पिया करूँ और वह भी बहुत कम ···" मैंने उसकी तरफ़ देखा और महसूस किया कि उसको मेरी बातें नागवार मालूम हुई हैं—मैंने फ़ौरन अपनी जेब से वह नुस्ख़ा निकाला जो डॉक्टर अरोलकर ने मुझे दिया था।

नुस्ख़ा मैंने मेज़ पर उसके सामने फैला दिया और कहा : "इबारत तो मुझसे पढ़ी नहीं जाती, मगर ऐसा मालूम होता है कि डॉक्टर साहब ने विटामिन्ज़ का सारा ख़ानदान जमा कर दिया है।"

उसने चोर निगाहों से काग़ज़ पर उभरे हुए काले हुरूफ़ में डॉक्टर अरोलकर का नाम और पता देखा और एक नज़र तारीख़ पर भी डाली; और वह इज़्तिराब[19] जो उसके चेहरे पर पैदा हो गया था, फ़ौरन दूर हो गया—उसने मुसकराकर कहा : "क्या वजह है कि अक्सर लिखनेवालों को विटामिन्ज़ खाना पड़ते हैं?"

मैंने जवाब दिया : "इसलिए कि उन्हें ख़ुराक काफ़ी नहीं मिलती ··· काम ज़्यादा करते हैं और उजरत बहुत कम पाते हैं।"

चाय आ गई तो दूसरी बातें शुरू हो गईं।

पहली मुलाक़ात और उस दूसरी मुलाक़ात के दरमियान ग़ालिबन ढाई महीने का फ़ासला था—उसके चेहरे का रंग पहले से कहीं ज़्यादा ज़र्द था; आँखों के नीचे सियाह हलक़े पैदा हो गए थे।

उसे ग़ालिबन कोई रूहानी तकलीफ़ थी, जिसका एहसास उसे हर वक़्त रहता था—बातें करते-करते बाज़ औक़ात वह ठहर जाता और उसके होंठों से ग़ैर इरादी तौर पर एक आह-सी निकल जाती; अगर वह हँसने की कोशिश भी करता, तब भी उसके होंठों पर ज़िंदगी[20] पैदा न होती।

मैंने उसकी कैफ़ियत देखकर कुछ अचानक तौर पर उससे पूछा : "आप उदास क्यों हैं?"

"उदास ··· उदास ···" एक फीकी-सी बेजान मुसकराहट उसके होंठों पर फैल गई, वही फीकी-सी बेजान मुसकराहट जो उन मरनेवालों के लबों पर पैदा हुआ करती है जो ज़ाहिर करने की कोशिश करते हैं कि वह मौत से ख़ाइफ़[21] नहीं हैं : "मैं उदास नहीं हूँ ··· आपकी तबीयत उदास होगी ···" उसने एक ही घूँट में चाय की प्याली ख़ाली कर दी और उठ खड़ा हुआ : "अच्छा तो अब इजाज़त चाहता हूँ ··· मुझे एक ज़रूरी काम से जाना है।"

मुझे यक़ीन था कि उसे किसी ज़रूरी काम से नहीं जाना है, मगर मैंने उसे न रोका और जाने दिया—उस दूसरी मुलाक़ात में भी मैं उसका नाम दरयाफ़्त न कर सका।

इतना मैंने जान लिया था कि वह ज़ेहनी और रूहानी तौर पर बेहद परेशान है—वह उदास था, बल्कि यूँ कहिए कि उदासी उसके रगो-रेशे में सरायत[22] कर चुकी थी, मगर वह नहीं चाहता था कि उसकी उदासी का दूसरों को इल्म हो—वह एक हक़ीक़त को हर घड़ी, हर लम्हा छुपाने में मसरूफ़ रहता, लेकिन नाकाम रहता—क्यों, यह मुझे मालूम नहीं।

उससे तीसरी मर्तबा मेरी मुलाक़ात फिर अपोलो बंदर पर हुई।

इस दफ़ा मैं जैसे-तैसे उसे अपने घर ले गया—रास्ते में हमारी कोई बातचीत न हुई।

जब वह मेरे कमरे में दाख़िल हुआ तो उसके चेहरे पर चंद लम्हात के लिए उदासी छा गई, मगर वह फ़ौरन सँभल गया और उसने अपनी आदत के ख़िलाफ़ अपने आपको बहुत तरो-ताज़ा और बातूनी ज़ाहिर करने की कोशिश की।

उसकी हालात देखकर मुझे उस पर और भी ज़्यादा तरस आया—वह एक मौत-जैसी यक़ीनी हक़ीक़त को झुठला रहा था और अपनी उस ख़ुदफ़रेबी[23] से मुतमइन भी नज़र आ रहा था।

बातों के दौरान में उसकी नज़र मेरी मेज़ पर पड़ी—मेज़ पर रखी शीशे के फ़्रेम में जड़ी उसको एक लड़की की तसवीर नज़र आई।

तसवीर की तरफ़ बढ़ते हुए उसने कहा : ''क्या मैं आपकी इजाज़त से यह तसवीर देख सकता हूँ?''

मैंने कहा : ''बसद शौक़!''

उसने तसवीर को एक नज़र देखा और कुर्सी पर बैठ गया : ''अच्छी ख़ूबसूरत लड़की है··· मैं समझता हूँ कि आपकी···'' वह रुक गया।

मैंने कहा : ''जी नहीं···एक ज़माना हुआ, शायद मैं इस लड़की से मुहब्बत करने लगा था, बल्कि यूँ कहिए कि मेरे दिल में थोड़ी-सी मुहब्बत पैदा हो गई थी, मगर अफ़सोस, इसको ख़बर तक न हुई और मैं··· फिर वह ब्याह दी गई··· यह तसवीर मेरी पहली मुहब्बत की यादगार है, मेरी पहली मुहब्बत जो अच्छी तरह पैदा होने से पहले ही मर गई···''

''आपकी पहली मुहब्बत की यादगार··· इसके बाद भी आपने बहुत-सी मुहब्बतें की होंगी···'' उसने अपने ख़ुश्क होंठों पर ज़बान फेरी : ''आपकी ज़िंदगी में तो कई नामुकम्मल और मुकम्मल मुहब्बतें मौजूद होंगी?

मैं कहने ही लगा था कि जी नहीं, ख़ाकसार मुहब्बत के मामले में बंजर है, लेकिन जाने क्यों मैंने झूठ बोल दिया : ''जी हाँ, यह तो फ़ितरी है··· आपकी किताबे-ज़िंदगी भी तो ऐसे वाक़िआत से भरपूर होगी?''

वह कुछ न बोला, जैसे किसी गहरे समंदर में ग़ोता लगा गया हो।

जब वह देर तक अपने ख़यालात में ग़र्क़ रहा और मैं उसकी ख़ामोशी से कुछ उदास होने लगा तो मैंने कहा : ''अजी हज़रत, किन ख़यालात में खो गए?''

वह चौंक पड़ा : ''जी मैं··· कुछ नहीं, बस ऐसे ही कुछ सोच रहा था।''

मैंने पूछा : ''कोई बीती हुई कहानी याद आ गई क्या···? कोई सपना याद आ गया या पुराने ज़ख़्म हरे हो गए?''

''ज़ख़्म··· पुराने ज़ख़्म··· कई ज़ख़्म तो नहीं हैं, सिर्फ़ एक ही है··· बहुत गहरा, बहुत कारी[24]··· और वही एक ज़ख़्म काफ़ी है···'' यह कहकर वह उठ खड़ा हुआ और कमरे में टहलने की कोशिश करने लगा।

उस छोटी-सी जगह में, जहाँ कुर्सियाँ, मेज़, चारपाई, सबकुछ पड़ा था, टहलने के लिए

कोई जगह नहीं थी—मेज़ के पास उसे रुकना पड़ा।

तसवीर को गहरी नज़रों से देखते हुए उसने कहा : "इसमें और उसमें कितनी मुशाबहत[25] है... मगर उसके चेहरे पर ऐसी शोख़ी नहीं थी... उसकी आँखें बड़ी थीं, मगर इन आँखों की तरह उनमें शरारत नहीं थी... वह फ़िक्रमंद आँखें थीं... ऐसी आँखें जो देखती भी हैं और समझती भी हैं..." उसने एक सर्द आह भरी और कुर्सी पर बैठ गया : "मौत नाक़ाबिले-फ़हम चीज़ है, ख़ासतौर पर उस वक़्त जब वह जवानी में आए... मैं समझता हूँ, मौत ऐसी हासिद ताक़त है जो किसी को ख़ुश नहीं देख सकती... ख़ैर छोड़िए इस क़िस्से को।"

मैंने कहा : "नहीं-नहीं, आप बात कीजिए, अगर मुनासिब समझें तो... सच पूछिए तो मैं यह समझ रहा था कि आपने कभी मुहब्बत न की होगी।"

"आपने कैसे समझ लिया था कि मैंने कभी मुहब्बत न की होगी... अभी-अभी तो आप कह रहे थे कि मेरी किताबे-ज़िंदगी ऐसे वाक़िआत से भरी पड़ी होगी..." उसने मेरी तरफ़ सवालिया निगाहों से देखा : "मैंने अगर मुहब्बत नहीं की है तो यह दुख मेरे दिल में कहाँ से पैदा हो गया है... मेरी ज़िंदगी को यह रोग कहाँ से लग गया है... मैं उदास क्यों रहता हूँ... मुझे अपना होश क्यों नहीं रहता... मैं रोज़ ब रोज़ मोम की तरह क्यों पिघला जा रहा हूँ..."

बज़ाहिर वह तमाम सवालात मुझसे कर रहा था, मगर मैंने महसूस किया, वह तमाम सवालात ख़ुद अपने आपसे पूछ रहा है—मैंने कहा : "मैंने ऐसे ही कह दिया था कि आपकी ज़िंदगी में ऐसे बहुत से वाक़िआत होंगे... किसी के दिल का हाल जानना आसान बात नहीं है... आपकी उदासी की बहुत-सी वजहें हो सकती हैं... जब तक आप मुझे ख़ुद न बताएँ, मैं किसी नतीजे पर कैसे पहुँच सकता हूँ... इसमें कोई शक नहीं है कि आप पहले से कहीं ज़्यादा कमज़ोर हो गए हैं... आपको यक़ीनन कोई बहुत बड़ा सदमा पहुँचा है और मुझे आपसे हमदर्दी है।"

"हमदर्दी..." उसकी आँखों में आँसू आ गए : "मुझे किसी की हमदर्दी की ज़रूरत नहीं, इसलिए कि कोई हमदर्दी उसे वापिस नहीं ला सकती... उस लड़की को मौत की गहराइयों में से निकालकर मेरे हवाले नहीं कर सकती जिससे मुझे प्यार था... आपने मुहब्बत नहीं की है; मुझे यक़ीन है, आपने मुहब्बत नहीं की है, इसलिए कि मुहब्बत की नाकामी ने आप पर कोई दाग़ नहीं छोड़ा है... मेरी तरफ़ ज़रा ग़ौर से देखिए..." यह कहकर उसने जैसे ख़ुद अपने आपको देखा : "मेरे वुजूद में आपको कोई जगह ऐसी नहीं मिलेगी जहाँ मेरी मुहब्बत के नक़्श मौजूद न हों... मेरा वुजूद मुहब्बत की उस टूटी हुई इमारत का मलबा है... मैं आपको अपनी दास्तान कैसे सुनाऊँ और क्यों सुनाऊँ... मैं महसूस करता हूँ, आप मेरी दास्तान समझ ही न सकेंगे... किसी का यह कह देना कि मेरी माँ मर गई है, आपके दिल पर वह असर पैदा नहीं कर सकता जो माँ की मौत ने बेटे पर किया होगा... मेरी दास्ताने-मुहब्बत आपको, किसी को भी मामूली मालूम होगी, मगर जो असर मुझ पर हुआ है, उससे कोई भी आगाह नहीं हो सकता, इसलिए कि मुहब्बत मैंने की है और सबकुछ सिर्फ़ मुझी पर गुज़रा है..."

वह ख़ामोश हो गया; उसके हलक़ में तल्ख़ी पैदा हो गई थी और वह बार-बार थूक निगल रहा था।

"क्या हुआ था उसे?" मैंने पूछा।

"बुरा हो मौत का जो हमें ख़ुश न देख सकी... बुरा हो मौत का जो हमेशा के लिए उसे अपने परों में समेटकर ले गई... वह लड़की नहीं फ़रिश्ता थी... आह...! आपने मेरे दिल पर ख़राशें पैदा कर दी हैं... सुनिए, मैं आपको अपनी दर्दनाक दास्तान का कुछ हिस्सा सुनाता हूँ..." थोड़ी देर ख़ामोश रहने के बाद उसने कहना शुरू किया : "वह एक बड़े और अमीर घराने की लड़की थी... जिस ज़माने में उसकी और मेरी पहली मुलाक़ात हुई, मेरे पास एक कौड़ी भी नहीं थी... मैं अपने बाप-दादा की सारी जायदाद ऐयाशियों में बर्बाद कर चुका था और अपना वतन छोड़कर लखनऊ चला आया था... अच्छे वक़्तों में मेरे पास ख़ुद की मोटर हुआ करती थी. इसलिए मैं मोटर चलाना जानता था... लखनऊ में मोटर चलाने ही को मैंने अपना पेशा क़रार देने का फ़ैसला कर लिया और पहली मुलाज़िमत मुझे डिप्टी साहिब के यहाँ मिली... वह उन्हीं डिप्टी साहिब की इकलौती लड़की थी..." वह अपने ख़यालात में खो गया और दफ़अतन चुप हो गया।

मैं भी ख़ामोश रहा।

थोड़ी देर के बाद वह चौंका और उसने पूछा : "मैं क्या कह रहा था?"

मैंने कहा : "आपको पहली मुलाज़िमत डिप्टी साहिब के यहाँ मिली।"

"हाँ, वह उन्हीं डिप्टी साहिब की इकलौती लड़की थी... मैं हर रोज़ सुबह नौ बजे ज़ोहरा को मोटर में स्कूल ले जाया करता था... वह पर्दा करती थी, मगर मोटर ड्राइवर से कोई कब तक छुप सकता है... मैंने उसे दूसरे रोज़ ही देख लिया था... वह सिर्फ़ ख़ूबसूरत लड़की ही नहीं थी, बड़ी संजीदा और मतीन भी थी; उसकी सीधी माँग ने उसके चेहरे पर एक ख़ास क़िस्म का वक़ार[26] पैदा कर दिया था... वह... वह, मैं क्या अर्ज़ करूँ, वह क्या थी... मेरे पास अल्फ़ाज़ नहीं हैं कि मैं उसकी सूरत और सीरत बयान कर सकूँ..."

वह बहुत देर तक अपनी ज़ोहरा की ख़ूबियाँ बयान करता रहा—उसने कई मर्तबा ज़ोहरा की तसवीर खींचने की कोशिश की, मगर नाकाम रहा; ऐसा मालूम हो रहा था कि उसके दिमाग़ में ख़यालात ज़रूरत से ज़्यादा जमा हो गए हैं—कभी-कभी बात करते-करते उसका चेहरा तमतमा उठता, फिर थोड़ी देर के बाद बुझ जाता और वह आहों[27] में गुफ़्तगू करना शुरू कर देता—वह अपनी दास्तान बहुत आहिस्ता-आहिस्ता सुना रहा था, जैसे ख़ुद भी मज़ा ले रहा हो—एक-एक टुकड़ा जोड़कर उसने अपनी दास्तान मुकम्मल की, जिसका माहसल[28] यह है :

ज़ोहरा से उसे बेपनाह मुहब्बत हो गई—उसके कुछ दिन तो तरह-तरह के मनसूबे बाँधने में गुज़र गए, मगर जब उसने संजीदगी से अपनी मुहब्बत पर ग़ौर किया तो उसने ख़ुद को ज़ोहरा से बहुत दूर पाया—एक मोटर ड्राइवर अपने आक़ा की लड़की से मुहब्बत कैसे कर सकता है; इस तल्ख़ हक़ीक़त का एहसास उसके दिल में पैदा हुआ तो वह मग़मूम[29] रहने लगा—एक रोज़ उसने बड़ी जुर्रत से काम लिया और एक पुर्ज़े पर चंद सतरें लिखकर

ज़ोहरा की एक किताब में रख दीं : ज़ोहरा, मैं अच्छी तरह जानता हूँ कि मैं तुम्हारा नौकर हूँ; तुम्हारे वालिद साहिब मुझे तीस रुपए माहवार देते हैं, मगर मैं तुमसे मुहब्बत करता हूँ... मैं क्या करूँ, क्या न करूँ, मेरी समझ में कुछ नहीं आता...' दूसरे रोज़ जब वह ज़ोहरा को मोटर में स्कूल ले जाने लगा तो उसके हाथ काँप रहे थे; मोटर उससे सँभल न रही थी; यह महज़ इत्तिफ़ाक़ है कि कोई एक्सीडेंट न हुआ—शाम को जब वह ज़ोहरा को स्कूल से वापिस ला रहा था तो रास्ते में ज़ोहरा ने उसे एक जगह मोटर रोकने को कहा; उसने जब मोटर रोक ली तो ज़ोहरा ने निहायत संजीदगी के साथ कहा : ''देखो नईम, आइंदा तुम ऐसी हरकत कभी न करना... मैंने अब्बा जी से तुम्हारे ख़त का ज़िक्र नहीं किया है, लेकिन अगर तुमने फिर ऐसी हरकत की तो मजबूरन मुझे उनसे कहना पड़ेगा... चलो, अब मोटर चलाओ...' ज़ोहरा की बात सुनकर उसने बहुत कोशिश की कि वह डिप्टी साहब की नौकरी छोड़ दे और ज़ोहरा की मुहब्बत को अपने दिल से हमेशा के लिए मिटा दे, मगर वह कामयाब न हो सका—एक महीना इसी कशमकश में गुज़र गया—एक रोज़ उसने फिर जुर्रत से काम लेकर एक और ख़त लिखा और ज़ोहरा की एक किताब में रखकर अपनी क़िस्मत के फ़ैसले का इंतज़ार करने लगा; उसे यक़ीन था कि दूसरे रोज़ सुबह उसे नौकरी से बरतरफ़ कर दिया जाएगा, मगर ऐसा न हुआ—शाम को स्कूल से वापिस आते हुए ज़ोहरा उससे हमकलाम हुई : 'अगर तुम्हें अपनी इज़्जत का ख़याल नहीं तो कम अज़ कम तुम्हें मेरी इज़्ज़त का तो कुछ ख़याल होना चाहिए।' ज़ोहरा ने अपनी बात कुछ इस संजीदगी और मतानत[30] से कही कि उसकी सारी उम्मीदें फ़ना हो गईं; उसने क़स्द[31] कर लिया कि वह नौकरी छोड़ देगा और लखनऊ से हमेशा के लिए चला जाएगा—महीने के आख़िर में उसे अपनी कोठड़ी में बैठकर लालटेन की मद्धम रोशनी में ज़ोहरा को आख़िरी ख़त लिखा और निहायत दर्द भरे लहजे में कहा : 'ज़ोहरा, मैंने बहुत कोशिश की है कि तुम्हारे कहने पर अमल कर सकूँ, मगर अपने दिल पर मेरा इख़्तियार नहीं रहा है... यह मेरा आख़िरी ख़त है कि मैं कल शाम लखनऊ छोड़ दूँगा, इसलिए तुम्हें अपने वालिद से कुछ कहने की ज़रूरत नहीं... तुम यह ख़याल न करना कि मैं तुमसे दूर रहकर तुमसे मुहब्बत नहीं करूँगा... मैं कहीं भी रहूँ, मेरा दिल तुम्हारे क़दमों ही में होगा... मैं हमेशा उन दिनों को याद किया करूँगा जब मैं मोटर इसलिए आहिस्ता-आहिस्ता चलाता था कि तुम्हें धक्का न लग जाए... मैं इसके सिवा तुम्हारे लिए और कर ही क्या सकता था...' यह ख़त भी उसने ज़ोहरा की किताब में रख दिया—ज़ोहरा ने सुबह स्कूल जाते हुए उससे कोई बात न की और शाम को रास्ते में भी उसने कुछ न कहा—वह बिलकुल नाउम्मीद होकर अपनी कोठड़ी में चला आया, उसने अपना थोड़ा-बहुत असबाब बाँधकर एक तरफ़ रख दिया और लालटेन की अंधी रौशनी में चारपाई पर बैठकर सोचने लगा कि उसके और ज़ोहरा के दरमियान कितना फ़ासिला है—वह बेहद मग़मूम था और अपनी पोज़ीशन से अच्छी तरह वाक़िफ़ था; उसे इस बात का एहसास था कि वह एक अदना दर्जे का मुलाज़िम है और अपने आक़ा की लड़की से मुहब्बत करने को कोई हक़ नहीं रखता, लेकिन वह क्या करे कि वह बेइख़्तियार ज़ोहरा से मुहब्बत करता है और उसकी मुहब्बत फ़रेब नहीं है—इसी उधेड़बुन में रात हो गई और उसकी

कोठड़ी के दरवाज़े पर दस्तक हुई; उसका दिल धक-से रह गया; उसने ख़याल किया कि माली होगा या मुम्किन है, माली के घर में कोई एकाएकी बीमार पड़ गया हो और माली उससे कोई मदद लेने आया हो—लेकिन जब उसने दरवाज़ा खोला तो हैरान रह गया—ज़ोहरा उसके सामने खड़ी थी—ज़ोहरा—दिसंबर की सर्दी में वह शॉल के बग़ैर उसके सामने खड़ी थी—उसकी ज़ुबान गूँगी हो गई; उसकी समझ में कुछ न आया कि क्या कहे—चंद लम्हात क़ब्र की-सी ख़ामोशी में गुज़र गए तो ज़ोहरा के होंठ वा हुए और थरथराते हुए लहजे में उसने कहा : 'नईम, मैं तुम्हारे पास आ गई हूँ ... बताओ, अब तुम क्या चाहते हो ... लेकिन इससे पहले कि मैं तुम्हारी कोठड़ी में दाख़िल होऊँ, मैं तुमसे चंद सवाल पूछना चाहती हूँ ...' वह ख़मोश रहा—ज़ोहरा ने उससे पूछा : 'क्या वाक़ई तुम मुझसे मुहब्बत करते हो ?' उसको जैसे ठेस-सी लगी; उसका चेहरा तमतमा उठा : 'ज़ोहरा तुमने ऐसा सवाल किया है कि अगर मैं जवाब दूँ तो मेरी मुहब्बत की तौहीन होगी ... मैं तुमसे पूछता हूँ : 'क्या मैं मुहब्बत नहीं करता ?' ज़ोहरा ने उसके सवाल का जवाब न दिया और थोड़ी देर ख़ामोश रहकर बोली : 'मेरे अब्बा जी के पास काफ़ी दौलत है, मगर मेरे पास एक फ़ूटी कौड़ी भी नहीं ... जो कुछ मेरा कहा जाता है, मेरा नहीं, उनका है ... क्या तुम मुझसे दौलत के बग़ैर भी मुहब्बत करोगे ?' वह बहुत जज़्बाती आदमी था; ज़ोहरा के सवाल ने उसके वक़ार को ज़ख़्मी कर दिया; उसने बड़े दुख भरे लहजे में कहा : 'ज़ोहरा, ख़ुदा के लिए मुझसे ऐसी बातें न पूछो जिनका जवाब इस क़दर आम हो चुका है कि थर्ड क्लास इश्क़िया नाविलों में भी मिल सकता है ...' ज़ोहरा कोठड़ी में दाख़िल हो गई और चारपाई पर बैठकर कहने लगी : 'नईम, मैं तुम्हारी हूँ और हमेशा तुम्हारी रहूँगी ...' ज़ोहरा ने अपना क़ौल पूरा किया—जब वे दोनों लखनऊ छोड़कर दिल्ली चले आए और शादी करके एक छोटे-से मकान में रहने लगे तो डिप्टी साहिब उन्हें ढूँढ़ते-ढूँढ़ते वहाँ पहुँच गए—वह घर पर नहीं था कि उसे दिल्ली में नौकरी मिल गई थी और वह ड्यूटी पर था—डिप्टी साहिब ने ज़ोहरा को बहुत बुरा-भला कहा कि उनकी इज़्ज़त ख़ाक में मिल गई है—वह चाहते थे कि ज़ोहरा, जो कुछ हो चुका है, भूल जाए और नईम को छोड़ दे, वह नईम को दो-तीन हज़ार रुपए देने के लिए भी तैयार थे, मगर उन्हें नाकाम लौटना पड़ा कि ज़ोहरा किसी क़ीमत पर भी नईम को छोड़ने के लिए तैयार न हुई—ज़ोहरा ने डिप्टी साहिब से कहा : 'अब्बा जी, मैं नईम के साथ बहुत ख़ुश हूँ ... आप मेरे लिए नईम से अच्छा शौहर तलाश नहीं कर सकते थे ... अगर आप हमें दुआएँ दे सकें तो हम आपके ममनून[32] होंगे ...' डिप्टी साहब ने जब यह गुफ़्तगू सुनी तो बहुत ख़श्मआलूद[33] हुए; उन्होंने नईम को क़ैद करा देने की धमकी दी तो ज़ोहरा ने कहा : 'अब्बा जी, नईम का कोई क़ुसूर नहीं है ... सच तो यह है कि हम दोनो बेक़ुसूर हैं ... हम दोनों एक-दूसरे से मुहब्बत करते हैं ... नईम मेरा शौहर है और यह कोई क़ुसूर नहीं है ... फिर मैं नाबालिग़ नहीं हूँ ...' डिप्टी साहब अक़्लमंद थे; वह फ़ौरन समझ गए कि जब उनकी बेटी ही रज़ामंद है तो नईम पर कैसे जुर्म आयद हो सकता है—वह ज़ोहरा को हमेशा के लिए छोड़कर चले गए—ज़ोहरा और नईम की ज़िंदगी बड़े मज़े में गुज़र रही थी—नईम की आमदन बहुत कम थी और ज़ोहरा को, जो नाज़ो-नअम में पली थी, खुरदरे कपड़े पहनने

पड़ते थे और घर के सब काम अपने हाथ से करना पड़ते थे। मगर वह ख़ुश थी और ख़ुद को एक नई दुनिया में पाती थी जहाँ क़दम-क़दम पर नईम की मुहब्बत के नए-नए पहलू मुनकशिफ़[34] होते थे; वह बहुत सुखी थी, बहुत सुखी—नईम भी बहुत ख़ुश था—एक रोज़ ख़ुदा का करना ऐसा हुआ कि ज़ोहरा के सीने में एक मूज़ी दर्द उठा और पेशतर इसके कि नईम कुछ कर सकता, ज़ोहरा इस दुनिया से रुख़्सत हो गई और नईम की दुनिया हमेशा-हमेशा के लिए तारीक कर गई...

यह दास्तान उसने रुक-रुककर और मज़े ले-लेकर क़रीबन चार घंटों में मुझे सुनाई—जब वह अपना हाले-दिल सुना चुका था तो उसका चेहरा बजाय ज़र्द होने के तमतमा रहा था जैसे किसी ने उसके अंदर ख़ून दाख़िल कर दिया हो—लेकिन उसकी आँखों में आँसू थे और उसका हलक़ सूख गया था।

जब उसकी दास्तान ख़त्म हो गई तो वह फ़ौरन उठ खड़ा हुआ जैसे उसे बहुत जल्दी हो—फिर उसने कहा : "मैंने बहुत ग़लती की जो आपको अपनी दास्ताने-मुहब्बत सुना दी...मैंने बहुत बड़ी ग़लती की है...ज़ोहरा की दास्तान सिर्फ़ मुझ ही तक महदूद रहनी चाहिए थी, लेकिन...लेकिन..." उसकी आवाज़ भर्रा गई : "आह, मैं ज़िंदा हूँ और वह...और वह..." वह और कुछ न कह सका और जल्दी से मेरा हाथ दबाकर कमरे से बाहर चल गया!

नईम से फिर मेरी मुलाक़ात कभी न हुई—अपोलो बंदर पर मैं कई मर्तबा उसकी तलाश में गया, मगर वह न मिला।

छः या सात महीने बाद मुझे उसका एक ख़त मिला जो मैं नक़ल कर रहा हूँ :

'मंटो साहिब, आपको याद होगा, मैंने आपके मकान पर आपको अपनी दास्ताने-मुहब्बत सुनाई थी—मेरी दास्ताने-मुहब्बत महज़ एक फ़साना था, एक झूठा फ़साना—दरहक़ीक़त न कोई ज़ोहरा थी, न कोई नईम है—मैं वैसे तो मौजूद हूँ, मगर मैं वह नईम नहीं हूँ जिसने ज़ोहरा से मुहब्बत की थी—आपने एक बार कहा था कि बाज़ लोग ऐसे भी होते हैं जो मुहब्बत के मामले में बाँझ होते हैं—मैं भी उन बदक़िस्मत आदमियों में से एक हूँ जिसकी सारी जवानी अपना दिल परचाने में गुज़र गई है—ज़ोहरा से नईम की मुहब्बत मेरा एक दिलबहलावा था और ज़ोहरा की मौत—मैं अब तक यह नहीं समझ सका हूँ कि मैंने उसे क्यों मार दिया था—मुम्किन है, मेरे इस अमल में भी मेरी ज़िंदगी की सियाही का दख़ल हो—मुझे मालूम नहीं, आपने मेरी दास्ताने-मुहब्बत को झूठा समझा था या सच्चा, लेकिन मैं आपको एक अजीबो-ग़रीब बात बताता हूँ कि मैंने, उस झूठी दास्ताने-मुहब्बत के ख़ालिक़[35] ने, उस दास्तान को बिलकुल सच्चा समझा था, सौ फ़ीसदी हक़ीक़त पर मब्नी[36]—मुझे महसूस हुआ था कि मैंने ज़ोहरा से मुहब्बत की है और वह सचमुच मर चुकी है—आपको यह पढ़कर और भी ताज्जुब होगा कि पिछले छः-सात माह में उस दास्तान में हक़ीक़त का उंसुर बतदरीज[37] बढ़ता रहा है और अब ज़ोहरा की आवाज़, उसकी हँसी मेरे कानों में गूँजने लगी

है, मैं उसके साँसों की गर्मी महसूस करने लगा हूँ—अब ज़हरा मेरे नज़दीक महज़ एक दास्तान नहीं है, लेकिन मैं तो दास्तान हूँ; वह मर चुकी है, इसलिए मुझे भी मर जाना चाहिए—यह ख़त आपको मेरी मौत के बाद मिलेगा; अलविदा—मैंने यह चंद सतरें सिर्फ़ इसलिए लिखी हैं कि आप अफ़सानानिगार हैं; अब अगर आप कोई अफ़साना तैयार कर लें तो आपको सात-आठ रुपए मिल जाएँगे—आपने एक मर्तबा कहा था कि आपको एक अफ़साने का मुआवज़ा सात से दस रुपए तक मिल जाता है—यह मेरा तोहफ़ा होगा; अच्छा अलविदा—आपका मुलाक़ाती : नईम।'

नईम ने अपने लिए ज़ोहरा बनाई और मर गया।

मैंने अपने लिए यह अफ़साना तख़्लीक़[38] किया और ज़िंदा हूँ।

यह मेरी ज़्यादती है!

---

1. संकल्प, इरादा; 2. श्रेष्ठ, सम्मानित; 3. कृत्रिम, बनावटी; 4. झूठ बोलना; 5. एहसास की तराज़ू; 6. मुसीबत; 7. ख़ुशी, प्रसन्नता; 8. रूप में, तौर पर; 9. अवचेतन; 10. गर्भ; 11. कमियों, ख़राबियों, त्रुटियों; 12. सामर्थ्य, योग्यता; 13. गर्भपात; 14. आग्रह, अनुरोध; 15. उद्देश्य का मोती, अभिलाषित; 16. लोलुपतापूर्ण; 17. असीम; 18. छोड़ दूँ; 19. बेचैनी; 20. सजीवता; 21. भयभीत; 22. प्रवेश करना, रमना; 23. आत्मवंचना; 24. भरपूर; 25. समानताएँ, एकरूपता; 26. गंभीरता; 27. रोते हुए स्वर में; 28. निष्कर्ष, सारांश; 29. उदास; 30. गंभीरता; 31. संकल्प, निश्चय; 32. कृतज्ञ, अहसानमंद; 33. क्रोधित; 34. व्यक्त, ज़ाहिर; 35. रचयिता; 36. आधारित; 37. धीरे-धीरे; 38. सृजन।

टेढ़ी लकीर

अगर सड़क सीधी होती, बिलकुल सीधी तो उसके क़दम मनों भारी हो जाते थे।

वह कहा करता था : "सीधापन ज़िंदगी के ख़िलाफ़ है, ज़िंदगी जो पेच-दर-पेच रास्तों से भरी हुई है..."

जब हम दोनों बाहर सैर को निकलते तो उस दौरान में वह कभी सीधे रास्ते पर न चलता—उसे बाग़ का वह हिस्सा बहुत पसंद था, जहाँ बल खाती हुई रविशें[1] बनी हुई थीं।

एक बार उसने अपनी टाँगों को सीने के साथ जोड़कर बड़े दिलकश अंदाज़ में मुझसे कहा था : "अब्बास, अगर मुझे और कोई काम न हो तो बख़ुदा मैं अपनी सारी ज़िंदगी कश्मीर की पहाड़ी सड़कों पर चढ़ने-उतरने में गुज़ार दूँ...क्या पेच हैं...एक पल तुम मुझे नज़र आते हो और दूसरे ही पल मेरी नज़रों से ओझल हो जाते हो...कितना असरार[2] है वहाँ...सीधे रास्ते पर तुम हर सामने आनेवाली चीज़ देख सकते हो, मगर वहाँ हर सामने आनेवाली चीज़ तुम्हारी आँखों के सामने बिलकुल अचानक आ जाएगी, मौत की तरह अचानक...इस अचानक में कितना मज़ा है!"

वह एक दुबला-पतला नौजवान था, बेहद दुबला; उसको एक नज़र देखने से अक्सर औक़ात मालूम होता कि हस्पताल के किसी बिस्तर से कोई ज़र्दरू बीमार उठकर चला आया है; उसकी उम्र बमुश्किल बाईस बरस के क़रीब होगी, मगर बाज़ औक़ात वह इससे बहुत ज़्यादा उम्र का मालूम होता था; और अजीब बात है कि कभी-कभी उसको देखकर मैं यह ख़याल करने लगता कि वह बच्चा बन गया है; उसमें एकाएकी इस क़दर तब्दीली हो जाया करती कि मुझे अपनी निगाहों की सेहत[3] पर शुब्ह होने लग जाता।

एक मुलाक़ात की तफ़सील यूँ है—वह मुझे बाज़ार में मिला तो मैं उसे देखकर हैरान रह गया।

वह हाथ में एक बड़ा-सा सेब थामे उसे दाँतों से काट-काटकर खा रहा था; उसका चेहरा बच्चों की मानिंद एक नाक़ाबिले-बयान ख़ुशी के बायस तमतमाया हुआ था; उसका चेहरा गवाही दे रहा था कि सेब बहुत लज़ीज़ है।

सेब के रस से भरे हुए हाथों को बच्चों के मानिंद अपनी पतलून से साफ़ करके उसने मेरा हाथ बड़े जोश से दबाया और कहा : "अब्बास, वह दो आने माँगता था, मगर मैंने उसे एक ही आने में राज़ी कर लिया।" उसके होंठ ज़फ़र मंदाना[4] हँसी के बायस थरथराने लगे;

फिर उसने जेब से एक लट्टू निकाला और मेरे हाथ में थमाकर कहा : "तुमने लट्टू तो बहुत देखे होंगे, पर ऐसा लट्टू तुम्हारे देखने में कभी न आया होगा⋯ऊपर का बटन दबाओ यार⋯दबाओ⋯अरे दबाओ ना!"

मैं सख़्त मुतहय्यिर[5] हो रहा था—उसने मेरी तरफ़ देखा और लट्टू का बटन दबा दिया।

लट्टू मेरी हथेली पर से उछला और सड़क पर गिरकर घूमने लगा—उसने ख़ुशी के मारे उछलना शुरू कर दिया : "देखो अब्बास देखो, देखो इसका नाच⋯"

मैंने लट्टू की तरफ़ देखा, जो मेरे सिर के मानिंद घूम रहा था।

हमारे इर्द-गिर्द बहुत-से आदमी जमा हो गए थे—शायद वह समझ रहे थे कि हम दवाइयाँ बेचेंगे।

"लट्टू उठाओ और चलो⋯लोग हमारा तमाशा देखने के लिए जमा हो रहे हैं⋯" मेरे लहजे में शायद थोड़ी-सी तेज़ी थी, क्योंकि उसकी सारी ख़ुशी मांद पड़ गई; उसके चेहरे की तमतमाहट ग़ायब हो गई और उसने मेरी तरफ़ कुछ इस अंदाज़ से देखा, जैसे एक नन्हा-सा बच्चा रोनी सूरत बनाकर कह रहा हो : 'मैंने तो कोई बुरी बात नहीं की है, फिर मुझे क्यों झिड़का गया है?'

उसने लट्टू वहीं सड़क पर छोड़ दिया और मेरे साथ चल पड़ा।

घर तक मैंने और उसने कोई बात न की—गली के नुक्कड़ पर पहुँचकर मैंने उसकी तरफ़ देखा—इस क़लील[6] अर्से में उसके चेहरे पर एक इन्क़िलाब पैदा हो गया था—वह मुझे एक तफ़क्कुरज़दा[7] बूढ़ा नज़र आया।

मैंने पूछा : "क्या सोच रहे हो?"

उसने जवाब दिया : "मैं सोच रहा हूँ कि अगर ख़ुदा को इंसान की ज़िंदगी बसर करना पड़ जाए तो क्या हो?"

वह इसी क़िस्म की बेढंगी बातें सोचा करता था—बाज़ लोग समझते थे कि वह दानिस्तन[8] अपने आपको निराला ज़ाहिर करने के लिए ऐसे ख़यालात का इज़हार करता है, मगर यह बात ग़लत थी, फ़ितरी तौर पर उसकी तबीयत का रुझान ऐसी बातों की तरफ़ रहता था, जो किसी और के दिमाग़ में नहीं आती थीं।

आप यक़ीन नहीं करेंगे, मगर यह सच है कि उसको जब कभी कोई ज़ख़्म लगा, उसने मज़ा लिया—वह मुझसे कहा करता था : "अगर मेरे जिस्म पर हमेशा के लिए कोई ज़ख़्म बन जाए तो कितना अच्छा हो⋯मुझे दर्द में बड़ा मज़ा आता है।"

मुझे अच्छी तरह याद है, स्कूल में एक रोज़ उसने मेरे सामने अपने बाज़ू को तेज़ ब्लेड से ज़ख़्मी कर लिया था कि कुछ रोज़ उसके बाज़ू में दर्द रहे—एक तरफ़ तो वह मुतअद्दिद[9] बीमारियों से बचाव के टीके नहीं लगवाता था कि उन बीमारियों का ख़ौफ़ न ख़त्म हो जाए, तो दूसरी तरफ़ वह बिन मतलब ऊटपटाँग क़िस्म के टीके लगवाता रहता था कि उसे बुख़ार चढ़ जाए।

उसकी हमेशा यह ख़्वाहिश होती थी कि दो-तीन रोज़ उसका बदन बुख़ार के बाइस

तपता रहे—जब कभी वह बुख़ार को दावत दिया करता था तो मुझसे कहा करता था : ''मेरे घर एक मेहमान आनेवाला है, इसलिए तीन रोज़ तक मुझे फ़ुर्सत नहीं मिलेगी।''

एक रोज़ मैंने उससे पूछा : ''तुम आए दिन यह टीका क्यों लगवाते रहते हो?''

उसने जवाब दिया : ''अब्बास, मैं तुम्हें बता नहीं सकता कि टीका लगवाने से जो बुख़ार चढ़ता है, उसमें कितनी शाइरी होती है…जब जोड़-जोड़ में दर्द होता है और आज़ा-शिकनी[10] होती है तो बख़ुदा ऐसा मालूम होता है कि तुम किसी निहायत ही ज़िद्दी आदमी को समझाने की कोशिश कर रहे हो…और फिर बुख़ार बढ़ जाने से जो ख़्वाब आते हैं, वल्लाह किस क़दर बेरब्त होते हैं…बिलकुल हमारी ज़िंदगी की मानिंद…अभी तुम देखते हो कि तुम्हारी शादी किसी निहायत ही हसीन औरत से हो रही है और दूसरे लम्हे यही औरत तुम्हारी आग़ोश में एक क़वी हैकल[11] पहलवान बन जाती है।''

मैं उसकी अजीबो-ग़रीब आदतों और बातों का आदी हो चुका था, लेकिन इसके बावुजूद एक रोज़ मुझे उसके दिमाग़ी तवाज़ुन[12] पर शुब्हा हुआ।

मैंने उससे अपने एक उस्ताद का तआरुफ़ कराया, जिसकी मैं बेहद इज़्ज़त करता था।

डॉक्टर शाकिर ने बड़ी गर्मजोशी से उसका हाथ दबाया और कहा : ''मैं आपसे मिलकर बहुत ख़ुश हुआ हूँ।''

''इसके बरअक्स मुझे आपसे मिलकर कोई ख़ुशी नहीं हुई।'' उसका जवाब था।

मैं बेहद शर्मिंदा हुआ। आप क़ियास फ़रमाइए, उस वक़्त मेरी क्या हालत हुई होगी; मैं शर्म के मारे अपने उस्ताद के सामने गड़ा जा रहा था—और वह बड़े इत्मीनान से सिगरेट के कश लगाता हुआ हॉल से बाहर जा रहा था।

डॉक्टर शाकिर ने उसकी हरकत को बुरा समझा और मुझसे बड़े तेज़ लहजे में कहा : ''मालूम होता है, तुम्हारे दोस्त का दिमाग़ ठिकाने नहीं।''

मैंने उसकी तरफ़ से माज़िरत[13] तलब की और मामला रफ़ा-दफ़ा किया—मैं वाक़ई बेहद शर्मिंदा था कि डॉक्टर शाकिर को मेरी वजह से ऐसा सख़्त फ़िक़रा सुनना पड़ा।

शाम को मैं उसकी तरफ़ गया, इस इरादे के साथ कि उससे अच्छी तरह बाज़पुर्स[14] करूँगा और अपने दिल की भड़ास निकालूँगा।

वह मुझे लाइब्रेरी के बाहर मिल गया—मैंने छूटते ही कहा : ''तुमने आज डॉक्टर शाकिर की बहुत बेइज़्ज़ती की है…मालूम होता है, तुमने मजलिसी आदाब को ख़ैरबाद कह दिया है।''

वह मुसकराया : ''अरे छोड़ो इस क़िस्से को…आओ कोई और काम की बात करें।''

मैं उस पर बरस पड़ा।

वह ख़ामोशी से मेरी तमाम सख़्त बातें सुनता रहा, फिर उसने कहा : ''अगर मुझसे मिलकर किसी शख़्स को ख़ुशी होती है तो ज़रूरी नहीं कि उससे मिलकर मुझे भी ख़ुशी हासिल हो…और फिर पहली मुलाक़ात पर सिर्फ़ हाथ मिलाने से मैंने उसके दिल में ख़ुशी पैदा कर दी हो, यह मेरी समझ में तो आता नहीं…तुम्हारे डॉक्टर साहब ने उस रोज़ बीस-पच्चीस आदमियों से तआरुफ़ किया और हर शख़्स से उन्होंने यही कहा : 'मैं आपसे

मिलकर बहुत ख़ुश हुआ हूँ…' क्या यह मुम्किन है कि हर शख़्स एक ही क़िस्म के तास्सुरात[15] पैदा करे…तुम मुझसे फ़ुज़ूल बातें न करो…आओ अंदर चलें !"

मैं एक सिहरज़दा[16] आदमी की तरह उसके साथ हो लिया और लाइब्रेरी के अंदर जाकर अपना सब ग़ुस्सा भूल गया—मैं सोचने लगा कि उसने जो कुछ कहा था, सही है; फ़ौरन ही मेरे दिल में एक हसद-सा पैदा हुआ कि इस शख़्स में इतनी क़ुव्वत[17] क्यों है कि वह अपने ख़यालात का इज़हार बेधड़क कर देता है।

पिछले दिनों मेरे एक अफ़सर की दादी मर गई थी; मुझे उसके सामने मजबूरन ग़म की कैफ़ियत तारी करनी पड़ी थी और उससे अपनी मर्ज़ी के ख़िलाफ़ दस-पंद्रह मिनट तक अफ़सोस ज़ाहिर करना पड़ा था; उसकी दादी से मुझे कोई दिलचस्पी न थी और न ही उसकी मौत ने मेरे दिल पर कोई असर किया था, लेकिन इसके बावुजूद मुझे नक़ली जज़्बात तैयार करने पड़े थे—इसका साफ़ मतलब था कि मेरा कैरेक्टर बहुत कमज़ोर है; इसी ख़याल ने मेरे दिल में हसद[18] की चिंगारी पैदा की थी और मैं अपने हलक़ में एक नाक़ाबिले- बर्दाश्त तल्ख़ी महसूस करने लगा था—यह कैफ़ियत एक वक़्ती और हंगामी जज़्बा था, जो हवा के एक तेज़ झोंके के मानिंद आया और गुज़र गया; मैं बाद में खुद से नादिम[19] भी हुआ।

मुझे उससे बेहद मुहब्बत थी, लेकिन मेरी इस मुहब्बत में ग़ैर इरादी तौर पर कभी-कभी नफ़रत की झलक भी नज़र आती थी—एक रोज़ मैंने उसकी साफ़गोई से मुतास्सिर होकर कहा था : "यह क्या बात है कि बाज़ औक़ात मैं तुमसे नफ़रत करने लगता हूँ।" उसने मुझे यह जवाब देकर मुतमइन कर दिया था : "तुम्हारा दिल, जो मेरी मुहब्बत से भरा हुआ है, एक ही चीज़ को बार-बार देखकर कभी-कभी तंग आ जाता है और किसी दूसरी शै की ख़्वाहिश करने लग जाता है…और फिर अगर तुम मुझसे कभी-कभी नफ़रत नहीं करोगे तो मुझसे हमेशा मुहब्बत कैसे करोगे…इंसान अजीब क़िस्म की उलझनों का मजमूआ है।"

मैं और वह अपने वतन से बहुत दूर थे, एक ऐसे बड़े शहर में जहाँ ज़िंदगी तारीक क़ब्र-सी मालूम होती है, मगर उसे कभी उन गलियों की याद न सताती थी, जहाँ उसने अपना बचपन और अपने शबाब का ज़माना-ए-आग़ाज़[20] गुज़ारा था; ऐसा मालूम होता था कि वह उसी बड़े शहर में पैदा हुआ है।

मेरे चेहरे से हर शख़्स यह मालूम कर लेता था कि मैं ग़रीबुलवतन हूँ, मगर वह इन जज़्बात से यकसर आरी[21] था—वह कहा करता था : "वतन की याद बहुत बड़ी कमज़ोरी है…एक जगह से ख़ुद को चिपका देना ऐसा ही है, जैसे एक आज़ाद साँड को खूँटे से बाँध दिया जाए।"

इस क़िस्म के ख़यालात के मालिक की, जो हर शै को टेढ़ी ऐनक से देखता हो और मुरव्वजा रुसूम[22] के ख़िलाफ़ चलता हो, बाक़ायदा निकाहख़्वानी हो, यानी पुरानी रुसूम के मुताबिक़ उसका अक़्द[23] अमल में आए तो क्या आपको ताज्जुब न होगा; मुझे यक़ीन है, ज़रूर होगा।

एक रोज़ शाम को जब वह मेरे पास आया और बड़े संजीदा अंदाज़ में उसने मुझे अपने

निकाह की ख़बर सुनाई तो आप यक़ीन करें, मेरी हैरत की कोई इंतिहा न रही। मेरी हैरत का बायस यह वजह न थी कि वह शादी कर रहा है; नहीं, मुझे ताज्जुब इस बात पर हुआ था कि उसने लड़की देखे बग़ैर, पुराने ख़ुतूत के मुताबिक़ निकाह की रस्म में शामिल होना क़ुबूल कैसे कर लिया—वह हमेशा उन मौलवियों का मज़ाक उड़ाया करता था, जो लड़की और लड़के को रिश्ता-ए-इज़्दिवाज[24] में बाँधते हैं। वह कहा करता था : ''यह बुड्ढे मौलवी मुझे गठिया के मारे पहलवान मालूम होते हैं, जो अपने अखाड़े में छोटे-छोटे लड़कों की कुश्तियाँ देखकर अपनी हिर्स[25] पूरी करते हैं।''

और फिर वह शादी या निकाह पर लोगों के जमघटे का भी तो क़ायल न था। मगर···मगर उसका निकाह पढ़ाया गया; मेरी आँखों के सामने मौलवी ने, उस मौलवी ने, जिससे उसको सख़्त चिढ़ थी, जिसको वह बुड्ढा तोता कहा करता था, उसका निकाह पढ़ा और छुहारे बाँटे गए···मैं सारी कार्रवाई यूँ देख रहा था, गोया सोते में कोई सपना देख रहा हूँ।

निकाह हो गया, दूसरे लफ़्ज़ों में अनहोनी बात हो गई और जो ताज्जुब मुझे पहले हुआ था, बाद में भी बरक़रार रहा, मगर मैंने इसके मुताल्लिक़ उससे ज़िक्र न किया, इस ख़याल से कि शायद उसे नागवार गुज़रे, लेकिन मैं दिल ही दिल में इस बात पर ख़ुश था कि आख़िरकार उसे उस दायरे में लौटना ही पड़ा, जिसमें और सब ज़िंदगी बसर कर रहे हैं। निकाह करके वह अपने उसूलों के टेढ़े मीनार से बहुत बुरी तरह फिसला था और उस गढ़े में सिर के बल आन गिरा था, जिसको वह बेहद ग़लीज़ कहा करता था—एक रोज़ मैंने सोचा तो मेरे जी में आई कि उस कज रफ़्तार[26] के पास जाऊँ और इतना हँसूँ, इतना हँसूँ कि मेरे पेट में बल पड़ जाएँ।

जिस रोज़ मेरे दिल में यह ख़्वाहिश पैदा हुई, उसी रोज़ दोपहर को वह मेरे घर आया।

निकाह हुए तीन महीने गुज़र चुके थे और इस दौरान में वह हमेशा उदास-उदास-सा रहा था--उस दिन उसका चेहरा चमक रहा था और उसकी नाक, जो चंद रोज़ पहले भद्दी नियाम[27] के अंदर छुपी हुई तलवार का नक़्शा पेश करती थी, नुमायाँ तौर पर नज़र आ रही थी।

वह मेरे कमरे के अंदर दाख़िल हुआ और सिगरेट सुलगाकर मेरे पास बैठ गया।

उसके होंठों के इख़्तितामी कोने[28] कँपकँपा रहे थे—साफ़ ज़ाहिर था कि वह कोई बड़ी अहम बात सुनानेवाला है; मैं हमातन गोश[29] हो गया।

उसने सिगरेट के धुएँ का छल्ला बनाया और उसमें अपनी एक उँगली दाख़िल करते हुए कहा : ''अब्बास, मैं कल यहाँ से जा रहा हूँ।''

''जा रहे हो ?'' मेरी हैरत की कोई इंतिहा न रही।

''मैं कल यहाँ से जा रहा हूँ, हमेशा के लिए···मैं तुम्हें कभी इत्तिला देने न आता, मगर मुझे तुमसे कुछ रुपए लेने हैं, जो तुमने मुझसे क़र्ज़ ले रखे हैं···क्या तुम्हें याद है ?''

मैंने जवाब दिया : ''हाँ मुझे याद है, पर तुम जा कहाँ रहे हो···? और फिर हमेशा के लिए···!''

"बात यह है कि मुझे अपनी बीवी से इश्क़ हो गया है और कल रात मैं उसे भगाकर अपने साथ लिए जा रहा हूँ ! वह तैयार हो गई है !"

उसकी बात सुनकर मुझे इस क़दर हैरत हुई कि मैं बेवक़ूफ़ों की मानिंद हँसने लगा और देर तक हँसता रहा–वह अपनी मन्कूहा[30] बीवी को, जिसे वह जब चाहता, उँगली पकड़कर अपने साथ कहीं भी ले जा सकता था, अग़वा करके ले जा रहा था, भगाकर ले जा रहा था, जैसे··· जैसे··· मैं क्या कहूँ, उस वक़्त मैंने क्या सोचा··· मैं कुछ सोचने के क़ाबिल ही न रहा था और हँस रहा था।

मुझे हँसता देखकर उसने मलामत भरी नज़रों से मेरी तरफ़ देखा : "मैंने जो कहा है, सच है··· कल रात वह अपने मकान के साथवाले बाग़ में मेरा इंतज़ार करेगी··· मुझे सफ़र के लिए कुछ रुपए फ़राहम करना है··· तुम्हें क्या मालूम, मैंने किन-किन मुश्किलों के बाद रसाई[31] हासिल करके उसको इस बात पर आमादा किया है···"

मैंने फिर हँसना चाहा, मगर उसको ग़ायत[32] दरजा संजीदा-ओ-मतीन देखकर मेरी हँसी दब गई और मुझे क़तई तौर पर यक़ीन हो गया कि वह वाक़ई अपनी मन्कूहा बीवी को भगाकर लिए जा रहा है–कहाँ, यह मुझे मालूम न हो सका।

मैं ज़्यादा तफ़सील में न गया और उसको वह रुपए अदा कर दिए, जो मैंने, अर्सा हुआ, उससे क़र्ज़ लिए थे और यह समझकर न लौटाए थे कि वह कभी वापस न लेगा, मगर उसने ख़ामोशी से नोट गिनकर अपनी जेब में रख लिए।

वह बग़ैर हाथ मिलाए रुख़्सत होने ही वाला था कि मैंने आगे बढ़कर उससे कहा : "तुम जा रहे हो··· लेकिन मुझे भुला न देना।" मेरी आँखों में आँसू आ गए।

उसकी आँखें बिलकुल ख़ुश्क थीं।

"मैं कोशिश करूँगा।" यह कहकर वह चला गया।

मैं जहाँ खड़ा था, बहुत देर तक वहीं बुत बना रहा।

उधर जब दूसरे दिन उसके ससुरालवालों को पता चला कि उनकी लड़की रात ही रात में कहीं ग़ायब हो गई है तो उनके हाँ एक हैजान[33] बरपा हो गया–एक हफ़्ते तक उन्होंने उसको इधर-उधर तलाश किया और किसी को इस वाक़िए की ख़बर तक न होने दी, मगर बाद में लड़की के भाई को मेरे पास आना पड़ा और मुझे हमराज़ बनाकर सारी रामकहानी सुनानी पड़ी।

वह बेचारे ख़याल कर रहे थे कि उनकी लड़की किसी के साथ भाग गई है और लड़की का भाई मेरे पास इसी ग़रज़ से आया था कि मैं उनकी तरफ़ से उसको इस तल्ख़ वाक़िए से आगाह कर दूँ–वह बेचारा शर्म के मारे ज़मीन में गड़ा जा रहा था।

जब मैंने उसको असल बात से आगाह किया तो हैरत के बायस उसकी आँखें खुली की खुली रह गईं; इस बात से तो उसको बहुत ढारस हुई कि उसकी बहन किसी ग़ैर मर्द के साथ नहीं भागी है, बल्कि अपने शौहर ही के पास है, लेकिन उसकी समझ में यह न आया कि उसने··· उसने यह फ़ुज़ूल और नाज़ेबा[34] हरकत क्यों की।

बीवी उसी की थी···जब चाहता, ले जाता···इस हरकत से तो यह मालूम होता है, जैसे···जैसे···" वह कोई मिसाल पेश न कर सका।

मैं भी उसे कोई इत्मीनानदेह जवाब न दे सका।

कल सुबह की डाक से मुझे उसका ख़त मिला तो मैंने काँपते हुए हाथों से खोला—लिफ़ाफ़े में बस एक कोरा काग़ज़ था, जिस पर एक टेढ़ी लकीर खिंची हुई थी।

---

1. गुस्से; 2. भेद; 3. ठीकठाक; 4. विजयी; 5. आश्चर्यचकित; 6. बहुत कम; 7. चिंतित; 8. जानबूझकर; 9. बहुत-सी; 10. शरीर के अंगों की टूटन; 11. बहुत मज़बूत; 12. संतुलन; 13. क्षमा; 14. पूछताछ; 15. विचार, प्रभाव; 16. जादू में वशीभूत; 17. ताक़त, क्षमता; 18. जलन, ईर्ष्या; 19. शर्मिंदा; 20. शुरू का ज़माना; 21. ख़ाली, रिक्त; 22. प्रचलित रिवाज; 23. निकाह, शादी; 24. पति-पत्नी का संबंध; 25. लालसा; 26. टेढ़ी चाल चलनेवाला, बुरा आचरण करनेवाला; 27. मियान; 28. आख़िरी किनारे; 29. पूरे जिस्म को कान बना लेना, किसी बात को सुनने हेतु पूर्ण रूप से सतर्क एवं एकाग्र होना; 30. विवाहिता; 31. पहुँच; 32. बहुत ज़्यादा; 33. गड़बड़, शोर-शराबा; 34. अनुचित।

नारा

उसे यूँ महसूस हुआ कि उस संगीन इमारत की सातों मंज़िलें उसके काँधों पर धर दी गई हैं।

वह सातवीं मंज़िल से एक-एक सीढ़ी करके नीचे उतरता गया और हर मंज़िल का बोझ उसके चौड़े मगर दुबले काँधे पर सवार होता गया।

जब वह अपनी खोली के मालिक से मिलने ऊपर चढ़ रहा था, उसने महूसस किया था कि उसका कुछ बोझ हल्का हो गया है और कुछ हल्का ही जाएगा, इसलिए कि उसने अपने दिल में सोचा था—खोली का मालिक, जिसे सब सेठ के नाम से पुकारते हैं, उसकी बिपता ज़रूर सुनेगा और किराया चुकाने के लिए उसे एक महीने की और मोहलत बख़्श देगा···'बख़्श देगा', यह सोचते हुए उसके ग़ुरूर को ठेस लगी थी लेकिन फ़ौरन ही उसको अपनी असलियत मालूम हो गई थी कि वह भीख माँगने ही तो जा रहा है और भीख हाथ फैलाकर, आँखों में आँसू भरकर, अपने दुख-दर्द सुनाकर और अपने घाव दिखाकर ही माँगी जाती है—उसने यही कुछ किया था।

जब वह उस संगीन इमारत के बड़े दरवाज़े में दाख़िल होने लगा था, उसने अपने ग़ुरूर को, उस चीज़ को, जो भीख माँगने में आमतौर पर रुकावट पैदा किया करती है, निकालकर फ़ुटपाथ पर डाल दिया था।

वह अपना दीया बुझाकर और अपने आपको अँधेरे में लपेटकर खोली के मालिक के उस रौशन कमरे में दाख़िल हुआ था—जहाँ बैठकर वह अपनी दो बिल्डिगों का किराया वुसूल किया करता है—और हाथ जोड़कर एक तरफ़ खड़ा हो गया था।

सेठ के तिलक लगे माथे पर सलवटें पड़ गई थीं, उसका बालों भरा हाथ एक मोटी-सी कापी की तरफ़ बढ़ा था, दो बड़ी-बड़ी आँखों ने उस कापी पर लिखे कुछ हुरुफ़ पढ़े थे और एक भद्दी-सी आवाज़ गूँजी थी : ''केशो लाल···खोली पाँचवीं, दूसरा माला···दो महीनों का किराया।''

भद्दी-सी आवाज़ सुनकर उसने अपना दिल, जिसके सारे पुराने और नए घाव वह सीढ़ियाँ चढ़ते हुए कुरेद-कुरेदकर गहरे कर चुका था, सेठ को दिखाना चाहा था और उसे पूरा-पूरा यक़ीन था कि उसके घाव देखकर सेठ के दिल में ज़रूर हमदर्दी पैदा हो जाएगी, पर सेठ ने कुछ सुनना न चाहा था, और उसके सीने में एक हुल्लड़-सा मच गया था। सेठ के दिल में हमदर्दी पैदा करने के लिए उसने अपने वह तमाम दुख, जो बीत चुके थे, ग़ुज़रे दिनों

की गहरी खाई से निकालकर अपने दिल में भर लिए थे और उन तमाम ज़ख़्मों की जलन, जो मुद्दत हुई मिट चुके थे, उसने बड़ी मुश्किल से इकट्ठी करके अपनी छाती में जमा की थी और उसकी समझ में कुछ न आया था कि वह इतनी चीज़ों को कैसे सँभाले—उसके घर में बिन बुलाए मेहमान आ गए होते तो वह उनसे बड़े रूखेपन से कह देता : 'जाओ भई, जाओ, मेरे पास इतनी जगह नहीं है कि तुम्हें बिठा सकूँ और न मेरे पास रुपया है कि तुम सबकी ख़ातिर-मुदारात कर सकूँ।'...लेकिन उसका तो क़िस्सा ही दूसरा था कि उसने तो ख़ुद अपने भूले-भटके दुखों को इधर-उधर से पकड़कर अपने सीने में जमा किया था।

अफ़रा-तफ़री में उसे कुछ पता न चला था कि उसके सीने में कितनी चीज़ें भर गई हैं, पर जैसे-जैसे उसने सोचना शुरू किया था, वह पहचानने लगा था कि फ़लाँ दुख फ़लाँ वक़्त का है और फ़लाँ दर्द उसे फ़लाँ वक़्त पर हुआ था, और सोच-विचार के शुरू होते ही उसके हाफ़िज़े[1] ने बढ़कर वह धुंध हटा दी थी जो उन दुखों पर लिपटी हुई थी और यूँ गुज़रे हुए वक़्तों के तमाम दुख-दर्द उसकी तकलीफ़ें बन गए थे और उसने अपनी ज़िंदगी की बासी रोटियाँ फिर अंगारों पर सेंकना शुरू कर दी थीं।

उसने सोचा था, उस थोड़े-से वक़्त में उसने बहुतकुछ सोचा था कि उसकी खोली का अंधा लैंप कई बार बिजली के उस बल्ब से टकराया है जो उसकी खोली के मालिक के गंजे सिर के ऊपर मुसकरा रहा है; कई बार उसके पैवंद लगे कपड़े सेठ की उन खूँटियों पर लटककर फिर उसके मैले बदन से चिमट गए हैं जो दीवारों में गड़ी चमक रही हैं—उसने बहुत कुछ सोचा था और वह सख़्त घबरा गया था—उसने अपने सीने में इतनी खलबली कभी नहीं देखी थी।

वह अपने सीने की उस खलबली पर अभी ग़ौर ही कर रहा था कि खोली के मालिक ने ग़ुस्से में आकर उसे गाली दी थी—बस उसके कानों के रास्ते पिघला हुआ सीसा शायँ-शायँ करता उसके दिल में उतर गया था और उसके सीने के अंदर जो हुल्लड़ मच गया था, उसका तो कुछ ठिकाना ही न था। जिस तरह किसी गर्मागर्म जलसे में किसी शरारत से भगदड़ मच जाया करती है, ठीक उसी तरह उसके दिल में हलचल पैदा हो गई थी। उसने बहुत जतन किए थे कि उसके वह दुख-दर्द, जो उसने सेठ को दिखाने के लिए इकट्ठे किए थे, चुपचाप रहें, पर कुछ न हो सका था—गाली का सेठ के मुँह से निकलना था कि वह तमाम बेचैन हो गए थे और अंधाधुंध एक-दूसरे से टकराने लगे थे। वह यह तकलीफ़ बिलकुल न सह सका था और उसकी आँखों में जो पहले ही तप रही थीं, आँसू आ गए थे जिससे उनकी गर्मी और भी बढ़ गई थी और उनसे धुआँ निकलने लगा था।

उसके जी में आई थी कि उस गाली को, जिसे वह बड़ी हद तक निगल चुका था, सेठ के झुर्रियों पड़े चेहरे पर क़ै के ज़रिए उगल दे मगर फिर वह उस ख़याल से बाज़ आ गया था कि उसका ग़ुरूर तो बाहर फ़ुटपाथ पर पड़ा था, अपोलो बंदर पर नमक लगी मूँगफलीं बेचनेवाले का ग़ुरूर—उसकी आँखें हँसने लगी थीं और उसकी नज़रों के सामने नमक लगी मूँगफली के वे तमाम दाने, जो उसके घर में एक थैले के अंदर बरखा के बायस गीले हो रहे थे, नाचने लगे थे।

उसकी आँखें हँसी थीं, उसका दिल भी हँसा था, पर वह कड़वाहट दूर न हो सकी थी जो उसके गले में सेठ की गाली ने पैदा कर दी थी—वह कड़वाहट अगर उसकी ज़ुबान पर होती तो वह उसे थूक देता, मगर वह तो बुरी तरह उसके गले में अटक गई थी और निकाले न निकलती थी। और फिर एक अजीब क़िस्म का दुख, जो उस गाली ने पैदा कर दिया था, उसकी घबराहट को और भी बढ़ा रहा था। उसने यूँ महसूस किया था कि उसकी आँखें उसके सीने के अंदर उतरकर आँसू बहाने लगी हैं जहाँ हर चीज़ पहले ही से सोग में है।

सेठ ने उसे फिर गाली दी थी, उतनी ही मोटी जितनी मोटी सेठ की चर्बी भरी गर्दन थी, और उसे यूँ लगा था कि किसी ने ऊपर से उस पर कूड़ा-करकट फेंक दिया है; उसका एक हाथ अपने आप चेहरे की हिफ़ाज़त के लिए उठा था मगर उस गाली की सारी गर्द उसके चेहरे पर फैल चुकी थी—फिर उसने वहाँ रुकना मुनासिब न समझा था कि क्या ख़बर, क्या ख़बर··· उसे कुछ ख़बर न थी··· वह सिर्फ़ इतना जानता था कि ऐसी हालतों में किसी बात की सुध-बुध नहीं रहा करती, और वह वहाँ रुक न सका था।

जब वह नीचे उतरा, उसे यूँ महसूस हुआ कि उस संगीन इमारत की सातों मंज़िलें उसके काँधों पर धर दी गई हैं।

एक नहीं, दो गालियाँ···

बार-बार वे दो गालियाँ, जो सेठ ने बिलकुल पान की पीक के मानिंद अपने मुँह से उगल दी थीं, उसके कानों के पास ज़हरीली भिड़ों की तरह भिनभिनाना शुरू कर देतीं और वह सख़्त बेचैन हो जाता—वह कैसे उस···उस···उसकी समझ में नहीं आ रहा था कि वह उस गड़बड़ का क्या नाम रखे जो उसके दिल में और दिमाग़ में उन गालियों ने मचा रखी है; वह कैसे उस ताप को दूर करे जिसमें वह फुँका जा रहा है; कैसे···?

वह सोच-विचार के क़ाबिल न रहा था—उसका दिमाग़ एक ऐसा अखाड़ा बना हुआ था जिसमें बहुत-से पहलवान कुश्ती लड़ रहे थे—जो ख़याल भी उठता, किसी दूसरे ख़याल से, जो पहले ही से वहाँ मौजूद होता, भिड़ जाता और वह कुछ सोच न सकता।

चलते-चलते एकाएकी उसने महसूस किया कि उसके दुख क़ै की सूरत में बाहर निकलने को हैं और उसके जी में आई—जी में क्या आई, वह तो मजबूर था—वह उस आदमी को रोक ले जो लंबे-लंबे डग भरता उसके पास से गुज़र रहा था और कहे : 'भैया, मैं रोगी हूँ···मेरी ज़रा···' मगर जब उसने उस राह चलते आदमी की शक्ल देखी तो उसे बिजली का वह खंबा, जो उसके पास ही ज़मीन में गड़ा हुआ था, उस आदमी से कहीं ज़्यादा हस्सास[2] दिखाई दिया और जो कुछ क़ै की सूरत में उसके अंदर से बाहर निकलनेवाला था, घूँट-घूँट नीचे फिसल गया।

वह उन चौकोर पत्थरों पर चल रहा था जो फ़ुटपाथ में एक तरतीब के साथ जड़े गए थे। उसने कभी उनकी सख़्ती महसूस न की थी मगर अब उनकी सख़्ती उसके दिल तक पहुँच रही थी, और फ़ुटपाथ का हर वह पत्थर, जिस पर उसके क़दम पड़ रहे थे, उसके दिल के साथ टकरा रहा था—अभी वह थोड़ी ही दूर तक चला था कि उसका बंद-बंद ढीला हो गया।

चलते-चलते वह एक लड़के से टकरा गया और उसे यूँ महसूस हुआ कि वह टूट गया है—उसने झट उस आदमी की तरह, जिसकी झोली से बेर गिर रहे हों, इधर-उधर अपने हाथ फैलाए और अपने आपको इकट्ठा करके हौले-हौले फिर चलना शुरू कर दिया।

उसका दिमाग़ उसकी टाँगों के मुक़ाबले में ज़्यादा तेज़ी के साथ चल रहा था। कभी-कभी चलते-चलते उसे यूँ महसूस होता जैसे उसका निचला धड़ सारे का सारा बहुत पीछे रह गया है और उसका दिमाग़ बहुत आगे निकल गया है—वह आपसे आप रुक जाता।

वह फ़ुटपाथ पर चल रहा था और सड़क पर पौं-पौं करती मोटरों का ताँता बँधा हुआ था। घोड़ा गाड़ियाँ, ट्रामें, भारी-भरकम ट्रक, लारियाँ, सब सड़क की काली छाती पर दनदनाते हुए चल रहे थे और एक शोर मचा हुआ था, पर उसके कानों को कुछ सुनाई न दे रहा था—उसके कान पहले ही से शायँ-शायँ कर रहे थे जैसे रेलगाड़ी का इंजन ज़ाइद[3] भाप बाहर निकाल रहा हो।

चलते-चलते वह फिर टकरा गया, एक कुत्ते से—कुत्ते ने 'चाऊँ' किया और एक तरफ़ हट गया—उसने महसूस किया कि सेठ ने उसे फिर गाली दी है।

गाली—गाली ठीक उसी तरह उससे उलझकर रह गई थी जैसे बेरी के काँटों में कोई कपड़ा। वह अपने आपको छुड़ाने की जितनी कोशिश करता, उतनी ही ज़्यादा उसकी रूह ज़ख़्मी होती जाती।

उसे उस नमक लगी मूँगफली का ख़याल नहीं था जो उसके घर में बरखा के बायस गीली हो रही थी और न ही उसे रोटी-कपड़े का कोई ख़याल था—उसकी उम्र तीस बरस के क़रीब थी और उन तीस बरसों में वह कभी भूखा न सोया था और न ही कभी नंगा फिरा था—वह हर महीने अपनी खोली का किराया देता, अपना और अपने बाल-बच्चों का पेट भरता, बकरे-जैसी दाढ़ीवाले हकीम को दवाओं के दाम देता, शाम को ताड़ी की एक बोतल के लिए दुवन्नी पैदा करता—वह पाँच बरसों से बराबर वक़्त पर किराया देता आया था, सिर्फ़ पिछले दो महीनों का हिसाब चुकता न कर सका था और सेठ को इख़्तियार हो गया था कि वह उसे गाली दे सकता था और सेठ ने उसे गाली दी थी जो उसे खाए जा रही थी—उसे उन बीस रुपयों की फ़िक्र नहीं थी जो उसे सेठ को अदा करने ही थे, वह उन दो गालियों की बाबत सोच रहा था जो उसे उन बीस रुपयों की वजह से दी गई थीं। न वह बीस रुपए का मक़रूज़[4] होता और न सेठ के कुठाली-जैसे मुँह से वह गंदगी बाहर निकलती।

वह सोच रहा था : मान लिया, सेठ धनवान है ⋯ उसके पास दो बिल्डिंगें हैं, जिनकी एक सौ चौबीस खोलियों का किराया उसके पास आता है, पर उन एक सौ चौबीस खोलियों में जितने लोग रहते हैं, उसके ग़ुलाम तो नहीं है और अगर ग़ुलाम हैं भी तो भी वह उन्हें गाली कैसे दे सकता है ⋯ ठीक है, उसे किराया चाहिए ⋯ मैंने कब इनकार किया था; ज़रा मोहलत ही तो माँगी थी ⋯ पाँच बरस हो गए हैं उसे किराया वक़्त पर देते हुए ⋯ पिछले बरस बरसात का सारा पानी हम पर टपकता रहा, पर मैंने उसे गाली न दी, हालाँकि मुझे उससे कहीं ज़्यादा हौलनाक गालियाँ याद हैं ⋯ मैंने सेठ से बारहा कहा कि सीढ़ियों का डंडा टूट गया है,

उसे बनवा दिया जाए पर मेरी एक न सुनी गई। आख़िर मेरी फूल-सी बच्ची गिर ही पड़ी और उसका दाहिना हाथ हमेशा के लिए बेकार हो गया... मैं गालियों के साथ-साथ सेठ को बद्दुआएँ भी दे सकता था, लेकिन मुझे ध्यान तक न आया और मैं दो महीने का किराया न चुकाने पर गालियों के क़ाबिल हो गया... उसको यह ख़याल तक न आया कि उसके बच्चे अपोलो बंदर पर मेरे थैले से मुट्ठियाँ भर-भरके मूँगफली खाते हैं... इसमें कोई शक नहीं है कि मेरे पास दौलत नहीं है और उसके पास दौलत है; ऐसे भी लोग हैं जिनके पास उससे ज़्यादा दौलत है... मेरी ग़रीबी से उसे क्या... लेकिन उसने मुझे ग़रीब समझकर ही तो गाली दी है... वर्ना उस गंजे सेठ की क्या मजाल थी कि कुर्सी पर इत्मीनान से बैठे-बैठे मुझे वह गालियाँ देता... धन-दौलत का न होना बहुत बुरी बात है... अब यह मेरा क़ुसूर नहीं है कि मेरे पास दौलत की कमी है...

उसने कभी धन-दौलत के ख़्वाब नहीं देखे थे। वह अपने हाल में मस्त था। उसकी ज़िंदगी बड़े मज़े में गुज़र रही थी—पर पिछले महीने एकाएकी उसकी बीवी बीमार पड़ गई थी और उसकी दवा-दारू पर वह तमाम रुपए ख़र्च हो गए थे जो किराए में जानेवाले थे—अगर वह ख़ुद बीमार पड़ जाता तो दवाओं पर रुपया ख़र्च न करता, लेकिन उसकी बीवी की बीमारी का ताल्लुक़ उसके होनेवाले बच्चे से था—बीमारी, किराया, गाली।

उस वक़्त जब सेठ ने उसे गाली दी थी, अगर वह चाहता तो आगे बढ़कर सेठ का टेंटवा दबा देता और तिजोरी में से वह तमाम नीले और सब्ज़ नोट निकालकर भाग जाता—क्या वह ऐसा करता ? उसने सोचा कि सेठ ने उसे गाली क्यों दी थी ? पिछले बरस चौपाटी पर एक गाहक ने उसे गाली दी थी, इसलिए कि दो पैसे की मूँगफली में चार कड़वे दाने चले गए थे। उसने गाली के जवाब में गाहक की गर्दन पर ऐसी धौल जमाई कि दूर बैंच पर बैठे हुए लोगों ने भी उसकी आवाज़ सुन ली थी—मगर सेठ ने उसे दो गालियाँ दी थीं और वह चुप रहा था।

केशो लाल, खारी सींगवाला जिसके बाबत मशहूर था कि वह नाक पर मक्खी भी नहीं बैठने देता—सेठ ने उसे एक गाली दी थी और वह कुछ न बोला था; दूसरी गाली दी थी तो भी वह ख़ामोश रहा था : 'मैं मिट्टी का पुतला हूँ, पर मैं मिट्टी का पुतला कैसे हुआ... मैंने उन दो गालियों को सेठ के थूक भरे मुँह से निकलते देखा था जैसे बड़े-बड़े चूहे मोरियों से बाहर निकलते हैं... मैं जान-बूझकर ख़ामोश रहा था, इसलिए कि मैं अपना ग़ुरूर बाहर छोड़ आया था... ? मैंने अपना ग़ुरूर अपने से क्यों अलग किया था... ? गालियाँ सुनने के लिए ?'

एकाएकी उसने सोचा कि सेठ ने उसे नहीं, किसी और को गालियाँ दी थीं : 'नहीं-नहीं, गालियाँ मुझे ही दी गई थीं, इसलिए कि दो महीने का किराया मेरी ही तरफ़ निकलता था... अगर गालियाँ मुझे नहीं दी गई थीं तो फिर मैं सोच क्यों रहा हूँ... यह जो मेरे सीने में हुल्लड़-सा मच रहा है, क्या बिना किसी वजह के मुझे दुख दे रहा है... नहीं, गालियाँ मुझे ही दी गई थीं।'

जब उसके सामने एक मोटर ने अपने माथे की बत्तियाँ रौशन कीं तो उसने महसूस किया कि वह दो गालियाँ पिघलकर उसकी आँखों में धँस गई हैं।

'गालियाँ, गालियाँ…' वह झुँझला गया।

वह जितनी कोशिश करता कि उन गालियों की बाबत न सोचे, उतनी ही शिद्दत[5] से वह उनके मुताल्लिक़ सोचता—वह चिड़चिड़ा हो रहा था और चिड़चिड़ेपन में उसने ख़्वाहमख़्वाह दो-तीन आदमियों को, जो उसके पास से गुज़र रहे थे, कोसा : 'यूँ अकड़कर चल रहे हैं जैसे इनके बावा का राज है !'

अगर उसका राज होता तो वह उस सेठ को मज़ा चखा देता जो उसे ऊपर-तले दो गालियाँ देकर अपने घर में यूँ आराम से बैठा हुआ है जैसे उसने अपनी गद्देदार कुर्सी में से दो खटमल निकालकर बाहर फेंक दिए हों।

'सचमुच अगर कहीं मेरा राज होता तो मैं चौक में बहुत-से लोगों को इकट्ठा करके सेठ को बीच में खड़ा कर देता और उसकी गंजी चँदिया पर इस ज़ोर से धप्पा मारता कि वह बिलबिला उठता… फिर मैं सब लोगों से कहता कि हँसो, जी भरकर हँसो और ख़ुद भी इतना हँसता कि हँसते-हँसते मेरा पेट दुखने लगता… पर जब उसने मुझे गालियाँ दी थीं, मुझे क्यों हँसी नहीं आई थी, क्यों… ? उसके गंजे सिर पर धप्पा तो मैं तब भी मार सकता था… मुझे किस बात की रुकावट थी… ? रुकावट थी, तभी तो मैं गालियाँ सुनकर भी ख़ामोश रहा था…' उसके क़दम रुक गए; उसका दिमाग़ भी एक-दो पल के लिए सुस्ताया; फिर उसने सोचा : 'अभी इस झंझट का फ़ैसला करता हूँ… भागा-भागा जाता हूँ और एक ही झटके में सेठ की गर्दन उड़ाकर उस तिजोरी में रख देता हूँ जिसका ढकना मगरमच्छ के मुँह की तरह खुलता है… लेकिन यह मैं खंबे की तरह ज़मीन में गड़ क्यों गया हूँ… ? सेठ के घर की तरफ़ पलट क्यों नहीं जाता… क्या मुझमें जुर्रत नहीं है ?'

उसमें जुर्रत न थी।

'कितने दुख की बात है कि मेरी सारी ताक़त सर्द पड़ गई है… वह गालियाँ… मैं उन गालियों को क्या कहूँ ?'

उन गालियों ने उसकी चौड़ी छाती पर रोलर-सा फेर दिया था, सिर्फ़ दो गालियों ने।

पिछले हिंदू-मुस्लिम फ़साद में कुछ हिंदुओं ने उसे मुसलमान समझकर लाठियों से बहुत मारा था और अधमरा कर दिया था। तब उसे इतनी कमज़ोरी महसूस न हुई थी, जितनी कि अब हो रही थी।

केशो लाल, खारी सींगवाला जो अपने दोस्तों से बड़े फ़ख़्र के साथ कहा करता था कि वह कभी बीमार नहीं पड़ा है, यूँ चल रहा था जैसे बरसों का रोगी हो।

'यह रोग मुझे किसने दिया है… ? दो गालियों ने… ? गालियाँ, गालियाँ, कहाँ हैं वह दो गालियाँ ?' उसके जी में आई कि वह अपने सीने के अंदर हाथ डालकर उन दो पत्थरों को, जो किसी हीले गलते ही न थे, बाहर निकाल ले और जो कोई भी उसके सामने आए, उसके सिर पर दे मारे : 'यह कैसे हो सकता है ? मेरा सीना मुरब्बे का मर्तबान थोड़ा है… ठीक है, लेकिन फिर कोई और तरकीब भी तो समझ में आए कि यह गालियाँ दूर दफ़ान हों… क्यों कोई शख़्स बढ़कर मुझे दुख से नजात दिलाने की कोशिश नहीं करता… क्या मैं हमदर्दी के क़ाबिल नहीं हूँ… हूँ, पर किसी को मेरे दिल के हाल का क्या पता है… मैं खुली किताब थोड़ी

हूँ और न मैंने अपना दिल बाहर लटका रखा है··· अंदर की बात किसी को क्या मालूम··· न मालूम हो, परमात्मा करे, किसी को मालूम न हो··· अगर किसी को अंदर की बात का पता चल गया तो केशो लाल खारी सींगवाले के लिए डूब मरने की बात होगी··· गालियाँ खाकर ख़ामोश रहना मामूली बात है क्या··· ? मामूली बात नहीं, बहुत बड़ी बात है, हिमालय पहाड़ जितनी बड़ी बात, उससे भी बड़ी बात··· मेरा ग़ुरूर मिट्टी में मिल गया है, मेरी ज़िल्लत हुई है, मेरी नाक कट गई है, मेरा सबकुछ लुट गया है··· चलो छुट्टी हुई··· अब तो यह गालियाँ मेरा पीछा छोड़ दें··· मैं कमीना हूँ, रज़ील[6] हूँ, नीच हूँ, गंदगी साफ़ करनेवाला भंगी हूँ, कुत्ता हूँ; मुझे गालियाँ मिलनी ही चाहिए थीं··· नहीं-नहीं, किसी की क्या मजाल कि मुझे गालियाँ दे और बिना किसी क़ुसूर के; मैं उसे कच्चा न चबा जाऊँगा··· झूठ-झूठ, तुमने सेठ से यूँ गालियाँ सुनी थीं जैसे मीठी बोलियाँ हों··· हाँ-हाँ, मीठी-मीठी बोलियाँ थीं, बड़े मज़ेदार घूँट थे; अब तो पीछा छोड़ दो, वरना मैं सच कहता हूँ, मैं दीवाना हो जाऊँगा और यह लोग, जो बड़े आराम से इधर-उधर चल-फिर रहे हैं, मैं इनमें से हर एक का सिर फोड़ दूँगा··· भगवान की क़सम, अब मुझमें ताब नहीं रही है; मैं ज़रूर दीवाने कुत्ते की तरह सबको काटना शुरू कर दूँगा··· लोग मुझे यक़ीनन पागलख़ाने में बंद कर देंगे और मैं दीवारों के साथ अपना सिर टकरा-टकराकर मर जाऊँगा··· मर जाऊँगा, सच कहता हूँ, मर जाऊँगा··· और मेरी राधा विधवा हो जाएगी, मेरे बच्चे अनाथ हो जाएँगे, सिर्फ़ इसलिए कि मैंने सेठ से दो गालियाँ खाई थीं और ख़ामोश रहा था, जैसे मेरे मुँह पर ताला लगा हुआ था··· क्या मैं लूला, लँगड़ा, अपाहिज था··· ? परमात्मा करे, मेरी टाँगें उस मोटर के नीचे आकर टूट जाएँ, मेरे हाथ कट जाएँ··· मैं मर जाऊँ ताकि यह बक-बक ख़त्म हो जाए··· तौबा-तौबा, कोई ठिकाना है इस दुख का··· जी चाहता है, कपड़े फाड़कर नंगा नाचना शुरू कर दूँ, उस ट्राम के नीचे सिर दे दूँ, ज़ोर-ज़ोर से चिल्लाना शुरू कर दूँ,··· उफ़, मैं क्या करूँ, क्या करूँ··· ?'

चलते-चलते वह रुक गया और उसने सोचा कि वह बाज़ार के बीच खड़ा हो जाए और सारे ट्रैफ़िक को रोककर, जो कुछ उसकी ज़ुबान पर आए, बकता चला जाए, हत्ता कि उसका सीना सारे का सारा ख़ाली हो जाए—फिर उसके जी में आई कि वहीं खड़े-खड़े चिल्लाना शुरू कर दे : 'मुझे बचाओ, मुझे बचाओ ।'

वह चौंका—यकायक आग बुझानेवाली गाड़ी तेज़ी से टन-टन करती आई और उधर उस मोड़ में गुम हो गई—वह कह न सका : 'ठहरो, पहले मेरी आग बुझाओ ।'

उसने क़दम उठाए और तेज़ कर दिए कि उसने महसूस किया था, उसके साँस रुकने लगे हैं; अगर वह तेज़ न चलेगा तो उसका दम घुट जाएगा—लेकिन जूँही उसकी रफ़्तार बढ़ी, उसका दिमाग़ आग का एक चक्कर-सा बन गया और उस चक्कर में उसके सारे नए-पुराने ख़याल भड़कने लगे : दो महीने का किराया, सेठ का बुलावा, सात मंज़िला संगीन इमारत, एक सौ बारह सीढ़ियाँ, सेठ के गंजे सिर पर मुसकराता हुआ बिजली का लैंप, सेठ की भद्दी आवाज़, एक मोटी गाली, दूसरी मोटी गाली और उसकी ख़ामोशी··· आग के

चक्कर में से तड़-तड़ गोलियाँ-सी निकलना शुरू हो गईं और उसने जाना कि उसका सीना छलनी हो गया है।

उसने क़दम और तेज़ कर दिए—आग का चक्कर इतनी तेज़ी से घूमना शुरू हो गया कि शोलों की एक बहुत बड़ी गेंद-सी बन गई और उसके तेज़ उठते हुए क़दमों के आगे-आगे दौड़ने लगी।

वह दौड़ने लगा।

''क्यों भाग रहे हो, किससे भाग रहे हो बुज़दिल ?'' उसके जलते-भुनते ख़यालात की भीड़भाड़ में से एक ख़याल बुलंद आवाज़ में चिल्लाया।

उसके क़दम मद्धम पड़ गए और वह हौले-हौले चलने लगा : 'हाँ, सचमुच बुज़दिल हूँ... मैं भाग क्यों रहा था... मुझे तो इंतिक़ाम[7] लेना है... इंतिक़ाम।'

उसने अपनी ज़बान पर लहू का नमकीन ज़ाइक़ा महसूस किया और उसके बदन में एक झुरझुरी-सी पैदा हो गई : 'लहू...'

उसे आसमान और ज़मीन, सब लहू में रँगे हुए नज़र आने लगे : 'लहू...'

उसने महसूस किया, उसमें इतनी क़ुव्वत[8] आ गई है कि वह पत्थरों की रगों में से भी लहू निचोड़ सकता है।

उसकी आँखों में लाल डोरे उभर आए, उसकी मुट्ठियाँ भिच गईं, उसके क़दमों में मज़बूती पैदा हो गई—वह इंतिक़ाम लेने पर तुल गया।

वह फिर तेज़ी से चलने लगा।

वह आते-जाते लोगों में से तीर की मानिंद अपना रास्ता बनाता हुआ बढ़ता रहा, आगे, आगे।

जिस तरह तेज़ चलनेवाली गाड़ी छोटे-छोटे स्टेशनों को छोड़ जाया करती है, उसी तरह वह बिजली के खंबों, छोटी-बड़ी दूकानों और लंबे-लंबे बाज़ारों को अपने पीछे छोड़ता हुआ आगे बढ़ता रहा, आगे, बहुत आगे।

उसके रास्ते में एक सिनेमा की ऊँची और रंगीन बिल्डिंग आई—उसने आँखें उठाकर भी न देखा और बेपरवाह हवा की मानिंद बढ़ गया।

वह बढ़ता रहा।

अंदर ही अंदर उसने अपने हर ज़र्रे को एक बम बना लिया था।

मुख़्तलिफ़ बाज़ारों से ज़हरीले साँप की मानिंद फुँकारता हुआ वह अपोलो बंदर पहुँचा।

अपोलो बंदर—गेट वे ऑफ़ इंडिया के सामने बेशुमार मोटरें क़तार अंदर क़तार खड़ी थीं—उसने महसूस किया कि बहुत-से गिद्ध पर जोड़े किसी की लाश के इर्द-गिर्द बैठे हुए हैं।

जब उसने ख़ामोश समंदर की तरफ़ देखा तो समंदर उसे एक लंबी-चौड़ी लाश मालूम हुआ।

समंदर के इस तरफ़ एक कोने में लाल-लाल रौशनी की लकीरें हौले-हौले बल खा रही

थीं और समंदर के ठहरे हुए पानी में गुदगुदी पैदा कर रही थीं—आलीशान होटल की ऊँची पेशानी पर चमकता हुआ बर्क़ी नाम।

वह—केशो लाल, खारी सींगवाला—उस आलीशान ऊँचे होटल के बराबर खड़ा हो गया। फिर उसने होटल की ऊँची पेशानी पर चमकते हुए बर्क़ी नाम के ऐन नीचे अपने क़दम गाड़कर ऊपर देखा, और—

और उसके हलक़ से एक नारा—कानों के परदे फाड़ देनेवाला नारा, पिघले हुए गर्म-गर्म लावे के मानिंद निकला : 'हत तेरी...'

जितने कबूतर होटल की मुँडेरों पर ऊँघ रहे थे, डर गए और फड़फड़ाने लगे।

नारा मारकर जब उसने अपने क़दम ज़मीन से बड़ी मुश्किल के साथ उठाए और वापस मुड़ा तो उसे यक़ीन हो गया था कि वह संगीन इमारत अड़ाअड़ा-धम नीचे गिर गई है।

उसका नारा सुनकर एक शख़्स ने अपनी बीवी से, जो वह शोर सुनकर डर गई थी, कहा : "पगला है...!"

---

1. स्मृति, याददाश्त; 2. संवेदनशील; 3. फालतू; 4. क़र्ज़दार; 5. तीव्रता; 6. कमीन; 7. बदला; 8. ताक़त, शक्ति।

तरक़्क़ीपसंद

जोगिंदर सिंह के अफ़साने जब मक़बूल होने शुरू हुए तो उसके दिल में ख़्वाहिश पैदा हुई कि वह मशहूर अदीबों और शाइरों को अपने घर बुलाए और उनकी दावत करे। उसका ख़याल था कि यूँ उसकी शुहरत और मक़बूलियत[1] और भी ज़्यादा हो जाएगी।

जोगिंदर सिंह बड़ा ख़ुशफ़हम[2] इंसान था। मशहूर अदीबों और शाइरों को अपने घर बुलाकर और उनकी ख़ातिर-तवाज़ो करने के बाद जब वह अपनी बीवी अमृतकौर के पास बैठता तो कुछ देर के लिए बिलकुल भूल जाता कि उसका काम डाकख़ाने में चिट्ठियों की देखभाल करना है। अपनी तीन गज़ी पटियाला फ़ैशन की रंगी हुई पगड़ी उतारकर जब वह एक तरफ़ रख देता तो उसे महसूस होता कि उसके लंबे-लंबे काले गेसुओं के नीचे जो छोटा-सा सिर छुपा हुआ है, उसमें तरक़्क़ीपसंद अदब कूट-कूटकर भरा है। इस एहसास से उसके दिलो-दिमाग़ में एक अजीब क़िस्म की अहमियत पैदा हो जाती और वह यह समझता कि दुनिया में जिस क़दर अफ़सानानिगार और नाविलनवीस मौजूद हैं, सबके सब उसके साथ एक निहायत ही लतीफ़ रिश्ते के ज़रिए मुनसलिक[3] हैं।

अमृतकौर की समझ में यह बात नहीं आती थी कि उसका ख़ाविंद लोगों को मदऊ[4] करने पर उससे हर बार यह क्यों कहा करता है : 'अमृत, यह जो आज चाय पर आ रहे हैं, हिंदुस्तान के बड़े शाइर हैं··· समझीं··· ? देखो, इनकी ख़ातिर-तवाज़ो' में कोई कसर बाक़ी न रहे!'

आनेवाला कभी हिंदुस्तान का बड़ा शाइर होता था या बहुत बड़ा अफ़सानानिगार। इससे कम पाए का आदमी तो वह कभी बुलाता ही नहीं था—दावत में ऊँचे-ऊँचे सुरों में जो बातें होती थीं उसका मतलब वह आज तक न समझ सकी थी। इन गुफ़्तगुओं में 'तरक़्क़ीपसंद,' का ज़िक्र आम होता था। इस 'तरक़्क़ीपसंदी' का मतलब अमृतकौर को मालूम नहीं था।

एक दफ़ा जोगिंदर सिंह एक बहुत बड़े अफ़सानानिगार को चाय पिलाकर फ़ारिग़ हुआ और अंदर रसोई में आकर बैठा तो अमृतकौर ने पूछा : ''यह मुई 'तरक़्क़ीपसंदी' क्या है ?''

जोगिंदर सिंह ने पगड़ी समेत अपने सिर को एक ख़फ़ीफ़-सी जुंबिश दी और कहा : 'तरक़्क़ीपसंदी'··· ? इसका मतलब तुम फ़ौरन ही न समझ सकोगी··· 'तरक़्क़ीपसंदी' उसको' कहते हैं जो तरक़्क़ी पसंद करे··· यह लफ़्ज़ फ़ारसी का है और अंग्रेज़ी में

'तरक़्क़ीपसंदी,' को 'प्रोग्रेसिव' कहते हैं⋯ वह अफ़सानानिगार यानी कहानियाँ लिखनेवाले जो अफ़सानानिगारी में तरक़्क़ी चाहते हैं, उनको 'तरक़्क़ीपसंद' अफ़सानानिगार कहते हैं⋯ इस वक़्त हिंदुस्तान में तीन-चार तरक़्क़ीपसंद अफ़सानानिगार हैं जिनमें मेरा भी नाम शामिल है⋯"

जोगिंदर सिंह आदतन अँग्रेज़ी लफ़्ज़ों और जुमलों के ज़रिए से अपने ख़यालात का इज़हार किया करता था। उसकी यह आदत पककर अब तबीयत बन गई थी। चुनांचे अब बिला तकल्लुफ़ वह एक ऐसी अँग्रेज़ी ज़बान में सोचता था जो चंद मशहूर अँग्रेज़ी नाविलनवीसों के अच्छे-अच्छे चुस्त फ़िक़रों पर मुश्तमिल[5] होती थी। आम गुफ़्तगू में वह पचास फ़ीसद अँग्रेज़ी अल्फ़ाज़ और अँग्रेज़ी किताबों से चुने हुए फ़िक़रे इस्तेमाल करता था। अफ़लातून को हमेशा प्लेटो कहता था और अरस्तू को एरिसटोटल। सिगमंड फ्रायड, शोपनहार और नितशे का ज़िक्र वह अपनी हर मारिके[6] की गुफ़्तगू में किया करता था। लेकिन आम बातचीत में वह इन फ़लसफ़ियों[7] का नाम नहीं लेता था और अपनी बीवी से गुफ़्तगू करते वक़्त तो वह इस बात का ख़ास ख़याल रखता था कि अँग्रेज़ी लफ़्ज़ और यह फ़लसफ़ी उसकी गुफ़्तगू में न आने पाएँ।

जोगिंदर सिंह से जब उसकी बीवी ने 'तरक़्क़ीपसंदी' का मतलब समझा तो उसे बहुत मायूसी हुई, क्योंकि उसका ख़याल था कि 'तरक़्क़ीपसंदी' कोई बहुत बड़ी चीज़ होगी जिस पर बड़े-बड़े शाइर और अफ़सानानिगार उसके ख़ाविंद के साथ मिलकर बहस करते रहते हैं, लेकिन जब उसने यह सोचा कि हिंदुस्तान में सिर्फ़ तीन-चार तरक़्क़ीपसंद अफ़सानानिगार हैं तो उसकी आँखों में चमक पैदा हो गई—यह चमक देखकर जोगिंदर सिंह के मूँछों भरे होंठ एक दबी-दबी-सी मुसकराहट के साथ कँपकँपाए : "अमृत, तुम्हें यह सुनकर बहुत ख़ुशी होगी कि हिंदुस्तान का एक बहुत बड़ा आदमी मुझसे मिलने की ख़्वाहिश रखता है⋯ उसने मेरे अफ़साने पढ़े हैं और बहुत पसंद किए हैं⋯"

अमृतकौर ने पूछा : "यह बड़ा आदमी कौन है⋯? क्या आप ही की तरह कहानियाँ लिखनेवाला है ?"

जोगिंदर सिंह ने अपनी जेब से एक लिफ़ाफ़ा निकाला और उसे अपने दूसरे हाथ की पुश्त पर थपथपाते हुए कहा : "यह आदमी जो कोई भी है, अफ़सानानिगार है, लेकिन उसकी सबसे बड़ी ख़ूबी, जो उसकी न मिटनेवाली शुहरत का बायस है, कुछ और ही है।"

"उसकी ख़ूबी क्या है ?"

"वह एक आवारागर्द है"

"आवारागर्द ?"

"हाँ, वह एक आवारागर्द है; उसने आवारागर्दी को अपनी ज़िंदगी का नस्बुलऐन[8] बना लिया है⋯ वह हमेशा घूमता रहता है; कभी कश्मीर की ठंडी वादियों में, कभी मुलतान के तपते हुए मैदानों में; कभी लंका में, कभी तिब्बत में⋯"

अमृतकौर की दिलचस्पी बढ़ गई : "मगर वह करता क्या है ?"

"वह गीत इकट्ठे करता है, हिंदुस्तान के हर सूबे के गीत⋯ पंजाबी, गुजराती, मरहठी,

पिशावरी, कश्मीरी, मारवाड़ी··· हिंदुस्तान में जितनी ज़बानें बोली जाती हैं, उनके जितने गीत उसको मिलते हैं, वह इकट्ठे कर लेता है···''

''इतने गीत इकट्ठे करके वह उनका क्या करता है ?''

''किताबें छापता है, मज़मून लिखता है ताकि दूसरे भी यह गीत पढ़ सकें, सुन सकें··· अँग्रेज़ी ज़बान के कई रिसालों में उसके मज़मून छप चुके हैं··· गीत इकट्ठे करना और उनको सलीक़े के साथ पेश करना कोई मामूली काम नहीं है··· वह बहुत बड़ा आदमी है अमृत, बहुत बड़ा आदमी··· देखो, उसने मुझे कैसा ख़त लिखा है !'' यह कहकर जोगिंदर सिंह ने अपनी बीवी को वह ख़त पढ़कर सुनाया जो हरिंदर नाथ त्रिपाठी ने अपने गाँव से उसको भेजा था।

इस ख़त में हरिंदर नाथ त्रिपाठी ने बड़ी मीठी ज़बान में जोगिंदर सिंह के अफ़सानों की तारीफ़ की थी और लिखा था : 'आप हिंदुस्तान के तरक़्क़ीपसंद अफ़सानानिगार हैं···' जब यह फ़िक़रा जोगिंदर सिंह ने पढ़ा तो ऊँची आवाज़ में बोल उठा : ''लो देखो, त्रिपाठी साहब भी लिखते है कि मैं तरक़्क़ीपसंद हूँ।''

जोगिंदर सिंह ने पूरा ख़त सुनाने के बाद एक-दो सैकिंड अपनी बीवी की तरफ़ देखा और फिर असर मालूम करने के लिए पूछा : ''क्यों ?''

अमृतकौर अपने ख़ाविंद की तेज़ निगाही के बायस कुछ झेंप-सी गई। फिर मुसकराकर कहने लगी : ''मुझे क्या मालूम··· ? बड़े आदमियों की बातें बड़े आदमी ही समझ सकते हैं।''

जोगिंदर सिंह ने अपनी बीवी की इस अदा पर ग़ौर न किया। वह दरअसल हरिंदर नाथ त्रिपाठी को अपने यहाँ बुलाने और उसे अपने यहाँ कुछ देर ठहराने की बाबत सोच रहा था : ''अमृत, मैं कहता हूँ कि त्रिपाठी साहब को दावत दी जाए··· क्या ख़याल है तुम्हारा··· ? लेकिन मैं सोचता हूँ, क्या पता वह इनकार कर दे··· बहुत बड़ा आदमी है ना, मुम्किन है, वह हमारी इस दावत को ख़ुशामद समझे।''

ऐसे मौक़ों पर जोगिंदर सिंह बीवी को अपने साथ शामिल कर लेता था ताकि दावत का बोझ दो आदमियों में बँट जाए। चुनांचे जब उसने 'हमारी' कहा तो अमृतकौर ने, जो अपने ख़ाविंद की तरह बेहद सादा लौह थी, हरिंदर नाथ त्रिपाठी में दिलचस्पी लेना शुरू कर दी, हालाँकि उसका नाम भी उसके लिए नाक़ाबिले-फ़हम था, और यह बात भी उसकी समझ से बालातर थी कि एक आवारागर्द गीत जमा करके कैसे बहुत बड़ा आदमी बन सकता है। जब उसने अपने ख़ाविंद से यह सुना था कि हरिंदर नाथ त्रिपाठी गीत इकट्ठे करता है तो उसे अपने ख़ाविंद ही की एक बात याद आ गई थी कि विलायत में कुछ लोग तीतरियाँ पकड़ने का काम करते हैं और यूँ काफ़ी रुपया कमाते हैं। चुनांचे उसने सोचा कि शायद त्रिपाठी साहब ने गीत जमा करने का काम विलायत के किसी आदमी से सीखा होगा।

जोगिंदर सिंह ने फिर अंदेशा ज़ाहिर किया : ''मुम्किन है, वह हमारी इस दावत को ख़ुशामद समझे।''

''इसमें ख़ुशामद की क्या बात है··· और भी तो कई बड़े आदमी आपके पास आते हैं···

आप उनको ख़त लिख दीजिए⋯मेरा ख़याल है, वह आपकी दावत ज़रूर क़ुबूल कर लेंगे, और फिर उनको भी तो आपसे मिलने का बहुत शौक़ है⋯हाँ, यह तो बताइए, क्या उनके बीवी-बच्चे हैं ?"

"बीवी-बच्चे⋯?" जोगिंदर सिंह उठा और हरिंदर नाथ त्रिपाठी को ख़त लिखने का मज़मून अँग्रेज़ी ज़बान में सोचते हुए बोला : "होंगे, ज़रूर होंगे⋯हाँ, उनके बीवी-बच्चे हैं⋯मैंने उनके एक मज़मून में पढ़ा था, उनकी बीवी भी है और एक बच्ची भी है⋯"

ख़त का मज़मून जोगिंदर सिंह के दिमाग़ में मुकम्मल हो चुका था—दूसरे कमरे में जाकर उसने छोटे साइज़ का पैड निकाला (जिस पर वह ख़ास आदमियों को ख़त लिखा करता था) और हरिंदर नाथ त्रिपाठी के नाम उर्दू में दावतनामा लिखा—यह दावतनामा उस मज़मून का उर्दू तर्जुमा था जो उसने अपनी बीवी से गुफ़्तुगू करते वक़्त अँग्रेज़ी में सोचा था।

तीसरे रोज़ हरिंदर नाथ त्रिपाठी का जवाब आया।

जोगिंदर सिंह ने धड़कते हुए दिल से लिफ़ाफ़ा खोला—जब उसने पढ़ा कि उसकी दावत क़ुबूल कर ली गई है तो उसका दिल ज़ोर-ज़ोर-से धड़कने लगा।

अमृतकौर धूप में छोटे बच्चे के गेसुओं में दही डालकर मल रही थी कि जोगिंदर सिंह लिफ़ाफ़ा हाथ में लिए उसके पास पहुँचा : "उन्होंने हमारी दावत क़ुबूल कर ली है⋯कहते हैं, वह लाहौर यूँ भी एक ज़रूरी काम से आ रहे हैं⋯वह अपनी ताज़ा किताब छपवाने का इरादा रखते हैं⋯और हाँ, उन्होंने तुमको प्रणाम लिखा है।"

अमृतकौर को यह जानकर बड़ी ख़ुशी हुई कि इतने बड़े आदमी ने, जिसका काम गीत इकट्ठे करना है, उसको प्रणाम कहा है। उसने दिल ही दिल में ख़ुदा का शुक्र अदा किया कि उसका ब्याह ऐसे आदमी से हुआ है जिसको हिंदुस्तान का हर बड़ा आदमी जानता है।

सर्दियों का मौसम था; दिसंबर के पहले दिन थे।

जोगिंदर सिंह सुबह सात बजे बेदार हो गया, लेकिन देर तक बिस्तर में आँखें खोले पड़ा रहा—उसकी बीवी अमृतकौर और उसका बच्चा, दोनों लिहाफ़ में लिपटे हुए पासवाली चारपाई पर पड़े थे।

जोगिंदर सिंह ने सोचना शुरू किया : 'त्रिपाठी साहब से मिलकर उसे कितनी ख़ुशी हासिल होगी⋯ख़ुद त्रिपाठी साहब को भी यक़ीनन उससे मिलकर बड़ी मसर्रत होगी क्योंकि वह हिंदुस्तान का जवां अफ़कार[9] अफ़सानानवीस और तरक़्क़ीपसंद अदीब है⋯त्रिपाठी साहब से वह हर मौज़ू पर गुफ़्तगू करेगा, गीतों पर, देहाती बोलियों पर, अफ़सानों पर और ताज़ा जंगी हालात पर⋯वह उनको बताएगा कि एक क्लर्क होने पर भी वह कैसे अच्छा अफ़सानानिगार बन गया⋯क्या यह अजीब बात नहीं कि डाकख़ाने में चिट्ठियों की देखभाल करनेवाला इंसान तब्अन आर्टिस्ट हो⋯'

जोगिंदर सिंह को इस बात पर बहुत नाज़ था कि डाकख़ाने में मज़दूरों की तरह

छः-सात घंटे काम करने के बाद भी वह इतना वक़्त निकाल लेता है कि एक माहाना पर्चा भी मुरत्तब[10] करता है और दो-तीन परचों के लिए हर माह एक-एक अफ़साना भी लिखता है—दोस्तों को हर हफ़्ते जो लंबे-चौड़े ख़त लिखे जाते थे, उनका ज़िक्र अलग रहा।

देर तक वह बिस्तर में लेटा हरिंदर नाथ त्रिपाठी से अपनी पहली मुलाक़ात के लिए ज़ेहनी तैयारियाँ करता रहा।

जोगिंदर सिंह ने हरिंदर नाथ त्रिपाठी के अफ़साने और मज़मून पढ़ रखे थे; उसका फ़ोटो भी देख रखा था—किसी के अफ़साने पढ़कर और फ़ोटो देखकर वह आमतौर पर यह महसूस करता था कि उसने उस आदमी को अच्छी तरह जान लिया है, लेकिन हरिंदर नाथ त्रिपाठी के मामले में उसको अपने ऊपर एतिबार नहीं था। उसका कहना था कि हरिंदर नाथ त्रिपाठी उसके लिए बिलकुल अजनबी है—जोगिंदर सिंह के अफ़सानानिगार दिमाग़ में बाज़ औक़ात हरिंदर नाथ त्रिपाठी एक ऐसे आदमी की सूरत में पेश होता जिसने कपड़ों के बजाय अपने जिस्म पर काग़ज़ लपेट रखे हों, और जब वह काग़ज़ों के मुताल्लिक़ सोचता तो उसे अनारकली की वह दीवार याद आ जाती जिस पर सिनेमा के इश्तिहार ऊपर-तले इतनी तादाद में चिपके हुए थे कि दीवार पर एक और दीवार बन गई थी—बिस्तर पर लेटा वह देर तक सोचता रहा कि अगर हरिंदर नाथ त्रिपाठी वाक़ई ऐसा ही आदमी निकल आया तो उसको समझना बहुत दुश्वार हो जाएगा, मगर फिर उसको अपनी ज़हानत का ख़याल आया और उसकी मुश्किलें आसान हो गईं और वह उठकर हरिंदर नाथ त्रिपाठी के इस्तिक़बाल[11] की तैयारियों में मसरूफ़[12] हो गया।

हरिंदर नाथ त्रिपाठी ने लिखा था कि वह ख़ुद जोगिंदर सिंह के मकान पर चला आएगा क्योंकि वह यह फ़ैसला नहीं कर सका है कि उसे लारी से सफ़र करना है या ट्रेन से—जोगिंदर सिंह की हद तक तो यह बात क़तई तौर पर तय थी कि वह सोमवार को छुट्टी लेकर सारा दिन अपने मेहमान का इंतज़ार करेगा।

नहा-धोकर और कपड़े बदलकर जोगिंदर सिंह देर तक रसोई में अपनी बीवी के पास बैठा रहा। दोनों ने चाय देर से पी थी, इस ख़याल से कि शायद त्रिपाठी आ जाए, लेकिन जब त्रिपाठी देर तक न आया तो उन्होंने केक वग़ैरह सँभालकर अलमारी में रख दिए और ख़ाली चाय पीकर मेहमान के इंतज़ार में बैठ गए।

जब जोगिंदर सिंह रसोई से उठकर कमरे में आया और आईने के सामने खड़े होकर जब उसने दाढ़ी के बालों में लोहे के छोटे-छोटे क्लिप अटकाने शुरू किए कि बालों को जमा सके तो दरवाज़े पर दस्तक हुई।

अध खुली दाढ़ी के साथ, उसी हालत में उसने ड्योढ़ी का दरवाज़ा खोला। जैसा कि उसको मालूम था, सबसे पहले उसकी नज़र हरिंदर नाथ त्रिपाठी की सियाह घनी दाढ़ी पर पड़ी जो उसकी अपनी दाढ़ी से बीस गुना बड़ी थी बल्कि उससे भी कुछ ज़्यादा।

हरिंदर नाथ त्रिपाठी के होंठों पर, जो बड़ी-बड़ी मूँछों के अंदर छुपे हुए थे, मुसकराहट पैदा हुई। उसकी आँख जो क़दरे टेढ़ी थी, कुछ और टेढ़ी हो गई। उसने अपनी लंबी-लंबी

जुल्फ़ों को एक तरफ़ हटाकर अपना हाथ, जो किसी किसान का हाथ मालूम होता था, जोगिंदर सिंह की तरफ़ बढ़ाया।

जोगिंदर सिंह ने हरिंदर नाथ त्रिपाठी के हाथ की मज़बूत गिरफ़्त महसूस की और उसका चर्मी थैला देखा जो हामिला औरत के पेट की तरह फूला हुआ था।

जोगिंदर सिंह बहुत मुतास्सिर हुआ। वह सिर्फ़ इस क़दर कह सका : "त्रिपाठी साहब, आपसे मिलकर मुझे बेहद ख़ुशी हासिल हुई है ··· !"

हरिंदर नाथ त्रिपाठी को आए पंद्रह रोज़ हो चुके थे—उसकी आमद के तीसरे ही रोज़ उसकी बीवी और बच्ची भी आ गई थी। दोनों त्रिपाठी के साथ ही गाँव से आई थीं मगर दो रोज़ के लिए मजंग में अपने एक दूर के रिश्तेदार के पास ठहर गई थीं, और चूँकि त्रिपाठी ने उस रिश्तेदार के पास उनका ज़्यादा देर तक ठहरना मुनासिब नहीं समझा था, इसलिए उसने उन्हें अपने पास यानी जोगिंदर सिंह के यहाँ बुलवा लिया था।

पहले चार दिन बड़ी दिलचस्प बातों में सर्फ़ हुए।

हरिंदर नाथ त्रिपाठी से अपने अफ़सानों की तारीफ़ सुनकर जोगिंदर सिंह बहुत ख़ुश हुआ। उसने एक मुकम्मल अफ़साना, जो ग़ैर मतबूआ था, त्रिपाठी को सुनाया और दाद हासिल की। दो नामुकम्मल अफ़साने भी सुनाए, जिनके मुताल्लिक़ त्रिपाठी ने अच्छी राय का इज़हार किया—तरक़्क़ीपसंद अदब पर बहसें हुईं; मुख़्तलिफ़ अफ़सानानिगारों की फ़न्नी कमज़ोरियाँ निकाली गईं; नई और पुरानी शाइरी का मुक़ाबला किया गया; ग़रज़ यह कि पहले चार दिन बड़ी अच्छी तरह गुज़रे और जोगिंदर सिंह हर लिहाज़ से हरिंदर नाथ त्रिपाठी की शख़्सियत से बहुत मुतास्सिर हुआ।

त्रिपाठी की गुफ़्तगू का अंदाज़, जिसमें बयकवक़्त बचपना और बुढ़ापा था, जोगिंदर सिंह को बहुत पसंद आया। त्रिपाठी की लंबी दाढ़ी, जो उसकी अपनी दाढ़ी से बीस गुना बड़ी थी, उसके ख़यालात पर छा गई। त्रिपाठी की काली-काली ज़ुल्फ़ें, जिनमें देहाती गीतों की रवानी थी, हर वक़्त उसके सामने रहने लगीं—चिट्ठियों की देखभाल करने के दौरान में भी त्रिपाठी की यह ज़ुल्फ़ें जोगिंदर सिंह को न भूलतीं।

चार दिन में त्रिपाठी ने जोगिंदर सिंह को मोह लिया—वह उसका 'गिर्वीदा'[12] हो गया। उसकी टेढ़ी आँख भी उसको ख़ूबसूरत नज़र आने लगी, बल्कि उसने सोचा : 'अगर उनकी आँखों में टेढ़ापन न होता तो उनके चेहरे पर यह बुज़ुर्गी कभी पैदा न होती ···'

त्रिपाठी के बड़े-बड़े होंठ जब उसकी घनी मूँछों के पीछे हिलते तो जोगिंदर सिंह महसूस करता जैसे झाड़ियों में परिंदे बोल रहे हों—त्रिपाठी हौले-हौले बोलता था। बोलते-बोलते जब वह अपनी दाढ़ी पर हाथ फेरता तो जोगिंदर सिंह के दिल को बहुत राहत पहुँचती—वह समझता कि उसके दिल पर प्यार से हाथ फेरा जा रहा है।

चार रोज़ तक जोगिंदर सिंह ऐसी ही फ़ज़ा में रहा—उस फ़ज़ा को अगर वह अपने किसी अफ़साने में बयान करना चाहता तो न कर सकता।

पाँचवें रोज़ एकाएकी हरिंदर नाथ त्रिपाठी ने अपना चरमा थैला खोला, ढेरों अफ़साने निकाले और जोगिंदर सिंह को सुनाना शुरू कर दिए।

दस रोज तक मुतवातिर वह अफ़साने सुनाता रहा। इस दौरान में उसने जोगिंदर सिंह को कई किताबें सुना दीं।

जोगिंदर सिंह तंग आ गया—उसे अफ़सानों से नफ़रत हो गई। त्रिपाठी का चर्मी थैला, जिसका पेट बनियों की तोंद की तरह फूला हुआ था, उसके लिए एक अज़ाब[14] बन गया।

हर रोज़ शाम को डाकख़ाने से लौटते हुए उसे इस बात का खटका लगा रहता कि घर में दाख़िल होते ही उसे त्रिपाठी का सामना करना पड़ेगा, फिर इधर-उधर की चंद बातें होंगी, फिर वही चर्मी थैला खोला जाएगा और उसे एक या दो तवील[15] अफ़साने सुनने पड़ेंगे⋯

जोगिंदर सिंह तरक़्क़ीपसंद अफ़सानानिगार था। अगर तरक़्क़ीपसंदी उसके अंदर न होती तो वह साफ़ लफ़्ज़ों में त्रिपाठी से कह देता : 'बस-बस त्रिपाठी साहब, बस बस⋯ अब मुझमें आपके अफ़साने सुनने की ताक़त नहीं रही⋯', मगर वह सोचता : 'नहीं-नहीं, मैं तरक़्क़ीपसंद हूँ, मुझे ऐसा नहीं सोचना चाहिए⋯ दरअसल यह मेरी कमज़ोरी है कि अब उनके अफ़साने मुझे अच्छे नहीं लगते,उनमें ज़रूर कोई न कोई ख़ूबी होगी⋯ उनके अफ़साने पहले तो मुझे ख़ूबियों से भरे हुए नज़र आते थे। मैं⋯मुतअस्सिब[16] हो गया हूँ⋯''

एक हफ़्ते से ज़्यादा अर्से तक जोगिंदर सिंह के तरक़्क़ीपसंद दिमाग़ में यह कशमकश जारी रही—वह सोच-सोचकर उस हद तक पहुँच गया जहाँ सोच-विचार हो ही नहीं सकता। तरह-तरह के ख़याल उसके दिमाग़ में आते मगर वह ठीक तौर पर उनकी जाँच-पड़ताल न कर सकता। उसकी ज़ेहनी अफ़रा-तफ़री आहिस्ता-आहिस्ता बढ़ती गई और वह यूँ महसूस करने लगा जैसे एक बहुत बड़ा मकान है जिसमें बेशुमार खिड़कियाँ हैं; उस मकान के अंदर वह अकेला है और आँधी आ गई है; कभी इस खिड़की के पट बजते हैं, कभी उस खिड़की के; और उसकी समझ में नहीं आ रहा है कि वह इतनी खिड़कियों को एकदम कैसे बंद करे।

जब त्रिपाठी को उसके यहाँ आए बीस रोज़ हो गए तो उसे बेचैनी गहराना होने लगी।

त्रिपाठी शाम को उसे नया अफ़साना सुनाता तो उसे ऐसा महसूस होता जैसे बहुत-सी मक्खियाँ उसके कानों के पास भिनभिना रही हैं—फिर वह किसी और ही सोच में ग़र्क़ हो जाता।

एक रोज़ त्रिपाठी ने उसे अपना एक और ताज़ा अफ़साना सुनाया, जिसमें किसी औरत और मर्द के जिन्सी ताल्लुक़ात का ज़िक्र था— उसके दिल को धक्का-सा लगा।

'पूरे इक्कीस दिन मैं अपनी बीवी के पास सोने के बजाय एक लमडढ़ियल के साथ एक ही लिहाफ़ में सोता रहा हूँ⋯' इस एहसास ने जोगिंदर सिंह के दिलो-दिमाग़ में एक लम्हे के लिए इन्क़िलाब पैदा कर दिया : 'यह कैसा मेहमान है⋯जोंक की तरह चिमटकर रह गया है⋯ हिलने का नाम ही नहीं लेता⋯ और⋯ और इसकी बीवी, इसकी बच्ची⋯ सारा घर हो उठकर चला आया है⋯यह लोग ज़रा भर भी ख़याल नहीं करते कि मुझ ग़रीब का कचमूर निकल जाएगा⋯ डाकख़ाने का मुलाज़िम, पचास रुपए माहवार तनख़्वाह⋯ आख़िर कब

तक इनकी ख़ातिर-तवाजो करता रहूँगा और फिर अफ़साने हैं कि ख़त्म होने ही में नहीं आते··· इंसान हूँ, कोई लोहे का ट्रंक तो नहीं हूँ जो हर रोज़ इसके अफ़साने सुनता रहूँ और··· और किस क़दर ग़ज़ब है कि मैं बीवी के पास तक नहीं गया··· सर्दियों की रातें ज़ाया हो रही हैं···'

इक्कीस दिनों के बाद वह त्रिपाठी को एक नई रौशनी में देखने लगा।

अब उसको त्रिपाठी की हर चीज़ मायूब[17] नज़र आने लगी—उसकी टेढ़ी आँख, जिसमें जोगिंदर सिंह पहले ख़ूबसूरती देखता था, अब सिर्फ़ एक टेढ़ी आँख थी। उसकी काली ज़ुल्फ़ों में भी अब जोगिंदर सिंह को वह मुलायमी दिखाई नहीं देती थी और उसकी दाढ़ी को देखकर अब वह सोचता था कि इतनी लंबी दाढ़ी रखना बहुत बड़ी हिमाक़त है।

जब त्रिपाठी को उसके यहाँ पच्चीस दिन हो गए तो एक अजीबो-ग़रीब कैफ़ियत उसके ऊपर तारी हो गई। वह अपने आपको अजनबी समझने लगा। उसे यूँ महसूस होने लगा जैसे वह कभी किसी जोगिंदर सिंह को जानता था मगर अब वह उसे नहीं जानता—अपनी बीवी के मुताल्लिक़ वह सोचता : 'जब त्रिपाठी चला जाएगा तो सब ठीक हो जाएगा··· मेरी नए सिरे से शादी होगी··· मैं फिर अपनी बीवी के साथ सो सकूँगा और···' इसके आगे जब वह सोचता तो उसकी आँखों में आँसू आ जाते और उसके हलक़ में कोई तल्ख़-सी चीज़ फँस जाती। उसका जी चाहता कि दौड़ा-दौड़ा अंदर जाए और अमृतकौर को, जो कभी उसकी बीवी हुआ करती थी, गले से लगा ले और रोना शुरू कर दे—मगर ऐसा करने की उसमें हिम्मत नहीं थी क्योंकि वह तरक़्क़ीपसंद अफ़सानानिगार था।

कभी-कभी जोगिंदर सिंह के दिल में यह ख़याल दूध के उबाल की तरह उठता कि 'तरक़्क़ीपसंदी' का लिहाफ़, जो उसने ओढ़ रखा है, उतार फेंके और चिल्लाना शुरू कर दे : 'त्रिपाठी, 'तरक़्क़ीपसंदी' की ऐसी की तैसी··· तुम और तुम्हारे इकट्ठे किए हुए गीत बकवास हैं··· मुझे अपनी बीवी चाहिए··· तुम्हारी ख़्वाहिशें तो सारी की सारी गीतों में जज़्ब हो चुकी हैं, मैं अभी नौजवान हूँ··· मेरी हालत पर रहम करो··· ज़रा ग़ौर तो करो, मैं जो एक मिनट भी अपनी बीवी के बग़ैर नहीं सो सकता था, पच्चीस दिनों से तुम्हारे साथ एक ही लिहाफ़ में सो रहा हूँ··· क्या यह ज़ुल्म नहीं···?'

त्रिपाठी उसकी हालत से बेख़बर हर शाम उसे ताज़ा अफ़साना सुनाता और उसके साथ लिहाफ़ में सो जाता—जोगिंदर सिंह बस कटकर रह जाता।

जब एक महीना गुज़र गया तो जोगिंदर सिंह के सब्र का पैमाना लबरेज़ हो गया।

मौक़ा ढूँढकर वह ग़ुस्लख़ाने में अपनी बीवी से मिला। धड़कते हुए दिल के साथ और इस डर के मारे कि कहीं त्रिपाठी की बीवी न आ जाए, उसने जल्दी से बीवी का बोसा लिया जैसे डाकख़ाने में लिफ़ाफ़े पर मुहर लगाई जाती है और कहा : ''आज रात तुम जागती रहना··· मैं त्रिपाठी से यह कहकर कि बाहर जा रहा हूँ, रात के ढाई बजे लौटूँगा··· लेकिन मैं जल्दी आ जाऊँगा, बारह बजे··· बारह बजे मैं हौले-हौले दस्तक दूँगा। तुम चुपके से दरवाज़ा खोल

देना और फ़िर हम ··· ड्योढ़ी बिलकुल अलग-थलग है लेकिन तुम एहतियात[18] के तौर पर वह दरवाज़ा, जो ग़ुस्लख़ाने की तरफ़ खुलता है, बंद कर देना ··· "

बीवी को अच्छी तरह समझाकर वह त्रिपाठी के पास गया और उसे ढाई बजे लौटने की इत्तिला देकर घर से बाहर निकल गया।

बारह बजने में चार सर्द घंटे बाक़ी थे जिनमें से दो घंटे उसने साईकिल पर इधर-उधर घूमने में काट दिए। उसे सर्दी की शिद्दत[19] का बिलकुल एहसास न हुआ, इसलिए कि बीवी से मेल करने का ख़याल ही काफ़ी गर्म था।

दो घंटे साइकिल पर घूमने के बाद वह अपने मकान के पासवाले मैदान में बैठ गया। उसने महसूस किया कि वह रूमानी हो गया है। जब उसने सर्द रात की धुँधलायी ख़ामोशी का ख़याल किया तो उसे यह ख़ामोशी जानी-पहचानी नज़र आई। ठिठरे हुए आसमान पर तारे चमक रहे थे जैसे पानी की मोटी-मोटी बूँदें। इंजन की चीख़ ख़ामोशी को तोड़ती तो उसका अफ़सानानिगार दिमाग़ सोचता कि ख़ामोशी बर्फ़ का बहुत बड़ा ढेला है और इंजन की चीख़ वह मेख़ है जो ख़ामोशी के सीने में खुब गई है ···

बहुत देर तक जोगिंदर सिंह एक नए क़िस्म के रूमान को अपने दिलो-दिमाग़ में फैलाता रहा और रात की अँधयारी ख़ूबसूरतियों को गिनता रहा।

एकाएकी चौंककर उसने घड़ी में वक़्त देखा तो बारह बजने में दो मिनट बाक़ी थे—उसने घर का रुख़ किया और दरवाज़े पर हौले से दस्तक दी।

पाँच सैकिंड गुज़र गए—दरवाज़ा न खुला।

एक बार फिर उसने दस्तक दी।

दरवाज़ा खुला।

उसने हौले से कहा : "अमृत ···" जब नज़रें उठाकर उसने देखा तो अमृतकौर के बजाय त्रिपाठी खड़ा था।

अँधेरे में उसको ऐसा मालूम हुआ जैसे त्रिपाठी की दाढ़ी लंबी हो गई है और ज़मीन को छू रही है।

और फिर उसको त्रिपाठी की आवाज़ सुनाई दी : "तुम जल्दी आ गए, चलो यह भी अच्छा हुआ ··· मैंने अभी-अभी एक अफ़साना मुकम्मल किया है, आओ सुनो ··· !"

---

1. लोकप्रियता; 2. किसी की ओर से अच्छा विचार रखनेवाला; 3. सूत्रित; 4. निर्मंत्रित; 5. आधारित; 6. वाद-विवाद; 7. दार्शनिकों; 8. लक्ष्य, एकमात्र उद्देश्य; 9. चिंतन; 10. संपादित; 11. स्वागत; 12. व्यस्त 13. प्रशंसक; 14. परेशानी, समस्या; 15. लंबे; 16. भेदभाव करनेवाला, पक्षपाती (धर्म एवं जाति के संबंध में संकीर्ण विचारोंवाला); 17. दोषपूर्ण; 18. सावधानी; 19. तेज़ी।

ख़ालिद मियाँ

मुम्ताज़ ने सुबह सवेरे उठकर हस्बे-मामूल तीनों कमरों में झाड़ू दिया; कोने खुदरों से सिगरेट के टुकड़े, माचिस की जली हुई तीलियाँ और इसी तरह की और कई चीज़ें ढूँढ-ढूँढकर निकालीं—जब तीनों कमरे अच्छी तरह साफ़ हो गए तो उसने इत्मीनान का साँस लिया।

उसकी बीवी बाहर सहन में सो रही थी—बच्चा पिंगोड़े में था।

हर रोज़ सुबह सवेरे उठकर वह ख़ुद सिर्फ़ इसलिए तीनों कमरे में झाड़ू देता था कि उसका लड़का अब चलने-फिरने लगा था और आम बच्चों की मानिंद हर चीज़ जो उसके सामने पड़ी होती थी, उठाकर मुँह में डाल लेता था।

वह हर रोज़ तीनों कमरे बड़ी एहतियात से साफ़ करता, मगर उसको हैरत होती जब ख़ालिद फ़र्श पर से अपने छोटे-छोटे नाख़ूनों की मदद से कोई न कोई चीज़ उठा लेता—फ़र्श का पलस्तर कई जगह उखड़ा हुआ था और उन जगहों में कूड़े-करकट के छोटे-छोटे ज़र्रे फँस जाते थे। वह अपनी तरफ़ से पूरी सफ़ाई करता, मगर कुछ न कुछ बाक़ी रह जाता जो उसका पलौठी का बेटा ख़ालिद, जिसकी उम्र अभी एक बरस की नहीं हुई थी, उठाकर अपने मुँह में डाल लेता।

उसको सफ़ाई का ख़ब्त हो गया था—अगर वह ख़ालिद को कोई चीज़ फ़र्श पर से उठाकर अपने मुँह में डालते हुए देखता तो ख़ुद को मुल्ज़िम समझता; अपने आपको दिल ही दिल में कोसता कि उसने क्यों बदएहतियाती की।

ख़ालिद से उसको प्यार ही नहीं, इश्क़ था, लेकिन अजीब बात है कि जूँ-जूँ ख़ालिद की पहली सालगिरह का दिन नज़दीक आ रहा था, उसका यह वहम यक़ीन की सूरत इख़्तियार कर रहा था कि उसका बेटा एक साल का होने से पहले-पहले मर जाएगा।

अपने ख़ौफ़नाक वहम का ज़िक्र वह अपनी बीवी से भी कर चुका था। उसके मुताल्लिक़ यह मशहूर था कि वह औहाम[1] का बिलकुल क़ायल नहीं है—उसकी बीवी ने जब पहली बार उसके मुँह से ऐसी बात सुनी थी तो कहा था : "आप और ऐसे वहम··· अल्लाह के फ़ज़्लो-करम से हमारा बेटा सौ साल ज़िंदा रहेगा··· मैंने उसकी पहली सालगिरह के लिए ऐसा एहतिमाम[2] किया है कि आप दंग रह जाएँगे!"

बीवी की बात सुनकर उसके दिल को एक धक्का-सा लगा था—वह कब चाहता था कि

उसका बेटा ज़िंदा न रहे, लेकिन वह अपने वहम का क्या इलाज करे।

ख़ालिद बड़ा तंदुरुस्त बच्चा था। सर्दियों में जब एक दफ़ा नौकर उसको बाहर सैर कराने के लिए ले गया था तो वापस आकर उसने उसकी बीवी से कहा था : ''बेगम साहब, आप ख़ालिद मियाँ के गालों पर सुर्ख़ी न लगाया करें ··· किसी की नज़र लग जाएगी।''

नौकर की बात सुनकर उसकी बीवी बहुत हँसी थी : ''बेवक़ूफ़ ···। मुझे क्या ज़रूरत है सुर्ख़ी लगाने की ··· माशाल्लाह ख़ालिद के गाल तो क़ुदरती लाल हैं।''

गुज़श्ता सर्दियों में ख़ालिद के गाल बहुत सुर्ख़ रहे थे, मगर अब गर्मियों में कुछ ज़र्दीमाइल हो गए थे। ख़ालिद को पानी में खेलने का बहुत शौक़ था। जब वह सुबह अँगड़ाई लेकर उठता और बोतल में भरा हुआ दूध पी लेता तो दफ़्तर जाने से पहले वह उसको पानी की बाल्टी में खड़ा कर देता; ख़ालिद देर तक पानी के छींटे उड़ाता रहता; वह और उसकी बीवी ख़ालिद को देखते रहते और बहुत ख़ुश होते।

उसकी ख़ुशी में ग़म का एक बर्क़ी धक्का-सा ज़रूर होता : 'ख़ुदा मेरी बीवी की ज़बान मुबारक करे ··· यह क्या है कि मुझे ख़ालिद की मौत का खटका लगा रहता है ··· यह वहम क्यों मेरे दिमाग़ में बैठ गया है कि वह मर जाएगा ··· क्यों मर जाएगा ···? वह अच्छा-भला सेहतमंद है, अपनी उम्र के बच्चों से कहीं ज़्यादा सेहतमंद ··· मैं यक़ीनन पागल हूँ ··· उससे मेरी हद से ज़्यादा बढ़ी हुई मुहब्बत ही दरअसल मेरे वहम का बायस है ··· लेकिन मुझे उससे इतनी ज़्यादा मुहब्बत क्यों है ? ··· क्या सारे बाप इसी तरह अपने बच्चों से प्यार करते हैं ···? क्या हर बाप को अपनी औलाद की मौत का खटका लगा रहता है ···? मुझे आख़िर हो क्या गया है ···?'

उसने जब हस्बे-मामूल तीनों कमरे अच्छी तरह साफ़ कर दिए तो वह फ़र्श पर चटाई बिछाकर लेट गया—यह उसकी आदत थी। सुबह उठकर, झाड़ू वग़ैरह देकर वह गर्मियों में ज़रूर आधे घंटे के लिए चटाई पर लेटा करता था, बगैर तकिए के। इस तरह उसको लुत्फ़ महसूस होता था। फ़र्श पर लेटकर वह सोचने लगा : 'परसों मेरे बच्चे की पहली सालगिरह है ··· अगर यह सालगिरह बख़ैरो-आफ़ियत[3] गुज़र जाए तो मेरे दिल का बोझ हल्का हो जाएगा, मेरा वहम बिलकुल दूर हो जाएगा ··· अल्लाह मियाँ, यह सब तेरे हाथ में है ···'

आँखें बंद किए अभी वह लेटा ही हुआ था कि उसने अपने नंगे सीने पर ख़ालिद का लम्स और बोझ महसूस किया—उसने आँखें खोल दीं।

उसकी बीवी पास ही खड़ी थी। उसने कहा : ''ख़ालिद रात भर बेचैन-सा रहा है ··· सोते में जैसे डर-डरके काँपता रहा हो।''

ख़ालिद उसके सीने पर लेटे-लेटे ज़ोर से काँपा—उसने ख़ालिद की पीठ पर हाथ रखा और कहा : ''ख़ुदा मेरे बेटे का मुहाफ़िज़[4] हो।''

उसकी बीवी ने ख़फ़गीआमेज़ लहजे में कहा : ''तौबा, आपको तो बस वहमों ने धर रखा है ··· हल्का-सा बुख़ार है, इंशाल्लाह दूर हो जाएगा।'' यह कहकर वह कमरे से बाहर चली गई।

ख़ालिद उसकी छाती पर औंधा लेटा हुआ था और सो-सा रहा था; वह सोते में

कभी-कभी काँप उठता था—उसने हौले-हौले बड़े प्यार से ख़ालिद को थपकना शुरू कर दिया।

थोड़ी देर के बाद ख़ालिद ने आहिस्ता-आहिस्ता अपनी बड़ी-बड़ी सियाह आँखें खोलीं और उसकी तरफ़ देखकर मुसकराया।

उसने ख़ालिद का मुँह चूमा : "क्यों मियाँ ख़ालिद, क्या बात है... आप काँपे क्यों थे ?"

ख़ालिद ने मुसकराकर अपना उठा हुआ सिर उसकी छाती पर गिरा दिया।

उसने फिर ख़ालिद को थपकना शुरू कर दिया।

वह दिल में दुआएँ माँग रहा था कि उसके बेटे की उम्र दराज़ हो—उसकी बीवी ने ख़ालिद की पहली सालगिरह के लिए बड़ा एहतिमाम किया था; अपनी सारी सहेलियों से कहा था कि वह उस तक़्रीब[5] पर ज़रूर आएँ; दर्ज़ी से ख़ासतौर पर सालगिरह के कपड़े सिलवाए थे; दावत पर क्या-क्या चीज़ होगी, सब सोच लिया था। उसको यह ठाट पसंद नहीं था। वह चाहता था कि किसी को ख़बर न हो और सालगिरह गुज़र जाए; ख़ुद उसको भी पता न चले और उसका बेटा एक बरस का हो जाए; उसको सिर्फ़ उस वक़्त इल्म हो जब ख़ालिद एक बरस का हो चुका हो।

जब ख़ालिद उसकी छाती पर से उठा तो उसने मुहब्बत में डूबे हुए लहजे में कहा : "ख़ालिद बेटा, सलाम नहीं करोगे अब्बा जी को।"

ख़ालिद ने मुसकराकर अपना दायाँ हाथ उठाया और अपने माथे पर रख दिया।

उसने ख़ालिद को दुआ दी : "जीते रहो..." दुआ देते ही उसके दिल पर उसके वहम की ज़ब लगी और वह ग़मो-फ़िक्र के समंदर में ग़र्क़ हो गया।

ख़ालिद उसे सलाम करके कमरे के बाहर चला गया।

दफ़्तर जाने में अभी काफ़ी वक़्त था—वह चटाई पर लेटा रहा और अपने वहम को दिलो-दिमाग़ से मह्व[6] करने की कोशिश करता रहा।

इतने में बाहर सहन से उसकी बीवी की आवाज़ आई : "मुम्ताज़ साहब, मुम्ताज़ साहब, इधर आइए।" आवाज़ में शदीद घबराहट थी।

वह चौंककर उठा और दौड़कर बाहर गया—उसने देखा कि उसकी बीवी ख़ालिद को ग़ुस्लख़ाने के बाहर गोद में लिए खड़ी है और ख़ालिद उसकी गोद में बल पे बल खा रहा है।

उसने ख़ालिद को अपनी बाँहों में लिया और बीवी से, जो काँप रही थी, पूछा : "क्या हुआ ?"

उसकी बीवी ने ख़ौफ़ज़दा लहजे में कहा : "मालूम नहीं... पानी से खेल रहा था... मैंने नाक साफ़ की तो दोहरा हो गया।"

उसकी अपनी बाँहों में भी ख़ालिद ऐसे बल खा रहा था, जैसे कोई उसे कपड़े की तरह निचोड़ रहा हो।

सामने चारपाई पड़ी थी—उसने ख़ालिद को उस पर लिटा दिया।

वह और उसकी बीवी सख़्त परेशान थे; ख़ालिद चारपाई पर पड़ा बल पे बल खा रहा

था और उन दोनों के औसान ख़ता थे कि वह क्या करें—उन्होंने ख़ालिद को थपकाया, चूमा, पानी के छींटे मारे, मगर ख़ालिद का तशन्नुज[7] दूर न हुआ।

थोड़ी देर के बाद ख़ुद ब ख़ुद ख़ालिद का दौरा आहिस्ता-आहिस्ता ख़त्म हो गया और उस पर बेहोशी-सी तारी हो गई।

उसने समझा कि ख़ालिद मर गया है—उसने बीवी से कहा : "ख़त्म हो गया।"

उसकी बीवी चिल्लाई : "लाहौलवला… कैसी बातें मुँह से निकालते हो… कन्वलशन[8] थी, ख़त्म हो गई… अभी ठीक हो जाएगा।"

ख़ालिद ने अपनी मुरझाई हुई बड़ी-बड़ी सियाह आँखें खोलीं और उसकी तरफ़ देखा।

उसकी सारी दुनिया ज़िंदा हो गई—उसने बड़े ही दर्द भरे प्यार से ख़ालिद से कहा : "क्यों ख़ालिद बेटा, क्या हुआ था आपको?"

ख़ालिद के होंठों पर तशन्नुजज़दा मुसकराहट नमूदार हुई।

उसने ख़ालिद को गोद में उठा लिया और अंदर कमरे में ले गया—वह उसको लिटाने ही वाला था कि दूसरी कन्वलशन आई और वह फिर बल खाने लगा; जिस तरह मिरगी का दौरा होता है, यह तशन्नुज भी उसी क़िस्म का था—उसको महसूस हुआ कि ख़ालिद नहीं, बल्कि वह ख़ुद उस अज़ीयत[9] के शिकंजे में कसा जा रहा है।

दूसरा दौरा ख़त्म हुआ तो ख़ालिद और ज़्यादा मुरझा गया; उसकी बड़ी-बड़ी सियाह आँखें अंदर धँस गईं।

वह ख़ालिद से बातें करने लगा : "ख़ालिद बेटे, यह क्या हो जाता है आपको…? ख़ालिद मियाँ, उठो ना, चलो-फिरो ना…! ख़ालिदी, मक्खन खाएँगे आप?"

ख़ालिद को मक्खन बहुत पसंद था, लेकिन उसने हाँ न की। जब उसने कहा : "बेटे, गग्गो खाएँगे आप?" तो ख़ालिद ने बड़े नहीफ़ अंदाज़ में सिर हिलाकर न की। वह मुसकराया और उसने ख़ालिद को अपने गले से लगा लिया; फिर उसने ख़ालिद को अपनी बीवी के हवाले किया और कहा : "तुम इसका ध्यान रखो, मैं डॉक्टर को लेकर आता हूँ।"

वह डॉक्टर को अपने साथ लेकर आया तो उसने देखा कि उसकी बीवी के होश उड़े हुए हैं—उसकी ग़ैरमौजूदगी में ख़ालिद पर तशन्नुज के तीन और दौरे पड़ चुके थे और वह बेजान-सा हो गया था।

डॉक्टर ने ख़ालिद को अच्छी तरह देखने के बाद कहा : "तरद्दुद की कोई बात नहीं; ऐसी कन्वलशंज़ बच्चों को अमूमन आया करती हैं… इनकी वजह दाँत हैं; मेदे में किर्म वग़ैरह हों तो वह भी इनका बायस हो सकते हैं… मैं दवा लिख देता हूँ, आराम आ जाएगा… बुख़ार तेज़ नहीं है, आप कोई फ़िक्र न करें।"

वह दफ़्तर न गया और सारा दिन ख़ालिद के पास बैठा रहा।

डॉक्टर के जाने के बाद ख़ालिद को दो मर्तबा और दौरे पड़े और वह निढाल लेटा रहा।

शाम हो गई तो उसने सोचा : 'शायद अब अल्लाह का फ़ज़्ल हो गया है… बहुत देर से कोई कन्वलशन नहीं आई है… ख़ुदा करे, रात इसी तरह कट जाए।'

उसकी बीवी भी ख़ुश थी : "अल्लाह तआला ने चाहा तो कल मेरा ख़ालिद दौड़ता फिरेगा।"

रात को मुक़र्ररा[10] औक़ात पर ख़ालिद को दवा देनी थी, इसलिए वह चारपाई पर न लेटा कि कहीं सो न जाए। वह ख़ालिद के पिंगोड़े के पास आरामकुर्सी खींचकर बैठ गया और सारी रात जागता रहा—ख़ालिद रात भर बेचैन रहा, काँप-काँपकर जाग उठता; हरारत भी तेज़ थी।

सुबह सात बजे के क़रीब उसने ख़ालिद को थरमामीटर लगा के देखा—एक सौ चार ड़िगरी बुख़ार था।

डॉक्टर बुलाया तो डॉक्टर ने कहा : "तरद्दुद[11] की कोई बात नहीं ? ब्रोंकाइटिस है··· मैं नुस्ख़ा लिख देता हूँ, तीन-चार रोज़ में आराम आ जाएगा।"

डॉक्टर नुस्ख़ा लिखकर चला गया तो वह दवा बनवा लाया। उसने ख़ालिद को एक ख़ुराक तो पिलाई मगर उसको तस्कीन न हुई—दस बजे के क़रीब वह एक बड़े डॉक्टर को ले आया।

बड़े डॉक्टर ने ख़ालिद को अच्छी तरह से देखा और तसल्ली दी : "घबराने की कोई बात नहीं··· सब ठीक हो जाएगा।"

कुछ भी ठीक न हुआ, बड़े डॉक्टर की दवा ने कोई असर न किया, बुख़ार तेज़ ही रहा

उसके नौकर ने कहा : "साहब, बीमारी वग़ैरह कोई नहीं··· ख़ालिद मियाँ को नज़र लग गई है··· मैं एक तावीज़ लिखवाकर लाया हूँ; अल्लाह के हुक्म से यूँ चुटकियों में असर करेगा।"

सात कुँओं का पानी इकट्ठा किया गया; उसमें तावीज़ घोलकर ख़ालिद को पिलाया गया; कोई असर न हुआ। एक हमसाई आई तो यूनानी दवा तज्वीज़ कर गई; वह दवा तो ले आया मगर उसने ख़ालिद को न दी—शाम को उसका एक रिश्तेदार एक डॉक्टर को साथ लेकर आया। डॉक्टर ने ख़ालिद को देखा और कहा : "मलेरिया है और मलेरिया में इतना बुख़ार होता ही है··· मैं कोनेन का इंजेक्शन दिए देता हूँ··· आप इसके सिर पर बर्फ़ का पानी डालिए।"

ख़ालिद के सिर पर बर्फ़ का पानी डाला गया तो बुख़ार एकदम कम हो गया; दर्जा-ए-हरारत अठानवे डिगरी तक आ गया—उसकी और उसकी बीवी की जान में जान आई—लेकिन थोड़े ही अर्से में बुख़ार फिर बहुत तेज़ हो गया।

उसने थरमामीटर लगाकर देखा—दर्जा-ए-हरारत फिर एक सौ चार तक पहुँच गया था।

हमसाई फिर आई—उसने ख़ालिद को मायूस नज़रों से देखा और उसकी बीवी से कहा : "बच्चे की गर्दन का मनका टूट गया है।"

उसका दिल बैठ गया—उसने नीचे कारख़ाने से हस्पताल फ़ोन किया; जवाब मिला कि वह मरीज़ को ले आए। उसने फ़ौरन ताँगा मँगवाया, ख़ालिद को गोद में उठाया, बीवी को साथ बिठाया और हस्पताल का रुख़ किया।

वह सारा दिन पानी पीता रहा था, मगर प्यास थी कि बुझती ही नहीं थी; हस्पताल जाते हुए रास्ते में उसका हलक़ बेहद ख़ुश्क हो गया। उसने सोचा कि उतरकर किसी दूकान से एक गिलास पानी पी ले, लेकिन ख़ुदा मालूम कहाँ से एकदम एक वहम उसके दिमाग़ में आन टपका : 'देखो, अगर तुमने पानी पिया तो तुम्हारा ख़ालिद मर जाएगा...' उसका हलक़ सूख के लकड़ी हो गया, मगर उसने पानी न पिया—उसने सिगरेट सुलगा लिया; दो कश लेने के बाद उसने सिगरेट फेंक दिया कि उसके दिमाग़ में एक और वहम गूँजा था : 'मुम्ताज़, सिगरेट न पियो, वर्ना तुम्हारा बच्चा मर जाएगा...' उसने ताँगा ठहराया और सोचा : 'यह क्या हिमाक़त है...यह वहम वग़ैरा सब फ़ुज़ूल हैं...सिगरेट पीने से बच्चे पर क्या आफ़त आ सकती है...' ताँगे से उतरकर उसने सड़क पर से सिगरेट उठा लिया, वापस ताँगे में बैठकर जब उसने कश लेना चाहा तो किसी नामालूम ताक़त ने उसको फिर रोका : 'नहीं मुम्ताज़, नहीं, ऐसा न करो...ख़ालिद मर जाएगा...' उसने सिगरेट ज़ोर से फेंक दिया—ताँगेवाले ने घूर के उसको देखा; उसने महसूस किया कि ताँगेवाले को उसकी दिमाग़ी कैफ़ियत का इल्म है और वह उसका मज़ाक़ उड़ा रहा है; अपनी ख़िफ़्फ़त[12] दूर करने की ख़ातिर उसने ताँगेवाले से कहा : "सिगरेट ख़राब हो गया था..." यह कहकर उसने जेब से पैकेट निकालने के बाद एक नया सिगरेट निकाल लिया, मगर सुलगाने के ख़याल ही से डर गया, उसके दिलो-दिमाग़ में एक हलचल-सी मच गई; इद्राक कहता था कि सब औहाम फ़ुज़ूल हैं, मगर कोई ऐसी आवाज़ थी, कोई ऐसी ताक़त थी जो उसकी मन्तिक[13], उसके इस्तिदलाल[14], उसके इद्राक[15] पर ग़ालिब आ जाती थी...ताँगा हस्पताल के फाटक में दाख़िल हुआ तो उसने सिगरेट उँगलियों में मसलकर फेंक दिया; उसको अपने ऊपर बहुत तरस आया कि वह औहाम का ग़ुलाम बन गया है।

हस्पतालवालों ने फ़ौरन ही ख़ालिद को दाख़िल कर लिया—डॉक्टर ने उसको देखने के बाद कहा : "ब्रोंकोनमूनिया है...हालत मख़्दूश[16] है।"

खालिद बेहोश था। उसकी बीवी ख़ालिद के सिरहाने बैठी वीरान निगाहों से उसको देख रही थी।

उसको सख़्त प्यास लग रही थी—कमरे के साथ ही ग़ुस्लख़ाना था; नल खोलकर वह ओक से पानी पीने लगा तो फिर वही वहम उसके दिमाग़ में गूँजा : 'मुम्ताज़, यह क्या कर रहे हो तुम...पानी मत पियो...तुम्हारा ख़ालिद मर जाएगा।'

उसने दिल ही दिल में उस वहम को गाली दी और इंतिक़ामन इतना पानी पिया कि उसका पेट अफर गया।

पानी पीकर वह ग़ुस्लख़ाने से बाहर आया तो उसने देखा, उसका ख़ालिद उसी तरह मुरझाया हुआ और बेहोश हस्पताल के आहनी पलंग पर पड़ा है—उसने चाहा, कहीं भाग जाए; उसके होशो-हवास ग़ायब हो जाएँ; ख़ालिद अच्छा हो जाए और उसके बदले ख़ुद वह नमूनिया में गिरफ़्तार हो जाए। उसने महसूस किया कि ख़ालिद अब पहले से ज़्यादा ज़र्द है; उसने सोचा कि यह सब उसके पानी पी लेने के बायस है; अगर वह पानी न पीता तो ख़ालिद की हालत ज़रूर बेहतर हो जाती...उसको बहुत दुख हुआ; उसने ख़ुद को बहुत

लानत-मलामत की, मगर फिर उसको ख़याल आया कि जिसने वह सब ऊटपटाँग बातें सोची थीं, वह वह नहीं, कोई और था : 'वह और कौन है··· क्यों मेरे दिमाग़ में ऐसे वहम पैदा होते हैं··· मुझे प्यास लगी थी और मैंने पानी पी लिया··· मेरे पानी पी लेने से ख़ालिद पर क्या असर पड़ सकता है··· ख़ालिद ज़रूर अच्छा हो जाएगा··· कल उसकी सालगिरह है··· इंशाअल्लाह ख़ूब ठाट से मनाई जाएगी···' लेकिन फ़ौरन ही उसका दिल बैठ गया; किसी आवाज़ ने उससे कहा : 'ख़ालिद एक बरस का होने ही नहीं पाएगा···' उसका जी चाहा कि वह उस आवाज़ की ज़ुबान पकड़ ले और उसे गुद्दी से निकाल फेंके; फिर उसको ख़याल आया कि वह आवाज़ तो ख़ुद उसके दिमाग़ में पैदा हुई है : 'ख़ुदा मालूम कैसे पैदा हो जाती है, क्यों हो जाती है···' वह क़दरे तंग आ गया कि उसने दिल ही दिल में अपने औहाम से गिड़गिड़ाकर कहा : 'ख़ुदा के लिए मुझ पर रहम करो··· क्यों तुम मुझ ग़रीब के पीछे पड़ गए हो।'

शाम हो चुकी थी—कई डॉक्टर ख़ालिद को देख चुके थे, दवा दी जा रही थी, कई इंजेक्शन भी लग चुके थे—मगर ख़ालिद अभी तक बेहोश था।

दफ़अतन उसके दिमाग़ में एक आवाज़ गूँजी : 'तुम यहाँ से चले जाओ··· फ़ौरन चले जाओ, वरना ख़ालिद मर जाएगा···!'

वह फ़ौरन कमरे से बाहर चला गया। हस्पताल से बाहर चला गया। उसने अपने आपको उन अनजानी आवाज़ों के हवाले कर दिया, अपनी हर जुंबिश, हर हरकत उनके हुक्म के सिपुर्द कर दी।

वह उसे एक होटल में ले गईं; उन्होंने उसको शराब मँगवाने के लिए कहा। शराब आ गई तो उसे फेंक देने का हुक्म दिया, उसने फेंक दी तो और मँगवाने के लिए कहा; और आई तो उसे भी फेंक देने के लिए कहा··· शराब और टूटे हुए गिलासों के बिल अदा करने के बाद वह होटल से बाहर निकला; उसको महसूस हुआ कि चारों तरफ़ ख़ामोशी ही ख़ामोशी है, सिर्फ़ उसके दिमाग़ में शोर बरपा है।

चलता-चलता वह हस्पताल वापस पहुँच गया।

उसने ख़ालिद के कमरे की जानिब रुख़ किया तो उसे हुक्म हुआ : 'मत जाओ उधर··· तुम्हारा ख़ालिद मर जाएगा!'

वह रुक गया और घास के मैदान में पड़ी बेंच पर लेट गया।

रात के दस बज चुके थे—मैदान में अँधेरा था; चारों तरफ़ ख़ामोशी थी। कभी-कभी किसी मोटर के हॉर्न की आवाज़ ख़ामोशी में ख़राश पैदा करती हुई गुज़र जाती थी। सामने ऊँची दीवार में हस्पताल का क्लाक रौशन था।

वह ख़ालिद के मुताल्लिक़[17] सोच रहा था : 'क्या वह बच जाएगा··· वह बच्चे क्यों पैदा होते हैं, जिन्हें मर जाना होता है··· वह ज़िंदगी क्यों पैदा होती है, जिसको इतनी जल्दी मौत के मुँह में चला जाना होता है··· ख़ालिद ज़रूर···'

एकदम उसके दिमाग़ में एक वहम फूटा और वह बेंच पर से उतरकर सज्दे में गिर गया—हुक्म था कि उसी तरह पड़ा रहे, जब तक ख़ालिद ठीक न हो जाए।

वह सज्दे में पड़ा रहा—वह दुआ माँगना चाहता था, मगर हुक्म था कि वह दुआ न माँगे।

उसकी आँखों में आँसू आ गए; वह ख़ालिद के लिए नहीं, अपने लिए दुआ माँगने लगा; 'ख़ुदाया, मुझे इस अज़ीयत से नजात[18] दे··· तुझे अगर ख़ालिद को मारना है तो मार दे, यह मेरा क्या हश्र कर रहा है तू··· !'

दफ़अतन उसे कुछ आवाज़ें सुनाई दीं—उससे कुछ दूर मैदान के किनारे पर झाड़ियों के पास बिछी कुर्सियों पर दो डॉक्टर बैठे आपस में बातें कर रहे थे—

''बच्चा बड़ा ख़ूबसूरत है।''

''माँ का हाल मुझसे तो देखा नहीं गया।''

''बेचारी हर डॉक्टर के पाँव पड़ रही है।''

''हमने तो अपनी तरफ़ से हर मुम्किन कोशिश की है।''

''बचना मुहाल है।''

''मैंने तो उसकी माँ से यही कहा है कि अब दुआ करो बहन··· ''

एक डॉक्टर ने उसकी तरफ़ देखा—वह सज्दे में पड़ा हुआ था।

उसने डॉक्टर की ऊँची आवाज़ सुनी : ''ओ, क्या कर रहे हो तुम··· इधर आओ।''

वह उठकर दोनों डॉक्टरों के पास गया।

एक ने उससे पूछा : ''कौन हो तुम ?''

उसने अपने ख़ुश्क होंठों पर ज़ुबान फेरकर जवाब दिया : ''जी मैं एक मरीज़···''

उसी डॉक्टर ने सख़्ती से कहा : ''मरीज़ हो तो अपने बिस्तर पर जाओ··· यहाँ मैदान में क्यों डंड पेल रहे हो ?''

उसने कहा : ''जी मेरा बच्चा दाख़िल है उधर उस वार्ड में।''

''वह तुम्हारा बच्चा है जो··· ''

''जी हाँ··· शायद आप उसी के बारे में बातें कर रहे थे··· वह मेरा बच्चा है··· ख़ालिद।''

''आप उसके बाप हैं ?''

उसने अपना ग़मो-अंदोह से भरा हुआ सिर हिलाया : ''जी हाँ, मैं उसका बाप हूँ।''

उसी डॉक्टर ने कहा : ''आप यहाँ क्या कर रहे हैं··· जाइए कमरे में··· आपकी वाइफ़ बहुत परेशान हैं।''

'जी अच्छा,' कहकर वह वार्ड की तरफ़ बढ़ा—चंद सीढ़ियाँ चढ़कर जब वह बरामदे में पहुँचा तो उसने देखा कि कमरे के बाहर उसका नौकर रो रहा है।

उसको देखकर नौकर और ज़्यादा रोने लगा : ''साहब, ख़ालिद मियाँ फ़ौत हो गए।''

वह अंदर कमरे में गया—उसकी बीवी फ़र्श पर बेहोश पड़ी थी और एक डॉक्टर और नर्स उसको होश में लाने की कोशिश कर रहे थे।

वह पलंग के पास खड़ा हो गया—ख़ालिद आँखे बंद किए पड़ा था, उसके चेहरे पर मौत का सुकून था।

उसने ख़ालिद के रेशमी बालों पर हाथ फेरा और दिल चीर देनेवाले लहजे में पूछा :

"ख़ालिद मियाँ, गग्गो खाएँगे आप ?"

ख़ालिद का सिर नफ़ी में न हिला।

उसने फिर दरख़्वास्त भरे लहजे में कहा : "ख़ालिद मियाँ, मेरे वहम भी ले जाएँगे आप अपने साथ…?"

उसको महसूस हुआ कि ख़ालिद ने सिर हिलाकर हाँ की है।

---

1. भ्रम; 2. प्रबंध; 3. कुशल-मंगल; 4. रक्षक; 4. समारोह; 6. दूर करना, मिटाना; 7. अकड़न, ऐंठन; 8. ऐंठन; 9. दुख-तकलीफ़; 10. निर्धारित; 11. चिंता; 12. खिसियानापन; 13. तर्क; 14. दलील; 15. बोध; 16. ख़तरनाक; 17. संबंधित, विषय में; 18. छुटकारा।

बासित

बासित बिलकुल रज़ामंद नहीं था, लेकिन माँ के सामने उसकी कोई पेश न चली।

अव्वल-अव्वल तो उसको इतनी जल्दी शादी करने की कोई ख़्वाहिश नहीं थी, इसके अलावा वह लड़की भी उसे पसंद नहीं थी, जिससे उसकी माँ उसकी शादी करने पर तुली हुई थी।

वह बहुत देर तक टालता रहा; जितने बहाने बना सकता था, उसने बनाए; लेकिन आख़िर एक रोज़ उसको माँ की अटल ख़्वाहिश के सामने सरे-तस्लीम-ख़म[1] करना पड़ा।

दरअसल इनकार करते-करते वह तंग आ गया था। उसने दिल में सोचा : 'अब यह बक-बक ख़त्म हो जाए तो अच्छा है⋯होने दो शादी⋯कोई क़यामत तो टूट नहीं पड़ेगी⋯मैं निभा लूँगा।'

उसकी माँ बहुत ख़ुश हुई—लड़कीवाले उसके अज़ीज़ थे और वह, अर्सा हुआ, उनको ज़ुबान दे चुकी थी।

जब बासित ने हाँ की तो वह तारीख़ पक्की करने के लिए लड़कीवालों के हाँ गई। लड़कीवालों ने ग़ैर मुतवक़्क़े[2] तौर पर टाल-मटोल की तो उसको बहुत ग़ुस्सा आया : "सईदा की माँ, मैंने इतनी मुश्किलों से बासित को रज़ामंद किया है⋯अब तुम तारीख़ पक्की नहीं कर रही हो⋯शादी होगी तो इसी महीने की बीस को होगी; नहीं तो नहीं होगी और यह बात सोलह आने पक्की है⋯इतना समझ लो⋯!"

धमकी ने काम कर दिया—लड़की की माँ बिलआख़िर राज़ी हो गई।

सब तैयारियाँ मुकम्मल हुईं—बीस को दुल्हन घर में थी।

बासित को लड़की पसंद नहीं थी, लेकिन वह उसके साथ निभाने का फ़ैसला कर चुका था—वह उससे बड़ी मुहब्बत से पेश आया; उसने बिलकुल ज़ाहिर न होने दिया कि वह उससे शादी करने के लिए तैयार नहीं था और यह कि वह ज़बर्दस्ती उसके सिर मँढ दी गई है।

'नई दुल्हनें आमतौर पर बहुत शर्मीली होती हैं⋯' बासित ने सोचा, लेकिन उसने महसूस किया, सईदा ज़रूरत से ज़्यादा शर्मीली है और उसके शर्मीलेपन में कुछ ख़ौफ़ भी है, जैसे वह उससे डरती है—शुरू-शुरू में उसका ख़याल था कि सईदा का डर दूर हो जाएगा, मगर वह बढ़ता ही गया।

उसने सईदा को चंद रोज़ के लिए मैके भेज दिया—जब वह वापिस आई तो उसका ख़ौफ़आलूद शर्मीलापन एक हद तक दूर हो चुका था।

बासित ने सोचा : 'एक-दो मर्तबा मैके जाएगी तो ठीक हो जाएगी···' मगर उसका क़ियास ग़लत निकला—वह फिर ख़ौफ़ज़दा रहने लगी।

एक रोज़ उसने पूछा : "सईदा, तुम डरी-डरी क्यों रहती हो?"

सईदा चौंकी : "नहीं तो···नहीं तो···"

उसने बड़े प्यारे भरे लहजे में कहा : "आख़िर बात क्या है···? ख़ुदा की क़सम, मुझे बड़ी उलझन होती है···! किस बात का डर है तुम्हें···? मेरी माँ इतनी अच्छी है; वह तुमसे सासों का सुलूक नहीं करती; मैं तुमसे इतनी मुहब्बत करता हूँ···फिर तुम ऐसी सूरत क्यों बनाए रखती हो···ऐसा मालूम होता है, जैसे तुम्हें यह ख़ौफ़ है कि कोई तुम्हें पीटेगा···" यह कहकर उसने सईदा का मुँह चूम लिया।

सईदा ख़ामोश रही—उसकी आँखें और ज़्यादा ख़ौफ़ज़दा हो गईं।

उसने सईदा को और प्यार किया और कहा : "तुम्हें हर वक़्त हँसते रहना चाहिए···लो, अब ज़रा हँसो···हँसो मेरी जान!"

सईदा ने हँसने की कोशिश की।

उसने प्यार से सईदा को थपकी दी : "शाबाश···बस इसी तरह मुसकराता हुआ चेहरा होना चाहिए हर वक़्त!"

उसकी मुहब्बत, ज़ाहिर है, बिलकुल मस्नूई[3] थी कि सईदा के लिए उसके दिल में कोई जगह नहीं थी; वह सिर्फ़ अपनी माँ की ख़ातिर चाहता था कि सईदा से उसका रिश्ता नाकाम साबित न हो—वह जानता था कि उसकी माँ अपनी शिकस्त कभी बर्दाश्त न कर पाएगी; उसकी माँ ने अपनी ज़िंदगी में कभी शिकस्त का मुँह देखा ही न था—इसीलिए उसकी इंतिहाई कोशिश थी कि सईदा से उसकी निभ जाए। उसने अपने दिल में सईदा के लिए बड़े ख़ुलूस के साथ मस्नूई मुहब्बत पैदा कर ली थी।

वह सईदा की हर आसाइश[4] का ख़याल रखता; अपनी माँ से सईदा की छोटी से छोटी बात की भी तारीफ़ करता—जब वह यह महसूस करता कि उसकी माँ बहुत मुतमइन है, इस बात से मुतमइन है कि उसने उसका रिश्ता ठीक जगह किया है तो उसको दिली ख़ुशी होती।

शादी हुए एक महीना हो गया।

इस दौरान में सईदा कई मर्तबा मैके गई—बासित को सईदा के मैके जाने पर कोई एतिराज़ नहीं था। वह समझता था कि यूँ उसका ख़ौफ़आलूद शर्मीलापन दूर हो जाएगा, मगर ऐसा न हुआ; सईदा का ख़ौफ़ दिन ब दिन बढ़ता चला जा रहा था और अब तो वह वहशतज़दा[5] दिखाई देती थी।

बासित हैरान था कि आख़िर बात क्या है—उसने माँ से भी कोई बात न की; उसे यक़ीन था कि वह उसको डाँट पिलाएँगी और कहेंगी : 'मुझे मालूम था कि तुम ज़रूर एक रोज़ सईदा में कीड़े डालोगे।'

एक रोज़ उसने सईदा से कहा : ''मेरी जान, तुम मुझे बताती क्यों नहीं हो ?''

सईदा चौंक उठी : ''जी !''

सईदा के चौंकने पर उसने महसूस किया, जैसे उसने सईदा की किसी दुखती रग पर ज़ोर से हाथ रख दिया हो; अपने लहजे में और ज़्यादा प्यार भरकर उसने कहा : ''मैंने पूछा था कि अब तुम और ज़्यादा ख़ौफ़ज़दा रहने लगी हो··· आख़िर बात क्या है ?''

सईदा ने थोड़े तवक़्क़ुफ़[6] के बाद जवाब दिया : ''जी, बात तो कुछ भी नहीं··· मैं ज़रा बीमार हूँ।''

''तुमने मुझसे कभी ज़िक्र ही नहीं किया··· ! क्या बीमारी है ?''

सईदा ने दुपट्टे के किनारे को उँगली पर लपेटते हुए जवाब दिया : ''अम्मीजान इलाज करा रही हैं··· जल्दी ठीक हो जाऊँगी।''

बासित ने सईदा में और ज़्यादा दिलचस्पी लेना शुरू कर दी—उसने देखा कि वह हर रोज़ छुपकर कोई दवा खाती है।

एक दिन जब वह अपने क़ुफ़्ल[7] लगे ट्रंक से दवा निकालकर खाने ही वाली थी, वह उसके पास पहुँच गया।

सईदा ज़ोर से चौंकी और सफ़ूफ़[8] की खुली हुई पुड़िया उसके हाथ से गिर पड़ी।

बासित ने पूछा : ''यह दवा खाती हो ?''

सईदा ने थूक निगलकर जवाब दिया : ''जी हाँ··· ! अम्मीजान ने हकीम साहब से मँगवाई थी।''

''कुछ इफ़ाक़ा[9] है इससे ?''

''जी हाँ !''

''तो खाओ··· अगर आराम न आए तो मुझसे कहना, मैं तुम्हें डॉक्टर के पास ले चलूँगा।''

सईदा ने फ़र्श पर गिरी हुई पुड़िया उठाई और सिर हिलाकर कहा : ''जी अच्छा।''

बासित ने सोचा : 'अच्छा है, कोई इलाज तो हो रहा है··· ख़ुदा करे, अच्छी हो जाए··· डर-वर कुछ नहीं, बस बीमारी है··· दूर हो जाएगी इंशाअल्लाह!

उसने सईदा की बीमारी का अपनी माँ से पहली बार ज़िक्र किया तो वह कहने लगी : ''क्या बकते हो··· ? ख़ुदा के फ़ज़्लो-करम से अच्छी-भली है। क्या बीमारी है उसे ?''

उसने कहा : ''मुझे क्या मालूम अम्मीजान··· ? यह तो सईदा ही बता सकती है आपको !''

उसकी माँ ने बड़ी बेपरवाही से कहा : ''मैं पूछूँगी उससे।''

जब उसकी माँ ने सईदा से दरयाफ़्त किया तो सईदा ने जवाब दिया : ''कुछ नहीं ख़ालाजान··· बस सिर में दर्द रहता है··· अम्मीजान ने हकीम साहब से दवा मँगवा दी थी··· असल में बासित साहब बड़े वहमी हैं; हर वक़्त कहते रहते हैं, मैं डरी-डरी-सी दिखाई देती हूँ··· मुझे डर किस बात का होगा भला !''

बासित की माँ ने कहा : "बकता रहता है, तू उसकी फ़ुज़ूल बातों का ख़याल न किया कर।"

चंद रोज़ के बाद बासित ने महसूस किया कि सईदा बहुत ही ज़्यादा घबराई हुई है; सईदा का इज़्तिराब[10] उसके रोएँ-रोएँ से ज़ाहिर हो रहा था।

दोपहर बाद सईदा ने कहा : "अम्मीजान से मिलने को जी चाहता है⋯मुझे छोड़ आइए।"

बासित ने जवाब दिया : "नहीं सईदा, आज तुम्हारी तबीयत ठीक नहीं है।"

सईदा ने इसरार किया : "आप मुझे छोड़ आइए, मैं ठीक हो जाऊँगी।"

बासित ने कहा : "वहाँ तबीयत ठीक हो सकती है तो यहाँ भी ठीक हो सकती है⋯जाओ, लेट जाओ और आराम करो।"

इतने में बासित की माँ आ गई–बासित ने माँ से कहा : "अम्मीजान, देखो सईदा ज़िद कर रही है⋯कहती है, तबीयत ठीक नहीं है, अम्मीजान के पास ले चलो।"

बासित की माँ ने बड़ी बेपरवाही से कहा : "कल चली जाना सईदा!"

सईदा ने कुछ न कहा और बाहर सहन में चली गई।

थोड़ी देर के बाद बासित कमरे से बाहर निकला तो उसने देखा कि सईदा सहन में नहीं है–उसने सईदा को इधर-उधर तलाश किया, मगर वह कहीं न मिली।

उसने सोचा : 'ऊपर कोठे पर होगी⋯' वह ऊपर गया तो उसने ग़ुस्लख़ाने का दरवाज़ा बंद देखा।

उसने दरवाज़ा खटखटाया और आवाज़ दी : "सईदा!" जब कोई जवाब न मिला तो उसने फिर पुकारा : "सईदा!"

अंदर से बड़ी नहीफ़-सी आवाज़ आई : "जी!"

उसने पूछा : "क्या कर रही हो?"

नहीफ़-सी आवाज़ फिर आई : "जी, नहा रही हूँ।"

वह नीचे उतर आया और सईदा की तबीयत के बारे में सोचता-सोचता गली में जा निकला।

ऐसे ही उसकी नज़र मोरी की तरफ़ गई तो उसने ख़ून ही ख़ून देखा और वह ख़ून उस ग़ुस्लख़ाने के परनाले से आ रहा था, जिसमें सईदा नहा रही थी।

उसके ज़ेहन में ऊपर-तले कई ख़याल औंधे-सीधे आन गिरे : 'दवा⋯ख़ून⋯दवा⋯डर⋯दवा⋯ख़ून⋯डर⋯!'

फिर उसने आहिस्ता-आहिस्ता सोचना शुरू किया : 'सईदा की माँ क्यों शादी की तारीख़ पक्की नहीं करती थी⋯क्यों उसने एक-दो महीने ठहर जाने के लिए कहा था⋯सईदा क्यों बार-बार अपनी माँ से मिलने जाती थी⋯सईदा क्यों हर वक़्त डरी-डरी-सी रहती थी⋯क्यों दवा खाती थी⋯आज क्यों वह बहुत ज़्यादा ख़ौफ़ज़दा थी⋯'

वह सारा मामला समझ गया; उसे तमाम सवालात का जवाब मिल गया–सईदा जब उसकी दुल्हन बनकर आई थी, उस वक़्त वह पेट से थी!

'और मुझे पता भी न चला···!'

उसके होंठों पर हल्की-सी मुसकराहट फैल गई : 'तो सईदा और उसकी माँ की कोशिश थी कि हमल गिर जाए···और आज उनकी कोशिश कामयाब हो गई है···!'

उसने फिर सोचा : 'क्या मैं ऊपर जाऊँ···ऊपर जाकर सईदा को देखूँ···माँ से बात करूँ···'

माँ का ख़याल आते ही वह काँप गया : 'वह यह सदमा बर्दाश्त नहीं कर सकेगी···वह मेरी नज़रों में ज़लील होना कभी गवारा नहीं करेगी···वह ज़रूर कुछ खाकर मर जाएगी···' वह कोई फ़ैसला न कर सका।

वह घर लौट आया।

उसने देखा, उसकी माँ घर पर नहीं है—वह अपने कमरे में गया और सिर पकड़कर बैठ गया।

उसने सईदा के बारे में सोचा : 'ख़ुदा मालूम वह किस हालत में है···उसके जिस्म पर, उसके दिलो-दिमाग़ पर क्या कुछ बीता होगा···क्या बीत रहा होगा···क्या वह यह राज़ छुपा सकेगी···' जूँ-जूँ वह सईदा के बारे में सोचता, उसके दिल में हमदर्दी का जज़्बा बढ़ता जाता।

उसको सईदा पर तरस आने लगा : 'बेचारी···मालूम नहीं, बेहोश पड़ी है या होश में है···जाने उस पर क्या गुज़र रही होगी···क्या वह नीचे आ सकेगी···?'

वह सोचता रहा, बहुत देर तक सोचता रहा।

हल्की-सी कराह सुनकर वह सहन में गया।

सईदा चारपाई पर बैठी ड्योढ़ी की तरफ़ देख रही थी—उसका रंग बेहद ज़र्द था, इतना ज़र्द कि वह बिलकुल मुर्दा मालूम हो रही थी; वह बमुश्किल बैठी हुई थी; उसकी टाँगें काँप रही थीं।

बासित ने कुछ सोचा और अंदर से बुर्क़ा उठा लाया : "सईदा, हिम्मत से काम लो···चलो, मैं तुम्हें छोड़ आता हूँ।"

सईदा ने हिम्मत से काम लिया और उसके साथ धीरे-धीरे चलकर बाहर गली और फिर ज़रा आगे सड़क तक गई और ताँगे में बैठ गई।

वह उसको उसकी माँ के पास छोड़ आया।

उसके घर पहुँचते ही उसकी माँ ने पूछा : "सईदा कहाँ है?"

"माँ, वह ज़िद कर रही थी···उसको छोड़ आया हूँ।" उसने जवाब दिया।

उसकी माँ ने उसको डाँटा : "तुम उसकी आदतें ख़राब कर दोगे और फिर मुझसे कहोगे कि मैंने ग़लत जगह पर तुम्हारा रिश्ता किया था···ज़िद करने दी होती उसे···"

उसने कहा : "नहीं अम्मीजान, सईदा बड़ी अच्छी लड़की है।"

उसकी माँ मुसकराई : "मैंने तुमसे कहा नहीं था कि वह बहुत नेक लड़की है···मुझे यक़ीन था कि तुम उसे ज़रूर पसंद करोगे···" फिर थोड़ी देर तक छालिया काटने के बाद वह एकदम बोली : "बासित, वह ऊपर ग़ुस्लख़ाने में ख़ून-सा क्या था?"

वह सटपटा -सा गया : ''वह··· कुछ नहीं अम्मीजान, वह मेरी नकसीर फूटी थी।''

उसकी माँ ने बड़े ग़ुस्से के साथ कहा : ''कमबख़्त, गरम चीज़ें न खाया कर··· जब देखो, जेबें मूँगफली से भरी होती हैं।''

वह कुछ देर तक अपनी माँ के साथ बातें करता रहा—जब वह बावर्चीख़ाने में चली ग़ई तो वह ऊपर कोठे पर चला गया।

उसने गुस्लख़ाना अच्छी तरह साफ़ किया—उसके दिल को इस बात का बड़ा इत्मीनान था कि उसने अपनी माँ के साथ सईदा के मुताल्लिक़ कोई बात नहीं की है और न ही उसने सईदा पर यह ज़ाहिर होने दिया है कि वह उसका राज़ जानता है।

वह दिल में फ़ैसला कर चुका था कि सईदा का राज़ हमेशा उसके सीने में दफ़न रहेगा : 'वह काफ़ी तकलीफ़ उठा चुकी है··· उसको अपने किए की सज़ा मिल चुकी है··· मज़ीद सज़ा देने का कोई फ़ायदा नहीं है··· ख़ुदा करे, वह जल्द तंदुरुस्त हो जाए··· अब उसके चेहरे पर वह ख़ौफ़ नहीं रहेगा···'

वह सोच ही रहा था कि उसे नीचे से माँ की दिल हिला देनेवाली एक तेज़ और लंबी चीख़ सुनाई दी।

वह दौड़ा-दौड़ा नीचे उतरा और सहन में पहुँचा।

सामने ड्योढ़ी में उसकी माँ फ़र्श पर औंधी पड़ी हुई थी, मुर्दा··· पास ही कूड़ेवाले लकड़ी के बक्स में कपड़े में लिपटा ख़ून का एक बड़ा-सा लोथड़ा, एक बहुत ही छोटा-सा नामुकम्मल बच्चा पड़ा हुआ था!

शदीद सदमे के बावजूद वह सँभला—उसने फटे-पुराने कपड़ों में बच्चे के लोथडे को अच्छी तरह लपेटा और अंदर जाकर अपने बूटों के ख़ाली डिब्बे में रख दिया। फिर उसने अपनी मुर्दा माँ को उठाया और अंदर कमरे में चारपाई पर लिटा दिया और देर तक माँ के सिरहाने बैठकर रोता रहा।

सईदा को इत्तिला पहुँची तो उसको अपनी माँ के साथ आना पड़ा—वह उसी तरह ज़र्द थी और पहले से ज़्यादा निढाल।

उसको बहुत तरस आया; उसने कहा : ''सईदा, जो अल्लाह को मंज़ूर था, हो गया··· तुम्हारी तबीयत ठीक नहीं है; रोना बंद करो और जाओ, अपने कमरे में जाकर लेट जाओ।''

सईदा अपने कमरे में जाने के बजाय ड्योढ़ी में गई—जब वह वापिस आई तो उसका चेहरा हल्दी की तरह ज़र्द था।

वह ख़ामोश रहा।

सईदा ने उसकी तरफ़ देखा—उसकी आँखों में आँसू थे।

बासित ने बड़े प्यार से कहा : ''ज़्यादा रोना अच्छा नहीं सईदा··· जो ख़ुदा को मंज़ूर था, हो गया···''

दूसरे रोज़ सुबह सवेरे उसने माँ को दफ़नाने से पहले ही बच्चे के लोथड़े को नहर के किनारे गढ़ा खोदकर दबा दिया।

1. बात मानना; सिर झुकाना; 2. अप्रत्याशित; 3. नकली, कृत्रिम; 4. सुख-सुविधा; 5. भयभीत; घबराई हुई; 6. अंतराल; 7. ताला; 8. चूर्ण या पिसी हुई; 9. बीमारी में कमी होना; 10. बेचैनी।

पैरन

यह उस ज़माने की बात है, जब मैं बेहद मुफ़्लिस था और बंबई में नौ रुपए माहवार की एक खोली में रहता था, जिसमें पानी का नल था न बिजली; एक निहायत ही ग़लीज़ कोठड़ी थी, जिसकी छत पर से हज़ारहा खटमल मेरे ऊपर गिरा करते थे; चूहों की भी काफ़ी बुह्तात थी--इतने बड़े चूहे मैंने फिर कभी नहीं देखे, बिल्लियाँ उनसे डरती थीं।

चाल में सिर्फ़ एक ग़ुस्लख़ाना था, जिसके दरवाज़े की कुंडी टूटी हुई थी--सुबह सवेरे चाल की औरतें पानी भरने के लिए उस ग़ुस्लख़ाने में जमा हो जातीं--यहूदी, मरहठी, गुजराती, मद्रासी; भाँत-भाँत की औरतें।

मेरा यह मामूल[1] था कि उन औरतों के इज्तिमा[2] से बहुत पहले ग़ुस्लख़ाने में जाता, दरवाज़ा भेड़ता और नहाना शुरू कर देता। एक रोज़ मैं देर से उठा और मैंने फ़ौरन ग़ुस्लख़ाने में पहुँचकर नहाना शुरू कर दिया--थोड़ी देर के बाद खट से दरवाज़ा खुला। मैंने देखा; मेरी पड़ोसन थी; बग़ल में गागर दबाए,उसने, मालूम नहीं क्यों, एक लहज़े के लिए मुझे ग़ौर से देखा, फिर वह एकदम पलटी, गागर उसकी बग़ल से फिसली और फ़र्श पर लुढ़कने लगी; वह ऐसी भागी, जैसे कोई शेर उसका तआक़ुब[3] कर रहा हो--मैं बहुत हँसा; मैंने बढ़कर दरवाज़ा बंद किया और नहाना शुरू कर दिया।

थोड़ी देर के बाद फिर दरवाज़ा खुला--ब्रिजमोहन था--ब्रिजमोहन मेरे साथ मेरी ही खोली में रहता था।

मैं नहाने से फ़ारिग़ हो चुका था और कपड़े पहन रहा था।

उसने मुझसे कहा : "भई मंटो, आज इतवार है।"

मुझे याद आ गया कि उसको बांदरा जाना है अपनी दोस्त पैरन से मिलने--वह हर इतवार को पैरन से मिलने जाता था।

पैरन एक मामूली शक्लो-सूरत की पारसी लड़की थी, जिससे ब्रिजमोहन का मआश्क़ा[4] क़रीबन तीन बरस से चल रहा था--हर इतवार को वह मुझसे ट्रेन के किराए के लिए आठ आने लेता; पैरन के घर पहुँचता, दोनों एक-आध घंटे तक आपस में बातें करते; वह पैरन को इलस्ट्रेटेड वीकली के क्रास वर्ड पज़ल के हल देता और चला आता--वह बेकार था; सारा दिन सिर न्योढ़ाए अपनी दोस्त पैरन के लिए क्रास वर्ड पज़ल हल करता रहता

था–पैरन को छोटे-छोटें कई इनाम मिल चुके थे; उन इनामात में से ब्रिजमोहन ने एक दमड़ी भी न ली थी।

उसके पास पैरन की बेशुमार तसवीरें थीं; शलवार-क़मीस में, कुरते-पाजामे में, साड़ी-ब्लाउज़ में, फ्रॉक स्कर्ट में, बेदिंग कास्ट्यूम में, फ़ैंसी ड्रैस में–ग़ालिबन सौ से ऊपर होंगी। पैरन क़त्अन ख़ूबसूरत नहीं थी, बल्कि मैं तो यह कहूँगा कि बहुत ही अदना शक्लो-सूरत की थी, लेकिन मैंने अपनी राय का इज़हार कभी ब्रिजमोहन से नहीं किया था और न कभी मैंने उससे पैरन के मुताल्लिक़ ही कुछ पूछा था कि वह कौन है, क्या करती है, उनकी मुलाक़ात कैसे हुई, इश्क़ की इब्तिदा क्योंकर हुई, क्या वह शादी करने का इरादा रखते हैं–ब्रिजमोहन ने भी पैरन के बारे में मुझसे कभी कोई बातचीत न की थी–बस वह हर इतवार को नाश्ते के बाद मुझसे किराए के लिए आठ आने लेता और पैरन से मिलने के लिए बांदरा रवाना हो जाता और दोपहर तक लौट आता।

मैंने खोली में जाकर उसको आठ आने दिए और वह चला गया।

दोपहर को लौटने के बाद उसने ख़िलाफ़े-मामूल[5] मुझसे कहा : ''आज मामला ख़त्म हो गया।''

मैंने पूछा : ''कौन-सा मामला ?'' मुझे मालूम ही नहीं था कि वह किस मामले की बात कर रहा है।

उसने कहा : ''पैरन का मामला भई⋯ आज दो-टूक फ़ैसला हो गया है⋯ मैंने उससे कहा : 'जब भी तुमसे मिलना शुरू करता हूँ, मुझे कोई काम नहीं मिलता, तुम बहुत मनहूस हो⋯' उसने कहा : 'बेहतर है, तुम मुझे मिलना छोड़ दो⋯ देखती हूँ, तुम्हें कैसे काम मिलता है⋯ मैं मनहूस हूँ तो तुम अव्वल दर्जे के निखट्टू और कामचोर हो⋯' सो अब मामला ख़त्म हो गया है और मेरा ख़याल है, इंशाअल्लाह कल ही मुझे काम मिल जाएगा⋯ सुबह तुम मुझे चार आने देना⋯ मैं सेठ नानू भाई से मिलूँगा; वह मुझे ज़रूर अपना असिस्टेंट रख लेगा।''

सेठ नानू फिल्म डायरेक्टर मुतअद्दिद[6] मर्तबा ब्रिजमोहन को मुलाज़िमत देने से इनकार कर चुका था; पैरन की तरह उसका भी यही ख़याल था कि ब्रिजमोहन अव्वल दर्जे का निखट्टू-कामचोर है।

दूसरे रोज़ ब्रिजमोहन मुझसे चार आने लेकर चला गया।

दोपहर को वापस आकर उसने मुझे यह ख़ुशख़बरी सुनाई कि सेठ नानूभाई ने ख़ुश होकर उसको ढाई सौ रुपए माहवार पर मुलाज़िम रख लिया है, कांट्रेक्ट एक बरस का है, दस्तख़त हो चुके हैं–फिर उसने जेब में हाथ डालकर सौ रुपए निकाले और मुझे दिखाए : ''यह एडवांस है⋯ जी तो यह चाहता है कि सौ रुपए और कांट्रेक्ट लेकर बांदरा जाऊँ और पैरन से कहूँ कि लो देखो, मुझे काम मिल गया है⋯ लेकिन डर यह है कि पैरन की नुहूसत[7] फ़ौरन मेरे साथ चिपक जाएगी और कल ही नानूभाई मुझे जवाब दे देगा⋯ मेरे साथ एक मर्तबा नहीं, कई मर्तबा ऐसा हो चुका है⋯ इधर मुझे मुलाज़िमत मिली, उधर मैं पैरन से मिला और अगले ही लम्हे मामला साफ़, मुझे किसी न किसी बहाने निकाल बाहर किया गया⋯ ख़ुदा मालूम इस लड़की में यह नुहूसत क्यों है⋯ अब मैं कम अज़ कम एक बरस

तक उसका मुँह नहीं देखूँगा...मेरे पास कपड़े बहुत कम रह गए हैं; एक बरस लगाकर कुछ कपड़े बनवा लूँ तो फिर देखा जाएगा।"

छः महीने गुज़र गए।

ब्रिजमोहन बराबर काम पर जाता रहा—उसने कई नए कपड़े बनवा लिए थे, एक दर्जन रूमाल भी ख़रीद लिए थे; अब उसके पास वह तमाम चीज़ें थीं, जो एक कुँआरे आदमी के आरामो-आसाइश के लिए ज़रूरी होती हैं—हमारे दिन अच्छी तरह से गुज़र रहे थे।

एक रोज़ वह स्टूडियो गया हुआ था कि उसके नाम एक ख़त आया—शाम को जब वह लौटा तो मैं उसे वह ख़त देना भूल गया—सुबह नाश्ते पर जब मुझे याद आया तो मैंने वह ख़त उसके हवाले किया।

लिफ़ाफ़ा थामते ही वह ज़ोर से चीख़ा : "लानत...!"

मैंने पूछा : "क्या हुआ?"

"वही पैरन है...हाय, अच्छी-भली ज़िंदगी गुज़र रही थी..." यह कहकर उसने चम्मच से लिफ़ाफ़ा खोला, ख़त निकाला और मुझसे कहा : "वही कमबख़्त है...मैं भला उसका हैंड राइटिंग भूल सकता हूँ?"

"क्या लिखती है?" मैंने पूछा।

"मेरा सर...! लिखती है : मुझसे इस इतवार को ज़रूर मिलो...तुमसे कुछ कहना है...।" उसने ख़त लिफ़ाफ़े में डाला और जेब में रख लिया : "लो भई मंटो, नौकरी से इंशाअल्लाह जवाब मिल जाएगा।

मैंने कहा : "क्या बकवास करते हो?"

उसने बड़े वसूक़ से कहा : "नहीं मंटो, तुम देख लेना...कल इतवार है और कल मैं पैरन से मिलूँगा...परसों नानूभाई को मुझसे कोई न कोई शिकायत पैदा हो जाएगी और वह मुझे फ़ौरन निकाल बाहर करेगा।"

मैंने कहा : "अगर तुम्हें इतना वसूक़ है तो मत जाओ उससे मिलने।"

"यह नहीं हो सकता...वह बुलाए तो मुझे जाना ही पड़ता है।"

"क्यों?"

"बस ऐसे ही...फिर मुलाज़िमत करते-करते भी मैं कुछ उकता चुका हूँ...छः महीने से ऊपर हो गए हैं यार...!" वह मुसकराया और चला गया।

दूसरे रोज़ सुबह वह नाश्ता करके बांदरा गया और दोपहर को पैरन से मुलाक़ात करने के बाद लौट आया—उसने मुलाक़ात के बारे में कोई बात न की।

मैंने पूछा : "मिल आए अपने मनहूस सितारे[9] से?"

"हाँ मिल आया...मैंने उसे यह भी कह दिया कि अब मुझे मुलाज़िमत से बहुत जल्द जवाब मिल जाएगा..." वह खाट पर से उठा और बोला : "चलो आओ, खाना खा आएँ।"

हम दोनों ने हाजी होटल में खाना खाया—इस दौरान में पैरन की कोई बात न हुई।

रात को सोने से पहले उसने सिर्फ़ इतना कहा : "अब देखो, कल क्या गुल खिलता है?"

मेरा ख़याल था कि कुछ भी नहीं होगा, मगर अगले रोज़ वह ख़िलाफ़े-मामूल स्टूडियो से जल्दी लौट आया—मुझे देखकर ख़ूब ज़ोर से हँसा : "जवाब मिल गया भाई !"

मैंने समझा वह मज़ाक़ कर रहा है—कहा : "हटाओ यार !"

"जो हटना था, वह तो हट गया है... अब क्या हटाऊँ... सेठ नानूभाई पर टाँच[10] आ गई है, स्टूडियो सील हो गया है... मेरी वजह से बेचारे नानूभाई पर भी आफ़त आ गई..." वह फिर हँसने लगा।

मैं सिर्फ़ इतना कह सका : "यार, यह अजीब सिलसिला है !"

"देख लो... इसे कहते हैं, हाथ कंगन को आरसी क्या..." उसने सिगरेट सुलगाया और कैमरा उठाकर खोली से बाहर निकल गया।

वह फिर बेकार था—जब उसकी जमा पूँजी ख़त्म हो गई तो उसने हर इतवार को फिर मुझसे बांदरा जाने के लिए आठ आने माँगने शुरू कर दिए।

एक बात जो मेरी समझ में नहीं आती थी, यह थी कि वह हर इतवार को एक-आध घंटे तक पैरन से क्या बातें करता होगा; वैसे वह बहुत अच्छी गुफ़्तगू करता था, मगर उस लड़की से, जिसकी नुहूसत का उसकों मुकम्मल तौर पर यक़ीन था, वह किस क़िस्म की बातें करता होगा ?

एक रोज़ मैंने उससे पूछा : "ब्रिज, क्या पैरन को भी तुमसे मुहब्बत है ?"

"नहीं... ! वह किसी और से मुहब्बत करती है।" उसने जवाब दिया।

मुझे उसका जवाब सुनकर बड़ा ताज्जुब हुआ : "फिर तुमसे क्यों मिलती है ?"

"इसलिए कि मैं ज़हीन हूँ... अपने कैमरे से उसके भद्दे चेहरे को ख़ूबसूरत बनाकर पेश कर सकता हूँ; उसके लिए क्रास वर्ड पज़ल हल करता हूँ... कभी-कभी उसको इनाम भी मिल जाता है... मंटो, तुम नहीं जानते इन लड़कियों को... मैं ख़ूब पहचानता हूँ इन्हें... पैरन जिससे मुहब्बत करती है, उसकी कमियाँ अच्छी तरह जानती है और मुझसे मिलकर वह कमियाँ पूरी कर लेती है..." वह मुसकराया : "वह बड़ी चार सौ बीस है !"

मैंने क़दरे-हैरत से पूछा : "फिर तुम उससे क्यों मिलते हो ?"

वह बड़े ज़ोर से हँसा; चश्मे के पीछे अपनी आँखें सिकोड़कर उसने कहा : "मुझे मज़ा आता है।"

"किस बात का ?"

"मैं उसका इम्तिहान ले रहा हूँ... उसकी नुहूसत का इम्तिहान... पिछले तीन-चार बरसों से, यानी जब से हमारी मुलाक़ातें शुरू हुई हैं, मैं महसूस कर रहा हूँ कि वह मनहूस है... थोड़े-थोड़े वक़्फ़ों के बाद मैंने जब भी उससे मिलना शुरू किया, मुझे अपने काम से जवाब मिल गया... अब मेरी एक मनहूस ख़्वाहिश है कि उसके मनहूस असर को चकमा देकर निकल जाऊँ।"

मैंने पूछा : "क्या मतलब ?"

उसने बड़ी संजीदगी से कहा : "मेरा जी चाहता है कि इस बार मैं मुलाज़िमत से जवाब मिलने से पहले ही ख़ुद मुलाज़िमत से अलग हो जाऊँ... यानी ख़ुद अपने आक़ा को जवाब दे

दूँ···वह मुझसे वजह पूछे तो उससे कहूँ : 'जनाब, मुझे मालूम था कि आप मुझे बरतरफ़ करनेवाले हैं, इसलिए मैंने आपको ज़हमत ही न दी और ख़ुद अलग हो गया···आप नहीं जानते कि आप मुझे बरतरफ़ नहीं कर रहे थे···बरतरफ़ करनेवाली मेरी दोस्त पैरन है, जिसकी नाक मेरे कैमरे में इस तरह घुसती है जैसे तीर···' वह मुझे देखता रह जाए और मैं बाहर निकल आऊँ···" वह मुसकराया : "बस मेरी यही एक छोटी-सी ख़्वाहिश है···जाने पूरी होती है या नहीं···।"

मैंने कहा : "अजीबो-ग़रीब ख़्वाहिश है तुम्हारी !"

"मेरी हर चीज़ अजीबो-ग़रीब होती है···पिछले इतवार मैंने पैरन के उस दोस्त के लिए, जिससे वह मुहब्बत करती है, एक तसवीर खींची थी, टेलीफ़ोन पर गिरे हुए एक हसरतज़दा शख़्स की···उल्लू की दुम मेरी तसवीर को कंपीटीशन में भेजेगा और यक़ीनी तौर पर उसे इनाम मिलेगा···" यह कहकर वह मुसकराया।

वह वाक़ई अजीबो-ग़रीब आदमी था—वह पैरन के दोस्त के लिए कई बार तसवीरें खींच चुका था, जो इलस्ट्रेटेड वीकली में पैरन के दोस्त के नाम से छप चुकी थीं; ज़ाहिर है, पैरन बहुत ख़ुश हुई थी—वह उन तसवीरों को देखता था तो मुसकरा देता था।

वह पैरन के दोस्त की शक्लो-सूरत तक से नाआश्ना था; पैरन ने उससे अपने दोस्त की मुलाक़ात तक न कराई थी; बस सिर्फ़ इतना बताया था कि उसका दोस्त किसी मिल में काम करता है और बहुत ख़ूबसूरत है।

उसने जब 'क्यों मियाँ मंटो' कहा तो मैं चौंका।

मैंने उसकी तरफ़ देखा : "ब्रिज, तुम्हारी मनहूस ख़्वाहिश पूरी होने में बहुत वक़्त लग सकता है !"

"कैसे ?"

मैंने कहा : "पहले तुम्हारा पैरनवाला मामला ख़त्म हो, तब तुम्हें कोई मुलाज़िमत मिले···फिर तुम्हें पैरन बुलाए और तुम उससे मिलने जाओ···और यूँ···"

उसने मेरी बात काट दी : "हाँ, इंतज़ार की यह कोफ़्त तो बर्दाश्त करनी ही पड़ेगी···"

बस महीनों गुज़र गए।

इतवार की सुबह, आठ आने, बांदरा, पैरन, दोपहर को उसकी वापसी—सिलसिले में ज़र्रा बराबर तब्दीली न आई।

एक इतवार को बांदरा से वापस आने के बाद उसने मुझसे कहा : "लो भई मंटो, आज मामला ख़त्म हो गया।"

मैंने पूछा : "पैरनवाला ?"

"तो और कौन-सा···?"

मैंने कहा : "मुझे तो ख़त्म होता नज़र नहीं आ रहा था···आख़िर कैसे ख़त्म हुआ ?"

ऐसे ही बातों-बातों में उसने मुझे कामचोर कहा और मैंने उसको मनहूस, बस मामला ख़त्म हो गया···अब इंशाअल्लाह कुछ ही दिनों में मुझे कोई न कोई मुलाज़िमत मिल

जाएगी··· मेरा ख़याल है, मैं सेठ नियाज़ अली से मिलूँ··· उसने एक फ़िल्म बनाने का एलान किया है··· यार, ज़रा नियाज़ अली के दफ़्तर का पता लगाकर तो मुझे बताओ।''

मैंने सेठ नियाज़ अली के दफ़्तर का पता एक दोस्त से पूछकर उसको बता दिया।

वह अगले ही रोज़ वहाँ गया—शाम को लौटा तो उसके मुतमइन चेहरे पर मुसकराहट थी।

''लो भई मंटो···'' यह कहकर उसने जेब से एक टाइपशुदा कागज़ निकाला और मेरी तरफ़ फेंक दिया : ''एक फ़िल्म का कांट्रेक्ट··· तनख़्वाह दो सौ रुपए माहवार··· कम तो है, लेकिन नियाज़ अली ने कहा है, बढ़ा देगा··· मेरा ख़याल है, ठीक ही है!''

मैं हँसा : ''अब पैरन से कब मिलोगे?''

वह मुसकराया : ''कब मिलूँगा··· ? जब वह बुलाएगी··· मंटो यार, मैंने तुमसे कहा था ना कि मेरी एक छोटी-सी ख़्वाहिश है··· देखें कब बुलाती है; ज़रा देर से बुलाए तो अच्छा है··· तीन-चार जोड़े बन जाएँ, कुछ हालात बेहतर हो जाएँ··· जब भी बुलाएगी, जाना तो पड़ेगा; चाहे आज ही जाना पड़े··· हाँ, पचास रुपए एडवांस ले आया हूँ··· तुम इधर-उधर का क़र्ज़ चुका दो।''

मैंने होटलवाले का क़र्ज़ फ़ौरन चुका दिया—हमारे दिन बड़ी ख़ुशहाली से गुज़रने लगे।

सौ रुपए माहवार मैं कमा लेता था, दो सौ रुपए माहाना वह ले आता था, बड़े ऐश थे—पाँच महीने गुज़र गए।

अचानक एक रोज़ उसको पैरन का ख़त मौसूल हुआ : ''लो भई मंटो, इज़राइल साहिब तशरीफ़ ले आए हैं!''

सच बात तो यह है कि ख़त उसको मिला था और ख़ौफ़ मैंने महसूस किया था।

उसने मुसकराते हुए लिफ़ाफ़ा चाक किया, ख़त निकालकर पढ़ा—बिलकुल मुख़्तसर तहरीर थी।

मैंने पूछा : ''क्या फ़रमाती हैं?''

''फ़रमाती हैं : 'इस इतवार को मुझसे ज़रूर मिलो—एक अशद ज़रूरी काम है।' '' उसने ख़त लिफ़ाफ़े में वापस डालकर जेब में रख लिया।

मैंने पूछा : ''जाओगे?''

''जाना ही पड़ेगा।'' फिर उसने गुनगुनाना शुरू कर दिया : ''मत भूल मुसाफ़िर, तुझे जाना ही पड़ेगा···!''

मैंने कहा, ''ब्रिज, मत जाओ उससे मिलने··· बड़े अच्छे दिन गुज़र रहे हैं··· तुम नहीं जानते, मैं ख़ुदा मालूम किस तरह तुम्हें आठ आने दिया करता था···''

वह मुसकराया : ''मुझे सब मालूम है··· लेकिन अफ़सोस है कि वह दिन फिर आनेवाले हैं··· और तुम फिर ख़ुदा मालूम किस तरह मुझे हर इतवार को आठ आने दिया करोगे!''

इतवार को वह पैरन से मिलने बांदरा गया।

वापस आया तो उसने मुझसे कहा : ''मैंने आज पैरन से कह दिया : 'यह बारहवीं मर्तबा

है कि मुझे तुम्हारी नुहूसत की वजह से बरतरफ़ होना पड़ेगा··· तुम पर रहमत हो ज़रतुश्त[11] की।' "

मैंने पूछा : "तुम्हारी बात सुनकर उसने कुछ कहा ?"

उसने जवाब दिया : "फ़क़त इतना : 'तुम सिली ईडियट हो !' "

मैंने कहा : "और वह तुम हो।"

"सौ फ़ीसदी··· !" वह हँसा : "अब कल सुबह स्टूडियो जाते ही मैं अपना इस्तीफ़ा पेश करनेवाला हूँ··· इस्तीफ़ा मैंने वहीं पैरन के सामने ही लिख लिया था।"

उसने मुझे इस्तीफ़ा दिखा दिया।

दूसरे रोज़ उसने ख़िलाफ़े-मामूल जल्दी-जल्दी नाश्ता किया और स्टूडियो के लिए रवाना हो गया।

शाम को लौटा तो उसका चेहरा उतरा हुआ था—उसने मुझसे कोई बात न की।

मुझे ही बिलआख़िर उससे पूछना पड़ा : "क्यों ब्रिज, क्या हुआ ?"

उसने बड़ी नाउम्मीदी से सिर हिलाया : "कुछ नहीं यार··· सारा मामला ही ख़त्म हो गया !"

"क्या मतलब ?"

"मैंने सेठ नियाज़ अली को अपना इस्तीफ़ा पेश किया··· पढ़ने के बाद उसने मेरा इस्तीफ़ा फाड़ दिया और मुसकराकर मुझे एक ख़त दिया··· लिखा था कि मेरी तनख़्वाह पिछले महीने से दो सौ की बजाय तीन सौ रुपए माहवार कर दी गई है···"

मैंने इत्मीनान का एक लंबा साँस भरा।

थोड़ी देर के बाद उसने कहा : "यार, पैरन की नहूसत ख़त्म होते ही मेरे लिए पैरन भी ख़त्म हो गई··· और मेरा एक निहायत दिलचस्प मश्ग़ला[12] भी ख़त्म हो गया··· अब कौन मुझे बेकार रखने का मूजिब[13] होगा ?"

---

1. नियम; 2. इकट्ठा होने; 3. पीछा; 4. प्रेम-संबंध; 5. नियम के विरुद्ध; 6. बहुत; 7. अमंगल; 8. विश्वास; 9. अशुभ ग्रह; 10. कुर्की; 11. मिनूचेहर वंश का एक ईरानी महात्मा जिसने सम्राट गुश्ताश्प के काल में एक धर्म चलाया था। उसके अनुयायी अग्नि-पूजक थे; 12. शग़्ल, शौक; 13. कारण।

बादशाहत का ख़ात्मा

टेलीफ़ोन की घंटी बजी।

वह पास ही बैठा था—उसने रिसीवर उठाया और कहा : "हैलो···फ़ोर फ़ोर फ़ोर फ़ाइव सेवन।"

दूसरी तरफ़ से पतली-सी निसवानी[1] आवाज़ आई : "सौरी···"

उसने रिसीवर रख दिया और किताब पढ़ने में मश्ग़ूल हो गया।

वह यह किताब तक़रीबन बीस मर्तबा पढ़ चुका था, इसलिए नहीं कि उस किताब में कोई ख़ास बात थी—उस दफ़्तर में, जो वीरान पड़ा था, बस वही एक किताब मौजूद थी और उसके औराक़ किर्मख़ूर्दा[2] थे।

वह दफ़्तर एक हफ़्ते से उसकी तहवील[3] में था— उस दफ़्तर का मालिक उसका दोस्त था और एक बड़ी रक़म क़र्ज़ लेने के लिए किसी और शहर गया हुआ था—उसके पास रहने के लिए कोई जगह नहीं थी, इसलिए वह आरिज़ी[4] तौर पर फ़ुटपाथ से उस दफ़्तर में मुंतक़िल[5] हो गया था और एक हफ़्ते में उस दफ़्तर की उस इकलौती किताब को तक़रीबन बीस मर्तबा पढ़ चुका था।

दफ़्तर में वह अकेला पड़ा रहता।

नौकरी से उसे नफ़रत थी—अगर वह चाहता तो उसे किसी भी फ़िल्म कंपनी में कोई न कोई मुलाज़िमत मिल सकती थी, मगर वह ग़ुलामी नहीं चाहता था।

वह निहायत ही बेज़रर[6] और मुख़्लिस[7] आदमी था, इसलिए उसके दोस्त-यार उसके रोज़मर्रा के इख़्राजात[8] का बंदोबस्त कर देते थे—उसके इख़्राजात बहुत ही कम थे; सुबह को चाय की एक प्याली और दो तोस; बाद दोपहर दो फुलके और थोड़ा-सा सालन; सारे दिन में एक पैकेट सिगरेट; बस सिर्फ़ इतना कुछ।

उसका कोई अज़ीज़ या रिश्तेदार नहीं था—बेहद ख़ामोशी पसंद था; जफ़ाकश[9] था; कई-कई दिन फ़ाक़ों से रह सकता था—उसके मुताल्लिक़ उसके दोस्त और कुछ नहीं तो इतना ज़रूर जानते थे कि वह बचपन ही में अपना घर-बार छोड़-छाड़के निकल आया था और एक मुद्दत से बंबई के फ़ुटपाथों पर आबाद था।

ज़िंदगी में उसको सिर्फ़ एक चीज़ की हसरत थी—औरत की मुहब्बत की।

वह कहा करता था, अगर मुझे किसी औरत की मुहब्बत मिल गई तो मेरी ज़िंदगी बदल जाएगी।

उसके दोस्त उससे कहते : ''काम तो तुम फिर भी न करोगे!''

वह आह भरकर जवाब देता : ''काम... मैं मुजस्सम[10] काम बन जाऊँगा।''

दोस्त कहते : ''तो शुरू कर दो किसी से इश्क़।''

वह जवाब देता : ''नहीं... मैं ऐसे इश्क़ का क़ायल नहीं जो मर्द की तरफ़ से शुरू हो।''

उसने सामने दीवार पर क्लॉक की तरफ़ देखा—खाने का वक़्त क़रीब आ रहा था।

वह बाहर जाने के बारे में सोच ही रहा था कि टेलीफ़ोन की घंटी बजना शुरू हुई।

उसने रिसीवर उठाया और कहा : ''हैलो...''

दूसरी तरफ़ से पतली-सी आवाज़ आई : ''फ़ोर फ़ोर फ़ोर फ़ाइव सेवन।''

उसने जवाब दिया : ''जी हाँ!''

निसवानी आवाज़ ने पूछा : ''आप कौन हैं?''

''मनमोहन... फ़रमाइए।''

दूसरी तरफ़ से जब आवाज़ न आई तो उसने पूछा : ''फ़रमाइए, किससे बात करना चाहती हैं आप?''

आवाज़ ने जवाब दिया : ''आपसे!''

उसने ज़रा हैरत से पूछा : ''मुझसे?''

''जी हाँ आपसे... क्या आपको कोई एतिराज है?''

वह सटपटा-सा गया : ''जी...? जी नहीं!''

आवाज़ मुसकराई : ''आपने अपना नाम मदन मोहन बताया था?''

''जी नहीं... मनमोहन।''

''मनमोहन!''

चंद लम्हात ख़ामोशी में गुज़र गए तो उसने कहा : ''आप बातें करना चाहती थीं मुझसे?''

आवाज़ आई : ''जी हाँ!''

''तो कीजिए!''

थोड़े वक़्फ़े के बाद आवाज़ आई : ''समझ में नहीं आता, क्या बात करूँ... आप ही शुरू कीजिए ना कोई बात!''

''बहुत बेहतर...'' यह कहकर उसने थोड़ी देर सोचा : ''नाम अपना बता चुका हूँ; आरिज़ी तौर पर मेरा ठिकाना यह दफ़्तर है... पहले फ़ुटपाथ पर सोता था, अब एक हफ़्ते से इस दफ़्तर की बड़ी मेज़ पर सोता हूँ।''

आवाज़ मुसकराई : ''फ़ुटपाथ पर आप मसहरी लगाकर सोते थे?''

वह हँसा : ''इससे पहले कि मैं आपसे मज़ीद[11] गुफ़्तगू करूँ, मैं यह बात वाज़ेह कर देना चाहता हूँ कि मैंने कभी झूठ नहीं बोला है... फ़ुटपाथों पर सोते हुए मुझे एक ज़माना हो गया है... यह दफ़्तर तक़रीबन एक हफ़्ते से मेरे क़ब्ज़े में है और आजकल मैं ऐश कर रहा हूँ।''

आवाज़ फिर मुसकराइ : "कैसा ऐश ?"

उसने जवाब दिया : "एक किताब मिल गई थी इस दफ़्तर में... आख़िरी औराक़[12] गुम हैं, फिर भी बीस मर्तबा पढ़ चुका हूँ... सालिम किताब कभी हाथ लग गई तो मालूम होगा कि हीरो और हीरोइन के इश्क़ का अंजाम क्या हुआ ।"

आवाज़ हँसी : "आप बड़े दिलचस्प आदमी हैं ।"

उसने तकल्लुफ़ से कहा : "आपकी ज़र्रानवाज़ी है ।"

आवाज़ ने थोड़े तवक्क़ुफ़ के बाद पूछा : "आपका शग़्ल क्या है ?"

"शग़्ल ?"

"मेरा मतलब है, आप करते क्या हैं ?"

"क्या करता हूँ... ? कुछ भी नहीं... एक बेकार इंसान क्या कर सकता है... बस सारा दिन आवारागर्दी करता हूँ और रात को सो जाता हूँ।"

आवाज़ ने पूछा : "यह ज़िंदगी आपको अच्छी लगती है ?"

"ठहरिए..." वह सोचने लगा : "बात दरअसल यह है कि मैंने इस बारे में कभी ग़ौर ही नहीं किया... अब आपने पूछा है तो मैं भी अपने आपसे पूछ रहा हूँ : 'यह ज़िंदगी तुम्हें अच्छी लगती है ?' "

"कोई जवाब मिला ?"

थोड़े वक़्फ़े के बाद उसने जवाब दिया : "जी नहीं, कोई जवाब नहीं मिला... लेकिन मेरा ख़याल है कि ऐसी ज़िंदगी मुझे अच्छी ही लगती होगी, जभी तो एक अर्से से बसर कर रहा हूँ ।"

आवाज़ फिर हँसी ।

उसने कहा : "आपकी हँसी बड़ी मुतरन्निम[13] है ।"

आवाज़ शरमा गई : "शुक्रिया !"

और सिलसिला-ए-गुफ़्तुगू मुन्क़ते[14] हो गया ।

वह थोड़ी देर रिसीवर हाथ में लिए खड़ा रहा, फिर उसने मुसकराकर रिसीवर रख दिया और दफ़्तर बंद करके बाज़ार की तरफ़ निकल गया ।

दूसरे रोज़ सुबह आठ बजे टेलीफ़ोन की घंटी बजना शुरू हुई ।

वह दफ़्तर की बड़ी मेज़ पर सो रहा था—जम्हाइयाँ लेते हुए उसने रिसीवर उठाया और कहा : "हैलो... फ़ोर फ़ोर फ़ोर फाइव सेवन ।"

दूसरी तरफ़ से आवाज़ आई : "आदाब अर्ज़ मनमोहन साहब !"

"आदाब अर्ज़..." वह एकदम चौंका : "ओह आप... आदाब अर्ज़, तस्लीमात ।"

आवाज़ आई : "आप ग़ालिबन सो रहे थे ?"

"जी हाँ... यहाँ आकर मेरी आदात कुछ बिगड़-सी रही हैं... वापस फ़ुटपाथ पर जाऊँगा तो बड़ी मुसीबत हो जाएगी ।"

आवाज़ मुसकराई : "क्यों ?"

"वहाँ सुबह पाँच बजे से पहले-पहले उठना पड़ता है ।"

आवाज़ हँसी।

उसने पूछा : ''कल आपने एकदम फ़ोन बंद कर दिया।''

आवाज़ शरमा गई : ''आपने मेरी हँसी की तारीफ़ क्यों की थी ?''

उसने कहा : ''वाह साहब, यह भी अजीब बात कही आपने···कोई चीज़ ख़ूबसूरत हो तो उसकी तारीफ़ नहीं करनी चाहिए।''

''बिलकुल नहीं !''

''यह शर्त आप मुझ पर आइद नहीं कर सकतीं···मैंने आज तक कोई शर्त अपने ऊपर आइद नहीं होने दी···आप हँसेंगी तो मैं ज़रूर तारीफ़ करूँगा।''

''आप तारीफ़ करेंगे तो मैं फ़ोन बंद कर दूँगी।''

''बड़े शौक़ से।''

''आपको मेरी नाराज़गी का कोई ख़याल नहीं।''

''पहली बात, मैं आपको नाराज़ करना नहीं चाहता···दूसरी बात, अगर मैं आपकी हँसी की तारीफ़ न करूँ तो मेरा ज़ौक़[15] मुझसे नाराज़ हो जाएगा···और मेरा ज़ौक़ मुझे बहुत अज़ीज़ है !''

थोड़ी देर की ख़ामोशी के बाद दूसरी तरफ़ से आवाज़ आई : ''माफ़ कीजिएगा, मैं मुलाज़िमा[16] से कुछ कह रही थी···तो आपका ज़ौक़ आपको बहुत अज़ीज़ है···हाँ, यह तो बताइए, आपको शौक़ किस चीज़ का है ?''

''क्या मतलब ?''

''यानी कोई शग़ल···कोई काम···मेरा मतलब कि आपको आता क्या है ?''

वह हँसा : ''मुझे कोई काम नहीं आता···बस फ़ोटोग्राफ़ी का थोड़ा-सा शौक़ है।''

''बहुत अच्छा शौक़ है।''

''इस शौक़ की अच्छाई या बुराई के बारे में कभी मैंने सोचा ही नहीं।''

आवाज़ ने पूछा : ''कैमरा तो आपके पास बहुत अच्छा होगा ?''

वह हँसा : ''मेरे पास अपना कोई कैमरा नहीं···दोस्तों से माँगकर शौक़ पूरा कर लेता हूँ···हाँ, एक कैमरा मेरी नज़र में है···अगर मैंने कभी कुछ कमाया तो ख़रीदूँगा।''

''कौन-सा कैमरा ?''

उसने जवाब दिया : ''एग्ज़ैक्टा···रिफ़्लेक्स कैमरा है, मुझे पसंद है।''

थोड़ी देर ख़ामोशी रही; फिर उधर से आवाज़ आई : ''मैं कुछ सोच रही थी !''

उसने पूछा : ''क्या सोच रही थीं आप ?''

''आपने मेरा नाम पूछा न टेलीफ़ोन नंबर दरयाफ़्त किया !''

''मुझे ज़रूरत ही महसूस नहीं हुई।''

''क्यों ?''

''नाम आपका कुछ भी हो, क्या फ़र्क़ पड़ता है···आपको मेरा फ़ोन नंबर मालूम है, बस ठीक है···हाँ, अगर आप चाहेंगी कि मैं आपको फ़ोन करूँ तो अपना नाम और नंबर बता दीजिएगा।''

''मैं नहीं बताऊँगी।''

''वाह साहब, यह भी ख़ूब रही... जब मैं आपसे पूछूँगा ही नहीं तो बताने या न बताने का सवाल ही कहाँ पैदा होगा ?''

आवाज़ मुसकराई : ''आप अजीबो-ग़रीब आदमी हैं।''

वह मुसकराया : ''जी हाँ, कुछ ऐसा ही आदमी हूँ।''

चंद सैकेंड ख़ामोशी रही।

उसने कहा : ''आप फिर सोचने लगीं ?''

''जी हाँ... कोई और बात सोच रही थी।''

''तो फ़ोन बंद कर दीजिए... फिर सही !''

आवाज़ किसी क़दर तीखी हो गई : ''आप बहुत रूखे आदमी हैं... 'फ़ोन बंद कर दीजिए', लीजिए बंद करती हूँ।''

उसने रिसीवर रख दिया और मुसकराने लगा।

आधे घंटे के बाद जब वह मुँह-हाथ धोकर, कपड़े पहनकर बाहर निकलनेवाला था कि टेलीफ़ोन की घंटी बजी।

उसने रिसीवर उठाया और कहा : ''फ़ोर फ़ोर फ़ोर फ़ाइव सेवन !''

आवाज़ आई : ''मिस्टर मनमोहन ?''

उसने जवाब दिया : ''जी हाँ मनमोहन... इरशाद ?''

आवाज़ मुसकराई : ''इरशाद यह है कि मेरी नाराज़गी दूर हो गई है।''

उसने बड़ी शिगुफ़्तगी[17] से कहा : ''मुझे बड़ी ख़ुशी हुई है।''

''नाश्ता करते हुए मुझे ख़याल आया कि आपके साथ बिगाड़नी नहीं चाहिए... हाँ, आपने नाश्ता कर लिया ?''

''जी नहीं... बस ऐसे ही बाहर निकलनेवाला था कि आपका फ़ोन आ गया।''

''ओह... तो आप जाइए।''

''जी नहीं, मुझे कोई जल्दी नहीं, कोई काम भी नहीं... और आज मेरे पास पैसे भी नहीं हैं... आज मैं नाश्ता नहीं करूँगा।''

''आपकी बातें... आप ऐसी बातें क्यों करते हैं... मेरा मतलब है, क्या ऐसी बातें करने से आपका दुख कम हो जाता है।''

उसने एक लम्हे के लिए सोचा : ''जी नहीं... मुझे इल्म नहीं... अगर मेरा कोई दुख-दर्द है तो मैं उसका आदी हो चुका हूँ।''

आवाज़ ने पूछा : ''मैं आपको कुछ रुपए भेज दूँ ?''

उसने जवाब दिया : ''भेज दीजिए... मेरे फाइनेंसरों की तादाद में इज़ाफ़ा हो जाएगा।''

''नहीं, मैं नहीं भेजूँगी।''

''आपकी मर्ज़ी !''

''मैं फ़ोन बंद कर रही हूँ।''

''बेहतर।''

उसने रिसीवर रख दिया और मुसकराता हुआ दफ़्तर से निकल गया।

रात को दस बजे के क़रीब वह वापस आया और कपड़े बदलकर मेज़ पर लेट गया—थोड़ी देर के बाद उसने हाथ बढ़ाकर बीस मर्तबा पढ़ी हुई किताब उठाई और पढ़ने लगा; फिर पढ़ते-पढ़ते सोचने लगा : 'वह कौन है जो उसे फ़ोन करती है''' आवाज़ से पता चलता है कि जवान है''' हँसी बहुत ही मुतरन्निम है''' गुफ़्तुगू से ज़ाहिर होता है कि तालीमयाफ़्ता और मुहज़्ज़ब[18] है'—बहुत देर तक वह सोचता रहा।

इधर क्लॉक ने ग्यारह बजाए, उधर टेलीफ़ोन की घंटी बजी।

उसने रिसीवर उठाया : "हैलो!"

दूसरी तरफ़ से वही आवाज़ आई : "मिस्टर मनमोहन?"

"जी हाँ, मनमोहन''' इरशाद!"

"इरशाद यह है कि मैंने आज दिन में कई मर्तबा रिंग किया''' आप कहाँ ग़ायब थे?"

"साहब, बेकार आदमी हूँ, लेकिन फिर भी काम पर जाता हूँ।"

"किस काम पर?"

"आवारागर्दी एक बड़ा काम है।"

"इस बड़े काम से कब लौटे?"

"दस बजे के क़रीब।"

"तब से क्या कर रहे थे?"

"मेज़ पर लेटे-लेटे आपकी आवाज़ से आपकी तसवीर बना रहा था।"

"बन गई मेरी तसवीर?"

"जी नहीं''' अभी नहीं।"

"मेरी तसवीर बनाने की कोशिश न कीजिए''' आपको मायूसी होगी''' मैं बड़ी बदसूरत हूँ।"

"माफ़ कीजिएगा, आप ग़लत फ़रमा रही हैं''' और अगर आप वाक़ई बदसूरत हैं तो फ़ोन बंद कर दीजिए''' बदसूरती से मुझे नफ़रत है।"

आवाज़ मुसकराई : "ऐसा है तो चलिए, मैं ख़ूबसूरत हूँ''' मैं आपके दिल में नफ़रत पैदा करना नहीं चाहती।"

ज़रा की ज़रा ख़ामोशी रही।

उसने पूछा : "कुछ सोचने लगीं?"

आवाज़ चौंकी : "जी नहीं''' मैं आपसे पूछनेवाली थी कि'''"

उसने आवाज़ काट दी : "पहले सोच लीजिए अच्छी तरह कि'''"

आवाज़ हँस पड़ी : "आपको ग़ज़ल सुनाऊँ?

"ज़रूर।"

"ज़रा ठहरिए'''"

पहले उसने आवाज़ को गला साफ़ करते सुना, फिर उसको ग़ालिब की ग़ज़ल सुनाई दी : 'नुकता चीं है ग़मे दिल'''

धुन वही सहगलवाली थी—आवाज़ में दर्द और ख़ुलूस था।

जब ग़ज़ल ख़त्म हुई तो उसने दाद दी : "बहुत ख़ूब···ज़िंदा रहो।"

आवाज़ शरमा गई : "शुक्रिया!"

टेलीफ़ोन बंद हो गया।

उसके दिलो-दिमाग़ में सारी रात ग़ालिब की ग़ज़ल गूँजती रही।

सुबह वह जल्दी उठा और फ़ोन का इंतज़ार करने लगा; तक़रीबन ढाई घंटे वह कुर्सी पर बैठा रहा, मगर टेलीफ़ोन की घंटी न बजी—उसने एक अजीब-सी तल्ख़ी अपने हलक़ में महसूस की।

कुर्सी से उठकर वह कमरे में टहलने लगा; फिर वह मेज़ पर लेट गया।

थोड़ी देर के बाद उसने उस किताब की वरक़गर्दानी शुरू कर दी, जिसको वह मुतअद्दिदद बार पढ़ चुका था।

लेटे-लेटे, वरक़गर्दानी करते-करते शाम हो गई—तक़रीबन सात बजे टेलीफ़ोन की घंटी बजी।

उसने रिसीवर उठाया और तेज़ी से पूछा : "कौन है?"

वही आवाज़ आई : "मैं!"

"इतनी देर तुम कहाँ थीं?" उसका लहजा तेज़ रहा।

आवाज़ लरज़ी : "क्यों?"

"मैं सुबह से यहाँ झक मार रहा हूँ···नाश्ता किया है न खाना खाया है, हालाँकि मेरे पास पैसे मौजूद हैं।"

आवाज़ आई : "जब मेरी मर्ज़ी होगी, फ़ोन करूँगी···आप···"

उसने बात काटकर कहा : "देखो जी, यह सिलसिला बंद कर दो···फ़ोन करना है तो एक वक़्त मुक़र्रर कर लो···मुझसे इंतज़ार बर्दाश्त नहीं होता।"

आवाज़ मुसकराई : "आज की माफ़ी चाहती हूँ···कल से बाक़ायदा सुबह और शाम फ़ोन किया करूँगी आपको।"

"हाँ, यह ठीक है।"

आवाज़ हँसी : "मुझे मालूम नहीं था, आप इस क़दर बिगड़े-दिल हैं।"

वह मुसकराया : "माफ़ करना, इंतज़ार से मुझे बहुत कोफ़्त होती है···और जब मुझे किसी बात से कोफ़्त होती है तो मैं अपने आपको सज़ा देना शुरू कर देता हूँ।"

"वह कैसे?"

"अब देखो ना, सुबह तुम्हारा फ़ोन न आया···चाहिए तो यह था कि मैं चला जाता, लेकिन मैं दिन भर बैठा अंदर ही अंदर कुढ़ता रहा; न कुछ खाया, न कुछ पिया···बचपना है साफ़···"

आवाज़ डूब-सी गई : "काश! मुझसे यह ग़लती न हुई होती···मैंने क़स्दन[19] सुबह फ़ोन नहीं किया था।"

"क्यों?"

''यह मालूम करने के लिए कि आप इंतज़ार करेंगे या नहीं !''

वह हँसा : ''बहुत शरीर हो तुम··· अच्छा अब फ़ोन बंद कर दो···मैं खाना खाने जा रहा हूँ।''

''कब तक लौटिएगा ?''

''आधे घंटे तक।''

आधे घंटे के बाद जब वह खाना खाकर लौटा तो टेलीफ़ोन की घंटी बजी।

देर तक बातें होती रहीं; फिर आवाज़ ने ग़ालिब की एक ग़ज़ल सुनाई; उसने दिल से दाद दी—फिर टेलीफ़ोन बंद कर दिया गया।

अब हर रोज़ सुबहो-शाम उसको फ़ोन आता—घंटी की आवाज़ सुनते ही वह टेलीफ़ोन की तरफ़ लपकता—बाज़ औक़ात घंटों बातें जारी रहतीं।

इस दौरान में उसने न आवाज़ से उसका फ़ोन नंबर पूछा, न उसका नाम—शुरू-शुरू में उसने आवाज़ ही की मदद से अपने तख़ैयुल[20] के पर्दे पर आवाज़ की तसवीर खींचने की कोशिश की थी, मगर अब वह आवाज़ ही से मुतमइन हो गया था—उसके लिए आवाज़ ही शक्ल थी, आवाज़ ही सूरत थी, आवाज़ ही जिस्म था, आवाज़ ही रूह थी।

एक दिन आवाज़ ने पूछा : ''तुम मेरा नाम क्यों नहीं पूछते ?''

उसने मुसकराकर कहा : ''तुम्हारा नाम आवाज़ है···!''

आवाज़ हँसी : ''और जो बहुत मुतरन्निम है।''

उसने कहा : ''इसमें क्या शक है !''

एक दिन आवाज़ ने बड़ा टेढ़ा सवाल किया : ''मोहन, तुमने कभी किसी लड़की से मुहब्बत की है ?''

उसने जवाब दिया : ''नहीं !''

''क्यों ?''

वह एकदम उदास हो गया : ''इस क्यों का जवाब चंद लफ़्ज़ों में नहीं दिया जा सकता···मुझे अपनी ज़िंदगी का सारा मलबा उठाना पड़ेगा···और अगर कोई जवाब न मिला तो बड़ी कोफ़्त होगी···और कोफ़्त होगी तो···''

''छोड़ो, जाने दो मोहन !''

टेलीफ़ोन से रिश्ता क़ायम हुए तक़रीबन एक महीना हो चुका था—बिला नाग़ा दिन में दो मर्तबा उसको फ़ोन आता।

फिर उसको अपने दोस्त का ख़त मिला कि क़र्ज़ का बंदोबस्त हो गया है और वह किसी भी दिन बंबई पहुँच सकता है—दोस्त का ख़त पढ़कर वह अफ़सुर्दा[21] हो गया।

टेलीफ़ोन की घंटी बजी तो उसने रिसीवर उठाकर कहा ''सुनो, मेरी बादशाहत की ज़िंदगी अब चंद दिन और है।''

आवाज़ आई : ''क्यों ?''

उसने जवाब दिया : ''मेरा दोस्त किसी भी दिन पहुँच सकता है···उसका ख़त आया है···दफ़्तर आबाद हो जाएगा और···''

''तुम्हारे किसी और दोस्त के घर में टेलीफ़ोन नहीं है ?''

''कई दोस्तों के घर में टेलीफ़ोन हैं, मगर मैं तुम्हें उनका नंबर नहीं दे सकता !''

''क्यों ?''

''मैं नहीं चाहता, यह आवाज़ कोई और सुने !''

''वजह ?''

''मैं बहुत हासिद[22] हूँ।''

आवाज़ मुसकराई : ''यह तो बड़ी मुसीबत हुई।''

''बोलो, अब क्या किया जाए ?''

''अच्छा जिस दिन तुम्हारी बादशाहत ख़त्म होगी, उस दिन मैं तुम्हें अपना नंबर बता दूँगी...''

''हाँ, यह ठीक है।''

उसकी सारी अफ़सुर्दगी दूर हो गई—वह उस दिन का इंतज़ार करने लगा, जब उसका दोस्त लौट आए और उसकी बादशाहत ख़त्म हो।

उसने न चाहते हुए भी आवाज़ ही की मदद से अपने तख़ैयुल के पर्दे पर आवाज़ की तसवीर खींचने की कोशिश की—कई तसवीरें बनीं, मगर वह मुतमइन न हुआ।

उसने सोचा : 'चंद दिनों ही की तो बात है...फ़ोन नंबर मिल जाएगा तो पता भी मिल जाएगा...फिर मैं उसको देख भी सकूँगा...' सोचते ही उसका दिलो-दिमाग़ सुन्न हो गया : 'मेरी ज़िंदगी का वह लम्हा कितना बड़ा लम्हा होगा...'

अगले रोज़ सुबह जब टेलीफ़ोन की घंटी बजी तो उसने कहा : ''एक बात कहूँ...तुम्हें देखने का इश्तियाक़[23] पैदा हो गया है।''

''क्यों ?''

''तुमने कहा था कि मेरी बादशाहत के आख़िरी दिन तुम मुझे अपना फ़ोन नंबर बता दोगी।''

''हाँ, कहा था !''

''इसका मतलब यह है कि मुझे तुम्हारा एड्रैस भी मिल जाएगा और मैं तुम्हें देख भी सकूँगा...''

''मोहन, तुम जब चाहो, मुझे देख सकते हो...चाहो तो आज ही देख लो।''

''नहीं-नहीं...'' फिर कुछ सोचकर उसने कहा : ''मैं ज़रा अच्छे लिबास में तुमसे मिलना चाहता हूँ...आज ही एक दोस्त से कहूँगा कि वह मुझे एक सूट सिलवा दे !''

आवाज़ हँस पड़ी : ''बिलकुल बच्चे हो तुम...सुनो, जब तुम मुझसे मिलोगे तो मैं तुम्हें एक तोहफ़ा दूँगी।''

उसने जज़्बाती अंदाज़ में कहा : ''तुम्हारी मुलाक़ात से बढ़कर और क्या तोहफ़ा हो सकता है ?''

''मैंने तुम्हारे लिए एगज़ैक्टा कैमरा ख़रीद लिया है।''

''ओह !''

"लेकिन इस शर्त पर दूँगी कि तुम पहला फ़ोटो मेरा उतारोगे!"

वह मुसकराया : "इस शर्त का फ़ैसला मुलाक़ात पर करूँगा।"

थोड़ी देर और गुफ़्तुगू हुई; फिर उधर से आवाज़ आई : "मैं आज शाम, कल और परसों तुम्हें फ़ोन न कर सकूँगी।"

उसने तश्वीश[24] भरे लहजे में पूछा : "क्यों?"

"मुझे अपने अज़ीज़ों के साथ कहीं बाहर जाना पड़ रहा है...दो दिन की इस ग़ैरहाज़िरी के लिए मुझे माफ़ कर देना..."

रिसीवर रखने के बाद उससे उठा न गया।

तमाम दिन वह दफ़्तर से बाहर न निकला और रात भर बेचैन रहा।

दूसरे दिन सुबह जूँ-तूँ उठा तो उसने हरारत महसूस की—उसने सोचा, उसका इज़्मेहलाल[25] शायद इस वजह से है कि आज फ़ोन नहीं आएगा; या शायद इस वजह से है कि कहीं उसका दोस्त न आ जाए।

दोपहर तक हरारत तेज़ हो गई, बदन तपने लगा और उसकी आँखों से शरारे फूटने लगे—वह मेज़ पर लेट गया।

थोड़ी देर के बाद प्यास उसे बार-बार सताने लगी—वह उठता, नल से मुँह लगाकर पानी पीता और फिर लेट जाता।

शाम के क़रीब उसे अपने सीने पर बोझ-सा महसूस होने लगा।

सुबह हुई तो वह बिलकुल निढाल था; साँस बड़ी मुश्किल से आ रहा था, सीने की दुखन बहुत बढ़ गई थी।

कई बार उस पर हज़यानी[26] कैफ़ियत तारी हुई—बुख़ार की शिद्दत में उसने कई बार महसूस किया कि वह टेलीफ़ोन पर अपनी उस महबूब आवाज़ के साथ बातें कर रहा है।

शाम को उसकी हालत बहुत ज़्यादा बिगड़ गई—धुँधलाई हुई आँखों से उसने क्लॉक की तरफ़ देखा।

उसके कानों में अजीबो-ग़रीब आवाज़ें गूँज रही थीं—दरवाज़े पीटे जा रहे थे, टेलीफ़ोन बोल रहे थे—चारों तरफ़ आवाज़ें ही आवाज़ें थीं।

टेलीफ़ोन की घंटी बजी तो वह सुन न सका।

जब बहुत देर तक घंटी बजती रही तो वह चौंका।

लड़खड़ाता हुआ उठा और टेलीफ़ोन तक गया; दीवार का सहारा लेकर उसने काँपते हुए हाथों से रिसीवर उठाया और ख़ुश्क होंठों पर लकड़ी-सी ज़बान फेरकर कहा : 'हैलो!"

दूसरी तरफ़ से वही आवाज़ आई : "हैलो...मोहन?"

उसकी आवाज़ लड़खड़ाई : "हाँ, मोहन।"

"ज़रा ऊँचा बोलो..."

उसने जो कहना चाहा, उसके हलक़ ही में ख़ुश्क हो गया।

आवाज़ आई : ''मैं जल्दी आ गई···बड़ी देर से तुम्हें रिंग कर रही हूँ···कहाँ थे तुम ?''

उसका सिर घूमने लगा।

परेशान आवाज़ आई : ''क्या हो गया है तुम्हें ?''

वह बड़ी मुश्किल से इतना कह सका : ''मेरी बादशाहत···मेरी बादशाहत···'' उसके मुँह से ख़ून निकला और पतली लकीर की सूरत गर्दन तक दौड़ता चला गया।

आवाज़ आई : ''ग़म न करो; मेरा नंबर नोट करो···फ़ाइव नाट थ्री वन फ़ोर···फ़ाइव नाट थ्री वन फ़ोर···सुबह मुझे फ़ोन करना···ज़रूर···''

फिर टेलीफ़ोन बंद हो गया।

वह औंधे मुँह टेलीफ़ोन पर गिर पड़ा···उसके मुँह से ख़ून के बुलबुले फूटने लगे।

---

1. ज़नानी; 2. कीड़ों द्वारा खाए हुए; 3. आधिपत्य; 4. अस्थायी; 5. स्थानांतरित; 6. जिससे कोई हानि न पहुँचे; 7. निष्कपट; 8. ख़र्चों; 9. शरीर पर कष्ट उठानेवाला; 10. साक्षात; 11. और ज़्यादा; 12. पृष्ठ; 13. सुरीली; 14. टूटना, समाप्त होना; 15. रसिकता; 16. नौकरानी; 17. प्रसन्नता; 18. शिष्ट; 19. जान-बूझकर; 20. कल्पना; 21. उदास; 22. इर्ष्यालु; 23. लालसा; 24. व्याकुलता; 25. खिन्नता; 26. बेहोशी की अवस्था में रोगी का बड़बड़ाना।

साहिबे-करामात

चौधरी मौजू बूढ़े बरगद की घनी छाँव के नीचे खुर्री चारपाई पर बड़े इत्मीनान से बैठा अपना चमोड़ा पी रहा था। धुएँ के हल्के-हल्के बुक्के उसके मुँह से निकलते थे और दोपहर की ठहरी हुई हवा में हौले-हौले गुम हो जाते थे।

वह सुबह से अपने छोटे-से खेत में हल चलाता रहा था और अब थक गया था। धूप इस क़दर तेज़ थी कि चील भी अपना अंडा छोड़ दे, मगर वह इत्मीनान से बैठा अपने चमोड़े का मज़ा ले रहा था, जो चुटकियों में उसकी थकन दूर कर देता था।

उसका पसीना ख़ुश्क हो गया था, इसलिए वह ठहरी हुई हवा उसे कोई ठंडक नहीं पहुँचा रही थी, मगर चमोड़े का ठंडा-ठंडा लज़ीज़ धुआँ उसके दिलो-दिमाग़ में नाक़ाबिले-बयान सुरूर की लहरें पैदा कर रहा था।

अब वक़्त हो चुका था कि घर से उसकी इकलौती लड़की जैनाँ रोटी-लस्सी लेकर आ जाए—वह ठीक वक़्त पर पहुँच जाती थी, हालाँकि घर में उसका हाथ बँटानेवाला और कोई नहीं था; उसकी माँ थी जिसको, दो साल हुए, मौजू ने एक तवील झगड़े के बाद इंतिहाई ग़ुस्से में तलाक़ दे दी थी।

मौजू की जवान इकलौती बेटी जैनाँ बड़ी फ़रमाँबरदार लड़की थी; वह अपने बाप का बहुत ख़याल रखती थी; घर का काम-काज, जो इतना ज़्यादा नहीं था, बड़ी मुस्तैदी से करती थी कि इस तरह जो ख़ाली वक़्त मिले, उसमें चर्ख़ा चलाए और पूनियाँ काते, या अपनी सहेलियों के साथ, जो गिनती की थीं, इधर-उधर की ख़ुशगप्पियों में गुज़ार दे।

चौधरी मौजू की ज़मीन वाजिबी थी और उसके गुज़ारे के लिए काफ़ी थी—गाँव बहुत छोटा था और एक दूरउफ़तादा[1] जगह पर था, जहाँ से रेल का गुज़र नहीं था; एक कच्ची सड़क थी, जो उसे दूर के एक बड़े गाँव से मिलाती थी। चौधरी मौजू हर महीने दो मर्तबा अपनी घोड़ी पर सवार होकर उस बड़े गाँव में जाता था, जिसमें दो-तीन दूकानें थीं, और अपनी ज़रूरत की चीज़ें ले आता था।

पहले वह बहुत ख़ुश था; उसको कोई ग़म नहीं था; दो-तीन बरस उसको इस ख़याल ने अलबत्ता ज़रूर सताया था कि उसके यहाँ कोई नरीना[2] औलाद नहीं है, मगर फिर वह यह सोचकर शाकिर[3] हो गया था कि जो अल्लाह को मंज़ूर होता है, वही होता है—मगर जिस दिन से उसने अपनी बीवी को तलाक़ देकर मैके रुख़्सत कर दिया था, उसकी ज़िंदगी सूखा

हुआ नैचा-सी बनके रह गई थी; सारी तरावत जैसे उसकी बीवी अपने साथ ले गई थी।

चौधरी मौजू मज़हबी आदमी था, हालाँकि उसे अपने मज़हब के मुताल्लिक़ सिर्फ़ दो-तीन चीज़ों ही का पता था कि ख़ुदा एक है, जिसकी परस्तिश[4] लाज़िमी है और मुहम्मद उसके रसूल हैं, जिनके अह्काम[5] मानना फ़र्ज़ है और क़ुरआन पाक ख़ुदा का कलाम है, जो मुहम्मद पर नाज़िल[6] हुआ; और बस।

नमाज़-रोज़े से वह बेनियाज़ था—गाँव बहुत छोटा था, जिसमें कोई मस्जिद नहीं थी; दस-पंद्रह घर थे, वह भी एक-दूसरे से दूर-दूर—लोग अल्लाह-अल्लाह करते थे; उनके दिल में उस ज़ाते-पाक का ख़ौफ़ था और इससे ज़्यादा और कुछ नहीं था—क़रीब-क़रीब हर घर में क़ुरआन मौजूद था, मगर पढ़ना कोई भी नहीं जानता था; सबने उसे एहतिरामन जुज़दान[7] में लपेटकर किसी ऊँचे ताक़ पर रख छोड़ा था; उसकी ज़रूरत सिर्फ़ उसी वक़्त पेश आती थी, जब किसी से कोई सच्ची बात कहलवानी होती थी, या किसी काम के लिए कोई हल्फ़ उठवाना होता था। गाँव में मौलवी की शक्ल भी उसी वक़्त दिखाई देती थी, जब किसी लड़के या लड़की की शादी होती थी—मर्ग पर नमाज़े-जनाज़ा वग़ैरह गाँव के लोग ख़ुद ही पढ़ लेते थे, अपनी ज़बान में।

चौधरी मौजू ऐसे मौक़ों पर ज़्यादा काम आता था; उसकी ज़बान में असर था, जिस अंदाज़ से वह मरहूम की ख़ूबियाँ बयान करता था और उसकी मग़्फ़िरत[8] के लिए दुआ करता था, वह कुछ उसी का हिस्सा था।

पिछले बरस जब उसके दोस्त दीनू का जवान लड़का मर गया था तो उसको क़ब्र में उतारकर उसने बड़े मुअस्सिर[9] अंदाज़ में यह कहा था : "क्या शीन जवान लड़का था, थूक फेंकता था तो बीस गज़ दूर जाके गिरती थी, उसकी पेशाब की धार का तो आसपास के किसी गाँव-खेड़े में भी मुक़ाबला करनेवाला मौजूद नहीं था और बेनी पकड़ने में तो जवाब नहीं था उसका...हे घसनी का नारा मारता और दो उँगलियों से यूँ बेनी खोलता जैसे कुर्ते का बटन खोलते हैं...दीनू यार, तुझ पर आज क़यामत[10] का दिन है, तू यह सद्मा कैसे बर्दाश्त करेगा...यारो, उसे मर जाना चाहिए था...ऐसा शीन जवान लड़का, ऐसा ख़ूबसूरत गबरू जवान...नीांत सुनयारी-जैसी सुंदर और हठीली नार उसको क़ाबू करने के लिए तावीज़-धागे कराती रही, मगर मर्हबा[11] है दीनू, तेरा लड़का लँगोट का पक्का रहा...ख़ुदा करे, उसको जन्नत में सबसे ख़ूबसूरत हूर मिले और वहाँ भी वह लँगोट का पक्का रहे...अल्लाह मियाँ ख़ुश होकर उस पर अपनी रहमतें नाज़िल करे...आमीन!"

चौधरी मौजू की यह छोटी-सी तक़रीर[12] सुनकर दस-बीस आदमी, जिनमें दीनू भी शामिल था, धाड़ें मार-मारकर रो पड़े थे—ख़ुद चौधरी मौजू की आँखों से भी आँसू रवाँ थे।

मौजू ने जब अपनी बीवी फाताँ को तलाक़ देना चाही थी तो उसने मौलवी बुलाने की ज़रूरत नहीं समझी थी। उसने बड़े-बूढ़ों से सुन रखा था कि तीन मर्तबा 'तलाक़, तलाक़, तलाक़' कह दो तो क़िस्सा ख़त्म हो जाता है—उसने अपना क़िस्सा इसी तरह ख़त्म किया था, मगर दूसरे ही दिन उसको बहुत अफ़सोस हुआ था, बड़ी नदामत[13] हुई थी कि उसने यह

क्या ग़लती की, मियाँ-बीवी में झगड़े होते ही रहते हैं, तलाक़ की नौबत तो नहीं आती; उसको दरगुज़र करना चाहिए था।

फाताँ उसको पसंद थी; गो वह उस वक़्त जवान नहीं थी, फिर भी उसको फाताँ का जिस्म पसंद था, उसकी बातें पसंद थीं—फिर वह उसकी बेटी जैनाँ की माँ थी… मगर तीर कमान से निकल चुका था और वापिस नहीं आ सकता था—चौधरी मौजू जब भी उस क़िस्से के मुताल्लिक़ सोचता तो उसके चहीते चमोड़े का धुआँ उसके हलक़ में तल्ख़ घूँट बन-बनके जाने लगता।

जैनाँ ख़ूबसूरत थी, अपनी माँ की तरह। इन दो बरसों में उसने एकदम बढ़ना शुरू कर दिया था और देखते-देखते जवान मुटियार बन गई थी; उसके अंग-अंग से जवानी फूट-फूटके निकल रही थी—चौधरी मौजू को अब उसके हाथ पीले करने की फ़िक्र भी थी; यहाँ फिर उसको फाताँ याद आ जाती; वह यह काम कितनी आसानी से कर सकती थी।

खुर्री खाट पर चौधरी मौजू ने अपनी निशस्त और अपना तहमद दुरुस्त करते हुए चमोड़े से ग़ैर मामूली लंबा कश लिया और खाँसने लगा।

उसके खाँसने के दौरान में किसी की आवाज़ आई : "अस्सलाम अलैकुम वरहमतुल्लाहि व बराकातुहु!"

चौधरी मौजू ने पलटकर देखा—उसे सफ़ेद कपड़ों में एक दराज़ रीश[14] बुज़ुर्ग नज़र आया।

उसने सलाम का जवाब दिया और सोचने लगा कि यह शख़्स कहाँ से आ गया है।

दराज़ रीश की आँखें बड़ी-बड़ी और बारोब थीं, जिनमें सुर्मा लगा हुआ था; लंबे-लंबे पट्टे थे; पट्टों और दाढ़ी के बाल खिचड़ी थे; सफ़ेद ज़्यादा और सियाह कम; सिर पर सफ़ेद अमामा था; काँधे पर रेशम का काढ़ा हुआ बसंती रूमाल; हाथ में चाँदी की मूठवाला मोटा असा था, पाँव में लाल खाल का नर्मो-नाज़ुक जूता।

चौधरी मौजू ने जब उस बुज़ुर्ग का सरापा ग़ौर से देखा तो उसके दिल में फ़ौरन ही एक एहतिराम पैदा हो गया—चारपाई पर से वह जल्दी-जल्दी उठा और बुज़ुर्ग से मुख़ातिब हुआ : "आप कहाँ से आए? कब आए?"

बुज़ुर्ग के लबों में कतरी हुई शरई[15] मुसकराहट पैदा हुई : "फ़क़ीर कहाँ से आएँगे… उनका कोई घर नहीं होता… उनके आने का कोई वक़्त मुक़र्रर नहीं, उनके जाने का कोई वक़्त मुक़र्रर नहीं… अल्लाह तबारक तआला ने जिधर हुक्म दिया, चल पड़े और जहाँ ठहरने का हुक्म हुआ, वहीं ठहर गए।"

चौधरी मौजू पर उन अल्फ़ाज़ का बहुत असर हुआ—उसने आगे बढ़कर उस बुज़ुर्ग का हाथ बड़े एहतिराम से अपने हाथों में लिया, चूमा, अपनी आँखों से लगाया : "चौधरी मौजू का घर आपका अपना घर है।"

बुज़ुर्ग मुसकराता हुआ खाट पर बैठ गया और फिर अपने चाँदी की मूठवाले असा को दोनों हाथों से थामकर उस पर अपना सिर झुका दिया : "अल्लाह जल्ले शानहू को जाने तेरी कौन-सी अदा पसंद आ गई कि अपने इस हक़ीर और आसी बंदे को तेरे पास भेज दिया।"

चौधरी मौजू ने ख़ुश होकर पूछा : "तो मौलवी साहब, आप उसके हुक्म से आए हैं ?"

मौलवी साहब ने अपना झुका हुआ सिर उठाया और किसी क़दर ख़श्म आलूद[16] लहजे में कहा : "तो क्या हम तेरे हुक्म से आए हैं··· हम तेरे बंदे हैं या उसके, जिसकी इबादत में हमने पूरे चालीस बरस गुज़ारकर यह थोड़ा-बहुत रुतबा हासिल किया है ?"

चौधरी मौजू काँप गया—अपने मख़्सूस[17] गँवार लेकिन पुरख़ुलूस अंदाज़ में उसने मौलवी साहब से अपनी तक़सीर[18] माफ़ कराई और कहा : "मौलवी साहब, हम-जैसे इंसानों से, जिनको नमाज़ पढ़नी भी नहीं आती, ऐसी ग़लतियाँ हो जाती हैं··· हम गुनहगार हैं, हमें बख़्शवाना और बख़्शना आपका काम है।"

मौलवी साहब ने अपनी बड़ी-बड़ी सुर्मा लगी आँखें बंद कीं और कहा : "हम इसीलिए आए हैं।"

चौधरी मौजू ज़मीन पर बैठ गया और मौलवी साहब के पाँव दबाने लगा।

इतने में उसकी लड़की जैनाँ आ गई—उसने मौलवी साहब को देखा तो घूँघट छोड़ लिया।

मौलवी साहब ने मुँदी हुई आँखों से पूछा : "कौन है चौधरी मौजू ?"

"मौलवी साहब, मेरी बेटी जैनाँ।"

मौलवी साहब ने नीम वा आँखों से जैनाँ को देखा और मौजू से कहा : "इससे पूछो, हम फ़क़ीरों से कैसा परदा ?"

"कोई परदा नहीं मौलवी साहब··· परदा कैसा ?" फिर चौधरी मौजू अपनी बेटी से मुख़ातिब हुआ : "जैनाँ, यह मौलवी साहब हैं, अल्लाह के ख़ास बंदे··· इनसे कैसा परदा··· उठा ले अपना घूँघट !"

जैनाँ ने अपना घूँघट उठा लिया।

मौलवी साहब ने अपनी सुर्मा लगी नज़रें भरके जैना की तरफ़ देखा और मौजू से कहा : "तेरी बेटी ख़ूबसूरत है चौधरी मौजू !"

जैनाँ शरमा गई।

मौजू ने कहा : "अपनी माँ पर है मौलवी साहब !"

"कहाँ है इसकी माँ ?" मौलवी साहब ने एक बार फिर जैनाँ की जवानी की तरफ़ देखा।

मौजू सटपटा गया कि क्या जवाब दे।

मौलवी साहब ने फिर पूछा : "इसकी माँ कहाँ है चौधरी मौजू ?"

मौजू ने जल्दी से कहा : "मर चुकी है जी !"

मौलवी साहब की नज़रें जैनाँ पर गड़ी हुई थीं—जैनाँ का रद्दे-अमल भाँपकर उन्होंने मौजू से कड़ककर कहा : "तू झूठ बोलता है !"

मौजू ने मौलवी साहब के पाँव पकड़ लिए और नदामत भरी आवाज़ में कहा : "जी हाँ··· जी हाँ, मैंने झूठ बोला था··· मुझे माफ़ कर दीजिए··· मैं बड़ा झूठा आदमी हूँ··· मैंने उसको तलाक़ दे दिया था मौलवी साहब···"

मौलवी साहब ने एक लंबी 'हूँ' की, नज़रें जैनाँ की चदरिया से हटाईं और मौजू से ख़ातिब हुए : ''तू बहुत बड़ा गुनहगार है ··· क्या क़ुसूर था उस बेज़बान का ?''

मौजू नदामत में ग़र्क़ था : ''कुछ नहीं मौलवी साहब ··· मामूली-सी बात थी जो बढ़ते-बढ़ते तलाक़ तक पहुँच गई ··· मैं वाक़ई गुनहगार हूँ ··· तलाक़ देने के दूसरे ही दिन मैंने सोचा था कि मौजू, तूने यह क्या झक मारी है ··· पर क्या हो सकता था, चिड़ियाँ खेत चुग चुकी थीं ··· पछतावे से क्या हो सकता था मौलवी साहब ··· ''

मौलवी साहब ने चाँदी की मूठवाला असा मौजू के काँधे पर रख दिया : ''अल्लाह तबारक तआला की ज़ात बहुत बड़ी है ··· वह बड़ा रहीम है ··· बड़ा करीम है ··· वह चाहे तो हर बिगड़ी बना सकता है ··· उसका हुक्म हुआ तो यह हक़ीर फ़क़ीर ही तेरी नजात के लिए कोई रास्ता ढूँढ निकालेगा।''

ममनूनो-मुतशक्किर[19] चौधरी मौजू फ़ौरन ही मौलवी साहब की टाँगों के साथ लिपट गया और रोने लगा। मौलवी साहब ने जैनाँ की तरफ़ देखा—जैनाँ की आँखों से भी अश्क[20] रवाँ थे।

''इधर आ लड़की !'' मौलवी साहब के लहजे में ऐसा तहक्कुम[21] था, जिसको रद्द करना जैनाँ के लिए नामुम्किन था; रोटी और लस्सी एक तरफ़ रखकर वह खाट के पास चली गई।

मौलवी साहब ने जैनाँ को बाज़ू से पकड़ा और कहा : ''बैठ जा।''

जैनाँ ज़मीन पर बैठने लगी तो मौलवी साहब ने उसका बाज़ू ऊपर खींचा : ''इधर मेरे पास बैठ।''

जैनाँ सिमटकर मौलवी साहब के पास बैठ गई।

मौलवी साहब ने उसकी कमर में हाथ देकर उसको अपने क़रीब किया और फिर ज़रा दबाकर पूछा : ''क्या लाई है तू हमारे खाने के लिए ?''

जैनाँ ने एक तरफ़ हटना चाहा, मगर मौलवी साहब की गिरफ़्त मज़बूत थी।

जैनाँ ने जवाब दिया : ''जी ··· जी रोटियाँ हैं, साग है और लस्सी।''

मौलवी साहब ने जैनाँ की पतली और मज़बूत कमर एक बार फिर दबाई : ''चल ला खाना और हमें खिला ··· !''

जैनाँ उठी तो मौलवी साहब ने मौजू के काँधे से अपना चाँदी की मूठवाला असा नन्ही-सी जर्ब देने के बाद उठा लिया : ''उठ मौजू, हमारे हाथ धुला।''

मौजू फ़ौरन उठा—पास ही कुआँ था—वह पानी लाया और उसने मौलवी साहब के हाथ बड़े मुरीदाना[22] तौर पर धुलाए।

जैनाँ ने चारपाई पर खाना रख दिया।

मौलवी साहब सबका-सब खाना खा गए और फिर उन्होंने जैनाँ को हुक्म दिया कि वह उनके हाथ धुलाए।

जैनाँ उदूलहुक्मी[23] नहीं कर सकती थी कि मौलवी साहब की शक्लो-सूरत और उनकी गुफ़्तगू का अंदाज़ ही कुछ ऐसा तहक्कुम भरा था।

मौलवी साहब ने डकार लेकर बड़े ज़ोर से अलहम्दुलिल्लाह कहा, दाढ़ी पर गीला-गीला हाथ फेरा, एक और डकार ली और चारपाई पर लेट गए और एक आँख बंद करके दूसरी आँख से जैनाँ की ढलकी हुई चदरिया की तरफ़ देखते रहे।

जब जैनाँ जल्दी-जल्दी बरतन समेटकर चली गई तो मौलवी साहब ने आँखें बंद कीं और मौजू से कहा : "चौधरी मौजू, अब हम सोएँगे।"

मौजू कुछ देर तक उनके पाँव दाबता रहा—जब उसने देखा कि वह सो गए हैं तो एक तरफ़ जाकर उसने उपले सुलगाए और चिलम में तंबाकू भरकर भूखे पेट चमोड़ा पीना शुरू कर दिया—वह ख़ुश था; उसको ऐसा लग रहा था कि उसकी ज़िंदगी का कोई बहुत बड़ा बोझ दूर हो गया है—उसने दिल ही दिल में अपने मख़्सूस गँवार, मगर मुख़्लिस[24] अंदाज़ में अल्लाह तआला का शुक्र अदा किया, जिसने अपनी जिनाब से मौलवी साहब की शक्ल में फ़रिश्ता-ए-रहमत[25] भेजा।

पहले उसने सोचा, मौलवी साहब के पास ही बैठा रहे कि शायद उनको किसी ख़िदमत की ज़रूरत हो, मगर जब देर हो गई और वह सोते रहे तो वह उठकर अपने खेत में चला गया और अपने काम में मशग़ूल हो गया। उसको क़तअन ख़याल नहीं था वह भूखा है; उसको बेहद मसर्रत[26] थी कि उसका खाना मौलवी साहब ने खा लिया है और यूँ उसको इतनी बड़ी सआदत नसीब हुई है।

शाम होने से पहले-पहले खेत में काम ख़त्म करने के बाद जब वह बूढ़े बरगद के पास वापस लौटा तो उसको यह देखकर बड़ा दुख हुआ कि मौलवी साहब मौजूद नहीं हैं—उसने ख़ुद को बड़ी लानत-मलामत की कि वह क्यों चला गया था; उनके हुज़ूर बैठा रहता : 'शायद वह नाराज़ होकर चले गए हों और कोई बद्दुआ भी दे गए हों···' जब उसने यह सोचा तो उसकी सादा रूह लरज़ गई और उसकी आँखों में आँसू आ गए।

उसने इधर-उधर मौलवी साहब को तलाश किया, मगर वह न मिले—शाम गहरी हो गई, फिर भी उनका सुराग़ न मिला।

थक-हारकर अपने को दिल ही दिल में कोसता और लानत-मलामत करता वह गर्दन झुकाए घर की तरफ़ जा रहा था कि उसे रास्ते में गाँव के दो जवान लड़के घबराए हुए मिले।

उसने उनसे घबराहट की वजह पूछी तो उन्होंने पहले तो टालना चाहा, मगर फिर उसको असल बात बता ही दी : वह घूरे में दबा हुआ शराब का घड़ा निकालकर शराब पीने ही वाले थे कि एक नूरानी सूरतवाले बुज़ुर्ग एकदम वहाँ नमूदार हो गए और बड़ी ग़ज़बनाक निगाहों से देखते हुए यह पूछने लगे कि वे यह क्या हरामकारी कर रहे हैं; जिस चीज़ को अल्लाह तबारक तआला ने हराम क़रार दिया है, वह उसे पीकर इतना बड़ा गुनाह कर रहे हैं, जिसका कोई कुफ़्फ़ारा[27] ही नहीं—उनमें इतनी जुर्रत ही नहीं थी कि कुछ बोल सकते; बस सिर पर पाँव रखकर भागे···

मौजू ने उन दोनों नौजवानों को बताया कि वह नूरानी सूरतवाले वाक़ई अल्लाह को पहुँचे हुए बुज़ुर्ग हैं; फिर उसने अंदेशा ज़ाहिर किया कि जाने गाँव पर क्या क़हर नाज़िल

होगा—एक तो उसने मौलवी साहब को छोड़कर चले जाने की बुरी हरकत की थी, दूसरे गाँव के दो नौजवान हराम शै पीनेवाले थे।

"अब अल्लाह ही बचाए... अब अल्लाह ही बचाए मेरे बच्चो..." यह बड़बड़ाता हुआ मौजू घर की जानिब रवाना हुआ।

जैनाँ मौजूद थी, पर मौजू ने उससे कोई बात न की और खाट पर ख़ामोश बैठकर हुक़्क़ा पीने लगा—उसके दिलो-दिमाग़ में एक तूफ़ान बरपा था; उसको यक़ीन था कि उस पर और गाँव पर ज़रूर कोई ख़ुदाई आफ़त आएगी।

शाम का खाना तैयार था और जैनाँ ने मौलवी साहब के लिए भी पकाया था।

जब जैनाँ ने मौजू से पूछा कि मौलवी साहब कहाँ हैं तो मौजू ने बड़े दुख भरे लहजे में कहा : "गए... चले गए... हम गुनहगारों के हाँ उनका क्या काम!"

जैनाँ को अफ़सोस हुआ—मौलवी साहब ने कहा था कि वह कोई ऐसा रास्ता ढूँढ निकालेंगे, जिससे उसकी माँ वापस आ जाएगी; पर वह तो जा चुके थे; अब वह रास्ता ढूँढ़नेवाला कौन है—वह ख़ामोशी से पीढ़ी पर बैठ गई और खाना ठंडा होता रहा।

थोड़ी देर के बाद ड्योढ़ी में आहट हुई—बाप और बेटी, दोनों चौंके।

मौजू उठके बाहर गया—चंद लम्हात के बाद मौजू और मौलवी साहब सहन में थे।

दीए की धुँधली रौशनी में जैनाँ ने देखा कि मौलवी साहब लड़खड़ा रहे हैं और उनके हाथ में एक घड़ा है।

मौजू ने सहारा देकर मौलवी साहब को चारपाई पर बिठाया।

मौलवी साहब ने घड़ा मौजू को दिया और लुक्नत[28] भरे लहजे में कहा : "आज ख़ुदा ने हमारा बहुत कड़ा इम्तिहान लिया... तुम्हारे गाँव के दो जवान लड़के घूरे में से शराब का घड़ा निकालकर शराब पीने ही वाले थे कि हम पहुँच गए... वह हमें देखते ही भाग गए... हमको बहुत सद्मा हुआ कि इतनी छोटी उम्र और इतना बड़ा गुनाह... फिर हमने सोचा कि इसी उम्र में तो इंसान रास्ते से भटकता है... हमने उनके लिए अल्लाह तबारक तआला के हुज़ूर में गिड़गिड़ाकर दुआ माँगी कि उन बच्चों का गुनाह माफ़ किया जाए... जवाब मिला... जानते हो, क्या जवाब मिला?"

मौजू ने लरज़ते हुए कहा : "जी नहीं!"

"जवाब मिला : 'क्या तू उनका गुनाह अपने सिर लेता है...?' हमने अर्ज़ की : 'हाँ बारी तआला...' आवाज़ आई : 'तो जा यह सारा घड़ा शराब का तू पी... हमने उन लड़कों को बख़्शा!'"

मौजू के रोंगटे खड़े हो गए : "तो आपने पी?"

मौलवी साहब का लहजा और ज़्यादा लुक्नत भरा हो गया : "हाँ पी... पी... उनका गुनाह अपने सिर लेने के लिए पी... रब्बुलइज़्ज़त की आँखों में सुर्ख़रू होने के लिए पी... घड़े में और भी पड़ी है... यह भी हमें पीनी है... रख दे इसे सँभाल के और देख... और देख, इसकी एक बूँद भी इधर-उधर न हो..."

मौजू ने घड़ा उठाकर अंदर कोठड़ी में रख दिया और उसके मुँह पर कपड़ा भी बाँध

दिया—जब वह वापस सहन में आया तो उसने देखा कि मौलवी साहब उसी तरह चारपाई पर बैठे हैं, जैनाँ उनके पास खड़ी है और उनका सिर दाब रही है; वह जैनाँ से कह रहे थे : "जो आदमी दूसरों के लिए कुछ करता है, अल्लाह जल्ले शानहू उससे बहुत ख़ुश होता है··· वह इस वक़्त तुझसे भी ख़ुश है ··· हम भी तुझसे ख़ुश हैं।"

अपनी ख़ुशी में मौलवी साहब ने जैनाँ को अपने पास बिठाकर उसकी पेशानी चूम ली—जैनाँ ने उठना चाहा, मगर उनकी गिरफ़्त मज़बूत थी।

मौलवी साहब ने जैनाँ को अपने गले से लगाया और मौजू से कहा : "चौधरी मौजू, तेरी बेटी का नसीबा जाग उठा है।"

मौजू सर-ता-पा ममनूनो-मुतशक्किर था : "यह सब आपकी दुआ है, आपकी मेहरबानी है।"

मौलवी साहब ने जैनाँ को एक मर्तबा फिर अपने सीने के साथ भींचा : "अल्लाह मेहरबान सो कुल मेहरबान ··· जैनाँ, हम तुझे एक वज़ीफ़ा बताएँगे ··· वह पढ़ा करना, अल्लाह हमेशा मेहरबान रहेगा ··· जाओ, हमारे लिए खाना लाओ ··· !"

दूसरे दिन सुबह मौलवी साहब बहुत देर से उठे।

मौजू डर के मारे खेतों पर न गया, बस सहन में उनकी चारपाई के पास बैठा रहा।

जब वह उठे तो उनके लिए मिसवाक[29] तैयार थी; पानी, साबुन, सबकुछ तैयार था; नाश्ता भी।

काफ़ी देर के बाद मौलवी साहब के इरशाद के मुताबिक़ मौजू ने शराब का घड़ा लाकर उनके पास रख दिया।

उन्होंने ज़ेरे-लब कुछ पढ़ा, घड़े का मुँह खोलकर उसमें तीन बार फूँका और तीन कटोरियाँ शराब चढ़ा गए; फिर उन्होंने ऊपर आसमान की तरफ़ देखा, कुछ पढ़ा और बुलंद आवाज़ में कहा : "हम तेरे हर इम्तिहान में पूरे उतरेंगे मौला ···" फिर वह मौजू से मुख़ातिब हुए : "मौजू जा ··· हुक्म मिला है कि अभी जा और जैनाँ की माँ को ले आ ··· रास्ता मिल गया है हमें।"

मौजू बहुत ख़ुश हुआ—जल्दी-जल्दी उसने घोड़ी पर ज़ीन कसी और कहा कि वह दूसरे रोज़ सुबह-सवेरे वापस पहुँच जाएगा; फिर उसने जैनाँ को ताकीद की कि वह मौलवी साहब की हर आसाइश का ख़याल रखे और उनकी ख़िदमतगुज़ारी में कोई कसर उठा न रखे।

जैनाँ बरतन माँजने में मशग़ूल हो गई।

मौलवी साहब चारपाई पर बैठे उसे घूरते रहे, धीरे-धीरे कटोरियाँ भर-भर शराब पीते रहे और मोटे-मोटे दानोंवाली तस्बीह फेरते रहे।

जब वह काम से फ़ारिग़ हो गई तो उन्होंने उससे कहा : "जैनाँ, देखो, वुज़ू कर लो।"

जैनाँ ने बड़े भोलेपन से जवाब दिया : "मुझे नहीं आता मौलवी जी !"

उन्होंने बड़े प्यार से उसको सरज़निश[30] की : "वुज़ू करना नहीं आता ··· क्या जवाब देगी अल्लाह को ···" यह कहकर वह उठे और उन्होंने जैनाँ को वुज़ू कराया—वह ऐसी

निशस्त से और ऐसे अंदाज़ में उसको समझाते रहे थे कि उसके बदन का एक-एक कोना-खुदरा उनकी नज़रों की ज़द में था।

वुज़ू कराने के बाद उन्होंने जानमाज़ माँगी; वह न मिली तो फिर प्यार से डाँटा और थपथपाया।

उन्होंने खेस मँगवाया और अंदर कोठड़ी में बिछा दिया, फिर उन्होंने जैनाँ से कहा कि वह बाहर के दरवाज़े की कुंडी लगा दे। जब वह कुंडी लगाकर लौट आई तो उन्होंने कहा कि वह घड़ा और कटोरा कोठड़ी में ले आए। जब वह दोनों चीज़ें ले आई तो उन्होंने इशारे से उसे खेस पर बैठने को कहा और तस्बीह फेरना शुरू कर दी।

बहुत देर तक वह आँखें बंद किए इसी तरह वज़ीफ़ा करते रहे—जैनाँ उनके पास ख़ामोश बैठी रही।

काफ़ी देर के बाद उन्होंने आँखें खोलीं, आधी कटोरी भरी, उसमें तीन फूँकें मारीं और जैनाँ की तरफ़ बढ़ा दी : "पी जाओ इसे।"

जैनाँ ने कटोरी थाम ली, मगर उसके हाथ काँपने लगे।

मौलवी साहब ने बड़े जलाल भरे अंदाज़ में उसकी तरफ़ देखा : "हम कहते हैं, पी जाओ इसे ... तुम.लोगों के सारे दिलद्दर दूर हो जाएँगे ... !"

जैनाँ काँपते हाथों से आधी कटोरी पी गई और उसका बदन सुलगने लगा।

मौलवी साहब अपनी दाढ़ी में मुसकराए : "हम फिर अपना वज़ीफ़ा शुरू करते हैं ... जब भी हम अपनी शहादत की उँगली से इशारा करें तो घड़े में से आधी कटोरी भरकर फ़ौरन पी जाना और पीती रहना ... समझ गईं ?"

उन्होंने जैनाँ को कुछ कहने का मौक़ा ही न दिया और आँखें बंद करके मुराक़्बे[31] में चले गए।

जैनाँ के मुँह का जाइक़ा बेहद ख़राब हो गया था और उसके सीने में आग-सी लग रही थी; वह चाहती थी कि उठकर ठंडा-ठंडा पानी पिए, पर वह कैसे उठ सकती थी।

एकदम मौलवी साहब की शहादत की उँगली उठी—जैनाँ ने एक नाक़ाबिले-फ़हम दबाव के तहत फ़ौरन आधी कटोरी भरी और एक ही साँस में पी गई; उसको उबकाई-सी आई, मगर उसने रोक ली; उसने लुआब थूकना चाहा, मगर निगल लिया; उसने ज़ोर से आँखें भींचीं और फिर खोलीं—मौलवी साहब आँखें बंद किए तस्बीह के दाने फेर रहे थे—जाने कितनी बार मौलवी साहब की शहादत की उँगली उठी, जाने कितनी बार जैनाँ ने आधी कटोरी भरकर पी—जैनाँ ने महसूस किया कि मौलवी साहब के चेहरे पर नूर बरस रहा है और उसके अपने बदन में लपटें-सी उठ रही हैं; एक रौशन-सी धुंध फैल रही है और उसकी आँखों को दिखाई देते हुए भी कुछ दिखाई नहीं दे रहा है; बस उसका बदन देख रहा है कि वह एक जवान, मज़बूत, ख़ूबसूरत मर्द की गोद में है और वह उसे जन्नत दिखाने ले जा रहा है ...

जब जैनाँ की आँखें खुलीं तो वह खेस पर लेटी हुई थी।

उसने नीम वा मख़मूर[32] आँखों से इधर-उधर देखा।

वह वहाँ क्यों लेटी हुई है, वह वहाँ कब लेटी थी—उसने सोचना चाहा तो उसे धुंध-सी नज़र आई और नींद आने लगी; उसका बदन दुख रहा था, लेकिन अनजाने तौर पर मुतमइन था।

और वह जन्नत?

वह एकदम उठ बैठी—बाहर सहन में आई तो उसने देखा कि दिन ढल चुका है और मौलवी साहब खुरे के पास बैठे वुज़ू कर रहे हैं।

आहट सुनकर उन्होंने पलटकर जैनाँ की तरफ़ देखा और मुसकराए।

जैनाँ की समझ में कुछ न आया; वह वापस कोठड़ी में चली गई और खेस पर बैठकर अपनी माँ के मुताल्लिक़ सोचने लगी, जिसको वापस लाने उसका बाप गया हुआ था और पूरी रात बाक़ी थी उनकी वापसी में।

उसे सख़्त भूख लग रही थी, लेकिन एक बेनाम थकन के मारे उससे उठा नहीं जा रहा था; उसके छोटे-से मुज़्तरिब[33] दिमाग़ में धुंध में लिपटी बेशुमार बातें आ रही थीं।

थोड़ी देर के बाद कोठड़ी में मौलवी साहब नुमूदार हुए, उन्होंने कहा : ''हमें तुम्हारे बाप के लिए एक वज़ीफ़ा करना है··· सारी रात किसी क़ब्र के पास बैठना होगा··· सुबह आ जाएँगे··· तुम्हारे लिए भी दुआ माँगेंगे···'' और वह घड़ा उठाकर चले गए।

जैनाँ ने फिर सोचने की कोशिश की—जन्नत··· एक जवान, मज़बूत, ख़ूबसूरत मर्द की गोद···

वह धुंध में खोई-खोई सो गई।

सुबह सवेरे उसकी नींद खुली ही थी कि मौलवी साहब आ गए—उनकी बड़ी-बड़ी आँखें, जिनमें सुर्मे की तहरीर ग़ायब थी, बेहद सुर्ख़ थीं, उनके क़दमों में लड़खड़ाहट थी—उन्होंने अंदर कोठड़ी में जाकर घड़ा रख दिया।

सहन में आते ही उन्होंने मुसकराकर जैनाँ की तरफ़ देखा और आगे बढ़कर उसको गले से लगा लिया; फिर उसकी पेशानी को चूमा और चारपाई पर बैठ गए।

जैनाँ एक तरफ़ कोने में पीढ़ी पर गुमसुम बैठ गई—उसको अपने बाप का इंतज़ार था, माँ का भी, जिससे बिछड़े हुए उसे दो बरस हो चुके थे।

मौलवी साहब ने कहा : ''जैनाँ, मौजू अभी तक नहीं आया?''

वह ख़ामोश रही।

मौलवी साहब फिर उससे मुख़ातिब हुए : ''हम सारी रात एक टूटी हुई क़ब्र पर सिर न्योढ़ाए सुनसान क़ब्रिस्तान में मौजू के लिए वज़ीफ़ा पढ़ते रहे··· कब आएगा वह··· क्या वह ले आएगा तुम्हारी माँ को···?''

जैनाँ ने सिर्फ़ इस क़दर कहा : ''जी, मालूम नहीं···''

थोड़ी देर के बाद आहट हुई तो जैनाँ उठी—ड्योढ़ी में उसकी माँ खड़ी थी—वह उसे देखते ही उससे लिपट गई और रोने लगी।

फिर मौजू आया। उसने मौलवी साहब को बड़े अदब और एहतिराम के साथ सलाम किया; फिर उसने अपनी बीवी से कहा : ''फाताँ, सलाम करो मौलवी साहब को।''

फाताँ अपनी बेटी से अलग हुई, अपने आँसू पोंछती हुई आगे बढ़ी और उसने मौलवी साहब को सलाम किया।

मौलवी साहब ने अपनी लाल-लाल आँखों से फाताँ को घूरके देखा और मौजू से कहा : "हम सारी रात एक टूटी हुई क़ब्र के पास बैठकर तुम्हारे लिए वज़ीफ़ा पढ़ते रहे... अभी-अभी उठके आए हैं... अल्लाह ने हमारी सुन ली है... सब ठीक हो जाएगा।"

मौज़ू ने फ़र्श पर बैठकर मौलवी साहब के पाँव दाबने शुरू कर दिए; वह इतना ममनूनो-मुतशक्किर था कि कुछ न कह सका—फाताँ से मुख़ातिब होकर उसने आँसुओं भरी आवाज़ में कहा : "तू ही मौलवी साहब का शुक्रिया अदा कर... मुझे तो आता नहीं।"

फाताँ उसके पास ही बैठ गई और मौलवी साहब से सिर्फ़ इतना कह सकी : "हम ग़रीब लोग क्या अदा कर सकते हैं ?"

मौलवी साहब ने ग़ौर से फाताँ को देखा : "मौजू, तुम ठीक कहते थे... फाताँ ख़ूबसूरत है; इस उम्र में भी जवान मालूम होती है, बिलकुल दूसरी जैनाँ... उससे भी अच्छी..." फिर वह फाताँ से मुख़ातिब हुए : "हम सब ठीक कर देंगे फाताँ... अल्लाह का फ़ज़्लो-करम हो गया है।"

मौजू और फाताँ, दोनों ख़ामोश रहे—मौजू मौलवी साहब के पाँव दबाता रहा, फाताँ उसके पास बैठी रही—जैनाँ चूल्हा सुलगाने में मसरूफ़ हो गई थी।

आख़िर मौलवी साहब उठे, फाताँ के सर पर हाथ से प्यार किया और मौजू से मुख़ातिब हुए : "अल्लाह तआला का हुक्म है कि जब कोई आदमी अपनी बीवी को तलाक़ देने के बाद फिर उसको अपने घर बसाना चाहे तो उसकी सज़ा यह है कि पहले वह औरत किसी और मर्द से शादी करे, उससे तलाक़ ले, तब जाइज़ है।"

मौजू ने हौले-से कहा : "यह मैं सुन चुका हूँ मौलवी साहब!"

मौलवी साहब ने मौजू को उठाया और उसके कंधे पर हाथ रखा : "लेकिन हमने ख़ुदा के हुज़ूर गिड़गिड़ाकर दुआ माँगी कि ऐसी कड़ी सज़ा न दी जाए ग़रीब मौजू को; उससे भूल हो गई है... आवाज़ आई : 'हम तेरी सिफ़ारिशें कब तक सुनते रहेंगे... तू अपने लिए जो भी माँग, हम देने के लिए तैयार हैं...' हमने अर्ज़ की : 'मेरे शहनशाह... बहरो बर[34] के मालिक... हम अपने लिए कुछ नहीं माँगते... तेरा दिया हमारे पास बहुत कुछ है... हम मौजू के लिए माँगते हैं, इसलिए कि मौजू को फाताँ से मुहब्बत है...' इरशाद हुआ : 'तो हम उसकी मुहब्बत और तेरे ईमान का इम्तिहान लेना चाहते हैं... एक दिन के लिए तू फाताँ से निकाह कर ले और दूसरे दिन उसे तलाक़ देकर मौजू के हवाले कर दे... हम तेरे लिए बस सिर्फ़ यही कर सकते हैं कि तूने चालीस बरस दिल से हमारी इबादत की है'..."

मौजू बहुत ख़ुश हुआ : "मुझे मंज़ूर है मौलवी साहब, मुझे मंज़ूर है..." फिर उसने फाताँ की तरफ़ तमतमाती आँखों से देखा : "क्यों फाताँ ?" उसने फाताँ के जवाब का इंतज़ार तक न किया : "हम दोनों को मंज़ूर है।"

मौलवी साहब ने आँखें बंद कर लीं और देर तक कुछ पढ़ते रहे; फिर उन्होंने आँखें

खोलकर मौजू और फाताँ, दोनों के फूँक मारी और आसमान की तरफ़ नज़रें उठाईं : ''अल्लाह तबारक तआला हम सबको इस इम्तिहान में पूरा उतारे···'' फिर वह मौजू से मुख़ातिब हुए : ''अच्छा मौजू, हम अब चलते हैं···तुम और जैनाँ आज की रात कहीं चले जाना और कल सुबह सवेरे लौट आना···हम शाम को आएँगे···'' यह कहकर वह चले गए।

शाम हुई तो मौजू और जैनाँ तैयार हो गए।

शाम ढलने को थी कि मौलवी साहब वापिस आए—वह ज़ेरे-लब कुछ पढ़ रहे थे।

काफ़ी देर के बाद जब उन्होंने इशारा किया तो मौजू और जैनाँ ड्योढ़ी से बाहर निकल गए।

मौलवी साहब उठे और ड्योढ़ी की कुंडी चढ़ाने के बाद फाताँ से बोले : ''फाताँ, तुम आज की रात हमारी बीवी हो···जाओ अंदर से बिस्तर ले आओ और चारपाई पर बिछा दो···थोड़ी देर के बाद हम सोएँगे।''

जब फाताँ ने अंदर कोठड़ी से बिस्तर लाकर चारपाई पर बड़े सलीक़े से बिछा दिया तो मौलवी साहब ने कहा : ''तुम बैठो, हम अभी आते हैं।''

यह कहकर वह कोठड़ी में चले गए—दीया रौशन था और कोने में बरतनों की मीनारे के पास उनका घड़ा रखा था।

उन्होंने घड़ा हिलाकर देखा—काफ़ी बाक़ी थी।

घड़ा उठाकर, उसके साथ ही मुँह लगाकर उन्होंने कई बड़े-बड़े घूँट भरे; फिर घड़ा रखकर रेशमी फूलोंवाले बसंती रूमाल से मूँछें और होंठ साफ़ किए और सहन में आ गए—घड़ा उनकी बग़ल में था और कटोरी हाथ में।

फाताँ चारपाई पर बैठी हुई थी—मौलवी साहब ने इशारे से फाताँ को बैठे रहने को कहा और उसके बिलकुल क़रीब फ़र्श पर बैठ गए।

आधी कटोरी भरने के बाद उसे अपने सामने रखकर वह काफ़ी देर तक कुछ पढ़ते रहे, फिर तीन दफ़ा फूँककर उन्होंने कटोरी उठाई और फाताँ की तरफ़ बढ़ाई : ''लो एक साँस में इसे पी जाओ।''

फाताँ पी गई—उसे उबकाई आई तो मौलवी साहब तेज़ी से उठे और उसकी पीठ थपथपाते हुए कड़कदार आवाज़ में बोले : ''ठीक हो जाओ फ़ौरन।''

फाताँ सँभली और किसी क़दर ठीक हो गई।

मौलवी साहब ने कितनी ही बार आधी कटोरी भरी, फूँकी और फाताँ को दी।

फाताँ जब चारपाई पर बैठे-बैठे थक गई तो टाँगें फैलाकर लेट गई—मौलवी साहब उठे और फाताँ पर छा गए।

सुबह सवेरे जब मौजू और जैनाँ लौटे तो उन्होंने देखा कि ड्योढ़ी का दरवाज़ा खुला हुआ है, सहन में फाताँ सो रही है, चारपाई के पास ही घड़ा और कटोरी पड़ी है, मगर मौलवी साहब

मौजूद नहीं हैं।

मौजू ने सोचा : 'शायद बाहर गए होंगे खेतों में…' उसने आगे बढ़कर फाताँ को जगाया।

फाताँ ने गूँ-गूँ की, फिर 'जन्नत, जन्नत' बड़बड़ाते हुए आँखें खोल दीं–जब उसने मौजू और जैनाँ को देखा तो फ़ौरन उठकर बैठ गई।

मौजू ने पूछा : "मौलवी साहब कहाँ हैं?"

फाताँ आँखें फाड़े उनको देख रही थी : "मौलवी साहब ? कौन मौलवी साहब…? ओह, वह…यहाँ नहीं हैं क्या?"

"नहीं…," मौजू ने कहा : "मैं उन्हें बाहर देखता हूँ।"

वह अभी ड्योढ़ी ही में था कि उसे फाताँ की हल्की-सी चीख़ सुनाई दी।

उसने पलटकर देखा–फाताँ तकिया उठाए कुछ देख रही थी।

जब वह क़रीब आया तो फाताँ ने पूछा : "यह क्या है?"

मौजू ने कहा : "बाल।"

जैनाँ ने कहा : "मौलवी साहब की दाढ़ी और पट्टे!"

फाताँ ने कहा : "हाँ, मौलवी साहब की दाढ़ी और पट्टे!"

मौजू ने आगे बढ़कर दाढ़ी और पट्टे उठा लिए– "मौलवी साहब कहाँ हैं?" फ़ौरन ही उसके सादा लौह और बेलौस दिमाग़ में एक ख़याल आया : "फाताँ…जैनाँ, तुम नहीं समझीं…वह कोई करामातवाले बुज़ुर्ग थे…हमारा काम कर गए और अपनी निशानी छोड़ गए…"

उसने दाढ़ी और पट्टों को चूमा, आँखों से लगाया और फिर उनको जैनाँ के हवाले करके कहा : "देखो बेटी, इनको किसी साफ़ कपड़े में लपेटकर बड़े संदूक़ में हिफ़ाज़त से रख दो…ख़ुदा के हुक्म से घर में बरकत ही बरकत रहेगी।"

जैनाँ दाढ़ी और पट्टे लेकर अंदर कोठड़ी में चली गई तो मौजू फाताँ के पास बैठ गया और बड़े प्यार से कहने लगा : "मैं अब नमाज़ पढ़ना सीखूँगा और मौलवी साहब के लिए दुआ किया करूँगा, जिन्होंने हम दोनों को फिर से मिला दिया।"

फाताँ ख़ामोश रही।

---

1. दूर पड़ी हुई; 2. लड़का; 3. कृतज्ञ; 4. पूजा-पाठ; 5. आदेश; 6. उतरना; 7. क़ुर्आन शरीफ़ लपेटने या रखने का वस्त्र; 8. मुक्ति; 9. प्रभावशाली; 10. महाप्रलय; 11. शाबाश; 12. भाषण; 13. शर्मिंदगी; 14. लंबी दाढ़ीवाला; 15. धर्मसम्मत; 16. क्रोधित; 17. विशिष्ट; 18. अपराध, ग़लती; 19. कृतज्ञ; 20. आँसू; 21. आदेश; 22. धर्मगुरु के प्रति श्रद्धा का भाव; 23. अवज्ञा; 24. निष्कपट; 25. दया का फ़रिश्ता; 26. ख़ुशी; 27. प्रायश्चित; 28. हकलाहट; 29. दातुन; 30. फटकारना, डाँटना; 31. समाधि, ईश्वर से ध्यान लगाने की अवस्था; 32. अधखुली नशीली; 33. बेचैन; 34. सागर और धरती।

मम्मद भाई

फ़ारस रोड से आप उस तरफ़ गली में चले जाइए, जो सफ़ेद गली कहलाती है तो उसके आख़िरी सिरे पर आपको चंद होटल मिलेंगे—यूँ तो बंबई में क़दम-क़दम पर होटल और रेस्तोराँ हैं, मगर जिन होटलों का मैं ज़िक्र कर रहा हूँ, इस लिहाज़ से बहुत दिलचस्प और मुन्फ़रिद[1] हैं कि यह उस इलाक़े में वाक़े हैं, जहाँ भाँत-भाँत की रंडियाँ बसती हैं।

एक ज़माना गुज़र चुका है—बस आप यही समझ लीजिए कि कोई बीस बरस के क़रीब गुज़र चुके हैं, जब मैं उन होटलों में चाय पिया करता था और खाना खाया करता था। सफ़ेद गली से आगे निकलकर 'प्ले हाऊस' आता है, जहाँ दिन भर हाऊ-हू रहती थी; सिनेमा के शो दिन भर चलते रहते थे, चंपियाँ होती रहती थीं। उस इलाक़े में सिनेमाघर ग़ालिबन चार थे और उनके बाहर घंटियाँ बजा-बजाकर बड़े समाअत पाश[2] तरीक़े पर लोगों को मदऊ[3] किया जाता था : 'आओ···दो आने में···फ़स्ट क्लास खेल···दो आने में!' बाज़ औक़ात घंटियाँ बजानेवाले लोगों को ज़बर्दस्ती अंदर धकेल देते थे।

सिनेमाओं के बाहर कुर्सियों और बैंचों पर चंपी करानेवाले बैठे होते थे और उनकी खोपड़ियों की मरम्मत बड़े साइंटिफ़िक तरीक़े पर की जाती थी—मालिश अच्छी चीज़ है, लेकिन मेरी समझ में यह नहीं आता कि बंबई के रहनेवाले इसके इतने गिर्वीदा[4] क्यों हैं; दिन को और रात को, हर वक़्त इन्हें तेल-मालिश की ज़रूरत महसूस होती है। आप अगर चाहें तो रात के तीन बजे भी बड़ी आसानी से तेल-मालिशया बुला सकते हैं; यूँ भी सारी रात, आप ख़्वाह बंबई के किसी कोने में हों, यह आवाज़ आप यक़ीनन सुनते रहेंगे : ''पी···पी···पी···'' यह 'पी' चंपी का मुख़फ़्फ़फ़[5] है।

फ़ारस रोड यूँ तो एक सड़क का नाम है, लेकिन यह उस पूरे इलाक़े से मंसूब है, जहाँ बेसवाएँ बसती हैं। यह बहुत बड़ा इलाक़ा है और इसमें कई गलियाँ हैं, जिनके मुख़्तलिफ़ नाम हैं, लेकिन सहूलत के तौर पर हर गली को फ़ारस रोड या सफ़ेद गली कहा जाता है। इन गलियों में सैकड़ों जँगला लगी दूकानें हैं, जिनमें मुख़्तलिफ़ रंगो-सिन[6] की औरतें बैठकर अपना जिस्म बेचती हैं, मुख़्तलिफ़ दामों पर; आठ आने से आठ रुपए तक, आठ रुपए से सौ रुपए तक—हर दाम की औरत आपको इस इलाक़े में मिल सकती है। यहूदी, पंजाबी, मरहठी, कश्मीरी, गुजराती, बंगाली, एंग्लो इंडियन, फ़्रांसिसी, चीनी, जापानी, ग़रज़ यह कि हर क़िस्म की औरत आपको यहाँ से दस्तयाब[7] हो सकती है। ये औरतें कैसी

होती हैं, माफ़ कीजिएगा, इसके मुताल्लिक़ आप मुझसे कुछ न पूछिए, बस औरतें होती हैं और इनको गाहक मिल ही जाते हैं।

इस इलाक़े में बहुत-से चीनी भी आबाद हैं। मालूम नहीं, यह क्या कारोबार करते हैं, मगर रहते इसी इलाक़े में हैं। बाज़ तो रेस्तोराँ चलाते हैं, जिनके बाहर बोर्डों पर कीड़ों-मकोड़ों की शक्ल में कुछ लिखा होता है, मालूम नहीं, क्या। इस इलाक़े में बिज़नेसमैन और हर क़ौम के लोग आबाद हैं—एक गली है, जिसका नाम अरबसीन है। वहाँ के लोग उसे अरब गली कहते हैं—उस ज़माने में, जिसकी मैं बात कर रहा हूँ, एक गली में ग़ालिबन बीस-पच्चीस अरब रहते थे, जो ख़ुद को मोतियों का ब्योपारी कहते थे, बाक़ी आबादी पंजाबियों और रामपुरियों पर मुश्तमिल[8] थी। उसी गली में मुझे एक कमरा मिल गया था, जिसमें सूरज की रौशनी का दाख़िला बंद था, हर वक़्त बिजली का बल्ब रौशन रहता था; उस कमरे का किराया नौ रुपए माहवार था।

आपका क़याम[9] अगर बंबई में नहीं रहा है तो आप मुश्किल ही से यक़ीन करेंगे कि वहाँ किसी को किसी और से कोई सरोकार नहीं होता—अगर आप अपनी खोली में मर रहे हैं तो आपको कोई नहीं पूछेगा; आपके पड़ोस में क़त्ल हो जाए, मजाल है जो आपको ख़बर हो जाए... मगर वहाँ अरब गली में एक शख़्स ऐसा था, जिसको अड़ोस-पड़ोस के हर शख़्स से दिलचस्पी थी; उसका नाम मम्मद भाई था।

मम्मद भाई रामपुर का रहनेवाला था; अव्वल दर्जे का फिकैत; गतके और बिन्नौट के फ़न[10] में यकता—मैं जब अरब गली में रहने लगा तो होटलों में उसका नाम अक्सर सुनने में आया, लेकिन एक अर्से तक उससे मुलाक़ात न हो सकी।

मैं सुबह सवेरे अपनी खोली से निकल जाता था और बहुत रात गए लौटता था; अपनी मसरूफ़ियत[11] के बावुजूद मुझे मम्मद भाई से मिलने का बहुत इश्तियाक़[12] था कि उसके मुताल्लिक़ अरब गली में बेशुमार दास्तानें मशहूर थीं : बीस-पच्चीस आदमी अगर लाठियों से मुसल्लह होकर उस पर टूट पड़ें तो भी उसका बाल तक बीका नहीं कर सकते, बल्कि ख़ुद एक मिनट के अंदर-अंदर चित हो जाते हैं और यह कि उस-जैसा छुरीमार सारी बंबई में कोई और नहीं है; ऐसे छुरी मारता है कि जिसके लगती है, उसको पता भी नहीं चलता; वह बस सौ क़दम बग़ैर एहसास के चलता रहता है और फिर एकदम ढेर हो जाता है; यह सफ़ाई है उसके हाथ की!

उसके हाथ की सफ़ाई देखने का मुझे इश्तियाक़ नहीं था, लेकिन उसके मुताल्लिक़ बातें सुन-सुनकर मेरे दिल में यह ख़्वाहिश ज़रूर पैदा हो चुकी थी कि उसे देखूँ; उससे बातें चाहे न करूँ, लेकिन उसे क़रीब से देख लूँ कि वह दिखाई कैसा देता है।

उस तमाम इलाक़े पर उसकी शख़्सियत छाई हुई थी—वह बहुत बड़ा दादा था, लेकिन इसके बावुजूद लोग उसकी तारीफ़ें करते नहीं थकते थे : उसने कभी किसी बहू-बेटी की तरफ़ आज तक आँख उठाकर भी नहीं देखा है, वह लँगोट का बहुत पक्का है; ग़रीबों के दुख-दर्द का शरीक है; अरब गली, सिर्फ़ अरब गली ही नहीं, आसपास जितनी गलियाँ हैं और उनमें जितनी नादार[13] औरतें हैं, सब उसको जानती हैं कि वह अक्सर उनकी माली

इमदाद करता रहता है, हालाँकि वह ख़ुद उनके पास कभी नहीं जाता है, बस अपने किसी ख़ुर्द साल शागिर्द को भेज देता है और उनकी ख़ैरियत दरयाफ़्त कर लेता है।

मुझे मालूम नहीं, उसकी आमदनी के क्या ज़राय थे–वह अच्छा ख़ाता था और अच्छा पहनता था–उसके पास एक छोटा-सा ताँगा था, जिसमें एक बड़ा तंदुरुस्त टट्टू जुता होता था; ताँगा वह ख़ुद चलाता था; साथ में दो या तीन शागिर्द होते थे, बड़े बाअदब। भिंडी बाज़ार का एक चक्कर लगाकर या किसी दरगाह में होकर वह उस ताँगे पर वापिस अरब गली आ जाता था और किसी ईरानी के होटल में बैठकर अपने शार्गिदों के साथ गतके और बिन्नौट के मुताल्लिक बातों में मसरूफ हो जाता था।

मेरी खोली के साथ ही एक और खोली थी, जिसमें मारवाड़ का एक मुसलमान रक़्क़ास आशिक़ हुसैन रहता था। आशिक़ हुसैन ने मुझे मम्मद भाई की सैकड़ों कहानियाँ सुनाईं; उसने मुझे बताया कि मम्मद भाई एक लाख रुपए का आदमी है–आशिक़ हुसैन को एक मर्तबा गैस्ट्रो एंटाइटस हो गया था। मम्मद भाई को पता चला तो उसने फ़ारस रोड के तमाम डॉक्टर आशिक़ हुसैन की खोली में इकट्ठे कर दिए और उनसे कहा : 'देखो अगर आशिक़ हुसैन को कुछ हो गया तो मैं तुम्हारा सबका सफ़ाया कर दूँगा···' आशिक़ हुसैन ने बड़े अक़ीदतमंदाना लहजे में मुझसे कहा था : 'मंटो साहब, मम्मद भाई फ़रिश्ता है, फ़रिश्ता···जब उसने डॉक्टरों को धमकी दी तो वह सब काँपने लगे और उन्होंने मेरा ऐसा लग के इलाज किया कि मैं दो दिन में ठीक-ठाक हो गया।'

मम्मद भाई के मुताल्लिक़ मैं अरब गली के गंदे और वाहियात होटलों में और भी बहुत कुछ सुन चुका था–एक शख़्स ने, जो ग़ालिबन मम्मद भाई का शागिर्द था और ख़ुद को बहुत बड़ा फिकैत समझता था मुझसे कहा था : 'मम्मद भाई अपने नेफ़े में हमेशा एक ऐसा आबदार ख़ंजर उड़स के रखता है, जो उस्तरे की तरह शेव भी कर सकता है···और यह ख़ंजर नियाम[14] में नहीं होता, खुला होता है, बिलकुल नंगा और वह भी पेट के साथ चिपका हुआ···उस ख़ंजर की नोक इतनी तीखी है कि अगर बातें करते हुए या झुकते हुए ज़रा-सी ग़लती हो जाए तो मम्मद भाई का एकदम काम-तमाम हो जाए।'

ज़ाहिर है कि मम्मद भाई को देखने और उससे मिलने का इश्तियाक़ दिन ब दिन मेरे दिलो-दिमाग़ में बढ़ता गया–मालूम नहीं, मैंने अपने तसव्वुर में उसकी शक्लो-सूरत का क्या नक़्शा तैयार किया था। अब इतनी मुद्दत के बाद मुझे सिर्फ़ इतना याद है कि उन दिनों मैं एक क़वी हैकल[15] शख़्स को अपनी आँखों के सामने देखता था, जिसका नाम मम्मद भाई था और जो मुझे हरक्यूलिस साइकिलों के इश्तिहारों में नज़र आता था।

मैं सुबह सवेरे अपने काम पर निकल जाता था और खाने-वाने से फ़ारिग़ होकर रात को दस बजे के क़रीब वापिस आकर फ़ौरन सो जाता था–इन हालात में मम्मद भाई से कैसे मुलाक़ात हो सकती थी।

मैंने कई मर्तबा सोचा कि काम पर न जाऊँ, सारा दिन अरब गली में गुज़ारूँ और मम्मद भाई को देखने और मिलने की कोशिश करूँ, मगर मैं ऐसा न कर सका, कि मेरी मुलाज़िमत ही बड़ी वाहियात क़िस्म की थी।

उन्हीं दिनों अचानक मलेरिया ने मुझ पर ज़बर्दस्त हमला किया; ऐसा हमला कि मैं बौखला गया।

अरब गली के एक डॉक्टर ने कहा : 'ख़तरा है कि मलेरिया बिगड़कर नमूनिया में तब्दील न हो जाए।'

मैं बिलकुल तने-तन्हा था—मेरे साथ मेरी खोली में जो एक शख़्स रहता था, उसको पूना में नौकरी मिल गई थी और अब उसकी रफ़ाक़त[16] मुझे नसीब नहीं थी।

मैं बुख़ार में फुंक रहा था; इस क़दर प्यास लग रही थी कि जो पानी खोली में रखा था, वह मेरे लिए नाकाफ़ी था और दोस्त-यार कोई पास था नहीं जो मेरी देखभाल करता।

मैं बहुत सख़्तजान हूँ, देखभाल की मुझे अमूमन ज़रूरत महसूस नहीं हुआ करती, मगर मालूम नहीं, वह किस क़िस्म का बुख़ार था, किस क़िस्म का मलेरिया था कि उसने मेरी रीढ़ की हड्डी तक तोड़ दी थी और मैं बिलबिला रहा था—मेरे दिल में पहली मर्तबा यह ख़्वाहिश पैदा हुई कि कोई मेरे पास मौजूद हो और मुझे दिलासा दे; दिलासा न दे तो कम अज़ कम अपनी शक्ल ही दिखाता रहे; मुझे यह ख़ुशगवार एहसास तो हो कि मुझे पूछनेवाला कोई है।

दो दिन तक मैं बिस्तर में पड़ा तकलीफ़ भरी करवटें लेता रहा, मगर कोई न आया—आना किसे था; मेरी जान-पहचान के लोग ही कितने थे; दो, तीन या चार और वह इतनी दूर रहते थे कि उनको मेरी मौत तक का इल्म नहीं हो सकता था; फिर बंबई में कौन किसको पूछता है; कोई मरे या जिए, बला से।

मेरी बहुत बुरी हालत थी—रक़्क़ास आशिक़ हुसैन की बीवी बीमार थी और वह अपने वतन जा चुका था; यह मुझे होटल के छोकरे ने बताया था—अब मैं किसको बुलाता।

मैं बड़ी निढाल हालत में था और सोच ही रहा था कि जैसे-तैसे ख़ुद नीचे उतरूँ और किसी से बात करूँ कि दरवाज़े पर दस्तक हुई।

मैंने ख़याल किया कि होटल का छोकरा होगा, जिसे बंबई की ज़बान में 'बाहरवाला' कहते हैं—मैंने बड़ी मरियल आवाज़ में कहा : "आ जाओ!"

दरवाज़ा खुला और एक छरेरे बदन का आदमी, जिसकी मूँछें मुझे सबसे पहले दिखाई दीं, अंदर दाख़िल हुआ।

उसकी मूँछें ही सबकुछ थीं—मेरा मतलब यह है कि अगर उसकी मूँछें न होतीं तो बहुत मुम्किन है, वह कुछ भी न होता; उसकी मूँछों ही ने, ऐसा मालूम होता था, उसके सारे वजूद को जिंदगी बख़्श रखी है।

वह अंदर दाख़िल हुआ और अपनी क़ैसर विलियम-जैसी मूँछों को एक उँगली से ठीक करते हुए मेरी खाट के क़रीब आया—उसके पीछे तीन-चार आदमी और थे, अजीबो-ग़रीब वज्ओ-क़त्अ[17] के।

मैं हैरान था कि वह लोग कौन हैं और मेरे पास क्यों आए हैं।

क़ैसर विलियम-जैसी मूँछों और छरेरे बदनवाले आदमी ने मुझसे बड़ी नर्मो-नाज़ुक आवाज़ में कहा : "वमटो साहब, आपने हद कर दी... साला मुझे इत्तिला क्यों न दी?"

'मंटो' का 'वमटो' बन जाना मेरे लिए कोई नई बात नहीं थी; फिर मैं इस मूड में भी नहीं

था कि उसकी इस्लाह[18] करता—मैंने अपनी नहीफ़ आवाज़ में उसकी मूँछों से सिर्फ़ इतना पूछा : ''आप लोग कौन हैं ?''

उसने मुख़्तसर-सा जवाब दिया : ''मम्मद भाई !''

जाने मुझे क्या हुआ, मैं आपसे आप उठकर बैठ गया : ''मम्मद भाई··· ? आप मम्मद भाई हैं··· ! मशहूर दादा···'' मेरे मुँह से निकल तो गया, लेकिन फ़ौरन मुझे अपने बैंडेपन का एहसास हुआ और मैं रुक गया।

मम्मद भाई ने छोटी उँगली से अपनी मूँछों के करख़्त बाल ज़रा ऊपर किए और मुसकराया : ''हाँ वमटो भाई, मैं मम्मद भाई हूँ, यहाँ का मशहूर दादा··· मुझे बाहरवाले से मालूम हुआ कि तुम बीमार हो··· साला यह भी कोई बात है कि तुमने मुझे ख़बर न की··· मम्मद भाई का मस्तक फिर जाता है जब कोई ऐसी बात होती है।''

मैं कुछ कहने ही वाला था कि उसने अपने साथियों में से एक से मुख़ातिब होकर कहा : ''अरे, क्या नाम है तेरा··· जा, भाग के जा और क्या नाम है उस डॉक्टर का··· समझ गए ना, उससे कह कि मम्मद भाई बुलाता है··· एकदम जल्दी आए, एकदम··· सब काम छोड़ दे और जल्दी आए,··· और देख, साले से कहना, सब दवाएँ लेता आए।''

मम्मद भाई ने जिसको हुक्म दिया, वह एकदम चला गया।

मैं चुप था, सोच रहा था, उसको देख रहा था—वह तमाम दास्तानें मेरे बुख़ारआलूदा दिमाग़ में चल-फिर रही थीं, जो मैं उसके मुताल्लिक़ लोगों से सुन चुका था, लेकिन गडमड सूरत में कि उसकी तरफ़ नज़र उठते ही उसकी मूँछें सब दास्तानों पर छा जाती थीं। मुझे ऐसा महसूस हो रहा था कि उस चेहरे को, जिसके ख़द्दोख़ाल बड़े मुलायम और नर्मो-नाज़ुक हैं, सिर्फ़ ख़ौफ़नाक बनाने के लिए वह मूँछें रखी गई हैं; मैंने अपने बुख़ारआलूदा दिमाग़ में सोचा कि मम्मद भाई दर हक़ीक़त इतना ख़ौफ़नाक नहीं, जितना उसने ख़ुद को ज़ाहिर कर रखा है।

खोली में कोई कुर्सी नहीं थी; मैंने मम्मद भाई से कहा कि वह मेरी चारपाई पर बैठ जाए, मगर उसने इनकार कर दिया और बड़े रूखे-से लहजे में जवाब दिया : ''नहीं··· हम खड़े रहेंगे।'' फिर उसने टहलते हुए—हालाँकि खोली में टहलने की ऐयाशी की कोई गुंजाइश नहीं थी—अपने कुर्ते का दामन उठाकर पाजामे के नेफ़े में उड़सा हुआ ख़ंजर निकाला। मैं समझा, ख़ंजर चाँदी का है, इस क़दर लशक रहा था कि आपसे क्या कहूँ··· ख़ंजर निकालकर पहले उसने अपनी कलाई पर फेरा : जो बाल ख़ंजर की ज़द में आए, सब साफ़ हो गए, उसने इत्मीनान का साँस लिया और नाख़ून तराशने लगा।

मुझे महसूस हुआ, उसकी आमद ही से मेरा बुख़ार कई दर्जे नीचे उतर गया है—मैंने किसी क़दर होशमंद हालत में उससे कहा : ''मम्मद भाई, यह ख़ंजर तुम इस तरह अपने नेफ़े में··· यानी बिलकुल अपने पेट के साथ चिपकाकर रखते हो और यह इस क़दर तेज़ है··· क्या तुम्हें ख़ौफ़ महसूस नहीं होता ?''

उसने ख़ंजर से अपने नाख़ून की एक क़ाश बड़ी सफ़ाई से उड़ाते हुए जवाब दिया :

''यह ख़ंजर दूसरों के लिए है और यह अच्छी तरह जानता है···साला अपनी ही चीज़ है, अपने को नुक़सान कैसे पहुँचाएगा ?''

ख़ंजर से जो रिश्ता उसने क़ायम किया था, वह कुछ ऐसा ही था जैसे कोई माँ या बाप कहे कि यह मेरा बेटा है, या मेरी बेटी है, इसका हाथ मुझ पर कैसे उठ सकता है।

इतने में डॉक्टर आ गया—उसका नाम पिंटो था और मैं वमटो था।

उसने 'मम्मद' भाई को अपने ख़ास क्रिश्चियन अंदाज़ में सलाम किया और पूछा कि मामला क्या है।

जो मामला था, वह मम्मद भाई ने बयान कर दिया; मुख़्तसर, लेकिन कड़े अल्फ़ाज़ में, जिनमें तहक्कुम[19] था : ''देखो, अगर तुमने वमटो भाई का इलाज अच्छी तरह न किया तो तुम्हारी ख़ैर नहीं।''

डॉक्टर पिंटो ने फ़रमाँबरदार लड़के की तरह अपना काम किया—उसने मेरी नब्ज़ देखी; स्टेथोस्कोप लगाकर मेरे सीने और पीठ का मुआइना किया, ब्लड प्रैशर देखा, मुझसे मेरी बीमारी की तमाम तफ़सील पूछी। फिर उसने मुझसे नहीं, मम्मद भाई से कहा : ''फ़िक्र की कोई बात नहीं···मलेरिया है···मैं इंजेक्शन लगा देता हूँ।''

मम्मद भाई मुझसे कुछ फ़ासिले पर खड़ा था—उसने डॉक्टर पिंटो की बात सुनी और ख़ंजर से अपनी कलाई के बाल उड़ाते हुए कहा : ''मैं कुछ नहीं जानता···इंजेक्शन देना है तो दे दो, लेकिन अगर इसे कुछ हो गया तो···''

डॉक्टर पिंटो काँप गया : ''नहीं मम्मद भाई, सब ठीक हो जाएगा।''

मम्मद भाई ने ख़ंजर अपने नेफ़े में उड़स लिया : ''तो ठीक है।''

''तो मैं इंजेक्शन लगाता हूँ।'' डॉक्टर पिंटो ने अपना बैग खोला और सिरिंज निकाली।

''ठहरो···ठहरो···'' मम्मद भाई जैसे घबरा गया।

डॉक्टर पिंटो ने सिरिंज फ़ौरन बैग में वापस रख दी और मिमयाते हुए मम्मद भाई से मुख़ातिब हुआ : ''क्यों, क्यों···?''

''बस मैं किसी के सुई लगते नहीं देख सकता···'' यह कहकर मम्मद भाई खोली से बाहर चला गया—उसके पीछे-पीछे उसके साथी भी चले गए।

डॉक्टर पिंटो ने मुझे कूनेन का इंजेक्शन लगाया; बड़े सलीक़े से; बस उतना ही दर्द हुआ, जितना कि होता है, वर्ना मलेरिया का यह इंजेक्शन बड़ा तकलीफ़देह होता है। जब डॉक्टर पिंटो फ़ारिग़ हुआ तो मैंने उससे फ़ीस पूछी।

उसने कहा : ''दस रुपए।''

मैंने तकिए के नीचे से बटवा उठाया और दस रुपए का एक नोट निकालकर उसकी तरफ़ बढ़ाया। डॉक्टर पिंटो ने नोट थामा ही था कि मम्मद भाई खोली के अंदर आ गया—उसने ग़ज़ब आलूद निगाहों से मुझे और डॉक्टर पिंटो को देखा और गरजकर कहा : ''यह क्या हो रहा है ?''

मैंने कहा : ''फ़ीस दे रहा हूँ।''

मम्मद भाई ज़रा घूमकर डॉक्टर पिंटो से मुख़ातिब हुआ : ''साले, यह फ़ीस कैसी ले रहा है ?''

डॉक्टर पिंटो बौखला गया : ''मैं कब…मैं कब ले रहा हूँ…ये दे रहे हैं…!''

''साले, हमसे फ़ीस लेते हो…वापिस करो यह नोट…'' मम्मद भाई के लहजे में उसके ख़ंजर-ऐसी तेज़ी थी ।

डॉक्टर पिंटो ने नोट मुझे वापिस कर दिया और बैग उठाकर मम्मद भाई से माज़िरत[20] तलब करते हुए खोली से बाहर निकल गया ।

मम्मद भाई ने एक उँगली से अपनी काँटों-ऐसी मूँछों को ताव दिया और मुसकराया : ''वमटो भाई, यह भी कोई बात है कि इस इलाक़े का डॉक्टर तुमसे फ़ीस ले…तुम्हारी क़सम, मैं अपनी मूँछें मुँड़वा देता अगर उस साले ने फ़ीस ली होती…यहाँ सब तुम्हारे ग़ुलाम हैं ।''

थोड़े-से तवक्क़ुफ़[21] के बाद मैंने उससे पूछा : ''मम्मद भाई, तुम मुझे कैसे जानते हो ?''

उसकी मूँछें थरथराईं : ''मम्मद भाई किसे नहीं जानता…! हम यहाँ के बादशाह हैं प्यारे, और अपनी रिआया का ख़याल रखते हैं…हमारी अपनी सी. आई. डी. है और वह हमें बताती रहती है, कौन आया है, कौन गया है…कौन अच्छी हालत में है, कौन बुरी हालत में…तुम्हारे मुताल्लिक़ हम सबकुछ जानते हैं ।''

मैंने अज़-राहे-तफ़न्नुन[22] पूछा : ''क्या जानते हो ?''

''साला हम क्या नहीं जानता…तुम अमृतसर का रहनेवाला है, कश्मीरी है; यहाँ एक फटीचर अख़बार में काम करता है…तुमने बिस्मिल्लाह होटल के दस रुपए देने हैं, इसीलिए तुम उधर से नहीं गुज़रते…भिंडी बाज़ार में एक पानवाला तुम्हारी जान को रोता है; उससे तुम बीस रुपए दस आने के सिगरेट लेकर फूँक चुके हो ।''

मैं पानी-पानी हो गया ।

उसने अपनी करख़्त[23] मूँछों पर उँगली फेरी और मुसकराकर कहा : ''वमटो भाई, तुम कुछ फ़िक्र न करो…तुम्हारे सब क़र्ज़े चुका दिए गए हैं और अब तुम नए सिरे से मामला शुरू कर सकते हो…मैंने उन सालों से कह दिया है ख़बरदार, जो वमटो भाई को तंग किया…और मम्मद भाई तुमसे कहता है कि इंशाअल्लाह कोई तुम्हें तंग नहीं करेगा।''

मेरी समझ में नहीं आ रहा था कि उससे क्या कहूँ—मैं बीमार था; कूनेन का टीका मुझे लग चुका था, जिसके बायस मेरे कानों में शायँ-शायँ हो रही थी; और फिर मैं उसके ख़ुलूस के नीचे बेहद दब चुका था । मैं सिर्फ़ इतना कह सका : ''मम्मद भाई, ख़ुदा तुम्हें ज़िंदा रखे…तुम हरदम ख़ुश रहो ।''

उसने अपनी मूँछों के बाल ज़रा ऊपर किए और कुछ कहे बग़ैर चला गया—उसके साथी भी चले गए ।

डॉक्टर पिंटो हर रोज़ सुबहो-शाम आता रहा—मैंने उससे कई मर्तबा फ़ीस का ज़िक्र किया, मगर उसने हर मर्तबा कानों को हाथ लगाकर कहा : ''नहीं मिस्टर मंटो, मम्मद भाई का मामला है…मैं एक डेढ़िया भी नहीं ले सकता ।''

मैं हरदम एक ही बात सोचता रहता कि मम्मद भाई ज़बर्दस्त आदमी है, यानी ख़ौफ़नाक; जिससे डॉक्टर पिंटो भी, जो बड़ा ख़सीस है, डरता है, इस हद तक कि इंजेक्शनों पर अपनी जेब से ख़र्च करता है और मुझसे फ़ीस तक नहीं लेता।

मेरी बीमारी के दौरान में मम्मद भाई भी बिला नाग़ा आता रहा—वह कभी सुबह आता था, कभी शाम को, अपने शागिर्दों-साथियों के साथ।

वह मुझे हर मुम्किन तरीक़े से ढारस देता : "तुम डॉक्टर पिंटो के इलाज से इंशाअल्लाह बहुत जल्द ठीक-ठाक हो जाओगे।"

पंद्रह रोज़ के अंदर-अंदर मैं ठीक-ठाक हो गया, मलेरिया भी दूर हो गया और कमज़ोरी भी चली गई—इस दौरान में मम्मद भाई का हर ख़द्दोख़ाल मुझ पर अच्छी तरह वाज़ेह हो चुका था।

जैसा कि मैं इससे पेशतर कह चुका हूँ, वह छरहरे बदन का आदमी था; उम्र यही कोई पच्चीस-तीस के दरमियान होगी; पतली-पतली बाँहें; टाँगें भी पतली-पतली थीं; हाथ बला के फुर्तीले थे—उन हाथों से वह अपना तेज़ धार ख़ंजर इस सफ़ाई से अपने दुश्मनों को मारता था कि उनको पता भी नहीं चलता था—यह मुझे अरब गली के लोगों ने बताया था।

उसके मुताल्लिक़ बेशुमार बातें मशहूर थीं—छुरीमार वह अव्वल दर्जे का था; वह बिन्नौट और गतके का माहिर था—सब कहते थे कि वह सैकड़ों क़त्ल कर चुका है, मगर मैं यह अब भी मानने को तैयार नहीं हूँ—लेकिन आज भी जब मैं उसके मुताल्लिक सोचता हूँ तो मेरे तन-बदन पर झुरझुरी-सी तारी हो जाती है—वह ख़ौफ़नाक हथियार... वह क्यों हर वक़्त अपनी शलवार के नेफ़े में उड़से रहता था।

मैं जब बिलकुल अच्छा हो गया और चलने-फिरने के क़ाबिल हो गया तो एक दिन अरब गली के एक थर्ड क्लास चीनी रेस्तोराँ में मेरी उससे मुलाक़ात हो गई—वह उसी ख़ंजर से अपने नाख़ून काट रहा था।

मैंने कहा : "मम्मद भाई, आजकल बंदूक़-पिस्तौल का ज़माना है और तुम यह ख़ंजर लिए फिरते हो!"

उसने अपनी करख़्त मूँछों पर एक उँगली फेरी और कहा : "बमटो भाई, बंदूक़-पिस्तौल में कोई मज़ा नहीं; इन्हें कोई बच्चा भी चला सकता है... घोड़ा दबाया और ठाह... इसमें कोई मज़ा नहीं... यह चीज़, यह ख़ंजर, यह छुरी, यह चाक़ू, मज़ा आता है ख़ुदा की क़सम... यह वह है... तुम क्या कहा करते हो, हाँ आर्ट... इसमें आर्ट है मेरी जान... जिसको ख़ंजर या छुरी चलाने का आर्ट न आता हो, वह एक कंडम दादा है... पिस्तौल क्या है, बस खिलौना है, जो नुक़सान ज़रूर पहुँचा सकता है, पर उसमें कोई लुत्फ़ नहीं, ज़रा लुत्फ़ नहीं... तुम यह ख़ंजर देखो, इसकी तेज़ धार देखो..." यह कहकर उसने अँगूठे पर लब लगाया और फिर अँगूठा ख़ंजर की धार पर फेरा : "इससे कोई धमाका नहीं होता... इसको बस यूँ पेट के अंदर दाख़िल कर दो, सफ़ाई से कि साले को मालूम तक न हो... बंदूक़-पिस्तौल तो बकवास है..."

अब हर रोज़ किसी न किसी वक़्त उससे मुलाक़ात हो जाती थी, या यूँ समझ लीजिए

कि मैं जूँ-तूँ उससे मिल लेता था—मैं उसका ममनूने-एहसानमंद था।

मैं जब कभी उसके एहसान का ज़िक्र करता, वह नाराज़ हो जाता और कहता : "मैंने तुम पर कोई एहसान नहीं किया है···मैंने बस अपना फ़र्ज़ निभाया है।"

जब मैंने कुछ तफ़्तीश की तो मुझे मालूम हुआ कि वह फ़ारस रोड के इलाक़े का एक क़िस्म का हाकिम था, ऐसा हाकिम जो हर शख़्स की ख़बरगीरी करता है—कोई बीमार हो, किसी को कोई तकलीफ़ हो, वह फ़ौरन पहुँच जाता था—यह उसकी सी.आई.डी. का काम था कि उसको हर बात से बाख़बर रखे।

वह दादा था, एक ख़तरनाक ग़ुंडा—मेरी समझ में अब भी नहीं आता कि वह किस लिहाज़ से ग़ुंडा था।

ख़ुदा वाहिद शाहिद है कि मैंने कभी उसमें कोई ग़ुंडापन नहीं देखा; एक सिर्फ़ उसकी मूँछें थीं जो उसकी सूरत को हैबतनाक बनाए रखती थीं। उसको अपनी मूँछों से प्यार था; वह उनकी परवरिश इस तरह करता था, जिस तरह कोई अपने बच्चे की करता है।

उसकी मूँछों का एक-एक बाल खड़ा था—मुझे किसी ने बताया था कि मम्मद भाई हर रोज़ अपनी मूँछों को बालाई खिलाता है, और जब खाना खाता है तो सालन भरी उँगलियों से अपनी मूँछें ज़रूर मरोड़ता है कि बुज़ुर्गों के कहने के मुताबिक़ यूँ मूँछ के बालों में ताक़त आ जाती है—मैं कह चुका हूँ कि उसकी मूँछें बड़ी ख़ौफ़नाक थीं; दरअसल उन मूँछों का नाम मम्मद भाई था; या उस तेज़ धार ख़ंजर का नाम मम्मद भाई था जो उसकी तंग घेरे की शलवार के नेफ़े में हर वक़्त मौजूद होता था—मुझे उसकी उन दोनों चीज़ों से डर लगता था, न मालूम क्यों।

वह यूँ तो उस इलाक़े का बहुत बड़ा दादा था, लेकिन वह सबका हमदर्द था—मालूम नहीं, उसकी आमदनी के क्या ज़राए थे, पर वह हर हाजतमंद की बरवक़्त मदद करता था।

उस इलाक़े की तमाम रंडियाँ उसको अपना पीर मानती थीं—वह एक माना हुआ ग़ुंडा था, लाज़िम था कि उसका ताल्लुक़ किसी रंडी से होता, मगर मेरी इत्तिला के मुताबिक़ इस क़िस्म के सिलसिले से उसका कभी दूर का ताल्लुक़ भी नहीं रहा था।

वह अनपढ़ था—मेरी और उसकी बड़ी दोस्ती हो गई थी; जाने क्यों वह मेरी इतनी इज़्ज़त करता था कि अरब गली के बेशतर आदमी मुझसे रश्क खाते थे।

एक दिन सुबह सवेरे दफ़्तर जाते वक़्त मैंने चीनी रेस्तोराँ में किसी से सुना कि मम्मद भाई गिरफ़्तार कर लिया गया है—मुझे बहुत ताज्जुब हुआ, इसलिए कि थानेवाले उसको जानते थे।

मैं सोच में पड़ गया कि क्या वजह हो सकती है—मैंने उस आदमी से पूछा, जो मम्मद भाई की गिरफ़्तारी की बात कह रहा था।

उस आदमी ने मुझसे कहा : "इसी अरब गली में एक औरत रहती है, शीरीं बाई···उसकी एक जवान लड़की है···उस लड़की को कल एक आदमी ने ख़राब कर दिया, उसकी इस्मतदरी कर दी···बस शीरीं बाई रोती-रोती मम्मद भाई के पास पहुँची और

कहने लगी : 'तुम यहाँ के दादा हो··· मेरी बेटी से फ़लाँ आदमी ने बुरा किया है और तुम घर में बैठे हो···लानत है तुम पर···' मम्मद भाई ने यह मोटी गाली उस बुढ़िया को दी और उससे पूछा : 'तुम क्या चाहती हो···?' बुढ़िया ने कहा : 'मैं चाहती हूँ, तुम उस हरामज़ादे का पेट चाक कर दो···' मम्मद भाई उस वक़्त पाव क़ीमा खा रहा था···उसने अपने नेफ़े में से ख़ंजर निकाला, अँगूठा फेरकर धार देखी और बुढ़िया से बोला : 'जा, तेरा काम हो जाएगा···' और बुढ़िया का काम हो गया···जिस आदमी ने बुढ़िया की लड़की की इस्मतदरी की थी, आधे घंटे के अंदर-अंदर उसका काम तमाम हो गया···!''

मम्मद भाई को गिरफ़्तार तो कर लिया गया था, मगर उसने वह काम इतनी होशियारी और चाबुकदस्ती से किया था कि उसके ख़िलाफ़ कोई शहादत[24] मौजूद नहीं थी; यह अलग बात है कि अगर कोई ऐनी शाहिद मौजूद होता तो वह भी कभी कोई बयान न देता—दो ही दिनों में मम्मद भाई को ज़मानत पर रिहा कर दिया गया।

वह दो दिन हवालात में रहा था और उसको वहाँ कोई तकलीफ़ न हुई थी—इंस्पेक्टर, सब-इंस्पेक्टर, सिपाही, सब उसको जानते थे—लेकिन जब वह ज़मानत पर रिहा होकर बाहर आया तो वह उखड़ा हुआ था; उसे अपनी ज़िंदगी का सबसे बड़ा धचका पहुँचा था। मैंने महसूस किया कि उसकी मूँछें, जो ख़ौफ़नाक तौर पर हमेशा ऊपर को उठी होती थीं, किसी क़दर झुकी हुई हैं—और उसके कपड़े, जो हमेशा उजले होते थे, मैले थे।

थाने से बाहर निकलने के बाद हम लोग चीनी रेस्तोराँ में चले गए—मैंने उससे क़त्ल के मुताल्लिक़ कोई बात न की।

उसने ख़ुद कहा : ''वमटो साहब, अफ़सोस इस बात का है कि साला देर से मरा, मुश्किल से मरा···ख़ंजर उतारने में मुझसे ग़लती हो गई थी···मेरा हाथ ज़रा टेढ़ा पड़ा था···वह भी साला उसका क़ुसूर था, साला एकदम मुड़ गया था···इसी वजह से तो सारा मामला कंडम हो गया था···बस साला मर गया, पर बड़ी तकलीफ़ के साथ···इस बात का मुझे बहुत अफ़सोस है।''

आप ख़ुद सोच सकते हैं कि मम्मद भाई की बात सुनकर मेरा रद्दे-अमल क्या हुआ होगा—उसको अफ़सोस था कि वह उस आदमी को बतरीक़े अहसन[25] क़त्ल न कर सका था, और यह कि उस आदमी को मरने में तकलीफ़ हुई थी।

मुक़द्दमा तो ख़ैर चलना ही था।

मम्मद भाई मुक़द्दमे के डर से बहुत घबरा रहा था—उसने अपनी ज़िंदगी में अदालत की शक्ल कभी नहीं देखी थी—जहाँ तक मेरी मालूमात का ताल्लुक़ है, वह अदालत, मैजिस्ट्रेट, वकील और गवाह, किसी के मुताल्लिक़ कुछ नहीं जानता था कि उन लोगों से उसका साबिक़ा कभी पड़ा ही नहीं था—तभी तो मैं कहता हूँ कि मालूम नहीं, उसने इससे पहले क़त्ल किए भी थे या नहीं।

वह बहुत फ़िक्रमंद था।

पुलिस ने जब केस पेश किया और तारीख़ मुक़र्रर हो गई तो वह बहुत परेशान हो गया।

अदालत में मैजिस्ट्रेट के सामने कैसे हाज़िर हुआ जाता है, इसके मुताल्लिक़ उसको क़तअन मालूम नहीं था—बार-बार वह अपनी करख़्त मूँछों पर उँगली फेरता और मुझसे कहता : ''वमटो भाई, मैं मर जाऊँगा, पर कोर्ट में नहीं जाऊँगा··· साली मालूम नहीं, कैसी जगह है ?''

उसके शार्गिदों-साथियों ने उसको ढारस दी कि मामला संगीन नहीं है, कोई शहादत मौजूद नहीं है, बस एक सिर्फ़ उसकी मूँछें हैं, जो मैजिस्ट्रेट के दिल में उसके ख़िलाफ़ कोई मुख़ालिफ़ जज़्बा पैदा कर सकती हैं।

जैसा कि मैं इससे पेशतर कह चुका हूँ, उसकी वह मूँछें ही थीं, जो उसको ख़ौफ़नाक बनाती थीं—अगर उसकी वह मूँछें न होतीं तो वह हरगिज़-हरगिज़ दादा दिखाई न देता।

उसकी ज़मानत थाने ही में हो गई थी और अब उसे अदालत में पेश होना था—वह मैजिस्ट्रेट का सामना करने के ख़याल ही से घबरा रहा था।

मैंने महसूस किया कि वह बहुत परेशान है—उसको अपनी मूँछों के मुताल्लिक़ बड़ी फ़िक्र थी, वह सोचने लगा था कि अगर वह उन मूँछों के साथ अदालत में पेश हुआ तो बहुत मुम्किन है, उसको सज़ा हो जाए।

आप समझते होंगे, यह कहानी है, मगर यह वाक़िआ है कि मम्मद भाई बहुत परेशान था।

उसके तमाम शागिर्द-साथी हैरान थे, इसलिए कि वह कभी हैरानो-परेशान नहीं हुआ था—उसके बाज़ क़रीबी दोस्तों ने भी उससे कहा था : 'मम्मद भाई, कोर्ट में जाना है तो इन मूँछों के साथ न जाना··· मैजिस्ट्रेट तुमको अंदर कर देगा।'

वह हर वक़्त सोचता रहता था कि उसकी मूँछों ने उस आदमी को क़त्ल किया है या उसने, लेकिन वह किसी नतीजे पर पहुँच नहीं पाता था। एक दिन उसने अपना तेज़ धार ख़ंजर, जो मालूम नहीं, पहली मर्तबा ख़ून आश्ना हुआ था या इससे पहले भी हो चुका था, अपने नेफ़े में से निकाला और रेस्तोराँ के बाहर गली में फेंक दिया।

मैंने हैरत भरे लहजे में कहा : ''मम्मद भाई, यह क्या ?''

''कुछ नहीं वमटो भाई, सब घोटाला हो गया है··· कोर्ट में जाना है··· सब कहते हैं, मैजिस्ट्रेट मेरी मूँछें देखकर मुझे ज़रूर सज़ा देगा··· बोलो, मैं क्या करूँ ?''

मैं क्या बोलता—मैंने उसकी मूँछों की तरफ़ देखा, जो वाक़ई बड़ी ख़ौफ़नाक थीं। मैंने कहा : ''मम्मद भाई, बात तो कुछ ठीक लगती है··· तुम्हारी मूँछें मैजिस्ट्रेट के फ़ैसले पर असर अंदाज़ हो सकती हैं··· अगर कुछ हुआ तो तुम्हारे ख़िलाफ़ नहीं, तुम्हारी मूँछों के ख़िलाफ़ होगा।''

''तो मुँड़वा दूँ ?'' उसने अपनी चहेती मूँछों पर बड़े प्यार से उँगली फेरी।

मैंने पूछा : ''तुम्हारा अपना क्या ख़याल है ?''

''मेरा ख़याल जो कुछ भी है, वह तुम न पूछो··· यहाँ सबका ख़याल है कि मैं इन्हें मुंड़वा दूँ कि वह साला मैजिस्ट्रेट मुख़ालिफ़ न हो जाए··· तो मुँडवा दूँ वमटो भाई ?''

मैंने कुछ तवक़्क़ुफ़ के बाद कहा : ''अगर तुम मुनासिब समझते हो तो मुँडवा दो··· यह

सच है कि इन मूँछों के साथ तुम ख़तरनाक दिखाई देते हो।"

दूसरे दिन मम्मद भाई ने अपनी मूँछें, अपनी जान से अज़ीज़ मूँछें मुँडवा डालीं।

मिस्टर एफ.एच. टेल की अदालत में उसका मुक़द्दमा पेश हुआ—मूँछों के बग़ैर मम्मद भाई हाज़िर हुआ, मैं भी मौजूद था।

मम्मद भाई के ख़िलाफ़ कोई शहादत मौजूद नहीं थी, लेकिन मैजिस्ट्रेट ने उसकी फ़ाइल देखने के बाद उसको ख़तरनाक गुंडा क़रार देते हुए तड़ी पार, यानी सूबाबदर कर दिया—उसको सिर्फ़ एक दिन दिया गया कि वह अपने मामलात तय करने के बाद बंबई छोड़ दे।

अदालत से बाहर निकलने के बाद उसने मुझसे कोई बात न की—उसकी छोटी-बड़ी उँगलियाँ बार-बार उसके बालाई[26] होंठ की तरफ़ बढ़ती थीं, मगर वहाँ कहाँ कोई बाल था।

अगली शाम जब उसे बंबई छोड़कर कहीं और जाना था, मेरी और उसकी आख़िरी मुलाक़ात चीनी रेस्तोराँ में हुई—उसके शागिर्द-साथी उसके आसपास कुर्सियों पर बैठे चाय पी रहे थे—मूँछों के बग़ैर वह बहुत शरीफ़ आदमी दिखाई दे रहा था, लेकिन मैंने महसूस किया कि वह बहुत मग़मूम[27] है।

मैंने उसके पास बैठकर कहा : "क्या बात है मम्मद भाई ?"

उसने एक बहुत बड़ी गाली ख़ुदा मालूम जाने किसको दी और कहा : "साला अब मम्मद भाई ही नहीं रहा।"

मैंने कहा : "कोई बात नहीं मम्मद भाई... यहाँ नहीं तो किसी और जगह सही।"

जो जगहें उसकी ज़ुबान पर आईं, उसने उनको बेशुमार गालियाँ दीं : "साला अपन को यह ग़म नहीं... यहाँ रहूँ या किसी और जगह रहूँ... यह साला मूँछें क्यों मुँडवा दीं ?" फिर उसने उन लोगों को, जिन्होंने उसको मुँछें मुँडवाने का मशवरा दिया था, एक करोड़ गालियाँ दीं और कहा : "साला अगर मुझे तड़ी पार ही होना था तो मूँछों के साथ क्यों न हुआ।"

मुझे हँसी आ गई।

वह आग-बग़ूला हो गया : "साला तुम कैसा आदमी है वमटो भाई... ख़ुदा की क़सम, हम सच कहता है, हमें फाँसी लगा देते... पर यह बेवक़ूफ़ी तो हमने ख़ुद की... साला आज तक हम किसी से न डरा था... साला हम अपनी ही मूँछों से डर गया..." यह कहकर उसने दोहत्थड़ अपने मुँह पर मारा : "मम्मद भाई, लानत है तुझ पर... साला अपनी ही मूँछों से डर गया... अब जा अपनी माँ के..."

उसकी आँखों में आँसू आ गए जो उसके बिना मूँछों के चेहरे पर कुछ अजीब-से दिखाई दे रहे थे।

---

1. अद्वितीय, बेजोड़; 2. कान को फोड़नेवाले, कोलाहलपूर्ण; 3. आमंत्रित; 4. मोहित; 5. संक्षेपण; 6. रंग और आयु; 7. उपलब्ध होना, प्राप्त होना; 8. शामिल; 9. निवास; 10. कला, आर्ट; 11. व्यस्तता; 12. लालसा; 13. दरिद्र; 14. मियान; 15. लम्बे-चौड़े, विशालकाय; 16. मैत्री, संगत; 17. वेशभूषा के; 18. संशोधन; 19. आदेशात्मक; 20. माफ़ी; 21. अंतराल; 22. मज़ाक़ में; 23. सख़्त; 24. गवाही; 25. अच्छे तरीक़े से; 26. ऊपरी; 27. उदास।

मंज़ूर

जब उसे हस्पताल में दाख़िल किया गया तो उसकी हालत बहुत ख़राब थी।

पहली रात उसे ऑक्सीजन पर रखा गया—जो नर्स ड्यूटी पर थी, उसका ख़याल था कि वह नया मरीज़ सुबह होने से पहले-पहले मर जाएगा।

उसकी नब्ज़ की रफ़्तार ग़ैर यक़ीनी थी; कभी ज़ोर-ज़ोर से फड़फड़ाती और कभी लंबे-लंबे वक़्फ़ों के बाद चलती—पसीने में उसका बदन शराबोर था; एक लहज़े के लिए भी उसे चैन नहीं मिलता था; कभी वह इस करवट लेटता और कभी उस करवट; जब घबराहट बहुत ज़्यादा बढ़ जाती तो उठकर बैठ जाता और लंबे-लंबें साँस लेने लगता—रंग उसका हल्दी की गाँठ की तरह ज़र्द था, आँखें अंदर धँसी हुई थीं; नाक का बाँसा बर्फ़ की डली था; और सारे बदन पर रा'शा[1] था।

सारी रात उसने बड़े शदीद कर्ब[2] में काटी; ऑक्सीजन बराबर दी जा रही थी; सुबह हुई तो उसे किसी क़दर इफ़ाक़ा[3] हुआ और वह निढाल होकर सो गया।

उसके दो-तीन अज़ीज़ आए, कुछ देर उसके पास बैठे और फिर चले गए—डॉक्टर ने उन्हें बताया कि अभी उसके मर्ज़ की तश्ख़ीस[4] नहीं हुई है।

जब वह उठा तो उसे टीका लगाया गया—उसके दिल में बदस्तूर मीठा-मीठा दर्द हो रहा था; शानों के पट्ठे अकड़े हुए थे, जैसे रात भर उन्हें कोई कूटता रहा हो; जिस्म की बोटी-बोटी दुख रही थी—उसको यक़ीन था कि उसकी मौत दूर नहीं, वह आज नहीं तो कल ज़रूर मर जाएगा।

उसकी उम्र बत्तीस बरस के क़रीब थी; इन बरसों में उसने कोई राहत नहीं देखी थी, जो उस वक़्त उसे याद आती और उसकी सुऊबत[5] में इज़ाफ़ा करती—उसके माँ-बाप उसके बचपन ही में दाग़े-मुफारक़त[6] दे गए थे; मालूम नहीं, उसकी परवरिश किसी ख़ास शख़्स ने की थी, बस वह ऐसे ही इधर-उधर ठोकरें खाता उस उम्र तक पहुँच गया था और एक कारख़ाने में मुलाज़िम होकर पच्चीस रुपए माहवार पर इंतिहा दर्जे की इफ़्लासज़दा[7] ज़िंदगी गुज़ार रहा था।

अगर उसके जिस्म में टीसें न उठतीं तो वह अपनी तंदुरुस्ती और बीमारी में कोई नुमायाँ फ़र्क महसूस न करता, क्योंकि सेहत उसकी कभी भी अच्छी नहीं थी और कोई न कोई आरिज़ा उसे जरूर लाहिक रहता था।

वह एक बहुत बड़े वार्ड में था जिसमें उसकी तरह और कई मरीज़ भी लोहे की चारपाइयों पर लेटे हुए थे—उसके दाहिने हाथ नौ-दस बरस का एक लड़का कंबल में लिपटा हुआ उसकी तरफ़ देख रहा था और उसका चेहरा तमतमा रहा था।

''अस्सलामअलैकुम'' लड़के ने बड़े प्यार से कहा।

उसने लड़के के प्यार भरे लहजे से मुतास्सिर होकर जवाब दिया : ''अस्सलामअलैकुम''

लड़के ने कंबल में करवट बदली : ''भाई जान, अब आपकी तबीयत कैसी है ?''

उसने इख़्तिसार से कहा : ''अल्लाह का शुक्र है।''

लड़के का चेहरा और ज़्यादा तमतमा उठा : ''आप बहुत जल्दी ठीक हो जाएँगे··· आपका नाम क्या है ?''

''मेरा नाम ?'' उसने मुसकराकर लड़के की तरफ़ बरादराना शफ़क़त[8] से देखा : ''मेरा नाम अख़्तर है।''

''मेरा नाम मंज़ूर है।'' यह कहकर लड़के ने एकदम करवट बदली और उस नर्स को पुकारा, जो उधर से गुज़र रही थी : ''आपा···आपाजान !''

नर्स रुक गई—मंज़ूर ने माथे पर हाथ रखकर उसे सलाम किया—नर्स उसके क़रीब आई और उसे प्यार करके चली गई।

थोड़ी देर के बाद हाऊस सर्जन आया—मंज़ूर ने उसको भी सलाम किया : ''डाक्टर जी, अस्सलामअलैकुम।''

हाऊस सर्जन उसके सलाम का जवाब देकर उसके पास ही बैठ गया और देर तक उसका हाथ अपने हाथ में लेकर बातें करता रहा।

मंज़ूर को अपने वार्ड के हर मरीज़ से दिलचस्पी थी, उसको मालूम था, किसकी हालत अच्छी है और किसकी हालत ख़राब है, कौन आया है, कौन गया है; सब नर्सें उसकी बहनें थीं और सब डॉक्टर उसके दोस्त, मरीज़ों में कोई उसका चचा था, कोई मामूँ और कोई भाई—सब उससे प्यार करते थे।

उसकी शक्ल-सूरत मामूली थी, मगर उसमें एक गैर मामूली कशिश थी, हर वक़्त उसके चेहरे पर तमतमाहट खेलती रहती, जो उसकी मासूमियत पर हाले का काम देती, वह हर वक़्त ख़ुश रहता—वह बहुत ज़्यादा बातूनी था।

अख़्तर के मर्ज़ की तश्ख़ीस नहीं हुई थी और वह बहुत चिड़चिड़ा हो गया था; मगर मंज़ूर की बातें उसे खलती नहीं थीं।

मंजूर का बिस्तर अख़्तर के बिस्तर के पास ही था, इसलिए वह थोड़े-थोड़े वक्फ़ों के बाद अख़्तर से गुफ़्तुगू शुरू कर देता, जो छोटे-छोटे जुमलों पर मुश्तमिल[9] होती।

''भाई जान, आपके भाई-बहन हैं···?''

''मैं अपने माँ-बाप का इकलौता लड़का हूँ।''

''आपके दिल में अब दर्द तो नहीं होता···?''

''मुझे मालूम नहीं, दिल का दर्द कैसा होता है···!''

''आप बिलकुल ठीक हो जाएँगे··· दूध ज़्यादा पिया करें !''

''मैं बड़े डॉक्टर जी से कहूँगा कि आपको मक्खन भी दिया जाए।''

बड़ा डॉक्टर भी मंज़ूर से बहुत प्यार करता था—सुबह जब वह राउंड पर आता तो कुर्सी मँगाकर मंज़ूर के पास थोड़ी देर तक ज़रूर बैठता और उसके साथ इधर-उधर की बातें करता रहता।

मंज़ूर का बाप दर्ज़ी था—वह दोपहर को पंद्रह-बीस मिनट के लिए आता, सख़्त अफ़रा-तफ़री के आलम में; वह मंज़ूर के लिए फल वग़ैरह लाता और जल्दी-जल्दी उसे खिलाकर, उसके सिर पर मुहब्बत का हाथ फेरकर चला जाता।

शाम को मंज़ूर की माँ आती और बुरक़ा ओढ़े देर तक उसके पास बैठी रहती।

अख़्तर ने उसी वक़्त मंज़ूर से दिली रिश्ता क़ायम कर लिया था, जब मंज़ूर ने उसको सलाम किया था और मंज़ूर से बातें करने के बाद यह रिश्ता और भी मज़बूत हो गया था।

अख़्तर ने एक दिन रात की ख़ामोशी में सोचा था और महसूस किया था कि उसको जो थोड़ा-बहुत इफ़ाक़ा हुआ है, मंज़ूर की दुआओं ही का मो'जिज़ा[10] है—जब उसे हस्पताल में दाख़िल किया गया था तो उसकी हालत बहुत ख़राब थी; उसकी नब्ज़ ग़ैर यक़ीनी थी और डॉक्टर मायूस थे; वह सिर्फ़ चंद घड़ियों का मेहमान था—यह उसे बाद में पता चला कि उसके दाख़िल होते ही मंज़ूर ने अपने दिल ही दिल में कई मर्तबा दुआ माँगी थी कि ख़ुदा उस पर रहम करे—उसने महसूस किया था कि यह मंज़ूर की दुआओं ही का नतीजा है कि वह बच गया है।

अख़्तर को यक़ीन था कि वह ज़्यादा दिनों तक ज़िंदा नहीं रहेगा, इसलिए कि उसका मर्ज़ मुहलिक[11] भी था और अभी उसकी तश्ख़ीस भी न हो सकी थी—अब उसके दिल में इतनी ख़्वाहिश ज़रूर पैदा हो गई थी कि वह कुछ दिन और ज़िंदा रहे—वह नहीं चाहता था कि मंज़ूर से उसका रिश्ता इतनी जल्दी टूट जाए।

कई रोज़ गुज़र गए—मंज़ूर हस्बे-मामूल सारा-सारा दिन चहकता रहता; कभी नर्सों से बातें करता, कभी डॉक्टरों से और कभी जमादारों से—जमादार भी मंज़ूर के दोस्त थे।

अख़्तर को तो यूँ महसूस होता था कि वार्ड की बदबूदार फ़ज़ा का हर ज़र्रा मंज़ूर का दोस्त है—मंज़ूर जिस शै की तरफ़ देखता था, वह फ़ौरन उसकी दोस्त बन जाती थी।

अख़्तर की हालत जब ज़रा सँभली थी और जब उसे मालूम हुआ था कि मंज़ूर का निचला धड़ मफ़्लूज[12] है तो उसे सख़्त सद्मा पहुँचा था; उसको हैरत भी हुई थी कि इतने बड़े नुक़सान के बावुजूद मंज़ूर ख़ुश क्योंकर रहता है—बातें मंज़ूर के मुँह से बुलबुलों के मानिंद निकलती थीं; उन्हें सुनकर कौन कह सकता था कि मंज़ूर का निचला धड़ गोश्त-पोस्त का एक बेजान लोथड़ा है।

अख़्तर ने मंज़ूर से उसके फ़ालिज के मुताल्लिक़ कोई बात न की, इसलिए कि मंज़ूर से ऐसी बात के मुताल्लिक पूछना बहुत बड़ी हिमाक़त होती—मंज़ूर ख़ुद अपने फ़ालिज से क़त्अन बेख़बर मालूम होता था—अख़्तर को किसी और ज़रिए से इतना ज़रूर मालूम हो गया कि एक दिन मंज़ूर खेल-कूदकर घर आया था और ठंडे पानी से नहाया था और फिर एकदम उसका निचला धड़ मफ़्लूज हो गया था।

मंज़ूर अपने मां-बाप का इकलौता लड़का था—उन्हें बहुत दुख हुआ था, शुरू-शुरू में उन्होंने हकीमों से इलाज कराया था, मगर कोई फ़ायदा न हुआ था; फिर उन्होंने टोने-टोटकों का सहारा लिया था ? आख़िर किसी के कहने पर उन्होंने मंज़ूर को हस्पताल में दाख़िल करा दिया था ।

डॉक्टर मायूस थे, उन्हें मालूम था कि मंज़ूर के जिस्म का मफ़्लूज हिस्सा कभी दुरुस्त न हो सकेगा, मगर फिर भी वह उसके वालिदैन का जी रखने के लिए उसका इलाज कर रहे थे; उन्हें हैरत थी कि वह इतने दिन ज़िंदा कैसे रहा है, इसलिए कि फ़ालिज के शदीद हमले ने उसके बदन के बहुत से नाज़ुक आज़ा तक को न छोड़ा था, वह उस पर तरस खाते थे और उससे प्यार करते थे—मंज़ूर ने सदा ख़ुश रहने का गुर अपनी शदीद अलालत[13] से सीख लिया था, उसके मासूम दिमाग़ ने ख़ुश रहने का तरीक़ा ख़ुद ईजाद किया था कि उसका दुख दब जाए ।

चंद दिनों के बाद अख़्तर को फिर एक दौरा पड़ा—यह दौरा पहले दौरे से ज़्यादा तकलीफ़देह और ख़तरनाक था, मगर उसने सब्र और तहम्मुल[14] से काम लिया और मंज़ूर की मिसाल सामने रखकर अपने दुख-दर्द से ग़ाफ़िल रहने की कोशिश की और कामयाब हुआ ।

डॉक्टरों को सौ फ़ीसदी यक़ीन था कि दुनिया की कोई ताक़त अख़्तर को नहीं बचा सकती, मगर मो'जिज़ा रूनुमा हुआ और जब रात की ड्यूटी पर मुतऐयिन नर्स ने सुबह सवेरे उसे दूसरी नर्स के सिपुर्द किया तो उसकी गिरती हुई नब्ज़ सँभल चुकी थी और वह ज़िंदा था।

रात भर अख़्तर मौत से कुश्ती लड़ता रहा था, सुबह निढाल होकर जब वह सोने लगा तो उसने नीम मुंदी हुई आँखों से मंज़ूर की तरफ़ देखा—मंज़ूर महवे-ख़्वाब था और उसका चेहरा दमक रहा था ।

अख़्तर ने अपने कमज़ोर और नहीफ़ दिल में मंज़ूर की पेशानी को चूमा और सो गया ।

जब उसकी आँख खुली तो मंज़ूर चहक रहा था और उसी के मुताल्लिक़ एक नर्स से कह रहा था : ''आपा, अख़्तर भाई जान को जगाइए ··· इनकी दवा का वक़्त हो गया है ।''

''सोने दो ··· अख़्तर को आराम की ज़रूरत है ।''

''नहीं, वह बिलकुल ठीक हैं ··· आप इन्हें दवा दीजिए ···''

''अच्छा बाबा, देती हूँ ।''

मंज़ूर ने जब अख़्तर की तरफ़ देखा तो अख़्तर की आँखें खुली हुई थीं । बहुत ख़ुश होकर मंज़ूर ने बआवाज़े बुलंद कहा : ''अस्सलामअलैकुम।''

अख़्तर ने नक़ाहत भरे लहजे में जवाब दिया : ''वालैकुमअस्सलाम।''

''भाई जान, आप बहुत सोए ?''

''हाँ ··· शायद !''

''आपा आपके लिए दवा ला रही हैं ।''

अख़्तर ने महसूस किया कि मंज़ूर की बातें उसके नहीफ़ दिल को तक़वियत[15] पहुँचा रही हैं।

थोड़ी देर के बाद अख़्तर भी मंज़ूर की तरह चहकने-चहकारने लगा—उसने मंज़ूर से पूछा : "इस मर्तबा भी तुमने मेरे लिए दुआ माँगी थी?"

मंज़ूर ने जवाब दिया : "नहीं।"

"क्यों?"

"मैं रोज़-रोज़ दुआएँ नहीं माँगा करता ... बस एक दफ़ा माँग ली, काफ़ी है ... मुझे मालूम है, आप ठीक हो जाएँगे ..." मंज़ूर के लहजे में तयक़्क़ुन[16] था।

अख़्तर ने ज़रा छेड़ने के लिए कहा : "तुम दूसरों से कहते रहते हो कि ठीक हो जाओगे, ख़ुद क्यों नहीं ठीक हो-हुआकर घर चले जाते।"

मंज़ूर ने थोड़ी देर सोचा और फिर कहा : "मैं भी ठीक हो जाऊँगा ... बड़े डॉक्टर जी कहते थे कि मैं एक महीने तक चलने-फिरने लगूँगा ... देखिए ना, अब मैं नीचे और ऊपर खिसक सकता हूँ।"

मंज़ूर ने कंबल के नीचे ऊपर-नीचे खिसकने की नाकाम कोशिश की।

अख़्तर ने फ़ौरन कहा : "वाह मंज़ूर मियाँ, वाह ... एक महीना क्या है, बस यूँ गुज़र जाएगा ..."

मंज़ूर ने चुटकी बजाई और ख़ुश होकर हँसने लगा।

एक महीने से ज़्यादा अर्सा गुज़र गया—इस दौरान में अख़्तर ने दर्दो-कर्ब के दो-तीन दौरे सहे, जो ज़्यादा शदीद नहीं थे, अब उसकी हालत बेहतर थी, नक़ाहत दूर हो रही थी, आसाब में पहला-सा तनाव भी नहीं था; दिल की रफ़्तार ठीक थी।

डॉक्टरों का ख़याल था कि अब अख़्तर ख़तरे से बाहर है, लेकिन उनका ताज्जुब बदस्तूर क़ायम था कि वह बच कैसे गया।

अख़्तर डॉक्टरों के ताज्जुब पर दिल ही दिल में हँसता था, उसके ख़याल में उसे मालूम था कि उसे बचानेवाला कौन है, और वह कोई इंजेक्शन नहीं था, कोई दवा नहीं थी; उसको बचानेवाला मंज़ूर था, मफ़्लूज मंज़ूर जिसका निचला धड़ बिलकुल नाकारा हो चुका था और जिसे यह ख़ुशफ़हमी थी कि उसके गोश्त-पोस्त के बेजान लोथड़े में ज़िंदगी के आसार पैदा हो रहे हैं।

अख़्तर और मंज़ूर की दोस्ती बहुत बढ़ गई थी—मंज़ूर की ज़ात अख़्तर की नज़रों में मसीहा का रुतबा रखती थी कि उसी ने उसको दुबारा ज़िंदगी अता की थी और उसके दिलो-दिमाग़ से वह तमाम काले बादल हटा दिए थे, जिनके साए में वह इतनी देर तक घुटी-घुटी ज़िंदगी बसर करता रहा था; उसकी क़ुनूतीयत[17] रजाइयत[18] में तब्दील हो गई थी, उसे ज़िंदा रहने से दिलचस्पी हो गई थी; वह चाहता था कि बिलकुल ठीक होकर हस्पताल से निकले और एक नई सेहतमंद ज़िंदगी बसर करनी शुरू कर दे।

उसे बड़ी उलझन होती थी जब वह देखता था कि मंज़ूर वैसे का वैसा है—मंज़ूर के जिस्म के मफ़्लूज हिस्से पर हर रोज़ मालिश होती थी, बिजली लगाई जाती थी टीके दिए

जाते थे, दवाइयाँ पिलाई जाती थी, मगर कोई तब्दीली रूनुमा नहीं होती थी, जूँ-जूँ वक़्त गुज़रता जाता था, उसकी ख़ुश रहनेवाली तबीयत शिगुफ़्ता से शिगुफ़्तातर होती जा रही थी—और यह बात अख़्तर के लिए हैरत और उलझन का बायस थी।

एक दिन बड़े डॉक्टर ने मंज़ूर के बाप से कहा कि अब वह मंज़ूर को घर ले जाए, क्योंकि अब उसका इलाज नहीं हो सकता—मंज़ूर को सिर्फ़ इतना बताया गया कि अब उसका इलाज हस्पताल के बजाय घर पर होगा और वह बहुत जल्द तंदुरुस्त हो जाएगा, मगर उसे सख़्त सदमा पहुँचा—वह घर जाना नहीं चाहता था।

अख़्तर ने जब उससे पूछा कि वह हस्पताल में क्यों रहना चाहता है तो उसकी आँखों में आँसू आ गए : ''वहाँ मैं अकेला रहूँगा ··· अब्बा दूकान पर चले जाते हैं और माँ हमसाई के यहाँ जाकर कपड़े सीती है ··· मैं घर में किससे खेला करूँगा, किससे बातें किया करूँगा ?''

अख़्तर ने बड़े प्यार से कहा : ''तुम अच्छे जो हो जाओगे मंज़ूर मियाँ ··· चंद दिनों ही की तो बात है, फिर तुम बाहर अपने दोस्तों के साथ खेला करना।''

''नहीं-नहीं।'' मंज़ूर ने कंबल से अपना सदा तमतमानेवाला चेहरा ढाँप लिया और रोना शुरू कर दिया।

अख़्तर को बहुत दुख हुआ—वह देर तक मंज़ूर को चुमकारता-पुचकारता रहा।

आख़िर मंज़ूर की आवाज़ गले में रुँध गई और उसने करवट बदल ली।

शाम को हाउस सर्जन ने अख़्तर को बताया कि बड़े डॉक्टर साहब ने उसको डिस्चार्ज कर देने का आर्डर दिया है और वह सुबह जा सकता है।

मंज़ूर ने अख़्तर के डिस्चार्ज होने के बारे में सुना तो बहुत ख़ुश हुआ—उसने इतनी बातें कीं, इतनी बातें कीं कि थक गया, उसने हर नर्स को, हर जमादार को बताया कि भाई जान अख़्तर ठीक होकर जा रहे हैं।

रात को भी वह अख़्तर से देर तक ख़ुशी से भरपूर नन्ही-नन्ही मासूम बातें करता रहा और आख़िर थक-हारकर सो गया।

अख़्तर जागता रहा और सोचता रहा कि मंज़ूर कब ठीक होगा, क्या दुनिया में कोई ऐसी दवा मौजूद नहीं है जो ऐसे प्यारे बच्चे को तंदुरुस्त कर दे।

उसने मंज़ूर की सेहत के लिए सिद्क़दिली से दुआ माँगी, मगर उसे यक़ीन था कि उसकी दुआ क़ुबूल नहीं होगी कि उसका दिल मंज़ूर का-सा पाक दिल नहीं था।

मंज़ूर और उसकी जुदाई के बारे में सोचते हुए अख़्तर को बहुत दुख हो रहा था; उसे यक़ीन नहीं आ रहा था कि वह सुबह मंज़ूर को छोड़कर चला जाएगा और अपनी नई ज़िंदगी तामीर करने में मसरूफ़ होकर उसे अपने दिलो-दिमाग से महव[19] कर देगा—क्या ही अच्छा होता कि वह मंज़ूर की 'अस्सलामअलैकुम' सुनने से पहले ही मर जाता, उसकी नई ज़िंदगी जो मंज़ूर की अता करदा[20] थी, वह किस मुँह से उठाकर हस्पताल से बाहर ले जाएगा।

सोचते-सोचते अख़्तर सो गया।

सुबह वह देर से उठा।

नर्सें वार्ड में इधर-उधर तेज़ी से चल-फिर रही थीं।

करवट बदलकर उसने मंज़ूर के बिस्तर की तरफ़ देखा।

मंज़ूर के बजाय एक बूढ़ा हड्डियों का ढाँचा लेटा हुआ था।

एक लहज़े के लिए उस पर सन्नाटा-सा तारी हो गया—फिर पास से गुज़रती हुई नर्स से उसने क़रीब-क़रीब चिल्लाकर पूछा : "मंज़ूर कहाँ है?"

नर्स एकदम रुक गई, थोड़ी देर ख़ामोश रहने के बाद उसने बड़े अफ़सोसनाक लहजे में जवाब दिया : "बेचारा··· सुबह साढ़े पाँच बजे मर गया।"

अख़्तर को इस क़दर सद्‌मा पहुँचा कि उसका दिल बैठने लगा; उसके बदन से सारी ताक़त जाती रही; उसने समझा कि यह आख़िरी दौरा है—मगर उसका ख़्याल ग़लत साबित हुआ।

वह ठीक ठाक था।

थोड़ी ही देर के बाद उसे हस्पताल से रुख़सत होना पड़ा कि उसकी जगह लेनेवाला मरीज़ दाख़िल कर लिया गया था।

---

1. कँपकँपाहट; 2. पीड़ा; 3. राहत, रोग में लाभ; 4. जाँच, खोज; 5. व्यथा, पीड़ा; 6. जुदाई; 7. दरिद्रता से पीड़ित; 8. भाइयों-जैसी आत्मीयता; 9. आधारित; 10. चमत्कार; 11. घातक; 12. फ़ालिज़ गिरने के कारण निर्जीव; 13. बीमारी; 14. धैर्य; 15. ताक़त, शक्ति; 16. विश्वास, भरोसा; 17. निराशावाद; 18. आशावाद; 19. दूर करना, निकाल फेंकना; 20. दी हुई, देन।

फ़रिश्ता

सुर्ख़ खुरदुरे कंबल में उसने बड़ी मुश्किल से करवट बदली और अपनी मुँदी हुई आँखें आहिस्ता-आहिस्ता खोलीं।

कमरे की दबीज़[1] चादर में कई चीज़ें लिपटी हुई थीं, जिनके सही ख़द्दोख़ाल[2] नज़र नहीं आ रहे थे; एक लंबा, बहुत ही लंबा, न ख़त्म होनेवाला दालान था या शायद कमरा, जिसमें धुँधली-धुँधली रोशनी फैली हुई थी, ऐसी रौशनी जो जगह-जगह मैली हो रही थी—दूर, बहुत दूर जहाँ शायद यह कमरा या दालान ख़त्म हो रहा था, एक बहुत बड़ा बुत था जिसका दराज़ क़द छत को फाड़ता हुआ बाहर निकल गया था—उसको बुत का सिर्फ़ निचला हिस्सा नज़र आ रहा था जो बहुत पुरहैबत[3] था; उसने सोचा कि शायद मौत का देवता है जो अपनी हौलनाक शक्ल दिखाने से क़सदन गुरेज़ कर रहा है।

उसने होंठ गोल करके और ज़बान पीछे खींचकर उस पुरहैबत बुत की तरफ़ देखा और सीटी बजाई, बिलकुल उसी तरह जिस तरह कुत्ते को बुलाने के लिए बजाई जाती है। सीटी का बजना था कि उस कमरे या दालान की धुँधली फ़ज़ा में अनगिनत दुमें लहराने लगीं; लहराते-लहराते वह सब एक बहुत बड़े शीशे के मर्तबान में जमा हो गईं जो ग़ालिबन स्प्रिट से भरा हुआ था; आहिस्ता-आहिस्ता वह मर्तबान धुँधली फ़ज़ा में बग़ैर किसी सहारे के तैरता, डोलता उसकी आँखों के पास पहुँच गया; अब वह एक छोटा-सा मर्तबान था जिसमें स्प्रिट के अंदर उसका दिल डुबकियाँ लगा रहा था और धड़कने की नाकाम कोशिश कर रहा था।

उसके हलक़ से दबी-दबी चीख़ निकली—उस मक़ाम पर, जहाँ उसका दिल हुआ करता था, उसने अपना लरज़ता हुआ हाथ रखा और बेहोश हो गया।

मालूम नहीं, कितनी देर के बाद उसे होश आया, मगर जब उसने आँखें खोलीं तो कुहरा ग़ायब था और वह देव हैकल बुत भी—उसका सारा जिस्म पसीने में शराबोर था और बर्फ़ की तरह ठंडा, मगर उस मकाम पर जहाँ उसका दिल था, एक आग-सी लगी हुई थी—उस आग में कई चीज़ें जल रही थीं, बेशुमार चीज़ें, अनगिनत जानी-पहचानी और अजनबी-अनजानी चीज़ें तो चटख़ रही थीं, मगर उसके अपने गोश्त-पोस्त और उसकी

अपनी हड्डियों पर कोई असर नहीं हो रहा था, उस झुलसा देनेवाली तपिश में भी वह यख़बस्ता[4] था।

उसने एकदम अपने बर्फ़ीले हाथों से अपनी ज़र्द रू बीवी और सूखे के मारे हुए बच्चों को उठाया और आग में फेंक दिया।...अब आग के उस अलाव में अर्ज़ियों के पुलंदे के पुलंदे जल रहे थे; हर ज़बान में लिखी हुई अर्ज़ियाँ; उन पर उसके अपने हाथ के लिखे हुए दस्तख़त वग़ैरह सब जल रहे थे, आवाज़ पैदा किए बग़ैर।

आग के शोलों के पीछे उसे अपना चेहरा नज़र आया, पसीने से, सर्द पसीने से तर ब तर; उसने आग का एक शोला पकड़ा और उससे अपने माथे का पसीना पोंछकर एक तरफ़ फेंक दिया; अलाव में गिरते ही वह शोला भीगे हुए स्पंज की तरह रोने लगा—उसको शोले की यह हालत देखकर बहुत तरस आया।

अर्ज़ियाँ जलती रहीं और वह देखता रहा।

थोड़ी देर के बाद उसकी ज़र्दरू बीवी आग में से नमूदार हुई; उसके हाथों में गुँधे हुए आटे का थाल था; जल्दी-जल्दी उसने पेड़े बनाए और आग में डालना शुरू कर दिए, जो आँख झपकने की देर में कोयले बनकर सुलगने लगे—उन्हें देखकर उसके पेट में ज़ोर का दर्द उठा; झपट्टा मारकर उसने थाल में से आख़िरी पेड़ा उठाया और अपने मुँह में डाल लिया; आटा ख़ुश्क था, रेत की तरह; उसका साँस रुकने लगा और वह फिर बेहोश हो गया।

उसकी बंद सोई हुई आँखों के बेदार पर्दे पर तसवीरों का एक सिलसिला शुरू हो गया।

एक बहुत बड़ी मेहराब[5] थी जिस पर जली हुरूफ में यह शेर लिखा था :

रोज़े-महशर कि जाँ गुदाज़ बूद
अव्वलीं पुरसिश नमाज़ बूद[6]

वह फ़ौरन पथरीले फ़र्श पर सजदे[7] में गिर पड़ा, नमाज़ बख़्शवाने के लिए उसने दुआ माँगना चाही, मगर भूख उसके मेदे को इस बुरी तरह डसने लगी कि वह बिलबिला उठा।

इतने में किसी ने बड़ी बारोब आवाज़ में उसे पुकारा : 'अताऊल्लाह !'

वह खड़ा हो गया।

मेहराबों के पीछे, बहुत पीछे ऊँचे मिंबर[8] पर एक शख़्स खड़ा था, मादरज़ाद बरहना; उसके होंठ साकित थे, मगर आवाज़ आ रही थी : 'अताऊल्लाह, तुम क्यों ज़िंदा हो ? आदमी सिर्फ़ उस वक़्त तक ज़िंदा रहता है, जब तक उसे कोई सहारा हो...हमें बताओ, कोई ऐसा सहारा है जिसका तुम्हें सहारा हो...? तुम बीमार हो; तुम्हारी बीवी आज नहीं तो कल बीमार हो जाएगी...वह जिनका कोई सहारा नहीं होता, बीमार होते हैं, ज़िंदा दरगोर[9] होते हैं...तुम्हारी बीवी ख़त्म हो रही है, तुम्हारे बच्चे भी ख़त्म हो रहे हैं...कितने अफ़सोस की बात है कि तुमने अब तक ख़ुद अपने आपको ख़त्म नहीं किया है, अपने बच्चों और अपनी बीवी को ख़त्म नहीं किया है...क्या इस ख़ात्मे के लिए भी तुम्हें किसी की ज़रूरत है...तुम रहमो-करम के तालिब हो...बेवकूफ़, कौन तुम पर रहम करेगा...मौत को क्या

पड़ी है कि वह तुम्हें मुसीबतों से नजात दिलाए; उसके लिए यह मुसीबत ही क्या कम है कि वह मौत है''' वह किस-किसको आए; एक सिर्फ़ तुम ही अताऊल्लाह नहीं हो; तुम-ऐसे लाखों अताऊल्लाह इस भरी दुनिया में मौजूद हैं''' जाओ, अपनी मुसीबतों का इलाज ख़ुद करो''' दो मरियल बच्चों और एक फ़ाक़ाज़दा बीवी को हलाक करना कोई मुश्किल काम नहीं''' इस बोझ से हल्के हो जाओ तो मौत शर्मसार होकर ख़ुद ब ख़ुद तुम्हारे पास चली आएगी'''

वह ग़ुस्से से थर-थर काँपने लगा : 'तुम''' तुम सबसे बड़े ज़ालिम हो''' बताओ, तुम कौन हो''' इससे पेशतर कि मैं अपनी बीवी और बच्चों को हलाक करूँ, मैं तुम्हारा ख़ात्मा कर देना चाहता हूँ।'

मादरज़ाद बरहना शख़्स ने क़हक़हा लगाया और कहा : 'मैं अताऊल्लाह हूँ''' ग़ौर से देखो''' क्या तुम अपने आपको भी नहीं पहचानते?'

उसने उस नंग-धड़ंग आदमी की तरफ़ देखा और उसकी गर्दन झुक गई—वह, वह ख़ुद ही था, बग़ैर लिबास के!

उसका ख़ून खौलने लगा—फ़र्श में से उसने अपने बढ़े हुए नाख़ूनों से खुरच-खुरचकर एक पत्थर निकाला और तानकर मिंबर की तरफ़ फेंका।

उसका सिर चकरा गया—माथे पर हाथ रखा तो उसमें से लहू निकल रहा था।

वह भागा, पथरीले सहन को उबूर[10] करके जब बाहर निकला तो हुजूम ने उसे घेर लिया—हुजूम में हर कोई अताऊल्लाह था और हर एक का माथा लहूलुहान था।

बड़ी मुश्किलों से हुजूम को चीरकर वह बाहर निकला और एक तंगो-तार सड़क पर देर तक चलता रहा।

सड़क के दोनों किनारों पर हशीश और थोहर के पौदे उगे हुए थे और उनमें कहीं-कहीं दूसरी ज़हरीली बूटियाँ भी थीं।

उसने जेब से बोतल निकालकर थोहर का अर्क़ जमा किया; फिर ज़हरीली बूटियों के पत्ते तोड़कर बोतल में डाले और बोतल हिलाता-हिलाता उस मोड़ पर पहुँच गया, जहाँ से कुछ फ़ासिले पर उसका मकान था, शिक़स्ता ईंटों का ढेर।

टाट का बोसीदा[11] परदा हटाकर वह अंदर दाख़िल हुआ।

सामने ताक़ में रखी मिट्टी के तेल की कुप्पी से काफ़ी रौशनी निकल रही थी—उस मटियाली रौशनी में उसने देखा कि झिलंगी पलँगड़ी पर उसके दोनों मरियल बच्चे मरे पड़े हैं।

उसको बहुत नाउम्मीदी हुई—बोतल जेब में रखकर जब वह पलँगड़ी के पास गया तो उसने देखा कि वह फटी-पुरानी गुदड़ी जो उसके बच्चों पर पड़ी हुई है, आहिस्ता-आहिस्ता हिल रही है।

वह बहुत ख़ुश हुआ—वह ज़िंदा थे—बोतल जेब से निकालकर वह फ़र्श पर बैठ गया।

दोनों लड़के थे; एक चार बरस का; दूसरा पाँच का; दोनों भूखे थे; दोनों हड्डियों का ढाँचा थे।

गुदड़ी एक तरफ़ हटाकर जब उसने उनको ग़ौर से देखा तो उसे ताज्जुब हुआ कि इतने सूखे बच्चे इतनी सूखी हड्डियों पर इतनी देर से कैसे ज़िंदा हैं।

उसने थोहर के अर्क़ की बोतल एक तरफ़ रख दी और उँगलियों से एक बच्चे की गर्दन टटोलते-टटोलते उसे एक ख़फ़ीफ़-सा झटका दिया—हल्की-सी तड़ाख़ हुई और उस बच्चे की गर्दन एक तरफ़ लुढ़क गई।

वह बहुत ख़ुश हुआ कि इतनी जल्दी और इतनी आसानी से काम तमाम हो गया—इसी ख़ुशी में उसने अपनी बीवी को पुकारा : 'जैनाँ, जैनाँ, इधर आओ, देखो मैंने कितनी सफ़ाई से रहीम को मार डाला है…कोई तकलीफ़ नहीं हुई उसको।'

उसने इधर-उधर देखा।

ज़ैनब कहाँ है…? मालूम नहीं, कहाँ चली गई है…? शायद बच्चों के लिए किसी से खाना माँगने गई है या हस्पताल में उसकी ख़ैरियत दरयाफ़्त करने?

वह हँसा, मगर हँसी फ़ौरन दब गई, जब दूसरे बच्चे ने करवट बदली और अपने भाई को पुकारना शुरू किया : 'रहीम…रहीम…'

भाई न बोला तो उसने अपने बाप की तरफ़ देखा—हड्डियों की छोटी-छोटी सियाह पियालियों में उसकी आँखें चमकीं : 'अब्बा, तुम आ गए।'

उसने हौले-से कहा : 'हाँ करीम, मैं आ गया।'

करीम ने अपने उस्तुख़्वानी[12] हाथ से रहीम को झँझोड़ा : 'उठो रहीम, अब्बा आ गए हस्पताल से।'

उसने करीम के मुँह पर हाथ रख दिया : 'ख़ामोश रहो…वह सो गया है।

करीम ने उसका हाथ हटाया : 'कैसे सो गया है…हम दोनों ने अभी तक कुछ खाया ही नहीं।'

'तुम जाग रहे थे?'

'हाँ अब्बा!'

'तुम भी सो जाओगे।'

'कैसे?'

'मैं सुलाता हूँ तुम्हें।' उसने अपनी सख़्त उँगलियाँ करीम की गर्दन पर रखीं और उसको मरोड़ा, मगर तड़ाख़ की आवाज़ पैदा न हुई।

'यह आप क्या कर रहे हैं?' करीम की आवाज़ में उसे दर्द दिखाई दिया।

वह हैरतज़दा था कि उसका दूसरा लड़का इतना सख़्तजान क्यों है : 'क्या तुम सोना नहीं चाहते?'

करीम ने अपनी गर्दन सहलाते हुए जवाब दिया : 'सोना चाहता हूँ…कुछ खाने को दो, सो जाऊँगा।'

उसने अर्क़ की बोतल उठाई : 'पहले यह दवा पी लो।'

'अच्छा।' करीम ने अपना मुँह खोल दिया।

उसने सारी बोतल करीम के हलक़ में उँडेल दी और इत्मीनान का साँस लिया : 'अब

तुम गहरी नींद सो जाओगे।'

करीम ने उसका हाथ पकड़ा और कहा: 'अब कुछ खाने को दो।'

उसको बहुत कोफ़्त हुई: 'तुम मरते क्यों नहीं?'

करीम यह सुनकर सटपटा-सा गया: 'क्या अब्बा?'

'तुम मरते क्यों नहीं···मेरा मतलब है, अगर तुम मर जाओगे तो नींद भी आ जाएगी तुम्हें।'

करीम की समझ में कुछ न आया कि उसका बाप क्या कह रहा है: 'मारता तो अल्लाह मियाँ है अब्बा!'

'मारा करता था कभी···अब उसने यह काम छोड़ दिया है···चलो उठो।'

पलँगड़ी पर से करीम थोड़ा-सा उठा तो उसने करीम को अपनी गोद में ले लिया और सोचने लगा कि वह अल्लाह मियाँ कैसे बने।

टाट का परदा हटाकर जब वह बाहर गली में निकला तो उसे यूँ महसूस हुआ, जैसे आसमान उस पर झुका हुआ है और उसमें जा-बजा मिट्टी के तेल की कुप्पियाँ जल रही हैं।

अल्लाह मियाँ जाने कहाँ है, और ज़ैनब भी···मालूम नहीं, कहाँ चली गई है···कहीं से कुछ माँगने गई होगी···वह हँसने लगा—फ़ौरन ही उसे ख़याल आया कि उसे अल्लाह मियाँ बनना है।

सामने मोरी के पास बहुत-से पत्थर पड़े थे—करीम को अगर इन पर दे मारूँ तो···

उसने महसूस किया, उसमें इतनी ताक़त नहीं है—करीम उसकी गोद में था; उसने कोशिश की कि करीम को अपने बाज़ुओं में उठाए और अपने सिर से ऊपर ले जाकर फिर पत्थरों पर पटक दे, मगर उसकी रही-सही ताक़त भी जवाब दे गई।

उसने कुछ सोचा और अपनी बीवी को आवाज़ दी: "जैनाँ···जैनाँ···"

कहाँ है वह···? कहीं वह उस डॉक्टर के साथ तो नहीं चली गई, जो हर वक़्त उससे हमदर्दी का इज़हार करता रहता है···वह ज़रूर उसके फ़रेब में आ गई होगी···मेरे लिए उसने कहीं ख़ुद को बेच तो नहीं दिया···?

उसका ख़ून खौल उठा—करीम को पास बहती हुई बदररौ[13] में फेंककर वह हस्पताल की तरफ़ भागा, और इतना तेज़ दौड़ा कि चंद मिनट में हस्पताल पहुँच गया।

रात निस्फ़ से ज़्यादा गुज़र चुकी थी और चारों तरफ़ सन्नाटा था। जब वह अपने वार्ड के बरामदे में पहुँचा तो उसे दो आवाज़ें सुनाई दीं।

एक आवाज़ उसकी बीवी की थी; वह किसी से कह रही थी: 'तुम दग़ाबाज़ हो; तुमने मुझे धोखा दिया है···उससे जो कुछ तुम्हें मिला है, तुमने अपनी जेब में डाल लिया है।'

दूसरी आवाज़ किसी मर्द की थी: 'तुम ग़लत कहती हो···तुम उसको पसंद नहीं आईं, इसलिए वह चला गया।'

उसने महसूस किया, उसकी बीवी दीवानावार चिल्ला रही है: 'तुम बकवास करते

हो···ठीक है कि मैं दो बच्चों की माँ हूँ और मेरा वह पहला-सा रंग-रूप भी नहीं रहा, लेकिन···लेकिन वह मुझे क़ुबूल कर लेता, अगर तुम भांजी न मारते तो···तुम बहुत ज़ालिम हो···बड़े कठोर हो···'

वह साफ़ देख रहा था कि उसकी बीवी की आवाज़ रुँधने लगी है : 'मैं कभी तुम्हारे साथ न चलती···मैं कभी इस ज़िल्लत में न गिरती, अगर मेरा ख़ाविंद बीमार और मेरे बच्चे कई दिनों के भूखे न होते···तुमने क्यों मुझ पर यह ज़ुल्म किया ?'

उसने मर्द की आवाज़ सुनी : 'वह···वह कोई और नहीं था, मैं ख़ुद था···जब तुम मेरे साथ चल पड़ीं तो मैंने ख़ुद को पहचाना···फिर मैंने तुमसे कहा, वह चला गया है, वह जिसके लिए मैं तुम्हें लाया था···मुझे मालूम है कि तुम्हारा ख़ाविंद मर जाएगा···तुम्हारे बच्चे मर जाएँगे और तुम भी मर जाओगी, लेकिन···'

'लेकिन क्या···?' उसे महसूस हुआ, उसकी बीवी की आवाज़ तीखी है।

'मैं मरते दम तक ज़िंदा रहूँगा···अगर मैं तुम्हें कहीं ले जाता तो मैं ज़िल्लत की ज़िंदगी में फँस जाता, जो मौत से कहीं ज़्यादा ख़ौफ़नाक होती···चलो आओ, अताउल्लाह को देखें।'

'अताउल्लाह यहाँ खड़ा है।' उसने भिंची हुई आवाज़ में कहा।

दो साए उसकी तरफ़ पलटे।

उससे कुछ फ़ासिले पर वही डॉक्टर खड़ा था, जो उसकी बीवी से हमदर्दी का इज़हार किया करता था।

डॉक्टर के मुँह से सिर्फ़ इस क़दर निकल सका : 'तुम !'

'हाँ मैं···मैं तुम्हारी सब बातें सुन चुका हूँ···' फिर उसने अपनी बीवी की तरफ़ देखा : 'जैनाँ, मैंने रहीम और करीम दोनों को मार डाला है···अब मैं और तुम बाक़ी रह गए हैं।'

ज़ैनब चीख़ी : 'मार डाला तुमने दोनों बच्चों को ?'

उसने बड़े पुर सुकून लहजे में कहा :"हाँ···उन्हें कोई तकलीफ़ नहीं हुई···मेरा ख़याल है, तुम्हें भी कोई तकलीफ़ नहीं होगी···डॉक्टर साहब जो मौजूद हैं।"

डॉक्टर काँपने लगा।

वह आगे बढ़ा और डॉक्टर से मुख़ातिब हुआ : 'ऐसा इंजेक्शन दो कि फ़ौरन मर जाए।'

डॉक्टर ने काँपती हुई आवाज़ में क़रीब से गुज़रती हुई नर्स को एक ख़ास इंजेक्शन लाने के लिए कहा और घबराहट में टहलने लगा।

नर्स के लौटते ही डॉक्टर ने ज़ैनब को इंजेक्शन दिया।

डॉक्टर ने ज़ैनब के बाज़ू से सुई निकाली ही थी कि वह फ़र्श पर गिर पड़ी और मर गई—ज़ैनब की ज़ुबान पर आख़िरी अल्फ़ाज़ 'मेरे बच्चे···मेरे···' थे, जिन्हें वह अच्छी तरह अदा न कर सकी।

उसने इत्मीनान का साँस लिया : 'चलो यह भी हो गया···अब सिर्फ़ मैं बाक़ी रह गया

हूँ...'

'लेकिन अब हमारे पास ऐसा और कोई इंजेक्शन बाक़ी नहीं बचा है...' डॉक्टर के लहजे में बड़ी तेज़ी थी।

वह परेशान हो गया, फिर सँभलकर उसने डॉक्टर से कहा : 'कोई बात नहीं... मैं अंदर अपने बिस्तर पर लेटता हूँ... तुम इत्मीनान से इंतिज़ाम करो...'

बिस्तर पर सुर्ख़ खुरदुरे कंबल में लिपटे-लिपटे उसने बड़ी मुश्किल से करवट बदली और आहिस्ता-आहिस्ता अपनी मुँदी हुई आँखें खोलीं।

कुहरे की चादर में कई चीज़ें लिपटी हुई थीं और उनके सही ख़ट्टोख़ाल नज़र नहीं आ रहे थे। एक लंबा, बहुत लंबा, न ख़त्म होनेवाला दालान था या शायद कमरा, जिसमें धुँधली-धुँधली रौशनी फैली हुई थी, ऐसी रौशनी, जो जगह-जगह मैली हो रही थी—दूर, बहुत दूर एक नन्हा फ़रिश्ता खड़ा था। जब वह उसकी तरफ़ बढ़ने लगा तो वह बड़ा होता गया और उसकी चारपाई के पास पहुँचकर डॉक्टर बन गया, वही डॉक्टर जो उसकी बीवी से हर वक़्त हमदर्दी का इज़हार किया करता था और बड़े प्यार से दिलासा भी दिया करता था।

उसने उठने की कोशिश की : 'आइए डॉक्टर साहब!'

मगर डॉक्टर एकदम ग़ायब हो गया।

वह लेट गया।

उसकी आँखें खुली हुई थीं—कुहरा दूर हो चुका था—मालूम नहीं, कहाँ ग़ायब हो गया था।

उसके दिमाग में कुछ भी न था, या शायद बहुतकुछ था।

एकदम वार्ड में शोर बुलंद हुआ।

सबसे ऊँची आवाज़, जो चीख़ से मुशाबेह[14] थी, ज़ैनब की थी, उसकी बीवी की—वह कुछ कह रही थी, मालूम नहीं क्या कह रही थी।

उसने उठने की कोशिश की, ज़ैनब को आवाज़ देने की कोशिश की, मगर नाकाम रहा—धुंध फिर छाने लगी—दालान या कमरा लंबा, बहुत लंबा होता चला गया।

फिर ज़ैनब आई; उसकी हालत दीवानों की-सी हो रही थी।

ज़ैनब ने अपने दोनों हाथों से उसको झँझोड़ना शुरू कर दिया : 'मैंने उसे मार डाला है... मैंने उस हरामज़ादे को मार डाला है...'

'किसको?'

'उसी को, जो मुझसे इतनी हमदर्दी जताया करता था... उसने मुझसे कहा था कि वह तुम्हें बचा लेगा... वह झूठा था, दग़ाबाज था... उसका दिल तवे की कालिख से भी ज़्यादा

काला था···उसने मुझे···उसने मुझे···' इसके आगे ज़ैनब कुछ न कह सकी।

उसके दिमाग़ में बेशुमार ख़यालात आ गए और आपस में गड्डमड्ड हो गए : 'तुम्हें तो उसने मार डाला था?'

ज़ैनब चीख़ी : 'नहीं···मैंने उसे मार डाला है···'

वह चंद लम्हे ख़ला[15] में देखता रहा; फिर उसने ज़ैनब को हाथ से एक तरफ़ हटाया : 'तुम उधर हो जाओ···वह आ रहा है।'

'कौन?'

'वही डॉक्टर···वही फरिश्ता···'

वह उसकी चारपाई के क़रीब आया—उसके हाथ में सिरिंज थी।

वह मुसकराया : 'ले आए?'

उसने इस्बात[16] में सिर हिलाया : 'हाँ ले आया।'

उसने अपना लरज़ाँ बाज़ू उसकी तरफ़ बढ़ा दिया : 'तो लगा दो।'

उसने सुई उसके बाज़ू में घोंप दी।

वह मर गया।

ज़ैनब उसे झँझोड़ने लगी : 'उठो···उठो, करीम-रहीम के अब्बा, उठो···यह हस्पताल बहुत बुरी जगह है···चलो घर चलें।'

थोड़ी देर के बाद हस्पताल के अमले ने ज़ैनब को उसके ख़ाविंद की लाश से बमुश्किल अलग किया।

---

1. मोटा, भारी; 2. आकृति, अभिलक्षण; 3. भयानक; 4. ठंडा; 5. डाटवाला गोल दरवाज़ा, मस्जिद का वह धनुषाकार स्थान जहाँ पर खड़े होकर इमाम नमाज पढ़ाता है; 6. अस्तित्व को विलीन कर देनेवाले क़यामत के दिन, सबसे नमाज़ के विषय में पूछताछ की जाएगी; 7. श्रद्धा से माथा टिकाना; 8. मस्जिद में निर्मित तीन सीढ़ियों का वह छोटा चबूतरा, जहाँ पर खड़े होकर इमाम धर्मोपदेश देता है; 9. जीवित ही क़ब्र में दफ़न होना; 10. पार करके; 11. जर्जर, पुराना; 12. हड्डियों का, मांस रहित; 13. नाली; 14. मिलती-जुलती; 15. शून्य; 16. स्वीकारोक्ति।

फुंदने

कोठी से मुलहिक़ा[1] वसी-ओ-अरीज़[2] बाग़ में झाड़ियों के पीछे एक बिल्ली ने बच्चे दिए थे, जो बिल्ला खा गया था—फिर एक कुतिया ने बच्चे दिए थे, जो बड़े-बड़े हो गए थे और दिन-रात कोठी के अंदर-बाहर भौंकते और गंदगी बखेरते रहते थे; उनको ज़हर दे दिया गया था; एक-एक करके सब मर गए थे, उनकी माँ भी; उनका बाप मालूम नहीं कहाँ था; वह होता तो उसकी मौत भी यक़ीनी थी।

जाने कितने बरस गुज़र चुके थे।

कोठी से मुलहिक़ा बाग़ की झाड़ियाँ सैकड़ों-हज़ारों मर्तबा कतरी-ब्यौंती, काटी-छाँटी जा चुकी थीं; कई बिल्लियों और कुत्तियों ने उनके पीछे बच्चे दिए थे, जिनका नामो-निशान भी न रहा था—उसकी अक्सर बद आदत मुर्ग़ियाँ वहाँ अंडे दिया करती थीं, जिनको वह हर सुबह उठाकर अंदर ले जाती थी।

उसी बाग़ में किसी आदमी ने उनकी नौजवान मुलाज़िमा को बड़ी बेदर्दी से क़त्ल किया था—उसके गले में उसका फुंदनोवाला सुर्ख़ रेशमी इज़ारबंद[3], जो उसने दो रोज़ पहले फेरीवाले से आठ आने में ख़रीदा था, फँसा हुआ था, इस ज़ोर से क़ातिल ने पेच दिए थे कि उसकी आँखें बाहर निकल आई थीं—उसको देखकर उसे इतना तेज़ बुख़ार चढ़ा था कि वह बेहोश हो गई थी, और शायद अब तक बेहोश थी। लेकिन नहीं, ऐसा क्योंकर हो सकता था, इसलिए कि उस क़त्ल के देर बाद मुर्ग़ियों ने अंडे; नहीं, बिल्लियों ने बच्चे दिए थे, और एक शादी हुई थी। एक कुतिया थी, जिसके गले में लाल दुपट्टा था मुक़्क़ैशी झिलमिल-झिलमिल करता। उसकी आँखें बाहर निकली हुई नहीं थीं, अंदर धँसी हुई थीं।

बाग़ में बैंड बजा था—सुर्ख़ वर्दियोंवाले सिपाही आए थे, जो रंग-बिरंगी मशकें बग़लों में दबाए अजीब-अजीब आवाज़ें निकालते थे, उनकी वर्दियों के साथ कई फुंदने लगे हुए थे, जो गिर-गिर पड़ते थे और जिन्हें उठा-उठाकर लोग अपने इज़ारबंदों में लगाते जाते थे—पर जब सुबह हुई थी तो उनका नामो-निशान तक नहीं था, सबको ज़हर दे दिया गया था।

दुल्हन को जाने क्या सूझी, कमबख़्त ने झाड़ियों के पीछे नहीं, अपने बिस्तर पर सिर्फ़ एक बच्चा दिया, जो बड़ा गुल-गूथना लाल फुंदना था—उसकी माँ मर गई; बाप भी; दोनों

को बच्चे ने मारा; उसका बाप मालूम नहीं कहाँ था; वह होता तो उसकी मौत भी दोनों के साथ हो जाती।

सुर्ख़ वर्दियोंवाले सिपाही बड़े-बड़े फुंदने लटकाए जाने कहाँ ग़ायब हुए कि फिर न आए—बाग़ में बिल्ले घूमते थे, जो उसे घूरते थे, उसको छीछड़ों की भरी हुई टोकरी समझते थे, हालाँकि टोकरी में नारंगियाँ थीं।

एक दिन उसने अपनी दो नारंगियाँ निकालकर आईने के सामने रख दीं और उनके पीछे होकर उनको देखा, मगर वह नज़र न आईं। उसने सोचा, छोटी हैं, मगर वह उसके सोचते-सोचते ही बड़ी हो गईं और उसने रेशमी कपड़े में लपेटकर आतिशदान पर रख दीं।

अब कुत्ते भौंकने लगे और नारंगियाँ फ़र्श पर लुढ़कने लगीं; कोठी के हर फ़र्श पर उछलीं, हर कमरे में कूदीं, और उछलती-कूदती बड़े-बड़े बाग़ों में भागने-दौड़ने लगीं—कुत्ते उनसे खेलते और आपस में लड़ते-झगड़ते रहते।

जाने क्या हुआ, उन कुत्तों में दो ज़हर खाकर मर गए, जो बाक़ी बचे, वह उनकी अधेड़ उम्र की हट्टी-कट्टी मुलाज़िमा खा गई—वह उस जवान मुलाज़िमा की जगह आई थी, जिसको किसी आदमी ने क़त्ल कर दिया था, गले में उसके ही फुंदनोंवाले इज़ारबंद का फंदा डालकर।

उसकी माँ थी, अधेड़ उम्र की मुलाज़िमा से उम्र में छः-सात बरस बड़ी; उसकी तरह हट्टी-कट्टी नहीं थी; हर रोज़ सुबह-शाम मोटर में सैर को जाती थी और उसकी बद आदत मुर्ग़ियों की तरह दूर-दराज़ बाग़ों में झाड़ियों के पीछे अंडे देती थी; उनको वह ख़ुद उठा के लाती थी न ड्राइवर।

ऑमलेट बनाती थी, जिसके दाग़ कपड़ों पर पड़ जाते थे; सूख जाते तो उनको बाग़ में झाड़ियों के पीछे फेंक देती थी, जहाँ से चीलें उठाकर ले जाती थीं।

एक दिन उसकी सहेली आई, पाकिस्तान मेल, मोटर नंबर 9612 पी. एल.।

बड़ी गर्मी थी—डैडी पहाड़ पर थे; मम्मी सैर करने गई हुई थीं—पसीने छूट रहे थे।

उसने कमरे में दाख़िल होते ही अपना ब्लाउज़ उतारा और पंखे के नीचे खड़ी हो गई—उसके दूध उबले हुए थे, जो आहिस्ता-आहिस्ता ठंडे हो गए; उसके दूध ठंडे थे, जो आहिस्ता-आहिस्ता उबलने लगे, आख़िर दोनों दूध हिल-हिल के कँगने हो गए और खट्टी लस्सी बन गए।

उस सहेली का बैंड बज गया—वह वर्दीवाले सिपाही फुंदने नचाते न आए, उनकी जगह पीतल के बर्तन थे, छोटे और बड़े, जिनसे आवाज़ें निकलती थीं, गरजदार और धीमी, धीमी और गरजदार।

वह सहेली जब फिर मिली तो उसने बताया कि वह बदल गई है—वह सचमुच बदल गई थी; उसके अब दो पेट थे; एक पुराना, दूसरा नया; एक के ऊपर दूसरा चढ़ा हुआ था; उसके दूध फटे हुए थे।

फिर उसके भाई का बैंड बजा—अधेड़ उम्र की हट्टी-कट्टी मुलाज़िमा बहुत

रोई—उसके भाई ने उसको बहुत दिलासा दिया—बेचारी को अपनी शादी याद आ गई थी।

रात भर उसके भाई और उसकी दुल्हन में लड़ाई होती रही—वह हँसता रहा, वह रोती रही।

सुबह हुई तो अधेड़ उम्र की हट्टी-कट्टी मुलाज़िमा उसके भाई को दिलासा देने के लिए अपने साथ ले गई।

सुबह ही दुल्हन को नहलाया गया—उसकी शलवार में उसका लाल फुंदनोंवाला इज़ारबंद पड़ा था; मालूम नहीं, वह दुल्हन के गले में क्यों न बाँधा गया था—उसकी आँखें बहुत मोटी थीं; अगर गला ज़ोर से घोंटा जाता तो वह ज़िब्ह किए हुए बकरे की आँखों की तरह बाहर निकल आतीं ... और उसको बहुत तेज़ बुख़ार चढ़ जाता, मगर पहले बुख़ार तो अभी तक उतरे नहीं थे, हो सकता है, उतर गए हों और यह नया बुख़ार हो, जो धीरे-धीरे चढ़ रहा हो और उसको अभी तक होश न हो।

उनकी अधेड़ उम्र की हट्टी-कट्टी मुलाज़िमा उसके भाई को दिलासा देती थी और उसकी माँ मोटर ड्राइवरी सीख रही थी—बाप होटल में रहता था; कभी-कभी आता था और अपने लड़के से मिलकर चला जाता था।

उसका भाई कभी-कभी अपनी दुल्हन को घर बुला लेता था—अधेड़ उम्र की हट्टी-कट्टी मुलाज़िमा को हर दूसरे-तीसरे दिन कोई याद सताती थी तो रोना शुरू कर देती थी।

उसका भाई उसे दिलासा देता था, वह उसे पुचकारती थी—दुल्हन चली जाती थी।

फिर वह और दुल्हन भाभी, दोनों सैर को जाने लगीं, सहेली भी, पाकिस्तान मेल, मोटर नंबर 9612 पी. एल.।

वह सैर करते-करते अजंता जा निकलती थीं, जहाँ तसवीरें बनाने का काम सिखाया जाता था—तसवीरें देखते-देखते तीनों तसवीरें बन जाती थीं, रंग ही रंग; लाल, पीले, हरे, नीले; सबके-सब चीख़नेवाले—उनको उन रंगों का ख़ालिक़[4] चुप कराता था—उसके लंबे-लंबे बाल थे; सर्दियों और गर्मियों में ओवरकोट पहनता था; अच्छी शक्लो-सूरत का था; अंदर-बाहर हमेशा खड़ाऊँ इस्तेमाल करता था—रंगों को चुप कराने के बाद ख़ुद चीख़ना शुरू कर देता था; उसको वह तीनों चुप कराती थीं; वह चुप होता था तो वह तीनों चिल्लाने लगती थीं।

तीनों अजंता में मुजर्रद[4] आर्ट के सैकड़ों नमूने बनाती रहीं।

एक की हर तसवीर में दो पेट होते थे, मुख़्तलिफ़ रंगों के।

दूसरी की तसवीरों में एक ही औरत होती थी, अधेड़ उम्र की हट्टी-कट्टी।

तीसरी की तसवीरों में फुंदने ही फुंदने, इज़ारबंदों के गुच्छे।

मुजर्रद तसवीरें बनती रहीं, मगर तीनों के दूध सूखते रहे।

बड़ी गर्मी थी, इतनी कि तीनों पसीने में शराबोर थीं।

ख़स लगे कमरे के अंदर दाख़िल होते ही तीनों ने अपने-अपने ब्लाउज़ उतारे और पंखे के नीचे खड़ी हो गईं; पंखा चलता रहा; दूधों में ठंडक पैदा हुई न गर्मी।

उसकी मम्मी दूसरे कमरे में थी—ड्राइवर उसके बदन से मोबिल आयल पोंछ रहा था।

उसका डैडी होटल में था—लेडी स्टेनोग्राफ़र उसके माथे पर यू डी क्लोन मल रही थी।

वह पंखे के नीचे दुल्हन भाभी और सहेली के साथ खड़ी थी—उसके दूध न ठंडे हो रहे थे न गर्म।

एक दिन उसका भी बैंड बज गया।

उजाड़ बाग़ फिर बारौनक़ हो गया—गमलों और दरवाज़ों की आराइश अजंता के रंगों के ख़ालिक़ ने की; बड़ी-बड़ी गहरी लिपस्टिकें उसके चीख़ते हुए रंग देखकर उड़ गईं; एक जो ज़्यादा सियाही माइल थी, इतनी उड़ी कि वहीं गिर पड़ी और उसकी शागिर्द हो गई—उसके अरूसी लिबास का डिज़ाइन भी उसने तैयार किया; उसने हज़ारों सम्तें[6] पैदा कर दीं : ऐन सामने से देखो तो मुख़्तलिफ़ रंगों के इज़ारबंदों का बंडल, ज़रा इधर हट जाओ तो फलों की टोकरी; एक तरफ़ हो जाओ तो खिड़की पर पड़ा फुलकारी का परदा; अक़ब[7] में चले जाओ तो कुचले हुए तरबूज़ों का ढेर, ज़रा ज़ाविया बदलकर देखो तो टमाटो सॉस से भरा हुआ मर्तबान, ऊपर से देखो तो यगाना आर्ट, नीचे से देखो तो मीराजी की मुकम्मल शाइरी।

अरूसी लिबास में फ़नशनास[9] आँखों ने उसको देखा तो अश-अश कर उठीं।

दुल्हा इस क़दर मुतास्सिर[10] हुआ कि शादी के दूसरे रोज़ ही उसने तहैया[11] कर लिया कि वह मुजर्रद आर्टिस्ट बनेगा—वह अपनी दुल्हन के साथ, उसके साथ, अजंता गया और वहीं का हो रहा और वहीं उसको मालूम हुआ कि उसकी शादी हो चुकी है और उसकी दुल्हन वही गहरे रंग की लिपस्टिक है जो अजंता की दूसरी लिपस्टिकों के मुक़ाबले में ज़्यादा सुर्ख़ी माइल है—शुरू-शुरू में चंद महीनों तक उसके दुल्हा को उससे और मुजर्रद आर्ट से दिलचस्पी रही, लेकिन जब लिपस्टिकों की भीड़भाड़ में अजंता खो गया और रंगों के ख़ालिक़ की कहीं से भी सुन-गुन न मिली तो उसके दुल्हा ने नमक का कारोबार शुरू कर दिया, जो बहुत नफ़ाबख़्श साबित हुआ।

नमक के रंगीन कारोबार में उसके दुल्हा की मुलाक़ात एक कत्थई नमक की डली से हो गई, जिसके दूध सूखे हुए नहीं थे और उसको पसंद आ गए, बैंड न बजा, लेकिन शादी हो गई।

उसने अपने ब्रुश उठाए और कोठी में लौट आई।

वह नाचाक़ी[12] पहले तो उसके लिए तल्ख़ी का मूजिब[13] हुई, लेकिन बाद में एक अजीबो-ग़रीब मिठास में तब्दील हो गई—उसकी सहेली पाकिस्तान मेल, मोटर नंबर 9612 पी. एल. ने, जो दूसरा शौहर तब्दील करने के बाद सारे योरोप का चक्कर लगा आई थी और अब दिक़ की मरीज़ थी, उस मिठास को क्यूबिक[14] आर्ट में पेंट किया : साफ़-शफ़्फ़ाफ़ चीनी के बेशुमार क्यूब थे, जो थोहर के पौदों के दरमियान इस अंदाज़ से ऊपर-तले रखे थे कि दो शक्लें उभर रही थीं और उन पर शहद की मक्खियाँ बैठी रस चूस रही थीं।

फिर उसकी सहेली ने ज़हर खाकर ख़ुदकुशी कर ली—जब उसको यह अलमनाक ख़बर मिली तो उसे बहुत तेज़ बुख़ार चढ़ गया; मालूम नहीं, वह बुख़ार नया था, या वही

पुराना जो अब तक उतरा नहीं था।

वह तप रही थी और उसका बाप यू डी क्लोन में था; जहाँ उसका होटल उसकी लेडी स्टेनोग्राफ़र का सिर सहलाता था।

उसकी मम्मी ने कोठी का सारा हिसाब-किताब अधेड़ उम्र की हट्टी-कट्टी मुलाज़िमा के हवाले कर दिया था—अब उसको ड्राइविंग आ गई थी, मगर वह बहुत बीमार हो गई थी; फिर भी उसको ड्राइवर के बिन माँ के पिल्ले का बहुत ख़याल था, वह उसको अपना मोबिल आयल पिलाती थी।

उसकी दुल्हन भाभी और उसके भाई की ज़िंदगी बहुत अधेड़ और हट्टी-कट्टी हो गई थी; दोनों आपस में बड़े प्यार से मिलते थे—अचानक एक रात, जबकि अधेड़ उम्र की हट्टी-कट्टी मुलाज़िमा के साथ उसका भाई हिसाब-किताब कर रहा था, उसकी दुल्हन भाभी नुमूदार हुई; वह मुजर्रिद थी; उसके हाथ में क़लम था न ब्रुश, लेकिन उसने उन दोनों का हिसाब साफ़ कर दिया।

सुबह कमरे में से जमे हुए लहू के दो बड़े-बड़े फुंदने निकले, जो उसकी दुल्हन भाभी के गले में बाँध दिए गए।

उसे महसूस हुआ, उसका बुख़ार क़दरे उतर गया है—अपने दुल्हा से नाचाक़ी के बायस उसकी ज़िंदगी तल्ख़ बन जाने के बाद एक अजीबो-ग़रीब मिठास में तब्दील हो गई थी, जिसे उसकी सहेली पाकिस्तान मेल ने क्यूबिक आर्ट में पेंट किया था—उसने उस मिठास को फिर थोड़ा-सा तल्ख़ बनाने की कोशिश की; उसने शराब पीना शुरू कर दी, मगर तल्ख़ी थी कि पास न फटकती थी; शायद शराब की मिक़दार कम थी; उसने मिक़दार बढ़ा दी, हत्ता कि वह उसमें डुबकियाँ लगाने लगी—लोग समझने लगे कि वह अब ग़र्क़ हुई, अब ग़र्क़ हुई मगर वह फिर सतह पर उभर आती, मुँह से शराब पोंछती हुई और क़हक़हे लगाती हुई।

सुबह को जब वह उठती तो उसे महसूस होता, रात भर उसके जिस्म का ज़र्रा-ज़र्रा धाड़ें मार-मारकर रोता रहा है—उसके वह सब बच्चे जो पैदा हो सकते थे, उन क़ब्रों में जो उनके लिए बन सकती थीं, उस दूध के लिए जो उनका हो सकता था, बिलक-बिलककर रो रहे हैं—मगर उसके दूध कहाँ थे; वह तो जंगली बिल्ले पी चुके थे।

वह और ज़्यादा पीने लगी कि अथाह समंदर में डूब जाए, मगर उसकी ख़्वाहिश पूरी नहीं होती थी—वह ज़हीन थी, पढ़ी-लिखी थी; जिंसी मौज़ूआत[15] पर बग़ैर किसी तसन्नो[16] के बेतकल्लुफ़ गुफ़्तगू करती थी, मर्दों के साथ जिस्मानी रिश्ता क़ायम करने में कोई मुज़ायक़ा[17] नहीं समझती थी—मगर फिर भी कभी-कभी रात की तन्हाई में उसका जी चाहता था कि अपनी किसी बद आदत मुर्ग़ी की तरह झाड़ियों के पीछे जाए और एक अंडा दे आए।

जब वह सिर्फ़ हड्डियों का ढाँचा रह गई और खोखली हो गई तो लोग उससे दूर रहने लगे—वह सब समझती थी; वह किसी के पीछे न भागी और अकेली रहने लगी—सिगरेट पर सिगरेट फूँकती, बोतलों की बोतलें शराब पीती और जाने क्या-क्या सोचती रहती—रात को

बहुत कम सोती; बस कोठी के इर्द-गिर्द घूमती रहती।

सामने सर्वेंट क्वार्टर में ड्राइवर का बिन माँ का बच्चा मोबिल आयल के लिए रोता रहता था, जो उसकी माँ के पास ख़त्म हो गया था।

ड्राइवर ने एक्सीडेंट मार दिया था—मोटर गेराज में, ड्राइवर मोरचरी[18] में और उसकी माँ हस्पताल में पड़ी थी, जहाँ उसकी एक टाँग काटी जा चुकी थी और दूसरी काटी जानेवाली थी।

वह कभी-कभी सर्वेंट क्वार्टर के अंदर झाँककर देखती तो उसको महसूस होता, उसके दूधों की तलछट में हल्की-सी लरज़िश पैदा हुई है, मगर लरज़िशज़दा बदज़ाइका तलछट से मुसलसल[19] रोते होते बच्चे के सूखे होंठ तर न हो सकते थे।

उसकी माँ की दूसरी टाँग काटी गई और वह मर गई—उसका बाप यू डी क्लोन ही में रहा।

क्वार्टर में बच्चा सूख गया—बिन माँ के बच्चे की माँ पहले ही हस्पताल में मर चुकी थी।

अब वह बिलकुल तन्हा थी; कोई बोझ, सिवाय उसके ख़यालों के, बाक़ी न रहा था।

वह चाहती थी कि आहिस्ता-आहिस्ता उसे ख़यालों से भी छुटकारा मिल जाए।

कभी-कभार जब वह महसूस करती कि दरवाज़े पर दस्तक हुई है तो वह अंदर से चिल्ला उठती : 'चले जाओ... जो कोई भी तुम हो, चले जाओ... मैं किसी से मिलना नहीं चाहती...'

सेफ़ में उसको अपनी माँ के बेशुमार क़ीमती ज़ेवरात मिले, उसके अपने भी थे, जिनसे उसको कोई रग़बत[20] न थी—अब वह रात को घंटों आईने के सामने नंगी बैठकर वह तमाम ज़ेवरात अपने बदन पर सजाती और शराब पीकर कनसुरी[21] आवाज़ में फ़हश गाने गाती—वीराने की उजाड़ कोठी में उसकी आवाज़ आज़ाद थी।

अपने जिस्म को तो वह कई तरीक़ों से नंगा कर चुकी थी, अब वह चाहती थी कि अपनी रूह को भी नंगा कर दे, मगर इस अमल में वह ज़बर्दस्त हिजाब[22] महसूस करती थी, और इस हिजाब को दबाने के लिए सिर्फ़ एक ही तरीक़ा उसकी समझ में आता था कि पिए और ख़ूब पिए और इस हालत में अपने नंगे बदन से मदद ले—अलमिया[23] यह था कि उसका बदन आख़िरी हद तक नंगा होकर सतरपोश[24] हो गया था।

एक संदूक़चे में उसको पेंटिंग का सामान मिला, जो एक अर्से से बंद पड़ा था—वह तसवीरें बना-बनाकर बहुत पहले थक चुकी थी—अब उसने सब रंग निकाले, तमाम ब्रुश धो-धाकर एक तरफ़ रखे और आईने के सामने नंगी खड़ी हो गई।

उसने अपने नंगे बदन पर ख़द्दोख़ाल[25] बनाने शुरू कर दिए—उसकी यह कोशिश अपने वुजूद को मुकम्मल तौर पर उरियाँ[26] करने की थी।

वह अपने बदन का सिर्फ़ सामने का हिस्सा ही पेंट कर सकती थी—दिन भर वह, नंगे कैनवस पर उसका बदन था, बिन खाए, बिन पिए, आईने के सामने खड़ी, मुख़्तलिफ़ रंग जमाती और टेढ़े-बंगे ख़ुतूत बनाती रही—उसके ब्रुश में ऐतिमाद[27] था।

आधी रात के क़रीब उसने ज़रा पीछे हटकर आईने में अपना बग़ौर जायज़ा लिया और इत्मीनान का साँस खींचा—इसके बाद उसने तमाम ज़ेवरात एक-एक करके अपने रंगों से लुथड़े हुए बदन पर सजाए और आईने में एक बार फिर ग़ौर से देखा।

अभी वह रंगों से लुथड़े हुए बदन पर सजे हुए ज़ेवरात के बारे में कुछ सोच भी न सकी थी कि एकदम एक आहट-सी हुई।

उसने पलटकर देखा।

पहले पल उसने देखा, कोई हाथ में छुरा लिए, ढाटा बाँधे खड़ा है।

दूसरे पल उसने सुना और देखा, वह ढाटे में चीख़ा, छुरा उसके हाथ से गिर पड़ा, वह अफ़रा-तफ़री के आलम में इधर-उधर लपका और भाग निकला।

फिर जाने क्या हुआ कि वह उसके पीछे भागी, चीख़ती हुई, पुकारती हुई: 'ठहरो⋯ठहर जाओ⋯मैं तुमसे कुछ नहीं कहूँगी⋯ठहरो⋯'

मगर उसने, जो न जाने क्या चुराने आया था, उसकी एक न सुनी और दीवार फाँदकर ग़ायब हो गया।

वह मायूस होकर वापिस आ गई।

दरवाज़े की दहलीज़ के पास उसका ख़ंजर पड़ा था।

उसने ख़ंजर उठा लिया और कमरे में चली गई।

अचानक उसकी नज़रें आईने से दो-चार हुईं—जहाँ उसका दिल था, वहाँ मियाननुमा चमड़े का ख़ोल बँधा हुआ था।

उसने ख़ोल पर ख़ंजर रखकर देखा—ख़ोल बहुत छोटा था।

उसने ख़ंजर फेंक दिया और बोतल में से शराब के चार-पाँच बड़े घूँट पीकर इधर-उधर टहलने लगी—वह कई बोतलें पी चुकी थी और खाया कुछ भी न था।

देर तक टहलते रहने के बाद वह फिर आईने के सामने आई—उसके गले में ज़ेवरात तले इज़ारबंदनुमा गुलूबंद था; जिसके फुंदने बड़े-बड़े थे।

दफ़अतन उसको महसूस हुआ कि गुलूबंद तंग होने लगा है और आहिस्ता-आहिस्ता उसके गले के अंदर धँसने लगा है।

वह ख़ामोश खड़ी आईने में आँखें गाड़े रही, जो बाहर निकलने लगी थीं।

थोड़ी ही देर में उसके चेहरे की तमाम रगें फूल गईं।

फिर एकदम उसने चीख़ मारी और औंधे मुँह फ़र्श पर गिर पड़ी।

---

1. साथ लगे, संलग्न; 2. लंबे-चौड़े; 3. कमरबंद; 4. सृजनकर्ता, रचनाकार; 5. अमूर्त; 6. आयाम; 7. पीछे; 8. क्लिष्ट; 9. कला पारखी; 10. प्रभावित; 11. दृढ़ निश्चय, पक्का इरादा; 12. मनमुटाव; 13. कारण, हेतु, 14. घनाकार; 15. काम संबंधी विषयों; 16. बनावट; 17. एतराज़, आपत्ति; 18. मुर्दे रखने की जगह; 19. निरंतर, लगातार; 20. लगाव, आकर्षण; 21. बग़ैर लय या तर्ज के; 22. संकोच, शर्म; 23. त्रासदी; 24. गुप्तांगों को छिपानेवाला; 25. आकार; 26. नंगा; 27. भरोसा।

बराए-नाम

Read in order to live.
Gustave Flaubert

तमाशा

डार्लिंग

आँखें

वो लड़की

क़ीमे की बजाय बोटियाँ

एक भाई एक वाइज़

औलाद

अंजामबख़ैर

बिजली पहलवान

बराए-नाम

''मैं इंशाअल्लाह थोड़े ही दिनों में मर जाऊँगा। अगर ख़ुद नहीं मरूँगा तो ख़ुद-ब-ख़ुद मर जाऊँगा। क्योंकि जहाँ आटा रुपए का पौने-तीन सेर मिलता हो, वहाँ बड़ा ही बेग़ैरत इंसान होगा जो ज़िंदगी के रिवायती (पारंपरिक) चार दिन गुज़ार सके।

मंटो

मंटो ने अपने सामान्य मानवीय जीवन और सृजनात्मक जीवन की सीमाएँ आपस में मिलाकर जीवित रहने का संघर्ष किया। यह उसका निजी निर्णय और कर्म था। मगर इस संघर्ष का परिणाम यह भी हुआ कि मंटो के साहित्यिक व्यक्तित्व को उसके सामान्य मानव-व्यक्तित्व के कई कष्ट झेलने पड़े।

जल्दबाज़ी में लिखी हुई कहानियाँ, किसी सच्ची सृजनात्मक प्रेरणा के बिना लिखी हुई कहानियाँ, ऐसी कहानियाँ जिनका उद्देश्य न तो किसी सृजनात्मक अनुभव की अभिव्यक्ति था और न ही आंतरिक दबाव का परिणाम—मंटो की साहित्यिक पूँजी में इस ढर्रे की कहानियाँ भी शामिल हैं।

इसमें शक नहीं कि बड़े-से-बड़ा साहित्यकार भी हमेशा एक ही स्तर की रचनाएँ लिखने में समर्थ नहीं होता, लेकिन अधिकांश बड़े लिखनेवाले कभी-कभी यह जाने बिना बुरा लिखते हैं कि वे बुरा लिख रहे हैं। इसके विपरीत मंटो अपने साहित्यिक जीवन के किसी भी चरण में और सक्रियता के किसी भी क्षण में अपने कर्म की वास्तविकता से अपरिचित नहीं रहा। इसका कारण यह है कि मंटो के यहाँ अपनी मानसिक, सृजनात्मक और सामान्य मानवीय गतिविधियों की वास्तविकता की अनुभूति हमेशा जीवित रही। ऐसी रचनाएँ जो जीवन की साधारण आवश्यकताओं के वश होकर लिखी गईं और जिनके पीछे किसी आंतरिक दबाव का संकेत नहीं मिलता, उन्हें हम केवल नाम-मात्र के लिए मंटो की कहानियाँ कह सकते हैं। इस वर्ग में आनेवाली कहानियों के विषय चाहे कितने ही बड़े और गहरे क्यों न हों, ये कहानियाँ छोटी हैं—इन कहानियों में मंटो का चिंतन और अनुभव तो परिपक्व हैं, मगर शैली और अभिव्यक्ति की पकड़ ख़ासी दोषपूर्ण और कमज़ोर है।

इस भाग में एक कहानी ऐसी भी शामिल है जिसे हम मंटो की सृजनात्मक अनभ्यस्तता और कलात्मक अपरिपक्वता के चरण की यादगार कह सकते हैं, और वह कहानी है 'तमाशा', जो उसकी पहली कहानी है।

मंटो के बारे में एक बात ध्यान में रखनी आवश्यक है, और वह यह है कि पूरे मंटो से परिचय के लिए उसकी सफल और असफल, तमाम रचनाओं को सामने रखना होगा।

मंटो दरवेश नहीं था, मगर अस्तित्व की एकता में उसका विश्वास इतना पक्का था और उसके मानव-प्रेम के अर्थ में इतनी व्यापकता थी कि उसमें हर मानवीय अनुभव की समाई संभव थी। अपनी रोज़मर्रा की ज़रूरतों के कारण मंटो ने कई दर्जन कहानियाँ केवल एक-एक दिन के अंतर से लिखीं और कभी-कभी तो एकदम क़लम रखे बिना लिखीं। लेकिन इन कहानियों में भी हमारा सामना ज़िंदगी की किसी-न-किसी बुनियादी सच्चाई से होता है। इन कहानियों के माध्यम से भी मंटो के समग्र व्यक्तित्व, चिंतन और अनुभूतियों की दुनिया के किसी-न-किसी कोने तक हमारी पहुँच अवश्य होती है। जिस तरह मंटो के बोध की व्यापकता अँधेरे और उजाले को एक ही तरह से स्वीकार करती है, उसी तरह मंटो की हर रचना, वह अच्छी हो या बुरी, मंटो को समझने में हमारी सहायक होती है। मंटो के किसी भी सृजनात्मक पक्ष की अनदेखी करना, मंटो के अपने व्यक्तित्व की समग्रता के किसी-न-किसी अंश से आँखें फेर लेने के बराबर होगा।

तमाशा

दो-तीन रोज़ से तैयारे[1] सियाह उक़ाबों की तरह पर फैलाए ख़ामोश फ़ज़ा में मँडला रहे थे, जैसे वह किसी शिकार की जुस्तुजू[2] में हों। सुर्ख़ आँधियाँ वक़्तन-फ़वक़्तन किसी आनेवाले ख़ूनीं हादिसे का पैग़ाम ला रही थीं। सुनसान बाज़ारों में मुसल्लह[3] पुलिस की गश्त एक अजीब हैबतनाक[4] समाँ पेश कर रही थी। वह बाज़ार जो आज से कुछ अर्से पहले लोगों के हुजूम से पुर हुआ करते थे, अब किसी नामालूम ख़ौफ़ की वजह से सूने पड़े थे।

शहर की फ़ज़ा पर एक पुरअसरार ख़ामोशी मुसल्लत[5] थी—भयानक ख़ौफ़ राज कर रहा था।

ख़ालिद घर की ख़ामोश और पुरसुकून फ़ज़ा से सहमा हुआ अपने वालिद के क़रीब बैठा बातें कर रहा था : ''अब्बा, आप मुझे स्कूल क्यों नहीं जाने देते?''

''बेटा, आज स्कूल में छुट्टी है।''

''मास्टर साहब ने तो हमें बतलाया ही नहीं... वह तो कल कह रहे थे कि जो लड़का आज स्कूल का काम ख़त्म करके अपनी कॉपी न दिखाएगा, उसे सख़्त सज़ा दी जाएगी।''

''वह इत्तिला देनी भूल गए होंगे।''

''आपके दफ़्तर में भी छुट्टी है?''

''हाँ, हमारा दफ़्तर भी आज बंद है।''

''चलो अच्छा हुआ... आज मैं आपसे कोई अच्छी-सी कहानी सुनूँगा।''

यह बातें हो रही थीं कि तीन-चार तैयारे चीख़ते हुए उनके सिर से गुज़र गए—ख़ालिद उनको देखकर बहुत ख़ौफ़ज़दा हुआ। वह दो-तीन रोज़ से उन तैयारों की परवाज़ को बग़ौर देख रहा था मगर किसी नतीजे पर न पहुँच सका था। वह हैरान था कि यह जहाज़ सारा दिन धूप में क्यों चक्कर लगाते रहते हैं।

आख़िर उनकी रोज़ाना नक़्ल-हरकत से सख़्त तंग आकर वह बोला : ''अब्बा, मुझे इन जहाज़ों से सख़्त ख़ौफ़ मालूम हो रहा है... आप इनके चलानेवालों से कह दें कि वह हमारे घर पर से न गुज़रा करें।''

''ख़ौफ़...? कहीं पागल तो नहीं हो गए ख़ालिद?''

''अब्बा, यह जहाज़ बहुत ख़ौफ़नाक हैं... आप नहीं जानते, यह किसी न किसी दिन हमारे घर पर गोला फेंक देंगे।''

"यह तुमने किससे सुना ?"

"कल सुबह मामा ही तो अम्मीजान से बातें कर रही थीं कि इन जहाज़वालों के पास बहुत-से गोले हैं... अगर इन्होंने इस क़िस्म की शरारत की तो याद रखें कि मेरे पास भी एक बंदूक़ है, वही जो आपने मुझे पिछली ईद पर लाकर दी थी।"

"मामा तो पागल है... मैं उससे दरयाफ़्त करूँगा कि वह ऐसी बातें क्यों किया करती है... इत्मीनान रखो, वह ऐसी बातें कभी नहीं करेगी।" ख़ालिद के अब्बा ने अपने लड़के की ग़ैर मामूली जसारत[6] पर हँसते हुए कहा।

अपने वालिद से रुख़्सत होकर ख़ालिद अपने कमरे में चला गया और हवाई बंदूक़ निकालकर निशाना लगाने की मश्क़ करने लगा, ताकि उस रोज़ जब कि हवाई जहाज़वाले गोले फेंकें तो उसका निशाना ख़ता न जाए और वह पूरी तरह इंतिक़ाम ले सके—काश, यही नन्हा इंतिक़ाम हर शख़्स में तक़सीम हो जाए।

इसी अर्से में जबकि एक बच्चा अपने इंतिक़ाम लेने की फ़िक्र में डूबा हुआ तरह-तरह के मंसूबे बाँध रहा था, घर के दूसरे हिस्से में ख़ालिद का अब्बा अपनी बीवी के पास बैठा हुआ मामा को हिदायत कर रहा था कि वह आइंदा घर में इस क़िस्म की कोई बात न करने पाए जिससे ख़ालिद को दहशत हो। मामा और बीवी को इस क़िस्म की मज़ीद[7] हिदायत देकर वह अभी बड़े दरवाज़े से बाहर जा ही रहा था कि ख़ादिम एक दहशतनाक ख़बर लाया कि शहर के लोग बादशाह के मना करने पर भी शाम के करीब एक आम जलसा करनेवाले हैं और यह तवक़्क़ो की जाती है कि कोई न कोई वाक़िआ ज़रूर पेश होकर रहेगा।

ख़ालिद का अब्बा यह सुनकर बहुत ख़ौफ़ज़दा हुआ—अब उसे यक़ीन हो गया कि फ़ज़ा का ग़ैर मामूली सुकून, तैयारों की परवाज़, बाज़ारों में मुसल्लह पुलिस की गश्त, लोगों के चेहरों पर उदासी का आलम और ख़ूनी आँधियों की आमद किसी ख़ौफ़नाक हादिसे की पेशख़ैमा[8] हैं।

'वह हादिसा किस नौइयत[9] का होगा ?'

यह ख़ालिद के अब्बा की तरह किसी को भी मालूम न था, मगर फिर भी सारा शहर किसी नामालूम ख़ौफ़ में लिपटा हुआ था—बाहर जाने के ख़याल को मुलतवी करके ख़ालिद का अब्बा कपड़े तब्दील करने भी न पाया था कि तैयारों की आवाज़ ने उसे ख़ौफ़ज़दा कर दिया। उसे ऐसा मालूम हो रहा था जैसे सैकड़ों इंसान हमआहंग[10] आवाज़ में दर्द की शिद्दत[11] से कराह रहे हैं।

ख़ालिद तैयारों का शोरो-गुल सुनकर अपनी हवाई बंदूक सँभालता हुआ कमरे से बाहर दौड़ आया और उन्हें ग़ौर से देखने लगा, ताकि वह जिस वक़्त गोला फेंकने लगें तो वह अपनी हवाई बंदूक़ की मदद से उन्हें नीचे गिरा दे।

उस वक़्त सात साल के बच्चे के चेहरे पर आहनी इरादे और क़वी इस्तिक़लाल[12] के आसार नुमायाँ थे जो कम हक़ीक़त बंदूक़ का खिलौना हाथ में थामे जैसे एक जरी सिपाही को शर्मिंदा कर रहा हो। मालूम हो रहा था कि वह अब उस चीज़ को, जो उसे अर्से से ख़ौफ़ज़दा कर रही थी, मिटाने पर तुला हुआ है।

ख़ालिद के देखते-देखते ही एक जहाज़ से कुछ चीज़ गिरी जो काग़ज़ के छोटे-छोटे टुकड़ों से मुशाबेह[13] थी। गिरते ही वह टुकड़े हवा में पतंगों की तरह उड़ने लगे। उनमें से चंद ख़ालिद के मकान की बालाई छत पर भी गिरे।

ख़ालिद भागा हुआ ऊपर गया और वह काग़ज़ उठाकर अपने वालिद के पास ले आया : "अब्बा जी, मामा सचमुच झूठ बक रही थीं···जहाज़वालों ने तो गोलों की बजाय यह काग़ज़ फेंके हैं।"

ख़ालिद के अब्बा ने वह काग़ज़ लेकर पढ़ना शुरू किया तो उसका रंग ज़र्द हो गया। होने वाले हादिसे की तसवीर अब उसे अयाँ तौर पर नज़र आने लगी।

उस इश्तिहार में साफ़ लिखा था कि बादशाह कोई जलसा करने की इजाज़त नहीं देता और अगर उसकी मर्ज़ी के ख़िलाफ़ कोई जलसा किया गया तो नताइज[14] की ज़िम्मेदार ख़ुद रिआया होगी।

अपने वालिद को इश्तिहार पढ़ने के बाद इस क़दर हैरानो-परेशान देखकर ख़ालिद ने घबराते हुए दरयाफ़्त किया : "इस काग़ज़ पर यह तो नहीं लिखा कि वह हमारे घर पर गोले फेंकेंगे?"

"ख़ालिद, इस वक़्त तुम जाओ···जाओ, अपनी बंदूक़ के साथ खेलो।"

"मगर इस काग़ज़ में क्या लिखा है?"

"लिखा है कि आज शाम को एक तमाशा होगा···" ख़ालिद के बाप ने गुफ़्तुगू को मज़ीद तूल देने के ख़ौफ़ से झूठ बोलते हुए कहा।

"तमाशा होगा···फिर तो हम भी चलेंगे ना?"

"क्या कहा?"

"क्या इस तमाशे में आप मुझे न ले चलेंगे?"

"ले चलेंगे लेकिन जाओ, अब कहीं जाकर खेलो।"

"कहाँ खेलूँ···? बाज़ार में आप मुझे जाने नहीं देते, मामा मुझसे खेलती नहीं···मेरा हमजमाअत तुफ़ैल भी तो आजकल यहाँ नहीं आता···अब आप ही बताइए, खेलूँ तो किससे···शाम के वक़्त तमाशा तो ज़रूर देखेंगे न···!"

किसी जवाब का इंतज़ार किए बग़ैर ख़ालिद कमरे से बाहर चला गया और मुख़्तलिफ़ कमरों में आवारा फिरता हुआ अपने वालिद की निशस्तगाह[15] में दाख़िल हो गया, जिसकी खिड़कियाँ बाज़ार की तरफ़ खुलती थीं।

खिड़की के क़रीब बैठकर वह बाज़ार का मुतालआ[16] करने लगा।

क्या देखता है कि बाज़ार में दूकानें तो बंद हैं मगर आमदो-रफ़्त जारी है कि लोग जलसे में शरीक होने के लिए जा रहे हैं—वह सख़्त हैरान था कि दूकानें क्यों बंद हैं। इस मसले के हल के लिए उसने अपने नन्हे दिमाग़ पर बहुतेरा ज़ोर दिया मगर कोई नतीजा बरआमद न कर सका। बहुत ग़ौरो-फ़िक्र के बाद उसने यह सोचा कि लोगों ने उस तमाशे को देखने की ख़ातिर, जिसके इश्तिहार जहाज़ बाँट रहे थे, दूकानें बंद कर रखी हैं—अब इस ख़याल ने कि वह कोई निहायत ही दिलचस्प तमाशा होगा जिसके लिए तमाम बाज़ार बंद है, ख़ालिद को

बेचैन कर दिया—वह उस वक़्त का निहायत बेक़रारी से इंतज़ार करने लगा जब उसका अब्बा उसे तमाशा दिखलाने को ले चलेगा।

वक़्त गुज़रता गया। वह ख़ूनी घड़ी भी क़रीबतर आती गई।

सिहपहर का वक़्त था। ख़ालिद, उसका बाप और माँ, तीनों सहन में ख़ामोश बैठे एक-दूसरे की तरफ़ तक रहे थे। हवा सिसकियाँ भरती हुई चल रही थी।

तड़, तड़, तड़। तड़, तड़, तड़—यह आवाज़ सुनते ही ख़ालिद के बाप के चेहरे का रंग सफ़ेद हो गया।

वह ज़बान से बमुश्किल इस क़दर कह सका : "गोली..."

ख़ालिद की माँ फ़र्ते-ख़ौफ़[17] से एक लफ़्ज़ भी मुँह से न निकाल सकी—गोली का नाम सुनते ही उसे ऐसा महसूस हुआ जैसे ख़ुद उसकी छाती में गोली उतर रही है।

ख़ालिद उस आवाज़ को सुनते ही अपने वालिद की उँगली पकड़कर कहने लगा : "अब्बा जी, चलो चलें, तमाशा तो शुरू हो गया है!"

"कौन-सा तमाशा?" ख़ालिद के बाप ने अपने ख़ौफ़ को छुपाते हुए कहा।

"वही तमाशा जिसके इश्तिहार आज सुबह जहाज़ फेंक रहे थे...खेल शुरू हो गया है, तभी तो इतने पटाख़ों की आवाज़ सुनाई दे रही है।"

"अभी बहुत वक़्त बाक़ी है...तुम शोर मत करो...जाओ, मामा के पास जाओ।"

ख़ालिद यह सुनते ही बावर्चीख़ाने की तरफ़ रवाना हो गया, मगर वहाँ मामा को न पाकर अपने वालिद की निशस्तगाह में चला गया और खिड़की से बाज़ार की तरफ़ देखने लगा।

बाज़ार आमदो-रफ़्त बंद होने की वजह से सायँ-सायँ कर रहे थे! दूर फ़ासलों में कुत्तों की दर्दनाक चीख़ों में किसी इंसान की चीख़ो-पुकार भी शामिल हो गई थी।

ख़ालिद उस आवाज़ को सुनकर बहुत हैरान हुआ—अभी वह उस आवाज़ की जुस्तजू के लिए कोशिश कर ही रहा था कि चौक में उसे एक लड़का दिखाई दिया जो चीख़ता-चिल्लाता आ रहा था।

ख़ालिद के घर के ऐन मुक़ाबिल वह लड़का लड़खड़ाकर गिरा और गिरते ही बेहोश हो गया। उसकी पिंडली पर एक गहरा ज़ख़्म था, जिससे फ़व्वारों ख़ून निकल रहा था।

ख़ालिद यह समाँ देखकर बहुत ख़ौफ़ज़दा हुआ—वह भागा हुआ अपने वालिद के पास आया और कहने लगा : "अब्बा-अब्बा, बाज़ार में एक लड़का गिर पड़ा है और उसकी टाँग से बहुत ख़ून निकल रहा है।"

ख़ालिद का बाप यह सुनते ही खिड़की की तरफ़ लपका और उसने देखा कि एक नौजवान लड़का बाज़ार में औंधे मुँह पड़ा है।

बादशाह के ख़ौफ़ की वजह से किसी में इतनी जुरअत नहीं थी कि उसे सड़क पर से उठाकर सामनेवाली दूकान के पटरे पर लिटा दे।

बेसाज़ो-बर्ग[18] अफ़राद[19] को उठाने के लिए बादशाह की हुकूमत ने आहनी[20] गाड़ियाँ मुहैया कर रखी थीं मगर उस मासूम बच्चे की लाश, जो उन्हीं के तेग़े-सितम का शिकार

थी, वह नन्हा पौधा जो उन्हीं के हाथों मसला गया था, वह कोंपल जो खिलने से पहले उन्हीं की अता करदा बादे-समूम[21] से झुलस गई थी, किसी के दिल की राहत जो उन्हीं के जौरो-इस्तिब्दाद[22] के सर्द पंजों ने छीन ली थी, अब उन्हीं की तैयार करदा सड़क पर... आह, मौत भयानक है मगर ज़ुल्म उससे कहीं ज़्यादा ख़ौफ़नाक और भयानक है।

"अब्बा, इस लड़के को किसी ने पीटा है?"

ख़ालिद का बाप इस्बात में सिर हिलाता हुआ कमरे से बाहर चला गया।

जब ख़ालिद कमरे में अकेला रह गया तो सोचने लगा कि उस लड़के को इतने बड़े ज़ख़्म से कितनी तकलीफ़ हुई होगी, जबकि उसे एक दफ़ा क़लमतराश की नोक चुभने से तमाम रात नींद नहीं आई थी और उसकी वालिदा और वालिद शब भर उसके सिरहाने बैठे रहे थे। इस ख़याल के आते ही उसे ऐसा महसूस होने लगा जैसे वह ज़ख़्म ख़ुद उसकी पिंडली में है और उसमें शिद्दत का दर्द है—यकलख़्त वह रोने लग गया।

ख़ालिद के रोने की आवाज़ सुनकर उसकी वालिदा दौड़ी-दौड़ी आई और उसे गोद में लेकर पूछने लगी : "मेरे बच्चे, रो क्यों रहे हो?"

"उस लड़के को किसी ने पीटा है?"

"शरारत की होगी उसने..." ख़ालिद की वालिदा अपने ख़ाविंद की ज़बानी ज़ख़्मी लड़के की दास्तान सुन चुकी थी।

"मगर स्कूल में तो शरारत करने पर छड़ी से सज़ा देते हैं, लहू तो नहीं निकालते..." ख़ालिद ने रोते हुए अपनी वालिदा से कहा।

"छड़ी ज़ोर से लग गई होगी।"

"तो फिर क्या उस लड़के का वालिद स्कूल में जाकर उसके उस्ताद पर ख़फ़ा न होगा जिसने उस लड़के को इस क़दर मारा है... एक रोज़ जब मास्टर साहब ने मेरे कान खींचकर सुर्ख़ कर दिए थे तो अब्बा जी ने हैडमास्टर के पास जाकर शिकायत की थी ना!"

"उस लड़के का मास्टर बहुत बड़ा आदमी है।"

"अल्लाह मियाँ से भी बड़ा?"

"नहीं, उनसे छोटा है।"

"तो फिर वह अल्लाह मियाँ के पास शिकायत करेगा।"

"ख़ालिद, अब देर हो गई है, चलो सोएँ।"

"अल्लाह मियाँ, मैं दुआ करता हूँ कि तू उस मास्टर को जिसने उस लड़के को पीटा है, अच्छी तरह सज़ा दे, और उस छड़ी को छीन ले जिसके इस्तेमाल से ख़ून निकल आता है... मैंने पहाड़े याद नहीं किए हैं, इसलिए मुझे डर है कि कहीं वही छड़ी मेरे उस्ताद के हाथ न आ जाए... अगर तुमने मेरी बातें न मानीं तो फिर मैं तुमसे न बोलूँगा..." सोते वक़्त ख़ालिद दिल में दुआ माँग रहा था।

1. वायुयान; 2. खोज; 3. हथियारबंद, सशस्त्र; 4. डरावना, भयानक; 5. व्याप्त, छाई हुई; 6. हिम्मत; 7. ज़्यादा; 8. पूर्वाभास; 9. क़िस्म, प्रकार; 10. मिली-जुली एक आवाज में; 11. तेज़ी, तीव्रता; 12. हिम्मत, साहस; 13. मिलती-जुलती; 14. परिणाम; 15. बैठने की जगह; 16. निरीक्षण; 17. डर की अधिकता; 18. निराश्रय; 19. व्यक्तियों; 20. लोहे की; 21. प्रदान की हुई विषैली या गर्म हवा; 22. अत्याचार।

डार्लिंग

यह उन दिनों का वाक़िआ है जब मशरिक़ी[1] और मग़रिबी[2] पंजाब में क़त्लो-ग़ारतगरी[3] और लूटमार का बाज़ार गर्म था।

कई दिनों से मूसलाधार बारिश हो रही थी। वह आग जो इंजनों से न बुझ सकी थी, उस बारिश ने चंद घंटों ही में ठंडी कर दी थी, लेकिन जानों पर बाक़ायदा हमले हो रहे थे और जवान लड़कियों की इस्मत बदस्तूर ग़ैर महफ़ूज़ थी। हट्टे-कट्टे नौजवान लड़कों की टोलियाँ बाहर निकलतीं और इधर-उधर छापे मारकर डरी-दुबकी और सहमी हुई लड़कियाँ उठाकर ले जातीं।

किसी के घर पर छापा मारना और उसके साकिनों[4] को क़त्ल करके एक जवान लड़की को काँधे पर डालकर ले जाना बज़ाहिर बहुत ही आसान काम मालूम होता है लेकिन स का बयान है कि यह महज़ लोगों का ख़याल हैं, क्योंकि उसे तो अपनी जान पर खेल जाना पड़ा था।

इससे पहले कि मैं आपको स का बयानकर्दा वाक़िआ सुनाऊँ, मुनासिब मालूम होता है कि उससे आपको मुतआरिफ़[5] करा दूँ।

स एक मामूली जिस्मानी और ज़ेहनी साख़्त का आदमी है। मुफ़्त के माल से उसको इतनी ही दिलचस्पी है जितनी आम इंसानों को होती है, लेकिन माले-मुफ़्त से उसका सुलूक दिले-बेरहम का-सा नहीं था, फिर भी एक अजीबो-ग़रीब ट्रैजिडी का बायस बन गया जिसका इल्म उसे बहुत देर में हुआ।

स्कूल में स औसत दर्जे का तालिबे-इल्म था। वह हर खेल में हिस्सा लेता। खेलते-खेलते जब नौबत लड़ाई तक जा पहुँचती तो स उसमें पेश-पेश होता। खेल में वह हर क़िस्म के ओछे हथियार इस्तेमाल करता, लेकिन लड़ाई के मौक़े पर हमेशा ईमानदारी से काम लेता।

मुसव्विरी[6] से स को बचपन ही से दिलचस्पी थी, लेकिन कॉलेज में दाख़िल होने के बाद हालात ने या स ने कुछ ऐसा पलटा खाया कि उसने तालीम को ख़ैरबाद[7] कहकर साइकिलों की दूकान खोल ली।

फसादात के दौरान जब उसकी दूकान जलकर राख हो गई तो उसने लूटमार में हिस्सा लेना शुरू कर दिया, इंतिक़ामन कम और तफ़्रीहन ज़्यादा—इसी दौरान में उसके साथ एक

अजीबो-ग़रीब वाक़िआ पेश आया, जो इस कहानी का मौज़ू है।

उसने मुझसे कहा :

''मूसलाधार बारिश हो रही थी। मनों पानी बरस रहा था। मैंने अपनी ज़िंदगी में इतनी तेज़ बारिश कभी नहीं देखी थी। मैं अपने घर की बरसाती में बैठा सिगरेट पी रहा था। मेरे सामने लूटे हुए माल का एक ढेर पड़ा था। बेशुमार चीज़ें थीं मगर मुझे उनसे कोई दिलचस्पी न थी। मेरी दूकान जल गई थी। मुझे उसका भी कोई इतना ख़याल नहीं था, शायद इसलिए कि मैंने लाखों का माल तबाह होते देखा था... कुछ समझ में नहीं आता था कि दिमाग़ की कैफ़ियत क्या है... इतने ज़ोर से बारिश हो रही थी, लेकिन ऐसा लगता था कि चारों तरफ़ ख़ामोशी ही ख़ामोशी है और हर चीज़ ख़ुश्क है... जाने कहाँ से जले हुए मरूंडों की बू-सी आ रही थी। मेरे होंठों में जलता हुआ सिगरेट था। उसके धुएँ से भी कुछ ऐसी ही बू निकल रही थी... जाने मैं क्या सोच रहा था या शायद कुछ सोच ही नहीं रहा था कि एकदम बदन में कँपकपी-सी दौड़ गई और जी चाहा कि एक लड़की उठाकर ले आऊँ। जूँही यह ख़याल आया, बारिश का शोर सुनाई देने लगा और खिड़की के बाहर हर चीज़ पानी में शराबोर नज़र आने लगी... मैं उठा। सामने पड़े हुए लूटे हुए माल के ढेर से सिगरेटों का एक नया डिब्बा उठाकर मैंने बरसाती पहनी और नीचे उतर गया... सड़कें अँधेरी और सुनसान थीं। सिपाहियों का पहरा भी नहीं था। मैं देर तक इधर-उधर घूमता रहा। इस दौरान में कई लाशें मुझे नज़र आईं, लेकिन मुझ पर कोई असर न हुआ। घूमता-घामता मैं सिविल लाइंज़ की तरफ़ निकल गया। लुकफिरी सड़क बिलकुल ख़ाली थी। जहाँ-जहाँ बजरी उखड़ी हुई थी, वहाँ बारिश झाग बन-बनकर उड़ रही थी... दफ़अतन मुझे मोटर की आवाज़ आई। पलटकर देखा। छोटी-सी बेबी आस्टिन अंधाधुंध चली आ रही थी। मैं सड़क के ऐन दरमियान में खड़ा हो गया और दोनों हाथ इस अंदाज़ से हिलाने लगा जिसका मतलब था कि रुक जाओ... मोटर बिलकुल पास आ गई। मगर उसकी रफ़्तार में फ़र्क़ न आया। मोटर चलानेवाले ने ज़रा-सा रुख़ बदला। मैं भी पैंतरा बदलकर उधर हो गया। मोटर तेज़ी से उधर हुई, मगर अब उसकी रफ़्तार धीमी हो गई। मैं अपनी जगह खड़ा रहा। पेशतर इसके कि मैं कुछ सोचता, मुझे ज़ोर का धक्का लगा और मैं उखड़कर फ़ुटपाथ पर जा गिरा। जिस्म की तमाम हड्डियाँ कड़कड़ा उठीं, मगर मुझे चोट न आई। उधर मोटर के ब्रेक चीख़े, पहिए एकदम फिसले और मोटर तैरती हुई सामनेवाले फ़ुटपाथ पर चढ़कर एक दरख़्त से जा भिड़ी और साकित[4] हो गई... मैं उठा और उसकी तरफ़ बढ़ा। मोटर का दरवाज़ा खुला और एक औरत सुर्ख़ रंग का भड़कीला मोमी रेनकोट पहने बाहर निकली। मेरी कड़कड़ाई हुई हड्डियाँ ठीक हो गईं और जिस्म में हरारत पैदा हो गई। रात के अँधेरे में मुझे सिर्फ़ उसका शोख़ रंग रेनकोट ही दिखाई दिया, लेकिन इतनी उम्मीद काफ़ी थी कि उस मोमी कपड़े में लिपटा हुआ जो कोई भी है सिन्फ़े-नाज़ुक में से है... मैं जब उसकी तरफ़ बढ़ा तो उसने पलटकर मेरी तरफ़ देखा। बारिश के लरज़ते हुए परदे में से मुझे देखकर वह भागी, मगर मैंने चंद ही गज़ों के फ़ासले पर उसे जा लिया। जब मेरा हाथ उसके चिकने रेनकोट पर पड़ा तो वह अंग्रेज़ी में चिल्लाई : 'हैल्प... हैल्प।' मैंने उसकी

कमर में हाथ डाला और उसे गोद में उठा लिया। वह फिर अंग्रेज़ी में चिल्लाई : 'हैल्प, हैल्प ···ही इज़ किलिंग मी···!' मैंने उससे अंग्रेज़ी में पूछा : "आर यू ए इंगलिश वूमन···?" फिक़रा मुँह से निकल गया तो मुझे ख़याल आया कि 'ए' की जगह मुझे 'एन' कहना चाहिए था। उसने जवाब दिया : 'नो···' अंग्रेज़ी औरत से मुझे नफ़रत है। मैंने उससे कहा : 'दैन इट इज़ आल राइट।' अब वह उर्दू में चिल्लाने लगी : 'तुम मुझे मार डालोगे···तुम मुझे मार डालोगे!' मैंने कोई जवाब नहीं दिया, इसलिए कि मैं उसकी आवाज़ से उसकी शक्लो-सूरत और उम्र का अंदाज़ा लगा रहा था। मैंने उसके चेहरे पर से हुड हटाने की कोशिश की, पर उसने दोनों हाथ आगे कर लिए। मैंने सोचा, हटाओ और सीधा मोटर की तरफ़ बढ़ा। दरवाज़ा खोलकर मैंने उसको पिछली सीट पर डाला और ख़ुद अगली सीट पर बैठ गया। गेयर दुरुस्त करके सेल्फ़ दबाया तो इंजन चल पड़ा। मैंने दिल में कहा, ठीक है, और हैंडल घुमाया। गाड़ी को फ़ुटपाथ पर से उतारकर और सड़क पर पहुँचकर मैंने एक्सीलेटर पर पाँव रख दिया। मोटर दौड़ने लगी···घर पहुँचकर मैंने पहले सोचा कि ऊपर की बरसाती ठीक रहेगी, लेकिन इस ख़याल से कि लौंडिया को ऊपर ले जाने में झक-झक करनी पड़ेगी, मैंने नौकर से कहा कि दीवानख़ाना खोल दे। नौकर ने दीवानख़ाना खोला तो मैंने लौंडिया को घुप अँधेरे में ही सोफ़े पर डाल दिया। वह सारा रास्ता ख़ामोश रही थी लेकिन सोफ़े पर गिरते ही चिल्लाने लगी : 'डोंट किल मी···डोंट किल मी प्लीज़!' मुझे ज़रा शाइरी सूझी : 'आई वोंट किल यू···आई वोंट किल यू डार्लिंग!' वह रोने लगी। मैंने नौकर से कहा कि चला जाए। वह चला गया। मैंने जेब से दियासलाई निकाली। एक-एक करके सारी तालियाँ निकालीं, मगर एक भी न सुलगी। बारिश में उनके मसाले का फ़ालूदा हो गया था। बिजली का करेंट भी कई दिनों से ग़ायब था। ऊपर बरसाती में लूटे हुए माल में कई बैट्रियाँ पड़ी थीं, लेकिन मैंने सोचा, अँधेरे में ही ठीक है, मुझे कौन-सी फ़ोटोग्राफ़ी करनी है··· बरसाती उतारकर मैंने एक तरफ़ फेंक दी और उससे कहा : "लाइए, मैं आपका रेनकोट उतार दूँ।" मैं सोफ़े की जानिब झुका, लेकिन वह ग़ायब थी, मैं बिलकुल न घबराया, इसलिए कि दरवाज़ा नौकर ने बाहर से बंद कर दिया था। घुप अँधेरे में इधर-उधर मैंने उसे तलाश करना शुरू किया। थोड़ी देर के बाद हम दोनों एक-दूसरे से भिड़ गए और तिपाई के साथ टकराकर गिर पड़े। फ़र्श पर पड़े-पड़े मैंने उसकी तरफ़ हाथ बढ़ाया। मेरा हाथ उसकी गर्दन पर जा पड़ा। वह चीख़ी। मैंने कहा : 'चीख़ती क्यों हो···मैं तुम्हें मारूँगा नहीं।' उसने फिर सिसकियाँ लेना शुरू कर दीं। फ़िर मेरा हाथ उसके पेट पर पड़ा। वह दोहरी हो गई। मैंने, जैसे भी बन पड़ा, उसके रेनकोट के बटन खोलने शुरू कर दिए··· मोमी कपड़ा भी कुछ अजीब होता है जैसे बूढ़े गोश्त में चिकनी-चिकनी झुर्रियाँ पड़ी हों। वह रोती रही और इधर-उधर करवट बदलकर मुज़ाहमत[9] करती रही, लेकिन मैंने पूरे बटन खोल दिए। इसी दौरान में मुझे मालूम हुआ कि वह साड़ी पहने हुए है। मैंने सोचा, यह तो ठीक ही रहा। मैंने ज़रा मामला देखा। ख़ासी सुडौल पिंडली थी। वह तड़पकर एक तरफ़ हट गई। मैं पहले तो ज़रा यूँही-सा सिलसिला कर रहा था, उसकी पिंडली के साथ जब मेरा हाथ लगा तो बदन में चार सौ चालीस वोल्ट पैदा हो गए, लेकिन मैंने फ़ौरन ही ब्रेक लगा

दिए कि सहज पके सो मीठा हो। तो मैंने शाइरी शुरू कर दी : 'डार्लिंग, मैं तुम्हें यहाँ क़त्ल करने के लिए नहीं लाया हूँ ··· डरो नहीं ··· यहाँ तुम ज़्यादा महफ़ूज़ हो ··· जाना चाहो तो चली जाओ ··· लेकिन बाहर लोग तुम्हें दरिंदों की तरह चीर फाड़ेंगे ··· जब तक यह फ़सादात होते रहें, तुम मेरे साथ रहना ··· तुम पढ़ी-लिखी लड़की हो ··· मैं नहीं चाहता कि तुम गँवारों के चंगुल में फँस जाओ।' उसने सिसकियाँ लेते हुए कहा : 'यू वोंट किल मी ?' मैंने फ़ौरन ही कहा : 'नो सर ···' वह सिसकते-सिसकते हँस पड़ी। मुझे फ़ौरन ही खयाल आया कि औरत को 'सर' नहीं कहा करते। मुझे बहुत ख़िफ़्फ़त[10] हुई, लेकिन उसके हँस पड़ने से मुझे कुछ हौसला हो गया। मैंने सोचा, मामला पटा समझो। मैं भी हँस पड़ा : 'डार्लिंग, मेरी अंग्रेज़ी कमज़ोर है।' थोड़ी देर ख़ामोश रहने के बाद उसने मुझसे पूछा : 'अगर तुम मुझे मारना नहीं चाहते तो यहाँ क्यों लाए हो ?' उसका सवाल बड़ा बेढब था। मैंने जवाब सोचना शुरू किया, फिर मैंने सोचा, जो मुँह में आए, कह दूँ। मैंने कहा : 'मैं तुम्हें मारना बिलकुल नहीं चाहता, इसलिए कि यह काम मुझे बिलकुल अच्छा नहीं लगता ··· रही यह बात कि तुम्हें यहाँ क्यों लाया हूँ तो इसका जवाब यह है कि मैं अकेला था।' वह बोली : 'लेकिन तुम्हारा नौकर तुम्हारे पास है।' मैंने बे सोचे-समझे जवाब दिया : 'उसका क्या है ··· वह तो नौकर है।' वह ख़ामोश हो गई। मेरे दिमाग़ में नेक ख़याल आने लगे। मैंने सोचा, हटाओ यार, मैंने उठकर कहा : 'तुम जाना चाहती हो तो चली जाओ ···· उठो।' मैंने उसका हाथ पकड़ा। वह उठ खड़ी हुई। एकदम मुझे उसकी पिंडली का ख़याल आ गया और मैंने ज़ोर से उसको अपने सीने के साथ चिपटा लिया। उसकी गर्म-गर्म साँस मेरी ठोड़ी के नीचे घुस गई। मैंने अटकल पच्चू अपने होंठ उसके होंठों पर जमा दिए—वह लरज़ने लगी। मैंने कहा : 'डार्लिंग, डरो नहीं ··· मैं तुम्हें मारूँगा नहीं।' उसकी आवाज़ में अजीबो-ग़रीब क़िस्म की कँपकँपाहट पैदा हो गई : 'छोड़ दो मुझे।' मैंने उसे अपनी गिरफ़्त से अलहदा कर दिया, लेकिन फ़ौरन ही उसे अपने बाज़ुओं में उठा लिया। सड़क पर से उसे उठाते वक़्त मुझे महसूस नहीं हुआ था, लेकिन अब मैंने महसूस किया कि उसके कूल्हों का गोश्त बहुत नर्म है। एक बात मुझे और भी मालूम हुई, वह यह कि उसके हाथ में एक छोटा-सा बैग था। मैंने उसे सोफ़े पर लिटा दिया और बैग उसके हाथ से ले लिया। मैंने कहा : 'अगर इसमें कोई क़ीमती चीज़ है तो यक़ीन रखो, यहाँ बिलकुल महफ़ूज़ रहेगी ··· बल्कि चाहो तो मैं भी तुम्हें कुछ दे सकता हूँ।' वह बोली : 'मुझे कुछ नहीं चाहिए।' मैंने कहा : 'लेकिन मुझे चाहिए।' उसने पूछा : 'क्या ?' मैंने जवाब दिया : 'तुम'। वह ख़ामोश हो गई। मैं फ़र्श पर बैठकर उसकी पिंडलियाँ सहलाने लगा। वह काँप उठी। मैं हाथ फेरता रहा। उसने जब कोई मुज़ाहमत न की तो मैंने सोचा कि मजबूरी की वजह से बेचारी ने अपना आप ढीला छोड़ दिया है। मेरी तबीयत कुछ खट्टी-सी होने लगी। मैंने कहा : 'देखो, मैं ज़बर्दस्ती कुछ नहीं करना चाहता ··· तुम्हें मंज़ूर नहीं है तो जाओ।' यह कहकर मैं उठने ही वाला था कि उसने मेरा हाथ पकड़कर अपने सीने पर रख लिया जो धक-धक कर रहा था। मेरा दिल भी उछलने लगा। मैंने ज़ोर से 'डार्लिंग' कहा और उसके साथ चिपट गया। देर तक चूमाचाटी होती रही। वह सिसकियाँ भर-भर के मुझे 'डार्लिंग' कहती रही। मैं भी कुछ इसी किस्म के

ख़ुराफ़ात बकता रहा। थोड़ी देर के बाद मैंने कहा : 'यह रेनकोट उतार दो ··· बहुत ही वाहियात है।' उसने जज़्बात भरी आवाज़ में कहा : 'तुम ख़ुद ही उतार दो ना।' मैंने उसे सहारा देकर उठाया और कोट उसके बाज़ुओं से खींचकर उतार दिया। उसने बड़े प्यार से पूछा कौन हो तुम?' मैं उस वक़्त अपना हुदूदे-अर्बअ[11] बताने के मूड में नहीं था। मैंने सिर्फ इतना कहा : 'तुम्हारा डार्लिंग।' उसने 'यू आर ए नाटी ब्वॉय' कहा और अपनी बाँहें मेरे गले में डाल दीं। मैं उसका ब्लाउज़ उतारने लगा तो उसने मेरे हाथ पकड़ लिए और इल्तिजा की : 'मुझे नंगा न करो।' मैंने कहा : 'क्या हुआ ··· इतना तो अँधेरा है।' वह कसमसाई : 'नहीं ··· नहीं।' मैंने कहना चाहा : 'तो इसका यह मतलब है कि ···' उसने मेरे दोनों हाथ थामकर चूमने शुरू कर दिए और लरज़ाँ आवाज़ में कहने लगी : 'नहीं-नहीं ··· मुझे शर्म आती है।' अजीब-सी बात थी। मैंने दिल ही दिल में कहा, चलो हटाओ, छोड़ो ब्लाउज़ को, आहिस्ता-आहिस्ता सब ठीक हो जाएगा। मैं कुछ देर ख़ामोश रहा, उसने डरी हुई आवाज़ में पूछा : 'तुम नाराज़ तो नहीं हो गए?' मुझे कुछ मालूम ही नहीं था कि मैं नाराज हूँ या नहीं। मैंने कहा : 'नहीं, नाराज़ होने की क्या बात है ··· तुम ब्लाउज़ नहीं उतारना चाहती हो तो न उतारो, लेकिन ···' इससे आगे कहते हुए मुझे शर्म आ गई, फिर मैंने ज़रा गोल करके कहा : 'लेकिन कुछ तो होना चाहिए ··· मेरा मतलब है कि साड़ी उतार दो।' उसका हलक़ सूख गया : 'मुझे डर लगता है।' मैंने प्यार से कहा : 'किससे डर लगता है? उसने बिलख-बिलखकर रोना शुरू कर दिया। मैंने उसे तसल्ली दी : 'मैं तुम्हें तकलीफ़ नहीं दूँगा ··· अगर तुम्हें वाक़ई डर लगता है तो जाने दो ··· दो-तीन दिन यहाँ रहो ··· जब मेरी तरफ से तुम्हें पूरा इत्मीनान हो जाए तब सही।' उसने रोते-रोते कहा : 'नहीं-नहीं ···' और अपना सिर मेरी रानों पर रख दिया। मैं उसके बालों में उँगलियों से कंघी करने लगा। थोड़ी ही देर के बाद उसने रोना बंद कर दिया और सूखी-सूखी हिचकियाँ लेने लगी, फिर एकदम उसने मुझे अपने साथ ज़ोर से भींच लिया और शिद्दत[12] के साथ काँपने लगी। मैंने उसे सोफ़े पर से उठाकर फ़र्श पर बिठा दिया ··· और तभी कमरे में दफ़अतन रौशनी की लकीरें तैर गईं। दरवाज़े पर दस्तक हुई। मैंने पूछा 'कौन है?' नौकर की आवाज़ आई : 'लालटेन ले लीजिए।' मैंने कहा : 'अच्छा।' लेकिन उसने आवाज़ भींचकर ख़ौफ़ज़दा लहजे में कहा : 'नहीं-नहीं' ··· मैंने कहा : 'क्या हर्ज है ··· मैं लालटेन एक तरफ़ नीची करके रख दूँगा।' मैंने उठकर लालटेन ले ली और दरवाज़ा अंदर से बंद कर लिया। इतनी देर के बाद रौशनी देखी थी, आँखें चुँधिया गईं। वह एक कोने में खड़ी हो गई थी। मैंने कहा : 'भई, इतना भी क्या है ··· थोड़ी देर रौशनी में बैठकर बातें करेंगे, फिर जब तुम कहोगी, लालटेन गुल कर देंगे।' जब उसने कोई जवाब न दिया तो मैं लालटेन हाथ में लिए उसकी तरफ़ बढ़ा। उसने साड़ी का पल्लू सरकाकर दोनों हाथों से अपना चेहरा ढाँप लिया। मैंने कहा : 'तुम भी अजीबो-ग़रीब लड़की हो ··· अपने दूल्हे से भी परदा?' मैं वाक़ई समझने लगा कि वह मेरी दुल्हन है और मैं उसका दूल्हा। इसी तसव्वुर[13] के तहत मैंने कहा : 'अगर ज़िद ही करनी है तो भई, कर लो ··· हमें आपकी हर अदा क़ुबूल है।' यकायक ज़ोर का धमाका हुआ। कहीं बम फटा था। वह लपकी और मेरे साथ चिमट गई। मैंने उसे

दिलासा दिया : 'डरो नहीं ··· मामूली-सी बात है ।' एकदम मुझे ख़याल आया कि मैंने उसके चेहरे की झलक देख ली है । मैंने उसको दाएँ कंधे से पकड़कर झँझोड़ा और एक क़दम पीछे हट गया ··· मैं बयान नहीं कर सकता, मैंने क्या देखा ··· बहुत ही भयानक सूरत, गाल अंदर धँसे हुए जिन पर गाढ़ा मेकअप थुपा हुआ था और कई जगहों से मेकअप की तह बारिश की वजह से उतरी हुई थी और नीचे से असली जिल्द निकल आई थी जैसे कई ज़ख़्मों पर से फाहे उतर गए हों, ख़िज़ाब लगे ख़ुश्क और बेजान बाल जिनकी सफ़ेद जड़ें दाँत दिखा रही थीं, और सबसे अजीबो-ग़रीब चीज़ वह मोमी फूल थे जो उसने इस कान से उस कान तक माथे के साथ-साथ बालों में उड़से हुए थे । ··· मैं देर तक उसको देखता रहा । वह बिलकुल साकित खड़ी रही । मेरे होशो-हवास गुम हो गए थे । थोड़ी देर के बाद जब मैं सँभला तो मैंने लालटेन एक तरफ़ रख दी और उससे कहा : 'तुम जाना चाहो तो चली जाओ ।' उसने कुछ कहना चाहा, लेकिन जब देखा कि मैं उसका रेनकोट और बैग उठा रहा हूँ तो वह ख़ामोश हो गई । मैंने दोनों चीज़ें उसकी तरफ़ देखे बग़ैर उसको दे दीं । वह कुछ देर शायद गर्दन झुकाए खड़ी रही । फिर दरवाज़ा खोला और बाहर निकल गई ··· ''

यह वाक़िआ सुनकर मैंने स से पूछा : ''जानते हो, वह औरत कौन थी?''

स ने जवाब दिया : ''नहीं तो ··· !''

मैंने कहा : ''वह औरत मशहूर आर्टिस्ट मिस म थी ··· !''

स चिल्लाया : ''मिस म ? वही जिसकी बनाई हुई तसवीरों की मैं स्कूल में कॉपी किया करता था ?''

मैंने जवाब दिया : ''हाँ वही ··· ! वह एक आर्ट कॉलेज की प्रिंसिपल थी ··· वह लड़कियों को सिर्फ़ औरतों और फूलों ··· सिर्फ़ औरतों और फूलों की तसवीरकशी सिखाती थी ··· मर्दों से उसे सख़्त नफ़रत थी ।''

यह सुनकर स कुछ सोचने लगा, फिर एकदम चौंका : ''कहाँ है वह आजकल ?''

मैंने मुसकराकर जवाब दिया : ''आसमान पर ··· !''

उसने पूछा : ''क्या मतलब ?''

मैंने जवाब दिया : ''उसी रात को ··· जब तुमने उसे बाहर निकाल दिया ··· उसकी मोटर का हादिसा हुआ और वह मर गई ··· लेकिन उसके क़ातिल तुम हो और यह सिर्फ़ मैं जानता हूँ ··· नहीं ··· दरअसल तुम दो औरतों के क़ातिल हो ··· एक तो उस औरत के जिसको सब लोग एक मशहूर आर्टिस्ट की हैसियत से जानते हैं ··· दूसरी उस औरत के जो तुम्हारे दीवानख़ाने में से पहली औरत के क़ालिब[14] से बाहर निकली थी, और जिसको सिर्फ़ तुम जानते हो ··· !''

स ख़ामोश रहा ।

---

1. पूर्वी; 2. पश्चिमी; 3. क़त्ल और तबाही; 4. निवासियों; 5. परिचित; 6. चित्रकारी; 7. त्याग करके, छोड़कर; 8. गतिहीन; 9. दख़लअंदाज़ी; 10. संकोच, शर्म; 11. चौहद्दी, विषय में; 12. तीव्रता, तेज़ी; 13. कल्पना; 11. शरीर, जिस्म।

आँखें

उसके सारे जिस्म में मुझे उसकी आँखें बहुत पसंद थीं।

वह आँखें बिलकुल वैसी ही थीं जैसे अँधेरी रात में मोटर कार की हेड लाइट्स, जिनको आदमी सबसे पहले देखता है।

आप यह न समझिएगा कि वह बहुत ख़ूबसूरत आँखें थीं—हरगिज़ नहीं—मैं ख़ूबसूरती और बदसूरती में तमीज़ कर सकता हूँ, लेकिन माफ़ कीजिएगा, उन आँखों के मामले में सिर्फ़ इतना ही कह सकता हूँ कि वह ख़ूबसूरत तो नहीं थीं, इसके बावुजूद उनमें बेपनाह कशिश थी।

मेरी और उन आँखों की मुलाक़ात एक हस्पताल में हुई—मैं उस हस्पताल का नाम आपको बताना नहीं चाहता, इसलिए कि इससे मेरे इस अफ़साने को कोई फ़ायदा नहीं पहुँचेगा।

बस आप यही समझ लीजिए कि एक हस्पताल था, जिसमें मेरा एक अज़ीज़ ऑपरेशन कराने के बाद अपनी ज़िंदगी के आख़िरी साँस ले रहा था।

यूँ तो मैं तीमारदारी का क़ायल नहीं और मरीज़ों के पास जाकर उनको दम-दिलासा देना भी मुझे नहीं आता, लेकिन अपनी बीवी के पैहम इसरार पर मुझे उस हस्पताल में जाना पड़ा, ताकि मैं अपने मरनेवाले अज़ीज़ को अपने ख़ुलूस और अपनी मुहब्बत का सुबूत दे सकूँ।

यक़ीन मानिए कि मुझे सख़्त कोफ़्त हो रही थी—हस्पताल के नाम ही से मुझे नफ़रत है, मालूम नहीं, क्यों? शायद इसलिए कि एक बार मुझे बंबई में अपनी बूढ़ी हमसायी को, जिसकी कलाई में मोच आ गई थी, जे.जे. हस्पताल ले जाना पड़ा था और वहाँ कैज़ुअल्टी डिपार्टमेंट में मुझे कम अज़ कम ढाई घंटे इंतज़ार करना पड़ा था। उस इंतज़ार के दौरान में जिस आदमी से भी मैं मिला था, वह लोहे की मानिंद सर्द और बेहिस था।

तो मैं उन आँखों का ज़िक्र कर रहा था जो मुझे बहुत पसंद थीं।

पसंद का मामला इन्फ़िरादी[1] हैसियत रखता है—बहुत मुम्किन है, अगर आप वह आँखें देखते तो आपके दिलो दिमाग़ में कोई रद्दे-अमल पैदा न होता; यह भी मुम्किन है कि आपसे अगर उनके बारे में राय तलब की जाती तो आप कहते: 'निहायत वाहियात आँखें हैं...'

लेकिन जब मैंने उस लड़की को देखा तो सबसे पहले मुझे उसकी आँखों ने अपनी तरफ़ मुतवज्जेह[2] किया।

वह बुर्क़ा पहने हुए थी, मगर नक़ाब उठा हुआ था। उसके दाएँ हाथ में एक ख़ाली बोतल थी और वह जनरल वार्ड के बरामदे में एक छोटे-से लड़के के साथ चली आ रही थी।

मैंने उसकी तरफ़ देखा तो उसकी आँखों में, जो बड़ी थीं न छोटी, सियाह थीं न भूरी, नीली थीं न सब्ज़, एक अजीब क़िस्म की चमक पैदा हुई—मेरे क़दम रुक गए। वह भी ठहर गई—उसने अपने साथी लड़के का हाथ पकड़ा और बौखलाई हुई आवाज़ में कहा : 'तुमसे चला नहीं जाता?'

लड़के ने अपनी कलाई छुड़ाई और तेज़ी से कहा : 'चल तो रहा हूँ...तू तो अंधी है।'

मैंने यह सुना तो उस लड़की की आँखों की तरफ़ दुबारा देखा—उसके सारे वुजूद में सिर्फ़ उसकी आँखें ही थीं जो मुझे पसंद आई थीं।

मैं आगे बढ़ा और लड़की के पास पहुँच गया।

उसने मुझे पलकें न झपकनेवाली आँखों से देखा और पूछा : ''एक्स-रे कहाँ लिया जाता है?''

इत्तिफ़ाक़ की बात है कि उन दिनों एक्स-रे डिपार्टमेंट में मेरा एक दोस्त काम कर रहा था और मैं अपने क़रीबुलमर्ग[3] अज़ीज़ के सिलसिले में उसी से मिलने जा रहा था। मैंने उस लड़की से कहा : ''आओ, मैं तुम्हें वहाँ ले चलता हूँ...मैं भी उधर ही जा रहा हूँ।''

लड़की ने अपने साथी लड़के का हाथ पकड़ा और मेरे साथ चल पड़ी।

मैंने एक्स-रे डिपार्टमेंट के छोटे-से ऑफ़िस में जाकर डॉक्टर सादिक़ के बारे में पूछा तो मालूम हुआ कि वह स्क्रीनिंग करने में मसरूफ़ हैं।

दरवाज़ा बंद था। मैंने खटखटाया तो अंदर से तेज़ो-तुंद आवाज़ आई : ''कौन है...दरवाज़ा मत ठोको।''

मैंने फिर दस्तक दी।

दरवाज़ा खुला और डॉक्टर सादिक़ मुझे गाली देते-देते रह गया : ''ओह...तुम हो!''

''हाँ भई, तुमसे मिलने आया हूँ...तुम्हारे दफ़्तर में गया तो मालूम हुआ कि तुम यहाँ हो।''

''आ जाओ अंदर।''

मैंने लड़की की तरफ़ देखा और कहा : ''आओ...लेकिन लडके को बाहर ही रहने दो।''

डॉक्टर सादिक़ ने हौले से मुझसे पूछा : ''कौन हैं आप?''

मैंने जवाब दिया : ''मालूम नहीं, कौन है...एक्स-रे डिपार्टमेंट को पूछ रही थी...मैंने कहा : 'चलो, मैं लिए चलता हूँ'।''

डॉक्टर सादिक़ ने दरवाज़ा और ज़्यादा खोल दिया—मैं और वह लड़की अंदर दाख़िल हो गए।

अंदर चार-पाँच मरीज़ मौजूद थे—डॉक्टर सादिक़ ने जल्दी-जल्दी उनकी स्क्रीनिंग की और उन्हें रुख़्सत कर दिया।

अब कमरे में सिर्फ़ हम तीन रह गए। डॉक्टर सादिक़, मैं और वह लड़की।

डॉक्टर सादिक़ ने मुझसे पूछा : "इन्हें क्या बीमारी है ?"

मैंने लड़की से पूछा : "क्या बीमारी है तुम्हें... ? एक्स-रे के लिए तुमसे किस डॉक्टर ने कहा है ?"

अँधेरे कमरे में लड़की ने मेरी तरफ़ देखा और जवाब दिया : "मुझे मालूम नहीं, क्या बीमारी है...हमारे महल्ले में एक डॉक्टर है, उसने कहा था, एक्स-रे करा लाओ।"

डॉक्टर सादिक़ ने उसे मशीन की तरफ़ आने को कहा।

वह आगे बढ़ी तो मशीन के साथ बड़े ज़ोर से टकरा गई।

डॉक्टर सादिक़ ने तेज़ लहजे में कहा : "क्या तुम्हें सुझाई नहीं देता।"

लड़की ख़ामोश रही।

डॉक्टर ने आगे बढ़कर उसका बुर्क़ा और दुपट्टा उतारा और पास पड़ी मेज़ पर रख दिया। फिर उसने लड़की को कंधों से पकड़कर स्क्रीन के पीछे खड़ा कर दिया।

डॉक्टर ने स्विच ऑन किया तो स्क्रीन रौशन हो गया।

मैंने देखा तो स्क्रीन पर मुझे लड़की की पसलियाँ नज़र आईं और काले-से धब्बे की सूरत में उसका दिल भी धड़कता हुआ दिखाई दिया।

डॉक्टर पाँच-छः मिनट तक स्क्रीन को ऊपर-नीचे, दाएँ-बाएँ घुमाता रहा और न जाने क्या देखता रहा। फिर उसने स्विच ऑफ़ कर दिया और पास की झुकी हुई बत्ती रौशन की।

लड़की स्क्रीन के पीछे ही खड़ी रही—डॉक्टर ने उसे कंधों से पकड़कर बाहर निकाला और मुझसे मुख़ातिब हुआ : "छाती बिलकुल साफ़ है।"

लड़की ने जाने क्या समझा कि उसने फ़ौरन अपने लटकते हुए हाथ उठाकर अपनी छातियों को ढाँप लिया जो काफ़ी बड़ी-बड़ी थीं और अँधेरे में इधर-उधर देखने लगी।

मैंने हाथ बढ़ाकर उसका बुर्क़ा और दुपट्टा उठाया और उसके अपनी छातियों पर लिपटे हुए हाथों में थमा दिया।

डॉक्टर सादिक़ ने एक परची पर रिपोर्ट लिखी और लड़की से पूछा : "तुम्हारा नाम क्या है ?"

लड़की ने बुर्क़ा ओढ़ते हुए जवाब दिया : "जी मेरा नाम...मेरा नाम हनीफ़ा है।"

"हनीफ़ा..." डॉक्टर सादिक़ ने उसका नाम परची पर लिखा और उसको दे दी।" जाओ, यह अपने महल्ले के डॉक्टर को दिखा दो।"

लड़की ने परची बुर्क़े में हाथ डालकर क़मीस के नीचे अपनी अँगिया में उड़स ली।

मैंने लड़की का हाथ पकड़ा और कहा : "आओ, चलो।"

कमरे से बाहर आने के बाद वह उस छोटे-से लड़के के साथ एक तरफ़ को चल दी।

मैं चंद लम्हे तो बुत बना खड़ा रहा, फिर ग़ैर इरादी तौर पर उसके पीछे-पीछे हो लिया।

मुझे इस बात का पूरी तरह एहसास था कि डॉक्टर सादिक़ मुझे शक की नज़रों से देख रहा है और उसे यक़ीन हो गया है कि उस लड़की से मेरा कोई ताल्लुक़ ज़रूर है, लेकिन आप जानते ही हैं कि ऐसा कोई मामला न था, सिवाय इसके कि मुझे उसकी आँखें पसंद आ गई थीं।

मैं उसके पीछे-पीछे था—उसने अपने साथी लड़के की उँगली पकड़ी हुई थी।

जब वह ताँगों के अड्डे पर पहुँचे तो मैंने आगे बढ़कर उससे पूछा : ''तुम्हें कहाँ जाना है ?''

उसने किसी गली का नाम लिया तो मैंने झूठमूठ कहा : ''मुझे भी उधर ही जाना है···मैं तुम्हें तुम्हारे घर छोड़ दूँगा।''

मैंने जब उसका हाथ पकड़कर और उसकी कमर को सहारा देकर उसे ताँगे में बिठाया तो मुझे यूँ महसूस हुआ कि मेरी आँखें एक्स-रे मशीन का स्क्रीन हैं और उसका ढाँचा देख रही हैं, गोश्त-पोश्त नहीं—लेकिन उसकी आँखें—वह बिलकुल साबितो-सालिम थीं और उनमें बेपनाह कशिश थी।

मेरा जी चाह रहा था कि उसके साथ बैठूँ, लेकिन यह सोचकर कि कोई क्या कहेगा, मैंने उसके साथ उसके साथी लड़के को बिठा दिया और ख़ुद अगली निशस्त पर बैठ गया।

ताँगा चला तो वह मुझसे मुख़ातिब हुई : ''तुम कौन हो ?''

''मैं···मैं सआदत हसन मंटो हूँ।''

''मंटो···यह मन-टो क्या हुआ ?''

''कश्मीरियों की एक ज़ात है।''

''हम भी कश्मीरी हैं।''

''अच्छा ?''

''हम कुंग वायस[4] हैं।''

मैंने मुड़कर उससे कहा : ''यह तो बहुत ऊँची ज़ात है।''

वह मुसकराई और उसकी आँखें और ज़्यादा पुरकशिश हो गईं।

मैंने अपनी ज़िंदगी में बेशुमार ख़ूबसूरत आँखें देखी हैं लेकिन वे आँखें, जो हनीफ़ा के चेहरे पर थीं, बेहद पुरकशिश थीं। मालूम नहीं, उनमें क्या चीज़ थी जो कशिश का बायस थी— मैं इससे पेशतर अर्ज़ कर चुका हूँ कि वह क़तअन ख़ूबसूरत नहीं थी, लेकिन इसके बावजूद मेरे दिल में खुब रही थीं।

मैंने जसारत[5] से काम लिया और उसके बालों की एक लट को, जो उसके माथे पर लटककर उसकी एक आँख को ढाँप रही थी, अपनी उँगली से उठाया और उसके सिर पर चस्पाँ कर दिया—उसने बुरा न माना।

मैंने और जसारत की और उसका हाथ अपने हाथ में ले लिया।

इस पर भी उसने कोई मुज़ाहमत[6] न की—वह अपने साथी लड़के से मुख़ातिब हुई : ''तुम मेरा हाथ क्यों दबा रहे हो ?''

मैंने फ़ौरन उसका हाथ छोड़ दिया और लड़के से पूछा : ''तुम्हारा घर कहाँ है ?''

लड़के ने हाथ से इशारा किया : ''उस बाज़ार से आगे गली में।''

ताँगे ने उधर का रुख़ किया।

बाज़ार में बहुत भीड़ थी। ट्रैफ़िक मामूल से ज़्यादा था—ताँगा रुक-रुककर चल रहा था। सड़क में गड्ढे थे, इसलिए बड़े ज़ोर के धचके लग रहे थे।

बार-बार उसका सिर मेरे कंधों से टकराता और मेरा जी चाहता कि उसे अपने ज़ानू पर रख लूँ और उसकी आँखों को देखता रहूँ।

थोड़ी देर के बाद उनकी गली आ गई—लड़के ने ताँगेवाले से रुकने के लिए कहा।

जब ताँगा रुका तो लड़का नीचे उतरा।

लड़की बैठी रही तो मैंने कहा : ''तुम्हारा घर आ गया है।''

उसने मुड़कर अपनी अजीबो-ग़रीब आँखों से मेरी तरफ़ देखा : ''बदरू कहाँ है?''

मैंने पूछा : ''कौन बदरू?''

''वह लड़का जो मेरे साथ था।''

मैंने लड़के की तरफ़ देखा, जो ज़रा आगे कोचवान के पास खड़ा था और कहा : ''यह खड़ा तो है।''

''अच्छा…'' फिर उसने कहा : ''बदरू, पहले मुझे उतारो तो…''

लड़के ने उसका हाथ पकड़ा और बड़ी मुश्किल से उसे नीचे उतारा।

मैं सख़्त मुतहैयर[7] था—पिछली निशस्त पर जाते हुए मैंने उस लड़के से पूछा : ''क्या बात है…? ख़ुद नहीं उतर सकतीं?''

उसने जवाब दिया : ''जी नहीं… इनकी आँखे ख़राब हैं… दिखाई नहीं देता…''

---

1. व्यक्तिगत; 2. आकर्षित; 3. साहित्य-प्रेमी; 4. कश्मीरियों की एक जाति का नाम; 5. हिम्मत; 6. हस्तक्षेप, रोकटोक; 7. आश्चर्यचकित।

वह लड़की

सवा चार बज चुके थे लेकिन धूप में वही तमाज़त[1] थी जो दोपहर को बारह बजे के क़रीब थी—उसने बालकनी में आकर बाहर देखा तो उसे एक लड़की नज़र आई जो बज़ाहिर धूप से बचने के लिए एक सायादार दरख़्त की छाँव में आलती-पालती मारे बैठी थी।

उसका रंग साँवला था, इतना साँवला कि वह दरख़्त की छाँव का एक हिस्सा मालूम होता था—सुरेंद्र ने जब उसको देखा तो उसने महसूस किया कि वह उसकी क़ुर्बत[2] चाहता है, हालाँकि वह उस मौसम में किसी की क़ुर्बत की ख़्वाहिश न कर सकता था।

मौसम बहुत ही वाहियात क़िस्म का था। गर्मी थी। सवा चार बज चुके थे। सूरज ग़ुरूब[3] होने की तैयारियाँ कर रहा था, लेकिन मौसम निहायत ज़लील था। पसीना था कि छूटा ही चला जा रहा था—ख़ुदा मालूम कहाँ से मसामों के ज़रिए इतना पानी निकल रहा था।

सुरेंद्र ने कई मर्तबा ग़ौर किया था कि पानी उसने ज़्यादा से ज़्यादा चार घंटों में सिर्फ़ एक गिलास पिया होगा, मगर पसीना बिला मुबालग़ा चार गिलास निकला होगा—आख़िर इतना पानी कहाँ से आया?

जब उसने उस लड़की को दरख़्त की छाँव में आलती-पालती मारे देखा तो उसने सोचा कि दुनिया में सबसे ख़ुश बस यही है जिसे धूप की परवा है न मौसम की।

सुरेंद्र पसीने में लथपथ था। उसकी बनियान उसके जिस्म के साथ बुरी तरह चिमटी हुई थी। वह कुछ इस तरह महसूस कर रहा था जैसे उसके बदन पर किसी ने मोबिलआयल मल दिया है, लेकिन इसके बावुजूद जब उसने दरख़्त की छाँव में बैठी हुई लड़की को देखा तो उसके जिस्म में यह ख़्वाहिश पैदा हुई कि वह उसके पसीने के साथ घुल-मिल जाए, उसके मसामों के अंदर दाख़िल हो जाए।

आसमान ख़ाकिस्तरी[4] था। कोई भी वुसूक़[5] से नहीं कह सकता था कि बादल हैं या महज़ गर्दो-ग़ुबार। बहरहाल, इस गर्दो-ग़ुबार या बादलों के बावजूद धूप की झलक मौजूद थी और वह लड़की बड़े इत्मीनान से पीपल की छाँव में बैठी सुस्ता रही थी।

सुरेंद्र ने अब की ग़ौर से उसकी तरफ़ देखा। उसका रंग गहरा साँवला था, मगर नक़्श बहुत तीखे थे, इस क़दर तीखे कि वह सुरेंद्र की आँखों में कई मर्तबा चुभे।

वह मज़दूरपेशा लड़की मालूम होती थी। यह भी मुम्किन था कि भिखारिन हो,

लेकिन सुरेंद्र इसके मुताल्लिक़ कोई फ़ैसला न कर सका। असल में वह यह फ़ैसला कर रहा था कि आया उसे उस लड़की को इशारा करना चाहिए या नहीं।

घर में वह बिलकुल अकेला था—उसकी बहन मरी में थी माँ भी बहन के साथ थी। बाप मर चुका था। एक भाई था, उससे छोटा। वह बोर्डिंग में रहता था—सुरेंद्र की उम्र सत्ताईस-अठाईस साल के क़रीब थी। इससे क़ब्ल[6] वह अपनी दो अधेड़ उम्र की नौकरानियों से दो-तीन मर्तबा सिलसिला लड़ा चुका था।

मालूम नहीं क्यों, लेकिन मौसम की ख़राबी के बावुजूद सुरेंद्र के दिल में यह ख़्वाहिश पैदा हो रही थी कि वह पीपल की छाँव में बैठी हुई लड़की के पास जाए या उसे ऊपर ही से इशारा करे कि वह उसके पास आ जाए और दोनों एक-दूसरे के पसीने में ग़ोते लगाएँ और किसी नामालूम जज़ीरे[7] में पहुँच जाएँ।

सुरेंद्र ने बालकनी के कटहरे के पास खड़े होकर ज़ोर से खँकारा मगर लड़की मुतवज्जेह न हुई। सुरेंद्र ने जब कई मर्तबा ऐसा किया और कोई नतीजा बरआमद न हुआ तो उसने आवाज़ दी : ''अरे भई ··· ज़रा इधर देखो।''

लड़की ने फिर भी उसकी तरफ़ न देखा। वह अपनी पिंडली खुजलाती रही।

सुरेंद्र को बहुत उलझन हुई—अगर लड़की के बजाय कोई कुत्ता होता तो वह यक़ीनन उसकी आवाज़ सुनकर उसकी तरफ़ देखता, अगर उसे उसकी आवाज़ नापसंद होती तो भौंकता, मगर उस लड़की ने जैसे उसकी आवाज़ सुनी ही नहीं थी और अगर सुनी थी तो अनसुनी कर दी थी।

सुरेंद्र दिल ही दिल में बहुत ख़फ़ीफ़[8] हो रहा था। उसने बुलंद आवाज़ में लड़की को पुकारा : ''ए लड़की!''

लड़की ने फिर भी उसकी तरफ़ न देखा। झुँझलाकर उसने अपना मलमल का कुर्ता पहना और नीचे उतर आया—जब वह उस लड़की के पास पहुँचा तो वह उसी तरह अपनी पिंडली खुजला रही थी।

सुरेंद्र उसके पास खड़ा हो गया—लड़की ने एक नज़र उसकी तरफ़ देखा और शलवार नीचे करके अपनी पिंडली ढाँप ली।

सुरेंद्र ने उससे पूछा : ''तुम यहाँ क्या कर रही हो?''

लड़की ने जवाब दिया : ''बैठी हूँ।''

''क्यों बैठी हो?''

लड़की उठ खड़ी हुई : ''लो अब खड़ी हो गई हूँ।''

सुरेंद्र बौखला गया : ''इससे क्या होता है ··· सवाल तो यह है कि तुम इतनी देर से यहाँ बैठी क्या कर रही थीं?''

लड़की का चेहरा और ज़्यादा सँवला गया : ''तुम चाहते क्या हो?''

सुरेंद्र ने थोड़ी देर अपने दिल को टटोला : ''मैं क्या चाहता हूँ ··· मैं कुछ नहीं चाहता ··· मैं घर में अकेला हूँ ··· अगर तुम मेरे साथ चलो तो बड़ी मेहरबानी होगी!''

लड़की के गहरे साँवले होंठों पर अजीबो-ग़रीब क़िस्म की मुसकराहट नुमूदार हुई :

''मेहरबानी... काहे की मेहरबानी... चलो!''

और दोनों चल दिए।

जब वह ऊपर पहुँचे तो लड़की सोफ़े के बजाय फ़र्श पर बैठ गई और अपनी पिंडली खुजलाने लगी।

सुरेंद्र उसके पास खड़ा सोचता रहा कि अब उसे क्या करना चाहिए।

उसने ग़ौर से देखा—वह ख़ूबसूरत नहीं थी, लेकिन उसमें वे तमाम क़ौसें और वह तमाम ख़ुतूत मौजूद थे जो एक जवान लड़की में होते हैं। उसके कपड़े मैले थे और उसका मज़बूत जिस्म मैले कपड़ों से बाहर झाँक रहा था। सुरेंद्र ने कहा : ''वहाँ क्यों बैठी हो... इधर सोफ़े पर बैठ जाओ!''

लड़की ने जवाब में सिर्फ़ इस क़दर कहा : ''नहीं!''

सुरेंद्र उसके पास फ़र्श पर बैठ गया : ''तुम्हारी मर्ज़ी... अच्छा अब बताओ कि तुम कौन हो और दरख़्त के नीचे तुम इतनी देर से क्यों बैठी थीं?''

''मैं कौन हूँ और दरख़्त के नीचे मैं क्यों बैठी थी... इससे तुम्हें कोई मतलब नहीं।'' लड़की ने यह कहकर अपनी शलवार का पाँयचा नीचे कर लिया और पिंडली खुजलाना बंद कर दी।

सुरेंद्र उस वक़्त उस लड़की की जवानी के मुताल्लिक़ सोच रहा था—वह उसका और उन दो अधेड़ उम्र की नौकरानियों का मुक़ाबला कर रहा था जिनसे उसका दो-तीन मर्तबा सिलसिला हो चुका था। वह महसूस कर रहा था कि वह नौकरानियाँ उस लड़की के मुक़ाबले में ढीली-ढाली थीं जैसे बरसों की इस्तेमाल की हुई साइकिलें, लेकिन लड़की का हर पुर्ज़ा अपनी जगह पर कसा हुआ था।

सुरेंद्र ने उन अधेड़ उम्र की नौकरानियों के सिलसिले में अपनी तरफ़ से कोई कोशिश नहीं की थी। वे ख़ुद उसको खींचकर अपनी कोठड़ियों में ले जाती थीं। अब सुरेंद्र महसूस कर रहा था कि यह सिलसिला उसे ख़ुद करना पड़ेगा। हालाँकि वह इन सिलसिलों की तकनीक से क़तअन नावाक़िफ़ था। बहरहाल, उसने अपने एक बाज़ू को तैयार किया और उसे लड़की की कमर के गिर्द हमाइल[9] कर दिया।

लड़की ने उसके बाज़ू को एक ज़ोर का झटका दिया : ''यह क्या कर रहे हो तुम?''

सुरेंद्र एक बार फिर बौखला गया : ''मैं... मैं... कुछ भी तो नहीं।''

लड़की के गहरे साँवले होंठों पर अजीब क़िस्म की मुसकराहट नमूदार हुई : ''आराम से बैठे रहो।''

सुरेंद्र आराम से बैठ गया, मगर उसके सीने में हलचल और ज़्यादा बढ़ गई—उसने लड़की को पकड़कर अपने सीने के साथ भींच लिया।

लड़की ने बहुत हाथ-पाँव मारे, मगर सुरेंद्र की गिरफ़्त बहुत मज़बूत थी। वह फ़र्श पर गिर पड़ी। सुरेंद्र उसके ऊपर था। उसने धड़ाधड़ लड़की के गहरे साँवले होंठ चूमने शुरू कर दिए।

लड़की बेबस थी। सुरेंद्र का बोझ इतना था कि वह उसे उठाकर फेंक नहीं सकती थी।

बदर्जाए-मजबूरी वह उसके बोझल गीले बोसे बर्दाश्त करती रही।

सुरेंद्र ने समझा कि वह राम हो गई है। उसने मज़ीद दराज़दस्ती शुरू कर दी। उसने लड़की की क़मीस के अंदर हाथ डाला—लड़की ख़ामोश रही। उसने हाथ-पाँव चलाने बंद कर दिए थे। ऐसा मालूम होता था कि उसने मुदाफ़अत[10] को अब फ़ुज़ूल समझ लिया है।

सुरेंद्र को अब यक़ीन हो गया कि मैदान उसी के हाथ रहेगा। उसने दराज़दस्ती[11] छोड़ दी और लड़की से कहा : "आओ, पलंग पर लेटते हैं।"

लड़की उठी और दो क़दम चलकर पलंग पर लेट गई—सुरेंद्र भी लेट गया।

पलंग के साथ ही तिपाई पर एक तश्तरी में चंद मालटे और एक तेज़ छुरी पड़ी थी—लड़की ने एक मालटा उठाया और सुरेंद्र से पूछा : "मैं खा लूँ ?"

"हाँ हाँ…एक नहीं, सब खा लो!"

सुरेंद्र ने छुरी उठाई और मालटा छीलने लगा, मगर लड़की ने उससे दोनों चीज़ें छीन लीं : "मैं ख़ुद छीलूँगी!"

उसने बड़ी नफ़ासत से मालटा छीला, छिलके उतारे, फाँकों पर से सफ़ेद-सफ़ेद झिल्ली हटाई, फाँकें अलग-अलग कीं, एक फाँक सुरेंद्र को दी, दूसरी अपने मुँह में डाली और मज़ा लेते हुए पूछा : "तुम्हारे पास पिस्तौल है ?"

सुरेंद्र ने जवाब दिया : "हाँ…लेकिन तुम क्यों पूछती हो ?"

लड़की के गहरे साँवले होंठों पर वही अजीबो-ग़रीब मुसकराहट नुमूदार हुई : "मैंने ऐसे ही पूछा था…तुम जानते हो ना कि आजकल हिंदू-मुस्लिम फ़साद हो रहे हैं!"

सुरेंद्र ने दूसरा मालटा तश्तरी में से उठाया : "कोई आज से हो रहे हैं…? बहुत दिनों से हो रहे हैं…मैं अपने पिस्तौल से चार मुसलमान मार चुका हूँ…बड़े ख़ूनी क़िस्म के मुसलमान।"

"सच ?" यह कहकर लड़की ख़ुशी के मारे उठ खड़ी हुई : "मुझे ज़रा वह पिस्तौल तो दिखाना।"

सुरेंद्र उठा। दूसरे कमरे में जाकर उसने अपने मेज़ का दराज़ खोला और पिस्तौल लेकर फिर उसी कमरे में आ गया : "यह लो…लेकिन ठहरो…!" और उसने पिस्तौल का सेफ़्टी कैच ठीक कर दिया कि उसमें गोलियाँ भरी हुई थीं।

लड़की ने पिस्तौल थामा और सुरेंद्र से कहा : "मैं भी आज एक मुसलमान मारूँगी…" यह कहकर उसने सेफ़्टी कैच को एक तरफ़ किया और सुरेंद्र पर पिस्तौल दाग़ दिया।

सुरेंद्र फ़र्श पर गिर पड़ा और जान कनी की हालत में कराहने लगा : "यह तुमने क्या किया ?"

लड़की के गहरे साँवले होंठों पर वही अजीबो-ग़रीब मुसकराहट नमूदार हुई : "वह चार मुसलमान जो तुमने मारे थे, उनमें मेरा बाप भी था…"

---

1. तेजी; 2. सामीप्य; 3. छिपना, डूबना; 4. मटमैला; 5. विश्वास; 6. पूर्व, पहले; 7. टापू; 8. हल्का, लज्जित; 9. डालना, लपेटना; 10. हमले से बचाव; 11. ज़बरदस्ती, हाथापाई।

क़ीमे की बजाय बोटियाँ

डॉक्टर सईद मेरा हमसाया था।

उसका मकान मेरे मकान से, ज़्यादा से ज़्यादा, दो सौ गज़ के फ़ासले पर होगा—ग्राऊंड फ़्लोर पर उसका मतब[1] था।

मैं कभी-कभी वहाँ चला जाता और एक-दो घंटे की तफ़्रीह हो जाती—डॉक्टर सईद बड़ा बज़्लासंज[2], अदब शनास[3] और वज़्अदार[4] आदमी था।

रहनेवाला बंगलौर का था मगर बड़ी शुस्ता व रफ़्ता उर्दू में गुफ़्तुगू करता था—उसने उर्दू के क़रीब-क़रीब तमाम बड़े शो'रा[5] का मुतालआ कुछ ऐसे इन्हिमाक[6] से किया था जिस तरह एम. बी. बी. एस. कोर्स की जुमला किताबों का।

मैंने कई दफ़ा सोचा कि डॉक्टर सईद को डॉक्टर बनने के बजाय किसी और मज़मून में एम. ए. पी-एच.डी की डिग्रियाँ हासिल करनी चाहिए थीं, इसलिए कि उसकी उफ़तादे-तबा[7] के लिए वह निहायत मौज़ूँ-ओ-मुनासिब होतीं।

मैंने एक रोज़ उससे कहा : "डॉक्टर साहब, आपने यह प्रोफ़ैशन[8] क्यों इख़्तियार किया ?"

"क्यों ?"

मैंने कहा : "आप उर्दू या फ़ारसी जबान के बड़े अच्छे प्रोफ़ेसर होते ... बड़े हरदिल अज़ीज़ ... तालिबे-इल्म आपके गिर्वीदा[9] होते।"

वह मुसकराया : "एक ही बात होती ... नहीं, ज़मीनो-आसमान का फ़र्क़ होता ... मैं यहाँ अपने मतब में बड़े इत्मीनान से बैठा-बैठा हर रोज़ कम अज़ कम सौ-सवा सौ रुपए बना लेता हूँ ... अगर मैंने कोई दूसरा पेशा इख़्तियार किया होता तो मुझे क्या मिलता ... ज़्यादा से ज़्यादा छः-सात सौ रुपए माहवार।"

मैंने कहा : "छः-सात सौ रुपए माहवार बड़ी माक़ूल आमदनी है।"

"आप इसे माक़ूल कहते हैं ... दो सौ रुपए के क़रीब तो मेरा अपना जेबख़र्च है ... आप जानते ही हैं कि मैं शराब पीने का आदी हूँ और वह भी हर रोज़ ... क़रीब-क़रीब सौ रुपए तो इसी मद में उठ जाते हैं ... फिर सिगरेट हैं, यार-दोस्तों की तवाज़ो है ... यह सब ख़र्च एक लैक्चरर, रीडर या प्रोफ़ेसर की तनख़्वाह पूरा कर सकती है ?"

''जी नहीं···'' मैंने कहा : ''मैं सोच रहा था कि आप डॉक्टर न होते तो अदीब होते या···''

एक छोटा-सा क़हक़हा लगाकर उसने मेरी बात काट दी और कहा : ''और फ़ाक़ाकशी करता।''

मैं भी हँस पड़ा।

डॉक्टर सईद के इख़्राजात[10] वाक़ई बहुत ज़्यादा थे, इसलिए कि वह कंजूस नहीं था—इसके अलावा अपने मतब से फ़ारिग़ होकर फ़ुर्सत के औक़ात में उसे दोस्तों-यारों की महफ़िलें जमाने में एक ख़ास क़िस्म की मसर्रत हासिल होती थी।

वह शादीशुदा था—उसकी बीवी बंगलौर ही की थी जिसके बत्न से दो बच्चे थे, एक लड़की और एक लड़का—उसकी बीवी उर्दू ज़बान से क़त्अन नाआश्ना थी, इसलिए उसे तन्हाई की ज़िंदगी बसर करना पड़ती थी—कभी-कभी उसकी लड़की आती और अपनी माँ का पैग़ाम उसके कान में हौले से पहुँचा देती और फिर दौड़ती हुई मतब से बाहर निकल जाती।

थोड़े ही दिनों में डॉक्टर सईद से मेरा दोस्ताना हो गया, बड़ा बेतकल्लुफ़ क़िस्म का—उसने मुझे अपनी गुज़श्ता ज़िंदगी के तमाम हालातो-वाक़िआत सुना दिए। वह इतने दिलचस्प नहीं हैं कि उनका तज़किरा किया जाए।

मैंने बाक़ायदगी के साथ उसके यहाँ जाना शुरू कर दिया—मैं भी बोतल का रसिया था, इसलिए हम दोनों की गाढ़ी छनने लगी।

कोई दो माह के बाद मैंने महसूस किया कि डॉक्टर सईद कुछ उलझा-सा रहने लगा है। मैंने यह भी महसूस किया कि अपने काम से उसकी दिलचस्पी दिन ब दिन कम हो रही है।

पहले तो मैं उसे टटोलता रहा, आख़िर एक दिन मैंने साफ़ लफ़्ज़ों में उससे पूछा : ''यार सईद, आजकल तुम खोए-खोए से क्यों रहते हो?''

उसके होंठों पर फीकी-सी मुसकराहट नुमूदार हुई : ''नहीं तो···''

''नहीं तो क्या···मैं इतना गधा तो हूँ नहीं कि यह भी न जान सकूँ···तुम किसी ज़ेहनी उलझन में गिरफ़्तार हो।''

उसने अपना व्हिस्की का गिलास उठाया और होंठों तक ले जाकर कहा : ''यह महज़ तुम्हारा वाहिमा है···या फिर तुम अपनी नफ़सियात शनासी[11] का मुझ पर रोब गाँठना चाहते हो।''

मैंने हथियार डाल दिए, हालाँकि उसका लबो-लहजा साफ़ बता रहा था कि उसके दिल का चोर पकड़ा जा चुका है, मगर उसमें अपनी शिकस्त के एतिराफ़[12] का हौसला नहीं था। यूँ बहुत दिन गुज़र गए।

वह कई-कई घंटे अपने मतब से ग़ैरहाज़िर रहने लगा।

यह जानने के लिए कि वह कहाँ जाता है, क्या करता है और उसकी परेशानी का बायस क्या है, मेरे दिल में बड़ी खदबद होने लगी—अगर कभी इत्तिफ़ाक़न उससे मुलाक़ात हो

जाती तो मेरा जी बेइख़्तियार चाहता कि उससे एक बार फिर वह सवालात पूछूँ जिनके जवाब मे मेरी ज़ेहनी उलझन दूर हो और उसके क़ल्ब[13] में जो कुछ भी है, उसकी सही तसवीर मेरी आँखों के सामने आ जाए—मगर ऐसा कोई मौक़ा न मिला।

एक दिन शाम को जब मैं उसके मतब में दाख़िल हुआ तो उसके नौकर ने मुझे रोका : "साहब, अंदर न जाइए... डॉक्टर साहब एक मरीज़ को देख रहे हैं।"

"तो देखा करें!"

नौकर ने मुअद्दबाना[14] अर्ज़ की : "साहब, वह... मेरा मतलब है... कि मरीज औरत है।"

"ओह... कब तक फ़ारिग़ हो जाएँगे... कुछ मालूम है तुम्हें?"

"जी मैं कुछ नहीं कह सकता... तक़रीबन एक घंटे से वह बेगम साहिबा को देख रहे हैं।"

मैं थोड़े तवक्क़ुफ़[15] के बाद मुसकराया : "कोई ख़ास मरीज़ मालूम होता है।" और यह कहकर मैंने ग़ैर इरादी तौर पर डॉक्टर सईद के कमरा-ए-तश्ख़ीस[16] का दरवाज़ा खोल दिया और अंदर दाख़िल हो गया।

सईद एक अधेड़ उम्र की औरत के साथ बैठा हुआ था। तिपाई पर बीयर की एक बोतल और दो गिलास रखे हुए थे। दोनों महवे-गुफ़्तगू थे।

सईद और वह मुहतरमा मुझे देखकर चौंक पड़े।

मैंने अज़ राहे-तकल्लुफ़[17] उनसे माज़िरत[18] तलब की और बाहर निकलने ही वाला था कि सईद ने पुकारा : "कहाँ चले... आओ बैठो।"

मैंने कहा : "मेरी मौजूदगी शायद आपकी गुफ़्तगू में मुख़िल[19] हो।"

सईद ने उठकर मुझे काँधों से पकड़कर एक कुर्सी पर बिठा दिया : "हटाओ यार, इस तकल्लुफ़ को।" फिर उसने एक गिलास में बीयर उँडेली और गिलास मेरे सामने रख दिया : "लो पियो।"

मैंने दो घूँट भरे तो उसने उस अधेड़ उम्र की औरत से, जो लिबास और ज़ेवरों से काफ़ी मालदार मालूम होती थी, मेरा तआरुफ़ कराया : "सलमा रहमानी... मेरे अज़ीज़ दोस्त सआदत हसन मंटो।"

सलमा रहमानी चंद साअतों के लिए मुझे बड़े ग़ौर और ताज्जुब से देखती रही : "सईद, क्या वाक़ई आप सआदत हसन मंटो हैं, जिनके अफ़सानों के सारे मजमूए मैं बड़े ग़ौर से एक नहीं, दो-दो, तीन-तीन मर्तबा पढ़ चुकी हूँ।"

सईद ने दूसरे गिलास में बीयर भरी : "हाँ वही हैं... मैंने कई मर्तबा सोचा कि इनसे तुम्हारा ग़ाइबाना[20] तआरुफ़ करा दूँ... फिर मैंने सोचा कि तुम इनके नाम से यक़ीनन वाक़िफ़ होगी... शैतान को कौन नहीं जानता।"

सलमा रहमानी शैतानवाली बात सुनकर पेट भर के हँसी—उसका पेट आम पेटों के मुक़ाबले में कुछ ज़्यादा ही बड़ा था।

इसके बाद सलमा रहमानी से कई मुलाक़ातें हुईं—वह पढ़ी-लिखी औरत थी और बड़े अच्छे घराने से मुताल्लिक़ थी।

तफ़्तीश करने के बाद मुझे उसके मुताल्लिक़ यह चंद मालूमात हासिल हो गईं कि वह तीन ख़ाविंदों से तलाक़ ले चुकी है, साहिबे-औलाद है, अकेली रहती है और जहाँ रहती है वहाँ दो छोटे-छोटे कमरे और एक गुस्लख़ाना है; ग़ैर मनक़ूला[21] जायदाद से उसकी आमदन कोई पाँच सौ रुपए माहवार के क़रीब है; हीरे की अँगूठियाँ पहनती है।

उन अँगूठियों में से एक मैंने दूसरे रोज़ शाम को सईद की उँगली में देखी।

तीसरे रोज़ डॉक्टर सईद के मतब में सलमा रहमानी मौजूद थी। दोनों बहुत ख़ुश थे और चहचहा रहे थे—मैं भी उनकी बीयरनोशी में शरीक हो गया।

कई हफ़्तों से मैं देख रहा था कि मतब के अंदर कमरा-ए-तश्ख़ीस से कुछ दूर, जो कमरे ख़ाली पड़े रहते थे, उनकी बड़ी तवज्जोह से मरम्मत कराई जा रही है और उनको सजाया जा रहा है—फ़र्नीचर लाया गया तो वही था, जो मैंने सलमा रहमानी के घर देखा था।

इतवार को डॉक्टर सईद की छुट्टी का दिन होता था। मतब के किवाड़ बंद रहते थे कि मरीज़ उसको तंग न करें—मुझे तो वहाँ हर वक़्त आने-जाने की इजाज़त थी। एक तरफ़ एक छोटा-सा चोर दरवाज़ा था, जिसे मैं इतवार के रोज़ इस्तेमाल किया करता था—तो एक इतवार को उसी चोर दरवाज़े के ज़रिए मैं अंदर पहुँचा और मैंने सीधा उन दो कमरों का रुख़ किया जिनकी मरम्मत कराई गई थी।

दरवाज़ा खुला हुआ था—मैं अंदर दाख़िल हुआ।

हस्बे-तवक़्क़ो[22] डॉक्टर सईद की बग़ल में सलमा रहमानी बैठी हुई थी।

सईद ने मुझसे कहा : "मेरी बीवी सलमा रहमानी से मिलो।"

मुझे सलमा रहमानी से क्या मिलना था कि दर्जनों बार मिल चुका था—अगर किसी औरत की चौथी शादी हो तो उसको किन अल्फ़ाज़ में मुबारकबाद देनी चाहिए, इसके बारे में मेरी मालूमात सिफ़र के बराबर थीं। समझ में न आया, क्या कहूँ और कहना भी कुछ ज़रूर था, इसलिए जो मेरे मुँह में आया, मैंने कह दिया : "तो आख़िर इस ड्रामे का ड्राप सीन हो गया।"

मियाँ-बीवी दोनों हँस पड़े।

सईद ने मुझे बैठने को कहा और बीयर पेश की—हम तीनों शादी के अलावा दुनिया के हर मौज़ू पर देर तक गुफ़्तुगू करते रहे।

मैं वहाँ शाम पाँच बजे पहुँचा था, अब जो घड़ी देखी तो नौ बजनेवाले थे—मैंने सईद से कहा : "लो भई, मैं चला...बातों-बातों में इतनी देर हो गई।"

सईद की बजाय सलमा रहमानी, नहीं, सलमा सईद मुझसे मुख़ातिब हुई : "नहीं, आप नहीं जा सकते...खाना तैयार है...अगर आप कहें तो लगवा दिया जाए।"

उनके पैहम इसरार[23] पर मुझे खाना खाना पड़ा जो बहुत ख़ुश ज़ाइक़ा और लज़ीज़ था।

दो बरस तक उनकी ज़िंदगी बड़ी हमवार गुज़रती रही।

एक दिन मैं नासाज़ी-ए-तबीयत के बायस बिस्तर ही में लेटा हुआ था कि नौकर ने इत्तिला दी: "डॉक्टर सईद साहब तशरीफ़ लाए हैं।"

मैंने कहा: "जाओ उनको अंदर भेज दो।"

सईद आया तो मैंने महसूस किया कि वह बहुत मुज़्तरिब[24] और परेशान है।

उसने मुझे कुछ पूछने की ज़हमत ही न दी और अपने आप बताया कि सलमा से उसकी नाचाक़ी[25] शुरू हो गई है, इसलिए कि वह ख़ुदसर औरत है और किसी को खातिर ही में नहीं लाती है: "मैंने सिर्फ़ इसलिए उससे शादी की थी कि वह अकेली थी; उसके अज़ीज़ो-अक़्बा[26] उसे पूछते तक न थे⋯जब वह बीमार हुई⋯उसे डिपथीरिया था जो बिगड़ गया था⋯जब वह बीमार हुई तो मैंने अपना तमाम काम छोड़कर उसका इलाज किया और ख़ुदा के फ़ज़्लो-करम से वह तंदुरुस्त हो गई⋯पर अब वह उन तमाम बातों को पसे-पुश्त डालकर मुझसे कुछ इस क़िस्म का सुलूक करती है जो बेहद नारवा[27] है।"

आग़ाज़ का अंजाम शुरू हो गया।

डॉक्टर सईद का घर मेरे घर से कोई दो सौ गज़ के फ़ासिले पर था, इसलिए उनकी लड़ाइयों की इत्तिलाआत मुझे मुख़्तलिफ़ ज़रियों से पहुँचती रहतीं।

एक इत्तिला जो मुझ तक पहुँची, यह थी:

सईद और सलमा, दोनों ने पी रखी थी कि किसी बात पर उनकी चख़ हो गई। सईद ने नशे में कुछ कह दिया तो सलमा आग-बगूला हो गई। उसने अपनी दोनों नौकरानियों को आवाज़ दी—

मैं यह बताना भूल गया था कि सलमा की दो नौकरानियाँ थीं, बड़ी तेज़-तर्रार और हट्टी-कट्टी। उन दोनों के शौहर भी एक तरह से सलमा के मुलाज़िम ही थे और उसके इशारे पर जान देते थे।

—तो दोनों नौकरानियाँ दौड़ी-दौड़ी आईं।

सलमा ने उनको हुक्म दिया कि डॉक्टर की अच्छी तरह से मरम्मत की जाए, ऐसी मरम्मत कि वह सारी उम्र याद रखे।

हुक्म का मिलना था कि नहीफ़ और मुख़्तसर[28] डॉक्टर सईद की मरम्मत शुरू हो गई—नौकरानियों ने अपने शौहरों को भी इस सिलसिले में शामिल कर लिया—लाठियों, घूँसों और थर्ड डिग्री तरीक़ों से उसे ख़ूब मारा-पीटा गया कि उसका कचूमर निकल गया।

उफ़्ताँ-ख़ैज़ाँ[29] वह वहाँ से भागा और मतब के पिछवाड़े गली में खुलती हुई सीढ़ियों के रास्ते फ़र्स्ट फ़्लोर पर अपनी पहली बीवी के पास पहुँच गया जिसने एक मुस्तैद[30] नर्स की तरह उसकी ख़िदमत शुरू कर दी।

फिर उसने क़रीब-क़रीब दो माह तक उन दो कमरों का रुख़ तक न किया—वह सलमा से किसी क़िस्म का कोई रिश्ता क़ायम न रखना चाहता था।

'जो हो गया, सो हो गया⋯' वह सोचता—उसको अपनी पहली बीवी और बच्चों से बहुत दिलचस्पी पैदा हो गई थी।

कभी-कभी उसे महसूस होता कि वह औरत, जिससे उसने शादी का ढोंग रचाया था, क्यों उसके सिर पर मुसल्लत[31] है; वह उसके घर से चली क्यों नहीं जाती—वह उससे बात नहीं करना चाहता था।

दो माह और गुज़र गए।

इस दौरान में डॉक्टर सईद को मालूम हुआ कि सलमा का किसी यू.पी. के ताजिर[32] से मुआश्क़ा[33] चल रहा है—वह शख़्स सिर्फ़ नाम ही का ताजिर था; उसके पास कोई दौलत नहीं थी; सिर्फ़ एक मकान था जो उसने हिजरत करने के बाद अपने नाम अलाट करवा लिया था।

एक दिन सईद से यह कहे बग़ैर न रहा जा सका : "वह साला ताजिर हर रोज़ शाम को आता है, फिर शेरो-शराब की महफ़िलें जमती हैं और मेरे सीने पर मूँग दलती हैं।"

मैंने ज़रा सख़्त लहजे में उससे कहा : "अव्वल तो तुमने यह ग़लती की कि सलमा से शादी की···दूसरी ग़लती तुम यह कर रहे हो कि उसे अपने घर से बाहर नहीं निकाल रहे हो···क्या यह उसके बाप का घर है?"

सईद की गर्दन शर्मसारी के बायस झुक गई : "यार, छोड़ इस क़िस्से को।"

"क़िस्से को तो तुम और मैं, दोनों छोड़ने के लिए तैयार हैं लेकिन यह क़िस्सा ही तुम्हें नहीं छोड़ता···और न छोड़ेगा···तुम मर्दों-जैसी कोई कोशिश ही नहीं करते!"

वह ख़ामोश रहा।

मैंने उस पर एक गोला और फेंका : "सच पूछो तो सईद, तुम नामर्द हो···तुम्हारी जगह मैं होता तो मुहतरमा का क़ीमा बना डालता···असल में तुम ज़रूरत से कुछ ज़्यादा ही शरीफ़ हो।"

उसने नक़ाहत[34] भरी आवाज़ में कहा : "मैं बहुत ख़तरनाक मुजरिम भी बन सकता हूँ···तुम मुझे नहीं जानते।"

मैंने तनज़न[35] कहा : "सब जानता हूँ···तुमने उससे मार खाई है, उसके हाथों ज़लील हुए हो और···"

उसने मेरी बात काट दी : "यार, बस अब चुप हो जाओ।"

उसकी आवाज़ में इतना दर्द था कि मैं चुप हो गया और उसके मतब से चला आया, लेकिन मैंने सोच लिया था कि उस पर जलती-भुनती बातों के इतने गोले फेंकूँगा कि वह मर्द बन जाए।

अगली शाम इससे पहले कि मैं कोई गोला फेंकता, उसने कहा : "वह चली गई है और उसका सामान भी···बल्कि मेरा सामान भी अपने साथ ले गई है।"

मैं बहुत ख़ुश हुआ : "लानत भेजो अपने सामान पर···चली गई है, बस यही ठीक है···तुम ख़ुश, तुम्हारा ख़ुदा ख़ुश···चलो इस ख़ुशी में बीयर की यख़बस्ता[36] बोतलें पिएँ···फिर खाना किसी होटल में खाएँगे।"

सलमा के जाने के बाद डॉक्टर सईद कम अज़ कम एक माह तक खोया-खोया-सा रहा, फिर धीरे-धीरे अपनी नार्मल हालत में आ गया—हर शाम उससे मुलाक़ात होती; हम घंटों इधर-उधर की बातें करते रहते; हँसते, मज़ाक़ करते हुए बीयर पीते रहते।

कुछ दिनों से मेरी तबीयत मौसम की तब्दीली के बायस मुज़्महिल[37] थी और मैं बिस्तर में लेटा हुआ था कि डॉक्टर सईद का मुलाज़िम आया।

उसने मुझसे कहा : "डॉक्टर साहब आपको याद करते हैं और बुला रहे हैं··· कोई ज़रूरी काम है।"

मेरा जी तो नहीं चाह रहा था कि बिस्तर पर से उठूँ, मगर मैं सईद को नाउम्मीद नहीं करना चाहता था, इसलिए शेरवानी पहनकर उसके यहाँ पहुँच गया।

मतब के बाहर छोटे-से लॉन में, मैंने देखा, चार देगें चढ़ी हुई हैं।

क़साई धड़ाधड़ बोटियाँ काट-काटकर एक-एक टुकड़े पर फेंके चला जा रहा है—आसपास कई आदमी जमा थे।

मैं समझा, शायद कोई नज़्र-नियाज़ दी जानेवाली है।

मैंने गोश्त का वह बड़ा-सा लोथड़ा देखा जिस पर कुल्हाड़ी चलाई जा रही थी—उस लोथड़े के साथ दो बाँहें थीं, बिलकुल इंसानी बाँहों की मानिंद।

मैंने फिर ग़ौर से देखा—क़तई तौर पर इंसानी बाँहें थीं।

मेरी समझ में कुछ न आया कि क़िस्सा क्या है।

क़साई की छुरी और कुल्हाड़ी चल रही थी—चार देगों में प्याज़ सुर्ख़ किए जा रहे थे—मेरा दिल और दिमाग़ उन दोनों के दरमियान फँसता और धँसता चला जा रहा था कि डॉक्टर सईद नमूदार हुआ।

उसने मुझे देखते ही पुकारा : "आओ-आओ··· तुम्हारे कहने के मुताबिक़ क़ीमा तो न बन सका मगर बोटियाँ तैयार हो गई हैं··· अभी पकी नहीं हैं, वर्ना तुम्हें एक बोटी पेश करता, यह मालूम करने के लिए कि मिर्च-मसाला ठीक है या नहीं।"

सईद की बात सुनकर पहले तो मुझे मतली आई, फिर मैं बेहोश हो गया।

---

1. चिकित्सालय, दवाख़ाना; 2. विनोदी, हँसी-मज़ाक करनेवाला; 3. जानकार; 4. सदैव एक-सा व्यवहार करनेवाला; 5. शाइरों, कवियों; 6. तन्मयता; 7. विपत्ति में पड़े हुए; 8. व्यवसाय, धंधा; 9. प्रशंसक; 10. ख़र्चे; 11. मनोवैज्ञानिक, मनोविज्ञान का ज्ञाता,; 12. स्वीकार करना, मान लेना; 13. दिल, हृदय; 14. शिष्टता से; 15. अंतराल, कुछ क्षण रुकने के बाद; 16. रोगी की जाँच करने का कमरा, जाँच-कक्ष; 17. औपचारिकतावश; 18. माफ़ी; 19. बाधक; 20. परोक्ष रूप से, पीठ पीछे; 21. अचल; 22. आशा के अनुरूप; 23. बार-बार के आग्रह, अत्यधिक अनुरोध; 24. बेचैन; 25. मनमुटाव, तकरार; 26. मित्र व निकट संबंधी; 27. असंगत, नाजायज़; 28. छोटा; 29. गिरता-पड़ता; 30. चुस्त, कुशल; 31. लादी हुई, सवार; 32. व्यापारी; 33. प्रेम-संबंध, रोमांस; 34. कमज़ोर; 35. व्यंग्य से; 36. बर्फ़ के समान ठंडी; 37. भारी, बोझिल।

एक भाई, एक वाइज़

गाने लिखनेवाला अज़ीम गोविंदपुरी जब ए.बी.सी. प्रोडक्शन्स में मुलाज़िम हुआ तो उसने फ़ौरन अपने दोस्त म्यूज़िक डायरेक्टर भटसावे के मुताल्लिक़ सोचा जो मरहटा था। वह अज़ीम के साथ कई फ़िल्मों में काम कर चुका था। अज़ीम उसकी अहलियतों[1] को जानता था—उसे एहसास था कि स्टंट फ़िल्मों में आदमी अपने जौहर क्या दिखा सकता है, इसीलिए भटसावे बेचारा गुमनामी के गोशे[2] में पड़ा है।

अज़ीम ने अपने सेठ से बात की और कुछ इस अंदाज़ में की कि उसने भटसावे को बुलवाया और उसके साथ एक फ़िल्म का कांट्रेक्ट तीन हज़ार रुपयों में कर लिया।

कांट्रेक्ट पर दस्तख़त करते ही भटसावे को पाँच सौ रुपए मिल गए जो उसने अपने क़र्ज़ख़्वाहों[3] को अदा कर दिए—वह अज़ीम गोबिंदपुरी का बड़ा शुक्रगुज़ार था और चाहता था कि उसकी कोई ख़िद्मत करे। उसने सोचा : 'अज़ीम बेहद शरीफ़ आदमी है और बे ग़र्ज़ भी···कोई बात नहीं, आइंदा महीने सही···' हर माह उसे कांट्रेक्ट की रू से पाँच सौ रुपए मिलने थे, इसीलिए उसने अज़ीम से कुछ न कहा।

दोनों अपने-अपने काम में मश्ग़ूल[4] हो गए।

अज़ीम ने दस गाने लिखे जिनमें से सेठ ने चार पसंद किए और भटसावे ने मौसीक़ी[5] के लिहाज़ से सिर्फ़ दो—उन दो गानों की उसने धुनें तैयार कीं जो बहुत पसंद की गईं।

पहला गाना कोरस था और उसके लिए कम अज़-कम दस गानेवाली लड़कियाँ दरकार थीं—प्रोडक्शन मैनेजर से कहा गया मगर जब वह इंतज़ाम न कर सका तो भटसावे ने मिस माला को बुलवाया जिसकी आवाज़ अच्छी थी। इसके अलावा वह पाँच-छः ऐसी लड़कियों को जानती थी जो सुर में गा लेती थीं।

मिस माला खांडेकर, जैसा कि उसके नाम से ज़ाहिर है, कोल्हापुर की मरहटा थी। दूसरों के मुक़ाबले में उसका उर्दू तलफ़्फ़ुज़[6] ज़्यादा साफ़ था और उसको उर्दू बोलने का शौक़ भी था। उसकी उम्र कोई ज़्यादा बड़ी नहीं थी लेकिन उसके चेहरे का हर ख़द्दोख़ाल[7] अपनी जगह पुख़्ता था। बातें भी इस अंदाज़ में करती कि मालूम होता, अच्छी ख़ासी उम्र की है और ज़िंदगी के उतार-चढ़ाव से बाख़बर है—स्टूडियो के हर कारकुन को वह भाई कहती थी और हर आने-जानेवाले से बहुत जल्द घुल-मिल जाया करती थी।

भटसावे ने जब मिस माला को बुलवाया तो वह बहुत ख़ुश हुई। उसके ज़िम्मे यह काम

सिपुर्द किया गया, वह फ़ौरन दस गानेवाली लड़कियाँ मुहैया करे—वह दूसरे रोज़ ही बारह लड़कियाँ ले आई।

भटसावे ने उनका टेस्ट लिया—सात काम की निकलीं और रोक ली गईं। बाक़ी रुख़्सत कर दी गईं—उसने सोचा: 'चलो ठीक है··· सात ही काफ़ी हैं।'

उसने साउंड रिकार्डिस्ट[8] जगताप से मश्वरा किया तो जगताप ने कहा : "मैं सब सँभाल लूँगा··· ऐसी रिकार्डिंग करूँगा कि मालूम होगा, बीस लड़कियाँ गा रही हैं।"

जगताप अपने फ़न को समझता था—उसने रिकार्डिंग के लिए साउंडप्रूफ़[9] कमरे के बजाय साज़िंदों और गानेवालियों को एक ऐसे कमरे में बिठाया जिसकी दीवारें सख़्त थीं और जिन पर ऐसा कोई ग़िलाफ़ चढ़ा हुआ नहीं था कि आवाज़ दब जाए।

फ़िल्म 'बेवफ़ा' का मुहूर्त इसी कोरस की रिकार्डिंग से हुआ—सैकड़ों आदमी आए। उनमें बड़े-बड़े फ़िल्मी सेठ और डिस्ट्रीब्यूटर थे— ए.बी.सी. प्रोडक्शन्ज़ के मालिक ने बड़ा एहतिमाम[10] किया था।

पहले गाने की चार रिहर्सलें हुईं—मिस माला खांडेकर ने भटसावे के साथ पूरा तआवुन[11] किया। उसने सातों लड़कियों को फ़र्दन-फ़र्दन[12] आगाह किया कि वह सब ख़बरदार रहें और कोई ग़लत बात पैदा न होने दें।

भटसावे पहली ही रिहर्सल से मुतमइन[13] था लेकिन उसने मज़ीद[14] इत्मीनान की ख़ातिर चंद और रिहर्सलें कराईं और फिर जगताप से कहा कि वह अपना इत्मीनान कर ले—जगताप ने जब साउंड ट्रैक में कोरस पहली मर्तबा हैडफ़ोन लगाकर सुना तो उसने ख़ुश होकर बहुत ऊँचा 'ओ.के.' कह दिया कि हर साज़ और हर आवाज़ अपने सही मुक़ाम पर थी।

मेहमानों के लिए माइक्रोफ़ोन का इंतिज़ाम कर दिया गया था—रिकार्डिंग शुरू हुई तो माइक्रोफ़ोन ऑन कर दिया गया।

भटसावे की आवाज़ भौंपू से निकली : "सौंग नंबर एक, टेक फ़र्स्ट··· रेडी··· वन, टू···" और कोरस शुरू हो गया।

बहुत अच्छी कंपोज़ीशन थी—सातों लड़कियों में से किसी एक ने भी कहीं ग़लत सुर न लगाया।

मेहमान बहुत महज़ूज़[15] हुए—सेठ, जो 'मौसीक़ी क्या होती है' से भी क़त्अन नाआश्ना[16] था, बहुत ख़ुश हुआ, इसलिए कि सारे मेहमान कोरस की तारीफ़ कर रहे थे।

भटसावे ने साज़िंदों और गानेवाली लड़कियों को शाबाशियाँ दीं। उसने ख़ास तौर पर मिस माला का शुक्रिया अदा किया जिसने इतनी जल्दी गानेवालियाँ फ़राहम[17] कर दी थीं।

वह अभी साउंड रिकार्डिस्ट जगताप से गले मिल रहा था कि ए.बी.सी. प्रोडक्शन्ज़ के मालिक सेठ रनछोड़ दास का आदमी आया और उसने कहा कि सेठ साहब उसे बुला रहे हैं और अज़ीम गोबिंदपुरी को भी।

स्टूडियो के उस सिरे पर, जहाँ महफ़िल जमी हुई थी, सेठ रनछोड़ दास ने सब मेहमानों के सामने दोनों को सौ-सौ रुपए का एक-एक सब्ज़ नोट इनाम के तौर पर दिया, पहले

भटसावे को और फिर अज़ीम गोबिंदपुरी को—वह मुख़्तसर-सा बाग़ीचा, जिसमें मेहमान बैठे हुए थे, तालियों की आवाज़ से गूँज उठा।

जब मुहूर्त की वह महफ़िल बर्ख़ास्त हो गई तो भटसावे ने अज़ीम गोबिंदपुरी से कहा : "माल-पानी है···चलो, आऊट डोर चलें।"

अज़ीम मतलब न समझा : "आऊट डोर कहाँ ?"

भटसावे मुसकराया : "माज़े मंगे, हम मौज-शौक़ करने जाएँगे[18] !···सौ रुपए तुम्हारे पास हैं और सौ हमारे पास···चलो।"

अज़ीम समझ गया, लेकिन वह भटसावे के मौज-शौक़ से डरता था—उसकी बीवी थी, दो बच्चे भी और उसने कभी ऐयाशी नहीं की थी—मगर इस वक़्त वह ख़ुश था। उसने अपने दिल से कहा : 'चलो रे देखेंगे, क्या होता है।'

भटसावे ने फ़ौरन टैक्सी मँगवाई—दोनों उसमें बैठ गए और ग्रांट रोड पहुँच गए।

अज़ीम ने पूछा : "हम कहाँ जा रहे हैं भटसावे ?"

भटसावे मुसकराया : "अपनी मौसी के घर।"

उनकी मौसी का घर मिस माला खांडेकर का घर था।

मिस माला उन दोनों से बड़े तपाक से मिली—वह उन दोनों को अंदर अपने कमरे में ले गई। उसने होटल से चाय मँगवाकर उनको पिलवाई।

भटसावे ने चाय पीने के बाद कहा : "हम मौज-शौक़ के लिए निकले हैं···तुम्हारे पास···तुम हमारे लिए कोई बंदोबस्त करो।"

वह सब समझ गई—वह भटसावे की एहसानमंद थी। उसने फ़ौरन ही मरहटी ज़बान में कुछ कहा जिसका मतलब था कि 'मैं हर ख़िद्मत के लिए तैयार हूँ।'

भटसावे दरअसल अज़ीम को ख़ुश करना चाहता था, इसलिए कि अज़ीम ने उसको मुलाज़िमत दिलवाई थी—उसने मिस माला से एक लड़की मुहैया करने के लिए कहा।

मिस माला ने जल्दी-जल्दी अपना मेकअप ठीक किया और तैयार हो गई—सब टैक्सी में बैठ गए।

पहले मिस माला प्ले बैक सिंगर शांता करनाकरन के घर गई, मगर वह किसी और के साथ बाहर जा चुकी थी। फिर वह किसी अनसूया के घर गई, मगर अनसूया उस दिन इस क़ाबिल नहीं थी कि उनके साथ ऐसी मुहिम[19] पर जा सके।

मिस माला को बहुत अफ़सोस हुआ कि उसे दो जगह नाउम्मीदी का सामना करना पड़ा है, लेकिन उसको उम्मीद थी कि मामला कहीं-न-कहीं तय हो जाएगा—उसके कहने पर टैक्सी गोल पेठा की तरफ़ चल दी जहाँ कृष्णा रहती थी। पंद्रह-सोलह साल की गुजराती लड़की जो बड़े नर्मो-नाज़ुक सुर में गाती थी और जो उस शाम की रिकार्डिंग में शामिल थी—मिस माला उसके घर में दाख़िल हुई और चंद लम्हात के बाद उसको साथ लिए बाहर निकल आई।

कृष्णा ने हाथ जोड़कर भटसावे को नमस्कार किया और अज़ीम को भी।

मिस माला ने ठेट दल्लालों को से अंदाज़ में अज़ीम के आँख मारी, गोया ख़ामोश ज़ुबान

में कहा : 'यह आपके लिए है।'

भटसावे ने इस पर निगाहों-ही-निगाहों में साद[20] किया।

कृष्णा बिलकुल जुड़कर अज़ीम के साथ बैठ गई तो टैक्सी चल पड़ी।

थोड़ी देर के बाद भटसावे ने एक बार के सामने टैक्सी रुकवाई और अज़ीम को साथ लेकर अंदर चला गया।

अज़ीम गोबिंदपुरी नग़मानिगार ने ज़िंदगी में सिर्फ़ एक-दो मर्तबा पी थी, वह भी मजबूरन कारोबारी सिलसिले में—उसने सोचा : 'यह भी तो कारोबारी सिलसिला है…' उसने भटसावे के इसरार[21] पर जल्दी-जल्दी रम के दो पैग पिए और तगड़े सुरूर में टैक्सी में आ बैठा।

टैक्सी वरली पहुँची, साहिले-समंदर के पास—वह जगह जहाँ ऐशपरस्त किसी-न-किसी औरत को बग़ल में दबाए आते हैं—वहाँ एक पहाड़ी-सी है, मालूम नहीं, मस्नूई या क़ुदरती—चारों उस पर चढ़े—वह जगह काफ़ी वसीओ-अरीज़ सतहे-मुर्तफ़े[22] क़िस्म की जगह है।

पहाड़ी पर लंबे-लंबे फ़ासिलों पर बैंचें गड़ी हुई हैं और हर बैंच पर सिर्फ़ एक जोड़ा बैठता है—जोड़ों के दरमियान एक अनलिखा समझौता होता है कि एक-दूसरे के मामले में मुख़िल[23] न हों।

भटसावे कि अज़ीम की दावत करना चाहता था, एक बैंच पर कृष्णा को अज़ीम के पास छोड़कर मिस माला के साथ टहलता-टहलता एक जानिब[24] चला गया।

अज़ीम ने, जिसने हमेशा अपने और ग़ैर औरत के दरमियान हज़ारों मीलों का फ़ासला महसूस किया था, जब कृष्णा को अपने साथ लगे देखा तो उसका ईमान मुतज़लज़ल[25] हो गया।

कृष्णा ठेट साहिली लड़की थी, साँवली और सलोनी, बड़ी मज़बूत, शदीद[26] तौर पर जवान, उसमें वह तमाम दावतें मौजूद थीं जो किसी खुल-खेलनेवाली में हो सकती हैं।

अज़ीम तगड़े सुरूर में था, वह अपनी बीवी को भूल गया और उसके दिल में ख़्वाहिश पैदा हुई कि वह कृष्णा को थोड़े अर्से के लिए अपनी बीवी बना ले।

उसके दिमाग़ में मुख़्तलिफ़ शरारतें भी पैदा हो रही थीं, कुछ रम के बायस और कुछ कृष्णा की क़ुर्बत[27] की वजह से—आमतौर पर वह बहुत संजीदा रहता था, बड़ा कम गो—लेकिन उस वक़्त उसने कृष्णा के गुदगुदी की और उसको अपनी टूटी-फूटी गुजराती में कई लतीफ़े सुनाए।

फिर न जाने उसे क्या सूझा कि उसने भटसावे को, जो कोई डेढ़ सौ गज़ के फ़ासिले पर मिस माला के साथ बैठा हुआ था, ज़ोर से आवाज़ दी : ''भटसावे, पुलिस आ रही है, पुलिस आ रही है…''

भटसावे और मिस माला उसकी तरफ़ लपके—जब भटसावे ने अज़ीम और कृष्णा को हँसते हुए देखा तो उसने अज़ीम को एक मोटी-सी गाली दी और ख़ुद भी हँसने लगा—फिर उसने सोचा : 'बेहतर यही है, किसी होटल में चला जाए जहाँ पुलिस का ख़तरा न हो।'

चारों चलने ही लगे थे कि पीली पगड़ीवाला नमूदार हो गया—उसने ठेट सिपाहियाना अंदाज़ में पूछा : ''तुम लोग रात के ग्यारह बजे यहाँ क्या कर रहा है⋯ मालूम नहीं, दस बजे से पीछे यहाँ बैठना ठीक नहीं है⋯ इधर का क़ानून है।''

अज़ीम ने ज़रा सँभलते हुए कहा : ''जनाब, अपन फ़िल्म का आदमी है⋯ यह छोकरी⋯'' उसने कृष्णा की तरफ़ देखा : ''यह भी फ़िल्म में काम करती है⋯ हम लोग किसी बुरे ख़याल से यहाँ नहीं आए हैं⋯ पास ही जो स्टूडियो है, उसमें काम करते हैं⋯ थक जाते हैं तो यहाँ चले आते हैं कि थोड़ी-सी तफ़्रीह हो जाए⋯ बारह बजे हमारी शूटिंग फिर शुरू होनेवाली है।''

पीली पगड़ीवाला मुतमइन[28] हो गया—फिर वह भटसावे से मुख़ातिब हुआ : ''तुम इधर क्या करता है ?''

भटसावे पहले घबराया। फ़ौरन उसने मिस माला का हाथ अपने हाथों में ले लिया और कहा : ''यह हमारा वाइफ़ है⋯ हमारा टैक्सी नीचे सड़क पर खड़ा है।''

थोड़ी-सी और गुफ़्तुगू हुई और चारों की ख़लासी हो गई।

टैक्सी में बैठकर भटसावे ने सोचा कि किस होटल में चला जाए—अज़ीम को तो ऐसे होटलों के बारे में कोई इल्म हो ही नहीं सकता था, जहाँ आदमी किसी ग़ैर औरत के साथ चंद घंटों के लिए ख़िलवत[29] इख़्तियार कर सके।

ज़रा सोचने पर भटसावे को डाक यार्ड का 'सी व्यू' होटल याद आ गया—उसने टैक्सीवाले से वहीं चलने को कहा।

'सी व्यू' होटल में भटसावे ने दो कमरे लिए, एक अज़ीम और कृष्णा के लिए और दूसरा अपने और मिस माला के लिए।

अपने-अपने कमरों में जाने से पहले भटसावे और अज़ीम ने दो-दो पैग और पिए।

कृष्णा बदस्तूर मुजस्सम[30] दावत थी लेकिन अज़ीम पर दो और पैग पीने के बाद फ़लसफ़ियाना[31] रंग चढ़ गया था। उसने कृष्णा को ग़ौर से देखा और सोचा कि इतनी कमउम्र लड़की ने गुनाह का भयानक रास्ता क्यों इख़्तियार किया है ; इसमें इतनी तपिश क्यों है ; यह लड़की जो गोश्त नहीं खाती, कब तक अपना गोश्त बेच सकेगी : ''कृष्णा, मासियत[32] की ज़िंदगी से कनाराकश हो जाओ⋯ ख़ुदा के लिए उस रास्ते से अपने क़दम हटा लो जिस पर तुम गामज़न[33] हो⋯ यह रास्ता तुम्हें ऐसे मुहीब[34] ग़ार में ले जाएगा जहाँ से तुम निकल न सकोगी⋯ इस्मतफ़रोशी इंसान का बदतरीन[35] फ़ेल है⋯ यह रात अपनी ज़िंदगी की रौशन रात समझो, इसलिए कि मैंने तुम्हें नेको-बद समझा दिया है⋯''

पंद्रह-सोलह साल की गुजराती लड़की कृष्णा ने समझा कि अज़ीम उससे मुहब्बत कर रहा है—कृष्णा उसके साथ चिमट गई और वह गुनाहो-सवाब का सारा फ़लसफ़ा भूल गया।

अज़ीम जब कमरे से बाहर निकला तो उसने देखा, भटसावे बरामदे में टहल रहा है कुछ इस अंदाज़ से जैसे उसको भिड़ों ने काट लिया हो और डंक उसके जिस्म में खुबे हुए हों।

अज़ीम को देखकर भटसावे रुक गया—उसने मुतमइनो-मसरूर[36] कृष्णा पर एक निगाह डाली जो अज़ीम के पीछे खड़ी थी और पेचो-ताब खाकर कहा : ''वह साली चली गई।''

अज़ीम चौंका : ''कौन ?''

''वही माला।''

''क्यों ?''

भटसावे के लहजे में अजीबो-ग़रीब एहतिजाज[37] था : ''हम उसको इतना वक़्त चूमते रहे··· जब बोला कि आओ तो साली कहने लगी : 'इससे आगे नहीं··· तुम हमारा भाई है और हमने किसी से शादी भी कर ली है···' और बाहर निकल गई कि वह साला घर में आ गया होगा।''

---

1. योग्यताओं ; 2. कोने ; 3. जिनसे क़र्ज़ लिया गया हो ; 4. व्यस्त ; 5. संगीत ; 6. उच्चारण ; 7. अंग ; 8. आवाज़ रिकार्ड करनेवाला व्यक्ति ; 9. ध्वनिरोधक ; 10. प्रबंध ; 11. सहयोग ; 12. अलग-अलग ; 13. संतुष्ट ; 14. और अधिक ; 15. आनंदित ; 16. अपरिचित ; 17. उपलब्ध ; 18. मेरे लड़के हम मौज-शौक़ करने जाएँगे ; 19. अभियान ; 20. सहमति ; 21. अनुरोध ; 22. ऊँची ; 23. विघ्न ; 24. तरफ़ ; 25. कँपायमान ; 26. तेज़ ; 27. सामीप्य ; 28. संतुष्ट ; 29. एकांत ; 30. साक्षात् ; 31. दार्शनिक ; 32. पाप, गुनाह ; 33. चल रही हो ; 34. गहरे ; 35. सबसे बुरा ; 36. ख़ुश ; 37. रोष।

औलाद

जब ज़ुबैदा की शादी हुई तो उसकी उम्र पंच्चीस बरस की थी।

उसके माँ-बाप तो यह चाहते थे कि सत्रह बरस के होते ही उसका ब्याह हो जाए मगर कोई मुनासिबो-मौज़ूँ रिश्ता मिलता ही नहीं था; अगर किसी जगह बात तय होना पाती तो कोई ऐसी मुश्किल पैदा हो जाती कि रिश्ता अमली सूरत इख़्तियार न कर सकता—आख़िर जब ज़ुबैदा पच्चीस बरस की हो गई तो उसके बाप ने एक रँडवे का रिश्ता क़ुबूल कर लिया। उसकी उम्र पैंतीस बरस के क़रीब-क़रीब थी, या शायद इससे भी ज़्यादा हो। साहिबे रोज़गार था। मार्कीट में कपड़े की थोक फ़रोशी की दूकान थी। हर माह पाँच-छः सौ रुपए कमा लेता था।

ज़ुबैदा बड़ी फ़रमाँबरदार लड़की थी—उसने अपने वालिदैन का फ़ैसला मंज़ूर कर लिया। चुनांचे शादी हो गई और वह अपनी ससुराल चली गई।

उसका ख़ाविंद, जिसका नाम इल्मुद्दीन था, बहुत शरीफ़ और मुहब्बत करनेवाला साबित हुआ—वह ज़ुबैदा की हर आसाइश का ख़याल रखता। कपड़ों की कोई कमी नहीं थी, हालाँकि दूसरे लोग उनके लिए तरसते थे। चालीस हज़ार और थ्री बी के लट्ठे, शनून और दो घोड़े की बोसकी के थानों के थान ज़ुबैदा के पास मौजूद थे।

वह अपने मैके हर हफ़्ते जाती—एक दिन गई तो उसने ड्योढ़ी में क़दम रखते ही बैन करने की आवाज़ सुनी।

अंदर गई तो उसे मालूम हुआ कि उसका बाप अचानक दिल की हरकत बंद हो जाने के बायस मर गया है।

अब ज़ुबैदा की माँ अकेली रह गई—घर में सिवाय एक नौकर के और कोई भी नहीं था।

ज़ुबैदा ने अपने शौहर से दरख़्वास्त की कि अगर वह इजाज़त दे तो वह अपनी बेवा माँ को अपने पास बुला ले।

इल्मुद्दीन ने कहा : "इजाज़त की क्या बात करती हो···यह तुम्हारा घर है और तुम्हारी माँ मेरी माँ है···जाओ, उन्हें ले आओ···सामान वग़ैरह लाने का बंदोबस्त मैं अभी किए देता हूँ।"

ज़ुबैदा बहुत ख़ुश हुई—वह ताँगे में गई और अपनी माँ को साथ ले आई—इल्मद्दीन ने सामान उठवाने का बदोबस्त कर दिया था, चुनांचे वह भी पहुँच गया।

घर काफ़ी बड़ा था। दो-तीन कमरे ख़ाली पड़े थे—ज़ुबैदा की माँ के लिए कुछ सोच-विचार के बाद एक कमरा मुख़्तस[2] कर दिया गया।

ज़ुबैदा की माँ बहुत ममनूनो-मुतशक्किर[3] थी और अपने दामाद के हुस्ने-सुलूक से बहुत मुतास्सिर—उसके जी में कई मर्तबा यह ख़्वाहिश पैदा हुई कि वह अपना सारा ज़ेवर, जो कई हज़ारों की मालियत का था, अपने दामाद को दे दे कि वह अपने कारोबार में लगाए और ज़्यादा कमाए—मगर वह तब्अन[4] कंजूस थी।

एक दिन उसने अपनी बेटी से कहा : ''मुझे यहाँ आए दस महीने हो गए हैं और मैंने अब तक अपनी जेब से एक पैसा भी ख़र्च नहीं किया है, हालाँकि मेरे पास तुम्हारे मरहूम बाप के छोड़े हुए दस हज़ार रुपए मौजूद हैं और ज़ेवर अलग।''

ज़ुबैदा अँगीठी के कोयलों पर फुलका सेंक रही थी : ''माँ, तुम भी कैसी बातें करती हो!''

''कैसी-वैसी बातें जाने दो... मैंने यह सब रुपए और ज़ेवर इल्मुद्दीन को दे दिए होते... मगर मैं चाहती हूँ कि तुम्हारे कोई बच्चा पैदा हो तो यह सबकुछ उसको तोहफ़े के तौर पर दूँ।''

ज़ुबैदा की माँ को इस बात का बड़ा ख़याल था कि उसकी बेटी के यहाँ अभी तक बच्चा क्यों पैदा नहीं हुआ है—उसकी बेटी की शादी हुए दो बरस हो चुके थे मगर बच्चे की पैदाइश के आसार ही नज़र नहीं आते थे।

वह ज़ुबैदा को कई हकीमों के पास ले गई—उसने ज़ुबैदा को कई माजून, कई सफ़ूफ़[5] कई क़ुर्स[6] खिलवाए मगर ख़ातिर ख़्वाह नतीजा बरामद न हुआ।

फिर उसने पीरों-फ़क़ीरों से रुजू किया—टोने-टोटके इस्तेमाल किए गए, तावीज़ और धागे भी; मगर मुराद बर न आई।

आख़िर ज़ुबैदा तंग आ गई।

एक दिन उसने उकताकर अपनी माँ से कहा : ''छोड़ो इस क़िस्से को... बच्चा नहीं होता तो न हो।''

उसकी बूढ़ी माँ ने मुँह बिसोरकर कहा : ''बेटा, यह बहुत बडा क़िस्सा है... तुम्हारी अक़्ल को, मालूम नहीं, क्या हो गया है... तुम इतना भी नहीं समझती हो कि औलाद का होना कितना ज़रूरी है... इसी से तो इंसान की ज़िंदगी का बाग़ सदा हरा-भरा रहता है।''

ज़ुबैदा ने फुलका चँगेर में रखा : ''मैं क्या करूँ... बच्चा पैदा नहीं होता तो इसमें मेरा क्या क़ुसूर है?''

उसकी माँ ने कहा : ''क़ुसूर किसी का भी नहीं बेटी... बस सिर्फ़ एक अल्लाह की मेहरबानी चाहिए।''

ज़ुबैदा ख़ुद अल्लाह मियाँ के हुज़ूर हजारों मर्तबा दुआएँ माँग चुकी थी कि वह अपने फ़ज़्लो-करम से उसकी गोद हरी करे, मगर उसकी उन दुआओं से कुछ भी नहीं हुआ था।

जब उसकी माँ ने हर रोज़ उसके साथ बच्चे की पैदाइश के मुताल्लिक़ बातें करना

शुरू कर दीं तो उसको ऐसा महसूस होने लगा कि वह बंजर ज़मीन है जिसमें कोई पौदा उग ही नहीं सकता ।

रातों को वह अजीब-अजीब से ख़्वाब देखने लगी, बड़े ऊटपटाँग क़िस्म के—कभी वह देखती कि वह लक़ो-दक़ सहरा में खड़ी है और उसकी गोद में एक गुल गोथना-सा बच्चा है जिसे वह हवा में इतने ज़ोर से उछालती है कि वह आसमान तक पहुँचकर ग़ायब हो जाता है; कभी वह देखती कि वह ऐसे बिस्तर में लेटी हुई है जो नन्हे-मुन्ने बच्चों के ज़िंदा और मुतहर्रिक[8] गोश्त से बना हुआ है ।

ऐसे ख़्वाब देख-देखकर उसका दिलो-दिमाग़ ग़ैरमुतवाज़िन[9] हो गया ।

एक दिन बैठे-बैठे उसके कानों में किसी बच्चे के रोने की आवाज़ आई । उसने अपनी माँ से कहा : ''यह किसका बच्चा रो रहा है ?''

उसकी माँ ने अपने कानों पर ज़ोर देकर बच्चे के रोने की आवाज़ सुनने की कोशिश की और जब उसे कुछ सुनाई न दिया तो उसने कहा : ''कोई बच्चा रो नहीं रहा है ।''

''नहीं माँ, रो रहा है, बल्कि रो-रो के हलकान हो रहा है ।''

उसकी माँ ने कहा : ''या तो मैं बहरी हो गई हूँ, या तुम्हारे कान बजने लगे हैं ।''

ज़ुबैदा ख़ामोश हो गई लेकिन उसके कानों में देर तक किसी नौज़ाइदा[10] बच्चे के रोने और बिलखने की आवाज़ आती रही । उसने कई बार यह भी महसूस किया कि उसकी छातियों में दूध उतर रहा है मगर उसने इस बात का ज़िक्र अपनी माँ से न किया—जब वह अंदर अपने कमरे में थोड़ी देर आराम करने के लिए गई तो उसने क़मीस उठाकर देखा कि उसकी छातियाँ उभरी हुई हैं ।

बच्चों के रोने की आवाज़ें उसके कानों में अक्सर टपकती रहतीं—वह समझ गई थी कि सब वाहिमा है हक़ीक़त सिर्फ़ यह है कि उसके दिलो-दिमाग़ पर मुसलसल[11] हथौड़े पड़ते रहते हैं कि उसके बच्चा क्यों नहीं होता; और वह ख़ुद भी बड़ी शिद्दत[12] से वह ख़ला महसूस करती है जो किसी ब्याही औरत की ज़िंदगी में नहीं होना चाहिए ।

वह बहुत उदास रहने लगी ।

महल्ले में बच्चे शोर मचाते तो उसके कान फटने लगते और उसका जी चाहता कि बाहर निकलकर उन सबका गला घोंट डाले ।

उसके शौहर इल्मुद्दीन को औलाद-वौलाद की कोई फ़िक्र नहीं थी—वह अपने व्यौपार में मगन था । कपड़े के भाव रोज़ ब रोज़ चढ़ रहे थे । आदमी चूँकि होशियार था, इसलिए उसने कपड़े का काफ़ी ज़ख़ीरा जमा कर रखा था । उसकी माहाना आमदन पहले से दो गुना हो गई थी ।

शौहर की आमदन की ज़्यादती से ज़ुबैदा को कोई ख़ुशी हासिल नहीं हुई थी—जब उसका शौहर उसको नोटों की गड्डी देता तो वह उसे अपनी झोली में डालकर देर तक लोरी देती रहती; फिर वह उसे उठाकर किसी ख़याली झूलने में बिठा देती ।

एक दिन इल्मुद्दीन ने देखा कि वह नोट, जो उसने अपनी बीवी को लाकर दिए थे, दूध की पतीली में पड़े हुए हैं—वह बहुत हैरान हुआ कि वह कैसे वहाँ पहुँच गए ।

उसने ज़ुबैदा से पूछा : "यह नोट दूध की पतीली में किसने डाले हैं ?"

ज़ुबैदा ने जवाब दिया : "बच्चे बड़े शरीर हैं···यह हरकत उन्हीं की होगी !"

इल्मुद्दीन बहुत मुतहय्यर[13] हुआ : "लेकिन यहाँ बच्चे कहाँ हैं ?"

ज़ुबैदा अपने ख़ाविंद से कहीं ज़्यादा मुतहय्यर हुई : "आप भी कैसी बातें करते हैं···क्या हमारे हाँ बच्चे नहीं हैं···अभी स्कूल से वापिस आते होंगे···उनसे पूछूँगी कि यह हरकत किसने की है।"

इल्मुद्दीन समझ गया कि उसकी बीवी के दिमाग़ का तवाज़ुन[14] क़ायम नहीं है लेकिन उसने अपनी सास से इस बात का ज़िक्र न किया कि वह समझता था, वह बहुत कमज़ोर औरत है।

वह दिल ही दिल में ज़ुबैदा की दिमाग़ी हालत पर अफ़सोस करता रहा, मगर उसका इलाज उसके बस में नहीं था।

उसने अपने कई दोस्तों से मशिवरा लिया। उनमें से चंद ने उससे कहा कि वह ज़ुबैदा को पागलख़ाने में दाख़िल करा दे, मगर पागलख़ाने के ख़याल ही से उसे वहशत[15] होती थी।

उसने दूकान पर जाना छोड़ दिया।

वह सारा वक़्त घर रहता और ज़ुबैदा की देखभाल करता, मबादा[16] वह किसी रोज़ कोई ख़तरनाक हरकत कर बैठे।

इल्मुद्दीन के घर पर हर वक़्त मौजूद रहने से ज़ुबैदा की हालत किसी क़दर दुरुस्त हो गई, लेकिन उसको इस बात की बहुत फ़िक्र थी कि दूकान का कारोबार कौन चला रहा है और कहीं वह आदमी, जो कारोबार चला रहा है, ग़बन तो नहीं कर रहा।

उसने कई मर्तबा अपने शौहर से कहा : "तुम दूकान पर क्यों नहीं जाते ?"

इल्मुद्दीन ने बड़े प्यार के साथ कहा : "जानम, मैं काम करते-करते थक गया हूँ···अब थोड़े दिन आराम करना चाहता हूँ।"

"मगर दूकान किसके सुपुर्द है ?"

"नौकर है···वह सब काम करता है।"

"क्या वह ईमानदार है ?"

"हाँ-हाँ, बहुत ईमानदार है···दमड़ी-दमड़ी का हिसाब देता है···तुम क्यों फ़िक्र करती हो ?"

ज़ुबैदा ने बहुत मुतफ़क्किर[17] होकर कहा : "मुझे क्यों फ़िक्र न होगी···बाल-बच्चेदार हूँ···मुझे अपना तो कुछ ख़याल नहीं, लेकिन उनका तो है···अगर आपका नौकर आपका रुपया मार ले गया तो यह समझिए कि बच्चों···"

"ज़ुबैदा, उनका अल्लाह मालिक है···वैसे मेरा नौकर बहुत वफ़ादार है और ईमानदार है···तुम्हें कोई तरद्दुद नहीं करना चाहिए।" इलमुद्दीन की आँखों में आँसू आ गए।

"मुझे तो किसी क़िस्म का तरद्दुद नहीं है, लेकिन बाज़ औक़ात माँ को अपनी औलाद के मुताल्लिक़ सोचना ही पड़ता है।"

इल्मुद्दीन परेशान था कि क्या करे।

ज़ुबैदा सारा दिन अपने ख़याली बच्चों के कपड़े सीती रहती, उनके लिए ऊनी स्वेटर बुनती रहती, उनकी जुराबें धोती रहती–कई बार उसने अपने शौहर से कहकर मुख़्तलिफ़ साइज़ की छोटी-छोटी सैंडिलें मँगवाईं जिनको वह हर सुबह पालिश करती।

इल्मुद्दीन सबकुछ देखता और उसका दिल रोने लगता–वह सोचता कि शायद उसको उसके गुनाहों की सज़ा मिल रही है। उसके गुनाह क्या थे, इसका इल्म उसको नहीं था।

एक दिन इल्मुद्दीन का एक दोस्त उससे मिला–उसका दोस्त बहुत परेशान था।

इल्मुद्दीन ने अपने दोस्त से उसकी परेशानी की वजह दरयाफ़्त की तो उसने बताया कि उसका एक लड़की से मुआश्क़ा[18] हो गया था और अब वह हामिला[19] हो गई है; इस्क़ात[20] के तमाम ज़राए इस्तेमाल किए गए हैं, मगर कामयाबी नहीं हुई है।

इल्मुद्दीन ने कहा: "देखो, इस्क़ात-विस्क़ात की कोशिश न करो... बच्चा पैदा होने दो।"

उसके दोस्त ने, जिसे होनेवाले बच्चे से कोई दिलचस्पी नहीं थी, कहा: "मैं बच्चे का क्या करूँगा?"

"तुम मुझे दे देना।"

बच्चा पैदा होने में अभी कुछ दिन थे–इस दौरान में इल्मुद्दीन ने अपनी बीवी ज़ुबैदा को बारहा यक़ीन दिलाया कि वह हामिला है और एक माह के बाद उसके बच्चा पैदा हो जाएगा।

ज़ुबैदा बार-बार कहती: "मुझे अब ज़्यादा औलाद नहीं चाहिए... पहले ही क्या कम है।"

इल्मुद्दीन ख़ामोश रहता।

उसके दोस्त की दाश्ता[21] के लड़का पैदा हुआ तो उसने उसे ज़ुबैदा के पास लिटा दिया जो सो रही थी और फिर उसे जगाकर कहा: "ज़ुबैदा, तुम कब तक बेहोश पड़ी रहोगी... देखो तुम्हारे पहलू में क्या है?"

ज़ुबैदा ने करवट ली और देखा कि उसके साथ एक नन्हा-मुन्ना बच्चा लेटा हाथ-पाँव मार रहा है।"

इल्मुद्दीन ने कहा: "लड़का है... अब ख़ुदा के फ़ज़्लो-करम से हमारे पाँच बच्चे हो गए हैं।"

ज़ुबैदा बहुत ख़ुश हुई: "यह लड़का कब पैदा हुआ?"

"सुबह सात बजे।"

"और मुझे इसका इल्म ही नहीं... मेरा ख़याल है, दर्द की वजह से मैं बेहोश हो गई थी।"

इल्मुद्दीन ने कहा : "हाँ, ऐसी ही कुछ बात थी, लेकिन अल्लाह के फ़ज़्लो-करम से सब ठीक हो गया है।"

दूसरे रोज़ सुबह-सवेरे जब इल्मुद्दीन की आँख खुली तो उसने देखा कि ज़ुबैदा लहूलुहान है, उसके हाथ में उसका कट थ्रोट उस्तरा है और वह अपनी छातियाँ काट रही है।

उसने आगे बढ़कर ज़ुबैदा के हाथ से उस्तरा छीन लिया : "यह क्या कर रही हो तुम ?"

ज़ुबैदा ने अपने पहलू में लेटे हुए बच्चे की तरफ़ देखा और कहा : "सारी रात बिलखता रहा है लेकिन मेरी छातियों में दूध न उतरा... लानत है ऐसी..." इससे आगे वह और कुछ न कह सकी। ख़ून से लुथड़ी हुई एक उँगली उसने बच्चे के मुँह के साथ लगाई और हमेशा की नींद सो गई।

---

1. विलाप; 2. खास, विशेष; 3. कृतज्ञ, अहसानमंद; 4. तबीयत से, स्वभाव से; 5. चूर्ण; 6. गोलियाँ, टिकिया; 7. लंबे-चौड़े रेगिस्तान; 8. गतिशील; 9. असंतुलित; 10. नवजात; 11. निरंतर, लगातार; 12. तेज़ी, तीव्रता; 13. स्तब्ध, आश्चर्यचकित; 14. संतुलन, बैलेंस; 15. घबराहट; 16. ऐसा न हो; 17. चिंतित; 18. प्रेम संबंध; 19. गर्भवती; 20. गर्भपात; 21. रखैल, उपपत्नी।

अंजाम बख़ैर

बँटवारे के बाद जब फ़िरक़ा वाराना फ़साद बहुत शिद्दत[1] इख़्तियार कर गए और जगह-जगह हिंदुओं और मुसलमानों के ख़ून से ज़मीन रँगी जाने लगी तो नसीम अख़्तर ने, जो दिल्ली की नौख़ेज़[2] तवाइफ़ थी, अपनी बूढ़ी माँ से कहा : ''चलो माँ, यहाँ से चलें।''

बूढ़ी नायिका ने अपने पोपले मुँह में पानदान से छालिया के बारीक-बारीक टुकड़े डालते हुए नसीम अख़्तर से पूछा : ''कहाँ जाएँगे बिटिया ?''

''पाकिस्तान !'' यह कहकर नसीम अख़्तर अपने उस्ताद ख़ान साहब अच्छन ख़ाँ से मुख़ातिब हुई : ''ख़ाँ साहब, आपका क्या ख़याल है⋯यहाँ रहना अब ख़तरे से ख़ाली नहीं।''

ख़ाँ साहब ने नसीम अख़्तर की हाँ में हाँ मिलाई : ''तुम ठीक कहती हो⋯बाई जी को मना लो तो हम सब चलते हैं।''

नसीम अख़्तर ने अपनी माँ से बहुतेरा कहा : ''चलो यहाँ से⋯अब यहाँ हिंदुओं का राज होगा और वह लोग कोई मुसलमान बाक़ी नहीं छोड़ेंगे।''

बूढ़ी नायिका ने कहा : ''तो क्या हुआ⋯हमारा धंधा तो हिंदुओं की ही बदौलत चलता है और तुम्हारे चाहनेवाले भी सबके सब हिंदू ही हैं⋯मुसलमानों में रखा ही क्या है ?''

''ऐसा न कहो माँ⋯उनका मज़हब और हमारा मज़हब एक है⋯क़ायदे-आजम साहब ने इतनी मेहनत से मुसलमानों के लिए पाकिस्तान बनाया है⋯हमें अब वहीं रहना चाहिए।''

मांडो मीरासी ने अफ़ीम के नशे में अपना सिर हिलाया और ग़ुनूदगी भरी आवाज़ में कहा : ''छोटी बाई, अल्लाह सलामत रखे तुम्हें⋯क्या बात कही है तुमने⋯मैं तो अभी चलने के लिए तैयार हूँ⋯मेरी क़ब्र पाकिस्तान में बने तो मेरी रूह हमेशा ख़ुश रहेगी।''

दूसरे मीरासी भी तैयार हो गए, लेकिन बड़ी बाई दिल्ली छोड़ना नहीं चाहती थी और बालाख़ाने[3] पर उसी का हुक्म चलता था, इसलिए सब ख़ामोश हो गए।

बड़ी बाई ने सेठ गोबिंद प्रकाश की कोठी पर आदमी भेजा और उसके आने पर कहा : ''मेरी बच्ची आजकल बहुत डरी हुई है⋯पाकिस्तान जाना चाहती है⋯मैंने उसे समझाया है कि वहाँ क्या धरा है⋯यहाँ आप-जैसे मेहरबान सेठ लोग मौजूद हैं⋯वहाँ जाके तो हम उपले थापेंगे⋯आप एक करम कीजिए।''

सेठ गोबिंद प्रकाश यूँ तो बड़ी बाई की बातें सुन रहा था, मगर उसका दिमाग़ कुछ और ही सोच रहा था--एकदम चौंककर उसने बड़ी बाई से पूछा : ''तुम क्या चाहती हो ?''

''हमारे कोठे के नीचे दो-तीन बंदूक़वाले सिपाहियों का पहरा खड़ा करवा दीजिए ताकि मेरी बच्ची का सहम दूर हो जाए।''

सेठ ने कहा : ''यह कोई मुश्किल काम नहीं है··· मैं अभी जाकर सुपरिंटेंडेंट पुलिस से मिलता हूँ··· शाम से पहले-पहले तुम्हारे कोठे के नीचे सिपाही मौजूद होंगे।''

बड़ी बाई ने सेठ को बहुत दुआएँ दीं।

जब वह जाने लगा तो उसने कहा : ''हम आज अपनी नसीम अख़्तर का मुजरा सुनने आएँगे।''

बड़ी बी ने ताज़ीमन[4] कहा : ''हाए जम-जम आइए··· आपका अपना घर है, बच्ची को अपनी कनीज़[5] समझिए··· खाना यहीं खाइएगा।''

''नहीं··· मैं आजकल परहेज़ी खाना खा रहा हूँ।'' यह कहकर सेठ अपनी तोंद पर हाथ फेरता हुआ चला गया।

शाम को बड़ी बी ने चाँदनियाँ बदलवाईं, गावतकियों पर नए ग़िलाफ़ चढ़वाए, ज़्यादा रोशनीवाले बल्ब लगवाए और अपने नौकर को सेठ गोबिंद प्रकाश के लिए आला क़िस्म के सिगरेटों का डिब्बा लाने भेज दिया।

थोड़ी ही देर के बाद नौकर हवासबाख़्ता[6] हाँफता-काँपता वापस आ गया--उसके मुँह से एक बात भी नहीं निकलती थी। आख़िर जब वह कुछ देर के बाद सँभला तो उसने बताया कि चौक में पाँच-छः सिखों ने एक मुसलमान ख़्वांचा फ़रोश को किरपानों से उसकी आँखों के सामने टुकड़े-टुकड़े कर डाला है : ''जब मैंने वह सब देखा तो सिर पर पाँव रखकर भागा और यहाँ आके दम लिया।''

नसीम अख़्तर यह ख़बर सुनकर बेहोश हो गई।

बड़ी मुश्किलों से ख़ान साहब अच्छन ख़ाँ उसे होश में लाए।

वह बहुत देर तक निढाल रही और ख़ामोशी से ख़ला में देखती रही।

आख़िर उसकी माँ ने कहा : ''ख़ून-ख़राबे होते ही रहते हैं··· क्या इससे पहले क़त्ल नहीं होते थे ?''

माँ के दम-दिलासा देने से वह सँभल गई तो उसकी माँ ने फिर बड़े दुलार और प्यार से कहा : ''उठो मेरी बच्ची, जाओ पिश्वाज़[7] पहनो··· सेठ साहब आते ही होंगे।''

उसने बादिले-नख़्वास्ता पिश्वाज़ पहनी, सोलह सिंगार किए और मसनद पर बैठ गई।

उसका जी भारी-भारी था। उसको ऐसा महसूस हो रहा था कि उस मक़तूल[8] ख़्वांचा फ़रोश का सारा ख़ून उसके दिलो-दिमाग़ पर जम गया है। उसका दिल धड़क रहा था। उसका जी चाह रहा था कि ज़र्क़ बर्क़ पिश्वाज़ की बजाय सादा शलवार-क़मीस पहन ले।

आख़िर उससे रहा न गया--उसने हाथ जोड़कर अपनी माँ से कहा : ''ख़ुदा के लिए मेरी बात सुनो और भाग चलो यहाँ से··· मेरा दिल गवाही देता है कि हम पर कोई न कोई आफ़त आनेवाली है।''

उसकी माँ ने झुँझलाकर कहा : ''हम पर क्यों आफ़त आने लगी···? हमने किसी का क्या बिगाड़ा है ?''

उसने बड़ी संजीदगी से जवाब दिया : ''उस ग़रीब ख़्वांचा फ़रोश ने किसी का क्या बिगाड़ा था, जो ज़ालिमों ने उसके टुकड़े-टुकड़े कर डाले···बिगाड़नेवाले उल्टे बच जाते हैं···मारे जाते हैं वह जिन्होंने किसी का कुछ बिगाड़ा नहीं होता।''

''तुम्हारा दिमाग़ ख़राब हो गया है।''

''चारों तरफ़ ख़ून की नदियाँ बह रही हैं; ऐसे हालात में किसका दिमाग़ दुरुस्त रह सकता है।'' यह कहकर वह उठी और बालकनी में खड़ी हो गई और नीचे बाज़ार में देखने लगी।

उसे बिजली के खंबे के पास चार आदमी खड़े दिखाई दिए जिनके पास बंदूकें थीं—उसने ख़ान साहब अच्छन ख़ाँ को बुलाया और इशारे से वे चारों आदमी दिखाए : ''ऐसा लगता है, वे वही सिपाही हैं, जिनको भेजने का वादा सेठ साहब कर गए हैं।''

ख़ान साहब अच्छन ख़ाँ ने उन आदमियों को अपनी चुंधी आँखों से बग़ौर देखा : ''नहीं, वे सिपाही नहीं हैं···सिपाहियों के तो वर्दी होती है···मुझे तो वे ग़ुंडे मालूम होते हैं।''

उसका कलेजा धक-से रह गया : ''ग़ुंडे ?''

''अल्लाह बेहतर जानता है···कुछ कहा नहीं जा सकता···लो, वह तुम्हारे कोठे की तरफ़ ही आ रहे हैं···देखो नसीम, तुम ऊपर छत पर चली जाओ···मैं अभी आता हूँ···मुझे दाल में कुछ काला-काला नज़र आता है।''

वह चुपके से, माँ की नज़र बचाकर, छत पर चली गई।

थोड़ी देर के बाद ख़ान साहब अच्छन ख़ाँ अपनी चुंधी आँखें झपकाते आए।

उसका दिल डूब रहा था—उसने पूछा : ''क्या बात है ?''

''वही, जिसका मुझे डर था···तुम्हारे मुताल्लिक़ पूछ रहे थे और कह रहे थे कि तुम्हारे लिए सेठ गोबिंद प्रकाश ने कार भेजी है और बुलाया है···बाई जी बहुत ख़ुश हुईं और कहने लगीं : 'बड़ी मेहरबानी है उनकी; मैं देखती हूँ, कहाँ है नसीम···शायद ग़ुस्लख़ाने में हो···आप रुकिए, मैं भी तैयार हो जाती हूँ···उन ग़ुंडों में से एक ने कहा : 'तुम्हें क्या सेठ साहब शहद लगा के चाटेंगे···बैठी रहो, जहाँ बैठी हो; ख़बरदार जो यहाँ से हिलीं···हम ख़ुद तुम्हारी बेटी को ढूँढ लेंगे···' मैंने जब ये बातें सुनीं और उन ग़ुंडों के बिगड़े हुए तेवर देखे तो खिसक आया।''

वह हवास खो बैठी : ''अब क्या किया जाए ?''

ख़ान साहब अच्छन ख़ाँ ने अपना सिर खुजलाया और कहा : ''देखो, मैं कोई तरकीब सोचता हूँ यहाँ से फ़ौरन निकल भागने की।''

''और माँ ?''

''बाई जी के मुताल्लिक़ कुछ नहीं कह सकता···उनको अल्लाह के हवाले करके ख़ुद निकल भागना चाहिए।''

ऊपर चारपाई पर दो चादरें पड़ी हुई थीं—ख़ान साहब ने उनको गाँठ देकर एक

रस्सा-सा बनाया और मज़बूती से एक कुंडे के साथ बाँधकर दूसरी तरफ़ गली में लटका दिया—नीचे लांड्री की छत थी।

"अगर हम लांड्री की छत पर उतर जाएँ तो आगे रास्ता साफ़ होगा··· लांड्री की छत की सीढ़ियाँ दूसरी तरफ़ हैं··· उनके ज़रिए हम तवेले तक पहुँच सकते हैं और वहाँ से साइस के ताँगे में, जो मुसलमान है, सीधा स्टेशन का रुख़ कर सकते हैं···" ख़ान साहब ने तरकीब बताई।

नसीम अख़्तर ने बडी बहादुरी दिखाई। धीरे-धीरे नीचे फिसलती हुई लांड्री की छत पर कूद पड़ी।

ख़ान साहब अच्छन ख़ाँ भी बहिफ़ाज़त तमाम उतर आए।

दोनों लांड्री की सीढ़ियाँ तय करके तवेले में पहुँच गए।

साइस इत्तिफ़ाक़ से ताँगे में घोड़ा जोत रहा था—दोनों ताँगे में बैठे और उन्होंने स्टेशन का रुख़ किया।

रास्ते ही में उन्हें मुसल्लह फ़ौजी मुसलमानों का मिलिट्री ट्रक मिल गया जो हिंदुओं के ख़तरनाक महल्लों से मुसलमानों को निकाल-निकालकर महफ़ूज़ मक़ामों पर पहुँचा रहा था और जो मुसलमान पाकिस्तान जाना चाहते थे, उन्हें स्पेशल ट्रेनों में जगह दिलवा देता था—ताँगे से उतरकर वे ट्रक में बैठ गए और चंद ही मिनटों में स्टेशन पर पहुँच गए।

स्पेशल ट्रेन तैयार थी—उनको अच्छी जगह मिल गई और वह बख़ैरियत लाहौर पहँच गए।

लाहौर में वह क़रीब-क़रीब एक महीने तक वाल्टन कैंप में रहे, निहायत कसमपुरसी की हालत में—फिर वह शहर चले आए।

नसीम अख़्तर के पास काफ़ी ज़ेवर था जो उसने उस रात पहना था जिस रात सेठ गोबिंद प्रकाश उसका मुजरा सुनने आ रहा था। उसने सारा ज़ेवर उतारकर ख़ान साहब अच्छन ख़ाँ के हवाले कर दिया था।

जब वह वाल्टन कैंप छोड़कर शहर आए तो उन्होंने कुछ ज़ेवर बेचकर एक सस्ते से होटल में रहना शुरू कर दिया और मकान की तलाश जारी रखी—आख़िर बदिक़्क़ते-तमाम उन्हें हीरा मंडी में एक मकान मिल गया जो अच्छा-ख़ासा था।

हीरा मंडी में उठ आने के बाद ख़ान साहब अच्छन ख़ाँ ने नसीम अख़्तर से कहा: "गद्दे और चाँदनियाँ वग़ैरह ख़रीद लेते हैं··· और तुम बिस्मिल्लाह करके मुजरा शुरू कर दो।"

नसीम अख़्तर ने कहा: "नहीं ख़ाँ साहब··· मेरा जी उकता गया है··· मैं तो इस मकान में भी रहना पसंद नहीं करती··· किसी शरीफ़ महल्ले में कोई छोटा-सा मकान तलाश कीजिए कि मैं वहाँ उठ जाऊँ··· मैं अब ख़ामोश ज़िंदगी बसर करना चाहती हूँ।"

ख़ान साहब को बड़ी हैरत हुई: "क्या हो गया है तुम्हें?"

"बस जी उचाट हो गया है··· मैं इस ज़िंदगी से क़िनाराकशी इख़्तियार करना चाहती

हूँ···दुआ कीजिए, ख़ुदा मुझे साबित क़दम रखे।'' यह कहते हुए उसकी आँखों में आँसू आ गए।

ख़ान साहब ने उसको बहुत तरग़ीब[9] दी, पर वह टस से मस न हुई।

एक दिन उसने ख़ान साहब से साफ़ कह दिया कि वह शादी करना चाहती है और अगर किसी ने उसे क़ुबूल न किया तो वह उम्र भर कुँआरी रहेगी।

ख़ान साहब अच्छन ख़ाँ बहुत हैरान हुए कि नसीम अख़्तर में यह तब्दीली कैसे आई है : फ़सादात तो इसका बायस नहीं हो सकते···फिर क्या वजह है कि वह मुजरा तर्क करने पर तुली हुई है और शादी करके शरीफ़ाना ज़िंदगी बसर करना चाहती है···' उन्होंने कई बार सोचा।

जब वह नसीम अख़्तर को समझा-समझाकर थक गए तो उन्होंने उसे एक महल्ले में जहाँ शुरफ़ा[10] रहते थे, एक छोटा-सा मकान किराए पर ले दिया और ख़ुद एक मालदार तवाइफ़ को तालीम देने की ग़रज़ से हीरामंडी के एक कोठे पर उठ गए।

नसीम अख़्तर ने थोड़े से बर्तन ख़रीदे; एक चारपाई और बिस्तर वग़ैरह भी—उसने एक छोटे-से लड़के को नौकर रख लिया और सुकून की ज़िंदगी बसर करने लगी।

पाँचों नमाज़ें पढ़ती—रोज़े आए तो उसने सारे के सारे ही रखे।

एक दिन वह ग़ुस्लख़ाने में नहा रही थी कि ग़ैर इरादी तौर पर अपनी सुरीली आवाज़ में गाने लगी।

उसके हाँ एक औरत का आना-जाना था—उसको मालूम नहीं था कि वह औरत शरीफ़ों के मुहल्लों की फाफा कुटनी है; शरीफ़ों के मुहल्ले में कई घर तबाहो-बरबाद कर चुकी है; कई लड़कियों की इस्मत औने-पौने दामों बिकवा चुकी है।

जब उस औरत ने, जिसका नाम जनते था, नसीम अख़्तर की सुरीली और मँझी हुई आवाज़ सुनी तो उसको मअन[11] ख़याल आया कि यह लड़की, जिसका आगा है न पीछा, बड़ी मार्के की तवाइफ़ बन सकती है—बस उसने नसीम अख़्तर पर डोरे डालने शुरू कर दिए और कई सब्ज़बाग़ दिखाए, मगर नसीम अख़्तर उसके क़ाबू में न आई।

आख़िर एक रोज़ थक-हारकर उस औरत नें नसीम अख़्तर को गले से लगा लिया और चटपट बलाएँ लेना शुरू कर दीं : ''जीती रहो बेटा, मैं तो तुम्हारा इम्तिहान ले रही थी···तुम सोलह आने पूरी उतरी हो।''

नसीम अख़्तर की आँखें भीग गईं—उसने जनते को बता दिया कि वह शादी करना चाहती है, इसलिए कि एक यतीम कुँआरी लड़की का अकेले रहना ख़तरे से ख़ाली नहीं है।

जनते ने कहा : ''बेटा, यह क्या मुश्किल है···मैंने सैकड़ों शादियाँ कराई हैं और सबकी सब कामयाब रही हैं···अल्लाह ने चाहा तो तुम्हें हस्बे-मंशा मियाँ मिल जाएगा जो तुम्हारे पाँव धो-धोकर पिएगा।''

जनते कई रिश्ते लाई मगर उसने किसी रिश्ते की भी कोई ख़ास तारीफ़ न की—आख़िर

में वह एक ऐसा रिश्ता लाई जो उसके कहने के मुताबिक़ फ़रिश्ता सीरत और साहिबे-जायदाद था और उम्र का भी ज़्यादा नहीं था।

नसीम अख़्तर मान गई—तारीख़ मुक़र्रर की गई और आख़िर उसकी शादी अंजाम पा गई।

वह ख़ुश थी कि उसका मियाँ बहुत अच्छा है और उसकी हर आसाइश का ख़याल रखता है।

एक दिन उसके होशो-हवास गुम हो गए जब उसने दूसरे कमरे में बैठी हुई औरतों की आवाज़ें सुनीं—उसने दरज़ में से झाँककर देखा कि उसका मियाँ दो बूढ़ी तवाइफ़ों से उसके मुताल्लिक़ बातें कर रहा है; जनते भी पास बैठी है और सब मिलकर उसका सौदा तय कर रहे हैं।

उसकी समझ में कुछ न आया कि वह क्या करे और क्या न करे। बहुत देर तक वह रोती और सोचती रही—आख़िर वह उठी, अपनी पिश्वाज़ निकालकर पहनी और बाहर निकलकर सीधी अपने उस्ताद ख़ान साहब अच्छन ख़ाँ के पास पहुँची और फिर उसने मुजरे के साथ-साथ पेशा भी शुरू कर दिया—एक अजीब क़िस्म के इंतिक़ामी जज़्बे के साथ वह खेलने लगी।

---

1. तेज़ी, तीव्रता; 2. नौजवान, नवविकसित; 3. कोठा; 4. आदर से; 5. दासी, सेविका; 6. घबराया हुआ, हड़बड़ाया हुआ; 7. नृत्य के समय पहना जानेवाला लहँगा; 8. क़त्ल किया हुआ; 9. प्रलोभन; 10. सज्जन, शरीफ लोग; 11. अचानक, सहसा।

बिजली पहलवान

बिजली पहलवान के मुताल्लिक़ बहुत-से क़िस्से मशहूर हैं—कहते हैं कि वह बर्क़ रफ़्तार था; बिजली के मानिंद अपने दुश्मनों पर गिरता था और उन्हें भस्म कर देता था।

जब मैंने उसे मुग़ल बाज़ार में देखा तो वह मुझे बेज़रर[1] कद्दू के मानिंद नज़र आया, बड़ा फुसफुस-सा, तोंद बाहर निकली हुई, बंद-बंद ढीले, गाल लटके हुए—अलबत्ता उसका रंग सुर्ख़ो-सफ़ेद था।

वह मुग़ल बाज़ार में एक बज़ाज़ की दूकान पर आलती-पालती मारे बैठा हुआ था।

मैंने उसको ग़ौर से देखा—मुझे उसमें कोई ग़ुंडापन नज़र न आया, हालाँकि उसके मुताल्लिक़ यही मशहूर था कि वह हिंदुओं का सबसे बड़ा ग़ुंडा है।

मैंने महसूस किया कि वह ग़ुंडा हो ही नहीं सकता, इसलिए कि उसके ख़द्दोख़ाल इसकी नफ़ी करते थे।

मैं थोड़ी देर सामनेवाली किताबों की दूकान के पास खड़ा उसको देखता रहा।

इतने में एक मुसलमान औरत, जो बड़ी मुफ़्लिस दिखाई देती थी, बज़ाज़ की दूकान के पास पहुँची। उसने बिजली पहलवान से पूछा : "मुझे बिजली पहलवान साहब से मिलना है।"

बिजली पहलवान ने हाथ जोड़कर उसे प्रणाम किया : "माता, मैं ही बिजली पहलवान हूँ।"

उस औरत ने उसको सलाम किया : "ख़ुदा तुम्हें सलामत रखे···मैंने सुना है कि तुम बड़े दयालु हो।"

बिजली पहलवान ने बड़ी इन्किसारी[2] से कहा : "माता, दयालु तो परमेश्वर है···मैं क्या दया कर सकता हूँ, लेकिन मुझे बताओ, मैं तुम्हारी क्या सेवा कर सकता हूँ?"

"बेटा, मुझे अपनी जवान लड़की का ब्याह करना है···तुम अगर मेरी कुछ मदद कर सको तो मैं सारी उम्र तुम्हें दुआएँ दूँगी।"

बिजली पहलवान ने उस औरत से पूछा : "कितने रुपयों में काम चल जाएगा?"

औरत ने जवाब दिया : "बेटा, तुम ख़ुद ही समझ लो···मैं तो एक भिखारिन बनकर तुम्हारे पास आई हूँ।"

बिजली पहलवान ने कहा : "भिखारिन मुँह से न कहो···मेरा फ़र्ज़ है कि मैं तुम्हारी

मदद करूँ…" इसके बाद उसने बज़ाज़ से, जो थान तह कर रहा था, कहा : "लाला जी, दो हज़ार रुपए निकालिए।"

लाला जी ने दो हज़ार रुपए फ़ौरन अपनी संदूक़ची से निकाले और गिनकर बिजली पहलवान को दे दिए।

बिजली पहलवान ने वह रुपए उस औरत को दे दिए : "माता, भगवान करे कि तुम्हारी बेटी के भाग अच्छे हों।"

वह औरत चंद लम्हात के लिए नोट हाथ में लिए बुत बनी खड़ी रही। ग़ालिबन उसको इतने रुपए एकदम मिल जाने की तवक़्क़ो ही नहीं थी—जब वह सँभली तो उसने बिजली पहलवान पर दुआओं की बौछार कर दी।

मैंने देखा कि बिजली पहलवान बड़ी उलझन महसूस कर रहा है—आख़िर उसने उस औरत से कहा : "माता, मुझे शर्मिंदा न करो…जाओ, अपनी बेटी के दान-दहेज का इंतज़ाम करो…उसको मेरा आशीर्वाद देना।"

मैं सोचने लगा कि वह किस क़िस्म का ग़ुंडा है जो दो हज़ार रुपए एक ऐसी औरत को, जो मुसलमान है और जिसे वह जानता भी नहीं है, पकड़ा देता है—लेकिन बाद में मुझे मालूम हुआ कि वह बड़ा मुख़ैयर[3] है और हज़ारों रुपए दान के तौर पर देता है।

मुझे उसकी शख़्सियत से दिलचस्पी पैदा हो गई, इसलिए मैंने काफ़ी छान-बीन के बाद उसके मुताल्लिक़ कई मालूमात हासिल कीं।

मुग़ल बाज़ार की अक्सर दूकानें उसी की थीं—हलवाई की दूकान, बज़ाज़ी की दूकान, शर्बत की दूकान, शीशों की दूकान और पंसारी की दूकान—ग़रज़ यह कि इस सिरे से उस सिरे तक उसने एक लाइन ऑफ़ कम्यूनिकेशन क़ायम कर रखी थी कि अगर पुलिस छापा मारने की ग़रज़ से आए तो उसे फ़ौरन इत्तिला मिल जाए।

दरअसल उसकी दो बैठकों में, जो बज़ाज़ी की दूकान के बिलकुल सामने थीं, बहुत भारी जुआ होता था और हर रोज़ हज़ारों रुपए नाल की सूरत में उसे वुसूल हो जाते थे।

वह ख़ुद न जुआ खेलता था और न शराब पीता था, मगर उसकी बैठकों में शराब हर वक़्त मिल सकती थी। इससे भी उसकी आमदन काफ़ी थी।

शहर के जितने बड़े-बड़े बदमाश थे, उनका उसने हफ़्ता मुक़र्रर कर रखा था, यानी हफ़्ते के हफ़्ते उन्हें उनके मर्तबे के मुताबिक़ तनख़्वाह मिल जाती थी—मेरा ख़याल है, उसने यह सिलसिला हिफ़्ज़े-मातक़द्दुम[4] शुरू किया था कि वह बदमाश बड़े ख़तरनाक क़िस्म के थे।

जहाँ तक मुझे याद है, वह बदमाश सबके सब मुसलमान थे, ज़्यादातर हाथी दरवाज़े के—वह हर हफ़्ते बिजली पहलवान के पास जाते और अपनी तनख़्वाह वुसूल कर लेते—वह उनको कभी नाउम्मीद न लौटाता, इसलिए कि उसके पास रुपया आम था।

एक दिन वह बज़ाज़ की दूकान पर हस्बे-मामूल बैठा हुआ था—मैंने सुना—कि एक हिंदू बनिया, जो काफ़ी मालदार था, उसकी ख़िदमत में हाज़िर हुआ और अर्ज़ की : "पहलवान जी, मेरा लड़का ख़राब हो गया है…उसको ठीक कर दीजिए।"

बिजली पहलवान ने मुसकराकर उससे कहा : ''मेरें दो लड़के हैं, बहुत शरीफ़··· लोग मुझे गुंडा और बदमाश कहते हैं, लेकिन उनको मैंने इस तरह पाला-पोसा है कि वे कोई बुरी हरकत कर ही नहीं सकते··· महाशय जी, यह आपका क़ुसूर है, आपके लड़के का नहीं।''

बनिए ने हाथ जोड़कर कहा : ''पहलवान जी, मैंने भी उसको अच्छी तरह पाला-पोसा है, पर उसने अब चोरी-चोरी बहुत बुरे-बुरे काम शुरू कर दिए हैं।''

बिजली पहलवान ने अपना फ़ैसला सुना दिया : ''उसकी शादी कर दो।''

इस वाक़िए को अभी दस रोज़ ही गुज़रे थे कि बिजली पहलवान एक लड़की की मुहब्बत में गिरफ़्तार हो गया, हालाँकि उससे इस क़िस्म की कोई तवक़्क़ो नहीं हो सकती थी।

लड़की की उम्र सोलह-सत्रह बरस के लगभग होगी और बिजली पहलवान पचास से ऊपर होगा—आदमी बाअसर और मालदार था, लड़की के वालिदैन राज़ी हो गए, चुनांचे शादी हो गई।

बिजली पहलवान ने शहर के बाहर एक आलीशान कोठी बनवा रखी थी—जब वह दुल्हन को उस कोठी में लेकर गया तो उसे ऐसा महसूस हुआ कि कोठी के तमाम झाड़-फ़ानूस मांद पड़ गए हैं।

दुल्हन बहुत ख़ूबसूरत थी।

पहली रात बिजली पहलवान ने कसरत करना चाही मगर न कर सका, इसलिए कि उसके दिमाग़ में अपनी पहली बीवी का ख़याल बुरी तरह करवटें ले रहा था—उसके दो जवान लड़के थे जो उसी कोठी के एक कमरे में सो रहे थे, या जाग रहे थे।

उसने अपनी पहली बीवी को अपनी दूसरी शादी से पहले ही कहीं बाहर भेज दिया था। उसकी पहली बीवी को इस बात का क़तअन इल्म नहीं था कि उसके पति ने दूसरी शादी कर ली है।

पहली रात बिजली पहलवान सोचता रहा कि उसे और कुछ नहीं तो अपनी पहली बीवी को मुत्तला[5] कर देना चाहिए था।

सारी रात नई नवेली दुल्हन, जिसकी उम्र सोलह-सत्रह बरस के करीब थी, चौड़े-चकले पलंग पर बैठी बिजली पहलवान की ऊटपटाँग बातें सुनती रही।

उसकी समझ में नहीं आ रहा था कि उसकी शादी, शादी है, या क्या है; क्या उसे हर रोज़ इसी क़िस्म की बातें सुननी पड़ेंगी।

'कल मैं तुम्हारे लिए दस हज़ार के ज़ेवर और लाऊँगा···'

'तुम बड़ी सुंदर हो···'

'बर्फ़ी खाओगी, या पेड़े···'

'यह कोठी मैं तुम्हारे नाम लिख दूँगा···'

'कितने नौकर चाहिएं तुम्हें···? मुझे बता दो, एक मिनट में इंतज़ाम हो जाएगा···'

'मेरे दो जवान लड़के हैं, बहुत शरीफ़··· तुम उनसे जो काम लेना चाहो, ले सकती हो, वह तुम्हारा हुक्म मानेंगे···'

दुल्हन हर रोज़ इसी क़िस्म की बातें सुनती रही, हत्ता कि छः महीने गुज़र गए।

बिजली पहलवान दिन ब दिन उसकी मुहब्बत में ग़र्क़ होता गया—वह उसके तीखे-तीखे नक़्श देखता तो अपनी सारी पहलवानी भूल जाता।

उसकी पहली बीवी बदशक्ल थी, इन मानों में कि उसमें कोई कशिश नहीं थी। वह एक आम खत्रानी थी जो एक बच्चा जनने के बाद ही बूढ़ी हो जाती है—लेकिन उसकी यह दूसरी बीवी बड़ी ठोस थी और उसके ख़याल में वह दस बच्चे पैदा करने के बाद भी साबितो-सालिम रह सकती थी—इसलिए वह पिछले कई दिनों से अपने एक वैद्य दोस्त के पास जा रहा था जिसने उसे यक़ीन दिलाया था : "अब किसी क़िस्म के तरद्दुद[6] की ज़रूरत नहीं···सब ठीक हो जाएगा।"

बिजली पहलवान ख़ुश था—उस दिन वैद्य के यहाँ से आते हुए उसने कई स्कीमें तैयार कीं—मिठाई ख़रीदी; सोने के दो बड़े-बड़े ख़ुशनुमा कड़े लिए; बारह क़मीसों और बारह शलवारों के लिए बेहतरीन कपड़ा हासिल किया और शाम को सात बजे घर पहुँचा। आहिस्ता-आहिस्ता क़दम उठाते हुए वह अपने कमरे में गया—उसने देखा कि वहाँ उसकी दूसरी बीवी नहीं है।

उसने सोचा : 'ग़ुस्लख़ाने में होगी···' उसने तमाम सामान पलंग पर रखकर ग़ुस्लख़ाने का रुख़ किया, मगर वह ख़ाली था।

वह बड़ा मुतहैयर[7] हुआ कि उसकी बीवी कहाँ गई— तरह-तरह के ख़यालात उसके दिमाग़ में आए मगर वह कोई नतीजा बरामद न कर सका।

उसने वैद्य की दी हुई गोलियाँ खाईं और पलंग पर बैठ गया, यह सोचकर कि उसकी बीवी आ जाएगी, आख़िर उसे जाना कहाँ है।

वह गोलियाँ खाने के बाद पलंग पर बैठा क़मीसों के कपड़े को अपनी उँगलियों से मसल-मसलकर देख ही रहा था कि उसे अपनी बीवी की हँसी की आवाज़ सुनाई दी।

वह चौंका—और उठकर उस कमरे की तरफ़ गया जो उसने अपने बड़े लड़के को दे रखा था—अंदर से उसकी दूसरी बीवी और उसके बड़े बेटे की हँसी की आवाज़ें निकल रही थीं।

उसने दस्तक दी—दरवाज़ा न खुला।

उसने बड़े ज़ोर से चिल्लाना शुरू किया : "दरवाज़ा खोलो, दरवाज़ा खोलो···" उस वक़्त उसका ख़ून खौल रहा था।

दरवाज़ा फिर भी न खुला—उसे ऐसा महसूस हुआ कि उस कमरे के अंदर उसकी जवान बीवी और उसके बड़े बेटे ने साँस लेना भी बंद कर दिया है।

उसने अपने कमरे में जाकर गुरमुखी ज़बान में एक रुक्क़ा लिखा, जिसकी इबारत उर्दू में कुछ यूँ हो सकती है :

'यह कोठी अब तुम्हारी है। मेरी बीवी भी अब तुम्हारी है। ख़ुश रहो। कुछ तोहफ़े लाया था, वह छोड़े जा रहा हूँ।'

रुक्क़ा लिखकर उसने साटन के थान के साथ टाँक दिया।

1. जिससे कोई हानि न पहुँचे; 2. विनम्रता; 3. दानशील, दान-पुण्य करनेवाला; 4. पहले से ही सुरक्षा की ख़ातिर; 5. सूचित; 6. चिंता; 7. स्तब्ध, आश्चर्यचकित।

अंतिम शब्द

कहने के लिए मंटो एक व्यक्ति था, मगर इस नाम के द्वारा एक युग, जीवन और कला की एक शैली, एक मानसिक और भावात्मक और सामाजिक दृष्टिकोण, एक नैतिक मूल्य और एक मानवीय धारणा, इन सबकी पहचान स्थापित होती है।

मंटो एक घटनाक्रम था जिसका आरंभ 11 मई, 1912 को हुआ और समाप्ति हुई 18 जनवरी, 1955 को। मंटो लगभग 43 बरसों तक फैला एक घटनाक्रम है। संक्षिप्त जीवन की इस पहचान में साहित्यिक जीवन तो खासा संक्षिप्त है। उसने कहानी लिखने का सिलसिला 1934 में शुरू किया। इस दृष्टि से देखें तो मुश्किल से 20-21 वर्षों का सक्रिय साहित्यिक जीवन उसे प्राप्त हुआ। (आम लिखनेवालों के लिए तो 20-25 वर्षों का साहित्यिक जीवन खुद अपने आपको समझने और दरयाफ़्त करने के लिए भी अपर्याप्त होता है।) इसके विपरीत उसके तमाम समकालीनों की साहित्य-यात्रा की कहानी दो-गुनी या इससे भी अधिक अवधि तक जारी रही है। आख़िर कोई तो बात है कि ख़ामोशी, बेदिली और अर्धविक्षिप्तता के लंबे अंतरालों से भरे उसके जीवन के 20-21 वर्ष उर्दू गल्प की परंपरा का सबसे प्रकाशमान, जीवंत और विवादास्पद अध्याय सिद्ध हुए।

मानवीय सतह पर, वह जीवन जो स्वयं मंटो के शब्दों में, "ज़िल्लत का एक सिलसिला" था, और वह साहित्यिक भूमिका जिसे धर्म, परंपरा, प्रगतिवाद, यहाँ तक कि हमारी न्याय-प्रणाली के प्रवक्ताओं ने भी एक अपराध-स्वरूप माना था, आज भी हमसे एक नए आदेश और नए निर्णय की माँग करते हैं।

मंटो की कथा को बार-बार व्यवस्थित करने, और नित-नए कोणों से मंटो का विश्लेषण करते रहने की परंपरा समाप्त होने में नहीं आती। एक व्यक्ति जिसकी ज़िंदगी खुली किताब जैसी थी, और एक साहित्यकार जिसके मानवीय सरोकार और सृजनात्मक अनुभव हर तरह की औपचारिकता, कृत्रिमता और भ्रामकता से मुक्त थे—तेज़ी से बदलती हुई दुनिया में उसका इस प्रकार चर्चा का विषय बने रहना स्पष्ट रूप से आश्चर्यजनक है। इससे भी अधिक आश्चर्य की बात यह है कि उस व्यक्ति के साधारण मानवीय जीवन और उसके साहित्यिक जीवन, दोनों की प्रासंगिकता अभी शेष है।

जिन साहित्यकारों ने मंटो के साथ लिखना आरंभ किया, और जो मंटो की मृत्यु के बाद

भी बरसों तक लिखते रहे, उनका ज़िक्र हम एक याद के तौर पर करते हैं, जैसे कोई भूली-बिसरी बात दुहरा रहे हों। मगर मंटो एक जीवित अनुभव के रूप में, एक जीती-जागती सच्चाई के रूप में, एक दहकते हुए सवाल की तरह आज भी हमारे साथ है, और हमसे हमकलाम है—ऐसा लगता है कि आनेवाले युगों का संवाद भी मंटो से इसी तरह जारी रहेगा।

मंटो को जीते-जी पतन-प्रेमी, करतबबाज़, अश्लील लिखनेवाला, प्रतिक्रियावादी—ग़रज़ कि कई अर्धराजनीतिक और असाहित्यिक उपाधियों से विभूषित किया गया। 'करतबबाज़ी' तो ख़ैर रचनात्मक अभिव्यक्ति और उद्घाटन के नए धरातल तलाश करनेवालों के लिए कभी-कभी कला का एक पारिभाषिक शब्द बन जाता है, और किसी-न-किसी सीमा तक उसका प्रयोग अपरिहार्य हो जाता है। मंटो ने भी कई कहानियों में शैली और वर्णन के करतब दिखाए हैं। यह ज़रूर है कि हर गंभीर और अपने कर्म का मर्म समझनेवाले साहित्यकार की तरह, मंटो की हर करतबबाज़ी उसके समग्र बोध और समझदारी की दासी बनी रही। मंटो के पतन-प्रेम, अश्लील लेखन और प्रतिक्रियावाद को समझने के लिए भी हमें मंटो के नीतिशास्त्र का विश्लेषण करना होगा।

मंटो का नीतिशास्त्र भरे-पूरे नैतिक मूल्यों और परंपराओं और शुभ की औपचारिक धारणा से न केवल कोई संबंध नहीं रहता, बल्कि उन मूल्यों, परंपराओं और धारणाओं का खंडन भी करता है। ऐसा न होता तो मंटो का हश्र अपने समकालीनों से भिन्न न होता। हम उसे एक विचार, एक अमूर्त धारणा, एक निर्धारित मूल्य के प्रतीक रूप में देखते और आगे बढ़ जाते।

इसमें शक नहीं कि मंटो के अनुभवों का संसार बहुत व्यापक नहीं था, और उसकी सृजनात्मक चेतना में, उसके मानसिक संबंधों और दृष्टिकोण में वह दार्शनिक गहराई भी न थी जिसका संकेत हम विश्व-साहित्य की विभूतियों की रचनाओं में पाते हैं। लेकिन अपनी सीमाओं के बावजूद मंटो के अनुभव डेटेड या देश-काल के किसी बँधे-टिके दायरे के क़ैदी नहीं हैं। सामाजिक, सांस्कृतिक, राजनीतिक और मानसिक इतिहास मंटो की कहानियों को एक पृष्ठभूमि या संदर्भ तो अवश्य प्रदान करता है, मगर यह इतिहास उसकी चेतना की ज़ंजीर नहीं बनता। मंटो जिस आसानी और सादगी के साथ अपने युग और अपने परिवेश के दायरे में क़दम रखता है, उसी सहज और स्वाभाविक ढंग से उस दायरे को पार भी कर जाता है। देश-काल के तर्क मंटो की मजबूरी नहीं बनने पाते। इसीलिए मंटो, व्यापकतर अध्ययन से लाभान्वित और देखने में चिंतन के श्रेष्ठतर साधनों से संपन्न बहुत-से वयस्क दिखनेवाले साहित्यकारों की अपेक्षा, जीवित रहने और अर्थपूर्ण बने रहने की कहीं अधिक शक्ति और क्षमता रखता है।

बड़े साहित्यकारों में अधिकांश इस कमज़ोरी का शिकार होते हैं कि सच्चाई को अधीन

बनाए बिना और सच्चाई पर अधिकार पाए बिना उनका काम नहीं चलता। वे या तो स्वयं अपने युग को रास्ता दिखाने में लग जाते हैं, या चुपचाप अपने युग के आदेशों को स्वीकार कर लेते हैं। मंटो इस फेर में पड़ा ही नहीं। उसकी सोच में न तो अनुचित उच्छृंखलता थी, न अनुचित विनम्रता। उसने न तो एक नई दुनिया के निर्माण का रोग पाला, न अपनी आसपास की दुनिया को इतनी ढील दी कि उसको अपने बनाए हुए साँचे में समेट ले। उसने अपने अनुभव में आनेवाली हर सच्चाई और आप अपने अस्तित्व की सच्चाई, दोनों को बचाए रखा।

मंटो ने ख़ुद कहा था :

> *"मैं तहज़ीबो-तमद्दुन की और सोसाइटी की चोली क्या उतारूँगा जो है ही नंगी। मैं उसे कपड़े पहनाने की कोशिश भी नहीं करता, इसलिए कि यह मेरा काम नहीं, दरज़ियों का है—लोग मुझे सियाहक़लम कहते हैं, लेकिन मैं तख़्ता-ए-सियाह पर काली चाक से नहीं लिखता, सफ़ेद चाक इस्तेमाल करता हूँ कि तख़्ता-ए-सियाह की सियाही और भी ज़्यादा नुमायाँ हो जाए।"*

यह रवैया एक ऐसे व्यक्ति का है जो जीवन को उसकी तमाम शर्तों के साथ स्वीकार करता है, उसके हिस्से-बख़रे नहीं करता; उस पर हुक्म नहीं लगाता, इसलिए कि उसे अपने अस्तित्व की सीमाओं का पहले से पता है। इसी के साथ-साथ वह हर क़ीमत पर अपने इरादे और इख़्तियार की आज़ादी को भी क़ायम रखना चाहता है। वह अपने-आपको किसी बाहरी शक्ति, किसी दृष्टिकोण, दर्शन या आस्था के दबाव, किसी मस्लहत या मक़सद के हवाले नहीं करता। यही वह सतह है जिस पर वह दूसरे तमाम लिखनेवालों से अलग दिखाई देता है, और सबसे आगे भी। यही कारण है कि अच्छी-बुरी धारणाओं, मूल्यों और मनुष्यों से अलग होकर देखें तो इस सतह पर वह साधारण से साधारण वस्तुओं को भी उसी सूरत में देखने और दिखाने के जतन करता है जैसी कि वे हैं। वह उन्हें समझने के लिए किसी ख़ास कोण, किसी ख़ास रंग की ऐनक से काम लेने का आदी नहीं है। इसीलिए अपने अस्तित्व की सच्चाई और अपने अस्तित्व से बाहर की दुनिया की सच्चाई का हर तत्व उसके यहाँ सुरक्षित रहता है।

यहाँ यह बात भी याद रखनी चाहिए कि सच्चाई घटना और कृत्य से हमेशा श्रेष्ठतर और व्यापकतर होती है। एक ही सच्चाई विभिन्न युगों में विभिन्न घटनाओं के माध्यम से अपने-आपको प्रकट करती है। घटनाओं और कृत्यों के ताने-बाने का परिवर्तन आवश्यक नहीं कि उनमें छिपी सच्चाई को भी परिवर्तित कर दे। मंटो की कहानियाँ समय के बदलते हुए संदर्भों में भी हम पर नए सिरे से स्पष्ट होती हैं, और हमसे माँग करती हैं कि देश और काल के नए तर्कों और मानवीय अनुभवों के नए प्ररिप्रेक्ष्य में उनके अर्थ फिर से निर्धारित किए जाएँ।

कहानीकार और आलोचक मुम्ताज़ शीरीं ने लिखा था :

"मंटो के अफ़सानों में कोई भी अस्पष्टता नहीं; न कोई भेद और इशारे हैं, न कोई पेचीदा गुत्थियाँ हैं कि उनको सुलझाने में दिक़्क़त महसूस हो, समय के साथ-साथ नई व्याख्याएँ और टीकाएँ हों और तह-दर-तह अर्थ निकाले जाएँ। ये साफ़, खुली, सीधी और स्पष्ट प्रकार की रचनाएँ हैं जिनका संदेश स्पष्ट है। मंटो में अभिव्यक्ति की तड़प थी। एक तीव्र आंतरिक लगन, एक आग में वह हमेशा तपता रहता था जो कलाकार के अमरत्व के लिए अत्यंत आवश्यक है।"

मंटो के व्यक्तित्व में छिपी हुई यह आग भी दरअस्ल उसी भयानक सच्चाई का एक रूप है जिसे मंटो ने अपने चारों ओर देखा था। बदी, बदसूरती और गंदगी के नमूने, गिरे हुए लोग, तवाइफ़ें, उनके ग्राहक और दल्लाल, उच्छृंखल मर्द और बुरी औरतें, अँधेरी गलियाँ और चकले—मंटो की तलाश का सफ़र इन रास्तों पर भी जारी रहा। कहते हैं कि अमृत-रस तक पहुँच की मंज़िल भी तो अँधेरों की वादी से गुज़रने के बाद ही सामने आती है।

परिशिष्ट
1

सौगंधी

सौगंधी तनहाई के दर्द के उस लम्हे में इनसानी रवाबित से महरूम[1] है। सिर्फ़ उसका ज़ेह्न उसके पास है जिससे वह अंदरूनी ख़ला[2] को पुर करने का काम लेती है। लेकिन ख़यालात, जिनका ताल्लुक़ इनसानों की दुनिया से और माज़ी[3] की यादों से होता है, उसका साथ नहीं देते। उस लम्हे में वह इनसानी ताल्लुक़ात की दुनिया से मावरा[4] हो जाती है। ज़मीन से आसमान तक अब कोई नहीं, सिवाय उसकी अपनी ज़ात[5] के जो तनहाई के कर्ब का सुलगता अँगारा है और उस ख़ारिशज़दा कुत्ते के जो उसी की तरह बेसहारा और तनहा है। उस लम्हे में जब वह इनसानी दुनिया से बहुत दूर चली गई है, इनसान और बहाइम[6] का फ़र्क़ मिट गया। वह कुत्ते को पहलू[7] में लिटाकर सो जाती है। कोई आदमी उसके लिए कुछ नहीं कर सकता, क्योंकि कोई आदमी वहाँ है ही नहीं। सौगंधी की ज़िंदगी में भी नहीं और ज़ेह्न में भी नहीं। उसका मामला[8] अब बराहेरास्त[9] कायनात की अनदेखी ताक़त से है।

अगर ख़ुदा नहीं तो सौगंधी के दुख का हिसाब रखनेवाला भी कोई नहीं, सिवाय मंटो के जिसने उस पर अफ़साना लिखकर अपना इनसानी क़र्ज़ चुकाया।

वारिस अ़लवी : 'शऊर : चार'

इनसानी रवाबित टूटने के बाद, ज़ात के गिर्द कराँ-ता-कराँ[10] फैले हुए ख़ला की कहानी का सिरा, मंटो ने उस लम्हे की दहलीज़ पर सौगंधी के ख़ारिशज़दा कुत्ते के हवाले कर दिया है कि अब उसी की वसातत[11] से उन तमाम किरदारों[12] की मानवीयत[13] का तअ़य्युन[14] होता है जिन्हें सौगंधी के ख़ुदा ने कुत्तों की जगह इनसानों की जून[15] में पैदा किया था।

शमीम हनफ़ी : 'शऊर : चार'

उर्दू अफ़साने में एक फ़नकार सआ़दत हसन मंटो था। था और है। प्रेमचंद से भी अलग और राजिंदर सिंह बेदी से भी अलग। अलग, मगर अकेला नहीं। सबके साथ और सबसे अलग। यही ख़ूबी उसकी फ़र्दियत[16] की ज़मानत है।

फ़न्नी इज़हार[17] के दायरे में, फ़र्दियत की सबसे पहली शर्त ज़िंदगी का सच्चा तजरबा है. और माज़ी के तअ़स्सुबात[18] से, ख़्वाह[19] वो माद्दी[20] हों या अख़लाक़ी[21] और रूहानी[22] लड़ने और उनको तार-तार और मिसमार करने की सलाहियत[23]।

यह शर्त जिस तरह मंटो ने पूरी की, और किसी ने नहीं की।

मंटो का क़लम रूमान से पाक था। उसकी रूमानकुशी[24] उसके फ़न को ज़िंदगी की तरह अमिट और सच्चा बनाती है। उसके क़लम का सबसे बड़ा रूमान ज़िंदगी की सच्चाई है जिसका माज़ी भी होता है, हाल[25] भी और मुस्तक़बिल[26] भी।

झूठ का सिर्फ़ माज़ी होता है, या सिर्फ़ माज़ी और हाल। झूठ का कोई मुस्तक़बिल नहीं होता।

कल भी मंटो के फ़न का मुस्तक़बिल था, जो हमारा आज है। आज भी मंटो के फ़न का मुस्तक़बिल है, जो हमारा कल होगा।

सौगंधी!

मंटो ने कभी अपने किरदारों पर अपने को मुसल्लत[27] नहीं किया। न उनकी ज़िंदगी पर अपनी ज़िंदगी थोपी। वह अपने किरदारों के हक़्क़े-ख़ुदइख़्तियारी[28] का सबसे बड़ा पासबान[29] था।

ग़ुलाम ज़िंदगी के आज़ाद तजरबों को फ़न्नी ज़मीर का नक़ीब[30] बनानेवाला यह फ़नकार, अपने किरदारों की तरह, सितमरसीदा[31] है क्योंकि वह भी उस ज़माने में रहता है जिस ज़माने में उसके किरदार रहते हैं। दोनों एक-दूसरे से बेनियाज़[32] नहीं, दोनों एक साथ जीते हैं और एक साथ मरते हैं।

हतक!

जब पूरा समाज क़हबाख़ाना[33] बन गया हो तो एक क़हबाख़ाने का लाज़वाल[34] अफ़साना उन तमाम क़हबाख़ानों को नंगा कर देता है जिनके नाम अलग-अलग हैं।

बलराज मेनरा, शरद दत्त : एडिटोरियल, 'शऊर : चार'

मुंदरिजे-बाला तीन इक़्तिबासात 'शऊर : चार' से लिए गए हैं।

'शऊर' एक हद दर्जा 'मामूली' अदबी परचा है जो कभी-कभार छपता है।

हर समाजी क़द्र की प्रास्टीट्यूशन के इस दौर में 'शऊर' की ज़िंदगी किसी ज़मानत की मुहताज नहीं। अक़ल्लीयतपरस्ती[35] के मजबूर चक्कर में, उर्दू अकादमियों के नाम पर

करोड़ों रुपए फ़ुज़ूल तौर पर सर्फ़ करनेवाली हमारी सूबाई सरकारों ने 'शऊर' का नाम भी न सुना होगा। उसी 'ग़ैरमारूफ़[36] शऊर' का चौथा शुमारा[37], जो सन् अस्सी में छपा, सौगंधी के लिए वक़्फ़[38] था।

उस शुमारे में, सौगंधी के लिए शायरों की मुहब्बत एक अजीब ख़ुशगवार इत्तिफ़ाक़ के रूप में ज़ाहिर हुई।

लीडरों के जीवन पर या लीडरों की याद में लिखी गई कविताएँ तो पाठकों ने ज़रूर सुनी होंगी या पढ़ी होंगी। आज, अब, एक रंडी की याद में लिखी गई कविताएँ पढ़िए।

बलराज कोमल

सौगंधी

मेरे मुक़द्दर की बदरंग दीवारों पर
अनगिनत
मकरूह चेहरे
आवेज़ाँ हैं
सर पर छत है या दरीदा आसमान?
रौज़नों से
मेरी क़ौसों और ज़ावियों पर
दूध से छलकती हुई छातियों पर
थूक, लुआब, बदबूदार शराब
ज़हर आमेज़, बंजर क़तरा-ए-तौलीद
बदकार साँसों, और मनहनी सिक्कों
की मुतअफ़्फ़िन, मुसलसल
बारिश होती है
मैं जूए मसमूम में बहती हुई
बर्ग-ओ-गुल के नर्म-ओ-नाज़ुक, दिल आवेज़
ख़्वाब देखती हूँ
काबूस
कारवाँ दर कारवाँ
उमँडते हुए
मेरे लहू में उतर जाते हैं—
माँ, मेरी ख़ालिक़, तू कहाँ है?
माँ, मेरी ख़ालिक़, तू कहाँ है?
मेरी कोख में

एक नौदमीदा फूल था
जो ख़ंजरों की यलग़ार में
ख़ामोश तो हो गया
लेकिन ख़याले-मौसमे-गुल से
जब सरसब्ज़ हो जाता है
तो सूरज के बराबर
एक अंगारा
मेरे वुजूद की गहराइयों में
सुलग उठता है।

आज मैंने रस्मे-पैरहन की ज़ंजीर भी तोड़ दी
आज मैं मादरज़ाद बरहना हो गई
अजनबी मन्दिरों में मेरे चीथड़े
बेदस्तो-पा बादबानों की तरह बहते हैं
आज मैं मुक़द्दर की दीवारों पर आवेज़ाँ
तमाम ग़लीज़ चेहरों को
मजरूह उँगलियों से नोचती हूँ
और ख़ाके-रहगुज़र में
रौंदते क़दमों तले
बखेरती हूँ···

रात का आख़िरी पहर क़रीब है
मंज़रे-आफ़ताब, मैंने बरसों
सिर्फ़ ख़्वाब में देखा है
मेरे सगे मतरूक, मेरे हमदम, मेरे मुहाफ़िज़ !
मेरे हिस्से का लम्हा-ए-सरशार
शायद मेरी हर धड़कन से, हर साँस से चटख़ जाता है
लेकिन तू···मौजे-बेअमाँ का हमसफ़र
मेरी ख़ून आलूदा धज्जियों के एहतिराम में
दफ़अतन तुलू होता है

तेरे जरासीमी लम्स के एजाज़ से
आज थकी हारी माँ की आँख लग गई
लोरी तो मुझे सुनानी थी
तेरी नींद परी को बुलाने के लिए
तेरे ज़ख़्मों पर मरहम रखने के लिए
आज तूने माँ का ख़ालीपन
उसकी अथाह वामांदगी

अपने मुज़महिल जिस्म में क्यों समेट ली
मैं जन्मों के सिलसिलों से
गुज़र गई
शबे-गिराँ की इंतिहा तक
सँवर गई !!

●

शह्रयार

सौगंधी

बदी भरी यह बोरियाँ
न जाने कौन मोड़ तक
हमारे साथ जाएँगी
सफ़ेद चादरों में किसने रात को छपा लिया
हमारी ज़िल्लतों से किसने अपने उज़्व-उज़्व को सजा लिया
—कि आज नाफ़ के क़रीब ख़्वाहिशों की भीड़ है—
इधर वह गुंबदों की गूँज
जंगलों को जाने वाले रास्ते
पलट पड़े

तेरी गली में हर तरफ़ से आ रहे हैं भेड़िये
किवाड़ खोल, देख कैसा जश्न है
हवा भरा वह चाँद
सात इंच नीचे आ गया
ग़िज़ा मिलेगी च्यूँटियों को तेरा काम हो गया
हमारे नाख़ुनों के मैल से
तेरे बदन के घाव भर गए।
यह हादिसा भी हो गया—
मगर कहाँ से बीच में यह आसमान आ गया।

●

कुमार पाशी

सौगंधी

इक मौसम मेरे दिल के अंदर
इक मौसम मेरे बाहर
इक रस्ता मेरे पीछे भागे

इक रस्ता मेरे आगे
बीच में चुप-चुप खड़ी हूँ, जैसे
बूझी हुई बुझारत
किसको दोष दूँ : जाने मुझको
किसने किया अकारत

आइना देखूँ, बाल सँवारूँ, लब पर हँसी सजाऊँ
गला सड़ा वही गोश्त कि जिस पर
सादे रंग चढ़ाऊँ
जाने कितनी बर्फ़ पिघल गई—बह गया कितना पानी
किस नदिया में ढूँढूँ बचपन
किस दरिया में जवानी

रात आए : मेरी हड्डियाँ जागें
दिन जागे : मैं सोऊँ
अपने उजाड़ बदन से लगकर
कभी हँसूँ, कभी रोऊँ
एक भयानक सपना : आग में लिपटी, जलती जाऊँ
चोली में उड़से सिक्कों के संग पिघलती जाऊँ

इक मौसम मेरे दिल के अंदर
इक मौसम मेरे बाहर
इक रस्ता मेरे पीछे भागे
इक रस्ता मेरे आगे
रस्ते बीच मैं खड़ी अकेली
पिया न संग सहेली
क्या जाने मुझ जनम जली ने
क्या अपराध किया है
आख़िर क्यों दुनिया का मैंने सारा ज़हर पिया है
सारी उम्र न जाने अपने बदन में किसे जिया है
मेरे साथ ज़माने
तूने अच्छा नहीं किया है !

दूर खड़े मेरे आँगन द्वारे
पल पल पास बुलाएँ
कहो हवाओं से अब—उनको दूर
बहुत ही दूर कहीं ले जाएँ
झूट की यह चारों दीवारें

झूट की फ़र्श और छत है
झूट का बिस्तर, झूट के साथी
झूट की हर संगत है
झूट बिछाऊँ, झूट लपेटूँ
झूट उतारूँ, पहनूँ
झूट पहनकर जिस्म के वीराने में दौड़ती जाऊँ
सच की तितली बोल कहाँ है
कब से तुझे बुलाऊँ
एक लंबी, तारीक सड़क पर कब तक चलती जाऊँ
क्यों नहीं ज़ेहन की दीवारों से टकराऊँ, मर जाऊँ

शमा सरीखी पिघल रही हूँ
ओझल कभी उजागर
इक मंज़र मेरे दिल के अंदर
इक मंज़र मेरे बाहर
मुझको ढूँढने कौन आए अब इन तनहा राहों पर
बोटी-बोटी बट गई मेरी रौशन चौराहों पर

अब गहरे सन्नाटे में किसको आवाज़ लगाऊँ
कौन आएगा मदद को मेरी
क्या चीखूँ, चिल्लाऊँ...
अपने गोश्त की मैली चादर
ओढ़ के चुप सो जाऊँ
और अचानक नींदों की दलदल में गुम हो जाऊँ
किसी के हाथ न आऊँ
ख़ुद को मैं ख़ुद ढूँढने निकलूँ
लेकिन कहीं न पाऊँ...

●

सरमद सहबाई

सौगंधी

वह घर बसाने की ख़्वाहिश में
अपने बदन की मुसीबत में निकली
घरों की तरफ़ लौटते रास्तों पर
हवाओं में साज़िश का मौसम था
अनजान चेहरों के जंगल में

पेड़ों प साँपों के फन लहलहाते थे
लेकिन वह अपनी जवानी के सपने में भटकी
बड़ी देर तक ज़र्द पत्ते की सूरत
दिलासों के शानों प उड़ती रही
नीम तारीक गलियों में साँस की लौ
टिमटिमाती रही

उसकी आँखों में सब ख़्वाब पथरा गए
उसके सीने पं महताब गहना गए
अब वह ख़्वाहिश के आसेब को थाम कर
रात दिन के पुलों से गुज़रती है
उजड़े घरों के मुसाफ़िर को
अपनी कहानी सुनाती है
और सुबह होने से पहले
उसे भूल जाती है

●

नादान

सौगंधी

एक बे-चेहरा
सेठ के मुँह से
निकले हुए
एक लफ़्ज़ ने ढाई
सौगंधी के दिल प क़यामत
और वह ग़ैरत कूए-मलामत...
चीख़-सी उठी
और तग़ाफ़ुल की दीवारों से सर फोड़ के वापस लौटी...

माधो...
जो ख़्वाब दिखाकर
जाने कब-से
लूट रहा था :
उस मजबूर के तन की रौनक़,
मन की ख़ुशबू...
और ख़िराज भी लेता था जो
ज़ख़्मिस्तान की इस देवी से...

तेरी ज़रूरत
मेरी ज़रूरत से अफ़ज़ल है···
जो कुछ मेरे पास है ले जा
और अपने दुख मुझको दे जा

दूर कहीं फिर
सेठ के मुँह से
निकला हुआ वह लफ़्ज़ी तीर हवा में चमका
खोली में बिजली-सी कड़की,
सौगंधी माधो पर बरसी :
कौन हो तुम···
फिर खोली में सजी हुई तसवीरें एक-एक करके टूटीं
माधो की तस्वीर भी टूटी—
भाग यहाँ से वरना···
सौगंधी की बुलंद आवाज़ फ़ज़ा में गूँजी
और उसका ख़ारिशज़दा कुत्ता
जो सूखे हुए चप्पलों पर सिर रख के सबकुछ देख रहा था
माधो की जानिब मुँह करके
ज़ोर से भौंका—
फिर बूढ़े बरगद की दाढ़ी की सूरत वह मूज़ी काँपा,
गिरी हुई टोपी को उठाने के लिए लपका—
···कि रहने दे यह ताज यहीं···
सौगंधी चीख़ी।

अंदर के मौसम के बदलते ही बाहर का मौसम बदला—
सौगंधी ने
अपने दैरीना साथी को
प्यार भरी नज़रों से देखा
और बहुत याद आया उसको
पांडव-पुत्र युधिष्ठिर का लाफ़ानी कुत्ता।

दूर कहीं
सच्चाई के सूरज ने अपनी आँखें खोलीं—
टूट गया पाखंड का जादू
गुंग हुए माधो के तक़ाज़े,
जम गए सेठ की कार के पहिए···

•

मुहम्मद अलवी

ख़ारिशज़दा कुत्ता

कुत्ते ने आँखें खोलीं—
—लंबी ज़ुबान से
सारे दिन को प्यार किया,
इक-इक ज़ख़्म शुमार किया!
कान मरोड़े,
दुम फटकारी,
करवट बदली
और पहलू में
एक बेहाल-सी औरत को
सोते देखा!
इधर उधर से सूँघा
—फिर सूँघा—
फिर टाँग उठाई
और मूता—
फिर खाट से कूदा
और खोली से भाग गया!!

●

आज से चौदह साल पहले मैंने और मंटो ने मिलकर एक फ़िल्मी कहानी लिखी थी: 'बंजारा'। मंटो ने आज तक किसी दूसरे अदीब के साथ मिल के कोई कहानी नहीं लिखी है, न उससे पहले न उसके बाद।

वह दिन बड़ी सख़्त सर्दियों के दिन थे—मेरा सूट फटा हुआ था और मंटो का सूट भी फटा हुआ था।

मंटो मेरे पास आया और बोला : "ए कृश्न, नया सूट चाहता है?"

मैंने कहा : "हाँ।"

"तो चल मेरे साथ।"

"कहाँ?"

"बस ज़्यादा बकवास न कर, चल मेरे साथ।"

हम लोग एक डिस्ट्रीब्यूटर के हाँ गए। मैं वहाँ अगर कुछ कहता तो वाक़ई बकवास होता। इसलिए मैं ख़ामोश रहा—वह डिस्ट्रीब्यूटर फ़िल्म प्रोडक्शन के मैदान में आना

चाहता था। मंटो ने पंद्रह बीस मिनट की गुफ़्तगू में उसे कहानी बेच दी और उससे पाँच सौ रुपए नक़्द ले लिए। बाहर आके उसने ढाई सौ रुपए मुझे दिए और ढाई सौ ख़ुद रख लिए। फिर हम लोगों ने अपने-अपने सूट के लिए बढ़िया कपड़ा ख़रीदा और अब्दुल ग़नी टेलर मास्टर की दुकान पर गए और उसे सूट जल्दी तैयार करने के लिए ताकीद की··· फिर सूट तैयार हो गए। पहन भी लिए गए। मगर सूट का कपड़ा दर्ज़ी को देने और सूट सिलने के दौरान में जो वक़्फ़ा आया, उसमें हम बाक़ी रुपए घोलकर पी गए, चुनाँचे अब्दुल ग़नी का उधार रहा। उसने हमें सूट पहनने के लिए दे दिए मगर कई माह तक हम लोग उसका उधार न चुका सके।

एक दिन मंटो और मैं कशमीरी गेट से गुज़र रहे थे कि मास्टर अब्दुल ग़नी ने हमें पकड़ लिया··· मैंने सोचा : 'आज साफ़-साफ़ बेइज़्ज़ती होगी।'

मास्टर अब्दुल ग़नी ने मंटो का गिरेबान पकड़कर कहा : "वह 'हतक' तुमने लिखी है ?"

मंटो ने कहा : "लिखी है तो क्या हुआ··· ? अगर तुमसे सूट उधार सिलवाया है तो इसका यह मतलब नहीं कि तुम मेरी कहानी के अच्छे नाक़िद भी हो सकते हो··· मेरा गिरेबान छोड़ो।"

अब्दुल ग़नी के चेहरे पर एक अजीब-सी मुस्कराहट आई। उसने मंटो का गिरेबान छोड़ दिया और उसकी तरफ़ अजीब नज़रों से देखकर कहने लगा : "जा तेरे उधार के पैसे माफ़ किए।" और पलटकर चला गया।

चंद लम्हों के लिए मंटो बिलकुल ख़ामोश रहा। वह उस तारीफ़ से बिलकुल ख़ुश नहीं हुआ। वह बड़ा रंजीदा और मलूल और ख़फ़ा-ख़फ़ा-सा नज़र आने लगा : "साला क्या समझता है ? मुझे हिरासाँ करता है··· मैं उसकी पाई-पाई चुका दूँगा··· साला समझता है, 'हतक' मेरी अच्छी कहानी है। 'हतक' ? 'हतक' तो मेरी सबसे बुरी कहानी है··· ।"

कृश्न चन्दर : जनवरी, 1955

●

मनों मिट्टी के नीचे पहुँचते ही मंटो ने फिर सोचा कि वह बड़ा अफ़सानानिगार है या ख़ुदा।

ख़ुदा ने मंटो के कंधे पर हाथ रखते हुए कहा : "वह टोबा टेकसिंह, तुमने लिखा है ?"

मंटो ने कहा : "लिखा है तो क्या हुआ··· ? अगर तुमसे बयालीस बरस, आठ महीने और सात दिन उधार लिए हैं तो इसका यह मतलब नहीं कि तुम मेरी कहानी के अच्छे नाक़िद भी हो सकते हो··· हटाओ अपना यह हाथ।"

ख़ुदा के चेहरे पर एक अजीब-सी मुस्कराहट आई। उसने मंटो के कंधे पर से अपना हाथ हटा लिया और उसकी तरफ़ अजीब-सी नज़रों से देखकर कहने लगा : "जा तेरे सब गुनाह माफ़ किए।" और पलटकर चला गया।

चंद लम्हों के लिए मंटो बिलकुल ख़ामोश रहा। वह उस तारीफ़ से बिलकुल ख़ुश न

हुआ। वह बड़ा रंजीदा और मलूल और ख़फ़ा-ख़फ़ा-सा नज़र आने लगा : ''साला क्या समझता है? मुझे हिरासाँ करता है··· उसने मुझे सिर्फ़ बयालीस बरस, आठ महीने और सात दिन उधार दिए थे, मैंने तो सौगंधी को सदियाँ दी हैं··· !''

देवेंद्र सत्यार्थी : 18 जनवरी, 1961

---

1. मानव-संबंधों से वंचित; 2. शून्य, अंतरिक्ष; 3. अतीत; 4. परे; 5. अस्तित्व; 6. भ्राँतियाँ; 7. बगल; 8. सरोकार; 9. प्रत्यक्षतः; 10. क्षितिज से क्षितिज तक; 11. मध्यस्थता; 12. पात्रों; 13. अर्थपूर्णता; 14. निर्धारण; 15. योनि; 16. विशिष्टता; 17. अभिव्यक्ति; 18. पूर्वाग्रहों; 19. चाहे; 20. भौतिक; 21. नैतिक; 22. आध्यात्मिक ; 23. क्षमता; 24. रोमांस की हत्या; 25. वर्तमान; 26. भविष्य; 27. हावी; 28. आत्मनिर्णय का अधिकार; 29. रक्षक; 30. उद्घोषक; 31. अत्याचार से पीड़ित; 32. असंबद्ध; 33. वेश्यालय; 34. अमर; 35. अल्पसंख्यकवाद; 36. अपरिचित, अप्रसिद्ध; 37. अंक; 38. आरक्षित।

परिशिष्ट
2

तरक़्क़ीपसंद और नए देवता

25 जनवरी 1984 : चार बजे शाम।

लिंकिग रोड, बंबई।

अनवर सज्जाद ने कहा : 'बेदी साहब, मुझे कृशनचंदर की ग़ैर-मौजूदगी दुख दे रही है।'

राजिदर सिह बेदी ख़ामोश रहे। वह शदीद[1] तौर पर अ़लील[2] हैं।

मैंने कहा : 'अनवर सज्जाद, तुम बरसों पहले मंटो से मिले थे और अब बरसों बाद बेदी साहिब से मिल रहे हो···तुम्हें दुख है कि तुमने कृशनचंदर को नहीं देखा है और बंबई में तुम्हारा यह एहसास शदीद हो गया है···!'

बरसों पहले लाहौर पहुँचने पर मुझे शदीद तौर पर महसूस हुआ था कि मंटो शहर में नहीं है···दुनिया में नहीं है। अनवर सज्जाद ने मटो और बेदी साहिब को देखा है, कृशनचंदर को नहीं।

मैंने बेदी साहिब और कृशनचंदर को देखा है, मंटो को नहीं।

और हम दोनों ने देवेंदर सत्यार्थी के देखा है।

अब निस्फ़[3] सदी की बेपनाह आवारगी के बाद हमें देवेंदर सत्यार्थी थके-थके-से नज़र आते हैं।

बलराज मेनरा

कभी-कभी यूँ होता है कि आप घर से बाहर निकलते हैं और सत्यार्थी आपको गली के नुक्कड़ पर नज़र आ जाता है। आप लंच के लिए दफ़्तर से कैंटीन की जानिब[4] बढ़ते हैं और सत्यार्थी आपको साइकिल स्टैंड के क़रीब दिखाई देता है। आप शाम को काफ़ी हाउस पहुँचते हैं और सत्यार्थी आपको किसी काउंटर के पास खड़ा हुआ मिलता है। आप बहुत रात गए घर का रास्ता पकड़ते हैं और सत्यार्थी आपको किसी बंद दुकान के चबूतरे पर बैठा हुआ नज़र आता है। और फिर यूँ होता है कि आप लिहाफ़ में घुसते हैं तो महसूस करते हैं कि सत्यार्थी आपके बिस्तर में मौजूद है।

और कभी यूँ भी होता है कि सत्यार्थी ढूँढने पर भी नज़र नहीं आता। महीनों नज़र नहीं आता। कोई नहीं कह सकता कि शहर में है या शहर में नहीं है। शहर में नहीं है तो कहाँ है। और कि है भी, कि नहीं है। नहीं है तो फिर क्यों है···!

सत्यार्थी को पाना जितना आसान है, उतना ही मुश्किल है।

लोग कहते हैं कि उर्दू कहानी के क़ारी[5] ने सत्यार्थी को आसानी से पाया है।

मैं समझता हूँ कि उर्दू कहानी के क़ारी ने सत्यार्थी को अब तक नहीं पाया है। उसने बस एक लचर, घिसी-पिटी कहानी को पाया है जो सत्यार्थी को पहना दी गई है। ऐसी ही एक कहानी सन् साठ को मैंने भी सत्यार्थी को पहनाई थी और सत्यार्थी है कि इक बेपनाह बेनियाज़ी[6] से अब तक इस लचर, घिसी-पिटी कहानी को पहने हुए है···

बलराज मेनरा : 5 सितंबर, 1965

'फ़्राड' मुझे पहली बार मंटो ने कहा था, मगर बड़ी मुहब्बत से···

उस ज़माने में जुम्ले चल जाया करते थे। मंटो का जुम्ला चल गया··· मैं मंटो को हमेशा प्यार करता रहा हूँ, और अब भी मंटो मुझे बहुत याद आता है···

'नया क़ानून' और 'टोबा टेकसिंह'—ये अफ़साने एक बड़े अदीब के बड़े सफ़र की कहानी हैं, और इब्तिदा और इंतिहा···

काश, मैं *ख़ुशिया* होता!

'ग्रहण' अफ़साने में जो लोकगीत शामिल है, वह मैंने बेदी को दिया था···
बेदी को डाकख़ाने की नौकरी छोड़ने पर मैंने मजबूर किया था···
बेदी की अज़्मत[7] में कुछ थोड़ा-बहुत मेरा भी हाथ है!

देवेंदर सत्यार्थी : 29 अगस्त, 1965

'नए देवता', 'तरक़्क़ीपसंद' का रद्दे-अमल[8] नहीं थी··· आप मानें या न मानें, यह मैं आप पर छोड़ता हूँ··· 'तरक़्क़ीपसंद' में जो कहानी दर्ज है, वह बेदी ने मंटो को बताई थी··· 'नए देवता' लिखने के बाद मैंने बेदी को सुनाई थी। वह चुप रहा था··· उन दिनों मुहम्मददीन तासीर बीमार थे और घर पर पड़े रहते थे। मैं उन्हें 'नए देवता' सुना रहा था कि फ़ैज़ आ गए। उन्होंने भी कहानी सुनी और 'अदबे-लतीफ़' के सालनामे[9] के लिए रख ली··· हुआ यूँ था कि मैं बाबा प्यारेलाल बेदी (फ़िल्मस्टार कबीर बेदी के वालिद) के हाँ ठहरा हुआ था। राजिंदर सिंह बेदी से पहली मुलाक़ात हुई तो उसने मुझे अपने हाँ ठहरने की दावत दी··· अब कहते हुए अच्छा नहीं लगता, लेकिन सच यह है कि उन दिनों, ये तमाम लोग, जी हाँ ये तमाम लोग मेरे नाम से मरऊब[10] थे··· बेदी बहुत कमज़ोर आदमी था, यक़ीन जानिए, बेदी बहुत कमज़ोर आदमी था। हँसता तक न था। और मुझे मज़हबी आदमी समझता था··· मेरी यह हालत थी कि मैं बात करते-करते भटक जाता और कहीं का कहीं पहुँच जाता··· इस धरती के मौसम, इस धरती के रंग, इस धरती की ख़ुशबू, इस धरती पर बसनेवाले··· मेरे इर्द-गिर्द कहानियों का बस एक जाल-सा फैला हुआ था। मेरी हर बात पर बेदी कहता : 'यह तो कहानी है···!' और मैं कहानी लिख डालता··· उन दिनों मैंने बहुत-सी कहानियाँ

लिखीं और बेदी को सुनाईं...

देवेंदर सत्यार्थी : 29 जनवरी, 1984

देवेंदर सत्यार्थी हमारे बुज़ुर्ग दोस्त हैं। उनकी बात पर शक करना मुझे दुख देता है। मैं उनकी बात मान लेता हूँ कि 'नए देवता', 'तरक्क़ीपसंद' का रद्दे-अमल नहीं थी, और कि मंटो ही की तरह उन्होंने भी अपने क़रीब से ख़ाम मवाद[11] चुना था और कहानी लिखी थी। अब इसका क्या किया जाए कि 'नए देवता', उपेंद्रनाथ अश्क के स्कैंडलनुमा मज़मून 'मंटो : मेरा दुश्मन' की तरह एक *मंसूबाबंद*[12] तहरीर नज़र आती है। और हर मंसूबाबंद तहरीर कमज़ोर होती है।

बलराज मेनरा : 3 मार्च, 1984

हक़ीक़त और फ़िक्शन : चंद अहम तफ़सीलात।

एक—कहानी 'तरक्क़ीपसंद' 1941 में 'साक़ी' देहली में छपी। एडीटर : शाहिद अहमद देहलवी।

दो—कहानी 'नए देवता' 1942 में 'अदबे-लतीफ़', लाहौर में छपी। एडीटर्स : फ़ैज़ अहमद फ़ैज़, मुहम्मददीन तासीर।

तीन—नाम : देव इंदर बत्ता

क़लमी नाम : देवेंदर सत्यार्थी

'तरक्क़ीपसंद' में, बहैसियत किरदार, नाम : हरेंद्रनाथ त्रिपाठी

'तरक्क़ीपसंद' में, बहैसियत किरदार राजिंदर सिंह बेदी का नाम : जोगिंदर सिंह

चार—'नए देवता' में, बहैसियत किरदार, सआदत हसन मंटो का नाम : नफ़ासत हसन

'नए देवता' में, बहैसियत किरदार, चराग़ हसन हसरत का नाम : मौलाना नूर हसन आरज़ू

पाँच—मौलाना चराग़ हसन हसरत शायर और अख़बारनवीस थे और मंटो के बुज़ुर्ग दोस्त। मंटो ने ख़ाकों[13] पर मुश्तमिल[14] अपनी दूसरी किताब 'लाउडस्पीकर' का इंतिसाब[15] 'चराग़ हसन हसरत के नाम' किया है।

'तरक्क़ीपसंद' और 'नए देवता' के सिलसिलों और झमेलों के बाद अब 'दस्तावेज़' पढ़नेवालों का हक़ बनता है कि वो देवेंदर सत्यार्थी की 'जवाबी कार्रवाई' पूरी तवज्जह से पढ़ें...।

---

1. गंभीर, तीव्र; 2. बीमार; 3. आधी; 4. तरफ़; 5. पाठक; 6. बेपरवाही; 7. महानता; 8. प्रतिक्रिया; 9. वार्षिकांक. 10. रोब में आए हुए; 11. कच्ची विषयवस्तु; 12. योजनाबद्ध; 13. रेखाचित्रों; 14. सम्मिलित; 15. समर्पण।

नए देवता

देवेंद्र सत्यार्थी

गाजर के गर्म हलवे की ख़ुशबू से सारा कमरा महक उठा था—और अगर किसी दावत की सबसे बड़ी ख़ूबी यही है कि हर खाना निहायत सलीक़े से तैयार किया जाए और मामूली-मामूली चीज़ में भी एक नया ही जाइक़ा पैदा कर दिया जाए तो बिला शुब्ह दिल्ली की वह दावत मुझे हमेशा याद रहेगी ।

इतनी भी क्या ख़ुशी है—मैं सोच रहा था : इतना तो नफ़ासत हसन पहले भी कमा लेता होगा । डेढ़ सौ रुपए के लिए उसने अपनी आज़ादी बेच दी और अब ख़ुश हो रहा है । वह तो शुरू ही से बाग़ियाना तबीयत का आदमी मशहूर है । उसके अफ़साने तरक़्क़ीपसंद अदब में नुमाया[1] जगह पाते रहे हैं । फिर यह नौकरी उसने कैसे कर ली ··· ग़रीबों पर ज़ुल्म ढाए जाते हैं, ज़िंदगी की हतक की जाती है, सरमायादाराना निज़ाम मकड़ी की तरह बराबर अपना जाला बुनता रहता है और ग़रीब किसान-मज़दूर आप-से-आप उस जाले में फँसते चले जाते हैं ··· इन ख़यालात का मालिक आज ख़ुद मक्खी की तरह इस जाले में फँस गया और इस ख़ुशी में यारों-दोस्तों को दावत दे रहा है—मगर मैंने अपने ख़यालात का असर अपने चेहरे पर ज़ाहिर न होने दिया ।

दावत में कई अदीब शरीक थे—मैं सोचने लगा : हिंदुस्तान की आज़ादी के मुताल्लिक़ इन हैट पहननेवाले अदीबों से ज़्यादा मदद की उम्मीद न रखनी चाहिए और ब्राउनिंग का यह ख़याल कि "चंद चाँदी के सिक्कों के एवज़ वह हमें छोड़ गया" मेरे ज़ेहन में फैलता चला गया । इन रजअतपसंदों को यह गुमान कैसे हो गया कि वह तरक़्क़ीपसंद अदब का चर्चा करके सुननेवालों की आँखों में धुआँ डाल सकते हैं । कहाँ तरक़्क़ी और आज़ादी का हक़ीक़ी नस्बुलऐन[2] और कहाँ यह चाँदी की ग़ुलामी—नफ़ासत हसन के गोरे चेहरे पर हँसी नाच रही थी । सच पूछिए तो वह हँसी मुझे बड़ी भयानक लग रही थी ।

गाजर का हलवा सचमुच था बहुत लजीज और मेरे ख़यालात पर हावी हो रहा था—मक़नातीस इतना क़रीब हो और लोहचून के जर्रे खिंचे न चले आएँ, यह कैसे हो सकता है; मतलब यह कि अगर यह गाजर का हलवा न होता तो मैंने नफासत हसन को और ज़्यादा तनक़ीदी[3] ज़ाविए से देखा होता ।

बहुतों के नामों से मैं नाआश्ना था। यह और बात है कि कई चेहरे मेरे लिए नए न थे। ख़ास नाआश्ना चेहरों में मौलाना नूर हसन आरज़ू को तो इससे पहले मैंने कभी फ़ोटो में भी न देखा था—उनकी आवाज़ मुझे बहुत प्यारी लगी। बहुत जल्द मैंने उनकी फ़साहत[4] का लोहा मान लिया। यह महसूस होते भी देर न लगी कि उन्हें ऐसी-ऐसी दलीलों पर उबूर[5] हासिल है कि मौक़ा पड़ने पर वह अपने हरीफ़[6] को घास के तिनके की तरह अपनी राह से उड़ा सकते हैं। उम्र में वह कोई बूढ़े न थे, अधेड़ ही थे और नए ज़माने से बस इतना ही रिश्ता रखते थे कि सरकारी नौकरी की वजह से उन्होंने पाजामे और शेरवानी को ख़ैरबाद कहकर अंग्रेज़ी वज़्अ का सूट पहनना शुरू कर दिया था।

बर्फ़ में लगी गंडेरियों के ढेर पर सब अदीब दोस्त बढ़-बढ़कर हाथ मार रहे थे। जूँही गंडेरियों का गुलाब में बसा हुआ रस हलक़ के नीचे उतरता, मौलाना आरज़ू की आँखों में एक नई-सी चमक आ जाती।

अब जो मैंने ध्यान दिया और ग़ौर से सुना तो पता चला, नफ़ासत हसन कह रहा था : "यह गंडेरियाँ ख़ासतौर पर मौलाना के लिए मँगवाई गई हैं।"

"ख़ूब··· !" मौलाना बोले : "और गाजर का हलवा भी शायद मेरे ही लिए बनवाया गया है···?"

"जी हाँ !" नफ़ासत हसन की बेबाक निगाहें मौलाना की शोख़ आँखों में गड़कर रह गईं।

कुछ लोगों का ख़याल था कि उसे अपने महकमे में नौकरी दिलाने में मौलाना का बहुत हाथ था, मगर नफ़ासत हसन ऐसा आदमी न था कि एहसानमंदी को तसव्वुर में भी ला सके। उसका ख़याल था कि ख़ुद वक़्त की करवट की बदौलत ही वह यह नौकरी हासिल कर सका है, और गाजर का लज़ीज़ हलवा और गुलाब में बसी हुई गंडेरियाँ मौलाना का एहसान उतारने के ख़याल से हर्गिज़ पेश नहीं की गई हैं।

मौलाना इधर बहुत मोटे हो गए थे। वह हैरान थे कि हिंदुस्तान के सबसे बड़े शहर में लगातार कई साल गुज़ारने के बावुजूद नफ़ासत हसन ने अपनी बैठक में एक आध बड़ी कुर्सी रखने की ज़रूरत अब तक क्यों महसूस नहीं की है। बढ़इयों ने अभी बड़ी कुर्सियाँ बनाना तर्क तो नहीं किया है। यह और बात है कि नए ज़माने में अब लोग कभी इतने मोटे न हुआ करेंगे—अपनी गोल-गोल घूमती हुई आँखें उन्होंने मेरी तरफ़ फेरीं और मैंने देखा कि उनमें ग़ुरूर और ग़म गले मिल रहे हैं और वह बीते वक़्तों को फिर से वापिस आता देखने के लिए बेक़रार हो रहे हैं।

धीरे-धीरे महफ़िल छिदरी होती गई। नए दोस्त यह ख़याल लेकर लौटे कि नफ़ासत हसन एक निशातपसंद[7] और दोस्तनवाज़ आदमी है। यह अलग बात है कि वह रस्मी तकल्लुफ़ात का कोई बड़ा हामी नहीं है—है भी ठीक; दोस्ती होनी चाहिए आज़ाद नज़्म-सी, क़ाफ़िया और रदीफ़[8] से आज़ाद।

मौलाना बराबर जमे हुए थे—मुझसे मुख़ातिब होकर बोले :"साहिब, सोमरसेट माम का मुतालआ[9] किया है आपने?"

उन्होंने यह बात कुछ ऐसे लहजे में पूछी थी कि मुझे गोलमोल जवाब पर उतरना पड़ा : "साहिब, कहाँ तक मुतालआ किया जाए··· अनगिनत किताबें हैं और अनगिनत मुसन्निफ़··· ख़ैर, अब मैं सोमरसेट माम का ख़याल भी रखूँगा।"

"तो कहिए ना कि आपने सोमरसेट माम की कोई किताब नहीं पढ़ी है।"

मैंने झेंपते हुए जवाब दिया : "जी हाँ, यही समझ लीजिए।"

"तो इसका यही मतलब हुआ ना कि आपने अब तक यूँही उम्र ज़ाया की है।"

इस पर नफ़ासत हसन बिगड़ बैठा। गर्मागर्म बहस छिड गई। पता चला कि मौलाना ने नफ़ासत हसन को चिढ़ाने के लिए सोमरसेट माम का तज़्किरा[10] किया था—एक दिन नफ़ासत हसन ने यही सवाल मौलाना से किया था और जब मौलाना ने मेरी ही तरह बात टालना चाही थी तो वह कह उठा था : 'तो इसका यही मतलब हुआ ना कि आपने अब तक यूँही उम्र ज़ाया की है।'

इधर मौलाना ने अंग्रेज़ी अदब से रब्त[11] बढ़ाना शुरू कर रखा था, मगर नफ़ासत हसन बदस्तूर यही समझता था कि यह सिर्फ़ एक दिखावा है और अंग्रेज़ी अदब के नए रुझान से उन्हें कोई लगाव नहीं है। जब भी नफ़ासत हसन उनके हाथ में कोई अंग्रेज़ी किताब देखता तो उसके ज़ेहन में तन्ज़[12] जाग उठता जैसे साँप के सर में ज़हर जाग उठता है : इस दिखावे की आख़िर क्या ज़रूरत है··· बेहूदा दिखावा··· नया रंग तो सफ़ेद कपड़े ही पर ठीक चढ़ता है···।

मौलाना बड़ी सादा और पुरअसर ज़बान में शेर कहते थे। मज़ामीन भी लिखते थे। अफ़सानानिगारी के बाब में उन्होंने कोई कोशिश न की थी। हाँ, जब वह कोई वाक़ा सुनाते तो यही गुमान होता कि कोई कहानी जन्म ले रही है, और अगर उस वक़्त कोई शख़्स उनकी तारीफ़ कर देता तो वह उनकी निगाह में बहुत ऊँचा उठ जाता। दाद पाकर ही वह दाद दे सकते हों, यह बात न थी। अक्सर वह 'मुआवज़े' के बग़ैर भी नौजवान अदीबों की पीठ ठोंकते रहते थे। उनकी यह सरपरस्ताना तबीयत नफ़ासत हसन के नज़दीक वह ऐब था जिसकी वजह से, जैसा कि उसका ख़याल था, न वह पुराने दौर की नुमाइंदगी करने में कामयाब हुए थे और न नए दौर ही से रिश्ता जोड़ सके थे।

जब भी नफ़ासत हसन उनके ख़िलाफ़ विष उगलता, मुझे यूँ महसूस होता : अदब का नया दौर अपने से पहले दौर की हतक[13] कर रहा है। यह तो अपनी ही हतक है। सतही तौर पर इसका घिनावनापन आँख से कितना ही ओझल रहे मगर जब यह बात समझ में आ जाती है कि अदब एक इर्तिक़ाई[14] चीज़ है तो कोई भी अदीब अपना यह वतीरा[15] जारी नहीं रख सकता।

हाँ, तो सोमरसेट मामवाला मज़ाक़ नफ़ासत हसन न सहार सका—बोला : "बस-बस चुप रहिए, इतनी ज़बान मत खोलिए।" नफ़ासत हसन की ज़बान पर रंदा चलने का गुमान होता था।

मौलाना ने क़दरे घूरकर उसकी तरफ़ देखा और बोले : "इतने गर्म क्यों होते हो मियाँ··· उम्र ही में सही, मैं तुम्हारे वालिद के बराबर हूँ।"

''बस-बस, शफ़क़त[16] अपने पास ही रखिए ··· मुझे नहीं चाहिए यह कमीनी शफ़क़त ··· बड़े आए हैं मेरे वालिद ··· इतनी ज़बानदराज़ी !''

मौलाना ने अब तक यही समझा था कि वह मजाक़ ही की सरहद पर खड़े हैं लेकिन मामला तो दूसरा ही रंग इख़्तियार कर चुका था—उनके चेहरे पर ग़ुस्से की तह चढ़ गई। बोले : ''एक सुसरे सोमरसेट माम की ख़ातिर क्यों मेरी हतक करने पर तुले हो मियाँ ··· ! कमबख़्त सोमरसेट माम ··· !''

बात तू-तू मैं-मैं की शक्ल इख़्तियार कर गई। मुझे तो यही ख़तरा महसूस होने लगा कि कहीं दोनों अदीब हाथापाई पर न उतर आएँ।

नफ़ासत हसन उस दिन मेज़बान था और घर पर आए हुए किसी मेहमान की शान में हर तरह की ज़बानदराज़ी से उसे परहेज़ करना चाहिए था और फिर मौलाना नूर हसन आरज़ू कोई मामूली आदमी न था। वह उसका हमअस्र अदीब था, उम्र में उससे बड़ा और ज़बानदानी में कहीं बढ़कर।

मैं सोचने लगा कि सोमरसेट माम पर नफ़ासत हसन इतना क्यों फ़िदा है; माम भी मौलाना की तरह एक आदमी ही तो है, कोई फ़रिश्ता नहीं। मैं महसूस कर रहा था कि नफ़ासत हसन के कमरे में पड़ी हुई हल्के भूरे रंग की हर कुर्सी से हर लिहाज़ से मौलाना ज़्यादा क़ीमती थे। नफ़ासत हसन इतना गर्म क्यों हो गया था। वह शायद अपने मेहमान को कुर्सी से उठा देना चाहता था। यह ठीक है कि मौलाना की तंज़ जरा तीखी थी, मगर थी तो आख़िर यह तंज़ ही। और इसका जवाब अगर तंज़ ही से दिया जाता तो इस क़दर दिलख़राश मुज़ाहिरा[17] तो न हुआ होता।

सोमरसेट माम आख़िर क्या लिखता होगा ? क्या उसे अपने वतन इंगलिस्तान में भी नफ़ासत हसन-जैसा कोई आशिक़े-ज़ार[18] नसीब हुआ होगा ?

तब मुझे यह शक गुज़रा कि नफ़ासत हसन के बहुत से जुमले, जिन्हें वह मौक़े-बेमौक़े निहायत शान से अपनी गुफ़्तुगू और तहरीर में नगीनों की तरह जड़ने में होशियार सुनार बन चुका है, ज़रूर विलायत की किसी फ़ैक्टरी से बनकर आए हैं। यह नगीने उसकी अपनी तख़लीक़[19] हर्गिज़ नहीं—मैं सोचने लगा कि पहले पहल कब सोमरसेट माम के क़लम ने उस पर जादू-सा कर दिया था और क्या यह जादू कभी ख़त्म भी हो जाएगा।

एक दिन उसने मुझसे पूछा था : ''औरत किस वक़्त सुंदर लगती है ?''

मुझे कोई जवाब न सूझा था। मैंने कहा था : ''आप ही बतलाइए ?''

वह बोला था : ''हाँ तो सुनो ··· जब वह तीन दिन से बुख़ार में मुब्तला[20] हो ··· उसके हाथों की रगें नीली पड़ चुकी हों ··· तब औरत कितनी सुंदर लगती है, कितनी सुंदर !''

अब मैंने सोचा, शायद यह नगीना भी सोमरसेट माम की फ़ैक्टरी से बनकर आया हो।

मैंने नफ़ासत हसन को मुख़ातिब करके कहा : ''ख़फ़गी छोड़ो मियाँ, सोमरसेट माम तो एक देवता है।''

वह बोला : ''और मैं ?''

''आप भी देवता हैं मियाँ !''

मैंने उसे बताया कि देवताओं में तीन बड़े देवता हैं : ब्रह्मा, विष्णु और शिव। अपनी-अपनी जुदागाना अहमियत के बायस वह सब बेहद मुम्ताज़[21] बन गए हैं। ब्रह्मा जन्म देता है, विष्णु परवरिश करता है और शिव ठहरा मौत का नाच नाचनेवाला नटराज।

नफ़ासत हसन का ध्यान इधर मेरी तरफ़ खिंच गया, उधर मौलाना की आँखों में ग़ुस्सा ठंडा पड़ गया—अब वह मेरी बात में दिलचस्पी ले रहे थे। मैंने उन्हें बताया कि हर अदीब मुख़्तलिफ़ वक़्तों में ब्रह्मा, विष्णु और शिव होता है; जब एक शख़्स एक चीज़ लिखने में कामयाब हो जाता है, मैं उसे ब्रह्मा कहना पसंद करूँगा; वह जब उस चीज़ को सँभाल-सँभालकर रखता है, उसकी हर मुमकिन इस्लाह[22] करता है, उस वक़्त वह विष्णु का हमपल्ला होता है; और जब वह अपने ही हाथ से किसी तहरीर के टुकड़े-टुकड़े कर डालता है, वह सौ फ़ीसदी शिव का रूप धार लेता है।

मौलाना बोले : "बहुत ख़ूब... आपका तख़ैयुल[23] मिसाल के तौर पर पेश किया जा सकता है।"

मैंने झट से कहा : "मेरा तख़ैयुल ? नहीं मौलाना, नहीं... यह मेरा तख़ैयुल नहीं है... मतलब यह कि यह मेरा तब्अज़ाद[24] ख़याल नहीं है।"

"तो किसका ख़याल पेश कर रहे हैं आप ?"

"बंबई की पी. ई. एन. सोसाइटी में बुलबुले-हिंद सरोजिनी नायडू ने मेरी तक़रीर के बाद सदारती तक़रीर करते हुए यह ख़याल पेश किया था।"

"बहुत ख़ूब... तो बुलबुले-हिंद ने आपकी तक़रीर की सदारत की थी... ! हाँ तो अब कोई तब्अज़ाद ख़याल सुनाइए।'

"तब्अज़ाद... ? तब्अज़ाद की भी ख़ूब कही... मुझे तो सिरे से यही शक रहा है कि तबाज़ाद नाम की कोई चीज़ होती भी है या नहीं।"

नफ़ासत हसन बौखला गया : "क्या कह रहे हो मियाँ... ? सुनिए, मैं एक ख़याल पेश करता हूँ : 'जूँही सुबह की पहली किरन आँखें मलती हुई धरती पर उतरी, पास की कच्ची दीवार अँगड़ाई ले रही थी...।'"

मौलाना ने हैरत से कहा : "दीवार अँगड़ाई ले रही थी ?"

मैंने बीच-बचाव करते हुए कहा : "इस वक़्त नफ़ासत हसन एक ब्रह्मा हैं मौलाना !"

"ब्रह्मा ?"

"जी हाँ ब्रह्मा... और न जाने कब तक वह विष्णु बने यह ख़याल सँभाल-सँभालकर रखेंगे... फिर एक दिन वह शिव बन जाएँगे और ख़ुद अपने हाथों से अपने इस ख़याल का गला घोंट डालेंगे... उन्हें ख़ुद अपनी तख़लीक़ पर हँसी आएगी, सिर्फ़ हँसी, इस ध्यान से कि उनका ख़याल सौ-फ़ीसदी तब्अज़ाद ख़याल नहीं है... और अगर यह सचमुच उनका सौ फ़ी-सदी तब्अज़ाद ख़याल है, तब भी इन्हें शर्म आएगी।"

नफ़ासत हसन चाहता तो झट मेरे ख़याल की तरदीद[25] कर देता मगर वह चुप बैठा रहा—शायद वह कुछ झेंप-सा गया था और अपने कमतरी के ज़ज़्बे को छुपाने की कोशिश कर रहा था।

मौलाना बोले : ''ब्रह्मा, विष्णु और शिव के मुताल्लिक़ आज मैं कुछ और भी सुनना चाहता हूँ।''

मैंने कहा : ''सुनिए ··· विष्णु और शिव के हज़ारों मंदिर हैं, लेकिन ब्रह्मा का एक भी मंदिर नहीं है कहीं ···''

''ब्रह्मा का एक भी मंदिर नहीं ?''

''जी नहीं ··· सुनिए तो, बड़ी दिलचस्प कहानी है ··· एक बार विष्णु और ब्रह्मा में यह मुक़ाबला हो गया कि कौन पहले शिवलिंग की गहराई और ऊँचाई का पता ला सकता है; विष्णु जड़ की तरफ़ चल पड़ा और ब्रह्मा चोटी की तरफ़; ब्रह्मा ऊपर चढ़ता गया मगर शिवलिंग की चोटी कहीं नज़र न आती थी, ऊपर से चंबेली का एक फूल गिरता हुआ आ रहा था; ब्रह्मा ने पूछा : 'किधर से आना हुआ ?' फूल बोला : 'शिवलिंग की चोटी से।' ब्रह्मा ने पूछा : 'कितनी दूर है चोटी ?' फूल ने कहा : 'दूर, बहुत दूर।' ब्रह्मा बस चंबेली के हमराह वापिस हुआ; रास्ते में उसने फूल को इतना-सा झूठ बोलने के लिए रज़ामंद कर लिया कि वह विष्णु के सामने कह दे कि वह दोनों शिवलिंग की चोटी से आ रहे हैं; मगर शिव ठहरा अंतर्यामी; ब्रह्मा और चंबेली को बड़ी भारी सज़ा दी गई कि रहती दुनिया तक ब्रह्मा का कहीं मंदिर न बनेगा और चंबेली किसी मंदिर में पूजा में न चढ़ाई जाएगी ···''

नफ़ासत हसन बोला : ''मगर यह तो नया ज़माना है ··· अब तो शायद ब्रह्मा का भी मंदिर बन जाए कहीं ··· और मेरा यक़ीन है कि अगर ब्रह्मा पर कोई फूल चढ़ेगा तो वह बिला शुब्ह चंबेली का फूल ही होगा।''

नफ़ासत हसन ने यक़ीनन उस वक़्त यही सोचा होगा कि वह एक ब्रह्मा ही है क्योंकि उसके पब्लिशर ने उसके अफ़सानों का ज़ख़ीम[26] मजमूआ शाया करने से अभी तक गुरेज़ ही किया है, मगर जूँही उसकी किताब शाया होगी उसकी शोहरत का हक़ीक़ी मंदिर तामीर होते देर न लगेगी और उस मंदिर में चंबेली के फूल ही चढ़ाए जाएँगे।

नफ़ासत हसन को अपने मुताल्लिक़ जो ग़लतफ़हमियाँ थीं, उनका रखने में उसके दो-चार गहरे दोस्तों का भी हाथ था। उनका ख़याल था कि ऊषा के घूँघट खोलने से पहले की सारी सियाही और सुर्ख़ी, अँधियारे और उजाले की गंगा-जमनी सरगोशियाँ नफ़ासत हसन की तबा में बहुत नुमायाँ नज़र आती हैं, और अगर उसने शुरू में रूसी अफ़सानों के तर्जुमों में अपनी उठती जवानी का ज़ोर लगाने के बजाय तब्अज़ाद अफ़साने लिखने में सरगर्मी दिखाई होती तो आज उसका नाम सफ़े-अव्वल के तरक़्क़ीपसंद अफ़सानानिगारों में शुमार होता। उनका यह भी ख़याल था कि अब भी गिरे हुए बेरों का कुछ नहीं बिगड़ा; अगर यह सौ फ़ीसदी तब्अज़ाद अफ़सानानिगार सौ फ़ीसदी वसीलासाज़[27] भी होता तो यक़ीनन यह हिंदुस्तान भर के अफ़सानवी अदब की चोटी पर नज़र आता।

एक बार दोस्तों ने उसे बताया था कि वह बड़ा साफ़गो है, चुनांचे सपनों में भी यह ख़याल उसका तआक़ुब[28] करने लगा कि वाक़ई वह बड़ा साफ़गो है, और यही वह सिफ़्त[29] है जो सौ फ़ीसदी तब्अज़ाद अफ़सानानिगार को ज़िंदगी के मुताले में हक़ीक़ी मदद दे सकती है—जब उस नौकरी के लिए उसने दरख़्वास्त भेजी तो उससे पूछा गया कि उसने

किस मज़मून में अपना इल्म पाय-ए-तकमील[30] तक पहुँचाया है तो बिला झिझक उसने लिख भेजा कि उसने अपनी बेशतर ज़िंदगी बेसवाओं का मुतालआ करने में गुज़ारी है; गो इस साफ़गोई से कहीं ज़्यादा किसी की सिफ़ारिश ही ने उसे यह नौकरी दिलाई थी मगर वह बराबर नए मिलनेवालों के रूबरू अपनी साफ़गोई का ज़िक्र बड़े फ़ख़्र से किया करता—"साफ़गोई, सौ फ़ीसदी साफ़गोई···" मैंने सोचा था : 'शायद इस साफ़गोई की सरहद ने अभी घर की दीवारों तक पाँव न फैलाए होंगे··· घर में आकर तो अक्सर बड़े-बड़े तरक़्क़ीपसंद अदीब भीगी बिल्ली बनने पर मजबूर हो जाते हैं।'

यह ठीक है कि उसकी तरक़्क़ीपसंदी बड़ी हद तक उरियाँ जिंसी बयान से घिरी रहती थी, मगर कुछ अर्से से उसके ज़ेहन में यह वहम-सा समा गया था कि वह किसी भी जानदार या बेजान शै के गिर्द अपने अफ़साने को घुमा सकता है—अपने एक अफ़साने में उसने एक पत्थर की सरगुज़श्त[31] बयान की थी जो एकाएकी किसी कुँवारी की उठती-मचलती हुई छातियों से टकराने के लिए बेक़रार हो उठा था—'आदमी बदस्तूर आदमी है, मगर पत्थर अब पत्थर नहीं है···' यह बात उसने बड़ी गहराई से लिखी थी। नफ़सियात की सरहदें अब सुकड़ी न रहेंगी, पत्थर अब पत्थर ही नहीं है; न बिजली का खंबा बिजली का खंबा ही। वह चाहता तो अपने सिगरेटकेस में भी दिल डाल लेता और उसके गिर्द नफ़सियात का बारीक जाल बुन देता।

उसकी ज़बान न बहुत मुश्किल थी, न बहुत आसान। यहाँ-वहाँ नई-नई तश्बीहें[32] भी हाज़िर रहती थीं—अभी उसे किसी का फूला हुआ थैला देखकर हामिला[33] औरत के पेट का ध्यान आ गया है तो अभी किसी की ज़ेह्नी कमज़ोरी उसे उस दोशीज़ा[34] की-सी नज़र आई जो आँधी में अपनी साड़ी सँभालने से क़ासिर[35] हो; किसी के बोल सोडे के बुलबुले थे तो किसी की नाक चीनी की प्याली की ठूँठी-जैसी।

शाम हो चली थी।

नफ़ासत हसन उठकर खड़ा हो गया और उँगलियों से बालों में कंघी करता हुआ छज्जे पर आ निकला—निकलसन रोड पर क़रीब ही के टेलर मास्टर की दूकान में बर्क़ी क़ुमक़ुमे रोशन हो चुके थे।

छज्जे पर खड़ा नफ़ासत हसन पलटते हुए बोला : "मौलाना चलो, लगे हाथों सरदार जी ही से मिलते आएँ···!"

मैं हैरानी से दुबका बैठा था—मैंने सोचा, यह सरदार जी कौन हैं जिनसे मिलने के लिए नफ़ासत हसन इतना मुश्ताक़[36] नज़र आता है, फिर मुझे ख़याल आया कि वह सिर्फ़ अपने फ़र्क़ बराए-फ़र्क़ के नज़रिए के मुताबिक़ मुझसे भी लंबी दाढ़ीवाले किसी शख़्स से मिलना चाहता है, हालाँकि ख़ुद उसके चेहरे पर दाढ़ी तो दाढ़ी, मूँछ तक का निशान हर तीसरे दिन मूँड़ दिया जाता है—इससे पहले भी उसने एक अदीब की मूँछों को महज़ इसलिए पसंद किया था कि वह मूँछें मौलाना ने नापसंद की थीं; अगर मौलाना ने उन मूँछों की तारीफ़ में एक आध बात कह दी होती तो उसने कहा होता : "मौलाना, आपकी अंधाधुंध पसंद की तो

हद हो चुकी है…लाहौल वला क़ुव्वत…आपने भी आदमियों में ख़ूब आदमी चुना!"

'यह सरदार जी कौन हैं…?' यह सवाल मेरे ज़ेहन में फैलता चला गया। सरदार जी से मुतारिफ़[37] होने की मेरी ख़्वाहिश देखकर नफ़ासत हसन ने मुझे भी अपने हमराह ले लिया।

नफ़ासत हसन एक अजब मस्ती के आलम में सीढ़ियाँ उतर रहा था। अपने पाँव को वह ज़रूरत से ज़्यादा ज़ोर से ज़मीन पर फेंकता था और फट-फट की आवाज़ से शोर पैदा करता हुआ पड़ोसियों के आराम में मुख़िल[38] हो रहा था। इस क़िस्म की हरकत को वह आज़ादी तसव्वुर करता था और उसे किसी क़ीमत पर भी खोने को तैयार नहीं था।

एक लंबे-चौड़े बाज़ार में घूमते-घामते हम आख़िर सरदार जी की दूकान पर पहुँच गए—पता चला कि नफ़ासत हसन इस्मे बा मुसम्मा[39] है, क्योंकि शराब की दूकान, जहाँ उसने सरदार जी से मुलाक़ात का वक़्त मुक़र्रर किया हुआ था, सख़्त बदबूदार जगह थी। मेज़ पर संगे-मरमर की सिलों पर सोडा और व्हिस्की जमी हुई थी और हमारी निशस्त-गाह[40] के क़रीब ही टूटे हुए आबख़ोरों[41] का अंबार लगा हुआ था। बग़ल में एक अधेड़ उम्र का आदमी अपनी टाँगें एक बोसीदा[42] अलमारी के ऊपर टिकाए, मुँह पूरी तरह खोले बेहोश पड़ा था। आबख़ोरों के इतना क़रीब होने की वजह से उसका खुला हुआ मुँह एक आबख़ोरा ही तो दिखाई देता था। एक लम्हे के लिए मुझे गुमान हुआ कि नफ़ासत हसन उसी शख़्स से मिलने आया है, गोया अपने आपसे, अपने सुंदर नाम से इंसाफ़ करने आया है।

थोड़ी देर के बाद जब नफ़ासन हसन ने अपनी करख़्त[43] आवाज़ में, जिससे हमेशा ख़्वाहमख़्वाह रंदा चलने का गुमान होता था, पुकारा : "ओ मियाँ जुम्माँ, बा भी तो सरदार जी को!"

मियाँ जुम्माँ एक झाड़न से बोतल साफ़ कर रहा था। दिन के वक़्त वह उसी झाड़न से सड़क पर से उड़कर आनेवाली गर्द को शीशों में पड़ी हुई पेस्ट्रियों पर से झाड़ा करता था या आबख़ोरों के दरमियान तने हुए जालों को साफ़ करता था।

कुछ देर के बाद मियाँ जुम्माँ ने व्हिस्की की एक बोतल और सोडे की दो बोतलें मेज़ पर ला रखीं।

मुझे सरदार जी की शख़्सियत से वाक़िफ़ होते देर न लगी, मगर मैं बदस्तूर अफ़सानों की दुनिया में घूम रहा था—फिर मैंने बेमहल[44] ही नफ़ासत हसन से पूछा : "आपके अफ़सानों की तादाद तो ख़ासी हो गई होगी?"

उस वक़्त तक वह सोडा और व्हिस्की, दोनों को मिला चुका था—मैंने सरदार जी से मुतआरिफ़ होने से इनकार कर दिया तो उसने और मौलाना ने गिलास टकराए और अपने-अपने मुँह से लगा लिए।

एक घूँट हलक़ से नीचे उतारते हुए नफ़ासत हसन बोला : "मैं अफ़साने वग़ैरह कभी इकट्ठे नहीं करता…मेरे अफ़साने कबूतर के बच्चे हैं जिन्हें मैं लिखता हूँ…मैं कहता हूँ : 'ओ कबूतर के बच्चो, उड़ जाओ!' और वह उड़ जाते हैं…"

इस तश्बीह के अंदाज़ की मैंने बहुत तारीफ़ की—सच पूछिए तो उस वक़्त मेरे ज़ेहन में

आइनस्टाइन का नज़रिया-ए-इज़ाफ़ियत[45] नुमायाँ हो गया था—हर चीज़ को दूसरी चीज़ से निस्बत है ।

अफ़साने को कबूतर के बच्चे से, फ़ाहशा औरत की मुसकराहट को बदररौ में फटते हुए बुलबुले से, सुबह की पहली किरन को अँगड़ाई लेती हुई दीवार से, नफ़ासत हसन को चर्ख़े से···

उस वक़्त मैंने सोचा कि यह तश्बीहें, नादिर और दूर अज़कार[46] तश्बीहें उस अज़ीमुश्शान[47] अदीब के दिमाग़ में पैदा कहाँ से होती हैं । फिर मुझे फ़ौरन ही ख़याल आया कि यह तो एक सीधा-सादा-सा अमल है—ख़ुद नफ़ासत हसन ने एक बार मुझे बताया था कि उसे क़ब्ज़ की शिकायत कभी नहीं होती । उसका कहना था कि बाज़ मुसन्निफ़ तो सख़्त क़ब्ज़ में मुब्तला नज़र आते हैं; बेचारे बहुत ज़ोर लगाकर लिखते हैं··· मैंने सोचा, नफ़ासत हसन हर रोज़ रात को दूध के साथ इतरीफ़ल ज़मानी खाता है, और वह पत्थर, बुलबुले, रघबीर पहलवान, किताब, मेज़, कुर्सी, क़लम, दवात, हर चीज़ पर लिखकर उनके मज़मूओं के नाम दौड़ो, भागो, रोओ, पीटो रख सकता है—मैं बहुत देर तक उसके अफ़सानों की दुनिया में न रह सका ।

मैं अपनी सोच में ग़र्क़ था और वह दोनों अदीब व्हिस्की की बोतल आधी के लगभग ख़त्म कर चुके थे—मअन उनके ख़याल में क़िस्म-क़िस्म की शराब को मिलाकर पीने की धुन समाई, चुनांचे मियाँ जुम्माँ ने बहुत-सी बोतलों से एक-एक पैग बनाया, फिर एक बोतल में यह सब जमाकर के बोतल उनके सामने रख दी ।

मौलाना शराब में अपने आपको घूर रहे थे, शायद उन्होंने इसीलिए नफ़ासत हसन की अदबी जौलानियों[48] को सराहना चाहा—मिली-जुली शराबों का पैग हलक़ से नीचे उतारते हुए उन्होंने नफ़ासत हसन को एक थपकी दी और बोले : "शाबाश बरख़ुर्दार, लिखे जाओ···!"

नफ़ासत हसन, जो सरदार जी के मकान की फ़ज़ा से बहुत मानूस[49] था और जो बग़ैर बौखलाए बहुत से पैग पी सकता था, बोला : "बस-बस मौलाना, यही एक बात है जो मुझे सिरे से नापसंद है··· इस बेहूदा सरपरस्ती की मुझे चंदाँ ज़रूरत नहीं··· आपकी मद्ह-ओ-ज़म[50] की मुझे मुतलक़[51] परवा नहीं···समझे आप···? अगर आपने मेरे अफ़साने पढ़े हैं तो इससे मेरा कुछ सँवर नहीं गया और अगर नहीं पढ़े हैं तो मेरा कुछ बिगड़ नहीं गया ।"

मौलाना को इस बेजा गुफ़्तगू से सख़्त हैरत हुई—अपने मेज़बान के कंधे थपकते हुए बोले : "बरख़ुर्दार, अगर तुम अफ़सानानिगारी के बजाय मिट्टी का तेल भी बेचा करते, तब भी मेरे दिल में तुम्हारी ऐसी ही इज़्ज़त होती ।"

दोनों अदीब आपस में संजीदगी से गुफ़्तगू कर रहे थे, मगर मैं उस माहौल में बौखला गया । फिर मुझे यूँ महसूस होने लगा कि मैं शराब पी रहा हूँ, वह दोनों तो परहेज़गार हैं ।

एक और पैग हलक़ से नीचे उतारने के बाद नफ़ासत ने पापड़ का एक टुकड़ा मुँह में डाला और कहा : "मौलाना, मैं लिखना चाहता हूँ··· बहुत कुछ लिखना चाहता हूँ··· कभी किसी चीज़ से मेरी तसल्ली नहीं होती ।"

अभी नफ़ासत हसन ने गुफ़्तगू ख़त्म भी न की थी कि मुझे ख़याल आया कि तसल्ली कैसे हो सकती है क्योंकि उसके अफ़साने तो कबूतर के बच्चे हैं और जब तक वो कबूतर के बच्चे रहेंगे, वो फुर से उड़ जाएँगे, आख़िर नफ़ासत हसन ने कोई छतनारा भी तो क़ायम नहीं किया है कि वो उसी पर कभी-कभी आकर बैठ जाया करें और अपने गुज़श्ता मालिक को देख लिया करें ··· वो बेचारे तो बेशुमार आवारा रूहों की तरह एक लायानी आसमान में पर फड़फड़ाते फिरते हैं ···

नफ़ासत हसन अपनी गुफ़्तगू को ज़ारी रखते हुए बोला : ''बस एक चीज़ लिख लूँ, एक चीज़, तो मेरी तसल्ली हो जाएगी । उसके बाद मैं मर भी जाऊँ तो कोई ग़म नहीं कि मैंने ज़िंदगी में एक बड़ा काम तो कर लिया है ···''

मौलाना के और मेरे, हक़ीक़ी और क़यासी नशे हरण हो गए । हमारी दोनों की तवज्जह उस अफ़साने का प्लाट सुनने के लिए नफ़ासत हसन के पतले और नहीफ़ चेहरे की तरफ़ उठ गई ।

नफ़ासत हसन बोला : ''मैं उन दिनों बंबई में रहता था ··· मेरे कमरे और ग़ुसलख़ाने के दरम्यान एक बंद दरवाज़ा था ··· उस बंद दरवाज़े में एक दर्ज़ थी । बस, इसी दर्ज़ से मैं कुँआरी लड़कियों को भी नहाते हुए देखता था और अधेड़ उम्र की और बूढ़ी औरतों को भी ··· इसके अलावा जवान मर्दों को भी ··· आह ! इनसान ग़ुसलख़ाने में जो हरकतें करता है, वो ···''

मैं उसकी बात समझ न सका, लेकिन मेरे सामने आइनस्टाइन का नज़रिया-ए-इज़ाफ़ियत था, इसलिए मैंने चंदाँ परवाह न की और सुनता चला गया ।

नफ़ासत हसन बोला : ''बस ग़ुसलख़ाने में नहानेवालियों और नहानेवालों के मुताल्लिक़ मैं लिखकर मर जाऊँ तो मुझे कोई अफ़सोस न होगा ··· उस अफ़साने का नाम रखूँगा : 'एक दर्ज़ में से ··· !'''

नफ़ासत हसन की इस बात पर मुझे बहुत हँसी आई : अगर मैं नफ़ासत हसन का तज़्किरा लिखकर मर जाऊँ तो ज़िंदगी में कोई हसरत न रहेगी ···

मौलाना, जो नफ़ासत हसन की 'बेतुकियों' को बड़े ग़ौर से सुन रहे थे, कुछ न बोले ।

न जाने नफ़ासत हसन को क्यों महसूस हुआ कि उसने मौलाना की हतक की है । वह अपनी जगह से उठ खड़ा हुआ । उसने अपना दायाँ गाल मौलाना के सामने पेश किया । मौलाना ने तबर्रुकन एक बोसा ले लिया । इसके बाद नफ़ासत हसन ने बायाँ गाल पेश किया । मौलाना के नज़दीक अब तबर्रुक का मसला नहीं रहा था लेकिन उन्होंने बोसा फिर लिया ।

मैं उनकी बाहमी लड़ाई का मुंतज़िर था लेकिन अचानक मौलाना ने उठकर बड़े ख़ुलूस से छाती पर हाथ रखते हुए कहा : ''देखो भाई, अब तुम मानोगे कि मैं सोमरसेट माम हूँ ···''

नफ़ासत हसन ने अपनी छाती पर हाथ रखते हुए कहा : ''मैं सोमरसेट माम हूँ ।''

मौलाना ने कोई मुज़ाहमत न की बल्कि अपनी छाती पर हाथ रखते हुए बोले : ''मैं

सोमरसेट माम हूँ···" फिर नफ़ासत हसन की तरफ़ इशारा करते हुए बोले : "तुम सोमरसेट माम हो···हम दोनों सोमरसेट माम हैं···जो है सोमरसेट माम है, जो नहीं हैं वह भी सोमरसेट माम है··· सोमरसेट माम भी सोमरसेट माम है···!"

---

1. स्पष्ट; 2. वास्तविक उद्देश्य; 3. आलोचनात्मक; 4 वाचालता; 5. अधिकार; 6. दुश्मन, विरोधी. 7. आनंदवादी; 8. उर्दू ग़ज़ल में शेर के आख़िर में क़ाफ़िए के बाद आनेवाले शब्द; 9. अध्ययन; 10. वर्णन; 11. शौक़, रुचि; 12. व्यंग्य; 13. अपमान; 14. धीरे-धीरे विकसित हुआ; 15. पद्धति; 16. मुहब्बत; 17. प्रदर्शन. 18. बर्बाद प्रेमी; 19. रचना; 20. ग्रस्त; 21. प्रसिद्ध, लोकप्रिय; 22. संशोधन; 23. कल्पना; 24. कल्पित; 25. खंडन; 26. मोटा, स्थूल; 27. माध्यम बनानेवाला, साधन संपन्न; 28. पीछा करना; 29. शिल्प; 30. आख़िर तक; 31. वृतांत; 32. मिसाल, उपमा; 33. गर्भवती; 34. युवती; 35. विवश; 36. लालायित; 37. परिचित; 38. बाधक; 39. यथानाम तथागुण; 40. बैठने का स्थान (केबिन); 41. मिट्टी के सकोरे; 42. कमज़ोर, ज़र्जर; 43. सख़्त, कठोर; 45. वेवक़्त; 45. आपेक्षिकता का सिद्धांत; 46. व्यर्थ, मतलब से बाहर की; 47. महान; 48. मनोविनोद; 49. प्रेमी, आसक्त; 50. प्रशंसा और निंदा; 51. ज़रा भी, तनिक भी; 52. भूतपूर्व; 53. काल्पनिक; 54. कमज़ोर; 55. प्रसाद समझकर; 56. आपसी, पारस्परिक; 57. प्रतीक्षक; 58. बाधा, विरोध।

परिशिष्ट
3

चार अफ़साने

एक : तमाशा

बारी साहिब[1] के एक करमफ़र्मा थे; मैं उनका नाम भूल गया हूँ लेकिन इतना याद है कि वह सियाह दाढ़ीवाले एक साहिब थे जो ग़ालिबन चमड़े के सौदागर थे—'ख़ल्क़'[2] के इजरा (शुरुआत) में माली हाथ उनका था; वह और भी सरमाया लगाने के लिए तैयार थे मगर बारी साहिब मैदान छोड़कर भाग गए—पहले शुमारे में सरे-वरक़ पर उनका एक मज़मून था : 'हीगल[3] से कार्ल मार्क्स तक'[4]—एक मुख़्तसर-सा ख़ाका था इश्तिराकी (साम्यवादी) फ़लसफ़े के बारे में जो मेरी और हसन अब्बास[5] की फ़हम से बालातर था; असल में हम हीगल से वाक़िफ़ थे न कार्ल मार्क्स से; आख़िरुज़्ज़िक्र का नाम बारी साहिब से कई मर्तबा सुना था जिससे हमको इतना मालूम था कि वह मज़दूरों का बहुत बड़ा हामी था; उसका फ़लसफ़ा क्या था और उसके डाँडे हकीम हीगल से कहाँ और क्यों मिलते हैं, ईमान की बात है, इसके मुताल्लिक़ हमारी मालूमात[6] सिफ़र थीं—अपने अफ़सानों के क़ारईन (पाठकों) की दिलचस्पी के लिए एक बात बताना चाहता हूँ कि मेरा सबसे पहला तब्अज़ाद अफ़साना 'तमाशा'[7] के उनवान से 'ख़ल्क़' के इसी शुमारे में शाया हुआ था। मैंने इस बिना पर अपना नाम नहीं दिया था, इस डर से कि लोग मज़ाक़ उड़ाएँगे। उन दिनों मेरे जाननेवाले अज़राहे-तमस्ख़ुर मेरी सक़ीम (रुग्ण) तहरीरों पर ख़ूब हँसा करते थे लेकिन अजीब बात है कि बारी साहिब ने, जिनको मेरी महदूद इल्मियत का पता था, मेरी हमेशा हौसला अफ़ज़ाई की।[8]

सआदत हसन मंटो

---

1. **बारी साहब :** 'कंपनी की हुकूमत' के मुसन्निफ़—मंटो ने एक ज़बर्दस्त ख़ाका 'बारी साहिब' खींचा था जो 'गंजे फरिश्ते' में मौजूद है। इस ख़ाके के अलावा मंटो ने बारी साहिब की ज़िंदगी पर एक ख़ूबसूरत रेडियाई ड्रामा 'जर्नलिस्ट' भी लिखा था जो 'मंटो के ड्रामे' में शामिल है।

2. ख़ल्क़ : चौथी दहाई के वस्त में अमृतसर से छपनेवाली एक उर्दू पत्रिका।

3. हीगल : जर्मन फ़लसफ़ी।

4. कार्ल मार्क्स : द्वंद्वात्मक भौतिकवादी सिद्धांत के जन्मदाता। यह सिद्धांत आज मार्क्सवाद और साम्यवाद के नाम से भी जाना जाता है।

5. हसन अब्बास : मंटो का लँगोटिया—मंटो के दूसरे अफ़सानवी मजमूए 'धुआँ' का इंतिसाब हसन अब्बास के नाम है।

6. सच बात तो यह है कि हीगल और कार्ल मार्क्स के बारे में उर्दू के एवरेज अदीब की मालूमात आज भी सिफ़र हैं।

7. 'तमाशा' : मंटो के दूसरे और अहम अफ़सानवी मजमूए 'मंटो के अफ़साने' की पहली इशाअत में मौजूद है; दूसरी इशाअत में मंटो ने इस अफ़साने को निकाल दिया था—क्यों ? इस सवाल का जवाब मंटो की अमरीकी स्कॉलर लैसली फ्लेमिंग ने भी नहीं दिया है। एक बात और : आलोचकों ने हमेशा मंटो के दूसरे मजमूए को उसका पहला मजमूआ कहा है। यह ग़लत है। मंटो का पहला अफ़सानवी मजमूआ 'आतिशपारे' है जिसमें सात कहानियाँ शामिल हैं, जो तारीख़ी एतिबार से तो क़ाबिले-ज़िक्र है, पर तख़लीकी एतिबार से बिलकुल अहम नहीं।

8. मंटो की महदूद (सीमित) इल्मियत का इल्म बारी साहिब के अलावा एक और अदीब को भी था, ख़ुद मंटो को। एक जगह मुहम्मद हसन असकरी ने भी मंटो की महदूद इल्मियत का ज़िक्र किया है—अब इसे क्या कहें कि आठवीं और नौवीं दहाई के अफ़सानानिगारों की महदूदतरीन इल्मियत का इल्म न तो नाक़िदों (आलोचकों) को है न ख़ुद अफ़सानागिारों को; कि जिस बरस अफ़साने लिखने शुरू करते हैं, उसी बरस मजमूआ छपवा लेते हैं और उसी बरस अपनी अफ़सानानिगारी पर दो-तीन मज़ामीन लिखवा लेते हैं; उसी बरस किसी उर्दू ऐकेडमी से इनाम हासिल कर लेते हैं और फिर उसी बरस मर जाते हैं।

बलराज मेनरा, शरद दत्त

दो : आँखें

अपने आख़िरी चंद बरसों में मंटो ने बेतहाशा लिखा।

दोस्तों की महफ़िलों में, अदबी परचों के दफ़्तरों में, किताबों की दुकानों में, टी हाउस में, ग़रज़ यह कि हर जगह, जहाँ कहीं उसका उठना-बैठना होता था, वह चैलेंज के तौर पर हर किसी से कहता : "तुम मुझे एक जुम्ला लिखकर दो, मैं अभी तुम्हारे सामने उसे अफ़साना बना दूँगा।"

मंटो का यह दावा लाहौर के अदबी हलक़ों में बहुत मशहूर था

एक दिन जब उसने फिर वही चैलेंज फेंका तो एक नौजवान ग़ज़लगो शायर फ़रहाद ज़ैदी ने कहा : "लीजिए मंटो साहब, जुम्ला हाज़िर है।" और उसने काग़ज़ का एक छोटा-सा पुर्ज़ा मंटो के सामने रख दिया। उस पर यह जुम्ला दर्ज था : "उसके सारे जिस्म में मुझे उसकी आँखें बहुत पसंद थीं !"

जाने कितने दिनों की मग़ज़मारी के बाद उस अदबनवाज़[1] शायर ने अपनी दानिस्त[2] में एक बहुत ही मुश्किल जुम्ला सोचा होगा, इस एहसास और यक़ीन के साथ कि आख़िर मंटो

साहिब बिना मुहलत बिना बात और बेसबब कहाँ तक 'पसंदीदा आँखों' को खींच पाएँगे।

आधी दर्जन गवाहों का बयान है कि 'नक़ूश' के भरे-पुरे दफ़्तर के शोरो-ग़ुल में मंटो ने काग़ज़ हासिल किए, क़लम थामा और सबकी नज़रों के सामने एक काग़ज़ की पेशानी पर पहले 786 लिखा, फिर ज़रा जली हरूफ़[3] में अफ़साने का उनवान[4] 'आँखें' लिखा और फिर अफ़साने का पहला जुम्ला लिखा :

''उसके सारे जिस्म में मुझे उसकी आँखें बहुत पसंद थीं !''

कहानी के अगले चंद जुम्लों पर ज़रा ध्यान दीजिए :

''वो आँखें बिलकुल वैसी ही थीं जैसे अँधेरी रात में मोटरकार की हेडलाइट्स, जिनको आदमी सबसे पहले देखता है। आप यह न समझिएगा कि वो बहुत ख़ूबसूरत आँखें थीं। हरगिज़ नहीं। मैं ख़ूबसूरती और बदसूरती में तमीज़[5] कर सकता हूँ, लेकिन माफ़ कीजिएगा, उन आँखों के मामले में सिर्फ़ इतना ही कह सकता हूँ कि वो ख़ूबसूरत तो नहीं थीं; इसके बावजूद उनमें बेपनाह कशिश[6] थी।''

पहले जुम्ले के बाद लिखी गई सतरें साफ़ तौर पर ज़ाहिर करती हैं कि मंटो धीरे-धीरे नपी-तुली ज़बान में आपसे मुख़ातिब है। बातचीत के इस परदे में दरअस्ल वह तेज़ी से सोच रहा है कि उसे करना क्या है। इधर वह कहता है कि 'वो ख़ूबसूरत तो नहीं थीं; इसके बावजूद उनमें बेपनाह कशिश थी'; उधर वह तैयार हो चुका है :

वह अस्पताल जाता है। अस्पताल में उन आँखों से पहली मुलाक़ात का ज़िक्र करता है। अस्पताल का नक़्शा खींचता है। हमदर्दी के नाते आँखोंवाली की मदद करता है। फिर ताँगे पर उसके साथ सफ़र करता है। उसका हाथ थाम लेता है। वह बुरा नहीं मानती। फिर लड़की का घर आ जाता है। वह बमुश्किल ताँगे से उतर पाती है। अब मंटो को पता चलता है कि वो आँखें तो खराब हैं। उन्हें तो कुछ दिखाई नहीं देता···

मंटो ने काग़ज़ के छोटे-से पुर्ज़े पर आँखों के बारे में एक जुम्ला पढ़ते ही सोच लिया था कि आँखें दिखाई तो ठीकठाक दें, पर उनमें रौशनी न रखी जाए। और फिर उसने अपने तजरबे और मुशाहिदे[7] के औज़ारों से, सबकी मौजूदगी में, कहानी घड़ ली।

सबके सब मंटो का लोहा मान गए। यूँ एक और लीजेंड ने जन्म लिया।

तीन : **औलाद**

किताब का नाम	:	मंटो मेरा दोस्त
लेखक	:	मुहम्मद असदुल्लाह
सफ़हात	:	160
पब्लिशर	:	मंटो मेमोरियल, कराची—लाहौर
सने-इशाअत	:	मई 1955

मुंदरिजे-बाला[8] किताब से एक इक़्तिबास[9], जूँ का तूँ, हर्फ़-ब-हर्फ़[10] :

''मंटो का उन दिनों का प्रोग्राम यह हो गया था कि सुब्ह पाँच बजे उठते। बिस्तर में आठ बजे तक पड़े रहते। आठ बजे नहाते या फिर मुँह-हाथ धो लेते और दरवाज़ा में फेंके हुए अख़बारात उठा लेते। 'ज़मींदार' सबसे पहले पढ़ते थे। 'पाकिस्तान टाइम्स' और 'इमरोज़' या तो पढ़ते ही नहीं थे या फिर ज़्यादा से ज़्यादा लोकल ख़बरें देख लेते थे। फिर नौ बजे अपने नौकर जमील (जमील मंटो साहब का typical नौकर, जिसके बारे में मंटो साहिब कहते थे, कभी मैं इस पर नाराज़ रहता हूँ, कभी वह मुझ पर नाराज़ रहता है।) को लगातार पाँच-छः आवाज़ें देते। वह आवाज़ सुनकर फ़ौरी चले आने की बजाय बड़े इतमीनान से दो हाफ़-बायल अंडे तश्तरी में रखे पलंग ही पर ले आता। मंटो साहब उसके आने पर मेरी तरफ़ देखते गोया कह रहे हों : 'देख लिया ना तुमने। मेरा नौकर मेरी आवाज़ पर दौड़ा नहीं आया तो क्या हुआ, नाश्ता तो ले आया है।' दो अंडों का नाश्ता कर लेते और सो जाते। कोई मिलनेवाला आ जाता तो जगा लेता। वह अपने मख़्सूस[11] सोफ़ा पर (जिस पर बैठे हुए उनकी चंद तसवीरें शाया[12] भी हुई हैं।) बैठ जाते और फिर गपबाज़ी शुरू हो जाती और डेढ़ बजे तक यह सिलसिला जारी रहता। डेढ़ बजे एक चपाती और ज़ाइद[13] खा ली तो दो चपाती खाते और फिर काग़ज़-क़लम से मुसल्लह होकर बैठ जाते। पहले काग़ज़ के ऊपर 786 लिखा जाता और फिर अफसाना लिखना शुरू करते। पता नहीं क्या लिखना है लेकिन लिखे जाते। और जब चौथा सफ़हा शुरू होता तो कहते : 'जाओ, कपड़े बदल आओ।' मैं कपड़े बदल आता तो देखता मंटो साहिब मसरूर[14] हैं क्योंकि अफ़साना मुकम्मल हो गया है। अब टाँगा लिया जाता। 'मक्तबा-ए-कारवाँ' आख़िरी दिनों में वाहिद[15] मंज़िल बन गई थी। 'मक्तबा-ए-कारवाँ' के मालिक चौधरी हमीद जो फ़िलासफ़ी में एम.ए. हैं और बड़ी सूझबूझ के मालिक हैं, टाँगा देखते ही बीस रुपए निकाल रखते। कहानी लेते और बीस रुपए दे देते। मंटो ज़ोर-से सलाम अलैकुम कहकर टाँगा पर सवार हो जाते। टाँगा का रुख़ इंग्लिश वाइनहाउस की तरफ़ कर दिया जाता। साढ़े सत्रह रुपए की मंटो साहब शराब लेते। एक रुपया टाँगवाले का। एक रुपए के कैप्स्टन सिगरेट। फिर आठ आने मूली वग़ैरह ख़रीदने के लिए। छः बजे घर पहुँचते। अब लोग अगर आ गए हों तो गप शुरू। हर जुम्ले से पहले 'बकवास है' और हर जुम्ले के बाद 'बकवास है' ज़रूर कहा जाता। बार-बार उठकर अंदर जाते और एक घूँट पी आते। साढ़े-नौ-दस बजे तक गुफ़्तगू का सिलसिला जारी रहता। रात दो टोस्ट या एक-आध चपाती खाते और साढ़े दस बजे से बिस्तर पर करवटें बदलते रहते। नीमख़्वाबी[16] के मरीज़ थे। जिस दिन शराब न हो उस दिन हालत देखने के क़ाबिल होती... मंटो की बीवी सफ़िया का मंटो से एक ही मुतालबा[17] था और वह मुतालबा यह था कि 'अफ़सानानिगारी तर्क कर दो।' सफ़िया ने ख़ुद मुझसे बारहा कहा कि ''असद साहिब, मैं सआदत साहिब से सिर्फ़ एक बात की दरख़्वास्त करती हूँ। या तो वह शराब पीना छोड़ दें या फिर सिरे से लिखना तर्क कर दें। चूँकि मैं जानती हूँ कि अब उनका लिखना-लिखाना सिर्फ़ शराब ही के लिए रह गया है, इसलिए मैं उनसे कहती हूँ कि लिखना

छोड़ दें। कोई दुकान खोल लें। इससे उनका पीना तो ख़त्म हो जाएगा।"...मेयो अस्पताल, लाहौर से मरते-मरते बचकर जब वापस घर आए तो पिछले दिनों मेरी आँखों के आगे मंटो ने चालीस दिनों में चालीस कहानियाँ लिखीं और सबकी सब 'मक्तबा-ए-कारवाँ' को दे दीं। जिस दिन मैं कराची आ रहा था तो मुझसे कहने लगे : "यार, आज का एक दिन और ठहर जाओ; एक उम्दा कहानी लिखूँगा।" और वाक़ई उस दिन एक अच्छी कहानी 'औलाद' लिखी। इस कहानी को लिखने की तहरीक[18] सिर्फ़ एक बात से हुई। लक्ष्मी मैंशंस के चौकीदार ने आकर कहा कि "साहब, पास के फ़्लैट वाली औरत ने छातियाँ काट ली हैं।" इस एक जुम्ला पर उसी वक़्त 'औलाद' अफ़साना लिखा गया हालाँकि सिर्फ़ पाँच मिनट पहले मंटो मुझसे कह रहे थे : "यार, जेब से कोई चीज़ निकल नहीं रही है।" वह कहते थे : "मेरे हाँ[19] कहानियाँ दिमाग़ में नहीं, जेब में होती हैं।" पाँच मिनट बाद चौकीदार का जुम्ला सुनकर वाक़ई उन्होंने जेब से एक उम्दा कहानी निकाल ली। मैं और मेरे दोस्त इज़हारुद्दीन अहमद (जो कहानी लिखने के दौरान में आए थे) कहानी पढ़कर हैरान रह गए।

चार : **बिजली पहलवान**

मंटो की मौत के कोई तीन माह बाद मुहम्मद तुफ़ैल ने 'नक़ूश', लाहौर का 'मंटो-नंबर' निकाला, मुर्दापरस्ती की रिवायत के तहत और दरख़्शाँ[20] कारोबारी इमकान[21] के पेशेनज़र।

इस नंबर में मंटो की बीस ग़ैरमतबूआ[22] कहानियाँ शामिल की गई हैं जो एडीटर के दावे के मुताबिक़ एक-एक दिन के वक़्फ़े से लिखी गई थीं। ये बीस कहानियाँ तेइस दिनों में लिखी गईं—ग्यारह मार्च 1954 और दो जून 1954 के बीच।

पंद्रहवीं कहानी का उनवान है 'बिजली पहलवान' जो सत्ताइस मई 1954 को लिखी गई।

इस कहानी की तख़लीक़ से कोई सोलह-सत्रह बरस पहले मंटो ने अमृतसर छोड़ा था। उन दिनों बिजली पहलवान अमृतसर का जाना-पहचाना 'बंदा' था। हम इसे हैरत की बात नहीं कह सकते कि बिजली पहलवान इतने लंबे अर्से तक मंटो के ज़ेह्न में रहा, और जब बाहर निकला तो कहानी की शक्ल में बाहर निकला।

हैरत की बात तो यह है : तक़सीम[23] के बाद छः-सात बरसों में शहर अमृतसर का बिजली पहलवान उत्तरी भारत का मशहूर, मालदार और ताक़तवर 'बंदा' बन चुका था। जब मई 1955 में लाहौर वाले 'नक़ूश' का 'मंटो नंबर' देहली से छपा तो उसमें कहानी 'बिजली पहलवान' मौजूद नहीं थी, इसलिए कि यहाँ तो बिजली पहलवान ख़ुद मौजूद था।

यक़ीन जानिए, मंटो की दर्जनों कहानियों की दर्जनों कहानियाँ 'परिशिष्ट' में शामिल की जा सकती हैं, लेकिन···

---

1. साहित्य प्रेमी ; 2. समज्ञ; 3. मोटे अक्षर; 4. शीर्षक; 5. अंतर; 6. आकर्षण; 7. प्रेक्षण, प्रत्यक्ष; 8. उपरोक्त; 9. उद्धरण; 10. अक्षरशः; 11. विशेष; 12. प्रकाशित; 13. अधिक; 14. प्रसन्न; 15. एकमात्र; 16. अर्धनिद्रा; 17. माँग; 18. प्रेरणा; 19. यहाँ; 20. चमकदार, उज्ज्वल; 21. संभावना; 22. अप्रकाशित; 23. विभाजन।

बिब्लियोग्राफ़ी

(पहला भाग)

1934-1947

अफ़सानवी मजमूअे

1. आतिशपारे
2. मंटो के अफ़साने
3. धुआँ
4. अफ़साने और ड्रामे
5. चुग़द

अफ़साने

1. **तमाशा**
2. ताक़त का इम्तिहान
3. इन्क़िलाबपसंद
4. ख़ूनी थूक
5. चोरी
6. जी आया, साहब
7. दीवाना शायर

8. **नया क़ानून**
9. **शग़ल**
10. **फाहा**
11. **टेढ़ी लकीर**
12. **पहचान**
13. शू शू
14. **ख़ुशिया**
15. **बाँझ**

34. **धुआँ**
35. कबूतरों वाला साईं
36. उल्लू का पट्ठा
37. वो ख़त जो पोस्ट न किए गए
38. मिसरी की डली
39. मातमी जल्सा
40. क़ब्ज़
41. एक्ट्रेस की आँख
42. नामुकम्मल तहरीर
43. लालटेन
44. फूलों की साज़िश
45. गर्म सूट
46. मेरा हमसफ़र
47. **तरक़्क़ीपसंद**
48. नया साल
49. चूहेदान
50. परेशानी का सबब

51. शेरू
52. मिस फ़रिया
53. आम
54. मिसेज़ डीसिल्वा
55. ग़ुस्लख़ाना

16. **नारा**
17. शहनशीन पर
18. **ब्लाउज़**
19. उसका पति
20. मौसम की शरारत
21. बेगू
22. मंतर
23. मेरा और उसका इंतिक़ाम
24. मोमबत्ती के आँसू
25. दीवाली के दिये
26. **हतक**
27. **डरपोक**
28. **दस रुपए**
29. मिसेज़ डीकोस्टा
30. स्टूडेंट यूनियन कैंप
31. शराबी
32. सज्दा
33. **काली शलवार**

56. **बू**
57. **मूतरी**
58. **एक ख़त**
59. **ढारस**
60. **चुग़द**
61. **पढ़िए कलिमा**
62. **मुस्टीनवाला**
63. **बाबू गोपीनाथ**
64. **मेरा नाम राधा है**
65. **जानकी**
66. **पाँच दिन**
67. **स्वराज के लिए**
68. बदतमीज़
69. बी ज़मानी बेगम

क़ाबिले-तवज्जह[1] बात : 1934 से 1947 यानी चौदह बरसों में मंटो ने उनहत्तर अफ़साने लिखे। इस पीरियड के अफ़सानों में हमने ''दस्तावेज़'' के लिए अठ्ठाइस अफसाने चुने हैं जो बिब्लियोग्राफ़ी में जली हुरूफ़ में[2] नज़र आते हैं।

1. ध्यान देने योग्य; 2. मोटे अक्षरों में।

दस्तावेज़ : मंटो

कहानियाँ

जंगल

मक़्तल

तलाशे-गुमशुदा

राजकमल प्रकाशन

सआदत हसन मंटो

दस्तावेज़

२

चयन, संयोजन एवं परिचय

बलराज मेनरा, शरद दत्त

ISBN : 978-81-267-2874-9

मूल्य : ₹5000
(पाँच खंडों का पूरा सेट)

पहला संस्करण : 1993
पाँचवाँ संस्करण : 2019

प्रकाशक : राजकमल प्रकाशन प्रा. लि.
1-बी, नेताजी सुभाष मार्ग, दरियागंज
नई दिल्ली-110 002

शाखाएँ : अशोक राजपथ, साइंस कॉलेज के सामने, पटना-800 006
पहली मंजिल, दरबारी बिल्डिंग, महात्मा गांधी मार्ग, इलाहाबाद-211 001
36 ए, शेक्सपियर सरणी, कोलकाता-700 017

वेबसाइट : www.rajkamalprakashan.com
ई-मेल : info@rajkamalprakashan.com

मुद्रक : बी.के. ऑफसेट
नवीन शाहदरा, दिल्ली-110 032

MANTO DASTAVEZ (Vol. 2)
by Saadat Hassan Manto

अनुक्रमणिका

→

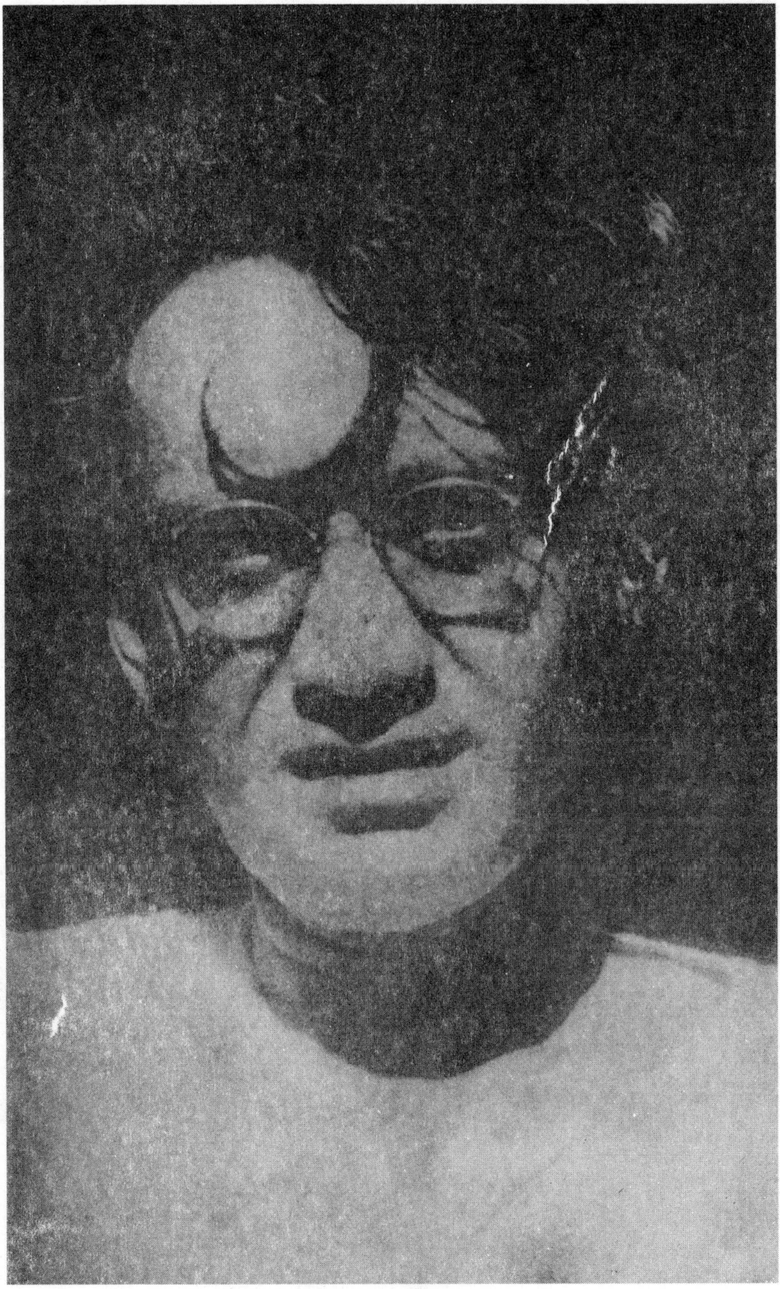

मंटो; लाहौर,1952

मंटो अपनी पत्नी सफ़िया के साथ; बंबई,1944

मंटो अपनी दो बेटियों और भांजी के साथ; लाहौर,1952

मंटो की बहन इक़बाल

मंटो की बेटियाँ

मंटो

(तआरुफ़ की दूसरी कड़ी)

मंटो के बारे में अच्छी-बुरी बहुत-सी बातें कहीं गई हैं। उनमें से एक यह भी है कि मंटो की शख़्सियत उर्दू अफ़साना निगारी में सबसे ज़्यादा आज़ाद और बेतकल्लुफ़ थी। इस बात से कुछ लोगों के नज़दीक मंटो की कामयाबी के पहलू निकलते हैं, कुछ के नज़दीक ख़ामी और नाकामी के। कामयाबी इस लिहाज़ से कि मंटो मानसिक, वैचारिक, भावात्मक, सामाजिक, सांस्कृतिक, राजनीतिक, किसी तरह की हदबंदी को कबूल नहीं करता और अपनी रचनाशीलता को उन्मुक्त अभिव्यक्ति की राह दिखाता है। उसका लेखन किसी भी ऐसी मसलहत के अधीन नहीं होता जो रचनात्मक उद्देश्यों से आगे किसी और उद्देश्य की प्राप्ति का साधन बने। वह नंगी आँखों से हक़ीक़त को देखने की ताब रखता है। इसीलिए मुशाहदे (प्रेक्षण) में आनेवाली सच्चाई मंटो की रचनाओं में सुरक्षित रहती है। मगर मंटो के कुछ छिद्रान्वेषी, खास तौर से धार्मिक और प्रगतिशील खेमों से संबंध रखनेवाले, मंटो की इसी ख़ूबी में ख़राबी का एक पहलू ढूँढ़ निकालते हैं। उनका कहना यह है कि असीमित स्वतंत्रता का कोई अर्थ नहीं होता, सिवाय एक तरह की वैचारिक अराजकता के। मंटो की वैचारिक स्वतंत्रता को वे एक तरह की गुमराही ठहराते हैं। उनकी आपत्ति सबसे बढ़कर इस बात पर है कि मंटो की इसी आज़ाद तबीयत ने उसकी रचनाओं में अश्लीलता और फूहड़पन का तत्व उत्पन्न किया। अपने भोलेपन में मंटो के ये अल्पदर्शी आलोचक यहाँ तक कह जाते हैं कि मंटो तो सिर्फ़ समाज के बुरे चरित्रों, सिर्फ़ गिरी हुई औरतों और मर्दों के बारे में लिखता था या लिख सकता था, या यह कि मंटो की रचनात्मक क्षमता एक तरह की नकारात्मक और विध्वंसमूलक क्षमता थी। इस बारे में मंटो के कुछ विरोधी जो सबसे ग़लत बात समझते हैं, यह है कि मंटो के पास कोई नीतिशास्त्र नहीं है और यह कि उसकी स्वतंत्रता अशुभ और अशिव की अभिव्यक्ति की स्वतंत्रता बन जाती है।

सच यह है कि मंटो के नैतिक सरोकार उसके समकालीनों में प्रतिबद्धता की सबसे अधिक चेतना रखनेवाले साहित्यकार की अपेक्षा किसी भी दृष्टि से कम नहीं थे। 'पाताल' की परिचयात्मक टिप्पणी में इस समस्या की तरफ़ पहले ही इशारा किया जा चुका है। यहाँ

हम केवल इस बात की पहचान करना चाहते हैं कि मंटो की स्वतंत्रता की धारणा स्वतंत्रता की किसी भी धारणा की तरह एक सीमित और सापेक्ष धारणा है। निरपेक्ष स्वतंत्रता का जीवन के किसी भी क्षेत्र में कोई अर्थ नहीं होता। मंटो के यहाँ भी किसी प्रकार की निरपेक्ष स्वतंत्रता की न तो इच्छा मिलती है और न वकालत।

दूसरी बात जो बहुत अहम और ग़ौरतलब है, यह है कि कहानी में वेश्याओं का या उच्छृंखल व्यक्ति का ज़िक्र करना और यौन-समस्याओं का वर्णन करना दो अलग-अलग बातें हैं। 'पाताल' के अंतर्गत पहले खंड में औरत का वह रूप सामने आया जो गणिका और वेश्या का रूप है। इसके विपरीत जो कहानियाँ 'जंगल' के शीर्षक से इस संग्रह में संकलित हैं उनका बुनियादी सरोकार यौन-संबंधी अनुभवों के अर्थ और सत्य को समझना और व्याख्यायित करना है।

विभाजन से पहले का सामाजिक और मानसिक वातावरण, फिर विभाजन के बाद का वातावरण, दंगों, सांप्रदायिकता और सांप्रदायिक दंगों में उलझी हुई हिंदू-मुस्लिम राजनीति—इन सबकी तरफ़ 'मक़्तल' की कहानियों में कहीं स्पष्ट और कहीं धुँधले इशारे मिलते हैं। मंटो ने राजनीति को न कभी निषिद्ध वृक्ष माना, न उसे अपने सिर का भूत बनाया। उसकी ऐसी कहानियों में भी जहाँ राजनीति के रंग बहुत गहरे हैं, मंटो के अपने सरोकार राजनीतिक और अराजनीतिक के फेर में पड़ने की बजाय अपने गहरे मानव-प्रेम और नैतिक क्षोभ के माध्यम से एक विशिष्ट बोध को अभिव्यक्त करते हैं।

मंटो अपनी अनुभूतियों की स्वतंत्रता से डरता नहीं था। इसी निडरता ने उसे गिरे हुए मर्द और औरतों या ऐसे फूहड़ अनुभवों के रचनात्मक विश्लेषण का साहस प्रदान किया जिन्हें परंपरागत ढंग के नीति-भीरु व्यक्ति, मौलवी और राजनीतिक मौलवी देखकर लाहौल पढ़ते हुए आगे बढ़ जाते थे। मुहम्मद हसन अस्करी ने कितनी सच्ची बात कही है :

> *"अनुभूतियों और संवेदनाओं की हलचल में मंटो का व्यक्तित्व अवश्य टुकड़े-टुकड़े हो गया, लेकिन अपने जीवन और मृत्यु से मंटो ने हमें इतना अवश्य दिखा दिया कि कलाकार अपना कच्चा माल किस तरह प्राप्त करता है—मंटो ने कच्चा माल जमा करने का काम खुलकर और सबकी नज़रों के सामने किया। इसीलिए उर्दू में उसका स्थान केवल एक साहित्यकार से ऊपर है। इसीलिए उसकी मृत्यु उसके जीवन की अर्थवत्ता को पूर्णता प्रदान करती है और इसीलिए उसके बुरे अफ़सानों को बुरा समझने के बावजूद मैं मंटो को उर्दू का सबसे बड़ा अफ़सानानिगार कहता हूँ।"*

इसी संग्रह में 'तलाशे-गुमशुदा' के उपशीर्षक के अंतर्गत जो कहानियाँ संकलित हैं वे अच्छी कहानियाँ नहीं हैं। सच तो यह है कि ये कहानियाँ बहुत मामूली, बल्कि बुरी हैं। मंटो के जीवन में या उसकी मृत्यु के बाद से अब तक, इस संग्रह के प्रकाशन तक ये कहानियाँ

छिपी क्यों रहीं, इसकी एक अलग कहानी है। हम इसके विस्तार में गए बिना बस इतना कहना चाहते हैं कि मंटो को समझने के लिए हमें भी अनुभूतियों की स्वतंत्रता का वही रवैया अपनाने की आवश्यकता है जिनके माध्यम से हम मंटो की विशिष्टता का निर्धारण करते हैं।

मंटो की कला का विश्लेषण करते हुए अपने एक लेख 'मंटो का फ़न : हयातो-मौत की आवेज़िश' में वारिस अलवी ने लिखा था :

"सवाल यह है कि मंटो ने यौन-संबंधी विकृतियों पर क्यों लिखा। क्या चौंकाने के लिए? और इसी से मिलता-जुलता दूसरा सवाल यह है कि उसने वेश्याओं, दलालों और उच्छृंखल लोगों पर क्यों लिखा? समाज के रिसते हुए नासूर दिखाने के लिए? इन प्रश्नों में मंटो की कला की पूरी अर्थवत्ता छिपी हुई है। लेकिन इन प्रश्नों के उत्तर आपको उस समय तक नहीं मिल सकते जब तक आप मंटो के तमाम अफ़सानों को अग़ल-बग़ल रखकर तस्वीर की तरह न देखें—एक ऐसी तस्वीर जिसका हर नक़्श दूसरे को उजागर करता हो। इसी स्थिति में तस्वीर की अर्थवत्ता स्पष्ट होगी। मंटो कला के उस उच्चतम बिंदु तक पहुँचा था जहाँ हक़ीक़त और अफ़साने का फ़र्क़ मिट जाता है।"

तो क्या मंटो ने अफ़साने और हक़ीक़त का फ़र्क़ मिटाने के लिए हक़ीक़त को केवल यांत्रिक ढंग से या कैमरे की आँखों से देखने की कोशिश की? हमारा विचार है कि यह एक बहुत बड़ी ग़लतफ़हमी है। हक़ीक़त को ठीक उसी प्रकार से देखने के लिए जैसी कि वह है, सच्चा कलाकार अपना एक विशेष कोण अपनाता है। एक ही हक़ीक़त विभिन्न लिखनेवालों के यहाँ बहुत-सी हक़ीक़तों का रूप धारण कर लेती है। ख़ुद मंटो ने भी एक हक़ीक़त को अनेक रूपों में देखा और दिखाया। बेशक उनका साझा जीवन-मूल्य मानवीय अनुभव के प्रति मंटो का बुनियादी रवैया है। मगर रवैये के साझेपन के बावजूद मंटो हर कहानी में यथार्थ का बोध एक नई सतह पर करता है—उसी तरह जैसे एक सिद्धहस्त कैमरामैन अलग-अलग तस्वीरों में एक ही दृश्य को एक-दूसरे से भिन्न रंगों और प्रतिच्छायाओं के साथ एक नए यथार्थ का दर्जा दे देता है। कैमरा भी इंसानी हाथों में आने के बाद केवल एक मशीन नहीं रह जाता बल्कि रचनात्मक प्रज्ञा और बोध की घुमक्कड़ी और खोज का एक संवेदनशील माध्यम बन जाता है।

मंटो की कला का सबसे प्रभावशाली और विशिष्ट पक्ष यह है कि उसने अपनी रचनात्मक स्वतंत्रता को सुरक्षित रखते हुए यथार्थ के बोध का भी एक ऐसा ढंग निकाला जहाँ स्वयं को सभी बाहरी और अनावश्यक उद्देश्यों की जकड़ से सुरक्षित रखकर वह यथार्थ को ऐसे कोणों से देखता है जिनसे न तो इस यथार्थ का निषेध होता है और न ही किसी प्रकार के औपचारिक यथार्थवाद का प्रदर्शन होता है। मंटो हर यथार्थ को बिना किसी फेर-बदल के एक नया यथार्थ बना देता है और उसकी आँख कैमरे की आँख के समान होने

के बावजूद कोमलतम अनुभूतियों की थरथराहट से ख़ाली नहीं होती। जिस तरह रचनाशीलता के तत्व से भरपूर किसी सिद्धहस्त फ़ोटोग्राफर के हाथ में आने के बाद कैमरे में भी इंसानी हाथों की ऊष्मा और संवेदनशीलता आ जाती है और कैमरे का दिल भी फ़ोटोग्राफ़र के दिल की तरह धड़कने लगता है, उसी तरह मंटो भी भावुक हुए बिना अपने-आप पर स्पष्ट होनेवाले हर यथार्थ को एक भावात्मक सच्चाई की तरह देखता और दिखाता है।

मंटो न केवल भावनाओं के भय का निषेध करता है, वह प्रचलित और औपचारिक यथार्थवाद का भी निषेध करता है जो मानव-सत्य को एक यांत्रिक सत्य बना देता है। ब्रिटिश भारत के अंतिम चरण, फिर स्वतंत्रता, विभाजन और दंगों की भयानकता और उस पूरे युग के त्रासद तत्वों का प्रेक्षण मंटो ने इतिहास की प्रयोगशाला के रूप में नहीं किया था।

जिस तरह कोई यौन-संबंधी अनुभव मंटो के लिए केवल यौन-संबंधी अनुभव नहीं था, उसी तरह कोई भी राजनीतिक घटना मंटो के लिए केवल राजनीतिक नहीं थी। मंटो ने मानवीय अस्तित्व और उसके फैलाव में समाई हुई सच्चाइयों की समग्रता के साथ-साथ एक सच्चे मानव-प्रेमी साहित्यकार के 'विज़न' की समग्रता के मानदंड को हमेशा सामने और सुरक्षित रखा। ऐसा न होता तो 'सियाह हाशिये' के अँधेरों से उजाले की किसी भी लकीर का फूटना संभव ही नहीं था। और मंटो कुछ भी हो सकता है, एक निषेध-प्रेमी हरगिज़ नहीं !

जंगल

The strongest, surest way to the soul is
through the flesh.

Mable Dodge

फाहा
धुआँ
ब्लाउज़

एक ख़त
चुग़द

नंगी आवाज़ें
ढारस
पाँच दिन

सड़क के किनारे

स्वराज के लिए

मुस्तैनवाला
ख़ाली बोतलें ख़ाली डिब्बे

शादाँ
पढ़िए कलमा

मेरा नाम राधा है
जानकी

बू

जंगल

मानव-काया मानव के अस्तित्व की सबसे स्पष्ट और अकाट्य सच्चाई है। यही सच्चाई स्व और सृष्टि की दूसरी तमाम सच्चाइयों तक पहुँचने का साधन बनती है। डी.एच. लारेंस ने तो इससे भी आगे बढ़कर मानव-काया के 'एक हिस्से' को अपने स्व के जंगल या अंधकारपूर्ण महाद्वीप का नाम दिया था और कहा था :

> *"मैं क्या हूँ, जब मैं अपने घर में होता हूँ ? मुझे एक होशमंद व्यक्ति समझा जाता है, मगर मैं इसके बावजूद अपने सर के ऊपर, विचारों से भरी हुई एक टोकरी उठाए फिरता हूँ, जबकि मेरे बदन के एक हिस्से में जो मेरे स्व का अंधकारपूर्ण महाद्वीप है, अनुभूतियों का एक पूरा छायाभास मौजूद है। इनमें से कुछ शेर की तरह दहाड़ती हैं, कुछ साँप की तरह बल खाती हैं या कुछ सफ़ेद बर्फ़ ऐसे मेमनों की तरह मिमियाती रहती हैं, कुछ चिड़ियों की तरह चहकती हैं, और कुछ बिलकुल गूँगी हैं, मगर फिसलती मछलियों की तरह फुर्तीली हैं, और कुछ कस्तूरा मछलियों की तरह कभी-कभी खुलती हैं..."*

इसी लेख में आगे चलकर लारेंस यह भी कहता है :

> *"पाशविक वृत्तियाँ हमारे अंदर के घोर अँधेरे अफ़्रीक़ा (अर्थात जंगल) से बाहर निकलती रहती हैं। रात को आप उनके हाँफने की आवाज़ सुन सकते हैं..."*

लारेंस का कहना है :

> *"हमारे अंतर के अस्ली और पुराने जंगल की सबसे पहली अभिव्यक्ति हमारी अनुभूतियाँ हैं। अब तक हमने अपने व्यक्तित्व की दहशत के मारे, इस जंगल से मुँह मोड़ रखा है और काँटेदार तारों के अनगिनत उलझावे इसके चारों तरफ़ बाड़ की तरह खींच रखे हैं, और एलान कर रखा है कि ऐसी कोई चीज़ कहीं मौजूद नहीं।"*

इस जंगल के अस्तित्व से इनकार इंसान के चेतन जीवन का सबसे बड़ा झूठ है। मंटो का सारा रचनात्मक संघर्ष इसी झूठ के ख़िलाफ़ एक कभी न ख़त्म होनेवाली जंग का बयान है। एक दस वर्षीय बच्चे के अस्तित्व में अंदर ही अंदर फैले हुए इस जंगल से लेकर इस भाग की अंतिम कहानी तक मंटो ने मानव के अस्तित्व की बुनियादी सच्चाई अर्थात शारीरिक सत्य से जुड़ी संवेदनाओं को पकड़ में लेने की कोशिश की है, विभिन्न कोणों से और अनुभव की

विभिन्न सतहों पर। इस मामले में मंटो किसी भी विचारधारात्मक, वैचारिक, नैतिक और धार्मिक प्रतिबंध को अपने स्व और अपने अनुभव की पकड़ में आनेवाली सृष्टि के बीच बाधक नहीं बनने देता। मुम्ताज़ शीरीं ने कहा था : "ख़ालिस नूरी (प्रकाश से बने) फ़रिश्ते का मंटो के यहाँ गुज़र नहीं। ख़ालिस मासूम नूरी फ़रिश्ते से, जिससे गुनाह होने की संभावना ही नहीं, कलाकार मंटो कोई सरोकार नहीं रखता। मंटो आदम की गुनाह की ज़ुर्रत का क़ाइल है।" इस मुआमले में मंटो की निडरता इस हद तक बढ़ी हुई है कि अपने पात्रों के अनुभव की गवाही देने से भी नहीं झिझकता।

फ्रायड के बारे में कहा गया है कि उसने मनुष्य की भावनाओं को भय से मुक्ति दिलाई। मंटो का कारनामा यह है कि उसने हमें हर मानवीय भावना के आदर का पाठ पढ़ाया और यह बताया कि 'पूरे आदमी' को समझने का रास्ता इसी जंगल अर्थात शरीर से होकर गुज़रता है। हर मानवीय भावना के आदर का यहाँ यह मतलब हरगिज़ नहीं कि मंटो का नीतिशास्त्र मानवीय बोध और अनुभव के विभिन्न रूपों में अंतर करने की क्षमता खो बैठा था। मंटो का तो आग्रह ही हमेशा इस बात पर रहा कि बुनियादी तौर पर वह एक नैतिक कलाकार है और उसकी नैतिकता का अर्थ प्रचलित नियमों का पाबंद नहीं है। यह कहने का साहस भी मंटो ही कर सकता था : "हर औरत, वेश्या नहीं होती—लेकिन हर वेश्या, औरत होती है।"

मानव-काया मंटो के लिए हर मानवीय अनुभव को पहचानने और समझने का सबसे विश्वसनीय और महत्वपूर्ण साधन भी थी। यह काया वेश्या की हो या किसी कुलीन स्त्री की, एक अपराधी की हो या किसी मासूम आदमी की, इन सब भावनाओं की धुरी और उनके अनुभवों का संदर्भ-बिंदु यही है। यह संदर्भ हमारे सामने शरीर में छिपी एक लंबी-चौड़ी सृष्टि के प्रत्येक रहस्य का दरवाज़ा इस तरह खोलता है कि शरीर केवल शरीर ही नहीं रह जाता, प्रतीक की भाषा में एक ऐसा जंगल बन जाता है, जिसके अँधेरे में बहुत-से रास्ते खो गए हैं।

मंटो की विशिष्टता यह है कि न तो इस जंगल का अथाह अँधेरा उसे डराता है, न ही अँधेरे के किसी जाल में मंटो का बोध उसका साथ छोड़ता है। मंटो के प्रेक्षण का विषय या कार्य बननेवाला शरीर किसी सोलह वर्ष के अनाड़ी छोकरे का हो या किसी अनुभवी और खेले-खिलाए पुरुष का, मंटो का बोध एक क्षण के लिए भी अपने कलात्मक उद्देश्य की ओर से लापरवाही का अपराधी नहीं बनता। इसलिए मंटो की कहानी में मानव-काया का वर्णन कहीं भी अपने-आपमें एक उद्देश्य नहीं बनने पाता। मंटो का बोध पकड़ में आनेवाली घटनाओं के विभिन्न चरणों से गुज़रता हुआ शरीर के चरण को भी पवित्रता और धर्मपरायणता का ढिंढोरा पीटे बिना बड़ी सादगी से पार कर लेता है। मानव-कायारूपी जंगल की सनसनाहट का सर्वेक्षण करने की प्रक्रिया में मंटो कभी भी किसी प्रकार की

सनसनीख़ेज़ी का शिकार नहीं हो सका। एक ऐसा जंगल जहाँ, लारेंस के शब्दों में, एक 'वहशी मख़लूक़' बसती है, किसी लिखनेवाले का उस जंगल में भटकते फिरने के बावजूद, सही-सलामत वहाँ से निकल आना, अपने-आपमें एक कारनामा है।

मंटो न तो शरीर के जंगल में शिकार हुआ, न वहाँ से फ़रार हुआ—वह जब कभी उस 'अंधकारपूर्ण महाद्वीप' से बाहर आया, उसका बोध अपने साथ यथार्थ की एक नई पहचान, अनुभव का एक नया आविष्कार ढूँढ़ लाया।

फाहा

गोपाल की रान पर जब यह बड़ा फोड़ा निकला तो उसके औसान ख़ता हो गए।

गर्मियों का मौसम था और आम ख़ूब हुए थे... बाज़ारों में, गलियों में, दूकानदारों के पास, फेरीवालों के पास, जिधर नज़र उठती, आम ही आम नज़र आते; लाल, पीले, सब्ज़, रंगारंग के; सब्ज़ी मंडी में लाखों के हिसाब से हर क़िस्म के आम आते और निहायत सस्ते दामों फ़रोख़्त होते—यूँ समझिए, पिछले बरस की कसर पूरी हो रही थी।

स्कूल के बाहर छोटूराम फलफ़रोश से गोपाल ने एक रोज़ ख़ूब जी भर के आम खाए—उसकी जेब में महीने भर के बचाए हुए, जमा किए हुए जितने पैसे थे, सबके-सब उसने उन आमों पर ख़र्च कर दिए, जिनके गूदे और रस में शहद घुला हुआ था।

उस रोज़ छुट्टी होते ही आम खाने के बाद उँगलियाँ चाटते हुए गोपाल को स्कूल के हलवाई से दूध की लस्सी पीने का ख़याल आया था और उस ख़याल को अमली जामा पहनाने की ख़ातिर उसने गंडाराम हलवाई से पाव भर दूध की लस्सी बनाने को कहा भी था—हलवाई ने लस्सी बनाने के बाद कुछ सोचकर कहा था : "बाबू गोपाल, पहला हिसाब चुका दो तो और उधार दूँगा, वरना नहीं।"

गोपाल ने अगर आम न खाए होते तो उसे लस्सी पीने का ख़याल न आता, और अगर उसकी जेब में थोड़े-बहुत पैसे होते तो वह वहीं खड़े-खड़े गंडाराम का हिसाब चुका देता, या और कुछ नहीं तो नक़द दाम देकर लस्सी का वह गिलास ले लेता, जिसमें बर्फ़ का टुकड़ा डुबकियाँ लगा रहा था और जिसे हलवाई ने बुरा-सा मुँह बनाकर अपने पीछे लोहे के थाल पर रख दिया था—गोपाल कुछ भी न कर सकता था और ख़ूब जी भर के आम खाने का नतीजा यह हुआ कि चौथे रोज़ उसकी रान पर यह बड़ा फोड़ा निकल आया और तीन-चार रोज़ तक उभरता रहा।

उसके औसान ख़ता हो गए। उसकी समझ में न आता था कि क्या करे। वह फोड़े से इतना परेशान नहीं था जितना उसके दर्द से—और सबसे बड़ी मुसीबत यह थी कि फोड़ा दिन ब दिन लाल होता चला जा रहा था और उसके मुँह पर बदन की झिल्ली फटना शुरू हो गई थी। बाज़ औक़ात गोपाल को महसूस होता कि फोड़े के अंदर कोई हँडिया उबल रही है और हँडिया के अंदर से सबकुछ एक ही उबाल में बाहर निकलना चाहता है; और यही एहसास उसे बहुत परेशान कर रहा था—फोड़े की जसामत[1] देखकर एक मर्तबा तो उसे

ऐसा मालूम हुआ था कि उसकी जेब में से काँच की गोली निकलकर उसकी रान में घुस गई है।

उसने घर में फोड़े की बाबत किसी से ज़िक्र न किया—वह जानता था कि अगर उसके पिताजी को फोड़े के बारे में पता चल गया तो वह अपने थाने की मक्खियों पर आया हुआ सारा ग़ुस्सा उसी पर निकालेंगे, और बहुत मुम्किन है, वह उसे उस छड़ी से पीटना भी शुरू कर दें जो, थोड़े रोज़ हुए, गिरधारी वकील के मुंशी ने वज़ीराबाद से उन्हें तोहफ़े के तौर पर लाकर दी थी—उसकी माँ का मिज़ाज भी कम गर्म न था। वह अगर उसे आम खाने के जुर्म की सज़ा न देती तो इस ग़लती पर उसके कान खींच-खींचकर ज़रूर लाल कर देती कि उसने घर के बाहर अकेले-अकेले आम क्यों उड़ाए। उसकी माँ का उसूल था कि जो कुछ भी खाया जाए, घर लाकर खाया जाए। वह कहा करती : 'गोपाल, अगर तुझे ज़हर भी खाना हो, तो घर लाकर खाना।' वह अच्छी तरह जानता था कि उस उसूल के पीछे उसकी माँ की सिर्फ़ यह ख़्वाहिश थी कि उसके मुँह के साथ उसकी माँ का मुँह भी चलता रहे।

बस गोपाल की रान पर फोड़ा निकलना था, निकल आया और उस उलझन का बायस, जहाँ तक वह समझ सका, वही आम थे।

उसने फोड़े की बाबत घर में किसी से ज़िक्र न किया था कि उसको अपने पिता जी की वह डाँट अच्छी तरह याद थी जो उसे पिलाई गई थी—उसके पिता लाला पुरुषोत्तमदास थानेदार लँगोट बाँधे नल की धार के नीचे अपनी गंजी चंदिया रखे और अपनी बड़ी तोंद बढ़ाए मूँछों में से आम का रस चूस रहे थे। सामने बालटी में एक दर्जन के क़रीब आम पड़े हुए थे जो उन्होंने सुबह-सवेरे एक ठेलेवाले का चालान माफ़ करके हासिल किए थे। वह अपने पिता की पीठ मल रहा था और मैल की मरोड़ियाँ बना रहा था। जब उसने अपने हाथ साफ़ करने के लिए बालटी में डाले थे और चुपके से एक आम उड़ाना चाहा था तो उसके पिता ने बड़े ज़ोर से उसका हाथ झटककर कहा था : 'बेशर्म, तुझे बड़ों का लिहाज़ करना जाने कब आएगा...' और जब उसने रोनी सूरत बनाकर कहा था : 'पिता जी, आम खाने को मेरा भी तो जी चाहता है।' तो उसके थानेदार पिता ने आम की गुठली चूसकर मोरी में फेंकते हुए कहा था : 'गोपू बेटे, तेरे लिए यह आम बहुत गरम हैं... फोड़े-फुन्सियाँ चाहता है तो बेशक खा ले... दो-तीन बारिशें हो जाएँ तो ख़ूब ठाठ से खाइयो... तेरी माँ से कहूँगा तो वह तेरे लिए दूध की लस्सी बना देगी; फिर तुझे आम की गर्मी भी नहीं होगी... चल अब पीठ मल...' उसने आम की गर्मी की बात सुनकर ख़ामोशी से अपने पिता की पीठ मलना शुरू कर दी थी, और आम की मीठी-मीठी बास ने जो पानी उसके मुँह में भर दिया था, वह देर तक निगलता रहा था।

इसके दूसरे ही रोज़ उसने जी भरकर आम खाए और चौथे ही रोज़ उसकी रान पर फोड़ा निकल आया—उसके पिता की बात सच्ची साबित हुई।

अब अगर वह घर में किसी से उस फोड़े की बात करता तो, ज़ाहिर है, ख़ूब पिटता। यही वजह है कि वह ख़ामोश रहा और फोड़े का बढ़ाव बंद करने की तदबीरें[2] सोचता रहा।

एक रोज़ उसके पिता जी थाने से वापसी पर जब घर आए तो उनके हाथ में एक लंबी-सी बत्ती थी—गोपाल की माँ को आवाज़ देकर उन्होंने वह बत्ती उसके हाथ में देकर कहा : 'ले आज बड़े काम की चीज़ लाया हूँ ··· बंबई का मरहम है और सौ दवाओं की एक दवा है ··· फोड़े-फुन्सी की बहार है; ज़रा-सा फोहा फोड़े पर लगा दोगी तो बस यूँ आराम आ जाएगा, यूँ ··· बंबई का निख़ालिस मरहम है; ले सँभाल के रख ।'

गोपाल अपनी बहन निर्मला के साथ सहन में गेंद-बल्ला खेल रहा था—इत्तिफ़ाक़ की बात है, जब थानेदार साहब अपनी पत्नी को मरहम की ख़ूबियों के बारे में बता रहे थे, निर्मला ने ज़ोर से गेंद फेंकी । गोपाल का ध्यान अपने पिता की तरफ़ था । गेंद ज़ोर से उसके फोड़े पर लगी और वह बिलबिला उठा, लेकिन दर्द को अंदर ही अंदर पी गया—वह स्कूल में मास्टर हरीराम के मशहूर बेंत की मार खा-खाकर दर्द सहने का आदी हो चुका था ।

इधर उसके फोड़े पर गेंद लगी, उधर उसके पिता की आवाज़ बुलंद हुई : 'ज़रा-सा फाहा फोड़े पर लगा दोगी तो बस यूँ आराम आ जाएगा, यूँ ··· ' और 'यूँ' के साथ उसके पिता की चुटकी ने गोया उसके सोए हुए दिमाग़ की चुटकी भर ली—उसको अपने दर्द का इलाज मालूम हो गया ।

उसकी माँ ने मरहम की बत्ती सामने दालान में सिलाई की पिटारी में रख दी ।

उसको अच्छी तरह मालूम था कि उसकी माँ आमतौर पर सिलाई की पिटारी ही में सब सँभालनेवाली चीज़ें रखा करती है—सबसे ज़्यादा सँभालनेवाली चीज़ वह मोचना था, जिससे उसकी माँ हर दसवें-पंद्रहवें रोज़, अपने तंग माथे के बाल साफ़ किया करती थी; वह मोचना बिला शक्को-शुब्हा सिलाई की पिटारी में उस पुड़िया समेत मौजूद था जिसमें कोयले की सफ़ेद राख जमा रहती थी, जो उसकी माँ बाल नोचकर माथे पर लगाया करती थी ।

गोपाल ने अपना इत्मीनान करने के लिए गेंद दालान में पलंग के नीचे फेंक दी और फिर गेंद को पलंग के नीचे से निकालते हुए अपनी माँ को पिटारी में मरहम रखते देख लिया ।

दोपहर को उसने अपनी बहन निर्मला को साथ मिलाकर छोटी क़ैंची, जिससे उसका बाप उँगलियों के नाख़ून काटता था, मरहम की बत्ती और अपने पिता के पाजामे से बचा हुआ लट्ठे का वह टुकड़ा हासिल कर लिया जिसके साथ उसकी माँ एक और टुकड़ा मिलाकर शलवार की मियानी बनाना चाहती थी ।

दोनों सब चीज़ें लेकर ऊपर कोठे पर चले गए और बरसाती के नीचे कोयले की बोरियों के पास बैठ गए ।

निर्मला ने अपनी जेब से लट्ठे का टुकड़ा निकालकर और अपनी रान पर शलवार के फिसलते हुए रेशमी कपड़े पर फैलाकर जब गोपाल की तरफ़ अपनी नाचती हुई आँखों से देखा तो उस वक़्त ऐसा मालूम हुआ कि ग्यारह बरस की वह कमसिन लड़की, जो दरयाई सरकंडे की तरह नाज़ुक और लचकीली थी, एक बहुत बड़े काम के लिए अपने आपको तैयार कर रही है—उसका नन्हा-सा दिल, जो उस वक़्त तक सिर्फ़ माँ-बाप की झिड़कियों और अपनी गुड़ियों के मैले होते हुए चेहरों की फ़िक्र में धड़का करता था, अब अपने भाई की

रान पर फोड़ा देखने के ख़याल से धड़क रहा था। उसके कान की लवें लाल और गर्म हो गई थीं।

गोपाल ने घर में अपने फोड़े की बाबत किसी से ज़िक्र न किया था, लेकिन फिर उसे निर्मला को सारी बात सुनाना पड़ी थी कि किस तरह उसने चोरी-चोरी आम खाए और दूध की लस्सी पीना भूल गया और उसकी रान पर पैसे के बराबर फोड़ा निकल आया—जब उसने अपनी रामकहानी सुनाकर निर्मला से राज़दाराना लहजे में कहा था : 'देख निर्मला, घर में यह बात किसी से न कहियो।' तो निर्मला ने बड़ी मतीन[3] सूरत बनाकर जवाब दिया था : 'मैं पागल थोड़े ही हूँ।'

गोपाल को यक़ीन था कि निर्मला वह बात अपने तक ही रखेगी; चुनांचे उसने पाजामे को ऊपर उड़स लिया।

निर्मला का दिल धक-धक करने लगा।

जब गोपाल ने बैठकर निर्मला को अपना फोड़ा दिखाया तो निर्मला ने दूर ही से अपनी उँगली से छुवा। उसके बदन पर एक झुरझुरी-सी तारी हो गई—'सी-सी' करते हुए उसने उभरे हुए लाल फोड़े की तरफ़ देखा और कहा : ''कितना लाल है!''

''अभी तो और होगा।'' गोपाल ने अपने मर्दाना हौसले का इज़हार करते हुए जवाब दिया।

निर्मला ने हैरत से कहा : ''सच ?''

''अभी तो कुछ लाल नहीं है… जो फोड़ा मैंने चिरंजी के मुँह पर देखा था, वह इससे कहीं ज़्यादा बड़ा और लाल था…'' गोपाल ने फोड़े पर दो उँगलियाँ फेरीं।

''तो अभी और बढ़ेगा ?'' निर्मला आगे सरक आई।

''क्या पता है… अभी तो बढ़ता ही चला जा रहा है।'' गोपाल ने जेब में से मरहम की बत्ती निकालकर कहा।

निर्मला सहम-सी गई : ''इस मरहम से तो आराम आ जाएगा न ?''

गोपाल ने बत्ती के एक सिरे पर से काग़ज़ की तह जुदा की और इस्बात में सिर हिला दिया : ''इसका एक फाहा लगाने ही से फोड़ा फट जाएगा…''

''फट जाएगा!'' निर्मला को ऐसा मालूम हुआ कि उसके कान के पास रबड़ का ग़ुब्बारा फट गया है—उसका दिल धक से रह गया।

''और इसके अंदर जो कुछ है, फूट बहेगा।'' गोपाल ने मरहम की बत्ती एक तरफ़ रख दी।

निर्मला का गुलाबी रंग बंबई के मरहम की तरह पीला पड़ गया—उसने धड़कते हुए दिल से पूछा : ''यह फोड़े क्यों निकलते हैं भैया ?''

''गरम चीज़ें खाने से।'' गोपाल ने एक माहिर तबीब[4] के से अंदाज़ में जवाब दिया।

निर्मला को वह दो अंडे याद आ गए जो उसने दो माह पहले खाए थे—वह कुछ सोचने लगी।

गोपाल और निर्मला के दरमियान चंद बातें और हुईं—फिर वे असली काम की तरफ़ मुतवज्जेह हुए।

निर्मला ने लट्ठे का एक गोल फाहा काटा, बड़ी नफ़ासत से, रुपए के बराबर; उसकी गोलाई में, मजाल है, जो ज़रा-सा नुक़्स भी हो—फाहा उसी तरह गोल था, जिस तरह निर्मला की माँ के हाथ की बनी हुई रोटी गोल होती है।

गोपाल ने उस फाहे पर थोड़ा-सा मरहम लगाया और फिर अच्छी तरह मरहम फैलाने के बाद फोड़े की तरफ़ ग़ौर से देखा।

निर्मला बस गोपाल के ऊपर झुकी हुई थी और उसकी हर हरकत को बड़ी दिलचस्पी से देख रही थी—गोपाल ने जब फाहा फोड़े के ऊपर जमा दिया तो वह काँप गई, जैसे उसके बदन पर किसी ने बर्फ का टुकड़ा रख दिया हो।

"अब आराम आ जाएगा ना ?" निर्मला ने नीम सवालिया अंदाज़ में पूछा।

गोपाल जवाब देने भी न पाया था कि बरसाती के बराबरवाली सीढ़ियों पर किसी के चढ़ने की आवाज़ आई—दोनों ने बयकवक़्त सोचा कि उनकी माँ है जो ग़ालिबन कोयले लेने के लिए आ रही है।

दोनों ने एक-दूसरे के चेहरे की तरफ़ देखा और कुछ कहे-सुने बग़ैर दोनों ने सब चीज़ें इकट्ठी करके उस पुराने संदूक़ के पीछे छुपा दीं जहाँ उनकी बिल्ली सुंदरी बच्चे दिया करती थी और मुँडेर फलाँगकर भाग गए।

गोपाल जब गली में पहुँचा तो सामने से उसके पिता आ रहे थे—उन्होंने उसे फ़ालूदा लाने के लिए भेज दिया।

जब वह फ़ालूदा लिए वापिस आ रहा था तो उसे गली में निर्मला मिल गई—फ़ालूदे का कसोरा निर्मला के हवाले करके वह चिरंजी के घर चला गया और उन चीज़ों को पिटारी में रखना भूल गया जो माँ के अचानक आ जाने से उसने और निर्मला ने संदूक़ के पीछे छुपा दी थीं।

चिरंजी के घर वह देर तक ताश खेलता रहा—खेल से फ़ारिग़ होकर जब वह चिरंजी की बग़ल में हाथ डाले कमरे से बाहर निकल रहा था तो किसी बात पर चिरंजी हँसा और उसके दाहिने गाल पर फोड़े का निशान लंबी-सी लकीर बन गया—फ़ौरन ही उसे अपने फोड़े का ख़याल आ गया और उस ख़याल के साथ ही उसे वे चीज़ें याद आ गईं जो संदूक़ के पीछे पड़ी थीं—चिरंजी की बग़ल से हाथ निकालकर वह घर की तरफ़ भागा।

घर पहुँचकर उसने वहाँ की फ़ज़ा देखी।

उसकी माँ सहन में बैठी उसके पिता से 'मिलाप' अख़बार की ख़बरें सुन रही थी और हँस भी रही थी।

वह उनके पास से गुज़रा—दोनों ने उसकी तरफ़ देखा मगर उससे कोई बात न की।

उसको इत्मीनान हो गया कि अभी तक उसकी माँ ने अपनी सिलाई की पिटारी नहीं देखी है—वह चुपके से कोठे पर चला गया।

लंबी छत तय करके वह बरसाती के क़रीब पहुँचा ही था कि उसके क़दम रुक गए।

निर्मला संदूक़ के पास सिर झुकाए बैठी थी—वह पीछे हट गया और छुपकर निर्मला को देखने लगा।

निर्मला बड़े इन्हिमाक[5] से फाहा तराश रही थी। उसकी पतली-पतली उँगलियाँ क़ैंची से बड़ा नफ़ीस काम ले रही थीं—फाहा काटने के बाद उसने थोड़ा-सा मरहम निकालकर फाहे पर फैलाया। फिर उसने अपने कुरते के बटन खोले—सीने के दाहिनी तरफ़ छोटा-सा उभार था! ऐसा मालूम होता था कि नलकी पर साबुन का छोटा-सा नामुकम्मल बुलबुला अटका हुआ है।

निर्मला ने फाहे पर फूँक मारी और उसे उस नन्हे-से उभार पर जमा दिया।

---

1. फैलाव, स्थूलता; 2. उपाय; 3. गंभीर; 4. चिकित्सक; 5. तन्मयता।

धुआँ

वह जब स्कूल रवाना हुआ तो उसने रास्ते में एक क़साई देखा, जिसके सिर पर एक बहुत बड़ा टोकरा था। उसमें दो ताज़ा ज़िब्ह किए हुए बकरे थे। उनकी खालें उतरी हुई थीं और उनके नंगे गोश्त में से धुआँ उठ रहा था। जगह-जगह पर यह गोश्त, जिसको देखकर मसऊद के ठंडे गालों पर गर्मी की लहरें-सी दौड़ जाती थीं, फड़क रहा था जैसे कभी-कभी उसकी आँख फड़का करती थी।

सवा नौ बजे होंगे मगर झुके हुए ख़ाकिस्तरी[1] बादलों के बायस ऐसा मालूम होता था कि बहुत सवेरा है। सर्दी में शिद्दत नहीं थी, लेकिन राह चलते आदमियों के मुँह से गर्मागर्म समोवार की टोंटियों की तरह गाढ़ा सफ़ेद धुआँ निकल रहा था। हर शै बोझल दिखाई देती थी जैसे बादलों के वज़न के नीचे दबी हुई है। मौसम कुछ वैसी ही कैफ़ियत का हामिल[2] था जो रबड़ के जूते पहनकर चलने से पैदा होती है। इसके बावजूद कि बाज़ार में लोगों की आमदो-रफ़्त जारी थी और दूकानों में ज़िंदगी के आसार पैदा हो चुके थे, आवाज़ें मद्धम थीं जैसे सरगोशियाँ हो रही हैं चुपके-चुपके। धीरे-धीरे बातें हो रही हों, हौले-हौले लोग क़दम उठा रहे हैं कि ज़्यादा ऊँची आवाज़ पैदा न हो।

मसऊद बग़ल में बस्ता दबाए स्कूल जा रहा था। उसकी चाल भी सुस्त थी। जब उसने बेखाल के ताज़ा ज़िब्ह किए हुए बकरों के गोश्त से सफ़ेद-सफ़ेद धुआँ उठता देखा तो उसे राहत महसूस हुई। उस धुएँ ने उसके ठंडे गालों पर गर्म-गर्म लकीरों का एक जाल-सा बुन दिया। उस गर्मी ने उसे राहत पहुँचाई और वह सोचने लगा कि सर्दियों में ठंडे यख़ हाथों पर बेंत खाने के बाद अगर यह धुआँ मिल जाया करे तो कितना अच्छा हो।

फ़ज़ा में उजलापन नहीं था, रौशनी थी मगर धुँधली। कुहरे की एक पतली-सी तह हर शै पर चढ़ी हुई थी जिससे फ़ज़ा में गदलापन पैदा हो गया था। यह गदलापन आँखों को अच्छा मालूम होता था, इसलिए कि नज़र आनेवाली चीज़ों की नोक-पलक कुछ मद्धम पड़ गई थी।

मसऊद जब स्कूल पहुँचा तो उसे अपने साथियों से यह मालूम करके क़तई तौर पर ख़ुशी न हुई कि स्कूल सिकत्तर साहिब की मौत के बायस बंद कर दिया गया है। सब लड़के ख़ुश थे, जिसका सुबूत यह था कि वह अपने बस्ते एक जगह पर रखकर स्कूल के सहन में ऊटपटाँग खेलों में मशग़ूल थे। कुछ छुट्टी का पता मालूम करते ही घर चले गए थे। कुछ आ रहे थे और कुछ नोटिस-बोर्ड के पास जमा थे और बार-बार एक ही इबारत पढ़ रहे थे।

मसऊद ने जब सुना कि सिकत्तर साहिब मर गए हैं तो उसे बिलकुल अफ़सोस न हुआ उसका दिल जज़्बात से बिलकुल ख़ाली था। उसने यह ज़रूर सोचा कि पिछले बरस जब उसके दादा जान का इंतिक़ाल इन ही दिनों में हुआ था तो उनका जनाज़ा ले जाने में बड़ी दिक़्क़त हुई थी, इसलिए कि बारिश शुरू हो गई थी। वह भी जनाज़े के साथ गया था और क़ब्रिस्तान में चिकनी कीचड़ के बायस ऐसा फिसला था कि खुदी हुई क़ब्र में गिरते-गिरते बचा था। यह सब बातें उसको अच्छी तरह याद थीं। सर्दी की शिद्दत, उसके कीचड़ से लथपथ कपड़े, सुर्ख़ी माइल नीले हाथ जिनको दबाने से सफ़ेद-सफ़ेद धब्बे पड़ जाते थे, नाक जो कि बर्फ़ की डली मालूम होती और फिर आकर हाथ-पाँव धोने और कपड़े बदलने का मरहला—यह सब कुछ उसको अच्छी तरह याद था। चुनांचे जब उसने सिकत्तर साहिब की मौत की ख़बर सुनी तो उसे बीती हुई बातें याद आ गईं और उसने सोचा : जब सिकत्तर साहिब का जनाज़ा उठेगा तो बारिश शुरू हो जाएगी और क़ब्रिस्तान में इतनी कीचड़ हो जाएगी कि कई लोग फिसलेंगे और उनको ऐसी चोटें आएँगी कि वह बिलबिला उठेंगे।

मसऊद ने यह ख़बर सुनकर सीधा अपनी क्लास का रुख़ किया। कमरे में पहुँचकर उसने अपने डेस्क का ताला खोला। दो-तीन किताबें जो कि उसे दूसरे रोज़ फिर लाना थीं, रखीं और बाक़ी बस्ता उठाकर घर की जानिब चल पड़ा।

रास्ते में उसने फिर वही दो ताज़ा ज़िब्ह किए हुए बकरे देखे। उनमें से एक को अब क़साई ने लटका दिया था। दूसरा तख़्ते पर पड़ा था। जब मसऊद दूकान पर से गुज़रा तो उसके दिल में ख़्वाहिश पैदा हुई कि वह गोश्त को, जिसमें से धुआँ उठ रहा था, छूकर देखे। चुनांचे उसने आगे बढ़कर उँगली से बकरे के उस हिस्से को छूकर देखा जो अभी तक फड़क रहा था। गोश्त गर्म था। मसऊद की ठंडी उँगली को यह हरारत बहुत भली मालूम हुई। क़साई दूकान के अंदर छुरियाँ तेज़ करने में मसरूफ़ था। चुनाचे मसऊद ने एक बार फिर गोश्त को छूकर देखा और वहाँ से चल पड़ा।

घर पहुँचकर उसने जब अपनी माँ को सिकत्तर साहिब की मौत की ख़बर सुनाई तो उसे मालूम हुआ कि उसके अब्बा जी उन्हीं के जनाज़े के साथ गए हैं। अब घर में सिर्फ़ दो आदमी थे—माँ और बड़ी बहन। माँ बावरचीख़ाने में बैठी सालन पका रही थी और बड़ी बहन कुलसूम पास ही एक काँगड़ी लिए दरबारी की सरगम याद कर रही थी।

चूँकि गली के दूसरे लड़के गवर्नमेंट स्कूल में पढ़ते थे, जिस पर इस्लामिया स्कूल के सिकत्तर की मौत का कुछ असर नहीं हुआ था, इसलिए मसऊद ने ख़ुद को बिलकुल बेकार महसूस किया। स्कूल का कोई काम भी नहीं था, छठी जमात में जो कुछ पढ़ाया जाता है, वह घर में अपने अब्बा जी से पढ़ चुका था। खेलने के लिए भी उसके पास कोई चीज़ न थी। एक मैला-कुचैला ताश ताक़ में पड़ा था मगर उससे मसऊद को कोई दिलचस्पी न थी। लूडो और इसी क़िस्म के दूसरे खेल, जो उसकी बड़ी बहन अपनी सहेलियों के साथ हर रोज़ खेलती थी, उसकी समझ से बालातर[3] थे। समझ से बालातर यूँ थे कि मसऊद ने कभी उनको समझने की कोशिश ही नहीं की थी। उसको फितरतन ऐसे खेलों से कोई लगाव नहीं था।

बस्ता अपनी जगह पर रखने और कोट उतारने के बाद वह बावरचीख़ाने में अपनी माँ के पास बैठ गया और दरबारी की सरगम सुनता रहा जिसमें कई दफ़ा सा रे गा मा आता था। उसकी माँ पालक काट रही थी। पालक काटने के बाद उसने सब्ज़-सब्ज़ पत्तों का गीला-गीला ढेर उठाकर हँडिया में डाल दिया। थोड़ी देर के बाद जब पालक को आँच लगी तो उसमें से सफ़ेद-सफ़ेद धुआँ उठने लगा। उस धुएँ को देखकर मसऊद को बकरे का गोश्त याद आ गया। चुनांचे उसने अपनी माँ से कहा : ''अम्मी जान, आज मैंने क़साई की दूकान पर दो बकरे देखे। उनकी खाल उतरी हुई थी और उनमें से धुआँ निकल रहा था, बिलकुल वैसे ही जैसा कि सुबह-सवेरे मेरे मुँह से निकला करता है।''

''अच्छा···!'' यह कहकर उसकी माँ चूल्हे में लकड़ियों के कोयले झाड़ने लगी।

''हाँ··· और मैंने गोश्त को अपनी उँगली से छूकर देखा तो वह गर्म था।''

''अच्छा···!'' यह कहकर उसकी माँ ने वह बरतन उठाया जिसमें उसने पालक का साग धोया था और बावरचीख़ाने से बाहर चली गई।

''···और वह गोश्त कई जगह पर फड़कता भी था।''

''अच्छा···'' मसऊद की बड़ी बहन ने दरबारी सरगम याद करना छोड़ दी और उसकी तरफ़ मुतवज्जेह हुई : ''कैसे फड़कता था?''

''यूँ··· यूँ।'' मसऊद ने उँगलियों से फड़कन पैदा करके अपनी बहन को दिखाई।

''फिर क्या हुआ?'' यह सवाल कुलसूम ने अपने सरगम-भरे दिमाग़ से कुछ इस तौर पर निकाला कि मसऊद एक लहजे के लिए बिलकुल ख़ालीउज़्ज़ेहन[4] हो गया।

''फिर क्या होना था। मैंने ऐसे ही आप से बात की थी कि क़साई की दूकान पर गोश्त फड़क रहा था। मैंने उँगली से छूकर भी देखा था। गरम था!''

''गरम था।···! अच्छा, मसऊद यह बताओ, तुम मेरा एक काम करोगे।''

''बताइए।''

''आओ, मेरे साथ आओ।''

''नहीं, आप पहले बताइए, काम क्या है?''

''तुम आओ तो सही मेरे साथ।''

''जी नहीं··· आप पहले काम बताइए।''

''देखो, मेरी कमर में बड़ा दर्द हो रहा है··· मैं पलंग पर लेटती हूँ, तुम ज़रा पाँव से दबा देना··· अच्छे भाई जो हुए, अल्लाह की क़सम, बड़ा दर्द हो रहा है।'' यह कहकर मसऊद की बहन ने अपनी कमर पर मुक्कियाँ मारना शुरू कर दीं।

''यह आपकी कमर को क्या हो जाता है। जब देखो, दर्द हो रहा है, और फिर आप दबवाती भी मुझी से हैं। क्यों नहीं अपनी सहेलियों से कहतीं···'' मसऊद उठ खड़ा हुआ और राज़ी हो गया : ''चलिए, लेकिन आपसे यह कहे देता हूँ कि दस मिनट से ज़्यादा मैं बिलकुल नहीं दबाऊँगा।''

''शाबाश! शाबाश!'' उसकी बहन उठ खड़ी हुई और सरगमों की कापी सामने ताक़ में रखकर उस कमरे की तरफ़ रवाना हुई जहाँ वह और मसऊद दोनों सोते थे।

सहन में पहुँचकर उसने अपनी दुखती हुई कमर सीधी की और ऊपर आसमान की तरफ़ देखा। मटियाले बादल झुके हुए थे : ''मसऊद, आज ज़रूर बारिश होगी।'' यह कहकर उसने मसऊद की तरफ़ देखा मगर वह अंदर अपनी चारपाई पर लेटा था।

जब कुलसूम अपने पलंग पर औंधे मुँह लेट गई तो मसऊद ने उठकर घड़ी में वक़्त देखा : ''देखिए बाजी, ग्यारह बजने में दस मिनट बाक़ी हैं, मैं पूरे ग्यारह बजे आपकी कमर दाबना छोड़ दूँगा।''

''बहुत अच्छा, लेकिन तुम अब ख़ुदा के लिए ज़्यादा नख़रे न बघारो⋯इधर मेरे पलंग पर आकर जल्दी कमर दबाओ, वरना याद रखो, बड़े ज़ोर से कान ऐंठूँगी।'' कुलसूम ने मसऊद को डाँट पिलाई।

मसऊद ने अपनी बड़ी बहन के हुक्म की तामील की और दीवार का सहारा लेकर पाँव से उसकी कमर दबाना शुरू कर दी। मसऊद के वज़न के नीचे कुलसूम की चौड़ी-चकली कमर में ख़फ़ीफ़-सा झुकाव पैदा हो गया। जब उसने पैरों से दबाना शुरू किया, ठीक उसी तरह जिस तरह मज़दूर मिट्टी गूँधते हैं तो कुलसूम ने मज़ा लेने की ख़ातिर हौले-हौले हाय-हाय करना शुरू कर दिया।

कुलसूम के कूल्हों पर गोश्त ज़्यादा था। जब मसऊद का पाँव उस हिस्से पर पड़ा तो उसे ऐसा महसूस हुआ कि वह उस बकरे के गोश्त को दबा रहा है जो उसने क़साई की दूकान में अपनी उँगली से छूकर देखा था। इस एहसास ने चंद लम्हात के लिए उसके दिलो-दिमाग़ में ऐसे ख़यालात पैदा किए जिनका कोई सिर था न पैर। वह उनका मतलब न समझ सका। और समझता भी कैसे, जबकि कोई ख़याल मुकम्मल ही न था।

एक-दो बार मसऊद ने यह भी महसूस किया कि उसके पैरों के नीचे गोश्त के लोथड़ों में हरकत पैदा हुई है, उसी क़िस्म की हरकत जो उसने बकरे के गर्म-गर्म गोश्त में देखी थी⋯उसने बड़ी बददिली से कमर दबाना शुरू की थी मगर अब उसे इस काम में लज़्ज़त महसूस होने लगी। उसके वज़न के नीचे कुलसूम हौले-हौले कराह रही थी। यह भिंची-भिंची आवाज़, जो कि मसऊद के पैरों की हरकत का साथ दे रही थी, उस गुमनाम-सी लज़्ज़त में इज़ाफ़ा कर रही थी।

टाइमपीस में ग्यारह बज गए मगर मसऊद अपनी बहन कुलसूम की कमर दबाता रहा। जब कमर अच्छी तरह दबाई जा चुकी तो कुलसूम सीधी लेट गई और कहने लगी : ''शाबाश मसऊद! शाबाश! लो अब लगे हाथों टाँगें भी दबा दो, बिलकुल इसी तरह⋯शाबाश मेरे भाई⋯''

मसऊद ने दीवार का सहारा लेकर कुलसूम की रानों पर जब अपना पूरा वज़न डाला तो उसके पाँव के नीचे मछलियाँ तड़प-सी गईं⋯बेइख़्तियार वह हँस पड़ी और दोहरी हो गई।

मसऊद गिरते-गिरते बचा, लेकिन उसके तलवों में मछलियों की वह तड़प मुंजमिद-सी[5] हो गई। उसके दिल में ज़बर्दस्त ख़्वाहिश पैदा हुई, कि वह फिर इसी तरह दीवार का सहारा लेकर अपनी बहन की रानें दबाए। चुनांचे उसने कहा : ''यह आपने हँसना क्यों शुरू कर दिया। सीधी लेट जाइए कि मैं आपकी टाँगें दबा दूँ⋯''

कुलसूम सीधी लेट गई। रानों की मछलियाँ इधर-उधर होने के बायस जो गुदगुदी पैदा हुई थी, उसका असर अभी तक उसके जिस्म में बाक़ी था : ''ना भाई, मेरे गुदगुदी होती है। तुम वहशियों की तरह दबाते हो…''

मसऊद ने ख़याल किया कि शायद उसने ग़लत तरीक़ा इस्तेमाल किया है : ''नहीं, अब की दफ़ा मैं पूरा बोझ आप पर नहीं डालूँगा… आप इत्मीनान रखिए, अब ऐसी अच्छी तरह दबाऊँगा कि आपको कोई तकलीफ़ न होगी…''

दीवार का सहारा लेकर मसऊद ने अपने जिस्म को तोला और इस अंदाज़ से आहिस्ता-आहिस्ता कुलसूम की रानों पर अपने पैर जमाए कि उसका आधा बोझ कहीं ग़ायब हो गया। हौले-हौले बड़ी होशियारी से उसने पैर चलाने शुरू किए। कुलसूम की रानों में अकड़ी हुई मछलियाँ उसके पैरों के नीचे दब-दबकर इधर-उधर फिसलने लगीं—मसऊद ने एक बार स्कूल में तने हुए रस्से पर एक बाज़ीगर को चलते देखा था। उसने सोचा कि बाज़ीगर के पैरों के नीचे तना हुआ रस्सा इसी तरह फिसलता होगा।

इससे पहले कई बार उसने अपनी बहन कुलसूम की टाँगें दबाई थीं, मगर वह लज़्ज़त जोकि उसे अब महसूस हो रही थी, पहले कभी महसूस नहीं हुई थी। बकरे के गर्म-गर्म गोश्त का उसे बार-बार ख़याल आता था। एक-दो मर्तबा उसने सोचा : 'कुलसूम को अगर ज़िब्ह किया जाए तो खाल उतर जाने पर क्या उसके गोश्त में से भी धुआँ निकलेगा?' लेकिन ऐसी बेहूदा बातें सोचने पर उसने अपने आपको मुजरिम महसूस किया और दिमाग़ को इस तरह साफ़ कर दिया जैसे वह स्लेट को स्पंज से साफ़ किया करता था।

''बस-बस…'' कुलसूम थक गई, ''बस-बस…''

मसऊद को एकदम शरारत सूझी। वह पलँग पर से नीचे उतरने लगा तो उसने कुलसूम की दोनों बग़लों में गुदगुदी शुरू कर दी। हँसी के मारे वह लोट-पोट हो गई। उसमें इतनी सकत नहीं थी कि वह मसऊद के हाथों को परे झटक दे लेकिन जब उसने इरादा करके मसऊद के लात जमानी चाही तो मसऊद उछलकर ज़द से बाहर हो गया और सलीपर पहनकर कमरे से निकल गया।

जब वह सहन में दाख़िल हुआ तो उसने देखा कि हल्की-हल्की बूँदाबाँदी हो रही है। बादल और भी झुक आए थे। पानी के नन्हे-नन्हे क़तरे आवाज़ पैदा किए बग़ैर सहन की ईंटों में आहिस्ता-आहिस्ता जज़्ब हो रहे थे। मसऊद का जिस्म एक दिलनवाज़ हरारत महसूस कर रहा था। जब हवा का ठंडा-ठंडा झोंका उसके गालों के साथ मस[6] हुआ और दो-तीन नन्ही-नन्ही बूँदें उसकी नाक पर पड़ीं तो एक झुरझुरी-सी उसके बदन में लहरा उठी। सामने कोठे की दीवार पर एक कबूतर और एक कबूतरी पास-पास पर फुलाए बैठे थे। ऐसा मालूम होता था कि दोनों दमपुख़्त[7] की हुई हँडिया की तरह गर्म हैं। गुलदाऊदी और नाज़बू के हरे-हरे पत्ते ऊपर लाल-लाल गमलों में नहा रहे थे। फ़ज़ा में नींदें घुली हुई थीं। ऐसी नींदें जिनमें बेदारी[8] ज़्यादा होती है और इंसान के इर्द-गिर्द नर्म-नर्म ख़्वाब यूँ लिपट जाते हैं, जैसे ऊनी कपड़े।

मसऊद ऐसी बातें सोचने लगा जिनका मतलब उसकी समझ में नहीं आता था। वह

उन बातों को छूकर देख सकता था मगर उनका मतलब उसकी गिरफ़्त से बाहर था। फिर भी एक गुमनाम-सा मज़ा इस सोच-विचार में उसे आ रहा था।

बारिश में कुछ देर खड़े रहने के बायस जब मसऊद के हाथ बिलकुल यख़[9] हो गए और दबाने से उन पर सफ़ेद धब्बे पड़ने लगे तो उसने मुट्ठियाँ कस लीं और उनको मुँह की भाप से गर्म करना शुरू किया। हाथों को इस अमल से कुछ गर्मी तो पहुँची मगर वह नम-आलूद हो गए। चुनांचे आग तापने के लिए वह बावरचीख़ाने में चला गया। खाना तैयार था। अभी उसने पहला लुक़मा ही उठाया था कि उसका बाप क़ब्रिस्तान से वापिस आ गया। बाप-बेटे में कोई बात न हुई। मसऊद की माँ उठकर फ़ौरन दूसरे कमरे में चली गई और वहाँ देर तक अपने ख़ाविंद के साथ बातें करती रही।

खाने से फ़ारिग़ होकर मसऊद बैठक में चला गया और खिड़की खोलकर फ़र्श पर लेट गया। बारिश की वजह से सर्दी की शिद्दत बढ़ गई थी, क्योंकि अब हवा भी चल रही थी। मगर यह सर्दी नाख़ुशगवार मालूम नहीं होती थी। तालाब के पानी की तरह यह ऊपर ठंडी और अंदर गर्म थी। मसऊद जब फ़र्श पर लेटा तो उसके दिल में ख़्वाहिश पैदा हुई कि वह उस सर्दी के अंदर धँस जाए जहाँ उसके जिस्म को राहतअंगेज़ गर्मी पहुँचे। देर तक वह ऐसी शीर गर्म बातों के मुताल्लिक़ सोचता रहा जिसके बायस उसके पट्ठों में हल्की-हल्की दुखन पैदा हो गई। एक-दो बार उसने अँगड़ाई ली तो उसे मज़ा आया। उसके जिस्म के किसी हिस्से में, यह उसको मालूम नहीं था कि कहाँ, कोई चीज़ अटक-सी गई थी। यह चीज़ क्या थी, उसके मुताल्लिक़ भी मसऊद को इल्म नहीं था, अलबत्ता इस अटकाव ने उसके सारे जिस्म में इज़्तिराब[10], एक दबे हुए इज़्तिराब की कैफ़ियत पैदा कर दी थी। उसका सारा जिस्म खिंचकर लंबा हो जाने का इरादा बन गया था।

देर तक गुदगुदे क़ालीन पर करवटें बदलने के बाद वह उठा और बावरचीख़ाने से होता हुआ सहन में आ निकला। कोई बावरचीख़ाने में था न सहन में। इधर-उधर जितने कमरे थे, सबके-सब बंद थे। बारिश अब रुक गई थी। मसऊद ने हाकी और गेंद निकाली और सहन में खेलना शुरू कर दिया। एक बार जब उसने ज़ोर से हिट लगाई तो गेंद सहन के दाएँ हाथवाले कमरे के दरवाज़े पर लगी। अंदर से मसऊद के बाप की आवाज़ आई: "कौन?"

"जी, मैं हूँ मसऊद!"

अंदर से आवाज़ आई: "क्या कर रहे हो?"

"जी, खेल रहा हूँ!"

"खेलो..." फिर थोड़े-से तवक्क़ुफ़[11] के बाद उसके बाप ने कहा: "तुम्हारी माँ मेरा सिर दबा रही है, ज़्यादा शोर न मचाना।"

यह सुनकर मसऊद ने गेंद वहीं पड़ी रहने दी और हाकी हाथ में लिए सामनेवाले कमरें का रुख़ किया। उसका एक दरवाज़ा बंद था और दूसरा नीमबाज़... मसऊद को एक शरारत सूझी। दबे पाँव वह नीमबाज़ दरवाज़े की तरफ़ बढ़ा और धमाके के साथ उसने दोनों पट खोल दिए। दो चीख़ें बुलंद हुईं और कुलसूम और उसकी सहेली बिमला ने, जोकि पास-पास लेटी थीं, ख़ौफ़ज़दा होकर झट-से लिहाफ़ ओढ़ लिया।

बिमला के ब्लाउज़ के बटन खुले हुए थे और कुलसूम उसके उरियाँ सीने को घूर रही थी।

मसऊद कुछ समझ न सका। उसके दिमाग़ पर धुआँ-सा छा गया। वहाँ से उलटे क़दम लौटकर जब बैठक की तरफ़ रवाना हुआ तो उसे मअन[12] अपने अंदर एक अथाह ताक़त का एहसास हुआ जिसने कुछ देर के लिए उसकी सोचने-समझने की क़ुव्वत बिलकुल कमज़ोर कर दी।

बैठक में खिड़की के पास बैठकर जब मसऊद ने हाकी को दोनों हाथों से पकड़कर घुटने पर रखा तो यह सोचा कि हल्का-सा दबाव डालने पर भी हाकी में ख़म पैदा हो जाएगा और ज़्यादा ज़ोर लगाने पर तो हैंडल चटाख़ से टूट जाएगा। ...उसने घुटने पर हाकी के हैंडिल में ख़म तो पैदा कर लिया मगर ज़्यादा-से-ज़्यादा ज़ोर लगाने पर भी वह टूट न सका। देर तक वह हाकी के साथ कुश्ती लड़ता रहा। जब वह थककर हार गया तो झुँझलाकर उसने हाकी परे फेंक दी।

---

1. मटमैला; 2. धारण करनेवाला; 3. बाहर; 4. शून्य-मस्तिष्क; 5. जमा हुआ; 6. स्पर्श; 7. हाँडी का मुँह बंद करके हल्की आँच पर रखी हुई; 8. जाग्रति; 9. ठंड से जमे हुए; 10. व्याकुलता, व्यग्रता; 11. अंतराल; 12. अचानक।

ब्लाउज़

कुछ दिनों से मोमिन बहुत बेक़रार था।

उसका वुजूद कच्चा फोड़ा-सा बन गया था—काम करते वक़्त, बातें करते हुए, हत्ता कि सोचने पर भी उसे एक अजीब क़िस्म का दर्द महसूस होता, ऐसा दर्द जिसको वह बयान भी करना चाहता तो न कर सकता।

बाज़ औक़ात बैठे-बैठे वह एकदम चौंक पड़ता; धुँधले-धुँधले ख़यालात, जो आम हालतों में बेआवाज़ बुलबुलों की तरह पैदा होकर मिट जाया करते हैं, उसके दिमाग़ में बड़े शोर के साथ पैदा होते और शोर ही के साथ फट जाते; उसके दिलो-दिमाग़ के नर्मो-नाज़ुक परदों पर जैसे ख़ारदार[1] पाँववाली च्यूँटियाँ -सी रेंगती रहतीं; उसके आज़ा[2] में एक अजीब क़िस्म का खिंचाव पैदा हो गया था, जिसके बायस उसे बहुत तकलीफ़ होती और उस तकलीफ़ की शिद्दत जब बढ़ जाती तो उसके जी में आता कि वह अपने आपको एक बड़े हावन में डाल दे और किसी से कहे कि उसे कूटना शुरू कर दे।

बावरचीख़ाने मे गर्म मसाला कूटते वक़्त जब लोहे से लोहा टकराता, और धमकों से छत में एक गूँज-सी दौड़ती तो उसके नंगे पैरों को यह लरज़िश बहुत भली मालूम होती; पैरों के ज़रिए से यह लरज़िश उसकी तनी हुई पिंडलियों और रानों में दौड़ती हुई उसके दिल तक पहुँच जाती, जो तेज़ हवा में रखे हुए दीए की लौ की तरह काँपना शुरू कर देता।

मोमिन की उम्र पद्रह बरस की थी; शायद सोलहवाँ भी लगा हो। उसे अपनी उम्र के मुताल्लिक सही अंदाज़ा न था, वह एक सेहतमंद और तंदुरुस्त लड़का था, जिसका लड़कपन तेज़क़दमी से जवानी के मैदान की तरफ़ भाग रहा था; इसी दौड़ ने, जिससे वह बिलकुल ग़ाफ़िल था, उसके लहू के हर क़तरे में सनसनी पैदा कर दी थी— वह इसका मतलब समझने की कोशिश करता, मगर नाकाम रहता।

उसके जिस्म में कई तब्दीलियाँ रूनुमा[3] हो रही थीं; गर्दन, जो पहले पतली थी, अब मोटी हो गई थी, बाँहों के पुट्ठों में ऐंठन-सी पैदा हो गई थी, कंठ निकल रहा था; सीने पर गोश्त की तह मोटी हो गई थी—और अब कुछ दिनों से उसके पिस्तानों[4] में गोलियाँ-सी पड़ गई थीं; जगह उभर आई थी, जैसे किसी ने जिल्द के अंदर एक-एक बंटा दाखिल कर दिया हो। उन उभारों को हाथ लगाने से उसे बहुत दर्द महसूस होता; कभी-कभी काम करने के दौरान में ग़ैर-इरादी तौर पर जब उसका हाथ उन गोलियों से छू जाता तो वह तड़प उठता;

क़मीस के मोटे और खुरदुरे कपड़े से भी उसको तकलीफ़देह सरसराहट महसूस होती।

ग़ुस्लख़ाने में नहाते वक़्त या बावरचीख़ाने में जब कोई और मौजूद न होता तो वह अपनी क़मीस के बटन खोलकर उन गोलियों को ग़ौर से देखता और हाथों से मसलता; दर्द होता, टीसें उठतीं और उसका सारा जिस्म फलों से लदे हुए पेड़ की तरह, जिसे ज़ोर से हिलाया गया हो, काँप-काँप जाता, मगर इसके बावुजूद वह उस दर्द पैदा करनेवाले खेल में मशग़ूल रहता—कभी-कभी ज़्यादा दबाने पर वह गोलियाँ पिचक जातीं और उनके मुँह से एक लेसदार लुआब निकल आता; लुआब देखकर उसका चेहरा उसके कान की लौओं की तरह सुर्ख़ हो जाता और वह यह समझता कि उससे कोई गुनाह सरज़द हो गया है।

गुनाह और सवाब के मुताल्लिक़ उसका इल्म बहुत महदूद था। हर वह फ़े'ल, जो एक इंसान दूसरे इंसान के सामने न कर सकता हो, उसके ख़याल के मुताबिक़ गुनाह था—जब शर्म के मारे उसका चेहरा उसके कान की तरह सुर्ख़ हो जाता तो वह झट-से अपनी क़मीस के बटन बंद कर लेता और दिल में अहद करता कि वह आइंदा ऐसी फ़ुज़ूल हरकत कभी नहीं करेगा, लेकिन अपने अहद के बावजूद दूसरे या तीसरे रोज़ तख़्लिये[5] में वह फिर उसी खेल में मशग़ूल हो जाता।

मोमिन से सब घरवाले ख़ुश थे कि वह बड़ा मेहनती लड़का था। डिप्टी साहिब के यहाँ उसे काम करते हुए सिर्फ़ तीन महीने हुए थे, लेकिन इस क़लील अर्से में उसने घर के हर फ़र्द को अपनी मेहनतकश तबीयत से मुतास्सिर कर लिया था। वह छः रुपए महीने पर नौकर हुआ था, मगर दूसरे महीने ही उसकी तनख़्वाह में दो रुपए बढ़ा दिए गए थे।

वह उस घर में बहुत ख़ुश था कि वहाँ उसकी क़द्र की जाती थी, मगर अब कुछ दिनों से वह बेक़रार था; एक अजीब क़िस्म की आवारगी उसके दिमाग़ में पैदा हो गई थी; उसका जी चाहता कि वह सारा दिन बेमतलब बाज़ारों में घूमता फिरे, या किसी सुनसान मक़ाम पर जाकर लेटा रहे।

अब काम में उसका जी नहीं लगता था, लेकिन इस बेदिली के होते हुए भी वह काहिली नहीं बरतता था; यही वजह है कि घर में कोई भी उसके अंदरूनी इंतिशार[6] से वाक़िफ़ नहीं था। रज़िया थी, सो वह दिन-भर बाजा बजाने, नई-नई फिल्मी तर्ज़ें सीखने और रिसाले पढ़ने में मसरूफ़ रहती थी; उसने कभी मोमिन की निगरानी ही न की थी। शकीला अलबत्ता मोमिन से इधर-उधर के काम लेती थी और कभी-कभी उसे डाँटती भी थी, मगर अब कुछ दिनों से शकीला भी चंद ब्लाउज़ों के नमूने उतारने में बेतरह मशग़ूल थी; वह ब्लाउज़ उसकी एक सहेली के थे, जिसे नई-नई तराशों के कपड़े पहनने का बेहद शौक़ था; वह अपनी सहेली से आठ ब्लाउज़ माँगकर लाई थी और काग़ज़ों पर उनके नमूने उतार रही थी, इसलिए उसने कुछ दिनों से मोमिन की तरफ़ ध्यान ही नहीं दिया था।

डिप्टी साहिब की बीवी सख़्तगीर औरत नहीं थीं—घर में दो नौकर थे, यानी मोमिन के अलावा एक बुढ़िया भी थी, जो ज़्यादातर बावरचीखाने का काम करती थी और मोमिन कभी-कभी उसका हाथ बटा दिया करता था डिप्टी साहिब की बीवी ने, मुमकिन है, मोमिन की मुस्तैदी में कोई कमी देखी हो, मगर उसने मोमिन से इसका ज़िक्र नहीं किया था,

और वह इन्क़िलाब जिसमें से मोमिन का दिलो-दिमाग़ और जिस्म गुज़र रहा था, उससे तो डिप्टी साहिब की बीवी बिलकुल ग़ाफ़िल थी; उसका अपना कोई लड़का नहीं था, इसलिए वह मोमिन की ज़ेहनी और जिस्मानी तब्दीलियों को नहीं समझ सकती थी और फिर मोमिन नौकर था—नौकरों के मुताल्लिक़ कौन ग़ौरो-फ़िक्र करता है; बचपन से लेकर बुढ़ापे तक वह तमाम मंज़िलें पैदल तय कर जाते हैं और उनके आसपास के आदमियों को ख़बर तक नहीं होती।

मोमिन का बिलकुल यही हाल था—वह कुछ दिनों से अनजाने मोड़ मुड़ता हुआ ज़िंदगी के एक ऐसे रास्ते पर आ निकला था, जो ज़्यादा लंबा तो नहीं था, मगर बेहद पुरख़तर था, उस रास्ते पर उसके क़दम कभी तेज़-तेज़ उठते, कभी हौले-हौले; वह जानता ही नहीं था कि ऐसे रास्तों पर किस तरह चलना चाहिए; उन्हें जल्दी तय करना चाहिए, या कुछ वक़्त लेकर आहिस्ता-आहिस्ता इधर-उधर की चीज़ों का सहारा लेकर तय करना चाहिए। उसके नंगे पाँव के नीचे आते हुए शबाब की गोल-गोल चिकनी बट्टियाँ फिसल रही थीं; वह अपना तवाज़ुन बरक़रार नहीं रख पा रहा था और इसीलिए बेहद मुज़्तरिब[7] था, इसी इज़्तिराब[8] के बायस कई बार काम करते-करते चौंककर वह ग़ैर-इरादी तौर पर किसी खूँटी को दोनों हाथों से पकड़ लेता और उसके साथ लटक जाता; फिर उसके दिल में ख़्वाहिश पैदा होती कि कोई उसे टाँगों से पकड़कर इतना खींचे, इतना खींचे कि वह एक महीन तार बन जाए… यह सब बातें उसके दिमाग़ के एक ऐसे गोशे में पैदा होतीं कि वह ठीक तौर पर उनका मतलब न समझ सकता।

ग़ैर-शऊरी तौर पर वह चाहता था कि कुछ हो; क्या हो, बस कुछ हो… मेज़ पर क़रीने से चुनी हुई प्लेटें एकदम उछलना शुरू कर दें; केतली पर रखा हुआ ढकना पानी के एक ही उबाल से ऊपर को उड़ जाए; नल की जस्ती नाली दोहरी हो जाए और उसमें से पानी का फ़व्वारा-सा फूट निकले; उसे एक ऐसी ज़बर्दस्त अँगड़ाई आए कि उसके सारे जोड़ अलहदा-अलहदा हो जाएँ और उसके बदन में एक ढीलापन पैदा हो जाए—कोई ऐसी बात वुक़ूपज़ीर[9] हो, जो उसने पहले कभी देखी न हो।

मोमिन बहुत बेक़रार था।

रज़िया नई फ़िल्मी तर्ज़ें सीखने में मशग़ूल थी।

शकीला काग़ज़ों पर ब्लाउज़ों के नमूने उतार रही थी। जब उसने वह काम ख़त्म कर लिया तो वह नमूना जो उन सबमें अच्छा था, उसे अपने सामने रखकर उसने ऊदी साटन का ब्लाउज़ बनाना शुरू कर दिया—अब रज़िया को भी अपना बाजा और फ़िल्मी गानों की कापी छोड़कर शकीला की तरफ़ मुतवज्जेह होना पड़ा।

शकीला हर काम बड़े एहतिमाम[10] और चाव से करती थी; वह अपनी छोटी बहन रज़िया की तरह अफ़रातफ़री पसंद नहीं करती थी—जब वह सीने-पिरोने बैठती तो एक-एक टाँका सोच-समझकर बड़े इत्मीनान से लगाती कि किसी भी ग़लती का इम्कान[11] न रहे; उसकी पैमाइश भी बहुत सही थी कि पहले वह काग़ज़ काटती, फिर कटे हुए काग़ज़

के मुताबिक़ कपड़ा काटती। यूँ वक़्त तो ज़्यादा सर्फ़ होता, मगर चीज़ बिलकुल फ़िट तैयार होती।

शकीला भरे-भरे जिस्म की सेहतमंद लड़की थी; उसके हाथ बहुत गुदगुदे थे; गोश्त-भरी मख़रूती उँगलियों के आख़िर में हर जोड़ पर एक-एक नन्हा गढ़ा था—जब वह सिलाई की मशीन चलाती तो यह नन्हे-नन्हे गढ़े हाथ की हरकत की वजह से ग़ायब हो जाते। वह मशीन भी बड़े इत्मीनान से चलाती। आहिस्ता-आहिस्ता उसकी दो या तीन उँगलियाँ बड़ी रानाई[12] के साथ मशीन की हत्थी घुमातीं तो उसकी कलाई में एक हल्का-सा ख़म पैदा हो जाता, गर्दन ज़रा इस तरफ़ को झुक जाती और उसके बालों की एक लट, जिसे शायद अपने लिए कोई मुस्तक़िल जगह नहीं मिलती थी, नीचे फिसल आती; वह अपने काम में इस क़दर मुन्हमिक रहती कि झूलती हुई लट को हटाने या जमाने की कोशिश ही न करती।

जब शकीला ऊदी साटन फैलाकर अपने माप का ब्लाउज़ तराशने लगी तो उसे इंची टेप की ज़रूरत महसूस हुई—उनका अपना टेप घिस-घिसाकर बिलकुल टुकड़े-टुकड़े हो चुका था; लोहे का गज़ मौजूद था, मगर उससे कमर और सीने की पैमाइश कैसे हो सकती थी; उसके पास कई ब्लाउज़ थे, मगर अब वह पहले से कुछ मोटी हो गई थी; वह सारी पैमाइश नए सिरे से करना चाहती थी।

वह सही पैमाइश की ख़ातिर अपनी कमीस उतार चुकी थी कि उसे ख़याल आया, उनका इंची टेप टुकड़े-टुकड़े हो चुका है—उसने मोमिन को आवाज़ दी और जब वह आ गया तो उसने कहा : "जाओ मोमिन, दौड़कर छः नंबर से कपड़े का गज़ ले आओ... कहना, शकीला बीबी माँगती हैं।"

मोमिन की निगाहें शकीला के बदन से चिपटी सफ़ेद बनियान के साथ टकराईं—वह कई बार शकीला को वैसी बनियानों में देख चुका था, मगर उस रोज़ उसे एक क़िस्म की झिझक महसूस हुई; उसने अपनी निगाहों का रुख़ दूसरी तरफ़ फेर लिया और घबराहट में कहा : "कैसा गज़ बीबी जी!"

शकीला ने जवाब दिया : "कपड़े का गज़... एक गज़ यह तुम्हारे सामने पड़ा है, यह लोहे का है... एक दूसरा गज़ भी होता है, कपड़े का... जाओ, छः नंबर में जाओ और दौड़ के कपड़े का गज़ ले आओ... कहना, शकीला बीबी माँगती हैं।"

छः नंबर का फ़्लैट बिलकुल क़रीब था—मोमिन फ़ौरन कपड़े का गज़ लेकर आ गया।

शकीला ने गज़ मोमिन के हाथ से लिया और कहा : "यहीं ठहर जाओ... इसे अभी वापिस दे आना..." फिर वह अपनी बहन रज़िया से मुख़ातिब हुई : "उन लोगों की कोई चीज़ अपने पास रख ली जाए तो उनकी वह बुढ़िया सौ बार जताएगी... इधर आओ, यह गज़ लो और यहाँ से मेरा माप लो।"

रज़िया ने शकीला की कमर और सीने का माप लेना शुरू किया तो दोनों बहनों के दरमियान तकरार-सी शुरू हो गई। मोमिन दरवाज़े की दहलीज़ में खड़ा तकलीफ़देह ख़ामोशी से उनकी बातें सुनता रहा।

"रज़िया, तुम गज़ को खींचकर माप क्यों नहीं लेतीं... पिछली दफ़ा भी यही हुआ; तुमने माप लिया और मेरे ब्लाउज़ का सत्यानास हो गया... ऊपर के हिस्से पर अगर ब्लाउज़ फ़िट न आए तो बग़लों में इधर-उधर झोल पड़ जाते हैं।"

"कहाँ का माप लूँ, कहाँ का न लूँ, तुम तो अजीब मख़मसे[13] में डाल देती हो... ज़रा ऊपर का माप लेना शुरू किया तो तुमने कहा, ज़रा नीचे का लो... ब्लाउज़ ज़रा छोटा-बड़ा हो गया तो कौन-सी आफ़त आ जाएगी।"

"भई वाह...! चीज़ के फ़िट होने ही में तो सारी ख़ूबसूरती है... सुरैया को देखो, कैसे फ़िट कपड़े पहनती है; मजाल है जो कहीं शिकन पड़ जाए... कितने ख़ूबसूरत मालूम होते हैं ऐसे कपड़े... लो, अब तुम माप लो..." यह कहकर शकीला ने लंबा साँस खींचकर अपना सीना फुलाना शुरू किया। जब उसका सीना अच्छी तरह फूल गया तो साँस रोककर उसने घुटी-घुटी आवाज़ में कहा : "लो अब जल्दी करो..."

शकीला ने अपने सीने की हवा ख़ारिज की तो मोमिन को महसूस हुआ, उसके अंदर रबड़ के कई ग़ुब्बारे फूट गए हैं—उसने घबराकर कहा : "गज़ लाइए बीबी जी, दे आऊँ..."

शकीला ने उसे झिड़क दिया : "ज़रा ठहर जाओ।"

रज़िया ने कंधों के ज़रा नीचे शकीला के बाज़ुओं की गोलाई का माप लेना शुरू किया तो शकीला ने अपने बाज़ू ज़रा उठा दिए।

मोमिन को शकीला की सफ़ेद बग़ल में काले-काले बालों का एक गुच्छा नज़र आया—उसकी अपनी बग़लों में भी वैसे ही बाल उग रहे थे, मगर वह गुच्छा उसे बहुत भला मालूम हुआ; उसके सारे बदन में एक सनसनी-सी दौड़ गई और उसके दिल में एक अजीबो-ग़रीब-सी ख़्वाहिश पैदा हुई कि शकीला की बग़लों के वह काले-काले बाल उसकी मूँछें बन जाएँ... बचपन में वह भुट्टों के काले, भूरे और सुनहरी बालों से अपनी मूँछें बनाया करता था, उनको अपने बालाई होंठ पर जमाते वक़्त जो सरसराहट उसे बचपन में महसूस हुआ करती थी, उसी क़िस्म की सरसराहट उसकी अजीबो-ग़रीब ख़्वाहिश ने उसके बालाई होंठ में पैदा कर दी।

शकीला का बाज़ू नीचे झुक गया था और बग़ल छुप गई थी, मगर मोमिन काले-काले बालों का वह गुच्छा देख रहा था; उसके तसव्वुर में शकीला का बाज़ू उठा हुआ था और बग़ल में से सियाह बाल झाँक रहे थे।

थोड़ी देर के बाद शकीला ने गज़ मोमिन के हवाले किया और कहा : "जाओ, इसे वापस दे आओ और कहना, शकीला बीबी ने बहुत-बहुत शुक्रिया अदा किया है।"

मोमिन गज़ वापिस दे आया और बाहर सहन में बैठ गया। उसके दिलो-दिमाग में धुँधले-धुँधले ख़याल पैदा हो रहे थे। देर तक वह उनका मतलब समझने की कोशिश करता रहा और जब उसकी समझ में कुछ न आया तो उसने ग़ैर-इरादी तौर पर अपना छोटा-सा ट्रंक खोला, जिसमें उसने ईद के लिए नए कपड़े बनवाकर रखे हुए थे।

ट्रंक का ढकना खुलते ही नए लट्ठे की बू उसकी नाक तक पहुँची तो उसके दिल में

ख़्वाहिश पैदा हुई कि वह नहा-धोकर, नए कपड़े पहनकर सीधा शकीला बीबी के पास जाए और सलाम करे—उसके लट्ठे की नई शलवार किस तरह खड़खड़ करेगी और उसकी रूमी टोपी···

रूमी टोपी का ख़याल आते ही उसकी निगाहों के सामने टोपी का फुंदना आ गया और फिर वह फुंदना फ़ौरन ही उन काले-काले बालों के गुच्छे में तब्दील हो गया, जो उसने शकीला की बग़ल में देखा था।

उसने कपड़ों के नीचे से अपनी नई रूमी टोपी निकाली और उसके नर्म और लचकीले फुंदने पर हाथ फेरना शुरू किया ही था कि अंदर से शकीला की आवाज़ आई : "मोमिन !"

उसने टोपी ट्रंक में रखी, ढकना बंद किया और अंदर चला गया, जहाँ शकीला नमूने के मुताबिक़ ऊदी साटन के कई टुकड़े काट चुकी थी।

उन फिसल-फिसल जानेवाले टुकड़ों को एक जगह रखकर शकीला उसकी तरफ़ मुतवज्जेह हुई : "मैंने तुम्हें इतनी आवाज़ें दीं··· सो गए थे क्या ?"

उसकी ज़ुबान में लुकनत[14] पैदा हो गई : "नहीं··· नहीं बीबी जी !"

"तो क्या कर रहे थे ?"

"कुछ··· कुछ भी तो नहीं।"

"कुछ तो ज़रूर कर रहे होगे ?" शकीला सवाल किए जा रही थी, मगर उसका ध्यान ब्लाउज़ की तरफ़ था, जिसे अब उसे कच्चा करना था।

मोमिन ने खिसियानी हँसी के साथ जवाब दिया : "मैं ट्रंक खोलकर अपने नए कपड़े देख रहा था···"

शकीला खिलखिलाकर हँस पड़ी—रज़िया ने भी शकीला का साथ दिया।

शकीला को हँसते देखकर मोमिन को एक अजीब-सी तस्कीन[15] महसूस हुई और उस तस्कीन ने उसके दिल में यह ख़्वाहिश पैदा की कि वह कोई ऐसी मज़हकाख़ेज़[16] तौर पर अहमक़ाना हरकत करे कि शकीला को और ज़्यादा हँसने का मौक़ा मिले—लड़कियों की तरह झेंपकर और लहजे में शर्माहट पैदा करके उसने कहा : "बड़ी बीबी जी से पैसे लेकर मैं रेशमी रूमाल भी लाऊँगा।"

शकीला ने हँसते हुए पूछा : "क्या करोगे उस रूमाल का ?"

उसने झेंपकर जवाब दिया : "गले में बाँधूँगा बीबी जी··· बड़ा अच्छा मालूम होगा।"

उसका जवाब सुनकर शकीला और रज़िया, दोनों देर तक हँसती रहीं।

"गले में बाँधोगे तो याद रखना, उसी से फाँसी दे दूँगी···" शकीला ने अपनी हँसी दबाने की कोशिश की और रज़िया से कहा : "कमबख़्त ने मुझे काम ही भुला दिया··· रज़िया, मैंने इसे क्यों बुलाया था ?"

रज़िया ने जवाब न दिया और उसने वह नई फ़िल्मी तर्ज़ गुनगुनाना शुरू कर दी, जो वह दो रोज से सीख रही थी।

चंद ही लम्हों में शकीला को याद आ गया कि उसने मोमिन को क्यों बुलाया था : "देखो मोमिन, मैं तुम्हें यह बनियान उतारकर देती हूँ··· दवाइयों की दूकान के पास जो एक नई

दूकान खुली है, वही जहाँ तुम उस दिन मेरे साथ गए थे··· वहाँ जाओ और पूछ के आओ कि ऐसी छः बनियानों का वह क्या लेंगे··· कहना, हम पूरी छः लेंगे, इसलिए कुछ रिआयत ज़रूर करें··· समझ लिया ना ?"

उसने जवाब दिया : "जी हाँ !"

"अब तुम ज़रा परे हट जाओ।"

वह बाहर निकलकर दरवाज़े की ओट में हो गया।

थोड़ी देर के बाद बनियान उसके क़दमों के पास आ गिरी और अंदर से शकीला की आवाज़ आई : "कहना, हम इसी क़िस्म की, इसी डिज़ाइन की, बिलकुल यही चीज़ लेंगे··· कोई फ़र्क़ नहीं होना चाहिए।"

उसने 'बहुत अच्छा' कहकर बनियान उठा ली, जो पसीने के बायस कुछ-कुछ गीली हो रही थी, जैसे उसे किसी ने भाप पर रखकर फ़ौरन ही हटा लिया हो; बदन की बू भी उसमें बसी हुई थी और मीठी-मीठी गर्मी भी थी; उसे तमाम चीज़ें बहुत भली मालूम हुईं।

वह उस बनियान को, जो बिल्ली के बच्चे की तरह मुलायम थी, अपने हाथों में मसलता हुआ बाहर चला गया।

जब वह भाव दरयाफ़्त करने के बाद बाज़ार से वापस आया तो शकीला ब्लाउज़ की सिलाई शुरू कर चुकी थी, उस ऊदी-ऊंदी साटन के ब्लाउज़ की, जो उसकी रूमी टोपी के कच्चे फुँदने से कहीं ज़्यादा चमकीली और लचकदार थी।

उसने दरवाज़े के उधर ही से शकीला को भाव बताया और सहन में आकर बैठ गया।

उसने सोचा, ब्लाउज़ शायद ईद के लिए तैयार किया जा रहा है कि ईद अब बिलकुल क़रीब आ गई है।

उसको उस दिन कई बार बुलाया गया, धागा लाने के लिए, इस्तरी निकालने के लिए।

शाम के क़रीब जब शकीला ने बाक़ी काम दूसरे रोज़ पर उठा दिया तो धागे के टुकड़े और ऊदी साटन की बेकार कतरनें उठाने के लिए भी उसे बुलाया गया।

उसने कमरा अच्छी तरह साफ़ किया, बेकार चीज़ें उठाकर बाहर फेंकीं, मगर साटन की चमकीली कतरनें अपनी जेब में रख लीं, बिलकुल बेमतलब—उसे कुछ मालूम नहीं था कि वह उनका क्या करेगा।

दूसरे रोज़ उसने अपनी जेब में से कतरनें निकालीं और एक तरफ़ बैठकर उनके धागे अलग करने शुरू कर दिए—देर तक वह इस खेल में मशग़ूल रहा, हत्ता कि धागों के छोटे-छोटे टुकड़ों का एक गुच्छा-सा बन गया।

वह गुच्छे को हाथ में लेकर दबाता रहा, मसलता रहा—उसके तसव्वुर में शकीला की वही बग़ल थी, जिसमें उसने काले-काले बालों का एक छोटा-सा गुच्छा देखा था।

उस दिन भी शकीला ने उसे कई बार बुलाया—ऊदी साटन के ब्लाउज़ की हर शक्ल उसकी निगाहों के सामने आती रही।

पहले ब्लाउज़ को कच्चा सिया गया था तो उस पर सफ़ेद धागे के बड़े-बड़े टाँके जा-बजा फैले हुए थे; फिर उस पर इस्तरी की गई थी, जिससे सब शिकनें दूर हो गई थीं

और उसकी चमक भी दोबाला हो गई थी; इसके बाद कच्ची हालत ही में शकीला ने उसे पहना था और पहनकर रज़िया को दिखाया था और फिर दूसरे कमरे में सिंगार मेज़ के पास जाकर आईने में खुद उसको हर पहलू से अच्छी तरह देखा था, और जब पूरा इत्मीनान हो गया था तो उसे उतारा था, जहाँ-जहाँ वह तंग या खुला था, वहाँ-वहाँ निशान लगाए थे, उसकी सारी ख़ामियाँ दूर करने के बाद फिर पहनकर देखा था ··· जब ब्लाउज़ शकीला के बदन पर फ़िट आया तो उसने पक्की सिलाई शुरू की।

इधर साटन का वह ब्लाउज़ सिया जा रहा था, उधर मोमिन के दिमाग़ में अजीबो-ग़रीब ख़यालों के टाँके-से उधड़ रहे थे।

जब उसे कमरे में बुलाया जाता और उसकी निगाहें ऊदी और चमकीली साटन के ब्लाउज़ पर पड़तीं तो उसका जी चाहता कि वह उसे अपने हाथ से छूकर देखे, सिर्फ़ छूकर ही न देखे, बल्कि उसकी मुलायम और रोएँदार सतह पर देर तक हाथ फेरता रहे, अपने खुरदुरे हाथ।

उसने साटन की कतरनों से ब्लाउज़ की मुलायमत का अंदाज़ कर लिया था—धागे, जो उसने उन कतरनों से निकाले थे, बहुत मुलायम थे; धागों का गुच्छा बनाकर जब उसने खींचा था तो उसे मालूम हुआ था कि उनमें रबड़ की-सी लचक भी है।

वह जब भी अंदर आकर ब्लाउज़ को देखता, उसका ख़याल फ़ौरन कतरनों के धागों की तरफ़ चला जाता और फिर उन बालों की तरफ़ दौड़ जाता जो उसने शकीला की बग़ल में देखे थे—काले-काले बाल ··· वह सोचता, क्या वह भी उस साटन की तरह मुलायम होंगे।

ब्लाउज़ बिल-आख़िर तैयार हो गया।

वह कमरे के फ़र्श पर गीला कपड़ा फेर रहा था कि शकीला अंदर आई।

शकीला ने क़मीस उतारकर पलंग पर रखी। नीचे उसने उसी क़िस्म की सफ़ेद बनियान पहन रखी थी, जिसका नमूना लेकर मोमिन भाव दरयाफ़्त करने गया था। बनियान के ऊपर उसने अपने हाथ का सिला हुआ ब्लाउज़ पहना, सामने के हुक लगाए और आईने के सामने खड़ी हो गई।

मोमिन ने फ़र्श साफ़ करते-करते आईने की तरफ़ देखा।

ब्लाउज़ में अब जान-सी पड़ गई थी, एक-दो जगह पर वह इस क़दर चमक रहा था कि मालूम होता था, साटन का रंग सफ़ेद हो गया है।

शकीला की पीठ उसकी तरफ़ थी और पीठ पर रीढ़ की हड्डी की लंबी झिरी ब्लाउज़ फ़िट होने के बायस अपनी पूरी गहराई के साथ नुमायाँ थी।

उससे रहा न गया ; उसने कहा : "बीबी जी, आपने दरज़ियों को भी मात कर दिया है!"

शकीला अपनी तारीफ़ सुनकर ख़ुश हुई, मगर वह रज़िया की राय तलब करने के लिए बेक़रार थी, इसलिए वह सिर्फ़ 'अच्छा है ना' कहकर बाहर दौड़ गई।

वह आईने की तरफ़ देखता रह गया—उसे लगा, आईने में ब्लाउज़ का सियाह और

चमकीला अक्स मौजूद है।

रात को वह शकीला के कमरे में सुराही रखने के लिए गया तो उसने खूँटी पर लकड़ी के हैंगर में उस ब्लाउज़ को लटके हुए देखा।

कमरे में कोई मौजूद नहीं था।

उसने आगे बढ़कर ग़ौर से ब्लाउज़ को देखा; फिर डरते-डरते उस पर अपना दायाँ हाथ फेरा—हाथ फेरते हुए उसे यूँ लगा, जैसे कोई उसके जिस्म के मुलायम रोंएँ पर हौले-हौले बिलकुल हवाई लम्स की तरह हाथ फेर रहा है।

रात को जब वह सोया तो उसने कई ऊटपटाँग ख़्वाब देखे।

डिप्टी साहिब ने पत्थर के कोयलों का एक बड़ा ढेर उसे कूटने को कहा—जब उसने एक बड़ा-सा कोयला उठाया और उस पर हथौड़े से ज़र्ब लगाई तो वह बड़ा-सा कोयला नरम-नरम बालों का एक गुच्छा बन गया...वह गुच्छा काली खाँड के महीन-महीन तारों का था और गोले की सूरत था...फिर वह गोला काले रंग का गुब्बारा बनकर हवा में उड़ना शुरू हो गया...बहुत ऊपर जाकर वह गुब्बारा फट गया...फिर आँधी आ गई और उसकी रूमी टोपी का फुंदना कहीं गायब हो गया...वह फुंदने की तलाश में निकल खड़ा हुआ...देखी और अनदेखी जगहों में घूमता रहा...यकायक नए लट्ठे की बू कहीं से आना शुरू हो गई...फिर न जाने क्या हुआ कि उसका हाथ काली साटन के एक ब्लाउज़ पर जा पड़ा...वह कछ देर तक किसी अनदेखी धड़कती हुई चीज़ पर अपना हाथ फेरता रहा...

दफअतन[17] मोमिन हड़बड़ा के उठ बैठा—थोड़ी देर तक वह कुछ समझ न सका कि वह सब क्या है, क्यों है; फिर उसे ख़ौफ़, ताज्जुब और एक अनोखी टीस का एहसास हुआ; उसकी हालत अजीबो-ग़रीब थी; पहले उसे तकलीफ़देह हरारत महसूस हुई, फिर चंद लम्हात के बाद एक ठंडी-सी लहर उसके जिस्म पर रेंगने लगी!

---

1. कँटीले; 2. अंग का बहुवचन; 3. प्रकट; 4. छाती; 5. एकांत; 6. उथल-पुथल; 7. बेचैन; 8. बेचैनी; 9. घटित; 10. सलीक़े; 11. संभावना; 12. ख़ूबसूरती; 13. उलझन; 14. हकलाहट; 15. तृप्ति; 16. हास्यास्पद; 17. अचानक।

एक ख़त

तुम्हारा तवील[1] ख़त मिला जिसे मैंने दो मर्तबा पढ़ा। दफ़्तर में इसके एक-एक लफ़्ज पर मैंने ग़ौर किया और ग़ालिबन इसी वजह से उस रोज़ मुझे रात के दस बजे तक काम करना पड़ा, इसलिए कि मैंने बहुत-सा वक़्त उस ग़ौरो-फ़िक्र में ज़ाया कर दिया था।

तुम जानते हो, इस सरमायापरस्त दुनिया में अगर मज़दूर मुक़र्ररा वक़्त के एक-एक लम्हे के एवज़ अपनी जान के टुकड़े तौलकर न दे तो उसे अपने काम की उजरत नहीं मिलती—लेकिन यह रोना रोने से क्या फ़ायदा?

शाम को अज़ीज़ साहिब (जिनके यहाँ मैं आजकल ठहरा हुआ हूँ) दफ़्तर में तशरीफ़ लाए और कमरे की चाबियाँ देकर कहने लगे : "मैं ज़रा काम से कहीं जा रहा हूँ, शायद देर में आना हो, इसलिए तुम मेरा इंतज़ार किए बग़ैर चले जाना…" लेकिन फिर उन्होंने फ़ौरन ही चाबियाँ अपनी जेब में डाल लीं और फ़रमाने लगे : "नहीं, तुम मेरा इंतज़ार करना। मैं दस बजे तक वापिस आ जाऊँगा।"

दफ़्तरी काम से फ़ारिग़ हुआ तो दस बज चुके थे। सख़्त नींद आ रही थी। आँखों में बड़ी प्यारी गुदगुदी हो रही थी। जी चाहता था, कुर्सी ही पर सो जाऊँ।

नींद के इसी ग़लबे[2] के ज़ेरे-असर मैंने ग्यारह बजे तक अज़ीज़ साहिब का इंतज़ार किया, मगर वह न आए। आख़िरकार थककर मैंने घर की राह ली। मेरा ख़याल था कि वह उधर ही उधर घर चले गए होंगे और आराम से सो रहे होंगे। आहिस्ता-आहिस्ता निस्फ़ मील का फ़ासिला तय करने के बाद मैं तीसरी मंज़िल पर चढ़ा और जब मैंने अँधेरे में दरवाज़े की कुंडी की तरफ़ हाथ बढ़ाया तो आहिनी[3] ताले की ठंडक ने मुझे बताया कि अज़ीज़ साहिब अभी तशरीफ़ नहीं लाए है।

सीढ़ियाँ चढ़ते वक़्त मेरे थके हुए आज़ा[4] सुकूनबख़्श नींद की कुर्बत महसूस करके और भी ढीले हो गए थे और जब मुझे नाउम्मीदी का सामना करना पड़ा तो और ज्यादा मुज़्महिल[5] हो गए। देर तक चोबी सीढ़ी के एक ज़ीने पर सिर ज़ानुओं में दबाए अज़ीज़ साहिब का इंतज़ार करता रहा, मगर वह न आए। फिर थक-हारकर मैं उठा और तीन मंज़िलें उतरकर नीचे बाजार में आया और ऐसे ही टहलना शुरू कर दिया। टहलते-टहलते पुल पर जा निकला, जिसके नीचे से रेलगाड़ियाँ निकलती हैं। इस पुल के पास ही एक बड़ा चौक है। यहाँ तक़रीबन आधे घंटे तक मैं बिजली के एक खंबे के साथ लगकर खड़ा रहा

और अपने सामने नीम रौशन बाज़ार को इस उम्मीद पर देखता रहा कि अज़ीज़ साहिब घर की जानिब लौटते हुए नज़र आ जाएँगे। आधे घंटे के इस इंतज़ार के बाद मैंने दफ़अतन सिर उठाकर खंबे के ऊपर देखा, बिजली का क़ुमक़ुमा मेरी हँसी उड़ा रहा था—जाने क्यों?

थकावट और नींद के शदीद[6] गलबे के बायस मेरी कमर टूट रही थी और मैं चाहता था, थोड़ी देर के लिए बैठ जाऊँ। बंद दूकानों के थड़े मुझे निशस्त[7] पेश कर रहे थे मगर मैंने उनकी दावत क़ुबूल न की और चलता-चलता पुल की संगीन मुँड़ेर पर चढ़कर बैठ गया। कुशादा बाज़ार बिलकुल ख़ामोश था। आमद्रो-रफ़्त क़रीब-क़रीब बंद था। अलबत्ता कभी-कभी मोटर के हॉर्न की रोनी आवाज़ ख़ामोश फ़ज़ा में लरज़िश पैदा करती हुई ऊपर की तरफ़ उड़ जाती थी। मेरे सामने सड़क के दुरूया बिजली के बुलंद खंबे दूर तक फैले चले गए थे, जो नींद और उसके एहसास से आरी मालूम होते थे। इनको देखकर मुझे रूस के मशहूर शाइर मयातल्फ़ की नज़्म के चंद अश्आर[8] याद आ गए। यह नज़्म चरागहाए-सरे-राह से मानून[9] की गई है।

सड़क के किनारे झिलमिलाती रौशनियों को देखकर मयातल्फ़ कहता है:

यह नन्हे चराग
यह नन्हे सरदार
सिर्फ़ अपने लिए चमकते हैं···
जो कुछ यह देखते हैं,
जो कुछ यह सुनते हैं,
किसी को नहीं बताते···

रूसी शाइर ने कुछ दुरुस्त ही कहा है।

मेरे पास ही एक गज़ के फ़ासिले पर बिजली का खंबा गड़ा था और उसके ऊपर बिजली का एक शोख़चश्म क़ुमक़ुमा टँगा नीचे की तरफ़ झुका हुआ था। उसकी आँखें रौशन थीं मगर वह मेरे सीने के तलातुम[10] से बेख़बर था। उसे क्या मालूम, मुझ पर क्या बीत रही थी।

सिगरेट के लिए मैंने जेब में हाथ डाला तो मेरा हाथ तुम्हारे वज़नी लिफ़ाफ़े पर पड़ा। ज़ेहन में तुम्हारा ख़त पहले ही से मौजूद था, अब मैंने लिफ़ाफ़ा खोलकर बसंती रंग के काग़ज़ निकालकर उन्हें फिर पढ़ना शुरू किया।

तुम लिखते हो: 'तुम कभी शैतान बन जाते हो और कभी फ़रिश्ता नज़र आने लगते हो।'

यहाँ भी दो-तीन हज़रात ने मेरे मुताल्लिक़ यही राय क़ायम की है और मुझे यक़ीन-सा हो गया है कि मैं वाक़ई दो सीरतों का मालिक हूँ। इस पर मैंने अच्छी तरह ग़ौर किया है और जो नतीजा अख़्ज़[11] किया है, वह कुछ इस तरह बयान किया जा सकता है:

बचपन और लड़कपन में मैंने जो कुछ चाहा, वह पूरा न होने दिया गया। यूँ कहो कि

मेरी ख़्वाहिशात कुछ इस तरह पूरी की गईं कि उनकी तकमील[12] मेरे आँसुओं और मेरी हिचकियों से लिपटी हुई थी। मैं शुरू ही से जल्दबाज़ और ज़ूदरंज[13] रहा हूँ। अगर मेरा जी कोई मिठाई खाने को चाहा है और मेरी यह चाह ऐन वक़्त पर पूरी नहीं हुई है तो बाद में मेरे लिए उस ख़ास मिठाई में कोई लज़्ज़त नहीं रही है। इन उमूर[14] की वजह से मैंने हमेशा अपने हलक़ में एक तल्ख़ी-सी महसूस की है और इस तल्ख़ी की शिद्दत बढ़ाने में इस अफ़सोसनाक हक़ीक़त का हाथ है कि मैंने जिससे मुहब्बत की, जिसको अपने दिल में जगह दी, उसने न सिर्फ़ मेरे जज़्बात को मज्रूह[15] किया, बल्कि मेरी इस कमज़ोरी (मुहब्बत) से ज़बरदस्ती नाजायज़ फायदा भी उठाया। वह मुझसे दग़ा-फ़रेब करते रहे और लुत्फ़ की बात यह है कि मैं उन तमाम दग़ाबाज़ियों के एहसास के बावुजूद उनसे मुहब्बत करता रहा। मुझे अच्छी तरह मालूम है, वह अपनी हर नई चाल की कामयाबी पर बहुत मसरूर होते थे कि उन्होंने मुझे बेवक़ूफ़ बना लिया और मेरी बेवक़ूफ़ी देखो, मैं सबकुछ जानते हुए भी बेवक़ूफ़ बन जाता था।

जब इस ज़िम्न[16] में मुझे हर तरफ़ से नाउम्मीदी हुई, यानी जिस किसी को मैंने दिल से चाहा और उसने मेरे साथ धोखा किया तो मेरी तबीयत बुझ गई। मैंने महसूस किया कि मैं रेगिस्तान में एक भँवरे के मानिंद हूँ जिसे रस चूसने के लिए हद्दे-नज़र तक कोई फूल नज़र नहीं आ सकता, लेकिन इसके बावुजूद मैं मुहब्बत करने से बाज़ न रहा, और हस्बे-मामूल किसी ने भी मेरे इस जज़्बे की क़द्र न की। जब पानी सिर से गुज़र गया और मुझे अपने नाम निहाद दोस्तों की बेवफ़ाइयाँ और सर्दमेहरियाँ याद आने लगीं तो मेरे सीने के अंदर एक हंगामा-सा बरपा हो गया और मेरे जज़्बाती और मन्तिक़ी[17] वुजूद में एक जंग-सी छिड गई।

मेरा मन्तिक़ी वुजूद उन लोगों को मलऊनो-मतऊन गर्दानते हुए और गुज़श्ता वाक़िआत की अफ़सोसनाक तसवीर दिखाते हुए इस बात का तालिब[18] था कि मैं आइंदा से अपना दिल पत्थर का बना लूँ और मुहब्बत को हमेशा के लिए दिल से बाहर निकाल फेंकूँ, लेकिन मेरा जज़्बाती वुजूद उन अफ़सोसनाक वाक़िआत को एक दूसरे रंग में पेश करते हुए मुझे फ़ख़्र करने पर मजबूर करता था कि मैंने ज़िंदगी का सही रास्ता इख़्तियार किया है। इस जज़्बाती वुजूद की नज़र में नाकामियाँ ही कामयाबियाँ थीं और वह चाहता था, मैं मुहब्बत किए जाऊँ कि यही कायनात की रूहे-रवाँ है—मेरा तहतश्शुऊर[19] इस झगड़े में बिलकुल अलग-थलग रहा। ऐसा मालूम होता था कि उस पर एक निहायत ही अज़ीबो-ग़रीब नींद का ग़लबा तारी है।

यह जंग ख़ुदा जाने किस नामुबारक रोज़ शुरू हुई कि अब मेरी ज़िंदगी का एक जुज़ बनकर रह गई है। दिन हो या रात, जब कभी मुझे फ़ुर्सत के चंद लम्हात मयस्सर[20] आते हैं, मेरे सीने के चटियल मैदान पर मेरा मन्तिक़ी वुजूद और मेरा जज़्बाती वुजूद हथियार बाँधकर खड़े हो जाते हैं और लड़ना शुरू कर देते हैं। उन लम्हात में, जब उन दोनों के दरमियान लड़ाई ज़ोरों पर हो, अगर मेरे साथ कोई हमकलाम होता है तो मेरा लहजा यक़ीनन कुछ और क़िस्म का होता है। मेरे हलक़ में एक नाक़ाबिले-बयान तल्ख़ी घुल रही होती है। मेरी आँखें गर्म होती हैं और मेरे जिस्म का एक-एक उज़्व[2] बेकल होता है। मैं

बहुत कोशिश करता हूँ कि अपने लहजे को दुरुश्त न होने दूँ और बाज़ औकात इस कोशिश में कामयाब भी हो जाता हूँ, लेकिन अगर मेरे कानों को कोई नागवार चीज़ सुनाई दे, या मैं कोई ऐसी चीज़ महसूस करूँ जो मेरी तबीयत के यकसर ख़िलाफ़ हो तो फिर मैं कुछ नहीं कर सकता। तब मेरे सीने की गहराइयों से जो कुछ भी उठता है, मेरी ज़ुबान के रास्ते बाहर निकल जाता है, और अक्सर औक़ात जो अल्फ़ाज़ भी ऐसे मौक़ों पर मेरी ज़ुबान पर आते हैं, बेहद तल्ख़ होते हैं। उनकी तल्ख़ी और दुरुश्ती का एहसास मुझे उस वक़्त नहीं होता, इसलिए कि मैं अपने इख़्लास[22] से हमेशा और हर वक़्त बाख़बर रहता हूँ और मुझे मालूम होता है कि मैं कभी किसी को दुख नहीं पहुँचा सकता। अगर मैंने अपने मिलनेवालों में, या किसी दोस्त को नाख़ुश किया है तो इसका बायस मैं नहीं हूँ, बल्कि वह ख़ास लम्हात हैं, जिन लम्हात में मैं दीवाने से कम नहीं होता, या तुम्हारे अल्फ़ाज़ में 'शैतान' होता हूँ, गो यह लफ़्ज़ बहुत सख़्त है और इसका इत्लाक़[23] मेरी दीवानगी पर नहीं हो सकता।

जब तुम्हारा पिछले से पिछला ख़त मौसूल हुआ था, उस वक़्त मेरा मन्तिकी वुजूद मेरे जज़्बाती वुजूद पर ग़ालिब[24] था और मैं अपने दिल के नर्मो-नाज़ुक गोश्त को पत्थर में तब्दील करने की कोशिश कर रहा था। मैं पहले ही से अपने सीने की आग में फुँका जा रहा था कि ऊपर से तुम्हारे ख़त ने तेल डाल दिया।

तुमने बिलकुल दुरुस्त कहा है : 'तुम दर्दमंद दिल रखते हो, गो इसको अच्छा नहीं समझते…'

मैं इसको अच्छा क्यों नहीं समझता, इस सवाल का जवाब हिंदुस्तान का मौजूदा इंसानियतकुश निज़ाम है, जिसमें लोगों की जवानी पर बुढ़ापे की मुहर सब्त[25] कर दी जाती है।

मेरा दिल दर्द से भरा हुआ है। यही वजह है कि मैं अलील[26] हूँ और अलील रहता हूँ। जब तक दर्दमंदी मेरे सीने में मौजूद है, मैं हमेशा बेचैन रहूँगा। तुम शायद इसे मुबालग़ा[27] यक़ीन करो, मगर यह वाक़िआ है कि दर्दमंदी मेरे लहू की बूँदों से अपनी ख़ुराक हासिल कर रही है और एक दिन ऐसा आएगा, जब सिर्फ़ दर्द ही दर्द रह जाएगा और तुम्हारा दोस्त दुनिया की नज़रों से ग़ायब हो जाएगा। मैं अक्सर सोचता हूँ कि दर्दमंदी के इस जज़्बे ने मुझे कैसे-कैसे भयानक दुख पहुँचाए हैं! यह क्या कम है कि मेरे जवानी के दिन बुढ़ापे की रातों में तब्दील हो गए हैं और जब मैं यह सोचता हूँ तो इस बात का तहैया[28] करने पर मजबूर हो जाता हूँ कि मुझे अपना दिल पत्थर बना लेना चाहिए, लेकिन अफ़सोस है, इस दर्दमंदी ने मुझे इतना कमज़ोर बना दिया है कि मुझसे यह नहीं हो सकता, और कि मुझसे यह नहीं हो सकता, इसलिए मेरी तबीयत में अजीबो-ग़रीब कैफ़ियतें पैदा हो गई हैं।

शे'र मैं अब भी सही नहीं पढ़ सकता, इसलिए कि शाइरी से मुझे बहुत कम दिलचस्पी रही है, लेकिन मुझे इस बात का कामिल तौर पर एहसास है कि मेरी तबीयत शाइरी की तरफ़ माइल है। शहर में बसनेवाले लोगों की वज़नी शाइरी मुझे पसंद नहीं। देहात के हल्के-फुल्के नग़मे मुझे बेहद भाते हैं। यह इस क़दर शफ़्फ़ाफ़[29] होते हैं कि इनके पीछे दिल

धड़कते हुए नज़र आ सकते हैं। तुम्हें शायद हैरत हो कि मैं 'रोमानी हुज़्नीया'[30] क्योंकर लिखने लगा—मैं ख़ुद इस बात पर हैरान हूँ।

बाज़ लोग ऐसे हैं जो अपने महसूसात को दूसरों की ज़बान में बयान करके अपना सीना ख़ाली करना चाहते हैं। ये लोग ज़ेहनी मुफ़्लिस[31] हैं और मुझे इन पर तरस आता है। ज़ेहनी इफ़्लास माली इफ़्लास से ज़्यादा तकलीफ़देह है। मैं माली मुफ़्लिस हूँ। ख़ुदा का शुक्र है, ज़ेहनी मुफ़्लिस नहीं हूँ, वरना मेरी मुसीबतों की कोई हद न होती—मुझे कितना बड़ा इत्मीनान है कि मैं जो कुछ महसूस करता हूँ, अपनी ज़बान में बयान कर लेता हूँ।

मैंने अपने अफ़सानों के मुताल्लिक़ कभी ग़ौर नहीं किया। अगर मेरे अफ़सानों में कोई चीज़, बक़ौल तुम्हारे, 'जलवागर' है तो वह मेरा बेकल बातिन[32] है। मेरा ईमान न तशद्दुद[33] पर है और न अदम तशद्दुद पर। दोनों पर है और दोनों पर नहीं। मौजूदा तग़य्युर पसंद[34] माहौल में रहते हुए मेरे ईमान में इस्तिक़लाल[35] नहीं रहा। आज मैं एक चीज़ को अच्छा समझता हूँ, लेकिन दूसरे ही रोज़ सूरज की रौशनी के साथ ही उस चीज़ की हैअत[36] बदल जाती है। उसकी तमाम अच्छाइयाँ बुराइयाँ बन जाती हैं। इंसान का इल्म बहुत महदूद[37] है और मेरा इल्म महदूद होने के अलावा मुंतशिर[38] भी है। ऐसी सूरत में तुम्हारे सवाल का जवाब मैं क्योंकर दे सकता हूँ।

मुझ पर मज़मून लिखकर क्या करोगे प्यारे—मैं अपने क़लम की मिक़्राज़[39] से अपना लिबास पहले ही तार-तार कर चुका हूँ। ख़ुदा के लिए मुझे और नंगा करने की कोशिश न करो। मेरे चेहरे से अगर तुमने नक़ाब उठा दी तो तुम दुनिया को एक बहुत ही भयानक शक्ल दिखाओगे। मैं हड्डियों का एक ढाँचा हूँ, जिस पर मेरा क़लम कभी-कभी पतली झिल्ली मँढता रहता है। अगर तुमने झिल्लियों की यह तह उधेड़ डाली तो मेरा ख़याल है, जो हैबत तुम्हें मुँह खोले नज़र आएगी, उसे देखने की ताब तुम ख़ुद में न पाओगे।

मेरी कश्मीर की ज़िंदगी—हाय मेरी कश्मीर की ज़िंदगी!

मुझे मालूम है, तुम्हें मेरी ज़िंदगी के इस ख़ुशगवार टुकड़े के मुताल्लिक़ मुख़्तलिफ़ क़िस्म की बातें मालूम होती रही हैं। ये बातें जिन लोगों के ज़रिए से तुम तक पहुँची हैं, उनको मैं अच्छी तरह जानता हूँ। तुम्हारा यह कहना दुरुस्त है कि तुम उन बातों को सुनकर अभी तक कोई सही राय मुरत्तब[40] नहीं कर सके, लेकिन मैं यह ज़रूर कहूँगा कि तुमने एक राय मुरत्तब की है और ऐसा करने में बहुत उजलत[41] से काम लिया है। अगर तुम मेरी तमाम तहरीरों को पेशे-नज़र रख लेते तो तुम्हें यह ग़लतफ़हमी हरगिज़ न होती कि मैं कश्मीर में एक सादा लौह लड़की से खेलता रहा हूँ—मेरे दोस्त, तुमने मुझे सदमा पहुँचाया है।

वज़ीर कौन थी, इसका मुख़्तसर जवाब यही हो सकता है कि वह एक देहाती लड़की थी। जवान और पूरी जवान। उस पहाड़ी लड़की के मुताल्लिक़, जिसने मेरी किताबे-ज़िंदगी के कुछ औराक़ पर चंद हसीन नक़ूश[42] बनाए हैं, मैं बहुत कुछ कह चुका हूँ।

मैंने वज़ीर को तबाह नहीं किया—अगर 'तबाही' से तुम्हारी मुराद 'जिस्मानी तबाही'

है तो वह पहले ही तबाहशुदा थी और वह उसी तबाही में अपनी मसर्रत की जुस्तजू[43] करती थी। जवानी के नशे में मख़्मर, उसने इस गलत ख़याल को अपने दिमाग़ में जगह दे रखी थी कि ज़िंदगी का असली हज़ और लुत्फ़ अपना ख़ून खौलाने में है और वह इस गरज के लिए हर वक़्त ईंधन चुनती रहती थी। यह तबाहकुन[44] ख़याल उसके दिमाग़ में कैसे पैदा हुआ, इसके मुताल्लिक़ बहुत कुछ कहा जा सकता है।

हमारी सिन्फ़[45] में ऐसे अफ़राद[46] की कमी नहीं, जिनका काम सिर्फ़ भोली-भाली लड़कियों से खेलना होता है। जहाँ तक मेरा अपना ख़याल है, वज़ीर उस चीज़ का शिकार थी, जिसे तहज़ीबो-तमद्दुन[47] का नाम दिया जाता है—एक छोटा-सा पहाड़ी गाँव है, जो शहरों के शोरो-शर से बहुत दूर हिमालय की गोद में आबाद है और अब तहज़ीबो-तमद्दुन की बदौलत शहरों से उस गाँव का तआरुफ़ करा दिया गया है। दूसरे अल्फ़ाज़ में अब शहरों की गंदगी उस गाँव में मुंतक़िल होना शुरू हो गई है।

ख़ाली स्लेट पर तुम जो कुछ भी लिखोगे, नुमायाँ तौर पर नज़र आएगा और साफ़ पढ़ा जाएगा—वज़ीर का सीना बिलकुल ख़ाली था दुन्यवी ख़यालात से पाक और साफ़, लेकिन तहज़ीब के खुरदुरे हाथों ने उस पर निहायत भद्दे नक़्श बना दिए थे, जो मुझे उसकी ग़लत रविश का बायस नज़र आते हैं।

वज़ीर का मकान या झोंपड़ा सड़क के ऊपर पहाड़ की ढलवान में वाक़े था। मैं उसकी माँ की इजाज़त से हर रोज़ झोंपड़े से ज़रा ऊपर चीड़ के दरख़्तों की छाँव में ज़मीन पर दरी बिछाकर कुछ लिखा-पढ़ा करता था और आम तौर पर वज़ीर मेरे पास ही अपनी भैंस चराया करती थी। चूँकि होटल से हर रोज़ दरी उठाकर वहाँ ले जाना और फिर शाम को वापिस लाना मेरे-जैसे आदमी के लिए अजाब[48] था, इसलिए मैं दरी उनके झोंपड़े ही में छोड़ जाता था—एक रोज़ का वाक़िआ है, मुझे ग़ुस्ल करने में देर हो गई और मैं टहलता-टहलता पहाड़ी के दुश्वार गुज़ार रास्तों को तय करके जब उनके घर पहुँचा और दरी तलब की तो वज़ीर की बड़ी बहन की ज़बानी मुझे मालूम हुआ कि वज़ीर दरी लेकर ऊपर पहाड़ी पर चली गई है। मैंने क़दम ऊपर की तरफ़ बढ़ाए और जब मैं उस बड़े पत्थर के क़रीब पहुँचा, जिसे मैं मेज के तौर पर इस्तेमाल करता था, तो मेरी निगाहें वज़ीर पर पड़ीं—दरी अपनी जगह पर बिछी हुई थी और वह अपना सब्ज कलफ़ लगा दुपट्टा ताने सो रही थी।

मैं देर तक पत्थर पर बैठा रहा। मुझे मालूम था, वह सोने का बहाना करके लेटी है। शायद उसका ख़याल था कि मैं उसे जगाने की कोशिश करूँगा और वह गहरी नींद का बहाना करके जागने में देर करेगी, लेकिन मैं ख़ामोश बैठा रहा, बल्कि अपने चिरमी थैले से एक किताब निकालकर उसकी तरफ़ पीठ करके मैं पढ़ने में मश्ग़ूल हो गया—जब इसी तरह निस्फ़ घंटा गुज़र गया तो वह मजबूर होकर बेदार हुई और अँगड़ाई लेकर उसने अजीब-सी आवाज़ मुँह से निकाली।

मैंने किताब बंद कर दी और मुड़कर उससे कहा : "मेरे आने से तुम्हारी नींद तो ख़राब नहीं हुई ?"

उसने आँखें मलकर लहजे को ख़्वाबआलूद बनाते हुए कहा : "आप कब आए ?"

''अभी-अभी आके बैठा हूँ···तुम सोना चाहो तो सो जाओ।''

''नहीं···आज निगोड़ी नींद को जाने क्या हो गया···कमर सीधी करने के लिए यहाँ ज़री की ज़री लेटी थी कि सो गई···दो घंटे से कम क्या सोई हूँगी···'' उसके गीले होंठों पर मुसकराहट खेल रही थी और उसकी आँखों से जो कुछ बाहर झाँक रहा था, उसको मेरा क़लम बयान करने से आजिज़ है।

मेरा ख़याल है, उस वक़्त उसके दिल में यह एहसास करवटें ले रहा था कि उसके सामने एक मर्द बैठा हुआ है और वह एक औरत है, जवान औरत, शबाब की उमंगों का उबलता हुआ चश्मा।

थोड़ी देर के बाद वह ग़ैर मामूली तौर पर बातूनी बन गई और बहक-सी गई।

मैंने उसकी भैंस और बछड़े का ज़िक्र छेड़ने के बाद उसे एक दिलचस्प कहानी सुनाई, जिसमें एक बछड़े से उसकी माँ की उलफ़त का ज़िक्र था—उसकी आँखों में लपकते हुए शरारे सर्द हो गए।

मैं ज़ाहिद नहीं हूँ और न मैंने कभी इसका दावा किया है। गुनाहो-सवाब और सज़ा-ओ-जज़ा[49] के मुताल्लिक़ मेरे ख़यालात दूसरों से जुदा हैं और यक़ीनन तुम्हारे ख़यालात से भी बहुत मुख़्तलिफ़ हैं। मैं इस वक़्त इन बहसों में नहीं पड़ना चाहता कि इसके लिए सुकूने-क़ल्ब[50] और वक़्त दरकार है—बर सबीले तज़किरा[51] एक वाक़िआ बयान करता हूँ, जिससे तुम मेरे ख़यालात के मुताल्लिक़ कुछ अंदाज़ा लगा सकोगे।

बातों-बातों में एक मर्तबा मैंने अपने एक दोस्त से कहा कि हुस्न अगर पूरे शबाब और जोबन पर हो तो अपनी दिलकशी खो देता है। मुझे अब भी अपने इस ख़याल पर ईमान है, मगर मेरे दोस्त ने इसे मुहमल मन्तिक़[52] क़रार दिया। मुम्किन है, तुम्हारी निगाह में भी मेरा ख़याल मुहमल हो, मगर मैं तुमसे अपने दिल की बात कहता हूँ—उस हुस्न ने मेरे दिल को कभी अपनी तरफ़ राग़िब[53] नहीं किया, जो पूरे शबाब पर हो। उसको देखकर मेरी आँखें ज़रूर चुँधिया जाएँगी, मगर इसके यह मानी नहीं कि उस हुस्न ने अपनी तमाम कैफ़ियतें मेरे दिलो-दिमाग़ पर तारी कर दी हैं। शोख़ और भड़कीले रंग उस बुलंदी तक कभी नहीं पहुँच सकते, जो नर्मो-नाज़ुक अलवानो-ख़ुतूत[54] को हासिल है। वह हुस्न यक़ीनन क़ाबिले-एहतिराम है, जो आहिस्ता-आहिस्ता निगाहों में जज़्ब होकर दिल में उतर जाए—रौशनी का ख़ीराकुन शोला दिल के बजाय आसाब[55] पर असर अंदाज़ होता है, लेकिन इस फ़ुज़ूल बहस में पड़ने से क्या फ़ायदा।

मैं कह रहा था कि मैं ज़ाहिद[56] नहीं हूँ, और यह कहते वक़्त मैं दबी ज़बान से बहुत-सी चीज़ों का एतिराफ़[57] भी कर रहा हूँ, लेकिन उस पहाड़ी लड़की से, जो जिस्मानी लज़्ज़तों की दिलदादा[58] थी, मेरे ताल्लुक़ात सिर्फ़ ज़ेहनी और रूहानी थे। मैंने शायद तुम्हें यह नहीं बताया कि मैं इस बात का क़ायल हूँ कि अगर औरत से दोस्ती की जाए तो उसके अंदर नुदरत[59] होनी चाहिए। उससे इस तरह मिलना चाहिए कि वह तुम्हें दूसरों से बिलकुल अलहदा समझने पर मजबूर हो जाए। उसे तुम्हारे दिल की हर धड़कन में ऐसी सदा सुनाई दे, जो उसके कानों के लिए नई हो।

औरत और मर्द, और उनका बाहमी रिश्ता हर बालिग़ आदमी को मालूम है, लेकिन माफ़ करना, यह रिश्ता मेरी नज़रों में फ़रसूदा[60] हो चुका है। इसमें यकसर हैवानियत है। मैं पूछता हूँ, अगर मर्द को अपनी मुहब्बत का मर्कज़[61] किसी औरत ही को बनाना है तो वह इंसानियत के इस मुक़द्दस जज़्बे में हैवानियत को क्यों दाख़िल करे। क्या इसके बग़ैर मुहब्बत की तकमील नहीं हो सकती? क्या जिस्म की मशक़्क़त का नाम मुहब्बत है?

वज़ीर इस ग़लतफ़हमी में मुब्तला थी कि जिस्मानी लज़्ज़तों का नाम मुहब्बत है, और मेरा ख़याल है, जिस मर्द से भी वह मिलती थी, वह मुहब्बत की तारीफ़ इन्हीं उल्फ़ाज़ में बयान करता था।

मैं उससे मिला और उसके तमाम ख़यालात की ज़िद बनकर मैंने उससे दोस्ती पैदा की। उसने अपने शोख़ रंग ख़्वाबों की ताबीर मेरे वुजूद में तलाश करने की कोशिश की, मगर उसे मायूसी हुई। वह ग़लतकार होने के साथ-साथ मासूम थी, इसलिए मेरी सीधी-सादी बातों ने उस मायूसी को हैरत में तब्दील कर दिया, और आहिस्ता-आहिस्ता उसकी यह हैरत इस ख़्वाहिश की शक्ल इख़्तियार कर गई कि वह इस नई रस्मो-राह की गहराइयों से वाक़िफ़ियत हासिल करे। उसकी यह ख़्वाहिश यक़ीनन एक मुक़द्दस मासूमियत में तब्दील हो जाती और वह अपनी निसवानियत[62] का वक़ारे-रफ्ता फिर से हासिल कर लेती, जिसे वह ग़लत रास्ते पर चलकर खो बैठी थी, लेकिन अफ़सोस है, मुझे उस पहाड़ी गाँव से दफ़अतन पुरनम आँखों के साथ अपने शहर वापिस आना पड़ा।

मुझे वह अक्सर याद आती है—क्यों? इसलिए कि मेरे रुख़्सत होते वक़्त उसकी सदा मुतबस्सिम[63] आँखों में दो छलकते आँसू बता रहे थे कि वह मेरे जज़्बे से काफ़ी मुतास्सिर हो चुकी है और हक़ीक़ी मुहब्बत की एक नन्ही-सी शुआ उसके सीने की तारीकी में दाख़िल हो चुकी है।

काश! मैं वज़ीर को मुहब्बत की तमाम अज़्मतों[64] से रूशनास करा सकता और क्या पता है कि वह पहाड़ी लड़की मुझे वह चीज़ अता कर देती, जिसकी तलाश में मेरी जवानी बुढ़ापे के ख़्वाब देख रही है।

यह है मेरी दास्तान, जिसमें, बक़ौल तुम्हारे,लोग अपनी दिलचस्पी का सामान तलाश करते हैं—तुम नहीं समझते और न लोग समझते हैं कि मैं दास्तानें क्यों लिखता हूँ—फिर कभी समझाऊँगा।

---

1. लंबा; 2. बहुतायत; 3. लोहे से बना हुआ, लोहे का; 4. शारीरिक अंग; 5. शिथिल, थके हुए; 6. अत्यधिक तीव्र; 7. सीट, बैठने को जगह; 8. शे'र का बहुवचन अर्थात् बहुत से शे'र; 9. 'सड़क के किनारे जलते दीये' के शीर्षक से; 10. उठनेवाली लहरें, हलचल; 11. ग्रहण करना; 12. पूर्ति; 13. किसी बात का जल्दी ही बुरा मान जानेवाला; 14. समस्याएँ; 15. घायल; 16. सिलसिला, प्रसंग; 17. तार्किक; 18. इच्छुक, अभिलाषी; 19. अवचेतन; 20. प्राप्ति; 21. शारीरिक अंग; 22. निष्कपटता; 23. लागू होना, बंधन होना; 24. हावी होना, आधिपत्य रखना; 25. लगा देना; 26. बीमार; 27. अतिशयोक्ति; 28. पक्का इरादा, वचनबद्ध; 29. साफ़, उज्ज्वल; 30. भावुक, दुख-भरी कथा; 31. मानसिक रूप से कंगाल; 32. अंतर, मन; 33. हिंसा; 34. परिवर्तन के इच्छुक; 35. दृढ़ता; 36. रूप; 37. सीमित: 38. बिखरा हुआ. फैला हुआ; 39. क़ैंची; 40. बनाना; 41. जल्दी,

शीघ्रता; 42. नक़्श, निशान; 43. तलाश; 44. विनाशकारी; 45. वर्ग, किस्म; 46. आदमियों; 47. संस्कृति; 48. दंड, सज़ा; 49. दंड व पुरस्कार; 50. दिल का चैन, मन की शांति; 51. चर्चा के प्रसंग में; 52. अर्थहीन तर्क; 53. आकर्षित; 54. रंगों और रेखाओं; 55. स्नायु-समूह; 56. संयमी; 57. स्वीकार करना; 58. ख़्वाहिशमंद, इच्छुक; 59. अनोखापन, अद्वितीयता; 60. पुराना; 61. केंद्र; 62. नारीत्व; 63. मुस्कुराती हुई; 64. महिमा, महत्त्व।

चुग़द

लड़कों और लड़कियों के मुआशक़ों[1] का ज़िक्र हो रहा था।

प्रकाश, जो बहुत देर से ख़ामोश बैठा अंदर ही अंदर बहुत शिद्दत से सोच रहा था, एकदम फट पड़ा : "सब बकवास है… सौ में से निन्नानवे मुआशक़े निहायत ही भौंडे, लचर और बेहूदा तरीक़ों पर अमल में आते हैं… एक बाक़ी रह जाता है, उसमें आप अपनी शाइरी रख लीजिए या अपनी ज़हानत[2] और ज़कावत[3] भर दीजिए… मुझे हैरत है… तुम सब तज्रबाकार हो, औसत आदमी के मुक़ाबले में ज़्यादा समझदार हो… जो हक़ीक़त है, तुम्हारी आँखों से ओझल भी नहीं है, फिर यह क्या हिमाक़त है कि तुम बराबर इस बात पर ज़ोर दिए जा रहे हो कि औरत को राग़िब[4] करने के लिए नर्मो-नाज़ुक शाइरी, हसीनो-जमील शक्ल, ख़ुश वज़्अ[5] लिबास; इत्र, लैंवडर और जाने किस-किस ख़ुराफ़ात की ज़रूरत है… और मेरी समझ से यह चीज़ तो बिलकुल बालातर है कि औरत से इश्क़ लड़ाने से पहले तमाम पहलू सोचकर एक स्कीम बनाने की ज़रूरत है…"

चौधरी ने जवाब दिया : "हर काम करने से पहले आदमी को सोचना पड़ता है।"

प्रकाश ने फ़ौरन ही कहा : "मानता हूँ, लेकिन यह इश्क़ लड़ाना मेरे नज़दीक काम नहीं… यह एक… यह एक… भई, तुम ग़ौर क्यों नहीं करते… कहानी लिखना एक काम है; इसे शुरू करने से पहले सोचना ज़रूरी है; लेकिन इश्क़ को आप काम कैसे कह सकते हैं… यह एक… यह एक… मेरा मतलब है, इश्क़ मकान बनाना नहीं, जो आपको पहले नक़्शा बनवाना पड़े… एक लड़की या औरत आपके सामने आती है, आपके दिल में कुछ गड़बड़-सी होती है; फिर यह ख़्वाहिश पैदा होती है कि वह आपके साथ लेटी हो… इसे आप काम कहते हैं ?… यह एक… यह एक हैवानी तलब है, जिसे पूरा करने के लिए हैवानी तरीक़े ही इस्तेमाल करने चाहिएं… जब एक कुत्ता कुतिया से इश्क़ लड़ाना चाहता है तो वह बैठकर स्कीम तैयार नहीं करता; इसी तरह साँड जब बू सूँघकर गाय के पास जाता है तो उसे बदन पर इत्र लगाना नहीं पड़ता… बुनियादी तौर पर हम सब हैवान हैं, इसलिए इश्क़ो-मुहब्बत में, दुनिया की इस सबसे पुरानी तलब में इंसानियत का ज़्यादा दख़ल नही होना चाहिए…।"

मैंने कहा : "तो इसका यह मतलब हुआ कि शेरो· शाइरी, मुसव्विरी[6], सनम तराशी[7], यह सब फ़ुनूने-लतीफ़ा[8] महज़ बेकार हैं।"

प्रकाश ने सिगरेट सुलगाया और अपना जोश बक़दरे-किफायत इस्तेमाल करते हुए कहा : ''महज़ बेकार नहीं... मैं समझ गया, तुम क्या कहना चाहते हो... तुम्हारा मतलब यह है कि जब फ़ुनूने-लतीफ़ा के वुजूद का बायस औरत है तो फिर यह बेकार कैसे हुए... असल बात यह है कि इनके वुजूद का बायस ख़ुद औरत नहीं है, बल्कि मर्द की औरत के मुताल्लिक़ हद से बढ़ी हुई ख़ुशफ़हमी है... मर्द जब औरत के मुताल्लिक़ सोचता है तो और सबकुछ भूल जाता है... वह चाहता है कि औरत को औरत न समझे... औरत को महज़ औरत समझने से उसके जज़्बात को ठेस पहुँचती है... वह चाहता है कि उसे ख़ूबसूरत से ख़ूबसूरत रूप में देखे... यूरोपी ममालिक में, जहाँ औरतें फ़ैशन की दिलदादा हैं, ज़रा उनसे जाकर पूछो कि उनके बालों, उनके कपड़ों, और उनके जूतों के नित नए फ़ैशन कौन ईजाद करता है ?''

चौधरी ने अपने मख़्सूस[9] बेतकल्लुफ़ाना अंदाज़ में प्रकाश के काँधे पर हौले-से तमाचा मारा : ''तुम बहक गए हो यार... जूतों के डिज़ाइन कौन बनाता है, साँड गाय के पास जाता है तो उसे लैवंडर लगाना नहीं पड़ता... यहाँ बातें हो रही थीं कि लड़कों और लड़कियों के वही रूमान कामयाब होते हैं, जो शरीफ़ाना ख़ुतूत पर शुरू हों।''

प्रकाश के होंठों के कोने तंज़ से सिकुड़ गए : ''चौधरी साहब क़िबला, आप बिलकुल बकवास करते हैं... शराफ़त को रखिए आप अपने सिगरेट के डिब्बे में, और ईमान से कहिए. वह लौंडिया जिसके लिए आप पूरा एक बरस अपने रूमालों को बेहतरीन से बेहतरीन लैवंडर लगाकर स्कीमें बनाते रहे, क्या आपको मिल गई थी ?''

चौधरी ने किसी क़दर खिसियाना होकर जवाब दिया : ''नहीं।''

''क्यों ?''

''वह... वह किसी और से मुहब्बत करती थी।''

''किससे... ? एक उल्लू के पट्ठे से...। एक फेरीवाले बज़ाज़ से, जिसको न तो ग़ालिब के शेर याद थे, न कृश्न चंदर के अफ़साने... और जो आपके मुक़ाबले में लैवंडर लगे रूमाल से नहीं, अपने मैले तहमद से नाक साफ़ करता था...'' प्रकाश हँसा : ''चौधरी साहब क़िबला, मुझे अच्छी तरह याद है, आप बड़ी मेहनत से उसे ख़त लिखा करते थे... उन ख़तों में आपने आसमान के तमाम तारे नोचकर चिपका दिए थे, चाँद की सारी चाँदनी समेटकर फैला दी थी, मगर उस फेरीवाले बज़ाज़ ने आपकी लौंडिया को—जिसकी ज़ेहनी रिफअत[10] के आप हर वक़्त गीत गाते थे, जिसकी नफ़ासतपसंद तबीयत पर आप मर मिटे थे—एक आँख मारकर अपनी थानों की गठरी में बाँधा था और चलता बना था... इसका जवाब है आपके पास ?''

चौधरी मिनमिनाया : ''मेरा ख़याल है, जिन ख़ुतूत पर मैं चल रहा था, ग़लत थे... उसका नफ़सियाती मुतालआ[11] भी जो मैंने किया था, दुरुस्त साबित न हुआ था।''

प्रकाश मुस्कराया : ''चौधरी साहब क़िबला, जिन ख़ुतूत पर आप चल रहे थे, यक़ीनन ग़लत थे... उसका नफ़सियाती मुतालआ भी जो आपने किया था, नादुरुस्त था... और जो कुछ आप अब कहना चाहते हैं, वह भी ठीक नहीं है... आपको ख़तकशी और नफ़सियाती मुतालअे की ज़हमत उठानी ही नहीं चाहिए थी... अपनी नोटबुक निकालकर लिख लीजिए

कि सौ में सौ मक्खियाँ शहद की तरफ़ भागी आएँगी और सौ में से निन्नानवे लड़कियाँ भौंडेपन से माइल[12] होंगी···" प्रकाश के लहजे में एक ऐसा तंज़ था, जिसका रुख़ चौधरी की तरफ़ इतना नहीं था, जितना ख़ुद उसकी अपनी तरफ़।

चौधरी ने सिर को जुंबिश दी और कहा : "तुम्हारा फ़लसफ़ा मैं कभी नहीं समझ सकता।"

"कोशिश करो और समझो···यह कोई ऐसी मुश्किल चीज़ नहीं है···क़िस्सा यह है कि एक आसान बात को तुमने मुश्किल बना दिया है···तुम आर्टिस्ट हो···नोटबुक निकालकर यह भी लिख लो कि आर्टिस्ट अव्वल दर्जे के बेवक़ूफ़ होते हैं···मुझे बहुत तरस आता है उन पर···कमबख़्तों की बेवकूफ़ी में भी ख़ुलूस होता है···दुनिया भर के मसले हल कर देंगे, पर जब किसी औरत से मुठभेड़ होगी तो जनाब ऐसे चक्कर में फँस जाएँगे कि एक गज़ दूर खड़ी औरत तक पहुँचने के लिए पिशावर का टिकट लेंगे और वहाँ पहुँचकर सोचेंगे, वह औरत आँखों से ओझल कैसे हो गई···चौधरी साहब क़िबला, निकालिए अपनी नोटबुक और लिखिए कि आप अव्वल दर्जे के चुग़द हैं।"

चौधरी ख़ामोश रहा।

मुझे एक बार फिर महसूस हुआ कि प्रकाश दानिस्तन चौधरी को आईना बनाकर ख़ुद अपनी शक्ल देख रहा है और ख़ुद को गालियाँ दे रहा है—मैंने उससे कहा : "प्रकाश, ऐसा लगता है कि चौधरी के बजाय तुम अपने आपको गालियाँ दे रहे हो।"

ख़िलाफ़े-तवक़्क़ो उसने जवाब दिया : "तुम बिलकुल ठीक कहते हो, इसलिए कि मैं भी एक आर्टिस्ट हूँ···यानी मैं भी, जब दो और दो चार होते हैं, तो ख़ुश नहीं होता···मैं भी क़िबला चौधरी साहिब की तरह अमृतसर के कंपनी बाग़ में औरत से मिलकर फ्रंटियर मेल से पिशावर जाता हूँ और वहाँ आँखें मल-मलकर सोचता हूँ कि वह औरत ग़ायब कहाँ हो गई···" यह कहकर प्रकाश ख़ूब हँसा; फिर वह चौधरी से मुख़ातिब हुआ : "चौधरी साहब क़िबला, हाथ मिलाइए···हम दोनों फिसड्डी घोड़े हैं···इस दौड़ में सिर्फ़ वही कामयाब होगा, जिसके ज़ेहन में सिर्फ़ एक चीज़ हो कि उसे दौड़ना है···यह नहीं कि वह काम और वक़्त का सवाल हल करने बैठ जाए···इतने क़दमों में इतना फ़ासिला इतने वक़्त में तय होता है तो इतने क़दमों में कितना फ़ासिला कितने वक़्त में तय होगा···इश्क़ ज्योमेट्री है न ऐलजेब्रा···बस बकवास है···बकवास है, इसलिए इसमें गिरफ़्तार होनेवाले को बकवास ही से मदद लेनी चाहिए।"

चौधरी ने उकताए हुए लहजे में कहा : "क्या बकवास करते हो यार!"

"तो सुनो···" प्रकाश जमकर बैठ गया : "मैं तुम्हें एक सच्चा वाक़िआ सुनाता हूँ···मेरा एक दोस्त है; मैं उसका नाम नहीं बताऊँगा···दो बरस हुए, वह एक ज़रूरी काम से चंबा गया; दो रोज़ के बाद लौटकर उसे डलहौज़ी चला आना था और इसके फ़ौरन बाद अमृतसर पहुँचना था, मगर वह तीन महीने तक लापता रहा···न उसने घर ख़त लिखा, न मुझे···जब वह वापस आया तो उसकी ज़बानी मुझे मालूम हुआ कि वह तीन महीने चंबा ही में रहा था कि वहाँ की एक ख़ूबसूरत लड़की से उसे इश्क़ हो गया था···"

चौधरी ने पूछा : "नाकाम रहा होगा।"

प्रकाश के होंठों पर मानीख़ेज़ मुस्कराहट पैदा हुई : "नहीं-नहीं, वह कामयाब रहा... ज़िंदगी में उसे एक शानदार तज्रिबा हासिल हुआ... तीन महीने वह चंबा की सर्दियों में ठिठुरता उस लड़की से इश्क़ करता रहा... हुआ यूँ कि वह वापस डलहौज़ी आनेवाला था कि पहाड़ी की एक पगडंडी पर मेरे दोस्त की एक काफ़िर जमाल हसीना से मुठभेड़ हो गई और तमाम कायनात सिकुड़कर उस लड़की में समा गई और वह लड़की फैलकर वुसअत[13] इख़्तियार कर गई... मेरे दोस्त को मुहब्बत हो गई थी... क़िबला चौधरी साहब, सुनिए... पंद्रह दिनों तक मुतवातिर वह ग़रीब अपनी मुहब्बत को चंबा की यख़बस्ता फ़ज़ा में दिल के अंदर दबाए छुप-छुपकर दूर-दूर से उस लड़की को देखता रहा, मगर वह लड़की के पास जाकर उससे हमकलाम होने की हिम्मत न कर सका... हर दिन गुज़रने पर वह सोचता कि दूरी कितनी अच्छी चीज़ है; ऊँची पहाड़ी पर वह बकरियाँ चरा रही है और नीचे सड़क पर उसका अपना दिल धड़क रहा है... आँखों के सामने ज़रा यह शाइराना मंज़र लाइए और दाद दीजिए। इस पहाड़ी पर आशिक़े-सादिक़ खड़ा है और उस पहाड़ी पर उसकी सीमीं बदन महबूबा; दरमियान में शफ़्फ़ाफ़[14] पानी का नाला बह रहा है... सुब्हानल्लाह, कैसा दिलकश मंज़र है, चौधरी साहब क़िबला..."

चौधरी ने टोका : "बकवास मत करो, और जो वाक़िआ है, उसे बयान करो।"

प्रकाश मुस्कराया : "तो सुनिए... पंद्रह रोज़ तक मेरा दोस्त इश्क़ के ज़बर्दस्त हमले के असरात दूर करने में मसरूफ़ रहा और सोचता रहा कि उसे जल्दी वापस चला जाना चाहिए... इन पंद्रह दिनों में उसने काग़ज़ और क़लम हाथ में लेकर तो नहीं, लेकिन दिमाग़ ही दिमाग़ में उस लड़की से अपनी मुहब्बत का कई बार जाइज़ा लिया... लड़की के जिस्म की हर चीज़ उसे पसंद थी और सवाल यह दरपेश था कि उसे हासिल कैसे किया जाए... क्या एकदम बग़ैर किसी तआरुफ़ के वह उससे बातें करना शुरू कर दे...? बिलकुल नहीं, यह कैसे हो सकता है...? क्यों, हो कैसे नहीं सकता...? मगर फ़र्ज़ करो, अगर उसने मुँह फेर लिया और जवाब दिए बग़ैर वह अपनी बकरियों को हाँकती हुई पास से गुज़र गई तो... देखो, जल्दबाज़ी कभी बार आवर नहीं होती... लेकिन उससे बात किए बग़ैर उसे हासिल कैसे किया जा सकता है...? हाँ, एक तरीक़ा है कि उसके दिल में अपनी मुहब्बत पैदा की जाए; उसको अपनी तरफ़ राग़िब[15] किया जाए; हाँ ठीक है, लेकिन राग़िब कैसे किया जाए... हाथ के इशारे से...? नहीं-नहीं, बिलकुल पोच बात है... सो क़िबला चौधरी साहब, उन पंद्रह दिनों में हमारा हीरो यही सोचता रहा... सोलहवें दिन अचानक बावली पर उस लड़की ने उसकी तरफ़ देखा और मुस्करा दी... हमारे हीरो के दिल की बाँछें तो खिल गईं, लेकिन उसकी टाँगें काँपने लगीं... उसने अपनी टाँगों के मुताल्लिक़ सोचना शुरू किया... जब उसे उस लड़की की मुस्कराहट का ख़याल आया तो उसने अपनी टाँगें अपनी सोच से अलग कर दीं और उस लड़की की पिंडलियों के मुताल्लिक़ सोचने लगा, जो उठी हुई घघरी में से उसे नज़र आई थीं... कितनी सुडौल हैं!... वह दिन दूर नहीं, जब वह उन पर बहुत आहिस्ता-आहिस्ता हाथ फेर सकेगा... पंद्रह दिन और गुज़र गए... इधर वह

मुस्कराती हुई पास से गुज़रती रही, उधर हमारे हीरो साहिब जवाबी मुस्कराहट की रिहर्सल करते रहे··· सवा महीना हो गया और उनका इश्क़ सिर्फ़ होंठों ही पर मुस्कराता रहा··· आख़िर एक दिन ख़ुद उस लड़की ही ने मुहरे-ख़ामोशी तोड़ी और बड़ी अदा से एक सिगरेट माँगा··· आपने सारी डिबिया ही उसके हवाले कर दी और सारी रात कँपकँपाहट पैदा करनेवाले ख़्वाब देखते रहे··· दूसरे दिन हमारे हीरो साहिब ने एक आदमी को डलहौज़ी भेजा और सिगरेटों के पंद्रह पैकेट मँगवाकर एक छोटे-से लड़के के हाथ अपनी महबूबा को भिजवा दिए··· जब लड़की ने सारे पैकेट अपनी झोली में डाले तो आपके दिल को दूर खड़े-खड़े बहुत मसर्रत[16] हुई··· होते-होते वह दिन भी आ गया, जब दोनों पास-पास बैठकर बातें करने लगे··· कैसी बातें··· ? क़िबला चौधरी साहिब, बताइए हमारा हीरो क्या बातें करता था उस लड़की से ?"

चौधरी ने उकताए हुए लहजे में जवाब दिया : "मुझे क्या मालूम !"

प्रकाश मुस्कराया : "मुझे मालूम है क़िबला चौधरी साहिब··· घर से चलते वक़्त वह बातों की एक बहुत लंबी-चौड़ी फ़ेहरिस्त तैयार कर लिया करता था··· मैं उससे यह कहूँगा, मैं उससे वह कहूँगा; जब वह नाले के पास कपड़े धोती होगी तो मैं आहिस्ता-आहिस्ता जाकर उसकी आँखें मींच लूँगा, फिर उसकी बग़लों में गुदगुदी करूँगा··· लेकिन जब वह उसके पास पहुँचता, आँखें मींचने और गुदगुदी करने के ख़याल ही से उसे शर्म आ जाती··· क्या बचपना है··· ! वह उससे कुछ दूर हटकर बैठ जाता और भेड़-बकरियों की बातें करता रहता··· कई दफ़ा उसे ख़याल आया कि कब तक यह भेड़-बकरियाँ उसकी मुहब्बत चरती रहेंगी; दो महीने से कुछ दिन ऊपर हो गए हैं और वह अभी तक उसके जिस्म को हाथ तक नहीं लगा सका है··· वह सोचता कि वह हाथ लगाए कैसे; कोई बहाना तो होना चाहिए··· फिर वह सोचता कि बहाने से हाथ लगाना बिलकुल बकवास है; उसकी तरफ़ से ख़ामोश इजाज़त मिलनी चाहिए कि वह उसके बदन के जिस हिस्से को भी चाहे, हाथ लगा सकता है··· तब ख़ामोश इजाज़त का सवाल आ जाता; उसे पता कैसे चलेगा कि उसने ख़ामोश इजाज़त दे दी है··· क़िबला चौधरी साहिब, इस बात का खोज लगाते-लगाते पंद्रह दिन और गुज़र गए···"

चौधरी ख़ामोश रहा।

प्रकाश ने सिगरेट सुलगाया और मुँह से धुआँ निकालते हुए कहने लगा : "इस दौरान में वह काफ़ी घुल-मिल गए थे··· दौराने-गुफ़्तुगू में हमारे हीरो ने कई बार लड़की से अपने ऊँचे ख़ानदान का ज़िक्र किया; अपने ओबाश[17] दोस्तों पर कई बार लानतें भेजीं, जो पहाड़ी देहातों में जाकर ग़रीब लड़कियों को ख़राब करते हैं; कभी दबी ज़बान में और कभी बुलंद बाँग अपनी तारीफ़ भी की··· इन तमाम बातों का असर हमारे हीरो के हक़ में बुरा हुआ··· अब वह कैसे उस लड़की पर अपनी शहवानी[18] ख़्वाहिश ज़ाहिर करता··· उस पर ज़ाहिर था कि मामला बहुत टेढ़ा और पेचदार हो गया है, मगर उसका जज़्बाए-इश्क़ सलामत था··· उसे उम्मीद थी कि एक रोज़ ख़ुद लड़की ही अपना आप थाली में डालकर उसके हवाले कर देगी··· कुछ दिन और बीत गए··· एक रोज़ कपड़े धोते-धोते लड़की ने,

जिसके हाथ साबुन से भरे हुए थे, उसने कहा : 'तुम्हारी माचिस ख़त्म हो गई है, मेरी जेब से निकाल लो···' जेब ऐन लड़की की बाईं छाती के उभार पर थी···हमारा हीरो झेंप गया···लड़की ने फिर कहा : 'निकाल लो न···।' थोड़ी-सी हिम्मत करके उसने अपना काँपता हुआ हाथ बढ़ाया और दो उँगलियाँ बड़ी एहतियात से लड़की की जेब में डालीं···माचिस बहुत नीचे थी···वह घबरा गया···उँगलियाँ कहीं और न जा टकराएँ···उसने हाथ खींच लिया और लड़की से कहा : 'तुम्हारी जेब से माचिस फिर कभी निकालूँगा···' लड़की ने शरीर नज़रों से उसकी तरफ़ देखा और मुस्करा दी···हमारे हीरो ने सोचा कि उसने आधा मैदान मार लिया है···और वह दूसरा आधा मैदान मार लेने की स्कीमें बनाने लगा···" प्रकाश चुप हो गया।

चौधरी उसकी तरफ़ देख रहा था।

प्रकाश ने कहना शुरू किया : "एक रोज़ सुबह सवेरे वह नाले के इस तरफ़ बैठा दूसरी तरफ़ बुलंदी पर लड़की को बकरियाँ चराते हुए देख रहा था और लड़की की उभरी हुई जेब के नीचे के माल पर ग़ौर कर रहा था कि नीचे सड़क पर बावली के पास एक लारी रुकी···लारी से एक सिख ड्राइवर बाहर निकला और बावली से पानी पीकर उसने ऊपर लड़की की तरफ़ देखा···मेरे दिल में एक जलन-सी पैदा हो गई···बावली की मुँडेर पर खड़े होकर उस मोबिल आयल से लिथड़े हुए सिख ड्राइवर ने एक बार फिर सावित्री की तरफ़ देखा और अपना ग़लीज़ हाथ उठाकर उसने सावित्री को इशारा किया···मेरे जी में आई कि पास पड़ा हुआ पत्थर उस पर लुढ़का दूँ···इशारा करने के बाद उसने अपने दोनों हाथ मुँह के इधर-उधर रखकर निहायत ही भौंडे तरीक़े से पुकारा : 'ओये जानी, मैं सदक़े···आऊँ···?' मेरे तन-बदन में आग लग गई···सिख ड्राइवर ने ऊपर चढ़ना शुरू कर दिया···मेरा दिल घुटने लगा···चंद मिनटों ही में वह हरामज़ादा उसके पास खड़ा था, लेकिन मुझे यक़ीन था कि अगर उसने कोई बदतमीज़ी की तो वह छड़ी से उसकी ऐसी मरम्मत करेगी कि वह सारी उम्र याद रखेगा···मैं उस मरम्मत के बारे में सोच ही रहा था कि एकदम वह दोनों मेरी आँखों से ओझल हो गए···मैं भागा नीचे सड़क की तरफ़; बावली के पास पहुँचकर मैंने सोचा, क्या हिमाक़त है और तश्वीश कैसी···? लेकिन फिर मुझे ख़याल आया, कहीं वह उल्लू का पट्ठा दराज़दस्ती न कर बैठे, इसलिए मैंने पहाड़ी पर तेज़ी से चढ़ना शुरू कर दिया···बड़ी मुश्किल चढ़ाई थी, जगह-जगह ख़ारदार झाड़ियाँ थीं, जिनको पकड़-पकड़कर आगे बढ़ना पड़ता था···मैं बहुत दूर ऊपर चला गया, पर वह दोनों कहीं नज़र न आए···हाँफते-हाँफते मैंने अपने सामने की झाड़ी पकड़कर खड़ा होने की कोशिश की···क्या देखता हूँ, झाड़ी के दूसरी तरफ़ पत्थरों पर सावित्री लेटी हुई है और उस ग़लीज़ ड्राइवर की दाढ़ी सावित्री के चेहरे पर बिखरी हुई है···मेरे···मेरे जिस्म के सारे बाल जल गए···एक करोड़ गालियाँ उन दोनों के लिए मेरे दिल में पैदा हुईं···एक लहज़े के लिए मैंने सोचा तो मुझे महसूस हुआ कि दुनिया का सबसे बड़ा चुग़द मैं हूँ···मैं उसी वक़्त नीचे उतरा और मैंने सीधा लारियों के अड्डे का रुख़ किया···"

प्रकाश के माथे पर पसीने की नन्ही-नन्ही बूँदें चमक रही थीं।

1. प्रेमकथाएँ· 2. सूझबूझ; 3. प्रतिभा; 4. आकर्षित; 5. ढंग; 6. चित्रकारी; 7. मूर्तिकारी; 8. ललित कलाएँ; 9. विशिष्ट; 10. ऊँचाई; 11. अध्ययन; 12. आकृष्ट, झुकाव; 13. विस्तार; 14. स्वच्छ; 15. आकर्षित· 16. ख़ुशी; 17. आवारा; 18. कामवासना-संबंधी।

नंगी आवाज़ें

भोलू और गामा दो भाई थे, बेहद मेहनती।

भोलू क़लईगर था; सुबह धौंकनी सिर पर रखकर निकलता और दिन भर शहर की गलियों में 'भाँडे क़लई करा लो' की सदाएँ लगाता रहता; शाम को घर लौटता तो उसकी तहबंद के डब में तीन-चार रुपए का किरयाना ज़रूर होता।

गामा ख़्वांचाफ़रोश था; उसको भी दिन भर छाबड़ी सिर पर उठाए घूमना पड़ता था; तीन-चार रुपए वह भी कमा लेता था, मगर उसको शराब की लत थी··· शाम को दीने के भटियारख़ाने से खाना खाने से पहले एक पाव शराब उसे ज़रूर चाहिए थी। पीने के बाद वह ख़ूब चहकता और दीने के भटियारख़ाने में रौनक़ लग जाती—सबको मालूम था कि वह पीता है और पीने के सहारे जीता है।

भोलू ने, जो गामा से दो साल छोटा था, गामा को बहुत समझाया : "देखो यह शराब की लत बहुत बुरी है··· तुम शादीशुदा हो, फिर क्यों बेकार पैसा बरबाद करते हो··· यही जो तुम हर रोज़ एक पाव शराब पर ख़र्च करते हो, अगर बचाकर रखो तो भाभी ठाट करे··· नंगी-बुच्ची अच्छी लगती है तुम्हें अपनी घरवाली···?"

गामा ने इस कान से सुना, उस कान से निकाल दिया।

भोलू जब थक-हार गया तो उसने कुछ कहना-सुनना ही छोड़ दिया। दोनों मुहाजिर[1] थे। एक बड़ी बिल्डिंग के सर्वेंट क्वार्टरों पर, जहाँ औरों ने क़ब्ज़ा जमा रखा था, वहाँ इन दोनों भाइयों ने भी एक क्वार्टर, जो दूसरी मंज़िल पर था, रिहाइश के लिए महफ़ूज़ कर लिया था।

सर्दियाँ आराम से गुज़र गईं। गर्मियाँ आईं तो गामा को बहुत तकलीफ़ हुई··· भोलू तो ऊपर लंबी-चौड़ी छत पर खाट बिछाकर सो जाता था, गामा क्या करता—उसकी बीवी थी और ऊपर पर्दे का कोई बंदोबस्त ही नहीं था···एक गामा ही को यह तकलीफ़ नहीं थी, क्वार्टरों में जो भी शादीशुदा था, इस मुसीबत में गिरफ़्तार था।

कल्लन को एक बात सूझी··· उसने छत पर एक कोने में अपनी और अपनी बीवी की चारपाई के इर्द-गिर्द टाट तान दिया और यूँ पर्दे का इंतज़ाम कर लिया।

कल्लन की देखा-देखी दूसरों ने भी इसी तरकीब से काम लिया··· भोलू ने भाई की मदद की और चंद ही दिनों में बाँस वग़ैरह गाड़कर, टाट और चटाई जोड़कर पर्दे का इंतज़ाम कर

दिया। यूँ हवा तो रुक जाती थी, मगर नीचे क्वार्टर के दोज़ख़ से वह जगह हर हालत में बेहतर थी।

अब चंद ही दिनों में भोलू की तबीयत में एक अजीब इन्क़िलाब पैदा हो गया···वह शादी-ब्याह का बिलकुल क़ायल न था; उसने दिल में अह्द कर रखा था कि वह यह जंजाल कभी नहीं पालेगा···जब कभी गामा उसके ब्याह की बात छेड़ता तो वह कहा करता था : "ना भाई, मैं अपने निरोए[2] पिंडे पर जोंकें नहीं लगवाना चाहता···" लेकिन अब गर्मियाँ आने के बाद और छत पर टाट की दीवारें खड़ी होने के बाद दस-पंद्रह दिन ही में उसके ख़यालात बदल गए।

एक शाम को दीने के भटियारख़ाने में उसने अपने भाई से कहा : "मेरी शादी करा दो, नहीं तो मैं पागल हो जाऊँगा।"

गामा ने जब उसकी बात सुनी तो कहा : "यह क्या मज़ाक़ सूझा है तुम्हें ?"

वह बहुत संजीदा हो गया : "तुम्हें नहीं मालूम···पंद्रह रातें हो गई हैं मुझे जागते हुए···"

गामा ने पूछा : "क्यों, क्या हुआ ?"

"कुछ नहीं यार···दाएँ-बाएँ जिधर नज़र डालो, कुछ न कुछ हो रहा होता है···अजीब-अजीब आवाज़ें आती हैं···नींद क्या ख़ाक आएगी।"

गामा ज़ोर से अपनी घनी मूँछों में हँसा।

भोलू शरमा गया : "वह जो कल्लन है, उसने तो हद ही कर दी है···साला रात भर बकवास करता रहता है और उसकी बीवी साली की ज़ुबान भी तालू से नहीं लगती···बच्चे पड़े रो रहे हैं, मगर वह···"

गामा हस्बे-मामूल नशे में था···भोलू जब चला गया तो उसने दीने के भटियारखाने में अपने सब वाक़िफ़कारों को खूब चहक-चहककर बताया कि उसके भाई को आजकल नींद नहीं आती; इसका बायस जब उसने अपने मख़्सूस[3] अंदाज़ में बयान किया तो सुननेवालों के पेट में हँस-हँसकर बल पड़ गए।

जब वह लोग भोलू से मिले तो उन्होंने उसका ख़ूब मज़ाक़ उड़ाया।

कोई उससे पूछता : "हाँ भई, तो कल्लन अपनी बीवी से क्या बातें करता है ?"

कोई कहता : "मियाँ, मुफ़्त में मज़े लेते हो···सारी रात फ़िल्में देखते रहते हो···सौ फ़ीसदी गाती, बोलती और ज़िंदा···"

बाज़ों ने गंदे-गंदे मज़ाक़ किए।

वह चिड़ गया।

एक दिन जब गामा सूफ़ी हालात में था तो उसने गामा से कहा : "तुमने तो यार, मेरा मज़ाक़ बना दिया है···देखो, जो कुछ मैंने तुमसे कहा है, झूठ नहीं है···मैं इंसान हूँ···ख़ुदा की क़सम, मुझे नींद नहीं आती···आज बीस दिन हो गए हैं जागते हुए···तुम मेरी शादी का बंदोबस्त कर दो, वरना क़सम पंजतन[4] पाक की, मेरा ख़ाना ख़राब हो जाएगा···भाभी के पास मेरा पाँच सौ रुपया जमा है, बस जल्दी कर दो बंदोबस्त···!"

गामा ने मूँछ मरोड़कर पहले कुछ सोचा, फिर कहा : "अच्छा हो जाएगा बंदोबस्त···तुम्हारी भाभी से आज ही बात करता हूँ कि वह अपनी मिलनेवालियों से पूछ-गछ करे।"

डेढ़ महीने के अंदर-अंदर बात पक्की हो गई।

समद क़लईगर की लड़की आयशा, जो ख़ूबसूरत थी, गामा की बीवी को पसंद आई; वह घर का काम-काज जानती थी···वैसे समद भी शरीफ़ था और मुहल्लेवाले उसकी इज़्ज़त करते थे।

भोलू मेहनती था, तंदुरुस्त था···जून के वस्त[5] में शादी की तारीख़ मुक़र्रर हो गई।

समद ने बहुत कहा कि वह अपनी लड़की इतनी गर्मियों में नहीं ब्याहना चाहता, मगर गामा ने जब ज़ोर दिया तो वह मान गया।

शादी से चार दिन पहले ही भोलू ने अपनी दुल्हन के लिए ऊपर छत पर टाट के पर्दे का बंदोबस्त किया···बड़ी मज़बूती से बाँस फ़र्श में गाड़े, टाट ख़ूब कसकर बाँधा, चारपाइयों के लिए नए खेस ख़रीदे, नई सुराही ख़रीदी, शीशे का गिलास बाज़ार से ख़रीदा···सब काम उसने बड़े एहतिमाम से किए।

रात को जब वह टाट के पर्दों में घिरकर सोया तो उसको अजीब-सा लगा; वह खुली हवा में सोने का आदी था, मगर अब उसको पर्दों में घिरकर सोने की आदत डालनी थी; यही वजह है कि शादी से चार दिन पहले ही उसने यूँ सोना शुरू कर दिया।

पहली रात जब वह लेटा और उसने अपनी बीवी के बारे में सोचा तो वह पसीने में तरबतर हो गया--उसके कानों में वह आवाज़ें गूँजने लगीं, जो उसे सोने नहीं देती थीं और उसके दिमाग़ में तरह-तरह के परेशान ख़यालात दौड़ाती थीं।

क्या वह भी वैसी ही आवाज़ें पैदा करेगा? क्या आसपास के लोग वह आवाज़ें सुनेंगे? क्या वह भी उसके मानिंद रातें जाग-जागकर काटेंगे? किसी ने झाँककर अगर देख लिया तो क्या होगा?

वह पहले से ज़्यादा परेशान हो गया···हर वक़्त उसको एक ही बात सताती रहती कि टाट का पर्दा भी कोई पर्दा है; फिर चारों तरफ़ लोग बिखरे पड़े हैं; रात की ख़ामोशी में हल्की-सी सरगोशी भी दूसरे कानों तक पहुँच जाती है···लोग कैसे यह नंगी ज़िंदगी बसर करते हैं; एक छत है। इस चारपाई पर बीवी लेटी है और उस चारपाई पर ख़ाविंद पड़ा है; सैकड़ों आँखें और सैकड़ों कान आसपास खुले हुए हैं; न देखने पर भी आदमी सबकुछ देख लेता है; हल्की-सी आहट पूरी तस्वीर बनकर सामने आ जाती है···यह टाट का पर्दा क्या है; पौ फटती है, रौशनी होती है और सारी चीज़ें बेपर्दा हो जाती हैं···वह सामने कल्लन अपनी बीवी की छातियाँ दबा रहा है; वह कोने में उसका अपना भाई गामा लेटा हुआ है और उसका तहबंद खुला पड़ा है, इधर ईदू हलवाई की कुँवारी बेटी शादाँ का पेट छिदरे-से टाट से झाँक-झाँककर देख रहा है।

शादी का दिन आया तो भोलू का जी चाहा कि कहीं भाग जाए, मगर वह भागकर जाता कहाँ; अब तो वह जकड़ा जा चुका था, अगर वह भाग जाता तो समद ज़रूर ख़ुदकुशी कर

लेता और उसकी लड़की पर जाने क्या गुज़रती; और जो तूफ़ान मचता, वह अलग।

"अच्छा, जो होना है, होने दो... मेरे-जैसे और भी तो हैं... आहिस्ता-आहिस्ता आदत हो जाएगी मुझे भी..." उसने ख़ुद को ढारस दी और अपनी नई-नवेली दुल्हन की डोली घर ले आया।

क्वार्टरों में चहल-पहल पैदा हो गई; लोगों ने भोलू और गामा को ख़ूब मुबारकबादें दीं... भोलू के ख़ास दोस्तों ने उसे छेड़ा और पहली रात के लिए कई कामयाब गुर बताए; भोलू ख़ामोशी से सुनता रहा।

उसकी भाभी ने ऊपर छत पर टाट के पर्दों के दरमियान में साफ़-सुथरा बिस्तर बिछा दिया; उसके भाई ने मोतिए के चार बड़े-बड़े हार तकिए के पास रख दिए; एक दोस्त उसके लिए जलेबियों से भरा दूध का गिलास ले आया।

देर तक भोलू नीचे क्वार्टर में अपनी दुल्हन के पास बैठा रहा... वह बेचारी शर्म की मारी सिर न्योढ़ाए और घूँघट काढ़े सिमटी रही।

सख़्त गर्मी थी... भोलू का नया कुर्ता उसके जिस्म के साथ चिपक रहा था; वह हाथ हिला-हिलाकर पंखा झल रहा था, मगर हवा जैसे बिलकुल ग़ायब थी।

उसने सोचा था कि वह ऊपर छत पर नहीं जाएगा, नीचे क्वार्टर ही में रात काटेगा, मगर गर्मी की इंतिहा देखकर वह उठा और उसने अपनी दुल्हन से ऊपर चलने को कहा।

रात आधी से ज़्यादा गुज़र चुकी थी और तमाम क्वार्टर ख़ामोशी में लिपटे हुए थे... उसको एक बात की तस्कीन थी कि सब लोग सो रहे होंगे, कोई उसको देखेगा नहीं, वह अपनी दुल्हन समेत चुपचाप टाट के पर्दों में दाख़िल हो जाएगा और सुबह मुँह अँधेरे नीचे उतर आएगा।

जब वह छत पर पहुँचा तो बिलकुल ख़ामोशी थी।

उसकी दुल्हन ने उसके पीछे-पीछे शरमाए हुए क़दम उठाए तो पाज़ेब के नुक़रई घुँघरू बजने लगे... एकदम उसने महसूस किया कि जो नींद चारों तरफ़ बिखरी हुई थी, चौंककर जाग पड़ी है... चारपाइयों पर लोग करवटें बदलने लगे, इधर-उधर से खाँसने-खँकारने की आवाज़ें उभरने लगीं, दबी-दबी-सी सरगोशियाँ उस तपी हुई फ़ज़ा में तैरने लगीं... उसने घबराकर अपनी दुल्हन का हाथ पकड़ा और तेज़ी से टाट की ओट में चला गया।

वह अभी चारपाई पर बैठा ही था कि दबी-दबी हँसी की आवाज़ उसके कानों के साथ टकराई... उसकी घबराहट में इज़ाफ़ा हो गया। उसने हौले-से अपनी दुल्हन से बात की तो इधर-उधर खुसर-फुसर शुरू हो गई।

सामने कल्लन की चारपाई चरचूँ-चरचूँ करने लगी, कल्लन की चारपाई धीमी पड़ी तो कोने में उसके भाई गामा की लोहे की चारपाई बोलने लगी, फिर ईदू हलवाई की कुँवारी बेटी शादाँ उठकर पानी पीने लगी तो घड़े के साथ उसका गिलास कई बार टकराया और एक छनाका-सा पैदा हुआ; उधर ख़ैरे क़साई के लड़के की चारपाई पर बार-बार दियासलाई जली और बुझी।

वह अपनी दुल्हन के साथ कोई बात न कर सका… वह डरने लगा कि आसपास के खुले हुए कान फ़ौरन उसकी बात निगल जाएँगे, सारी चारपाइयाँ चरचूँ-चरचूँ करने लगेंगी।

वह दम साधे ख़ामोश लेटा रहा… कभी-कभी सहमी हुई नज़रों से अपनी दुल्हन की तरफ़ देख लेता, जो गठरी-सी बनी दूसरी चारपाई पर लेटी हुई थी।

वह कुछ देर जागती रही, फिर सो गई।

उसने चाहा कि वह भी सो जाए, मगर उसको नींद न आई… थोड़े-थोड़े वक्फ़ों के बाद उसके कानों में आवाज़ें आतीं, आवाज़ें जो फ़ौरन तस्वीरें बन जातीं और उसकी आँखों के सामने से गुज़र जातीं।

उसके दिल में बड़े वलवले थे, बड़ा जोश था, जब उसने शादी का इरादा किया था तो वह तमाम लज़्ज़तें, जिनसे वह नाआश्ना था, उसके दिलो-दिमाग़ में चक्कर लगाती रहती थीं, वह उन नाआश्ना लज़्ज़तों की गर्मी महसूस करता था, बड़ी राहतबख़्श गर्मी… मगर अब इस पहली रात को वह सहमा हुआ था; उसने कई बार अपना डर दूर करने की कोशिश की, लेकिन आवाज़ें, वह तस्वीरें खींचनेवाली आवाज़ें सबकुछ दरहम-बरहम कर रही थीं; वह ख़ुद को नंगा महसूस कर रहा था, अलिफ़ नंगा, जिसे चारों तरफ़ से लोग आँखें फाड़-फाड़कर देख रहे थे और हँस रहे थे।

सुबह चार बजे के क़रीब वह उठा, पर्दे से बाहर निकलकर उसने ठंडे पानी का एक गिलास पिया, कुछ सोचा, और वह डर, वह झिझक जो उसके दिल में बैठ गई थी, उसको किसी क़दर दूर किया और मज़बूती से अपने पर्दे की तरफ़ बढ़ा।

ठंडी हवा चल रही थी और काफ़ी तेज़ थी… उसकी निगाहें सामने की तरफ़ उठीं।

कल्लन का घिसा हुआ टाट हिल रहा था और वह अपनी बीवी के साथ बिलकुल नंग-धड़ंग लेटा हुआ था।

उसको बड़ी घिन आई और साथ ही ग़ुस्सा भी आया कि हवा ऐसी छत पर क्यों चलती है, चलती है तो पर्दों को क्यों छेड़ती है… उसके जी में आई कि छत पर जितने टाट हैं, सब नोच डाले और नंगा होकर नाचने लगे।

वह अपने पर्दे में जाने के बजाय नीचे उतर गया।

जब वह काम पर निकला तो उसे कई दोस्त मिले और सबने उससे पहली रात की सरगुज़श्त पूछी।

फ़ौजे दर्ज़ी ने उसको दूर ही से आवाज़ दी : "क्यों उस्ताद भोलू, कैसी रही… ? कहीं हमारे नाम पर बट्टा तो नहीं लगा दिया तुमने ?"

छागे टीनसाज़ ने बड़े राज़दाराना लहजे में कहा : "देखो, अगर कोई गड़बड़ है तो बता दो… एक बड़ा अच्छा नुस्ख़ा मेरे पास मौजूद है।"

बाले ने उसके कंधे पर ज़ोर से धप्पा मारा : "क्यों पहलवान, कैसा रहा दंगल ?"

वह ख़ामोश रहा।

रात आई तो उसको फिर उसी मुसीबत का सामना करना पड़ा… छत पर सोनेवाले तो जैसे छत पर उनकी आमद के मुंतज़िर थे।

जैसे ही वह अपनी दुल्हन के साथ पर्दे में पहुँचा तो वही खुसर-फुसर, वही चरचूँ-चरचूँ, वही खाँसी-खँकार, वही घड़े के साथ गिलास टकराने के छनाके, वही करवटें, वही दबी-दबी हँसी।

वह सारी रात अपनी चारपाई पर लेटा आसमान की तरफ़ देखता रहा, कभी-कभी वह एक ठंडी आह भरकर अपनी दुल्हन को देख लेता और दिल में कुढ़ता : "मुझे क्या हो गया है···? यह मुझे क्या हो गया है···? यह मुझे क्या हो गया है···?"

सात रातों तक यही होता रहा, आख़िर तंग आकर उसने अपनी दुल्हन को उसके मैके भेज दिया।

बीस-पच्चीस दिन गुज़र गए तो गामा ने उससे कहा : "यार, तुम बड़े अजीबो-ग़रीब आदमी हो···तुम्हारी नई-नई शादी हुई है और तुमने बीवी को मैके भेज दिया है···इतने दिन हो गए हैं उसे गए हुए···तुम अकेले सोते कैसे हो?"

वह सिर्फ़ इतना कह सका : "सब ठीक है।"

गामा ने पूछा : "क्या ठीक है···? जो बात है, बताओ, क्या तुम्हें पसंद नहीं आई आयशा?"

उसने कहा : "नहीं, यह बात नहीं है।"

"यह बात नहीं है तो फिर और क्या बात है?"

वह बात गोल कर गया।

थोड़े ही दिनों के बाद उसके भाई ने फिर बात छेड़ी।

वह झुँझलाकर उठा और क्वार्टर के बाहर तंग बरामदे में पड़ी चारपाई पर बैठ गया।

अंदर से उसको अपनी भाभी की आवाज़ सुनाई दी, जो उसके भाई को कह रही थी : "तुम जो कहते हो ना कि भोलू को आयशा पसंद नहीं आई, यह ग़लत है।"

उसने अपने भाई की आवाज़ सुनी : "तो फिर और क्या बात हो सकती है···भोलू को आयशा से कोई दिलचस्पी ही नहीं।"

"दिलचस्पी क्या हो?"

"क्यों?"

वह अपनी भाभी का जवाब सुन न सका···उसे महसूस हुआ, उसकी सारी हस्ती किसी ने हावन° में डालकर कूट दी है।

एकदम उसने भाई की ऊँची आवाज़ सुनी : "नहीं-नहीं, यह नहीं हो सकता···तुमसे किसने कहा?"

उसकी भाभी की आवाज़ आई : "आयशा ने अपनी किसी सहेली से ज़िक्र किया और बात उड़ती-उड़ती मुझ तक पहुँच गई···"

"यह तो बहुत बुरा हुआ···" उसके भाई की आवाज़ बड़ी सदमाज़दा थी।

उसके दिल में छुरी-सी पेवस्त हो गई।

उसका दिमाग़ी तवाज़ुन बिगड़ गया।

वह तेज़ी से उठा और छत पर पहुँचकर उसने टाट के पर्दे उखाड़ना शुरू कर दिए।

खट्-खट फट-फट सुनकर बिल्डिंग के लोग जमा हो गए।

उन्होंने उसको रोकने की कोशिश की तो वह लड़ने लगा और बात बढ़ गई।

कल्लन ने एक बाँस उठाकर उसके सिर पर दे मारा।

वह चकराकर गिरा और बेहोश हो गया।

जब उसने आँखें खोलीं, उसका दिमाग़ चल चुका था।

अब वह अलिफ़ नंगा बाज़ारों में घूमता फिरता है, और जहाँ कहीं टाट लटकता हुआ देखता है, उतारकर टुकड़े-टुकड़े कर देता है।

---

1. शरणार्थी; 2. बग़ैर बालों का; 3. विशिष्ट; 4. पाँच व्यक्ति अर्थात् हज़रत मुहम्मद, हज़रत अली, हज़रत फ़ातिमा, इमाम हसन और इमाम हुसैन; 6. ओखली।

ढारस

आज से ठीक आठ बरस पहले की बात है।

हिंदू सभा कालिज के सामने जो ख़ूबसूरत शादीघर है, उसमें हमारे दोस्त बशेशर नाथ की बारात ठहरी हुई थी। तीन-साढ़े तीन सौ के क़रीब मेहमान थे, जो अमृतसर और लाहौर की नामवर तवाइफ़ों का मुजरा सुनने के बाद उस वसी[1] इमारत के मुख़्तलिफ़ कमरों में फ़र्श पर या चारपाइयों पर गहरी नींद सो रहे थे।

चार बज चुके थे—मेरी आँखों में बशेशर नाथ के साथ एक अलहदा कमरे में ख़ास-ख़ास दोस्तों की मौजूदगी में पी हुई व्हिस्की का ख़ुमार अभी बाक़ी था। जब हॉल के गोल क्लॉक ने चार बजाए तो मेरी आँख खुल गई। शायद मैं कोई ख़्वाब देख रहा था, क्योंकि मेरी पलकों में कोई चीज़ फँसी-फँसी-सी मालूम हो रही थी।

एक आँख बंद करके, शायद इस ख़याल से कि दूसरी आँख कुछ और देर सोती रहे, मैंने हॉल के फ़र्श पर नज़र दौड़ाई—सब सो रहे थे; कुछ औंधे, कुछ सीधे और कुछ चाक़ू-से बने हुए।

मैंने दूसरी आँख खोली और देखा, रात को पीने के बाद जब हम हॉल में आकर लेटे थे तो असग़र अली ने ज़िद की थी कि वह गाव-तकिया लेकर सोएगा।···गाव-तकिया मेरे सिर से कुछ फ़ासिले पर पड़ा था, मगर असग़र अली मौजूद नहीं था।

मैंने सोचा : असग़र अली हस्बे-मामूल रात-भर जागता रहा है, पीता रहा है, और वह यक़ीनन इस वक़्त यहाँ से बहुत दूर रामबाग़ में किसी मामूली टखियाई के मैले बिस्तर पर सो रहा है।

असग़र अली के लिए शराब, देसी हो या अंग्रेज़ी, एक तेज़ गाड़ी थी, जो उसे फ़ौरन औरत की तरफ़ खींचकर ले जाती थी···शराब पीने के बाद यूँ तो निन्नानवे फ़ीसदी मर्दों को ख़ूबसूरत चीज़ें अपनी तरफ़ खींचती हैं, लेकिन असग़र जो निहायत अच्छा फ़ोटोग्राफ़र और पेंटर था, जो रंगों और लकीरों का सही इम्तिज़ाज जानता था, शराब पीने के बाद हमेशा निहायत ही भोंडी तस्वीर पेश किया करता था।

मेरी पलकों में फँसे हुए ख़्वाब के टुकड़े निकल गए और मैंने असग़र अली के मुताल्लिक़ सोचना शुरू कर दिया, जो ख़्वाब नहीं था···उसके लंबे बालोंवाले वज़नी सिर का दबाव गाव-तकिए पर मुझे साफ़ नज़र आ रहा था।

इससे पहले भी कई बार ग़ौर करने के बावुजूद मैं समझ न सका थी.कि शराब पीकर असग़र का दिलो-दिमाग़ शल[3] क्यों हो जाता है··· शल तो नहीं कहना चाहिए, क्योंकि वह तो ख़ौफ़नाक तौर पर बेदार हो जाता था और अँधेरी से अँधेरी गलियों में भी रास्ता तलाश करता हुआ लड़खड़ाते क़दमों से किसी न किसी जिस्म बेचनेवाली औरत और उसके ग़लीज़ बिस्तर तक पहुँच ही जाता था··· उस ग़लीज़ बिस्तर से उठकर जब वह सुबह नहा-धोकर अपने स्टूडियो में पहुँचता था और साफ़-सुथरी, तंदुरुस्त, जवान और ख़ूबसूरत लड़कियों और औरतों की तस्वीरें उतारता था तो उसकी आँखों में हैवानियत की हल्की-सी झलक भी न होती थी, जो रात के वक़्त उसकी शराबी हालत में हर देखनेवाले को नज़र आती थी।

यक़ीन मानिए, शराब पीकर वह सख़्त बेचैन हो जाता था; उसके दिमाग़ से ख़ुदएहतिसाबी[4] कुछ अर्से के लिए बिलकुल मफ़क़ूद[5] हो जाती थी।

आदमी कितनी पी सकता है ? छः, सात, आठ पेग; मगर इस बज़ाहिर बेज़रर सैयाल माद्दे[6] के छः या सात या आठ पेग उसे शहवत[7] के अथाह समंदर में धकेल देते थे।

आप व्हिस्की में सोडा या पानी मिला सकते हैं, लेकिन औरत को इसमें हल करना कम से कम मेरी समझ में नहीं आता··· शराब पी जाती है ग़म ग़लत करने के लिए; औरत कोई ग़म तो नहीं··· शराब पी जाती है शोर मचाने के लिए; औरत कोई शोर तो नहीं।

उस रात भी असग़र ने शराब पीकर बहुत शोर मचाया था; शादी-ब्याह पर चूँकि वैसे ही काफ़ी हंगामा होता है. इसलिए वह शोर दब गया था, वरना मुसीबत हो जाती··· एक दफ़ा व्हिस्की से भरा हुआ गिलास उठाकर यह कहते हुए वह कमरे से बाहर निकल गया था : "मैं बहुत ऊँचा आदमी हूँ··· और ऊँची जगह बैठकर पियूँगा।"

मेरा ख़याल था, वह रामबाग़ में किसी ऊँचे कोठे की तलाश में चला गया है, लेकिन थोड़ी ही देर के बाद जब दरवाज़ा खुला था तो वह लकड़ी की एक सीढ़ी लिए अंदर दाख़िल हुआ था और सीढ़ी दीवार के साथ लगाकर सबसे ऊपरवाले डंडे पर बैठ गया था और छत के साथ सिर लगाकर पीने लगा था।

बड़ी मुश्किलों के बाद मैंने और बशेशर ने उसे नीचे उतारा था और समझाया था कि ऐसी हरकतें सिर्फ़ उसी वक़्त अच्छी लगती हैं, जब कोई और मौजूद न हो; शादीघर मेहमानों से खचाखच भरा हुआ है और उसे ख़ामोश रहना चाहिए··· मालूम नहीं, कैसे हमारी बात उसके दिमाग़ में बैठ गई थी, क्योंकि जब तक पार्टी जारी रही, वह एक कोने में चुपचाप बैठा अपने हिस्से की व्हिस्की पीता रहा था।

सोचते-सोचते मैं उठा और बाहर बालकनी में जाकर खड़ा हो गया—सामने हिंदू सभा कालिज की लाल-लाल ईंटोंवाली इमारत सुबह के ख़ामोश अँधियारे में लिपटी हुई थी। मैंने आसमान की तरफ़ देखा तो मुझे कई तारे मटियाले आसमान पर काँपते हुए नज़र आए।

मार्च के आख़िरी दिनों की ख़ुनुक हवा धीरे-धीरे चल रही थी··· मैंने सोचा, चलो ऊपर चलें। खुली जगह है, कुछ देर मरमर की बनी हुई शहनशीन[8] पर लेटेंगे। सर्दी महसूस होने पर बदन में जो तेज़-तेज़ झुरझुरियाँ पैदा होंगी, उनका मज़ा लेंगे।

लंबा बरामदा तय करके जब मैं सीढ़ियों के पास पहुँचा तो मुझे ऊपर से किसी के उतरने की आवाज़ आई... चंद लम्हात के बाद असग़र नमूदार हुआ और मुझसे कलाम किए बग़ैर मेरे पास से गुज़र गया।

अँधेरा था। मैंने सोचा, शायद उसने मुझे देखा नहीं है... मैंने आहिस्ता-आहिस्ता सीढ़ियों पर चढ़ना शुरू किया... मेरी आदत है, मैं जब कभी सीढ़ियाँ चढ़ता हूँ तो ज़ीने ज़रूर गिनता हूँ... मैंने दिल में चौबीस कहा ही था कि दफ़अतन मुझे आख़िरी ज़ीने पर एक औरत ख़ड़ी नज़र आई।

मैं बौखला गया, क्योंकि क़रीब-क़रीब हम दोनों एक-दूसरे से टकरा गए थे : "माफ़ कर दीजिएगा... ओह आप!"

वह औरत शारदा थी, हमारी हमसाई हरनाम कौर की बड़ी लड़की, जो शादी के एक बरस बाद ही बेवा हो गई थी।

पेशतर इसके कि मैं उससे कुछ और कहूँ, उसने मुझसे बड़ी तेज़ी से पूछा : "यह कौन था, जो अभी नीचे गया है?"

"कौन?"

"वह आदमी, जो अभी नीचे उतरके गया है... क्या आप उसे जानते हैं?"

"जानता हूँ।"

"कौन है वह?"

"असग़र।"

"असग़र...!" उसने वह नाम अपने दाँतों के अंदर जैसे काट दिया।

और मुझे, जो कुछ भी हुआ होगा, मालूम हो गया... मैंने पूछा : "क्या उसने कोई बदतमीज़ी की है?"

"बदतमीज़ी..." शारदा का दोहरा जिस्म ग़ुस्से से काँप उठा : "मैं कहती हूँ, उसने मुझे समझा क्या है..." यह कहते हुए उसकी छोटी-छोटी आँखों में आँसू आ गए : "उसने... उसने..." उसकी आवाज़ हलक़ में फँस गई और उसने दोनों हाथों से मुँह ढाँपकर ज़ोर-ज़ोर से रोना शुरू कर दिया।

मैं अजीब उलझन में फँस गया और सोचने लगा, अगर उसके रोने की आवाज़ सुनकर कोई ऊपर आ गया तो एक हंगामा बरपा हो जाएगा। शारदा के चार भाई हैं और चारों के चारों शादीघर में मौजूद हैं; उनमें से दो तो हर वक़्त किसी से लड़ने का बहाना ढूँढ़ते रहते हैं। असग़र अली की अब ख़ैर नहीं।

मैंने उसको समझाना शुरू किया : "देखिए, रोइए नहीं... कोई सुन लेगा।"

एकदम दोनों हाथ अपने मुँह से हटाकर उसने तेज़ आवाज़ में कहा : "सुन ले... मैं सुनाना ही तो चाहती हूँ... मुझे आख़िर उसने समझा क्या था...? बाज़ारी औरत...? मैं... मैं..." आवाज़ फिर उसके हलक़ में अटक गई।

"मेरा ख़याल है, इस मामले को यहीं दबा देना चाहिए..."

"क्यों?"

"बदनामी होगी !"

"किसकी···? मेरी या उसकी···?"

"बदनामी तो उसी की होगी, लेकिन कीचड़ में हाथ डालने का फ़ायदा ही क्या है···" यह कहकर मैंने जेब से अपना रूमाल निकाला और उसकी तरफ़ बढ़ाया : "लीजिए, आँसू पोंछ लीजिए।"

रूमाल फ़र्श पर पटककर वह शहनशीन[8] पर बैठ गई।

मैंने रूमाल उठाकर अपनी जेब में रख लिया : "शारदा जी, असग़र मेरा दोस्त है···उससे जो ग़लती हुई है, मैं उसकी माफ़ी माँगता हूँ।"

"आप क्यों माफ़ी माँगते हैं?"

"इसलिए कि मैं यह मामला रफ़ा-दफ़ा करना चाहता हूँ···वैसे आप कहें तो मैं उसे यहाँ ले आता हूँ···वह आपके सामने नाक से लकीरें भी खींच देगा।"

नफ़रत से उसने अपना मुँह फेर लिया : "नहीं, उसको मेरे सामने मत लाइएगा···उसने मेरा अपमान किया है···" यह कहते हुए फिर उसका गला रुँध गया और उसने शहनशीन की मरमरी सिल पर कुहनियों के बल दोहरी होकर अपने मज्रूह[9] जज़्बात के उठते हुए फ़व्वारे को दबाने की नाकाम कोशिश की।

मैं बौखला गया—एक जवान और तंदुरुस्त औरत मेरे सामने रो रही थी और मैं उसे चुप नहीं करा पा रहा था।

एक दफ़ा असग़र की मोटर चलाते हुए मैंने एक कुत्ते को बचाने के लिए हॉर्न बजाया था। शामते-आमाल[10], हॉर्न पर मेरा हाथ कुछ ऐसे पड़ा था कि हॉर्न की आवाज़ एक न ख़त्म होनेवाला शोर बनके रह गई थी। मैंने हज़ार कोशिश की थी कि हॉर्न बंद हो जाए, मगर वह चिल्लाए जा रहा था; लोग देखे जा रहे थे और मैं मुजस्सम बेचारगी बना बैठा रहा था।

ख़ुदा का शुक्र था कि कोठे पर मेरे और शारदा के सिवा और कोई न था, लेकिन मेरी बेचारगी कुछ उस हॉर्नवाले मामले से सिवा थी···मेरे सामने एक औरत रो रही थी, जिसको बहुत दुख पहुँचा था।

कोई और औरत होती तो मैं थोड़ी देर अपना फ़र्ज़ अदा करने के बाद चला गया होता, मगर शारदा मेरी हमसाई की लड़की थी और मैं उसे बचपन से जानता था।

शारदा बड़ी अच्छी लड़की थी; अपनी तीन छोटी बहनों के मुक़ाबले में कम ख़ूबसूरत, लेकिन बहुत ज़हीन; करोशिए और सिलाई के काम में चाबुकदस्त और कम गो···जब पिछले बरस शादी के ऐन साढ़े ग्यारह महीनों के बाद उसका ख़ाविंद रेल के एक हादिसे में मर गया था तो हम सब घरवालों को बहुत अफ़सोस हुआ था।

ख़ाविंद की मौत का सद्मा कुछ और है, मगर वह सद्मा, जो शारदा को मेरे एक वाहियात दोस्त ने पहुँचाया था, ज़ाहिर है, उसकी नौइयत बिलकुल मुख़्तलिफ़ और बहुत अज़ीयतदेह[11] थी।

मैंने उसको चुप कराने की एक बार और कोशिश की—शहनशीन पर उसके पास

बैठकर मैंने उससे कहा : "शारदा, यूँ रोए जाना ठीक नहीं··· जाओ नीचे चली ज़ाओ और जो कुछ हुआ है, उसको भूल जाओ··· वह कमबख़्त शराब पिए हुए था, वर्ना यक़ीन जानो, वह इतना बुरा आदमी नहीं है···शराब पीकर जाने क्या हो जाता है उसे !"

उसका रोना बंद न हुआ।

मुझे अंदाज़ा था कि असग़र ने क्या किया होगा, क्योंकि आमतौर पर मर्दों का एक ही तरीक़ा होता है, दराज़दस्ती[12]। फिर भी मैं खुद शारदा के मुँह से सुनना चाहता था कि असग़र ने किस तौर पर और क्या बेहूदगी की।

मैंने अपने उसी हमदर्दाना लहजे में उससे कहा : "मुझे मालूम नहीं, उसने तुमसे क्या बदतमीज़ी की है, लेकिन कुछ न कुछ तो मैं समझता हूँ···तुम ऊपर क्या करने आई थीं ?"

उसने लरज़ती हुई आवाज़ में कहा : "मैं नीचे कमरे में सोने की कोशिश कर रही थी कि दो औरतों ने मेरे मुताल्लिक़ बातें शुरू कर दीं···" आवाज़ एकदम उसके गले में रुँध गई।

मैंने पूछा : "क्या कह रही थीं ?"

उसने अपना मुँह मरमरी सिल पर रख दिया और बहुत ज़ोर से रोने लगी।

मैंने उसके चौड़े कंधों पर हौले-हौले थपकी दी : "चुप कर जाओ शारदा, चुप कर जाओ···"

रोते-रोते हिचकियों के दरमियान उसने कहा : "वह कहती थीं···वह कहती थीं, इस विधवा को यहाँ क्यों बुलाया गया है···"

'विधवा' कहते हुए शारदा ने अपने आँसुओं-भरे दुपट्टे का एक कोना अपने दाँतों में दबा लिया : "उनकी बात सुनकर मैं रोने लगी और ऊपर चली आई···और···और···"

उसकी बात सुनकर मुझे भी शदीद दुख हुआ—औरतें कितनी ज़ालिम होती हैं, ख़ासतौर पर बूढ़ी औरतें; ज़ख़्म ताज़ा हों या पुराने, क्या मज़े ले-ले कर कुरेदती होती हैं !

मैंने शारदा का हाथ अपने हाथ में लिया और पुरख़लूस हमदर्दी से दबाया : "ऐसी बातों की बिलकुल परवा नहीं करनी चाहिए।"

वह बच्चे की तरह बिलखने लगी : "ऊपर आकर मैंने यही सोचा था और सो गई थी कि···कि आपका दोस्त आया और आते ही उसने मेरा दुपट्टा खींचा और···और फिर मेरे कुरते के बटन खोलकर···"

उसके कुर्ते के बटन खुले हुए थे।

"जाने दो शारदा···जो कुछ हुआ, भूल जाओ···" मैंने जेब से रूमाल निकाला और उसके आँसू पोंछने शुरू किए।

दुपट्टे का कोना अभी तक उसके मुँह में था, बल्कि उसने कुछ और ज़्यादा दाँतों तले दबा रखा था···मैंने खींचकर बाहर निकाल लिया।

उसने उस गीले कोने को अपनी एक उँगली पर लपेटते हुए बड़े दुख से कहा : "आपके दोस्त ने विधवा समझकर ही मुझ पर हाथ डाला होगा···सोचा होगा, इस औरत का कौन है···"

"नहीं-नहीं, शारदा नहीं..." मैंने उसका सिर अपने कंधे के साथ लगा लिया : "जो कुछ उसने सोचा, जो कुछ उसने किया, लानत भेजो उस पर... बस चुप हो जाओ..." मेरा जी चाहा, लोरी देकर उसे सुला दूँ।

मैंने उसकी आँखें ख़ुश्क की थीं, लेकिन उसके आँसू फिर उबल आए थे... दुपट्टे का कोना, जो उसने फिर दाँतों तले दबा लिया था, मैंने फिर उसके मुँह से निकालकर अपनी उँगलियों से उसके आँसू पोंछे और उसकी दोनों आँखों को हौले-हौले चूम लिया : "बस, अब नहीं रोना..."

उसने अपना सिर मेरे सीने के साथ लगा दिया।

मैंने धीरे-धीरे उसके गाल थपथपाए : "बस, बस, बस...!"

थोड़ी देर बाद जब मैं नीचे उतरा तो मार्च के आख़िरी दिनों की ख़ुनुक हवा में, शहनशीन की मरमरी सिल पर, असग़र की बेहूदगी को भूलकर, शारदा अपना मलमल का दुपट्टा ताने ख़ुद को बिलकुल हल्की महसूस कर रही थी—उसके सीने में तलातुम[13] के बजाय अब शीरगर्म[14] सुकून था।

---

1. विशाल; 2. मिश्रण; 3. शिथिल; 4. आत्म-निषेधन; 5. ग़ायब; 6. हानि रहित तरल पदार्थ; 7. कामातुरता; 8. ऊँची चौकी; 9. ज़ख़्मी; 10. दुर्भाग्य से; 11. दुखदायी; 12. ज़ुल्म; 13. तूफ़ान; 14. गुनगुना।

पाँच दिन

जम्मू तवी के रास्ते कश्मीर जाइए तो कुद के आगे एक छोटा-सा पहाड़ी गाँव बटौत आता है—बड़ी पुरफ़ज़ा जगह है ! यहाँ दिक़ के मरीज़ों के लिए एक छोटा-सा सेनिटोरियम है ।

यूँ तो आज से आठ-नौ बरस पहले मैं बटौत में पूरे तीन महीने गुज़ार चुका हूँ, और इस सेहत-अफ़्ज़ा[1] मक़ाम से मेरी जवानी का एक नापुख़्ता रोमान भी वाबस्ता[2] है, मगर इस कहानी से मेरी किसी भी कमज़ोरी का कोई ताल्लुक़ नहीं ।

छः-सात महीने हुए, मुझे बटौत में अपने एक दोस्त की बीवी को देखने के लिए जाना पड़ा, जो वहाँ सेनिटोरियम में ज़िंदगी के आख़िरी साँस ले रही थी ··· मेरे वहाँ पहुँचते ही एक मरीज़ चल बसा और बेचारी पद्मा के साँस, जो पहले ही उखड़े हुए थे, और भी ग़ैर-यक़ीनी हो गए ।

मैं कह नहीं सकता कि वजह क्या थी, लेकिन मेरा ख़याल है कि यह महज़ इत्तिफाक़ था कि चार रोज़ के अंदर-अंदर उस छोटे-से सेनिटोरियम में तीन मरीज़ ऊपर-तले मर गए ··· जूँ ही कोई बिस्तर खाली होता, या तीमारदारी करते-करते थके हुए इंसानों की थकी हुई चीख-पुकार उठती तो सारे सेनिटोरियम पर एक अजीब क़िस्म की ख़ाकिस्तरी[3] उदासी छा जाती, और वह मरीज़, जो उम्मीद के पतले धागे के साथ चिमटे हुए थे, यास[4] की अथाह गहराइयों में डूब जाते ।

मेरे दोस्त की बीवी पद्मा तो बिलकुल दमबख़ुद हो जाती; उसके पतले होंठों पर मौत की ज़र्दियाँ काँपने लगतीं और उसकी गहरी आँखों में एक निहायत ही रहमअंगेज़ इस्तिफ़सार[5] पैदा हो जाता; एक ख़ौफ़ज़दा 'क्यों' : एक डरपोक 'नहीं' !

तीसरे मरीज़ की मौत के बाद मैं बाहर बरामदे में बैठकर ज़िंदगी और मौत के मुताल्लिक़ सोचने लगा; सेनिटोरियम एक मर्तबान-सा लगता है, जिसमें मरीज़ प्याज़ की तरह सिरके में डूबे हुए हैं ··· एक काँटा आता है और जो प्याज़ अच्छी तरह गल गया है, उसे ढूँढता है और निकालकर ले जाता है ···

कितनी मज़हकाख़ेज़ तश्बीह[6] थी, लेकिन जाने क्यों बार-बार यही तश्बीह मेरे ज़ेहन में आई और मैं इससे ज़्यादा और कुछ न सोच सका कि मौत एक बहुत ही भोंडी चीज़ है । आप अच्छे-भले जी रहे हैं, फिर एक मर्ज़ कहीं से आन चिमटता है और आप मर जाते

हैं··· अफ़सानवी नुक्त-ए-नज़र से भी ज़िंदगी की कहानी का यह अंजाम कुछ चुस्त मालूम नहीं होता।

बरामदे से उठकर मैं अंदर वार्ड में दाख़िल हुआ।

अभी मैंने दस-पंद्रह क़दम ही उठाए होंगे कि पीछे से आवाज़ आई : "दफ़ना आए आप नंबर बाईस को?"

मैंने मुड़कर देखा—सफ़ेद बिस्तर पर दो काली आँखें मुस्करा रही थीं।

वह आँखें, जैसा कि मुझे बाद में मालूम हुआ, एक बंगाली औरत की थीं, जो दूसरे मरीज़ों से बिलकुल अलग तरीक़े पर अपनी मौत का इंतज़ार कर रही थी।

उसने जब कहा था : 'दफ़ना आए आप नंबर बाईस को', तो मुझे महसूस हुआ था कि हम एक इंसान को नहीं, एक अदद को दफ़नाकर आ रहे हैं; और सच पूछिए तो उस मरीज़ को क़ब्र के सिपुर्द करते हुए मेरे दिलो-दिमाग़ के किसी कोने में भी यह एहसास पैदा नहीं हुआ था कि वह एक इंसान था और उसकी मौत से दुनिया में एक ख़ला पैदा हो गया है।

मैं जब मज़ीद गुफ़्तुगू करने के लिए उस बंगाली औरत के पास बैठा, जिसकी सियाह फ़ाम[7] आँखें ऐसी हौलनाक बीमारी के बावुजूद तरो-ताज़ा और चमकीली थीं, तो उसने ठीक उसी तरह मुस्कराकर कहा : "मेरा नंबर चार है···" फिर उसने सफ़ेद चादर की चंद सलवटें अपने उस्तुख़्वानी[8] हाथ से दुरुस्त कीं और बड़े बेतकल्लुफ़ अंदाज़ में कहा : "आप मुर्दों को जलाने-दफ़नाने में काफ़ी दिलचस्पी लेते हैं!"

मैंने यूँ ही-सा जवाब दिया : "नहीं तो···"

इसके बाद वह मुख़्तसर-सी[9] गुफ़्तुगू ख़त्म हो गई और मैं अपने दोस्त के पास चला गया।

दूसरे रोज़ मैं हस्बे-मामूल[10] सैर को निकला··· हल्की-हल्की फ़ुवार गिर रही थी और फ़ज़ा बहुत ही प्यारी और मासूम हो गई थी; जैसे फ़ज़ा को उन मरीज़ों से कोई सरोकार ही न हो, मरीज़ जो जरासीम[11] भरे साँस ले रहे थे··· चीड़ के लंबे-लंबे दरख़्त, नीली-नीली धुँध में लिपटी हुई पहाड़ियाँ, सड़क पर लुढ़कते हुए पत्थर, पस्त क़द मगर सेहतमंद भैंसें, हर तरफ़ ख़ूबसूरती थी, एक पुरएतिमाद[12] ख़ूबसूरती, जिसे किसी चोर का खटका नहीं था।

मैं सैर से लौटकर सेनिटोरियम में दाख़िल हुआ तो मरीज़ों के उतरे हुए चेहरों ही से मुझे मालूम हो गया कि एक और अदद चल बसा है, ग्यारह नंबर, यानी मेरे दोस्त की बीवी पद्मा।

पद्मा की धँसी हुई आँखों में, जो खुली रह गई थीं, मैंने बहुत-से ख़ौफ़ज़दा 'क्यों' और बेशुमार डरपोक 'नहीं' मुंजमिद पाए··· बेचारी!

पानी बरस रहा था, इसलिए ख़ुश्क ईंधन जमा करने में बड़ी दिक़्क़त का सामना करना पड़ा; बहरहाल उस ग़रीब की लाश को आग के सिपुर्द कर दिया गया। मेरा दोस्त वहीं चिता के पास बैठा रहा और मैं उसका सामान वग़ैरह सँभालने के लिए सेनिटोरियम आ गया।

वार्ड के अंदर दाख़िल होते ही मुझे उस बंगाली औरत की आवाज़ सुनाई दी : "बहुत देर लग गई आपको?"

''जी हाँ''' बारिश की वजह से ख़ुश्क ईंधन नहीं मिल रहा था, इसलिए देर हो गई।''

''और जगहों पर तो ईंधन की दूकानें होती हैं, पर मैंने सुना है, यहाँ इधर-उधर से ख़ुद ही लकड़ियाँ काटनी और चुननी पड़ती हैं'''''

''जी हाँ।''

''ज़रा बैठ जाइए।''

मैं उसके पास स्टूल पर बैठ गया तो उसने एक अजीब-सा सवाल किया : ''तलाश करते-करते जब आपको ख़ुश्क लकड़ी का टुकड़ा मिल जाता होगा तो आप बहुत ख़ुश होते होंगे ?'' उसने मेरे जवाब का इंतज़ार न किया और अपनी चमकीली आँखों से मुझे बग़ौर देखते हुए कहा : ''मौत के मुताल्लिक़ आपका क्या ख़याल है ?''

''मैंने कई बार सोचा है, लेकिन कुछ समझ नहीं सका हूँ'''''

वह दानाओं की तरह मुस्कराई और फिर बच्चों के-से अंदाज़ में कहने लगी : ''मैं कुछ-कुछ समझ सकी हूँ, इसलिए कि बहुत मौतें देख चुकी हूँ''' इतनी कि आप शायद हज़ार बरस भी ज़िंदा रहकर न देख सकें''' मैं बंगाल की रहनेवाली हूँ, जहाँ का एक क़हत आजकल बहुत मशहूर है''' आपको तो पता ही होगा, लाखों आदमी वहाँ मर चुके हैं, बहुत-सी कहानियाँ छप चुकी हैं, सैकड़ों मज़मून लिखे जा चुके हैं''' फिर भी, सुना है, इंसान की इस बिपता का अच्छी तरह नक़्शा नहीं खींचा जा सका है''' मौत की इसी मंडी में मौत के मुताल्लिक़ मैंने कुछ सोचा है'''''

मैंने पूछा : ''क्या ?''

उसने उसी अंदाज़ से जवाब दिया : ''मैंने सोचा है कि एक आदमी का मरना मौत है, एक लाख आदमियों का मरना तमाशा है''' मैं सच कहती हूँ, मौत का वह ख़ौफ़ जो कभी मेरे दिल में हुआ करता था, बिलकुल दूर हो गया है''' हर बाज़ार में दस-बीस अर्थियाँ और जनाज़े नज़र आएँ तो क्या मौत का असली मतलब फ़ौत[13] नहीं हो जाएगा''' मैं सिर्फ़ इतना समझ सकी हूँ कि ऐसी बेतहाशा मौतों पर रोना बेकार है, बेवक़ूफ़ी है''' अव्वल तो इतने आदमियों का मर जाना ही सबसे बड़ी हिमाक़त है'''''

मैंने फ़ौरन ही पूछा : ''किसकी ?''

''किसी की भी हो''' हिमाक़त, हिमाक़त है''' एक भरे शहर पर आप ऊपर से बम गिरा दीजिए, लोग मर जाएँगे''' कुओं में ज़हर डाल दीजिए, जो भी उनका पानी पिएगा, मर जाएगा''' यह काल, क़हत, जंग और बीमारियाँ, सब वाहियात हैं''' इनसे मर जाना बिलकुल ऐसा ही है, जैसे ऊपर से छत आ गिरे''' हाँ, दिल की एक जाइज़ ख़्वाहिश की मौत बहुत बड़ी मौत है''' इंसान को मारना कुछ नहीं, लेकिन उसकी फ़ितरत को हलाक करना बहुत बड़ा ज़ुल्म है'''''' यह कहकर वह कुछ देर के लिए चुप हो गई, फिर करवट बदलकर कहने लगी : ''मेरे ख़यालात पहले ऐसे नहीं थे''' सच पूछिए तो मुझे सोचने-समझने का वक़ूफ़[14] ही नहीं था, लेकिन इस क़हत ने मुझे एक बिलकुल नई दुनिया में फेंक दिया''''' रुककर एकदम वह मेरी तरफ़ मुतवज्जेह हुई।

मैं अपनी नोटबुक में याददाश्त के तौर पर उसकी चंद बातें लिख रहा था।

"यह आप क्या लिख रहे हैं ?" उसने पूछा।

मैंने साफ़गोई से काम लिया और कहा : "मैं अफ़सानानिगार हूँ···जो बातें मुझे दिलचस्प मालूम हों, मैं लिख लिया करता हूँ।"

"ओह···तो फिर मैं आपको अपनी पूरी कहानी सुनाऊँगी।"

तीन घंटे तक नहींफ़[15] आवाज़ में वह मुझे अपनी कहानी सुनाती रही। अब वही कहानी मैं अपने अल्फ़ाज़ में बयान करता हूँ :

ग़ैरज़रूरी तफ़सीलात में जाने की ज़रूरत नहीं···बंगाल में जब क़हत फैला और लोग धड़ाधड़ मरने लगे तो सकीना को उसके चचा ने एक ओबाश[16] आदमी के पास पाँच सौ रुपए में बेच दिया, जो उसे लाहौर ले आया और उसे एक होटल में ठहराकर उससे रुपया कमाने की कोशिश करने लगा··· पहला आदमी जो सकीना के पास इस ग़रज़ से लाया गया, एक ख़ूबसूरत और तंदुरुस्त नौजवान था···क़हत से पहले जब सकीना को रोटी-कपड़े की फ़िक्र नहीं थी, वह ऐसे ही नौजवान के ख़्वाब देखा करती थी, जो उसका शौहर बने; मगर यहाँ उसका सौदा किया जा रहा था; एक ऐसे फ़े'ल के लिए उसे मजबूर किया जा रहा था, जिसके तसव्वुर ही से वह काँप-काँप रही थी।

जब वह कलकत्ते से लाहौर लाई गई थी, उसे मालूम था कि उसके साथ क्या सुलूक होनेवाला है। वह बाशऊर लड़की थी और अच्छी तरह जानती थी कि चंद ही रोज़ में उसे एक सिक्का बनाकर जगह-जगह भुनाया जाएगा, उसको यह सबकुछ मालूम था, लेकिन उस क़ैदी की तरह, जो रहम की उम्मीद न होने पर भी आस लगाए रखता है, वह किसी नामुमकिन हादिसे की मुतवक़्क़े थी।

वह हादिसा तो न हुआ, लेकिन ख़ुद उसमें इतनी हिम्मत पैदा हो गई कि वह उस रात को, कुछ अपनी होशियारी से और कुछ उस नौजवान की ख़ामकारी[17] की बदौलत, होटल से भाग निकलने में कामयाब हो गई।

अब लाहौर की सड़कें थीं और उनके नए ख़तरे···क़दम-क़दम पर उसे ऐसा लगता था कि लोगों की नज़रें उसे खा जाएँगी; लोग उसे कम देखते थे, लेकिन उसकी जवानी को, जो छुपनेवाली चीज़ नहीं थी, कुछ इतना ज़्यादा घूरते थे, जैसे बरमे से उसके अंदर सूराख़ कर रहे हों; सोने-चाँदी का कोई ज़ेवर या मोती होता तो वह शायद लोगों की नज़रों से बचा लेती, मगर वह एक ऐसी चीज़ की हिफ़ाज़त कर रही थी, जिस पर कोई भी आसानी के साथ हाथ मार सकता था।

तीन दिन और तीन रातें, वह कभी इधर, कभी उधर घूमती-भटकती रही। भूख के मारे उसका बुरा हाल था, मगर उसने किसी के आगे हाथ न फैलाया। वह डरती थी कि उसका फैला हुआ हाथ उसकी इस्मत समेत किसी अँधेरी कोठरी में खींच लिया जाएगा···वह दूकानों में सजी हुई मिठाइयाँ देखती थी; भटियारख़ानों में लोग बड़े-बड़े निवाले उठाते थे; उसके हर तरफ़ खाने-पीने की चीज़ों का बड़ी बेदर्दी से इस्तेमाल होता था; लेकिन जैसे दुनिया में उसके मक़सूम[18] का कोई दाना ही नहीं रहा था।

उसे ज़िंदगी में पहली बार खाने की अहमियत मालूम हुई।

पहले उसको खाना मिलता था, अब वह खाने से मिलना चाहती थी और मिल नहीं सकती थी··· चार रोज़ के फ़ाक़ों ने उसे अपनी ही नज़रों में एक बहुत बड़ा शहीद तो बना दिया, लेकिन उसके जिस्म की सारी बुनियादें हिल गईं··· वह जो रूहानी तस्कीन होती है, एक वक़्त आ गया कि वह भी सुकड़ने लगी।

चौथे रोज़ शाम को वह एक गली में से गुज़र रही थी कि जाने उसके जी में क्या आई, वह एक मकान के अंदर घुस गई।···मकान के अंदर घुसते ही उसे ख़याल आया कि नहीं, कोई पकड़ लेगा और तमाम किए-कराए पर पानी फिर जाएगा, और अब उसमें इतनी ताक़त भी तो नहीं है कि वह···

सोचते-सोचते वह सहन के पास पहुँच चुकी थी··· मलगजे अँधेरे में उसने घड़ौंचियों पर दो साफ़ घड़े देखे और उनके साथ ही फलों से भरे हुए दो थाल; सेब, नाशपातियाँ, अनार···

उसने सोचा : अनार बकवास है···सेब और नाशपातियाँ ठीक हैं।

घड़े के ऊपर चपनी के बजाय तश्तरी से ढका हुआ एक प्याला रखा हुआ था···उसने तश्तरी उठाकर देखा; प्याला मलाई से पुर था।

उसने प्याला उठा लिया और पेशतर इसके कि वह कुछ सोच सके, उसने जल्दी-जल्दी मलाई निगलना शुरू कर दी; चंद ही लम्हों में सारी मलाई उसके पेट में थी।

उसके लिए वह राहतबख़्श लम्हा था···वह भूल गई कि वह किसी ग़ैर के मकान में है।

वहीं बैठकर उसने सेब और नाशपातियाँ खाईं।

घड़ौंची के नीचे कुछ और भी था···यख़नी[15], ठंडी यख़नी और उसने सारी पतीली ख़त्म कर दी।

फिर एकदम जाने क्या हुआ कि उसके पेट की गहराइयों से एक ग़ुबार-सा उठा और उसका सिर चकराने लगा।

उसी वक़्त उसने खाँसी की आवाज़ सुनी···वह उठ खड़ी हुई; उसने भागने की कोशिश की, मगर चकराकर गिर पड़ी और बेहोश हो गई।

जब उसे होश आया तो वह एक साफ़-सुथरे बिस्तर में लेटी हुई थी···सबसे पहले उसे ख़याल आया कि वह कहीं लुट तो नहीं गई, लेकिन फ़ौरन ही उसे इत्मीनान हो गया कि वह सही-सलामत है।

वह कुछ और सोचने ही लगी थी कि उसे पतली-पतली खाँसी की आवाज़ सुनाई दी और फिर हड्डियों का एक ढाँचा कमरे में दाख़िल हुआ।

सकीना ने अपने गाँव में बहुत-से क़हत के मारे इंसान देखे थे, मगर यह इंसान उनसे बहुत मुख़्तलिफ़ था; बेचारगी इसकी आँखों में भी थी, मगर इस बेचारगी में वह अनाज की तरसी हुई ख़्वाहिश नहीं थी···सकीना ने पेट के भूखे देखे थे, जिनकी निगाहों में एक नंगी और भोंडी ललचाहट होती है, मगर इस मर्द की निगाहों में उसे एक चिलमन-सी नज़र आई, एक धुँधला परदा, जिसके पीछे से वह डर-डरकर उसकी तरफ़ देख रहा था।

ख़ौफ़ज़दा सकीना को होना चाहिए था, लेकिन सहमा हुआ वह था—उसने

रुक-रुककर, कुछ झेंपते हुए, कुछ अजीब क़िस्म का हिजाब[20] महसूस करते हुए सकीना से कहा : ''जब तुम खा रही थीं, मैं तुमसे कुछ दूर खड़ा था⋯उफ़, मैंने किन मुश्किलों से अपनी खाँसी रोके रखी कि तुम आराम से खा सको और मैं यह ख़ूबसूरत मंज़र ज्यादा देर तक देख सकूँ⋯भूख बड़ी प्यारी चीज़ है⋯एक मैं हूँ कि इस नेमत से महरूम हूँ⋯नहीं, महरूम नहीं कहना चाहिए कि मैंने ख़ुद इसको हलाक किया है⋯''

वह कुछ भी न समझ सकी।

उसकी बातें एक पहेली थीं⋯सकीना ने बूझने की कोशिश की तो वह एक और पहेली बन गई; इसके बावुजूद सकीना को उसकी बातें अच्छी लगीं, उनमें इंसानियत की गर्मी थी।

सकीना ने अपनी सारी आपबीती उसको सुना दी।

वह ख़ामोश सुनता रहा, जैसे उस पर कोई असर ही न हुआ हो।

जब सकीना उसका शुक्रिया अदा करने लगी तो उसकी आँखें, जो आँसुओं से बेनियाज़[21] मालूम होती थीं, एकदम नमनाक हो गईं और उसने भर्राई हुई आवाज़ में कहा : ''यहीं रह जाओ सकीना⋯मैं दिक़ का मरीज़ हूँ⋯मेरी भूख मर चुकी है⋯मुझे कोई खाना, कोई फल अच्छा नहीं लगता⋯तुम खाया करना और मैं तुम्हें देखा करूँगा⋯'' फ़ौरन ही वह मुस्कराने लगा : ''क्या हिमाक़त है⋯कोई और सुनता तो क्या कहता⋯यानी दूसरा खाया करे और मैं देखा करूँ⋯नहीं सकीना⋯वैसे मेरी दिली ख़्वाहिश है कि तुम यहीं रहो⋯''

सकीना कुछ सोचने लगी; फिर उसने कहा : ''जी नहीं—मेरा मतलब है, आप इस घर में अकेले हैं और मैं⋯नहीं-नहीं⋯बात यह है कि मैं⋯''

सकीना की बात सुनकर उसको कुछ ऐसा सद्मा पहुँचा कि वह थोड़ी देर के लिए बिलकुल खो-सा गया। जब वह बोला तो उसकी आवाज़ खोखली थी : ''मैं दस बरस तक कालिज में लड़कियाँ पढ़ाता रहा हूँ⋯मैंने हमेशा उनको अपनी बच्चियाँ समझा⋯तुम⋯तुम एक और हो जाओगी⋯''

सकीना के लिए और कोई जगह ही नहीं थी—वह उस प्रोफ़ेसर के यहाँ रहने लगी।

प्रोफ़ेसर एक बरस और चंद महीने ज़िंदा रहा⋯इस दौरान में बजाय इसके कि सकीना उसकी ख़बरगीरी करती, उलटा वह जो बीमार था, सकीना को आसाइशो-आराम पहुँचाने में कुछ इस बेकली से मसरूफ़ रहा, जैसे वह बहुत जल्दी में हो।

प्रोफ़ेसर की तवज्जोह ने सकीना को चंद महीनों में ही निखार दिया⋯फिर वह सकीना से कुछ दूर-दूर रहने लगा, मगर उसकी तवज्जोह में कोई फर्क़ न आया।

आख़िरी दिनों में अचानक उसकी हालत ख़राब हो गई।

एक रात जब सकीना उसके क़रीब ही सो रही थी, वह हड़बड़ा के उठ बैठा और ज़ोर-ज़ोर से चिल्लाने लगा : ''सकीना⋯सकीना⋯''

उसकी चीख़ें सुनकर सकीना घबरा गई।

उसकी धँसी हुई आँखों में वह जो एक चिलमन-सी हुआ करती थी, मौजूद नहीं थी⋯उन आँखों में सकीना को एक अथाह दुख नज़र आया।

उसने अपने काँपते हुए हाथों से सकीना के हाथ पकड़े और कहा : "मैं मर रहा हूँ, लेकिन इस मौत का मुझे दुख नहीं क्योंकि बहुत-सी मौतें मेरे अंदर वाके़ हो चुकी हैं ...तुम सुनना चाहती हो मेरी दास्तान ...जानना चाहती हो, मैं क्या हूँ ... ? सुनो ...मैं एक झूठ हूँ, बहुत बड़ा झूठ ...मेरी सारी ज़िदगी अपने आपसे झूठ बोलने और फिर उसे सच बनाने में गुज़री है ...उफ़, कितना तकलीफ़देह, ग़ैरफ़ितरी और ग़ैरइंसानी काम था ...मैंने एक फ़ितरी ख़्वाहिश को मारा था, लेकिन मुझे यह मालूम नहीं था कि एक क़त्ल के बाद मुझे और बहुत-से ख़ून करने पड़ेंगे ...मैं समझता था कि एक मसाम[22] बंद कर देने से क्या फ़र्क़ पड़ेगा; मुझे यह ख़बर नहीं थी कि फिर मुझे अपने जिस्म के सारे दरवाज़े बंद करने पड़ेंगे; ...सकीना, यह मैं जो कुछ कह रहा हूँ, फ़लसफ़ियाना बकवास है ...सीधी बात यह है कि मैं अपना कैरेक्टर ऊँचा करता रहा और ख़ुद इंतिहाई पस्तियों की दलदल में धँसता रहा ...मैं मर जाऊँगा और मेरा यह कैरेक्टर ...यह बे-रंग फरैरा मेरी ख़ाक पर उड़ता रहेगा ...वह तमाम लड़कियाँ, जिन्हें मैं कालिज में पढ़ाया करता था, जब कभी मुझे याद करेंगी, यही कहेंगी कि एक फ़रिश्ता था, जो इंसानों में चला आया था ...तुम भी मेरी नेकियों को नहीं भूलोगी ...लेकिन हक़ीक़त यह है कि जब से तुम इस घर में आई हो, एक लम्हा भी ऐसा नहीं गुज़रा है, जब मैंने तुम्हारी जवानी को दुज़्दीदा[23] निगाहों से न देखा हो ...मैंने तसव्वुर[24] में कई बार तुम्हारे होंठों को चूमा है ...कई बार मैंने ख़यालों में तुम्हारी बाँहों पर अपना सिर रखा है ...और हर बार मुझे इन तस्वीरों को पुर्ज़े-पुर्ज़े करना पड़ा है, फिर इन पुर्ज़ों को जलाकर मैंने राख बनाई है कि इनका नामो-निशान तक बाक़ी न रहे ...काश ! मुझ में इतनी हिम्मत होती कि मैं अपने इस ऊँचे कैरेक्टर को एक लंबे बाँस पर लंगूर की तरह बिठा सकता और डुगडुगी बजाकर लोगों को इकट्ठा कर सकता और कह सकता कि आओ देखो और इब्रत[25] हासिल करो ..."

इस वाक़िए के बाद प्रोफ़ेसर सिर्फ़ पाँच रोज़ ज़िंदा रहा।

सकीना का बयान है कि मरने से पहले वह बहुत ख़ुश था।

जब वह आख़िरी साँस ले रहा था, उसने सकीना से सिर्फ़ इतना कहा था : "सकीना, मैं लालची नहीं हूँ ...ज़िंदगी के यह आख़िरी पाँच दिन मेरे लिए बहुत हैं ...मैं तुम्हारा शुक्रगुज़ार हूँ ..."

---

1. स्वास्थ्यवर्धक; 2. संबंधित; 3. धूमिल; 4. निराशा; 5. प्रश्न; 6. हास्यास्पद उपमा; 7. गहरा काला; 8. हड्डियों का; 9. संक्षिप्त; 10. नियमानुसार; 11. कीटाणु; 12. विश्वासपूर्ण; 13. ख़त्म; 14. अवसर; 15. कमज़ोर; 16. आवारा; 17. अनुभवहीनता; 18. भाग्य; 19. सूप, शोरबा; 20. संकोच; 21. बेपरवाह; 22. रोमछिद्र; 23. कनखियों से; 24. कल्पना; 25. शिक्षा।

सड़क के किनारे

यही दिन थे; आसमान उसकी आँखों की तरह ऐसा ही नीला था, जैसा कि आज है, धुला हुआ, निथरा हुआ··· और धूप भी ऐसी ही कुनकुनी थी, सुहाने ख़्वाबों की तरह··· मिट्टी की बास भी ऐसी ही थी, जैसी कि इस वक़्त मेरे दिलो-दिमाग़ में रच रही है··· और मैंने इसी तरह लेटे-लेटे अपनी फड़फड़ाती हुई रूह उसके हवाले की थी···

फिर उसने मुझसे कहा था : ''तुमने मुझे जो यह लम्हात अता किए हैं, यक़ीन जानो, मेरी ज़िंदगी इनसे ख़ाली थी··· जो ख़ाली जगहें तुमने आज मेरी हस्ती में पुर की हैं, तुम्हारी शुक्रगुज़ार हैं··· तुम मेरी ज़िंदगी में न आतीं तो शायद मेरी ज़िंदगी हमेशा अधूरी रहती··· मेरी समझ में नहीं आता, मैं तुमसे और क्या कहूँ··· मेरी तकमील हो गई है, ऐसे मुकम्मल तौर पर कि महसूस होता है, मुझे अब तुम्हारी ज़रूरत नहीं रही··· ।''

और वह चला गया··· हमेशा के लिए चला गया···

मेरी आँखें रोईं, मेरा दिल रोया··· मैंने उसकी मिन्नत-समाजत की, उससे लाख मर्तबा पूछा : ''अब तुम्हें मेरी ज़रूरत क्यों नहीं रही··· मुझे तुम्हारी ज़रूरत, अपनी तमाम शिद्दतों के साथ अब है··· उन लम्हात के बाद, जिन्होंने बक़ौल तुम्हारे, तुम्हारी हस्ती की ख़ाली जगहें पुर की हैं···''

उसने कहा : ''तुम्हारे वुजूद[1] के जिस-जिस ज़र्रे की मेरी हस्ती को तामीरो-तकमील[2] के लिए ज़रूरत थी, यह लम्हात वह ज़र्रे चुन-चुनकर मुझे देते रहे··· अब कि मेरी हस्ती की तकमील हो गई है, तुम्हारा और मेरा रिश्ता ख़ुद-ब-ख़ुद ख़त्म हो गया है··· ।''

किस क़दर ज़ालिमाना लफ़्ज़ थे··· मुझसे यह पथराव बरदाश्त न हो सका··· मैं चीख़-चीख़कर रोने लगी, मगर उस पर कुछ असर न हुआ··· मैंने उससे कहा : ''वह ज़र्रे, जिनसे तुम्हारी हस्ती की तकमील हुई है, मेरे वुजूद का एक हिस्सा थे। क्या उन ज़र्रों का मुझसे कोई रिश्ता नहीं··· क्या मेरे वुजूद का बक़ाया हिस्सा उन ज़र्रों से अपना नाता तोड़ सकता है··· तुम मुकम्मल हो गए हो, लेकिन मुझे अधूरा करके··· क्या मैंने इसीलिए तुम्हें अपना माबूद[3] बनाया था···''

उसने कहा : ''फूलों और कलियों का रस चूस-चूसकर भँवरे शहद कशीद[4] करते हैं, मगर वह शहद तो क्या, उसकी तलछट तक भी उन फूलों और कलियों के होंठों तक नहीं लाते··· ख़ुदा अपनी परस्तिश[5] कराता है, मगर ख़ुद बंदगी नहीं करता··· अदम के साथ

खल्वत[6] में चंद लम्हे बसर करके उसने वुजूद की तकमील की··· लेकिन अब अदम कहाँ है··· उसकी अब वुजूद को क्या ज़रूरत है··· अदम एक ऐसी माँ थी, जो वुजूद को जन्म देते ही ज़चगी के बिस्तर पर फ़ना हो गई थी···''

औरत रो सकती है, दलीलें पेश नहीं कर सकती··· औरत की सबसे बड़ी दलील उसकी आँख से ढलका हुआ आँसू है··· मैंने उससे कहा : ''देखो, मैं रो रही हूँ··· मेरी आँखें आँसू बरसा रही हैं··· तुम जा रहे हो तो जाओ, मगर मेरे कुछ आँसुओं को तो अपने रूमाल के कफ़न में लपेटकर साथ लेते जाओ··· मैं तो सारी उम्र रोती रहूँगी, मगर मुझे इतना तो याद रहेगा कि मेरे चंद आँसुओं के कफ़न-दफ़न का सामान तुमने किया था, मुझे ख़ुश करने के लिए···''

उसने कहा : ''मैं तुम्हें ख़ुश कर चुका हूँ··· तुम्हें उस ठोस मसर्रत[7] से हमकिनार कर चुका हूँ, जिसके तुम ख़्वाब ही देखा करती थीं··· क्या वह लुत्फ़, वह कैफ़ तुम्हारी ज़िंदगी के बक़ाया लम्हात का सहारा नहीं बन सकता··· तुम कहती हो कि मेरी तकमील ने तुम्हें अधूरा कर दिया है, लेकिन यह अधूरापन ही क्या तुम्हारी ज़िंदगी को मुतहर्रिक रखने के लिए काफ़ी नहीं··· मैं मर्द हूँ··· आज तुमने मेरी तकमील की है, कल कोई और करेगा··· मर्द का वुजूद कुछ ऐसे आबो-गिल[8] से बना होता है, और उसकी ज़िंदगी में ऐसे कई लम्हात आते हैं, जब वह ख़ुद को तश्ना- ए-तकमील[9] समझता है, और तुम-ऐसी कई औरतें आती हैं, जो उन लम्हात की पैदा की हुई ख़ाली जगहें पुर करती हैं···''

मैं रोती रही, झुँझलाती रही।

मैंने सोचा : वह चंद लम्हात अभी-अभी मेरी मुटठी में थे, नहीं-नहीं, मैं उन लम्हात की मुट्ठी में थी··· मैंने क्यों ख़ुद को उन लम्हात के हवाले किया, क्यों अपनी फड़फड़ाती रूह उनके मुँह खुले क़फ़स में डाल दी··· हाँ, एक मज़ा था, एक लुत्फ़ था, एक कैफ़ था, था ज़रूर था··· और यह उसके और मेरे तसादुम[10] में था, लेकिन यह क्या कि वह साबितो-सालिम रहा और मुझमें तरेड़े पड़ गए··· यह क्या कि वह अब मेरी ज़रूरत महसूस नहीं करता, और मैं और भी शिद्दत से उसकी ज़रूरत महसूस करती हूँ··· वह ताक़तवर बन गया है, मैं नहीफ़ हो गई हूँ··· यह क्या कि आसमान पर दो बादल हम-आग़ोश हों; एक रो-रोकर बह जाए, दूसरा बिजली बनकर कौंधे, लपके, बरसे, सिमटे और ग़ायब हो जाए··· यह किसका क़ानून है··· आसमानों का या ज़मीनों का··· या इनके बनानेवाले का···?

मैं सोचती रही, झुँझलाती रही : दो रूहों का सिमटकर एक हो जाना और एक होकर वालिहाना वुसअत[1] इख़्तियार कर जाना··· क्या यह सब शाइरी है··· नहीं, दो रूहें तो सिमटकर उस नन्हे-से नुक़्ते पर पहुँचती हैं, जो फैलकर कायनात बनता है··· लेकिन इस कायनात में क्यों एक रूह घायल छोड़ दी जाती है··· क्या इस क़ुसूर पर कि उसने दूसरी रूह को उस नन्हे-से नुक्ते तक पहुँचने में मदद दी थी···?

यह कैसी कायनात है···

यही दिन थे, आसमान उसकी आँखों की तरह ऐसा ही नीला था, जैसा कि आज है··· और धूप भी ऐसी ही कुनकुनी थी··· और मैंने इसी तरह लेटे-लेटे अपनी फड़फड़ाती हुई

रूह उसके हवाले की थी...

वह अब मौजूद नहीं है...बिजली का कौंधा बनकर जाने वह किन बदलियों की गिर्या-ओ-जारी[12] से खेल रहा है...वह अपनी तकमील करके चला गया...वह एक साँप था, जो मुझे डसकर चला गया...क्यों उसकी छोड़ी हुई लकीर मेरे पेट में करवटें ले रही है...क्या यह मेरी तकमील हो रही है...

नहीं, नहीं, यह तकमील कैसे हो सकती है...यह तो तख़रीब[13] है...लेकिन यह मेरे जिस्म की ख़ाली जगहें क्यों पुर हो रही हैं...

यह मेरे जिस्म के गड्ढे किस मलबे से पुर किए जा रहे हैं...मेरी रगों में यह कैसी सरसराहटें दौड़ रही हैं...मेरे पेट में कौन-सा नन्हा-सा नुक़्ता फैलते हुए पेचो-ताब खा रहा है...मेरी नाव डूबकर अब किन समंदरों में उभरने के लिए उठ रही है...यह मेरे अंदर दहकते हुए चूल्हों पर किस मेहमान के लिए दूध गर्म किया जा रहा है...यह मेरा दिल मेरे ख़ून को धुनक-धुनककर किसके लिए नर्मो-नाज़ुक रज़ाइयाँ तैयार कर रहा है...यह मेरा दिमाग़ मेरे ख़यालात के रंग-बिरंगे धागों से किसके लिए नन्ही-मुन्नी पोशाकें बुन रहा है...मेरा रंग किसके लिए निखर रहा है...मेरे अंग-अंग और रोम-रोम में फँसी हुई हिचकियाँ लोरियों में क्यों तब्दील हो रही हैं...

यही दिन थे; आसमान उसकी आँखों की तरह ऐसा ही नीला था, जैसा कि आज है...लेकिन अब यह आसमान अपनी बुलंदियों से उतरकर क्यों मेरे पेट में तन गया है...उसकी नीली-नीली आँखें क्यों मेरी रगों में दौड़ती-फिरती हैं...

मेरी छातियों की गोलाइयों में मस्जिदों के मेहराबों-ऐसी तक़दीस[14] क्यों आ रही है...

नहीं-नहीं, यह तक़दीस नहीं...मैं इन मेहराबों को ढहा दूँगी...मैं अपने अंदर दहकते हुए तमाम चूल्हे सर्द कर दूँगी...जिन पर बिन बुलाए मेहमान की ख़ातिरदारियाँ चढ़ी हुई हैं...मैं अपने ख़यालात के तमाम रंग-बिरंगे धागे उलझा दूँगी...

यही दिन थे; आसमान उसकी आँखों की तरह ऐसा ही नीला था, जैसा कि आज है...मैं वे दिन क्यों याद करती हूँ; वे दिन, जिनके सीने पर से वह अपने नक़्शे-क़दम भी उठाकर ले गया है...लेकिन यह...यह नक़्शे-क़दम किसका है, यह जो मेरे पेट की गहराइयों में तड़प रहा है...क्या यह मेरा जाना-पहचाना नहीं...मैं इसे खुरच दूँगी, इसे मिटा दूँगी...यह नक़्शे-क़दम नहीं, रसौली है, फोड़ा है, बहुत ख़ौफ़नाक फोड़ा...लेकिन मुझे यह क्यों महसूस हो रहा है कि यह तो फाहा है...फाहा है तो किस ज़ख़्म का...उस ज़ख़्म का, जो वह मुझे लगाकर चला गया था...नहीं-नहीं...ऐसा लगता है, यह किसी पैदाइशी ज़ख़्म का फाहा है, ऐसा ज़ख़्म, जो मैंने कभी देखा ही नहीं...जो मेरी कोख में जाने कब से सो रहा था...

यह कोख है क्या...फ़ुज़ूल-सी मिट्टी की हंड कुलिया...बच्चों का खिलौना...मैं इसे तोड़-फोड़ दूँगी...

कौन मेरे कान में कह रहा है : यह दुनिया एक चौराहा है...अपना भांडा क्यों चौराहे पर फोड़ती है...याद रख, तुझ पर उँगलियाँ उठेंगी...

उँगलियाँ...उँगलियाँ उधर क्यों न उठेंगी, जिधर वह अपनी हस्ती मुकम्मल करके

चला गया है... क्या इन उँगलियों को वह रास्ता मालूम नहीं... यह दुनिया एक चौराहा है... लेकिन वह तो मुझे एक दोराहे पर छोड़कर चला गया था... इस राह भी अधूरापन, उस राह भी अधूरापन... इधर भी आँसू, उधर भी आँसू...

यह किसका आँसू मेरे सीप में मोती बन रहा है... यह मोती पिरोया कहाँ जाएगा...

उँगलियाँ उठेंगी... जब सीप का मुँह खुलेगा, मोती फिसलकर चौराहे पर गिर पड़ेगा, फिर उँगलियाँ उठेंगी... सीप की तरफ़ भी और मोती की तरफ़ भी... उँगलियाँ सँपोलिया बनकर दोनों को डस लेंगी और अपने ज़हर से उनको नीला कर देंगी...

आसमान उसकी आँखों की तरह ऐसा ही नीला था, जैसा कि आज है... आसमान गिर क्यों नहीं पड़ता... वह कौन-से सुतून हैं, जो आसमान को थामे हुए हैं... उस दिन जो ज़लज़ला आया था, क्या वह इन सुतूनों की बुनियादें हिला देने के लिए काफ़ी नहीं था... यह क्यों अब तक उसी तरह तना हुआ है...

मेरी रूह पसीने में ग़र्क़ है... उसका हर मसाम[15] खुला हुआ है... चारों तरफ़ आग दहक रही है... मेरे अंदर कुठाली में सोना पिघल रहा है... धौंकनियाँ चल रही हैं, शोले भड़क रहे हैं... आतिश फ़िशाँ[16] पहाड़ के लावे की तरह सोना पिघल रहा है... मेरी रगों में नीली आँखें दौड़ रही हैं, हाँप रही हैं... घंटियाँ बज रही हैं... कोई आ रहा है... कोई आ रहा है... बंद कर दो... किवाड़ बंद कर दो...

कुठाली उलट गई है... पिघला हुआ सोना बह रहा है... घंटियाँ बज रही हैं... मेरी आँखें मुँद रही हैं... नीला आसमान गदला होकर नीचे आ रहा है...

यह किसके रोने की आवाज़ है... इसे चुप कराओ... इसकी चीखें मेरे दिल पर हथौड़े मार रही हैं... चुप कराओ, इसे चुप कराओ...

मैं गोद बन रही हूँ... मैं क्यों गोद बन रही हूँ...

मेरी बाँहें खुल रही हैं... चूल्हों पर दूध उबल रहा है... मेरी छातियों की गोलाइयाँ प्यालियाँ बन रही हैं...

लाओ, इस गोश्त के लोथड़े को मेरे दिल के धुनके हुए ख़ून के नर्म-नर्म गालों में लिटा दो...

मत छीनो... मत छीनो इसे... मुझसे जुदा न करो, ख़ुदा के लिए मुझसे जुदा न करो...

उँगलियाँ... उँगलियाँ... उठने दो उँगलियाँ... मुझे कोई परवाह नहीं... यह दुनिया चौराहा है... फूट जाने दो मेरी ज़िंदगी के तमाम भांडे...

मेरी ज़िंदगी तबाह हो जाएगी...

हो जाने दो तबाह... मुझे मेरा गोश्त वापस दे दो... मेरी रूह का यह टुकड़ा मुझसे मत छीनो... यह बड़ा क़ीमती है... यह गौहर है, जो मुझे उन चंद लम्हात ने अता किया है, उन चंद लम्हात ने, जिन्होंने मेरे वुजूद के कई ज़र्रे चुनकर किसी की तकमील की थी, और जो मुझे अपने ख़याल में अधूरा छोड़कर चला गया था... मेरी तकमील तो आज हुई है...

मान लो, मान लो... मेरे पेट के ख़ला से पूछो... मेरी दूध भरी छातियों से पूछो... उन लोरियों से पूछो, जो मेरे अंग-अंग और रोम-रोम में तमाम हिचकियाँ सुलाकर जाग रही

हैं… उन झूलनों से पूछो, जो मेरे बाज़ुओं में डल रहे हैं… मेरे चेहरे की ज़र्दियों से पूछो, जो गोश्त के इस लोथड़े के गालों को अपनी तमाम सुर्ख़ियाँ चुसाती रही हैं… उन साँसों से पूछो, जो चोरी-छुपे इसको इसका हिस्सा पहुँचाते रहे हैं।

उँगलियाँ… उठने दो उँगलियाँ… मैं उन्हें काट डालूँगी… शोर मचेगा तो मैं वह काटी हुई उँगलियाँ उठाकर अपने कानों में ठूँस लूँगी… मैं गूँगी हो जाऊँगी, बहरी हो जाऊँगी, अंधी हो जाऊँगी… मेरा गोश्त मेरे इशारे समझ लिया करेगा… मैं इसे टटोल-टटोलकर पहचान लिया करूँगी…

मत छीनो… मत छीनो इसे… यह मेरी कोख की माँग का सिंदूर है, मेरी ममता के माथे की बिंदिया है, मेरे गुनाह का कड़वा फल है…

लोग इस पर थू-थू करेंगे…

मैं चाट लूँगी, सब थूकें…

देखो, मैं हाथ जोड़ती हूँ, पाँव पड़ती हूँ… मेरे भरे हुए दूध के बर्तन औंधे न करो… मेरे दिल के धुनके हुए ख़ून के नर्म-नर्म गालों में आग न लगाओ… मेरी बाँहों के झूलनों की रस्सियाँ न तोड़ो… मेरे कानों को उन गीतों से महरूम न करो, जो इसके रोने में मुझे सुनाई देते हैं…

मत छीनो… मत छीनो… मुझसे जुदा न करो, ख़ुदा के लिए मुझे इससे जुदा न करो…

लाहौर : इक्कीस जनवरी।

धोबी मंडी से पुलिस ने एक नौज़ाईदा[17] बच्ची को सर्दी से ठिठुरते हुए सड़क के किनारे पड़ी हुई पाया और अपने क़ब्ज़े में ले लिया… किसी संगदिल ने बच्ची की गर्दन को मज़बूती से कपड़े में जकड़ रखा था और उरियाँ जिस्म को गीले कपड़े में बाँध रखा था कि वह सर्दी से मर जाए, मगर वह ज़िंदा थी… बच्ची बहुत ख़ूबसूरत है, उसकी आँखें नीली हैं… बच्ची को हस्पताल पहुँचा दिया गया है।

---

1. अस्तित्व; 2. रचना और पूर्ति; 3. जिसकी उपासना की जाए; 4. खींचना; 5. पूजा; 6. एकांत; 7. आनंद; 8. पानी-मिट्टी; 9. पूर्ति का प्यासा; 10. संघर्ष; 11. प्रेमियों-जैसी शक्ति; 12. रोना-धोना; 13. तोड़-फोड़, विध्वंस; 14. पवित्रता; 15. रोमछिद्र; 16. ज्वालामुखी; 17. नवजात।

स्वराज के लिए

मुझे सन याद नहीं रहा, लेकिन वही दिन थे, जब अमृतसर में हर तरफ़ 'इन्क़िलाब : ज़िंदाबाद' के नारे गूँजते थे। उन नारों में, मुझे अच्छी तरह याद है, एक अजीब क़िस्म का जोश था, एक जवानी, एक अजीब क़िस्म की जवानी, बिलकुल अमृतसर की ग़ूजरियों की-सी, जो सिर पर उपलों के टोकरे उठाए बाज़ारों को जैसे काटती हुई चलती हैं।

ख़ूब दिन थे; फ़ज़ा में जो जलियाँवाला बाग़ के ख़ूनी हादिसे का ख़ौफ़ समाया रहता था, उन दिनों बिलकुल मफ़्क़ूद[1] था; उस ख़ौफ़ की जगह एक बेख़ौफ़ तड़प ने ले ली थी, एक अंधाधुंध ज़ुस्त ने जो अपनी मंज़िल से नावाक़िफ़ थी।

लोग नारे लगाते थे, जुलूस निकालते थे और धड़ाधड़ सैकड़ों की तादाद में क़ैद हो जाते थे—गिरफ़्तार होना एक दिलचस्प शग़्ल बन गया था—सुबह क़ैद हुए और शाम को छोड़ दिए गए; अगर मुक़द्दमा चला तो चंद महीनों की क़ैद हो गई; वापस आए, एक नारा लगाया और फिर क़ैद हो गए।

ज़िंदगी से भरपूर दिन थे—एक नन्हा-सा बुलबुला फटने पर भी एक बहुत बड़ा भँवर-सा बन जाता था।

किसी ने चौक में खड़े होकर तक़रीर की और कहा कि हड़ताल होनी चाहिए! चलिए, हड़ताल हो गई...एक लहर उठी कि हर शख़्स को खादी पहननी चाहिए ताकि लंकाशायर के सारे कारख़ाने बंद हो जाएँ; और विदेशी कपड़ों का बाइकाट शुरू हो गया; हर चौक में अलाव जलने लगे, लोग जोश में आकर वहीं खड़े-खड़े अपने कपड़े उतार देते और अलाव में फेंक देते, कोई औरत अपने मकान की शहनशीन से अपनी नापसंदीदा साड़ी उछालती तो हुजूम तालियाँ पीट-पीटकर अपने हाथ लाल कर लेता।

मुझे याद है, कोतवाली के सामने टाउनहॉल के पास एक अलाव जल रहा था। शेख़ू ने, जो मेरा हमजमात था, जोश में आकर अपना रेशमी कोट उतारा और विदेशी कपड़ों की चिता में डाल दिया। तालियों का एक समंदर उबलने लगा, क्योंकि शेख़ू एक बहुत बड़े टोडी बच्चे का लड़का था; तालियों के शोर में उस ग़रीब का जोश इस क़दर बढ़ा कि उसने अपनी बोस्की की क़मीस उतारी और शोलों की नज़्र कर दी; बाद में उसे ख़याल आया कि क़मीस के साथ सोने के बटन टँके हुए थे।

मैं शेख़ू का मज़ाक़ नहीं उड़ा रहा हूँ; मेरा हाल भी उन दिनों बहुत दिगर-गूँ था; जी

चाहता था कि कहीं से पिस्तौल हाथ आ जाए तो एक दहशत पसंद पार्टी बनाई जाए… बाप गवर्नमेंट का पेंशनख़्वार है, यह ख़याल मुझे कभी न आया; बस दिलो-दिमाग़ में एक अजीब क़िस्म की खुदबुद रहती थी, बिलकुल वैसी ही जैसी फ़्लैश[2] खेलने के दौरान रहा करती है।

स्कूल से मुझे वैसे ही दिलचस्पी नहीं थी, मगर उन दिनों तो ख़ासतौर पर मुझे पढ़ाई से नफ़रत हो गई थी… घर से किताबें लेकर निकलता और जलियाँवाला बाग़ चला जाता; स्कूल का वक़्त ख़त्म होने तक वहाँ की सरगर्मियाँ देखता रहता, या किसी दरख़्त के साए तले बैठकर दूर मकानों की खिड़कियों में औरतों को घूरता रहता और सोचता कि उनमें से ज़रूर किसी को मुझसे इश्क़ हो जाएगा। यह ख़याल मेरे दिमाग़ में क्यों आता, इसके मुताल्लिक़ मैं कुछ नहीं कह सकता।

जलियाँवाला बाग़ में ख़ूब रौनक़ होती थी… चारों तरफ़ तंबू और क़नातें फैली होतीं; सबसे बड़े ख़ेमे में हर दूसरे या तीसरे या पंद्रहवें रोज़ एक नया मोर्चा डिक्टेटर मौजूद होता, जिसको तमाम वालंटियर सलामी देते; दो या तीन या ज़्यादा से ज़्यादा पंद्रह रोज़ तक वह डिक्टेटर खादीपोश औरतों और मर्दों की नमस्कारें एक मस्नूई संजीदगी के साथ वुसूल करता, शहर के बनियों से लंगरख़ाने के लिए आटा-चावल इकट्ठा करता और दही की लस्सी पी-पीकर, जो ख़ुदा मालूम जलियाँवाला बाग़ में क्यों इस क़दर आम थी, एक दिन अचानक गिरफ़्तार हो जाता और किसी क़ैदख़ाने में भेज दिया जाता।

मेरा एक पुराना हमजमात था शहज़ादा ग़ुलाम अली; उससे मेरी दोस्ती का अंदाज़ा आपको इन बातों से हो सकता है कि हम इकट्ठे दो दफ़ा मैट्रिक के इम्तहान में फ़ेल हो चुके थे और एक दफ़ा हम दोनों घर से भागकर बंबई जा चुके थे। हमारा ख़याल था कि रूस जाएँगे, मगर पैसे ख़त्म होने पर जब हमें फ़ुटपाथों पर सोना पड़ा तो हमने घर ख़त लिखे, माफ़ियाँ माँगीं, पैसे मँगवाए और वापस चले आए।

शहज़ादा ग़ुलाम अली ख़ूबसूरत जवान था; लंबा क़द, गोरा रंग—जो कश्मीरियों का होता है—तीखी नाक, खिलंदड़ी आँखें। उसकी चाल-ढाल में एक ख़ास शान थी, जिसमें पिशावरी ग़ुंडों की कज-कुलाही[3] की हल्की-सी झलक भी थी।

जब वह मेरे साथ पढ़ता था, तब वह शहज़ादा नहीं था, लेकिन जब शहर में इन्क़िलाबी सरगर्मियों ने ज़ोर पकड़ा और उसने दस-पंद्रह जलसों और जुलूसों में हिस्सा लिया तो नारों, गेंदे के हारों, जोशीले गीतों और लेडी वालंटियर्ज़ से आज़ादाना गुफ़्तगूओं ने उसे एक नीम-रस इन्क़िलाबी बना दिया; फिर एक रोज़ उसने अपनी पहली तक़रीर की… दूसरे रोज़ मैंने अख़बार देखे तो मुझे मालूम हुआ कि वह शहज़ादा बन गया है।

शहज़ादा बनते ही ग़ुलाम अली सारे अमृतसर में मशहूर हो गया।

अमृतसर छोटा-सा शहर है और वहाँ नेकनाम होते, या बदनाम होते देर नहीं लगती। यूँ तो अमृतसरी आम आदमियों के मामले में बहुत हर्फ़गीर[4] होते हैं, यानी दूसरों के ऐब टटोलने और किरदारों में सुराख़ ढूँढने की कोशिश करते रहते हैं, लेकिन वह सियासी और मज़हबी लीडरों के मामले में बहुत चश्मपोशी से काम लेते हैं। अमृतसरियों को दरअसल

हर वक़्त एक तक़रीर, या एक तहरीक[5] की ज़रूरत रहती है; आप उन्हें नीलीपोश भी बना सकते हैं और स्याहपोश भी; और अमृतसर में एक ही लीडर चोले बदल-बदलकर काफ़ी देर तक ज़िंदा रह सकता है।

वह ज़माना कुछ और था।

तमाम बड़े-बड़े लीडर जेलों में थे और उनकी गद्दियाँ ख़ाली थीं।

उन दिनों लोगों को लीडरों की कोई इतनी ज़्यादा ज़रूरत नहीं थी—वह तहरीक, जो शुरू हो चुकी थी, उस तहरीक को अलबत्ता ऐसे आदमियों की अशद[6] ज़रूरत थी, जो खादी पहनकर चंद रोज़ जलियाँवाला बाग़ के बड़े ख़ेमे में बैठें, एक तक़रीर करें और गिरफ़्तार हो जाएँ।

उन दिनों यूरोप के दो मुल्कों में नई-नई डिक्टेटरशिप शुरू हुई थी और हिटलर और मुसोलिनी का बहुत चर्चा था; ग़ालिबन उसी असर के मातहत काँग्रेस ने डिक्टेटर बनाने शुरू कर दिए थे···जब शहज़ादा ग़ुलाम अली की बारी आई तो उससे पहले चालीस डिक्टेटर गिरफ़्तार हो चुके थे।

जूँही मुझे मालूम हुआ कि ग़ुलाम अली डिक्टेटर बन गया है, मैं फ़ौरन जलियाँवाला बाग़ पहुँचा।

बड़े ख़ेमे के बाहर वालंटियर्स का पहरा था, मगर ग़ुलाम अली ने मुझे देख लिया और अंदर बुलवा लिया।

ज़मीन पर एक गदैला फैला हुआ था, जिस पर चाँदनी बिछी हुई थी···शहज़ादा ग़ुलाम अली गाव-तकियों का सहारा लिए चंद खादीपोश बनियों से गुफ़्तुगू कर रहा था, जो ग़ालिबन तरकारियों के मुताल्लिक़ थी; चंद ही मिनटों में उसने बातचीत ख़त्म की; फिर चंद रज़ाकारों को कुछ अह्काम[7] देकर वह मेरी तरफ़ मुतवज्जेह हुआ।

उसकी ग़ैर मामूली संजीदगी देखकर मुझे गुदगुदी हो रही थी···जब रज़ाकार चले गए तो मैं हँस पड़ा : "सुना बे शहज़ादे!" मैं देर तक उससे मज़ाक़ करता रहा, लेकिन मैंने महसूस किया कि उसमें एक तब्दीली पैदा हो गई है, ऐसी तब्दीली जिससे वह बाख़बर है।

उसने कई बार मुझसे कहा : "नहीं सआदत, मज़ाक़ न उड़ाओ···मैं जानता हूँ, मेरा सिर छोटा है और जो इज़्ज़त मुझे मिली है, बड़ी है···"

कुछ देर के बाद उसने मुझे दही की लस्सी का एक बहुत बड़ा गिलास पिलाया और मैं उससे यह वादा करके घर चला गया कि शाम को उसकी तक़रीर सुनने के लिए ज़रूर आऊँगा।

शाम को जलियाँवाला बाग़ खचाखच भरा हुआ था—मैं जल्दी पहुँच गया था, इसलिए मुझे प्लेटफ़ार्म के पास ही जगह मिल गई।

शहज़ादा ग़ुलाम अली तालियों के शोर के साथ नुमूदार हुआ—सफ़ेद, बेदाग़ खादी के कपड़े पहने वह ख़ूबसूरत और पुरकशिश दिखाई दे रहा था। वह कज-कुलाही की झलक, जिसका मैं इससे पहले ज़िक्र कर चुका हूँ, उसकी कशिश में इज़ाफ़ा कर रही थी।

तक़रीबन एक घंटे तक वह बोलता रहा···उस दौरान में कई बार मेरे रोंगटे खड़े हुए

और एक-दो दफ़ा तो मेरे जिस्म में बड़ी शिद्दत से यह ख़्वाहिश पैदा हुई कि मैं बम की तरह फट जाऊँ···उस वक़्त मैंने शायद यही ख़याल किया था कि यूँ फट जाने से हिंदुस्तान आज़ाद हो जाएगा।

ख़ुदा मालूम कितने बरस गुज़र चुके हैं; बहते हुए एहसासात और वाक़िआत की नोक-पलक, जो उस वक़्त थी, अब इस वक्त पूरी सेहत से बयान करना बहुत मुश्किल है, लेकिन यह कहानी लिखते हुए जब मैं ग़ुलाम अली की तक़रीर अपने तसव्वुर में लाता हूँ तो मुझे सिर्फ़ एक जवानी बोलती हुई दिखाई देती है, सियासत से बिलकुल पाक, एक ऐसे नौजवान की पुरख़ुलूस बेबाक़ी[8] जो एकदम किसी राह चलती औरत को पकड़ ले और कहे, 'देखो, मैं तुम्हें चाहता हूँ···' और दूसरे ही लम्हे क़ानून के पंजे में गिरफ़्तार हो जाए···ग़ुलाम अली की उस तक़रीर के बाद मुझे कई और लोगों की तक़रीरें सुनने का इत्तिफ़ाक़ हुआ है, मगर वह ख़ाम[9] दीवानगी, वह सिरफिरी जवानी, वह अल्हड़ जज़्बा, वह बेरीशो-बुरुत[10] ललकार जो मैंने ग़ुलाम अली की आवाज़ में सुनी थी, उसकी हल्की-सी गूँज भी मुझे किसी और तक़रीर में कभी सुनाई नहीं दी। आजकल जो तक़रीरें सुनने में आती हैं, वह ठंडी संजीदगी, बूढ़ी सियासत और शाइराना होशमंदी में लिपटी होती हैं। उन दिनों एक अजीब धाँधली थी और उस धाँधली में एक आतशी[11] इंतिशार[12] था—लोग शोलों की तरह भड़कते थे, बुझते थे, फिर भड़कते थे; उस भड़कने और बुझने, बुझने और भड़कने ने ग़ुलामी की ख़्वाबीदा, उदास और जम्हाइयों भरी फ़ज़ा में गर्म इर्तिआश[13] पैदा कर दिया था।

शहज़ादा ग़ुलाम अली ने तक़रीर ख़त्म की तो सारा जलियाँवाला बाग़ तालियों और नारों का दहकता हुआ अलाव बन गया। उसका चेहरा दमक रहा था।

मैं जब उससे अलग जाकर मिला और मुबारकबाद देने के लिए जब मैंने उसका हाथ अपने हाथ में दबाया तो वह काँप रहा था; उसकी वह गर्म कँपकँपाहट उसके चमकीले चेहरे से भी नुमायाँ थी, वह किसी क़दर हाँफ रहा था; उसकी आँखों में पुरजोश जज़्बात की दमक के अलावा मुझे एक थकी हुई तलाश भी नज़र आई; उसकी आँखें यक़ीनन किसी को ढूँढ़ रही थीं।

एकदम उसने अपना हाथ मेरे हाथ से अलहदा किया और सामने चमेली की झाड़ी की तरफ़ बढ़ा—झाड़ी के पास एक लड़की खड़ी थी, खादी की बेदाग़ साड़ी में मलबूस।

दूसरे रोज़ मुझे मालूम हुआ कि शहज़ादा ग़ुलाम अली इश्क़ में गिरफ़्तार है; वह उस लड़की से, जिसे मैंने चमेली की झाड़ी के पास बाअदब खड़ी देखा था, मुहब्बत कर रहा था।

उसकी मुहब्बत यकतरफ़ा नहीं थी—निगार को भी उससे वालिहाना[14] लगाव था।

निगार, जैसा कि नाम से ज़ाहिर है, एक मुसलमान लड़की थी, यतीम···वह एक ज़नाना हस्पताल में नर्स थी।

शायद वह पहली मुसलमान लड़की थी, जिसने अमृतसर में बेपरदा होकर काँग्रेस की तहरीक में हिस्सा लिया···कुछ खादी के लिबास ने, कुछ काँग्रेस की सरगर्मियों में हिस्सा लेने

के बायस और कुछ हस्पताल की अम्राज़ भरी फ़ज़ा ने उसकी इस्लामी ख़ू को, उस तीखी चीज़ को जो मुसलमान औरत की फ़ितरत में नुमायाँ होती है, थोड़ा-सा घिसा दिया था और वह ज़रा मुलायम हो गई थी। वह हसीन नहीं थी; लेकिन अपनी जगह निसवानियत[15] का एक निहायत ही दीदाचश्म, मुन्फ़रिद[16] नमूना थी। न्किसार[17], ताजीम[18] और परस्तिश[19] का वह मिला-जुला जज़्बा जो आदर्श हिंदू औरत का ख़ासा है, उसकी एक ख़फ़ीफ़-सी[20] आमेज़िश[21] ने निगार में एक रूहपरवर रंग पैदा कर दिया था—उस वक़्त तो शायद यह बात कभी मेरे ज़ेहन में न आती, मगर अब यह कहानी लिखते वक़्त मैं निगार का तसव्वुर करता हूँ तो मुझे वह नमाज़ और आरती का दिलफ़रेब मजमूआ दिखाई देती है।

वह ग़ुलाम अली की परस्तिश करती थी और ग़ुलाम अली भी उस पर दिलो-जान से फ़िदा था—जब निगार के बारे में ग़ुलाम अली से गुफ़्तगू हुई तो मुझे पता चला कि काँग्रेस तहरीक के दौरान ही में उन दोनों की मुलाक़ात हुई थी और थोड़े ही दिनों के मेल-मिलाप से वह एक-दूसरे के हो गए थे।

ग़ुलाम अली का इरादा था कि वह क़ैद होने से पहले-पहले निगार को अपनी बीवी बना ले—मुझे याद नहीं कि वह ऐसा क्यों करना चाहता था, क्योंकि क़ैद से वापस आने पर भी वह निगार से शादी कर सकता था।

उन दिनों कोई इतनी लंबी क़ैद तो होती नहीं थी; कम-से-कम तीन महीने और ज़्यादा-से-ज़्यादा एक बरस; बाज़ों को तो पंद्रह-बीस रोज़ के बाद ही रिहा कर दिया जाता था कि जेल में दूसरे क़ैदियों के लिए जगह बन जाए... बहरहाल, ग़ुलाम अली अपने इरादे को निगार पर ज़ाहिर कर चुका था और वह बिलकुल तैयार थी; बस दोनों को बाबा जी के पास जाकर उनका आशीर्वाद लेना था।

बाबा जी, जैसा कि आप जानते ही हैं, बहुत ज़बर्दस्त हस्ती थे... वह शहर से बाहर लखपति सर्राफ़ हरिराम की शानदार कोठी में ठहरे हुए थे।

बाबा जी यूँ तो अक्सर अपने आश्रम में रहते, जो उन्होंने पास के एक गाँव में क़ायम कर रखा था, मगर जब कभी वह अमृतसर आते तो हरिराम सर्राफ़ ही की कोठी में उतरते... उनके आते ही वह कोठी उनके शैदाइयों के लिए मुक़द्दस जगह बन जाती और सारा दिन उनके दर्शन करनेवालों का ताँता बँधा रहता; दिन ढले वह कोठी से बाहर कुछ फ़ासिले पर आम के पेड़ों के झुंड में एक चोबी तख़्त पर बैठकर लोगों को आम दर्शन देते और अपने आश्रम के लिए चंदा इकट्ठा करते, फिर भजन वग़ैरह होते और आख़िर शाम को वह जलसा उनके हुक्म से बरख़ास्त हो जाता।

बाबा जी बहुत परहेज़गार. ख़ुदातर्स. आलिम और ज़हीन आदमी थे; यही वजह है कि हिंदू, मुसलमान, सिख और अछूत, सब उनके गिर्वीदा थे और उन्हें अपना इमाम मानते थे—सियासत से गो बाबा जी को बज़ाहिर कोई दिलचस्पी नहीं थी, मगर यह एक खुला राज़ है कि पंजाब की हर सियासी तहरीक उन्हीं के इशारे पर शुरू हुई और उन्हीं के इशारे पर ख़त्म हुई... गवर्नमेंट की निगाहों में वह एक उक़्द-ए-ला-यन्हल[22] थे, एक ऐसी सियासी चीस्ताँ[23] जिसे सरकारे-आलिया के बड़े-बड़े मुदब्बिर[24] भी न हल कर सके थे। उनके

पतले-पतले होंठों की एक हल्की-सी मुस्कराहट के हज़ार मानी निकाले जाते थे, मगर जब वह ख़ुद उस मुस्कराहट का बिलकुल ही नया मतलब वाज़ेह करते तो मरऊब अवाम[25] और ज़्यादा मरऊब हो जाते।

वह जो अमृतसर में सिविल नाफ़रमानी की तहरीक जारी थी और लोग धड़ाधड़ क़ैद हो रहे थे, उसके अक़ब में, जैसा कि ज़ाहिर है, बाबा जी ही का असर कारफ़रमा था...हर शाम लोगों को दर्शने-आम देते वक़्त वह सारे पंजाब की तहरीके-आज़ादी और गवर्नमेंट की नित नई सख़्तगीरियों के मुताल्लिक़ अपने पोपले मुँह से एक छोटा-सा, एक मासूम-सा जुमला निकाल दिया करते थे, जिसे फ़ौरन ही बड़े-बड़े लीडर अपने गले में तावीज़ बनाकर डाल लेते थे। लोगों का बयान है कि उनकी आँखों में एक मक़नातीसी क़ुव्वत थी, उनकी आवाज़ में एक जादू था और उनका ठंडा दिमाग़, उनका वह मुस्कराता हुआ दिमाग़ जिसको गंदी से गंदी गाली और ज़हरीले से ज़हरीला तंज़ भी एक लहज़े के हज़ारवें हिस्से के लिए बरहम[26] न कर सकता था, हरीफ़ों[27] के लिए बहुत बड़ी उलझन का बायस था।

अमृतसर में बाबा जी के सैकड़ों जुलूस निकल चुके थे, मगर जाने क्या बात है कि मैंने और तमाम लीडरों को तो देखा, लेकिन उनको न देखा, न दूर से और न नज़दीक से। जब ग़ुलाम अली ने बाबा जी के दर्शन करने और उनसे शादी की इजाज़त लेने का ज़िक्र किया तो मैंने उससे कहा कि जब वह और निगार जाएँ तो मुझे भी साथ लेते चलें।

दूसरे ही रोज़ ग़ुलाम अली ने ताँगे का इंतज़ाम किया और हम तीनों सुबह सवेरे लाला हरिराम सर्राफ़ की आलीशान कोठी में पहुँच गए।

बाबा जी ग़ुस्ल और सुबह की दुआ से फ़ारिग़ होकर एक ख़ूबसूरत पंडितानी से क़ौमी गीत सुन रहे थे—चीनी के बेदाग़ सफ़ेद टाइलोंवाले फ़र्श पर बिछी हुई खजूर के पत्तों की चटाई पर आप बैठे हुए थे; गाव-तकिया उनके पास ही पड़ा था, मगर उन्होंने उसका सहारा नहीं लिया हुआ था—कमरे में सिवाय उस चटाई के, जिस पर वह बैठे हुए थे, और कुछ नहीं था; एक सिरे से दूसरे सिरे तक सफ़ेद टाइलें चमक रही थीं और उनकी चमक ने क़ौमी गीत गानेवाली पंडितानी के हल्के प्याज़ी चेहरे को और भी ज़्यादा हसीन बना दिया था।

बाबा जी गो सत्तर-बहत्तर बरस के बुड्ढे थे, मगर उनका जिस्म (वह सिर्फ़ गेरुए रंग का छोटा-सा तहमद बाँधे हुए थे) उम्र की झुर्रियों से बेनियाज़ था; उनकी जिल्द में एक अजीब क़िस्म की मलाहत[28] थी—यह मुझे बाद में मालूम हुआ कि वह हर रोज़ स्नान से पहले रौग़ने-ज़ैतून अपने जिस्म पर मलवाते हैं।

शहज़ादा ग़ुलाम अली और निगार की तरफ़ देखकर वह मुस्कराए, मुझे भी उन्होंने एक नज़र देखा; फिर उन्होंने हम तीनों की बंदगी का जवाब अपनी उसी मुस्कराहट को ज़रा तवील करके दिया और इशारा किया कि हम बैठ जाएँ।

मैं वह तस्वीर अब अपने सामने लाता हूँ तो शुऊर की ऐनक से वह तस्वीर मुझे दिलचस्प होने के अलावा फ़िक्रख़ेज़ भी दिखाई देती है: खजूर के पत्तों की चटाई पर एक नीम बरहना मुअम्मर[29] जोगी आसन लगाए बैठा है; उसकी बैठक से, उसके गंजे सिर से,

उसकी अधखुली आँखों से, उसके साँवले मुलायम जिस्म से, उसके चेहरे के हर ख़त से एक पुरसुकून इत्मीनान, एक बेफ़िक्र तयक़्क़ुन मुतरश्शेह[30] है कि जिस मुक़ाम पर दुनिया ने उसे बिठा दिया है, अब बड़े से बड़ा ज़लज़ला भी उसे वहाँ से नहीं गिरा सकता··· उससे कुछ दूर वादी-ए-कश्मीर की एक नौख़ेज़ कली झुकी हुई-सी बैठी है, कुछ उस बुज़ुर्ग की क़ुर्बत के एहतिराम[31] से, कुछ क़ौमी गीत के असर से और कुछ अपनी शदीद[32] जवानी से; उसकी शदीद जवानी जो उसकी खुरदुरी सफ़ेद साड़ी से बाहर निकलकर कौमी गीत के अलावा अपना गीत भी गाना चाहती है; जो उस बुज़ुर्ग की क़ुर्बत[33] का एहतिराम करने के साथ-साथ किसी ऐसी तंदुरुस्त और जवान हस्ती की ताज़ीम[34] करने की भी ख़्वाहिशमंद है जो उसकी नर्म कलाई पकड़कर ज़िंदगी के दहकते हुए अलाव में कूद पड़े; उसके हल्के प्याज़ी चेहरे से, उसकी बड़ी-बड़ी सियाह मुतहर्रिक[35] आँखों से, उसके खादी के खुरदुरे ब्लाउज़ में ढके हुए मुतलातिम[36] सीने से उस मुअम्मर जोगी के ठोस तयक़्क़ुन[37] और संगीन इत्मीनान के तक़ाबुल[38] में एक ख़ामोश सदा उठ रही है कि आओ, जिस मुक़ाम पर मैं इस वक़्त हूँ, वहाँ से खींचकर या तो मुझे नीचे गिरा दो या उस मुक़ाम से भी ऊपर ले जाओ··· इस तरफ़ हटकर हम तीनों बैठे हुए हैं, मैं, निगार और शहज़ादा ग़ुलाम अली। मैं बिलकुल चुग़द बना बैठा हूँ; मुअम्मर जोगी की शख़्सियत से भी मुतास्सिर हूँ और नौख़ेज़[39] कली के हुस्न से भी। फ़र्श की चमकीली टाइलों से भी मरऊब हूँ। कभी सोचता हूँ कि ऐसी टाइलोंवाली एक कोठी मुझे मिल जाए तो कितना अच्छा हो, और कभी सोचता हूँ कि वह नौख़ेज़ कली मुझे और कुछ करने दे, या न दे, बस एक बार मुझे अपनी आँखें चूम लेने दे; उसकी आँखें चूम लेने के तसव्वुर ही से मेरे बदन में थरथरी आ जाती है और मुझे फ़ौरन अपनी नौकरानी का ख़याल आ जाता है, जिससे ताज़ा-ताज़ा कुछ वह हुआ है। फिर मेरे जी में आता है कि सबको इस कमरे में छोड़कर सीधा अपने घर जाऊँ और सबकी नज़रों से बचकर अपनी नौकरानी को ऊपर ग़ुस्लख़ाने में ले जाऊँ; और जब मुअम्मर जोगी पर मेरी नज़र पड़ती है और मेरे कानों में क़ौमी गीत के पुरजोश अल्फ़ाज़ गूँजते हैं तो एक दूसरी थरथरी मेरे बदन में पैदा हो जाती है। और मैं सोचता हूँ कि कहीं से एक पिस्तौल मेरे हाथ में आ जाए तो सिविल लाइंस में जाकर अंग्रेज़ों को मारना शुरू कर दूँ···

मैंने जब-जब सोचा है, मुझे यही तस्वीर दिखाई दी है··· ख़ैर।

मुझ चुग़द के पास निगार और ग़ुलाम अली बैठे हुए थे; दो मुहब्बत करनेवाले दिल, जो मुहब्बत की तन्हाई में अलग-अलग धड़कते-धड़कते शायद कुछ उकता-से गए थे; वह मुहब्बत के रंग देखने के लिए जल्द ही एक-दूसरे में मुदग़म हो जाना चाहते थे—वह बाबा जी से, अपने मुसल्लमा[40] सियासी रहनुमा से शादी की इजाज़त लेने आए थे और, जैसा कि ज़ाहिर है, उन दोनों के दिमाग़ में उस वक़्त क़ौमी गीत के बजाय उनकी अपनी ज़िंदगी का हसीन-तरीन, मगर अनसुना नग़मा गूँज रहा था।

पंडितानी ने क़ौमी गीत ख़त्म किया तो बाबा जी ने बड़े मुशफ़िक़ाना[41] अंदाज़ से हाथ के इशारे से उसे आशीर्वाद दिया और मुस्कराते हुए निगार और ग़ुलाम अली की तरफ़ मुतवज्जेह हुए—मुझ पर भी उन्होंने एक नज़र डाली।

ग़ुलाम अली शायद तआरुफ़ के लिए अपना और निगार का नाम बताने ही वाला था कि बाबा जी ने अपनी मीठी आवाज़ में कहा : "शहज़ादे, अभी तक तुम गिरफ़्तार नहीं हुए !"

ग़ुलाम अली ने हाथ जोड़कर कहा : "जी नहीं ।"

बाबा जी ने अपने क़रीब रखे हुए क़लमदान से एक पेंसिल उठाई और उससे खेलते हुए कहने लगे : "मगर मैं तो समझता हूँ, तुम गिरफ़्तार हो चुके हो···"

ग़ुलाम अली उनकी बात का मतलब न समझ सका ।

बाबा जी ने पंडितानी की तरफ़ देखा और निगार की तरफ़ इशारा करते हुए कहा : "निगार ने हमारे शहज़ादे को गिरफ़्तार कर लिया है ।"

निगार महजूब-सी[42] हो गई, ग़ुलाम अली का मुँह फ़र्ते-हैरत से खुला-का-खुला रह गया और पंडितानी के चेहरे पर एक दुआइया चमक-सी आ गई ।

बाबा जी एक बार फिर पंडितानी की तरफ़ मुतवज्जेह हुए : "यह बच्चे मुझसे शादी की इजाज़त लेने आए हैं···तुम कब शादी कर रही हो कमल ?"

तो पंडितानी का नाम कमल है, मैंने ज़ेहन में रखा ।

बाबा जी के अचानक सवाल से कमल घबरा गई; उसका प्याज़ी चेहरा सुर्ख़ हो गया ; काँपती हुई आवाज़ में उसने जवाब दिया : "मैं तो यहाँ से आपके आश्रम में जा रही हूँ···"

एक हल्की-सी आह भी कमल के जवाब में लिपटी हुई थी, जिसे बाबा जी के होशियार दिमाग़ ने फ़ौरन नोट किया; वह कमल की तरफ़ देखकर जोगियाना अंदाज़ में मुस्कराए और फिर ग़ुलाम अली और निगार से मुख़ातिब होकर कहने लगे : "तो तुम दोनों फ़ैसला कर चुके हो ?"

दोनों ने दबी ज़बान में जवाब दिया : "जी हाँ ।"

बाबा जी ने अपनी सियासत भरी आँखों से उनको देखा : "इंसान जब फ़ैसले करता है तो कभी-कभी उनको तब्दील भी कर देता है ।"

पहली बार बाबा जी की बारोब मौजूदगी में ग़ुलाम अली की अल्हड़ और बेबाक ज़बान ने कहा : "यह फ़ैसला अपनी जगह पर अटल है ।"

बाबा जी ने आँखें बंद कर लीं और जिरह के अंदाज़ में पूछा : "क्यों ?"

हैरत है कि ग़ुलाम अली बिलकुल न घबराया, उसकी निगार से पुरख़ुलूस मुहब्बत बोल उठी : "बाबा जी, हमने हिंदुस्तान को आज़ादी दिलाने का जो फ़ैसला किया था, वह क़ायम है, अटल है···इसी तरह यह फ़ैसला भी अटल है ।"

बाबा जी ने जैसा कि मेरा अब ख़याल है, उस मौज़ू पर बहस करना मुनासिब ख़याल न किया···वह मुस्करा दिए; उस मुस्कराहट का मतलब भी उनकी तमाम मुस्कराहटों की तरह हर शख़्स ने बिलकुल अलग-अलग समझा । अगर बाबा जी से पूछा जाता तो मुझे यक़ीन है, वह उस मुस्कराहट का मतलब हम सबकी समझ से बिलकुल मुख़्तलिफ़ बयान करते ।

ख़ैर···उस हज़ार-पहलू मुस्कराहट को अपने पतले होंठों पर ज़रा और फैलाते हुए

उन्होंने निगार से कहा : ''निगार, तुम हमारे आश्रम में आ जाओ ⋯ शहज़ादा तो थोड़े ही दिनों में क़ैद हो जाएगा।''

निगार ने बड़े धीमे लहजे में जवाब दिया : ''जी अच्छा।''

इसके बाद बाबा जी ने शादी का मौज़ू बदलकर जलियाँवाला बाग़ कैंप की सरगर्मियों का हाल पूछना शुरू कर दिया। बहुत देर तक ग़ुलाम अली, निगार और कमल गिरफ़्तारियों, रिहाइयों, तरकारियों, दूध और लस्सी के मुताल्लिक़ बातें करते रहे और मैं, जो बिलकुल चुग़द बना बैठा था, सोच रहा था कि बाबा जी ने शादी की इजाज़त देने में क्यों इतनी मीन-मेख़ की है? क्या वह ग़ुलाम अली और निगार की मुहब्बत को शक की नज़रों से देखते हैं? क्या उन्हें ग़ुलाम अली के ख़ुलूस पर शुब्हा है? निगार को उन्होंने आश्रम में आने की दावत क्या इसलिए दी कि वहाँ रहकर वह अपने क़ैद होनेवाले शौहर का ग़म भूल जाए? और उनके इस सवाल पर 'तुम कब शादी कर रही हो कमल?' कमल ने क्यों कहा था, 'मैं तो यहाँ से आपके आश्रम में जा रही हूँ?' आश्रम में क्या मर्द और औरत शादी नहीं करते?

इधर मेरा ज़ेहन अजब मख़्मसे में गिरफ़्तार था, उधर यह गुफ़्तगू हो रही थी कि लेडी वालंटियर्ज़ क्या पाँच सौ रज़ाकारों के लिए चपातियाँ वक़्त पर तैयार कर लेती हैं? चूल्हे कितने हैं? तवे कितने बड़े हैं? क्या ऐसा नहीं हो सकता कि एक बहुत बड़ा चूल्हा बना लिया जाए और उस पर इतना बड़ा तवा रखा जाए कि छः औरतें एक ही वक़्त में रोटियाँ पका सकें?

मैं सोच रहा था कि पंडितानी कमल क्या आश्रम में जाकर बाबा जी को बस क़ौमी गीत और भजन ही सुनाया करेगी ⋯ मैंने आश्रम के मर्द वालंटियर्ज़ देखे थे; गो वह सबके-सब वहाँ के क़वायद के मुताबिक़ हर रोज़ स्नान करते थे, सुबह उठकर दातुन करते थे, बाहर खुली हवा में टहलते थे, भजन गाते थे, मगर उनके कपड़ों से पसीने की बू फिर भी आती थी, उनमें से अक्सर के दाँत बदबूदार थे; और वह जो खुली फ़ज़ा में रहने से इंसान पर एक हश्शाश-बश्शाश[43] निखार आता है, उनमें बिलकुल मफ़्क़ूद[44] था।

झुके-झुके-से, दबे-दबे-से ज़र्द चेहरे; धँसी हुई आँखें और मरऊब जिस्म ⋯ गाय के निचुड़े हुए थनों की तरह बेहिस और बेजान ⋯ मैं उन आश्रमवालों को जलियाँवाला बाग़ में कई बार देख चुका था।

मैं सोच रहा था, क्या यही मर्द जिनसे घास की-सी बू आती है, उस पंडितानी कमल को जो दूध, शहद और ज़ाफ़रान की बनी हुई है, अपनी कीचड़ भरी आँखों से घूरेंगे ⋯ क्या यही मर्द जिनका मुँह इस क़दर मुतअफ़्फ़िन[45] है, उस लोबान की महक में लिपटी हुई औरत से गुफ़्तगू करेंगे।

फिर मैंने सोचा, नहीं, हिंदुस्तान की आज़ादी शायद इन चीज़ों से बालातर है।

सोचा तो मैंने ज़रूर लेकिन मैं उस 'शायद' को अपनी तमाम हुब्बुल-वतनी और जज़्बा-ए-आज़ादी के बावुजूद न समझ सका।

मैंने निगार की तरफ़ देखा, जो बिलकुल मेरे क़रीब बैठी हुई थी और बाबा जी को बता

रही थी कि शलजम बहुत देर में गलते हैं… कहाँ शलजम और कहाँ शादी, जिसके लिए वह और ग़ुलाम अली इजाज़त लेने आए थे।

मैं निगार और आश्रम के मुताल्लिक़ सोचने लगा।

आश्रम मैंने देखा नहीं था, मगर मुझे ऐसी जगहों से जिनको आश्रम, विद्यालय, जमातख़ाना, तकिया, दर्सगाह[46] कहा जाता है, हमेशा से नफ़रत है; जाने क्यों?

मैंने कई अंध विद्यालयों और अनाथ आश्रमों के लड़कों और मुंतज़िमों को देखा है, सड़कों पर क़तार बाँधकर चलते हुए और भीख माँगते हुए… मैंने जमातख़ाने और दर्सगाहें देखी हैं, टख़नों से ऊँचे शरई पाजामे, बचपन ही में माथे पर महराबें, बड़ों के चेहरों पर घनी दाढ़ियाँ, नौख़ेज़ों के गालों और ठुड्डियों पर निहायत ही बदनुमा मोटे और महीन बाल; नमाज़ पढ़ने जा रहे हैं, लेकिन हर एक के चेहरे पर हैवानियत।

निगार औरत थी; मुसलमान, हिंदू, सिख या ईसाई औरत नहीं, वह सिर्फ़ औरत थी; नहीं, औरत की दुआ थी जो वह अपने चाहनेवाले के लिए या जिसे वह ख़ुद चाहती है, सिद्क़[47] दिल से माँगती है।

मेरी समझ में न आ सका कि बाबा जी के आश्रम में, जहाँ हर रोज़ क़वायद के मुताबिक़ दुआ माँगी जाती थी, वह औरत जो ख़ुद एक दुआ है, कैसे अपने हाथ उठा सकेगी?

अब मैं सोचता हूँ तो बाबा जी, निगार, ग़ुलाम अली, वह ख़ूबसूरत पंडितानी कमल और अमृतसर की सारी फ़ज़ा, जो तहरीके-आज़ादी के रूमान-आफ़रीं कैफ़[48] में लिपटी हुई थी, एक ख़्वाब-सा मालूम होती है; ऐसा ख़्वाब जो एक बार देखने के बाद, जी चाहता है, आदमी फिर देखे।

बाबा जी का आश्रम मैंने अब तक नहीं देखा है और जो नफ़रत मुझे उससे तब थी, अब भी है।

वह जगह जहाँ फ़ितरत के खिलाफ़ उसूल बनाकर इंसानों को एक लकीर पर चलाया जाए, मेरी नज़रों में कोई वक़अत नहीं रखती… आज़ादी हासिल करना बिलकुल ठीक है; उसके हुसूल[49] के लिए आदमी मर जाए, मैं उसको समझ सकता हूँ, लेकिन उसके लिए, अगर उस ग़रीब को तरकारी की तरह ठंडा और बेज़रर[50] बना दिया जाए तो यह मेरी समझ से बालातर है… झोंपड़ों में रहना, तन-आसानियों[51] से परहेज़ करना, ख़ुदा की हम्द[52] गाना, क़ौमी नारे लगाना, यह सब ठीक है मगर यह क्या कि इंसान की उस हिस[53] को, जिसे तलबे-हुस्न कहते हैं, आहिस्ता-आहिस्ता मुर्दा कर दिया जाए; वह इंसान ही क्या, जिसमें ख़ूबसूरती और हंगामों की तड़प ही न रहे… ऐसे आश्रमों, मदरसों, विद्यालयों और मूलियों के खेत में क्या फ़र्क़ है?

देर तक बाबा जी जलियाँवाला बाग़ की जुमला सरगर्मियों के मुताल्लिक़ ग़ुलाम अली और निगार से गुफ़्तुगू करते रहे… आख़िर में उन्होंने उस जोड़े को, जो कि ज़ाहिर है, अपने आने का मक़सद भूल नहीं गया था, कहा कि वह अगले रोज़ शाम को जलियाँवाला बाग़ में आएँगे और उन दोनों को मियाँ-बीवी बना देंगे।

ग़ुलाम अली और निगार बहुत ख़ुश हुए… इससे बढ़कर उनकी ख़ुशनसीबी और क्या

हो सकती थी कि बाबा जी ख़ुद उनकी शादी की रस्म अदा करेंगे।

गुलाम अली, जैसा कि उसने मुझे बहुत बाद में बताया, इस क़दर ख़ुश हुआ था कि फ़ौरन ही उसे इस बात का एहसास होने लगा था कि जो कुछ उसने सुना है, शायद ग़लत है; इतनी बड़ी हस्ती, जिसके मुन्हनी[54] हाथों की एक ख़फ़ीफ़-सी[55] जुंबिश भी एक तारीख़ी हादिसा बन जाती है, एक मामूली आदमी की ख़ातिर, जो महज़ इत्तिफ़ाक़ से एक छोटे-से शहर में काँग्रेस के एक मोर्चे का डिक्टेटर बन गया है, चलकर जलियाँवाला बाग़ में जाए और उसकी शादी में दिलचस्पी ले··· यक़ीनन हिंदुस्तान के तमाम अख़बारों के पहले सफ़हे की सुर्ख़ी है।

गुलाम अली का ख़याल था, बाबा जी नहीं आएँगे, क्योंकि वह बहत मसरूफ़ आदमी थे। लेकिन उसका ख़याल, जिसका इज़हार उसने अपने नफ्सीयाती[56] अंदेशे के तहत सिर्फ़ इसलिए किया था कि जाने वह आएँ, न आएँ, उसकी ग़ैरयक़ीनी सोच के मुताबिक़, ग़लत निकला··· शाम के छः बजे जलियाँवाला बाग़ में जब रात की रानी की झाड़ियाँ अपनी ख़ुशबू के झोंके फैलाने की तैयारियाँ कर रही थीं और मुतअद्दिद[57] रज़ाकार दूल्हा और दुल्हन के एक लिए छोटा-सा तंबू नस्ब[58] करके उसे चमेली, गेंदे और गुलाब के फूलों से सजा रहे थे, बाबा जी उसी क़ौमी गीत गानेवाली पंडितानी कमल, अपने सेक्रेटरी और लाला हरिराम सर्राफ़ के हमराह लाठी टेकते हुए आए—उनकी आमद की इत्तिला जलियाँवाला बाग़ में सिर्फ़ उसी वक़्त पहुँची, जब सदर दरवाज़े पर लाला हरिराम सर्राफ़ की मोटर रुकी।

मैं भी वहीं था।

लेडी वालंटियर्ज़ एक दूसरे तंबू में निगार को दुल्हन बना रही थीं—गुलाम अली ने कोई ख़ास एहतिमाम नहीं किया था; सारा दिन वह शहर के काँग्रेसी बनियों से रज़ाकारों के खाने-पीने की ज़रूरियात के मुतल्लिक़ गुफ़्तुगू कर रहा था; उस इंतज़ाम से फ़ारिग़ होकर उसने चंद लम्हात के लिए निगार से तख़लिये में कुछ बातचीत की थी; फिर, जैसा कि मैं जानता हूँ, उसने अपने मातहतों से सिर्फ़ इतना कहा था कि शादी की रस्म अदा होने के साथ ही वह और निगार, दोनों झंडा ऊँचा करेंगे।

जब गुलाम अली को बाबा जी की आमद की इत्तिला पहुँची तो वह कुएँ के पास खड़ा था और मैं ग़ालिबन उससे यह कह रहा था : ''गुलाम अली, तुम जानते हो, यह कुआँ, जब गोली चली थी, लाशों से लबालब भर गया था··· आज सब इसका पानी पीते हैं··· इस बाग़ के जितने फूल हैं, इसके पानी ने सींचे हैं··· लोग आते हैं और इन फूलों को तोड़कर ले जाते हैं··· पानी के किसी घूँट में लहू का नमक नहीं होता और फूल की किसी पत्ती में ख़ून की लाली नहीं होती··· यह क्या बात है ?''

मुझे अच्छी तरह याद है, मैंने अपनी बात कहकर अपने सामने, उस मकान की खिड़की की तरफ़ देखा था, जिसमें, कहा जाता है, एक नौउम्र लड़की बैठी मेला देख रही थी और जनरल डायर की गोली का निशाना बन गई थी; उस लड़की के सीने से निकले हुए ख़ून की लकीर चूने की उम्र-रसीदा दीवार पर धुँधली हो रही थी—मुझे याद है, जलियाँवाला बाग़ के

ख़ूनीहादिसे के छः-सात महीने बाद, जब मैं तीसरी या चौथी जमात में पढ़ता था, हमारा मास्टर सारी क्लास को एक दफ़ा उस बाग़ में ले गया था; उस वक़्त वह बाग़, बाग़ नहीं था, बस उजाड़, सुनसान और ऊँची-नीची ख़ुश्क ज़मीन का एक टुकड़ा था, जिस पर हर क़दम पर मिट्टी के छोटे-बड़े ढेले ठोकरें खाते फिरते थे। मुझे याद है, मिट्टी का एक ढेला, जिस पर जाने पान की पीक के धब्बे थे या क्या था, हमारे मास्टर ने उठा लिया था और हमसे कहा था, देखो, इस पर अभी तक हमारे शहीदों का ख़ून लगा हुआ है।

अब तो ख़ून इस कदर अरज़ाँ[59] हो गया है कि उसके बहने-बहाने का वह असर ही नहीं होता... मैं यह कहानी लिख रहा हूँ और मेरे हाफ़िज़े[60] की तख़्ती पर सैकड़ों छोटी-छोटी बातें उभर रही हैं, मगर मुझे तो ग़ुलाम अली और निगार की शादी का क़िस्सा बयान करना है।

ग़ुलाम अली को जब बाबा जी की आमद की ख़बर मिली तो उसने दौड़कर सब वालंटियर्ज़ इकट्ठे किए, जिन्होंने फ़ौजी अंदाज़ में बाबा जी को सैल्यूट किया; इसके बाद काफ़ी देर तक बाबा जी और ग़ुलाम अली मुख़्तलिफ़ कैंपों का चक्कर लगाते रहे—इस दौरान में बाबा जी ने, जिनकी मज़ाहिया हिस[61] बहुत तेज़ थी, लेडी वालंटियर्ज़ और दूसरे वर्कर्ज़ से गुफ़्तगू करते वक़्त कई फ़िक़रे चुस्त किए।

इधर-उधर मकानों में जब बत्तियाँ जलने लगीं, धुँधला अँधेरा-सा जलियाँवाला बाग़ पर छा गया तो रज़ाकार लड़कियों ने एक आवाज़ होकर भजन गाना शुरू किया; चंद आवाज़ें सुरीली थीं, बाक़ी सब कनसुरी, मगर उनका मजमूई असर बहुत ख़ुशगवार था—तक़रीबन एक हज़ार लोग मौजूद थे, जो चबूतरे के इर्द-गिर्द ज़मीन पर बैठे हुए थे। भजन गानेवाली लड़कियों के अलावा हर शख़्स ख़ामोश था—बाबा जी आँखें बंद किए भजन सुन रहे थे।

भजन ख़त्म होने पर चंद लम्हात तक ऐसी ख़ामोशी तारी रही जो एकदम टूटने के लिए बेक़रार हो। जब बाबा जी ने आँखें खोलीं और अपनी मीठी आवाज़ में कहा, 'बच्चो, तुम्हें मालूम है, मैं यहाँ आज़ादी के दो दीवानों को एक करने आया हूँ,' तो सारा बाग़ ख़ुशी के नारों से गूँज उठा।

निगार दुल्हन बनी चबूतरे के एक कोने में सिर झुकाए बैठी हुई थी और खादी की तिरंगी साड़ी में बहुत भली दिखाई दे रही थी।

बाबा जी ने इशारे से निगार को बुलाया और ग़ुलाम अली के पास बैठने को कहा—इस पर और ख़ुशी के नारे बुलंद हुए।

ग़ुलाम अली का चेहरा ग़ैर मामूली तौर पर तमतमा रहा था—मैंने ग़ौर से देखा—जब उसने निकाह का काग़ज़ अपने एक दोस्त से लेकर बाबा जी को दिया तो उसका हाथ लरज़ गया।

चबूतरे पर एक मौलवी साहब भी मौजूद थे—उन्होंने क़ुर्आन की वह आयत पढ़ना शुरू की जो ऐसे मौक़ों पर पढ़ा करते हैं तो बाबा ने आँखें बंद कर लीं।

ईजाबो-क़बूल[62] ख़त्म हुआ तो बाबा जी ने अपने मख़्सूस[63] अंदाज़ में दुल्हा-दुल्हन को

आशीर्वाद दिया और जब छुआरों की बारिश शुरू हुई तो उन्होंने बच्चों की तरह झपट-झपटकर दस-पंद्रह छुआरे इकट्ठे करके अपने पास रख लिए।

निगार की एक हिंदू सहेली ने शर्मीली मुस्कराहट से एक छोटी-सी डिबिया ग़ुलाम अली को दी और कुछ कहा… ग़ुलाम अली ने डिबिया खोली और निगार की सीधी माँग में सिंदूर भर दिया—जलियाँवाला बाग़ की ख़ुनुक फ़ज़ा एक बार फिर तालियों की तेज़ आवाज़ से गूँज उठी।

बाबा जी उस शोर में उठे तो हुजूम एकदम ख़ामोश हो गया।

रात की रानी और चमेली की मिली-जुली सोंधी-सोंधी ख़ुशबू शाम की हल्की-फुल्की हवा में तैर रही थी; बहुत सुहाना समाँ था—बाबा जी की आवाज़ और भी मीठी थी।

ग़ुलाम अली और निगार की शादी पर अपनी दिली मसर्रत का इज़हार करने के बाद उन्होंने कहा : "यह दोनों बच्चे अब ज़्यादा तनदिही[64] और ख़ुलूस से अपने मुल्क और क़ौम की ख़िद्मत करेंगे… शादी का सही मक़सद मर्द और औरत की पुरख़ुलूस[65] दोस्ती है… एक-दूसरे के दोस्त बनकर ग़ुलाम अली और निगार यकजहती[66] से स्वराज के लिए कोशिश कर सकते हैं… यूरोप में ऐसी कई शादियाँ होती हैं, जिनका मतलब दोस्ती और सिर्फ़ दोस्ती होता है… वह लोग क़ाबिले-एहतिराम हैं, जो अपनी ज़िंदगी से शहवत निकाल फेंकते हैं…"

बाबा जी देर तक शादी के मुताल्लिक़ अपने अक़ीदे[67] का इज़हार करते रहे—उनका ईमान था कि शादी का सही लुत्फ़ सिर्फ़ उसी वक़्त हासिल होता है, जब मर्द और औरत का ताल्लुक़ सिर्फ़ जिस्मानी न हो; औरत और मर्द का जिस्मानी रिश्ता उनके नज़दीक इतना अहम नहीं था, जितना कि आमतौर पर समझा जाता है… हर आदमी खाए चला जाता है, अपने ज़ाइक़े की हिस को ख़ुश करने के लिए; इसका मतलब यह नहीं है कि ऐसा करना इंसानी फ़र्ज़ है… बहुत कम लोग ऐसे हैं जो खाते हैं ज़िंदा रहने के लिए और असल में यह लोग हैं जो ख़ुर्दो-नोश[68] के सही क़वानीन[69] जानते हैं… इसी तरह वह इंसान जो सिर्फ़ इस लिए शादी करते हैं कि उन्हें शादी के मुतह्हर जज़्बे की हक़ीक़त और इस रिश्ते की तक़दीस मालूम हो, हक़ीक़ी मायनों में इज़्दिवाजी[71] ज़िंदगी से लुत्फ़अंदोज़ होते हैं।

बाबा जी ने अपने इस अक़ीदे को कुछ इस वज़ाहत से, कुछ ऐसे नर्मो-नाज़ुक ख़ुलूस से बयान किया कि सुननेवालों के लिए एक बिलकुल नई दुनिया के दरवाज़े खुल गए।

मैं ख़ुद बहुत मुतास्सिर हुआ।

ग़ुलाम अली, जो मेरे सामने बैठा हुआ था, बाबा जी की तक़रीर के एक-एक लफ़्ज़ को जैसे पी रहा था… जैसे ही बाबा जी ने बोलना बंद किया, उसने निगार से कुछ कहा और फिर उठकर काँपती हुई आवाज़ में ऐलान किया : "मेरी और निगार की शादी इसी क़िस्म की आदर्श शादी साबित होगी… जब तक हिंदुस्तान को स्वराज नहीं मिल जाता, मेरा और निगार का रिश्ता बिलकुल दोस्तों-जैसा होगा…"

जलियाँवाला बाग़ की ख़ुनुक फ़ज़ा देर तक तालियों के बेपनाह शोर से गूँजती रही।

ग़ुलाम अली जज़्बाती हो गया, उसके कश्मीरी चेहरे पर सुर्ख़ियाँ दौड़ने लगीं; जज़्बात

की इस रौ में उसने निगार को बुलंद आवाज़ में मुख़ातिब किया : "निगार, तुम एक ग़ुलाम बच्चे की माँ बनो, क्या तुम्हें यह गवारा होगा ?"

निगार, जो कुछ शादी होने पर और कुछ बाबा जी की तक़रीर सुनकर बौखलाई हुई थी, ग़ुलाम अली की कड़क सुनकर और भी बौखला गई : "जी··· ? जी नहीं··· !"

हुजूम ने फिर तालियाँ पीटीं और ग़ुलाम अली और ज़्यादा जज़्बाती हो गया, निगार को गुलाम बच्चे की माँ बनने की शर्मिंदगी से बचाकर वह इतना ख़ुश हुआ कि बहक गया और असल मौज़ू से हटकर आज़ादी हासिल करने की पेचदार गलियों में जा निकला; एक घंटे तक वह जज़्बात भरी आवाज़ में बोलता रहा··· अचानक उसकी नज़र निगार पर पड़ी और जाने क्या हुआ कि एकदम उसकी क़ूव्वते-गोयाई[72] जवाब दे गई, जैसे आदमी शराब के नशे में बग़ैर किसी हिसाब के नोट निकालता जाए और फिर एकदम बटुआ ख़ाली पाए ।

अपनी तक़रीर का बटुआ अचानक ख़ाली पाकर ग़ुलाम अली को काफ़ी उलझन हुई, मगर उसने फ़ौरन ही बाबा जी की तरफ़ देखा और झुककर कहा : "बाबा जी, हम दोनों को आपका आशीर्वाद चाहिए कि जिस बात का हमने अह्द किया है, उस पर पूरे उतरें ।"

दूसरे रोज़ सुबह छह बजे शहज़ादा ग़ुलाम अली को गिरफ़्तार कर लिया गया, क्योंकि उस तक़रीर में जो उसने स्वराज मिलने तक बच्चा पैदा न करने की क़सम खाने के बाद की थी, अंग्रेज़ी सरकार का तख़्ता उलटने की धमकी भी शामिल थी ।

गिरफ़्तार होने के चंद रोज़ बाद उसे आठ महीने की क़ैद हो गई और उसे मुलतान जेल में भेज दिया गया··· वह अमृतसर के जलियाँवाला बाग़ मोर्चे का इकतालीसवाँ डिक्टेटर था और शायद चालीस हज़ारवाँ सियासी क़ैदी··· मुझे याद है, उस तहरीक में क़ैद होनेवाले लोगों की तादाद अख़बारों ने चालीस हज़ार ही बताई थी ।

आम ख़याल था कि आज़ादी की मंज़िल सिर्फ़ दो हाथ दूर है—फ़िरंगी सियासतदानों ने आज़ादी की तहरीक का दूध उबलने दिया और जब काँग्रेस के बड़े लीडरों के साथ समझौता हुआ, वह तहरीक ठंडी लस्सी में तब्दील हो गई ।

आज़ादी के दीवाने जेलों से बाहर निकले तो क़ैद की सुऊबतें भूलने और अपने बिगड़े हुए कारोबार सँवारने में मशग़ूल हो गए··· शहज़ादा ग़ुलाम अली सात महीने के बाद ही बाहर आ गया था; गो उस वक़्त पहले-सा जोश नहीं था, फिर भी अमृतसर के स्टेशन पर लोगों ने उसका इस्तिक़बाल किया; उसके एज़ाज़ में तीन-चार दावतें और जलसे भी हुए··· मैं सबमें शरीक था, मगर वह महफ़िलें बिलकुल फीकी थीं; लोगों पर एक अजीब क़िस्म की थकावट तारी थी, जैसे एक लंबी दौड़ में अचानक दौड़नेवालों से कह दिया गया हो, ठहर जाओ, यह दौड़ फिर से शुरू होगी; और दौड़नेवाले कुछ देर हाँफने के बाद दौड़ के मुक़ामे-आग़ाज़ की तरफ़ बड़ी बेदिली के साथ वापस आ रहे हों ।

कई बरस गुज़र गए और वह बेकैफ़ थकावट हिंदुस्तान के बदन से दूर न हो सकी ।

मेरी दुनिया में भी छोटे-मोटे कई इन्क़िलाब आए : वालिद इंतिक़ाल कर गए··· रोज़ी की

तलाश में इधर-उधर परेशान हुआ…एक थर्ड क्लास अख़बार में मुतर्जिम[73] की हैसियत से नौकरी की…दिक़ का मरीज़ बना और तीन महीने कश्मीर के देहातों में आवारागर्दी करता रहा…बबई का रुख़ किया और दो बरसों में तीन हिंदू-मुस्लिम फ़साद देखे…जी घबराया और दिल्ली चला गया…दिल्ली में बंबई के मुक़ाबले में हर चीज़ सुस्त रफ़्तार देखी; कहीं हरकत नज़र भी आई तो उसमें एक ज़नानापन महसूस हुआ–आख़िर यही सोचा कि बंबई अच्छा है; क्या हुआ; अगर साथवाले हमसाए को हमारा नाम तक पूछने की फ़ुर्सत नहीं है; जहाँ लोगों को फ़ुर्सत होती है, वहाँ रियाकारियाँ[74] और चालबाज़ियाँ ज्यादा पैदा होती हैं; आख़िर दिल्ली में दो बरस ठंडी ज़िंदगी बसर करने के बाद बंबई लौट आया, सदा मुतहर्रिक[75] बंबई…

तो घर से निकले आठ बरस हो चले थे…दोस्त अहबाब और अमृतसर की सड़कें-गलियाँ किस हालत में हैं, इसका मुझे कुछ इल्म नहीं था; किसी से ख़तो-किताबत ही नहीं थी जो पता चलता…दरअसल मुझे इन आठ बरसों में अपने मुस्तक़्बिल[76] की तरफ़ से कुछ बेपरवाई-सी हो गई थी…कौन बीते हुए दिनों के मुतल्लिक़ सोचे; जो आठ बरस पहले ख़र्च हो चुका है, उसका अब हिसाब करने से फ़ायदा; ज़िंदगी के रुपए में वही पाई ज़्यादा अहम है, जिसे हम आज ख़र्च करना चाहते हैं…

आज जब मैं यह कहानी लिख रहा हूँ, आज से छः बरस पहले की बात है। तब ज़िंदगी के रुपए और चाँदी के रुपए में से, जिस पर बादशाह सलामत की छाप होती थी, पाई ख़ारिज नहीं हुई थी…मैं इतना ज़्यादा क़ल्लाश[77] नहीं था और अपने पाँव के लिए एक क़ीमती शू ख़रीदने फ़ोर्ट जा रहा था।

आर्मी एंड नेवी स्टोर के उस तरफ़ हार्नबी रोड पर जूतों की एक दूकान थी, जिसकी नुमाइशी अलमारियाँ मुझे बहुत दिनों से अपनी तरफ़ खींच रही थीं…मेरा हाफ़िज़ा[78] बहुत कमज़ोर है, इसलिए वह दूकान ढूँढ़ने में काफ़ी वक़्त सर्फ़ हो गया…यूँ तो मैं अपने लिए एक क़ीमती शू खरीदने गया था, मगर जैसी कि मेरी आदत है, मैं दूसरी दूकान में सजी हुई चीज़ें देखने में मसरूफ़ हो गया; एक दूकान में मैंने सिगरेट केस देखे तो दूसरी में पाइप।

बस यूँ ही टहलते-टहलते मैं जूतों की एक छोटी-सी ख़ूबसूरत दूकान के पास पहुँच गया और यह सोचकर कि चलो, यहीं से ख़रीद लेते हैं, दूकान के अंदर चला गया।

दूकानदार ने मेरा इस्तिक़बाल किया और पूछा: "क्या माँगता है साहब?"

मैंने थोड़ी देर सोचा कि मुझे क्या चाहिए और फिर कहा: "हाँ, क्रेप सोल शू।"

"इधर नहीं रखता हम।"

मानसून क़रीब था; मैंने सोचा, गम बूट ही ख़रीद लूँ: "अच्छा तो गम बूट दिखाओ।"

"बाज़ूवाले की दूकान से मिलेगा…रबड़ की कोई चीज़ हम इधर नहीं रखता।"

मैंने ऐसे ही पूछ लिया: "क्यों?"

"सेठ की मर्ज़ी!"

यह मुख़्तसर मगर जामे'जवाब[79] सुनकर मैं दूकान से बाहर निकलने ही वाला था कि एक ख़ुशपोश आदमी पर मेरी नज़र पड़ी जो बाहर फ़ुटपाथ पर एक बच्चा गोद में उठाए

फलवाले से संगतरे ख़रीद रहा था।

मैं बाहर निकला और वह दूकान की तरफ़ मुड़ा : "सआदत तुम..."

"अरे ग़ुलाम अली...!"

उसने बच्चे समेत मुझे अपने सीने के साथ भींच लिया—बच्चे ने रोना शुरू कर दिया।

ग़ुलाम अली ने उस आदमी को बुलाया, जिसने मुझसे कहा था 'रबड़ की कोई चीज़ हम इधर नहीं रखता' और उसे बच्चा देकर कहा, "जाओ, इसे घर ले जाओ", और फिर वह मुझसे मुख़ातिब हुआ : "सआदत, कितनी देर के बाद हम एक-दूसरे से मिले हैं...।"

मैंने ग़ुलाम अली के चेहरे की तरफ़ ग़ौर से देखा...वह कज-कुलाही, वो हल्का-सा गुंडपन, जो उसकी इम्तियाज़ी[80] शान थी, बिलकुल मफ़्क़ूद[81] था; मेरे सामने आतिशी तक़रीरें करनेवाले खादीपोश नौजवान की जगह एक घरेलू क़िस्म का आम आदमी खड़ा था—मुझे उसकी वह आख़िरी तक़रीर याद आ गई, जब उसने जलियाँवाला बाग़ की ख़ुनुक फ़ज़ा को इन गर्म अल्फ़ाज़ से मुर्तइश[82] किया था : 'निगार, तुम एक ग़ुलाम बच्चे की माँ बनो, क्या तुम्हें यह गवारा होगा?' फ़ौरन ही मुझे उस बच्चे का ख़याल आया जो थोड़ी देर पहले उसकी गोद में था।

मैंने पूछा : "वह बच्चा किसका है?"

उसने बग़ैर किसी झिझक के जवाब दिया : "मेरा...उससे बड़ा एक और भी है...कहो, तुमने कितने पैदा किए?"

एक लहज़े के लिए मुझे महसूस हुआ, जैसे ग़ुलाम अली के बजाय कोई और ही बोल रहा है—मेरे दिमाग़ में ख़याल और सवाल ऊपर-तले गिरते चले गए : क्या ग़ुलाम अली अपनी क़सम बिलकुल भूल चुका है...क्या उसकी सियासी ज़िंदगी उससे क़तअन अलहदा हो चुकी है...हिंदुस्तान को आज़ादी दिलाने का वह जोश, वह वलवला कहाँ गया...उस बेरीशो-बुरुत[83] ललकार का क्या हुआ...निगार कहाँ है...क्या उसने ग़ुलाम बच्चों की माँ बनना गवारा कर लिया है...

"क्या सोच रहे हो...? कुछ बातें करो यार! इतनी देर के बाद हम मिले हैं।" उसने मेरे कंधे पर ज़ोर से हाथ मारा...मैं एकदम चौंका और एक लंबी 'हाँ' कहकर सोचने लगा कि गुफ़्तगू कैसे शुरू करूँ।

ग़ुलाम अली ने मेरी बात का इंतज़ार न किया और बोलना शुरू कर दिया : "यह दूकान मेरी है; दो बरस से मैं यहाँ बंबई में हूँ; बड़ा अच्छा कारोबार चल रहा है; महीने के तीन-चार सौ बच जाते हैं...तुम क्या कर रहे हो; सुना है कि बहुत बड़े अफ़सानानिगार बन गए हो...याद है, हम एक दफ़ा यहाँ भागकर आए थे...यार, उस बंबई और इस बंबई में बड़ा फ़र्क़ है; वह बंबई छोटी थी, यह बंबई बहुत बड़ी है..."

तभी एक गाहक आ गया और उसने टेनिस शू माँगे।

ग़ुलाम अली ने कहा : "रबड़ का माल इधर नहीं मिलता...बाज़ू की दूकान में मिलेगा।"

गाहक चला गया तो मैंने ग़ुलाम अली से पूछा : "तुम रबड़ का माल क्यों नहीं

रखते... मैं भी यहाँ क्रेप सोल शू लेने आया था।"

मैंने यह सवाल यूँ ही किया था, लेकिन ग़ुलाम अली का चेहरा एकदम बेरौनक़ हो गया; धीमी आवाज़ में उसने सिर्फ़ इतना कहा : "मुझे पसंद नहीं।"

"क्या पसंद नहीं?"

"यही रबड़... रबड़ की बनी हुई चीज़ें।"

यह कहकर उसने मुस्कराने की कोशिश की। जब वह नाकाम रहा तो उसने ज़ोर से ख़ुश्क-सा क़हक़हा लगाया : "मैं तुम्हें बताऊँगा... है तो बिलकुल वाहियात-सी चीज़, लेकिन... लेकिन मेरी ज़िंदगी से इसका बहुत गहरा ताल्लुक़ है..." तफ़क्कुर[84] की गहराई उसके चेहरे पर पैदा हुई; उसकी आँखें, जिनमें अब तक खिलंदड़ापन मौजूद था, एक लहज़े के लिए धुँधली हुईं, लेकिन फिर चमक उठीं : "बकवास थी यार वह ज़िंदगी... सच कहता हूँ सआदत, मैं वह दिन बिलकुल भूल चुका हूँ, जब मेरे दिमाग़ पर लीडरी सवार थी... चार-पाँच बरस से अब मैं बड़े सुकून में हूँ... बीवी है, बच्चे हैं, अल्लाह का बड़ा फ़ज़्लो-करम है..."

अल्लाह के फ़ज़्लो -करम से उसने बिज़नेस शुरू कर दिया था—कितने सरमाए से उसने काम शुरू किया था, एक बरस में कितना फ़ायदा होता है, अब बैंक में उसका कितना रुपया है, मुझे इन बातों से कोई दिलचस्पी नहीं थी; मैंने उसे टोक दिया : "लेकिन तुम तो किसी वाहियात चीज़ का ज़िक्र करनेवाले थे, जिसका तुम्हारी ज़िंदगी से गहरा ताल्लुक़ है।"

एक बार फिर उसका चेहरा बेरौनक़ हो गया; उसने एक लंबी 'हाँ' की और फिर चंद लम्हों के बाद जवाब दिया : "गहरा ताल्लुक़ था, शुक्र है कि अब नहीं है... लेकिन मुझे सारी दास्तान सुनानी पड़ेगी।"

नौकर के लौट आने पर उसने दूकान नौकर के सिपुर्द की और मुझे दूकान के पीछे अपने कमरे में ले गया, जहाँ बैठकर उसने मुझे इत्मीनान से बताया कि उसे रबड़ और रबड़ की चीज़ों से क्यों नफ़रत पैदा हुई।

उसने कहा : "मेरी सियासी ज़िंदगी का आग़ाज़ कैसे हुआ, इसके मुताल्लिक़ तुम अच्छी तरह जानते हो... मेरा कैरेक्टर कैसा था, यह भी तुम्हें मालूम है... हम दोनों क़रीब-क़रीब एक-जैसे ही थे, मेरा मतलब यह है, हमारे माँ-बाप किसी से फ़ख़्रिया नहीं कह सकते थे कि हमारे लड़के बेऐब हैं... मालूम नहीं, मैं तुमसे यह क्यों कह रहा हूँ, लेकिन शायद तुम समझ गए हो कि मैं कोई मज़बूत कैरेक्टर का मालिक नहीं था; मुझे शौक़ था कि मैं कुछ करूँ; सियासत से मुझे इसीलिए दिलचस्पी पैदा हुई थी... लेकिन मैं ख़ुदा की क़सम खाकर कहता हूँ, मैं झूठा नहीं था; वतन के लिए मैं जान भी दे देता; मैं अब भी हाज़िर हूँ, लेकिन मैं समझता हूँ... मैं बहुत ग़ौरो-फ़िक्र के बाद इस नतीजे पर पहुँचा हूँ कि हिंदुस्तान की सियासत, हिंदुस्तान के लीडर सब नापुख़्ता हैं, बिलकुल उसी तरह जिस तरह मैं था... एक लहर उठती है; इस लहर में जोश और ज़ोर-शोर भी होता है; लेकिन फ़ौरन ही यह लहर बैठ जाती है; क्यों...? इसकी वजह, जहाँ तक मेरा ख़याल है, यह है कि लहर पैदा की जाती है, ख़ुद-बख़ुद

नहीं उठती···शायद मैं अच्छी तरह से अपनी बात कह नहीं सका हूँ···"

उसके ख़यालात में बहुत उलझाव था।

मैंने सिगरेट उसकी तरफ़ बढ़ाया।

उसने सिगरेट सुलगाकर ज़ोर से तीन-चार कश लिए और कहा : "तुम्हारा क्या ख़याल है; क्या हमारी हर कोशिश जो हमने आज़ादी हासिल करने के लिए की है, ग़ैरफ़ितरी नहीं···कोशिश नहीं, मेरा मतलब है हमारी कोशिश का अंजाम क्या हर बार ग़ैरफ़ितरी नहीं था···? हमें क्यों आज़ादी नहीं मिलती···? क्या हम सब नामर्द हैं···? नहीं, हम सब मर्द हैं, लेकिन हम ऐसे माहौल में रह रहे हैं कि हमारी क़ूव्वत का हाथ आज़ादी तक पहुँचने ही नहीं पाता।"

मैंने पूछा : "शायद तुम्हारा मतलब यह है कि आज़ादी और हमारे दरमियान कोई चीज़ हाइल[85] है।"

उसकी आँखें चमक उठीं : "बिलकुल···और यह कोई पक्की दीवार नहीं है, कोई ठोस चट्टान नहीं है, बस···बस एक पतली-सी झिल्ली है···हमारी अपनी सियासत की, हमारी अपनी मस्नूई[86] ज़िंदगी की···हमारी मस्नूई ज़िंदगी जहाँ हम दूसरों को धोखा देने के अलावा अपने आपसे भी फ़रेब करते हैं।"

उसके ख़यालात बदस्तूर[87] उलझे हुए थे—शायद वह अपने गुज़श्ता तज्रिबों को अपने दिमाग़ में ताज़ा कर रहा था।

सिगरेट बुझाकर उसने मेरी तरफ़ देखा और बुलंद आवाज़ में कहा : "आदमी जैसा है, उसे वैसा ही रहना चाहिए···नेक काम करने के लिए यह क्या ज़रूरी है कि आदमी अपना सिर मुँडवा दे, गेरुए कपड़े पहन ले, बदन पर राख मल ले···तुम कहोगे, यह आदमी की मर्ज़ी है···मैं कहता हूँ, आदमी की इस मर्ज़ी ही से, उसकी इस निराली चीज़ ही से गुमराही फैलती है···ऐसे लोग ऊँचे होकर आदमी की फ़ितरी कमज़ोरियों से ग़ाफ़िल हो जाते हैं और बिलकुल भूल जाते हैं कि उनके किरदार, उनके ख़यालात और अक़ीदे तो हवा में तहलील हो जाएँगे, लेकिन उनके मुँडे हुए सिर, उनके गेरुए कपड़े और उनके राख मले बदन सादा लोह इंसानों के दिमाग़ों में रह जाएँगे!"

वह थोड़ी देर ख़ामोश रहा, फिर और ज़्यादा जोश में आकर कहने लगा : "दुनिया में कितने ही मुसलेह[88] पैदा हुए हैं, और लोग हैं कि उनकी तालीम भूल चुके हैं; लेकिन सलीबें, धागे, चोटियाँ, दाढ़ियाँ, कड़े और बग़लों के बाल बाक़ी रह गए हैं···एक हज़ार बरस पहले जो लोग यहाँ बसते थे, हम उनसे ज़्यादा तज्रिबेकार हैं···मेरी समझ में नहीं आता, आज के मुसलेह क्यों ख़याल नहीं करते कि वह आदमी की शक्ल मस्ख़ कर रहे हैं···मेरे जी में कई दफ़ा आता है, बुलंद आवाज़ में चिल्लाना शुरू कर दूँ : ख़ुदा के लिए आदमी को आदमी रहने दो; उसकी सूरत तो तुम बिगाड़ ही चुके हो, ठीक है; अब उसके हाल पर रहम करो; तुम उसको ख़ुदा बनाने की कोशिश कर रहे हो, लेकिन वह ग़रीब अपनी आदमीयत भी खो रहा है···"

वह यकायक ख़ामोश हो गया, जैसे थक गया हो।

उसके ख़यालात के उलझाव में अच्छी-खरी बातें अलग नज़र आ रही थीं।

''सआदत, मैं ख़ुदा की क़सम खाकर कहता हूँ, जो कुछ मैंने कहा है, मेरे दिल की आवाज़ है⋯जो कुछ मैंने महसूस किया है, वही कह रहा हूँ⋯अगर मेरी बात ग़लत है तो फिर कोई चीज़ दुरुस्त और सही नहीं है⋯मैंने दो बरस, पूरे दो बरस अपने दिमाग़ के साथ कई कुश्तियाँ लड़ी हैं; मैंने अपने दिल, अपने ज़मीर, अपने जिस्म, अपने रोएँ-रोएँ से बहस की है और इसी नतीजे पर पहुँचा हूँ कि आदमी को आदमी ही रहना चाहिए⋯हज़ारों में एक-दो आदमी अपना नफ़्स मार लें तो कोई हर्ज़ नहीं; सबने अगर अपना नफ़्स मार लिया तो मैं पूछता हूँ, यह कुश्ता किस के काम आएगा⋯''

सिगरेट सुलगाते-सुलगाते वह रुक गया।

अवतार, पैगंबर, संत, अक़ीदे और ज़माने, आज के आदमी के अपने तज्रिबे⋯उलझाव यक़ीनी था।

उसने सिगरेट सुलगाकर गर्दन को एक ख़फ़ीफ़-सा झटका दिया : ''कुछ नहीं सआदत, तुम कुछ नहीं जानते, मैंने कितनी रूहानी और जिस्मानी तकलीफ़ उठाई है⋯फ़ितरत के ख़िलाफ़ जो कोई भी क़दम उठाएगा, उसे तकलीफ़ बर्दाश्त करनी ही होगी⋯मैंने उस रोज़, तुम्हें याद होगा वह दिन, जलियाँवाला बाग़ में इस बात का ऐलान करके कि मैं और निगार ग़ुलाम बच्चे पैदा नहीं करेंगे, एक अजीब क़िस्म की बर्क़ी मसर्रत[89] महसूस की थी; मुझे ऐसा लगा था कि उस ऐलान के बाद मेरा सिर ऊँचा होकर आसमान के साथ जा लगा है⋯लेकिन जेल से वापिस आने के बाद मुझे आहिस्ता-आहिस्ता इस बात का तकलीफ़देह, बहुत ही अज़ीयतरसाँ एहसास होने लगा कि मैंने अपने जिस्म का, अपनी रूह का एक बहुत ही ज़रूरी हिस्सा मफ़लूज कर दिया है; अपने हाथों से मैंने अपनी ज़िंदगी के बाग़ का सबसे हसीन फूल मसल डाला है⋯शुरू-शुरू में अपने उस ख़याल और उस ऐलान से मुझे एक अजीब क़िस्म का तसल्लीबख़्श फ़ख़्र महसूस होता रहा कि मैंने एक ऐसा काम करने का इरादा किया है जो दूसरों से नहीं हो सकता, लेकिन धीरे-धीरे जब मेरे शऊर के मसाम खुलने लगे तो हक़ीक़त अपनी तमाम तल्ख़ियों समेत मेरे रगो-रेशे में रचने लगी⋯जेल से वापिस आने पर मैं निगार से मिला; हस्पताल छोड़कर वह बाबा जी के आश्रम में चली गई थी⋯सात महीने की क़ैद के बाद जब मैं उससे मिला तो उसकी बदली हुई रंगत, उसकी तब्दीलशुदा जिस्मानी और दिमाग़ी कैफ़ियत देखकर मैंने ख़याल किया कि शायद मेरी नज़रों ने धोखा खाया है, लेकिन एक बरस उसके साथ⋯''

वह चुप हो गया; उसने मेरी तरफ़ देखा।

उसके होंठों पर एक ज़ख़्मी-सी मुस्कराहट पैदा हुई : ''हाँ, एक बरस उसके साथ रहने के बाद मुझे मालूम हुआ कि उसका ग़म भी वही है, जो मेरा ग़म है⋯लेकिन न वह मुझ पर ज़ाहिर करना चाहती थी, न मैं उस पर ज़ाहिर करना चाहता था; हम दोनों अपने अहद की ज़ंजीरों में जकड़े हुए थे⋯एक बरस में सियासी जोश ठंडा हो चुका था, खादी के लिबास और तिरंगे झंडो में अब वह पहली-सी कशिश बाक़ी न रही थी, 'इन्क़िलाब ज़िंदाबाद' का नारा अगर कभी बुलंद होता भी था तो उसमें वह शान नज़र नहीं आती थी; जलियाँवाला

बाग़ में एक तंबू भी नहीं था, पुराने कैंपों के बस खूँटें ही कहीं-कहीं गड़े नज़र आते थे; ख़ून से सियासत की हरारत क़रीब-क़रीब निकल चुकी थी··· मैं अब ज़्यादा वक़्त घर पर ही रहता था, अपनी बीवी के पास···"

एक बार फिर उसके होंठों पर वही ज़ख़्मी-सी मुस्कराहट पैदा हुई और वह अपनी दास्तान कहते-कहते ख़ामोश हो गया।

मैं भी चुप रहा, क्योंकि मैं उसके ख़यालात का तसलसुल[90] तोड़ना नहीं चाहता था और मैं सोच भी रहा था।

वाक़िआती[91] तौर पर उसका बयान हक़ीक़त के क़रीब नहीं था; शायद अपने जज़्बे की शिद्दत के सबब उसने हक़ीक़त को अपने बयान के मुताबिक़ देखा था।

वक़्ती आदर्शों और जिस्मानी तक़ाज़ों के दरमियान फँसा हुआ आदमी··· मैं मुस्करा दिया।

वह चौंका और उसने अपनी पेशानी का पसीना पोंछा, लेकिन ख़ामोश रहा··· सिगरेट बुझाकर चंद लम्हात के बाद वह कहने लगा : "हम दोनों एक अजीब क़िस्म की लानत में गिरफ़्तार थे, अपने अहद की लानत··· निगार से मुझे जितनी मुहब्बत थी, तुम उससे वाक़िफ़ हो··· मैं सोचता रहता था : हमारी मुहब्बत क्या है, कैसी है; मेरे हाथ निगार को छू जाते हैं तो मुझमें एक रद्दे-अमल[92] पैदा होता है, मैं क्यों इस रद्दे-अमल को मेराज[93] पर पहुँचने की इज़ाज़त नहीं देता, मैं क्यों डरता हूँ कि मुझसे कोई गुनाह सरज़द[94] हो जाएगा। मुझे निगार की आँखें बहुत पसंद थीं और हैं··· एक रोज़ जब मैं बिलकुल सही हालत में था, मेरा मतलब है जैसा हर आदमी को होना चाहिए–मैंने उसकी आँखों को चूम लिया··· दूसरे लम्हे ही वह मेरे बाज़ुओं में थी, यूँ कहो कि एक कँपकँपी थी जो मेरे बाज़ुओं में थी··· इससे पहले के हमारा अहद हमें अलग करता, हमारे एक बदन ने दूसरे बदन को पकड़ लिया, क़ैद कर लिया और बदनों की उस गिरफ़्तारी में हमें एक ऐसी लज़्ज़त मिली जिससे बहुत कम इंसान आश्ना हैं··· हम दोनों बेमतलब ही एक-दूसरे के लिए ग़ैर बने हुए थे; हम दोनों बेकार ही सूख रहे थे; बेकार ही हमारी तमाम लताफ़तों पर पपड़ी जम रही थी··· बहुत दिनों के ग़ौरो-फ़िक्र के बाद मैं इस नतीजे पर पहुँचा कि हम अपने अहद पर क़ायम रहकर भी एक-दूसरे में डूब सकते हैं··· यही ना कि निगार ग़ुलाम बच्चे पैदा नहीं करेगी··· तो मैंने एक हीला-बहाना तलाश कर लिया, एक रास्ता निकाल लिया···"

तीसरी बार उसके होंठों पर वही ज़ख़्मी-सी मुस्कराहट पैदा हुई, लेकिन इस बार फ़ौरन ही एक क़हक़हे में तब्दील हो गई–उसके क़हक़हे में तकलीफ़देह एहसास की चुभन नुमायाँ थी।

मैं सिर्फ़ यही सोच सका : बेचारा ग़ुलाम अली।

संजीदा होकर वह कहने लगा : "अब हमारी इज़्दिवाजी[95] ज़िंदगी का अजीबो-ग़रीब दौर शुरू हुआ··· अंधे को जैसे एक आँख मिल गई हो··· मैं एकदम देखने लगा, लेकिन मेरी यह बसारत थोड़े ही दिनों के बाद धुँधली होने लगी··· पहले-पहल तो मेरा यही ख़याल था कि···" वह मौज़ूँ अल्फ़ाज़ तलाश करने लगा : "पहले-पहल तो हम मुतमइन थे, मेरा

मतलब है, शुरू-शुरू में हमें इस बात का क़त्अन ख़याल नहीं था कि थोड़े ही दिनों के बाद हम नामुतमइन हो जाएँगे, यानी एक आँख तक़ाज़ा करेगी कि दूसरी आँख भी हो... आग़ाज़[96] में हम दोनों ने महसूस किया था, हम सेहतमंद हो रहे हैं, हमारी तंदुरुस्ती बढ़ रही है... निगार का चेहरा निखर गया था और आँखों में चमक पैदा हो गई थी; मेरे आज़ा[97] से भी वह ख़ुश्क-सा तनाव दूर हो गया था, जो मुझे तकलीफ़ दिया करता था... आहिस्ता-आहिस्ता हम दोनों पर फिर अजीब क़िस्म की मुर्दनी छाने लगी और एक बरस ही में हम दोनों रबड़ के पुतले-से बन गए... मेरा अहसास ज़्यादा शदीद[98] था... तुम यक़ीन नहीं करोगे, लेकिन ख़ुदा की क़सम, उन दिनों जब कभी मैं अपने बाज़ू का गोश्त अपनी चुटकी में लेता तो वह मुझे बिलकुल रबड़ मालूम होता; ऐसा लगता, उसके अंदर ख़ून की नसें नहीं हैं... निगार की हालत मुझसे, जहाँ तक मेरा ख़याल है, मुख़्तलिफ़ थी; उसके सोचने का ज़ाविया और था; वह माँ बनना चाहती थी... गली में जब भी किसी के यहाँ बच्चा पैदा होता तो उसे बहुत-सी आहें छुप-छुपकर अपने सीने के अंदर दफ़न करना पड़ती थीं... लेकिन मुझे बच्चों का कोई ख़याल नहीं था... बच्चे न हुए तो क्या है; दुनिया में लाखों इंसान मौजूद हैं, जिनके यहाँ औलाद नहीं होती... मैं सोचता था, कितनी बड़ी बात है कि मैं अपने अहद पर क़ायम हूँ और मेरी तस्कीन हो जाती थी... मगर मेरे ज़ेहन पर रबड़ का महीन-महीन जाला तनता रहा और मेरी घबराहट बढ़ती रही। मैं हर वक़्त सोचने लगा और इसका नतीजा यह हुआ कि मेरे दिमाग़ के साथ रबड़ का लम्स चिमट गया... रोटी खाता तो लुक़मे दाँतों के नीचे कचकचाने लगते..."

मैंने महसूस किया कि जैसे उसे फुरेरी-सी आ गई हो।

"बहुत ही वाहियात और ग़लत चीज़ थी वह... उँगलियों में हर वक़्त जैसे साबुन-सा लगा हो... मुझे अपने आपसे नफ़रत हो गई... ऐसा लगता था, मेरी रूह का सारा रस निचुड़ गया हो और एक छिलका-सा बाक़ी रह गया हो..."

यकायक वह हँसने लगा और काफ़ी देर तक हँसता रहा... मैं उसकी तरफ़ देखता रहा।

उसने सिगरेट सुलगाया और बात शुरू की: "शुक्र है, आख़िर वह लानत दूर हुई... लेकिन सआदत, किन अज़ीयतों[99] के बाद... ज़िंदगी बिलकुल सूखे हुए छीछड़े की शक्ल इख़्तियार कर गई थी; सारी हिसें मुर्दा हो गई थीं... लेकिन लम्स की हिस ग़ैरफ़ितरी हद तक तेज़ हो गई थी, तेज़ नहीं, बस उसका सिर्फ़ एक रुख़ हो गया था... लकड़ी में, शीशे में, लोहे में, काग़ज़ में, पत्थर में, हर जगह रबड़ की वही मुर्दा, वही उबकाई भरी मुलायमी... और मेरा अज़ाब और भी शदीद हो जाता, जब मैं उसकी वजह का ख़याल करता। मैं दो उँगलियों से उस लानत को उठाकर फेंक सकता था, लेकिन मुझमें हिम्मत नहीं थी;... मैं चाहता था, मुझे कोई सहारा मिल जाए; अजाब के इस समुंदर में कोई छोटा-सा तिनका मिल जाए, जिसकी मदद से मैं किनारे लग जाऊँ... बहुत दिनों तक मैं हाथ-पाँव मारता रहा... एक रोज़ मैं कोठे पर धूप में एक मज़हबी किताब पढ़ रहा था, पढ़ क्या रहा था, बस ऐसे ही सरसरी नज़रों से देख रहा था कि अचानक मेरी नज़र एक हदीस[100] पर पड़ी तो मैं ख़ुशी से उछल पड़ा... सहारा, तिनका कुछ भी समझो मेरी आँखों के सामने मौजूद

था… मैंने बार-बार वह सुतूरें पढ़ीं और मेरी ज़िंदगी जैसे सेराब[101] होने लगी… लिखा था: 'शादी के बाद मियाँ-बीवी के लिए बच्चे पैदा करना लाज़िम है; सिर्फ़ उसी हालत में उनकी पैदाइश रोकने की इजाज़त है, जब वालदेन की ज़िंदगी ख़तरे में हो… बस मैंने दो उँगलियों से उस लानत को उठाया और घर से बाहर फेंक दिया…''

वह बच्चों की तरह मुस्कराने लगा।

मैं भी मुस्करा दिया, क्योंकि उसने अपनी दो उँगलियों में फँसा हुआ सिगरेट इस तरह एक तरफ़ फेंका था, जैसे वह कोई निहायत ही मक्रूह[102] चीज़ हो।

मैं सोचने लगा कि वह मज़हबी किताब और वह हदीस तो उस दिन भी मौज़ूद थी, जिस दिन उसने जलियाँवाला बाग़ में अहद किया था कि वह गुलाम बच्चे पैदा नहीं करेगा; और क्या वह एक हज़ार बरस पहले के लोगों से ज़्यादा तज्रिबाकार है…

वह बोला तो मैं चौंका।

उसने कहा: ''मुझे मालूम है सआदत, मैंने जो कुछ तुमसे कहा है, तुम उसका अफ़साना बना दोगे… लेकिन देखो, मेरा मज़ाक़ मत उड़ाना… ख़ुदा की क़सम, मैंने जो कुछ महसूस किया था, वही तुमसे कहा है… मैं इस मामले में तुमसे बहस नहीं करूँगा… मैंने बस इतना सीखा है कि फ़ितरत की ख़िलाफ़वर्ज़ी हरगिज़-हरगिज़ बहादुरी नहीं… यह कोई कारनामा नहीं कि तुम फ़ाक़ाकशी करते-करते मर जाते हो, या ज़िंदा रहते हो… क़ब्र खोदकर उसमें गड़ जाना और कई-कई दिन उसके अंदर दम साधे पड़े रहना, नोकीली कीलों के बिस्तर पर महीनों लेटे रहना, एक हाथ बरसों ऊपर उठाए रखना, ऐसे मदारीपने से ख़ुदा मिल सकता है न स्वराज… और मैं तो समझता हूँ, हिंदुस्तान को स्वराज सिर्फ़ इसलिए नहीं मिल रहा है कि यहाँ मदारी ज़्यादा हैं और लीडर कम… और जो हैं, वह क़वानीने-फ़ितरत[103] के ख़िलाफ़ चल रहे हैं… ईमान और साफ़दिली का बर्थ कंट्रोल करने के लिए इन लोगों ने सियासत ईजाद कर ली है, और इनकी इसी सियासत ने आज़ादी के रहिम[104] का मुँह बंद कर दिया है…

ग़ुलाम अली कुछ और भी कहनेवाला था कि उसका नौकर अंदर दाख़िल हुआ।

नौकर की गोद में शायद ग़ुलाम अली का बड़ा बच्चा था, जिसके हाथ में एक ख़ुश रंग बैलून था।

ग़ुलाम अली दीवानों की तरह झपटा और फिर पटाख़ा छूटने की-सी आवाज़ आई—बैलून फट चुका था और बच्चे के हाथ में धागे से बँधा रबड़ का एक छोटा-सा टुकड़ा लटकता रह गया था।

ग़ुलाम अली ने दो उँगलियों से उस टुकड़े को छीनकर यूँ फेंका, जैसे वह कोई निहायत ही मक्रूह चीज़ हो।

---

1. ग़ायब; 2. ताश का एक खेल; 3. बाँकापन; 4. ऐब निकालनेवाले; 5. आंदोलन; 6. बहुत ज़्यादा; 7. आदेश; 8. निश्छलतापूर्ण, निडरपन; 9. अनुभवहीन; 10. बिना दाढ़ी और मूँछवाला; 11. अग्निमय; 12. उथल-पुथल; 13. कंपन; 14. प्रेमपूर्वक; 15. नारीत्व; 16. एकमात्र, अकेला; 17. नम्रता; 18. श्रद्धा; 19. प्रगाढ़ प्रेम;

20. हल्की-सी; 21. मिश्रण; 22. अनसुलझी गुत्थी; 23. पहेली; 24. राजनीतिज्ञ; 25. प्रभावित जनता; 26. क्रोधित; 27. प्रतिद्वंद्वियों; 28. लावण्य; 29. वृद्ध; 30. विश्वास प्रकट करनेवाला; 31. आदर; 32. प्रचंड; 33. सामीप्य; 34. आदर; 35. चंचल; 36. तूफ़ानी; 37. यकीन, विश्वास; 38. मुक़ाबला; 39. नवविकसित; 40. मान्य; 41. स्नेहमय; 42. लज्जित-सी; 43. स्वस्थ; 44. गायब, अदृश्य; 45. बदबूदार; 46. पाठशाला; 47. सच्चे; 48. रोमांस उत्पन्न करनेवाला आनंद; 49. प्राप्ति; 50. हानिरहित; 51. सुख-सुविधा; 52. स्तुति; 53. इंद्रिय; 54. दुबल-पतले; 55. हल्की-सी; 56. मनोवैज्ञानिक; 57. बहुत-से; 58. गाड़ना; 59. सस्ता; 60. स्मृति; 61. विनोदी प्रवृत्ति; 62. निकाह के समय दूल्हा-दुल्हन का एक-दूसरे को स्वीकार करना; 63. विशिष्ट; 64. तन्मयता; 65. निश्छल; 66. इकट्ठे होकर; 67. मत; 68. खाना-पीना; 69. नियम; 70. पवित्र; 71. विवाहित; 72. बोलने की शक्ति; 73. अनुवादक; 74. छल-फ़ेरब; 75. गतिशील; 76. भविष्य; 77. कंगाल; 78. स्मरण-शक्ति; 79. व्यापक उत्तर; 80. विशेष; 81. ग़ायब, अदृश्य; 82. कंपित; 83. बचकानी; 84. चिता; 85. रुकावट; 86. कृत्रिम; 87. पहले की तरह; 88. सुधारक; 89. बिजली-जैसी ख़ुशी; 90. सिलसिला; 91. घटना के अनुसार; 92. प्रतिक्रिया; 93. ऊँचाई, शिखर; 94. घटित; 95. वैवाहिक, 96. आरंभ; 97. अंगों; 98. प्रबल; 99. कष्टों, पीड़ाओं; 100. पैग़म्बर मुहम्मद साहिब की फ़रमाई हुई बात; 101. तृप्त; 102. घृणित; 103. प्रकृति के नियम; 104. गर्भाशय।

मुसटैनवाला

मैं अपने सफ़ेद जूतों पर पालिश कर रहा था कि मेरी बीवी ने कहा : "ज़ैदी साहब आए हैं।"

मैंने जूते अपनी बीवी के हवाले किए और हाथ धोकर दूसरे कमरे में गया, ज़हाँ ज़ैदी बैठा हुआ था—मैंने उसकी तरफ़ ग़ौर से देखा : "अरे क्या हो गया तुम्हें ?"

ज़ैदी ने अपने चेहरे को शिगुफ़्ता[1] बनाने की नाकाम कोशिश करते हुए कहा : "मैं बीमार रहा हूँ।"

मैं उसके पास कुर्सी पर बैठ गया : "बहुत दुबले हो गए हो यार···मैंने तो पहले पहचाना ही नहीं था तुम्हें···क्या बीमारी थी ?"

"मालूम नहीं।"

"क्या मतलब ?"

ज़ैदी ने अपने ख़ुश्क होंठों पर ज़ुबान फेरी : "कुछ समझ में नहीं आता, क्या बीमारी है।"

"तो इसका यह मतलब है कि तुम अभी तक बीमार हो।"

"हाँ, कुछ ऐसा ही है।"

"भई, किसी अच्छे डॉक्टर को दिखाना था।"

जैदी ख़ामोश रहा।

मैंने फिर कहा : "किसी अच्छे डॉक्टर से मश्वरा लिया ?"

"नहीं।"

"क्यों ?"

ज़ैदी फिर ख़ामोश रहा—जवाब देने के बजाय उसने जेब से सिगरेटकेस निकाला; उसकी उँगलियाँ काँप रही थीं।

"मेरा ख़याल है ज़ैदी, तुम्हारा नर्वस सिस्टम ख़राब हो गया है···तुम विटामिन बी के इंजेक्शन लगवाना शुरू कर दो; बिलकुल ठीक हो जाओगे···पिछले बरस ज़्यादा व्हिस्की पीने से मेरा यही हाल हो गया था, लेकिन बारह इंजेक्शन लेने से मेरी कमज़ोरी दूर हो गई थी···तुम किसी अच्छे डॉक्टर से मश्वरा क्यों नहीं लेते ?"

ज़ैदी ने अपनी ऐनक उतारकर रूमाल से साफ़ करना शुरू कर दी—उसकी आँखों के नीचे सियाह हलक़े[2] पड़े हुए थे।

मैंने पूछा : "क्या रात को नींद नहीं आती ?"

''बहुत कम।''

''दिमाग़ में ख़ुश्की होगी ?''

''जाने क्या है···'' वह एकदम कुछ कहते-कहते संजीदा हो गया : ''देखो सआदत, मैं तुम्हें एक अजीबो-ग़रीब बात बताने आया हूँ··· मुझे बीमारी-वीमारी कुछ नहीं··· मुझे रात को नींद इसलिए नहीं आती कि मैं डरता रहता हूँ।''

''डरते रहते हो··· क्यों ?''

''बताता हूँ···'' यह कहकर उसने काँपते हाथों से सिगरेट सुलगाया और फिर बुझी हुई तीली को तोड़ना शुरू कर दिया : ''मुझे मालूम नहीं, मेरी बात सुनकर तुम क्या कहोगे, मगर यह वाक़िआ है कि मैं डरता हूँ और वह भी एक बिल्ले से !''

''बिल्ले से !''

मैं शायद मुसकरा दिया था—ज़ैदी ने फ़ौरन ही बड़ी संजीदगी के साथ कहा : ''हँसो मत··· यह हक़ीक़त है··· मैं तुम्हारे पास इसलिए आया हूँ कि इंसानी नफ़्सीयात[3] से तुम्हें काफ़ी दिलचस्पी है··· शायद तुम मेरे डर की वजह बता सको।''

मैंने कहा : ''लेकिन यहाँ तो सवाल एक हैवान का है।''

वह ख़फ़ा हो गया : ''तुम मज़ाक़ उड़ाते हो तो मैं कुछ नहीं कहूँगा।''

''नहीं-नहीं ज़ैदी, मुझे माफ़ कर दो··· तुम जो कहोगे, मैं पूरी तवज्जोह से सुनूँगा।''

थोड़ी देर ख़ामोश रहने और नया सिगरेट सुलगाने के बाद उसने कहना शुरू किया : ''तुम्हें मालूम है, जहाँ मैं रहता हूँ, दो कमरे हैं··· पहले कमरे के उस तरफ़ छोटी-सी बालकनी है, जिसके कटहरे में सलाखें लगी हुई हैं··· अप्रैल और मई के दो महीने बहुत गर्म होते हैं, इसलिए फ़र्श पर बिस्तर बिछाकर मैं उस बालकनी ही में सोया करता हूँ··· यह जून का महीना है और बात अप्रैल की है··· मैं सुबह नाश्ते से फ़ारिग़ होकर दफ़्तर जाने के लिए बाहर निकला; दरवाज़ा खोला तो दहलीज़ के पास मुझे एक मोटा बिल्ला आँखें बंद किए लेटा नज़र आया; मैंने जूते से उसे ठोका दिया; उसने एक लहज़े के लिए आँखें खोलीं, मेरी तरफ़ बेपरवाई से देखा, जैसे मैं कुछ भी नहीं, और फिर आँखें बंद कर लीं··· मुझे बड़ा ताज्जुब हुआ··· मैंने बड़े ज़ोर से उसको ठोकर मारी··· उसने आँखें खोलीं, मेरी तरफ़ फिर उसी नज़र से देखा और उठकर कुछ दूर सीढ़ियों के पास जाकर लेट गया··· जिस अंदाज़ से उसने चंद क़दम उठाए थे, उससे यह मालूम होता था कि वह मुझसे बिलकुल मरऊब[4] नहीं हुआ है··· मुझे सख़्त ग़ुस्सा आया··· आगे बढकर मैंने एक और बड़े ज़ोर की ठोकर मारी··· वह दस-पंद्रह ज़ीनों तक लड़खड़ाता हुआ चला गया और जब वह अपने चारों पैरों पर सँभला तो उसने नीचे से पीली-पीली आँखों से मेरी तरफ़ देखा और गर्दन मोड़कर कोई आवाज़ पैदा किए बग़ैर एक तरफ़ चला गया··· तुम दिलचस्पी ले रहे हो या नहीं ?''

मैंने कहा : ''हाँ-हाँ, क्यों नहीं।''

उसने सिगरेट की राख झाड़ी और सिलसिला-ए-कलाम जारी किया : ''दफ़्तर पहुँचकर मैं सबकुछ भूल गया, लेकिन शाम को जब घर लौटा और कमरे की दहलीज़ के पास पहुँचा, जहाँ वह बिल्ला लेटा हुआ था तो सुबह का वाक़िअ दिमाग़ में ताज़ा हो

गया ··· नहाते हुए, चाय पीते हुए, रात का खाना खाते हुए मैंने कई दफ़ा सोचा ··· मैंने तीन दफ़ा उसकी पसलियों में ज़ोर से ठोकर मारी थी; मुझसे वह डरा क्यों नहीं था, म्याऊँ तक न की थी उसने; और क्या अंदाज़ था उसके चलने, आँखें बंद करने और फिर आँखें खोलने का, जैसे उसे कुछ परवाह ही नहीं थी ··· जब मैं ज़रूरत से ज़्यादा उस बिल्ले के बारे में सोचने लगा तो मुझे बड़ी उलझन हुई ··· एक मामूली से हैवान को आख़िर मैं इतनी अहमियत क्यों दे रहा हूँ, इस बात का जवाब न मुझे तब मिला था और न अब, हालाँकि पूरे तीन महीने गुज़र चुके हैं।'' इस क़दर कहकर वह ख़ामोश हो गया।

मैंने पूछा : ''बस ?''

''नहीं ···'' उसने सिगरेट को ऐशट्रे पर रखते हुए कहा : ''मैं सिर्फ़ यह कह रहा था कि मैंने उस बिल्ले को इतनी अहमियत क्यों दी है ··· मैं इतना ख़ौफ़ क्यों खाता हूँ ··· यह मुअम्मा अब तक मुझसे हल नहीं हो सका है ··· शायद तुम मुझसे बेहतर सोच सको।''

मैंने कहा : ''लेकिन मुझे पूरे वाक़िआत मालूम होने चाहिएं।''

उसने ऐशट्रे पर से सिगरेट उठाया और एक कश लेकर कहा : ''मैं बता रहा हूँ ··· उस रोज़ के बाद कई दिन गुज़र गए, मगर वह बिल्ला नज़र न आया ··· शायद हफ़्ते की रात थी; मैं बाहर बालकनी में सो रहा था; दो बजे के क़रीब कमरे में शोर हुआ और मेरी नींद खुल गई ··· मैंने उठकर रौशनी की तो देखा, वही बिल्ला खानेवाली मेज़ पर खड़ा डिश का सरपोश उतारकर पुडिंग खा रहा है ··· मैंने शिश-शिश की, मगर वह अपने काम में मसरूफ़ रहा ··· मेरी तरफ़ उसने बिलकुल न देखा ··· मैंने चप्पल का एक पैर उठाया और निशाना तानकर ज़ोर से उसे मारा ··· चप्पल उसके पेट पर लगी, मगर वह चोट से और मुझसे बेपरवा पुडिंग खाता रहा ··· मैंने ग़ुस्से में आकर मसहरी का डंडा उठाया और आगे बढ़कर उसकी पीठ पर मारा ··· उसने और ज़्यादा बेपरवाही से मेरी तरफ़ देखा, बड़े आराम से कुर्सी पर कूदा, आवाज़ पैदा किए बग़ैर फ़र्श पर उतरा और आहिस्ता-आहिस्ता टहलता हुआ बालकनी के कटहरे की सलाख़ों में से निकलकर छज्जे पर कूद गया ··· मैं वहीं हैरान खड़ा रहा और सोचने लगा, आख़िर यह कैसा हैवान है, जिस पर मार का कुछ असर ही नहीं होता ··· सआदत, मैं तुमसे सच कहता हूँ, बड़ा ख़ौफ़नाक बिल्ला है ··· यह मोटा सिर, रंग सफ़ेद, लेकिन अक्सर मैला रहता है ··· मैंने ऐसा ग़लीज़ बिल्ला अपनी ज़िंदगी में नहीं देखा ···'' उसने ऐशट्रे में सिगरेट बुझाया और ख़ामोश हो गया।

मैंने कहा : ''बिल्ले-बिल्लियाँ तो ख़ुद को बहुत साफ़-सुथरा रखते हैं।''

''रखते हैं ···'' वह उठ खड़ा हुआ : ''लेकिन यह बिल्ला शायद जान-बूझकर ख़ुद को ग़लीज़ रखता है ··· लेटता है कूड़े-करकट के पास; कान से लहू बह रहा है, पर मजाल है जो उसे चाटकर साफ़ करे; सिर फटा हुआ है, पर उसे कुछ होश नहीं ··· बस सारा दिन मारा-मारा फिरता है।''

मैंने पूछा : ''लेकिन इसमें ख़ौफ़ खाने की क्या बात है ?''

वह बैठ गया : ''यही तो मैं ख़ुद दरयाफ़्त करना चाहता हूँ ··· डर की यूँ तो एक वजह हो भी सकती है और वह यह कि वह दस-पंद्रह रातें मुतवातिर मुझे जगाता रहा था और हर

बार उसने मुझसे मार खाई थी··· मेरे हाथों बहुत बुरी तरह पिटा था वह; चाहिए तो यह था कि वह मेरे घर का रुख़ न करता··· आख़िर हैवानों में भी अक्ल होती है··· मैं सोचने लगा, किसी रोज़ ऐसा न हो कि वह मुझ पर झपट पड़े और आँख-वाँख नोंच ले··· सुनने में आया है, अगर किसी बिल्ले या बिल्ली को मारा जाए तो वह ज़रूर हमला करते हैं।''

मैंने कहा : ''डर की यह वजह तो माक़ूल है।''

वह फिर उठ खड़ा हुआ : ''लेकिन इससे मेरी तस्कीन नहीं होती।''

मेरे दिमाग़ में एक ख़याल आया : ''तुम उसके साथ प्यार-मुहब्बत से पेश आकर देखो।''

''मैं ऐसा कर चुका हूँ··· मेरा ख़याल था कि इस क़दर पिटने पर वह मुझे हाथ तक न लगाने देगा, लेकिन मामला बिलकुल इसके बरअक्स निकला··· बरअक्स भी नहीं कहना चाहिए, क्योंकि उसने मेरे प्यार की बिलकुल परवाह न की··· एक रोज़ मैं सोफ़े पर बैठा हुआ था कि वह मेरे पास आकर फ़र्श पर बैठ गया··· मैंने डरते-डरते उसकी तरफ़ हाथ बढ़ाया··· उसने आँखें मींच लीं··· मैंने अपना बढ़ा हुआ हाथ आहिस्ता-आहिस्ता उसकी पीठ पर फेरना शुरू किया··· सआदत, तुम यक़ीन करो, वह वैसे का वैसा आँखें बंद किए बैठा रहा··· प्यार का जवाब बिल्ले-बिल्लियाँ अक्सर दुम हिलाकर देते हैं, लेकिन उस कमबख़्त की दुम का एक बाल भी न हिला··· मैंने तंग आकर उसके सिर पर किताब दे मारी··· चोट खाकर वह उठा··· बड़ी बेपरवाही, एक निहायत ही दिल शिकन बेऐतिनाई[5] से उसने मेरी तरफ़ पीली-पीली आँखों से देखा और बालकनी के कटहरे की सलाखों में से निकलकर छज्जे पर कूद गया··· बस उस दिन से वह चौबीस घंटे मेरे दिमाग़ में रहने लगा है···'' वह मेरे सामनेवाली कुर्सी पर बैठ गया और ज़ोर-ज़ोर से अपनी टाँग हिलाने लगा।

मैंने सिर्फ़ इतना कहा : ''मेरी समझ में तो कुछ नहीं आ रहा है···'' मैं इतना ज़रूर समझ रहा था कि उसका ख़ौफ़ बेबुनियाद नहीं।

वह दाँतों से नाख़ून काटने लगा : ''मेरी समझ में भी कुछ नहीं आता··· यही वजह है कि मैं तुम्हारे पास आया हूँ।'' वह उठा और कमरे में टहलने लगा—थोड़ी देर के बाद वह रुका और ऐशट्रे में से बुझी हुई दियासलाई उठाकर तोड़ने लगा : ''अब मेरी यह हालत हो गई है कि रात भर जागता रहता हूँ; ज़रा-सी आहट होती है तो समझता हूँ, वही बिल्ला है··· पिछले आठ रोज़ से वह कहीं ग़ायब है··· मालूम नहीं, उसे किसी ने मार डाला है, या वह बीमार है, या कहीं और चला गया है।''

मैंने कहा : ''अच्छा है जो ग़ायब हो गया है··· अब तुम क्यों सोचते हो?''

''मालूम नहीं, क्यों सोचता हूँ··· कोशिश करता हूँ कि उस कमबख़्त को भूल जाऊँ, मगर वह दिमाग़ से निकलता ही नहीं···'' वह सोफ़े पर सिर के नीचे गद्दी रखकर लेट गया : ''अजीब ही क़िस्सा है; कोई सुने तो हँसे कि एक बिल्ले ने मेरी यह हालत कर दी है··· बाज़ औक़ात मुझे ख़ुद हँसी आती है, लेकिन यह हँसी कितनी तकलीफ़देह होती है।''

मुझे एहसास हुआ कि वाक़ई अपनी बेबसी पर हँसते हुए उसे बहुत तकलीफ़ होती होगी—जो कुछ उसने बयान किया था, बज़ाहिर मज़हकाख़ेज़[6] था, लेकिन यह बिलकुल

वाज़ेह था कि उस बिल्ले के वुजूद में ज़ैदी की ज़िंदगी का कोई बहुत ही अज़ीयतदेह[7] लम्हा पोशीदा था, ऐसा लम्हा जो उसे बिलकुल याद नहीं था।

मैंने कहा : ''ज़ैदी, तुम्हारे माज़ी[8] में कोई ऐसा हादिसा तो नहीं, जिससे तुम इस बिल्ले को मुताल्लिक़ कर सको···मेरा मतलब है, कोई ऐसी चीज़, कोई ऐसा वाक़िआ, जिससे तुमने ख़ौफ़ खाया हो, और उस चीज़ या वाक़िए की शबाहत[9] इस बिल्ले से मिलती हो।'' फिर मैंने सोचा कि वाक़िए की शबाहत बिल्ले से कैसे मिल सकती है।

ज़ैदी ने जवाब दिया : ''मैं इस पर भी ग़ौर कर चुका हूँ···मेरे हाफ़िज़े[10] में ऐसा कोई वाक़िआ, या ऐसी कोई चीज़ नहीं है।''

मैंने कहा : ''मुम्किन है, फिर कभी याद आ जाए।''

''हाँ, ऐसा हो सकता है···'' यह कहकर वह सोफ़े पर से उठा, उसने चंद मिनट इधर-उधर की बातें कीं, फिर मुझे और मेरी बीवी को इतवार को अपने घर आने की दावत देकर चला गया।

इतवार को मैं और मेरी बीवी सांताक्रूज़ गए।

मैंने शायद आपको अब तक यह नहीं बताया है कि ज़ैदी मेरा बहुत पुराना दोस्त है; ऐंट्रेंस तक हम दोनों एक ही स्कूल में थे; कॉलेज में भी हम दो बरस एक साथ रहे, मैं फ़ेल हो गया और वह एफ़. ए. पास करके अमृतसर छोड़कर लाहौर चला गया, जहाँ उसने एम.ए. किया और चार-पाँच बरस बेकार रहने के बाद बंबई चला आया। बंबई में वह एक बरस से जहाज़ों की एक कंपनी में मुलाज़िम था।

दोपहर का खाना खाने के बाद हम देर तक नई और पुरानी फ़िल्मों के मुताल्लिक़ बातें करते रहे; मेरी बीवी, बहुत फ़िल्म देखूँ क़िस्म की औरत है, इसलिए गुफ्तगू में ज़्यादा हिस्सा उसी का था—फ़िल्मों के मुताल्लिक़ बातें ख़त्म हुई ही थीं कि बालकनी के कटहरे की सलाख़ों से एक मोटा बिल्ला अंदर दाख़िल हुआ—मैंने और ज़ैदी ने बयकवक़्त उसकी तरफ़ देखा—ज़ैदी के चेहरे से मुझे मालूम हो गया कि वही बिल्ला है।

मैंने ग़ौर से उसकी तरफ़ देखा।

उसके सिर पर कानों के पास एक गहरा ज़ख़्म था, जिस पर हल्दी लगी हुई थी; बाल बेहद मैले थे; चाल में, जैसा कि ज़ैदी ने कहा था, एक अजीब क़िस्म की बेपरवाही थी।

हम तीन लोग कमरे में मौजूद थे, मगर उसने किसी की तरफ़ भी आँख उठाकर न देखा।

जब वह मेरी बीवी के पास से गुज़रा तो वह चीख़ उठी : ''यह कैसा बिल्ला है सआदत साहब?''

मैंने पूछा : ''क्या मतलब?''

मेरी बीवी ने जवाब दिया : ''पूरा बदमाश लगता है।''

ज़ैदी ने बौखलाकर कहा : ''बदमाश''?

मेरी बीवी शरमा गई : ''जी हाँ, ऐसा ही लगता है।''

ज़ैदी कुछ सोचने लगा; थोड़ी देर के बाद वह उठा : ''सआदत, ज़रा इधर आओ···''

मुझे बालकनी में ले जाकर उसने कहा : "मुअम्मा हल हो गया है।"

"कैसे ?"

"तुम्हारी बीवी ने हल कर दिया है... ज़रा सोचो, क्या इस बिल्ले की शक्ल मुसटैनवाले से नहीं मिलती ?"

"मुसटैनवाले से !"

"हाँ-हाँ, उस बदमाश से, जो हमारे स्कूल के बाहर बैठा रहता था... मुस्तफ़ा, जिसे सब मुसटैनवाला कहा करते थे।"

मुझे याद आ गया।

ज़ैदी पर, जो लड़कपन में बहुत ख़ूबसूरत था, मुसटैननवाले की ख़ास नज़र थी।

मैं सोचने लगा, बिल्ले से मुसटैनवाले की शक्ल कैसे मिलती है--नहीं-नहीं, मिलती है; मुसटैनवाले की चाल में भी कुछ ऐसी ही बेपरवाही थी; उसका सिर भी अक्सर फटा रहता था; कई दफ़ा हमारे हैड मास्टर साहब ने उसे लोगों से पिटवाया था कि वह स्कूल के दरवाज़े के पास न खड़ा रहा करे, मगर उसके कान पर जूँ तक न रेंगी थी; एक बार ज़ैदी के बाप ने उसे हॉकी से इतना मारा था कि लोगों का ख़याल था, अब वह कभी नहीं आएगा, मगर वह अगले ही रोज़ स्कूल के गेट के बाहर मौजूद था—ये सब बातें एक लहज़े के अंदर-अंदर मेरे दिमाग़ में उभरीं और मैंने ज़ैदी से कहा : "तुम ठीक कहते हो... मुसटैनवाला भी मार खाकर ख़ामोश रहा करता था।"

ज़ैदी ख़ामोश रहा, शायद वह कुछ याद कर रहा था; चंद लम्हात ख़ामोश रहने के बाद उसने कहा : "मुझे याद आ रहा है, मैं आठवीं जमात में था... एक दफ़ा पढ़ने के लिए मैं अकेला कंपनी बाग़ में चला गया... मैं एक दरख़्त के नीचे बैठा पढ़ रहा था कि मुसटैनवाला नुमूदार हुआ... उसके हाथ में एक ख़त था... वह मुझसे कहने लगा : 'शहज़ादे, यह ख़त ज़रा पढ़ दे...', आसपास कोई नहीं था; मेरी जांन हवा हो गई... मुसटैनवाले ने ख़त मेरी रान पर बिछा दिया... मैं एकदम उठ भागा... उसने मेरा पीछा किया, लेकिन मैं इस क़दर तेज़ दौड़ा कि वह बहत पीछे रह गया... घर पहुँचते ही मुझे तेज़ बुख़ार चढ़ गया और दो दिन तक हज़यानी[11] कैफ़ियत रही... सआदत, मेरी वालिदा का ख़याल था कि जिस दरख़्त के नीचे मैं पढ़ने के लिए बैठा था, वह आसेबज़दा[12] था..."

ज़ैदी यह कह ही रहा था कि बिल्ला हमारी टाँगों में से गुज़रकर कटहरे की सलाख़ों में से छज्जे पर कूद गया—छज्जे पर चंद क़दम चलकर उसने मुड़कर पीली-पीली आँखों से हमारी तरफ़ अपनी मख़्सूस बेपरवाही से देखा।

मैंने मुसकराकर कहा : "मुसटैनवाला !"

ज़ैदी झेंप गया।

---

1. प्रसन्न, खिला हुआ; 2. घेरे, गोल निशान या धब्बे; 3. मनोविज्ञान; 4. आतंकित, डरना; 5. उपेक्षा; 6. हास्यास्पद; 7. दुखदायी; 8. भूतकाल, अतीत; 9. एकरूपता, समानता; 10. याददाश्त, स्मृति; 11. बेहोशी की अवस्था में बड़बड़ाहट; 12. भूत-प्रेत ग्रस्त।

ख़ाली बोतलें ख़ाली डिब्बे

यह हैरत मुझे अब भी है कि ख़ासतौर पर ख़ाली बोतलों और ख़ाली डिब्बों से मुजर्रद[1] मर्दों को इतनी दिलचस्पी क्यों होती है ?

मुजर्रद मर्दों से मेरी मुराद उन मर्दों से है, जिनको आमतौर पर शादी से कोई दिलचस्पी नहीं होती।

यूँ तो इस क़िस्म के मर्द उमूमन सनकी और अजीबो-ग़रीब आदतों के मालिक होते हैं, लेकिन यह बात समझ में नहीं आती कि इन्हें ख़ाली बोतलों और ख़ाली डिब्बों से क्यों इतना प्यार होता है।

परिंदे और जानवर अक्सर इन लोगों के पालतू होते हैं; यह मैलान[2] समझ में आ सकता है कि तन्हाई में इनका कोई मूनिस[3] होना चाहिए, लेकिन ख़ाली बोतलें और ख़ाली डिब्बे इनकी क्या ग़मगुसारी कर सकते हैं।

सनक और अजीबो-ग़रीब आदतों का जवाज़[4] ढूँढ़ना कोई मुश्किल नहीं कि फ़ितरत की ख़िलाफ़वर्ज़ी ऐसे बिगाड़ पैदा कर सकती है, अलबत्ता इसकी नफ़्सीयाती बारीकियों में जाना बहुत मुश्किल है।

मेरे एक अज़ीज़ हैं; उम्र आपकी इस वक़्त पचास के क़रीब-क़रीब है; आपको कबूतर और कुत्ते पालने का शौक़ है और इसमें कोई अजीबो-ग़रीबपन नहीं, लेकिन आपको यह मर्ज है कि बाज़ार से हर रोज़ दूध की बालाई ख़रीदकर लाते हैं, चूल्हे पर रखकर उसका रौग़न निकालते हैं और उस रौग़न में अपने लिए सालन तैयार करते हैं··· पानी पीने के लिए वह अपना घड़ा अलग रखते हैं; घड़े के मुँह पर हमेशा मलमल का एक टुकड़ा बँधा रहता है कि कोई कीड़ा-मकौड़ा अंदर न चला जाए, मगर हवा बराबर दाख़िल होती रहे··· पाख़ाने जाते वक़्त वह सब कपड़े उतारकर एक छोटा तौलिया बाँध लेते हैं और लकड़ी की खड़ाऊँ पहन लेते हैं।

अब कौन उनकी बालाई के रौग़न, घड़े की मलमल, अंग के तौलिए और लकड़ी की खड़ाऊँ के नफ़्सीयाती उक़्दे को हल करने बैठे।

मेरे एक मुजर्रद दोस्त हैं; बज़ाहिर बड़े नार्मल इंसान हैं; हाई कोर्ट में रीडर हैं; आपको हर जगह से, हर वक़्त बदबू आती रहती है, इसलिए उनका रूमाल सदा उनकी नाक से चिपका रहता है··· आपको ख़रगोश पालने का शौक़ है।

एक और मुजर्रद हैं; आपको जब मौक़ा मिले, नमाज़ पढ़ना शुरू कर देते हैं, लेकिन इसके बावजूद आपका दिमाग़ बिलकुल सही है; सियासियाते-आलम[5] पर आपकी नज़र बहुत वसी है... आप तोतों को बातें सिखाने में महारते-ताम्मा[6] रखते हैं।

मिलिट्री के एक मेजर हैं, सिन-रसीदा और दौलतमंद; आपको हुक़्क़े जमा करने का शौक़ है; गुड़गुड़िया, पेचवान, चमोड़े, ग़रज़ यह कि हर क़िस्म का हुक़्क़ा उनके पास मौजूद है... आप कई मकानों के मालिक हैं, मगर होटल में एक कमरा किराए पर लेकर रहते है... बटेरें आपकी जान हैं।

एक कर्नल साहिब हैं, रिटायर्ड; बहुत बड़ी कोठी में दस-बारह छोटे-बडे कुत्तों के साथ रहते हैं; हर ब्रांड की व्हिस्की उनके यहाँ मौजूद रहती है; हर रोज़ शाम को चार पेग पीते हैं और अपने साथ किसी न किसी लाडले कुत्ते को भी पिलाते हैं।

मैंने अब तक जितने मुजर्रदों का ज़िक्र किया है, उन सबको हस्बे-तौफ़ीक़ ख़ाली बोतलों और ख़ाली डिब्बों से दिलचस्पी है... दूध की बालाई से रोग़न निकालनेवाले मेरे अज़ीज़ घर में जब भी कोई ख़ाली बोतल देखते हैं तो उसे धो-धाकर अपनी अलमारी में सजा देते हैं कि ज़रूरत के वक़्त काम आएगी... हाई कोर्ट के रीडर, जिनको हर जगह हर वक़्त बदबू आती रहती है, सिर्फ़ ऐसी बोतलें और डिब्बे जमा करते हैं, जिनसे बदबू आने का कोई एहतिमाल न हो... मौक़ा मिलने पर नमाज़ पढ़नेवाले ख़ाली बोतलें आबदस्त के लिए और ख़ाली डिब्बे वुज़ू के लिए दर्जनों की तादाद में जमा रखते हैं, उनके ख़याल के मुताबिक़ यह दोनों चीज़ें सस्ती पड़ती हैं और पाकीज़ा होती हैं... क़िस्म-क़िस्म के हुक़्क़े जमा करनेवाले मेजर साहिब को ख़ाली बोतलें और ख़ाली डिब्बे जमा करके उनको बेचने का शौक़ है और रिटायर्ड कर्नल साहिब को सिर्फ़ व्हिस्की की ख़ाली बोतलें जगा करने का।

आप कर्नल साहिब के हाँ जाएँ तो एक छोटे-से साफ़-सुथरे कमरे में शीशे की कई अलमारियों में आपको व्हिस्की की ख़ाली बोतलें सजी हुई नज़र आएँगी; पुराने से पुराने ब्रांड की व्हिस्की की ख़ाली बोतल भी आपको उनके उस नादिर मजमूए में मिल जाएगी। जिस तरह लोगों को टिकट और सिक्के जमा करने का शौक़ होता है, उसी तरह उनको व्हिस्की की ख़ाली बोतलें जमा करने और उनकी नुमाइश करने का शौक़, बल्कि ख़ब्त है... कर्नल साहिब का कोई अज़ीज या रिश्तेदार नहीं है; कोई है तो उसका मुझे इल्म नहीं; वह दुनिया में तने-तन्हा हैं, लेकिन वह तन्हाई बिलकुल महसूस नहीं करते। दस-बारह कुत्ते हैं, जिनकी देखभाल वह इस तरह करते हैं, जिस तरह कोई शफ़ीक़[7] बाप अपनी औलाद की करता है; उनका सारा दिन पालतू हैवानों के साथ गुज़र जाता है और फ़ुर्सत के वक़्त वह अलमारियों में अपनी चहेती बोतलें सँवारते रहते हैं।

आप पूछेंगे, ख़ाली बोतलें तो हुईं, यह तुमने ख़ाली डिब्बे क्यों साथ लगा दिए...? क्या यह ज़रूरी है कि तजर्रुदपसंद[8] मर्दों को ख़ाली बोतलों के साथ-साथ ख़ाली डिब्बों से भी दिलचस्पी हो...? और फिर बोतलें और डिब्बे ख़ाली क्यों...? भरे हुए क्यों नहीं...?

मैं शायद आपसे पहले ही अर्ज़ कर चुका हूँ कि मुझे ख़ुद हैरत है... यह सवाल और इसी क़िस्म के और बहुत-से सवाल मेरे दिमाग़ में पैदा हो चुके हैं और बावुजूद कोशिश के मैं

कोई जवाब हासिल नहीं कर सका हूँ।

ख़ाली बोतलें और ख़ाली डिब्बे ख़ला का निशान हैं और तजर्रूदपसंद मर्दों से ख़ला का कोई मनतक़ी[9] जोड़ ग़ालिबन यही हो सकता है कि ख़ुद उनकी ज़िंदगी में एक ख़ला होता है, लेकिन सवाल पैदा होता है, क्या वह उस ख़ला को एक और ख़ला से पुर करते हैं?

कुत्तों, बिल्लियों, ख़रगोशों और बंदरों के मुताल्लिक़ आदमी समझ सकता है कि वह ख़ाली-ख़ूली ज़िंदगी की कमी एक हद तक पूरी कर सकते हैं कि वह दिल बहला सकते हैं, नाज़-नख़रे कर सकते हैं, दिलचस्प हरकात का मूजिब[10] हो सकते हैं, प्यार का जवाब भी दे सकते हैं ... लेकिन ख़ाली बोतलें और ख़ाली डिब्बे उनके लिए दिलचस्पी का क्या सामान बहम[11] पहुँचाते हैं?

बहुत मुमकिन है, आपको ज़ैल के वाक़िआत में इन सवालों का जवाब मिल जाए।

दस बरस पहले मैं जब बंबई गया तो वहाँ एक मशहूर फ़िल्म कंपनी की एक फ़िल्म तक़रीबन बीस हफ़्तों से चल रही थी ... हीरोइन पुरानी थी, लेकिन हीरो नया था, जो इश्तिहारों में छपी हुई तस्वीरों में नौख़ेज़ दिखाई देता था ... अख़बारों में उसकी किरदारनिगारी की तारीफ़ पढ़ी तो मैंने वह फ़िल्म देखी। अच्छी-ख़ासी फ़िल्म थी; कहानी जाज़िबे-तवज्जोह[12] थी और उस नए हीरो का काम भी इस लिहाज़ से क़ाबिले-तारीफ़ था कि उसने पहली मर्तबा कैमरे का सामना किया था।

परदे पर से किसी एक्टर या एक्ट्रेस की उम्र का अंदाज़ा लगाना आमतौर पर मुश्किल होता है कि मेकअप जवान को बूढ़ा और बूढ़े को जवान बना देता है, मगर वह नया हीरो बिला शुब्हा नौख़ेज़ था, कालिज के तालिबे-इल्म की तरह तरो-ताज़ा और चाक़ो-चौबंद; वह ख़ूबसूरत तो नहीं था, मगर उसके गठे हुए जिस्म का हर उज़्व अपनी जगह पर मुनासिबो-मौज़ूँ था

उस फ़िल्म के बाद उस एक्टर की मैंने कई और फ़िल्में देखीं ... अब वह मँज गया था उसके चेहरे के ख़द्दो-ख़ाल की तिफ़्लाना नुमाइश उम्र और तज्रिबा की सख़्ती में तब्दील हो चुकी थी ... उसका शुमार अब चोटी के अदाकारों में होने लगा था।

फ़िल्मी दुनिया में स्कैंडल आम होते हैं; आए दिन सुनने में आता है कि फ़लाँ एक्टर का फ़लाँ एक्ट्रेस से ताल्लुक़ हो गया है, या फ़लाँ एक्ट्रेस फ़लाँ एक्टर को छोड़कर फ़लाँ डायरेक्टर के पहलू में चली गई है; क़रीब-क़रीब हर एक्टर और हर एक्ट्रेस के साथ कोई न कोई रूमान जल्द या बदेर वाबस्ता हो जाता है ... लेकिन उस नए हीरो की ज़िंदगी, जिसका ज़िक्र मैं कर रहा हूँ, इन बखेड़ों से पाक थी; अख़बारों में कोई चर्चा न था और किसी ने भूले से भी हैरत का इज़हार नहीं किया था कि फ़िल्मी दुनिया में रहकर भी रामस्वरूप की ज़िंदगी जिंसी आलाइशों[13] से पाक है।

मैंने, सच पूछिए तो, इस बारे में कभी ग़ौर ही नहीं किया था, इसलिए कि मुझे एक्टरों और एक्ट्रेसों की निजी ज़िंदगी से कोई दिलचस्पी नहीं थी ... फ़िल्म देखी, उसके मुताल्लिक़ अच्छी या बुरी राय क़ायम की और बस ... लेकिन जब रामस्वरूप से मेरी मुलाक़ात हुई तो मुझे उसके मुताल्लिक़ बहुत-सी दिलचस्प बातें मालूम हुईं—यह मुलाक़ात उसकी पहली

फ़िल्म देखने के तक़रीबन आठ बरस बाद हुई थी।

शुरू-शुरू में तो वह बंबई से बहुत दूर एक गाँव में रहता था, मगर फ़िल्मी सरगर्मियाँ बढ़ जाने के बायस अब उसने शिवाजी पार्क में समंदर के किनारे एक मुतवस्सित दर्जे का फ़्लैट ले रखा था—उससे मेरी मुलाक़ात इसी फ़्लैट में हुई, जिसके चार कमरे थे, बावरचीख़ाने समेत।

उस फ़्लैट में जो कुनबा रहता था उसके आठ अफ़राद थे; ख़ुद रामस्वरूप, उसका नौकर जो बावरची भी था; तीन कुत्ते, दो बंदर और एक बिल्ली···रामस्वरूप और उसका नौकर मुजर्रद थे; कुत्तों और बिल्ली की मुख़ालिफ़ जिंस मौजूद नहीं थी; हाँ एक बंदर और बँदरिया थी और दोनों अक्सर औक़ात एक जालीदार पिंजरे में बंद रहते थे।

उन निस्फ़ दर्जन हैवानों के साथ रामस्वरूप को वालिहाना[14] मुहब्बत थी; नौकर के साथ भी उसका सुलूक बहुत अच्छा था, मगर इसमें जज़्बात का दख़ल बहुत कम था—लगे-बँधे काम थे, जो मुक़र्ररा वक़्त पर मशीन की-सी बे-रूह बाक़ायदगी के साथ गोया ख़ुद-ब-ख़ुद हो जाते थे; ऐसा मालूम होता था कि रामस्वरूप ने अपने नौकर को अपनी ज़िंदगी के तमाम क़वायदो-ज़वाबित[15] एक पर्चे पर लिखकर दे दिए हैं, जो उसने हिफ़्ज़ कर लिए हैं।

अगर रामस्वरूप कपड़े उतारकर नैकर पहनने लगता तो उसका नौकर फ़ौरन तीन-चार सोडे और बर्फ़ भरी फ़्लास्क शीशेवाली तिपाई पर रख देता। इसका यह मतलब था कि अब साहब रम पीकर अपने कुत्तों के साथ खेलेंगे, और अगर इस दौरान में किसी का टेलीफ़ोन आए तो कह दिया जाए कि साहब घर पर नहीं हैं।

रम की बोतल या सिगरेट का डिब्बा जब ख़ाली हो जाए तो फेंका या बेचा न जाए, बल्कि एहतियात से उस कमरे में रख दिया जाए, जहाँ ख़ाली बोतलों और ख़ाली डिब्बों के अंबार लगे हुए हैं।

कोई औरत मिलने के लिए आए तो उसे दरवाज़े ही से यह कहकर वापिस कर दिया जाए कि रात को साहब की शूटिंग थी, इसलिए सो रहे हैं; मुलाक़ात करनेवाली अगर शाम को या रात को आए तो उससे यह कहा जाए कि साहब शूटिंग पर गए हुए हैं।

रामस्वरूप का घर तक़रीबन वैसा ही था जैसा कि आमतौर पर अकेले रहनेवाले मुजर्रद मर्दों का होता है, यानी वह सलीक़ा, क़रीना और रख-रखाव ग़ायब था, जो निसाई लम्स[16] का ख़ास्सा होता है; सफाई थी, मगर उसमें खुर्रापन था।

पहली मर्तबा जब मैं उस फ़्लैट में दाख़िल हुआ तो मुझे बहुत शिद्दत से महसूस हुआ कि मैं चिड़ियाघर के उस हिस्से में दाख़िल हो गया हूँ, जो शेर, चीते और दूसरे हैवानों के लिए मख़्सूस होता है, क्योंकि वैसी ही बू आ रही थी।

एक कमरा सोने का था, दूसरा बैठने का और तीसरा ख़ाली बोतलों और ख़ाली डिब्बों का···इस तीसरे कमरे में रम की वह तमाम बोतलें और सिगरेट के वह तमाम डिब्बे मौजूद थे, जो रामस्वरूप ने पीकर ख़ाली किए थे; कोई एहतिमाम नहीं था; बोतलों पे डिब्बे और डिब्बों पे बोतलें औंधी-सीधी पड़ी हुई थीं; एक कोने में क़तार लगी हुई थी तो दूसरे कोने में

अंबार; गर्द जमी हुई थी और उस कमरे से बासी तंबाकू और बासी रम की मिली-जुली तेज़ बू आ रही थी।

मैंने जब पहली मर्तबा वह कमरा देखा तो बहुत हैरान हुआ—अनगिनत बोतलें और डिब्बे थे, और अब ख़ाली!

मैंने रामस्वरूप से पूछा : "क्यों भई, यह क्या सिलसिला है ?"

उसने कहा : "कैसा सिलसिला ?"

मैंने कहा : "वह… वह कबाड़ख़ाना !"

उसने सिर्फ़ इतना कहा : "बस जमा हो गया है।"

मैंने सोचते हुए कहा : "इतना कूड़ा जमा होने में कम अज़ कम सात-आठ बरस चाहिएँ।"

मेरा अंदाज़ा ग़लत था… मुझे बाद में मालूम हुआ कि वह ज़ख़ीरा पूरे दस बरस का था।

रामस्वरूप जब शिवाजी पार्क के फ़्लैट में आया था तो वह तमाम ख़ाली बोतलें और ख़ाली डिब्बे उठवाकर अपने साथ ले आया था, जो उसके पुराने मकान में जमा हो चुके थे।

एक बार मैंने उससे कहा : "रामस्वरूप, तुम वह बोतलें और डिब्बे बेच क्यों नहीं देते… मेरा मतलब है, अव्वल तो साथ-साथ ही बेचते रहना चाहिए… पर अब तो इतना अंबार जमा हो चुका है और जंग के बायस दाम भी अच्छे मिल सकते हैं, मैं समझता हूँ, तुम्हें वह कबाड़ख़ाना उठवा देना चाहिए…"

उसने जवाब में सिर्फ़ इतना कहा : "हटाओ यार… कौन इस बक-बक में पड़े।"

उसके जवाब से तो यही ज़ाहिर होता था कि उसे ख़ाली बोतलों और ख़ाली डिब्बों से कोई दिलचस्पी नहीं है, लेकिन मुझे नौकर से मालूम हुआ कि अगर उस कमरे में कोई बोतल या डिब्बा इधर का उधर हो जाए तो रामस्वरूप क़यामत बरपा कर देता था।

औरत से उसे कोई दिलचस्पी नहीं थी।

मेरी और उसकी बहुत बेतकल्लुफ़ी हो गई थी… बातों-बातों में कई बार मैंने उससे दरयाफ़्त किया : "क्यों भई, शादी कब करोगे ?"

हर बार उसने एक ही जवाब दिया : "शादी करके क्या करूँगा ?"

और हर बार मैंने यही सोचा, वाक़ई रामस्वरूप शादी करके क्या करेगा… उसे अपनी बीवी को ख़ाली बोतलों और ख़ाली डिब्बोंवाले कमरे में तो रखना नहीं… या सब कपड़े उतारकर, नैकर पहनकर रम पीते हुए उसके साथ खेलना नहीं…

मैं उससे शादी-ब्याह का ज़िक्र तो अक्सर करता था मगर अपने तसव्वुर पर ज़ोर देने के बावुजूद उसे किसी औरत से मुंसलिक[17] न कर पाता था।

रामस्वरूप से मिलते-मिलते कई बरस गुज़र गए… फिर यों हुआ कि मैंने उड़ती-उड़ती सुनी, उसे एक एक्ट्रेस से, जिसका नाम शीला था, इश्क़ हो गया है।

मुझे उस अफ़वाह का बिलकुल यक़ीन न आया—अव्वल तो रामस्वरूप से इसकी तवक़्क़ो ही नहीं थी, दूसरे शीला से किसी भी होशमंद नौजवान को इश्क़ नहीं हो सकता था… वह इस क़दर बेजान थी कि दिक़ की मरीज़ मालूम होती थी।

शुरू-शुरू में जब वह एक-दो फ़िल्मों में आई थी तो किसी क़दर गवारा थी, मगर बाद में तो वह बिलकुल ही बेकैफ़ और बेरंग हो गई थी और फिर तीसरे दर्जे की फ़िल्मों के लिए मख़्सूस होकर रह गई थी।

मैंने सिर्फ़ एक मर्तबा शीला के बारे में रामस्वरूप से दरयाफ़्त किया। उसने मुस्कराकर कहा : "मेरे लिए क्या यही रह गई है।"

इस दौरान में उसका सबसे प्यारा कुत्ता स्टालिन निमोनिया में गिरफ़्तार हो गया और रामस्वरूप ने दिन-रात बड़ी जांफ़िशानी[18] से उसका इलाज किया, मगर वह जाँबर न हुआ।

स्टालिन की मौत से उसे बहुत सद्मा हुआ; कई दिन उसकी आँखें अश्क आलूद रहीं, और जब उसने एक रोज़ बाक़ी के दोनों कुत्ते किसी दोस्त को दे दिए तो मैंने ख़याल किया कि उसने स्टालिन की मौत के सद्मे के बायस ऐसा किया है, वर्ना वह उनकी जुदाई कभी बर्दाश्त न करता। कुछ अर्से के बाद जब उसने बंदर-बँदरिया को भी रुख़्सत कर दिया तो मुझे किसी क़दर हैरत हुई और मैंने सोचा कि उसका दिल अब किसी और की मौत का सद्मा बर्दाश्त नहीं करना चाहता...अब वह नैकर पहनकर रम पीते हुए सिर्फ़ अपनी बिल्ली नर्गिस से खेलता था; वह भी उससे बहुत प्यार करने लगी थी कि रामस्वरूप का सारा इल्तिफ़ात[19] अब उसी के लिए मौक़ूफ़ हो गया था।

अब उसके घर से चिड़ियाघर की-सी बू नहीं आती थी; सफ़ाई में किसी क़दर नज़र आ जानेवाला सलीक़ा और क़रीना भी पैदा हो चला था; उसके अपने चेहरे पर एक हल्का-सा निखार आ गया था...यह सबकुछ इस क़दर आहिस्ता-आहिस्ता हुआ था कि इसके नुक़्ता-ए-आग़ाज़ का पता चलाना बहुत मुश्किल था।

दिन गुज़रते गए।

रामस्वरूप की ताज़ी फ़िल्म रिलीज़ हुई तो मैंने उसकी किरदारनिगारी में एक नई ताज़गी देखी।

मैंने उसे मुबारकबाद दी तो वह मुस्करा दिया : "आओ व्हिस्की पिएँ।"

मैंने ताज्जुब से पूछा : "व्हिस्की ?" इसलिए कि वह सिर्फ़ रम पीने का आदी था।

अपनी पहली मुस्कराहट को होंठों में ज़रा सिकोड़ते हुए उसने जवाब दिया : "हाँ यार...रम पी-पीकर मैं तंग आ गया हूँ।"

मैंने और कुछ न पूछा।

आठवें रोज़ जब उसके यहाँ मैं शाम को गया तो वह क़मीस-पाजामा पहने रम, नहीं, व्हिस्की पी रहा था।

देर तक हम ताश खेलते और व्हिस्की पीते रहे—इस दौरान में मैंने नोट किया कि व्हिस्की का ज़ाइक़ा उसकी ज़ुबान और तालू पर ठीक नहीं बैठ रहा है, क्योंकि घूँट भरने के बाद वह कुछ इस तरह मुँह बनाता था जैसे किसी अनचखी चीज़ से उसका वास्ता पड़ गया हो।

मैंने कहा : "तुम्हारी तबीयत क़ुबूल नहीं कर रही व्हिस्की को ?"

उसने मुस्कराकर जवाब दिया : ''आहिस्ता-आहिस्ता कुबूल कर लेगी ।''

एक रोज़ मैं शिवाजी पार्क की तरफ़ से गुज़र रहा था कि मैंने देखा, नीचे गैराज के पास ख़ाली बोतलों और ख़ाली डिब्बों के अंबार के अंबार पड़े हैं··· रामस्वरूप का फ़्लैट दूसरी मंज़िल पर था··· सड़क पर दो छकड़े खड़े हैं और तीन-चार कबाड़िए उस अंबार को लाद रहे हैं ।

मेरी हैरत की कोई इंतिहा न रही—वह ख़ज़ाना रामस्वरूप के अलावा और किसका हो सकता था··· आप यक़ीन जानिए, उस ख़ज़ाने को छकड़ों पर लदते देखकर मैंने अपने दिल में एक अजीब क़िस्म का दर्द महसूस किया ।

मैं दौड़ा-दौड़ा ऊपर पहुँचा और घंटी बजाई ।

दरवाज़ा खुला—मैंने अंदर दाख़िल होना चाहा तो नौकर ने ख़िलाफ़े-मामूल रास्ता रोकते हुए कहा : ''साहब रात शूटिंग पर गए थे···इस वक़्त सो रहे हैं ।''

मैं हैरत से और ग़ुस्से से बौखला गया···कुछ बड़बड़ाया और वहाँ से चल दिया ।

उसी रोज़ शाम को रामस्वरूप मेरे यहाँ आया । उसके साथ शीला थी, नई बनारसी साड़ी में मलबूस ।

रामस्वरूप ने शीला की तरफ़ इशारा करके मुझसे कहा : ''मेरी धर्मपत्नी से मिलो ।''

अगर मैंने व्हिस्की के चार पेग न पिए होते तो यक़ीनन उसकी बात सुनकर बेहोश हो गया होता ।

रामस्वरूप और शीला थोड़ी देर बैठकर चले गए ।

मैं देर तक सोचता रहा कि बनारसी साड़ी में लिपटी हुई शीला किससे मुशाब:[20] थी, दुबले-पतले बदन पर हल्के बादामी रंग की काग़ज़ी-सी साड़ी, किसी जगह उभरी हुई, किसी जगह दबी हुई ।

एकदम मेरी आँखों के सामने एक ख़ाली बोतल आ गई, बारीक काग़ज़ में लिपटी हुई ।

शीला औरत थी, बिलकुल ख़ाली ।

हो सकता है, एक ख़ला ने दूसरे ख़ला को पुर कर दिया हो ।

---

1. ब्रह्मचारी; 2. प्रवृत्ति; 3. साथी; 4. कारण; 5. विश्व-राजनीति; 6. पूर्ण निपुणता; 7. दयालु; 8. ब्रह्मचर्य पालन करनेवाला; 9. तर्कसंगत; 10. कारण; 11. उपलब्ध; 12. ध्यानाकर्षित करनेवाली; 13. काम-संबंधी पापों; 14. अत्यधिक; 15. नीति-नियम; 16. स्त्रैण-स्पर्श; 17. संबद्ध; 18. तन-मन से जटकर. 19. प्यार-दुलार; 20. मिलती-जुलती।

शादाँ

ख़ान बहादुर मुहम्मद असलम ख़ान के घर में ख़ुशियाँ खेलती थीं और सही मानों में खेलती थीं।

उनकी दो लड़कियाँ थीं और एक लड़का; अगर बड़ी लड़की की उम्र तेरह बरस की होगी तो छोटी की यही ग्यारह-साढ़े ग्यारह बरस; और जो लड़का था, गो सबसे छोटा था, मगर क़द-काठ के लिहाज़ से वह अपनी बड़ी बहनों के बराबर मालूम होता था।

तीनों की उम्र, जैसा कि ज़ाहिर है, उस दौर से गुज़र रही थी, जब हर आसपास की चीज़ खिलौना मालूम होती है; हादिसे भी यूँ आते हैं, जैसे रबड़ के उड़ते हुए ग़ुब्बारे हों, हादिसों से भी खेलने को जी चाहता है।

ख़ान बहादुर मुहम्मद असलम का घर ख़ुशियों का घर था और उस घर में सबसे बड़ी तीन ख़ुशियाँ उनकी औलाद थीं; फ़रीदा, सईदा और नजीब—तीनों बच्चे स्कूल जाते थे, जैसे खेल के मैदान में जाते हैं; हँसी-ख़ुशी जाते थे, हँसी-ख़ुशी वापस आते थे और इम्तिहान यूँ पास करते थे, जैसे खेल में कोई एक-दूसरे से बाज़ी ले जाए; कभी फ़रीदा फ़र्स्ट आती थी, कभी नजीब और कभी सईदा।

ख़ान बहादुर मुहम्मद असलम ख़ान बच्चों से मुतमइन[1] रिटायर्ड ज़िंदगी बसर कर रहे थे; उन्होंने महकमा-ए-ज़िराअत[2] में बत्तीस बरस नौकरी की थी; मामूली ओहदे से बढ़ते-बढ़ते वह बुलंद तरीन मक़ाम पर पहुँचे थे; उन्होंने बड़ी मेहनत की थी और दिन-रात दफ़्तरी काम किए थे—अब वह सुस्ता रहे थे· अपने कमरे में किताबें लेकर पड़े रहते और उनके मुतालए[3] में मसरूफ़[4] रहते; फ़रीदा, सईदा और नजीब जब कभी माँ का कोई पैग़ाम लेकर आते तो वह उसका जवाब भिजवा देते।

रिटायर होने के बाद उन्होंने अपना बिस्तर वहीं अपने पढ़ने के कमरे में लगवा लिया था; दिन की तरह अब उनकी रात भी वहीं गुज़रती थी, दुनिया के झगड़ों-टंटों से बिलकुल अलग।

कभी-कभी उनकी बीवी, जो अधेड़ उम्र की औरत थी, उनके पास आ जाती और चाहती कि वह उससे दो घड़ी बातें करें, मगर वह जल्दी ही उसे किसी बहाने से टाल देते; आमतौर पर वह बहाना फ़रीदा और सईदा के जहेज़ के मुताल्लिक़ होता : 'जाओ, यह उम्र चोचले बघारने की नहीं···घर में दो जवान बेटियाँ हैं, उनके दान-दहेज की फ़िक्र करो···सोना दिन ब दिन महँगा हो रहा है, दस-बीस तोले ख़रीदकर क्यों नहीं रख लेतीं···वक़्त

आएगा तो चीख़ोगी कि हाय अल्लाह, ख़ाली ज़ेवरों पर ही इतना रुपया उठ रहा है···' या फिर वह कभी कहते : 'फ़रख़ंदा ख़ानम मेरी जान, हम बुड्ढे हो चुके हैं··· तुम्हें अब मेरी फ़िक्र और मुझे तुम्हारी फ़िक्र एक बच्चे की तरह करनी चाहिए··· मेरी सारी पगड़ियाँ लीर-लीर हो चुकी हैं, मगर तुम्हें इतनी तौफ़ीक़[5] नहीं हुई कि मलमल के दो थान ही मँगवा लेतीं··· दो नहीं, चार··· तुम्हारे और बच्चियों के दुपट्टे भी बन जाएँगे··· मेरी समझ में नहीं आता कि तुम चाहती क्या हो···? और हाँ, वह मेरी मिस्वाकें[6] ख़त्म हो गई हैं···'

फ़रख़ंदा ख़ानम उनके पलंग पर बैठ जाती और बड़े प्यार से कहती : ''सारी दुनिया ब्रुश इस्तेमाल करती है··· आप अभी तक पुरानी लकीर के फ़क़ीर बने हुए हैं···''

ख़ान बहादुर के लहजे में नर्मी आ जाती : ''नहीं फ़रख़ंदा जान, यह ब्रुश और टूथपेस्ट सब वाहियात चीज़ें हैं···''

फ़रख़ंदा के अधेड़ चेहरे पर कलेरों की कोड़ियाँ और मूलियाँ-सी बिखर जातीं, सिर्फ़ एक लहज़े के लिए—ख़ान बहादुर उसकी तरफ़ देखते और बाहर सहन में बच्चों के खेल कूद का शोरो-ग़ुल सुनते हुए कहते : ''तो फ़रख़ंदा, कल मलमल के थान आ जाएँ, और लट्ठे के भी···'' लेकिन फ़ौरन ही, मालूम नहीं क्यों, उनके बदन पर झुरझुरी-सी दौड़ जाती और वह फ़रख़ंदा को मना कर देते : ''नहीं नहीं, लट्ठा मँगवाने की अभी ज़रूरत नहीं···''

बाहर सहन में बच्चे खेल-कूद में मसरूफ़ होते; सहपहर को शादाँ उमूमन उनके साथ होती—गो वह नई-नई आई थी, मगर फ़ौरन ही उनमें घुल-मिल गई थी; सईदा और फ़रीदा तो उसके इंतज़ार में रहती थीं कि वह आए और सब मिलकर 'लुक्कन मीटी' या 'खिद्दो' खेलें।

शादाँ के माँ-बाप ईसाई थे और उसका नाम कुछ और था, मगर जब से वह ख़ान बहादुर के घर में दाख़िल हुई थी, फ़रीदा की माँ ने उसका असली नाम बदलकर शादाँ रख दिया था कि वह बड़ी हँसमुख लड़की थी और उसकी बच्चियाँ उससे प्यार करने लगी थीं।

शादाँ जब सुबह-सवेरे आती तो फ़रीदा, सईदा और नजीब स्कूल जाने की तैयारियों में मसरूफ़ होते; वह उससे बातें करना चाहते, मगर उनकी माँ उनसे कहती : 'बच्चो, जल्दी करो··· स्कूल का वक़्त हो रहा है।' और बच्चे जल्दी-जल्दी तैयारी से फ़ारिग़ होकर शादाँ को सलाम कहते हुए स्कूल चले जाते।

सहपहर के क़रीब शादाँ जल्दी-जल्दी महल्ले के दूसरे कामों से फ़ारिग़ होकर आ जाती और फ़रीदा, सईदा और नजीब खेल में मश्ग़ूल हो जाते और इतना शोर मचता कि बाज़ औक़ात ख़ान बहादुर को अपने कमरे से नौकर के ज़रिए से कहलवाना पड़ता कि शोर ज़रा कम किया जाए—ख़ान बहादुर का हुक्म सुनकर शादाँ सहमकर अलग हो जाती, मगर सईदा और फ़रीदा उससे कहतीं : ''कोई बात नहीं है शादाँ··· हम इससे भी ज़्यादा शोर मचाएँ, तब भी वह अब कुछ नहीं कहेंगे··· एक से ज्यादा बार वह कोई बात नहीं कहा करते···'' और खेल फिर शुरू हो जाता; कभी 'लुक्कन मीटी,' कभी 'खिद्दो' और कभी 'लूडो'।

शादाँ को लूडो बहुत पसंद थी, इसलिए कि उसके लिए यह खेल नया था। जब से नजीब लूडो लाया था, शादाँ इस खेल पर मुसिर[7] होती, मगर फ़रीदा, सईदा और नजीब, तीनों को यह खेल इतना पसंद नहीं था, इसलिए कि इसमें कोई हंगामा बरपा नहीं होता, बस वह जो 'चटू' सा होता है, उसमें पाँसा हिलाते रहो, फिर फेंकते रहो और अपनी गोटें आगे-पीछे करते रहो।

शादाँ खुली-खुली रंगत की दरमियाने क़द की लड़की थी, उसकी उम्र फ़रीदा जितनी होगी, मगर उसमें जवानी ज़्यादा नुमायाँ थी, जैसे ख़ुद जवानी ने अपनी शोख़ियों पर लाल पेन्सिल से निशान लगा दिए हों, महज़ शरारत के लिए, वर्ना फ़रीदा और सईदा में भी वह तमाम रंग, वह तमाम लकीरें, वह तमाम क़ौसें मौजूद थीं, जो उस उम्र की लड़कियों में होती हैं, लेकिन फ़रीदा, सईदा और शादाँ जब पास-पास खड़ी होतीं तो शादाँ की जवानी ज़ेरे-लब कुछ गुनगुनाती हुई मालूम होती।

खुली-खुली रंगत, परेशान बाल और धड़कता हुआ दुपट्टा, जो कसकर उसने अपने सीने और कमर के गिर्द बाँधा होता, ऐसी नाक, जिसके नथने गोया हवा में अनजानी ख़ुशबुएँ ढूँढने के लिए काँप रहे हों; कान ऐसे, जो ज़रा-सी आहट पर चौंककर सुनने के लिए तैयार हों।

उसके चेहरे के ख़द्दोख़ाल में कोई ख़ूबी नहीं थी—अगर कोई ऐब गिनने लगता तो बड़ी आसानी से गिन सकता, मगर सिर्फ़ उसी सूरत में कि अगर उसका चेहरा उसके जिस्म से अलग करके रख दिया जाता, लेकिन ऐसा किया जाना नामुम्किन होता कि उसके चेहरे और उसके बक़ाया जिस्म का चोली-दामन का साथ था; जिस तरह चोली जिस्म से अलग करने पर चोली में जिस्म के आसार बाक़ी रह जाते हैं, उसी तरह शादाँ के चेहरे पर भी रह जाते और शादाँ को फिर उसकी सालमियत ही में देखना पड़ता।

शादाँ बेहद फ़ुर्तीली थी—सुबह आती और यूँ मिनटा-मिनटी में अपना काम ख़त्म करके यह जा, वह जा; सहपहर को आती और घंटा-डेढ़ घंटा खेलकूद में मसरूफ़ रहती—जब ख़ान बहादुर की बीवी आख़िरी बार चिल्लाकर कहती : 'शादाँ, अब ख़ुदा के लिए काम तो करो' तो वह वहीं खेल बंद करके काम में मश्ग़ूल हो जाती, टोकरा उठाती और दो-दो ज़ीने एक जस्त में तय करती हुई कोठे पर पहुँच जाती; वहाँ से फ़ारिग़ होकर धड़-धड़ नीचे उतरती और सहन में झाड़ू शुरू कर देती।

उसके हाथ में फुर्ती और सफ़ाई, दोनों चीज़ें थीं—ख़ान बहादुर और उनकी बीवी फ़रख़ंदा को सफ़ाई का बहुत ख़याल था; मजाल है जो शादाँ ने कभी उनको शिकायत का मौक़ा दिया हो; यही वजह है कि वह उसके खेलकूद पर मोतरिज़[8] नहीं होते थे; यूँ भी वह उसको प्यार की नज़रों से देखते थे—मियाँ बीवी, दोनों रोशनख़याल थे, इसलिए छूतछात उनके नज़दीक बिलकुल फ़ुज़ूल थी।

शुरू-शुरू में तो ख़ान बहादुर की बीवी ने इतनी इजाज़त दी थी कि 'लुक्कन मीटी' में अगर कोई शादाँ को छुए तो लकड़ी इस्तेमाल करे, और अगर शादाँ छूए तो वह भी लकड़ी का कोई टुकड़ा इस्तेमाल करे, लेकिन कुछ दिनों के बाद यह शर्त हटा दी गई और शादाँ से

कहा गया कि वह खेलने से पहले साबुन से अपना हाथ-मुँह धो लिया करे—शर्त हटाने में ख़ान बहादुर का हाथ था।

शादाँ की माँ जब कमाने के लिए आती थी तो ख़ान बहादुर अपने कमरे की कोई चीज़ उसे छूने नहीं देते थे, मगर शादाँ को चीज़ों की झाड़-पोंछ करने की इजाज़त थी।

शादाँ सुबह सबसे पहले ख़ान बहादुर के कमरे की सफ़ाई करती थी—वह अख़बार पढ़ने में मश्ग़ूल होते, शादाँ हाथ में ब्रुश और झाड़न लिए आती और उनसे कहती : 'ख़ान बहादुर साहब, ज़रा बरामदे में चले जाइए...' ख़ान बहादुर अख़बार से नज़रें हटाकर उसकी तरफ़ देखते तो वह फ़ौरन उनके पलंग के नीचे से उनके स्लीपर उठाकर उनको पहना देती और वह बरामदे में चले जाते—जब कमरे की सफ़ाई और झाड़-पोंछ हो जाती तो शादाँ दरवाज़े की दहलीज़ के पास ही से कमर में ज़रा-सा झाँकने का ख़म पैदा करके उनको पुकारती : 'आ जाइए, ख़ान बहादुर साहब...' और वह अख़बार और स्लीपर खड़खड़ाते अंदर आ जाते—फिर शादाँ दूसरे कामों में मश्ग़ूल हो जाती।

शादाँ को काम पर लगे दो महीने ही हुए थे कि ख़ान बहादुर की बीवी ने महसूस किया, शादाँ में कुछ तब्दीली आ गई है, उसने सरसरी-सा ग़ौर किया तो उसके ज़ेहन में यही बात आई कि महल्ले के किसी नौजवान से शादाँ की आँख लड़ गई है।

अब शादाँ ज़्यादा बन-ठन के रहती थी; अगर वह पहले कोरी मलमल थी, तो अब ऐसा लगता था कि उसे कलफ़ लगा हुआ है—वह दिन ब दिन तब्दील हो रही थी, पहले वह उतरन पहनती थी, पर अब उसके बदन पर नए जोड़े नज़र आते थे, बड़े अच्छे फ़ैशन के, बड़े उम्दा सिले हुए।

एक दिन जब वह सफ़ेद लट्ठे की शलवार और फूलोंवाली जार्जेट की क़मीस पहनकर आई तो फ़रीदा को उसके बारीक कपड़े की क़मीस के नीचे सफ़ेद-सफ़ेद गोल चीज़ें नज़र आईं।

लुक्कन मीटी हो रही थी और शादाँ ने दीवार के साथ मुँह लगाकर ज़ोर से अपनी आँखें मींची हुई थीं—फ़रीदा ने उसकी क़मीस के नीचे सफ़ेद-सफ़ेद गोल चीज़ें देखी थीं और वह बौखलाई हुई थी—जब शादाँ ने पुकारा, 'छुप गए?' तो फ़रीदा ने सईदा को बाज़ू से पकड़ा और उसे घसीटकर एक कमरे में ले गई और धड़कते हुए दिल से उसके कान में कहा : "सईदा, तुमने देखा, उसने क्या पहना हुआ है?"

सईदा ने पूछा : "किसने?"

फ़रीदा ने सईदा के कान ही में कहा : "शादाँ ने और किसने!"

"क्या पहना हुआ है?"

फ़रीदा की जवाबी सरगोशी सईदा के कान में ग़ड़ाप से ग़ोता लगा गई और जब उभरी तो सईदा ने अपने सीने पर हाथ रख लिया और हैरत की एक भिंची-भिंची "हैं" उसके लबों से घिसटती हुई बाहर निकल आई।

दोनों बहनें कुछ देर खुसर-फुसर करती रहीं।

इतने में धमाका-सा हुआ और शादाँ ने उनको ढूँढ़ लिया।

सईदा और फ़रीदा की तरफ़ से क़ायदे के मुताबिक़ चीख़म-धाड़ होनी चाहिए थी, मगर वे चुप रहीं और शादाँ की ख़ुशी की मज़ीद[9] चीख़ें उसके हलक़ ही में रुक गईं।

सईदा और फ़रीदा कमरे के एक अँधेरे कोने में सहमी-सहमी-सी खड़ी थीं—शादाँ भी क़दरे-ख़ौफ़ज़दा हो गई।

माहौल के मुताबिक़ शादाँ ने अपनी आवाज़ दबाकर उनसे पूछा : ''क्या बात है ?''

फ़रीदा ने सईदा के कान में कुछ कहा और सईदा ने फ़रीदा के कान में; फिर दोनों ने एक-दूसरी को कुहनियों से ठोके दिए; आख़िर फ़रीदा ने काँपते हुए लहजे में शादाँ से कहा : ''यह तुमने क़मीस के नीचे क्या पहन रखा है ?''

शादाँ के हलक़ से हँसी के गोल-गोल टुकड़े निकले।

सईदा ने पूछा : ''कहाँ से ली तूने यह ?''

शादाँ ने जवाब दिया : ''बाज़ार से !''

फ़रीदा ने बड़े इश्तियाक़[10] से पूछा : ''कितने में ?''

''दस रुपए में !''

दोनों बहनें चिल्लाते-चिल्लाते रुक गईं : ''इतनी महँगी ?''

शादाँ ने कहा : ''क्या हम ग़रीब लोग दिल को अच्छी लगनेवाली चीज़ें नहीं ख़रीद सकते ?'' और शादाँ की बात ने फ़ौरन ही सारी बात ख़त्म कर दी।

थोड़ी देर ख़ामोशी रही और इसके बाद फिर खेल शुरू हो गया।

खेल जारी था और ख़ूब जारी था, मगर ख़ान बहादुर की बीवी की समझ में नहीं आ रहा था—अब शादाँ बढ़िया क़िस्म का तेल अपने बालों में लगाने लगी थी, पहले वह नंगे पाँव होती थी, पर अब उसके पैरों में सैंडिल दिखाई देते थे।

खेल यक़ीनन जारी था, मगर ख़ान बहादुर की बीवी की समझ में यह बात नहीं आ रही थी कि अगर खेल जारी है तो उसकी आवाज़ शादाँ के जिस्म से क्यों नहीं आती... ऐसे खेल बेआवाज़ और बेनिशान तो हुआ नहीं करते... यह कैसा खेल है...

ख़ान बहादुर की बीवी ने कुछ दिनों तो इस मामले के बारे में सोचा, लेकिन फिर वह यह सोचकर ख़ामोश हो रही कि वह क्यों मग़ज़पाशी करे... ईसाई लड़कियाँ ख़राब हुआ ही करती हैं... कितनी दास्तानें हैं, जो उनकी ख़राबियों से वाबस्ता हैं और शहर के गली-कूचों में उन्हीं की तरह रुलती फिरती हैं...

दिन ग़ुज़रते रहे और खेल जारी रहा।

एक दिन फ़रीदा की एक सहेली की शादी थी, उसकी माँ ख़ान बहादुर की बीवी की मुँहबोली बहन थी, इसलिए सबकी शिरकत लाज़िमी थी और सब शरीक थे; एक सिर्फ़ ख़ान बहादुर थे, जो घर में थे।

सर्दी का मौसम था।

रात हुई तो ख़ान बहादुर की बीवी को ठंड-सी महसूस हुई—उसने सोचा कि रात भर शादी के हंगामे में रहना है और जागना है, क्यों न वह घर से अपनी गर्म शाल मँगवा ले—पहले तो उसने चाहा कि नौकर को भेज दे, मगर यह सोचकर कि शाल एक ऐसे

संदूक़ में पड़ी हुई है, जिसमें ज़ेवरात मौजूद हैं, उसने नजीब को साथ लिया और घर चली आई।

रात के दस बज चुके थे।

उसका ख़याल था कि दरवाज़ा बंद होगा—उसने दस्तक दी।

जब किसी ने दरवाज़ा न खोला तो नजीब ने दरवाज़े को ज़रा-सा धक्का दिया—दरवाज़ा खुल गया।

अंदर दाख़िल होकर उसने संदूक़ खोला और नजीब से कहा : ''जाओ देखो, तुम्हारे अब्बा क्या कर रहे हैं⋯उनसे कहना कि हम सुबह आएँगे⋯जाओ बेटा!''

शाल निकालने के बाद वह संदूक़ में चीज़ें क़रीने से रखकर ताला लगा रही थीं कि नजीब ने वापस आकर कहा : ''अब्बा जी तो अपने कमरे में नहीं हैं।''

''अपने कमरे में नहीं हैं⋯? अपने कमरे में नहीं हैं तो कहाँ हैं?'' उसने ताला बंद किया, चाबी बैग में डाली और नजीब से कहा : ''तुम यहीं रुको, मैं अभी आती हूँ।'' यह कहकर वह अपने शौहर के कमरे में गई।

कमरा ख़ाली था, बत्ती जल रही थी; बिस्तर पर चादर नहीं थी; फ़र्श धुला हुआ था, और एक अजीब क़िस्म की बू कमरे में बसी हुई थी।

वह चकरा गई : 'यह क्या मामला है⋯?'

उसने पलंग के नीचे झुककर देखा—उसे कुछ नज़र आया।

उसने रेंगकर वह चीज़ उठाई⋯ख़ान बहादुर की मोटी मिस्वाक थी, जो अजीबो-ग़रीब बू में भीगी हुई थी।

आहट हुई तो उसने मिस्वाक छिपा ली।

तभी ख़ान बहादुर कमरे में दाख़िल हुए और उनके साथ ही वह अजीबो-ग़रीब बू भी—उनका रंग ज़र्द था, जैसे उनका सारा लहू निचुड़ चुका हो।

काँपती हुई आवाज़ में उन्होंने अपनी बीवी से पूछा : ''तुम यहाँ क्या कर रही हो?''

''कुछ नहीं⋯मैं शाल लेने आई थी⋯सोचा, आपको देखती चलूँ।''

''अब जाओ तुम!''

वह कमरे से बाहर निकल आई—वह अभी सहन ही में होगी कि उसे अपने पीछे से दरवाज़ा बंद करने की आवाज़ आई।

वह बहुत देर तक अपने कमरे में बैठी सोचती रही, फिर नजीब को साथ लेकर शादीवाले घर लौट गई।

सुबह सवेरे फ़रीदा की सहेली के घर उसे ख़बर मिली कि ख़ान बहादुर को गिरफ़्तार कर लिया गया है और जुर्म बहुत संगीन है—और जुर्म की तफ़सील यह है कि उस रात शादाँ जब अपने घर पहुँची तो वह लहूलुहान थी; घर पहुँचते ही वह बेहोश हो गई तो उसके माँ-बाप उसे हस्पताल ले गए, वहाँ पुलिस मौजूद थी; शादाँ को एक लहज़े के लिए होश आया; उसने सिर्फ़ 'ख़ान बहादुर' कहा और फिर ऐसी बेहोश हुई कि हमेशा-हमेशा के लिए सो गई।

जुर्म बहुत संगीन था—तफ़्तीश हुई और मुक़द्दमा चला।

इस्तिग़ासे[11] के पास कोई ऐनी[12] शहादत मौजूद नहीं थी, बस शादाँ के लहू में लिथड़े हुए कपड़े थे और वह दो लफ़्ज़, जो उसने मरने से पहले अपने मुँह से अदा किए थे।

सफ़ाई के गवाह दो थे; ख़ान बहादुर का निजी डॉक्टर और उनकी बीवी—डॉक्टर ने कहा कि अब ख़ान बहादुर इस क़ाबिल नहीं रहे हैं कि वह किसी औरत से जिन्सी रिश्ता क़ायम कर सकें, उनकी बीवी ने डॉक्टर के बयान की तस्दीक़ की।

ख़ान बहादुर मुहम्मद असलम ख़ान बरी हो गए—मुक़द्दमे में उन्हें बहुत कोफ़्त उठानी पड़ी थी।

बरी होकर जब वह घर आ गए तो उनकी ज़िंदगी के मामूल में कोई फ़र्क़ न आया, एक सिर्फ़ उन्होंने मिस्वाक का इस्तेमाल छोड़ दिया।

---

1. निश्चित; 2. कृषि विभाग; 3. अध्ययन; 4. व्यस्त; 5. साहस, योग्यता; 6. दातुन; 7. जिद करना, किसी काम को बार-बार कहना; 8. एतराज़ करनेवाला; 9. और भी, अतिरिक्त; 10. लालसा; 11. वादी; 12. प्रत्यक्षदर्शी।

पढ़िए कलिमा

ला इलाहा इल्लल्लाह मुहम्मदुर्रसूलल्लाह[1] आप मुसलमान हैं, यक़ीन करें, मैं जो कुछ कहूँगा, सच कहूँगा···पाकिस्तान का इस मामले से कोई ताल्लुक़ नहीं; क़ायदे-आज़म जिन्नाह के लिए मैं जान देने के लिए तैयार हूँ, लेकिन मैं सच कहता हूँ, इस मामले से पाकिस्तान का कोई ताल्लुक़ नहीं··· आप इतनी जल्दी न कीजिए··· मानता हूँ, इन दिनों हुल्लड़ के ज़माने में आपको फ़ुर्सत नहीं, लेकिन आप ख़ुदा के लिए मेरी पूरी बात तो सुन लीजिए··· मैंने तुकाराम को ज़रूर मारा है और जैसा कि आप कहते हैं, तेज़ छुरी से उसका पेट चाक किया है, मगर इसलिए नहीं कि वह हिंदू था···अब आप पूछेंगे कि तुमने इसलिए नहीं मारा तो फिर किसलिए मारा···लीजिए, मैं सारी दास्तान ही आपको सुना देता हूँ···

पढ़िए कलिमा, ला इलाहा इल्लल्लाह मुहम्मदुर्रसूलल्लाह···किस काफ़िर को मालूम था कि मैं इस लफ़ड़े में फँस जाऊँगा··· पिछले हिंदू-मुस्लिम फ़साद में मैंने तीन हिंदू मारे थे, लेकिन आप यक़ीन मानिए, वह मारना कुछ और था, यह मारना बिलकुल कुछ और है···ख़ैर, आप सुनिए कि हुआ क्या··· मैंने उस तुकाराम को मारा क्यों···

क्यों साहब, औरत ज़ात के मुताल्लिक़ आपका क्या ख़याल है··· मैं तो समझता हूँ, बुज़ुर्गों ने ठीक कहा है, इसके चलित्तरों से ख़ुदा ही बचाए··· फाँसी से बच गया तो देखिए, कानों को हाथ लगाता हूँ, फिर कभी किसी औरत के नज़दीक नहीं जाऊँगा··· लेकिन साहब, औरत भी अकेली ख़तावार नहीं, मर्द साले भी कम नहीं होते; बस किसी औरत को देखा और रेशा-ख़त्मी[2] हो गए··· ख़ुदा को जान देनी है इंस्पेक्टर साहब, रुकमा को देखकर मेरा भी यही हाल हुआ था···

अब कोई मुझसे पूछे, बंद-ए-ख़ुदा, तू एक पैंतीस रुपए का मुलाज़िम, तुझे भला इश्क़ से क्या काम; किराया वुसूल कर और चलता बन··· लेकिन आफ़त यह हुई साहब कि एक दिन जब मैं सोलह नंबर की खोली का किराया वुसूल करने गया और जब मैंने दरवाज़ा ठोका तो अंदर से रुकमा बाई निकली··· यूँ तो मैं रुकमा बाई को कई दफ़ा देख चुका था, लेकिन उस दिन कमबख़्त ने बदन पर तेल मला हुआ था और सिर्फ़ एक पतली-सी धोती लपेट रखी थी··· जाने क्या हुआ मुझे, बस जी चाहा, उसकी धोती उतारकर ज़ोर-ज़ोर से मालिश शुरू कर दूँ··· बस साहब, उसी रोज़ से इस बंद-ए-नाबकार[3] ने अपना दिलो-दिमाग़ सबकुछ उसके हवाले कर दिया···

क्या औरत थी··· बदन था पत्थर की तरह सख़्त··· मालिश करते-करते मैं हाँपने लग गया था, मगर वह अपने बाप की बेटी यही कहती रही : "थोड़ी देर और···"

शादीशुदा, जी हाँ, शादीशुदा थी और ख़ान चौकीदार ने कहा था कि उसका एक यार भी है··· लेकिन आप सारा क़िस्सा ही सुन लीजिए, यार-वार सब ही उसमें आ जाएँगे···

जी हाँ, बस उस रोज़ से इश्क़ का भूत मेरे सिर पर सवार हो गया; वह भी कुछ-कुछ समझ गई थी, क्योंकि वह कभी-कभी कनखियों से मेरी तरफ़ देखकर मुस्करा देती थी··· ख़ुदा गवाह है, जब भी वह मुस्कराई, मेरे बदन में ख़ौफ़ की एक थरथरी-सी दौड़ गई··· पहले मैं समझा, यह माशूक़ को पास देखने का 'वह' है, लेकिन बाद में मुझे मालूम हुआ··· लेकिन आप शुरू ही से सुनिए···

यह तो मैं आपसे कह चुका हूँ कि रुकमा बाई से मेरी आँख लड़ गई थी; अब दिन-रात मैं सोचता था कि उसे पटाया कैसे जाए, उसका खाविंद कमबख़्त हर वक़्त खोली में बैठा लकड़ी के खिलौने बनाता रहता था; कोई चानस मिलता ही नहीं था···

एक दिन बाज़ार में मैंने उसके ख़ाविंद को, जिसका नाम, ख़ुदा आपका भला करे, क्या था, जी हाँ, गिरधारी, चादर में लकड़ी के खिलौने बाँधे जाते देखा तो मैंने झट से सोलह नंबर की खोली का रुख़ किया··· धड़कते हुए दिल से मैंने दरवाज़े पर दस्तक दी··· दरवाज़ा खोलकर रुकमा बाई ने मेरी तरफ़ घूर के देखा··· ख़ुदा की क़सम, मेरी रूह लरज़ गई; मैं भाग गया होता वहाँ से, लेकिन उसने मुस्कराते हुए मुझे अंदर आने का इशारा किया···

जब मैं अंदर गया तो उसने खोली का दरवाज़ा बंद करके मुझसे कहा : "बैठ जाओ···"

मैं बैठ गया तो उसने मेरे पास आकर कहा : "देखो, मैं जानती हूँ, तुम क्या चाहते हो, लेकिन जब तक गिरधारी ज़िंदा है, तुम्हारी मुराद पूरी नहीं हो सकती···"

मैं उठ खड़ा हुआ; उसे बिलकुल अपने पास देखकर मेरा ख़ून गर्म हो गया था और मेरी कनपटियाँ ठक-ठक कर रही थीं··· कमबख़्त ने उस दिन भी बदन पर तेल मला हुआ था और वही पतली-सी धोती लपेटी हुई थी··· मैंने उसे बाज़ुओं से पकड़ लिया और दबाकर कहा : "मुझे कुछ मालूम नहीं, तुम क्या कह रही हो···"

उफ़, उसके बाज़ुओं के पठ्ठे किस कदर सख़्त थे··· सच अर्ज़ करता हूँ, मैं बयान नहीं कर सकता, वह किस क़िस्म की औरत थी···

ख़ैर आप दास्तान सुनिए···

मैं और ज़्यादा गरम हो गया और मैंने उसे अपने साथ चिमटा लिया : "गिरधारी जाए जहन्नुम में··· तुम्हें मेरी बनना होगा···"

रुकमा ने मुझे अपने जिस्म से अलग किया और कहा : "देखो तेल लग जाएगा···।"

मैंने कहा : "लगने दो···" और मैंने फिर उसे अपने सीने के साथ भींच लिया···

यक़ीन मानिए, अगर आप उस वक़्त कोड़े मार-मारकर मेरी पीठ की चमड़ी उधेड़ देते, तब भी मैं उसे अपने से अलहदा न करता··· लेकिन कमबख़्त ने मुझे कुछ ऐसे पुचकारा कि जहाँ उसने मुझे पहले बिठाया था, मैं वहीं ख़ामोश होकर बैठ गया···

मुझे मालूम नहीं था कि वह सोच क्या रही है··· गिरधारी साला बाहर है, डर किस बात का है···

थोड़ी देर के बाद जब मुझसे रहा न गया तो मैंने उससे कहा : "रुकमा, ऐसा अच्छा मौक़ा फिर कभी नहीं मिलेगा···"

उसने बड़े प्यार से मेरे सिर पर हाथ फेरा और मुस्कराकर कहा : "इससे भी अच्छा मौक़ा मिलेगा··· तुम यह बताओ, जो कुछ मैं कहूँगी, करोगे···"

साहब, मेरे सिर पर तो भूत सवार था··· मैंने जोश में आकर जवाब दिया : "तुम्हारे लिए मैं पंद्रह आदमी क़त्ल करने को तैयार हूँ···"

मेरी बात सुनकर वह मुस्कराई : "मुझे तुम पर विश्वास है···"

ख़ुदा की क़सम, मेरी रूह लरज़ गई··· मैंने सोचा, शायद ज्यादा जोश में आ जाने से मैं काँपा हूँ···

बस फिर वहाँ मैं थोड़ी देर और बैठा; उससे मुहब्बत और प्यार की बातें कीं; उसके हाथ के बने हुए भुजिए खाए और चुपके से बाहर निकल आया···

गो वह सिलसिला न हुआ, लेकिन साहब, ऐसे सिलसिले पहले ही दिन थोड़े हो जाते हैं··· मैंने सोचा, फिर सही···

दस दिन गुज़र गए··· ग्यारहवें दिन, रात के दो बजे, जी हाँ, दो ही का अमल था, किसी ने मुझे जगाया··· मैं नीचे सीढ़ियों के पास जो जगह है ना, वहाँ सोता हूँ··· आँखें खोलकर मैंने देखा : "अरे रुकमा बाई···" मेरा दिल धड़कने लगा··· मैंने आहिस्ता से पूछा : "क्या है···"

उसने हौले-से कहा : "आओ मेरे साथ···"

मैं नंगे पाँव उसके साथ हो लिया···

उसने खोली का दरवाज़ा खोला; हम दोनों अंदर दाख़िल हो गए; बिलकुल अँधेरा था··· मैंने और कुछ न सोचा और वहीं खड़े-खड़े उसको अपने सीने के साथ भींच लिया···

उसने मेरे कान में कहा : "अभी ठहरो···"

फिर उसने बत्ती रौशन की··· मेरी आँखें चुँधिया-सी गईं··· थोड़ी देर के बाद मैंने देखा कि सामने चटाई पर कोई चादर ताने सो रहा है··· मैंने इशारे से पूछा : "यह कौन···"

उसने कहा : "बैठ जाओ···"

मैं उल्लू की तरह बैठ गया··· वह मेरे पास आई और बड़े प्यार से मेरे सिर पर हाथ फेरकर उसने ऐसी बात कही, जिसको सुनकर मेरे औसान ख़ता हो गए··· मैं बिलकुल बर्फ़ हो गया साहब··· काटो तो लहू नहीं बदन में··· जानते हैं, उसने मुझसे क्या कहा··· पढ़िए कलिमा, ला इलाहा इल्लल्लाह मुहम्मदुर्रसूलल्लाह··· मैंने अपनी ज़िंदगी में ऐसी औरत नहीं देखी··· कमबख़्त ने मुस्कराते हुए मुझसे कहा : "मैंने गिरधारी को मार डाला है···"

आप यक़ीन कीजिए, उसने अपने हाथों से एक हट्टे-कट्टे आदमी को क़त्ल किया था··· क्या औरत थी साहब··· मुझे जब भी वह रात याद आती है, क़सम ख़ुदावंद पाक की, रोंगटे खड़े हो जाते हैं··· उसने मुझे वह चीज़ दिखाई, जिससे उस ज़ालिम ने गिरधारी का गला घोंटा था··· बिजली के तारों की गुँधी हुई एक मज़बूत रस्सी-सी थी··· रस्सी के कोनों में

लकड़ी फँसाकर उसने ज़ोर से कुछ ऐसे पेच दिए थे कि बेचारे की ज़ुबान और आँखें बाहर निकल आई थीं··· कहने लगी : "बस यूँ चुटकियों में काम तमाम हो गया था···"

चादर हटाकर जब उसने मुझे गिरधारी की शक्ल दिखाई तो मेरी हड्डियाँ तक बर्फ़ हो गईं··· लेकिन वह औरत जाने क्या थी, वहीं लाश के सामने उसने मुझे अपने साथ लिपटा लिया··· क़ुरान की क़सम, मेरा ख़याल था कि मैं सारी उम्र के लिए नामर्द हो गया हूँ, मगर साहब, जब उसका गर्म-गर्म पिंडा मेरे बदन के साथ लगा और जब उसने एक अजीबो-ग़रीब किस्म का प्यार किया तो मेरे चौदह तबक़ रोशन हो गए··· ज़िंदगी भर वह रात मुझे याद रहेगी··· सामने लाश पड़ी थी, लेकिन वह और मैं दोनों लाश से ग़ाफ़िल एक-दूसरे के अंदर धँसे हुए थे···

सुबह हुई तो हम दोनों ने मिलकर गिरधारी की लाश के तीन टुकड़े किए··· औज़ार उसके मौजूद थे, इसलिए ज़्यादा तकलीफ़ न हुई··· ठक-ठक काफ़ी हुई थी, पर लोगों ने समझा होगा कि गिरधारी खिलौने बना रहा है···

आप पूछेंगे, बंद-ए ख़ुदा, तुमने ऐसे घिनौने काम में क्यों हिस्सा लिया, पुलिस में रपट क्यों न लिखवाई··· साहब, अर्ज़ यह है कि उस कमबख़्त ने मुझे एक ही रात में अपना ग़ुलाम बना लिया था··· वह औरत ही ऐसी थी··· अगर वह मुझसे कहती तो शायद मैंने पंद्रह आदमियों का ख़ून भी कर दिया होता··· याद है न, मैंने एक दफ़ा उससे जोश में आकर क्या कहा था···

अब मुसीबत यह थी कि लाश को ठिकाने कैसे लगाया जाए··· रुकमा, कुछ भी हो, आखिर औरत ज़ात थी··· मैंने उससे कहा : "जानेमन, तुम कुछ फ़िक्र न करो··· फ़िलहाल इन टुकड़ों को ट्रंक में बंद कर देते हैं··· जब रात आएगी तो मैं इसे उठाकर ले जाऊँगा···"

ख़ुदा का करना ऐसा हुआ साहब कि उस रोज़ हुल्लड़ हो गया, पाँच-छः इलाक़ों में ख़ूब मारा-मारी हुई; गवर्नमेंट ने छत्तीस घंटे का कर्फ़्यू लगा दिया··· मैंने कहा, अब्दुल करीम, कुछ भी हो, लाश आज ही ठिकाने लगा दो··· चुनांचे दो बजे उठा; ट्रंक उठाया··· ख़ुदा की पनाह, कितना वज़न था··· मुझे डर था, रास्ते में कोई पीली पगड़ीवाला ज़रूर मिल जाएगा और कर्फ़्यू की ख़िलाफ़वर्ज़ी में धर लेगा। मगर साहब, जिसे अल्लाह रखे, उसे कौन चखे··· जिस बाज़ार से भी गुज़रा उसमें सन्नाटा था··· एक जगह ऐन बाज़ार के पास मुझे एक छोटी-सी मस्जिद नज़र आई··· मैंने ट्रंक खोला और लाश के टुकड़े बाहर निकालकर अंदर ड्योढ़ी में डाल दिए, ट्रंक एक तरफ़ खिसका दिया और वापस चला आया···

क़ुरबान उसकी क़ुदरत के··· सुबह पता चला कि हिंदुओं ने उस मस्जिद को आग लगा दी है··· मेरा ख़याल है, गिरधारी मस्जिद के साथ ही जलकर राख हो गया होगा··· अब साहब, बक़ौल शख़्से, मैदान ख़ाली था··· मैंने रुकमा से कहा : "चाल में मशहूर कर दो कि गिरधारी एक काम से शहर के बाहर गया हुआ है··· मैं रात को दो-ढाई बजे आ जाया करूँगा और ऐश किया करेंगे···" मगर उसने कहा : "नहीं अब्दुल, इतनी जल्दी नहीं··· अभी हमको कम से कम पंद्रह-बीस रोज़ तक नहीं मिलना चाहिए···"

बात माक़ूल थी, इसलिए मैं ख़ामोश रहा··· सत्रह रोज़ गुज़र गए··· कई बार

डरावने-डरावने ख़्वाबों में गिरधारी आया, लेकिन मैंने कहा, साले, मर-खप चुका है, अब तू मेरा क्या बिगाड़ सकता है··· अट्ठारहवें रोज़, साहब, मैं उसी तरह सीढ़ियों के पास चारपाई पर सो रहा था कि रुकमा रात के बारह, बारह नहीं तो एक होगा, आई और मुझे ऊपर अपनी खोली में ले गई···

चटाई पर नंगी लेटकर उसने मुझसे कहा : ''अब्दुल, मेरा बदन दुख रहा है, ज़रा चंपी कर दो···'' मैंने फ़ौरन तेल लिया और मालिश करने लगा, लेकिन आधे घंटे ही में हाँपने लगा··· मेरे पसीने की कई बूँदें उसके चिकने बदन पर गिरीं, लेकिन उसने यह न कहा, बस करो अब्दुल, तुम थक गए हो··· आख़िर मुझे ही कहना पड़ा : ''भई रुकमा, अब ख़लास···''

वह मुस्कराई··· मेरे ख़ुदा, क्या मुस्कराहट थी··· थोड़ी देर दम लेने के लिए मैं चटाई पर लेट गया··· उसने उठकर बत्ती बुझाई और मेरे साथ लेट गई··· चंपी कर-करके मैं इस क़दर थक गया था कि मुझे किसी चीज़ का होश न रहा··· मैंने उसके सीने पर हाथ रखा और सो गया···

जाने क्या बजा था कि मैंने एकदम हड़बड़ा के आँखें खोल दीं··· मेरी गर्दन में कोई सख़्त-सख़्त-सी चीज़ धँस रही थी। फ़ौरन मुझे उस तारवाली रस्सी का ख़्याल आया··· इससे पहले कि मैं अपने आपको छुड़ाने की कोशिश कर सकूँ, रुकमा मेरी छाती पर चढ़ बैठी और उसने रस्सी को एक-दो ऐसे मरोड़े दिए कि मेरी गर्दन कड़-कड़ बोल उठी··· मैंने शोर मचाना चाहा, लेकिन आवाज़ मेरे हलक़ ही में रह गई··· फिर मैं बेहोश हो गया···

मेरा ख़याल है, चार बजे होंगे··· आहिस्ता-आहिस्ता मुझे होश आना शुरू हुआ··· मैंने देखा, मुझ पर चादर पड़ी हुई है··· मेरी गर्दन में बहुत ज़ोर का दर्द था, मैं वैसे ही दम साधे पड़ा रहा और मैंने हौले-हौले हाथ से रस्सी के मरोड़े खोलना शुरू कर दिए··· फिर एकदम आवाज़ें आने लगीं; मैंने साँस रोक लिया··· कमरे में घुप अँधेरा था; मैंने चादर ज़रा खिसकाकर, आँखें फाड़-फाड़कर देखने की कोशिश की, पर मुझे कुछ नज़र न आया··· जो आवाज़ें आ रही थीं, उनसे मालूम होता था, दो लोग कुश्ती लड़ रहे हैं··· फिर मैंने जान लिया कि रुकमा हाँफ रही है··· हाँफते-हाँफते उसने कहा : ''तुकाराम, बत्ती जला दो···'' तुकाराम ने डरते हुए लहजे में कहा : ''नहीं-नहीं, रुकमा नहीं···'' रुकमा बोली : ''बड़े डरपोक हो··· सुबह इसके तीन टुकड़े करके कैसे ले जाओगे···'' मेरा बदन बिलकुल ठंडा हो गया··· तुकाराम ने क्या जवाब दिया, रुकमा ने फिर क्या कहा, इसका मुझे कुछ होश नहीं··· पता नहीं कब एकदम रोशनी हो गई और मैं आँखें झपकता हुआ उठ बैठा··· तुकाराम के मुँह से ज़ोर की चीख़ निकल गई और वह दरवाज़ा खोलकर भाग गया··· रुकमा ने जल्दी से किवाड़ बंद किए और कुंडी चढ़ा दी··· साहब, मैं आपसे क्या बयान करूँ, मेरी क्या हालत थी··· मैं उठ बैठा था, मेरी आँखें खुली थीं; मैं देख रहा था, मैं सुन रहा था, लेकिन मुझमें हिलने-जुलने की बिलकुल सकत नहीं थी···

तुकाराम मेरे लिए कोई नया आदमी नहीं था; वह हमारी चाल में अक्सर आम बेचने आया करता था··· रुकमा ने उसको कैसे फाँसा, इसका मुझे इल्म नहीं···

रुकमा मेरी तरफ़ घूर-घूरकर देख रही थी, जैसे उसको अपनी आँखों पर यक़ीन न आ

रहा हो··· वह मुझे मार चुकी थी, लेकिन मैं उसके सामने ज़िंदा बैठा था; वह मुझ पर झपटने ही को थी कि दरवाज़े पर दस्तक हुई और बहुत-से आदमियों की आवाज़ें आईं··· रुकमा ने झट से मेरा बाज़ू पकड़ा और घसीटकर मुझे गुस्लख़ाने के अंदर धकेल दिया··· फिर उसने दरवाज़ा खोला··· पड़ोस के आदमी थे; उन्होंने रुकमा से पूछा : "ख़ैरियत तो है··· अभी-अभी हमने चीख़ सुनी थी···" रुकमा ने जवाब दिया : "मेरी चीख़ थी··· मुझे सोते में चलने की आदत है··· दरवाज़ा खोलकर बाहर निकली तो मैं दीवार के साथ टकरा गई और डर के मारे मेरे मुँह से चीख़ निकल गई···"

पड़ोस के आदमी उसकी बात सुनकर चले गए··· उसने किवाड़ बंद किए और कुंडी चढ़ा दी···

साहब, अब मुझे अपनी जान की फ़िक्र हुई··· आप यक़ीन मानिए, यह सोचकर कि वह ज़ालिम मुझे ज़िंदा नहीं छोड़ेगी, एकदम मेरे अंदर मुक़ाबले की बे-पनाह ताक़त आ गई; बल्कि मैंने इरादा कर लिया कि उसके टुकड़े-टुकड़े कर दूँगा··· गुस्लख़ाने से बाहर निकला तो मैंने देखा, वह बड़ी खिड़की के पट खोले बाहर झाँक रही है··· मैं एकदम लपका और मैंने उसे चूतड़ों पर से ऊपर उठाया और खिड़की से बाहर धकेल दिया···यह सब···यूँ चुटकियों में हुआ··· धप्प-से आवाज़ आई और मैं दरवाज़ा खोलकर नीचे उतर गया···

सारी रात मैं चारपाई पर लेटा रहा··· अपनी गर्दन पर, जो बहुत बुरी तरह ज़ख़्मी हो रही थी··· आप निशान देख सकते हैं··· तेल मल-मलकर सोचता रहा कि किसी को कुछ पता नहीं चलेगा··· उसने पड़ोसियों से कहा था कि उसे सोते में चलने की आदत है··· मकान के उस तरफ़, जहाँ मैंने उसे गिराया था, जब उसकी लाश देखी जाएगी तो लोग यही समझेंगे कि वह सोते में चलते हुए खिड़की से बाहर गिर पड़ी है···

ख़ुदा-ख़ुदा करके सुबह हुई··· मैंने गर्दन पर रूमाल बाँध लिया कि ज़ख़्म दिखाई न दें··· नौ बज गए, फिर बारह हो गए, मगर उसकी लाश के बारे में कोई बात सुनाई न दी··· जिधर मैंने उसको गिराया था, उधर एक तंग गली है दो बिल्डिंगों के दरमियान; गली के दोनों नाकों पर दरवाज़े हैं कि लोग अंदर दाख़िल होकर पेशाब-पाख़ाना न करें; फिर भी दोनों बिल्डिंगों की खिड़कियों में से फेंका हुआ कचरा काफ़ी जमा हो जाता है, जो हर रोज़ सुबह सवेरे भंगन उठाकर ले जाती है··· मैंने सोचा, शायद आज भंगन नहीं आई; आई होती तो उसने दरवाज़ा खोलते ही रुकमा की लाश देखी होती और एक शोर बरपा कर दिया होता···

आख़िर क़िस्सा क्या था··· मैं चाहता था कि लोगों को जल्दी उस बात का पता चल जाए··· दो बज गए तो मैंने जी कड़ा करके ख़ुद ही दरवाज़ा खोला··· लाश थी न कचरा··· या मज़हरुलअजाइब[4], रुकमा गई कहाँ···

क़ुरान की क़सम खाकर कहता हूँ, मुझे फाँसी के फंदे से बच निकलने का इतना ताज्जुब नहीं होगा, जितना रुकमा के ग़ायब होने का है··· तीसरी मंज़िल से मैंने उसे नीचे गिराया था, पत्थरों के फ़र्श पर··· बची कैसे होगी··· फिर सवाल यह उठता है कि उसकी लाश कौन उठाकर ले गया···

अक़्ल नहीं मानती, लेकिन साहब, कुछ पता नहीं, वह डायन ज़िंदा ही हो…

चाल में तो यही मशहूर है कि या तो किसी मुसलमान ने उसे घर में डाल लिया है, या मार डाला है…

वल्लाह आलम बिस्सवाब[5]… मार डाला है तो अच्छा किया है; घर में डाल लिया है तो जो हश्र उस ग़रीब का होगा, आप जानते ही हैं… ख़ुदा बचाए साहब…

अब तुकाराम की बाबत सुनिए…

इस वाक़िए के ठीक बीस रोज़ बाद वह मुझसे मिला और पूछने लगा : "बताओ, रुकमा कहाँ है…?"

मैंने कहा : "मुझे कुछ इल्म नहीं…"

कहने लगा : "नहीं, तुम जानते हो…"

मैंने जवाब दिया : "भाई, क़ुरान मजीद की क़सम, मुझे कुछ मालूम नहीं…"

बोला : "नहीं, तुम झूठ बोलते हो; तुमने उसे मार डाला है; मैं पुलिस में रपट लिखवानेवाला हूँ कि पहले तुमने गिरधारी को मारा, फिर रुकमा को…"

यह कहकर वह तो चला गया, लेकिन साहब, मेरे पसीने छूट गए…

बहुत देर तक कुछ समझ में न आया, क्या करूँ… एक ही बात सूझी कि उसको ठिकाने लगा दूँ…

आप ही सोचिए, इसके अलावा और इलाज भी क्या था…

चुनांचे साहब, उसी वक़्त छुपकर छुरी तेज़ की और तुकाराम को ढूँढ़ने निकल पड़ा…

इत्तिफ़ाक़ की बात है, शाम को छः बजे वह मुझे 'ज' स्ट्रीट के नाके पर मूतरी के पास मिल गया… मोसंबियों की ख़ाली टोकरी बाहर रखकर वह पेशाब करने के लिए अंदर गया… मैं भी लपककर उसके पीछे हो लिया…

वह धोती खोल ही रहा था कि मैंने ज़ोर से पुकारा : "तुकाराम…"

पलटकर उसने मेरी तरफ़ देखा…

छुरी मेरे हाथ में थी, जो एकदम मैंने उसके पेट में भोंक दी…

उसने दोनों हाथों से अपनी बाहर निकलती हुई अँतड़ियाँ थामीं और दोहरा होकर गिर पड़ा…

चाहिए तो यह था कि बाहर निकलकर मैं नौ दो ग्यारह हो जाता, मगर मेरी बेवक़ूफ़ी देखिए, वहीं बैठकर उसकी नब्ज़ देखने लगा कि वह मर गया है या नहीं… मैंने इतना सुना था कि नब्ज़ होती है; अंगूठे की तरफ़ या दूसरी तरफ़, यह मुझे मालूम नहीं था…चुनांचे ढूँढ़ते-ढूँढ़ते देर लग गई… इतने में एक कांस्टेबिल पतलून के बटन खोलते-खोलते अंदर आया और मैं धर लिया गया…बस साहब, यह है पूरी दास्तान…पढ़िए कलिमा, ला इलाहा इल्लल्लाह मुहम्मदुर्रसूलल्लाह, जो मैंने रत्ती भर भी झूठ बोला हो।…

1. इस्लाम का पहला कलिमा (नहीं कोई अल्लाह के सिवा और मुहम्मद अल्लाह के रसूल हैं।); 2. मोहित होना; 3. नालायक आदमी; 4. ऐ, अद्भुत और विचित्र बातें ज़ाहिर करनेवाले; 5. अल्लाह बेहतर जानता है।

मेरा नाम राधा है

यह उस ज़माने का ज़िक्र है, जब इस जंग का नामो-निशान भी नहीं था। ग़ालिबन आठ-नौ बरस पहले की बात है, जब ज़िंदगी में हंगामे बड़े सलीक़े से आते थे; आजकल की तरह नहीं कि बेहंगम[1] तरीक़े पर पै-दर-पै[2] हादिसे बरपा हो रहे हैं, किसी ठोस वजह के बग़ैर।

उस वक़्त मैं चालीस रुपए महावार पर एक फ़िल्म कंपनी में मुलाज़िम था और मेरी ज़िंदगी बड़े हमवार तरीक़े पर 'उफ़्ताँ-ख़ेज़ाँ'[3] गुज़र रही थी, यानी सुबह दस बजे स्टूडियो गए, नियाज़ मुहम्मद विलेन की बिल्लियों को दो पैसे का दूध पिलाया, चालू फ़िल्म के लिए चालू क़िस्म के मुकालमे[5] लिखे, बंगाली ऐक्ट्रेस से, जो उस ज़माने में बुलबुले-बंगाल कहलाती थी, थोड़ी देर मज़ाक किया और दादा गोर की, जो उस अहद[4] का सबसे बड़ा फ़िल्म डायरेक्टर था, थोड़ी-सी ख़ुशामद की और घर चले आए।

जैसा कि मैं अर्ज़ कर चुका हूँ, ज़िंदगी बड़े हमवार तरीक़े पर 'उफ़्ताँ-ख़ेज़ाँ' गुज़र रही थी—स्टूडियो का मालिक हुरमुज़जी फ़रामजी, जो मोटे-मोटे लाल गालोंवाला मौजी क़िस्म का पारसी था, एक अधेड़ उम्र की ख़ोजा ऐक्ट्रेस की मुहब्बत में गिरफ्तार था, हर नौ वारिद[6] लड़की के पिस्तान[7] टटोलकर देखना उसका 'शग़ल' था... कलकत्ते के बहू बाज़ार की एक मुसलमान रंडी थी, जो डायरेक्टर, साउंड रिकार्डिस्ट, और स्टोरी राइटर, तीनों से बयक वक़्त इश्क लड़ा रही थी। इस इश्क़ का दरअसल मतलब यह था कि उन तीनों का इल्तिफ़ात[8] उसके लिए ख़ासतौर पर महफ़ूज रहे।

'बन की सुंदरी' की शूटिंग चल रही थी—नियाज़ मुहम्मद विलेन की जंगली बिल्लियों को, जो उसने ख़ुदा मालूम स्टूडियो के लोगों पर क्या असर पैदा करने के लिए पाल रखी थीं, दो पैसे का दूध पिलाकर मैं हर रोज़ 'बन की सुंदरी' के लिए एक ग़ैरमानूस[9] ज़बान में मुकालमे लिखा करता था। इस फ़िल्म की कहानी क्या थी, प्लाट कैसा था, इसका इल्म, जैसा कि ज़ाहिर है, मुझे बिलकुल नहीं था कि मैं उस ज़माने में एक मुंशी था, जिसका काम, हुक्म मिलने पर, जो कुछ कहा जाए, ग़लत-सलत उर्दू में; जो डायरेक्टर साहिब की समझ में आ जाए, पेंसिल से एक काग़ज़ पर लिख देना होता था... ख़ैर, 'बन की सुंदरी' की शूटिंग चल रही थी और यह अफ़वाह गर्म थी कि सेठ हुरमुज़जी फ़रामजी कहीं से वैंप का पार्ट अदा करने के लिए एक नया चेहरा ला रहे हैं—हीरो का पार्ट राजकिशोर को दिया गया था।

राजकिशोर रावलपिंडी का एक ख़ुश-शक्ल और सेहतमंद नौजवान था। उसके

जिस्म के मुताल्लिक़ लोगों का यह ख़याल था कि बहुत मर्दाना और सुडौल है··· मैंने कई मर्तबा उसके मुताल्लिक़ ग़ौर किया, मगर मुझे राजकिशोर के जिस्म में, जो यक़ीनन कसरती और मुतनासिब[10] था, कोई कशिश नज़र न आई। इसकी वजह यह भी हो सकती है कि मैं बहुत ही दुबला और मरियल क़िस्म का इंसान हूँ और अपने हमजिंसों के जिस्म के मुताल्लिक़ इतना ज़्यादा ग़ौर करने का आदी नहीं, जितना उनके दिलो-दिमाग़ और रूह के मुताल्लिक़ सोचने का आदी हूँ।

मुझे राजकिशोर से नफ़रत नहीं थी, इसलिए कि मैंने अपनी उम्र में शाज़ो-नादिर[11] ही किसी इंसान से नफ़रत की है; मगर वह मुझे कुछ ज़्यादा पसंद नहीं था; इसकी वजह मैं आहिस्ता-आहिस्ता आपसे बयान करूँगा।

राजकिशोर की ज़बान, उसका लबो-लहजा, जो ठेठ रावलपिंडी का था, मुझे बेहद पसंद था—मेरा ख़याल है कि पंजाबी ज़बान में अगर कहीं ख़ूबसूरत क़िस्म की शीरीनी मिलती है तो वह रावलपिंडी की ज़बान ही में आपको मिल सकती है; इस शहर की ज़बान में एक अजीब क़िस्म की मर्दाना निसाइयत[12] है, जिसमें बयक वक़्त मिठास और घुलावट है; अगर रावलपिंडी की कोई औरत आपसे बात करे तो ऐसा लगता है कि लज़ीज़ आम का रस आपके मुँह में चुवाया जा रहा है··· मगर मैं आमों की नहीं, राजकिशोर की बात कर रहा था, जो मुझे आम से बहुत कम अज़ीज़ था।

राजकिशोर, जैसाकि मैं अर्ज़ कर चुका हूँ, एक ख़ुश-शक्ल और सेहतमंद नौजवान था। बात यहाँ ख़त्म हो जाती तो मुझे कोई एतराज़ न होता, मगर मुसीबत यह थी कि उसे, यानी राजकिशोर को ख़ुद अपने सेहतमंद और अपने ख़ुश-शक्ल होने का एहसास था, ऐसा एहसास, जो कम अज़ कम मेरे लिए नाक़ाबिले-क़ुबूल था।

सेहतमंद होना बड़ी अच्छी चीज़ है, मगर दूसरों पर अपनी सेहत को बीमारी बनाकर आयद करना बिलकुल दूसरी चीज़ है··· राजकिशोर को यही मर्ज़ लाहिक़[13] था; वह अपनी सेहत, अपनी तंदुरुस्ती, अपने मुतनासिब और सुडौल आज़ा[14] की ग़ैरज़रूरी नुमाइश के ज़रिए से हमेशा दूसरे लोगों को, जो उससे कम सेहतमंद थे, मरऊब[15] करने की कोशिश में मसरूफ़ रहता था।

इसमें कोई शक नहीं कि मैं दाइमी मरीज़ हूँ, कमज़ोर हूँ, मेरे एक फेफड़े में हवा खींचने की ताक़त बहुत कम है, मगर ख़ुदा वाहिद शाहिद[16] है कि मैंने आज तक इस कमज़ोरी का कभी प्रोपैगंडा नहीं किया—मुझे इस बात का पूरी तरह इल्म है कि इंसान अपनी कमज़ोरियों से उसी तरह फ़ायदा उठा सकता है, जिस तरह वह अपनी ताक़तों से उठाता है, मगर मेरा ईमान है कि हमें ऐसा नहीं करना चाहिए।

ख़ूबसूरती मेरे नज़दीक वह ख़ूबसूरती है, जिसकी दूसरे बुलंद आवाज़ में नहीं, दिल ही दिल में तारीफ़ करें—मैं उस सेहत को बीमारी समझता हूँ, जो पत्थर बनकर निगाहों के साथ टकराती रहे।

राजकिशोर में वह तमाम ख़ूबसूरतियाँ मौजूद थीं, जो एक नौजवान मर्द में होनी चाहिएं, मगर मुझे अफ़सोस है कि उसे उन ख़ूबसूरतियों का निहायत ही भोंडा मुज़ाहिरा[17]

करने की आदत थी··· वह आपसे बात कर रहा है और अपने एक बाज़ू के पुट्ठे अकड़ा रहा है और ख़ुद ही दाद दे रहा है; निहायत ही अहम गुफ़्तगू हो रही है, यानी स्वराज का मसला छिड़ा हुआ है और वह अपने खादी के कुर्ते के बटन खोलकर अपने सीने की चौड़ाई का अंदाज़ा कर रहा है।

मैंने खादी के कुर्ते का ज़िक्र किया है और मुझे याद आ रहा है कि राजकिशोर पक्का काँग्रेसी था; हो सकता है कि वह इसी वजह से खादी के कपड़े पहनता हो, मगर मेरे दिल में हमेशा इस बात की खटक रही है कि उसे अपने वतन से इतना प्यार नहीं था, जितना कि अपनी जात से था।

बहुत लोगों का ख़याल था कि राजकिशोर के मुताल्लिक़ मैंने जो राय क़ायम की है, सरासर गलत है, इसलिए कि स्टूडियो और स्टूडियो के बाहर हर शख़्स उसका मद्दाह[18] था; उसके जिस्म का, उसके ख़यालात का, उसकी सादगी का, उसकी ज़बान का, जो ख़ास रावलपिंडी की थी और मुझे भी पसंद थी।

दूसरे ऐक्टरों की तरह वह अलग-थलग रहने का आदी नहीं था—काँग्रेस का कोई जलसा हो तो राजकिशोर को आप वहाँ ज़रूर पाएँगे; कोई अदबी मीटिंग हो रही हो तो राजकिशोर ज़रूर पहुँचेगा। अपनी मसरूफ़ ज़िंदगी में से वह अपने हमसायों और मामूली जान-पहचान के लोगों के दुख-दर्द में शरीक होने के लिए भी वक़्त निकाल लिया करता था।

सब फ़िल्म प्रोड्यूसर उसकी इज़्ज़त करते थे कि उसके कैरेक्टर की पाकीज़गी का बहुत शुहरा था; फ़िल्म प्रोड्यूसरों को छोड़िए, पब्लिक को भी इस बात का अच्छी तरह इल्म था कि राजकिशोर एक बहुत बुलंद किरदार का मालिक है—फ़िल्मी दुनिया में रहकर किसी शख़्स का गुनाह के धब्बों से पाक रहना बहुत बड़ी बात है; यूँ तो राजकिशोर एक कामयाब हीरो था, मगर उसकी इस ख़ूबी ने उसे एक बहुत ही ऊँचे रुतबे पर पहुँचा दिया था।

नागपाड़े में जब मैं शाम को पानवाले की दूकान पर बैठता था तो अक्सर ऐक्टर ऐक्ट्रेसों की बातें हुआ करती थीं—क़रीब-क़रीब हर ऐक्टर और ऐक्ट्रेस के मुताल्लिक़ कोई न कोई स्कैंडल मशहूर था, मगर राजकिशोर का जब भी ज़िक्र आता, शामलाल पनवाड़ी बड़े फ़ख़्रिया लहजे में कहा करता : "मंटो साहब, राज भाई ही ऐसा ऐक्टर है, जो लँगोट का बड़ा पक्का है।"

मालूम नहीं, शामलाल पनवाड़ी उसे राज भाई कैसे कहने लगा था; मुझे इस पर इतनी ज़्यादा हैरत नहीं थी कि राज भाई की मामूली से मामूली बात भी एक कारनामा बनकर लोगों तक पहुँच जाती थी—मसलन बाहर के लोगों को उसकी आमदनी का पूरा हिसाब मालूम था; वह अपने वालिद को माहवार ख़र्च क्या देता है, यतीमख़ानों के लिए कितना चंदा देता है, उसका अपना जेब-ख़र्च क्या है; यह सब बातें लोगों को इस तरह मालूम थीं, जैसे उन्हें अज़बर[19] याद कराई गई हैं।

शामलाल ने एक रोज़ मुझे बताया : "राज भाई का अपनी सौतेली माँ के साथ बहुत ही अच्छा सुलूक है··· उस ज़माने में जब राज भाई की आमदनी का कोई ज़रिया नहीं था, राज

भाई का बाप और उसकी नई बीवी राज भाई को तरह-तरह के दुख देते थे··· मगर मरहबा है राज भाई का··· राज भाई ने फिर भी अपना फ़र्ज़ पूरा किया और अपने माँ-बाप को अपने सर-आँखों पर जगह दी··· अब दोनों छपरखटों पर बैठे राज कर रहे हैं··· राज भाई हर रोज़ सुबह सवेरे अपनी सौतेली माँ के पास जाता है और उसके चरन छूता है··· बाप के सामने हाथ जोड़ के खड़ा हो जाता है और जो हुक्म मिले, फ़ौरन बजा लाता है···"

आप बुरा न मानिएगा, मगर यह सच है कि मुझे राजकिशोर की तारीफो-तौसीफ[20] सुनकर हमेशा उलझन-सी होती थी; ख़ुदा जाने क्यों··· मैं जैसा पहले अर्ज़ कर चुका हूँ, मुझे उससे हाशा-वकल्ला[21] नफ़रत नहीं थी; उसने मुझे कभी ऐसा मौक़ा ही नहीं दिया था; फिर उस ज़माने में, जब मुंशियों की कोई इज़्ज़तो-वक़अत ही नहीं थी, वह मेरे साथ घंटों बातें किया करता था··· मैं नहीं कह सकता, क्या वजह थी, लेकिन ईमान की बात है कि मेरे दिलो-दिमाग़ के किसी अँधेरे कोने में यह शक बिजली की तरह कौंध जाता था कि वह बनता है और उसकी ज़िंदगी बिलकुल मस्नूई[22] है। ···मेरी मुसीबत यह थी कि मेरा कोई हमख़याल नहीं था; लोग देवताओं की तरह उसकी पूजा करते थे और मैं दिल ही दिल में कुढ़ता था।

राजकिशोर की बीवी थी, वह अच्छा ख़ाविंद था; उसकी ज़िंदगी पर से चादर का कोई कोना भी अगर हटाकर देखा जाता तो आपको कोई तारीक चीज़ नज़र न आती; फिर भी मेरे दिल में शक की गुदगुदी होती ही रहती थी—ख़ुदा की क़सम, मैंने कई दफ़ा अपने आपको लानत-मलामत की कि भई, तुम बड़े ही वाहियात हो कि ऐसे अच्छे इंसान को, जिसे सारी दुनिया अच्छा कहती है और जिसके मुताल्लिक तुम्हें कोई शिकायत भी नहीं, क्यों बेकार शक की नज़रों से देखते हो··· अगर एक आदमी अपना सुडौल बदन बार-बार देखता है तो यह कौन-सी बुरी बात है··· तुम्हारा बदन भी अगर ऐसा ही ख़ूबसूरत होता तो बहुत मुमकिन है, तुम भी यही हरकत करते···

हज़ार लानत-मलामत के बावुजूद मैं अपने दिलो-दिमाग़ को कभी आमादा न कर सका कि वह राजकिशोर को उसी नज़र से देखें, जिस नज़र से दूसरे देखते थे। यही वजह है कि मैं दौराने-गुफ़्तगू में अक्सर उससे उलझ जाया करता था। इधर उसने मेरे मिज़ाज के ख़िलाफ़ कोई बात की, उधर मैं हाथ धोकर उसके पीछे पड़ गया। ऐसी चपक़ुलशों[23] के बाद हमेशा उसके चेहरे पर मुस्कुराहट और मेरे हलक़ में एक नाक़ाबिले-बयान तल्ख़ी रहती थी और मुझे इससे और भी ज़्यादा उलझन होती थी।

इसमें कोई शक नहीं कि उसकी ज़िंदगी में कोई स्कैंडल नहीं था; अपनी बीवी के सिवा किसी दूसरी औरत का मैला या उजला दामन उससे वाबस्ता नहीं था; मैं यह भी तस्लीम करता हूँ कि वह सब ऐक्ट्रेसों को बहन कहके पुकारता था और वह भी जवाब में उसे भाई कहती थीं··· मगर मेरे दिल ने हमेशा मेरे दिमाग़ से यही सवाल किया कि यह रिश्ता क़ायम करने की ऐसी अशद[24] ज़रूरत क्या है? बहन और भाई का रिश्ता कुछ और बात है, और किसी औरत को अपनी बहन कहना, इस अंदाज़ से, जैसे यह बोर्ड लगाया जा रहा हो कि सड़क बंद है, बिलकुल दूसरी बात है। अगर आप किसी औरत से जिंसी रिश्ता क़ायम नहीं

करना चाहतें तो उसका ऐलान करने की ज़रूरत ही क्या है; अगर आपके दिल में अपनी बीवी के सिवा और किसी औरत का ख़याल दाखिल नहीं हो सकता तो इसका इश्तिहार देने की क्या ज़रूरत है…यह और इसी क़िस्म की दूसरी बातें मेरी समझ में नहीं आती थीं, इसीलिए मुझे अजीब क़िस्म की उलझन होती थी।

ख़ैर!

'बन की सुंदरी' की शूटिंग चल रही थी; स्टूडियो में ख़ासी चहल-पहल थी; हर रोज़ ऐक्स्ट्रा लड़कियाँ आती थीं और उनके साथ हमारा दिन हँसी-मज़ाक़ में गुज़र जाता था।

एक रोज़ नियाज़ मुहम्मद विलेन के कमरे में मेकअप मास्टर, जिसे हम उस्ताद कहते थे, यह ख़बर लेकर आया कि वैंप के रोल के लिए जो नई लड़की आनेवाली थी, आ गई है और बहुत जल्द उसका काम शुरू हो जाएगा।

उस वक़्त चाय का दौर चल रहा था; कुछ चाय की हरारत थी, कुछ उस ख़बर ने हमको गरमा दिया…स्टूडियो में एक नई लड़की का दाख़िला हमेशा खुशगवार हादिसा हुआ करता है…तो हम सब नियाज़ मुहम्मद विलेन के कमरे से निकलकर बाहर चले आए कि नई लड़की का दीदार किया जाए।

शाम के वक़्त जब सेठ हुरमुज़जी फ़रामजी अपने आफ़िस से निकलकर ईसा तबलची की चाँदी की डिबिया से दो ख़ुशबूदार तंबाकूवाले पान अपने चौड़े कल्ले में दबाकर बिलियर्ड रूम का रुख़ कर रहे थे, हमें वह नई लड़की नज़र आई।

वह साँवले रंग की औरत थी, बस मैं सिर्फ़ इतना ही देख सका कि वह जल्दी-जल्दी सेठ के साथ हाथ मिलाकर, स्टूडियो की मोटर में बैठकर चली गई थी…कुछ देर के बाद मुझे नियाज़ मुहम्मद विलेन ने बताया कि उस औरत के होंठ मोटे हैं, वह ग़ालिबन सिर्फ़ होंठ ही देख सका था…उस्ताद, जिसने शायद इतनी झलक भी नहीं देखी थी, सिर हिलाकर बोला : "हूँह…कंडम…" यानी बकवास है।

चार-पाँच रोज़ गुज़र गए, मगर वह नई लड़की स्टूडियो में न आई; पाँचवें या छठे रोज़ जब मैं गुलाब के होटल से चाय पीकर निकल रहा था कि अचानक मेरी और उसकी मुठभेड़ हो गई।

मैं हमेशा औरतों को चोर आँख से देखने का आदी हूँ; अगर कोई औरत एकदम मेरे सामने आ जाए तो मुझे उसका कुछ भी नज़र नहीं आता…मेरी उस नई लड़की से मुठभेड़ ग़ैर मुतवक़्क़े तौर पर हुई थी, इसलिए मैं उसकी शक्लो-शबाहत के मुताल्लिक़ कोई अंदाज़ा न कर सका: हाँ मैंने उसके पाँव ज़रूर देखे, जिनमें नई वज़्अ के सलीपर थे…लेबोरेट्री से स्टूडियो तक जो रविश जाती थी, उस पर मालिकों ने बजरी बिछवा रखी थी, उस बजरी में बेशुमार गोल-गोल बट्टियाँ थीं, जिन पर से जूता बार-बार फिसलता था…नई लड़की के पाँव में खुले सलीपर थे, इसलिए चलने में उसे कुछ ज़्यादा ही तकलीफ़ हो रही थी।

उस मुलाक़ात के बाद आहिस्ता-आहिस्ता मिस नीलम से मेरी दोस्ती हो गई; स्टूडियो के लोगों को तो ख़ैर इसका इल्म नहीं था, मगर उसके साथ मेरे ताल्लुक़ात बहुत ही बेतकल्लुफ़ थे।

उसका असली नाम राधा था···मैंने एक बार उससे पूछा : ''तुमने इतना प्यारा नाम क्यों छोड़ दिया ?''

उसने जवाब दिया : ''यूँ ही···'' फिर थोड़ी देर के बाद उसने कहा : ''मेरा नाम इतना प्यारा है कि मैं इसे फ़िल्म में इस्तेमाल नहीं करना चाहती ।''

आप शायद ख़याल करें कि राधा मज़हबी ख़यालात की औरत थी···जी नहीं; उसे मज़हब और मज़हब के तवह्हुमात से दूर का भी वास्ता नहीं था, लेकिन जिस तरह मैं हर नई तहरीर शुरू करने से पहले काग़ज़ पर बिस्मिल्लाह की आदाद ज़रूर लिखता हूँ, उसी तरह शायद उसे भी ग़ैर इरादी तौर पर राधा के नाम से बेहद प्यार था···वह चाहती थी कि उसे राधा न कहा जाए, इसलिए अब मैं उसे नीलम ही कहूँगा ।

नीलम बनारस की एक तवाइफ़ज़ादी थी; वहीं का लबो-लह्जा था, जो कानों को बहुत भला मालूम होता था ।

मेरा नाम सआदत है, मगर वह मुझे हमेशा सादिक़ ही कहा करती थी ।

एक दिन मैंने उससे कहा : ''नीलम, मैं जानता हूँ, तुम मुझे सआदत कह सकती हो···फिर मेरी समझ में नहीं आता कि तुम अपनी इस्लाह क्यों नहीं करतीं !''

उसके साँवले होंठों पर, जो बहुत ही पतले थे, एक ख़फ़ीफ़-सी पुरअसरार मुस्कराहट नुमूदार हुई और उसने जवाब दिया : ''जो ग़लती मुझसे एक बार हो जाए, मैं उसे ठीक करने की कोशिश नहीं किया करती ।''

मेरा ख़याल है, बहुत कम लोगों को मालूम था कि वह औरत, या वह लड़की, जिसे स्टूडियो के तमाम लोग एक मामूली ऐक्ट्रेस समझते थे, अजीबो-ग़रीब क़िस्म की इन्फिरादियत[25] की मालिक थी—उसमें दूसरी ऐक्ट्रेसों का-सा ओछापन बिलकुल नहीं था; उसकी संजीदगी, जिसे स्टूडियो का हर शख़्स अपनी ऐनक से बिलकुल ग़लत रंग में देखता था, बहुत प्यारी चीज़ थी···उसके साँवले चेहरे पर, जिसकी जिल्द बहुत ही साफ़ और हमवार थी, यह संजीदगी, यह मलीह मतानत[26] मौज़ूँ-ओ-मुनासिब ग़ाज़ा[27] बन गई थी। इसमें कोई शक नहीं कि इससे उसकी आँखों में, उसके पतले होंठो के कोनों में ग़म की बेमालूम तल्ख़ियाँ-सी घुल गई थीं, मगर यह वाक़िआ है कि इसी चीज़ ने उसे दूसरी औरतों से बिलकुल मुख़्तलिफ़ भी कर दिया था ।

मैं उस वक़्त भी हैरान था, और अब भी वैसा ही हैरान हूँ कि नीलम को 'बन की सुंदरी' में वैंप के रोल के लिए क्यों मुंतख़ब किया गया था, इसलिए कि उसमें तेज़ी-ओ-तर्रारी नाम को भी नहीं थी···जब वह पहली मर्तबा अपना वाहियात रोल अदा करने के लिए तंग चोली पहनकर सेट पर आई तो मेरी निगाहों को बहुत सदमा पहुँचा ।

वह दूसरों का रद्दे-अमल फ़ौरन ताड़ जाया करती थी··· बाद में उसने मुझे ख़ुद ब ख़ुद कहा : ''डायरेक्टर साहब ने कहा था कि मेरा रोल शरीफ़ औरत का नहीं है, इसलिए मुझे इस क़िस्म का लिबास दिया गया है···मैंने उनसे कहा था कि अगर यह लिबास है तो मैं आपके साथ नंगी चलने के लिए तैयार हूँ···!''

मैंने पूछा : ''डायरेक्टर साहब ने तुम्हारी बात सुनकर क्या कहा ?''

उसके पतले होंठों पर एक खफ़ीफ़-सी पुरअसरार मुस्कराहट नमूदार हुई : ''उन्होंने आँखें फाड़कर मुझे देखा और फिर अपने तसव्वुर में मुझे नंगी देखना शुरू कर दिया... यह लोग कितने अहमक़ हैं... इस लिबास में मुझे देखकर भी बेचारों को अपने तसव्वुर पर ज़ोर डालने की ज़रूरत पड़ती है... ।''

जहीन क़ारी के लिए नीलम का इतना तआरुफ़ ही काफ़ी है ।

अब मैं उन वाक़िआत की तरफ़ आता हूँ, जिनकी मदद से मैं यह कहानी मुकम्मल करना चाहता हूँ ।

बंबई में जून के महीने में बारिश शुरू हो जाती है और सितंबर के वस्त तक जारी रहती है; पहले दो-ढाई महीनों में इस क़दर पानी बरसता है कि स्टूडियो में काम नहीं हो सकता... 'बन की सुंदरी' की शूटिंग अप्रैल के आख़िर में शुरू हुई थी । जब पहली बारिश हुई तो हम अपना तीसरा सेट मुकम्मल कर रहे थे; एक छोटा-सा सीन रह गया था, जिसमें कोई मुकालमा नहीं था; इसीलिए बारिश शुरू होने के बावुजूद हमने अपना काम जारी रखा, मगर जब काम ख़त्म हो गया तो हम एक अर्से के लिए बेकार हो गए ।

उन्हीं दिनों स्टूडियो के लोगों को एक-दूसरे के साथ मिल बैठने का बहुत मौक़ा मिलता है—मैं तक़रीबन सारा दिन गुलाब के होटल में बैठा चाय पीता रहता था; जो आदमी भी होटल के अंदर आता था, या तो सारे का सारा भीगा होता था या आधा... बाहर की सब मक्खियाँ पनाह लेने के लिए अंदर जमा हो गई थीं, इस क़दर ग़लीज़ फ़ज़ा थी कि अलअमाँ[29]; एक कुर्सी पर मेज़ें साफ़ करने का मैला और गीला कपड़ा पड़ा है, दूसरी कुर्सी पर प्याज़ काटने की बदबूदार छुरी पड़ी है; गुलाब साहब पास खड़े हैं और अपने गोश्त-ख़ोरा लगे दाँतों तले बंबई की उर्दू चबा रहे हैं : ''तुम इधर जाने को नहीं सकता... हम उधर से जाके आया... बहुत लफ़ड़ा होगा... हाँ, बड़ा वांदा हो जाएँगा...''

उस होटल में, जिसकी छत कारोगेटेड स्टील की थी, सेठ हुरमुज़जी फ़रामजी, उनके साले एडली जी और बड़ी ऐक्ट्रेसों के सिवा सब लोग जाते थे । नियाज़ मुहम्मद विलेन को तो दिन में कई मर्तबा वहाँ जाना पड़ता था कि वह चुन्नी-मुन्नी नाम की दो बिल्लियाँ पाल रहा था... राजकिशोर दिन में एक चक्कर लगा जाता था; जूँ ही वह अपने लंबे क़द और कसरती बदन के साथ दहलीज़ पर नमूदार होता, मेरे सिवाय होटल में बैठे हुए तमाम लोगों की आँखें तमतमा उठतीं; ऐक्स्ट्रा लड़के उठ-उठकर राज भाई को कुर्सी पेश करते, और जब वह उनमें से किसी की पेश की हुई कुर्सी पर बैठ जाता तो वह सारे परवानों के मानिंद उसके गिर्द जमा हो जाते । इसके बाद दो क़िस्म की बातें सुनने में आतीं; ऐक्स्ट्रा लड़कों की ज़बान पर पुरानी फ़िल्मों में राज भाई के काम की तारीफ़ होती और ख़ुद राजकिशोर की ज़बान पर उसके स्कूल छोड़कर कालिज और कालिज छोड़कर फ़िल्मी दुनिया में दाख़िल होने की तारीख़ होती—मुझे यह सब बातें ज़बानी याद हो चुकी थीं, इसलिए जूँ ही राजकिशोर होटल में दाख़िल होता, मैं उससे अलैक-सलैक करने के बाद बाहर निकल जाता ।

एक रोज़ जब बारिश थमी हुई थी और हुरमुज़जी फ़रामजी का एलसेशियन कुत्ता नियाज़ मुहम्मद विलेन की बिल्लियों चुन्नी-मुन्नी से डरकर गुलाब के होटल की तरफ़ दुम

दबाए भागा जा रहा था, मैंने मौलसिरी के दरख़्त के नीचे बने हुए गोल चबूतरे पर नीलम और राजकिशोर को बातें करते हुए देखा।

राजकिशोर खड़ा हस्बे-आदत हौले-हौले झूल रहा था, जिसका मतलब यह था कि वह अपने ख़याल के मुताबिक़ निहायत ही दिलचस्प बातें कर रहा है… मुझे याद नहीं कि नीलम और राजकिशोर का तआरुफ़ कब और किस तरह हुआ था, मगर नीलम फ़िल्मी दुनिया में दाख़िल होने से पहले ही उसे अच्छी तरह जानती थी, और शायद एक-दो मर्तबा नीलम ने मुझसे बरसबीले-तज़किरा[30] उसके मुतनासिब और ख़ूबसूरत जिस्म की तारीफ़ भी की थी।

मैं गुलाब के होटल से निकलकर रिकार्डिंग रूम के छज्जे तक पहुँचा तो राजकिशोर ने अपने चौड़े काँधे पर से खादी का थैला एक झटके से उतारा और थैला खोलकर एक मोटी कापी निकाली… मैं समझ गया—वह मोटी कापी राजकिशोर की डायरी थी।

राजकिशोर हर रोज़ तमाम कामों से फ़ारिग़ होकर, अपनी सौतेली माँ का आशीर्वाद लेकर, सोने से पहले डायरी लिखने का आदी था; यूँ तो उसे पंजाबी ज़बान बहुत अज़ीज़ थी, मगर वह अपना रोज़नामचा अंग्रेज़ी में लिखता था, जिसमें कहीं टैगोर के नाज़ुक स्टाइल की और कहीं गाँधी जी की सियासी[31] तर्ज़े-तहरीर[32] की झलक नज़र आती थी; उसकी तहरीर पर शेक्सपीयर के ड्रामों का असर भी काफ़ी था… मुझे इस मुरक्कब[33] में लिखनेवाले का ख़ुलूस कभी नज़र न आया था।

अगर आपको वह डायरी कभी मिल जाए तो आपको राजकिशोर की ज़िंदगी के दस-पंद्रह बरसों का हाल मालूम हो सकता है—उसने कितने रुपए चंदे में दिए, कितने ग़रीबों को खाना खिलाया, कितने जलसों में शिरकत की, क्या पहना और क्या उतारा… और अगर मेरा क़ियाफ़ा दुरुस्त है तो आपको उस डायरी के किसी वरक़ पर मेरे नाम के साथ पैंतीस रुपए लिखे हुए नज़र आ जाएँगे, जो मैंने एक बार उससे क़र्ज़ लिए थे और इस ख़याल से वापस नहीं किए थे कि वह अपनी डायरी में उनकी वापसी का ज़िक्र कभी नहीं करेगा।

ख़ैर… वह नीलम को अपनी डायरी के चंद औराक़ पढ़कर सुना रहा था।

मैंने दूर ही से उसके ख़ूबसूरत होंठों की जुंबिश से मालूम कर लिया कि वह शेक्सपीयरी अंदाज़ में प्रभु की हम्द बयान कर रहा है।

नीलम मौलसिरी के दरख़्त के नीचे सीमेंट के गोल चबूतरे पर ख़ामोश बैठी थी; उसके चेहरे की मलीह मतानत पर राजकिशोर के अल्फ़ाज़ कोई असर पैदा नहीं कर रहे थे; वह राजकिशोर की उभरी हुई छाती की तरफ़ देख रही थी… राजकिशोर के कुरते के बटन खुले हुए थे और उसके गोरे बदन पर उसकी छाती के काले बाल बहुत ही ख़ूबसूरत मालूम हो रहे थे।

स्टूडियो में चारों तरफ़ हर चीज़ धुली हुई थी; नियाज़ मुहम्मद विलेन की दोनों बिल्लियाँ भी, जो आमतौर पर ग़लीज़ रहा करती थीं, उस रोज़ बहुत साफ़-सुथरी दिखाई दे रही थीं… नीलम जॉर्जट की बेदाग़ सफ़ेद साड़ी में मलबूस[34] थी; ब्लाउज़ सफ़ेद लिनेन का

था, जो उसकी साँवली और सुडौल बाँहों के साथ एक निहायत ही ख़ुशगवार और मद्धम-सा तज़ाद पैदा कर रहा था।

"नीलम इतनी मुख़्तलिफ़ क्यों दिखाई दे रही हैं?" एक लहज़े के लिए यह सवाल मेरे दिमाग़ में पैदा हुआ, और जब एकदम मेरी और उसकी आँखें चार हुईं तो मुझे उसकी निगाहों के इज़्तिराब[35] में अपने सवाल का जवाब मिल गया : 'नीलम मुहब्बत में गिरफ़्तार हो चुकी है।'

उसने हाथ के इशारे से मुझे बुलाया... थोड़ी देर इधर-उधर की बातें हुईं... जब राजकिशोर चला गया तो उसने मुझसे कहा : "आज तुम मेरे साथ चलोगे।"

शाम को छः बजे हम उसके मकान पर थे। जूँ ही हम अंदर दाखिल हुए, उसने अपना बैग सोफ़े पर फेंका और मुझसे नज़रें मिलाए बग़ैर कहा : "तुमने जो कुछ सोचा है, ग़लत है।"

मैं उसका मतलब समझ गया... मैंने जवाब दिया : "तुम्हें क्या मालूम, मैंने क्या सोचा था?"

उसके पतले होंठों पर ख़फ़ीफ़-सी पुरअसरार मुस्कराहट पैदा हुई : "मुझे मालूम है... इसलिए कि हम दोनों ने एक ही बात सोची थी... तुमने सोचने के बाद शायद ग़ौर नहीं किया, लेकिन मैं बहुत सोच-विचार के बाद इस नतीजे पर पहुँची हूँ कि हम दोनों ग़लत थे।"

"अगर मैं कहूँ कि हम दोनों सही थे तो..."

उसने सोफ़े पर बैठते हुए कहा : "तो हम दोनों बेवकूफ़ हैं..." फ़ौरन ही उसके चेहरे की संजीदगी और ज्यादा सँवला गई : "सादिक़, यह कैसे हो सकता है... मैं बच्ची हूँ, जो मुझे अपने दिल का हाल मालूम नहीं... तुम्हारे खयाल के मुताबिक़ मेरी उम्र क्या होगी?"

"बाईस बरस।"

"बिलकुल दुरुस्त... लेकिन तुम यह नहीं जानते कि दस बरस की उम्र में भी मुझे मुहब्बत के मानी मालूम थे... मानी क्या हुए जी... ख़ुदा की कसम, मैं मुहब्बत करती थी... दस से लेकर सोलह बरस की उम्र तक मैं एक खतरनाक मुहब्बत में गिरफ़्तार रही हूँ... मेरे दिल में अब क्या खाक किसी की मुहब्बत पैदा होगी..." उसने मेरे मुन्जमिद[36] चेहरे की तरफ देखा और मुज़्तरिब होकर कहा : "तुम कभी नहीं मानोगे... मैं तुम्हारे सामने अपना दिल निकालकर रख दूँ, फिर भी तुम यक़ीन नहीं करोगे... मैं तुम्हें अच्छी तरह जानती हूँ... भई, ख़ुदा की क़सम, वह मर जाए, जो तुमसे झूठ बोले... मेरे दिल में अब किसी की मुहब्बत पैदा नहीं हो सकती... हाँ, इतना ज़रूर है कि..." वह कहते-कहते एकदम रुक गई।

मैंने कुछ न कहा कि वह गहरे फ़िक्र में ग़र्क़ हो गई थी... वह शायद सोच रही थी कि 'इतना ज़रूर' क्या है।

थोड़ी देर के बाद उसके पतले होंठों पर वही ख़फ़ीफ़ पुरअसरार मुस्कराहट नुमूदार हुई, जिससे कभी-कभी उसके चेहरे की संजीदगी में थोड़ी-सी आलिमाना शरारत पैदा हो जाती

थी ··· सोफ़े पर से एक झटके के साथ उठकर उसने कहना शुरू किया : ''मैं इतना ज़रूर कह सकती हूँ कि यह मुहब्बत नहीं है ··· कोई और बला हो तो मैं कह नहीं सकती ··· सादिक़, मैं तुम्हें यक़ीन दिलाती हूँ ··· ''

मैंने फ़ौरन ही कहा : ''यानी तुम अपने आपको यक़ीन दिलाती हो ।''

वह जल गई : ''तुम बहुत कमीने हो ··· भई, कहने का एक ढंग होता है ··· आख़िर तुम्हें यक़ीन दिलाने की मुझे ज़रूरत ही क्या पड़ी है ··· मैं अपने आपको यक़ीन दिला रही हूँ, मगर मुसीबत यह है कि मुझे यकीन आ नहीं रहा है ··· क्या तुम मेरी मदद नहीं कर सकते ··· ?'' वह मेरे पास बैठ गई और मेरे दाहिने हाथ की छुँगुलिया पकड़कर मुझसे पूछने लगी : ''राजकिशोर के मुताल्लिक़ तुम्हारा क्या ख़याल है ··· मेरा मतलब है, तुम्हारे ख़याल के मुताबिक़ राजकिशोर में वह कौन-सी चीज़ है, जो मुझे पसंद आ गई है ··· '' छुँगलिया छोड़कर उसने एक-एक करके मेरी दूसरी उँगलियाँ पकड़नी शुरू कर दीं : ''मुझे उसकी बातें पसंद नहीं ··· मुझे उसकी एक्टिंग पसंद नहीं ··· मुझे उसकी डायरी पसंद नहीं ··· जाने आज क्या ख़ुराफ़ात सुना रहा था ··· '' फिर वह ख़ुद ही तंग आकर उठ खड़ी हुई : ''समझ में नहीं आता, मुझे क्या हो गया है ··· जी चाहता है कि एक हंगामा हो ··· बिल्लियों की लड़ाई हो, शोर मचे, धूल उड़े और मैं पसीना-पसीना हो जाऊँ ··· '' फिर एकदम वह मेरी तरफ़ पलटी : ''सादिक़, तुम्हारा क्या ख़याल है ··· मैं कैसी औरत हूँ ?''

मैंने मुस्कराकर जवाब दिया : ''बिल्लियाँ और औरतें मेरी समझ से हमेशा बालातर रही हैं ।''

उसने एकदम पूछा : ''क्यों ?''

मैंने थोड़ी देर सोचकर जवाब दिया : ''हमारे घर में एक बिल्ली रहती थी ··· साल में एक मर्तबा उस पर रोने के दौरे पड़ते थे ··· उसका रोना सुनकर कहीं से एक बिल्ला आ जाया करता था, फिर उन दोनों में इस क़दर लड़ाई और ख़ूनख़राबा होता कि अलअमाँ ··· मगर उसके बाद वह ख़ाला बिल्ली चार बच्चों की माँ बन जाया करती थी ··· ''

'' 'थू ··· तुम कितने गंदे हो ··· '' उसके मुँह का ज़ाइक़ा जैसे ख़राब हो गया हो ··· थोड़ी देर के बाद इलायची से मुँह का ज़ाइक़ा दुरुस्त करते हुए उसने कहा : ''औलाद से मुझे नफ़रत है ··· ख़ैर, हटाओ जी इस क़िस्से को !''

उसने पानदान खोलकर अपनी पतली-पतली उँगलियों से मेरे लिए पान लगाना शुरू कर दिया; चाँदी की छोटी-छोटी कटोरियों में से उसने बड़ी नफ़ासत से चमची के साथ चूना और कत्था निकाला, रंगे निकाले हुए पान पर फैलाया; छालियाँ रखीं और गिलौरी बनाकर मुझे दी : ''सादिक़, तुम्हारा क्या ख़याल है ?''

मैंने पूछा : ''किस बारे में ?''

उसने सरौते से भुनी हुई छालियाँ काटते हुए कहा : ''उसी बकवास के बारे में, जो ख़्वाहमख़्वाह शुरू हो गई है ··· यह बकवास नहीं तो और क्या है ··· मेरी समझ में कुछ आता ही नहीं ··· ख़ुद ही फाड़ती हूँ, ख़ुद ही रफ़ू करती हूँ ··· अगर यह बकवास जारी रही तो जाने क्या होगा ··· तुम नहीं जानते, मैं बहुत ज़बर्दस्त औरत हूँ !''

''ज़बर्दस्त से तुम्हारी मुराद क्या है ?''

उसके पतले होंठों पर वही ख़फ़ीफ़ पुरअसरार मुस्कराहट पैदा हुई : ''तुम बड़े बेशर्म हो···सबकुछ समझते हो, मगर महीन-महीन चुटकियाँ लेकर मुझे उकसाओगे ज़रूर···'' उसकी आँखों की सफ़ेदी गुलाबी रंगत इख़्तियार कर गई : ''तुम समझते क्यों नहीं···मैं बहुत···गर्म मिज़ाज औरत हूँ···'' वह उठ खड़ी हुई : ''अब तुम जाओ···मैं नहाना चाहती हूँ।''

मैं चला आया।

इसके बाद नीलम ने बहुत दिनों तक राजकिशोर के बारे में मुझसे कुछ न कहा, मगर इस दौरान में हम दोनों एक-दूसरे के ख़यालात से वाक़िफ़ थे। जो कुछ वह सोचती थी, मुझे मालूम हो जाता था और जो कुछ मैं सोचता था, उसे मालूम हो जाता था···कई रोज़ तक यही खा़मोश तबादला जारी रहा।

एक दिन डायरेक्टर कृपलानी, जो 'बन की सुंदरी' बना रहा था, हीरोइन को एक गीत सुनवा रहा था। हम सब म्यूज़िक रूम में जमा थे। नीलम एक कुर्सी पर बैठी अपने पाँव की जुंबिश से हौले-हौले ताल दे रही थी। एक बाज़ारी क़िस्म का गाना था, मगर धुन अच्छी थी···जब गीत ख़त्म हुआ तो राजकिशोर काँधे पर खादी का थैला टाँगे कमरे में दाख़िल हुआ। डायरेक्टर कृपलानी, म्यूज़िक डायरेक्टर घोष, साउंड रिकार्डिस्ट मोघा, इन सबको फ़र्दन-फ़र्दन उसने अंग्रेज़ी में आदाब किया, फिर हीरोइन मिस ईदन बाई को हाथ जोड़कर नमस्कार किया और कहा : ''ईदन बहन, कल मैंने आपको कराफ़र्ड मार्केट में देखा···मैं आपकी भाभी के लिए मोसंबियाँ ख़रीद रहा था कि आपकी मोटर नज़र आई···'' झूलते-झूलते उसकी नज़र नीलम पर पड़ी, जो पियानो के पास एक पस्त क़द कुर्सी में धँसी हुई थी; एकदम उसके हाथ नमस्कार के लिए उठे···नीलम फ़ौरन उठ खड़ी हुई : ''राज साहब, मुझे बहन न कहिएगा···''

नीलम ने यह बात कुछ इस अंदाज़ से कही कि म्यूज़िक रूम में बैठे हुए सब आदमी एक लहज़े के लिए मबहूत[37] हो गए।

रार्जकिशोर खिसियाना-सा हो गया और सिर्फ़ इस क़दर कह सका : ''क्यों ?''

नीलम जेवाब दिए बग़ैर बाहर निकल गई।

तीसरे रोज सह पहर[38] के वक़्त में नागपाड़े में शामलाल पनवाड़ी की दूकान पर गया तो वहाँ इसी वाक़िए के मुताल्लिक़ चिमैगोइयाँ हो रही थीं।

शामलाल बड़े फ़ख़्रिया लहजे में कह रहा था : ''साली का अपना मन मैला होगा···वर्ना राज भाई किसी को बहन कहे और वह बुरा माने···कुछ भी हो, साली की मुराद कभी पूरी नहीं होगी···राज भाई लँगोट का बहुत पक्का है···''

राज भाई के लँगोट से मैं बहुत तंग आ चुका था, मगर मैंने शामलाल से कुछ न कहा और ख़ामोश बैठा उसकी और उसके दोस्त गाहकों की बातें सुनता रहा, जिनमें मुबालग़ा ज्यादा और असलियत कम थी।

स्टूडियो में हर शख़्स को म्यूज़िक रूम के उस हादिसे का इल्म था और तीन रोज़ से

गुफ़्तगू का मौज़ूँ बस वही हादिसा था कि राजकिशोर को मिस नीलम ने क्यों एकदम बहन कहने से मना किया—मैंने राजकिशोर की ज़बानी उस बारे में कुछ न सुना, मगर उसके एक दोस्त से मुझे मालूम हुआ कि उसने अपनी डायरी में उस हादिसे पर निहायत ही दिलचस्प तब्सिरा लिखा है और प्रार्थना की है कि मिस नीलम का दिलो-दिमाग़ पाक-साफ़ हो जाए।

उस हादिसे के बाद कई दिन गुज़र गए, मगर कोई क़ाबिले-ज़िक्र बात वुक़ूपज़ीर[39] न हुई—नीलम पहले से कुछ ज़्यादा संजीदा हो गई थी और अब राजकिशोर के कुर्ते के तमाम बटन हर वक़्त खुले रहते थे और उसकी गोरी और उभरी हुई छाती के काले बाल बाहर झाँकते रहते थे।

इत्तिफ़ाक़ से दो रोज़ से बारिश थमी हुई थी और 'बन की सुंदरी' के चौथे सेट का रंग ख़ुश्क हो चुका था, इसलिए डायरेक्टर कृपलानी ने नोटिस बोर्ड पर शूटिंग का ऐलान चस्पाँ करवा दिया।

जो सीन लिया जानेवाला था, नीलम और राजकिशोर के दरमियान था; मैंने ही उस सीन के मुकालमे लिखे थे, इसलिए मुझे मालूम था कि राजकिशोर बातें करते-करते नीलम का हाथ चमेगा ⋯ इस सीन में हाथ चूमने की बिलकुल गुंजाइश नहीं थी, जिस तरह अवाम के जज़्बात उकसाने के लिए आमतौर पर फ़िल्मों में औरतों को बराए-नाम लिबास पहनाए जाते हैं, उसी तरह डायरेक्टर कृपलानी ने पुराने आज़माए हुए नुस्ख़े के मुताबिक़ यह टच सीन में रख दिया था।

जब शूटिंग शुरू हुई तो मैं धड़कते हुए दिल के साथ सेट पर मौजूद था। राजकिशोर और नीलम का रद्दे-अमल क्या होगा, इसके तसव्वुर ही से मेरे जिस्म में सनसनी की एक लहर दौड़ जाती थी, मगर सारा सीन मुकम्मल हो गया और कुछ न हुआ। हर मुकालमे के बाद एक थका देनेवाली यकआहंगी के साथ बर्क़ी लैंप रौशन होते और फिर गुल हो जाते; 'स्टार्ट' और 'कट' की आवाज़ें बुलंद होतीं ⋯ शाम को जब सीन के क्लाइमेक्स का वक़्त आया तो राजकिशोर ने बड़े रोमानी अंदाज़ में नीलम का हाथ पकड़ा और फिर कैमरे की तरफ़ पीठ करके अपना हाथ चूम लिया।

मेरा ख़याल था कि नीलम अपना हाथ खींचकर राजकिशोर के मुँह पर एक ऐसा चाँटा जड़ देगी कि रिकार्डिंग रूम में मोघा के कानों के पर्दे फट जाएँगे, मगर इसके बरअक्स मुझे नीलम के पतले होंठों पर एक तहलीलशुदा[40] मुस्कराहट दिखाई दी, जिसमें औरत के मज्रूह जज़्बात का शाइबा[41] तक मौजूद न था।

मुझे सख़्त नाउम्मीदी हुई थी, मगर मैंने इसका ज़िक्र नीलम से न किया ⋯ दो-तीन रोज़ गुज़र गए और जब उसने भी मुझसे इस बारे में कुछ न कहा तो मैंने यह नतीज़ा अख़ज़ किया कि उसे इस हाथ चूमनेवाली बात का इल्म ही नहीं था, बल्कि यूँ कहना चाहिए कि उसके ज़की-उल-हिस[42] दिमाग़ में उसका ख़याल तक भी न आया था, और इसकी वजह सिर्फ़ यह हो सकती थी कि वह उस वक़्त राजकिशोर की ज़बान से, जो औरत को बहन कहने का आदी था, आशिक़ाना अल्फ़ाज़ सुन रही थी।

नीलम का हाथ चूमने की बजाय राजकिशोर ने अपना हाथ क्यों चूमा था? क्या उसने

इंतिकाम लिया था? क्या उसने नीलम को जलील करने की कोशिश की थी?

ऐसे कई सवाल मेरे दिमाग़ में पैदा हुए, मगर मुझे कोई जवाब न मिल सका।

चौथे रोज़ जब मैं हस्बे-मामूल नागपाड़े में शामलाल की दूकान पर गया तो उसने मुझसे शिकायत भरे लहजे में कहा : ''मंटो साहब, आप तो हमें अपनी कंपनी की कोई बात सुनाते ही नहीं··· आप बताना नहीं चाहते या फिर आपको कुछ मालूम ही नहीं होता··· पता है आपको, राज भाई ने क्या किया?'' फिर उसने अपने अंदाज़ में यह कहानी बयान की : ''बन की सुंदरी' में एक सीन था, जिसमें डायरेक्टर साहब ने राज भाई को मिस नीलम का मुँह चूमने का आर्डर दिया। लेकिन साहब, कहाँ राज भाई और कहाँ वह साली टकयाई··· राज भाई ने फ़ौरन कह दिया : 'ना साहब, मैं ऐसा काम कभी नहीं करूँगा··· मेरी अपनी पत्नी है··· इस गंदी औरत का मुँह चूमकर क्या मैं अपनी पत्नी के पवित्र होंठों से अपने होंठ मिला सकता हूँ···' बस साहब, फ़ौरन डायरेक्टर साहब को सीन बदलना पड़ा और राज भाई से कहा गया : 'अच्छा भई, तुम मुँह न चूमो, हाथ तो चूम लो···' मगर राज भाई ने भी कच्ची गोलियाँ नहीं खेलीं हैं··· जब वक़्त आया तो राज भाई ने इस सफ़ाई से अपना हाथ चूमा कि देखनेवालों को यही मालूम हो कि उस साली का हाथ चूमा है···''

मैंने इस गुफ़्तगू का ज़िक्र नीलम से न किया, इसलिए कि जब वह सारे क़िस्से ही से बेख़बर थी, ख़्वाहमख़्वाह उसे रंजीदा करना बेमानी होता।

मालूम नहीं कौन-सा महीना था, और कौन-सी तारीख थी; मुझे सिर्फ़ इतना याद है कि 'बन की सुंदरी' का पाँचवाँ सेट लग रहा था और बारिश बड़े ज़ोरों पर थी कि नीलम अचानक बहुत तेज़ बुख़ार में 'मुब्तला हो गई—मुझे स्टूडियो में कोई काम नहीं था, इसलिए मैं घंटों उसके पास बैठा उसकी तीमारदारी करता रहता।

मलेरिया ने उसके चेहरे की सँवलाहट में अजीब क़िस्म की दर्द अंगेज़ ज़र्दी पैदा कर दी थी; उसकी आँखों और उसके पतले होंठों के कोनों में जो नाक़ाबिले-बयान तलख़ियाँ घुली रहती थीं, अब उनमें एक बेमालूम बेबसी की झलक भी दिखाई देती थी··· कुनीन के टीकों से उसकी समाअत किसी क़दर कमज़ोर हो गई थी और इस एहसास तले उसे अपनी नहीफ़ आवाज़ ऊँची करना पड़ती थी; उसका ख़याल था कि शायद मेरे कान भी ख़राब हो गए हैं।

एक दिन जब उसका बुख़ार बिलकुल दूर हो गया था और वह बिस्तर पर लेटी नक़ाहत भरे लहजे में ईदन बाई की बीमारपुर्सी का शुक्रिया अदा कर रही थी तो नीचे-से मोटर के हार्न की आवाज़ आई—मैंने देखा कि हार्न की आवाज़ सुनकर उसके बदन पर एक सर्द झुरझुरी-सी दौड़ गई है।

थोड़ी देर के बाद कमरे का दबीज़[43] सागवानी दरवाज़ा खुला और राजकिशोर खादी के सफ़ेद कुर्ते और तंग पाजामे में अपनी पुराने वज़अ की बीवी के हमराह दाख़िल हुआ। उसने ईदन बाई को 'ईदन बहन' कहकर सलाम किया, मेरे साथ हाथ मिलाया और अपनी बीवी को, जो तीखे-तीखे नक़्शोंवाली घरेलू क़िस्म की औरत थी, हम सबसे मुतआरिफ़ कराके वह नीलम के पलंग पर बैठ गया; चंद लम्हात वह ऐसे ही ख़ला में घूरता रहा, फिर उसने कमज़ोर और थकी हुई नीलम की तरफ़ देखा··· मैंने पहली मर्तबा राजकिशोर की धुली हुई

आँखों में एक गर्दआलूद जज़्बा तैरता हुआ पाया।

मैं अभी पूरी तरह मुतहय्यर[44] भी न होने पाया था कि उसने खिलदड़े अंदाज़ में कहना शुरू किया : "मैं बहुत दिनों से इरादा कर रहा था कि आपकी बीमारपुर्सी के लिए आऊँ, मगर इस कमबख़्त मोटर का इंजन कुछ ऐसा ख़राब हुआ कि दस दिन कारख़ाने में पड़ी रही... आज आई तो मैंने..." उसने अपनी बीवी की तरफ़ इशारा करते हुए कहा : "शांति से कहा, भई चलो इसी वक़्त चलो, रसोई का काम कोई और कर लेगा... आज इत्तिफ़ाक़ से रक्षाबंधन का त्योहार भी है, नीलम बहन की ख़ैरो-आफ़ियत भी पूछ आएँगे और उनसे रक्षा भी बँधवा आएँगे... !" फिर उसने अपने खादी के कुर्ते की जेब से एक रेशमी फुंदनोंवाली राखी निकाली... नीलम के चेहरे की ज़र्दी और ज़्यादा दर्दअंगेज़ हो गई।

राजकिशोर अपनी बात कहने के बाद जान-बूझकर नीलम की तरफ़ नहीं देख रहा था—उसने ईदन बाई से कहा : "मगर ऐसे नहीं... ख़ुशी का मौक़ा है... बहन बीमार बनकर राखी नहीं बाँधेगी..." फिर उसने अपनी बीवी से कहा : "शांति, चलो उठो... इनको लिपस्टिक वग़ैरह लगाओ... मेकअप-बॉक्स कहाँ है ?"

सामने मेंटल पीस पर नीलम का मेकअप-बॉक्स पड़ा था—राजकिशोर ने चंद लंबे-लंबे कदम उठाए और बॉक्स ले आया।

नीलम ख़ामोश थी; उसके पतले होंठ भिंच गए थे, जैसे वह अपनी चीख़ें बड़ी मुश्किल से रोक रही हो।

जब शांति ने पतिव्रता स्त्री की तरह उठकर नीलम का मेकअप करना चाहा तो उसने कोई मुज़ाहमत पेश न की; ईदन बाई ने जैसे एक बेजान जिस्म को सहारा देकर उठाया—जब शांति ने निहायत ही ग़ैर सन्नाआना[45] तरीक़ पर नीलम के होंठों पर लिपस्टिक लगाना शुरू की तो वह मेरी तरफ़ देखकर मुस्कराई... नीलम की मुस्कराहट एक ख़ामोश चीख़ थी।

मेरा ख़याल था—नहीं, मुझे यकीन था कि एकदम कुछ होगा—नीलम के भिंचे हुए होंठ एक धमाके के साथ वा होंगे, और जिस तरह बरसात में पहाड़ी नाले बड़े-बड़े मज़बूत बंद तोड़कर दीवानावार आगे निकल जाते हैं। उसी तरह नीलम अपने रुके हुए जज़्बात के तूफ़ानी बहाव में हम सबके क़दम उखाड़कर ख़ुदा मालूम हमें किन गहराइयों में ले जाएगी, मगर ताज्जुब यह हुआ कि वह बिलकुल ख़ामोश रही... उसके चेहरे की दर्दअंगेज ज़र्दी ग़ाज़े और सुर्ख़ी के ग़ुबार तले छुपती रही और वह पत्थर की मूर्ति की तरह बेहिस रही।

आख़िर जब मेकअप मुकम्मल हो गया तो उसने राजकिशोर से हैरतअंगेज़ तौर पर मज़बूत लहजे में कहा : "लाइए, अब मैं राखी बाँध दूँ !"

थोड़ी ही देर में रेशमी फुंदनोंवाली राखी राजकिशोर की कलाई के गिर्द लिपटी हुई थी, और नीलम, जिसके हाथ काँपने चाहिए थे, बड़े संगीन सुकून के साथ राखी का तक्मा बंद कर रही थी—इस अमल के दौरान में एक मर्तबा फिर मुझे राजकिशोर की धुली हुई आँखों में एक गर्दआलूद जज़्बे की झलक नज़र आई।

राजकिशोर ने रस्म के मुताबिक़ एक लिफ़ाफ़े में नीलम को कुछ रुपए दिए, जो नीलम

ने शुक्रिया अदा करके अपने तकिए के नीचे रख लिए।

जब सब लोग चले गए और मैं और नीलम अकेले रह गए तो उसने मुझ पर एक उजड़ी हुई निगाह डाली और तकिए पर सिर रखकर ख़ामोश लेट गई।

पलंग पर राजकिशोर का थैला पड़ा था—जब नीलम ने थैला देखा तो पाँव से एक तरफ़ हटा दिया।

मैं तक़रीबन दो घंटे उसके पास बैठा अख़बार पढ़ता रहा; जब उसने कोई बात न की तो मैं रुख़्सत लिए बग़ैर चला आया।

इस वाक़िए के तीन रोज़ बाद मैं नागपाड़े में अपनी नौ रुपए माहवार की खोली के अंदर बैठा शेव कर रहा था और बराबर की खोली से अपनी हमसाई मिसेज़ फ़रनेंडिस की गालियाँ सुन रहा था कि एकदम कोई अंदर दाख़िल हुआ।

मैंने पलटकर देखा—नीलम थी।

एक लहजे के लिए मैंने ख़याल किया था कि नहीं, कोई और है—उसके होंठों पर गहरे सुर्ख़ रंग की लिपस्टिक कुछ इस तरह फैली हुई थी, जैसे उसके मुँह से ख़ून निकल-निकलकर बहता रहा हो और पोंछा न गया हो; उसके सिर पर एक बाल भी सही हालत में नहीं था; उसकी सफ़ेद साड़ी की बोटियाँ उड़ी हुई थीं; उसके ब्लाउज़ के तीन-चार हुक खुले हुए थे और उसकी साँवली छातियों पर ख़राशें नज़र आ रही थीं।

नीलम को उस हालत में देखकर मुझसे पूछा ही न गया कि उसे क्या हुआ है और वह कैसे मेरी खोली का पता लगाकर वहाँ पहुँची है।

पहला काम मैंने यह किया कि उठकर दरवाज़ा बंद कर दिया।

वह टाँगें लटकाए मेज़ पर बैठी हुई थी—जब मैं कुर्सी खींचकर उसके पास बैठा तो उसने अपने लिपस्टिक से लुथड़े हुए होंठ खोले और कहा : "मैं सीधी यहाँ आ रही हूँ।"

मैंने आहिस्ता से पूछा : "कहाँ से?"

"अपने घर से··· और मैं तुमसे यह कहने आई हूँ कि वह बकवास, जो बैठे-बिठाए शुरू हो गई थी, अब ख़त्म हो गई है।"

"कैसे?"

"मुझे मालूम था कि वह फिर मेरे घर आएगा, उस वक़्त, जब कोई और नहीं होगा··· और वह आया अपना थैला लेने के लिए···" उसके पतले होंठों पर, जो फैली हुई लिपस्टिक ने बिलकुल बेशक्ल कर दिए थे, वही ख़फ़ीफ़-सी मुस्कराहट नमूदार हुई : "वह अपना थैला लेने आया था··· मैंने कहा, आइए, दूसरे कमरे में पड़ा है··· मेरा लहजा शायद बदला हुआ था··· वह कुछ घबरा-सा गया··· मैंने कहा, घबराइए नहीं··· जब हम दूसरे कमरे में दाख़िल हुए तो मैं उसे थैला देने की बजाय ड्रेसिंग टेबिल के सामने बैठ गई और मैंने मेकअप करना शुरू कर दिया···" वह ख़ामोश हो गई।

उसने क़रीब ही मेज़ पर रखा हुआ और पानी से भरा हुआ गिलास उठाया और सारा पानी ग़टाग़ट पी गई··· उसने साड़ी के पल्लू से अपने होंठ पोंछकर फिर सिलसिला-ए-कलाम जारी किया : "मैं एक घंटे तक मेकअप करती रही··· जितनी लिपस्टिक होंठों पर थुप

सकती थी, मैंने थोपी··· जितनी सुर्ख़ी गालों पर चढ़ सकती थी, मैंने चढ़ाई··· वह एक कोने में खड़ा आईने में मेरी शक्ल देखता रहा··· जब मैं बिलकुल चुड़ैल बन गई तो मज़बूत क़दमों के साथ चलकर मैंने दरवाज़ा बंद कर दिया···"

"फिर क्या हुआ ?"

जब मैंने अपने सवाल का जवाब हासिल करने के लिए उसकी तरफ़ देखा तो वह मुझे बिलकुल मुख़्तलिफ़ नज़र आई··· साड़ी से होंठ पोंछने के बाद उसके होंठों की रंगत कुछ अजीब-सी हो गई थी; उसका लहजा भी सुर्ख़ गर्म लोहे की तरह था··· इस वक़्त तो वह मुझे चुड़ैल नज़र नहीं आ रही थी, लेकिन जब उसने मेकअप किया होगा, वह यक़ीनन चुड़ैल दिखाई देती होगी।

मेरे सवाल का जवाब उसने फौरन न दिया—मेज पर से उठकर वह टाट की चारपाई पर बैठ गई : "मैंने उसको झँझोड़ दिया··· जंगली बिल्ली की तरह मैं उस पर टूट पड़ी··· मैंने उसका मुँह नोच डाला··· बहुत देर तक मैं उसके साथ कुश्ती लड़ती रही··· उसमें बला की ताक़त थी, लेकिन··· लेकिन मैं तुमसे कह चुकी हूँ··· मैं बहुत ज़बर्दस्त औरत हूँ··· बहुत गर्म औरत हूँ··· मेरी कमज़ोरी··· वह कमज़ोरी जो मलेरिया ने पैदा की थी, मुझे बिलकुल महसूस न हुई··· मेरा बदन तप रहा था, मेरी आँखों से चिंगारियाँ निकल रही थीं··· मेरी हड्डियाँ सख़्त हो रही थीं··· मैंने उसे जकड़ रखा था, मैं उससे लड़ रही थी··· मैं उससे भिड़ गई थी··· मैंने उसके सफ़ेद खादी के कुर्ते की कई बोटियाँ इन उँगलियों से नोच डालीं··· उसने मेरे बाल नोचने शुरू कर दिए, मेरी कई लटें जड़ से निकाल डालीं··· उसने अपनी सारी ताक़त सर्फ़ कर डाली, मगर मैंने तहय्या कर लिया था कि फ़तह मेरी होगी··· वह क़ालीन पर गिरा पड़ा था और मैं इस कदर हाँफ रही थी कि लगता था, मेरा साँस एकदम रुक जाएगा··· मैंने हाँफते-हाँफते भी उसके कुर्ते की चिंदी-चिंदी कर दी··· मैंने जब बालों भरा उसका चौड़ा-चकला सीना देखा तो··· सादिक़, कमबख़्त का जिस्म वाक़ई ख़ूबसूरत है··· जाने मुझे क्या हुआ, मैं एकदम उस पर झुकी और मैंने उसे काटना शुरू कर दिया···" यकायक वह रुक गई और तेज़ी से चारपाई से उठ खड़ी हुई; अपने बिखरे हुए बालों को सिर की जुंबिश से एक तरफ़ हटाते हुए वह फिर बैठ गई : "मैंने उसके पाजामे के टुकड़े उड़ा दिए और उसके होंठों से अपने लहू भरे होंठ पैवस्त कर दिए··· मैंने उसे एक ख़तरनाक जलता हुआ बोसा दिया तो वह अंजाम रसीदा औरत की तरह ठंडा हो गया··· मैंने वह बकवास देखी··· वही बकवास, जिसके मुताल्लिक़ मैं सोचती थी··· मुझे एकदम उससे नफ़रत हो गई··· मैं उठ खड़ी हुई··· मैंने अपने पूरे क़द से नीचे उसकी तरफ़ देखा··· उसके ख़ूबसूरत बदन पर उसके और मेरे लहू ने और मेरी लिपस्टिक की सुर्ख़ी ने बहुत ही बदनुमा बेल-बूटे बना दिए थे··· मैंने अपने कमरे की तरफ़ देखा तो मुझे हर चीज़ मस्नूई नज़र आई··· मैंने जल्दी से दरवाज़ा खोला कि कहीं मेरा दम न घुट जाए और सीधी तुम्हारे पास चली आई···" वह ख़ामोश हो गई, मुर्दे की तरह ख़ामोश।

मैं डर गया।

उसका एक हाथ चारपाई से नीचे लटक रहा था—मैंने छुआ; वह हाथ आग की तरह गर्म था।

मैंने हौले-से पुकारा : "नीलम···नीलम···"

फिर मैंने ज़रा ज़ोर से पुकारा, मगर उसने कोई जवाब न दिया।

जब मैंने ख़ौफ़ज़दा आवाज़ में बहुत ज़ोर से 'नीलम' कहा तो वह चौंक पड़ी।

चारपाई से उठकर, मेरा हाथ थामकर, ज़रा दबाकर, जाते हुए उसने सिर्फ़ इस क़दर कहा : "सआदत, मेरा नाम राधा है!"

---

1. अव्यवस्थित; 2. एक के बाद एक; 3. गिरते-पड़ते, जैसे-तैसे; 4. समय, युग; 5. संवाद; 6. नवागंतुक; 7. स्तन; 8. मेहरबानी; 9. अपरिचित; 10. सुगठित; 11. कभी-कभी; 12. मर्दों-जैसा ज़नानापन; 13. मिला हुआ; 14. अंगों; 15. प्रभावित; 16. एक मात्र गवाह; 17. प्रदर्शन; 18. प्रशंसक; 19. कंठस्थ; 20. अत्यधिक प्रशंसा; 21. कदापि नहीं; 22. बनावटी; 23. खींचा-तानी, झगड़ा; 24. बहुत; 25. एकत्व, विशेषता; 26. गंभीरता; 27. सौंदर्य प्रसाधन; 28. समझाने के लिए; 29. अल्लाह की शरण; 30. चर्चा के तौर पर; 31. राजनीतिक; 32. लेखन-शैली; 33. मिश्रण; 34. वस्त्र धारण किए हुए; 35. व्यग्रता; 36. भावशून्य; 37. चकित; 38. तीसरा पहर (दोपहर के बाद); 39. घटित; 40. घुली हुई; 41. झलक; 42. जिसकी संवेदन शक्ति बढ़ जाए; 43. मोटा; 44. आश्चर्यचकित; 45. बेढंगे।

जानकी

पूना में रेसों का मौसम शुरू होनेवाला था कि पेशावर से अज़ीज़ ने लिखा : "मैं अपनी एक जान-पहचान की औरत जानकी को तुम्हारे पास भेज रहा हूँ। उसको या तो पूना में या बांबे की किसी फ़िल्म कंपनी में मुलाज़िम करवा दो। तुम्हारी वाक़िफ़ीयत काफ़ी है। उम्मीद है, तुम्हें ज़्यादा दिक़्क़त नहीं होगी।"

दिक़्क़त का तो इतना ज़्यादा सवाल नहीं था, लेकिन मुसीबत यह थी कि मैंने ऐसा काम कभी किया ही नहीं था—फ़िल्म कंपनियों में अक्सर वही आदमी औरतें लेकर आते हैं, जिन्हें उनकी कमाई खाना होती है— ज़ाहिर है कि मैं बहुत घबराया। फिर मैंने सोचा कि अज़ीज़ इतना पुराना दोस्त है, जाने किस यक़ीन के साथ उस औरत जानकी को भेज रहा है, उसको मायूस नहीं करना चाहिए; यह सोचकर भी एक गूना तस्कीन हुई कि औरत के लिए, अगर वह जवान है तो हर फ़िल्म कंपनी के दरवाज़े खुले हैं; इतनी तरद्दुद[1] की बात ही क्या है, मेरी मदद के बग़ैर ही उसे किसी न किसी फ़िल्म कंपनी में जगह मिल जाएगी।

ख़त मिलने के चौथे रोज़ जानकी पूना पहुँच गई—वह बहुत लंबा सफ़र तय करके आई थी, पेशावर से बंबई और बंबई से पूना।

प्लेटफ़ार्म पर उसने मुझको पहचानना था, इसलिए गाड़ी आने पर मैंने एक सिरे से डिब्बों के पास से गुज़रना शुरू कर दिया। मुझे ··· ज़्यादा दूर न जाना पड़ा कि सेकिंड क्लास के डिब्बे से एक मुतवस्सित[2] क़द की औरत, जिसके हाथ में मेरी तस्वीर थी, उतरी और मेरी तरफ़ पीठ करके, एड़ियाँ ऊँची करके हुजूम में मुझे तलाश करने लगी।

मैंने क़रीब जाकर कहा : "जिसे आप ढूँढ़ रही हैं, ग़ालिबन वह मैं ही हूँ।"

वह पलटी : "ओह आप ··· !" उसने एक नज़र मेरी तस्वीर की तरफ़ देखा और फिर बड़े बेतकल्लुफ़ अंदाज़ में कहा : "सआदत साहब, सफ़र बहुत लंबा था ··· बांबे में फ्रंटियर मेल से उतरने के बाद इस गाड़ी के इंतज़ार में जो वक़्त काटना पड़ा, उसने बस तबीयत साफ़ कर दी।"

मैंने कहा : "असबाब कहाँ है आपका ?"

"अभी लाती हूँ।" यह कहकर वह डिब्बे के अंदर दाख़िल हो गई।

मैंने उसके पीछे-पीछे एक कुली को अंदर भेजा—दो सूटकेस और एक बिस्तर था।

स्टेशन से बाहर निकलते हुए उसने मुझसे कहा : "मैं होटल में ठहरूँगी।"

मैंने स्टेशन के सामने ही उसके लिए एक कमरे का बंदोबस्त कर दिया– उसे ग़ुस्ल-वुस्ल करके कपड़े वग़ैरह तब्दील करने थे और आराम भी करना था, इसलिए मैंने उसे अपना ऐड्रेस दिया और यह कहकर कि वह सुबह दस बजे मुझसे मिले, होटल से चल दिया।

सुबह साढ़े दस बजे वह प्रभात नगर पहुँच गई, जहाँ मैं एक दोस्त के यहाँ ठहरा हुआ था–जगह तलाश करने में उसे देर हो गई थी। मेरा दोस्त उस छोटे-से फ़्लैट से, जो नया-नया बना था, थोड़ी देर पहले जा चुका था। मैं रात देर तक लिखने का काम करने के बायस सुबह देर से जागा था, इसलिए नहा-धोकर साढ़े दस बजे चाय पी रहा था कि वह अचानक अंदर दाख़िल हुई।

प्लेटफ़ार्म और फिर होटल में, थकावट के बावुजूद वह मुझे एक जानदार औरत दिखाई दी थी, मगर जूँ ही वह उस कमरे में, जहाँ मैं सिर्फ़ बनियान और पाजामा पहने चाय पी रहा था, दाख़िल हुई तो उसकी तरफ़ देखकर मुझे ऐसा लगा, जैसे कोई बहुत ही परेशान और बुझी हुई औरत मुझसे मिलने आई है। जब मैंने उसे प्लेटफार्म पर देखा था तो वह ज़िंदगी से भरपूर थी, लेकिन जब वह प्रभात नगर के नंबर ग्यारह फ़्लैट में आई तो मुझे महसूस हुआ कि या तो उसने अपना दस-पंद्रह औंस ख़ून ख़ैरात में दे दिया है या फिर उसका इस्क़ात[3] हो गया है।

जैसा कि मैं आपसे कह चुका हूँ, घर में और कोई मौजूद नहीं था, सिवाय एक बेवक़ूफ़ नौकर के। मेरे दोस्त का घर, जहाँ मैं एक फ़िल्मी कहानी लिखने के लिए ठहरा हुआ था, बिलकुल सुनसान था और मजीद एक ऐसा नौकर था, जिसकी मौजूदगी वीराने में इज़ाफ़ा करती थी।

मैंने चाय की एक प्याली बनाकर उसके सामने रखी और कहा : ''नाश्ता तो आप होटल से करके आई होंगी, चाय शौक़ फ़रमाइए।''

उसने इज़्तिराब से अपने होंठ काटते हुए चाय की प्याली उठाई और चाय पीना शुरू की। उसकी दाहिनी टाँग बड़े ज़ोर से हिल रही थी। उसके होंठों की कँपकँपाहट से मैंने जाना कि वह मुझसे कुछ कहना चाहती है, लेकिन हिचकिचा रही है। मैंने सोचा कि शायद होटल में रात को किसी मुसाफ़िर ने उसे छेड़ा हो। मैंने कहा : ''होटल में कोई तकलीफ़ तो नहीं हुई आपको?''

''जी···? जी नहीं!''

मैं उसका मुख़्तसर जवाब सुनकर ख़ामोश रहा–चाय ख़त्म हुई तो मैंने सोचा कि कोई बात तो करनी चाहिए। मैंने पूछा : ''अज़ीज़ साहिब कैसे हैं?''

उसने मेरे सवाल का जवाब न दिया; चाय की प्याली तिपाई पर रख वह उठ खड़ी हुई। फिर एकदम उसने पूछा : ''मंटो साहब, आप किसी अच्छे डाक्टर को जानते हैं?''

मैंने जवाब दिया : ''पूना में तो किसी को नहीं जानता!''

''ओह···।'' वह मायूस हो गई।

मैंने पूछा : ''क्यों? बीमार हैं आप?''

''जी हाँ !'' वह कुर्सी पर बैठ गई।

''क्या तकलीफ़ है ?'' मैंने दरियाफ़्त किया।

उसके तीखे होंठ, जो मुस्कराते वक़्त सिकुड़ जाते थे या वह सिकोड़ लेती थी, वा हुए। उसने कुछ कहना चाहा, लेकिन कह न सकी और उठ खड़ी हुई– उसने मेरा सिगरेट का डिब्बा उठाया और एक सिगरेट सुलगाकर कहा : ''माफ़ कीजिएगा, मैं सिगरेट पिया करती हूँ।''

बाद में मुझे मालूम हुआ कि वह सिगरेट पिया ही नहीं करती, फूँका करती है; मर्दों की तरह सिगरेट उँगलियों में दबाकर ज़ोर-ज़ोर से कश लेती हैं और एक दिन में तक़रीबन पचहत्तर सिगरेटों का धुआँ खींचती है।

मैंने कहा : ''आप बतातीं क्यों नहीं कि आपको तकलीफ़ क्या है ?''

उसने कुँआरी लड़कियों की तरह झुँझलाकर अपना एक पाँव फ़र्श पर मारा : ''हाय अल्लाह, मैं कैसे बताऊँ आपको…'' यह कहकर वह मुस्कराई। मुस्कराते हुए तीखे होंठों की महराब में से मुझे उसके दाँत नज़र आए, जो गैरमामूली तौर पर साफ़ और चमकीले थे। वह बैठ गई और उसने मेरी आँखों में अपनी डगमगाती आँखों को न डालने की कोशिश करते हुए कहा : ''बात यह है कि कुछ दिन ऊपर हो गए हैं और मुझे डर है कि…''

पहले तो मैं मतलब न समझा, लेकिन जब वह बोलते-बोलते रुक गई तो मैं किसी क़दर समझ गया : ''ऐसा अक्सर होता है।''

उसने ज़ोर से कश लिया और मर्दों की तरह ज़ोर से धुएँ को मुँह से बाहर निकालते हुए कहा : ''नहीं, यहाँ मामला कुछ और है… मुझे डर है, कहीं कुछ ठहर न गया हो !''

मैंने कहा : ''ओह…''

उसने सिगरेट का आख़िरी कश लेकर सिगरेट की गर्दन चाय की तश्तरी में दबा दी : ''अगर ऐसा हो गया है तो बड़ी मुसीबत होगी…एक दफ़ा पेशावर में ऐसी ही गड़बड हो गई थी और अज़ीज़ साहब अपने एक हकीम दोस्त से ऐसी दवा लाए थे, जिससे चंद ही दिनों में सब साफ़ हो गया था।''

मैंने पूछा : ''आपको बच्चे पसंद नहीं ?''

वह मुस्कराई : ''पसंद हैं…लेकिन कौन पालता फिरे।''

मैंने कहा : ''आपको मालूम है, इस तरह बच्चे ज़ाया करना जुर्म है ?''

वह एकदम संजीदा हो गई, फिर उसने हैरत भरे लहजे में कहा : ''मुझसे अज़ीज़ साहब ने भी यही कहा था…लेकिन सआदत साहब, इसमें जुर्म की कौन-सी बात है…अपनी ही तो चीज़ है…और इन क़ानून बनानेवालों को यह भी मालूम है कि बच्चा ज़ाया कराते हुए तकलीफ़ कितनी होती है…बड़ा जुर्म है !''

मैं बेइख़्तियार हँस पड़ा : ''अजीबो-ग़रीब औरत हो तुम जानकी !''

उसने हँसना शुरू कर दिया : ''अज़ीज़ साहब भी यही कहा करते हैं !''

हँसते हुए उसकी आँखों में आँसू आ गए। मेरा मुशाहदा[4] है, जो आदमी पुरख़ुलूस हो, हँसते हुए उसकी आँखों में आँसू ज़रूर आ जाते हैं…उसने बैग खोलकर रूमाल निकाला

और अपनी आँखें ख़ुश्क करने के बाद भोले बच्चों के अंदाज़ में पूछा : ''सआदत साहब, बताइए···क्या मेरी बातें दिलचस्प होती हैं ?''

मैंने कहा : ''बहुत।''

''झूठ।''

''इसका सुबूत ?''

उसने सिगरेट सुलगाया : ''शायद ऐसा हो···मैं तो इतना जानती हूँ कि मैं कुछ-कुछ बेवक़ूफ़ हूँ··· ज़्यादा खाती हूँ, ज़्यादा बोलती हूँ, ज़्यादा हँसती हूँ···अब आप ही देखिए ना, ज़्यादा खाने से मेरा पेट कितना बढ़ गया है···अज़ीज़ साहब हमेशा कहते रहे—जानकी, कम खाया करो, पर मैंने उनकी एक न सुनी···सआदत साहब, बात यह है कि मैं कम खाऊँ तो हर वक़्त ऐसा लगता है कि मैं किसी से कोई बात कहना भूल गई हूँ।''

उसने फिर हँसना शुरू कर दिया—मैं भी हँसने लगा।

उसकी हँसी बिलकुल अलग क़िस्म की थी, हँसी के बीच-बीच में घुँघरू-से बजते थे।

इतने में मेरा दोस्त आ गया जिसके यहाँ मैं ठहरा हुआ था। मैंने दोनों का तआरुफ़ कराया और अपने दोस्त को बताया कि जानकी फ़िल्म लाइन में आने का शौक़ रखती है।

मेरा दोस्त जानकी को स्टूडियो ले गया—मेरे दोस्त को यक़ीन था कि वह डायरेक्टर, जिसके साथ वह बहैसियत असिस्टेंट के काम कर रहा था, जानकी को अपनी नई फ़िल्म में एक ख़ास रोल के लिए ज़रूर ले लेगा।

पूना में जितने स्टूडियो थे, मैंने सबमें मुख़्तलिफ़ ज़राए‚से जानकी के लिए कोशिश की—किसी ने उसका साउंड टैस्ट लिया, किसी ने कैमरा टैस्ट, एक फ़िल्म कंपनी में उसको मुख़्तलिफ़ क़िस्म के लिबास पहनाकर देखा गया; मगर नतीजा कुछ न निकला—एक तो वह वैसे ही दिन ऊपर हो जाने के बायस परेशान थी, फिर जब चार-पाँच रोज़ मुतवातिर उसे मुख़्तलिफ़ फ़िल्म कंपनियों के उकता देनेवाले माहौल में बेनतीजा गुज़ारने पड़े तो वह और ज़्यादा परेशान हो गई।

बच्चा ज़ाया करने के लिए वह हर रोज़ कुनीन खाती थी, इससे भी उसकी तबीयत पर गिरानी-सी रहती थी; उसके बग़ैर अज़ीज़ साहब के दिन पेशावर में कैसे गुज़रते हैं, इसके मुताल्लिक़ भी उसको हर वक़्त फ़िक्र रहती थी—पूना पहुँचते ही उसने अज़ीज़ को एक तार भेजा था और बिला नाग़ा हर रोज़ एक ख़त भी लिख रही थी; हर ख़त में एक ही ताकीद होती थी कि वह अपनी सेहत का ख़याल रखें और बाक़ायदगी के साथ दवा पीते रहें।

अज़ीज़ को क्या बीमारी थी, इसका मुझे इल्म नहीं था। जानकी से मुझे इतना मालूम हुआ कि अज़ीज़ साहब को उससे मुहब्बत है, इसलिए वह फ़ौरन उसका कहा मान लेते हैं। घर में बीवी से उनका झगड़ा हो जाता है कि वह दवा नहीं पीते, लेकिन उससे इस मामले में उन्होंने कभी चूँ भी न की। शुरू-शुरू में मेरा ख़याल था कि वह अज़ीज़ के मुताल्लिक़ जो इतनी फ़िक्रमंद रहती है, महज़ बकवास है, बनावट है, लेकिन आहिस्ता-आहिस्ता मैंने उसकी बेतकल्लुफ़ बातों से महसूस किया कि उसे हक़ीक़तन अज़ीज़ का ख़याल है—अज़ीज़ का जब भी ख़त आया, वह पढ़कर ज़रूर रोई।

फ़िल्म कंपनियों के तवाफ़[5] का कोई नतीजा न निकला, लेकिन एक रोज़ जानकी को यह मालूम करके बहुत ख़ुशी हुई कि उसका अंदेशा ग़लत था—दिन वाक़ई ऊपर हो गए थे, लेकिन वह बात, जिसका उसे खटका था, नहीं थी।

जानकी को पूना आए बीस-पच्चीस रोज़ हो चले थे; अज़ीज़ को वह ख़त पे ख़त लिख रही थी; अज़ीज़ की तरफ़ से भी लंबे-लंबे मुहब्बतनामे आते थे—एक ख़त में अज़ीज़ ने मुझसे कहा कि पूना में अगर जानकी के लिए कुछ नहीं होता तो मैं बांबे में कोशिश करूँ कि वहाँ बेशुमार स्टूडियो हैं। अज़ीज़ की बात माक़ूल थी, लेकिन मैं मंज़रनामा लिखने में मसरूफ़ था और मेरा जानकी के साथ बांबे जाना बहुत मुश्किल था। मैंने अपने दोस्त सईद को, जो एक फ़िल्म में हीरो का रोल अदा कर रहा था, टेलीफ़ोन किया। इत्तिफ़ाक़ से उधर स्टूडियो में सईद मौजूद नहीं था, एक और दोस्त नारायन मौजूद था। नारायन को जब मालूम हुआ कि मैं पूना से बोल रहा हूँ तो उसने टेलीफ़ोन ले लिया और ज़ोर से चिल्लाया : "हैलो मंटो, नारायन स्पीकिंग फ़्राम दिस एंड··· कहो क्या बात है··· सईद इस वक़्त स्टूडियो में नहीं है··· घर में बैठा रज़िया से आख़िरी हिसाब-किताब कर रहा है···"

मैं चिल्लाया : "क्या मतलब ?"

नारायन ने उधर से जवाब दिया : "खटपट हो गई है उनमें··· रज़िया ने एक और आदमी से टाँका मिला लिया है···"

मैंने कहा : "लेकिन यह हिसाब-किताब कैसा हो रहा है ?"

नारायन बोला : "यार, सईद बड़ा कमीना है··· रज़िया से कपड़े वापस ले रहा है, जो उसने ख़रीद के उसे दिए थे··· ख़ैर छोड़ो इस बात को··· तुम बताओ, क्या बात है ?"

मैंने कहा : "बात यह है कि पेशावर से मेरे एक अज़ीज़ ने एक औरत यहाँ भेजी है, जिसे फ़िल्मों में काम करने का शौक़ है···"

जानकी मेरे पास ही खड़ी थी—उसकी तरफ़ देखकर मुझे महसूस हुआ कि मैंने मुनासिबो-मौज़ूँ लफ़्ज़ों में अपना मुद्दा बयान नहीं किया है।

मैं अपनी बात की वज़ाहत करने ही वाला था कि नारायन की बुलंद आवाज़ मेरे कानों में घुसी : "औरत··· पेशावर की औरत··· ख़ू बेजो उसको जल्दी··· ख़ू आम बी क़सूर का पटान है···"

मैंने कहा : "बकवास न करो नारायन··· सुनो, कल दक्कन क्वीन से मैं इन्हें बांबे भेज रहा हूँ··· तुम या सईद, कोई भी इन्हें स्टेशन पर लेने के लिए आ जाए··· कल दक्कन क्वीन से··· याद रखना···"

नारायन की आवाज़ आई : "पर हम उन्हें पहंचानेंगे कैसे ?"

मैंने जवाब दिया : "वह ख़ुद तुम्हें पहचान लेंगी··· लेकिन देखो, कोशिश करके उन्हें किसी न किसी जगह ज़रूर रखवा देना।"

मैंने टेलीफ़ोन बंद किया और जानकी से कहा : "कल दक्कन क्वीन से तुम बंबई चली जाना··· सईद और नारायन, दोनों की तस्वीरें दिखा देता हूँ··· लंबे-तड़ंगे ख़ूबसूरत जवान हैं··· तुम्हें पहचानने में दिक़्क़त नहीं होगी।"

मैंने जानकी को एलबम में सईद और नारायन के मुख़्तलिफ़ फ़ोटो दिखाए, देर तक वह उन्हें देखती रही; मैंने नोट किया कि सईद का फोटो उसने ज़्यादा ग़ौर से देखा है।

एलबम एक तरफ रखकर और मेरी आँखों में आँखें न डालने की डगमगाती-सी कोशिश करते हुए उसने पूछा : "दोनों कैसे आदमी हैं ?"

"क्या मतलब ?"

"मतलब यह कि दोनों कैसे आदमी हैं... ? मैंने सुना है कि फ़िल्मों में अक्सर आदमी बुरे होते हैं।" उसके लहजे में टोह लेनेवाली संजीदगी थी।

मैंने कहा : "यह तो दुरुस्त है, लेकिन फ़िल्मों में नेक आदमियों की ज़रूरत ही कहाँ होती है !"

"क्यों ?"

मैंने कहा : "दुनिया में दो क़िस्म के इंसान हैं... एक क़िस्म उन इंसानों की है, जो अपने ज़ख़्मों से दर्द का अंदाज़ा करते हैं... दूसरी क़िस्म उनकी है, जो दूसरों के ज़ख़्म देखकर दर्द का अंदाज़ा करते हैं... तुम्हारा क्या खयाल है, कौन-सी क़िस्म के इंसान ज़ख़्म के दर्द और उसकी जलन को सही तौर पर महसूस करते हैं ?"

उसने कुछ देर सोचने के बाद जवाब दिया : "वह, जिनको ज़ख़्म लगे होते हैं।"

मैंने कहा : "बिलकुल दुरुस्त... फ़िल्मों में असल की अच्छी नक़ल वही उतार सकता है, जिसे असल से 'वाक़िफ़ीयत हो... नाकाम मुहब्बत में दिल कैसे टूटता है, यह नाकामे-मुहब्बत ही अच्छी तरह बता सकता है... वह औरत, जो पाँच वक़्त जानमाज़ बिछाकर नमाज़ पढ़ती है और इश्क़ो-मुहब्बत को सुअर के बराबर समझती है, कैमरे के सामने किसी मर्द के साथ इज़हारे-मुहब्बत क्या ख़ाक करेगी ?"

उसने कहा : "इसका मतलब यह हुआ कि फ़िल्म लाइन में दाख़िल होने से पहले औरत को सब चीज़ें जाननी चाहिए।"

मैंने कहा : "यह ज़रूरी नहीं... फ़िल्म लाइन में आकर भी वह यह चीज़ें जान सकती है।"

उसने मेरी बात पर ग़ौर न किया और वही सवाल दोहराया, जो उसने सईद और नारायन की तस्वीरें देखने के बाद मुझसे पूछा था : "सईद साहब और नारायन साहब कैसे आदमी हैं ?"

"तुम तफ़सील से जानना चाहती हो ?"

"तफ़सील से आपका क्या मतलब ?"

"यही कि उन दोनों में से तुम्हारे लिए कौन बेहतर रहेगा ?"

उसको मेरी बात नागवार गुज़री : "कैसी बातें करते हैं आप ?"

"जैसी तुम चाहती हो।"

"हटाइए भी..." वह मुस्कराई : "मैं अब आपसे कुछ नहीं पूछूँगी।"

मैंने मुस्कराते हुए कहा : "और जब पूछोगी, मैं नारायन की सिफ़ारिश करूँगा।"

"क्यों ?"

''इसलिए कि वह सईद के मुक़ाबले में बेहतर इंसान है।''

मेरा अब भी यही ख़याल है—सईद शाइर है, एक बहुत बेरहम क़िस्म का शाइर। मुर्ग़ी पकड़ेगा तो ज़िब्ह करने के बजाय उसकी गर्दन मरोड़ेगा; गर्दन मरोड़कर उसके पर नोचेगा, पर नोचने के बाद उसकी यख़नी निकालेगा; यख़नी पीकर और हड्डियाँ चबाकर बड़े आराम और सुकून से एक कोने में बैठ जाएगा। फिर मुर्ग़ी की मौत पर एक नज़्म लिखेगा, जो उसके आँसुओं में भीगी होगी...शराब पिएगा तो कभी बहकेगा नहीं; मुझे इससे बहुत तकलीफ़ होती है कि शराब का मतलब ही फ़ौत हो जाता है...सुबह बहुत आहिस्ता-आहिस्ता बिस्तर पर से उठेगा, नौकर चाय बनाकर लाएगा, अगर रात की बची हुई रम सरहाने पड़ी है तो उसे चाय में उँडेल लेगा, और इस मिक्स्चर को एक-एक घूँट करके ऐसे पिएगा, जैसे उसमें ज़ाइक़े की कोई हिस ही नहीं...बदन पर कोई फोड़ा निकला है और ख़तरनाक शक्ल इख़्तियार कर गया है, मगर मजाल है जो उसकी तरफ़ मुतवज्जेह हो; फोड़ा गल-सड़ गया है, नासूर बनने का ख़तरा है, मगर वह कभी किसी डाक्टर के पास नहीं जाएगा। आप कुछ कहेंगे तो यह जवाब देगा : 'अक्सर औक़ात बीमारियाँ इंसान का जुज़्वे-बदन[6] हो जाती हैं...जब मुझे यह ज़ख़्म तकलीफ़ नहीं देता तो इलाज की क्या ज़रूरत है...' और फिर वह ज़ख़्म की तरफ़ कुछ इस तरह देखेगा, जैसे कोई बड़ा अच्छा शेर नज़र आ गया है—ऐक्टिंग वह सारी उम्र नहीं कर सकेगा, इसलिए कि वह लतीफ़ जज़्बात से क़रीब-क़रीब आरी है। मैंने उसे एक फ़िल्म में देखा, जो हीरोइन के गानों के बायस बहुत मक़बूल हुआ था। एक जगह उसने अपनी महबूबा का हाथ अपने हाथ में लेकर मुहब्बत का इज़हार करना था; ख़ुदा की क़सम, उसने हीरोइन का हाथ कुछ इस तरह अपने हाथ मे लिया, जैसे कुत्ते का पंजा पकड़ा जाता है...मैं उससे कई बार कह चुका हूँ कि वह ऐक्टर बनने का ख़याल अपने दिमाग़ से निकाल दे और घर बैठकर नज़्में लिखा करे, मगर उसके दिमाग़ पर अभी तक ऐक्टिंग की धुन सवार है।

नागयन मुझे बहुत पसंद है। फ़िल्मी दुनिया की ज़िंदगी के मुताल्लिक़ जो उसूल उसने अपने लिए वज़्अ कर रखे हैं, मुझे अच्छे लगते हैं—

एक : ऐक्टर जब तक ऐक्टर है, उसे शादी नहीं करनी चाहिए; शादी करे तो फ़ौरन फ़िल्म को तलाक़ देकर दूध-दही की दूकान खोल ले...अगर वह मशहूर ऐक्टर रह चुका है तो काफ़ी आमदनी हो जाया करेगी।

दो : कोई ऐक्ट्रेस तुम्हें भैया या भाई साहब कहे तो तुम फ़ौरन उसके कान में कहो : 'आपकी अँगिया का क्या साइज़ है?'

तीन : अगर किसी ऐक्ट्रेस पर तुम्हारी तबीयत आ गई है तो तमहीदें बाँधने में वक़्त ज़ाया न करो; उससे तख़लिए में मिलो और कहो : 'मैं भी मुँह में ज़ुबान रखता हूँ...' अगर उसको यक़ीन न आए तो अपनी पूरी जीभ बाहर निकालकर उसे दिखा दो।

चार : अगर कोई ऐक्ट्रेस तुम्हारे हिस्से में आ जाए तो उसकी आमदनी में से एक पैसा भी न लो—सिर्फ़ ऐक्ट्रेसों के शौहरों और भाइयों के लिए यह पैसा हलाल है।

पाँच : इस बात का ख़याल रखो कि ऐक्ट्रेस के बत्न[7] से तुम्हारी कोई औलाद न

हो—स्वराज मिलने के बाद तुम इस क़िस्म की औलाद पैदा कर सकते हो।

छहः हमेशा याद रखो कि ऐक्टर की भी आक़िबत होती है; उसे रेज़र और कंघी से सँवारने के बजाय कभी-कभी ग़ैर मुहज़्ज़ब[8] तरीक़े से भी सँवारने की कोशिश किया करो; मिसाल के तौर पर, कोई नेक काम करके।

सात : स्टूडियो में सबसे ज़्यादा एहतिराम पठान चौकीदार का करो; सुबह स्टूडियो में आते वक़्त उसे सलाम करने से तुम्हें फ़ायदा होगा, इस दुनिया में नहीं तो दूसरी दुनिया में, जहाँ स्टूडियो नहीं होंगे।

आठ : शराब और ऐक्ट्रेस की आदत हरगिज़ न डालो: बहुत मुमकिन है, किसी रोज़ काँग्रेस गवर्नमेंट लहर में आकर यह दोनों चीज़ें मम्नूअ[9] क़रार दे दे।

नौ: सौदागर, मुसलमान सौदागर हो सकता है, लेकिन ऐक्टर, हिंदू ऐक्टर या मुसलमान ऐक्टर नहीं हो सकता।

दस : झूठ न बोलो।

यह सब बातें 'नारायन के दस अहकाम' के उनवान तले उसने अपनी एक नोटबुक में लिख रखी हैं। इनसे उसके कैरेक्टर का बख़ूबी अंदाज़ा लगाया जा सकता है। लोग कहते हैं कि वह इन सब पर अमल नहीं करता, मगर यह हक़ीक़त नहीं।

सईद और नारायन के मुताल्लिक़ मेरे जो भी ख़यालात थे, मैंने पूछे जाने के बग़ैर जानकी को बता दिए और आख़िर में उसे साफ़-साफ़ लफ़्ज़ों में कह दिया : "अगर तुम इस लाइन में आ गईं तो तुम्हें किसी न किसी मर्द का सहारा लेना ही पड़ेगा... नारायन के मुताल्लिक़ मेरा यह ख़याल है कि वह तुम्हारा अच्छा दोस्त साबित होगा..."

जानकी ने मेरा मश्वरा सुन लिया और बांबे चली गई।

दूसरे रोज़ वह ख़ुश-ख़ुश वापस आई कि नारायन ने उसे अपने स्टूडियो में एक साल के लिए पाँच सौ रुपए माहवार पर मुलाज़िम रखवा दिया था।

वह मुलाज़िमत उसे कैसे मिली, देर तक इसके मुताल्लिक़ बातें होती रहीं। जब इस सिलसिले में और कुछ कहने-सुनने को न रहा तो मैंने पूछा : "सईद और नारायन, दोनों से तुम्हारी मुलाक़ात हो चुकी है... इनमें से किसको तुमने ज़्यादा पसंद किया है?"

उसके होंठों पर हल्की-सी मुस्कराहट पैदा हुई, लग़ज़िश-भरी निगाहों से मुझे देखते हुए उसने कहा : "सईद साहब को..." यह कहकर वह एक दम संजीदा हो गई। फिर उसने कहा : "सआदत साहब, आपने क्यों इतने पुल बाँधे थे नारायन की तारीफ़ों के?"

मैंने पूछा : "क्यों क्या हुआ?"

"यह सही है कि मुलाज़िमत मुझे नारायन ही ने दिलवाई है, लेकिन वह बड़ा ही वाहियात आदमी है... शाम को हम बाहर कुर्सियाँ बिछाकर बैठे हुए थे... सईद साहब और वह शराब पीने की तैयारी कर रहे थे कि बातों-बातों में मैंने उसे नारायन भैया कह दिया... उसने फ़ौरन ही अपना मुँह मेरे कान के पास लाकर मुझसे पूछा : 'तुम्हारी अँगिया का साइज़ क्या है...' भगवान जानता है, मेरे तन-बदन में आग ही तो लग गई... कैसा लचर आदमी है!" उसके माथे पर पसीना आ गया।

मैं ज़ोर-ज़ोर से हँसने लगा।

उसने तेज़ी से कहा : "आप हँस क्यों रहे हैं ?"

"नारायन की बेवक़ूफ़ी पर हँस रहा हूँ।" मैंने हँसना बंद कर दिया।

थोड़ी देर नारायन को बुरा-भला कहने के बाद उसने अज़ीज़ के मुताल्लिक़ फ़िक्रमंद लहजे में बातें शुरू कर दीं।

कई दिनों से अज़ीज़ का ख़त नहीं आया था, इसलिए तरह-तरह के ख़याल उसे सता रहे थे : कहीं उन्हें फिर ज़ुकाम न हो गया हो ··· अंधाधुंध साइकिल चलाते हैं, कहीं कोई हादिसा ही न हो गया हो ··· कहीं पूना ही न आ रहे हों कि उसको रुख़्सत करते वक़्त उन्होंने कहा था, वह एक रोज़ चुपचाप उसके पास चले आएँगे।

फिर उसने अज़ीज़ की तारीफ़ें शुरू कर दीं : "अपने बच्चों का बहुत ख़याल रखते हैं ··· हर रोज़ सुबह उनको वरज़िश कराते हैं और नहला-धुलाकर स्कूल छोड़ने जाते हैं ··· उनकी बीवी बिलकुल फूहड़ है, इसलिए रिश्तेदारों से सारा रख-रखाव ख़ुद उन्हें ही करना पड़ता है ··· एक दफ़ा ख़ुद उसे टाइफ़ाइड हो गया था तो वह बीस दिन तक मुतवातिर उसकी तीमारदारी करते रहे थे।

अगले रोज़ वह मुनासिबो-मौज़ूँ अल्फ़ाज में मेरा शुक्रिया अदा करने के बाद अपना असबाब लेकर बांबे चली गई, जहाँ उसके लिए एक नई और चमकीली दुनिया के दरवाज़े खुल गए थे।

पूना में मुझे तक़रीबन दो महीने कहानी का मंज़रनामा तैयार करने में लगे—हक़्क़ुलख़िदमत[10] वसूल करने के बाद मैंने बांबे का रुख़ किया, जहाँ मुझे एक नया कांट्रेक्ट मिल रहा था।

मैं सुबह पाँच बजे के क़रीब अंधेरी पहुँचा, जहाँ एक मामूली-से बँगले में सईद और नारायन इकट्ठे रहते थे। मैं बरामदे में दाख़िल हुआ तो दरवाज़ा अंदर से बंद पाया। मैंने सोचा कि दोनों सो रहे हैं, तकलीफ़ नहीं देनी चाहिए ··· मैं पिछवाड़े के दरवाज़े से, जो नौकरों के आने-जाने के लिए अक्सर खुला रहता है, बँगले के अंदर दाख़िल हो गया।

बावर्चीख़ाना और उसके साथवाला कमरा, जिसमें खाना खाया जाता था, हस्बे-मामूल बेहद ग़लीज़ था; सामनेवाला कमरा मेहमानों के लिए मख़्सूस था; मैं दरवाज़ा खोलकर अंदर चला गया ··· दो पलंग थे; एक पर सईद और उसके साथ दीवार की तरफ़ कोई और लिहाफ़ ओढ़े सो रहा था।

मुझे सख़्त नींद आ रही थी, मैं दूसरे पलंग पर कपड़े उतारे बग़ैर लेट गया और पायँती पर से कंबल उठाकर मैंने अपनी टाँगों पर डाल लिया ··· मैं अभी सोने का इरादा कर ही रहा था कि सईद के पीछे से एक चूड़ियोंवाला बाज़ू निकला और सईद के ऊपर से दो पलंगों के दरमियान रखी हुई कुर्सी की तरफ़ बढ़ा।

मैंने देखा—कुर्सी की पुश्त पर लट्ठे की सफ़ेद शलवार लटक रही थी।

मैं उठकर बैठ गया। मैंने हाथ बढ़ाकर कुर्सी की पुश्त पर से शलवार उठाई और बढ़े हुए हाथ की तरफ़ फेंक दी—सईद के साथ जानकी लेटी हुई थी।

मैं नारायन के कमरे में चला गया और मैंने उसे जगाया—यह जानकर कि रात के दो बजे उसकी शूटिंग ख़त्म हुई थी, मुझे अफ़सोस हुआ कि मैंने ख़्वाहमख़्वाह ग़रीब को जगाया, लेकिन अब वह मुझसे बातें करना चाहता था; किसी ख़ास मौज़ूँ पर नहीं, बस मुझे अचानक देखकर वह हमेशा की तरह कुछ बेहूदा बकवास करना चाहता था।

सुबह नौ बजे तक हम बेहूदा बकवास में मशग़ूल रहे और बार-बार जानकी का ज़िक्र आया।

मैंने उससे अँगियावाली बात की तो वह बहुत हँसा और हँसते-हँसते उसने कहा : ''मज़ेदार बात यह है मंटो कि जब मैंने उसके कान की तरफ़ मुँह लगाकर पूछा, तुम्हारी अँगिया का साइज़ क्या है, तो उसने कहा—चौबीस··· उसके बाद अचानक उसे मेरे सवाल की बेहूदगी का एहसास हुआ और उसने मुझे कोसना शुरू कर दिया··· बिलकुल बच्ची है··· जब कभी मुझसे मुठभेड़ होती है, अपने सीने पर दुपट्टा खिसका लेती है··· मंटो, जानकी बड़ी वफ़ादार औरत है!''

मैंने पूछा : ''यह तुमने कैसे जाना?''

नारायन मुस्कराया : ''वह औरत जो एक अजनबी को अपनी अँगिया का सही साइज़ बता दे, धोखेबाज़ हरगिज़ नहीं हो सकती।''

अजीबो-ग़रीब मंतिक़ थी, लेकिन नारायन ने मुझे बड़ी संजीदगी से यक़ीन दिलाया कि जानकी बड़ी पुरख़ुलूस औरत है—उसने कहा : ''मंटो, तुम्हें मालूम नहीं, वह सईद की कितनी ख़िद्मत कर रही है··· ऐसे इंसान की ख़बरगीरी, जो परले दर्जे का बेपरवाह हो, आसान काम नहीं··· मैं जानता हूँ, वह इस मुश्किल को बड़ी आसानी से निभा रही है··· औरत होने के साथ-साथ वह एक पुरख़ुलूस और ईमानदार आया भी है··· वह सुबह उठकर उस ख़रज़ात को जगाने में आधा घंटा सर्फ़ करती है··· उसके दाँत साफ़ कराती है, उसे कपड़े पहनाती है, नाश्ता कराती है··· और रात को जब वह रम पीकर बिस्तर पर लेटता है तो सब दरवाज़े बंद करके उसके साथ सो जाती है··· स्टूडियो में किसी से मिलती है तो सिर्फ़ सईद की बातें करती है··· सईद साहब बड़े अच्छे आदमी हैं, सईद साहब का वज़न बढ़ गया है, सईद साहब का पुलओवर तैयार हो गया है, सईद साहब के लिए पोठोहारी से सैंडिल मँगवाई है, सईद साहब के सिर में आज हल्का-हल्का दर्द है, सईद साहब ने आज मुझ पर एक शेर कहा··· और जब मुझसे मुठभेड़ होती है तो अँगियावाली बात याद करके त्योरी चढ़ा लेती है···''

मैं तक़रीबन दस दिन सईद और नारायन का मेहमान रहा। इस दौरान में सईद ने जानकी के मुताल्लिक़ कोई बात न की, शायद इसलिए कि उनका मामला काफ़ी पुराना हो चुका था।

जानकी से काफ़ी बातें हुईं—वह सईद से बहुत ख़ुश थी, लेकिन सईद की बेपरवाह तबीयत का उसे बहुत गिला था : ''सआदत साहब, वह अपनी सेहत का बिलकुल ख़याल नहीं रखते··· बहुत बेपरवाह हैं···शाइर हैं ना, हर वक़्त सोचना जो हुआ, इसलिए किसी बात का ख़याल ही नहीं रहता··· आप ज़रूर हँसेंगे, लेकिन यह सच है कि मुझे हर रोज़ उनसे

पूछना पड़ता है कि वह संडास गए थे या नहीं···''

नारायन ने मुझसे जो कुछ कहा था, ठीक निकला—जानकी हर वक़्त सईद की ख़बरगीरी में मुन्हमिक रहती थी।

मैं दस दिन अंधेरी के बँगले में रहा; इन दस दिनों में जानकी की बेलौस ख़िद्‌मत ने मुझे बहुत मुतास्सिर किया, लेकिन मुझे यह ख़याल बार-बार आता रहा कि अज़ीज़ का क्या हुआ; जानकी को अज़ीज़ का भी तो बहुत ख़याल रहता था; क्या वह सईद को पाकर अज़ीज़ को भूल चुकी है?

मैंने इस सवाल का जवाब जानकी ही से पूछ लिया होता, अगर मैं कुछ दिन और वहाँ ठहर गया होता। जिस कंपनी से मेरा कांट्रेक्ट होनेवाला था, उसके मालिक से किसी बात पर मेरी चख़ हो गई और मैं दिमाग़ी तकद्‌दुर दूर करने के लिए पूना चला गया।

मुझे पूना पहुँचे अभी दो दिन ही गुज़रे होंगे कि पेशावर से अज़ीज़ का तार आया कि वह आ रहा है। पाँच-छः घंटे के बाद अज़ीज़ मेरे पास था··· और फिर अगले रोज़ सुबह सवेरे जानकी मेरे कमरे पर दस्तक दे रही थी।

अज़ीज़ और जानकी जब एक-दूसरे से मिले तो उन्होंने देर से बिछड़े हुए आशिक़ो-माशूक़ की सरगर्मी ज़ाहिर न की—मेरे और अज़ीज़ के ताल्लुक़ात शुरू ही से बहुत संजीदा और मतीन रहे हैं, शायद इसी वजह से वह दोनों मो'तदिल रहे।

अज़ीज़ का ख़याल था कि होटल में उठ जाए, लेकिन मैंने उन दोनों को अपने पास ही रखा कि मेरा दोस्त, जिसके यहाँ मैं ठहरा हुआ था, आउट डोर शूटिंग के लिए कोल्हापुर गया हुआ था—तीन कमरे थे; एक में जानकी सोती थी, दूसरे में अज़ीज़ और तीसरे में मैं। यूँ तो मुझे उन दोनों को एक ही कमरा देना चाहिए था, लेकिन अज़ीज़ से मेरी इतनी बेतकल्लुफ़ी नहीं थी। इसके अलावा अज़ीज़ ने जानकी से अपने ताल्लुक को मुझ पर ज़ाहिर भी नहीं किया था।

एक रात वह दोनों सिनेमा देखने चले गए; मैं साथ न गया कि मैं फ़िल्म के लिए एक नई कहानी शुरू करना चाहता था। एक बजे तक मैं जागता रहा, इसके बाद सो गया—एक चाबी मैंने अज़ीज़ को दे दी थी, इसलिए उनकी तरफ़ से मुझे इत्मीनान था।

मेरी एक आदत यह है कि रात को मैं चाहे बहुत देर तक काम करूँ, सुबह साढ़े तीन और चार के दरमियान एक दफ़ा ज़रूर जागता हूँ और उठकर पानी पीता हूँ—हस्बे-आदत उस रात भी मैं पानी पीने के लिए उठा। इत्तिफ़ाक़ से जो कमरा मेरा था, यानी जिसमें मैंने डेरा लगाया हुआ था, अज़ीज़ के पास था और उस कमरे में मेरी सुराही पड़ी हुई थी।

अगर मुझे शिद्‌दत की प्यास न लगी होती तो मैं अज़ीज़ को तकलीफ़ न देता, लेकिन ज़्यादा व्हिस्की पीने के बायस मेरा हलक़ बिलकुल ख़ुश्क हो रहा था, इसलिए मुझे दस्तक देनी ही पड़ी।

थोड़ी देर के बाद दरवाज़ा खुला—जानकी ने आँखें मलते-मलते कहा: ''सईद साहब!''

जब जानकी ने मुझे देखा तो एक हल्की-सी 'ओह' उसके मुँह से निकल गई।

अज़ीज़ अंदर पलंग पर सो रहा था—मैं बेइख़्तियार मुस्करा दिया; जानकी भी मुस्करा दी; उसके तीखे होंठ एक कोने की तरफ़ सिकुड़ गए।

मैंने सुराही उठाई और चला आया।

सुबह उठा तो कमरे में धुआँ जमा था; बावर्चीख़ाने में जाकर देखा तो जानकी काग़ज़ जला-जलाकर पानी गर्म कर रही थी; उसकी आँखों से पानी बह रहा था।

वह मुझे देखकर मुस्कराई और अँगीठी में फूँकें मारते हुए कहने लगी : ''अज़ीज़ साहब ठंडे पानी से नहाएँ तो उन्हें ज़ुकाम हो जाता है··· मैं पेशावर में नहीं थी तो मेरे पीछे एक महीना बीमार रहे··· और रहते भी क्यों नहीं, जब दवा पीनी ही छोड़ दी थी··· आपने देखा नहीं, कितने दुबले हो गए हैं।''

अज़ीज़ नहा-धोकर जब किसी काम की ग़रज़ से बाहर चला गया तो जानकी ने मुझसे सईद के नाम तार लिखने के लिए कहा : ''मुझे यहाँ पहुँचते ही उन्हें तार भेज देना चाहिए था··· कितनी बड़ी ग़लती हो गई है मुझसे···उन्हें बहुत तश्वीश[11] हो रही होगी।''

उसने मुझसे तार का मज़मून बनवाया, जिसमें अपने बख़ैरियत पहुँच जाने की इत्तिला तो थी ही, सईद की ख़ैरियत दरयाफ़्त करने का इज़्तिराब ज़्यादा था और इंजेक्शन लगवाने की जरूरी ताकीद भी थी।

चार दिनों में जानकी ने सईद को पाँच तार रवाना किए, पर सईद की तरफ़ से कोई जवाब न आया। वह बांबे जाने का इरादा कर ही रही थी कि अचानक शाम को अज़ीज़ की तबीयत ख़राब हो गई। मुझसे सईद के नाम एक और तार लिखवाकर वह सारी रात अज़ीज़ की तीमारदारी में मसरूफ़ रही।

अज़ीज़ को मामूली-सा बुख़ार था, लेकिन जानकी को बेहद तश्वीश थी; इस तश्वीश में सईद की ख़ामोशी का पैदा करदा[12] इज़्तिराब भी शामिल था—वह इस दौरान में मुझ से कई बार कह चुकी थी : ''सआदत साहब, मेरा ख़याल है, सईद साहब ज़रूर बीमार हैं··· वरना मुझे वह मेरे तारों का जवाब ज़रूर देते।''

पाँचवें रोज़ शाम को अज़ीज़ की मौजूदगी में सईद का तार आया, जिसमें लिखा था : ''मैं बहुत बीमार हूँ··· फ़ौरन चली आओ।''

तार आने से पहले वह मेरी किसी बात पर बेतहाशा हँस रही थी; जब उसने सईद की बीमारी की ख़बर सुनी तो वह एकदम ख़ामोश हो गई।

अज़ीज़ को उसकी यह ख़ामोशी बहुत नागवार मालूम हुई। अज़ीज़ ने जब उसको मुख़ातिब किया तो अज़ीज़ के लहजे में तेजी थी। मैं घर से बाहर चला आया।

दो घंटे के बाद जब वापस आया तो वह दोनों कुछ इस तरह अलहदा-अलहदा बैठे हुए थे, जैसे उनमें काफ़ी झगड़ा हो चुका हो—जानकी के गालों पर आँसुओं का मैल था।

मैं जब कमरे में दाख़िल हुआ तो इधर-उधर की बातों के बाद जानकी ने अपना हैंड बैग उठाया और अज़ीज़ से कहा : ''मैं जाती हूँ, लेकिन बहुत जल्दी वापस आ जाऊँगी···'' फिर वह मुझसे मुख़ातिब हुई : ''सआदत साहब, इनका ख़याल रखिएगा··· अभी तक इनका बुख़ार दूर नहीं हुआ है।''

मैं स्टेशन तक उसके साथ गया—मैंने ब्लैक मार्केट से टिकट ख़रीदकर उसे गाड़ी में बिठाया और घर चला आया।

अज़ीज़ को हल्का-सा बुख़ार था; हम दोनों देर तक बातें करते रहे—जानकी का ज़िक्र न आया।

तीन दिन बाद सुबह साढ़े पाँच बजे के क़रीब पहले मुझे बाहर का दरवाज़ा खुलने की आवाज़ सुनाई दी और उसके बाद जानकी की—वह जल्दी-जल्दी लफ़्ज़ों को ऊपर-तले करती हुई अज़ीज़ से पूछ रही थी कि अब उसकी तबीयत कैसी है, क्या वह उसकी ग़ैर-मौजूदगी में बाक़ायदा दवा पीता रहा है या नहीं।

अज़ीज़ की आवाज़ मेरे कानों तक न पहुँची, लेकिन आध घंटे के बाद, कि अभी मेरी आँखें नींद से मुँदी हुई थीं, मुझे उसकी खफ़गीआमेज़ बातों का दबा-दबा शोर सुनाई दिया—मैं कुछ समझ तो न सका, लेकिन मैंने महसूस किया कि वह जानकी से अपनी नाराज़गी का इज़हार कर रहा है।

सुबह दस बजे अज़ीज़ ने ठंडे पानी से ग़ुस्ल किया—जानकी का गर्म किया हुआ पानी वैसे ही ग़ुस्लख़ाने में पड़ा रहा।

मैंने जब जानकी से इस बात का ज़िक्र किया तो उसकी आँखों में आँसू आ गए।

नहा-धोकर अज़ीज़ बाहर चला गया।

जानकी अपने कमरे में पलंग पर लेटी रही।

सहपहर को तीन बजे के क़रीब जब मैं जानकी के पास गया तो मुझे मालूम हुआ कि उसे बहुत तेज़ बुख़ार है—मैं डाक्टर को बुलाने के लिए बाहर निकला तो मैंने देखा कि अज़ीज़ इक्के में अपना असबाब रखवा रहा है।

मैंने पूछा : "कहाँ जा रहे हो ?" तो उसने मेरे साथ हाथ मिलाया और कहा : "पेशावर··· इंशाअल्लाह फिर मुलाक़ात होगी।" और वह इक्के में बैठकर चला गया। मुझे अज़ीज़ को यह बताने का मौक़ा ही न मिला कि जानकी को बहुत तेज़ बुख़ार है।

मैं डाक्टर को बुला लाया तो उसने जानकी को अच्छी तरह देखने के बाद मुझे बताया कि उसे ब्रोनकाइटिस है और अगर एहतियात न बरती गई तो निमोनिए का ख़तरा है।

डाक्टर नुस्ख़ा लिखकर चला गया तो जानकी ने अज़ीज़ के बारे में पूछा।

पहले तो मैंने यह सोचा कि उसे कुछ न बताऊँ, लेकिन फिर यह सोचकर कि छुपाने का कोई फ़ायदा नहीं है, मैंने उसे कह दिया कि अज़ीज़ चला गया है।

जानकी को बहुत सद्मा हुआ—वह देर तक तकिए में सिर देकर रोती रही।

दूसरे रोज़ सुबह ग्यारह बजे के क़रीब, जब जानकी का बुख़ार एक डिगरी हल्का था और तबीयत भी किसी क़दर दुरुस्त थी, बांबे से सईद का तार आया, जिसमें बड़े दुरुश्त[13] लफ़्ज़ों में यह लिखा था : "याद रहे कि तुमने अपना वादा पूरा नहीं किया है।"

मैं बहुत मना करता रहा, लेकिन वह तेज़ बुख़ार ही में पूना एक्सप्रेस से बंबई रवाना हो गई।

पाँच-छः दिनों के बाद मुझे नारायन का तार मिला : 'एक ज़रूरी काम है, फ़ौरन बांबे चले आओ।'

मेरा ख़याल था कि उसने किसी प्रोड्यूसर से मेरी कहानी के लिए बात की होगी, लेकिन बांबे पहुँचकर मुझे मालूम हुआ कि जानकी की हालत बहुत नाज़ुक है—ब्रोनकाइटिस बिगड़कर निमोनिया में तब्दील हो गया था। इसके अलावा जब वह पूना से बंबई पहुँची थी तो वह अंधेरी जाने के लिए चलती हुई लोकल ट्रेन में चढ़ने की कोशिश करते हुए गिर पड़ी थी और उसके दोनों घुटने बुरी तरह छिल गए थे—जानकी ने अपनी जिस्मानी तकलीफ़ को बड़ी बहादुरी से बर्दाश्त किया, लेकिन जब वह अंधेरी पहुँची और सईद ने उसके बँधे हुए असबाब की तरफ़ इशारा करके कहा : 'मेहरबानी करके यहाँ से चली जाओ,' तो उसे बहुत ज्यादा रूहानी तकलीफ़ हुई।

नारायन ने मुझसे कहा : "सईद के मुँह से यह बर्फ़-जैसे ठंडे लफ़्ज़ सुनकर वह एक लहज़े के लिए पत्थर-सी हो गई थी··· मेरा ख़याल है, उसने ज़रूर सोचा होगा कि वह गाड़ी के नीचे आ क्यों न मर गई··· मंटो, तुम कुछ भी कहो, मगर सईद औरतों से जैसा सुलूक करता है, बड़ा नामर्दाना है··· बेचारी को बुख़ार था, वह चलती ट्रेन से गिर पड़ी थी और वह भी उसी ख़रज़ात के पास जल्दी पहुँचने के बायस··· लेकिन उसने इन बातों का ख़याल ही न किया और एक बार फिर कहा : 'मेहरबानी करके यहाँ से चली जाओ···' सईद के लहजे में, मंटो, किसी जज़्बे का इज़हार नहीं था··· बस ऐसा था, जैसे लाइनो टाइप मशीन से अख़बार की एक सतर ढलकर बाहर निकल आए··· मुझे बहुत दुख हुआ और मैं वहाँ से उठकर चला गया··· शाम को जब मैं वापस आया तो जानकी मौजूद नहीं थी और सईद पलंग पर बैठा रम का गिलास सामने रखे एक नज़्म लिखने में मसरूफ़ था··· मैंने उससे कोई बात न की और अपने कमरे में चला गया··· दूसरे रोज़ मुझे स्टूडियो जाने पर मालूम हुआ कि जानकी एक ऐक्स्ट्रा लड़की के घर खतरनाक हालत में पड़ी है··· मैंने स्टूडियो के मालिक से बात की और उसे हस्पताल भिजवा दिया··· कल से वह वहीं है··· बताओ अब क्या किया जाए··· मैं तो उसे देखने जा नहीं सकता, इसलिए कि वह मुझसे बुरी तरह चिढ़ती है··· तुम जाओ और उसे देख के आओ कि वह किस हालत में है?"

मैं हस्पताल गया तो जानकी ने सबसे पहले अज़ीज़ और सईद के मुताल्लिक़ पूछा—जो सुलूक उन दोनों ने जानकी के साथ किया था, उसके बाद भी जानकी का इस्तिफ़सार[14] पुरख़ुलूस था—मैं बहुत मुतास्सिर हुआ।

उसकी हालत नाज़ुक थी—डॉक्टर ने मुझे बताया कि उसके दोनों फेफड़ों पर वरम है और जान का ख़तरा है··· मुझे हैरत हुई कि वह इतनी बड़ी तकलीफ़ मर्दानावार बर्दाश्त कर रही है।

हस्पताल से लौटने के बाद मैंने नारायन को स्टूडियो में तलाश किया, मालूम हुआ कि वह सुबह ही से कहीं गायब है—शाम को जब वह घर वापस आया तो उसने मुझे छोटी-छोटी कई शीशियाँ दिखाईं, जिनके लेबिल उतरे हुए थे।

उसने पूछा : "जानते हो, यह क्या हैं?"

मैंने कहा : "मालूम नहीं··· इंजेक्शन-से लगते हैं।"

वह मुस्कराया : "इंजेक्शन ही हैं, लेकिन पेनिसिलीन के।"

मुझे सख़्त हैरत हुई कि उन दिनों पेनसिलीन बहुत ही क़लील मिक़दार में तैयार होती थी और अमरीका और इंगलिस्तान में जितनी बनती थी, थोड़ी-थोड़ी मिलिट्री हस्पतालों में तक़सीम कर दी जाती थी।

मैंने उससे पूछा : "यह तो बिलकुल नायाब चीज़ है··· तुम्हें कैसे मिल गई?"

उसने मुस्कराकर जवाब दिया : "बचपन में घर की तिजोरी खोलकर रुपए चुराना मेरे बाएँ हाथ का काम था··· आज मैंने दाएँ हाथ से मिलिट्री हास्पिटल का रेफ़्रीजिरेटर खोलकर यह छोटे-छोटे बल्ब चुराए हैं··· चलो जल्दी करो, जानकी को हस्पताल से होटल में ले आओ···"

मैं टैक्सी लेकर हस्पताल गया और फिर जानकी को उस होटल में ले गया, जिसमें नारायन दो कमरों का पहले ही बंदोबस्त कर चुका था।

जानकी ने कई बार नहीफ़ आवाज़ में पूछा कि उसे होटल में क्यों लाया हूँ और हर बार मैंने यही जवाब दिया : "तुम्हें मालूम हो जाएगा।"

और जब उसे मालूम हुआ, यानी जब नारायन हाथ में सिरिंज लिए उसे टीका लगाने के लिए आया तो उसने अपना मुँह एक तरफ़ फेर लिया और मुझसे कहा : "सआदत साहब, इससे कहिए, चला जाए यहाँ से।"

नारायन मुस्कराया : "जानेमन, ग़ुस्सा थूक दो··· यहाँ तुम्हारी जान का सवाल है।"

जानकी को तैश आ गया, नक़ाहत के बावुजूद वह उठकर बैठ गई : "सआदत साहब, मैं जाती हूँ यहाँ से या आप इसको निकालिए बाहर!"

नारायन ने जानकी को कंधों से पकड़कर लिटा दिया और मुस्कारते हुए कहा : "यह इंजेक्शन तो मैं तुम्हें लगाकर ही रहूँगा··· ख़बरदार जो तुमने मुज़ाहमत[5] की।"

नारायन ने एक हाथ से मज़बूती के साथ जानकी का बाज़ू पकड़ा। सिरिंज मुझे देकर उसने स्प्रिट में रुई भिगोई और जानकी का बाज़ू साफ़ किया, फिर रुई मुझे देकर उसने सिरिंज की सुई जानकी के बाज़ू की मछली में दाख़िल कर दी—जानकी चीख़ी, लेकिन पेनिसिलीन उसके जिस्म में दाख़िल हो चुकी थी।

जब नारायन ने जानकी का बाज़ू अपनी मज़बूत गिरफ़्त से आज़ाद किया तो जानकी ने रोना शुरू कर दिया··· नारायन ने उसके रोने की बिलकुल परवा न की और स्प्रिट लगी रुई से उसका बाज़ू पोंछकर दूसरे कमरे में चला गया।

जानकी को पहला इंजेक्शन रात के नौ बजे दिया गया था और दूसरा इंजेक्शन तीन घंटे के बाद दिया जाना था—नारायन ने मुझे बताया कि अगर तीन के साढ़े तीन घंटे हो गए तो पेनिसिलीन का असर बिलकुल ज़ाइल हो जाएगा।

वह जागता रहा—तक़रीबन पौने बारह बजे उसने स्टोव जलाया, सिरिंज उबाली और उसमें पेनिसिलीन भरी—जानकी ख़रख़राहट भरे साँस ले रही थी, उसकी आँखें बंद थीं। नारायन ने उसके दूसरे बाज़ू को स्प्रिट से साफ़ किया और सिरिंज की सुई अंदर ख़ूबो

दी—जानकी के होंठों से पतली-सी चीख़ निकल गई—नारायन ने दवा उसके जिस्म के अंदर धकेलकर सुई बाहर निकाली और स्प्रिट से बाज़ू साफ़ करते हुए मुझसे कहा : ''अब तीसरा तीन बजे।''

मुझे मालूम नहीं, नारायन ने तीसरा और चौथा इंजेक्शन कब दिया, जब मैं बेदार हुआ तो स्टोव जलने की आवाज़ आ रही थी और वह होटल के बैरे से बर्फ़ के लिए कह रहा था कि उसे पेनिसिलीन को ठंडी जगह पर रखना था।

नौ बजे पाँचवाँ इंजेक्शन देने के लिए जब हम दोनों जानकी के कमरे में गए तो वह आँखें खोले लेटी थी—उसने उकताहट भरी निगाहों से नारायन की तरफ़ देखा, लेकिन मुँह से कुछ न कहा।

नारायन मुस्कराया : ''क्यों जानेमन, क्या हाल है ?''

जानकी ख़ामोश रही।

नारायन उसके पास खड़ा हो गया : ''यह इंजेक्शन जो मैं तुम्हें दे रहा हूँ, इश्क़ के इंजेक्शन नहीं हैं··· यह तुम्हारा निमोनिया दूर करने के इंजेक्शन हैं, जो मैंने मिलिट्री हस्पताल से बड़ी सफ़ाई के साथ चुराए हैं··· लो, अब ज़रा उलटी लेट जाओ और कूल्हे पर से शलवार को ज़रा नीचे खिसका दो··· कभी लिया है यहाँ इंजेक्शन ?'' यह कहकर उसने जानकी के कूल्हे पर एक जगह गोश्त के अंदर उँगली खुबोई।

जानकी की आँखों में मरऊब-सी बेरुख़ी पैदा हुई—उसने करवट बदली तो नारायन ने कहा : ''शाबाश !''

पेशतर इसके कि जानकी कोई मुज़ाहमत करती, नारायन ने एक हाथ से उसकी शलवार नीचे खिसकाई और मुझसे कहा : ''स्प्रिट लगाओ।''

जानकी ने टाँगें चलाना शुरू कीं तो नारायन ने कहा : जानकी, टाँगें-वाँगें मत चलाओ··· मैं इंजेक्शन लगा के रहूँगा।''

ग़रज़ यह कि पाँचवाँ इंजेक्शन दे दिया गया—अभी पंद्रह इंजेक्शन और बाक़ी थे और यह पैंतालीस घंटे का काम था।

पाँच इंजेक्शनों से गो जानकी को बज़ाहिर कोई नुमायाँ फ़ायदा नहीं पहुँचा था, लेकिन नारायन को पेनिसिलीन के एजाज़[16] का यक़ीन था और उसे पूरी-पूरी उम्मीद थी कि वह बच जाएगी।

हम दोनों बहुत देर तक उस नई दवा के मुताल्लिक़ बातें करते रहे—ग्यारह बजे के क़रीब नारायन का नौकर मेरे नाम एक तार लेकर आया।

तार पूना से था—एक फ़िल्म कंपनी ने मुझे फ़ौरन बुलाया था, इसलिए मुझे जाना पड़ा।

पंद्रह-बीस दिनों के बाद कंपनी ही के काम से मैं बांबे आया। काम ख़त्म करके जब मैं अंधेरी पहुँचा तो मुझे सईद से मालूम हुआ कि नारायन अभी तक होटल ही में है।

होटल अंधेरी से बहुत दूर शहर में था, इसलिए रात मैं वहीं अंधेरी में रहा।

सुबह आठ बजे होटल पहुँचा तो नारायन के कमरे का दरवाज़ा खुला हुआ था—अंदर दाख़िल हुआ तो कमरा ख़ाली पाया।

मैंने दूसरे कमरे का दरवाज़ा खोला तो एकदम मेरी आँखों के सामने कुछ हुआ।

जानकी मुझे देखते ही लिहाफ़ के अंदर घुस गई और नारायन ने, जो जानकी के साथ लेटा हुआ था, मुझे वापस जाते देखकर कहा : ''आओ मंटो, आओ··· मैं हमेशा दरवाज़ा बंद करना भूल जाता हूँ··· आओ यार, आओ, बैठो इस कुर्सी पर···हाँ, ज़रा जानकी की शलवार देना।''

---

1. चिंता, दुविधा; 2. मध्यम; 3. गर्भपात; 4. अनुभव; 5. चक्र, फेरा; 6. शरीर का भाग; 7. गर्भ; 8. असभ्य; 9. वर्जित; 10. पारिश्रमिक; 11. चिंता; 12. उत्पन्न किया हुआ; 13. रूखा-सख़्त; 14. पूछताछ; 15. हस्तक्षेप, रोक-टोक; 16. चमत्कार।

बू

बरसात के यही दिन थे। खिड़की के बाहर पीपल के पत्ते इसी तरह नहा रहे थे। सागवान के उस स्प्रिंगवाले पलंग पर, जो अब खिड़की के पास से ज़रा उधर को सरका दिया गया था, एक घाटन लौंडिया रनधीर के साथ चिमटी हुई थी।

खिड़की के बाहर पीपल के पत्ते रात के दूधियाले अँधेरे में झुमकों की तरह थरथरा रहे थे और नहा रहे थे और वह घाटन लौंडिया रनधीर के साथ कँपकँपाहट बनकर चिमटी हुई थी।

शाम के क़रीब, दिन भर एक अंग्रेज़ी अख़बार की तमाम ख़बरें और इश्तिहार पढ़ने के बाद जब वह बालकनी में ज़रा तफ़रीह की ख़ातिर आ खड़ा हुआ था तो उसने इस घाटन लड़की को, जो ग़ालिबन साथवाले रस्सियों के कारख़ाने में काम करती थी और बारिश से बचने के लिए इमली के दरख़्त के नीचे खड़ी थी, खाँस-खँकारकर अपनी तरफ़ मुतवज्जेह किया था और आख़िर में हाथ के इशारे से उसे ऊपर बुला लिया था।

वह कई दिनों से शदीद क़िस्म की तन्हाई महसूस कर रहा था। जंग के बायस बंबई की क़रीब-क़रीब तमाम क्रिश्चियन छोकरियाँ, जो पहले सस्ते दामों पर मिल जाती थीं, औरतों की एग्ज़ालरी फ़ोर्स में भर्ती हो गई थीं। उनमें से बाज़ ने फ़ोर्ट के इलाके में डांसिंग स्कूल खोल लिए थे जहाँ सिर्फ़ फ़ौजी गोरों को जाने की इजाज़त थी··· रनधीर बहुत उदास हो गया था। उसकी उदासी की एक वजह तो यह थी कि क्रिश्चियन छोकरियाँ नायाब हो गई थीं, दूसरी वजह यह भी थी कि रनधीर जो फ़ौजी गोरों के मुक़ाबले में कहीं ज़्यादा मुहज़्ज़ब, तालीमयाफ़्ता, सेहतमंद और ख़ूबसूरत था, सिर्फ़ इसलिए उस पर फ़ोर्ट के अक्सर क़हबाख़ानों के दरवाज़े बंद कर दिए गए थे कि उसकी चमड़ी सफ़ेद नहीं थी।

जंग से पहले रनधीर नागपाड़ा और ताज होटल के गिर्दो-नवाह की कई क्रिश्चियन लड़कियों से जिस्मानी मुलाक़ात कर चुका था। उसे अच्छी तरह मालूम था कि ऐसी मुलाक़ात के आदाब से वह उन क्रिश्चियन लौंडों के मुक़ाबले में कहीं ज़्यादा वाक़िफ़ीयत रखता है जिनसे यह लड़कियाँ फ़ैशन के तौर पर रोमांस लड़ाती हैं और बाद में किसी चुग़द से शादी कर लेती हैं।

रनधीर ने महज़ दिल ही दिल में हैज़ल से उसकी ताज़ा-ताज़ा पैदा शुदा रुऊनत[1] का बदला लेने की ख़ातिर उस घाटन लड़की को इशारे से ऊपर बुलाया था। हैज़ल उसके फ़्लैट के नीचे रहती थी और हर रोज़ सुबह को वर्दी पहनकर और अपने कटे हुए बालों पर

ख़ाकी रंग टोपी तिरछे ज़ाविए पर जमाकर बाहर निकलती थी और इस अंदाज़ से चलती थी गोया फ़ुटपाथ पर तमाम जानेवाले उसके क़दमों के आगे टाट की तरह बिछते चले जाएँगे।

रनधीर ने सोचा था कि आख़िर वह क्यों उन क्रिश्चियन छोकरियों की तरफ़ इतना रागिब है। इसमें कोई शक नहीं कि वह अपने जिस्म की तमाम क़ाबिले-नुमाइश चीज़ों की अच्छी तरह नुमाइश करती हैं। किसी क़िस्म की झिझक महसूस किए बग़ैर अपने अय्याम की बेतरतीबी का ज़िक्र कर देती हैं। अपने पुराने मुआशक़ों का हाल सुनाती हैं। जब डांस की धुन सुनती हैं तो अपनी टाँगें थिरकाना शुरू कर देती हैं—यह सब ठीक है लेकिन कोई भी औरत इन तमाम ख़ूबियों की हामिल हो सकती है।

रनधीर ने जब घाटन लड़की को इशारे से ऊपर बुलाया था तो उसे हरगिज़-हरगिज़ यक़ीन नहीं था कि वह उसको अपने साथ सुला सकेगा, लेकिन थोड़ी ही देर के बाद जब उसने उसके भीगे हुए कपड़े देखकर यह ख़याल किया था, कहीं ऐसा न हो, बेचारी को निमोनिया हो जाए तो रनधीर ने उससे कहा था: "यह कपड़े उतार दो, सर्दी लग जाएगी..."

वह उसका मतलब समझ गई थी, क्योंकि उसकी आँखों में शर्म के लाल डोरे तैर गए थे मगर बाद में जब रनधीर ने उसे अपनी सफ़ेद धोती निकालकर दी तो उसने कुछ देर सोचकर अपना काशटा[2] खोला जिसका मैल भीगने के बायस और ज़्यादा उभर आया था—काशटा खोलकर उसने एक तरफ़ रख दिया और जल्दी से सफ़ेद धोती अपनी रानों पर डाल ली। फिर उसने अपनी फँसी-फँसी चोली उतारने की कोशिश शुरू की जिसके दोनों किनारों को मिलाकर उसने एक गाँठ दे रखी थी। यह गाँठ उसके तंदुरुस्त सीने के नन्हे मगर मैले गढ़े में जज़्ब-सी हो गई थी।

देर तक वह अपने घिसे हुए नाख़ूनों की मदद से चोली की गिरह खोलने की कोशिश करती रही जो बारिश के पानी से बहुत ज़्यादा मजबूत हो गई थी। जब थककर हार गई तो उसने मरहठी ज़बान में रनधीर से कुछ कहा जिसका मतलब यह था: 'मैं क्या करूँ, नहीं खुलती...'

रनधीर उसके पास बैठ गया और गिरह खोलने लगा। थक-हारकर उसने एक हाथ में चोली का एक सिरा पकड़ा, दूसरे हाथ में दूसरा, और ज़ोर से खींचा। गिरह एकदम फिसली, रनधीर के हाथ ज़ोर में इधर-उधर हटे और दो धड़कती हुई छातियाँ नुमूदार हुईं। रनधीर ने एक लहज़े के लिए ख़याल किया कि उसके अपने हाथों ने उस घाटन लड़की के सीने पर नर्म-नर्म गुँधी हुई मिट्टी को चाबुकदस्त कुम्हार की तरह दो प्यालों की शक्ल दे दी है।

उसकी सेहतमंद छातियों में वही गदराहट, वही जाज़िबीयत, वही तरावट, वही गर्म-गर्म ठंडक थी, जो कुम्हार के हाथों से निकले हुए ताज़ा-ताज़ा कच्चे बर्तनों में होती है।

मटमैले रंग की उन जवान छातियों में, जो बिलकुल बेदाग़ थीं, एक अजीब क़िस्म की चमक महलूल थी। सियाही माइल गंदुमी रंग के नीचे धुँधली रौशनी की एक तह-सी थी

जिसने यह अजीबो-ग़रीब चमक पैदा कर दी थी जो चमक होने के बावुजूद चमक नहीं थी। उसके सीने पर छातियों के यह उभार दीए मालूम होते थे, जो तालाब के गदले पानी के अंदर जल रहे हों।

बरसात के यही दिन थे। खिड़की के बाहर पीपल के पत्ते कँपकँपा रहे थे। उस घाटन लड़की के दोनों कपड़े, जो पानी से शराबोर हो चुके थे, एक ग़लीज़ ढेरी की शक्ल में फ़र्श पर पड़े थे और वह रनधीर के साथ चिमटी हुई थी। उसके नंगे और मैले बदन की गर्मी रनधीर के जिस्म में वह कैफ़ियत पैदा कर रही थी जो सख़्त सर्दियों में नाइयों के ग़लीज़ मगर गर्म हम्माम में नहाते वक़्त महसूस हुआ करती है।

सारी रात वह रनधीर के साथ चिमटी रही। दोनों गोया एक-दूसरे में मुद्ग़म हो गए थे। उन्होंने बमुश्किल एक-दो बातें की होंगी, क्योंकि जो कुछ उन्हें कहना-सुनना था, साँसों, होंठों और हाथों से तय होता रहा था। रनधीर के हाथ सारी रात उसकी छातियों पर हवाई लम्स की तरह फिरते रहे। छोटी-छोटी चूचियाँ और वह मोटे-मोटे मसाम[3] जो उनके इर्द-गिर्द एक काले दायरे की शक्ल में फैले हुए थे, उस हवाई लम्स से जाग उठते और उस घाटन लड़की के सारे जिस्म में ऐसा इर्तिआश[4] पैदा हो जाता कि रनधीर ख़ुद भी एक लहज़े के लिए कँपकँपा उठता।

ऐसी कँपकँपाहटों से रनधीर का सैकड़ों मर्तबा तआरुफ़ हो चुका था। वह उसकी लज़्ज़त से अच्छी तरह आशना था। कई लड़कियों के नर्म और सख़्त सीनों के साथ अपना सीना मिलाकर वह ऐसी रातें गुज़ार चुका था। वह ऐसी लड़कियों के साथ भी रह चुका था जो बिलकुल अल्हड़ थीं और उसके साथ लिपटकर घर की वह तमाम बातें सुना दिया करती थीं जो किसी ग़ैर को नहीं सुनाना चाहिएं। वह ऐसी लड़कियों से भी जिस्मानी रिश्ता क़ायम कर चुका था जो सारी मशक़्क़त ख़ुद करती थीं और उसे कोई तकलीफ़ नहीं देती थीं, मगर यह घाटन लड़की जो इमली के दरख़्त के नीचे भीगी हुई खड़ी थी और जिसको उसने इशारे से ऊपर बुला लिया था, बहुत ही मुख़्तलिफ़ थी।

सारी रात रनधीर को उसके बदन से अजीबो-ग़रीब क़िस्म की बू आती रही थी। उस बू को जो बयक वक़्त ख़ुशबू और बदबू थी, वह तमाम रात पीता रहा था। उसकी बग़लों से, उसकी छातियों से, उसके बालों से, उसके पेट से, हर जगह से यह बू जो बदबू भी थी और ख़ुशबू भी, रनधीर के हर साँस में मौजूद थी। तमाम रात वह सोचता रहा था कि यह घाटन लड़की बिलकुल क़रीब होने पर भी हरगिज़-हरगिज़ इतनी ज़्यादा क़रीब न होती, अगर उसके नंगे बदन से यह बू न उड़ती—यह बू जो उसके दिलो-दिमाग़ की हर सलवट में रेंग गई थी, उसके तमाम पुराने और नए ख़यालों में रच गई थी।

उस बू ने उस लड़की को और रनधीर को एक रात के लिए आपस में हल कर दिया था। दोनों एक-दूसरे के अंदर दाख़िल हो गए थे, अमीक़-तरीन गहराइयों में उतर गए थे जहाँ पहुँचकर वह एक ख़ालिस इंसानी लज़्ज़त में तब्दील हो गए थे, ऐसी लज़्ज़त जो लम्हाती होने के बावुजूद दाइमी[5] थी, जो माइले-परवाज़ होने के बावुजूद साकिन और जामिद

थी। ···वह दोनों एक ऐसी पंछी बन गए थे जो आसमान की नीलाहटों में उड़ता-उड़ता ग़ैर मुतहर्रिक[6] दिखाई देता है।

उस बू को जो उस घाटन लड़की के हर मसाम से बाहर निकली थी, रनधीर अच्छी तरह समझता था, हालाँकि वह इसका तज़्ज़िया[7] नहीं कर सकता था। जिस तरह बाज़ औक़ात मिट्टी पर पानी छिड़कने से सोंधी-सोंधी बास पैदा होती है, लेकिन नहीं, वह बू कुछ और ही क़िस्म की थी। इसमें लैवंडर और इत्र का मस्नूईपन[8] नहीं था। वह बिलकुल असली थी–औरत और मर्द के बाहमी ताल्लुक़ात की तरह असली और अज़ली।

रनधीर को पसीने की बू से सख़्त नफ़रत थी। वह नहाने के बाद आमतौर पर अपनी बग़लों में ख़ुशबूदार पाउडर लगाता था या कोई ऐसी दवा इस्तेमाल करता था जिससे पसीने की बू दब जाए लेकिन हैरत है कि उसने कई बार, हाँ कई बार उस घाटन लड़की की बालों भरी बग़लों को चूमा और उसे बिलकुल घिन न आई, बल्कि उसे अजीब तरह की लज़्ज़त महसूस हुई। उसकी बग़लों के नर्म-नर्म बाल पसीने के बायस गीले हो रहे थे। उनसे भी वही बू निकली थी जो ग़ायत दर्जा[9] क़ाबिले-फ़हम[10] होने के बावजूद नाक़ाबिले-फ़हम थी। रनधीर को ऐसा लगा था कि वह उस बू को जानता है, पहचानता है, उसका मतलब भी समझता है, लेकिन किसी और को यह मतलब समझा नहीं सकता।

बरसात के यही दिन थे··· इसी खिड़की के बाहर जब उसने देखा था तो पीपल के पत्ते लरज़-लरज़कर नहा रहे थे, हवा में सरसराहटें और फड़फड़ाहटें घुली हुई थीं। अँधेरा था मगर उसमें दबी-दबी धुँधली-सी रौशनी भी समोई हुई थी, जैसे बारिश के क़तरों के साथ लगकर तारों की थोड़ी-थोड़ी रोशनी उतर आई हो--बरसात के यही दिन थे जब रनधीर के इसी कमरे में सागवान का सिर्फ़ एक पलंग होता था, मगर अब उसके साथ ही एक दूसरा भी पड़ा था और कोने में एक नई ड्रैसिंग टेबिल भी मौजूद थी। दिन यही बरसात के थे, मौसम भी बिलकुल ऐसा ही था, बारिश के क़तरों के साथ तारों की थोड़ी-थोड़ी रोशनी भी उतर रही थी, मगर फ़ज़ा में हिना के इत्र की तेज़ खुशबू बसी हुई थी।

दूसरा पलंग ख़ाली था। उस पलंग पर, जिस पर रनधीर औंधे मुँह लेटा खिड़की के बाहर पीपल के लरज़ते हुए पत्तों पर बारिश के क़तरो का रक़्स देख रहा था, एक गोरी-चिट्टी लड़की अपने सत्र को नंगे जिस्म से छुपाने की नाकाम कोशिश करते-करते ग़ालिबन सो गई थी··· उसकी लाल रेशमी शलवार दूसरे पलंग पर पड़ी थी। उसके गहरे सुर्ख़ ईज़ारबंद का एक फुंदना नीचे लटक रहा था। उस पलंग पर उसके दूसरे उतरे हुए कपड़े भी पड़े थे। उसकी सुनहरे फूलोंवाली क़मीस, अँगिया, जाँघिया और दुपट्टा··· सबका रंग सुर्ख़ था, बेहद सुर्ख़। यह सब कपड़े हिना के इत्र की तेज़ ख़ुशबू में बसे हुए थे।

लड़की के सियाह बालों में मुक़्क़ैश[11] के ज़र्रे गर्द की तरह जमे हुए थे। चेहरे पर ग़ाज़े, सुर्ख़ी और मुक़्क़ैश के इन ज़र्रात ने मिल-जुलकर एक अजीबो-ग़रीब रंग पैदा कर दिया था, बेजान-सा, उड़ा-उड़ा और उसके गोरे सीने पर अँगिया के कच्चे रंग ने जाबजा लाल-लाल धब्बे डाल दिए थे।

छातियाँ दूध की तरह सफ़ेद थीं, जिसमें थोड़ी-थोड़ी नीलाहट भी होती है। बग़लों के बाल मुँडे हुए थे जिसके बायस वहाँ सुर्मई ग़ुबार-सा पैदा हो गया था। रनधीर कई बार उस लड़की की तरफ़ देखकर सोच चुका था : क्या ऐसा नहीं लगता जैसे मैंने अभी-अभी कीलें उखेड़कर उसे लकड़ी के बंद बक्स में से निकाला है, किताबों और चीनी के बर्तनों की तरह, क्योंकि जिस तरह किताबों पर दाब के निशान होते हैं और चीनी के बर्तनों पर हिलने-जुलने से ख़राशें आ जाती हैं, ठीक इसी तरह इस लड़की के बदन पर कई जगह ऐसे निशान थे।

जब रनधीर ने उसकी तंग और चुस्त अँगिया की डोरियाँ खोली थीं तो पीठ पर और सामने सीने के नर्म-नर्म गोश्त पर झुर्रियाँ-सी बनी हुई थीं और कमर के इर्द-गिर्द कसकर बँधे हुए ईज़ारबंद[12] का निशान··· वज़नी और नोकीले जड़ाऊ नेकलेस से उसके सीने पर कई जगह ख़राशें पैदा हो गई थीं, जैसे नाख़ूनों से बड़े ज़ोर के साथ खुजाया गया हो। बरसात के वही दिन थे, पीपल की नर्म-नर्म कोमल पत्तियों पर बारिश के क़तरे गिरने से वैसी ही आवाज़ पैदा हो रही थी, जैसी कि रनधीर उस रोज़ तमाम रात सुनता रहा था। मौसम बहुत ख़ुशगवार था। ठंडी-ठंडी हवा चल रही थी, लेकिन उसमें हिना के इत्र की तेज़ ख़ुशबू घुली हुई थी।

रनधीर के हाथ बहुत देर तक उस गोरी-चिट्टी लड़की के कच्चे दूध-ऐसे सफ़ेद सीने पर हवाई लम्स की तरह फिरते रहे। उसकी उँगलियों ने उस गोरे-गोरे जिस्म में कई इर्तिआश दौड़ते हुए महसूस किए। इस नर्म-नर्म जिस्म के कई गोशों[13] में उसे सिमटी हुई कँपकँपाहटों का भी पता चला। जब उसने अपना सीना उसके सीने के साथ मिलाया तो रनधीर के जिस्म के हर मसाम ने उस लड़की के छेड़े हुए तारों की आवाज़ सुनी··· लेकिन वह पुकार कहाँ थी, वह पुकार जो उसने घाटन लड़की के जिस्म की बू में सूँघी थी, वह पुकार जो दूध के प्यासे बच्चे के रोने से कहीं ज़्यादा क़ाबिले-फ़हम थी, वह पुकार जो सौती हदूद[14] से निकलकर बेआवाज़ हो गई थी।

रनधीर सलाख़ोंवाली खिड़की से बाहर देख रहा था। उसके बहुत क़रीब पीपल के पत्ते लरज़ रहे थे, मगर वह उनकी लरज़िशों के उस पार, दूर, बहुत दूर देखने की कोशिश कर रहा था, जहाँ उसे मटमैले बादलों में एक अजीब क़िस्म की धुँधली रोशनी घुली हुई दिखाई देती थी, जैसे उस घाटन लड़की के सीने में उसे नज़र आई थी, ऐसी रौशनी जो राज़ की बात की तरह छुपी हुई मगर ज़ाहिर थी।

रनधीर के पहलू में एक गोरी-चिट्टी लड़की, जिसका जिस्म दूध और घी मिले आटे की तरह मुलायम था, लेटी थी, उसके सोए हुए जिस्म से हिना के इत्र की ख़ुशबू आ रही थी जो अब थकी-थकी मालूम होती थी। रनधीर को यह दम तोड़ती और हालते-नज़्अ[15] को पहुँची हुई ख़ुशबू बहुत नागवार मालूम हुई। उसमें कुछ खटास-सी थी, एक अजीब क़िस्म की खटास जो बदहज्मी की डकारों में होती है, उदास, बेरंग, बेकैफ़।

रनधीर ने अपने पहलू में लेटी हुई लड़की की तरफ़ देखा। जिस तरह फटे हुए दूध में सफ़ेद-सफ़ेद बेजान फुटकियाँ बेरंग पानी में साकिन[16] होती हैं, उसी तरह उस लड़की की

निसवानियत[17] उसके वुजूद में ठहरी हुई थी, सफ़ेद-सफ़ेद धब्बों की सूरत में। असल में रनधीर के दिलो-दिमाग़ में वह बू बसी हुई थी जो उस घाटन लड़की के जिस्म से बग़ैर किसी बेरूनी कोशिश के बाहर निकली थी। वह बू जो हिना के इत्र से कहीं ज़्यादा हल्की-फुल्की और दूर रस थी, जिसमें सूँघे जाने का इज़्तिराब नहीं था, जो ख़ुद ब ख़ुद नाक के रस्ते दाख़िल होकर अपनी सही मंज़िल पर पहुँच गई था

रनधीर ने आख़िरी कोशिश करते हुए उस लड़की के दूधियाले जिस्म पर हाथ फेरा, मगर उसे कोई कँपकँपाहट महसूस न हुई। उसकी नई-नवेली बीवी, जो फ़र्स्ट क्लास मैजिस्ट्रेट की लड़की थी, जिसने बी. ए. तक तालीम पाई थी और जो अपने कालिज में सैकड़ों लड़कों के दिल की धड़कन थी, रनधीर की नब्ज़ तेज़ न कर सकी··· वह हिना की मरती हुई ख़ुशबू में उस बू की जुस्तजू करता रहा जो बरसात के इन्हीं दिनों में, जब खिड़की के बाहर पीपल के पत्ते बारिश में नहा रहे थे, उसे घाटन लड़की के मैले जिस्म से आई थी।

• • •

1. घमंड; 2. एक प्रकार का ज़नाना लिबास; 3. रोमछिद्र; 4. कंपन; 5. चिरस्थायी; 6. स्थिर; 7. व्याख्या; 8. बनावटीपन; 9. अत्यधिक; 10. समझ में आने योग्य; 11. सोने-चाँदी के या उसके रंग के तारों की बारीक कतरन जो औरतें माथे और बालों पर छिड़कती हैं; 12. नाड़ा; 13. हिस्सों में; 14. ध्वनि की सीमाओं; 15. प्राणांत की अवस्था; 16. ठहरी हुई; 17. नारीत्व।

मक़्तल

The soul of a murderer is blind.
Albert Camus

मूतरी

यज़ीद

टोबा टेक सिंह

खोल दो
ख़ुदा की क़सम

राम खिलावन
शरीफ़न
सहाय

टेटवाल का कुत्ता
आख़िरी सैल्यूट

गुरमुख सिंह की वसीयत

मोज़ेल
ठंडा गोश्त

स्याह हाशिए

मक़तल

क्रिस्टोफ़र ईशरवुड का एक पात्र, जो अपने हमवतनों के दुख में खोया हुआ है, उस दुख की राजनीतिक पृष्ठभूमि की बात सुनते ही चीखने लगता है और कहता है :

> *"मुझे राजनीति से कुछ भी नहीं लेना। मेरा सरोकार तो इंसानों से है–इंसानों से, इंसानी ज़िंदगी से; जीते-जागते वास्तविक पुरुषों और स्त्रियों से; गोश्त और ख़ून से..."*

मंटो के लिए सन सैंतालीस के विभाजन का पीछा करनेवाले दंगों की समस्या बुनियादी तौर पर एक मानवीय समस्या थी। यह और बात है कि इंसानी सरोकार की अभिव्यक्ति हर संवेदनशील लिखनेवाले के यहाँ किसी न किसी मोड़ पर एक राजनीतिक आयाम ग्रहण कर लेती है। लिखनेवाले का बोध अगर निडर है, अगर दोरंगेपन और पाखंड के तत्व से मुक्त है, अगर उसकी तह में मानव-आत्मा की माँगों की अनुभूति कुंद नहीं हुई है तो किसी बँधे-बँधाए राजनीतिक दृष्टिकोण के बिना भी उसके रवैये में एक राजनीतिक रंग चुपचाप शामिल हो जाएगा। इस दृष्टि से देखा जाए तो मंटो का बोध भी 'अराजनीतिक' नहीं था और उस बोध में एक सच्चा अर्थपूर्ण राजनीतिक आयाम वास्तव में मंटो के फैलावदार चिंतन के मानव-प्रेम के द्वारा प्रविष्ट हुआ था।

उर्दू में सामयिक विषयों, जैसे युद्ध और शांति तथा बंगाल के अकाल के बारे में जो नज़्में और कहानियाँ लिखी गईं, उनका ऐतिहासिक महत्व हमने माना, मगर हम इस वास्तविकता से भी इनकार नहीं कर सकते कि इस श्रेणी की अधिकांश नज़्में और कहानियाँ, एक सस्ती रूमानियत या एक लिजलिजे क़िस्म की काव्यात्मक कल्पना की पकड़ से अपने-आपको मुक्त नहीं करा सकीं। दंगों का अनुभव विश्वयुद्ध के अनुभवों या बंगाल के अकाल के अनुभवों से भिन्न था, अपनी तीव्रता, अपने प्रभाव और अपनी तरकीब में शामिल उस कष्टदायक तत्व के कारण जिसे हम अपने सामूहिक इतिहास की प्रक्रिया में एक दूरगामी अमानवीकरण के अनुभव के प्रवेश का नाम दे सकते हैं। दंगों के इस पहलू पर बहुत कम लिखनेवालों की निगाह पड़ सकी। इसलिए दंगों से संबंधित वे तमाम कहानियाँ जो एक तरह के अविश्वसनीय रंग में रँगी गईं, फ़ार्मूला कहानी की सीमा से आगे न जा सकीं।

विभाजन के बाद के सात-आठ वर्षों में दंगों पर अनगिनत कहानियाँ, नज़्में, नाटक और उपन्यास लिखे गए। उस काल की पत्रिकाओं की गहमागहमी और साहित्यिक क्षेत्रों की सरगर्मी का ख़याल आता है तो ऐसा लगता है कि हमारे लिखनेवालों को दंगों के रूप में एक अप्रत्याशित पूँजी मिल गई थी। इस आलम से सब बराबर थे और बुरे लिखनेवाले तथा अच्छे लिखनेवाले में अंतर करना मुश्किल हो गया था क्योंकि हमारे आलोचक और साहित्य के पंडित भी केवल 'विषयों' के आधार पर किसी साहित्यिक कृति के रचनात्मक और कलात्मक मूल्य निर्धारित करने के रोग से ग्रस्त हो चले थे। कृशनचंदर जैसे साहित्यकार भी, दीवानगी की इस फ़ज़ा में, सीमा से अधिक सावधानी बरतने और "इंसाफ़ करने" के चक्कर में फ़ार्मूलाबाज़ी से बच नहीं सके। निष्पक्षता का अर्थ यह समझ लिया गया कि लिखनेवाला समुदाय और धर्म के हिसाब से अपने पात्रों को तराज़ू के पलड़े पर इस तरह तोले कि हर धर्म और संप्रदाय के साथ इंसाफ़ कर सके और उस पर धार्मिक भेदभाव का दोष न आने पाए।

सच्चा साहित्य तो उसी स्थिति में लिखा जा सकता है जब लिखनेवाला हिंदू-ज़ुल्म, मुसलमान-ज़ुल्म, या कांग्रेस की राजनीति और मुस्लिम लीग की राजनीति, या हिंदुस्तान और पाकिस्तान के फेर में पड़े बिना, उस अनुभव पर हाथ डाल सके, जिसका बुनियादी सरोकार इस सवाल से हो कि सामूहिक पागलपन के उस युग में इंसान के हाथों इंसान पर क्या बीती। उस इंसान का नाम और धर्म और संप्रदाय, ये सारी बातें गौण हैं।

मंटो की कहानियाँ, जिनमें 'सियाह हाशिये' के अंतर्गत आनेवाली रचनाएँ भी शामिल हैं, अपने यथार्थप्रेमी मानवीय सरोकार और नैतिक क्षोभ के साथ, मंटो के बोध के ठहराव और नियंत्रण के कारण, दंगों के विषय पर लिखी गई तमाम कहानियों की भीड़ से अलग-थलग हैं—'टोबा टेकसिंह' ने तो एक नए राजनीतिक क्लासिक का स्थान प्राप्त कर लिया है, सामयिक राजनीतिक चिंतन के दबाव से मुक्त और एक तरह की स्थायी प्रासंगिकता से भरपूर।

दंगे, हिंदू-मुस्लिम राजनीति, हिंदुस्तान और पाकिस्तान का झगड़ा, कश्मीर, स्वतंत्रता, देशांतरण—इन हवालों से जब हम अपने इर्द-गिर्द नज़र डालते हैं तो कभी-कभी सच्चाइयाँ अविश्वसनीय दिखाई देती हैं। अधिकतर लिखनेवाले इन सच्चाइयों पर एक गाढ़ी भावुकता, एक प्रचार-प्रेमी विशालहृदयता और निष्पक्षता का लेप लगा देते हैं और इस तरह उनकी सूरत बिगाड़ देते हैं। ग़ौर से देखा जाए तो एहसास होता है कि दंगों पर हमारे लिखनेवाले एक भयानक और रक्तरंजित युग के इतिहास के ऋण चुकाने में आमतौर पर असमर्थ रहे हैं। मंटो की सबसे बड़ी विशेषता यह है कि उसने न्यायप्रियता, संतुलन और निष्पक्षता के नाम पर अपनी सोच, अपने मानव-प्रेम और दर्दमंदी की अभिव्यक्ति के लिए किसी भी तरह की भावुकता का सहारा नहीं लिया। उसने एक पूरे युग की त्रासदी को

आँखें झुकाए बिना इस तरह से देखने और दिखाने की कोशिश की कि अपनी बेपर्दगी के कारण हर सच एक मिथक बन गया है।

वीभत्सता, उलझन, बेज़ारी, नफ़रत, दुख और क्रोध की बजाए मंटो कहीं-कहीं तो थोड़े दुख-भरे मसख़रेपन के साथ मानव की दुरवस्था का तमाशा देखता है, और इस दुरवस्था में छिपे सच की ताक़त के ऐसे बोध का प्रमाण देता है, जिसे किसी दूसरे बाहरी सहारे की ज़रूरत नहीं होती—छोटी-छोटी बातों में वह एक गहरी मानवीय त्रासदी का पता लगाता है। ऐसा महसूस होता है कि बिखराव और पतन के वातावरण में मंटो अपनी असाधारण रचनात्मक एकाग्रता के साथ, एक आवर्धक लेंस की सहायता से, अपने चारों तरफ़ बिखरी हुई टुकड़ा-टुकड़ा सच्चाइयों का ज़ायज़ा ले रहा है।

एक ऐसे दौर में, जब इंसान वहशी बन गया था, और निहत्थे कमज़ोर बच्चे, बूढ़े, औरतें, जानवरों की तरह ज़िब्ह किए जा रहे थे, केवल रक्तपात और विनाश के वर्जन या उनके विश्लेषण के आधार पर सच्ची कहानी नहीं लिखी जा सकती थी। उस त्रासदी की सच्चाई तक पहुँचने, और उसे एक रचनात्मक सच्चाई का रूप देने के लिए, अपने अस्तित्व और अपने परिवेश के बीच एक दूरी, अपनी तबीयत में एक निढालपन की जग़ह एक संगीनी पैदा करने की ज़रूरत थी।

इस विषय पर मंटो की कहानियाँ हमें इसी भेद से परिचित कराती हैं।

मूतरी

काँग्रेस हाउस और जिन्नाह हॉल से थोड़े ही फ़ासिले पर एक पेशाबगाह है जिसे बंबई में मूतरी कहते हैं । आसपास के महल्लों की सारी ग़लाज़त[1] इस तअफ़्फ़ुन[2] भरी कोठड़ी के बाहर ढेरियों की सूरत में पड़ी रहती है; इस क़दर बदबू होती है कि आदमियों को नाक पर रूमाल रखकर बाज़ार से गुज़रना पड़ता है ।

इस मूतरी में एक दफ़ा उसे मजबूरन जाना पड़ा, पेशाब करने के लिए; नाक पर रूमाल रखकर, साँस बंद करके, वह बदबुओं के उस मस्कन[3] में दाख़िल हुआ ।

फ़र्श पर ग़लाज़त बुलबुले बन-बनकर फट रही थी; दीवारों पर आज़ाए-तनासुल[4] की मुहीब[5] तसवीरें बनी हुई थीं; सामने कोयले के साथ किसी ने यह अल्फ़ाज़ लिखे हुए थे :

'मुसलमानों की बहन का पाकिस्तान मारा !'

इन अल्फ़ाज़ ने बदबू की शिद्दत और भी ज़्यादा कर दी—वह जल्दी-जल्दी बाहर निकल आया ।

जिन्नाह हॉल और काँग्रेस हाउस, दोनों पर गवर्नमेंट का क़ब्ज़ा है लेकिन थोड़े ही फ़ासिले पर जो मूतरी है, उसी तरह आज़ाद है, अपनी ग़लाज़तें और उफ़ूनतें[6] फैलाने के लिए ।

आसपास के महल्लों का कूड़ा-करकट अब कुछ ज़्यादा ही ढेरियों की सूरत में बाहर पड़ा दिखाई देता है ।

एक बार फिर उसे मजबूरन उस मूतरी में जाना पड़ा, ज़ाहिर है कि पेशाब करने के लिए; नाक पर रूमाल रखकर और साँस बंद करके वह बदबुओं के उस घर में दाख़िल हुआ ।

फ़र्श पर पतले पाख़ाने की पपड़ियाँ जम रही थीं; दीवारों पर इंसान के औलाद पैदा करनेवाले आज़ा[7] की तादाद में इज़ाफ़ा हो गया था ।

'मुसलमानों की बहन का पाकिस्तान मारा' के नीचे किसी ने मोटी पेंसिल से यह घिनावने अल्फ़ाज़ तहरीर किए हुए थे :

'हिंदुओं की माँ का अखंड हिंदुस्तान मारा !'

इस तहरीर ने मूतरी की बदबू में एक तेज़ाबी कैफ़ियत पैदा कर दी—वह जल्दी-जल्दी बाहर निकल आया ।

महात्मा गांधी की ग़ैर मश्रूत[8] रिहाई हुई और जिन्नाह को पंजाब में शिकस्त हुई--जिन्नाह हॉल और कॉंग्रेस हाउस, दोनों को शिकस्त हुई न रिहाई; उन पर गवर्नमेंट का क़ब्ज़ा रहा; और थोडे ही फासिले पर जो मूतरी है, उस पर बदबू का क़ब्ज़ा रहा।

आसपास के महल्लों का कूड़ा-करकट अब एक ढेर की सूरत में बाहर पड़ा रहता है।

तीसरी बार फिर उसे उस मूतरी में जाना पड़ा, पेशाब करने के लिए नहीं···।

नाक पर रूमाल रखकर और साँस बंद करके वह ग़लाज़तों की उस कोठड़ी में दाख़िल हुआ।

फ़र्श पर कीड़े चल रहे थे; दीवारों पर इंसान के शर्मनाक हिस्सों की नक़्क़ाशी करने के लिए अब कोई जगह बाक़ी नहीं रही थी।

'मुसलमानों की बहन का पाकिस्तान मारा' और 'हिंदुओं की माँ का अखंड हिंदुस्तान मारा' के अल्फ़ाज़ मद्धम पड़ गए थे, मगर उनके नीचे सफ़ेद चाक से लिखे हुए यह अल्फ़ाज़ उभर रहे थे :

'दोनों की माँ का हिंदुस्तान मारा!'

इन अल्फ़ाज़ ने एक लहज़े[9] के लिए मूतरी की बदबू ग़ायब कर दी।

वह जब आहिस्ता-आहिस्ता बाहर निकला तो उसे यूँ लगा कि उसे बदबुओं के उस घर में एक बेनाम-सी महक आई थी, सिर्फ़ एक लहज़े के लिए···

1. गंदगी; 2. बदबू; 3. रहने का स्थान; 4. लिंग और योनि; 5. भयानक; 6. सडाँध; 7. अंगों; 8. बग़ैर शर्त के; 9. पल।

यज़ीद

सन् सैंतालीस के हंगामे आए और गुज़र गए, बिलकुल उसी तरह जिस तरह मौसम में ख़िलाफ़े-मामूल चंद दिन ख़राब आएँ और चले जाएँ··· यह नहीं कि करीम दाद, मौला की मर्ज़ी समझकर, ख़ामोश बैठा रहा था; उसने उस तूफ़ान का मर्दानावार मुक़ाबला किया था; मुख़ालिफ़[1] क़ुव्वतों के साथ वह कई बार भिड़ा था, शिकस्त[2] देने के लिए नहीं, सिर्फ़ मुक़ाबला करने के लिए। उसको मालूम था कि दुश्मनों की ताक़त बहुत ज़्यादा है मगर हथियार डाल देना वह अपनी ही नहीं, हर मर्द की तौहीन समझता था। सच पूछिए तो उसके मुताल्लिक़ यह सिर्फ़ दूसरों का ख़याल था, उनका जिन्होंने उसे वहशीनुमा इंसानों से बड़ी जाँबाज़ी से लड़ते देखा था, वरना अगर करीम दाद से इस बारे में पूछा जाता कि मुख़ालिफ़ क़ुव्वतों के मुक़ाबले में हथियार डालना क्या वह अपनी या हर मर्द की तौहीन समझता है तो वह यक़ीनन सोच में पड़ जाता, जैसे आपने उससे हिसाब का कोई बहुत ही मुश्किल सवाल पूछ लिया है।

करीम दाद जमा तफ़रीक़[3] और ज़रब तक़सीम से बिलकुल बेनियाज़ था।

सन् सैंतालीस के हंगामे आए और गुज़र गए—लोगों ने बैठकर हिसाब लगाना शुरू किया कि कितना जानी नुक़सान हुआ है और कितना माली, मगर करीम दाद इससे बिलकुल अलग-थलग रहा। उसको सिर्फ़ इतना मालूम था कि उसका बाप रहीम दाद इस जंग में काम आया है—उसकी लाश ख़ुद करीम दाद ने अपने कंधों पर उठाई थी और एक कुएँ के पास गढ़ा खोदकर दफ़ना दी थी।

गाँव में और भी कई वारदातें हुई थीं; सैकड़ों जवान और बूढ़े क़त्ल हुए थे; कई लड़कियाँ ग़ायब हो गई थीं; कुछ बहुत ही ज़ालिमाना तरीक़े पर बेआबरू हुई थीं। जिसको भी यह ज़ख़्म लगे थे, रोता था, अपने फूटे नसीबों पर और दुश्मनों की बेरहमी पर, मगर करीम दाद की आँख से एक आँसू भी न निकला था। अपने बाप रहीम दाद की शहज़ोरी[4] पर उसे नाज़ था! जब रहीम दाद पच्चीस-तीस बरछियों और कुल्हाड़ियों से मुसल्लह बलवाइयों का मुक़ाबला करते-करते निढाल होकर गिर पड़ा था, और करीम दाद को उसकी मौत की ख़बर मिली थी तो करीम दाद ने उसकी रूह को मुख़ातिब करके सिर्फ़ इतना कहा था: "यार, तुमने यह ठीक नहीं किया··· मैंने तुमसे कहा था कि एक-आध हथियार अपने पास ज़रूर रखा करो···!" और उसने रहीम दाद की लाश उठाकर, कुएँ के

पास गढ़ा खोदकर दफ़ना दी थी और क़ब्र के पास खडे होकर फ़ातिहा के तौर पर सिर्फ़ यह चंद अल्फ़ाज़ कहे थे : ''गुनाह-सवाब का हिसाब ख़ुदा जानता है··· अच्छा तुझे बहिश्त नसीब हो !''

रहीम दाद को जो न सिर्फ़ उसका बाप था बल्कि एक बहुत बड़ा दोस्त भी था, बलवाइयों ने बड़ी बेदर्दी से क़त्ल किया था। लोग जब उसकी अफ़सोसनाक मौत का ज़िक्र करते थे तो क़ातिलों को बड़ी गालियाँ देते थे, मगर करीम दाद ख़ामोश रहता था। उसकी कई खड़ी फ़स्लें तबाह हो गई थीं, दो मकान जलकर राख हो गए थे, मगर उसने अपने इन नुक़सानों का कभी हिसाब नहीं लगाया था। वह कभी-कभी सिर्फ़ इतना कहा करता था : 'जो कुछ हुआ है, हमारी अपनी ग़लती से हुआ है··· !' और जब कोई उससे इस ग़लती के मुताल्लिक़ इस्तिफ़सार[5] करता तो वह ख़ामोश रहता।

गाँव के लोग अभी सोग में मसरूफ़ थे कि करीम दाद ने शादी कर ली, उसी मुटयार जेना के साथ, जिस पर एक अर्से से उसकी निगाह थी।

जेना सोगवार थी। उसका शहतीर-जैसा कड़ियल जवान भाई बलवों में मारा गया था। माँ-बाप की मौत के बाद एक सिर्फ़ वही उसका सहारा था—इसमें कोई शक नहीं कि जेना को करीम दाद से बेपनाह मुहब्बत थी, मगर भाई की मौत के ग़म ने यह मुहब्बत उसके दिल में सियाहपोश कर दी थी, अब हर वक़्त उसकी सदा मुसकराती आँखें नमनाक[6] रहती थीं।

करीम दाद को रोने-धोने से बहुत चिड़ थी। वह जेना को जब भी सोगज़दा हालत में देखता तो दिल ही दिल में बहुत कुढ़ता, मगर वह उससे इस बारे में कुछ कहता नहीं था, यह सोचकर कि औरत ज़ात है, मुम्किन है उसके दिल को और भी दुख पहुँचे।

एक रोज़ उससे रहा न गया। खेत में उसने जेना को पकड़ लिया और कहा : ''मुर्दों को कफ़नाए-दफ़नाए पूरा एक साल हो गया है··· अब तो वह भी इस सोग से घबरा गए होंगे··· मेरी जान, हमें अभी ज़िंदगी में जाने और कितनी मौतें देखनी हैं··· कुछ आँसू तो अपनी आँखों में जमा रहने दें !''

जेना को उसकी यह बातें बहुत नागवार मालूम हुई थीं, मगर वह उससे मुहब्बत करती थी, इसलिए अकेले में कई घंटे सोच-सोचकर उसने करीम दाद की इन बातों में मानी पैदा कर लिए और आख़िर ख़ुद को यह समझाने पर आमादा कर लिया कि करीम दाद जो कुछ कहता है, ठीक कहता है।

शादी का सवाल आया तो बड़े-बूढ़ों ने मुख़ालफ़त की, मगर यह मुख़ालफ़त बहुत ही कमज़ोर थी; वह लोग सोग मना-मनाकर इतने नहीफ़ हो गए थे कि ऐसे मामलों में सौ फ़ीसदी कामयाब होनेवाली मुख़ालफ़तों पर भी ज़्यादा देर तक न जमे रह सकते थे।

चुनांचे करीम दाद का ब्याह हो गया—बाजे-गाजे आए, हर रस्म अदा हुई और करीम दाद अपनी महबूबा जेना को दुलहन बनाकर घर ले आया।

फ़सादात के बाद, क़रीब-क़रीब एक बरस से, सारा गाँव क़ब्रिस्तान-सा बना हुआ था—जब करीम दाद की बरात चली और ख़ूब धूम-धड़ाका हुआ तो गाँव में कई आदमी सहम-सहम गए। उनको ऐसा महसूस हुआ कि यह करीम दाद की नहीं, किसी भूत-प्रेत की बरात है।

करीम दाद के दोस्तों ने जब उसको यह बात बताई तो वह ख़ूब हँसा—हँसते-हँसते ही एक रोज़ उसने इस बात का ज़िक्र अपनी नई-नवेली दुलहन से किया तो वह डर के मारे काँप उठी।

करीम दाद ने जेना की सूहे चूड़ेवाली कलाई अपने हाथ में ली और कहा : "यह भूत तो अब सारी उम्र तुम्हारे साथ चिमटा रहेगा···रहमान साईं की झाड़-फूँक भी इसे उतार नहीं सकेगी।"

जेना ने अपनी मेहँदी में रची हुई उँगली दाँतों तले दबाकर और ज़रा शर्माकर सिर्फ़ इतना कहा : "कीमे, तुझे तो किसी से भी डर नहीं लगता।"

करीम दाद ने अपनी हल्की-हल्की सियाही माइल[7] भूरी मूँछों पर ज़बान की नोक फेरी और मुसकरा दिया : "डर भी कोई लगने की चीज़ है!"

जेना का ग़म अब बहुत हद तक दूर हो चुका था—वह माँ बननेवाली थी।

करीम दाद उसकी जवानी का निखार देखता तो बहुत ख़ुश होता और जेना से कहता : "ख़ुदा की क़सम जेना, तू पहले कभी इतनी ख़ूबसूरत नहीं थी···अगर तू इतनी ख़ूबसूरत अपने होनेवाले बच्चे के लिए बनी है तो मेरी उससे लड़ाई हो जाएगी।"

यह सुनकर जेना शर्माकर अपना ठिलया-सा पेट चादर से छुपा लेती।

करीम दाद हँसता और उसे छेड़ता : "छुपाती क्यों हो इस चोर को···मैं क्या जानता नहीं कि यह सब बनाव-सिंगार सिर्फ़ तुमने इसी सुअर के बच्चे के लिए किया है।"

जेना एकदम संजीदा हो जाती : "क्यों गाली देते हो अपने बच्चे को?"

करीम दाद की सियाही माइल भूरी मूँछें हँसी से थरथराने लगतीं : "करीम दाद बहुत बड़ा सुअर है।"

छोटी ईद आई, फिर बड़ी ईद आई—करीम दाद ने यह दोनों त्योहार बड़े ठाठ से मनाए।

बड़ी ईद से बारह रोज़ पहले, दो साल हुए, उसके गाँव पर बलवाइयों ने हमला किया था और उसका बाप रहीम दाद और जेना का भाई फ़ज़ल इलाही क़त्ल हो गए थे। जेना उन दोनों की मौत को याद करके साल भर रोती रही थी, मगर फिर करीम दाद की सद्मे को याद न रखनेवाली तबीयत की मौजूदगी में इतना ग़म न कर सकी थी, जितना उसे अपनी तबीयत के मुताबिक़ करना चाहिए था।

जेना जब कभी सोचती थी तो उसको बड़ा ताज्जुब होता था कि वह इतनी जल्दी अपनी ज़िंदगी का इतना बड़ा सद्मा कैसे भूल-सी गई है—माँ-बाप की मौत उसको क़तअन याद

नहीं थी। उसका भाई फ़ज़ल इलाही उससे छः साल बड़ा था और वही उसका बाप था, वही उसकी माँ, और वही उसका भाई। जेना अच्छी तरह जानती थी कि सिर्फ़ उसी की ख़ातिर उसके भाई ने शादी नहीं की थी, और यह तो सारे गाँव को मालूम था कि जेना ही की इस्मत[8] बचाने के लिए उसने अपनी जान दी थी।

भाई की मौत जेना की ज़िंदगी का यक़ीनन बहुत ही बड़ा हादिसा था; एक क़यामत थी जो बड़ी ईद से ठीक बारह रोज़ पहले उस पर यकायक टूट पड़ी थी—अब वह उस क़यामत के बारे में सोचती तो उसको बड़ी हैरत होती कि वह अपने दुख से कितनी दूर-सी हो गई है।

मुहर्रम क़रीब आया तो जेना ने करीम दाद से अपनी पहली फ़रमाइश का इज़हार किया—उसे घोड़ा और ताज़िए देखने का बहुत शौक़ था। अपनी सहेलियों से वह उनके मुताल्लिक़ बहुत कुछ सुन चुकी थी।

उसने करीम दाद से कहा : ''मैं ठीक हुई तो ले चलोगे मुझे घोड़ा दिखाने ?''

करीम दाद ने मुसकराकर जवाब दिया : ''तुम ठीक न भी हुईं, तब भी ले चलूँगा ··· इस सुअर के बच्चे को भी !''

जेना को यह गाली बहुत ही बुरी लगती थी। वह अक्सर बिगड़ जाती, मगर करीम दाद की गुफ़्तगू का अंदाज़ कुछ ऐसा पुरख़ुलूस[9] होता कि जेना की तल्ख़ी फ़ौरन ही एक नाक़ाबिले-बयान मिठास में तब्दील हो जाती, और वह सोचती कि 'सुअर के बच्चे' में कितना प्यार कूट-कूटकर भरा है !

हिंदुस्तान और पाकिस्तान की जंग की अफ़वाहें एक अर्से से उड़ रही थीं। असल में तो पाकिस्तान बनते ही यह बात गोया एक तौर पर तय हो गई थी कि जंग होगी, और ज़रूर होगी। कब होगी, इसके मुताल्लिक़ गाँव में किसी को मालूम नहीं था।

करीम दाद से जब कोई इसके मुताल्लिक़ सवाल करता तो वह यह मुख़्तसर-सा जवाब देता : ''जब होनी होगी, हो जाएगी ··· फ़ुज़ूल सोचने से क्या फ़ायदा !''

जेना जब इस होनेवाली लड़ाई-भिड़ाई के मुताल्लिक़ सुनती तो उसके औसान ख़ता हो जाते। वह तब्अन[9] बहुत ही अम्नपसंद थी। वह मामूली-सी तू-तू मैं-मैं से भी सख़्त घबराती थी। इसके अलावा गुज़श्ता[10] बलवों में उसने कई कुश्तो-ख़ून[11] देखे थे, और इन्हीं में उसका प्यारा भाई फ़ज़ल इलाही काम आया था। बेहद सहमकर वह करीम दाद से सिर्फ़ इतना कहती : ''कीमे, क्या होगा ?''

करीम दाद मुसकरा देता : ''मुझे क्या मालूम ··· ? लड़का होगा या लड़की !''

यह सुनकर जेना बहुत ज़िच-बिच[12] होती, मगर फ़ौरन ही करीम दाद की दूसरी बातों में लगकर होनेवाली जंग के मुताल्लिक़ सबकुछ भूल जाती।

करीम दाद बंदूक़ ख़रीदने के बाद थोड़े ही अर्से में निशाने का बहुत पक्का हो गया था, और यह बात जेना को हौसला दिलाती थी, मगर उसके बावुजूद तिरंजनो[13] में जब वह अपनी किसी ख़ौफजदा[13] हमजोली से जंग के बारे में गाँव के आदमियों की उड़ाई हुई हौलनाक अफ़वाहें सुनती तो एकदम सुन्न-सी हो जाती।

बख़्तो दाई, जो हर रोज़ जेना को देखने आती थी, एक दिन यह ख़बर लाई कि

हिंदुस्तानवाले दरिया बंद करनेवाले हैं। वह इसका मतलब न समझी। वज़ाहत[14] के लिए उसने बख़्तो दाई से पूछा : ''दरिया बंद करनेवाले हैं···कौन-से दरिया बंद करनेवाले हैं···?''

बख़्तो दाई ने जवाब दिया : वही दरिया जिनसे हमारे खेतों को पानी मिलता है···!''

जेना ने कुछ देर सोचा और फिर हँसकर कहा : ''मौसी, तुम भी क्या पागलों-सी बातें करती हो···दरिया कौन बंद कर सकता है···वह भी कोई मोरियाँ हैं!''

बख़्तो ने जेना के पेट पर हौले-हौले मालिश करते हुए कहा ''बीवी, मुझे मालूम नहीं···जो कुछ मैंने सुना, तुम्हें बता दिया···गाँववाले कहते हैं कि यह बात अब तो अख़बारों में भी आ गई है।''

''कौन-सी बात?'' जेना को यक़ीन नहीं आया।

बख़्तो ने अपने झुर्रियोंवाले हाथ से जेना का पेट हल्के-से थपथपाते हुए कहा : ''यही दरिया बंद करनेवाली···'' फिर उसने जेना के पेट पर उसकी क़मीस खींची और उठकर बड़े माहिराना अंदाज़ में कहा : ''अल्लाह ख़ैर रखे तो बच्चा आज से पूरे दस रोज़ के बाद हो जाना चाहिए!''

करीम दाद घर आया तो सबसे पहले जेना ने उससे दरियाओं के मुताल्लिक़ पूछा। करीम दाद ने पहले तो बात टालनी चाही, पर जब जेना ने कई बार अपना सवाल दोहराया तो करीम दाद ने कहा : ''हाँ, कुछ ऐसा ही सुना है।''

जेना ने पूछा : ''क्या?''

''यही कि हिंदुस्तानवाले हमारे दरिया बंद कर देंगे।''

''क्यों?''

करीम दाद ने जवाब दिया : ''कि हमारी फ़स्लें तबाह हो जाएँ।''

यह सुनकर जेना को यक़ीन हो गया कि दरिया बंद किए जा सकते हैं। निहायत बेचारगी के आलम में उसने सिर्फ़ इतना कहा : ''कितने ज़ालिम हैं ये लोग···!''

करीम दाद इस दफ़ा कुछ देर के बाद मुसकराया : ''हटाओ इन बातों को···यह बताओ, मौसी बख़्तो आई थी?''

जेना ने बेदिली से जवाब दिया : ''आई थी···!''

''क्या कहती थी?''

''कहती थी, आज से पूरे दस रोज़ के बाद बच्चा हो जाएगा।''

करीम दाद ने ज़ोर का नारा लगाया : ''ज़िंदाबाद!''

जेना ने इसे पसंद न किया और बड़बड़ाई : ''तुम्हें ख़ुशी सूझती है···जाने यहाँ कैसी करबला आनेवाली है।''

करीम दाद बिना कुछ कहे चौपाल चला गया।

चौपाल में क़रीब-क़रीब गाँव के सब मर्द जमा थे।

सब चौधरी नत्थू को घेरे, उससे दरिया बंद करनेवाली खबर के मुताल्लिक़ बातें पूछ

रहे थे, कोई पंडित नेहरू को गालियाँ दे रहा था; कोई बद्दुआएँ दे रहा था; कोई यह मानने ही से यकसर मुनकिर[15] था कि दरियाओं का रुख़ बदला जा सकता है; कुछ ऐसे भी थे जिनका यह ख़याल था कि जो कुछ होनेवाला है, वह हमारे गुनाहों की सज़ा है और उसे टालने के लिए सबसे बेहतर तरीक़ा यही है कि मिलकर मस्जिद में दुआ माँगी जाए।

करीम दाद एक कोने में ख़ामोश बैठा सब बातें सुनता रहा।

हिंदुस्तानवालों को गालियाँ देने में चौधरी नत्थू सबसे पेश-पेश था : ''दरिया बंद करना बहुत ही ओछा हथियार है···इंतिहाई कमीनापन है···रज़ालत[16] है···अज़ीम-तरीन ज़ुल्म है, बदतरीन गुनाह है···यज़ीदपन[17] है···''

करीम दाद कुछ इस तरह बार-बार अपनी निशस्त[18] बदल रहा था जैसे उसे बहुत कोफ़्त हो रही हो; वह दो-तीन मर्तबा इस तरह खाँसा जैसे कुछ कहने के लिए ख़ुद को तैयार कर रहा हो—चौधरी नत्थू के मुँह से जब एक और लहर मोटी-मोटी गालियों की उठी तो करीम दाद चीख़ पड़ा : ''गाली न दे चौधरी, किसी को !''

माँ की एक बहुत बड़ी गाली चौधरी नत्थू के हलक़ में फँसी की फँसी रह गई। उसने पलटकर एक अजीब अंदाज़ से करीम दाद की तरफ़ देखा जो सिर पर अपना साफ़ा ठीक कर रहा था : ''क्या कहा ?''

करीम दाद ने आहिस्ता से, मगर मज़बूत आवाज़ में कहा : ''मैंने कहा, गाली न दे किसी को।''

हलक़ में फँसी हुई माँ की गाली बड़े ज़ोर से बाहर निकालकर चौधरी नत्थू ने बड़े तीखे लहजे में करीम दाद से कहा : ''किसी को···क्या लगते हैं वह तुम्हारे ?'' फिर वह चौपाल में जमाशुदा आदमियों से मुख़ातिब हुआ : ''सुना तुम लोगों ने···कहता है, गाली न दो किसी को···पूछो इससे, क्या लगते हैं वो इसके ?''

करीम दाद ने बड़े तहम्मुल[19] से जवाब दिया : ''मेरे क्या लगते हैं···? मेरे दुश्मन लगते हैं।''

चौधरी के हलक़ से फटा-फटा-सा क़हक़हा बुलंद हुआ, इस क़दर ज़ोर से कि उसकी मूँछों के बाल बिखर गए : ''सुना तुम लोगों ने···! दुश्मन लगते हैं···और दुश्मन को प्यार करना चाहिए···क्यों बुरख़ुर्दार ?''

करीम दाद ने बुरख़ुर्दाराना अंदाज़ में जवाब दिया : ''नहीं चौधरी, मैं यह नहीं कहता कि प्यार करना चाहिए···मैंने सिर्फ़ यह कहा है कि गाली नहीं देनी चाहिए !''

करीम दाद के साथ ही उसका लँगोटिया दोस्त मीराँबख़्श बैठा था। उसने पूछा : ''क्यों ?''

करीम दाद सिर्फ़ मीराँबख़्श से मुख़ातिब हुआ : ''क्या फ़ायदा है यार···! वह पानी बंद करके तुम्हारी ज़मीन बंजर बनाना चाहते हैं, और तुम उन्हें गाली देकर समझते हो कि हिसाब बेबाक़ हो गया···यह कहाँ की अक़्लमंदी है···गाली तो उस वक़्त दी जाती है जब और कोई जवाब पास न हो।''

मीराँबख़्श ने पूछा : ''तुम्हारे पास कोई जवाब है ?''

करीम दाद ने थोड़े तवक़्क़ुफ़[20] के बाद कहा : ''सवाल मेरा नहीं, हज़ारों-लाखों आदमियों का है⋯ अकेला मेरा जवाब सबका जवाब नहीं हो सकता⋯ ऐसे मामलों में सोच-समझकर ही कोई पुख़्ता जवाब तैयार किया जा सकता है⋯ वह एक दिन में दरियाओं के रुख़ नहीं बदल सकते, कई साल लगेंगे उन्हें⋯ लेकिन यहाँ तो तुम लोग गालियाँ देकर एक मिनट में अपनी भड़ास निकाल बाहर कर रहे हो⋯'' फिर उसने मीराँबख़्श के काँधे पर हाथ रखा और बड़े ख़ुलूस के साथ कहा : ''मैं तो जानता हूँ यार कि हिंदुस्तान को कमीना, रज़ील[21] और ज़ालिम कहना भी ग़लत है।''

मीराँबख़्श की जगह चौधरी नत्थू चिल्लाया : ''लो और सुनो !''

करीम दाद फिर मीराँबख़्श से मुख़ातिब हुआ : ''दुश्मन से, मेरे भाई, रहमो-करम की तवक़्क़ो रखना बेवक़ूफ़ी है⋯ लड़ाई शुरू हो और यह रोना रोया जाए कि दुश्मन बड़े बोर की राइफ़लें इस्तेमाल कर रहा है⋯ हम छोटे बम गिराते हैं, वह बड़े बम गिराता है⋯ तुम अपने ईमान से कहो, यह शिकायत भी कोई शिकायत है⋯ छोटा चाक़ू भी मारने के लिए इस्तेमाल होता है और बड़ा चाक़ू भी⋯ क्या मैं झूठ कहता हूँ ?''

मीराँबख़्श की बजाय चौधरी नत्थू ने सोचना शुरू किया, मगर फ़ौरन ही झुँझला गया : ''लेकिन सवाल यह है कि वह पानी क्यों बंद कर रहे हैं⋯ ? वह हमें भूखा और प्यासा मारना चाहते हैं !''

करीम दाद ने मीराँबख़्श के कंधे से अपना हाथ अलहदा किया और चौधरी नत्थू से मुख़ातिब हुआ : ''चौधरी, जब किसी को दुश्मन कह दिया तो फिर यह गिला कैसा कि वह हमें भूखा-प्यासा मारना चाहता है⋯ वह तुम्हें भूखा-प्यासा नहीं मारेगा, तुम्हारी हरी-भरी ज़मीन वीरान और बंजर नहीं बनाएगा तो क्या वह तुम्हारे लिए पुलाव की देगें और शर्बत के मटके वहाँ से भेजेगा⋯ तुम्हारी तफ़्रीह के लिए बाग़-बग़ीचे लगाएगा ?''

चौधरी नत्थू भिन्ना गया : ''यह तू क्या बकवास कर रहा है ?''

मीराँबख़्श ने भी हौले-से करीम दाद से पूछा : ''हाँ यार, यह क्या बकवास है ?''

''बकवास नहीं है मीराँबख़्शा⋯'' करीम दाद ने समझाने के अंदाज़ में मीराँबख़्श से कहा : ''तू ज़रा सोच तो सही कि लड़ाई में दोनों फ़रीक़ एक-दूसरे को पछाड़ने के लिए क्या कुछ नहीं करते⋯ पहलवान जब लंगर-लँगोटे कसके अखाड़े में उतर आते हैं तो उन्हें हर दाँव इस्तेमाल करने का हक़ होता है।''

मीराँबख़्श ने अपना घुटा हुआ सिर हिलाया : ''यह तो ठीक है !''

करीम दाद मुसकराया : ''तो फिर दरिया बंद करना भी ठीक है⋯ हमारे लिए यह ज़ुल्म है, मगर उनके लिए रवा[22] है।''

''रवा क्या है⋯ जब तेरी जीभ प्यास के मारे लटककर ज़मीन तक आ जाएगी तो फिर मैं पूछूँगा कि ज़ुल्म रवा है या नारवा⋯ जब तेरे बाल-बच्चे अनाज के एक-एक दाने को तरसेंगे तो फिर भी यही कहना कि दरिया बंद करना बिलकुल ठीक था।''

करीम दाद ने अपने ख़ुश्क होंठों पर ज़ुबान फेरी और कहा : ''मैं जब भी यही कहूँगा चौधरी⋯ तुम यह क्यों भूल जाते हो कि सिर्फ़ वह हमारा दुश्मन नहीं, हम भी उसके दुश्मन

हैं… अगर हमारे इख़्तियार में होता तो हमने भी उसका दाना-पानी बंद कर दिया होता… अब जब कि वह ऐसा कर सकता है, और करनेवाला है तो हम ज़रूर उसका कोई तोड़ सोचेंगे… बेकार गालियाँ देने से क्या होता है… दुश्मन तुम्हारे लिए दूध की नहरें जारी नहीं करेगा चौधरी नत्थू… उससे अगर हो सका तो वह तुम्हारे पानी की हर बूँद में ज़हर मिला देगा… तुम उसे ज़ुल्म कहोगे, वहशियानापन कहोगे, इसलिए कि मारने का यह तरीक़ा तुम्हें पसंद नहीं… अजीब-सी बात है कि लड़ाई शुरू करने से पहले दुश्मन से निकाह की-सी शर्तें बँधवाई जाएँ… उससे कहा जाए कि देखो, मुझे भूखा-प्यासा न मारना… बंदूक़ से और वह भी इतने बोर की बंदूक़ से, अलबत्ता तुम मुझे शौक़ से हलाक कर सकते हो… असल बकवास तो यह है… ज़रा ठंडे दिल से सोचो!"

चौधरी नत्थू झुँझलाहट की आख़िरी हद तक पहुँच गया : "बर्फ़ ला के रख मेरे दिल पर।"

"यह भी मैं ही लाऊँ?" यह कहकर करीम दाद हँसा। वह मीराँबख़्श के काँधे पर थपकी देकर उठा और चौपाल से चला गया।

करीम दाद घर की ड्योढ़ी में दाख़िल हो ही रहा था कि अंदर से बख़्तो दाई बाहर निकली। करीम दाद को देखकर उसके होंठों पर पोपली मुसकराहट पैदा हुई : "मुबारक हो कीमे, चाँद-सा बेटा हुआ है… अब कोई अच्छा-सा नाम सोच उसका।"

"नाम?" करीम दाद ने एक लहज़े के लिए सोचा : "यज़ीद… यज़ीद!"

बख़्तो दाई का मुँह हैरत से खुला का खुला रह गया।

करीम दाद नारे लगाता अंदर घर में दाख़िल हुआ।

जेना चारपाई पर लेटी हुई थी, किसी क़दर ज़र्द; उसके पहलू में एक गुलगोथना-सा बच्चा चपड़-चपड अपना अँगूठा चूस रहा था।

करीम दाद ने उसकी तरफ़ प्यार भरी फ़ख़्रिया[23] नज़रों से देखा और उसके एक गाल को उँगली से छेड़ते हुए कहा : "ओए मेरे यज़ीद!"

जेना के मुँह से हल्की-सी मुतअज्जिब[24] चीख़ निकली : "यज़ीद?"

करीम दाद ने ग़ौर से अपने बेटे का नाक-नक़्शा देखते हुए कहा : "हाँ यज़ीद… यह इसका नाम है!"

जेना की आवाज़ बहुत नहीफ़[25] हो गई : "यह तुम क्या कह रहे हो कीमे… यज़ीद?"

करीम दाद मुसकराया "क्या है इसमें…? नाम ही तो है!"

ज़ेना सिर्फ़ इस क़दर कह सकी : "मगर किसका नाम?"

करीम दाद ने संजीदगी से जवाब दिया : "ज़रूरी नहीं कि यह भी वही यज़ीद हो… उसने दरिया का पानी बंद किया था… यह खोलेगा!"

1. विपक्षी; 2. पराजय; 3. जोड़ना और घटाना; 4. शक्तिशाली होना; 5. पूछताछ; 6. भीगी हुईं; 7. लिए हुए; 8. सतीत्व; 9. स्वभाव से; 10. पिछले; 11. मार-काट; 12. परेशान; 13. भयभीत; 14. स्पष्टता; 15. इनकार करनेवाला; 16. नीचता; 17. यज़ीद-जैसा अत्याचार (यज़ीद, अमीर मुआविया का लड़का था जो बड़ा बदचलन और अत्याचारी था। उसने कर्बला के मैदान में हज़रत इमाम हुसैन और उनके साथियों को, जिनमें औरतें, बच्चे और बूढ़े भी शामिल थे, भूखा-प्यासा शहीद कराया था क्योंकि वे उसके शासन के विरुद्ध थे।); 18. बैठने की मुद्रा; 19. सब्र; 20. देर; 21. नीच; 22. उचित; 23. गर्वीली; 24. आश्चर्यजनक; 25. कमज़ोर।

टोबा टेक सिंह

बँटवारे के दो-तीन साल बाद पाकिस्तान और हिंदुस्तान की हुकूमतों को ख़याल आया कि अख़्लाक़ी[1] क़ैदियों की तरह पागलों का भी तबादला होना चाहिए, यानी जो मुसलमान पागल हिंदुस्तान के पागलख़ानों में हैं, उन्हें पाकिस्तान पहुँचा दिया जाए और जो हिंदू और सिख पाकिस्तान के पागलख़ानों में हैं, उन्हें हिंदुस्तान के हवाले कर दिया जाए ।

मालूम नहीं, यह बात माक़ूल थी या ग़ैर माक़ूल, बहरहाल दानिशमंदों के फ़ैसले के मुताबिक़ इधर-उधर ऊँची सतह की कान्फ्रेंसें हुईं और बिलआख़िर पागलों के तबादले के लिए एक दिन मुक़र्रर हो गया ।

अच्छी तरह छानबीन की गई– वे मुसलमान पागल जिनके लवाहिक़ीन[2] हिंदुस्तान ही में थे, वहीं रहने दिए गए; बाक़ी जो बचे, उनको सरहद पर रवाना कर दिया गया । पाकिस्तान से चूँकि क़रीब-क़रीब तमाम हिंदू-सिख जा चुके थे, इसलिए किसी को रखने-रखाने का सवाल ही पैदा नहीं हुआ; जितने हिंदू-सिख पागल थे, सबके-सब पुलिस की हिफ़ाज़त में बॉर्डर पर पहुँचा दिए गए ।

उधर का मालूम नहीं लेकिन इधर लाहौर के पागलख़ाने में जब इस तबादले की ख़बर पहुँची तो बड़ी दिलचस्प चिमेगोइयाँ[3] होने लगीं।

एक मुसलमान पागल जो बारह बरस से, हर रोज़, बाक़ायदगी के सांथ 'ज़मींदार' पढ़ता था, उससे जब उसके एक दोस्त ने पूछा : ''मौलबी साब, यह पाकिस्तान क्या होता है···?'' तो उसने बड़े ग़ौरो-फ़िक्र के बाद जवाब दिया : ''हिंदुस्तान में एक ऐसी जगह है जहाँ उस्तरे बनते हैं···!'' यह जवाब सुनकर उसका दोस्त मुतमइन[4] हो गया ।

इसी तरह एक सिख पागल ने एक दूसरे सिख पागल से पूछा : ''सरदार जी, हमें हिंदुस्तान क्यों भेजा जा रहा है···हमें तो वहाँ की बोली नहीं आती··· ।'' दूसरा मुसकराया; ''मुझे तो हिंदुस्तोड़ों की बोली आती है, हिंदुस्तानी बड़े शैतानी आकड़ आकड़ फिरते हैं··· ।''

एक दिन, नहाते-नहाते, एक मुसलमान पागल ने 'पाकिस्तान : ज़िंदाबाद' का नारा इस ज़ोर से बुलंद किया कि फ़र्श पर फिसलकर गिरा और बेहोश हो गया ।

बाज़ पागल ऐसे भी थे जो पागल नहीं थे; उनमें अक्सरीयत[5] ऐसे क़ातिलों की थी जिनके रिश्तेदारों ने अफ़सरों को कुछ दे दिलाकर पागलख़ाने भिजवा दिया था कि वह

फाँसी के फंदे से बच जाएँ; यह पागल कुछ-कुछ समझते थे कि हिंदुस्तान क्यों तक़्सीम हुआ है और यह पाकिस्तान क्या है; लेकिन सही वाक़िआत से वह भी बेख़बर थे; अख़बारों से उन्हें कुछ पता नहीं चलता था और पहरेदार सिपाही अनपढ़ और जाहिल थे, जिनकी गुफ़्तगू से भी वह कोई नतीजा बरामद नहीं कर सकते थे । उनको सिर्फ़ इतना मालूम था कि एक आदमी मुहम्मद अली जिन्नाह है जिसको क़ायदे-आज़म कहते हैं; उसने मुसलमानों के लिए एक अलहदा मुल्क बनाया है जिसका नाम पाकिस्तान है; यह कहाँ है, इसका महल्ले-वुक़ू[6] क्या है, इसके मुताल्लिक़ वह कुछ नहीं जानते थे--यही वजह है कि वह सब पागल जिनका दिमाग़ पूरी तरह माऊफ़[7] नहीं हुआ था, इस मख़मसे में गिरफ़्तार थे कि वह पाकिस्तान में है या हिंदुस्तान में; अगर हिंदुस्तान में हैं तो पाकिस्तान कहाँ है; अगर पाकिस्तान में हैं तो यह कैसे हो सकता है कि वह कुछ अर्से पहले यहीं रहते हुए हिंदुस्तान में थे ।

एक पागल तो हिंदुस्तान और पाकिस्तान, पाकिस्तान और हिंदुस्तान के चक्कर में कुछ ऐसा गिरफ़्तार हुआ कि और ज़्यादा पागल हो गया । झाड़ू देते-देते वह एक दिन दरख़्त पर चढ़ गया और टहने पर बैठकर दो घंटे मुसलसल तक़रीर करता रहा, जो पाकिस्तान और हिंदुस्तान के नाज़ुक मसले पर थी··· सिपाहियों ने जब उसे नीचे उतरने को कहा तो वह और ऊपर चढ़ गया । जब उसे डराया-धमकाया गया तो उसने कहा : "मैं हिंदुस्तान में रहना चाहता हूँ न पाकिस्तान में··· मैं इस दरख़्त ही पर रहूँगा··· ।" बड़ी देर के बाद जब उसका दौरा सर्द पड़ा तो वह नीचे उतरा और अपने हिंदू-सिख दोस्तों से गले मिल-मिलकर रोने लगा—इस ख़याल से उसका दिल भर आया था कि वह उसे छोड़कर हिंदुस्तान चले जाएँगे···

एक एम.एस-सी. पास रेडियो इंजीनियर में, जो मुसलमान था और दूसरे पागलों से बिलकुल अलग-थलग बाग़ की एक ख़ास रविश[8] पर सारा दिन ख़ामोश टहलता रहता था, यह तब्दीली नुमूदार[9] हुई कि उसने अपने तमाम कपड़े उतारकर दफ़ेदार के हवाले कर दिए और नंग-धड़ंग सारे बाग़ में चलना-फिरना शुरू कर दिया ।

चिंयौट के एक मोटे मुसलमान ने, जो मुस्लिम लीग का सरगर्म कारकुन रह चुका था और दिन में पंद्रह-सोलह मर्तबा नहाया करता था, यकलख़्त[10] यह आदत तर्क कर दी—उसका नाम मुहम्मद अली था, चुनांचे उसने एक दिन अपने जँगले में एलान कर दिया कि वह क़ायदे-आज़म मुहम्मद अली जिन्नाह है; उसकी देखा-देखी एक सिख पागल मास्टर तारा सिंह बन गया—इससे पहले कि ख़ून-ख़राबा हो जाए, दोनों को ख़तरनाक पागल क़रार देकर अलहदा-अलहदा बंद कर दिया गया ।

लाहौर का एक नौजवान हिंदू वकील मुहब्बत में नाकाम होकर पागल हो गया था; जब उसने सुना कि अमृतसर हिंदुस्तान में चला गया है तो उसे बहुत दुख हुआ । अमृतसर की एक हिंदू लड़की से उसे मुहब्बत थी जिसने उसे ठुकरा दिया था मगर दीवानगी की हालत में भी वह उस लड़की को नहीं भूला था—वह उन तमाम हिंदू और मुसलमान लीडरों को गालियाँ देने लगा जिन्होंने मिल-मिलाकर हिंदुस्तान के दो टुकड़े कर दिए हैं, और उसकी

महबूबा हिंदुस्तानी बन गई है और वह पाकिस्तानी । ··· जब तबादले की बात शुरू हुई तो उस वकील को कई पागलों ने समझाया कि वह दिल बुरा न करे ··· उसे हिंदुस्तान भेज दिया जाएगा, उसी हिंदुस्तान में जहाँ उसकी महबूबा रहती है--मगर वह लाहौर छोड़ना नहीं चाहता था; उसका ख़याल था कि अमृतसर में उसकी प्रैक्टिस नहीं चलेगी ।

योरोपियन वार्ड में दो एंग्लो इंडियन पागल थे । उनको जब मालूम हुआ कि हिंदुस्तान को आज़ाद करके अंग्रेज़ चले गए हैं तो उनको बहुत सद्मा हुआ; वह छुप-छुपकर घंटों आपस में इस अहम मसले पर गुफ़्तगू करते रहते कि पागलख़ाने में अब उनकी हैसियत किस क़िस्म की होगी; योरोपियन वार्ड रहेगा या उड़ा दिया जाएगा; ब्रेक-फ़ास्ट मिला करेगा या नहीं; क्या उन्हें डबल रोटी के बजाय ब्लडी इंडियन चपाटी तो ज़हर मार[11] नहीं करना पड़ेगी ?

एक सिख था, जिसे पागलख़ाने में दाख़िल हुए पंद्रह बरस हो चुके थे । हर वक़्त उसकी ज़ुबान से यह अजीबो-ग़रीब अल्फ़ाज़ सुनने में आते थे : "औपड़ दि गड़ गड़ दि अनैक्स दि बेध्यानाँ दि मुंग दि दाल आफ़ दी लालटेन ···" वह दिन को सोता था न रात को । पहरेदारों का यह कहना था कि पंद्रह बरस के तवील अर्से में वह एक लहज़े के लिए भी नहीं सोया था; वह लेटता भी नहीं था, अलबत्ता कभी-कभी किसी दीवार के साथ टेक लगा लेता था—हर वक़्त खड़ा रहने से उसके पाँव सूज गए थे और पिंडलियाँ भी फूल गई थीं, मगर जिस्मानी तकलीफ़ के बावुजूद वह लेटकर आराम नहीं करता था ।

हिंदुस्तान, पाकिस्तान और पागलों के तबादले के मुताल्लिक़ जब कभी पागलख़ाने में गुफ़्तुगू होती थी तो वह ग़ौर से सुनता था; कोई उससे पूछता कि उसका क्या ख़याल है तो वह बड़ी संजीदगी से जवाब देता : "औपड़ दि गड़ गड़ दि अनैक्स दि बेध्यानाँ दि मुंग दि दाल आफ़ दी पाकिस्तान गवर्नमेंट ··· !" लेकिन बाद में 'आफ दि पाकिस्तान गवर्नमेंट' की जगह 'आफ़ दि टोबा टेक सिंह गवर्नमेंट' ने ले ली, और उसने दूसरे पागलों से पूछना शुरू कर दिया कि टोबा टेक सिंह कहाँ है, जहाँ का वह रहनेवाला है । किसी को भी मालूम नहीं था कि टोबा टेक सिंह पाकिस्तान में है या हिंदुस्तान में; जो बताने की कोशिश करते थे वह ख़ुद इस उलझाव में गिरफ़्तार हो जाते थे कि सियालकोट पहले हिंदुस्तान में होता था, पर अब सुना है कि पाकिस्तान में है ··· क्या पता है कि लाहौर जो आज पाकिस्तान में है, कल हिंदुस्तान में चला जाए ··· या सारा हिंदुस्तान ही पाकिस्तान बन जाए ··· और यह भी कौन सीने पर हाथ रखकर कह सकता है कि हिंदुस्तान और पाकिस्तान, दोनों किसी दिन सिरे से ग़ायब ही हो जाएँ ··· !

इस सिख पागल के केश छिदरे होकर बहुत मुख़्तसर रह गए थे; चूँकि बहुत कम नहाता था, इसलिए दाढ़ी और सिर के बाल आपस में जम गए थे जिसके बायस उसकी शक्ल बड़ी भयानक हो गई थी; मगर आदमी बे-ज़रर[12] था—पंद्रह बरसों में उसने कभी किसी से झगड़ा-फ़साद नहीं किया था । पागलख़ाने के जो पुराने मुलाज़िम थे, वह उसके

मुताल्लिक़ इतना जानते थे कि टोबा टेक सिंह में उसकी कई ज़मीनें थीं; अच्छा खाता-पीता ज़मींदार था कि अचानक दिमाग़ उलट गया, उसके रिश्तेदार उसे लोहे की मोटी-मोटी ज़ंजीरों में बाँधकर लाए और पागलख़ाने में दाख़िल करा गए ।

महीने में एक बार मुलाक़ात के लिए यह लोग आते थे और उसकी ख़ैर-ख़ैरियत दरयाफ़्त करके चले जाते थे; एक मुद्दत तक यह सिलसिला जारी रहा, पर जब पाकिस्तान, हिंदुस्तान की गड़बड़ शुरू हुई तो उनका आना-जाना बंद हो गया ।

उसका नाम बिशन सिंह था मगर सब उसे टोबा टेक सिंह कहते थे । उसको यह क़त्अन[13] मालूम नहीं था कि दिन कौन-सा है, महीना कौन-सा है या कितने साल बीत चुके हैं; लेकिन हर महीने जब उसके अज़ीज़ो-अक़ारिब[14] उससे मिलने के लिए आने के क़रीब होते तो उसे अपने आप पता चल जाता; चुनांचे वह दफ़ेदार से कहता कि उसकी मुलाक़ात आ रही है; उस दिन वह अच्छी तरह नहाता, बदन पर ख़ूब साबुन घिसता और बालों में तेल डालकर कंघा करता; अपने वह कपड़े जो वह कभी इस्तेमाल नहीं करता था, निकलवाकर पहनता और यूँ सज-बनकर मिलनेवालों के पास जाता । वह उससे कुछ पूछते तो वह ख़ामोश रहता या कभी-कभार 'औपड़ दि गड़ गड़ दि अनैक्स दि बेध्यानाँ दि मुंग दि दाल आफ़ दी लालटेन ···' कह देता ।

उसकी एक लड़की थी जो हर महीने एक उँगली बढ़ती-बढ़ती पंद्रह बरसों में जवान हो गई थी । बिशन सिंह उसको पहचानता ही नहीं था—वह बच्ची थी जब भी अपने बाप को देखकर रोती थी, जवान हुई तब भी उसकी आँखों से आँसू बहते थे ।

पाकिस्तान और हिंदुस्तान का क़िस्सा शुरू हुआ तो उसने दूसरे पागलों से पूछना शुरू किया कि टोबा टेक सिंह कहाँ है; जब उसे इत्मीनानबख़्श जवाब न मिला तो उसकी कुरेद दिन-ब-दिन बढ़ती गई । अब मुलाक़ात भी नहीं आती थी; पहले तो उसे अपने आप पता चल जाता था कि मिलनेवाले आ रहे हैं, पर अब जैसे उसके दिल की आवाज़ भी बंद हो गई थी जो उसे उनकी आमद की ख़बर दे दिया करती थी—उसकी बड़ी ख़्वाहिश थी कि वह लोग आएँ जो उससे हमदर्दी का इज़हार करते थे और उसके लिए फल, मिठाइयाँ और कपड़े लाते थे । वह आएँ तो वह उनसे पूछे कि टोबा टेक सिंह कहाँ है ··· वह उसे यक़ीनन बता देंगे कि टोबा टेक सिंह पाकिस्तान में है या हिंदुस्तान में—उसका ख़याल था कि वह टोबा टेक सिंह ही से आते हैं जहाँ उसकी ज़मीनें हैं ।

पागलख़ाने में एक पागल ऐसा भी था जो ख़ुद को ख़ुदा कहता था । उससे जब एक रोज़ बिशन सिंह ने पूछा कि टोबा टेक सिंह पाकिस्तान में है या हिंदुस्तान में तो उसने हस्बे-आदत क़हक़हा लगाया और कहा : "वह पाकिस्तान में है न हिंदुस्तान में, इसलिए कि हमने अभी तक हुक्म ही नहीं दिया ··· !"

बिशन सिंह ने उस ख़ुदा से कई मर्तबा बड़ी मिन्नत-समाजत से कहा कि वह हुक्म दे दे ताकि झंझट ख़त्म हो, मगर ख़ुदा बहुत मसरूफ़ था, इसलिए कि उसे और बे-शुमार हुक्म देने थे ।

एक दिन तंग आकर बिशन सिंह ख़ुदा पर बरस पड़ा : "औपड़ दि गड़ गड़ दि अनैक्स

दि बेध्यानाँ दि मुंग दि दाल आफ़ वाहे गुरु जी दा ख़ालसा एंड वाहे गुरु जी दि फ़तह ··· !" इसका शायद मतलब था कि तुम मुसलमानों के ख़ुदा हो, सिखों के ख़ुदा होते तो ज़रूर मेरी सुनते ।

तबादले से कुछ दिन पहले टोबा टेक सिंह का एक मुसलमान जो बिशन सिंह का दोस्त था, मुलाक़ात के लिए आया; मुसलमान दोस्त पहले कभी नहीं आया था । जब बिशन सिंह ने उसे देखा तो एक तरफ़ हट गया, फिर वापिस जाने लगा मगर सिपाहियों ने उसे रोका : "यह तुमसे मिलने आया है ··· तुम्हारा दोस्त फ़ज़लदीन है ··· !"

बिशन सिंह ने फ़ज़लदीन को एक नज़र देखा और कुछ बड़बड़ाने लगा ।

फ़ज़लदीन ने आगे बढ़कर उसके कंधे पर हाथ रखा : "मैं बहुत दिनों से सोच रहा था कि तुमसे मिलूँ लेकिन फ़ुरसत ही न मिली ··· तुम्हारे सब आदमी ख़ैरियत से हिंदुस्तान चले गए थे ··· मुझसे जितनी मदद हो सकी, मैंने की ··· तुम्हारी बेटी रूपकौर ···" वह कहते-कहते रुक गया ।

बिशन सिंह कुछ याद करने लगा : "बेटी रूपकौर ···"

फ़ज़लदीन ने रुक-रुककर कहा : "हाँ ··· वह ··· वह भी ठीक-ठाक है ··· उनके साथ ही चली गई थी ··· !"

बिशन सिंह ख़ामोश रहा ।

फ़ज़लदीन ने फिर कहना शुरू किया : "उन्होंने मुझे कहा था कि तुम्हारी ख़ैर-ख़ैरियत पूछता रहूँ ··· अब मैंने सुना है कि तुम हिंदुस्तान जा रहे हो ··· भाई बलबीर सिंह और भाई वधावा सिंह से मेरा सलाम कहना और बहन अमृतकौर से भी ··· भाई बलबीर से कहना कि फ़ज़लदीन राज़ीख़ुशी है ··· दो भूरी भैंसें जो वह छोड़ गए थे, उनमें से एक ने कट्टा दिया है ··· दूसरी के कट्टी हुई थी, पर वह छः दिन की होके मर गई ··· और ··· मेरे लायक़ जो ख़िद्‌मत हो, कहना, मैं हर वक़्त तैयार हूँ ··· और यह तुम्हारे लिए थोड़े-से मरोंडे लाया हूँ ··· !"

बिशन सिंह ने मरोंडों की पोटली लेकर पास खड़े सिपाही के हवाले कर दी और फ़ज़लदीन से पूछा : "टोबा टेक सिंह कहाँ है ··· ?"

फ़ज़लदीन ने क़दरे हैरत से कहा : "कहाँ है ··· ? वहीं है, जहाँ था ··· !"

बिशन सिंह ने फिर पूछा : "पाकिस्तान में है या हिंदुस्तान में ··· ?"

"हिंदुस्तान में ··· नहीं, नहीं पाकिस्तान में ··· !" फ़ज़लदीन बौखला-सा गया ।

बिशन सिंह बड़बड़ाता हुआ चला गया : "औपड़ दि गड़ गड़ दि अनैक्स दि बेध्यानाँ दि मुंग दि दाल आफ़ दी पाकिस्तान एंड हिंदुस्तान आफ़ दी दुर फ़िटे मुँह ··· !"

तबादले की तैयारियाँ मुकम्मल हो चुकी थीं, इधर से उधर और उधर से इधर आनेवाले पागलों की फ़ेहरिस्तें पहुँच चुकी थीं और तबादले का दिन भी मुक़र्रर हो चुका था ।

सख़्त सर्दियाँ थीं जब लाहौर के पागलख़ाने से हिंदू-सिख पागलों से भरी हुई लारियाँ

पुलिस के मुहाफ़िज़[15] दस्ते के साथ रवाना हुईं, मुताल्लिक़ा[16] अफ़सर भी हमराह थे—वागह[17] के बौर्डर पर तरफ़ैन[18] के सुपरिंटेंडेंट एक-दूसरे से मिले और इब्तिदाई[19] कार्रवाई ख़त्म होने के बाद तबादला शुरू हो गया, जो रात-भर जारी रहा ।

पागलों को लारियों से निकालना और उनको दूसरे अफ़सरों के हवाले करना बड़ा कठिन काम था; बाज़ तो बाहर निकलते ही नहीं थे, जो निकलने पर रज़ामंद होते थे, उनको सँभालना मुश्किल हो जाता था, क्योंकि वह इधर-उधर भाग उठते थे; जो नंगे थे, उनको कपड़े पहनाए जाते तो वह उन्हें फाड़कर अपने तन से जुदा कर देते—कोई गालियाँ बक रहा है ··· कोई गा रहा है ··· कुछ आपस में झगड़ रहे हैं ··· कुछ रो रहे हैं, बिलख रहे हैं—कान पड़ी आवाज़ सुनाई नहीं देती थी—पागल औरतों का शोरो-ग़ोग़ा[20] अलग था, और सर्दी इतनी कड़ाके की थी कि दाँत से दाँत बज रहे थे ।

पागलों की अक्सरीयत इस तबादले के हक़ में नहीं थी, इसलिए कि उनकी समझ में नहीं आ रहा था कि उन्हें अपनी जगह से उखाड़कर कहाँ फेंका जा रहा है; वह चंद जो कुछ सोच-समझ सकते थे, 'पाकिस्तान : ज़िंदाबाद' और 'पाकिस्तान : मुर्दाबाद' के नारे लगा रहे थे; दो-तीन मर्तबा[21] फ़साद होते-होते बचा, क्योंकि बाज़ मुसलमानों और सिखों को यह नारे सुनकर तैश आ गया था ।

जब बिशन सिंह की बारी आई और वागह के उस पार का मुताल्लिक़ अफ़सर उसका नाम रजिस्टर में दर्ज करने लगा तो उसने पूछा : "टोबा टेक सिंह कहाँ है ··· पाकिस्तान में या हिंदुस्तान में ··· ?"

मुताल्लिक़ा अफ़सर हँसा : "पाकिस्तान में ··· !"

यह सुनकर बिशन सिंह उछलकर एक तरफ़ हटा और दौड़कर अपने बाक़ीमांदा[22] साथियों के पास पहुँच गया ।

पाकिस्तानी सिपाहियों ने उसे पकड़ लिया और दूसरी तरफ़ ले जाने लगे, मगर उसने चलने से इनकार कर दिया : "टोबा टेक सिंह यहाँ है ··· !" और ज़ोर-ज़ोर से चिल्लाने लगा : "औपड़ दि गड़ गड़ दि अनैक्स दि बेध्यानाँ दि मुंग दि दाल आफ़ दी टोबा टेक सिंह एंड पाकिस्तान ··· !"

उसे बहुत समझाया गया कि देखो, अब टोबा टेक सिंह हिंदुस्तान में चला गया है ··· अगर नहीं गया है तो उसे फ़ौरन वहाँ भेज दिया जाएगा, मगर वह न माना ! जब उसको जबर्दस्ती दूसरी तरफ़ ले जाने की कोशिश की गई तो वह दरमियान में एक जगह इस अंदाज़ में अपनी सूजी हुई टाँगों पर खड़ा हो गया जैसे अब उसे कोई ताक़त नहीं हिला सकेगी ··· आदमी चूँकि बे-ज़रर था, इसलिए उससे मज़ीद[23] ज़बर्दस्ती न की गई; उसको वहीं खड़ा रहने दिया गया, और तबादले का बाक़ी काम होता रहा ।

सूरज निकलने से पहले साकितो-सामित[24] बिशन सिंह के हलक़ के एक फ़लक शिगाफ़[25] चीख़ निकली ।

इधर-उधर से कई अफ़सर दौड़े आए और उन्होंने देखा कि वह आदमी जो पंद्रह बरस तक दिन-रात अपनी टाँगों पर खड़ा रहा था, औंधे मुँह लेटा है—उधर ख़ारदार तारों के पीछे

हिदुस्तान था, इधर वैसे ही तारों के पीछे पाकिस्तान; दरमियान में ज़मीन के उस टुकड़े पर जिसका कोई नाम नहीं था, टोबा टेक सिंह पड़ा था ।

1. सामाजिक; 2. संबंधी; 3. गप-शप; 4. संतुष्ट; 5. बहुतायत; 6. भौगोलिक स्थिति; 7. बिगड़ा हुआ; 8. पतला रास्ता; 9. प्रकट; 10. एकदम; 11. ज़बरदस्ती खाना; 12. जिससे कोई हानि न हो; 13. कदापि; 14. निकट संबंधी; 15. रक्षक; 16. संबोधित; 17. हिंदुस्तान-पाकिस्तान की सीमा पर बसा एक गाँव; 18. दोनों तरफ़ के; 19. आरंभिक; 20. शोर-शराबा; 21. बार; 22. बचे हुए; 23. ज़्यादा; 24. जो न बोले न हिले-डुले; 25. गगनभेदी।

खोल दो

अमृतसर से स्पेशल ट्रेन दोपहर के दो बजे चली और आठ घंटों के बाद मुग़लपुरा पहुँची—रास्ते में कई आदमी मारे गए, मतअद्दिद[1] ज़ख़्मी हुए और कुछ इधर-उधर भटक गए।

सुबह दस बजे कैंप की ठंडी ज़मीन पर जब सिराजुद्दीन ने आँखें खोलीं और अपने चारों तरफ़ मर्दों और बच्चों का मुतलातिम[2] समंदर देखा तो उसके सोचने-समझने की कुव्वतें और भी ज़ईफ़[3] हो गईं और वह देर तक गदले आसमान को टकटकी बाँधे देखता रहा—यूँ तो कैंप में हर तरफ़ शोर बरपा था लेकिन बूढ़े सिराजुद्दीन के कान जैसे बंद थे। उसे कुछ सुनाई नहीं दे रहा था। कोई उसे देखता तो यही ख़याल करता कि वह किसी गहरी फ़िक्र में है—मगर उसके होशो-हवास शल[4] थे। उसका सारा वुजूद ख़ला[5] में मुअल्लक़[6] था।

गदले आसमान की तरफ़ बग़ैर किसी इरादे के देखते-देखते सिराजुद्दीन की निगाहें सूरज से टकराईं तो तेज़ रोशनी उसके वुजूद के सारे रेशों में उतर गई और वह जाग उठा। ऊपर-तले उसके ज़ेहन में कई तसवीरें दौड़ गईं : लूट, आग··· भागमभाग··· स्टेशन··· गोलियाँ··· रात और सकीना···

सिराजुद्दीन एकदम खड़ा हो गया और फिर उसने पागलों की तरह अपने चारों तरफ़ फैले हुए इंसानों के समंदर को खँगालना शुरू किया।

पूरे तीन घंटे वह 'सकीना··· सकीना···' पुकारता कैंप की ख़ाक छानता रहा मगर उसे अपनी जवान इकलौती बेटी का कोई पता न चला—चारों तरफ़ एक धाँधली-सी मची हुई थी। कोई अपना बच्चा ढूँढ़ रहा था, कोई माँ, कोई बीवी और कोई बेटी।

सिराजुद्दीन थक-हारकर एक तरफ़ बैठ गया और अपने हाफ़िज़े[7] पर ज़ोर देकर सोचने लगा कि सकीना उससे कब और कहाँ जुदा हुई, लेकिन सोचते हुए उसका ध्यान सकीना की माँ की लाश पर जम गया, जिसकी सारी अंतड़ियाँ बाहर निकली हुई थीं··· वह उससे आगे कुछ और सोच न सका।

सकीना की माँ मर चुकी थी। उसने सिराजुद्दीन की आँखों के सामने दम तोड़ा था—लेकिन सकीना कहाँ है जिसके मुताल्लिक़ उसकी माँ ने मरते हुए कहा था : "···मुझे छोड़ो, फ़ौरन सकीना को लेकर यहाँ से भाग जाओ···"

सकीना उसके साथ ही थी—और वह दोनों नंगे पाँव भाग रहे थे। सकीना का दुपट्टा

गिर पड़ा था। दुपट्टा उठाने के लिए उसने रुकना चाहा था और सकीना ने चिल्लाकर कहा था : ''…अब्बा जी छोड़िए… !'' लेकिन उसने दुपट्टा उठा लिया था–यह ध्यान आते ही उसने अपने कोट की उभरी हुई जेब की तरफ़ देखा और जेब में हाथ डालकर दुपट्टा निकाला, सकीना का वही दुपट्टा…लेकिन सकीना कहाँ है ?

सिराजुद्दीन ने अपने थके हुए ज़ेहन पर बहुत ज़ोर डाला मगर वह किसी नतीजे तक न पहुँच सका : क्या वह सकीना को अपने साथ स्टेशन तक ले आया था ? क्या वह उसके साथ गाड़ी में सवार हुई थी ? क्या रास्ते में गाड़ी के रुकने पर और बलवाइयों के गाड़ी में घुस आने पर वह बेहोश हो गया था जो वह सकीना को उठाकर ले गए… ?

सिराजुद्दीन के ज़ेहन में सवाल ही सवाल थे, जवाब कोई न था–सिराजुद्दीन को हमदर्दी की ज़रूरत थी, लेकिन चारों तरफ़ जितने भी इंसान फैले हुए थे, सबको हमदर्दी की ज़रूरत थी–उसने रोना चाहा मगर उसकी आँखों ने उसकी मदद न की। आँसू न जाने कहाँ ग़ायब हो गए थे।

छः रोज़ के बाद सिराजुद्दीन के होशो-हवास किसी तरह दुरुस्त हुए तो वह उन लोगों से मिला जो उसकी मदद करने को तैयार थे–वह आठ नौजवान थे। उनके पास लारी थी, बंदूक़ें थीं।

उसने उनको लाख-लाख दुआएँ दीं और सकीना का हुलिया बताया : ''गोरा रंग है उसका और बहुत ही ख़ूबसूरत है वह…मुझ पर नहीं है, अपनी माँ पर है…उम्र सतरह बरस के क़रीब है…आँखें बड़ी-बड़ी, बाल सियाह, दाहिने गाल पर मोटा-सा तिल…मेरी इकलौती लड़की है…ढूँढ़ लाओ उसे, ख़ुदा तुम्हारा भला करेगा…''

रज़ाकार[8] नौजवान ने बड़े जज़्बे के साथ बूढ़े सिराजद्दीन को यक़ीन दिलाया कि अगर उसकी बेटी ज़िंदा है तो चंद ही दिनों में वह उसके पास होगी।

आठों नौजवानों ने कोशिश की। जान हथेली पर रखकर वह अमृतसर गए। कई औरतों, कई मर्दों और कई बच्चों को निकाल-निकालकर उन्होंने महफ़ूज़ मुक़ामों पर पहुँचाया–लेकिन दस रोज़ गुज़र जाने पर भी उन्हें सकीना कहीं न मिली।

एक रोज़ वह फिर उसी ख़िद्मत के लिए लारी पर अमृतसर जा रहे थे कि छहरटे के पास सड़क पर उन्हें एक लड़की दिखाई दी–लारी की आवाज़ सुनकर वह बिदकी और उसने भागना शुरू कर दिया।

रज़ाकारों ने लारी रोकी और सबके-सब उसके पीछे भागे।

एक खेत में उन्होंने लड़की को पकड़ लिया–लड़की ख़ूबसूरत थी। दाहिने गाल पर मोटा-सा तिल था।

एक नौजवान ने लड़की से कहा : ''घबराओ नहीं… ! क्या तुम्हारा नाम सकीना है… ?''

लड़की का रंग और ज़र्द हो गया। उसने कोई जवाब न दिया। जब तमाम नौजवानों ने

उसे दम-दिलासा दिया तो लड़की की वहशत[9] दूर हुई और उसने मान लिया कि वह सिराजुद्दीन की बेटी सकीना है।

आठों रज़ाकार नौजवानों ने हर तरह सकीना की दिलजोई की : उसे खाना खिलाया, दूध पिलाया, लारी में बिठाया—एक ने अपना कोट उतारकर उसे दिया, क्योंकि दुपट्टा न होने के बायस वह बहुत उलझन महसूस कर रही थी। वह बार-बार बाँहों से अपने सीने को ढाँपने की नाकाम कोशिश कर रही थी।

कई दिन गुज़र गए—सिराजुद्दीन को सक़ीना की कोई ख़बर न मिली।

वह दिन भर मुख़्तलिफ़ कैंपों और दफ़्तरों का चक्कर काटता रहता लेकिन कहीं भी उसे बेटी का पता न चलता। रात को वह देर तक उन रज़ाकार नौजवानों की कामयाबी के लिए दुआएँ माँगता रहता, जिन्होंने उसे यक़ीन दिलाया था कि अगर उसकी बेटी ज़िंदा है तो चंद ही दिनों में वह उसके पास होगी…

एक दिन सिराजुद्दीन ने कैंप में उन रज़ाकार नौजवानों को देखा—वह लारी में बैठे हुए थे।

वह भागा-भागा उनके पास गया—लारी चलने ही वाली थी कि उसने पूछा : "बेटा…मेरी सक़ीना का पता चला…?"

सबने एक ज़बान होकर कहा : "चल जाएगा, चल जाएगा…" और लारी चल पड़ी।

उसने एक बार फिर उन नौजवानों की कामयाबी की दुआ माँगी—और यूँ उसका जी किसी क़दर हल्का हो गया।

उसी शाम कैंप में जहाँ सिराजुद्दीन बैठा हुआ था, उसके पास ही कुछ गड़बड़ हुई—चार आदमी कुछ उठाकर ला रहे थे।

उसने दरयाफ़्त किया तो उसे मालूम हुआ कि एक लड़की रेलवे लाइन के पास बेहोश पड़ी थी, लोग उसे उठाकर ला रहे हैं।

वह उनके पीछे-पीछे हो लिया।

उन लोगों ने लड़की को हस्पताल के सिपुर्द किया और चले गए।

वह कुछ देर तक ऐसे ही हस्पताल के बाहर गड़े हुए लकड़ी के खंबे के साथ लगकर खड़ा रहा, फिर आहिस्ता-आहिस्ता अंदर चला गया।

एक कमरे में कोई भी नहीं था, बस एक स्ट्रेचर था, जिस पर एक लाश-सी पड़ी थी।

वह छोटे-छोटे क़दम उठाता हुआ बढ़ा।

कमरे में दफ़अतन रौशनी हुई।

उसने लाश के ज़र्द चेहरे पर चमकता हुआ तिल देखा और चिल्लाया : "सक़ीना…!"

डाक्टर ने, जिसने कमरे में रोशनी की थी, उससे पूछा : "क्या है?"

उसके हलक़ से सिर्फ़ इतना निकल सका : "जी मैं…जी मैं इसका बाप हूँ…"

डॉक्टर ने स्ट्रेचर पर पड़ी हुई लाश की तरफ़ देखा, फिर लाश की नब्ज़ टटोली और उससे कहा : "खिड़की खोल दो···"

मुर्दा जिस्म में जुंबिश हुई···

बेजान हाथों ने इज़ारबंद खोला···

और शलवार नीचे सरका दी···

बूढ़ा सिराजुद्दीन ख़ुशी से चिल्लाया : "ज़िदा है···मेरी बेटी ज़िंदा है···"

डॉक्टर सिर से पैर तक पसीने में गर्क़ हो चुका था।

---

1. बहुत से; 2. एक-दूसरे को धकेलता; 3. कमज़ोर; 4. सुन्न; 5. खाली जगह; 6. लटका हुआ; 7. याददाश्त; 8. स्वयंसेवक; 9. भय।

ख़ुदा की क़सम

उधर से मुसलमान और इधर से हिंदू अभी तक आ-जा रहे थे; कैंपों के कैंप भरे पड़े थे, जिनमें ज़र्बुलमसल[1] के तिल धरने के लिए वाक़ई कोई जगह नहीं थी। लेकिन इसके बावुजूद वह उनमें ठूँसे जा रहे थे—ग़ल्ला नाकाफ़ी है, हिफ़्ज़ाने-सेहत[2] का कोई इंतिज़ाम नहीं, बीमारियाँ फैल रही हैं, इसका होश किसको था; इस इफ़्रातो-तफ़्रीत[3] का आलम था।

सन अड़तालीस का आग़ाज़[4] था और ग़ालिबन मार्च का महीना—इधर और उधर, दोनों तरफ़, रज़ाकारों के ज़रिए से मुग़विया[5] औरतों और बच्चों की बरामदगी का मुस्तहसन[6] काम शुरू हो चुका था। सैकड़ों मर्द, औरतें, लड़के और लड़कियाँ इस कारे-ख़ैर[7] में हिस्सा ले रही थीं—मैं जब उनको सरगर्मे-अमल[8] देखता तो मुझे बड़ी ताज्जुबख़ेज़ मसर्रत[9] हासिल होती, इसलिए कि ख़ुद इंसान, इंसानी बुराइयों के आसार मिटाने की कोशिश में मसरूफ़[10] था; जो इस्मतें लुट चुकी थीं, उनको मज़ीद[11] लूट-खसोट से बचाना चाहता था—किसलिए···? इसलिए कि उसका दामन मज़ीद धब्बों और दाग़ों से आलूदा[12] न हो, इसलिए कि वह जल्दी-जल्दी अपनी ख़ून से लुथड़ी हुई उँगलियाँ चाट ले, इसलिए कि वह इंसानियत का सुई-धागा लेकर इस्मतों के चाक दामन रफ़ू कर दे—कुछ समझ में नहीं आता था, लेकिन उन रज़ाकारों की जद्दो-जहद फिर भी क़ाबिले-क़द्र मालूम होती थी।

उनको सैकड़ों दुश्वारियों का सामना करना पड़ता था; हज़ारों बखेड़े थे जो उन्हें उठाने पड़ते थे, क्योंकि जिन्होंने औरतें और लड़कियाँ उठाई थीं, सीमाब पा[13] थे; आज इधर, कल उधर; अभी इस महल्ले में, अभी उस महल्ले में; और फिर आसपास के आदमी भी उनकी मदद नहीं करते थे।

अजीब-अजीब दास्तानें भी सुनने में आती थीं।

एक लियाज़ाँ अफ़सर ने मुझे बताया कि सहारनपुर में दो लड़कियों ने पाकिस्तान में अपने वालिदैन[14] के पास जाने से इनकार कर दिया; दूसरे ने बताया कि जब जालंधर में ज़बर्दस्ती एक लड़की को निकाला गया तो क़ाबिज़[15] के सारे ख़ानदान ने उसे यूँ अलविदा कही जैसे वह उनकी बहू हो और किसी दूर-दराज़ सफ़र पर जा रही हो; कई लड़कियों ने वालिदैन के ख़ौफ़ से रस्ते में ही ख़ुदकुशी कर ली; बाज़ सद्मों की ताब न लाकर पागल हो

चुकी थीं; कुछ ऐसी भी थीं जिनको शराब की लत पड़ चुकी थी, उनको प्यास लगती तो पानी की बजाय शराब माँगतीं और नंगी-नंगी गालियाँ बकतीं।

मैं उन बरामद की हुई लड़कियों और औरतों के मुताल्लिक़ सोचता तो मेरे ज़ेहन में सिर्फ़ फूले हुए पेट उभरते–इन पेटों का क्या होगा; इनमें जो कुछ भरा है, उसका मालिक कौन है, पाकिस्तान या हिंदुस्तान ?

और वह नौ महीने की बारबरदारी[16], इसकी उजरत[17] पाकिस्तान अदा करेगा या हिंदुस्तान; क्या यह सब ज़ालिम फ़ितरत के बहीखाते में दर्ज होगा; क्या बहीखाते का कोई सफ़हा ख़ाली रह गया है ?

बरआमदा औरतें आ रही थीं–बरआमदा औरतें जा रही थीं।

मैं सोचता था कि यह औरतें 'मुग़विया' क्यों कहलाई जाती हैं–इन्हें अग़वा कब किया गया है।

अग़वा तो एक बड़ा रोमांटिक फ़े'ल है, जिसमें मर्द और औरत, दोनों शरीक होते हैं; अग़वा तो एक ऐसी खाई है जिसको फाँदने से पहले दोनों रूहों के सारे तार झनझना उठते हैं; लेकिन यह कैसा अग़वा है कि एक निहत्थी को पकड़कर कोठड़ी में क़ैद कर लिया–वह ज़माना ऐसा था कि मनतिक़[18],इस्तिदलाल[19] और फ़लसफ़ा बेकार चीज़ें थीं। उन दिनों जिस तरह लोग गर्मियों में भी दरवाज़े और खिड़कियाँ बंद करके सोते थे, उसी तरह मैंने भी अपने दिलो-दिमाग़ की सब खिड़कियाँ और दरवाज़े बंद कर दिए थे, हालाँकि उन्हें खुला रखने की ज़्यादा ज़रूरत उसी वक़्त थी। लेकिन मैं क्या करता, मुझे कुछ सूझता ही नहीं था।

बरआमदा औरतें आ रही थीं–बरआमदा औरतें जा रही थीं।

यह दरआमद और बरआमद जारी थी, तमाम ताजिराना[20] ख़ुसूसियात के साथ !

सहाफ़ी[21], अफ़सानानिगार और शाइर अपने क़लम उठाए शिकार में मसरूफ़ थे। ख़बरों, अफ़सानों और नज़्मों का एक सैलाब था कि उमड़ा चला आ रहा था–क़लमों के क़दम उखड़-उखड़ जाते–इतने सैद[22] थे कि सब बौखला गए थे।

एक लायज़ाँ[23] अफ़सर मुझसे मिला और कहने लगा : "तुम क्यों गुमसुम रहते हो ?"

मैंने कोई जवाब न दिया।

उसने मुझे एक दास्तान सुनाई : "मुग़विया औरतों की तलाश में हम मारे-मारे फिरते हैं; एक शहर से दूसरे शहर; एक गाँव से दूसरे गाँव, फिर तीसरे गाँव, फिर चौथे; गली-गली, महल्ले-महल्ले, कूचे-कूचे–बड़ी मुश्किलों से गौहरे-मक़सूद[24] हाथ आता है।

तुम्हें मालूम नहीं, हमें कितनी दिक़्क़तों का सामना करना पड़ता है ··· ख़ैर, मैं तुम्हें एक बात बतानेवाला था।

हम बॉर्डर के उस पार सैकड़ों फेरे कर चुके हैं। अजीब बात है कि मैंने हर फेरे में एक बुढ़िया को देखा, एक मुसलमान बुढ़िया को ··· अधेड़ उम्र की मुसलमान बुढ़िया ···

पहली मर्तबा मैंने उसे जालंधर की बस्तियों में देखा। परेशान हाल, माऊफ़[25] दिमाग़,

वीरान-वीरान आँखें, गर्द से अटे हुए बाल, फटे हुए कपड़े; उसे तन का होश था न मन का; लेकिन उसकी निगाहों से साफ़ ज़ाहिर था कि किसी को ढूँढ़ रही है।

मुझे 'स' बहन ने बताया कि यह औरत सद्मे के बायस पागल हो गई है…पटियाला की रहनेवाली है…अपनी इकलौती लड़की से बिछुड़ गई है…हमने बड़े जतन किए हैं इसकी लड़की को ढूँढ़ने के लिए, मगर नाकाम रहे हैं…ग़ालिबन बलवों में मारी गई है, मगर बुढ़िया नहीं मानती।

दूसरी मर्तबा मैंने उस पगली बुढ़िया को सहारनपुर के लारियों के अड्डे पर देखा—उसकी हालत पहले से कहीं ज़्यादा अब्तर[26] और ख़स्ता थी; उसके होंठों पर पपड़ियाँ जमी थीं, बाल साधुओं के-से हो गए थे।

मैंने उससे बात करने की कोशिश की और चाहा कि वह अपनी मौहूम[27] तलाश छोड़ दे—मैंने इस ग़रज़ से बहुत संगदिल बनकर उससे कहा : माई, तेरी लड़की क़त्ल कर दी गई थी…।

पगली ने मेरी तरफ़ देखा : क़त्ल…? नहीं… उसके लहज़े में फ़ौलादी तयक़्क़ुन[28] पैदा हो गया : उसे कोई क़त्ल नहीं कर सकता…मेरी बेटी को कोई क़त्ल नहीं कर सकता…

और वह चली गई, अपनी मौहूम तलाश में।

मैंने सोचा : 'एक मुसलसल[29] और मोहूम तलाश…!'

लेकिन पगली को क्यों इतना यक़ीन था कि उसकी बेटी पर कोई किरपान नहीं उठ सकती, कोई तेज़ धार या कुंद छुरा उसकी गर्दन की तरफ़ नहीं बढ़ सकता—ममता नक़ाबिले-बयान यक़ीन होती है—तो क्या वह अपनी ममता ढूँढ़ रही थी?

तीसरे फेरे पर मैंने उसे फिर देखा—अब वह बिलकुल चिथड़ों में थी, क़रीब-क़रीब नंगी।

मैंने उसे कपड़े दिए मगर उसने क़ुबूल न किए—मैंने उससे कहा : माई, मैं सच कहता हूँ, तेरी लड़की पटियाले ही में क़त्ल कर दी गई थी।

उसने फिर उसी फ़ौलादी तयक़्क़ुन के साथ कहा : तू झूठ कहता है।

मैंने अपनी बात मनवाने की ख़ातिर कहा : नहीं, मैं सच कहता हूँ…काफ़ी ख़ाक छान ली तुमने… काफ़ी रो-पीट लिया तुमने…चलो मेरे साथ, मैं तुम्हें पाकिस्तान ले चलूँगा।

उसने जैसे मेरी बात न सुनी हो और बड़बड़ाने लगी, बड़बड़ाते हुए वह एकदम चौंकी; अब उसके लहजे में फ़ौलाद से भी ठोस तयक़्क़ुन था : नहीं, मेरी बेटी को कोई क़त्ल नहीं कर सकता…!

मैंने पूछा : क्यों क़त्ल नहीं कर सकता?

बुढ़िया ने हौले-हौले कहा : वह ख़ूबसूरत है…इतनी ख़ूबसूरत है कि उसे कोई क़त्ल नहीं कर सकता…उसे कोई तमाचा तक नहीं मार सकता…!

मैं सोचने लगा : 'क्या वाक़ई वह इतनी ख़ूबसूरत थी कि…हर माँ की आँखों में उसकी औलाद चंदे-आफ़ताब, चंदे-माहताब होती है…लेकिन हो सकता है, वह लड़की दरहक़ीक़त ख़ूबसूरत हो…मगर इस तूफ़ान में कौन-सी ख़ूबसूरती है जो इंसान के खुरदुरे

हाथों से बची है··· पर फ़रार के लाखों रस्ते हैं··· दुख एक ऐसा चौक है जो अपने इर्द-गिर्द लाखों बल्कि करोड़ों सड़कों का जाल बुन देता है···'

बॉर्डर के उस पार कई फेरे हुए और हर बार मैंने उस पगली को देखा—अब वह हड्डियों का ढाँचा रह गई थी; बीनाई कमज़ोर हो चुकी थी; टटोलकर चलती थी; उसकी तलाश जारी थी, बड़ी शद्दोमद[30] से। उसका यक़ीन उसी तरह मुस्तहकम[31] था कि उसकी बेटी ज़िंदा है, इसलिए कि उसे कोई मार नहीं सकता।

'स' बहन ने मुझसे कहा कि इस औरत से मग़ज़मारी फ़ुज़ूल है··· इसका दिमाग़ चल चुका है··· बेहतर यही है कि तुम इसे पाकिस्तान ले जाओ और पागलख़ाने में दाख़िल करा दो···

मैंने मुनासिब न समझा—मैं उसकी मौहूम तलाश, जो उसकी जिंदगी का वाहिद सहारा थी, उससे छीनना नहीं चाहता था; मैं उसे एक वसी-ओ-अरीज़[32] पागलख़ाने से, जिसमें वह मीलों की मसाफ़त[33] तै करके अपने पाँव के आबलों[34] की प्यास बुझा सकती थी, उठाकर एक मुख़्तर-सी चारदीवारी में क़ैद कराना नहीं चाहता था।

आख़िरी बार मैंने उसे अमृतसर में देखा—उसकी शिकस्ताहाली का यह आलम था कि मेरी आँखों में आँसू आ गए और मैंने फ़ैसला कर लिया कि उसे पाकिस्तान ले जाऊँगा और पागलख़ाने में दाख़िल करा दूँगा।

वह फ़रीद के चौक में खड़ी अपनी नीम अंधी आँखों से इधर-उधर देख रही थी।

मैं 'स' बहन के साथ एक दूकान पर बैठा एक मुग़विया लड़की के मुताल्लिक़ बातचीत कर रहा था, जिसके मुताल्लिक़ हमें यह इत्तिला मिली थी कि वह बाज़ार सबूनियाँ में एक हिंदू बनिए के घर मौजूद है—यह गुफ़्तुगू ख़त्म हुई तो मैं उठा कि उस पगली से झूठ-सच कहकर उसे पाकिस्तान जाने के लिए आमादा करूँ कि एक जोड़ा उधर से गुज़रा।

औरत ने घूँघट काढ़ा हुआ था, छोटा-सा घूँघट। उसके साथ एक सिख नौजवान था, बड़ा छैलछबीला, बड़ा तंदुरुस्त, तीखे-तीखे नक़्शोंवाला।

जब वह दोनों उस पगली के पास से गुज़रे तो नौजवान एकदम ठिठक गया। उसने दो हाथ पीछे हटकर औरत का हाथ पकड़ा, कुछ इस अचानक तौर पर कि औरत ने अपना छोटा-सा घूँघट उठाया—लट्ठे की धुली हुई सफ़ेद चादर के चौखटे में मुझे एक लड़की का ऐसा गुलाबी चेहरा नज़र आया जिसका हुस्न बयान करने से मेरी ज़बान आजिज़[35] है।

मैं उनके बिलकुल पास था।

सिख नौजवान ने उस हुस्नो-जमाल की देवी से उस पगली की तरफ़ इशारा करते हुए सरगोशी में कहा : "तुम्हारी माँ···!"

गुलाबी चेहरेवाली लड़की ने एक लहज़े के लिए पगली की तरफ़ देखा और घूँघट छोड़ दिया और फिर सिख नौजवान का बाज़ू पकड़कर भिंचे हुए लहजे में कहा : "चलो···!"

और वह दोनों सड़क से ज़रा उधर हटकर तेज़ी से आगे निकल गए।

पगली चिल्लाई : "भाग भरी··· भाग भरी!"

वह सख़्त मुज़्तरिब[36] थी।

मैंने पास जाकर पूछा : "क्या बात है माई ?"

वह काँप रही थी : "मैंने उसको देखा है···मैंने उसको देखा है···!"

मैंने पूछा : "किसे ?"

उसके माथे के नीचे दो गढ़ों में उसकी आँखों के बेनूर ढेले मुतहर्रिक[37] थे : "अपनी बेटी को···अपनी भाग भरी को···!"

मैंने कहा : "वह मर-खप चुकी है माई !"

उसने चीख़कर कहा : "तुम झूठ कहते हो !"

इस मर्तबा मैंने उसको पूरा यक़ीन दिलाने की ख़ातिर कहा : "मैं ख़ुदा की क़सम खाकर कहता हूँ, वह मर चुकी है···!"

यह सुनते ही पगली चौक में ढेर हो गई।

---

1. कहावत, लोकोक्ति; 2. स्वास्थ्य-रक्षा; 3. न्यूनाधिक; 4. अपहृत; 5. आरंभ; 6. पुनीत; 7. नेक काम; 8. जोशो-खरोश से काम में लगे हुए; 9. प्रसन्नता; 10. व्यस्त; 11. ज़्यादा; 12. भरी हुई; 13. पारे की तरह एक जगह न ठहरनेवाले; 14. माँ-बाप; 15. क़ब्ज़ा किए हुए; 16. बोझ उठाना; 17. मज़दूरी; 18. तर्क; 19. दलील; 20. व्यापारिक; 21. पत्रकार; 22. शिकार; 23. संपर्क; 24. उद्देश्य रूपी मोती; 25. विकृत; 26. दुर्दशाग्रस्त; 27. भ्रममूलक; 28. यक़ीन; 29. निरंतर; 30. ज़ोर-शोर; 31. पक्का; 32. लंबा-चौड़ा; 33. फ़ासला; 34. छाले; 35. मजबूर; 36. बेचैन; 37. चलायमान।

रामखिलावन

खटमल मारने के बाद मैं ट्रंक में पुराने कागज़ात देख रहा था कि सईद भाईजान की तसवीर मिल गई—मेज़ पर एक ख़ाली फ़्रेम पड़ा था। मैंने तसवीर से फ़्रेम पुर कर दिया और कुर्सी पर बैठकर धोबी का इंतज़ार करने लगा।

हर इतवार को मुझे इसी तरह इंतज़ार करना पड़ता था क्योंकि हफ़्ते की शाम को मेरे धुले हुए कपड़ों का स्टाक ख़त्म हो जाता था—मुझे स्टाक तो नहीं कहना चाहिए, इसलिए कि मुफ़्लिसी के उस ज़माने में मेरे पास सिर्फ़ इतने कपड़े थे जो बमुश्किल छः-सात दिन तक मेरी वज़अदारी[1] क़ायम रख सकते थे।

मेरी शादी की बातचीत हो रही थी और इस सिलसिले में पिछले दो-तीन इतवारों से मैं माहिम जा रहा था—धोबी शरीफ़ आदमी था, यानी धुलाई न मिलने के बावुजूद हर इतवार को बाक़ायदगी के साथ पूरे दस बजे मेरे कपड़े ले आता था, फिर भी मुझे खटका लगा रहता था कि ऐसा न हो, वह मेरी नादिहंदगी[2] से तंग आकर किसी रोज़ मेरे कपड़े चोरबाज़ार में फ़रोख़्त कर दे और मुझे अपनी शादी की बातचीत में बग़ैर कपड़ों के हिस्सा लेना पड़े जोकि, ज़ाहिर है, बहुत ही मायूब[3] बात होती।

खोली में मरे हुए खटमलों की निहायत ही मकरूह[4] बू फैली हुई थी। मैं सोच रहा था कि इसे किस तरह दबाऊँ कि धोबी आ गया।

'साब सलाम' करके उसने अपनी गठड़ी खोली और मेरे गिनती के कपड़े मेज़ पर रख दिए। ऐसा करते हुए उसकी नज़र सईद भाईजान की तसवीर पर पड़ी—एकदम चौंककर उसने तसवीर को ग़ौर से देखना शुरू कर दिया और फिर एक अजीबो-ग़रीब आवाज़ हलक़ से निकाली : ''है ऐ ऐ हैं!''

मैंने उससे पूछा : ''क्या बात है धोबी?''

धोबी की नज़रें तसवीर पर जमी रहीं : ''यह तो साईद शालेम बालिश्टर हैं!''

''कौन?''

धोबी ने मेरी तरफ़ देखा और बड़े वुसूक़[5] से कहा, ''साईद शालेम बालिश्टर हैं।''

''तुम जानते हो इन्हें?''

धोबी ने ज़ोर से सर हिलाया : ''हाँ... वह दो भाई होता... इधर कोलाबा में उनका कोठी होता... साईद शालेम बालिश्टर, मैं उनका कपड़ा धोता होता।''

मैंने सोचा, यह दो बरस पहले की बात होगी, क्योंकि सईद हसन और मुहम्मद हसन भाईजान ने फ़िजी आईलैंड जाने से पहले एक बरस बंबई में प्रैक्टिस की थी। मैंने धोबी से कहा : "दो बरस पहले की बात करते हो तुम ?"

धोबी ने ज़ोर से सर हिलाया : "हाँ ··· ! साईद शालेम बालिश्टर जब गया तो हमको एक पगड़ी दिया ··· एक धोती दिया ··· एक कुर्ता दिया ··· नया ··· बहुत अच्छा लोग होता ··· एक का दाढ़ी होता ··· यह बड़ा ··· " उसने हाथ से दाढ़ी की लंबाई बताई, और सईद भाई जान की तसवीर की तरफ़ इशारा करके कहा : "यह छोटा होता ··· इसका तीन बावा लोग होता ··· दो लड़का, एक लड़की ··· हमारे संग बहुत खेलता होता ··· कोलाबे में कोठी होता ··· बहुत बड़ा ···"

मैंने कहा : "धोबी, यह मेरे भाई हैं।"

धोबी ने हलक़ से अजीबो-ग़रीब आवाज़ निकाली : "है ऐ ऐ हैं ? साईद शालेम बालिश्टर !"

मैंने उसकी हैरत दूर करने की कोशिश की और कहा : "यह तसवीर सईद हसन भाईजान की है ··· दाढ़ीवाले मुहम्मद हसन हैं ··· हममें सबसे बड़े !"

धोबी ने मेरी तरफ़ घूरकर देखा, फिर मेरी खोली की ग़लाज़त का जाइज़ा लिया—एक छोटी-सी कोठड़ी थी, बिजली की लाइट से महरूम; एक कुर्सी थी, एक मेज़ और एक टाट की कोट, जिसमें हज़ारहा खटमल थे।

धोबी को यक़ीन नहीं आ रहा था कि मैं साईद शालेम बालिश्टर का भाई हूँ, लेकिन जब मैंने उसको उनकी बहुत-सी बातें बताईं तो उसने सर को अजीब तरीक़े से जुंबिश दी और कहा : "साईद शालेम बालिश्टर कोलाबे में रहता और तुम इस खोली में !"

मैंने बड़े फ़लसफ़ियाना अंदाज़ में कहा : "दुनिया के यही रंग हैं धोबी ··· कहीं धूप, कहीं छाँव ··· पाँचों उँगलियाँ एक-जैसी नहीं होतीं।"

"हाँ साब ··· तुम बरोबर कहता है।" यह कहकर धोबी ने गठड़ी उठाई और बाहर जाने लगा।

मुझे उसके हिसाब का ख़याल आया। जेब में सिर्फ़ आठ आने थे जो शादी की बातचीत के सिलसिले में माहिम तक जाने-आने के लिए बमुश्किल काफ़ी थे। सिर्फ़ यह बताने के लिए कि मेरी नीयत साफ़ है, मैंने उसे ठहराया और कहा : "धोबी, कपड़ों का हिसाब याद रखना ··· ख़ुदा मालूम कितनी धुलाइयाँ हो चुकी हैं !"

धोबी ने अपनी धोती का लाँग दुरुस्त किया और कहा : "साब, हम हिसाब नहीं रखता ··· साईद शालेम बालिश्टर का एक बरस काम किया ··· जो दे दिया, ले लिया ··· हम हिसाब जानत ही ना हैं !"

यह कहकर वह चला गया और मैं शादी की बातचीत के सिलसिले में माहिम जाने के लिए तैयार होने लगा।

बातचीत कामयाब रही।

मेरी शादी हो गई, हालात भी बेहतर हो गए और मैं सैकिंड पीर ख़ाँ स्ट्रीट की खोली से,

जिसका किराया नौ रुपए माहवार था, क्लियर रोड के एक फ्लैट में, जिसका किराया पैंतीस रुपए माहवार था, उठ आया और धोबी को माह-ब-माह बाक़ायदगी से उसकी धुलाइयों के दाम मिलने लगे।

धोबी ख़ुश था कि मेरे हालात पहले की बनिस्बत बेहतर हैं। उसने मेरी बीवी से कहा : "बेगम साब...साब का भाई साईद शालेम बालिश्टर बहुत बड़ा आदमी होता...उधर कोलाबा में रहता...जब गया तो हमको एक पगड़ी, एक धोती, एक कुर्ता दिया होता...तुम्हारा साब भी एक दिन बड़ा आदमी बनता होता।"

मैं अपनी बीवी को तसवीरवाला क़िस्सा सुना चुका था और उसको यह भी बता चुका था कि मुफ़्लिसी के ज़माने में कितनी दरियादिली से धोबी ने मेरा साथ दिया था–जो दे दिया, सो दे दिया–उसने कभी शिकायत नहीं की थी–लेकिन मेरी बीवी को थोड़े अर्से के बाद ही उससे यह शिकायत पैदा हो गई कि वह हिसाब न रखता है, न करता है। मैंने कहा : "वह चार बरस तक मेरा काम करता रहा है...उसने कभी हिसाब नहीं किया।"

मुझे यह जवाब मिला : "हिसाब क्यों करता...वैसे ही दुगने-चौगुने वुसूल कर लेता होगा।"

"वह कैसे?"

"आप नहीं जानते...जिनके घरों में बीवियाँ नहीं होतीं, उनको ऐसे लोग बेवक़ूफ़ बनाना जानते हैं।"

क़रीब-क़रीब हर महीने धोबी से मेरी बीवी की चख़-चख़ होती थी कि वह कपड़ों का हिसाब अलग अपने पास क्यों नहीं रखता। वह बड़ी सादगी से सिर्फ़ इतना कह देता : "बेगम साब, हम हिसाब जानत नाहीं...तुम झूठ नाहीं बोलेगा...साईद शालेम बालिश्टर जो तुम्हारे साब का भाई होता, हम एक बरस उसका काम किया होता...उनका बेगम बोलता, धोबी तुम्हारा इतना पैसा हुआ...हम बोलता, ठीक है!"

एक महीने ढाई सौ कपड़े धुलाई में गए। मेरी बीवी ने आज़माने के लिए उससे कहा : "धोबी, इस महीने साठ कपड़े हुए।"

उसने कहा : "ठीक है...बेगम साब, तुम झूठ नाहीं बोलेगा।"

मेरी बीवी ने साठ कपड़ों के हिसाब से जब उसको दाम दिए तो उसने माथे के साथ रुपए छुआकर सलाम किया और चलने लगा तो मेरी बीवी ने उसे रोका : "ठहरो धोबी...साठ नहीं, ढाई सौ कपड़े थे...लो अपने बाक़ी रुपए...मैंने मज़ाक़ किया था!"

धोबी ने सिर्फ़ इतना कहा : "बेगम साब, तुम झूठ नाहीं बोलेगा..." बाक़ी के रुपए अपने माथे के साथ छुआकर उसने सलाम किया और चला गया।

शादी के दो बरस बाद मैं दिल्ली चला गया। डेढ़ बरस वहाँ रहा, फिर वापिस बंबई आ गया और माहिम में रहने लगा।

तीन महीने के दौरान हमने चार धोबी तब्दील किए, क्योंकि बेहद बेईमान और झगड़ालू थे। हर धुलाई पर झगड़ा खड़ा हो जाता था। कभी कपड़े कम निकलते थे, कभी धुलाई ज़लील होती थी–हमें अपना पुराना धोबी याद आने लगा।

एक रोज़ जबकि हम बिलकुल बगैर धोबी के रह गए थे, वह अचानक आ गया और कहने लगा : "साब को हमने एक दिन बस में देखा··· हम बोला, ऐसा कैसा··· साब तो दिल्ली में होता··· हमने उधर बाई कुल्ला में तपास[6] किया···छापावाला बोला, इधर माहिम में तपास करो··· बाज़ूवाली चाली में साब का दोस्त होता··· हम उससे पूछा और आ गया !"

हम बहुत ख़ुश हुए और हमारे कपड़ों के दिन हँसी-ख़ुशी गुज़रने लगे।

काँग्रेस बरसरे- इक्तिदार[7] आई तो इम्तिनाए-शराब[8] का हुक्म नाफ़िज़[9] हो गया—अंग्रेज़ी शराब मिलती थी, लेकिन देसी शराब की कशीद[10] और फ़रोख़्त बिलकुल बंद कर दी गई। निन्नानवे फ़ीसदी धोबी शराब के आदी थे। दिन भर पानी में रहने के बाद शाम को पाव-आध पाव शराब उनकी ज़िंदगी का जुज़[11] बन चुकी थी—हमारा धोबी बीमार हो गया। अपनी बीमारी का इलाज उसने उस ज़हरीली शराब से किया, जो नाजाइज़ तौर पर कशीद करके चोरी-छुपे बिकती थी। नतीजा यह हुआ कि उसके मेदे में ख़तरनाक गड़बड़ पैदा हो गई और वह मौत के दरवाज़े तक पहुँच गया।

मैं बेहद मसरूफ़ था। सुबह छः बजे घर से निकलता था और रात को दस-साढ़े दस बजे लौटता था—मेरी बीवी को जब उसकी ख़तरनाक बीमारी का इल्म हुआ तो वह टैक्सी लेकर उसके घर गई।

डॉक्टर बहुत मुतास्सिर[12] हुआ और उसने फ़ीस लेने से इनकार कर दिया, लेकिन मेरी बीवी ने कहा : "डॉक्टर साहब, आप सारा सवाब हासिल नहीं कर सकते।"

डॉक्टर मुसकराया : "तो आधा-आधा कर लीजिए।" डॉक्टर ने आधी फ़ीस क़ुबूल कर ली।

धोबी का बाक़ायदा इलाज हुआ—मेदे की तकलीफ़ चंद इंजेक्शनों ही से दूर हो गई। नक़ाहत[13] थी, वह आहिस्ता-आहिस्ता मुक़व्वी[14] दवाओं के इस्तेमाल से ख़त्म हो गई। चंद महीनों के बाद वह बिलकुल ठीक-ठाक था, और उठते-बैठते हमें दुआएँ देता था : "भगवान साब को साईद शालेम बालिश्टर बनाए, उधर कोलाबे में साब रहने को जाए··· बावा लोग हों··· बहुत-बहुत पैसा हो···बेगम साब धोबी को लेने आया··· मोटर में··· उधर किले में बहुत बड़े डाकडर के पास ले गया जिसके पास मेम होता··· भगवान बेगम साब को ख़ुस रखे···"

कई बरस गुज़र गए। इस दौरान में कई सियासी इन्क़िलाब आए—धोबी बिला नाग़ा इतवार को आता रहा। उसकी सेहत अब बहुत अच्छी थी। इतना अरसा गुज़रने पर भी वह हमारा सुलूक नहीं भूला था। हमेशा दुआएँ देता था—शराब क़तई तौर पर छूट चुकी थी। शुरू-शुरू में वह कभी-कभी शराब की तलब महसूस किया करता था पर अब नाम तक न लेता था। सारा दिन पानी में रहने के बाद थकन दूर करने के लिए अब उसे दारू की ज़रूरत महसूस नहीं होती थी।

हालात बहुत ज़्यादा बिगड़ गए—बँटवारा हुआ तो हिंदू-मुस्लिम फ़सादात शुरू हो गए। हिंदुओं के इलाक़ों में मुसलमान और मुसलमानों के इलाक़ों में हिंदू दिन की रौशनी और रात की तारीकी में हलाक किए जाने लगे—मेरी बीवी लाहौर चली गई।

जब हालात और ज़्यादा ख़राब हो गए तो मैंने धोबी से कहा : ''देखो धोबी, अब तुम काम बंद कर दो⋯यह मुसलमानों का महल्ला है⋯ऐसा न हो, कोई तुम्हें मार डाले।''

धोबी मुसकराया : ''साब, अपन को कोई नहीं मारता।''

हमारे मुहल्ले में कई वारदातें हुईं, मगर धोबी बराबर आता रहा।

एक इतवार मैं घर में बैठा अख़बार पढ़ रहा था—खेलों के सफ़हे पर क्रिकेट के मैच का स्कोर दर्ज़ था और पहले सफ़हे पर फ़सादात के शिकार हिंदुओं और मुसलमानों के आदादो-शुमार[15]। मैं दोनों की ख़ौफ़नाक मुमासलत[16] पर ग़ौर कर रहा था कि धोबी आ गया।

कापी निकालकर मैंने कपड़ों की पड़ताल शुरू की तो धोबी ने हँस-हँसकर बातें शुरू कर दीं : ''साईद शालेम बालिस्टर बहुत अच्छा आदमी होता⋯यहाँ से चला जाता तो हमको एक पगड़ी, एक धोती, एक कुर्ता दिया होता⋯तुम्हारा बेगम साब भी एकदम अच्छा आदमी होता⋯बाहर गाम गया है ना⋯। अपने मुल्क में⋯? उधर काग़ज़ लिखो तो हमारा सलाम बोलो⋯मोटर लेकर आया हमारी खोली में⋯हमको इतना जुलाब आया होता⋯डाकडर ने सुई लगाया⋯हम एकदम ठीक हो गया⋯उधर काग़ज़ लिखो तो हमारा सलाम बोलो⋯बोलो रामखिलावन बोलता है, हमको भी काग़ज़ लिखो⋯!''

मैंने ज़रा तेज़ी से कहा : ''धोबी, तुमने फिर दारू शुरू कर दी?''

धोबी हँसा : ''दारू⋯? दारू कहाँ मिलती है साब!''

मैंने कुछ और कहना मुनासिब न समझा—उसने कपड़ों की गठड़ी बनाई और सलाम करके चला गया।

चंद दिनों में हालात बहुत ही ज़्यादा ख़राब हो गए। लाहौर से तार पर तार आने लगे कि सबकुछ छोड़ो और जल्दी चले आओ—मैंने हफ़्ते के रोज़ इरादा कर लिया कि इतवार को चल दूँगा। इतवार को मुझे सुबह-सवेरे ज़रूरी काम से निकल जाना था और कपड़े धोबी के पास थे। मैंने सोचा, कर्फ़्यू से पहले-पहले उसके हाँ जाकर कपड़े ले आऊँ—शाम को विक्टोरिया लेकर मैं महालक्ष्मी रवाना हो गया।

कर्फ़्यू में अभी एक घंटा बाक़ी था। आमदो-रफ़्त[17] जारी थी। ट्रामें चल रही थीं—विक्टोरिया पुल के पास पहुँची तो एकदम शोर बरपा हुआ। लोग अंधाधुंध भागने लगे। ऐसा लगा जैसे साँडों की लड़ाई हो रही है।

हुजूम छिदरा हुआ तो मैंने देखा, दूर भट्टियों के पास बहुत-से धोबी हाथों में लाठियाँ लिए नाच रहे हैं और तरह-तरह की आवाज़ें निकाल रहे हैं।

मुझे उधर ही जाना था, मगर विक्टोरियावाले ने उधर जाने से इनकार कर दिया—मैंने किराया अदा किया और पैदल ही चल पड़ा।

जब धोबियों के पास पहुँचा तो वह मुझे देखकर ख़ामोश हो गए।

मैंने आगे बढ़कर एक धोबी से पूछा : ''रामखिलावन कहाँ रहता है?''

एक धोबी, जिसके हाथ में लाठी थी, झूमता हुआ उस धोबी के पास आया जिससे मैंने सवाल किया था : ''क्या पूछत है?''

''पूछत है, रामखिलावन कहाँ रहता है?''

शराब से धुत धोबी ने क़रीब-क़रीब मेरे ऊपर चढ़कर पूछा : ''तुम कौन है?''

''मैं... ? रामखिलावन मेरा धोबी है!''

''रामखिलावन तुम्हारा धोबी है...तुम किस धोबी का बच्चा है?''

एक और धोबी चिल्लाया : ''हिंदू धोबी का या मुसलमीन धोबी का?''

तमाम धोबी, जो शराब के नशे में चूर थे, मुक्के ताने और लाठियाँ घुमाते मेरे इर्द-गिर्द जमा हो गए। मुझे उनके सिर्फ़ एक सवाल का जवाब देना था : हिंदू या मुसलमीन...

मैं बेहद ख़ौफ़ज़दा हो गया। भागने का सवाल ही पैदा नहीं होता था, क्योंकि मैं उनमें घिरा हुआ था। नज़दीक कोई पुलिसवाला भी नहीं था कि मदद के लिए पुकारता। जब मेरी समझ में कुछ न आया तो मैंने बेजोड़ अल्फ़ाज़ में उनसे कहा : ''रामखिलावन हिंदू है... हम पूछता है, वह किधर रहता है...उसकी खोली कहाँ है...दस बरस से वह हमारा धोबी है...वह बहुत बीमार था, हमने उसका इलाज कराया था...हमारी बेगम...हमारी मेम साहब यहाँ मोटर लेकर आई थी...'' यहाँ तक मैंने कहा तो मुझे अपने-आप पर बहुत तरस आया। दिल ही दिल में बहुत ख़फ़ीफ़ हुआ कि इंसान अपनी जान बचाने के लिए कितनी नीची सतह पर उतर आता है। इस एहसास ने मेरे अंदर जुर्रत पैदा कर दी। मैंने उनसे कहा : ''मैं मुसलमीन हूँ...''

''मार डालो, मार डालो,'' का शोर बुलंद हुआ।

वह धोबी जो शराब के नशे में धुत था, एक तरफ़ देखकर चिल्लाया : ''ठहरो...इसे रामखिलावन मारेगा।''

मैंने पलटकर देखा—रामखिलावन मोटा डंडा हाथ में लिए लड़खड़ा रहा था। उसने मेरी तरफ़ देखा और मुसलमानों को अपनी ज़बान में गालियाँ देना शुरू कर दीं। डंडा सर तक उठाकर गालियाँ देता हुआ वह मेरी तरफ़ बढ़ा।

मैंने तहक्कुमाना[18] लहजे में कहा : ''रामखिलावन!''

रामखिलावन दहाड़ा : ''चुप कर बे रामखिलावन के...''

मेरी आख़िरी उम्मीद भी डूब गई। जब वह मेरे क़रीब आ पहुँचा तो मैंने ख़ुश्क गले से हौले-से कहा : ''मुझे पहचानते नहीं रामखिलावन?''

रामखिलावन ने वार के लिए डंडा उठाया। एकदम उसकी आँखें सुकड़ीं, फिर फैलीं, फिर सुकड़ीं। डंडा हाथ से गिराकर उसने क़रीब आकर मुझे ग़ौर से देखा और पुकारा : ''साब... !'' फिर वह दूसरे धोबियों से मुख़ातिब हुआ : ''यह मुसलमीन नहीं, मेरा साब है, बेगम साब का साब...वह मोटर लेकर आया था...डाकडर के पास ले गया था...जिसने मेरा जुलाब ठीक किया था...''

रामखिलावन ने शराब के नशे में दूसरे धोबियों को बहुत समझाया। कोई माना, कोई न माना—सबने शराब पी रखी थी। तू-तू मैं-मैं शुरू हो गई। कुछ धोबी रामखिलावन की तरफ़ हो गए और कुछ दूसरी तरफ़। हाथापाई की नौबत आ गई—मैंने मौक़ा ग़नीमत जाना और वहाँ से खिसक आया।

दूसरे रोज़ सुबह नौ बजे के क़रीब मेरा सामान तैयार था। मुझे सिर्फ़ जहाज़ के टिकट का इंतज़ार था जो एक दोस्त ब्लैक मार्केट से हासिल करने गया था।

मैं बहुत बेक़रार था। दिल में तरह-तरह के जज़्बात उबल रहे थे। जी चाहता था कि टिकट जल्दी से आ जाए और मैं बंदरगाह की तरफ़ चल दूँ। मुझे यूँ महसूस हो रहा था कि अगर देर हो गई तो मेरा फ़्लैट मुझे अपने अंदर क़ैद कर लेगा।

दरवाज़े पर दस्तक हुई। मैंने सोचा, टिकट आ गया। दरवाज़ा खोला तो बाहर धोबी खड़ा था।

''साब सलाम!''

''सलाम!''

''मैं अंदर आ जाऊँ?''

''आओ!''

वह ख़ामोशी से अंदर दाख़िल हुआ। गठड़ी खोलकर उसने कपड़े निकालकर पलंग पर रखे, फिर धोती से अपनी आँखें पोंछीं और गुलूगीर[19] आवाज़ में कहा : ''आप जा रहे हैं साब?''

''हाँ!''

उसने रोना शुरू कर दिया : ''साब, मुझे माफ़ कर दो⋯यह सब दारू का क़ुसूर था⋯और दारू⋯दारू⋯आजकल मुफ़्त मिलती है⋯सेठ लोग बाँटता है कि पीकर मुसलमीन को मारो⋯मुफ़्त की दारू कौन छोड़ता है साब⋯हमको माफ़ कर दो⋯हम पिए ला था⋯साईद शालेम बालिश्टर हमारा बहुत मेहरबान होता⋯हमको एक पगड़ी, एक धोती, एक कुर्ता दिया होता⋯तुम्हारा बेगम साब हमारा जान बचाया होता⋯जुलाब से हम मरता होता⋯वह मोटर लेकर आता⋯डाकडर के पास ले जाता⋯इतना पैसा ख़र्च करता⋯तुम मुलक जाता⋯बेगम साब से मत बोलना कि रामखिलावन⋯''

उसकी आवाज़ गले में रुँध गई। गठड़ी काँधे पर डालकर वह चलने लगा तो मैंने कहा : ''ठहरो रामखिलावन⋯!''

लेकिन वह धोती का लाँग सँभालता हुआ तेज़ी से बाहर निकल गया।

---

1. रख-रखाव; 2. न देना; 3. बुरी बात; 4. घृणित; 5. विश्वास; 6. तलाश; 7. सत्ता में; 8. शराबबंदी; 9. लागू; 10. खींचना (बनाना); 11. हिस्सा; 12. प्रभावित; 13. कमज़ोरी; 14. बलपूर्वक; 15. आँकड़े; 16. समानता; 17. आवागमन; 18. आदेशात्मक; 19. रुँधी हुई।

शरीफ़न

जब क़ासिम ने अपने घर का दरवाज़ा खोला तो उसे सिर्फ़ एक गोली की जलन का एहसास था जो उसकी दाहिनी पिंडली में गड़ गई थी, लेकिन अंदर दाख़िल होकर जब उसने अपनी बीवी की लाश देखी तो उसकी आँखों में ख़ून उतर आया। ऐन मुम्किन था कि वह लकड़ियाँ फाड़नेवाले गँडासे को उठाकर दीवानावार बाहर निकल जाता और क़त्लो-ग़ारतगरी[1] का बाज़ार गर्म कर देता, मगर दफ़अतन[2] उसे अपनी लड़की शरीफ़न का ख़याल आ गया।

"शरीफ़न···शरीफ़न···!" उसने बुलंद आवाज़ में पुकारना शुरू किया।

सामने दालान के दोनों दरवाज़ें बंद थे। क़ासिम ने सोचा, शायद वह डर के मारे अंदर छुप गई है, चुनांचे वह उस तरफ़ बढ़ा और दर्ज़ के साथ मुँह लगाकर उसने कहा : "शरीफ़न, शरीफ़न···मैं हूँ तुम्हारा बाप···!" मगर अंदर से कोई जवाब न आया। क़ासिम ने दोनों हाथों से किवाड़ को धक्का दिया, पट खुले और वह औंधे मुँह दालान में गिर पड़ा; सँभलकर जब उसने उठना चाहा तो उसे महसूस हुआ कि वह किसी···

कासिम चीख़कर उठ बैठा।

एक गज़ के फ़ासिले पर एक जवान लड़की की लाश पड़ी थी, नगी, बिलकुल नंगी; गोरा-गोरा सुडौल जिस्म, छत की तरफ़ उठे हुए छोटे-छोटे पिस्तान[3]···

एकदम क़ासिम का सारा वुजूद हिल गया; उसकी गहराइयों से एक फ़लकशिगाफ़[4] चीख़ उठी लेकिन उसके होंठ इस क़दर ज़ोर से भिंचे हुए थे कि बाहर न निकल सकी। उसकी आँखें ख़ुद ब ख़ुद बंद हो गई थीं, फिर भी उसने दोनों हाथों से अपना चेहरा ढाँप लिया। मुर्दा-सी आवाज़ उसके मुँह से निकली : "शरीफ़न···!" और उसने आँखें बंद किए-किए दालान में इधर-उधर हाथ मारकर कुछ कपड़े उठाए और शरीफ़न की लाश पर फेंक दिए, और यह देखे बग़ैर ही बाहर निकल गया कि कपड़े लाश पर गिरे भी हैं या नहीं···

बाहर निकलकर उसने अपनी बीवी की लाश भी न देखी; बहुत मुम्किन है, उसे नज़र ही न आई हो, इसलिए कि उसकी आँखें शरीफ़न की नंगी लाश से भरी हुई थीं—उसने कोने में पड़ा हुआ लकड़ियाँ फाड़नेवाला गँडासा उठाया और घर से बाहर निकल गया।

क़ासिम की दाहिनी पिंडली में गोली गड़ी हुई थी, जिसका एहसास घर के अंदर दाख़िल

होते ही उसके दिलो-दिमाग़ से महव[5] हो गया था कि उसकी वफ़ादार प्यारी बीवी हलाक हो चुकी थी—यह सद्मा भी उसके ज़ेह्न के किसी गोशे में मौजूद नहीं था; बार-बार उसकी आँखों के सामने एक ही तसवीर आती, शरीफ़न की, नंगी शरीफ़न की; और वह नेज़े की अनी बन-बनकर उसकी आँखों को छेदती हुई उसकी रूह में शिगाफ़ डाल देती।

गँडासा हाथ में लिए क़ासिम सुनसान बाज़ारों में उबलते हुए लावे की तरह बहता चला जा रहा था।

चौक के पास उसकी मुठभेड़ एक सिख से हो गई—सिख बड़ा कड़ियल जवान था, लेकिन क़ासिम ने कुछ ऐसे बेतुकेपन से हमला किया और ऐसा भरपूर हाथ मारा कि सिख तेज़ तूफ़ान में उखड़े हुए दरख़्त की तरह ज़मीन पर आ रहा।

क़ासिम की रगों में ख़ून और ज़्यादा गर्म हो गया और बजने लगा; तड़-तड़-तड़-तड़, जैसे जोश खाते हुए तेल पर पानी का हल्का-सा छींटा पड़ जाए।

दूर, सड़क के उस पार, उसे चंद आदमी नज़र आए—तीर की तरह वह उनकी तरफ़ बढ़ा—उसे देखकर उन लोगों ने 'हर-हर महादेव' के नारे लगाए—क़ासिम ने जवाब में नारा लगाने के बजाय उन्हें माँ-बहन की मोटी-मोटी गालियाँ दीं और गँडासा ताने उन लोगों में घुस गया।

चंद मिनटों ही के अंदर तीन लाशें सड़क पर तड़प रही थीं—जो बचे, वह भाग गए—लेकिन क़ासिम का गँडासा देर तक हवा में चलता रहा। असल में उसकी आँखें बंद थीं; गँडासा घुमाते-घुमाते वह एक लाश के साथ टकराया और गिर पड़ा। उसने सोचा कि शायद उसे गिरा लिया गया है, चुनांचे उसने गंदी-गंदी गालियाँ देते हुए चिल्लाना शुरू कर दिया: "मार डालो मुझे, मार डालो मुझे···!"

जब कोई हाथ उसे गरदन पर महसूस न हुआ और कोई ज़र्ब उसके बदन पर न पड़ी तो उसने अपनी आँखें खोल दीं—उसने देखा कि सड़क पर तीन लाशों और उसके अपने सिवा और कोई भी मौजूद नहीं था।

एक लहज़े के लिए क़ासिम को मायूसी हुई; शायद वह मर जाना चाहता था, लेकिन एकदम शरीफ़न, नंगी शरीफ़न की तसवीर उसकी आँखों में पिघले हुए सीसे की तरह उतर गई और उसके सारे वुजूद को बारूद का जलता हुआ फलीता बना गई—वह फ़ौरन उठा, गँडासा हाथ में थामा और फिर खौलते हुए लावे की तरह सड़क पर बहने लगा।

जितने बाज़ार क़ासिम ने तय किए, सबके-सब ख़ाली थे।

एक गली में वह दाख़िल हुआ, लेकिन उसमें सब मुसलमान थे—उसको बहुत कोफ़्त हुई, चुनांचे उसने अपने लावे का रुख़ दूसरी तरफ़ फेर दिया।

एक बाज़ार में पहुँचकर उसने अपना गँडासा ऊँचा किया, हवा में लहराया, और माँ-बहन की गालियाँ उगलना शुरू कर दीं; एकदम उसे बहुत ही तकलीफ़देह एहसास हुआ कि अब तक वह सिर्फ़ माँ-बहन की गालियाँ ही देता रहा है, चुनांचे उसने फ़ौरन बेटी की गाली देना शुरू की, और ऐसी जितनी गालियाँ उसे याद थीं, सबकी-सब उसने एक ही साँस में बाहर उलट दीं; फिर भी उसकी तशफ़्फ़ी[6] न हुई।

झुँझलाकर वह एक मकान की तरफ़ बढ़ा जिसके दरवाज़े के ऊपर हिंदी में कुछ लिखा था।

दरवाज़ा अंदर से बंद था।

क़ासिम ने दीवानावार गँडासा चलाना शुरू कर दिया—थोड़ी ही देर में दोनों किवाड़ रेज़ा-रेज़ा हो गए।

वह अंदर दाख़िल हुआ—छोटा-सा घर था।

उसने अपने सूखे हुए हलक़ पर ज़ोर देकर फिर गालियाँ देना शुरू कीं और चिल्लाया: "बाहर निकलो···बाहर निकलो···!"

सामने दालान के दरवाज़े में चरचराहट पैदा हुई।

क़ासिम अपने सूखे हुए हलक़ पर ज़ोर देकर गालियाँ देता रहा।

दरवाज़ा खुला और एक लड़की नुमूदार[7] हुई।

क़ासिम के होंठ भिच गए, फिर उसने गरजकर पूछा: "कौन हो तुम···?"

लड़की ने ख़ुश्क होंठों पर ज़ुबान फेरी और जवाब दिया: "हिंदू···!"

क़ासिम तनकर खड़ा हो गया; शोलाबार आँखों से उसने लड़की की तरफ़ देखा, जिसकी उम्र चौदह या पंद्रह बरस की थी—उसने हाथ से गँडासा गिरा दिया; फिर वह उक़ाब की तरह झपटा और लड़की को धकेलकर अंदर दालान में ले गया—उसने दीवानावार, दोनों हाथों से लड़की के कपड़े नोचने शुरू कर दिए; धज्जियाँ और चिंदियाँ यूँ उड़ने लगीं जैसे कोई रूई धुनक रहा हो।

तक़रीबन आधा घंटा क़ासिम अपना इंतिक़ाम लेने में मसरूफ़ रहा—लड़की ने कोई मुज़ाहमत[8] न की, इसलिए कि वह फ़र्श पर गिरते ही बेहोश हो गई थी।

जब क़ासिम ने आँखें खोलीं तो उसने देखा कि उसके दोनों हाथ लड़की की गरदन में धँसे हुए हैं। एक झटके के साथ हाथ अलहदा करके वह उठा, उसने एक नज़र लड़की की तरफ़ देखा कि···कि उसकी और तशफ़्फ़ी हो सके।

एक गज़ के फ़ासिले पर एक जवान लड़की की लाश पड़ी थी, नंगी, बिलकुल नंगी; गोरा-गोरा सुडौल जिस्म, छत की तरफ़ उठे हुए छोटे-छोटे पिस्तान···

क़ासिम की आँखें एकदम बंद हो गईं; दोनों हाथों से उसने अपना चेहरा ढाँप लिया; गर्म-गर्म पसीना बर्फ़ हो गया और उसकी रगों में खौलता हुआ लावा पत्थर की तरह मुंजमिद[9] हो गया।

थोड़ी देर के बाद तलवार से मुसल्लह[10] एक आदमी मकान के अंदर दाख़िल हुआ—उसने देखा कि दालान में कोई शख़्स आँखें बंद किए, लरज़ते हाथों से फ़र्श पर पड़ी हुई किसी चीज़ पर कंबल डाल रहा है—उसने गरजकर पूछा: "कौन हो तुम···?"

क़ासिम चौंका, उसकी आँखें खुल गईं, मगर उसे कुछ नज़र न आया।

मुसल्लह आदमी चिल्लाया: "क़ासिम···"

क़ासिम एक बार फिर चौंका। उसने अपने से कुछ दूर खड़े आदमी को पहचानने की कोशिश की मगर उसकी आँखों ने उसकी मदद न की।

मुसल्लह आदमी ने घबराए हुए लहजे में पूछा : "क्या कर रहे हो तुम यहाँ…?"

क़ासिम ने लरज़ते हुए हाथ से फ़र्श पर पड़ी हुई और कंबल से ढकी हुई चीज़ की तरफ़ इशारा किया और खोखली आवाज़ में सिर्फ़ इतना कहा : "शरीफ़न…!"

मुसल्लह आदमी ने जल्दी से आगे बढ़कर कंबल हटाया—नंगी लाश देखकर पहले वह काँपा, फिर एकदम उसने अपनी आँखें बंद कर लीं। तलवार उसके हाथ से गिर पड़ी; फिर वह आँखों पर हाथ रखकर 'बिमला, बिमला…' कहता लड़खड़ाते हुए क़दमों से बाहर निकल गया।

---

1. क़त्ले-आम मचाना; 2. सहसा; 3. स्तन; 4. गगनभेदी; 5. विलीन; 6. तसल्ली; 7. प्रकट; 8. विरोध; 9. जमना; 10. हथियारबंद।

सहाय

''यह मत कहो कि एक लाख हिंदू और एक लाख मुसलमान मरे हैं··· यह कहो कि दो लाख इंसान मरे हैं··· और यह इतनी बड़ी ट्रेजडी नहीं कि दो लाख इंसान मरे हैं, ट्रेजडी असल में यह है कि मरनेवाले किसी भी खाते में नहीं गए··· एक लाख हिंदू मारकर मुसलमानों ने यह समझा होगा कि हिंदू मज़हब मर गया है, लेकिन वह ज़िंदा है और ज़िंदा रहेगा··· इसी तरह एक लाख मुसलमान क़त्ल करके हिंदुओं ने बग़लें बजाई होंगी कि इस्लाम ख़त्म हो गया है, मगर हक़ीक़त आपके सामने है कि इस्लाम पर एक हल्की-सी ख़राश भी नहीं आई··· वे लोग बेवक़ूफ़ हैं जो समझते हैं कि बंदूक़ों से मज़हब शिकार किए जा सकते हैं··· मज़हब, दीन, ईमान, धर्म, यक़ीन, अक़ीदत, यह सब जो कुछ भी है, हमारे जिस्म में नहीं, रूह में होता है··· छुरे, चाक़ू और गोली से यह सब कैसे फ़ना हो सकता है··· ।'' मुम्ताज़ उस रोज़ बहुत ही पुरजोश था ।

हम सिर्फ़ तीन थे जो उसे जहाज़ पर छोड़ने के लिए आए थे--वह एक ग़ैर मुतऐयिन[1] अर्से के लिए हमसे जुदा होकर पाकिस्तान जा रहा था; पाकिस्तान, जिसके वुजूद के मुताल्लिक़ हममें से किसी को वहमो-गुमान भी न था ।

हम तीनों हिंदू थे--मग़रिबी[2] पंजाब में हमारे रिश्तेदारों को बहुत माली और जानी नुक़सान उठाना पड़ा था, ग़ालिबन यही वजह थी कि मुम्ताज़ हमसे जुदा हो रहा था ।

जुगल को लाहौर से ख़त मिला कि फ़सादात में उसका चचा मारा गया है तो उसे बहुत सदमा हुआ, चुनांचे इसी सद्‌मे के ज़ेरे-असर बातों-बातों में एक दिन उसने मुम्ताज़ से कहा : ''मैं सोच रहा हूँ, अगर हमारे महल्ले में फ़साद शुरू हो जाए तो मैं क्या करूँगा··· !''

मुम्ताज़ ने उससे पूछा : ''क्या करोगे··· ?''

जुगल ने बड़ी संजीदगी के साथ जवाब दिया : ''मैं सोच रहा हूँ··· बहुत मुम्किन है, मैं तुम्हें मार डालूँ···'' यह सुनकर मुम्ताज़ बिलकुल ख़ामोश हो गया । उसकी यह ख़ामोशी तक़रीबन आठ रोज़ तक क़ायम रही और उस वक़्त टूटी जब उसने अचानक हमें बताया कि वह पौने चार बजे समुंदरी जहाज़ से कराची जा रहा है ।

हम तीनों में से किसी ने भी उसके इस इरादे के मुताल्लिक़ बातचीत न की ।

जुगल को इस बात का शदीद[3] एहसास था कि मुम्ताज़ की रवानगी का बायस उसका यह जुमला है : 'मैं सोच रहा हूँ··· बहुत मुम्किन है, मैं तुम्हें मार डालूँ··· !' ग़ालिबन वह अब

तक यही सोच रहा था कि वह मुश्तइल[4] होकर मुम्ताज़ को मार सकता है या नहीं, मुम्ताज़ को, जो कि उसका जिगरी दोस्त था—यही वजह है कि वह हम तीनों में सबसे ज़्यादा ख़ामोश था।

अजीब बात यह है कि मुम्ताज़ ग़ैरमामूली तौर पर बातूनी हो गया था, ख़ास तौर पर रवानगी से चंद घंटे पहले।

सुबह उठते ही उसने पीना शुरू कर दी—असबाब वग़ैरह कुछ इस अंदाज़ से बाँधा और बँधवाया जैसे वह कहीं सैरो-तफ़रीह के लिए जा रहा है—ख़ुद ही बात करता था और ख़ुद ही हँस देता था⋯कोई और देखता तो यही समझता कि मुम्ताज़ बंबई छोड़ने में नाक़ाबिले-बयान मसर्रत[5] महसूस कर रहा है, लेकिन हम तीनों अच्छी तरह जानते थे कि वह सिर्फ़ अपने ज़ज़्बात छिपाने के लिए हमें और अपने आपको धोखा देने की कोशिश कर रहा है।

मैंने बहुत चाहा कि उससे उसकी यकलख़्त रवानगी के मुताल्लिक़ बात करूँ, इशारतन मैंने जुगल से भी कहा कि वह बात छेड़े, मगर मुम्ताज़ ने हमें कोई मौक़ा ही न दिया।

जुगल तीन-चार पैग पीकर और भी ज़्यादा ख़ामोश हो गया और दूसरे कमरे में जाकर लेट गया।

मैं और ब्रिजमोहन, हम दोनों मुम्ताज़ के साथ रहे—उसे कई बिल अदा करने थे, डॉक्टरों की फ़ीसें देनी थीं, लांड्री से कपड़े लाने थे—यह सब काम उसने हँसते-खेलते किए, लेकिन जब उसने नाके के होटल के बाज़ूवाली दूकान से एक पान लिया तो उसकी आँखों में आँसू आ गए। ब्रिजमोहन के काँधे पर हाथ रखकर, वहाँ से चलते हुए उसने हौले-से कहा : "याद है ब्रिज, आज से दस बरस पहले जब हमारा हाल बहुत पतला था, गोबिंद ने हमें एक रुपया उधार दिया था⋯।"

रास्ते में मुम्ताज़ ख़ामोश रहा, मगर घर पहुँचते ही उसने फिर बातों का लामुतनाही[6] सिलसिला शुरू कर दिया, ऐसी बातों का जिनका सिर था न पैर, लेकिन उसकी बातें कुछ ऐसी पुरख़ुलूस[7] थीं कि मैं और ब्रिजमोहन बराबर उनमें हिस्सा लेते रहे—जब रवानगी का वक़्त क़रीब आया तो जुगल भी शामिल हो गया।

टैक्सी बंदरगाह की तरफ़ चली तो सब ख़ामोश हो गए।

मुम्ताज़ की नज़रें बंबई के वसी और कुशादा[8] बाज़ारों को अलविदा कहती रहीं, हत्ता कि टैक्सी अपनी मंज़िले-मक़सूद तक पहुँच गई—बेहद भीड़ थी, हज़ारहा रिफ़्यूजी जा रहे थे, ख़ुशहाली बहुत कम और बदहाल बहुत ज़्यादा—बेपनाह हुजूम था, लेकिन मुझे ऐसा महसूस हो रहा था कि अकेला मुम्ताज़ जा रहा है; हमें छोड़कर वह ऐसी जगह जा रहा है जो उसकी देखी-भाली हुई नहीं है, जो उसके मानूस बनाने पर भी अजनबी रहेगी—यह मेरा अपना ख़याल था; मैं कह नहीं सकता कि मुम्ताज़ क्या सोच रहा था।

जब सारा सामान केबिन में पहुँचा दिया गया तो मुम्ताज़ हमें अरशे[9] पर ले गया—उधर, जहाँ आसमान और समंदर आपस में मिल रहे थे। मुम्ताज़ देर तक उधर

देखता रहा, फिर उसने जुगल का हाथ अपने हाथ में लेकर कहा : ''यह महज़ फ़रेबे-नज़र है··· आसमान और समंदर का मिलना··· लेकिन यह फ़रेबे-नज़र किस क़दर दिलकश है··· यह मिलाप··· ।''

जुगल ख़ामोश रहा, ग़ालिबन उस वक़्त भी उसके दिलो-दिमाग़ में उसकी कही हुई बात चुटकियाँ ले रही थी : ''मैं सोच रहा हूँ··· बहुत मुम्किन है, मैं तुम्हें मार डालूँ···!'

मुम्ताज़ ने जहाज़ के बार से ब्रांडी मँगवाई, क्योंकि वह सुबह से यही पी रहा था—हम चारों गिलास हाथ में लिए जँगले के साथ खड़े थे—रिफ़्यूजी धड़ाधड़ जहाज़ में सवार हो रहे थे—क़रीब-क़रीब साकिन संमदर पर आबी परिंदे मँडला रहे थे।

जुगल ने दफ़अतन एक ही जुरअे में अपना गिलास ख़त्म किया और निहायत ही भोंडे अंदाज़ में मुम्ताज़ से कहा : ''मुझे माफ़ कर देना मुम्ताज़··· मेरा ख़याल है, मैंने उस रोज़ तुम्हें दुख पहुँचाया था···!''

मुम्ताज़ ने थोड़े तवक़्क़ुफ़ के बाद जुगल से सवाल किया : ''जब तुमने कहा था, 'मैं सोच रहा हूँ··· बहुत मुम्किन है, मैं तुम्हें मार डालूँ···!' क्या उस वक़्त वाक़ई तुमने यही सोचा था··· क्या तुम नेकदिली से इसी नतीजे पर पहुँचे थे···?''

जुगल ने इस्बात[10] पर सिर हिलाया ''लेकिन मुझे अफ़सोस है··· ।''

''तुम मुझे मार डालते तो तुम्हें ज़्यादा अफ़सोस होता···'' मुम्ताज़ ने बड़े फ़लसफ़ियाना अंदाज़ में कहा :'' लेकिन सिर्फ़ उस सूरत में··· अगर तुमने ग़ौर किया होता कि तुमने मुम्ताज़ को··· एक मुसलमान को··· एक दोस्त को नहीं बल्कि एक इंसान को मारा है··· वह अगर हरामज़ादा था तो तुमने उसकी हरामज़दगी को नहीं बल्कि ख़ुद उसको मार डाला है··· वह अगर मुसलमान था तो तुमने उसकी मुसलमानी को नहीं, उसकी हस्ती को ख़त्म किया है··· अगर उसकी लाश मुसलमानों के हाथ आ जाती तो क़ब्रिस्तान में एक क़ब्र का इज़ाफ़ा हो जाता, लेकिन दुनिया में एक इंसान कम हो जाता··· ।''

थोड़ी देर ख़ामोश रहने और कुछ सोचने के बाद उसने फिर बोलना शुरू किया : ''हो सकता है, मेरे हममज़हब मुझे शहीद कहते, लेकिन ख़ुदा की क़सम, अगर मुम्किन होता तो मैं क़ब्र फाड़कर चिल्लाना शुरू कर देता : 'मुझे शहादत का यह रुतबा क़ुबूल नहीं··· मुझे यह डिग्री नहीं चाहिए जिसके लिए मैंने इम्तिहान दिया ही नहीं··· ।' लाहौर में तुम्हारे चचा को एक मुसलमान ने मार डाला; तुमने यह ख़बर बंबई में सुनी और मुझे क़त्ल कर दिया··· बताओ, तुम्हारा चचा और मैं किस तमग़े के मुस्तहिक़[11] हैं, और तुम्हारे चचा का क़ातिल और तुम किस ख़िलअत[12] के हक़दार हो··· मैं तो यह कहूँगा कि मरनेवाले कुत्ते की मौत मरे और मारनेवालों ने बेकार··· बिलकुल बेकार अपने हाथ ख़ून से रँगे··· ।''

बातें करते-करते मुम्ताज़ बहुत ज़्यादा जज़्बाती हो गया, लेकिन इस ज़्यादती में ख़ुलूस बराबर का था; मेरे दिल पर ख़ुसूसन[13] उसकी इस बात का बहुत असर हुआ कि 'मज़हब, दीन, ईमान, धर्म, यक़ीन, अक़ीदत, यह सब जो कुछ भी है, हमारे जिस्म में नहीं, रूह में होता है··· छुरे, चाक़ू और गोली से यह सब कैसे फ़ना हो सकता है···!'' चुनांचे मैंने उससे कहा : ''तुम बिलकुल ठीक कहते हो··· ।''

यह सुनकर मुम्ताज़ ने अपने ख़यालात का जाइज़ा लिया और फिर क़दरे-बेचैनी से कहा : ''नहीं, बिलकुल ठीक नहीं···। मेरा मतलब है कि यह सब ठीक तो है, लेकिन मैं जो कुछ कहना चाहता हूँ, शायद अच्छी तरह अदा नहीं कर सका···मज़हब से मेरी मुराद यह मज़हब नहीं, यह धर्म नहीं जिसमें हममें से निन्नानवे फ़ी सदी मुब्तला[14] हैं···मेरी मुराद उस ख़ास चीज़ से है जो एक इंसान को दूसरे इंसानों के मुक़ाबले में जुदागाना हैसियत बख़्शती है···वह चीज़ जो इंसान को हक़ीक़त में इंसान साबित करती है···लेकिन यह चीज़ क्या है···अफ़सोस कि मैं इसे हथेली पर रखकर नहीं दिखा सकता···।'' यह कहते-कहते एकदम उसकी आँखों में चमक-सी पैदा हुई और उसने जैसे ख़ुद से पूछना शुरू किया : ''···लेकिन उसमें वह कौन-सी ख़ास बात थी···? वह तो कट्टर हिंदू था···पेशा भी निहायत ही ज़लील···लेकिन इसके बावजूद उसकी रूह किस क़दर रौशन थी···!''

मैंने पूछा : ''किसकी···?''

''एक भड़वे की···।''

हम तीनों चौंक पड़े।

मुम्ताज़ के लहजे में कोई तकल्लुफ़ नहीं था, इसलिए मैंने संजीदगी से पूछा : ''एक भड़वे की···?''

मुम्ताज़ ने इस्बात में सिर हिलाया : ''मुझे हैरत है कि वह कैसा इंसान था और ज़्यादा हैरत इस बात की है कि वह उर्फ़े-आम[15] में एक भड़वा था, औरतों का दल्लाल···लेकिन उसका ज़मीर बहुत साफ़ था···।''

मुम्ताज़ थोड़ी देर के लिए रुक गया, जैसे वह पुराने वाक़िआत अपने दिमाग़ में ताज़ा कर रहा हो; चंद लम्हात के बाद उसने फिर बोलना शुरू किया : ''उसका पूरा नाम मुझे याद नहीं, शायद सहाय था··· बनारस का रहनेवाला; बहुत ही सफ़ाई पसंद···वह जगह जहाँ वह रहता था, बहुत ही छोटी थी, मगर उसने बड़े सलीक़े से उसे मुख़्तलिफ़ ख़ानों में तक़सीम कर रखा था; परदे का माक़ूल इंतिज़ाम था; चारपाइयाँ और पलंग नहीं थे लेकिन गदेले और गाव-तकिए मौजूद थे, चादरें और ग़िलाफ़ वग़ैरह हमेशा उजले रहते थे···नौकर मौजूद था मगर सफ़ाई सहाय ख़ुद अपने हाथ से करता था, सिर्फ़ सफ़ाई ही नहीं, हर काम; और वह सर से बला कभी नहीं टालता था; धोखा और फ़रेब नहीं करता था···रात ज़्यादा गुज़र गई है और आपको शराब की ज़रूरत है तो वह साफ़ कह देता था कि साहब, पानी मिली शराब मिलेगी, अपने पैसे ज़ाया न कीजिए···अगर किसी लड़की के मुताल्लिक़ उसे शक है तो वह छुपाता नहीं था···और तो और, उसने मुझे यह भी बता दिया था कि वह तीन बरस के अर्से में बीस हज़ार रुपए कमा चुका है, हर दस रुपयों में से ढाई रुपए कमीशन ले-लेकर···उसे सिर्फ़ दस हज़ार और बनाने थे···मालूम नहीं, सिर्फ़ दस हज़ार ही और क्यों, ज़्यादा क्यों नहीं··· उसने मुझसे कहा था कि तीस हज़ार रुपए पूरे करके वह बनारस वापस चला जाएगा और बज़ाज़ी की दूकान खोलेगा···मैं यह भी नहीं कह सकता कि वह सिर्फ़ बज़ाज़ी ही की दूकान खोलने का आर्ज़ूमंद क्यों था···!''

मैं यहाँ तक सुन चुका तो मेरे मुँह से निकला : ''अजीबो-ग़रीब आदमी था···!''

मुम्ताज़ ने अपनी गुफ़्तगू जारी रखी : ''मेरा ख़याल तथा कि वह सर-ता-पा बनावट है, एक बहुत बड़ा फ्राड है⋯कौन यक़ीन कर सकता है कि वह उन तमाम लड़कियों को, जो उसके धंधे में शरीक थीं, अपनी बेटियाँ समझता था, यह भी उस वक़्त मेरे लिए बईद-अज़-फ़हम[16] था कि उसने हर लड़की के नाम पर पोस्ट आफ़िस में सेविंग एकाउंट खोल रखा था और हर महीने लड़की की कुल आमदनी वहाँ जमा कराता था, और यह बात तो बिलकुल नाक़ाबिले-यक़ीन थी कि वह दस-बारह लड़कियों के खाने-पीने का ख़र्च अपनी जेब से अदा करता है⋯उसकी हर बात मुझे ज़रूरत से ज्यादा बनावटी मालूम होती थी⋯एक दिन मैं उसके यहाँ गया तो उसने मुझसे कहा : 'अमीना और सकीना, दोनों छुट्टी पर हैं⋯मैं हर हफ़्ते दोनों को छुट्टी दे देता हूँ ताकि बाहर जाकर किसी होटल में मांस वग़ैरह खा सकें⋯यहाँ तो, आप जानते हैं, सब वैष्णव है⋯' मैं मुसकराया और मैंने सोचा कि साला मुझे बना रहा है⋯एक दिन उसने मुझे बताया कि अहमदाबाद की उस हिंदू लड़की ने, जिसकी शादी उसने एक मुसलमान ग्राहक से करा दी थी, उसे लाहौर से ख़त लिखा है कि दाता साहब के दरबार में लड़की ने एक मिन्नत मानी थी जो पूरी हो गई है, और अब उसने सहाय के लिए मिन्नत मानी है कि जल्दी-जल्दी तीस हज़ार रुपए पूरे हो जाएँ कि वह बनारस जाकर बज़ाज़ी की दूकान खोल सके⋯यह सुनकर तो मैं हँस पड़ा⋯मैंने सोचा, मैं मुसलमान हूँ, इसीलिए मुझे ख़ुश करने की कोशिश कर रहा है⋯!''

मैंने मुम्ताज़ से पूछा : ''तुम्हारा ख़याल ग़लत था⋯?''

''बिलकुल⋯! उसके क़ोलो-फ़े'ल[17] में कोई बोद[18] नहीं था⋯हो सकता है उसमें कोई ख़ामी हो; बहुत मुम्किन है उससे अपनी ज़िंदगी में कई लग़्ज़िशें[19] सरज़द[20] हुई हों, मगर वह एक बहुत ही उम्दा इंसान था⋯!''

जुगल ने सवाल किया : ''यह तुम्हें कैसे मालूम हुआ⋯?''

''उसकी मौत पर⋯!'' यह कहकर मुम्ताज़ कुछ अर्से के लिए ख़ामोश हो गया; थोड़ी देर के बाद उसने उधर देखना शुरू किया जहाँ आसमान और समुंदर धुँधली-सी आग़ोश में सिमटे हुए थे : ''फ़सादात शुरू हो चुके थे⋯मैं अलस्सुबह उठकर भिंडी बाज़ार से गुज़र रहा था⋯क़र्फ़्यू के बायस बाज़ार में आमदो-रफ़्त बहुत ही कम थी, ट्राम भी नहीं चल रही थी⋯टैक्सी की तलाश में चलते-चलते जब मैं जे.जे. हस्पताल के पास पहुँचा तो फ़ुटपाथ पर एक आदमी को मैंने बड़े-से टोकरे के पास गठरी-सी बने हुए देखा⋯मैंने सोचा, कोई पाटीवाला सो रहा है, लेकिन जब मैंने पत्थर के टुकड़ों पर ख़ून के लोथड़े देखे तो रुक गया⋯वारदात क़त्ल की थी⋯मैंने सोचा, अपना रास्ता लूँ मगर गठरी में हरकत पैदा हुई⋯मैं फिर रुक गया⋯आसपास कोई न था। मैंने झुककर उसकी तरफ़ देखा⋯मुझे सहाय का जाना-पहचाना चेहरा नज़र आया, ख़ून के धब्बों से भरा हुआ⋯मैं उसके पास फ़ुटपाथ पर बैठ गया और उसे ग़ौर से देखा⋯उसकी टुइल की सफ़ेद क़मीस जो, हमेशा बेदाग़ हुआ करती थी, लहू से लुथड़ी हुई थी, ज़ख़्म शायद पसलियों के पास था⋯उसने हौले-हौले कराहना शुरू किया तो मैंने उसे एहतियात से कंधा पकड़कर हिलाया, जैसे किसी सोते को जगाया जाता है; एक-दो बार मैंने उसको नामुकम्मल नाम से भी पुकारा⋯मैं

उठकर जाने ही वाला था कि उसने अपनी आँखें खोल दीं; देर तक वह उन अधखुली आँखों से टकटकी बाँधे मुझे देखता रहा; फिर एकदम उसके सारे बदन में तशन्नुज[21] की-सी कैफ़ियत पैदा हुई और उसने मुझे पहचानकर कहा : 'आप...आप... ?' मैंने उससे ऊपर-तले बहुत-सी बातें पूछना शुरू कर दीं कि वह कैसे इधर आया, किसने उसको ज़ख़्मी किया, कब से वह फ़ुटपाथ पर पड़ा है और कि सामने हस्पताल है, क्या मैं वहाँ इत्तिला दूँ... ? उसमें बोलने की ताक़त नहीं थी। जब मैंने सारे सवाल कर डाले तो कराहते हुए उसने बड़ी मुश्किल से यह अल्फ़ाज़ कहे : 'मेरे दिन पूरे हो चुके थे... भगवान को यही मंजूर था...!' भगवान को जाने क्या मंजूर था, लेकिन मुझे यह मंज़ूर नहीं था कि मैं मुसलमान होकर, मुसलमानों के इलाक़े में एक आदमी को जिसके मुताल्लिक़ मैं जानता था कि हिंदू है, इस एहसास के साथ मरता हुआ देखूँ कि उसको मारनेवाला मुसलमान था और आख़िरी वक़्त में उसकी मौत के सिरहाने जो आदमी खड़ा था, वह भी मुसलमान था... मैं डरपोक तो नहीं, लेकिन उस वक़्त मेरी हालत डरपोकों से बदतर थी; एक तरफ़ यह ख़ौफ़ दामनगीर था कि मुम्किन है, मैं ही पकड़ा जाऊँ, दूसरी तरफ़ यह डर था कि पकड़ा न भी गया मगर 'पूछगछ' के लिए ज़रूर धर लिया जाऊँगा... एक बार यह ख़याल आया कि अगर मैं उसे हस्पताल ले गया तो कहीं वह इंतिक़ामन मुझे फँसा न दे; सोचे, मरना तो है ही, क्यों न इसे साथ लेकर मरूँ... इस क़िस्म की बातें सोचकर मैं चलने ही वाला था, बल्कि यूँ कहिए कि भागने ही वाला था कि उसने मुझे पुकारा... मैं ठहर गया; न ठहरने के इरादे के बावुजूद मेरे क़दम रुक गए... मैंने उसकी तरफ़ इस अंदाज़ से देखा, गोया उससे कह रहा हूँ कि जल्दी करो मियाँ, मुझे जाना है... उसने दर्द की तकलीफ़ से दोहरा होते हुए बड़ी मुश्किल से अपनी क़मीस के बटन खोले और अंदर हाथ डाला, मगर जब कुछ और करने की उसमें हिम्मत न रही तो उसने मुझसे कहा : 'नीचे बंडी है... इधर की जेब में कुछ ज़ेवर और बारह सौ रुपए हैं... यह... यह सुलताना का माल है... मैंने... मैंने एक दोस्त के पास रखा हुआ था... आज उसे... आज उसे भेजनेवाला था... क्योंकि... क्योंकि, आप जानते हैं कि... कि ख़तरा बहुत बढ़ गया है... आप उसे दे दीजिएगा और कहिएगा कि वह फ़ौरन चली जाए... लेकिन... लेकिन अपना ख़याल रखिएगा...' "

मुम्ताज़ ख़ामोश हो गया।

मुझे ऐसा महसूस हुआ कि उसकी आवाज़, सहाय की आवाज़ में जो जे.जे. हस्पताल के सामने फ़ुटपाथ पर उभरी थी, दूर, उधर जहाँ आसमान और समंदर एक धुँधली-सी आग़ोश में मुदग़म[22] थे, हल हो रही है।

जहाज़ ने विसिल दिया तो मुम्ताज़ ने कहा : "मैं सुलताना से मिला... उसको ज़ेवर और रुपया दिया तो उसकी आँखों में आँसू आ गए...!"

जब हम मुम्ताज़ से रुख़्सत होकर नीचे उतरे तो वह अरशे पर जँगले के साथ खड़ा था—उसका दाहिना हाथ हिल रहा था।

मैं जुगल से मुख़ातिब हुआ : "क्या तुम्हें ऐसा मालूम नहीं होता कि मुम्ताज़ सहाय की रूह को बुला रहा है. हमसफ़र बनाने के लिए... ?"

जुगल ने सिर्फ़ इतना कहा : "काश, मैं सहाय की रूह होता...!"

1. अनिश्चित; 2. पश्चिमी; 3. तीव्र; 4. क्रोधित; 5. प्रसन्नता; 6. असीम; 7. निष्कपट; 8. विस्तृत; 9. जहाज़ की खुली छत (डेक); 10. स्वीकारोक्ति; 11. योग्य; 12. वह पोशाक जो सम्मानस्वरूप प्राप्त हो; 13. विशेष रूप से; 14. फँसे हुए; 15. सामान्य रूप से; 16. समझ से बाहर; 17. करनी एवं कथनी; 18. अंतर; 19. ग़लती; 20. घटित; 21. ऐंठन; 22. मिले हुए।

टेटवाल का कुत्ता

कई दिन से तरफ़ैन[1] अपने-अपने मोर्चे पर जमे हुए थे। दिन में इधर और उधर से दस-बारह फ़ायर हो जाते, जिनकी आवाज़ के साथ कोई इंसानी चीख़ बुलंद नहीं होती थी।

मौसम बहुत ख़ुशगवार था; हवा ख़ुदरौ[2] फूलों की महक में बसी हुई थी; पहाड़ियों की ऊँचाइयों और ढलवानों से जंग से बेख़बर क़ुदरत अपने मुक़र्ररा अश्ग़ाल[3] में मसरूफ़ थी; परिंदे उसी तरह चहचहा रहे थे, फूल उसी तरह खिल रहे थे और शहद की सुस्तरौ[4] मक्खियाँ उसी तरह पुराने ढंग से उन पर ऊंघ-ऊंघकर रस चूस रही थीं।

जब पहाड़ियों में किसी फ़ायर की आवाज़ गूँजती तो चहचहाते हुए परिंदे चौंककर उड़ने लगते जैसे किसी का हाथ साज़ के ग़लत तार से जा टकराया है और उनकी समाअत[5] को सद्‌मा पहुँचाने का मूजिब[6] हुआ है। सितंबर का अंजाम अक्तूबर के आगाज़ से बड़े गुलाबी अंदाज़ से बग़लगीर हो रहा था; ऐसा लगता था कि मौसमे-सर्मा और गर्मा में सुलह-सफ़ाई हो रही है; नीले-नीले आसमान पर धुनकी हुई रुई-जैसे पतले-पतले और हल्के-हल्के बादल तैर रहे थे जैसे अपने सफ़ेद बजरों में तफ़्रीह कर रहे हों।

पहाड़ी मोर्चों में दोनों तरफ़ के सिपाही कई दिन से बड़ी कोफ़्त महसूस कर रहे थे कि कोई फ़ैसलाकुन[7] बात क्यों वुक़ूपज़ीर[8] नहीं होती—जब वह पड़े-पड़े उकता जाते तो उनका जी चाहता कि एक-दूसरे को शेर सुनाएँ; कोई न सुने तो बस गुनगुनाते रहें—वह पथरीली ज़मीन पर औंधे या सीधे लेटे रहते थे, और जब हुक्म मिलता था तो एक-दो फ़ायर कर देते थे।

दोनों के मोर्चे बड़ी महफ़ूज़ जगहों पर थे। गोलियाँ पूरी रफ़्तार से आती थीं और पत्थरों की ढाल के साथ टकराकर वहीं चित हो जाती थीं। दोनों पहाड़ियाँ, जिन पर मोर्चे थे, क़रीब-क़रीब एक क़द की थीं; दरमियान में छोटी-सी सब्ज़पोश वादी थी, जिसके सीने पर एक नाला मोटे साँप की तरह लोटता रहता था।

हवाई जहाज़ों का कोई ख़तरा नहीं था; तोपें इनके पास थीं न उनके पास; इस लिए दोनों तरफ़ बैख़ौफ़ो-ख़तर आग लगाई जाती; धुएँ उठते और हवाओं में घुल-मिल जाते—रात को बिल्कुल ख़ामोशी होती, इसलिए कभी-कभी दोनों मोर्चों के सिपाहियों को एक-दूसरे की किसी बात पर लगाए हुए क़हक़हे सुनाई दे जाते; कभी कोई लहर में आकर गाने लगता तो उसकी आवाज़ रात के सन्नाटे को जगा देती; एक के पीछे एक सदाए बाज़गश्त[9] गूँजती तो

ऐसा लगता कि पहाड़ियाँ आमोख़्ता[10] दोहरा रही हैं।

चाय का दौर ख़त्म हो चुका था। पत्थरों के चूल्हे में चीड़ के हल्के-हल्के कोयले क़रीब-क़रीब सर्द हो चुके थे। आसमान साफ़ था। मौसम में ख़ुनकी थी। हवा में फूलों की महक नहीं थी, जैसे रात को उन्होंने अपने इत्रदान बंद कर लिए हो, अलबत्ता चीड़ के पसीने यानी बिरोज़ेकी बू थी, मगर यह भी कुछ ऐसी नागवार नहीं थी।

सब कंबल ओढ़े सो रहे थे मगर कुछ इस तरह कि हल्के-से इशारे पर उठकर लड़ने-मरने के लिए तैयार हो सकते थे।

जमादार हरनाम सिंह ख़ुद पहरे पर था। उसकी रास्कोप घड़ी में दो बजे तो उसने गंडा सिंह को जगाया और पहरे पर मुतऐयिन[11] कर दिया। उसका जी चाहा कि सो जाए, पर जब वह लेटा तो उसने आँखों से नींद को इतना दूर पाया जितने कि आसमान के सितारे—जमादार हरनाम सिंह चित लेटा उनकी तरफ़ देखता रहा, और फिर गुनगुनाने लगा :

जुत्ती लैणी आँ सितारियाँवाली
सितारियाँवाली
वे हरनाम सिंहा
हो यारा, भावें तेरी महीं विक जाए

हरनाम सिंह को आसमान पर हर तरफ़ सितारोंवाले जूते बिखरे नज़र आए जो झिलमिल-झिलमिल कर रहे थे।

जुत्ती लै दूँ सितारियाँवाली
सितारियाँवाली
नी हरनाम कौरे
हो नारे, भावें मेरी महीं विक जाए।

वह मुसकराया और फिर यह सोचकर कि नींद नहीं आएगी, उसने सबको जगा दिया। नार के ज़िक्र ने उसके दिमाग़ में हलचल पैदा कर दी थी; वह चाहता था कि ऊटपटाँग गुफ़्तगू हो, जिससे उस बोली की हरनामकौरी कैफ़ियत पैदा हो जाए।

बातें शुरू हुईं मगर उखड़ी-उखड़ी-सी रहीं—बंता सिंह जो उन सबमें कम उम्र और ख़ुश आवाज़ था, एक तरफ़ हटकर बैठ गया; बाक़ी बज़ाहिर पुरलुत्फ़ बातें करते और जम्हाइयाँ लेते रहे; थोड़ी देर के बाद बंता सिंह ने एकदम अपनी पुरसोज़[12] आवाज़ में 'हीर' गाना शुरू कर दी :

हीर आख्या जोग्या झूठ बोलीं, कौण रुठड़े यार मनाऊँदाई
ऐसा कोई न मिल्या मैं ढूँढ थक्की जेहड़ा गयाँ नूँ मोड़लियाऊँदाई
इस बाज़ तो कांग ने कूँज खोई देख्याँ चुप हैं कि कुरलाऊँदाई
दुखाँ वालिया नूँ गुल्लाँ सुख दियाँ नी क़िस्से जोड़ जहान सुनाऊँदाई

फिर थोड़े वक़्फ़े के बाद उसने हीर की बातों का जवाब राँझे की ज़बान में गाया :

जेहड़े बाज़ तूँ कांग ने कूँज खोई सब्र शुक्र कर बाज़ फ़ना होया

ऐंवे हाल है उस फ़क़ीर दानी धन माल गया ते तबाह होया
करें सिदक़ ते कम मालूम होवे तेरा रब रसूल गवाह होया
दुनिया छड उदासियाँ पहन लैय्याँ सैयद वारसों हुन वारिस शाह होया

बंता सिंह ने जिस तरह एकदम गाना शुरू किया था, उसी तरह वह एकदम ख़ामोश हो गया—ऐसा मालूम होता था कि ख़ाकिस्तरी[13] पहाड़ियों ने भी उदासियाँ पहन ली हैं।

जमादार हरनाम सिंह ने थोड़ी देर के बाद किसी ग़ैर मरई चीज़ को मोटी-सी गाली दी और लेट गया—दफ़अतन रात के आख़िरी पहर की उस उदास फ़ज़ा में एक कुत्ते के भौंकने की आवाज़ गूँजी। सब चौंके। आवाज़ क़रीब ही से आई थी—जमादार हरनाम सिंह ने बैठकर कहा: "यह कहाँ से आ गया भौंकू?"

कुत्ता फिर भौंका। अब उसकी आवाज़ और भी नज़दीक से आई थी—चंद लम्हात के बाद दूर झाड़ियों में आहट हुई।

बंता सिंह उठा और झाड़ियों की तरफ़ बढ़ा—जब वह वापिस आया तो उसके साथ एक आवारा-सा कुत्ता था, जिसकी दुम हिल रही थी।

बंता सिंह मुसकराया: "जमादार साहब, मैंने पूछा तो कहने लगा, मैं हूँ चपड़ झुनझुन!"

सब हँसने लगे। जमादार हरनाम सिंह ने कुत्ते को पुचकारा: "इधर आ चपड़ झुनझुन!"

कुत्ता दुम हिलाता हरनाम सिंह के पास चला गया, और यह समझकर कि शायद कोई खाने की चीज़ फेंकी गई है, ज़मीन के पत्थर सूँघने लगा।

जमादार हरनाम सिंह ने थैला खोलकर एक बिस्कुट निकाला और उसकी तरफ़ फेंका—कुत्ते ने बिस्कुट को सूँघकर मुँह खोला ही था कि हरनाम सिंह ने लपककर बिस्कुट उठा लिया: "ठहर...कहीं पाकिस्तानी तो नहीं।"

फिर सब हँसने लगे—बंता सिंह ने आगे बढ़कर कुत्ते की पीठ पर हाथ फेरा और जमादार हरनाम सिंह से कहा: "नहीं जमादार साहब, चपड़ झुनझुन हिंदुस्तानी है।"

जमादार हरनाम सिंह हँसा और कुत्ते से मुख़ातिब हुआ: "निशानी दिखा ओए!"

कुत्ता दुम हिलाने लगा।

हरनाम सिंह ज़रा खुलकर हँसा: "यह कोई निशानी नहीं...दुम तो सारे कुत्ते हिलाते हैं।"

बंता सिंह ने कुत्ते की लरज़ाँ दुम पकड़ ली: "शरणार्थी है बेचारा!"

जमादार हरनाम सिंह ने बिस्कुट फेंका जो कुत्ते ने फ़ौरन दबोच लिया।

एक जवान ने अपने बूट की एड़ी से ज़मीन खोदते हुए कहा: "अब कुत्तों को भी या तो हिंदुस्तानी होना पड़ेगा या पाकिस्तानी!"

हरनाम सिंह ने अपने थैले से एक और बिस्कुट निकाला और कुत्ते की तरफ़ फेंका: "पाकिस्तानियों की तरह पाकिस्तानी कुत्ते भी गोली से उड़ा दिए जाएँगे।"

एक और जवान ने ज़ोर से नारा बुलंद किया: "हिंदुस्तान: ज़िंदाबाद!"

कुत्ता दूसरा बिस्कुट उठाने के लिए आगे बढ़ा ही था कि डर गया और पीछे हट गया, उसकी दुम टाँगों के अंदर घुस गई।

हरनाम सिह हँसा : ''अपने नारे से क्यों डरता है चपड़ झुनझुन···खा···ले एक और बिस्कुट ले!'' और उसने थैले से एक और बिस्कुट निकालकर कुत्ते की तरफ़ फेंक दिया।

बातों-बातों में सुबह हो गई।

सूरज अभी निकलने का इरादा ही कर रहा था कि चार सू उजाला हो गया; जिस तरह बटन दबाने से एकदम बिजली की रौशनी हो जाती है, उसी तरह सूरज की शुआएँ[14] देखते ही देखते उस पहाड़ी इलाक़े में फैल गईं, जिसका नाम टेटवाल था।

उस इलाक़े में काफ़ी दिनों से लड़ाई जारी थी; एक-एक पहाड़ी के लिए दर्ज़नों जवानों की जान जाती थी, फिर भी क़ब्ज़ा ग़ैरयक़ीनी होता था; आज यह पहाड़ी उनके पास है तो कल दुश्मन के पास; परसों फिर उनके क़ब्ज़े में है, तो अगले रोज़ फिर दुश्मन के क़ब्ज़े में।

जमादार हरनाम सिंह ने दूरबीन लगाकर आसपास का जाइज़ा लिया—सामने की पहाड़ी से धुआँ उठ रहा था; इसका मतलब यह था कि उधर आग सुलगाई जा रही है, चाय की तैयारी हो रही है, नाश्ते की फ़िक्र हो रही है—उधरवालों को भी यक़ीनन इधर से धुआँ उठता दिखाई दे रहा होगा।

नाश्ते पर सब जवानों ने थोड़ा-थोड़ा कुत्ते के आगे रखा जो उसने ख़ूब पेट भर के खाया। सब उसमें दिलचस्पी ले रहे थे जैसे वह उसको अपना दोस्त बनाना चाहते हों। उसके आने से काफ़ी चहल-पहल हो गई थी। हर एक उसको थोड़े-थोड़े वक़्फ़े के बाद पुचकारकर 'चपड़ झुनझुन' के नाम से पुकारता और उसे प्यार करता।

शाम के क़रीब, दूसरी तरफ़ पाकिस्तानी मोर्चे में सूबेदार हिम्मत ख़ाँ अपनी बड़ी-बड़ी मूँछों को, जिनसे बेशुमार कहानियाँ वाबस्ता[15] थीं, मरोड़े देकर टेटवाल के नक्शे का बग़ौर मुतालआ[16] कर रहा था। उसके साथ ही वायरलेस ऑपरेटर बैठा था और सूबेदार हिम्मत ख़ाँ के लिए प्लाटून कमांडर से हिदायात वुसूल कर रहा था। कुछ दूर एक पत्थर से टेक लगाए और अपनी बंदूक़ थामे बशीर हौले-हौले गुनगुना रहा था :

चन कित्थे गवाई आई रात वे
चन कित्थे गवाई आई

बशीर ने मज़े में आकर आवाज़ ज़रा ऊँची की तो सूबेदार हिम्मत ख़ाँ की कड़क बुलंद हुई : ''ओये कहाँ रहा है तू रात भर?''

बशीर ने सवालिया नज़रों से हिम्मत ख़ाँ को देखा जो किसी और से मुख़ातिब था : ''बता ओये···!''

बशीर ने देखा।

कुछ फ़ासिले पर वह आवारा कुत्ता बैठा था जो कुछ दिन हुए, उनके मोर्चे में बिन बुलाए मेहमान की तरह आया था और वहीं उनके पास टिक गया था।

बशीर मुसकराया और कुत्ते से मुख़ातिब होकर बोला : "चन कित्थे गवाई आई रात वे, चन कित्थे गवाई आई···?"

कुत्ते ने ज़ोर से दुम हिलाना शुरू की, जिससे पथरीली ज़मीन पर झाड़ू-सी फिरने लगी।

सूबेदार हिम्मत ख़ाँ ने एक कंकर उठाकर कुत्ते की तरफ़ फेंका : "साले को दुम हिलाने के सिवा और कुछ नहीं आता।"

बशीर ने कुत्ते की तरफ़ ग़ौर से देखा : "इसकी गर्दन में क्या है ?" यह कहकर वह उठा, मगर उससे पहले ही एक और जवान ने कुत्ते को पकड़कर उसकी गर्दन में बँधी हुई रस्सी उतारी। रस्सी में गत्ते का एक टुकड़ा पिरोया हुआ था जिस पर कुछ लिखा हुआ था।

बशीर ने आगे बढ़कर गत्ते का टुकड़ा लिया : "चपड़ झुनझुन···यह क्या हुआ ?"

सूबेदार हिम्मत ख़ाँ ने अपनी बड़ी-बड़ी तारीख़ी मूँछों को ज़बर्दस्त मरोड़ा दिया : "कोड वर्ड होगा कोई···" फिर उसने बशीर से पूछा : "बशीरे, कुछ और लिखा है···?"

बशीर ने जवाब दिया : "जी हाँ···यह हिंदुस्तानी कुत्ता है···!"

सूबेदार हिम्मत ख़ाँ ने सोचना शुरू किया : "मतलब क्या हुआ इसका···? क्या पढ़ा था तुमने···? चपड़···?"

बशीर ने फिर जवाब दिया : "चपड़ झुनझुन !"

एक जवान ने बड़े आक़िलाना[17] अंदाज़ में कहा : "जो भी बात है, इसी में है।"

सूबेदार हिम्मत ख़ाँ को यह बात माक़ूल मालूम हुई : "हाँ कुछ ऐसा ही लगता है !"

बशीर ने एक बार फिर पढ़ा : "चपड़ झुनझुन : यह हिंदुस्तानी कुत्ता है !"

सूबेदार हिम्मत ख़ाँ ने वायरलेस सेट लिया और कानों पर हैड फ़ोन जमाकर प्लाटून कमांडर से ख़ुद उस कुत्ते के बारे में बातचीत की कि वह कैसे आया था, किस तरह उनके पास कई दिन पड़ा रहा था, फिर एकाएकी रात भर गायब रहा। अब आया है तो उसके गले में एक रस्सी बँधी पड़ी है और रस्सी में गत्ते का एक टुकड़ा पिरोया हुआ है, जिस पर लिखा है—उसने तीन-चार मर्तबा प्लाटून कमांडर को सुनाया : 'चपड़ झुनझुन : यह हिंदुस्तानी कुत्ता है।' मगर कोई नतीजा बरामद न हुआ।

बशीर अलग से कुत्ते के पास बैठा कभी उसे पुचकारकर, कभी डरा-धमकाकर पूछता रहा कि वह रात भर कहाँ ग़ायब रहा है, उसके गले में वह रस्सी और गत्ते का टुकड़ा किसने बाँधा है, मगर उसे भी कोई ख़ातिरख्वाह[18] जवाब न मिला। वह सवाल करता तो कुत्ता जवाब में अपनी दुम हिला देता। आख़िर ग़ुस्से में बशीर ने उसे ज़ोर का झटका दिया। कुत्ता तकलीफ़ के बायस चाऊँ-चाऊँ करने लगा।

वायरलेस सेट पर बातचीत से फ़ारिग़ होकर सूबेदार हिम्मत ख़ाँ ने कुछ देर टेटवाल के नक़्शे का बग़ौर मुतालआ किया, फिर फ़ैसलाकुन अंदाज़ में उठा और सिगरेट की डिबिया का ढकना अलग करके बशीर के हवाले किया : "बशीर ले, लिख इस पर···"

बशीर ने सिगरेट की डिबिया का ढकना लिया और पूछा : "क्या लिखूँ सूबेदार साहब ?"

सूबेदार हिम्मत ख़ाँ ने मूँछों को मरोड़े देकर सोचना शुरू किया : ''लिख दे… बस लिख दे…'' उसने जेब से पेंसिल निकालकर बशीर को दी : ''क्या लिखना चाहिए ?''

बशीर पेंसिल को होंठों में दाबकर सोचने लगा, फिर एकदम सवालिया अंदाज़ में बोला : ''सपड़ सुनसुन…'' और फिर फ़ौरन ही मुतमइन होकर उसने फ़ैसलाकुन लहजे में कहा : ''ठीक है… 'चपड़ झुनझुन' का जवाब 'सपड़ सुनसुन' ही हो सकता है… याद रखेंगे अपनी माँ के सिखड़े… !'' बशीर ने पेंसिल सिगरेट की डिबिया के ढकने पर जमाई : ''सपड़ सुनसुन !''

''सोलह आने… लिख 'सपड़ सुनसुन' !'' सूबेदार हिम्मत ख़ाँ ने ज़ोरदार क़हक़हा लगाया : ''और आगे लिख… 'यह पाकिस्तानी कुत्ता है' !''

सूबेदार हिम्मत ख़ाँ ने ढकना बशीर के हाथ से लिया, पेंसिल से उसमें छेद किया और ढकना रस्सी में पिरोकर कुत्ते की तरफ़ बढ़ा : ''ले जा यह अपनी औलाद के पास !''

सब जवान ख़ूब हँसे।

सूबेदार हिम्मत ख़ाँ ने कुत्ते के गले में रस्सी बाँध दी। कुत्ता इस दौरान में अपनी दुम हिलाता रहा। उसके बाद सूबेदार ने उसे कुछ खाने को दिया और बड़े नासहाना[19] अंदाज़ में कहा : ''देखो दोस्त, ग़द्दारी मत करना… याद रखो, ग़द्दारी की सज़ा मौत होती है।''

कुत्ता दुम हिलाता रहा… जब वह अच्छी तरह खा चुका तो सूबेदार हिम्मत ख़ाँ ने रस्सी से पकड़कर उसका रुख़ पहाड़ी की इकलौती पगडंडी की तरफ़ फेरा और कहा : ''जाओ, हमारा ख़त दुश्मन तक पहुँचा दो… मगर देखो, वापिस आ जाना… यह तुम्हारे अफ़सर का हुक्म है, समझे ?''

कुत्ते ने अपनी दुम हिलाई और आहिस्ता-आहिस्ता पगडंडी पर, जो बल खाती हुई नीचे पहाड़ी के दामन में जाती थी, चलने लगा।

सूबेदार हिम्मत ख़ाँ ने अपनी बंदूक़ उठाई और हवा में एक फ़ायर किया।

फ़ायर और उसकी बाज़गश्त दूसरी तरफ़ हिंदुस्तानियों के मोर्चे में सुनी गई तो इसका मतलब उनकी समझ में न आया।

जमादार हरनाम सिंह मालूम नहीं किस बात पर चिड़चिड़ा हो रहा था, फ़ायर की आवाज़ सुनकर और भी चिड़चिड़ा हो गया और उसने ज़ोर और सख़्ती से दाढ़ी में कंघा करना शुरू कर दिया। इससे फ़ारिग़ होकर उसने जाली के अंदर सारे बाल जैसे-तैसे जमाए और बंता सिंह से पूछा : ''ओए बंता सियाँ, कुत्ते को घी हज़्म नहीं होता ना… बता चपड़ झुनझुन कहाँ गया ?''

बंता सिंह मुहावरे का मतलब न समझा : ''हमने तो उसे घी की कोई चीज़ नहीं खिलाई थी।''

जमादार हरनाम सिंह बड़े ज़ोर से हँसा : ''ओए अनपढ़, तेरे साथ तो बात करना पिचानवे का घाटा है !''

इतने में वह सिपाही जो पहरे पर था और दूरबीन लगाए उधर ऊपर-नीचे देख रहा था, एकदम चिल्लाया : "वह आ रहा है…"

सब चौंक पड़े।

जमादार हरनाम सिंह ने पूछा : "कौन?"

पहरेदार सिपाही ने कहा : "चपड़ झुनझुन… और कौन!"

"चपड़ झुनझुन?" जमादार हरनाम सिंह उठा : "आ रहा है?"

पहरेदार सिपाही ने जवाब दिया : "हाँ, आ रहा है!"

जमादार हरनाम सिंह ने दूरबीन पहरेदार सिपाही के हाथ से ली और देखना शुरू किया : "इधर ही आ रहा है… रस्सी बँधी हुई है गले में… लेकिन यह तो उधर से आ रहा है… दुश्मन के मोर्चे से…" उसने कुत्ते की माँ को बहुत बड़ी गाली दी, बंदूक़ उठाई और शस्त[20] बाँधकर फ़ायर किया।

निशाना चूक गया—गोली कुत्ते से कुछ फ़ासिले पर पत्थरों की किरचें उड़ाती ज़मीन में दफ़न हो गई—कुत्ता सहमकर रुक गया।

दूसरे मोर्चे में सूबेदार हिम्मत ख़ाँ ने दूरबीन में से देखा कि कुत्ता पगडंडी पर खड़ा है—उधर से एक और फ़ायर हुआ तो कुत्ता दुम दबाकर उलटी तरफ़ भागा, सूबेदार हिम्मत ख़ाँ के मोर्चे की तरफ़।

हिम्मत ख़ाँ ने ज़ोर से पुकारा : "बहादुर डरा नहीं करते… चल वापिस…! और उसने कुत्ते को उधर भेजने के लिए एक फ़ायर किया।

कुत्ता फिर रुक गया।

उधर से जमादार हरनाम सिंह ने बंदूक़ चलाई—गोली कुत्ते के कान के पास से सनसनाती हुई गुज़र गई।

उसने उछलकर ज़ोर-ज़ोर से दोनों कान फड़फड़ाने शुरू किए।

इधर से सूबेदार हिम्मत ख़ाँ ने दूसरा फ़ायर किया जो कुत्ते के अगले पंजों के पास पत्थरों में पैवस्त हो गया।

बौखलाकर वह कभी उधर दौड़ा, कभी इधर।

उसकी बौखलाहट से हिम्मत ख़ाँ और हरनाम सिंह, दोनों, अपनी-अपनी जगह बहुत मसरूर[21] हुए और क़हक़हे लगाने लगे।

कुत्ते ने जमादार हरनाम सिंह के मोर्चे की तरफ़ भागना शुरू किया तो हरनाम सिंह ने बड़े ताव में आकर उसे मोटी-सी गाली दी और अच्छी तरह शस्त बाँधकर फ़ायर किया।

गोली कुत्ते की टाँग में लगी और एक फ़लक शिगाफ़[22] चीख़ बुलंद हुई।

कुत्ते ने अपना रुख़ बदला और लँगड़ाते हुए सूबेदार हिम्मत ख़ाँ के मोर्चे की तरफ़ दौड़ने लगा।

अब इधर से फ़ायर हुआ—फ़ायर करते हुए हिम्मत ख़ाँ चिल्लाया : "बहादुर परवाह नहीं किया करते ज़ख़्मों की… खेल जाओ अपनी जान पर… जाओ उधर…"

कुत्ता फ़ायर से घबराकर उधर की तरफ़ मुड़ा—उसकी एक टाँग बिलकुल बेकार हो चुकी थी। बाक़ी की तीन टाँगों की मदद से उसने ख़ुद को चंद क़दम उधर की तरफ़ घसीटा ही था कि जमादार हरनाम सिंह ने निशाना ताककर गोली चलाई—वह वहीं ढेर हो गया।

सूबेदार हिम्मत ख़ाँ ने अफ़सोस के साथ कहा : "चच-चच···शहीद हो गया बेचारा!"

जमादार हरनाम सिंह ने बंदूक़ की गरम-गरम नाली अपने हाथ में मसली और कहा : "उसी मौत मरा जो कुत्ते की होती है!"

---

1. दोनों तरफ़ के, पक्ष; 2. स्वयं उगनेवाले; 3. निश्चित कार्य; 4. धीमे चलनेवाली; 5. श्रवणशक्ति; 6. कारण 7. निर्णायक; 8. घटित; 9. प्रतिध्वनि; 10. पढ़ा हुआ; 11. नियुक्त; 12. दर्दभरी; 13. मटियाली; 14. किरणें; 15. संबंधित; 16. अध्ययन; 17. बुद्धिमत्तापूर्ण; 18. मनचाहा; 19. उपदेशात्मक; 20. निशाना; 21. प्रसन्न; 22. आकाश को चीरनेवाली, गगनभेदी।

आख़री सैल्यूट

यह कश्मीर की लड़ाई भी कुछ अजीबो-ग़रीब थी—सूबेदार रब नवाज़ का दिमाग़ ऐसी बंदूक़ बन गया था जिसका घोड़ा ख़राब हो गया हो।

पिछली बड़ी जंग में वह कई महाज़ों[1] पर लड़ चुका था; मारना और मरना जानता था; छोटे-बड़े अफ़सरों की नज़रों में उसकी बड़ी तौक़ीर[2] थी, इसलिए कि वह बड़ा बहादुर, निडर और समझदार सिपाही था; प्लाटून कमांडर मुश्किल काम हमेशा उसे ही सौंपते थे और वह उनसे ओहदाबरा[3] होता था, मगर इस लड़ाई का ढंग ही निराला था—दिल में बड़ा वलवला, बड़ा जोश था; भूख-प्यास से बेपरवा सिर्फ़ एक ही लगन थी, दुश्मन का सफ़ाया कर देने की; जब दुश्मन से सामना होता तो जानी-पहचानी सूरतें नज़र आतीं; बाज़ दोस्त दिखाई देते, बड़ी बग़ली क़िस्म के जो पिछली लड़ाई में उसके दोश-बदोश[4] इत्तिहादियों[5] के दुश्मनों से लड़े थे, पर अब एक-दूसरे की जान के प्यासे बने हुए थे।

सूबेदार रब नवाज़ सोचता था कि यह सब ख़्वाब तो नहीं—पिछली बड़ी जंग का एलान; भर्ती, क़द और छातियों की पैमाइश; पी.टी, चाँदमारी और फिर महाज़; इधर से उधर, उधर से इधर; आख़िर जंग का ख़ात्मा; फिर एकदम पाकिस्तान का क़याम[6] और साथ ही कश्मीर की लड़ाई; ऊपर-तले कितनी ख़बरें—रब नवाज़ सोचता था कि करनेवाले ने यह सबकुछ सोच-समझकर किया है, ताकि दूसरे बौखला जाएँ और समझ न सकें; वरना यह भी कोई बात है कि इतनी जल्दी इतने बड़े इन्क़िलाब बरपा हो जाएँ।

इतनी बात तो सूबेदार रब नवाज़ की समझ में आती थी कि वह कश्मीर हासिल करने के लिए लड़ रहे हैं; कश्मीर क्यों हासिल करना है, यह भी वह अच्छी तरह समझता था, इसलिए कि पाकिस्तान की बक़ा[7] के लिए कश्मीर का इलहाक़[8] अशद ज़रूरी है; मगर निशाना बाँधते हुए उसे जब कोई जानी-पहचानी शक्ल नज़र आ जाती तो वह कुछ देर के लिए भूल जाता कि वह किस ग़रज़ के लिए लड़ रहा है, किस मक़सद के लिए उसने बंदूक़ उठाई है— वह ग़ालिबन इसलिए भूल जाता था कि उसे बार-बार ख़ुद को याद कराना पड़ता था कि अब वह सिर्फ़ तनख़्वाह, ज़मीन के मुरब्बों और तमग़ों के लिए नहीं बल्कि अपने वतन की ख़ातिर लड़ रहा है; यह वतन पहले भी उसका वतन था; वह उसी इलाक़े का रहनेवाला था जो अब पाकिस्तान का एक हिस्सा बन गया था; अब उसे अपने उसी हम-वतन के खिलाफ़ लड़ना था जो कभी उसका हमसाया होता था, जिसके ख़ानदान से उसके

ख़ानदान के पुश्तहा-पुश्त[9] के देरीना मरासिम[10] थे—अब उसके हमसाए का वतन वह था जिसका पानी तक उसने नहीं पिया था; उसी वतन की ख़ातिर उसके हमसाए ने काँधे पर बंदूक़ रख ली थी कि उसे हुक्म दिया गया था कि जाओ, यह जगह जहाँ तुमने अभी अपने घर के लिए दो ईंटें भी नहीं चुनी हैं, जिसकी हवा और जिसके पानी का मज़ा अभी तुम्हारे मुँह में ठीक तौर पर बैठा नहीं है, तुम्हारा वतन है··· जाओ इस वतन की ख़ातिर पाकिस्तान से लड़ो, उस पाकिस्तान से जिसके ऐन दिल में तुमने अपनी उम्र के इतने बरस गुज़ारे हैं···

रब नवाज़ सोचता था कि यही हाल उन मुसलमान फ़ौजियों का है जो वहाँ हिंदुस्तान में अपना घरबार छोड़कर यहाँ पाकिस्तान में आ गए हैं; वहाँ उनसे सबकुछ छीन लिया गया था, यहाँ उन्हें और तो कुछ मिला नहीं, बंदूक़ें मिल गई हैं, उसी वज़न की, उसी शक्ल की, उसी मार्के और छाप की।

पहले वह सब मिलकर एक ऐसे दुश्मन से लड़ते थे जिसको उन्होंने पेट और इनामो-इकराम[11] की ख़ातिर अपना दुश्मन यक़ीन कर लिया था—अब वह ख़ुद दो हिस्सों में बँट गए थे; पहले सब हिंदुस्तानी फ़ौजी कहलाते थे, अब एक पाकिस्तानी फ़ौजी है और दूसरा हिंदुस्तानी फ़ौजी—उधर हिंदुस्तान में मुसलमान हिंदुस्तानी फ़ौजी भी थे—रब नवाज़ जब उनके मुताल्लिक़ सोचता तो उसके दिमाग़ में एक अजीब गड़बड़-सी पैदा हो जाती—जब वह कश्मीर के मुताल्लिक सोचता तो उसका दिमाग़ बिलकुल जवाब दे जाता—पाकिस्तानी फ़ौजी कश्मीर के लिए लड़ रहे हैं या कश्मीर के मुसलमानों के लिए। अगर वह कश्मीर के मुसलमानों के लिए लड़ रहे हैं तो हैदराबाद और जूनागढ़ के मुसलमानों के लिए क्यों उन्हें लड़ने के लिए नहीं कहा जाता; और अगर यह जंग ठेठ इस्लामी जंग है तो दुनिया के दूसरे इस्लामी मुल्क इस जंग में क्यों हिस्सा नहीं लेते—रब नवाज़ बहुत सोच-विचार के बाद इस नतीजे पर पहुँचा कि ऐसी बारीक-बारीक बातें फ़ौजी को बिलकुल नहीं सोचना चाहिए; फ़ौजी की अक्ल मोटी होनी चाहिए कि मोटी अक्लवाला ही अच्छा सिपाही हो सकता है; मगर कभी-कभी वह चोर दिमाग़ से इन बातों पर ग़ौर कर लेता था और बाद में अपनी इस हरकत पर ख़ूब हँसता था।

दरिया-ए-किशन गंगा के किनारे, उस सड़क के लिए जा मुज़फ़्फ़राबाद से करन जाती है, कुछ अर्से से लडाई हो रही थी। अजीबो-ग़रीब लड़ाई थी, रात को बाज़ औक़ात आसपास की पहाडियाँ फ़ायरों के बजाय गदी-गंदी गालियों से गूँज उठती थीं।

एक मर्तबा सूबेदार रब नवाज़ अपनी प्लाटून के जवानों के साथ शब-ख़ून[12] मारने के लिए तैयार हो रहा था कि दूर, नीचे एक खाई से गालियों का शोर उठा। पहले तो वह घबरा गया। ऐसा लगता था कि बहुत-से भूत मिलकर नाच रहे हैं, और ज़ोर-ज़ोर से क़हक़हे लगा रहे हैं—वह बड़बड़ाया : ''ख़िंज़ीर की दुम··· यह क्या हो रहा है?''

एक जवान न गूजती हुई आवाज़ों से मुख़ातिब होकर यह बड़ी गाली दी और रब नवाज़ से कहा : ''सूबेदार साहब, गालियाँ दे रहे हैं अपनी माँ के यार!''

रब नवाज़ यह गालियाँ सुन रहा था जो बहुत उकसानेवाली थीं; उसके जी में आई कि बिज़न[13] बोल दे मगर ऐसा करना ग़लती होती, चुनांचे वह ख़ामोश रहा। कुछ देर जवान

भी चुप रहे मगर जब पानी सिर से गुज़र गया तो उन्होंने भी गला फाड़-फाड़के गालियाँ लुढ़काना शुरू कर दीं।

रब नवाज़ के लिए इस क़िस्म की लड़ाई बिलकुल नई चीज़ थी; उसने जवानों को दो-तीन मर्तबा ख़ामोश रहने के लिए कहा मगर गालियाँ ही कुछ ऐसी थीं कि जवाब दिए बिना उनसे रहा नहीं जाता था।

दुश्मन के सिपाही नज़र से ओझल थे; रात को तो ख़ैर अँधेरा होता है मगर वह तो दिन को भी नज़र नहीं आते थे; सिर्फ़ उनकी गालियाँ नीचे पहाड़ी के क़दमों से उठती थीं और पत्थरों के साथ टकरा-टकराकर हवा में हल हो जाती थीं—रब नवाज़ की प्लाटून के जवान जब इन गालियों का जवाब देते थे तो उसे ऐसा लगता था कि उनकी गालियाँ दुश्मन की तरफ़ नीचे नहीं जातीं, ऊपर आसमान की तरफ़ उड़ जाती हैं; इसलिए उसे ख़ासी कोफ़्त होती थी—उसने झुँझलाकर हमला करने का हुक्म दे दिया।

रब नवाज़ को वहाँ की पहाड़ियों में एक अजीब बात नज़र आई थी—चढ़ाई की तरफ़ कोई पहाड़ी दरख़्तों और बूटों से लदी-फँदी होती थी और उतराई की तरफ़ गंजी, कश्मीरी हातो के सर की तरह; किसी पहाड़ी की चढ़ाई का हिस्सा गंजा होता था और उतराई की तरफ़ उसी पहाड़ी पर दरख़्त ही दरख़्त होते थे, चीड़ के लंबे तनावर दरख़्त जिनके बँटे हुए धागे-जैसे पत्तों पर फ़ौजी बूट फिसल-फिसल जाते थे—जिस पहाड़ी पर सूबेदार रब नवाज़ की प्लाटून थी, उसकी उतराई दरख़्तों और झाड़ियों से बेनियाज़ थी; ज़ाहिर है कि हमला बहुत ही ख़तरनाक था मगर सब जवान बख़ुशी तैयार थे; गालियों का इंतिक़ाम लेने के लिए वह बहुत बेताब थे—हमला हुआ और कामयाब रहा; दो जवान मारे गए और चार ज़ख़्मी हुए; दुश्मन के तीन आदमी खेत रहे, बाक़ी रसद का कुछ सामान छोड़कर भाग निकले।

सूबेदार रब नवाज़ और उसके जवानों को इस बात का बड़ा दुख था कि दुश्मन का कोई ज़िंदा सिपाही उनके हाथ न आ सका, जिसको वह ख़ातिरख़्वाह गालियों का मज़ा चखा सकते; मगर यह मोर्चा फ़तह करने से वह एक बड़ी अहम पहाड़ी पर क़ाबिज़ हो गए थे—वायरलेस के ज़रिए से सूबेदार रब नवाज़ ने प्लाटून कमांडर मेजर असलम को फ़ौरन ही अपने हमले के नतीजे से मुत्तला[14] कर दिया था और शाबाश वुसूल की थी।

क़रीब-क़रीब हर पहाड़ी की चोटी पर पानी का एक तालाब-सा होता था—इस पहाड़ी पर भी तालाब था मगर दूसरी पहाड़ियों के तालाबों के मुक़ाबले में ज़्यादा बड़ा; इसका पानी साफ़ और शफ़्फ़ाफ़ था। गो मौसम सख़्त सर्द था मगर सब नहाए; दाँत बजते रहे मगर उन्होंने कोई परवाह न की। वह अभी इस शुग़ल में मसरूफ़ थे कि फ़ायर की आवाज़ आई। सब नंगे ही लेट गए। थोड़ी देर के बाद सूबेदार रब नवाज़ ने दूरबीन लगाकर नीचे ढलवानों पर नज़र दौड़ाई मगर उसे दुश्मन के छुपने की जगह का पता न चला। उसके देखते-देखते एक और फ़ायर हुआ। दूर उतराई के फ़ौरन बाद एक निस्बतन[15] छोटी पहाड़ी की दाढ़ी से उसे धुआँ उठता नजर आया। उसने फ़ौरन ही अपने जवानों को फ़ायर का हुक्म दिया।

इधर से धड़ाधड़ फ़ायर हुए और उधर से भी जवाबन गोलियाँ चलने लगीं।

सूबेदार रब नवाज़ ने दूरबीन से दुश्मन की पोज़ीशन का बग़ौर मुतालआ[16] किया—वह ग़ालिबन बड़े-बड़े पत्थरों के पीछे महफ़ूज़ थे, मगर यह मुहाफ़िज़[17] दीवार बहुत ही छोटी थी; ज़्यादा देर तक वह जमे नहीं रह सकते थे; उनमें से जो भी इधर या उधर हटता तो उसका सूबेदार रब नवाज़ की ज़द में आना यक़ीनी था।

थोड़ी देर फ़ायर होते रहे। उसके बाद रब नवाज़ ने अपने जवानों को मना कर दिया कि वह गोलियाँ ज़ाया न करें, सिर्फ़ ताक में रहें··· जूँही दुश्मन का कोई सिपाही पत्थरों की दीवार के पीछे से निकलकर इधर या उधर जाने की कोशिश करे, उसको उड़ा दें—यह हुक्म देकर उसने अपने अलिफ़ नंगे बदन की तरफ़ देखा और बड़बड़ाया : "ख़िंज़ीर की दुम···कपड़ों के बग़ैर आदमी हैवान मालूम होता है।"

लंबे-लंबे वक़्फ़ों के बाद दुश्मन की तरफ़ से इक्का-दुक्का फ़ायर होता रहा; इधर से भी उसका जवाब कभी-कभी दे दिया जाता; यह खेल पूरे दो दिन जारी रहा।

मौसम यकलख़्त[18] बहुत सर्द हो गया था, इस क़दर सर्द कि दिन को भी ख़ून मुंजमिद होने लगता था, चुनांचे सूबेदार रब नवाज़ ने चाय के दौर शुरू करा दिए। हर वक़्त आग पर केतली धरी रहती; जूँही सर्दी ज्यादा सताती, एक दौर उस गर्म-गर्म मश्रूब[19] का हो जाता। वैसे दुश्मन पर बराबर निगाह थी; इधर एक जवान हटता, उधर दूसरा उसकी जगह फ़ौरन दूरबीन लेकर बैठ जाता।

हड्डियों तक उतर जानेवाली सर्द हवा चल रही थी—जब उस जवान ने जो पहरे पर था, बताया कि पत्थरों की दीवार के पीछे कुछ गड़बड़ हो रही है तो सूबेदार रब नवाज़ ने उससे दूरबीन ली और ग़ौर से देखा। उसे कहीं कोई हरकत नज़र न आई, लेकिन फ़ौरन ही एक आवाज़ बुलंद हुई और देर तक उसकी गूँज आसपास की पहाड़ियों के साथ टकराती रही। रब नवाज़ इसका मतलब न समझा। इसके जवाब में उसने अपनी बंदूक़ दाग़ दी। उसकी गूँज दबी तो फिर उधर से आवाज़ बुलंद हुई जो साफ़ तौर पर उनसे मुख़ातिब थी।

रब नवाज़ चिल्लाया : "ख़िंज़ीर की दुम, बोल क्या कहता है तू!"

फ़ासिला ज्यादा नहीं था—रब नवाज़ के अल्फ़ाज़ दुश्मन तक पहुँच गए, क्योंकि वहाँ से किसी ने कहा : "गाली न दे भाई!"

रब नवाज़ ने अपने जवानों की तरफ़ देखा और बड़ी झुँझलाहट में ताज्जुब के साथ कहा : "भाई···?" फिर वह अपने मुँह के आगे दोनों हाथ का भोंपू बनाकर चिल्लाया : "भाई होगा तेरी माँ का जना···यहाँ सब तेरी माँ के यार हैं!"

एकदम उधर से एक ज़ख़्मी आवाज़ बुलंद हुई : "रब नवाज़···!"

रब नवाज़ काँप गया।

ज़ख़्मी आवाज़ आसपास की पहाड़ियों से सर फोड़ती रही और मुख़्तलिफ़ अंदाज़ में 'रब नवाज़, रब नवाज़' दोहराती बिलआख़िर ख़ून मुंजमिद[20] कर देनेवाली हवा के साथ जाने कहाँ उड़ गई।

बहुत देर के बाद रब नवाज़ चौंका : 'वह कौन था···?' फिर वह आहिस्ता से बड़बडाया : "ख़िंज़ीर की दुम!"

उसको इतना मालूम था कि टेटवाल के महाज़ पर सिपाहियों की अक्सरियत 6/9 रेजिमेंट की है; वह भी उसी रेजिमेंट में था—मगर वह आवाज़ किसकी थी? वह ऐसे बेशुमार आदमियों को जानता था जो कभी उसके अज़ीज़-तरीन दोस्त थे; कुछ ऐसे भी थे जिनसे उसकी दुश्मनी थी चंद ज़ाती अग़राज़ की बिना पर; लेकिन वह कौन था जिसने उसकी गाली का बुरा मानकर उसे चीख़कर पुकारा था।

रब नवाज़ ने दूरबीन लगाकर देखा, मगर पहाड़ी की हिलती हुई छिदरी दाढ़ी में उसे कोई नज़र न आया; दोनों हाथों का फिर भोंपू बनाकर उसने ज़ोर से अपनी आवाज़ उधर फेंकी: "उधर कौन है...? मैं रब नवाज़ बोल रहा हूँ...रब नवाज़...रब नवाज़!"

'रब नवाज़' फिर कुछ देर तक पहाड़ियों के साथ टकराता रहा।

रब नवाज़ बड़बड़ाया: "खिंज़ीर की दुम!"

फ़ौरन ही उधर से आवाज़ बुलंद हुई: "मैं हूँ...मैं हूँ राम सिंह!"

रब नवाज़ यह सुनकर यूँ उछला जैसे वह छलाँग लगाकर दूसरी तरफ़ जाना चाहता हो। पहले उसने अपने आपसे कहा: 'रामसिंह?' फिर वह हलक़ फाड़ के चिल्लाया: "राम सिंह...? ओए राम सिंघा...खिंज़ीर की दुम...!"

'खिंज़ीर की दुम' अभी पहाड़ियों के साथ टकरा-टकराकर पूरी तरह गुम नहीं हुई थी कि राम सिंह की फटी-फटी आवाज़ बुलंद हुई: "ओए कुम्हार के खोते!"

रब नवाज़ फूँ-फूँ करने लगा। जवानों की तरफ़ रोबदार नज़रों से देखते हुए वह बड़बड़ाया: "बकता है...खिंज़ीर की दुम!" फिर उसने राम सिंह को जवाब दिया: "ओए बाबा टल के कड़ा परशाद...ओए खिंज़ीर के झटके...!"

राम सिंह बेतहाशा क़हक़हे लगाने लगा; रब नवाज़ भी ज़ोर-ज़ोर से हँसने लगा; पहाड़ियाँ यह आवाज़ें बड़े खिलंदड़े अंदाज़ में इधर-उधर उछालती रहीं।

सूबेदार रब नवाज़ के जवान ख़ामोश थे।

जब हँसी का दौरा ख़त्म हुआ तो उधर से राम सिंह की आवाज़ बुलंद हुई: "देखो यार, हमें चाय पीनी है।"

रब नवाज़ बोला: "पियो ना...! ऐश करो!"

राम सिंह चिल्लाया: "ओए ऐश किस तरह करें... सामान तो हमारा उधर पड़ा है।"

रब नवाज़ ने पूछा: "किधर?"

राम सिंह की आवाज़ आई: "उधर... जिधर तुम्हारा फ़ायर हमें उड़ा सकता है।"

रब नवाज़ हँसा: "तो क्या चाहते हो तुम...खिंज़ीर की दुम!"

राम सिंह बोला: "हमें सामान ले आने दे।"

"ले आ...!" रब नवाज़ ने अपने जवानों की तरफ़ देखा।

राम सिंह की तश्वीश भरी आवाज़ बुलंद हुई: "तू उड़ा देगा हमें, कुम्हार के खोते!"

रब नवाज़ ने भिन्नाकर कहा: "बक नहीं ओए संतोख सर के कछुए!"

राम सिंह हँसा: "क़सम खा, कि तू हमें नहीं मारेगा?"

रब नवाज ने पूछा: "किसकी क़सम खाऊँ?"

राम सिंह ने कहा "किसी की भी खा ले!"

रब नवाज़ हँसा:" ओए जा···मँगवा ले अपना सामान!"

चंद लम्हात ख़ामोशी रही।

दूरबीन एक जवान के हाथ में थी। उसने मानीख़ेज़ नज़रों से सूबेदार रब नवाज़ की तरफ़ देखा। वह बंदूक़ चलाने ही वाला था कि रब नवाज़ ने उसे मना किया: "नहीं···नहीं!"

फिर रब नवाज़ ने दूरबीन लेकर ख़ुद ही देखा।

दुश्मन का एक सिपाही डरते-डरते पंजों के बल पत्थरों के अक़ब[21] से निकल रहा था; फिर वह उठा और तेज़ी से भागा और कुछ दूर झाड़ियों में ग़ायब हो गया; कुछ देर के बाद वह झाड़ियों में से निकला तो उसके दोनों हाथों में कुछ सामान था; एक लहज़े के लिए वह रुका, और फिर तेज़ी से पत्थरों की महफ़ूज़ दीवार की तरफ़ भागा और बिलआख़िर वहाँ पहुँच गया।

वह नज़रों से ओझल हुआ तो रब नवाज़ ने अपनी बंदूक़ चला दी। तड़ाख़ के साथ ही रब नवाज़ का क़हक़हा बुलंद हुआ।

दोनों आवाज़ें मिलकर कुछ देर झनझनाती रहीं। फिर राम सिंह की आवाज़ आई: "थैंक्यू···!"

"नो मेंशन···!" रब नवाज़ ने यह कहकर जवानों की तरफ़ देखा: "तो एक राऊंड हो जाए।"

तफ़्रीह के तौर पर दोनों तरफ़ से गोलियाँ चलने लगीं—फिर ख़मोशी छा गई।

रब नवाज़ ने दूरबीन लगाकर देखा—पत्थरों की महफ़ूज दीवार की ओट में धुआँ उठ रहा था। वह पुकारा: "चाय तैयार कर ली राम सिंहा?"

उधर से जवाब आया: "अभी कहाँ ओए कुम्हार के खोते![22]"

रब नवाज़ ज़ात का कुम्हार था। जब कोई उसकी ज़ात की तरफ़ इशारा करता था तो गुस्से से उसका ख़ून खौलने लगता था; एक सिर्फ़ राम सिंह के मुँह से वह 'कुम्हार' बर्दाश्त कर लेता था, इसलिए कि वह उसका बेतकल्लुफ़ दोस्त था। एक ही गाँव में दोनों पलकर जवान हुए थे; दोनों की उम्र में सिर्फ़ चंद दिन का फ़र्क़ था; दोनों के बाप, और उनके बाप भी एक-दूसरे के दोस्त थे; दोनों एक ही स्कूल में प्राइमरी तक पढ़े थे। एक ही दिन फ़ौज में भर्ती हुए थे और पिछली बड़ी जंग में दोनों कई महाज़ों पर इकट्ठे लड़े थे।

रब नवाज़ अपने जवानों की नज़रों में ख़ुद को ख़फ़ीफ़[23] महसूस करके बड़बड़ाया: "ख़िंज़ीर की दुम अब भी बाज़ नहीं आता···" फिर वह राम सिंह से मुख़ातिब हुआ: "बक नहीं ओए खोते की जूँ!"

राम सिंह का क़हक़हा बुलंद हुआ।

रब नवाज़ ने बस वैसे ही शस्त[24] बाँध रखी थी, ऐसे ही उसने लुबलुबी दबा दी।

तड़ाख़ के साथ ही एक फ़लकशिगाफ़[25] चीख़ बुलंद हुई।

रब नवाज़ ने फ़ौरन दूरबीन लगाई और देखा कि पत्थरों की दीवार से ज़रा हटकर

राम सिंह पेट पकड़े दोहरा हुआ और गिर पड़ा।

रब नवाज़ ज़ोर से चीख़ा : ''राम सिंह…!'' और उछलकर खड़ा हो गया।

उधर से बयकवक़्त तीन-चार फ़ायर हुए। एक गोली रब नवाज़ का दायाँ बाज़ू चाटती हुई निकल गई। फ़ौरन ही वह औंधे मुँह ज़मीन पर गिर पड़ा।

अब दोनों तरफ़ से फ़ायर शुरू हो गए। उधर के कुछ सिपाहियों ने गड़बड़ से फ़ायदा उठाकर पत्थरों के अक़ब से निकलकर भागना चाहा—इधर से फ़ायर जारी थे, मगर निशाने पर कोई न बैठा।

रब नवाज़ ने जवानों को अपनी पहाड़ी उतरने का हुक्म दिया। तीन जवान फ़ौरन ही मारे गए, लेकिन बाक़ी जवान उफ़्ताँ-ख़ेज़ाँ[26] दूसरी पहाड़ी पर पहुँच गए।

राम सिंह ख़ून में लथपथ पथरीली ज़मीन पर पड़ा कराह रहा था। गोली उसके पेट में लगी थी। रब नवाज़ को देखकर उसकी आँखें तमतमा उठीं। मुसकराकर उसने कहा : ''ओए कुम्हार के खोते, यह तूने क्या किया…?''

राम सिंह का ज़ख़्म रब नवाज़ अपने पेट पर महसूस कर रहा था; वह मुसकराकर राम सिंह पर झुका और दो ज़ानूँ होकर उसकी पेटी खोलने लगा : ''ख़िंज़ीर की दुम, तुमसे किसने बाहर निकलने को कहा था।''

पेटी उतारे जाने के दौरान राम सिंह को सख़्त तकलीफ़ हुई; दर्द से वह चिल्ला-चिल्ला पड़ा।

जब पेटी उतर गई तो रब नवाज़ ने राम सिंह के ज़ख़्म का मुआइना किया, ज़ख़्म बहुत ख़तरनाक था।

राम सिंह ने रब नवाज़ का हाथ दबाकर कहा : ''मैं अपना आप तुझे दिखाने के लिए बाहर निकला था कि तूने…ओए रब के पुत्तर, तूने फ़ायर कर दिया।''

रब नवाज़ का गला रुँध गया : ''क़सम वहदहु-लाशरीक[27] की, मैंने तो ऐसे ही बंदूक़ चला दी थी…मुझे मालूम नहीं कि तू खोते का सिंह बाहर निकल रहा है…मुझे अफ़सोस है राम सिंहा!''

राम सिंह का ख़ून काफ़ी बह चुका था। रब नवाज़ और उसके जवान कई घंटों के बाद वहाँ पहुँचे थे। इस अर्से में तो ख़ून की एक पूरी मश्क ख़ाली हो सकती थी।

रब नवाज़ को हैरत थी कि राम सिंह इतनी देर तक ज़िंदा रह सका है; उसको उम्मीद नहीं थी कि राम सिंह बचेगा; उसे हिलाना-जुलाना भी ग़लत था; इसीलिए उसने फ़ौरन वायरलेस के ज़रिए प्लाटून कमांडर से दरख़्वास्त की कि एक डॉक्टर जल्दी रवाना किया जाए…उसका दोस्त राम सिंह ज़ख़्मी हो गया है।

डॉक्टर का वहाँ तक पहुँचना और फिर वक़्त पर पहुँचना बिलकुल मुहाल था। रब नवाज़ को यक़ीन था कि राम सिंह चंद घड़ियों का मेहमान है; फिर भी वायरलेस पर पैग़ाम पहुँचाकर उसने मुसकराकर राम सिंह से कहा : ''डॉक्टर आ रहा है…कोई फ़िक्र न कर…!''

राम सिंह कुछ सोचते हुए बड़ी नहीफ़ आवाज़ में बोला : ''फ़िक्र किसी बात की

नहीं··· अच्छा यह बता, मेरे कितने जवान मारे हैं तुम लोगों ने ?''

रब नवाब ने जवाब दिया : सिर्फ़ एक !''

राम सिंह की आवाज़ और ज़्यादा नहीफ़ हो गई : ''और तेरे कितने जवान मारे गए ?''

रब नवाज़ ने मानीख़ेज़ नज़रों से अपने जवानों की तरफ़ देखा : ''छः···''

''छः···छः···!'' राम सिंह ने अपने दिल में गिना : ''जब मैं ज़ख़्मी हुआ तो वह बहुत बददिल हो गए··· पर मैंने कहा, खेल जाओ अपनी और दुश्मन की जान से···छः···ठीक है···!'' फिर वह माज़ी[28] के धुँधलकों में चला गया : ''रब नवाज़···याद हैं वे दिन तुम्हें···''

राम सिंह ने बीते दिन याद करने शुरू कर दिए : खेत-खलियानों की बातें, स्कूल के क़िस्से, 6/9 जाट रेजिमेंट की दास्तानें, कमांडिंग अफ़सरों के लतीफ़े और बाहर के मुल्कों में अजनबी औरतों से मुआश्क़े[29]···

बीते दिनों का ज़िक्र करते हुए राम सिंह को एक बहुत दिलचस्प वाक़िआ याद आ गया तो वह हँसने लगा; हँसी आते ही उसके टीस उठी मगर उसने परवाह न की और कहने लगा : ''ओए सुअर के नल···याद है तुम्हें वह मैडम···''

रब नवाज़ ने पूछा : ''कौन ?''

राम सिंह ने कहा : ''वह···वह इटली की···क्या नाम रखा था हमने उसका···बड़ी मारख़ोर औरत थी !''

रब नवाज़ को फ़ौरन ही वह औरत याद आ गई : ''हाँ-हाँ···वह मैडम मनीता फ़नीतो···पैसा ख़त्म, तमाशा ख़त्म···पर तुझसे तो कभी-कभी रिआयत कर देती थी मुसोलिनी की बच्ची !''

राम सिंह ज़ोर से हँसा···और उसके ज़ख़्म में से जमे हुए ख़ून का एक लोथड़ा बाहर निकल आया।

रब नवाज़ ने कहा : ''राम सिंह, अब तुम ख़ामोश रहो !''

राम सिंह को बहुत तेज़ बुख़ार था; उसका दिमाग़ भी तप रहा था; बोलने की ताक़त बिलकुल नहीं थी, मगर वह बोले जा रहा था; कभी-कभी रुक जाता जैसे देख रहा हो कि टंकी में कितना पैट्रोल बाक़ी है।

कुछ देर के बाद उस पर हज़्यानी कैफ़ियत[30] तारी हो गई—उस दौरान कुछ ऐसे वक़्फ़े भी आए जब उसके होशो-हवास सलामत थे। इन्हीं वक़्फ़ों में उसने एक मर्तबा रब नवाज़ से सवाल किया : ''यारा, सच-सच बता, क्या वाक़ई तुम लोगों को कश्मीर चाहिए ?''

रब नवाज़ ने पूरे ख़ुलूस के साथ कहा : ''हाँ राम सिंहा !''

राम सिंह ने अपना सर हिलाया : ''नहीं···मैं नहीं मान सकता···तुम्हें वरग़लाया गया है···''

रब नवाज़ ने यक़ीन दिलाने के अंदाज़ में कहा : ''नहीं, तुम्हें वरग़लाया गया है···क़सम पंजतन पाक की···''

राम सिंह ने रब नवाज़ का हाथ पकड़ लिया : ''क़सम न खा यारा···ठीक ही होगा···''

लेकिन उसका लहजा साफ़ बता रहा था कि उसको रब नवाज़ की क़सम का यक़ीन नहीं है।

दिन ढलने से कुछ देर पहले प्लाटून कमांडर मेजर असलम आया। उसके साथ चंद सिपाही थे, मगर डॉक्टर साथ नहीं था।

राम सिंह बेहोशी और नज्अ[31] की हालत में कुछ बड़बड़ा रहा था, मगर उसकी आवाज़ इस क़दर कमज़ोर और शिकस्ता[32] थी कि कुछ समझ में नहीं आ रहा था।

मेजर असलम भी 6/9 जाट रेजिमेंट ही का था; वह राम सिंह को बहुत अच्छी तरह से जानता था। रब नवाज़ से सारे हालात दरयाफ़्त करने के बाद उसने राम सिंह को पुकारा : ''राम सिंह⋯राम सिंह⋯!''

राम सिंह ने आँखें खोल दीं; फिर आँखें फाड़कर उसने एक लहज़े के लिए ग़ौर से मेजर असलम की तरफ़ देखा और लेटे-लेटे अटेंशन होकर उसने सैल्यूट किया; दूसरे ही लम्हे उसका सैल्यूट करनेवाला अकड़ा हुआ हाथ गिर पड़ा और उसके होंठ काँपे : ''कुछ नहीं ओए राम सिया⋯भूल ही गया तू सुअर के नल्ला कि यह लड़ाई⋯यह लड़ाई⋯''

राम सिंह अपनी बात पूरी न कर सका; बंद होती हुई आँखों से उसने रब नवाज़ की तरफ़ नीम सवालिया अंदाज़ में देखा और सर्द हो गया।

---

1. मोर्चों; 2. इज़्ज़त; 3. ज़िम्मेदारी पूरी करना; 4. कंधे से कंधा मिलाकर; 5. मित्रराष्ट्रों; 6. स्थापना; 7. अस्तित्व; 8. विलय; 9. पीढ़ी-दर-पीढ़ी; 10. पुराने संबंध; 11. दौलत व इज़्ज़त; 12. रात्रि में होनेवाला हमला; 13. क़त्ले-आम का हुक्म; 14. सूचित; 15. तुलना में; 16. अध्ययन; 17. रक्षक; 18. अचानक; 19. पेय; 20. जमा देना; 21. पीछे; 22. गधे; 23. शर्मिंदा; 24. निशाना; 25. गगनभेदी; 26. गिरते-पड़ते; 27. जिसका कोई साझेदार न हो (अल्लाह); 28. अतीत; 29. प्रेम-प्रसंग; 30. बेहोशी की हालत में बड़बड़ाहट; 31. प्राणों का अंत, चंद्रा; 32. टूटी हुई।

गुरमुख सिंह की वसीयत

पहले छुरा भोंकने की इक्का-दुक्का वारदात होती थी, अब दोनों फ़रीक़ों[1] में बाक़ायदा लड़ाई की ख़बरें आने लगी थीं, जिनमें चाक़ू-छुरों के अलावा किरपानें, तलवारें और बंदूक़ें आम इस्तेमाल की जाती थीं; कभी-कभी देसी साख़्त के बम फटने की इत्तिला भी मिलती थी।

अमृतसर में क़रीब-क़रीब हर एक का यही ख़याल था कि यह फ़िरक़ावाराना फ़सादात देर तक जारी नहीं रहेंगे; जोश है, जूँही ठंडा हुआ, फ़ज़ा फिर अपनी असली हालत पर आ जाएगी। इससे पहले कई फ़साद अमृतसर में हो चुके थे जो देरपा नहीं थे; दस-पंद्रह रोज़ तक मार-कटाई का हंगामा रहता था, फिर ख़ुद ब ख़ुद फ़रो[2] हो जाता था; चुनांचे पुराने तज्रिबे की बिना पर लोगों का यही ख़याल था कि यह आग थोड़ी देर के बाद अपना ज़ोर ख़त्म करके ठंडी हो जाएगी—मगर ऐसा न हुआ; बलवों का ज़ोर दिन ब दिन बढ़ता ही गया।

हिंदुओं के महल्लों में जो-जो मुसलमान रहते थे, भागने लगे; इसी तरह वह हिंदू जो मुसलमानों के महल्लों में रहते थे, अपना घर-बार छोड़ के मह्फ़ूज़ मक़ामों का रुख़ करने लगे; मगर यह इंतिज़ाम सबके नज़दीक आरिज़ी था, जब तक कि फ़ज़ा फ़सादात के तकद्दुर[3] से पाक नहीं हो जाती।

मियाँ अब्दुल हई, रिटायर्ड सब-जज को सौ फ़ीसदी यक़ीन था कि सूरते-हाल बहुत जल्द दुरुस्त हो जाएगी; यही वजह है कि वह ज़्यादा परेशान नहीं थे। उनका एक लड़का था ग्यारह बरस का, एक लड़की थी सत्रह बरस की; एक पुराना मुलाज़िम था जिसकी उम्र सत्तर के लगभग थी; मुख़्तसर-सा ख़ानदान था।

जब फ़सादात शुरू हुए तो मियाँ साहब ने बतौर हिफ़्ज़े मातक़द्दुम[4] काफ़ी राशन घर में जमा कर लिया था। इस तरफ़ से वह बिलकुल मुतमइन थे कि अगर ख़ुदानाख़्वास्ता हालात कुछ ज़्यादा बिगड़ गए और दूकानें वग़ैरह बंद हो गईं तो उन्हें खाने-पीने के मामले में तरद्दुद नहीं करना पड़ेगा; लेकिन उनकी जवान लड़की सुग़रा बहुत मतरद्दिद[5] थी।

उनका घर तीन मंज़िला था, दूसरी इमारतों के मुक़ाबले में काफ़ी ऊँचा। उसकी ममटी से शहर का तीन चौथाई हिस्सा बख़ूबी नज़र आता था—सुग़रा अब कई दिनों से देख रही थी कि नज़दीक-दूर, कहीं न कहीं, आग लगी होती है; शुरू-शुरू में तो फ़ायर ब्रिगेड की टन-टन सुनाई देती थी, पर अब वह भी बंद हो गई थी, इसलिए कि अब जगह-जगह आग भड़कने लगी थी।

रात को अब कुछ और ही समाँ होता; घुप्प अँधेरे में आग के बड़े-बड़े शोले उठते, जैसे देव हैं जो अपने मुँह से आग के फ़व्वारे छोड़ रहे हैं; फिर अजीब-अजीब-सी आवाज़ें आतीं जो 'हर-हर महादेव' और 'अल्लाहु अकबर' के नारों के साथ मिलकर बहुत ही वहशतनाक बन जातीं।

सुग़रा बाप से अपने ख़ौफ़ो-हिरास[6] का ज़िक्र नहीं करती थी, इसलिए कि वह एक बार घर में कह चुके थे : डरने की कोई वजह नहीं, सब ठीक-ठाक हो जाएगा। मियाँ साहब की बातें अक्सर दुरुस्त हुआ करती थीं।

जब बिजली का सिलसिला मुन्क़ते[7] हो गया और साथ ही नलों में पानी आना बंद हो गया तो सुग़रा ने मियाँ साहब से अपनी तश्वीश का इज़हार किया और डरते-डरते राय दी कि वह सब चंद रोज़ के लिए शरीफ़पुरे उठ जाएँ जहाँ अड़ोस-पड़ोस के सारे मुसलमान आहिस्ता-आहिस्ता जा रहे हैं···

मियाँ साहब ने अपना फ़ैसला न बदला और कहा : "बेकार घबराने की कोई ज़रूरत नहीं···हालात बहुत जल्दी ठीक हो जाएँगे···!"

हालात बहुत जल्दी ठीक न हुए और दिन ब दिन बिगड़ते गए।

वह महल्ला जिसमें मियाँ अब्दुल हई का मकान था, मुसलमानों से ख़ाली हो गया—और ख़ुदा का करना ऐसा हुआ कि मियाँ साहब पर एक रोज़ अचानक फ़ालिज गिरा जिसके बायस वह साहिबे-फ़िराश[8] हो गए।

उनका लड़का बशारत, जो पहले अकेला घर में ऊपर-नीचे तरह-तरह के खेलों में मसरूफ़ रहता था, अब बाप की चारपाई के साथ लगकर बैठ गया और हालात की नज़ाकत समझने लगा।

वह बाज़ार जो उनके मकान के साथ मुलह्क़ था, सुनसान पड़ा था; डॉक्टर ग़ुलाम मुस्तफ़ा की डिस्पेंसरी मुद्दत से बंद पड़ी थी, उससे कुछ दूर हटकर डॉक्टर ग़ुराँ दिता मल थे, और सुग़रा ने शहनशीन[9] से देखा था कि उनकी दूकान में भी ताले पड़े हुए हैं। मियाँ साहब की हालत बहुत ही मख़्दूश[10] थी और सुग़रा इस क़दर परेशान थी कि उसके होशो-हवास बिलकुल जवाब दे गए थे। बशारत को अलग ले जाकर उसने कहा : "ख़ुदा के लिए तुम ही कुछ करो···मैं जानती हूँ कि बाहर निकलना ख़तरे से ख़ाली नहीं, मगर तुम जाओ···किसी को भी बुला लाओ···अब्बा जी की हालत बहुत ख़तरनाक है···!"

बशारत गया मगर फ़ौरन ही वापिस आ गया।

उसका चेहरा हल्दी की तरह ज़र्द था—चौक में उसने एक लाश देखी थी, ख़ून से तर-बतर, और पास ही बहुत-से आदमी ढाटे बाँधे एक दूकान लूट रहे थे।

सुग़रा ने अपने ख़ौफ़ज़दा भाई को सीने के साथ लगाया और सब्र-शुकर करके बैठ गई।

सुग़रा से अपने बाप की हालत देखी नहीं जाती थी—मियाँ साहब के जिस्म का दाहिना हिस्सा बिलकुल सुन्न हो गया था जैसे उसमें जान ही नहीं; गोयाई[11] में भी फ़र्क़ पड़ गया था। वह ज़्यादातर इशारों ही में बातें करते कि सुग़रा, घबराने की कोई बात नहीं··· ख़ुदा के फ़ज़्लो-करम से सब ठीक हो जाएगा···

कुछ भी ठीक न हुआ।

रोज़े ख़त्म होनेवाले थे; सिर्फ़ दो रोज़े रह गए थे—मियाँ साहब का ख़याल था कि ईद से पहले-पहले फ़ज़ा बिलकुल साफ़ हो जाएगी, मगर अब ऐसा मालूम होता था कि शायद ईद ही का रोज़ रोज़े-क़यामत हो।

ममटी से अब शहर के क़रीब-क़रीब हर हिस्से से धुएँ के बादल उठते दिखाई देते थे, और रात को बम फटने की ऐसी-ऐसी हौलनाक आवाज़ें आती थीं कि सुग़रा और बशारत एक लहज़े के लिए भी सो नहीं सकते थे।

सुग़रा को तो यूँ भी बाप की तीमारदारी के लिए जागना पड़ता था; उसे यूँ महसूस होता जैसे अब यह धमाके उसके दिमाग़ के अंदर हो रहे हैं; कभी वह अपने मफ़्लूज[12] बाप की तरफ़ देखती और कभी अपने वहशतज़दा भाई की तरफ़—रह गया सत्तर बरस का बुड्ढा मुलाज़िम अकबर, उसका वुजूद होने न होने के बराबर था। वह सारा दिन और सारी रात अपनी कोठड़ी में पड़ा-पड़ा खाँसता-खँकारता बलग़म निकालता रहता था।

एक रोज़ तंग आकर सुग़रा उस पर बरस पड़ी : "तुम किस मर्ज़ की दवा हो··· ? देखते नहीं हो, मियाँ साहब की क्या हालत है··· असल में तुम परले दर्जे के नमकहराम हो··· अब ख़िद्मत का मौक़ा आया है तो दमे का बहाना करके यहाँ पड़े हो··· एक वह ख़ादिम थे जो आक़ा के लिए अपनी जान तक क़ुर्बान कर देते थे···!"

सुग़रा अपना जी हल्का करके चली गई; बाद में उसको अफ़सोस हुआ कि नाहक़ उस ग़रीब, बीमार बुड्ढे को इतनी लानत-मलामत की। रात का खाना थाली में लगाकर जब वह उसकी कोठड़ी में गई तो उसने देखा कि कोठड़ी ख़ाली है।

बशारत ने भी उसे घर में इधर-उधर तलाश किया, मगर वह न मिला।

बाहर के दरवाज़े की कुंडी खुली थी जिसका मतलब भाई-बहन ने यह निकाला कि वह मियाँ साहब के लिए कुछ करने गया है।

सुग़रा ने बहुत दुआएँ माँगीं कि ख़ुदा उसे कामयाब करे—लेकिन दो दिन गुज़र गए और वह न आया।

शाम का वक़्त था—ऐसी कई शामें सुग़रा और बशारत देख चुके थे।

जब ईद की आमद के हंगामे बरपा होते, आसमान पर चाँद देखने के लिए उनकी नज़रें जमी रहतीं—सिर्फ़ चाँद को ईद का एलान करना होता था, और वह दोनों इस एलान के लिए

बेताब हुआ करते थे—अगर आसमान पर चाँदवाली जगह बादल का कोई हठीला टुकड़ा जम जाता तो उन्हें बहुत कोफ़्त होती थी।

शाम का वक़्त था—सुग़रा और बशारत ममटी पर चढ़े—चारों तरफ़ धुएँ के बादल थे; दूर, कहीं-कहीं कोठों पर लोगों के साए धब्बों की सूरत में दिखाई दे रहे थे; मालूम नहीं वह चाँद देख रहे थे या जगह-जगह सुलगती और भड़कती हुई आग।

चाँद भी कुछ ऐसा ढीठ था कि धुएँ की चादर में से भी नज़र आ गया। सुग़रा ने हाथ उठाकर दुआ माँगी कि ख़ुदा अपना फ़ज़्ल करे और उसके बाप को तंदुरुस्ती अता फ़रमाए। बशारत दिल ही दिल में कोफ़्त महसूस कर रहा था कि गड़बड़ के बायस एक अच्छी-भली ईद ग़ारत गई।

शाम की सियाही अभी गहरी नहीं हुई थी। मियाँ साहब की चारपाई छिड़काव किए हुए सहन में बिछी थी; वह उस पर बे-हिसो-हरकत[13] लेटे थे और दूर आसमान पर निगाहें जमाए जाने क्या सोच रहे थे।

ईद का चाँद देखकर जब सुग़रा ने पास आकर उन्हें सलाम किया तो उन्होंने इशारे से जवाब दिया। सुग़रा ने सिर झुकाया तो उन्होंने वह बाज़ू जो ठीक था, उठाया और उसके सिर पर शफ़क़त[14] से हाथ फेरा। सुग़रा की आँखों से टप-टप आँसू गिरने लगे। मियाँ साहब की आँखें भी नमनाक हो गईं; उन्होंने तसल्ली देने की ख़ातिर बमुश्किल अपनी नीम मफ़्लूज[15] ज़बान से यह अल्फ़ाज़ निकाले : "अल्लाह तबारक तआला, सब ठीक कर देगा…!"

ऐन उसी वक़्त बाहर दरवाज़े पर दस्तक हुई। सुग़रा का कलेजा धक से रह गया। उसने बशारत की तरफ़ देखा—बशारत का चेहरा काग़ज़ की तरह सफ़ेद हो गया था।

दरवाज़े पर फिर दस्तक हुई।

मियाँ साहब सुग़रा से मुख़ातिब हुए : "देखो, कौन है…!"

सुग़रा ने सोचा कि शायद बुड्ढा अकबर हो, इस ख़याल ही से उसकी आँखें तमतमा उठीं। बशारत का बाज़ू पकड़कर उसने कहा : "जाओ देखो, शायद अकबर आया है…!

यह सुनकर मियाँ साहब ने नफ़ी में यूँ सिर हिलाया जैसे कह रहे हों कि नहीं, अकबर नहीं…!

सुग़रा ने कहा : "तो और कौन हो सकता है अब्बा जी?"

मियाँ अब्दुल हई ने अपनी क़ुव्वते-गोयाई[16] पर ज़ोर देकर कुछ कहने की कोशिश की कि बशारत आ गया। वह सख़्त ख़ौफ़ज़दा था, एक साँस ऊपर, एक साँस नीचे। सुग़रा को मियाँ साहब की चारपाई से एक तरफ़ हटाकर उसने हौले-से कहा : "एक सिख है…!"

सुग़रा की चीख़ निकल गई : "सिख…? क्या कहता है…?"

बशारत ने जवाब दिया : "कहता है, दरवाज़ा खोलो…!"

सुग़रा ने काँपते हुए बशारत को खींचकर अपने साथ चिमटा लिया और बाप की चारपाई पर बैठ गई और फिर अपने बाप की तरफ़ वीरान नज़रों से देखने लगी।

मियाँ अब्दुल हई के पतले-पतले बेजान होंठों पर एक अजीब-सी मुसकराहट पैदा हुई : ''जाओ⋯गुरमुख सिंह है⋯!''

बशारत ने नफ़ी में सिर हिलाया : ''कोई और है⋯!''

मियाँ साहब ने फ़ैसलाकुन अंदाज़ में कहा : ''जाओ सुग़रा, वही है!''

सुग़रा उठी—वह गुरमुख सिंह को जानती थी। पेंशन मिलने से कुछ दिन पहले उसके बाप ने गुरमुख सिंह नाम के एक सिख का कोई काम किया था, शायद एक झूठे मुक़द्दमे से निजात दिलाई थी—तब से वह हर छोटी ईद से एक दिन पहले रुमाली सेवैयों का भरा हुआ एक थैला लेकर आता था—उसके बाप ने कई मर्तबा कहा था : 'सरदार जी, आप यह तकलीफ़ न किया करें⋯!' मगर वह हमेशा हाथ जोड़कर एक ही जवाब दिया करता था : ''मियाँ साहब, वाहेगुरु जी की कृपा से आपके पास सबकुछ है⋯यह तो एक हक़ीर-सा तोहफ़ा है जो मैं जनाब की ख़िद्मत में हर साल लेकर आता हूँ⋯मुझ पर जो एहसान आपने किया था, उसका बदला तो मेरी सौ पुश्त भी नहीं चुका सकती⋯ख़ुदा आपको बस ख़ुश रखे⋯!''

सरदार गुरमुख सिंह को हर साल ईद से एक रोज़ पहले सेवैयों का थैला लाते इतना अर्सा हो गया था कि सुग़रा को हैरत हुई—उसने दस्तक सुनकर यह ख़याल क्यों न किया कि गुरमुख सिंह होगा; मगर बशारत ने क्यों कहा कि कोई और है; बशारत भी तो उसे कई मर्तबा देख चुका था।

'और कौन हो सकता है⋯!' यह सोचती हुई सुग़रा ड्योढ़ी तक पहुँची—दरवाज़ा खोले या अंदर ही से पूछे, इसके मुताल्लिक़ वह अभी फ़ैसला न कर पाई थी दरवाज़े पर ज़ोर की दस्तक हुई।

सुग़रा का दिल ज़ोर-ज़ोर से धड़कने लगा; बमुश्किल तमाम उसने हलक़ से आवाज़ निकाली : ''कौन है⋯?''

बशारत पास ही खड़ा था; उसने दरवाज़े की एक दर्ज़ की तरफ़ इशारा किया और सुग़रा से कहा : ''इसमें से देखो⋯!'' सुग़रा ने दर्ज़ में से देखा—गुरमुख सिंह नहीं था। वह तो बहुत बूढ़ा था, और जो बाहर खड़ा था, जवान था। सुग़रा अभी दर्ज़ पर आँख जमाए उसका जाइज़ा ही ले रही थी कि जवान सिख ने फिर दरवाज़ा खटखटाया—सुग़रा ने देखा कि उसके हाथ में काग़ज़ का एक भरा हुआ थैला था, वैसा ही जैसा गुरमुख सिंह लाया करता था।

सुग़रा ने दर्ज़ से आँख उठाई और ज़रा बुलंद आवाज़ में पूछा : ''कौन हैं आप⋯?''

बाहर से आवाज़ आई : ''जी⋯जी मैं⋯मैं सरदार गुरमुख सिंह का बेटा हूँ⋯संतोख⋯!''

सुग़रा का ख़ौफ़ बहुत हद तक दूर हो गया; बड़ी शाइस्तगी[17] से उसने पूछा : ''फ़रमाइए⋯आप कैसे आए हैं⋯?''

बाहर से फिर आवाज़ आई : ''जी⋯जज साहब कहाँ हैं⋯?''

सुग़रा ने जवाब दिया : ''बीमार हैं⋯!''

बाहर की आवाज़ ने अफ़सोस-आमेज़ लहजे में कहा : ''ओह⋯!'' थोड़ी देर बाद फिर

आवाज़ आई : "जी, यह सेवैयाँ हैं... सरदार जी का देहांत हो गया है... वह मर गए हैं...!"

सुग़रा ने जल्दी से पूछा : "मर गए हैं...?"

बाहर से फिर आवाज़ आई : "जी हाँ...! एक महीना हो गया है... मरने से पहले उन्होंने मुझे कहा था कि देखो बेटा, मैं दस बरस से जज साहब की खिद्‌मत में हर छोटी ईंट पर सेवैयाँ ले जाता रहा हूँ; मेरे मरने के बाद यह काम तुम्हें करना होगा... मैंने उन्हें वचन दिया था जो मैं पूरा कर रहा हूँ... ले लीजिए सेवैयाँ...!"

सुग़रा इस कदर मुतास्सिर[18] हुई कि उसकी आँखों में आँसू आ गए, उसने थोड़ा-सा दरवाज़ा खोला।

सरदार गुरमुख सिंह के लड़के ने सेवैयों का थैला आगे बढ़ाया, जो सुग़रा ने पकड़ लिया और कहा : "ख़ुदा सरदार जी को जन्नत नसीब करे...!"

गुरमुख सिंह का लड़का कुछ तवक्कुफ़ के बाद बोला : "जज साहब बीमार हैं?"

सुग़रा ने जवाब दिया : "जी हाँ...!"

"क्या बीमारी है?"

"फ़ालिज!"

"ओह...! सरदार जी ज़िंदा होते तो उन्हें यह सुनकर बहुत दुख होता... मरते दम तक उन्हें जज साहब का एहसान याद था... कहते थे कि जज साहब इंसान नहीं, देवता हैं... अल्लाह मियाँ उन्हें ज़िंदा रखे... उन्हें मेरा सलाम...!" और यह कहकर वह थड़े से उतर गया।

सुग़रा सोचती ही रह गई कि वह उसे ठहराए और कहे कि वह जज साहब के लिए किसी डॉक्टर का बंदोबस्त कर दे।

सरदार गुरमुख सिंह का लड़का संतोख सिंह जज साहब के मकान के थड़े से उतरकर चंद गज़ ही आगे बढ़ा तो ढाटा बाँधे हुए चार आदमी उसके पास आए—दो के पास जलती मशालें थीं और दो के पास मिट्टी के तेल के कनस्तर और कुछ दूसरी आतिशख़ेज़ चीज़ें।

एक ने संतोख से पूछा : "क्यों सरदार जी, अपना काम कर आए...?"

संतोख ने सिर हिलाकर जवाब दिया : "हाँ, कर आया...!"

उस आदमी ने ढाटे के अंदर हँसते हुए पूछा : "तो कर दें मामला ठंडा जज साहब का...!"

"हाँ...! जैसी तुम्हारी मर्ज़ी!" यह कहकर सरदार गुरमुख सिंह का लड़का चल दिया।

---

1. पक्षों; 2. दब जाना; 3. गंदगी; 4. अनिष्ट से बचने के लिए पहले से किया जानेवाला उपाय; 5. चिंतित; 6. डर; 7. विच्छेद; 8. वह बीमार जो बिस्तर से न उठ सके; 9. बैठने की ऊँची जगह; 10. ख़तरनाक; 11. वाक्‌शक्ति; 12. अपाहिज (जिसका शरीर फ़ालिज से सुन्न हो गया हो); 13. बग़ैर हिले-डुले; 14. स्नेह; 15. अर्द्धपक्षाघाती; 16. वाक्‌शक्ति; 17. शालीनता; 18. प्रभावित।

मोज़ेल

त्रिलोचन ने पहली मर्तबा, चार बरसों में पहली मर्तबा रात को आसमान देखा था, और वह भी इसलिए कि उसकी तबीयत सख़्त घबराई हुई थी और वह महज़ खुली हवा में कुछ देर सोचने के लिए अडवानी चेंबर्स के टैरेस पर चला आया था।

आसमान बिलकुल साफ़ था, बादलों से बेनियाज़[1], बहुत बड़े ख़ाकिस्तरी[2] तंबू की तरह सारी बंबई पर तना हुआ। हद्दे-नज़र तक जगह-जगह बत्तियाँ रौशन थीं, और त्रिलोचन ने ऐसा महसूस किया था कि आसमान से बहुत सारे सितारे झड़कर बिल्डिगों में, जो रात के अँधेरे में बड़े-बड़े दरख़्त मालूम होती थीं, अटक गए हैं और जुगनुओं की तरह टिमटिमा रहे हैं। रात को खुले आसमान के नीचे होना, त्रिलोचन के लिए बिलकुल एक नया तज्रिबा, एक नई कैफ़ियत थी। उसने महसूस किया कि वह चार बरस तक अपने फ़्लैट में क़ैद क्या रहा, क़ुदरत की एक बहुत बड़ी नेमत से महरूम रहा।

क़रीब-क़रीब तीन बजे थे–हवा बेहद हल्की-फुल्की थी।

त्रिलोचन पंखे की मैकानकी[3] हवा का आदी था; जो उसके सारे वुजूद को बोझल कर देती थी; सुबह उठकर वह हमेशा यूँ महसूस करता था जैसे रात भर उसको मारा-पीटा गया है; पर अब सुबह की क़ुदरती हवा में उसके जिस्म का रुआँ-रुआँ तरो-ताज़गी चूसकर ख़ुश हो रहा था। जब वह ऊपर आया था तो उसका दिलो-दिमाग़ सख़्त मुज़्तरिब[4] और हैजानज़दा[5] था, लेकिन आधे घंटे ही में वह इज़्तिराब[6] और हैजान, जो उसको बहुत तंग कर रहा था, किसी हद तक ठंडा हो गया था।

वह अब साफ़ तौर पर सोच सकता था।

कृपाल कौर और उसका सारा ख़ानदान 'ब' महल्ले में था, जो कट्टर मुसलमानों का मर्कज़[7] था। यहाँ कई मकानों को आग लग चुकी थी और कई जानें तलफ़[8] हो चुकी थीं–त्रिलोचन उन सबको निकाल लाया होता, मगर मुसीबत यह थी कि कर्फ़्यू नाफ़िज़[9] हो गया था और वह भी न जाने कितने घंटों का, ग़ालिबन अड़तालीस घंटों का–और त्रिलोचन लाज़िमन मग़्लूब[10] था।

आसपास सब मुसलमान थे, बड़े ख़ौफ़नाक क़िस्म के मुसलमान–और पंजाब से धड़ाधड़ ख़बरें आ रही थीं कि वहाँ सिख मुसलमानों पर बहुत ज़ुल्म ढा रहे हैं–तो कोई भी

हाथ, मुसलमान हाथ बड़ी आसानी से नर्मों-नाज़ुक कृपाल कौर की कलाई पकड़कर उसे मौत के कुएँ की तरफ़ ले जा सकता था।

कृपाल कौर की माँ अंधी थी और बाप मफ़्लूज[11] एक भाई था चो कुछ अर्से से देवलाली में था कि उसे वहाँ अपने ताज़ा-ताज़ा लिए हुए ठेके की देखभाल करना थी—त्रिलोचन को कृपाल कौर के भाई निरंजन सिंह पर बहुत ग़ुस्सा आता था। उसने अख़बारात के मुताबिक़ फसादात की तेज़ी-ओ-तुंदी के मुताल्लिक़ हफ़्ता भर पहले निरंजन सिंह को आगाह कर दिया था और साफ़ लफ़्ज़ों में कह दिया था : "निरंजन, यह ठेके-वेके अभी रहने दो··· हम एक बहुत ही नाज़ुक दौर से गुज़र रहे हैं··· तुम फ़ौरन ही इस इलाक़े से उठ जाओ और मेरे यहाँ चले आओ··· इसमें कोई शक नहीं कि मेरे हाँ जगह कम है लेकिन मुसीबत के दिनों में आदमी किसी न किसी तरह गुज़ारा कर ही लिया करता है···" मगर निरंजन सिंह न माना—उसका इतना बड़ा लैक्चर सुनकर वह सिर्फ़ अपनी घनी मूँछों में मुसकरा दिया था : "यार, तुम ख़्वाहमख़्वाह फ़िक्र करते हो··· मैंने यहाँ ऐसे कई फ़साद देखे हैं··· यह अमृतसर या लाहौर नहीं··· बांबे है बांबे··· तुम्हें यहाँ आए सिर्फ़ चार बरस हुए हैं और मैं यहाँ बारह बरस से रह रहा हूँ··· बारह बरस से।"

जाने निरंजन सिंह बंबई को क्या समझता था। उसका ख़याल था कि बंबई एक ऐसा शहर है कि अगर फ़साद बरपा भी हों तो उनका असर ख़ुद ब ख़ुद ज़ाइल[12] हो जाता है, जैसे बंबई के पास कोई छूमंतर है या बंबई कहानियों का कोई ऐसा क़िला है जिस पर कोई आफ़त नहीं आ सकती—मगर त्रिलोचन सुबह की ठंडी हवा में साफ़ देख रहा था कि 'ब' महल्ला बिलकुल महफ़ूज़ नहीं। वह तो सुबह के अख़बारों में यह भी पढ़ने के लिए तैयार था कि कृपाल कौर और उसके माँ-बाप क़त्ल हो चुके हैं।

उसको कृपाल कौर के मफ़्लूज बाप और अंधी माँ की कोई परवाह नहीं थी; वे मर जाते और कृपाल कौर बच जाती तो उसके लिए अच्छा था। उधर देवलाली में कृपाल कौर का भाई निरंजन सिंह भी मारा जाता तो और भी अच्छा था कि उसके लिए मैदान साफ हो जाता; निरंजन सिंह ख़ासतौर पर उसके रास्ते में एक रोड़ा ही नहीं, बहुत बड़ा खंघर था—जब कभी कृपाल कौर से उसकी बात होती, वह निरंजन सिंह को खंघर सिंह ही कहता।

सुबह की हवा धीरे-धीरे बह रही थी—त्रिलोचन का केशों से बेनियाज़ सिर बड़ी ख़ुशगवार ठंडक महसूस कर रहा था, मगर उसके सिर के अंदर बेशुमार अंदेशे एक-दूसरे के साथ टकरा रहे थे।

कृपाल कौर नई-नई उसकी ज़िंदगी में दाख़िल हुई थी। वह यूँ तो हट्टे-कट्टे खंघर सिंह की बहन थी, मगर बहुत ही नर्मो-नाज़ुक और लचकीली थी; उसने देहात में परवरिश पाई थी और वहाँ की कई सर्दियाँ-गर्मियाँ देखी थीं, मगर उसमें वह सख़्ती, वह गठाव, वह मर्दानापन नहीं था जो देहात की आम सिख लड़कियों में होता है, जिन्हें कड़ी से कड़ी मशक़्क़त करना पड़ती है; उसके नक़्श पतले-पतले थे, जैसे अभी नामुकम्मल हों; छोटी-छोटी छातियाँ थीं जिन पर बालाइयों की चंद और तहें चढ़ने की ज़रूरत थी; आम सिख देहाती लड़कियों के मुक़ाबले में उसका रंग गोरा था, कोरे लट्ठे की तरह, और बदन

चिकना था जिस तरह मर्सिराइज़्ड कपड़े की सतह होती है—वह बेहद शर्मीली थी।

त्रिलोचन उसी के गाँव का था, मगर वह ज़्यादा दिन वहाँ रहा नहीं था; प्राइमरी से निकलकर जब वह शहर के हाईस्कूल में गया तो बस फिर वहीं का होके रह गया; स्कूल से फ़ारिग़ हुआ तो कॉलेज की तालीम शुरू हो गई—इस दौरान में वह कई मर्तबा, ला तादाद मर्तबा अपने गाँव गया, मगर उसने कृपाल कौर नाम की किसी लड़की का नाम तक न सुना, शायद इसलिए कि वह हर बार इस अफ़रा-तफ़री में रहता था कि जल्द अज़ जल्द वापस शहर पहुँचे।

कॉलेज का ज़माना बहुत पीछे रह गया था।' अडवानी चेंबर्स के टेरेस और कॉलेज की इमारत में दस बरस का फ़ासला था, और यह फ़ासला त्रिलोचन की ज़िंदगी के अजीबो-ग़रीब वाक़िआत से पुर था—बर्मा, सिंगापुर, हांगकांग, फिर बंबई जहाँ वह चार बरस से मुक़ीम[14] था।

इन चार बरसों में उसने पहली मर्तबा रात को आसमान की शक्ल देखी थी; ख़ाकिस्तरी रंग के तंबू की छत में हज़ारहा दीए रौशन थे और हवा ठंडी और हल्की-फुल्की थी।

कृपाल कौर के बारे में सोचते-सोचते वह मोज़ेल के मुताल्लिक़ सोचने लगा, उस यहूदी लड़की के बारे में जो अडवानी चैंबर्स में रहती थी—'मोज़ेल से त्रिलोचन को गोडे-गोडे इश्क़ हो गया था, ऐसा इश्क़ जो उसने पैंतीस बरस की ज़िंदगी में कभी नहीं किया था।

जिस दिन उसने अडवानी चैंबर्स में अपने एक ईसाई दोस्त की मार्फ़त दूसरे माले पर फ़्लैट लिया, उसी दिन उसकी मुठभेड़ मोज़ेल से हुई—मोज़ेल पहली नज़र में उसे ख़ौफ़नाक तौर पर दीवानी मालूम हुई। कटे हुए भूरे बाल उसके सिर पर परेशान थे, बेहद परेशान; होंठों पर लिपस्टिक यूँ जमी थी जैसे गाढ़ा ख़ून और वह भी जगह-जगह से चटख़ा हुआ; ढीला-ढीला सफ़ेद चोग़ा जिसके खुले गिरेबान से उसकी नील पड़ी बड़ी-बड़ी छातियाँ तीन चौथाई के क़रीब नज़र आ रही थीं; महीन-महीन बालों से अटी हुई नंगी बाँहें, जैसे वह अभी-अभी किसी सैलून से बाल कटवा के आई हो और बालों की नन्ही-नन्ही हवाइयाँ बाँहों पर जम गई हों; होंठ इतने मोटे नहीं थे मगर गहरे उन्नाबी रंग की लिपस्टिक कुछ इस अंदाज़ से लगाई गई थी कि वह मोटे और भैंसे के गोश्त के टुकड़े मालूम हो रहे थे।

त्रिलोचन का फ़्लैट मोज़ेल के फ़्लैट के बिलकुल सामने था; बीच में एक तंग गली थी, बहुत ही तंग।

जब त्रिलोचन अपने फ़्लैट में दाख़िल होने के लिए आगे बढ़ा तब मोज़ेल अपने फ़्लैट से बाहर निकली—वह खड़ाऊँ पहने हुए थी। त्रिलोचन खड़ाऊँ की आवाज़ सुनकर रुक गया। मोज़ेल ने अपने परेशान बालों की चिकों में से, बड़ी-बड़ी आँखों से त्रिलोचन को तरफ़ देखा और हँसी। त्रिलोचन बौखला गया। जेब से चाबी निकालकर वह जल्दी से दरवाज़े की ज़ानिब बढ़ा ही था कि मोज़ेल की एक खड़ाऊँ सीमेंट के चिकने फ़र्श पर फिसल गई और वह उसके ऊपर आ रही—त्रिलोचन ने सँभलने की कोशिश की लेकिन दूसरे ही लम्हे मोज़ेल उसके ऊपर थी, कुछ इस तरह कि मोज़ेल का लंबा चोग़ा ऊपर चढ़

गया था और उसकी दो नगी, बड़ी तगड़ी टाँगें त्रिलोचन के इधर-उधर थीं, और जब त्रिलोचन ने उठने की कोशिश की तो बौखलाहट में वह कुछ इस तरह मोज़ेल-सारी की सारी मोज़ेल से उलझ गया जैसे वह साबुन की तरह मोज़ेल के सारे बदन पर फिर गया है।

त्रिलोचन ने हाँफते हुए मुनासिबो-मौज़ूँ अल्फ़ाज़ में मोज़ेल से माफ़ी माँगी।

मोज़ेल ने अपना लबादा ठीक किया और मुसकरा दी : "यह खड़ाऊँ एकदम कंडम चीज़ है…!" और उतरी हुई खड़ाऊँ में अपना अँगूठा और साथवाली उँगली फँसाती कॉरीडोर से बाहर चली गई।

त्रिलोचन का ख़याल था कि मोज़ेल से दोस्ती पैदा करना शायद मुश्किल हो, मगर वह बहुत ही थोडे अर्से में उसके साथ घुलमिल गई। हाँ, एक बात थी; वह बहुत ख़ुदसर थी; वह त्रिलोचन को कभी ख़ातिर में नहीं लाती थी; उससे खाती थी, उससे पीती थी, उसके साथ सिनेमा जाती थी, सारा-सारा दिन उसके साथ जुहू पर नहाती थी, लेकिन जब वह बाँहों और होंठों से कुछ और आगे बढ़ना चाहता तो वह उसे डाँट देती; कुछ इस तौर पर उसे घुड़कती कि उसके सारे वलवले उसकी दाढ़ी और मूँछों में चक्कर काटते रह जाते।

त्रिलोचन को पहले कभी किसी के साथ मुहब्बत नहीं हुई थी। लाहौर में, बर्मा में, सिंगापुर में, हांगकांग में वह कुछ अर्से के लिए लड़कियाँ ख़रीद लिया करता था। उसके वहमो-गुमान में भी यह बात नहीं थी कि बंबई पहुँचते ही वह एक निहायत अल्हड़ क़िस्म की यहूदी लड़की के इश्क़ में गोडे-गोडे[15] धँस जाएगा।

मोज़ेल उससे कुछ अजीब क़िस्म की बेएतिनाई[16] और बेइल्तिफ़ाती बरतती थी। उसके कहने पर वह फ़ौरन सज-बनकर सिनेमा जाने पर तैयार हो जाती, मगर जब वह अपनी-अपनी सीट पर बैठते तो वह इधर-उधर निगाहें दौड़ाना शुरू कर देती; अगर उसका कोई शनासा[17] निकल आता तो ज़ोर-ज़ोर से हाथ हिलाती और फिर त्रिलोचन से इजाज़त लिए बग़ैर उसके पहलू में जा बैठती।

कभी-कभी ऐसा भी होता कि वह होटल में वैठे हैं। त्रिलोचन ने ख़ासतौर पर उसके लिए पुरतकल्लुफ़ खाने मँगवाए हैं, मगर उसको अपना कोई पुराना दोस्त नज़र आ गया है और वह वहीं निवाला छोड़, अपने दोस्त के पास जा बैठी है—त्रिलोचन के सीने पर मूँग-सी दल जाती।

त्रिलोचन बाज़ औक़ात भिन्ना जाता—कभी-कभी वह उसे क़तई तौर पर छोड़कर अपने उन पुराने दोस्तों और शनासाओं के साथ चली जाती थी, और कभी-कभी वह कई-कई दिन उससे मुलाक़ात न करती, कभी सिरदर्द के बहाने, कभी पेट की ख़राबी के बहाने। त्रिलोचन को मालूम था कि मोज़ेल का पेट फ़ौलाद की तरह सख़्त है और कभी ख़राब नहीं हो सकता।

जब मोज़ेल से मुलाक़ात होती तो वह उससे कहती : "तुम सिख हो… यह नाज़ुक बातें तुम्हारी समझ में नहीं आ सकतीं।"

त्रिलोचन जलभुन जाता और पूछता : ''कौन-सी नाज़ुक बातें···?.तुम्हारे पुराने यारों की ?''

मोज़ेल दोनों हाथ अपने चौड़े-चकले कूल्हों पर लटकाकर अपनी तगड़ी टाँगें चौड़ी कर देती और कहती : ''यह तुम मुझे उनके ताने क्या देते हो···हाँ, वह मेरे यार हैं और मुझे अच्छे लगते हैं···तुम जलते हो तो जलते रहो···!''

त्रिलोचन बड़े वकीलाना अंदाज़ में पूछता : ''इस तरह तुम्हारी-मेरी कैसे निभेगी ?''

मोज़ेल ज़ोर का क़हक़हा लगाती : ''तुम सचमुच सिख हो···ईडियट···तुमसे किसने कहा है कि मेरे साथ निभाओ···अगर निभाने की बात है तो जाओ अपने वतन में और किसी सिखनी से शादी कर लो···मेरे साथ तो इसी तरह चलेगा···!''

त्रिलोचन नर्म हो जाता।

मोज़ेल उसकी ज़बर्दस्त कमज़ोरी बन गई थी। वह हर हालत में उसकी क़ुर्बत[18] का ख़्वाहिशमंद था। मोज़ेल की वजह से अक्सर उसकी तौहीन होती। मामूली-मामूली से क्रिस्टान लौंडों के सामने, जिनकी कोई हक़ीक़त ही नहीं थी, उसे ख़फ़ीफ़[19] होना पड़ता—मगर दिल से मजबूर होकर उसने सबकुछ बर्दाश्त कर लेने का तहैया कर लिया था।

आमतौर पर तौहीन और हतक का रददे-अमल इंतिक़ाम होता है, मगर त्रिलोचन के मामले में ऐसा नहीं था। उसने अपने दिल और दिमाग़ की आँखें मींच ली थीं और कानों में रुई ठूँस ली थी—उसको मोज़ेल पसंद थी, पसंद ही नहीं बल्कि जैसा कि वह अक्सर अपने दोस्तों से कहा करता था, वह गोडे-गोडे उसके इश्क़ में धँस गया है। अब इसके सिवा और कोई चारा नहीं है कि उसके जिस्म का जितना हिस्सा बाक़ी रह गया है, वह भी इस इश्क़ की दलदल में चला जाए और क़िस्सा ख़त्म हो।

दो बरस तक वह इसी तरह ख़्वार होता रहा, लेकिन साबित क़दम रहा।

एक रोज़ कि मोज़ेल मौज में थी, त्रिलोचन ने उसे अपने बाज़ू में समेटकर पूछा ''मोज़ेल, क्या तुम मुझसे मुहब्बत नहीं करती हो ?''

मोज़ेल उसके बाज़ुओं के हल्क़े से बाहर निकल आई और कुर्सी पर बैठकर अपने फ़्राक का घेरा देखने लगी। फिर उसने अपनी मोटी-मोटी यहूदी आँखें उठाईं और घनी पलकें झपकाकर कहा : ''मैं सिख से मुहब्बत नहीं कर सकती !''

त्रिलोचन ने महसूस किया कि पगड़ी के नीचे उसके केशों में किसी ने दहकती हुई चिंगारियाँ रख दी हैं। उसके तन-बदन में आग लग गई : ''मोज़ेल, तुम हमेशा मेरा मज़ाक़ उड़ाती हो···यह मेरा मज़ाक़ नहीं, मेरी मुहब्बत का मज़ाक़ है···!''

मोज़ेल उठी और उसने अपने भूरे तराशे हुए बालों को एक दिलफ़रेब झटका दिया : ''तुम शेव करवा लो और अपने सिर के बाल खुले छोड़ दो···मैं शर्त लगाती हूँ, लौंडे तुम्हें आँख मारा करेंगे···तुम ख़ूबसूरत हो !''

त्रिलोचन के केशों में मज़ीद चिंगारियाँ पड़ गईं। उसने आगे बढ़कर ज़ोर से मोज़ेल को अपनी तरफ़ घसीटा और उसके उन्नाबी होंठों में अपने मूँछों भरे होंठ पैवस्त कर दिए।

मोज़ेल ने एकदम 'फूँ-फूँ' की और उसकी गिरफ़्त से अलहदा हो गई : "मैं सुबह अपने दाँतों पर ब्रुश फेर चुकी हूँ···तुम तकलीफ़ न करो !"

त्रिलोचन चिल्लाया : "मोज़ेल···!"

मोज़ेल वेनिटी बैग से नन्हा-सा आईना निकालकर अपने होंठ देखने लगी। गाढ़ी लिपस्टिक पर ख़राशें आ गई थीं : "ख़ुदा की क़सम, तुम अपनी दाढ़ी और मूँछों का सही इस्तेमाल नहीं करते···इनके बाल ऐसे अच्छे हैं कि मेरा नेवी ब्लू स्कर्ट बहुत अच्छी तरह साफ़ कर सकते हैं···बस थोड़ा-सा पैट्रोल लगाने की ज़रूरत होगी।"

त्रिलोचन, जो ग़ुस्से की इंतिहा तक पहुँच चुका था, यकायक ठंडा हो गया। वह आराम से सोफ़े पर बैठ गया। मोज़ेल भी उसके पास आकर बैठ गई और उसने त्रिलोचन की दाढ़ी खोलनी शुरू कर दी। दाढ़ी में जो पिनें लगी हुई थीं, वही उसने एक-एक करके अलग कीं और अपने दाँतों तले दबा लीं।

त्रिलोचन ख़ूबसूरत था–जिन दिनों उसकी दाढ़ी-मूँछ नहीं उगी थी, वाक़ई लोग उसको खुले केशों में देखकर धोखा खा जाते थे कि वह कोई कम उम्र ख़ूबसूरत लड़की है, मगर अब बालों के इस अंबार ने उसके तमाम ख़द्दोख़ाल झाड़ियों के मानिंद अपने अंदर छुपा लिए थे। उसे इसका एहसास था, मगर वह एक इताअत शिआर[20] और फ़र्माबरदार लड़का था। उसके दिल में मज़हब का एहतिराम[21] था। वह नहीं चाहता था कि उन चीज़ों को अपने वुजूद से अलग कर दे, जिन चीज़ों से उसके मज़हब की ज़ाहिरी तकमील होती थी।

जब दाढ़ी पूरी खुल गई और उसके सीने तक लटकने लगी तो उसने मोज़ेल से पूछा : "यह तुम क्या कर रही हो ?"

दाँतों में पिनें दबाए वह मुसकराई : "तुम्हारे बाल बहुत मुलायम हैं···मेरा अंदाज़ा ग़लत था कि इनसे मेरा नेवी ब्ल्यू स्कर्ट साफ़ हो सकेगा···त्रिलोच, तुम अपने बाल मुझे दे दो···मैं इन्हें गूँधकर अपने लिए एक फ़र्स्ट क्लास बटुआ बनाऊँगी !"

अब फिर त्रिलोचन की दाढ़ी में चिंगारियाँ भड़कने लगीं। वह बड़े ज़ब्त और संजीदगी से मोज़ेल से मुख़ातिब हुआ : "मैंने आज तक तुम्हारे मज़हब का मज़ाक़ नहीं उड़ाया···तुम मेरे मज़हब का मज़ाक़ क्यों उड़ाती हो···देखो किसी के मज़हबी जज़्बात से खेलना अच्छा नहीं होता···मैं यह कभी बरदाश्त नहीं करता, मगर सिर्फ़ इसलिए करता रहा हूँ कि मुझे तुमसे बेपनाह मुहब्बत है···क्या तुम्हें इसका पता नहीं !"

मोज़ेल ने त्रिलोचन की दाढ़ी से खेलना बंद कर दिया : "मुझे मालूम है।"

"फिर !" त्रिलोचन ने अपनी दाढ़ी के बाल बड़ी सफ़ाई से तह किए और मोज़ेल के दाँतों से पिनें निकाल लीं : "तुम अच्छी तरह जानती हो कि मेरी मुहब्बत बकवास नहीं···मैं तुमसे शादी करना चाहता हूँ !"

"मुझे मालूम है···" बालों को एक ख़फ़ीफ़-सा झटका देकर वह उठी और दीवार पर लटकी हुई तसवीर की तरफ़ देखने लगी : "मैं भी क़रीब-क़रीब यही फ़ैसला कर चुकी हूँ कि तुमसे शादी करूँगी !"

त्रिलोचन उछल पड़ा : ''सच ?''

मोज़ेल के उन्नाबी होंठ बड़ी मोटी मुसकराहट के साथ खुले और उसके सफ़ेद मज़बूत दाँत एक लहज़े के लिए चमके : ''हाँ !''

त्रिलोचन ने अपनी निस्फ़ लिपटी हुई दाढ़ी के साथ उसको अपने सीने से भींच लिया : ''कब···तो कब ?''

मोज़ेल उससे अलग हट गई : ''जब···जब तुम अपने यह बाल कटवा दोगे !''

त्रिलोचन उस वक़्त दुनिया-जहान भूल चुका था। उसने कुछ न सोचा और फ़ौरन कह दिया : ''मैं कल ही कटवा दूँगा !''

मोज़ेल फ़र्श पर टैप डांस करने लगी : ''तुम बकवास करते हो त्रिलोच···तुममें इतनी हिम्मत नहीं है !''

त्रिलोचन के दिलो-दिमाग़ से मज़हब के रहे-सहे ख़याल तक बाहर निकल गए : ''तुम देख लोगी !''

''देख लूँगी।'' और वह तेज़ी से आगे बढ़ी, त्रिलोचन की मूँछों को चूमा और 'फूँ-फूँ' करती बाहर निकल गई।

त्रिलोचन ने रात-भर क्या सोचा, वह किन-किन अज़ीयतों[22] से गुज़रा, इसका तज़्किरा फ़ुज़ूल है, इसलिए कि दूसरे ही रोज़ उसने फ़ोर्ट में केश कटवा दिए, दाढ़ी मुँडवा दी। केश कटते रहे, दाढ़ी मुँडती रही और वह आँखें मीचे बैठा रहा; जब उसने आँखें खोलीं, वह देर तक अपनी शक्ल आइने में देखता रहा। उस पर बंबई की हसीन से हसीन लड़की भी कुछ देर के लिए ग़ौर करने पर मजबूर हो जाती।

त्रिलोचन वही अजीबो-ग़रीब ठंडक महसूस करने लगा जो उस दिन उसने सैलून से बाहर निकलकर महसूस की थी—उसने टैरेस पर तेज़-तेज़ चलना शुरू कर दिया जहाँ टैंकों और नलों का एक हुजूम फैला हुआ था। वह चाहता था कि इस दास्तान का बक़ाया हिस्सा उसके दिमाग़ में न आए, मगर वाक़िआत थे कि आए बिन न रह सके।

बाल कटवाने के बाद पहले दिन वह घर से बाहर न निकला। उसने दूसरे रोज़ अपने नौकर के हाथ एक चिट मोज़ेल को भेजी कि उसकी तबीयत नासाज़ है, और कि वह थोड़ी देर के लिए आ जाए।

मोज़ेल आई—त्रिलोचन को केशों और दाढ़ी के बग़ैर देखकर पहले तो वह एक लहज़े के लिए ठिठकी, फिर 'माई डार्लिंग त्रिलोच' कहकर उसके साथ लिपट गई और चूम-चूमकर उसका सारा चेहरा उन्नाबी कर दिया। उसने त्रिलोचन के साफ़ और मुलायम गालों पर हाथ फेरा, उसके अंग्रेज़ी वज़्अ के कटे हुए बालों में अपनी उँगलियों से कंघी की और अरबी ज़ुबान में नारे लगाने लगी। उसने इस क़दर शोर मचाया कि उसकी नाक से पानी बहने लगा।

मोज़ेल ने जब बहता पानी महसूस किया तो अपनी स्कर्ट का घेरा उठाया और उसे पोंछना शुरू कर दिया।

त्रिलोचन शर्मा गया। उसने मोज़ेल की स्कर्ट नीचे की और कहा : ''नीचे कुछ पहन तो लिया करो।''

मोज़ेल पर इसका कुछ असर न हुआ। बासी और जगह-जगह से उखड़ी हुई लिपस्टिक लगे होंठों से मुसकराकर उसने सिर्फ़ इतना ही कहा : ''मुझे बड़ी घबराहट होती है···ऐसे ही चलता है !''

त्रिलोचन को वह पहला दिन याद आ गया जब वह और मोज़ेल टकरा गए थे और आपस में कुछ अजीब तरह गड्डमड्ड हो गए थे—मुसकराकर उसने मोज़ेल को अपने सीने के साथ लगा लिया : ''शादी कल होगी !''

''ज़रूर।'' मोज़ेल ने त्रिलोचन की मुलायम ठोड़ी पर अपने हाथ की पुश्त फेरी।

दोनों ने तै किया कि शादी पूना में हो। सिविल मैरिज। अदालती कार्रवाई के लिए पंद्रह दिन का नोटिस देना लाज़िमी था, इसलिए दोनों ने यही मुनासिब समझा के पूना बेहतर है; पास भी है और त्रिलोचन के वहाँ कई दोस्त भी हैं—दूसरे रोज़ उन्हें प्रोग्राम के मुताबिक़ पूना के लिए रवाना होना था।

फ़ोर्ट के एक स्टोर में मोज़ेल सेल्स गर्ल थी। स्टोर से कुछ फ़ासले पर टैक्सी स्टैंड था, और यहीं मोज़ेल ने त्रिलोचन को इंतज़ार करने के लिए कहा था।

त्रिलोचन मुक़र्ररा वक़्त पर वहाँ पहुँच गया और डेढ़ घंटे तक इंतज़ार करता रहा, मगर मोज़ेल न आई।

दूसरे रोज़ त्रिलोचन को मालूम हुआ कि मोज़ेल अपने एक पुराने दोस्त के साथ, जिसने ताज़ा-ताज़ा मोटर ख़रीदी है, देवलाली चली गई है और वह एक ग़ैर मुअय्यन अर्से तक वहीं रहेगी।

त्रिलोचन पर क्या गुज़री, यह एक लंबी कहानी है। मुख़्तसर यह कि उसने जी कड़ा किया और मोज़ेल को भूल गया।

उन्हीं दिनों उसकी मुलाक़ात कृपाल कौर से हो गई और वह कृपाल कौर से मुहब्बत करने लगा—थोड़े ही अर्से में उसने महसूस किया कि मोज़ेल बहुत वाहियात लड़की है, मोज़ेल के दिल के साथ पत्थर लगे हुए हैं. मोज़ेल का दिल चिड़ों की मानिंद एक जगह से दूसरी जगह फुदकता रहता है···इस एहसास से उसको यकगूना तस्कीन हुई कि वह मोज़ेल से शादी करने की ग़लती न कर बैठा था।

इसके बावुजूद कभी-कभी मोज़ेल की याद एक चुटकी के मानिंद उसके दिल को पकड़ लेती थी, और फिर उसे छोड़कर कुदकड़े लगाती ग़ायब हो जाती थी—वह बेहया थी, बेमुरव्वत थी, उसको किसी के जज़्बात का पास नहीं था, फिर भी वह त्रिलोचन को पसंद थी। कभी-कभी वह सोचने पर मजबूर हो जाता कि वह देवलाली में इतने अर्से से क्या कर रही है, उसी आदमी के साथ है जिसने नई-नई कार ख़रीदी थी या उसे छोड़कर किसी और के पास चली गई है···इस ख़याल से उसे सख़्त कोफ़्त होती थी कि वह उसके सिवा किसी और के पास है, हालाँकि उसको मोज़ेल के किरदार का बख़ूबी इल्म था।

वह मोज़ेल पर सैकड़ों नहीं, हज़ारों रुपए ख़र्च कर चुका था, लेकिन अपनी मर्ज़ी से। मोज़ेल महँगी नहीं थी। उसको बहुत सस्ती क़िस्म की चीज़ें पसंद आती थीं। एक मर्तबा त्रिलोचन ने उसे सोने के टॉप्स देने का इरादा किया जो उसे बहुत पसंद थे, मगर उसी दूकान में मोज़ेल झूठे और भड़कीले और बहुत ही सस्ते आवेज़ों[23] पर मर मिटी और सोने के टॉप्स

छोड़कर त्रिलोचन से मिन्नतें करने लगी कि वह उसे सस्ते आवेज़े ख़रीद दे।

त्रिलोचन अब तक न समझ सका था कि मोज़ेल किस क़ुमाश[24] की लड़की है, किस आबो-गिल से बनी है। वह घंटों उसके साथ लेटी रहती थी, उसको चूमने की इजाज़त देती थी, वह सारा का सारा साबुन की मानिंद उसके जिस्म पर फिर जाता था मगर वह उसको इससे आगे एक इंच बढ़ने नहीं देती थी—उसको चिड़ाने की ख़ातिर वह इतना कहा करती थी : "तुम सिख हो⋯मुझे तुमसे नफ़रत है!"

त्रिलोचन अच्छी तरह महसूस करता था कि मोज़ेल को उससे नफ़रत नहीं। अगर ऐसा होता तो वह उससे कभी न मिलती। मोज़ेल में बर्दाश्त का माद्दा रत्ती भर नहीं था। वह कभी दो बरस उसकी सोहबत में न गुज़ारती, बस दो टूक फ़ैसला कर देती। मोज़ेल को अंडरवियर नापसंद थे; उनसे उसको उलझन होती थी—त्रिलोचन ने कई बार मोज़ेल को अंडरवियरों की अशद ज़रूरत से आगाह किया, शर्मो-हया का वास्ता दिया, मगर मोज़ेल ने यह चीज़ कभी न पहनी।

त्रिलोचन जब कभी मोज़ेल से शर्मो-हया के बारे में बात करता था तो वह चिड़ जाती थी : "यह हया-वया क्या बकवास है⋯अगर तुम्हें इसका कुछ ख़याल है तो आँखें बंद कर लिया करो⋯कौन-सा लिबास है जिसमें आदमी नंगा नहीं होता या जिसमें से तुम्हारी निगाहें पार नहीं हो सकतीं⋯मुझसे ऐसी बकवास न किया करो⋯तुम सिख हो⋯मुझे मालूम है कि तुम पतलून के नीचे एक सिल्ली-सा अंडरवियर पहनते हो जो नेकर से मिलता-जुलता है⋯यह भी तुम्हारी दाढ़ी और सिर के बालों की तरह तुम्हारे मज़हब में शामिल है⋯शर्म आनी चाहिए तुम्हें⋯इतने बड़े हो गए हो और अभी तक यही समझते हो कि तुम्हारा मज़हब अंडरवियर में छुपा बैठा है!"

त्रिलोचन को शुरू-शुरू में ऐसी बातें सुनकर गुस्सा आया था मगर बाद में ग़ौरो-फ़िक्र करने पर वह कभी-कभी लुढ़क जाता था और सोचता था कि मोज़ेल की बातें शायद नादुरुस्त नहीं और जब उसने अपने केशों और दाढ़ी का सफ़ाया करा दिया था तो उसे क़तई तौर पर महसूस हुआ था कि वह बेकार इतने दिन बालों का इतना बड़ा बोझ उठाए-उठाए फिरा है, जिसका कोई मतलब ही नहीं था।

पानी की टंकी के पास पहुँचकर त्रिलोचन रुक गया। मोज़ेल को एक बड़ी मोटी गाली देकर उसने मोज़ेल के मुताल्लिक़ सोचना बंद कर दिया।⋯कृपाल कौर, एक पाकीज़ा लड़की जिससे उसको मुहब्बत हो गई थी, ख़तरे में थी। वह ऐसे महल्ले में थी जिसमें कट्टर क़िस्म के मुसलमान रहते थे और वहाँ दो-तीन वारदातें भी हो चुकी थीं। मुसीबत यह थी कि उस महल्ले में अड़तालीस घंटे का कर्फ़्यू लगा हुआ था—त्रिलोचन वहाँ जा नहीं सकता था और उस महल्ले के मुसलमान अगर चाहते तो कर्फ़्यू के बावुजूद अंदर ही अंदर कृपाल कौर, उसकी माँ और उसके बाप का बड़ी आसानी के साथ सफ़ाया कर सकते थे।

त्रिलोचन सोचता-सोचता पानी के मोटे नल पर बैठ गया। उसके सिर के बाल काफ़ी लंबे हो गए थे। उसको यक़ीन था कि एक बरस के अंदर ही अंदर उसके बाल केशों में तब्दील हो जाएँगे। उसकी दाढ़ी तेज़ी से बढ़ी थी मगर वह दाढ़ी बढ़ाना नहीं चाहता था। फ़ोर्ट का एक बारबर उसकी दाढ़ी इस सफ़ाई से तराशता था कि वह तरशी हुई दिखाई नहीं देती थी।

उसने अपने लंबे और मुलायम बालों में उँगलियाँ फेरीं और एक सर्द आह भरी—वह उठने का इरादा कर ही रहा था कि उसे खड़ाऊँ की करख़्त[25] आवाज़ सुनाई दी।

उसने सोचा, कौन हो सकता है ? बिल्डिग में कई यहूदी औरतें थीं और सबकी-सब खड़ाऊँ पहनती थीं। आवाज़ क़रीब आती गई। यकलख़्त[26] उसने दूसरी टंकी के पास मोज़ेल को देखा जो यहूदियों की ख़ास क़त‌अ[27] का ढीला-ढाला लंबा कुर्ता पहने बड़ी ज़ोर से अँगड़ाई ले रही थी, इस ज़ोर की कि त्रिलोचन को महसूस हुआ, उसके आसपास की हवा चटख़ जाएगी।

त्रिलोचन पानी के नल पर से उठा। उसने सोचा : 'यह एकाएक कहाँ से नमूदार हो गई···और इस वक़्त टेरेस पर क्या करने आई है ?'

मोज़ेल ने एक और अँगड़ाई ली—त्रिलोचन की हड्डियाँ चटख़ने लगीं। ढीले-ढाले कुर्ते में मोज़ेल की मज़बूत छातियाँ धड़कीं—त्रिलोचन की आँखों के सामने कई गोल-गोल और चपटे-चपटे नील उभर आए। वह ज़ोर से खाँसा।

मोज़ेल ने पलटकर उसकी तरफ़ देखा। उसका रद्दे-अमल बिलकुल ख़फ़ीफ़ था। खड़ाऊँ घिसटती वह उसके पास आई और उसकी नन्ही-मुन्नी दाढ़ी देखने लगी : ''तुम फिर सिख बन गए त्रिलोच ?''

त्रिलोचन को दाढ़ी के बाल चुभने लगे।

मोज़ेल ने आगे बढ़कर उसकी ठोड़ी के साथ अपने हाथ की पुश्त रगड़ी और मुसकराकर कहा : ''अब यह ब्रुश इस क़ाबिल है कि मेरी नेवी ब्लू स्कर्ट साफ़ कर सके···मगर वह तो वहीं देवलाली में रह गई है।''

त्रिलोचन ख़ामोश रहा।

मोज़ेल ने उसकी बाज़ू की चुटकी ली : ''बोलते क्यों नहीं सरदार साहब ?''

त्रिलोचन अपनी पिछली बेवक़ूफ़ियों का एआदा[28] नहीं करना चाहता था, ताहम उसने सुबह के मलगजे[29] अँधेरे में मोज़ेल के चेहरे को ग़ौर से देखा—कोई ख़ास तब्दीली वाक़े नहीं हुई थी, एक सिर्फ़ वह पहले से कुछ कमज़ोर नज़र आ रही थी। त्रिलोचन ने उससे पूछा : ''बीमार रही हो ?''

''नहीं।'' मोज़ेल ने अपने तरशे हुए बालों को एक ख़फ़ीफ़-सा झटका दिया।

''पहले से कमज़ोर दिखाई देती हो।''

''मैं डाइटिंग कर रही हूँ।'' मोज़ेल पानी के मोटे नल पर बैठ गई और फ़र्श के साथ खड़ाऊँ बजाने लगी : ''तुम गोया कि···अब फिर···नए सिरे से सिख बन रहे हो।''

त्रिलोचन ने किसी क़दर ढिठाई से कहा : ''हाँ।''

''मुबारक हो।' मोज़ेल ने एक खड़ाऊँ पैर से उतार ली और पानी के नल पर मारने लगी : ''किसी और लड़की से मुहब्बत करनी शुरू की··· ?''

त्रिलोचन ने आहिस्ता से कहा : ''हाँ !''

''मुबारक हो···इसी बिल्डिग की है कोई ?''

''नहीं।''

''यह बहुत बुरी बात है···'' मोज़ेल खड़ाऊँ अपनी उँगलियों में उड़सकर उठी : ''हमेशा आदमी को अपने हमसायों का ख़याल रखना चाहिए।''

त्रिलोचन ख़ामोश रहा।

मोज़ेल ने उठकर उसकी दाढ़ी को अपनी पाँचों उँगलियों से छेड़ा : ''क्या उसी लड़की ने तुम्हें यह बाल बढ़ाने का मश्वरा दिया है?''

''नहीं।'' त्रिलोचन बड़ी उलझन महसूस कर रहा था जैसे कंघी करते-करते उसकी दाढ़ी के बाल उलझ गए हों। जब उसने 'नहीं' कहा तो उसके लहजे में तीखापन था।

मोज़ेल के होंठों पर लिपस्टिक बासी गोश्त की तरह मालूम हो रही थी। वह मुसकराई तो त्रिलोचन ने ऐसा महसूस किया जैसे उसके गाँव में झटके की दूकान पर क़साई ने छुरी से मोटी रग के गोश्त के दो टुकड़े कर दिए हों··· मुसकराने के बाद वह हँसी : ''तुम अब यह दाढ़ी मुँड़ा डालो तो मैं तुमसे शादी कर लूँगी··· किसी की भी क़सम ले लो।''

त्रिलोचन के जी में आई कि उससे कहे, वह एक बड़ी शरीफ़, बाइस्मत और पाक तीनत[30] कुँआरी लड़की से मुहब्बत कर रहा है और उसी से शादी करेगा··· वह उसके मुक़ाबले में फ़ाहशा[31] है, बदसूरत है,··· बेवफ़ा है, बेमुरव्वत है, मगर त्रिलोचन घटिया आदमी नहीं था। उसने मोज़ेल से सिर्फ़ इतना कहा : ''मैं शादी का फ़ैसला कर चुका हूँ··· मेरे गाँव की एक सीधी-सादी लड़की है··· मज़हब की पाबंद है··· उसी के लिए मैंने बाल बढ़ाने का फ़ैसला किया है।''

मोज़ेल सोच-विचार की आदी नहीं थी, फिर भी उसने कुछ देर सोचा और खड़ाऊँ पर निस्फ़[32] दायरे की सूरत घूमकर त्रिलोचन से कहा : ''क्या उसे मालूम नहीं कि तुम एक दफ़ा अपने बाल कटवा चुके हो।''

''उसको अभी तक मालूम नहीं··· दाढ़ी मैंने तुम्हारे देवलाली जाने के बाद ही बढ़ानी शुरू कर दी थी, महज़ इंतिक़ामी तौर पर··· फिर मेरी कृपाल कौर से मुलाक़ात हुई··· मगर मैं पगड़ी इस तरीक़े से बाँधता हूँ कि सौ में से एक ही आदमी मुश्किल से जान सकता है कि मेरे केश कटे हुए हैं··· मेरे बाल बहुत जल्द ठीक हो जाएँगे।'' त्रिलोचन ने अपने लंबे-लंबे मुलायम बालों में उँगलियों से कंघी करना शुरू कर दी।

मोज़ेल ने अपना लंबा कुर्ता उठाकर अपनी गोरी दबीज़[33] रान खुजलानी शुरू की : ''यह कमबख़्त मच्छर यहाँ टाँगों में भी मौजूद है··· देखो, किस ज़ोर से काटा है।''

त्रिलोचन ने दूसरी तरफ़ देखना शुरू कर दिया।

मोज़ेल ने, जहाँ मच्छर ने काटा था, उँगली से थूक लगाया और कुर्ता छोड़कर सीधी खड़ी हो गई : ''कब हो रही है तुम्हारी शादी?''

''अभी कुछ पता नहीं।'' यह कहकर त्रिलोचन मुतफ़क्किर[34] हो गया।

चंद लम्हात तक ख़ामोशी रही। मोज़ेल ने उसके तफ़क्कुर[35] का अंदाज़ा लगाकर बड़ी संजीदा आवाज़ में पूछा : ''त्रिलोच··· तुम क्या सोच रहे हो?''

त्रिलोचन को उस वक़्त किसी हमदर्द की ज़रूरत थी। चाहे वह मोज़ेल ही हो। उसने मोज़ेल को सारा माजरा सुना दिया।

मोज़ेल हँसी : ''तुम अव्वल दर्जे के इडियट हो⋯ जाओ उसको ले आओ, ऐसी क्या मुश्किल है ?''

''मुश्किल⋯ ! मोज़ेल तुम इस मामले की नज़ाकत को कभी नहीं समझ सकतीं⋯ तुम किसी भी मामले की नज़ाकत को नहीं समझ सकतीं⋯ तुम एक लाउबाली[36] क़िस्म की लड़की हो⋯ यही वजह है कि तुम्हारे और मेरे ताल्लुक़ात क़ायम नहीं रह सके, जिसका मुझे सारी उम्र अफ़सोस रहेगा।''

मोज़ेल ने जोर से अपनी खड़ाऊँ पानी की नाली के साथ मारी : ''अफ़सोस बी डैम्ड⋯ सिल्ली ईडियट⋯ तुम यह सोचो कि तुम्हारी उस⋯ क्या नाम है उसका⋯ उसे उस महल्ले से बचाकर लाना कैसे है⋯ तुम बैठ गए हो ताल्लुक़ात का रोना रोने⋯ तुम्हारे-मेरे ताल्लुक़ात कभी क़ायम नहीं रह सकते थे⋯ तुम एक सिल्ली क़िस्म के आदमी हो और बहुत डरपोक भी⋯ मुझे निडर मर्द चाहिए⋯ लेकिन छोड़ो इन बातों को⋯ चलो आओ, तुम्हारी उस कौर को ले आएँ⋯ !''

मोज़ेल ने त्रिलोचन का बाज़ू पकड़ लिया—त्रिलोचन ने घबराहट में पूछा : ''कहाँ से ?''

''वहीं से जहाँ वह है⋯ मैं उस महल्ले की एक-एक ईंट को जानती हूँ। चलो, आओ मेरे साथ।''

''मगर वहाँ कर्फ़्यू लगा हुआ है।''

''मोज़ेल के लिए नहीं⋯ चलो, आओ।'' वह त्रिलोचन को बाज़ू से पकड़कर खींचती हुई उस दरवाज़े तक ले गई जो सीढ़ियों की तरफ़ खुलता था। दरवाज़ा खोलकर वह उतरने ही वाली थी कि रुक गई और त्रिलोचन की दाढ़ी की तरफ़ देखने लगी।

त्रिलोचन ने पूछा : ''क्या बात है ?''

मोज़ेल ने कहा : ''तुम्हारी दाढ़ी⋯ ख़ैर, यह तो ठीक है, इतनी बड़ी नहीं है⋯ हाँ नंगे सर चलोगे तो कोई नहीं समझेगा कि तुम सिख हो।''

''नंगे सर⋯ !'' त्रिलोचन किसी क़दर बौखला गया : ''मैं नंगे सर नहीं जाऊँगा।''

मोज़ेल ने बड़े मासूम अंदाज़ में पूछा : ''क्यों ?''

त्रिलोचन ने अपने बालों की एक लट ठीक की : ''तुम समझती नहीं हो⋯ मेरा वहाँ पगड़ी के बग़ैर जाना ठीक नहीं।''

''क्यों ठीक नहीं ?''

''हाय, तुम समझती क्यों नहीं हो⋯ उसने मुझे अभी तक नंगे सर नहीं देखा है⋯ वह यही समझती है कि मेरे केश हैं⋯ मैं उस पर यह राज़ इफ़्शा नहीं करना चाहता।''

मोज़ेल ने ज़ोर से अपनी खड़ाऊँ दरवाज़े की चौखट पर मारी : ''तुम वाक़ई अव्वल दर्जे के ईडियट हो⋯ गधे कहीं के⋯ उसकी जान का सवाल है और तुम⋯ क्या नाम है तुम्हारी कौर का, जिससे तुम मुहब्बत करते हो।''

त्रिलोचन ने उसे समझाने की कोशिश की : ''मोज़ेल, वह बड़ी मज़हबी क़िस्म की लड़की है⋯ अगर उसने मुझे नंगे सर देख लिया तो वह मुझसे नफ़रत करने लगेगी।''

मोज़ेल चिढ़ गई : ''ओह ··· तुम्हारी मुहब्बत बी डैम्ड ··· मैं पूछती हूँ, क्या सारे सिख तुम्हारी तरह बेवक़ूफ़ होते हैं ··· उसकी जान को ख़तरा है और तुम कहते हो कि पगड़ी ज़रूर पहनोगे ··· और शायद वह अंडरवियर भी जो नेकर से मिलता-जुलता है।''

त्रिलोचन ने कहा : ''वह तो मैं हर वक़्त पहने होता हूँ।''

''बहुत अच्छा करते हो ··· मगर अब तुम यह सोचो कि मामला उस महल्ले का है जहाँ मियाँ भाई ही मियाँ भाई रहते हैं और वह भी बड़े-बड़े दादा और बड़े-बड़े मवाली ··· तुम पगड़ी पहनकर गए तो वहीं ज़िब्ह कर दिए जाओगे?''

त्रिलोचन ने मुख़्तसर-सा जवाब दिया : ''मुझे इसकी परवाह नहीं ··· अगर मैं तुम्हारे साथ वहाँ जाऊँगा तो पगड़ी पहनकर जाऊँगा ··· मैं अपनी मुहब्बत ख़तरे में नहीं डालना चाहता।''

मोज़ेल झुँझला गई। इस ज़ोर से उसने पेचो-ताब खाए कि उसकी छातियाँ आपस में भिड़ गईं : ''गधे ··· तुम्हारी मुहब्बत ही कहाँ रहेगी जब तुम न रहोगे ··· तुम्हारी वह ··· क्या नाम है उस भड़वी का ··· जब वह न रहेगी, जब उसका ख़ानदान न रहेगा ··· तुम सिख हो ··· ख़ुदा की क़सम, तुम सिख हो और बड़े ईडियट सिख हो ··· !''

त्रिलोचन भिन्ना गया : ''बकवास न करो!''

मोज़ेल ज़ोर से हँसी। महीन-महीन बालों के ग़ुबार से अटी हुई बाँहें उसने त्रिलोचन के गले में डाल दीं और थोड़ा-सा झूलकर कहा : डार्लिंग, चलो जैसी तुम्हारी मर्ज़ी ··· जाओ, पगड़ी पहन आओ, मैं नीचे बाज़ार में खड़ी हूँ।''

यह कह वह नीचे जाने लगी। त्रिलोचन ने उसे रोका : ''तुम कपड़े नहीं पहनोगी।''

मोज़ेल ने अपने सिर को झटका दिया : ''नहीं ··· चलेगा इसी तरह।''

यह कहकर वह खट-खट करती नीचे उतर गई।

त्रिलोचन निचली मंज़िल की सीढ़ियों पर भी उसकी खड़ाऊँ की चौबी आवाज़ सुनता रहा। फिर उसने अपने लंबे बाल उँगलियों से पीछे की तरफ़ समेटे और नीचे उतरकर अपने फ़्लैट में चला गया—जल्दी-जल्दी उसने कपड़े तब्दील किए, पगड़ी बँधी-बँधाई रखी थी, उसे अच्छी तरह सिर पर जमाया और फ़्लैट का दरवाज़ा मुक़फ़्फ़ल[37] करके नीचे उतर गया।

बाहर फ़ुटपाथ पर मोज़ेल अपनी तगड़ी टाँगें चौड़ी किए सिगरेट पी रही थी, बिलकुल मर्दाना अंदाज़ में। जब त्रिलोचन उसके नज़दीक पहुँचा तो उसने शरारत के तौर पर मुँह भरके धुआँ उसके चेहरे पर दे मारा। त्रिलोचन ने ग़ुस्से में कहा : ''तुम बहुत ज़लील हो।''

मोज़ेल मुसकराई : ''यह तुमने कोई नई बात नहीं कही ··· इससे पहले तुम-से कई और भी मुझे ज़लील कह चुके हैं ···'' फिर उसने त्रिलोचन की पगड़ी की तरफ़ देखा : ''यह पगड़ी तुमने वाक़ई अच्छी तरह बाँधी है ··· ऐसा मालूम होता है, तुम्हारे केश हैं।''

बाज़ार बिलकुल सुनसान था, एक सिर्फ़ हवा चल रही थी और वह भी धीरे-धीरे, जैसे वह भी कर्फ़्यू से ख़ौफ़ज़दा है; बत्तियाँ रौशन थीं मगर उनकी रौशनी बीमार-सी मालूम होती थी; आमतौर पर उस वक़्त ट्रामें चलनी शुरू हो जाती थीं और लोगों की आमदो-रफ़्त

भी जारी हो जाती थी; अच्छी-ख़ासी गहमागहमी होती थी, पर अब ऐसा मालूम हो रहा था कि सड़क पर न कोई इंसान गुज़रा है, न गुज़रेगा।

मोज़ेल आगे थी और त्रिलोचन पीछे। फ़ुटपाथ के पत्थरों पर उसकी खड़ाऊँ खट-खट कर रही थी। यह आवाज़ उस ख़ामोश फ़ज़ा में एक बहुत बड़ा शोर थी।

त्रिलोचन दिल ही दिल में मोज़ेल को बुरा-भला कह रहा था कि वह दो मिनट में कुछ और नहीं तो अपनी वाहियात खड़ाऊँ ही उतारकर कोई दूसरी चीज़ पहन सकती थी। उसने चाहा कि मोज़ेल से कहे कि खड़ाऊँ उतार दे और नंगे पाँव चले मगर उसको यक़ीन था कि वह कभी नहीं मानेगी। वह ख़ामोश रहा।

त्रिलोचन ख़ौफ़ज़दा था। कोई पत्ता खड़कता तो उसका दिल धक से रह जाता, मगर मोज़ेल बिलकुल बेख़ौफ़ चली जा रही थी, सिगरेट का धुआँ उड़ाती, जैसे बड़ी बेफ़िक्री से चहलक़दमी कर रही हो।

जब वह चौक में पहुँचे तो सिपाही की आवाज़ गरजी : "ए किधर जा रहा है?"

त्रिलोचन सहम गया।

मोज़ेल आगे बढ़ी और सिपाही के पास पहुँच गई और बालों को एक ख़फ़ीफ़-सा झटका देकर उसने कहा : "ओह तुम...हमको पहचाना नहीं तुमने...मोज़ेल..." फिर उसने एक गली की तरफ़ इशारा किया : "उधर उस बाज़ू...हमारा बहन रहता है। उसका तबीयत ख़राब है...हम डॉक्टर लेकर जा रहा है..."

सिपाही उसे पहचानने की कोशिश कर रहा था कि उसने ख़ुदा मालूम कहाँ से सिगरेट की डिबिया निकाली और एक सिगरेट निकालकर सिपाही को दिया : "लो पियो..."

सिपाही ने सिगरेट ले लिया—मोज़ेल ने सुलगता हुआ सिगरेट अपने मुँह से अलग किया और सिपाही की तरफ़ बढ़ाया : "हियर इज़ लाइट!"

सिपाही ने सिगरेट सुलगाया—मोज़ेल ने दाईं आँख सिपाही को और बाईं आँख त्रिलोचन को मारी और खट-खट करती उस गली की तरफ़ चल दी जिसमें से गुज़रकर उन्हें ब महल्ले जाना था।

त्रिलोचन ख़ामोश था। वह महसूस कर रहा था कि मोज़ेल कर्फ़्यू की ख़िलाफ़वर्ज़ी[38] करके एक अजीबो-ग़रीब क़िस्म की मसर्रत महसूस कर रही है—ख़तरों से खेलना उसे पसंद था। वह जब उसके साथ जूहू पर जाती, उसके लिए मुसीबत बन जाती; समुंदर की फ़ील तन लहरों से टकराती-भिड़ती वह दूर तक निकल जाती और त्रिलोचन को हमेशा धड़का लगा रहता कि वह कहीं डूब न जाए। जब वह वापस आती, उसका जिस्म नीलों और ज़ख़्मों से भरा होता, मगर उसे उनकी कोई परवा न होती।

मोज़ेल आगे-आगे थी, त्रिलोचन पीछे-पीछे।

वह मारे डर के कभी इधर देख रहा था, कभी उधर कि कहीं किसी बग़ल में से कोई छुरीमार नुमूदार न हो जाए।

यकायक मोज़ेल रुक गई—जब त्रिलोचन पास आया तो उसने समझाने के अंदाज़ में कहा : "त्रिलोच डियर, इस तरह डरना अच्छा नहीं...तुम डरोगे तो कुछ न कुछ होके

रहेगा···मैं सच कहती हूँ, यह मेरी आज़माई हुई बात है।"

जब वह, वह गली तै करके दूसरी गली में पहुँचे जो उस महल्ले की तरफ़ निकलती थी जहाँ कृपाल कौर रहती थी तो मोज़ेल चलते-चलते एकदम रुक गई।

कुछ फ़ासले पर एक मारवाड़ी की दूकान लूटी जा रही थी।

मोज़ेल ने एक लहज़े के लिए मामले का जाइज़ा लिया, फिर त्रिलोचन से कहा: "कोई बात नहीं···चले आओ।"

दोनों चलने लगे।

एक आदमी जो सिर पर बहुत बड़ी परात उठाए चला आ रहा था, त्रिलोचन से टकरा गया और परात छन से ज़मीन पर आन पड़ी।

उस आदमी ने ग़ौर से त्रिलोचन की तरफ़ देखा और जल्दी से अपने नेफ़े में हाथ डाला जैसे उसने जान लिया हो कि त्रिलोचन सिख है—फ़ौरन ही मोज़ेल लड़खड़ाती हुई आगे बढ़ी जैसे वह नशे में चूर हो, फिर उसने ज़ोर से उस आदमी को धक्का दिया और मख़्मूर[39] लहजे में कहा: "ऐ क्या करता है···अपने भाई को मारता है···हम इससे शादी बनाने को माँगता है···" फिर वह त्रिलोचन से मुख़ातिब हुई: "ऐ करीम, उठाओ यह परात और रख दो इसके सर पर।"

उस आदमी ने नेफ़े में से हाथ निकाल लिया और शहवानी आँखों से मोज़ेल की तरफ़ देखा, फिर आगे बढ़कर अपनी कुहनी से उसकी छातियों में एक टहोका दिया: "ऐश कर साली···ऐश कर।" फिर उसने परात उठाई और यह जा, वह जा।

त्रिलोचन बड़बड़ाया: "कैसी ज़लील हरकत की है हरामज़ादे ने।"

मोज़ेल ने अपनी छातियों पर हाथ फेरा: "कोई ज़लील हरकत नहीं···सब चलता है···आओ।" और वह तेज़-तेज़ चलने लगी।

त्रिलोचन ने भी क़दम तेज़ कर दिए।

वह गली तै करके दोनों उस महल्ले में पहुँच गए जहाँ कृपाल कौर रहती थी। मोज़ेल ने पूछा: "किस गली में जाना है?"

त्रिलोचन ने आहिस्ता से कहा: "तीसरी गली में···नुक्कड़वाली बिल्डिंग···!"

मोज़ेल ने उस तरफ़ चलना शुरू कर दिया—वह रास्ता बिलकुल ख़ामोश था। आसपास इतनी गुंजान आबादी थी, मगर किसी बच्चे तक के रोने की आवाज़ सुनाई नहीं दे रही थी।

जब वह उस गली के क़रीब पहुँचे तो उन्हें कुछ गड़बड़ दिखाई दी—एक आदमी बड़ी तेज़ी से इस किनारेवाली बिल्डिंग से निकला और दूसरे किनारेवाली बिल्डिंग में घुस गया। थोड़ी देर के बाद उसी पहली बिल्डिंग से तीन आदमी निकले। फ़ुटपाथ पर पहुँचकर उन्होंने इधर-उधर देखा और बड़ी फ़ुर्ती से दूसरी बिल्डिंग में चले गए—मोज़ेल ठिठक गई। उसने त्रिलोचन को इशारा किया कि वह अँधेरे में हो जाए। फिर उसने हौले-से कहा: "त्रिलोच डियर, यह पगड़ी उतार दो!"

त्रिलोचन ने जवाब दिया: "मैं पगड़ी किसी सूरत में भी नहीं उतार सकता!"

मोज़ेल झुँझला गई : ''तुम्हारी मर्ज़ी···तुम देख नहीं रहे, सामने क्या हो रहा है···''

सामने जो कुछ हो रहा था, दोनों की आँखों के सामने था। साफ़ गड़बड़ हो रही थी और बड़ी पुरअसरार क़िस्म की—दाएँ हाथ की बिल्डिंग से जब दो आदमी अपनी-अपनी पीठ पर बोरियाँ उठाए निकले तो मोज़ेल सारी की सारी काँप गई कि बोरियों में से गाढ़ी-गाढ़ी कोई सैयाल-सी[40] चीज़ टपक रही थी। वह अपने होंठ काटने लगी।

जब वह दोनों आदमी गली के दूसरे सिरे पर पहुँचकर ग़ायब हो गए तो उसने त्रिलोचन से कहा : ''मैं भागकर नुक्कड़वाली बिल्डिंग में जाती हूँ···तुम मेरे पीछे आना···बड़ी तेज़ी से। जैसे तुम मेरा पीछा कर रहे हो···समझे, मगर यह सब एकदम और जल्दी-जल्दी हो।''

मोज़ेल ने त्रिलोचन के जवाब का इंतज़ार न किया और खड़ाऊँ खटखटाती बड़ी तेज़ी से नुक्कड़वाली बिल्डिंग की तरफ़ भागी···त्रिलोचन भी उसके पीछे दौड़ा।

चंद ही लम्हों में वह बिल्डिंग के अंदर, सीढ़ियों के पास पहुँच गए। त्रिलोचन हाँफ रहा था, मगर मोज़ेल बिलकुल ठीक-ठाक थी।

मोज़ेल ने त्रिलोचन से पूछा : ''कौन-सा माला ?''

त्रिलोचन ने अपने ख़ुश्क होंठों पर ज़बान फेरी : ''दूसरा।''

''चलो।'' यह कहकर वह खट-खट सीढ़ियाँ चढ़ने लगी।

त्रिलोचन उसके पीछे हो लिया—सीढ़ियों पर ख़ून के बड़े-बड़े धब्बे पड़े हुए थे। उनको देखकर उसका ख़ून ख़ुश्क हो रहा था।

जब वह दूसरे माले पर पहुँचे तो कॉरीडोर में कुछ दूर जाकर त्रिलोचन ने हौले-से एक दरवाज़े पर दस्तक दी—मोज़ेल दूर सीढ़ियों के पास खड़ी रही।

त्रिलोचन ने एक बार फिर दस्तक दी और दरवाज़े के साथ मुँह लगाकर धीरे-से आवाज़ दी : ''महँगा सिंह जी···महँगा सिंह जी !''

अंदर से महीन-सी आवाज़ आई : ''कौन ?''

''त्रिलोचन !''

दरवाज़ा धीरे से खुला—त्रिलोचन ने मोज़ेल को इशारा किया। वह लपककर आई और दोनों अंदर दाखिल हो गए।

मोज़ेल के सामने एक दुबली-पतली, सहमी हुई लड़की खड़ी थी। उसने एक लहज़े के लिए उसे ग़ौर से देखा। पतले-पतले नक़्श, सूँ-सूँ करती ज़ुकाम में मुब्तला बहुत ही प्यारी नाक—मोज़ेल ने उसको अपने चौड़े-चकले सीने के साथ लगा लिया और अपने ढीले-ढाले कुरते का दामन उठाकर उसकी नाक पोंछी।

त्रिलोचन सुर्ख़ हो गया।

मोज़ेल ने कृपाल कौर से बड़े प्यार के साथ कहा : ''डरो नहीं, त्रिलोचन तुम्हें लेने आया है।''

कृपाल कौर ने त्रिलोचन की तरफ़ सहमी हुई आँखों से देखा और मोज़ेल से अलग हो गई।

त्रिलोचन ने कहा : ''सरदार साहब से कहो कि जल्दी तैयार हो जाएँ, और अपनी माता

जी से भी···लेकिन जल्दी करो···।''

इतने में ऊपर की मंज़िल से बुलंद आवाज़ें आने लगीं, धींगा-मुश्ती की आवाज़ें, चीख़ने-चिल्लाने की आवाज़ें।

कृपाल कौर के हलक़ से दबी-दबी-सी चीख़ बुलंद हुई : ''उसे पकड़ लिया उन्होंने !''

त्रिलोचन ने पूछा : ''किसे ?''

कृपाल कौर जवाब देने ही वाली थी कि मोज़ेल ने उसको बाज़ू से पकड़ा और घसीटकर एक कोने में ले गई : ''पकड़ लिया तो अच्छा हुआ···तुम यह कपड़े उतारो।''

कृपाल कौर अभी कुछ सोचने भी न पाई थी कि मोज़ेल ने आनन-फ़ानन उसकी क़मीस उतारकर एक तरफ़ रख दी। कृपाल कौर ने अपनी बाँहों में अपने नंगे जिस्म को छुपा लिया और सख़्त वहशतज़दा हो गई।

त्रिलोचन ने मुँह दूसरी तरफ मोड़ लिया।

मोज़ेल ने अपना ढीला-ढाला कुर्ता उतारा और कृपाल कौर को पहना दिया। ख़ुद वह नंग-धड़ंग खड़ी थी—जल्दी-जल्दी उसने कृपाल कौर का इज़ारबंद ढीला किया और उसकी शलवार उतारकर त्रिलोचन से कहने लगी : ''जाओ, इसे ले जाओ···ज़रा ठहरो।'' यह कहकर उसने कृपाल कौर के बाल खोल दिए और कहा : ''जाओ···जल्दी निकल जाओ।''

त्रिलोचन ने कृपाल कौर से कहा : ''आओ !'' मगर फ़ौरन ही रुक गया। पलटकर उसने मोज़ेल की तरफ़ देखा जो धोये दीदे की तरह नंगी खड़ी थी। उसकी बाँहों पर महीन-महीन बाल सर्दी के बायस जागे हुए थे।

''तुम जाते क्यों नहीं ?'' मोज़ेल के लहज़े में चिड़चिड़ापन था।

त्रिलोचन ने आहिस्ता से कहा : ''इसके माँ-बाप भी तो हैं !''

''जहन्नम में जाएँ वह···तुम इसे ले जाओ।''

''और तुम ?''

''मैं आ जाऊँगी !''

एकदम ऊपर की मंज़िल से कई आदमी धड़ाधड़ नीचे उतरने लगे, और फिर उनका दरवाज़ा कूटा जाने लगा।

कृपाल कौर की अंधी माँ और मफ़्लूज बाप दूसरे कमरे में पड़े कराह रहे थे।

मोज़ेल ने बालों को ख़फ़ीफ़-सा झटका देकर त्रिलोचन से कहा : ''ईडियट···सुनो, अब सिर्फ़ एक ही तरकीब मेरी समझ में आती है···मैं दरवाज़ा खोलती हूँ···''

कृपाल कौर के ख़ुश्क गले से निकलती-निकलती चीख़ दब गई : ''दरवाज़ा···''

मोज़ेल ने कृपाल कौर की तरफ़ कोई ध्यान न दिया और त्रिलोचन से मुख़ातिब रही : ''मैं दरवाज़ा खोलकर बाहर भागती हूँ···तुम मेरे पीछे भागना···मैं ऊपर की मंज़िल की तरफ़ भागूँगी···यह लोग, जो दरवाज़ा तोड़ रहे हैं, सबकुछ भूल जाएँगे और हमारे पीछे चले आएँगे···''

त्रिलोचन ने पूछा : ''फ़िर ?''

मोज़ेल ने कहा : "तुम्हारी यह ···क्या नाम है इसका ···मौक़ा पाकर निकल जाएगी ···इस लिबास में इसे कोई कुछ नहीं कहेगा !"

त्रिलोचन ने जल्दी-जल्दी सारी बात कृपाल कौर को समझाई।

मोज़ेल ज़ोर से चीख़ी, दरवाज़ा खोला और धड़ाम से दरवाज़ा कूटते लोगों पर जा गिरी—सब बौखला गए—वह उठी और तेज़ी से ऊपर की मंज़िल की सीढ़ियाँ चढ़ने लगी।

त्रिलोचन उसके पीछे भागा—सब एक तरफ़ हट गए।

मोज़ेल अंधाधुंध सीढ़ियाँ चढ़ रही थी—खड़ाऊँ उसके पैरों में थी।

वह लोग जो दरवाज़ा तोड़ने की कोशिश कर रहे थे, सँभलकर उनके तआक़ुब[41] में दौड़े।

मोज़ेल बहुत आगे, बहुत ऊँचा निकल गई थी कि उसका पाँव फिसला—ऊपर की सीढ़ी से वह कुछ इस तरह लुढ़की कि हर पथरीली सीढ़ी के साथ टकराती, लोहे के जँगले के साथ उलझती नीचे आ रही, पथरीले फ़र्श पर।

त्रिलोचन के लपकते क़दम रुक गए। वह एकदम नीचे उतरा। झुककर उसने देखा कि मोज़ेल की नाक से ख़ून बह रहा है, मुँह से ख़ून बह रहा है और कानों के रस्ते भी ख़ून निकल आया है।

वह जो दरवाज़ा तोड़ने आए थे, इर्द-गिर्द जमा हो गए—किसी ने भी न पूछा, क्या हुआ है, सब ख़ामोश थे और मोज़ेल के नंगे और गोरे जिस्म को देख रहे थे जिस पर जा-बजा ख़राशें पड़ी थीं।

त्रिलोचन ने उसका बाज़ू हिलाया और आवाज़ दी : "मोज़ेल ···मोज़ेल !"

मोज़ेल ने अपनी बड़ी-बड़ी यहूदी आँखें खोलीं, जो लाल बूटी हो रही थीं और मुसकराई।

त्रिलोचन ने अपनी पगड़ी उतारी और खोलकर मोज़ेल का नंगा जिस्म ढक दिया।

मोज़ेल मुसकराई और आँख मारकर मुँह से ख़ून के बुलबुले उड़ाते हुए त्रिलोचन से बोली, "मेरा अंडरवियर वहाँ है कि नहीं ···मेरा मतलब है वह···"

त्रिलोचन उसका मतलब समझ गया, मगर उसने उठना न चाहा—मोज़ेल ने ग़ुस्से में कहा : "तुम सचमुच सिख हो ···जाओ देखकर आओ !"

त्रिलोचन उठकर कृपाल कौर के फ़्लैट की तरफ़ चला गया।

मोज़ेल ने अपनी धुँधली आँखों से आसपास खड़े मर्दों की तरफ़ देखा और कहा : "है तो मियाँ भाई, लेकिन बहुत दादा क़िस्म का ···मैं इसे सिख कहा करती हूँ।"

इतने में त्रिलोचन वापिस आ गया। उसने आँखों ही आँखों में मोज़ेल को बता दिया कि कृपाल कौर जा चुकी है।

मोज़ेल ने इतमीनान का साँस लिया—फिर उसके मुँह से बहुत-सा ख़ून बह निकला : "ओह डैम इट···" यह कहकर उसने अपनी महीन-महीन बालों से अटी हुई कलाई से अपना मुँह पोंछा और त्रिलोचन से मुख़ातिब हुई : "आल राईट डार्लिंग··· बाई-बाई···"

त्रिलोचन ने कुछ कहना चाहा, मगर लफ़्ज़ उसके हलक़ में अटक गए।

मोज़ेल ने अपने बदन पर से त्रिलोचन की पगड़ी हटाई : "ले जाओ इसको ··· अपने इस मज़हब को ···" और उसका बाज़ू उसकी मज़बूत छातियों पर बे-हिस[42] होकर गिर पड़ा।

---

1. लापरवाह; 2. मटमैली; 3. मशीनी; 4. बेचैन; 5. तनावग्रस्त; 6. बेचैनी; 7. केंद्र; 8. ख़त्म; 9. लागू, 10. पराजित; 11. पक्षाघाती; 12. ख़त्म; 13. सुरक्षित; 14. ठहरा हुआ; 15. घुटनों-घुटनों; 16. बेरुख़ी; 17. परिचित; 18. सामीप्य; 19. लज्जित; 20. आज्ञाकारी; 21. सम्मान; 22. यातनाओं; 23. कान में पहननेवाला ज़ेवर (बाले या बुँदे); 24. गुण; 25. कठोर; 26. अचानक; 27. कटिंग; 28. पुनरावृत्ति; 29. हल्का; 30. अच्छे स्वभाव वाली; 31. बदचलन; 32. आधा; 33. मोटी; 34. चिंतित; 35. चिंता; 36. लापरवाह; 37. बंद; 38. अवज्ञा; 39. नशीले; 40. तरल-सी; 41. पीछा करना; 42. निर्जीव।

42.

ठंडा गोश्त

ईशर सिंह जूँही होटल के कमरे में दाख़िल हुआ, कुलवंत कौर पलँग पर से उठी। अपनी तेज़-तेज़ आँखों से उसकी तरफ़ घूर के देखा और दरवाज़े की चटख़नी बंद कर दी। रात के बारह बज चुके थे, शहर का मुज़ाफ़ात[1] एक अजीब पुरअसरार ख़ामोशी में ग़र्क़ था।

कुलवंत कौर पलँग पर आलती-पालती मारकर बैठ गई। ईशर सिंह जो ग़ालिबन अपने परागंदा[2] ख़यालात के उलझे हुए धागे खोल रहा था, हाथ में किरपान लिए एक कोने में खड़ा था। चंद लम्हात इसी तरह ख़ामोशी में गुज़र गए। कुलवंत कौर को थोड़ी देर के बाद अपना आसन पसंद न आया, और वह दोनों टाँगें पलँग से नीचे लटकाकर हिलाने लगी। ईशर सिंह फिर भी कुछ न बोला।

कुलवंत कौर भरे-भरे हाथ-पैरोंवाली औरत थी। चौड़े-चकले कूल्हे थुल-थुल करनेवाले गोश्त से भरपूर, कुछ बहुत ही ज़्यादा ऊपर को उठा हुआ सीना, तेज़ आँखें, बालाई[3] होंठ पर बालों का सुर्मई ग़ुबार। ठोड़ी की साख़्त[4] से पता चलता था कि बड़े धड़ल्ले की औरत है।

ईशर सिंह सिर न्योढ़ाए एक कोने में चुपचाप खड़ा था। सिर पर उसकी कसकर बाँधी हुई पगड़ी ढीली हो रही थी। उसके हाथ जो किरपान थामे हुए थे, थोड़े-थोड़े लरज़ाँ थे मगर उसके क़दो-क़ामत और खद्दो-ख़ाल से पता चलता था कि वह कुलवंत कौर-जैसी औरत के लिए मौज़ूँतरीन[5] मर्द है।

चंद और लम्हात जब इसी तरह ख़ामोशी में गुज़र गए तो कुलवंत कौर छलक पड़ी लेकिन तेज़-तेज़ आँखों को नचाकर वह सिर्फ़ इस कदर कह सकी : "ईशर सियाँ···"

ईशर सिंह ने गरदन उठाकर कुलवंत कौर की तरफ़ देखा, मगर उसकी निगाहों की गोलियों की ताब न लाकर मुँह दूसरी तरफ़ मोड़ लिया।

कुलवंत कौर चिल्लाई : "ईशर सियाँ···" लेकिन फ़ौरन ही आवाज़ भींच ली और पलँग पर से उठकर उसकी जानिब जाते हुए बोली : "कहाँ रहे तुम इतने दिन?"

ईशर सिंह ने ख़ुश्क होंठों पर ज़ुबान फेरी : "मुझे मालूम नहीं।"

कुलवंत कौर भिन्ना गई : "यह भी कोई माँया जवाब है!"

ईशर सिंह ने किरपान एक तरफ़ फेंक दी और पलँग पर लेट गया। ऐसा मालूम होता था कि वह कई दिनों का बीमार है। कुलवंत कौर ने पलँग की तरफ़ देखा जो अब ईशर सिंह

से लबालब भरा था। उसके दिल में हमदर्दी का जज़्बा पैदा हो गया। चुन्नांचे उसके माथे पर हाथ रखकर उसने बड़े प्यार से पूछा : ''जानी, क्या हुआ है तुम्हें ?''

ईशर सिंह छत की तरफ़ देख रहा था, उससे निगाहें हटाकर उसने कुलवंत कौर के मानूस[6] चेहरे को टटोलना शुरू किया : ''कुलवंत !'' उसकी आवाज़ में दर्द था।

कुलवंत कौर सारी सिमटकर अपने बालाई होंठ में आ गई: ''हाँ जानी !'' कहकर वह उसको दाँतों से काटने लगी।

ईशर सिंह ने पगड़ी उतार दी। कुलवंत कौर की तरफ़ सहारा लेनेवाली निगाहों से देखा, उसके गोश्त भरे कूल्हे पर ज़ोर से धप्पा मारा और सिर को झटका देकर अपने आपसे कहा: 'यह कुड़िया दिमाग़ ही ख़राब है…'

झटका देने से उसके केश खुल गए। कुलवंत कौर उँगलियों से उनमें कंघी करने लगी। ऐसा करते हुए उसने बड़े प्यार से पूछा : ''ईशर सियाँ, कहाँ रहे तुम इतने दिन ?''

''बुरे की माँ के घर…'' ईशर सिंह ने कुलवंत कौर को घूर के देखा और दफ़अतन[7] दोनों हाथों से उसके उभरे हुए सीने को मसलने लगा : ''क़सम वाहगुरु की, बड़ी जानदार औरत हो !''

कुलवंत कौर ने एक अदा के साथ ईशर सिंह के हाथ एक तरफ़ झटक दिए और पूछा : ''तुम्हें मेरी क़सम, बताओ, कहाँ रहे… ? शहर गए थे… ?''

ईशर सिंह ने एक ही लपेट में अपने बालों का जूड़ा बनाते हुए जवाब दिया : ''नहीं।''

कुलवंत कौर चिढ़ गई : ''नहीं, तुम ज़रूर शहर गए थे… और तुमने बहुत-सा रुपया लूटा है जो तुम मुझसे छुपा रहे हो।''

''वह अपने बाप का तुख़्म[8] न हो जो तुमसे झूठ बोले…''

कुलवंत कौर थोड़ी देर के लिए ख़ामोश हो गई, लेकिन फ़ौरन ही भड़क उठी : ''लेकिन मेरी समझ में नहीं आता, उस रात तुम्हें हुआ क्या… ? अच्छे-भले मेरे साथ लेटे थे, मुझे तुमने वह तमाम गहने पहना रखे थे जो तुम शहर से लूट के लाए थे। मेरी भप्पियाँ ले रहे थे, पर जाने एकदम तुम्हें क्या हुआ, उठे और कपडे पहनकर बाहर निकल गए… ?''

ईशर सिंह का रंग ज़र्द हो गया। कुलवंत कौर ने यह तब्दीली देखते ही कहा : ''देखा, कैसे रंग पीला पड़ गया… ईशर सियाँ, क़सम वाहगुरु की, ज़रूर कुछ दाल में काला है ?''

''तेरी जान की क़सम, कुछ भी नहीं।''

ईशर सिंह की आवाज़ बेजान थी। कुलवंत कौर का शुब्हा और ज़्यादा मज़बूत हो गया। बालाई होंठ भींचकर उसने एक-एक लफ़्ज़ पर ज़ोर देते हुए कहा : ''ईशर सियाँ, क्या बात है, तुम वह नहीं हो जो आज से आठ रोज़ पहले थे ?''

ईशर सिंह एकदम उठ बैठा, जैसे किसी ने उस पर हमला किया है। कुलवंत कौर को अपने तनोमंद[9] बाज़ुओं में समेटकर उसने पूरी क़ुव्वत के साथ उसे भँभोड़ना शुरू कर दिया : ''जानी, मैं वही हूँ… घुट-घुट पा जफ्फियाँ, तेरी निकले हड्डाँ दी गर्मी…''

कुलवंत कौर ने कोई मुज़ाहमत[10] न की, लेकिन वह शिकायत करती रही : ''तुम्हें उस रात हो क्या गया था ?''

''बुरे की माँ का वह हो गया था।''

''बताओगे नहीं ?''

''कोई बात हो तो बताऊँ !''

''मुझे अपने हाथों से जलाओ अगर झूठ बोलो।''

ईशर सिंह ने अपने बाज़ू उसकी गर्दन में डाल दिए और होंठ उसके होंठों में गाड़ दिए। मूँछों के बाल कुलवंत कौर के नथुनों में घुसे तो उसे छींक आ गई—दोनों हँसने लगे।

ईशर सिंह ने अपनी सदरी उतार दी और कुलवंत कौर को शहवत[11] भरी नज़रों से देखकर कहा : ''आ जाओ, एक बाज़ी ताश की हो जाए !''

कुलवंत कौर के बालाई होंठ पर पसीने की नन्ही-नन्ही बूँदे फूट आईं। एक अदा के साथ उसने अपनी आँखों की पुतलियाँ घुमाईं और कहा : ''चल दफ़ान हो···''

ईशर सिंह ने उसके उभरे हुए कूल्हे पर ज़ोर की चुटकी भरी। कुलवंत कौर तड़पकर एक तरफ़ हट गई : ''न कर ईशर सियाँ, मेरे दर्द होता है···''

ईशर सिंह ने आगे बढ़कर कुलवंत कौर का बालाई होंठ अपने दाँतों तले दबा लिया और किचकिचाने लगा। कुलवंत कौर बिलकुल पिघल गई। ईशर सिंह ने अपना कुरता उतार के फेंक दिया और कहा : ''लो, फिर हो जाए तुरप चाल···''

कुलवंत कौर का बालाई होंठ कँपकँपाने लगा। ईशर सिंह ने दोनों हाथों से कुलवंत कौर की क़मीस का घेरा पकड़ा और जिस तरह बकरे की खाल उतारते हैं, उसी तरह उसको उतारकर एक तरफ़ रख दिया। फिर उसने घूर के उसके नंगे बदन को देखा और ज़ोर से उसके बाज़ू पर चुटकी भरते हुए कहा : ''कुलवंत, क़सम वाहगुरु की, बड़ी करारी औरत है तू···''

कुलवंत कौर अपने बाज़ू पर उभरते हुए लाल धब्बे को देखने लगी : ''बड़ा ज़ालिम है तू ईशर सियाँ !''

ईशर सिंह अपनी घनी काली मूँछों में मुस्कराया : ''होने दे आज ज़ुल्म ?'' और यह कहकर उसने मज़ीद[12] ज़ुल्म ढाने शुरू किए··· कुलवंत कौर का बालाई होंठ दाँतों तले किचकिचाया, कान की लौओं को काटा, उभरे हुए सीने को भँभोड़ा, भरे हुए कूल्हों पर आवाज़ पैदा करनेवाले चाँटे मारे, गालों के मुँह भर-भर के बोसे लिए, चूस-चूसकर उसका सारा सीना थूकों से लथेड़ दिया··· कुलवंत कौर तेज़ आँच पर चढ़ी हुई हाँडी की तरह उबलने लगी, लेकिन ईशर सिंह इन तमाम हीलों के बावुजूद ख़ुद में हरारत पैदा न कर सका। जितने गुर और जितने दाँव उसे याद थे, सब के-सब उसने पिट जानेवाले पहलवान की तरह इस्तेमाल कर दिए, पर कोई कारगर न हुआ। कुलवंत कौर ने, जिसके बदन के सारे तार तनकर ख़ुद-ब-ख़ुद बज रहे थे, ग़ैर ज़रूरी छेड़-छाड़ से तंग आकर कहा : ''ईशर सियाँ, काफ़ी फेंट चुका है, अब पत्ता फेंक !''

यह सुनते ही ईशर सिंह के हाथ से जैसे ताश की सारी गड्डी नीचे फिसल गई। हाँफता हुआ वह कुलवंत कौर के पहलू में लेट गया और उसके माथे पर सर्द पसीने के लेप होने लगे। कुलवंत कौर ने उसे गर्माने की बहुत कोशिश की, मगर नाकाम रही। अब तक

सबकुछ मुँह के कहे बग़ैर होता रहा था, लेकिन जब कुलवंत कौर के मुंतज़िर-ब-अमल आज़ा[13] को सख़्त नाउम्मीदी हुई तो वह झल्लाकर पलँग से नीचे उतर गई। सामने खूँटी पर चादर पड़ी थी, उसको उतारकर उसने जल्दी-जल्दी ओढ़कर और नथुने फुलाकर, बिफरे हुए लहजे में कहा : ''ईशर सियाँ, वह कौन हरामज़ादी है जिसके पास तू इतने दिन रहकर आया है, और जिसने तुझे निचोड़ डाला है ?''

ईशर सिंह पलँग पर लेटा हाँफता रहा और उसने कोई जवाब न दिया।

कुलवंत कौर ग़ुस्से से उबलने लगी : ''मैं पूछती हूँ, कौन है वह चड्डो··· कौन है वह अलिफती···कौन है वह चोर पत्ता ?''

ईशर सिंह ने थके हुए लहजे में जवाब दिया : ''कोई भी नहीं कुलवंत, कोई भी नहीं···''

कुलवंत कौर ने अपने भरे हुए कूल्हों पर हाथ रखकर एक अज़्म[14] के साथ कहा : ''ईशर सियाँ, मैं आज झूठ-सच जान के रहूँगी··· खा वाहगुरु जी की क़सम··· क्या इसकी तह में कोई औरत नहीं ?''

ईशर सिंह ने कुछ कहना चाहा मगर कुलवंत कौर ने इसकी इजाज़त न दी : ''क़सम ख़ाने से पहले सोच ले कि मैं भी सरदार निहाल सिंह की बेटी हूँ··· तिक्का बोटी कर दूँगी, अगर तूने झूठ बोला···ले अब खा वाहगुरु जी की क़सम··· क्या इसकी तह में कोई औरत नहीं··· ?''

ईशर सिंह ने बड़े दुख के साथ इस्बात[15] में सिर हिलाया। कुलवंत कौर बिलकुल दीवानी हो गई। उसने लपककर कोने में से किरपान उठाई,मियान को केले के छिलके की तरह उतारकर एक तरफ़ फेंका और ईशर सिंह पर वार कर दिया।

आन की आन में लहू के फ़व्वारे छूट पड़े। कुलवंत कौर की इससे भी तसल्ली न हुई तो उसने वहशी बिल्लियों की तरह ईशर सिंह के केश नोचने शुरू कर दिए। साथ ही साथ वह अपनी नामालूम सौत को मोटी-मोटी गालियाँ देती रही। ईशर सिंह ने थोड़ी देर के बाद नक़ाहत भरी इल्तिजा की: ''जाने दे अब कुलवंत, जाने दे···'' उसकी आवाज़ में बला का दर्द था। कुलवंत कौर पीछे हट गई।

ख़ून ईशर सिंह के गले से उड़-उड़कर उसकी मूँछों पर गिर रहा था। उसने अपने लरज़ाँ होंठ खोले और कुलवंत कौर की तरफ़ शुक्रिए और गिले की मिली-जुली निगाहों से देखा : ''मेरी जान तुमने बहुत जल्दी की···लेकिन जो हुआ, ठीक है···''

कुलवंत कौर का हसद फिर भड़का : ''मगर वह कौन है तुम्हारी माँ ?''

लहू ईशर सिंह की ज़ुबान तक पहुँच गया। जब उसने उसका ज़ाइक़ा चखा तो उसके बदन में झुरझुरी-सी दौड़ गई : ''और मैं··· और मैं··· भैणया छः आदमियों को क़त्ल कर चुका हूँ··· इसी किरपान से···''

कुलवंत कौर के दिमाग़ में सिर्फ़ दूसरी औरत थी : ''मैं पूछती हूँ, कौन है वह हरामज़ादी ?''

ईशर सिंह की आँखें धुँधला रही थीं। एक हल्की-सी चमक उनमें पैदा हुई और उसने कुलवंत कौर से कहा : ''गाली न दे उस भड़वी को···''

कुलवंत चिल्लाई : ''मैं पूछती हूँ, वह है कौन ?''

ईशर सिंह के गले में आवाज़ रुँध गई : ''बताता हूँ···'' यह कहकर उसने अपनी गर्दन पर हाथ फेरा और उस पर अपना जीता-जीता ख़ून देखकर मुस्कराया : ''इंसान माँया भी एक अजीब चीज़ है···''

कुलवंत कौर उसके जवाब की मुंतज़िर थी : ''ईशर सियाँ, तू मतलब की बात कर···''

ईशर सिंह की मुस्कराहट उसकी भरी मूँछों में और ज़्यादा फैल गई : ''मतलब ही की बात कर रहा हूँ। गला चिरा है माँया मेरा··· अब धीरे-धीरे ही सारी बात बताऊँगा···''

और जब वह बात बताने लगा तो उसके माथे पर ठंडे पसीने के लेप होने लगे : ''कुलवंत मेरी जान ! मैं तुम्हें नहीं बता सकता, मेरे साथ क्या हुआ···? इंसान कुडीया भी एक अजीब चीज़ है···शहर में लूट मची तो सबकी तरह मैंने भी उसमें हिस्सा लिया···गहने-पाते और रुपए-पैसे जो भी हाथ लगे, वह मैंने तुम्हें दे दिए···लेकिन एक बात तुम्हें न बताई···''

ईशर सिंह ने घाव में दर्द महसूस किया और कराहने लगा। कुलवंत कौर ने उसकी तरफ़ तवज्जोह न दी और बड़ी बेरहमी से पूछा : ''कौन-सी बात ?''

ईशर सिंह ने मूँछों पर जमते हुए लहू को फूँक के ज़रिए से उड़ाते हुए कहा : ''जिस मकान पर··· मैंने धावा बोला था··· उसमें सात··· उसमें सात आदमी थे··· छः मैंने··· कत्ल कर दिए··· इसी किरपान से जिससे तूने मुझे··· छोड़ इसे··· सुन··· एक लड़की थी बहुत ही सुंदर··· उसको उठाकर मैं अपने साथ ले आया···''

कुलवंत कौर ख़ामोश सुनती रही। ईशर सिंह ने एक बार फिर फूँक मारके मूँछों पर से लहू उड़ाया : ''कुलवंत जानी, मैं तुमसे क्या कहूँ, कितनी सुंदर थी··· मैं उसे भी मार डालता, पर मैंने कहा, नहीं ईशर सियाँ, कुलवंत कौर के तो हर रोज़ मज़े लेता है, यह मेवा भी चख देख···''

कुलवंत कौर ने सिर्फ़ इस क़दर कहा : ''हूँ···''

''···और मैं उसे कंधे पर डालकर चल दिया··· रास्ते में··· क्या कह रहा था मैं···? हाँ रास्ते में··· नहर की पटरी के पास थोहर की झाड़ियों तले मैंने उसे लिटा दिया··· पहले सोचा कि फेंटूँ, लेकिन फिर ख़याल आया कि नहीं···'' यह कहते-कहते ईशर सिंह की ज़ुबान सूख गई।

कुलवंत कौर ने थूक निगलकर अपना हलक़ तर किया और पूछा : ''फिर क्या हुआ ?''

ईशर सिंह के हलक़ से बमुश्किल यह अल्फ़ाज़ निकले : ''मैंने··· मैंने पत्ता फेंका··· लेकिन··· लेकिन···'' उसकी आवाज़ डूब गई।

कुलवंत कौर ने उसे झँझोड़ा : ''फिर क्या हुआ ?''

ईशर सिंह ने अपनी बंद होती हुई आँखें खोलीं और कुलवंत कौर के जिस्म की तरफ़ देखा, जिसकी बोटी-बोटी थिरक रही थी : ''वह··· वह मरी हुई थी··· लाश थी··· बिलकुल ठंडा गोश्त··· जानी, मुझे अपना हाथ दे···''

कुलवंत कौर ने अपना हाथ ईशर सिंह के हाथ पर रखा, जो बर्फ़ से भी ज़्यादा ठंडा था।

1. आस-पास का क्षेत्र; 2. अस्त-व्यस्त, परेशान; 3. ऊपर का; 4. बनावट; 5. बहुत सही; 6. जाना-पहचाना; 7. अचानक; 8. बीज; 9. बलिष्ठ; 10. विरोध; 11. कामुक; 12. और अधिक; 13. प्रतीक्षारत अंगों; 14. दृढ़ निश्चय; 15. स्वीकारोक्ति।

सियाह हाशिए

उस आदमी के नाम
जिसने अपनी ख़ूँरेज़ियों का ज़िक्र करते हुए कहा :
''जब मैंने एक बुढ़िया को मारा
तो मुझे ऐसा लगा,
मुझसे क़त्ल हो गया है…!''

साअते-शीरीं[1]

नई दिल्ली, जनवरी 31 (ए पी) : इत्तिला[2] मौसूल[3] है कि महात्मा गांधी की मौत पर इज़हारे-मसर्रत[4] के लिए अमृतसर, ग्वालियर और बंबई में कई जगह लोगों में शीरीनी[5] बाँटी गई।

---

1. मीठा (मधुर) पल; 2. सूचना; 3. प्राप्त; 4. प्रसन्नता व्यक्त करना; 5. मिठाई।

मज़दूरी

लूट-खसोट का बाज़ार गर्म था।

फिर चारों तरफ़ आग भड़कने लगी।

गर्मी में इज़ाफ़ा हो गया।

एक आदमी हारमोनियम की पेटी उठाए ख़ुश-ख़ुश गाता जा रहा था :

जब तुम ही गए परदेस
लगाकर ठेस
ओ पीतम प्यारा
दुनिया में कौन हमारा···

एक छोटी उम्र का लड़का झोली में पापड़ों का अंबार डाले भागा जा रहा था—ठोकर लगी तो पापड़ों की एक गड्डी उसकी झोली में से गिर पड़ी।

लड़का उसे उठाने के लिए झुका तो एक आदमी ने, जिसने सर पर सिलाई की मशीन उठाई हुई थी, उससे कहा : "रहने दे बेटा, रहने दे··· अपने आप भुन जाएँगे···"

बाज़ार में धप्प से एक भरी हुई बोरी गिरी।

एक शख़्स ने जल्दी से बढ़कर अपने छुरे से उसका पेट चाक किया—आँतों के बजाय शक्कर, सफ़ेद-सफ़ेद दानोंवाली शक्कर बाहर निकल आई।

लोग जमा हो गए और अपनी-अपनी झोलियाँ भरने लगे।

एक आदमी कुरते के बग़ैर था। उसने जल्दी से अपना तहबंद खोला और मुट्ठियाँ भर-भरकर उसमें डालने लगा।

"हट जाओ···हट जाओ···" एक ताँगा ताज़ा-ताज़ा रौग़नशुदा अलमारियों से लदा हुआ गुज़र गया।

ऊँचे मकान की खिड़की में से मलमल का थान फड़फड़ाता हुआ बाहर निकला।

शोले की ज़ुबान ने हौले-से उसे चाटा।

सड़क तक पहुँचा तो वह राख का एक ढेर था।

''पौं-पौं···पौं-पौं···मोटर के हॉर्न की आवाज़ के साथ दो औरतों की चीख़ें भी थीं।

लोहे का एक सेफ़ दस-पंद्रह आदमियों ने खींचकर बाहर निकाला और लाठियों की मदद से उसे खोलना शुरू कर दिया।

''काऊ एंड गोट' दूध के कई टीन दोनों हाथों में थामे और अपनी ठोड़ी से उनको सहारा दिए एक आदमी दूकान से बाहर निकला और आहिस्ता-आहिस्ता बाज़ार में चलने लगा।

एक बुलंद आवाज़ आई : ''गर्मी का मौसम है···आओ, लेमूनेड पियो···!''

गले में मोटर का टायर डाले हुए आदमी ने बढ़कर दो बोतलें उठाईं और शुक्रिया अदा किए बग़ैर चल दिया।

एक और आवाज़ आई : ''कोई आग बुझानेवालों को इत्तिला दे दे···वरना सारा माल जल जाएगा।''

किसी ने इस मुफ़ीद मश्वरे की तरफ़ कोई तवज्जोह नहीं दी।

लूट-खसोट का बाज़ार इसी तरह गर्म रहा, और चारों तरफ़ भड़कती हुई आग उस गर्मी में इज़ाफ़ा करती रही।

फिर बहुत देर के बाद तड़-तड़ की आवाज़ आई— गोलियाँ चलने लगीं।

पुलिस को बाज़ार ख़ाली नज़र आया—लेकिन दूर, धुएँ में मल्फ़ूफ़[1] मोड़ के पास एक साया-सा था।

सिपाही सीटियाँ बजाते उस तरफ़ लपके।

साया तेज़ी से धुएँ के अंदर घुस गया।

सिपाही भी तआक़ुब[2] में लगे रहे।

धुएँ का इलाक़ा ख़त्म हुआ तो सिपाहियों ने देखा कि एक कश्मीरी मज़दूर पीठ पर वज़नी बोरी उठाए भागा चला जा रहा है।

सीटियों के गले ख़ुश्क हो गए मगर वह कश्मीरी मज़दूर न रुका···उसकी पीठ पर वज़न था; मामूली वज़न नहीं; एक भरी हुई बोरी थी लेकिन वह यूँ दौड़ रहा था जैसे उसकी पीठ पर कुछ है ही नहीं।

सिपाही हाँपने लगे—एक ने तंग आकर पिस्तौल निकाला और दाग़ दिया।

गोली कश्मीरी मज़दूर की पिंडली में लगी। बोरी उसकी पीठ पर से गिर पड़ी।

घबराकर उसने अपने पीछे आहिस्ता-आहिस्ता बढ़ते हुए सिपाहियों को देखा; पिंडली से बहते हुए ख़ून की तरफ़ भी उसने ग़ौर किया। फिर एक ही झटके से बोरी उठाई, पीठ पर

लादी और लँगड़ाते-लँगड़ाते भागने लगा।

थके हुए सिपाहियों ने सोचा : ''जाए जहन्नम में...''

उसी वक्त कश्मीरी मज़दूर लड़खड़ाया और गिर पड़ा। बोरी उसके ऊपर आन पड़ी।

अब थके-हारे सिपाहियों ने उसे पकड़ लिया; फ़िर बोरी उस पर लादकर थाने की तरफ़ चलने लगे।

रास्ते में कश्मीरी मज़दूर ने बारहा कहा : ''हज़रत, आप मुझे क्यों पकड़ती... मैं तो ग़रीब आदमी होती... चावल की एक बोरी लेती... घर में खाती... आप नाहक़ मुझे गोली मारती...''

लेकिन उसकी एक न सुनी गई।

थाने में भी कश्मीरी मज़दूर ने अपनी सफ़ाई में कहा : ''हज़रत, दूसरा लोग बड़ा-बड़ा माल उठाती... मैं तो फ़क़त चावल की एक बोरी लेती... हज़रत, मैं बहुत ग़रीब होती... हर रोज़ भात खाती...''

जब वह थक-हार गया तो उसने अपनी मैली टोपी से माथे का पसीना पोंछा और चावल की बोरी की तरफ़ हसरत भरी निगाहों से देखते हुए थानेदार के आगे हाथ फैलाए : ''अच्छा, हज़रत, तुम बोरी अपने पास रखती... मैं अपनी मज़दूरी माँगती... चार... आने!''

---

1. लिपटे हुए; 2. पीछा करना।

तआवुन[1]

चालीस-पचास लठबंद आदमियों का एक गिरोह लूट-मार के लिए एक मकान की तरफ़ बढ़ रहा था।

दफ़अतन[2] उस भीड़ को चीरकर एक दुबला-पतला अधेड़ उम्र का आदमी बाहर निकला। पलटकर वह बलवाइयों से लीडराना अंदाज़ में मुख़ातिब हुआ : "भाइयो, इस मकान में बेअंदाज़ा दौलत है, बेशुमार क़ीमती सामान है⋯आओ हम सब मिलकर इस पर क़ाबिज़ हो जाएँ और माले-ग़नीमत आपस में बाँट लें।"

हवा में कई लाठियाँ लहराईं, कई मुक्के भिंचे और बुलंद-बाँग नारों का एक फ़व्वारा-सा छूट पड़ा।

चालीस-पचास लठबंद आदमियों का गिरोह दुबले-पतले अधेड़ उम्र के आदमी की क़यादत[3] में उस मकान की तरफ़ तेज़ी से बढ़ने लगा, जिसमें बे अंदाज़ा दौलत और बेशुमार क़ीमती सामान था।

मकान के सदर दरवाज़े के पास रुककर दुबला-पतला आदमी फिर बलवाइयों से मुख़ातिब हुआ : "भाइयो, इस मकान में जितना भी माल है, सब तुम्हारा है⋯देखो, छीना-झपटी नहीं करना, आपस में नहीं लड़ना, आओ!"

एक चिल्लाया : "दरवाज़े में ताला है।"

दूसरे ने बआवाज़े बुलंद कहा : "तोड़ दो।"

"तोड़ दो⋯तोड़ दो।" हवा में कई लाठियाँ लहराईं, कई मुक्के भिचें और बुलंद-बाँग नारों का एक फ़व्वारा-सा छूट पड़ा।

दुबले-पतले आदमी ने हाथ के इशारे से दरवाज़ा तोड़नेवालों को रोका और मुसकराकर कहा : "भाइयो, ठहरो⋯मैं इसे चाबी से खोलता हूँ।"

यह कहकर उसने जेब से चाबियों का गुच्छा निकाला और एक चाबी मुंतख़ब[4] करके ताले में डाली और उसे खोल दिया—शीशम का भारी-भरकम दरवाज़ा एक चीख़ के साथ वा[5] हुआ, तो हुजूम दीवानावार अंदर दाख़िल होने के लिए आगे बढ़ा।

दुबले-पतले आदमी ने माथे का पसीना अपनी आस्तीन से पोंछते हुए कहा : "भाइयो, आराम से⋯जो कुछ इस मकान में है, सब तुम्हारा है⋯फिर इस अफ़रा-तफ़री की क्या ज़रूरत है?"

फ़ौरन ही हुजूम में ज़ब्त पैदा हो गया—एक-एक करके बलवाई मकान के अंदर दाख़िल होने लगे, लेकिन जूँ ही चीज़ों की लूटमार शुरू हुई, फिर धाँधली मच गई। बड़ी बेरहमी से बलवाई क़ीमती चीज़ों पर हाथ साफ़ करने लगे।

दुबले-पतले आदमी ने जब यह मंज़र देखा तो बड़ी दुख भरी आवाज़ में लुटेरों से कहा : ''भाइयों, आहिस्ता-आहिस्ता... आपस मे लड़ने-झगड़ने की कोई ज़रूरत नहीं... नोच-खसोट की भी कोई ज़रूरत नहीं... तआवुन से काम लो। अगर किसी के हाथ ज़्यादा क़ीमती चीज़ आ गई है तो हासिद[6] मत बनो... इतना बड़ा मकान है, अपने लिए कोई और चीज ढूँढ़ लो... मगर वहशी[7] न बनो... मार-धाड़ करोगे तो चीज़ें टूट जाएँगी... इसमें नुक़सान तुम्हारा ही है...''

लुटेरों में एक बार फिर नज़्म[8] पैदा हो गया, और भरा हुआ मकान आहिस्ता-आहिस्ता ख़ाली होने लगा।

दुबला-पतला आदमी वक़्तन-फ़वक़्तन[9] हिदायत देता रहा : ''देखो भैया, यह रेडियो है... ज़रा आराम से उठाओ, ऐसा न हो कि टूट जाए... इसके तार भी साथ लेते जाओ...''

''तह कर लो भाई, इसे तह कर लो... अख़रोट की लकड़ी की तिपाई है, हाथीदाँत की पच्चीकारी है, बड़ी नाज़ुक चीज़ है... हाँ अब ठीक है...''

''नहीं-नहीं, यहाँ मत पियो... बहक जाओगे... इसे घर ले जाओ...''

''ठहरो-ठहरो, मुझे मेन स्विच बंद कर लेने दो... कहीं करंट से धक्का न लग जाए...''

इतने में एक कोने से शोर बुलंद हुआ—चार बलवाई रेशमी कपड़े के एक थान पर छीना-झपटी कर रहे थे।

दुबला-पतला आदमी तेज़ी से उनकी तरफ़ बढ़ा और मलामत भरे लहजे में उनसे कहने लगा : ''तुम लोग कितने बेसमझ हो... चिंदी-चिंदी हो जाएगी ऐसे क़ीमती कपड़े की... घर में सब चीज़ें मौजूद हैं, गज़ भी होगा... तलाश करो और नापकर कपड़ा आपस में तक़सीम कर लो...''

दफ़अतन एक कुत्ते के भौंकने की आवाज़ आई : अफ़-अफ़-अफ़...

और चश्मे-ज़दन[10] में एक बहुत बड़ा गद्दी कुत्ता एक जस्त के साथ अंदर लपका, और लपकते ही उसने दो-तीन लुटेरों को भँभोड़ दिया।

दुबला-पतला आदमी चिल्लाया : ''टाइगर... टाइगर...''

टाइगर, जिसके मुँह में एक लुटेरे का नुचा हुआ गिरेबान था, दुम हिलाता हुआ दुबले-पतले आदमी की तरफ़ निगाहें नीची किए क़दम उठाने लगा।

टाइगर के आते ही सब लुटेरे भाग गए थे, सिर्फ़ एक लुटेरा बाक़ी रह गया था, जिसके गिरेबान का टुकड़ा टाइगर के मुँह में था।

उसने दुबले-पतले आदमी की तरफ़ देखा और पूछा : ''कौन हो तुम ?''

दुबला-पतला आदमी मुसकराया : ''इस घर का मालिक... देखो-देखो, तुम्हारे हाथ से काँच का मर्तबान गिर रहा है...!''

---

1. एक-दूसरे की सहायता करना; 2. अचानक; 3. नेतृत्व; 4. छाँटना, चुनना; 5. खुला; 6. ईर्ष्यालु; 7. उद्विग्न, जुनूनी; 8. व्यवस्था; 9. कभी-कभी; 10. पलक झपकते;

तक़सीम

एक आदमी ने अपने लिए लकड़ी का एक बड़ा संदूक़ मुंतख़ब[1] किया; जब उसे उठाने लगा तो संदूक़ अपनी जगह से एक इंच भी न हिला।

एक शख़्स ने जिसे शायद अपने मतलब की कोई चीज़ मिल ही नहीं रही थी, संदूक़ उठाने की कोशिश करनेवाले से कहा : "मैं तुम्हारी मदद करूँ ?"

संदूक़ उठाने की कोशिश करनेवाला इम्दाद[2] लेने पर राज़ी हो गया।

उस शख़्स ने जिसे अपने मतलब की कोई चीज़ मिल नहीं रही थी, अपने मज़बूत हाथों से संदूक़ को जुंबिश दी और संदूक़ उठाकर अपनी पीठ पर धर लिया—दूसरे ने सहारा दिया, और दोनों बाहर निकले।

संदूक़ बहुत बोझिल था। उसके वज़न के नीचे उठानेवाले की पीठ चटख़ रही थी और टाँगें दोहरी होती जा रही थीं, मगर इनाम की तवक्क़ो[3] ने उस जिस्मानी मशक़्क़त का एहसास नीम मुर्दा कर दिया था।

संदूक़ उठानेवाले के मुक़ाबले में संदूक़ को मुंतख़ब करनेवाला बहुत कमज़ोर था—सारा रास्ता वह सिर्फ़ एक हाथ से संदूक़ को सहारा देकर अपना हक़ क़ायम रखता रहा।

जब दोनों महफ़ूज़[4] मुक़ाम पर पहुँच गए तो संदूक़ को एक तरफ़ रखकर सारी मशक़्क़त बर्दाश्त करनेवाले ने कहा : "बोलो, इस संदूक़ के माल में से मुझे कितना मिलेगा ?"

संदूक़ पर पहली नज़र डालनेवाले ने जवाब दिया : "एक चौथाई।"

"यह तो बहुत कम है।"

"कम बिलकुल नहीं, ज़्यादा है··· इसलिए कि सबसे पहले मैंने ही इस माल पर हाथ डाला था।"

"ठीक है, लेकिन यहाँ तक इस कमरतोड़ बोझ को उठा के लाया कौन है ?"

"अच्छा, आधे-आधे पर राज़ी होते हो ?"

"ठीक है··· खोलो संदूक़।"

संदूक़ खोला गया तो उसमें से एक आदमी बाहर निकला। उसके हाथ में तलवार थी—उसने दोनों हिस्सेदारों को चार हिस्सों में तक़सीम कर दिया।

---

1. चुनना; 2. मदद; 3. आशा, उम्मीद; 4. सुरक्षित।

जायज़ इस्तेमाल

दस राउंड चलाने और तीन आदमियों को ज़ख़्मी करने के बाद पठान भी आख़िर सुर्ख़रू[1] हो ही गया।

एक अफ़रा-तफ़री मची हुई थी; लोग एक-दूसरे पर गिर रहे थे; छीना झपटी हो रही थी; मारधाड़ भी जारी थी—पठान अपनी बंदूक़ लिए हुजूम में घुसा और तक़रीबन एक घंटा कुश्ती लड़ने के बाद थरमस पर हाथ साफ़ करने में कामयाब हो गया।

पुलिस पहुँची तो सब भागे; पठान भी।

एक गोली उसके दाहिने कान को चाटती हुई निकल गई। पठान ने इसकी बिलकुल परवाह न की और सुर्ख़ रंग थरमस को अपने हाथ में मज़बूती से थामे रखा।

अपने दोस्तों के पास पहुँचकर उसने सबको बड़े फ़ख़्रिया[2] अंदाज़ में थरमस दिखाई।

एक ने मुसकराकर कहा : "ख़ाँ साहब, आप यह क्या उठा लाए हैं?"

पठान ने पसंदीदा नज़रों से चमकती हुई थरमस को देखा और पूछा : "क्यों?"

"यह तो ठंडी चीज़ें ठंडी और गर्म चीज़ें गर्म रखनेवाली बोतल है।"

पठान ने थरमस पर नज़रें गाड़ते हुए कहा : "ख़ू अम इसमें निसवार डालेगा···गर्मियों में गर्म रहेगा, सर्दियों में सर्द···!"

---

1. कामयाब; 2. गर्वीले।

बेख़बरी का फ़ायदा

लबलबी दबी—पिस्तौल से झुँझलाकर गोली बाहर निकली।

खिड़की में से बाहर झाँकनेवाला आदमी उसी जगह दोहरा हो गया।

लबलबी थोड़ी देर के बाद फिर दबी—दूसरी गोली भिनभिनाती हुई बाहर निकली।

सड़क पर माशकी की मश्क फटी; वह औंधे मुँह गिरा और उसका लहू मश्क के पानी में हल[1] होकर बहने लगा।

लबलबी तीसरी बार दबी—निशाना चूक गया; गोली एक गीली दीवार में जज़्ब हो गई।

चौथी गोली एक बूढ़ी औरत की पीठ में लगी; वह चीख़ भी न सकी और वहीं ढेर हो गई।

पाँचवीं और छठी गोली बेकार गई; कोई हलाक हुआ न ज़ख़्मी।

गोलियाँ चलानेवाला भिन्ना गया।

दफ़अतन सड़क पर एक छोटा-सा बच्चा दौड़ता हुआ दिखाई दिया।

गोलियाँ चलानेवाले ने पिस्तौल का मुँह उसकी तरफ़ मोड़ा।

उसके साथी ने कहा : ''यह क्या करते हो?''

गोलियाँ चलानेवाले ने पूछा : ''क्यों?''

''गोलियाँ तो ख़त्म हो चुकी हैं!''

''तुम ख़ामोश रहो···इतने-से बच्चे को क्या मालूम?''

---

1. मिलकर, घुलकर।

मुनासिब कार्रवाई

जब हमला हुआ तो महल्ले में अक़ल्लीयत[1] के कुछ लोग क़त्ल हो गए
जो बाक़ी बचे, जानें बचाकर भाग निकले—एक आदमी और उसकी
बीवी अलबत्ता अपने घर के तहख़ाने में छुप गए।
दो दिन और दो रातें पनाह याफ़्ता[2] मियाँ-बीवी ने हमलाआवरों
की मुतवक्क़े-आमद[3] में गुज़ार दीं, मगर कोई न आया।
दो दिन और गुज़र गए। मौत का डर कम होने लगा। भूख
और प्यास ने ज़्यादा सताना शुरू किया।
चार दिन और बीत गए। मियाँ-बीवी को ज़िंदगी और मौत से
कोई दिलचस्पी न रही। दोनों जाए पनाह[4] से बाहर निकल आए।
ख़ाविंद ने बड़ी नहीफ़[5] आवाज़ में लोगों को अपनी तरफ़ मुतवज्जेह
किया और कहा : ''हम दोनों अपना आप तुम्हारे हवाले करते हैं···हमें मार डालो।''
जिनको मुतवज्जेह किया गया था, वह सोच में पड़ गए : ''हमारे धरम
में तो जीव-हत्या पाप है···''
उन्होंने आपस में मशवरा किया और मियाँ-बीवी को मुनासिब कार्रवाई
के लिए दूसरे महुल्ले के आदमियों के सिपुर्द कर दिया।

---

1. अल्पसंख्यक; 2. शरण लिए हुए, छुपे हुए; 3. आने की आशा; 4. बचाव के स्थान; 5. हल्की धीमी।

करामात

लूटा हुआ माल बरामद करने के लिए पुलिस ने छापे मारने शुरू किए।

लोग डर के मारे लूटा हुआ माल रात के अँधेरे में बाहर फेंकने लगे; कुछ ऐसे भी थे जिन्होंने अपना माल भी मौक़ा पाकर अपने से अलहदा कर दिया, ताकि क़ानूनी गिरफ़्त से बचे रहें।

एक आदमी को बहुत दिक़्क़त पेश आई। उसके पास शक्कर की दो बोरियाँ थीं जो उसने पंसारी की दूकान से लूटी थीं। एक तो वह जूँ-तूँ रात के अँधेरे में पासवाले कुएँ में फेंक आया, लेकिन जब दूसरी उसमें डालने लगा तो ख़ुद भी साथ चला गया।

शोर सुनकर लोग इकट्ठे हो गए। कुएँ में रस्सियाँ डाली गईं।

जवान नीचे उतरे और उस आदमी को बाहर निकाल लिया गया।

लेकिन वह चंद

घंटों के बाद मर गया।

दूसरे दिन जब लोगों ने इस्तेमाल के लिए उस कुएँ में से पानी निकाला तो वह मीठा था।

उसी रात उस आदमी की क़ब्र पर दीए जल रहे थे।

इस्लाह

''कौन हो तुम ?''
''तुम कौन हो ?''
''हर-हर महादेव···हर-हर महादेव !''
''हर-हर महादेव !''
''सुबूत क्या है ?''
''सुबूत···? मेरा नाम धरमचंद है।''
''यह कोई सुबूत नहीं।''
''चार वेदों में से कोई भी बात मुझसे पूछ लो।''
''हम वेदों को नहीं जानते···सुबूत दो।''
''क्या ?''
''पायजामा ढीला करो।''
पायजामा ढीला हुआ तो एक शोर मच गया : ''मार डालो···मार डालो···''
''ठहरो···ठहरो···मैं तुम्हारा भाई हूँ···भगवान की क़सम, तुम्हारा भाई हूँ।''
''तो यह क्या सिलसिला है ?''
''जिस इलाक़े से मैं आ रहा हूँ, वह हमारे दुश्मनों का है···इसीलिए मजबूरन मुझे ऐसा करना पड़ा, सिर्फ़ अपनी जान बचाने के लिए···एक यही चीज़ ग़लत हो गई है, बाक़ी मैं बिलकुल ठीक हूँ···''

''उड़ा दो ग़लती को···''

ग़लती उड़ा दी गई···धरमचंद भी साथ ही उड़ गया।

जैली

सुबह छः बजे पैट्रोल पंप के पास हाथ गाड़ी में
बर्फ़ बेचनेवाले के छुरा घोंपा गया।
सात बजे तक उसकी लाश लुक बिछी सड़क पर
पड़ी रही, और उस पर बर्फ़ पानी बन-बन गिरती रही।
सवा सात बजे पुलिस लाश उठाकर ले गई; बर्फ़ और
ख़ून वहीं सड़क पर पड़े रहे।
फिर एक टाँगा पास से गुज़रा।
बच्चे ने सड़क पर जीते-जीते ख़ून के जमे हुए चमकीले
लोथड़े की तरफ़ देखा—उसके मुँह में पानी भर
आया। अपनी माँ का बाज़ू खींचकर बच्चे ने उँगली से उस
तरफ़ इशारा किया : "देखो मम्मी, जैली...!"

1. दावते-अमल।

दावते-अमल

आग लगी तो सारा महल्ला जल गया···
    सिर्फ़ एक दूकान बच गई,
जिसकी पेशानी पर यह बोर्ड आवेज़ाँ[1] था :
    "यहाँ इमारतसाज़ी का जुमला[2] सामान मिलता है।"

---

1. लटका हुआ; 2. सभी, समग्र।

पठानिस्तान

"ख़ू एकदम जल्दी बोलो, तुम कौन ऐ?"

"मैं⋯मैं⋯"

"ख़ू शैतान का बच्चा, जल्दी बोलो,⋯इंदू ऐ या मुस्लिमीन?"

"मुस्लिमीन।"

"ख़ू तुम्हारा रसूल कौन ऐ?"

"मुहम्मद ख़ान।"

"टीक ऐ⋯जाओ।"

ख़बरदार

बलवाई
मालिक मकान को
बड़ी मुश्किलों से घसीटकर बाहर लाए।
कपड़े झाड़कर वह उठ खड़ा हुआ
और बलवाइयों से कहने लगा :
"तुम मुझे मार डालो, लेकिन ख़बरदार,
जो मेरे रुपए-पैसे को हाथ लगाया...!"

हमेशा की छुट्टी

''पकड़ लो···पकड़ लो···देखो जाने न पाए।''
शिकार थोड़ी-सी दौड़-धूप के बाद पकड़ लिया गया।
जब नेज़े[1] उसके आर-पार होने के लिए आगे बढ़े
तो उसने लरज़ां[2] आवाज़ में गिड़गिड़ाकर कहा :
''मुझे न मारो···मैं छुट्टियों में अपने घर जा रहा हूँ।''

---

1. भाला (एक हथियार); 2. कंपित।

हलाल और झटका

''मैंने उसकी शहरग[1] पर छुरी रखी, हौले-हौले फेरी और उसको हलाल कर दिया।''

''यह तुमने क्या किया ?''

''क्यों ?''

''इसको हलाल क्यों किया ?''

''मज़ा आता है इस तरह।''

''मज़ा आता है के बच्चे···तुझे झटका करना चाहिए था···इस तरह।''

और हलाल करनेवाले की गर्दन का झटका हो गया।

1. शरीर की सबसे बड़ी शिरा जो हृदय में मिलती है।

घाटे का सौदा

दो दोस्तों ने मिलकर दस-बीस लड़कियों में से एक लड़की चुनी और बयालीस रुपए देकर उसे ख़रीद लिया।

रात गुज़ारकर एक दोस्त ने उस लड़की से पूछा : ''तुम्हारा नाम क्या है ?''

लड़की ने अपना नाम बताया तो वह भिन्ना गया : ''हमसे तो कहा गया था कि तुम दूसरे मज़हब की हो···!''

लड़की ने जवाब दिया : ''उसने झूठ बोला था !''

यह सुनकर वह दौड़ा-दौड़ा अपने दोस्त के पास गया और कहने लगा : ''उस हरामज़ादे ने हमारे साथ धोखा किया है···हमारे ही मज़हब की लड़की थमा दी···चलो, वापस कर आएँ···!''

हैवानियत

बड़ी मुश्किल से मियाँ-बीवी घर का थोड़ा-सा असासा[1] बचाने मे कामयाब हो गए।
एक जवान लड़की थी, उसका पता न चला।
एक छोटी-सी बच्ची थी, उसको माँ ने अपने सीने के साथ चिमटाए रखा।
एक भूरी भैंस थी, उसको बलवाई हाँककर ले गए।
एक गाय थी, वह बच गई मगर उसका बछड़ा न मिला।

मियाँ-बीवी, उनकी छोटी लड़की और गाय एक जगह छुपे हुए थे।
सख़्त अँधेरी रात थी।
बच्ची ने डरकर रोना शुरू किया तो ख़ामोश फ़ज़ा में जैसे कोई ढोल पीटने लगा।
माँ ने ख़ौफ़ज़दा होकर बच्ची के मुँह पर हाथ रख दिया
कि दुश्मन सुन न ले। आवाज़ दब गई—बाप ने
एहतियातन बच्ची के ऊपर गाढ़े की मोटी चादर डाल दी।

थोड़ी दूर जाने के बाद दूर से किसी बछड़े की आवाज़ आई।
गाय के कान खड़े हो गए—वह उठी और दीवानावार[2] दौड़ती हुई डकराने लगी
उसको चुप कराने की बहुत कोशिश की गई, मगर बेसूद[3]...

शोर सुनकर दुश्मन क़रीब आने लगा।
मशालों की रोशनी दिखाई देने लगी।

बीवी ने अपने मियाँ से बड़े ग़ुस्से के साथ कहा :
"तुम क्यों इस हैवान को अपने साथ ले आए थे?"

---

1. सामान; 2. पागलों की तरह; 3. बेकार।

कस्रे-नफ़्सी[1]

चलती गाड़ी रोक ली गई।
जो दूसरे मज़हब के थे,
उनको निकाल-निकालकर तलवारों और गोलियों से हलाक कर दिया गया।
इससे फ़ारिग़ होकर
गाड़ी के बाक़ी मुसाफ़िरों की
हलवे, दूध और फलों से तवाज़ो की गई।
गाड़ी चलने से पहले
तवाज़ो करनेवालों के मुंतज़िम[2] ने
मुसाफ़िरों को मुख़ातिब करके कहा :
''भाइयो और बहनो,
हमें गाड़ी की आमद की इत्तिला बहुत देर में मिली;
यही वजह है कि हम जिस तरह चाहते थे,
उस तरह आपकी ख़िद्मत न कर सके···!''

•

1. विनम्रता; 2. प्रबंधक।

खाद

उसकी ख़ुदकुशी पर
उसके एक दोस्त ने कहा :
"बहुत ही बेवक़ूफ़ था जी···
मैंने लाख समझाया कि देखो अगर तुम्हारे केस काट दिए गए हैं
और तुम्हारी दाढ़ी मूँड़ दी गई है
तो इसका यह मतलब नहीं
कि तुम्हारा धर्म ख़त्म हो गया···
रोज़ दही इस्तेमाल करो···
वाह गुरु जी ने चाहा
तो एक ही बरस में तुम वैसे के वैसे हो जाओगे···!"

इस्तिक़्लाल[1]

''मैं
सिख
बनने के लिए
हरगिज़
तैयार नहीं···
मेरा उस्तरा
वापिस कर दो
मुझे···!''

1. दृढ़ता।

निगरानी में

क अपने दोस्त ख को अपना हममज़हब ज़ाहिर करके
उसे महफ़ूज़[1] मुक़ाम पर पहुँचाने के लिए
मिलिट्री के एक दस्ते के साथ रवाना हुआ।
रास्ते में ख ने, जिसका मज़हब मस्लहतन[2] बदल दिया गया था,
मिलिट्रीवालों से पूछा : "क्यों जनाब, आसपास कोई वारदात तो नहीं हुई ?"
जवाब मिला : "कोई ख़ास नहीं··· फ़लाँ महल्ले में अलबत्ता एक कुत्ता मारा गया।"
सहमकर ख ने पूछा : "कोई और ख़बर ?"
जवाब मिला : "ख़ास नहीं··· नहर में तीन कुतियों की लाशें मिलीं।"
क ने ख की ख़ातिर मिलिट्रीवालों से कहा : "मिलिट्री कुछ इंतज़ाम नहीं करती ?"
जवाब मिला : "क्यों नहीं··· सब काम उसी की निगरानी में होता है··· !"

---

1. सुरक्षित; 2. कारणवश।

जूता

हुजूम ने रुख़ बदला
और सर गंगाराम के बुत पर पिल पड़ा।
लाठियाँ बरसाई गईं,
ईंटें और पत्थर फेंके गए;
एक ने मुँह पर तारकोल मल दिया; दूसरे ने बहुत से पुराने जूते जमा किए
और उनका हार बनाकर बुत के गले में डालने के लिए आगे बढ़ा
कि पुलिस आ गई और गोलियाँ चलना शुरू हो गईं–
जूतों का हार पहनानेवाला ज़ख़्मी हो गया;
चुनांचे मरहम-पट्टी के लिए उसे
सर गंगाराम हस्पताल भेज दिया गया।

पेशबंदी[1]

पहली वारदात नाके के होटल के पास हुई।
फ़ौरन ही वहाँ एक सिपाही का पहरा लगा दिया गया।

दूसरी वारदात दूसरे ही रोज़ शाम को स्टोर के सामने हुई।
सिपाही को पहली जगह से हटाकर दूसरी वारदात के मक़ाम पर
मुतऐयिन[2] कर दिया गया।

तीसरा केस रात के बारह बजे लांडरी के पास हुआ।
जब इंस्पेक्टर ने सिपाही को इस नई जगह पहरा देने का हुक्म दिया
तो उसने कुछ देर ग़ौर करने के बाद कहा : "मुझे वहाँ खड़ा कीजिए
जहाँ नई वारदात होनेवाली है···!"

---

1. किसी काम के होने से पूर्व उसका प्रबंध; 2. नियुक्त, तैनात।

सॉरी

छुरी
पेट चाक करती हुई
नाफ़ के नीचे तक चली गई।
इज़ारबंद कट गया।
छुरी मारनेवाले के
मुँह से
दफ़अतन
कलमा-ए-तअस्सुफ़[1] निकला
"च च च...मिशटेक हो गया!"

1. बुरे मार्ग जाने से बचने के लिए पढ़ी जाने वाली आयत।

रिआयत

''मेरी आँखों के सामने
मेरी जवान बेटी को
न मारो···''
''चलो, इसी की मान लो···
कपड़े उतारकर
हाँक दो एक तरफ़···''

सफ़ाई पसंदी

गाड़ी रुकी हुई थी।
तीन बंदूक़ची एक डिब्बे के पास आए।
खिड़कियों में से अंदर झाँककर उन्होंने मुसाफ़िरों से पूछा :
''क्यों जनाब, कोई मुर्ग़ा है ?''
एक मुसाफ़िर कुछ कहते-कहते रुक गया।
बाक़ियों ने जवाब दिया : ''जी नहीं।''

थोड़ी देर के बाद चार नेज़ाबर्दार[1] आए।
खिड़कियों में से अंदर झाँककर उन्होंने मुसाफ़िरों से पूछा :
''क्यों जनाब, कोई मुर्ग़ा-वुर्ग़ा है ?''
उस मुसाफ़िर ने जो पहले कुछ कहते-कहते रुक गया था, जवाब दिया :
''जी मालूम नहीं··· आप अंदर आ के संडास में देख लीजिए।''
नेज़ाबर्दार अंदर दाख़िल हुए।
संडास तोड़ा गया तो उसमें से एक मुर्ग़ा निकल आया।
एक नेज़ाबर्दार ने कहा : ''कर दो हलाल।''
दूसरे ने कहा : ''नहीं, यहाँ नहीं··· डिब्बा ख़राब हो जाएगा··· बाहर ले चलो।''

1. भाले लिए हुए व्यक्ति।

सदक़े उसके

मुजरा ख़त्म हुआ।
तमाशाई रुख़्सत हो गए।
उस्ताद जी ने कहा :
''सबकुछ लुटा-पिटाकर
यहाँ आए थे,
लेकिन अल्लाह मियाँ ने
चंद दिनों ही में
वारे-न्यारे कर दिए···!''

1. साम्यवाद; 2. लालची

इश्तिराकीयत[1]

वह अपने घर का तमाम ज़रूरी सामान
एक ट्रक में लदवाकर
दूसरे शहर
जा रहा था
कि रास्ते में
लोगों ने उसे रोक लिया।
एक ने ट्रक के माल-असबाब पर हरीसाना[2] नज़र डालते हुए कहा:
''देखो यार, किस मज़े में इतना माल अकेला उड़ाए चला जा रहा है।''
असबाब के मालिक ने मुसकराकर कहा: ''जनाब, यह माल मेरा अपना है।''
दो-तीन आदमी हँसे: ''हम सब जानते हैं।''
एक आदमी चिल्लाया: ''लूट लो⋯यह अमीर आदमी है⋯ट्रक लेकर चोरियाँ करता है⋯!''

---

1. साम्यवाद; 2. लालची।

उलाहना

"देखो यार,
तुमने ब्लैक मार्केट
के दाम भी लिए
और ऐसा रद्दी
पेट्रोल दिया
कि
एक दूकान
भी न जली…!"

आराम की ज़रूरत

"मरा नहीं···देखो, अभी जान बाक़ी है !"
"रहने दे यार···मैं थक गया हूँ !"

क़िस्मत

''कुछ नहीं दोस्त···
इतनी मेहनत
करने पर सिर्फ़
एक बक्स हाथ
लगा था, पर उस
में भी साला सुअर
का गोश्त निकला···!''

आँखों पर चर्बी

"हमारी क़ौम के लोग भी कैसे हैं…
पचास सुअर इतनी मुश्किलों के बाद
तलाश करके इस मस्जिद में काटे हैं…
वहाँ मंदिरों में धड़ाधड़
गाय का गोश्त बिक रहा है…
लेकिन यहाँ सूअर का माँस ख़रीदने
के लिए कोई आता ही नहीं…!"

तलाशे-गुमशुदा

He who seizes the right moment,
Is the right man.

Goethe

गुलाब का फूल

फोजा हराम दा
महताब ख़ाँ
शाहदौले का चूहा
हाफ़िज़ हसनदीन

ख़्वाबे-ख़रगोश

तीन मोटी औरतें
आर्टिस्ट लोग
फातो

चोर
सुर्मा
काली कली
राजो

●

तनबख़्शियाँ

सोनोरल

मिसेज़ गुल
असली जिन
गिलगत ख़ान
सब्ज़ सैंडल
बीमार
डाक्टर शिरोडकर
अक्ल दाढ़

तलाशे-गुमशुदा

"यार, वह फोजा हराम दा अभी तक नहीं आया!"

"अरे मियाँ, किसकी बात करते हो···वह तो निरा शाहदौले का चूहा है!"

'तलाशे-गुमशुदा' की मुश्किल और जानलेवा दास्तान इन दो वाक्यों से आरंभ हुई जो बरसों से भूली-बिसरी यादों के रूप में, ज़ेहन की किसी गहरी खड्‌ड में पड़े, जीवन-मृत्यु से उलझे हुए थे।

यह उन दिनों की बात है जब देहली वाक़ई एक ख़ूबसूरत शहर था। आलम में इंतख़ाब[1]। कमउम्र और नौजवान साहित्यप्रेमी और साहित्यकार पारे की तरह काँपते थे और रात देर गए तक काफ़ी हाउस में और शांत, अर्धप्रकाशमान सड़कों पर, रचनाकार और रचना की गुत्थियाँ सुलझाने में व्यस्त रहते थे।

क्या साहित्यकार और क्या साहित्यप्रेमी, एक-एक के लिए बस किताबें और अदबी परचे जीवन थे।

उन दिनों अलग-अलग मेज़ों के गिर्द बैठी टोलियों में क़यामत के जुमले उछलते—नपे-तुले, अर्थपूर्ण, तल्ख़, तुर्श और शीरीं[2]। बातचीत का वह हुनर अब कहाँ!

1954-55 की बात है, दोस्तों की ज़ुबान पर 'फोजा हराम दा' और 'शाहदौले का चूहा' आप से आप चढ़ गया। पहले हर किसी ने उनकी बात की, फिर वे हर किसी की हस्ती से जुड़ गए।

आज जब हम उस ज़माने को याद करते हैं तो ज़ेहन में एक कुहराम सा उठ खड़ा होता है, और उसी कुहराम के तेज़ दबाव से दिल में एक टीस सी उठती है। वह ज़माना जो हमारी ज़िंदगी में इस सदी की छठी दहाई से शुरू हुआ, आठवीं दहाई के मध्य में एमरजेंसी ने उसका गला घोंट दिया।

जी हाँ, आर्तोरो उई ने शिकागो पर अपना क़ब्ज़ा जमा लिया था। मक़बूल फ़िदा हुसैन की दुर्गा ने आर्तोरो उई की मदद की थी। ओपड़ की गड़गड़ दी अनेक्स दी बेध्याना दी मुंग दी दाल आफ़ दी दुरफ़िटे मुँह···

यक़ीन जानिए, भयावनेपन के उस दौर में हमने फोजे हराम दे भी देखे जो सुबह-शाम मार खाते थे पर लोकतंत्र-प्रेमियों का पता-ठिकाना नहीं बताते थे। हमने बड़े-बड़े मंत्रियों और बड़े-बड़े कलाकारों को भी देखा जिनके मुँह से डर के मारे शाहदौले के चूहों की तरह राल टपकती थी।

कहना सिर्फ़ इतना है कि न तो फोजा हराम दा हमसे अलग हुआ और न ही शाहदौले का चूहा हमसे जुदा हुआ।

नवीं दहाई के मध्य की बात है, न जाने क्यों और न जाने कैसे, राजकमल प्रकाशन के कर्ता धर्ताओं को मंटो की याद ने आन घेरा। अब उन्हें मंटो ने हमारा पता-ठिकाना बताया या मंटो प्रेमी दोस्तों ने, यह बात, सच तो यह है, कम से कम हमारी हद तक खोज का विषय है।

ख़ैर।

हम कोई पेशावर 'मंटोवाले' न थे। राजकमल प्रकाशन का निमंत्रण हमारे नज़दीक एक काम था जो जान माँगता था। बस हम महीनों तक सोचते रहे और 'हाँ' कहने से पहले, सर जोड़कर मंटो को पढ़ते रहे।

हम समझते हैं, पढ़ने का अमल केवल पढ़ने की हद तक सीमित नहीं है। पढ़ने का अमल हमारे लिए कलाकार के सामने घुटने टेकना नहीं होता। इस अमल में कलाकार से उलझने और टकराने की संभावनाएँ कदम-कदम पर होती हैं। और अगर कलाकार, मंटो जैसा शदीद हो तो बच निकलने का रास्ता मिलता ही नहीं।

कामू कहता है कि उसने अपनी ज़िंदगी के पच्चीस बरस दास्तायेवस्की के उपन्यास The Possessed में गुज़ारे हैं। तो दोस्तो, अपनी ज़िंदगी का आधे से अधिक हिस्सा मंटो के 'साथ' गुज़ारने के बावजूद महीनों तक हमारी हिचकिचाहट क़ायम रही।

ये तो राजकमल प्रकाशन के मोहन गुप्त के ख़ुलूस भरे मुसलसल तक़ाज़े थे जो आख़िर हमें 'मैदाने-अमल' ('कर्मभूमि') में ले आए।

और यूँ 'प्रोजेक्ट मंटो' शुरू हुआ।

अब मंटो के तमाम कथासंग्रह सामने रखे गए।

'आतिशपारे' से लेकर 'रत्ती, माशा, तोला' तक उन्नीस संग्रहों के हर कथात्मक पड़ाव को देखा-भाला गया।

उलझन और तलाश बढ़ती गई।

तब लगभग चालीस बरस पुराने जुम्ले ध्यान में आए।

'यार, वह फोजा हराम दा अभी तक नहीं आया···!'

'अरे मियाँ, किसकी बात करते हो···वह तो निरा शाहदौले का चूहा है···!'

अरे, यह 'फोजा हराम दा' कहाँ चला गया?

हद हो गई, यह 'शाहदौले का चूहा' कौन ले गया?

तलाश का पहला पड़ाव अपना शह्र देहली था।

एक-एक से पूछताछ की। महसूस हुआ, एक-एक की यादें धूल हो चुकी हैं। एक-एक बड़े शह्र की भीड़ में खो चुका है। और जो थोड़े से बंदे ख़ुद को बचाने में जुटे हुए थे, उनके पास यादों की 'ग़लाज़तगाह' (कूड़ेदान) में न तो हाथ डालने की हिम्मत थी और न ही फ़ुरसत। क्या साहित्यप्रेमी, क्या साहित्यकार, क्या पुस्तकालय कर्मचारी, क्या पुस्तक विक्रेता, हर कोई अपने-अपने धंधे में मसरूफ़। फोजा खो गया तो खो गया। दौले का चूहा कुचला गया तो कुचला गया···

सोचा, मंटो से पूछा जाए कि पैदा तो तुमने कर दिए पर वे हैं कहाँ?

फिर याद आया कि मंटो तो सरहद पार, शह्रे-ख़मोशाँ (ख़ामोशी का शह्र अर्थात् क़ब्रिस्तान) मियानी साहब में पड़ा होता है···

तो फिर?

बस साहब, दोस्तों को जगाने के वास्ते ख़त लिखे गए।

अ़लीगढ़, लखनऊ, अहमदाबाद और बंबई।

लाहौर, रावलपिंडी और कराची।

लंदन, शिकागो और विस्कांसिन।

एक-एक दोस्त को लिखा : उठो, जागो, होश में आओ... यह क्या कि फोजा खो जाए और बरसों तक किसी को ख़बर न मिले···दौले का चूहा गुम हो जाए और कोई ध्यान न दे···लानत है उन मंटो-स्कालरों पर, उन मंटोंवालों पर जिन्होंने मंटो को ओढ़ना-बिछौना बनाया और शोहरत कमाई···तुफ़ है उन साले डाक्टरों पर जो किसी मरम्मत ख़ाँ मरम्मत को सत्रहवीं सदी के क़ब्रिस्तान से उखाड़ लाते हैं और बेच खाते हैं···

ख़त के बाद ख़त लिखा कि देखो, अगर ये कहानियाँ न छपी होतीं तो हमने कहाँ पढ़ी होतीं···पढ़ी हैं जभी तो सब कुछ याद है···

यहाँ तक लिखा : हम तो इधर दिल्ली में झक मार रहे थे, उधर लाहौर में मंटो तीस मई 1954 को ह़ल्का -ए-अरबाबे-ज़ौक़ में 'शाहदौले का चूहा' पढ़ रहा था···और फिर यही 'चूहा' मंटो की मौत के पाँचवें दिन ह़ल्के की ख़ुसूसी मातमी बैठक में एक बार फिर पढ़ा गया था···

हर दोस्त ने जवाब लिखा। हर दोस्त ने अलग-अलग लफ़्ज़ों में एक सी हैरत का इज़हार

किया : कमाल है, यह बात हमने क्यों न सोची...

इसके बाद एक लंबी चुप और तेज़ हवा का शोर। मंटो के सिलसिले में चुप और अपने सुख-दुख का शोर।

अनवर सज्जाद ने चूनामंडी, लाहौर से लिखा :

प्यारे शरद मेनरे,

तुम दोनों जानते हो कि सआदत दि माल के किनारे लक्ष्मी मैंशंस के एक फ़्लैट में रहता था। मैं तुम दोनों की मुहब्बत में दि माल के थाने में जाऊँगा और फोजे और चूहे की गुमशुदगी की रपट लिखवाऊँगा। हो सकता है, कोई सुराग़ मिल जाए। सआदत तो बड़ा लापरवाह और ग़ैरज़िम्मेदार शख़्स था। मुझे यक़ीन है, उसने कोई रपट दर्ज न करवाई होगी। उसकी तो एक बार साइकिल चोरी हो गई थी, लेकिन उसने थाने जाने और रपट लिखवाने से इनकार कर दिया था। वह कहता था : थानेवाले मेरे पास आते हैं, मैं थानेवालों के पास नहीं जाता। और हाँ, अगर तुम लोगों के पास फोजे और चूहे की कोई तस्वीर हो तो फ़ौरन भेज दो। लाहौर टेलीविज़न तो क्या, ज़ियाउल-हक़ के पूरे पाकिस्तानी टेलीविज़न पर दिखाने का इंतज़ाम कर दूँगा। धड़नतख़्ता।

उधर दिल्ली में महफ़िलें जमती हैं क्या, जाम उड़ते हैं क्या—इधर तो सब सूखा है, पर कभी-कभी चोरी-चोरी—

तुम्हारा

अनवर सज्जाद

लीजिए, अनवर सज्जाद ने तो क़िस्सा ही ख़त्म कर डाला। लुटिया ही डुबो दी।

हमने क्या-क्या इरादे बाँधे थे, क्या-क्या सोचा था, पर दोस्तों ने क़दम-क़दम पर हमें और हमारे इरादों को तोड़ डाला। कहानियाँ हमारे ज़ेहन में थीं, मंटो की किताबें सामने रखी थीं, अलमारियों में मौजूद दर्जनों अदबी परचे हमने छान डाले थे, दोस्तों के वादों ने सारी उम्मीदों पर पानी फेर दिया था, पर तलाश जारी थी।

आख़िर हमने रास्ता ढूँढ़ निकालने की गरज़ से उस ज़माने के लाहौर और कराची के अदबी परचों की फ़ेहरिस्त तैयार की। चेकिंग और क्रास चेकिंग से पता चला कि कराची के परचों की फ़ाइल तो मौजूद है, पर लाहौर के परचों की फ़ाइल से कई-कई अंक ग़ायब हैं और कई परचे तो नाम तक को मौजूद नहीं।

जिन दिनों हमारी तलाश के रास्ते एक-एक करके बंद हो रहे थे, उन्हीं दिनों हमारे नौजवान दोस्त मुग़नी ने 'रिश्तेदारी' के चक्कर में कराची जाने का प्रोग्राम बनाया। मुग़नी से दरख़्वास्त करने के तो कोई मानी ही न थे। वह ऐसा ख़ूबसूरत, ज़िम्मेदार और साहित्य-प्रेमी दोस्त है कि उसे तो बस 'हुक्म' ही दिया जा सकता था। उसे तफ़सील से

हिदायत दी गई कि वह कराची जाते हुए या कराची से लौटते हुए कुछ दिनों के लिए लाहौर में रुक जाए और हमारी फ़ेहरिस्त के मुताबिक़ परचों के दफ़्तरों में पुरानी फ़ाइलें चेक करे।

इधर मुग़नी पाकिस्तान के लिए रवाना हुआ, उधर हमने लाहौरिए दोस्तों को ख़त लिख मारे कि मुग़नी को हर संभव सहयोग दें।

मुग़नी कराची में दो महीने रहा। लौटते वक़्त वह हफ़्ता भर लाहौर में रुका और हमारी हिदायत के मुताबिक़ 'अदबी खाक़' छानता भी रहा और फाँकता भी रहा—जब वह दिल्ली पहुँचा तो उसके पास दो अफ़सानों की नहीं, आठ अफ़सानों की फ़ोटोकापियाँ थीं—आठ अफ़साने जो मंटो की किसी किताब में मौजूद नहीं थे, अब तक मौजूद नहीं हैं। चार अफ़साने मंटो की ज़िंदगी में ही छपे थे और चार उसकी मौत के बाद।

ख़ुदा को तो हम मानते नहीं, वह हमसे क्या झूठ बुलवाएगा—सच बात तो यह है कि उस रात हम हम न रहे थे। मुग़नी का कहना है, उस रात हम मूर्तिमान नशा थे।

उन आठ कहानियों की तफ़सील यूँ है—

एक—फोजा हराम दा	मुद्रण : 'अदबे-लतीफ़', लाहौर, अप्रैल 1954
दो—महताब ख़ाँ	मुद्रण : 'अदबे-लतीफ़', लाहौर, जून 1954
तीन—शाहदौले का चूहा	मुद्रण : 'अदबे-लतीफ़', लाहौर, जुलाई 1954
चार—हाफ़िज़ हसनदीन	मुद्रण : 'अदबे-लतीफ़', लाहौर, सितंबर 1954
पाँच—चोर	मुद्रण : 'नुक़ूश', लाहौर, प्रकाशन : मृत्यु के बाद
छः—सुर्मा	मुद्रण : 'नुक़ूश', लाहौर, प्रकाशन : मृत्यु के बाद
सात—काली कली	मुद्रण : 'नुक़ूश', लाहौर, प्रकाशन : मृत्यु के बाद
आठ—राजू	मुद्रण : 'नुक़ूश', लाहौर, प्रकाशन : मृत्यु के बाद

जून-जुलाई 1955 की बात है, हमने हार्डिंग लाइब्रेरी से एक किताब हासिल की थी। नाम था उसका 'मंटो मेरा दोस्त'। लेखक का नाम था मुहम्मद असदुल्लाह। यह किताब मई 1955 में छपी थी। असदुल्लाह ने सन् 53 और 54 का अधिकांश समय मंटो के साथ गुज़ारा था और अपनी किताब में मंटो के रात-दिन का विस्तार से ज़िक्र किया था।

अब दोस्तो, इस किताब की ज़रूरत महसूस हुई। तलाश पर निकले तो वही निराशाजनक दुखद अनुभव। किताब न यहाँ हिंदुस्तान में मिली और न वहाँ पाकिस्तान में। दोस्त लोगों ने तो यहाँ तक कहा : 'कौन मुहम्मद असदुल्लाह... असदुल्लाह ख़ाँ ग़ालिब का पता पूछते हो तो बता सकते हैं... बस्ती निज़ामुद्दीन में रहता है...'

इसे कहते हैं, उर्दू अदब की क्लासिकी विस्मृति!

और इसे महज इत्तिफ़ाक ही कह सकते हैं कि सन् 86-87 की सर्दियों में हम दोनों में से एक को—बलराज मेनरा को—चार महीने लंदन में गुज़ारना पड़े।

लंदन में उर्दू अदीबों और शायरों का उतना ही बड़ा बेमानी हुजूम मौजूद है जितना कि दिल्ली में या लखनऊ में। बलराज मेनरा के लंदन-प्रवास की कहानी बड़ी लंबी है जिसका ज़िक्र यहाँ मुनासिब नहीं। हम केवल प्रासंगिक संयोग तक स्वयं को सीमित रखेंगे।

डिकेंस के महबूब पब में एक दिन कहानीकार जितेंदर बिल्लू ने मेनरा से कहा : ''यार, तुम अदीबों से मिलते ही नहीं। उनसे कतराते हो जबकि वे तुम्हें प्यार करते हैं... एक अदीब बर्लिन से तुम्हें मिलने आ रहा है, उससे ज़रा मुहब्बत से मिल लेना... उसने पिछले तीस बरसों में कुछ नहीं लिखा, पर आदमी बड़ा अच्छा है... नाम है उसका मुहम्मद असदुल्लाह!''

अब यह अंदाज़ा लगाना आपका काम है कि 'मुहम्मद असदुल्लाह' सुनकर मेनरा पर क्या गुज़री होगी।

मुहम्मद असदुल्लाह वीक-एंड की फ़ुरसत में लंदन पहुँचा था।

मेनरा और असदुल्लाह के बीच दो लंबी और भरपूर मुलाक़ातों में सिर्फ़ मंटो का ज़िक्र रहा। अगर यह कहा जाए कि हर ज़िक्र मंटो के हवाले से हुआ तो बेहतर होगा।

मेनरा ने कहा, ''तुमने अपनी किताब में लिखा है कि मंटो ने सन् 54 में बहुत लिखा। कभी-कभी तो ऐसा भी हुआ कि उसने हर रोज़ लिखा... तुम कहते हो कि मंटो हर शाम 'मक्तबा-ए-कारवाँ' के चौधरी को एक अफ़साना देता था और बीस रुपये लेता था... हैरत इस बात पर है कि 'मक्तबा-ए-कारवाँ' ने अब तक मंटो की कोई किताब नहीं छापी है... तो फिर उन अफ़सानों का क्या हश्र हुआ... दूसरी तरफ़ मुहम्मद तुफ़ैल ने मंटो की मौत के फ़ौरन बाद उसके बीस ग़ैर-मतबूआ (अप्रकाशित) अफ़साने 'नुक़ूश' के 'मंटो नंबर' में छाप दिए, और फिर चार ग़ैर-मतबूआ अफ़साने कुछ-कुछ वक़्फ़ों के बाद... मुहम्मद तुफ़ैल के पास चौबीस ग़ैर-मतबूआ अफ़साने कहाँ से आए? वो तो मंटो के आख़िरी बरस में, मंटो की ख़्वाहिश के बावजूद, 'नुक़ूश' का 'मंटो नंबर' छापने से इनकार कर चुका था... आख़िर यह घपला क्या है?''

असदुल्लाह ने जवाब दिया: ''मंटो ग़ैर-मुतवक़्क़े (अप्रत्याशित) तौर पर अच्छा और बड़ा अफ़साना लिख सकता था। कमज़ोर और मामूली अफ़साने लिखते-लिखते यकायक उसने 'टोबा टेकसिंह' लिखा, 'फुँदने' लिखा... 'मक्तबा-ए-कारवाँ' में चौधरी ने सोच रखा था कि वह हर रोज़ मंटो से अफ़साना लेगा और फिर जब अफ़सानों की तादाद अच्छी-ख़ासी हो जाएगी, वह एक ख़ूबसूरत इंतख़ाब (संकलन) छाप देगा... अब क्या हुआ, मैं नहीं जानता...''

असदुल्लाह मंटो की मौत से बाईस दिन पहले 28 दिसंबर 1954 को लाहौर से कराची

चला गया था। मंटो की मौत के बाद वह तीन महीनों तक, मंटो के साथ गुज़ारे हुए वक़्त को अपनी किताब में समेटता रहा। कुछ वक़्त उसने 'मंटो मेमोरियल' को भी दिया जो कराची के साहित्यकारों ने मंटो की मृत्यु के बाद पारंपरिक और रस्मी ढंग से मंटो का ग़म मनाने और मंटो को याद रखने के लिए कायम की थी और चंद महीनों के अंदर-अंदर बैठ गई थी। फिर असदुल्लाह ग़मे-दौराँ और तलाशे-रोज़गार की कड़वी सच्चाइयों में उलझ गया। जर्मन भाषा सीखी, बर्लिन पहुँचा, गुम हो गया और लोग उसे भूल गए। मंटो की अमरीकी स्कालर लेसली ए. फ़्लेमिंग ने जब अपना शोध प्रबंध ANOTHER LONELY VOICE लिखा (जिसे 1979 में कैलीफ़ोर्निया विश्वविद्यालय ने छापा) तो उसमें असदुल्लाह का ज़िक्र तक न किया और न ही उसकी ग्रंथसूची में असदुल्लाह की किताब दर्ज है। बहुत कम लोग जानते हैं कि लेसली फ़्लेमिंग को अज्ञान का स्थायी रोग है।

मेनरा ने कहा : 'असदुल्लाह, तुम्हारी किताब मेरे पास नहीं है। मैंने बरसों पहले पढ़ी थी और वह मेरे हाफ़िज़े (स्मरण शक्ति) में महफ़ूज़ रही। पहली बात तो यह कि बर्लिन पहुँचते ही अपनी किताब या उसकी फ़ोटोकापी मुझे भेज दो, और दूसरी बात तवज्जोह (ध्यान) से सुनो... मंटो की मौत के फ़ौरन बाद 'नुक़ूश' के 'मंटो नंबर' के अलावा मंटो के चार अफ़सानवी मजमूअे (कथा संग्रह) छपे। सबमें ग़ैर-मतबूआ अफ़साने शामिल किए गए। कुछ भी हुआ हो, पर पब्लिशर ने दावा तो यही किया... अब मेरे नोट्स तो दिल्ली में हैं लेकिन मैं यक़ीन के साथ कह सकता हूँ, इन अफ़सानों की तादाद लगभग सत्तर है... तुम ज़रा सोचकर, बड़े ध्यान से मुझे यह बताओ कि मंटो ने सन् 54 में कुल कितने अफ़साने, लगभग कितने अफ़साने लिखे होंगे...?'

असदुल्लाह के लेखन में एक खिलंदड़ापन साफ़ झलकता है। मंटो के आख़िरी दिन असदुल्लाह की जवानी के दिन थे। लंदन में जिस असदुल्लाह ने मेनरा से बात की वह एक गंभीर व्यक्ति है। उसने कहा : 'सही संख्या तो मैं नहीं बता सकता। इधर या उधर कुछ फ़र्क़ हो सकता है। इतना ज़रूर कह सकता हूँ कि मंटो ने सन् 54 में लगभग सौ अफ़साने लिखे होंगे।"

लंदन के एक पब में जहाँ फ़ोर्स्टर अकसर बैठा करते थे, दूसरी मुलाक़ात के बीच असदुल्लाह की बातें सुनकर मेनरा ने फ़ैसला कर लिया कि वह मंटो की ख़ातिर ज़ियाउल-हक़ की मुम्लकते-ख़ुदादाद (ईश्वरीय साम्राज्य) में ज़रूर जाएगा।

बर्लिन पहुँचते ही हफ़्ते भर में असदुल्लाह ने अपनी किताब 'मंटो मेरा दोस्त' मेनरा को भेज दी। वह किताब जो हमने बत्तीस बरस पहले दिल्ली में पढ़ी थी, वही किताब मेनरा ने बत्तीस बरसों के बाद दूसरी बार लंदन में पढ़ी।

असदुल्लाह की किताब कमज़ोर लेखन के बावजूद इसलिए अहम है कि वह किताब मंटो की ज़िंदगी का आख़िरी बरस मुकम्मल तौर पर समेटे हुए है।

मेनरा मार्च 87 में दिल्ली लौट आया और साल भर 'शऊर-छः' के प्रकाशन में व्यस्त रहा। और फिर 'शऊर' के प्रकाशन, विमोचन और वितरण के बाद वह मंटो की ख़ातिर अप्रैल 88 में लाहौर चला गया।

लाहौरनामा
इंतज़ार हुसैन

बलराज मेनरा की मंटो-यात्रा
25 अप्रैल, 1988
पाव सदी पहले, पाव सदी बाद

रोज़नामा मशरिक़
लाहौर

अब से 27 बरस पहले की बात है कि एक लड़का जिसकी मसें भीग चली थीं, दिल्ली से चलकर लाहौर पहुँचा। मंटो साहब की क़ब्र को ढूँढ़ता-ढूँढ़ता मियानी साहब के क़ब्रिस्तान पहुँचा। क़ब्र के सामने अदब से सर झुकाया। वापस आकर पाक टी हाउस में आन बैठा।

उस लड़के का नाम बलराज मेनरा था। उसे कहानी लिखने का शौक़ था। एक-डेढ़ कहानी लिख चुका था। वह टी हाउस में उठा-बैठा। वरिष्ठ साहित्यकारों से मिला। हमउम्र लिखनेवालों से दोस्तियाँ भी बनाईं। फिर वापस दिल्ली चला गया।

पाव सदी बाद वह फिर मंटो-यात्रा पर निकला। अप्रैल के गर्म दिनों में लाहौर में क़दम रखा। अब उसके सर के बाल खिचड़ी हैं और उसे एक प्रसिद्ध कहानीकार की हैसियत हासिल है, ऐसे प्रसिद्ध कहानीकार की जिसे उर्दू कहानी में एक नई शैली की बुनियाद डालने की शोहरत हासिल है। अमूर्त कहानी और बलराज मेनरा एक-दूसरे के हवाले से पहचाने जाते हैं।

पहली मंटो-यात्रा और इस मंटो-यात्रा के बीच के अर्से में यात्री ने बहुत-सी मंज़िलें तै कर ली हैं। मंटो साहब की कहानियों को छाना-फटका। अपनी पत्रिका 'शऊर' में चुनिंदा कहानियों को उनके विश्लेषण के साथ सुंदर किताबत और मुद्रण के साथ प्रकाशित किया। मंटो की कहानियों की भारत के प्रसिद्ध चित्रकार रामचंद्रन से मुलाक़ात कराई। रामचंद्रन ने

---

1. दुनिया में चुना हुआ (मीर तक़ी 'मीर' के एक शे'र का टुकड़ा)। 2. कड़वा, तीखा और मधुर (मंटो के एक कहानीसंग्रह का शीर्षक)।

उनसे प्रभावित होकर कुछ नक़्श बनाए। ये नक़्श 'मंटो थीम्स' के शीर्षक से मूल एचिंग्स के रूप में पेश किए गए।

फिर मंसूबा यह बनाया कि मंटो का संपूर्ण साहित्य प्रकाशित किया जाए। मंटो साहब के बिखरे काम को इकट्ठा करना शुरू किया। गुमशुदा कहानियों की तलाश की मुहिम का आरंभ हुआ। कुँओं में बाँस डाले। गुमशुदा माल को कहाँ-कहाँ से बरामद किया। यूँ सालों क़तरा-क़तरा करके तालाब भरता रहा। तालाब यूँ तो भर चुका है मगर ढूँढनेवाले की समझ में चंद क़तरों की अभी कसर है। उन्हीं चंद क़तरों को निचोड़कर ले जाने के लिए मेनरा ने यह सफ़र इख़्तियार किया है। इन दिनों हिंदुस्तान और पाकिस्तान के जो साहित्यकार आ-जा रहे हैं, यह सफ़र उनसे बिलकुल भिन्न प्रकृति का है। यह इश्क़ का सफ़र है!

पिछले बृहस्पतिवार की शाम को मेनरा ने लाहौर में क़दम रखा। शुक्र की सुब्ह को हमने इस अज़ीज़ को फ़ोन किया कि तुम्हारी यात्रा का उद्घाटन समारोह आज हो गया।

''वह कैसे?''

''वह ऐसे कि आज ही 'नेशन' में ख़ालिद अहमद ने अपने कालम में मंटो साहब के उन अफ़सानों का सवाल उठाया है जिन पर आज़र ज़ोबी ख़ज़ाने का साँप बनकर बैठे हुए हैं।''

अस्ल में मेनरा को दिल्ली में उन्हीं कहानियों की कुछ सुनगुन मिली थी। इस सफ़र का बड़ा मक़सद उन कहानियों को खोज निकालना है।

उसी दिन मेनरा ने मंटो साहिब की छोटी साहिबज़ादी के घर का रुख़ किया जहाँ मंटो साहिब के काग़ज़ात सुरक्षित हैं। उन काग़ज़ात में मेनरा ने पहले ही हल्ले में एक अप्रकाशित कहानी बरामद कर ली और ऐसे साक्ष्य भी जुटा लिए कि यह किताबत की हुई कहानी उन्हीं कहानियों में से है जिन्हें ज़ोबी साहिब ने दबा रखा है।

मेनरा की एक ख़ुशक़िस्मती यह है कि उसका वास्ता मंटो साहिब के उत्तराधिकारियों से है जिन्होंने मंटो साहिब के काग़ज़ात बिलातकल्लुफ़ मेनरा के सामने रख दिए। रचनावली के प्रकाशन की अनुमति देने में भी कोई मीन-मेख न निकाली। हमारे स्वर्गीय साहित्यकारों के साथ आम तौर पर यह वारदात गुज़री है कि उस साहित्यकार और उसके पाठकों के बीच उत्तराधिकारी अड़कर खड़े हो जाते हैं। मीराजी की रचनावली का प्रकाशन इन दिनों इसी वजह से खटाई में पड़ा हुआ है।

मरनेवाले साहित्यकार की मुक्ति के साथ हमें यह दुआ भी करनी चाहिए कि उसे उत्तराधिकारी ऐसे मिलें जिनकी सारी दिलचस्पी रायल्टी तक सीमित न हो, कुछ हमदर्दी साहित्यकार की रचनाओं से भी हो। मंटो साहब बहुत ख़ुशक़िस्मत थे कि उन्हें एक ऐसा भांजा मिल गया जिसके पास साहित्यिक सूझबूझ भी थी और जिसे मंटो साहिब की कहानियों की अहमियत का भी पूरी तरह एहसास था। ये हामिद जलाल थे जिन्होंने मंटो साहिब की कहानियों को अंग्रेज़ी में अनूदित करके छपवाया। विभिन्न प्रकाशकों से, जो

साहिब के संग्रहों के प्रकाशन के अधिकार दबाए बैठे थे मुआवज़ा देकर ये अधिकार वापस लिए। वे कुछ संस्मरण भी छोड़ गए हैं जिनसे मेनरा को अपने काम में बहुत मदद मिलेगी।

मेनरा ने मंटो साहब की सारी रचनाओं को समेटकर पाँच हिस्सों में बाँटा है। दो खंड मंटो साहिब की कहानियों पर आधारित होंगे। एक खंड में उनके नाटक होंगे। एक खंड में रेखाचित्र और एक खंड में फुटकर रचनाएँ। उर्दू का सरमाया तो यह है ही, ये पाँचों खंड पहले हिंदी में छपेंगे, और यह बड़ी बात है।

यह तो मंटो साहिब के बारे में हुआ। मगर मेनरा नई कहानी के संस्थापकों में से भी तो है। सो उसके आगमन पर लाहौर की नई पीढ़ी से लेकर इस्लामाबाद के नए कहानीकारों तक की सफ़ों में एक थरथरी नज़र आती है।

सुख़नगुस्तराना : गोश-ए-अदब : 'निदा', लाहौर : 10 मई 1988

इंतज़ार हुसैन

···देखिए साहब, किश्वर नाहीद के यहाँ होनेवाली दावतें तो अपनी हंगामापरवरी से पहचानी जाती हैं। मगर डा. वज़ीर आग़ा तो चुप्पे आलोचक हैं। उनके दौलतकदे पर होनेवाली दावतें नफ़ासत की आईनादार होती हैं। पर हुआ यूँ कि डा. वज़ीर आग़ा के यहाँ दावत ने ऐसा रंग पकड़ा कि किश्वर नाहीद को इस मरतबा शिकायत नहीं करनी पड़ी कि अरे, वहाँ तो कोई बोल ही नहीं रहा था, सब चुप्पे बने बैठे थे···

साहिब, इस दावत के साथ एक तो यह हुआ कि हिंदुस्तान से एक दूसरे मेहमान की आमद से वह दोआतिशा बन गई, यानी जब इस दावत की नौबत आई तो बलराज मेनरा भी दिल्ली से लाहौर आन पहुँचे थे। और मेनरा के आ जाने से दावत का रंग ही बदल गया। ऐसा बदला कि बाद में एक दोस्त ने पूछा : ''यार, यह क़ुर्रतुल-ऐन-हैदर की दावत थी या मंटो सेमिनार था!''

दूसरा बोला : ''हमें आम खाने से मतलब है न कि पेड़ गिनने से···खाना बहुत ख़ूब था, हवाला कुछ भी हो।''

बात यह है कि मेनरा की पाकिस्तान-यात्रा तो अस्ल में मंटो-यात्रा है। मंटो से इश्क़ ने धीरे-धीरे करके मेनरा को मंटो का शोधकर्ता बना दिया। साहिबो, ग़ौर करो। जो काम आगे पैदा होनेवाले किसी इम्तियाज़ अली अर्शी, किसी अब्दुल-वदूद को करना था, वह एक

उधमबाज़ अमूर्त कहानीकार ने अपने ज़िम्मे ले लिया है। प्रगतिशील देवलोक के देवीदेवताओं का अपमान करना, अमूर्त कहानी लिखकर उनके तराशे हुए कथात्मक फ़ार्मूलों की बेहुरमती करना, कभी कृशनचंदर से उलझना, कभी अली सरदार जाफ़री के ख़िलाफ़ बग़ावत संगठित करना, कल तक इस अज़ीज़ का प्रिय शौक़ था। मंटो की कहानी से यथार्थ की अभिव्यक्ति के कारण ये सारे हंगामे, ये सारे शौक़ पीछे रह गए। मंटो की कहानी की यात्रा आरंभ हो गई जिसका सूत्रपात श्रद्धा से हुआ, समापन शोध है। मंटो पर शोध का काम अब पूरा हुआ चाहता है। बस एक आँच की कसर रह गई है। इसी कसर को पूरा करने के लिए मेनरा दिल्ली से लाहौर पहुँचा है।

तो जिस वक़्त मेनरा डा. वज़ीर आग़ा की दावत में पहुँचा तो वह मंटो से, और उसका भारी थैला मंटो के प्रकाशित-अप्रकाशित मसौदों से अटाअट भरा हुआ था।

इक ज़रा छेड़िए, फिर देखिए क्या होता है···

किसी ने छेड़ा और मेनरा साहिब शुरू हो गए : दोस्तो, उधर हिंदुस्तान में तो, क्या उर्दू, क्या हिंदी, हर भाषा में—चर्चा का ख़ास विषय इस समय मंटो है। इधर मंटो को विस्मृति के आले में रख दिया गया है। आश्चर्य है, पाकिस्तान में किसी को फ़ुरसत न मिली। तीस-पैंतीस बरसों में किसी ने यह तक न सोचा कि एक नज़र मंटो के काग़ज़ात पर भी डाली जाए। खोई हुई कहानियाँ तलाश की जाएँ··· और एक यहाँ आज़र ज़ोबी हैं, जिन्होंने मंटो की अप्रकाशित कहानियों का एक पूरा पुलंदा दबाकर रख छोड़ा है। न ख़ुद छापते हैं, न किसी को उसकी हवा देते हैं···

अशफ़ाक़ अहमद ने आज़र ज़ोबी के साथ दोस्ती का हक़ अदा किया। कहा कि मंटो साहिब की तो कोई कहानी अप्रकाशित रह ही नहीं सकती। इधर लिखी उधर बेची, यह उनका तरीक़ा था।

"क्या कहा, मंटो की कोई कहानी अप्रकाशित रह नहीं सकती थी···?" मेनरा ने यह कहते-कहते थैला खोला। एक मसौदा निकाला, दूसरा मसौदा निकाला, तीसरा मसौदा निकाला : "यह देखिए, और यह देखिए, और यह देखिए··· बताइए, इनमें से कौन-सी कहानी छपी हुई है?"

इसी हल्ले में मेनरा ने एक कहानी वह भी निकालकर दिखा डाली जो उसके शोध के अनुसार आज़र ज़ोबी के स्टूडियो में दफ़्न पुलंदे की एक कहानी की किताबतशुदा नक़ल है।

अशफ़ाक़ अहमद को हमने ज़िंदगी में पहली मरतबा किसी मुआमले में चुप होते देखा।

मगर दावत में एक दाना और मौजूद था—सिराज मुनीर : "पाकिस्तान में मंटों क्यों चर्चा का ख़ास विषय नहीं रहा, इसलिए कि···" इस अज़ीज़ ने फ़ौरन ध्यान दिलाया : "पाकिस्तान में नई समस्याएँ पैदा हो चुकी हैं। यहाँ कहानी मंटो को आउटग्रो कर गई है। और यह कि मंटो अब हमारी सामाजिक दशाओं में रेलेवेंट नहीं रहा है।"

बस फिर क्या था, अल्लाह दे और बंदा ले। बहस की आग भड़क उठी। मंदी पड़ने लगती तो क़ुर्रतुल-ऐन-हैदर निहायत सलीक़े से कुछ सिराज मुनीर के विचारों को स्पष्ट करतीं, कुछ मेनरा के दृष्टिकोण की सच्चाई को उजागर करतीं और आग फिर भड़क उठती।

इस बहस में सबसे ख़ामोश आदमी डा. वज़ीर आग़ा थे, हालाँकि सबसे ज़्यादा बोलने का हक़ उनका था। एक तो वे प्रामाणिक आलोचक हैं, फ़िर मेज़बान थे। मेज़बान अगर शायर हो तो अपना कलाम आख़िर में सुनाए ही सुनाए। शायर न भी हो तो कौन-सा पीछे रहता है। मगर यहाँ कैसे-कैसे मरहले आए, क्या-क्या गर्मी-सर्दी हुई, मगर डा. वज़ीर आग़ा ख़ामोश।

ख़ैर यहाँ से रुख़सती तो ख़ैरियत से हो गई। मगर इसके बाद आँधी बहुत ज़बर्दस्त चली। ऐसी चली कि घरों की छतें उड़ गईं। सुब्ह हमने किश्वर नाहीद से ख़ैरियत पूछी कि हिंदुस्तान से आए हुए दोनों मेहमान उन्हीं की सुज़ूकी में सवार होकर निकले थे।

पता चला कि आँधी ने ज़ोर उस वक़्त बाँधा जब क़ुर्रतुल-ऐन-हैदर उस गाड़ी से उतर गई थीं।

किश्वर नाहीद ने कहा : "हवा के झक्कड़ चल रहे थे। गर्द, इलाही तौबा! और साइन-बोर्ड धाड़-धाड़ गिर रहे थे। मैं डर रही थी कि कहीं सिराज मुनीर की बात सच न हो जाए और मंटो साहिब की रेलेवेंस हमारे लिए सचमुच ख़त्म न हो जाए।"

सही अंदेशा था। सुज़ूकी वैसे ही हवा तो होती है। फूँक मारे से उड़ जाए। रोड़ा आ पड़े तो पिचक जाए—मेनरा भी धान-पान आदमी है। किश्वर भी मुट्ठी भर हैं। बस उस कार में भारी चीज़ एक ही थी। मंटो साहब के मसौदों से भरा हुआ थैला। भारी न होता तो पता नहीं यह आँधी उन पन्नों और मेनरा के साथ क्या सुलूक करती।

●●

'तलाशे-गुमशुदा' के इस मुक़ाम पर अगर हमनें मेनरा का 'सफ़रे-पाकिस्तान' दर्ज किया तो बड़ी दिक़्क़तें आन खड़ी होंगी। 'मंटो-यात्रा' की पूरी कहानी एक अलग किताब की माँग करती है।

इंतज़ार हुसैन के दो कालम नक़ल करने की ज़रूरत यूँ महसूस हुई कि :

एक : 'दस्तावेज़' के पाठक उस 'लाहौरी वातावरण' से परिचित हो जाएँ जो 'तलाशे-गुमशुदा' ने पैदा किया था।

दो : और हमारा काम, एक अलग किताब की जगह, सिर्फ़ तीन पन्नों के प्रकाशन से चल जाए।

तो इस मुक़ाम पर हम इंतज़ार साहिब के कालमों के हवाले से बस छोटी-सी हाशियाआराई से काम लेंगे।

सन् 62 की बात है।

मेनरा कराची में था। पाकिस्तान राइटर्स गिल्ड और गिल्ड के परचे 'हमक़लम' के दफ़्तर में उसकी मुलाक़ात इब्ने-इंशा से हुई। वह अपनी कहानी 'रफ़्तार' के प्रकाशन और उसके पारिश्रमिक के सिलसिले में वहाँ गया था। उसकी 'शोहरत' में 'मंटोपरस्ती' को भी लोगों ने जोड़ रखा था। इसे भी इत्तिफ़ाक़ ही कहा जा सकता है कि जो कहानी मेनरा के हाथ में थी उसमें मंटो का ज़िक्र था। 'हमक़लम' के दफ़्तर में बातचीत मंटो के गिर्द घूमने लगी। वहीं एक नौजवान असग़र अली ने कहा कि उसने आज़र ज़ोबी के पास मंटो की एक अप्रकाशित कहानी 'सोनोरल' देखी है। फिर ईस्टर्न काफ़ी हाउस (कराची) में मेनरा को नौजवान कहानीकार समी अहूजा ने सूचना दी कि आज़र ज़ोबी के पास मंटो की कछ अप्रकाशित कहानियाँ मौजूद हैं।

सरहद के इस पार दिल्ली में रहने के बावजूद मेनरा के लिए आज़र ज़ोबी का नाम अज्ञात या अपरिचित नहीं था। वह असदुल्लाह की किताब 'मंटो मेरा दोस्त' में आज़र ज़ोबी की ख़ूबसूरत पेंटिंग 'मंटो' देख चुका था, प्रभावित हो चुका था। फिर चित्रकार आज़र ज़ोबी आठ-दस बरस पहले एक सुंदर साहित्यिक पत्रिका 'शऊर' (कराची) का प्रकाशक भी रह चुका था। और यह बात मेनरा के इल्म में थी। 'शऊर' (कराची) में मंटो की एक किताब 'तनबख़्शियाँ' का इश्तहार भी छपा था—तो असग़र अली और समी अहूजा की सूचनाओं ने मेनरा को चौंकाया नहीं। बस एक सवाल उसके ज़ेहन में रह गया कि आख़िर ज़ोबी ने 'तनबख़्शियाँ' क्यों न छापी और कि अगर वह छपती तो उसमें 'सोनोरल' के अलावा और कौन-सी कहानियाँ शामिल होतीं!

'सोनोरल' का नाम मेनरा ने पहली बार सन् 62 में कराची में सुना, और सन् 88 में अपनी 'मंटो-यात्रा' के दूसरे दिन उसने कहानी 'सोनोरल' ढूँढ़ निकाली, और वहीं लाहौर में पढ़ी। और अब सन् 92 के आख़िरी दिनों में यह कहानी आपके हाथों में है। उर्दू वाले इसे बाद में पढ़ेंगे।

'सोनोरल' के अलावा 'तलाशे-गुमशुदा' में सात और कहानियाँ शामिल हैं। ये आठों कहानियाँ अभी तक अप्रकाशित हैं। अब तक उर्दू में भी नहीं छपी हैं। इनके शीर्षक यूँ हैं :

सोनोरल
मिसेज़ गुल (रचना : 8 मई 1954)
अस्ली जिन (रचना : 26 मई 1954)
गिलगित ख़ान (रचना : 6 जून 1954)
सब्ज़ सैंडल (रचना : 11 अगस्त 1954)
बीमार (रचना : 6 अक्टूबर 1954)
डाक्टर शिरोडकर (रचना : 11 अक्टूबर 1954)

अक़्लदाढ़ (रचना : 21 अक्तूबर 1954)

इन कहानियों की तलाश, पहचान और तसदीक़ की कहानी बड़ी लंबी है, वह फिर कभी···

'तलाशे-गुमशुदा' में शामिल इन आठ कहानियों पर आधारित खंड का नाम हमने 'तनबख़्शियाँ' रखा है। वजह आप जान ही गए होंगे!

'तलाशे-गुमशुदा' में बारह और कहानियाँ मौजूद हैं जो लाहौर की साहित्यिक पत्रिकाओं में छपीं, लोगों ने पढ़ीं (?!), भुला दीं और फिर वे खो गईं। ये कहानियाँ मंटो की किसी किताब में मौजूद नहीं हैं।

इनमें से आठ कहानियाँ मुग़नी ढूँढकर लाया था। तफ़सील आप पढ़ ही चुके हैं। और चार कहानियाँ मेनरा ने ढूँढ निकालीं। उनकी तफ़सील यूँ हैं :

ख़्वाबे-ख़रगोश	प्रकाशन 'पगडंडी', अमृतसर, मंटो नंबर, अप्रैल-मई 1955
तीन मोटी औरतें	प्रकाशन 'गुले-ख़ंदाँ', लाहौर, मंटो नंबर, 1955
आर्टिस्ट लोग	
फातो	

'आर्टिस्ट लोग' और 'फातो', दोनों कहानियाँ 'गुले-ख़ंदाँ' के 'मंटो नंबर' ही में छपी थीं।

'फोजा हराम दा' के बारे में हम एक बात ज़रूर कहना चाहेंगे : मंटो के ज़ेहन में यह कहानी कोई पंद्रह बरसों से मौजूद थी। इस कहानी की कच्ची विषयवस्तु का ज़िक्र अहमद नदीम क़ासमी के नाम लिखे गए एक ख़त में मिलता है। कहानी 29 मई 1954 को लिखी गई, 30 मई 1954 को 'हलक़ा-ए-अरबाबे-ज़ौक़' में पढ़ी गई और जुलाई 1954 में 'अदबे-लतीफ़', लाहौर में छपी।

'अदबे-लतीफ़' एक मशहूर संस्था 'मक्तबा-ए-उर्दू' का परचा है। सन् 54 के 'अदबे-लतीफ़' के अंकों में मंटो की एक किताब 'गुलाब का फूल' का विज्ञापन छपता रहा, पर किताब कभी न छपी। इसी 'रिआयत' से हमने इस खंड का नाम 'गुलाब का फूल' रखा है।

अब आख़िर में दो बातें और।

पहली बात : 1 फ़रवरी 1953 के दिन मंटो ने 'हल्क़ा-ए-अरबाबे-ज़ौक़' में एक कहानी पढ़ी थी जिसका शीर्षक था 'इज़्ज़तो-नामूस'। यह कहानी न तो किसी किताब में मौजूद है और न ही किसी 'मंटो नंबर' में।

इस कहानी की तलाश का काम हम किसी नई लेसली फ़्लेमिंग पर छोड़ते हैं।

दूसरी बात : सवाल उठता है, मंटो की आख़िरी कहानी कौन-सी है, और कहाँ है ?

हम तो साहिब, 55 की उन सर्दियों में दिल्ली में थे, अब हमें क्या ख़बर।

इस सिलसिले में हमने जो कुछ पढ़ा है, बयान कर देते हैं।

''...और 14 जनवरी को उन्होंने एफ़.सी. कालेज की बज़्मे-फ़िक्रो-नज़र में अपना आख़िरी अफ़साना 'कबूतर और कबूतरी' पढ़कर सुनाया था...'': अफ़कारो-हवादिस–कारवाँबाशी–रोज़नामा हिलाले-पाकिस्तान, लाहौर।

''...लेकिन अजब इत्तिफाक है, इसी बज़्म में उन्होंने अपना आख़िरी अफ़साना 'कबूतर और कबूतरी' पढ़ा था...'' : पृ. 118–मंटो मेरा दोस्त–मुहम्मद असदुल्लाह।

'कबूतर और कबूतरी' की तलाश में हमने लाख जाल फेंके, पर कुछ पता न चल सका।

आख़िर अनवर सज्जाद ने बताया (लिखा) : ''एफ़.सी. कालेज की बज़्म में सआदत को मैं लेकर गया था। मेरी मौजूदगी में सआदत ने 'कबूतर और कबूतरी' पढ़ा था। मुझे अच्छी तरह याद है कि उसने अफ़साना पढ़ने के बाद उसे अपनी शेरवानी की अंदरवाली जेब में रख लिया था। फिर निशस्त के इख़्तिताम (बैठक के समापन) पर मैं सआदत को घर छोड़ आया था। वह 'होश' में था। शेरवानी उसके बदन पर थी और बटन ऊपर से नीचे तक बंद थे–वैसे तुम लोग जानते ही हो कि अलीगढ़ी शेरवानियों ने सआदत को यूनिवर्सिटी से निकाल बाहर किया था। अब आख़िरी दिनों में वहीं की एक शेरवानी 'कबूतर और कबूतरी' को एक साथ चटकर गई तो यारो, हैरत कैसी–तुम लोग भी बस एक ही एंटी-फ़िलोजेस्टिन हो–रब राखा !''

फोजा हराम दा

टी हाऊस में हरामियों की बातें शुरू हुईं तो यह सिलसिला बहुत देर तक जारी रहा।

हर एक ने कम अज़ कम एक हरामी के मुताल्लिक़ अपने तास्सुरात[1] बयान किए, जिससे उसको अपनी ज़िंदगी में वास्ता पड़ चुका था—कोई जालंधर का था, कोई सियालकोट का; कोई लुधियाना का और कोई लाहौर का; मगर सबके-सब स्कूल या कॉलेज की ज़िंदगी से मुताल्लिक़ थे।

मेहर फिरोज साहिब सबसे आखिर में बोले—आपने कहा : "अमृतसर में शायद ही कोई ऐसा आदमी हो जो फोजे हराम दे के नाम से नावाक़िफ़ हो। यूँ तो उस शहर में और भी कई हरामज़ादे थे मगर उसके पल्ले के नहीं थे। वह नंबर एक हरामज़ादा था। स्कूल में उसने तमाम मास्टरों का नाक में दम कर रखा था। हेडमास्टर, जिसको देखते ही बड़े-बड़े शैतान लड़कों का पेशाब ख़ता हो जाता था, फोजे से बहुत घबराता था, इसलिए कि उस पर उनके मशहूर बेद का कोई असर ही नहीं होता था; यही वजह है कि उन्होंने तंग आकर उसको मारना छोड़ दिया था...

"यह दसवीं जमात की बात है... एक दिन यार लोगों ने उससे कहा : 'देखो फोजे, अगर तुम कपड़े उतारकर नंग-धडंग स्कूल का एक चक्कर लगाओ तो हम तुम्हें एक रुपया देंगे...' फोजे ने रुपया लेकर कान में उड़सा, कपड़े उतारकर बस्ते में बाँधे और सबके सामने नंग-धडंग चलना शुरू कर दिया। वह जिस क्लास के पास से गुज़रता, वह ज़ाफ़रान ज़ार[2] बन जाती... चलते-चलते वह हेडमास्टर साहिब के दफ़्तर के पास पहुँच गया। उसने चिक़ उठाई और गड़ाप से अंदर दाखिल हो गया। मालूम नहीं, क्या हुआ कि हेडमास्टर साहिब सख़्त बौखलाए हुए बाहर निकले और उन्होंने चपरासी को बुलाकर उससे कहा : 'जाओ, भाग के फोजे के घर जाओ और उसके कपड़े ले आओ... कहता है, मस्जिद के सिक़ाबे में नहा रहा था कि कोई चोर उसके कपड़े उठाकर ले गया...'

"दीनियात के मास्टर मौलवी पोटेटो थे... मालूम नहीं, उन्हें पोटेटो किस रिआयत से कहते थे क्योंकि आलुओं के तो दाढ़ी नहीं होती... उनसे फोजा ज़रा दबता था... एक दिन ऐसा हुआ कि अंजुमन के मेंबरों के सामने, जो स्कूल चलाते थे, मौलवी साहिब ने ग़लती से फोजे से एक आयत का तरजुमा पूछ लिया। चाहिए तो यह था कि वह ख़ामोश रहता मगर फिर फोजा हराम दा पहचाना कैसे जाता। उसके मुँह में जो आया, उसने ऊल-जलूल बक

दिया। मौलवी पोटेटो के पसीने छूट गए। मेंबरों के जाते ही उन्होंने अपना असा[3] उठाया और फोजे को वह चार चोट की मार मारी कि वह बिलबिला उठा मगर फिर भी बड़े अदब से कहता रहा : 'मौलवी साहब, मेरा कोई क़ुसूर नहीं ··· मुझे कलमा ठीक से नहीं आता और आपने एक पूरी आयत का मतलब पूछ लिया ···' मारने से भी मौलवी पोटेटो साहब का जी हल्का न हुआ। वह फोजे के बाप के पास गए और उससे शिकायत की। फोजे के बाप ने उनकी सब बातें सुनीं और बड़े रहमनाक लहजे में कहा : 'मौलवी साहब, मैं उससे ख़ुद आजिज़ आ गया हूँ। मेरी समझ में नहीं आता कि उसकी इसलाह[4] कैसे हो सकती है ··· अभी कल की बात है। मैं पाख़ाने गया तो उसने बाहर से कुंडी चढ़ा दी। मैं अंदर से बहुत गरजा और उसे बेशुमार गालियाँ दीं। वह यही कहता रहा कि अगर मैं अठन्नी देने का वादा करूँगा तो दरवाज़ा खुलेगा और अगर वादा करके फिर जाऊँगा तो वह अगली मर्तबा कुंडी में ताला भी डाल देगा ··· नाचार[5] पहले वादा करना पड़ा, फिर अठन्नी देनी पड़ी। अब बताइए, मैं ऐसे नाबकार[6] लड़के का क्या करूँ ···'

''अल्लाह ही बेहतर जानता था कि उसका क्या होगा ··· पढ़ता-बढ़ता ख़ाक भी नहीं था ··· इंटरेंस के इम्तिहान हुए तो सबको यक़ीन था कि बहुत बुरी तरह फ़ेल होगा, मगर नतीजा निकला तो सबसे ज़्यादा नंबर उसी के थे। वह चाहता था कि कॉलेज में दाख़िल हो, मगर उसके बाप की यह ख़्वाहिश थी कि वह कोई हुनर सीखे। नतीजा यह निकला कि वह दो बरस तक आवारा फिरता रहा ··· इस दौरान में उसने जो हरामज़दगियाँ कीं, उनकी फ़ेहरिस्त बहुत लंबी है ···

''तंग आकर उसके बाप ने बिलआख़िर उसे कॉलेज में दाख़िल करा दिया। पहले ही दिन उसने यह शरारत की कि मैथेमेटिक्स के प्रोफ़ेसर की साइकिल उठाकर एक दरख़्त की सबसे ऊँची टहनी पर लटका दी। सब हैरान कि साइकिल वहाँ पहुँची क्योंकर, मगर वे लड़के, जो स्कूल में फोजे के साथ पढ़ चुके थे, अच्छी तरह जानते थे कि कारस्तानी फोजे के सिवा और किसी की नहीं हो सकती। उस एक शरारत ही से उसका पूरे कॉलेज से तआरुफ़ हो गया ···

''स्कूल में उसकी सरगर्मियों का मैदान महदूद था। कॉलेज में यह मैदान बहुत वसी हो गया ··· पढ़ाई में, खेलों में, मुशाइरों और मुबाहसों में, क़यामत की शरारतों में, हर जगह फोजे का नाम रौशन था और थोड़े ही दिनों में उसका नाम इतना रोशन हुआ कि सारे शहर में उसके गुंडपने की धाक बैठ गई और वह बड़े जुगादरी बदमाशों के कान काटने लगा ···

''उसका क़द नाटा था मगर बदन कसरती था। उसकी भेडो टक्कर बहुत मशहूर थी। वह ऐसे ज़ोर से मद्दे-मुक़ाबिल के सीने में या पेट में अपने सिर से टक्कर मारता कि मद्दे-मुक़ाबिल के सारे वुजूद में ज़लज़ला-सा आ जाता ···

''एफ़. ए. के दूसरे साल में उसने तफ़्रीहन प्रिंसिपल की नई मोटर के पैट्रोल टैंक में चार आने की शक्कर डाल दी जिसने कार का सारा इंजन ग़ारत कर दिया। प्रिंसिपल को किसी न किसी तरीक़े से मालूम हो गया कि यह ख़तरनाक शरारत फोजे की है, मगर हैरत

है कि उन्होंने उसको माफ़ कर दिया। बाद में मालूम हुआ कि फोजे को उनके बहुत से राज़ मालूम थे···

''यह वह ज़माना था, जब कॉंग्रेस का बहुत ज़ोर था··· अँग्रेज़ों के ख़िलाफ़ खुल्लमखुल्ला जलसे होते थे। हुकूमत का तख़्ता उलटने की कई नाकाम साज़िशें हो चुकी थीं। गिरफ़्तारियों की भरमार थी। सब जेल बाग़ियों से पुर थे। आए दिन रेल की पटरियाँ उखाड़ी जाती थीं। ख़तों के भबकों में आतिशगीर माद्दा डाला जाता था। बम बनाए जा रहे थे। पिस्तौल बरामद होते थे। ग़रज़ कि एक हंगामा बरपा था जिसमें स्कूलों और कॉलेजों के तालिबे-इल्म भी शामिल थे···

''फोजा सियासी आदमी बिलकुल नहीं था··· मेरा ख़याल है, उसको यह भी मालूम नहीं था कि महात्मा गाँधी कौन है, लेकिन जब अचानक एक रोज़ उसे पुलिस ने गिरफ़्तार कर लिया और वह भी एक साज़िश के सिललिले में, तो सबको बड़ी हैरत हुई···

''इससे पहले कई साज़िशें पकड़ी जा चुकी थीं, सांडर्स के क़त्ल के सिलसिले में भगत सिंह और दत्त को फाँसी हो चुकी थी। इसलिए यह नया मामला भी कुछ संगीन ही मालूम होता था··· इल्ज़ाम यह था कि मुख़्तलिफ़ कॉलेजों के लड़कों ने मिलकर एक ख़ुफ़िया जमात बनाई है जिसका मक़सद हुज़ूर मलिके-मुअज़्ज़म की सल्तनत का तख़्ता उलटना है···

''कुछ लड़कों ने कॉलेज की लेबोरेटरी से पिकरिक ऐसिड चुराया था जो बम बनाने के काम आता है··· फोजे के बारे में शुब्हा था कि वह उस चोरी में शरीक था और उसको तमाम ख़ुफ़िया बातों का इल्म था···

''उसके साथ कॉलेज के दो और लड़के भी पकड़े गए थे। उनमें एक, मशहूर बैरिस्टर का लड़का था और दूसरा रईसज़ादा। दोनों डॉक्टरी मुआइने के मुताबिक़ मरीज़ थे, इसलिए पुलिस की मारपीट से बच गए··· शामत ग़रीब फोजे हराम दे की आई। थाने में उसको उल्टा लटका-लटकाकर पीटा गया। बर्फ़ की सिलों पर खड़ा किया गया। ग़रज कि हर क़िस्म की जिस्मानी अज़ीयत[7] उसे पहुँचाई गई कि वह राज़ की बातें उगल दे, मगर वह भी कुत्ते की एक हड्डी था, टस से मस न हुआ, बल्कि थाने में भी कमबख़्त अपनी शरारतों से बाज़ न आया···

''एक मर्तबा जब वह मार बरदाश्त न कर सका तो उसने थानेदार से हाथ रोक लेने की दरख़्वास्त की और वादा किया कि वह सबकुछ बता देगा··· वह बिलकुल निढाल था, इसलिए उसने गर्म-गर्म दूध और जलेबियाँ माँगीं। जब उसकी तबीयत क़दरे-बहाल हुई तो थानेदार ने काग़ज़-क़लम सँभाला और उससे कहा : 'अब बताओ···' फोजे ने अपने मार खाए हुए आज़ा का जाइज़ा अँगड़ाई लेकर लिया और जवाब दिया : 'अब क्या बताऊँ ताक़त आ गई है··· चढ़ा दो फिर मुझे टकटकी पर···'

''ऐसे और भी कई क़िस्से हैं जो मुझे याद नहीं रहे, मगर यह क़िस्सा बहुत पुरलुत्फ़ है··· मलिक हफ़ीज़, जो हमारा हमजमाअत था, उसकी ज़बान से आप सुनते तो और ही मज़ा आता···

''एक दिन पुलिस के दो सिपाही फोजे को अदालत में पेश करने के लिए ले जा रहे थे कि

कचहरी में उसकी नज़र मलिक हफ़ीज पर पड़ गई जो किसी काम से वहाँ आया था··· मलिक हफ़ीज़ को देखते ही फोजा पुकारा : 'अस्सलामअलैकुम हफ़ीज़ साहिब···' मलिक हफ़ीज़ चौंका। फोजा हथकड़ियों में उसके सामने खड़ा मुसकरा रहा था : 'मलिक साहिब, बहुत उदास हो गया हूँ··· जो चाहता है, आप भी आ जाएँ मेरे पास··· बस मेरा नाम ले देना ही काफ़ी है···'

''मलिक हफ़ीज़ ने जब फोजे की बात सुनी तो उसकी रूह क़ब्ज़ हो गई··· फोजे ने मलिक हफ़ीज़ को ढारस दी : 'घबराओ नहीं मलिक, मैं तो मज़ाक़ कर रहा हूँ··· वैसे मेरे लायक़ कोई ख़िद्मत हो तो बताओ···' अब आप ही बताइए कि फोजा किस लायक़ था। मलिक हफ़ीज़ घबरा रहा था और कन्नी कतरा के भागने ही वाला था कि फोजे ने कहा : 'भई और तो हमसे कुछ हो नहीं सकता, कहो तो तुम्हारे बदबूदार कुएँ की गार निकलवा दें···'

''मलिक हफ़ीज़ ही आपको बता सकता है कि फोजे को उस कुएँ से कितनी नफ़रत थी··· उस कुएँ के पानी से ऐसी बिसांद आती थी जैसी मरे हुए चूहों से आती है··· मालूम नहीं, लोग उसे साफ़ क्यों नहीं कराते थे·

''एक हफ़्ते के बाद, जैसा कि मलिक हफ़ीज़ का बयान है, वह बाहर नहाने के लिए निकला तो क्या देखता है कि दो-तीन टोबे कुएँ की गंदगी निकालने में मसरूफ़ हैं··· मलिक हफ़ीज़ बहुत हैरान हुआ कि माजरा क्या है। टोबों को बलाया किसने है··· पड़ोसियों का ख़याल था कि बड़े मलिक साहिब को बैठे-बैठे ख़याल आ गया होगा कि चलो कुएँ की सफ़ाई हो जाए, लोग भी क्या याद रखेंगे··· लेकिन पड़ोसियों को जब यह मालूम हुआ कि छोटे मलिक को इस बारे में कुछ इल्म नहीं और यह कि बड़े मलिक साहिब तो शिकार पर गए हुए हैं तो उन्हें भी हैरत हुई··· पुलिस के बेवर्दी सिपाहियों से पूछा गया तो मालूम हुआ कि वह फोजे हराम दे की निशानदही पर कुएँ में से बम निकलवा रहे हैं···

''बहुत देर तक गंदगी निकलती रही। पानी साफ़-शफ़ाफ़ हो गया, मगर बम तो क्या, एक छोटा-सा पटाख़ा भी बरामद न हुआ। पुलिस बहुत भिन्नाई। चुनांचे फोजे से बाज़पुर्स[4] हुई। उसने मुसकराकर थानेदार से कहा : 'भोले बादशाहो, हमें तो अपने यार का कुआँ साफ कराना था, सो हमने करा लिया···'

''बड़ी ख़ूबसूरत शरारत थी, मगर पुलिस ने फोजे को वह मारा, वह मारा कि मार-मारकर अधमुआ कर दिया··· और फिर एक दिन यह ख़बर आई की फोजा सुलतानी गवाह बन गया है। उसने वादा कर लिया है कि वह सबकुछ बक देगा···

''कहते हैं, उस पर बड़ी ला'न-ता'न हुई··· उसके दोस्त मलिक हफ़ीज़ ने भी, जो हुकूमत से बहुत डरता था, उसको बहुत गालियाँ दीं : 'हरामज़ादा डर के मारे ग़द्दार बन गया है··· मालूम नहीं, अब किस-किसको फँसाएगा···'

''बात असल में यह थी कि वह मार खा-खाकर थक गया था। जेल में उसको किसी से मिलने नहीं दिया जाता था। मुरग़्ग़न ग़िज़ाएँ[9] खाने को दी जाती थीं, मगर सोने नहीं दिया जाता था। कमबख़्त को नींद बहुत प्यारी थी, इसलिए तंग आकर उसने सच्चे दिल से वादा

कर लिया कि वह बम बनाने की साज़िश के जुमला हालात बता देगा।

''रखा तो उसे जेल ही में गया, मगर अब उस पर कोई सख़्ती न थी। कई दिन तो उसने आराम किया कि उसके बंद-बंद ढीले हो चुके थे··· अच्छी ख़ुराक मिली और बदन पर मालिशें हुईं तो वह बयान लिखवाने के क़ाबिल हो गया।

''सुबह लस्सी के यह दो बड़े गिलास पीकर वह अपनी दास्तान शुरू कर देता। थोड़ी देर के बाद नाश्ता आता तो उससे फ़ारिग़ होकर वह पंद्रह-बीस मिनट आराम करता और फिर कड़ी से कड़ी मिलाकर अपना बयान जारी रखता···

''आप मुहम्मद हुसैन स्टेनोग्राफ़र से पूछिए, जिसने फोजे का बयान टाइप किया था··· उसका कहना है कि फोजे हरामदे ने पूरा एक महीना लिया और वह सारा जाल खोल के रख दिया जो साज़िशियों ने मुल्क के इस कोने से उस कोने तक बिछाया हुआ था और मज़ीद[10] बिछाने का इरादा रखते थे। उसने सैकड़ों आदमियों के नाम लिए और ऐसी हज़ारों जगहों का पता बताया जहाँ साज़िशी लुक-छुप के मिलते थे और हुकूमत का तख़्ता उलटने की तरकीबें सोचते थे।

''वह बयान, मुहम्मद हुसैन स्टेनोग्राफर का कहना है, फुल स्केप के ढाई सौ सफ़हों पर फैला हुआ है··· जब फोजे का बयान ख़त्म हुआ तो पुलिस ने उसे सामने रखकर प्लान बनाया। चुनांचे फ़ौरन नई गिरफ़्तारियाँ अमल में आईं और एक बार फिर फोजे की माँ-बहन पुनी जाने लगी।

''अख़बारों ने भी दबी ज़बान में फोजे के ख़िलाफ़ काफ़ी ज़हर उगला··· अकसरियत[11] हुक्काम के ख़िलाफ़ थी, इसलिए फोजे की ग़द्दारी की हर जगह मज़म्मत[12] होने लगी।

''फोजा जेल में था जहाँ उसकी ख़ूब ख़ातिर-तवाज़ोहो रही थी··· यह बड़ी तुर्रेवाली कलफ़ लगी पगड़ी सिर पर बाँधे, दो घोड़े की बोसकी की क़मीस और चालीस हज़ार लट्ठे की घेरेदार शलवार पहने वह जेल में यूँ टहलता था जैसे कोई अफ़सर मुआइना कर रहा हो।

''जब सारी गिरफ़्तारियाँ अमल में आ गईं और पुलिस ने अपनी कार्रवाई मुकम्मल कर ली तो साज़िश का यह मार्का अंगेज केस अदालत में पेश हुआ। लोगों की भीड़ जमा थी।

''पुलिस की हिफ़ाज़त में जब फोजा नुमूदार हुआ तो ग़ुस्से से भरे नारे बुलंद हुए : 'फोजा हराम दा : मुर्दाबाद··· फोजा हराम दा : मुर्दाबाद :···' हुजूम बहुत मुश्तइल[13] था और ख़तरा था कि फोजे पर टूट न पड़े, इसलिए पुलिस को लाठी चार्ज़ करना पड़ा जिसके बायस कई आदमी ज़ख़्मी हुए।

''अदालत में मुक़द्दमा पेश हुआ··· जब फोजे से पूछा गया कि वह उस बयान के मुताल्लिक़ क्या कहना चाहता है जो उसने पुलिस को दिया था तो उसने अपनी लाइल्मी का इज़हार किया : 'जनाब, मैंने कोई बयान-वयान नहीं दिया है··· इन लोगों ने ख़ुद ही एक पुलंदा-सा तैयार किया था और ज़बर्दस्ती मुझसे दस्तख़त करवा लिए थे···' यह सुनकर इंस्पेक्टर पुलिस की, बक़ौल फोजे, भमीरी भौ गई। और जब यह ख़बर अख़बारों में छपी तो सब चकरा गए कि फोजे हराम दे ने यह क्या नया चक्कर चलाया है।

''चक्कर नया ही था, क्योंकि अदालत में उसने एक नया बयान लिखवाना शुरू कर दिया जो पहले बयान से बिलकुल मुख़्तलिफ़ था··· नया बयान क़रीब-क़रीब पंद्रह दिन में ख़त्म हुआ, और जब ख़त्म हुआ तो फुल स्केप के एक सौ अठावन सफ़हे काले हो चुके थे··· फोजे का कहना है कि उस नए बयान से जो हालत पुलिसवालों की हुई, नाक़ाबिले-बयान है ···पुलिस ने जो इमारत खड़ी की थी, कमबख़्त ने उसकी एक-एक ईंट उखाड़ के रख दी···

''सारा केस चौपट हो गया··· नतीजा यह निकला कि उस साज़िश में जितने लोग गिरफ़्तार हुए थे, उनमें से अक्सर बरी हो गए।

''दो को तीन-तीन बरस की और पाँच को छः-छः महीने की सज़ाए-क़ैद हुई।''

जो लोग यह क़िस्सा मेहर फ़िरोज़ साहिब से सुन रहे थे, उनमें से एक ने पूछा : ''और फोजे को?''

मेहर फ़िरोज़ साहिब ने कहा : ''फोजे को क्या होना था···वह तो वादा माफ़ यानी सुलतानी गवाह था।''

सबने फोजे की हैरतअंगेज़ ज़हानत को सराहा कि उसने पुलिस को किस सफ़ाई से ग़च्चा दिया।

एक ने, जिसके दिलो-दिमाग़ को फोजे हराम दे की शख़्सियत ने बहुत ज़्यादा मुतास्सिर किया था, मेहर फ़िरोज़ साहिब से पूछा : ''फोजा आजकल कहाँ होता है?''

''यहीं लाहौर में है···आढ़त की दूकान करता है।''

इतने में बैरा बिल लेकर आया और मेहर फ़िरोज़ साहिब के सामने रख दिया, क्योंकि चाय वग़ैरह का आर्डर उन्होंने दिया था।

फोजे की शख़्सियत से मुतास्सिरशुदा साहिब ने बिल देखा और उनका बढ़ता हुआ हाथ रुक गया, इसलिए कि रक़म ज़्यादा थी। चुनांचे वह ऐसे ही मेहर फ़िरोज़ से मुख़ातिब हुए : ''आपके इस फोजे से कभी मिलना चाहिए।''

मेहर फ़िरोज़ उठे : ''आप उससे मिल चुके हैं···यह ख़ाकसार ही फोजा हराम दा है···बिल आप अदा कर दीजिएगा···अस्सलामअलैकुम'' यह कहकर वह तेज़ी से बाहर निकल गए।

---

1. विचार, ख़यालात; 2. हँसी से लोटपोट हो जाना; 3. डंडा या लाठी; 4. सुधार; 5. मजबूरन; 6. निकम्मा; 7. कष्ट, तकलीफ़; 8. पूछताछ, जवाबतलबी; 9. पौष्टिक खाद्यपदार्थ; 10. ज़्यादा, अधिक; 11. बहुमत; 12. निंदा, बुराई; 13. उत्तेजित।

महताब ख़ाँ

शाम को मैं घर में बैठा अपनी बच्चियों से खेल रहा था कि मेरे दोस्त ताहिर साहब बड़ी अफ़रा-तफ़री में आए।

कमरे में दाख़िल होते ही आपने मैंटल पीस पर से मेरा फ़ाउंटेन पैन उठाकर मेरे हाथ में थमाया और कहा : "हस्पताल के किसी डॉक्टर के नाम चिट लिख दीजिए।"

मुझे कुछ पूछने की फ़ुर्सत भी न दी गई—मैंने एक डॉक्टर के नाम रुक़्क़ा लिखना शुरू कर दिया।

मज़मून ताहिर साहब ने लिखवाया, जिसका मतलब यह था कि हामिले-रुक़्क़ा[1] ख़तरनाक तौर पर अलील[2] है, इसलिए उसे फ़ौरन हस्पताल में दाख़िल कर लिया जाए।

मुझसे जो लिखवाया गया, मैंने लिख दिया।

थोड़ी देर के बाद ताहिर साहब फिर तशरीफ़ लाए।

मुझे तश्वीश[3] थी कि जिस मरीज़ की मैंने सिफ़ारिश की थी, वह हस्पताल में दाख़िल हो सका है या नहीं, लेकिन वह बड़े मुतमइन थे—मेरे दरयाफ़्त करने पर उन्होंने कहा : "जहन्नम में जाए... मैंने आपकी चिट उसके लवाहिक़ीन[4] को दे दी है।"

यह सुनकर मैं ख़ामोश हो गया, लेकिन थोड़ी देर के बाद मैंने उनसे पूछा : "यह महताब ख़ाँ कौन हैं जिनको हस्पताल में दाख़िल कराने के लिए आप इतने बेताब थे?"

ताहिर साहब मुसकराए : "अव्वल दर्जे का हरामी है।"

अगर महताब ख़ाँ तीसरे दर्जे का हरामी भी होता तो क्या फ़र्क़ पड़ता, लेकिन मुझे उससे फ़ौरन दिलचस्पी पैदा हो गई, चुनांचे मैंने ताहिर साहब से पूछा : "उसे आरिज़ा[5] क्या है?"

उन्होंने जवाब दिया : "इश्क़!"

इसके बाद उन्होंने ख़िलाफ़े-मामूल बातूनी होकर महताब ख़ाँ के इश्क़ की दास्तान बयान करना शुरू कर दी।

आपने बताया कि महताब ख़ाँ की उम्र अट्ठारह-उन्नीस बरस के क़रीब है। जैसा कि उसका नाम ज़ाहिर करता है, वह पठान है, काफ़ी हट्टा-कट्टा। मगर उसकी दोनो आँखों में लासा लगा हुआ है—चौबुर्जी के क़रीब उसके बड़े भाई की चाय की दूकान है, जहाँ उससे काम लेने की कोशिश की जाती है।

ताहिर साहब ने उस नौजवान के मुताल्लिक़ मज़ीद तफ़सीलात बयान करते हुए कहा :

"मंटो साहब, यह शख़्स अजीबो-ग़रीब है... मिज़ाज इस क़दर आशिक़ाना है कि मैं बयान नहीं कर सकता... हर वक़्त अपने भाई के होटल के चूल्हे में पंखे से कोयले सुलगाता रहता है, मगर बाज़ार में हर आने-जानेवाली लड़की को ऐसी नज़रों से देखता है, जैसे वह उस पर अगर उसी वक़्त नहीं तो थोड़े अर्से में ज़रूर आशिक़ हो जाएगी और बहुत मुम्किन है, वह उसके इश्क़ में घर जाकर ख़ुदकुशी भी कर ले..."

इस तमहीद[6] के बाद ताहिर साहब ने मुझे बताया कि महताब ख़ाँ होटल से बाहर लोगों के लिए चाय ले जाया करता था—एक दिन उसे स्कूल की एक उस्तानी ने, जो फ़िज़ीकल इंस्ट्रेक्ट्रैस थी और होटल के पास ही रहती थी, चाय की ट्रे लाने के लिए कहा—उसके हाँ पहुँचते ही वह उस लड़की पर आशिक़ हो गया।

लेकिन महताब ख़ाँ का बयान जुदा है—उसने ताहिर साहब और उनके दोस्तों से ठेठ पठानी लहजे में कहा था : 'ख़ू वह ज़न जो स्कूल में पढ़ाती है, मुझे देखते ही गरम हो गई... ख़ू अम ख़ूबरू है, जवान है... देखो अब क्या होता है... जान के लाले पड़ जाएँगे।'

महताब ख़ाँ की जान के लाले पड़े—वह यूँ कि उसने अपने भाई के होटल के गल्ले से पचास रुपए उड़ा लिए और किसी और होटल में बड़े ठाट से बैठकर अपने दोस्तों को यह बात सुनाई : 'मिस मुराद (यह उस लड़की का नाम है) बहुत बड़ी पीले रंग की मोटर में अनारकली से गुज़र रही थी और वह एक दूकान पर खड़ा नुस्वार ले रहा था कि मिस मुराद ने ऐन उसके क़रीब अपनी मोटर रुकवाई, फिर बाहर निकलकर सरे-बाज़ार उससे हाथ मिलाया और अपने पर्स से पचास रुपए के नोट निकालकर उसको दिए और यह जा, वह जा।' महताब ख़ाँ का बयान था कि जब मिस मुराद ने उससे हाथ मिलाया था, उस वक़्त वह मुहब्बत के शदीद जज़्बे से थर-थर काँप रही थी।

उसी रात जब महताब ख़ाँ चोरी के पचास रुपए कुछ तो होटलों में और बाक़ी के हीरा मंडी में ख़र्च कर चुका था, उसके बड़े भाई ने जाने किस जगह उसकी गर्दन नापी और ऐसे ज़ोर से नापी कि वह दो दिन तक बिलबिलाता रहा, लेकिन उसने किसी पर यह ज़ाहिर न किया (हालाँकि हक़ीक़त का इल्म हर आने-जानेवाले को था) कि उसने रुपए चुराए थे—वह बराबर यही कहता रहा कि उसकी जवानी और उसके हुस्न से मुतास्सिर होकर मिस मुराद उसे रुपए देती रहती है।

दूसरी मर्तबा उसने साथवाले दूकानदार के सौ रुपए चुराए और अनारकली के एक होटल में बैठकर अपने दोस्तों से कहा कि मिस मुराद ने उसे यह रक़म ऐश करने के लिए दी है। महताब ख़ाँ के दोस्त बहुत मरऊब[7] हुए, लेकिन वह दूसरे ही रोज़ पकड़ा गया और चंद रोज़ हवालात में रहा—मुक़दमा चला; चूँकि सुबूत कोई न था, इसलिए बरी हो गया।

इस हादिसे के बाद उसका मिस मुराद से इश्क़ और ज़्यादा बढ़ गया, बल्कि यूँ कहिए कि अब वह अपनी रिवायती आशिक़ाना बेएतिनाई[8] तर्क करके मिस मुराद को हर वक़्त याद करने लगा—चूल्हा सुलगाते वक़्त, या सुबह को झाड़ू देते वक़्त वह मिस मुराद का नाम लेता : ख़ू मिस मुराद, तू ही अमारी मुराद पूरी करेगी।'

अब उसने रुपए-पैसे का सर्क़ा[9] बंद कर दिया, लेकिन मक्खन की चोरी शुरू कर दी।

हर रोज़ वह अपने भाई के होटल से कम अज़ कम मक्खन की दो टिकियाँ उड़ा लेता। आसपास के जो और होटल थे, उनसे भी वह सिर्फ़ मक्खन चुराता और खाता—हर रोज़ इस क़दर मक्खन खाने का यह असर हुआ कि महताब ख़ाँ अच्छा-ख़ासा डेरी फ़ार्म बन गया।

उसके बदन से, उसके मुँह से, उसके लिबास से मक्खन की बू आने लगी—वह अपनी सेहत बना रहा था—उसका कहना था कि हर औरत सेहत और जवानी पर मरती है—लेकिन ताहिर साहब का कहना है कि हर मक्खनचोर कृष्ण कन्हैया नहीं हो सकता—महताब ख़ाँ की आँखें वैसी की वैसी चुंधी थीं।

अब कुछ मिस मुराद के मुताल्लिक़ सुन लीजिए।

ताहिर साहिब ने जब मिस मुराद के हुदूदे-अर्बआ[10] के मुताल्लिक़ इधर-उधर पूछगुछ की तो उन्हें मालूम हुआ कि मिस मुराद की माँ भंगन है और अभी तक कोठे कमाती है; दूसरे अल्फाज़ में लोगों का बौलो-बराज़ उठाती है। चूँकि वह और उसका ख़ाविंद ईसाई हो गए थे, इसलिए उनकी लड़की मिस मुराद ने थोड़ी-सी तालीम हासिल की और एक स्कूल में फ़िज़ीकल इंस्ट्रेक्ट्रैस[11] हो गई—मिस मुराद ख़ुशशक्ल थी, इसलिए उसके कई चाहनेवाले पैदा हो गए जो उसकी तमाम आसाइशों[12] का ख़याल रखते थे।

महताब ख़ाँ उसके इश्क़ में बुरी तरह गिरफ़्तार था—वह होटल में कोयले जलाता और आहें भरता—इसके बावुजूद जब वह अपने यार-दोस्तों से बातें करता तो बड़े फ़ख़्र से इस बात का एलान करता कि मिस मुराद उस पर बहुत बुरी तरह मरती है।

जैसा कि आप जानते हैं, हक़ीक़त इसके बरअक्स थी—मिस मुराद, जो बेशुमार आशिक़ों के दरमियान घिरी रहती थी, को महताब ख़ाँ की मौजूदगी का इल्म ही क्या हो सकता था। इसके अलावा उस बेचारे की हक़ीक़त ही क्या थी।

एक दिन महताब ख़ाँ चाय की ट्रे लेकर मिस मुराद के यहाँ गया—जिस जगह वह रहती थी, वहाँ छोटा-सा एक बाग़ था। उस बाग़ में लौकाट के बूटे थे—महताब ख़ाँ को यह फल बेहद पसंद था, मालूम नहीं, क्यों—जब वह ट्रे लेकर अंदर गया तो वहाँ मिस मुराद के दोस्त अहबाब बैठे लौकाटें खा रहे थे—मिस मुराद ने महताब ख़ाँ को लौकाटों के चार-पाँच दाने शायद इसलिए दिए कि मौसम का पहला मेवा था—वह बहुत ख़ुश हुआ।

जब वह वापस होटल आया तो उसका बड़ा भाई भी लौकाटें खा रहा था, जो मिस मुराद की दी हुई लौकाटों के मुक़ाबले में ज़्यादा बड़ी और रसीली थीं, लेकिन वह यह मानने से मुनकिर[13] था—उसकी बड़े भाई से क़रीब-क़रीब चख़ हो गई।

उसके बड़े भाई ने ताव में आकर कहा : "अगर तुम्हें अपनी मिस मुराद की लौकाटें पसंद हैं, और जैसा कि तुम कहते हो, वह तुम पर मरती है तो जाओ और एक बूटा वहाँ से ले आओ और होटल के सामने लगा दो।"

रात भर महताब ख़ाँ ग़ायब रहा।

उसके दोस्तों का ख़याल था कि उसे मिस मुराद ने बुला लिया होगा, या फिर उसके लिए पचास रुपए भेज दिए होंगे और वह कहीं ऐयाशी कर रहा होगा—मगर सुबह सड़क पर आने-जानेवाले यह देखकर हैरान हो गए कि उसके भाई के होटल के साथ, जहाँ एक

गड्ढा हुआ करता था, वहाँ लौकाट का एक दरख़्त लगा हुआ है।

वह दरख़्त महताब ख़ाँ ने रात-रात में वहाँ से, जहाँ मिस मुराद रहती थी, उखाड़ा था—मालूम नहीं, कितनी मशक़्क़त करनी पड़ी होगी उसे—मगर अपने दोस्तों से उसने यही कहा कि मिस मुराद ने उसे वह बूटा ख़ुद अपने हाथों से इनायत किया है, इसलिए कि मिस मुराद उस पर सौ जान से फ़रेफ़्ता[14] है।

वह बूटा चंद दिनों के अंदर-अंदर मुरझा गया, लेकिन उसका चर्चा काफ़ी देर तक रहा।

ताहिर साहब का यह कहना है कि वह महताब ख़ाँ के इस मदारीपने से ख़ासे मुतास्सिर हुए थे—लेकिन जब उन्होंने अपनी रिवायती ज़ुल्म पसंदी से काम लेते हुए महताब ख़ाँ से कहा था : 'तुम बकवास करते हो··· ज़रा आईने में अपनी शक्ल देखो··· मिस मुराद तो क्या, तुम्हें एक टखयाई भी कभी मुँह नहीं लगा सकती···' तो महताब ख़ाँ ने अपना मक्खन खाया हुआ सीना तानकर जवाब दिया था : 'ख़ू तुम कैसा बात करता है··· ख़ू तुमने वह फ़िल्म नहीं देखा··· 'परखाईं', नहीं 'परछाईं'··· ख़ू उसमें एक ख़ूबरू लड़की एक अंधे से मुहब्बत करती है··· अम अंधा नहीं है··· आँखें थोड़ी-सी ख़राब हैं, पर इससे क्या हुआ··· मिस मुराद अम से मुहब्बत करता है···'

जैसा कि ताहिर साहब का कहना है, यार लोगों की मेहरबानी या नामेहरबानी से मिस मुराद तक आख़िर यह बात पहुँच गई कि महताब ख़ाँ, जिसकी आँख में फोले हैं, उससे बेपनाह इश्क़ कर रहा है—इसका रददे-अमल ख़िलाफ़े-तवक़्क़ो[15] यह हुआ कि वह अपना मकान छोड़कर कहीं और चली गई, इसलिए कि वह नहीं चाहती थी, उसके दूसरे चाहनेवाले, जो महताब ख़ाँ के मुक़ाबले में आँखों के नहीं, अक़्ल के अंधे थे, उसके यहाँ आना-जाना छोड़ दें।

जब महताब ख़ाँ को मालूम हुआ कि मिस मुराद चली गई है तो उसको इस क़दर सद्मा हुआ कि उस रोज़ उसने होटल में जितनी मक्खन की टिकियाँ मौजूद थीं, सबकी-सब खा लीं।

इसके बाद उसका ग़म जब और बढ़ा तो मक्खन खाने की मिक़दार बढ़ गई—नतीजा इसका यह हुआ कि उसकी तोंद बढ़ गई—वह बड़ा काहिल हो गया—चूल्हे में कोयले सुलगाते-सुलगाते वह ऊँघने लगता। बाज़ औक़ात ऐसी बातें करना शुरू कर देता कि लोगों को यह एहसास होता, वह माऊफ़ुद्दिमाग़[16] हो गया है।

ताहिर साहब का यह कहना है कि उसे हुआ-हुवाया कुछ भी नहीं था। कश्मीरियों की ज़बान में वह महज़ 'डाम' लगाता था।

जब कुछ दिन गुज़रे तो उसने शेर कहने शुरू कर दिए—वह शेर उसकी अपनी तख़लीक़[17] नहीं होते थे। बस वह इधर-उधर से फ़िल्मी गानों के बोल तोड़-मरोड़कर गुनगुना देता कि सुननेवालों पर यह वाज़ेह हो जाए कि वह जज़्ब[18] की हालत तक पहुँच चुका है, या बहुत जल्द पहुँचने वाला है।

उसका एक शेर, जो ताहिर साहब को याद था, उन्होंने मुझे सुनाया :

दो दिलों को यह दुनिया जीने ही नहीं देती।
मेरी फटी शलवार को सीने ही नहीं देती।

उसकी शलवार, जो काफ़ी घेरेदार थी, यूँ तो हमेशा फटी रहती थी, पर जब से उसकी मिस मुराद आँखों से ओझल हुई थी, बिलकुल लीर-लीर हो गई थी—लेकिन उसकी मक्खनख़ोरी दिन ब दिन बढ़ती गई थी और उसका चेहरा और ज़्यादा सुर्ख़ हो गया था।

एक दिन ताहिर साहब ने महताब ख़ाँ से कहा : 'तुम्हारी रगों में इतना ख़ून जमा हो गया है, क्यों नहीं चंद औंस ब्लड बैंक में दे आते।'

वह फ़ौरन मान गया।

डॉक्टरों ने उसका ख़ून लिया जो बड़ा सेहतमंद था—इसके बाद वह एक मर्तबा और हस्पताल गया—उसका ख़ून लेने के लिए सब डॉक्टर हर वक़्त तैयार थे।

एक मर्तबा उसे ख़ासतौर पर बुलाया गया कि उसके ताज़ा-ताज़ा ख़ून की ज़रूरत थी।

जब वह हस्पताल पहुँचा तो उसे मालूम हुआ कि एक मरीज़ के लिए उसके ख़ून की ज़रूरत है—उसे कोई उज़्र नहीं था।

जब उसे फ़ीमेल वार्ड में ले जाया गया और उसका ख़ून मरीज़ के अंदर दाख़िल करने का एहतिमाम[19] किया गया तो उसने बराबर के बिस्तर पर देखा कि मिस मुराद नीम बेहोशी की हालत में पड़ी हुई है।

महताब ख़ाँ को महसूस हुआ कि शायद उसे चाय मँगवाने के लिए बुलाया गया है।

उसका हाथ पकड़कर उसे बिस्तर पर लिटाया गया और उसके ख़ून के कई औंस मिस मुराद के जिस्म में दाख़िल किए गए।

चंद लम्हों के बाद वह किसी क़िस्म की नक़ाहत[20] महसूस किए बग़ैर उठा और कहने लगा : 'ख़ू यह अमारा बहन है... अम चला।'

---

1. पत्र लेकर आनेवाला; 2. बीमार; 3. चिंता; 4. संबंधी; 5. बीमारी; 6. भूमिका; 7. प्रभावित; 8. लापरवाही; 9. चोरी; 10. संपूर्ण परिचय; 11. पी.टी. की शिक्षिका; 12. सुख-सुविधाओं; 13. इनकार करनेवाला; 14. आशिक़, प्रेमी; 15. आशा के विपरीत; 16. विकृत मस्तिष्क; 17. रचना; 18. आत्मलीन (समाधि-अवस्था); 19. व्यवस्था; 20. कमज़ोरी।

शाह दौले का चूहा

सलीमा की जब शादी हुई तो वह इक्कीस बरस की थी।

पाँच बरस हो गए मगर उसके औलाद न हुई—उसकी माँ और सास को बहुत फ़िक्र थी। माँ को ज़्यादा थी, इसलिए कि वह सोचती, कहीं सलीमा का ख़ाविंद नजीब दूसरी शादी न कर ले। चुनांचे कई डॉक्टरों से मशवरा किया गया मगर कोई बात पैदा न हुई।

सलीमा ख़ुद बहुत मुतफ़क्किर[1] थी—शादी के बाद बहुत कम लड़कियाँ ऐसी होती हैं जो औलाद की ख़्वाहिशमंद न हों—उसने अपनी माँ से कई बार मशवरा किया और माँ की हिदायतों पर भी अमल किया, मगर नतीजा सिफ़र निकला।

एक दिन सलीमा की एक सहेली, जो बाँझ क़रार दे दी गई थी, बहुत अर्से के बाद उसके पास आई—सलीमा को बड़ी हैरत हुई कि उसकी सहेली की गोद में एक गुलगोथना लड़का है।

उसने बैंड़े अंदाज़ में पूछा : ''फ़ातिमा, तुम्हारे यह लड़का कैसे पैदा हो गया?''

फ़ातिमा उससे पाँच साल बड़ी थी—उसने मुसकराकर कहा : ''यह शाह दौले साहब की बरकत है··· मुझसे एक औरत ने कहा था : 'अगर औलाद चाहती हो तो गुजरात जाकर शाह दौले के मज़ार पर मन्नत मानो और कहो कि हुज़ूर, जो पहला बच्चा पैदा होगा, वह आपकी ख़ानक़ाह पर चढ़ावे के तौर पर चढ़ा दिया जाएगा···' ''

फ़ातिमा ने सलीमा को यह भी बताया कि जब शाह दौले साहब के मज़ार पर ऐसी मन्नत मानी जाती है तो पहला बच्चा ऐसा पैदा होता है जिसका सिर बहुत ही छोटा होता है और वह पहला बच्चा उस ख़ानक़ाह में छोड़ आना पड़ता है।

सलीमा को फ़ातिमा की बात पसंद न आई और उसको दुख भी हुआ—उसने सोचा : 'कौन ऐसी माँ है, जो अपने बच्चे से हमेशा के लिए महरूम हो जाएगी, उसका सिर छोटा हो, या नाक चपटी हो, या आँखें भैंगी हों··· माँ अपने बच्चे को घूरे में नहीं फेंक सकती··· ऐसा तो कोई डायन ही कर सकती है···!'

लेकिन उसे औलाद चाहिए थी, इसलिए वह अपनी उम्र से बड़ी सहेली की बात मान गई, जो गुजरात की रहनेवाली थी और जहाँ शाह दौले का मज़ार था।

सलीमा ने अपने ख़ाविंद से कहा : ''फ़ातिमा मुझे मजबूर कर रही है कि उसके साथ चलूँ··· आप इजाज़त दे दीजिए।''

उसके ख़ाविंद को क्या एतिराज़ हो सकता था—उसने कहा : 'जाओ, मगर जल्द लौट आना।'

आख़िर सलीमा एक दिन फ़ातिमा के साथ गुजरात चली गई।

शाह दौले का मज़ार, जैसा कि उसने सोच रखा था, कोई अहदे-अतीक़[2] की इमारत नहीं थी—अच्छी-ख़ासी जगह थी जो उसको पसंद आई, मगर जब उसने एक हुजरे में शाह दौले के चूहे देखे, जिनकी नाक से रींठ बह रहा था और जिनका दिमाग़ बिलकुल माऊफ़[3] था तो वह काँप-काँप गई।

वहाँ उसने एक जवान लड़की देखी—पूरे शबाब पर—जो ऐसी हरकतें कर रही थी कि संजीदा से संजीदा आदमी को भी हँसी आ जाती—वह उस लड़की को देखकर एक लम्हे के लिए हँसी, मगर दूसरे लम्हे ही उसकी आँखों में आँसू आ गए।

वह सोचने लगी : 'इस लड़की का क्या होगा''' यहाँ के मुजाविर[4] इसे किसी के पास बेच देंगे जो इसे बंदिरया बनाकर शहर-ब-शहर फिराएँगे''' यह ग़रीब उनकी रोज़ी का ठीकरा बन जाएगी।'

उस लड़की का सिर बहुत छोटा था।

सलीमा ने सोचा : 'अगर सिर छोटा है तो इंसान की फ़ितरत तो इतनी छोटी नहीं''' वह तो पागलों के साथ भी चिमटी रहती है।'

उस शाह दौले की चुहिया का जिस्म बहुत ख़ूबसूरत था। उस जिस्म की हर क़ौस अपनी जगह पर मुनासिबो-मौज़ूँ थी, मगर उसकी हरकात ऐसी थीं जैसे उसके हवास किसी ख़ास ग़रज़ के मातहत मुख़्तल[5] कर दिए गए हों। वह इस तरीक़े से चलती-फिरती और हँसती थी जैसे वह कोई कूक भरा खिलौना हो।

सलीमा ने महसूस किया कि वह इसी ग़रज़ के लिए बनाई गई है।

इन तमाम एहसासात के बावुजूद उसने अपनी सहेली फ़ातिमा के कहने पर शाह दौले साहब के मज़ार पर मन्नत माँगी कि अगर उसके बच्चा हुआ तो वह उनकी नज़्र कर देगी।

डॉक्टरी इलाज सलीमा ने जारी रखा—दो माह के बाद बच्चे की पैदाइश के आसार पैदा हो गए।

वह बहुत ख़ुश हुई—मुक़र्ररा वक़्त पर उसके लड़का हुआ।

हमल[6] के दौरान में चूँकि चाँद ग्रहन लगा था, इसलिए लड़के के दाहिने गाल पर एक छोटा-सा धब्बा था जो बुरा नहीं लगता था।

फ़ातिमा ने आते ही कहा कि उस बच्चे को फ़ौरन शाह दौले साहब के हवाले कर देना चाहिए।

सलीमा ने ख़ुद यही मन्नत मानी थी—कई दिनों तक वह टालमटोल करती रही—उसकी ममता नहीं मानती थी कि वह अपना लख़्ते-जिगर वहाँ फेंक आए।

उससे कहा गया था कि शाह दौले साहब से जो औलाद माँगता है, उसके पहले बच्चे का सिर छोटा होता है—उसके लड़के का सिर काफ़ी बड़ा था।

फ़ातिमा ने कहा : "यह कोई ऐसी बात नहीं है जो तुम बहाने के तौर पर इस्तेमाल कर सको ... तुम्हारा यह पहला बच्चा शाह दौले साहब की मिल्कियत है और इस पर तुम्हारा कोई हक़ नहीं है ... अगर तुम अपने वादे से फिर गईं तो तुम पर ऐसा अज़ाब[7] नाज़िल[8] होगा कि सारी उम्र याद रखोगी।"

सलीमा डर गई।

बादिले-नख़्वास्ता उसको अपना प्यारा गुलगोथना-सा बेटा, जिसके दाहिने गाल पर एक छोटा-सा धब्बा था, गुजरात जाकर शाह दौले साहब के मज़ार के मुजाविरों के हवाले करना पड़ा।

वह इस क़दर रोई, उसको इतना सद्मा हुआ कि वह बीमार हो गई और एक बरस तक ज़िंदगी और मौत के दरमियान मुअल्लक़[9] रही—उसको अपना बच्चा भूलता ही नहीं था, ख़ासतौर पर उसके दाहिने गाल का छोटा-सा धब्बा जिसको वह अक्सर चूमा करती थी कि उसको बहुत अच्छा लगता था—उसने एक लम्हे के लिए भी अपने बच्चे को फ़रामोश न किया।

वह अजीब-अजीब ख़्वाब देखती—शाह दौले का छोटे सिरवाला चूहा उसके परेशान तसव्वुर में एक बहुत बड़ा चूहा बनकर नुमूदार होता जो उसके गोश्त को अपने तेज़ दाँतों से कुतरता—वह चीख़ती और अपने ख़ाविंद से कहती : 'मुझे बचाइए ... देखिए चूहा मेरा गोश्त खा रहा है।'

कभी उसका मुज़्तरिब[10] दिमाग़ यह सोचता कि उसका बच्चा चूहा बिल के अंदर दाख़िल हो रहा है; वह उसकी दुम खींच रही है; मगर बिल के अंदर के बड़े-बड़े चूहों ने उसकी थूथनी पकड़ ली है, इसलिए वह उसे बाहर नहीं निकाल सकती।

कभी उसकी नज़रों के सामने वह लड़की आ जाती जो पूरे शबाब पर थी और जिसको उसने शाह दौले साहब के मज़ार के एक हुजरे में देखा था—वह हँसना शुरू कर देती, लेकिन थोड़ी ही देर के बाद रोने लगती; इतना रोती कि उसके ख़ाविंद नजीब की समझ में न आता कि वह उसके आँसू कैसे ख़ुश्क करे।

सलीमा को हर जगह चूहे नज़र आते थे—बिस्तर पर, बावर्चीख़ाने में, ग़ुस्लख़ाने के अंदर, सोफ़े पर; दिल में, कानों में—बाज़ औक़ात तो वह यह महसूस करती कि वह ख़ुद एक चुहिया है; उसकी नाक से रींठ बह रहा है और वह शाह दौले के मज़ार के एक हुजरे में अपना छोटा, बहुत ही छोटा सिर अपने नातुवाँ कंधों पर उठाए ऐसी हरकात कर रही है कि देखनेवाले हँस-हँसकर लोट-पोट हो रहे हैं।

उसकी हालत क़ाबिले-रहम थी।

उसको फ़ज़ा में धब्बे ही धब्बे नज़र आते, जैसे एक बहुत बड़ा गाल है जिस पर सूरज बुझकर टुकड़े-टुकड़े होके जगह-जगह जम गया है।

सलीमा का बुख़ार हल्का हुआ तो उसकी तबीयत किसी क़दर सँभल गई।

नजीब क़दरे मुतमइन[11] हो गया—उसको मालूम था कि उसकी बीवी की अलालत[12] का बायस क्या है। वह ज़ईफ़ुलएतिक़ाद[13] था। उसको अपनी पहली औलाद के भेंट चढ़

जाने का कोई एहसास नहीं था। जो कुछ किया गया था, वह उसे बिलकुल मुनासिब समझता था, बल्कि वह तो यह सोचता था कि उसके जो बेटा हुआ था, वह उसका नहीं, शाह दौले साहब का था।

जब सलीमा का बुख़ार बिलकुल उतर गया और उसके दिलो-दिमाग़ का तूफ़ान ठंडा पड़ गया तो नजीब ने उससे कहा : "मेरी जान, अपने बच्चे को भूल जाओ⋯ वह सदक़े का था।"

सलीमा ने बड़े ज़ख़्मख़ुर्दा लहजे में कहा : "मैं नहीं मानती⋯ सारी उम्र मैं अपनी ममता पर लानतें भेजती रहूँगी कि मैंने इतना बड़ा गुनाह क्यों किया⋯ मैंने अपना लख़्ते-जिगर उस मज़ार के मुजाविरों के हवाले क्यों किया⋯ वह मुजाविर माँ तो नहीं हो सकते।"

एक दिन वह ग़ायब हो गई और सीधी गुजरात जा पहुँची।

वह सात-आठ रोज़ तक वहाँ रही—उसने अपने बच्चे के मुताल्लिक़ बहुत पूछगछ की मगर कोई अता-पता न मिला।

वह मायूस होकर वापिस आ गई और उसने अपने ख़ाविंद से कहा : "मैं अब अपने बच्चे को याद नहीं करूँगी।"

याद तो वह करती रही, लेकिन दिल ही दिल में—उसके बच्चे के दाहिने गाल का छोटा-सा धब्बा उसके दिल का दाग़ बनके रह गया था।

एक बरस के बाद उसकी लड़की हुई—लड़की की शक्ल उसके पहलौठी के लड़के से बहुत मिलती-जुलती थी, लेकिन उसके दाहिने गाल पर दाग़ नहीं था।

उसने लड़की का नाम मुजीबा रखी, क्योंकि उसने अपने बेटे का नाम मुजीब सोचा था।

जब उसकी लड़की दो महीने की हुई तो उसने उसे गोद में उठाया और सुर्मेदानी से थोड़ा-सा सुर्मा निकालकर उसके दाहिने गाल पर एक बड़ा-सा तिल बना दिया और अपने बेटे को याद करके रोने लगी—उसके आँसू बच्ची के गालों पर गिरे तो उसने फ़ौरन अपने दुपट्टे से पोंछे और हँसने लगी—वह कोशिश करती थी कि अपना सद्मा भूल जाए।

इसके बाद सलीमा के दो लड़के पैदा हुए—उसका ख़ाविंद बहुत ख़ुश था—कई बरस बीत गए।

एक बार सलीमा को किसी सहेली की शादी के मौक़े पर गुजरात जाना पड़ा तो उसने एक बार फिर अपने बेटे के मुताल्लिक पूछगुछ की मगर उसे नाकामी हुई।

उसने सोचा कि शायद मर गया हो—उसने जुमेरात को बड़े एहतिमाम[14] से फ़ातिहाख़्वानी[15] कराई।

अड़ोस-पड़ोस की सब औरतें हैरान थीं कि किस मर्ग की सिलसिले में इतना तकल्लुफ़ किया गया है—बाज़ ने सलीमा से पूछा, मगर उसने कोई जवाब न दिया।

शाम को उसने अपनी दस बरस की लड़की मुजीबा का हाथ पकड़ा और उसे अंदर कमरे में ले गई। फिर उसने सुर्मे से मुजीबा के दाहिने गाल पर एक छोटा-सा धब्बा बनाया और उसको देर तक चमती रही।

वह मुजीबा ही को अपना गुमशुदा बेटा समझती थी—अब उसने अपने बेटे के मुताल्लिक़ सोचना छोड़ दिया था, इसलिए कि फ़ातिहाख़्वानी कराने के बाद उसके दिल का बोझ हल्का हो गया था। उसने अपने तसव्वुर में उसकी क़ब्र बना ली थी जिस पर वह तसव्वुर ही में फूल भी चढ़ाया करती।

उसके तीनों बच्चे स्कूल में पढ़ रहे थे—वह हर सुबह उनको तैयार करती, उनके लिए नाश्ता बनवाती, हर एक को बनाती-सँवारती—जब वे स्कूल चले जाते तो एक लहज़े के लिए उसे अपने बड़े बेटे का ख़याल आता। फिर वह सोचती कि वह उसकी फ़ातिहाख़्वानी करा चुकी है और उसके दिल का बोझ हल्का हो चुका है, फिर भी उसको कभी-कभी ऐसा महसूस होता कि उसके बेटे के दाहिने गाल का छोटा-सा धब्बा उसके दिमाग़ में मौजूद है।

एक दिन उसके तीनों बच्चे भागे-भागे आए और उससे कहने लगे : "अम्मी, हम तमाशा देखना चाहते हैं।"

उसने बड़ी शफ़क़त[16] से पूछा : "कैसा तमाशा?"

उसकी लड़की मुजीबा ने, जो सबसे बड़ी थी, कहा : "अम्मीजान, एक आदमी है⋯वह तमाशा दिखाता है।"

उसने कहा : "जाओ, उस आदमी को बुला लाओ, मगर वह घर के अंदर न आए, बस बाहर ही तमाशा करे।"

बच्चे भागे हुए गए और उस आदमी को बुला लाए और फिर तमाशा देखते रहे।

जब तमाशा ख़त्म हो गया तो मुजीबा अपनी माँ के पास गई कि पैसे ले आए।

सलीमा ने अपने पर्स से चवन्नी निकाली और बाहर बरामदे की तरफ़ बढ़ी—जब वह दरवाज़े के पास पहुँची तो उसने देखा कि शाह दौले का एक चूहा खड़ा अजीब अहमक़ाना अंदाज़ में सिर हिला रहा है—उसको हँसी आ गई।

दस-बारह बच्चे उस शाह दौले के चूहे के इर्द-गिर्द जमा थे और बेतहाशा हँस रहे थे। इतना शोर मच रहा था कि कान पड़ी आवाज़ सुनाई नहीं दे रही थी।

सलीमा चवन्नी हाथ में लिए आगे बढ़ी और उसने शाह दौले के चूहे को देना चाही, मगर उसका हाथ आपसे आप एकदम पीछे हट गया जैसे उसे बिजली का करेंट छू गया हो।

उस चूहे के दाहिने गाल पर छोटा-सा एक दाग़ था।

सलीमा ने ग़ौर से उसकी तरफ़ देखा—उसकी नाक से रींठ बह रहा था।

मुजीबा ने, जो सलीमा के पास खड़ी थी, अपनी माँ से कहा : "यह⋯यह चूहा⋯अम्मीजान, इसकी शक्ल मुझसे क्यों मिलती है⋯? मैं भी क्या चुहिया हूँ?"

सलीमा ने उस शाह दौले के चूहे का हाथ पकड़ा और उसको अंदर ले गई।

दरवाज़ा बंद करके सलीमा ने उसको चूमा, उसकी बलाएँ लीं।

वह उसका मुजीब था और ऐसी अहमक़ाना हरकतें कर रहा था कि उसके ग़मो-अंदोह में डूबे हुए दिल में भी हँसी के आसार नुमूदार हो रहे थे।

उसने कहा : "बेटे, मैं तेरी माँ हूँ⋯"

शाह दौले का चूहा बड़े बेहंगम तौर पर हँसा—अपनी नाक की रींठ[17] आस्तीन से पोंछकर

उसने सलीमा के सामने हाथ फैलाया : "एक पैसा ...[17]"

सलीमा ने अपना पर्स खोला—उसकी आँखें अपनी सारी नहरें पहले ही खोल चुकी थीं—सौ रुपए का एक नोट निकाला और बाहर जाकर उस आदमी को देने की कोशिश की, जो उसके मुजीब को तमाशा बनाए हुए था।

उस आदमी ने यह कहकर इनकार कर दिया कि वह इतनी कम क़ीमत पर अपनी रोज़ी के ज़रिए को नहीं बेच सकता।

सलीमा ने उसे बिलआख़िर पाँच सौ रुपयों पर राज़ी कर लिया।

वह रक़म अदा करके जब अंदर आई तो मुजीब ग़ायब था।

मुजीबा ने उसको बताया कि वह पिछवाड़े से बाहर निकल गया था।

सलीमा की कोख पुकारती रही : 'मुजीब वापिस आ जाओ ...' मगर वह ऐसा गया कि फिर न आया।

---

1. चिंतित; 2. प्राचीन; 3. विकृत; 4. मज़ारों की देखभाल करने एवं उसी से जीविका निर्वाह करनेवाले; 5. विकृत, अस्त-व्यस्त; 6. गर्भ; 7. दुख, मुसीबत; 8. उतरना, प्रकट होना; 9. लटकी हुई; 10. बेचैन; 11. पहले से कुछ संतुष्ट; 12. बीमारी; 13. भोला, जिसका ईश्वर पर विश्वास दृढ़ न हो; 14. व्यवस्था; 15. मृतक के लिए क़ुर्आन शरीफ़ का पाठ और भोजन कराना; 16. प्यार; 17. नाक के द्वारा बहनेवाला सिनक।

हाफ़िज़ हसन दीन

हाफ़िज़ हसन दीन, जो दोनों आँखों से अंधा था, ज़फ़रशाह के घर उठ आया।

ज़फ़रशाह का पटियाले का एक दोस्त रमज़ान अली था जिसने उससे हाफ़िज़ हसन दीन का तआरुफ़ कराया था।

वह हाफ़िज़ साहब से मिलकर बहुत ख़ुश हुआ। गो उनकी आँखें देखती नहीं थीं, मगर ज़फ़रशाह ने यूँ महसूस किया कि उसको एक नई बसारत[1] मिल गई है।

ज़फ़रशाह ज़ईफ़ुलएतिक़ाद[2] था। उसको पीरों-फ़क़ीरों से बड़ी अक़ीदत[3] थी।

जब हाफ़िज़ हसन दीन उसके हाँ उठ आया तो उसने उसको अपने फ़्लैट के नीचे मोटर गैराज में, जिसको वह व्हाइट हाऊस कहा करता था, ठहरा लिया।

ज़फ़रशाह सैयद था, मगर उसको ऐसा महसूस होता था कि वह मुकम्मल[4] सैयद नहीं है, चुनांचे उसने हाफ़िज़ हसन दीन की ख़िदमत में गुज़ारिश की कि वह उसकी तकमील[5] कर दें।

हाफ़िज़ साहब ने थोड़ी देर अपनी बेनूर आँखें घुमाकर उसको जवाब दिया : ''बेटा, तू पूरा सैयद बनना चाहता है तो ग़ौसे आज़म जीलानी से इजाज़त लेना पड़ेगी।''

''तो आप अज़ राहे-करम[6] इजाज़त ले लीलिए।''

हाफ़िज़ साहब ने फिर अपनी बेनूर आँखें घुमाईं : ''उनके हुज़ूर तो फ़रिश्तों के पर जलते हैं।''

ज़फ़रशाह को बड़ी नाउम्मीदी हुई : ''आप साहबे-कश्फ़[7] हैं...कोई मुदावा[8] तो होगा।''

हाफ़िज़ साहब ने अपने सिर को ख़फ़ीफ़-सी जुंबिश दी : ''हाँ...चिल्ला काटना पड़ेगा मुझे।''

''अगर आपको ज़हमत न हो तो अपने इस ख़ादिम के लिए चिल्ला काट लीजिए।''

''सोचूँगा।''

हाफ़िज़ हसन दीन एक महीने तक सोचता रहा।

इस दौरान में ज़फ़रशाह ने उसकी ख़ातिर-मुरादात में कोई क़सर उठा न रखी—हाफ़िज़ साहब के लिए वह सुबह उठते ही डेढ़ पाव बादाम तोड़ता; उनके मग़ज़ निकाल के सर्दाई तैयार करता; दोपहर को एक सेर गोश्त भुनवा के उनकी ख़िदमत में पेश

करता; शाम को उन्हें मलाई मिली हुई चाय पिलाता; रात को एक मुर्ग़ मुसल्लम हाज़िर करता।

ख़ातिर-तवाज़ो का यह सिलसिला चलता रहा।

आख़िर हाफ़िज़ हसन दीन ने ज़फ़रशाह से कहा : ''अब मुझे आवाज़ें आनी शुरू हो गई हैं।''

ज़फ़रशाह से पूछा : ''कैसी आवाज़ें क़िब्ला ?''

''तुम्हारे मुताल्लिक़।''

''क्या कहती हैं ?''

''तुम ऐसी बातों के मुताल्लिक़ मत पूछा करो।''

''माफ़ी चाहता हूँ।''

हाफ़िज़ साहब ने टटोल-टटोलकर मुर्ग़ की एक टाँग उठाई और उसे दाँतों से काटते हुए कहा : ''तुम असल में मुनकिर[9] हो··· आज़माना चाहते हो तो किसी कुएँ पर चलो।''

ज़फ़रशाह थरथरा गया : ''हुज़ूर, मैं आपको आज़माना नहीं चाहता··· आपका हर लफ़्ज़ सदाक़त[9] से लबरेज़ है।''

हाफ़िज़ साहब ने सिर को ज़ोर से जुंबिश दी : ''नहीं··· हम चाहते हैं कि तुम हमें आज़माओ··· खाना खा लें तो हमें किसी कुएँ पर ले चलो।''

''वहाँ क्या होगा क़िब्ला ?''

''मेरा मामूल[10] आवाज़ देगा और वह कुआँ पानी से लबालब भर जाएगा और तुम्हारे पाँव गीले हो जाएँगे··· डरोगे तो नहीं ?''

ज़फ़रशाह डर गया था—हाफ़िज़ हसन दीन जिस लहजे में बातें कर रहा था, बड़ा पुर हैबत था।

ज़फ़रशाह ने अपने ख़ौफ़ पर क़ाबू पाकर हाफ़िज़ साहब से कहा : ''जी नहीं··· आपकी ज़ाते-अक़दस[11] मेरे साथ होगी तो डर का सवाल ही पैदा नहीं होता।''

जब सारा मुर्ग़ ख़त्म हो गया तो हाफ़िज़ साहब ने ज़फ़रशाह से कहा : ''मेरे हाथ धुलवाओ और मुझे किसी कुएँ पर ले चलो।''

ज़फ़रशाह ने उसके हाथ धुलवाए, तौलिए से पोंछे और उसे एक कुएँ पर ले गया जो शहर से काफ़ी दूर था।

हाफ़िज़ हसन दीन चादर लपेटकर कुएँ की मुँडेर के पास बैठ गया—ज़फ़रशाह भी साथ ही बैठने लगा था कि हाफ़िज़ साहब ने चिल्लाकर कहा : ''पाँच-छः क़दम पीछे हट जाओ··· मैं पढ़नेवाला हूँ··· कुएँ का पानी लबालब भर जाएगा और तुम डर जाओगे।''

ज़फ़रशाह डर के दस क़दम पीछे हट गया।

हाफ़िज़ साहब ने पढ़ना शुरू कर दिया।

हाफ़िज़ साहब ने कुएँ पर आने से पहले ज़फ़रशाह से कहा था कि दो सेर चावल, डेढ़ सेर शक्कर और पाँव भर काली मिर्चों की ज़रूरत होगी जो उनका मामूल खाएगा—वह तमाम चीज़ें हाफ़िज़ साहब की चादर में बँधी हुई थीं।

देर तक हाफ़िज़ हसन दीन, मालूम नहीं, किस ज़बान में क्या पढ़ता रहा, मगर उसके मामूल की कोई आवाज़ न आई और न ही कुएँ का पानी ऊपर चढ़ा। उसने चावल, शक्कर और मिर्चें कुएँ में फेंक दीं, फिर भी कुछ न हुआ।

चंद लम्हात मुकम्मल सुकूत[12] तारी रहा—फिर हाफ़िज़ हसन दीन पर जज़्ब की-सी कैफ़ियत तारी हो गई और वह बुलंद आवाज़ में बोला : "ज़फ़रशाह से अभी पाँच सौ रुपए लो!"

ज़फ़रशाह ने पाँच सौ रुपए हाफ़िज़ साहब की ख़िदमत में पेश कर दिए।

हाफ़िज़ साहब ने रुपए अपनी जेब में डालकर बड़े जलाल में कहा : ज़फ़रशाह, तू यह रुपए देकर समझता है कि तूने मुझ पर कोई एहसान किया है..."

ज़फ़रशाह ने सर ता पा इज्ज़[13] बनकर कहा : "नहीं हुज़ुर, मैंने तो आपके इरशाद[14] की तामील की है।"

हाफ़िज़ हसन दीन का लहज़ा ज़रा नर्म हो गया : "देखो, सर्दियों का मौसम है... हमें एक धुस्से की ज़रूरत है।"

"चलिए, अभी ख़रीद लेते हैं।"

"दो घोड़े की बोसकी की क़मीस और एक पंप शू।"

ज़फ़रशाह ने ग़ुलामों की तरह कहा : "हूज़ूर, आपके हुक्म की तामील हो जाएगी।"

हाफ़िज़ साहब के हुक्म की तामील हो गई—धुस्सा, बोसकी की क़मीस और पंप शू ख़रीदकर उनके हवाले कर दिए गए—ज़फ़रशाह ख़ुश था कि उसने एक पहुँचे हुए बंदे की ख़िदमत की है।

एक दिन हाफ़िज़ साहब व्हाइट हाऊस में सो रहे थे कि अचानक बड़बड़ाने लगे।

इत्तिफ़ाक़ से ज़फ़रशाह मौजूद था—वह कुर्सी पर बैठा हुआ था और उसकी आँख लगने ही वाली थी कि वह चौंक गया।

हाफ़िज़ साहब कह रहे थे : "हुक्म हुआ है... अभी-अभी हुक्म हुआ है... हाफ़िज़ हसन दीन, तुम दरिया-ए-रावी पर जाओ और वहाँ चिल्ला काटो... चिल्ला काटो, चिल्ला काटो... वहाँ तुम अपने मामूल से बात कर सकोगे..."

ज़फ़रशाह टैक्सी में हाफ़िज़ साहब को दरिया-ए-रावी पर ले गया।

दरिया-ए-रावी पर हाफ़िज़ हसन दीन छियालीस घंटे तक, मालूम नहीं, क्या कुछ पढ़ता रहा—इसके बाद उसने ऐसी आवाज़ में, जो उसकी अपनी नहीं थी, ख़ुद अपने आपसे कहा : "ज़फ़रशाह से तीन सौ रुपए और लो..."

ज़फ़रशाह ने तीन सौ रुपए दे दिए।

हाफ़िज़ हसन दीन ने अपनी बेनूर आँखें घुमाईं जिनमें मसर्रत[15] की झलक नज़र आ सकती थी और कहा : "हमसे जो कुछ कहा जाता है, वह हमें करना पड़ता है... पहले के पाँच सौ और तीन सौ यह... कुल आठ सौ हुए... गाँव के डाकख़ाने में हमारे बारह सौ रुपए जमा हैं... तुम कुछ फ़िक्र न करो, हम तुम्हें आठ सौ रुपए अदा कर देंगे... इन आठ सौ रुपयों का तो हम कुछ भी नहीं कर सकते, जब तक कि हमसे कुछ कहा नहीं जाता..."

ज़फ़रशाह बहुत मुतास्सिर हुआ : "जी नहीं... अदाइगी की क्या ज़रूरत है... आपकी ख़िदमत मेरा फ़र्ज़ है।"

ज़फ़रशाह बहुत दिनों तक हाफ़िज़ हसन दीन की ख़िदमत करता रहा—और हाफ़िज़ हसन दीन ने ज़फ़रशाह की उस ख़िदमत के एवज़ चालीस दिन का चिल्ला काटा।

अब ज़फ़रशाह ने कई मर्तबा महसूस किया कि वह पूरा सैयद बन गया है और उसकी तत्हीर[16] हो गई है, मगर फिर उसको मायूसी होती क्योंकि वह अपने में कोई फ़र्क़ न देखता—उसकी तशफ़्फ़ी[17] नहीं होती थी।

उसने समझा कि शायद उसने हाफ़िज़ साहब की ख़िदमत पूरी तरह अदा नहीं की है जिसकी वजह से उसकी उम्मीद बर नहीं आती। चुनांचे उसने हाफ़िज़ साहब की ख़िदमत में दिन-रात एक कर दिया।

एक दिन उसने हाफ़िज़ साहब से कहा : "पीर साहब, मेरे हाल पर करम फ़रमाइए... मेरी मुराद कभी पूरी होगी या नहीं?"

हाफ़िज़ हसन दीन ने बड़े पीराना अंदाज़ में जवाब दिया : "होगी, ज़रूर होगी... हम इतने चिल्ले काट चुके हैं... ऐसा मालूम होता है कि अल्लाह तबारक तआला तुमसे नाराज़ हैं... तुमने ज़रूर अपनी ज़िंदगी में कोई गुनाह किया होगा।"

ज़फ़रशाह ने कुछ देर सोचा : "हुज़ूर, मैंने ऐसा कोई गुनाह नहीं किया जो..."

हाफ़िज़ साहब ने उसकी बात काटकर कहा : "नहीं, ज़रूर किया होगा... ज़रा सोचो।"

ज़फ़रशाह ने फिर कुछ देर सोचा : "एक मर्तबा मैंने अपने वालिद साहब के बटवे से आठ आने चुराए थे।"

"यह कोई इतना बड़ा गुनाह नहीं... और सोचो... कभी तुमने किसी लड़की को बुरी निगाहों से देखा था?"

ज़फ़रशाह ने हिचकिचाहट के बाद जवाब दिया : "हाँ पीरो-मुर्शिद... सिर्फ़ एक मर्तबा।"

"कौन थी वह लड़की?"

"जी, मेरे चचा की।"

"कहाँ रहती है?"

"जी, इसी घर में।"

हाफ़िज़ साहब ने हुक्म दिया : "बुलाओ उसको... क्या तुम उससे शादी करना चाहते हो?"

"जी हाँ... हमारी मँगनी क़रीब-क़रीब तय हो चुकी है।"

हाफ़िज़ साहब ने बड़े पुरजलाल[18] लहजे में कहा : "ज़फ़रशाह, बुलाओ उसको... तुमने मुझसे पहले ही यह बात कह दी होती तो मुझे बेकार इतना वक़्त ज़ाया न करना पड़ता।"

ज़फ़रशाह शशोपंज में पड़ गया—न वह हाफ़िज़ साहब का हुक्म टाल सकता था और

न ही अपनी होनेवाली मंगेतर से यह कह सकता था कि वह हाफ़िज़ साहब से मिले। बादिले-नख़्वास्ता वह ऊपर गया।

बिलक़ीस बैठी नाविल पढ़ रही थी—ज़फ़रशाह को देखकर वह ज़रा सिमटी और फिर उसने कहा : "आप आज मेरे कमरे में कैसे आ गए?"

ज़फ़रशाह ने दबे-दबे लहजे में जवाब दिया : "वह जो हाफ़िज़ साहब आए हुए हैं ना..."

बिलक़ीस ने नाविल एक तरफ़ रख दिया : "हाँ-हाँ... मैंने उन्हें कई मर्तबा देखा है... क्या बात है?"

"बात यह है कि वह तुमसे मिलना चाहते हैं।"

बिलक़ीस ने हैरत का इज़हार किया : "लेकिन उनकी तो आँखें नहीं है... और वह मुझसे क्यों मिलना चाहते हैं?"

"वह तुमसे चंद बातें करना चाहते हैं... बड़े साहिब-कश्फ़ बुज़ुर्ग हैं... उनकी बरकत से, मुम्किन है, हम दोनों का भला हो जाए।"

बिलक़ीस मुसकराई : "मालूम नहीं, आप इतने ज़ईफ़ुलएतिक़ाद क्यों हैं... चलिए... वह तो देख नहीं सकते, उनसे क्या पर्दा..."

ज़फ़रशाह के साथ बिलक़ीस नीचे व्हाइट हाउस में आ गई। हाफ़िज़ हसन दीन बैठा चिलग़ोज़े खा रहा था—जब उसने क़दमों की चाप सुनी तो बोला : "आ गए ज़फ़रशाह!" ज़फ़रशाह ने ताज़ीमन[19] जवाब दिया : "जी हाँ हुज़ूर!"

"लड़की आई है?"

"जी हाँ!"

हाफ़िज़ साहब ने अपनी बेनूर आँखों से बिलक़ीस को देखने की कोशिश की और कहा : "बैठ जाओ मेरे सामने।"

बिलक़ीस सामने कुर्सी पर बैठ गई।

हाफ़िज़ साहब ने ज़फ़रशाह से कहा : "अब तुम्हारी मुराद बर आएगी... हम इस लड़की को वज़ीफ़ा[20] बताएँगे... इंशाअल्लाह सब काम ठीक हो जाएँगे।"

ज़फ़रशाह बहुत ख़ुश हुआ—उसने फलों की प्लेट बिलक़ीस की तरफ़ बढ़ाते हुए कहा : "हाफ़िज़ साहब, मालूम नहीं, कितनी देर लगाएँ... इनकी ख़िदमत करना न भूलना।"

हाफ़िज़ साहब ने कहा : "देखो, हम तुमसे बहुत ख़ुश हैं... आज हमारी तबीयत चाहती है कि तुम्हें भी ख़ुश कर दें... जाओ बाज़ार से चार तोले नौशादर, एक तोले चूना, दस तोले शंगर्फ़ और एक मिट्टी का कूज़ा ले आओ।"

ज़फ़रशाह भागा-भागा बाज़ार गया और तमाम चीज़ें ख़रीदकर ले आया।

जब वह अपने व्हाइट हाउस में पहुँचा तो उसने देखा कि किवाड़ खुले हुए हैं और अंदर कोई भी नहीं है।

वह ऊपर गया तो उसे मालूम हुआ कि बिलक़ीस भी नहीं है।

1. नज़र, दृष्टि; 2. जिसका ईश्वर पर विश्वास दृढ़ न हो; 3. श्रद्धा; 4. संपूर्ण, पूरी तरह; 5. पूर्ति; 6. कृपा करके; 7. ब्रह्मज्ञानी; 8. उपचार, निदान; 9. नास्तिक; 10. वह दिखाई न देनेवाली शक्ति जिसे जप-तप द्वारा वश में किया गया हो; 11. पवित्र शरीर, पवित्र अस्तित्व; 12. मौन, चुप्पी; 13. विनम्र, विनीत; 14. आदेश; 15. ख़ुशी, प्रसन्नता; 16. शुद्धि; 17. तसल्ली, संतुष्टि; 18. किसी ऋषि-मुनि-जैसे तेजमय या गर्वीले; 19. आदर सहित; 20. क़ुर्आन की आयत का जाप।

ख़्वाबे-ख़रगोश

सुरैया हँस रही थी, बेतरह हँस रही थी। उसकी नन्ही-सी कमर उस हँसी के बायस दोहरी हो गई थी।

उसकी बड़ी बहन को बड़ा ग़ुस्सा आया—वह आगे बढ़ी तो सुरैया पीछे हट गई।

बड़ी बहन ने कहा : "जा मेरी बहन, बड़े ताक़ में से मेरी चूड़ियों का बक्स उठा ला, पर ऐसे कि अम्मीजान को ख़बर न हो।"

सुरैया अपनी बड़ी बहन से पाँच बरस छोटी थी—बिलक़ीस उन्नीस की थी।

सुरैया ने मुँह बनाते हुए और हँसते हुए कहा : "और जो न लाऊँ तो?"

बिलक़ीस ने जलकर कहा : "एक फ़क़त तू मुझ अल्लाहमारी का काम नहीं करेगी...निगोड़ियाँ हमसाया[1] चाहे तुमसे उपले थपवा लें!"

सुरैया को अपनी बहन पर प्यार आ गया—वह बिलक़ीस के गले से चिमट गई : "नहीं बाजी, हमसाइयाँ जाएँ जहन्नम में...मैं तो तुम्हारी हर ख़िदमत के लिए तैयार हूँ...मैं अभी चूड़ियों का बक्स लाती हूँ।"

सुरैया चुटकियों में बक्स उठा लाई और उसने बिलक़ीस से बड़े जासूसाना अंदाज़ में कहा : "आप ज़रूर सनीमा देखने जा रही हैं।"

"सुरैया, तू अब ज़्यादा बक-बक न कर...तेरी क़सम, मैं सनीमा नहीं जा रही हूँ।"

सुरैया ने बचपने के-से इस्तिफ़सार[2] से पूछा : "तो फिर यह तैयारियाँ क्यों हो रही हैं?"

"यह तू मेरा इम्तिहान लेने क्या बैठ गई है और मैं बेवक़ूफ़ हूँ जो तेरी हर बात का जवाब दिए चली जा रही हूँ...तेरी बहस तो कभी ख़त्म नहीं होगी कमबख़्त!"

सुरैया कि नन्ही-सी जान थी, बेहद अफ़सुर्दा[3] हो गई और उसका दिल धक-धक करने लगा—उसने अपनी बहन का हाथ पकड़ लिया : "आप नाराज़ हो गईं मुझसे?"

"चल दूर हो..." बिलक़ीस अपने आपसे, बल्कि हर चीज़ से बेज़ार हो रही थी : "आज मुझे एक ज़रूरी काम से बाहर जाना है, पर मुसीबत यह है क़ि जाने अम्मीजान इजाज़त देती हैं या नहीं...वह कहेंगी : 'तू मुतवातिर तीन शामों से बाहर जा रही है...' और मैं उनसे वादा कर चुकी हूँ कि ठीक साढ़े आठ बजे पहुँच जाऊँगी।"

सुरैया ने पूछा : "किससे?"

बिलक़ीस ने ग़ैर इरादी तौर पर जवाब दिया : ''लतीफ़ साहब से…'' यह कहकर वह एकदम ख़ामोश हो गई।

सुरैया सोचने लगी कि यह लतीफ़ साहब कौन हैं—उनके हाँ तो कभी इस नाम का कोई आदमी नहीं आया था—उसने शशोपंज में अपनी बहन से पूछा : ''यह लतीफ़ साहब कौन हैं बाजी?''

''लतीफ़ साहब…? मुझे क्या मालूम, कौन हैं… अरे… सचमुच यह कौन हैं?'' और फिर एकदम संजीदा होकर बिलक़ीस ने कहा : ''सुरैया, तुने आज का सबक़ याद किया…? तू बहुत वह हो गई है, इसीलिए तू ऊटपटाँग सवाल करती रहती है।''

सुरैया की मासूमियत को ठेस पहुँची : ''मैंने कभी कोई वाहियात बात नहीं की है… आपने किस लतीफ़ साहब से मिलने का वादा किया हुआ है?''

बिलक़ीस उसकी मासूमियत से तंग आ गई और झुँझलाकर बोली : ''ख़ामोश रह…''

इतने में अंदर सहन से बिलक़ीस की माँ की आवाज़ आई : ''बिलक़ीस… बिलक़ीस…!''

बिलक़ीस ने पर्स में से एक इकन्नी निकालकर सुरैया को दी और हौले लहजे में कहा : ''इकन्नी की इमली ले आना… हर रोज़ एक इकन्नी दिया करूँगी तुझे इमली के लिए और देख, आधी इमली आज मेरे लिए रख छोड़ना… अम्मी मुझे बुला रही हैं… सुन, जो बातें हुई हैं, उनको न बताना… ले, वह ख़ुद ही आ रही हैं…'' सहन के आगे बरामदे के फ़र्श पर उसने अपनी माँ के क़दमों की चाप सुनी और सुरैया से कहा : ''भाग अब यहाँ से।''

बिलक़ीस की माँ—एक अधेड़ उम्र की औरत; बहुत ग़ुस्सैली; एक जाबिर माँ के से ख़द्दोखाल[4]। बिलक़ीस की माँ ने आते ही बिलक़ीस को डाँटा : ''यह जो मैं दो घंटे से तुझे बुला रही हूँ… तूने कानों में रुई ठूँस रखी है क्या?''

बिलक़ीस ने मिस्कीन[5] बिल्ली की-सी आवाज़ में जवाब दिया : ''नहीं तो…''

बिलक़ीस की माँ की आवाज़ और ज़्यादा बुलंद हो गई : ''और यह मैंने क्या सुना है?''

''क्या अम्मीजान?''

''कि तू फिर आज बाहर जा रही है… शरीफ़ बहू-बेटियों की तरह तेरा घर में जी ही नहीं लगता… दीदे का पानी ही ढल गया है।''

बिलक़ीस ने आँखें झुकाकर बड़ी नर्मो-नाज़ुक आवाज़ में कहा : ''आप तो नाहक़ बिगड़ रही हैं।''

बिलक़ीस की माँ जहाँआरा ग़ज़बनाक हो गई : ''अभी-अभी एक आदमी तुम्हारी किसी सहेली के यहाँ से आया था… कहता था कि बीबी भूल न जाएँ, उन्हें कालेज के जलसे में जाना है।''

बिलक़ीस झट से बोली : ''हाय… जलसे में…? मैं तो बिलकुल भूल गई थी… यह जलसा बहुत ज़रूरी है अम्मी जान… मैं न गई तो प्रिंसिपल साहिबा बहुत बुरा मानेंगी… मुझे फ़ौरन तैयार हो जाना चाहिए।''

उसकी माँ को कॉलेज के जलसे-जुलूसों से कोई दिलचस्पी नहीं थी और फिर उसे

बिलक़ीस से घर का काम कराना था : 'तू चल मेरे साथ और बैठ के मेरे सामने आटा गूँध ।''

बिलक़ीस ने अपनी सजावट एक नज़र देखी और बड़े पुरदर्द लहजे में कहा : ''लेकिन अम्मीजान…''

उसकी माँ का लहजा कड़ा हो गया : ''नहीं… आज मेरे साथ कोई बहाना नहीं चलेगा… समझीं ?''

बिलक़ीस ने हार मानकर कहा : ''आटा गूँधने के बाद तो इजाज़त मिल जाएगी ना ?''

उसकी माँ ज़ेरे-लब मुसकराई : ''तब की तब देखूँगी… चल बैठ जा मेरे सामने ।''

बिलक़ीस वहीं कमरे में बैठने लगी, मगर एकदम उसे ख़याल आया कि बावर्चीख़ाना और सहन तो बाहर हैं; यहाँ वह अपनी माँ का सिर आटा गूँधेगी । उसने कहा : ''चलिए अम्मीजान !''

दोनों बावर्चीख़ाने में दाख़िल हुईं, कुछ इस तरह जैसे आगे-आगे सिपाही और पीछे हथकड़ी लगा मुल्ज़िम ।

उसकी माँ एक पीढ़ी पर अपना भारी-भरकम जिस्म ढीला छोड़कर बैठ गई–फिर उसने बिलक़ीस की तरफ़ देखा और कहा : ''टुकर-टुकर मेरा मुँह क्या देखती है… बैठ जा यहाँ मेरे सामने ।''

गंदे फ़र्श पर पंजों के बल बैठने के बाद उसने मिनमिनाकर पूछा : ''पानी कहाँ है ?''

पानी उसके पास ही पड़ा था और साथ ही परात में आटे की छोटी-सी ढेरी पड़ी थी–उसने ढेरी से गड़वी के थोड़ा पानी बादिले-नख़्वास्ता[6] डाला और आटे और पानी को मिलाकर जल्दी-जल्दी मुक्कियाँ मारने लगी ।

यकायक उसने सामने सहन में लगे हुए क्लॉक की तरफ़ देखा–आठ बजनेवाले थे ।

उसकी मुक्कियाँ धीमी पड़ गईं–वह सोच रही थी कि आटा गूँधने के बाद क्या वह साढ़े आठ बजे पहुँच सकेगी ?

उसकी माँ उसके सिर पर खड़ी हो गई और एकदम चिल्लाई : ''बिलक़ीस, यह तू मुक्कियाँ मार रही है या किसी का सिर सहला रही है ?''

वह चौंकी–उसका जी चाहा कि अपना गीले आटे से लुथड़े हुए हाथ का मुक्का बनाकर या तो अपनी माँ के सिर पर दे मारे, या फिर अपने सिर पर–लेकिन उसने साढ़े आठ बजे पहुँचना था, इसलिए उसने जल्दी-जल्दी आटा गूँधा और फ़ारिग़ हो गई ।

हाथ धोकर उसने सुरैया को बुलाया और कहा : ''जाओ, एक ताँगा ले आओ ।''

सुरैया चली गई तो बिलक़ीस ने आईने में ख़ुद को देखा–उसने लिपस्टिक लगाई, किसी क़दर बिखरे हुए बालों को दुरुस्त किया और कुर्सी पर बैठकर बड़े इज़्तिराब[7] में टाँग हिलाने लगी ।

थोड़ी देर के बाद सुरैया आ गई और उसने अपनी बड़ी बहन से कहा : ''बाजी, ताँगा आ गया है ।''

वह उठ खड़ी हुई–उसने बुर्क़ा उठाया ही था कि बाहर सहन से उसके भाई की आवाज़ आई : ''बिल्ली… बिल्ली !''

वह चिल्लाई : "क्या है भाईजान ?"

उसके भाईजान ख़ुद अंदर तशरीफ़ ले आए और उन्होंने उसके हाथों में अपनी क़मीस थमाते हुए कहा : "धोबी कमबख़्त ने फिर दो बटन ग़ारत कर दिए हैं⋯मेहरबानी करके⋯"

उसे महसूस हुआ कि दो बटन उसके सिर पर दो पहाड़ बन के टूट पड़े हैं : "नहीं भाईजान⋯मुझे ठीक साढ़े आठ बजे कॉलेज के जलसे में पहुँचना है।"

उसके भाईजान ने बड़े इत्मीनान और बड़ी बरादराना मुहब्बत से कहा : "तुम वक़्त पर पहुँच जाओगी⋯लो, यह दो बटन हैं⋯तुम यूँ चुटकियों में टाँक दोगी।"

"नहीं भाईजान, वक़्त हो गया है⋯सवा आठ हो चुके हैं।"

"अम्मीजान ने तुम्हें इजाज़त दे दी है ?"

"नहीं।"

"तो बटन टाँक दो⋯इजाज़त मैं ले दूँगा।"

"सच ?"

"मैंने आज तक तुमसे कोई झूठी बात कही है ?"

"तो लाइए फिर।" बिलक़ीस ने सुई में धागा पिरोकर बटन टाँकने शुरू कर दिए—उसकी उँगलियों में बला की फ़ुर्ती थी। दो मिनट से कम अर्से में उसने अपने भाईजान की क़मीस में दो बटन लगा दिए।

वह बहुत मम्नूनो-मुतशक्किर[4] हुए—बाहर जाकर उन्होंने अपनी माँ से सिफ़ारिश की कि वह बिलक़ीस को कॉलेज के जलसे में जाने की इजाज़त दे दें।

सिफ़ारिश सुनकर माँ उन पर बरस पड़ी : "तुम दोनों आवारागर्द हो⋯। घर में न तुम्हारा जी लगता है न बिलक़ीस का⋯देखो, मैं तुमसे कहे देती हूँ, न तुम कहीं जाओगे न बिलक़ीस⋯घर में बैठो और कोई काम करो।"

"लेकिन अम्मीजान, मैं तो आप ही के लिए बाहर जा रहा हूँ।"

"मुझे क्या तकलीफ़ है कि तुम मेरे लिए बाहर जा रहे हो⋯मेरे लिए जब भी तुम बाहर गए हो, डॉक्टर को लाने के लिए गए हो।"

"अम्मीजान, आपने ही तो कहा था कि आपके ज़ेवरों का पता करूँ⋯जिस सुनार को आपने ज़ेवर बनने के लिए दिए थे, वह चार रोज़ से ग़ायब है।"

"हाए तुमने मुझसे पहले क्यों न कहा⋯कहाँ ग़ायब हो गया है वह मुआ सुनार ?"

"अब जाऊँगा तो मालूम करूँगा।"

"जाओ, जल्दी जाओ और आकर मुझे बताओ कि वह वापस आ गया है या नहीं⋯मेरा सोना उससे वापस ले आना⋯चार तोले, दो माशे और चार रत्तियाँ।"

"बहुत बेहतर⋯बिलक़ीस को भी इजाज़त दे दीजिए।"

माँ ने बादिले-नख़्वास्ता कहा : "चली जाए, मगर मुझे उसका हर रोज़ शाम को घर से बाहर रहना पसंद नहीं।"

बिलक़ीस के भाईजान ज़ेरे-लब मुसकराए और अंदर जाकर उन्होंने अपनी बहन को

ख़ुशख़बरी सुनाई कि उनका फ्रॉड चल गया है और इजाज़त मिल गई है।

बिलक़ीस ने अपना बुर्क़ा पहना—वह बाहर निकलने ही वाली थी कि उसकी माँ ने उसे बुलाया और कहा : ''देखो बिलक़ीस, तुम जा रही हो लेकिन मेरा एक काम करती जाओ।''

उसको महसूस हुआ, उसका रेशमी बुर्क़ा लोहे की चादर बन गया है : ''बताइए अम्मीजान!''

''एक ख़त लिखवाना है तुमसे।''

उसने एक शिकस्तख़ुर्दा[9] और ग़ुलाम के मानिंद ठंडी साँस भरके कहा : ''लाइए, लिख देती हूँ।''

उसके जिस्म का रुआँ-रुआँ रो रहा था—उसने जूँ-तूँ ख़त मुकम्मल किया।

बाहर ताँगा कब से खड़ा था—वह ताँगे में बैठ गई और जहाँ उसे पहुँचना था, पहुँच गई।

उसने दरवाज़े पर दस्तक दी मगर उसे कोई जवाब न मिला।

उसने किवाड़ों को ग़ुस्से में आकर ज़ोर से धकेला—किवाड़ खुले हुए थे—वह गिरते-गिरते बची।

अंदर उसका महबूब ख़्वाबे-ख़रगोश[10] में था—उसने उसको जगाने की कोशिश की मगर वह बेदार न हुआ।

वह जल-भुन गई और बड़बड़ाई : ''मेरी जूती को क्या ग़रज़ पड़ी है कि यहाँ ठहरे... मैं इतनी मुसीबतों से यहाँ आई हूँ और जनाब, मालूम नहीं, भंग पीकर सो रहे हैं...''

---

1. पड़ोसी; 2. जिज्ञासा, पूछताछ; 3. गंभीर, उदास; 4. नैन-नक़्श; 5. दयनीय, अनाथ, ग़रीब; 6. न चाहते हुए; 7. बेचैनी; 8. अहसानमंद; 9. हारे हुए; 10. गहरी नींद।

तीन मोटी औरतें

एक का नाम मिसिज़ रिच मैन और दूसरी का मिसिज़ सतलफ़ था। एक बेवा थी, तो दूसरी दो शौहरों को तलाक़ दे चुकी थी। तीसरी का नाम मिस हकसैन था। वह अभी नाकतख़ुदा थी—उन तीनों की उम्र चालीस के लगभग थी और उनकी ज़िंदगी के दिन मज़े से कट रहे थे।

मिसिज़ सतलफ़ के ख़द्दो-ख़ाल[1] मोटापे की वजह से भद्दे पड़ गए थे। उसकी बाँहें, कंधे और कूल्हे भारी मालूम देते थे, लेकिन इस अधेड़ उम्र में भी वह बन-सँवरकर रहती थी। वह नीला लिबास सिर्फ़ इसलिए पहनती थी कि उसकी आँखों की चमक नुमायाँ हो, और बनावटी तरीक़ों से उसने अपने बालों की ख़ूबसूरती भी क़ायम कर रखी थी—उसे मिसिज़ रिचमैन और मिस हकसैन इसलिए पसंद थीं कि वे दोनों उसकी निस्बत[2] मोटी थीं, और चूँकि वह उम्र में भी उन दोनों से क़द्रे[3] छोटी थी, वह उसे अपनी बच्ची की तरह ख़याल करतीं—यह कोई नापसंद बात न थी। वह दोनों ख़ुश-तबीयत थीं और अक्सर तफ़्रीहन उसके होनेवाले मंगेतर का ज़िक्र छेड़ देतीं—वह दोनों ख़ुद तो इस इश्क़ो-मुहब्बत की उलझन से कोसों दूर थीं, लेकिन इस मामले में उन्हें मिसिज़ सतलफ़ से पूरी हमदर्दी थी—उन्हें यक़ीन था कि वह कुछ दिनों ही में कोई नया गुल खिलानेवाली है।

वह मिसिज़ सतलफ़ के लिए किसी अच्छे बर की तलाश में थीं। कोई पेंशन-याफ़्ता एडमिरल, जो गॉल्फ़ भी खेलना जानता हो या कोई ऐसा रंडवा, जो घर-बार के जंजाल से आज़ाद हो—बहरहाल यह ज़रूरी था कि उसकी आमदन माक़ूल हो।

मिसिज़ सतलफ़ उनकी बातें बड़े ग़ौर से सुनती और दिल ही दिल में हँस देती—इसमें कोई शक नहीं कि वह एक बार फिर शादी का तज्रबा करना चाहती थी, लेकिन शौहर के इंतिख़ाब[4] में उसका मज़ाक़ बिल्कुल मुख़्तलिफ़[5] था। उसे किसी स्याह रंग और छरहरे बदन के इतालवी की चाहत थी, जिसकी आँखें हद-दर्जा चमकीली हों या कोई हस्पानवी[6], जो आला ख़ानदान से ताल्लुक़ रखता हो और उसकी उम्र किसी सूरत में तीस बरस से एक दिन भी ज़्यादा न हो।

यह सच है कि तीनों एक-दूसरी पर जान देती थीं—उनकी आपस में मुहब्बत की वजह सिर्फ़ मोटापा था, और मुतवातिर इकट्ठे ब्रिज खेलने से उनकी दोस्ती और गहरी हो गई

थी।

उनकी पहली मुलाक़ात करलबसाद में हुई, जहाँ वह एक ही होटल में ठहरती थीं और एक ही डॉक्टर के ज़ेरे-इलाज थीं।

मिसिज़ रिचमैन ख़ुशशक्ल भी थी—उसकी नशीली आँखें, खुदुरे गाल और रंगीन होंठ बहुत ही दिलफ़रेब और दिलकश थे—उसे हरवक़्त खाने-पीने की फ़िक्र रहती। मक्खन, बालाई, आलू और चर्बी मिली पुडिंग उसका मनभाता खाजा[7] था। वह साल में ग्यारह महीने तो जी भर के खाती, फिर इलाज के ज़रिए दुबली होने के लिए एक महीना करलबसाद चली जाती—वह दिन ब दिन फूलती जा रही थी। उसका अक़ीदा[8] था कि अगर उसे मनमर्ज़ी की ख़ुराक खाने को न मिले तो ज़िंदगी बेकार है। मगर उसके डॉक्टर को इस बात से इत्तिफ़ाक़[9] न था। उसका ख़याल था कि डॉक्टर कुछ ऐसा क़ाबिल नहीं, वर्ना क्या अजब था कि वह ज़रा दुबली हो जाती।

मिसिज़ रिचमैन ने मिस हकसैन से इस बात का ज़िक्र किया तो वह बस एक क़हक़हा लगाकर ख़ामोश हो गई।

मिस हकसैन की आवाज़ बहुत गहरी थी और चेहरा चपटा-सा था। उसकी दोनों आँखों में बिल्ली की आँखों-ऐसी चमक थी। उसे मर्दाना पोशाक ज़्यादा पसंद थी।

सच तो यह है कि सिर्फ़ मिस हकसैन की ख़ुशमिज़ाजी की वजह से तीनों सहेलियाँ एक-दूसरी से बहुत क़रीब हो गई थीं—वह तीनों एक ही वक़्त पर खातीं, इकट्ठी सैर को जातीं और टेनिस खेलने के वक़्त भी एक-दूसरी से कभी जुदा न होतीं। इसमें कोई शक नहीं कि जब वह अपना वज़न करतीं तो अपने मोटापे में कोई फ़र्क़ न पाकर उदास-सी हो जातीं।

मिस हकसैन को यह बात बहुत ही नागवार गुज़री कि मिसिज़ रिचमैन तिब्बी इलाज से अपना वज़न बीस पाउंड घटाकर, बदपरहेज़ी की वजह से कुछ ही दिनों में फिर उसी तरह मोटी हो जाए—उसके कहने पर तीनों करलबसाद छोडकर चंद हफ़्तों के लिए कहीं और चली गईं।

मिसिज़ रिचमैन कमज़ोर तबीयत थी। उसे एक ऐसे इंसान की ज़रूरत थी, जो उसे बदएतिदाली[10] से बचा सके। उसे यक़ीन था कि अब उसे वर्ज़िश करने का ख़ूब मौक़ा मिलेगा, और चर्बी मिली चीज़ें खाने से भी नजात मिल जाएगी—और कोई वजह नहीं कि उन सबका वज़न दिनों में कम हो जाए।

मिसिज़ सतलफ़ अपने दिल में अनोखे इरादे बाँध रही थी। उसे यक़ीन था कि वहाँ दिनों में उसका रंग निखर जाएगा, और वह अपने लिए कोई बाँका छैला इतालवी, फ़्रांसिसी या अंग्रेज़ तलाश कर लेगी।

वह तीनों हफ़्ते में सिर्फ़ दो दिन उबले हुए अंडे और टमाटर खातीं और हर सुबह उठकर अपना वज़न करतीं।

मिसिज़ सतलफ़ का वज़न अब सिर्फ़ एक सौ चव्वन पाउंड रह गया और वह तो गोया अपने आपको एक जवाँ साल[11] लड़की समझने लगी—मिस हकसैन और मिसिज़ रिचमैन

के मोटापे में भी काफ़ी फ़र्क़ पड़ गया।

वह तीनों मुत्मइन[12] नज़र आती थीं, लेकिन ब्रिज खेलने के लिए एक चौथे खिलाड़ी की ज़रूरत ने उन्हें एक हद तक परेशान-सा कर दिया था।

वह सुबह-सवेरे को ढीले-ढाले पाजामे पहने, चबूतरे पर बैठी, दूध और खाँड़ मिलाए बग़ैर चाय पी रही थीं और साथ-साथ डॉक्टर हडबर्ट के तैयार किए हुए बिस्कुट भी खा रही थीं, जिनके मुताल्लिक़ यह गारंटी दी गई थी कि वह चर्बी से बिल्कुल पाक हैं—नाश्ते के वक़्त मिस हकसैन ने इत्तिफ़ाक़न लीना का ज़िक्र किया।

''वह कौन है ?'' मिसिज़ सतलफ़ ने पूछा।

''वह मेरे उस चचेरे भाई की बीवी है, जिसका हाल ही में इंतिक़ाल हुआ है…वह गुज़श्ता[13] दिनों आसाब-शिकनी[14] का शिकार रही…क्यों न उसे दो चार हफ़्तों के लिए यहाँ बुला लें।''

''क्या वह ब्रिज खेलना जानती है ?''

''क्यों नहीं…उसके यहाँ आ जाने से किसी दूसरे की ज़रूरत भी न रहेगी।''

बात तय हो गई—लीना को बुलाने के लिए तार भेजा गया और वह तीसरे दिन आ पहुँची।

मिस हकसैन उसे स्टेशन पर लेने गई। शौहर की मौत की वजह से लीना के चेहरे पर ग़म के आसार नुमायाँ थे—मिस हकसैन ने उसे दो साल से नहीं देखा था, इसलिए उसने बड़ी गर्मजोशी से लीना का मुँह चूम लिया।

''तुम बहुत दुबली हो।'' मिस हकसैन ने कहा।

लीना मुस्करा दी : ''गुज़श्ता दिनों मेरी तबीयत अलील[15] रही, और अब तो वज़न भी बहुत कम हो गया है।''

मिस हकसैन ने एक सर्द आह भरी, लेकिन यह ज़ाहिर न हो सका कि उसकी वजह रश्क थी या लीना से हमदर्दी।

वह उसे एक पुरफ़ज़ा होटल में ले गई, जहाँ दोनों सहेलियों से उसका तआरुफ़ कराया गया—लीना की बेकसी देखकर मिसिज़ रिचमैन का दिल भर आया, और लीना के चेहरे की ज़र्दी ने मिसिज़ सतलफ़ को भी बहुत मुतास्सिर[16] किया।

होटल में थोड़ी देर तफ़्रीह के बाद वह लंच के लिए अपनी क़यामगाह को चल दीं।

''मुझे कुछ रोटी चाहिए।'' लीना के यह अल्फ़ाज़ तीनों सहेलियों के कानों पर बहुत गिराँ[17] गुज़रे—वह तो कब से रोटी छोड़ चुकी थीं, और तो और मिसिज़ रिचमैन-ऐसी लालची औरत भी रोटी से परहेज़ करती थी।

मिस हकसैन ने अज़-राहे-मेहमाननवाज़ी ख़ानसामाँ से कहा कि वह फ़ौरन लीना के हुक्म की तामील करे।

''थोड़ा मक्खन भी।''

किसी ग़ैर-मरई क़ुव्वत[18] ने एक लम्हे के लिए उन सबके होंठ सी दिए।

''ग़ालिबन घर में मक्खन मौजूद नहीं··· अभी ख़ानसामाँ से पूछती हूँ।'' मिस हकसैन ने किसी क़द्र तवक़्क़ुफ़[19] से जवाब दिया।

''मुझे मक्खन-रोटी बहुत पसंद है।'' लीना ने मिसिज़ रिचमैन से मुख़ातिब होकर कहा। और ख़ानसामाँ से मक्खन लेकर बड़े इत्मीनान से रोटी पर लगाया।

मिस हकसैन बोली : ''हम यहाँ बहुत सादा ग़िज़ा खाते हैं···तुम्हें ग़ालिबन कोई एतिराज़ न होगा।''

''नहीं तो···मैं भी सादा ग़िज़ा की आदी हूँ···'' लीना ने रोटी के टुकड़े पर मक्खन लगाते हुए कहा : ''मुझे जब तक मक्खन, रोटी, आलू और बालाई मिलती रहे, मैं बहुत मुत्मइन रहती हूँ।''

''अफ़सोस कि यहाँ कहीं बालाई नहीं मिलती।'' मिसिज़ रिचमैन ने कहा।

''ओह!'' लीना बोली।

फिर लंच पर बग़ैर चर्बी के कबाब चुने गए। इसके अलावा पालक था और दमपुख़्त[20] नाशपातियाँ।

नाशपाती खाते ही लीना ने मुतजस्सिस[21] नज़रों से ख़ानसामाँ की तरफ़ देखा और इशारा पाते ही ख़ानसामाँ खाँड लेकर हाज़िर हो गया—लीना ने अपने क़हवे की प्याली में तीन चम्चे खाँड डाल दी।

''तुम्हें खाँड बहुत पसंद है?'' मिसिज़ सतलफ़ ने पूछा।

''हाँ,'' लीना ने जवाब दिया।

''हमें तो सैक्रीन ज़्यादा मर्ग़ूब[22] है।'' मिस हकसैन ने एक टिकिया अपनी प्याली में डालते हुए कहा।

''यह तो एक बेलज़्ज़त शै[23] है।'' लीना बोली।

मिसेज़ रिचमैन मुँह बनाकर और ललचाई हुई नज़रों से खाँड की तरफ़ देखने लगी—मिस हकसैन ने उसे ज़ोर से पुकारा तो एक सर्द आह भरकर उसने भी मजबूरन सैक्रीन की टिकिया उठा ली।

लंच से फ़ारिग़ होने के बाद वह ब्रिज खेलने बैठ गईं—लीना ख़ूब खेली। सबने खेल का ख़ूब लुत्फ़ उठाया।

मिसिज़ सतलफ़ और मिसिज़ रिचमैन के दिल में मुअज़्ज़ज़[24] मेहमान के लिए गहरी हमदर्दी का जज़्बा पैदा हो गया—मिस हकसैन के दिल की मुराद भी बर[25] आई और वह यही तो चाहती थी कि लीना उनके साथ दो चार हफ़्ते ख़ुशी से बसर कर सकें।

चंद साअत बाद मिस हकसैन और मिसिज़ रिचमैन गॉल्फ़ खेलने चली गईं और मिसिज़ सतलफ़ एक जवाँ साल ख़ुशशक्ल प्रिंस रोकामीर के साथ सैर को निकल गई—लीना कुछ देर सुस्ताने के ख़याल से लेट गई।

डिनर से थोड़ा वक़्त पहले सब लौट आईं—यह उनका रोज़ का मामूल[26] था।

''लीना प्यारी, कहो वक़्त कैसे गुज़रा···'' एक दिन मिस हकसैन ने कहा : ''गॉल्फ़ खेलते

वक़्त ध्यान तुम्हारी ही तरफ़ था।"

"ओह, पहले तो मैं बड़े मज़े से बिस्तर पर ही पड़ी रही, फिर मैंने बाहर जाकर काकटेल पी··· और सुनो, एक छोटा-सा क़हवाख़ाना मेरी नज़र पड़ा, जहाँ बड़ी अच्छी बालाई मिलती है··· मैंने रोज़ाना मकान पर बालाई मँगवाने का इंतिज़ाम कर लिया है।" लीना की आँखें चमक रही थीं और उसे यक़ीन था कि वह तीनों उसकी बात को सराहेंगी।

"तुम कितनी अच्छी हो लीना···" मिस हकसैन ने कहा : "लेकिन अफ़सोस कि हमें बालाई पसंद नहीं··· ऐसी आबो-हवा में यह हमें रास नहीं आ सकती।"

"न सही पर मैं जो सलामत हूँ," लीना ने मुस्कराते हुए कहा।

"तुम्हें क्या अपनी शक्लो-सूरत की कोई परवा नहीं।" मिसिज़ सतलफ़ ने मुँह बनाकर कहा।

"मुझे तो डॉक्टर ने बालाई खाने को कहा है।"

"क्या उसने मक्खन, रोटी, आलू और बालाई चारों ही चीज़ें तज्वीज़[27] की हैं?"

"बेशक,सादा ग़िज़ा से मैं यही मुराद लेती हूँ।"

"तुम यक़ीनन बहुत मोटी हो जाओगी।"

लीना खिलखिलाकर हँस दी।

रात को लीना के सो जाने पर देर तक तीनों नुक्ता-चीनी करती रहीं—उस शाम उनकी तबीयत कितनी शिगुफ़्ता[28] थी, और अब मिसिज़ रिचमैन बेज़ार-सी नज़र आने लगी। मिसिज़ सतलफ़ अलग जली बैठी थी और मिस हकसैन का मिज़ाज भी बरहम[29] हो चुका था।

"मैं यह क़त्अन बर्दाश्त नहीं कर सकती कि वह मेरा मनभाता खाजा मेरी आँखों के सामने बैठकर उड़ाए।" मिसिज़ रिचमैन ने ज़रा तल्ख़ी से कहा।

"यह तो कोई भी बर्दाश्त नहीं कर सकता।" मिस हकसैन ने जवाब दिया।

"आख़िर तुमने उसे यहाँ बुलाया ही क्यों?"

"मुझे इस बात की क्या ख़बर थी।"

"अगर उसके दिल में अपने मर्हूम[30] शौहर का ज़रा भी ख़याल होता तो वह कभी पेट भरकर न खाती··· उसे फ़ौत[31] हुए अभी दो ही महीने तो गुज़रे हैं।"

"सुना, वह क्या कह रही थी··· कि उसे डॉक्टर ने मक्खन, रोटी, आलू और बालाई खाने को कहा है।"

"उसे तो फिर किसी सेनेटोरियम का रुख़ करना चाहिए।"

"वह मेहमान है तो तुम्हारी··· हमारा तो उससे कोई रिश्ता नहीं··· मैं तो मुतवातिर दो हफ़्ते तक उस पेटू का तमाशा देखती रही हूँ।"

"सिर्फ़ खाने-पीने को ज़िंदगी का मक़सद समझ लेना बड़ी बेहूदगी है।"

"तुम क्या लीना की आड़ लेकर मुझे बेहूदा पुकार रही हो?" मिस हकसैन ने पूछा।

"लीना तो हमारे सोते में बावर्चीख़ाने में घुसकर खाती-पीती ही है, तुम ख़ुद भी तो यही

कुछ करती हो···" मिसिज़ सतलफ़ ने ज़रा तीखी आवाज़ में कहा : "और मैं यह कभी बर्दाश्त नहीं कर सकती।"

इन अल्फ़ाज़ ने मिस हकसैन के तन-बदन में एक आग-सी लगा दी—वह उछलकर खड़ी हो गई : "मिसिज़ सतलफ़, अपनी ज़बान सँभालो···तुम क्या मुझे इतना ही कमीना ख़याल करती हो।"

"तो आख़िर तुम्हारा वज़न क्यों कम नहीं होता ?"

"बिलकुल ग़लत···मेरा तो सेरों वज़न कम हो गया है।" यह कहकर मिस हकसैन बच्चों की तरह फूट-फूटकर रोने लगी, और आँसू उसकी आँखों से टपक-टपककर छाती पर गिरने लगे।

"आपस में बदगुमानी[32] से फ़ायदा ?" मिसिज़ रिचमैन ने हौले-से कहा।

मिसिज़ सतलफ़ ने मिस हकसैन की तरफ़ मुहब्बत भरी नज़रों से देखा : "प्यारी, तुम मेरा मतलब नहीं समझीं," यह कहकर वह घुटनों के बल झुकी और उसने मिस हकसैन के जिस्म को अपनी आग़ोश में लेने की कोशिश की। उसका दिल भर आया और उसकी आँखों से भी आँसुओं की लड़ी जारी हो गई।

"तो क्या मैं दुबली दिखाई नहीं देती ?" मिस हकसैन ने हिचकी लेते हुए कहा।

"हाँ बेशक···" मिसिज़ सतलफ़ ने भर्राई हुई आवाज़ में जवाब दिया।

मिसिज़ रिचमैन भी, जो फ़ितरतन निहायत कमज़ोर तबीयत वाक़े हुई थी, अब रोने लगी—यह मंज़र बहुत रिक़्क़तख़ेज़ था—मिस हकसैन। ऐसी औरत को आँसू बहाते देखकर सँगदिल इंसान भी मोम हो जाता—बिलआख़िर उन्होंने अपने आँसू पोंछे और हर एक ने ब्रांडी और पानी के चंद घूँट पिए।

वह अब इस बात पर मुत्तफ़िक़[33] थीं कि लीना, डॉक्टर की हिदायत के मुताबिक़, अपनी मनमर्ज़ी की गिज़ा खाए। आख़िर वह उनकी मेहमान ठहरी। उनका फ़र्ज़ था कि हर तरह उसका कलेजा ठंडा करें—उन्होंने एक-दूसरी का गर्मजोशी से मुँह चूमा और अपनी-अपनी ख्वाबगाहों में चली गईं।

यह सच है कि इंसानी फ़ितरत बहुत कमज़ोर है और उस पर किसी का कोई इख़्तियार नहीं—ग़िज़ा के मामले में अब हर एक अपनी मर्ज़ी की आप मालिक थी—उन्होंने मछली के कबाब शुरू किए तो लीना की सिवइयाँ, मक्खन और पनीर पर बसर होने लगी। वह हफ़्ते में दो बार उबले हुए अंडे और कच्चे टमाटर खातीं, और लीना मटर के दाने बालाई में मिलाकर खाती—लीना को अब टमाटर को मुख़्तलिफ़ मसालों में पकाकर खाने का शौक़ चर्राया था, और ख़ानसामाँ तो बामज़ाक़ था ही। वह हर बार एक बेहतरीन चीज़ तैयार करके मेज़ पर चुन देता।

लीना ने एक मौक़े पर यह भी कहा कि डॉक्टर ने उसे लंच पर बरगंडी की अर्ग़वानी[34] शराब और डिनर पर शेंपियन इस्तेमाल करने को कहा है—इन अल्फ़ाज़ ने तीनों सहेलियों को दम-बख़ुद कर दिया। वह अभी-अभी हँस-खेल रही थीं, लेकिन यकायक उनकी

कैफ़ियत[35] बदल गई। मिसिज़ रिचमैन का तो गोया रंग ज़र्द पड़ गया। मिसिज़ सतलफ़ की नीली आँखों में एक ख़ौफ़नाक-सी चमक पैदा हो गई। और मिस हकसैन की आवाज़ भर्रा गई।

वह जो ब्रिज खेलते वक़्त बड़े नर्म लहजे में एक-दूसरे से बात किया करती थीं, अब बात-बात पर बिगड़ने लगीं—लीना ने उन्हें बहुतेरा समझाया-बुझाया कि खेल के वक़्त आपस में तकरार मुनासिब नहीं, लेकिन बेसूद—लीना हमेशा ख़ुश रहती कि खेल में शुरू ही से उसका पल्ला भारी रहता। दिनों ही में उसने एक बड़ी रक़म जीत ली थी।

तीनों मोटी सहेलियों को अब एक-दूसरे से नफ़रत होने लगी। वह अपने मेहमान से भी बदज़न हो चुकी थीं। वह एक-दूसरी के ख़िलाफ़ एक-दूसरी के कान भरतीं—जब लीना के रुख़्सत का वक़्त आया तो वह बेशक एक-दूसरी से बहुत दूर जा चुकी थीं। लीना के सामने वह एक-दूसरी से ज़ाहिरा मिलती रही थीं, लेकिन फिर यह बात भी न रही थी—वह एक-दूसरी से बहुत मायूस हो चुकी थीं।

मिस हकसैन जब लीना को रुख़्सत करने स्टेशन पर गई तो गाड़ी पर सवार होते वक़्त लीना ने कहा : ''मेरे पास अल्फ़ाज़ नहीं हैं कि तुम्हारी मेहमाननवाज़ी का शुक्रिया अदा कर सकूँ...।''

''तुम्हारी सोहबत बहुत पुरलुत्फ़ रही।'' मिस हकसैन ने जवाब दिया।

जब गाड़ी रवाना हुई तो मिस हकसैन ने इस ज़ोर से आह भरी कि प्लेटफ़ार्म उसके नीचे काँप-काँप गया—वह ''उफ़, उफ़'' का शोर बुलंद करती घर लौटी।

उसने ग़ुस्ल का लिबास पहना और होटल की तरफ़ जा निकली—उसकी आँखों के सामने मिसिज़ रिचमैन नया पायजामा और गले में मोतियों की माला पहने, बनाव-सिंगार किए बैठी थी।

वह उसकी तरफ़ बढ़ी : ''क्या कर रही हो ?''

मिसिज़ रिचमैन को मिस हकसैन के अल्फ़ाज़ दूर पहाड़ों में बादल की गरज की तरह सुनाई दिए—उसने कहा : ''कुछ खा रही हूँ,'' उसके सामने मक्खन, सेब का मुरब्बा, क़हवा और बालाई वग़ैरा चुने हुए थे। वह गर्म रोटी पर मक्खन की मोटी तह जमाकर उस पर बालाई रख रही थी।

''तुम खाने के लालच में अपनी जान दे दोगी।''

''कोई परवा नहीं,'' मिसिज़ रिचमैन ने एक बड़ा लुक़्मा चबाते हुए कहा।

''तुम और भी मोटी हो जाओगी।''

''बस ख़ामोश...उस नाबकार को ख़ुदा समझे, जिसे मैं मुतवातिर हफ़्तों हलक़ में रंगा-रंग निवाले ठूँसते देखती रही हूँ...एक इंसान तो इतना हज़्म नहीं कर सकता।''

मिस हकसैन की आँखों में आँसू आ गए। वह बिलकुल बेजान-सी हो गई। उसे उस वक़्त शायद एक मज़्बूत मर्द की ज़रूरत थी, जो उसे अपने घुटनों पर लिटाकर पुचकारे। वह ख़ामोशी से पास ही कुर्सी पर बैठ गई।

ख़ादिम हाज़िर हुआ तो उसने क़हवे की ट्रे की तरफ़ इशारा करके उसे सबकुछ लाने को कहा—जब वह हाथ बढ़ाकर क्रीमरोल उठाने लगी तो मिसिज़ रिचमैन ने रकाबी एक तरफ़ खिसका दी—मिस हकसैन जल-भुन गई और उसने मिसिज़ रिचमैन को एक ऐसे नाम से मुख़ातिब किया, जो ख़ासतौर पर औरतों के शायाने-शान न था।

इतने में ख़ादिम उसके लिए मक्खन, मुरब्बा और क़हवा लेकर आ गया।

''नाबकार, बालाई लाना भूल गया।'' वह शेरनी की तरह बिफरकर बोली।

उसने खाना शुरू किया और हलक़ में मक्खन और मुरब्बा ठूँसने लगी।

होटल में अब रंगा-रंग के इंसानों की चहल-पहल नज़र आने लगी थी—मिसिज़ सतलफ़ भी प्रिंस रोकामीर के साथ चहलक़दमी करती उधर आ निकली। वह अपने गिर्द एक रेशमी लबादा मज़्बूती से लपेटे हुए थी, ताकि इस तरह वह कुछ दुबली दिखाई दे। अपनी ठोड़ी का नुक़्स छुपाने के लिए उसने सर को ऊपर उठाया हुआ था। वह बहुत मसरूर थी—एक दोशीज़ा की तरह प्रिंस उससे इजाज़त लेकर पाँच मिनट के लिए मर्दाना टायलेट में अपने बाल सँवारने चला गया। वह भी अपने रुख़्सारों को ग़ाज़ा से चमकाने के लिए ज़नाना टायलेट की तरफ़ बढ़ी। एकाएक उसकी नज़र अपनी दोनों सहेलियों पर पड़ी।

वह रुक गई : ''तुम पेटू, हैवान...''

वह कुर्सी पर बैठ गई और उसने ख़ादिम को पुकारा—उसके ज़ेहन से अब प्रिंस का ख़याल भी उतर चुका था।

आँख झपकते में ख़ादिम हाज़िर हो गया।

उसने कहा : ''मेरे खाने को भी यही चीज़ें लाओ।''

मिस हकसैन बोली : ''और मेरे लिए सिवइयाँ!''

''मिस हकसैन!'' मिसिज़ रिचमैन पुकार उठी।

''बस ख़ामोश...''

''तो मैं भी सिवइयाँ खाऊँगी।''

क़हवा लाया गया और क्रीमरोल और बालाई भी, मुरब्बा भी, सिवइयाँ भी—वह गर्म रोटी पर मलाई की तह जमाकर खाने लगीं। मुरब्बे के बड़े चम्चे हल्क़ में ठूँसने लगीं—वह गोया एक ख़ास एहतिमाम[36] से खा रही थीं—ऐसे मौक़े पर मिसिज़ सतलफ़ के लिए प्रिंस रोकामीर से लगाव एक बेमानी बात थी।

''मैंने सालों से आलू नहीं खाए।'' मिस हकसैन ने धीमी आवाज़ में कहा।

मिसिज़ रिचमैन ने फ़ौरन ख़ादिम को तीनों के लिए भुने हुए आलू लाने को कहा।

चंद ही लम्हों के बाद भुने हुए आलू उनके सामने थे—वह बड़े चटख़ारे लेकर खाने लगीं।

तीनों सहेलियों ने एक-दूसरी की तरफ़ देखा और सर्द आहें भरने लगीं—उनके दरमियान ग़लतफ़हमी आपसे आप दूर हो गई। अब उनके दिलों में इंतिहाई मुहब्बत का

जज़्बा मौजज़न[37] था—उन्हें यक़ीन न आया कि आज से पहले वह एक-दूसरी से क़त्ए-ताल्लुक़ पर आमादा हो चुकी थीं—आलू अब ख़त्म हो चुके थे।

"होटल में चाकलेट तो ज़रूर होंगे?" मिसिज़ रिचमैन ने कहा।

"क्यों नहीं।"

थोड़ी देर बाद मिस हकसैन अपना मुँह खोले हलक़ में चाकलेट ठूँस रही थी—मिसिज़ रिचमैन चाकलेट मुँह में डालने से पहले, दोनों सहेलियों की तरफ़ नज़रें उठाए, नाबकार लीना को कोसने लगी: "तुम चाहे जो कहो, लेकिन हक़ीक़त यह है कि वह ब्रिज खेलना नहीं जानती।"

"बेशक," मिसिज़ सतलफ़ ने इत्तिफ़ाक़ करते हुए कहा।

मिस हकसैन का ज़ेहन उस वक़्त किसी लज़ीज़ केक की फ़िक्र में था।

---

1. नैन-नक़्श; 2. तुलना; 3. थोड़ी; 4. चयन; 5. विभिन्न; 6. स्पेन देश का; 7. खाद्य; 8. विश्वास; 9. सहमति; 10. बदपरहेज़ी; 11. युवती; 12. संतुष्ट; 13. पिछले; 14. तांत्रिकीय भंग होना; 15. ख़राब; 16. प्रभावित; 17. भारी; 18. अदृश्य शक्ति; 19. देर; 20. भाप से पकाई हुई; 21. जिज्ञासु; 22. मनोनीत; 23. स्वादहीन वस्तु; 24. आदरणीय; 25. पुरी; 26. नित्य नियम; 27. सलाह; 28. प्रसन्न; 29. बिगड़ा हुआ; 30. दिवंगत; 31. मृत; 32. कुधारणा; 33. सहमत; 34. लाल रंग; 35. दशा; 36. प्रयोजन, प्रबंध; 37. प्रयोजन; 38. लहरें मारता हुआ।

आर्टिस्ट लोग

जमीला को पहली बार महमूद ने बाग़े-जिनाह में देखा।

वह अपनी सहेलियों के साथ चहलक़दमी कर रही थी—सबने काले बुर्क़े पहने हुए थे, मगर नक़ाबें उलटी हुई थीं। महमूद सोचने लगा : 'यह किस क़िस्म का पर्दा है कि बुर्क़ा ओढ़ा हुआ है, मगर चेहरा नंगा है⋯आख़िर इस पर्दे का मतलब क्या है⋯?' मगर वह जमीला के हुस्न से बहुत मुतास्सिर[1] हुआ।

वह अपनी सहेलियों के साथ हँसती-खेलती जा रही थी—महमूद उसके पीछे चलने लगा। उसको इस बात का क़तअन होश नहीं था कि वह एक ग़ैरअख़्लाक़ी हरकत का मुर्तकिब[2] हो रहा है। उसने सैकड़ों मर्तबा जमीला को घूर-घूर के देखा। इसके अलावा एक-दो बार उसको अपनी आँखों से इशारे भी किए, मगर जमीला ने उसे दुरख़ुरे-एतिना[3] न समझा और अपनी सहेलियों के साथ बढ़ती चली गई। उसकी सहेलियाँ भी काफ़ी ख़ूबसूरत थीं, मगर महमूद ने उसमें एक ऐसी कशिश पाई, जो लोहे के साथ मक़नातीस को होती है—वह उसके साथ चिमट के रह गया था।

एक जगह उसने जुर्अत से काम लेकर ज़मीला से कहा : "हुज़ूर, अपना नक़ाब तो सँभालिए⋯हवा में उड़ रहा है।"

जमीला ने यह सुनकर शोर मचाना शुरू कर दिया। इस पर पुलिस के दो सिपाही, जो उस वक़्त बाग़ में ड्यूटी पर थे, दौड़ते आए और उन्होंने जमीला से पूछा : "बहन, क्या बात है?"

जमीला ने महमूद की तरफ़ देखा, जो सहमा खड़ा था, और कहा : "यह लड़का मुझसे छेड़ख़ानी कर रहा था⋯जब से मैं इस बाग़ में दाख़िल हुई हूँ, यह मेरा पीछा कर रहा है।"

सिपाहियों ने महमूद का सरसरी जाइज़ा लिया और फिर उसको गिरफ़्तार करके हवालात में दाख़िल कर दिया—लेकिन उसकी ज़मानत हो गई।

अब मुक़द्दमा शुरू हुआ—मुक़द्दमे की रूदाद में जाने की ज़रूरत नहीं, इसलिए कि यह तफ़्सील-तलब है—क़िस्सा मुख़्तसर यह कि महमूद का जुर्म साबित हो गया, और उसे दो माह क़ैदे-बमशक़्क़त की सज़ा मिल गई। उसके वालिदैन नादार[4] थे, इसलिए वह सैशन की अदालत में अपील न कर सके—महमूद सख़्त परेशान था कि आख़िर उसका क़ुसूर क्या है? उसको अगर एक लड़की पसंद आ गई थी और उसने उससे चंद बातें करना चाही थीं तो क्या यह जुर्म है, जिसकी पादाश[5] में वह दो माह की क़ैद बामशक़्क़त भुगत रहा है।

जेलख़ाने में वह कई मर्तबा बच्चों की तरह रोया—उसको मुसव्विरी का शौक़ था, लेकिन उससे वहाँ चक्की पिसवाई जाती थी।

अभी उसे जेलख़ाने में आए बीस रोज़ ही हुए थे कि उसे बताया गया, उसकी 'मुलाक़ात' आई है—उसने सोचा, यह मुलाक़ाती कौन है? उसके वालिद तो उससे सख़्त नाराज़ थे और वालिदा अपाहिज थीं, और कोई और रिश्तेदार थे ही नहीं।

सिपाही उसे दरवाज़े के पास ले गया, जो आहनी सलाख़ों का बना हुआ था—उन सलाख़ों के पीछे, उसने देखा, जमीला खड़ी है। वह बहुत हैरतज़दा हुआ—उसने समझा कि शायद वह किसी और को देखने आई होगी, मगर जमीला ने सलाख़ों के पास आकर उससे कहा: "मैं आपसे मिलने आई हूँ।"

महमूद की हैरत में और भी इज़ाफ़ा हो गया: "मुझसे!"

"जी हाँ... मैं माफ़ी माँगने आई हूँ कि मैंने जल्दबाज़ी की, जिसकी वजह से आपको यहाँ आना पड़ा।"

महमूद मुस्करा दिया: "हाय उस ज़ूदपशेमाँ[6] का पशेमाँ होना।"

जमीला ने कहा: "यह तो ग़ालिब है।"

"जी हाँ... ग़ालिब के सिवा और कौन हो सकता है, जो इंसान के जज़्बात की तरजुमानी[7] कर सके... मैंने आपको माफ़ कर दिया... लेकिन मैं यहाँ आपकी कोई ख़िद्मत नहीं कर सकता, इसलिए कि यह मेरा घर नहीं है, सरकार का है... इसके लिए मैं माफ़ी का ख़्वास्तगार[8] हूँ।"

जमीला की आँखों में आँसू आ गए: "मैं आपकी ख़ादिमा हूँ।"

चंद मिनट उनके दरमियान और बातें हुईं, जो मुहब्बत के अहदो-पैमान[9] थीं—जमीला ने उसको साबुन की एक टिकिया दी, मिठाई भी पेश की।

इसके बाद वह हर पंद्रह दिन के बाद महमूद से मुलाक़ात करने के लिए आती रही। इस दौरान में उन दोनों की मुहब्बत उस्तुवार हो गई।

जमीला ने महमूद को एक रोज़ बताया: "मुझे मौसीक़ी सीखने का शौक़ है... आजकल मैं ख़ाँ साहब सलाम अली ख़ाँ से सबक़ ले रही हूँ।"

महमूद ने उससे कहा: "मुझे मुसव्विरी का शौक़ है... मुझे यहाँ जेलख़ाने में और कोई तकलीफ़ नहीं... मशक़्क़त से मैं घबराता नहीं, लेकिन मेरी तबीयत जिस फ़न की तरफ़ माइल है, उसकी तस्कीन नहीं होती... यहाँ कोई रंग है न रौग़न, कोई काग़ज़ है न पेंसिल... बस चक्की पीसते रहो।"

जमीला की आँखें फिर आँसू बहाने लगीं: "बस अब थोड़े ही दिन बाक़ी रह गए हैं... आप बाहर आएँगे तो सबकुछ हो जाएगा।"

महमूद दो माह की क़ैद काटने के बाद बाहर आया तो जमीला दरवाज़े पर मौजूद थी—उसी काले बुर्क़े में, जो अब भूसला हो गया था और जगह-जगह से फट गया था।

दोनों आर्टिस्ट थे—उन्होंने फ़ैसला किया कि शादी कर लें—चुनांचे शादी हो गई।

जमीला के माँ-बाप कुछ असासा[10] छोड़ गए थे। उससे उन्होंने एक छोटा-सा मकान बनाया और पुरमसर्रत ज़िंदगी बसर करने लगे।

महमूद एक आर्ट स्टूडियो में जाने लगा, ताकि अपनी मुसव्विरी का शौक़ पूरा कर सके—जमीला ख़ाँ साहब सलाम अली ख़ाँ से फिर तालीम हासिल करने लगी।

एक बरस तक वे दोनों तालीम हासिल करते रहे—महमूद मुसव्विरी सीखता रहा और जमीला मौसीक़ी।

इसके बाद उनका बचा-खुचा असासा ख़त्म हो गया और नौबत फ़ाक़ों पर आ गई—दोनों आर्ट के शैदाई[11] थे। वह समझते थे कि फ़ाक़े करनेवाले ही सही तौर पर अपने आर्ट की मेराज तक पहुँच सकते हैं। इसलिए वह अपनी उस मुफ़लिसी के ज़माने में भी ख़ुश थे।

एक दिन जमीला ने अपने शौहर को यह मुज़्दा सुनाया कि उसे एक अमीर घराने में मौसीक़ी सिखाने की ट्यूशन मिल रही है।

महमूद ने यह सुनकर उससे कहा : ''नहीं, ट्यूशन-व्यूशन बकवास है···हम लोग आर्टिस्ट हैं।''

उसकी बीवी ने बड़े प्यार के साथ कहा : ''लेकिन मेरी जान, गुज़ारा कैसे होगा ?''

महमूद ने अपने फूसड़े निकले हुए कोट का कालर बड़े अमीराना अंदाज़ में दुरुस्त करते हुए जवाब दिया : ''आर्टिस्ट को इन फ़ुज़ूल बातों का ख़याल नहीं रखना चाहिए···हम आर्ट के लिए ज़िंदा रहते हैं, आर्ट हमारे लिए ज़िंदा नहीं रहता।''

जमीला यह सुनकर बहुत ख़ुश हुई : ''लेकिन मेरी जान, आप मुसव्विरी सीख रहे हैं···आपको हर महीने फ़ीस अदा करनी पड़ती है, इसका बंदोबस्त भी तो कुछ होना चाहिए···फिर खाना-पीना है, इसका ख़र्च अलहदा है।''

''मैंने फ़िलहाल मुसव्विरी की तालीम लेना छोड़ दी है···जब हालात मुआफ़िक़ होंगे तो देखा जाएगा।''

जमीला यह सुनकर ख़ामोश रही।

दूसरे दिन जब वह घर आई तो उसके पर्स में पंद्रह रुपए थे, जो उसने अपने ख़ाविंद के हवाले कर दिए और कहा : ''मैंने आज से ट्यूशन शुरू कर दी है। यह पंद्रह रुपए मुझे पेशगी मिले हैं···आप मुसव्विरी का फ़न सीखने का काम जारी रखें।''

महमूद के मर्दाना जज़्बात को बड़ी ठेस लगी : ''मैं नहीं चाहता कि तुम मुलाज़िमत करो···मुलाज़िमत मुझे करनी चाहिए।''

जमीला ने ख़ास अंदाज़ में कहा : ''हाय, मैं कोई ग़ैर हूँ···मैंने अगर कहीं थोड़ी देर के लिए मुलाज़िमत कर ली है तो इसमें हर्ज ही क्या है···बहुत अच्छे लोग हैं, और जिस लडकी को मैं तालीम देती हूँ, बहुत प्यारी और ज़हीन है।''

यह सुनकर महमूद ख़ामोश हो गया—उसने मज़ीद गुफ़्तगू न की।

दूसरे हफ़्ते के बाद वह पच्चीस रुपए लेकर आया और उसने अपनी बीवी से कहा : ''मैंने आज अपनी एक तस्वीर बेची है···ख़रीदार ने उसे बहुत पसंद किया, लेकिन ख़सीस था। सिर्फ़ पच्चीस रुपए दिए···अब उम्मीद है कि मेरी तस्वीरों की मार्किट चल निकलेगी।''

जमीला मुस्कराई : ''हम तो फिर काफ़ी अमीर आदमी हो जाएँगे।''

महमूद ने उससे कहा : ''जब मेरी तस्वीरें बिकना शुरू हो जाएँगी तो मैं तुम्हें ट्यूशन नहीं करने दूँगा।''

जमीला ने अपने ख़ाविंद की टाई की गिरह दुरुस्त की और बड़े प्यार से कहा : ''आप मेरे मालिक हैं, जो भी हुक्म देंगे, मुझे तस्लीम[12] होगा।''

दोनों बहुत ख़ुश थे, इसलिए कि वह एक-दूसरे से मुहब्बत करते थे—महमूद ने जमीला से कहा : ''अब तुम कुछ फ़िक्र न करो। मेरा काम चल निकला है... चार तस्वीरें कल या परसों तक बिक जाएँगी और अच्छे दाम वुसूल हो जाएँगे। फिर तुम अपनी मौसीक़ी की तालीम जारी रख सकोगी।''

एक दिन जमीला जब शाम को घर आई तो उसके बालों में धुनी हुई रुई का ग़ुबार इस तरह जमा हुआ था जैसे किसी अधेड़ उम्र आदमी की दाढ़ी में सफ़ेद बाल।

महमूद ने उससे इस्तिफ़्सार[13] किया : ''यह तुमने अपने बालों की क्या हालत बना रखी है... मौसीक़ी सिखाने जाती हो या किसी जिनिंग[14] फ़ैक्ट्री में काम करती हो।''

जमीला ने, जो महमूद की नई रज़ाई की पुरानी रुई को धुन रही थी, मुस्कराकर कहा : ''हम आर्टिस्ट लोग हैं। हमें किसी बात का होश ही नहीं रहता।''

महमूद ने हुक़्क़े की नै मुँह में लेकर अपनी बीवी की तरफ़ देखा और कहा : ''होश वाक़ई नहीं रहता।''

जमीला ने महमूद के बालों में अपनी उँगलियों से कंघी करना शुरू की : ''यह धुनकी हुई रुई का ग़ुबार आपके सर में कैसे आ गया ?''

महमूद ने हुक़्क़े का एक कश लगाया : ''जैसे तुम्हारे सर में आ गया... हम दोनों एक ही जिनिंग फ़ैक्ट्री में काम करते हैं, सिर्फ़ आर्ट की ख़ातिर...''

---

1. प्रभावित; 2. कर्त्ता; 3. ध्यान देने योग्य; 4. ग़रीब; 5. बदला; 6. अपनी भूल पर बहुत जल्द पछतानेवाला; 7. व्याख्या; 8. याचक; 9. वादे; 10. संपत्ति; 11. दीवाना; 12. स्वीकार; 13. प्रश्न।

फातो

तेज़ बुख़ार की हालत में उसे अपनी छाती पर कोई ठंडी चीज़ रेंगती महसूस हुई। उसके ख़यालात का सिलसिला टूट गया। जब वह मुकम्मल तौर पर बेदार हुआ तो उसका चेहरा बुख़ार की शिद्दत[1] के बायस तमतमा रहा था—उसने आँखें खोलीं और देखा कि फातो फ़र्श पर बैठी, पानी में कपड़ा भिगोकर उसके माथे पर लगा रही है।

जब फातो ने उसके माथे पर से कपड़ा उतारने के लिए हाथ बढ़ाया तो उसने फातो का हाथ पकड़ लिया और अपने सीने पर रखकर हौले-हौले प्यार से अपना हाथ उस पर फेरना शुरू कर दिया।

उसकी सुर्ख़ आँखें दो अंगारे बनकर देर तक फातो को देखती रहीं—फातो उस दहकती हुई टिकटिकी की ताब न ला सकी और हाथ छुड़ाकर अपने काम में मसरूफ़[2] हो गई—वह उठकर बिस्तर में बैठ गया।

फातो से, जिसका असल नाम फ़ातमा था, उसको ग़ैर महसूस तौर पर मुहब्बत हो गई थी, हालाँकि वह जानता था कि वह क़िरदारो-अतवार[3] की अच्छी नहीं, महल्ले में जितने लौंडे हैं, उससे इश्क़ लड़ा चुके हैं—लेकिन यह सबकुछ जानते हुए भी उसको फातो से मुहब्बत हो गई थी।

वह अगर बुख़ार में मुब्तला न होता तो यक़ीनन उसने अपने इस जज़्बे का इज़हार फातो से कभी न किया होता, मगर तेज़ बुख़ार के बायस उसको अपने दिलो-दिमाग़ पर कोई एहतिसाब[4] नहीं रहा था—यही वजह है कि उसने ऊँची आवाज़ में फातो को पुकारना शुरू किया : "इधर आओ, मेरी तरफ़ देखो··· जानती हो, मैं तुम्हारी मुहब्बत में गिरफ़्तार हूँ, बहुत बुरी तरह तुम्हारी मुहब्बत में गिरफ़्तार हूँ··· उसी तरह तुम्हारी मुहब्बत में फँस गया हूँ, जैसे कोई दलदल में फँस जाए··· मैं जानता हूँ, तुम क्या हो। मैं जानता हूँ, तुम इस क़ाबिल नहीं हो कि तुमसे मुहब्बत की जाए, मगर मैं यह सबकुछ जानते-बूझते हुए भी तुमसे मुहब्बत करता हूँ··· लानत हो मुझ पर, लेकिन छोड़ो इन बातों को और मेरी तरफ़ देखो··· मैं बुख़ार के अलावा तुम्हारी मुहब्बत में भी फुँका जा रहा हूँ··· फातो, फातो··· मैं, मैं···" उसके ख़यालात का सिलसिला टूट गया और उस पर हज़यानी[5] कैफ़ियत तारी हो गई, और उसने डॉक्टर मुकंद लाल भाटिया से कुनेन के नुक़्सानात पर बहस शुरू कर दी।

चंद लम्हात के बाद वह अपनी माँ से, जो वहाँ मौजूद नहीं थी, मुख़ातिब हुआ : "बीबी जी, मेरे दिमाग़ में बेशुमार ख़यालात आ रहे हैं··· आप हैरान क्यों होती हैं··· मुझे फातो से

मुहब्बत है, उसी फातो से, जो हमारे पड़ोस में नेचा-बंदों के हाँ मुलाज़िम थी और जो अब आपकी मुलाज़िम है… आप नहीं जानतीं, इस लड़की ने मुझे कितना ज़लील करा दिया है… यह मुहब्बत नहीं, ख़सरा है। नहीं ख़सरे से भी बढ़-चढ़कर… इसका कोई इलाज नहीं… मुझे तमाम ज़िल्लतें बर्दाश्त करनी होंगी… सारी गली का कूड़ा-करकट अपने सर पर उठाना होगा… यह सबकुछ होके रहेगा… यह सब कुछ हो के रहेगा…"

आहिस्ता-आहिस्ता उसकी आवाज़ कमज़ोर होती गई और उस पर ग़ुनूदगी[6] तारी हो गई। उसकी आँखें नीम-वा थीं। ऐसा लगता था कि उसकी पलकों पर बोझ-सा आन पड़ा है।

फातो पलँग के पास फ़र्श पर बैठी उसकी बेजोड़ हज़यानी गुफ़्तगू सुनती रही, मगर उस पर कुछ असर न हुआ—वह ऐसे बीमारों की कई मर्तबा तीमारदारी कर चुकी थी।

बुख़ार की हालत में जब उसने अपनी मुहब्बत का एतिराफ़[7] किया तो फातो ने महसूस किया, उस एतिराफ़ के मुताल्लिक़ कुछ कहा नहीं जा सकता, इसलिए कि उसका गोश्त-भरा चेहरा जज़्बात से बिलकुल आरी था, मुमकिन है, उसके दिल के किसी गोशे[8] में हल्की-सी सरसराहट पैदा हुई हो, मगर वह चर्बी की तहों से निकलकर बाहर नहीं आ सकी है।

फातो ने रूमाल निचोड़कर ताज़ा पानी में भिगोया और उसके माथे पर रखने के लिए उठी—अबकी बार फातो को इसलिए उठना पड़ा कि उसने करवट बदल ली थी—जब फातो ने आहिस्ता से, ज़रा उधर से मुड़कर उसके माथे पर गीला रूमाल जमाया तो उसकी नीम-वा आँखें यूँ खुल गईं, जैसे लाल-लाल ज़ख़्मों के मुँह टाँके उधड़ जाने पर खुल जाते हैं।

उसने एक लम्हे के लिए फातो के झुके हुए चेहरे की तरफ़ देखा—फातो के गाल थोड़े-से नीचे को झुक आए थे—एकदम जाने उस पर क्या वहशत सवार हुई कि उसने फातो को अपने दोनों बाज़ुओं में जकड़कर इस ज़ोर से अपनी छाती के साथ भींचा कि फ़ातो की रीढ़ की हड्डी कड़-कड़ बोल उठी। फिर उसने फातो को अपनी रान पर लिटाकर उसके मोटे और गुदगुदे होंठों पर इस ज़ोर से अपने तपते हुए होंठ पैवस्त किए, जैसे वह उन्हें दाग़ना चाहता हो।

उसकी गिरफ़्त इस क़दर ज़बरदस्त थी कि फातो कोशिश के बावजूद ख़ुद को आज़ाद न कर सकी।

उसके होंठ देर तक फ़ातो के होंठों पर इस्तिरी करते रहे—फिर अचानक उसने फातो को एक झटके से अलग कर दिया, और उठकर बिस्तर में यूँ बैठ गया, जैसे उसने कोई बड़ा डरावना ख़्वाब देखा हो।

फातो एक तरफ़ सिमट गई।

वह सहम गई थी—वह महसूस कर रही थी, जैसे उसके लबों पर अभी तक उसके पपड़ी जमे होंठ सरक रहे हैं।

जब फ़ातो ने कनखियों से उसकी तरफ़ देखा तो वह उस पर बरस पड़ा: "तुम यहाँ क्या कर रही हो… तुम भुतनी हो… डायन हो… मेरा कलेजा निकालकर चबाना चाहती

हो⋯जाओ, जाओ⋯" यह कहते-कहते उसने अपने वज़नी सर को दोनों हाथों में थाम लिया, जैसे उसका सर गिर पड़ेगा, और हौले-हौले बड़बड़ाने लगा : "फ़ातो, मुझे माफ़ कर दो⋯मुझे कुछ मालूम नहीं मैं क्या कह रहा हूँ⋯मैं बस एक बात अच्छी तरह जानता हूँ कि मुझे दीवानगी की हद तक तुमसे मुहब्बत है, इसलिए कि तुमसे मुहब्बत की जाए⋯मैं तुमसे मुहब्बत करता हूँ, इसलिए कि तुम नफ़रत के क़ाबिल हो⋯तुम औरत नहीं हो, एक सालिम मकान हो⋯एक बहुत बड़ी बिल्डिग हो⋯मुझे तुम्हारे सब कमरों से मुहब्बत है, इसलिए कि वह ग़लीज़ हैं, शिकस्ता हैं⋯क्या यह अजीब बात नहीं⋯"

फातो ख़ामोश रही। उस पर अभी तक उस आहनी गिरफ़्त और उसके ख़ौफ़नाक बोसे का असर मौजूद था—वह उठकर कमरे से बाहर जाने का इरादा कर ही रही थी कि उसने फिर हज़यानी कैफ़ियत में बड़बड़ाना शुरू कर दिया—फ़ातो ने उसकी तरफ देखा—वह जैसे किसी ग़ैरमरई[9] आदमी से बातें कर रहा था।

बिस्तर पर उसने बड़ी मुश्किल से करवट बदली, फातो को अपनी सुर्ख़-सुर्ख़ आँखों से देखा और पूछा : "क्या कह रही हो तुम ?"

फातो ने कुछ भी नहीं कहा था, इसलिए वह ख़ामोश रही।

फातो की ख़ामोशी से उसे ख़याल आया कि वह हज़यानी कैफ़ियत में बेशुमार बातें कर चुका है—जब उसको इस बात का एहसास हुआ कि वह अपनी मुहब्बत का इज़हार भी उससे कर चुका है तो उसे अपने आप पर बेहद ग़ुस्सा आया—इसी ग़ुस्से में वह फातो से मुख़ातिब हुआ : "मैंने तुमसे जो कुछ कहा था, वह बिलकुल ग़लत है⋯मुझे तुमसे नफ़रत है।"

फ़ातो ने सिर्फ़ इतना कहा : "जी ठीक होगा।"

वह कड़का : "सिर्फ़ ठीक ही नहीं, सौ फ़ीसदी हक़ीक़त है⋯मुझे तुमसे सख़्त नफ़रत है⋯जाओ, चली जाओ मेरे कमरे से⋯ख़बरदार जो कभी इधर का रुख़ किया।"

फ़ातो ने हस्बे-मामूल नर्म लहजे में कहा : "जी अच्छा।"

यह कहकर वह जाने लगी तो उसने रोक लिया : "ठहरो⋯एक बात सुनती जाओ।"

"फ़र्माइए।"

"नहीं, मुझे कुछ नहीं कहना है⋯तुम जा सकती हो।"

फातो ने कहा : "मैं जा ही तो रही थी⋯आपने ख़ुद मुझे रोका है।" यह कहकर उसने बर्तन उठाए और कमरे से निकलने लगी, मगर उसने फिर उसे आवाज़ देकर रोका।

वह रुकी तो उसने कहा : "मैं एक बात तुमसे कहना भूल गया हूँ।"

फातो ने बर्तन तिपाई पर रखे और उससे कहा : "क्या बात है⋯बता दीजिए⋯मुझे और बहुत-से काम भी करने हैं।"

वह सोचने लगा कि उसने फातो को रोका क्यों था। उसे फ़ातो से ऐसी कौन-सी अहम बात करनी थी—वह यह सोच ही रहा था कि फातो ने उससे कहा : "मियाँ साहब, मैं खड़ी इंतिज़ार कर रही हूँ⋯आपको मुझसे क्या कहना है ?"

वह बौखला गया : "मुझे क्या कहना था⋯कुछ भी तो नहीं कहना था⋯मेरा मतलब है, कहना तो कुछ था, मगर मैं भूल गया हूँ।"

"अच्छा आप याद कर लीजिए... मैं यहाँ खड़ी हूँ।"

उसने आँखें बंद कर लीं और याद करने लगा कि उसे फातो से क्या कहना था—उसके दिमाग़ में बेशुमार ख़यालात थे। वह दरअसल यह कहना चाहता था कि फ़ातो उसके घर से चली जाए, इसलिए कि वह उससे इस क़दर नफ़रत करता है कि अब वह नफ़रत बेपनाह मुहब्बत में तब्दील हो गई है।

उसने थोड़े अर्से के बाद आँखें खोलीं—फातो तिपाई के साथ लगी खड़ी थी।

उसने समझा कि शायद यह सब ख़्वाब है, पर जब उसने इधर-उधर का जाइज़ा लिया तो उसे मालूम हुआ कि यह ख़्वाब नहीं, हक़ीक़त है—लेकिन उसकी समझ में न आया कि फ़ातो क्यों बुत की मानिंद तिपाई के साथ लगी खड़ी है।

उसने कहा : "तू यहाँ खड़ी क्या कर रही है ?"

फातो ने जवाब दिया : "आप ही ने तो कहा था कि आपको मुझसे कोई ज़रूरी बात कहनी है।"

वह चिढ़ गया—झुंझलाकर बोला : "तुमसे मुझे कौन-सी ज़रूरी बात कहनी थी... जाओ... दूर हट जाओ मेरी नज़रों से।"

फातो ने तश्वीशनाक[10] नज़रों से उसकी तरफ़ देखा : "ऐसा लगता है, आपका बुख़ार तेज़ हो गया है... मैं बीबी जी से कहती हूँ कि डॉक्टर को बुला लें।"

वह और ज़्यादा चिढ़ गया : "डॉक्टर आया तो मैं उसे गोली मार दूँगा... और तुम्हारा तो मैं इन हाथों से गला घोंट दूँगा।"

फातो ने अपने लहजे को और ज़्यादा नर्म बनाकर कहा : "आप अभी घोंट डालिए... मैं अपनी ज़िंदगी से उकता चुकी हूँ।"

उसने पूछा : "क्यों ?"

"बस, अब जी नहीं चाहता ज़िंदा रहने को... मियाँ साहब, आपको मालूम नहीं, मैं यह दिन कैसे गुज़ार रही हूँ... अल्लाह क़सम, एक-एक पल ज़हर का घूँट है... ख़ुदा के लिए आप मेरा गला घोंटकर मुझे मार दीजिए..."

वह लिहाफ़ के अंदर काँपने लगा : "फातो, जाओ... मुझे तुमसे नफ़रत है।"

फातो ने बड़ी मासूमियत से कहा : "मैं जाने लगती हूँ, पर आप मुझे रोक लेते हैं।"

उसने भिन्नाकर कहा : "कौन हरामज़ादा तुझे रोकता है... जा, दूर हो जा।"

फातो जाने लगी तो उसने उसे फिर रोक लिया : "ठहरो।"

वह ठहर गई : "फ़र्माइए।"

"तुम निहायत वाहियात औरत हो... ख़ुदा तुम्हें ग़ारत करे... जाओ अब मेरी नज़रों से ग़ायब हो जाओ।"

फातो बर्तन उठाकर चली गई।

एक महीने के बाद महल्ले में शोर मचा कि फातो किसी के साथ भाग गई है।

सब उसको बुरा-भला कह रहे थे—औरतें ख़ासतौर पर उसके किरदार में कीड़े डाल

रही थीं।

और फातो अपने मियाँ साहब के साथ कलकत्ते में इज़्दिवाजी[11] ज़िंदगी बसर कर रही थी।

उसका शौहर हर रोज़ उससे कहता : "फ़ातिमा, मुझे तुमसे नफ़्रत है।"

वह मुस्कराकर जवाब देती : "यह नफ़्रत अगर न होती तो मेरी ज़िंदगी कैसे सँवरती···आप मुझसे सारी उम्र नफ़्रत ही करते रहिए···"

---

1. तेजी; 2. संलग्न; 3. चरित्र और आचरण; 4. रोक; 5. बकवास भरी; 6. ऊँघ; 7. स्वीकृति; 8. कोना; 9. अदृश्य; 10. घबराई हुई; 11. विवाहित।

चोर

मुझे बेशुमार लोगों का क़र्ज़ अदा करना था और यह सब शराबनोशी की बदौलत था। रात को जब मैं सोने के लिए चारपाई पर लेटता तो मेरा हर क़र्ज़ख़्वाह मेरे सरहाने मौजूद होता—कहते हैं कि शराबी का ज़मीर मुर्दा हो जाता है, लेकिन मैं आपको यक़ीन दिलाता हूँ मेरे साथ मेरे ज़मीर का मामला कुछ और ही था। वह हर रोज़ मुझे सरज़निश[1] करता और मैं ख़फ़ीफ़[2] होके रह जाता।

वाक़ई मैंने बीसियों आदमियों से क़र्ज़ लिया था—मैंने एक रात सोने से पहले, बल्कि यूँ कहिए कि सोने की नाकाम कोशिश करने से पहले हिसाब लगाया तो क़रीब-क़रीब डेढ़ हज़ार रुपए मेरे ज़िम्मे निकले। मैं बहुत परेशान हुआ। मैंने सोचा, यह डेढ़ हज़ार रुपए कैसे अदा होंगे; बीस-पच्चीस रुपए रोज़ाना की आमदन है, और वह मेरी शराब के लिए बमुश्किल काफ़ी होते हैं।

आप यूँ समझिए ना कि हर रोज़ की एक बोतल—थर्ड क्लास रम की—दाम मुलाहिज़ा हों : सोलह रुपए—सोलह रुपए तो एक तरफ़ रहे, उनके हासिल करने में कम-अज़ कम तीन रुपए ताँगे पर सर्फ़[3] हो जाते थे—काम होता नहीं था, बस पेशगी पर गुज़ारा था, लेकिन जब पेशगी देनेवाले तंग आ गए तो उन्होंने मेरी शक्ल देखते ही कोई बहाना तराश लिया, या इससे पेशतर कि मैं उनसे मिलूँ, कहीं ग़ायब हो गए। आख़िर कब तक वह मुझे पेशगी देते रहते—लेकिन मैं मायूस न होता और ख़ुदा पर भरोसा रखके किसी-न-किसी हीले से दस पंद्रह रुपए उधार लेने में कामयाब हो जाता।

मगर यह सिलसिला कब तक जारी रह सकता था। लोग मेरी इज़्ज़त करते थे, मगर अब वह मेरी शक्ल देखते ही भाग जाते थे—सबको अफ़सोस था कि इतना अच्छा मकेनिक तबाह हो रहा है।

इसमें कोई शक नहीं कि मैं बहुत अच्छा मकेनिक था। मुझे कोई भी बिगड़ी मशीन दे दी जाती, उसको सरसरी तौर पर देखने के बाद मैं यूँ चुटकियों में ठीक कर देता—जहाँ तक मैं समझता हूँ, मेरी यह ज़हानत सिर्फ़ शराब मिलने की उम्मीद पर क़ायम थी, इसलिए कि मैं पहले तय कर लिया करता था कि अगर काम ठीक हो गया तो वह मुझे इतने रुपए अदा कर देंगे, जिनसे मेरी दो-चार रोज़ की शराब चल सकेगी।

वह लोग ख़ुश थे। मुझे वह तीन-चार रोज़ की शराब के दाम अदा कर देते, इसलिए कि जो काम मैंने किया था, वह किसी और से नहीं हो सकता था।

लोग मुझे लूट रहे थे। मेरी ज़हानतो-ज़कावत[3] पर मेरी इजाज़त से डाके डाल रहे थे—और लुत्फ़ यह है कि मैं समझता था, मैं उन्हें लूट रहा हूँ, उनकी जेबों पर हाथ साफ़ कर रहा हूँ—असल में मुझे अपनी सलाहियतों की कोई क़द्र न थी। मै समझता था कि मकेनिज़्म बिलकुल ऐसी है, जैसे खाना खाना या शराब पीना।

मैंने जब भी कोई काम हाथ में लिया, मुझे कोफ़्त महसूस नहीं हुई। अलबत्ता इतनी बात ज़रूर थी कि जब शाम के छः बजने लगते तो मेरी तबीयत बेचैन हो जाती। काम मुकम्मल हो चुका होता, मगर मैं एक-दो पेच ग़ायब कर देता ताकि दूसरे रोज़ भी आमदन का सिलसिला क़ायम रहे—यह शराब हरामज़ादी कितनी बुरी चीज़ है कि आदमी को बेईमान भी बना देती है।

मैं क़रीब-क़रीब हर रोज़ काम करता था। मेरी माँग बहुत ज़्यादा थी, इसलिए कि मुझ- ऐसा कारीगर मुल्क भर में नायाब था—'तार बाजा और राग बूझा' वाला हिसाब था। मैं मशीन देखते ही समझ जाता था कि उसमें क्या क़ुसूर है।

मैं आपसे सच अर्ज़ करता हूँ, मशीनरी कितनी भी बिगड़ी हुई क्यों न हो, उसको ठीक करने में ज़्यादा-से-ज़्यादा एक हफ़्ता लगना चाहिए, लेकिन अगर उसमें नए पुर्ज़ों की ज़रूरत हो और वह आसानी से दस्तयाब न हो रहे हों तो उसके मुताल्लिक़ कुछ कहा नहीं जा सकता।

मैं बिला नाग़ा शराब पीता था और सोते वक़्त बिला नाग़ा अपने क़र्ज़ के मुताल्लिक़ सोचता था, जो मुझे मुख़्तलिफ़ आदमियों को अदा करना था। यह एक बहुत बड़ा अज़ाब[4] था। पीने के बावजूद, इज़्तिराब के बायस मुझे नींद न आती—दिमाग़ में सैकड़ों स्कीमें आती थीं। बस मेरी ख़्वाहिश थी कि कहीं से दस हज़ार रुपए आ जाएँ तो मेरी जान-में-जान आए। डेढ़ हज़ार रुपया क़र्ज़ का फ़िलफ़ौर[5] अदा कर दूँ। एक टैक्सी लूँ और हर क़र्ज़ख़्वाह के पास जाकर माज़िरत[6] तलब करूँ और जेब से रुपए निकालकर उनको दे दूँ। जो रुपए बाक़ी बचें, उनसे एक सैकिंड हैंड मोटर ख़रीद लूँ और शराब पीना छोड़ दूँ।

फिर यह ख़याल आता कि नहीं, दस हज़ार से काम नहीं चलेगा; कम-अज़-कम पचास हज़ार होने चाहिए,—मैं सोचने लगता कि अगर इतने रुपए आ जाएँ, जो यक़ीनन आने चाहिए, तो सबसे पहले एक हज़ार नादार[7] लोगों में तक़्सीम करूँगा, ऐसे लोगों में जो रुपय लेकर कुछ कारोबार कर सकें।

बाक़ी रहे उनचास हज़ार—इस रक़म में से मैंने दस हज़ार अपनी बीवी को देने का इरादा किया। मैंने सोचा कि फ़िक्स्ड डिपाज़िट होना चाहिए—तो ग्यारह हज़ार हुए, और बाक़ी रहे उनतालीस हज़ार, जो मेरे लिए बहुत काफ़ी थे—मैंने सोचा, यह मेरी ज़्यादती है। चुनाँचे मैंने बीवी का हिस्सा दोगुना कर दिया, यानी बीस हज़ार—अब बचे उनतीस हज़ार—मैंने सोचा कि पंद्रह हज़ार अपनी बेवा बहन को दे दूँ। अब मेरे पास चौदह हज़ार रहे। इनमें से आप समझिए कि तक़रीबन दो हज़ार क़र्ज़ के निकल गए, और बाक़ी बचे बारह हज़ार—एक हज़ार रुपए की अच्छी शराब आनी चाहिए, लेकिन मैंने फ़ौरन थू कर दिया और यह सोचा कि पहाड़ पर चला जाऊँगा और वहाँ कम-अज़-कम छः महीने रहूँगा, ताकि सेहत दुरुस्त हो जाए—शराब के बजाय दूध पिया करूँगा।

बस ऐसे ही ख़यालात में दिन-रात गुज़र रहे थे—पचास हज़ार कहाँ से आएँगे, यह मुझे मालूम नहीं था—वैसे दो-तीन स्कीमें ज़ेहन में थीं : 'शमा' देहली के मुअम्मे हल करूँ और पहला इनाम हासिल कर लूँ; डर्बी की लाटरी का टिकट ख़रीद लूँ; या चोरी करूँ और बड़ी सफ़ाई से। मैं फ़ैसला न कर सका कि मुझे कौन-सा क़दम उठाना चाहिए—बहरहाल यह तय था कि मुझे पचास हज़ार रुपए हासिल करना हैं, यूँ मिलें या वूँ मिलें।

स्कीमें सोच-सोचकर मेरा दिमाग़ चकरा गया—रात को नींद नहीं आती थी, जो बहुत बड़ा अज़ाब था—क़र्ज़ख़्वाह बेचारे तक़ाज़ा नहीं करते थे, लेकिन जब मैं उनकी शक्ल देखता था तो नदामत[8] के मारे पसीना-पसीना हो जाता। बाज़ औक़ात तो मेरा साँस रुकने लगता और मेरा जी चाहता कि ख़ुदकुशी कर लूँ और इस अज़ाब से नजात पाऊँ।

मुझे मालूम नहीं, कैसे और कब मैंने तहैया कर लिया कि चोरी करूँगा—मुझे यह भी मालूम नहीं कि मुझे कैसे मालूम हुआ कि महल्ले में एक बेवा औरत रहती है, जिसके पास बे-अंदाज़ा दौलत है, और वह अकेली रहती है।

मैं वहाँ रात के दो बजे पहुँचा। यह मुझे पहले ही मालूम हो चुका था कि वह दूसरी मंज़िल पर रहती है—नीचे पठान का पहरा था—मैंने सोचा, कोई और तरकीब सोचनी चाहिए ऊपर जाने के लिए—मैं अभी सोच ही रहा था कि मैंने ख़ुद को उस पारसी लेडी के फ़्लैट के अंदर पाया—मेरा ख़याल है कि मैं पाइप के ज़रिए से ऊपर चढ़ गया था—टॉर्च मेरे पास थी। उसकी रौशनी में मैंने इधर-उधर देखा। एक बहुत बड़ा सेफ़ था—मैंने अपनी ज़िंदगी में कभी सेफ़ खोला था न बंद किया था, लेकिन उस वक़्त जाने मुझे कहाँ से हिदायत मिली कि मैंने एक मामूली तार से उसे खोल डाला। अंदर ज़ेवर-ही-ज़ेवर थे, बहुत बेशक़ीमत—मैंने सब समेटे और मक्के-मदीनेवाले ज़र्द रूमाल में बाँध लिए—कोई पचास-साठ हज़ार रुपए का माल होगा—मैंने कहा, ठीक है, बस इतना ही चाहिए था—कि अचानक दूसरे कमरे से एक बुढ़िया पारसी औरत नुमूदार हुई। उसका चेहरा झुर्रियों से भरा हुआ था—मुझे देखकर पोपली-सी मुस्कराहट उसके होंठों पर नुमूदार हुई—मैं बहुत हैरान हुआ कि यह माजरा क्या है। मैंने अपनी जेब से भरा हुआ पिस्तौल निकालकर तान दिया।

उसकी पोपली मुस्कराहट उसके होंठों पर और ज़्यादा फैल गई—उसने मुझसे बड़े प्यार से पूछा : ''आप यहाँ कैसे आए?''

मैंने सीधा-सा जवाब दिया : ''चोरी करने।''

''ओह!'' बुढ़िया के चेहरे की झुर्रियाँ मुस्कराने लगीं : ''तो बैठो... मेरे घर में नक़दी की सूरत में सिर्फ़ डेढ़ रुपया है... तुमने ज़ेवर चुराया है, लेकिन मुझे अफ़सोस है कि तुम पकड़े जाओगे, क्योंकि इन ज़ेवरों को कोई बड़ा जौहरी ही ले सकता है और हर बड़ा जौहरी इन्हें पहचानता है...'' यह कहकर वह कुर्सी पर बैठ गई।

मैं बहुत परेशान हुआ कि या इलाही यह सिलसिला क्या है; मैंने चोरी की है और बड़ी बी मुस्करा-मुस्कराकर मुझसे बातें कर ही हैं; क्यों?

लेकिन फ़ौरन उस 'क्यों' का मतलब समझ में आ गया, जब बड़ी बी ने आगे बढ़कर, मेरे पिस्तौल की परवा न करते हुए, मेरे होंठों का बोसा ले लिया और अपनी बाँहें मेरी गर्दन में डाल दीं—उस वक़्त, ख़ुदा की क़सम, मेरा जी चाहा कि ज़ेवरों की गठड़ी एक तरफ़ फेंक दूँ

और वहाँ से भाग जाऊँ। मगर वह तस्मा पा औरत निकली। उसकी गिरफ़्त इतनी मज़बूत थी कि मैं मुतलक़न[9] हिल-जुल न सका—असल में मेरे हर रगो-रेशे में एक अजीबो-ग़रीब क़िस्म का ख़ौफ़ सरायत कर गया था। मैं उसे डायन समझने लगा था, जो मेरा कलेजा निकालकर खाना चाहती थी।

मेरी ज़िंदगी में किसी औरत का दख़ल नहीं था। मैं ग़ैर शादीशुदा था। मैंने अपनी ज़िंदगी के तीस बरसों में किसी औरत की तरफ़ आँख उठाकर भी नहीं देखा था। मगर पहली रात जब कि मैं चोरी करने के लिए निकला तो मुझे वह फाफा कुटनी मिल गई, जिसने मुझसे इश्क़ करना शुरू कर दिया—आपकी जान की क़सम, मेरे होशो-हवास ग़ायब हो गए। वह बहुत ही करीहुन्नज़र[10] थी—मैंने उससे हाथ जोड़कर कहा : "बड़ी बी, मुझे बख़्श दीजिए... यह पड़े हैं आपके ज़ेवर... मुझे इजाज़त दीजिए।"

उसने तहक्कुमाना[11] लहजे में कहा : "तुम नहीं जा सकते... तुम्हारा पिस्तौल मेरे पास है... अगर तुमने ज़रा-सी जुंबिश भी की तो मैं डज़ कर दूँगी, या टेलीफ़ोन करके पुलिस को इत्तिला दे दूँगी कि वह आकर तुम्हें गिरफ़्तार कर लें... लेकिन जानेमन, मैं ऐसा नहीं करूँगी... मुझे तुमसे मुहब्बत हो गई है... बस समझ लो, मैं अभी तक कँवारी हूँ... मेरा ख़याल है कि शायद मैं इस उम्र तक सिर्फ़ तुम्हारे लिए कँवारी रही हूँ... अब तुम यहाँ से नहीं जा सकते।"

यह सुनकर मैं, क़रीब था कि बेहोश हो जाता, टन-टन शुरू हो गई—दूर कोई क्लॉक सुबह के पाँच बजने की इत्तिला दे रहा था—मैंने बड़ी बी की ठोड़ी पकड़ ली और उसके मुरझाए हुए होंठों का बोसा लेकर, झूठ बोलते हुए कहा : "मैंने अपनी ज़िंदगी में सैकड़ों औरतें देखी हैं, लेकिन ख़ुदा वाहिद शाहिद है कि तुम-ऐसी औरत से मेरा कभी वास्ता नहीं पड़ा... तुम किसी भी मर्द के लिए नेमते-ग़ैरमुतरक्क़िबा[12] हो... मुझे अफ़सोस है कि मैंने अपनी ज़िंदगी की पहली चोरी तुम्हारे मकान से शुरू की... यह ज़ेवर पड़े हैं... मैं कल आऊँगा, बशर्ते कि तुम वादा करो कि मकान में और कोई नहीं होगा।"

बुढ़िया यह सुनकर बहुत ख़ुश हुई : "ज़रूर आना... तुम जैसा चाहते हो, वैसा ही होगा... घर में एक मच्छर तक भी नहीं होगा, जो तुम्हारे कानों को तकलीफ़ दे... मुझे अफ़सोस है कि घर में सिर्फ़ एक रुपया आठ आने हैं... तुम कल आना... मैं तुम्हारे लिए बीस-पच्चीस हज़ार रुपए बैंक से निकलवा रखूँगी... यह लो अपना पिस्तौल।"

मैंने अपना पिस्तौल लिया और वहाँ से दुम दबाकर भागा।

पहला वार ख़ली गया था—मैंने सोचा, कहीं और कोशिश करनी चाहिए—क़र्ज़ अदा करने के सिलसिले में जो प्लान मैंने बनाया था, उसकी तक्मील भी होनी चाहिए।

चुनांचे मैंने एक जगह और कोशिश की—सर्दियों के दिन थे। सुबह के छः बजनेवाले थे। यह ऐसा वक़्त होता है, जब सब गहरी नींद सो रहे होते हैं—मुझे एक मकान का पता था कि उसका जो मालिक है, बड़ा मालदार है, बहुत कंजूस है; अपना रुपया बैंक में नहीं रखता, घर में रखता है—मैंने सोचा, उसके हाँ चलना चाहिए।

मैं वहाँ पहुँच गया। किन मुश्किलों से अंदर दाख़िल हुआ, बयान नहीं कर सकता। बहरहाल पहुँच गया।

साहिबे-ख़ाना, जो माशाअल्लाह जवान थे, सो रहे थे—मैंने उनके सरहाने से चाबियाँ निकालीं और अलमारियाँ खोलना शुरू कर दीं।

एक अलमारी में काग़ज़ात थे और कुछ फ्रेंच लैदर। मेरी समझ में न आया कि यह शख़्स, जो कँवारा है, फ्रेंच लैदर कहाँ इस्तेमाल करता है—दूसरी अलमारी में कपड़े थे। तीसरी बिलकुल खाली थी। मालूम नहीं, उसमें ताला क्यों पड़ा था।

और कोई अलमारी नहीं थी। मैंने तमाम मकान की तलाशी ली, लेकिन मुझे एक पैसा भी नज़र न आया—मैंने सोचा, इस शख़्स ने ज़रूर अपनी दौलत कहीं दबा के रखी होगी। चुनांचे मैंने उसके सीने पर भरा हुआ पिस्तौल रखकर उसे जगाया।

वह ऐसा चौंका और बिदका कि मेरा पिस्तौल फ़र्श पर जा पड़ा।

मैंने एकदम पिस्तौल उठाया और उससे कहा : ''मैं चोर हूँ और यहाँ चोरी करने आया हूँ...तुम्हारी तीन अलमारियों से मुझे एक दमड़ी भी नहीं मिली है, हालाँकि मैंने सुना था कि तुम बड़े मालदार आदमी हो।''

वह शख़्स, जिसका नाम मुझे अब याद नहीं, मुस्कराया। वह अंगड़ाई लेकर उठा और मुझसे कहने लगा : ''यार, तुम चोर हो तो तुमने मुझे पहले इत्तिला दी होती...मुझे चोरों से बहुत प्यार है...यहाँ जो भी आता है, वह ख़ुद को बड़ा शरीफ़ आदमी कहता है, हालाँकि वह अव्वल दर्जे का काला चोर होता है...तुम चोर हो, और तुमने अपने आपको छुपाया नहीं है...मैं तुमसे मिलकर बहुत ख़ुश हुआ हूँ।''

यह कहकर उसने मुझसे हाथ मिलाया। इसके बाद उसने रेफ़्रीजीरेटर खोला—मैं समझा कि शायद वह मेरी तवाज़ो शबत वग़ैरह से करेगा, लेकिन उसने मुझे बुलाया और खुले हुए रेफ़्रीजीरेटर के पास ले जाकर कहा : ''दोस्त, मैं अपना सारा रुपया इसमें रखता हूँ...यह संदूक़ची देखते हो...इसमें क़रीब-क़रीब एक लाख रुपया पड़ा है...तुम्हें कितना चाहिए?''

उसने संदूक़ची बाहर निकाली, जो यख़बस्ता[13] थी। उसे खोला। अंदर सब्ज़ रंग के नोटों की गड्डियां पड़ी थीं—एक गड्डी निकालकर उसने मेरे हाथ में थमा दी और कहा : ''बस इतने काफ़ी होंगे...दस हज़ार हैं।''

मेरी समझ में न आया कि उसे क्या जवाब दूँ—मैं तो चोरी करने आया था—मैंने गड्डी उसको वापिस दी और कहा : ''साहब, मुझे कुछ नहीं चाहिए...मुझे माफ़ी दीजिए...फिर कभी हाज़िर हूँगा।''

मैं वहाँ से, आप समझिए कि दुम दबाकर भागा—घर पहुँचा तो सूरज निकल चुका था।

मैंने सोचा कि चोरी का इरादा तर्क कर देना चाहिए—दो जगह कोशिश की, मगर कामयाब न हुआ—अगली रात कोशिश की जा सकती थी, मगर कामयाबी यक़ीनी नहीं थी—और क़र्ज़ बदस्तूर अपनी जगह पर मौजूद था, जो मुझे बहुत तंग कर रहा था—हलक़ में, यूँ समझिए, एक फाँस-सी अटक गई थी।

मैंने बिलआख़िर यह इरादा कर लिया कि जब अच्छी तरह सो चुकूँगा तो उठकर ख़ुदकुशी कर लूँगा।

मैं सो रहा था कि दरवाज़े पर दस्तक हुई।

मैं उठा—दरवाज़ा खोला—एक बुज़ुर्ग खड़े थे—मैंने उनको आदाब अर्ज़ किया।

उन्होंने मुझसे फ़रमाया : "यह लिफ़ाफ़ा देना था, इसलिए आपको तकलीफ़ दी···माफ़ फ़रमाइएगा, आप सो रहे थे, और मैंने आपको जगा दिया···"

मैंने उनसे लिफ़ाफ़ा ले लिया—वह सलाम करके चले गए।

मैंने दरवाज़ा बंद किया—लिफ़ाफ़ा काफ़ी वज़नी था—मैंने उसे खोला और देखा कि सौ-सौ रुपए के बेशुमार नोट हैं। गिने तो पचास हज़ार निकले—एक मुख़्तसर-सा रुक़्क़ा था, जिसमें लिखा था कि आपके यह रुपए मुझे बहुत देर से अदा करने थे; अफ़सोस है कि मैं अब अदा करने के क़ाबिल हुआ हूँ।

मैंने बहुत ग़ौर किया कि वह साहब कौन हो सकते हैं, जिन्होंने मुझसे क़र्ज़ लिया था—सोचते-सोचते मैंने सोचा कि हो सकता है, किसी ने मुझसे क़र्ज़ लिया हो, जो मुझे याद न रहा हो।

लिफ़ाफ़ा तकिए के नीचे रखकर मैंने सारा हिसाब कर लिया : बीस हज़ार अपनी बीवी को, पंद्रह हज़ार रुपए अपनी बेवा बहन को—दो हज़ार क़र्ज़ के—बाक़ी बचे बारह हज़ार, इसलिए कि एक हज़ार मैंने अच्छी शराब के खाते में रख लिए थे—पहाड़ पर जाने और दूध पीने का ख़याल मैंने छोड़ दिया।

दरवाज़े पर फिर दस्तक हुई—उठकर बाहर गया। दरवाज़ा खोला—मेरा एक क़र्ज़ख़्वाह खड़ा था। उसने मुझसे पाँच सौ रुपए लेना था—मैं लपककर अंदर गया—तकिए के नीचे नोटों का लिफ़ाफ़ा देखा, मगर वहाँ कुछ मौजूद न था।

---

1. डाँट-फटकार; 2. लज्जित; 3. विवेक और प्रतिभा; 4. यातना; 5. तुरंत, शीघ्र; 6. मज़बूरी; 7. निर्धन; 8. लज्जा; 9. नितांत; 10. घृणित; 11. हुक्म जतानेवाले; 12. अत्यधिक धन; 13. ठंड से जमी हुई।

सुर्मा

फ़हमीदा की जब शादी हुई तो उसकी उम्र उन्नीस बरस से ज़्यादा नहीं थी।

उसका जहेज़ तैयार था, इसलिए उसके वालिदैन को कोई दिक़्क़त महसूस न हुई—पच्चीस के क़रीब जोड़े थे और ज़ेवरात भी; लेकिन फ़हमीदा ने अपनी माँ से कहा कि वह सुर्मा जो ख़ासतौर पर उनके यहाँ आता है, चाँदी की सुर्मेदानी में डालकर उसे ज़रूर दिया जाए, और चाँदी का सुरमचू भी।

फ़हमीदा की ख़्वाहिश फ़ौरन पूरी कर दी गई।

आज़म अली की दूकान से सुर्मा मँगवाया गया और बरकत अली की दूकान से सुर्मेदानी और सुरमचू—और फ़हमीदा के जहेज़ में रख दिया गया।

फ़हमीदा को सुर्मा बहुत पसंद था। क्यों इतना पसंद था, यह उसको मालूम नहीं था—शायद इसलिए पसंद था कि उसका रंग बहुत ज़्यादा गोरा था और वह चाहती थी कि थोड़ी-सी सियाही भी उसके रंग में शामिल हो जाए—होश सँभालते ही उसने सुर्मे का इस्तेमाल शुरू कर दिया था।

उसकी माँ उससे अक्सर कहती : "फ़हमी, यह तुम्हें क्या ख़ब्त हो गया है... जब न तब आँखों में सुर्मा लगाती रहती हो।"

फ़हमीदा मुसकराती : "अम्मीजान, इससे नज़र कमज़ोर नहीं होती... आपने वैसे ऐनक कब लगवाई थी?"

"बारह बरस की उम्र में।"

फ़हमीदा हँसती : "अगर आपने सुर्मे का इस्तेमाल किया होता तो आपको कभी ऐनक की ज़रूरत महसूस न होती... असल में हम लोग कुछ ज़्यादा ही 'रौशनख़याल हो गए हैं, लेकिन रौशनी के बदले में हमें अँधेरा ही अँधेरा मिलता है।"

उसकी माँ कहती : "जाने क्या बकती रहती है।"

"अम्मीजान, मैं जो कुछ भी बकती रहती हूँ, सही होता है... आजकल लड़कियाँ नक़ली भवें लगाती हैं, काली पेंसिल से अपने चेहरे पर, ख़ुदा मालूम, क्या करती हैं, लेकिन नतीजा क्या निकलता है... बस चुड़ैल बन जाती हैं।"

उसकी माँ की समझ में कुछ भी न आता : "जाने क्या कहती रहती है... मेरी समझ में तो ख़ाक भी नहीं आता।"

फ़हमीदा कहती : ''आपको इतना तो समझना ही चाहिए कि दुनिया में सिर्फ़ ख़ाक ही ख़ाक नहीं, कुछ और भी है।''

उसकी माँ उससे पूछती : ''और क्या है?''

फ़हमीदा जवाब देती : ''बहुत कुछ है···ख़ाक में सोने के ज़र्रे हो सकते हैं।''

ख़ैर—फ़हमीदा की शादी हो गई।

मियाँ-बीवी की पहली मुलाक़ात बड़ी दिलचस्प थी।

जब उसका ख़ाविंद उससे हमकलाम हुआ तो उसने देखा कि फ़हमीदा की आँखों में सियाहियाँ तैर रही हैं।

उसके ख़ाविंद ने पूछा : ''यह तुम इतना सुर्मा क्यों लगाती हो?''

वह झेंप गई और जवाब में कुछ न कह सकी।

उसके ख़ाविंद को उसकी यह अदा पसंद आई और वह उससे लिपट गया।

फ़हमीदा की सुर्मा भरी आँखों से टप-टप काले-काले आँसू बहने लगे।

उसका ख़ाविंद परेशान हो गया : ''तुम रो क्यों रही हो?''

फ़हमीदा ख़ामोश रही।

उसके ख़ाविंद ने एक बार फिर पूछा : ''क्या बात है···आख़िर रोने की वजह क्या है···मैंने तुम्हें कोई दुख पहुँचाया?''

''जी नहीं।''

''तो फिर रोने की वजह क्या हो सकती है?''

''कोई भी नहीं।''

उसके ख़ाविंद ने उसके गाल पर हौले से थपकी दी और कहा : ''जानेमन, जो बात है, मुझे बता दो···अगर मैंने कोई ज़्यादती की है तो उसकी माफ़ी चाहता हूँ···देखो, तुम इस घर की मलिका हो और मैं तुम्हारा गुलाम हूँ···मुझे यह रोना-धोना अच्छा नहीं लगता···मैं चाहता हूँ कि तुम सदा हँसती रहो।''

फ़हमीदा रोती रही।

उसके ख़ाविंद ने फिर पूछा : ''आख़िर इस रोने की वजह क्या है?''

फ़हमीदा ने जवाब दिया : ''कोई वजह नहीं है···आप पानी का एक गिलास ला दीजिए मुझे।''

उसका ख़ाविंद फ़ौरन पानी का एक गिलास ले आया।

फ़हमीदा ने अपनी आँखों में लगा हुआ सुर्मा धोया, तौलिए से अच्छी तरह मुँह साफ़ किया—आँसू ख़ुद ब ख़ुद ख़ुश्क हो गए। इसके बाद वह अपने ख़ाविंद से हमकलाम हुई ''मैं माज़िरत[1] चाहती हूँ कि आपको मैंने इतना परेशान किया···देखिए अब मेरी आँखों में सुर्मे की एक लकीर भी बाक़ी नहीं रही।''

उसके ख़ाविंद ने कहा : ''मुझे सुर्मे पर कोई एतराज़ नहीं···तुम शौक़ से इस्तेमाल करो, मगर इतना ज़्यादा नहीं कि आँखें उबलती नज़र आएँ।''

फ़हमीदा ने आँखें झुकाकर कहा : ''मुझे आपका हर हुक्म बजा लाना है··· आईंदा मैं कभी सुर्मा नहीं लगाऊँगी।''

''नहीं-नहीं, मैं तुम्हें इसके इस्तेमाल से मना नहीं करता··· मैं सिर्फ़ यह कहना चाहता हूँ कि··· कि··· मेरा मतलब है कि इस चीज़ को ब-किफ़ायत इस्तेमाल किया जाए··· ज़रूरत से ज़्यादा जो भी चीज़ इस्तेमाल में आएगी, अपनी क़द्र खो देगी।''

फ़हमीदा ने सुर्मा लगाना छोड़ दिया–लेकिन वह हर रोज़ अपनी चाँदी की सुर्मेदानी और चाँदी के सुरमचू को निकालकर देखती और सोचती कि ये दोनों उसकी ज़िंदगी से क्यों ख़ारिज हो गई हैं; वह क्यों उनको अपनी आँखों में जगह नहीं दे सकती; सिर्फ़ इसलिए कि उसकी शादी हो गई है; सिर्फ़ इसलिए कि वह अब किसी की मिल्कियत हो गई है; हो सकता है कि उसकी क़ुव्वते-इरादी[2] सल्ब[3] हो गई हो–वह कोई फ़ैसला न कर पाती; वह किसी नतीजे पर न पहुँच सकती।

एक बरस के बाद उसके हाँ चाँद-सा बच्चा आ गया।

वह निढाल थी, लेकिन उसे अपनी कमज़ोरी का,कोई एहसास नहीं था, इसलिए कि वह अपने लड़के की पैदाइश पर नाज़ाँ थी–उसे यूँ महसूस होता था जैसे उसने कोई बहुत बड़ी तख़लीक़[4] की है।

चालीस दिनों के बाद उसने सुर्मा निकाला और अपने नौमोलूद[5] लड़के की आँखों में लगाया–उसके लड़के की आँखें बड़ी-बड़ी थीं। उनमें जब सुर्मे की तहरीर[6] हुई तो वह और भी ज़्यादा बड़ी हो गईं।

उसके ख़ाविंद ने कोई एतराज़ न किया कि वह बच्चे की आँखों में सुर्मा क्यों लगाती है, इसलिए कि उसे बड़ी और ख़ूबसूरत आँखें पसंद थीं।

दिन अच्छी तरह गुज़र रहे थे।

फ़हमीदा के ख़ाविंद शुजाअत अली को तरक़्क़ी मिल गई थी। अब उसकी तनख़्वाह डेढ़ हज़ार रुपए के करीब थी।

एक दिन शुजाअत अली ने अपने लड़के की, जिसका नाम उसकी बीवी ने आसिम रखा था, सुर्मा लगी आँखों में बड़े ग़ौर के साथ देखा–वह उसको बहुत प्यारा लगा। उसने बेइख़्तियार उसको उठाया, चूमा चाटा और पलँगड़ी पर डाल दिया–वह हँस रहा था और अपने नन्हे-मुन्ने हाथ-पाँव इधर-उधर मार रहा था।

फिर उसकी सालगिरह की तैयारियाँ होने लगीं।

फ़हमीदा ने एक बहुत बड़े केक का ऑर्डर दिया–मुहल्ले के सब बच्चों को दावत दी गई–वह चाहती थी कि उसके लड़के की पहली सालगिरह बड़ी शान से मनाई जाए।

सालगिरह यक़ीनन शान से मनाई जाती, मगर दो दिन पहले आसिम की तबीयत नासाज़ हो गई और ऐसी हुई कि उसे तशन्नुज[7] के दौरे पड़ने लगे।

वह उसे हस्पताल ले गए–डॉक्टरों ने मुआइना किया और तश्ख़ीस[8] के बाद मालूम हुआ कि उसे डबल निमोनिया हो गया है।

फ़हमीदा रोने लगी, सिर पीटने लगी : "हाय मेरे लाल को यह क्या हो गया... हमने तो इसे फूलों की तरह पाला है !"

एक डॉक्टर ने उससे कहा : "मैडम, यह बीमारियाँ इंसान के अहाता-ए-इख़्तियार[9] में नहीं हैं... वैसे बहैसियत डॉक्टर मैं आपसे यह कहता हूँ कि बच्चे के जीने की कोई उम्मीद नहीं।"

फ़हमीदा ने ज़ोर-ज़ोर-से रोना शुरू कर दिया : "मैं ख़ुद मर जाऊँगी... ख़ुदा के लिए, डॉक्टर साहब, इसे बचा लीजिए,... आप इसे बचा सकते हैं... मुझे अल्लाह के घर से उम्मीद है कि मेरा बच्चा ठीक हो जाएगा।"

डॉक्टर ने बड़े ख़ुश्क लहजे में कहा : "ख़ुदा करे, ऐसा ही हो।"

"आप इतने नाउम्मीद क्यों हैं ?" फ़हमीदा ने दर्द भरी आवाज़ में कहा।

"मैं नाउम्मीद नहीं, लेकिन मैं आपको झूठी तसल्ली नहीं देना चाहता।"

"झूठी तसल्लियाँ आप मुझको क्यों देंगे... मुझे यक़ीन है कि मेरा बच्चा जिंदा रहेगा।"

"ख़ुदा करे कि ऐसा ही हो।"

मगर ख़ुदा ने ऐसा न किया और बच्चा तीन रोज़ के बाद हस्पताल में मर गया।

फ़हमीदा पर देर तक पागलपन की कैफ़ियत[10] तारी रही—उसके होशो-हवास गुम हो गए थे।

वह कोयले उठाती, उन्हें पीसती और फिर अपने चेहरे पर कालिख मलना शुरू कर देती।

शुजाअत अली सख़्त परेशान था— उसने कई डॉक्टरों से मश्वरा किया और फ़हमीदा को दवाएँ भी दीं, लेकिन ख़ातिर ख़्वाह नतीजा बरामद न हुआ।

फ़हमीदा के दिलो-दिमाग़ में सुर्मा ही सुर्मा था—वह हर बात कालिख के साथ सोचती थी।

उसका ख़ाविंद उससे कहता : "क्या बात है... तुम इतनी अफ़सुर्दा क्यों रहती हो ?"

वह जवाब देती : "जी कोई ख़ास बात नहीं, बस सुर्मा ख़त्म हो गया है... मुझे आप सुर्मा ला दीजिए।"

उसका ख़ाविंद उसके लिए सुर्मा ले आया, मगर उसको पसंद न आया।

फिर वह ख़ुद बाज़ार गई और अपनी पसंद का सुर्मा ख़रीदकर ले आई।

सुर्मा उसने अपनी आँखों में लगाया और सो गई, जिस तरह वह अपने बेटे आसिम के साथ सोया करती थी।

सुबह जब उसका ख़ाविंद उठा और उसने अपनी बीवी को जगाने की कोशिश की तो वह मुर्दा पड़ी थी—उसके पहलू में एक गुड़िया थी, जिसकी आँखें सुर्मे से लबरेज़ थीं।

---

1. क्षमा, माफ़ी; 2. संकल्प-शक्ति; 3. ख़त्म हो जाना, छीन ली गई; 4. रचना; 5. नवजात शिशु; 6. डालना, निशान; 7. ऐंठन; 8. जाँच; 9. अधिकार-क्षेत्र; 10. हालत, स्थिति।

काली कली

जब उसने अपने दुश्मन के सीने में अपना छुरा पैवस्त किया और वह ज़मीन पर ढेर हो गया तो उसके सीने के ज़ख़्म से सुर्ख़-सुर्ख़ लहू का चश्मा फूटने लगा और थोड़ी ही देर में वहाँ लहू की छोटी-सी हौज़िया बन गई। क़ातिल पास खड़ा हौज़िया की तामीर[1] देखता रहा। जब लहू का आख़िरी क़तरा सीने के ज़ख़्म से बाहर निकला तो लहू की हौज़िया में मक़तूल[2] की लाश डूब गई। तब क़ातिल फुर्र से उड़ गया।

थोड़ी देर के बाद नन्हे-नन्हे परिंदे, उड़ते चूँ-चूँ करते हौज़िया के पास आए तो उनकी समझ में न आया कि उनका बाप लाल-लाल पानी की ख़ूबसूरत हौज़िया कैसे बन गया।

नीचे हौज़िया की तह में मक़तूल के लहू की आख़िरी बूँद, जो उसने चोरी-चोरी अपने दिल के एक ख़ुफ़िया गोशे[3] में रख ली थी, तड़पने लगी। उसके रक़्स[4] में ज़र्क़-वर्क़ पिशवाज़ों का कोई भड़कीलापन नहीं था। मासूम बच्चे के से चुहल थे। वह उछलकूद रही थी और अपने दिल ही दिल में ख़ुश हो रही थी। उसको इस बात का होश ही नहीं रहा था कि वो चार चिड़ियाँ जो हौज़िया के ऊपर बेक़रारी से फड़फड़ाती और दायरा बनाती उड़ रही हैं, उनके दिल हाँफ रहे हैं, और बहुत मुमकिन है, उनके दिल हाँफते-हाँफते उनके सीनों से उछलकर हौज़िया में गिर पड़ें। मक़तूल की आख़िरी बूँद अपनी ख़ुशी में मस्त थी।

ऊपर उड़ती हुई चिड़ियों में से एक चिड़िया ने, जो शक्लो-सूरत के एतबार से चिड़ा मालूम होता था, मक़तूल की आख़िरी बूँद से कहा : 'तुम रो रही हो ?' यह कहकर चिड़िया ने अपनी उड़ान हलकी कर दी। फिर तेज़ हवा में लुढ़कते हुए चिड़िया ने अपने नन्हे से नर्मो-नाज़ुक और रेशम जैसे एक पर को अपनी चोंच से फैलाकर अपनी एक आँख पोंछी। अपनी दूसरी आँख के जलदीप आँसुओं को उसने ऐसे ही नन्हे-से मख़मली पर से सहलाया तो वो फ़ौरन राख बनकर गिर पड़े और हौज़िया में डूबी लाश की सुर्ख़ आँखों में सुरमे की तहरीर बनकर तैरने लगे।

यह तब्दीली देखकर बाक़ी तीन चिड़ियों ने पलटकर चौथी चिड़िया की तरफ़ देखा और आँखों ही आँखों में उसको सरज़निश[5] की। फिर एकदम सबने अपने सारे पर समेट लिए और चश्मज़दन में[6] वो सब हौज़िया के अंदर थीं।

हौज़िया का लाल-लाल पानी एक लहज़े[7] के लिए थरथरा उठा। मक़तूल ने ज़बरदस्ती

चिड़ियों की बंद चोंचों में अपनी बड़ी चोंच से अपने लहू की आख़िरी मस्त बूँद ज़रा-ज़रा डालने की कोशिश की, जिस तरह माँ-बाप अपने प्यारे बच्चों के हलक़ में चमचों के ज़रिये से दवा टपकाते हैं, मगर चारों चिड़ियों की चोंचें न खुलीं।

वह समझ गया कि इसका क्या मतलब है। उसकी आँखों से उतना ही सफ़ेद पानी बह निकला जितना कि हौज़िया में लाल पानी मौजूद था। क़ातिल उसके वुजूद[8] में लहू की एक बूँद और सफ़ेद पानी छोड़ गया था।

उसने सफ़ेद आँसू बहाने चाहे मगर वो बिलकुल ख़ुश्क थे। एक सिर्फ़ उसकी आँखों की बसारत बाक़ी थी। वह इसी बात पर 'क़ाने'[9] हो गया। उसने देखा कि उसकी हौज़िया के पानी का रंग बदल रहा है। उसके लिए यह बड़ी तकलीफ़दह बात थी। उसने तो सुन रखा था कि क़त्ल के बाद सफ़ेद से सफ़ेद ख़ून भी जीता-जागता सुर्ख़ हो जाता है।

दिन-ब-दिन हौज़िया का पानी नई रंगत इख़्तियार करने लगा। शुरू-शुरू में तो वह गर्म-गर्म सुर्ख़ क़िरमिज़ी था, फिर उसमें भोसलापन पैदा होने लगा। यह तब्दीली बड़ी सुस्त रफ़्तार थी।

उसने सुना था कि क़ुदरत अटल है और कभी तब्दील नहीं होती। वह सोचता कि यह क़ुदरत कैसी है जो वह अपने अ़नासिर से तख़लीक़ की हुई चीज़ को टुकड़े-टुकड़े करके अब उसे किसी तसवीरसाज़ की प्लेट बना रही है जिन पर वह एक मरतबा साफ़ और शुध[10] रंग लगाकर उस पर सैकड़ों दूसरे रंगों की तहें चढ़ा देता है और बहुत मसरूर[11] होता है। इसमें मुसर्रतअंगेज़ बात ही क्या है और इस बात के लिए एक बेगुनाह को क़त्ल करवा देना, यह तो और ज़्यादा अजीब है।

मैं अगर अपने क़ातिल की जगह होता तो क्या करता···हाँ क्या करता ?

उसे अपने हाथों से नुक़रई[12] तारों वाला हार पहनाता !

ज़रबफ़्त की उसकी अचकन हो, तिल्लेदार दस्तार[13] और वह उस तायरे-ताज़ी[14] पर सवार जिस पर ज़रबफ़्त की झोल हो और वह क़ुदरत बानो को दुल्हन बनाकर घर लाने के लिए रवाना हो जाए, और उसके जिलौ[15] में सिर्फ़ उसके अपने ख़ून के क़तरे हों। वह सोचता, कितनी शानदार सवारी होती जो आज तक किसी को भी नसीब नहीं हुई।

वह एक बहुत ऊँचे दरख़्त पर अपना घोंसला बनाता जिसमें ह़ज्ल-ए-अरूसी को बिठाता। उसका चेहरा, हया के बाइस[16], रंग बिरंग के परों के घूँघट की ओट में होता। वह उस नक़ाब को बहुत हौले-हौले उठाता। जूँ-जूँ नक़ाब ऊपर को उठती, उसका दिल नफ़रतो-हिक़ारत से लबरेज़ होता जाता। उसके इंतिक़ामी जज़्बे की आग और ज़्यादा तेज़ होती जाती, जैसे दुल्हन की नक़ाब के पर उस पर तेल नुचड़ रहे हों, लेकिन वह उन जज़्बों को अपने दिल में वहीं दबा देता जैसे वह मुरझाए हुए फूलों की रूखी-सूखी और बेकैफ़[17] पत्तियाँ हों जिन्हें कई नन्ही-नन्ही नाग सँपोलियों ने फूँकें मार-मारकर डस लिया हो।

शबे-अरूसी[18] में उसने अपनी दुल्हन से बड़ी प्यारी और मुहब्बत भरी बातें की थीं, ऐसी बातें जिनको सुनने के बाद सब परिंदों ने मुत्तफ़िक़ा तौर पर[19] यह फ़ैसला किया था कि वह

ऐसा कलाम है जो अगर फ़रिश्ते और हूरें भी अपने साज़ों पर गाएँ तो ख़ुद को आ़जिज़[20] समझें और कि बरबतों के तार झनझना उठें कि वह नग़्मा हमसे क्यों अदा नहीं हो सकता। फिर नाकाम होकर फ़रिश्तों ने अपने हलक़ में अपनी-अपनी दुल्हनों के सिंदूर भर लिए थे और मर गए थे। हूरों ने अपने बरबत तोड़ डाले थे और उनके बारीक तारों का फंदा बनाकर ख़ुदकुशी कर ली थी।

उसको अपने ये अफ़कार[21] बहुत पसंद आए थे, इसलिए कि वो ग़ैब[22] से आए थे। चुनाँचे उसने गाना शुरू किया।

उसका अल्हान वाक़ई इलहामी था। अगर चिड़ियों के हुजूम को वह सिर्फ़ चंद नग़मे सुनाता तो वो यक़ीनन बेख़ुदी के आ़लम में ज़ख़्मी तुयूर[23] के मानिंद फड़फड़ाने लगतीं और फड़फड़ाते क़ुदरत के अशजार[24] को प्यारी हो जातीं, और अशजार अपने तमाम पत्तों और अपनी कोमल शाख़ों को नोचकर उनकी लाशों पर आराम से रख देते। बाग़ के सारे फूल भी अपनी तमाम पत्तियाँ उन पर निछावर कर देते। खिली और अनखिली कलियाँ भी ख़ुद को उनकी मजमूई[25] तुरबत[26] की आराइश[27] के लिए पेश कर देतीं। फिर तमाम कलियाँ सरनिगूँ[28] होकर इंतहाई ग़मनाक सुरों में धीमे-धीमे शहीदों का नौहा गातीं। सातों आसमानों के तमाम फ़रिश्ते अपने-अपने आसमान की खिड़कियाँ खोलकर उस सोग के जश्न का नज़ारा करते और उनकी आँखें आँसुओं से लबरेज़ हो जातीं जो हलकी-हलकी फुवार की सूरत[29] उन ख़ाकी शहीदों की फूलों से लदी-फँदी तुरबत को नमआलूद कर देते ताकि उसकी ताज़गी देर तक रहे।

सुना है कि यह तुरबत देर तक क़ायम रही।

उधर दूसरे बाग़ में, जो अपनी ख़ूबसूरती के बाइस तमाम दुनिया में बहुत मशहूर था, एक तायर[30] रहता था। उसका नाम था बुलबुल यानी हज़ार दास्तान। वह अपनी ख़ुशअल्हानी और अपने हुस्न पर नाज़ाँ[31], बल्कि यूँ कहिए कि मग़रूर[32] था। बाग़ की हर कली उस पर सौ जान से फ़िदा थी, मगर वह किसी को मुँह नहीं लगाता था।

अगर कभी अज़-राहे-तफ़रीह[33] वह किसी कली पर अपनी मिनक़ार[34] की ज़र्ब[35] लगाकर उसे क़ुदरत के उसूलों के ख़िलाफ़ पहले ही खोल देता तो उस ग़रीब का जी बाग़-बाग़ हो जाता, पर वह शादीमर्ग[36] हो जाती। इसके बावजूद दूसरी खिली-अनखिली कलियाँ दिल ही दिल में हसद और रश्क के मारे जलभुनकर राख हो जातीं। और बुलबुल, जैसे उसे कुछ पता न हो, किसी चट्टान की चोटी के सख़्त पत्थर पर हौले से यूँ बैठता कि उस पत्थर को उसका बोझ महसूस न हो। यह इतमीनान करके कि उस पत्थर ने उसे ख़ंदा पेशानी से क़ुबूल कर लिया है, वह मोम कर देनेवाला एक हुज़्नीया नग़्मा[37] शुरू कर देता। सब फ़र्ते- अदब[38] और तास्सुर के बाइस सरनिगूँ हो जाते।

कलियाँ सोचतीं, क्या वजह है कि वह हमें अपने इल्तिफ़ात[39] से महरूम रखता है। हममें से अकसर जल-जलकर भसम हो गईं, पर उसको हमारी कुछ परवाह नहीं।

एक सफ़ेद कली अपने शबनमी आँसू पोंछकर कहती : ''ऐसा न कहो बहन कि उसको

हमारी अदा नापसंद है।"

काली कली कहती : "तू सफ़ेद झूठ बोलती है···मेरी तरफ़ कभी आँख उठाकर देखे तो दोनों दीदे फोड़ डालूँ!"

कासनी कली को दुख होता : "ऐसा करोगी तो तुम कहाँ रहोगी?"

सफ़ेद कली तंज़िया[40] अंदाज़ में काली कली की तरफ़ से जवाब देती : "हमारे लिए दुनिया के तमाम बाग़ों के दरवाज़े खुले हैं। हम नीले आसमान के नीचे जहाँ भी हमारा जी चाहे, अपने हसीन ख़ेमे गाड़ सकते हैं।"

काली कली मुस्कुराती और कहती : "सफ़ेद कली ने ठीक कहा है, ख़्वाह तंज़िया अंदाज़ ही में कहा हो···हम यहाँ के बादशाह हैं।" काली कली की मुस्कुराहट संगे-असवद[41] के छोटे-से काले तरेड़े के मानिंद खिल जाती।

सफ़ेद कली और ज़्यादा निखर जाती : "हुज़ूर, आप शहँशाह हैं, और हम सब आपकी कनीज़ें।"

एक दिन जब फिर सफ़ेद कली ने कहा कि "हुज़ूर, आप शहँशाह हैं, और हम सब आपकीकनीज़ें" तो काली कली बड़े ज़ोर से काँपी जैसे वह बहुत गुस्से में हो : "मुझे अपने में शामिल न समझो···मुझे इस बात से नफ़रत है।"

जूँ ही काली कली की ज़बान से ये सख़्त अल्फ़ाज़ निकले, सब कलियाँ डर के मारे वहाँ से खिसक गईं। एक सिर्फ़ काली कली बाक़ी रह गई।

काली कली ने आँख उठाकर भी उस चट्टान की तरफ़ न देखा जिसके एक कँगरे की नोक पर वह अकड़कर खड़ा था। काली कली नीचे उसके क़दमों में थी, अपनी उस बेएतिनाई[42] और रुऊनत के साथ।

हसीनो-जमील बुलबुल को बेएतिनाई और रुऊनत से पहली मरतबा दो-चार होना पड़ा था। उसके वक़ार[44] को सख़्त सद्‌मा पहुँचा। चट्टान से नीचे उतरकर वह हौले-हौले, जैसे टहल रहा हो, काली कली के क़रीब से गुज़रा, गोया वह काली कली को मौक़ा दे रहा हो कि उसने जो ग़लती की है, उसे वह दुरुस्त कर ले। मगर काली कली ने बुलबुल के फ़य्याज़ाना[45] तोहफ़े को ठुकरा दिया।

इस पर बुलबुल और झुँझलाया और मुड़कर काली कली से मुख़ातिब हुआ : "ऐसा मालूम होता है, तुमने मुझे पहचाना नहीं।"

काली कली ने उसकी तरफ़ देखे बग़ैर कहा : "ऐसी तुममें कौन-सी ख़ूबी है जो कोई तुम्हें पहचान ले···तुम एक मामूली परिंदे हो और तुम जैसे लाखों यहाँ पड़े झक मारते हैं।"

बुलबुल सरापा इज्ज़[46] हो गया : "देखो, मैं इस बाग़ का तमाम हुस्न तुम्हारे क़दमों में ढेर कर सकता हूँ।"

काली कली के होंटों पर काली तंज़िया मुस्कुराहट पैदा हुई : "मैं बेजोड़, बेढब रंगों के मिलाप को हुस्न नहीं कह सकती···हुस्न में यकरंगी और यकआहंगी होना चाहिए।"

"तुम अगर हुक्म दो तो मैं अपनी सुर्ख़ दुम नोचकर तुम्हारे क़दमों में डाल दूँ।"

"तुम्हारी सुर्ख़ दुम के पर सुर्ख़ाब के पर तो नहीं हो जाएँगे ... रहने दो अपने पर अपनी दुम में ... मेरी मुस्कुराहट देखते रहा करो जो संगे-असवद की तरह काली है और आबनूस की तरह सियाह और चमकीली।"

यह सुनकर बुलबुल और ज़्यादा झुँझला गया और सोचे-समझे बग़ैर काली कली से बग़लगीर हो गया। फिर फ़ौरन ही पीछे हटकर माज़िरत[47] तलब करने लगा : "मुझे माफ़ कर देना, बाग़ की मग़रूरतरीन हसीना !"

काली कली चंद लम्हात बिलकुल ख़ामोश रही। फिर इसके बाद ऐसा मालूम हुआ कि रात के घुप अँधेरे में अचानक दो दिये जल पड़े हों : "मैं तुम्हारी कनीज़ हूँ प्यारे बुलबुल !"

बुलबुल ने काली कली को चोंच का एक ज़बरदस्त ठोंगा मारा और नफ़रतआमेज़[48] नाउम्मीदी से कहा : "जा, दूर हो जा मेरी नज़रों से, और अपने रंग की सियाही में सारी उम्र अपने दिल की सियाही घोलती रह !"

---

1. निर्माण; 2. वधित; 3. कोना; 4. नृत्य; 5. डाँट-डपट; 6. पलक झपकते में; 7. क्षण; 8. अस्तित्व; 9. संतुष्ट; 10. शुद्ध; 11. प्रसन्न; 12. रुपहले; 13. पगड़ी; 14. तेज़ गतिवाला पक्षी; 15. संग; 16. कारण; 17. आनंदहीन, रसहीन; 18. सुहागरात; 19. एकमत से; 20. अधम, विनम्र; 21. विचार; 22. अदृश्य जगत; 23. पक्षियों; 24. पेड़ों; 25. सामूहिक; 26. समाधि; 27. सजावट; 28. नतमस्तक; 29. तरह; 30. पक्षी; 31. गर्वित; 32. घमंडी; 33. मनोरंजन के लिए; 34. चोंच; 35. चोट; 36. जो अत्यधिक प्रसन्नता के कारण मर जाए; 37. दर्द भरा गीत; 38. सम्मान भाव की अधिकता; 39. कृपा; 40. व्यंग्यमय; 41. का'बे में रखा काला, पवित्र पत्थर; 42. असंबद्धता; 43. अभिमान; 44. सम्मान; 45. कृपापूर्ण; 46. सर से पाँव तक विनम्रता; 47. क्षमा; 48. घृणामिश्रित।

राजो

सन इक्तीस के शुरू होने में सिर्फ़ रात के चंद बर्फ़ाए हुए घंटे बाक़ी थे।

वह लिहाफ़ में सर्दी की शिद्दत[1] के बायस काँप,रहा था। वह पतलून और कोट समेत लेटा हुआ था, लेकिन इसके बावुजूद सर्दी की लहरें उसकी हड्डियों तक पहुँच रही थीं।

वह उठ खड़ा हुआ और उसने अपने कमरे की सब्ज़ रौशनी में, जो सर्दी में इज़ाफ़ा कर रही थी, ज़ोर-ज़ोर से टहलना शुरू कर दिया कि उसका दौराने-ख़ून तेज़ हो जाए।

थोड़ी देर यूँ चलने-फिरने के बाद जब उसके जिस्म के अंदर थोड़ी-सी हरारत पैदा हो गई तो वह आरामकुर्सी पर बैठ गया और सिगरेट सुलगाकर अपने दिमाग़ को टटोलने लगा—उसका दिमाग़ चूँकि बिलकुल ख़ाली था, इसलिए उसकी क़ुव्वते-सामिआ[2] बहुत तेज़ हो गई थी।

कमरे की सारी खिड़कियाँ बंद थीं, मगर वह बाहर गली में हवा की मद्धम से मद्धम गुनगुनाहट भी बड़ी आसानी से सुन रहा था।

उसी गुनगुनाहट में उसे इंसानी आवाज़ें सुनाई दीं—एक दबी-दबी-सी चीख़ दिसंबर की आख़िरी रात की ख़ामोशी में चाबुक के औल की तरह उभरी और फिर किसी की इल्तिजाइया[3] आवाज़ लरज़ी[4]।

वह उठ खड़ा हुआ और उसने खिड़की की दर्ज़ में से बाहर की तरफ़ देखा।

वही, वही लड़की, सौदागरों की नौकरानी म्युनिसिपैलिटी की लालटेन के नीचे खड़ी थी, सिर्फ़ एक सफ़ेद बनियान पहने—लालटेन की रौशनी में यूँ मालूम हो रहा था कि उसके बदन पर बर्फ़ की एक पतली-सी तह जम गई है।

बनियान के नीचे लड़की की बदनुमा छातियाँ नारियलों की मानिंद लटक रही थीं और वह इस अंदाज़ में खड़ी थी, गोया अभी-अभी कुश्ती से फ़ारिग़ हुई है। लड़की को ऐसी हालत में देखकर उसके सन्नाआना[5] जज़्बात को धचका-सा लगा।

इतने में किसी मर्द की भिंची-भिंची-सी आवाज़ उसको सुनाई दी : "ख़ुदा के लिए अंदर चली आओ… कोई देख लेगा तो आफ़त ही आ जाएगी।" आवाज़ सौदागर बच्चे की थी कि वह पहचानता था।

वहशी बिल्ली की तरह लड़की ने ग़ुर्रा कर जवाब दिया : "मैं नहीं आऊँगी… बस एक बार जो कह दिया कि नहीं आऊँगी।"

सौदागर बच्चे ने इल्तिजा के तौर पर लड़की से कहा : "ख़ुदा के लिए ऊँचा न बोलो राजो, कोई सुन लेगा।"

'तो उसका नाम राजो है।' उसने मन ही मन में कहा।

राजो ने अपनी लंडूरी चुटिया को झटका देकर सौदागर बच्चे से कहा : "सुन ले, सारी दुनिया सुन ले, ख़ुदा करे सारी दुनिया सुन ले··· अगर तुम मुझे अपने कमरे के अंदर आने के लिए कहोगे तो मैं ख़ुद महल्ले भर को जगाकर सबकुछ कह दूँगी।"

राजो उसे नज़र आ रही थी मगर सौदागर बच्चा, जिससे वह मुख़ातिब[6] थी, उसकी नज़रों से ओझल था।

उसने एक लंबा और गहरा साँस लेकर फिर खिड़की की बड़ी दर्ज से राजो को देखा और उसके बदन पर झुरझुरी-सी तारी हो गई--अगर राजो सारी की सारी नंगी होती तो शायद उसके सन्नाआना जज्बात को ठेस न पहुँचती। राजो के जिस्म के जो हिस्से नंगे थे, उसके जिस्म के मस्तूर[7] हिस्सों को उरियाँ कर रहे थे।

राजो म्युनिसिपैलिटी की लालटेन के नीचे खड़ी थी और वह महसूस कर रहा था कि औरत के मुताल्लिक़ उसके जज़्बात अपने कपड़े उतार रहे हैं।

राजो की ग़ैर मुतनासिब[8] बाँहें, जो काँधों तक नंगी थीं, नफ़रतअंगेज़ तौर पर लटक रही थीं; मर्दाना बनियान और गोल गले में से उसकी नीम पुख़्त डबलरोटी-ऐसी मोटी और नर्म छातियाँ कुछ इस अंदाज़ से बाहर झाँक रही थीं गोया सब्ज़ी-तरकारी की टूटी हुई टीकरी में से गोश्त के टुकड़े दिखाई दे रहे हों; हद से ज़्यादा इस्तेमालशुदा घिसी हुई पतली बनियान का निचला घेरा ख़ुद ब ख़ुद ऊपर को उठ गया था और राजो की नाफ़ का गड्ढा उसके ख़मीर आटे-ऐसे फूले हुए पेट पर यूँ दिखाई दे रहा था जैसे किसी ने उँगली खुबो दी हो।

वह नज़्ज़ारा देखकर उसके दिमाग़ का ज़ाइक़ा ख़राब हो गया--उसने चाहा कि खिड़की से हटकर अपने बिस्तर पर लेट जाए और सबकुछ भूल-भालकर सो जाए, लेकिन जाने क्यों वह दरज़ पर आँख जमाए खड़ा रहा।

राजो को उस हालत में देखकर उसके दिल में नफ़रत पैदा हो गई थी और शायद वह उसी नफ़रत की वजह से राजो में दिलचस्पी ले रहा था।

सबसे छोटे सौदागर बच्चे ने, जिसकी उम्र तीस बरस के लगभग होगी, एक बार फिर इल्तिजाइया लहजे में राजो से कहा : "राजो, ख़ुदा के लिए अंदर चली आओ··· मैं तुमसे वादा करता हूँ कि फिर कभी तुम्हें नहीं सताऊँगा··· लो अब मन जाओ··· तुम्हारी बग़ल में वकीलों का मकान है; उनमें से किसी ने देख या सुन लिया तो बड़ी बदनामी होगी।"

राजो ख़ामोश रही, फिर थोड़ी देर के बाद बोली : "मुझे मेरे कपड़े ला दो··· बस अब मैं तुम्हारे घर में नहीं रहूँगी··· तंग आ गई हूँ··· मैं कल से वकीलों के हाँ नौकरी कर लूँगी··· अब अगर तुमने मुझसे कुछ और कहा तो ख़ुदा की क़सम, शोर मचाना शुरू कर दूँगी··· चुपचाप मेरे कपड़े ला दो।"

सौदागर बच्चे ने कहा : "लेकिन तुम रात कहाँ काटोगी?"

राजो ने जवाब दिया : "जहन्नम में ... तुम्हें इससे क्या ... जाओ, अपनी बीवी की बग़ल गरम करो, मैं कहीं न कहीं सो जाऊँगी।" राजो की आँखों में आँसू आ गए—वह सचमुच रो रही थी।

दर्ज़ पर से आँख हटाकर वह पास पड़ी हुई कुर्सी पर बैठ गया और सोचने लगा।

राजो की आँखों में आँसू देखकर उसे अजीब क़िस्म का सद्मा हुआ था; उस सद्मे के साथ वह नफ़रत भी लिपटी हुई थी जो राजो को उस हालत में देखकर उसके दिल में पैदा हुई थी—मगर ग़ायत[9] दर्जा नर्मदिल होने के बायस वह पिघल-सा गया। राजो की खिलाड़ी आँखों में, जो शीशे के मर्तबान में चमकदार मछलियों की तरह सदा मुतहर्रिक[10] रहती थीं, आँसू देखकर उसका जी चाहा कि उन्हें थपकाकर दिलासा दे।

राजो की जवानी के चार क़ीमती बरस सौदागर भाइयों ने मामूली चटाई की तरह इस्तेमाल किए थे। इन बरसों में तीनों सौदागर भाइयों के नक़्शे-क़दम कुछ इस तरह ख़ल्त-मल्त[11] हो गए थे कि उनमें से किसी को भी इस बात का ख़ौफ़ नहीं रहा था कि कोई उनके पैरों के निशान पहचान लेगा। और राजो के मुताल्लिक़ भी यही कहा जा सकता है कि न उसने अपने क़दमों के निशान देखे थे, न दूसरों के। राजो को तो बस चलते जाने की धुन थी, किसी भी तरफ़।

पर अब शायद राजो ने मुड़ के देखा था—मुड़ के राजो ने क्या देखा था जो उसकी आँखों में आँसू आ गए—वह नहीं जानता था।

बाहर सन तीस की आख़िरी रात दम तोड़ रही थी और अंदर कमरे में उसका दिल धड़क रहा था।

क्या राजो सौदागर भाइयों के मकान के अंदर चली गई है?

क्या वह सबसे छोटे सौदागर बच्चे का कहा मान गई है?

मगर वह झगड़ी किस बात पर है?

ज़रूर उसके और सौदागर बच्चे के दरमियान, जिसका नाम महमूद है, किसी बात पर झगड़ा हुआ है—जभी तो वह दिसंबर की ख़ून मुंजमिद[12] कर देनेवाली आख़िरी रात में सिर्फ़ एक बनियान और शलवार पहने घर से बाहर निकल आई है और वापस अंदर जाने का नाम तक नहीं ले रही है।

वह सोच रहा था और महसूस कर रहा था कि उसे राजो के काँपते हुए नथने नज़र आ रहे हैं।

वह जानता था कि राजो को दुखी देखकर उसके एक नामालूम जज़्बे को तस्कीन[13] मिली है, लेकिन उसके दिल में रहम के जज़्बात भी पैदा हुए हैं।

किसी औरत से उसने कभी हमदर्दी का इज़हार नहीं किया था; शायद इसीलिए वह राजो को दुखी देखना चाहता था कि वह उससे अपनी हमदर्दी का इज़हार कर सके।

उसे यक़ीन था कि अगर वह राजो के क़रीब होना चाहेगा तो वह जँगली घोड़ी की तरह बिदकेगी नहीं।

राजो ग़िलाफ़ चढ़ी औरत नहीं थी; वह जैसी भी थी, दूर से नज़र आ जाती थी; उसकी भद्दी और मोटी हँसी, जो अक्सर उसके मटमैले होंठों पर बच्चों के टूटे हुए घरौंदे के मानिंद नज़र आती थी, असली हँसी थी—और अब कि उसकी भँवरे-जैसी मुतहर्रिक आँखों ने आँसू उगल दिए थे तो उनमें कोई मस्नूईपन नहीं रहा था।

राजो को वह, उसका नाम जाने बिना, एक मुद्दत से जानता था—उसकी आँखों के सामने राजो के चेहरे के तमाम ख़ुतूत तब्दील हुए थे और वह ग़ैर महसूस तरीक़[14] पर लड़की से औरत बनने की तरफ़ मुतवज्जेह हुई थी। यही वजह है कि वह तीन सौदागर भाइयों को हुजूम नहीं समझती थी।

उसे यह हुजूम पसंद नहीं था, इसलिए कि वह एक औरत के साथ सिर्फ़ एक मर्द मुनसलिक[15] देखने का क़ायल[16] था—और यूँ उसे राजो के मामले में पसंदीदगी और नापसंदीदगी के दरमियान रुक जाना पड़ता था।

सन इक्तीस की पहली सुबह वह आई।

वह लिहाफ़ ओढ़े लेटा हुआ था और जाग रहा था।

उसने कमरा साफ़ किए जाने की आवाज़ सुनी तो समझा कि जमादार जल्दी आ गया है—उसने लिहाफ़ के अंदर ही से कहा : ''जमादार, गर्द मत उड़ाना।''

एक निसवानी[17] आवाज़ उसको सुनाई दी : ''जी मैं···जी मैं तो···''

उसने लिहाफ़ उलट दिया—राजो सामने खड़ी थी।

वह बहुत मुतहैयर[18] हुआ—चंद लम्हात वह राजो को देखता रहा, फिर उसने कहा : ''तुम यहाँ कैसे आ गई हो?''

राजो ने झाड़ू अपने काँधे पर रखा और जवाब दिया : ''मैं आज सुबह ही यहाँ आई हूँ···सौदागरों की नौकरी मैंने छोड़ दी है।''

उसकी समझ में न आया कि क्या कहे। आख़िर उसने इतना कहा : ''अच्छा किया···! अब क्या तुमने हमारे हाँ मुलाज़िमत इख़्तियार कर ली है?''

''जी हाँ!'' राजो ने मुख़्तसर-सा जवाब दिया।

यकायक उसने महसूस किया कि उसको राजो से सख़्त नफ़रत है और उसको बड़ी उलझन महसूस हुई—रात का तमाशा उसकी आँखों के सामने था : 'मुझे इससे नफ़रत है, इस क़दर नफ़रत कि मैं चाहता हूँ, यह मेरी नज़रों के सामने न आए···मैं नहीं चाहता कि मेरे घर में इसका किसी क़िस्म का दख़ल हो···'

वह कुछ समझ न पा रहा था—हालाँकि बात सिर्फ़ इतनी थी कि उसकी वालदा बहुत रहमदिल थीं और उन्हें एक नौकरानी की ज़रूरत थी और उन्होंने राजो को मुलाज़िम रख लिया था।

राजो आती—सुबह नाश्ता लेकर आती; फिर शेव का सामान लेकर आती; दोपहर का खाना पेश करती।

उसको राजो की सब बातें बहुत नागवार गुज़रतीं—वह नहीं चाहता था कि राजो उसके लिए वह सब करे।

एक दिन उसने तंग आकर राजो से कहा : ''देखो राजो, मुझे तुम्हारी हमदर्दियाँ पसंद नहीं...मैं अपना काम ख़ुद कर सकता हूँ...तुम मेहरबानी करके तकलीफ़ न किया करो।''

राजो ने बड़ी मतानत[19] से कहा : ''सरकार, मुझे कोई तकलीफ़ नहीं होती...मैं तो आपकी बाँदी हूँ।''

वह झेंप-सा गया : ''ठीक है, ठीक है...तुम नौकरानी हो, बस इस बात का ख़याल रखो।''

राजो ने तिपाई का कपड़ा ठीक करते हुए कहा : ''जी, मुझे हर चीज़ का ख़याल है...मुझे इस बात का भी ख़याल है कि आप मुझे अच्छी नज़रों से नहीं देखते।''

वह लुटपुट गया : ''मैं...मैं तुम्हें अच्छी नज़रों से नहीं देखता, यह तुमने...यह तुमने कैसे जाना ?''

राजो मुसकराई : ''हुज़ूर, आप अमीर आदमी हैं...आपको हम ग़रीबों के दुख-दर्द का कोई एहसास नहीं हो सकता।''

उसको राजो से और ज़्यादा नफ़रत हो गई—वह समझने लगा कि वह लड़की, जो उसके घर में उसकी वालिदा की नर्म तबीयत की वजह से आ गई है, बहुत वाहियात है।

और राजो थी कि बड़ी बाक़ायदगी से घर का काम करती कि नुक़्स निकालने का सवाल ही पैदा न होता।

जब उसकी शादी का सवाल उठा तो वह बहुत मुज़्तरिब हुआ। वह इतनी जल्दी शादी नहीं करना चाहता था—उसने अपने वालिदैन से साफ़ लफ़्ज़ों में कह दिया : 'मुझे यह झंझट अभी नहीं चाहिए।'

उसके वालिदैन ने बहुत ज़ोर दिया कि वह शादी कर ले, मगर वह न माना—उसे कोई लड़की पसंद नहीं आई थी।

एक दिन वह घर से ग़ायब हो गया—राजो भी।

दूसरे दिन मालूम हुआ कि वह मियाँ-बीवी बन चुके हैं।

---

1. तेज़ी, तीव्रता; 2. श्रवण शक्ति; 3. प्रार्थना भरी, प्रार्थनीय; 4. कँपकँपाई; 5. कलात्मक; 6. संबोधित; 7. छुपे हुए; 8. बेडौल; 9. ज़्यादा, बहुत; 10. गतिशील, चलायमान; 11. मिला-जुला, गड्डमड्ड; 12. जमा हुआ; 13. संतुष्टि; 14. ढंग; 15. जुड़ा हुआ, संबंधित; 16. सहमत, माननेवाला; 17. नारी की; 18. स्तब्ध, आश्चर्यचकित; 19. गंभीरता।

सोनोरल

बुशरा ने जब तीसरी मर्तबा ख़्वाबआवर दवा 'सोनोरल' की बत्तीस टिकियाँ खाकर ख़ुदकुशी की कोशिश की तो मैं सोचने लगा कि आख़िर यह सिलसिला क्या है—अगर मरना ही है तो संखिया मौजूद है, अफ़ीम है। इन सम्मियात के अलावा और भी ज़हर हैं जो बड़ी आसानी से दस्तयाब हो सकते हैं। हर बार 'सोनोरल' ही क्यों खाई जाती है।

इसमें कोई शक नहीं कि यह ख़्वाबआवर दवा ज़्यादा मिक्दार में खाई जाए तो मौत का बायस होती है, लेकिन बुशरा का तीन मर्तबा सिर्फ़ ऐसे ही इस्तेमाल करना ज़रूर कोई मानी रखता था—पहले मैंने सोचा, चूँकि दो मर्तबा दवा खाने से उसकी मौत वाक़े नहीं हुई, इसलिए वह एहतियातन ऐसे ही इस्तेमाल करती है, और उसे अपने इक़्दामे-ख़ुदकुशी[1] से जो असर पैदा करना होता है, मौत के इधर-उधर रहकर कर लेती है—लेकिन मैं सोचता था कि वह इधर-उधर भी हो सकती थी। यह कोई सौ फ़ी-सदी महफ़ूज़[2] तरीक़ा नहीं था।

तीसरी मर्तबा जब उसने बत्तीस गोलियाँ खाईं तो उसके तीसरे शौहर को, जो पी. डब्ल्यू. डी. में ओवरसियर हैं, सुबह साढ़े छः बजे के क़रीब पता चला कि वह फ़ालिज-ज़दा भैंस की मानिंद बेहिसो-हरकत पलँग पर पड़ी है—उसको यह ख़्वाबआवर दवा खाए ग़ालिबन तीन-चार घंटे हो चुके थे।

ओवरसियर साहब सख़्त परेशान और लर्ज़ां मेरे पास आए—मुझे सख़्त हैरत हुई, इसलिए कि बुशरा से शादी करने के बाद वह मुझे क़त्अन भूल चुके थे। इससे पहले वह हर रोज़ मेरे पास आते और हम दोनों इकट्ठे बीयर या व्हिस्की पिया करते थे।

उन दिनों वह मफ़्लूकुलहाल[3] थे—साइकिल पर दफ़्तर जाते और उसी पर घर वापस आते—मगर जब उनकी बुशरा से दोस्ती हुई और वह उससे शादी करके उसे अपने घर लाए तो नक़्शा ही बदल गया। उनका भी और उनके घर का भी।

अब वह बहुत उम्दा सूट पहनते थे। सवारी के लिए मोटर भी आ गई। घर बढ़िया से बढ़िया फ़र्नीचर से आरास्ता हो गया। रेस खेलने लगे। देसी रम की बजाय अब स्कॉच व्हिस्की के दौर उनके यहाँ चलते थे—बुशरा भी पीनेवाली थी, इसलिए दोनों बहुत ख़ुश रहते थे।

ओवरसियर क़मर साहब की उम्र पचास बरस के लगभग होगी—बुशरा उनसे ग़ालिबन पाँच बरस बड़ी थी। किसी ज़माने में शायद उसकी शक्लो-सूरत क़ाबिले-क़बूल हो, मगर इस उम्र में वह बहुत भयानक थी : चेहरे की झुर्रियोंवाली खाल पर शोख़ मेकअप,

बाल काले किए हुए। बंद-बंद ढीला जैसे ओस में पड़ी हुई पतंग। ढलका हुआ पेट। अंगिया की क्रेनों से ऊपर उठाई हुई छातियाँ। आँखों में सुर्मे की बदख़त तह्रीर—मैंने जब भी उसको देखा, वह मुझे निसवानियत का एक भद्दा कार्टून-सा दिखाई दी।

क़मर साहब ने, जैसाकि ज़ाहिर है उसमें इसके सिवा और क्या ख़ूबी देखी होगी कि वह मालदार थी। उसका बाप पंजाब का एक बहुत बड़ा ज़मींदार था, जिससे विरासत में उसको बहुत-सी ज़मीनें मिली थीं। उनसे छः-सात सौ रुपया माहवार की मुस्तक़िल आमदन हो जाती थी। इसके अलावा बैंक में भी उसका दस-पंद्रह हज़ार रुपया मौजूद था—और क़मर साहब? वह एक मामूली ओवरसियर थे। बीवी थी। छः बच्चे थे, जिनमें दो लड़के थे, जो कॉलिज में तालीम हासिल कर रहे थे—उनके घर में इफ़्लास[4] ही इफ़्लास था। वैसे शौक़ीन-मिज़ाज थे और शाइर भी। शाम को शराब बहुत ज़रूरी समझते थे—इसलिए आप ख़ुद ही अंदाज़ा कर सकते हैं कि उनके बाल-बच्चों के लिए क्या बचता होगा।

क़मर साहब ने यूँ तो यह ज़ाहिर किया कि वह बुशरा को शरई तौर पर अपने रिश्ता-ए-मुनाकहत[5] में ला चुके हैं, लेकिन मुझे शक था और अब भी है कि यह महज़ एक ढोंग था—क़मर साहब बड़े होशियार और चालाक आदमी हैं। अपनी ज़िंदगी के पचपन बरसों में न जाने कितने पापड़ बेल चुके हैं। सर्दो-गर्म चशीदा हैं, गुर्गे-बाराँदीदा हैं, बुशरा से शादी का झंझट पालना कैसे मंज़ूर कर सकते थे।

बुशरा से शादी करके क़मर साहब के घर की हालत बहुत हद तक सुधर गई थी। उनकी तीन बच्चियाँ, जो सारा दिन आवारा फिरती रहती थीं, ईसाइयों के किसी स्कूल में दाख़िल करा दी गई थीं। उनकी पहली बीवी के कपड़े भी साफ़-सुथरे हो गए थे। खाना पीना भी अब उम्दा था।

मैं ख़ुश था कि चलो, अब ठीक है; दूसरी शादी की है, कुछ बुरा नहीं हुआ; बुशरा को एक ख़ाविंद मिल गया है, जो बासलीक़ा और होशियार है और क़मर साहब को एक ऐसी औरत मिल गई है, जो बदसूरत सही मगर मालदार तो है।

मगर उनका यह सिलसिला ज़्यादा देर तक मुस्तहकम[6] न रहा। क्योंकि एक रोज़ सुनने में आया कि उनके दरमियान बड़े ज़ोरों का झगड़ा हुआ है। नौबत यहाँ तक पहुँची कि दोनों ने 'सोनोरल' काफ़ी मिक़्दार में खा ली। कमरे में फ़र्श पर क़मर साहब बेहोश पड़े थे और उनकी अह्लिया मुह्तरमा पलँग पर लाश की मानिंद लेटी थीं।

फ़ौरन उन दोनों को हस्पताल दाख़िल कराया गया, जहाँ से वह दूसरे रोज़ ठीक-ठाक होकर वापस आ गए। मगर अभी पंद्रह रोज़ बमुश्किल गुज़रे होंगे कि फिर दोनों ने 'सोनोरल' से शग़्ल फ़रमा लिया। मालूम नहीं वह हस्पताल पहुँचाए गए, या घर में उनका इलाज हुआ। बहरहाल बच गए। इसके बाद ग़ालिबन एक बरस तक उनके यहाँ ऐसा कोई हादिसा पेश न आया, लेकिन एक रोज़ अलस्सुबह मुझे पता चला कि बुशरा ने 'सोनोरल' की बत्तीस टिकियाँ खा ली हैं।

क़मर साहब सख़्त परेशान और लर्ज़ां थे। उनके हवास बाख़्ता थे—मैंने फ़ौरन

हस्पताल टेलीफ़ोन किया और एम्बूलेंस गाड़ी मँगवाई। बुशरा को वहाँ पहुँचाया गया। हाउस सर्जन अपने क्वार्टर में थे। मैंने उनको वहाँ से निकाला और सारा माजरा सुनाकर जल्दी हस्पताल चलने को कहा। उन पर मेरी उजलत-तलब दरख़्वास्त का कोई असर न हुआ। बड़े बेरहम अंदाज़ में कहने लगे : "मंटो साहब, मरने दीजिए उसको... आप क्यों घबरा रहे हैं।"

उनको मालूम था कि बुशरा इससे पेशतर दो मर्तबा ज़हरख़ोरी के सिलसिले में हस्पताल आ चुकी है—मैंने उनसे बुशरा के बारे में और कुछ न पूछा और थोड़ी देर के बाद वापस घर चला आया।

मैं यह नहीं कहता कि मुझे बुशरा का हुदूदे-अर्बआ मालूम नहीं था, या उसकी ज़िंदगी के साबिक़ा हालात मेरे इल्म से बाहर थे—मेरी उसकी मुतअद्दिद मर्तबा मुलाक़ात हो चुकी थी। वह मुझे 'भाई सआदत' कहती थी। उसके साथ कई दफ़ा पीने-पिलाने का इत्तिफ़ाक़ भी हो चुका था।

उसकी एक लड़की परवेज़ थी। उसकी तस्वीर मैंने पहली मर्तबा उस रोज़ देखी जब वह क़मर साहब के घर में बहैसियत बीवी के आई। नीचे दो कमरों में सामान वग़ैरह सजाया जा रहा था। मैंने देखा कि एक क़बूल-सूरत जवान लड़की का फ़ोटो मामूली से फ़्रेम में मैंटलपीस पर पड़ा है।

जब बीयर का दौर चला तो मैंने बुशरा से पूछा कि यह फ़ोटो किसका है—उसने मुझे बताया कि उसकी लड़की परवेज़ का है, जिसने ख़ुदकुशी कर ली थी—मैंने जब इसकी वजह दरयाफ़्त की तो मुझे क़मर साहब और बुशरा से जो बातें मालूम हुईं, उनको अगर कहानी के अंदाज़ में बयान किया जाए तो कुछ इस क़िस्म की होंगी।

परवेज़, बुशरा की पहलौठी की लड़की थी, जो उसके पहले ख़ाविंद से पैदा हुई। वह भी काफ़ी दौलतमंद ज़मींदार था—वह मर गया।

मुझे दूसरे ज़राए से मालूम हुआ कि बुशरा का यह पहला ख़ाविंद, जिसका नाम अल्लाहबख़्श था, उससे शादी के चंद बरसों बाद ही सख़्त मुतनफ़्फ़िर[7] हो गया था, इसलिए कि उसकी ज़िंदगी ही में बुशरा ने किसी और शख़्स से आँख लड़ाना शुरू कर दी थी। नतीजा यह हुआ कि बुशरा को अपने ख़ाविंद की नफ़्रतो-हिक़ारत से बचने के लिए अलैहदगी इख़्तियार करना पड़ी। मरने पर अल्लाहबख़्श ने बुशरा को एक कौड़ी न दी, लेकिन अपनी बच्ची परवेज़ के लिए कुछ जायदाद अलग कर दी।

बुशरा ने दूसरी शादी कर ली। चूँकि तालीमयाफ़्ता और रौशन ख़याल थी, इसलिए पिशावर का एक कामयाब बैरिस्टर उसके दाम में गिरफ़्तार हो गया। इससे उसके यहाँ दो लड़के पैदा हुए, मगर इस दूसरे शौहर के साथ भी वह ज़्यादा देर तक जमके न रह सकी। चुनांचे उससे तलाक़ हासिल कर ली—दरअसल वह आज़ाद ज़िंदगी बसर करना चाहती थी।

यह बैरिस्टर अभी तक ज़िंदा है। दोनों लड़के, जो अब जवान हैं, उसके पास हैं—यह अपनी माँ से नहीं मिलते, इसलिए कि उसका किरदार उन्हें पसंद नहीं।

यह तो है बुशरा की ज़िंदगी का मुख़्तसर ख़ाका। उसकी बेटी परवेज़ की कहानी ज़रा

तवील है।

उसका बचपन ज़्यादातर देहात की खुली फ़ज़ाओं में गुज़रा। बड़ी नर्मो-नाज़ुक बच्ची थी। सारा दिन सरसब्ज खेतों में खेलती रहती। उसका हमजोली कोई भी न था। मुज़ारेओं के बच्चों से मेल-जोल उसके वालिदैन को पसंद नहीं था। जब वह कुछ बड़ी हुई तो उसे लाहौर के एक ऐसे स्कूल के बोर्डिंग हाउस में दाख़िल करा दिया गया, जहाँ बड़े-बड़े अमीरों के बच्चे पढ़ते थे।

ज़हीन थी। तबीयत में जौहर था। जब स्कूल से निकलकर कॉलिज में दाख़िल हुई तो वह एक ख़ूबसूरत दोशीज़ा में तब्दील हो चुकी थी, जिसका मुज़्तरिब[8] दिलो-दिमाग़ हर वक़्त किसी आइडियल की तलाश में रहता था। बहुत सुरीली थी। जब गाती तो सुननेवाले उसकी आवाज़ से मस्हूर हो जाते। रक़्स भी उसने सीखा था। नाचती तो देखनेवाले मबहूत[9] हो जाते। उसके आज़ा में बला की लोच थी। लोगों का कहना है कि जब वह नाचती तो उसके आज़ा की ख़फ़ीफ़ से ख़फ़ीफ़ हरकत भी देखनेवालों से हमकलाम होती थी।

बहुत भोली-भाली थी। उसमें वही सादगी और सादालोही थी, जो गाँव के अक्सर बाशिंदों में होती है। अंग्रेज़ी स्कूल में पढ़ी थी। कॉलिज में तालीम हासिल की थी—उसकी सहेलियों में बड़ी तेज़, शरीर और काइयाँ लड़कियाँ मौजूद थीं, मगर वह उन सबसे अलग थी। वह बादलों से भी ऊपर उस फ़ज़ा में रहती थी, जो बड़ी लतीफ़ होती है। उसको धन-दौलत की कोई परवा नहीं थी। वह एक ऐसे नौजवान के ख़्वाब देखती थी, जिसको माबूद[10] बनाकर उसकी सारी ज़िंदगी इबादत में गुज़र जाए। इश्क़ो-मुहब्बत की जाए नमाज़ पर वह मुजस्सम[11] सजदा थी।

उसकी माँ उसे एबटाबाद ले गई तो वहाँ मर्दों और औरतों की मिली-जुली महफ़िल मुनअक़िद[12] हुई—परवेज़ को मजबूर किया गया कि वह अपना रक़्स दिखाए। उसने हाज़रीन पर निगाह दौड़ाई। एक ख़ुशपोश पठान नौजवान दूर कोने में खड़ा था। उसकी आँखों में चमक और चेहरे पर दमक थी। एक लम्हे के लिए परवेज़ की नज़रें उस पर रुक गईं। नौजवान ने आँखों ही आँखों में उससे कुछ कहा, और परवेज़, जो इनकार करनेवाली थी, सबकुछ भूलकर बड़े दिलफ़रेब अंदाज़ में रक़्स करने लगी।

इस दौरान में उसने अपने लचकीले और गुदाज़ जिस्म के भाव और रंग से अपनी रूह के अंदर छुपी हुई ख़्वाहिशों को एक-एक करके बाहर निकाला और उस पठान नौजवान की मुतहैयर और मस्हूर आँखों के सामने तरतीबवार सजा दिया।

उस नौजवान का नाम युसुफ़ ग़लज़ई था। अच्छे दौलतमंद क़बीले का होनहार फ़र्द था। फ़ारिगुत्तहसील होकर अब बढ़-बढ़के मुल्की सियासियात में हिस्सा ले रहा था। औरत उसके लिए अजूबा नहीं थी, लेकिन परवेज़ ने उसे मोह लिया। नतीजा इसका यह हुआ कि दोनों की शादी बड़े धूम-धड़ाके से हुई और वह मियाँ-बीवी बनकर एबटाबाद में रहने लगे—परवेज़ बहुत ख़ुश थी, इस क़दर ख़ुश कि उसका जी चाहता था, हर वक़्त रक़्साँ रहे, हर वक़्त उसके होंठों से सुहाने और समाअत-नवाज़ गीत चश्मों की तरह फूटते रहें।

वह युसुफ़ था तो परवेज़ उसकी ज़ुलेख़ा थी। उसकी इबादत में दिन-रात मस्रूफ़

रहती। उसने अपनी तरफ़ से उसके क़दमों में अपनी तमाम निसाइयत का जौहर निकालकर डाल दिया था—इससे ज़्यादा कोई औरत क्या कर सकती है।

शुरू-शुरू में वह बहुत ख़ुश रही, इतनी ख़ुश और मसरूर कि उसे यह महसूस तक न हुआ कि उसको इज़्दिवाजी[13] ज़िंदगी बसर करते हुए पूरे तीन बरस गुज़र चुके हैं। उसके एक बच्ची हुई थी, मगर वह अपने यूसुफ़ की मुहब्बत में इस क़दर मुस्तग़रक़ थी कि वह कभी-कभी उसके वुजूद से बिल्कुल ग़ाफ़िल हो जाती थी।

अजीब बात है कि जब यह लड़की पैदा हुई तो उसने यह महसूस किया कि उसके पेट से बच्चे के बजाय यूसुफ़ निकला है, उसकी मुहब्बत ने उसको जन्म दिया है—इससे आप परवेज़ की वालेहाना मुहब्बत का अंदाज़ा लगा सकते हैं।

लेकिन उसके माबूद के क़दम साबित न रहे। वह तबअन ऐशपरस्त था। वह मिस्री की मक्खी की तरह नहीं, शहद की मक्खी की तरह बाग़ की हर कली का रस चूसना चाहता था। चुनांचे करवट बदली और परवेज़ की मुहब्बत की ज़ंजीरें तोड़ने के बाद वह फिर अपने पहले अश्ग़ाल में मस्रूफ़ हो गया।

उसके पास दौलत थी, जवानी थी। पुरकशिश शख़्सियत का मालिक था। मुल्की सियासियात में सरगर्म हिस्सा लेने के बायस उसका नाम दिन-ब-दिन रौशन हो रहा था। उसको परवेज़ की वालेहाना मुहब्बत यकसू जहालत पर मब्नी दिखाई दी। वह उससे उकता गया। हर वक़्त की चूमा-चाटी, मिनट-मिनट की भींचा-भाँची उसको सख़्त खलने लगी। वह नहीं चाहता था कि परवेज़ उसे मक्खी के मानिंद अपनी मुहब्बत के जाले में क़ैद कर ले, जहाँ वह मरोंड हो जाए। इसके बाद वह उसे सफ़ूफ़ में तब्दील करके नुसवार के तौर पर इस्तेमाल करना शुरू कर दे।

परवेज़ को जब मालूम हुआ कि यूसुफ़ सालिम-का-सालिम उसका नहीं है तो उसे सख़्त सद्मा हुआ। कई दिनों तक वह इसके बायस गुमसुम और निढाल रही। उसको यूँ महसूस हुआ कि उसके आइडियल को हथौड़ों की ज़ालिम ज़रबों ने चकनाचूर करके ढेर कर दिया है।

उसने यूसुफ़ से कुछ न कहा। उसकी बेऐतिनाइयों[14] और बेवफ़ाइयों का कोई गिला न किया। वह कोई हतमी फ़ैसला करना चाहती थी। तवील अर्से तक तन्हाइयों में रहकर उसने हालात पर ग़ौर किया। यूसुफ़ से छुटकारा हासिल करना कोई मुश्किल काम नहीं था, लेकिन वह उसकी जुदाई बरदाश्त नहीं कर सकती थी। उसको माबूद का रुतबा देनेवाली वह ख़ुद थी। ख़ुदा को उसका बंदा कैसे रद्द कर सकता है, जबकि वह एक बार सद्क़ दिल से उसकी ख़ुदाई तस्लीम कर चुका है, उसके हुज़ूर हर वक़्त सजदारेज़ रहा है।

उसने फ़ैसला कर लिया कि वह यूसुफ़ के नहीं, सिर्फ़ अपने उस जज़्बे की ख़ातिर, जिसने यूसुफ़ को ख़ुदाई का रुतबा बख़्शा था, हमेशा-हमेशा के लिए उसके साथ रहेगी। वह इसके लिए बड़ी-से-बड़ी क़ीमत देने के लिए भी तैयार थी।

कहा जाता है कि उस बेचारी ने यूसुफ़ की आग़ोश के लिए हर उस औरत के लिए आसानियाँ पैदा कीं, जो उसमें थोड़ी देर के लिए हरारत महसूस करना चाहती थी। यह बड़ी बेग़ैरती थी, मगर उसने अपने टूटे हुए आइडियल को मुकम्मल शिकस्तो-रेख़्त[15] से

बचाने की ख़ातिर फ़रार का यह अजीबो-ग़रीब रास्ता इख़्तियार किया और हर क़िस्म की बेग़ैरती बरदाश्त की।

वह उसकी चंद रोज़ा महबूबाओं से बड़े प्यारो-मुहब्बत से पेश आती। उनकी ख़ातिर-तवाजो करती। उनकी इस्मत बाख़्ता मुतलव्विन मिज़ाजियों[16] को सर-आँखों पर रखती, और उनको और अपने ख़ाविंद को ऐसे-ऐसे मौक़े बहम पहुँचाती कि उसकी मौजूदगी उनके ऐशो-इश्रत में मुख़िल[17] न हो पाती।

उन औरतों के लिए अपने सीने पर पत्थर रखकर वह क़िस्म-क़िस्म के खाने तैयार करती। उसका ख़ाविंद उन वाहियात औरतों को ख़ुश रखने के लिए जब उसे हुक्म देता कि नाचे और गाए तो वह ज़ब्त से काम लेकर किसी भी लम्हे बरस पड़नेवाली भीगी आँखें ख़ुश्क करती, ज़ख़्मी दिल पर फाहे लगाती, ग़मो-ग़ुस्से से काँपते हुए होंठों पर मस्नूई[18] मुस्कराहटें पैदा करती, मसर्रतो-इंबिसात[19] से भरे हुए गीत गाती और बड़े तरबनाक[20] अंदाज़ में रक़्स करती। इसके बाद वह तन्हाई में इस क़दर रोती, इस क़दर आहें भरती कि उसे महसूस होता कि वह अब नहीं जिएगी। मगर ऐसे तूफ़ान के बाद उसमें एक नई क़ुव्वते-बरदाश्त पैदा हो जाती थी और वह यूसुफ़ की दलाली में अपना मुँह काला करना शुरू कर देती थी और ख़ुद को यक़ीन दिलाने की कोशिश करती थी कि यह कालिख नहीं, ख़ुशरँग ग़ाज़ा है।

इस दौरान में उसकी माँ उससे मिलने के लिए कई मर्तबा आ चुकी थी, मगर उसने अपने ख़ाविंद के मुताल्लिक़ उससे कभी शिकायत नहीं की थी। वह अपने राज़ या दुख में किसी को शरीक नहीं करना चाहती थी। इन हालात में भी वह अपने ख़ाविंद की ज़ात के साथ किसी और को किसी तरीक़े से भी वाबस्ता देखना पसंद नहीं करती थी। वह यह सोचती कि ख़ाविंद मेरा है, और वह दुख भी मेरा है, जो वह मुझे पहुँचा रहा है; वह अगर दूसरी औरतों को भी इसी क़िस्म का दुख पहुँचाए तो मुझे हसद[21] होगा, लेकिन वह ऐसा नहीं करता, इसलिए मैं ख़ुश हूँ...

बुशरा उन दिनों फ़ारिग़ थी, यानी उसने कोई नया शौहर नहीं किया हुआ था। उसका वक़्त सैरो-तफ़्रीह में गुज़र रहा था। दस पंद्रह दिन एबटाबाद में परवेज़ के साथ रहती, यूसुफ़ के साथ इधर-उधर घूमती फिरती। दोनों एक-दूसरे को पसंद करते थे—जब बुशरा आती तो दूसरी औरतों से मुलाक़ात का सिलसिला मुन्क़ते[22] हो जाता। दोनों घंटों अलहदा कमरे में बैठ ताश खेलते रहते और परवेज़ उनकी ख़ातिर-तवाज़ो में मसरूफ़ रहती—वह चाहती थी कि उसकी माँ ज़्यादा देर तक उसके पास ठहरे ताकि सोसाइटी की उन औरतों का, जो चकले की रंडियों से भी बदतर हैं, उस घर में दाख़िला बंद रहे, मगर उसकी माँ एक जगह बहुत अर्से तक टिककर नहीं रह सकती थी। जब वह चली जाती तो दूसरे-तीसरे रोज़ यूसुफ़ फिर अपनी पुरानी डगर इख़्तियार कर लेता—परवेज़ दूसरा रूप धार लेती और अपने ख़ाविंद की नित नई सहेलियों के क़दमों के लिए पा-अंदाज़ बन जाती।

उसने उस ज़िंदगी को आहिस्ता-आहिस्ता अपना लिया था। अब उसे ज़्यादा कोफ़्त नहीं होती थी। उसने ख़ुद को समझा-बुझाकर राज़ी कर लिया था कि अपनी ज़िंदगी के ड्रामे में उसे वही रोल अदा करना था, जो वह कर रही है। चुनांचे उसके दिलो-दिमाग़ से

वह कदूरत,[23] जो पहले पहल बहुत अज़ीयतदेह[24] थी, क़रीब-क़रीब धुल गई थी—वह ख़ुश रहती थी और अपनी नन्हीं बच्ची की तरफ़ ज़्यादा तवज्जोह देने लगी थी।

एक दिन उसे किसी ज़रूरी काम से अचानक लाहौर जाना पड़ा—दो दिन के बाद लौटी तो शाम का वक़्त था। यूसुफ़ का कमरा बंद था, मगर उसमें से उसके मख़्मूर[25] क़हक़हों की आवाज़ सुनाई दे रही थी—परवेज़ ने दरवाज़े की एक दरज़ से अंदर झाँककर देखा और सर ता पा लरज़ गई—उसका प्याज़ी रंग एकदम काग़ज़ के मानिंद बेजान सफ़ेदी इख़्तियार कर गया।

यह सारे वाक़िआत मुझे बड़े मोतबर ज़राए[26] से मालूम हुए। बुशरा ने मुझे जो कुछ बताया, उससे मुख़्तलिफ़ था—उसका बयान है कि परवेज़ दिल-ही-दिल में कुढ़-कुढ़कर अपनी जान से बेज़ार हो गई थी। उसने यूसुफ़ की ख़ातिर बड़ी-से-बड़ी ज़िल्लत क़बूल करना गवारा तो कर लिया था, मगर इसकी भी एक हद होती है। एक रात यूसुफ़ ने शराब के नशे में बदमस्त अपनी किसी चहेती को आग़ोश में लिए परवेज़ से कहा कि वह नाचे और नंगी नाचे। वह उसके किसी हुक्म को नहीं टालती थी। यूसुफ़ उसका ख़ुदा था। चुनांचे उसने उसके हुक्म की तामील की। आँखों से आँसू रवाँ थे और उसका उरियाँ बदन रक़्साँ था—नाच ख़त्म हुआ तो उसने ख़ामोशी से कपड़े पहने और बाहर निकलकर ज़हर खा लिया और मर गई।

मालूम नहीं, हक़ीक़त क्या थी, लेकिन जो कुछ मोतबर ज़राए से मालूम हुआ, यह है कि जब परवेज़ ने यूसुफ़ के कमरे में झाँककर देखा तो उसने उसी वक़्त फ़ैसला कर लिया कि वह ज़िंदा नहीं रहेगी। चुनांचे उसी वक़्त वह मोटर में सीधी एक केमिस्ट की दुकान पर गई और उससे 'सोनोरल' की पूरी डिबिया तलब की। क़ीमत अदा करने लगी तो उसे मालूम हुआ कि अफ़रातफ़री के आलम में वह अपना पर्स वहीं घर पर भूल आई है। चुनांचे उसने केमिस्ट से कहा : "मैं मिसेज़ यूसुफ़ ग़लज़ई हूँ। पर्स साथ नहीं लाई हूँ। बिल भिजवा दीजिएगा। यूसुफ़ साहब अदा कर देंगे!"

घर आके उसने ख़ादिमा को डिबिया की सारी गोलियाँ दीं और उससे कहा : "अच्छी तरह पीस के लाओ···". यह सफ़ूफ़[27] उसने गर्म-गर्म दूध में डाला और पी गई।

थोड़ी देर बाद एक नौकर आया और उसने परवेज़ से कहा : "आपकी वालिदा आई हैं। यूसुफ़ साहब आपको बुलाते हैं।"

परवेज़ की आँखें बिल्कुल ख़ुश्क थीं, मगर उनमें ग़ुनूदगी[28] थी, इसलिए कि ज़हर का असर शुरू हो गया था—मुँह धोकर और बाल सँवारकर वह अंदर गई। अपनी माँ से बग़लगीर हुई और यूसुफ़ के साथ क़ालीन पर बैठ गई। माँ से बातें करते-करते एकदम परवेज़ को चक्कर आया और वह बेहोश होकर एक तरफ़ लुढ़क गई—माँ ने तश्वीश का इज़हार किया, इसलिए कि उसकी बच्ची का रंग नीला हो रहा था, मगर यूसुफ़ ने जो नशे में चूर था, किसी क़िस्म के तरद्दुद का इज़हार न किया और बुशरा से कहा : "कुछ भी नहीं हुआ इसे···बन रही है।" फिर उसने बड़े ज़ोर से परवेज़ का शाना पकड़कर झँझोड़ा और हाकिमाना अंदाज़ में कहा : "उठ, मुझे यह एक्टिंग पसंद नहीं।"

बुशरा ने भी उसको आवाज़ें दीं। उसको हिलाया-जुलाया। आख़िर डॉक्टर को

बुलाया गया, मगर वह जब आया तो परवेज़ अल्लाह को प्यारी हो चुकी थी।

परवेज़ की ख़ुदकुशी के मुताल्लिक़ कई क़िस्से मशहूर हैं, लेकिन उसका जो पहलू मुझ पर मोतबर ज़राए से मुनकशिफ़[29] हुआ, मेरी समझ में आ गया था, इसलिए मैं ख़ामोश रहा और इंतिज़ार करता रहा कि उसकी तस्दीक़ कब होती है।

क़मर साहब, बुशरा को हस्पताल से वापस लाए तो मैं उनसे मिला—उनके पास अब मोटर नहीं थी। मैंने इस बारे में इस्तिफ़सार[30] किया तो उन्होंने शाइराना बेएतिनाई इख़्तियार करते हुए जवाब दिया : "जिसकी थी, ले गई।"

मैंने पूछा : "क्या मतलब ?"

जवाब मिला : "मतलब यह कि मोटर मेरी कब थी। वह तो उन मुहतरमा की थी। मैंने कुछ अर्से से उसका इस्तेमाल तर्क कर दिया था। अपनी साईकिल पर दफ़्तर जाता और उसी पर वापस आता था। हाँ जब उनको ज़रूरत होती तो मैं ड्रॉइवर के फ़राइज़ अदा करता था।"

मैं कुछ-कुछ समझ गया : "क्या नाचाक़ी[31] हो गई ?"

"हाँ कुछ ऐसा ही समझिए मैंने उनको तलाक़ दे दी है।"

बाद में मुझे जब क़मर साहब से मुफ़स्सल[32] गुफ़्तगू करने का मौक़ा मिला तो उन्होंने मुझे बताया कि निकाह-विकाह कोई नहीं हुआ था। तलाक़नामा उन्होंने सिर्फ़ इसलिए लिखा कि लोगों में इस बात की तश्हीर[33] न हो कि वह ग़ैरशरई तौर पर उनके साथ क़रीब-क़रीब दो बरस रहीं।

मैं ज़्यादा तफ़्सील में जाना नहीं चाहता। उनके दरमियान जो फ़ैसलाकुन लड़ाई-झगड़ा हुआ, उसकी वजह यह थी कि बक़ौल क़मर साहब उनकी मुहतरमा ने हैदराबाद के एक अधेड़ उम्र के मुहाजिर रईस से जिस्मानी रिश्ता क़ायम कर लिया था, इसलिए कि उनके लिए क़मर साहब की ज़ात में वह कशिश ख़त्म हो गई थी, जो किसी ज़माने में उनको नज़र आती थी, बल्कि यूँ कहिए कि जिसको देखकर उनकी आँखें चुंधिया गई थीं।

मुझे अफ़सोस हुआ, इसलिए कि बाद में मुझे पता चला कि क़मर साहब ने अपनी तीनों होनहार बच्चियों को स्कूल से उठा लिया है; अब ख़ुद 'गोल्ड फ़्लेक' के बदले 'बगला' मार्का सस्ते सिगरेट पीते हैं; पहले तफ़्रीह के इतने सामान थे, पर अब शतरे-बेमिहार[34] की तरह बेमतलब इधर-उधर चक्कर लगाते रहते हैं।

मुहतरमा बुशरा के मुताल्लिक़ उन्होंने मुझे बहुत-कुछ बताया, लेकिन मैं यह न समझ सका कि जब अलैहदगी का फ़ैसला हो चुका था और हैदराबाद के मुहाजिर रईस साहब ने बुशरा के साथ बाक़ायदा रातें गुज़ारना शुरू कर रखी थीं तो उनको 'सोनोरल' की बत्तीस गोलियाँ खाकर ख़ुदकुशी की ज़रूरत क्यों महसूस हुई। बज़ाहिर यह ख़तरनाक फ़े'ल क़मर साहब के उस ऐतिराज़ का रद्दे-अमल मालूम होता है, जो उनको बुशरा के चाल-चलन पर था; लेकिन ईमान की बात है कि मुझे इसके अक़ब में ऐसा कोई दिलशिकन उंसुर नज़र नहीं आता, जो इंसान को मौत की गोद में सो जाने पर मजबूर कर दे—इस पर क़मर साहब भी कोई रौशनी डालने से माज़ूर हैं।

एक दिन बातों-बातों में उनसे मैं आख़िर पूछ ही बैठा : "सोनोरल खाने की रिवायत जो बुशरा की बेटी परवेज़ ने क़ायम की, आपने और बुशरा ने जारी रखी… लेकिन आप यह बताइए कि वह कौन-सी वजह थी, जिसने उस ग़रीब परवेज़ को इतने ख़तरनाक इक़्दाम के लिए तैयार कर दिया… आप कई बार मुझे बता चुके हैं कि परवेज़ अपने शौहर यूसुफ़ ग़लज़ई की हरामकारियों की आदी हो चुकी थी, बल्कि वह ख़ुद उसकी मआवनत[35] करती थी… कोई औरत जब ख़राबे को इंतिहा को पहुँच जाती है, फिर उसको ख़ुदकुशी का ख़याल तक भी नहीं आ सकता… मेरा अपना ख़याल है, बल्कि यक़ीन है कि परवेज़ की माँ बुशरा ने, जिसे आप मुहतरमा कहते हैं, यूसुफ़ से ऐसे ताल्लुक़ात पैदा कर लिए थे, जिन्हें आम लोग नाजाइज़ कहते हैं…"

क़मर साहब ने सिर्फ़ इन अल्फ़ाज़ में मेरी तस्दीक़ की : "यह बिल्कुल दुरुस्त है… एक दिन शराब के नशे में बुशरा ने इसका इक़रार किया था, और बहुत रोई थी।"

उस दिन शाम को मालूम हुआ कि हैदराबाद के मुहाजिर रईस साहब ने 'सोनोरल' की चौबीस गोलियाँ खा ली हैं। बुशरा ने हस्बे-मामूल बत्तीस खाई थीं। दोनों हस्पताल में बेहोश पड़े थे—दूसरे रोज़ रईस साहब अल्लाह को प्यारे हो गए। चौबीस ही में उनका काम तमाम हो गया, मगर बुशरा बच गई।

आजकल वह मरहूम का सोग मना रही है—जिस शख़्स के पास उसने मोटर बेची थी, वह दिन रात उसके पास दिलजोई के लिए मौजूद रहता है।

---

1. आत्महत्या के लिए आगे बढ़ना; 2. ठीक; 3. कंगाल; 4. कंगाली; 5. विवाह का बंधन; 6. दृढ़; 7. घृणित; 8. व्याकुल; 9. चकित; 10. जिसको पूजा जाए; 11. साक्षात्; 12. आयोजित; 13. विवाहित; 14. उपेक्षा का बहुवचन; 15. टूटफूट; 16. चंचल चित्त का बहुवचन; 17. बाधक; 18. बनावटी; 19. ख़ुशी; 20. अत्यधिक आनंद; 21. ईर्ष्या; 22. खंडित; 23. मनोमालिन्य; 24. कष्टदायक; 25. उन्मत्त; 26. विश्वस्त सूत्रों; 27. चूर्ण; 28. नींद; 29. प्रकट; 30. प्रश्न; 31. अनबन; 32. विस्तारपूर्ण; 33. प्रचार; 34. बेनकेल ऊँट; 35. सहायता।

मिसेज़ गुल

मैंने जब उस औरत को पहली मर्तबा देखा तो मुझे ऐसा महसूस हुआ कि मैंने लीमूँ निचोड़नेवाला खटका देखा है। बहुत दुबली-पतली, लेकिन बला की तेज़। उसका सारा जिस्म, सिवाय आँखों के, इंतिहाई ग़ैर निसवानी था।

यह आँखें बड़ी-बड़ी और सुरमई थीं, जिनमें शरारत, दग़ाबाज़ी, और फ़रेबकारी कूट-कूट के भरी हुई थी—मेरी और उसकी मुलाक़ात ऊँची सोसाइटी की एक ख़ातून के घर में हुई, जो पचपन बरस की उम्र में एक जवाँ साल मर्द से शादी के मरहले[1] तय कर रही थीं।

इस ख़ातून से, जिसको मैं अपनी और आपकी सहूलत की ख़ातिर मिसेज़ गुल कहूँगा, मेरे बड़े बेतकल्लुफ़ मरासिम[2] थे। मुझे उनकी सारी ख़ामियों का इल्म था और उन्हें मेरी चंद का। बहरहाल हम दोनों एक-दूसरे से मिलते और घंटों बातें करते रहते। मुझसे उन्हें सिर्फ़ इतनी दिलचस्पी थी कि उन्हें अफ़साने पढ़ने का शौक़ था, और मेरे लिखे हुए अफ़साने उनको ख़ास तौर पर पसंद आते थे।

मैंने जब उस औरत को, जो सिर्फ़ अपनी आँखों की वजह से औरत कहलाए जाने की मुस्तहिक़[3] थी, मिसेज़ गुल के फ़्लैट में देखा तो मुझे यह डर महसूस हुआ कि वह मेरी ज़िंदगी का सारा रस एक-दो बातों ही में निचोड़ लेगी। लेकिन थोड़े अर्से के बाद यह ख़ौफ़ दूर हो गया और मैंने उससे बातें शुरू कर दीं।

मिसेज़ गुल के मुताल्लिक़ मेरे जो ख़यालात पहले थे, सो अब भी हैं। मुझे मालूम था कि वह तीन शादियाँ करने के बाद चौथी शादी ज़रूर करेंगी। उसके बाद शायद पाँचवीं भी करें, अगर उम्र ने उनसे वफ़ा की। मगर मुझे उस औरत का, जिसका मैं ऊपर ज़िक्र कर चुका हूँ, उनसे कोई रिश्ता समझ में न आ सका।

मैं अब उस औरत का नाम भी आपको बता दूँ···मिसेज़ गुल ने उसे 'रज़िया' कह के पुकारा था—उसका लिबास आम नौकरानियों का-सा नहीं था, लेकिन मुझे बाद में मालूम हुआ कि मिसेज़ गुल के मुज़ारों की कोई बहू-बेटी है, जो उनकी ख़िद्मत के लिए कभी-कभार आ जाया करती है—यह ख़िद्मत क्या थी, इसके मुताल्लिक़ मुझे पहले कोई इल्म नहीं था।

रज़िया की आमद से पहले मिसेज़ गुल के हाँ बारह-तेरह बरस की एक लड़की जमीला

रहती थी। उन दिनों उन्होंने एक प्रोफ़ेसर साहब से शादी कर रखी थी। यह प्रोफ़ेसर साहब जवान थे। कम-अज़-कम मिसेज़ गुल से उम्र में पच्चीस बरस छोटे। वह जमीला को 'बिटिया' कहते थे और उससे बड़ा प्यार करते थे।

यह लड़की बड़ी प्यारी थी। रज़िया की तरह दुबली-पतली, मगर उसके जिस्म का कोई हिस्सा ग़ैर निसवानी नहीं था। उसको देखकर यह मालूम होता कि वह बहुत जल्द, मालूम नहीं इतनी जल्दी क्यों, जवान औरत में तब्दील होने की तैयारियाँ कर रही है।

प्रोफ़ेसर साहब उसको अक्सर अपने पास बुलाते, और हर दूसरे-तीसरे काम पर इनाम के तौर पर उसकी पेशानी चूमते और उसको शाबाशियाँ देते। मिसेज़ गुल बहुत खुश होतीं, इसलिए कि यह लड़की उनकी परवर्दा[4] थी।

मैं बीमार हो गया। दो महीने मरी[5] में गुज़ारकर जब वापस आया तो मालूम हुआ कि जमीला ग़ायब है। शायद वह मिसेज़ गुल की ज़मीनों पर वापस चली गई थी--लेकिन दो बरस के बाद मैंने उसे एक होटल में देखा, जहाँ वह चंद ऐशपरस्तों के साथ शराब पी रही थी।

उस वक़्त उसको देखकर मैंने महसूस किया कि उसने अपनी बलूग़त, नीम बलूग़त[6] कहना ज़्यादा मुनासिब होगा, का ज़माना बड़ी अफ़रातफ़री में तय किया है, जैसे किसी मुहाजिर[7] ने फ़सादात के दौरान में हिंदुस्तान से पाकिस्तान का सफ़र।

मैंने उससे कोई बात न की, इसलिए कि जिनके साथ वह बैठी थी, मेरी जान-पहचान के नहीं थे। न मैंने इसका ज़िक्र मिसेज़ गुल से किया, क्योंकि वह जमीला की इस हैरतनाक उफ़्ताद[8] पर कोई रोशनी न डालती।

बात रज़िया की हो रही थी, लेकिन जमीला का ज़िक्र ज़िमनन[9] आ गया, शायद इसलिए कि इसके बग़ैर मिसेज़ गुल के किरदार का अक़बी मंज़र पूरा न होता।

रज़िया से जब मैंने बातें शुरू कीं तो उसका लबो-लहजा उसकी आँखों के मानिंद तेज़, फ़रेबकार और बेसबब रंज आश्ना दुश्मन था—मुझे बिलकुल कोफ़्त न हुई, इसलिए कि हर नई चीज़ मेरे लिए दिलचस्पी का बायस होती है।

आमतौर पर मैं किसी औरत से भी, ख़्वाह वह कमतरीन हो, बेतकल्लुफ़ नहीं होता, लेकिन रज़िया की आँखों ने मुझे मजबूर कर दिया कि मैं भी उससे चंद शरीर[10] बातें कहूँ।

ख़ुदा मालूम मैंने उससे क्या बात कही कि उसने मुझसे पूछा : ''आप कौन हैं ?''

मैंने, जो कि शरारत पर तुला बैठा था, मिसेज़ गुल की मौजूदगी में कहा : ''आपका होनेवाला शौहर।''

वह एक लहज़े के लिए भिन्ना गई, मगर फ़ौरन सँभलकर मुझसे मुख़ातिब हुई : ''मेरा कोई शौहर अब तक ज़िंदा नहीं रहा।''

मैंने कहा : ''कोई हर्ज नहीं''' ख़ाकसार काफ़ी अर्से तक ज़िंदा रहने का वादा करता है, बशर्ते कि आपको कोई उज़्र न हो।''

मिसेज़ गुल ने यह चोटें पसंद कीं और एक झुर्रियोंवाला क़हक़हा बुलंद किया : ''सआदत, तुम कैसी बातें करते हो।''

मैंने जवाबन मिसेज़ गुल से कहा : ''मुझे आपकी यह ख़ादिमा भा गई है···मैं चाहता हूँ कि इसका क़ीमा बना के कोफ़्ते बनाऊँ, जिनमें काली मिर्च, धनिया और पौदीना ख़ूब रचा हो···''

मेरी बात काट दी गई। रज़िया उचककर बोली : ''जनाब, मैं ख़ुद बड़ी ततैया मिर्च हूँ···यह कोफ़्ते आपको हज़म नहीं होंगे। फ़साद मचा देंगे आपके मेदे के अंदर।''

मिसेज़ गुल ने एक और झुर्रियोंवाला क़हक़हा बुलंद किया : ''सआदत, तुम बड़े शरीर हो, लेकिन यह रज़िया भी किसी तरह तुमसे कम नहीं।''

मुझे चूँकि रज़िया की बात का जवाब देना था, इसलिए मैंने मिसेज़ गुल के उस जुमले की तरफ़ कोई तवज्जोह न दी और कहा : ''रज़िया, मेरा मेदा तुम-ऐसी मिर्चों का बहुत देर का आदी है।''

यह सुनकर रज़िया ख़ामोश हो गई। मालूम नहीं, क्यों···उसने मुझे अपनी धोई हुई, मगर सुरमगीं आँखों से कुछ ऐसे देखा कि एक लहज़े के लिए मुझे यूँ महसूस हुआ कि मेरी सारी ज़िंदगी धोबनों के हाँ चली गई है।

मालूम नहीं क्यों, लेकिन उसको पहली मर्तबा देखते ही मेरे दिल में ख़्वाहिश पैदा हुई थी कि मैं उसे, जो एक छोटा-सा कंकर थी, सड़कें कूटनेवाला इंजन बनकर ऐसा दबाऊँ कि वह चकनाचूर हो जाए, बल्कि उसका सफ़ूफ़[11] बन जाए—या मैं उसके सारे वुजूद को इस तरह तोड़ूँ-मरोड़ूँ और फिर इस भौंडे तरीक़े पर जोड़ूँ कि वह किसी क़दर निसवानियत इख़्तियार कर ले। मगर यह ख़्वाहिश सिर्फ़ उस वक़्त पैदा होती, जब मैं उसे देखता। इसके बाद यह ग़ायब हो जाती।

इंसान की ख़्वाहिशात बिलकुल बुलबुलों क़ी मानिंद होती हैं, जो मालूम नहीं क्यों पैदा होते हैं और क्यों फटकर हवा में तहलील[12] हो जाते हैं।

मुझे रज़िया पर तरस भी आता था, इसलिए कि उसकी आँखों में ज्वाला दहकती रहती थी, और इसके मुक़ाबले में उसका जिस्म आतिश-फ़िशाँ पहाड़ नहीं था—वह हड्डियों का ढाँचा थी, और उन हड्डियों को चबाने के लिए कुत्तों के दाँतों की ज़रूरत थी।

एक दिन उससे मेरी मुलाक़ात मिसेज़ गुल के फ़्लैट के बाहर हुई, जबकि मैं अंदर जा रहा था—वह हमारे मुहल्ले की जवान भंगन के साथ खड़ी बातें कर रही थी।

मैं जब वहाँ से गुज़रने लगा तो शरारत के तौर पर मैंने उसकी शरीर आँखों में अपनी आँखें—मालूम नहीं, मेरी आँखें किस क़िस्म की हैं—डालकर बड़े आशिक़ाना अंदाज़ में पूछा : ''कहो बादशाओ, क्या हो रहा है?''

भंगन की गोद में उसका पहलोठी का लड़का था। उसकी तरफ़ देखकर रज़िया ने मुझसे कहा : ''कोई चीज़ खाने के लिए माँगता है।''

मैंने उससे कहा : ''चंद बोटियाँ तुम्हारे जिस्म पर अभी तक मौजूद हैं···दे दो इसे।''

मैंने पहली बार उसके धोये दीदों में दुख की अजीबो-ग़रीब क़िस्म की झलक देखी, जिसे मैं समझ न सका।

मिसेज़ गुल के हाँ उन दिनों, जैसा कि मैं बयान कर चुका हूँ, एक नए नौजवान की

आमद थी, इसलिए कि वह प्रोफ़ेसर साहब से तलाक़ ले चुकी थीं और नई शादी के मरहले[13] तय कर रही थीं—यह साहब रेलवे में मुलाज़िम थे और इनका नाम शफ़ीक़ुल्लाह था। मिसेज़ गुल के बयान के मुताबिक़ आपको दमे की शिकायत थी, इसलिए वह हर वक़्त उनके इलाज मुआलजे में मसरूफ़ रहतीं। कभी उनको टिकिया देतीं, कभी इंजेक्शन लगवाने के लिए डॉक्टर के पास ले जातीं, और कभी उनके गले में दवाई लगाई जाती।

जहाँ तक मैं समझता हूँ, वह इस आरज़े में गिरफ़्तार नहीं थे। हो सकता है कि उनको कभी नज़ला-ज़ुकाम हुआ हो, या शायद खाँसी भी आई हो, लेकिन यह मिसेज़ गुल का कमाल था कि वह ग़रीब यक़ीन कर बैठे थे कि उनको दमे का आरज़ा है।

एक दिन मैंने उनसे कहा : "हज़रत, आपको यह मर्ज़ तो बहुत अच्छा लगा···इसलिए कि इस बात की ज़मानत है कि आप कभी मर नहीं सकते।"

यह सुनकर वह हैरान हो गए : "आप कैसे कहते हैं कि यह मर्ज़ अच्छा है ?"

मैंने जवाब दिया : "डाक्टरों का यह कहना है कि दमे का मरीज़ मरने का नाम ही नहीं लेता···मैं नहीं बता सकता, क्यों···आप डाक्टरों से मशविरा कर सकते हैं।"

रज़िया मौजूद थी। उसने शरीर कनखियों से मुझे बहुत घूर के देखा। फिर उसकी निगाहें अपनी मालिका मिसेज़ गुल की तरफ़ मुड़ीं और उससे कुछ भी न कह सकीं।

शफ़ीक़ुल्लाह निरे-खरे चुग़द बने बैठे थे। उन्होंने एक मर्तबा ज़ख्मी आँखों से रज़िया की तरफ़ देखा और वह कुड़क मुर्ग़ी की तरह एक तरफ़ दुबक के बैठ गई। मैंने महसूस किया कि वह पहले से कहीं ज़्यादा दुबली हो गई है, लेकिन उसकी आँखें बड़ी मुतहरिक[14] थीं। उनमें सुरमे की क़ुदरती तहरीर ज़्यादा गहरी हो गई थी।

शफ़ीक़ुल्लाह भी दिन-बदिन ज़र्द होते गए। उनको दमे के इलाज के लिए दवाएँ बराबर मिल रही थीं। एक दिन मैंने मिसेज़ गुल के हाथ से कैप्सूल्स की बोतल ली और चुपके से एक कैप्सूल निकालकर अपने पास रख ली। शाम को अपने जाननेवाले एक डाक्टर को दिखाई तो उसने एक घंटे के बाद, कीमियावी तजज़िया[15] करने के बाद बतलाया कि वह दवा दमे-वमे के लिए नहीं हैं, बल्कि कोई नशाआवर दवा है, यानी मार्फ़िया है।

मैंने दूसरे रोज़ शफ़ीक़ुल्लाह से, उस वक़्त जबकि वह मिसेज़ गुल से वही कैप्सूल लेकर पानी के साथ निगल रहे थे, कहा : "यह आप क्या खाते हैं ?"

उन्होंने जवाब दिया : "दमे की दवा है।"

"यह तो मार्फ़िया है।"

मिसेज़ गुल के हाथ से पानी का गिलास, जो उन्होंने शफ़ीक़ुल्लाह के हाथ से वापस ले लिया था, गिरते-गिरते बचा। बड़े झुर्रियों आमेज़[16] ग़ुस्से से उन्होंने मेरी तरफ़ देखकर कहा : "क्या कर रहे हो सआदत ?"

मैं उनसे मुख़ातिब न हुआ और शफ़ीक़ुल्लाह से अपना सिलसिला-ए-कलाम जारी रखते हुए मैंने कहा : "जनाब यह मार्फ़िया है···आपको अगर इसकी आदत हो गई तो मुसीबत पड़ जाएगी।"

शफ़ीक़ुल्लाह ने बड़ी हैरत से पूछा : "मैं आपका मतलब नहीं समझा ?"

मिसेज़ गुल के तेवरों से मुझे मालूम हुआ कि वह नाराज़ हो गई हैं और मेरी यह गुफ़्तगू उन्हें पसंद नहीं। रज़िया ख़ामोश एक कोने में मिसेज़ गुल के लिए हुक़्क़ा तैयार कर रही थी, लेकिन उसके कान हमारी गुफ़्तगू के साथ चिपके हुए थे, ऐसे कान जो बड़ी नाख़ुशगवार मौसीक़ी सुनने के लिए मजबूर हों।

मिसेज़ गुल ने इस दौरान में बड़ी तेज़ी से चार इलायचियाँ दाँतों के नीचे यके-बाद-दीगरे[17] दबाईं और उन्हें बड़ी बेरहमी से चबाते हुए मुझसे कहा : ''सआदत, तुम बाज़ औक़ात[18] बड़ी बेहूदा बातें किया करते हो··· ये कैप्सूल मार्फ़िया के कैसे हो सकते हैं ?''

मैं ख़ामोश रहा। बाद में मुझे मालूम हुआ कि मार्फ़िया का इंजेक्शन दिया जाता है। मेरे डाक्टर दोस्त का तजज़िया ग़लत था। वह कोई और दवा थी, लेकिन थी नशाआवर।

मैं फिर बीमार हुआ और रावलपिंडी के हस्पताल में दाख़िल हो गया। जब मुझे ज़रा अफ़ाक़ा[19] हुआ तो मैंने इधर-उधर घूमना शुरू कर दिया। एक दिन मुझे मालूम हुआ कि एक आदमी शफ़ीक़ुल्लाह की हालत बहुत नाज़ुक है। मैं उसके वार्ड में पहुँचा मगर वह, वे शफ़ीक़ुल्लाह नहीं थे, जिन्हें मैं जानता था। उसने धतूरा खाया हुआ था।

चंद रोज़ के बाद इत्तफ़ाक़न मुझे एक और वार्ड में जाना पड़ा, जहाँ मेरा एक दोस्त यरक़ान[20] में मुब्तला[21] था। मैं जब उस वार्ड में दाख़िल हुआ तो मैंने देखा कि एक बिस्तर के इर्द-गिर्द कई डाक्टर जमा हैं। क़रीब गया तो मुझे मालूम हुआ कि मरनेवाला मरीज़ शफ़ीक़ुल्लाह है।

उन्होंने मुझे अपनी बुझती हुई आँखों से देखा और बड़ी नहीफ़[22] आवाज़ में कहा : ''सआदत साहब, ज़रा मेरे पास आइए··· मैं आपसे कुछ कहना चाहता हूँ।''

मैंने अपने क़रीब-क़रीब बहरे कान उनकी आवाज़ सुनने के लिए तैयार कर दिए। वह कह रहे थे : ''मैं··· मैं मर रहा हूँ··· आपसे एक बात कहना चाहता हूँ··· हर··· हर एक को ख़बरदार कर दीजिए कि वह मिसेज़ गुल से बचा रहे··· बड़ी ख़तरनाक औरत है···''

इसके बाद वह चंद लम्हात के लिए ख़ामोश हो गए। डाक्टर नहीं चाहते थे कि वह कोई बात करें, लेकिन वह मुसिर[23] थे, चुनाँचे उन्होंने बड़ी मुश्किल से ये अल्फ़ाज़ अदा किए : ''रज़िया मर गई है··· बेचारी रज़िया··· उस ग़रीब के सुपुर्द यही काम था कि वह आहिस्ता-आहिस्ता मरे··· मिसेज़··· मिसेज़ गुल उससे वही काम लेती थी, जो आदमी कोयलों से लेता है, मगर वह उनकी आग से दूसरों को गर्मी पहुँचाती थी, ताकि··· ···''

वह अपना जुम्ला मुकम्मल न कर सके।

---

1. मंज़िलें; 2. संबंध; 3. पात्र; 4. पाली हुई; 5. सेवा-सुश्रूषा करवाकर; 6. परिपक्वता; 7. शरणार्थी; 8. मुसीबत; 9. यों ही; 10. शरारती; 11. चूर्ण; 12. घुल जाना; 13. मंज़िलें; 14. गतिमान; 15. रासायनिक विश्लेषण; 16. युक्त; 17. एक के बाद दूसरा; 18. कभी-कभी; 19. स्वास्थ्य-लाभ; 20. एक रोग जिसमें सारा शरीर, खासकर आँखें पीली पड़ जाती हैं; कमलरोग; 21. ग्रस्त; 22. कमज़ोर; 23. अड़े हुए।

असली जिन

लखनऊ के पिछले दिनों की याद नवाब नवाज़िश अली अल्लाह को प्यारे हुए तो उनकी इकलौती लड़की की उम्र ज़्यादा से ज्यादा आठ बरस थी—इकहरे जिस्म की, बड़ी दुबली पतली, नाज़ुक, पतले-पतले नक़्शोंवाली, गुड़िया-सी—नाम उसका फ़रख़ुंदा था।

उसको अपने वालिद की मौत का दुख हुआ, मगर उम्र ऐसी थी कि बहुत जल्द भूल गई—लेकिन उसको अपने दुख का शदीद एहसास उस वक़्त हुआ, जब उसके मीठा बरस लगा और उसकी माँ ने उसका बाहर आना-जाना क़तई तौर पर बंद कर दिया और उस पर कड़े पर्दे की पाबंदी आयद[1] कर दी—उसको अब हर वक़्त घर की चारदीवारी में रहना पड़ता।

उसका कोई भाई था न बहन—वह अक्सर तन्हाई में रोती और ख़ुदा से यह गिला करती कि उसने भाई से उसे क्यों महरूम रखा, और फिर उसका अब्बा मियाँ उससे क्यों छीन लिया।

माँ से उसको मुहब्बत थी, मगर हर वक़्त उसके पास बैठी वह कोई तस्कीन महसूस नहीं करती थी। वह चाहती थी, कोई और हो, जिसके वुजूद से उसकी ज़िंदगी की यक आहँगी दूर हो सके।

वह हर वक़्त उकताई-उकताई-सी रहती।

अब उसको अट्ठारहवाँ बरस लग रहा था—सालगिरह में दस-बारह रोज़ बाक़ी थे कि पड़ोस का मकान, जो कुछ देर ख़ाली पड़ा था, पंजाबियों के एक ख़ानदान ने किराए पर उठा लिया। उनके आठ लड़के थे और एक लड़की। आठ लड़कों में से दो ब्याहे जा चुके थे। बाक़ी स्कूल और कॉलिज में पढ़ते थे। लड़की इन छहों से एक बरस बड़ी थी। बड़ी तनोमंद, हट्टी-कट्टी। अपनी उम्र से दो-ढाई बरस ज्यादा ही दिखाई देती थी। इंटरेंस पास कर चुकी थी। इसके बाद उसके वालिदैन ने यह मुनासिब न समझा था कि उसे मज़ीद[2] तालीम दी जाए। मालूम नहीं, क्यों?

इस लड़की का नाम नसीमा था, लेकिन अपने नाम की रिआयत से वह नर्मो-नाज़ुक और सुबुक रफ़्तार नहीं थी। उसमें बला की फ़ुर्ती और गर्मी थी। फ़रख़ुंदा को इस महीन-महीन मूँछोंवाली लड़की ने कोठे पर से देखा, जबकि वह बेहद उकताकर कोई नाविल पढ़ने की कोशिश कर रही थी—दोनों कोठे साथ-साथ थे, चुनांचे चंद जुमलों ही में दोनों मुतआरिफ़[3] हो गईं।

फ़रख़ुंदा को नसीमा की शक्ल-सूरत पहली नज़र में क़तअन पुरकशिश मालूम न हुई, लेकिन जब उससे थोड़ी देर गुफ़्तगू हुई तो उसे उसका हर ख़द्दो-ख़ाल[4] पसंद आया—नसीमा मोटे-मोटे नक़्शोंवाली थी, जैसे कोई जवान लड़का है, जिसकी मसें भीग रही हैं। बड़ी सेहतमंद, भरे-भरे हाथ पाँव, कुशादा सीना मगर उभारों से बहुत हद तक ख़ाली—फ़रख़ुंदा को उसके बालाई लब पर महीन-महीन बालों का ग़ुबार ख़ासतौर पर पसंद आया—चुनांचे उनमें फ़ौरन दोस्ती हो गई।

नसीमा ने उसके हाथ में किताब देखी तो पूछा : ''यह नाविल कैसा है ?''

फ़रख़ुंदा ने कहा : ''बड़ा ज़लील क़िस्म का है ⋯ ऐसे ही मिल गया था, और मैं तन्हाई से घबरा गई थी। सोचा कि चंद सफ़हे पढ़ लूँ।''

नसीमा ने वह नाविल फ़रख़ुंदा से ले लिया। वाक़ई बड़ा घटिया-सा था, मगर उसने रात को बहुत देर जागकर पढ़ा और सुबह नौकर के हाथ फ़रख़ुंदा को वापस भेज दिया।

फ़रख़ुंदा अभी तक तन्हाई महसूस कर रही थी। और कोई काम नहीं था, इसलिए उसने सोचा, चलो चंद औराक़ देख लें—किताब खोली तो उसमें से एक रुक़्क़ा निकला, जो उसके नाम था, और नसीमा का लिखा हुआ था।

उसे पढ़ते हुए फ़रख़ुंदा के तन-बदन में कँपकँपियाँ दौड़ती रहीं—वह फ़ौरन कोठे पर गई—नसीमा ने उससे कहा था कि अगर वह उसे बुलाना चाहे तो उस ईंट को, जो मुँडेर से उखड़ी हुई थी, ज़ोर-ज़ोर से किसी और ईंट के साथ बजा दिया करे, वह फ़ौरन आ जाएगी।

फ़रख़ुंदा ने ईंट बजाई तो नसीमा एक मिनट में कोठे पर आ गई—शायद वह अपने रुक़्क़े के जवाब का इंतिज़ार कर रही थी—आते ही वह चार-साढ़े चार फ़ुट की मुँडेर पर मर्दानावार चढ़ी और दूसरी तरफ़ कूदकर फ़रख़ुंदा से लिपट गई और चट से उसके होंठों का एक तवील बोसा ले लिया।

फ़रख़ुंदा बहुत ख़ुश हुई—देर तक दोनों घुलमिल के बातें करती रहीं—नसीमा अब उसे और ज़्यादा ख़ूबसूरत दिखाई दी। उसकी हर अदा, जो मर्दाना तर्ज़ की थी, उसे बेहद पसंद आई—और वहीं फ़ैसला हो गया कि वह तादमे-आख़िर सहेलियाँ बनी रहेंगी।

सालगिरह का दिन आया तो फ़रख़ुंदा ने अपनी माँ से इजाज़त तलब की कि आया वह अपनी हमसाई को, जो उसकी सहेली बन चुकी है, बुला सकती है ?

उसकी माँ ने अपने ठेठ लखनवी अंदाज़ में कहा : ''कोई मुज़ायक़ा[5] नहीं ⋯ बुला लो ⋯ लेकिन वह मुझे पसंद नहीं ⋯ मैंने देखा है, वह लौंडों की तरह कुदकड़े लगाती रहती है।''

फ़रख़ुंदा ने वकालत की : ''नहीं अम्मी जान, वह तो बहुत अच्छी है ⋯ जब मिलती है, बड़े अख़्लाक़ से पेश आती है।''

नवाब साहब की बेगम ने कहा : ''मुझे तो ऐसा मालूम होता है कि उसमें लड़कियों की कोई नज़ाकत नहीं ⋯ तुम इसरार करती हो तो बुला लो, लेकिन उससे ज़्यादा रब्त नहीं होना चाहिए।''

फ़रख़ुंदा अपनी माँ के पास तख़्त पर बैठ गई और उसके हाथ से सरौता लेकर छालियाँ काटने लगी : ''लेकिन अम्मी जान, हम दोनों तो क़सम खा चुकी हैं कि सारी उम्र सहेलियाँ

रहेंगी···इंसान को अपने वादे से कभी फिरना नहीं चाहिए।"

बेगम साहिबा ख़ुद उसूल की पक्की थीं, इसलिए उन्होंने कोई ऐतिराज़ न किया और सिर्फ़ यह कहकर ख़ामोश हो गईं : "तुम जानो, मुझे कुछ मालूम नहीं।"

सालगिरह के दिन नसीमा आई—उसकी क़मीस धारीदार पोपलिन की थी। चुस्त पायजामा जिसमें से उसकी मज़बूत पिंडलियाँ अपनी तमाम मज़बूती दिखा रही थीं।

फ़रख़ुंदा को वह उस लिबास में बहुत प्यारी लगी, चुनांचे उसने अपनी तमाम निसवानी नज़ाकतों के साथ उसका इस्तिक़्बाल किया और उससे चंद नाज़-नख़रे भी किए। मिसाल के तौर पर जब मेज़ पर चाय आई तो उसने खुद बनाकर नसीमा को पेश की—उसने कहा, "मैं नहीं पीती" तो फ़रख़ुंदा रोने लगी। बिस्कुट अपने दाँतों से तोड़ा तो नसीमा को मजबूर किया कि वह उसका बक़ाया हिस्सा खाए। समोसा मुँह में रखा तो उससे कहा कि वह आधा उसके मुँह के साथ मुँह लगाकर खाए।

एक-आध मर्तबा मामूली-मामूली बातों पर लड़ाई होते-होते रह गई, मगर फ़रख़ुंदा ख़ुश थी। वह चाहती थी कि नसीमा हर रोज़ आए। वह उससे चुहल करे और ऐसी नर्मो नाज़ुक लड़ाइयाँ होती रहें, जिनसे उसकी ठैरे पानी-ऐसी ज़िंदगी में चंद लहरें पैदा होती रहें।

लहरें पैदा होना शुरू हो गईं और उनमें फ़रख़ुंदा और नसीमा, दोनों लहराने लगीं।

अब फ़रख़ुंदा ने भी अपनी अम्मी से इजाज़त लेकर नसीमा के घर जाना शुरू कर दिया। दोनों उस कमरे में, जो नसीमा का था, दरवाज़ा बंद करके घंटों बैठी रहतीं—जाने क्या बातें करती थीं।

उनकी मुहब्बत इतनी शिद्दत इख़्तियार कर गई कि फ़रख़ुंदा जब कोई चीज़ ख़रीदती तो नसीमा का ज़रूर ख़याल रखती—उसकी अम्मी इसके ख़िलाफ़ थी। चूँकि फ़रख़ुंदा इकलौती थी, इसलिए वह उसे रंजीदा नहीं करना चाहती थी—दौलत काफ़ी थी, इसलिए क्या फ़र्क़ पड़ता था कि एक के बजाय दो क़मीसों का कपड़ा ख़रीद लिया : फ़रख़ुंदा की दस शलवारों के लिए सफ़ेद साटन ली है तो नसीमा के लिए पाँच शलवारों के लिए लट्ठा ले लिया।

नसीमा को रेशमी मलबूस पसंद नहीं थे। उसको सूती कपड़े पहनने की आदत थी—वह फ़रख़ुंदा से वह तमाम चीज़ें ले लेती, मगर शुक्रिया अदा करने की ज़रूरत महसूस न करती। सिर्फ़ मुस्करा देती और वह तोह्फ़ा वुसूल करके फ़रख़ुंदा को अपनी बाँहों की मज़बूत गिरफ़्त में भींच लेती और उससे कहती : "मेरे माँ-बाप ग़रीब हैं··· अगर ग़रीब न होते तो मैं तुम्हारे ख़ूबसूरत बालों में हर रोज़ अपने हाथों से सोने की कंघी करती··· तुम्हारी सैंडिलें चाँदी की होतीं··· तुम्हारे ग़ुस्ल के लिए मुअत्तर[6] पानी होता··· तुम्हारी बाँहों में मेरी बाँहें होतीं और हम जन्नत की तमाम मंज़िलें तय करके दोज़ख़ के दहाने तक पहुँच जाते।"

मालूम नहीं, वह जन्नत से जहन्नम तक क्यों पहुँचना चाहती थी। वह जब भी फ़िरदौस का ज़िक्र करती तो दोज़ख़ का ज़िक्र ज़रूर आता—फ़रख़ुंदा को शुरू-शुरू में थोड़ी-सी हैरत इसके मुताल्लिक़ ज़रूर हुई, मगर बाद में जब वह नसीमा से घुल-मिल गई तो उसने महसूस किया कि इन दोनों में कोई ज़्यादा फ़र्क़ नहीं। सर्दी से निकलकर अगर

आदमी गर्मी में जाए तो उसे हर लिहाज़ से राहत मिलती है और फ़रख़ुंदा को यह हासिल होती थी।

उनकी दोस्ती दिन-ब-दिन ज़्यादा उस्तुवार[7] होती गई, बल्कि यूँ कहिए कि बड़ी शिद्दत इख़्तियार कर गई, जो नवाब नवाज़िश अली मरहूम की बेगम को बहुत खलती थी। बाज़ औक़ात वह यह महसूस करती कि नसीमा उसकी सौत है, लेकिन यह एहसास उसको बावक़ार[8] मालूम न होता।

फ़रख़ुंदा अब ज़्यादातर नसीमा ही के पास रहती—सुबह उठकर वह कोठे पर जाती। नसीमा उसे उठाकर मुँडेर के उस तरफ़ ले जाती और फिर दोनों कमरे में बंद घंटों जाने किन बातों में मश्ग़ूल रहतीं।

फ़रख़ुंदा की दो सहेलियाँ और भी थीं, बड़ी मुर्दार क़िस्म की—वह यू. पी. की रहनेवाली थीं। जिस्म छीछड़ा-सा। दोपल्ली टोपियाँ-सी मालूम होती थीं। फूँक मारो तो उड़ जाएँ।

नसीमा से तआरुफ़ होने से पहले यह दोनों उसकी जानो-जिगर थीं, मगर अब फ़रख़ुंदा को उनसे कोई लगाव नहीं रहा था, बल्कि वह चाहती थी कि वह न आया करें, इसलिए कि उनमें कोई जान नहीं थी—नसीमा के मुक़ाबले में वह नन्ही-मुन्नी-चुहियाँ थीं, जो कुतरना भी नहीं जानती थीं।

एक बार उसे मजबूरन अपनी माँ के साथ कराची जाना पड़ा, वह भी फ़ौरी तौर पर—नसीमा घर में मौजूद नहीं थी, इसका फ़रख़ुंदा को बहुत अफ़सोस हुआ, चुनांचे कराची पहुँचते ही उसने नसीमा को एक तवील माज़िरतनामा[9] लिखा। इससे पहले वह तार भेज चुकी थी। उसने ख़त में सारे हालात दर्ज कर दिए और यह भी लिखा : 'तुम्हारे बग़ैर मेरी ज़िंदगी यहाँ बेकैफ़[10] है। काश, तुम भी मेरे साथ आतीं।

उसकी वालिदा को कराची में बहुत काम थे, मगर उसने उसे कुछ भी न करने दिया। दिन में कम-अज़-कम सौ मर्तबा कहती : "मैं उदास हो गई हूँ। यह भी कोई शहरों में शहर है। यहाँ का पानी पीकर मेरा हाज़मा ख़राब हो गया है··· अपना काम जल्दी ख़त्म कीजिए और चलिए लाहौर।"

नवाब नवाज़िश अली की बेगम ने सारे काम अधूरे छोड़ दिए और वापस चलने पर रज़ामंद हो गईं—अब फ़रख़ुंदा ने कहा : "अब जाना है तो ज़रा शॉपिंग कर लें··· यहाँ कपड़ा और दूसरी चीज़ें सस्ती और अच्छी मिलती हैं।"

शॉपिंग की गई—फ़रख़ुंदा ने अपनी सहेली नसीमा के लिए, दस स्लैक्स के लिए बेहतरीन डिज़ाइन का कपड़ा ख़रीदा, वाकिंग शू लिए; एक घड़ी ख़रीदी, जो नसीमा की चौड़ी कलाई के लिए मुनासिबो-मौज़ूँ थी—माँ ख़ामोश रही कि फ़रख़ुंदा नाराज़ न हो जाए।

फ़रख़ुंदा कराची से लाहौर पहुँची तो सफ़र की थकान के बावजूद फ़ौरन नसीमा से मिली, मगर उसका मुँह सूजा हुआ था। वह सख़्त नाराज़ थी कि फ़रख़ुंदा उससे मिले बग़ैर क्यों चली गई थी।

फ़रख़ुंदा ने हर तरह से उसकी दिलजोई की, मगर वह राज़ी न हुई—इस पर फ़रख़ुंदा ने ज़ारो-क़तार रोना शुरू कर दिया और नसीमा से कहा कि अगर वह इसी तरह नाराज़ रही

तो वह कुछ खा के मर जाएगी—इसका फ़ौरी असर हुआ और नसीमा ने उसको अपने मज़बूत बाज़ुओं में समेट लिया और उसको चूमने-पुचकारने लगी।

देर तक दोनों सहेलियाँ कमरा बंद करके बैठी प्यार मुहब्बत की बातें करती रहीं। उस दिन के बाद उनकी दोस्ती और ज़्यादा मज़बूत हो गई—मगर फ़रख़ुंदा की माँ ने महसूस किया कि उसकी बेटी की सेहत दिन-ब-दिन ख़राब हो रही है। चुनांचे उसने उसका घर से निकलना बंद कर दिया—इसका नतीजा यह हुआ कि फ़रख़ुंदा को हिस्टीरिया-जैसे दौरे पड़ने लगे।

बेगम साहिबा ने अपनी जान-पहचान की औरतों से मशवरा किया तो उन्होंने यह अंदेशा ज़ाहिर किया कि लड़की को आसेब[11] हो गया है। दूसरे लफ़्ज़ों में कोई जिन उस पर आशिक़ हो गया है, जो उसको नहीं छोड़ता—चुनांचे फ़ौरन टोने-टोटके किए गए; झाड़नेवाले बुलाए गए; तावीज़-गंडे हुए; मगर बेसूद।

फ़रख़ुंदा की हालत दिन-ब-दिन ग़ैर होती गई। कुछ समझ में नहीं आता था कि आरज़ा क्या है। वह दिन-ब-दिन दुबली हो रही थी। कभी घंटों ख़ामोश रहती, कभी ज़ोर-ज़ोर से चिल्लाना शुरू कर देती और अपनी सहेली नसीमा को याद करके पहरों आँसू बहाती।

उसकी माँ को, जो ज़्यादा ज़ईफ़ुलएतिक़ाद[12] नहीं थी, अपनी जान-पहचान की औरतों की इस बात पर यक़ीन करना पड़ा कि लड़की पर कोई जिन आशिक़ है, इसलिए कि फ़रख़ुंदा इश्क़ो-मुहब्बत की बहुत ज़्यादा बातें करती थी और बड़े ठंडे-ठंडे साँस भरती थी।

एक मर्तबा फिर कोशिश की गई। बड़ी दूर-दूर से झाड़नेवाले बुलाए गए, दवा-दारू भी किया गया, मगर कोई फ़ायदा न हुआ—फ़रख़ुंदा बार-बार इल्तिजा[13] करती कि उसकी सहेली नसीमा को बुलाया जाए, मगर उसकी माँ टालती रही।

आख़िर एक रोज़ फ़रख़ुंदा की हालत बहुत बिगड़ गई। घर में कोई भी नहीं था। उसकी वालिदा, जो कभी अकेली बाहर नहीं निकली थी, बुर्क़ा ओढ़कर एक हमसाई के हाँ गई और उससे कहा कि वह कुछ करे—दोनों भागम-भाग फ़रख़ुंदा के कमरे में पहुँचीं, मगर वह मौजूद नहीं थी।

नवाब नवाज़िश अली मरहूम की बेगम ने चीख़ना-चिल्लाना और दीवानावार "फ़रख़ुंदा बेटी, फ़रख़ुंदा बेटी," कहते हुए पुकारना शुरू कर दिया—सारा घर छान मारा, मगर वह न मिली। इस पर वह अपने बाल नोचने लगी। हमसाई ने उसके हाथ पकड़ लिए, मगर वह बराबर बावेला करती रही।

फ़रख़ुंदा नीम दीवानगी के से आलम में ऊपर कोठे पर खड़ी थी—उसने मुँडेर पर की उखड़ी हुई ईंट उठाई और ज़ोर-ज़ोर से उसे दूसरी ईंट के साथ बजाया।

कोई न आया।

उसने फिर ईंट को दूसरी ईंट के साथ टकराया।

चंद लम्हात के बाद एक ख़ूबसूरत नौजवान, जो नसीमा के छः कँवारे भाइयों में से बड़ा था और बरसाती में बैठा बी.ए. के इम्तिहान की तैयारी कर रहा था, बाहर निकला—उसने

देखा कि मुँडेर के उस तरफ़ एक दुबली-पतली, नाज़ुक अंदाम लड़की खड़ी है। बड़ी परेशान हाल, बाल खुले हैं, होंठों पर पपड़ियाँ जमी हैं; आँखों में सैकड़ों ज़ख़्मी उमंगें सिमटी हैं।

क़रीब आकर उसने फ़रख़ुंदा से पूछा : "किसे बुला रही हैं आप?"

फ़रख़ुंदा ने उस नौजवान को बड़ी गहरी दिलचस्पी और ग़ौर से देखा : "मैं नसीमा को बुला रही थी।"

नौजवान ने सिर्फ़ इतना कहा : "ओह···चलो, आओ···" और यह कहकर उसने मुँडेर के उस तरफ़ से हलकी-फुलकी फ़रख़ुंदा को उठाया और बरसाती में ले गया, जहाँ वह कुछ देर पहले इम्तिहान की तैयारी कर रहा था।

दूसरे दिन जिन ग़ायब हो गया···फ़रख़ुंदा बिलकुल ठीक थी।

अगले महीने उसकी शादी नसीमा के उसी भाई से हो गई, जिसमें नसीमा शरीक न हुई।

---

1. लागू; 2. और ज़्यादा; 3. परिचित; 4. नयन-नक्श; 5. हर्ज; 6. सुगंधित; 7. प्रगाढ़; 8. श्रेष्ठ; 9. माफ़ीनामा; 10. निरानंद; 11. प्रेत-बाधा; 12. जिसका विश्वास दृढ़ न हो; 13. प्रार्थना।

गिलगित ख़ान

शहबाज़ ख़ान ने एक दिन अपने मुलाज़िम जहाँगीर को, जो उसके होटल में अंदर-बाहर का काम करता था, उसकी सुस्त रफ़्तारी से तंग आकर बरतरफ़ कर दिया—असल में जहाँगीर सुस्त-रौ नहीं था। वह इस क़दर तेज़ था कि उसकी हर हरकत शहबाज़ ख़ान को ग़ैर-मुतहर्रिक[1] मालूम होती थी।

शहबाज़ ख़ान ने उसको एक महीने की तनख़्वाह दी—जहाँगीर ने उसको सलाम किया और टिकट कटाकर सीधा बिलोचिस्तान चला गया, जहाँ कोयले की कानें निकल रही थीं, और जहाँ उसके कई और दोस्त चले गए थे—उसने गिलगित अपने भाई हमज़ां ख़ान को ख़त लिखा कि वह शहबाज ख़ान के यहाँ मुलाज़िमत कर ले, क्योंकि उसे अपना यह आक़ा पसंद था।

एक दिन हमज़ा ख़ान, शहबाज़ ख़ान के होटल में आया और एक कार्ड दिखाकर बोला : "ख़ो अम मुलाज़मत चाहता है··· अमारे भाई ने लिखा है कि तुम अच्छा और टीक आदमी है··· ख़ो अम भी अच्छा और टीक है··· तुम कितना पैसा देगा?"

शहबाज़ ख़ान ने हमज़ा ख़ान की तरफ़ देखा—जहाँगीर का भाई तो वह किसी लिहाज़ से दिखाई नहीं देता था। नाटा-सा क़द, नाक चौड़ी-चपटी; निहायत बदशक्ल।

शहबाज़ ख़ान ने उसे एक नज़र देखकर और जहाँगीर का ख़त पढ़कर सोचा कि उसको निकाल बाहर करे, मगर वह नेक आदमी था और उसने कभी किसी साइल[2] को ख़ाली हाथ नहीं जाने दिया था।

हमज़ा ख़ान को चुनांचे उसने पंद्रह रुपए माहवार पर मुलाज़िम रख लिया और यह हिदायत कर दी कि जो काम उसके सुपुर्द किया जाए, ईमानदारी से करे।

हमज़ा ख़ान ने अपने बदनुमा होंठों पर मुस्कराहट पैदा करते हुए शहबाज़ ख़ान को यक़ीन दिलाया : "ख़ान बादशाह, अम तुमको कबी तंग नहीं करेगा···जो तुम कहेगा, मानेगा।"

शहबाज़ ख़ान यह सुनकर ख़ुश हो गया।

हमज़ा ख़ान ने शुरू-शुरू में कुछ इतना अच्छा काम न किया, लेकिन थोड़े अर्से में वह सबकुछ सीख गया—चाय कैसे बनाई जाती है, शक्कर के साथ गुड़ कितना डाला जाता है, कोयलेवालियों से कोयले कैसे हासिल किए जाते हैं और गाहकों के साथ किस क़िस्म का सुलूक रवा रखना चाहिए, यह सब उसने सीख लिया।

उसमें सिर्फ़ एक कमी थी कि वह बेहद बदशक्ल था। बदतमीज़ भी किसी हद तक था—उसकी शक्ल-सूरत देखकर शहबाज़ ख़ान के होटल में आने-जानेवाले कुछ घबरा-से जाते—मगर जब गाहक आहिस्ता-आहिस्ता उसकी बदसूरती से मानूस[3] हो गए तो उन्होंने उसके बारे में सोचना छोड़ दिया, बल्कि बाज़ लोग तो उससे दिलचस्पी लेने लगे, इसलिए कि वह काफ़ी दिलचस्प चीज़ भी था—इस दिलचस्पी से हमज़ा ख़ान की तस्कीन नहीं होती थी। वह यह समझता था कि महज़ हँसी मज़ाक़ की ख़ातिर यह लोग, जो होटल में चंद घंटे गुज़ारने आते हैं, उससे दिलचस्पी का इज़हार करते हैं।

थोड़े ही दिनों में हमज़ा ख़ान, गिलगित ख़ान के नाम से मशहूर हो गया, इसलिए कि वह काफ़ी देर गिलगित में रहा था और वहाँ का ज़िक्र बार-बार किया करता था—बस तो होटल में आने-जानेवालों ने उसका नाम गिलगित ख़ान रख दिया, जिस पर हमज़ा ख़ान को ऐतिराज़ नहीं था—'हमज़ा' के क्या मानी होते हैं, उसको मालूम नहीं था, लेकिन गिलगित का मतलब वह बख़ूबी समझता था।

शहबाज़ ख़ान के होटल में आए उसको क़रीब-क़रीब एक बरस हो गया—इस पूरे अर्से में वह महसूस करता रहा कि उसका मालिक शहबाज़ ख़ान उसकी शक्ल-सूरत से मतनफ़्फ़र[4] है। यह एहसास उसे खाए जाता था।

एक दिन उसने होटल के बाहर कुत्ते का पिल्ला देखा, जो उससे भी कहीं ज़्यादा बदसूरत था। उसको उठाकर वह अपनी कोठड़ी में ले आया, जो उसे होटल की बालाई मंज़िल पर रहने-सहने के लिए दी गई थी। यह इतनी छोटी थी कि अगर कुत्ते का एक और पिल्ला आ जाता तो वह उस कोठड़ी में गिलगित ख़ान के साथ समा न सकता।

कुत्ते के उस पिल्ले की टाँगें टेढ़ी-मेढ़ी थीं। थूथनी बड़ी वाहियात थी—अजीब बात है कि गिलगित ख़ान की अपनी टाँगें, बल्कि यूँ कहिए कि उसका निचला धड़ उसके ऊपर के जिस्मानी हिस्से के मुक़ाबले में बहुत छोटा था—बिलकुल उसके मानिंद वह पिल्ला भी मस्ख़शुदा सूरत का था।

गिलगित ख़ान उससे बहुत प्यार करता—शहबाज़ ख़ान ने उससे कई मर्तबा कहा कि वह उस कुत्ते के बच्चे को गोली मार देगा, मगर गिलगित ख़ान उसको किसी हालत में भी अपने से जुदा करने पर रज़ामंद नहीं था। उसने शुरू-शुरू में तो अपने आक़ा से कुछ न कहा और ख़ामोशी से उसकी बातें सुनता रहा, लेकिन एक रोज़ उसने साफ़ लफ़्ज़ों में कह दिया : ''ख़ो तुम होटल के मालिक हो···मेरे दोस्त टुन-टुन के मालिक नहीं हो।''

शहबाज़ ख़ान यह सुनकर चुप हो गया, इसलिए कि गिलगित ख़ान बड़ा मेहनती था। सुबह पाँच बजे उठता, दो अंगीठियाँ सुलगाता, सामनेवाले नल से पानी भरता और फिर गाहकों की ख़िद्मत में मसरूफ़[5] हो जाता।

टुन-टुन तीन महीनों के बाद बड़ा हो गया। वह गिलगित ख़ान के साथ उसकी कोठड़ी में सोता था, जो होटल की बालाई मंज़िल पर थी—सर्दियाँ थीं, इसलिए गिलगित ख़ान को अपने बिस्तर में उसकी मौजूदगी बुरी मालूम नहीं होती थी, बल्कि वह ख़ुश था कि वह उससे इस क़दर प्यार करता है कि रात को भी उसका साथ नहीं छोड़ता।

'टुन-टुन' नाम गिलगित ख़ान के एक ख़ास गाहक ने रखा था, जो उसकी इंतिहाई

बदसूरती के बावजूद उसमें दिलचस्पी लेता था—कुत्ते का वह पिल्ला, जिसे वह सड़क पर से उठाकर अपने पास ले आया था और जिसकी गर्दन में उसने अपनी तनख़्वाह में से पैसे बचाकर एक ऐसा पट्टा ख़रीदकर डाल दिया था, जिसमें घुँघरू बँधे हुए थे, तो उस ख़ास गाहक ने, जो ग़ालिबन किसी रोज़नामे का कालम-नवीस था, उन घुँघरुओं की आवाज़ सुनकर उसका नाम 'टुन-टुन' रख दिया।

टुन-टुन जब बड़ा हुआ तो उसकी टाँगें और भी ज़्यादा छोटी हो गईं—गिलगित ख़ान की भी यही हालत थी। उसकी टाँगें भी दिन-ब-दिन मुख़्तसर हो रही थीं। ऊपर का धड़ मुनासिबो-मौज़ूँ अंदाज़ में बढ़ गया था—शहबाज़ख़ान को गिलगित ख़ान का यह हुलिया पसंद नहीं था, मगर वह मेहनती था। गधे की मानिंद काम करता। सुबह पाँच बजे से लेकर रात के ग्यारह-बारह बजे तक होटल में रहता। एक घड़ी के लिए भी आराम न करता, लेकिन इस दौरान में वह तीन-चार मर्तबा ऊपर अपनी कोठड़ी में ज़रूर जाता और अपने प्यारे कुत्ते की, जो अब बड़ा हो गया था, देखभाल करता; उसको होटल का बचा-खुचा खाना देता, पानी पिलाता और प्यार करके फ़ौरन वापस चला आता।

एक दिन उसका टुन-टुन बीमार हो गया।

होटल में अक्सर मेडिकल स्टूडेंट आया करते थे, क्योंकि उनका कॉलिज नज़दीक ही था—गिलगित ख़ान ने उनमें से एक को यह कहते हुए सुना कि अगर पेट की शिकायत हो तो मरीज़ को बटेर या मुर्ग़ का गोश्त खिलाना चाहिए; फ़ाक़ा देना सख़्त हिमाक़त है। उसने अपने टुन-टुन को सुबह से कोई चीज़ खाने को नहीं दी थी, इसलिए कि उसको बदहज़्मी की शिकायत थी—मगर जब उसने उस मेडिकल स्टूडेंट की बात सुनी तो उसने इधर-उधर कोई मुर्ग़ तलाश करना शुरू किया, मगर मुर्ग़ न मिला—महल्ला ही कुछ ऐसा था, जिसमें कोई मुर्ग़-मुर्ग़ियाँ नहीं पालता था।

शहबाज़ ख़ान को बटेरबाज़ी का शौक़ था। उसके पास एक बटेर थी, जिसे वह अपनी जान से ज़्यादा अज़ीज़ समझता था—गिलगित ख़ान ने तिनकों का बना हुआ पिंजरा खोला और हाथ डालकर बटेर पकड़ ली, फिर कलिमा पढ़के उसको ज़िब्ह किया और टुन-टुन को खिला दिया।

शहबाज़ ख़ान ने जब पिंजरा ख़ाली देखा तो बहुत परेशान हुआ। उसकी समझ में न आया कि बटेर उसमें से कैसे उड़ गई। वह तो उसके इशारों पर चलती थी। कई पालियाँ उसने बड़ी शान से जीती थीं—उसने गिलगित ख़ान से पूछा तो उसने कहा : "ख़ो मुझे क्या मालूम, तुम्हारा बटेर किदर गया··· भाग गया होगा किदर।"

शहबाज़ ख़ान ने जब ज़्यादा जुस्तुजू[6] की तो उसने देखा कि उसके होटल के सामने, जहाँ बदररौ थी, थोड़ा-सा ख़ून और नुचे हुए पर पड़े हैं। यह बिला शुब्हा उसकी बटेर के थे—वह सर पीट के रह गया। उसने सोचा, कोई ज़ालिम उसे भूनकर खा गया है।

बटेर के पर उसके जाने-पहचाने थे। उसने उनको प्यार से इकट्ठा किया और अपने होटल के पिछवाड़े में, जहाँ खुला मैदान था, एक छोटा-सा गढ़ा खोदकर उन्हें दफ़न कर दिया, फ़ातिहा पढ़ी; इसके बाद उसने कई ग़रीबों को अपने होटल से मुफ़्त खाना भी खिलाया, ताकि मरहूम की रूह को सवाब प्रहुँचे।

जब शहबाज़ ख़ान से कोई उसकी बटेर के मुताल्लिक़ पूछता तो वह कहता : "शहीद हो गया।"

गिलगित ख़ान यह सुनता और अपने कान समेटे ख़ामोश काम में मश्ग़ूल रहता।

उसका टुन-टुन अच्छा हो गया। उसको जो शिकायत थी रफ़ाए हो गई

गिलगित ख़ान बहुत ख़ुश था। उसने अपने प्यारे कुत्ते की सेहतयाबी पर दो भिखारियों को होटल से खाना खिलाया—शहबाज़ ख़ान ने जब पूछा कि उसने उनसे दाम वसूल क्यों नहीं किए तो उसने कहा : "कभी-कभी ख़ैरात भी दे देना चाहिए ख़ान!" यह सुनकर शहबाज़ ख़ान चुप हो गया।

एक दिन मैना का एक बच्चा कहीं से उड़ता-उड़ता गिलगित ख़ान के पास आ गिरा, जबकि वह कॉलिज के किसी लड़के के लिए नाश्ता तैयार करके ले जा रहा था। उसने नाश्ते की ट्रे को एक तरफ़ रखा और मैना के बच्चे को, जो बेहद सहमा हुआ था, पकड़कर उस पिंजरे में डाल दिया जिसमें उसके मालिक शहबाज़ ख़ान की बटेर होती थी।

मैना को उसने सवा महीने तक पाला-पोसा। फिर वह ख़ासी मोटी हो गई। ख़ूब चहकती थी।

एक दिन उसका टुन-टुन आ गया। उसने मैना को देखा तो बेताब हो गया। ऐसा लगता था कि वह चाहता है, किसी तरह मैना तक रसाई हो जाए और वह उसे चबा डाले।

गिलगित ख़ान ने जब देखा कि पिंजरा ऊपर खूँटी के साथ टँगा है, जहाँ उसका टुन-टुन नहीं पहुँच सकता, और बड़ी हसरत भरी नज़रों से मैना को देख रहा है तो उसने पिंजरे में से मैना को निकाला, उसके पर नोचे, गर्दन मरोड़ी और अपने अज़ीज़ कुत्ते के सिपुर्द कर दी।

टुन-टुन ने उस बे-बालो-पर परिंदे की लाश को दो-तीन मर्तबा सूँघा। बड़े ज़ोर की एक छींक उसके नथुनों से बाहर निकली और वह वहाँ से दौड़ गया।

गिलगित ख़ान को बड़ा सद्मा हुआ।

उसी दिन कॉलिज की वह दो लड़कियाँ, जो बाक़ायदा चाय पीने के लिए आती थीं और जिनका वह ख़ास तौर पर ख़याल रखता था, आईं—पहले वह उससे हँस-हँस के बातें किया करती थीं, मगर अब उन्हें जाने क्या हो गया था कि वह उससे ख़फ़ा-ख़फ़ा नज़र आती थीं।

एक ने, जो गिलगित ख़ान को बहुत पसंद थी, उससे पूछा : "तुमने मैना क्यों मारी?"

गिलगित ख़ान एक लहज़े के लिए बौखला-सा गया, लेकिन सँभलकर उसने जवाब दिया : "ख़ो बीबी जी, अमने अपने कुत्ते को डाला था।"

उसने पूछा : "क्या उसने खाई?"

"ख़ो हराम तुख़म ने उसको सूँघा और छोड़ दिया।"

लड़की ने कहा : "तो उसको मारने से क्या फ़ायदा हुआ⋯तुमने पहले भी उसको ख़ान साहब की बटेर ज़िबह करके दी थी⋯क्या उसने खाई थी?"

गिलगित ख़ान ने बड़े फ़ख़्र से जवाब दिया : "खाई थी⋯उसकी हड्डियाँ भी।"

शहबाज़ ख़ान पास खड़ा था—उसने जब यह सुना तो बड़े ज़ोर की एक धौल गिलगित ख़ान की गर्दन पर जमाई : "तुख़म हराम, तुमने अब माना है⋯पहले क्यों इनकार किया था?"

गिलगित ख़ान ख़ामोश रहा।

दोनों लड़कियों ने क़हक़हे लगाए।

गिलगित ख़ान को धौल का इतना ख़याल नहीं था, लेकिन लड़कियों के उन क़हक़हों ने उसके दिल को ज़ख़्मी कर दिया।

शहबाज़ ख़ान को बहुत ग़ुस्सा था—गिलगित ख़ान के धौल जमाकर वह उस पर बरस पड़ा। जितनी गालियाँ उसे याद थीं, उसने अपने नौकर पर सर्फ़ कर दीं, और आख़िर में उससे कहा : "तुम उस टुन-टुन या चुन-चुन से इतना प्यार क्यों करता है···हरामख़ोर, वह भी कोई कुत्ता है···तुमसे ज़्यादा बदशक्ल है···इतना बदशक्ल कि उसको देखकर नफ़्रत पैदा होता है।"

शहबाज़ ख़ान से मार खाकर और उसकी ग़ुस्से की सारी बातें सुनकर, गिलगित ख़ान ऊपर अपनी कोठड़ी में गया···उसके कानों में कॉलिज की दोनों लड़कियों के क़हक़हे गूँज रहे थे।

कोठड़ी के एक कोने में उसका टुन-टुन लेटा था, कुछ अजीब अंदाज़ से टाँगें दीवार के साथ लगाए, जो इस क़दर टेढ़ी थीं कि और ज़्यादा टेढ़ी हो ही नहीं सकती थीं।

गिलगित ख़ान ने कुछ देर ग़ौर किया। इसके बाद उसने अपना कमानीवाला चाक़ू निकाला और टुनटुन की तरफ़ बढ़ा—मगर फिर उसे कोई और ख़याल आया। उसने कमानीवाला चाक़ू बंद करके अपनी जेब में रखा और कुत्ते को बड़े प्यार से बुलाकर अपने साथ ले गया।

जब गिलगित ख़ान और टुन-टुन रेलवे लाइन के पास पहुँचे तो गाड़ी आ रही थी।

गिलगिल ख़ान ने अपने प्यारे कुत्ते को हुक्म दिया कि वह पटड़ियों के ऐन दरमियान खड़ा हो जाए।

उस हैवान टुन-टुन ने अपने आक़ा के हुक्म की तामील की।

गाड़ी पूरी रफ़्तार से आ रही थी।

टुनटुन पटड़ियों के ऐन दरमियान खड़ा गिलगित ख़ान की तरफ़ देख रहा था, ऐसी निगाहों से, जिनसे वफ़ादारी टपक रही थी।

गिलगिल ख़ान ने एक नज़र अपनी तरफ़ देखा—उसने महसूस किया कि उसका कुत्ता उससे कहीं ज़्यादा ख़ुश शक्ल है।

गाड़ी क़रीब आई तो उसने टुन-टुन को धक्का देकर पटरियों से बाहर गिरा दिया और ख़ुद गाड़ी की झपेट में आ गया—उसका बिलकुल क़ीमा हो गया।

कुत्ते ने गोश्त के उस ढेर को सूँघा और ज़ोर-ज़ोर से बड़ी दर्दनाक आवाज़ में रोने लगा।

---

1. स्थिर; 2. ज़रूरतमंद; 3. परिचित; 4. घृणित; 5. व्यस्त; 6. प्रयास।

सब्ज़ सैंडिल

''आपसे अब मेरा निबाह बहुत मुश्किल है⋯मुझे तलाक़ दे दीजिए।''

''लाहौलवला, कैसी बातें मुँह से निकाल रही हो⋯तुमगें सबसे बड़ा ऐब एक यही है कि वक़्तन-फ़वक़्तन तुम पर ऐसे दौरे पड़ते हैं कि होशो-हवास खो देती हो।''

''आप तो बड़े होशो-हवास के मालिक हैं⋯चौबीस घंटे शराब के नशे में धुत रहते हैं।''

''मैं शराब ज़रूर पीता हूँ, लेकिन तुम्हारी तरह बिन पिए मदहोश नहीं रहता⋯वाही-तबाही नहीं बकता।''

''गोया मैं वाही-तबाही बक रही थी ?''

''यह मैंने कब कहा⋯लेकिन तुम ख़ुद सोचो, यह तलाक़ लेना क्या है ?''

''बस, मैं लेना चाहती हूँ⋯जिस ख़ाविंद को अपनी बीवी का ज़र्रा भर ख़याल न हो, उससे तलाक़ न माँगी जाए तो और क्या माँगा जाए ?''

''तुम तलाक़ के अलावा और सब चीज़ें मुझसे माँग सकती हो।''

''आप मुझे दे ही क्या सकते हैं ?''

''यह एक नया इल्ज़ाम तुमने मुझ पर धरा है⋯तुम्हारी-ऐसी ख़ुशनसीब औरत और कौन होगी ?''

''लानत है ऐसी ख़ुशनसीबी पर।''

''लानत न भेजो⋯मालूम नहीं, तुम किस बात पर नाराज़ हो, लेकिन मैं तुम्हें ख़ुलूसे-दिल[1] से यक़ीन दिलाता हूँ कि मुझे तुमसे बेपनाह मुहब्बत है।''

''ख़ुदा मुझे इस मुहब्बत से पनाह दे।''

''अच्छा, छोड़ो इन जली-कटी बातों को⋯बताओ बच्चियाँ स्कूल चली गईं ?''

''आपको उनसे क्या दिलचस्पी है⋯स्कूल जाएँ या जहन्नम में⋯मैं तो दुआ करती हूँ, मर जाएँ।''

''किसी रोज़ तुम्हारी ज़ुबान मुझे जलते चिमटे से बाहर खींचना पड़ेगी⋯शर्म नहीं आती कि अपनी औलाद के लिए ऐसी बकवास कर रही हो !''

''मैंने कहा, मेरे साथ ऐसी बदकलामी न कीजिए⋯शरम आपको आनी चाहिए कि एक औरत से, जो आपकी बीवी है और जिसका एहतिराम[2] आप पर फ़र्ज़ है, आप बाज़ारी अंदाज़ में गुफ़्तुगू कर रहे हैं⋯असल में यह सब आपकी बुरी सोसाइटी का क़ुसूर है।''

''और जो तुम्हारे दिमाग़ में ख़लल है, उसकी वजह क्या है ?''

''आप, और कौन ?''

''क़ुसूरवार हमेशा तुम मुझे ही ठैराती हो···समझ में नहीं आता, तुम्हें क्या हो गया है।''

''मुझे क्या हुआ है···हुआ है तो सिर्फ़ आप हुए हैं···हर वक़्त मेरे सर पर सवार रहते हैं···मैं आपसे कह चुकी हूँ, मुझे तलाक़ दे दीजिए।''

''क्या दूसरी शादी करने का इरादा है···मुझसे उकता गई हो।''

''थू है आप पर···मुझे कोई ऐसी-वैसी औरत समझा है ?''

''तो फिर तलाक़ लेकर क्या करोगी ?''

''जहाँ सींग समाए, चली जाऊँगी···मेहनत-मज़दूरी करूँगी···अपना और अपनी बच्चियों का पेट पालूँगी।''

''तुम मेहनत-मज़दूरी कैसे कर सकोगी···सुबह नौ बजे उठती हो, नाश्ता करके फिर लेट जाती हो, दोपहर का खाना खाने के बाद कम अज़ कम तीन घंटे सोती हो···ख़ुद को धोखा तो न दो।''

''जी हाँ, मैं तो हर वक़्त सोई रहती हूँ और आप हैं कि हर वक़्त जागते रहते हैं···अभी कल ही आपके दफ़्तर से एक आदमी आया था; वह कह रहा था कि हमारे अफ़सर साहब को जब देखो, मेज़ पर सर रखे अंटा ग़फ़ील होते हैं।''

''वह कौन था उल्लू का पट्ठा ?''

''आप अपनी ज़बान दुरुस्त कीजिए।

''भई, मुझे ताव आ गया था···ग़ुस्से में आदमी को अपनी ज़बान पर क़ाबू नहीं रहता।''

''मुझे आप पर इतना ग़ुस्सा आ रहा है, लेकिन मैंने ऐसा कोई ग़ैरमुहज़्ज़ब[3] लफ़्ज़ इस्तेमाल नहीं किया···इंसान को हमेशा दायरा-ए-तहज़ीब में रहना चाहिए···मगर यह सब आपकी बुरी सोसाइटी की वजह है, जो आप ऐसे अल्फ़ाज़ अपनी गुफ़्तगू में इस्तेमाल करते हैं।''

''मैं तुमसे पूछता हूँ, मेरी बुरी सोसाइटी कौन-सी है ?''

''वह कौन है, जो ख़ुद को कपड़े का बहुत बड़ा ताजिर[4] कहता है···उसके कपड़े कभी आपने मुलाहिज़ा किए···बड़ी अदना क़िस्म के और वह भी मैले चिकट···यूँ तो वह बी. ए. है, लेकिन उसके आदातो-अतवार[5], उठना-बैठना ऐसा वाहियात है कि घिन आती है।''

''वह मर्दे-मज्ज़ूब[6] है।''

''यह क्या बला होती है ?''

''तुम नहीं समझोगी···मुझे बेकार वक़्त ज़ाया करना पड़ेगा।''

''जी हाँ, आपका वक़्त बड़ा क़ीमती है···ज़रा-सी बात करने पर भी ज़ाया हो जाता है।''

''तुम असल में कहना क्या चाहती हो ?''

''मैं कुछ कहना नहीं चाहती···जो कहना था, कह दिया···बस मुझे तलाक़ दे दीजिए,

ताकि मेरी जान छूटे⋯इन हर रोज़ के झगड़ों से मेरी ज़िंदगी अजीरन हो गई है।"

"तुम्हारी ज़िंदगी तो मुहब्बत से भरे हुए एक कलिमे से भी अजीरन हो जाती है⋯इसका क्या इलाज है?"

"इसका इलाज़, सिर्फ़ तलाक़ है।"

"तो बुलाओ किसी मौलवी को⋯तुम्हारी अगर यही ख़्वाहिश है तो मैं इन्कार नहीं करूँगा।"

"मैं कहाँ से बुलाऊँ मौलवी को?"

"भई, तलाक़ तुम चाहती हो⋯अगर मुझे लेना होती तो मैं दस मौलवी चुटकियों में पैदा कर लेता⋯मुझसे तुम्हें इस सिलसिले में किसी मदद की तवक़्क़ो नहीं करनी चाहिए⋯तुम जानो, तुम्हारा काम जाने।"

"आप मेरे लिए इतना काम भी नहीं कर सकते?"

"जी नहीं।"

"आप तो अब तक यही कहते आए हैं कि आपको मुझसे बेपनाह मुहब्बत है।"

"दुरुस्त है⋯रफ़ाक़त[7] की हद तक⋯मुफ़ारक़त[8] के लिए नहीं।"

"तो मैं क्या करूँ?"

"जो जी में आए, करो⋯और देखो, मुझे अब ज़्यादा तंग न करो⋯किसी मौलवी को बुला लो कि वह तलाक़नामा लिख दे⋯मैं उस पर दस्तख़त कर दूँगा।"

"हक़े-महर का क्या होगा?"

"तलाक़ चूँकि तुम ख़ुद तलब कर रही हो, इसलिए उसके मुतालबे[9] का सवाल ही पैदा नहीं होता।"

"वाह जी वाह!"

"तुम्हारे भाई बैरिस्टर हैं; उनको ख़त लिखकर पूछ लो⋯जब औरत तलाक़ चाहे तो वह अपना हक़्क़े-महर तलब नहीं कर सकती।"

"तो ऐसा कीजिए कि आप मुझे तलाक़ दे दें।"

"मैं ऐसी बेवक़ूफ़ी क्यों करने लगा⋯मुझे तो तुमसे प्यार है।"

"आपके यह चोंचले मुझे पसंद नहीं⋯प्यार होता तो मुझसे ऐसा सुलूक करते?"

"तुमसे मैंने क्या बदसुलूकी की है?"

"जैसे आप जानते ही नहीं⋯अभी परसों-तरसों की बात है, आपने मेरी नई साड़ी से अपने जूते साफ़ किए थे।"

"ख़ुदा की क़सम, नहीं।"

"तो फिर क्या फ़रिश्तों ने किए थे?"

"मैं इतना जानता हूँ कि आपकी तीनों बच्चियाँ अपने जूतों की गर्द आपकी साड़ी से झाड़ रही थीं⋯मैंने उनको डाँटा भी था।"

"वह ऐसी बदतमीज़ नहीं हैं।"

"काफ़ी बदतमीज़ हैं, इसलिए कि तुम उनको सही तरबियत[10] नहीं देती हो⋯स्कूल से वापस आएँ तो उनसे पूछ लेना कि वह साड़ी का नाजाइज़ इस्तेमाल कर रही थीं या कि

नहीं।''

''मुझे उनसे कुछ पूछना नहीं है।''

''तुम्हारे दिमाग़ को आज, मालूम नहीं, क्या हो गया है⋯ असल वजह मालूम हो जाए तो मैं कोई नतीजा क़ायम कर सकूँ।''

''आप नतीजे क़ायम करते रहेंगे, लेकिन मैं अपना नतीजा क़ायम कर चुकी हूँ⋯ बस आप मुझे तलाक़ दे दीजिए⋯ जिस ख़ाविंद को अपनी बीवी का मुत्लक़न[11] ख़याल न हो, उसके साथ रहने का क्या फ़ायदा?''

''मैंने हमेशा तुम्हारा ख़याल रखा है।''

''आपको मालूम है, कल ईद है?''

''मालूम है⋯ क्यों⋯ कल ही तो मैं बच्चियों के लिए नए बूट लाया हूँ, और उनके फ़्रॉकों के लिए मैंने आज से आठ रोज़ पहले तुम्हें साठ रुपए दिए थे।''

''यह रुपए देकर आपने बड़ा मेरे बाप-दादा पर एहसान किया।''

''एहसान का सवाल ही पैदा नहीं होता⋯ आख़िर बात क्या है?''

''बात यह है कि साठ रुपए कम थे⋯ तीन बच्चियों के लिए आरकंडी चालीस रुपए में आई; फ़ी फ़्रॉक दर्ज़ी ने सात रुपए लिए⋯ बताइए, आपने मुझ पर और बच्चियों पर कौन-सा करम किया।''

''तो एक रुपया तुमने अदा किया।''

''अदा न करती तो फ़्रॉक कैसे मिलते।''

''तो वह रुपया मुझसे अभी ले लो⋯ मेरा ख़याल है, सारी नाराज़ी इसी बात की थी।''

''मैं कहती हूँ, कल ईद है।''

''हाँ-हाँ, मुझे मालूम है⋯ मैं दो मुर्ग़ मँगवा रहा हूँ⋯ इसके अलावा सिवइयाँ भी⋯ तुमने भी कुछ इंतिज़ाम किया?''

''मैं ख़ाक इंतिज़ाम करूँगी।''

''क्यों?''

''मैं चाहती थी, कल सब्ज़ साड़ी पहनूँ⋯ सब्ज़ सैंडिल के लिए आर्डर दे आई थी⋯ आपसे कई मर्तबा कहा कि जाइए और चीनियों की दुकान से दरयाफ़्त कीजिए कि वह सैंडिल अभी तक बनी है या नहीं⋯ मगर आपको मुझसे कोई दिलचस्पी हो तो आप वहाँ जाते।''

''लाहौलवला⋯ यह झगड़ा सारा सब्ज़ सैंडिल का था⋯ जनाब, आपकी यह सैंडिल मैं परसों ही ले आया था⋯ आपकी अलमारी में पड़ी है⋯ आप तो सारा वक़्त सोई रहती हैं⋯ आपने अलमारी खोली ही नहीं होगी⋯''

---

1. मन की सच्चाई; 2. सम्मान, इज़्ज़त; 3. असभ्य; 4. सौदागर; 5. आचार-व्यवहार; 6. जिस पर आरोप लगाया गया हो; 7. दोस्ती; 8. जुदाई; 9. माँग, 10. लालन पालन; 11 बिलकुल।

बीमार

अजीब बात है कि जब भी किसी लड़की या औरत ने मुझे ख़त लिखा है 'भाई' से मुख़ातिब किया, और बे-रब्त तहरीर में इस बात का ज़रूर ज़िक्र किया कि वह शदीद तौर पर अलील है; मेरी तसानीफ़[1] की तारीफ़ें कीं; ज़मीनो-आसमान के कुलाबे मिला दिए।

मेरी समझ में नहीं आता था कि यह लड़कियाँ और औरतें, जो मुझे ख़त लिखती हैं, बीमार क्यों होती हैं—शायद इसलिए कि मैं ख़ुद अक्सर बीमार रहता हूँ। या कोई और वजह होगी, जो इसके सिवा और कोई नहीं हो सकती कि वह मेरी हमदर्दी चाहती हैं।

मैं ऐसी लड़कियों और औरतों के ख़तों का उमूमन जवाब नहीं दिया करता, लेकिन बाज़ औक़ात दे भी दिया करता हूँ··· आख़िर इंसान हूँ। ख़त अगर बहुत ही दर्दनाक हो तो उसका जवाब देना इंसानी फ़राइज़ में शामिल हो जाता है।

पिछले दिनों मुझे एक ख़त मौसूल[2] हुआ, जो काफ़ी लंबा था—उसमें भी एक ख़ातून ने, जिसका नाम मैं ज़ाहिर करना नहीं चाहता, यह लिखा था कि वह मेरी तहरीरों की शैदाई है; वह एक अर्से से बीमार है; उसका ख़ाविंद भी दाइमुलमरीज़[3] है—और उसने अपना ख़याल ज़ाहिर किया था कि जो बीमारी उसे लगी है, उसके ख़ाविंद की वजह से है।

मैंने उस ख़त का जवाब न दिया—लेकिन उसकी तरफ़ से दूसरा ख़त आया, जिसमें यह गिला था कि मैंने उसके पहले ख़त की रसीद तक नहीं भेजी है—चुनांचे मुझे मजबूरन उसको ख़त लिखना पड़ा, मगर बड़ी एहतियात के साथ।

मैंने अपने ख़त में उससे हमदर्दी का इज़हार किया—उसने लिखा था कि वह और भी ज़्यादा अलील हो गई है और मरने के क़रीब है—यह पढ़कर मैं बहुत मुतास्सिर हुआ था। चुनांचे उसी तासीर के मातहत मैंने बड़े जज़्बाती अंदाज़ में उसे ख़त लिखा और उसको यह समझाने की कोशिश की कि ज़िंदगी, ज़िंदा रहने के लिए है; ज़िंदगी से मायूस हो जाना मौत है; अगर वह ख़ुद में इतनी क़ुव्वते-इरादी[4] पैदा करले तो उसकी बीमारी का नामो-निशान तक न रहेगा—और कि मैं ख़ुद पिछले दिनों मौत के मुँह में था; सब डॉक्टर जवाब दे चुके थे, लेकिन मैंने मौत का ख़याल भी न किया था; नतीजा इसका यह निकला था कि डॉक्टर हैरत में गुम होके रह गए थे और मैं हस्पताल से बाहर निकल आया था।

मैंने उसको यह भी लिखा कि क़ुव्वते-इरादी ही एक ऐसी चीज़ है, जो हर नामुमकिन चीज़ को मुमकिन बना देती है; वह अगर बीमार है तो ख़ुद को यह यक़ीन दिलाए कि नहीं, वह बीमार नहीं, अच्छी-भली तंदुरुस्त है।

मेरे ख़त के जवाब में उसने जो कुछ लिखा, उससे मैंने यह नतीजा अख़्ज़[5] किया कि उस पर मेरे वाज़[6] का कोई असर नहीं हुआ है।

उसका ख़त बड़ा तवील था, पाँच सफ़्हों पर मुश्तमिल[7]—उसकी मंतिक़[8] और उसका फ़लसफ़ा[9] अजीब क़िस्म का था। वह इस बात पर मुसिर थी कि ख़ुदा को यह मंज़ूर नहीं कि वह ज़्यादा देर तक इस दुनिया में ज़िंदा रहे—इसके अलावा उसने यह भी लिखा था कि मैं अपनी ताज़ा किताबें उसे भेज दूँ।

मैंने दो नई किताबें उसको भेज दीं।

उनकी रसीद आ गई—बहुत बहुत शुक्रिया अदा किया गया था, और मेरी तारीफ़ें ही तारीफ़ें थीं।

मुझे बड़ी कोफ़्त हुई—जो किताबें मैंने उसको भेजी थीं, मेरी नज़र में उनकी वक़अत नहीं थी, इसलिए कि वह सिर्फ़ हर रोज़ कुछ कमाने के लिए लिखी गई थीं—चुनांचे मैंने उसे लिखा : "तुमने मेरी इन दो किताबें की जो इतनी तारीफ़ की है, ग़लत है। यह किताबें महज़ बकवास हैं...तुम मेरी पुरानी किताबें पढ़ो। उनमें तुम पूरी तरह मुझे जलवागर पाओगी।"

मैंने इस ख़त में अफ़सानानवीसी के फ़न पर भी बहुत-कुछ लिख दिया—बाद में मुझे अफ़सोस हुआ कि मैंने यह झक क्यों मारी। अगर लिखना ही था तो किसी रिसाले या परचे के लिए लिखता; यह क्या कि एक औरत को, जिसका मैं सूरत-आश्ना[10] भी नहीं, इतना तवील और पुर-मग़ज़ ख़त लिख दिया।

बहरहाल जब लिख दिया तो उसे पोस्ट करना ही था।

उसका जवाब तीसरे रोज़ आ गया—अब के मुझे "प्यारे भाई जान" से मुख़ातिब किया गया था—उसने मेरी पुरानी तस्नीफ़ात मँगवा ली थीं और उन्हें पढ़ रही थी, लेकिन उसकी बीमारी रोज़-बरोज़ बढ़ रही थी—उसने मुझसे पूछा था कि वह किसी हकीम का इलाज क्यों न कराए, क्योंकि वह डॉक्टरों से बिल्कुल नाउम्मीद हो चुकी है।

मैंने उसे जवाब में लिखा : "इलाज तुम किसी से भी कराओ, ख़्वाह यह डॉक्टर हो या हकीम, लेकिन याद रखो, सबसे अच्छा मुआलिज[11] ख़ुद आदमी आप होता है...अगर तुम अपनी ज़ेहनी परेशानियाँ दूर कर दो तो चंद रोज़ में तंदुरुस्त ओ जाओगी!"

मैंने इस मौज़ू पर एक तवील लैक्चर भी उसको लिखकर भेजा—एक महीने के बाद उसकी रसीद पहुँची, जिसमें यह लिखा था कि उसने मेरी नसीहत पर अमल किया, लेकिन खातिरख़्वा नतीजा बरामद न हुआ, और ये कि वह मुझसे मिलने आ रही है— वह दो-तीन रोज़ में हैदराबाद से बंबई पहँच जाएगी और चंद रोज़ मेरे हाँ ठैरेगी।

मैं बहुत परेशान हुआ—छडा छटाँक था। एक फ़्लैट में रहता था, जिसमें दो कमरे थे—मैंने सोचा, अगर यह आ गईं तो मैं एक कमरा उनको दे दूँगा; उसमें वह चंद दिन गुज़ारना चाहें तो गुज़ार लें; इलाज का बंदोबस्त भी हो जाएगा, इसलिए कि बंबई का एक बहुत बड़ा हकीम मेरा बड़ा मेहरबान था।

छः रोज़ तक, आप यह समझिए कि मैं सूली पर लटका रहा—अख़बारवाले ने दरवाज़े पर दस्तक दी तो मैंने यह समझा कि वह मुहतरमा तश्रीफ़ ले आई हैं। बावर्चीख़ाने में

नौकर ने अगर किसी बर्तन पर राख मलना शुरू की तो मेरा दिल धक-धक करने लगा कि शायद वह आवाज़ मुहतरमा के सैंडिलों की है।

सातवें रोज़ सुबह मैंने इत्मीनान से 'टाइम्स ऑफ़ इंडिया' पढ़ा, इसलिए कि मुझे यक़ीन हो गया कि अब वह नहीं आएगी।

मैं हिंदू-मुस्लिम फ़सादात की ख़बरें पढ़ रहा था कि दरवाज़े पर दस्तक हुई—मैं समझा कि दूधवाला है। चुनांचे मैंने नौकर को आवाज़ दी: "रहीम, देखो कौन है?"

रहीम चाय बना रहा था—वह उबलती हुई केतली को वहीं चूल्हे पर छोड़कर बाहर निकला और उसने दरवाज़ा खोला—थोड़ी देर के बाद वह मेरे कमरे में आया और उसने मुझसे मुख़ातिब होकर कहा: "एक औरत आई है।"

मैं हैरतज़दा हो गया: "औरत!"

"जी हाँ...एक औरत बाहर खड़ी है...वह आपसे मिलना चाहती है।"

मैं समझ गया कि वह औरत वही होगी—बीमार, जो मुझे ख़त लिखती रही है—चुनांचे मैंने रहीम से कहा: "उसको अंदर ले आओ और बड़े कमरे में बिठा दो, और कह दो कि साहब अभी आते हैं।"

"जी अच्छा," कहकर रहीम चला गया।

मैंने अख़बार एक तरफ़ रख दिया और सोचने लगा कि वह औरत किस क़िस्म की होगी—दिक़ की मारी हुई या मफ़्लूज[12]—मेरे पास क्यों आई है—नहीं, मुझसे मिलने आई है—ग़ालिबन किसी तबीब[13] से अपना इलाज कराने आई है।

मैं उठा और ग़ुस्लख़ाने में चला गया—वहाँ देर तक नहाता रहा और सोचता रहा कि वह औरत, जो उसको इतने लंबे-चौड़े ख़त लिखती रही है और जिसको कोई ख़तरनाक बीमारी चिमटी हुई है, किस शक्ल-सूरत की होगी।

बेशुमार शक्लें मेरे तसव्वुर में आईं। पहले मैंने सोचा, अपाहिज होगी और मुझे उसको कुछ देना पड़ेगा। यह महज़ इत्तिफ़ाक़ की बात है कि जिस दिन वह आई, उस दिन तीन तारीख़ थी, और इधर-उधर का बिल अदा करने के बाद तनख़्वाह के तीन सौ रुपए मेरे पास बच गए थे। इसलिए मेरी परेशानी में इज़ाफ़ा न हुआ—मैंने नहाते-नहाते यह फ़ैसला कर लिया कि अगर उसे मदद की ज़रूरत होगी तो मैं उसे एक सौ रुपए दे दूँगा।

फ़ौरन मुझे ख़याल आया कि शायद उसको दिक़ हो और मुझे उसको हस्पताल में दाख़िल कराना पड़े—दाख़िला कोई मुश्किल नहीं था, इसलिए कि मेरे कई डॉक्टर दोस्त जे. जे. हस्पताल में काम करते थे; मैं उनमें से किसी एक से भी कह देता कि उस माज़ूर[14] औरत को दाख़िल कर लें तो वह कभी इनकार न करते।

मैं काफ़ी देर तक नहाता और उस औरत के मुताल्लिक़ सोचता रहा।

औरतों से मिलते हुए मुझे बड़ी उलझन महसूस होती थी। यही वजह है कि मैंने एक जगह निकाह तो कर लिया था, लेकिन पिछले डेढ़ बरस से सोच रहा था कि अगर उसे अपने घर ले आऊँगा तो क्या होगा? जो होना होता, वह तो ख़ैर हो ही जाता, मगर सबसे बड़ा मसला, जो मुझे परेशान किए हुए था, यह था कि मैं, जिसने सारी ज़िंदगी में किसी औरत की क़ुर्बत[15] हासिल नहीं की, अपनी बीवी से किस तरह पेश आता।

अब एक औरत साथवाले कमरे में बैठी मेरा इंतिज़ार कर रही थी और मैं डोंगे-पे-डोंगे भरकर अपने बदन पर बेकार डाल रहा था—मैं असल में ख़ुद को उस औरत से मुलाक़ात करने के लिए तैयार कर रहा था।

काफ़ी देर नहाने के बाद मैं ग़ुस्लख़ाने से बाहर निकला। कमरे में जाकर कपड़े तब्दील किए, बालों में तेल लगाया, कंघी की और फिर सोचते-सोचते पलंग पर लेट गया।

चंद लम्हात के बाद रहीम आया और उसने मुझसे कहा : "वह औरत पूछती है कि आप कब फ़ारिग़ होंगे ?"

मैंने रहीम से कहा : "उनसे कह दो, बस पाँच मिनट में आते हैं, कपड़े तब्दील कर रहे हैं।"

रहीम "जी अच्छा" कहकर चला गया।

मैंने सोचा, अब और ज़्यादा सोचना फ़ुज़ूल है, चलो अब उससे मिल ही लो; इतनी ख़तो-किताबत होती रही है, और फिर वह इतनी दूर से मिलने आई है; बीमार है; इंसानी शराफ़त का तक़ाज़ा है कि उसकी ख़ातिरदारी और दिलजोई की जाए।

मैंने पलंग पर से उठकर स्लीपर पहने और दूसरे कमरे में, जहाँ वह औरत थी, दाख़िल हुआ—वह बुर्क़ा पहने हुए थी—मैं सलाम करके एक तरफ़ बैठ गया।

मुझे उसके बुर्क़े के सियाह नक़ाब में सिर्फ़ उनकी नाक दिखाई दी, जो काफ़ी तीखी थी—मैं बहुत उलझन महसूस कर रहा था कि उससे क्या कहूँ—बहरहाल मैंने गुफ़्तगू का आग़ाज़[16] किया : "मुझे बहुत अफ़सोस है कि आपको इतनी देर इंतिज़ार करना पड़ा···दरअसल मैं अपनी आदत की वजह से···"

उस औरत ने मेरी बात काटकर रहा : "जी कोई बात नहीं···आप ख़्वाहमख़्वाह तकल्लुफ़ कर रहे हैं···मैं तो इंतिज़ार की आदी हो चुकी हूँ।"

मेरी समझ में कुछ न आया कि मैं क्या कहूँ—बस जो लफ़्ज़ ज़ुबान पर आए, मैंने उगल दिए : "आप किसका इंतिज़ार करती रही हैं ?"

उसने अपने चेहरे से नक़ाब थोड़ी-सी उठाई, इसलिए कि वह अपने नन्हे-से रूमाल से अपने आँसू पोंछना चाहती थी—आँसू पोंछने के बाद उसने मुझसे पूछा : "आपने क्या कहा था मुझसे ?"

उसकी ठोड़ी बड़ी प्यारी थी, जैसे बनारसी आम की केरी—जब उसकी नक़ाब उठी थी तो मैंने उसकी एक झलक देख ली थी।

मैं उसके सवाल का जवाब न दे सका, इसलिए कि मैं उसकी ठोड़ी में गुम हो गया था—आख़िर उसे ही बोलना पड़ा : "आपने पूछा था, मैं किसका इंतिज़ार करती रही हूँ···जवाब सुनना चाहते हैं आप ?"

"जी हाँ···फ़रमाइए···लेकिन देखिए, कोई ऐसी बात न हो जिससे क़ुनूतियत[17] का इज़हार हो।"

उस औरत ने अपनी नक़ाब पलट दी—मुझे ऐसा महसूस हुआ कि काली बदलियों में चाँद निकल आया है।

उसने नीची निगाहों से मुझसे कहा : "जानते हैं आप, मैं कौन हूँ ?"

मैंने जवाब दिया : "जी नहीं।"

उसने कहा : "मैं आपकी बीवी हूँ, जिससे आपने आज से डेढ़ बरस पहले निकाह किया था... मैं आपको लिखती रही हूँ कि मैं बीमार हूँ... मैं बीमार नहीं हूँ... लेकिन अगर आपने इस तरह मुझे इंतिज़ार में रखा तो मैं यक़ीनन बीमार हो जाऊँगी और मर भी जाऊँगी..."

मैं दूसरे रोज़ ही उसको घर ले आया, बड़े ठाट से—अब मैं बहुत ख़ुश हूँ।

यह वाक़िआ मुझे मेरे एक दोस्त ने, जो अफ़सानिगार और शाइर है, सुनाया था, जिसे मैंने अपने अंदाज़ में रक़म[18] किया है।

---

1. रचनाएँ; 2. प्राप्त; 3. सदा का रोगी; 4. संकल्प-शक्ति; 5. निकाला; 6. उपदेश, नसीहत; 7. सम्मिलित; 8. तर्क; 9. दर्शन; 10. चेहरे से परिचित; 11. चिकित्सक; 12. पक्षाघाती; 13. वैद्य, हकीम; 14. विवश, लाचार; 15. निकटता; 16. आरंभ; 17. निराशावाद; 18. लिखना।

डॉक्टर शरोडकर

बंबई में डॉक्टर शरोडकर का बहुत नाम था, इसलिए कि वह औरतों के अमराज़[1] का बेहतरीन मुआलिज[2] था। उसके हाथ में शिफ़ा थी। उसका शिफ़ाख़ाना बहुत बड़ा था, एक आलीशान इमारत की दो मंज़िलों में, जिनमें कई कमरे थे। निचली मंज़िल के कमरे मुतवस्सित[3] और निचले तबके की औरतों के लिए मख़्सूस[4] थे, बालाई मंज़िल के कमरे अमीर औरतों के लिए।

एक लेबारेट्री थी और उसके साथ ही कंपाउंडर का कमरा। एक्स-रे का कमरा अलहदा था—उसकी माहाना आमदन ढाई-तीन हज़ार के क़रीब होगी।

मरीज़ औरतों के खाने का इंतिज़ाम बहुत अच्छा था, जो उसने एक पारसन के सिपुर्द कर रखा था, जो उसके एक दोस्त की बीवी थी।

डॉक्टर शरोडकर का यह छोटा-सा हस्पताल, मेटरनिटी होम भी था—बंबई की आबादी के मुताल्लिक़ आप अंदाज़ा लगा सकते हैं, कितनी होगी। वहाँ बेशुमार सरकारी हस्पताल और मेटरनिटी होम हैं, लेकिन इसके बावजूद डॉक्टर शरोडकर का क्लीनिक भरा रहता। बाज़ औक़ात तो उसे कई केसों को मायूस करना पड़ता, इसलिए कि कोई बेड ख़ाली नहीं रहता था।

उस पर लोगों को एतिमाद[5] था। यही वजह है कि वह अपनी बीवियाँ और जवान लड़कियाँ उसके हस्पताल में छोड़ आते थे, जहाँ उनका बड़ी तवज्जोह से इलाज किया जाता था।

डॉक्टर शरोडकर के हस्पताल में दस-बारह नर्सें थीं। यह सबकी-सब मेहनती और पुर-ख़ुलूस थीं। मरीज़ औरतों की बहुत अच्छी तरह देखभाल करतीं—इन नर्सों का इंतिख़ाब[6] डॉक्टर शरोडकर ने बड़ी छानबीन के बाद किया था—वह बुरी और भद्दी शक्ल की कोई नर्स अपने हस्पताल में रखना नहीं चाहता था।

एक मर्तबा जब चार नर्सों ने दफ़अतन शादी करने का फ़ैसला किया तो डॉक्टर बहुत परेशान हुआ—जब वह चारों चली गईं तो उसने मुख़्तलिफ़ अख़बारों में इश्तिहार दिए कि उसे नर्सों की ज़रूरत है। कई आईं। डॉक्टर शरोडकर ने उनसे इंटरव्यू किया, मगर उसे उनमें किसी की शक्ल पसंद न आई।

किसी का चेहरा टेढ़ा-मेढ़ा, किसी का क़द अँगुश्ताने भर का, किसी का रंग ख़ौफ़नाक तौर पर काला, किसी की नाक गज़ भर लंबी—लेकिन वह भी अपनी हठ का पक्का था।

उसने और इश्तिहार अख़बारों में दिए और आख़िर उसने चार ख़ुश-शक्ल और नफ़ासत पसंद नर्सें चुन ही लीं।

अब वह मुत्मइन[7] था, चुनांचे उसने फिर दिल जमई से काम शुरू कर दिया। मरीज़ औरतें भी ख़ुश हो गईं, इसलिए कि चार नर्सों के चले जाने से उनकी ख़बरगीरी अच्छी तरह नहीं हो रही थी। यह नई नर्सें भी ख़ुश थीं कि डॉक्टर शरोडकर उनसे बड़ी शफ़क़त[8] से पेश आता था। उन्हें वक़्त पर तनख़्वाह मिलती थी। दोपहर का खाना हस्पताल ही उन्हें मुहैया[9] करता। वर्दी भी हस्पताल के ज़िम्मे थी।

डॉक्टर शरोडकर की आमदनी चूँकि बहुत ज़्यादा थी, इसलिए वह इन छोटे-मोटे इख़राजात[10] से घबराता नहीं था। शुरू-शुरू में जब उसने सरकारी हस्पताल की मुलाज़िमत छोड़कर ख़ुद अपना हस्पताल क़ायम किया तो उसने थोड़ी-बहुत कंजूसी की, मगर बहुत जल्द उसने खुलकर ख़र्च करना शुरू कर दिया।

उसका इरादा था कि शादी कर ले, मगर उसे हस्पताल से एक लम्हे की फ़ुर्सत नहीं मिलती थी—दिन-रात उसको वहीं रहना पड़ता। बालाई मंज़िल में उसने एक छोटा-सा कमरा अपने लिए मख़्सूस[11] कर लिया था, जिसमें वह रात को चंद घंटे सो जाता। लेकिन अक्सर उसे जगा दिया जाता, जब किसी मरीज़ औरत को उसकी फ़ौरी तवज्जोह की ज़रूरत होती।

तमाम नर्सों को उससे हमदर्दी थी कि उसने अपनी नींद, अपना आराम हराम कर रखा है। वह अक्सर उससे कहतीं : "डॉक्टर साहब, आप कोई असिस्टेंट क्यों नहीं रख लेते?"

डॉक्टर शरोडकर जवाब देता : "जब कोई क़ाबिल मिलेगा तो रख लूँगा।"

वह कहतीं : "आप तो अपनी क़ाबलियत का चाहते हैं। भला वह कहाँ से मिलेगा?"

"मिल जाएगा।"

नर्सें यह सुनकर ख़ामोश हो जातीं और अलग जाकर आपस में बातें करतीं : "डॉक्टर शरोडकर अपनी सेहत ख़राब कर रहे हैं। किसी दिन कहीं कोलैप्स न हो जाएँ।"

"हाँ, उनकी सेहत काफ़ी गिर चुकी है...वज़न भी कम हो गया है।"

"खाते-पीते भी बहुत कम हैं।"

"हर वक़्त मस़रूफ़ जो रहते हैं।"

"अब उन्हें कौन समझाए।"

क़रीब-क़रीब हर रोज़ उनके दरमियान इसी क़िस्म की बातें होतीं—उनको डॉक्टर से इसलिए भी बहुत ज़्यादा हमदर्दी थी कि वह बहुत शरीफ़ुन्नफ़्स इंसान था। उसके हस्पताल में सैकड़ों ख़ूबसूरत और जवान औरतें इलाज के लिए आती थीं, मगर उसने कभी उनको बुरी निगाहों से नहीं देखा था। वह बस अपने काम में मगन रहता।

असल में उसे अपने पेशे से एक क़िस्म का इश्क़ था—वह इस तरह इलाज करता था, जिस तरह कोई शफ़क़त और प्यार का हाथ किसी के सर पर फेरे।

जब वह सरकारी हस्पताल में मुलाज़िम था तो उसके ऑपरेशन करने के अमल के मुताल्लिक़ यह मशहूर था कि वह नश्तर नहीं चलाता, ब्रुश से तस्वीरें बनाता है। और यह वाक़या था कि उसके किए हुए ऑपरेशन नव्वे फ़ी-सद कामयाब रहते थे।

उसको इस फ़न में महारते-नामा हासिल थी। इसके इलावा ख़ुद-एतिमादी भी थी, जो उसकी कामयाबी का सबसे बड़ा राज़ थी।

एक दिन वह एक औरत का, जिसके हाँ औलाद नहीं होती थी, बड़े ग़ौर से मुआइना करके बाहर निकला और अपने दफ़्तर में गया तो उसने देखा कि एक बड़ी हसीन लड़की बैठी है—डॉक्टर शरोडकर एक लहज़े के लिए ठिठक गया। उसने निसवानी हुस्न का ऐसा नादिर[12] नमूना पहले कभी नहीं देखा था।

वह अंदर दाख़िल हुआ—लड़की ने कुर्सी पर से उठना चाहा—डॉक्टर ने उससे कहा : ''बैठो-बैठो।'' और यह कहकर वह अपनी घूमनेवाली कुर्सी पर बैठ गया। फिर पेपरवेट पकड़कर उसके अंदर हवा के बुलबुलों को देखते हुए उस लड़की से मुख़ातिब हुआ : ''बताओ, तुम कैसे आईं?''

लड़की ने आँखें झुकाकर कहा : ''एक प्राइवेट···बहुत ही प्राइवेट बात है, जो मैं आपसे करना चाहती हूँ।''

डॉक्टर शरोडकर ने उसकी तरफ़ देखा—उसकी झुकी हुई आँखें भी बला की ख़ूबसूरत दिखाई दे रही थीं—डॉक्टर ने उससे पूछा : ''प्राइवेट बात तुम कर लेना···पहले अपना नाम बताओ।''

लड़की ने जवाब दिया : ''मैं···मैं अपना नाम बताना नहीं चाहती।''

डॉक्टर की दिलचस्पी इस जवाब से बढ़ गई : ''कहाँ रहती हो?''

''शोलापुर में···आज ही यहाँ पहुँची हूँ।''

डॉक्टर ने पेपरवेट मेज़ पर रख दिया : ''इतनी दूर से यहाँ आने का मक़सद क्या है?''

लड़की ने जवाब दिया : ''मैंने कहा है ना कि मुझे आपसे एक प्राइवेट बात करनी है।''

इतने में एक नर्स अंदर दाख़िल हुई—लड़की घबरा गई—डॉक्टर ने उस नर्स को चंद हिदायात दीं, जो वह पूछने आई थी। फिर उसने नर्स से कहा : ''अब तुम जा सकती हो···हाँ किसी नौकर से कह दो कि वह कमरे के बाहर खड़ा रहे और किसी को अंदर न आने दे।''

नर्स ''जी अच्छा'' कहकर चली गई—डॉक्टर ने दरवाज़ा बंद कर दिया और अपनी कुर्सी पर बैठकर उस हसीन लड़की से मुख़ातिब हुआ : ''अब तुम अपनी प्राइवेट बात मुझे बता सकती हो।''

शोलापुर की लड़की शदीद घबराहट और उलझन महसूस कर रही थी। उसके होंठों पर लफ़्ज़ आते, मगर फिर वापस उसके हलक़ के अंदर चले जाते—आख़िर उसने हिम्मत और जुर्रत से काम लिया और रुक-रुक के सिर्फ़ इतना कहा : ''मुझसे···मुझसे एक ग़लती हो गई है···मैं बहुत घबरा रही हूँ।''

डॉक्टर शरोडकर समझ गया, लेकिन फिर भी उसने उस लड़की से कहा : ''ग़लतियाँ इंसान से हो ही जाती हैं···तुमसे क्या ग़लती हुई है?''

लड़की ने थोड़े वक़्फ़े के बाद जवाब दिया : ''वही···वही जो बेसमझ जवान लड़कियों से हुआ करती है।''

डॉक्टर ने कहा : ''मैं समझ गया···लेकिन अब तुम क्या चाहती हो?''

लड़की फ़ौरन अपने मक़सद की तरफ़ आ गई : ''मैं चाहती हूँ कि वह ज़ाये हो

जाए···सिर्फ़ एक महीना हुआ है।"

डॉक्टर शरोडकर ने कुछ देर सोचा, फिर बड़ी संजीदगी से कहा : "यह जुर्म है···तुम जानती नहीं हो।"

लड़की की भूरी आँखों में यह मोटे-मोटे आँसू उमड़ आए : "तो मैं ज़हर खा लूँगी।" यह कहकर उसने ज़ारों-क़तार रोना शुरू कर दिया।

डॉक्टर को उस पर बड़ा तरस आया—वह अपनी जवानी की पहली लग़ज़िश तय कर चुकी थी। पता नहीं, वह क्या लम्हात थे कि उसने अपनी इस्मत किसी मर्द के हवाले कर दी और अब पछता रही है और इतना परेशान हो रही है।

उसके पास इससे पहले ऐसे कई केस आ चुके थे, मगर उसने यह कहकर साफ़ इनकार कर दिया था कि वह जीव हत्या नहीं कर सकता; यह बहुत बड़ा गुनाह और जुर्म है।

मगर शोलापुर की उस लड़की ने उस पर कुछ ऐसा जादू किया कि वह उसकी ख़ातिर यह जुर्म करने पर तैयार हो गया—उसने उसके लिए एक अलहदा कमरा मुख़्तस[13] कर दिया। किसी नर्स को उसके अंदर जाने की इजाज़त न थी, इसलिए कि वह उस लड़की के राज़ को इफ़शा करना नहीं चाहता था।

इस्क़ात[14] बहुत ही तकलीफ़देह होता है—जब उसने दवाइयाँ वग़ैरह देकर वह काम कर दिया तो शोलापुर की वह मरहटी लड़की, जिसने आख़िर अपना नाम बता दिया था, बेहोश हो गई—जब वह होश में आई तो नक़ाहत[15] का यह आलम था कि वह अपने हाथ से पानी भी नहीं पी सकती थी।

वह चाहती थी कि जल्द घर वापस चली जाए, मगर डॉक्टर उसे कैसे इजाज़त दे सकता था, जबकि वह चलने-फिरने के क़ाबिल ही नहीं थी — उसने मिस ललिता खटमेकर से कहा: "तुम्हें कम-अज़-कम दो महीने आराम करना पड़ेगा···मैं तुम्हारे बाप को लिख दूँगा कि तुम जिस सहेली के पास आई थीं, वहाँ अचानक तौर पर बीमार हो गई थीं और अब मेरे हस्पताल में ज़ेरे-इलाज हो···तरद्दुद की कोई बात नहीं।"

ललिता मान गई।

वह दो महीने डॉक्टर शरोडकर के ज़ेरे-इलाज रही—जब रुख़्सत का वक़्त आया तो उसने महसूस किया कि वह गड़बड़ फिर पैदा हो गई है। उसने डॉक्टर शरोडकर को इससे आगाह किया।

डॉक्टर मुस्कराया : "फ़िक्र की कोई बात नहीं···मैं तुमसे आज ही शादी कर लूँगा।"

---

1. रोग; 2. चिकित्सक; 3. मध्य; 4. ख़ास, यहाँ निश्चित; 5. विश्वास; 6. चयन; 7. संतुष्ट; 8. सहृदयता; 9. देता; 10. ख़र्च; 11. ख़ास, यहाँ निश्चित; 12. श्रेष्ठ; 13. ख़ास, यहाँ निश्चित; 14. गर्भपात; 15. कमज़ोरी।

अक़्ल दाढ़

''आप मुँह सुजाए क्यों बैठे हैं?''

''भई, दाँत में दर्द हो रहा है···तुम तो ख़्वाहमख़्वाह···''

''ख़्वाहमख़्वाह क्या···आपके दाँत में कभी दर्द हो ही नहीं सकता।''

''वह कैसे?''

''आप भूल क्यों जाते हैं कि आपके दाँत मस्नूई[1] हैं···जो असली थे, वह तो कभी के रुख़्सत हो चुके हैं।''

''लेकिन बेगम, भूलती तुम हो···मेरे बत्तीस दाँतों में सिर्फ़ नौ दाँत मस्नूई हैं, बाक़ी असली और मेरे अपने हैं। अगर तुम्हें मेरी बात पर यक़ीन न हो तो मेरा मुँह खोलकर अच्छी तरह मुआइना कर लो।''

''मुझे यक़ीन आ गया···आपकी हर बात पर मुझे यक़ीन आ जाता है···परसों आपने मुझे यक़ीन दिलाया था कि आप सनीमा नहीं गए थे और मैं मान गई थी···पर आपके कोट की जेब में टिकट पड़ा था।''

''वह किसी और दिन का होगा। मेरा मतलब है, आज से कोई दो-ढाई महीने पहले का, जब मैं किसी दोस्त के साथ पिक्चर देखने चला गया था···वर्ना तुम जानती हो, मुझे फ़िल्मों से कोई दिलचस्पी नहीं···तुम तो ख़ैर हर फ़िल्म देखती हो।''

''ख़ाक···मुझे फ़ुर्सत ही कहाँ होती है।''

''फ़ुर्सत ही फ़ुर्सत है···बच्चियों को सुबह स्कूल भेज दिया···फिर सारा दिन तुम क्या करती हो···नौकर उनको स्कूल से ले आता है···खाना खिला देता है···तुम या तो अपनी किसी सहेली या रिश्तेदारों के हाँ चली जाती हो, या मैटिनी शो देखने···शाम को फिर दौरा पड़ता है और तुम चली जाती हो फिर कोई और फ़िल्म देखने।''

''यह सफ़ेद झूठ है।''

''यह सफ़ेद है न काला, हक़ीक़त है।''

''आपके दाँत का दर्द भी क्या हक़ीक़त है···चटाख़-पटाख़ बातें कर रहे हैं।''

''सबसे बड़ा दर्द तो तुम हो···उसके सामने दाँत का दर्द क्या हक़ीक़त रखता है।''

''तो आपने जिस तरह अपने दाँत निकलवाए थे, उसी तरह मुझे भी निकाल बाहर फेंकिए।''

''मुझमें इतनी हिम्मत नहीं···इसके लिए बड़ी जुर्रत की ज़रूरत है।''

''आप जुर्रत की बात न करें⋯आपको मुफ़्त में एक नौकरानी मिल गई है, जो दिन-रात आपकी ख़िद्मत करती है⋯उसे आप बरतरफ़[2] कैसे कर सकते हैं।''

''ग़ज़ब ख़ुदा का⋯तुमने दिन-रात मेरी कब ख़िदमत की है⋯पिछले महीने, मुझे जब निमूनिया हो गया था तो तुम मुझे बीमारी की हालत में छोड़कर सियालकोट चली गई थीं।''

''वह तो बिलकुल जुदा बात है।''

''जुदा बात क्या है?''

''मुझे, आपको मालूम है, अपनी अज़ीज़तरीन सहेली ने बुलाया था कि उसकी बहन की शादी हो रही थी।''

''और यहाँ जो मेरी बर्बादी हो रही थी।''

''आप अच्छे-भले थे⋯मैंने डॉक्टर से पूछ लिया था⋯उसने मेरी तशफ़्फ़ी[3] कर दी थी⋯उसने कहा था : ''तश्वीश[4] की कोई ज़रूरत नहीं। निमूनिया का अटैक कोई इतना सीरियस नहीं। फिर पैंसिलीन के टीके दिए जा रहे हैं⋯इंशाअल्लाह दो एक-रोज़ में तंदुरुस्त हो जाएँगे।⋯''

''तुम सियालकोट में कितने दिन रहीं?''

''यही कोई दस-पंद्रह दिन।''

''इस दौरान में तुमने मुझे कोई ख़त लिखा, मेरी ख़ैरियत के मुताल्लिक़ पूछा?''

''इतनी फ़ुर्सत ही नहीं थी कि आपको एक सतर भी लिख सकती।''

''लेकिन तुमने अपनी वालिदा मुकर्रमा[5] को चार ख़त लिखे!''

''वह तो बहुत ज़रूरी थे।''

''मैंने सब पढ़े हैं।''

''आपने क्यों पढ़े⋯यह तो बहुत बड़ी बदतमीज़ी है।''

''यह बदतमीज़ी मैंने नहीं की⋯तुम्हारी वालिदा मुकर्रमा ने मुझे ख़ुद उनको पढ़ने के लिए कहा, और मुझे मालूम हुआ कि वह किस क़दर ज़रूरी थे।''

''क्या ज़रूरी न थे?''

''बहुत ज़रूरी थे, इसलिए कि ख़ाविंद के फेफड़ों के मुक़ाबले में दुल्हन के जहेज़ की तफ़्सीलात बहुत अहम थीं⋯उसके बालों की अफ़्शाँ[6], उसके गालों पर लगाया गया ग़ाज़ा, उसके होंठों की सुर्ख़ी, उसकी ज़रबफ़्त की क़मीस, और जाने क्या-क्या⋯यह तमाम इत्तिलाएँ पहुँचाना वाक़ई अशद ज़रूरी था, वर्ना दुनिया के तमाम कारोबार रुक जाते, चाँद और सूरज की गर्दिश बंद हो जाती⋯दुल्हन के घूँघट के मुताल्लिक़ अगर तुम न लिखतीं कि किस तरह बार-बार झुँझलाकर वह उसे उठा देती थी तो मेरा ख़याल है, यह सारी दुनिया एक बहुत बड़ा घूँघट बन जाती।''

''आज आप बहुत भौंडी शाइरी कर रहे हैं।''

''बजा है⋯तुम्हारी मौजूदगी में अगर ग़ालिब मरहूम भी होते तो वह इसी क़िस्म की शाइरी करते।''

''आप मेरी तौहीन कर रहे हैं।''

"तुम नालिश कर दो, मुक़द्दमा दायर कर दो।"

"मैं इन चक्करों में नहीं पड़ना चाहती।"

"तो फिर किन चक्करों में पड़ना चाहती हो, यह तो बता दो।"

"आपसे जो मेरी शादी हुई, भला इससे बड़ा चक्कर और क्या हो सकता है...मेरे बस में हो तो मैं इससे निकल भागूँ।"

"तुम्हारे बस में क्या कुछ नहीं...तुम चाहो तो आज ही इस चक्कर से निकल सकती हो।"

"कैसे?"

"यह मुझे मालूम नहीं...तुम माशाल्लाह अक्लमंद हो...कोई न कोई रस्ता निकाल लो, ताकि यह रोज़-रोज़ की बक-बक और झक-झक ख़त्म हो।"

"तो इसका मतलब यह है कि आप ख़ुद यह चाहते हैं कि मुझे निकाल बाहर करें?"

"लाहौलवला...मैं ख़ुद बाहर निकाले जाने के लिए तैयार हूँ।"

"कहाँ रहेंगे आप?"

"कहीं भी रहूँ...किसी दोस्त के हाँ कुछ देर ठहर जाऊँगा, या शायद किसी होटल में चला जाऊँ...अकेली जान होगी...मैं तो भई फ़ुटपाथ पर भी सोकर गुज़ारा कर सकता हूँ...कपड़े अपने साथ ले जाऊँगा...उनको किसी लांडरी के हवाले कर दूँगा। वहाँ वह इस घर के मुक़ाबले में ज़्यादा महफ़ूज़[7] रहेंगे। शीशे की अलमारियों में सजे रहेंगे...जब गए, एक सूट निकलवाया, उसकी धुलाई या ड्राइक्लीनिंग के पैसे अदा किए और ख़रामाँ-ख़रामाँ..."

"ख़रामाँ-ख़रामाँ, कहाँ गए?"

"कहीं भी...लारेंस गार्डन है, सनीमा हैं, रेस्तोराँ हैं...बस जहाँ जी चाहा, चले गए...कोई पाबंदी तो नहीं होगी उस वक़्त!"

"यहाँ मैंने आप पर कौन-सी पाबंदियाँ आयद[8] कर रखी हैं...खुले बंदों जो चाहे, करते हैं...मैंने आपको कभी टोका है?"

"टोका तो नहीं है...लेकिन मेरा हर बार ऐसा झटका किया है कि महीनों तबीयत साफ़ रही।"

"अगर तबीयत साफ़ रहे तो उसमें क्या क़बाहत[9] है...तबीयत हमेशा साफ़ रहनी चाहिए।"

"मानता हूँ कि तबीयत हमेशा साफ़ रहनी चाहिए, मगर तबीयत साफ़ करनेवाले को इतना ख़याल ज़रूर मद्‌देनज़र रखना चाहिए कि वह ज़रूरत से ज़्यादा साफ़ न हो जाए।"

"आपके दाँत में दर्द हो रहा था?"

"वह दर्द अब दिल में चला गया है।"

"कैसे?"

"आपकी गुफ़्तुगू हर क़िस्म के करिश्मे कर सकती है...दाढ़ में शिद्‌दत का दर्द था, लेकिन आप ख़ुदा मालूम क्यों तशरीफ़ ले आईं और मुझसे लड़ना शुरू कर दिया कि दाढ़ का दर्द, दिल में मुन्तक़िल[10] हो गया।"

"मैं सिर्फ़ यह पूछने आई थी कि आपका मुँह क्यों सूजा हुआ है... बस इतनी-सी बात का आपने बतंगड़ बना दिया... मेरी समझ में नहीं आता कि आप किस खोपड़ी के इंसान हैं।"

"खोपड़ी तो मेरी वैसी ही है, जैसी तुम्हारी या दूसरे इंसानों की... तुम्हें इसमें क्या फ़र्क़ महसूस होता है?"

"फ़र्क़, साख़्त[11] के मुताल्लिक़ कुछ महसूस नहीं होता, लेकिन मैं यह वुसूक़[12] से कह सकती हूँ कि आपकी खोपड़ी में यक़ीनन कोई नुक़्स है।"

"किस क़िस्म का?"

"अब मैं क़िस्म कहाँ बता सकती हूँ... किसी डॉक्टर से पूछिए।"

"पूछ लूँगा... लेकिन अब मेरे दिल में दर्द हो रहा है।"

"यह सब झूठ है... आपका दिल बहुत मज़बूत है।"

"तुम्हें कैसे मालूम हुआ?"

"आज से दो बरस पहले जब आप हस्पताल में दाख़िल हुए थे, तो आपका एक्स-रे लिया गया था..."

"मुझे मालूम नहीं।"

"आपको इतना होश ही कहाँ था... मुझे आप कोई नर्स समझ बैठे थे और अजीब-अजीब बातें करने लगे थे।"

"बीमारी में की गई हर ख़ता माफ़ कर देनी चाहिए... तुम कहती हो कि मुझे होश ही कहाँ था तो बताओ, मैं सही बातें कैसे कर सकता था।"

"मैं आपके दिल के मुताल्लिक़ कह रही थी... हस्पताल में जब आपके पाँच-छः एक्स-रे लिए गए तो सब डॉक्टरों का मुत्तफ़िक़ा[13] फ़ैसला था कि यह शख़्स सिर्फ़ अपने मज़बूत दिल की वजह से जी रहा है... इसके गुर्दे कमज़ोर हैं, इसकी अंतड़ियों में वरम है, इसका जिगर ख़राब है, लेकिन..."

"लेकिन क्या?"

"उन्होंने यह कहा था कि यह नहीं मरेगा, इसलिए कि इसके फेफड़े और दिल सही हालत में हैं।"

"दिल में तो ख़ैर तुम बसी रहती हो... फेफड़ों में, मालूम नहीं, कौन रहता है?"

"रहती होगी आपकी कोई..."

"कौन?"

"मैं क्या जानूँ?"

"ख़ुदा की क़सम, तुम्हारे सिवा मैंने किसी और औरत को आँख उठाकर भी नहीं देखा है।"

"आँख झुकाकर देखा होगा।"

"वह तो ख़ैर देखना ही पड़ता है, मगर किसी बुरे ख़याल से नहीं... बस एक नज़र देखा और चल दिए।"

"लेकिन एक नज़र देखना क्या बहुत ज़रूरी है... क्या शरीअत[14] में लिखा है?"

"इस बहस को छोड़ो... मुझे यह बताओ कि तुम मुझसे कहने क्या आई थीं... तुम्हारी

आदत है कि अपना मतलब बयान करने से पहले तुम झगड़ा ज़रूर शुरू कर दिया करती हो।"

"मुझे आपसे कुछ नहीं कहना था।"

"तो फिर आप तशरीफ़ ले जाइए···मुझे दफ़्तर के चंद काम करने हैं।"

"मैं नहीं जाऊँगी।"

"तो फिर तुम ख़ामोश बैठी रहो···मैं काम ख़त्म कर लूँ तो जो तुम्हें ऊल-जलूल बकना है बक लेना···मेरी दाढ़ में शिद्दत का दर्द हो रहा है।"

"मैं किस लिए आपके पास···"

"मुझे क्या मालूम?"

"मेरी अक़्ल दाढ़ निकल रही है···"

"ख़ुदा का शुक्र है···तुमको अब कुछ अक़्ल तो आ जाएगी।"

"बहुत दर्द हो रहा है···"

"कोई बात नहीं···इस दर्द ही से अक़्ल आ रही है।"

---

1. बनावटी, नकली; 2. बरख़ास्त; 3. तसल्ली; 4. चिंता; 5. पूज्य; 6. रुपहला चूर्ण; 7. सुरक्षित; 8. लागू; 9. आपत्ति; 10. एक स्थान से दूसरे स्थान को जाना; 11. बनावट, गढ़न; 12. यक़ीन के साथ; 13. सर्वसम्मत; 14. धर्मशास्त्र।

अंतिम शब्द

अदब के लोग-बाग कहते हैं : इंतिख़ाब[1] और तरतीब, कोई मुश्किल काम नहीं।

दुरुस्त।

हमने दर्जनों इंतिख़ाब देखे हैं, तरतीब पर ध्यान से नज़र डाली है, और हमेशा महसूस किया है कि लोग-बाग बिलकुल ठीक कहते हैं।

मंटो की रचनाओं पर आधारित दर्जन भर इंतिख़ाब जो उर्दू, हिंदी और अंग्रेज़ी में छप चुके हैं, हमारी नज़रों के सामने रखे हैं। सबके सब इंतिख़ाब 'दुरुस्त' की श्रेणी में आते हैं। और रचनाओं की तरतीब उसी रस्मी और रिवायती अंदाज़ से की गई है जो कि हमारी अदबी तरबीयत का ख़ास पहलू है। ढले-ढलाए साँचों और बँधे-बँधाए फ़ारमूलों की मज़बूती तोड़े नहीं टूटती।

कुछ बरस पहले हमने, बलराज मेनरा और शरद दत्त ने, 'शऊर' के तीन यादगार अंक संपादित किए थे। तब हमने 'दुरुस्त, रस्मी, रिवायती' इंतिख़ाब और तरतीब का चलन बदल डाला था। अदब के लोग-बाग बड़े ज़ोर से चौंके थे। बड़े-बड़े जुग़ादरी और बुज़ुर्ग संपादकों ने हमें लिखा था कि अब कहीं जाकर उन्होंने 'शऊर' से पत्रिका संपादित करने का हुनर सीखा है।

अब जो हमने 'दस्तावेज़' की ज़िम्मेदारी सँभाली तो सामने मंटो खड़ा था।

हमने रहनुमाई के लिए उसकी तरफ़ देखा। हमने उसे साकार कनफ़्यूज़न पाया। नाअह्ल[2], ज़रूरतमंद, उजलतपसंद।[3]

उसके संपादकों और प्रकाशकों को तो ख़ैर जाने दीजिए, वो तो साकार हिमाक़त निकले।

अनवर सज्जाद का कहना है : सआदत की रचनाओं की त्रासदी यह है कि उसे कातिब, प्रेस, पुस्तक विक्रेता और ख़रीदार मिला। इस सिलसिले की अहम कड़ी, संपादक न मिला...

अगर हम इंतिख़ाब और तरतीब को अदब के लोग-बागों की 'हिदायत' के अनुसार

आसान काम मान लेते तो काम वाक़ई आसान होता। बस सौ अफ़साने चुन लिए जाते। उन्हें किसी भी क्रम में—महानता के अनुसार, लोकप्रियता के अनुसार, अपनी पसंद के अनुसार, बदनामियों के आधार पर, कालक्रम के अनुसार—छाप दिया जाता। हींग लगती न फिटकरी और रिवायती[4] रंग भी चोखा आता।

पर हमें यह मंज़ूर न था।

गोर्की की Lower Depths को क़ूसावा ने अपने तौर पर समझा था—

'मंटो थीम्स' की एचिंग्स में रामचंद्रन ने अभिशप्त पात्रों को एक नए कोण से देखा था—

इफ्तिखार ग़ालिब और वारिस अलवी ने 'मंटो फ़ैमिली' की नई व्याख्याएँ प्रस्तुत की थीं—

तो हमने मंटो से कहा : "दोस्त, तुमने वाक़ई बड़ा काम किया है। हम तुम्हारा आदर भी करते हैं और तुमसे मुहब्बत भी करते हैं···पर अब तुम जाओ। हमें एक छोटा-सा काम तो कर लेने दो।"

हमने सैकड़ों पृष्ठों में बिखरी पड़ी मंटो की गुमशुदा दुनियाओं को पहचाना। पाताल की शनाख़्त की।

मंटो का रचनात्मक और वैचारिक संसार विभिन्न संग्रहों के अस्वाभाविक विभाजन में बँटा हुआ था। इस स्थिति में किसी एक जगह सौगंधी का ग़लबा नज़र आता है तो किसी दूसरी जगह पर बाबू गोपीनाथ का, जबकि पाताल में पूरी एक क़ौम बसी है और हर पातालवासी की, पाताल के अंदर, एक अहम भूमिका है।

हमने पाताल की सीमाएँ ढूँढ़ीं, हमने पाताल में दाख़िले का रास्ता ढूँढा। और फिर हम पाताल में नीती के साथ उतरे। नीती जो सीता, गीता और आयशा की तरह धरती पर रहती थी :

"हुज़ूर, आप मुझ पर रहम करें···आप मुझे मेहनत-मज़दूरी से क्यों रोकते हैं···मैं अपना गुज़ारा कैसे करूँगी···बताइए ना मुझे, बताइए!"

शहर की कमेटी ने जवाब दिया : "जाओ, बाज़ार में जाकर बैठ जाओ···वहाँ कमाई ज़्यादा है।"

नीती के अंदर जो नीती थी, जलकर राख हो गई। उसने हौले से 'अच्छा जी' कहा और चली गई।

उसने औने-पौने दामों ताँगा-घोड़ा बेचा और सीधी अब्बू की क़ब्र पर गई।

एक पल के लिए वह ख़ामोश खड़ी रही। उसकी आँखें बिल्कुल ख़ुश्क थीं, जैसे बारिश के बाद चिलचिलाती धूप ने सारी नमी चूस ली हो।

फिर उसके भिंचे हुए होंठ वा हुए और वह अब्बू से मुख़ातिब हुई : "अब्बू, आज तेरी नीती कमेटी के दफ़्तर में मर गई··· !"

दूसरे दिन उसने शहर की कमेटी के दफ़्तर में अर्ज़ी दी।

और उसको अपना जिस्म बेचने का लाइसेंस मिल गया।

सीढ़ी-सीढ़ी, कहानी-कहानी–'लाइसेंस' से 'नुत्फ़ा' तक–'पाताल' में उतरते जाइए। एक नई दुनिया के भेद धीरे-धीरे आप पर खुलेंगे। धरती पर बसनेवाले बंदों से कहीं ज़्यादा ख़ूबसूरत और नफ़ीस बंदे आपको वहाँ मिलेंगे।

एक सरफिरे ने मंटो से कहा था : "भड़वा ऐसा नहीं होता।"

मंटो ने जवाब दिया था : "मुझे देखो, मैं हूँ वह भड़वा ख़ुशिया।"

देवेंदर सत्यार्थी ने कहा था : "काश मैं ख़ुशिया होता !"

धरती पर बसनेवाले भड़वे, बेईमानियों के रास्ते, ऊँची कुर्सियों पर बैठते हैं और 'पाताल' में रहनेवाले 'भड़वे' ईमानदारी से भड़वागीरी करते हैं।

और साहब, हम क्या हैं। बलराज मेनरा और शरद दत्त ने तो बस तरतीब और तंज़ीम[5] में चंद बरस जाया किए हैं।

नीती के साथ गहराइयों में उतरने के बाद, 'पाताल' में बनी दुनिया में, आरंभ और अंत के बीच, विभिन्न पड़ाव आते हैं। एक पड़ाव से दूसरे पड़ाव तक, सफ़र के दौरान, एहसास की आँच तेज़ होती जाती है।

मंटो ने हमारी दुनिया का रखरखाव देखा, और परखा। फिर इस दुनिया को रचा, पर इसे नाम देना भूल गया। हम इस दुनिया को पाताल कहते हैं।

मंटो अपने पाठकों से साफ़ और खुलकर बात करने का आदी था। वह हर क़िस्म की साहित्यिक चालाकी के ख़िलाफ़ था। और यह अपने-आपमें एक ख़ूबसूरत बात है कि इस तरह साहित्यकार और पाठक के बीच फ़ासिले ख़त्म हो जाते हैं।

दरअस्ल हम यह कहना चाहते हैं कि हमने 'अंतिम शब्द' के ये शुरुआती पन्ने 'पाताल' की भूमिका में जानबूझकर नहीं जोड़े। और यह कोई चालाकी नहीं है। हम चाहते थे कि पाठक हमारे कहे बग़ैर ख़ुद इस तज्रिबे से गुज़रें जो हमारे लिए एक अंदरूनी वारदात बना।

'पाताल' के सिलसिले में हम अपने दृष्टिकोण को स्पष्ट कर चुके हैं। तरतीब और तंज़ीम का जो ढाँचा हमने सोचा, और जो 'पाताल' में मौजूद है, वही ढाँचा मंटो की इन दुनियाओं की तरतीब और तंज़ीम में भी मौजूद है :

एक : 'नया क़ानून' से 'फुँदने' तक

दो : जंगल

तीन : मक़्तल

अब इनके बारे में कुछ और कहने की ज़रूरत नहीं।

'बराए-नाम' के अंतर्गत छपनेवाली नौ कहानियों की तरतीब मंटो के संग्रहों के प्रकाशकीय क्रम के हिसाब से की गई है। मंटो के हर रचनाकाल में बराए-नाम कहानियाँ मौजूद हैं। (आख़िरी दौर में तो उसने बेकार और अर्थहीन कहानियाँ भी लिखीं।) ये नौ कहानियाँ इस बात की निशानदही करती हैं। ये कहानियाँ जो पढ़ने में अच्छी लगती हैं, महत्वपूर्ण कच्ची विषयवस्तु तो रखती हैं, मगर इनके लिए जो 'फ़न्नी' साँचे इस्तेमाल किए गए, मुनासिब न थे। यही वजह है कि ये 'बराए-नाम' से ऊँचा दर्जा न पा सकीं।

और वो बीस कहानियाँ जो 'तलाशे-गुमशुदा' के अंतर्गत छपी हैं, उनके बारे में हम विस्तार से 'भूमिका' में लिख चुके हैं।

एक हद दर्जा अहम बात।

सन् 51 के बिलकुल आख़िर में मंटो का कथा-संग्रह 'यज़ीद' छपा। इसे मंटो के प्रिय प्रकाशक 'मक्तबा-ए-जदीद', लाहौर ने छापा। इस संग्रह की आख़िरी कहानी 'मम्मी' है जो इससे पहले कहीं नहीं छपी थी। अर्थात इस कहानी का प्रकाशन पहली बार संग्रह में हुआ, किसी साहित्यिक पत्रिका में नहीं। 28 अक्तूबर 1951 को मंटो ख़ुद लिखता है : "मज़मूए का आख़िरी अफ़साना 'मम्मी' लिखना शुरू किया था कि…"

'यज़ीद' में छपने के बाद उर्दू में 'मम्मी' दर्जनों बार छपी—अच्छी और बुरी साहित्यिक पत्रिकाओं में, 'अफ़कार' और 'नुक़ूश' के 'मंटो नंबरों' में, महान और प्रतिनिधि कहानियों के संकलनों में। 'मम्मी' कलात्मक झोल के बावजूद मंटो की बड़ी कहानी है और दर्जन भर भाषाओं में अनूदित हो चुकी है।

आइए, इस कहानी का पहला पैराग्राफ़ पढ़ें, जैसा कि मंटो ने लिखा था, जैसा कि पिछले चालीस बरसों में दर्जनों बार छपा है।

नाम उसका मिसेज़ स्टेला जैकसन था मगर सब उसे मम्मी कहते थे। दरम्याने[6] क़द की

अधेड़ उम्र की औरत थी। उसका ख़ाविंद पिछली से पिछली जंगे-अज़ीम[7] में मारा गया था। उसकी पेंशन स्टेला को क़रीब-क़रीब दस बरस से मिल रही थी।'

इस पैराग्राफ़ में चार जुम्ले हैं (मंटो की अपनी Punctuation के मुताबिक़) जो नाम समेत छियालीस लफ़्ज़ों को समेटे हुए हैं।

अब हमारी बात सुनिए :

'पिछली से पिछली जंगे-अज़ीम' का ज़िक्र, कहानी का काल अगस्त 1945 तै करता है या इसके बाद—याद रहे, मई 45 में जर्मनी ने और अगस्त 45 में जापान ने हथियार डाले थे। सन् 45 में स्टेला जैकसन अधेड़ उम्र की औरत थी, यानी उसकी उम्र लगभग 45 बरस थी। 1918 में जब 'पिछली से पिछली जंगे-अज़ीम' ख़त्म हुई तो उसकी उम्र 18 बरस थी। अगर उसका ख़ाविंद जंग के आख़िरी बरस में मरा था तो वह 18 बरस की उम्र में बेवा हो गई थी। अगर उसका खाविंद जंग के पहले बरस में यानी सन् 1914 में मरा था तो वह 14 बरस की उम्र में बेवा हो गई थी। स्टेला जैकसन का ख़ाविंद जब जंग में मारा गया तो उसकी उम्र कितनी थी। मियाँ-बीवी की उम्रों में सामान्य अंतर के अनुसार उसकी उम्र 20 या 24 बरस होगी--और पहली जंग में मरनेवाले की पेंशन स्टेला जैकसन को, 'मम्मी' में 45 के तैशुदा सन् में, क़रीब-क़रीब दस बरस से मिल रही थी, यानी सन् 35 से।

'मम्मी' का पहला पैराग्राफ़ चाहे कहानी की महानता को कम न करे, कला और अर्थ की दृष्टि से सौ फ़ीसदी ग़लत है और नाक़िस है।

हम पूछते हैं :

क्या मंटो ने 'मम्मी' लिखने के बाद पढ़ी थी?

क्या 'मक्तबा-ए-जदीद' के किसी संपादक ने 'मम्मी' पढ़ी थी?

क्या 'अफ़कार', 'नुक़ूश' और दूसरे दर्जनों संपादकों ने 'मम्मी' पढ़ी थी?

क्या 'मम्मी' को दूसरी भाषाओं में अनुवाद करनेवालों ने पढ़ा था?

क्या 'मम्मी' के सैकड़ों आलोचकों ने 'मम्मी' को पढ़ा था?

हमें अफ़सोस के साथ कहना पड़ता है कि 'मम्मी' का पहला पैराग्राफ़ मंटो की वक्ती जहालत के साथ-साथ सैकड़ों अदब वालों की मुस्तक़िल जहालत का सुबूत है।

हमने पूरी ज़िम्मेदारी के साथ, मंटो से ख़ौफ़ न खाते हुए अपना फ़र्ज़ निभाया—वह फ़र्ज़ जो संपादक की पहचान है।

हमने किसी भी बात पर आँच लाए बिना 'ममी' का पहला पैराग्राफ़ दुरुस्त किया :

'नाम उसका मिसेज़ स्टेला जैकसन था, मगर सब उसे मम्मी कहते थे।

'वह दरम्याने क़द की, अधेड़ उम्र की औरत थी। उसका ख़ाविंद जैकसन पिछली जंगे-अज़ीम में मारा गया था और उसकी पेंशन स्टेला को पिछले चंद बरसों से मिल रही थी।'

मंटो ने छियालीस लफ़्ज़ इस्तेमाल किए थे। हमने भी छियालीस लफ़्ज ही रखे हैं। काल का निर्धारण दुरुस्त। कालक्रम दुरुस्त। पंक्चुएशन दुरुस्त। और बात का अंदाज़ मंटो का अपना।

और अब आख़िरी बात :

यक़ीन जानिए, 'दस्तावेज़' में हमने मंटो की रचनाओं का पूरा सम्मान करते हुए, संपादक का कर्त्तव्य भी निभाया है।

---

1. चयन; 2. अपात्र; 3. ज़ल्दबाज़; 4. पारंपरिक; 5. संगठन; 6. मझोले; 7. विश्वयुद्ध।

परिशिष्ट

हमारे एक बुज़ुर्ग दोस्त हैं। शायर गोपाल मित्तल।

पहले गोपाल मित्तल का एक शे'र आपकी नज़ :

मुझे ज़िंदगी की दुआ देनेवाले
हँसी आ रही है तेरी सादगी पर

और एक शे'र पंडित हरीचंद अख़्तर का जो गोपाल मित्तल के बारे में है :

गिर रहा है दिन-ब-दिन मेयारे-ज़ीस्त[1]
ज़िंदगी गोपाल मित्तल हो गई

ये वही गोपाल मित्तल हैं जिन्होंने साहिर लुधियानवी को उसके आरंभिक दिनों में प्रभावित किया था।

मित्तल साहब कहा करते थे : "साहब, उर्दू में बस डेढ़ शायर पैदा हुए हैं ... एक मीराजी और आधे नून मीम राशिद।"

शायर मीराजी के सिलसिले में मंटो कहता है : "बहैसियत शायर के उसकी हैसियत वही है जो गले-सड़े पत्तों की होती है, जिन्हें खाद के तौर पर इस्तेमाल किया जा सकता है। मैं समझता हूँ उसका कलाम बड़ी उम्दा खाद है जिसकी इफ़ादीयत[2] एक न एक दिन ज़रूर ज़ाहिर होकर रहेगी।"

मीराजी ने मीरासेन से इश्क़ किया, शायरी की, 'मशरिक़ और मग़रिब के नग़मे' लिखे। मीराजी ने एक और काम भी किया। उन्होंने 'हल्क़ा-ए-अरबाबे-ज़ौक़' की बुनियाद रखी।

'हल्क़ा-ए-अरबाबे-ज़ौक़' साहित्यकारों की एक महफ़िल थी (और है) जो हफ़्ते में एक बार मिल बैठते, अपनी रचनाएँ पढ़कर सुनाते और फिर उन पर आलोचक दृष्टि डाली जाती। इस बैठक ने इतनी अधिक प्रसिद्धि पाई कि प्रगतिशील आंदोलन वाले इसे एक समांतर आंदोलन समझ बैठे। 'हल्क़ा-ए-अरबाबे-ज़ौक़' की अपनी एक ज़बरदस्त और दिलचस्प तारीख़ है जिसका ज़िक्र यहाँ मुनासिब नहीं। इस गोष्ठी में मंटो ने क्या कुछ और किस-किस दिन पढ़ा, नीचे दर्ज है :

1. नंगी आवाज़ें — 3-9-1950
2. ख़ालिद मियाँ — 24-9-1950
3. मजीद का माज़ी — 8-10-1950
4. बिसमिल्लाह — 7-1-1951
5. ख़ुदफ़रेब — 7-1-1951

— एक दिन में दो अफ़साने। हल्क़े की तारीख़ में ऐसा पहली बार हुआ।

6. मुरली की धुन 12-8-1951
7. उन्नीस सौ उन्नीस की एक बात 14-10-1951
8. तीन गोले 4-11-1951
9. इस भँवर में 20-1-1951

– जब यह नाटक छपा तो इसका शीर्षक था : 'इस मंझधार में।' यह मंटो की मौत के बाद छपा।

10. मोज़ेल 2-3-1952

–12 मार्च 1952 के दिन हल्के की बैठक में 187 साहित्यकार और साहित्यप्रेमी मौजूद थे।

11. साहिबे-करामात 25-5-1952
12. सरकंडों के पीछे 7-9-1952
13. इज़्ज़तो-नामूस 1-2-1953
14. मोचना 24-5-1953
15. फ़रिश्ता 20-12-1953
16. दूदा पहलवान 14-3-1954
17. शाहदौले का चूहा 30-5-1954

– 30 मई 1954 को मंटो ने आख़िरी बार हल्के में अपनी हाज़िरी भरी।

– 23 जनवरी 1955 को, मंटो की मौत के पाँच दिन बाद 'हल्क़ा -ए-अरबाबे-ज़ौक़' की विशेष शोकसभा में 'शाहदौले का चूहा' फिर पढ़ा गया।

मंटो की निम्नलिखित रचनाओं पर क़ानूनी कार्रवाई की गई :

1. काली शलवार
2. धुआँ
3. बू
4. अदबे-जदीद (लेख)
5. खोल दो

– 'खोल दो' पाकिस्तान में लिखा गया मंटो का दूसरा अफ़साना था। इसके प्रकाशन के कारण 'नुक़ूश' के प्रकाशन पर छः महीने की पाबंदी लग गई। अब हर कोई ये लिखता है कि इस अफ़साने पर मुक़द्दमा चला था। यह ग़लत है। कुछ ही बरस पहले यही हिमाक़त 'इलस्ट्रेटेड वीकली आफ़ इंडिया' ने भी की थी।

6. ठंडा गोश्त
7. ऊपर, नीचे और दरम्यान

पाकिस्तानी क़ानून के मुताबिक़ मंटो की दो रचनाएँ अभी तक अश्लील हैं :

एक–'ठंडा गोश्त' : निचली अदालत ने मंटो को सज़ा दी। सेशन कोर्ट ने उसे बरी कर दिया। हुकूमत ने हाईकोर्ट के दरवाज़े खटखटाए और गिड़गिड़ाई। हाईकोर्ट ने हुकूमत की दुहाई सुन ली और निचली अदालत का फ़ैसला बरक़रार रखा।

दो–'ऊपर, नीचे और दरम्यान' : मंटो ने निचली अदालत में अपना जुर्म क़ुबूल कर लिया। जुर्माना भरा और जान छुड़ाई। 'ऊपर, नीचे और दरम्यान' मंटो की विविध रचनाओं के संग्रह का नाम भी है जिसमें अभिशप्त फ़ीचर 'ऊपर, नीचे और दरम्यान' क़ानूनी तौर पर अश्लील होने के कारण मौजूद नहीं है। इसी संग्रह के भारतीय संस्करण में, जो मंटो की ज़िंदगी ही में कलकत्ता से छपा था, फ़ीचर 'ऊपर, नीचे और दरम्यान' मौजूद है, यानी हम इसे अश्लील क़रार नहीं देते।

और अब आख़िर में हिमायत अली शायर के बोल :

ये दौर जिसमें दिल का नहीं है कोई मक़ाम
पत्थर से कर रहा है जो शीशे का एहतिराम[3]
इस दौर में ब-जुरअते-रिंदाना दिल की बात
कहता रहा है कोई तो मंटो था उसका नाम

मंटो कि जिसने ज़हर पिया है ब-हर-नफ़स
और ज़िंदगी का नाम लिया है तमाम उम्र
तहज़ीब[4] का खुरच के हरेक ग़ाज़ा-ए-फ़रेब[5]
इनसाँ का इंतिकाम लिया है तमाम उम्र

1. जीवन-स्तर; 2. उपयोगिता; 3. सम्मान; 4. सभ्यता; 5. धोखे का आवरण (ग़ाज़ा = चेहरे पर लगाने का पाउडर)।

बिब्लियोग्राफ़ी

1948-1955

अफ़सानवी मजमूए

1. लज़्ज़ते-संग (मजमूए की इशाअत तक़सीम के बाद; अफ़सानों की इशाअत तक़सीम से पहले)
2. सियाह हाशिए
3. ख़ाली बोतलें ख़ाली डिब्बे
4. ठंडा गोश्त
5. नमरूद की ख़ुदाई
6. बादशाहत का ख़ात्मा
7. यज़ीद
8. सड़क के किनारे
9. सरकंडों के पीछे
10. फुँदने
11. बुरके
12. शिकारी औरतें
13. बग़ैर इजाज़त
14. रत्ती, माशा, तोला

अफ़साने

1. सियाह हाशिए बत्तीस अफ़सानचों को हमने एक अफ़साना माना है।)
2. ख़ाली बोतलें ख़ाली डिब्बे
3. सहाय
4. टूटू
5. रामखिलावन
6. बिसमिल्लाह
7. नंगी आवाज़ें
8. शांति
9. ख़ालिद मियाँ
10. दो क़ौमें
11. मजीद का माज़ी
12. हामिद का बच्चा
13. लाइसेंस
14. किताब का ख़ुलासा
15. ठंडा गोश्त
16. गोली
17. रहमते-ख़ुदावंदी के फूल
18. साढ़े तीन आने
19. पैरन
20. ख़ोरशट
21. बास्ति
22. शारदा
23. खोल दो
24. डार्लिंग
25. इज़्ज़त के लिए
26. हारता चला गया
27. शेर आया, शेर आया, दौड़ना
28. शरीफ़न
29. हरनाम कौर
30. शहीद साज़
(तंज़िया मोनोलाग के सबब इस अफ़साने को हमने चौथे खंड में शामिल किया है।)

31. देख कबीरा रोया

32. बादशाहत का ख़ात्मा
33. तक़ी कातिब
34. वालिद साहब
35. औरत ज़ात
36. इश्क़े-हक़ीक़ी
37. कुत्ते की दुआ
38. परी
39. ख़ुदफ़रेब
40. बर्मी लड़की
41. फोभा बाई
42. अबजी डड्डू

43. यज़ीद
44. गुरमुखसिंह की वसीयत
45. आख़िरी सैल्यूट
46. झूठी कहानी
47. टेटवाल का कुत्ता
48. 1919 की एक बात
49. चोर
50. निक्की
51. मम्मी

52. शादाँ
53. लतिका रानी
54. नफ़्सीयाती मुतालआ
55. ज़ुल्फ़ा
56. सड़क के किनारे
57. सिराज
58. सौ कैंडल पावर का बल्ब
59. ख़ुदा की क़सम
60. मोज़ेल
61. साहिबे-करामात

62. बलवंतसिंह मजीठिया
63. आँखें
64. जाओ, हनीफ़ जाओ

65. शादी
66. अल्लाहदित्ता
67. बचनी
68. सरकंडों के पीछे
69. वह लड़की
70. महमूदा
71. फुसफुसी कहानी
72. भंगन
73. मम्मद भाई
74. हुस्न की तख़लीक़

75. फोजा हराम दा
76. मेहताब ख़ाँ
77. शाह दौले का चूहा
78. हाफ़िज़ हसनदीन

79. टोबा टेकसिंह
80. फ़रिश्ता
81. फुँदने
82. बदसूरती
83. मिस माला
84. दूदा पहलवान
85. मिस्टर मुईनुद्दीन
86. सौदा बेचनेवाली
87. इश्क़िया कहानी
88. मंज़ूर
89. मिस एडना जैक्सन

90. पसीना
91. घोघा
92. ख़त ओर उसका जवाब
93. मौजदीन
94. एक भाई, एक वाइज़
95. चौदहवीं का चाँद
96. बार डँ शुमाली
97. क़र्ज़ की पीते थे…
98. बुरके

99. शिकारी औरतें
100. **जेंटिलमैनों का ब्रश**
101. हजामत
102. मिर्ज़ा ग़ालिब की हशमत ख़ाँ के घर दावत
103. लानत है ऐसी दवा पर
104. हज्ज-अकबर
105. **औलाद**
106. मोचना
107. सोने की अँगूठी
108. ताँगेवाले का भाई
109. मिस्टर हमीदा
110. बग़ैर इजाज़त
111. क़ुदरत का उसूल
112. ख़ुशबूदार तेल
113. संतर पंच
114. जिस्म और रूह
115. अब और कहने की ज़रूरत नहीं
116. रिश्वत
117. **क़ीमे की बजाय बोटियाँ**
118. शलजम
119. बर्फ़ का पानी
120. चंद मुकाल्मे
121. रत्ती, माशा, तोला
122. नफ़्सीयातशनास
123. **अंजाम बख़ैर**
124. मुलाक़ाती
125. झुमके
126. सिगरेट और फ़ाउंटेनपेन
127. तीन में न तेरह में
128. बाई बाई
129. माई जंते
130. जान मुहम्मद
131. बारिश
132.
133. आमना
134. तसवीर
135. मिलावट
136. बस स्टैंड
137. बदतमीज़ी
138. क़ादिरा क़साई
139. ख़ुदकुशी
140. पेशावर से लाहौर तक
141. **बिजली पहलवान**
142. एक ज़ाहिदा, एक फ़ाहिशा
143. शैदा
144. बुड्ढा खूसट
145. अनारकली
146. **ख़्वाबे-ख़रगोश**
147. **तीन मोटी औरतें**
148. **आर्टिस्ट लोग**
149. **फातो**
150. **चोर**
151 **सुर्मा**
152. **काली कली**
153. **राजू**
154. **सोनोरल**
155. **मिसेज़ गुल**
156. **अस्ली जिन**
157. **गिलगित ख़ान**
158. **सब्ज़ सैंडल**
159. **बीमार**
160. **डाक्टर शिरोडकर**
161. **अक़्लदाढ़**

ध्यान दें : 1948 से 1955 तक यानी सात बरसों में मंटो ने एक सौ इकसठ अफ़साने लिखे। (1955 में वह सिर्फ़ अठारह दिन जिया था।) इस काल के अफ़सानों में हमने दस्तावेज़ के लिए छियासठ अफ़साने चुने हैं जो बिब्लियोग्राफ़ी में मोटे अक्षरों में नज़र आते हैं।

दस्तावेज़ : मंटो

श्रव्य एवं दृश्य नाटक

आवाज़ की दुनिया
कैमरे की आँख
रंगमंच

राजकमल प्रकाशन

सआदत हसन मंटो

दस्तावेज़

3

चयन, संयोजन एवं परिचय

बलराज मेनरा, शरद दत्त

ISBN : 978-81-267-2874-9

मूल्य : ₹5000
(पाँच खंडों का पूरा सेट)

पहला संस्करण : 1993
पाँचवाँ संस्करण : 2019

प्रकाशक : राजकमल प्रकाशन प्रा. लि.
1-बी, नेताजी सुभाष मार्ग, दरियागंज
नई दिल्ली-110 002

शाखाएँ : अशोक राजपथ, साइंस कॉलेज के सामने, पटना-800 006
पहली मंजिल, दरबारी बिल्डिंग, महात्मा गांधी मार्ग, इलाहाबाद-211 001
36 ए, शेक्सपियर सरणी, कोलकाता-700 017

वेबसाइट : www.rajkamalprakashan.com
ई-मेल : info@rajkamalprakashan.com

मुद्रक : बी.के. ऑफसेट
नवीन शाहदरा, दिल्ली-110 032

MANTO DASTAVEZ (Vol. 3)
by Saadat Hassan Manto

विषय-सूची

आल इंडिया रेडियो, सिविल लाइंस, दिल्ली
मंटो के ज़माने में

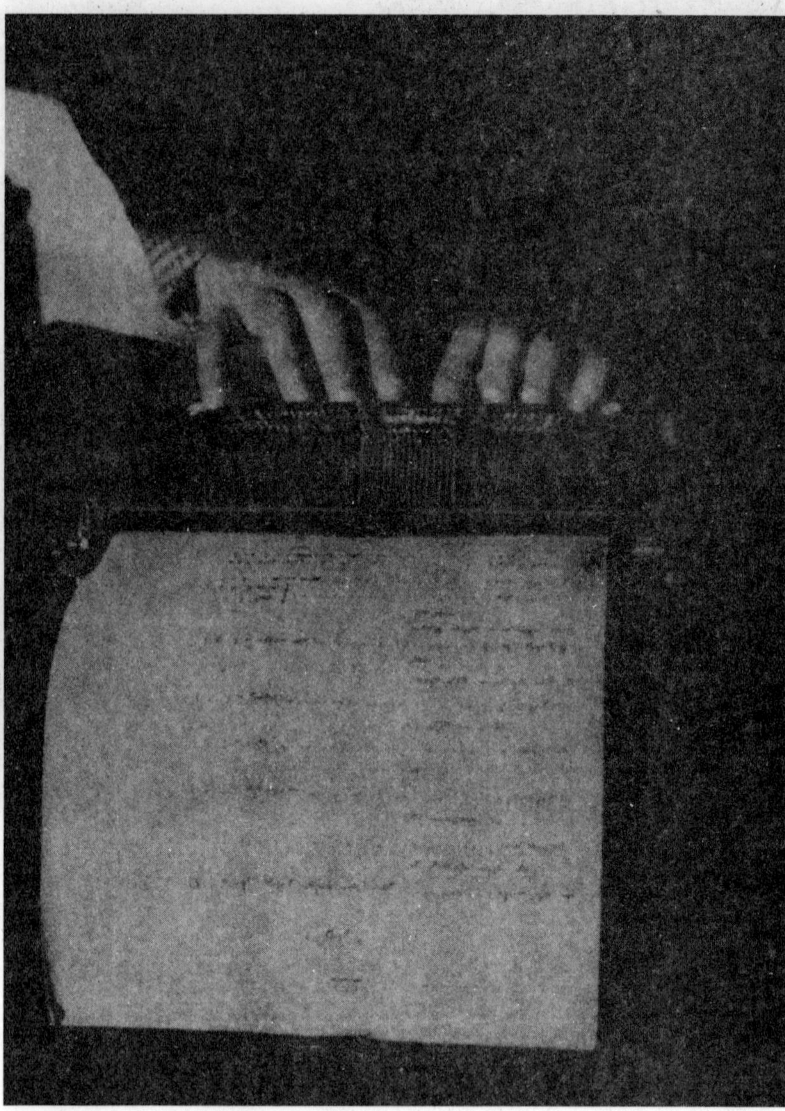

रेडियो स्टेशन, टाइपराइटर और मंटो –
एक लीजेंड के तीन आयाम।
तक़सीम से पहले मंटो ने हर ड्रामा और
फ़ीचर इसी टाइपराइटर पर 'लिखा'

NDIAN LISTENER
CIAL ORGAN OF ALL INDIA RADIO
(Incorporating *The Indian Radio Times*)

otographs suitable for publi- tor cannot, however, undertake nless a stamped and addressed ed for the purpose.

Annual subscription including Postage Rs. 6, single copy 4½ annas; foreign Rs. 12, single copy 8 annas. Burma Rs. 8. No V.-P.P. Charges for advertisements and terms for agencies may be had on application.

Editor: S. N. GHOSH

7 MAY 1940 No. 10

e "Blitz-Success"

— e- un n t ı, ə

new territory, the news is apt to leave the listeners cold, though interested. But place yourself in the position of a Japanese mother whose house has just collapsed! Or, of a farmer watching the approach of the invading German forces! You would realize, then, that the news *is* human news; that behind the spoken word is the living reality of war and catastrope. It is the purpose of these radio News-Plays to present certain international events dramatically, so that listeners may get a rapid and effective picture of the events from the point of view of the persons involved in them.

THE News-Plays are put on the air often within a few hours of the events taking place. They have to be written and pro- luced at red heat. It is no mean credit o Bombay, therefore, that it has been able › build up an organization capable of ping with work which has to be done ıder tremendous pressure.

A JIFFY!

OFTEN within three hours, Aubrey Menon and John Rowdon, the two rilliant young writers and actors whose ames are now familiar to listeners, have vritten and rewritten the "blitz-script" and edited it for presentation on the air. Messages and telephone calls are then hastily ent through to possible actors, summoning hem for immediate rehearsal. The producer, . C. M. Hardy, in the meantime makes p his production script and tests out the ffects." Only after about two-and-a-half rs of rehearsing is the News-Play ready putting on the air.

the moment, it would appear, Bombay the only Station in the world to put News-Plays on the air. We say "it appear" advisedly. We are waiting strong contradiction from Madras, e shall be glad to publish, after n the strong language that Madras e.

CILITIES

s easier now to obtain a broad- er licence than it was two his is so at least in terms of Post Offices issuing licences increased from April last 1 All India Radio has hat in a number of cases to bona fide difficulty in : The number of Post › issue licences was

S. H. Manto whose play 'Uljhan' was broadcast from Delhi on the 23rd April

extremely small in comparison with the number of licences already in force and did not take due account of the rate at which radio-mindedness was growing in the country. All India Radio wants more listeners, but it also recognises its primary duty of making the process of becoming a listener as easy as possible. With six Post Offices issuing licences where only one existed before, it would be interesting to watch the public response.

FROM THE WESTERN FRONT

UNDER the title 'Dispatch from the Front,' a fifteen-minute broadcast compiled by the B B C's observers with the Allied forces on the Western Front is broadcast in the Overseas Services each Sunday at 6.45 a.m., 1.15 p.m., 7.0 p.m., and 11.15 p.m.

OUR COVER: *Delivering the goods in India is a peaceful, if slow process. There are few signs of bustle and excitement—at least not in our picturesque study of a Punjab villager on his way to the market. He enjoys his huqqa in the swinging bullock-cart, for he knows the rates (broadcast every evening in the Rural Programmes) prevalent in the market and is sure of the price his commodity will fetch him.*

मंटो का मशहूर ड्रामा 'इस मँझधार में'
मंटो के कलम का कारनामा है।

एक शाम, दोस्तों के दरम्यान

श्याम : (*अपने दोस्त से–जोश भरी आवाज़ में*) तो ब्रजमोहन, आज की शाम गैलीलियो के नाम !

ब्रजमोहन : श्याम, आज की शाम और मानवीयत[1] का यह हुस्न··· सौ बार गैलीलियो के नाम··· न उनकी हार नई है, न अपनी जीत नई।

श्याम : तीन सौ उनसठ बरस पुराना, बूढ़ा, झुर्रियों भरा वहमो-गुमान[2], टूट ही गया आख़िर।

ब्रजमोहन : मैं शहीदे-ज़ुल्मते-शब[3] सही, मेरी ख़ाक को यही आरज़ू
कोई रौशनी कोई रौशनी, कोई रौशनी कोई रौशनी।

श्याम : हिपटुल्ला···

(*संजीदगी भरी आवाज़ में*) मेरे दोस्त, गैलीलियो के अफ़कार[4], उसके महसूसात, कैथोलिक चर्च की कट्टरपंथी सोच और बेराह अमल पर शदीद[5] चोट बन गए थे··· आज रोम के पोप जॉन पाल चर्च की ग़लती तसलीम करते हैं और तीन सौ उनसठ बरसों के बाद गैलीलियो को उस समाज में अज़-सरे-नौ[6] पनाह देते हैं···वही दक़ियानूसी समाज जो कि था, जो कि है···क्या यह दूसरी ग़लती नहीं···?

[*वक़्फ़ा।*]

साइंस और टेकनोलाजी के इस ज़माने में, मास मीडिया की तेज़ रौशनी में बीसवीं सदी की आख़िरी दहाई का यह समाजी अमल, क्या हैरत की बात नहीं या फिर तवील जहालत का एक और नमूना?

ब्रजमोहन : अगर गैलीलियो ज़िंदा होता तो फ़लकशिगाफ़[7] क़हक़हे लगाता···

[*भरपूर क़हक़हे की आवाज़।*]

श्याम, अपने अहद[8] की हर हिमाक़त को विटनेस करो और फिर उसके बख़िये उधेड़ दो।

श्याम : ब्रजमोहन, आज तक की हयाते-इनसान, तवील तारीख़े-दर्दो-ग़म

है…तवील तारीखे़-ख़ुदकुशी है, तवील तारीखे़-फ़िक्रो-अ़मल[9] है…इस तह-दर-तह सिलसिले में, हम क्या हैं, हमारा अ़ह्द क्या है…

[वक़्फ़ा।]

(एकाएकी) मंटो ने 'गैलीलियो की मौत' क्यों न लिखी?

[वक़्फ़ा।]

ब्रजमोहन : *(हैरत भरी आवाज़ में)* शायद…शायद इसलिए कि ब्रेख़्त ने 'गैलीलियो की ज़िंदगी' लिखी थी, और फिर…

श्याम : नहीं दोस्त, नहीं…लफ़्ज़ 'शायद' इस्तेमाल मत करो। आइनरैंड ख़फ़ा हो जाएँगी…मुझे उनकी नाराज़गी से डर भी लगता है, और मुझे उनकी नाराज़गी अज़ीज़[10] भी है…वो कहती हैं, 'शायद' का इस्तेमाल कमज़ोर लोग किया करते हैं।

ब्रजमोहन : तो यूँ ही सही…मैंने अपनी बात को हिपटुल्लाइज़ किया है…क्या हुआ जो मंटो ने 'गैलीलियो की मौत' नहीं लिखी…ब्रेख़्त ने 'गैलीलियो की ज़िंदगी' लिखी है…फ़नकार से फ़नकार तक, तख़लीक़[11] दर तख़लीक़, धरती के हर गोशे[12] में, ज़िंदगी करवटें लेती है, मौत झपटती है, और यही हमारी मीरास[13] है, यही हमारा सरमाया…

श्याम : यह हुई ना बात…सुनो…

[वक़्फ़ा।]

बस ज़रा-सी मुहलत…हाँ…गैलीलियो कहता है :

> It is my opinion that the earth is very noble and admirable by reason of so many and so different alterations and generations which are incessantly made therein.

ब्रजमोहन : साग़र को ज़रा थाम, मैं कुछ सोच रहा हूँ…तुम्हें तो कुछ देर सोचना पड़ा, यादों को कुरेदना पड़ा…यहाँ तो ब्रेख़्त के अलफ़ाज़ ज़बान की नोक पर धरे हैं…हिपटुल्ला। सुनो, ब्रेख़्त का गैलीलियो क्या कहता है :

> The only truth that gets through will be what we force through : the victory of reason will be the victory of people who are prepared to reason, nothing else.

श्याम : *(तेज़, जोश भरी ऊँची आवाज़ में)* बिलकुल बिलकुल…दि विक्टरी आफ़ रीज़न…

[वक़्फ़ा।]

(ठहरी हुई संजीदगी भरी आवाज़ में) यही वह मुक़ाम है जहाँ मैं आना चाहता था। यही वह मुक़ाम है जहाँ मैं तुम्हें लाना चाहता था…तुमने कहा

था : 'अगर गैलीलियो ज़िंदा होता तो फ़लकशिगाफ़ क़हक़हे लगाता'... रीज़न और लाजिक के इस मुक़ाम पर मुझे इतना और बता दो कि अगर मंटो ज़िंदा होता तो उसका क्या हश्र होता?

ब्रजमोहन : क्या रीज़न और लाजिक के मुक़ाम पर उजलत[14] के लिए कोई जगह है?

श्याम : नहीं, हरगिज़ नहीं...

[*वक़्फ़ा।*]

तुम ज़रा दूसरा पटियाला पैग बनाओ...

[*गिलास में व्हिस्की उंडेलने और फिर सोडा मिलाने की आवाज़।*]

काहे की उजलत मेरे दोस्त... यह शाम, ये हम-तुम... यह ग़ैरमौजूद दोस्तों की मौजूदगी... रेरीना हमसुबू रफ़ीक़ों के रूबरू[15] काहे की उजलत...

[*एक लंबा घूँट भरने की आवाज़*]

मेरे नज़दीक उजलत का सिर्फ़ एक मतलब है : बिना जवाज़[16], नतीजे और फ़ैसले तक लपकने की एक बेमानी छलाँग, एक बदसूरत रसाई...

[*वक़्फ़ा।*]

हाय, हम कहाँ के दाना[17] थे... तुमने बताया नहीं, तुम कहना क्या चाहते हो?

ब्रजमोहन : श्याम चड्ढा, सुनो, ग़ौर से सुनो...

[*वक़्फ़ा।*]

हम सुबह से रात तक हरदम गाते हैं और आठों पहर बजाते हैं : 'सारे जहाँ से अच्छा हिंदोस्ताँ हमारा...' वतनदोस्ती, वतनपरस्ती कोई बुरी चीज़ नहीं। लेकिन दुनिया को निचली सीढ़ी पर देखना और ख़ुद को ऊँचाई पर बिठाना नादानी है... न तो यह अच्छी शायरी है और न कोई नफ़ीस[18] एहसास... फिर 'यूनानो-मिस्रो-रोमां सब मिट गए जहाँ से...' मैं कहता हूँ, आप अहमक़ हैं साहब। आपने हमें जाहिल समझ रखा है क्या...!

[*वक़्फ़ा।*]

परबत वो सबसे ऊँचा हमसाया[19] आसमाँ का
वो संतरी हमारा, वो पासबाँ[20] हमारा
क्यों साहब, क्या आप सन् बासठ का सानिहा[21] भूल गए...!

[*वक़्फ़ा।*]

फिर आपको तो लेनिन भी पसंद है और मुसोलिनी भी... आपको को मुंतज़िर[22] खड़े सोमनाथ के लिए ग़ज़नवी की तलाश है... आप शायर हैं, ख़ाम फ़लसफ़ी[23] हैं, या फिर पैंतरेबाज़...! क्या आपका चलन नुस्ख़े बेचना है...?

[*वक़्फ़ा।*]

मौलवी सर मुहम्मद इक़बाल, आप चीज़ क्या हैं?

[*वक़्फ़ा।*]

मस्लहतपसंद और मक्कार सियासतदानों के कंधे न होते तो आप कितने दिन चल पाते?

श्याम : ब्रजमोहन, तुम्हारी दानिशमंदाना[24] बकवास सुनने के बाद एक बार फिर आज की शाम, गैलीलियो के नाम!

ब्रजमोहन : गैलीलियो के नाम…!

[*वक़्फ़ा।*]

'शामों को तुम्हारी दानिशमंदाना बकवास अकसर याद आती है…' मुझे अच्छी तरह याद है, तुमने यह जुम्ला[25] मंटो को लिखा था।

श्याम : (*तेज़, जोश भरी आवाज़ में*) बंको मत, उठाओ गिलास और मारो झक।

ब्रजमोहन : (*जज़्बात भरी आवाज़ में*) श्याम, दोस्तों की महफ़िल जमी है। एक दोस्त उठता है और गोरेगाँव चला जाता है। या लाहौर चला जाता है। या न्यूयार्क चला जाता है। या फिर ज़िंदगी की सरहद से परे चला जाता है… क्या तुम तब भी कहोगे, 'बको मत, उठाओ गिलास और मारो झक!'

श्याम : देखो, ज़िंदगी बहुत मसरूफ़[26] और भरपूर है… बकवास बंद करो और बताओ, अगर आज मंटो ज़िंदा होता तो उसका क्या हश्र होता?

ब्रजमोहन : तुम्हें जल्दी काहे की है?

[*वक़्फ़ा।*]

वह 'अ़दम' ने क्या कहा था… हाँ, याद आ गया। सुनो :

'अ़दम' ख़ुलूस के बंदों में एक ख़ामी है
सितमज़रीफ़ बड़े जल्दबाज़ होते हैं।

तुम्हारी हर ख़ामी, हर कमज़ोरी अज़ीज़, पर यार, जल्दबाज़ी से काम न लो…

[*वक़्फ़ा।*]

श्याम, क्या तुमने कभी उन सुर्ख़ों[27] के बारे में सोचा है जो ए बी सी आफ़ मार्क्सिस्ट रीडिंग भी नहीं जानते थे। जो नहीं जानते थे कि बाल्ज़ाक की तख़लीक़ात में पूरे फ़्रांसीसी समाज की धड़कनें ज़िंदा हैं। जो ज़िंदगी भर गुलाबी और लाल अदबी[28] दरियाँ बिछाते रहे और शोहरत समेटते रहे… एक लतीफ़ा सुनो यार। कहते हैं, पाकिस्तान में कर्नल फ़ैज़ अहमद फ़ैज़ को इस्लामाइज़ किया जा रहा है… कितना आसान है यह मज़हबी क़ीमियाना[29]… बस चार-छः खुली क़िस्म की नाराई चीज़ों की पोटली बनाकर ताक़ पर रख दो और बाक़ी चीज़ों में खींचतान के, अल्लम-ग़ल्लम मज़हबी ज्ञान-ध्यान जुनून ढूँढ लो।

[*वक़्फ़ा।*]

नए गोयबेल्स फ़ैज़ अहमद फ़ैज़ को बखूबी इस्तेमाल कर सकते हैं।

श्याम : फ़ैज़ को हम भी मानते हैं सलीम
मज़हबे-इश्क़ का ग़ुलाम अहमद।
बस मज़हबे-इश्क़ ने ज़रा घपला कर दिया··· 'मज़हबे-सब्ज़[30] का ग़ुलाम अहमद' कैसा रहेगा···
[*वक़्फ़ा।*]
ख़ैर छोड़ो इसे··· लेकिन कमाल है यार, तुम मंटो के हश्र की बात ही नहीं करते··· अच्छा छोड़ो मंटो को भी, बस इतना बताओ, तुम्हें मीरा सेन वाले मीराजी की ग़लाज़त[31] पसंद है या फ़ैज़ साहब की धुली-धुलाई इस्तरीशुदा नफ़ासत?

ब्रजमोहन : 'नगरी-नगरी फिरा मुसाफ़िर, घर का रस्ता भूल गया।' ग़लाज़त और एक सच्चे-खरे कवि की··· ?
[*वक़्फ़ा।*]
(*क़दरे ऊँची आवाज़ में*) हुज़ूर, लाल सलाम के बाद अर्ज़ है कि एक तरफ़ तो आप 'ग्यारह हज़ार लड़कियाँ' नुमाइश के लिए पेश करते हैं और दूसरी तरफ़ आप कहते हैं : 'मंटो जैसे ग़लाज़तनिगार[32] गोर्की के रूस में भी पैदा हुए थे···' क़िब्ला जाफ़री साहब··· ए रहमते-सुर्ख़, मेरी हर ख़ता मुआफ़··· न तो आप मंटो को जानते हैं, न गोर्की को, न रूस को··· और फिर पीरो-मुरशद, दास्तायेव्स्की का क्या कीजिएगा··· उसे तो गोर्की तक ने इविल जीनियस कहते हुए टालना चाहा था···

श्याम : देखो ब्रजमोहन, यह तो ज़रूरी है कि अपने अह्द की हर हिमाक़त विटनेस की जाए, पर यह ज़रूरी नहीं कि हम उस शख़्स की बात भी करें जिसने एक ज़िंदगी में बीसियों रंग बदले हों··· लो आओ, सरदार पदम जाफ़री को यहीं छोड़ते हैं और फ़ैज़ अहमद फ़ैज़ की बात करते हैं···
[*वक़्फ़ा।*]
फ़ैज़ साहब कहते हैं : 'मंटो अगर उतना बड़ा इनसान भी होता जितना बड़ा वह फ़नकार था तो हमें उसका मातम इतनी ज़ल्दी न करना पड़ता···'
[*वक़्फ़ा।*]
यार, फ़ैज़ साहब की इस बात का क्या मतलब हो सकता है?

ब्रजमोहन : श्याम मेरे प्यारे दोस्त, फ़ैज़ साहब की बात समझने से पहले मैं उनकी बात को अपने लफ़्ज़ों में कहना चाहता हूँ··· नहीं··· कहना यह चाहता हूँ कि लफ़्ज़ तो उन्हीं के हैं, बस मैंने एक नाम भर की तब्दीली की है··· सुनो : 'मोपासां अगर उतना बड़ा इनसान भी होता जितना बड़ा वह फ़नकार था तो हमें उसका मातम इतनी जल्दी न करना पड़ता···'

[*वक़्फ़ा।*]
आओ, अब फ़ैज़ साहब की बात समझने की कोशिश करते हैं...
[*वक़्फ़ा।*]
यानी फ़नकार की हैसियत से मोपासां का क़द बड़ा था और बहैसियत आदमी उसका क़द छोटा था...यानी छोटे क़द के आदमी के जिस्म में बड़े क़द का फ़नकार रहता था...यानी बड़े क़द का फ़नकार छोटे क़द के आदमी के चलन पर क़ाबू न रख सका...यानी छोटे क़द का आदमी ऐरी-ग़ैरी औरतों के साथ टाँका मिलाता रहा, सिफ़लिस का शिकार बना, पागल हो गया और छोटी उम्र में ही मर गया...यानी छोटे क़द के आदमी की मौत के साथ ही बड़े क़द का फ़नकार मर गया, और हमें उसका मातम इतनी जल्दी करना पड़ा...
[*वक़्फ़ा।*]
यार यह सब क्या बकवास है...
मुझे तो फ़ैज़ साहब का मातम भी ढोंग नज़र आता है।

श्याम : मातम और ढोंग?

ब्रजमोहन : अब तुम हरामीपने पर उतर आए हो...! क्यों सताते हो यार...!
[*वक़्फ़ा।*]
तुम ख़ूब जानते हो कि हर रोज़ कोई न कोई खद्दरपोश रुल्दूराम, कोई न कोई धोती धार गूजरमल मरता है, और हर रोज़ दर्जनों भोंपू रोनी सूरत और दुखी आवाज़ के साथ कहते हैं कि मरनेवाले खूसट की जगह कोई न ले पाएगा...
[*वक़्फ़ा।*]
यक़ीन जानो, राजिंदर सिंह बेदी की बात मेरे दिल में घर कर चुकी है...मंटो की मौत पर ज़ोर-ज़ोर से रोने-धोने और छाती पीटनेवालों को उन्होंने अपने पास तक फटकने न दिया था...उन्होंने सबको 'उधर' भेज दिया था...देवदास : ज़िंदाबाद।

श्याम : ब्रजमोहन, यह नारेबाज़ी जज़्बातियत[33] नहीं तो और क्या है...सुनो, तुम्हें एक दिलचस्प बात सुनाता हूँ...मुज़फ़्फ़र अली सैयद कहते हैं कि फ़ैज़ साहब को अपने अहद की बस दो शख़्सियतों से बड़ा डर लगता है। एक मंटो और दूसरे फ़िराक़ साहब।

ब्रजमोहन : देख रफ़्तारे-इनक़लाब फ़िराक़
कितनी आहिस्ता, कितनी तेज़।

श्याम : क्या फ़िराक़ साहब भी बड़े शायर थे और छोटे इनसान?

ब्रजमोहन : यार फिर वही बकवास...दास्तायेव्स्की जुआरी था...मोपासां ज़िनाकार[34]

था... फ़िराक़ साहब की कमज़ोरियाँ भी कोई ढकी-छुपी नहीं... मंटो शराब नहीं पीता था, बल्कि शराबी था... तो फिर... इन बातों में रखा क्या है... इन फ़नकारों ने किसी नाम-निहाद[35] समाजी पारसाई[36] का दावा तो नहीं किया था...

[*वक़्फ़ा।*]

मुझे मीराजी की ग़लाज़त पसंद है... बहुरूपियों की धुली-धुलाई इस्तरीशुदा नफ़ासत मुझे पसंद नहीं।

श्याम : (*क़दरे ऊँची आवाज़ में*) दुरुस्त, बिलकुल दुरुस्त... माबदौलत ख़ुश हुए...

[*वक़्फ़ा।*]

(*संजीदगी भरी आवाज़ में*) कोई भी फ़नकार कभी समाजी पारसाई का दावा नहीं करता... समाजी पारसाइयों का दावा करनेवालों ने हमारी सूरत इस क़दर बिगाड़ दी है, इस हद तक मस्ख़[37] कर डाली है कि हम अपनी ही सूरत पहचान तक नहीं पाते।

ब्रजमोहन : श्याम, तुमने पूछा था कि अगर आज मंटो ज़िंदा होता तो उसका क्या हश्र होता... अब मैं तुमसे पूछता हूँ, अगर आज मंटो ज़िंदा होता तो इन संगीन हालात में उसका क्या हश्र होता, या वह क्या हश्र ढाता?

श्याम : हिपटुल्ला। जो सवाल मैंने तुमसे पूछा था, तुमने वही सवाल कुछ और काँटेदार अल्फ़ाज़ जोड़कर मुझसे पूछ लिया... देखो जाने-मन, उसका हश्र वही होता जो हम एक बार देख चुके हैं... और वह क्या हश्र उठाता, इसका जवाब वह दे चुका है... हम तो बेकार झक मार रहे हैं...

[*वक़्फ़ा।*]

हाँ, एक बात मैं ज़रूर कहना चाहूँगा... नवाज़ शरीफ़ चचा साम को ख़त में क्या लिखता है, मुझे मालूम नहीं... अलबत्ता इतना मैं जानता हूँ कि मंटो ने बरसों पहले चचा साम को लिखा था कि पाकिस्तानी मुल्लाओं को हाथ में रखो, ये रूस का तोड़ हैं... और अगर तुम्हें 'साहबे-करामात' याद है तो तुम्हें वह दाढ़ी न भूली होगी जो उसने एक नूरानी[38] चेहरे से उतार फेंकी थी... अगर आज वह ज़िंदा होता तो उसे बहुत सारी दाढ़ियाँ नोचना पड़तीं...

[*वक़्फ़ा।*]

तुम्हें याद है, अपनी आख़िरी चंद साँसों के दरम्यान, अपने आख़िरी लम्हों में उसने तौबा नहीं की थी, मम्लकते-ख़ुदादाद[39] में ख़ुदा को याद नहीं किया था, बस शराब माँगी थी...

[*वक़्फ़ा।*]

ब्रजमोहन, मेरे यार, हम ज़िंदा हैं और गिलास कब के ख़ाली हैं...

[*टेलीफ़ोन की घंटी बजने की आवाज़।*]

लो भई, तुम सुनो फ़ोन ··· तुम्हारी बादशाहत बनी रहे ··· मैं भी चला। मेरी कमज़ोरी मेरे इंतज़ार में दुखी होगी ··· यादों की महफ़िल फिर सजेगी ··· आज की शाम, गैलीलियो के नाम !

[फ़ेड आउट]

बलराज मेनरा
शरद दत्त

---

1. अर्थपूर्णता; 2. भ्रम:; 3. रात के अँधेरों का शहीद; 4. विचार; 5. गहरी; 6. नए सिरे से; 7. आकाशभेदी; 8. युग; 9. चिंतन और कर्म का इतिहास; 10. प्यारी; 11. रचना; 12. रोना; 13. धरोहर; 14. उपेक्षा, लापरवाही, बहाना, जल्दबाज़ी; 15. पुराने, साथ पीने-पिलानेवाले मित्रों के सामने; 16. औचित्य; 17. बुद्धिमान; 18. सुंदर; 19. पड़ोसी; 20. पहरेदार; 21. घटना, दुर्घटना; 22. प्रतीक्षारत; 23. अधकचरे दार्शनिक; 24. बुद्धिमत्तापूर्ण; 25. वाक्य; 26. व्यस्त; 27. कम्युनिस्टों; 28. साहित्यिक; 29. राष्ट्रीयकरण; 30. हरा धर्म; 31. गंदगी; 32. अश्लील लिखनेवाले; 33. भावुकता; 34. बलात्कारी; 35. तथाकथित; 36. पवित्रता; 37. विकृत; 38. प्रकाशमान; 39. ईश्वरीय साम्राज्य।

आओ कहानी लिखें

लाजवंती : (*अपने पति से इश्तियाक़[1] भरे लहजे में*) आओ कहानी लिखें।

किशोर : (*चौंककर*) कहानी?

लाजवंती : हाँ हाँ, कहानी।

किशोर : मैं लिखना नहीं जानता...कहो तो एक सुना दूँ।

लाजवंती : सुनाओ।

किशोर : सुनो : एक थी नानी, उसकी बहन थी नहानी, उसका भाई था बिसौला...उसने बसाए तीन गाँव; दो बसे-बसाए, एक बसा ही नहीं...जो बसा ही नहीं, उसमें आए तीन कुम्हार; दो लंगड़े-लूले, एक के हाथ ही नहीं...जिसके हाथ ही नहीं, उसने बनाईं तीन हंडियाँ; दो टूटी-टाटी, एक का तला ही नहीं...जिसका तला ही नहीं, उसमें पकाए तीन चावल; दो ऐंठे-आँठे, एक गला ही नहीं...जो गला ही नहीं, उस पर उतरे तीन मेहमान; दो रूठे-राठे, एक मना ही नहीं...जो मना ही नहीं...

लाजवंती : हटाओ भी इस बकवास को।

किशोर : अरे...यह बकवास है क्या...जब जानूँ, अगर तुम बता दो कि उस मेहमान को क्या हुआ जो मना ही नहीं?

लाजवंती : यह भी कोई बड़ी बात है।

किशोर : बात तो बड़ी नहीं, पर तुम न बता सकोगी...कोशिश करो : दो रूठे-राठे, एक मना ही नहीं; जो मना ही नहीं...उसको?

लाजवंती : घर से निकाल बाहर किया।

किशोर : वह क्यों?

लाजवंती : जब तुम नहीं माना करते तो मैं यही तो किया करती हूँ।

किशोर : ठीक है, पर वह मेहमान है, मैं नहीं हूँ...हर शख़्स मेरी तरह कमज़ोर दिल कैसे हो सकता है...तुमने सोचे-समझे बग़ैर उसे घर से निकाल दिया...वाह भई, वाह!

लाजवंती : मैं तो यही करती।

किशोर : तुम ऐसा हरगिज़ न करतीं।

लाजवंती : (*ज़रा ऊँची आवाज़ में*) मैं ऐसा ही करती।

किशोर : तुम कभी न करतीं।

लाजवंती : मैं कहती हूँ, मैं ऐसा ज़रूर करती।

किशोर : फिर वही बात…मैं जो कह रहा हूँ कि तुम ऐसा कभी न करतीं।

लाजवंती : देखो जी, यह बात बढ़ जाएगी…तुम जानते हो कि मैं अपनी हठ की बहुत पक्की हूँ और एक इंच इधर न हटूँगी…तुम्हारा रूठा हुआ मेहमान ज़रूर बाहर निकाला जाएगा।

किशोर : तुम उसे घर से बाहर नहीं निकाल सकती हो।

लाजवंती : (*गुस्सैली आवाज़ में*) क्या कहा?

किशोर : (*घबराई हुई आवाज़ में*) मैंने क्या कहा था?

लाजवंती : यह कहा था कि मैं उसे घर से बाहर नहीं निकाल सकती।

किशोर : सच तो कहा था…तुम यह कैसे कर सकती हो?

लाजवंती : कैसे कर सकती हूँ…? तो बताऊँ तुम्हें घर से बाहर निकाल के…मैं यह कैसे कर सकती हूँ…गोया आज तक मैंने कभी तुम्हें घर से बाहर निकाला ही नहीं…चलो उठो, भाग जाओ यहाँ से।

किशोर : लाजवंती, ज़रा शांति से काम लो…बात हम उस रूठे हुए मेहमान की कर रहे हैं और घर से बाहर तुम मुझे कर रही हो।

लाजवंती : जो बात मैं कहूँगी, तुम्हें माननी होगी।

किशोर : पर यह कैसे हो सकता है…कहानी में ऐसा नहीं लिखा है।

लाजवंती : कहानी में क्या लिखा है…? यही लिखा होना चाहिए कि उसको घर से निकाल बाहर किया।

किशोर : तुम मानती नहीं हो, मगर मैं कहता हूँ कि तुम बहुत सख़्तदिल हो…वहाँ तो कुछ और ही लिखा है।

लाजवंती : मैं किसी के लिखे हुए को नहीं मानूँगी।

किशोर : तुम सुन तो लो : दो रूठे-राठे, एक मना ही नहीं; जो मना ही नहीं, उसको…

लाजवंती : उसको?

किशोर : लगाए तीन पापोश[2]; एक इधर एक उधर, एक लगा ही नहीं…अब तुम ख़ुद ही बताओ कि मैं ज़्यादती कर रहा था या तुम?

लाजवंती : तीन पापोश लगाए गए ना?

किशोर : हाँ-हाँ तीन, पूरे तीन।

लाजवंती : अगर दो होते तो मैं कभी न मानती…तुम्हें अच्छी तरह याद है न कि तीन ही थे?

किशोर : थे तो तीन ही…पर तीसरा लगा ही नहीं।

लाजवंती : कोई बात नहीं…मेरे हाथ कभी नहीं चूकेंगे।

किशोर : मैं समझा नहीं।

लाजवंती : अच्छा है⋯अभी समझ के क्या करोगे।

[*घंटी बजती है।*]

किशोर : कोई आया है।

लाजवंती : तुम्हारा दोस्त नारायण है।

किशोर : यह तुमने कैसे जाना ?

लाजवंती : घंटी से।

[*वक़्फ़ा।*]

नारायण : प्रणाम भाभी⋯हैलो ओल्ड ब्वॉय⋯

[*वक़्फ़ा।*]

क्या क़िस्सा है भई⋯रोनी सूरत क्यों बनाए बैठे हो ?

किशोर : (*चौंकती हुई आवाज़ में*) भई, मैं कुछ सोच रहा था।

लाजवंती : (*तन्ज़िया*[3] *अंदाज़ में*) आप कुछ सोच रहे थे⋯क्या यह कुछ सोच भी सकते हैं ?

किशोर : मैं यह सोच रहा था कि आज इन्होंने घंटी की आवाज़ से पहचान लिया है कि तुम आ रहे हो⋯कल यह मेरी आवाज़ से पहचान लेंगी कि मैं डॉक्टर के पास जाने का बहाना करके तुम्हारे हाँ ताश खेलने जा रहा हूँ⋯ज़िंदगी यूँ बसर न हो सकेगी नारायण⋯यह शर्लक होम्ज़ बन रही हैं दिन-ब-दिन।

नारायण : (*हँसता है*) अमाँ यह शर्लक होम्ज़ भी एक ही काइयाँ था⋯जूते की नोक देखकर बता देता था कि उसके पहननेवाली की नाक टेढ़ी है⋯छड़ी से मेदे की हालत, सिगरेट की राख से आँखों का रंग और हैट से पैरों की शक्ल बता देना उसके नज़दीक मामूली काम था।

लाजवंती : यह सब फ़र्ज़ी क़िस्से हैं और झूठमूठ की बातें।

नारायण : झूठमूठ की बातें⋯क्या कह रही हैं आप भाभीजान ?

लाजवंती : यह सब कहानियाँ हैं बाबा; इनमें सच कहाँ⋯जिसने चाहा, गप हाँक दी⋯भला ऐसा कभी हो सकता है⋯कहिए तो मैं अपनी तरफ़ से इसी तरह की तीन-चार कहानियाँ बनाकर सुना दूँ।

नारायण : तो यह सब कहानियाँ होती हैं ?

लाजवंती : बिलकुल⋯फ़र्ज़ी क़िस्से⋯।

नारायण : जिनको मैं भी लिख सकता हूँ।

लाजवंती : जब आपके दोस्त लिख सकते हैं तो क्या आप न लिख सकेंगे।

नारायण : अमाँ किशोर, मुझे मालूम न था कि तुम स्टोरी-राइटर भी हो⋯क्या लिखा करते हो ऐसी कहानियाँ ?

किशोर : भई, कभी लिखी तो नहीं, लेकिन सुबह से यह मेरे पीछे पड़ी हुई हैं कि आओ

कहानी लिखें, आओ कहानी लिखें।

नारायण : तो आओ कहानी लिखें।

लाजवंती : आओ कहानी लिखें।

किशोर : तीनों मिलकर एक कहानी लिखें⋯बहुत अच्छा ख़याल है⋯एक कहानी के तीन राइटर⋯शुरू कौन करे?

लाजवंती : जो बोले, वही कुंडी खोले।

किशोर : तो लो, मैं शुरू करता हूँ : एक रोज़ का ज़िक्र है⋯एक रोज़ का ज़िक्र है, बाबू सालिगराम रात को बहुत देर से घर आया⋯वह सख़्त ख़ौफ़ खा रहा था⋯

लाजवंती : उसकी बीवी कमला रात के सन्नाटे में चुपचाप उसका इंतिज़ार कर रही थी⋯

किशोर : तुम्हें कैसे मालूम हुआ कि बाबू सालिगराम ब्याहा हुआ था?

लाजवंती : रात को वही लोग देर से घर आते हैं और डरते हैं जो ब्याहे हुए होते हैं।

किशोर : अच्छा भई तुम्हारी मर्ज़ी—तो : उसकी बीवी कमला रात के सन्नाटे में चुपचाप उसका इंतिज़ार कर रही थी⋯सालिगराम यह सोच रहा था⋯

लाजवंती : अगर उसकी बीवी को पता चल गया कि वह रात के साढ़े बारह बजे तक ब्रिज खेलता रहा है और महीने की आधी तनख़्वाह हार गया है तो आफ़त आ जाएगी⋯

किशोर : यह तुमने अपनी तरफ़ से घड़ लिया है कि वह ब्रिज खेल रहा था, हालाँकि मैं चाहता हूँ कि वह रात को एक नाच देखकर आए।

लाजवंती : नाच⋯? यह तो और भी अच्छा है⋯बोलिए नारायण साहब, हम कहाँ तक पहुँचे थे?

नारायण : एक रोज़ का ज़िक्र है, बाबू सालिगराम रात को बहुत देर से घर आया। वह सख़्त ख़ौफ़ खा रहा था। उसकी बीवी कमला रात के सन्नाटे में चुपचाप उसका इंतिज़ार कर रही थी। सालिगराम यह सोच रहा था⋯

किशोर : यह सोच रहा था कि⋯कि⋯वह औरत, जिसका नाच वह क्लब में देख के आया है⋯

लाजवंती : कितनी हसीन है⋯चाँद-सा मुखड़ा, गोरी-गोरी रंगत, काली नागिनों के-से बाल⋯जब वह नाचती है तो उसके सफ़ेद टख़नों में बँधे हुए घुँघरुओं की झनझनाहट दिल की धड़कनों में घुलमिल जाती है⋯

नारायण : वाह भाभी, वाह⋯उसके सफ़ेद टख़नों में बँधे हुए घुँघुरुओं की झनझनाहट दिल की धड़कनों में घुलमिल जाती है⋯

किशोर : सालिगराम के कानों में उन घुँघरुओं की आवाज़ अभी तक गूँज रही थी⋯

लाजवंती : इसके साथ-साथ उसके कान उन झिड़कियों और गालियों का बेपनाह शोर

सुनने के लिए भी तैयार हो रहे थे जो उसकी बीवी अपने सीने में छिपाए बैठी थी···

किशोर : मैं पूछता हूँ, यह तुम बीच में उसकी बीवी का क़िस्सा क्या ले आती हो।

लाजवंती : औरत के बग़ैर कोई कहानी मुकम्मल नहीं हो सकती।

किशोर : ठीक है, पर वह झिड़कियों और गालियों का बेपनाह तूफ़ान अपने सीने में क्यों छुपाए बैठी थी?

लाजवंती : औरत क्या अपने हुक़ूक़ की हिफ़ाज़त न करे···? तुम-जैसे बेवफ़ा मर्द अगर रात को दो-दो बजे घर आएँ तो क्या तुम्हारा यह मतलब है कि औरतें ख़ामोश बैठी रहें···कुछ न कहें, घुल-घुल के मर जाएँ···तुम ऐश करो, नाच देखो, रंगरलियाँ मनाओ और हम अपनी ज़बान पर ताले डाल लें?

किशोर : मैंने यह कब कहा है···तुम तो बात-बात पर भड़क उठती हो···हम कहानी लिख रहे हैं बाबा!

लाजवंती : लिखो, पर मेरी बात टोकने का तुम्हें कोई अधिकार नहीं, समझ लिया···हाँ तो मिस्टर नारायण, हम कहाँ तक पहुँच चुके हैं?

नारायण : (*ठंडी साँस भरकर*) बहुत दूर पहुँच चुके हैं···हाँ तो यहाँ तक मैं लिख चुका हूँ : इसके साथ-साथ उसके कान उन झिड़कियों और गालियों का बेपनाह शोर सुनने के लिए भी तैयार हो रहे थे जो उसकी बीवी अपने सीने में छुपाए बैठी थी···

किशोर : सालिगराम को इसकी कोई परवाह न थी···

लाजवंती : उस पर तो उस नाचनेवाली के इश्क़ का भूत सवार था···

किशोर : उसने दिल में यही सोचा, मगर फ़ौरन ही उसको ख़याल आया कि यह कैसे हो सकता है···उसे तो अपनी बीवी से बेहद मुहब्बत है···

लाजवंती : वह अपने आपको धोखा दे रहा था, सिर्फ़ इसलिए कि उसके दिल से वह डर दूर हो जाए जो आमतौर पर उन मर्दों के दिल में पैदा हो जाता है जो अपनी औरतों से दग़ा किया करते हैं···

किशोर : उसका यह ख़याल भी ग़लत निकला···दरअसल उसके दिल को कोई और ही चीज़ सता रही थी···

लाजवंती : क्या?

किशोर : यह उसको मालूम नहीं था···

लाजवंती : यह भी अजीब बात है···उसको मालूम क्यों नहीं था?

किशोर : उसको मालूम क्यों नहीं था, मुझे क्या मालूम···? बस उसे मालूम नहीं था, इसलिए कि उसे मालूम नहीं था।

लाजवंती : मुझे इस क़िस्म की ऊटपटाँग बातें पसंद नहीं···तुम ठीक-ठीक बताओ कि उसे क्यों मालूम नहीं था···यह कह देने से कि उसे मालूम नहीं था, तुम अपने

सालिगराम को उसकी मज़्लूम[4] स्त्री की आँखों में सुर्ख़रू साबित नहीं कर सकते… जो सज़ा मैंने तुम्हारे बाबू सालिगराम के लिए सोच रखी है, उसे मिलकर रहेगी… समझे… तुम्हारी यह चालाकियाँ मेरे साथ न चल सकेंगी।

किशोर : देखा नारायण… मैं तुमसे झूठ नहीं कहा करता… यह औरत बारूद की बनी हुई है, बारूद की… आतिशबाज़ी का एक चक्कर है… अब तुम बताओ, ऐसी हालत में कहानी कैसे मुकम्मल हो सकती है?

नारायण : मुझे तुमसे पूरी हमदर्दी है।

लाजवंती : और मुझसे?

नारायण : आपसे मैं सिर्फ़ इस क़दर कहना चाहता हूँ कि आप जो कुछ कहती हैं, सही होता है।

लाजवंती : मैं आपका शुक्रिया अदा करती हूँ।

किशोर : मगर फ़ैसला क्या हुआ?

नारायण : फ़ैसला यह हुआ है कि कहानी को किसी-न-किसी तरह मुकम्मल किया जाए।

किशोर : बहुत बेहतर… तो हम क्या कह रहे थे?

नारायण : यह कह रहे थे कि दरअसल उसके दिल को कोई और ही चीज़ सता रही थी… क्या, यह उसको मालूम नहीं था…

लाजवंती : इसी उधेड़बुन में वह अपने मकान के क़रीब पहुँच गया…

किशोर : इतनी जल्दी?

लाजवंती : तुम बीच में न बोलो जी… आप लिखिए मिस्टर नारायण, इसी उधेड़बुन में वह अपने मकान के क़रीब पहुँच गया… उसकी बीवी बड़ी बेचैनी से कमरे में उसका इंतिज़ार कर रही थी… बाबू सालिगराम बड़े दरवाज़े में दाख़िल हुआ।

किशोर : कि एकाएकी उसे कोई ख़याल आया और वह बाहर निकलकर सड़क पर टहलने लगा…

लाजवंती : देखिए नारायण साहब, आपके दोस्त उस इख़्तियार से नाजाइज़ फ़ाइदा उठा रहे हैं जो मैंने ही उनके हाथों में दे दिया है।

किशोर : कैसा इख़्तियार… ? झूठ न बोलो लाज… आज तक तुमने मुझे कोई इख़्तियार दिया है… ? मैं तो इस घर में नौकरों से बदतर ज़िंदगी बसर कर रहा हूँ… मुझे कौन-सा इख़्तियार दिया है तुमने… ? परमात्मा के लिए झूठ न बोलो।

लाजवंती : मेरी जूती को क्या ग़र्ज़ पड़ी है झूठ बोलने की… अव्वल दर्जे के झूठे तो तुम हो… अभी परसों ही की बात है, दोस्तों के साथ व्हिस्की उड़ाकर रात को तुम जब आए थे और मैंने पूछा था, तुम्हारे मुँह से यह तेज़-तेज़ बू कैसी आ रही है तो तुमने क्या जवाब दिया था?

किशोर : मैं क्या जानूँ⋯मुझे होश थोड़ी था।

नारायण : भाभी, मैं एक बात अर्ज़ करूँ ?

लाजवंती : फ़रमाइए।

नारायण : इस वक़्त तो आपके पति ने सोलह आने सच कहा⋯भई किशोर, मैं तुम्हारी हिम्मत की दाद देता हूँ⋯मुझसे तो इतना बड़ा सच कभी न बोला जाता⋯अच्छा भाभी, छोड़िए पुरानी बातों को⋯हमें कहानी भी तो मुकम्मल करनी है।

लाजवंती : क्या लिखवाया था इन्होंने ?

नारायण : कि एकाएकी उसे कोई ख़याल आया और वह बाहर निकलकर सड़क पर टहलने लगा⋯

लाजवंती : गोया सड़क कोई बाग़ था⋯ख़ैर, तो लिखिए : थोड़ी देर टहलने के बाद बाबू सालिगराम के क़दम अपने आप बड़े दरवाज़े की तरफ़ उठने लगे और अभी वह अच्छी तरह कुछ सोचने भी न पाया था कि वह सीढ़ियाँ तय करके दरवाज़े के सामने था⋯उसकी बीवी को ऐसा मालूम हुआ कि उसका पति आ गया है और दरवाज़े के बाहर खड़ा है⋯दौड़कर उसने दरवाज़ा खोल दिया।

किशोर : मगर उसको यह देखकर बड़ी नाउम्मीदी हुई कि दरवाज़े के बाहर कोई भी न था⋯

लाजवंती : वह कैसे ?

किशोर : बाबू सालिगराम ग़लती से दूसरी मंज़िल पर डॉक्टर हेमचंद्र के फ़्लैट को अपना फ़्लैट समझते हुए दरवाज़े के बाहर खड़ा था⋯

लाजवंती : अच्छा-अच्छा, कोई बात नहीं⋯कोई बात नहीं : बाबू सालिगराम ग़लती से दूसरी मंज़िल पर डॉक्टर हेमचंद्र के फ़्लैट को अपना फ़्लैट समझते हुए दरवाज़े के बाहर खड़ा था⋯ यही लिखाया है न तुमने⋯? आगे लिखिए मिस्टर नारायण : थोड़ी देर के बाद उसने दरवाज़े पर दस्तक दी⋯और डॉक्टर हेमचंद्र एक डंडा हाथ में लिए बाहर निकला।

किशोर : और बाबू सालिगराम को देखकर उसने इन अल्फ़ाज़ में माज़रत तलब की : 'मुझे बेहद अफ़्सोस है कि आपकी मसहरी का वह डंडा, जो मेरी बीवी ने गुस्लख़ाने का नल साफ़ करने के लिए मँगवाया था, मैं फ़ौरन वापिस न पहुँचा सका⋯आपको बहुत तक्लीफ़ हुई⋯'

लाजवंती : यह⋯यह⋯यह ज़ुल्म है⋯मिस्टर नारायण, मैं इसके ख़िलाफ़ आवाज़ बुलंद किए बग़ैर नहीं रह सकती⋯आपके दोस्त मुक़ाबले में निहायत ओछे हथियार इस्तेमाल कर रहे हैं।

नारायण : मुझे इसका पूरा-पूरा एहसास है⋯क्या मैं आपसे कुछ पूछ सकता हूँ ?

लाजवंती : बड़े शौक़ से !

नारायण : क्या यह जंग है ?

लाजवंती : जी हाँ, जंग ही तो है ।

नारायण : तो माफ़ कीजिए⋯जंग और मुहब्बत में हर चीज़ रवा होती है⋯आपको भी हर क़िस्म का इख़्तियार हासिल है ।

लाजवंती : है ना⋯तो क्या मैं इस इख़्तियार से फ़ाइदा उठाऊँ ?

नारायण : क्यों नहीं !

लाजवंती : लिखिए : जब बाबू सालिगराम अपने फ़्लैट में पहुँचा, उसकी बीवी दहलीज़ में खड़ी थी⋯अपने पति को डंडा हाथ में लिए आता देखकर उसने दौड़ के⋯

[*यकायक उठने और दौड़ने की आवाज़—फिर घुँघरुओं की आवाज़ ।*]

उसने दौड़ के, जो चीज़ उसे पहले नज़र आई, उठा ली और आनेवाले हादिसे के लिए तैयार होकर दरवाज़े के बीच में खड़ी हो गई⋯अब बचाओ अपने आपको ।

किशोर : लाजवंती, कहीं सचमुच यह घुँघरू मेरे मुँह पर न दे मारना⋯परे करो अपने हाथ को⋯अगर मेरे हाथ में डंडा होता तो और बात थी⋯मगर मैं तो निहत्था हूँ ।

लाजवंती : तुम ज़्यादा बातें न बनाओ जी⋯अपने बाबू सालिगराम को बचाने की कोशिश करो ।

किशोर : मैं पहले अपने आपको तो बचा लूँ⋯फेंक दो इन घुँघरुओं को । लाजवंती⋯मुझे बड़ी वहशत हो रही है तुम्हारे उठे हुए हाथ से ।

लाजवंती : अब धरी रह गई सारी चालाकी⋯बचाओ उस मरदुए सालिगराम को ।

किशोर : भई परमात्मा के लिए मुझे और सालिगराम को किसी हीले से बचाओ⋯मेरा दिमाग़ तो इसने इन घुड़कियों ही से परेशान कर दिया है ।

लाजवंती : (*हँसकर*) मेरी तरफ़ से आपको मदद करने की इजाज़त है मिस्टर नारायण !

नारायण : मैं आपकी इस इनायत का बेहद शुक्रगुज़ार हूँ⋯तो क्या मैं सचमुच इनकी मदद कर सकता हूँ ?

लाजवंती : मैं तमाम दुनिया के मर्दों को इनकी मदद की इजाज़त देती हूँ⋯मुझे मालूम है कि अब कोई हीला काम न कर सकेगा ।

नारायण : शायद⋯तो : अपने पति को डंडा हाथ में लिए आता देखकर उसने दौड़ के, जो चीज़ उसे पहले नज़र आई, उठा ली और आनेवाले हादिसे के लिए तैयार होकर दरवाज़े के बीच में खड़ी हो गई⋯वह काँप रही थी ।

लाजवंती : काँप रही थी, गुस्से से ।

नारायण : जी नहीं⋯वह काँप रही थी⋯उसका पति डंडा हाथ में लिए मज़बूत क़दमों से उसकी तरफ़ बढ़ रहा था⋯वह दौड़ के आगे बढ़ी और अपने पति के

क़दमों में गिर पड़ी... उसकी उँगलियों में फँसे हुए घुँघरू धागे के बंधन से आज़ाद होकर पथरीले फ़र्श पर तारों की तरह बिखर गए...

लाजवंती : फिर क्या हुआ?

नारायण : बाबू सालिगराम को सख़्त हैरत हुई कि मामला क्या है... घबराए हुए लहजे में वह सिर्फ़ इस क़दर कह सका : 'कमला...!' कमला ने आँसुओं भरी आवाज़ में कहना शुरू किया : 'मुझे माफ़ कर दो नाथ, मुझे माफ़ कर दो...जो कुछ मैंने किया, वह सिर्फ़ तुम्हारी ख़ातिर था, सिर्फ़ तुम्हारी ख़ातिर... बाबू सालिगराम ने पूछा : 'मेरी ख़ातिर?' कमला ने कहा : 'हाँ तुम्हारी ख़ातिर... अगर तुम्हारे सिर पर तीन हज़ार रुपए का क़र्ज़ न होता तो मैं कभी ऐसा न करती... मुझे माफ़ कर दो...'

लाजवंती : यह क्या पहेली है... मेरी समझ में तो कुछ भी नहीं आया।

नारायण : बाबू सालिगराम की समझ में कुछ न आ रहा था... उसने पूछा : 'कमला' यह तुम क्या कह रही हो...?' कमला ने जवाब दिया : 'मैं आज शाम यूनाइटेड क्लब में तुम्हारी इजाज़त के बग़ैर नाच के आई हूँ... मुझे उसके एवज़ तीन हज़ार रुपए मिले हैं जिनसे तुम्हारा क़र्ज़ अदा हो सकता है...' बाबू सालिगराम के मुँह से बेइख़्तियार एक चीख़ निकली... वह कमला से लिपट गया और कहने लगा : 'क्या राधा के लिबास में यूनाइटेड क्लब के स्टेज पर तुम नाच रही थीं... मैं भी तो वहीं मौजूद था...'

किशोर : फिर क्या हुआ?

नारायण : फिर क्या होना था : बाबू सालिगराम और कमला ख़ुशी-ख़ुशी कमरे में जाकर सो गए और सारी रात उनके कानों में घुँघरुओं की झनझनाहट गूँजती रही... अच्छा प्रणाम भाभी... गुड नाइट ओल्ड ब्वॉय... मेरी दुआ है कि आज रात आप दोनों के कानों में भी घुँघरू बजते रहें...

[*फ़ेड आउट*]

1. उत्कंठा; 2. जूते; 3. व्यंग्यात्मक; 4. पीडित

आओ ताश खेलें

लाजवंती : (*अपने पति से—इश्तियाक़' भरे लहजे में*) आओ, ताश खेलें।

किशोर : (*चौंककर*) क्या कहा ?

लाजवंती : क्या बहरे हो गए हो… ? कल भी पहर भर चिल्लाती रही और तुमने ख़ाक न सुना… यह सिगरेटों की ख़ुश्की नहीं है तो और क्या है… ? कानों में बादाम रौग़न क्यों नहीं डलवाते?

किशोर : नुस्ख़े बाद में तजवीज़ करना, पहले यह बताओ, तुम कह क्या रही थीं ?

लाजवंती : कह रही थी, आओ ताश खेलें।

किशोर : ताश खेलें… ये भी कोई वक़्त ताश खेलने का है। तुम तो बेवक़्त की शहनाई हो।

लाजवंती : अच्छा तो यह आज मालूम हुआ कि ताश खेलने का भी एक ख़ास वक़्त और एक ख़ास लगन होता है।

किशोर : मेरा मतलब यह था कि जिस तरह सैर करने का वक़्त, सुबह या शाम होता है उसी तरह ताश खेलने का भी एक ख़ास वक़्त होता है। हर चीज़ का एक न एक वक़्त होता है। गाना वही अच्छा जो वक़्त पर गाया जाए। चाय सुबह और चार बजे ही अच्छी लगती है। सिगरेट भूक में, आँधी में और अँधेरे में अच्छा नहीं लगता। बस खाके, नहाके, सोके और मुँह धोके ही अच्छा लगता है।

लाजवंती : और जो मैं जनाब से यह पूछूँ कि आपके ख़ुश-ख़ुश दिखाई देने का कौन-सा वक़्त मुक़र्रर है तो… मैंने तो जब देखा, तुम्हें जला-भुना ही देखा। घर में एक-दो अच्छे बोल मुँह से निकालना भी तुम्हें दूभर मालूम होता है… कोई मुई एक्ट्रेस बैठी हो तो चटाख़-पटाख़ ताश शुरू कर देते हो। भला मुझ निगोड़ी से तुम्हें वास्ता ही क्या है… ताश खेलने को कहा तो चाय पीने और मुए सिगरेट पीने के वक़्त बताने शुरू कर दिए। भला ताश खेलने से इनका क्या वास्ता। खेल जब खेलो, खेल है और जब खेला जाए वही उसका वक़्त।

किशोर : बस मेरे मुँह से बात निकली नहीं कि पकड़ी गई··· अच्छा आओ, ताश खेलें।

लाजवंती : गोया मेरे बाप-दादा पर बड़ा एहसान हो रहा है। अगर नहीं खेलना है तो न खेलो। कोई ज़बरदस्ती थोड़ी है··· ज़रा आईने में अपनी शक्ल तो देखो। हुक्म के गुलाम बने हुए हो। क्या यही मुँह लेकर क्लब में ताश खेला करते हो ?

किशोर : तुम अब इस क़िस्से को छोड़ो ना··· आओ, ताश खेलें।

लाजवंती : तुम्हारे साथ कोई बाज़ी लगाकर खेले तो तुम्हें मज़ा भी आए··· मैं तुम्हारे साथ खेलूँगी तो न कोई दाव होगा; न शर्त। भला ऐसे सूखे खेल से तुम्हें क्या दिलचस्पी! गिरह से दस-बीस रुपए निकलने का डर हो तो तुम खेलो भी।

किशोर : मैं अब कह जो रहा हूँ कि लाओ, ताश खेलता हूँ··· अब क्या इश्टाम[2] लिख दूँ··· पर मैं पूछता हूँ कि तुम्हें बैठे-बैठे आज यह ताश खेलने की क्या सूझी··· ? ताश के पत्ते तो ठीक से तुम पकड़ नहीं सकतीं, खेलोगी क्या ख़ाक··· !

लाजवंती : तुम माँ के पेट से तो यह सब खेल सीखकर नहीं आए··· दो दिन खेलूँगी, सब समझ में आ जाएगा। और फिर ताश खेलने में कौन से पहाड़े याद करने पड़ते हैं··· जिसका पत्ता बड़ा हुआ वह जीत गया।

किशोर : लाओ, ताश कहाँ है ?

लाजवंती : यह लो।

[*ताश के पत्ते फेंटने की आवाज़।*]

किशोर : ज़रा सलीक़े से मिलाओ। यह क्या कर रही हो··· प्लेट में अंडे फेंटे जा रहे हैं, या छाज में दाल फटक रही हो ?

लाजवंती : मुझे न पढ़ाओ, मैं तुम्हारी सब चालबाज़ियाँ समझती हूँ··· यह लो, अब बाँटो··· मैं ऐसी की ऐसी ताश तुम्हारे हाथ में दे देती तो तुम सब अच्छे पत्ते ले जाते··· लो, अब जल्दी से बाँट दो··· कोई गड़बड़ी की तो याद रखना, लड़ाई हो जाएगी।

किशोर : दो ढेरियाँ बना देता हूँ, जो अच्छी लगे उठा लो।

[*ढेरियाँ बनाने की आवाज़।*]

लाजवंती : उठा ली।

किशोर : तो अब पत्ता गिराओ।

लाजवंती : तुम गिराओ; हम क्यों गिराएँ ?

किशोर : गिरे हुए को क्या गिराती हो लाजवंती ?

लाजवंती : अब लगे···

किशोर : लो बाबा··· उफ़ करने की भी तो इजाज़त नहीं··· ये रहा हुक्म का दहला।

[*पत्ता फेंकने की आवाज़।*]

लाजवंती : ठहरो, ठहरो... इसको कौन जीतेगा... हाँ, हाँ...

[*पत्ता फेंकने की आवाज़।*]

हुक्म का ग़ुलाम...

(*हँसने की आवाज़।*)

जीत लिया, जीत लिया... चलो, अब दूसरा फेंको।

किशोर : अब तुम्हारी बारी है।

लाजवंती : वाह...! एक तो हम पत्ता जीतें और फिर हम ही पत्ता गिराएँ, यह कहाँ का दस्तूर है?

किशोर : लाजवंती, तुम पत्ता गिराओ... परमात्मा के लिए मेरा मग़ज़ न चाटो... अब तुम्हारी बारी है... जो जीतता है वही खेला करता है।

लाजवंती : तो लो... हम बिलकुल छोटा पत्ता खेलेंगे... यही सही... हमें क्या ज़रूरत है अच्छा पत्ता खेलने की... यह लो, हमने पान की तिग्गी खेली।

किशोर : और हमने चौके से उठा ली।

लाजवंती : कभी मुझे उठाके देखो, जब जानूँ... चौके में तुम जैसे गंदे आदमियों को घुसने न दूँ।

किशोर : अब तुम बीच में यह चौके और रसोई का झगड़ा क्या ले बैठी हो... हम ताश खेल रहे हैं, बावरचीख़ाने में बैठे चूल्हे नहीं सुलगा रहे।

लाजवंती : बावरचीख़ाने में कभी चूल्हा सुलगाना पड़ जाए तो नानी याद आ जाए तुम्हें... "बावरचीख़ाने में बैठे चूल्हे नहीं सुलगा रहे" क्या भोले-से मुँह के साथ तुमने यह कह दिया है...! कोई समझे, यह चूल्हा सुलगाना मामूली काम है... मेरी आँखें ख़राब हो गई हैं हर रोज़ के धुएँ से... सुझाई कम देने लगा है... और तुम कहते हो, चूल्हा सुलगाने का काम बड़ा आसान है, बड़ा मामूली है।

किशोर : मालूम होता है कि आज तुम इस ताश से चूल्हा सुलगवाना चाहती हो... मैं सच कहता हूँ, ये सब पत्ते उठाकर चूल्हे में झोंक दूँगा... तुम्हें ताश खेलना हो तो सीधे मन से खेलो, बीच में यह लेक्चर न शुरू करो।

लाजवंती : अब नाराज़ हो गए... चलो, चलो... हाँ, हाँ, मैं भूली, मेरी बारी है... यह लो पान की बेगम।

किशोर : पान के शाह ने काट दी।

लाजवंती : न रहे इस दुनिया के तख़्ते पर... इन सारे पत्तों में एक ही बेगम आई थी, और यह मुवा शाह काटकर ले गया... यही बात मुझे इस ताश में बुरी लगती है... भला बेगम और काट ली जाए। गोया इसकी कोई बड़ाई ही नहीं।

किशोर : दस पत्तों, दुग्गी से लेकर ग़ुलाम तक पर तुम्हारी इस बेगम की तलवार

चलती है। जिस पत्ते का सर चाहे, भुट्टे के मानिंद उड़ा दे... अब और कितने इख़्तियार चाहती हो?

लाजवंती : नहीं, नहीं... मैं इतनी इजाज़त दे सकती हूँ कि बेगम शाह से उठाई जा सकती है। इन दोनों का कुछ जोड़ तो हुआ। बादशाह बेगम को ठंडे दिल से ले जाए, पर और कोई आँख उठाकर भी न देखे... लेकिन इस मुए इक्के को तुमने यूँ ही बड़ा बना दिया है... तुम्हीं बताओ, एक से दो बड़ा होता है, या नहीं?

किशोर : हाँ, होता है।

लाजवंती : परमात्मा तुम्हारा भला करे... अब यह सोचो कि इक्के को दुग्गी क्यों नहीं काट सकती?

किशोर : यह खेल के उसूल के ख़िलाफ़ है... इक्के को दुग्गी से काटने का क़ायदा नहीं है।

लाजवंती : क़ायदा नहीं है, दस्तूर नहीं है, यह क्या हुआ... वाह जी, वाह... लोग पुराने क़ायदे और क़ानून तोड़ने के लिए अपनी प्यारी जानें दे रहे हैं... महात्मा गांधी और पंडित जवाहरलाल जी ने क़ैदें काटीं कि नए क़ायदे और नए क़ानून बनें, और तुम वही लकीर के फ़क़ीर बने रहे... ज़रा कभी अक्ल से भी काम लिया करो... बेगम को शाह ले गया, इसलिए कि वह उसी की थी, पर यह मुवा इक्का जिसका न सर न पैर, यह क्यों सबका पेंच हुआ... इसे क्यों बड़ा बना दिया गया है... हटाओ इसको... अगर बावन पत्तों में से एक यह कम हो जाए तो क्या फ़र्क़ पड़ जाएगा... क़ायदे बनाए हुए हैं, दस्तूर यह है... नौज ऐसे खेल पर... और हाँ, मैं तुमसे यह पूछती हूँ कि तुम्हारे क़ायदे बनानेवालों ने ताश में स्त्रियाँ कितनी रखी हैं?

किशोर : स्त्रियाँ कितनी रखी हैं... किसने?

लाजवंती : मैं यह पूछती हूँ कि ताश में कितने पत्ते स्त्रियाँ हैं... यानी औरतें कितनी हैं?

किशोर : स्त्रियाँ... औरतें...? तुम्हें हर वक्त इन बातों ही का खटका रहता है। सारा दिन तुम्हारे पास रहता हूँ, फिर भी तुम्हारा शक दूर नहीं होता... मैं तुम्हारे सिवा किसी और स्त्री की तरफ़ आँख उठाकर भी नहीं देखता।

लाजवंती : (*खिलखिलाकर हँसते हुए*) चोर की दाढ़ी में तिनका... अजी जनाब, मैं यह पूछ रही हूँ कि इस ताश में कितने पत्ते ऐसे हैं जो मुवन्नस[3] हैं?

किशोर : ओह... तुम यह पूछ रही थीं कि ताश में कितने पत्ते ऐसे हैं जो मुवन्नस हैं... और मैं यह समझ रहा था कि तुम यह पूछ रही हो... लो, अभी बताए देता हूँ... ताश में इतनी औरतें... नहीं, इतने पत्ते औरतें हैं... दुग्गी... तिगी... और... और बेगम... और...

लाजवंती : बस करो... फ़क़त[4] तीन... तेरह पत्तों में सिर्फ़ तीन। तुम लोग दस और हम

सिर्फ़ तीन। यह भी अजीब इनसाफ़ है... सच तो यह है कि इस मुई ताश का बनानेवाला कोई मरदों का तरफ़दार, बड़ा बेइनसाफ़ आदमी था।

किशोर : अरे, तुम तो तीन क़ुबूल रही हो, अगर पत्तों में एक फ़क़त बेगम ही होती तो बाक़ी बारह का मुक़ाबला करने को काफ़ी से ज़्यादा थी।

लाजवंती : और उस बारह मुरदारों की फ़ौज का सिपहसालार तुम्हें बनाया जाता... क्या अच्छे लगते एक औरत का मुक़ाबला करते... कोई पूछता यह फ़ौज किस दुश्मन पर धावा बोल रही है तो जवाब देते... एक निहत्थी औरत पर... मरदानगी इसी का नाम है?

किशोर : बात में से बात निकालती हो। दिल से नींव डालती हो और फिर ईंट पर ईंट और रद्दे पर रद्दा चढ़ाती हो, और जिस बात को पकड़ लेती हो, उसका पीछा नहीं छोड़ती हो... जाने काहे का दिमाग़ पाया है...!

लाजवंती : साफ़-साफ़ क्यों नहीं कहते, किसका दिमाग़ पाया है... वह बात-बात पर चिल्लाने की आदत तुम्हारी ही है... नौज जो कोई तुमसे उलझे... मेरी बातें तो तौर-तरीक़े की होती हैं।

किशोर : यानी तुम बात करती हो तो यूँ मालूम होता है, मुँह से फूल झड़ रहे हैं, क्यों...? पर आतिशबाज़ी के फूल जो कलेजे को जलाकर ख़ाके-सियाह[5] कर देते हैं।

लाजवंती : तुम्हारी तरह नहीं कि बात करते जाते हो और सुइयाँ कलेजे में चुभोते जाते हो। तुम्हारी एक-एक बात, एक-एक तीर, और वह भी ज़हर में बुझा हुआ... इसीलिए तो मैं भूले से बात तक नहीं करती... मैंने भला कहा क्या था? यही ना कि आओ, ताश खेलें... बस इतनी-सी बात थी जिसे अफ़साना कर दिया।

किशोर : मैंने तो अफ़साना नहीं किया, तुम ही रामायन लेकर बैठ गई हो जो ख़त्म ही नहीं होती... ताश खेलने बैठ गया तो शुरू हो गईं... बेगम को शाह क्यों काटे? इक्के को दुग्गी क्यों न उठाए... ताश बनानेवाला...

लाजवंती : बेशक गधा था, पाजी था... कुछ और सुनोगे... और मुझे छेड़ो।

किशोर : लाजवंती...

लाजवंती : उस मुए ताश बनानेवाले पर सात झाड़ू और हुक़्क़े का पानी... और सुनो।

किशोर : अच्छा भई, तौबा हुई... तौबा, मेरी तौबा... आओ, अब ताश खेलो।

लाजवंती : जाओ, अब नहीं खेलती... खेले मेरी जूती, खेले मेरी पैज़ार... सुना कि नहीं...? तुम जाओ, उन मुई उल्फ़तियों से ताश खेलो। तुमको उन्हीं से खेलने में मज़ा आता है।

किशोर : अरे, अरे... अरे, इतना गुस्सा... बात का बतंगड़ इसी को कहते हैं... लो, अब गुस्सा जाने दो... अब जो मैं कुछ कहूँ तो जो चोर की सज़ा वही मेरी।

लाजवंती : बात का बतंगड़ कह दिया और कुछ कहा भी नहीं... वह तुम्हीं हो जो फुसरी का भगंदर करते हो... आग लगे इस खेल को। झाड़ू फिरे इस खेल पर। मैं दर गुज़री ऐसा खेल खेलने से। मुवा खेल न हुआ, जान का बवाल हुआ, ...कोई इतनी लड़ाई लड़े इस अदना से खेल के वास्ते। चूल्हे में जाए खेल और भाड़ में जाए खेलनेवाला।

[मेज़ पर ताश पटख़ने की आवाज़।]

किशोर : अब चूल्हे-भाड़ में मुझे झोंक चुकीं—दिल ठंडा हो गया ना... ? लो आओ, अब ताश खेलो।

लाजवंती : ताश खेले मेरी बला... तुम जाओ अपनी उन होतियों-सौतियों के पास और खेलो ताश उनके साथ... वो मुई लाल-लाल मुँहवाली बंदरियाँ, निगोड़ी पिच्छल परियाँ। वो ही तुम्हारी सबकुछ हैं... मैं तुम्हारी कौन... ? न तीन में न तेरह में, न सुतली की गिरह में।

किशोर : तुम हो मेरी पत्नी... मेरे सेहरे-जल्वे की ब्याही, घर की मलिका, मेरे मनमंदिर की देवी, मेरी सबकुछ... तुम पर से हज़ार पिच्छल परियाँ क़ुरबान... आओ मेरी लाज, ग़ुस्से को थूक दो मेरी जान... आओ, ताश खेलें... लो, अब मुस्कुरा दो... तुम्हें मेरी जान की क़सम... मुझे ही हाय-हाय करके पीटो जो न मुस्कुराओ।

लाजवंती : अच्छा ठहरो, खेलती हूँ, पर एक शर्त है।

किशोर : वह क्या... ? ख़ैर, जो शर्त भी हो, मुझे मंज़ूर है।

[खाँसी की आवाज़ और क़दमों की चाप।]

नारायन : आख़्ख़ाह... आज तो भाभीजान ताश खेल रही हैं, पर मालूम होता है, अभी तक बाज़ी नहीं लगी... चलो यह भी अच्छा हुआ... नमस्कार भाभीजान... आज ज़रा मुझे देर हो गई। एक दोस्त के यहाँ बैठ गया... उसने मुझे ताश का एक खेल दिखाया और मेरे होश गुम कर दिए। मैं जो पत्ता खींचूँ वह झट से बता दे। बड़ी देर तक मैं उसकी मिन्नतें-समाजतें करता रहा। आख़िरकार उसने वह खेल मुझे सिखा दिया...

किशोर : सीख आए हो ना... !

नारायन : हाँ हाँ, सीख आया हूँ... तुम्हें अभी दिखाता हूँ।

(पत्ते फेंटने की आवाज़।)

पूरे बावन पत्ते हैं ना... !

किशोर : पूरे हैं... तुम अपनी भाभी को खेल दिखाओ, मैं अभी आया।

नारायन : कहाँ चले ?

किशोर : मैं कपड़े तब्दील करके अभी आता हूँ। तुम इन्हें खेल दिखाओ।

नारायन : अच्छा भई, तुम्हारी मर्ज़ी।

[*वक़्फ़ा।*]

भाभी, किशोर बड़ा घबराया-घबराया दिखाई देता है।

लाज़वंती : मुझे क्या मालूम··· आप जानते होंगे··· किसी एक्ट्रेस-वेक्ट्रेस के हाँ जाने की ठानी होगी··· इनके राज़ तो सिर्फ़ आप ही को मालूम होते हैं।

नारायन : न, न··· मुझसे क़सम ले लीजिए जो मुझे मालूम हो कि आज इसके मन में क्या है··· मैं आज इधर आया भी तो सिर्फ़ इसलिए कि जो नया खेल सीखा है, आपको दिखाता जाऊँ। बड़ा दिलचस्प खेल है··· दिखाऊँ आपको ?

लाजवंती : दिखाइए··· पर आप सच कहते हैं कि आज इनकी किसी के साथ एपाइंटमेंट नहीं है ?

नारायन : (*ताश फेंटने की आवाज़ के साथ*) जौन-सा पत्ता आप इसमें से··· हाँ, क्या कहा आपने ?

लाजवंती : कुछ भी नहीं··· हाँ, जौन-सा पत्ता···

नारायन : आप इनमें से खींचेंगी, मैं आपको बग़ैर देखे बता दूँगा। समझीं आप···! बग़ैर देखे। यानी मैं बिलकुल नहीं देखूँगा और आपको खींचा हुआ पत्ता बता दूँगा, बग़ैर देखे···

लाजवंती : बग़ैर देखे···? हूँ··· पर आप यह नहीं बता सकते कि वो दूसरे कमरे में क्या करने गए हैं ?

नारायन : (*ताश फेंटने की आवाज़*) बग़ैर देखे···

(*चौंकती हुई आवाज़ में*) क्या कहा आपने ?

लाजवंती : कुछ भी नहीं··· हाँ तो बग़ैर देखे आप मेरा खींचा हुआ पत्ता बता देंगे··· भला वह कैसे ?

नारायन : ऐसे, ऐसे··· कि मैं ताश के ये सारे पत्ते आपके सामने यूँ फैलाता जाऊँगा··· आप इनमें से कोई-सा पत्ता, यानी जौन-सा आप चाहें, खींच लें, पर मुझे न बताएँ कि वह कौन-सा पत्ता है··· इसके बाद मैं आपको बता दूँगा कि आपका पत्ता क्या था··· क्यों, कैसा है यह खेल ?

लाजवंती : फैलाइए पत्ते।

नारायन : ये रहे··· हाँ, हाँ, कोई-सा पत्ता खींच लें···

[*वक़्फ़ा।*]

तो खींच लिया आपने ?

लाजवंती : हाँ, पान का सत्ता खींचा है।

नारायन : आपने पान का सत्ता ही खींचा होगा, पर मुझे क्यों बता दिया··· आप पत्ता खींचे, पर मुझे न बताएँ··· यह बताना ही तो अस्ल चीज़ है··· यानी देखिए ना कि मुझे बग़ैर देखे आपका खींचा हुआ पत्ता बताना है··· सो अब जो पत्ता खींचें, मुझे न बताएँ बल्कि अपने दिल में रखें और देखें कि मैं ठीक बताता हूँ

या ग़लत··· लीजिए, एक पत्ता और खींचिए···
[*वक़्फ़ा।*]
खींच लिया ?

लाजवंती : जी हाँ, खींच लिया।

नारायन : (*ताश फेंटने की आवाज़ के साथ*) अब मैं ये सारे पत्ते आपको दे देता हूँ··· आप जहाँ चाहें, अपना पत्ता रख दें।

लाजवंती : लाइए।
(*ताश फेंटने की आवाज़ के साथ*) रख दिया।

नारायन : लाइए।
(*ताश फेंटने की आवाज़ के साथ*) आपने पत्ता रख भी दिया और मिला भी दिया··· बहुत अच्छा किया··· लीजिए, अब मैं आपको आपका पत्ता बताता हूँ। पर आपको याद है ना ?

लाजवंती : याद है, ईंट की तिग्गी थी।

नारायन : ए लो, आपने फिर मुझसे अपना पत्ता कह दिया··· अरे भाभीजान, आप दिल में याद रखिए, मुझसे कहिए नहीं···
(*थकी हुई आवाज़ में*) अब मैं आपको कैसे समझाऊँ··· ? देखिए, जो पत्ता आप खींचें, उसे इस तौर पर देखें कि मैं देखने न पाऊँ। और फिर उस पत्ते को दिल में याद रखें और मुझे हरगिज़-हरगिज़ न बताएँ··· मेरे पूछने पर भी न बताएँ··· समझीं आप ?

लाजवंती : अब मैं बिलकुल समझ गई··· लाइए, पत्ता खींचूँ।

नारायन : (*ताश फेंटने की आवाज़ के साथ*) मैंने जो कुछ कहा है उसका ख़याल रहेगा ना आपको ?

लाजवंती : हाँ हाँ, क्यों नहीं··· पर आप जल्दी कीजिए। मुझे दूसरे कमरे में जाकर पता लेना है कि वो क्या कर रहे हैं।

नारायन : दूसरे कमरे में··· ? हाँ हाँ, बड़े शौक़ से आप दूसरे कमरे में जाकर अपना पत्ता मिला सकती हैं··· मैं फिर भी आपको बता दूँगा··· खेल है, मज़ाक़ नहीं है।

लाजवंती : आप पत्ता खिंचवाइए।

नारायन : (*ताश फेंटने की आवाज़ के साथ*) ये लीजिए।

लाजवंती : खींच लिया।

नारायन : यह लीजिए ताश··· अपना पत्ता इसमें मिला दीजिए।
[*वक़्फ़ा।*]

लाजवंती : (*ताश फेंटने की आवाज़*) मिला दिया।

नारायन : मुझे वापस दीजिए।

(*ताश फेंटने की आवाज़।*)

देखिए, अब मैंने सब पत्ते फेंट दिए हैं... देखा आपने... सबके सब मिला दिए हैं। अब मुझे नहीं मालूम कि आपका पत्ता कहाँ है... ख़ैर, इस बात को छोड़िए, आपको अपना पत्ता ख़ूब याद है ना...! कहीं भूल तो नहीं गईं?

लाजवंती : भूल कैसे सकती हूँ... पान का सत्ता था।

नारायन : (*मेज़ पर ताश पटख़ने की आवाज़ के साथ*) पान का सत्ता ही होगा, पर किस... किस अहमक़ ने आपसे कहा कि आप बता दें... मैं... मैं... अब मैं क्या कहूँ... अरे भई, तौबा... तौबा... अच्छा ठहरिए, एक बार फिर खींचिए... दरअस्ल मैं यह चाहता हूँ कि आप यह खेल ज़रूर देखें... यक़ीन मानिए, बहुत दिलचस्प है।

लाजवंती : (*राज़दाराना लहजे में*) ठहरिए, मैं ज़रा देख आऊँ कि वो दूसरे कमरे में इतनी देर से कर क्या रहे हैं... मैं अभी आई।

नारायन : और यह खेल...? यह खेल... भाभीजान, भाभीजान... सुनिए तो... यह खेल जो मैं अभी-अभी सीखके आया हूँ।

[*वक़्फ़ा।*]

चली गईं।

(*ताश फेंटने की आवाज़।*)

(*चौंकती हुई आवाज़ में*) अरे किशोर... किशोर, ज़रा इधर आओ... यहाँ बैठो और एक खेल देखो।

किशोर : कैसा खेल?

नारायन : अरे भई ताश का, और किसका... देखोगे तो होश गुम हो जाएँगे... यह लो, मैं पत्ते फैलाता हूँ। तुम इनमें से कोई-सा पत्ता खींच लो... और उसे देखकर ताश में मिला दो, पर मुझे न बताना कि तुम्हारा पत्ता कौन-सा था... समझे... मैं बिन देखे तुम्हारा पत्ता बता दूँगा, यानी देखे बग़ैर... क्यों... कैसा है यह खेल?

किशोर : अच्छा है, लेकिन फिर कभी दिखाना... इस वक़्त कोई और खेल देखने को जी चाहता है।

नारायन : लेकिन किशोर... तुम सुन तो लो... शायद तुम समझे नहीं... मैं ये सब पत्ते तुम्हारे सामने फैलाता जाऊँगा और तुमसे कहूँगा कि इनमें से कोई-सा पत्ता खींच लो...

किशोर : अपनी यह बकवास बंद करो... चलो चलो, उठो... अरे, तुम सुनते हो कि नहीं—पेशतर इसके कि वह आ निकले, हमें यहाँ से चल देना चाहिए... खेल शुरू होने में सिर्फ़ दस मिनट रह गए हैं।

नारायन : मैं बस एक मिनट में अपना खेल ख़त्म कर दूँगा... किशोर, तुम ज़रा यहाँ

बैठो ना···देखो, ये रहे पत्ते···मैं अभी-अभी यह खेल सीखकर आ रहा हूँ और मुझे यक़ीन है कि तुम इसे पसंद करोगे···मैं तुम्हारा पत्ता बिन देखे बता दूँगा···बिन देखे···

[*मुँह भींचने की आवाज़।*]

किशोर : बंद करते हो कि नहीं इस बकवास को।

नारायन : (*भिंची हुई आवाज़ में*) किशोर, सिर्फ़ एक मिनट लगेगा···और तुम यह खेल देख लोगे···यक़ीन मानो, बहुत दिलचस्प है···मैं बिन देखे···

[*फ़ेड आउट*]

1. जिज्ञासा; 2. स्टैंप; 3. स्त्रीलिंग; 4. केवल; 5.काली मिट्टी

आओ ख़त सुनो

किशोर : (*अपनी पत्नी से—इश्तियाक़*[1] *भरे लहजे में*) इधर आओ, ख़त सुनो।

लाजवंती : (*दूरी भरी आवाज़ में*) क्या कहा ?

किशोर : मैं कहता हूँ, इधर आओ, ख़त सुनो।

लाजवंती : (*गुस्से भरी आवाज़ में*) कोई और काम न करूँ··· ? लो सुनाओ, क्या कहते हो ?

किशोर : (*घबराहट भरी आवाज़ में*) मैं क्या कह रहा था··· ? हाँ, देखो लाजवंती, पूना से नारायन का ख़त आया है···बेचारा पिछले दिनों बहुत तकलीफ़ में था···उसने यहाँ से एक किताब मँगवाई है और लिखा है···

लाजवंती : और वह दोस्त जो आपकी किताब महीना हुआ माँगकर ले गया था, अभी तक वापस क्यों नहीं लाया···आपके दोस्तों की यही बातें तो मुझे अच्छी नहीं लगतीं···यह आलमारी किताबों से भरी हुई थी और आज इसमें एक किताब भी नज़र नहीं आती···चूल्हे में जाएँ ऐसे चोट्टे दोस्त···एक भी नाविल तो नहीं रहा पढ़ने के लिए। सबके सब आपने अपने यारों-दोस्तों की नज़्र कर दिए हैं···एक फ़क़त घर में दिल बहलाने का यही सामान था, सो वह भी ग़ारत हुआ।

किशोर : लाजवंती, घबराने की कोई बात नहीं···सब किताबें आ जाएँगी। पढ़कर सब दोस्त लौटा देंगे···एक तो आज ही कुमार वापस दे गया है···छोड़ो इस क़िस्से को···हाँ तो मैं यह कह रहा था कि नारायन का ख़त आया है। वह लिखता है कि···

लाजवंती : ज़रा ठहरो···यह कुमार एक किताब तो ख़ैर वापस दे गया है, पर 'फ़सान-ए-आज़ाद' की चार जिल्दें भी तो उठाकर ले गया है···और जो किताब उसने वापस दी है, क्या पहचानी जाती है कि हमारी है···कत्थे और चूने के धब्बे, सालन के दाग़, पेंसिल और क़लम से बनाए हुए बेलबूटे···ये सब क्या आपने डाले थे या मैंने ?

किशोर : जिस घर में बच्चे ज्यादा हों, वहाँ ऐसी बातें हो ही जाती हैं···मैंने उससे कह

दिया था कि 'फ़सान-ए-आज़ाद' की सब जिल्दों को आलमारी में महफ़ूज़[2] रखे और पढ़ते वक़्त उन पर काग़ज़ चढ़ा ले… तो क़िस्सा यह है कि नारायन का ख़त आज सुबह की डाक से आया है… वह बेचारा बहुत परेशान था। तुम्हें नमस्कार लिखा है।

लाजवंती : नमस्कार… पहले आप तो यह बताइए कि क़मीज़ में आपने आज इतना मैला कालर क्यों लगाया है… क्या मेज़ के दराज़ में कोई और सफ़ेद कालर नहीं था ?… अभी परसों ही तो मैंने सब कालर धोकर इस्तरी किए हैं। आख़िर यह क्या हो रहा है… ? मैं कुछ दिनों से देख रही हूँ कि आप अपने लिबास की तरफ़ बिलकुल ध्यान नहीं देते… आपके शू के तस्मे भी टूटे हुए हैं, हालाँकि मैंने कल ही नए तस्मे मँगवाए हैं।

किशोर : चूँकि दफ़्तर जाने का टाइम हो गया था, इसलिए जल्दी में न कालर बदलना याद रहा, न तस्मे… लेकिन यह तो मामूली-सी बात है, कल बदल लूँगा… मैं नारायन की बात कर रहा था। उसका ख़त आज सुबह की डाक से आया है… तुम ख़ुद पढ़ सकती थीं।

लाजवंती : पढ़ती कैसे… ? ऐनक की कमानी जिस दिन से आपने पैर के नीचे दबाकर तोड़ी है, मैंने एक हर्फ़ भी नहीं पढ़ा है… कल ज़रा अख़बार देखने लगी थी कि सर में दर्द शुरू हो गया… आज आप इतनी मेह्रबानी कीजिए कि मेरी ऐनक की कमानी बनवा लाइए… मुझे बड़ी तकलीफ़ हो रही है ऐनक के बग़ैर।

किशोर : आज ही मरम्मत करा लाऊँगा। और अगर यहाँ नारायन होता तो मुफ़्त ही में यह काम हो जाता। यहाँ जब वह ऐनकसाज़ों की दुकान पर नौकर था तो कितना आराम था… तुम्हारी ये ऐनक भी तो उसी ने लाकर दी थी।

लाजवंती : जी हाँ, वही लाए थे।

किशोर : आजकल वह पूना में है। पिछले दिनों बेचारा बहुत परेशान था। आज सुबह उसका ख़त आया है। लिखता है कि मुझे तारापुर की दुकान से…

लाजवंती : मैं आपको बताना भूल ही गई थी… कल शाम को तारापुर की दुकान से एक आदमी बिल लेकर आया था… ये आपने साठ रुपए की किताबें एक महीने में ख़रीदकर कहाँ ग़ायब कर दीं… ? यहाँ घर में तो एक को भी आना नसीब नहीं हुआ।

किशोर : ये किताबें मेरी अपनी नहीं थीं। दफ़्तर में एक लाइब्रेरी खोली गई है और उसका इनचार्ज मुझे बनाया गया है। ये सारी किताबें उसी लाइब्रेरी के लिए ख़रीदी गई हैं और उनका बिल लाइब्रेरी ही अदा करेगी… तुम मेरी बात तो सुन लो… यह बीच में किताबों, कालरों और तस्मों के झगड़े क्यों ले आती हो… नारायन का ख़त आया है। बेचारा बड़ी परेशानी में था और तुम्हें कुछ

परवाह ही नहीं… लो ज़रा ध्यान से सुनो… उसने पूना से ख़त लिखा है…

लाजवंती : ठहरिए, अभी सुनती हूँ… पहले यह बताइए कि आपने वो ख़त तो पोस्ट कर दिए हैं जो मैंने कल अपनी सहेलियों को लिखे थे, या वो भी अभी तक आपकी जेब ही में पड़े हैं ?

किशोर : (*बेज़ार आवाज़ में*) जेब में पड़े होंगे तो कौन-सी आफ़त आ जाएगी ! तुम्हारी सहेलियाँ और उनके ख़त जाएँ भाड़ में… मैं डेढ़ घंटे से अपने दोस्त की एक बात तुम्हें सुनाने की कोशिश कर रहा हूँ और तुम बीच में टोक-टोक देती हो। आख़िर ये क्या मज़ाक है… तुम्हें जो कुछ कहना है, एक बार में कह डालो, ताकि फिर मैं आराम से तुम्हें उसका ख़त सुना सकूँ।

लाजवंती : मेरी सहेलियों और उनके ख़तों को चूल्हे-भाड़ में झोंक चुके… ? कलेजा ठंडा हो गया… ? लो अब सुनाओ, क्या सुनाना है। मैंने भला क्या कहा था जो तुमने यूँ चिल्लाना शुरू कर दिया।

किशोर : तुम्हारी ज़बान तो क़ैंची की तरह चलती है।

लाजवंती : आप कहें तो मुँह में बख़िया भर लूँ।

किशोर : तुम तो तैबची[3] करती हो। बात से बात निकालती जाती हो।

लाजवंती : आपकी तरह फाड़के रफ़ू नहीं करती।

किशोर : और तुम अपनी तक़रीर की गुलकारियाँ नहीं देखतीं… बातें करती हो तो मालूम होता है, चिकन काढ़ती जाती हो।

लाजवंती : यह आपने नया शिलंगा भरा।

किशोर : और यह आड़ी ब्योंत तुमने नई शुरू की।

लाजवंती : भई, मैं तुम्हारा मुक़ाबला नहीं कर सकती… इस मुँहाठेठीं को बंद करो… तुम्हारी सिंगर मशीन तो कभी बंद न होगी… आओ, कोई काम की बात करें, कुछ सोचें।

किशोर : क्या सोचोगी तुम… ? कुछ सोच भी सकती हो… ? अगर तुम्हारे दिमाग़ में सोचविचार का माद्दा होता तो आज मुन्ने को दस्त पर दस्त न आते। उसका रंग हल्दी की मानिंद पीला न पड़ता… अगर तुम कुछ सोच सकतीं तो मेरे उस्तुरे के नए ब्लेडों से तुम बारा स्टैंसिल न काटतीं, और आज सुबह दाढ़ी मूँड़ते वक़्त जो मैंने छटाँक भर लहू बहाया है, मेरी रगों में महफ़ूज़ रहता…

[*वक़्फ़ा*[4]*।*]

(*तंज़िया लहजे में*) आप सोचना चाहती हैं… सोचना यह होगा कि मेरे सर पर ये थोड़े-से बाल क्यों बाक़ी रह गए हैं।

लाजवंती : नौज तुमसे कोई बात करे… भला मैंने क्या कहा था जो तुम यूँ पंजे झाड़कर

मेरे पीछे पड़ गए।

किशोर : तुमने अभी कुछ कहा ही नहीं... ? पूरे दो घंटे हो गए हैं... तुम्हें एक बात सुनाने लगा था कि बीच में तुमने अपनी बकवास शुरू कर दी। नारायन ने बहुत-सी बातें लिखी हैं जो तुमको सुनाना ज़रूरी हैं, पर तुम्हारे तो रिकार्ड ही ख़त्म नहीं होते। एक बजा चुकती हो तो दूसरा सुई के नीचे रख देती हो... कोई किसी हाल में हो, तुम्हारी बला से... जब वह अच्छी हालत में था तो उससे तोहफ़े-तहायफ़ तुम झट से वसूल कर लेती थीं। पहली ऐनक तुमने तोड़ी तो उस बेचारे ने अपनी गिरह से तुम्हें एक नई ऐनक लाकर दी। वह तुम्हारी किसी सहेली ने तोड़ दी तो उसने दूसरी तुम्हें मुफ़्त लाकर दी... वह बेचारा पिछले दिनों सख़्त मुसीबत में था। बेकार फिर रहा था और तुम सुनती ही नहीं हो कि उसने अपने ख़त में क्या लिखा है !

लाजवंती : मैं तो बिलकुल एहसानफ़रामोश नहीं। ये आपके दोस्त ही हैं जो किसी का एहसान नहीं मानते... मुझे उन्होंने दो मरतबा ऐनक लाकर दी तो क्या मैंने चार दफ़ा उनका गर्म कोट रफ़ू नहीं कर दिया था... पिछले बरस उनका नौकर हमारी नई इस्तरी माँगकर ले गया था। मैंने आज तक उसका तक़ाज़ा नहीं किया, इसलिए कि मैं उनकी एहसानमंद थी... अगर वे तकलीफ़ में हैं तो दस-बीस-पचास रुपए भेज दीजिए, मुझसे इजाज़त लेने की क्या ज़रूरत है... पहले आपने कभी ऐसे मुआमलों में मेरा मशिवरा लिया होता तो आज अच्छे भी लगते मुझसे पूछते।

किशोर : लाजवंती, तुम पूरी बात सुनकर अपनी कथा शुरू किया करो... उसने कब हमसे रुपए माँगे हैं। वह आज तक हमारे एक पैसे का भी रवादार नहीं रहा... उसने रुपयों के लिए ख़त नहीं भेजा। ख़त में उसने यह लिखा है कि...

लाजवंती : ठहरिए, मैं घड़ी में कूक भर दूँ। बारह बज रहे हैं। ऐसा न हो कि भूल जाऊँ और सुबह एलार्म ही न बजे।

[*घड़ी में कूक भरने की आवाज।*]

किशोर : मैं दीवारों के साथ अपना सर फोड़कर मर जाऊँगा, लाजवंती... तुमने... तुमने यह पैंतीसवीं बार मेरा गला घोंटा है। मैं बात करता हूँ और तुम टोककर कोई और ही क़िस्सा छेड़ देती हो... आखिर मैं इनसान हूँ... अपने अंदर से एक बात बाहर निकालने के लिए दो घंटे से तड़प रहा हूँ, और तुम्हें तरस ही नहीं आता... क्या तुम सचमुच मेरा तमाशा देखना चाहती हो... ? तो आओ, एक डुगडुगी ले लो और मुझे नचाना शुरू कर दो... अगर मेरी बात तुम्हें नहीं सुनना है तो यूँ करो कि अपनी साड़ी का फंदा बनाकर मेरे गले में डाल दो और एक झटका देकर सारा झंझट ही ख़त्म कर दो... इस

अज़ाब[5] से तो जान छूटेगी···

[*वक़्फ़ा।*]

लो, अब तो सुन लो, लेकिन याद रखो, अगर अब बीच में मदाख़लत की तो मैं ख़ुदकुशी कर लूँगा···समझीं?

लाजवंती : आप तो नाहक़ बिगड़ रहे हैं।

किशोर : एक हक़ पर सिर्फ़ तुम्हीं हो···लो बस अब इस झगड़े का ख़ात्मा करो और सुनो···सुबह की डाक से नारायन का ख़त आया है···

[*खाँसी की आवाज़ और क़दमों की चाप।*]

नारायन : और इस डाक से वह ख़ुद आ गया है···आदाब अर्ज़ भाभीजान।

लाजवंती : आप···! आप कैसे आ गए?

किशोर : तुम···! तुम कैसे आ गए···? अभी-अभी तुम्हारा ही ज़िक्र हो रहा था। मैं इसको बता रहा था कि सुबह की डाक से तुम्हारा ख़त आया है जिसमें तुमने···

नारायन : छोड़ो उस ख़त को···यह बताओ, तुम्हारी सेहत कैसी रही···मुन्ना अच्छा है ना···? और भाभाजीन, आप कैसी हैं?

लाजवंती : परमात्मा का शुक्र है।

किशोर : नारायन, तुमको वापस लाहौर में देखकर कितनी ख़ुशी हुई है। सुनाओ, काम कैसा चल रहा है···तुमने अपने ख़त में लिखा था कि···

नारायन : छोड़ो उस ख़त को···यह बताओ कि तुम्हें मेरे अंदर कोई चीज़ कम या ज़्यादा तो मालूम नहीं होती···भाभीजान, आप भी सोचकर बताएँ।

किशोर : कोई चीज़, कम या ज़्यादा···मेरा ख़याल है कि तुम दुबले हो गए हो।

नारायन : तुम्हारी आँखें कमज़ोर हो गई हैं···मेरा वज़न आठ पौंड बढ़ गया है।

लाजवंती : आपने अपनी मूँछें ज़रा हलकी करा ली हैं।

नारायन : ग़लत···आपकी आँखें भी कमज़ोर हैं।

लाजवंती : ठीक कहते हैं आप, इसलिए कि मैं ऐनक के बग़ैर हूँ।

नारायन : आपने बहुत अच्छा किया जो ऐनक उतार दी···मेरी तरफ़ देखिए···मैंने भी हमेशा के लिए ऐनक उतार फेंकी है, और अब मैंने क़सम खा ली है कि आइंदा कभी इस लानती चीज़ को इस्तेमाल नहीं करूँगा···भाभीजान, आपको मा़लूम नहीं कि इस बज़ाहिर बेज़रर शै[6] ने मेरी ज़िंदगी पर कितना बुरा असर डाला है···आप और किशोर···आप और किशोर तो क्या, दुनिया का कोई शख़्स भी तसलीम नहीं करेगा कि दो गोल-गोल शीशों ने जो एक फ्रेम में जड़े होते हैं, मुझे तबाही और बरबादी के किनारे पर पहुँचा दिया था···यह तो परमात्मा की मेहरबानी थी कि मैं बच गया, वरना आज आपसे ये बातें करने का मौक़ा कभी न मिलता···मैंने ऐनक हमेशा के लिए

उतार फेंकी है। यही यह तब्दीली थी जिसकी बाबत मैं आपसे पूछ रहा था और जो आप दोनों में से कोई न भाँप सका।

किशोर : लाजवंती, नारायन ने अपने ख़त में...

नारायन : तुम ख़त का ज़िक्र क्या ले बैठे हो किशोर...मैं तुम्हें अपनी ज़िंदगी की एक निहायत ही अनोखी दास्तान सुना रहा हूँ...क्यों भाभीजान, यह बात अनोखी नहीं है क्या कि एक ऐनक ने यानी फ़्रेम में जड़े हुए दो ख़ूबसूरत शीशों ने मुझे क़रीब-क़रीब बरबाद कर दिया। यह तो मेरी ख़ुशकिस्मती थी कि मैं बच गया, वरना आज न जाने क्या होता, क्या न होता...भाभीजान, मैं उस अंजाम के तसव्वुर[7] से ही काँप-काँप उठता हूँ जो मुझे ऐनक की बदौलत देखना पड़ता...परमात्मा का हज़ार-हज़ार शुक्र है कि मैंने फ़ौरन ही उस मनहूस शै को हमेशा के लिए अपने से जुदा कर दिया।

लाजवंती : तो क्या मैं भी ऐनक छोड़ दूँ?

किशोर : लाजवंती, तुमने इसका ख़त तो सुन लिया होता।

नारायन : फ़ौरन छोड़ दीजिए भाभीजान...जब आप मुझसे ऐनक की बुराइयाँ सुनेंगी तो आप उसको न सिर्फ़ छोड़ देंगी बल्कि उसका नाम तक न लेंगी...ऐनक एक ख़तरनाक शै है, बम और ज़हरीली गैस से ज़्यादा ख़तरनाक...सेहत, इज़्ज़त और दौलत के लिए यह एक जैसी नुक़सानदह है।

लाजवंती : क्या सचमुच?

नारायन : मैं आपको एक सच्चा वाक़या सुनाता हूँ जिसने मेरे कान खड़े किए और मैंने अपनी ज़िंदगी के सबसे बड़े दुश्मन का हमेशा के लिए ख़ात्मा कर दिया...

[*वक़्फ़ा।*]

पूना से मैं इलाहाबाद जा रहा था कि गाड़ी में एक आदमी से मेरी मुलाक़ात हुई। वह आदमी ऐनक का शिकार था। उसने मुझे अपनी आपबीती सुनाई। अपना सारा दुखड़ा बयान किया और मैंने उसी वक़्त, अपने तमाम दुखों के बाइस, यानी ऐनक को जो मेरी नाक पर चढ़ी हुई थी, उतारकर गाड़ी से बाहर फेंक दिया...भाभीजान, जिस वक़्त मैंने ऐसा किया तो मुझे महसूस हुआ कि मेरे सारे दलिद्दर दूर हो गए हैं।

लाजवंती : गाड़ी में उस आदमी के साथ आपकी क्या बातें हुईं?

नारायन : बातें तो बहुत हुईं, लेकिन मैं आपको उनका ख़ुलासा सुनाऊँगा...

[*वक़्फ़ा।*]

वह आदमी एक बहुत बड़े रईस का लड़का था। इत्तफ़ाक़ से उसको एक लड़की से मुहब्बत हो गई। उस लड़की को उसने एक रोज़ अपने मकान से बाज़ार के आख़िर वाली बिल्डिंग की छत पर बाल सुखाते देखा था और

फ़ौरन ही उसके तीरे-नज़र का घायल हो गया था। दो-तीन महीने तक उसने बहुत कोशिश की कि उस हसीना का एक बार फिर दीदार कर सके, मगर वह नाकाम रहा। उसकी निगाहें हर रोज़ कई-कई घंटे उस तरफ़ जमी रहतीं जहाँ उसे वह एक मरतबा पहले नज़र आई थी, मगर वह एक बार जल्वा दिखाकर ऐसी ग़ायब हुई कि फिर नज़र न आई।

लाजवंती : लेकिन इससे ऐनक का क्या ताल्लुक़ हो सकता है ?

नारायन : आप सुनती जाएँ··· हाँ तो मैं यह कह रहा था कि रईस के लड़के ने उस लड़की को सिर्फ़ एक बार देखा और एक बार और देखने की हवस उसके दिल में करवटें लेने लगी। छः महीने तक वह उस ख़्वाहिश को अपने सीने में दबाए रहा। आख़िरकार एक रोज़ उसने अपने एक दोस्त से राज़े-दिल कह दिया···उसके दोस्त ने कहा : "अमाँ, यह कौन-सी मुश्किल बात है। कहो तो आज ही तुम्हारा उससे रिश्ता करा दूँ···।" बस रईसज़ादे की बाँछें खिल गईं। सिलसिला ज़ुबानी हुई और शादी की तारीख़ पक्की हो गई।

लाजवंती : तारीख़ पक्की हो गई ?

नारायन : जी हाँ।

किशोर : लाजवंती, तुमने यह ख़त तो पढ़ लिया होता···

लाजवंती : पढ़ लूँगी···नारायन साहब, आप सुनाइए, फिर क्या हुआ ?

नारायन : उन दोनों की शादी हो गई···लड़का ख़ुश था कि उसके दिल की मुराद बर आई, और लड़की के माँ-बाप ख़ुश थे कि उनकी बच्ची को ऐसा अच्छा वर मिल गया···रईसज़ादे ने शादी पर ख़ूब जी खोलकर पैसा ख़र्च किया। उसने हज़ारों रुपयों के ज़ेवरात अपनी महबूबा के लिए ख़रीदे और मुख़्तलिफ़ तोहफ़े-तहायफ़ दिए, मगर शादी के दूसरे रोज़···

लाजवंती : दूसरे रोज़···?

नारायन : शादी के दूसरे रोज़ जब वह अपने दोस्तों से मिला और उन्होंने उसको मुबारकबाद दी तो उसने ज़ारो-क़तार[8] रोना शुरू कर दिया। मुतवातर[9] पंद्रह रोज़ तक उसकी आँखें आँसू बहाती रहीं। उसने अपना राज़ सिर्फ़ उन आँसुओं को बताया, और किसी पर ज़ाहिर न किया। मगर मजबूर होकर आख़िर उसे अपना दुख बयान करना ही पड़ा···लड़की जिसको वह हसीन समझता था, कानी थी और उसका चेहरा चेचक के दागों से भरा हुआ था। उसका लहज़ा निहायत करख़्त[10] और तबीयत बेहद चिड़चिड़ी थी··· अलबत्ता बाल काफ़ी लंबे थे।

लाजवंती : तबीयत और लहज़ा तो ख़ैर मालूम नहीं हो सकता, लेकिन उसकी बदसूरती तो वह पहले रोज़ ही देख सकता था।

नारायन : उसकी आँखें कमज़ोर थीं और उस पर जो ऐनक वह इस्तेमाल करता था,

उसके शीशे उस रोज़ चिकने हो रहे थे…

किशोर : (*ज़ोरदार हँसी की आवाज़ के साथ*) वाह।

नारायन : तुम हँसते हो, उसकी बेवक़ूफ़ी पर क़हक़हे लगाते हो, मगर दोस्त, सारा क़ुसूर ऐनक का था जोकि बहुत पुरानी थी… उसकी बीनाई[11] पहले से बहुत ज़्यादा कमज़ोर हो गई थी और उस ऐनक के शीशे काम के न रहे थे… चुनांचे भाभीजान, उसकी ज़िंदगी हमेशा के लिए तल्ख़[12] हो गई। उसका घरबार उजड़ गया… मुक़द्दमे हुए, हज़ारों रुपए वकीलों की नज़्र हुए और एक दिन ऐसा आया कि वह उस ऐनक की बदौलत पैसे-पैसे को मुहताज हो गया।

किशोर : तुमने अपने ख़त में…

नारायन : इस बात का ज़िक्र मैं उस ख़त में न कर सका… तो देखा भाभीजान, किस तरह एक ऐनक ने एक बहुत बड़े रईस के लड़के को तबाहो-बरबाद कर दिया।

[*वक़्फ़ा।*]

अब मेरी दास्तान सुनिए…

किशोर : तुम्हारी?

नारायन : हाँ मेरी…

[*वक़्फ़ा।*]

जब मैंने उस दुखी आदमी से उसकी बिपता सुनी तो फ़ौरन ही मुझे अपनी ऐनक का ख़याल आया, और मैंने सोचा कि मेरी मुसीबतों की जड़ भी यही ऐनक है…मुझे गोपालदास घनश्यामदास आप्टीशियंस ने इस क़ुसूर पर मुलाज़िमत से अलहदा कर दिया था कि मैंने डिप्टी कमिश्नर की मेमसाहिबा की ऐनक में ग़लत नंबर के शीशे लगा दिए थे जिसके बाइस उनके सर में पंद्रह रोज़ तक दर्द होता रहा…आपको शायद इस वाक़ये का इल्म होगा?

लाजवंती : जी नहीं, मुझे याद नहीं…शायद आपने कभी इसका ज़िक्र किया हो।

किशोर : लाजवंती, यह सब…

नारायन : भाभीजान, यह दास्तान किशोर को मालूम है…

[*वक़्फ़ा।*]

दस साल में पहली बार मुझसे ग़लती हुई थी और मुझे इसका एतराफ़[13] है, मगर उस वक़्त मैं उस ग़लती का सबब मालूम नहीं कर सका था…मुझे मुलाज़िमत से अलहदा कर दिया गया और मैं बेरोज़गार हो गया। पांच महीने दर-ब-दर फिरने के बाद चलती गाड़ी में जब मैंने उस आदमी की दास्तान सुनी तो फ़ौरन ही मैंने अपनी ऐनक उतारकर देखी…तब मैंने जाना

कि मेरी ऐनक के शीशे अपनी सही जगह से ज़रा हटे हुए हैं। अगर वो अपनी जगह पर होते तो मुझसे डिप्टी कमिश्नर की मेमसाहिबा की ऐनक में ग़लत नंबर के शीशे कभी न लगते।

लाजवंती : आपको ऐनक की वजह से वाक़ई बहुत नुक़सान उठाना पड़ा है।

नारायन : जी हाँ... मैं नंबर देखने में बहुत माहिर था। दस बरस का तजरबा था मुझे। मैं एक नज़र देखकर बता दिया करता था कि फ़लाँ शीशा इस नंबर का है और फ़लाँ उस नंबर का... पर जब मेरी अपनी ऐनक के शीशे अपनी मुक़र्रर जगह से हट गए और मुझे ख़बर न हुई तो ग़लती का होना ज़रूरी था...

[*वक़्फ़ा।*]

चुनाँचे भाभीजान, मैंने भी अपनी तबाही की दास्तान चलती गाड़ी में उस आदमी को सुनाई जो मेरे नज़दीक ऐनक का सबसे बड़ा शिकार था... उसने मुझसे हमदर्दी का इज़हार किया। फिर कुछ देर चुप रहने के बाद, बड़ी संजीदगी से उसने कहा : "जब मुझे मालूम हुआ कि मेरी बरबादी में ऐनक का हाथ है तो मैंने ऐनक फ़ौरन उतारी और तोड़ डाली। फिर मैं ऐसी जड़ी-बूटियों की तलाश में जंगलों की तरफ़ निकल गया जिनसे आँखों की बीनाई ऐनक के बग़ैर दुरुस्त हो सके... पाँच बरस बड़े-बड़े ख़ौफ़नाक जंगलों की ख़ाक छानने के बाद, एक साधू बाबा की मदद से मुझे एक ऐसी बूटी मिल गई जिसका सुरमा आँखों की तमाम कमज़ोरियों को रफ़ा कर सकता है। उस सुरमे की एक सलाई लगाने से चौदह तबक़ रौशन हो जाते हैं। चिट्टा, फूला, मोतियाबिंद वग़ैरह सब मर्ज़ उसके इस्तेमाल से दूर हो जाते हैं। ये सुरमा आँखों की रौशनी है...।" फिर भाभीजान, उस आदमी ने मुझ पर मेहरबानी की। उसने मुझे सुरमे का नुस्ख़ा बताया और कहा : "इसे अपने घर में बनाओ और लोगों में तक़सीम करो ताकि सबका भला हो, मगर लागत से ज़्यादा एक पैसा भी लेना तुम पर हराम होगा...।"

[*वक़्फ़ा।*]

चुनाँचे साहबान, इस सुरमे की छोटी शीशी की क़ीमत सिर्फ़ आठ आने है। बड़ी शीशी की क़ीमत सिर्फ़ एक रुपया। नमूने की एक सलाई आपको मुफ़्त मिल सकती है। नफ़ा लेना मुझ पर हराम है...

[*शीशियाँ बजने की आवाज़।*]

लाजवंती : यह आप क्या कह रहे हैं... कहाँ ऐनक की दास्तान और कहाँ ये सुरमे की शीशियाँ।

किशोर : लाजवंती, जो ख़त इसने पूना से भेजा है उसमें...

नारायन : यह सुरमा बहुत लाजवाब है। हज़ारों अंधे इसके लगाने से देखने लगे हैं... ये

लीजिए दो छोटी शीशियाँ। इनकी क़ीमत सिर्फ़ एक रुपया है। यानी लागत के दाम···

लाजवंती : आप यह क्या कह रहे हैं, कुछ पता भी तो चले··· आख़िर यह क़िस्सा क्या है··· मेरी समझ से तो बाहर है।

नारायन : (*हँसी की आवाज़ के साथ*) वह क्यों··· ? क्या आपको किशोर ने मेरा ख़त पढ़कर नहीं सुनाया जो मैंने पूना से भेजा था··· मैं उस ख़त में सबकुछ लिख चुका हूँ।

किशोर : मैं दो घंटे तक इसे तुम्हारा ख़त सुनाने की कोशिश करता रहा, पर इसने सुना ही नहीं··· मैं इससे यही कहता रहा कि पूना से नारायन का ख़त आया है जिसमें उसने···

नारायन : ठहरो, मैं बता देता हूँ···

[*वक़्फ़ा।*]

भाभीजान, अब मैंने ये सुरमा बेचना शुरू कर दिया है। जब तक कोई मुलाज़िमत नहीं मिलती, मैं यही काम करूँगा। यह सारी दास्तान जो मैंने अभी आपको सुनाई है, बड़ी मेहनत से मैंने सुरमा बेचने के लिए बनाई है··· क्यों भाई किशोर, बताओ कैसी रही··· !

किशोर : (*ग़ुस्से भरी आवाज़ में*) तुम और तुम्हारी दास्तान जाए भाड़ में··· लानत है तुम दोनों पर··· पहले मुझसे यह चूहे-बिल्ली का खेल खेलती रही, फिर तुमने भी आते ही यह खेल शुरू कर दिया··· मुझे खिलौना समझ रखा है क्या··· मैं जाता हूँ।

[*तेज़ी से उठते क़दमों की आवाज़।*]

नारायन : अरे भाई कहाँ चले ?

किशोर : (*दूरी भरी आवाज़ में*) वहाँ चला हूँ जहाँ तुम ऐसे दरिंदे नहीं होंगे··· वहाँ चला हूँ जहाँ मैं यह ख़त किसी को इतमीनान से सुना सकूँगा।

[*फ़ेड आउट*]

1. जिज्ञासा; 2. सुरक्षित; 3. लंबा खींचना; 4. अंतराल; 5. मुसीबत; 6. देखने में हानिरहित वस्तु; 7. कल्पना; 8. फूट-फूटकर; 9. लगातार; 10. कर्कश; 11. दृष्टि; 12. कड़वी; 13. स्वीकार

आओ खोज लगाएँ

किशोर : (*अपनी पत्नी से, बड़े संजीदा लहजे में*) आओ, खोज लगाएँ।

लाजवंती : खोज लगाओगे··· ? तुम खोज लगाओगे··· ? तुम जैसे लाल बुझक्कड़ों की बाबत ही तो वह कहावत मशहूर है।

किशोर : कौन-सी कहावत ?

लाजवंती वह जो हाथी के पाँव का निशान देखकर एक लाल बुझक्कड़ ने कहा था : 'चक्की का पुड़ बाँधकर कोई हिरना नाचा होय।'

किशोर : लाजवंती, तुम्हें शर्म नहीं आती मेरा मज़ाक़ उड़ाते··· और वह भी ऐसे वक़्त जबकि मेरा इतना नुक़सान हो गया है!

लाजवंती : आपका नुक़सान क्या हुआ है··· वह तो मेरे ही घर में हूँजा फिरा है··· मेरा ही सबकुछ ग़ारत हुआ है··· आपका क्या गया है··· एक फ़ाउंटेनपेन और वह मुवा सिगरेट केस।

किशोर : लो भई, तुमने यह नया शोशा छोड़ दिया··· तुम्हारी नज़र में तो मेरे सिगरेट केस और फ़ाउंटेनपेन की कोई क़ीमत ही नहीं है··· गोया बख़्शीश के थे··· मेरा सिगरेट केस अस्ल चाँदी का था। जंग से पहले उसकी क़ीमत बीस रुपए थी··· आजकल तो कम-अज़-कम तीस रुपए होगी। और वह पेन कोई ऐसा-वैसा थोड़े ही था··· साढ़े सत्रह रुपए में ख़रीदा था।

लाजवंती : बस तुम्हें तो अपनी ही चीज़ों की फ़िक्र है, चाहे दूसरे का सारा घरबार लुट जाए।

किशोर : तुम्हारा घरबार क्या मेरा घरबार नहीं ?

लाजवंती : मुझे इस वक़्त न सताओ मुन्ने के पिता, मुझे इस वक़्त न सताओ··· मैं इस वक़्त भरी बैठी हूँ···

[*आह भरने की आवाज़।*]

परमात्मा करे, न रहे इस दुनिया के तख़्ते पर जिसने मुझ ग़रीब पर इतना जुल्म किया··· कड़कती बिजली गिरे··· परमात्मा करे, किसी मोटर के नीचे आ जाए··· कोढ़ी होकर मरे।

किशोर : लो, तुमने तो रोना शुरू कर दिया… न रो लाजवंती, न रो… तुम रोती हो तो मेरा भी जी बैठने लगता है… लो, बस अब चुप हो जाओ… ऐसे सदमे आदमी के लिए कोई नए नहीं हैं… सच पूछो तो हमें अब इसकी बाबत ग़ौर ही नहीं करना चाहिए और सब्र-शुक्र करके ख़ामोश हो जाना चाहिए।

लाजवंती : ख़ामोश हो जाना चाहिए… ? क्यों… ? कोई हम पर सितम ढाए और हम उफ़ भी न करें! दिन-दहाड़े हमें लूट लिया जाए और हम शिकायत तक न करें… ! क्यों… ? तो फिर बताओ, जी कैसे हलका हो ?

किशोर : जी यूँ हलका हो सकता है कि हम सबकुछ भूल जाने की कोशिश करें। हँसी-मज़ाक़ में उस दुख को उड़ा दें… लाजवंती, तुम ख़ुद समझदार हो। आख़िर कब तक हम यूँ आहें भरते रहेंगे।

लाजवंती : सबकुछ समझती हूँ, मगर क्या करूँ। निगोड़े इस दिल के हाथों मजबूर हूँ। मैं तो चाहती हूँ कि ध्यान उधर से हटकर किसी दूसरी तरफ़ लग जाए, मगर बैठे-बैठे एकदम कलाई पर नज़र पड़ती है तो दिल में एक हूक सी उठती है…

[*वक़्फ़ा*[1]।]

मेरी घड़ी टूट जाती, उसका एक-एक पुर्ज़ा मेरी आँखों के सामने कोई अलेहदा[2] कर देता तो मुझे इतना अफ़सोस न होता… ज़्यादा दुख तो इस बात का है कि मुझे मालूम नहीं, मेरी घड़ी किसके पास है, और किसके पास नहीं है… उस मुरदार ने अपने पास रखी है या बेच दी है।

किशोर : तुम अब अपनी जान हलकान न करो… मैं तुम्हें उस घड़ी से कहीं ज़्यादा अच्छी घड़ी ला दूँगा… सोने की… लो, अब हटाओ इस क़िस्से को… आओ, कोई और बात करें।

लाजवंती : हैरत इस बात पर है कि चोरी किस सफ़ाई से की गई… मुझे रह-रहके ख़याल आता है कि मेरी नींद को उस रोज़ क्या हो गया था… आपकी तो ख़ैर बहुत गहरी नींद है कि पास ढोल पीटे जाएँ और आपको ख़बर तक न हो, पर मुझे क्या हो गया था… चोर आया, घड़ियाँ, प्याले, सिगरेट केस, क़लम, और न जाने क्या-क्या…

किशोर : अब छोड़ भी दो ना इस दास्तान को।

लाजवंती : हाँ, चोर बड़े मज़े से आया… घड़ियाँ, प्याले, सिगरेट केस, क़लम और आपके उस्तुरे के नए ब्लेड समेटकर चंपत हो गया, और हम दोनों आराम से सोते रहे… अगर वह मेज़-कुर्सियाँ भी उठाकर ले जाता तो हमें ख़बर न होती।

किशोर : कमाल तो यह है कि ज़रा-सी आहट भी न हुई… ख़ैर छोड़ो… मैं कहता हूँ, अगर ज़रा-सी आहट भी होती तो मैं फ़ौरन जाग पड़ता, लेकिन अब इन

बातों से क्या फ़ायदा…

[वक़्फ़ा।]

अच्छा यह बताओ, मेरा पुल-ओवर कब तैयार होगा…? ऊन तो इस बार बहुत बढ़िया है। बस ऐसा पुल-ओवर बने कि तबीयत साफ़ हो जाए…नारायन की आँखें खुली की खुली रह जाएँ।

[दरवाज़ा खुलने और फिर बंद होने की आवाज़।]

नारायन : नारायन की आँखें तो उस वक़्त ही खुली की खुली रह गई थीं जब उसने यह सुना था कि तुम्हारे घर परसों रात चोर आया और घड़ियाँ, क़लम और न मालूम क्या-क्या कुछ उठाकर ले गया…नमस्कार भाभीजान…मुझे तो अभी-अभी घर से मालूम हुआ कि आपके यहाँ चोरी हो गई है…हाँ भई किशोर, यह तो बताओ, आख़िर हुआ क्या…? सुना है, तुम लोग मज़े से सोते रहे और चोर अपना काम कर गया…क्या यह सच है?

किशोर : अब जो कुछ भी कहा जाए, सच है।

नारायन : यह भी कोई जवाब हुआ…! मुझे सारा वाक़या सुनाओ…चोर कब आया, कब गया…कौन-कौन-सी चीज़ें उठाकर ले गया…किस रास्ते से अंदर दाख़िल हुआ…जब वह आया, उस वक़्त तुम सो रहे थे या जाग रहे थे…तुम्हें किस पर शक है…नौकर से पूछगछ की…तुम्हारे हमसाये[3] क्या कहते हैं…पुलिस में रपट लिखवाई…अगर लिखवाई तो उसका क्या हश्र हुआ…ये सब बातें मुझे बताओ…आख़िर चोरी हुई है…!

किशोर : मैं इसके मुताल्लिक़ कोई बात नहीं करना चाहता।

नारायन : भई वाह…! तो यह चोरी कैसे पकड़ी जाएगी…मुझे बताओ, कहाँ-कहाँ से चीज़ें उठाई गई हैं…मेज़ पर या किसी और जगह चोर की उंगलियों के निशान मिले…क्या फ़र्श पर पाँव का कोई निशान नहीं था…अगर खिड़की के रास्ते चोर अंदर आया तो जंगले पर ज़रूर निशानात होंगे…और हाँ, मैंने सुना है कि वह तुम्हारे उस्तुरे के नए ब्लेड भी लेता गया…इसके मुताल्लिक़ तुमने ग़ौर किया…? ब्लेड किस छाप के थे, और घड़ियों में क्या कूक भरी हुई थी?

किशोर : कूक शाम को भरी थी या रात को, क़लम में रौशनाई नीली थी या सब्ज़[4]…ब्लेडों पर जो काग़ज़ चढ़ा होता है, किस रंग का था…अब जाने दो, शरलक होम्ज़ बनने की कोशिश न करो…जैसे ब्लेडों का छाप मालूम करके तुम चोरी की खोज लगा लोगे।

नारायन : और यूँ हाथ पर हाथ धरके बैठने से तुम ज़रूर चोरी का पता लोगे…न बताओ, मेरी बला से…आजकल में कोई और चोर आएगा और घर में झाड़ू फेरकर चला जाएगा। फिर भी कुछ न करना…तुम्हें मेरी क़सम है, खोज

लगाने की ज़रा कोशिश न करना… मुझसे भूल हुई जो मैंने हमदर्दी के तौर पर तुमसे ये बातें कीं… अब जो कुछ तुमसे पूछूँ तो जो चोर की सज़ा, वही मेरी।

किशोर : तुम नाहक़ बिगड़ते हो… बात दरअस्ल यह है कि मैं इस चोरी के मुताल्लिक़ कोई बात नहीं करना चाहता… रसीदा बूद बलाए वले बख़ैर-गुज़िश्त[5]।

लाजवंती : यानी ख़ैरियत यह गुज़री, कोई हमें उठाकर नहीं ले गया… जनाब, आप जब इसी तरह घोड़े बेचकर सोया करेंगे तो एक रोज़ यह भी हो जाएगा… नारायन साहब, ज़रा इनकी नींद मुलाहिज़ा हो… चोर कमरे में दाख़िल हुआ। उसने मेज़ों की सब दराज़ों की तलाशी ली। और तो और, इस तिपाई पर से उसने घड़ी उठाई जो इनके सर के साथ जुड़ी रहती है, लेकिन इन्हें ख़बर तक न हुई… भई, क्या नींद पाई है!

किशोर : मुझे कोसे चली जाती हो… तिपाई की तरफ़ तो तुम्हीं सोती हो… तुम्हें क्या साँप सूँघ गया था…?

लाजवंती : क्या फ़िज़ूल बातें करते हो… मेरी चारपाई तो दूसरे कमरे में है।

किशोर : (*घबराहट भरी आवाज़ में*) अरे हाँ, तुम्हारी चारपाई तो दूसरे कमरे में है… मैं यह कह रहा था… मैं यह कह रहा था कि तिपाई जो मेरे सर के साथ जुड़ी रहती है, क्यों न हिली… तुम्हारा क्या ख़याल है नारायन, मुझे तो यह चोर बड़ा होशियार मालूम होता है।

नारायन : तुम मियाँ-बीवी से तो मामूली चोर भी होशियार होगा… हाँ तो आप दोनों एक पलंग पर सो रहे थे कि…

लाजवंती : नारायन साहब…

नारायन : जी।

लाजवंती : मैं भूल ही गई कि मैं क्या कहनेवाली थी… नारायन साहब, ये चोर चोरी क्यों करते हैं?

नारायन : (*हँसी की आवाज़ के साथ*) चोर चोरी क्यों करते हैं…

[*वक़्फ़ा।*]

भाभीजान, सवाल आपका माक़ूल[6] है… चोर चोरी क्यों करते हैं, सोचने की बात है… किशोर, तुम्हारे ख़याल में चोर किसलिए चोरी करते हैं?

किशोर : इसलिए चोरी करते हैं कि मियाँ-बीवी में लड़ाई हो जाए।

लाजवंती : बस आपको तो हर वक़्त लड़ाई-झगड़े ही की सूझती है।

नारायन : भई छोड़िए इस क़िस्से को… हाँ तो किशोर, तुम यह बताओ कि चोर ज़्यादातर मर्द होते हैं या औरतें?

लाजवंती : औरत बेचारी क्या चोरी करेगी। हज़ार में कोई एक होगी… आप मानें या न

मानें, चोर तो होते ही मर्द हैं⋯ फ़त्तू चोट्टा नामी-गिरामी लखनऊ का चोर गुज़रा है जो जस्त[7] लगाकर छत से छिपकली की तरह चिमट जाता था।

किशोर : कमंती ख़ानाबदोशों की सरदार औरत पंजाब में ऐसी गुज़री है जिसने चोरों के भी कान काटे हैं⋯ बड़े-बड़े डाकुओं को दरिया किनारे ले जाकर प्यासा रखती थी।

लाजवंती : मेरे गले का लाकेट तुम्हारे उस रामू ही ने चुराया था।

किशोर : और मेरा टाइमपीस तुम्हारी वह दुर्गा ही मियानी में छुपाकर भाग रही थी।

नारायन : तो साबित हुआ कि मर्द और औरतें, दोनों चोर होते हैं।

किशोर : साबित कुछ नहीं हुआ⋯ अब हमारा तमाशा देखने की कोशिश न करो⋯ लाजवंती, अब बंद करो इस गुफ़्तगू[8] को⋯ बताओ, वक़्त क्या हुआ है⋯? मुझे बाहर जाना है।

लाजवंती : वक़्त⋯? लेकिन घड़ी कहाँ है⋯?

[*आह भरने की आवाज़।*]

परमात्मा करे, वह कलाई ही टूट जाए जिस पर मेरी घड़ी बंधी हो⋯ मुए ने बेच दी होगी औने-पौने दामों में⋯ परमात्मा करे, कीड़े चलें उसके जिस्म में⋯ वह एड़ियाँ रगड़-रगड़कर जान दे।

[*दरवाज़े पर दस्तक की आवाज़।*]

किशोर : कौन है?

[*दरवाज़े पर फिर दस्तक की आवाज़।*]

(*कुर्सी पर से उठने की आवाज़*) इस वक़्त कौन आया है⋯? कौन है⋯?

[*दरवाज़ा खुलने की आवाज़।*]

फ़रमाइए, आपको किससे मिलना है?

मुलाक़ाती : आपसे।

किशोर : आपका इस्मे-गिरामी[9]।

मुलाक़ाती : मैं अभी अर्ज़ करता हूँ⋯ जो गुफ़्तगू अभी-अभी आप लोगों के दरम्यान हो रही थी, उसके मुताल्लिक़ मुझे कुछ कहने की इजाज़त दी जाए तो आपका ममनून[10] हूँगा।

किशोर : अंदर तशरीफ़ ले आइए⋯

[*वक़्फ़ा—फिर कुर्सियाँ खिसकने की आवाज़।*]

बैठिए⋯ हाँ, यह मेरी वाइफ़ लाजवंती है, और ये हैं मेरे दोस्त नारायन।

मुलाक़ाती : नमस्कार⋯ मैं आप दोनों को जानता हूँ।

किशोर : क्या कहा आपने?

नारायन : मुझे⋯ मुझे आप कैसे जानते हैं?

मुलाक़ाती : मैं ज़्यादा देर तक आप लोगों को अंधेरे में रखना नहीं चाहता⋯ मैं आप

सबका एहतराम[11] करता हूँ...नारायन साहब, आपके तो मैं कई अफ़साने पढ़ चुका हूँ, और मैं समझता हूँ कि मौजूदा दौर में सिर्फ़ आप ही हिंदुस्तान के बड़े अफ़सानानिगार[12] हैं क्योंकि आपके तख़य्युल[13] में नुदरत[14] है...आप तरक़्क़ीपसंद[15] हैं...सच पूछिए तो हमारे अदब ने अभी तक अफ़साना पैदा ही नहीं किया, मगर आपने...

नारायन : क़द्रअफ़ज़ाई[16] का शुक्रिया...आपने बिल्कुल सही फ़रमाया है कि हिंदुस्तानी अदब में अफ़साना नापैद है...जो लिखनेवाले हैं...

किशोर : मगर अभी तक हम सब अंधेरे में हैं।

मुलाक़ाती : मुआफ़ कीजिएगा, मैं और नारायन साहब अफ़साने की रौ[17] में बह गए...हाँ तो नारायन साहब, आपसे हिंदुस्तान के अफ़सानवी अदब पर फिर कभी बातें होंगी...मुझे पहले अपना तआरुफ़[18] कराना चाहिए था...ख़ाकसार वह चोर है जिसने यहाँ की चीज़ें चुराई हैं।

लाजवंती : (*चौंकती हुई आवाज़ में*) चोर...

किशोर : क्या कहा आपने ?

नारायन : आप चोर हैं...? और मेरे अफ़साने...?

मुलाक़ाती : मैं आपके अफ़सानों के मुताल्लिक़ फिर ग़ुफ्तगू करूँगा...जी हाँ, ख़ाकसार वही चोर है जो परसों रात यहाँ हाज़िर हुआ था।

लाजवंती : (*चौंकती हुई और चीख़ती हुई आवाज़ में*) मेरी घड़ी...

मुलाक़ाती : जी हाँ, यह आप ही की घड़ी है जो मैंने अपनी कलाई पर बांध रखी है...मेरा ख़याल था कि यह ठीक वक़्त देगी, मगर अब मालूम हुआ है कि यह पंद्रह मिनट तेज़ चलती है।

लाजवंती : मैं...मैं...

मुलाक़ाती : लेकिन इसका मतलब यह नहीं कि मैं आपके इंतख़ाब[19] को अच्छा नहीं समझता...आपका ज़ौक़[20] यक़ीनन बहुत अच्छा है...आपके सिंगार की दूसरी चीज़ें इसकी गवाह हैं...मगर आपने मुझे गालियाँ देकर एहतराम के उस जज़्बे को ज़ईफ़[21] कर दिया है जोकि मेरे दिल में आपके मुताल्लिक़ पैदा हो गया था...गहरी नींद सोनेवाली ख़ातूनों और आर्टिस्टिक इंतख़ाब करनेवाली औरतों का रुत्बा मेरी निगाहों में हमेशा बुलंद रहा है...लेकिन आज मैंने जब आपकी ज़बान से अपने मुताल्लिक़ ग़ैरमुनासिब अलफ़ाज़ सुने, तो यक़ीन मानिए, मुझे बहुत सदमा हुआ...हैरत हुई आप जैसी बुलंदसीरत ख़ातून ने मेरी तज़लील[22] की।

नारायन : तज़लील ?

किशोर : चोर की तज़लील...? आप कहना क्या चाहते हैं ?

मुलाक़ाती : यही कि मेरी बेहद तज़लील हुई है इस घर में जिसकी हर एक शै[23] में बड़ी

आसानी से उठाकर ले जा सकता था... आप सबने मिलकर मेरी वक़ार[24] पर हमला किया है, मेरे तअज़्ज़ुज़[25] की मिट्टी पलीद की है... मेरी ग़ैरमौजूदगी में आपने मेरे पेशे को बुरा-भला कहा है... एक शरीफ़ आदमी की इससे बढ़कर और क्या हतक हो सकती है।

किशोर : वक़ार!

लाजवंती : तअज़्ज़ुज़!

किशोर : शरीफ़ आदमी!

नारायन : सिगरेट शौक़ फ़रमाइए।

[*दियासलाई जलाने की आवाज़।*]

मुलाक़ाती : शुक्रिया... मैं यहाँ सिर्फ़ अपनी पोज़ीशन साफ़ करने आया हूँ... मैं जानता हूँ कि क़ानून की नज़र में हम लोग सोसायटी के दुश्मन हैं, लेकिन अगर दुश्मन पर तोहमतों के अंबार लगा दिए जाएँ और उसे ज़लीलो-रुसवा[26] किया जाए तो बताइए, उसके जज़्बात को किस क़दर ठेस पहुँचेगी...

[*वक़्फ़ा।*]

हमें एक आम पेशावर की हैसियत से क्यों नहीं देखा जाता... मैं इस सवाल के मंतक़ी[27] और मआशरती[28] पहलुओं को नज़रअंदाज़ करते हुए आपको सिर्फ़ यह बताना चाहता हूँ कि हमारा पेशा उस शए-लतीफ़[29] के बिलकुल क़रीब है जिसे हम आर्ट कहते हैं... हमारे पेशे में वो तमाम अंसर[30] मौजूद हैं जो आर्ट की तकमील[31] के लिए ज़रूरी हैं, मसलन फ़राख़हिम्मती[32], उमंग, ख़यालआराई[33], तख़लीक़ी तहरीक[34], रुहानी फ़ैज़ान[35] और ईजाद[36] का माद्दा...

[*वक़्फ़ा।*]

अगर मैं आपसे कहूँ कि चोर बनने के लिए फ़ितरी सलाहियत[37] का होना अशद[38] ज़रूरी है तो शायद आप मेरा मज़ाक़ उड़ाना शुरू कर दें, मगर यह हक़ीक़त है... बाज़[39] लोग क़ुदरती तौर पर ग़ैरमामूली हाफ़िज़े[40] के मालिक, हाज़िरदिमाग़ और तेज़निगाह होते हैं। उनके हाथों में बला की फुर्ती होती है। उनकी क़ुव्वते-लाम्सा[41] बहुत तेज़ होती है। ये लोग, अगर आप यक़ीन करें, सिर्फ़ इसलिए पैदा होते हैं कि शानदार पत्तेबाज़ बनें... और जनाब, जेबकतरों का पेशा इख़्तियार करने के लिए बड़ी चाबुकदस्ती[42], हरकत के ज़बरदस्त तयक्क़ुन[43], मुशाहिदे[44] और तवज्जह की इंतहाई शिद्दत और हाज़िरदिमाग़ी की ज़रूरत होती है...

[*वक़्फ़ा।*]

जिस तरह शायर पैदा होता है, उसी तरह चोर पैदा होता है, और अस्ली चोर को आप किसी हीले से भी लालच देकर उसके रास्ते से नहीं हटा

सकते। अच्छी मुलाज़िमत की पेशकश, क़ीमती से क़ीमती तोहफ़े, हत्ता कि[45] औरत की मुहब्बत भी उसे वरग़ला नहीं सकती, इसलिए कि उसके पेशे में ख़तरे की मुस्तक़िल[46] ख़ूबसूरती, खटके की मुसर्रतअफ़ज़ा[47] गहराई, दिल दहलने का लुत्फ़ और नब्ज़े-हयात[48] की तेज़ धड़कन शामिल है...और इन सबके ऊपर एक कैफ़[49], एक वज्द[50], एक नाक़ाबिले-बयान तरंग है।

किशोर : (*बेपनाह हँसी की आवाज़ के बाद*) भई लुत्फ़ आ गया...'इन सबके ऊपर एक कैफ़, एक वज्द, एक नाक़ाबिले-बयान तरंग है...' और इन सबके और ऊपर हमारे मुअ़ज़्ज़िज़[51] मुलाक़ाती का सर।

[*हँसी की आवाज़।*]

मुलाक़ाती : नारायन साहब, आप अपने दोस्त से कहें कि वो ज़्यादा न हँसें। हँसी वह है जो ख़ुदबख़ुद आए...ज़बरदस्ती हँसना सेहतबख़्श[52] नहीं होता।

नारायन : मेरे दोस्त को अदब-आदाब से कोई वास्ता नहीं...आप जो कुछ कह रहे थे उसे जारी रखिए...मैं हमातनगोश[53] हूँ।

मुलाक़ाती : मैं यह अर्ज़ करनेवाला था कि आप लोग क़ानूनों, क़िस्म-क़िस्म के तालों, बंदूकों, तलवारों, पुलिस के सिपाहियों और टेलीफ़ोनों से मुसल्लह[54] हैं, लेकिन हमारे पास सिर्फ़ फुर्ती, होशियारी और बेबाकी है जिसके ज़रिये से हम आप लोगों का मुक़ाबला करते हैं...

[*वक़्फ़ा।*]

और हाँ, क्या आपको मालूम है कि हमारे देहातों में साहिबे-ज़कावत[55] लोग जोकि आर्टिस्ट तबीयत के मालिक होते हैं, अकसर गायचोर बन जाते हैं, या फिर घोड़े चुराना शुरू कर देते हैं।

किशोर : क्यों?

मुलाक़ाती : इसके सिवा वो और कर भी क्या सकते हैं...यह ज़िंदगी, ऊँची फ़ज़ाओं[56] में परवाज़[57] करनेवाली रूहों के लिए बहुत ही कमहक़ीक़त, ग़ायतदरजा[58] ख़ुश्क और बेकैफ़ है।

लाजवंती : वह ज़हानत और ज़कावत किस काम की जो बुरी जगह इस्तेमाल हो।

मुलाक़ाती : ख़ातूने-मोहतराम, ज़हानत और ज़कावत अगर मस्जिदो-मंदिर से अलग कर दी जाए तो भी उसकी ख़ूबसूरती में फ़र्क़ नहीं आता...तरक़्क़ी एक क़ानून है और चोरी की भी मख़लूक़ होती है...ये लीजिए अपनी घड़ियाँ...इस घड़ी का स्ट्रिप मैंने बदल दिया है क्योंकि पहला बहुत ही अन-आर्टिस्टिक था...मैं उन लोगों की घड़ियाँ वग़ैरह अपने पास नहीं रखा करता जो मुझे गालियाँ दें और मेरे पेशे को बिलकुल ग़लत रंग में देखें...अच्छा, अब मैं इजाज़त चाहता हूँ।

नारायन : सिगरेट शौक़ फ़रमाइए।

मुलाक़ाती : शुक्रिया···आपका सिगरेट केस बहुत अच्छा है।

[*दियासलाई जलाने की आवाज़।*]

नारायन : मैं आपसे एक बात पूछ सकता हूँ?

मुलाक़ाती : बड़े शौक़ से।

नारायन : आप किशोर के ब्लेड क्यों चुराकर ले गए थे?

मुलाक़ाती : (*हँसने की आवाज़ के बाद*) ब्लेड···क़िस्सा यह है कि जिस रोज़ मैं यहाँ आया, उस रोज़ मैंने इन नए क़िस्म के ब्लेडों से दाढ़ी मूंडी थी···बड़े वाहियात ब्लेड हैं। घास काटनेवाला औज़ार इनसे बेहतर होता है···सिंगार मेज़ पर जब मैंने वो ब्लेड देखे तो उठाकर अपनी जेब में रख लिए ताकि सुबह उठकर जब किशोर साहब अपनी दाढ़ी मूंडने लगें तो आपरेशन से महफ़ूज रहें।

[*वक़्फ़ा।*]

और हाँ, मेज़ का दाहिना दराज़ जो मुक़फ़्फ़ल था, मैंने खोला था। उसमें इनके प्राइवेट ख़त थे···एक ख़त मैंने पढ़ा था···'दाग़' देहलवी इनको बहुत पसंद है। जगह-जगह आपने 'दाग़' के शे'र ठूँसे हुए हैं···वो ख़त, किशोर साहब, आपने पोस्ट अभी तक न किया हो तो एक शे'र दुरुस्त कर लीजिएगा···आपने लिखा है :

मेरी फ़रियाद दूसरा न सुने
बुत ही सुन लें अगर ख़ुदा न सुने

यह ग़लत है। आपने 'अमीर' और 'दाग़', दोनों के शे'रों को ख़ल्तमल्त कर दिया है···'अमीर' का शे'र यूं है :

मेरी फ़रियाद रायगाँ[59] तो न हो
बुत ही सुन लें अगर ख़ुदा न सुने

'अमीर' के मज़मून[60] में इतनी तरक़्क़ी पैदा करना 'दाग़' ही का हिस्सा है···अच्छा अब मैं रुख़सत चाहता हूँ···नारायन साहब, मेरे लायक़ कोई ख़िदमत हो तो बिला तकल्लुफ़ इरशाद फ़रमा दीजिएगा···और हाँ किशोर साहब, आपकी दूसरी चीज़ें इस बैग में मौजूद हैं।

[*क़दरे तवील वक़्फ़ा[61] —फिर दरवाज़ा खुलने और बंद होने की आवाज़।*]

लाजवंती : आपने वह ख़त किसको लिखा है?

किशोर : (*चौंकती हुई आवाज़ में*) नारायन, भागो, जाने न पाए।

नारायन : कौन?

किशोर : वही चोर, और कौन···किस आराम से आया और चला भी गया···तुमने उसे पकड़ा भी नहीं···चलो, चलो, उसे पकड़कर पुलिस के हवाले कर दें।

लाजवंती : पहले आप मेरी बात का जवाब दीजिए··· ये आजकल शे'रों भरे ख़त किसे लिखे जा रहे हैं। क्या कोई नई बला पाली है ?

किशोर : कौन से ख़त··· ? चलो नारायन, चलो, अभी वह गली ही में होगा।

लाजवंती : बात न टालिए··· मुझे इस बात का जवाब दीजिए कि आजकल ख़त किसको लिखे जा रहे हैं··· रात ग्यारह बजे तक आप अपने कमरे में क्या करते रहे थे ?

किशोर : झक मार रहा था··· इधर तुमने अपनी तफ़तीश शुरू कर दी है, उधर चोर हाथ से निकला जा रहा है··· चलो नारायन।

नारायन : अमाँ छोड़ो··· आदमी दिल का अच्छा है··· जाने दो।

लाजवंती : मैं क्या पूछ रही हूँ ?

किशोर : मुझे कुछ मालूम नहीं।

लाजवंती : मेज़ की दराज़ में किसके ख़त हैं··· और वह शे'रों वाला ख़त आपने किसको लिखा है ?

किशोर : कौन से ख़त··· ? कैसे शे'र··· ? वह हम सबको बना गया है··· यह लो चाबी और जाके देख लो··· उसने यह शोशा ही इसलिए छोड़ा था कि हम लोग इस बकबक में पड़ जाएँ और वह आराम से चला जाए··· और नारायन, तुम ठहरे अव्वल दरजे के चुग़द[62]··· उसने तुम्हारे अफ़सानों की तारीफ़ क्या कर दी कि तुम ख़ुश हो गए··· अब इतनी देर के बाद उसे किस तरह पकड़ा जा सकता है··· पंजे में आकर किस सफ़ाई से निकल गया।

नारायन : चलो, अब छोड़ो इस क़िस्से को··· लो सिगरेट पियो···

[*वक़्फ़ा।*]

अरे, मेरा सिगरेट केस किधर गया··· मेरा सिगरेट केस··· मेरा सोने का सिगरेट केस···

किशोर : (*हँसी की आवाज़ के साथ*) उसने तुम्हारी तारीफ़ जो की थी···

[*हँसी की आवाज़।*]

परीशान क्यों होते हो। वह तो तुम्हारे अफ़सानों का मद्दाह[63] है। तुम्हें हिंदोस्तान का सबसे बड़ा अफ़सानानिगार मानता है··· अरे··· किधर चले ?

नारायन : मज़ाक़ न करो किशोर··· मेरा सिगरेट केस बहुत क़ीमती है··· देखता हूँ, शायद वह बाज़ार में मिल जाए···

[*किशोर की हँसी की आवाज़।*]

[*फ़ेड आउट*]

1. अंतराल; 2. अलग; 3. पड़ोसी; 4. हरी; 5. जो भी बला गुज़री, ख़ैरियत से गुज़री;6. उचित; 7. छलांग; 8. बातचीत; 9. शुभनाम; 10. एहसानमंद; 11. सम्मान; 12. कहानीकार; 13. कल्पनाशक्ति; 14. दुर्लभता (यहाँ अछूतापन); 15. प्रगतिशील; 16. सम्मान देना; 17. धारा; 18. परिचय; 19. चयन; 20. रुचि; 21. कम (शब्दशः वृद्ध); 22. अपमान; 23. वस्तु; 24-25. सम्मान; 26. अपमानित और बदनाम; 27. तार्किक; 28. सामाजिक; 29. कोमल वस्तु; 30. तत्व; 31. पूर्णता; 32. साहस की अधिकता; 33. विचारशक्ति; 34. सृजनशक्ति; 35. आध्यात्मिक उपलब्धि; 36. आविष्कार; 37. स्वाभाविक योग्यता; 38. अत्यधिक; 39. कुछ; 40. स्मरणशक्ति; 41. स्पर्शशक्ति; 42. हाथ की तेज़ गति; 43. दृढ़ निश्चय; 44. प्रेक्षण, प्रत्यक्ष; 45. यहाँ तक कि; 46. स्थायी; 47. आनंदवर्धक; 48. जीवन की नब्ज़; 49. आनंद; 50. आध्यात्मिक अर्धमूर्छा की स्थिति; 51. सम्मानित; 52. स्वास्थ्यवर्धक; 53. पूरा ध्यान केंद्रित किए हुए; 54. हथियारबंद, लैस; 55.अक्लमंदी के मालिक; 56. वातावरण; 57. उड़ान; 58. अत्यधिक; 59. व्यर्थ; 60. विषय; 61. अपेक्षाकृत लंबा अंतराल; 62. उल्लू; 63. प्रशंसक

आओ रेडियो सुनें

लाजवंती : (*अपने पति से—इश्तियाक़*[1] *भरे लहजे में*) आओ, रेडियो सुनें।
[*वक़्फ़ा*[2]।]
अजी ओ, सुनते हो, मैं क्या कह रही हूँ··· ? तौबा, तुम्हारा दिमाग़ क्या है, रेडियो का डिब्बा है जो हर दूसरे-तीसरे रोज़ ख़राब हो जाता है···कुछ मैं भी तो सुनूँ, जनाब का मिज़ाज इस वक़्त किस बात पर बिगड़ गया जो मुँह से एक-दो बोल निकालने भी दुश्वार हो रहे हैं···

किशोर : दफ़्तर से थका-माँदा आया हूँ···

लाजवंती : इसीलिए तो कहती हूँ, आओ रेडियो सुनो···अख़्तरी की ग़ज़ल सुनेंगे—तिग्गन पर कैसा फलती-फूलती है। सुनोगे तो तुम्हारी सारी थकन मिट जाएगी।

किशोर : जो ध्रुपद आज बड़े साहब से सुनकर आया हूँ, वही काफ़ी है···अब मुझसे कोई और राग न सुना जाएगा।

लाजवंती : सच तो यह है कि यह राग तुम्हें पसंद नहीं आएगा···तुम ठहरे कोठों पर मुजरा सुननेवाले नृत (*नृत्य*) भाव के गाहक। भला तुम्हें काठ के रेडियो से क्या तस्कीन होगी···कोई तवायफ़ सामने थिरक रही हो, तुम्हें गिलौरियाँ पेश करे, ज़रा तुमसे कभी ठुनक-ठुनककर बातें करती जाए, कभी मुस्कुरा दे और कभी बिगड़ जाए तो तुम्हारे कानों के सब परदे खुल जाएँ।

किशोर : मैं कुछ नहीं समझा कि तुम किस धुन में अलाप रही हो।

लाजवंती : ये आपने नया पलटा लिया।

किशोर : तुम्हारी तरह आड़ी-तिरछी तानें लगाना मुझे नहीं आता।

लाजवंती : आपकी यह छेड़ निराली है।

किशोर : बिन स्थायी के अंतरा शुरू कर दिया।

लाजवंती : आपके बोल ही अनोखे हैं।

किशोर : और जो तुमने अपनी रागिनी में भद्दा मेल लगाया है!

लाजवंती : आप अपने बिन जोड़ के सागर को भूल गए?

किशोर : अब तुम चाहती हो खींचतान के सप्तक में ले आओ।

लाजवंती : ''आओ रेडियो सुनें'' से मेरा मतलब यह था कि गाना आत्मा का मनभाता भोग है।

किशोर : गाना आत्मा का मनभाता भोग ज़रूर है, पर अगर गानेवाले के गले में सोज़ो-गुदाज़ हो, बेवक्त की शहनाई न हो।

लाजवंती : फिर आप आड़ी-तिरछी बातें करने लगे।

किशोर : तुम तो आदमी को गड़बड़झाले में डाल देती हो।

लाजवंती : तार बाजा और राग बोझा···मैं आपकी सारी साज़-बाज़ समझती हूँ।

किशोर : तुम अभी इस फ़न में अताई[3] हो।

लाजवंती : और आप ठहरे तानसेन और बैजू बावरे के उस्ताद।

किशोर : तुम्हारी ज़बान तो मिज़राब[4] की तरह चलती है···तुमसे भला कोई जीत सकता है···!

लाजवंती : आपने तो तबले का आटा खा रखा है।

किशोर : अब इसका गज़ कब ख़त्म होगा?

लाजवंती : बस अब मुँहाठेठी हो चुकी···चलो आओ, रेडियो सुनें।

किशोर : कौन-सा स्टेशन सुनोगी?

लाजवंती : देहली।

किशोर : नहीं, लाहौर।

लाजवंती : लाहौर में क्या रखा है! देहली सुनो, जो कुछ समझ में भी आए। वहाँ लाहौर में कोई गा रहा होगा मुई पंजाबी में, जिसका सर न पैर।

किशोर : तुम क्या जानो पंजाबी रागों को···उस अंधे म्यूजिक मास्टर से हारमोनियम पर सा-रे-ग-मा-पा क्या सीख लिया, और ''तुम्हीं ने मुझको प्रेम सिखाया'' एक बार क्या गा लिया कि लगीं बढ़-बढ़के बातें करने···गोया सारी रागविद्या तुम्हारे पेट में है···लाहौर सुनेंगे। ख़ानसाहब आशिक़ अली ख़ाँ गानेवाले हैं।

लाजवंती : अगर तुम्हें उस मुए आशिक़ अली ख़ाँ का गाना सुनना है तो मैं चली। न बाबा, मुझमें हिम्मत नहीं है ऐसे भारी-भरकम गाने सुनने की। तौबा, क्या हाल करते हैं ये ख़ाँसाहब···ये भला क्या गाना हुआ कि सुननेवाले समझें, कोई घायल दम तोड़ता है।

किशोर : तुम्हें तो बस सहगल का गाना पसंद है···''बालम आय बसो मोरे मन में···'' जैसे डूबनेवाले के मुँह में पानी कभी अंदर जाता है और कभी बाहर आता है··· तौबा, कैसी मिट्टी पलीद की है इन लोगों ने राग की···जो उस्ताद हैं, उनको कोई पूछता ही नहीं···तुम ख़ामोश बैठी रहो, मुझे सुन लेने दो ख़ाँसाहब का गाना।

[*रेडियो का बटन दबाने की आवाज़।*]

रेडियो : यह लाहौर है। अभी-अभी आप ख़ानसाहब आशिक़ अली ख़ाँसाहब से मालकोस का ख़याल सुन रहे थे। अब आपको बाज़ार के भाव सुनाए जाएँगे :

तोरिया हाज़िर	:	चार रुपए बारह आने
तारामीरा	:	तीन रुपए छः आने
गुड़	:	दो रुपए आठ आने
शकर	:	तीन रुपए चौदह आने
घी	:	उनचास रुपए आठ आने
मिर्च डंडीदार	:	ग्यारह रुपए

[*रेडियो बंद करने की आवाज़।*]

किशोर : देखा, तुम्हारी बकवास की वजह से ऐसा अच्छा प्रोग्राम मिस हो गया··· अब बैठकर सुनो बाज़ार के खुलने और बंद होने के भाव··· बस ज़रा तुमसे किसी ने बात की और तुम एक लंबी-चौड़ी कथा लेकर बैठ गईं, चाहे नुक़सान ही हो जाए।

लाजवंती : कोई समझे, किसी ब्यौपार में बड़ा घाटा बैठ गया है। सोने से भरा हुआ जहाज़ डूब गया है···एक मामूली राग ही तो था। सुना सुना, न सुना न सुना···कौन-सी आफ़त आ गई है जो ऐसा मुँह बना लिया है आपने ?

किशोर : लाजवंती, अब ज़्यादा बातें न करो। मुझे इस प्रोग्राम के छूट जाने का बहुत अफ़सोस है।

लाजवंती : गाड़ी छूटने पर भी इतना अफ़सोस किया करो···मैं तो जब भी तुम्हारे साथ सफ़र पर निकली, कभी ऐसा नहीं हुआ कि हम वक़्त पर स्टेशन पहुँचे हों। जब भी गए, प्लेटफ़ार्म ख़ाली पाया··· और रेडियो का प्रोग्राम हमने कब वक़्त पर पकड़ा है···तुमसे हज़ार बार कहा, 'इंडियन लिसनर' और रेलवे टाइमटेबिल ले आओ। उनसे वक़्त और प्रोग्राम मालूम हो जाते हैं और परेशानी का सामना नहीं करना पड़ता, पर तुमने किसी की सुनी हो तो मेरी भी सुनो··· अगर इस वक़्त तुम्हारे पास 'लिसनर' होता तो ये कोफ़्त तो न उठाना पड़ती···अब सोचते क्या हो। सुई घुमाते जाओ। कोई न कोई काम की चीज़ निकल ही आएगी।

[*रेडियो सेट ऑन करने की आवाज़ और फिर खड़खड़ाहट का एक सिलसिला।*]

बंबई लगाओ।

[*वक़्फ़ा।*]

रेडियो : यह बंबई है। अभी आप श्रीपत देशपांडे से मरहटी ज़बान में तक़रीर सुन

रहे थे। अब आपको मिस्टर एस.एच. मंटो का लिखा हुआ ड्रामा 'रेडियो' सुनाया जाएगा…

लाजवंती : लगाए रखो, लगाए रखो…ज़रा सुनेंगे।

अलिफ़ : जी हाँ, मैं रेडियो बनाने का काम करता हूँ। फ़रमाइए, आपका रेडियो कहाँ का बना हुआ है?

बे : बरेली का।

अलिफ़ : बरेली का…? यानी क्या…? आपने बरेली कहा था ना?

बे : जी हाँ।

अलिफ़ : जहाँ के बाँस बहुत मशहूर हैं।

बे : जी हाँ, उसी बरेली का।

अलिफ़ : क्या वहाँ रेडियो बनाने का कोई कारख़ाना खुला है…? या एरियल लगाने में जो बांस काम आते हैं, उससे आपने यह समझ लिया कि…

बे : देखिए, आपको ज़्यादा तफ़सील में जाने की ज़रूरत नहीं…बात यह है कि एक रोज़ मेरी वाइफ़ ने आपके पास रेडियो मरम्मत के लिए भेजा था। आपने उसके तमाम ATMOSPHERICS बंद कर दिए थे। अब हुआ यह है कि ये तमाम ATMOSPHERICS उसमें, यानी मेरी वाइफ़ में पैदा हो गए हैं। रेडियो बग़ैर शोर के चलता है मगर मेरी बीवी की ज़बान बराबर शोर मचाती रहती है। क्या आप कोई इलाज़ बता सकते हैं…यानी जिससे उसका शोर बंद हो जाए?

अलिफ़ : आपकी बीवी का मेक क्या है?

बे : बनी हिंदोस्तान में थी, मगर छाप विलायत का है।

अलिफ़ : तो यूँ कीजिए, किसी रोज़ उन्हें घर के नल के साथ कसकर बाँध दीजिए। मेरा ख़याल है कि 'अर्थ' हो-हवाकर वो बिलकुल ठीक हो जाएँगी और…
[*रेडियो बंद करने की आवाज़।*]

किशोर : अरे यह क्या…? बंद क्यों कर दिया…? ज़रा सुनने दो, क्या दिलचस्प ड्रामा था?

लाजवंती : बेहूदा, वाहियात, नामाक़ूल…कोई शर्म-हया नहीं रही इन मरदुओं को…बीवियों को तो बस खिलौना समझ लिया गया है…फ़िल्मों में उनके साथ मज़ाक़, नाविलों में उन बेचारियों के साथ छेड़छाड़, नज़्मों में उनकी मिट्टी पलीद…अब यह रेडियो बाक़ी रह गया था, सो इस पर भी उनको बुरा-भला कहना शुरू कर दिया…मेरे बस में हो तो ऐसे तमाम मरदों की एक गरदन बनाकर फाँसी के फंदे में दे दूँ।

किशोर : तुम कुछ भी कहो, लेकिन ड्रामा है बहुत ख़ूब…ज़रा आगे सुनते हैं…

लाजवंती : ख़बरदार जो ऐसा किया…मैं कहती हूँ, लड़ाई हो जाएगी…हर वक़्त का

मज़ाक़ मुझे अच्छा मालूम नहीं होता।

किशोर : आख़िर हर्ज क्या है ⋯ अगर ड्रामे में कोई ऐसी-वैसी बात हुई तो बंद कर देना ⋯ रेडियो में यही तो एक अच्छी बात है कि मर्ज़ी हुई तो सुना, मर्ज़ी न हुई तो न सुना ⋯ एक तुम हो, जिसकी हर बात सुनना पड़ती है। तुम्हें ड्रामा पसंद नहीं आया और तुमने झट से बोलनेवालों का गला घोंट दिया ⋯ फ़र्ज़ करो, किसी रोज़ मुझे तुम्हारी बातें पसंद नहीं आतीं और मैं तुम्हारे मुँह में कपड़ा ठूँस देता हूँ, तो बताओ, तुम्हें कितना गुस्सा आएगा ⋯ लो अब मान जाओ और सुनने दो यह ड्रामा।

लाजवंती : (*गुस्सैली आवाज़ में*) ख़बरदार ⋯ मैं ⋯ मैं ⋯ तुम बस सुई घुमाओ।

[*रेडियो सेट ऑन करने की आवाज़ और फिर खड़खड़ाहट का सिलसिला।*]

रेडियो : मैं तुमसे नाहीं बोलूँगी, मैं तुमसे नाहीं बोलूँगी ⋯
[*खड़खड़ाहट का सिलसिला।*]

किशोर : बला से ⋯ नाहीं बोलूँगी, नाहीं बोलूँगी ⋯ न बोल।
[*खड़खड़ाहट जारी।*]

रेडियो : इन दिनों जोशे-जुनूं है तिरे दीवाने को, तिरे दीवाने को, तिरे ⋯
[*रेडियो बंद करने की आवाज़।*]

लाजवंती : इन दिनों क्या, एक ज़माने से आपकी दीवानगी ज़ोरों पर है। वह तो मैं ही हूँ जो यह पागलपन सह लेती हूँ। कोई और होती तो जनाब को नाकों चने चबवाती।

किशोर : लाजवंती, मैं तुमसे एक बात पूछूँ ?

लाजवंती : पूछो, पर यह घूर-घूरकर क्या देखते हो ?

किशोर : क्या तुमने सचमुच लड़ाई की ठानी है ⋯ ? अगर तुम लड़ना चाहती हो तो साफ़-साफ़ क्यों नहीं कह देतीं।

लाजवंती : मेरे सर पर सींग तो हैं नहीं जो लड़ना शुरू कर दूँ।

किशोर : हाँ, हाँ, सींग तो मेरे ही सर पर है ⋯ बैल, भैंसा, साँड, गैंडा, गधा, सभी कुछ तो मैं हूँ।

लाजवंती : गधे के सर पर सींग नहीं होते।

किशोर : बेवक़ूफ़ तो होता है ⋯ और मुझसे बढ़कर और कौन बेवक़ूफ़ होगा जिसने सबकुछ जानते-बूझते यह रेडियो तुम्हें ख़रीदकर दिया ⋯ मैं अगर देहली कहूँ तो तुम जानबूझकर मद्रास सुनोगी ⋯ मैं अगर लाहौर सुनना चाहूँ तो तुम कलकत्ता सुनने पर अड़ जाओगी ⋯ मैं पूरब जाता हूँ तो तुम पश्चिम ⋯ मैं कहता हूँ रफ़ीक़ ग़ज़नवी अच्छा है तो तुम कहती हो, नहीं, के.सी. डे अच्छा है ⋯ अब तुम ही बताओ, मेरी तुम्हारी कैसे निभ सकती है।

लाजवंती : बड़े कूढ़-मग़ज़ हो…हाय, क्या गाता है के.सी. डे…कभी सुना है उसका रिकार्ड…? "तेरी गठरी में लागा चोर, मुसाफ़िर जाग ज़रा…।" उफ़, इस बुड्ढे के गले में क्या चलत-फिरत है…! गले में कितने बराबर के दाने हैं…आवाज़ है, मानो कोयल कूक रही है…घूरो मत, बस सुई घुमाओ।
[रेडियो ऑन करने की आवाज़—और फिर खड़खड़ाहट का सिलसिला।]

रेडियो : बाबा मन की आँखें खोल।
ये दुनिया है एक तमाशा, चार दिनों की झूटी आशा…

लाजवंती : लो, इत्तफ़ाक़ देखो, उसी का रिकार्ड बजाया जा रहा है।

रेडियो : बाबा मन की आँखें खोल…
[रेडियो बंद करने की आवाज़।]

किशोर : लाजवंती, तुम न जाने कब से यह गीत सुन रही हो…'मन की आँखें खोल' सुनने के तो ये मानी थे कि तुम्हारे मन की आँखें भी खुल जातीं…खुलनी तो दरकिनार, जो कुछ थोड़ी-बहुत नीमबाज़[5] थीं वो भी पट्टम हो गईं।

लाजवंती : यानी इसका मतलब यह हुआ कि मेरे दीदे[6] पट्टम हो गए हैं…देखो, मैं कहे देती हूँ, सबकुछ कहो, हाँ अगर मेरे दीदों को कुछ कहा तो मुझसे बुरा कोई न होगा…दीदे पट्टम हों मेरे दुश्मनों के जो मुझे देख न सकें।

किशोर : और तुम दीदा-दानिस्ता[7] अच्छे गानों को बुरा और बुरे गानों को अच्छा कहती रहो…आँखें बंद करके जो मुँह में आए, बक दो।

लाजवंती : देखो मुन्ने के पिता, यह पेपरवेट इस ज़ोर से मारूँगी कि तुम्हारा रेडियो-वेडियो चकनाचूर हो जाएगा…और यह तुम अच्छी तरह जानते हो कि पेपरवेट का वज़न काफ़ी है।

किशोर : लाजवंती, अक़्ल के नाख़ून लो…रेडियो एप्रूवल पर लाया हूँ…पूरे चार सौ साठ भरना पड़ जाएँगे।

लाजवंती : मेरी जूती से भरना होंगे।

किशोर : अब तुम जूतीपैज़ार पर उतर आईं…!

लाजवंती : उतर न आऊँ…! जैसा मुँह वैसी बात।

किशोर : तो मेरा मुँह तुम्हारी जूती के लायक़ है, क्यों?

लाजवंती : तुम अपने मुँह से कह रहे हो। मेरा मतलब यह तो नहीं। मैं तो बस यह कहती हूँ कि तुमको रुपए भरना पड़े तो मेरी पैज़ार से, मुझे क्या…!

किशोर : फिर वही बेकार की रट…यह पेपरवेट तुम्हारे मुँह पर ऐसा मारूँगा कि सारे दाँत हलक़[8] के अंदर होंगे।

लाजवंती : हाय, इस मुए रेडियो के चलते मेरे दाँत हलक़ के अंदर किए जाएँगे…इस रेडियो को आग लगे, इस पर कड़कती बिजली गिरे, रखे का रखा ज़मीन में समा जाए, इस घर में इसको फिर बजना नसीब न हो।

[*खाँसी की आवाज़ और क़दमों की चाप।*]

किशोर : कौन ?

नारायन : मैं हूँ नारायन।

किशोर : आओ, बैठो यार।

नारायन : (*भिंची हुई आवाज़ में*) चुप भी करो, आहिस्ता बोलो। वह आ गया है; बाहर खड़ा है।

लाजवंती : कौन ?

नारायन : वही।

लाजवंती : वही कौन ?

नारायन : इंसपेक्टर...इंपसेक्टर...रेडियो का इंसपेक्टर।

किशोर : तो क्या हुआ ?

नारायन : लगता है तुम लोगों ने लाइसेंस नहीं लिया है...अब तुम्हें पचास रुपए जुर्माना भरना पड़ेगा।

किशोर : लेकिन हमारे पास लाइसेंस है।

नारायन : लाइसेंस...? ख़ाक है तुम्हारे पास।

किशोर : मैं कहता हूँ...

नारायन : तुम कुछ नहीं कहते...तुम्हारे पास लाइसेंस नहीं है...मान लो ना...तुम निरे चुग़द[9] हो...इतनी सीधी-सादी बात नहीं समझते...अरे भाई, जिसे तुम लाइसेंस समझते हो, वह रेडियो की रसीद है और वह भी आरज़ी[10]...समझे...?

लाजवंती : तो फिर क्या करना चाहिए ?

नारायन : दस रुपए जल्दी से दो ताकि मैं उसको किसी न किसी तरह राज़ी कर सकूँ।

लाजवंती : मेरी समझ में यह नहीं आता कि रेडियो कोई पिस्तौल या बंदूक़ है जो इसका लाइसेंस लिया जाए...भई, यह तो बड़ा ज़ुल्म है।

नारायन : भाभीजान, आप भी ग़ज़ब करती हैं...रेडियो स्टेशन वग़ैरह की तामीर[11] पर गवर्नमेंट जो इस क़दर रुपए खर्च करती है, इतनी बिजली जो सर्फ़[12] होती है, ये जो आपको मुल्क-मुल्क की ख़बरें सुनाई जाती हैं, ये जो नए-नए गवैयों और उस्तादों के गाने आप हर रोज़ सुनती हैं, ये सबकुछ क्या मुफ़्त में हो जाता है...? इन सब पर आपके ख़याल में क्या कुछ ख़र्च नहीं होता...? लाखों रुपए ख़र्च होते हैं, लाखों रुपए।

लाजवंती : हाँ, आपकी यह बात तो ठीक है।

नारायन : तो उठिए और जल्दी से दस रुपए दीजिए...और हाँ, आप ज़रा दूसरे कमरे में चली जाइए कि इंसपेक्टर साहब को माज़रत-वाज़रत[13] करके, उन्हें मना-वनाकर दस रुपए दे दिए जाएँ।

[*वक़्फ़ा।*]

लाजवंती : लीजिए, इस महीने की तनख़्वाह में से बस यही एक दस का नोट बचा था, सो वह भी ग़ारत हुआ... ख़ैर। हाँ, इंसपेक्टर साहब से यह ज़रूर कहिएगा कि अख़्तरीबाई फ़ैज़ाबादी हर रोज़ गाया करे।

नारायन : हाँ, यह मैं कह दूँगा और वो मान भी जाएँगे... बस, अब आप दूसरे कमरे में चली जाइए।

[*वक़्फ़ा।*]

किशोर, दाद तो दो यार... !

किशोर : भई वाह, कमाल कर दिया तुमने... ख़ूब, बहुत ही ख़ूब... तुमने जो कनखियों से इशारा किया तो मैं फ़ौरन ही समझ गया कि तुम कोई करतब करनेवाले हो।

नारायन : देखा तुमने, किस तरह भाभी को टाला। उनका सारा गुस्सा रफ़ू-चक्कर हो गया। रेडियो भी टूटने से बचा और दस रुपए भी हमने ऐंठ लिए... किशोर, सुना है 'मेट्रो' में बहुत ही अच्छा फ़िल्म आया है... पाँच रुपए तुम्हारा हिस्सा और पाँच रुपए मेरे खाते में... दुनिया क्या है, एक अय्यारी[14]।

किशोर : क्या ख़ूबसूरत बात कही तुमने... चलो, फ़ौरन चलो...

(*ज़रा ऊँची आवाज़ में*) लाजवंती, हम दोनों इंसपेक्टर साहब के साथ ज़रा बाज़ार तक जा रहे हैं। थोड़ी देर में वापस आ जाएँगे।

[*फ़ेड आउट*]

---

1. जिज्ञासा; 2. अंतराल; 3. जिसने गुरु से नियमपूर्वक कोई कला न सीखी हो; 4. एक वाद्ययंत्र ; 5. अधखुली; 6. दृष्टि; 7. जानबूझकर; 8. गला; 9. उल्लू ; 10. अस्थायी, कच्ची; 11. निर्माण; 12. ख़र्च; 13. क्षमा-प्रार्थना आदि; 14. चालाकी।

आओ बहस करें

लाजवंती : (*अपने पति से, इश्तियाक़*[1] *भरे लहजे में*) आओ, बहस करें।

किशोर : बहस करें⋯किससे बहस करें ?

लाजवंती : तुम तो यूँ बात कर रहे हो गोया बहस को जानते ही नहीं⋯सारी उम्र गुज़र गई तुम्हारी बहस करते-करते और आज कितने अनजान बन रहे हो⋯नन्हे नादान⋯रोटी को लोटी और पानी को ममा कहते हैं बेचारे। जैसे कुछ जानते ही नहीं⋯यूँ ही बैठे-बैठे जी में आई कि बहस करें, ज़रा दिल बहल जाएगा, और तुम हो कि चिल्लाना शुरू कर दिया⋯
(*बिगड़ी आवाज़ में*) आज तक तुमने सीधे मुँह बात भी की है ?

किशोर : अरे भई, कोई काम की बात कही होती! यह क्या कि आओ बहस करें⋯अच्छा यह बताओ इस इलेक्शन में म्युनिसिपल कौंसिलर बनने का ख़याल है, या किसी अख़बार का एडीटर बनने का इरादा कर रही हो ?

लाजवंती : परमात्मा की कृपा है, अख़बार तो हर रोज़ हमारे घर से निकलता है⋯सुबह जब चाय पीकर घर से निकलते हो तो मुहल्ले के सब लोगों को अपने घर की ख़बरें सुनाते हो⋯लाज तो न आती होगी तुम्हें! अभी उस कलमुहे भगवानदास को सुना रहे थे कि मैंने तुम्हारी पतलून पहनकर फ़ोटो उतरवाया है।

किशोर : लाजवंती, मुझसे क़सम ले लो जो मैंने ऐसा कहा हो⋯वो तो बातों-बातों में मैंने उससे सिर्फ़ इस क़दर कहा था कि औरतें अगर पतलून पहनें तो क्या हर्ज है⋯तुम ही बताओ, क्या हर्ज है⋯और अगर वो न पहनें तो भी कोई हर्ज नहीं⋯बात यह है कि तुम्हारे दिल में मेरी तरफ़ से चोर बैठ गया है⋯पत्ता खड़का और बंदा भड़का।

लाजवंती : चोर बैठ गया है⋯! और अगर कल मैं अपनी किसी सहेली को कह दूँ कि पिछले हफ़्ते मैंने तुम्हें अपने कपड़े पहनाकर सारा दिन घर के कामकाज पर लगाए रखा था, तो ?

किशोर : परमात्मा के लिए यह बात अपने दिल ही में रखना⋯ग़ुस्से को थूक दो मेरी

जान···! तुम तो नाहक़ बात-बात पर बिगड़ जाती हो···ज़रा सोचो तो, ऐसी बातें भला ग़ैरों से की जाती हैं···! इस वक़्त भी कोई सुन ले तो क्या कहे···छी छी छी···घर में ऐसे कई चुहल-तमाशे होते हैं···पर दूसरों से इनका ज़िक्र थोड़ी किया जाता है···लाजवंती, आज तुम्हें क्या हो गया है ?

लाजवंती : मेरा जी आज बहस करने को चाहता है।

किशोर : अभी धोबी आया था। तुमने उसे क्यों बख़्श दिया ?

लाजवंती : बहस वहाँ शुरू हो सकती है जहाँ कोई न माने···मैंने जब धोबी से कहा कि रेशमी कपड़ों को कलफ़ लगाना चाहिए तो उसने झट से मान लिया : 'जी हाँ सरकार, ज़रूर लगाना चाहिए···।' अब तुम ही बताओ, ऐसे लोगों से क्या ख़ाक बहस हो सकती है जो बात की गरदन वहीं दबा दें।

किशोर : अच्छा धोबी को छोड़ो, साफ़ बताओ कि अब तुम क्या चाहती हो ?

लाजवंती : बस मुझसे बहस करो। ज़रा गरमागरम बातें हों। तुम अपने दिल की भड़ास निकालो, मैं अपना जी हलका करूँ···क्या तुम अपनी ठहरे पानी ऐसी ज़िंदगी से तंग नहीं आते :

एक हंगामे पे मौक़ूफ़[2] है घर की रौनक़
नग़मए-शादी[3] न सही, नौहए-ग़म[4] ही सही

किशोर : अगर घर की रौनक़ हंगामे ही पर मौक़ूफ़ है तो आओ, तुम मेरे बाल नोचो, मैं तुम्हारा मुँह नोचूँ···दोनों चीखें, चिल्लाएँ, ऊधम मचाकर सारा घर सर पर उठा लें। फ़रनीचर के पुरज़े उड़ा डालें, सारे बरतन तोड़ डालें···अजीब मंतक़[5] है। न जाने तुमने किस बेवक़ूफ़ का शे'र याद कर लिया है···सोचने की बात तो यह है कि इस घर में हंगामे की ज़रूरत ही क्या है, जहाँ तुम जैसी धरतीधमक मौजूद हो और सदा भूँचाल रहता हो।

[*खाँसी की आवाज़ और क़दमों की चाप।*]

नारायन : तो भूँचाल की बात हो रही है···पर किशोर, तुम क्या समझा सकोगे कि यह भूँचाल क्या होता है···तुम्हें साइंस से भला क्या वास्ता ?

किशोर : जिस मर्द को लाजवंती जैसी बीवी मिल जाए उसे साइंस-वाइंस पढ़ने की क्या ज़रूरत है। उसके तो घर ही में लैबोरेटरी और आब्ज़र्वेटरी खुल जाती है···तुम अब मुझे क्या कोई नई साइंस पढ़ाना चाहते हो···? नारायन, मेरा तो एक ही कोर्स ख़त्म होने में नहीं आता।

लाजवंती : कोर्स ख़त्म होने में नहीं आता, कोर्स ख़त्म होने में नहीं आता···कोर्स मैं हूँ कि तुम···और यह जो तुमने एक नया क़ायदा[6] पैदा किया है, वह तुमसे क्या कम है···अभी से आसमान के तारे तोड़ता है···क़द उँगली बराबर और ज़बान गज़ भर की···आख़िर तुम्हारा ही बेटा है ना···ज़रा बड़ा हो ले, फिर देखना, क्या-क्या गुल खिलाता है।

नारायन : भाभीजान, भला यह भी कोई बात हुई··· ! भई, यह क्या क़िस्सा है··· ? बात भूँचाल की हो रही थी और बीच में ये कोर्स और क़ायदे कहाँ से आ गए··· ? और फिर ये बेटे के ताने क्यों··· ? बेटा जैसा आपका है, वैसा ही इसका भी है।

लाजवंती : वह कैसे··· ? बेटा इनका है। बापत पूत परापत घोड़ा इसकी दलील है··· बेटी होती तो अलबत्ता मेरी होती।

किशोर : नारायन, तुम ख़ामोश बैठे रहो। नाहक़ दिमाग़ ख़ाली करोगे। यह आज इसी क़िस्म की ऊटपटाँग बातें कर रही है। अभी कह रही थी, आओ, बहस करें··· [*हँसी की आवाज़।*]

नारायन : तो इसमें हँसने की कौन-सी बात है··· हो सकता है बहस-मुबाहिसे में तुम्हारे पल्ले कुछ पड़ जाता, तुम कुछ सीख लेते, तुम्हें बात करने की तमीज़ आ जाती··· पर तुम्हें इन चीज़ों की क्या क़द्र हो सकती है। आख़िर हो ना लोहे की मशीन पर उँगलियाँ चलानेवाले··· हाँ तो भाभीजान, क्या कह रही थीं आप··· ? बेटा इसका और बेटी आपकी··· बेटा बाप का और बेटी माँ की ··· यही कहा था ना आपने ?

लाजवंती : जी हाँ, यही कहा था··· बेटा बाप का और बेटी माँ की।

नारायन : गो मुझे ऐसे सवाल पूछने का कोई अधिकार नहीं, लेकिन क्या पूछ सकता हूँ कि बेटा इसका क्यों हुआ और बेटी आपकी क्यों हुई··· ? मेरी बीवी तो कहा करती है कि बेटा और बेटी, दोनों मेरे हैं··· मैं यह मालूम करना चाहता हूँ कि ये दोनों ग़लतियाँ मेरी हैं या उसकी। और अगर दोनों ग़लतियाँ मेरी नहीं हैं तो इनमें से कौन-सी ग़लती उसकी है और कौन-सी मेरी ?

लाजवंती : मैं स्लेट-पेंसिल लेकर हिसाब का सवाल निकालने नहीं बैठी हूँ··· आपको अगर पूछना हो तो सीधे-सादे लफ़्ज़ों में पूछिए।

नारायन : भाभीजान, मेरी बीवी की बात तो ख़ैर अलग है··· आमतौर पर औरतें अपने शौहरों से क्यों कहा करती हैं, 'तुम्हारे बेटे ने तो नाक में दम कर रखा है।' और जब बेटी का ज़िक्र आ जाता है तो यह कहा करती हैं : 'मेरी बेटी तो देवी है, देवी। परमात्मा कुल जहान को ऐसी बेटी दे···' मैं सिर्फ़ 'तुम्हारे बेटे और मेरी बेटी' के बीच का फ़र्क़ जानना चाहता हूँ ताकि दूसरों का भला हो।

किशोर : भई, यह जो फ़ैसला करेगी, मुमकिन है, उससे दूसरों का भला हो जाए, पर मेरे लिए तो वह एक नया आर्डिनेंस होगा··· तुम जाने दो इस बहस को। क्यों मेरे लिए एक नया क़ानून पास करा रहे हो··· पहले कोई कम क़ानून तो नहीं!

नारायन : यह एक बहुत बड़ी प्राब्लम है किशोर··· तुम क्यों नहीं समझते कि इसका हल होना कितना ज़रूरी है··· हिंदोस्तान को सुराज मिल जाए, सारी दुनिया आज़ाद हो जाए, पर यह सवाल हमेशा हलतलब रहेगा··· तुम ग़ौर से सुनते

जाओ। शायद इस गुत्थी के सुलझाने का सेहरा हमारे ही सर बँधे।

किशोर : एक बार सेहरा बँधवाकर तो उम्र भर के लिए ग़ुलामी का तौक़ गले में डाल लिया। अब तुम कौन-सा दूसरा सेहरा बँधवा रहे हो···? कृपा करो मुझ पर, मैं भर पाया।

नारायन : भई, तुम ख़ामोश रहो ना थोड़ी देर के लिए। क्यों बीच में बोल रहे हो···? हाँ तो भाभीजान, आप अपने ख़याल ात का इज़हार फ़रमाइए।

लाजवंती : जो कुछ आप पूछ रहे हैं, मैं अभी नहीं बताऊँगी···पहले मैं आपसे एक सवाल करना चाहती हूँ।

नारायन : बड़े शौक़ से।

लाजवंती : मर्द औरत से शादी करता है या औरत मर्द से शादी करती है?
[*वक़्फ़ा*[7]*।*]

नारायन : (*ग़ैर संजीदा आवाज़ में*) मर्द औरत से शादी करती है या औरत मर्द से शादी करता है···नहीं नहीं···मर्द औरत से शादी करता है या शादी मर्द से औरत करती है···?

किशोर : देखो, सच्ची बात तुम्हारे मुँह से अपने-आप निकल गई। और इसमें कोई शक नहीं···शादी मर्द से औरत करती है···मेरी तरफ़ देखो। अच्छा-भला मर्द था। अब औरतों से बदतर हो गया हूँ।

नारायन : देखिए भाभीजान, मैंने शादी के इस मसले पर बहुत ग़ौर किया है···बहुत ग़ौर किया है और इस नतीजे पर पहुँचा हूँ कि···कि ताली दोनों हाथों से बजती है···मर्द औरत से शादी करे या औरत मर्द से शादी करे···यूँ समझिए कि बस शादी हो जाती है और शादी, बहरहाल शादी है। अब सिर्फ़ यह मालूम करना बाक़ी रह जाता है कि शादी क्यों करते हैं···? तो इसके मुताल्लिक़ मशहूर रूसी अफ़सानानिगार चेख़व ने लिखा है:

People marry when they don't know what to do with themselves.

यानी लोग उस वक़्त शादी करते हैं जब उन्हें यह मालूम नहीं होता कि अपने-आपका क्या करें।

लाजवंती : दूसरे लफ़्ज़ों में उस वक़्त दोनों अक़्ल से ख़ाली हो जाते हैं, बेवक़ूफ़ हो जाते हैं।

नारायन : अगर आप लफ़्ज़ वही रहने दें तो कोई हर्ज नहीं।

लाजवंती : पर इससे मतलब तो न बदलेगा। आपने गोलमोल लफ़्ज़ों में मुझसे यही कहना चाहा है कि जब औरतें मर्दों से शादी करती हैं तो वो परले दर्जे की बेवक़ूफ़ होती हैं···तो इसमें शक ही क्या है? इससे बढ़कर भला और क्या बेवक़ूफ़ी हो सकती है कि देखभाल के, समझ-बूझकर अपनी आज़ाद जान

को क़ैद में डाल देती हैं... पति का घर, दूसरे लफ़्ज़ों में, क़ैदख़ाना है जिसमें उम्र भर की सज़ा भुगतना पड़ती है।

किशोर : पति का घर क़ैदख़ाना सही, पर औरतें उस क़ैदख़ाने का दारोग़ा बनकर आती हैं... जब देखो, कंधे पर बंदूक़ लिए खड़ी हैं... शादी के बाद मर्द किसी औरत से हँसकर बात तो कर ले, तौबा साहब, क़यामत बरपा हो जाए।

लाजवंती : वाह, कहाँ की बात कहाँ लगाई है... सुनिए नारायन साहब, ज़रा औरतों का हाल भी सुनिए... सुबह उठते ही पतिदेव शुरू हो जाते हैं : 'पहर दिन चढ़ आया है और आप देवीजी पड़ी सो रही हैं। भला जब मैं नाश्ता नौ बजे करूँगा तो खाना किस वक़्त खाऊँगा... और देवीजी, मुझे ठीक दस बजे दफ़्तर पहुँचना होता है... ।' पतिदेव हर सुबह यही कहानी दोहराते हैं, पत्नी चाहे दुखदर्द में तड़पती हो।

किशोर : सुनो नारायन, सुनो, अब हमारा हाल सुनो... बेचारा पति रात को ज़रा देर से घर आया... अब घर न आए तो जाए कहाँ... बस देवीजी शुरू हो गईं : 'ऐ गए होंगे अपनी मौसी के यहाँ... कहीं नाचरंग की महफ़िल होगी... कोई मिल गई होगी ऐसी वैसी... ऐ मैं भी तो सुनूँ, वह मुई लकाता है कौन ?'

लाजवंती : (*तेज़ आवाज़ में*) अब दफ़्तर जाते वक़्त खाना ले जाकर सामने रखा तो पतिदेव के मुँह से फूल झड़ने लगे : 'रोटियाँ कच्ची रह गई हैं... सेंकी नहीं गईं... बस उपले थाप दिए हैं... भाजी में नमक कम है... सालन में नमक ज़हर कर दिया है... पानी में बर्फ़ नहीं डाली... खाना पकाया है कि सर की बला टाली है... जभी तो मेरा मेदा ख़राब रहता है, जभी तो मुझे उस काने डाक्टर को फ़ीस अदा करनी पड़ती है।'

किशोर : सुनो नारायन, अगर शामते-आमाल उस काने डाक्टर को फ़ीस के पाँच रुपए दे दिए तो इसने घर सर पर उठा लिया : 'ये इस बार तनख़्वाह में पाँच रुपए कम क्यों हैं... ? क्या कोई नई बला पाली है। मेरे बच्चे का सब्र पड़े उस चड्डो पर। होगी कोई गिरहकट मुई... पहली की तो पूरी पड़ती नहीं जो सेहरे-जलवे की है, और महाशयजी अब बाहर ही बाहर गुलछर्रे उड़ाने लगे हैं।'

लाजवंती : अब ज़रा बातें पतिदेव की भी सुन लो... दफ़्तर जाने का वक़्त आया तो कपड़े बदलते वक़्त शुरू हो गए : 'मैं तो सराय में रहता हूँ; घर थोड़े ही है। बस ज़िंदगी के दिन गुज़ार रहा हूँ... कमीस में एक बटन नदारद है। पतलून का बकल कब से ग़ायब है। किसी को क्या पड़ा कि कालर सब मैले पड़े हैं। एक कमीस ही धोकर इस्तरी कर दी होती तो कोई हाथ की मेहँदी न छूट जाती। कोई कपड़ा कहीं पड़ा है, कोई कहीं। और बोस्की की कमीस के तो पोतड़े बन गए हैं।'

किशोर : सुनो नारायन, सुनो···

नारायन : इरशाद भाभीजान।

लाजवंती : मैं नहीं, आपके दोस्त कुछ इरशाद फ़रमा रहे हैं।

नारायन : कहो भई, अब तुम क्या कहते हो··· मुझे तो बिलकुल पता नहीं चलता कि कौन किससे और क्या कह रहा है।

किशोर : हाँ तो नारायन, इत्तफ़ाक़ से परसों एक दोस्त के यहाँ खाना खा लिया। बस फिर क्या हुआ, ज़रा सुनो : 'ये खाना कहाँ खाया गया है··· ? कोई नई की होगी, क्यों··· ? मैं यहाँ बारह-बारह बजे रात तक भूकी-प्यासी पड़ी इंतज़ार करती रहूँ, और महाशयजी उस मोटी लकाता के यहाँ पकवान उड़ाएँ। जब ही तो मैं देखती हूँ, आजकल एक मिनट में खाना खा लिया जाता है···'भूक बिलकुल नहीं, ज़रा भर भी नहीं खाया जाता' कहते-कहते चौके से उठकर हाथ धो लिए जाते हैं··· ज़रा मैं भी तो सुनूँ, आजकल बसेरा किधर लगता है।'

लाजवंती : और हाँ, अभी दफ़्तर से आए दो मिनट भी नहीं हुए कि चिल्लाना शुरू कर दिया : 'मुझे आए घंटा भर हो गया। कोई पूछता ही नहीं कि कोई थका-हारा घर आया है··· सहपहर[8] की एक चाय है, वह भी क़ायदे से नहीं मिलती कि ज़रा तमाम दिन की थकन मिट जाए··· देवीजी को तो सहेलियों की ख़ातिर-मदारात से काम है। फ्रूट पर फ्रूट चले आ रहे हैं, बोतलों पर बोतलें खुल रही हैं··· मैं मज़दूर जो गधे की तरह बोझ ढोनेवाला मिल गया हूँ··· मैं कमबख़्त, तमाम दिन का मरा-खपा, थका-माँदा घर में आया बैठा हूँ और देवीजी हैं कि खड़ी हमसाई[9] की लड़ाई देख-सुन रही हैं··· अरे सुनती हो, सूझता नहीं, कान बहरे हो गए हैं··· ? पुकार-पुकार के गला थक गया, पर तुम्हारे कान पर जूँ तक न रेंगी।'

किशोर : सुनो, सुनो नारायन···

नारायन : क्या सुनने के लिए सिर्फ़ मैं ही रह गया हूँ।

किशोर : बको नहीं, बस सुनो··· परसों ही का ज़िक्र है। गनेश ने मुझे बियर की एक बोतल पिला दी··· अब जो घर पहुँचा हूँ, न मालूम बिल्ली की नाक है या कान चूहे के, बस ग्रामोफ़ोन बजने लगा : 'अच्छा तो अब सरकार के मुँह दारू भी लग गई ? देखो तो ज़रा, आंखें क्या लालभभूका हो रही हैं। बात तक मुँह से निकलती नहीं··· यह किन श्रीमतीजी का काम है··· होगी कोई बाज़ारी··· अब घरबार चल चुका, अब बच्चा पल चुका। मैं बदनसीब तो गई चूल्हेभाड़ में, पर बच्चे का गुज़ारा कैसे होगा··· यह कमबख़्त बुरी चीज़ मुँह से लगती है तो छूटती थोड़े ही है··· जब ही तो तनख़्वाह में कभी दस कम हैं, कभी बीस··· देखो मैं कहे देती हूँ, अगर तुम्हारे यही लच्छन रहे तो बच्चे को

तुम्हारे सर मारके मैके चली जाऊँगी... और...'

नारायन : (*बेतहाशा हँसी की आवाज़ के बाद*) बहस है या जंग। तड़ातड़ गोलियाँ चल रही हैं। चीन और जापान में जंग हो रही है, पर हार-जीत का पता ही नहीं लगता। किधर की जीत और किधर की हार।

लाजवंती : जीत-हार से क्या मतलब... बस ज़रा बहस करके जी हलका हो गया और इनकी क़लई भी खुल गई।

किशोर : मैं बाज़ आया ऐसी बहस से... मैं धोबी बन जाऊँगा। तुम जो कुछ कहोगी, मान लूँगा... 'सही है, दुरुस्त है सरकार' कहता जाऊँगा... मुझे धोबी बनना मंज़ूर है, बहस करना मंज़ूर नहीं है... कहीं हँसी-हँसी में फँसी न हो जाए।

नारायन : भाभीजान, अब आप और क्या चाहती हैं... मेरे दोस्त ने हार क़ुबूल कर ली। आप जीत गईं और वह हार गया... पर सच बात तो यह है कि बहस बड़ी मज़ेदार रही।

लाजवंती : यह बात है तो लीजिए, कुछ और सुन लीजिए... इनके सोने का वक़्त आया नहीं, मसहरी पर जाकर लेटे नहीं कि कहने लगे : 'उफ़... उफ़, पैरों में किस क़दर ऐंठन हो रही है और सर के दर्द से कनपटियाँ फटी जा रही हैं... भला किसी को क्या ग़रज़ जो ज़रा मेरे पैर दबा दे, ज़रा मेरे सर में तेल खपा दे... हाय मैं मर गया... ओहो क्या टीस उठती है... ।' अब मैं बेचारी तेल लेकर पहुँची। तेल लगाते दो मिनट न गुज़रे होंगे तो बोले : 'तुमको तेल लगाना कभी न आएगा। मेरा सर तुम्हारी सिंगर मशीन की तरह नहीं है... ज़रा तसकीन नहीं होती। बस सर की बला टाल रही हो... ।' फिर एक घंटे के बाद कहने लगे : 'रहने भी दो। ऐसे तेल लगाने से बेहतर था कि पैर ही दबा देतीं... ।' अब पैर दबाने बैठी तो शुरू हो गए : 'मुट्ठियों में ज़ोर ही नहीं... तुम दबाती हो या पिंडलियाँ सहला रही हो... सर की बला टालती हो... यह क्या हारमोनियम बजाया जा रहा है।'

किशोर : नारायन, झूठ, बिलकुल झूठ, सफ़ेद झूठ... ये सब मनघड़ंत बातें हैं।

लाजवंती : सुनिए नारायन साहब...!

नारायन : इरशाद।

लाजवंती : अब दो घंटे दबा चुकी तो हुक्म हुआ : 'बस करो, मुझे कुछ तसकीन नहीं मिली... ।' फिर पाँच मिनट ठहरकर बोले : 'अब तुम्हें नींद आ गई। लेटी नहीं कि सोई नहीं और ख़र्राटे शुरू हो गए... अरे क्या सचमुच सो गईं...? ज़रा बातें तो करो... ।'

किशोर : नारायन, यह सब बुहतान[10] है, यह सब बुहतान है... एक हर्फ़ इसका सच नहीं... सब झूठ है।

लाजवंती : और सुनो... अब जो ज़रा बच्चा रो पड़ा तो फ़रमाने लगे : 'जानबूझके दूध न

पिलाया होगा कि मेरी नींद हराम हो जाए… अब उठती भी नहीं। यह नहीं कि बच्चा गोद में ले ले और लोरियाँ देकर सुला दे… हाय मेरी क़िस्मत। नौकरी पर भी जाऊँ, दिन भर थकूँ-मरूँ और रात को बच्चा खिलाने की ड्यूटी भी दूँ… अरे उठती हो कि नहीं… कैसी ज़ालिम माँ है, क्या भारी नींद है… अरे उठो, नन्हे को दूध दो। मुझसे नहीं बहलता… नींद है कि बला। आँख तक नहीं खोली अब तक, और मुन्ना है कि रो-रोके हलाक हुआ जा रहा है…।'

किशोर : लाजवंती, मेरी तौबा… मैं हारा, तुम जीतीं… परमात्मा के लिए अब बंद करो इस बहस को… मैं तुमसे वादा करता हूँ कि धोबी बन जाऊँगा… भगवान की क़सम, धोबी बन जाऊँगा… अब तुम इस बहस को बंद करो।

नारायन : यह तुम बार-बार धोबी क्या कह रहे हो… धोबी बन जाओगे तो क्या हो जाएगा?

किशोर : सब ठीक हो जाएगा नारायन, सब ठीक हो जाएगा… बात यह है कि सुबह धोबी धुलाई लेकर आया था। उससे आपने बहस शुरू करना चाही। कहने लगी: 'रेशमी कपड़ों को भी कलफ़ लगाना चाहिए…।' आदमी था अक़लमंद, उसने फ़ौरन 'जी हाँ सरकार, लगाना चाहिए' कहकर अपनी जान छुड़ा ली।

नारायन : तो कल से मैं भी अपने घर में धोबी हूँ… भई, क्या काम की बात कही तुमने।

[फ़ेड आउट]

1. उत्सुकता; 2. निर्भर; 3. ख़ुशी का गीत; 4. दुख का रोना-धोना; 5. तर्क; 6. व्याकरण; 7. अंतराल; 8. तीसरा पहर; 9. पड़ोसन; 10. झूठा इल्ज़ाम

आओ अख़बार पढ़ें

लाजवंती : (*अपने पति से—इश्तियाक़*[1] *भरे लहजे में*) आओ, अख़बार पढ़ें।
[*पन्नों की खड़खड़ाहट की आवाज़।*]

किशोर : (*चौंकती हुई आवाज़ में*) क्या कहा ?

लाजवंती : कह रही हूँ, आओ, अख़बार पढ़ें।

किशोर : पढ़ो पढ़ो, ज़रूर पढ़ो…शुक्र है, तुम्हें कुछ पढ़ने का शौक़ तो पैदा हुआ।

लाजवंती : जी…? गोया मैं बिलकुल अनपढ़ हूँ। अलिफ़ का नाम-भाला नहीं जानती, आज तक घास ही छीलती रही हूँ।

किशोर : अरे भई, तुमसे यह किसने कहा है…? तुम सबकुछ जानती हो, इससे किसे इनकार है…मैंने तो सिर्फ़ यह कहना चाहा था कि अख़बार पढ़ने का शौक़ बड़ा अच्छा होता है। दुनिया भर की ख़बरें घर बैठे मालूम हो जाती हैं। जब तुमने अख़बार पढ़ने का इरादा ज़ाहिर किया तो मुझे बड़ी ख़ुशी हुई।

लाजवंती : जाने भी दो, क्यों झूठ बोलते हो…! तुम्हें ख़ुशी हुई…? ज़रूर हुई होगी। अगर तुम्हारी तरह मैं भी सुबह-सवेरे उठकर यह मुवा अख़बार पढ़ना शुरू कर दूँ तो देखूँ, जनाब की ख़ुशी कहाँ रहती है…अगर सुबह-सुबह तुम्हें ख़ुद तोस सेंकना, दूध उबालना और चाय का पानी बनाना पड़े तो यह अख़बार इस घर में कभी नज़र न आए…तुम तो दिन-बदिन अंग्रेज़ ही बनते जाते हो।

किशोर : यह अंग्रेज़ बनते चले जाने की भी एक ही कही…खाना खाने के बाद जो सिगरेट पिए, वह तुम्हारे नज़दीक अंग्रेज़…शेव करने के बाद जो चेहरे पर आफ़्टर-शेव लोशन लगाए, वह भी अंग्रेज़…सर पर हैट रखा तो अंग्रेज़। भूले से बातचीत में दो-एक शब्द अंग्रेज़ी के बोल दिए, वह भी अंग्रेज़। नाश्ते पर अख़बार पढ़नेवाला भी अंग्रेज़…चलो भई, अंग्रेज़ ही सही। यह गाली थोड़ी है जो चिढ़ जाऊँ…वह तो तुम ही हो जो उस रोज़ मुझ पर बिगड़ गई थीं जब मैंने तुम्हें मेम कहा था।

लाजवंती : मेम हो तुम्हारी कोई होती-सोती। मैं क्यों मेम बनूँ…ये मुई लाल मुँहवाली बंदरियाँ तुम्हें पसंद हों तो मुझसे ब्याह करने की ज़रूरत क्या आन पड़ी

थी… किसी ने तुमको मज़बूर थोड़ी किया था। किसी ऐसी वैसी को पकड़कर घर में बसा लिया होता… आज इन झगड़ों की नौबत तो न आती।

किशोर : लाजवंती, तुम तो अख़बार पढ़नेवाली थीं?

लाजवंती : मैं परमात्मा जाने क्या-क्या करने वाली थी, पर इस घर में आते ही ऐसे जंजाल में फँसी कि सबकुछ भूल गई। कभी बीते दिनों को याद करती हूँ तो बेइख़्तियार आहें निकल जाती हैं… मैं समझती थी कि मेरे सारे सपने इस घर में पूरे हो जाएँगे… हाय, पर जो भाग में लिखा हो वह कैसे मिट सकता है।

किशोर : (*हमदर्दी भरे लहजे में*) सबके साथ ऐसा होता आया है लाजवंती… शुरू-शुरू में यह ज़िंदगी बड़ी अच्छी मालूम होती है लेकिन जब बाल-बच्चे पैदा हो जाते हैं और जब दूसरे दुखदर्द शुरू हो जाते हैं तो एक थकावट महसूस होती है। पर यह भी तो हमारे जीवन का एक रंग है। सुख ही सुख हो तो क्या मज़ा… मीठा ज़्यादा हो जाए तो मन को नहीं भाता। ज़बान को कड़वा मालूम होने लगता है… मैं तो यह कहता हूँ कि ऐसी बातों पर ध्यान ही नहीं देना चाहिए… चलो, अख़बार पढ़ें।

लाजवंती : (*लंबी सर्द आह भरने की आवाज़ के बाद*) आओ, अख़बार ही पढ़ें।

किशोर : तुम पढ़ो, मैं सुनूँगा।

लाजवंती : मेरी आँखें बहुत कमज़ोर हो गई हैं। तुम पढ़ो, मैं सुनती रहूँगी।

किशोर : (*पन्ने पलटने की आवाज़ के बाद*) पहले कोई दिलचस्प ख़बर ढूंढ लूँ… ये सब तो बेकार हैं। जर्मनी और इटली के डिक्टेटरों की खबरें हैं… यह सारा कालम हिटलर की बकवास से भरा पड़ा है, और यह कालम…

लाजवंती : ज़रा ठहरो, यह मुवा हिटलर कौन है… ? बड़ा चर्चा हो रहा है आजकल इसका। परसों धोबी धुलाई लेकर आया तो कहने लगा : 'सरकार, बस इसे आख़िरी धुलाई समझिए। सब घाटों पर थोड़ी ही देर में हिटलर का क़ब्ज़ा हो जाएगा…।' क्या यह हिटलर ज़ात का धोबी है?

किशोर : धोबी… ? नहीं नहीं, वह तो अच्छा-भला इनसान है, यानी… यानी जर्मनी का डिक्टेटर… जानती हो, डिक्टेटर किसे कहते हैं?

लाजवंती : डिक्टे टर… ? एडीटरों और एक्टरों की क़िस्म का कोई आदमी होगा… तुम ही बता दो ना, डिक्टे टर किसे कहते हैं?

किशोर : डिक्टेटर उस आदमी को कहते हैं… ठहरो, मैं तुम्हें मिसाल देकर समझाता हूँ। यह हमारा घर है। इसमें तुम हो, हमारा मुन्ना है, दुर्गा नौकरानी है… मेरे पिताजी हैं, माताजी हैं और मैं हूँ… सब लोग मुझे बड़ा मानते हैं, इसलिए कि घर का इंतजाम मैं करता हूँ। पर मैं सबकी राय लेकर काम करता हूँ… अब अगर कल से मैं इस घर में सिर्फ़ अपना ही हुक्म चलाना शुरू कर दूँ और सबसे अपना कहा मनवाना शुरू कर दूँ तो मैं वह नहीं रहूँगा जो पहले

था···ठीक है ना ?

लाजवंती : ठीक है।

किशोर : बस यूँ समझ लो कि मैं डिक्टेटर बन जाऊँगा···अब जब मैं डिक्टेटर बन जाऊँगा तो मुझे इस बात का अधिकार होगा कि मैं आलुओं को टमाटर कहना शुरू कर दूँ, टमाटरों को घड़ियाँ और घड़ियों को रेवड़बान कहने लगूँ···सुबह का नाश्ता रात के बारह बजे हो, डिनर सुबह को खाया जाए, लंच रात को हो···चाय, सोडालेमन मिलाकर पी जाए, सालन पहले खाया जाए और रोटी बाद में···

लाजवंती : बस बहुत हो चुका···क्या पागलख़ानों में ताले लग चुके हैं, क्या पागलख़ानों में अब कोई जगह नहीं ?

किशोर : तुम क्या यह समझती हो कि डिक्टेटरों की जगह पागलख़ानों में है···और यह जो हर रोज़ उनका हाल अख़बारों में छपता है···अरी बावली, डिक्टेटर बहुत बड़ा आदमी होता है, बहुत बड़ा आदमी···वह दिन कहे तो दिन, रात कहे तो रात···परजा को उसकी हर बात माननी ही पड़ती है···मैंने घर की मिसाल इसीलिए दी थी कि तुम जल्दी समझ जाओ, और···

लाजवंती : मैं सब समझ गई हूँ···यह अख़बार पढ़-पढ़कर अब तुम भी घर में हिटलर बनना चाहते हो। पर मुझसे सुन लो, तुम्हारी डिक्टेटरी यहाँ न चल सकेगी···जिस दिन तुमने आलुओं को टमाटर कहा, और टमाटरों में कूक भरना शुरू की तो मैं अपने मुन्ने को लेकर यहाँ से चल दूँगी···मुझसे यह पागलपन न देखा जाएगा।

किशोर : लाजवंती, तुमने यह कैसे सोच लिया कि मैं इस घर में डिक्टेटर बन सकता हूँ···इस जर्मनी की हिटलर तो सिर्फ़ तुम ही हो···मैं तो जी-हुज़ूरी हूँ, आँखें बंद किए सब हुक्म मानता रहता हूँ।

लाजवंती : सब हुक्म मानते रहते हो···? तुमने कहा और मैंने मान लिया···शादी के दो दिन बाद जब मैंने तुमसे कहा था कि नाथ, मैं तुमसे इल्तजा करती हूँ, यह सिगरेट पीना छोड़ दो, तो याद है, तुमने मुझसे क्या कहा था : 'लाज प्यारी, तुम मुझे हुक्म दे सकती हो, यह इल्तजा कैसी···? सिगरेट तो क्या, मैं तुम्हारी ख़ातिर अपनी अज़ीज़[2] से अज़ीज़ चीज़ भी छोड़ सकता हूँ···' और इस वक़्त तुम्हारे मुँह से धुएँ के जो ये बादल उड़ रहे हैं, क्या बताते हैं···? हमारी शादी को चार बरस गुज़र चुके हैं···ज़रा हिसाब करके बताओ, अब तक तुम कितने सिगरेट पी चुके हो ?

किशोर : सिगरेट की क्या बात करती हो लाज···पिया पिया, न पिया न पिया···तुम तो मामूली से मामूली बात भी ले बैठती हो।

लाजवंती : सिगरेट पीना मामूली बात हुई तो कभी-कभी व्हिस्की और बियर पीने में

क्या हर्ज है। उन मुई एक्ट्रेसों के यहाँ जाने में क्या मुज़ायका[3] है। ब्रिज और रेस खेलने से क्या होता है। बाहर ही बाहर दोस्तों के साथ गुलछर्रे उड़ाने से क्या बिगड़ता है⋯कुछ भी नहीं। बस बेचारी स्त्री घर में पड़ी घुलती रहती है। इससे ज़्यादा और हो भी क्या सकता है⋯जाने दो, अब मुझसे इन मामूली बातों की फ़ेहरिस्त[4] न बनवाओ⋯चलो, अब अख़बार पढ़ो।

किशोर : अख़बार⋯? हाँ अख़बार तो अब पढ़ना ही पड़ेगा।

लाजवंती : अगर जी नहीं चाहता तो मत पढ़ो।

किशोर : नहीं नहीं, जी क्यों नहीं चाहता। अभी पढ़ता हूँ⋯मैं यह सोच रहा था कि तुम्हें मुझसे बिलकुल प्रेम नहीं है⋯तुम्हारे लिए मैंने हमसायों से[5] लड़ाई मोल ली, अपने रिश्तेदारों को छोड़ा, ग़ुलामी का तौक़ पहना⋯मोटर बेच दी कि तुम्हारी चूड़ियाँ बन जाएँ⋯सरदियों में हमेशा मैं हिंदुस्तानी दवाख़ाने का बना हुआ हलवा खाया करता था, पर इस साल मैंने वह भी न लिया कि तुम अपनी सहेलियों की दावत कर सको⋯मैंने इतनी क़ुरबानियाँ कीं, पर तुम्हारा प्रेम⋯वह प्रेम जो मर्द के दिल की ग़िज़ा[6] होता है, मुझे अभी तक नहीं मिला⋯परमात्मा के लिए आज मुझे यह बता दो कि मैं तुम्हारा प्रेम किस क़ीमत पर ख़रीद सकता हूँ⋯

[*दूर से, बाहर से एक आवाज़ : 'एक आने में, एक आने में⋯।'*]

यह कौन बोला ?

लाजवंती : यह किसकी आवाज़ है ?

[*फिर वही दूर की, बाहर की आवाज़ : 'आज का ताज़ा अख़बार, एक आने में⋯एक आने में।'*]

[*पहले मरदाना, फिर ज़नाना हँसी की आवाज़।*]

किशोर : मैं हैरान हो गया था कि एक आने में तुम्हारा प्रेम कैसे मिल सकता है⋯!

लाजवंती : मिल सकता है⋯लाओ एक आना⋯!

किशोर : एक आना लेकर क्या करोगी ?

लाजवंती : अख़बार ख़रीदूँगी⋯ज़रा गरमागरम ख़बरें पढ़ेंगे⋯जल्दी निकालो एक आना, कहीं वह चला न जाए।

किशोर : यह लो।

लाजवंती : (*ऊँची और तेज़ आवाज़ में*) अरे ओ छोकरे, ज़रा ठहरियो⋯ज़रा ठहरियो⋯

[*वक़्फ़ा—फिर दरवाज़ा खोलने की आवाज़।*]

किशोर : (*ख़ुदकलामी[7] के तौर पर*) एक आने में⋯एक आने में, मगर क्या⋯आज का ताज़ा अख़बार⋯गरमागरम ख़बरों से भरा हुआ⋯मेरी लाजवंती क्या कम गरम है⋯लेकिन आज की लाजवंती क़दरे ठंडी मालूम होती है⋯

[*दरवाज़ा बंद किए जाने की आवाज़—पन्नों की खड़खड़ाहट।*]

लाजवंती : ले आई हूँ, धड़ाधड़ बिक रहे थे। मालूम होता है, बड़े हंगामे की बातें लिखी हैं…लो पढ़के सुनाओ, पर ज़रा हौले-हौले पढ़ना।

किशोर : लाओ, देखते हैं क्या लिखा है?
[*पन्नों की खड़खड़ाहट।*]

लाजवंती : अब देखना क्या है, बस पढ़ते चले जाओ। सारा अख़बार ख़बरों ही से तो भरा है…तौबा, इतना भी गुमान न होना चाहिए अपनी लियाक़त पर…मेरी ऐनक की कमानी ठीक नहीं है, वरना मैं ख़ुद ही पढ़ लेती…और हाँ, यह तो बताओ मेरी ऐनक की कमानी कब तक ठीक करा दोगे। परमात्मा झूठ न बुलवाए तो एक हज़ार बार तुमसे कह चुकी हूँ कि ऐनक ले जाओ मरम्मत के लिए, पर हज़ार बार तुम इसे यहीं छोड़ गए…देखो तो भला, मेरी सुनते ही नहीं, और आप ही आप क्या मज़े ले-लेकर पढ़ रहे हैं…ज़रा मुँह से बोलते जाओगे तो तुम्हारा कुछ घिस तो नहीं जाएगा?

किशोर : (*चौंकती हुई आवाज़ में*) क्या कहा?

लाजवंती : गोया मैंने कुछ कहा ही नहीं…तुम्हारा सारा ध्यान तो इस अख़बार में पड़ा है, सुनोगे क्या ख़ाक…मैंने यह अख़बार तुम्हारे लिए नहीं ख़रीदा…पढ़ो और मुझे भी सुनाओ।

किशोर : पहले तुम्हारे मतलब की कोई ख़बर तो ढूँढ लूँ।

लाजवंती : नहीं नहीं, ढूँढने-वूँढने की कोई ज़रूरत नहीं। तुम कहीं से कोई-सी भी ख़बर पढ़कर सुनाना शुरू कर दो, सभी मेरे मतलब की हैं…मैं तुम्हारी सब चालाकियाँ जानती हूँ। ख़बर ढूँढने के चक्कर में सारा अख़बार पढ़ लोगे और फिर ये चिचोड़े हुए पन्ने मेरे सर मारकर क्लब चले जाओगे…चलो पढ़ो…

किशोर : लो सुनो…: 'मियाँ ने बीवी की नाक काट दी…'

लाजवंती : क्या?

किशोर : बीच में बोलो नहीं, बस सुनती चली जाओ… 'क़सूर : ग्यारह जून। हमारा नामानिगार[8] लिखता है कि दिनदहाड़े एक शख़्स मसम्मी[9] गंडासिंह ने अपनी बीवी की नाक कुंद उस्तरे से काट दी। इस ज़ालिमाना फ़े'ल[10] की वजह यह बयान की जाती है कि उसकी बीवी अनंत कौर बड़ी झगड़ालू क़िस्म की औरत थी। वह हर वक़्त गंडासिंह से लड़ती रहती थी, जिससे वह आजिज़ आ गया था। एक रोज़ उसने रोज़-रोज़ के झगड़े से तंग आकर उसकी नाक उस्तरे से काट दी और…'

लाजवंती : झूठ, बिलकुल झूठ।

किशोर : लाजवंती, अख़बार तुम्हारे सामने है…यह रही सुर्ख़ी[11]…तुम ऐनक के बग़ैर भी पढ़ सकती हो…'मियां ने बीवी की नाक काट दी…' और यहाँ से ख़बर

शुरू होती है : 'क़सूर : ग्यारह जून...'

लाजवंती : तुम कोई और ख़बर पढ़ो।

किशोर : क्यों, यह पसंद नहीं आई?

लाजवंती : नहीं, यह बात नहीं... यह ख़बर तो तुम पढ़ चुके हो... अब कोई और पढ़ो, या अब बार-बार यही पढ़कर सुनाने का ख़याल है... जंगली आदमियों को लड़ने-मरने के सिवा और काम ही क्या होता है... पर यह तुम मेरी तरफ़ ऐसी गहरी नज़रों से क्यों देख रहे हो?

किशोर : नहीं तो... मैं यह सोच रहा था कि बेचारे गंडासिंह ने बड़ी मजबूरी की हालत में अपनी प्यारी बीवी की नाक काटी होगी... बाद में उसको कितना दुख हुआ होगा...!

लाजवंती : प्यारी बीवी और उसका प्यारा ख़सम... भाड़ में जाएँ दोनों... पर तुम मेरी नाक की तरफ़ क्या देख रहे हो।

किशोर : कितनी ख़ूबसूरत है तुम्हारी नाक, और उस पर वह नन्हा-सा तिल कितना भला मालूम होता है...!

[*खाँसी की आवाज़ और क़दमों की चाप।*]

अरे नारायन...

नारायन : हाँ भई मैं हूँ नारायन, तुम्हारा दोस्त... पर तुम्हें क्या हो गया है जो अपनी बीवी की तारीफ़ करते रहते हो। नाक कितनी ख़ूबसूरत है, तिल कितना भला है... नमस्कार भाभीजान।

लाजवंती : नमस्कार।

नारायन : आप उकताती नहीं हैं इसके मुँह से हर रोज़ अपनी तारीफ़ सुनते-सुनते?

लाजवंती : तारीफ़ काहे की...? वह तो...

नारायन : अजी छोड़िए, मैं सब जानता हूँ। यह औरतों की कमज़ोरी है कि वो अपनी तारीफ़ से बहुत ख़ुश होती हैं... हम मर्दों में बेशुमार कमज़ोरियाँ हैं, मिसाल के तौर पर... यह क्या...? आज मेज़ पर इतने अख़बार कहाँ से आ गए?

किशोर : एक तुम्हारी भाभी ने ख़रीदा है, दो मैं लाया था।

नारायन : क्या लिखते हैं ये सब...? बाहर की दुनिया में क्या हो रहा है?

[*पन्नों की खड़खड़ाहट।*]

'यूरप के आसमान पर जंग के सियाह[12] बादल...'

'लीग आफ़ नेशंस मैदाने-अमल[13] में...'

[*हँसी की आवाज़।*]

यह लीग आफ़ नेशंस क्या बला है, मेरी समझ में अभी तक नहीं आया।

किशोर : अगर तुम लीग आफ़ नेशंस के बारे में नहीं जानते तो तुमने अख़बार को हाथ में लिया ही क्यों था?

लाजवंती : जैसे दुनिया भर की सब चीज़ें आप ही जानते हैं, सारी हिकमतें सिर्फ़ आप ही के दिमाग़ में जमा हैं... भला बताइए तो लीग आफ़ नेशंस किसे कहते हैं ?

किशोर : लीग आफ़ नेशंस को... यानी क़ौमों की जमीअत को... समझती हो, जमीअत किसे कहते हैं ?... संगठन को... पर संगठन तो जमीअत से ज़्यादा मुश्किल शब्द है... ठहरो, मुझे कोई सहल-सा लफ़्ज़ सोचने दो... लीग आफ़ नेशंस... देखो, यह एक ऐसी पंचायत है जिसमें हर मुल्क के आदमी शामिल होते हैं। अगर कहीं झगड़ा-फ़साद हो जाए तो सब लोग एक जगह जमा होकर उसका फ़ैसला करते हैं।

लाजवंती : और अगर उनका आपस ही में झगड़ा हो जाए तो ?

किशोर : तुम्हें हर जगह झगड़ा ही झगड़ा नज़र आता है... गंडासिंह और अनंत कौर का क़िस्सा भूल गई हो ?

नारायन : अरे लीग आफ़ नेशंस में ये गंडासिंह और अनंत कौर कहाँ से आ गए... क्या ये लोग लीग में हिंदुस्तान के नुमाइंदे[14] हैं ?

किशोर : नहीं... तुम्हारी तो हर बात उलटी होती है।

नारायन : देखिए भाभीजान, यह आपके बारे में क्या कह रहा है।

किशोर : परमात्मा के लिए झूठ न बोलो नारायन... ये समझेंगी, मैंने इनकी बाबत ही कहा है... तुम अच्छी तरह वाक़िफ़ हो इनकी तबीयत से, फिर ख़ाहमख़ाह ऐसी छेड़खानी से फ़ायदा ?

नारायन : हाँ, ठीक है, ठीक है...

[*पन्ने पलटने की आवाज़।*]

यह ख़बर पढ़ी तुमने... ? Disarmament के मुताल्लिक़ एक बहुत बड़ी कांफ़्रेंस हो रही है।

लाजवंती : Disarmament कांफ़्रेंस क्या हुई नारायन साहब... लीग आफ़ नेशंस की क़िस्म मालूम होती है।

नारायन : जी हाँ... किशोर से पूछिए, वही आपको अच्छी तरह समझा सकता है... किशोर, बताओ भई इन्हें यह Disarmament कांफ़्रेंस क्या होती है।

लाजवंती : आप क्यों नहीं बताते ?

नारायन : किशोर अच्छी तरह समझा सकेगा, इसलिए कि वह कई बार आपके मुक़ाबले में हथियार फेंक चुका है।

लाजवंती : क्या कहा आपने ?

किशोर : लाजवंती, कुछ भी नहीं... नारायन ने कुछ भी नहीं कहा। वह दूसरे हथियारों की बात कर रहा था... हाँ भई, क्या पूछते हो?

नारायन : ये पूछ रही हैं कि Disarmament कांफ़्रेंस क्या होती है।

किशोर : Disarmament के मानी हैं बंदूक़ों, तोपों और उन चीज़ों को, जो जंग में

हथियार के तौर पर काम आ सकें, अलहदा कर देना⋯यह कांफ्रेंस, जिसका ज़िक्र तुमने अभी-अभी अख़बार में पढ़ा है, जंगोजदल कम करने के लिए मुनअक़द[15] हो रही है⋯कांफ़्रेंस में यह फ़ैसला किया जाएगा कि हर मुल्क को कितने-कितने हथियार अपने पास रखना चाहिएँ। इस तरह एक मुल्क को दूसरे से ख़तरा न रहेगा।

नारायन : वह कैसे⋯? फ़र्ज़ कर लिया जाए कि हम, यानी मैं, भाभी और तुम, तीन मुल्क हैं, अलग-अलग, लेकिन हमारी सरहदें आपस में मिलती हैं⋯अब भाभीजान के पास लोहे का एक क्रोशिया है, और तुम्हें डर है कि किसी रोज़ मुन्ने का बिब बुनते-बुनते अगर ये बिगड़ गईं तो क्रोशिया तुम्हारे पेट में भोंक देंगी⋯इन हालात में फ़ैसला क्या होगा?

किशोर : तहदीदे-अस्लहा[16], यानी हथियाररोक कांफ्रेंस बैठेगी और इस प्राब्लम पर सोचविचार किया जाएगा। फ़ैसला मेरे ख़याल में यही होगा कि मुझे बाज़ार से एक छड़ी ख़रीद लेने की इजाज़त मिल जाएगी ताकि मैं छड़ी को रोक के तौर पर इस्तेमाल कर सकूँ⋯इस पर आप लोगों को भी कोई एतराज़ न होगा।

लाजवंती : एतराज़ क्यों न होगा⋯? तुम छड़ी ख़रीद लो और मेरे पास निगोड़ा क्रोशिया ही रहे। तुम जब चाहो, मुझे उस छड़ी से धुन डालो और मैं अकेला क्रोशिया लिए तुम्हारा मुँह देखती रहूँ और पिटती जाऊँ⋯न बाबा⋯मैं भी यह कांफ़्रेंस बिठाऊँगी और उसमें इस बात का फ़ैसला कराऊँगी कि मुझे अपनी हिफ़ाज़त के लिए वह चाक़ू, जिससे तरकारियाँ काटी जाती हैं, अपने पास रखने की इजाज़त दी जाए ताकि ये अपनी छड़ी का इस्तेमाल न कर सकें⋯लड़ाई की रोक के लिए कांफ़्रेंस मेरा साथ देगी⋯क्या मैं ग़लत कह रही हूँ?

नारायन : नहीं, आप बिलकुल ठीक कह रही हैं, मगर मेरे लिए ख़तरा पैदा हो जाएगा⋯अब यही देखिए ना कि अगर आप दोनों के बीच झगड़ा शुरू हो गया, और क्रोशिया, तरकारियाँ काटनेवाले चाक़ू और छड़ी का इस्तेमाल किया गया तो मैं अपनी जान कैसे बचाऊँगा⋯क्या पता मैं बिला वजह ज़ख़्मी हो जाऊँ⋯सो मैं फ़ौरन ही कांफ़्रेंस से दरख़्वास्त करूँगा कि एक नया समझौता किया जाए⋯और मुझे उम्मीद है, फ़ैसला यह होगा कि मैं भी अपने बचाव के लिए कोई चीज़, मिसाल के तौर पर वह शिकारी चाक़ू जो मैंने चंद रोज़ पहले मेरठ से मँगवाया था, अपनी जेब में रखा करूँ⋯इससे यह होगा कि हमें एक-दूसरे से किसी क़िस्म का ख़तरा नहीं रहेगा।

किशोर : शिकारी चाक़ू⋯! बाप रे⋯! नहीं नहीं नारायन, यह नहीं चलेगा⋯क्या पता है कि हँसी-हँसी में तुम्हारा यह शिकारी चाक़ू मेरा ही शिकार कर दे⋯अब

मुझे अपनी हिफ़ाज़त के लिए एक छोटा-सा पिस्तौल ख़रीदना ही पड़ेगा, ख़ाह[17] एक महीने की सारी तनख़्वाह इसी में क्यों न चली जाए… यह पिस्तौल दगे, न दगे, पर तुम्हें अपना शिकारी चाकू निकालते वक़्त इसका डर तो रहेगा।

लाजवंती : पिस्तौल… ? यानी आप जब चाहें, मुझे गोली का निशाना बना दें… न बाबा, यह नहीं हो सकता… आपके पास छड़ी भी हो और गोलियों वाला पिस्तौल भी… जूँही मुझे पता चलेगा कि आप पिस्तौल ले आए हैं तो मैं भी अपनी हिफ़ाज़त के लिए एक राइफ़ल ख़रीद लूँगी।

किशोर : तो ज़ाहिर है, मुझे एक मशीनगन ख़रीदना पड़ेगी।

लाजवंती : तो मैं वह ज़हरीली गैस मँगवा लूँगी जो हाल ही में दुश्मनों को मारने के लिए बनाई गई है।

नारायन : बस बस… मैं दो बम ले आऊँगा, तब इस घर में बिलकुल अमन क़ायम हो जाएगा। लड़ाई का बिलकुल अंदेशा न रहेगा। सुख और चैन इस घर की बलाएँ लेंगे… न रहेगा बाँस और न बजेगी बाँसुरी… सब ठीक हो जाएगा।

लाजवंती : सब ठीक हो जाएगा ?

किशोर : (*तंज़[18] भरी आवाज़ में*) हाँ, सब ठीक हो जाएगा… !

[*फ़ेड आउट*]

---

1. उत्सुकता; 2. प्रिय; 3. हानि; 4. सूची; 5. पड़ोसियों से; 6. ख़ूराक; 7. अपने से बातचीत; 8. संवाददाता; 9. नामक; 10. क्रिया, काम; 11. शीर्षक; 12. काला; 13. कर्मक्षेत्र; 14. प्रतिनिधि; 15. आयोजित; 16. शस्त्र-परिसीमन; 17. चाहे, भले ही; 18. व्यंग्य

आओ चोरी करें

किशोर : (*अपनी पत्नी से—एकाएकी*) आओ, चोरी करें।

लाजवंती : क्या कहा ?

किशोर : यह कहा, आओ, चोरी करें।

लाजवंती : मैं समझी⋯अब आप चोरी और सीनाज़ोरी पर उतर आए हैं, यानी मुझे बताकर मेरी चीज़ें उड़ाना चाहते हैं⋯है ना यही बात ?

किशोर : भई क्या समझी हो। वाह⋯दाद देता हूँ तुम्हारी सूझबूझ की⋯मैं फ़क़त[1] चोरी करने को कह रहा था, सीनाज़ोरी नहीं। यह सीनाज़ोरी का इज़ाफ़ा[2] तुमने अपनी तरफ़ से किया है।

लाजवंती : 'आओ, चोरी करें' का मतलब यह हुआ कि आप ख़ुद भी चोरी करना चाहते हैं और मुझसे भी चोरी करवाना चाहते हैं⋯तो आप ख़ुद चोरी करें⋯ख़ैर छोड़िए इसे। आप यह बताइए, किसकी चोरी करना चाहते हैं आप ?

किशोर : आहिस्ता बोलो⋯दीवारों के भी कान होते हैं⋯चोरी चुपचुपाते की जाती है। यूँ ढिंढोरा नहीं पीटा जाता। हौले-हौले बात करो। कोई सुन लेगा तो बड़ी बदनामी होगी।

लाजवंती : हुआ करे। पहले आपका कौन-सा नाम है जो बदनामी का डर हो⋯सभी जानते हैं कि आप चोर हैं। आपकी स्कूल की चोरियाँ भी मशहूर हैं। किसी की किताब, किसी की पेंसिल, किसी का क़लम वग़ैरह-वग़ैरह आप दिनदहाड़े उड़ा लिया करते थे।

किशोर : यह तुमसे किसने कहा ?

लाजवंती : आपने, और किसने⋯? नारायन साहब से बातें करते हुए उस रोज़ क्या आपने क़ुबूला नहीं था कि दस किताबें चुराकर आपने बेच डाली थीं⋯कृपाराम का फ़ाउंटेनपेन आपने ऐसा हज़म किया था कि डकार तक न ली थी।

किशोर : लाजवंती, किताबों वग़ैरह की चोरी चोरी नहीं होती। और यह है भी

तो उस ज़माने की बात जब मेरी उम्र बहुत छोटी थी।

लाजवंती : और इस उम्र में जबकि आप एक बच्चे के बाप हैं, क्या आपने चोरियाँ नहीं कीं ?

किशोर : मसलन ?

लाजवंती : अभी कल ही की बात है कि बनारसी साड़ी की ज़री नोचकर, जो मैंने अलमारी में रखी थी, आप बेचकर खा गए⋯मेरे लिए दवा के तौर पर डाक्टर ने जो ब्रांडी दी थी, आप चुपके-चुपके पी गए और बोतल में चाय का पानी भर दिया⋯दस रुपए का नोट, जो मैं अपने ट्रंक में रखकर भूल गई थी, आपने उड़ा लिया, और उस पर सितम यह कि एक रुपए के रसगुल्ले लाकर मेरे सर के ऊपर उलटा एहसान किया⋯बिजली के बिल के रुपए आप हज़ारों मरतबा खा गए और मुझे दो-दो महीने का इकट्ठा बिल देना पड़ा⋯एक रोज़ आपने पाँच रुपए किसी अंध-विद्यालय में ख़ैरात देने के लिए मुझसे लिए और उसकी एक-एक पाई आप हज़म कर गए⋯परसों ने'मतख़ाने'[3] के गाजर का हलवा आपने नोशे-जान कर लिया और फिर चमचे से ज़रा फैला दिया⋯भई, आप चोर हैं, पर कच्चे चोर हैं।

किशोर : बिलकुल झूठ⋯मैंने गाजर के हलवे को हाथ तक नहीं लगाया। तुम्हारे घर में मोटे-मोटे चूहे जो सेंध मारते फिरते हैं, वही तुम्हारा हलवा खा गए होंगे।

लाजवंती : मैं सुबूत के बग़ैर कोई बात नहीं कहा करती⋯आपका वह रूमाल अभी तक मैले कपड़ों में पड़ा है जिससे आपने हलवा खाकर अपने हाथ पोंछे थे।

किशोर : ख़ैर⋯हाँ यह बताओ कि अब तुम चाहती क्या हो ?

लाजवंती : और कुछ नहीं, फ़क़त यह कि आदमी चोरी करे तो पक्की चोरी करे यह नहीं कि हलवा खाए और पकड़ा जाए।

किशोर : तो ख़ामोश रहो।

लाजवंती : बहुत अच्छा।

[*वक़्फ़ा*[4]*।*]

किशोर : (*गुनगुनाने की आवाज़*) क्या सुनाएँ माजरा-ए-दर्दे-दिल⋯ (*एकाएकी*) लाजवंती !

लाजवंती : कहो, अब क्या कहते हो ?

किशोर : आओ, एक बड़ी मज़ेदार चोरी करें।

लाजवंती : अरे कुछ कहोगे भी, या 'आओ, चोरी करें' की रट ही लगाए जाओगे।

किशोर : सुनो⋯नारायन का एक पार्सल अपने घर के पते से आया है, यानी

उसने हमारे घर के पते पर पार्सल मँगवाया है··· आओ, इसे खोलें और साफ़ हड़प कर जाएँ।

लाजवंती : भई डर लगता है। न मालूम पार्सल में क्या हो, क्या न हो। बाद में बेक़ार फ़ज़ीहता हो। मैं दरगुज़री ऐसी चोरी की शिरकत[5] से।

किशोर : तुम भी अजीब बेवक़ूफ़ हो। फ़ज़ीहता क्या होगा। आख़िर में नारायन को उल्लू बनाएँगे और बात को हँसी-हँसी में उड़ा देंगे··· वह अपना बेतकल्लुफ़ दोस्त है। और फिर कोई ऐसी चोरी थोड़े ही है कि थाना-थनव्वल हो··· लाजवंती, तुम बड़ी डरपोक हो। मेरी बीवी और ऐसे कच्चे दिल की !

लाजवंती : भई, तुम जो कुछ भी कहो, मुझे तो डर लगता है··· एक तो यूँ भी चोरी-चकारी से मेरा दिल दहलता है और वह भी अपने हमचश्मों[6] की। आख़िर में नज़र मिलानी मुश्किल हो जाती है··· आप तो हुए दीदा-दिलेर, आपकी आँखों का तो पानी मर गया है। न बाबा, मुझसे यह काम न होगा।

किशोर : अरे एक नन्हा-मुन्ना-सा पार्सल है। कोई सेर-दो सेर सोने-चाँदी का पार्सल थोड़े ही है।

लाजवंती : अच्छा सुनो, अगर कोई ज्यादा कीमत की चीज़ हुई तो मैं हाथ तक न लगाऊँगी।

किशोर : तो लो, अब खोलो पार्सल।

लाजवंती : तुम क्यों नहीं खोलते !

किशोर : अब खोल भी दो··· लो यह चाकू। झरझर इसका कपड़ा काट दो। अभी मालूम हो जाता है, इसमें क्या है।

लाजवंती : भई डर लगता है··· अच्छा यह लो···

[*झरझर कपड़ा कटने की आवाज़—काग़ज़ों की खड़खड़ाहट।*]

काग़ज़ ही काग़ज़ हैं··· एक बोतल है और यह लिफ़ाफ़ा।

किशोर : पार्सल में लिफ़ाफ़ा··· ! ज़रा देना इधर···

[*काग़ज़ की खड़खड़ाहट।*]

ख़त है, स्वामी रामप्रकाश जी हरद्वार वाले का।

लाजवंती : स्वामी रामप्रकाश··· और इसमें लिखा क्या है ?

किशोर : ठहरो, पढ़के सुनाता हूँ···

[*वक़्फ़ा।*]

नारायन के किसी दोस्त का ख़त है और··· इस बोतल में सर का गंज दूर करने के लिए तेल है।

लाजवंती : झूठ, बिलकुल झूठ। लाओ, ख़त मुझे दो। मैं ख़ुद पढ़ूँगी।

किशोर : कह जो दिया, कोई ख़ास बात नहीं।

[झपटने की आवाज़।]

लाजवंती : बस बस, अब छीनने की कोशिश न कीजिएगा। मुझे पढ़ लेने दीजिए। कोई ख़ास बात नहीं है तो फिर परेशान होने की क्या ज़रूरत है···

[काग़ज़ की खड़खड़ाहट।]

'डियर मिस्टर नारायन—आपका ख़त मुझे मिल गया था और रुपए भी। मुझे अफ़सोस है कि आपकी मतलूबा शै[7] मैं फ़ौरन ही न भेज सका, इसलिए कि नौचंदी के मेले में बस कुछ ही दिन बाक़ी थे··· अब मैं एक मोहनी मंतर आपको भेज रहा हूँ···'

हूँ, मंतर··· अच्छा···

किशोर : लाजवंती, तुम्हें किसी का प्राइवेट ख़त पढ़ने का क्या हक़ हासिल है ?

लाजवंती : चुप रहो जी··· मुझे पढ़ने दो··· लिखा है : 'यह मंतर अमावस की रात को एक सौ आठ मरतबा पढ़कर, जिसको अपना गर्वीदा[8] और ताबेदार बनाना हो, उस पर फूँका जाए। तब आपको बाबाजी का चमत्कार मालूम हो जाएगा। इस मंतर को सँभालकर अपने पास रखिए, बड़ी नायाब चीज़ है··· और बोतल में जो तेल है, यह बालों में हर रोज़ लगाने के लिए है। इससे तमाम मुरादें पूरी हो जाएँगी··· मंतर यह है···

किशोर : लाजवंती, लो अब ख़त मुझे दे दो। सबकुछ तो पढ़ लिया तुमने।

लाजवंती : नहीं··· अभी चार सतरें बाक़ी हैं : 'मंतर यह है···'ओंग नुमा कामशीरी मध मदेश ओत्मा दे भर नेग परा स्वाहा···' और आपने जो किसी मिस्टर किशोर के लिए मंतर माँगा है, वह दस-पंद्रह रोज़ के बाद आपको मिल जाएगा···'

किशोर : लाजवंती, अब मज़ाक़ हद से बढ़ गया है। लाओ, ख़त मेरे हवाले कर दो··· यह मंतर-वंतर सब बकवास है। पार्सल मैंने ख़ुद तुम्हें और नारायन को बनाने के लिए पोस्ट किया था।

लाजवंती : कहाँ से··· ? कपड़े पर तो मुहर देहली की लगी हुई है। और आप पार्सल पोस्ट करने देहली शायद ख़्वाब में गए होंगे, क्यों ? अजी, मैंने कच्ची गोलियाँ नहीं खेली हैं··· अब तो आप और नारायन साहब की चोरी पकड़ी गई··· भई, क्या ख़ूब लतीफ़ा हुआ है, यानी आपने, ख़ुद अपने हाथों अपना भाँडा फोड़ दिया !

किशोर : देखो लाज, मैं सच कहता हूँ, भेजनेवाले को ज़रूर ग़लतफ़हमी हुई है। नारायन को भला ऐसे मंतरों की क्या ज़रूरत है··· कुछ भी हो, लेकिन मेरे मुताल्लिक़···

लाजवंती : आपके मुताल्लिक़ क्या ?

किशोर : यह जो लिखा है कि मैंने मंतर माँगा है, बिलकुल झूठ है··· इसका अव्वल झूठ, इसका आख़िर झूठ। सर से पैर तक झूठ ही झूठ···

[*घंटी बजने की आवाज़।*]

लगता है, नारायन आया है··· देखो लाज, परमात्मा के लिए ये सारी बातें अपने दिल तक ही रखना··· तुम नहीं जानती हो कि यह मामला कितना संगीन है··· लाओ ख़त मुझे दे दो।

लाजवंती : ख़त मैं अभी नहीं दूँगी, पर इतना वादा करती हूँ कि नारायन साहब से इसका ज़िक्र तक नहीं करूँगी।

किशोर : क़सम खाओ।

लाजवंती : लो, अब इतनी-सी बात पर मुझे क़समें खिलवाने लगे। कह जो दिया, नहीं कहूँगी··· अगर नारायन साहब से मैंने इस ख़त का ज़िक्र किया तो जो चोर की सज़ा, वही मेरी सज़ा··· अब तो एतबार आ गया।

किशोर : पर तुम यह ख़त वापस क्यों नहीं दे देतीं··· मैं··· अरे हाँ, देखो तो सही, दरवाज़े पर कौन खड़ा है। अभी घंटी बजी थी।

[*वक़्फ़ा—दरवाज़ा खुलने और फिर बंद होने की आवाज़—फिर क़दमों की चाप।*]

आइए मिसेज़ नारायन··· नमस्कार नमस्कार··· तशरीफ़ रखिए··· मैं··· मैं··· क्या कह रहा था लाजवंती।

लाजवंती : यही कि मिसेज़ नारायन बड़ी रौशनख़याल ख़ातून[9] हैं। जादू-टोने, मंतर-जंतर को बिलकुल फ़िज़ूल समझती हैं।

मिसेज़ नारायन : किशोर साहब, यह आपसे किसने कहा··· ? मेरा तो इन चीज़ों पर बड़ा एतक़ाद[10] है, क्यों बहन लाजवंती ?

किशोर : मैंने किससे सुना था··· ? हाँ मैंने··· नारायन से··· नहीं नहीं··· लाजवंती, किसने कहा था कि इन्हें ऐसी चीज़ों से कोई दिलचस्पी नहीं?

मिसेज़ नारायन : आपकी तबीयत आज ख़राब मालूम होती है।

किशोर : मेरी तबीयत··· नहीं तो··· मगर··· शायद आपने लाजवंती से पूछा है। इसकी तबीयत वाक़ई कुछ दिनों से ठीक नहीं।

लाजवंती : मेरी तबीयत··· क्यों··· ? मेरी तबीयत तो बिलकुल ठीक है। आपको कैसे मालूम हुआ कि मेरी तबीयत ख़राब है?

किशोर : (*चौंकती हुई आवाज़ में*) क्या कहा··· ? जी हाँ, मेरी तबीयत इस वक़्त कुछ ख़राब है।

लाजवंती : तो आप···

किशोर : (*तेज़, काटती हुई आवाज़ में*) लेकिन इतनी ख़राब नहीं कि मैं आप

लोगों के पास न बैठ सकूँ। बल्कि आपस में बातें करने से तबीयत फ़ौरन ठीक हो जाएगी।

लाजवंती : बड़े शौक़ से बैठिए, पर आपको टोने-टोटके, मंतर-जंतर की बातों में हिस्सा लेना पड़ेगा।

किशोर : टोने-टोटके, मंतर-जंतर...
[*खाँसी की आवाज़ और क़दमों की चाप।*]

नारायन : भई वाह। हमारी भाभी ने क्या दिमाग़ पाया है। मैं जब भी आया, इन्हें किसी न किसी दिलचस्प मौज़ू[11] पर बात करते हुए पाया...तो आज टोने और मंतरों की बहस शुरू है...ओ हो...हमारी यह भी तशरीफ़ रखती हैं...कहिए भाभीजान, आपके बुलाने पर यह आईं, या इन्होंने ख़ुदबख़ुद तकलीफ़ गवारा की...अरे...तुम क्यों गुमसुम बने बैठे हो किशोर...तबीयत ख़राब है क्या ?

लाजवंती : जी हाँ...और मैंने अभी-अभी इनसे कहा था कि जाइए, दूसरे कमरे में आराम से सो जाइए।

नारायन : तो फिर यह जाता क्यों नहीं...? क्यों किशोर ?

किशोर : अरे भई, मामूली-सा दर्द है। बातों-बातों में चला जाएगा।

लाजवंती : सरदर्द के लिए भी तो कोई मंतर या टोना वग़ैरह होता होगा। क्यों बहन सावित्री ?

मिसेज़ नारायन : लाखों हैं लाखों, और एक से एक अच्छे।

नारायन : किशोर, तुम यह बताओ कि तुम्हारे सर में दर्द कैसे शुरू हो गया ? क़ब्ज़ की शिकायत तो नहीं है ?

किशोर : और तो कुछ नहीं हुआ, पर अभी-अभी तुम्हारे आने से चंद मिनट पेशतर[12] मेरे दिमाग़ को क़ब्ज़ हो गया है...बैठे-बैठे कुछ हो गया है और अब मैं कुछ सोच ही नहीं सकता।

नारायन : किशोर, कभी-कभी ऐसा हो जाया करता है...हाँ भई, मुझे तुमसे एक ज़रूरी बात कहना थी...
(*हद दरजा मद्धम आवाज़ में*) किशोर, मेरा एक पार्सल, तुम्हारे...

लाजवंती : बहन सावित्री, साड़ी का यह पल्ला बहुत ही नफ़ीस है। तिल्ले का काम बहुत अच्छा है...(*ज़रा ऊँची आवाज़ में*) स्वामी रामप्रकाशजी हरद्वार वाले काफ़ी मशहूर आदमी हैं...

किशोर : (*एकाएकी*) लाजवंती !

नारायन : रामप्रकाशजी ?

लाजवंती : जी, आपने मुझसे कुछ कहा ?

किशोर : नहीं, मैं नारायन से बात कर रहा हूँ।

लाजवंती : सावित्री बहन, ज़री का काम रामप्रकाशजी हरद्वार वाले ख़ूब करते हैं। मैं उनसे दो साड़ियों पर काम करा चुकी हूँ।

मिसेज़ नारायन : लाजवंती, यह क्या ऊटपँटाग बातें कर रही हो⋯कौन हैं ये स्वामी रामप्रकाश हरद्वार वाले ?

नारायन : (*चौंकती हुई आवाज़ में*) कुछ मुझसे पूछा तुमने ?

मिसेज़ नारायन : नहीं तो⋯पर मैं पूछती हूँ, आज बात क्या है⋯यहाँ सब बहके-बहके क्यों नज़र आते हैं⋯लाजवंती बात मुझसे करती है और बीच में किशोर टपक पड़ते हैं। मैं लाजवंती से कुछ कहती हूँ और आप ख़ाहमख़ाह चौंक उठते हैं⋯आख़िर बात क्या है ?

नारायन : (*घबराई हुई आवाज़ में*) बात क्या होगी⋯? बात क्या हो सकती है ?

मिसेज़ नारायन : पर आप परेशान क्यों हुए जाते हैं ?

नारायन : परेशान⋯?

[*खिसियानी हँसी की आवाज़।*]

यह परेशानी की भी एक ही कही⋯यानी ज़बरदस्ती मुझे परेशान करने की कोशिश की जा रही है⋯सुना किशोर तुमने।

किशोर : भई मुझे कुछ मालूम नहीं⋯तुम जानो और ये जानें⋯मुझे टोने-टोटकों से कोई दिलचस्पी नहीं।

नारायन : इसका यह मतलब हुआ कि मुझे है⋯भई अपने सर की बला टालने के लिए यह अच्छा गुर घड़ लिया है तुमने !

किशोर : अपने सर की बला⋯? गोया मेरे सर पर कोई बला है⋯लाजवंती को अच्छी तरह मालूम है कि⋯

(*मद्धम आवाज़ में*) अरे ये दोनों आपस में क्या खुसरपुसर कर रही हैं ?

लाजवंती : (*धीमी आवाज़ में*) ना बहन, मुझे कुछ मालूम नहीं⋯

मिसेज़ नारायन : (*दबी आवाज़ में*) एक पार्सल आएगा⋯

लाजवंती : (*ऊँची आवाज़ में*) पार्सल ?

किशोर : पार्सल ?

नारायन : कौन-सा पार्सल ?

मिसेज़ नारायन : पार्सल⋯? यही तो मैं पूछती हूँ, कौन-सा पार्सल⋯? क्या आपका पार्सल आ रहा है कोई ?

नारायन : नहीं तो⋯मेरा पार्सल इस पते से क्यों आने लगा⋯? क्यों भाभीजान, इससे पहले मेरा कोई पार्सल इस पते से आया है ?

लाजवंती : इससे पहले कोई नहीं आया⋯इसकी गवाही मैं दे सकती हूँ।

नारायन : लो अब तो यक़ीन आ गया⋯

(*एकाएकी चौंकती हुई आवाज़ में*) इससे पहले… ? इससे आपका क्या मतलब… ? यानी मेरा कोई पार्सल आजकल में इस पते से आ चुका है ?

लाजवंती : आप अपने दोस्त से पूछ लें, पार्सल वग़ैरह वही वसूल किया करते हैं।

मिसेज़ नारायन : (*घबराहट भरी आवाज़ में*) क्या कहा… ? पार्सल वग़ैरह क्या यही वसूल करते हैं ?

लाजवंती : आज इन्होंने ही वसूल किया था।

नारायन : किसके नाम का था ?

मिसेज़ नारायन : किसका था… ? मेरा तो हो नहीं सकता।

लाजवंती : तो क्या मेरा हो सकता है ?

किशोर : यह तुमसे किसने कहा ?

लाजवंती : फिर आप बताते क्यों नहीं कि पार्सल किसके नाम का था ?

किशोर : खोला तुम्हीं ने है, मुझे क्या मालूम !

लाजवंती : खोला मैंने है और बौखलाए हुए आप हैं… कैसी उखड़ी-उखड़ी बातें कर रहे हैं।

नारायन : (*घबराहट भरी आवाज़ में*) पार्सल… पार्सल खोल भी लिया… ? यह देखे… यह देखे बग़ैर खोल लिया कि वह किसके नाम था ?

मिसेज़ नारायन : भई, हद हो गई… एक घंटा होने को आया है। सब पार्सल-पार्सल पुकार रहे हैं, पर यह कोई नहीं बताता, पार्सल किसका था।

लाजवंती : मैं कुछ नहीं जानती बाबा… बस मेरी ख़ता सिर्फ़ यह है कि मैंने इनके कहने पर पार्सल को चाक़ू से खोला और जो कुछ उसमें से निकला, इनके हवाले कर दिया… मैंने इनसे कहा भी था कि भई, डर लगता है, न मालूम क्या हो, क्या न हो और बाद में बेकार फ़ज़ीहता हो, पर इन पर तो चोरी करने का भूत सवार था।

नारायन : (*घबराहट भरे लहजे में*) लो भई, मैं चला… मुझे एक ज़रूरी काम है।

किशोर : तुम हरगिज़ नहीं जा सकते… यहाँ बैठकर तुम्हें मेरी पोज़ीशन साफ़ करना होगी… भई वाह, यह भी ख़ूब तरीक़ा है कि यूँ चुपके से खिसक गए और दूसरे को आग में झोंक दिया… भुस में चिनगी डाल, बी जमालो अलग खड़ी।

मिसेज़ नारायन : मेरे सर में दर्द शुरू हो गया है… मैं जाती हूँ लाजवंती बहन।

लाजवंती : ज़रा थोड़ी देर तो बैठो… अपने पतिदेव की पूरी कारस्तानी तो मालूम करती जाओ… और यह ख़त है इसका सुबूत।

[*काग़ज़ की खड़खड़ाहट।*]

तुम्हारे स्वामी ने तुम्हें मतीअ़ करने के लिए एक मंतर मँगवाया है और

जादू के तेल की एक बोतल··· अब तुम दिन-रात इन पर लट्टू रहोगी, और इनकी डुगडुगी पर नाचा करोगी।

नारायन : यह बिलकुल झूठ है, यानी··· बिलकुल झूठ··· भला··· भला मैं क्यों ऐसे मंतर और तेल मँगवाने लगा··· मेरी और सावित्री की क्या आपस में बनती नहीं जो टोने-टोटके इस्तेमाल करूँ··· इन चीज़ों की ज़रूरत होगी तो किशोर को, जिसकी आए दिन आपसे चख़ रहती है··· क्यों सावित्री, यानी यानी··· हम तो आपस में शीरो-शकर[13] होकर रहते हैं··· हमारी ज़िंदगी तो दूसरों के लिए एक नमूना है।

किशोर : तुम ख़ुद एक नमूना हो··· अभी सारी हक़ीक़त खुल जाती है··· लाजवंती, ज़रा देना इसके हाथ में यह ख़त··· ज़रा पढ़कर सावित्री भाभी को सुनाए जिनके साथ यह शीरो-शकर होके रहता है, और अपनी ज़िंदगी को दूसरों के लिए एक नमूना बताता है। और वह यूँ कि अपने एक दोस्त को फँसाने के लिए उसके पते से टोटके-मंतर मँगवाता है और साथ ही यह कृपा भी करता है कि दोस्त के लिए भी एक-दो मंतरों का आर्डर भेज देता है··· भई, वाक़ई तुमने बड़ा अच्छा नमूना पेश किया है अपनी दोस्ती का··· वह तो लाजवंती अक़्लमंद है, वरना आज तो वह चख़ चलती कि अल्लाह दे और बंदा ले।

लाजवंती : यह लीजिए ख़त···
[*काग़ज़ की खड़खड़ाहट।*]
लो, अब सुनो सावित्री बहन।

मिसेज़ नारायन : सुनके क्या करूँगी··· इनकी सारी क़लई तो खुल गई है।

नारायन : (*एकाएकी—बुलंद आवाज़ में*) कौन कहता है यह ख़त मेरे नाम है ?

मिसेज़ नारायन : फिर किसके नाम है ?

नारायन : तुम्हारे नाम सावित्री, तुम्हारे··· लो देखो···
[*काग़ज़ की खड़खड़ाहट।*]
मेरी क़लई खुलते-खुलते तुम्हारी क़लई खुल गई··· तुम्हारा रंग हलदी के गाभे जैसे ज़र्द क्यों पड़ गया··· यह मंतर और यह तेल तुम्हीं ने तो मँगवाया है, पर इसकी ज़रूरत ही क्या थी··· मैं तो पहले ही से तुम्हारा महकूम[14] हूँ, पर मालूम होता है कि जितना ताबेदार और मुरीद मैं इस वक़्त तुम्हारा हूँ, इससे भी ज्यादा तुम मुझे अपना ताबेदार और मुरीद बनाना चाहती हो··· परमात्मा तुम जैसी औरतों से समझे···
[*वक़्फ़ा।*]
पढ़ती क्यों नहीं··· देखो लिखा है 'डियर मिसेज़ नारायन···'
[*वक़्फ़ा।*]

किशोर, ख़त तुमने पढ़ा था तो तुम बेवक़ूफ़ भी हो और अंधे भी। क्या तुमने घबराहट में 'मिसेज़ नारायन' को 'मिस्टर नारायन' और 'मिसेज़ किशोर' को 'मिस्टर किशोर' पढ़ डाला है···? और अगर ख़त भाभीजान ने पढ़ा था तो फिर उन्होंने पढ़ते वक़्त चालाकी से काम लिया था···

[*वक़्फ़ा।*]

और सावित्री, यह मंतर···मेरी रही-सही मरदानगी दूर करने का मंतर···और फिर यह तेल जिसको बालों में लगाने से तुम्हारी सब मुरादें पूरी हो जाएँगी···

[*वक़्फ़ा।*]

भाभीजान, आप क्यों चुप हो गईं, आपने क्यों मुँह में घुनघुनियाँ भर लीं···ख़त में आपका भी तो ज़िक्र है···आपने भी तो अपने पति को अपने पर लट्टू बनाने के लिए मंतर मँगवाया है, और शायद जादू का कोई चूरन भी, जिसको खाते ही आपका पति हमेशा के लिए उल्लू बन जाए···

[*वक़्फ़ा।*]

देखा किशोर, ये हमारी चोरी पकड़ती थीं, और उलटे इनकी चोरी पकड़ी गई। इसे कहते हैं सच्चाई का बोलबाला और झूठे का मुँह काला···किशोर तुम यक़ीन मानो, इन दोनों ने मिलकर यह साज़िश की थी···तुमसे यह तक न कहा गया कि मर्द टोने-टोटके और मंतरों-जंतरों को बिलकुल बेकार समझते हैं···ये तो औरतें ही हैं जो ऐसी फ़िज़ूल चीज़ों पर एतक़ाद रखती हैं···मंतर, हूँ···और स्वामी रामप्रकाश, उसकी ऐसी-तैसी!

[*वक़्फ़ा—क़दरे*[15] *ज़्यादा।*]

[*फिर क़दमों की चाप।*]

लाजवंती : क्यों दुर्गा, क्या बात है।

दुर्गा : बीबीजी, नारायन साहब के नाम एक पार्सल आया है। बाहर डाकिया खड़ा है।

नारायन : (*बौखलाहट भरी आवाज़ में*) पार्सल···कैसा पार्सल?

दुर्गा : डाकिये ने कहा है, किसी स्वामी रामप्रकाश ने हरद्वार से भेजा है।

नारायन : ज़रूर कोई ग़लती हुई है···कोई ग़लती···मैं अभी आता हूँ···ज़रूर कोई ग़लती हुई है, क्यों किशोर···? मैं सच कहता हूँ, ज़रूर कोई ग़लती हुई है।

[फ़ेड आउट]

1. केवल; 2. वृद्धि; 3. भंडार; 4. अंतराल; 5. भागीदारी; 6. घनिष्ठ मित्र; 7. माँगी गई वस्तु; 8. दीवाना; 9. उदार विचारोंवाली महिला; 10. आस्था; 11. विषय; 12. पहले; 13. दूध-चीनी; 14. आज्ञाकारी; 15. अपेक्षाकृत।

आओ झूठ बोलें

लाजवंती : (*अपने पति से, एकाएकी बड़े इश्तियाक़*[1] *से*) आओ, झूठ बोलें।

किशोर : अरे··· तुम्हें बैठे-बैठे यह क्या सूझी ?

लाजवंती : कहा ना, आओ, झूठ बोलें।

किशोर : फिर वही··· झूठ बोलें··· ? किससे झूठ बोलें··· ? और फिर तुमने मुझे···

लाजवंती : (*तेज़ काटती हुई आवाज़ में*) कोई झूठा समझा है··· यही कहना चाहते हैं ना आप ?

किशोर : हाँ हाँ, और क्या ?

लाजवंती : तो अपने अल्फ़ाज़ फ़ौरन वापस ले लो।

किशोर : वह क्यों··· ? मैंने झूठ थोड़ी बोला है।

लाजवंती : बात को बढ़ाओ नहीं। मैं इस वक़्त लड़ने के मूड में नहीं हूँ। जो कह रही हूँ, सीधे मुँह से मान लो··· आओ, झूठ बोलें।

किशोर : पर सवाल यह है कि हम झूठ क्यों बोलें··· ? मेरा दिमाग़ फिरा है जो बैठे-बैठे झूठ बोलना शुरू कर दूँ।

लाजवंती : ऐसा करो, खड़े हो जाओ··· मैं भूल ही गई थी कि तुम ज़्यादातर कोट पहनकर क्लब जाते वक़्त ही झूठ बोला करते हो।

किशोर : लाजवंती, तुम्हें आज क्या हो गया है ?

लाजवंती : मैं चाहती हूँ, हम-तुम दोनों झूठ बोलें··· आओ, कभी-कभार मेरी बात भी मान लिया करो।

किशोर : तुम अकेली झूठ बोलो, मुझे क्यों साथ मिलाती हो ?

लाजवंती : मैं बिलकुल अनाड़ी हूँ और तुम इस फ़न में ख़ूब ताक़ हो··· मैं तुम्हारी शागिर्द बनना चाहती हूँ।

किशोर : (*बड़ी संजीदा आवाज़ में*) लाजवंती, मैं तुमसे एक बात कहूँ ?

लाजवंती : कहो।

किशोर : (*डूबती आवाज़ में*) क्या कहूँ, कैसे कहूँ ?

लाजवंती : यह तुममें बड़ी बुरी आदत है। बात करते-करते बीच में रुक क्यों जाया

करते हो ?

किशोर : तो कहूँ ?

लाजवंती : हाँ हाँ, कहो।

[*वक़्फ़ा।*[2]]

किशोर : नहीं नहीं, मैं नहीं कहता।

लाजवंती : दूर दफ़ा···कैसी बुरी आदत है !

किशोर : तुम समझोगी, मैं झूठ बोल रहा हूँ !

लाजवंती : तुम मुँह से तो फूटो···मैं तुम्हारे झूठ को भी सच समझूँगी। लो, अब कह डालो।

किशोर : मुझे तुमसे बहुत प्रेम है !

लाजवंती : अब लगे चोंचले बघारने···चलो, बहुत किया तो मान भी लिया···पर वह चुड़ैल, वह मुई हर्राफ़ा[3], जिसका फ़ोटो तुम अपनी पाकेटबुक में चिपकाए फिरते हो··· ?

किशोर : (*सिटपिटाती आवाज़ में*) चुड़ैल··· !हर्राफ़ा··· ! पाकेटबुक··· ! कौन-सी पाकेटबुक में ?

लाजवंती : वही जो इस वक़्त सरकार के कोट की अंदर वाली जेब में पड़ी है और जिसकी तरफ़ अभी-अभी आपका दाहिना हाथ बेइख़्तियार उठ गया था।

किशोर : (*हलकी-सी हँसी की आवाज़ के बाद*) कोट की अंदर वाली जेब··· पाकेटबुक···वाह···मैं समझा, तुम पाकेटबुक की बात कर रही हो !

लाजवंती : मैं पाकेटबुक ही की बात कर रही थी, पर मैं दोबारा इसका ज़िक्र छेड़ना नहीं चाहती।

किशोर : लेकिन···लेकिन मुझे तुम्हारे दिल से शुब्हा भी तो दूर करना है···कोट की अंदर वाली जेब में जो फ़ोटो है ना, वह एक···

लाजवंती : एक्ट्रेस का है !

किशोर : (*हिचकिचाहट भरी आवाज़ में*) एक्ट्रेस···एक्ट्रेस का है···

लाजवंती : जिससे कल ही तुम्हारा इंट्रोडक्शन हुआ है, जिसके घर में कल तुम दफ़्तर से उठकर चाय पीने भी गए थे···नारायन साहब भी आपके साथ थे।

[*खाँसी की आवाज़ और क़दमों की चाप।*]

नारायन : तो बड़ी उम्र है मेरी···इधर आपने मेरा नाम लिया और उधर मैं कमरे में दाख़िल हुआ···जी हाँ भाभीजान, मैं इसके साथ था···पर क़िस्सा यह है···क़िस्सा यह है कि मिस···

लाजवंती : उर्मिलादेवी।

किशोर : (*एकाएकी*) अरे !

नारायन : शुक्रिया भाभीजान···तो क़िस्सा यह है कि मिस उर्मिलादेवी के यहाँ मेरा

जाना ऐसा ही था···

लाजवंती : जैसा एक एक्ट्रेस के शैदाई[4] का हो सकता है।

नारायन : (*बेज़ार आवाज़ में*) यक़ीनन, यक़ीनन···आप फ़ौरन ही समझ गईं। दरअस्ल समझाने का भी सलीक़ा होना चाहिए···किशोर, तुम समझोगे, मैं अपनी तारीफ़ कर रहा हूँ, पर यह वाक़आ है कि तुम्हें बात करने का बिलकुल···बिलुकल ढंग नहीं आता···

[*फीकी हँसी की आवाज़।*]

मैंने चंद लफ़्ज़ों ही में सारा झगड़ा चुका दिया···

[*हँसी की आवाज़।*]

चंद लफ़्ज़ों ही में, और चुटकी बजाते में···

[*क़दरे तवील वक़्फ़ा*[5]]

(*एकाएकी*) तो क़िस्सा यह है···अरे भाई, कोई बात तो करो···चुप क्यों हो गए···?

[*वक़्फ़ा।*]

अरे भाभीजान, आप भी गुमसुम हो बैठीं। मालूम होता है, मुँह में घुनघुनियाँ भरी हैं···कोई बात कीजिए।

लाजवंती : (*एकाएकी*) आइए, झूठ बोलें।

नारायन : (*हैरत भरी आवाज़ में*) झूठ···यानी···

किशोर : यह डेढ़ घंटे से मुझे इस बात पर मजबूर कर रही हैं और पंजे झाड़कर मेरे पीछे पड़ गई हैं कि मैं झूठ बोलूँ···अब तुमसे भी यही कहती हैं···मालूम होता है कि इनका···

लाजवंती : (*तेज़ आवाज़ में*) दिमाग़ बहक गया है···कह दो, कह दो, कहते क्यों नहीं।

किशोर : अरे भई, तुम तो नाहक़ बाल की खाल निकालती हो। ख़ुद ही फाड़ती हो, ख़ुद ही रफ़ू करती हो।

नारायन : ठहरो ठहरो, अब तुम अपना लेक्चर शुरू न करो। मुझे इनसे पूछने तो दो···हाँ भाभीजान, इरशाद!

लाजवंती : मैंने आपसे कहा कि आइए, झूठ बोलें।

नारायन : बंदा हाज़िर है पर शर्त यह है कि आप भी मेरा साथ दें।

लाजवंती : शुरू कीजिए। मैं साथ दूँगी···लड़ में लड़ मिलाती जाऊँगी।

नारायन : लीजिए···इस वक़्त चार बजे हैं।

लाजवंती : यह तो आप सच बोल रहे हैं।

नारायन : जी हाँ···सच ही के बाद तो झूठ शुरू होता है···अब झूठ ही झूठ शुरू होगा।

लाजवंती : फ़रमाइए!

नारायन : इस वक़्त चार बजे हैं। अब मेरे और किशोर के दरम्यान बातें शुरू

होंगी… मैं किशोर से कहूँगा : 'चलो भई, चलें। हाकी का मैच देखने का वक़्त हो गया है। उठो उठो, जल्दी करो…' और किशोर आपके मुँह की तरफ़ देखेगा, गोया इजाज़त माँग रहा हो…इस पर आप क्या कहेंगी ?

लाजवंती : मैं कहूँगी : 'आप शौक़ से जा सकते हैं। मुझसे पूछकर जाने की क्या ज़रूरत है…मरदों को खेलकूद में ज़रूर हिस्सा लेना चाहिए। इससे सेहत अच्छी रहती है।'

किशोर : काश ये मीठे-मीठे बोल सच्चे होते !

नारायन : भई, तुम बीच में न बोलो…मुझे और इनको झूठ बोलने दो।

किशोर : मुझे भी इस झूठ में शामिल कर लो। इस तरह वह नरमी जो आज तक मुझे नसीब नहीं हुई, शायद मिल जाए…गो वह झूठमूठ ही की होगी, पर न होने से तो बेहतर है।

लाजवंती : आपको रोका किसने है…बोलिए, पर यह तो झूठमूठ का झूठ है और आप ठहरे सच्चा झूठ बोलनेवाले…क्या आपको मुश्किल महसूस न होगी ?

नारायन : भाभीजान, ऐसी सच्ची बातें बाद में शुरू कीजिएगा। इस वक़्त हम सब झूठे के झूठे हैं।

लाजवंती : आप फिर से शुरू कीजिए।

नारायन : तो लीजिए, ध्यान से सुनिए…इस वक़्त चार बजे हैं। अब मेरे और किशोर के दरम्यान बातें शुरू होंगी। मैं किशोर से कहूँगा : 'चलो भई, चलें। हाकी का मैच देखने का वक़्त हो गया है। उठो उठो, जल्दी करो…' और किशोर आपके मुँह की तरफ़ देखेगा, गोया इजाज़त माँग रहा हो…इस पर आप क्या कहेंगी ?

किशोर : ठहरो ठहरो लाजवंती…तुमने जो कुछ कहा था, मैं बोलता हूँ। मुझे एक-एक लफ़्ज़ याद है…तुमने कहा था : 'आप शौक़ से जा सकते हैं। मुझसे पूछकर जाने की क्या ज़रूरत है…मरदों को खेलकूद में ज़रूर हिस्सा लेना चाहिए। इससे सेहत अच्छी रहती है…।' क्यों, यही कहा था ना तुमने ?

लाजवंती : बिलकुल।

नारायन : इसके बाद हम दोनों मैच देखने चले गए…शाम के सात बजे वापस आए तो आपने…

लाजवंती : चाय तैयार की और आप दोनों को पिलाई…चूँकि ये थके हुए थे इसलिए मैंने इनके बूट उतारे, जुराबें उतारीं, इनके पैरों की उँगलियाँ चटख़ाईं, इनका बदन दबाया। और…

किशोर : बस इतना ही काफ़ी है…ज़्यादा शक्कर न डालो लाजवंती, सब मज़ा किरकिरा हो जाएगा…

[*ठंडी और लंबी साँस भरने की आवाज़।*]

नारायन, क्या वह दिन भी आएगा जब मेरे लिए यह घर सचमुच स्वर्ग बन जाएगा ?

नारायन : मुझे इस वक़्त झूठ बोलना है, समझे ? ऐसी क़ाबिले-रहम सूरत न बनाओ। तुम पर तरस खाकर अगर मेरे मुँह से कोई सच्ची बात निकल गई तो मेरा ज़िम्मा नहीं, समझे ?

किशोर : समझता हूँ, सब समझता हूँ, लेकिन जिसे तुम समझाने की कोशिश कर रहे हो, वह बहुत चालाक है···जो बात तुम्हारे दिल में है, वह उसके नाख़ूनों में है।

लाजवंती : देखो जी, कहे देती हूँ, अगर सच बोलना हो तो आप ख़ामोश रहें ?

नारायन : बिलकुल ठीक···तो आपने एक पतिव्रता स्त्री की तरह इसकी ख़िदमत की और इसने एक अच्छे पति की तरह आपका शुक्रिया अदा किया···फिर जब इसकी थकावट अच्छी तरह से दूर हो गई तो यह आपसे कहने लगा : 'अजीब मुसीबत है लाजवंती···इन अफ़सरों ने नाक में दम कर रखा है। मैच के दौरान ग्राउंड में बड़े साहब मिल गए और कहने लगे कि आज चंद ज़रूरी काग़ज़ात तैयार करना हैं, इसलिए ठीक सात बजे मेरी कोठी पर पहुँच जाना···अब तुम ही बताओ लाज, स्टेनो-टाइपिस्ट की ज़िंदगी क्या ग़ुलामों से बदतर नहीं···? जी तो यह चाहता है कि आज दो घड़ी तुम्हारे पास बैठूँ और तुमसे वह ग़ज़ल सुनूँ···'दीवाना बनाना है तो दीवाना बना दे···' मगर···।

लाजवंती : मैंने इनको इस तरह कुढ़ते हुए देखा तो कहा : 'अफ़सरों को नाराज़ नहीं करना चाहिए मुन्ने के पिता···आप जाइए। मेरे लिए आप इतनी चिंता न करें···मैं जानती हूँ कि आपको बहुत काम करना पड़ता है, पर अब हो भी क्या सकता है। इसके सिवा और चारा ही क्या है···परमात्मा आपको शक्ति दे···।'

किशोर : हाय, क्या सुहाना सपना है···मैं इस हमदर्दी के क़ुरबान, इस शौहरनवाज़ी पर फ़िदा।

नारायन : जी भाभीजान, तो आपने इससे यह कहा : 'आप जाइए···परमात्मा आपको शक्ति दे···।' परमात्मा इसको शक्ति दे···हाँ तो यह कोट-वोट पहनकर बाहर निकला। मैं भी इसके पीछे चल दिया क्योंकि मेरा यहाँ बैठे रहना बिलकुल फ़िज़ूल था···क्यों भाभी ?

लाजवंती : जी हाँ···फिर आपको भी तो किसी काम से जाना था।

नारायन : अरे, मैं तो भूल ही गया था। अच्छा हुआ जो आपने याद दिला दिया।
[*वाल क्लाक की आवाज़ : टन टन टन टन टन।*]
मेरा ख़याल है, अब हमें सच बोलना चाहिए। झूठ हम काफ़ी बोल चुके।

क्या ख़याल है भाभी ?

लाजवंती : मेरा शौक़ तो पूरा हो गया। अब अगर आपका भी जी भर गया हो तो सच बोलना शुरू कर दीजिए, पर यह ध्यान रहे कि उसमें झूठ की थोड़ी-सी भी मिलावट न हो।

नारायन : अरे तौबा कीजिए साहब... यह तो मज़ाक़-मज़ाक़ में और आपको ख़ुश करने के लिए मैंने झूठ के पुल बाँधे थे, वरना मुझे तो झूठ से सख़्त नफ़रत है।

लाजवंती : (*तंज़*[6] *भरी आवाज़ में*) जी हाँ, मैं ख़ूब जानती हूँ।

नारायन : तो आप यक़ीन नहीं करतीं...! पर आपको याद है कि पिछले हफ़्ते जब आपके इन्होंने किसी ज़रूरी काम का बहाना करके रात को थेटर[7] जाने की तैयारी शुरू की थी तो मैंने आपसे साफ़-साफ़ बात कह दी थी... और अभी-अभी आपने जब मुझसे पूछा कि मैं उर्मिलादेवी फ़िल्म एक्ट्रेस के यहाँ चाय पीने गया था या नहीं तो मैंने फ़ौरन इक़रार कर लिया... दरअस्ल... दरअस्ल सच बोलने से मैं कभी नहीं घबराया...

[*वक़्फ़ा।*]

और देखिए, अगर आपके ये अब आपसे कहें कि इन्हें छः बजे अपने बड़े साहब की कोठी पर काग़ज़ात तैयार करने जाना है तो मैं आपसे फ़ौरन कह दूँगा कि यह ग़लत है... इसके बड़े साहब मेरे दोस्त हैं और मैं अच्छी तरह जानता हूँ कि आज इसको छः बजे नहीं बल्कि साढ़े सात बजे बुलाया गया है, और यह डेढ़ घंटा यह इधर-उधर सैरसपाटे में गुज़ारना चाहता है।

लाजवंती : मैंने कब कहा है कि आप झूठ बोलते हैं... वह तो मैं ज़रा इन्हें सता रही थी... आपमें और इनमें ज़मीन-आसमान का फ़र्क़ है।

नारायन : आपने कहा तो सच है, पर किशोर ख़फ़ा हो जाएगा... ख़ैर, कोई हर्ज नहीं... देखिए, कल जो इसने मुझे उस चुड़ैल उर्मिलादेवी के यहाँ जाने को कहा तो मैंने साफ़ इनकार कर दिया... मैंने कहा : 'मियाँ, तुम्हें अपनी बीवी का डर न होगा, पर मुझे है... और फिर मैं ऐसी वाहियात औरतों के पास तक फटकना नहीं चाहता...।' मगर इसने इतना ज़ोर दिया कि मुझे जाना ही पड़ा... मैं ठिठका भी था, पर यह मुझे घसीटकर ले गया।

किशोर : नारायन, तुम झूठ बोल रहे हो, सरासर झूठ... तुम्हारी बात का अव्वल झूठ, आख़िर झूठ।

नारायन : जी हाँ, मैं झूठ बोल रहा हूँ, मगर परमात्मा के लिए तुम सच न बोलना।

किशोर : पर सवाल यह है कि झूठ बोलने से मेरा कौन-सा काम बन गया है जो अब मैं सच बोलना छोड़ दूँ... ये देवी जो मेरे पास बैठी हैं, मेरे जीवन पर मार्शल लॉ बनकर रह गई हैं... झूठ बोलूँ तो वह भी सेंसर हो जाता है और सच बोलूँ तो उस पर भी दफ़ा एक सौ चवालीस लग जाती है... अब बोलो, मैं करूँ तो क्या

करूँ···मेरा तो यह हाल है जैसे पिंजरे में पंछी···बस फड़फड़ाके रह जाता हूँ···अब अगर इससे कहूँ कि उठो और जल्दी से चाय बनाओ क्योंकि मुझे सात बजे बड़े साहब ने कोठी पर बुलाया है तो···बस समझ लो, जैसे भिड़ों के छत्ते को छेड़ दिया और डंक पर डंक पड़ने लगे···मुँह से उफ़ करने की भी तो इजाज़त नहीं !

नारायन : तुम झूठ बोल रहे हो। बड़े साहब ने तुम्हें साढ़े सात बजे बुलाया है···इसी झूठ पर तो सारा फ़साद है।

किशोर : तुम भी इसकी तरफ़दारी करने लगे···सात और साढ़े सात में फ़र्क़ ही क्या है।

नारायन : वाह भई वाह, आधे घंटे का तुम्हारे नज़दीक कोई फ़र्क़ ही नहीं···पाव घंटे में तो दुनिया इधर की उधर हो सकती है, और तुम आधे घंटे को यूँ ही बेकार समझ रहे हो···सुना भाभी आपने···! वक़्त में भी यह फ़िज़ूलख़र्ची करने से बाज़ नहीं आता।

लाजवंती : मैं आपकी बातें बड़े ध्यान से सुन रही हूँ।

नारायन : आपकी बड़ी मेहरबानी है, वरना बंदा किस लायक़ है !

लाजवंती : नारायन साहब, इन्हें आज क्या सचमुच कहीं जाना है···? अगर जाना है तो ये साफ़-साफ़ कह दें, मैं क्यों रोकने लगी ?

किशोर : जाना है बाबा, जाना है, बड़े साहब की कोठी पर जाना है···कहीं ऐश करने नहीं जाना, समझीं ?

लाजवंती : मैं मिस्टर नारायन से बात कर रही हूँ।

नारायन : सुनो किशोर, आप मिस्टर नारायन से बात कर रही हैं। तुम ख़ामोश रहो···हाँ तो भाभीजान, आपके सवाल का जवाब यह है कि इसे सचमुच बड़े साहब की कोठी पर जाना है। सात बजे नहीं, साढ़े सात बजे और इसे वहाँ ज़्यादा से ज़्यादा तीन घंटे का काम है। यानी ठीक ग्यारह बजे इसे यहाँ वापस पहुँच जाना चाहिए।

किशोर : और अगर वहाँ तीन के बजाय चार घंटे सर्फ़[8] हो गए तो ?

नारायन : यह हरगिज़ नहीं हो सकता। तुम्हारा बड़ा साहब रात को ठीक ग्यारह बजे सो जाया करता है। अगर वह ग्यारह बजे न सोए तो फिर उसे रात-भर नींद नहीं आती।

लाजवंती : तो मैं इन्हें इजाज़त दे दूँ ?

नारायन : मैं आपको मजबूर नहीं करता, पर हालात ही कुछ ऐसे हैं कि आपको इजाज़त दे देनी चाहिए।

लाजवंती : ठीक है। तो चाय पीने के बाद चले जाएँ।

किशोर : (*ख़ुशियों भरी आवाज़ में*) लाजवंती, क्या तुमने सचमुच इजाज़त दे दी !

लाजवंती : कहती तो हूँ, जाइए···इसमें मेरी इजाजत की ज़रूरत ही क्या थी। आपको

काम पर जाना है, कहीं ऐश करने थोड़ी जाना है···तो चाय के साथ अंडों का हलवा बना दूँ। थोड़े-से बिस्किट भी हैं···जाने वहाँ आपको खाना मिले न मिले, इसलिए अच्छा होगा कि यहाँ ही से कुछ खाके जाइए।

किशोर : नहीं नहीं, किसी चीज़ की कोई ज़रूरत नहीं···मैं बस ख़ाली चाय पियूँगा।

लाजवंती : और आप नारायन साहब ?

नारायन : मैं···मैं सहपहर[9] को कुछ नहीं खाया करता।

लाजवंती : तो आपके लिए भी ख़ाली चाय···हूँ !

किशोर : लाजवंती, चाय से ज़्यादा ज़रूरी मेरा डिनर सूट है···उसको प्रेस करवाना है।

लाजवंती : डिनर सूट ?

नारायन : भाभीजान, किशोर ठीक कह रहा है। वहाँ कोठी पर दूसरे अफ़सर भी आएँगे और इसे भी उनके साथ डिनर खाना होगा···डिनर सूट में जाएगा तो अच्छा रहेगा···उन लोगों पर अच्छा असर पड़ेगा।

किशोर : तुम मेरा मुँह क्या देख रही हो ?

लाजवंती : डिनर सूट···आपका मतलब उसी सूट से है ना जो काली सर्ज का बना हुआ है···दुमकटा-सा।

किशोर : हाँ हाँ वही। उसी को डिनर सूट कहते हैं···उसे निकालकर प्रेस करवा दो।

लाजवंती : वही सूट, जो आपने तीन साल पहले बनवाया था···वही जिसके अस्तर में एक बार आपने मुझसे रफ़ू करवाया था।

किशोर : हाँ हाँ वही···क्यों ?

लाजवंती : जिसके साथ आप सफ़ेद रंग वाली बो बांधा करते हैं।

किशोर : वही, वही···उसे ट्रंक में से निकालो और प्रेस करवा दो।

लाजवंती : आपने पहले मुझसे क्यों नहीं कहा। अब वक़्त के वक़्त आपको याद आया है। वही मिस्ल हुई···

किशोर : पहले क्यों नहीं कहा, पहले क्या नहीं कहा ?

लाजवंती : अब मुझे क्या मालूम था, वह आपके काम का है।

किशोर : क्यों···क्यों, उसे क्या हुआ···? वह काम का नहीं था ?

लाजवंती : मैंने आज सुबह ट्रंक खोला तो देखा, आपके सूट में कीड़ा लग रहा है। सो मैंने उसे उठाकर दरज़ी को दे दिया कि उसे काट-छाँटके मुन्ने के दो कोट और दो नेकर बना दे।

किशोर : मुन्ने के दो कोट और दो नेकर बना दे···मेरे डिनर सूट में से···? तुम यह क्या कह रही हो लाजवंती···? मेरी इजाज़त के बग़ैर तुम मेरा सूट दरज़ी को कैसे दे सकती हो, और वह भी मुन्ने के दो कोट और दो नेकर बनाने के लिए।

लाजवंती : वाह, यह भी एक ही कही। जनाब जब हर दूसरे-तीसरे महीने मेरी किसी न किसी साड़ी से अपनी धोती बना लिया करते हैं तो क्या मैं भी इसी तरह

चिल्लाया करती हूँ… ? और जब आप अपनी शेरवानी के नीचे अकसर मेरा कुरता पहन लेते हैं तो मैं तो कुछ नहीं बोलती। बस चुप रहती हूँ।

किशोर : तुम्हारी साड़ी और कुरता गए भाड़ में… उनसे मेरे सूट का मुक़ाबला करती हो… लाजवंती, तुम्हारी यह हरकत नाक़ाबिले-बरदाश्त है। मैंने उस सूट पर पूरे डेढ़ सौ रुपए ख़र्च किए थे।

लाजवंती : और जिस साड़ी से मैंने आपके कमरे की खिड़कियों के परदे बना दिए थे, वह भी डेढ़ सौ रुपए की तैयार हुई थी… उसकी ज़रदोज़ी अगर नोचकर बेची जाती जब भी तीस-चालीस रुपए कहीं नहीं गए थे।

किशोर : वह साड़ी दो बरस की पुरानी थी।

लाजवंती : और आपका सूट तीन और तीन और तीन, नौ बरस का पुराना।

किशोर : लाजवंती, मैं तुमसे बहस करना नहीं चाहता, समझीं… तुम बहुत हटधरम हो गई हो… तुमको ढील देकर मैंने सख़्त ग़लती की। झक मारी… आज तुमने मेरे डिनर सूट से मुन्ने के लिए दो कोट और दो नेकर बनवाने का आर्डर दिया है, कल तुम मेरी मोटर से उसके लिए झूला बनवाने का हुक्म दे दोगी, परसों यह घर किसी के हवाले कर दोगी, अतरसों मुझे नीलाम पर चढ़ा दोगी… मैं ख़ूब मुफ़्त का तुम्हारे हाथ लग गया हूँ… आख़िर यह क्या तमाशा है… ? मेरा सूट वैसे का वैसा मौजूद है, जल्दी से उसे निकालकर प्रेस करा दो… मुझे बड़े साहब के घर सात बजे पहुँच जाना चाहिए।

नारायन : सात नहीं, साढ़े सात।

[टेलीफ़ोन की घंटी बजने की आवाज़।]

किशोर : लो, वह फ़ोन भी आ गया।

लाजवंती : यह आपका फ़ोन नहीं… मेरी किसी सहेली का है…

[टेलीफ़ोन का चोंगा उठाने की आवाज़।]

हलो हलो… हाँ हाँ… 45986… जी… जी मैं ख़ैरियत से हूँ। मगर उनका मिज़ाज आज कुछ बिगाड़ पर है। चिड़चिड़े हो रहे हैं… जी हाँ…

किशोर : कौन है ?

लाजवंती : जी हाँ, मैंने ग़लती से उनका डिनर सूट बेकार समझकर आज दरज़ी को दे दिया कि वह उससे मुन्ने के दो कोट और दो नेकर बना दे, इसलिए वह आज शाम को बाहर नहीं निकल सकते… क्या कहा… नहीं नहीं… अगर आप फ़रमाएँ तो उनके बदले मैं हाज़िर हो जाऊँ… बस… तो इधर से भी तसलीम…।

[ठक से चोंगा रखने की आवाज़।]

नारायन : (*एकाएकी*) अरे छः बज गए। मुझे तो एक ज़रूरी काम से जाना था… भई मैं चला… अच्छा भाभी… फिर कभी हाज़िर हूँगा… मैं चला…

[*क़दमों की चाप।*]

लाजवंती : अजी ठहरिए तो··· ठहरिए तो···

क़िशोर : जाने दो उसे। तुम यह बताओ, फ़ोन पर कौन था···? आख़िर मुझे क्यों नहीं बताती लाजवंती··· छिपाती क्यों हो··· कहो भई, कौन था?

लाजवंती : आपको क्या··· कोई भी हो··· जाइए मैं नहीं बताती··· और कहिए तो बता दूँ, पर आप···

किशोर : बिगड़ तो न जाइएगा···? और अगर मैं बिगड़ भी गया तो तुम्हारा क्या बना लूँगा··· अच्छा कहो, कौन था?

लाजवंती : लो, बताए देती हूँ··· पर देखिए, हत्थे से उखड़ न जाइएगा··· वचन दीजिए।

किशोर : अब कहो भी कौन था?

लाजवंती : मेरी सहेली, उर्मिलादेवी, फ़िल्म एक्ट्रेस··· नाराज़ हो गई है मुझसे··· काश डिनर सूट के बजाय उसमें कीड़े पड़ जाते, और आप बड़े साहब की कोठी तो जा पाते··· क्यों, चोर कैसे पकड़ा··· यह उर्मिलादेवी···

किशोर : जाए भाड़ में, और मैं जाऊँ चूल्हे में।

[*वक़्फ़ा—क़दरे ज़्यादा।*]

[*फिर क़दमों की चाप।*]

लाजवंती : कहो दुर्गा, क्या बात है।

दुर्गा : बीबीजी, मैं ले आई हूँ।

किशोर : (*बेचैन आवाज़ं में*) क्या ले आई हो?

दुर्गा : बीबीजी ने आपका डिनर सूट इस्तरी करवाने के लिए दिया था। वह लांडरी से ले आई हूँ।

किशोर : (*बेज़ार आवाज़ में*) जाओ, इसे दीन मुहम्मद टेलर मास्टर को दे आओ कि वह इसमें से मुन्ने के दो कोट और दो नेकर बना दे।

[*फ़ेड आउट*]

---

1. लालसा, उत्सुकता; 2. अंतराल; 3. वेश्या; 4. दीवाना; 5. अपेक्षाकृत लंबा अंतराल; 6. व्यंग्य; 7. थियेटर; 8. ख़र्च; 9. तीसरा पहर।

क़्लोपेत्रा की मौत

एक आवाज़ : क़्लोपेत्रा दुनिया की हसीनतरीन औरत थी।
उसका हुस्न कई इनक़लाबों और ख़ूँरेज़ियों का बाइस[1] हुआ।
इस साहिरा[2] के
हुस्नो-इश्क़ के क़िस्से
जहाँ दरिया-ए-नील के मल्लाहों को
अज़बर याद हैं,
वहाँ तमाम दुनिया को भी मालूम हैं...

[*वक़्फ़ा।*]

मिस्र की तारीख़ में
वक़्त का वह पड़ाव,
जिसे आज हम
सन् अस्सी किब्लमसीह[3] कहते हैं—
उसी पड़ाव पर,
क़्लोपेत्रा के नालायक़ बादशाह बाप ने,
इस दुनिया को ख़ैरबाद[4] कही—
क़्लोपेत्रा सत्रह बरस की जवान लड़की थी,
जब उसके सर पर बोझल ताज रखा गया...

[*वक़्फ़ा।*]

तारीख़ इस बात की गवाही देती है,
कि सत्रह-साला जवान लड़की,
गुज़रते वक़्त के साथ-साथ,
हसीनतरीन औरत और मलिक-ए-मिस्र के रूप में,
फ़ातिहों की फातिह[5] बनी—
तारीख़ इस बात की भी गवाही देती है,

कि क़्लोपेत्रा ने
पहले जूलियस सीज़र को,
और फिर जूलियस सीज़र की मौत के बाद
मार्क एंतोनी को,
अपने हुस्नो-जमाल से महसूर[6] किया…

[*वक़्फ़ा।*]

तारीख़ के पन्नों में गुम, वह एक दौरे-बलाख़ेज़…
सियासत[7], इक़्तदार[8], रक़ाबत[9], शिकस्त…
मुहब्बत, हसद[10], ग़लतफ़हमी, जुदाई…
थके-हारे एंतोनी ने क़ासिद[11] से सुना :
"क़्लोपेत्रा ने ख़ुदकुशी कर ली…",
तो एंतोनी ने अपने सीने में तलवार भोंक ली–
लेकिन क़्लोपेत्रा तो ज़िंदा थी, और रूपोश[12] थी–
जैसे तैसे, ज़ख़्मी एंतोनी को क्लोपेत्रा के कमरे में लाया गया…

[*वक़्फ़ा क़दरे तवील*[13]]

क़्लोपेत्रा : (*दर्द भरी आवाज़ में*) एंतोनी, एंतोनी, तेरे दुश्मनों को यह क्या हो गया… यह लहू, यह लहू… कोई है… कोई है… आयरस… आयरस… कुछ करो, मुक़द्दस[14] देवताओं की ख़ातिर कुछ करो।

एंतोनी : (*थकी हुई आवाज़ में*) कौन है… यह किसका हाथ है… तू ज़िंदा है… तू ज़िंदा है क़्लोपेत्रा… तू सचमुच ज़िंदा है… आह, मेरी मौत को किस क़दर सदमा पहुँचा है… वह मुड़-मुड़कर तेरी ज़िंदगी की तरफ़ देख रही है… क़्लोपेत्रा, क़्लोपेत्रा… आह !

क़्लोपेत्रा : एंतोनी, मैं ज़िंदा हूँ, पर मौत की गोद में… तू मुतमइन[15] रह। तू अकेला मौत के सफ़र पर नहीं जाएगा… तू मुझ पर शक करता है… तू समझता है, मैंने जंग में तुझे धोका दिया… नहीं नहीं, मुक़द्दस देवताओं की क़सम, नहीं… मैं डर गई थी। जंग के मैदान में मेरी रूह के क़दम लड़खड़ा गए थे… मैं भाग निकली। जान बचाने के लिए नहीं, बल्कि ख़ुदकुशी करने के लिए… इसीलिए मैंने तुझे इत्तला[16] भेजी। पर मुझे यह मालूम नहीं था कि तू इत्तला मिलते ही, मुझसे पहले मौत की राह पर गामज़न[17] हो जाएगा… मौत की राह जिस पर मैं, तेरी महबूबा, चलने का इरादा कर रही थी।

एंतोनी : जाने-मन, मुझे तुझ पर पूरा भरोसा है… छोड़ इन बेकार बातों को… ज़िंदगी और मौत के दरम्यान, जब एक मुट्ठी भर रेत का फ़र्क़ रह जाए तो ऐसी बातें नहीं करनी चाहिएँ… आओ प्यार-मुहब्बत की बातें करें…

क़्लोपेत्रा : (*फूट-फूटकर रोने की आवाज़ के बाद*) एंतोनी… एंतोनी…

[*वक़्फ़ा।*]

एंतोनी : क़्लोपेत्रा, यह तूने क्या किया… अपना सारा चेहरा मेरे ख़ून से तरबतर कर लिया… तेरे गालों की सुर्ख़ी, मेरे ख़ून की शर्मिंद-ए-एहसास[18] नहीं होनी चाहिए…

[*वक़्फ़ा।*]

क़्लोपेत्रा, मेरा दम घुटा जा रहा है, दुनिया सुकड़ रही है।

क़्लोपेत्रा : एंतोनी, मेरे एंतोनी… मिस्र के सारे मुक़द्दस देवता अपनी शहनशीनों[19] में औंधे पड़े हैं… मेरी पुकार कौन सुनेगा, कौन सुनेगा!

एंतोनी : इन बातों को छोड़ क़्लोपेत्रा, जिनका जवाब बड़े-बड़े काहिन[20] भी न दे सकें…

[*वक़्फ़ा।*]

ज़िंदगी की ये मुख़्तसर घड़ियाँ, जो मौत ने मुझे बख़्शी हैं, फ़िज़ूल बातों में ज़ाया न कर… जाने-मन, अभी तक मेरे पास चूमने के लिए होंट, हुस्न का नज़ारा करने के लिए आँखें, और तेरी नुक़रई[21] आवाज़ सुनने के लिए कान मौजूद हैं… आ, उस पुरानी याद को ताज़ा करें जब ऊदी-ऊदी घटाएँ झूमकर आती थीं, और तेरे बरबत से नग़्मे यूँ उठते थे जैसे दो-आतिशा शराब से चिंगारियाँ… जब तेरी आवाज़ हवा में पहेलियाँ बिखेरती थी… याद हैं तुझे (*डूबती आवाज़ में*) वो दरिया-ए-नील की रातें…

क़्लोपेत्रा : (*घबराहट भरी आवाज़ में*) एंतोनी, एंतोनी…!

[*वक़्फ़ा।*]

एंतोनी : (*थकी हुई कमज़ोर आवाज़ में*) क्यों… नहीं नहीं… आह…! मैं ज़िंदा हूँ मेरी जान… मुझे याद है, मैं क्या कह रहा था…

[*वक़्फ़ा।*]

दरिया-ए-नील की रातें सिर्फ़ इसलिए ख़ामोश हो जाती थीं कि तुझे एंतोनी से कुछ कहना होता था… दरिया-ए-नील की रातें सिर्फ़ इसलिए अँधियारी हो जाती थीं कि तुझे नक़ाब डालने की ज़हमत न उठानी पड़े… मुझे याद हैं… मुझे याद हैं वो रातें, जब तेरी उजली पेशानी[22] से मैं सियाह ज़ुल्फ़ें यूँ हटाता था जैसे यूनानियों की देवी अरोरा रात के सियाह परदे हटाकर मशरिक़ के रुपहले फाटक खोल देती है… आह… अब इन

यादों का मदफ़न[23] बननेवाला है, इस सीने में जोकि ज़ख़्मी है। क्लोपेत्रा, तेरा एंतोनी अब चंद घड़ियों का मेहमान है।

क्लोपेत्रा : (*क़दरे चीख़ती हुई आवाज़ में*) एंतोनी, एंतोनी··· मेरे मालिक, तेरी कनीज़ के दिल में इतनी ताक़त नहीं कि वह ऐसी दुख भरी बातें सुन सके··· क्लोपेत्रा के सीने में औरत का दिल है एंतोनी···!

एंतोनी : क्लोपेत्रा मेरी जान, जब एंतोनी मर जाए तो सब्र करना··· सब्र करना और ज़िंदा रहना···!

क्लोपेत्रा : (*चीख़ती हुई आवाज़ में*) नहीं, ऐसा हरगिज़ नहीं होगा···

[*वक़्फ़ा।*]

(*मद्धम, दुख भरी आवाज़ में*) तेरी क्लोपेत्रा की ज़िंदगी, तेरी ज़िंदगी से वाबस्ता[24] है···

[*वक़्फ़ा।*]

मायूस न हो प्यारे, क्या पता, ये ज़ख़्म अच्छे हो जाएँ···!

एंतोनी : (*कमज़ोर आवाज़ में*) क्लोपेत्रा, इन नए ज़ख़्मों ने पुराने घाव भी हरे कर दिए हैं। मेरे जिस्म से अब ख़ून के आख़िरी क़तरे निकल रहे हैं···

[*वक़्फ़ा।*]

क्या यह हैरत की बात नहीं कि वह शख़्स जो ज़िंदगी भर लोहे और लहू से खेलता रहा, जिसका ओढ़ना-बिछौना जंग का मैदान था, आज मैदाने-जंग में किसी हरीफ़[25] के हाथों मरने के बजाय एक हसीन औरत के ज़ानू पर सर रखकर जान दे रहा है··· जंगजू[26] सिपाही होने की हैसियत से मुझे यह मौत पसंद नहीं, इसलिए कि किसी फातिह को ऐसी मौत ज़ेब[27] नहीं दे सकती···

[*वक़्फ़ा।*]

(*डूबती आवाज़ में*) हाय, मैं जंगी सिपाही के मुक़ाबले में आशिक़ कहीं ज़्यादा हूँ, इसलिए··· इसलिए यह मौत··· मेरे लिए बाइसे-राहत[28] है··· मुझे यह इतमीनान तो नसीब है कि मैं तेरे लिए मरा··· सिर्फ़ तेरे लिए क्लोपेत्रा··· मेरी क्लो···

क्लोपेत्रा : (*दर्द भरी चीख़ती हुई आवाज़ में*) एंतोनी, एंतोनी··· आयरस···

(*सिसकियाँ लेती हुई आवाज़ में*) आयरस, मेरी दुनिया तारीक[29] हो गई··· मैं उजड़ गई··· बरबाद हो गई।

[*क़दरे तवील वक़्फ़ा।*]

एक आवाज़ : क्लोपेत्रा के शहर पर अब ओक्ते द्यानोस का क़ब्ज़ा था।

एंतोनी की फ़ौज हथियार डाल चुकी थी।
ओक्ते द्यानोस ने, क्लोपेत्रा को गिरफ़्तार करने की ग़रज़ से एक फ़ौजी अफ़सर गाल्स को रवाना किया।
ओक्ते द्यानोस की ख़्वाहिश थी कि क्लोपेत्रा उसके हुज़ूर[30] पेश की जाए।
क्लोपेत्रा के क़ब्ज़े से वह ख़ंजर छीन लिया गया जो उसने अपने हाथ में थाम रखा था।
फिर कुछ दिनों के बाद जब क्लोपेत्रा ने सुना कि वह जलावतन[31] कर दी जाएगी तो उसने इजाज़त तलब की कि उसे एंतोनी की क़ब्र की ज़ियारत[32] करने दी जाए।
आख़िर क्लोपेत्रा को इजाज़त मिल गई, और वह चंद सिपाहियों की निगरानी में, दो-एक सहेलियों के साथ, एंतोनी की आरामगाह की तरफ़ चल पड़ी।
[*क़दरे तवील वक़्फ़ा।*]

क्लोपेत्रा : (*दर्द भरी आवाज़ में*) एंतोनी, क़ब्र की गहराइयों से बाहर निकल··· देख तेरी क्लोपेत्रा आँखों में आँसू, दिल में ग़म और जिगर में टीसें लिए तेरे पास आई है··· वह मग़मूम[33] है··· बेहद मग़मूम है एंतोनी··· तेरी मौत उसकी ज़िंदगी पर ऐसे नक़्श छोड़ गई है जो कभी न मिट सकेंगे··· तुझसे उसने सच्ची मुहब्बत की··· सिर्फ़ तुझ ही को उसने वह गौहर[34] दिया जिसको हासिल करने के लिए फ़रिश्ते भी आसमान पर तड़पते होंगे···
[*फूट-फूटकर रोने की आवाज़।*]
एंतोनी, मैं तेरी क़ातिल हूँ··· मैंने ही यह मनों मिट्टी तेरे सीने पर डाली है··· तेरी ज़िंदगी पर मौत का भारी पत्थर मैंने ही रखा है···
[*वक़्फ़ा।*]
एंतोनी, मैं ज़िंदा हूँ, लेकिन अकेली··· तेरी क़ब्र की तनहाई, उस तनहाई से कम ख़ौफ़नाक है जिसमें कि मैं गिरफ़्तार हूँ··· तू मुर्दा है और ज़िंदगी से दूर··· मैं ज़िंदा हूँ, पर मौत की तमन्ना नहीं कर सकती··· वो मेरी मौत नहीं चाहते, वो मेरी ज़िंदगी चाहते हैं, ज़िंदगी जो कि मुसलसल[35] मौत होगी··· ऐ आराम करनेवाले, अब कि तू मौत की आग़ोश[36] में बेख़बरी की नींद सो रहा है, मुझ पर तरह-तरह के मज़ालिम[37] ढाए जा रहे हैं···
[*वक़्फ़ा।*]
एंतोनी, क़ुदरत की सितमज़रीफ़ी देख। तू रोमन है और मिस्र में मदफ़ून[38]

है। मैं मिस्री हूँ और रोम में दफ़्न की जाऊँगी···एंतोनी, इस बेकसी के आलम में, मैं तुझे क्या नज़्र करूँ···मेरी ज़िंदगी हाज़िर है जिसके हर ज़र्रे पर तेरे बोसे और आँसू चमक रहे हैं···तेरी इस कनीज़ के दिल में अगर कोई तमन्ना है तो सिर्फ़ यह कि मरने के बाद उसे तेरे पहलू[39] में दफ़्न किया जाए···क्या मेरी यह ख़्वाहिश पूरी होगी, कौन जाने, कौन जाने···!
[*क़दरे तवील वक़्फ़ा।*]

एक आवाज़ : क्लोपेत्रा, ख़ुदकुशी न करने पाए, इसलिए ओक्ते द्यानोस ने हुक्म दे रखा था कि सख़्त पहरा रहे।
ओक्ते द्यानोस का इरादा था कि क्लोपेत्रा को क़ैदी बनाकर रोम ले जाए, और वहाँ अपनी फ़तह की ख़ुशी में शानदार जुलूस निकाले।
क्लोपेत्रा को यह मंज़ूर न था—वह कुछ भी कर सकती थी।
वह उस इमारत में नज़रबंद थी जो उसने ख़ास तौर पर अपने लिए, आइसिस देवता के मंदिर के पास बनवाई थी—तनहाई के उन दिनों में क्लोपेत्रा की दो ख़वासें, आयरस और शारमीन, उसके साथ रहती थीं।
[*क़दरे तवील वक़्फ़ा।*]

आयरस : (*मुतरन्तम आवाज़ में*) ऐ नील की रानी
रफ़्तार में तू उड़ते हुए बादल की रवानी
होंठों के कोनों पर शफ़क़आबूद सा पानी
ऐ नील की रानी
सीना है कि लहरों पे कंवल नाच रहे हैं
ज़ुल्फ़ें हैं कि लहराती है सावन की जवानी
ऐ नील की रानी

क्लोपेत्रा : (*उकताहट भरी आवाज़ में*) बंद कर, बंद कर आयरस इस गीत को···मौत को ऐसी लोरियाँ न सुना···

आयरस : मलिक-ए-मिस्र की तबीयत आज नासाज़ मालूम होती है।

क्लोपेत्रा : (*हँसी की आवाज़ के बाद*) मलिक-ए-मिस्र···? क्यों मेरा मज़ाक़ उड़ाती है तू आयरस···तेरी इस मलिका से तो वो बाँसुरी बजानेवाली छोकरियाँ हज़ार दर्जे बेहतर हैं जो अपना गला, जब चाहें, काट सकती हैं···मलिक-ए-मिस्र से तो वो कस्बियाँ[40] कहीं ज़्यादा आराम और सुकून में हैं जो इस्कंदरिया[41] के गली-कूचों में राहगुज़रों से आँखें लड़ाती हैं···

[*वक़्फ़ा।*]

क्या वाक़ई मैं मलिका हूँ··· क्या वाक़ई मैं मिस्र की वह सरकश[43] हुक्मरान हूँ जिसका ग़ुलाम बनने में एंतोनी जैसे फ़ातिह ने फ़ख्र महसूस किया··· क्या सचमुच मैं वही महारानी हूँ जिसके अबरू के एक इशारे पर हरमिश जैसा बाग़ी नाचा··· क्या मैं वही हसीना हूँ जिसकी एक अदा ने सीज़र को तमाम जंगी दावपेच भुला दिए···

[*वक़्फ़ा।*]

नहीं नहीं, मैं कुछ भी नहीं हूँ। अब मैं सिर्फ़ एक मामूली औरत हूँ जो रोमियों के ख़ौफ़ से चुहिया के मानिंद अपने बिल में दुबकी बैठी है··· वो मेरे इन गोरे-गोरे टख़नों में लोहे की मोटी जंज़ीरें पहनाकर मुझे रोम के बाज़ारों में ज़लील करेंगे··· वो मुझे नंगा घुमाएँगे और रोम के कुंजड़ों और हज्जामों की आँखें भी उस हुस्न का नज़ारा करेंगी जो अब तक सिर्फ़ चंद ख़ुशनसीब लोगों तक महदूद[44] रहा है··· रोम का तपता हुआ सूरज मेरे इस गदराए हुए जिस्म की तमाम रानाइयाँ[45] भसम कर देगा···

[*वक़्फ़ा।*]

क्या मलिका ऐसी ही बदनसीब औरत का नाम है··· क्या इस ज़िल्लत से बचने की कोई तरकीब नहीं?

शारमीन : जान की अमान पाऊँ, तो कुछ अर्ज़ करूँ।

क्लोपेत्रा : (*हँसी की आवाज़ के बाद*) जान की अमान···! कह, तुझे क्या कहना है··· शारमीन, तेरी इन सियाह आँखों में आँसू आज ऐसे चमक रहे हैं, जैसे काली घटाओं में पानी··· बता, तुझे क्या कहना है?

शारमीन : मलिक-ए-मिस्र, मलिक-ए-मिस्र ही रहेगी··· उसके दुश्मनों को अपने इरादे में नाकामी का मुँह देखना होगा।

क्लोपेत्रा : कैसे···? कैसे शारमीन, जल्द बता, यह कैसे हो सकता है।

शारमीन : मेरे मुँह में ख़ाक··· अगर दुश्मन मलिका को ज़लील करने ही का इरादा रखते हैं तो बेहतर है कि···

क्लोपेत्रा : लेकिन यह क्योंकर हो सकता है··· तू ठीक कहती है··· शारमीन, इस तरकीब से मलिका, मलिका ही रहेगी। मरते दम तक उसकी शान में फ़र्क़ नहीं आएगा··· शारमीन, तू जानती है, हम पर कितनी बड़ी निगरानी की जा रही है··· फ़रिश्त-ए-मौत के परों की फड़फड़ाहट अगर पहरेदारों ने सुन ली तो जानती हो, ओक्ते द्यानोस कैसा सुलूक करेगा··· और अगर मैं अपनी कोशिश में नाकाम रही तो फिर वह मौत के दरवाज़े मुझ पर बंद कर देगा··· वह मुझे आहिस्ता-आहिस्ता मारना चाहता है। वह एक तवील मुद्दत तक मुझ पर जानकुनी का आलम तारी

करना चाहता है… मगर ऐसा नहीं होना चाहिए। ओक्ते व्‌यानोस अपने इरादों में नाकाम होना चाहिए… आयरस, आयरस।

आयरस : इरशाद मेरी मलिका… !

क़्लोपेत्रा : आयरस, मुझे एक ऐसा साँप चाहिए जो सिर्फ़ एक बार डसने से मुझे मौत की नींद सुला दे… क्या इस्कंदरिया के सपेरे तेरी काली ज़ुल्फ़ों के बदले तुझे ऐसा साँप नहीं देंगे ?

आयरस : कनीज़ कोशिश करेगी मलिक-ए-मिस्र।

क़्लोपेत्रा : और देख, वह साँप इस तौर पर मेरे पास लाया जाए कि पहरेदारों को बिलकुल शक न हो।

आयरस : आपकी यह लौंडी होशियारी से काम लेगी।

क़्लोपेत्रा : शाबाश आयरस, शाबाश। तेरी मलिका की मौत तेरी एहसानमंद रहेगी… अब तू जा और अपना काम कर। मैं तेरा इंतज़ार करूँगी।

[*जाते क़दमों की आवाज़*]

[*वक़्फ़ा।*]

[*बरबत के तार छेड़ने की आवाज़।*]

शारमीन, छोड़ इस बरबत को… जा, मेरे ग़ुस्ल का सामान तैयार कर। मेरा बेहतरीन लिबास निकाल …मेरा जिस्म आज क़ीमती से क़ीमती इत्रों में बसा दे… मलिका, मलिका ही रहेगी… उसका वक़ार[46] कभी उस रोमी कुत्ते के आगे घुटने नहीं टेकेगा… जा, मेरी मौत के इस्तक़बाल[47] की तैयारियाँ कर।

[*क़दरे तवील वक़्फ़ा।*]

एक आवाज़ : तो क़्लोपेत्रा ने ग़ुस्ल किया।
शारमीन ने उसे ख़ुशबुओं में लपेट दिया।
जो लिबास उसने मौत का इस्तक़बाल करने के लिए पहना, बहुत महीन और ख़ुशरंग था।
उसके सर पर ताज था जिस पर गिद्ध बना हुआ था। गिद्ध के फैले हुए पर क़्लोपेत्रा के कानों को ढाँपे हुए थे।
वह बला की हसीन नज़र आ रही थी।

[*क़दरे तवील वक़्फ़ा।*]

क़्लोपेत्रा : शारमीन, इधर आ… इधर आ और मुझे उन अलबेली और बदमस्त

रामिश्करों की दास्तानें सुना जो इस्कंदरिया की गुज़रगाहों पर हुस्नो-इश्क़ का छिड़काव करती रहती हैं⋯उन अल्हड़, छैलछबीली, कमसिन, बाँसुरी बजानेवाली छोकरियों की बातें कर जो मिस्र के बाग़ीचों में अपनी जवानी के राग अलापती फिरती हैं⋯देवी इस्तर के मंदिर में जानेवाली उन कँवारियों के रंगीन फ़साने सुना जिनकी जवानियाँ फट पड़नेवाले जाम हैं⋯मिस्र के उन इश्क़पेशा नौजवानों की कहानियाँ बयान कर जिनके लबादों की हर शिकन में कई-कई कपकपाहटें अटकी रहती हैं।

शारमीन : मेरी मलिका, कनीज़ को गाने के सिवा और कुछ नहीं आता।

क़्लोपेत्रा : तो उठा बरबत, और एक ऐसा गीत सुना कि फ़रिश्ते भी आसमान की खिड़कियाँ खोल दें।

[*वक़्फ़ा।*]

शारमीन : (*बरबत के तारों से उठती मधुर धुन के साथ :*)

पल-पल तारे टूट रहे हैं, क्यों तेरे नैनन से
मेरी राजकुमारी
आग बुझे तो राख से खेलो, राख बुझे तो मन से
जीवन खेल है प्यारी
ढूँढे से रस्ता न मिले तो राह में हँसते गाना
दुनिया गीत है सजनी
दुख ही दुख है जब क़िस्मत में, दुख से मन परचाना
अपनी रीत है सजनी
नींद न आए तो रातों को तारे गिन-गिन काटो
उफ़ ये डूबे तारे
काँटों पर हँस-हँसकर लेटो और यूँ ही दिन काटो
ये दिन प्यारे-प्यारे
पल-पल तारे टूट रहे हैं⋯

क़्लोपेत्रा : कितना हसीन गीत, कैसी दिलकश आवाज़⋯आँसुओं की अनोखी दुनिया इसमें आबाद⋯(*डरी हुई आवाज़ में*) शारमीन⋯शारमीन⋯तू कहाँ है⋯आ, मेरी छाती से चिमट जा⋯आ, मुझसे लिपट जा⋯तारीक़ी 48
फैलती जा रही है⋯अब मुझे जाना होगा⋯अब मुझे जाना होगा⋯

शारमीन : (*सिसकियों भरी आवाज़ में*) मेरी मलिका, मेरी मलिका⋯

[*क़दमों की चाप।*]

[*वक़्फ़ा।*]

आयरस : मलिक-ए-मिस्र के सफ़र का सामान तैयार है।

क्लोपेत्रा : तू आ गई... तू आ गई आयरस... तेरी मलिका की मौत तेरी एहसानमंद रहेगी।

आयरस : मलिक-ए-मिस्र के लिए यह लौंडी नारंजियों की एक टोकरी नज़्र[49] के तौर पर लाई है।

क्लोपेत्रा : नारंजियों की टोकरी ?

आयरस : मेरी मलिका, पहरेदारों की निगाहें इन ख़ुशरंग फलों के नीचे काले साँप को न देख सकीं जो मिस्र का सबसे ज़हरीला साँप है।

क्लोपेत्रा : सबसे ज़हरीला साँप...!

(*धीमी आवाज़ में*) तुझें यक़ीन है कि इस साँप का ज़हर बड़ा मुहलक[50] है?

आयरस : लौंडी को इसका यक़ीन है।

क्लोपेत्रा : मेरी प्यारी आयरस, लाओ अपना क़ीमती नज़राना मुझे दो... मेरा वक़्त बहुत क़ीमती है।

[*वक़्फ़ा।*]

मैं दुआ माँगना चाहती हूँ आयरस... मैं दुआ माँगना चाहती हूँ शारमीन... लेकिन मुझसे तो सारे देवता नाख़ुश हैं...

(*दूर इबादतगाहों*[51] *से आती तरमई और नरसिंगे की हलकी-हलकी आवाज़ें।*) आह... ये नरसिंगे और तरमई की धीमी-धीमी आवाज़ कितनी ख़ुशगवार है... आज दरिया-ए-नील भी कितना निखरा हुआ है... मेरी मुहब्बतों की सारी दास्तानें इस दरिया की लहरों में लिपटी हुई हैं...

[*वक़्फ़ा।*]

अलविदा, नील की बल खाती हुई लहरों अलविदा...

[*वक़्फ़ा।*]

रेत के टीले के पीछे छिपनेवाले सूरज, अलविदा...
रेगिस्तान में लहराती हुई पगडंडियों, अलविदा...
खजूर के लांबे-लांबे दरख़्तो, मेरा सलाम क़ुबूल करो...
घास की काँपती हुई पत्तियो, मेरा सलाम लो...
क्लोपेत्रा ज़िंदगी से प्यार ज़रूर करती है, पर मौत से डरती नहीं... मौत, आह... ऐसे हालात में मौत का ज़ायक़ा कितना शीरीं[52] होता है...

[*वक़्फ़ा।*]

[*टोकरी का ढकना उठाने की आवाज़—साँप के फुँकारने की आवाज़—साँप के झपटने और फिर डसने की आवाज़।*]

अलविदा !

[मलिक-ए-मिस्र क्लोपेत्रा के फ़र्श पर गिरने की आवाज़।]

[फ़ेड आउट]

1. कारण; 2. जादूगरनी; 3. ईसा पूर्व; 4. विदा; 5. विजेता; 6. दीवाना बनाया (शब्दशः घेर लिया); 7. राजनीति; 8. सत्ता; 9. शत्रुता; 10. ईर्ष्या; 11. संदेशवाहक; 12. छिपी हुई; 13. अपेक्षाकृत लंबा; 14. पवित्र; 15. निश्चिंत; 16. सूचना; 17. अग्रसर; 18. आभार के भाव से ग्रस्त; 19. आसन; 20. मिस्री पुरोहित; 21. रुपहली, चाँदी की खनक जैसी; 22. माथा; 23. क़ब्र; 24. जुड़ी हुई; 25. शत्रु; 26. योद्धा; 27. शोभा; 28. आराम का कारण; 29. अँधेरा; 30. सामने; 31. निर्वासित; 32. दर्शन; 33. दुखी; 34. मोती; 35. निरंतर; 36. गोद; 37. अत्याचार; 38. दफ्न; 39. बग़ल; 40. वेश्याएँ; 41. सिकंदरिया; 42. राह चलतों से; 43. उद्दंड; 44. सीमित; 45. सुंदरताएँ; 46. सम्मान, प्रताप; 47. स्वागत; 48. अँधेरा; 49. भेंट; 50. घातक; 51. उपासनागृहों 52. मधुर।

नेपोलियन की मौत

एक आवाज़ : [*सन अठारह सौ इक्कीस… अप्रैल की उनतीस तारीख़… रात के दो बजे हैं…*
लौंग वुड के सारे आदमी जाग रहे हैं…
सब बारी-बारी उस आदमी की तीमारदारी कर रहे हैं, जो बिस्तर पर अपने आख़िरी साँस ले रहा है…
शहनशाह नेपोलियन जिसने एक बार कहा था : "मैं वह चट्टान हूँ जिसे फ़ज़ा में फेंक दिया गया हो", बहरे-ओक़यानूस के एक छोटे-से टापू 'सैंट हैलीना' में बिस्तरे-मर्ग पर पड़ा है…
मौत के सबसे बड़े ब्योपारी के सिरहाने उसकी अपनी मौत खड़ी है…
योरोप के इस आली वक़ार[1] हुक्मरान पर हिज़यानी[2] कैफ़ियत तारी है ।]

नेपोलियन : (*हिज़यानी कैफ़ियत में*) डॉक्टर बैक्सटर, डॉक्टर बैक्सटर… कहाँ है डॉक्टर बैक्सटर…

[*वक़्फ़ा* ।]

तुम आ गए… कहाँ हो तुम… इधर आओ डॉक्टर… इधर आओ…

मारशान : आलीजाह, डॉक्टर बैक्सटर यहाँ नहीं हैं…

नेपोलियन : डॉक्टर, तुम मेरी बात क्यों नहीं मानते… हम बीमार हैं, सख़्त बीमार हैं… कितने ताज्जुब की बात है, हम बीमार हैं… यह देखो हमारी बीमारी के मुताल्लिक़ छपे हुए बुलेटिन… क्या अब भी यक़ीन नहीं आया… क्या तुम्हें क़ैदख़ाने के दारोग़ा ने हमारी निगरानी के लिए नहीं भेजा… हमें तुम्हारी बात सुनाई नहीं देती… ज़रा ऊँचा बोलो डॉक्टर बैक्सटर…

मारशान : आलीजाह, आप ज़्यादा गुफ़्तगू न करें… डॉक्टर बैक्सटर इंगलिस्तान चले गए हैं ।

नेपोलियन : तुम ठीक कहते हो… (*धीमी आवाज़ और उखड़े हुए लहजे में*) तुम… ठीक… कहते… हो ।

[*मारशान और अंतो मारशे आपस में आहिस्ता-आहिस्ता बातें करते हैं।*]

मारशान : रात भर डॉक्टर बैक्सटर को बुलाते रहे हैं।

अंतो मारशे : ताज्जुब की बात नहीं⋯शहनशाह को डॉक्टर बैक्सटर से नफ़रत है⋯उनकी नब्ज़ की रफ़्तार एक सौ साठ है।

[*नेपोलियन की आवाज़ आती है।*]

नेपोलियन : अंतो मारशे, तुम ही डॉक्टर बैक्सटर से कहो कि हम बहुत बीमार हैं⋯हम सख़्त अलील हैं, हम बहुत तक्लीफ़ बर्दाश्त कर रहे हैं⋯कोई डॉक्टर बैक्सटर तक हमारा पैग़ाम क्यों नहीं पहुँचाता⋯

[*वक़्फ़ा।*]

ओमेरा, तुम सुन रहे हो, हम क्या कहते हैं⋯

[*वक़्फ़ा।*]

हम योरोप हैं, योरोप⋯सारा योरोप सिमटकर हमारे अंदर समा गया है⋯फ़्रांस की शिकस्त नामुमकिन है⋯हमारे जाँबाज़ सिपाही आख़िर दम तक लड़ेंगे और फ़तह उनकी होगी⋯(*दीवानावार हँसता है*)शिकस्त नामुमकिन है, नामुमकिन है⋯

[*वक़्फ़ा।*]

(*सहमी हुई आवाज़ में*) पर यह लोग क्यों आगे बढ़ रहे हैं⋯यह कौन हैं जो गिद्धों की मानिंद मँडला रहे हैं⋯ (*ऊँची आवाज़ में*) डॉक्टर बैक्सटर, तुम हमारा इलाज क्यों नहीं करते⋯आह, डॉक्टरों, और जरनैलों में कोई फ़र्क़ नहीं। दोनों की ग़लतियों से क़ब्रिस्तान आबाद होते हैं⋯बैक्सटर-जैसे कई डॉक्टर हमने मोलियर के मज़ाहिया[3] ड्रामों में देखे हैं⋯डॉक्टर ओमेरा कहाँ है⋯इधर आओ।

मारशान : (*दबे लहजे में*) आलीजाह, ख़ामोश रहें⋯यहाँ न डॉक्टर बैक्सटर है और न डॉक्टर ओमेरा⋯आप आराम फ़रमाएँ।

नेपोलियन : बताओ, अब हमें क्या करना चाहिए⋯योरोप की बिसाते-सियासत हम कभी उलटने नहीं देंगे⋯डॉक्टर बैक्सटर, तुम बताओ, हमें अब क्या करना चाहिए⋯

(*हँसता है।*) तुम सियासत से बिलकुल कोरे हो⋯सिपाहियाना जज़्बा भी तुम्हारे अंदर मौजूद नहीं⋯

[*वक़्फ़ा।*]

ओमेरा, तुम ख़ामोश क्यों खड़े हो… हमारी बात का जवाब क्यों नहीं देते… हम पूछते हैं, रूस के बर्फ़ानी इलाक़ों में हमारी फ़ौजों का गुज़र क्यों मुमकिन नहीं…

मारशान : आलीजाह… आलीजाह… (*ख़ुदकलामी के लहजे में*) अब मुझसे बर्दाश्त नहीं होता… अब मुझसे शहनशाह की हालत नहीं देखी जाती।
आलीजाह, ख़ामोश रहें… ज़्यादा न बोलें। आपको तकलीफ़ होगी।

नेपोलियन : तकलीफ़… तकलीफ़… मुक़ाबला करना है… हमें बहुत से मुक़ाबले करने हैं…

एक आवाज़ : दूसरे रोज़।

मारशान : आलीजाह, रात बहुत देर तक आपके दुश्मनों की तबीयत ख़राब रही।

नेपोलियन : (*हँसता है*) दुश्मनों की…
(*फिर हँसता है*) मारशान, अब हम बिलकुल ठीक हैं… सिर्फ़ थकावट महसूस हो रही है और बदन दुख रहा है… मारशान, यह बीमारियाँ जंग से ज़्यादा कड़ी होती हैं।

मारशान : आलीजाह, आपकी पसंदीदा शराब हाज़िर है… एक जाम नोश फ़रमाइएगा।

नेपोलियन : ज़रूर… ज़रूर…

[*शीशा खनकने की आवाज़—फिर घूँट भरने की आवाज़।*]

कितनी फ़रहतबख़्श है… कितनी अच्छी है…

मारशान : आलीजाह, डॉक्टर अंतो मारशे तशरीफ़ लाए हैं आपकी ख़ैरियत दरयाफ़्त करने के लिए।

नेपोलियन : हम सब जानते हैं, वह किसलिए आया है… मारशान, उससे कह दो, हम दवा हरगिज़ नहीं पिएँगे… चीज़ें हमारे मिज़ाज के मुवाफ़िक़ नहीं हैं।

अंतो मारशे : सुबह बख़ैर आलीजाह!

नेपोलियन : आह… तो तुम आ गए… आओ-आओ, लेकिन देखो, हम दवा वग़ैरह की कोई बात नहीं सुनेंगे।

अंतो मारशे : पलस्तर कोई दवा नहीं आलीजाह!

नेपोलियन : पलस्तर… पलस्तर… अब यह नई बला क्या आई है?

अंतो मारशे : कुछ नहीं आलीजाह… सिर्फ़ हुज़ूर के पेट और पिंडलियों पर मुझे दो पलस्तर लगाने हैं… इनसे आपको फ़ायदा होगा और तक्लीफ़ बहुत कम हो जाएगी।

नेपोलियन : यह सब वाहियात चीज़ें हैं। हमें इन पर कोई एतिक़ाद[4] नहीं… यह

तुम्हारा तिब-विब[5] सब बकवास है।

अंतो मारशे : मगर आलीजाह, इन पलस्तरों का लगाना बहुत ज़रूरी है।

नेपोलियन : (*बेज़ार आवाज़ में*) बहुत ज़रूरी है तो लगाओ… ऐसा ही सही, मगर हमें यक़ीन है कि इनसे हमें कोई फ़ायदा न होगा… हमारा आख़िरी वक़्त क़रीब आ गया है, इसलिए हम ज़िद नहीं करना चाहते… चलो लगाओ पलस्तर। यह हीला भी करके देख लो।

अंतो मारशे : और दवा की छोटी-सी ख़ुराक।

नेपोलियन : (*बिगड़कर*) छोटी हो या बड़ी, हम हरगिज़ नहीं पिएँगे… तुम्हें सिर्फ़ पलस्तर लगाने की इजाज़त दी गई है… दवा हम नहीं पिएँगे।

अंतो मारशे : आलीजाह!

नेपोलियन : मारशान!

मारशान : जहाँपनाह!

नेपोलियन : हम चश्मे का पानी पीना चाहते हैं।

मारशान : अभी हाज़िर करता हूँ आलीजाह!

अंतो मारशे : हुज़ूर इजाज़त दें तो मैं पलस्तर तैयार करूँ।

नेपोलियन : तुम्हें इजाज़त है… लाओ मारशान, पानी लाओ…

[*शीशा खनकने की आवाज़—फिर घूँट भरने की आवाज़।*]

इस पानी ने कितनी फ़रहत बख़्शी है हमें… हम तुम्हारा शुक्रिया अदा करते हैं…

[*वक़्फ़ा।*]

मारशान, देखो, अगर हमें वहाँ मरने की इजाज़त दे दी गई, जहाँ कि हम पैदा हुए थे तो हमें उस चश्मे के पास दफ़्न करना, जहाँ से यह पानी लाया गया है।

एक आवाज़ : तीसरे रोज़।

नेपोलियन : लिखो… लिखो… जो कुछ हम कहते हैं, लिखो… फ़ौरन लिखो… (*तहक्कुमाना लहजे में*) हम कहते हैं, लिखो… सुनते हो मोंथोलोन।

मोंथोलोन : (*काँपती हुई आवाज़ में*) आलीजाह… आलीजाह!

नेपोलियन : हम कहते हैं, लिखो… हम बोलते जाएँगे, तुम लिखते जाओ… (*ज़ोरदार आवाज़ में*) लिखते हो या नहीं?

[*काग़ज़ की खड़खड़ाहट।*]

मोंथोलोन : (*घबराई हुई आवाज़ में*) लिखता हूँ आलीजाह… ठहरिए, ज़रा शमा रौशन कर लूँ…

[*वक़्फ़ा।*]

इरशाद।

नेपोलियन : दुश्मन फ़्रांस पर हमलावर हो रहा है···
(*सख़्त लहजे में*) मोंथोलोन, सुनते हो···एक आँधी-सी उठती दिखलाई दे रही है हमें···एक तूफ़ान-सा उमड़ा चला आ रहा है हमारे वतन की जानिब···उठो-उठो, रोको इसे···फ़्रांस के बहादुर सपूतो, सीसा पिलाई दीवार बन जाओ···देखो, तुम्हारी आज़ादी सल्ब[6] न होने पाए···दुश्मन को अपने पाँव तले रौंद डालो···हलफ़ उठाओ, अपने शहनशाह के रू-ब-रू हलफ़ उठाओ···हुस्नो-इश्क़ से बेगानगी, इज़्दिवाजी[7] ज़िंदगी से परहेज़, रहमो-इस्तरहाम[8] से नाआश्नाई···रात की सियाही और दिन के उजाले में तलवारों और बंदूक़ों का बेख़ौफ़ इस्तेमाल···उम्मीद, ख़ौफ़ और मुस्तक़बिल[9] से बेनियाज़ी···क़त्ल, ग़ारतगरी[10] और इंतिक़ाम···हत्ता कि तुम्हारा वतन दुश्मन के वुजूद से पाक हो जाए···लिख रहे हो मोंथोलोन!

मोंथोलोन : लिख रहा हूँ आलीजाह, मगर···

नेपोलियन : याद रहे, कोई क़ौम ज़िंदा नहीं रह सकती जो कि ज़िंदा रहने का सलीक़ा न जानती हो···जीने का सलीक़ा मौत से सीखो···मैदान-ए-जंग की ख़ून आलूद घाटियों से सीखो···लहू, लहू, लहू···रगों से लहू बहने दो, इसलिए कि यह पैदा ही इसलिए हुआ है कि बहे···ख़ून के दो क़तरे जो वतन की इज़्ज़तो-नामूस[11] बचाने के लिए तुम्हारी रगों से निकलेंगे, फ़तहो-नुसरत[12] की दुल्हन उन्हें अपना सबसे क़ीमती ज़ेवर बनाकर रखेगी···फ़्रांस···फ़्रांस···नेपोलियनआज़म की जवानी का सबसे हसीन ख़्वाब···दुनिया की अँगूठी में सबसे दरख़्शाँ[13] नगीना···ख़बरदार जो किसी ने उसकी तरफ़ आँख उठाकर देखा···उठो-उठो और सारे फ़्रांस में फ़ौजों का जाल बिछा दो और···और···

[*वक़्फ़ा।*]

डॉक्टर बैक्सटर, तुम कहाँ हो···

[*वक़्फ़ा।*]

मारशान, देखो लोग हम पर हमलावर हो रहे हैं···वह हमें मौत के घाट उतारना चाहते हैं, इन्क़िलाब को फ़ना करना चाहते हैं···हम अपनी हिफ़ाज़त करेंगे, इसलिए कि इन्क़िलाब हम हैं···नेपोलियनआज़म ही इन्क़िलाब है···नेपोलियन का दबदबा···

[*वक़्फ़ा।*]

नेपोलियन का दबदबा···लिखो-लिखो मोंथोलोन···क्या तुम्हारा क़लम हमारे ख़यालात का साथ नहीं देता···

मोनथोलोन : आलीजाह, लिख रहा हूँ।

नेपोलियन : रुको नहीं मोंथोलोन··· तुम जानते नहीं, हम योरोप की तक़दीर हैं··· आह··· आज़ादी··· आज़ादी··· किस क़दर ऊँचा है वह इंसान जो आज़ाद है और किस क़दर नीचे गिर जाता है, जब वह ग़ुलाम हो जाता है··· फ़्रांस और ग़ुलाम हो जाए··· फ़्रांस कभी ग़ुलामी क़ुबूल नहीं करेगा, कभी ग़ुलामी क़ुबूल नहीं करेगा··· लेकिन··· लेकिन···

[*वक़्फ़ा।*]

नहीं नहीं, हम चश्मे का पानी पिएँगे···

[*वक़्फ़ा।*]

तुम लोग मैदाने-जंग में क्यों नहीं जाते···

[*वक़्फ़ा।*]

लिखो··· लिखो···

मोंथोलोन : आलीजाह, अब आप आराम फ़रमा लीजिए।

नेपोलियन : (*थके हुए लहजे में*) कैसा आराम··· आराम··· आराSSSम···

मोंथोलोन : मारशान, ख़ुदा करे, अब इनकी आँख लग जाए।

मारशान : मालूम होता है, तकलीफ़ बहुत ज़्यादा है··· अभी सुबह होने में कई घंटे बाक़ी हैं।

मोंथोलोन : आहिस्ता बोलो मारशान, हुज़ूर सो रहे हैं।

[*वक़्फ़ा।*]

मारशान : (*मुज़्तरिब*[14] *और घुटी-घुटी आवाज़ में*)। मोंथोलोन देखो, हुज़ूर तकिए के नीचे कुछ ढूँढ़ रहे हैं।

नेपोलियन : (*टूटती हुई आवाज़ में*) मेरा बेटा कहाँ है··· मेरा बेटा कहाँ है··· तुम लोगों ने उसके साथ क्या सुलूक किया है··· मेरा बेटा, मेरा बेटा··· मारशान, तसवीर लाओ··· मेरे बेटे की तसवीर कहाँ है···

मारशान : आलीजाह, तसवीर वह सामने टँगी हुई है··· आप लेट जाइए, आराम फ़रमाइए।

नेपोलियन : हाँ हाँ··· वह मेरा बेटा है··· मेरा बेटा··· बेटा···

एक आवाज़ : चौथे रोज़।

मोंथोलोन : मारशान, आज आलीजाह की तबीयत में कुछ सुकून है।

मारशान : यह सुकून ही तो मुझे किसी ज़बरदस्त तूफ़ान का पेशख़ेमा[15] मालूम होता है··· मुझे डर है···

नेपोलियन : (*यकायक गरजती हुई आवाज़ में*) अगर रूसो न होता तो फ़्रांस में इन्क़िलाब बरपा न होता··· नेपोलियन न होता तो नक़्श-ए-कुहन मिटा देने का ख़्याल पैदा न होता···

[*वक़्फ़ा*]

मारशान… !

मारशान : आलीजाह !

नेपोलियन : तोलोन का मुहासरा[16] हो रहा है… उफ़… मेरी टाँग पर गहरा ज़ख़्म आया है…

[*वक़्फ़ा*]

यह डॉक्टर क्या बकवास करता है कि हमें बिस्तर में आराम करना चाहिए… ज़ख़्मी टाँग के लिए हम अपना वक़ार ज़ख़्मी करा लें… हरगिज़ नहीं…

[*वक़्फ़ा*]

सुनो डॉक्टर, हमारी टाँग को कुछ नहीं होगा… क़तई तौर पर कुछ नहीं होगा, कुछ हो ही नहीं सकता… कल या परसों तोलोन पर हमारा झंडा लहराएगा… ताक़त… ताक़त… और ताक़त… हम ताक़त चाहते हैं… वह ताक़त जिसे हमने इतने बरस अपनी दाश्ता[17] बना के रखा है… हमें ताक़त से मुहब्बत है… जिस तरह मौसीक़ार अपने साज़ से मुहब्बत करता है, उसी तरह हम ताक़त से मुहब्बत करते हैं, इसीलिए कि हम इस साज़ से, जैसा नग़्मा चाहें निकाल सकते हैं…

[*वक़्फ़ा*]

यह पोप हमारा हुक्म क्यों नहीं मानता… हमारी ख़्वाहिश है, वह हमारा हुक्म माने, इसलिए कि सियासी दुनिया के अलावा हम मज़हबी दुनिया पर भी हुकूमत करना चाहते हैं… हमारी ताक़त, हमारी अज़्मत, हमारे वक़ार से भी कोई इनकार नहीं कर सकता… किसी को इनकार की ज़ुर्रत नहीं हो सकती, इसलिए कि ये सब चीज़ें ख़ुदा की तरफ़ से हमें दी गई हैं… पाँच बरस में नेपोलियन सारी दुनिया पर अपने नक़्शे-क़दम छोड़ जाएगा।

[*वक़्फ़ा ।*]

(*रौबदार आवाज़ में*) यह किस ने कहा कि यह सरासर दीवानगी है…

[*बिस्तर से फ़र्श पर कूद पड़ने की आवाज़*]

मारशान : मोंथोलोन, बरटरेन… दौड़ो, आलीजाह को कुछ हो गया है…

[*गला घोंटे जाने की आवाज़*]

(*भिंची हुई आवाज़ में*) आलीजाह… आलीजाह…

मोंथोलोन, मुझे बचाओ…

[*गला छुड़ाने, गिरफ़्त से आज़ाद कराने और बिस्तर पर लिटाने की आवाज़ें ।*]

(*खाँसता है*) उफ़··· कितनी ज़बरदस्त गिरफ़्त थी।

नेपोलियन : मारशान!

मारशान : आलीजाह!

नेपोलियन : फ़्रांस के बहादुर जरनैलो··· फ़तह क़रीब है··· दौड़ो, भागो··· ब्रिगेड नंबर छत्तीस, चलो, फ़तह तुम्हारी है··· ख़बरदार जो किसी के क़दम पीछे हटे··· हमें एक लाख आदमियों की ज़रूरत है, एक लाख बहादुरों की जो हमारी सरकर्दगी[18] में आँधी बनकर दुनिया पर छा जाएँ··· एक बार फिर जंग के शोले लपकें, एक बार फिर अक़वामे-आलम[19] की सियासत हमारे हुज़ूर में काँपे; एक बार फिर फ़तहो-नुसरत हमारे क़दम चूमे··· (*जोशीली आवाज़ में*) पूरे ज़ोर से हमला करो··· सारी दुनिया हमारी है··· बढ़ो··· बढ़ो··· बढ़ो···

मारशान : आलीजाह···
देखो मोंथोलोन, आलीजाह कहीं गिर न जाएँ··· कहीं चोट न आ जाए···

मोंथोलोन : ज़ोर से पकड़े रहो, ज़ोर से मारशान!

[*कशमकश की आवाज़*]

नेपोलियन : बढ़ो··· बढ़ो··· ब्रिगेड नंबर छत्तीस, बढ़ो··· बढ़ो···

मारशान : लेट जाइए आलीजाह!

नेपोलियन : (*थकी हुई आवाज़ में*) बढ़ो··· बढ़ो··· बढ़ो···

[*आवाज़ डूब जाती है।*]

मोंथोलोन : बस अब छोड़ दो, आराम करने दो···

[*वक़्फ़ा*]

नेपोलियन : (*बड़े रहमअंगेज़ कमज़ोर लहजे में*) माँ··· माँ··· तुम कहाँ हो?

एक आवाज : जब शहंशाह की हालत नाज़ुक बयान की गई, तो सेंट हेलीना के गवर्नर सर हडसन लो को बहुत फ़िक्र लाहक़ हुई··· वह नहीं चाहता था कि उसका शाही क़ैदी मर जाए··· वह नेपोलियन की जान बचाने के लिए बहुत कुछ कर गुज़रने को तैयार था··· उसने फ़ौरन ही पाँच तबीबों की एक मजलिस क़ायम की कि वह मरीज़ की जान बचा सकें।

आरनट : मेरी राय है कि इन्हें थोड़ा-सा दूध दिया जाए··· आपका क्या ख़्याल है डॉक्टर बरटरेन!

बरटरेन : डॉक्टर अंतो मारशे से पूछिए।

अंतो मारशे : जहाँ तक मुझे इल्म है, शहनशाह कभी दूध नहीं पी सके··· और ऐसी हालत में···

आरनट : लेकिन हज़रत, दूध तो ग़िज़ाइयत से भरपूर है··· क्यों न इम्तिहानन

पिलाकर देखें।

अंतो मारशे : मैं इसके ख़िलाफ़ हूँ···शिकमी अम्राज़[20] में दूध की मुमानियत है, इसलिए कि यह ज़ूदहज़्म[21] नहीं होता।

शार्ट : यह बहस मुबाहसा फ़ुज़ूल है···जब तक मरीज़ का मुआयना न किया जाए, कोई राय नहीं दी जा सकती।

बरटरेन : मैं अंदर जाकर शहनशाह से दरयाफ़्त करता हूँ···शायद वह आप लोगों को मुआयने की इजाज़त दे दें।

[*वक़्फ़ा*]

आलीजाह, डॉक्टर हाज़िर हुए हैं··· आपसे मुलाक़ात करना चाहते हैं।

नेपोलियन : डॉक्टर···मुलाक़ात···तो हमारा वक़्त क़रीब आ गया?

बरटरेन : नहीं आलीजाह···हुज़ूर की हालत नाज़ुक है, मगर ख़तरनाक नहीं··· हम सिर्फ़ एहतियात के तौर पर कुछ करना चाहते हैं।

नेपोलियन : नहीं, हम उनसे मुलाक़ात नहीं करेंगे।

बरटरेन : आलीजाह!

नेपोलियन : (*तहक्कुमाना[22] लहजे में*) बरटरेन!

बरटरेन : बहुत अच्छा आलीजाह!

[*वक़्फ़ा।*]

मोंथोलोन : क्यों, क्या ख़बर लाए?

बरटरेन : शहनशाह ने मुलाक़ात से इनकार कर दिया।

आरनट : उनकी हालत बहुत नाज़ुक है साहबान···बेहद ख़तरनाक है, लेकिन हमें नाउम्मीद नहीं होना चाहिए और कोई और तदबीर सोचनी चाहिए।

अंतो मारशे : मेरा ख़याल है कि शहनशाह के मेदे में रसौली नहीं है, सिर्फ़ वरम है···मर्ज़ का असल मर्कज़ जिगर है।

बरटरेन : साहबान, आपसे मेरी दरख़्वास्त है कि आप जल्द किसी नतीजे पर पहुँचकर इलाज शुरू कर दें···इस वक़्त एक-एक लम्हा बहुत क़ीमती है।

आरनट : लेकिन मुसीबत यह है कि वह किसी को अपने पास आने की इजाज़त ही नहीं देते···जब मरीज़ अपने तबीब[23] को पास तक न फटकने दे तो इलाज क्या ख़ाक होगा।

अंतो मारशे : मेरी हिदायत पर उन्होंने कभी अमल नहीं किया।

मचल : साहबान, मेरी राय है कि उन्हें एक तकड़ा जुल्लाब दिया जाए···इससे ज़रूर इफ़ाका होगा।

आरनट : आपका ख़याल सही है···डॉक्टर मचल, दस ग्रेन केलोमल ठीक रहेगा?

अंतो मारशे : लेकिन मेरा ख़याल है साहबान कि पारा किसी शक्ल में भी शहनशाह

के मिज़ाज के मुवाफ़िक़ नहीं होगा।

मोंथोलोन : सवाल यह है कि उन्हें दवा कैसे पिलाई जाए… अब सिर्फ़ एक ही रास्ता है कि मारशान पानी में दवा मिलाकर उन्हें पिला दें…
मारशान, आलीजाह को बचाने के लिए अब यह आख़िरी हीला है।

एक आवाज़ : पाँचवें रोज़।

नेपोलियन : मोंथोलोन, तुम हमारी पीठ पर यू-डी-कोलोन की मालिश करना चाहते हो… तुम्हें इजाज़त है… (*ज़ूमानी लहजे में*) साइंस ने इलाज मुआलजे के तरीक़ों में कितनी तरक़्क़ी कर ली है… तुम कहते हो, इससे गुरदों को तक़्वियत[24] पहुँचेगी… लो पहुँचाओ तक़्वियत गुरदों को…

[*वक़्फ़ा।*]

मारशान!

मारशान : आलीजाह!

नेपोलियन : पीने के लिए पानी।

[*पानी उँडेलने की आवाज़।*]

मारशान : आलीजाह, पानी हाज़िर है।

[*ग़टाग़ट पीने की आवाज़।*]

नेपोलियन : (*दर्दनाक लहजे में*) मारशान, तुम भी हमें धोखा दे गए।

मारशान : (*नदामत भरी आवाज़ में*) माफ़ी चाहता हूँ आलीजाह!

नेपोलियन : अच्छा, सादा पानी का एक गिलास लाओ।

[*पानी उँडेलने की आवाज़।*]

मारशान : पानी हाज़िर है आलीजाह!

[*ग़टाग़ट पीने की आवाज़।*]

नेपोलियन : कितना अच्छा है… कितना अच्छा है… शायद यह हमारा आख़िरी गिलास हो…

[*वक़्फ़ा।*]

मोंथोलोन, हम बस अब चंद दिनों के मेहमान हैं… सेंट हेलिना का मेहमान बहुत जल्द मौत का मेहमान होगा… तुम लोगों ने इस जलावतनी में हमारा साथ दिया है… हम तुम्हारे मम्नून हैं और ख़्वाहिश करते हैं कि हमारी याद तुम्हारे दिलों में देर तक क़ायम रहे… देखो कोई ऐसी बात न करना जिससे हमारी याद को ज़ोअफ़[25] पहुँचे… (*मोंथोलोन और मारशान की हल्की-सी सिसकी।*) बुज़दिल न बनो… बुज़दिल न बनो…

एक आवाज : छटे रोज जबकि सेंट हेलिना में ज़बर्दस्त तूफ़ान आ रहा था।

नेपोलियन : सेंट हेलिना में तूफ़ान आ रहा है··· नेपोलियन ख़ुद एक तूफ़ान था जो सारे योरोप पर छाया रहा··· (*शदीद हिज़यानी कैफ़ियत में*) योरोप में शराबपसंद हुक्मरानों का तसल्लुत[26] मिट चुका है। एक नया ज़माना करवट बदल रहा है। नेपोलियन की ताक़त के सामने सरनिगूं[27] हो जाओ··· वह ज़िल्ले-इलाही है। ताक़त और हुकूमत का सरचश्मा है··· ज़िंदाबाद नेपोलियन बोनापार्ट— पाइंदाबाद इन्क़िलाब···

[*वक़्फ़ा।*]

बरनादत, सिर्फ़ तुम्हारी वजह से पूरा एक दिन ज़ाया हो गया है, पूरा एक दिन··· तुम्हें जानना चाहिए कि सारी दुनिया की क़िस्मत सिर्फ़ एक दिन से वाबस्ता है···

[*वक़्फ़ा।*]

तेलीरेन, रूस के साथ अहदनामे[28] का मुसव्विदा तैयार करो··· क्या कहा, इतनी जल्दी क्या है··· तेलीरेन, मुझे सिर्फ़ एक रूस से नहीं, और बहुत से मुल्कों से भी निबटना है···

[*वक़्फ़ा।*]

मोंथोलोन : (*दबे लहजे में*) मुझे आसार अच्छे नज़र नहीं आते मारशान! (*मारशान आह भरता है।*)

[*वक़्फ़ा।*]

नेपोलियन : जोज़ेफ़ाइन··· जोज़ेफ़ाइन··· मेरे पास आओ··· जब से तुम जुदा हुई हो, मैं मग़्मूम रहता हूँ··· मेरे हाफ़िज़े[29] में तुम्हारे बोसे और तुम्हारे आँसू चमक रहे हैं। सिर्फ़ तुम्हारी ख़ातिर मैंने इटली पर फ़तह हासिल की। सिर्फ़ तुम्हारी ख़ातिर मैंने दुश्मनों के इक्कीस झंडे छीने···

[*वक़्फ़ा।*]

जोज़ेफ़ाइन··· जोज़ेफ़ाइन, तुम बेवफ़ा निकलीं··· तुमने अपने आशिक़ से दग़ा की··· तुम्हारी बेवफ़ाइयों ने कई बार योरोप के फ़ातहआज़म की आँखें नमनाक की हैं···

[*वक़्फ़ा।*]

आह··· मेरी वेल्यूसका, तुम औरत नहीं, फ़रिश्ता हो··· तुम्हारी वफ़ा-शुआरियों[30] ने हमें बहुत मुतास्सिर किया है··· ख़ुदा की क़सम, हम उस औरत को अज़ीज़ समझते हैं जो हमारे जलाल से नहीं, बल्कि हमसे मुहब्बत करती है···

[*वक़्फ़ा।*]

(*जोशीली आवाज़ में*) तमाम ताक़तें इकट्ठी हो जाएँ, मैदान हमारे ही हाथ रहेगा… फ्रांस का झंडा हमेशा बुलंद रहेगा… आस्ट्रिया की फ़ौजों को हमने शिकस्त दी; सीरिया और मिस्र का मैदान हमारी बहादुर फ़ौजों ने जीता; इटली की फ़ौजों को हमने पसपा[31] किया… उठो… उठो… अपने वतन पर क़ुर्बान हो जाओ, अपने वतन की हिफ़ाज़त करो… हिम्मत न हारो… फ़्रांस को बचाओ… क़िस्मत-विस्मत कुछ नहीं, महज़ ढकोसला है… सिर्फ़ मौक़ा दुनिया पर हुकूमत करता है; मौक़े से फ़ायदा उठाओ; दुनिया तुम्हारी है… सीधी लकीर हमेशा टेढ़ी लकीर से छोटी होती है… नेपोलियन एक लकीर है…

[*शदीद तूफ़ान की आवाज़ आती है* ।]

मोंथोलोन : (*घबराई हुई आवाज़ में*) आलीजाह… मारशान…

नेपोलियन : सिपाहियो… सालारे-जंग… आगे बढ़ो… फ़्रांस… फ़्रांस… फ़्रां…

[*आहिस्ता-आहिस्ता नेपोलियन की आवाज़ डूब जाती है । तूफ़ान की शिद्दत कम होते-होते ग़ाइब हो जाती है* ।]

एक आवाज़ : मरते वक़्त भी उसकी ज़बान पर अपने प्यारे वतन का नाम था… नेपोलियन को फ़्रांस से मुहब्बत थी… फ़्रांस के हर ज़र्रे से प्यार था… उसने फ़्रांस की मुर्दा क़ौम में ज़िंदगी की रूह फूँकी; उसको मुनज़्ज़म किया…

योरोप में उसके हर क़दम से आँधियाँ उठीं, तूफ़ान आए… उसके आफ़ताबे-इक़बाल से सियासत की आँखें चुँधिया गईं…

वह योरोप में एक अर्से तक दहशत बनकर छाया रहा।

[*वक़्फ़ा।*]

चार मई 1821 को नेपोलियन बोनापार्ट फ़ातहे-आज़म छः बजने में इक्कीस मिनट पर इस जहान से रुख़सत हो जाता है।

[*फ़ेड आउट* ।]

---

1. महान; 2. बेहोशी से पूर्व की बड़बड़ाहट; 3. हास्यपूर्ण; 4. विश्वास; 5. डॉक्टरी-वाक्टरी; 6. छिन न जाए; 7. दांपत्य; 8. गर्भाशय; 9. भविष्य; 10. तबाही, विध्वंस; 11. इज़्ज़त; 12. सफलता; 13. चमकीला; 14. व्याकुल; 15. पूर्वाभास; 16. घेरा; 17. रखैल; 18. नेतृत्व; 19. विश्व के सभी राष्ट्रों; 20. पेट के रोग; 21. सुपाचक; 22. आदेशात्मक; 23. चिकित्सक; 24. शक्ति; 25. कमज़ोरी; 26. अधिकार, प्रभुत्व; 27. सिर झुकाना; 28. समझौते; 29. स्मृति; 30. भक्ति; 31. पराजित, पीछे हटना;

तीन ख़ामोश औरतें

[*स्टेशन पर गाड़ी ठहरने का सोती मंज़र मसरूफ़*[1] *प्लेटफ़ार्म का शोरो-ग़ुल*]

सुरैया : (*बहुत तेज़ी से बोले जैसे कतरनी चल रही है*) देखना कहीं कोई चीज़ न टूट जाए... सारी चीज़ें बड़े सलीक़े से बाहर निकालो और क़रीने से प्लेटफ़ार्म पर रख दो... सुनते हो बड़े मियाँ... गाड़ी छूटने में काफ़ी देर है। तुम इत्मीनान से सामान उतारो। मुझे कोई जल्दी नहीं है।

कुली : बहुत अच्छा सरकार!

सुरैया : हाँ तो बहन, मैं कह रही थी... वह बात बीच ही में रह गई... यह निगोड़ी ख़ामोशीपसंद तबीयत भी किसी की न हो... बहुत-सी बातें अधूरी रह जाती हैं... देखो बड़े मियाँ, पहले बड़ा ट्रंक उठाओ, फिर छोटा उठाना... और हाँ, पूरे बारह नग हैं, बारह... मैं गिनवा लूँगी।

[*ट्रंक उठाने की आवाज़।*]

कुली : आप बेफ़िक्र रहें।

सुरैया : हाँ तो बहन, मैं क्या कह रही थी?

शमशाद : अपने घर का एक वाक़ा सुना रही थीं आप।

सुरैया : हाँ तो बहन, रोज़ ऐसे वाक़िआत होते रहते हैं और ख़ास करके वह औरतें, जो घर-घर की बिल्ली होती हैं, ऐसा चुटकला छोड़ती हैं कि अल्लाह की पनाह... पिछले हफ़्ते की बात है, मेरी एक हमसाई सकीना बेगम हस्बे-मामूल[2] खाने के वक़्त ठीक बारह बजे, जबकि दस्तरख़्वान चुना जा रहा था, आ धमकीं और आने के साथ ही शुरू हो गईं : "सुना बीबी, मुझे आज कुलसूम बाई कहने लगीं कि बरेलीवाली बेगम की लेपालक रोज़ एक नाचघर में जाके नाचती है..." मैं यह सुनकर बड़ी हैरान हुई : "अच्छा... पर वह तो निगोड़ी अभी बारह-तेरह बरस के लगभग होगी... नाचना-गाना कैसा... और बरेलीवाली बेगम खिलाने को सोने का निवाला खिलाती हैं, पर शेरनी की आँख से देखती हैं... और फिर भई, मुझे यक़ीन नहीं आता..."

कुली : यह ट्रंक भी आप ही का है बेगम साहब !

सुरैया : हाँ, मेरा ही है⋯ बस अब बार-बार न पूछना। सब सामान मैं तुम्हें बता चुकी हूँ। मुझसे ज़्यादा मग़ज़दर्दी नहीं हो सकती⋯ हाँ बहन, तो मेरी बात सुनकर सकीना बेगम ने कहा : ''लो उनका भानजा मुम्ताज़ हर रोज़ आता है, वह मुवा दुमकटा लँडूरा कोट पहनकर⋯ और कभी-कभी चार-चार दिन ख़ाला ही के यहाँ रहता है⋯'' मैंने कहा : ''भई, होगा⋯ जो आग खाएगा, अँगारे हगेगा⋯'' अब सामने खिड़की में बैठी हुई बशीरा की माँ यह सारी बातें सुन रही थीं। बातें ख़ूब ग़ौर से सुना कीं। पेट में चूहे दौड़ने लगे। चदरिया ओढ़ी और सीधी गुमानी ख़ानम बरेलीवाली बेगम की बड़ी बहन के यहाँ पहुँचीं। गुमानी ख़ानम ने बड़ी आवभगत से बशीरा की माँ को बिठाया और कहने लगीं⋯ : ''सुनाओ बशीरा की माँ, इतने दिन कहाँ रहीं⋯ तुम तो ईद का चाँद हो गईं⋯ आज किधर रास्ता भूलकर इधर आ गईं⋯'' सारा क़िस्सा तो मुझसे सुनाया न जाएगा⋯ बहन, मैं ज़्यादा बोल नहीं सकती और फिर मुझे पूरी बात भी तो कभी याद नहीं रहती⋯ इस निगोड़ी ख़ामोशीपसंद तबीयत को क्या कहूँ ?⋯

शमशाद : आप तो फिर दो बोल मुँह से बोल लेती हैं, पर यहाँ तो हर वक़्त मुँह बंद रहता है।

कुली : यह पनदनिया आप ही की है ?

सुरैया : मेरी ही है, पर देखो, ज़रा एहतियात से ट्रंक के ऊपर रख देना⋯ हाँ तो बशीरा की माँ ने कहा : ''आज कुछ बात ही ऐसी है जो ख़ासकर तुमसे मिलने आ गई⋯ ऐ सुना तुमने, मुबारक हो⋯ मैंने तो सुना कि तुम्हारी बहन बरेलीवाली बेगम की लेपालक अब माशाल्लाह ख़ूब नाचती है, रोज़ नाचघर जाती है और⋯ और मुंम्ताज़ भी कई-कई दिन ख़ाला ही के यहाँ रहता है⋯'' जब गुमानी ख़ानम ने यह सुना तो बोल उठीं : ''हे-हे, ख़ुदा का ग़ज़ब⋯ बोहतान, झूठ, सफ़ेद झूठ⋯ ऐ कल ही तो, नहीं, भूली, परसों शाम को वहाँ गई हुई थी। फ़रीदा किसी नाचघर में नहीं जाती, पर हाँ यह तो कहो, तुमने यह बात सुनी किससे⋯'' बशीरा की माँ ने जवाब दिया : ''सकीना बेगम यह सारा क़िस्सा कुलसूम बाई की ज़बानी मेरी हमसाई सुरैया बेगम को सुना रही थीं,⋯ मैं क्या जानूँ, सच है या झूठ⋯ गुनाह कहनेवाले की गर्दन पर⋯ मुझे तो ख़ुद ताज्जुब था⋯''

शमशाद : इस पर गुमानी ख़ानम तो बहुत बिगड़ी होंगी ?

सुरैया : गुमानी ख़ानम चिल्लाकर बोलीं : ''सुनो बशीरा की माँ, तुम्हें काहे का डर⋯ मैं तो बग़ैर सही मुहावरे इस बात को छोड़ूँगी नहीं⋯ सकीना बेगम और कुलसूम बाई, दोनों को बुलवाऊँगी और तुमको भी आना

होगा... ना बाबा, किसी की बहू-बेटी को बदनाम करना क्या अच्छी बात है... फ़रीदा के माँ-बाप सुनेंगे तो क्या कहेंगे मेरी बहन को : 'हमने लड़की इसलिए आपके यहाँ रखी है कि वह यूँ बदनाम हो... हम लोग ग़रीब ज़रूर हैं, पर अश्राफ़[3] हैं। यह ज़िल्लत हमसे गवारा न होगी...' सुना तुमने बशीरा की माँ... इस बात का आमना-सामना कराना ज़रूरी है... मैं तो कुलसूम बाई के लत्ते ले डालूँगी... उनको हक़ क्या है कि किसी की बहू-बेटी को झूठ बदनाम करती फिरें और ऐसी हालत में कि एक नहीं, दो-दो उनकी भी जवान कुँआरी लड़कियाँ हैं... न कर सास बुराई कि तेरे आगे भी जाई... वाह! यह ख़ूब वतीरा[4] निकाला है..."

[घंटी बजने की आवाज़—फिर चंद लम्हों के बाद रेल की सीटी की आवाज़।]

शमशाद : बहन, गाड़ी छूटने का वक़्त हो गया... जाइए, आपका सारा असबाब बाहर निकल चुका है... कुली बाहर ही है... देख लीजिए, कोई चीज़ रह न गई हो।

सुरैया : जाती हूँ बहन, पर यह बात अधूरी ही रह गई... यह निगोड़ी ख़ामोशीपसंद तबीयत भी किसी की न हो... हाँ बहन, तो इस क़िस्से का लुब्बे-लुबाब यह था कि...

शमशाद : लेकिन बहन...

सुरैया : गाड़ी छूटने में अभी पाँच मिनट तो ज़रूर होंगे—मैं अच्छी तरह जानती हूँ—एक बार रशीद के अब्बा मसूरी से आ रहे थे। स्टेशन पर... लेकिन हाँ... हाँ तो मैं इस क़िस्से का लुब्बे-लुबाब बयान करनेवाली थी... यह स्टेशनवाली बात तो बहुत लंबी है और मुझे सारी बात याद भी कहाँ होगी। यह निगोड़ी इख़्तिसार पसंद[5] तबीयत... हाँ तो बहन, इस क़िस्से का लब्बे-लुबाब यह था कि राई का पहाड़ बना लिया गया था, फुसरी का भगंदर हो गया था... बात सिर्फ़ यह थी कि फ़रीदा बेचारी शामते-आमाल[6] एक रोज़ रेडियोघर देखने चली गई थी और साथ मुम्ताज़ भी था... बस इतनी-सी बात थी जिसे अफ़साना कर दिया... वह तो ख़ैर गुज़री...

शमशाद : बहन, गाड़ी बस अब छूटा ही चाहती है।

सुरैया : मुझे मालूम है... पिछले दिनों रशीद के अब्बा मसूरी से जब वापस आ रहे थे... मसूरी में उनकी बहुत बड़ी दूकान है। उनके भानजे की लड़की सईदा का ख़ालू और मेरे भतीजे की नानी... मगर मुझे यह रिश्ते भी कहाँ याद हैं। यह निगोड़ी हर दम चुप रहनेवाली तबीयत... हाँ बहन, अब मैं जाती हूँ, पर मुझे सदा इस बात का अफ़सोस रहेगा कि आपसे खुलकर

बातें न कर सकी···तो आप ज़रूर कभी मसूरी आइएगा···इनके भानजे की लड़की सईदा का ख़ालू और मेरे भतीजे की नानी···नहीं-नहीं, मेरा मतलब यह है कि हमारी मसूरी में एक नहीं, दो-तीन कोठियाँ हैं···मैं आपको दावत दे चुकी हूँ। देखिए, भूलिएगा नहीं···अच्छा तो मैं चली···ख़ुदा हाफ़िज़···आप बंबई जा रही हैं न···मुझे याद आया, इनके चचा के ख़लेरा भाई बंबई ही में तो रहते हैं···क्या आप उनको नहीं जानतीं···ठहरिए, मैं आपको उनका पता बताती हूँ···

[*घंटी बजने की आवाज़—फिर रेल की सीटी की आवाज़।*]

शमशाद : अब आप उतर जाइए···गाड़ी बस चलने ही वाली है···अच्छा ख़ुदा हाफ़िज़।

[*डिब्बे का दरवाज़ा खुलने और फिर बंद होने की आवाज़।*]

सुरैया : अच्छा बहन, ख़ुदा हाफ़िज़···भई, मुझे माफ़ कर देना···इस सफ़र में आपके साथ मैं खुल के बातें न कर सकी···दरअसल मेरी ख़ामोशीपसंद तबीयत···

[*गाड़ी चलने की आवाज़।*]

अच्छा ख़ुदा हाफ़िज़।

शमशाद : ख़ुदा हाफ़िज़।

[*गाड़ी के रफ़्तार पकड़ने की आवाज़।*
इत्मीनान भरा लंबा साँस खींचने की आवाज़।]

शुक्र है···दिमाग़ चाट गई थी···बातें करती थी तो मालूम होता था, चिकन काढ़ती चली जा रही है···मुतवातिर तीन घंटे से बोल रही थी···तौबा···

[*वक़्फ़ा।*]

क्यों बहन, सुनी थीं आपने उस ख़ामोश औरत की बातें···

[*वक़्फ़ा।*]

माफ़ करना बहन, मैंने वाक़िफ़ियत के बग़ैर आपसे ग़ुफ्तुगू शुरू कर दी···दरअसल···दरअसल उस औरत की बातों ने मुझे बेहद परेशान कर दिया था···

महमूदा : नहीं, इसमें माफ़ी की क्या बात है।

[*वक़्फ़ा।*]

शमशाद : मैं पूछ सकती हूँ कि आप कहाँ तशरीफ़ ले जाएँगी?

महमूदा : खंडवा···

शमशाद : खंडवा···

[*वक़्फ़ा।*]

तो आप खंडवा जाएँगी···यह खंडवा कहाँ हुआ?

महमूदा : झाँसी के पास…

शमशाद : झाँसी के पास…हूँ…

[*वक़्फ़ा।*]

आपके साथ कौन है ?

महमूदा : मेरा भाई।

शमशाद : तो वह स्टेशन पर आपके भाई थे…

[*वक़्फ़ा।*]

आपसे छोटे हैं या बड़े ?

महमूदा : बड़े।

[*वक़्फ़ा।*]

शमशाद : कै बरस बड़े होंगे ?

महमूदा : दो बरस।

[*वक़्फ़ा।*]

शमशाद : आपका नाम ?

महमूदा : महमूदा।

[*वक़्फ़ा।*]

शमशाद : मेरा नाम शमशाद है।

महमूदा : अच्छा।

शमशाद : आपके भाईसाहब का नाम ?

महमूदा : ख़ान मुहम्मद उमर ख़ाँ।

शमशाद : ख़ान मुहम्मद उमर ख़ाँ…

[*वक़्फ़ा।*]

मेरे भी दो भाई हैं…

[*वक़्फ़ा।*]

एक मुझसे बड़ा, एक छोटा…छोटे का नाम असग़र अली साबिर है…शाइर है…आपने रिसालों में उसकी ग़ज़लें ज़रूर देखी होंगी… पिछले बरस शिमले भी गया था। शिमले में हर बरस मुशाइरा हुआ करता है। वहाँ हमारी कोठी भी है…और जो मुझसे बड़ा है, उसका नाम हैदर अली है, पश्मीने का बहुत बड़ा ब्योपारी है…सरकारी नौकरी उसको मिलती थी, पर उसने इनकार कर दिया, इसलिए कि तिजारत में उसको ज़्यादा फ़ायदा है और फिर बहन, नौकरी फिर नौकरी है…आपके भाईसाहब क्या काम करते हैं ?

महमूदा : खंडवा में स्कूल खोल रखा है।

शमशाद : स्कूल खोल रखा है…तो ख़ैर से बच्चों को पढ़ाते होंगे…अल्लाह बख़्शे, मेरी सास कहा करती थीं कि बच्चों को पढ़ाना बड़ा ही मुश्किल काम

है…मेरी सास, अल्लाह बख़्शे, क़ुरआन की हाफ़िज़ थी। गली की सब लड़कियाँ उनसे क़ुरआन पढ़ती थीं…पिछले वक़्त में आकर बेचारी की आँखें ख़राब हो गईं, इसलिए कई लड़कियों के क़ुरआन अधूरे रह गए…तो खंडवा में आपके भाईसाहब ने स्कूल खोल रखा है…आमदनी कितनी हो जाती है…मेरी सास तो मुफ़्त पढ़ाया करती थी…हाँ तो कितनी आमदनी हो जाती है?

महमूदा : वह फ़ीस नहीं लेते।

शमशाद : तो स्कूल ख़ैराती होगा…बड़े सवाब का काम कर रहे हैं। अल्लाह ज़ज़ा दे…अल्लाह बख़्शे, मेरी सास को भी इस बात का बहुत ख़याल था कि दुनिया में आक़बत सँवारने के लिए कोई नेक काम ज़रूर करना चाहिए…तो इससे बढ़कर और क्या नेक काम होगा।

महमूदा : जी हाँ।

[*वक़्फ़ा।*]

शमशाद : आप…आप भी मेरी तरह बहुत ख़ामोशीपसंद हैं…बहुत कम बात करती हैं।

महमूदा : जी हाँ…बचपन ही से ऐसी आदत है।

शमशाद : बड़ी अच्छी आदत है…आपने तो देखा ही है, उस औरत की ज़बान तालू से नहीं लगती थी…तौबा है बाबा…लोहे का मग़ज़ था उसका…अल्लाह बख़्शे, मेरी सास कहा करती थीं : "बेटा, कमसुख़न आदमी बड़ा अच्छा होता है…सोचो ज़्यादा, बोलो कम…" सो उनकी नसीहत पर आज तक अमल कर रही हूँ…पिछले दिनों महल्ले में एक बेकार-सी बात पर फ़ज़ीहता हो गया। पड़ोसन ने मुझे पानी पी-पीकर कोसा, मगर मैं चुप रही। एक लफ़्ज़ ज़बान पर न लाई। आख़िर थक-हारकर वह ख़ामोश हो गई और कहने लगी : "यह तुम मुँह में घुनघुनियाँ डाल के क्या बैठ गई हो…कुछ बोलो…आख़िर मुझे भी तो पता चले कि मेरे पड़ोस में कोई रहता है…" बहन, मैंने उसकी बात इस कान सुनी उस कान निकाल दी। इसका फ़ाइदा यह हुआ कि शाम ही को वह मेरे घर आई…उसने सफ़ेद जार्जेट की साड़ी बाँध रखी थी जिस पर जगह-जगह पीक के दाग़ थे, गुरगाबी फटी हुई; ब्लाउज़ सलवटों से भरपूर…ख़ाविंद उसका डेढ़ सौ रुपए माहवार कमाए और डेढ़ सौ का डेढ़ सौ हर महीने की पहली तारीख़ को बीवी के हाथ में दे दे मगर उसको सलीक़ा ही नहीं था, न पहनने का और न खाने का…हाँ बहन, तो वह शाम को मेरे पास आई और लगी माफ़ी माँगने। मैं फिर भी ख़ामोश रही…अल्लाह बख़्शे, मेरी सास उस वक़्त असर की नमाज़ पढ़ रही थीं। सलाम फेरकर आई और

हमसाई से कहने लगी : "सुग़रा की माँ, शमशाद ने बहुत अच्छा किया जो ख़ामोश रही... अगर बात बढ़ते-बढ़ते मर्दों तक पहुँच जाती तो थाना-थनोल हो जाता... तुम अब जाओ और जो कुछ हुआ, उसको भूल जाओ... जाओ, हमने तुमको माफ़ किया, लेकिन अल्लाह मियाँ से भी माफ़ी माँगो... देखो सुग़रा की माँ, मेरी एक बात गिरह से बाँध लो... औरतों को बहुत कमसुख़न होना चाहिए..." सो बहन, अपना तो यह दस्तूर है कि बातें बहुत ही कम करनी चाहिएँ...

महमूदा : आप कहाँ जा रही हैं ?

शमशाद : बंबई।

महमूदा : बंबई अच्छी जगह है... चौपाटी पर हम हर रोज़ सैर को जाया करती थीं... एक पारसन वहाँ मेरी सहेली बन गई थी... यह पारसनें जो होती हैं ना, उलटी साड़ी बाँधती हैं... उलटी से मेरी मुराद यह है कि...

शमशाद : मैं जानती हूँ बहन... बंबई में रहते हुए मुझे...

महमूदा : ठीक है... तो मैं यह कह रही थी कि चौपाटी सैर के लिए बड़ी अच्छी जगह है... (*हँसती है*) एक रोज़ मेरी उस पारसन सहेली ने, जिसका नाम पैरन था, मुझे समंदर में धक्का दे दिया... मेरी साड़ी हल्के गुलाबी रंग की थी, रेशमी जार्जेट की, जो फूँक मारने से उड़ जाए... वह साड़ी उस रोज़ मैंने पहली मर्तबा पहनी थी... उसने मुझे धक्का जो दिया, मैं बेध्यान तो थी ही, धड़ाम से समंदर में जा गिरी... पैरन के होश उड़ गए। बजाय इसके कि मेरे बचाव की कोई तदबीर करे, उसने शोर मचाना शुरू कर दिया... मगर मेरे होशो-हवास बजा थे, मैं गिरते ही सँभल गई और पैरन से कहने लगी : "पैरन, यह तुझे क्या हो गया है... शोर क्यों मचा रही है... मैं ठीक हूँ और बाहर निकल आऊँगी... बस अब ख़ुदा के लिए ख़ामोश भी हो जाओ..." यह कहकर मैं बाहर निकल आई, मगर समंदर के पानी ने मेरी साड़ी का सत्यानास कर दिया... पैरन ने बाद में बड़ी माफ़ियाँ माँगीं, मगर इसमें माफ़ करने की क्या बात थी... (*हँसती है*) यह पारसनें बड़ी शरीर होती हैं और बातूनी भी... ज़बान इनकी यूँ चलती है जैसे क़ैंची, और फिर ज़बान भी ऐसी बोलती हैं कि मालूम होता है, मशीन चल रही है... बंबई में मेरी और भी काफ़ी सहेलियाँ थीं। गो मैं बातें बहुत कम करती हूँ, मगर फिर भी मेरी सहेलियाँ बहुत हैं... लाहौर आपने देखा है...? वहाँ हम चार बरस रहे हैं। इन चार बरसों में मेरी कई सहेलियाँ बनीं... लेकिन सबको मुझसे एक ही शिकायत है कि मैं बोलती बहुत कम हूँ। हर वक़्त ख़ामोश रहती हूँ... लाहौर की दो सहेलियों ने मुझे कल ख़त भेजा है कि वह खंडवा

आएँगी··· खंडवा अच्छी जगह है··· बंबई जैसी रौनक़ तो नहीं, और न ही वहाँ बस चलती है··· हाँ, यह बंबई की बसें ख़ूब हैं, मगर इनके चलानेवाले निगोड़े बड़े ही वाहियात आदमी हैं··· पायदान पर क़दम पड़े या न पड़े, वह बस चला देते हैं··· एक बार तो मैं मरते-मरते बची··· लेकिन हमने उस ड्राइवर की रिपोर्ट लिखवा दी थी··· भाईजान कहते थे कि उसको ज़रूर जुर्माना हो जाएगा··· तो आप बंबई जा रही हैं···

शमशाद : जी हाँ··· बंबई में···

महमूदा : भई, बंबई की एक बात मुझे पसंद नहीं··· यूँ तो शहर बड़ा साफ़-सुथरा है, मगर वहाँ वह मुई सूखी मछलियाँ खाई जाती हैं··· उफ़, कितनी बुरी बू होती है उनमें··· मुझे ताज्जुब है कि वह लोग ऐसी बदबूदार चीज़ खा कैसे लेते हैं··· हमारे पड़ोस में ऐंग्लो इंडियन रहते थे। हर सनीचर को उनके हाँ वह मंछली पकती थी और बू के मारे मेरा वह हाल होता था कि ख़ुदा किसी दुश्मन का भी न करे··· मगर बहन, क्या मजाल जो मैंने इशारे-किनाये में भी उनको जताया हो···

[*जंभाई लेने की आवाज़।*]

शमशाद : जी हाँ, वह मछली बहुत बदबूदार होती है···

[*फिर जंभाई लेने की आवाज़।*]

ग्यारह बज गए···

महमूदा : ग्यारह बज गए··· मैं भी सोच रही थी कि मुझे अभी तक नींद क्यों नहीं आई··· हम लोग बारह बजे सोने के आदी हैं··· बंबई में तो कभी-कभी एक भी बज जाता था··· बंबई बड़ी बारौनक़ जगह है··· ताज़ा नारियल का पानी अपोलो बंदर पर मैं हर रोज़ पिया करती थी। सेहत के लिए बड़ा अच्छा होता है··· अपोलो बंदर पर हम हर रोज़ सैर को जाया करते थे··· मगर इन्हें, आपके भाईसाहब को··· मेरे भाई नहीं, बल्कि वह··· मेरी शादी भी तो बंबई में हुई थी··· यह मैं आपसे कहना भूल ही गई थी··· दरअसल मुझे ज़्यादा बातें करने की आदत नहीं है और आपके भाईसाहब को भी इस बात की शिकायत रहती है··· अपोलो बंदर हम सैर को जाया करते थे। रास्ते में चूँकि मैं ख़ामोश रहती थी, इसलिए वह बिगड़ जाते थे··· अब बहन, आप ही बताएँ कि इसमें मेरा क्या क़ुसूर है··· निगोड़ी तबीयत ही जो ऐसी पाई है···

[*ख़र्राटे लेने की आवाज़।*]

सो गईं?

शमशाद : (*चौंकती हुई आवाज़ में*) हाँ··· तो शादी आपकी बंबई ही में हुई

थी··· वक़्त बहुत ज़्यादा हो गया है और मुझे कई दिनों का रतजगा है···

महमूदा : जी हाँ, मैं बंबई ही में ब्याही गई थी, मगर एक बरस के बाद ही इनकी तब्दीली हो गई और मैं इनके साथ मद्रास चली गई··· भई, यह मद्रास बहुत ही फ़ुज़ूल जगह है और वहाँ की ज़बान, ऐसा मालूम होता है, टीन के कनस्तर में कंकर डालकर कोई हिला रहा है··· आपने मद्रास देखा है··· अलबत्ता वहाँ की औरतें कानों में हीरे के आवेज़े[7] ज़रूर पहनती हैं। उन आवेज़ों को वह 'बूटी' कहती हैं··· मैं तो समझती हूँ कि मद्रास···

[*ख़र्राटों की आवाज़।*]

सो गईं···

[*वक़्फ़ा।*]

बहन··· बहन··· सो गईं··· मद्रास की बात तो सुन ली होती···

[*वक़्फ़ा।*]

चलो अच्छा हुआ, मुझे ख़्वाहमख़्वाह मग़ज़दर्दी करना पड़ती··· (*मद्धम आवाज़ में*) ऐसी बातूनी औरत सोई रहे तो अच्छा है··· गाड़ी ख़ूब तेज़ चल रही है··· ग्यारह कब के बज चुके हैं··· अब सो जाना चाहिए।

[*ख़र्राटों और भागती गाड़ी की मिली-जुली आवाज़।*]

[*फ़ेड आउट*]

---

1. व्यस्त; 2. रोज़ की तरह; 3. सज्जन लोग; 4. तरीक़ा, ढंग; 5. ज़्यादा लंबी बात को थोड़े शब्दों में कहना; 6. दुर्भाग्य; 7. बुंदे।

तोहफ़ा

आवाजें

शीला
जुगल
एक आदमी
दूसरा आदमी
एक लड़की
गणेश
दूकानदार
तीसरा आदमी
एक मेहमान
दूसरा मेहमान
तीसरा मेहमान
चौथा मेहमान
रामू

कॉलेज की घंटी की आवाज़।
क़दमों की चाप
शहनाइयों की आवाज़
हुजूम का शोर
दस्तक
दरवाज़ा बंद करने और खोलने की आवाज़
मोटर के स्टार्ट होने और रफ़्तार पकड़ने की आवाज़
मोटर के हॉर्न की आवाज़
क्लॉक के बजने की आवाज़
मौसीक़ी की मुख़्तलिफ़ धुनें
दियासलाई जलाने की आवाज़

[कॉलेज की घंटी बंजने की आवाज़।]

[वक़्फ़ा।]

[क़दमों की चाप।]

शीला : जुगल⋯जुगल⋯

जुगल : ओह⋯शीला!

शीला : मैं तुमसे एक बात कहना चाहती हूँ।

जुगल : कहो।

शीला : मैंने बहुत ग़ौर किया है और इस नतीजे पर पहुँची हूँ कि हमारा आपस में मिलना ठीक नहीं है⋯कॉलेज में या कॉलेज से बाहर अब हमें एक-दूसरे से नहीं मिलना चाहिए।

जुगल : क्यों?

शीला : इसलिए कि⋯

जुगल : कहो-कहो⋯साफ़-साफ़ कहो।

शीला : इसलिए कि लोग तुम्हें अव्वल दर्जे का बदमाश, आवारागर्द और लुच्चा ख़याल करते हैं।

जुगल : (*हँसता है*) सिर्फ़ ख़याल ही करते हैं⋯उन्हें तो अब तक यक़ीन हो जाना चाहिए था।

शीला : जुगल, तुम कभी संजीदा होना भी सीखोगे?

जुगल : नहीं।

शीला : क्यों?

जुगल : संजीदगी में क्या धरा है⋯यानी ख़्वाहमख़्वाह आदमी संजीदा होता फिरे⋯मैं सेहतमंद हूँ और सेहतमंद रहना चाहता हूँ⋯अपनी ज़िंदगी को यह रोग नहीं लगाना चाहता।

शीला : तुमने मेरा फ़ैसला सुन लिया?

जुगल : सुन लिया।

शीला : तुम्हें क़ुबूल है?

जुगल : मैं दूसरों के फ़ैसले क़ुबूल नहीं करता⋯मैं तुमसे मिलूँगा और मिलता रहूँगा।

शीला : और ज़िंदगी अजीरन[1] कर दोगे मेरी।

जुगल : (*हँसता है*) मैं तुम्हें अपनी ज़िंदगी दे दूँगा।

शीला : (*हँसती है*) जो तुम्हारे इन बूटों की तरह घिसी हुई है...

जुगल : इस्तेमाल जो ज़्यादा करता रहा हूँ...मगर इनका सिर्फ़ तल्ला ही घिसा है, ऊपर का हिस्सा बिलकुल ठीक है...पालिश करोगी तो चमक उठेगा...

शीला : तुम ख़ुद पालिश क्यों नहीं करते?

जुगल : इसलिए कि...

शीला : ठहरो...मैं इस वक़्त संजीदा होना चाहती हूँ...बताओ, तुम ख़ुद पालिश क्यों नहीं करते...तुम अपनी इस्लाह[2] की कोशिश क्यों नहीं करते...लोग तुम्हें अव्वल दर्जे का आवारागर्द समझते हैं...तुम उनके दिमाग़ से यह ख़याल दूर क्यों नहीं करते...तुम क्यों इतने बेपरवाह हो...क्या तुम्हारा यह लाउबालीपन[3] कभी दूर नहीं होगा...क्या तुम कभी इंसान नहीं बनोगे?

जुगल : बस, या अभी कुछ और कहना है?

शीला : लोग मेरी जान खा गए हैं...जिधर जाती हूँ, मेरी तरफ़ उँगलियाँ उठती हैं...मेरे कैरेक्टर पर हमले किए जाते हैं...मैं सबकुछ सहती हूँ, सिर्फ़ तुम्हारी ख़ातिर।

जुगल : मेरी ख़ातिर?

शीला : भगवान जाने, मेरी अक़्ल को क्या हो गया है...मुझे तुमसे इतना उन्स[4] क्यों पैदा हो गया है...मैं तुमसे बिलकुल किनाराकश हो जाती, तुम्हारे ख़याल तक को अपने दिलो-दिमाग़ से महव[5] कर देती, मगर मुझे तरस आता है कि तुम और भी ज़्यादा बहक जाओगे।

जुगल : तुम मुझ पर तरस खाती हो...
(*ज़रा तीखी आवाज़ में*) मैं कोई ज़ख़्मी गधा नहीं, कोई लँगड़ा कुत्ता नहीं, कोई बीमार भैंस नहीं...

शीला : (*ज़रा दुरुस्ती के साथ*) जुगल...

जुगल : बको नहीं...

शीला : (*धीमे लहजे में, अफ़सुर्दा आवाज़ में*) जुगल...

जुगल : जुगल अव्वल दर्जे का बदमाश, शोहदा, लुच्चा और आवारागर्द है।

शीला : मैंने यह कभी नहीं समझा...

जुगल : वह अपने बालों में तेल नहीं लगाता...मैले कपड़े पहनता है...उसका जूता फटा हुआ है...

शीला : मैंने यह कभी नहीं कहा···

जुगल : पहले नहीं कहा, तो अब कह लो··· मैं चाहता हूँ कि तुम मुझसे नफ़रत करो··· मैं चाहता हूँ कि तुम्हारी अक़्ल दुरुस्त हो जाए··· मैं चाहता हूँ कि वह रत्ती भर उन्स, जो तुम्हारे दिल में पैदा हो गया है, दूर हो जाए··· मैं चाहता हूँ, तुम मुझसे बिलकुल किनाराकश हो जाओ कि मैं और ज़्यादा बहक सकूँ···

शीला : तुम कितने बेरहम हो···

जुगल : लोग तुम्हारी जान खा गए हैं··· तुम जिधर जाती हो, तुम्हारी तरफ़ उँगलियाँ उठती हैं··· तुम्हारे कैरेक्टर पर हमले किए जाते हैं, सिर्फ़ मेरी ख़ातिर··· मुझ शोहदे, लुच्चे और आवारागर्द की ख़ातिर··· तुम मुझ पर बेकार तरस खाती रही हो, अपनी तबीयत पर जब्र करके मुझ पर रहम करती रही हो··· जाओ, तुम्हारा फ़ैसला मुझे मंज़ूर है।

शीला : तुम बहुत जल्द भड़क उठते हो जुगल··· मुझे तुमसे झूठमूठ का उन्स नहीं है··· मेरी हमदर्दी, मस्नूई हमदर्दी नहीं है··· मैं तुम पर तरस खाती हूँ, इसलिए कि दूसरे तुम पर तरस नहीं खाते··· वह चाहते हैं कि तुम और ज़्यादा बहक जाओ; तुम्हारा वुजूद बिलकुल मुंतशिर[6] हो जाए; तुम्हारे टुकड़े-टुकड़े हो जाएँ, इस तौर पर कि तुम फिर उन्हें इकट्ठा भी न कर सको··· मैं यह नहीं चाहती··· मुझे तुमसे हमदर्दी है··· मैं औरत हूँ; मैं चाहती हूँ कि तुम सलामत रहो··· मैं चाहती हूँ कि वह तमाम ख़ूबियाँ, जो लोगों के नज़दीक तुम्हारे अंदर नहीं हैं, पैदा हो जाएँ··· और मैं बड़े फ़ख़्र के साथ कह सकूँ, जुगल साहब मेरे दोस्त हैं।

जुगल : (*तमस्ख़ुर आमेज़[7] हँसी हँसता है*) जुगल साहब···

[*वक़्फ़ा।*]

यह जुगल साहब हैं, शहर के बहुत बड़े रईस··· बहुत बड़ा नाम है आपका··· आपकी पतलून में चार पैबंद लगे हैं, कोट आपने किसी दोस्त का पहन रखा है, जूता आपका फटा हुआ है···

(*हँसता है*) यह जुगल साहब हैं···

(*हँसता है*) जाओ शीला, जाओ···एक नाकारा आदमी में इतनी दिलचस्पी न लो··· पढ़ो, इम्तिहान पास करो और शादी-वादी करके इत्मीनान से एक जगह बैठ जाओ···

[*वक़्फ़ा।*]

[शहनाइयों की आवाज़--फिर हुजूम का शोर शामिल हो जाए। चंद लम्हात के बाद यह मिला-जुला शोर धीमा हो जाए और ज़ैल[8] का मुकालमा[9] सुपर इंपोज़ किया जाए।]

एक आदमी : क्या हो रहा है भाई यहाँ ?

दूसरा आदमी : शादी-ब्याह हो रहा है।

जुगल : किसका ?

पहला आदमी : तुम नहीं जानते ?

जुगल : मुझे क्या मालूम।

पहला आदमी : रायबहादुर श्यामसुंदर जी की सुपुत्री शीला का ब्याह हो रहा है।

जुगल : किसके साथ ?

पहला आदमी : रायसाहब लाला गणेश परशाद के साथ... शहर के बहुत बड़े रईस हैं; लाखों में खेलते हैं।

जुगल : ज़रूर खेलते होंगे... सिगरेट का एक कश मुझे भी देना।

पहला आदमी : नया सिगरेट सुलगा लो।

जुगल : नहीं-नहीं, यही दे दो... तुम नया सुलगा लो... (*हँसता है*) सुलगे-सुलगाए सिगरेट मुझे अच्छे लगते हैं, इसलिए कि सुलगाने नहीं पड़ते।

[शहनाइयों की आवाज़ यकायक बुलंद हो जाए और फिर चंद लम्हों के बाद अक़ब[10] में चली जाए।]

बड़ा जमघट लगा है।

पहला आदमी : बरात आ चुकी है।

जुगल : चली भी जाएगी।

पहला आदमी : (*हँसता है*) तो क्या यहीं बैठी रहेगी... कैसी बातें करते हो यार !

जुगल : (*हँसता है*) ऐसी ही बातें किया करता हूँ।

दूसरा आदमी : यह लड़की किसे ढूँढ़ रही है ?

जुगल : जाने बला ?

पहला आदमी : तुम्हारी तरफ़ देख रही है।

जुगल : मेरी तरफ़... लेकिन मैं तो शादी नहीं करना चाहता। (*तीनों हँसते हैं।*)

लड़की : आपमें से किसका नाम जुगल है ?

पहला आदमी : मेरा तो नहीं है... इससे पूछ लो।

दूसरा आदमी : मेरा नाम भी जुगल नहीं है।

लड़की : क्या जुगल साहब आप हैं ?

जुगल : साहब कोई और होगा, मैं तो सिर्फ़ जुगल हूँ।

लड़की : चलिए... आपको अंदर बुलाया है।

जुगल : किसने?

लड़की : आप चलिए, मैं बताती हूँ।

जुगल : क्या मेरा चलना ज़रूरी है?

लड़की : जी हाँ।

जुगल : अच्छा भई, रुख़्सत चाहता हूँ... सिगरेट का शुक्रिया।

पहला आदमी : एक और लेते जाओ यार... शायद अंदर ज़रूरत पड़े।

जुगल : (*हँसता है*) शुक्रिया... ज़रूरत नहीं पड़ेगी।

[*शहनाइयों और हुजूम का शोर अक़ब से उभर आए और चंद लम्हात के बाद दब जाए।*]

आपने मुझे बुलाया है... फ़रमाइए!

शीला : (*इज़्तिराब*[11] *भरे लहजे में*) तुमने मुझे 'आप' क्यों कहा?

जुगल : देर के बाद मुलाक़ात हुई है ना, इसलिए यह अजनबियत पैदा हो गई।

शीला : तुम अभी तक वैसे-के-वैसे हो।

जुगल : जी हाँ, अभी तक वैसे-का-वैसा हूँ... क्या जनाब को इस पर कोई एतिराज़ है?

शीला : (*और ज़्यादा मुज़्तरिब*[12] *लहजे में*) यह आदाब किसलिए?

जुगल : आपके शानदार लिबास से मरऊब[13] हो गया हूँ।

शीला : (*दुखी आवाज़ में*) आह, तुम मुझे दीवाना बना दोगे... मुझे तुमसे बहुत कुछ कहना है... मैंने तुम्हें यहाँ इसलिए बुलाया था कि मैं तुमसे बेशुमार बातें करना चाहती थी... तुम्हारे इस अजीबो-ग़रीब लहजे ने मुझे सबकुछ भुला दिया है... बताओ, मुझे क्या कहना था?

जुगल : मुझे क्या मालूम?

शीला : तुम्हें सबकुछ मालूम है, तुम सबकुछ जानते हो... जल्दी करो, मेरे पास बहुत थोड़ा वक़्त है... बताओ... बताओ, मैं तुमसे क्या कहना चाहती थी... बताते क्यों नहीं?

जुगल : मुझे क्या मालूम?

शीला : तुम... तुम... तुम्हारी सेहत कैसी है... तुम बहुत दुबले हो गए हो... मैं... मैं बिलकुल अच्छी हूँ, लेकिन तुम... (*बेज़ार लहजे में*) नहीं, मैं कुछ और ही पूछना चाहती थी...

[*दूर से किसी औरत की आवाज़ आती है : 'शीला···"* ।]

देखा, वक़्त हो गया···तुमने मुझे कुछ नहीं बताया···और मुझे बेशुमार बातें कहना थीं···

जुगल : तुम्हारी शादी हो रही है।

शीला : हाँ···हाँ···मुझे तुमसे यह भी कहना था।

[*दस्तक की आवाज़* ।]

(*बुलंद आवाज़ में*) ठहरो···

(*धीमी आवाज़ में*) कुछ और भी कहो जुगल···

जुगल : क्या कहूँ?

[*दस्तक की आवाज़* ।]

शीला : (*बुलंद आवाज़ में*) आई···तौबा–दस्तक दे-देकर दरवाज़ा तोड़ना है क्या···(*धीमी आवाज़ में*) जुगल, अब तुम जाओ···क्या करूँ, मजबूरी है···लेकिन देखो, कभी-कभी मुझसे मिलने के लिए ज़रूर आया करना···ज़रूर···ज़रूर···इधर से जाओ···

[*दरवाज़ा खुलने की आवाज़* ।]

मुझे भूलना मत···सुनते हो, मुझे भूल न जाना···

[*दरवाज़ा बंद करने की आवाज़* ।]

[*दरवाज़ा बंद करने की आवाज़ के साथ ही शहनाइयों और हुजूम की आवाज़ उभरकर ऊँची हो जाए और फिर चंद लम्हात के बाद डूब जाए* ।]

गणेश : शीला!

शीला : जी।

गणेश : तुम्हारे एलबम में यह तस्वीर किसकी है?

शीला : ठहरिए, मैं आके बताती हूँ···

[*क़दमों की चाप* ।]

यह···?

गणेश : किसकी है?

शीला : जुगल साहब की।

गणेश : जुगल कौन?

शीला : आप नहीं जानते···कॉलेज में मेरे साथ पढ़ा करते थे।

गणेश : ऐसा मालूम होता है, मैंने इस शख़्स को कहीं देखा है।

शीला : देखा होगा।

गणेश : मैंने इसे अच्छी तरह देखा है···लेकिन कहाँ···इसका लिबास, इसकी वज़े- क़ते[14]···

[क्लॉक चार बजाता है ।]

शीला : लीजिए चार बज गए···अब क्या ख़ाक तैयारी होगी मुझसे, और हमें ठीक पाँच बजे वहाँ पहुँचना है···एलबम को छोड़िए और मोटर निकलवाने के लिए कहिए ।

गणेश : तुम्हें साड़ी तब्दील करना थी ।

शीला : यही ठीक है···साड़ी तब्दील करूँगी तो सारी चीज़ें बदलना पड़ेंगी···नया ब्लाउज़···नया पेटीकोट···और फिर यह सेंडिल भी उतारनी पड़ेगी···यही ठीक है ।

गणेश : लेकिन इतनी जल्दी क्या है ?

शीला : वाह···मुझे रास्ते में अपनी एक-दो सहेलियों से भी तो मिलना है···चलिए···चलिए ।

[क़दमों की चाप···चंद लम्हों के बाद मोटर स्टार्ट होने की आवाज़ ।]

[मोटर की आवाज़ हुजूम के शोर में तहलील[15] हो जाए—फिर हुजूम का शोर ज़रा मद्धम पड़ जाए और उस पर ज़ैल का मुकालमा सुपर इंपोज़ किया जाए ।]

दूकानदार : नहीं साहब, मैं इसे कभी नहीं छोड़ूँगा···यह मुझे ऐसे हज़ारों घिस्से दे चुका है ।

एक आदमी : एक बार और देख लो ।

दूकानदार : क्या देख लूँ···अब का गया छः महीने अपनी शक्ल नहीं दिखाएगा···यह तो इत्तिफ़ाक़ से मेरी नज़र पड़ गई इस पर ।

दूसरा आदमी : तो अब तुम क्या करना चाहते हो ?

दूकानदार : थाने ले जाऊँगा और क्या खड़ा साले का मुँह देखता रहूँगा···

[मोटर के हार्न की आवाज़ ।]

आप लोग जाइए···क्या कोई तमाशा है ?

तीसरा आदमी : तमाशा ही तो है···तुम इससे अपने रुपए माँगते हो; यह कहता है : ''मेरे पास नहीं हैं···'' तुम कहते हो : ''नहीं, मैं नहीं मानता···तुम्हारे पास हों, न हों, अभी निकालकर दो···''

[बहुत से आदमियों के हँसने की आवाज़ ।]

दूकानदार : तो क्या करूँ···यह तो फिर ग़ाइब हो जाएगा···क्या सारी उम्र इसी

को ढूँढ़ता रहूँगा ?

पहला आदमी : अरे भाई, तुमने क्यों क़र्ज़ लिया था··· देखो, कितनी ख़िफ़्फ़त उठानी पड़ रही है तुम्हें।

[*मोटर के हॉर्न की आवाज़।*]

दूसरा आदमी : भई, रास्ते से तो हट जाओ।

दुकानदार : आप लोग हट जाएँ··· मैं तो यहीं बीच सड़क खड़ा रहूँगा इसका गिरेबान पकड़े।

तीसरा आदमी : कैसा आदमी है··· कुछ बोलता ही नहीं।

दूकानदार : बोलेगा क्या··· रुपया जो देना हैं।

[*मोटर के हॉर्न की आवाज़, बिलकुल क़रीब से।*]

गणेश : रास्ते से हटोगे या मोटर ऊपर चढ़ा दूँ··· बाज़ार के ऐन बीच में तमाशा लगा रखा है।

[*हुजूम का शोर।*]

शीला : (*घबराई हुई आवाज में*) चलिए, रास्ता साफ़ हो गया है।

गणेश : ठहरो···

(*बुलंद आवाज में*) ऐ, ज़रा इधर आओ।

दुकानदार : मुझे बुलाता है सेठ साहब!

गणेश : क्या बात है?

दुकानदार : रुपया लेना है सेठ साहब··· छै महीने हो गए हैं··· बराबर मुझे घिस्से दिए चला जा रहा है : "आज देता हूँ, कल देता हूँ···" बस इस तरह छै महीने गुज़र गए हैं।

गणेश : कितनी रक़म निकलती है तुम्हारी, इसकी तरफ़?

दुकानदार : सवा नौ रुपए।

गणेश : बस···

[*वक़्फ़ा*]

लो, यह दस रुपए का नोट।

शीला : (*इज़्तिराब के लहज़े में*) आप क्यों किसी का क़र्ज़ अदा करते हैं··· वह खुद अदा करे।

गणेश : कहाँ से अदा करेगा···

[*वक़्फ़ा*]

सवा नौ रुपए कहे थे न तुमने?

दूकानदार : जी हाँ।

गणेश : बारह आने बचेंगे··· यह तुम इसे दे देना।

शीला : (*चीख़ बमुश्किल दबाते हुए*) आप नोट वापस लीजिए··· आप ज़बर्दस्ती भीख दे रहे हैं।

[*मोटर चलने की आवाज़।*]

पहला आदमी : यह कौन थे ?

जुगल : (*ज़हरखुंद के साथ*) तुम नहीं जानते, कौन थे···शहर के बहुत बड़े रईस रायसाहब लाला गणेश परशाद···लाखों में खेलते हैं···तुमने देखा, उनकी पतलून में एक भी पैबंद नहीं था···कोट उनका अपना था···जूता बिलकुल नया था···

दूकानदार : लो यह बारह आने।

जुगल : शुक्रिया···मेरी जेब बिलकुल ख़ाली थी।

[*हुजूम का शोर आहिस्ता-आहिस्ता डूब जाए—फिर साज़ों पर एक धुन उभरे और ग़ज़ल के मुंदरजा ज़ैल अशआर गाए जाएँ।*]

ग़म की दुनिया बसा रही हूँ मैं
उनको अपना बना रही हूँ मैं
साज़े-हस्ती के तार टूट न जाएँ
नग़मा-ए-दिल सुना रही हूँ मैं
सई-ए-नाकाम[16] के चिराग़ों को
आँधियों में जला रही हूँ मैं

[*चंद लम्हात तक साज़ दर्दनाक लय में बजते रहें।*]

गणेश : शीला !

शीला : (*अफ़सुर्दा आवाज़ में*) जी !

गणेश : तुम्हारे एलबम से वह तसवीर कहाँ गई ?

शीला : वह जो आपने उस रोज़ देखी थी ?

गणेश : हाँ वही।

शीला : मैंने निकाल दी है।

गणेश : क्यों···बड़ी अच्छी तसवीर थी।

शीला : (*दबे-दबे सद्मेज़दा लहजे में*) अच्छी ही थी।

गणेश : तो निकाल क्यों फेंकी ?

शीला : (*सँभली हुई आवाज़ में*) निकाली है, फेंकी नहीं।

गणेश : मेरा मतलब यही था।

शीला : अच्छा !

गणेश : तुम्हारी तबीयत कई दिनों से सुस्त-सी है⋯ ग़ालिबन उसी दिन से, जब हम मोटर में बाहर गए थे।

शीला : जी हाँ, उसी दिन से सुस्त है⋯ हवा लग गई थी।

गणेश : हाँ मुझे याद आया, उस रोज़ वाक़ई हवा बहुत तेज़ थी।

शीला : और सर्द भी।

गणेश : हाँ सर्द भी⋯ हवाएँ बाज़औक़ात बहुत तेज़ और बहुत सर्द हो जाती हैं।

शीला : जी हाँ।

गणेश : शीला, अपने उस दोस्त की कुछ बातें तो सुनाओ⋯ तुम्हारी तबीयत भी बहल जाएगी।

शीला : क्या सुनाऊँ ?

गणेश : कुछ भी⋯ तसवीर से आदमी दिलचस्प मालूम होता है⋯ क्या नाम बताया था ?

शीला : जुगल साहब।

गणेश : जुगल साSSहब⋯ आपकी कोई ख़ास ख़ूबी ?

शीला : आवारा मिज़ाजी।

गणेश : (*हँसता है*) तुम तो मज़ाक़ करती हो !

शीला : (*इंतिहाई संजीदा आवाज़ में*) मज़ाक़ नहीं करती⋯ जुगल साहब की सबसे बड़ी ख़ूबी उनकी आवारा मिज़ाजी है, उनका लाउबालीपन।

गणेश : तो वह एक नहीं, कई ख़ूबियों के मालिक हैं।

शीला : जी हाँ⋯ बेहद मुफ़लिस, इंतिहाई दर्जे के ग़लाज़तपसंद, अदब-आदाब से नावाक़िफ़⋯ (*भर्राई हुई आवाज़ में*) बदतमीज़, बदज़बान और ज़िल्लतपसंद⋯

गणेश : तुम सरीहन[17] मज़ाक़ कर रही हो⋯ मैं हरगिज़ मानने के लिए तैयार नहीं।

शीला : (*तल्ख़ लहजे में*) मज़ाक़ आप कर रहे हैं।

गणेश : सुनो शीला, तुम्हारी सालगिरह की ख़ुशी में आज शाम मैं एक दावत कर रहा हूँ⋯ तुम जुगल साहब को बुलाओ⋯ मैं उनसे मिलना चाहता हूँ।

शीला : (*एकदम भड़कती हुई आवाज़ में*) बस-बस⋯ अब आप मेरी आत्मा को दुख न दीजिए⋯ आप बहुत ज़हरीली सुइयाँ मुझे चुभो चुके हैं⋯ (*रोनी आवाज़ में*) जी भर के आपने मुझे ज़लील कर लिया है⋯ क्या अभी तक कलेजा ठंडा नहीं हुआ⋯ जो कुछ आप चाहते थे,

मैंने कह दिया...नहीं...जो कुछ आप कहलवाना चाहते थे, आपने कहलवा लिया...अब आप और क्या चाहते हैं...वह बदमाश है, लुच्चा है, आवारागर्द है...इंसानियत के दामन पर बदनुमा धब्बा है...क़ाबिले-नफ़रत इंसान है...

[*वक़्फ़ा।*]

कुछ और कहूँ, या इतना ही काफ़ी है?

गणेश : (*जँची-तुली आवाज़ में*) नहीं, इतना काफ़ी नहीं है...आज शाम को वह दावत में ज़रूर शरीक होंगे।

शीला : मैं उसे हरगिज़ नहीं बुलाऊँगी।

गणेश : मुझे मालूम था, इसलिए मैंने ख़ुद उनसे आने को कहा और उन्होंने कमाले-इनायत से मेरी दरख़्वास्त क़ुबूल कर ली।

शीला : (*घबराई हुई आवाज़ में*) वह आएगा...नहीं-नहीं...वह कभी नहीं आएगा...अगर वह आएगा तो आप मुझे मौजूद न पाएँगे।

गणेश : (*हँसता है*) आज शाम को पाँच बजे तुम दोनों दावत में शरीक होंगे।

[*वक़्फ़ा।*]

[*क्लॉक पाँच बजाता है—पाँचवें 'टन' के साथ ही बहुत से लोगों की मिली-जुली आवाज़ें।*]

एक मेहमान : रायसाहब, बड़े ठाट की दावत की है।

गणेश : लाला जी, शीला की सालगिरह हो और ठाट न किए जाएँ...

[*वक़्फ़ा।*]

क्यों शीला!

शीला : यह एहतिमाम सिर्फ़ आप ही कर सकते थे।

गणेश : सिर्फ़ तुम्हारी ख़ातिर।

दूसरा मेहमान : रायसाहब, अब किसका इंतिज़ार है...दावत शुरू हो।

गणेश : सब मेहमान आ चुके हैं। सिवाय एक के...उनके बग़ैर प्रोग्राम शुरू नहीं हो सकता।

दूसरा मेहमान : कौन हैं यह महाशय?

गणेश : शीला के कॉलेज के ज़माने के दोस्त हैं...जुगल साहब...

[*वक़्फ़ा।*]

अभी तक आए नहीं शीला?

शीला : आपसे वादा किया है तो ज़रूर आएँगे।

[*मोटर के हॉर्न की आवाज़।*]

तीसरा मेहमान : यह कौन आया?

दूसरा मेहमान : आगे बढ़के देखो ज़रा।

[*क़दमों की चाप।*]

तीसरा मेहमान : बड़ी शानदार मोटर है।

चौथा मेहमान : बिलकुल नया मॉडल है।

तीसरा मेहमान : आजकल तो बहुत ज़्यादा क़ीमत होगी इसकी।

[*क़दमों की चाप।*]

रामू : सरकार, जुगल साहब तशरीफ़ लाए हैं।

गणेश : आ गए?

रामू : हाँ सरकार, आ गए।

गणेश : रामू, उन्हें अंदर ले आओ।

[*क़दमों की चाप।*]

जुगल : (*बावक़ार, शगुफ़्ता और बातमीज़ लहज़े में*) नागवार ख़ातिर न हो तो क्या मैं पूछ सकता हूँ, आपमें से कौन साहबे-ख़ाना हैं?

शीला : जुगल, तुम…तुम…

जुगल : ओह…शीला…भई, पहले मुझे अपने पति से मुतार्रिफ़[18] कराओ, जिन्होंने मुझे यहाँ मदऊ[19] किया।

गणेश : मैं हाज़िर हूँ।

जुगल : पहले आप मेरा शुक्रिया क़ुबूल कीजिए कि आपने मुझे इस शानदार दावत में शरीक किया…आपने जो आदमी मेरे पास भेजा था, मैंने उसे कह दिया था कि बेहद मसरूफ़ होने के बावजूद मैं ज़रूर आऊँगा…शीला, तुम्हारे रायसाहब बड़े ही अच्छे आदमी हैं…तुम बहुत ख़ुशनसीब हो…क्यों जनाब, मैं ग़लत कह रहा हूँ?

गणेश : (*चौंकती हुई आवाज़ में*) क्या कहा आपने?

जुगल : (*हँसता है*) शीला, मुझे मालूम ही नहीं था कि तुम्हारी शादी हो चुकी है…दरअसल जायदाद के इंतिज़ाम और दूसरे कामों में इस क़दर मश्ग़ूल हो गया था कि सबकुछ भूल गया…दौलत कमाना और उसको सँभालना बहुत बड़ी दर्दसरी है…तुम्हारी सेहत तो अब अच्छी है न!

[*वक़्फ़ा।*]

रायसाहब, यह आपने शीला को क्या कर दिया है…कुछ बोलती ही नहीं…बिलकुल गूंगी हो गई है…और आप…

गणेश : मैं…मैं…

जुगल : जी हाँ... आप क्या सोच रहे हैं... ज़रा हंगामा शुरू हो... मेरे पास वक़्त बहुत कम है...जो प्रोग्राम आपने बनाया है, बस अब शुरू हो जाए... हाँ भई शीला, मैं तुम्हारे लिए एक तोहफ़ा लाया हूँ।

शीला : (*मुर्दा आवाज़ में*) तोहफ़ा?

जुगल : हाँ... मेरा ख़याल है, मैं तुम्हारे लिए एक तोहफ़ा लाया हूँ... रायसाहब, आप प्रोग्राम क्यों शुरू नहीं करते... अब देर क्या है?

[*वक़्फ़ा।*]

यह ख़ामोशी क्यों?

[*वक़्फ़ा।*]

आप नहीं शुरू करते तो लीजिए, मैं शुरू करता हूँ... (*बुलंद आवाज़ में*) हज़रात, सुनिए...

[*लोगों की सरगोशियों की आवाज़।*]

(*तक़रीर के अंदाज़ में*) रायसाहब लाला गणेश परशाद जी ने आपको एक बंदर का तमाशा दिखाने का इंतिज़ाम किया था... अफ़्सोस कि वह बंदर न आ सका... उसके बदले मैं आ गया...

[*लोगों की सरगोशियों की आवाज़।*]

जैसा कि आप देख रहे हैं, मैं बंदर नहीं, एक ख़ुशपोश इंसान हूँ... आपने मेरा लिबास यक़ीनन पसंद किया होगा... वह मोटर कार भी पसंद की होगी जो बाहर खड़ी है... मेरी गुफ़्तगू भी आपको भा रही होगी... यह मेरी सोने की घड़ी और हीरे की अँगूठी बहुत क़ीमती है... आपकी निगाहों ने मेरी हर चीज़ को तोल लिया होगा और उसकी क़ीमत भी मुक़र्रर कर ली होगी... (*तन्ज़या लहज़े में*) आप सब शरीफ़ आदमी हैं... मैं भी शरीफ़ आदमी हूँ, इसलिए कि मेरा लिबास अच्छा है, मेरी मोटर अच्छी है, मेरी अँगूठी अच्छी है...

गणेश : मिस्टर जुगल...

जुगल : ख़ामोश रायसाहब, ख़ामोश... जब एक शरीफ़ आदमी बात कर रहा हो तो उसे बीच में नहीं टोकना चाहिए... यह गँवारपन है... मैं कुछ कहना चाहता हूँ और मेरे पास वक़्त बहुत थोड़ा है... मुझे एक बहुत ज़रूरी काम पर जाना है... मैं आवारागर्द, लुच्चा, बदमाश और रज़ील इंसान नहीं हूँ, इसलिए कि मैं मुफ़्लिस नहीं... मेरे पास बेशुमार दौलत है... (*हँसता है*) बेशुमार दौलत, इतनी कि मुझसे सँभाले नहीं सँभलती... दौलत बड़ी अच्छी चीज़ है। यह न हो तो आप क्या हैं... महज़ एक बंदर...

[*लोगों का शोर।*]

ख़ामोश… अगर आपके पास दौलत न होती तो आप सब बंदर होते और लोग डुगडुगियाँ बजाकर आपको नचाते… आपके दिमाग़ों में भुस भरा है लेकिन आप अक़्लमंद हैं, सिर्फ़ दौलत की वजह से… आप बदशक्ल हैं, आपकी तोंदें उभरी हुई हैं लेकिन आप ख़ूबसूरत हैं, ख़ूबसूरत बीवियों के शौहर हैं, इसलिए कि आप दौलतमद हैं… आप भरी महफ़िल में डकार लें, मेज़ पर नंगी टाँगें रखकर बैठ जाएँ, जंभाइयों पर जंभाइयाँ लें, आपको कोई बदतमीज़ नहीं कहेगा… आप बुड्ढे होकर भी जवान हो सकते हैं, लेकिन जिनके पास दौलत नहीं, वह जवानी में भी जवान नहीं हो सकते… दौलत अजीबो-ग़रीब चीज़ है… आप अपनी मनहूस और भयानक शक्ल की तारीफ़ में शाइरों से क़सीदे लिखवा सकते हैं, बड़े-बड़े आर्टिस्टों से अपनी तस्वीर खिंचा सकते हैं… आप ख़ूबसूरत औरतों से रूमान लड़ा सकते हैं… दौलत अजीबो-ग़रीब चीज़ है… (*हँसता है*) दौलत अजीबो-ग़रीब चीज़ है… (*हँसता है*) मैं भी दौलतमंद हूँ, बड़ा दौलतमंद…

[*दीवानावार हँसता है… धीरे-धीरे हँसी मुर्दा और कमज़ोर हो जाती है।*]

बहुत बड़ा दौलतमंद।

शीला : (*चीखते हुए*) जुगल… जुगल…

[*गिरने की आवाज़—लोगों का शोर—लपकने की आवाज़…*]

जुगल… जुगल… क्या हो गया तुम्हें… गिर क्यों पड़े… सुनते हो…

जुगल : (*कमज़ोर हँसी हँसता है—कमज़ोर आवाज़ में*) मैं बहुत बड़ा दौलतमंद हूँ, बहुत बड़ा… आठ रोज़ से मैंने कुछ नहीं खाया… दो महीने से मैं बीमार हूँ… रायसाहब, आठ रोज़ से मैंने कुछ नहीं खाया… कहाँ हैं रायसाहब?

शीला : (*गुलूगीर आवाज़ में*) जुगल…

जुगल : शीला, जुगल नहीं, जुगल साहब कहो… इन लोगों से फ़ख़्र के साथ कहो: ''यह जुगल साहब हैं, मेरे दोस्त… इनकी पतलून अपनी नहीं… कोट, क़मीस, टाई, जूता, अँगूठी, घड़ी… इनमें से कोई चीज़ भी इनकी अपनी नहीं… यह सब चीज़ें उसकी हैं, जो बाहर अपनी मोटर में मेरा लिबास पहने बँधा पड़ा है… जाने वह कौन गधा है, लेकिन है दौलतमंद। (*कमज़ोर हँसी हँसता है।*)

शीला : यह तुमने क्या किया जुगल?

जुगल : (*कमज़ोर हँसी हँसता है*) एक तमाशे के बदले दूसरा तमाशा··· क्या मैं इस लिबास में शरीफ़ और मुहज़्ज़ब[20] इंसान दिखाई नहीं देता··· क्या हुआ जो मुझे आठ रोज़ से खाने को नहीं मिला··· क्या हुआ अगर ज़ोफ़ के बायस मेरी ज़िंदगी ख़त्म हो रही है··· क्या हुआ··· एक आवारागर्द कम हो जाएगा, एक नाकारा इंसान यहाँ से दफ़ा हो जाएगा··· अच्छा शीला, अब मैं जाता हूँ···

शीला : कहाँ?

जुगल : मौत ने बुला भेजा है··· वहाँ भी शायद ऐसी ही दावत होगी।

शीला : (*गुलूगीर[21] आवाज़ में*) मेरा तोहफ़ा···

जुगल : तुम्हारा तोहफ़ा··· हाँ तुम्हारा तोहफ़ा··· लेकिन मेरा सबकुछ तो बाहर मोटर में पड़ा है···

[*वक़्फ़ा।*]

तुम्हारे इस नौकर का क्या नाम है?

शीला : रामू।

जुगल : रामू, ज़रा आगे आओ··· आ जाओ, डरो नहीं।

[*वक़्फ़ा।*]

शीला, इसकी आँखों में तुम्हें दो मैले आँसू नज़र आते हैं···

शीला : हाँ।

जुगल : यही आँसू मेरा तोहफा हैं, जो यहाँ और किसी की आँखों में नज़र नहीं आते··· मैंने अपनी ज़िंदगी की सबसे क़ीमती चीज़ तुम्हें दे दी है···

[*वक़्फ़ा।*]

रामू, बीड़ी है तुम्हारे पास?

रामू : है सरकार!

जुगल : एक सुलगाकर मुझे दो।

[*दियासलाई जलाने की आवाज़।*]

(*बिलकुल धीमे लहजे में*) आवारागर्द··· लुच्चा··· बदमाश···

[*आवाज़ बिलकुल डूब जाती है।*]

रामू : लीजिए सरकार!

जुगल : (*सरगोशी के अंदाज़ में*) सरकार···

शीला : (*एकदम फूट-फूटकर रोते हुए*) जुगल··· जुगल··· सुबकियाँ···

[*फ़ेड आउट*]

---

1. दूभर; 2. सुधार; 3. बेपरवाही; 4. प्रेम; 5. दूर; 6. अस्त-व्यस्त; 7. मज़ाक़पूर्ण; 8. नीचे, निम्न; 9. संवाद; 10. पीछे; 11. व्यग्रता, बेचैनी; 12. बेचैन; 13. आतंकित; 14. हाव-भाव; 15. विलीन; 16. असफल प्रयास; 17. जानबूझकर; 18. परिचित; 19. आमंत्रित; 20. सभ्य; 21. रुआंसी।

हतक

आवाज़ें

सौगंधी
बाहरवाला
माधो
कांता
दारोग़ा
रामलाल
सेठ

पिरच और प्याली बजने की आवाज़
मुँह से फ़िल्मी धुन में सीटी बजने की आवाज़
तसवीरें फाड़ने की आवाज़
कुत्ते के भौंकने की आवाज़
मौसीक़ी की मुख़्तलिफ़ धुनें
दरवाज़ा खुलने और बंद होने की आवाज़ें
उठने, लड़खड़ाने और टकराने की आवाज़ें
दस्तक और क़दमों की चाप
बीड़ी जलाने की आवाज़
मोटर का इंजन स्टार्ट होने की आवाज़—
मोटर के चलने और रफ़्तार पकड़ने की आवाज़
दीवार से कील समेत फ़्रेम उखाड़ने की आवाज़
फ़र्श पर फ़्रेम फेंकने और शीशा टूट जाने की आवाज़

[प्याली और पिरच बजाने की आवाज़ आए जो आहिस्ता-आहिस्ता क़रीब आती जाए; साथ-ही-साथ होटल के छोकरे की सीटी की आवाज़ भी आए जो किसी फ़िल्मी धुन में हो।]

सौगंधी : ऐ बाहरवाला!
(बंबई में होटलों के छोकरे जो होटल से बाहर चाय वग़ैरह लेकर जाते हैं, 'बाहरवाले' कहलाते हैं। वह उमूमन चाय की ख़ाली प्याली और पिरच बजाया करते हैं कि बिल्डिग के रहनेवालों को उनकी मौजूदगी का इल्म हो जाए और वह आर्डर दे सकें।)

बाहरवाला : आया।
(*चंद सैकिंडों के बाद*) क्या लाऊँ सौगंधी?

सौगंधी : दो चाय ला। एक में पानी कम, एक में पानी ज़्यादती···और देख, दो पान···एक पूना सादा, एक देसी काला तंबाकू।

बाहरवाला : बस!

सौगंधी : बस···जल्दी आ। (*चुटकी बजाती है।*)

[बाहरवाला प्याली और पिरच बजाता चला जाता है—चंद लम्हात तक यह आवाज़ आती रहे।]

माधो : क्या नाम है तेरा···? मेरा नाम माधो है।

सौगंधी : (*अदा के साथ*) सौगंधी।

माधो : सौगंधी···और तेरी इस खोली में जो बुरी-बुरी बास आती है···छीः-छीः-छीः··· कैसे रहती हो तुम यहाँ?

सौगंधी : तो ले दो ना कोई अच्छा-सा फ़्लैट।

माधो : पर तेरा धंधा तो यही रहेगा···उसकी बुरी बास तो आती ही रहेगी···सौगंधी, तेरा नाम इतना अच्छा है, तू आप भी इतनी अच्छी है, पर तू यह क्या धंधा कर रही है···क्या भाड़ा है इस खोली का?

सौगंधी : अट्ठारह रुपए···और मेरा भाड़ा है दस रुपए, जिसमें से ढाई दलाली के चले जाते हैं।

माधो : लाज नहीं आती तुझे अपना भाव बताते···जानती है, तू मेरे साथ किस

चीज़ का सौदा कर रही है और मैं तेरे पास क्यों आया हूँ···छीः-छीः-छीः···तेरा भाड़ा दस रुपए···और जैसा कि तू कहती है, ढाई रुपए दलाली के···बाक़ी रहे साढ़े सात···रहे ना साढ़े सात?

सौगंधी : हाँ, साढ़े सात।

माधो : इन साढ़े सात रुपयों में तू मुझे ऐसी चीज़ देने का वचन देती है जो तू दे ही नहीं सकती और···और (*हँसता है*) और मैं ऐसी चीज़ तुझसे लेने आया हूँ जो मैं ले ही नहीं सकता।

सौगंधी : फिर तू आया किसलिए है?

माधो : आया किसलिए हूँ···

[*वक़्फ़ा।*]

यह तू ही सोच कि आया किसलिए हूँ···बात यह है कि तूने आज तक कभी सोचा ही नहीं है···मुझे तो कोई औरत भी चलेगी, पर क्या मैं तुझे जँचता हूँ···क्या यह सोचने की बात नहीं···? सौगंधी, तू बहुत ही भोली है···पगली तेरा-मेरा नाता ही क्या है···कुछ भी नहीं···बस यह दस रुपए हैं जिनमें से ढाई दलाल ले जाएगा और बाक़ी इधर-उधर बिखर जाएँगे···यह दस रुपए जो तेरे और मेरे बीच में बज रहे हैं···तेरा मन कुछ और सोचता है और मेरा मन कुछ और।

सौगंधी : यह तो खरी बात कही है तूने।

माधो : क्यों न कोई ऐसी बात करें कि तुझे मेरी ज़रूरत हो और मुझे तेरी···पगली, दुनिया में रुपया ही सबकुछ नहीं है···प्रेम के दो सच्चे बोल अगर तुझसे कोई बोल जाए तो देख क्या होता है···तेरे जीवन का सब अँधियारा दूर हो जाएगा···क्या भाड़ा है तेरी इस खोली का?

सौगंधी : (*चौंकती हुई आवाज़ में*) क···क···क्या कहा?

माधो : मैं कहता हूँ, यह धंधा छोड़···पूने में हवलदार हूँ, परमेश्वर का दिया बहुत कुछ है···महीने में एक बार आया करूँगा, तीन-चार दिन के लिए···यह···यह तेरी नाक को क्या हो गया है; इतनी लाल क्यों है?

सौगंधी : लाल है क्या?

माधो : तुझे कुछ पता ही नहीं···सच है, तुझे बतानेवाला कौन है···तेरी माँ होती, तेरा बाप होता, तेरा···कहीं ज़ुकाम न हो जाए तुझे···ठहर, मैं तेरे लिए दवा लाता हूँ···कोई डॉक्टर है आज़ू-बाज़ू?

सौगंधी : तुम चिंता न करो माधो, यह कुछ भी नहीं है···अपने आप ठीक हो जाऊँगी।

माधो : क्या कहा···?

[*वक़्फ़ा।*]

अरे… यह नंगी तसवीरें तूने अपने सिरहाने क्या लटका रखी हैं… छीः-छीः-छीः… भई, मेरे होते यह बिलकुल यहाँ नहीं रहेंगी।

[*तसवीरें फाड़ने की आवाज़।*]

मैं तुझे और तसवीरें ला दूँगा…

[*वक़्फ़ा।*]

और यह घड़ा… कितना मैला है… कब का पानी भरा है इसमें… और यह चिथड़े, यह चिंदियाँ… कितनी बुरी बास आती है इनसे… उठाकर बाहर फेंक इनको… तेरा जी नहीं घबराता?

सौगंधी : रहने भी दो।

माधो : अरे क्या रहने दूँ… साला हर जगह कचरा पड़ा है… तुझे घिन नहीं आती… क्या भाड़ा है इस खोली का?

सौगंधी : अट्ठारह रुपए।

माधो : पूना पहुँचते ही मनीआर्डर कर दूँगा…

[*वक़्फ़ा।*]

कोई नौकर नहीं तेरे पास… तेरी कंघी भी टूटी हुई है… जभी तो तेरे बालों का सत्यानास हो रहा है… कितना दुख हो रहा है मुझे… यही घर जिसका तू… क्या भाड़ा देती है तू इस घर का… यही घर, जिसमें जगह-जगह कचरा पड़ा है, बड़ा सुंदर हो सकता है… हो क्या सकता है, अब होगा… तू देखती रह, क्या होता है… पूने में हवलदार हूँ, महीने में एक बार आया करूँगा, तीन-चार दिन के लिए… यह धंधा छोड़ और इज़्ज़त-आबरू के साथ रह… और यह साला कुत्ता…

[*कुत्ता भौंकता है।*]

सौगंधी : चुप रह… देखता नहीं, अपना आदमी है।

माधो : फांसी दे दे साले को… खुजला-खुजलाकर साले ने एक बाल तक नहीं रखा अंग पर… बीमार है, तुझे भी बीमार कर देगा।

सौगंधी : पड़ा रहने दो यहीं… अच्छा हो जाएगा।

माधो : अच्छा तो क्या होगा… तू कहती है तो रहे साला यहीं… और भी तो कई हैं तेरी रोटियाँ तोड़नेवाले… सच तो यह है कि तेरा दिल बड़ा ही अच्छा है… तू किसी जानवर को भी दुख नहीं दे सकती, पर मुझे बड़ा दुख होता है, जब सोचता हूँ कि आज तलक किसी ने भी तेरे इस गुन को नहीं पहचाना… सौगंधी… (*बड़े प्यार के साथ*) सौगंधी…

[*'सच तो यह है…' के साथ बहुत सोफ़्ट मौसीक़ी शुरू हो जाए।*]

(*इश्क़ आलूद लहजे में*) क्या भाड़ा है इस खोली का?

सौगंधी : अट्ठारह रुपए।

माधो : पूना पहुँचते ही मनीआर्डर कर दूँगा मेरी जान !

सौगंधी : माधो···

माधो : अब जाता हूँ···फिर आऊँगा मेरी जान···

[सोफ़्ट मौसीक़ी जारी रहे—चंद लम्हात के बाद हौले-से दरवाज़ा भेड़ने की आवाज़ आए। ख़याल रहे कि यह आवाज़ ऊँची न हो—मौसीक़ी जारी रहे—चंद लम्हात के बाद सौगंधी की ख़ुदकलामी मौसीक़ी के परदे पर सुपर इंपोज़ की जाए।]

सौगंधी : ऐसा लगता है, मैं इस हवलदार को बरसों से जानती हूँ··· आज तलक किसी ने मुझे नहीं बताया था कि मेरा भी एक घर है, जो स्वर्ग बन सकता है···

['स्वर्ग' कहते ही लहजे में थोड़ी-सी लगजिश आ जाती है।]

स्वर्ग···स्वर्ग···(*पुरयक़ीन लहजे में*) हाँ-हाँ स्वर्ग···बास मारनेवाले चीथड़ों और चिंदियों, नंगी तसवीरों, मैले घड़े और मेरे उलझे हुए बालों का आज तलक किसने ख़याल किया था···

[वक़्फ़ा।]

सौगंधी, तुझसे कभी किसी ने कहा था : 'यह तेरी नाक को क्या हो गया है; इतनी लाल क्यों है···ठहर, मैं तेरे लिए दवा लाता हूँ···' माधो ज़रूर मुझसे प्रेम करता है··· प्रेम···प्रेम···

[एकदम दरवाज़ा खुलने की ज़ोरदार आवाज़—दरवाज़ा खुलने की आवाज़ के साथ ही सोफ़्ट मौसीक़ी डूब जाए।]

कांता : प्रेम···प्रेम···साला जो कोई भी आता है, यही कहता है : 'मैं तुझसे प्रेम करता हूँ···' सब जानती हूँ, यह प्रेम क्या बला है।

सौगंधी : हमारे बावा का क्या जाता है···बोलने दो झूठ उनको···हम कब उनसे सच बोलती हैं···यह धंधा ही ऐसा है; उनको भी झूठ बोलना पड़ता है, हमको भी झूठ बोलना पड़ता है···पर कांता, इस झूठे जीवन में कोई सच्चा बोल सुनाई दे तो कितना आनंद आता है!

कांता : सच्चा बोल भी तो सच्चा नहीं होता।

सौगंधी : न हो, पर थोड़ी देर के लिए आनंद आ जाता है··· कागज़ के फूल में अगर बास हो तो मैं उठाकर उसे अपने जूड़े में लगा लूँ···जिन्हें सच्चे गहने पहनने को नहीं मिलते, वह झोल चढ़े झूठे गहनों ही से अपना मन परचा लेती हैं···कांता, दुनिया में अगर सच्ची चीज़ों के साथ-साथ ऐसी चीज़ें न होतीं जो थोड़ी देर के लिए सच्ची मालूम होती हैं तो यह जीवन बहुत ही कठिन हो जाता।

कांता : यह तू आज कैसी बातें कर रही है !

सौगंधी : कोई छेड़ गया है मेरे हृदय के तार ··· रोम-रोम में नींद-सी रच गई है ··· आ, मेरी गोद में आ जा ··· तुझे लोरी देकर सुलाऊँ ···

कांता : मस्तक तो नहीं फिर गया तेरा ?

सौगंधी : (*प्यार के साथ*) आ कांता ··· आ ··· (*और ज़्यादा प्यार के साथ*) आ ··· मेरी गोद में आ जा ··· मैं तेरे कानों को हौले-हौले थपथपाऊँगी ··· धीरे-धीरे लोरी दूँगी ··· तू भी सो जाएगी, मैं भी सो जाऊँगी ···

[*धीमे सुरों में साज़ बज उठें।*]

साफ़ कटोरी की-सी आँखें, चश्मे गंगाजल के
क्यों दुख देती है निंदिया को, नैन रसीले मल के
सो जा ··· सो जा

सो जा मेरी नन्ही-मुन्नी भोली-भाली कांता रानी
निंदिया नगरी में देखेगी सुंदर सपने कल के
अब सो जा ··· सो जा

वह आकाश पे काली बदली डोल रही है कब से
तारे छमछम नाच रहे हैं चाँद उभरा है जब से
सो जा ··· सो जा ···
सो जा मेरी नन्ही मुन्नी भोली भाली कांता रानी

[*लोरी ख़त्म हो तो साज़ थोड़ी देर हौले-हौले बजते रहें, फिर सो जाएँ।*]

[*वक़्फ़ा।*]

दारोग़ा : (*भारी आवाज़ में*) सौगंधी !

सौगंधी : सेठ, बहुत पिला दी तुमने ··· सिर दर्द के मारे फटा जा रहा है।

दारोग़ा : (*हँसता है*) बाम लगाओ बाम ··· मेरे सिर में जब ज़्यादा पीने से दर्द हुआ करता है तो मेरी बीवी मुझे बाम ही लगाया करती है ··· वह सारे माथे पर तेज़-तेज़ बासवाला बाम चुपड़ दिया करती है और मैं सो जाया करता हूँ ··· मेरी बीवी बड़ी अच्छी है सौगंधी ··· बड़ी अच्छी है ··· मुझे उससे बहुत मुहब्बत है ··· हाँ तो बाम लगाओ बाम ··· बाम ··· सुना ··· बड़ी अच्छी है मेरी बीवी ··· यह साला कुत्ता क्या कर रहा है तेरे पलंग के नीचे ···

[*कुत्ता भौंकता है।*]

सौगंधी : चुप कर बे ··· मेरे सिर में दर्द हो रहा है।

दारोग़ा : मैं मुनसीपालटी का दारोग़ा हूँ ··· ऐसा कुत्ता गोली से मार देना चाहिए, गोली से ··· मेरे पास दोनाली बंदूक़ है ··· किसी दिन साले को ढेर कर दूँगा ··· अच्छा अब मैं जाता हूँ ··· मेरी बीवी मेरी राह देख रही होगी ···

[उठने की आवाज़—लड़खड़ाने की आवाज़—कुर्सी से टकराने की आवाज़।

कुत्ता भौंकता है।]

अबे चुप⋯ बाम लगा बाम⋯ और बाम लगा के सो जा⋯ ख़बरदार जो भौंका⋯ सो जा⋯ (*हँसता है*) मेरी बीवी बड़ी अच्छी है⋯ जब⋯ जब मैं ज़्यादा पी जाया करता हूँ तो वह मेरे माथे पर बाम लगाया करती है⋯ पर आज तो मैंने ज़्यादा नहीं पी⋯ क्यों सौगंधी⋯ क्या ज़्यादा पी है⋯ अरे, यह साला तेरा तोता कैसा है⋯

[वक़्फ़ा।]

ऐ, गर्दन कहाँ है तेरी⋯ (*हँसता है*) सौगंधी, यह कैसे जानवर पाल रखे हैं तूने⋯ (*हँसता है*) साला कुत्ता है तो उसके बदन पर एक बाल नहीं⋯ साला यह तोता है तो इसके पर ही नहीं⋯ (*हँसता है*) और इसकी गर्दन कहाँ है?

सौगंधी : (*बेज़ार आवाज़ में*) सो गया है।

दारोग़ा : (*हँसता है*) दोनों सो गए हैं⋯

[मुँह से सीटी बजाने की आवाज़।]

हाँ सचमुच दोनों सो गए हैं⋯ अच्छा, अच्छा तो मैं अब जाता हूँ⋯ मैं तेरे पास और ठहरता सौगंधी, पर मुझे अपनी बीवी का ख़याल है⋯ मेरा इंतिज़ार कर रही होगी⋯ बाम लगा बाम और सो जा⋯ सो जा मेरी जान!

सौगंधी : सो जाऊँगी सेठ!

दारोग़ा : बाम लगा बाम⋯ बड़ी अच्छी चीज़ है⋯ (*हँसता है*) माथे पर लगता है तो ऐसा मालूम होता है टीन का पतरा जड़ दिया है किसी ने⋯ टीन ठंडा होता है न⋯ ऐ, ख़बरदार जो अब तू भौंका⋯ गोली से उड़ा दूँगा⋯ मैं कहीं ज़्यादा तो नहीं पी गया⋯ दुनाली बंदूक़ है मेरे पास⋯ इस साले तोते की गर्दन कहाँ है⋯ सौगंधी⋯ सौगंधी⋯ तोते की गर्दन कहाँ है⋯

सौगंधी : (*नशे में डूबी हुई आवाज़ में*) गर्दन⋯ गर्दन⋯

दारोग़ा : साली गर्दन ही ग़ाइब है⋯ कहाँ गई⋯ इधर भी नहीं⋯ उधर भी नहीं⋯ भई, हद हो गई⋯ सौगंधी, तू बाम मल बाम⋯ तेरा सिर दुख रहा है⋯ मेरी बीवी मेरे माथे पर बाम ही मला करती है⋯ रुपए ले लिए हैं ना तूने⋯ सौगंधी⋯ सौगंधी⋯

सौगंधी : (*तक्लीफ़देह आवाज़ में*) क्या है सेठ?

दारोग़ा : रुपए ले लिए हैं ना तूने?

सौगंधी : रुपए⋯ रुपए⋯ हाँ ले लिए⋯ मुझे⋯ मुझे नींद आ रही है।

दारोग़ा : सो जा⋯ बाम मल और सो जा⋯ मैं जाता हूँ⋯ मेरी बीवी मेरी राह देख रही होगी⋯ वह बड़ी अच्छी है⋯ साली गर्दन ही ग़ाइब है⋯ ऐ⋯ अच्छा मैं जाता

हूँ…तू सो जा…पर दरवाज़ा बंद कर लीजियो अंदर से…

सौगंधी : अच्छा।

दारोग़ा : दरवाज़ा बंद कर लीजियो अंदर से…हैं?

सौगंधी : अच्छा।

दारोग़ा : साली गर्दन ही ग़ाइब है…भई, हद हो गई…

[दरवाज़ा खोलने की आवाज़।]

दरवाज़ा बंद कर लीजियो अंदर से सौगंधी!

[वक़्फ़ा।]

[दरवाज़ा बंद करने की आवाज़।]

[वक़्फ़ा।]

[पलंग पर सौगंधी के गिरने की आवाज़।]

सौगंधी : *(थके हुए दर्द भरे लहजे में, ख़ुदकलामी करते हुए)* मुआ जाने का नाम ही नहीं लेता था…और…और…मेरा सिर है कि दर्द के मारे फटा जा रहा है…बाम…बाम मल ही लूँ…

[शीशी पर से टीन का ढकना उतारने की आवाज़।]

[वक़्फ़ा।]

आह…माथे पर सचमुच टीन का पतरा जड़ दिया गया है…अरे दो बज गए…

[हौले-हौले सोफ़्ट मौसीक़ी शुरू हो।]

उफ़…सिर में कितना दर्द है…पर आँखें फिर भी नींद से बोझल हो रही हैं…

[चंद लम्हात तक बैकग्राउंड मौसीक़ी जारी रहे, फिर हौले-हौले तहलील हो जाए।

इसके बाद चंद सैकिंडों तक मुकम्मल ख़ामोशी रहे, सिर्फ़ सौगंधी के ग़ैर हमवार साँसों की आवाज़ आए। थोड़ी देर बाद हल्की-सी दस्तक की आवाज़ सुनाई दे—फिर दस्तक की आवाज़ कुछ ऊँची हो जाए…]

सौगंधी : *(हड़बड़ाई हुई आवाज़ में)* कौन है?

[वक़्फ़ा।]

कोई भी नहीं…!

[दरवाज़े पर फिर दस्तक की आवाज़।]

कौन है…?

[पलंग पर से उठने की आवाज़—क़दमों की चाप—फिर दरवाज़ा खोलने की आवाज़।]

कौन रामलाल!

रामलाल : (*भिंची-भिंची आवाज़ में*) तुझे साँप सूँघ गया था या क्या हो गया था… एक क्लॉक से बाहर खड़ा दरवाज़ा ठोक रहा हूँ… तू कहाँ मर गई थी… (*आवाज़ और ज़्यादा दबाकर*) अंदर कोई है तो नहीं?

सौगंधी : (*नींद और नशे में डूबी हुई आवाज़ में*) नहीं, अंदर कोई नहीं है।

रामलाल : (*क़दरे ऊँची आवाज़ में*) तो फिर तूने दरवाज़ा क्यों नहीं खोला… भई, यूँ धंधा हो चुका… तुम तो घोड़े बेच के सो जाती हो और कोई बाहर खड़ा-खड़ा सूख जाए साला… अब तू मेरा मुँह क्या देख रही है…

[*दरवाज़ा भेड़ने की आवाज़।*]

झटपट यह धोती उतार और वह अपनी फूलोंवाली साड़ी पहन… पौडर-वौडर लगा और मेरे साथ चल… बाहर मोटर में एक सेठ बैठे तेरा इंतिज़ार कर रहे हैं… चल-चल, एकदम जल्दी कर।

सौगंधी : (*बीमार आवाज़ में*) रामलाल, मेरा जी अच्छा नहीं।

रामलाल : बीड़ी है कोई तेरे पास… (*एकदम चौंककर*) क्या कहा, जी अच्छा नहीं… साला जी अच्छा नहीं था तो पहले ही कह दिया होता!

सौगंधी : वह बात नहीं रामलाल… ऐसे ही मेरा जी अच्छा नहीं… बहुत पी गई।

रामलाल : ऐश करती हो साली, ऐश… थोड़ी बची हो तो ला हम भी अपना गला तर कर लें।

सौगंधी : बचाई होती तो यह मुवा सिर में दर्द ही क्यों होता… (*बहुत ही नर्म आवाज़ में*) देखो रामलाल, वह सेठ जो बाहर मोटर में बैठा है, तू उसे यहीं ले आ।

रामलाल : नहीं भई, वह जैंटेलमेन आदमी है… यहाँ आने से घबराता है… आदमी आदमी की पहचान तो करनी पड़ती है।

सौगंधी : तो फिर कह दे उसको, मैं घर में नहीं हूँ… (*क़दरे ऊँची आवाज़ में*) नहीं-नहीं, ठहर…

रामलाल : मैं सब जानता हूँ, तू यह नख़रे क्यों कर रही है… वह साला पूने का हवलदार जब से तेरे यहाँ आने लगा है, तेरा मज़ाज़ ही बिगड़ गया है… सात साल से यह धंधा कर रहा हूँ और तुम छोकरियों की सारी बातों की मुझे ख़बर है… साली, अपना धन बर्बाद न कर… तेरे अंग के कपड़े भी उतारकर ले जाएगा वह तेरा पूने का हवलदार… क्या देता है तुझे वह… साला फ़ोकट में ऐश कर रहा है।

सौगंधी : तू उसकी बात छोड़… मैं चलती हूँ तेरे साथ।

रामलाल : उस साले ने मना किया है तो मत जा।

सौगंधी : मनाही किसी बात की नहीं… मुझे कुछ रुपयों की ज़रूरत है… साथवाली मदरासन अपने मुल्क जा रही है, बेचारी के पास एक डेढ़या भी नहीं। बहुत दुखी है… अपने ख़र्च के लिए तो मेरे पास रुपए हैं, पर उसके लिए भी तो कुछ करना है… चल…

रामलाल : यूँ सिर झाड़ मुँह फाड़ साथ चल पड़ेगी... ज़रा मुँह पर छींटा मार, पौडर-वौडर लगा, अपनी वह फूलोंवाली साड़ी पहन...

सौगंधी : अच्छा।

[*वक़्फ़ा।*]

[*रामलाल फ़िल्मी धुन में मुँह से सीटी बजाता है।*]

रामलाल : पहले तीन तसवीरें थीं, अब चार हो गईं... वह साला ज़रूर तेरा पूने का हवलदार होगा... वाह रे मेरे हवलदार... ऐसा लगता है, तोप के मुँह के सामने बैठा है... (*हँसता है*) चल जल्दी कर अब... वह तो तेरा मुन्सीपालिटी का दारोग़ा है और वह बीड़ीवाला सेठ... साले ने आज तलक एक बीड़ी नहीं पिलाई... और यह... जल्दी कर सौगंधी... अरे वाह... यह फूलोंवाली साड़ी तुझ पर ख़ूब फबती है... लोटपोट ही हो जाएगा वह मोटरवाला सेठ तुझे देखकर... चल अब चल...

सौगंधी : ठहर... मैं एक डोंगा पानी का पी लूँ... प्यास लगी है...

[*घड़े में डोंगा डालने और फिर ग़टाग़ट पानी पीने की आवाज़।*]

आग-सी लग रही है सीने में।

रामलाल : कमती पिया कर... चल अब...

सौगंधी : चल।

[*दरवाज़ा खुलने की आवाज़।*

क़दमों की चाप—क़दमों की चाप चंद लम्हात तक आती रहे और उस पर ज़ैल का मुकालमा सुपर इंपोज़ किया जाए।]

पिछला पहर है रात का।

रामलाल : कोई पहर हो, अपना काम है जाना... क्यों?

सौगंधी : हाँ, तू ठीक कहता है।

रामलाल : वह मोटर खड़ी है नुक्कड़ पर।

सौगंधी : साला मेरा जी अच्छा नहीं... हवा में भी ब्रांडी की बास आ रही है।

रामलाल : मोटर की सैर करेगी तो सब ठीक हो जाएगा... ले तू अब यहाँ खड़ी हो जा... मैं सेठ से बात करता हूँ।

[*रामलाल के क़दमों की चाप, सिर्फ़ चंद लम्हों के लिए।*]

सेठ, उसे ले आया हूँ... एकदम अच्छी छोकरी है, हँसने-खेलनेवाली... तंग करे तो मेरा ज़िम्मा... बुलाऊँ (*क़दरे ऊँची आवाज़ में*) सौगंधी, इधर आ... सेठ बुलाते हैं।

[*सौगंधी की चाप, सिर्फ़ चंद लम्हों के लिए।*]

बैटरी जला के देख लो सेठ!

[*बैटरी जलाने की आवाज़।*]

सेठ : यह छोकरी लाया है तू...

(इंतिहाई नफ़रत भरी आवाज़ में) ड्राइवर, चलो...ऊँह...

[एकदम से मोटर का इंजन स्टार्ट होने की आवाज़, फिर कार के चल पड़ने और रफ़्तार पकड़ लेने की आवाज़—चंद लम्हों तक यह आवाज़ आती रहे।]

सौगंधी : *(हैरान आवाज़ में)* क्या हुआ?

रामलाल : *(धीमी आवाज़ में)* पसंद नहीं किया तुझे।

सौगंधी : *(हैरान आवाज़ में)* पसंद नहीं किया मुझे?

रामलाल : हाँ।

[एकदम चंद क़दम लपकने की आवाज़।]

सौगंधी : *(दीवानावार चिल्लाती हुई आवाज़ में)* ओ सेठ...सेठ, ज़रा मोटर रोक अपनी...मोटर रोक अपनी...सेठ...*(रुँधी हुई आवाज़ में)* ओ सेठ, मोटर रोक अपनी...*(नर्म गिड़गिड़ाती आवाज़ में)* सेठ, ज़रा मोटर रोक अपनी।

रामलाल : यह क्या हो गया है तुझे सौगंधी!

सौगंधी : *(खोई हुई आवाज़ में)* चला गया, मेरे मुँह पर थूककर चला गया...मुझे फटकारकर, धुत्कारकर चला गया...

रामलाल : मेरा वक़्त भी ख़राब किया साले ने।

सौगंधी : *(हमकलामी के लहजे में)* ऊँह...यह छोकरी लाया है तू...यह छोकरी लाया है तू...यह चुड़ैल, यह छछूंदर...ऊँह...

रामलाल : चल, अब घर चल।

सौगंधी : *(हमकलामी के लहजे में)* ऊँह...दस रुपए और यह छोकरी...ख़च्चर क्या बुरी है...

रामलाल : चल हटा अब इस क़िस्से को।

सौगंधी : *(क़दरे ऊँची आवाज़ में)* रामलाल, एक बार तू उस सेठ को पकड़कर मेरे सामने ला...एक बार वह फिर बैटरी की रोशनी मेरे मुँह पर मारे और 'ऊँह' करे...मैं उसका मुँह नोच लूँ, उसके सिर का एक-एक बाल उखेड़ डालूँ...उसको टाँगों से पकड़कर मोटर के बाहर घसीट लूँ और धड़ाधड़ मुक्के मारना शुरू कर दूँ और जब थक जाऊँ...जब थक जाऊँ...*(हाँफने की आवाज़)* तो रोने लग जाऊँ...

रामलाल : क्या हो गया है तुझे?

सौगंधी : *(रोनी आवाज़ में)* यह सच है कि अब मेरा वह पहला-सा रंग-रूप नहीं रहा...तब मुझे कोई चिंता नहीं थी और मैं अपने माँ-बाप के साथ रहती थी...पर मेरी जवानी बिलकुल तो नहीं ढल गई...मैं ऐसी बुरी तो नहीं हो गई कि लोग मेरे मुँह पर थूक दें...

रामलाल : तुझे बुरा किसने कहा है?

सौगंधी : (*ग़ुस्सैली आवाज़ में*) तेरे उस मोटरवाले सेठ ने···जी चाहता है···

[*वक़्फ़ा।*]

जी चाहता है, ऐसी गाली दूँ, ऐसी गाली दूँ···पर गाली देने से क्या होगा···वह मेरे सामने हो तो मैं उससे सिर्फ़ एक बात कहूँ···कपड़े फ़ाड़कर उसके सामने नंगी खड़ी हो जाऊँ और कहूँ···क्या कहूँ, क्या न कहूँ···कुछ समझ में नहीं आता···मेरे सारे शरीर में उसकी 'ऊँह' ने हलचल मचा दी है···

[*वक़्फ़ा।*]

मैंने उसका क्या बिगाड़ा था जो उसने मेरा अपमान किया···

[*मोटर का इंजन फड़फड़ाने की आवाज़, एक लहज़े के लिए।*]

मोटर आ गई···

रामलाल : यह तो सामनेंवाली दूकान का बोर्ड खड़का है···तेरे कान बज रहे हैं।

सौगंधी : (*मद्धम आवाज़ में*) मेरे कान बज रहे हैं···सचमुच मेरे कान बज रहे हैं···

[*वक़्फ़ा।*]

मुझ में क्या बुराई है रामलाल···बता···मैंने आज तलक किसी बुरी शक्लवाले को अपने घर से धुत्कारा है···मेरे बिस्तर पर, मेरे हाथों पर, मेरे मुँह पर लोग उलटियाँ करते रहे हैं···मुझे घिन आई, पर मैंने कभी उनको मालूम नहीं होने दिया···

रामलाल : भई, मैं चला···

[*क़दमों की चाप।*]

सौगंधी : (*ख़ुदकलामी के लहजे में*) मोटर एक बार फिर आ जाए, सिर्फ़ एक बार···सेठ मेरे मुँह पर बैटरी की रोशनी मारे, मुझे धुत्कारे···पर थोड़ी-सी मोहलत दे कि मैं उसे जवाब दे सकूँ···क्या जवाब देगी तू···एक बार फिर आ जाए, एक बार फिर आ जाए···यह क्या रट लगा रखी है तूने···चल घर चल। ठंडे पानी का एक डोंगा पी और बाम मल के सो जा···सेठ और उसकी मोटर की ऐसी-तैसी···पर···पर

[*मोटर का इंजन फड़फड़ाने की आवाज़ एक लहज़े के लिए।*]

कुछ भी नहीं है···तेरे कान बज रहे हैं···चल घर चल···पगली···किसी के कहने से आदमी बुरा थोड़ी हो जाता है···हाँ, ये बात तो सच्ची है···किसी के कहने से आदमी बुरा थोड़ी हो जाता है···याद है, पिछले क्रिसमस में अहमदाबाद का एक लौंडा तेरे पास आके ठहरा था···उसका बटवा कहीं गुम हो गया था···तूने उसके दस रुपए वापस दे दिए थे··· (*इंतिहाई बेचारगी की आवाज़ में*) इस समय कोई मुझसे कह दे : 'सौगंधी, तू तो

बहुत अच्छी है···' किसी के कहने, न कहने से कुछ नहीं होता सौगंधी···तू है ही अच्छी···चल अब घर चल···चल अब घर चल···

[*चंद लम्हात तक क़दमों की चाप—फिर दरवाज़े की कुंडी खड़कने की आवाज़।*]

(*हैरान आवाज़ में*) यह ताला किसने खोला?

[*दरवाज़ा अंदर धकेलने की आवाज़।*]

कौन···माधो!

माधो : (*हँसता है*) आज तूने मेरा कहा मान ही लिया···फ़ज्र की सैर तंदुरुस्ती के लिए बड़ी अच्छी होती है··· (*हँसता है*) हर रोज़ इसी तरह सैर को जाया करे तो तेरी सारी सुस्ती दूर हो जाए···

[*चुटकी बजने की आवाज़।*]

यूँ···विक्टोरिया गार्डन तक तो हो आई होगी तू··· (*हँसता है।*)

सौगंधी : मैं आज तेरी ही राह देख रही थी।

माधो : (*हँसता है—हँसते-हँसते थोड़ा-सा चौंककर*) मेरी राह देख रही थी तू···? तुझे मालूम था, मैं आज आनेवाला हूँ?

सौगंधी : (*मुसकराती हुई आवाज़ में*) मैंने रात तुझे सपने में देखा था···उठी तो कोई भी नहीं था···सो जी ने कहा, चलो कहीं बाहर घूम आएँ···और···

माधो : (*खिसियानी हँसी हँसती हुई आवाज़ में*) और मैं आ गया···भई, वह जो किसी ने कहा है कि दिल को दिल से राह होती है, एकदम ठीक है···सपना तूने कब देखा था?

सौगंधी : चार बजे होंगे।

माधो : और मैंने···मैंने कितने बजे देखा था···हाँ दो बजे···जैसे तू फूलोंवाली साड़ी···अरे, बिलकुल यही साड़ी पहने मेरे बाज़ू में खड़ी है···तेरे हाथों में···क्या था तेरे हाथों में···तेरे हाथों में रुपयों से भरी थैली है···

सौगंधी : थैली?

माधो : हाँ थैली···तू वह थैली मेरी झोली में रख देती है और कहती है : 'माधो, तु चिंता क्यों करता है···अरे लेता क्यों नहीं···तेरे-मेरे पैसे कोई दो हैं···' सौगंधी, तेरी जान की क़सम, बस एकदम टिकट कटाकर इधर चला आया।

[*वक़्फ़ा।*]

क्या सुनाऊँ बड़ा लफ़ड़ा हो गया है···बैठे-बिठाए एक केस में फँस गया हूँ।

सौगंधी : केस? (*घबराई हुई आवाज़ में*) जेल-वेल का तो डर नहीं?

माधो : बीस-तीस रुपए हों तो इंस्पेक्टर की मुट्ठी गर्म करके छुटकारा मिल

सकता है···

[*वक़्फ़ा।*]

लेट जा आराम से···तेरे पैर दबा दूँ···सैर की आदत न हो तो थकन हो ही जाया करती है···इधर मेरी तरफ़ पैर करके लेट जा।

सौगंधी : तू मुट्ठी-चापी छोड़ माधो···मेरा तो दिल धक-धक करने लगा है···सारी बात सुना मुझे···बीस-तीस क्या, सौ-पचास भी ख़र्च हो जाएँ तो कोई बात नहीं···वापस कब जाएगा तू?

माधो : दोपहर की गाड़ी से···ज़्यादा देने की ज़रूरत नहीं···पचास में काम चल जाएगा।

सौगंधी : सौ ले जा···

माधो : सौ?

सौगंधी : हाँ, हाँ···हट,मुझे उठने तो दे।

[*वक़्फ़ा।*]

पचास कहे थे ना तूने।

माधो : (*हँसता है*) तसवीरों के पीछे छुपा के रखा है माल-पानी···(*हँसता है।*)

[*सौगंधी की तेज़ और नुकीली हँसी।*]

(*घबराई हुई आवाज़ में*) किसका फ़ोटो देखकर तू हँसी है इस ज़ोर से···

सौगंधी : इसकी···मुनसीपालिटी के इस दारोग़ा की···माधो, ज़रा थोबड़ा तो देख इसका···कहता था : 'एक रानी मुझ पर आशिक़ हो गई थी···' ऊँह···

[*फ़्रेम समेत कील उखड़ने की आवाज़—फिर फ़र्श पर फ़्रेम दे मारने और शीशा टूट जाने की आवाज़।*]

रानी भंगन कचरा उठाने आएगी तो मेरे इस राजा को भी ले जाएगी अपने टोकरे में···(*तीखी हँसी हँसती है।*)

माधो : (*खिसियानी हँसी हँसता है*) ही-ही-ही···

[*दूसरा फ़्रेम उखाड़ने की आवाज़।*]

सौगंधी : इस साले का यहाँ क्या काम है···भौंडी शक्ल का कोई आदमी यहाँ नहीं रहेगा···क्यों माधो?

[*फ़्रेम के फ़र्श पर पटके जाने की आवाज़।*]

माधो : (*खिसियानी हँसी हँसता है*) ही-ही-ही···

सौगंधी : और यह घनचक्कर···और यह···

माधो : (*खिसियानी हँसी हँसता है*) ही-ही-ही···अरे मेरा फ़ोटो···

[*पहले एक, फिर दूसरा फ़्रेम खींच उखाड़ने की आवाज़।*]

हाएँ यह तू···

[*दोनों फ्रेम फ़र्श पर दे मारने की आवाज़ ।*]

(*फीकी हँसी हँसता है*) अच्छा किया... मुझे भी यह फ़ोटो पसंद नहीं था...

[*हँसने की कोशिश में हँसी ।*]

सौगंधी : (*बिलकुल बदले हुए लहजे में*) तुझे अपना फ़ोटो पसंद नहीं था... अपनी सूरत तो पसंद होगी...

[*हँसने की कोशिश में माधो की हँसी ।*]

यह तेरी पकौड़ा ऐसी नाक... यह तेरा बालों भरा माथा... यह तेरे सूजे हुए नथने... यह तेरे मुड़े हुए कान... यह तेरे मुँह की बास, यह तेरे अंग का मैल... बड़ा सुंदर जवान है ना तू... पूने में हवलदार है... महीने में एक बार आता है तीन-चार दिन के लिए मेरे हाँ...

माधो : (*झिड़कती हुई आवाज़ में*) सौगंधी, मुझे ऐसा लगता है, तूने फिर अपना धंधा शुरू कर दिया है... देख, अबके तुझसे आख़री बार कहता हूँ... मान जा मेरा कहना, नहीं तो पछताएगी... इज़्ज़त-आबरू के साथ रह... इस महीने का ख़र्च पूना पहुँचते ही मनीआर्डर कर दूँगा... क्या भाड़ा है इस खोली का...

सौगंधी : अट्ठारह रुपए भाड़ा है इस खोली का और दस रुपए भाड़ा है मेरा... (*माधो के अंदाज़ में*) और जैसा तुझे मालूम है, ढाई रुपए दलाली के... बाक़ी रहे साढ़े सात... रहे ना साढ़े सात... पगले, तेरा-मेरा नाता ही क्या है, कुछ भी नहीं... बस यह दस रुपए हैं जो तेरे और मेरे बीच में बज रहे हैं... आ, दोनों मिलकर कोई ऐसी बात करें कि तुझे मेरी ज़रूरत हो और मुझे तेरी... क्या भाड़ा है यहाँ से पूने का... यह तेरी नाक इतनी लाल क्यों हो रही है और यह तूने अपने बालों का क्या सत्यानास कर रखा है...

माधो : सौगंधी, मेरी टोपी...

सौगंधी : तू टोपी कहता है इसे... यह तो चीथड़ा है... कितनी बास मार रही है... बाहर फेंकती हूँ इसको...

माधो : सौगंधी...

सौगंधी : क्या भाड़ा है यहाँ से पूने का... परमेश्वर का दिया बहुत कुछ है मेरे पास... पूने में हवलदारी छोड़... क्या तुझे यह धंधा करते लाज नहीं आती... यहाँ मेरे साथ इज़्ज़त-आबरू के साथ रह... क्या भाड़ा है यहाँ से पूने का...

माधो : (*तेज़ आवाज़ में*) सौगंधी...

सौगंधी : सौगंधी के बच्चे, तू आया किसलिए है यहाँ... माँ रहती है तेरी इस खोली में जो तुझे पचाए रुपए चुपके से देगी... या तू कोई ऐसा गबरू जवान है जो मैं तुझ पर आशिक़ हो गई हूँ... कमीने कुत्ते, मुझ पर रोब गाँठता है... भिकमंगे, तू अपने आपको समझ क्या बैठा है... चोर-उचक्के

लफ़ंगे··· शोहदे··· बदमाश···

माधो : (*दबी-दबी-सी आवाज़ में*) सौगंधी, क्या हो गया है तुझे?

सौगंधी : तेरी माँ का सिर··· उल्लू के पट्ठे, तू होता कौन है मुझसे यह पूछनेवाला··· निकल यहाँ से··· दूर हो जा मेरी नज़रों से···

[*कुत्ता भौंकता है।*]

माधो : म··· म··· मेरी टोपी।

सौगंधी : पड़ी रहने दे यहीं··· ख़बरदार जो तूने उठाई, तू पूना पहुँच, मैं इसे मनीआर्डर कर दूँगी···

[*हँसना शुरू कर देती है, बेतहाशा। कुत्ता उसकी हँसी का साथ देता है और ज़ोर-ज़ोर से भौंकता हैं। चंद लम्हात के बाद कुत्ते के भौंकने की आवाज़ दूर होती जाती है। फिर सौगंधी की थकी हुई हँसी की आवाज़ आती है जो फ़ौरन ही सिसकियों में तब्दील हो जाती है—फिर सौगंधी के फूट-फूटकर रोने की आवाज़ आती है।*]

(*सुबकियों के साथ-साथ पुचकारते हुए*) पुच-पुच-पुच··· मोती, आ मेरे पास··· मेरे जानी आ जा··· आजा··· आ सो जाएँ···

[*लोरी की मद्धम मौसीक़ी··· सौगंधी बिना अल्फ़ाज़ लोरी की धुन गुनगुनाए।*]

[फ़ेड आउट]

---

1. भूल, लड़खड़ाहट।

नीली रगें

आवाज़ें

सईद
कृष्ण
सुरैया
मौसीक़ी की मुख़्तलिफ़ धुनें

[चंद लम्हों के लिए ख़ुशगवार धुन पेश की जाए। धीरे-धीरे धुन डूब जाए और सईद की आवाज़ में ज़ैल की नज़्म उभरे।]

सईद : *(आवाज़ में जज़्बात का हुजूम)*
मरमरीं पैकर पे नीलम के ख़ुतूत
सर्द है दुनिया-ए-ख़्वाब
मेरे बर्फ़ानी तसव्वुर में मगर
बह रहा है नीलगूं सीमाब-सा[1]
जिस तरह जारी हो क़ल्ब व रूह मे
इक हसीं अफ़ई का ज़हर
चाँद में जिस तरह नीली शुआओं की झलक
मरमरीं पैकर पे नीलम के ख़ुतूत···

कृष्ण : तुम अब दिन-ब-दिन शाइर होते चले जा रहे हो।

सईद : मुझे भी यही महसूस होता है··· इन नीली रगों ने मुझे शाइर बना दिया है। मेरे ज़ेहन की हर सलवट में यह रगें रेंगती-रेंगती पहुँच गई हैं··· *(शिद्दत[2] के साथ)* कृष्ण, तुमने कभी किसी औरत के ठंडे हाथ अपने हाथों में दबाए हैं?

कृष्ण : ठंडे हाथ··· ?

सईद : ठहरो, मुझे अपना फ़िक़रा दुरुस्त कर लेने दो, फिर जवाब देना··· । *(ज़रा से तवक़्क़ुफ़[3] के बाद)* क्या तुमने कभी किसी अजनबी औरत के ठंडे हाथ अपने हाथ में दबाए हैं··· ऐसे हाथ जो चाँद की तरह ख़ुन्क हों··· किसी अजनबी औरत के हाथ जो तुम्हारी ज़िंदगी में यूँ दाख़िल हों जैसे रात के सुनसान अँधेरे में कोई जुगनू भटकता हुआ निकले···

कृष्ण. : *(ग़ैर संजीदा आवाज़ में)* अपनी दुम में लालटेन बाँधे··· नहीं, चाँद की डली चूसता हुआ इधर आ निकले···(*हँसता है*)
तुम्हें आज क्या हो गया है सईद··· ? यह ठंडी यख़ औरत तुम्हारी ज़िंदगी में कब दाख़िल हुई··· ?
(ज़रा से तवक़्क़ुफ़ के बाद) अगर सामने अँगीठी में दहकते हुए कोयले वाक़ई गर्म हैं तो जनाब को मालूम होना चाहिए कि आज दिसंबर की एक सर्द रात है और सर्द रातों में बर्फ़ कोई नहीं पीता। शराब तक को बर्फ़ की

सर्द आग़ोश से दूर रखा जाता है⋯मगर मैं तो सबक़ पढ़ाने लगा⋯बताओ यह सर्द हाथोंवाली औरत कौन है ?

सईद : सर्द हाथोंवाली अजनबी औरत कहो⋯

[*वक़्फ़ा।*]

अजनबी⋯

(*आह भरकर*) कृष्ण, तुम नहीं जानते, यह अजनबियत किस क़दर पुरलुत्फ़ शै है⋯सोचो तो, अगर ख़ुदा भी हमारे देश का होता, हमारा देखाभाला होता तो⋯तो उसकी ख़ुदाई कैसी होती⋯अजनबियत क्या है, नहीं, तुम नहीं समझ सकते⋯अजनबियत⋯

[*वक़्फ़ा।*]

कभी-कभी हमारा जिस्म तालाब के ठहरे हुए पानी की तरह, जिसकी सतह पर कोई उड़ता-उड़ता पत्ता आन गिरे, कँपकँपा उठता है, यह कँपकँपाहट जिसका कुछ मतलब होता है और कुछ मतलब नहीं भी होता⋯यह कँपकँपाहट जो सर्द और गर्म लहरों का एक उलझाव-सा होता है⋯

[*वक़्फ़ा।*]

नहीं⋯अजनबी औरत की अजनबियत इससे ज़्यादा अजनबी होती है।

कृष्ण : (*ग़ैर संजीदा आवाज़ में*) ठंडे हाथोंवाली अजनबी औरत की अजनबियत, ज़ाहिर है, इससे भी ज्यादा अजनबी होती होगी और सर्द भी।

सईद : (*खोई हुई आवाज़ में*) गोरे-गोरे ठंडे हाथ और उन पर फैली हुई नीली रगें जैसे बर्फ़ में नीलम की लकीरें⋯उन नीली रगों में कहीं-कहीं हाँफती हुई बुलबुल के सीने की-सी फड़फड़ाहट⋯नहीं, मैं कहीं बहक न जाऊँ !

कृष्ण : आपको यह अंदेशा बहुत बाद में हुआ है⋯आप बहक चुके हैं⋯नहीं, बहके हुए हैं।

सईद : यह सुनकर मुझे ताज्जुब नहीं हुआ⋯जब तक इस दुनिया में औरत, शराब और फूल मौजूद हैं, आदमी जरूर बहकेंगे और बहका हुआ आदमी, बस मान लो, औरत, शराब और फूल से ज़्यादा ख़ूबसूरत होता है।

[*मौसीक़ी।*

धीमे-धीमे सुर जिनमें इन्बिसात[4] करवटें ले, ऐसा इन्बिसात जिसमें दबे-दबे दर्द की झलक भी हो।

फिर एक औरत की मासूमाना हँसी बिखर-सी जाए।]

सुरैया : मैं बहक रही हूँ।

सईद : तुम्हारी ज़िंदगी नया लिबास पहन रही है।

सुरैया : मुझे हिजाब[5] महसूस हो रहा है।

सईद : यह नए लिबास का क़ुसूर है।

सुरैया : उफ़, मेरे हाथ कितने ठंडे हैं!

सईद : मेरे हाथों में दे दो… जवानी के ख़यालों की-सी गर्मी तुम मेरे हाथों में पाओगी।

सुरैया : (*'सी-सी' करते हुए*) तुम्हारे हाथ… गर्म हैं… माँ की गोद की तरह… मुझे याद है, मेरी माँ भी हुआ करती थी।

सईद : मेरी माँ भी थी… माएँ सबकी होती हैं… मगर मुसीबत यह है, उनमें से अक्सर मर जाती हैं… मेरी माँ को मरे उतने ही बरस हो गए हैं, जितने मुझे ज़िंदा रहते।

सुरैया : (*हल्की-सी हँसी के साथ*) तुम… तुम… तुम दिलचस्प आदमी हो… तुम्हारा नाम क्या है?

सईद : मेरा नाम…? भई, हद हो गई… पहले तुम अपना नाम बताओ।

सुरैया : (*'सी-सी' करते हुए*) सर्दी ज़्यादा हो गई है।

सईद : अँगीठी में कोयले और डाल देता हूँ।

सुरैया : ख़त्म हो गए तो क्या करोगे?

सईद : कुछ भी नहीं… ख़त्म जाएँगे तो… ख़त्म हो जाएँगे तो…

[*वक़्फ़ा।*]

लेकिन मेरे पास काग़ज़ों का एक अंबार जो मौजूद है, उसी को जलाना शुरू कर दूँगा।

सुरैया : उन काग़ज़ों पर तो शेर लिखे हुए हैं।

सईद : इसीलिए तो कहता हूँ कि जलाने के लिए अच्छे रहेंगे… तुम्हारे आने से पहले मैं इन शेरों को बहुत सँभाल-सँभालकर रखता था, पर तुम्हारे आने पर मालूम हुआ कि इनमें से हर एक लकड़ी का खिलौना है… लकड़ी जलाने ही के काम तो आती है।

सुरैया : धुआँ देगी।

[*वक़्फ़ा।*]

सईद : तुम्हारा नाम क्या है?

सुरैया : मेरा नाम…? मेरा नाम…! देखो तुमने अभी तक अँगीठी में कोयले नहीं डाले हैं… मैं यह सर्दी बर्दाश्त नहीं कर सकती… मेरे हाथ… देखो मेरे हाथ फिर यख़ हो गए… लाओ मुझे अपने हाथ दो… कहाँ हैं तुम्हारे हाथ?

सईद : यह रहे… ओह… कमरे में रोशनी नहीं है… ठीक, लालटेन कोने में पड़ी है। उसकी कुप्पी का तला टूट गया था… लेकिन फिर मैं इस अँधेरे में तुम्हें देखता कैसे रहा… बख़ुदा तुम्हारे चेहरे का एक-एक ख़त मैंने ग़ौर से देखा

है ⋯ तुम्हारा तिल ⋯

सुरैया : कहाँ पर है यह मेरा तिल ?

सईद : गोया मैंने देखा ही नहीं ⋯ मैं सच कहता हूँ, अभी-अभी तुम्हारा यह तिल चमक रहा था ⋯ कहाँ पर था ⋯ ? हाँ, होंठों के इख़्तितामी[6] तिकोन के ऊपर, दाईं आँख की पुतली की सीध में ⋯ क्या मैं ग़लत कहता हूँ ?

सुरैया : बिलकुल ग़लत ।

सईद : तो फिर मैंने कहाँ देखा था ?

सुरैया : यह तिल ठीक इसी जगह तुम्हारे चेहरे पर है ।

सईद : मेरे चेहरे पर ⋯ ? नहीं ऐसा हरगिज़ नहीं हो सकता ⋯ लेकिन ⋯ अरे ⋯ तुम शायद ठीक कहती हो ⋯ अब मुझे याद आया; यह तिल मेरे ही चेहरे पर है; कल जब तुम बर्फ़ानी रात में मुझसे मिली थीं और मैंने माचिस जलाकर तुम्हारी तरफ़ देखा था तो मुझे तुम्हारे होंठों के इख़्तितामी कोनों के ऊपर की जगह बहुत पसंद आई थी और मैंने सोचा था कि अगर वह तिल, जो मेरे चेहरे पर बेकार पड़ा है, उड़कर वहाँ चला जाए तो कैसा भला मालूम हो ⋯

[*वक़्फ़ा ।*]

वहाँ तिल ज़रूर होना चाहिए, ख़्वाह मेरा हो या तुम्हारा अपना ।

सुरैया : वहाँ तिल का होना ज़रूरी क्यों है ?

सईद : अरे भई, वहाँ तिल का होना अशद ज़रूरी है ⋯ अब मैं तुम्हें कैसे समझाऊँ ⋯ देखो ⋯ ठहरो, मैं तुम्हें तसवीर बनाकर समझाता हूँ ⋯ लेकिन तुम देखोगी कैसे ⋯ यहाँ तो सख़्त अँधेरा है ⋯ अब मैं तुम्हें कैसे समझाऊँ कि तिल का वहाँ होना बहुत ज़रूरी है ⋯ मुझे सख़्त रूहानी कोफ़्त होगी, अगर वहाँ तिल न हुआ ।

सुरैया : तुम्हें रूहानी कोफ़्त नहीं होगी, इसलिए कि तिल वहाँ मौजूद है ।

सईद : होना चाहिए था ⋯ अगर न होता तो भी होता ⋯

[*वक़्फ़ा ।*]

लेकिन तुमने झूठ क्यों बोला ?

सुरैया : इसलिए कि यह झूठ तिल से ज़्यादा ख़ूबसूरत चीज़ है ⋯ मेरा दिल चाहता था कि तुम्हें छेड़ूँ ⋯ मैं बड़ी शरीर हूँ । (*हँसती है ।*)

सईद : तुम्हें झूठ नहीं बोलना चाहिए ⋯ दानाओं[7] ने कहा है कि झूठ नुक़सानदेह होता है ।

सुरैया : यह सबसे बड़ा और सबसे ख़ूबसूरत झूठ है जो दानाओं ने बोला है ⋯ लेकिन मैं पूछती हूँ, तुमने झूठ क्यों बोला ⋯ अभी-अभी तुम कह रहे थे कि तुम्हारे होंठों के ऊपर वाक़ई एक तिल मौजूद है ⋯ क्या मैं देख सकती हूँ ?

सईद : (*बौखलाई हुई आवाज़ में*) भई, नहीं होगा और बहुत मुमकिन है, हो ⋯

बहरहाल कहीं-न-कहीं ज़रूर है··· बात यह है कि मैं अपना चेहरा बहुत कम देखा करता हूँ··· आईने से मुझे नफ़रत है कि उसमें असली शक्ल नज़र नहीं आती··· मैंने जब कभी अपना चेहरा आईने में देखा, मुझे ऐसा लगा कि मेरे चेहरे पर किसी ने क़लई कर दी है··· लानत भेजो ऐसी वाहियात चीज़ पर ··· जब आईने नहीं थे, लोग ज़्यादा ख़ूबसूरत थे··· अब आईने मौजूद हैं, मगर लोग ख़ूबसूरत नहीं रहे···

[*वक़्फ़ा।*]

सुरैया : सर्दी नाक़ाबिले-बर्दाश्त हो गई है··· कोयले ख़त्म हो गए तो?

सईद : (*खोई हुई आवाज़ में*) तो मैं आईने जलाना शुरू कर दूँगा।

सुरैया : आईने?

सईद : और क्या··· नहीं, आईने नहीं, वह काग़ज़ जिन पर मैंने शेर लिखे हैं··· यह शेर आईनों से भी बदतर हैं।

सुरैया : (*हँसने के बाद*) तुम बहुत दिलचस्प आदमी हो··· मैं बहुत ख़ुश हूँ··· लेकिन कोयले?

[*ऐसी धुन पेश की जाए जिसके सुर शुरू-शुरू में बुलंद हों, मगर बीच-बीच में धीमे हो जाएँ—ऐसा मालूम हो कि साज़ों में सुर बाक़ी नहीं रहे।*
मौसीक़ी के इस टुकड़े के दौरान में कहीं-कहीं यह आवाज़ आए "लेकिन कोयले, लेकिन कोयले··· !" यह आवाज़ सईद की हो।]

सईद : लेकिन कोयले··· ? कितना अहम सवाल है···

[*वक़्फ़ा।*]

कृष्ण, यह शाइरी-वाइरी सब बकवास है··· आधा सेर कोयले शाइर के दो दीवानों के मुक़ाबले में ज़्यादा देर तक जलते हैं और ज़्यादा गर्मी पहुँचाते हैं··· ठंडे-ठंडे गोरे हाथ, जिन पर नीली लकीरों का जाल-सा बना हो, ज़रूर गर्म होने चाहिएँ।

कृष्ण : ज़रूर गर्म होने चाहिएँ··· तुम्हारे चार दीवान क्या उन दो हाथों को गर्म नहीं कर सके?

सईद : (*आह भरकर*) नहीं··· !

[*वक़्फ़ा।*]

काश! मैंने शाइरी के बजाय कोयले चुनने का काम किया होता··· अब तक मैंने चार बोरियाँ भर ली होतीं।

[*वक़्फ़ा।*]

कृष्ण : किस सोच में पड़ गए?

सईद : सोच रहा था, अगर मैंने चार बोरियाँ कोयलों से भर ली होतीं तो उस अजनबी औरत को शेरों की ज़रूरत होती, ठंडे शेरों की···मैं ऐसी कई औरतों को जानता हूँ जो शेरों को मलाई बर्फ़ की तरह प्लेट में डालकर चमचे से खाना पसंद करती हैं···

[*वक़्फ़ा।*]

औरत निराली है या वह, जो औरतों को बनाता है, निराला है ?

कृष्ण : दोनों निराले हैं, इसलिए कि दोनों हमारी समझ से बालातर हैं।

सईद : लेकिन लोग कहते हैं कि शाइर दोनों को अच्छी तरह समझता है।

कृष्ण : यह भी शाइरी है।

सईद : लेकिन मुझे ऐसा महसूस होता है कि मैंने औरत को समझने का गुर पा लिया है।

कृष्ण : बताओ वह गुर क्या है ?

सईद : औरत को समझने की कोशिश ही न की जाए।

[*दोनों हँसते हैं।*
हँसी के साथ ही तरबअंगेज़ मौसीक़ी का टुकड़ा शुरू हो जाए।
आख़िर में सुरैया के हँसने की आवाज़ आए।]

सुरैया : तुम मुझे समझने की कोशिश क्यों नहीं करते ?

सईद : हर शै, जो मेरे गिर्दो-पेश है, यह कहती है : "मुझे समझो···!" इस अँगीठी का हर बुझता हुआ कोयला भी यही कहता है : "मुझे समझो···!" दूर आसमान पर ठिठुरे हुए तारे भी इसी तमन्ना में टिमटिमा रहे हैं···चाँद, नुक़रई[8] तश्तरी में जमा हुआ पानी, वह भी कहता है : "मुझे समझो···!" तुम्हारे ठंडे-ठंडे हाथों पर यह नीली-नीली रगें जो कुँआरे ख़यालों की तरह मासूम हैं, क्या इनको समझने की कोशिश नहीं करनी चाहिए ?

सुरैया : खिड़की बंद कर दो···चाँद की शुआएँ सर्दी में इज़ाफ़ा कर रही हैं···कोयले···? बस यह आख़िरी कोयले थे क्या ?

सईद : हाँ···आख़िरी थे।

सुरैया : तो अब क्या होगा···सईद, मेरे हाथ···हाए, मेरे हाथों का क्या होगा ?

सईद : मेरा नाम तुम्हें कैसे मालूम हुआ ?

सुरैया : क्या तुम्हारा नाम सईद है ?

सईद : सईद ही तो है···और हो भी क्या सकता है, पर तुम्हें कैसे मालूम हुआ ?

सुरैया : (*हँसने के बाद*) एक नजूमी ने मुझसे कहा था : "इन सर्दियों में तेरी ज़िंदगी के अंदर एक साअते-सईद[9] आएगी···!" शायद यह वही चंद घड़ियाँ हैं

जिनमें मेरे ठिठरे हुए हाथ आग तापते रहे हैं।

सईद : सुरैया... सुरैया...

[*वक़्फ़ा।*]

काश! मेरे पास और कोयले होते।

सुरैया : सुरैया...

(*चौंककर*) लेकिन यह तो मेरा नाम है... तुम्हें कैसे मालूम हुआ कि मेरा नाम सुरैया है।

सईद : यह तारा बहुत ऊँचा है... नाक़ाबिले-रसा[10] और बहुत ख़ूबसूरत...

सुरैया : क्या मैं ख़ूबसूरत हूँ?

सईद : ख़ूबसूरत भी और नाक़ाबिले-रसा भी...

सुरैया : ख़ूबसूरत औरतों से तो लोग मुहब्बत करते आए हैं... तुम मुझसे मुहब्बत क्यों नहीं करते...

(*बदले हुए लहजे में*) तुमने अब तक यह राज़ मुझसे क्यों छुपाए रखा कि मैं ख़ूबसूरत हूँ... आज, जबकि कोयले ख़त्म हो चुके हैं और मेरी उँगलियाँ बर्फ़ की डलियाँ बन रही हैं, तुमने मुझे बताया है कि मैं ख़ूबसूरत हूँ... मैं ख़ुश नहीं हूँ... मैं तुमसे नाराज़ हूँ... सच कहती हूँ, तुमसे नाराज़ होने के लिए मैंने अपने आपको बिलकुल तैयार कर लिया है... मैं अनक़रीब तुमसे बिगड़नेवाली हूँ...

[*वक़्फ़ा।*]

(*लहजा बदलकर*) अच्छा यह बताओ, मैं कितनी ख़ूबसूरत हूँ... तुम्हें अंदाज़ा तो होगा।

[*वक़्फ़ा।*]

सईद : काग़ज़ जला दूँ... कोयले बुझ रहे हैं।

सुरैया : पहले यह बताओ, मैं कितनी ख़ूबसूरत हूँ... तुम्हें मेरी जान की क़सम, ठीक-ठीक बताओ, मैं कितनी ख़ूबसूरत हूँ।

[*वक़्फ़ा।*]

बताते क्यों नहीं।

[*वक़्फ़ा।*]

आह, मैं समझ गई... तुम कभी नहीं बताओगे... तुम नहीं चाहते कि मुझे अपने हुस्न का ठीक अंदाज़ा हो... तुम... तुम हासिद हो... आज तक कोई ख़ूबसूरत औरत तुम्हारी ज़िंदगी में नहीं आई, इसलिए तुम चाहते हो कि मुझे मेरे हुस्न से ग़ाफ़िल रखो... इस ग़फ़लत का तुम नाजाइज़ फ़ायदा उठाना चाहते हो... लेकिन मैं ख़ूबसूरत हूँ... तुम्हारी ख़ामोशी से मेरा हुस्न दब तो नहीं जाएगा... मेरे हाथों की नीली रगें... क्या कहा था एक बार तुमने... बर्फ़

में नीलम की लकीरें··· नहीं, मेरे हाथ इससे भी कहीं ज़्यादा ख़ूबसूरत हैं··· और मेरा तिल··· होंठों के इख़्तितामी कोने के ऊपर वह नन्हा-सा नुक़्ता··· तुम मुझे बता चुके हो कि मेरा तिल ख़ूबसूरत है··· अब यह और भी ख़ूबसूरत होगा···

(*हँसती है।*) मैं अब सिंगार किया करूँगी, सोलह सिंगार··· इससे मेरी और भी छवि निकलेगी··· तुम मुझे बहुत नज़दीक से देखते हो, लेकिन बहुत जल्द दूर से देखा करोगे और··· और तरसा करोगे···

[*वक़्फ़ा।*]

तुम मुझे क्यों नहीं बताते कि मैं कितनी ख़ूबसूरत हूँ।

सईद : कोयले बिलकुल बुझ गए हैं··· अँगीठी में आख़िरी चिंगारी सफ़ेद राख की गोद में आँखें मींच रही है।

सुरैया : तुम मेरी बात का जवाब क्यों नहीं देते··· मैं तुमसे क्या पूछ रही हूँ··· बताओ··· बताओ सईद!

सईद : लो वह आख़िरी चिंगारी भी सो गई।

सुरैया : मैं तंग आ गई हूँ··· सईद, मेरा जी चाहता है, ग़ुस्से में ज़ोर-ज़ोर से अपने पैर इस फ़र्श पर मारूँ··· तुम··· तुम··· तुम बहुत बदसूरत हो और··· तुम्हारे पास निगोड़े कोयले भी तो नहीं हैं जो मैं अपने हाथ ताप सकूँ··· तुम कुछ भी नहीं हो··· मैंने ग़लती की जो तुम्हारे पास चली आई··· मैं चली जाऊँगी··· मैं तुम्हारे पास एक मिनट भी नहीं ठहर सकती···

[*वक़्फ़ा।*]

सईद : (*उदास लहजे में*) सचमुच जा रही हो?

सुरैया : (*ग़ुस्सैली आवाज़ में*) मुझे रोकनेवाले तुम कौन?

सईद : जा रही हो तो मेरा यह कंबल लेती जाओ··· बाहर नाक़ाबिले-बर्दाश्त सर्दी है।

सुरैया : तुम्हारी इस हमदर्दी का मेरे दिल पर कोई असर नहीं हुआ।

सईद : कंबल लपेट लो, कहीं सर्दी न लग जाए।

सुरैया : तुम मेरे दिलो-दिमाग़ पर तारी होने की कोशिश न करो··· तुम्हारा यह कंबल मुझे पसंद नहीं; इसका रंग निहायत ही फ़ुज़ूल है··· अच्छा तो मैं चली···

सईद : ख़ुदा हाफ़िज़।

सुरैया : (*उकताए हुए लहजे में*) तुम कुछ न कहो, कुछ न बोलो, बस ख़ामोश रहो··· मैं जाना चाहती हूँ।

सईद : जाओ।

[*वक़्फ़ा।*

दरवाज़ा खुलने की आवाज़।
वक़्फ़ा।]

सुरैया : (*सुरैया की आवाज़ दूर से आए*) मैं जा रही हूँ और अब फिर न आऊँगी···

सईद : सुरैया, तुम जाते वक़्त बहुत ज़्यादा हसीन हो गई हो···इतनी ख़ूबसूरत तुम पहले कभी न थीं···

[*धीमे-धीमे सुरों में कोई साज़ बजाया जाए।*
सईद की दर्द भरी आवाज़ में ज़ैल की नज़्म उभरे।]

मौज-सी पानी में इक पैदा हुई,
बह गई,
जैसे इक झोंका हवा का
पास से होकर निकल जाए कहीं···
चंद रोज़ा आरज़ूओं का चिराग़
झिलमिलाकर बुझ गया

[*फ़ेड आउट।*]

---

1. नीले पारे-जैसा; 2. तेज़ी; 3. देर; 4. ख़ुशी; 5. लज्जा; 6. आख़िरी; 7. बुद्धिमानों; 8. सोने-जैसी; 9. शुभ घड़ी; 10. पहुँच से दूर।

जेबकतरा

आवाज़ें

कांशी
बिमला
गिरधारी
पंडित
पहला आदमी
दूसरा आदमी
तीसरा आदमी
चौथा आदमी
अलिफ़
बे

बाज़ार की आमदो-रफ़्त की आवाज़ें
समंदर की लहरों की गुनगुनाहट
फ़र्श पर क़दमों की चाप
दरवाज़ा बंद होने की खड़खड़ाहट
पानी में कूदने की आवाज़

[ज़ैल का मुकालमा शुरू हो तो उसके अक़ब[1] में बाज़ार का सोती मंज़र[2] पेश किया जाए।
गाड़ियों, रिक्शाओं, मोटरों और राहगुज़रों का शोर हो—ऐसा मालूम हो कि बड़ी भीड़-भाड़ है और खवे से खवा छिल रहा है।]

पहला आदमी : अरे भई, ऊपर क्यों चढ़े आते हो··· सुझाई नहीं देता क्या?

दूसरा आदमी : अमाँ कुछ होश की दवा करो।

तीसरा आदमी : अरे भाई, क्यों धक्के देते हो··· कुछ इस औरत का तो लिहाज़ करो। बेचारी पिस गई है।

चौथा आदमी : थोड़ी-सी जगह बना दो मियाँ!··· थोड़ी-सी जगह बना दो मियाँ!

कांशी : हाँ, ज़रा तुम ही उधर हट जाओ··· भई वाह, क्या हटे हो··· बेचारी का बटवा ही··· ठहरिए, मैं उठा देता हूँ···

[*वक़्फ़ा।*]

यह लीजिए।

बिमला : (*आवाज़ में घबराहट*) जी शुक्रिया।

पहला आदमी : अब यह क्या हो रहा है··· रास्ता साफ़ क्यों नहीं होता?

दूसरा आदमी : कहते हैं, आगे एक छकड़ा उलट गया है।

तीसरा आदमी : इतने छोटे बाज़ारों में छकड़े आख़िर चलने क्यों दिए जाते हैं?

चौथा आदमी : या तो बाज़ार बड़े और चौड़े किए जाएँ या इन छकड़ों का साइज़ छोटा कर दिया जाए।

[*बाज़ार का शोरो-गुल आहिस्ता-आहिस्ता बंद हो जाए।*]

कांशी : (*क़हक़हा लगाकर*) बाज़ार और छकड़े बड़े किए जाएँ या छोटे, हमारी गाड़ी तो चलती ही रहेगी··· क्यों गिरधारी?

गिरधारी : वह तो ठीक है, पर दाद इस बात की दो, किस सफ़ाई से उस लौंडिया का बटवा नीचे गिराया।

कांशी : और बंदे ने भी किस फ़ुरती से उसका पेट चाक किया।

गिरधारी : भई, क्या कहने हैं तुम्हारे··· बस अब जरा उन सब्जों की बहार

दिखला दो।

कांशी : बड़े बेसब्र हो···

[*वक़्फ़ा।*]

और अगर सब्ज़े न हुए तो?

गिरधारी : तो कांशी, तुम जेबकतरे न हुए, किसी दफ़्तर के मुंशी हुए।

कांशी : अमाँ ऐसा कभी हो सकता है···कांशी किसी को ताके और उसके पास से माल न निकले···लो देखो···

[*काग़ज़ों की खड़खड़ाहट।*]

ज़्यादा तो नहीं हैं लेकिन दो सौ जरूर होंगे···तुम गिनों···यह काग़ज़-सा क्या है?

गिरधारी : ख़त-वत होगा···नहीं लिफ़ाफ़ा है। लो तुम खोलो···मैं तो कहता हूँ, पाँच पैसे का स्टांप लगाकर डाक में डाल दो···क्या याद करेगी!

कांशी : अगर खोल के पढ़ लूँ तो क्या हर्ज है···

[*लिफ़ाफ़ा खोलने की आवाज़।*]

गिरधारी : यह नोट तुम्हारी जेब में पसीने से गीले हुए हैं या पर्स ही से ऐसे निकले हैं···भई मुफ़्लिसी में आटा गीला तो सुना था, नोटों का गीला होना नहीं सुना था···पूरे दो सौ हैं···मैंने कहा कांशी, तुमने गिनकर तो नहीं निकाले थे···(*हँसता है।*)

अरे तुम तो ख़त बड़ी दिलचस्पी से पढ़ रहे हो···हाँ तो क्या लिखती हैं श्रीमती जी···इश्क़-विश्क़ का क़िस्सा तो नहीं···मैं जो तुमसे कहता हूँ यह चश्मा पहननेवाली औरतें बड़ी इश्क़बाज़ होती हैं···हमारी गली में एक यह चश्मा लगानेवाली औरत थी। शक्लो-सूरत से बड़ी ख़ामोश और सोच-विचार करनेवाली दिखाई देती थी···भई, हद हो गई, कुछ मुझे भी बताओ, क्या लिखा है?

कांशी : गिरधारी, बहुत बुरा हो गया है।

गिरधारी : अच्छा कब हुआ है?

कांशी : (*संजीदा आवाज़ में*) मैं कहता हूँ, बहुत बुरा हो गया है···लो तुम ख़ुद पढ़ लो।

[*काग़ज़ की खड़खड़ाहट।*]

गिरधारी : यह आज तुम्हें मज़ाक़ क्यों सूझ रहा है···तुम अच्छी तरह जानते हो कि मैं लिख-पढ़ नहीं सकता···अगर पढ़ा-लिखा होता तो आज क्या जेबें काटता।

कांशी : क्या करते?

गिरधारी : सिर काटता···(*ज़ोर से हँसता है।*)

लो अब बताओ, क्या लिखा है ख़त में ?

कांशी : लाओ नोट मेरे हवाले करो... मैं इन्हें वापिस करना चाहता हूँ।

गिरधारी : क्या करना चाहते हो... ? कहीं बहक तो नहीं गए ?

कांशी : उसको इन रुपयों की बहुत ज़्यादा ज़रूरत है... हमारा काम इनके बग़ैर भी चल सकता है मगर उस पर तो मुसीबतों का पहाड़ टूट पड़ेगा।

गिरधारी : ख़त है या गीता का कोई श्लोक... अजब बहुरूपिए हो।

कांशी : अब वह कहाँ मिलेगी ?

(*हौले-से—अपने आपसे*) कहाँ जांऊँ, किधर जाऊँ, कुछ समझ में नहीं आता...

(*नार्मल आवाज़ में*) मैंने बहुत बुरा किया है गिरधारी... उसको रुपयों की सख़्त ज़रूरत है... मेरा पेशा बुरा है, पर मेरा दिल बुरा नहीं है... मुझे सद्मा हुआ है... भगवान जानता है, मुझे बहुत दुख हुआ है... वह औरत बहुत दुखी है, तुम नहीं जानते, वह कितनी दुखी है... मैं बड़ा अत्याचारी हूँ... अब मैं क्या करूँ ?

गिरधारी : तुम यह नोट मेरे हवाले कर दो और चिमटा हाथ में लेकर साधु बन जाओ।

कांशी : नहीं... नहीं गिरधारी... मैं यक-ब-यक बदल नहीं गया हूँ, मैं सिर्फ़ उस औरत के रुपए वापिस करना चाहता हूँ... इसलिए कि वह बेहद दुखी है और उसे इन रुपयों की सख़्त ज़रूरत है... अगर नोटों के साथ यह ख़त न होता तो... तो... मैं जाता हूँ उसकी तलाश में।

[*'मैं जाता हूँ उसकी तलाश में' की अदाइगी के साथ ही बाज़ार की आमदो-रफ़्त का शोर शुरू हो जाए। यह शोर कुछ इस तौर पर शुरू हो कि पहले मद्धम हो, फिर आहिस्ता-आहिस्ता तेज़ हो जाए। शोर और मौसीक़ी के ज़रिए से कांशी की तलाश और जुस्तजू[3] ज़ाहिर की जाए और इसकी शिद्दत[4] बढ़ती जाए।*

पहले सोती मंज़र में सिर्फ़ लोगों की आमदो-रफ़्त पेश की जाए, फिर यह मंज़र दूसरे मंज़र में तहलील कर दिया जाए, जिसमें लोगों की आमदो-रफ़्त के साथ-साथ रिक्शाओं के चलने की आवाज़ भी शामिल हो। तीसरे मंज़र में लोगों की आमदो-रफ़्त और रिक्शाओं के चलने की आवाज़ के अलावा मोटरों की आवाज़ भी हो—हर मंज़र में माहौल और ज़रूरत के मुताबिक़ मौसीक़ी भी शामिल की जाए।

तीसरे मंज़र को आहिस्ता-आहिस्ता समंदर की गुनगुनाहट में तहलील किया जाए। यह गुनगुनाहट पहले मद्धम हो, फिर आहिस्ता-आहिस्ता उभर आए—इस गुनगुनाहट पर पथरीले फ़र्श पर थके हुए क़दमों की आवाज़ सुपर इंपोज़ की जाए—थके हुए क़दमों की आवाज़ चंद लम्हात तक जारी रहे, फिर बंद हो जाए।

तब एक लहर उभरने की आवाज़ आए और एक मोटी और घिनावनी आवाज़ कहे : 'तुम बड़े ज़ालिम हो।'

एक और लहर की आवाज़—मोटी और घिनावनी आवाज़ : 'तुम उसे तलाश नहीं कर सके।'

लहर की आवाज़—घिनावनी आवाज़ : 'जब उसने पर्स ख़ाली पाया होगा तो उसकी क्या हालत हुई होगी?'

लहर—आवाज़ : 'तुम राक्षस हो... तुमने एक बेकस औरत को दुख पहुँचाया है।'

एकदम लहरों का शोर और मौसीकी की धुनें उलझ जाएँ और एक तेज़ सोती चक्कर बन जाए—फिर धीरे-धीरे यह सोती चक्कर थम जाए।]

(*मुज़्तरिब*[5] *आवाज़ में*) ल... ल... लेकिन इसमें मेरा क्या क़ुसूर है... म... मुझे क्या मालूम था कि...

[*लहरों की गुनगुनाहट।*]

(*तड़पती-काँपती आवाज़ में*) मैं बड़ा ज़ालिम हूँ... मैं राक्षस हूँ... मैंने एक बेकस औरत को दुख पहुँचाया है...

[*वक़्फ़ा।*]

उसको ढूँढ़ते-ढूँढ़ते मैं थक गया हूँ... जाने वह कहाँ होगी...

[*एकदम पानी में किसी के गिरने की आवाज़ आए—फिर पानी में किसी के हाथ-पाँव मारने की आवाज़ आए।*]

(*घबराई हुई आवाज़ में*) कौन गिरा?

[*पानी में हाथ-पाँव मारने की आवाज़।*

[*पथरीले फ़र्श पर इज़्तिराब*[6] *के साथ इधर-उधर दौड़ने की आवाज़।*

पानी में कूद जाने की आवाज़।

पानी में कशमकश की आवाज़ें—हलक़ में पानी जाने की ग़रग़राहट।

फिर लहरों की मद्धम गुनगुनाहट के सिवा मुकम्मल ख़ामोशी ।]

बिमला : (*मांदा आवाज़ में*) तुमने मुझे क्यों बचाया ··· मुझे डूबने दिया होता ···

कांशी : (*फूले हुए साँस के साथ*) शुक्र है, तुम बच गईं ··· मगर तुमने पानी में छलाँग क्यों लगाई ··· तुम ···

[*वक़्फ़ा ।*]

(*हैरत भरी आवाज़ में*) तुम ··· तुम तो वही हो ···

(*मसर्रत भरी आवाज़ में*) मैंने तुम्हें ढूँढ़ लिया ··· मैंने आख़िर तुम्हें ढूँढ़ लिया ··· यह लो अपने रुपए ··· मैं तुम्हें सुबह से ढूँढ़ रहा हूँ ··· आह ··· अगर तुम मुझे न मिलतीं तो बहुत मुमकिन है, मैंने भी तुम्हारी तरह ख़ुदकुशी का इरादा कर लिया होता ··· तुम ··· तुम अब ठीक हो ना ··· ? चलो तुम्हें किसी डाक्टर के पास ले चलूँ!

बिमला : तुम कौन हो ?

कांशी : मैं एक जेबकतरा हूँ ··· तुम्हारे पर्स से यह दो सौ रुपए मैंने उड़ाए थे ।

बिमला : तुमने ··· तुमने मेरे पर्स से यह नोट निकाले थे, पर अब तुम्हें क्या हो गया है ··· तुम मुझे ढूँढ़ते रहे हो ··· तुम मुझे क्यों ढूँढ़ते रहे हो ··· तुम यह हाथ आया हुआ माल मुझे क्यों वापस देना चाहते हो ?

कांशी : नोटों के साथ एक ख़त भी था जो तुमने ···

बिमला : ओह ··· तो ··· तो वह ख़त तुमने पढ़ लिया है ···

(*अफ़सुर्दा आवाज़ में*) तुम भी मेरे राज़ से वाक़िफ़ हो गए हो ··· अब एक के बजाय दो हो गए हैं ··· मैं मर क्यों न गई ?

[*रोने की आवाज़ ।*]

कांशी : मुझे तुम्हारे राज़ से कोई वास्ता नहीं है ··· ख़त पढ़कर मुझे अफ़्सोस हुआ कि मैंने एक ऐसी औरत के रुपए निकाले जो बेहद दुखी है ··· तुमने यह रुपए बहुत मुश्किल से जमा किए होंगे ··· मैं तुमसे क्या कहूँ, मुझे कितनी नदामत[7] है ··· मुझे बहुत दुख हुआ है ··· मैं ··· मैं शर्मसार हूँ ··· लेकिन अब मेरा बोझ कुछ हल्का हो गया है कि मैंने तुम्हें पा लिया है, बचा लिया है ।

बिमला : (*रोते हुए*) नहीं ··· मैं समझती हूँ, जो कुछ मैंने किया था, ठीक किया था ··· मुझे मर जाना चाहिए था ··· जी कर भी तो मैं मरी हुई-सी रहती हूँ, फिर और जीने से क्या फ़ायदा ··· मैं डरती हूँ ··· मैं डरती हूँ ···

कांशी : किससे ?

बिमला : मैं डरती हूँ कि तुम भी मेरे जीवन पर काले भूत की तरह छा

जाओगे··· तुम भी मेरे राज़ का सौदा करना शुरू कर दोगे··· तुम जेबें कतरना छोड़ दोगे, मेरा दिल कतरना शुरू कर दोगे··· तुम सबकुछ जान गए हो। ख़त पढ़ने के बाद तुम क्या कुछ नहीं जानते।

कांशी : सुनो, मैं जेबकतरा ज़रूर हूँ लेकिन मैं इंसान भी हूँ··· मुझे तुमसे पूरी-पूरी हमदर्दी है··· बस तुम मुझे माफ़ कर दो···

[*वक़्फ़ा।*]

तुम बड़ी बहादुर औरत हो।

बिलमा : लेकिन इस बात को कितने आदमी जानते हैं··· किसे मालूम है कि गर्ल्ज़ स्कूल की एक उस्तानी··· एक कमज़ोर और मजबूर औरत चार बरस से एक राक्षस को अपना ख़ून पिला रही है, सिर्फ़ इस जुर्म की पादाश[8] में कि उसने मुहब्बत की और माँ बन गई··· मुहब्बत मिट गई लेकिन उसकी थकावट बाक़ी है, बच्ची मर गई मगर मामता अभी तक ज़िंदा है··· इन दो लाशों को सीने से लगाए वह कुछ दिन जीना चाहती थी लेकिन इसकी क़ीमत तलब की गई, इसलिए कि दुनिया ब्योपार पर चलती है··· यहाँ दुख भी मुफ़्त नहीं मिलते··· औरत की एक कमज़ोरी चौमंज़िला मकान के मुक़ाबले में ज़्यादा नफ़ाबख़्श है··· यह कमज़ोरी किसी ब्योपारी मर्द के हाथ में आ जाए तो वह उससे माह-ब-माह किराया वसूल करता रहता है··· तुम जानते ही हो कि मैं···

कांशी : मैं जानता हूँ··· मैं पूछता हूँ, तुमने अपनी ज़िंदगी को ख़्वाहमख़्वाह यह रोग क्यों लगा रखा है··· तुम उससे डरती क्यों हो··· तुमने किसी की चोरी नहीं की, डाका नहीं डाला··· तुम्हें किस बात का डर है?

बिमला : मैंने चोरी नहीं की, मैंने डाका नहीं डाला, जभी तो मैं डरती हूँ··· तुम दूसरों की जेब काटते हो और नहीं डरते। मैं अपनी जेब कटवाती हूँ, इसलिए डरती हूँ···

कांशी : तुम··· तुम मुझे कोसे जा रही हो··· परमात्मा के लिए अब जाने दो··· मैं तुमसे सच कहता हूँ, मैं सबका-सब अच्छा हूँ, इक सिर्फ़ मेरी उँगलियाँ बुरी हैं··· मैं चाहता हूँ, ये भी अच्छी हो जाएँ,मगर···

बिमला : तुमने कभी इनको अच्छा बनाने की कोशिश नहीं की··· कोशिश करो तो हो सकता है··· क्या तुम सचमुच अच्छा बनना चाहते हो?

कांशी : हाँ··· बशर्ते कि···

बिमला : मैं तुम्हें अच्छा बनाऊँगी··· आज ही से मैं तुम्हें सुधारने का काम शुरू कर दूँगी, मगर तुम मुझसे वादा करो, जो कुछ मैं कहूँगी, तुम मान लोगे।

कांशी : मैं वादा करता हूँ।

[समंदर की लहरों की आवाज़ अक़ब से निकलकर पेश मंज़र में आ जाए और चंद लम्हात के बाद डूब जाए। फिर फ़र्श पर टहलने की आवाज़ पैदा हो—कभी क़दम रुक जाएँ, कभी चलना शुरू कर दें—यह सिलसिला चंद लम्हात तक जारी रहे। इस दौरान में एक-दो बार मुँह से सीटी बजाने की आवाज़ भी आए।]

बिमला : (*हैरत भरी आवाज़ में*) कांशी !

कांशी : (*घबराई हुई आवाज़ में*) कौन ?

बिमला : यह तुम क्या कर रहे थे ?

कांशी : कुछ भी नहीं···
(*घबराई हुई आवाज़ में*) क···क···कुछ भी नहीं।

बिमला : मैं सबकुछ देख चुकी हूँ···मैं पूछती हूँ कि यह क्या हरकत थी ?

कांशी : मैं···मैंने क्या किया है···सारा दिन इस कमरे में बैठा रहा हूँ और तुम्हारी दी हुई किताबें पढ़ता रहा हूँ···मैंने एक क़दम बाहर नहीं निकाला है, एक महीने से कहीं बाहर नहीं गया हूँ···तुम्हारे सिवा किसी आदमी की शक्ल तक नहीं देखी है···

बिमला : जो कुछ मैंने पूछा है, उसका जवाब दो···तुम अभी-अभी क्या कर रहे थे ?

कांशी : तुम देख तो चुकी हो।

बिमला : तो यह ठीक है कि तुम कभी···

कांशी : नहीं-नहीं···मैंने अपने कोट की जेब से सिगरेट की डिबिया निकाली थी और फिर वहीं डाल दी थी···इसी तरह मैंने दो मर्तबा अपना बटवा भी निकाला था···मगर तुम मुझे ऐसी मलामत भरी नज़रों से क्यों देख रही हो···यह कोट मेरा अपना ही तो है और इसमें जो चीज़ें पड़ी हैं, वह भी तो मेरी हैं···मैं अपनी जेबों में से अपनी ही चीज़ें निकाल रहा था···इसमें क्या हर्ज है ?

बिमला : कांशी, तुम्हारी हालत क़ाबिले-रहम है···तुम इतने बिगड़ चुके हो कि तुम्हें सुधारना बहुत ही कठिन काम है···मैं तो नाउम्मीद हो चुकी हूँ।

कांशी : लेकिन बिमला, कुछ ग़ौर तो करो···यूँ चुटकियों में तो ऐसे काम नहीं हो सकते···यह भी तो सोचो कि मैं कितने बरसों से जेबें काट रहा हूँ···

एक महीने में तुम मेरी आदत कैसे दूर कर सकती हो... मैं तो चाहता हूँ, जितनी जल्दी यह आदत दूर हो जाए, उतना ही अच्छा है, पर यह उँगलियाँ तो आहिस्ता-आहिस्ता ही राह पर आएँगी... तुम नाउम्मीद हो जाओगी तो मेरा क्या बनेगा... मैं तो धोबी का कुत्ता बन जाऊँगा, न घाट का रहूँगा न घर का... परमात्मा के लिए निराश न हो... मैं एक दिन ज़रूर इन उँगलियों को ठीक कर लूँगा।

बिमला : तुम्हें दरअसल पराए माल पर हाथ साफ़ करने का चस्का पड़ा हुआ है... तुम कभी दुरुस्त नहीं हो सकते... तुमने कभी ख़ुद कमाकर खाया हो तो तुम्हें इल्म हो कि मेहनत-मशक़्क़त क्या बला है... मेरी तरफ़ देखो, दिन-रात मेहनत करती हूँ, तब जाकर कहीं सौ रुपए माहवार मिलते हैं...

कांशी : जिनमें से पचास वह आदमी वुसूल कर लेता है...

बिमला : होना तो यह चाहिए था कि मुझे हर तरह का आराम मिलता, मगर... तुम देख चुके हो... तुम जानते हो कि मैं कितनी दुखी हूँ... एक पल मुझे चैन का नहीं मिलता... मेरी मज़्लूमियत[9] की इंतिहा यह है कि एक निकम्मा फ़ाउंटेन पैन भी मैं नहीं ख़रीद सकती, हालाँकि दूसरों के पास अच्छे-अच्छे क़लम देखकर रोज़ मेरा जी ललचाता है... सीने पर पत्थर रखकर मैं काम किए चली जा रही हूँ, इसलिए कि मुझे जीना है... एक तुम हो कि अपनी उँगलियों को क़ाबू में नहीं ला सकते।

कांशी : मुझे माफ़ कर दो... मैं अब ऐसी हरकत नहीं करूँगा... मैं सच्चे दिल से वादा करता हूँ कि फिर ऐसी हरकत नहीं करूँगा।

बिमला : बहुत अच्छा, लेकिन सुन लो, अगर तुमने मुझे फिर नाउम्मीद किया तो मैं तुम्हें बिलकुल छोड़ दूँगी... तो अब मैं जाती हूँ, स्कूल का वक़्त हो गया है।

[*फ़र्श पर जाते क़दमों की आवाज़—फिर दरवाज़ा बंद हो जाने की खड़खड़ाहट।*
धीरे-धीरे बाज़ार की आमदो-रफ़्त का शोर उभरे— गाड़ियों, मोटरों और रिक्शाओं की मिली-जुली आवाज़ें।
बाज़ार के इस शोर पर ज़ैल का मोनोलॉग सुपर इंपोज़ किया जाए।]

'होना तो यह चाहिए था कि मुझे हर तरह का आराम मिलता... तुम जानते हो कि मैं कितनी दुखी हूँ... एक पल मुझे चैन का नहीं

मिलता··· मेरी मज़्लूमियत की इंतिहा यह है कि एक निकम्मा फ़ाउंटेन पैन भी मैं नहीं ख़रीद सकती, हालाँकि दूसरों के पास अच्छे-अच्छे क़लम देखकर रोज़ मेरा जी ललचाता है···'

[*मुसलसल*[10] *बाज़ार में आमदो-रफ़्त का शोर।*]

'मेरी मज़्लूमियत की इंतिहा यह है कि एक निकम्मा फ़ाउंटेन पैन भी मैं नहीं ख़रीद सकती···'

[*मुसलसल शोर।*]

'मेरी मज़्लूमियत की इंतिहा यह है कि···''

[*बाज़ार की आमदो-रफ़्त का शोर डूब जाए।*]

बिमला : तो कल तुमने बाज़ारों की ख़ूब सैर की···सारा दिन घूमते रहे।

कांशी : (*बिखरती हुई आवाज़ में*) हाँ···सारा दिन···घूमता रहा।

बिमला : आज मौसम कितना अच्छा है···आसमान का रंग मेरी चूड़ियों की तरह निखरा हुआ है।

कांशी : हाँ तुम्हारी चूड़ियों का रंग आसमान की तरह निखरा हुआ है।

बिमला : यह चूड़ियाँ तुम्हें पसंद हैं?

कांशी : हाँ···जब दूकान पर थीं तो इतनी ख़ूबसूरत नहीं थीं मगर अब तो···

बिमला : (*हँसने के बाद*) तुम मुझे बनाओ नहीं···

कांशी : आज तुम्हारी सालगिरह है ना···

बिमला : है तो सही···लेकिन···

कांशी : (*बिखरती हुई आवाज़ में*) सालगिरहें···अच्छी···होती हैं।

बिमला : यह तुम क्या ऊटपटाँग बातें कर रहे हो?

कांशी : (*घबराई हुई आवाज़ में*) नहीं तो···मैं···मैं दरअसल कुछ और ही सोच रहा था···

[*वक़्फ़ा।*]

मैं सोचता हूँ···मैंने कई मर्तबा सोचा है कि अब दुनिया में मेरी हैसियत एक फ़ालतू आदमी की-सी हो गई है···छकड़े में अगर पाँचवाँ पहिया लगा दिया जाए तो मेरी हालत का अंदाज़ा किया जा सकता है···लेकिन नहीं···मैं···मैं अपने आपको कारआमद बना सकता हूँ···ऐसा हो सकता है···तुम···तुम मुझ पर इतनी मेहरबान हो तो क्या कुछ नहीं हो सकता···मेरा मतलब है कि···कुछ

नहीं… तुम कितनी अच्छी हो बिमला… मेरा जी चाहता है, तुम्हारी ख़िद्मत करूँ… मेरा जी चाहता है, तुम्हें ख़ुश करने के लिए कुछ-न-कुछ ज़रूर करूँ…

बिमला : कांशी, मुझे ऐसा महसूस होता है कि तुम मुझसे कुछ छुपा रहे हो !

कांशी : (*घबराई हुई आवाज़ में*) न न… नहीं… नहीं तो ।

बिमला : देखो कांशी, लड़ाई हो जाएगी… तुम झूठ बोल रहे हो !

[*वक़्फ़ा ।*]

बोलो, क्या सोच रहे हो ?

[*वक़्फ़ा ।*]

कांशी : मैं… मैं तुम्हारे लिए एक तोहफ़ा लाया हूँ… क़ुबूल करोगी ?

बिमला : पहले मुझे तोहफ़ा दिखाओ ।

कांशी : फ़ाउंटेन पैन है… याद है, तुमने उस रोज़ कहा था : 'मेरी मज़्लूमियत की इंतिहा यह है कि एक निकम्मा फ़ाउंटेन पैन भी मैं नहीं ख़रीद सकती, हालाँकि दूसरों के पास अच्छे-अच्छे क़लम देखकर रोज़ मेरा जी ललचाता है… मैं कल बाज़ार गया तो यह क़लम तुम्हारे लिए…

बिमला : दिखाओ तो ।

कांशी : यह लो ।

बिमला : बहुत अच्छा है… बढ़िया क़लम है ।

कांशी : तुम्हें पसंद आ गया ?

बिमला : क्यों नहीं…

[*वक़्फ़ा ।*]

लेकिन तुमने यह लिया कहाँ से ?

कांशी : (*फँसी-फँसी-सी आवाज़ में*) लिया कहाँ से ?

बिमला : बोलो, कहाँ से लिया ?

कांशी : (*नदामत भरे लहजे में*) एक राह चलते आदमी की जेब से ।

[*फ़र्श पर क़लम पटख़ने की आवाज़ ।*]

बिमला : कांशी… तुम… तुम… कांशी, तुमने मुझे समझ क्या रखा है जो चोरी की चीज़ तुमने मुझे तोहफ़े के तौर पर दी… मैंने तुमसे पहले ही कहा था कि तुम कभी दुरुस्त नहीं हो सकते… चोरी-चकारी तुम्हारे रगो-रेशे में सराइयत[11] कर चुकी है… तुम… तुम बहुत ही ज़लील आदमी हो ।

कांशी : मगर… मगर…

बिमला : मैं कुछ सुनने के लिए तैयार नहीं… तुम बड़े ही ज़लील आदमी हो… तुम समझ रहे थे, चोरी का माल लेकर मैं ख़ुश

हो जाऊँगी···

कांशी : मगर··· मगर··· बिमला, तुम मेरी बात तो सुनो··· मैं क़ुसूरवार हूँ, लेकिन··· लेकिन···

बिमला : लेकिन-लेकिन क्या ?

कांशी : तुम ज़रा सोचो तो··· यानी जो कुछ मेरे दिल में है, उसका तो खोज लगाओ··· मैंने··· मैंने यह क़लम इसलिए नहीं उड़ाया था कि तुम इसे लेकर ख़ुश हो जाओगी··· उस रोज़ जब तुमने कहा था : 'मेरी मज़्लूमियत की इंतिहा यह है···' तो यक़ीन मानो, मेरी आँखों में आँसू आ गए थे··· मैं कभी नहीं रोया था लेकिन उस रोज़ मैं रो दिया··· मैं··· मैं··· मैं अपने दिल का हाल कैसे बयान करूं··· मैं जानता हूं, मैंने ग़लती की है··· मैंने तुम्हें फिर नाउम्मीद किया है, मगर मैं क्या करूँ··· राह चलते हुए आदमी की जेब में जब मैंने यह क़लम देखा तो अपने आप मेरी उँगलियों में हरकत पैदा हुई और··· और क़लम मेरे पास था··· मुझे बहुत अफ़सोस है··· मैं सख़्त नादिम हूँ···

बिमला : तुम कभी दुरुस्त नहीं हो सकते··· जेबें कतरने की आदत पककर तुम्हारी फ़ितरत बन गई है···

[*वक़्फ़ा ।*]

कांशी : (*ग़मगीन आवाज़ में*) तुम ठीक कहती हो ।

बिमला : मुझे अफ़सोस इस बात का है कि बावजूद पूरी कोशिश के मैं तुम्हें दुरुस्त न कर सकी··· तुम नाक़ाबिले-इलाज हो ।

कांशी : तुम्हारा कहना बिलकुल ठीक है, लेकिन··· लेकिन अब मैं क्या करूँ ?

बिमला : जाओ, जो जी में आए, करो···

(*भर्राई हुई आवाज़ में*) लोगों की जेबें काटो, चोरी करो··· डाके डालो··· तुम्हें इस बात की क्या ख़बर है कि मैं··· कि मैं···

[*ज़ोर-ज़ोर से रोने की आवाज़ ।*]

कांशी : बिमला, परमात्मा के लिए रोओ नहीं··· मैं अच्छा हो जाऊँगा··· मैं अच्छा बन जाऊँगा···

[*सिसकियों की आवाज़ ।*]

मैं जाता हूँ··· अपने-आपको दुरुस्त कर लूँगा तो फिर तुम्हें अपना मुँह दिखाऊँगा···

(*भर्राई हुई आवाज़ में*) अच्छा तो फिर मिलेंगे, अगर···

[*फ़र्श पर जाते क़दमों की आवाज़—फिर दरवाज़ा बंद होने की खड़खड़ाहट । सिसकियाँ उभरें, फिर धीरे-धीरे डूब जाएँ ।*]

पंडित : मैं इस मामले में ज़्यादा गुफ़्तगू नहीं करना चाहता... बड़ी सीधी-सी बात है... तुम यकमुश्त कुछ रुपया मुझे दो और मैं तुम्हारे ख़त तुम्हारे हवाले कर दूँ।

बिमला : मेरा राज़ आप मेरे ही पास बेच रहे हैं!

पंडित : मुझे छानबीन पसंद नहीं... तुम्हें उन ख़तों की ज़रूरत है और मुझे यकमुश्त कुछ रुपयों की... क्या तुम्हें यह सौदा क़ुबूल है...? ख़त हासिल करने के बाद तुम्हें किसी बात का खटका नहीं रहेगा... और यह बात ख़ास तौर पर क़ाबिले-ग़ौर है।

बिमला : मैं अच्छी तरह ग़ौर कर चुकी हूँ, पर मैं डरती हूँ कि कहीं इसमें भी आपकी कोई नई ऐयारी न छुपी हो।

पंडित : तुम्हारे शुब्हात बिलकुल ग़लत हैं... मैं एक सौदा करना चाहता हूँ... अगर तुम्हें मंज़ूर है तो ठीक है वर्ना...

बिमला : कितने में आप फ़ैसला करना चाहते हैं?

पंडित : सिर्फ़ पाँच सौ रुपयों में।

बिमला : यह तो बहुत हुए।

पंडित : इससे कम में सौदा नहीं हो सकता।

बिमला : सारे ख़त आपके पास इस वक़्त हैं?

पंडित : नहीं... जब सौदा पक्का हो जाएगा, मैं सारे ख़त ले आऊँगा।

बिमला : तो...

[*वक्फ़ा।*]

तो आप... तो आप ऐसा कीजिए... क्या आप मुझे बोरीबंदर स्टेशन पर मिल सकते हैं... यानी क्या आप कल बोरीबंदर स्टेशन पर एक और दो बजे के दरमियान मेरा इंतिज़ार कर सकते हैं?

पंडित : सब हो जाएगा, मगर सवाल यह है...

बिमला : आपका सौदा मुझे मंज़ूर है... मैं कल रुपए ले आऊँगी और आप सारे ख़त ले आइएगा... देखिए, कोई ख़त अपने पास न रखिएगा और... और... मैं एक और दो बजे के दरमियान बोरीबंदर स्टेशन पर पहुँच जाऊँगी... आप ख़त डालनेवाले बंबे के पास खड़े रहिएगा... मैं सीधी वहीं आ जाऊँगी... तो यह तय हो गया न?

पंडित : हाँ तय है... मैं वहाँ मुक़र्रर वक़्त पर पहुँच जाऊँगा... तो अब मैं जाता हूँ... कल शायद हमारी आख़िरी मुलाक़ात होगी।

बिमला : परमात्मा करे, ऐसा ही हो... तो आप एक और दो बजे के दरमियान वहाँ पहुँच जाएँगे?

पंडित : (*ज़रा हँसने के बाद*) हाँ-हाँ, पहुँच जाऊँगा।

[*फ़र्श पर जाते क़दमों की आवाज़*··· *फिर दरवाज़ा बंद होने की खड़खड़ाहट।*]

बिमला : (*मुज़्तरिब आवाज़ में*) अब मुझे कांशी को तलाश करना है··· वह मिल गया तो सब ठीक हो जाएगा।

[*बाज़ार की आमदो-रफ़्त की आवाज़ों पर ज़ैल के मुकालमे सुपर इंपोज़ किए जाएँ।*]

आपको पता है, कांशी कहाँ है?

गिरधारी : बहुत दिनों से मुलाक़ात नहीं हुई है··· घर होगा।

[*झाँझों की आवाज़।*]

बिमला : आपको पता है, कांशी कहाँ है?

अलिफ़ : जी नहीं।

[*झाँझों की आवाज़।*]

बिमला : कांशी कहाँ है?

ब : हस्पताल में है।

बिमला : हस्पताल में?

ब : किसी ने मुझे बताया था कि वह तीन-चार रोज़ से हस्पताल में है···नहीं, तीन-चार रोज़ से नहीं, दस-पंद्रह रोज़ से, क्योंकि उसने मुझे यह भी बताया था कि बस अब वह आने ही वाला है।

[*झाँझों की आवाज़ के साथ ही बाज़ार की आमदो-रफ़्त की आवाज़ डूब जाए।*]

बिमला : कांशी!

कांशी : बिमला!

[*वक़्फ़ा।*]

तुम यहाँ कैसे चली आईं ?

बिमला : तुम मुझे यह बताओ, अब तुम्हारी तबीयत कैसी है ?

कांशी : बिलकुल तंदुरुस्त हूँ···मुझे हुआ क्या था···बस ऐसे ही···

बिमला : तुम बिलकुल ठीक हो ना ?

कांशी : हाँ-हाँ।

बिमला : (*आहिस्ता से*) मुझे तुमसे एक ज़रूरी काम है···तुम चल-फिर सकते हो ना···! तुम्हें यहाँ से जाने की इजाज़त मिल जाएगी ना ?

कांशी : हाँ-हाँ, क्यों नहीं···कहो तो अभी तुम्हारे साथ चल पड़ूँ···बताओ, क्या काम है ?

बिमला : (*आहिस्ता से*) बताती हूँ··· देखो कल एक और दो बजे के दरमियान बोरी बंदर स्टेशन पर एक आदमी आएगा···मैं तुम्हें उसका हुलिया बता दूँगी···

कांशी : बहुत अच्छा।

बिमला : उस आदमी की किसी जेब में ख़तों का एक पुलंदा होगा···

[*वक़्फ़ा।*]

तुम उसे उड़ा लेना···

[*वक़्फ़ा।*]

वह ख़त मुझे मिल जाएँ तो···तुम उड़ा लोगे ना वह ख़त मेरे लिए···

[*वक़्फ़ा।*]

तुम चुप क्यों हो···बोलते क्यों नहीं ?

कांशी : (*ग़मगीन आवाज़ में*) बिमला···बिमला, मैं अच्छा बन चुका हूँ···मैं···मैं अपने दोनों हाथों की उँगलियाँ कटवा चुका हूँ।··· यह देखो···

[*ज़ोर की चीख़*]

[फ़ेड आउट]

---

1. पीछे; 2. ध्वनियों का दृश्य; 3. खोज; 4. तेज़ी; 5. बेचैन; 6. बेचैनी; 7. पश्चाताप; 8. बदले; 9. किसी पर हुए ज़ुल्म; 10. निरंतर; 12. व्याप्त, समाना।

अकेली

आवाज़ें

सुशीला
एक आदमी
कुली
किशोर
क
ख
ग
घ
मोती
चपला
मदन
ऐजेंट
एक आवाज़
[भागती- दौड़ती रेलगाड़ी की आवाज़
ख़ौमचेवालों की उदास और थकी हुई आवाज़ें
इंजन की शांय-शांय
रक़्स की मुख़्तलिफ़ मंज़िलों की आवाज़ें
हुजूम की तालियों का शोर
फ़र्राटे भरती कार का शोर

[भागती-दौड़ती रेल गाड़ी की आवाज़। इस आवाज़ पर ज़ैल की इबारत सुपर इंपोज़ की जाए।]

एक आवाज़ : *ज़िंदगी की गाड़ी चली जा रही है, दनदनाती हुई··· किसे मालूम है कि इसके भारी-भरकम पहियों के नीचे कितने पत्थर पिस जाते हैं, कितनी जानदार चीज़ें इसके सदा घूमनेवाले चक्कर की लपेट में आ जाती हैं··· ज़िंदगी की गाड़ी यूँ ही चलती रहेगी दनदनाती हुई··· बच्चे घुटनियों चलते रहेंगे, जवान ऊँची-ऊँची फ़ज़ाओं में उड़ते और फिर गिरते रहेंगे, बुढ़ापा रोता रहेगा, जवानी चिल्लाती रहेगी··· मगर ज़िंदगी की अनथक गाड़ी चलती रहेगी, दनदनाती हुई··· तदबीर तक़दीर से टकराती रहेगी, उम्मीद और यास बाहम[1] दस्तो-गिरिबाँ[2] होती रहेंगी, हुस्न अपना दस्तरख़्वान बिछाए इश्क़ को दावत देता रहेगा··· और ज़िंदगी की गाड़ी दनदनाती रहेगी··· एक औरत और एक मर्द, दो औरतें और एक मर्द, दो मर्द और एक औरत—यह गरदान अज़ल[3] से जारी है और अबद तक जारी रहेगी··· क़िस्सा-ए-आदम रंगीन तर होता जाएगा और··· ज़िंदगी की आहनी गाड़ी पेच खाती हुई चलती रहेगी।*

[भागती-दौड़ती गाड़ी की आवाज़ चंद लम्हात तक जारी रहे—फिर धीरे-धीरे गाड़ी के ठहरने की आवाज़ आए और साथ ही ख़्वांचेवालों की उदास और थकी हुई आवाज़ें सुनाई दें—इंजन की शांय-शांय बराबर आती रहे। ज़ैल का मुकालमा इन आवाज़ों पर सुपर इंपोज़ किया जाए।]

सुशीला : (*घबराए हुए लहजे में*) कुली... कुली...
(*क़दरे ऊँची आवाज़ में*) कुली...

एक आदमी : क्यों भई, कोई कुली है?

सुशीला : मोहन... मोहन... मोहन कहाँ गया?

वही आदमी : मोहन?

सुशीला : कुछ नहीं... कुली... कुली...

कुली : जी हुज़ूर!

सुशीला : (*घबराई हुई आवाज़ में*) मेरा सामान बाहर निकालो... कौन-सा स्टेशन है?

कुली : बस यह एक सूटकेस और बिस्तर ही है न, या कुछ और भी है?

सुशीला : (*ख़ुदकलामी के अंदाज़ में*) मोहन कहाँ गया...? यह कौन-सा स्टेशन है? ठहरो कुली, सामान अभी न उतारो... मोहन का बिस्तर और ट्रंक कहाँ है?

कुली : (*रटी हुई आवाज़ में*) फेरे का एक आना मेम साहब... आपसे ज़्यादती थोड़े लूँगा।

सुशीला : अरे तुमने सामान बाहर निकाल दिया, लेकिन... लेकिन... यह कौन-सा स्टेशन है और मोहन कहाँ है...
(*चौंकती हुई आवाज़ में*) मेरे सूटकेस का ताला किसने खोला है?

कुली : ऐसे ही खुला पड़ा था।

[*सूटकेस खोलने की आवाज़।*]

सुशीला : (*दबी-दबी-सी चीख़ के साथ*) मेरे ज़ेवर... मैं लुट गई...

कुली : क्या हुआ मेम साहब?

सुशीला : (*परेशान आवाज़ में*) कुछ नहीं... तुम जाओ, मेरा सामान यहीं पड़ा रहने दो...

[*वक़्फ़ा।*]

[*चंद लम्हात तक इंजन की शांय-शांय, फिर सीटी की आवाज़ और इंजन की चीख़, फिर गाड़ी चलने की आवाज़—आहिस्ता-आहिस्ता यह आवाज़ धीमी होती जाए।*]

किशोर : मैं... मैं समझता हूँ, आप किसी का इंतिज़ार कर रही हैं।

सुशीला : (*चौंकती हुई आवाज़ में*) मोहन तुम...
(*उदास आवाज़ में*) नहीं... मोहन कहाँ है?

किशोर : (*बड़ी बाँकी आवाज़ में*) मैं समझता हूँ, आपको किसी का इंतिज़ार है।

सुशीला : (*घुटी-घुटी आवाज़ में*) जी नहीं... मैं अकेली हूँ।

किशोर : (*मुसकराती-खनकती आवाज़ में*) आप अकेली नहीं हैं⋯(*क़दरे ऊँची आवाज़ में*) कुली⋯

[*वक़्फ़ा।*]

कुली, इनका सामान उठाओ।

[*गाड़ी की चीख़ मद्धम आवाज़ में उभरे और थोड़ी देर थरथराकर डूब जाए।*
गाड़ी की चीख़ के डूबते ही रक़्स की आवाज़ एकदम फैल जाए और फिर धीरे-धीरे थम जाए।]

भई सुशीला, तुम ख़ूब नाचती हो⋯ऐसा मालूम होता है, हवा में सिगरेट का धुआँ परेशान हो रहा है⋯आँखों के सामने ख़ूबसूरत अदाओं और लचकीले ख़यालों का एक भँवर-सा बन जाता है⋯एक अजीब चक्कर में आदमी फँस जाता है⋯समझ में नहीं आता, तुम कहाँ से शुरू होती हो और कहाँ ख़त्म होती हो।

[*घुँघरू बँधे पाँव उठने की आवाज़।*]

सुशीला : आपने दाद दी, शुक्रिया⋯लेकिन मैं कुछ और भी चाहती हूँ।

किशोर : क्या चाहती हो तुम⋯? तुम्हें और किस चीज़ की ज़रूरत है?

सुशीला : यह मकान⋯इसके आठ बड़े-बड़े सुनसान कमरों, एक छोटे से बाग़ और तीन-चार नौकरों की झुकी-झुकी हुई कमर के आगे क्या और कुछ भी नहीं⋯मैं चाहती हूँ⋯मैं चाहती हूँ⋯जाने मैं क्या चाहती हूँ⋯

किशोर : (*हँसकर*) कुछ चाहकर न चाहना ही औरत की सबसे बड़ी चाह है⋯हाँ, तुम मुझे यह बताओ, आजकल तुम सोचती क्या रहती हो?

सुशीला : (*मुज़्तरिब लहजे में*) मैं यह सोचती रहती हूँ, मैं इस ख़ाली-ख़ाली घर में एक ख़ूबसूरत तिपाई हूँ जिसको आप अपनी मर्ज़ी के मुताबिक़ सजाते रहते हैं⋯

किशोर : इसलिए कि तिपाई और औरत में कोई ज्यादा फ़र्क नहीं⋯तिपाई पर से अगर कपड़ा सरक जाए तो बड़े-बड़े क़ीमती फूलदान गिरकर चकनाचूर हो जाया करते हैं और⋯

सुशीला : बस-बस⋯परमात्मा के लिए इससे आगे और कुछ न कहिए⋯

[*वक़्फ़ा।*]

किशोर साहब, आप औरत को बिलकुल नहीं जानते⋯वह मर्द जिसे प्लेटफ़ार्म पर खोए हुए टिकट की तरह एक औरत मिल गई हो, औरत को क्या जाने⋯

[*वक़्फ़ा।*]

मैं जो कुछ चाहती हूँ, मुझे मालूम है… आज से दो बरस पहले जब मैं घर से भागकर सोने और चाँदी के चोर मोहन के साथ एक रेलगाड़ी में सवार हुई थी, उस वक़्त मेरे दिल में जिस बात की चाह थी, मुझे अब भी याद है… और सच पूछिए तो वही नामुकम्मल चाह, वही प्यासी ख़्वाहिश मेरे अंदर अब भी तड़प रही है… वह अल्फ़ाज़ जो उस वक़्त मेरी ज़बान की नोक पर आकर जम गए थे, अब पिघलकर बाहर निकलने के लिए बेताब हैं… मैं अकेली हूँ… किशोर साहब, मैं अकेली हूँ… दो बरस से मैं इस ख़ौफ़नाक तौर पर सुनसान मकान में इन घुँघरुओं की उदास झनझनाहटें सुना की हूँ… मैं कुछ और भी सुनना चाहती हूँ… दुनिया में घुँघरुओं की झनझनाहट के अलावा और बहुत-सी आवाज़ें मौजूद हैं जो मैं सबकी-सब सुनना चाहती हूँ… मैं चाहती हूँ, मेरे इर्द-गिर्द हुजूम हों… मैं उन हुजूमों के अंदर घिर जाना चाहती हूँ… मैं आवाज़ों के समंदर में डुबकियाँ लगाना चाहती हूँ… मैं बहुत कुछ चाहती हूँ…

[*धीरे-धीरे हुजूम का शोर उभरे।*
मुंदरिजा ज़ैल टुकड़े हुजूम के शोर पर सुपर इंपोज़ किए जाएँ।]

क : वार फ़ंड के सिलसिले में मिस सुशीला का रक़्स।
ख : मिस सुशीला पहली मर्तबा स्टेज पर।
ग : टाउनहॉल में एक शानदान इज्तिमाअ[4]।

[*हुजूम का शोर बड़ी सफ़ाई से रक़्स की धुन में तहलील[5] किया जाए। रक़्स की धुन में पूरा आर्केस्ट्रा शामिल हो।*
रक़्स और आर्केस्ट्रा की धुन धीमी पड़ने के साथ ही दाद के नारे बुलंद हों और तालियों की आवाज़ें उभरें—
आहिस्ता-आहिस्ता यह शोर तहलील हो जाए।]

सुशीला : (*जज़्बात से भरपूर काँपती हुई आवाज़ में*) मैं… मैं आप लोगों की क़दरदानी… मैं आप लोगों की क़दरदानी का शुक्रिया अदा करती हूँ…
(*फँसी-फँसी आवाज़ में*) मैं पहली मर्तबा स्टेज पर आई हूँ,

इसलिए…

(*टूटती हुई हँसी के साथ*) इसलिए कुछ घबरा-सी गई हूँ…मैंने इतना हुजूम पहले कभी नहीं देखा…मैं…मैं एक बार फिर आपका शुक्रिया अदा करती हूँ…

[*दाद के नारे और तालियों की आवाज़ें—यह शोर आहिस्ता-आहिस्ता तहलील कर दिया जाए।*]

किशोर : तुमने मेरी ताली की आवाज़ सुनी थी सुशीला ?

सुशीला : (*खोई हुई आवाज़ में*) नहीं…मैंने किसी की ताली की आवाज़ नहीं सुनी…मुझे तो यूँ लग रहा था कि तक़दीर के दो बड़े-बड़े हाथ मेरे कानों के पास एक न ख़त्म होनेवाली ताली बजा रहे हैं…उफ़, वह आवाज़ कितनी भयानक थी !

किशोर : सुशीला, तुम्हारी दो बरस की तन्हाई ख़त्म हो चुकी है…इन आठ सुनसान कमरों, नौकरों की झुकी हुई कमर और छोटे-से बग़ीचे के आगे बहुत कुछ पड़ा है जिसकी सैयाहत[6] तुमने शुरू भी कर दी है…सिर्फ़ इतना याद रखो, दुनिया इतनी बड़ी नहीं जितनी कि तुम समझे बैठी हो…

(*हँसता है*) अब तुम क्या सोच रही हो…?

सुशीला : मैं यह…यह सोच रही हूँ…मैं पूछती हूँ, आप मुझसे मुहब्बत क्यों नहीं करते…

(*जज़्बात भरी आवाज़ में*) दो बरस हो गए हैं मुझे यहाँ आए हुए…आपने एक बार भी मुझे मुहब्बत की नज़रों से नहीं देखा…मैं औरत हूँ, एक नामुकम्मल औरत…मैं कोई कुर्सी नहीं हूँ…एक बार भी आपने मुहब्बत भरा कलमा मुँह से नहीं निकाला…क्या मैं ख़ूबसूरत नहीं हूँ, क्या मुझमें वह ख़ूबियाँ नहीं हैं जो मर्द के दिल में मुहब्बत पैदा करती हैं…मुझमें क्या नुक़्स है जो आपने मुझे मुहब्बत भरी नज़रों से देखना गवारा नहीं किया…वह नज़रें जो औरत के अंदर निसवानियत[7] बेदार करती हैं, जो औरत को बताती हैं कि वह औरत है, मिट्टी की ढेरी नहीं…दो बरस तक मैं सोचा की हूँ; दो बरस तक मैं आपकी निगाहों में मुहब्बत की उदासी ढूँढ़ती रही हूँ…मैं पूछती हूँ, मुझे यहाँ लाने का मतलब क्या था…आपने कोई हाथी ख़रीद लिया होता, कोई बंदर पाल लिया होता, कोई मैना पिंजरे में डाल ली होती।

किशोर : (*हँसती हुई आवाज़ में*) ज़रा आहिस्ता... आहिस्ता...

[*वक़्फ़ा।*]

हाँ तो क्या पूछती हो?

सुशीला : (*थकी हुई आवाज़ में*) मैं कुछ पूछना नहीं चाहती।

किशोर : तो मैं तुमसे एक बात पूछता हूँ... यह दुरुस्त है कि मैंने इन दो बरसों में एक मर्तबा भी तुम्हें मुहब्बत भरी नज़रों से नहीं देखा... अब तुम बताओ, क्या तुम मुझसे मुहब्बत करती हो... मुझसे मुहब्बत कर सकती हो...

[*वक़्फ़ा।*]

बोलो... क्या तुम मुझसे मुहब्बत करती हो... क्या तुम मुझसे मुहब्बत कर सकती हो...

[*वक़्फ़ा।*]

सुशीला : नहीं... मैं आपसे मुहब्बत नहीं करती... और मैं इस वक़्त वुसूक़[8] से कुछ नहीं कह सकती कि मैं आपसे मुहब्बत कर सकती हूँ या नहीं... लेकिन मेरा ख़याल है, मैं आपसे कभी मुहब्बत न कर सकूँगी... इसलिए कि आप औरत से कोसों दूर हैं...

किशोर : तुम ठीक कहती हो... मैं औरत से उतना ही दूर हूँ जितना कि मिरीख़[9] हमारे इस कुर्राए-ज़मीन से दूर है... लेकिन इसमें मेरा कोई क़ुसूर नहीं... तुम ग़ौर तो करो, यह सारा क़ुसूर इस दूरी का है... तुम जानती ही हो कि मैं एक दौलतमंद आदमी हूँ, चीज़ें ख़रीदने का आदी... मैंने सिर्फ़ तुम्हारे मुँह से मुहब्बत की बात नहीं सुनी, यह लफ़्ज़ मैं इससे पेशतर कई मर्तबा सुन चुका हूँ... मैं चाहता हूँ कि इस लफ़्ज़ से मुझे दिलचस्पी पैदा हो जाए मगर... अफ़्सोस यह है कि तुम दौलतमंद नहीं हो... तुम मेरी बातों का मतलब कैसे समझोगी... मुहब्बत... (*हँसता है*) मुहब्बत यक़ीनन कोई दिलचस्प चीज़ होगी, मगर मैं तो सिर्फ़ इतना जानता हूँ कि या तो कोई चीज़ पसंद की जाती है या नापसंद... मैं तुम्हें पसंद करता हूँ... इसके बावजूद तुम्हें पसंद करता हूँ कि तुम मुझसे मुहब्बत नहीं करतीं... यानी मुझे पसंद नहीं करतीं...

सुशीला : मैं आपको पसंद करती हूँ, इसलिए कि आप अच्छे आदमी हैं... आप मुहब्बत करना भी चाहेंगे, तब भी न कर सकेंगे, और मैं... मैं एक ऐसे नुक़्ते पर पहुँच चुकी हूँ जहाँ एक ऐसा ख़तरनाक मोड़ आता है कि पिछली ज़िंदगी के तमाम वाक़िआत ओझल हो जाते हैं...

किशोर : मेरी समझ में कुछ भी नहीं आया है...

(*हँसता है*) सुशीला, तुम्हारी बातें समझने के लिए मुझे ज़रूर किसी

से मुहब्बत करना पड़ेगी… अच्छा यह बताओ, मुहब्बत करने के लिए पहले क्या कुछ करना पड़ता है… मेरा मतलब है, मुहब्बत मेरे दिल में किस तरीक़े से पैदा हो सकती है… क्या तुम मेरे अंदर मुहब्बत पैदा कर सकती हो ?

[*वक़्फ़ा।*]

सुशीला : किशोर साहब, आपने बड़ी सख़्त ग़लती की जो मुझे सजा-बनाकर इस दुनिया में ले आए जो ख़्वाहिशों से भरी हुई है… मैं अकेली अच्छी थी… अब मुझे हुजूम से डर लगता है… किशोर साहब, मैं तन्हा रहना चाहती हूँ… मुझे डर है… मुझे डर है, अगर मेरे गूंगे जज़्बात एहसास की शिद्दत से बोल उठे तो मेरे कान बहरे हो जाएँगे… फिर मुझे कोई आवाज़ सुनाई न देगी; आपकी आवाज़ भी सुनाई न देगी।

किशोर : (*हँसता है*) तुम दीवानी हो… ! (*हँसता है।*)

[*हँसी के साथ ही धीमे-धीमे सुरों में वायलिन की कोई धुन उभरे।*

ज़ैल का मुकालमा जब तक जारी रहे, उसके अक़ब में वायलिन बजती रहे।]

मोती : (*सरगोशी के से अंदाज़ में*) सुशीला, तुम सचमुच दीवानी हो !

सुशीला : नहीं, तुम नहीं समझते मोती… तुम्हारी बातें ही ऐसी होती हैं कि मैं बहक जाती हूँ।

मोती : तुम कितनी सुंदर हो…

[*साँसों की आवाज़।*]

चाँद की रोशनी में तुम्हारी गर्दन देखता हूँ तो ऐसा मालूम होता है, मेरा ही कोई हसीन ख़याल मुंजमिद[10] हो गया है…

[*साँसों की आवाज़।*]

तुम्हारे साँस मेरे साँसों में घुल मिल रहे हैं… आज की रात कितनी पुर इसरार है…

[*तेज़-तेज़ साँसों की आवाज़।*]

तुम उस रात स्टेज पर रक़्स कर रही थीं और मैं एक कोने में बैठा तुम्हारी हर लचक को अपने दिल में जज़्ब कर रहा था…

सुशीला : (*खोई हुई आवाज़ में*) मोती…

(*भिंची हुई आवाज़ में*) मोती, आओ, यहाँ से भाग चलें… लेकिन… लेकिन भागकर हम कहाँ जाएँगे… चलो ऐसी जगह चलें जो बड़ी वसी[11] हो… जिसकी वुसअतें[12] हम जब चाहें, अपने अंदर छिपा

सकें।

मोती : चलो।

सुशीला : चलो... मुझे ऐसी जगह ले चलो जहाँ मैं खुलकर नाच सकूँ... जहाँ मेरे टख़ने घुँघरुओं की तमाम झनझनाहटें निचोड़ सकें... जहाँ मैं हरकत की आख़िरी हद को पहुँचकर साकित हो सकूँ...

मोती : और जहाँ ज़िंदगी के आग़ाज़ और अंजाम का कुछ पता ही न चले...

सुशीला : हाँ...

[*वक़्फ़ा।*]

मोती, यह दुनिया बड़ी सुंदर है।

मोती : आज रात को दो बजे बालकनी के नीचे मैं तुम्हारा इंतिज़ार करूँगा... आज ही रात हमें यहाँ से भाग जाना चाहिए।

सुशीला : ठीक दो बजे।

[*वक़्फ़ा।*]

[*क्लॉक में दो बजने की आवाज़ : टन... टन... टन की गूँज चंद लम्हों तक सुनाई दे।*]

मोती : (*सरगोशी की सूरत में*) सुशीला... सुशीला...

[*टहलने की आवाज़।*]

सुशीला... सुशीला...

सुशीला : (*सरगोशी की सूरत में*) मोती आ गया... अब मैं क्या करूँ...

[*वक़्फ़ा*]

मोती... मोती...

मोती : सुशीला, आओ... जल्दी नीचे आओ...

सुशीला : आहिस्ता बोलो... देखो, बाहर का दरवाज़ा बंद है... अब मैं कैसे नीचे आऊँ... बालकनी से उतर आती, मगर मेरे पास कोई रस्सी भी तो नहीं।

[*दस्तक की आवाज़।*]

यह कौन आ गया... मोती, तुम ज़रा परे हट जाओ...

[*वक़्फ़ा।*
दरवाज़ा खोलने की आवाज़।]

(*घबराई हुई आवाज़ में*) आप... किशोर साहब, आप?

किशोर : (*हँसकर*) अरे, अभी तक तुम सोई नहीं... मैं समझा... कल तुम्हारी सालगिरह जो है... इसी ख़ुशी में नींद न आई होगी... नए साल और नए क़दम में कोई ख़ास फ़र्क़ नहीं होता।

सुशीला : मैं···हाँ सालगिरह···बैठिए···

किशोर : तुम्हारे लिए आज मैंने एक तोहफ़ा ख़रीदा था···यह लो···साड़ी है···उम्मीद है, तुम पसंद करोगी···ठहरो, मैं तुम्हें खोलकर दिखाता हूँ···

[*वक़्फ़ा।*]

मुझे साड़ी खोलनी नहीं आती···देखो, मैंने रस्सी-सी बना दी है···

सुशीला : रस्सी?

किशोर : सुबह तुम्हें ऐसे कई तोहफ़े मिलेंगे···मैं चाहता था कि सालगिरह पर सबसे पहला तोहफ़ा तुम मेरी तरफ़ से क़ुबूल करो।

सुशीला : श···शुक्रिया।

किशोर : अच्छा अब मैं जाता हूँ···तुम सो जाओ और अच्छे-अच्छे ख़्वाब देखो···साड़ी सँभाल लो···देखो तो मुझे सख़्त नींद आ रही है···मैं चला।

[*वक़्फ़ा।*
दरवाज़ा बंद करने की आवाज़।
कपड़े की तेज़ सरसराहट।]

सुशीला : (*भिंचे हुए लहजे में*) मोती···मोती···

मोती : तुम कहाँ चली गई थीं···नीचे उतरने के लिए कुछ मिला?

सुशीला : नहीं···मोती, अब मैं यहाँ एक मिनट भी नहीं ठहरना चाहती···ठहरो, एक चीज़ है मेरे पास···साड़ी है···उसे जंगले से बाँधकर मैं नीचे उतर आऊँगी···

[*वक़्फ़ा।*]

यहाँ बाँध देती हूँ।

मोती : मज़बूती से बाँधो···

[*वक़्फ़ा।*]

सँभलकर उतरो, सँभल के···

[*वक़्फ़ा।*]

अभी मत कूदो···

[*वक़्फ़ा।*]

अब कूद जाओ···

[*कूदने की आवाज़।*]

सुशीला : उफ़···अब चलो···तुम्हारी मोटर कहाँ है···

[*वक़्फ़ा।*
मोटर चलने की आवाज़।]

[मोटर चलने की आवाज़ में एक मर्दाना हँसी मुद्‌ग़म[13] हो जाए ।]

किशोर : सुशीला चली गई···
(ज़ोर से हँसता है ।)
और साड़ी भी उसके काम आ गई ।
(फिर ज़ोर से हँसता है ।)

[हँसी के थमते ही रक़्स की गत शुरू हो जाए, धीमे-से··· फिर आहिस्ता-आहिस्ता तेज़ हो जाए । रक़्स की आवाज़ इंतिहा को पहुँचकर डूबने लगे और फिर अक़ब में चली जाए और उस पर ज़ैल का मुकालमा सुपर इंपोज़ किया जाए ।]

मोती : ऐसा मालूम होता है, आसमान से घुँघरुओं की बारिश हो रही है···कितने सुहाने दिन हैं और कैसी प्यारी रातें हैं ।

सुशीला : मैं ख़ुश हूँ··· मैं बहुत ख़ुश हूँ···इन खुली-खुली फ़ज़ाओं में, ऐसा मालूम होता है, मैं फैलती जा रही हूँ···
[वक़्फ़ा ।]
मोती, मैं यह चाँद उठाकर, अपने सिर के नीचे तकिया बनाकर रख लूँ ।

मोती : मेरे बाज़ू पर सर रखकर सो जाओ···मेरा बाज़ू चाँद से ज्यादा आरामदेह होगा।

सुशीला : मेरी नींदें···! कहाँ गईं मेरी नींदें ?

मोती : सो जाओ सुशीला, सो जाओ···

[धीमे-धीमे सुरों में एक धुन शुरू हो—मोती ज़ैल का गीत गाए ।]

तारों से अलबेली परियाँ छम-छम करती आएँ
मीठी-मीठी लोरी देकर मन तेरा बहलाएँ
मुंदी पलकों पर आकाश की ख़ुशबुएँ बरसाएँ
बीती बातें हल्के-फुल्के सपने से बन जाएँ

नींदें सुन्दरता का गहना
स्वर्ग है नींद नगर में रहना

किरनों की सीढ़ी से उतरें टिमटिम करते तारे
पौ फटने तक हौले-हौले नाचें हर के द्वारे
मन सागर में डुबकी मारें सपने प्यारे-प्यारे
छट जाएँ सब ग़म के बादल कट जाएँ दुख सारे

[सुशीला भी मोती के साथ गीत गाने लगे ।]

नींदें सुंदरता का गहना
स्वर्ग है नींद नगर में रहना।

सुशीला : (*एकदम*) नहीं, नहीं, मैं सोना नहीं चाहती... मैं नहीं सो सकती... मैं जागती रहूँगी...

[फ़ौरन ही रक़्स की गत शुरू हो जाए—रक़्स का एक तेज़-सा चक्कर।

चंद लम्हों की तेज़ गर्दिशों के बाद एकदम आर्केस्ट्रा बंद हो जाए और ऐसी आवाज़ आए कि बहुत से घुँघरू फ़र्श पर बिखर गए हैं—फिर एकदम ख़ामोशी तारी हो जाए।]

मोती : (*घबराई हुई आवाज़ में*) घर से तार आया है कि जल्दी पहुँचो... मुझे अभी जाना होगा... तुम्हें यहाँ अकेली छोड़कर मैं जा रहा हूँ... मैं...

[वक़्फ़ा।

मद्धम आवाज़ में ग़मअफ़ज़ा मौसीक़ी उभर आए और उस पर ज़ैल का मुकालमा सुपर इंपोज़ किया जाए।]

सुशीला : तशरीफ़ रखिए... मेरा ही नाम सुशीला है।

चपला : वह तार मैंने भेजा था... इसलिए कि मैं तुमसे अकेले में बात करना चाहती थी...
(*जज़्बात की शिद्दत*[14] *के साथ*) तुम वाक़ई ख़ूबसूरत हो।

सुशीला : आपकी निगाहें जो ख़ूबसूरत हैं... बैठ जाइए... आप थकी-थकी-सी मालूम होती हैं।

चपला : मैं उस घर में नहीं बैठूँगी जहाँ दूसरे घरों को तबाह करनेवाली औरत रहती है।

सुशीला : मैं आपका मतलब नहीं समझी।

चपला : तो मुझे साफ़ लफ़्ज़ों में कहना पड़ेगा कि मैं उस आदमी की मंगेतर हूँ जिसको तुम क़रीब-क़रीब तबाह कर चुकी हो... मेरी जुर्रत की शायद तुम दाद न दे सको; मैं रस्मो-रिवाज के तमाम बंधन तोड़कर यहाँ तुम्हारे पास पहुँची हूँ... मुझे मेरा मंगेतर वापिस दे दो... मुझे तुमसे नफ़रत है, इसलिए कि तुम डसनेवाली नागिन हो... मैं... मैं... क्या तुम जानती हो, तुम्हारी वजह से एक सिर्फ़ मैं तबाही के ग़ार में नहीं गिरूँगी, बल्कि वह भी बर्बाद हो जाएगा... उसका बाप उसको आक करनेवाला है।

सुशीला : इसमें मेरा क्या क़ुसूर…? मैं उसके बाप से जायदाद नहीं माँगती; मैं किसी से कुछ भी नहीं माँगती…उसके मिलने के बाद मैं और किस चीज़ की ख़्वाहिश कर सकती हूँ ?

चपला : तुम बहुत ख़ुदग़र्ज़ हो।

सुशीला : हर आदमी ख़ुदग़र्ज़ होता है…क्या आप नहीं हैं…अच्छा भला यह बताइए, क्या आपको मोती से मुहब्बत है ?

[*वक़्फ़ा।*]

आप ख़ामोश क्यों हैं…बताइए, क्या आपको मोती से मुहब्बत है ?

चपला : यह…यह कैसा बेढब सवाल है…मैं उससे मुहब्बत करूँगी…मुझे उससे मुहब्बत करनी पड़ेगी, इसलिए कि वह मेरा होनेवाला पति है…वह मुझे अज़ीज़ न होता तो मैं यहाँ तुम्हारे पास क्यों आती ?

सुशीला : (*हँसती है*) आपको अभी उससे मुहब्बत पैदा होगी, मगर मैं तो उससे मुहब्बत कर रही हूँ…उस पर किसका हक़ ज़्यादा हुआ…आपका या मेरा ?

चपला : मुझे बातें बनाना नहीं आतीं…मैंने सच्ची-सच्ची बात तुमसे कह दी है…मुझे मालूम था कि तुम मेरे जज़्बात की क़द्र न करोगी…सच है, एक नाचने-गानेवाली औरत…

सुशीला : (*तेज़ी से*) फ़रमाइए, आप चाहती क्या हैं ?

चपला : (*सिसकियाँ भरती है।*) मैं कुछ नहीं चाहती…तुम अपने हठ से बाज़ न आओगी तो वह तबाह हो जाएगा और…और मैं बर्बाद हो जाऊँगी।

सुशीला : मेरे मुताल्लिक़ भी आपने कुछ सोचा है ?

चपला : मैं…मैं तुम्हारे मुताल्लिक़ क्या सोच सकती हूँ…तुम अपने मुताल्लिक़ मुझसे बेहतर सोच सकती हो…तुमने दुनिया देखी है…मैंने तो आज पहली मर्तबा घर से बाहर क़दम निकाला है। (*रोने लगती है।*)

सुशीला : रोइए नहीं…मुझे आपसे हमदर्दी है…जाइए, मैंने आपका होनेवाला पति आपको दे दिया…

[*वक़्फ़ा।*]

(*ग़मगीन हँसी के साथ*) मैं उसको आपकी और उसकी अपनी बेहतरी के लिए छोड़ती हूँ, मगर मैं उसकी मुहब्बत अपने दिल से न निकाल सकूँगी…काश, मैं आपके लिए यह भी कर सकती…मेरी दुआ है कि आप उससे मुहब्बत कर सकें…वह तो मुहब्बत करने में माहिर है।

[*एक छनाके के साथ झाँझों की आवाज़ आए।*]

किशोर : (*झुँझलाई हुई आवाज़ में*) यह मुहब्बत-मुहब्बत की रट तुमने क्या लगा रखी है··· मैं तुमसे हज़ार मर्तबा कह चुका हूँ, मुझे सुशीला से मुहब्बत नहीं है··· नहीं है, नहीं है···

[*वक़्फ़ा।*]

मुझे उसकी ग़ैर मौजूदगी का एहसास है, इसलिए कि मैं इंसान हूँ, पत्थर नहीं हूँ··· इस कमरे में जब मैं उसकी बिखरी हुई चीज़ें देखता हूँ तो मुझे उसकी याद ज़रूर सताती है, इसलिए कि दो-ढाई बरस तक मैं उस दिलचस्प औरत को मुतवातिर देखता रहा हूँ··· यही वजह है कि आज मैंने उसकी तमाम चीज़ें आग में झोंक देने का इरादा कर लिया है··· आहिस्ता-आहिस्ता उसकी याद ज़रूर महव हो जाएगी···

मदन : किशोर, अजब आदमी हो तुम··· तुम्हारी कोई बात मेरी समझ में नहीं आती··· मुहब्बत नहीं करते हो और करते भी हो··· अच्छा लगाओ आग इन चीज़ों को··· चलो झोंक दो इन सबको अँगीठी में··· कुछ देर यह तमाशा भी रहे।

किशोर : यह लो···

[*चीज़ें फेंके जाने की आवाज़।*]

यह और लो···

[*चीज़ें फेंके जाने की आवाज़।*]

मदन : और जनाब ने यह मदारियों की तरह सुशीला का रेशमी रूमाल अपने कोट की आस्तीन में क्यों छुपा लिया है?

किशोर : (*हकलाते हुए*) कौन··· कौन कहता है··· रूमाल··· आस्तीन··· तुम··· तुम तुम झूठ कहते हो।

मदन : (*हँसता है*) मैं झूठ कह सकता हूँ, मगर तुम्हारी घबराहट तो झूठ नहीं बोलती।

किशोर : मैंने··· मैंने अगर उसका रूमाल अपनी आस्तीन में रख लिया है तो क्या बुरा किया है··· उसके एक छोटे-से रूमाल पर भी मेरा कोई हक़ नहीं···

[*वक़्फ़ा।*
दरवाज़ा खुलने की आवाज़।]

(*हैरतज़दा आवाज़ में*) सुशीला··· तुम आ गईं?

सुशीला : (*बुझी हुई आवाज़ में*) हाँ आ गई··· बेखटके अंदर चली आई··· इसलिए कि आप मुझसे मुहब्बत नहीं करते··· इसलिए कि आप मुझे पसंद

करते हैं।

किशोर : (*पुरसुकून आवाज़ में*) छोड़ो इन बातों को… मुझे मालूम था, तुम ज़रूर वापिस आओगी… यह दुनिया बहुत छोटी है सुशीला… मदन, मैंने तुमसे क्या कहा था… देखो सुशीला आ गई…

[*वक़्फ़ा*]

सुशीला, तुम किधर देख रही हो… तुम्हारी चीज़ें पुरानी हो गई थीं… मैंने अँगीठी में डाल दीं… अब हम नई ख़रीदेंगे…

[*वक़्फ़ा।*]

मदन, तुम बेवक़ूफ़ों की तरह मेरी तरफ़ क्या देख रहे हो…

[*वक़्फ़ा।*]

सुशीला, अब फिर वही दिन होंगे… अब फिर वही दिलचस्पियाँ रहेंगी…

[*रक़्स की गत शुरू हो जाए, धीरे-धीरे शिद्दत पकड़ ले, फिर हुजूम की तालियों के शोर में मुंतक़िल*[15] *हो जाए। चंद लम्हों के बाद तालियों की आवाज़ थम जाए।*]

सुशीला : फ़रमाइए… मुझसे मिलने की आपने क्यों तक्लीफ़ की?

मोती : (*क़दरे ग़ुस्सैली आवाज़ में*) जैसे तुम मुझे जानती नहीं… और मैं तुम्हारे लिए बिलकुल अजनबी हूँ… देखो सुशीला, मैं ज़्यादा गुफ़्तगू नहीं करना चाहता… मैं तुम से सिर्फ़ एक बात पूछने आया हूँ।

सुशीला : पूछिए।

मोती : तुम मुझे छोड़कर क्यों चली आईं… तुमने मेरी वापसी का इंतिज़ार क्यों न किया?

[*वक़्फ़ा।*]

बोलो, तुमने मेरी वापसी का इंतिज़ार क्यों न किया?

सुशीला : इसलिए कि किशोर तुम्हारे मुक़ाबले में कहीं ज़्यादा दौलतमंद है… और तुम्हारे पास तो कुछ भी नहीं था; तुम अपने बाप के रहमो-करम पर थे।

मोती : (*हैरतज़दा आवाज़ में*) तुम… तुम… तुम मेरी हतक कर रही हो… मैं… मैं…

सुशीला : अब आप तशरीफ़ ले जाइए… और कई मुलाक़ाती मेरा इंतिज़ार कर रहे हैं!

[*दरवाज़ा खुलने की आवाज़।*]

किशोर : सुशीला, तुमने मेकअप साफ़ कर लिया··· माफ़ कीजिएगा···

सुशीला : आइए-आइए किशोर साहब··· मोती, आप किशोर साहब हैं और किशोर साहब, आप मिस्टर मोती हैं··· आपने अख़बारों में इनके पिता की मौत की ख़बर पढ़ी होगी···

किशोर : दिल की हरकत बंद हो गई थी शायद।

मोती : (*झुँझलाई हुई आवाज़ में*) मेरा दिल काफ़ी मज़बूत है किशोर साहब··· आप मुतमइन रहें··· सुशीला, यही वह साहब हैं जिनके पास दौलत के अंबार मौजूद हैं··· ताज्जुब है, इसलिए कि मुझे तो अच्छे-ख़ासे कार्टून मालूम होते हैं···

[*वक़्फ़ा।*

दरवाज़ा खुलने और फिर ज़ोर से बंद होने की आवाज़।]

किशोर : (*ज़ोर से हँसता है*) आदमी दिलचस्प है।

सुशीला : (*उदास आवाज़ में*) हाँ, कुछ दिलचस्प ही है··· चलिए, मैं बहुत थक गई हूँ।

[*वक़्फ़ा।*

दरवाज़ा खुलने की आवाज़।

वक़्फ़ा।

कार स्टार्ट होने की आवाज़—फिर फ़र्राटे भरती कार की आवाज़ आए और चंद लम्हों के बाद डूब जाए।]

मोती : मेरे पास काफ़ी रुपया है, तुम बेफ़िक्र रहो··· मैं बस यह चाहता हूँ कि किशोर का सारा बिज़नेस तबाह हो जाए··· जगह-जगह उसके मुक़ाबले में दफ़्तर क़ायम किए जाएँ और कोशिश की जाए कि मार्केट पर हमारा क़ब्ज़ा हो जाए, समझे··· इसमें कोई शक नहीं कि यह जुआ है लेकिन मैं इसे खेलना चाहता हूँ··· या मैं तबाह हो जाऊँगा, या उसको तबाह कर दूँगा···

एजेंट : मैं समझ गया··· आपके हुक्म की तामील बहुत जल्द हो जाएगी··· मैंने इस काम के लिए बहुत से माहिर इकट्ठा कर लिए हैं।

मोती : बस सबकुछ अचानक हमले की सूरत में हो··· इस तरह कि वह बौखला जाए, समझे··· चंद दिनों में इस खेल का ख़ात्मा हो जाना चाहिए।

[*स्टॉक एक्सचेंज का शोर—इस शोर पर ज़ैल के मुकालमे सुपर इंपोज़ किए जाएँ।*]

क : बाज़ार बड़ा तेज़ हो रहा है···

ख : यह कौन है जो धड़ाधड़ शेयर ख़रीद रहा है···

ग : अगर कुछ रोज़ तेज़ी का यही हाल रहा तो अंधेर मच जाएगा···

घ : यह है कौन जिसने मार्केट में हुल्लड़ मचा दिया है···

मोती : (*क़हक़हा बुलंद करता है*) ख़रीदे जाओ, ख़रीदे जाओ···

किशोर : ख़रीदे जाओ, ख़रीदे जाओ··· और पता लगाओ, हमारे मुक़ाबले में कौन आदमी है···

[*वक़्फ़ा।*

—स्टॉक एक्सचेंज का शोर बराबर जारी रहे।]

क : अब उसने शेयर बेचने शुरू कर दिए हैं···

ख : बहुत आहिस्ता-आहिस्ता बेच रहा है।

[*स्टॉक एक्सचेंज का शोर बंद हो जाए—इसके बाद टेलीफ़ोन की घंटी बज उठे।*]

सुशीला : आप बैठिए··· मैं देखती हूँ, कौन है?

[*वक़्फ़ा।*

टेलीफ़ोन का चोंगा उठाने की आवाज़।]

हैलो··· हैलो।

एक आवाज़ : किशोर साहब हैं?

सुशीला : फ़रमाइए।

एक आवाज़ : (*घबराए हुए लहजे में*) किशोर साहब अगर नहीं हैं तो मेरा यह पैग़ाम फ़ौरन उन तक पहुँचा दीजिए··· अच्छी तरह नोट कर लीजिए··· मालूम हो गया है कि किशोर साहब के मुक़ाबले में आनेवाला शख़्स मोतीलाल है··· मोतीलाल, सेठ गोबिंद प्रशाद जौहरी का लड़का··· उसने अपने शेयर आहिस्ता-आहिस्ता बेचने शुरू कर दिए है··· किशोर साहब अगर चाहें तो उसे चुटकियों में बर्बाद किया जा सकता है··· अगर ज़रा-सी भी ग़फ़लत हो गई तो किशोर साहब को बहुत भारी नुक़्सान उठाना पड़ेगा··· मैं उनके हुक्म का मुंतज़िर[16] रहूँगा···

सुशीला : बहुत बेहतर।

[*टेलीफ़ोन का चोंगा रखने की आवाज़।*

वक़्फ़ा।]

किशोर : कौन था?

सुशीला : मेरी एक सहेली थी⋯चाय की दावत दे रही थी, मगर मैंने मंज़ूर नहीं की⋯आज मेरा जी बाहर घूमने को चाहता है⋯चलिए ज़रा बाहर घूम आएँ।

किशोर : चलो⋯मगर जल्दी वापिस आ जाएँगे, इसलिए कि मुझे बहुत से काम करने हैं।

[*वक़्फ़ा।*
कार स्टार्ट होने की आवाज़।]

[*कार स्टार्ट होने की आवाज़ टेलीफ़ोन की बजती घंटी में मुंतक़िल हो जाए।*
चंद लम्हों तक घंटी बजती रहे—फिर घंटी की आवाज़ कार के हॉर्न में बदल जाए।
फ़र्राटे भरती कार के शोर पर ज़ैल के मुकालमे सुपर इंपोज़ किए जाएँ।]

सुशीला : जी चाहता है, आज मोटर यूँ ही चलती रहे⋯देखिए, दरख़्त पीछे भागते चले जा रहे हैं जैसे बीती हुई घड़ियाँ⋯मगर ज़माना मोटर से कहीं ज़्यादा तेज़ चल रहा है।

किशोर : आज तुम फ़लसफ़ा छाँट रही हो।

सुशीला : जिसका दुनिया में कोई मक़सद न रहे, वह फ़लसफ़ी हो जाता है।

किशोर : (*हँसकर*) यह आज तुम क्या बहकी-बहकी बातें कर रही हो।

सुशीला : जिसने अपने ख़याल के मुताबिक़ कोई अच्छा काम किया हो, अक्सर बहक जाता है।

किशोर : तो तुमने कोई अच्छा काम किया है।

सुशीला : जी हाँ⋯मैंने एक बड़ा अच्छा काम किया है।

किशोर : क्या?

सुशीला : वह जो टेलीफ़ोन आया था⋯उसका कहना था कि दौलत के खेल में आपका मुक़ाबला मोती से है⋯उस अनाड़ी से⋯मैंने उस अनाड़ी पर तरस खाया और आपको कुछ न बताया⋯अब आपको बहुत भारी नुक़्सान उठाना पड़ेगा।

किशोर : (*हैरतज़दा आवाज़ में*) क्या कह रही हो तुम⋯वह⋯वह टेलीफ़ोन मेरे नाम आया था⋯और वह शख़्स मोती है⋯

सुशीला : जी हाँ, मोती⋯याद है, एक बार आपने कहा था : 'तिपाई और औरत में कोई ज़्यादा फ़र्क़ नहीं⋯तिपाई पर से अगर कपड़ा सरक जाए तो

बड़े-बड़े क़ीमती फूलदान गिरकर चकनाचूर हो जाया करते हैं।'

किशोर : सुशीला, मुझसे पहेलियाँ न बुझवाओ।

सुशीला : (*अफ़सुर्दा हँसी के साथ*) आपकी निगाहों में औरत एक तिपाई होगी, मगर यक़ीन जानिए, वह क़ुदरत की सबसे बड़ी पहेली है...मैंने मोती को बचा लिया और आपको तबाह कर दिया...भला पूछिए तो क्यों...

किशोर : क्यों ?

सुशीला : आप...आप मुझे सिर्फ़ पसंद करते थे, इसलिए...इसलिए मुझे उससे मुहब्बत थी...मैं तो आपसे...औरत अक़्लमंदी की हद तक अहमक़ होती है...आपका क्या ख़याल है ?

किशोर : बारीक रेशमी साड़ियाँ और औरतें हमेशा मेरी अक़्ल से बालातर रही हैं...तुम्हें मोती से मुहब्बत थी तो फिर उसे छोड़ क्यों आईं ?

सुशीला : औरतों को यह शौक़ भी होता है कि वह अपनी साड़ियाँ दूसरों को तोहफ़े के तौर पर दे दें...दूसरों के जिस्म पर अपने दिए हुए कपड़े देखकर वह लज़्ज़त हासिल करती हैं...मैंने किसी की अमानत, अपनी मुहब्बत उठाकर किसी और को पहना दी और ख़ुश हो गई...मेरा ख़याल है, मेरा तोहफ़ा लेकर उसको मुहब्बत करने का सलीक़ा आ गया होगा।

किशोर : (*पुरसुकून आवाज़ में*) एक तोहफ़ा तुमने मुझे भी दिया है।

सुशीला : मैं भूल गई हूँ...कौन-सा तोहफ़ा ?

किशोर : (*हँसकर*) कितनी ज़ूद[17] फ़रामोश हो...अपने उस अनाड़ी दोस्त पर तुमने जो तरस खाया है, मैंने तोहफ़े के तौर पर क़ुबूल कर लिया है...सुबूत चाहिए क्या ?

सुशीला : नहीं...मैं कुछ और ही सोच रही हूँ...जैसे मैं नए सिरे से अपना सफ़र शुरू कर रही हूँ...वही गाड़ी है...वही प्लेटफ़ार्म है...

[*फ़र्राटे भरती कार का शोर इंजन की शांय-शांय में तहलील हो जाए।*
फिर सीटी की आवाज़ और इंजन की चीख़।
गाड़ी चलने की आवाज़—आहिस्ता-आहिस्ता यह आवाज़ धीमी हो जाए।]

किशोर : मैं...मैं समझता हूँ, आप किसी का इंतिज़ार कर रही हैं।

सुशीला : (*चौंकती हुई आवाज़ में*) मोहन तुम...
(*उदास आवाज़ में*) नहीं...मोहन कहाँ है ?

किशोर : (*बड़ी बाँकी आवाज़ में*) मैं समझता हूँ, आपको किसी का इंतिज़ार है।

सुशीला : (*घुटी-घुटी आवाज़ में*) जी नहीं···मैं अकेली हूँ।

किशोर : (*मुसकराती-खनकती आवाज़ में*) आप अकेली नहीं हैं।

[यकायक फ़र्राटे भरती कार का शोर उभरे, फैल जाए, और आहिस्ता-आहिस्ता धीमा पड़ जाए।]

[फ़ेड आउट]

---

1. निराशा, नाउम्मीदी; 2. हाथापाई; 3. अनादि; 4. सम्मेलन; 5. विलीन; 6. यात्रा; 7. नागीत्व; 8. विश्वास; 9. इतिहासकार; 10. जमना; 11. विस्तृत; 12. विस्तार; 13. मिल जाना, घुलमिल; 14. तेज़ी; 15. परिवर्तित; 16. प्रतीक्षक; 17. जल्दी।

जर्नलिस्ट

आवाज़ें

अब्दुल बारी
अख़बार का मालिक
पहला कातिब
दूसरा कातिब
तीसरा कातिब
चपड़ासी
मैनेजर
जुम्मा
चौधरी
पहला शराबी
दूसरा शराबी
छज्जूमल
पहला शख़्स
दूसरा शख़्स

पहाड़े याद करते हुए बच्चों की आवाज़ें
भागती हुई रेल की खटाखट
प्रिंटिंग प्रेस की खड़खड़ाहट
चारा काटनेवाली मशीन की गड़गड़ाहट
शराब के ठेके का शोर

[बहुत से लड़के पहाड़े याद कर रहे हैं—एक शोर मचा हुआ है। बीच-बीच में मेज़ पर बेद मारने की आवाज़ भी आती है। आहिस्ता-आहिस्ता यह शोर फ़ेड हो जाए।]

अब्दुल बारी : क्या वाहियातपन है···! यह 'सवाये', ड्योढ़े, ढाए, औंचे-पौंचे और ढौंचे के पहाड़े क्या बकवास हैं···एक ढाया ढाया, दो ढाया पाँच···यानी अगर किसी को यह मालूम नहीं होगा तो बहुत बड़ी आफ़त आ जाएगी, और मेरी बेवकूफ़ी मुलाहिज़ा हो कि पाँच कम सौ लड़कों को छड़ी के ज़ोर से यह बकवास याद कराता रहता हूँ, गोया इसके बग़ैर उनकी ज़ेहनी तरक़्क़ी हो ही नहीं सकती··· (*हँसता है।*)

स्कूल मास्टर भी अजीब चीज़ होते हैं···यहाँ इस स्कूल में पाँच कम सौ लड़कों का मैं ज़बर्दस्ती बाप बना बैठा हूँ और उनको सिखाता हूँ कि देखो, ख़ुशकी के इस टुकड़े को जिसके चारों तरफ़ पानी हो, टापू कहते हैं···आबनाएँ[1] पानी के उस टुकड़े को कहते हैं जो ख़ुशकी के दो टुकड़ों को आपस में मिला दे, और यह सबक़ देकर मैं समझता हूँ कि उनके मुस्तक़बिल[2] की तमाम दीवारें उठाकर मैंने अपने काँधों पर धर ली हैं··· (*हँसता है।*) साल के तीन सौ पैंसठ दिन, जिनमें से डेढ़ महीना गर्मियों की छुट्टी का निकल जाता है, मैं उनकी बेहतरी सोचता रहता हूँ···उन बच्चों की बेहतरी, जो साल भर बाद मेरी आँखों से ओझल हो जाते हैं···तख़्तियाँ, किताबें, सलेटें रह जाती हैं···गंडेरियों और मूंगफली के छिलके रह जाते हैं और बच्चे दुनिया की वुसअत[3] में जाने कहाँ ग़ाइब हो जाते हैं··· (*हँसता है।*)

और यह हुदूदे-अर्बा[4]···शुमाल[5] में भंगियों का तकिया, जुनूब[6] में पहलवानों का अखाड़ा, मशरिक़ में गंदा नाला और मग़रिब में हैडमास्टर साहब का घर···यह हुदूदे-अर्बा भी ख़ूब है··· (*हँसता है।*)

लानत है ऐसे पेशे पर···! अगर अपने ख़यालात का प्रचार ही करना है, दूसरों को सबक़ ही देना है तो क्यों न जर्नलिज़्म

इख़्तियार की जाए... । आज जो कुछ लिखा, कल छपकर सामने आ गया...हर शख़्स के हाथ में अख़बार मौजूद है...वल्लाह जर्नलिज़्म कितनी सनसनी फैलानेवाली चीज़ है, और फिर रोब और वक़ार अलग...

[*वक़्फ़ा।*]

मैं इस शहर मे भी तंग आ गया हूँ...जिस किसी बाज़ार में जाओ, सामने घंटाघर नज़र आएगा...जाने इसमें क्या ख़ूबसूरती देखी गई है कि हर बाज़ार घंटाघर का रुख़ करे...इस शहर और स्कूल दोनों को सलाम...

[*भागती-दौड़ती रेल की गड़गड़ाहट सुनाई दे।*
चंद लम्हात के बाद यह गड़गड़ाहट प्रिंटिंग प्रेस की आवाज़ में तब्दील हो जाए।
प्रिंटिंग प्रेस की आवाज़ धीरे-धीरे अक़ब में चली जाए, यानी बिलकुल धीमी हो जाए और उस पर ज़ैल का मुकालमा[7] *सुपर इंपोज़ किया जाए।*]

अख़बार का मालिक : मुझे एक अर्से से अच्छे एडिटर की तलाश थी जो मेरे अख़बार 'ख़ल्क़' को कामयाबी के साथ चला सके...यह मेरी ख़ुश-क़िस्मती है कि बैठे-बिठाए मुझे आप-जैसा मेहनती और लाइक़ आदमी मिल गया...आपके काम से मैं बेहद मुतमइन[8] हूँ।

अब्दुल बारी : आपकी क़द्र अफ़ज़ाई का बहुत-बहुत शुक्रिया...दरअसल मुझे सहाफ़त[9] मे बहुत दिलचस्पी है।

[*वक़्फ़ा।*]

अब कि आपने मेरा काम देख लिया है, तनख़्वाह का फ़ैसला हो जाए तो...

अख़बार का मालिक : आप तनख़्वाह के मुताल्लिक़ कुछ फ़िक्र न करें...होटल में आपके खाने-पीने का बंदोबस्त मैंने कर दिया है...दूसरी ज़रूरियात के लिए जब भी आपको रुपये-पैसे की ज़रूरत हो, आप बिला तकल्लुफ़ मुझसे ले सकते हैं...आप मुतमइन रहें...

अब्दुल बारी : जी मुझे इत्मीनान है।

[*प्रिंटिंग प्रेस की गड़गड़ाहट अक़ब में से निकलकर सामने आ जाए और बुलंद हो जाए।*
चंद लम्हात तक यह शोर जारी रहे, फिर उस पर ज़ैल की सुर्ख़ियाँ मुख़्तलिफ़ आवाज़ों के हुजूम की सूरत में सुपर

इंपोज़ की जाएँ।]

एक नजूमी की पेशीनगोई[10] : सन उन्नीस सौ छत्तीस में कई भूचाल आएँगे।

हिंदुस्तान के सनअती[11] तरक़्क़ी के इम्कानात[12]।

लीग आफ़ नेशंज़ के इजलास में गरमागरम बहसें।

अप्रैल में हिंदुस्तान को प्रोवंशियल अटानोमी मिल जाएगी।

शहर में सफ़ाई के इंतिज़ामात।

शुमाली हिंदुस्तान में तूफ़ाने-बादो-बारां[13]।

असेंबली के इजलास में 'ख़ल्क़' की तनक़ीदों[14] का तज़्किरा[15]।

योरोप के आसमान पर जंग के महीब[16] बादल।

हिंदुस्तान क्या चाहता है।

रूस में छतरीबाज़ फ़ौज तैयार की जा रही है।

जर्मनी की जंगी तैयारियाँ।

सन उन्नीस सौ अड़तीस की आमद : योरोप पर नई आफ़तों का नुज़ूल[17]।

[*प्रिंटिंग प्रेस की आवाज़ एकदम बंद हो जाए और ज़ैल का मुकालमा फ़ौरन शुरू हो जाए।*]

पहला कातिब : बारी साहब, आपकी यह स्लिप तो ख़त्म हो गई है, दूसरी दीजिए।

अब्दुल बारी : मक़ामे-तास्सुफ़[18] है कि अभी तक मुल्क की इन ज़रूरियात पर ग़ौर नहीं किया गया।

[*काग़ज़ की खड़खड़ाहट।*]

लो भई, यह दूसरी स्लिप।

दूसरा कातिब : (*आवाज़ ज़रा फ़ासले से आए*) अजी मौलाना, पहले सफ़्हे की सुर्ख़ियाँ तो बना दीजिए···एक घंटे से बेकार बैठा हुआ हूँ।

अब्दुल बारी : (*क़दरे ऊँची आवाज़ में*) भई, मुझे यह लीडर तो मुकम्मल कर लेने दो··· अच्छा, तुम यह चार कालमी सुर्ख़ी लिखो···

दूसरा कातिब : (*आवाज़ ज़रा फ़ासले से आए*) फ़रमाइए।]

अब्दुल बारी : (*क़दरे ऊँची आवाज़ में*) योरोप के सियासी स्टेज पर नाज़ी जर्मनी के मदारी का हैरतअंगेज़ खेल।

[*टेलीफ़ोन की घंटी बजे—चोंगा उठाने की आवाज़।*]

फ़रमाइए मैं ही 'ख़ल्क़' का एडिटर हूँ···

जी हाँ, आपका मुरासला[19] मिल गया था···मुझे याद है, आपने म्युनिसिपल कमेटी के नल के बारे में चंद शिकायात पेश की

थीं··· छप जाएगा, आप मुतमइन रहें, बहुत जल्द आपका यह मुरासला छाप दिया जाएगा···
आदाब अर्ज़···

[*चोंगा रखने की आवाज़ आए।*]

चपड़ासी : यह लीजिए सर्विस आ गई।

तीसरा कातिब : बारी साहब, बस अब जल्दी-जल्दी इन ख़बरों का तर्जुमा हो जाए।

मैनेजर : बारी साहब, अभी तक प्रेस में कॉपी क्यों नहीं गई?

अब्दुल बारी : कौन-सी कॉपी?

मैनेजर : तीसरी कॉपी··· चार बजे तक यह प्रेस में पहुँच जानी चाहिए थी।

अब्दुल बारी : बिलकुल तैयार है, सिर्फ़ उसको जोड़ना बाक़ी रह गया है।

मैनेजर : तो जल्दी से पहले उसको जोड़ दीजिए··· आज कॉपी जोड़नेवाला नहीं आया है।

अब्दुल बारी : बहुत अच्छा··· मैं अभी जोड़े देता हूँ।

[*टेलीफ़ोन की घंटी बजे—चोंगा उठाने की आवाज़ आए।*]

भई, मैं इस टेलीफ़ोन से तंग आ गया हूँ··· मुझे अपना मेज़ अंदर ले जाना पड़ेगा।

हैलो··· 'रोज़नामा ख़ल्क़'··· जी हाँ···

नहीं-नहीं, मैंने आपसे नहीं कहा··· मेज़ की बात मैं दफ़्तर में किसी और से कर रहा था··· फ़रमाइए···

पहला कातिब : बारी साहब, यह क्या लिखा है?

अब्दुल बारी : जहन्नम से···

बोल रहा हूँ जनाब!

[*वक़्फ़ा।*]

माफ़ फ़रमाइएगा··· मैं कातिब को बता रहा था, जहन्नम से··· हाँ तो फ़रमाइए··· 'रोज़नामा ख़ल्क़' ही है··· फ़रमाइए।

[*वक़्फ़ा।*]

आप मिलना चाहते हैं तो दफ़्तर में तशरीफ़ ले आइए··· टेलीफ़ोन पर कैसे मुलाक़ात हो सकती है?

[*वक़्फ़ा।*]

बड़े शौक़ से बात कीजिए, मै ही 'ख़ल्क़' का एडिटर हूँ।

[*वक़्फ़ा।*]

तसलीमात अर्ज़ है··· फ़रमाइए।

[*वक़्फ़ा।*]

जी नहीं, इसमें तक्लीफ़ की क्या बात है··· आप पूछिए न, क्या पूछना है?

[*वक़्फ़ा।*]

क्या कहा?

[*वक़्फ़ा।*]

क्या कहा?

[*वक़्फ़ा।*]

(*आवाज़ में भिन्नाहट*) आज शाम को कलकत्ता मेल कब छूटेगा?

[*वक़्फ़ा।*]

मैं··· मैं··· मैं एडिटर हूँ, रेलवे का टाइम टेबिल नहीं।

[*चोंगा पटख़ने की आवाज़ आए।*]

अजब वाहियात आदमी है··· पूछता है : ''कलकत्ता मेल कब छूटेगा···?'' कल पूछेगा : ''ताँगों का अड्डा कहाँ है···?''

[*तीनों कातिबों की हँसी की आवाज़ आए।*]

मैनेजर : बारी साहब, यह चार मुरासले प्रोप्राइटर साहब ने भेजे हैं··· सब आज की इशाअत में निकल जाने चाहिए··· आप इनकी ज़बान वग़ैरह दुरुस्त कर लीजिएगा।

अब्दुल बारी : (*गुस्सैली आवाज़ में*) मैं इनकी ज़बान दुरुस्त करूँगा न इनका वग़ैरह ठीक करूँगा··· आप प्रोप्राइटर साहब से कह दीजिए, मैं एडिटर हूँ, मशीन नहीं हूँ··· और फिर यह मुरासले सबके-सब वाहियात हैं··· मैं अपने परचे को ज़ातियात का मर्कज़ नहीं बनाना चाहता··· अगर प्रोप्राइटर साहब के किसी दोस्त को यह शिकायत है कि उनके लड़के के कान मास्टर साहब ने बड़े ज़ोर से ऐंठे हैं तो मैं इसे सियासी रंग में पेश करने के लिए हरगिज़ तैयार नहीं··· समझे आप···? और फिर··· और फिर··· चार बरस हो गए हैं मुझे यहाँ काम करते हुए और पूरी तनख़्वाह मुझे आज तक नसीब नहीं हुई··· यह अख़बार है या क्या है··· जाइए आप और उनसे कह दीजिए, यह मुरासले नहीं छपेंगे।

मैनेजर : बहुत बेहतर।

अब्दुल बारी : हाँ भई, तो अब मुझे क्या करना है··· तुम्हें लीडर की आख़िरी स्लिप देनी है और तुम्हें पहले सफ़हे की सुर्ख़ियाँ लिखकर देना हैं।

तीसरा कातिब : और मुझे ख़बरों का तर्जुमा देना है।

अब्दुल बारी : और प्रोप्राइटर साहब को अपनी मोमियाई[20] निकालकर देना है···

[*वक़्फ़ा।*]

लाहौलविला, ये जुम्मा अभी तक क्यों नहीं आया···मैंने उसे सिगरेट लाने के लिए भेजा था।

[*वक़्फ़ा।*]

जुम्मा : बारी साहब, वह सिगरेट नहीं देता।

अब्दुल बारी : क्या कहा, सिगरेट नहीं देता···क्यों नहीं देता?

जुम्मा : कहता है : 'मौलाना से कहो, पहला हिसाब तो साफ़ करें'।

अब्दुल बारी : (*भिन्नाई हुई आवाज़ में*) बकवास करता है···

[*वक़्फ़ा।*]

(*नर्म आवाज़ में*) नहीं, ठीक कहता है···मुझे भी ऐसा ही कहना चाहिए···अभी कहना चाहिए।

[*प्रिंटिंग प्रेस की गड़गड़ाहट उठे और फिर धीरे-धीरे फ़ेड हो जाए।*]

जब तक आप मेरा पहला हिसाब साफ़ न करेंगे, मैं बिलकुल काम नहीं करूँगा।

अख़बार का मालिक : (*नर्म आवाज़ में*) ख़फ़गी की वजह?

अब्दुल बारी : चार साल हो गए हैं मुझे यहाँ आपके अख़बार में अपने दिमाग़ का तेल निकालते हुए···पूरे चार बरस हो गए हैं मुझे दिन-रात यहाँ काम करते हुए···चूँकि मुझे इसका सिला नहीं मिला, इसलिए मैं काम करने से इनकार करता हूँ···मैं आपसे ख़फ़ा नहीं हूँ···मेरी ख़फ़गी आपका कुछ नहीं बिगाड़ सकती, इसलिए कि आप दिमाग़ के बजाय लोहे की मशीनों से सोचते हैं···आप आक़ा हैं और मैं ग़ुलाम···बस इसी एहसास ने आज मुझे इस इक़दाम पर मजबूर किया है···सिगरेटवाले को जब दस दिन तक पैसे न मिले तो उसने मज़ीद उधार देना बंद कर दिया···मैं मुतवातिर चार साल से आपको उधार देता चला आया हूँ, लेकिन अब मुझसे नहीं दिया जाएगा।

अख़बार का मालिक : बारी साहब, आपकी शिकायात बजा हैं, मगर क्या कभी आपने मेरी मुश्किलात पर ग़ौर किया है?···इस अख़बार से मुझे क्या फ़ाइदा है···मैं तो सिर्फ़ क़ौम की ख़िद्मत कर रहा हूँ।

अब्दुल बारी : आप क़ौम की ख़िद्मत कर रहे हैं···मैं क़ौम की, अख़बार की और आपकी ख़िद्मत कर रहा हूँ, लेकिन इस ख़िद्मत का मुआवज़ा

मुझे कभी वक़्त पर नहीं मिलता, बल्कि यूँ कहिए कि मिलता ही नहीं··· पिछले तीन महीनों में आपने मुझे सिर्फ़ सोलह रुपए दिए हैं··· ख़ुदा का ख़ौफ़ कीजिए, मैं इंसान हूँ, पत्थर नहीं हूँ··· मुझे भूख भी लगती है, कभी-कभी मिठाई खाने को भी मेरा जी चाहता है··· मुझे आपने इस अख़बार का एडिटर बनाया था, कोई साधु या संन्यासी नहीं बनाया था जो मैंने दुनिया त्याग दी हो।

अख़बार का मालिक : रुपये-पैसों की मुश्किलात मुझे भी हैं।

अब्दुल बारी : माफ़ कीजिएगा, यह बिलकुल ग़लत है··· अभी कल ही आपने अपने बच्चों के लिए रेडियो ख़रीदा है··· नई आबादी में आपकी तीसरी कोठी बन रही है··· आप··· आप··· मैं और कुछ नहीं कहना चाहता।

अख़बार का मालिक : आप क्या चाहते हैं?

अब्दुल बारी : मैं चाहता हूँ, मेरा हिसाब चुका दिया जाए··· मैं बाज़ आया एडिटरी से।

अख़बार का मालिक : आप किसी और अख़बार में जाना चाहते हैं?

अब्दुल बारी : जी नहीं··· अख़बारी ज़िंदगी को अब मैं दूर ही से सलाम कहूँगा।

अख़बार का मालिक : तो आप क्या करेंगे?

अब्दुल बारी : मैं घास छीलना शुरू कर दूंगा लेकिन किसी अख़बार में काम नहीं करूँगा।

अख़बार का मालिक : मगर अफ़सोस है कि मैं इस वक़्त आपका हिसाब नहीं चुका सकता।

अब्दुल बारी : मुझे आप दो महीने की तनख़्वाह दे दीजिए, बक़ाया महीनों की तनख़्वाह मैं आपसे तलब नहीं करता।

अख़बार का मालिक : आपकी बड़ी नवाज़िश[21] है··· लेकिन मेरे पास इस वक़्त इतने रुपए भी नहीं होंगे।

अब्दुल बारी : आप कितने में फ़ैसला करना चाहते हैं, फ़रमाइए!

अख़बार का मालिक : मेरे पास इस वक़्त अस्सी रुपए हैं।

अब्दुल बारी : लाइए, अस्सी ही लाइए।

अख़बार का मालिक : कम-अज़-कम पाँच तो मेरे पास रहने दीजिए।

अब्दुल बारी : पाँच आप अपने पास रखिए, लाइए पिचहत्तर ही लाइए।

[प्रेस की गड़गड़ाहट शुरू हो और बढ़ती जाए। चंद लम्हात के बाद यह गड़गड़ाहट बाज़ार के शोरोग़ुल में तब्दील हो जाए। चंद मज़ीद लम्हात के बाद बाज़ार का

शोर चारा काटनेवाली मशीन की आवाज़ में तहलील हो जाए।]

अब्दुल बारी : अस्सलामुअलैकुम।

चौधरी : वालैकुमअस्सलाम ̈फ़रमाइए।

अब्दुल बारी : एक-दो मर्तबा इधर से गुज़रा हूँ ̈आज आपसे मिलने को तबीयत चाही तो आ गया।

चौधरी : बैठिए, हुक़्क़ा पीजिए।

[लंबा कश खींचने की आवाज़।]

अब्दुल बारी : तंबाकू तो बहुत अच्छा है।

चौधरी : आप बनाता हूँ—बाज़ार के तंबाकू से मुझे तस्कीन नहीं होती।

[वक़्फ़ा।

कश खींचने की आवाज़।]

फ़रमाइए, आप क्या काम करते हैं?

अब्दुल बारी : आजकल तो बेकार हूँ ̈पहले अख़बार में काम किया करता था।

चौधरी : (*हँसकर*) तो भई, तुम तो ख़तरनाक आदमी हुए ̈! क्यों, छोड़ क्यों दिया वह काम?

अब्दुल बारी : बस पसंद नहीं आया ̈काम ज़्यादा करना पड़ता था और पैसे कम मिलते थे।

चौधरी : अमाँ क्यों बनाते हो उस्ताद ̈अख़बारवालों के पास तो दौलत के अंबार लगे होते हैं ̈क़लम हिलाया और हज़ारों ऐंठ लिए।

अब्दुल बारी : दोस्त, अख़बार का मालिक मैं नहीं था, कोई और था ̈अच्छा तुम यह तो बताओ, तुम्हारा गुज़र कैसा हो रहा है?

चौधरी : बड़े मज़े में गुज़रती है ̈यह चारा कतरनेवाली मशीन लगा रखी है ̈अकेली जान है और रोज़ की कोई डेढ़-दो रुपए की आमदन हो जाती है ̈सारा दिन यहाँ दूकान पर गुज़ारता हूँ और शाम को ठेके पर चला जाता हूँ ̈गप्पें हाँककर फिर टहलता-टहलता यहाँ आ जाता हूँ ̈गर्मियों में दूकान के बाहर छिड़काव करके सो जाता हूँ और सर्दियों में अंदर घास के पास चारपाई बिछा लेता हूँ।

अब्दुल बारी : कितनी क़ाबिले-रश्क ज़िंदगी है ̈वल्लाह चौधरी, बड़े ख़ुशक़िस्मत इंसान हो ̈किसी क़िस्म की फ़िक्र तुम्हें नहीं। आराम से ज़िंदगी बसर कर रहे हो ̈पर यह तुम्हें चारा काटनेवाली मशीन लगाने का ख़याल कैसे आया ̈यानी तुमने कोई और काम क्यों न शुरू कर दिया?

चौधरी : मालूम नहीं, कैसे यह ख़याल आया ̈बस आ ही गया और मैंने

झट से एक मशीन ख़रीद ली¨ अब बैठा मज़े कर रहा हूँ।

अब्दुल बारी : तो मैं भी यही काम शुरू करता हूँ।

चौधरी : यह तो वही हुआ, पढ़ें फ़ारसी बेचें तेल।

[लंबा कश खींचने की आवाज़ ।]

अब्दुल बारी : (*हँसकर*) अजब तेरी क़ुदरत, अजब तेरे खेल।
(*ज़ोर से हँसता है ।*)

[हँसी के साथ ही चारा कतरनेवाली मशीन की आवाज़ उभर आए—बुलंद होती जाए, फिर आहिस्ता-आहिस्ता मद्धम हो जाए । तब ज़ैल का मोनोलॉग सुपर इंपोज़ किया जाए ।]

(*हँसता है*) रोज़ की कोई डेढ़-दो रुपए की आमदन हो जाती है¨ सारा दिन यहाँ दूकान पर गुज़ारता हूँ और शाम को ठेके पर चला जाता हूँ¨ गप्पे हाँककर फिर टहलता-टहलता यहाँ आ जाता हूँ¨
(*ज़ोर से हँसता है ।*)
ख़बरें तर्जुमा करना पड़ती हैं न कॉपियाँ जोड़ना पड़ती हैं¨ टेलीफ़ोन की बकबक न मुरासलों की बकवास¨ कातिब न राइटर की सर्विस¨
(*हँसता है ।*)
वल्लाह क्या गुर बताया है मेरे दोस्त ने¨ गर्मियों में दूकान के बाहर छिड़काव करके सो जाता हूँ¨ सर्दियाँ आएँगी तो अंदर घास के पास चारपाई बिछा लिया करूँगा¨ कितनी अच्छी ज़िंदगी है¨ मेरा तो यह जी चाहता है कि सब एडिटरों को, जो अख़बारों में अपनी ज़िंदगी तबाह कर रहे हैं, ये गुर बता दूँ¨ उनसे कहूँ कि अपने-अपने शहर में ऐसी मशीन लगवा लें और दुआ दें।
(*ज़ोर से हँसता है ।*)

[मशीन की मद्धम आवाज़ और हँसी की ऊँची आवाज़ आहिस्ता-आहिस्ता शराब के ठेके के शोर में तहलील हो जाएँ ।]

पहला शराबी : (*लहराती हुई आवाज़ में*) अमाँ हमने जो ख़र्च कर डाला, वह किसी को पैदा करना भी नसीब न हुआ होगा¨ लाखों कमाए और करोड़ों उड़ा दिए¨ किसी के देने में न लेने में।

दूसरा शराबी : भई वाह उस्ताद, क्यों न हो¨ अच्छी लनतरानियाँ हैं¨ बाबा तो

आपके उम्र भर फ़ालूदा बेचा किए, दादा जूते गाँठते बूढ़े हुए··· आपने कमाया क्या और लुटाया क्या।

पहला शराबी : तुम तो निरे गांवदी हो··· अरे मियाँ, हम क्या गप उड़ाने से भी गए-गुज़रे हैं··· भई, ख़ैर बैठो या जाओ मगर अज़ बराये-ख़ुदा हत्थे पर मत टोको··· कहाँ गया लाला छज्जूमल··· ऐ लाला···

छज्जूमल : बोल, तेरे पास ही तो खड़ा हूँ।

पहला शराबी : अरे तू तो मेरा दाता है··· दाता, तेरी दूकान पर हुन बरसे··· हाँ तो ऐसी पिला कि ख़ूब सरूर उठे, पीते ही ले उड़े, चुल्लू में उल्लू हो जाएँ··· बारी, अरे बारी··· आज··· आज तू न पिए तो हमारा ख़ून ही पिए··· आ इधर मेरे पास बैठ।

दूसरा शराबी : हाँ रहे, रहे,··· एक बोतल रहे··· तुमने सुना नहीं··· शराब पीकर आग में फाँद पड़े तो आग गुल हो जाए और जो समंदर में कूद पड़े तो इंसान से पुल हो जाए।

अब्दुल बारी : और जो ज़्यादा पी जाए तो कुल हो जाए···
(*हँसता है—दूसरे शराबी भी हँसना शुरू कर देते हैं।*)
[*थोड़ी देर के लिए हँसी का एक तूफ़ान।*]

पहला शराबी : माँ क़सम, क्या बात कही है··· जो ज़्यादा पी जाए तो कुल हो जाए··· भई, आदमी बड़ा समझदार है।

दूसरा शराबी : क़ुरबान जाऊँ मैं इस लाल परी के।

अब्दुल बारी : लाला छज्जूमल, ऐ लाला छज्जूमल··· एक अद्धा भेज दे मेरे यार··· आज फिर ऐसे नशे आएँ कि तबीयत साफ़ हो जाए··· आज की सारी कमाई तेरी संदूक़ची में चली जाए!

दूसरा शराबी : वाह मेरे शेर, वाह मेरे शेर!

पहला शराबी : (*ऊँची आवाज़ में*) ब्वॉय ब्वॉय···

सारे शराबी : (*एक लय में*) येस सर, येस सर···

पहला शराबी : दे-दे आला, भर-भर प्याला, पीनेवाला हो मतवाला···

सारे शराबी : बादल बरसे काला-काला, फूला आँखों में गुल लाला···

दूसरा शराबी : कैसा छाया है हरयाला, नंबर वन का बहा दे नाला···

सारे शराबी : साक़ी तेरा बोलबाला···

अब्दुल बारी : ख़ाली है मेरा पैमाना···

सारे शराबी : पिला दे साक़ी, पिला दे साक़ी···

दूसरा शराबी : दुनिया से क्या ले जाना···

सारे शराबी : पीना-खाना, मौज उड़ाना··· पीना-खाना, मौज उड़ाना···

[*हँसी और शोर का एक तूफ़ान उठे और फिर धीरे-धीरे थमे।*]

अब्दुल बारी : वल्लाह क्या दिलचस्प ज़िंदगी है¨सारे दुख उड़नछू हो गए हैं¨

[*वक़्फ़ा।*]

मैं ख़ुश हूँ, मैं बहुत ख़ुश हूँ।

दूसरा शराबी : तू ख़ुश है तो मैं भी ख़ुश हूँ¨मैं ख़ुश हूँ तो तू भी ख़ुश है।

पहला शराबी : और क्या हम ख़ुश नहीं?

दूसरा शराबी : तू भी ख़ुश है¨बस वह दोनों ख़ुश नही हैं, वह जो ख़ामोश बैठे हैं।

पहला शख़्स : तो जंग छिड़ ही गई आख़िर!

दूसरा : हाँ यार¨जर्मनी ने पोलैंड पर धावा बोल दिया है।

पहला : कहते हैं, अब के बड़े घमसान की जंग होगी।

दूसरा : तो भर्ती थोड़े ही दिनों में शुरू हो जाएगी।

दूसरा शराबी : तू ख़ुश है तो मैं भी ख़ुश हूँ¨मैं ख़ुश हूँ तो तू भी ख़ुश है¨तू ख़ुश है तो मैं भी ख़ुश हूँ, क्यों बारी?

अब्दुल बारी : (*गंभीर आवाज़ में*) हाँ-हाँ तू बहुत ख़ुश है¨

(*अपने आपसे*) तो जंग छिड़ गई!

दूसरा शराबी : छिड़ने दो¨आग लगे दुनिया को¨तू ख़ुश है तो मैं भी ख़ुश हूँ¨मैं ख़ुश हूँ तो तू भी ख़ुश है। (*ज़ोर से हँसता है।*)

अब्दुल बारी : जर्मनी ने लड़ाई शुरू कर दी¨मुझे पहले ही से इस बात का खटका था। मैंने 'ख़ल्क़' में आज से दो बरस पहले पेशगोई[22] की थी।

दूसरा शराबी : पेशगोई की थी¨अमाँ छोड़¨पेशगोई की थी। क्या पेशगोई की थी¨ले देख मेरा हाथ और बता, क्या लिखा है?

अब्दुल बारी : भई, तुम्हें तो मज़ाक़ सूझ रहा है¨ज़रा सुनो तो क्या बातें हो रही हैं¨

(*अपने आपसे*) मेरा क़्यास बिलकुल दुरुस्त निकला¨जंग अटल थी¨चेंबरलेन की कोशिशें आख़िर को नाकाम होना ही थीं।

दूसरा शराबी : बारी, यह यकायक तुझे क्या हो गया है¨क्या बहकी-बहकी बातें कर रहे हो¨कहीं ज़्यादा तो नहीं पी गए।

पहला शराबी : भई, अगर हिंदुस्तान में जंग छिड़ गई तो आफ़त ही आ जाएगी।

दूसरा शराबी : तू डराता क्या है¨जंग छिड़ती है तो छिड़े¨माँ क़सम, मैदान में वह जलवे दिखाऊँ कि¨

पहला शराबी : चोंच सँभाल बे¨बड़ा आया है जलवे दिखानेवाला¨बहुत बढ़-बढ़ के बातें न बना, नहीं तो मारते-मारते उत्तू कर दूँगा।

दूसरा शराबी : अबे तेरे ऐसे दरज़ी मेरी जेब में पड़े रहते हैं।

पहला शराबी : जी चाहता है, लकड़ी खोंस दूँ तुझ मलऊन[23] के हलक़ में।

अब्दुल बारी : अरे भई, लड़ो नहीं, ख़ामोश बैठे रहो और कुछ सोचो··· योरोप में जंग शुरू हो गई है··· तुम जानते नहीं, यह ऐसी जंग है जो दुनिया का नक़्शा बदल देगी।

दूसरा : जाने क्या वाही-तबाही बक रहे हो··· हम कहाँ लड़ रहे हैं··· अच्छा भई सफ़दर, तुम ही बताओ, क्या हम लड़ रहे थे?

पहला शराबी : नहीं तो··· कौन कहता है, हम लड़ रहे थे··· अरे हाँ आग़ा, तेरी क़सम वह बटेर बड़ा ही अनमोल है··· उस दिन उसने मेरी सात पीढ़ियों पर एहसान किया··· जो कहीं घट जाता तो बंदा जंगल की राह ले लेता··· मियाँ, जग में आबरू-ही-आबरू तो है··· क्यों आग़ा··· तेरी क़सम, चोंच पकड़कर ऐसी-ऐसी मरोड़ियाँ दीं कि जान मुहम्मद का बटेर उठ ही तो भागा··· पाली भर में आवाज़ गूँजने लगी: "अहो-अहो··· वह मारा··· वाह मेरे शेर··· ख़ूब फिरा··· हाँ बेटे, दे बढ़ के एक लात···

अब्दुल बारी : ख़ामोश··· यह तुमने क्या बकवास शुरू कर दी है··· तुम लोग वाक़ई बिलकुल जाहिल हो··· योरोप में एक ऐसी जंग शुरू हो गई है जो कई मुल्कों को दुनिया के नक़्शे से हमेशा के लिए मिटा देगी··· लाखों-करोड़ों आदमी हलाक हो जाएँगे··· दुनिया में तूफ़ान मच जाएगा और तुम लोग हो कि बटेरों की लड़ाई का हाल बयान कर रहे हो··· आख़िर तुम्हें क्या हो गया है?

पहला शराबी : क्या बक रहे हो?

दूसरा शराबी : (*क़हक़हा लगाकर*) मैं तो कुछ नहीं समझा···

[*वक़्फ़ा।*]

बारी, यह आज तू कैसी बातें ले बैठा है?

पहला शराबी : ज़्यादा पी गया है··· इसके दिमाग़ को चढ़ गई है।

दूसरा शराबी : है भी तो बड़ी नामुराद चीज़।

अब्दुल बारी : तुम बकवास कर रहे हो··· मैं बिलकुल होश में हूँ··· तुम बेहोश हो रहे हो··· मैं जो कुछ इस वक़्त सोच रहा हूँ, तुम्हारा फ़लक भी नहीं सोच सकता··· तुम सबके सब अनपढ़, बेवक़ूफ़ और जाहिल हो।

पहला शराबी : अरे वाह रे मेरे मौलवी!

अब्दुल बारी : तुम मेरी बातों का मज़हका[24] न उड़ाओ···

(*हँसता है।*)

मगर यह तुम्हारा क़ुसूर नहीं··· क़ुसूर मेरा अपना है··· मैंने

अब तक अपनी असलियत तुमसे छुपाकर रखी है···तुम नहीं जानते, मैं कौन हूँ और सियासी दुनिया में मेरी किस क़दर अहमियत है।

पहला शराबी : मियाँ, तुम रुस्तम हो···लो बस अब जाने दो और कोई और बात करो।

अब्दुल बारी : तुम्हें जब तक मेरी असली शख़्सियत मालूम नहीं होगी, तुम मेरा मज़हका उड़ाते रहोगे···जानते हो, मैं कौन हूँ···? मेरा नाम अब्दुल बारी है···मौलाना अब्दुल बारी, एडिटर 'रोज़नामा ख़ल्क़'।

(*सब क़हक़हे बुलंद करते हैं।*)

पहला शराबी : (*मस्नूई संजीदगी के साथ*) अच्छा मौलाना, तो फ़रमाइए, हमारे लिए क्या हुक्म है?

अब्दुल बारी : क्या तुम जानते हो, योरोप की इस दूसरी जंग के असबाब क्या हैं···?

[*वक़्फ़ा।*]

लो सुनो मुझसे···इस दूसरी जंग का बीज पहली जंगे-अज़ीम[25] ने बोया है जो सन् चौदह से लेकर सन् अट्ठारह तक जारी रही···सुलहनामा व रसाई, जो सन उन्नीस सौ उन्नीस में लिखा गया, इस ताज़ा जंग का मूजिब है···जर्मनी ने अपनी पहली शिकस्त के फ़ौरन बाद अपनी तलवारों को इस ताज़ा जंग के लिए सान पर लगाना शुरू कर दिया था···यह जंग सिर्फ़ इसलिए लड़ी जा रही है कि जर्मनी अब योरोप पर अपना इक़्तिदार[26] चाहता है···तुमने हिटलर की किताब नहीं पढ़ी है···उसने साफ़-साफ़ लिखा है कि जर्मन आला क़ौम के फ़र्द हैं, इसलिए उन्हें दूसरी नस्लों के आदमियों पर हुकूमत करने का हक़ हासिल है···यह जंग बहुत ख़ौफनाक है, बहुत भयानक है···मैं जब इसके नताइज[27] का तसव्वुर करता हूँ तो काँप उठता हूँ···यह जंग योरोप में एक नहीं, सैंकड़ों ज़लज़ले पैदा कर देगी···हज़ारों तूफ़ान आएँगे···बड़े-बड़े ख़ूबसूरत शहर मलबे का ढेर बन जाएँगे···हज़ारों ख़ानदान बेघर और बेदर हो जाएँगे···मैं लिखना चाहता हूँ, मैं इस होलनाक जंग के मुताल्लिक़ लिखना चाहता हूँ···

दूसरा शराबी : (*क़दरे ऊँची आवाज़ में*) इसके दिमाग़ को चढ़ गई है!

अब्दुल बारी : पहली जंग से लेकर इस जंग के आग़ाज़ तक के वाक़िआत को अगर हम पेशे-नज़र रखें तो यह मालूम करके बड़ा दुख होता है

कि मुहज़्ज़ब[28] दुनिया ज़िल्लत की दलदल में धँसती चली गई है⋯साइंस की तरक़्क़ी जारी है लेकिन अख़लाक़ी ज़िम्मेदारी का एहसास कम होता चला गया है। नौ-ए-इंसानी जहाँ थी, वहीं-की-वहीं खड़ी है। नस्ली इम्तियाज़[29] और मज़हबी अदावत बढ़ती गई है⋯नतीजा हमारे सामने है: पहले जंगनुमा सुलह, फिर सुलहनुमा जंग⋯मैं पूछता हूँ, आख़िर यह हमारी मुहज़्ज़ब दुनिया किधर जा रही है ? क्या हम फिर जहालत के ज़माने में वापिस जा रहे हैं ? क्या एक बार फिर इंसान का ख़ून पानी से अरज़ां[30] बिकेगा⋯क्या फिर हमारा गोश्त-पोस्त दूसरी अज्नास[31] की तरह बाज़ारों में बेचा जाएगा⋯क्या होनेवाला है, कोई मुझे बताए, क्या होनेवाला है⋯बेउसूली ने सैकड़ों उसूल पैदा कर दिए हैं और तफ़्रिक़ा परदाज़ी ने हज़ारों जमातें पैदा कर दी हैं⋯इंसान, इंसान के ख़िलाफ़; मिल्लत, मिल्लत से नबर्दआज़्मा[32]; मुल्क, मुल्क से सितेज़ाकार[33]⋯यह है बीसवीं सदी की इब्रतनाक[34] दास्तान⋯

पहला शराबी : बारी, मैं तुमसे एक बात कहूँ⋯फ़सद[35] खुलवाओ, फ़सद।

अब्दुल बारी : (*ग़ुस्सैली आवाज़ में*) तुम⋯तुम⋯तुम सब वाहियात हो⋯शराबी, कबाबी, जाहिल कहीं के⋯!

दूसरा शराबी : (*ज़ोर का क़हक़हा बुलंद करता है*) और तुम ठैरे बड़े नमाज़ी, बड़े परहेज़गार।

पहला शराबी : मैं कहता हूँ, इसको चढ़ गई है⋯सिर पर ठंडे पानी का एक घड़ा उँडेलो, तब होश आएगा इसे।

अब्दुल बारी : भई, अजब इंसान हो तुम लोग⋯मेरी बात क्यों नहीं सुनते⋯ख़ुदा की क़सम, मैं एडिटर हूँ, मेरी ऐनक अभी तक महफ़ूज़ पड़ी है। मेरे पास वह कपड़े भी मौजूद हैं⋯मुझे दुनिया की तमाम सियासत का इल्म है।

पहला शराबी : तुम घनचक्कर हो जी⋯जाने क्या वाही-तबाही बक रहे हो।

अब्दुल बारी : (*क़दरे ऊँची आवाज़ में*) लानत हो तुम सब पर।

[*वक़्फ़ा।*]

लाला छज्जूमल, एक अद्धा और भेज दो⋯मैं⋯मैं⋯

पहला शराबी : बोलो-बोलो, रुक क्यों गए।

अब्दुल बारी : कुछ नहीं⋯कुछ नहीं, बस मैं बेवक़ूफ़ हूँ।

दूसरा शराबी : आज तुमने पहली मर्तबा सच बोला है⋯चलो, अब घर चलो और सो जाओ⋯और न पियो⋯चलो सफ़दर, इसको घर छोड़ आएँ।

अब्दुल बारी : मैं नहीं जाऊँगा।

पहला शराबी : तेरा तो बाप भी जाएगा...चलो आगा।

अब्दुल बारी : ख़बरदार जो मुझे किसी ने हाथ लगाया...बदतमीज़ कहीं के।

पहला और दूसरा शराबी : *(एक साथ)* ज़्यादा गड़बड़ न करो, वरना कोई हड्डी-पसली तुड़वा लोगे।

[ठेके का शोर कम होता जाए और खेंच-घसीट की आवाज़ उभरती जाए।
वक़्फ़ा।]

पहला शराबी : दूकान के अंदर सोएगा या बाहर?

दूसरा शराबी : अरे तुम इससे क्या पूछते हो...इसकी जेब में से चाबी निकालकर ताला खोलो और इसको अंदर लिटा दो।

अब्दुल बारी : यह लो चाबी...तुम लोग ख़ुदा के लिए मेरी जान बख़्शी करो।

[खड़खड़ाहट—दरवाज़ा खुलने की आवाज़।]

पहला शराबी : लो अब आराम से सो जाओ...ख़बरदार जो फिर तक़रीर शुरू की...यह थोड़ा-सा अचार तुम्हारे पास रखे जा रहा हूँ। तबीयत ज़्यादा ख़राब हो जाए तो खा लीजियो।

दूसरा शराबी : चलो अब चलें।

[दरवाज़ा बंद होने की आवाज़।
वक़्फ़ा।]

अब्दुल बारी : *(हौले से)* चले गए...नाबकार[36] कहीं के...

[वक़्फ़ा।]

मेरी ऐनक कहाँ है?

[हल्की-सी खड़खड़ाहट।]

मिल गई...आह...मिल गई...मैं अब फिर मौलाना अब्दुल बारी हूँ...दुनिया इस वक़्त बहुत नाज़ुक और ख़तरनाक हालत में है। हर तरफ़ तशद्दुद का बोलबाला है...हमें जल्द कुछ करना चाहिए...लाखों नौजवान बेमक़सद इधर-उधर मारे-मारे फिर रहे हैं। इस फ़ुज़ूल और ज़ाइद तुवानाई[37] का नतीजा तशद्दुद और इन्क़िलाब है...आज सोसाइटी की बड़ी ज़रूरत तबक़ों और जमातों की अज़-सरे-नौ तरतीब[38] है...तहज़ीब अगर अपने

आपको नए हालात के मुताबिक़ न बनाएगी तो तबाह हो जाएगी··· लोगों पर ग़फ़लत और सुस्ती तारी है। वक़्त नाज़ुक है। साहबान, वक़्त बहुत नाज़ुक है और एक नई इंसानी सोसाइटी का क़याम क़त्अन लाबुदी[39] हो चुका है··· करवट बदलो या मिट जाओ··· मेरा प्रेस कहाँ है··· मेरा प्रेस कहाँ है··· मैं अपने ख़यालात लिखना चाहता हूँ।

[*वक़्फ़ा।*

धीरे-धीरे चारा काटनेवाली मशीन की आवाज़ उभरे।]

मेरा प्रेस चल रहा है··· अख़बार धड़ाधड़ छपकर बाहर निकल रहे हैं··· साहबान, दुनिया की हालत इस वक़्त बहुत नाज़ुक और ख़तरनाक है··· एक नई इंसानी सोसाइटी जब तक जन्म नहीं लेगी, तबाही और बर्बादी जारी रहेगी··· उठो, करवट बदलो, वरना याद रखो, मिट जाओगे··· नाज़ियत[40] का भयानक देव डकार रहा है··· क्या तुम्हें उसकी आवाज़ सुनाई नहीं देती··· क्या आनेवाले वाक़िआत तुम्हें तारीक सायों की तरह फैलते नज़र नहीं आते?···

(*हँसता है।*)

मेरा अख़बार छप रहा है···

[*चारा काटनेवाली मशीन की आवाज़ प्रिंटिंग प्रेस की गड़गड़ाहट में तब्दील हो जाए।*]

दुनिया तबाही के ग़ार से बच जाएगी··· दुनिया में अमनो-अमान क़ायम हो जाएगा··· मेरा अख़बार धड़ाधड़ छप रहा है··· मेरे ख़यालात फैल रहे हैं···

[*प्रिंटिंग प्रेस की गड़गड़ाहट बहुत बुलंद हो जाए और चंद लम्हों के बाद आहिस्ता-आहिस्ता मद्धम होकर बच्चों के पहाड़े याद करने के शोर में तहलील हो जाए।*

पहाड़े याद करने के शोर के बीच-बीच में मेज़ पर छड़ी मारने की आवाज़ भी आए।]

(*मेज़ पर ज़ोर से छड़ी मारने की आवाज़ के बाद*) शाबाश··· शाबाश··· ख़ूब याद करो··· कल तक सारे पहाड़े याद न हुए तो सुन लो, खाल उधेड़ दूँगा···

[*पहाड़े याद करने का शोर।*]

[थोड़ी देर के बाद फ़ेड आउट।]

1. जलडमरू मध्य; 2. भविष्य; 3. विस्तार; 4. सीमाबंदी; 5. उत्तर; 6. दक्षिण; 7. संवाद; 8. संतुष्ट; 9. पत्रकारिता; 10. भविष्यवाणी; 11. औद्योगिक; 12. संभावनाएँ; 13. हवा-वर्षा का तूफ़ान; 14. आलोचनाओं; 15. चर्चा; 16. भीषण; 17. जमाव; 18. खेदजनक; 19. पत्र; 20. शिलाजीत; 21. कृपा; 22. भविष्यवाणी; 23. घृणित, तिरस्कृत; 24. मज़ाक़; 25. महायुद्ध; 26. सत्ता, अधिकार; 27. परिणाम; 28. सभ्य; 29. अंतर; 30. सस्ता; 31. वस्तुएँ, ; 32. युद्ध-कुशल; 33. युद्ध करने को तैयार; 34. भयानक; 35. दंगे; 36. नालायक़; 37. अत्यधिक शक्ति; 38. नए सिरे से प्रशिक्षण; 39. आवश्यक; 40. जर्मनी का एक राजनीतिक दल।

ऊपर, नीचे और दरमियान

मियाँ साहब : बहुत देर के बाद आज मिल बैठने का इत्तिफ़ाक़ हुआ है।

बेगम साहिबा : जी हाँ!

मियाँ साहब : मस्रूफ़ियतें[1]···बहुत पीछे हटता हूँ मगर ना-अहल[2] लोगों का ख़याल करके क़ौम की पेश की हुई ज़िम्मेदारियाँ सँभालनी ही पड़ती हैं।

बेगम साहिबा : असल में आप ऐसे मुआमलों में बहुत नर्मदिल वाक़े हुए हैं। बिलकुल मेरी तरह।

मियाँ साहब : हाँ! मुझे आपकी सोशल एक्टिविटीज़ का इल्म होता रहता है। फ़ुर्सत मिले तो कभी अपनी वह तक़रीरें भिजवा दीजिएगा जो पिछले दिनों आपने मुख़्तलिफ़ मौक़ों पर की हैं···मैं फ़ुर्सत के औक़ात में उनका मुताला[3] करना चाहता हूँ।

बेगम साहिबा : बहुत बेहतर।

मियाँ साहब : हाँ बेगम! वह मैंने आपसे उस बात का ज़िक्र किया था!

बेगम साहिबा : किस बात का?

मियाँ साहब : मेरा ख़याल है, ज़िक्र नहीं किया···कल इत्तिफ़ाक़ से मैं मँझले साहबज़ादे के कमरे में जा निकला, वह लेडी चैटरलीज़ लवर पढ़ रहा था।

बेगम साहिबा : वह रुसवाए-ज़माना किताब?

मियाँ साहब : हाँ बेगम!

बेगम साहिबा : आपने क्या किया?

मियाँ साहब : मैंने उससे किताब छीनकर ग़ाइब कर दी।

बेगम साहिबा : बहुत अच्छा किया आपने।

मियाँ साहब : अब मैं सोच रहा हूँ कि डॉक्टर से मश्वरा करूँ और उसकी रोज़ाना गिज़ा में तब्दीली करवा दूँ।

बेगम साहिबा : बड़ा सही क़दम उठाएँगे आप।

मियाँ साहब : मिज़ाज कैसा है आपका?

बेगम साहिबा : ठीक है।

मियाँ साहब : मेरा ख़याल था कि आज आपसे···दरख़्वास्त करूँ।

बेगम साहिबा : ओह! आप बहुत बिगड़ते जा रहे हैं।

मियाँ साहब : यह सब आपकी करिश्मासाज़ियाँ हैं।

बेगम साहिबा : लेकिन आपकी सेहत?

मियाँ साहब : सेहत? अच्छी है। लेकिन डॉक्टर से मशवरा किए बग़ैर कोई क़दम नहीं उठाऊँगा। और आपकी तरफ़ से भी मुझे पूरा इत्मीनान होना चाहिए।

बेगम साहिबा : मैं आज ही मिस सिलढाना से पूछ लूँगी।

मियाँ साहब : और मैं डॉक्टर जलाल से।

बेगम साहिबा : क़ाइदे के मुताबिक़ ऐसा ही होना चाहिए।

मियाँ साहब : अगर डॉक्टर जलाल ने इजाज़त दे दी?

बेगम साहिबा : अगर मिस सिलढाना ने इजाज़त दे दी···! मफ़लर अच्छी तरह लपेट लीजिए। बाहर सर्दी है।

मियाँ साहब : शुक्रिया!

डॉक्टर जलाल : तुमने इजाज़त दे दी?

मिस सिलढाना : जी हाँ!

डॉक्टर जलाल : मैंने भी इजाज़त दे दी···हालाँकि शरारत के तौर पर···

मिस सिलढाना : हालाँकि शरारत के तौर पर मैं भी चाहती थी कि इजाज़त न दूँ।

डॉक्टर जलाल : लेकिन मुझे तरस आ गया।

मिस सिलढाना : मुझे भी।

डॉक्टर जलाल : पूरे एक बरस के बाद वह···

मिस सिलढाना : हाँ, पूरे एक बरस के बाद।

डॉक्टर जलाल : मेरी उँगलियों के नीचे उसकी नब्ज़ तेज़ हो गई, जब मैंने उसको इजाज़त दी।

मिस सिलढाना : उसकी भी यही कैफ़ियत थी।

डॉक्टर जलाल : उसने मुझसे डरते हुए कहा : "डॉक्टर ऐसा मालूम होता है, मेरा दिल कमज़ोर हो गया है···आप कार्डियोग्राम लीजिए···!"

मिस सिलढाना : उसने भी मुझसे यही कहा।

डॉक्टर जलाल : मैंने उसको टीका लगा दिया।

मिस सिलढाना : मैंने भी···सिर्फ़ सादा पानी का।

डॉक्टर जलाल : सादा पानी बेहतरीन चीज़ है।

मिस सिलढाना : जलाल ! अगर तुम उस बेगम के शौहर होते ?

डॉक्टर जलाल : अगर तुम उस मियाँ की बीवी होतीं ?

मिस सिलढाना : मेरा कैरेक्टर ख़राब हो गया होता !

डॉक्टर जलाल : मेरा जनाज़ा उठ गया होता !

मिस सिलढाना : यह भी तुम्हारे कैरेक्टर की ख़राबी कहलाती।

डॉक्टर जलाल : हम जब भी सोसाइटी के इन उल्लुओं को देखने आते हैं, हमारा कैरेक्टर ख़राब हो जाता है।

मिस सिलढाना : आज भी होगा ?

डॉक्टर जलाल : बहुत ज़्यादा।

मिस सिलढाना : मगर मुसीबत यह है कि इनका लंबे-लंबे वक़्फ़ों के बाद होता है।

बेगम साहिबा : लेडी चैटरलीज़ लवर, यह आपने तकिए के नीचे क्यों रखी हुई है ?

मियाँ साहब : मैं देखना चाहता था कि यह किताब कितनी बेहूदा और वाहियात है।

बेगम साहिबा : मैं भी आपके साथ देखूँगी।

मियाँ साहब : मैं जस्ता-जस्ता देखूँगा। पढ़ता जा ऊँगा। आप भी सुनती जाइए।

बेगम साहिबा : यह बहुत अच्छा रहेगा।

मियाँ साहब : मैंने मँझले साहबज़ादे की रोज़ाना ग़िज़ा में डॉक्टर के मश्वरे से तब्दीलियाँ करा दी हैं।

बेगम साहिबा : मुझे यक़ीन था कि आपने इस मुआमले में ग़फ़लत नहीं बरती होगी।

मियाँ साहब : मैंने अपनी ज़िंदगी में कभी आज का काम कल पर नहीं छोड़ा।

बेगम साहिबा : मैं जानती हूँ… और ख़ास कर आज का काम तो आप कभी…

मियाँ साहब : आपका मिज़ाज कितना शिगुफ़्ता है…

बेगम साहिबा : यह सब आपकी करिश्मासाज़ियाँ हैं।

मियाँ साहब : मैं बहुत महज़ूज़[4] हुआ हूँ… अगर आपकी इजाज़त हो तो…

बेगम साहिबा : ठहरिए ! क्या आपने दाँत साफ़ किए ?

मियाँ साहब : जी हाँ ! मैं दाँत साफ़ करके और डिटोल के ग़रारे करके आया था।

बेगम साहिबा : मैं भी।

मियाँ साहब : असल में हम दोनों एक-दूसरे के लिए बनाए गए थे।

बेगम साहिबा : इसमें क्या शक है।

मियाँ साहब : मैं जस्ता-जस्ता यह बेहूदा किताब पढ़ना शुरू करूँ ?

बेगम साहिबा : ठहरिए ! ज़रा मेरी नब्ज़ देखिए।

मियाँ साहब : कुछ तेज़ चल रही है… मेरी देखिए।

बेगम साहिबा : आपकी भी तेज़ चल रही है।

मियाँ साहब : वजह ?

बेगम साहिबा : दिल की कमज़ोरी !

मियाँ साहब : यही वजह हो सकती है···लेकिन डॉक्टर जलाल ने कहा था : ''कोई ख़ास बात नहीं।''

बेगम साहिबा : मिस सिलढाना ने भी यही कहा था।

मियाँ साहब : अच्छी तरह इम्तिहान करके उसने इजाज़त दी थी ?

बेगम साहिबा : बहुत अच्छी तरह इम्तिहान करके इजाज़त दी थी।

मियाँ साहब : तो मेरा ख़याल है, कोई हर्ज नहीं।

बेगम साहिबा : आप बेहतर समझते हैं···ऐसा न हो, आपकी सेहत···

मियाँ साहब : और आपकी सेहत भी···

बेगम साहिबा : अच्छी तरह सोच-समझकर ही क़दम उठाना चाहिए।

मियाँ साहब : मिस सिलढाना ने उसका तो बंदोबस्त कर दिया है ना ?

बेगम साहिबा : किसका···? हाँ, हाँ, उसका तो बंदोबस्त कर दिया है उसने।

मियाँ साहब : यानी उस तरफ़ से तो पूरा इत्मीनान है।

बेगम साहिबा : जी हाँ !

मियाँ साहब : ज़रा अब देखिए नब्ज़ ?

बेगम साहिबा : अब तो···ठीक चल रही है···मेरी ?

मियाँ साहब : आपकी भी नॉर्मल है।

बेगम साहिबा : इस बेहूदा किताब का कोई पैरा तो पढ़िए !

मियाँ साहब : बेहतर···नब्ज़ फिर तेज़ हो गई।

बेगम साहिबा : मेरी भी।

मियाँ साहब : नौकरों से मत्लूबा[5] सामान रखवा दिया आपने कमरे में ?

बेगम साहिबा : जी हाँ ! सब चीज़ें मौजूद हैं।

मियाँ साहब : अगर आपको ज़हमत न हो तो मेरा टैंप्रेचर ले लीजिए।

बेगम साहिबा : क्या आप तक्लीफ़ नहीं कर सकते···स्टाप वॉच मौजूद है। नब्ज़ की रफ़्तार भी देख लीजिए।

मियाँ साहब : हाँ ! यह भी नोट होनी चाहिए।

बेगम साहिबा : स्लिमिंग साल्ट[6] कहाँ है ?

मियाँ साहब : दूसरी चीज़ों के साथ होना चाहिए।

बेगम साहिबा : जी हाँ। पड़ा है तिपाई पर।

मियाँ साहब : कमरे का टैंप्रेचर, मेरा ख़याल है, थोड़ा-सा बढ़ा देना चाहिए।

बेगम साहिबा : मेरा भी यही ख़याल है।

मियाँ साहब : नक़ाहत[7] ज़्यादा हो गई तो मुझे दवा देना न भूलिएगा।

बेगम साहिबा : मैं कोशिश करूँगी अगर···

मियाँ साहब : हाँ-हाँ… ! बसूरते-दीगर[8] आप तक्लीफ़ न उठाइएगा।
बेगम साहिबा : आप यह सफ़हा…यह पूरा सफ़हा पढ़िए…
मियाँ साहब : सुनिए…!
बेगम साहिबा : यह आपको छींक क्यों आई?
मियाँ साहब : मालूम नहीं।
बेगम साहिबा : हैरत है।
मियाँ साहब : मुझे ख़ुद हैरत है।
बेगम साहिबा : ओह…मैंने कमरे का टैंप्रेचर बढ़ाने के बजाय घटा दिया था…माफ़ी चाहती हूँ।
मियाँ साहब : यह अच्छा हुआ कि छींक आ गई और बरवक़्त पता चल गया।
बेगम साहिबा : मुझे बहुत अफ़्सोस है।
मियाँ साहब : कोई बात नहीं। बारह क़तरे ब्रांडी इसकी तलाफ़ी[9] कर देंगे।
बेगम साहिबा : ठहरिए…! मुझे डालने दें। आपसे गिनने में ग़लती हो जाया करती है।
मियाँ साहब : यह तो दुरुस्त है। आप डाल दीजिए।
बेगम साहिबा : आहिस्ता-आहिस्ता पीजिए।
मियाँ साहब : इससे ज़्यादा आहिस्ता और क्या होगा?
बेगम साहिबा : तबीयत बहाल हुई?
मियाँ साहब : हो रही है।
बेगम साहिबा : आप थोड़ी देर आराम कर लें।
मियाँ साहब : हाँ…मैं ख़ुद इसकी ज़रूरत महसूस कर रहा हूँ।

नौकर : क्या बात है, आज बेगम साहिबा नज़र नहीं आईं?
नौकरानी : तबीयत नासाज़ है उनकी।
नौकर : मियाँ साहब की तबीयत भी नासाज़ है।
नौकरानी : हमें मालूम ही था।
नौकर : हाँ! लेकिन कुछ समझ में नहीं आता।
नौकरानी : क्या?
नौकर : यह क़ुदरत का तमाशा…हमें तो आज बिस्तरे-मर्ग[10] पर होना चाहिए था।
नौकरानी : कैसी बातें मुँह से निकालते हो। बिस्तरे-मर्ग पर हों वह…
नौकर : न छेड़ो उनके बिस्तरे-मर्ग का ज़िक्र…बड़ा शानदार होगा…ख़्वाह-मख़्वाह मेरा जी चाहेगा कि उठाकर अपनी कोठरी में ले जाऊँ।
नौकरानी : कहाँ चले?

नौकर : बढ़ई ढूँढ़ने जा रहा हूँ...चारपाई अब बिलकुल जवाब दे चुकी है।

नौकरानी : हाँ! उससे कहना, मज़बूत लकड़ी लगाए।

[फ़ेड आउट।]

---

1. व्यस्तता; 2. मूर्ख; 3. अध्ययन; 4. ख़ुश; 5. संबोधित; 6. शुद्ध किया हुआ हल्का नमक; 7. कमज़ोरी; 8. दूसरी अवस्था में; 9. क्षतिपूर्ति; 10. मृत्यु-शय्या।

कटारी

[पूरी तफ़्सीलात के साथ एक फ़िल्मी कहानी।]

[फ़िल्म के उनवानात ख़त्म होते हैं।
आख़िरी उनवान के अक़ब में 'बहारिस्तान' का ट्रेड मार्क है,
एक फूल और दो कलियाँ।
हम डिज़ाल्व[1] करते हैं]

[बड़ी सरकारी हवेली से मुलहिक़ा[2] बाग़।
ट्रेड मार्क का फूल और दो कलियाँ असली शक्ल इख़्तियार कर लेती हैं।]
[कैमरा पीछे हटता है।]
[माली फूल चुन रहा है—कुछ अर्सा इसी तरह मशग़ूल रहने के बाद वह अपनी दाईं तरफ़ देखता है।]
[कैमरा और पीछे हटता है।]

माली : (*दाईं तरफ़ देखते हुए*) चमेली!
[कैमरा पैन करता है।]
[माली की लड़की चलते-चलते रुक जाती है।]
सरकार आनेवाले हैं... जा कपड़े बदल ले।

चमेली : अच्छा।
[चमेली चलती है।]

[कट]

[माली पुरअसरार अंदाज़ में चमेली को जाते हुए देखता है, ज़ेरे-लब मुसकराता है और फिर फूल तोड़ने में मसरूफ़ हो जाता है।]

[कट]

[बड़ी सरकार की हवेली।
गेराज।
गेराज के बाहर टाट का परदा लटक रहा है।
चमेली परदा हटाकर अंदर दाख़िल होने ही को है कि उसे मोटर साइकिल की फटफट सुनाई देती है—वह एक लहज़े के लिए रुकती है, फिर अंदर गेराज में चली जाती है।]
[कैमरा टाट के सामने टिका रहता है।]
[मोटर साइकिल की आवाज़ क़रीब आती जाती है।]
[दफ़अतन कैमरा पीछे हटता है।]
[अक़ब से एक मोटर साइकिल नमूदार होती है जिस पर छोटी सरकार सवार हैं—मोटर साइकिल सीधी गेराज के अंदर चली जाती है। अंदर से चमेली की चीख़ की आवाज़ आती है।]

[कट]

[बड़ी सरकार की हवेली से मुलहिक़ा बाग़ : माली का रद्दे-अमल।]

[कट]

[बड़ी सरकार की हवेली : गेराज
टाट का परदा हटता है—छोटी सरकार बाहर निकलता है और मुज़्तरिब[3] हालत में इधर-उधर देखता है।
माली की आवाज़ आती है।]

माली : आ गए छोटी सरकार!
[छोटी सरकार मुज़्तरिब हालत में माली की तरफ़ बढ़ता है।]

छोटी सरकार : हाँ आ गया⋯वह मोटर साइकिल⋯मेरा मतलब है वह चमेली⋯

माली : हुज़ूर चमेली?

छोटी सरकार : नहीं-नहीं, कुछ नहीं⋯बड़ी सरकार कहाँ हैं?

माली : हुज़ूर, बड़ी सरकार मेंढे देख रहे हैं।

छोटी सरकार : *(जैसे ख़ालीउज़्ज़हन हो)* मेंढे।
[गेराज की तरफ़ देखता है।]

माली : जी हाँ!

छोटी सरकार : अच्छा!
[छोटी सरकार एक तरफ़ चला जाता है।
माली पुरअसरार तरीक़े पर ज़ेरे-लब मुसकराता है।]

[कट]

[बड़ी सरकार की हवेली—अखाड़ा।
तीन-चार मेंढे खड़े हैं—कालू पहलवान एक मेंढे को मेहंदी लगा रहा है—बड़ी सरकार एक मेंढे के सींग देख रहा है—पास ही मुंशी खड़ा है।]

बड़ी सरकार : मुंशी साहब!

मुंशी : हुज़ूर!

बड़ी सरकार : इसके जोड़ का मेंढा पैदा हुआ है, न होगा।

मुंशी : जी हाँ!

कालू : हुज़ूर, आपके इस ग़ुलाम ने जितनी मेहनत इस जानवर पर की है···

बड़ी सरकार : *(बात काटते हुए)* और जो दौलत हमने सर्फ़ की है···
(एक तरफ़ देखकर) आओ भई आओ, कब आए?

[छोटी सरकार नमूदार होता है।]

मुंशी : आदाब अर्ज़ छोटी सरकार!

कालू : आदाब अर्ज़ हुज़ूर!

बड़ी सरकार : *(मेंढे के सींगों पर हाथ फेरते हुए)* कब आए?

छोटी सरकार : *(मुज़्तरिब दिमाग़ से)* जी···? *(चौंकते हुए)* बस आ ही रहा हूँ।

बड़ी सरकार : इसका मतलब यह है कि तुम पूरे तौर पर अभी तक नहीं आए हो··· *(हँसता है।)*
[छोटी सरकार हँसने की नाकाम कोशिश करता है।]
(कालू से) फूल ज़रा ख़ूबसूरत बनाओ···
(छोटी सरकार से) हाँ भई, तालीम-वालीम तो ख़त्म हुई··· अब क्या इरादा है?

मुंशी : शिकार खेला करेंगे।

बड़ी सरकार : *(मेंढे के सींगों पर हाथ फेरते हुए—मानीख़ेज़ लहजे में)* शिकार तो कॉलेज में भी खेलता रहा होगा··· *(हँसता है।)* क्यों?

छोटी सरकार : जी!

बड़ी सरकार : *(छोटी सरकार के काँधे पर थपकी देते हुए)* जाओ-जाओ, आराम करो।

[छोटी सरकार जाने लगता है।]

मुंशी : छोटी सरकार, गुलाब नहीं आया?

छोटी सरकार : नहीं··· दो-तीन रोज़ के बाद आएगा··· चमेली···

बड़ी सरकार : *(एकदम)* चमेली?

छोटी सरकार : जी नहीं··· मेरा असबाब··· मेरा सामान इधर-उधर बिखरा पड़ा था··· गुलाब इकट्ठा करके ट्रक में लाएगा।

बड़ी सरकार : *(कालू से)* फूल ज़रा ख़ूबसूरत बनाओ।

[छोटी सरकार चला जाता है—सिर खुजाता हुआ।]

[कट]

[बड़ी सरकार की हवेली : छोटी सरकार का कमरा : बैरूनी हिस्सा।

छोटी सरकार सिर खुजाता हुआ कमरे के अंदर दाख़िल होता है।]

[कट]

[बड़ी सरकार की हवेली : छोटी सरकार का कमरा : अंदरूनी हिस्सा।

छोटी सरकार अपनी बुश्शर्ट उतारकर एक तरफ़ फेंकता है—सीटी बजाना शुरू करता है और ड्रेसिंग टेबिल की तरफ़ बढ़ता है। कंघी उठाकर बालों में फेरता है—थोड़े वक़्फ़े के बाद उसे आईने में चमेली का अक्स नज़र आता है।]

छोटी सरकार : *(घूमते हुए)* चमेली!

[चमेली ठिठकती है। फिर एकदम शर्मा जाती है—उसके हाथों में गुलदस्ता है।

छोटी सरकार धीरे-धीरे चमेली की तरफ़ बढ़ता है।

चमेली एक तरफ़ सिमट जाती है।]

मुझे मालूम नहीं था, तुम इतनी ख़ूबसूरत हो!

[चमेली का हाथ पकड़ना चाहता है।

चमेली के हाथ से गुलदस्ता गिर जाता है।]

चमेली : *(शर्माकर)* छोटी सरकार!

छोटी सरकार : *(चमेली का हाथ पकड़कर)* तुम डर क्यों गई थीं?

चमेली : *(हाथ छुड़ाकर)* छोड़ दीजिए मेरा हाथ।

[चमेली एक तरफ़ हटती है।

छोटी सरकार उसकी तरफ़ बढ़ता है।

चमेली तेज़ी से कमरे से बाहर निकल जाती है।]

[कट]

[बड़ी सरकार की हवेली : छोटी सरकार का कमरा : बैरूनी हिस्सा।

चमेली कमरे से बाहर निकलती है—उसकी मुठभेड़ मुंशी से होती है।

मुंशी का रद्दे-अमल।

चमेली एकदम रुक जाती है।

[कमरे के अंदर से छोटी सरकार की आवाज़ आती है : चमेली... चमेली!

चमेली तेज़ क़दमों से चली जाती है।

मुंशी का रद्दे-अमल।

छोटी सरकार कमरे से बाहर निकलता है।]

छोटी सरकार : चमेली... !

(*मुंशी को देखकर*) ओह... !

मुंशी : (*थोड़े तवक्क़ुफ़ के बाद*) हुज़ूर, आपको किसी चीज़ की ज़रूरत हो तो...

छोटी सरकार : ज़रूरत...? नहीं।

[मुंशी लौट जाता है।

छोटी सरकार बरामदे में खड़ा-खड़ा कुछ देर सोचता है, फिर बालों में उँगलियों से कंघी करता हुआ आगे बढ़ता है। एकदम उसकी निगाहें तिपाई पर रखे हुए औरत के नंगे बदन मुजस्समे पर पड़ती हैं।

रद्दे-अमल—मुसकराता है और मुजस्समे को देखता हुआ आगे बढ़ जाता है।

कुछ दूर चलकर बालों में उँगलियाँ फेरते-फेरते आरामकुर्सी पर बैठ जाता है और सामने रखी हुई तिपाई की तरफ़ हाथ बढ़ाता है, जिस पर कई मैगज़ीन पड़े हुए हैं—एक मैगज़ीन उठाता है। मैगज़ीन के सरेवर्क़ पर नहाने के लिबास में मलबूस किसी औरत की तसवीर छपी हुई है।

तसवीर को देखकर मुसकराता है।

मैगज़ीन हाथ में लिए उठता है और बरामदे के किनारे तक जाता है।

बाईं जानिब देखता है।]

[कट]

[बड़ी सरकार की हवेली : गेराज, जिस पर टाट का परदा पड़ा हुआ है।

चमेली धीरे-धीरे गेराज की तरफ़ बढ़ रही है।
परदा हटाकर अंदर दाख़िल हो जाती है।]

[कट]

[बड़ी सरकार की हवेली : बरामदे का किनारा।
छोटी सरकार की नज़रें गेराज के परदे से पलटती हैं।
गिरे हुए दाएँ हाथ को उठाता है, एक नज़र मैगज़ीन के सरेवर्क़ पर डालता है और फिर बाईं जानिब देखता है।]

[कट]

[बड़ी सरकार की हवेली। गेराज़ पर लटका हुआ परदा। परदे पर मैगज़ीन के सरेवर्क की नीमबरहना तसवीर।]

[कट]

[बड़ी सरकार की हवेली : बरामदे का किनारा।
छोटी सरकार आँखें मींचता है—चंद लम्हों के बाद सर को एक ख़फ़ीफ़-सा झटका देने के बाद आँखें खोलता है।
एक नज़र मैगज़ीन के सरेवर्क़ पर डालता है और बाईं जानिब देखता है।]

[कट]

[बड़ी सरकार की हवेली : गेराज़ का लटका हुआ परदा : टाट के महीन-महीन छेद।]
[कैमरा पीछे हटता है।]
[परदे में जुंबिश पैदा होती है और चमेली गेराज से बाहर निकलती है।
चंद क़दम चलती है, फिर जरा रुककर सामने देखती है।]

[कट]

[बड़ी सरकार की हवेली : टेनिस कोर्ट।
छोटी सरकार और बड़ी सरकार टेनिस खेल रहे हैं।
छोटी सरकार एड़ियाँ ऊँची करके सामने गेराज की तरफ़ देखता है। बड़ी सरकार रेकेट से गेंद छोटी सरकार की तरफ़ फेंकता है। छोटी सरकार बिना किसी ज़ाविए' के गेंद को हिट लगाता है।]

[कट]

[बड़ी सरकार की हवेली : गेराज।
गेंद चमेली के आन लगती है।
उसका रद्दे-अमल।]

[कट]

[बड़ी सरकार की हवेली : टेनिस कोर्ट।]

बड़ी सरकार : (*छोटी सरकार से*) शिकार शुरू कर दिया?

छोटी सरकार : (*बौखलाकर*) जी नहीं... वह तो...

बड़ी सरकार : (*हँसता है—फिर चमेली की तरफ़ मुड़कर*) चमेली, गेंद ला इधर।

[चमेली गेंद उठाकर लाती है।]

चमेली, तूने छोटी सरकार की गेंद अपनी तरफ़ क्यों खींची?

चमेली : (*बौखलाकर*) जी?

बड़ी सरकार : (*क़हक़हा लगाता है—फिर चमेली के हाथ से गेंद लेते हुए*) जा भाग जा।

[चमेली तेज़ी से पीछे हटती है।]

(*छोटी सरकार से*) निशाने के तुम काफ़ी पक्के हो!

छोटी सरकार : (*झेंपकर*) जी नहीं... वह तो...

[बड़ी सरकार क़हक़हा लगाता है और गेंद छोटी सरकार की तरफ़ फेंकता है।
छोटी सरकार गेंद रेकेट पर उठा लेता है और सर झुकाकर उसे उछालना शुरू कर देता है।]

[कट]

[बड़ी सरकार की हवेली : बाग़ : फ़व्वारा।
चमेली का क्लोज़-अप।]
[कैमरा पीछे हटता है।]
[चमेली बग़ैर ओढ़नी के खड़ी है—ओढ़नी छोटी सरकार के हाथ में है।]

चमेली : (*दोनों हाथों से सीना ढाँपते हुए*) मेरा दुपट्टा दे दीजिए छोटी सरकार!

छोटी सरकार : (*शरारत के साथ*) हम नहीं देंगे।

चमेली : कोई देख लेगा... मैं बदनाम हो जाऊँगी छोटी सरकार!

छोटी सरकार : तुम ख़्वाहमख़्वाह डरती हो!

चमेली : उस रोज़... उस रोज़ बड़ी सरकार क्या कह रहे थे... लाइए दुपट्टा।

छोटी सरकार : (*आगे बढ़कर*) लो।

[*चमेली दुपट्टा लेने के लिए हाथ बढ़ाती है।*]

ठहरो···मैं ठीक तरह से ओढ़ाए देता हूँ।

[*दुपट्टा इस तरह ओढ़ाता है कि उड़े नहीं।*
फिर चमेली को बाज़ू से पकड़ लेता है।]

चलो आओ, तुम्हें मोटर साइकिल की सैर करा लाऊँ।

चमेली : नहीं छोटी सरकार, नहीं।

[*छोटी सरकार उसको खींचता हुआ गेराज की तरफ़ बढ़ता है।*]

[*कुछ फ़ासले पर उनकी मुठभेड़ माली से होती है—दोनों रुक जाते हैं।*]

छोटी सरकार : मोटर साइकिल की···चमेली को मोटर साइकिल की सैर कराने ले जा रहा हूँ।

माली : ले जाइए हुज़ूर!

छोटी सरकार : (*चमेली से*) आओ चमेली!

[*चमेली खड़ी रहती है।*]

माली : जाओ चमेली···छोटी सरकार की बड़ी मेहरबानी है।

छोटी सरकार : मेहरबानी कैसी···आओ चमेली!

[*चमेली को गेराज की तरफ़ ले जाता है।*
माली पुरअसरार तौर पर ज़ेरे-लब मुसकराता है।]

[कट]

[*बड़ी सरकार की हवेली : गेराज़ : बैरूनी हिस्सा।*]
[*परदा हटता है—अंदर से मोटरसाइकिल बाहर निकलती है।*]
[*छोटी सरकार मोटरसाइकिल चला रहा है—पिछली सीट पर चमेली बैठी हुई है।*]
[*मोटरसाइकिल हवेली से बाहर निकलती है।*]

[कट]

[*पीछे की जानिब भागते-दौड़ते खेत।*]

[कट]

[*मोटर साइकिल एक तरफ़ पड़ी है—लेटी हुई मोटर साइकिल के एक पहिये पर सर रखे छोटी सरकार दराज़ है।*
पास ही चमेली सिमटी हुई बैठी है और एक हाथ से मोटर साइकिल के कल-पुर्ज़ों को छेड़ रही है।]

छोटी सरकार : चलो आओ, नहर में नहाएँ।

चमेली : (*एकदम चौंककर*) क्या?

छोटी सरकार : कॉलेज में लड़के-लड़कियाँ इकट्ठे नहाते हैं।

चमेली : (*शर्माकर दुपट्टे से अपना चेहरा ढाँपते हुए*) आप कैसी बातें करते हैं!

छोटी सरकार : (*उठकर चमेली का हाथ पकड़ते हुए*) तुम बताओ, कैसी बातें करूँ।

[*चमेली के चेहरे पर से दुपट्टा हटाता है।*]

एक मुँह नज़र आता था, वह भी तुम छुपा रही हो।

[*चमेली के हाथ गैर इरादी तौर पर मोटर साइकिल के हॉर्न के बटन पर पड़ता है और वह बज उठता है—चमेली 'ऊई' करके उचककर खड़ी हो जाती है।*

छोटी सरकार हँसना शुरू कर देता है।

चमेली अपने दिल पर हाथ रखती है।

छोटी सरकार खड़ा होता है और चमेली के पास जाता है।]

क्या हुआ दिल को?

चमेली : धक-धक कर रहा है।

छोटी सरकार : सुनूँ।

[*यह कहकर वह चमेली की कमर के गिर्द अपना एक बाज़ू लपेटता है और सर झुकाकर अपना कान उसके सीने पर रखना ही चाहता है कि वह तड़पकर एक तरफ़ हट जाती है।*

चमेली के चेहरे पर एक अजीब क़िस्म का ख़ौफ़ो-हिरास[7] *पैदा हो जाता है।*

छोटी सरकार आगे बढ़ता है और चमेली को पकड़ना चाहता है।]

चमेली : (*काँपती हुई आवाज़ में*) नहीं नहीं... मुझे हाथ मत लगाइए छोटी सरकार!

छोटी सरकार : चमेली!

चमेली : नहीं... नहीं!

[*तेज़ी से भाग जाती है।*]

[*छोटी सरकार वहीं खड़ा रह जाता है।*]

छोटी सरकार : अजीब लड़की है...

[*मुसकराते हुए अपनी मोटर साइकिल की तरफ़ आता है—मोटर साइकिल उठाता है—हॉर्न बजाकर मुसकराता है।*

एकदम फ़ायरिंग की आवाज़ आती है।

छोटी सरकार के हाथ से मोटर साइकिल गिर जाती है।

राईफ़ल हाथ में लिए कालू पहलवान के साथ बड़ी सरकार नमूदार होता है।]

बड़ी सरकार : क्यों भई, क्या हो रहा है यहाँ?

छोटी सरकार : जी कुछ नहीं...ऐसे ही चला आया था।

बड़ी सरकार : शिकार खेलने के लिए?

छोटी सरकार : जी नहीं...ऐसे ही घूमने के लिए।

बड़ी सरकार : (*मुसकराकर*) घूमो...
(*कालू से*) चलो कालू!

[*कालू और बड़ी सरकार चले जाते हैं।*
छोटी सरकार मोटर साइकिल उठाता है।]

[फ़ेड आउट।]

[फ़ेड इन।]

[*ख़ानाबदोशों का डेरा।*
एक लड़की की मुतहर्रिक टाँगें नज़र आती हैं और "कबड्डी-कबड्डी" की आवाज़ सुनाई देती है।]
[*कैमरा पीछे हटता है।*]
[*लड़कियाँ कबड्डी खेल रही हैं।*]
वह लड़की जिसकी मुतहर्रिक टाँगें नज़र आ रही थीं, जब मुख़ालिफ़ ग्रुप में बहुत आगे बढ़ जाती है, तो पकड़ ली जाती है और मार दी जाती है—उसे एक तरफ़ बिठा दिया जाता है।
अब उस तरफ़ से एक लड़की "कबड्डी-कबड्डी" कहते हुए इस तरफ़ आती है—थिरकती हुई, नाचती हुई और "कबड्डी-कबड्डी" की गरदान करते हुए वह इस तरफ़ के ग्रुप की तरफ़ बढ़ती है और इधर की लड़कियों से छेड़छाड़ करती है।
यकायक इधर की एक पस्त क़द लड़की तितली उधर की आगे बढ़ी हुई लड़की कटारी से लिपट जाती है—कटारी पस्त क़द तितली को तेज़ी से घसीटती हुई मैदान की दरमियाना लकीर तक पहुँचने की कोशिश करती है, मगर तितली कुछ इस तरह कटारी के साथ चिमटी हुई है कि दोनों लकीर के पास गिर जाती हैं। तितली फ़ौरन उठकर चिल्लाना शुरू कर देती है।]

तितली : कटारी मर गई, कटारी मर गई...
[*कटारी 'कबड्डी-कबड्डी' किए जा रही है।*]
कटारी मर गई।

कटारी : क्या...क्या...

इधर की लड़कियाँ : (*बयक ज़बान*) कटारी मर गई, कटारी मर गई।

[कटारी ग़ज़बनी के होकर उठती है और तितली की चुटिया पकड़ लेती है।]

कटारी : क्या कहती है तितली की बच्ची ?

तितली : हाँ हाँ, तू मर गई है।

कटारी : बकती है तू।

तितली : तेरा साँस टूट गया था।

कटारी : मेरा साँस तो मरते वक़्त भी नहीं टूटेगा···उलफ़ती कहीं की।

तितली : तू उलफ़ती।

[कटारी यकायक तितली को चाँटा लगाती है।
तितली वहशी बिल्ली की तरह कटारी पर हमला करती है।
कटारी हमले का जवाब देती है तो बाक़ाइदा लड़ाई शुरू हो जाती है—आख़िर कटारी चंद ही लम्हों मे तितली को दबोच लेती है।]

कटारी : अब बता···क्या मेरा साँस टूटा था ?

तितली : (डरकर) नहीं···नहीं

[कटारी उसे छोड़ देती है।
तितली उठती है।]

तुम्हारा साँस एक बार नहीं, सौ बार टूटा था।

[मुँह से जीभ निकालकर कटारी को दिखाती है और एक तरफ़ को भाग जाती है।
कटारी उसके तआक़ुब[9] में भागती है।]

[कट]

[तआक़ुब के मुख़्तलिफ़ शाट्स।
कटारी सड़क के ऐन बीच तितली को दबोच लेती है—दोनों आपस में गुत्थम-गुत्था हो जाती हैं।]

[कट]

[गुलाब सड़क के बीचोंबीच ट्रक चला रहा है।
जब ट्रक गुत्थम-गुत्था लड़कियों के बिलकुल क़रीब पहुँच जाता है, गुलाब ब्रेक लगाता है।
ट्रक के घिसटने की चीख़ उठती है।
दोनों लड़कियाँ एक नज़र ट्रक पर डालकर फिर से लड़ने में मस्रूफ़ हो जाती हैं।
गुलाब ट्रक से बाहर निकलता है।]

गुलाब : (लड़कियों से) ऐ ऐ···श श···

[लड़कियाँ लड़े जाती हैं।]

ऐ ऐ··· यह क्या हो रहा है?

कटारी : (*धींगामुश्ती बंद करके गुलाब की तरफ़ देखते हुए*) अंधे हो··· ? देखते नहीं, लड़ाई हो रही है।

[यह कहकर फिर तितली से लड़ने लग जाती है। गुलाब मुसकराता है और आगे बढ़कर उनको अलग-अलग करने की कोशिश करता है—इस अमल में दो-तीन मुक्के उसे भी पड़ जाते हैं—बिलआख़िर वह दोनों को अलग-अलग करने में कामयाब हो जाता है।

इस दौरान में कटारी और तितली की साथी दूसरी लड़कियाँ आ जाती हैं।]

गुलाब : (*कटारी और तितली से*) पर तुम लड़ क्यों रही थीं?

कटारी : इसने कहा था कि मेरा साँस टूट गया था।

गुलाब : साँस?

कटारी : (*गुलाब से*) तुम ही बताओ, क्या मेरा साँस टूट सकता है?

[गुलाब हैरान-सा नज़र आने लगता है।]

जल्दी बताओ, क्या मेरा साँस टूट सकता है?

तितली : (*गुलाब की तरफ़ इशारा करते हुए*) इस पर तुम्हारा रोब नहीं चलेगा कटारी··· यह तुमसे बहुत ज़्यादा ताक़तवर दिखाई देता है।

कटारी : कोई भी मुझसे ज़्यादा ताक़तवर नहीं हो सकता।

तितली : यह तो मर्द है।

कटारी : मैं मर्दों को क्या समझती हूँ।

तितली : तुम्हारी गर्दन मरोड़ देगा।

कटारी : ऊँह··· पहले मेरी कलाई ही मरोड़ कर दिखाए···

[गुलाब की तरफ़ अपनी कलाई बढ़ाती है।]

लो पकड़ो।

[गुलाब का मुनासिब व मोज़ू रद्दे-अमल।]

सब लड़कियाँ : (*बयक आवाज़ गुलाब से*) पकड़ो··· पकड़ो।

कटारी : (*गुलाब से*) पकड़ते क्यों नहीं··· ? पकड़ो··· और फिर देखो, इन दो उँगलियों से कैसे तुम्हारा हाथ झटककर अपनी कलाई छुड़ा लेती हूँ··· पकड़ो।

गुलाब : नहीं··· तुम्हारे हाथ में मोच आ जाएगी।

कटारी : अरे वाह रे मेरे रुस्तम पहलवान!

तितली : (*कटारी से*) कुछ शर्त लगाओ तो पकड़े भी।

कटारी : (*गुलाब से*) शर्त लगाओगे?

तितली : कितने की?

कटारी : रही एक-एक रुपए की!

तितली : एक रुपया तो यह बख़शिश में दे देगा·तुम्हें··· सौ-सौ रुपए की मानो तो कोई बात भी है···(*गुलाब से*) क्यों बाबू?

सब लड़कियाँ: (*बयक आवाज़*) रही, रही।

[*गुलाब मुसकराता है।*]

कटारी : रही सौ-सौ रुपए की···(*कलाई बढ़ाकर*) लो पकड़ो।

गुलाब : जाने दो।

कटारी : पकड़ बाबू···जल्दी फ़ैसला कर।

गुलाब : (*मुसकराकर दाएँ हाथ से कलाई पकड़ते हुए*) कैसी ख़ूबसूरत कलाई है।

कटारी : वह तो है ही···तुम यह देखना, मैं छुड़ाती हूँ किस ख़ूबसूरती से।

गुलाब : जो ख़ूबसूरत हो, उसकी हर चीज़ ख़ूबसूरत होगी।

कटारी : तो देख लो ना।

[*गुलाब मज़ाक़न कलाई दोनों हाथों में पकड़ लेता है।*]

(*तितली से*) बस इतना ही ज़ोर है तुम्हारे रुस्तम में।

तितली : (*गुलाब से*) ज़रा एक पेच दो।

[*गुलाब अपनी गिरफ़्त ज़रा मज़बूत कर देता है।*]

कटारी : बस···तो छुड़ाऊँ।

[*गुलाब गिरफ़्त ज़रा सख़्त कर देता है।*]

ऊई···!

[*गुलाब की गिरफ़्त यकदम ढीली पड़ जाती है। कटारी खट से एक झटके से अपनी कलाई छुड़ा लेती है। लड़कियाँ शोर मचाने लगती हैं।*]

वह मारा···वह मारा।

गुलाब : (*मुसकराकर*) क्या मारा?

कटारी : बस कलाई छुड़ा ली।

गुलाब : कब छुड़ाई?

तितली : वाह बाबू···छुड़ा तो ली है।

सब लड़कियाँ : (*एक आवाज़ में*) छुड़ा ली है, छुड़ा ली है।

गुलाब : क्या मतलब?

तितली : बाबू, तुमने शर्त हार दी है···अब रुपए दो।

कटारी : यह इस तरह नहीं देगा···(लड़कियों से) पकड लो इसे।

[लड़कियाँ गुलाब को पकड़ लेती हैं।
कटारी उचककर गुलाब की जेब से सारे नोट निकाल लेती है।]

ओह... यह तो काफ़ी सारे हैं।

गुलाब : (*भिन्नाकर*) उचक्कियों, शोहदियों... छोड़ो मुझे।

[कटारी सौ रुपए का एक नोट अपने घाघरे में उड़स लेती है।]

कटारी : (*लड़कियों से*) छोड़ दो इसे... (*गुलाब से*) देख लो, मैंने एक कौड़ी ज़्यादा नहीं ली।

[बाक़ी के नोट गुलाब की तरफ़ बढ़ाती है।]

लो अपने नोट सँभालो।

[तितली आगे बढ़कर एक रुपए का एक नोट छीन लेती है।]

तितली : एक रुपया मैं लूँगी।

कटारी : तितली, रुपया वापिस करो।

तितली : वाह... और मैंने जो इतनी मार खाई है।

कटारी : अच्छा रख ले अपने पास।

[बक़ाया नोट गुलाब के हाथ में थमा देती है।]

(*लड़कियों से*) एक... दो, भागो।

[सब लड़कियाँ भाग जाती हैं।
गुलाब भौचक्का रह जाता है।]

गुलाब : लुटेरन कहीं की।

[कटारी और लड़कियों के तआक़ुब में भागता है।]

[कट]

[तआक़ुब के मुख़्तलिफ़ शाट्स।]

[कट]

[ख़ानाबदोशों का डेरा : डमरू का ख़ेमा : बैरूनी हिस्सा।
कटारी तेज़ी से अंदर ख़ेमे में दाख़िल होती है।]

[कट]

[ख़ानाबदोशों का डेरा : डमरू का ख़ेमा : अंदरूनी हिस्सा।
डमरू चटाई पर लेटा हुआ है—छत का पंखा हिल रहा है।
कटारी अंदर आती है, ज़रा रुकती है, फिर आगे बढ़ती है और डमरू को जगाती है।]

कटारी : डमरू, डमरू...

डमरू : जा, जा, सोने दे मुझे।

[ख़ेमे के बाहर से गुलाब की आवाज़ आती है : कटारी।
[कटारी घघरे में उड़ंसा हुआ नोट निकालती है और डमरू के हाथ में थमा देती है।]

कटारी : ले संभाल इसे।

डमरू : क्या है यह?

[कटारी जवाब दिए बिना एक तरफ़ हो जाती है।
ख़ेमे के बाहर से गुलाब की आवाज़ आती है : कटारी!
डमरू मुट्ठी खोलता है और सौ का नोट देखता है। रद्दे-अमल। आँखे फाड़कर नोट देखता है-उसकी बाछें खिल जाती हैं—नोट को चूमता है।
ख़ेमे के बाहर से गुलाब की आवाज़ आती है : कटारी!]

[कट]

[ख़ानाबदोशों का डेरा : डमरू का ख़ेमा : बैरूनी हिस्सा। गुलाब परेशान-सा बाहर खड़ा इधर-उधर देख रहा है। एक खूँटे के साथ मेंढा बँधा हुआ है, दूसरे के साथ रीछ—ख़ेमे से बाहर निकली हुई एक रस्सी को एक कुत्ता मुँह में दबोचे कभी आगे ले जाता है और कभी पीछे।
चंद लम्हों के बाद गुलाब ख़ेमे के अंदर दाख़िल होता है।]

[कट]

[ख़ानाबदोशों का डेरा : डमरू का ख़ेमा... अंदरूनी हिस्सा।
डमरू नोट खड़खड़ा रहा है।]

गुलाब : (*अंदर आते ही*) कटारी!

डमरू : आओ, आओ।

गुलाब : (*नोट देखकर*) यह नोट... यह नोट मेरा है।

डमरू : तुम्हारा है तो मेरे पास कैसे चला आया?

गुलाब : (*डमरू के पास पहुँचकर*) वह लड़की, जो अभी अंदर आई थी, यह नोट उसने तुम्हें दिया है।

डमरू : उसने कहाँ से लिया है यह नोट?

गुलाब : मुझसे छीनकर भाग आई है वह।

डमरू : अच्छा?

गुलाब : लाओ, मेरा नोट दो मुझे।

डमरू : अरे भाई, इतनी जल्दी भी क्या है... आओ बैठो, चाय-पानी पियो... (*आवाज़ देता है*) बेगम, ज़रा सिगरेट तो लाना।

गुलाब : नहीं नहीं…बस तुम मेरा नोट मुझे दे दो।

डमरू : ठहरो…ज़रा मुझे ऐनक लगाकर देख तो लेने दो।

[पास पड़ी डिबिया से बिना शीशों की ऐनक निकालता है—धोती के पल्लू से ग़ैर मौजूदा शीशे साफ़ करता है। गुलाब दिलचस्पी दिखाता है।]

गुलाब : यह क्या ऐनक है?

डमरू : अव्वल नंबर की ऐनक है यह।

[उसी वक़्त एक बंदरिया आती है और एक सुलगता हुआ सिगरेट डमरू को देती है।

डमरू सिगरेट गुलाब की तरफ़ बढ़ाता है।]

लो सिगरेट पिय

गुलाब : मैं सिगरेट नही पाता तुम नोट हवाले करो मेरे।

डमरू : मुझे ज़रा देख तो लेने दो…

[ऐनक का फ़्रेम अपनी आँखों पर चढ़ाता है।]

अरे…यह तो जाली है!

गुलाब : जाली है, जैसा है, ठीक है…लाओ दो मुझे।

डमरू : अभी पता चल जाता है…मैं छू करता हूँ…जाली होगा तो ग़ाइब हो जाएगा।

[नोट मुट्ठी में भींच लेता है—मुट्ठी अपने मुँह के सामने लाकर आँखें मीच लेता है और छू करता है।

चंद लम्हों के बाद आँखें खोलता है, फिर आँखों के सामने मुट्ठी घुमाता है, और फिर मुट्ठी खोलता है—नोट ग़ाइब है।]

क्यों दोस्त, अब भी नहीं मानोगे कि नोट जाली था?

गुलाब : (*ग़ुस्से से*) तुम सब चोर हो, उठाईगीरे हो…डाकू…कहाँ है वह लड़की?

डमरू : रेडियोघर गई है।

गुलाब : (*बहुत ग़ुस्से से*) कहाँ है वह तुम्हारे बाप का रेडियोघर?

डमरू : गाली मत दो यार!

गुलाब : गाली के बच्चे, नोट ला इधर।

[तभी हिलता हुआ पंखा रुक जाता है।]

डमरू : (*पंखे की तरफ़ देखकर*) चच चच…बिजली फ़ेल हो गई।

[कट]

[ख़ानाबदोशों का डेरा: डमरू का ख़ेमा: बैरूनी हिस्सा। ख़ेमे से बाहर निकली हुई रस्सी का गीला सिरा एक तरफ़ ज़मीन पर पड़ा हुआ है।
कुत्ता पास बैठा हड्डी चबा रहा है।]

[कट]

[ख़ानाबदोशों का डेरा: डमरू का ख़ेमा: अंदरूनी हिस्सा।]

डमरू : बिजलीघर का मैनेजर बड़ा हरामी है··· निकाल दूँगा साले को एक दिन बाहर··· आओ तुम्हें रेडियो सुनाऊँ।

गुलाब : मैं कहता हूँ, मेरा नोट मेरे हवाले करो।

डमरू : वह तो तुम्हारी आँखों के सामने ही जाने कहाँ ग़ाइब हो गया है··· उसके ग़ाइब होने का जो दुख तुम्हें और मुझे हुआ है, उसे हम रेडियो सुनकर ही दूर कर सकते हैं।

[एक तरफ़ पास ही लकड़ी का रेडियोनुमा बक्स-सा पड़ा हुआ है—डमरू उसकी तरफ़ हाथ बढ़ाता है।]

गुलाब : तुम्हारे रेडियो की ऐसी-तैसी।

डमरू : ऐसा न कहो दोस्त··· नाराज़ हो जाएगा···

[बटननुमा एक चीज़ घुमाता है—ज़ोर की खड़खड़ होती है।]

देखा?

[गुलाब ग़ौर से देखता है।
रेडियोनुमा बक्सनुमा पिंजरे में तोता आवाज़ पैदा कर रहा है।]

गुलाब : यहाँ के जानवर भी चार सौ बीस हैं।

[डमरू फिर बटननुमा चीज़ घुमाता है।
रेडियोनुमा बक्सनुमा पिंजरे में से आवाज़ आती है: हम सातवें आसमान से बोल रहे हैं।]

डमरू : रेडियो बिलकुल ठीक है··· लो भई, अब गाना सुनो।

[मौसीक़ी की गत शुरू होती है।
गुलाब तोते की तरफ़ देखता है—तोता ख़ामोश है।
गीत शुरू होता है—गुलाब इधर-उधर देखता है।
डमरू इशारे से गुलाब को बैठने के लिए कहता है, मगर गुलाब खड़ा रहता है।
थोड़ी देर के बाद डमरू लकड़ी के रेडियोनुमा बक्स के काले तवे को एक तरफ़ हटाता है—अब कटारी का चेहरा नज़र आता है।
गुलाब का रद्दे-अमल।

गुलाब एक क़दम उठाता है तो लकड़ी के बक्स के पीछे कटारी खड़ी हो जाती है।

गुलाब ज़रा और आगे बढ़ता है तो कटारी एक अदा से गाती हुई गुलाब की बग़ल में आन खड़ी होती है—वह उसे पकड़ना चाहता है, मगर वह नाचती हुई ख़ेमे से बाहर निकल जाती है।]

[कट]

[ख़ानाबदोशों का डेरा : डमरू का ख़ेमा : बैरूनी हिस्सा।

गुलाब ख़ेमे से बाहर निकलता है।

कटारी नाच रही है और गा रही है—ख़ानाबदोश मर्द, औरतें और लड़कियाँ सब जमा हैं।

गुलाब सबकुछ भूल जाता है—कटारी की अदाएँ उसे मस्हूर[10] कर देती हैं।

थोड़े वक़्फ़े के बाद उसे अपना नोट याद आ जाता है और वह एकदम चिल्लाता है।]

गुलाब : बंद करो यह बकवास और मेरा नोट वापिस दो।

[कटारी गीत गाना बंद करती है और अपने कूल्हे मटकाती हुई गुलाब के पास आती है।]

कटारी : नाम क्या है तुम्हारा बाबू?

गुलाब : (*चिल्लाकर*) मेरा नाम है सौ रुपए का नोट।

[सब ज़ोर से हँसते हैं।]

(*ज़ोर से चिल्लाकर*) बंद करो यह हँसी।

कटारी : (*एक अदा के साथ*) सौ रुपए के नोट जी, मेरा नाम है, दुवन्नी।

[सब ज़ोर से हँसते हैं।]

गुलाब : (*और ज़्यादा ज़ोर से चिल्लाकर*) मैं पागल हो जाऊँगा⋯मैं तुम सबको क़त्ल कर दूँगा।

[डमरू की आवाज़ आती है।]

डमरू : कौन है यह हिटलर?

[डमरू अपने बाज़ू के डंटर दिखाता हुआ क़रीब-क़रीब गुलाब के ऊपर चढ़ जाता है।]

गुलाब : तुम मेरा सौ रुपए का नोट क्यों वापिस नहीं देते?

डमरू : देते हैं⋯

[एक तरफ़ बढ़ता है।]

इधर आओ⋯आओ।

[गुलाब उसकी तरफ़ बढ़ता है—दोनों कुछ दूर तक चलते हैं।]

[एक तरफ़ इशारा करके]

खड़े हो जाओ यहाँ।

[गुलाब वहाँ खड़ा हो जाता है।]

सौ का नोट चाहिए, या हज़ार का?

गुलाब : अपना सौ का नोट।

डमरू : अपना सौ का नोट, एक... अपना सौ का नोट, दो...

[मेंढा तेज़ी से दौड़ता हुआ आता है।]

[कट]

[गुलाब कैमरे के ऊपर से उड़ता हुआ नीचे गिर रहा है।]

[कट]

[मेंढे की गर्दन बड़ी इत्मीनान से हिल रही है।]

[कट]

*[गुलाब कीचड़ में लतपत ज़मीन पर औंधे मुँह पड़ा है।
दाँत पीसता हुआ उठता है।]*

गुलाब : आज नहीं, फिर कभी सही... ऐसा मज़ा चखाऊँगा कि याद रखोगे... लुटेरे, बदमाश...

[ख़ानाबदोशों की ऊँची हँसी की आवाज़ आती है।]

[कट]

*[सड़क : वीराना : ट्रक
गुलाब ट्रक में बैठता है—ट्रक स्टार्ट करता है।
ट्रक सड़क पर बढ़ता है।]*

[फ़ेड आउट]

[फ़ेड इन]

*[बड़ी सरकार की हवेली : बड़ा कमरा : अंदरूनी हिस्सा।
तख़्त पर गावतकिए का सहारा लिए बड़ी सरकार बैठा है और एक दोनाली बंदूक़ का मुआइना कर रहा है।
एक तरफ़ मुंशी हिसाब-किताब कर रहा है और दूसरी तरफ़ एक देहाती खड़ा है।]*

बड़ी सरकार : (*देहाती से मुख़ातिब होते हुए*) अच्छी है।

देहाती : सरकार, नायाब चीज़ है।

बड़ी सरकार : हमारे लिए कोई चीज़ नायाब नहीं···
(*मुंशी की तरफ़ गर्दन घुमाते हुए*) मुंशी जी!

मुंशी : हुज़ूर!

बड़ी सरकार : सौ का एक नोट दे दीजिए इसे।

देहाती : सरकार, यह तो बहुत कम हैं···ऐसी नायाब चीज़ और···

बड़ी सरकार : (*बात काटते हुए*) नायाब चीज़ है तो नज़राने के तौर पर पेश करो···क्यों मुंशी जी!

मुंशी : बिलकुल दुरुस्त हुज़ूर!

देहाती : लेकिन हुज़ूर···

मुंशी : (*उठकर देहाती के हाथ में सौ का नोट थमाते हुए*) लो···

देहाती : (*क़दरे धीमी आवाज़ में—अपने आपसे*) मैं इसे लाया ही क्यों?

बड़ी सरकार : क्या कहा?

मुंशी : कुछ नहीं हुज़ूर···आपका शुक्रिया अदा कर रहा है।

देहाती : (*तन्ज़ के साथ*) बहुत-बहुत शुक्रिया हुज़ूर!

[*कमरे से बाहर निकल जाता है।*
बड़ी सरकार क़हक़हे लगाता है और बंदूक़ को पसंदीदा नज़रों से देखता है।
गुलाब अंदर आता है।]

गुलाब : आदाब अर्ज़ बड़ी सरकार!

बड़ी सरकार : आ गए तुम!

गुलाब : जी हाँ!

बड़ी सरकार : मेरा मतलब यह है कि छोटी सरकार का सामान आ गया?

गुलाब : जी हाँ···एक-एक चीज़ ले आया हूँ।

[*गुलाब अपने बाप मुंशी को कुछ रुपए देता है—मुंशी गिनने लगता है।*]

(*आहिस्ता से*) अभी न गिनो।

मुंशी : क्यों?

गुलाब : आहिस्ता बोलो···रुपए कम हैं।

मुंशी : (*आहिस्ता से*) कितने?

गुलाब : (*आहिस्ता से*) एक सौ।

मुंशी : (*चौंककर ऊँची आवाज़ में*) एक सौ?

बड़ी सरकार : क्या बात है मुंशी जी?

मुंशी : हुज़ूर!

[*गुलाब ज़रा पीछे हटता है और मुंशी को चुप रहने का इशारा करता है।*]

बड़ी सरकार : मुंशी जी, मैंने पूछा था, क्या बात है?

मुंशी : हुज़ूर, हिसाब में एक सौ रुपए कम हैं।

बड़ी सरकार : हाँ हाँ... अभी-अभी आपने बंदूक़ की क़ीमत जो अदा की है।

मुंशी : हाँ हुज़ूर... वह तो है लेकिन...

[*गुलाब फिर चुप रहने का इशारा करता है।*]

बड़ी सरकार : गुलाब, तुम अपने बाप को बार-बार चुप रहने के लिए क्यों इशारा कर रहे हो?

गुलाब : हुज़ूर, बात यह है कि...

मुंशी : (*गुलाब की बात काटते हुए*) मैं अर्ज़ करता हूँ सरकार... गुलाब के पास छोटी सरकार का जो हिसाब था, उसमें सौ रुपए कम हैं।

बड़ी सरकार : (*बंदूक़ से खेलते हुए*) सौ रुपए?

मुंशी : जी हाँ।

बड़ी सरकार : (*गुलाब की तरफ़ कड़ी नज़रों से देखते हुए*) कैसे कम हुए?

गुलाब : हुज़ूर, मैं इधर आ रहा था कि... कि रास्ते में सड़क पर मुझे एक लड़की मिली...

बड़ी सरकार : लड़की!

मुंशी : (*चौंककर ऊँची आवाज़ में*) लड़की?

गुलाब : लड़की नहीं... ख़ानाबदोश... यानी ख़ानाबदोश लड़की...

बड़ी सरकार : ख़ानाबदोश लड़की?

गुलाब : (*आगे बढ़कर*) जी हाँ... वहाँ बहुत-सी हैं हुज़ूर!

बड़ी सरकार : एक सौ?

गुलाब : मैंने गिनी नहीं हुज़ूर!

बड़ी सरकार : हाँ तो फिर सौ रुपए कैसे कम हो गए?

गुलाब : हुज़ूर, वह मुझसे ज़बर्दस्ती छीनकर ले गई।

मुंशी : झूठ मत बोलो गुलाब!

गुलाब : मैं बिलकुल सच कह रहा हूँ।

बड़ी सरकार : यानी एक लड़की तुमसे सौ रुपए छीनकर ले गई!

गुलाब : जी हाँ... वह ख़ानाबदोश लड़की... जी उसका नाम कटारी है।

बड़ी सरकार : कटारी दिल में तो नहीं खुब गई तुम्हारे?

[*गुलाब ख़ामोश रहता है।*

बड़ी सरकार क़हक़हा लगाता है, फिर ज़ोर से पुकारता है।]

कालू!

[*कमरे के बाहर कहीं दूर से कालू की आवाज़ आती है : हाज़िर हुआ सरकार !*]

कहाँ है उन ख़ानाबदोशों का डेरा ?

गुलाब : शहर की तरफ़ यहाँ से दो कोस दूर ।

[*कालू कमरे में आता है ।*]

बड़ी सरकार : कालू, शहर की तरफ़ यहाँ से दो कोस की दूरी पर ख़ानाबदोशों का डेरा है···

कालू : जानता हूँ सरकार !

बड़ी सरकार : वहाँ एक लड़की है कटारी··· उसको हाज़िर करो हमारे सामने शाम से पहले-पहले ।

कालू : अभी जाता हूँ सरकार !

बड़ी सरकार : अभी नहीं··· पहले मेंढों को दाना-पानी दो ।

कालू : जी अच्छा··· मैं चला सरकार !

बड़ी सरकार : शाम से पहले-पहले कटारी यहाँ मौजूद होनी चाहिए ।

कालू : ज़रूर होगी सरकार !

[*कमरे से चला जाता है ।*]

बड़ी सरकार : मुंशी जी, अगर गुलाब का बयान दुरुस्त है तो हम उस छोकरी की खाल खेंच लेंगे ।

[*गुलाब का रद्दे-अमल ।*]

हम उसे गोली से उड़ा देंगे ।

[*गुलाब का रद्दे-अमल*]

(*बंदूक़ से खेलते हुए*) इस बंदूक़ के निशाने का भी पता चल जाएगा ।

गुलाब : हुज़ूर, मेरा ख़याल है···

बड़ी सरकार : (*गुलाब की बात काटते हुए*) क्या ख़याल है तुम्हारा ?

गुलाब : मैं ही जाता हूँ सरकार··· आपका नाम लूँगा तो वह डर के मारे ज़रूर वापिस कर देगी सौ का नोट··· मैं अभी जाता हूँ ।

[*गुलाब तेज़ी से बाहर निकल जाता है ।*
बड़ी सरकार क़हक़हा लगाता है ।]

बड़ी सरकार : मुंशी जी, मालिक के रुपयों से छोकरियों के साथ इश्क़ लड़ाना··· यह हम हरगिज़ पसंद नहीं करते ।

मुंशी : हुज़ूर, मुझे यक़ीन तो नहीं कि गुलाब ने ऐसा किया है··· लेकिन हुज़ूर, अगर उसने यह हरकत की है तो आप मालिक हैं··· मेरे सामने उसकी गर्दन उड़ा दीजिए ।

[कट]

[बड़ी सरकार की हवेली : मुंशी का क्वार्टर : अंदरूनी हिस्सा। एक बड़े संदूक पर ऊपर-तले तीन ट्रंक रखे हुए हैं—गुलाब ट्रंक उठाने में मसरूफ़ है।
एक ट्रंक उठाता है और फ़र्श पर रख देता है। इसके बाद दूसरा ट्रंक उठाता है और पहलेवाले ट्रंक पर रख देता है। फिर तीसरा ट्रंक उठाता है और दूसरे पर रख देता है।
कमरे में बिछे हुए पलंग का एक पाया ऊँचा करता है और नीचे से चाबी निकालता है—संदूक का ताला खोलता है और संदूक के अंदर से एक बक्स निकालता है।
पलंग का दूसरा पाया ऊँचा करता है और चाबी उठाता है—बक्स खोलता है और एक बड़ा-सा बटवा निकालता है। फिर बटवे में से एक छोटा-सा बटवा निकालता है और खोलता है। सौ-सौ के दो नोटों में से एक निकालकर अपनी जेब में रखता है और जल्दी-जल्दी सब चीज़ें बारी-बारी उसी तरतीब से रखना शुरू करता है कि उसका बाप मुंशी अंदर आता है।]

मुंशी : क्या कर रहे हो गुलाब?

गुलाब : एक नोट लिया है मैंने सौ रुपए का।

मुंशी : क्यों?

गुलाब : बड़ी सरकार को दूँगा...कहूँगा : "ले आया हूँ कटारी से..."

मुंशी : (*संगीन संजीदगी के साथ*) यह कटारी कौन है गुलाब?

गुलाब : बाबा, मैं नहीं जानता, कौन है...ख़ानाबदोश लड़की है...मैं नहीं चाहता कि बड़ी सरकार उसको सज़ा दें।

मुंशी : गुलाब, बैठ यहाँ।

[गुलाब पलंग पर बैठ जाता है।]

(*बड़ी संजीदगी के साथ*) सुन बेटा, तू एक ग़रीब आदमी का लड़का है...ऐयाशियाँ सिर्फ़ अमीरों के लिए होती हैं...तू कहीं बहक तो नहीं गया?

गुलाब : मैं कुछ समझा नहीं बाबा!

मुंशी : बस तू मुझे सिर्फ़ इतना कह दे कि तेरा मन मैला नहीं है।

गुलाब : बाबा, मैं सिर्फ़ इतना कह सकता हूँ कि मेरा मन छोटी सरकार का मन नहीं है।

मुंशी : बस बस...जा, ले जा रुपए।

[गुलाब उठता है।]

ठहरो...(*मुसकराते हुए*) तू इतनी जल्दी जा रहा है...? बड़ी सरकार

यह न पूछेंगे कि चार कोस का आना-जाना तूने इतनी जल्दी कैसे किया···?

गुलाब : (*मुसकराते हुए*) यह तो मैंने सोचा ही न था।

मुंशी : बैठ जा थोड़ी देर यहाँ···

[*गुलाब के काँधे पर हाथ रखता है, बड़े प्यार से।*]

बस मेरी यही दुआ है कि तू सदा नेक रहे।

[*गुलाब मुसकराता है।*]

[कट]

[*बड़ी सरकार की हवेली···बड़ा कमरा : अंदरूनी हिस्सा।*
बड़ी सरकार अपने हाथ पर एक बाज़ को बिठाए उससे खेल रहा है।
गुलाब अंदर आता है।
बड़ी सरकार मुतवज्जेह होता है।]

बड़ी सरकार : (*ज़ू मानी लह्जे में*) कटारी से मिल आए?

गुलाब : जी हाँ!

बड़ी सरकार : और ज़्यादा घायल तो नहीं हुए?

गुलाब : जी!

बड़ी सरकार : (*क़हक़हा लगाकर*) रुपए ले लिए वापिस?

गुलाब : जी हाँ!

[*सौ रुपए का नोट जेब से निकालता है।*]

नोट वापिस नहीं देती थी···पर जब मैंने कहा : "बड़ी सरकार मारे कोड़ों के खाल उधेड़ देंगे तेरी" तो उसने झट से नोट मेरे हवाले कर दिया।

[*कालू के साथ कटारी अंदर आते ही कहती है।*]

कटारी : झूठ···बिलकुल झूठ!

[*बड़ी सरकार का रद्दे-अमल।*
गुलाब का रद्दे-अमल—गुलाब बिलकुल बौखला जाता है।
कटारी मटकती-थिरकती गुलाब के पास आन खड़ी होती है।]

हुज़ूर, कटारी हाज़िर है!

[*बड़ी सरकार बड़े ग़ौर से कटारी की तरफ़ देखता है और बड़बड़ाता है : काफ़ी तेज़ है···*]

बड़ी सरकार : (*ज़रा सँभलते हुए, गुलाब से*) गुलाब, रुपए वापिस किए इसने?

कटारी : (*बड़ी तेज़ी से*) किसने वापिस किए···(*गुलाब से*) झूठे!

बड़ी सरकार : गुलाब, बोलो बात क्या है ?

गुलाब : (*सिर झुकाकर*) हुज़ूर, आपने कहा था कि आप खाल उधेड़ देंगे इसकी···

कटारी : (*बड़ी तेज़ी से*) मेरी खाल उधेड़ देंगे ?

गुलाब : इसीलिए···मेरा मतलब है, यह नोट मैं अपनी तरफ़ से···

बड़ी सरकार : तो इसका मतलब यह हुआ कि कटारी चल गई है तुम्हारे दिल पर···

[*हँसता है—गुलाब ख़ामोश रहता है ।*]

कटारी : (*बड़ी सरकार से*) हुज़ूर, आप मुझसे बात कीजिए···
(*कालू की तरफ़ इशारा करके*) इस काले आदमी को भेजकर मुझे क्यों बुलाया गया है यहाँ ?

कालू : हुज़ूर, इसकी ज़बान बंद कर दूँ ?

[*कटारी अपनी जीभ निकालकर कालू को चिड़ाती है ।*]

बड़ी सरकार : गुलाब, तुम जाओ और छोटी सरकार को भेज दो ।

कटारी : हुज़ूर, तुम छोटी-मोटी, जितनी चाहे सरकारें बुला लो, पर मैं सौ रुपए वापिस नहीं देने की ।

बड़ी सरकार : गुलाब, हमने कहा ना, तुम जाओ और छोटी सरकार को भेज दो···

[*गुलाब चला जाता है ।*]

(*बाज़ से खेलते हुए, कटारी से*) क्यों ?

कटारी : अजी वाह···शर्त जीती है जनाब !

बड़ी सरकार : कैसी शर्त ?

कटारी : उसने मेरी कलाई पकड़ी थी···मैंने छुड़ा ली थी और सौ रुपए जीत लिया था···अब तुम ही बताओ जनाब, यह रुपए कैसे वापिस हो सकते हैं ?

बड़ी सरकार : तुम एक जगह टिककर खड़ी क्यों नहीं रहतीं ?

कटारी : (*मुसकराकर*) चलत-फिरत हम ख़ानाबदोशों की ज़िंदगी है हुज़ूर !

[*छोटी सरकार अंदर आता है, कटारी की मौजूदगी से बेख़बर ।*]

छोटी सरकार : आपने मुझे बुलाया है ?

बड़ी सरकार : हाँ···(*कटारी की तरफ़ इशारा करते हुए*) तुम्हें यह चीज़ दिखाने के लिए ।

[*छोटी सरकार गर्दन घुमाकर कटारी की तरफ़ देखता है । कटारी मुसकराती है और छोटी सरकार की तरफ़ बढ़ती है ।*]

छोटी सरकार : तुम क्या शै हो जनाब ?

[*बड़ी सरकार हँसता है ।*]

छोटी सरकार : कौन है यह लड़की ?

बड़ी सरकार : कटारी··· कलाई पकड़ो इसकी।

कटारी : (*छोटी सरकार से*) ना ना जनाब···। हाथ कट जाएँगे तुम्हारे।

बड़ी सरकार : क्यों कटारी, पकड़े छोटी सरकार तुम्हारी कलाई?

कटारी : (*बड़ी तेज़ी से*) पर शर्त होगी सौ-सौ रुपए की!

बड़ी सरकार : मंज़ूर है।

कटारी : तो लाओ हाथ!

[*आगे बढ़कर बड़ी सरकार के बढ़े हुए हाथ पर अपना हाथ मारती है, फिर ज़रा पीछे हटकर छोटी सरकार के पास जाकर अपनी आस्तीन ऊपर चढ़ाती है और अपना नंगा बाज़ू छोटी सरकार की तरफ़ बढ़ाती है।*]

लो पकड़ो।

बड़ी सरकार : चलो भई, पकड़ो।

छोटी सरकार : मैं कुछ समझा नहीं।

कटारी : तुम कलाई पकड़ो, मैं समझाती हूँ।

[*छोटी सरकार कलाई पकड़ लेता है।*]

मज़बूती से पकड़ो··· लो, मैं लगी हूँ छुड़ाने।

[*छोटी सरकार एकदम गिरफ़्त मज़बूत कर देता है। कटारी ज़ोर से 'ऊई' करती है और अपने बाज़ू को झटका देती है। छोटी सरकार अपनी गिरफ़्त और ज़्यादा सख़्त कर देता है। कटारी ख़ूब ज़ोर लगाती है मगर अपनी कलाई छुड़ा नहीं पाती। बड़ी सरकार क़हक़हा लगाता है।*]

बड़ी सरकार : (*छोटी सरकार से*) छोड़ दो कलाई।

[*छोटी सरकार कलाई छोड़ देता है।*]

कटारी, तुम हार गईं हमारे बेटे से।

कटारी : हार कैसे गई··· (*दाईं कलाई पर बायाँ हाथ फेरते हुए*) जब मैंने 'ऊई' किया था तो इसने हाथ ढीले क्यों नहीं किए थे··· (*छोटी सरकार से*) संगदिल कहीं का!

[*छोटी सरकार मुसकराता है—बड़ी सरकार क़हक़हा लगाता है।*]

बड़ी सरकार : (*छोटी सरकार से*) हम जाते हैं और तुम शर्त के रुपए वुसूल कर लो··· चलो कालू!

[*बाज़ को प्यार करते हुए कालू के साथ कमरे से चला जाता है।*]

कटारी : क्यों जनाब, तुम रुपए वुसूल करोगे मुझसे?

[*छोटी सरकार आगे बढ़कर कटारी का हाथ पकड़ना चाहता है*

मगर वह तड़पकर एक तरफ़ हट जाती है ।]

ना ना... हाथ मत लगाना मुझे ।

छोटी सरकार : सुनो कटारी, कहाँ रहती हो तुम ?

कटारी : ज़मीन के ऊपर, आसमान के नीचे ।

छोटी सरकार : तुम्हारा घर कहाँ है ?

कटारी : कंधों पर ।

छोटी सरकार : ओह... ओह... मैं समझा (*पास जाकर, आहिस्ता से*) कल आओगी ?

कटारी : क्या दोगे मुझे ?

छोटी सरकार : जो तुम माँगोगी ।

कटारी : वाह मेरे राजा... अच्छा तो पैरों के लिए गुरगाबी, कानों के लिए बुंदे और लिशलिश करता लहँगा ।

छोटी सरकार : और सलमे सितारे का दुपट्टा ।

कटारी : नहीं-नहीं, दुपट्टा नहीं चाहिए मुझे... तुम रेशमी रूमाल ले आना ।

[*छोटी सरकार ज़रा आगे बढ़ता है और कटारी को पकड़ना चाहता है लेकिन कुछ सोचकर रुक जाता है ।*]

छोटी सरकार : (*आहिस्ता से*) तुम कल आना... मैं सबकुछ ला रखूँगा ।

कटारी : ला तो तुम रखोगे, पर यह तुम चोरों की तरह क्यों बातें करते हो ?

[*छोटी सरकार फिर उसे पकड़ना चाहता है मगर वह तड़पकर एक तरफ़ हो जाती है ।*]

ना ना... हाथ मत लगाना मुझे (*हँसती है*) अच्छा तो मैं चली...

[*रुकती है । छोटी सरकार के क़रीब आती है और उसके कान के पास मुँह ले जाती है ।*]

कल आऊँगी ।

[*और थिरकती हुई कमरे से बाहर निकल जाती है ।*]

[कट]

[*बड़ी सरकार की हवेली : बाग़ ।*
चमेली गुलाब के फूल तोड़ रही है ।
कटारी थिरकती हुई आती है और कुछ फूल चमेली के हाथ से छीनकर अपने बालों में लगा लेती है ।
चमेली दमबख़ुद रह जाती है । फिर सँभलती है और कटारी की तरफ़ बढ़ती है ।]

चमेली : कौन है तू... ? फूल ला इधर ।

[*कटारी मुसकराती है और दो-तीन और फूल चमेली के हाथ से*

उचक लेती है।
चमेली क़दम बढ़ाती है और कटारी से उलझ जाती है।
छोटी सरकार आता है।]

छोटी सरकार : चमेली!

[*चमेली अलग हो जाती है।*
[*कटारी मुसकराती है और घास पर चमेली की झोली में से गिरे हुए फूल उठाने लगती है।]*

चमेली : कौन है यह छोटी सरकार?

कटारी : (उठते हुए) इस बाग़ की मालिक··· (*छोटी सरकार से*) क्यों?

[*मुसकराती है और एक-दो फूलों की पत्तियाँ नोचकर चमेली के मुँह पर मारती है और थिरकती हुई चली जाती है।*]

[कट]

[*बड़ी सरकार की हवेली : हवेली का गेट : बैरूनी हिस्सा।*
गुलाब गेट के बाहर एक तरफ़ खड़ा है।
कटारी थिरकती हुई बाहर निकलती है। गुलाब को देखकर रुक जाती है। फिर मुसकराकर गुलाब के पास जाती है।]

कटारी : तुम यहाँ खड़े हो।

गुलाब : हाँ।

कटारी : अच्छे आदमी हो तुम··· मुझे बचाने के लिए झूठ बोलना पड़ा तुम्हें।

गुलाब : बड़ी सरकार ने तुमसे क्या कहा?

कटारी : कुछ नहीं··· कहा : ''जाओ ऐश करो···'' (एकदम से) मैंने कहा, तुम्हारा नाम क्या है··· मैं भूल गई हूँ।

गुलाब : मेरा नाम गुलाब है।

कटारी : (*अपनी आँखों के सामने एक फूल घुमाकर सूँघते हुए*) ऐसी ख़ुशबू है तुममें?

[*गुलाब ख़ामोश रहता है।*
कटारी हाथ बढ़ाकर गुलाब के कुरते के बटन होल में एक फूल टाँक देती है।]

कभी आना हमारे डेरे।

[*चंद क़दम चलती है। रुकती है। मुड़ती है और अदा के साथ एक फूल गुलाब की तरफ़ फेंकती है।*
गुलाब हाथ बढ़ाता है और फूल लपक लेता है।]
छोटी सरकार की आवाज़ आती है : तो यह बात है!

गुलाब का रद्दे-अमल।
छोटी सरकार आता है।
गुलाब अपने कुरते के बटन होल में सें फूल निकालता है और एक तरफ़ चला जाता है]

छोटी सरकार : (*मुसकराता है*) फूलों के साथ काँटे भी होते हैं⋯यह मत भूलना गुलाब !

[*हँसता है।*]

[फ़ेड आउट]

[फ़ेड इन]

[*ख़ानाबदोशों का डेरा।*
रात का वक़्त।
एक चबूतरे पर फल, मिठाइयाँ और खाने का सामान पड़ा है—चबूतरे के इर्द-गिर्द घेरा बाँधे ख़ानाबदोश लड़कियाँ, औरतें, मर्द, बच्चे, बूढ़े, सब खड़े हैं।
डमरू आता है और चारों तरफ़ देखता है।]

डमरू : तो सब इकट्ठे हो गए⋯बुलंद आवाज़ में बोलो⋯सौ रुपए का नोट !

सब : (*एक आवाज़ में*) ज़िंदाबाद।

डमरू : सौ रुपए का नोट !

सब : (*एक आवाज़ में*) ज़िंदाबाद।

डमरू : एक⋯दो⋯

[*सब चबूतरे पर पिल पड़ते हैं—एक शोर बरपा होता है। चंद ही लम्हों में सब चीज़ें साफ़ हो जाती हैं—ख़ामोशी छा जाती है। डमरू एक तरफ़ बैठकर बड़े इत्मीनान से अपने तहमद का डब खोलता है और घड़ी निकालता है।*]

[कट]

[*बिना सुइयों की घड़ी।*]

[कट]

[*डमरू बिना सुइयों की घड़ी में वक़्त देखता है।*]
अपने आपसे कहता है : वक़्त हो गया है मेरे गाने का।

घड़ी डब में रखता है—पास पड़ा हुआ बक्स खोलता है और बैंजू निकालता है, जिसके तार ग़ाइब हैं।

ग़ैर मौजूद तारों को कसता है। फिर उन्हें बजाता है— आवाज़ निकलती है।

आसन जमाकर बैठ जाता है और बाक़ाइदा बजाना शुरू करता है।]

[कैमरा पीछे हटता है।]

[कटारी एक तरफ़ बैठी बैंजू बजा रही है—सब लोग निस्फ़ दायरे की सूरत में बैठे हुए हैं।

डमरू गाना शुरू करता है—बेमानी अल्फ़ाज़ को इस तरह अदा करता है जैसे उनमें कोई बड़े मानी छुपे हों।

अंधेरे में से गुलाब आता हुआ दिखाई देता है।

गुलाब को देखते ही कटारी मुसकराती है।

डमरू के बेमानी गाने में सब लोग शरीक हो जाते हैं।

दफ़अतन कटारी बैंजू लिए उठती है और रक़्स शुरू कर देती है।

सब लोग ख़ामोश हो जाते हैं—कटारी रक़्स कर रही है और गा रही है।

उसकी तवज्जोह का मर्कज़ गुलाब है जो बेचैनी महसूस कर रहा है। कटारी रक़्स करते हुए गुलाब की तरफ़ बढ़ती है, उसका हाथ पकड़ती है और उसको खींचती हुई एक तरफ़ ले जाती है।]

[कट]

[ख़ानाबदोशों का डेरा : झरना।

गुलाब का हाथ पकड़े हुए कटारी आती है और झरने और उसके आसपास की फ़ज़ा को प्यार की नज़रों से देखती है।]

कटारी : कितनी ख़ूबसूरत जगह है... मैं रात को यहाँ नहाया करती हूँ।

[अपना लहँगा ऊँचा करती है और पानी में जाती है।]

पानी बहुत ठंडा है।

[एक बड़े पत्थर पर बैठ जाती है।]

आओ गुलाब, मेरे पास बैठो।

[गुलाब उसके पास बैठ जाता है, किसी क़दर झेंपते हुए।]

तुम इतने शरमीले क्यों हो?

गुलाब : तुम आज़ाद हो और मैंने अपनी सारी ज़िंदगी गुलामी में गुज़ारी है।

कटारी : किसकी ग़ुलामी में?

गुलाब : जिनके पास मैं नौकर हूँ⋯मेरे बाबा नौकर हैं।

कटारी : छोड़ दो नौकरी।

गुलाब : खाऊँगा कहाँ से?

कटारी : खाओगे कहाँ से⋯? (*बेतहाशा हँसना शुरू कर देती है—फिर एकदम संजीदा होकर*) गुलाब, मेरी उम्र क्या होगी?

गुलाब : यही कोई⋯यही कोई⋯

कटारी : अट्ठारह साल की हूँ⋯तुम क़सम ले लो मुझसे जो मैंने एक दिन भी सोचा हो कि खाऊँगी कहाँ से⋯मैं तो सिर्फ़ जानती हूँ कि खाना जानती हूँ⋯

[*एकदम लहँगे की जेब में हाथ डालकर एक नाशपाती निकालती है।*]

लो खाओ⋯

[*गुलाब ने पुश्त पर अपने हाथ बाँध रखे हैं।*
कटारी उसके हाथ खोलती है और उसके दाएँ हाथ में एक फूल देखती है।]

यह क्या?

गुलाब : तुम्हारा दिया हुआ फूल।

कटारी : फेंक दो इसको⋯मैं तुम्हें और दूँगी।

[*फूल पानी में फेंक देती है।*
गुलाब झुककर फूल उठा लेता है।]

गुलाब : (*बड़ी संजीदगी से*) कटारी!

कटारी : (*नाशपाती से खेलते हुए*) क्या?

गुलाब : यह फूल तुमने मुझे क्यों दिया था?

कटारी : क्यों दिया था⋯(*पानी में कूद जाती है*) हाय, बड़ा ठंडा पानी है⋯

[*गुलाब अपना हाथ बढ़ाकर कटारी का हाथ पकड़ लेता है।*]

गुलाब : कटारी!

कटारी : (*अदा के साथ*) क्या है?

गुलाब : यह फूल तुमने मुझे क्यों दिया था?

कटारी : हाय, पानी बहुत ठंडा है⋯

[*गुलाब चिढ़कर फूल पानी में दे मारता है।*
कटारी हँसती है और झुककर फूल उठा लेती है।]

पानी इतना ठंडा है कि⋯देखो, फूल भी ठंडा हो गया⋯

[गुलाब उठने लगता है ।]

बस इतनी-सी बात पर नाराज़ हो गए··· सौ रुपए के नोट जी, मैंने फूल इसलिए दिया था···

[चुप हो जाती है—गुलाब बेचैन नज़र आने लगता है ।]

(*हँसती है*) मैंने फूल इसलिए दिया था कि तुम इस क़ाबिल हो कि तुम्हें फूल दिया जाए···

[गुलाब हाथ बढ़ाकर कटारी का हाथ पकड़ता है और प्यार से दबाता है ।]

और तुम ख़ुद भी तो एक फूल हो !

गुलाब : (*संजीदगी के साथ*) कटारी !

कटारी : (*आँखें मटकाकर*) क्या ?

गुलाब : मुझे मालूम नहीं, तुमने झूठ कहा है या सच, लेकिन मैं··· लेकिन मैं तुमसे मुहब्बत करता हूँ ।

कटारी : (*शरारत से*) पानी बहुत ठंडा है···

[गुलाब हँस पड़ता है—कटारी भी हँसना शुरू कर देती है । गुलाब अपने दोनों हाथ कटारी के कांधों पर रखता है, फिर धीरे-से उसे अपनी जानिब खींचता है और सीने से लगा लेता है । तभी ''चख़-चख़'' की आवाज़ आती है ।
गुलाब का रद्दे-अमल ।
बेगम बंदरिया हाथ में सिगरेट और माचिस लिए आती है—कटारी उससे सिगरेट और माचिस ले लेती है ।]

ैं रात को नहाने के बाद एक सिगरेट पिया करती ।

[बेगम बंदरिया के हाथ में नाशपाती और फूल थमा देती है और फिर उसे अपने कांधे पर बिठा लेती है ।]

गुलाब, तुम अब जाओ··· मुझे नहाना है··· कल आऊँगी तुमसे मिलने···

गुलाब : लेकिन

कटारी : (*शरारत के साथ*) पानी बहुत ठंडा है ।

[दोनों हँसते हैं ।]

[फ़ेड आउट]

[फ़ेड इन]

[बड़ी सरकार की हवेली : छोटी सरकार का कमरा। अंदरूनी हिस्सा।
चमेली रेडियो साफ़ कर रही है—साफ़ करने के बाद वह उसे ऑन करती है और एक स्टेशन लगाती है।
साज़ों पर कोई गत बज रही है। उसकी ताल पर वह नाचना शुरू कर देती है। नाचती-नाचती सिंगार मेज़ के पास जाती है—आईने में अपने बाल सँवारती है। फिर नाचती हुई तिपाई के पास जाती है जहाँ रिसाले पड़े हुए हैं।
एक रिसाला उठाती है।]

[कट]

[सरेवर्क़ पर एक नीम बरहना[11] तसवीर।]

[कट]

[चमेली एकदम रिसाला उलटा करके तिपाई पर रख देती है। फिर मुसकराकर उठा लेती है और तसवीर को ग़ौर से देखती है। एकदम मोटर साइकिल की फट-फट सुनाई देती है।
चमेली तसवीर देखती-देखती खिड़की की तरफ़ बढ़ती है और पट की ओट से बाहर झाँकती है।]

[कट]

[बड़ी सरकार की हवेली : गेराज : बैरूनी हिस्सा।
टाट का परदा हिलता है और थोड़े तवक्क़ुफ़ के बाद छोटी सरकार बग़ल में कुछ चीज़ें दबाए बाहर निकलता है।]

[कट]

[बड़ी सरकार की हवेली : बाग़।
माली क्यारियाँ ठीक कर रहा है—छोटी सरकार उसके पास आता है।]

छोटी सरकार : माली!

माली : हुज़ूर!

छोटी सरकार : गुलाब कहाँ है?

माली : (उठकर) देखता हूँ हुज़ूर!

छोटी सरकार : (*बूट का खुला हुआ डिब्बा दिखाते हुए*) गुरगाबी का एक पैर रास्ते में

गिर गया है⋯उससे कहो, जल्दी तलाश करके लाए (*गुरगाबी का दूसरा पैर दिखाते हुए*) इसके साथ का।

माली : (*गुरगाबी के पैर को मानीख़ेज़ नज़रों से देखते हुए*) बहुत अच्छा हुज़ूर!

छोटी सरकार : एकदम जल्दी⋯कहना, मोटर साइकिल ले जाए मेरी।

[*यह कहकर छोटी सरकार अपने कमरे की खिड़की की तरफ़ देखता है।*
पलटता है तो माली को मुसकराते हुए देखता है।
माली फ़ौरन ही मुसकराना बंद कर देता है।]

[कट]

[*बड़ी सरकार की हवेली : छोटी सरकार का कमरा : अंदरूनी हिस्सा।*
चमेली रिसाला अपनी बग़ल में दबाती है। खिड़की से हटती और जल्दी से आगे बढ़कर रेडियो बंद कर देती है।
छोटी सरकार कमरे में आता है।
चमेली का रद्दे-अमल।
उसकी बग़ल में से रिसाला गिर पड़ता है।
दूसरा रद्दे-अमल।
छोटी सरकार बढ़ता है और चमेली के पास आता है—गर्दन झुकाकर फ़र्श पर पड़ा हुआ रिसाला देखता है।]

[कट]

[*सरेवर्क़ पर एक नीम बरहना तसवीर।*]

[कट]

[*छोटी सरकार मुसकराता है।*
चमेली झेंप जाती है।
छोटी सरकार रिसाला उठाने के लिए झुकता है तो उसकी बग़ल में से बंडल खुलकर गिर पड़ता है—लहँगा, कुछ रेशमी रूमाल और इसी क़िस्म की कुछ और चीज़ें।]

ज़रा उठाओ तो इन्हें।

[*चमेली झुककर सब चीज़ें उठाती है और हर चीज़ को ग़ौर से देखती है।*]

चमेली : किसके लिए लाए हैं छोटी सरकार ?

छोटी सरकार : (*रिसाले के सरेवर्क़ पर नज़रें गाड़ते हुए*) बूझो।

चमेली : मैं क्या जानूँ ?

छोटी सरकार : रखो पलंग पर, बताता हूँ।

[*चमेली चीज़ें पलग पर रखती है—छोटी सरकार आगे बढ़कर उसको पकड़ लेता है।*]

बैठो इधर।

[*पलंग पर बैठ जाता है और अपने साथ चमेली को भी बिठा लेता है।*]

तुम उस रोज़ भाग क्यों गई थीं ?

चमेली : (*शर्माकर*) मालूम नहीं।

छोटी सरकार : मालूम नहीं… ? तुम्हें सबकुछ मालूम है… यह मालूम नहीं तुम्हें कि हम तुमसे प्यार करते हैं। (*चमेली के हाथ अपने हाथों में ले लेता है।*)

चमेली : (*पलंग पर रखी हुई चीज़ों को देखते हुए*) यह सब किसके लिए लाए हैं आप ?

छोटी सरकार : तुम्हारे लिए।

चमेली : मेरे लिए ?

[*धीरे से रेशमी लहँगे पर हाथ फेरती है।*

छोटी सरकार हौले से चमेली के मुँह पर तमाँचा मारकर उठता है और दरवाज़े की तरफ़ बढ़ता है।

दरवाज़ा बंद करना चाहता है कि चमेली दीवाना वार आती है।]

नहीं, छोटी सरकार, नहीं।

छोटी सरकार : (*चमेली को कांधों से पकड़कर*) तुम कैसी हो… ! न इधर, न उधर।

चमेली : (*तवक़्क़ुफ़ के बाद—सँभल कर*) मालूम नहीं, मुझे क्या हो जाता है !

छोटी सरकार : पगली !

[*दरवाज़ा बंद करने लगता है कि बाहर ज़ोर की एक चीख़ उठती है।*

तेज़ी से खिड़की की तरफ़ बढ़ता है]

[कट]

[*बड़ी सरकार की हवेली : बाग़ का मेन गेट।*

गेट की परली तरफ़ कटारी खड़ी है और इधर माली।]

कटारी : देखो, मैं और ज़्यादा ज़ोर से चीख़ूँगी… खोल दो दरवाज़ा।

माली : मैं कह चुका हूँ, छोटी सरकार बाहर हैं।

[कटारी फिर ज़ोर से चीख़ती है ।]

[कट]

[बड़ी सरकार की हवेली : बाग़ का एक कोना ।
गुलाब चीख़ सुनता है, मुड़ता है और गेट की तरफ़ दौड़ता है ।]

[कट]

[बड़ी सरकार की हवेली : बाग़ का मेन गेट ।]

कटारी : लो वह गुलाब आ गया···
(*पुकारती है*) गुलाब !
[गुलाब क़रीब आता है।]

गुलाब : कटारी, आओ-आओ ।
[दरवाज़ा खोलता है ।
कटारी अंदर आती है और जीभ निकालकर माली को दिखाती है ।]

कटारी : यह माली का बच्चा मुझे अंदर नहीं आने देता था ।

गुलाब : (*मुसकराता है*) आओ ।
[दोनों बढ़ने लगते हैं कि माली क़दम बढ़ाकर गुलाब से मुख़ातिब होता है ।]

माली : गुलाब !

गुलाब : क्या ?

माली : छोटी सरकार रास्ते में ज़नाना गुरगाबी का एक पैर गिरा आए हैं···

गुलाब : ज़नाना गुरगाबी का पैर ?

माली : हाँ··· उन्होंने कहा है, गुलाब फ़ौरन मोटर साइकिल लेकर जाए और तलाश करे ।

गुलाब : मैं कहाँ ढूँढ़ता फिरूँगा पैर ?

माली : सड़क के किनारे कहीं पड़ा होगा··· जो हुक्म मिला है, मैंने तुम्हें सुना दिया है ।

गुलाब : हुक्म···? हाँ, मैं जाता हूँ···
(*कटारी की तरफ़ देखते हुए*) मैं अभी आता हूँ ।
[गेराज की तरफ़ बढ़ता है ।
कटारी हवेली की तरफ़ देखती है ।]

[बड़ी सरकार की हवेली : छोटी सरकार का कमरा : अंदरूनी हिस्सा।

छोटी सरकार, खिड़की से हटता है और चमेली से, जो खिड़की के पास खड़ी है, मुख़ातिब होता है।]

छोटी सरकार : चमेली, अब तुम जाओ।

[चमेली खिड़की से बाहर देखती है, फिर घूमती है।]

चमेली : जाऊँ?

छोटी सरकार : हाँ···फिर आना।

चमेली : वह कौन लड़की है?

छोटी सरकार : कौन?

चमेली : वही, जिसने मुझसे फूल छीने थे।

छोटी सरकार : हाँ-हाँ वह···अब तुम जाओ।

चमेली : मैं नहीं जाऊँगी।

[मोटर साइकिल की फटफट की आवाज़ आती है।]

छोटी सरकार : गुलाब गया···

(*थोड़े तवक़्क़ुफ़ के बाद*) जाओ चमेली, कोई आ जाएगा।

कटारी : (*कमरे में आते हुए*) मेरे सिवा कोई नहीं आ सकता।

[चमेली और छोटी सरकार का रद्दे-अमल।

कटारी अदाएँ बखेरती हुई छोटी सरकार के पास आती है।]

आदाब अर्ज़ करती हूँ छोटी सरकार!

[चमेली की तरफ़ देखती है और जीभ निकालती है।]

छोटी सरकार : चमेली, जाओ।

[चमेली एक लहज़े के लिए खड़ी रहती है, फिर जलती-भुनती कमरे से बाहर निकल जाती है।

छोटी सरकार दरवाज़ा बंद करके अंदर की चटख़नी चढ़ा देता है। कटारी का रद्दे-अमल।]

कटारी : दरवाज़ा क्यों बंद करते हो?

छोटी सरकार : (*मुसकराकर*) कोई आ न जाए!

कटारी : और जो कोई चिल्लाए!

छोटी सरकार : क्या?

कटारी : कुछ नहीं।

[हँसती है और थिरकती हुई पलंग की तरफ़ जाती है।]

(*चीज़ें देखकर*) अरे वाह, तुम तो वादे के पक्के निकले···

[चीज़ें उठा-उठाकर देखती है।

छोटी सरकार उसके पास आता है।]

(*एकदम तेज़ी से*) तुम अंधे तो नहीं?

छोटी सरकार : (*हैरत से*) क्यों?

कटारी : (*अपने पाँव की तरफ़ इशारा करते हुए*) मेरे दो पाँव हैं... (*गुरगाबी का एक पाँव उठाकर*) और यह एक है।

छोटी सरकार : (*हँसता है*) एक पैर गिर गया है रस्ते में

कटारी : ओह!

छोटी सरकार : (*पलंग पर बैठते हुए प्यार से*) आओ बैठो।

कटारी : नहीं जनाब... मुझसे बैठा नहीं जाता।

[पलंग पर से चीज़ें उठा लेती है।]

छोटी सरकार : (*कटारी का बाज़ू पकड़कर*) बैठ भी जाओ।

कटारी : न न न... हाथ मत लगाओ... कट जाएगा।

[तड़पकर एक तरफ़ हो जाती है।
छोटी सरकार उठता है और उसको पकड़ना चाहता है।
वह मुलहिक़ा कमरे में दौड़ जाती है।
छोटी सरकार मुतमइन होकर मुलहिक़ा कमरे की तरफ़ बढ़ता है तो खट से दरवाज़े के पट बंद हो जाते हैं।]

छोटी सरकार : (*दरवाज़े पर दस्तक देते हुए*) कटारी... कटारी...

[कट]

[मुलहिक़ा कमरा।]

कटारी : (*कपड़े बदलते हुए*) ठहरो... मैं कपड़े बदल रही हूँ।

[कट]

[छोटी सरकार का कमरा।
छोटी सरकार इज़्तिराब में टहलना शुरू कर देता है।
मुलहिक़ा कमरे का दरवाज़ा खुलता है।]

कटारी : (*दरवाज़े में से झाँकते हुए*) बाबू!

[छोटी सरकार मुतवज्जेह[12] होता है]

इज़ारबंद डालना है... कोई चीज़ दो।

[छोटी सरकार मेज़ पर से पिरोनी उठाकर कटारी के हाथों में देता है और साथ ही उसका हाथ पकड़ लेता है।
कटारी दाँतों से छोटी सरकार का हाथ काटकर अपना हाथ छुड़ा लेती है और दरवाज़ा बंद कर देती है।

छोटी सरकार अपना हाथ सहलाता रह जाता है और भिन्नाया हुआ-सा टहलना शुरू कर देता है।
रेडियो के पास जाता है और उसे ऑन करके कोई स्टेशन लगाता है—डांस की धुन शुरू हो जाती है। बढ़कर रिसाला उठाता है और सरेवर्क़ पर नज़र डालता है।]

[कट]

[सरेवर्क़ पर वही नीम बरहना तसवीर।]

[कट।]

[छोटी सरकार मुलहिक़ा कमरे के बंद दरवाज़े की तरफ़ देखता है।]

[कट]

[मुलहिक़ा कमरा।
कटारी तक़रीबन कपड़े बदल चुकी है।]

[कट]

[छोटी सरकार का कमरा।
मुलहिक़ा कमरे का दरवाज़ा खुलता है।
कटारी नए कपड़ों में, एक पाँव में गुरगाबी पहने, रेडियाई मौसीक़ी की ताल पर नाचती कमरे में आती है—पुराने कपड़े एक तरफ़ फ़ेंक देती हैं और छोटी सरकार की तरफ़ बढ़ती है। छोटी सरकार के हाथ से रिसाला छीनती है और सरेवर्क़ पर एक नज़र डालती है]

[कट]

[सरेवर्क़ पर वही नीम बरहना तसवीर।]

[कट]

[कटारी ज़ोर से रिसाला फेंक देती है।]

कटारी : (*नाक-मुँह सिकोड़ते हुए*) छीः-छीः!

छोटी सरकार : (*पलंग पर बैठते हुए*) आओ बैठो।

कटारी : नहीं जनाब ... मुझसे बैठा नहीं जाता ... तुम मुझे यह बताओ, तुम

रुपया-पैसा कहाँ रखते हो ?

छोटी सरकार : ओह⋯ तुम इधर तो आओ।

[चंद लम्हों के इंतिज़ार के बाद पलंग पर से उठता है और मेज़ के पास जाकर दराज़ खींचता है।]

[कट]

[मेज़ में से बाहर खींची हुई दराज़ में बिखरे हुए बहुत से नोट।]

[कट।]

[कटारी अपनी जेब से पासे निकालती है और दाएँ हाथ का चुल्लू-सा बनाकर पासे हिलाती है।]

कटारी : कहो तो तीन और छः फेंकूँ।

छोटी सरकार : तीन और छः तुम फ़ेंक चुकीं !

कटारी : लगाओ शर्त।

छोटी सरकार : लगाओ।

कटारी : सौ-सौ रुपए।

छोटी सरकार : रहे।

कटारी : लो⋯

[मेज़ पर पासे फेंकती है।
तीन, छः, नौ।]

[कट]

[मेज़ की सतह पर पड़े हुए दो पासे।
तीन, छः।]

[कट]

[कटारी झट से दराज़ में से सौ रुपए का एक नोट उठा लेती है। छोटी सरकार पासे उठाता है।]

[कट]

[हथेली पर रखे हुए दो पासे।
एक पर तीन-ही-तीन, दूसरे पर छः-ही-छः।]

[कट]

[छोटी सरकार पासे मेज़ पर पटककर कटारी की तरफ़ देखता है।

कटारी भागती है।

छोटी सरकार हैरान रह जाता है।

कटारी दरवाज़ा खोलकर बाहर निकलती है और बाहर से दरवाज़ा बंद कर देती है।

छोटी सरकार दरवाज़े की तरफ़ लपकता है।]

छोटी सरकार : कटारी... कटारी !

[*मुख़्तलिफ़ चीज़ों को ठोकरें मारता रेडियो के पास आता है। एक बटन घुमाता है तो मौसीक़ी बहुत ऊँची हो जाती है। एकदम रेडियो बंद कर देता है और कुर्सी पर बैठ जाता है, फिर फ़ौरन ही उठता है और दरवाज़े के पास जाकर दस्तक देता है। दरवाज़ा खुलता है।*]

कटारी !

[*गुलाब नज़र आता है। उसके हाथ में गुरगाबी का एक पैर है।*]

गुलाब : दरवाज़ा किसने बंद किया था बाहर से ?

छोटी सरकार : कटारी ने।

गुलाब : कटारी ने ?

छोटी सरकार : हाँ... गुरगाबी का पैर मिल गया ?

गुलाब : जी हाँ।

छोटी सरकार : आओ अंदर...

[*गुलाब अंदर आता है और कटारी के पुराने कपड़े देखकर ठिठकता है।*]

गुलाब : यह कपड़े... ?

छोटी सरकार : कटारी के हैं...

[*कुर्सी पर बैठ जाता है।*]

देखो गुलाब, इसका कुछ इंतिज़ाम करना पड़ेगा।

गुलाब : किसका ?

छोटी सरकार : (*पासों से खेलता हुआ उठता है*) कटारी का... आज ग़च्चा दे गई है मुझे... सब चीज़ें ले गई है... सब क्या, सौ रुपए का एक नोट भी साफ़ कर गई है... और कमबख़्त ने हाथ तक न लगाने दिया मुझे !

[*गुलाब का मुनासिब व मौज़ूं रद्दे-अमल।*]

एक दिन राह पर तो आ ही जाएगी, लेकिन मैं ज़्यादा देर इंतिज़ार नहीं कर सकता... मामला यूँ पटना चाहिए, यूँ... (*चुटकी बजाता है।*) तुम ऐसा करो, यह गुरगाबी का पैर ले जाओ उसके डेरे और उससे कहो कि वह कल मुझसे मिलने आए... उसे और बहुत-सी चीज़ें मिलेंगी... समझे ?

गुलाब : जी!

छोटी सरकार : मैं सब इंतिज़ाम कर रखूँगा... बस खा लिया एक गच्चा।

[गुलाब हाथ बढ़ाकर गुरगाबी का पैर मेज़ पर रखता है और सोच में ग़र्क़ चलने लगता है।]

कहाँ चले गुलाब?

गुलाब : जी... कटारी के डेरे।

छोटी सरकार : तो गुरगाबी का यह पैर तो लेते जाओ।

गुलाब : जी... जी हाँ।

[गुरगाबी का पैर उठाता है और कमरे से बाहर चला जाता है। छोटी सरकार पासे उठाता है, हिलाकर फेंकता है।]

छोटी सरकार : तीन, छः, नौ।

[कट]

[मेज़ की सतह पर पड़े हुए दो पासे।
तीन, छः।]

[कट]

[छोटी सरकार हँसता है।]

[फ़ेड आउट]

[फ़ेड इन]

[ख़ानाबदोशों का डेरा : डमरू का ख़ेमा : अंदरूनी हिस्सा।
रात का वक़्त।
डमरू चटाई पर बैठा है और पासे बना रहा है।]

डमरू : लो भई... यह लो कच्चे बारह...
[पासे फेंकता है]
सदक़े जाइए राजा नल के... कच्चे बारह ही आए...
(*पासे उठाकर हाथ में हिलाते हुए*) लो दोस्त, अब छः, तीन, नौ फेंकना...
[पासे फेंकता है।]
लो, धरे पड़े हैं छः तीन नौ...

[अपने कंधे पर थपकी देता है।]

डमरू उस्ताद, मेरी पीठ पर जोगनी है जोगनी ··· लाओ दोस्त, ढीले करो दस रुपए।

[दस रुपए पकड़ता है।]

[कैमरा पीछे हटता है तो हम देखते हैं कि उसने अपने दूसरे हाथ से नोट लिया है।

नोट जेब में रखता है—डब खोलकर बग़ैर सुइयों की घड़ी निकालता है—एक नज़र घड़ी पर डालता है, फिर डब में रख लेता है—जंभाई लेता है।]

दक़्त हो गया मेरे सोने का।

[चटाई पर लेट जाता है।

बाहर कुत्ता भौंकता है : अफ़-अफ़।]

एक दो ··· मतलब, अपना ही आदमी आया है ···

[कुत्ता फिर भौंकता है : अफ़-अफ़।]

तीन चार ··· नहीं, बाहर का आदमी है।

[उठता है और खे़मे से बाहर निकलता है।]

[कट]

[ख़ानाबदोशों का डेरा : डमरू का ख़ेमा : बैरूनी हिस्सा।

रात का वक़्त।

गुलाब ख़ेमे के बाहर खड़ा है।

डमरू ख़ेमे के अंदर से बाहर निकलता है।]

डमरू : क्यों बाबू ?

गुलाब : कटारी कहाँ है ?

डमरू : क्यों ?

गुलाब : उसके लिए एक चीज़ लाया हूँ।

डमरू : मेरा ख़याल है, इस वक़्त नहा के सिगरेट पी रही होगी ··· जानते हो कहाँ ?

गुलाब : जानता हूँ।

डमरू : मैं भी सबकुछ जानता हूँ।

गुलाब : क्या ?

डमरू : कुछ नहीं ··· जाओ।

[गुलाब चल पड़ता है।]

[कट]

[ख़ानाबदोशों का डेरा : झरना।
रात का वक़्त ।
कटारी पत्थरों पर टाँग-पर-टाँग रखे लेटी है—उसके एक हाथ में सिगरेट है।
आहिस्ता-आहिस्ता आँखें बंद करती है—उसके जिस हाथ में सिगरेट है, वह ढीला होकर लटक जाता है।
सिगरेट पानी की सतह के साथ छू जाता है और एकदम बुझ जाता है।
वह चौंकती है, मुसकराती है और सिगरेट फेंककर फिर आँखें बंद कर लेती है।
थोड़ी देर बाद उसे गुलाब की आवाज़ सुनाई देती है।]

गुलाब : कटारी!

कटारी : (*आँखें खोलकर*) कौन? ओह गुलाब…

[उठकर बैठ जाती है]

आओ, आओ।

[गुलाब उसकी तरफ़ बढ़ता है—काग़ज़ खोलकर गुरगाबी का पैर निकालता है।]

(*ख़ुश होकर*) मिल गया था तुम्हें!

गुलाब : हाँ।

[ज़ोर से गुरगाबी का पैर पानी पर दे मारता है।
कटारी सख़्त मुतहैयर[13] होती है।
गुलाब वापिस जाने के लिए मुड़ता है।]

कटारी : गुलाब!

गुलाब : (*मुड़ते हुए*) नाम न लाओ मेरा अपनी ज़बान पर।

कटारी : क्या हुआ है तुम्हें…? मुँह क्यों सूजा हुआ है तुम्हारा?

गुलाब : तुमने चाँटा जो मारा है।

कटारी : चाँटा…? मैंने?

गुलाब : हाँ तुमने…

(*एकदम ऊँची आवाज़ में*) क्यों गई थीं तुम छोटी सरकार के पास?

कटारी : ओह…

[हँसती है, फिर लहँगे की जेब में से सौ रुपए का नोट निकालती है।]

यह लेने…तुम्हारे वापिस जो देने थे।

गुलाब : मुझे नहीं चाहिएँ।

कटारी : ले लो गुलाब... अब तो हमारी-तुम्हारी दोस्ती है... पहले और बात थी... लो।

[*गुलाब नोट लेकर उसके पुर्ज़े-पुर्ज़े कर देता है।*]

गुलाब : यह लो।

कटारी : (*सख़्त मुतहैयर होकर*) क्या हुआ है तुम्हें ?

गुलाब : मेरे बस में होता तो तुम्हारे इन कपड़ों को भी चिंदी-चिंदी कर देता जो तुम उस बदमाश से लाई हो... तुम्हें शर्म नहीं आती ?

कटारी : किस बात की ?

गुलाब : भोली मत बनो कटारी... मुफ़्त में कोई इतनी चीज़ें और रुपए नहीं दिया करता... क्यों लिए तुमने उससे यह कपड़े ?

कटारी : मुझे इनका शौक़ है।

गुलाब : उसे भी कुछ शौक़ है।

कटारी : क्या ?

गुलाब : पता चल जाएगा तुम्हें।

कटारी : ऊँह... ऐसे मैंने कई देखे हैं... मैं इस उँगली पर नचा सकती हूँ उसे।

गुलाब : मैं तुमसे सिर्फ़ यह कहने आया हूँ कि अब मत जाना वहाँ।

कटारी : क्यों न जाऊँ... उसके पास दौलत है... और मुझे अपने हार सिंगार के लिए बहुत सारी चीज़ें चाहिएँ।

गुलाब : मैं कहता हूँ, तुम नहीं जाओगी।

कटारी : मैं जाऊँगी और ज़रूर जाऊँगी... इतनी मुद्दत के बाद तो एक काम का आदमी मिला है।

गुलाब : (*ज़हरखुंद के साथ*) और तुम उस काम के आदमी के पास अपना आप चंद रेशमी कपड़ों के बदले में बेच दोगी।

[*कटारी एकदम उठकर गुलाब के मुँह पर चाँटा मार देती है।*]

कटारी : बको नहीं।

[*गुलाब ख़ामोश खड़ा रहता है।*]

जाओ... जाओ... चले जाओ यहाँ से।

[*गुलाब को धक्का देती है—गुलाब चलने लगता है तो पत्थर उठा-उठाकर इधर-उधर फेंकती है।*

गुलाब ख़ामोश चलता रहता है।

कटारी रोना शुरू कर देती है—जब गुलाब उसकी नज़रों से ओझल हो जाता है तो वह ज़मीन पर पड़े पत्थरों और कंकरों को ठोकरें मारती हुई डेरे की तरफ़ बढ़ती है।]

[कट]

ख़ानाबदोशों का डेरा : डमरू का ख़ेमा : अंदरूनी हिस्सा। रात का वक़्त।

डमरू चटाई पर सो रहा है—ज़ोर से एक पत्थर लुढ़कता हुआ अंदर आता है और डमरू के लगता है।

डमरू घबराकर उठता है और पत्थर की तरफ़ देखता है।

कटारी की आवाज़ सुनाई देती है : मैं जाऊँगी और ज़रूर जाऊँगी।

सख़्त ग़ुस्से और चिड़चिड़ेपन के आलम में कटारी अंदर आती है और दो-तीन चीज़ें उठाकर फ़र्श पर दे मारती है।]

डमरू : कटारी!

कटारी : मुझे अपने हार सिंगार के लिए बहुत सारी चीज़ें चाहिएँ... उस कँगले के पास क्या है?

[*दो-एक चीज़ें और उठाकर दे मारती है।*]

डमरू : कटारी!

कटारी : मुहब्बत करता है मुझसे... मुहब्बत न हुई, पिंजरा हो गया... 'तुम नहीं जाओगी'... वाह... मैं जाऊँगी और ज़रूर जाऊँगी।

डमरू : कटारी!

कटारी : बक नहीं... मुझे रेशमी कपड़े चाहिएँ... मुझे बहुत सारे रेशमी कपड़े चाहिएँ... मुझे ढेरों रेशमी कपड़े चाहिएँ... मैं जाऊँगी और ज़रूर जाऊँगी... उसको चिढ़ाने के लिए जाऊँगी... लेकिन... लेकिन मैंने उसे क्यों मारा... (*रोना शुरू कर देती है।*)
मैंने उसे क्यों मारा... (*चुप हो जाती है।*)
(*एकदम मूड बदलकर*) मारा है, ठीक मारा है... उसने क्यों कहा, मैं बेच दूँगी अपने आपको... (*फिर चुप हो जाती है।*)
मेरी समझ में कुछ नहीं आता।

[*फिर रोने लगती है और रोते-रोते ख़ेमे से बाहर निकल जाती है।*]

डमरू : (*बड़े फ़लसफ़ियाना अंदाज़ में*) कुछ समझ में नहीं आ रहा तो इसका मतलब यह है... इश्क़ हो गया है लौंडिया को... और इश्क़ कारोबार के लिए मुफ़ीद चीज़ नहीं...

[*चटाई पर लेट कर आँखें बंद कर लेता है।*]

लेकिन इसका इलाज कर दिया जाएगा।

[फ़ेड आउट]

[फ़ेड इन]

[बड़ी सरकार की हवेली : बाग़ : फ़व्वारा।
गुलाब फ़व्वारे की मुँडेर पर बैठा है—फ़व्वारा चल रहा है—गुलाब पानी की बूँदों के साथ खेल रहा है।
थोड़े वक़्फ़े के बाद एक गुलाब का फूल गुलाब के चेहरे के साथ टकराकर पानी में गिर जाता है।
गुलाब का रद्दे-अमल।
इधर-उधर देखता है—कोई नज़र नहीं आता।
उठता है कि एक और गुलाब का फूल उसके सिर पर लगता है और एक आवाज़ आती है : गुलाब।]

गुलाब : कौन है?

[इधर-उधर देखता है, फिर दस-पंद्रह क़दम चलकर झाड़ी के पास पहुँचता है।
फिर एक आवाज़ आती है : गुलाब!
और चमेली झाड़ी के अक़ब से निकलती है और हँसती है।]

ओह...चमेली!

[चमेली गुलाब के फूल की पत्तियाँ नोचती हुई गुलाब के पास आती है।]

चमेली : तुम हमसे बात ही नहीं करते।

गुलाब : (*बेएतिनाई से*) मेरे मुँह में वह ज़बान नहीं जो छोटी सरकार के मुँह में है।

[चमेली बुरा-सा मुँह बनाती है—गुलाब एक तरफ़ हटता है—चमेली उसकी तरफ़ बढ़ती है।]

चमेली : यह कटारी कौन है?

गुलाब : मुझे मालूम नहीं।

चमेली : छोटी सरकार को तो बहुत पसंद है...कल इतनी चीज़ें लाके दीं उसे।

गुलाब : दी होंगी।

चमेली : तुमने आज तक मुझे कुछ नहीं दिया।

गुलाब : ग़रीब आदमियों के पास देने के लिए चीज़ें नहीं होतीं...बस एक दिल होता है...

चमेली : (*एकदम से*) और वह...?

गुलाब : वह मैं दे चुका हूँ।

चमेली : किसे?

गुलाब : कोई ले गया।

चमेली : बताओ न, कौन है वह ?

[बातें करते-करते दोनों गेट के पास पहुँच जाते हैं।
गुलाब के फूल की पत्तियाँ गुलाब के मुँह पर फेंकती है।]

बताओ ना, कौन है वह ?

[एकाएक कटारी सामने आ जाती है।
गुलाब, कटारी और चमेली का रद्दे-अमल।
कटारी एक लहज़े के लिए रुकती है, फिर बहुत ही बेरुख़ी से गुलाब की तरफ़ देखती है।]

कटारी : छोटी सरकार हैं अंदर ?

[गुलाब ख़ामोश रहता है—कटारी आगे बढ़ती है।]

चमेली : (*गुस्से में कटारी से*) ऐ···किधर जाती है तू ?

[कटारी को रोकने के लिए लपकती है—गुलाब उसे पकड़ लेता है।]

गुलाब : जाने दे चमेली !

[कटारी मुसकराती हुई चली जाती है।]

[कट]

[बड़ी सरकार की हवेली : छोटी सरकार का कमरा : अंदरूनी हिस्सा।
कालू दरवाज़े में खड़ा है और छोटी सरकार उससे ज़रा फ़ासले पर।]

छोटी सरकार : समझ गए ना सबकुछ ?

कालू : जी हाँ सरकार !

[कालू के पीछे से कटारी नमूदार होती है, मुसकराती हुई।
छोटी सरकार आँख मारता है कालू को।]

कटारी : आँख तो तुम ख़ूब मारते हो।

[आँख मारकर मुसकराती है।]

छोटी सरकार : आओ···अंदर आओ।

[कटारी थिरकती हुई अंदर दाख़िल होती है।
छोटी सरकार आगे बढ़ता है और दरवाज़ा बंद करके चिटख़नी चढ़ा देता है।
कटारी का ख़फ़ीफ़-सा[14] रद्दे-अमल।]

कटारी : (*शरारत के साथ*) कोई आ न जाए···क्यों ?

[छोटी सरकार मुस्कराकर इस्बात में सिर हिलाता है।

बंद दरवाज़े के बाहर से कुंडी लगने की आवाज़ आती है।
कटारी तीर की तरह दरवाज़े की जानिब बढ़ती है—अंदर की चिटख़नी चश्मेज़दन[15] में खोलती है और दरवाज़ा अंदर की तरफ़ खींचती है लेकिन दरवाज़ा नहीं खुलता।
घूमकर बिल्ली की तरह तेज़-तेज़ निगाहों से छोटी सरकार को घूरती है, फिर मुलहिक़ा कमरे के दरवाज़े की तरफ़ लपकती है और उसे ज़ोर से धकेलती है—दरवाज़ा बंद रहता है। अपने आज़ा ढीले छोड़कर थिरकती हुई छोटी सरकार के पास जाती है।]

(*एक अदा के साथ*) तो यह बात है?

[*छोटी सरकार मुसकराता है।*
कटारी पैंतरा बदलकर खिड़की की तरफ़ लपकना चाहती है, मगर छोटी सरकार दौड़कर खिड़की की तरफ़ पुश्त करके उसके सामने खड़ा हो जाता है।]

छोटी सरकार : आज मैं कोई पेश नहीं चलने दूँगा।

[*कटारी बिजली की-सी तेज़ी के साथ अपनी कटारी निकाल लेती है।*]

कटारी : यह पेश क़ब्ज़ भी नहीं?

छोटी सरकार : कटारी!

[*कटारी पेश क़ब्ज़ को ज़ोर से छोटी सरकार की तरफ़ फैंकती है। छोटी सरकार खिड़की के आगे से हट जाता है।*
पेश क़ब्ज़ खिड़की में से बाहर निकल जाती है]

[**कट**]

[*बड़ी सरकार की हवेली : बाग़।*
गुलाब ख़ामोश और उदास खड़ा है।
पेश क़ब्ज़ उसके पास आन गिरती है—झुककर उसे उठाता है।
कटारी की आवाज़ आती है : गुलाब... गुलाब।
चौंकता है।]

[**कट**]

[*बड़ी सरकार की हवेली : छोटी सरकार का कमरा : अंदरूनी हिस्सा।*
छोटी सरकार का एक हाथ कटारी के मुँह पर है और दूसरा

कटारी की पुश्त पर।

कटारी कोशिश कर रही है कि छोटी सरकार की गिरफ़्त से निकल जाए–दोनों एक-दूसरे से गुथ जाते हैं।

छोटी सरकार उसके हाथ उसकी पीठ के पीछे बाँध देता है और उसके मुँह में रूमाल ठूँस देता है।

कटारी पलंग पर पड़ी टाँगें चलाती है–छोटी सरकार उसकी बेबसी पर ख़ुश होता है।]

छोटी सरकार : अब कहाँ जाएगी तू?

[*दराज़दस्ती*[16] *करने लगता है–कटारी ज़ोर-ज़ोर से टाँगें चलाती है–उसके मुँह से रूमाल निकल जाता है।]*

कटारी : (*ज़ोर से चिल्लाती है*) गुलाब...

[*छोटी सरकार फ़ौरन उसके मुँह पर हाथ रख देता है।*

एकदम दरवाज़ा बहुत ही ज़ोर से खुलता है।

गुलाब तेज़ी से अंदर आता है और पलंग से कुछ दूर रुक जाता है।]

छोटी सरकार : (*हैरत से*) तुम?

गुलाब : हाँ छोटी सरकार!

छोटी सरकार : चले जाओ यहाँ से।

गुलाब : (*कटारी से*) कटारी, चली जाओ यहाँ से।

छोटी सरकार : (*गुस्से में*) मैं तुमसे कह रहा हूँ।

गुलाब : मैं तुमसे कह रहा हूँ कटारी!

[*आगे बढ़कर कटारी को उठाता है–उसके बँधे हुए हाथ खोलता है।*

छोटी सरकार आग-बगूला हो जाता है और गुलाब के चाँटा मारता है।]

छोटी सरकार : बदतमीज़...चल दूर हो यहाँ से।

[*कटारी को पकड़ना चाहता है। गुलाब इस ज़ोर से छोटी सरकार की ठोड़ी के नीचे घूँसा जमाता है कि वह लड़खड़ाता हुआ पलंग पर जा गिरता है।*

गुलाब हाथ बढ़ाकर कटारी का बाज़ू पकड़ता है और उसको घसीटता हुआ कमरे से बाहर ले जाता है।

छोटी सरकार अपनी ठोड़ी सहलाता हुआ उठता है और खिड़की की तरफ़ बढ़ता है।]

[कट]

[बड़ी सरकार की हवेली : बाग़ का मेन गेट।
कटारी और गुलाब खड़े हैं।]

गुलाब : जाओ कटारी!

कटारी : सुनो तो।

गुलाब : मैं कुछ सुनना नहीं चाहता···चली जाओ यहाँ से।
[कटारी को धकेलता है।]

कटारी : (*नाराज़गी के साथ*) हाय···धक्के तो न मारो।

गुलाब : तुम इसी क़ाबिल हो।

कटारी : हुँह···मुझे बचा क्या लिया है, सिर पर ही चढ़ बैठे हो।
[गुलाब गेट बंद कर देता है।
कटारी चंद कदम चलती है, रुकती है और पलटती है।]
गुलाब!

गुलाब : क्या है?

कटारी : मैं कैसी भी हूँ, पर तुम्हारे दिल में यह ख़याल न रहे कि मैं किसी का एहसान नहीं मानती···तुमने मुझे बचाया है···शुक्रिया।
[थिरकती हुई चली जाती है।
गुलाब पलटता है, चंद क़दम चलता है।
छोटी सरकार की आवाज़ आती है : गुलाब।
गुलाब सिर उठाता है, फिर झुका लेता है।]

गुलाब : आया हुज़ूर!

[कट]

[बड़ी सरकार की हवेली : बड़ा कमरा : अंदरूनी हिस्सा। तख़्त पर गावतकिए का सहारा लिए बड़ी सरकार बैठा है। एक तरफ़ मुंशी हाथ बाँधे खड़ा है और दूसरी तरफ़ गुलाब सिर झुकाए खड़ा है।]

गुलाब : जी हुज़ूर!

बड़ी सरकार : (*गरजदार आवाज़ में*) तुम अगर हमारे वफ़ादार मुंशी के लड़के न होते तो इस गुस्ताख़ी की सज़ा, जो तुमने छोटी सरकार के साथ की है, यह होती कि हम खड़े-खड़े तुम्हारी खाल उधेड़ देते···(*चंद लम्हों के बाद*) बहुत ज़्यादा नर्मी बरतकर हम तुम्हें यह सज़ा देते हैं कि फ़ौरन यहाँ से निकल जाओ।
[मुंशी का रद्दे-अमल।]
और कभी इधर का रुख़ न करो···मुंशी जी, क्या हम मेहरबान नहीं?

मुंशी : (*हाथ जोड़कर*) सरकार, आप मेहरबान न होते तो यह ग़ुलाम इस नालायक़ को पाल-पोसकर इतना बड़ा कैसे कर सकता था⋯मुझे अफ़्सोस है कि इससे ऐसी हरकत सरज़द हुई।

बड़ी सरकार : हमने जो सज़ा इसके लिए तजवीज़ की है, आपको मंज़ूर है?

मुंशी : सरकार, मेरी क्या मजाल है कि⋯

गुलाब : लेकिन हुज़ूर, जो वाक़िआत हैं क्या आपको उनका इल्म है?

बड़ी सरकार : (*एकदम गावतकिए की टेक से अलग होकर*) लड़के, नौकर की ज़बान उसकी गुद्दी ही में रहनी चाहिए⋯इसका तुम्हें इल्म है?

मुंशी : (*गुलाब से*) गुलाब, तुम बहुत गुस्ताख़ हो गए हो⋯माफ़ी माँगो बड़ी सरकार से।

[*गुलाब पहले बाप की तरफ़ देखता है, फिर एक नज़र बड़ी सरकार पर डालता है और कमरे से बाहर निकल जाता है।*]

[कट]

[*बड़ी सरकार की हवेली : बड़ा कमरा : बैरूनी हिस्सा। छोटी सरकार एक तरफ़ खड़ा है—गुलाब कमरे से बाहर निकलता है।*
छोटी सरकार मुसकराता है—गुलाब उसकी मुसकराहट का जवाब दिए बग़ैर चला जाता है।]

[कट]

[*बड़ी सरकार की हवेली : बाग़।*
माली क्यारियाँ दुरुस्त करने में मसरूफ़[17] *है—चमेली भी उसका हाथ बटा रही है।*]

चमेली : (*थकी हुई आवाज़ में*) मुझसे यह काम नहीं होता।

माली : (*मानीख़ेज लहजे में*) नहीं होता तो न किया कर⋯तुझे मजबूर कौन करता है!

चमेली : ठीक है, पर अकेले मैं क्या करूँ?

माली : जो भी तुझे सूझे!

[*मुंशी नमूदार होता है।*]

आइए मुंशी साहब, आइए।

[*मुंशी क़रीब आता है—अफ़सुर्दा है।*]

कहिए, गुलाब का कुछ पता लगा?

मुंशी : नहीं।

माली : गुलाब आपकी औलाद है... दिल पर इस तरह पत्थर नहीं रख लेना चाहिए।

मुंशी : क्या करूँ भाई, मजबूर हूँ...

[पास ही बैठ जाता है।]

मुझ में इतनी हिम्मत नहीं।

माली : अच्छे बाप हैं आप मुंशी साहब !

मुंशी : मेरे ज़ख़्मों पर नमक न छिड़को माली... जब से वह गया है, मेरे दिल की बहुत बुरी हालत है... तुम समझते हो कि मुझे उसका दर्द नहीं... तुम समझते हो कि मैं उसे क़ुसूरवार समझता हूँ... नहीं-नहीं !

माली : मैं पता लूँ गुलाब का ?

मुंशी : (*आहिस्ता से*) नहीं।

[छोटी सरकार आ जाता है—तीनों खड़े हो जाते हैं।]

छोटी सरकार : माली !

माली : हुज़ूर !

छोटी सरकार : हमारे कमरे के गुलदानों में कल के बासी फूल पड़े झक मार रहे हैं... वजह !

माली : (*चमेली की तरफ़ देखकर*) हुज़ूर, यह चमेली का क़ुसूर है।

छोटी सरकार : तो भेजो इसे जल्दी कि नए फूल सजाए।

[चमेली की तरफ़ कनखियों से देखता हुआ चला जाता है। माली मानीख़ेज़ नज़रों से चमेली की तरफ़ देखता है।]

माली : जाओ चमेली... ताज़ा फूल फ़व्वारे के पास पड़े हैं।

[चमेली आहिस्ता-आहिस्ता चली जाती है—माली फिर अपने काम में मशग़ूल हो जाता है।]

(*बड़बड़ाते हुए*) आपने क्यों गुलाब को जाने दिया... क्या आपको सारी बात मालूम नहीं थी ?

मुंशी : तुमने चमेली को क्यों जाने दिया...

[माली चौंकता है।]

क्या तुम्हें सारी बात मालूम नहीं है ?

माली : (*एकदम उठकर*) क्या ?

मुंशी : मुझसे क्या पूछते हो... अपने दिल से पूछो।

माली : बताइए... बताइए मुंशी साहब, आपको क्या मालूम है ?

मुंशी : मैं कह चुका हूँ, अपने दिल से पूछो।

माली : अपने दिल से...

(*आहिस्ता से*) मेरा दिल है कहाँ ?

मुंशी : तुम मुझसे कह रहे थे···'अच्छे बाप हैं आप मुंशी साहब···' मैं कहता हूँ, क्या तुम बाप नहीं हो···? तुमने कहा था···'गुलाब आपकी औलाद है···दिल पर इस तरह पत्थर नहीं रख लेना चाहिए···' मैं कहता हूँ चमेली तुम्हारी औलाद है···तुमने क्यों अपनी आँखों पर पट्टी बाँध रखी है?

[*माली ख़ामोश रहता है और संजीदा हो जाता है।*]

जो खेल तुम्हारी आँखों के सामने हो रहा है, आदमी की आँखों पर पट्टी बँधी हो तो भी देख सकता है···लेकिन तुम इतने बेग़ैरत हो कि···

माली : बस!

मुंशी : मैं ग़ुलाम हूँ···मेरा बाप ग़ुलाम था, मेरा दादा ग़ुलाम था···सदियों की ग़ुलामी मेरे ख़ून में रची हुई है···बेक़ुसूर गुलाब को यहाँ से निकाला गया, मैं उफ़ तक न कर सका···इसलिए कि मुझमें जुर्रत नहीं थी, पर मैं ख़ुश हूँ कि मेरा बेटा इस गंदगी से निकल गया···तुम तो एक लड़की के बाप हो माली···चमेली मेरी बेटी होती तो···

माली : ऐसी बात मुँह से न निकालिए।

मुंशी : क्यों?

माली : चमेली आपकी बेटी क्यों हो?

मुंशी : (*हैरत से*) क्या मतलब?

माली : आइए मेरे साथ।

[*मुंशी हैरतज़दा उसके साथ चल पड़ता है।*
क्वार्टरों तक दोनों ख़ामोश चलते रहते हैं।]

आ जाइए अंदर।

[*माली के पीछे-पीछे मुंशी भी क्वार्टर में दाख़िल हो जाता है।*]

[कट]

[*बड़ी सरकार की हवेली : माली का क्वार्टर : अंदरूनी हिस्सा।*
माली और मुंशी, आगे-पीछे, दोनों अंदर आते हैं।]

(*खाट की तरफ़ इशारा करते हुए*) बैठ जाइए।

[*मुंशी ख़ामोशी से खाट पर बैठ जाता है।*
माली कुछ देर इधर-उधर टहलता रहता है, फिर एकदम मुंशी के सामने रुक जाता है।]

चमेली मेरी लड़की नहीं है मुंशी जी!

[*मुंशी उठ खड़ा होता है।*]

मुंशी : चमेली तुम्हारी लड़की नहीं है?

माली : जी नहीं···

[और बेतहाशा हँसना शुरू कर देता है—फिर एक कोने में पड़े हुए पलंग की तरफ़ देखता है और एकदम ख़ामोश हो जाता है ।]

(*पलंग की तरफ़ इशारा करते हुए*) वह··· यहाँ लेटी हुई थी···

मुंशी : कौन ?

माली : मेरी बीवी···

[आँखों में आँसू आ जाते हैं ।]

आख़िरी साँस थे···बच्ची की पैदाइश की जितनी ख़ुशी हुई थी, सब दुख बन गई थी···उसकी आँखों से आँसू बह रहे थे···एकाएकी बच्ची दूध के लिए बिलखने लगी···मैंने कहा : ''दो आख़री घूँट तो मेरी बेटी को देती जाओ···!''

यह सुनकर उसने मुँदी-मुँदी आँखों से अपनी बच्ची की तरफ़ देखा, फिर मेरी तरफ़ आँखें उठाईं और यह ख़ौफ़नाक बात कही : ''यह तुम्हारी बेटी नहीं है माली···!'' यह सारा क्वार्टर मेरी आँखों तले घूम गया··· ''किसकी है···?'' मैंने पूछा···उसने जवाब दिया : ''बड़ी सरकार की···गला घोंट दो इसका···'' यह सुनकर मुझे कोई होश न रहा···मुझे मालूम नहीं, उस गुनाहगार की कब जान निकली···

[ख़ामोश हो जाता है ।

मुंशी आपसे आप खाट पर बैठ जाता है, हैरतज़दा और गुमसुम । थोड़े तवक़्क़ुफ़ के बाद मुंशी गर्दन उठाकर माली की तरफ़ देखता है ।]

मुंशी : तुमने गला क्यों न घोंट दिया उस शैतान की बच्ची का !

माली : मैं गला घोंटने ही वाला था कि मेरे मन के अंदर एक शैतान पैदा हो गया···उसने मुझसे कहा : ''नहीं माली, इसे ज़िंदा रहने दो···इसको पाल-पोसकर बड़ा करो···बड़ी सरकार का एक लड़का है । जवान होकर वह भी बाप की तरह खुल खेलेगा···क्या पता है कि यह हराम की बच्ची और वह···''

मुंशी : (*एकदम चीख़ते हुए*) बस···बस···बस ।

माली : अभी बस कहाँ···मैं अपने दिल के फोड़े को सोलह बरस तक पकाता रहा हूँ···अब तो उसके फूटने का वक़्त है, बह जाने का वक़्त है···

[माली की आवाज़ की गूँज फैलने लगती है—फैलती शिद्दत पकड़ती गूँज के साथ मंज़र धुँधला जाता है ।]

[दी एंड]

1. समाप्त करना, खो जाना; 2. संलग्न; 3. बेचैन; 4. देर, समय; 5. लिपटी; 6. कोण; 7. भय से उत्पन्न घबराहट; 8. गतिशील; 9. पीछा करना; 10. मंत्र-मुग्ध; 11. अर्द्धनग्न; 12. आकर्षित; 13. स्तब्ध; 14. हल्का-सा; 15. पलक झपकने मात्र समय; 16. ज़बरदस्ती; 17. व्यस्त।

इस मंझधार में

किरदार

बेगम साहब : माँ
अमजद : बेगम साहब का बड़ा बेटा; शिकस्ता
मजीद : बेगम साहब का छोटा बेटा; साबित व सालिम
सईदा : अमजद की नई नवेली हसीन दुलहन
असग़री : मामूली शक्लो-सूरत की जवान ख़ादिमा
करीम : ख़ादिम
गुलाम मुहम्मद : ख़ादिम

पहला मंज़र

[निगार विला का एक कमरा ।
इसकी ख़ूबसूरत शीशा लगी खिड़कियाँ पहाड़ी की ढलवानों की तरफ़ खुलती हैं—हद्दे-नज़र तक पहाड़ ही पहाड़ नज़र आते हैं, जो आसमान की ख़ाकिस्तरी[1] माइल नीलाहटों में घुल-मिल गए हैं—खिड़कियों के रेशमी परदे सुबह की हल्की-फुल्की हवा से हौले-हौले सरसरा रहे हैं।
यह कमरा, जैसा कि साज़ो-सामान से मालूम होता है, हज्लाए-अरूसी[2] में तब्दील किया जा रहा है—दाएँ हाथ को खिड़कियों के पास मसहरी है । उसके साथ ही एक कोने में शीशे की तिपाई है, जिस पर बिल्लौर की सुराही और गिलास के अलावा टाइमपीस भी रखा हुआ है—पीछे हटकर प्याज़ी टफ़ेटे में मलबूस सोफ़ासेट है, जिस पर दो ख़ादिम गद्दियाँ सजा रहे हैं—उनसे ज़रा दूर हटकर एक जवान ख़ादिमा, जो मामूली शक्लो-सूरत की है, आतिशदान पर सजी हुई मुख़्तसर चीज़ों को और ज़्यादा सजाने की कोशिश कर रही है ।
यूँ लगता है, कमरे की फ़ज़ा में ऐसी दोशीज़गी[3] है, जो ज़रा-सी जुंबिश से मन्कूहियत[4] में तब्दील हो सकती है। बाहर से टाइलों में लकड़ी की नन्ही ज़रबों की आवाज़ आती है—तीनों ख़ादिम हल्के से रद्दे-अमल के साथ अपने-अपने काम में मश्ग़ूल रहते हैं ।

दरवाज़े से एक अधेड़ उम्र की वजीह[5] औरत बैसाखियों की मद से अंदर आती है ।]

बेगम साहब : (बैसाखियों की मदद से कमरे में इधर-उधर फिरकर, तमाम चीज़ों को सही मक़ाम पर देखकर, इत्मीनान का इज़्हार करते हुए) ठीक है !
[एक बैसाखी को अपनी बग़ल से अलग करके सोफ़े के बाज़ू के

साथ रखकर बैठना चाहती है, मगर फ़ौरन ही अपना इरादा तर्क कर देती है—इस अमल में उसका एक हाथ सोफ़े के बाज़ू की चमकीली सतह के साथ छू जाता है और उस पर निशान पड़ जाता है—वह अपने दुपट्टे का एक कोना पकड़कर ख़ुद-ब-ख़ुद मिट जानेवाला निशान बुझा देती है और फिर बैसाखी अपनी बग़ल में अच्छी तरह जमाकर नौजवान ख़ादिमा से मुख़ातिब होती है।]

असग़री !

असग़री : (*फ़ौरन मुतवज्जेह होकर*) जी !

बेगम साहब : (*एकदम यह महसूस करके, जैसे वह भूल गई हो कि उसने असग़री से तख़ातुब*[6] *क्यों किया था*) मैं क्या कहनेवाली थी ?

असग़री : (*मुसकराती है*) आप यह कहनेवाली थीं कि आपका इत्मीनान नहीं हुआ···मैं भी यही समझती हूँ बेगम साहब···

[*आतिशदान से ज़रा ऊपर, ऐन दरमियान में आवेज़ाँ*[7] *रेशमी डोरी से बँधी दुलहन की तसवीर की तरफ़ देखती है। दुलहन बहुत ख़ूबसूरत है···इस कमरे की तमाम सजावटें उसके सामने मांद पड़ जाएँगी।*]

बेगम साहब : (*मुसकराते हुए आहिस्ता-आहिस्ता आतिशदान की तरफ़ बढ़ती है—अपनी बहू की तसवीर को ग़ौर से देखती है—यकायक ख़ुश होती है और फिर एकदम घबरा-सी जाती है*) असग़री !

असग़री : जी !

बेगम साहब : सुबह से मेरी तबीयत कुछ घबरा-सी रही है।

असग़री : अमजद मियाँ जो आ रहे हैं अपनी दुलहन के साथ।

बेगम साहब : (*अपने ख़यालात में खोए-खोए*) हाँ···बस आने ही वाला है···कमाल मोटर ले गया है स्टेशन पर।

असग़री : अगले साल मजीद मियाँ की शादी भी कर दीजिए···घर में रौनक़-ही-रौनक़ हो जाएगी।

बेगम साहब : इनशाल्लाह···वह भी इनशाल्लाह इसी तरह बख़ैरो-ख़ूबी अंजाम पाएगी··· (*ज़ेरे-लब कहते हुए*) इनशाल्लाह।

असग़री : (*दुलहन की तसवीर की तरफ़ देखते हुए और उसके हुस्न से मुतास्सिर*[8] *होते हुए*) अल्लाह नज़रे-बद से बचाए।

बेगम साहब : (*ग़ैर इरादी तौर पर करीब-क़रीब चीख़ते हुए*) असग़री !

असग़री : (*सहमकर*) जी !

बेगम साहब : कुछ नहीं···गाड़ी कब आती है कराची से ?

असग़री : मालूम नहीं बेगम साहब !

बेगम साहब : (*एक ख़ादिम से मुख़ातिब होते हुए*) तुम टेलीफ़ोन करो और पूछो⋯लेकिन गाड़ी तो कल ही की रावलपिंडी पहुँच चुकी है। मजीद का तार जो वहाँ से आया था।

करीम : जी हाँ !

बेगम साहब : तो मैंने कमाल को किस स्टेशन पर भेजा है⋯(*घबराकर*) ख़ुदा मालूम, मेरे दिमाग़ को क्या हो गया है⋯अमजद मियाँ को तो रात रावलपिंडी ठैरना था, अपने दोस्त सईद के पास⋯और मैं वैसे ही समझ रही थी कि वह रावलपिंडी से चल चुके होंगे⋯(*दूसरे ख़ादिम से मुख़ातिब होते हुए*) ग़ुलाम मुहम्मद!

ग़ुलाम मुहम्मद : जी !

बेगम साहब : तुम देखो, कमाल कहाँ है⋯? मोटर कहाँ ले गया है ?

ग़ुलाम मुहम्मद : जी बहुत अच्छा !

[*कमरे से बाहर चला जाता है।*]

बेगम साहब : (*असग़री से मुख़ातिब होते हुए*) आज सुबह से मेरी तबीयत ठीक नहीं⋯चलने-फिरने से माज़ूर[9] न होती तो⋯इस कमबख़्त डॉक्टर हिदायतुल्लाह ने मना न किया होता तो मैं ख़ुद दुलहन को लेकर आती⋯

[*कमरे के बाहर दूर कहीं टेलीफ़ोन की घंटी बजती है।*]

मेरा ख़याल है, अमजद मियाँ के दोस्त का टेलीफ़ोन है कि वह चल पड़े हैं⋯जाओ असग़री, भाग के जाओ⋯

[*असग़री दौड़ी-दौड़ी बाहर जाती है।*]

(*अपनी अफ़सुर्दगी दूर करने की ख़ातिर करीम से मुख़ातिब होती है*) बस अब आते ही होंगे अमजद मियाँ !

करीम : अल्लाह ख़ैर ख़ैरियत से लाए।

बेगम साहब : (*क़रीब-क़रीब चीख़ते हुए*) क्या मतलब है तुम्हारा ?

करीम : (*डरकर*) जी यही कि⋯यही कि⋯

[*कमरे के बाहर दूर कहीं से असग़री की चीख़ों की आवाज़ सुनाई देती है।*]

बेगम साहब, बेगम साहब !

बेगम साहब : (*सरासीमा होकर*) क्यों क्या हुआ ?

[*असग़री सख़्त इज़्तिराब[10] की हालत में अंदर आती है।*]

असग़री : बेगम साहब, बेगम साहब⋯

बेगम साहब : (*बैसाखियों को दोनों हाथों से मजबूती से पकड़ते हुए*) क्या है ?

असग़री : जी, मजीद मियाँ का टेलिफ़ोन आया है कि···कि गाड़ी···गाड़ी टकरा गई है···

बेगम साहब : (*बैसाखियों पर हाथों की गिरफ़्त और ज़्यादा मज़बूत करते हुए*) फिर ?

असग़री : अमजद मियाँ और उनकी दुलहन, दोनों ज़ख़्मी हो गए हैं और हस्पताल में पडे हैं।

[*बेगम साहब के हाथों की गिरफ्त ढीली पड़ जाती है—बैसाखियाँ बग़लों से निकलकर गिर पड़ती हैं—एक लह्ज़े के लिए पत्थर का बुत बनी खड़ी रहती है—फिर उसमें थोड़ी-सी जुंबिश होती है और वह दरवाज़े की जानिब बढ़ती है।*]

बेगम साहब : कमाल को ढूँढ़ो। उसे कहो, मोटर लाए···हम रावलपिंडी जा रहे हैं।

[*बेगम दरवाज़े की तरफ़ बढ़ रही है—गुलाम मुहम्मद और असग़री, दोनों हैरतज़दा हैं—असग़री ज़ोर से चीख़ती है। बेगम पलटकर असग़री की तरफ़ देखती है।*]

(*सख़्त आवाज़ में*) क्या है ?

असग़री : आप···आप चल सकती हैं···चल रही हैं।

बेगम साहब : (चौंककर) मैं···

[*अपनी बग़लों में बैसाखियों की अदम मौजूदगी महसूस करती है।*]

मैं चल सकती हूँ···मैं कैसे चल सकती हूँ ?

[*एकदम चकराती है और फ़र्श पर गिरकर बेहोश हो जाती है।*]

असग़री : (*बेगम की तरफ़ बढ़ते हुए, ग़ुलाम मुहम्मद से मुख़ातिब होते हुए*) ग़ुलाम मुहम्मद, जाओ डॉक्टर साहब को टेलीफ़ोन करो।

[*ग़ुलाम मुहम्मद कमरे से बाहर निकल जाता है।*

फ़र्श पर बैठकर, बेगम का सिर अपनी गोद में रखकर, बेगम को होश में लाने की कोशिश करते हुए।]

बेगम साहब, बेगम साहब !

[परदा।]

दूसरा मंज़र

सुबह का वक़्त।
वही कमरा, जो पहले मंज़र में है।
खिड़कियों के रेशमी परदे सुबह की हल्की-फुल्की हवा से हौले-हौले सरसरा रहे हैं।
ऐसा मालूम होता है कि कमरे की सजावट अपना नया नवेलापन खो चुकी है—हर चीज़ देर की इस्तेमालशुदा मालूम होती है।
दाएँ हाथ को खिड़कियों के पास मसहरी पर दुलहन सईदा कंबल ओढ़े लेटी है।
शीशे की तिपाई पर रखे हुए टाइमपीस में नौ बजने को हैं—अलार्म बजने लगता है।
कंबल में जुंबिश पैदा होती है—सईदा करवट बदलती है और आँखें खोलती है—गर्दन घुमाकर टाइमपीस की तरफ़ देखती है और मुसकराती है—उसकी ख़ूबसूरत आँखों पर छाई हुई घनी पलकें फड़फड़ाती हैं।
तकियों का सहारा लेकर वह ज़रा ऊपर को उठती है और परदा एक तरफ़ हटाकर बाहर हद्दे-नज़र तक फैली हुई पहाड़ियों का दिलकश मंज़र देखती है और बच्चों की-सी मसर्रत[11] महसूस करती है। फिर एकदम टाँगें चलाकर अपने ऊपर से कंबल हटा देती है और उचककर मसहरी से उतर पड़ती है और खिड़कियों का परदा मुकम्मल तौर पर एक तरफ़ हटाकर बाहर देखना शुरू कर देती है।
किसी ख़ुश अलहान परिंदे की आवाज़ आती है।
वह जाने किन ख़यालों में गुम हो जाती है।
एक जवानी, शब ख़्वाबी के ढीले-ढाले हरीरी[12] लिबास में, अपने बदन के ख़ूबसूरत ख़ुतूत से ग़ाफ़िल।
असग़री कमरे में दाख़िल होती है।]

असग़री : दुलहन बेगम !

[असग़री की करख़्त आवाज़ परिंदे की ख़ुश अलहानी का तक़ाबुल[13] पेश करती है। सईदा चौंकती हैं—आँखें फाड़कर और माथे पर बल डालकर असग़री की तरफ़ देखती है।]

मजीद मियाँ अभी-अभी हस्पताल से आए हैं··· कह रहे थे, जाके देखो, आप जग गईं या नहीं ?

सईदा : क्या ख़बर लाए हैं ?

असग़री : मैं उन्हें यहीं भेज देती हूँ।

[असग़री चली जाती है।
सईदा खिड़की के पास से हटती है, सिंगार मेज़ के पास आती है और आईने में एक लहज़े के लिए अपने आपका जाइज़ा लेती है–फिर दोनों हाथों से अपने बिखरे हुए बाल सरसरी तौर पर ठीक करके मसहरी के सिरहाने लटका हुआ जार्जेट का सफ़ेद दुपट्टा उठाती है और बड़ी बेतवज्जेही से अपने काँधों पर डाल लेती है।
बाहर से बूटों की चर्मी आवाज़ आती है।
ख़फ़ीफ़ से रद्दे-अमल के साथ सईदा दरवाज़े की जानिब देखती है।
मजीद, साँवले रंग का मुतवस्सित[14] क़द नौजवान, जो मज़बूत हाथ-पाँव रखता है और जिसके चेहरे के ख़ुतूत उम्र के मुक़ाबले में ज़्यादा पुख़्ता और मँझे हुए हैं, अंदर आता है।]

मजीद : सलाम भाभीजान !

सईदा : सलाम !

मजीद : (*सोफ़े के पास आकर रुकते हुए*) तबीयत कैसी है आपकी ?

सईदा : (*बेदिली से*) ठीक है···
[सोफ़े पर बैठ जाती है।]
सुनाओं, क्या ख़बर लाए रावलपिंडी से ?

मजीद : (*सईदा के ऐन सामने आकर*) कोई ख़ास नहीं··· (*आधी-सी आह भर कर*) बस अब उन्हें ले आएँगे यहाँ।

सईदा : क्यों ?

मजीद : वह तंग आ गए हैं··· (*एक मूँढा घसीटकर उस पर बैठते हुए*) उनकी जगह मैं होता तो··· तो बहुत मुमकिन है, मैंने ख़ुदकुशी कर ली होती।

सईदा : (*उठकर खिड़की की तरफ़ जाते हुए*) क्या मालूम था कि मेरी क़िस्मत में यह लिखा है··· इतने लोग मरे··· मैं भी साथ ही मर गई होती।

मजीद : मगर यह अल्लाह को मंज़ूर नहीं था।

सईदा : (*खिड़की से बाहर पहाड़ियों का मंज़र देखते हुए*) हाँ, यह अल्लाह को मंज़ूर नहीं था··· अल्लााह को यह मंज़ूर था कि मेरी टाँग पर हल्की-सी ख़राश आए, पर मेरी सारी ज़िंदगी ज़ख़्मों से चूर-चूर हो जाए···

[*सईदा की आँखों से आँसू टपकने लगते हैं—सफ़ेद दुपट्टे से वह उन्हें पुरनज़ाकत तरीक़े से हौले-हौले ख़ुश्क करती है।*]

अल्लाह को यह मंज़ूर था कि मेरे सुहाग की कमर टूट जाए और मैं सारी उम्र हवा में कटे हुए पतंग की तरह डोलती रहूँ।

[*सिसकियाँ लेती है।*]

मजीद : (*उठता है।*) भाभीजान, हौसले से काम लेना चाहिए··· क्या पता, वह ठीक हो जाएँ!

सईदा : (*सरज़निश के तौर पर*) मजीद, कम-अज़-कम तुम तो मुझे धोखा देने की कोशिश न करो··· छः महीने हो गए हैं उन्हें हस्पताल की चारपाई के साथ लगे हुए··· डॉक्टरों का जो फ़ैसला है, मैं उसे अच्छी तरह जानती हूँ··· वह कभी ठीक नहीं हो सकते··· उनकी दोनों टाँगें बेकार हो चुकी हैं··· लेकिन··· लेकिन मैं एक बात मानती हूँ कि उनमें बहुत हौसला है··· मैं जब भी उनके पास गई, उन्होंने मुझे पास बिठाकर कहा : "सईदा, कुछ फ़िक्र न करो··· मैं बहुत जल्द तंदुरुस्त हो जाऊँगा और फिर तुम्हें उन पहाड़ों की सैर कराऊँगा जिनका ज़िक्र तुम कराची में इतनी बार मेरे मुँह से सुन चुकी हो··· मुझे उन पहाड़ियों से प्यार है··· इतना प्यार है कि तुम उनके मुताल्लिक़ सुनोगी तो रश्क करोगी···" हर बार उन्होंने मुझे हौसला दिया : "सईदा, दुनिया हादिसों का दूसरा नाम है··· मैं तो ख़ुदा का शुक्र अदा करता हूँ कि मेरी जान नहीं गई, वर्ना···" फिर वह ऐसी बात कहते कि मेरे रौंगटे खड़े हो जाते।

मजीद : क्या?

सईदा : (*नमनाक आँखों से ख़ला[15] में देखते हुए*) कि तुम··· कि तुम मेरे बाद किसी और की हो जाओगी···

[*काँपने लगती है।।*]

वह ऐसी बातें क्यों सोचते हैं मजीद?

मजीद : मालूम नहीं।

सईदा : तुम्हें मालूम होना चाहिए...

[आहिस्ता-आहिस्ता क़दम उठाती सोफ़े पर बैठ जाती है—उसका दुपट्टा ढलक आता है—हरीरी लिबास में उसका मुतलातिम[16] सीना रेशमी उतार-चढ़ाव पैदा करता है।]

तुम मर्द हो... तुम उनके भाई हो... अगर उस हादिसे का शिकार तुम हुए होते तो...

मजीद : मैं कभी ऐसी बातें न सोचता जो अमज़द भाई सोचते हैं!

सईदा : क्यों?

मजीद : हम दोनों मर्द हैं... दोनों भाई हैं, मगर दिलो-दिमाग़ के एतिबार से हम दोनों बहुत मुख़्तलिफ़ हैं।

सईदा : (*बड़बड़ाते हुए*) दिलो-दिमाग़... दिल और दिमाग़...

[असग़री कमरे में आती है।]

असग़री : मजीद मियाँ, आपको बेगम साहब बुलाते हैं।

मजीद : तुम चलो, मैं आता हूँ।

असग़री : उन्होंने कहा है : "जल्दी बुलाओ।"

मजीद : अच्छा...!

[सईदा की तरफ़ देखता है।]

मैं अभी आता हूँ।

[कमरे से बाहर चला जाता है।
असग़री फ़र्श पर बिछे हुए रग पर सईदा के क़दमों में बैठ जाती है और उसके पाँव की उँगलियाँ चटख़ाने लगती है।]

सईदा : (*पाँव समेटते हुए*) जाने दो असग़री!

असग़री : (*सईदा की टाँगों से क़रीब-क़रीब लिपटते हुए*) नहीं दुलहन बेगम!

[सईदा के पाँव की उँगलियाँ चटख़ाती है।]

क्या ख़बर लाए मजीद मियाँ?

सईदा : कहते थे, वह यहाँ आना चाहते हैं।

असग़री : यह तो बड़ी ख़ुशख़बरी की बात है।

सईदा : (*दुख के साथ*) हाँ!

असग़री : पर बेगम साहब तो बहुत नाराज़ हो रहे थे कि इतनी देर क्यों लगा दी मजीद मियाँ ने।

सईदा : कहाँ?

असग़री : यहाँ, आपके पास।

सईदा : (*चौंकते हुए*) मेरे पास⋯? क्या कहती थीं बेगम साहब?

असग़री : कुछ नहीं⋯उनका मिज़ाज आजकल बहुत चिड़चिड़ा-सा रहता है⋯ उन्हें कोई बात अच्छी नहीं लगती⋯उन्हें अमजद मियाँ का इतना दुख नहीं, जितना आपका है⋯हर वक़्त आप ही के मुताल्लिक़ सोचती रहती हैं⋯तो अमजद मियाँ ठीक हो गए हैं ना!

सईदा : (*चिड़कर अपने पाँव खींचते हुए और फिर उठते हुए*) हाँ, ठीक हो गए हैं।

[*बेगम कमरे में आती है।*

असग़री उठ खड़ी होती है।]

सलाम ख़ालाजान!

बेगम साहब : सलाम बेटा⋯जीती रहो⋯

[*सईदा के पास आती है और उसके सिर पर प्यार का हाथ फेरती है।*]

तुम्हें मालूम हो गया मजीद से कि⋯

सईदा : जी हाँ!

बेगम साहब : ग़रीब तंग आ गया है वहाँ हस्पताल में⋯

(*असग़री की तरफ़ देखते हुए*) असग़री, तुम जाओ⋯

[*असग़री चली जाती है।*]

उसकी ख़्वाहिश है कि वह तुम्हारे पास रहे⋯उसने मुझसे कहा था: ''अगर मुझे मरना ही है तो मेरी सईदा मेरी नज़रों के सामने होनी चाहिए।''

[*सईदा की आँखों मे से आँसू छलक पड़ते हैं औंर वह बेगम के गले से लग जाती है।*

बेगम की आँखों से भी आँसू रवाँ हैं।]

वह तुमसे⋯वह तुमसे बेअंदाज़ा मुहब्बत करता है⋯लेकिन उसने कहा था, तुमसे पूछ लिया जाए कि तुम्हें उसके यहाँ रहने पर कोई एतिराज़ तो नहीं।

सईदा : (*दुख भरी आवाज़ में*) मुझे और एतिराज़⋯

बेगम साहब : हाँ बेटा⋯हो सकता है, यूँ तुम्हारे दुख में इज़ाफ़ा हो जाए।

सईदा : वह ऐसा क्यों सोचते हैं ख़ालाजान, वह ऐसा क्यों सोचते हैं?

बेगम साहब : बेटा, वह कुछ ऐसे ही दिलो-दिमाग़ का आदमी है⋯उसको हमेशा दूसरों का ख़याल रहता है।

सईदा : वह आएँ यहाँ⋯क्यों न आएँ⋯ (*लहजे में चीख़-सी पैदा हो जाती है।*) पर वह ऐमी बातें न किया करें।

बेगम साहब : डॉक्टरों ने कहा है, अगर वह ख़ुश रहे तो इनशाल्लाह एक-दो महीने में बैसाखियों की मदद से चल-फिर सकेगा···

[*एकदम फूट-फूटकर रोने लगती है।*]

बैसाखियाँ, जो उसके गाड़ी के हादिसे की ख़बर सुनकर मेरी ज़िंदगी से अलग हो गई थीं···मुझे मालूम होता कि वह उसकी ज़िंदगी में दाख़िल होनेवाली हैं तो मैं उनको मज़बूती से पकड़ के रखती···बेटा, इस मंझधार में, जिसे ज़िंदगी कहते हैं, मज़बूत-से-मज़बूत किश्ती ले डूबती है और एक मामूली तिनका किनारे लगा देता है···(*तवक़्क़ुफ़*[17] *के बाद*)सईदा बेटा, अमजद ने मुझसे एक और बात तुमसे पूछने को कहा था।

सईदा : क्या ख़ालाजान?

बेगम साहब : क्या तुम उससे मुहब्बत करोगी?

सईदा : (*बौखलाकर*) मुहब्बत···

बेगम साहब : (*सईदा के सिर पर हाथ फेरते हुए*) मैं तुम्हें और ज़्यादा परेशान नहीं करना चाहती···

[*तेज़ी से बाहर निकल जाती है।*]

सईदा : (*दुपट्टे से अपने आँसू ख़ुश्क करते हुए*) मुहब्बत···! मुहब्बत···! दिल और दिमाग़···

[*आहिस्ता-आहिस्ता क़दम उठाती हुई, आतिशदान से ज़रा ऊपर, ऐन दरमियान में आवेज़ाँ, रेशमी डोरी से बँधी अपनी तसवीर के सामने खड़ी हो जाती है।*]

बता, क्या तू उससे मुहब्बत करेगी?

[*प्यालियाँ बजने की आवाज़ आती है।*
असग़री अपने हाथों में ट्रे थामे, नाश्ता लिए अंदर आती है—फिर तिपाई पर नाश्ता चुन देने के बाद पहियोंवाली तिपाई को धकेलती हुई सोफ़े के आगे ले जाती है।]

असग़री : दुलहन बेगम अगर अमजद मियाँ से मुहब्बत नहीं करेंगी तो और कौन करेगा?

सईदा : (*एकदम चौंकते हुए*) क्या कहा?

असग़री : जी कुछ नहीं···ऐसे ही अपने आपसे बातें कर रही थी···नाश्ता कर लीजिए।

सईदा : तुम जाओ।

असग़री : जी अच्छा।

[*एक नज़र सईदा को और फिर एक नज़र सईदा की तसवीर को*

देखती है और बाहर चली जाती है।
सईदा, सोच में मुस्तग़रक़[18]*, आहिस्ता-आहिस्ता सोफ़े की तरफ़ बढ़ती है, फिर चंद और क़दम उठाकर मसहरी पर लेट जाती है।]*

सईदा : *(छत की तरफ़ देखते हुए)* दुलहन बेगम अगर अमजद मियाँ से मुहब्बत नहीं करेंगी तो और कौन करेगा… *(ऊँची आवाज़ में)* और कौन करेगा…? और कौन कर सकता है…?

[परदा]

तीसरा मंज़र

[निगार विला से मुलहिक़ा बग़ीचा।
वस्त में पस्त क़द तरशी हुई झाड़ियों के दरमियान फ़व्वारा है जिसमें से पानी की फ़ुवार धड़क-धड़ककर बाहर निकल रही है। धूप खिली है; आसमान निखरा हुआ है; फ़ज़ा में अजीब-सा कुँवारपन है, बेहिजाब– हर ज़र्रा नज़ारे की दावत लिए गोया क़ुबूलियत का मुंतज़िर[19] *है–ऐसा मालूम होता है, हवा चलते-चलते ठहर-सी गई है कि बाग़ की बेलें फिर से अपनी ज़ुल्फ़ें सँवार लें; फूल अपने गालों की सुर्ख़ी दुरुस्त कर लें; और भँवरों को, जिन कलियों का मुँह चूमना है, बेख़ौफ़ो-ख़तर चूम लें। घास के हमवार क़ालीन पर कुर्सियाँ बिछी हुई हैं।*
एक कुर्सी पर सईदा गुलाबी लिबास में मलबूस ख़ुद अपना ही अक्स बनी बैठी है–उसके चेहरे पर जमी ग़ाज़े की हल्की-सी तह की गुलाबियाँ धूप की हिद्दत[20] *से सुर्ख़ियाँ बन रही हैं।*
दूसरी कुर्सी पर मजीद बैठा है--वह हौले-हौले सिगरेट के कश लगा रहा है और धुएँ के नीले-नीले छल्ले मुँह से निकाल रहा है। उसका चेहरा मुतमइन है।
सामने अमजद मौजूद है, अपाहिजों की कुर्सी में–उसके चेहरे पर अपाहिजों की कुर्सीवाली कैफ़ियत है जो किसी और की मदद के बग़ैर नहीं चल सकती–उसका रंग बहुत ज़र्द है, मगर उसकी आँखों में चमक है जो सईदा के हुस्नो-जमाल की बाज़गश्त[21] *है।]*

अमजद : *(पहले अपनी दाईं और फिर बाईं तरफ़ देखते हुए)* आज मौसम कितना दिलफ़रेब है।

सईदा : (*फ़ौरन मुतवज्जेह होकर*) जी हाँ !

अमजद : मजीद, जाओ, ज़रा सईदा को घुमा लाओ··· उन पहाड़ियों की सैर करा लाओ···

[*पीछे मुड़कर देखना चाहता है ।*]

अफ़्सोस, मुझसे मुड़ा नहीं जाता··· मजीद उठो, मेरी कुर्सी उधर की तरफ़ घुमा दो··· वह मंज़र मेरी आँखों के सामने होना चाहिए···

[*मजीद उठने ही को है कि सईदा तेजी से उठकर अमजद की कुर्सी का रुख़ फेर देती है।*

अब तीनों का मुँह पहाड़ियों की तरफ़ है, जो धूप में हद्दे-निगाह तक अपने मुँह धो रही है।]

(*पहाड़ियों के मंज़र को अपनी निगाहों से पीते हुए*) सईदा, यही हैं वह पहाड़ियाँ जिनसे मुझे प्यार है, इतना प्यार कि मैं बयान नहीं कर सकता··· (*मजीद से*) जाओ मजीद, सईदा को साथ ले जाओ और उन पहाड़ियों की सैर कराओ··· (*सईदा से*) सईदा, जब तुम उन पर चढ़ते-चढ़ते हाँफने लगोगी और तुम्हारी साँस रुकने लगेगी तो तुम्हें महसूस होगा कि इससे बढ़कर दुनिया में कोई और लज़्ज़त नहीं··· मैं मजीद को ज़बर्दस्ती साथ ले जाता था··· यह एक चढ़ाई के बाद ही हिम्मत हार देता था और मुझसे कहता था : "भाईजान, मुझे आपका यह शुग्ल पसंद नहीं··· यह क्या कि आदमी बेकार हाँफ-हाँफकर बेहोश हो जाए···" (*हँसते हुए*) पहाड़ियों और उनको सर करने का हुस्न इसकी समझ में कभी नहीं आएगा··· क्यों सईदा ?

सईदा : (*मुसकराते हुए*) जी हाँ !

अमजद : (*मजीद से*) जाओ यार, सईदा को ले जाओ··· कभी कुछ काम भी किया करो ।

मजीद : (*सईदा से*) चलिए भाभीजान··· (*अमजद से*) मगर मैं शर्त लगाता हूँ कि आज तो यह चलेंगी लेकिन फिर कभी उधर का रुख़ नहीं करेंगी ।

सईदा : नहीं नहीं··· यह आपने कैसे कह दिया ?

अमजद : इसलिए कि यह और दिलो-दिमाग़ का आदमी है ।

सईदा : दिलो-दिमाग़··· ? यह दिलो-दिमाग़ क्या बला है ?

मजीद : (*मुसकराते हुए*) यह आपको एक ही पहाड़ी चढ़ने से मालूम हो जाएगा ।

अमजद : (*हँसते हुए*) तुम बकते हो मजीद (*संजीदगी से*) सईदा की ज़िंदगी के सामने तो एक पहाड़ खड़ा है··· अगर यह एक मामूली-सी पहाड़ी की चढ़ाई ही से उकता गई तो···

सईदा : (*यकायक उदास होते हुए*) चलिए मजीद मियाँ !

मजीद : चलिए।

*[दोनों बग़ीचे से बाहर की जानिब बढ़ते हैं।
असग़री कुर्सियों की तरफ़ आती दिखाई देती है—वह मानीख़ेज़ नज़रों से मजीद और सईदा को जाते हुए देखती है—उसने अपने हाथों में प्लेट थाम रखी है जिसमें छिले और कटे हुए सेब हैं।
अमजद मुसकराता है।]*

असग़री : थोड़े सेब खा लीजिए।

अमजद : (*सईदा और मजीद को ढलवानों में उतरता देखते हुए*) खा लूँगा।

असग़री : (*ढलवानों ही की तरफ़ देखते हुए*) आज दुलहन बेगम कितनी ख़ूबसूरत दिखाई दे रही हैं!

अमजद : (*एकदम गर्दन घुमाकर असग़री पर नज़रें गाड़ते हुए*) दिखाई दे रही हैं?

असग़री : (*ख़फ़ीफ़-सी बौखलाहट के साथ*) जी...? जी हाँ!

अमजद : (*फिर सईदा और मजीद को ढलवानों में उतरता देखते हुए*) वह ख़ूबसूरत है, ख़ूबसूरत दिखाई नहीं देती...होने और दिखाई देने में ज़मीन-आसमान का फ़र्क़ है असग़री!

असग़री : जी हाँ...वह तो है।

अमजद : लाओ सेब।

असग़री : (*प्लेट बढ़ाते हुए*) लीजिए, हाज़िर है...पर छिले हुए हैं।

अमजद : मतलब?

असग़री : छिली हुई चीज़ से कोई भी धोखा खा सकता है...(*हँसते हुए*) इनके सुर्ख़-सुर्ख़ गाल तो छुरी से उतर चुके हैं!

अमजद : (*हँसता है*) असग़री, तुम अब बहुत शैतान हो गई हो!

असग़री : (*संजीदगी से*) शैतान...? अमजद मियाँ, आपने एक बार मुझे बताया था कि शैतान तो ख़ुदा का सबसे बड़ा फ़रिश्ता है जिसने आदम, यानी मिट्टी के पुतले के सामने सज्दा करने से इनकार कर दिया था।

अमजद : हाँ-हाँ, मैंने बताया था।

असग़री : और फ़रिश्तों के इस हैड मास्टर को उस इनकार की सज़ा दी गई थी।

अमजद : दुरुस्त है।

असग़री : तो यह भी दुरुस्त है कि...

अमजद : क्या?

असग़री : कुछ भी नहीं...दुरुस्त आख़िर होता क्या है...? वही जिसे आप दुरुस्त समझ लें, या दुरुस्त समझने की कोशिश करें, या वह ग़लती जो आप एक दफ़ा यह समझकर कर लें कि आईंदा दुरुस्त होती रहेगी...या वह

दुरुस्ती जिसे आप ग़लती में तब्दील करके यह समझते हैं कि उसे आप फिर दुरुस्त कर सकते हैं... यह सब बकवास मेरी समझ से बाहर है... मैं एक मोटी अक़्ल की औरत हूँ अमजद मियाँ !

अमजद : तुम आज कैसी बातें कर रही हो ?

असग़री : मैं एक मोटी अक़्ल की औरत हूँ... लेकिन मैं एक औरत हूँ अमजद मियाँ !

अमजद : असग़री, मुझे कुछ समझ नहीं आ रहा है ।

असग़री : (*सेब की एक क़ाश उठाने के बाद अमजद के मुँह के पास ले जाते हुए*)आप सेब खाइए ।

अमजद : (*सेब की क़ाश दाँतों में चंद लम्हे थामे रहने के बाद दाएँ हाथ में लेते हुए*) तुम पहले कभी ऐसी बातें नहीं किया करती थीं ।

असग़री : आज मौसम ही कुछ ऐसा दिलफ़रेब है ।

अमजद : क्या नहीं है ?

[*सेब की क़ाश खाता है ।*]

असग़री : (*सेब की दूसरी क़ाश उठाकर*) क्यों नहीं... ! यह लीजिए एक और क़ाश !

[*दूसरी क़ाश अमजद के खुले हुए मुँह में डालती है।*]

अमजद : (*सेब खाता है—कुछ तवक़्क़ुफ़ के बाद*) असग़री !

असग़री : (*जो पहाड़ियों का मंज़र देखने में महव हो गई थी—चौंककर*) जी ?

अमजद : तुम्हारी शादी कर दें ?

असग़री : शादी ?

अमजद : हाँ... अब तुम्हारी शादी हो जानी चाहिए ।

असग़री : क्यों अमजद मियाँ ?

अमजद : शादी बड़ी अच्छी चीज़ है... ज़िंदगी में शादी से बढ़कर और कोई ख़ुशी नहीं... मैं अम्मीजान से कहूँगा कि जल्दी से तुम्हारी शादी कर दें ।

असग़री : ना अमजद मियाँ !

अमजद : क्यों ?

असग़री : मुझे डर लगता है ।

अमजद : किससे ?

असग़री : (*सब्ज़े[23] पर बैठ जाती है—फ़िक्रमंद लहजे में*) शादी से !

अमजद : (*हँसता है*) पगली !

असग़री : सच कहती हूँ अमजद मियाँ, मुझे वाक़ई शादी से डर लगता है... अव्वल तो एक नौकरानी की शादी ही क्या हुई... हुई हुई, न हुई न

हुई···क्या फ़र्क पड़ता है···और अगर हो गई तो कहीं ऐसा न हो, गाड़ी पटड़ी से उतर जाए और···

अमजद : (*दुख के साथ*) असग़री!

असग़री : (*एक रौ में कहे जाती है।*) कहीं ऐसा न हो, गाड़ी पटड़ी से उतर जाए और असग़री क़ीमा-क़ीमा होने से बच जाए···एक टाँग से लँगड़ी, एक बाज़ू से लूली और एक आँख से अंधी···आधी असग़री ग़ायब हो जाए, आधी बच जाए···ना· अमजद मियाँ, मेरी शादी का नाम न लीजिए···शादी तो एक सालिम चीज़ है···आधी या चौथाई चीज़ को शादी नहीं कहते।

अमजद : (*सोचते हुए*) असग़री!

असग़री : (*घुटी-घुटी आवाज़ में*) जी!

अमजद : तुम ठीक कहती हो···(*आवाज़ में इंतिहाई दर्जे का दर्द पैदा हो जाता है*) लेकिन देखो, मुझे रंजीदा न करो···मैं ख़ुश रहना चाहता हूँ···अपनी इन दो शकिस्ता टाँगों के साथ भी मैं ख़ुश रहना चाहता हूँ···मुझे न छेड़ो···मेरे दिल में दर्द होता है।

असग़री : (*अमजद के पाँव पकड़ते हुए*) मुझे माफ़ कर दीजिए अमजद मियाँ···(*आँखों में आँसू आ जाते हैं।*) जाने मैं क्या-क्या बक गई···आप ख़ुश रहें, ख़ुदा आपको ख़ुश रखे।

अमजद : (*सँभलते हुए*) ख़ुदा का नाम न लो···अगर वह मुझे ख़ुश रखना चाहता तो उस हादिसे का शिकार ही क्यों करता···और अगर किया था तो मुझे मारकर अपने शिकारी थैले में क्यों न डाल लिया···ख़ुदा का नाम न लो···मेरी और उसकी दोस्ती ख़त्म हो चुकी है···मुझे अगर ख़ुश रहना है तो अपने रहे-सहे वुजूद ही के सहारे ख़ुश रहना है···इन्हीं टूटी हुई टहनियों पर चंद तिनके चुनकर अपनी ख़ुशी के आशियाने बनाना हैं।

असग़री : सिर्फ़ अपनी ख़ुशी के?

अमजद : (*बहुत ज़्यादा दुख के साथ*) असग़री, ख़ुदा के लिए···असग़री, तुम इतनी ज़ालिम क्यों हो गई हो···तुम्हारे मुँह में अगर ज़बान है तो क्या इसलिए कि तुम मेरे दुख में इज़ाफ़ा करो···मैं तुमसे दरख़्वास्त करता हूँ कि मेरी मदद करो···एक अपाहिज की मदद करो जो अपनी टूटी हुई ज़िंदगी के सहारे चंद दिन, सिर्फ़ चंद दिन गुज़ारना चाहता है।

असग़री : आप दरख़्वास्त की बात न कीजिए अमजद मियाँ···मेरा कलेजा फटता है···आप मालिक हैं···हुक्म दे सकते हैं···मेरी ज़िंदगी हाज़िर है।

[*उसके मोटे-मोटे आँसू अमजद के जालीदार स्लीपरों पर गिरते*

हैं—उठ खड़ी होती है और एक तरफ़ को जाने लगती है।
अमजद गर्दन झुकाकर अपने स्लीपरों की तरफ़ देखता है जिन पर असग़री के आँसू लुढ़के हैं—गर्दन उठाकर असग़री की तरफ़ देखता है जो गर्दन झुकाए एक तरफ़ को जा रही है।
कोठी की जानिब से बेगम नमूदार होती है—शाल ओढ़े, दाएँ हाथ में ज़ेवरात के छोटे-छोटे डिब्बे लिए वह अमजद के पास आती है।]

बेगम साहब : अमजद बेटा!

अमजद : (*एक नज़र अपने पाँव पर डालने के बाद*) जी!

बेगम साहब : सईदा के लिए जो ज़ेवरात तुमने कहे थे, तैयार होकर आ गए हैं···लो देख लो।

[*डिब्बे अमजद की गोद में रख देती है।*
अमजद बच्चों के से इश्तियाक़[24] *से हर डिब्बा खोलता है और ज़ेवरात देखता है।*]

अमजद : (*एक उबलती हुई ख़ुशी का इज़हार करते हुए*) बहुत अच्छे हैं, बहुत उम्दा हैं, बहुत हसीन हैं···

[*ज़रा गर्दन घुमाकर असग़री की तरफ़ देखता है जो कुछ फ़ासले पर एक सरू के साथ लगकर खड़ी हुई है।*]

असग़री···असग़री, इधर आओ।

[*असग़री उसकी तरफ़ बढ़ने लगती है।*]

ज़ेवरात इतने हसीन नहीं, जितनी हसीन सईदा है···

[*असग़री के पास आ जाने पर उसको तमाम ज़ेवरात दिखाता है।*]

कहो कैसे हैं?

असग़री : आप ख़ुद कह चुके हैं कि हसीन हैं लेकिन इतने नहीं, जितनी दुलहन बेगम हैं।

अमजद : (*बेगम से*) अम्मीजान, वह कपड़े कब आएँगे?

बेगम साहब : कल तक आ जाएँगे।

अजमद : और वह प्रोजैक्टर क्यों नहीं आया अभी तक?

बेगम साहब : बेटा, मजीद आर्डर दे आया था···एक-दो रोज़ में आ जाएगा।

अमजद : तो ठीक है···(*कुछ रुककर*) अम्मीजान!

बेगम साहब : जी बेटा!

अमजद : कुछ और भी मँगवाना चाहिए सईदा के लिए···मैं उसे एक लहज़े के लिए भी उदास नहीं देखना चाहता···हर रोज़ उसके लिए कोई-न-कोई नई चीज़ ज़रूर आनी चाहिए।

बेगम साहब : सबकुछ तुम्हारे इख़्तियार में है···जो चाहो, करो।

अमजद : इख़्तियार···(रुककर) हाँ तो अम्मीजान···

बेगम साहब : कहो बेटा!

अमजद : कमाल को कहिए कि किसी स्पोर्ट्स की दूकान में जाए और जितने इन-डोर खेल मिल सकें, ले आए···सईदा और मजीद खेला करेंगे और मैं देखा करूँगा।

बेगम साहब : (*बेहद मुतास्सिर होकर और अमजद का सिर अपने बाज़ुओं के हलक़े में लेकर*) मेरे बच्चे!

[*अमजद बिलख-बिलखकर रोना शुरू कर देता है।*
असग़री ज़ब्त खो देती है और चीख़ती हुई एक तरफ़ दौड़ जाती है।
बेगम की आँखों से ख़ामोश आँसू रवाँ हैं।]

[परदा]

चौथा मंज़र

रात का वक़्त।
वही कमरा जो पहले और दूसरे मंज़र में है।
फ़ज़ा बिलकुल ख़ामोश है।
बड़े बेढंगे तरीक़े पर, मसहरी पर तीन-चार गदगदे तकियों मे अपना नीम सुनहरे बालोंवाला सिर दबाए सईदा कोई किताब पढ़ने में मश्ग़ूल है। उसकी झुकी हुई क़दरे तिरछी नज़रें, यूँ मालूम होता है, किताब के हर्फ़ के बजाय उसके दिल के मक़ाम पर टिकी हुई हैं जहाँ क़ंबल की सलवटें चुग़लियाँ खा रही हैं और जैसे एक नन्हे-से तालाब में जज़्र[25] का नक़्शा पैदा हो रहा है।
मसहरी के बाईं तरफ़ लोहे की अस्पतालोंवाली चारपाई बिछी है। बराबर ही अपाहिजोंवाली कुर्सी में अमजद बैठा है। उसके हाथ में भी एक किताब है, जिसको वह यूँ पकड़े हुए है, जैसे वह कोई शीशे की चीज़ हो।
अमजद की नज़रें परेशान हैं—कभी उसकी नज़रें किताब के हरुफ़ पर से उठकर सईदा के हाथों पर जा बैठती हैं और कभी नीम सुनहरे

बालोंवाले सर पर, जो तकियों में धँसा हुआ है।
अमजद किताब बंद करके अपनी गोद में रखता है और बड़ी आहिस्तगी के साथ सईदा से मुख़ातिब होता है।]

अमजद : सईदा!

सईदा : (*चौंककर*) जी!

अमजद : मेरा ख़याल है, अब तुम सो जाओ।

सईदा : (*करवट बदलकर अमजद को देखते हुए*) आप सोना चाहते हैं तो मैं करीम और ग़ुलाम मुहम्मद को बुलाऊँ कि वह आपको लिटा दें।

अमजद : (*खोखली आवाज़ में*) लिटा दें...? नहीं सईदा, मैं लेट-लेट के थक गया हूँ...मैं आज यहीं कुर्सी पर सो जाऊँगा...तुम्हें तक्लीफ़ न हो तो उठ के यह बत्ती बुझा दो और सब्ज़ बत्ती रोशन कर दो।

सईदा : (*उठती है, मसहरी से उतरती है।*) आप बार-बार मेरी तक्लीफ़ का ज़िक्र क्यों करते हैं?

अमजद : मैं ख़ुद जो तक्लीफ़ में हूँ।

सईदा : (*चिड़कर*) मुझे आपकी तक्लीफ़ का एहसास है अमजद साहब...मगर आप ही बताइए, मैं आपके लिए क्या कर सकती हूँ...मुझसे जो हो सकता है, मैं करने के लिए तैयार हूँ...मुसीबत यह है कि आपको हर वक़्त मेरी तक्लीफ़ की पड़ी रहती है...मुझे कोई तक्लीफ़ नहीं होती है अमजद साहब!

अमजद : सईदा, तुम बहुत अच्छी हो।

[सईदा एक बत्ती बुझाती है और दूसरी बत्ती जलाती है। चंद लम्हात के लिए कमरे में अँधेरा छा जाता है, फिर धीरे-धीरे कमरे की हर चीज़ हल्की-हल्की सब्ज़ रोशनी में नहाना शुरू कर देती है।]

सईदा : काश! मैं अच्छी होती...अच्छी हो सकती।

[सोफ़े पर बैठ जाती है—डूबते-उभरते सीने से उसका इज़्तिराब ज़ाहिर है।]

अमजद : इससे ज़्यादा तुम और क्या अच्छी हो सकती हो सईदा!

सईदा : (*तेज़ी से*) जी नहीं... आप नहीं जानते।

अमजद : (*बहुत ही मुलाइम आवाज़ में*) अगर किसी वजह से मैंने तुम्हें नाराज़ कर दिया है तो मुझे माफ़ कर दो।

[सईदा एक नज़र अमजद की तरफ़ देखती है, फिर सोफ़े पर से उठती है और अमजद के क़रीब जाकर मुसकराते हुए अपनी लंबी-लंबी उँगलियों से उसके बालों मे कंघी करती है।]

सईदा : सच तो यह है अमजद साहब, मैं आपके लायक़ नहीं हूँ।

अमजद : (*सईदा का हाथ पकड़कर*) अगर तुम ऐसा समझती हो तो यह तुम्हारे दिल की अच्छाई है⋯वर्ना हक़ीक़त इसके बिलकुल बरअक्स है।

सईदा : (*फिर अमजद के बालों मे कंघी करते हुए*) सो जाइए⋯कई रातों से आप जाग रहे हैं, बल्कि जब से यहाँ आए हैं, एक लहज़े के लिए भी आपकी आँख नहीं लगी।

अमजद : मुझे नींद नहीं आती सईदा!

सईदा : क्यों?

अमजद : मालूम नहीं क्यों⋯बस ऐसा लगता है कि नींद न कभी आई थी, न कभी आएगी⋯मैं तो वह रातें भी याद करना भूल गया हूँ जब मैं सोया करता था।

सईदा : काश, मैं आपको अपनी नींद दे सकती!

अमजद : नहीं सईदा, मैं इतनी अज़ीज़ चीज़ तुमसे नहीं छीनना चाहता⋯नींद तुम्हारी आँखों ही के लिए सलामत रहे⋯तुम नहीं जानतीं, नींद में तुम्हारी आँखें और भी ज़्यादा ख़ूबसूरत हो जाती हैं⋯जाओ, अब सो जाओ।

सईदा : मैं कमबख़्त तो सो ही जाऊँगी।

अमजद : ऐसा न कहो⋯ख़ुदा तुम्हारा बख़्त बुलंद करे⋯जाओ, सो जाओ।

सईदा : (*चिड़कर*) आप क्यों मेरे साथ इतनी नर्मी से पेश आते हैं⋯अमजद साहब, मुझे इससे बड़ी वहशत होती है⋯ख़ुदा की क़सम, आपकी यह नर्मी, यह इन्किसारी,[26] यह हलीमी[27] एक दिन मुझे पागल बना देगी।

[*झुँझलाकर तेज़ी से मसहरी की तरफ़ बढ़ती है और ख़ुद को बिस्तर पर गिरा देती है।*]

अमजद : मुझे ऐसा लगता है कि मेरे मुँह से जो बातें निकलती हैं, वह भी टूटी-फूटी होती हैं।

[*सईदा ख़ामोश रहती है—करवट बदलकर वह अपना मुँह दूसरी तरफ़ कर लेती है।*

अमजद अपनी गोद में से किताब उठाता है और वर्क़ गर्दानी शुरू कर देता है। सुकूत का आलम है—हल्की-हल्की सब्ज़ रोशनी में यह सुकूत और भी ज़्यादा गहरा हो जाता है—वक़्त ख़ामोशी में गुज़र रहा है, बड़ी बेज़ार-सी ख़ामोशी में।

अमजद के चेहरे पर रौशनी कच्ची क़बा के सब्ज़ ग़िलाफ़ की तरह चढ़ी हुई है—उसकी निगाहें किताब से हटकर बार-बार सईदा की जानिब उठती हैं और शर्मसार होकर दबे पाँव लौट

आती हैं—थोड़ी देर के बाद वह बहुत ज़्यादा मुज़्तरिब[28] हो जाता है।]

अमजद : सईदा!

सईदा : जी!

अमजद : मैं तुमसे एक···दरख़्वास्त करना चाहता हूँ।

सईदा : क्या?

अमजद : क्या···क्या आज हमारी पहली रात हो सकती है···

[*सईदा बिस्तर में लरज़-सी जाती है।*]

वह रात जो अभी तक नहीं आई···

[*सईदा ख़ामोश रहती है।*

वक़्फ़ा।]

सईदा!

सईदा : जी!

अमजद : क्या तुम मेरी दरख़्वास्त क़ुबूल कर सकती हो?

[*सईदा करवट बदलती है और अमजद को देखती है—उसकी आँखों में सुपुर्दगी की ज़ख़्मी ख़्वाहिश तैर रही है।*]

सईदा : लेकिन कैसे अमजद साहब!

अमजद : झूठमूठ···महज़ मेरे बहलावे के लिए···तुम यह फ़र्ज़ कर लो कि मैं तुम्हारे पहलू में लेटा हुआ हूँ··· मैं यहाँ बैठे-बैठे फ़र्ज़ कर लूँगा कि तुम मेरे पहलू में लेटी हुई हो···मैं तुमसे वही बातें करूँगा जो मैं पहली रात को तुमसे करता···तुम उसी तरह जवाब देना, जिस तरह तुम जवाब देतीं···मेरे लिए···क्या मेरे लिए तुम यह झूठमूठ का खेल खेल सकती हो सईदा।

[*सईदा की आँखों मे सुपुर्दगी की ज़ख़्मी ख़्वाहिश की बजाय रहम के आँसू तैरने लगते हैं—लेटे-लेटे आँसू पोंछ लेती है।*]

सईदा : मैं हाज़िर हूँ अमजद साहब!

अमजद : शुक्रिया।

[*तवील[29] वक़्फ़ा।*]

आज हमारी पहली रात है सईदा, वह रात जिसमें जवानियाँ अरज़ी[30] जन्नत की तरफ़ पहला क़दम उठाती हैं···वह रात जिसकी तमाम पिनहाइयों[31] में दो जी ग़ोता लगाते हैं और एक हो जाते हैं···शरमाओ नहीं, यह रात तो वह है जब तमाम पोशीदा[32] हक़ीक़तों के घूँघट उठने के लिए बेताब होते हैं···

[*सईदा आपसे आप उठकर बैठ जाती है।*]

हल्की-सी सरगोशी, नर्म-सी आह, एक छोटा-सा लिम्स[33], परीदा[34] साँस का नन्हा-सा हिलकोरा भी उन घूँघटों के पट खोल देता है, इस क़दर आहिस्ता से कि बेमालूमी सरसराहट तक भी नहीं होती और आदमी दीदार, पूरे दीदार के तमाम मराहिल[35] तय कर जाता है··· यह वह रात है जब निगाहें टकरा-टकराकर तारे झड़ती हैं और वह अफ़शाँ है जो दोनों ज़िंदगियों के एक माथे पर चुनी जाती है···

[सईदा बाँहें फैलाकर हाथ अपने सिर के-पीछे बाँध लेती है।]

यह वह रात है, पहली रात, सबसे पहली, जब आदम की पसलियाँ चीरकर हव्वा निकाली गई थी··· यह वह रात है जिसकी दराज़ी-ए-उम्र के लिए शाइर दुआएँ माँग- माँगकर अभी तक नहीं थका है··· यह वह रात है जिसके हुसूल[36] के लिए जवानी की जायनमाज़ बिछाकर ज़िंदगी अक्सर सज्दारेज़ रही है···

[सईदा के सीने का ज़ेरो-बम तेज़ है।]

यह वह रात है जिसमें हिजाब की तमाम गिरहें फ़ितरत के नाख़ून ख़ुद खोलते हैं···

[सईदा सिर के पीछे बँधे हाथ खोलती है और धीरे-धीरे अपनी नाइटी के बटन खोलना शुरू कर देती है।]

यह वह रात है जिसका हर पर्दा उजाले से बना हुआ है···

[सामने से खुली हुई और दाएँ-बाएँ ज़रा-ज़रा सिमटी हुई नाइटी में से सईदा का गोरा बदन और उभारों के दरमियान की वादी दमक रही है।]

यह वह रात है जिसके हुज़ूर हर आनेवाली रात झोली फैलाए भीख की मुंतज़िर खड़ी होती है··· यह वह रात है जब बदन का रुवाँ-रुवाँ मुँह खोल के बोलता है और कान खोल के सुनता है··· बड़े-बड़े अनकहे राज़, बड़े-बड़े अनगाए राग···

[सईदा कंधों को झटककर और बाज़ुओं को समेटकर नाइटी गिरा देती है—उसका उरियाँ दरख़्शाँ[37] बदन और भरी-भरी गोल-गोल सख़्त कुँवारी छातियाँ मुंतज़िर नज़र आती हैं।]

(*एकदम चीख़कर*) ढाँप लो, ढाँप लो··· सईदा, अपना बदन ढाँप लो··· मुझे तुम्हारा बदन डस रहा है··· इसका एक-एक ख़त तलवार की धार की मानिंद मेरी लूली ख़्वाहिशों पर फिर रहा है··· ढाँप लो, ख़ुदा के लिए अपना बदन ढाँप लो।

[हल्की-हल्की सब्ज़ रोशनी में सईदा घास की नर्म-नर्म पत्तियों से बनी हुई लाश के मानिंद लेट जाती है। उसका बदन लरज़

रहा है, अंग-अंग काँप रहा है।]

सईदा : (*मरी-सी आवाज़ में*) जी!

[अमजद बिलख-बिलखकर रोने लगता है।]

अमजद : अपना बदन ढाँप लो।

[सईदा अपना लरज़ता हुआ बदन कंबल से ढाँप लेती है। अमजद आँखों के सामने हाथ रखे रोता रहता है।]

[परदा]

पाँचवाँ मंज़र

[शाम का वक़्त

वही निगार विला से मुलहिक़ा बग़ीचा। फ़व्वारे का पानी खुल खेल रहा है—साये गहरे हो चुके हैं।

पस मंज़र में ख़ाकिस्तरी पहाड़ियाँ शाम के धुँधलकों मे संगीनी इख़्तियार कर गई हैं। ऐसा लगता है, आसमान ने अपने बदन पर भभूत मल ली है।

सब्ज़ा ख़ामोश लेटा है।

कुर्सियाँ ख़ाली हैं। सारी फ़ज़ा ख़ाली है, उस फ़्रेम की तरह जिसमें तसवीर जड़ी जानेवाली हो।

मजीद और सईदा की हँसी की आवाज़ आती है।

चंद लम्हात के बाद दोनों हँसते हुए, बड़ी मुश्किल से अपनी थकावट का बोझ उठाए बग़ीचे में दाख़िल होते हैं।

सईदा निढाल होकर ख़ुद को कुर्सी पर गिरा देती है। मजीद उसके पास खड़ा हो जाता है।]

सईदा : (*अपनी रानों पर मुक्कियाँ मारते हुए*) उफ़...उफ़...!

मजीद : (*हँसता है*) आप थक गईं...! दबा दूँ आपको?

सईदा : (*घबराकर*) नहीं-नहीं...असग़री को भेज दीजिए...मुझसे तो अब दो क़दम भी चलना दुश्वार है।

मजीद : (*मुसकराकर*) बेहतर।

[*आगे बढ़कर सईदा के चेहरे से नीम सुनहरे बालों की आवारा लट अपनी उँगलियों से उठाकर एक तरफ़ कर देता है।*]

सईदा : (*बहुत ज़्यादा घबराहट से*) मैं जाती हूँ अंदर।

[*उठने लगती है।*]

मजीद : (*एक तरफ़ देखकर*) लीजिए, वह असग़री ख़ुद ही आ गई···

[*असग़री उनके पास पहुँचती है।*]

आओ असग़री, भाभीजान के पाँव दबा दो।]

[*असग़री के होंठो के इख़्तितामी*[38] *कोने कँपकँपा रहे हैं, जैसे कुछ कहने के लिए तड़प रहे हों।*]

असग़री : (*सईदा से*) दुलहन बेगम थक गईं आज?

सईदा : (*रानों पर मुक्कियाँ मारते हुए*) हाँ!

[*असग़री घास पर बैठकर सईदा की एक पिंडली दबाना शुरू करती है।*]

असग़री : (*मजीद की तरफ़ देखते हुए*) यह सब मजीद मियाँ का क़ुसूर है··· (*तीखेपन से*) इतनी बड़ी सैर और इतनी जल्दी···

[*सईदा की पिंडली हौले-हौले दबाते हुए और उसकी तरफ़ देखते हुए।*]

हर चीज़ धीरे-धीरे होनी चाहिए, इस तरह हौले-हौले··· क्यों दुलहन बेगम, कुछ आराम महसूस हुआ आपको?

[*सईदा की दूसरी टाँग, जो असग़री की गिरफ़्त से आज़ाद है, इज़्तिराब का शदीद मुज़ाहिरा करती है।*]

सईदा : ठीक है, ठीक है।

असग़री : (*मजीद से*) मजीद मियाँ, आप जाएँ और मुँह-हाथ धो आएँ··· गर्दो-ग़ुबार से आपका चेहरा बिलकुल अनधोया आलू बना हुआ है।

मजीद : (*तेज़ी से*) तुम बहुत गुस्ताख़ हो गई हो··· यह सब···

असग़री : (*मजीद की बात काटकर*) दुलहन बेगम का क़ुसूर है जिन्होंने मुझे मुँह लगा लिया है··· (*सईदा की तरफ़ देखते हुए*) ऐसा ख़ूबसूरत मुँह!

[*मजीद निगाहों-ही-निगाहों में ग़ुस्सा बरसाता हुआ चला जाता है।*]

(*हँसती है*) मजीद मियाँ की शक्लो-सूरत यूँ तो माशाल्लाह बड़ी अच्छी है, मगर ग़ुस्से में हमेशा बिगड़ जाती है···

आपका क्या ख़याल है?

सईदा : तुम मुझसे ऐसी बातें न किया करो···

[*उठना चाहती है, मगर असग़री की मज़बूत गिरफ़्त के बायस उठ*

नहीं सकती।]

छोड़ दो मुझे।

असग़री : (*पिंडली दबाते हुए*) मैं इस ख़िदमत से ख़ुद को छुड़ाना नहीं चाहती।

[*सईदा के पाँव से सैंडिल उतारती है।*]

मजीद मियाँ कह रहे थे, मैं गुस्ताख़ हो गई हूँ... क्या यह दुरुस्त है दुलहन बेगम!

सईदा : बिलकुल दुरुस्त है।

असग़री : (*बड़े इत्मीनान से सईदा के पाँव की उँगलियाँ चटख़ाते हुए*) तो यह बहुत बुरी बात है... नौकरानी को गुस्ताख़ कभी नहीं होना चाहिए... आप मेरे कान खींचिए।

सईदा : ख़ामोश रहो!

असग़री : यह ज़ुल्म है... ज़ुबाँबंदी बहुत बड़ा ज़ुल्म है... दुलहन बेगम, मैंने ऐसी कौन-सी बात की है जो आपको नागवार गुज़री है?

सईदा : (*इज़्तिराब के साथ*) तुम्हारी सब बातें मुझे नागवार गुज़रती हैं।

असग़री : असग़री बेचारी अब क्या करे...

[*तवक़्क़ुफ़ के बाद।*]

मैं तो यह समझती थी कि आप-जैसी लिखी-पढ़ी बेगम की नौकरी में इस एक बरस के अंदर-अंदर ही मुझे सबकुछ आ गया है... पर अब ऐसा मालूम होता है कि मैं ग़लत समझी थी... मैंने आपसे कुछ भी नहीं सीखा... लेकिन यह किसका क़ुसूर है... ? सीखनेवाले का या सिखानेवाले का?

सईदा : (*अपनी दोनों टाँगें एक तरफ़ समेटते हुए, फ़ैसलाकुन अंदाज़ में*) तुम कहना क्या चाहती हो?

असग़री : (*मस्नूई*[39] *हैरत से*) मैं?

सईदा : हाँ तुम... क्या कहना चाहती हो तुम?

असग़री : (*सोचते हुए*) कहने को तो मैं बहुत कुछ कहना चाहती हूँ...

[*सईदा उठ खड़ी होती है और नंगे पाँव घास पर टहलना शुरू कर देती है।*]

सईदा : तो कह डालो आज... मुझे तुम्हारी हर रोज़ की महीन-महीन चुटकियाँ पसंद नहीं... तुम जो कहना चाहती हो, मैं सुनने के लिए तैयार हूँ।

असग़री : आप बड़ी हिम्मतवाली हैं दुलहन बेगम!

सईदा : मैं हिम्मतवाली हूँ या बुज़दिल हूँ, इसे तुम छोड़ो... जो कहना चाहती हो, आज उगल डालो।

असग़री : मेरी क़ै[40] आपको और मुझे, दोनों को तक्लीफ़ देगी।

सईदा : मेरी तक्लीफ़ का तुम कुछ ख़याल न करो... मैं बर्दाश्त कर लूँगी।

असग़री : (*सोचते हुए*) मैं समझी थी, मेरे दाँतों तले दबी हुई कटारी देखकर आप डर जाएँगी, पर अब ऐसा लगता है कि आप चलती-चलती ऐसी जगह पहुँच गई हैं जहाँ ज़ख़्मों की कोई परवा नहीं रहती... अब तो मुझे ख़ौफ़ आने लगा है आपसे।

सईदा : (*इज़्तिराब से इधर-उधर टहलते हुए*) असग़री !

असग़री : (*चौंककर*) जी !

सईदा : तुम मुझे यह बताओ, अगर... अगर अमजद साहब गाड़ी के हादिसे में मर जाते तो मैं क्या करती ?

असग़री : आप... ? मुझे मालूम नहीं, आप क्या करतीं।

सईदा : मैं जवान हूँ, ख़ूबसूरत हूँ... मेरे सीने में ऐसे हज़ारों अरमान हैं जिन्हें मैं सतरह बरस तक अपने ख़यालों का शहद पिला-पिलाकर पालती-पोसती रही हूँ... मैं उनका गला नहीं घोंट सकती... मैंने बहुत कोशिश की है असग़री... मेरा ख़ुदा जानता है, मैंने बहुत कोशिश की है, लेकिन मैं अपने हाथों को इस क़त्ल पर आमादा न कर सकी... तुम मुझे कमज़ोर कह लो, बुज़दिल कह लो, अख़्लाक़ बाख़्ता[41] कह लो... तुम एक नौकरानी हो... फिर भी मैं तुम्हारे सामने ऐतिराफ़[42] करती हूँ कि मैं अपनी जवानी का बाग़, जिसके पत्ते-पत्ते और बूटे-बूटे में मेरे कुँवारे अरमानों का गर्म-गर्म ख़ून दौड़ रहा है, अपने हाथों से नहीं उजाड़ सकती... वैसे मैं किसी को भी इजाज़त दे सकती हूँ कि वह मेरी आँखें बंद करके... नहीं, मेरे तमाम हवास में ताले लगाकर मुझे बुढ़ापे और रंडापे की अमीक़ तरीन[43] गहराइयों में उतार दे... या एक ही बार धक्का देकर मुझे अपने अरमानों की लरज़ती हुई चट्टानों की चोटियों से नीचे गिरा दे, जिन पर मैं इस वक़्त तक दामन समेटे तुंद हवाओं का मुक़ाबला करती रही हूँ... मैं तुमको भी इसकी इजाज़त देती हूँ।

[*असग़री शिकस्त ख़ुर्दा[44] हो जाती है और उठती है।*]

असग़री : बस दुलहन बेगम !

सईदा : मैं एक ऐसे दोराहे पर खड़ी हूँ असग़री, जहाँ ज़मीन मेरे क़दमों के नीचे घूम रही है... मैं जिस रास्ते की तरफ़ मुँह करती हूँ, वही रास्ता मुझसे मुँह मोड़ लेता है... मैं जो इरादा करती हूँ, वही इरादा मुझसे अपना दामन छुड़ा के भाग जाता है; मैं उसके पीछे भागती हूँ, अंधाधुंध दौड़ती हूँ और जब उसे पकड़ लेती हूँ, तब मालूम होता है कि वह रेत का बना हुआ था; वह मेरे हाथों ही में ढेर हो जाता है... असग़री, तुम नहीं जानती हो, मैं कितनी देर से अंगारों के बिस्तर पर लौट रही हूँ, बुझाने के लिए उन पर

पानी डालती हूँ तो भाप के ऐसे बगोले उठते हैं जो मुझे अपने साथ ऊँचाइयों में ले जाते हैं और फिर झँझोड़-झँझोड़कर, झँझोड़-झँझोड़कर एकदम नीचे पटक देते हैं, मेरी हड्डी-हड्डी, पसली-पसली चूर हो चुकी है असग़री··· क्या ही अच्छा होता, अगर अमजद साहब के बदले मैं अपाहिज हुई होती।

[तवील वक़्फ़ा।

असग़री ख़ामोश खड़ी रहती है।

सईदा इज़्तिराब में इधर-उधर टहलती रहती है।]

बताओ, मुझे क्या करना चाहिए?

[असग़री महवियत[45] के आलम से बेदार होती है।]

असग़री : क्या करना चाहिए··· ? आपको··· आपको अमजद मियाँ की मौत का इंतिज़ार करना चाहिए?

सईदा : (*कुछ देर सोचकर*) तुम मुझे इंतिहा दरजे की संगदिल कहोगी··· लेकिन मैं पूछती हूँ, उन्हें कब मौत आएगी?

असग़री : जब अल्लाह को मंज़ूर होगा··· (*बड़बड़ाते हुए*) लेकिन अल्लाह मियाँ से तो अमजद मियाँ की दोस्ती ख़त्म हो चुकी है···

सईदा : क्या कहा?

असग़री : जी कुछ नहीं।

[उखड़े-उखड़े क़दम उठाती असग़री चली जाती है।

सईदा नंगे पाँव घास के ठंडे-ठंडे फ़र्श पर इज़्तिराब की हालत में टहलती रहती है।]

[परदा]

छटा मंज़र

[निगार विला।

ड्राइंगरूम—वसी व अरीज़ कमरा जो पुरानी वज़े के साज़ो-सामान से आरास्ता है। हर चीज़ वज़नी और पाएदार है—दीवारों पर ख़ानदान के मुख़्तलिफ़ अफ़राद[46] की पेंटिंग्ज़ आवीज़ाँ हैं—एक पेंटिंग बेगम की भी है, उसकी जवानी के ज़माने की। इस पेंटिंग के

नीचे एक सोफ़े पर बैठी बेगम तक़ाबुल पेश कर रही है। तसवीर में बेगम बेफ़िक्र-सी नज़र आती है और सोफ़े पर सख़्त फ़िक्रमंद—उसका चेहरा ग़मो-अंदोह[47] का मज्मूआ है—वह कोई ऊनी चीज़ बुन रही है, मगर ऐसा मालूम होता है जैसे वह अपने ख़यालातो-अफ़कार के उलझे हुए धागे कभी लपेट रही है और कभी खोल रही है। असग़री अंदर आती है—बेगम उसे देखती है।]

बेगम साहब : मजीद मियाँ मिले?

असग़री : जी हाँ।

बेगम साहब : कहाँ थे?

असग़री : बग़ीचे में।

बेगम साहब : क्या कर रहे थे?

असग़री : जी··· ? (रुककर) जी अकेले बैठे थे।

बेगम साहब : (*असग़री की तरफ़ ग़ौर से देखकर, फिर निगाहें नीची करके*) आ रहे हैं?

असग़री : जी हाँ!

बेगम साहब : अच्छा तुम जाओ।

[असग़री दरवाज़े की जानिब बढ़ती है। उसी वक़्त मजीद अंदर आता है। वह एक नज़र असग़री पर डालता है।]

मजीद : क्या बात है अम्मीजान?

बेगम साहब : कुछ नहीं··· बैठ जाओ।

[मजीद पास ही छोटे सोफ़े पर बैठ जाता है।]

मजीद : यहाँ सर्दी है!

बेगम साहब : हाँ, यहाँ सर्दी है।

[वक़्फ़ा।]

मजीद : (*बेचैनी महसूस करते हुए*) मेरा ख़याल है कि··· आपने कुछ कहने के लिए मुझे यहाँ बुलवाया है।

बेगम साहब : हाँ!

मजीद : फ़रमाइए।

बेगम साहब : मैं तुम्हें यहाँ से भेजना चाहती हूँ।

मजीद : मुझे··· ? (*उठकर*) कहाँ?

बेगम साहब : बैठ जाओ।

[मजीद बैठ जाता है।]

मजीद : यह लीजिए।

बेगम साहब : मैंने अभी तक अमजद से बात नहीं की है।

[*मजीद फिर उठ खड़ा होता है।*]

मजीद : कौन-सी बात ?

बेगम साहब : यही तुम्हें यहाँ से भेजने की।

मजीद : लेकिन आप मुझे यहाँ से क्यों भेज रही हैं···मेरा मतलब है, कोई ख़ास काम है या···

बेगम साहब : बैठ जाओ।

[*मजीद फिर बैठ जाता है।*]

मजीद : कोई ख़ास काम है ?

बेगम साहब : नहीं।

मजीद : तो फिर मुझे यहाँ से कहीं बाहर भेजने की ज़रूरत क्यों महसूस की गई है ?

बेगम साहब : मैं इसी में बेहतरी समझती हूँ।

मजीद : बेहतरी···? किसकी बेहतरी ?

बेगम साहब : हम सबकी···इस घर की।

[*मजीद उठ खड़ा होता है।*]

मजीद : आप पहेलियों में बात कर रही हैं अम्मीजान !

बेगम साहब : मजीद, तुम मेरे लड़के हो और मैं तुम्हारी माँ हूँ···मेरे और तुम्हारे दरमियान ऐसी कोई गुफ़्तुगू नहीं होनी चाहिए जो इस मुक़द्दस[48] रिश्ते पर ज़रा-सी भी कालख लगाए···मैं चाहती हूँ कि तुम आज ही कराची चले जाओ और जब तक मैं चाहूँ, वहीं रहो।

मजीद : लेकिन अम्मीजान···

बेगम साहब : (*मजीद की बात काटकर*) वहाँ तुम्हारे बेशुमार दोस्त मौजूद हैं···मुझे यक़ीन है, तुम उनकी मदद से, या ख़ुद अपनी हिम्मत से, इस मँझधार में से, जिसे ज़िंदगी कहते हैं, अपनी किश्ती सही व सालिम किनारे ले जाओगे।

[*मजीद कुछ कहना चाहता है, मगर कह नहीं पाता—फिर बैठ जाता है।*]

मजीद : बहुत बेहतर···मैं चला जाऊँगा।

बेगम साहब : तुम्हारा फ़ैसला···

[*तभी कमरे में अपाहिजोंवाली कुर्सी में धँसा हुआ अमजद आता है—करीम कुर्सी धकेल रहा है—सोफ़े के पास कुर्सी जमाकर करीम चला जाता है।*]

अमजद : (*मजीद से*) यार मजीद, तुम भी अजीब आदमी हो··· मैं वहाँ अपने कमरे में बैठा तुम्हारा इंतिज़ार कर रहा था कि तुम आओगे तो हम दोनों सईदा की सालगिरह के तोहफ़े के मुताल्लिक़ सोचेंगे, लेकिन तुम यहाँ बैठे हो··· (*बेगम से*) अम्मीजान, आपने क्या सोचा···? कैसा तोहफ़ा होना चाहिए···? मैं तो सोच-सोचकर पागल हो गया हूँ।

बेगम साहब : तुम सईदा से क्यों नहीं पूछ लेते?

अमजद : लो और सुनो··· (*हँसता है*) हद कर दी आपने अम्मीजान··· सईदा से पूछ लिया तो तोहफ़े का मज़ा क्या ख़ाक आएगा··· (*मजीद से*) क्यों मजीद?

[*मजीद ख़ामोश रहता है।*]

बोलो यार!

मजीद : (*उठकर*) आप अम्मीजान से पूछ लीजिए··· मैं तो जा रहा हूँ।

अमजद : (*हैरत से*) जा रहे हो···? कहाँ जा रहे हो?

मजीद : कराची।

अमजद : यक़ीनन तुम्हारा दिमाग़ ख़राब हो गया है··· क्या करने जा रहे हो कराची?

मजीद : (*फीकी-सी मुसकराहट के साथ—बेगम की तरफ़ देखते हुए*) क्या करने जा रहा हूँ··· मँझधार से अपनी किश्ती निकालने।

अमजद : (*बेगम से*) क्या हो गया है इसे··· (*मजीद से*) बैठो यार··· परसों सईदा की सालगिरह है··· अभी फ़ैसला हो जाना चाहिए।

मजीद : फ़ैसला तो हो चुका है।

अमजद : क्या?

मजीद : कि मैं कराची जा रहा हूँ और फिर कभी वापिस नहीं आऊँगा।

अमजद : क्या बकते हो···? (*बेगम से*) अम्मीजान, यह क़िस्सा क्या है?

बेगम साहब : कुछ नहीं··· माँ-बेटे में लड़ाई हो गई है किसी बात पर।

अमजद : किस बात पर?

बेगम साहब : तुम नहीं पूछ सकते!

अमजद : उदूलहुक्मी तो होती है अम्मीजान, लेकिन मजीद मेरा भाई है··· आपके और उसके दरमियान अगर कोई रंजिश या ग़लतफ़हमी पैदा हो गई है तो उसे दूर करना मेरा फ़र्ज़ है··· मजीद को मैं आपसे ज़्यादा जानता हूँ··· उससे ऐसी कोई ग़लती सरज़द नहीं हो सकती जो आज़ार[49] का मूजिब हो··· (*मजीद से*) इधर आओ मजीद!

मजीद : भाईजान, मुझे अपना असबाब बँधवाना है।

अमजद : लाहौलवला··· यह सब क्या है··· (*बेगम से*) अम्मीजान, ख़ुदा के लिए इसे रोकिए, मेरे लिए नहीं तो सईदा के लिए रोकिए··· इस घर में एक

सिर्फ़ यही है जिसने अभी तक उसे उदास नहीं होने दिया ··· मेरी ख़ातिर इतनी ज़हमत बर्दाश्त करता है ··· अगर आपने इसे जाने दिया तो अम्मीजान, मैं नहीं जानता, मेरा क्या हाल होगा ··· यह सईदा को सैर के लिए ले जाता है तो मैं तसव्वुर में यह समझता हूँ कि इसके बदले मैं उसके हमराह हूँ ··· उसके साथ कोई खेल खेलता है तो वह ख़ला, बहुत हद तक पूरा हो जाता है जो क़ुदरत के बेरहम हाथों ने मेरी ज़िंदगी में पैदा कर रखा है ··· मैं तो कई बार सोचता हूँ: 'अमजद, अगर तेरा भाई मजीद न होता तो तेरी शिकस्ता ज़िंदगी का मलबा इस क़ाबिल भी नहीं था कि घूरे में फेंक दिया जाता ···' अम्मीजान, इसे रोकिए ··· यह तो मेरा बाज़ू है ··· क्यों आप इसको मुझसे जुदा कर रही हैं ··· अल्लाह मियाँ की जगह न लीजिए अम्मीजान ! (*रोने लगता है ।*)

मजीद : मैं जा रहा हूँ अम्मीजान !

बेगम साहब : ठहरो !

[*मजीद रुक जाता है ।*

बेगम सोफ़े पर से उठती है और आगे बढ़कर अमजद के सिर पर हाथ फेरती है ।]

अमजद बेटा, रोओ नहीं जाने-मादर ··· मजीद नहीं जाएगा ··· जो चीज़ जहाँ है, वहीं रहेगी, इसलिए कि उसे यही मंज़ूर है ··· (*मजीद से*) मजीद, भाई के पास बैठो और सईदा की सालगिरह के तोहफ़े के मुताल्लिक़ सोचो ।

[*चली जाती है ।*]

[*मजीद कुछ देर गुमसुम-सा रहता है, फिर अमजद की कुर्सी की तरफ़ बढ़ता है ।*]

मजीद : (*मद्धम और काँपती हुई आवाज़ में*) भाईजान, आप मुझे जाने दें ।

अमजद : (*झुका हुआ सिर उठाकर*) जाने दूँ ··· कहाँ जाने दूँ ··· ? पागल मत बनो ।

मजीद : आप क्यों नहीं समझते भाईजान !

अमजद : मैं सब समझता हूँ ··· अपना रूमाल निकालो और मेरे यह आँसू पोंछ दो ।

[*मजीद थोड़े तवक़्क़ुफ़ के बाद अपना रूमाल निकालता है और अमजद के आँसू पोंछता है, जल्दी-जल्दी ।*]

क्या करते हो यार ··· तुम्हें तो आँसू पोंछना भी नहीं आता ··· (*मुसकराकर*) इतना मामूली-सा तो काम है ।

मजीद : मामूली काम नहीं है भाईजान !

अमजद : (*मुसकराकर*) अच्छा भाई, बड़ा जान जोखूँ का काम है ··· आओ इधर बैठो ··· सईदा की सालगिरह के तोहफ़े के मुताल्लिक़ सोचो ··· बैठो ना !

[*मजीद छोटे सोफ़े पर बैठ जाता है ।*]

मजीद : आप सोचिए।

अमजद : (*आह भरकर*) सोचते हैं भाई, सोचते हैं··· सोचने के अलावा अब और काम ही क्या है··· लेकिन तुम भी सोचो।

[*मजीद और अमजद, दोनों सोच में मुस्तग़रक़ हो जाते हैं।*]

[परदा]

सातवाँ मंज़र

[*शाम का वक़्त।*
निगार विला से मुलहिक़ा वही बग़ीची।
फ़व्वारे का पानी बंद है जैसे उबल-उबलकर आजिज़ आ चुका हो।
पस मंज़र में ख़ाकिस्तरी पहाड़ियाँ जैसे धुँधलकों मे अपनी संगीनियाँ छुपा रही हों।
सब्ज़ा रौंदा हुआ-सा मालूम होता है।
दाएँ तरफ़, फ़व्वारे से दूर हटकर घनी झाड़ियों के अक़ब में, अमजद अपाहिजोंवाली कुर्सी में बैठा हुआ है—कुर्सी की पुश्त असग़री अपने दोनों हाथों से पकड़े हुए है।
असग़री कुर्सी धकेलने लगती है।]

अमजद : नहीं असग़री··· कुछ देर ठहरो।

असग़री : (*ठहरते हुए*) लेकिन अमजद मियाँ···

अमजद : मैं आज अपनी ज़िंदगी का आख़िरी ज़ख़्म खाना चाहता हूँ।

असग़री : यह आख़िरी ज़ख़्म खाना अगर आप ज़रूरी समझते हैं तो अपने तसव्वुर में ही खा सकते हैं··· लेकिन आपका यह ज़ख़्म तो भर चुका है··· इसे दुबारा क्यों खुलवाना चाहते हैं आप?

अमजद : (*मुसकराने की कोशिश करते हुए*) जो आदमी मेरी हालत में हो, उसके बुद्धूपने की कोई हद नहीं होती··· वह अपने ज़ख़्मों के टाँके खोल-खोलकर देखता है··· अंगूरों की ज़बानी टीसों की दास्तानें सुनता है और ख़ुद को बहुत बड़ा शहीद समझता है··· (*हँसता है*) असग़री, तुम्हारी कभी कोई चीज़ टूटी नहीं, इसलिए तुम उन लोगों का दर्दनाक हाल नहीं जानती हो जो इजूज़ की इंतिहा को पहुँचकर शिकस्तो-रीख़्त[50] में बुलंद बाम इमारतें बनाते हैं।

असग़री : (*मुसकराते हुए*) मैं तो उन हदों से भी आगे निकल गई हूँ अमजद मियाँ⋯बड़ी ऊँची-ऊँची इमारतें बनाकर ख़ुद अपने हाथों से ढा चुकी हूँ⋯ऐसा करते-करते मेरे दिल में भी गट्टे पड़ चुके हैं।

अमजद : (*काँपते हुए*) असग़री, तुम बड़ी ख़ौफ़नाक हो।

असग़री : (*हँसती है*) हर उजाड़ चीज़ ख़ौफ़नाक होती है, हालाँकि बेचारी क्या ख़ौफ़नाक हो सकती है⋯उसे अपने मातम से इतनी फ़ुर्सत ही कहाँ मिलती है जो दूसरों को डरा सके⋯वह तो ख़ुद दुबकी हुई और सहमी हुई होती है।

अमजद : तुम्हारी ज़िंदगी भी किसी हादिसे से दो-चार हुई?

असग़री : जी नहीं⋯उस जी की ज़िंदगी किसी हादसे से क्या दो-चार होगी जो ख़ुद एक हादसा हो।

अमजद : तुम्हारी बातों से जले हुए गोश्त की बू आती है।

असग़री : इसलिए कि आपके सूँघने की हिस अब जागी है।

अमजद : पहले सो रही थी क्या?

असग़री : जी हाँ, बहुत गहरी नींद।

अमजद : इसे जगाया किसने है?

असग़री : उस गाड़ी ने जो पटड़ी से उतर गई थी।

अमजद : (*बड़बड़ाते हुए*) उस गाड़ी ने⋯जो पटड़ी से उतर गई थी (*ज़रा बुलंद आवाज़ में*) क्या गाड़ी फिर पटड़ी से उतरेगी?

असग़री : जो अल्लाह मियाँ को मंज़ूर है, वही होगा।

अमजद : अल्लाह मियाँ का नाम मत लो⋯मेरी-उसकी दोस्ती ख़त्म हो चुकी है⋯

असग़री : नहीं अमजद मियाँ, उनसे हम-ऐसो की दोस्ती कभी ख़त्म नहीं होती⋯वह तो टूट-टूट के आप जुड़ती रहती है।

अमजद : नहीं, यह सब बकवास है।

[*क़दमों की आहट आती है—दोनों एकदम चौंकते हैं।*
मजीद और सईदा हाँफते हुए नमूदार होते हैं।
सईदा, जो बहुत थकी हुई-सी नज़र आ रही है, झाड़ियों के उस तरफ़ फ़व्वारे की मुँडेर पर बैठ जाती है—मजीद उसके पास जाकर खड़ा हो जाता है।]

सईदा : आज तो मैं बहुत थक गई हूँ।

मजीद : हालाँकि आज हम ज़्यादा दूर नहीं गए।

सईदा : हाँ।

मजीद : क्या ही अच्छा होता, अगर मैं कराची चला गया होता।

सईदा : हाँ, अच्छा ही होता।

मजीद : मेरी जान अजब मुश्किल में फँस गई है··· मैं कराची चला जाता, लेकिन सवाल यह है, क्या मैं इस मँझधार में से अपनी किश्ती खे कर किनारे तक ले जाता··· ? नहीं··· मैं ज़रूर नाकाम रहता।

सईदा : मुझे मालूम है।

मजीद : तुम्हें मालूम है, मुझे मालूम है, सिवाय भाईजान के और सबको मालूम है···और यही इस कहानी का सबसे अल्मनाक[51] हिस्सा है।

सईदा : मैंने कई बार सोचा है कि उनसे कह दूँ··· (*उठ खड़ी होती है।*) लेकिन मुझे डर है, वह इस सद्मे की ताब न ला सकेंगे।

मजीद : मुझे ख़ुद भी इसी बात का डर है···डॉक्टरों ने कहा है कि वह ज़्यादा-से-ज़्यादा एक बरस और ज़िंदा रहेंगे···ग़रीब से ज़िंदगी का इतना मुख़्तसर अर्सा छीनना ज़ुल्म है।

[*झाड़ियों के अक़ब में अमजद अपने दाँत भींच लेता है—असग़री मज़बूती से उसका एक कंधा पकड़ लेती है।*]

सईदा : हमें हमेशा कोशिश करनी चाहिए कि जब तक वह ज़िंदा हैं, ख़ुश रहें···उनके एहसासात के नाज़ुक आबगीनों[52] को हल्की-सी भी ठेस न लगे।

मजीद : और अगर हमारा कोई छाला रगड़ खाके फूट पड़ा तो···

सईदा : (*क़रीब-क़रीब चीख़कर*) तो क़यामत आ जाएगी।

मजीद : इसीलिए मैं सोचता हूँ कि चला जाऊँ···जब तक भाईजान···

सईदा : (*एकदम मजीद की बात काटकर*) ऐसा न कहो मजीद··· इतने ज़ालिम मत बनो।

[*अमजद अपाहिजों की कुर्सी में धँसा-धँसा लरज़ जाता है—असग़री मज़बूती से उसका दूसरा कंधा भी पकड़ लेती है।*]

मजीद : मुहब्बत बड़ी ज़ालिम और ख़ुदग़र्ज़ होती है सईदा···कमबख़्त दूसरों की मौत पर नाचने की ख़्वाहिश करते हुए भी नहीं शरमाती।

सईदा : हमें ऐसे ख़्याल अपने दिमाग़ में नहीं लाने चाहिएँ।

मजीद : ठीक है, लेकिन आ जाएँ तो क्या करें ?

सईदा : क्या कर सकते हैं···चलो !

[*सईदा कोठी की जानिब बढ़ती है—मजीद उसके पीछे आहिस्ता-आहिस्ता क़दम उठाता है।*
झाड़ियों के अक़ब में अपाहिजोंवाली कुर्सी में अमजद का सिर झुका हुआ है—उसके पीछे असग़री बुत बनी खड़ी है।]

[*वक़्फ़ा।*]

असग़री : चलें ?

अमजद : (*सिर झुकाए-झुकाए*) नहीं⋯ अभी नहीं⋯ मैं सोच रहा हूँ।

असग़री : क्या?

अमजद : मालूम नहीं⋯ शायद यह सोच रहा हूँ कि मुझे अब क्या सोचना चाहिए।

असग़री : ऐसी सोच-विचार बिलकुल फ़िज़ूल होती है।

अमजद : (*सिर उठाकर*) फ़िज़ूल तो होती है, मगर फिर क्या करूँ⋯

[*वक़्फ़ा।*]

वह इतने ज़ालिम नहीं, जितनी तुम हो⋯ तुम तो मुझे सोचने से भी मना करती हो⋯ तुम बड़ी ज़ालिम हो असग़री!

असग़री : (*मुसकराकर*) मुहब्बत बड़ी ज़ालिम और ख़ुदग़र्ज़ होती है अमजद मियाँ⋯ कमबख़्त अपनी मौत पर भी नाचने से बाज़ नहीं आती।

अमजद : इधर मेरे सामने आओ असग़री!

[*असग़री कुर्सी के पीछे से अमजद के सामने आ जाती है—अमजद उसकी आँखों में आँखें डालकर देखता है—कुछ सोचता है।*]

यह किताब अब तक कहाँ पड़ी थी?

असग़री : कहीं रद्दी की टोकरी में⋯ अपनी सही जगह!

अमजद : चलो, मुझे अंदर ले चलो।

[*असग़री कुर्सी खेती है और कोठी की जानिब चल पड़ती है।*]

[परदा।]

आठवाँ मंज़र

[*रात का वक़्त*
वही कमरा जो पहले, दूसरे और चौथे मंज़र में है।
छत से सब्ज़ रोशनी की फ़ुवार गिर रही है—हर शै का असली रंग बदला हुआ है, जैसे आसाबज़दा[53] *मरीज़ों का। मसहरी ख़ाली है, कुछ इस तौर पर ख़ाली है, जैसे कभी आबाद ही नहीं थी।*
असग़री अपाहिजोंवाली कुर्सी में अमजद को अंदर लाती है।]

असग़री : दुलहन बेगम भला बेगम साहब के कमरे में क्यों मुंतक़िल हो गईं?

अमजद : डरती थी।

असग़री : आपसे?

अमजद : (*मुसकराकर*) मुझसे कोई क्या डरेगा⋯ वह अपने आपसे डरती थी।

असग़री : वह इतनी कमज़ोर नहीं हैं अमजद मियाँ!

अमजद : वक़्त बड़े-बड़े पहाड़ खोखले कर देता है…वह तो एक जवान लड़की है।

असग़री : (*तवक्कुफ़ के बाद*) आप सोना चाहेंगे अब?

अमजद : सोना…(*हँसता है*) मेरा मज़ाक़ मत उड़ाओ असग़री…! मेरे जलते हुए ज़ख़्मों की तौहीन होती है।

असग़री : (*तवक्कुफ़ के बाद*) क्या आपको सईदा से मुहब्बत है?

अमजद : नहीं।

असग़री : तो फिर यह जलते हुए ज़ख़्म कैसे?

अमजद : मुझे सोचने दो…बोलो इजाज़त देती हो सोचने की?

असग़री : हाँ-हाँ, आप सोचिए।

[*तवील वक़्फ़ा*
अमजद सोच में ग़र्क़ रहता है।]

अमजद : मुझे सईदा से मुहब्बत नहीं है…जिस तरह आदमी मार्केट से अच्छी चीज़ें चुन के लाता है, उसी तरह मैंने सैकड़ों लड़कियों में से उसे इंतिख़ाब[54] करके अपनी बीवी बनाया था…मुझे अपने इस इंतिख़ाब पर नाज़ था और बजा नाज़ था…सईदा मुबालग़े[55] की हद तक ख़ूबसूरत है…मैंने बस उसे चुना था और अपनी रफ़ीक़ा-ए-हयात[56] बनाया था…वह हयात जो कुचली गई और अब इस कुर्सी में ढेर-सी पड़ी है, जो किसी दूसरे की मदद के बग़ैर हिल-जुल नहीं सकती…डॉक्टरों ने मुझे ज़्यादा-से-ज़्यादा एक साल और ज़िंदा रहने के लिए दिया है…समझ में नहीं आता, मैं क्यों एक बरस तक उसको ऐसी ज़ंजीरों में बाँध के रखना चाहता हूँ, जिनका हर हलक़ा मेरी अपनी ज़िंदगी की तरह ग़ैर यक़ीनी है…कुछ समझ में नहीं आता…(*सोचता है*) उसकी जवान ख़ूबसूरती ही एक वजह हो सकती है (*एकदम चौंककर*) यही, यही वजह है और कोई वजह नहीं…(*तक्लीफ़ महसूस करता है*) वह नज़ारा…वह नज़ारा…मुझे भूल सकता है कभी…वह नज़ारा…इसी मसहरी में जवान उरियाँ ख़ूबसूरती अपनी तमाम रानाइयों के साथ लेटी दुनिया के हसीन तरीन मलबूसात[57] को शर्मसार कर रही थी…वह नज़ारा मेरे साथ चिमट गया है…नहीं, मैं उसके साथ चिमट गया हूँ…

[*वक़्फ़ा।*]

असग़री!

असग़री : (*चौंककर*) जी!

अमजद : कोई ऐसी सूरत हो सकती है जो यह छल-कपट मेरे वुजूद से अलहदा हो जाए।

असग़री : हर मुश्किल की चोली में उसको आसान करने की तरकीब छुपी होती है।

अमजद : तो फिर ढूँढ़नी चाहिए ··· लेकिन ··· लेकिन मुझे हिजाब क्यों महसूस होता है?

असग़री : मालूम नहीं, क्यों ···? यह मुश्किल आप ही की मुश्किल है ··· इसके लिए आपका हाथ किसी नामहरम[58] का हाथ नहीं होगा।

अमजद : जानता हूँ ··· मैं अपने दिल की उन तमाम नाहलफ़ नसों से वाक़िफ़ हूँ जो इस ग़लत जज़्बे की धड़कनें पैदा करती हैं ··· लेकिन आज इसका फ़ैसला हो जाएगा।

असग़री : किसका?

अमजद : मेरे सामने आओ।

[*असग़री कुर्सी के पीछे से अमजद के सामने आ जाती है।*]

मसहरी पर लेट जाओ।

असग़री : (*हिचकिचाकर*) अमजद मियाँ, मुझमें वह जवान खूबसूरती नहीं है जिसकी रानाइयाँ दुनिया के हसीन तरीन मलबूसात को शर्मसार कर सकें ··· मेरी जवानी तो खुरदुरे टाट की शर्मिंदा-ए-एहसान होना चाहती है।

अमजद : मसहरी पर लेट जाओ असग़री!

[*असग़री की आँखों से आँसू छलक पड़ते हैं।*]

असग़री : नहीं अमजद मियाँ, मसहरी को तकलीफ़ होगी ··· वह दुलहन बेगम के नर्मो-नाज़ुक बदन की आदी है।

अमजद : मैं तुम्हें हुक्म देता हूँ।

असग़री : (*सिर झुकाकर*) आप मालिक हैं।

[*मसहरी पर लेट जाती है—उसकी आँखें छत में गड़ जाती हैं।*]

अमजद : जानती हो, आज कौन-सी रात है ··· आज वह रात है, जब एक तुड़ी-मुड़ी जवानी और ज़्यादा तुड़-मुड़कर सालमियत इख़्तियार करेगी ··· आज की रात क़यामत की रात है, फ़ना की रात ··· इसके अँधियारों में वुजूद आख़िरकार अदम की भट्टियों में पिघलकर एक ग़ैर फ़ानी क़ालिब[59] इख़्तियार करेगा ··· यह वह रात है जिसके बाद और कोई रात नहीं आएगी ···

[*असग़री उठकर बैठ जाती है।*]

यह वह रात है, जब मौत के नुचड़े हुए थनों से ज़िंदगी के आख़िरी क़तरे डरकर खुद-ब-खुद ही बाहर आ जाएँगे ··· यह वह रात है जब शिकस्तगी अपनी कोख से सरबुलंद ऐवानों[60] को जन्म देगी, ऐसे

सरबुलंद ऐवान जिनके कँगूरों को अर्श की बुलंद तरीन ऊँचाइयों से हमकलाम होने का शर्फ़[61] हासिल होगा···

[असग़री बाँहें फैलाकर हाथ अपने सिर के पीछे बाँध लेती है—उसके सीने का ज़ेरो-बम[62] तेज़ है।]

यह वह रात है, जब ज़मज़म का सारा पानी रींग-रींगकर[63] ज़मीन की तहों में छुप जाएगा···यह वह रात है जब कातिबे-तक़दीर अपना क़लमदान औंधा करके अर्श[64] के किसी कोने में मुँह देकर रोएगा···

[असग़री सिर के पीछे बँधे हाथ खोलती है, धीरे-से मसहरी से नीचे उतरती है और खिड़की की जानिब बढ़ती है।]

आज की रात अमजद इस दुनिया की तमाम ख़ूबसूरतियों को तीन दफ़ा तलाक़ देता है···

[असग़री खिड़की खोलकर उसकी सिल पर खड़ी हो जाती है।]

और एक बदसूरती को अपने रिश्ता-ए- मुनाकहत[65] में लाता है···

[असग़री नीचे गहराइयों में देख रही है।]

(चीख़कर) क्या कर रही हो असग़री?

[असग़री खिड़की की सिल पर खड़े-खड़े गर्दन घुमाकर अमजद की तरफ़ देखती है।]

असग़री : ईजाबो-क़ुबूल[66] ज़रूरी है मेरे मालिक!

[नीचे कूद जाती है।]

अमजद : *(दोनों हाथों से आँखें ढाँपते हुए)* असग़री!

[वक़्फ़ा।

आँखों पर से हाथ हटाता है और चंद लम्हों के लिए खुली खिड़की के अँधेरे को देखता है जो सब्ज़ दीवार में तारीक ज़ख़्म के मानिंद मुँह खोले हुए है।

(बड़बड़ाता है) इजाबो-क़ुबूल···? इजाबो-क़ुबूल वाकई ज़रूरी है। *[दोनों हाथों से ज़ोर लगाता है और अपनी कुर्सी आगे को खेता है—बड़ी मुश्किल से खिड़की के पास पहुँचता है।]*

मुझे मुश्किल को आसान करने का यह रास्ता तो मालूम था···शायद मुझे किसी उँगली पकड़नेवाले की ज़रूरत थी···

[खिड़की की सिल दोनों हाथों से मज़बूती के साथ पकड़ता है और बड़ी दिक़्क़तों से अपना अपाहिज जिस्म ऊपर को उठाता है—फिर उसका ऊपर का धड़ सिल के उस तरफ़ खिड़की के बाहर लटक जाता है।]

मेरी पहाड़ियाँ···मेरी प्यारी पहाड़ियाँ···मेरी प्यारी असग़री!

[उसका ऊपर का धड़ नीचे फ़िसलता है और एकदम उसका सारा वुजूद अँधेरा खा जाता है।]

[परदा]

1. मटमैली; 2. सुहागरात का कक्ष; 3. कुँआरापन; 4. विवाहित अवस्था; 5. स्वस्थ; 6. संबोधन; 7. लगी, स्थित; 8. प्रभावित; 9. विवश, असमर्थ; 10. बेचैनी; 11. ख़ुशी; 12. रेशमी; 13. आमने-सामने; 14. मध्यम; 15. शून्य; 16. ऊपर-नीचे, तरंगायित; 17. अंतराल; 18. तल्लीन; 19. प्रतीक्षक; 20. उष्णता; 21. प्रतिच्छाया; 22. हल्की-सी; 23. घास; 24. उत्कंठा; 25. भाटा (पानी का उतार); 26. विनय, नम्रता; 27. सहनशीलता; 28. बेचैन; 29. दीर्घ; 30. पृथ्वी की; 31. छिपी हुई; 32. छिपी हुई, गुप्त; 33. स्पर्श; 34. बाहर निकली साँस; 35. मंज़िलें, पड़ाव; 36. प्राप्ति, साक्षात्कार; 37. नग्न व चमकीला; 38. आख़िरी; 39. कृत्रिम; 40. उगलना, मुंह से होनेवाली उल्टी; 41. अशिष्ट; 42. स्वीकार; 43. अत्यधिक; 44. पराजित; 45. तल्लीनता; 46. मनुष्यों, जनसमूह; 47. दुख-तकलीफ़; 48. पवित्र; 49. आपत्ति, रंज; 50. टूट-फूट; 51. दुखांत; 52. बहुत ही बारीक शीशे; 53. व्याधिग्रस्त; 54. चयन; 55. अतिशयोक्ति; 56. जीवनसंगिनी; 57. वेशभूषा; 58. अजनबी; 59. शरीर; 60. परिषद, संसद के सदन; 61. गौरव; 62. उतार-चढ़ाव; 63. रिस-रिसकर; 64. आकाश; 65. वैवाहिक रिश्ता; 66. निकाह के समय लिए गए वचन।

अंतिम शब्द

मंटो को अपने जीवन में ही 'लिविंग लीजेंड' का दर्जा मिल गया था। अबकि उसे मरे हुए सैंतीस बरस हो चुके हैं, 'मंटो लीजेंड' ज्यों की त्यों क़ायम है।

उसके रंगबिरंगे व्यक्तित्व के सत्यापित और असत्यापित पक्ष उर्दू कथासाहित्य के प्रेमियों की ज़बान पर हैं।

कहते हैं उसने आल इंडिया रेडियो में नौकरी के लिए प्रार्थनापत्र दिया तो उसने अपने अनुभवों का चर्चा करते हुए लिखा कि उसके पास रंडियो और उनके ग्राहकों, भड़वों और उनके तौर-तरीक़ों, देहव्यापार और उसके वातावरण के बारे में पूरा-पूरा ज्ञान मौजूद है।

मंटो का यह दावा कहाँ तक सच है, इसका निर्णय तो हम पाठकों पर छोड़ते हैं। हम तो केवल यह कहना चाहते हैं कि उसने ब्रिटिश साम्राज्य के अधिकारियों के सामने अपने विशिष्ट ढंग से एक अनोखा प्रार्थनापत्र प्रस्तुत किया और वह प्रार्थनापत्र किसी अगर-मगर के बिना स्वीकार किया गया।

आज स्वतंत्र भारत में, आकाशवाणी और दूरदर्शन में, सरकारी प्रकाशनगृहों में, साहित्य अकादमियों में नौकरियों के इच्छुक साहित्यकार क्या अपने निजी अनुभवों, अपनी ऐसी ही किसी योग्यता का प्रदर्शन कर सकते हैं ?

और क्या इन विभागों के सफ़ेदपोश कर्ताधर्ता इस तरह का प्रार्थनापत्र स्वीकार करने का साहस रखते है ?

ख़ैर।

आल इंडिया रेडियो, दिल्ली में मंटो की नौकरी का काल लगभग उन्नीस महीने है। और हम जानते हैं कि यही मुद्दत है दिल्ली में उसके निवास की।

नौकरी के इस संक्षिप्त काल में उसने कोई सौ रेडियो नाटक और फ़ीचर लिखे।

आश्चर्य इस बात पर है कि उसने इतना अधिक लिखा।

अगर यह प्रश्न उठाया जाए तो ग़लत न होगा : क्या मंटो के किसी समकालीन रेडियो

मुलाज़िम ने, क्या किसी और साहित्यकार ने, विभाजन से पहले और विभाजन के बाद, उपमहाद्वीप में रेडियो के इतिहास में इतने कम समय में, इतना अधिक लिखा?

शायद मंटो हद दर्जा 'ग़ैरज़िम्मेदार मुलाज़िम' था!

मंटो ने रचनात्मक अभिव्यक्ति के लिए कला की कोई भी दिशा चुनी हो, हंगामा किसी न किसी तरह अवश्य हुआ।

'जर्नलिस्ट', कम्युनिस्ट साहित्यकार बारी के पत्रकार-जीवन के गिर्द घूमता है। बारी साहब का यह जीवन मंटो ने निकट से देखा था और किसी हद तक यही जीवन स्वयं भुगता भी था।

जब 'जर्नलिस्ट' प्रसारित हुआ तो उर्दू संपादकों ने इतना शोर मचाया कि निदेशक ज़ेड.ए. बुख़ारी इच्छा और प्रयत्न के बावजूद 'जर्नलिस्ट' को दूसरी बार प्रसारित न कर सके।

'नीली रगें' का केंद्रीय पात्र मशहूर शायर नून मीम राशिद का 'चर्बा' हैं। राशिद भी उन दिनों आल इंडिया रेडियो, दिल्ली में सेवारत थे।

मंटो की मृत्यु के कोई दो महीने बाद जब राशिद अमेरिका से पेशावर पहुँचे तो उन्होंने मंटो के एक मित्र को देखते ही कहा : ''मंटो नूँ आख़िर टोर सुट्या-ए!''

'मंटो को आख़िर रुख़्सत कर ही दिया!' इस एक जुम्ले में छिपा दर्द बस दिलवाले ही जान सकते हैं।

'जेबकतरा' कितनी बार और किस-किस स्टेशन से, किस-किस भाषा में ब्राडकास्ट और टेलीकास्ट हुआ?

'जेबकतरा' कितनी बार फ़िल्मी लिबास में प्रस्तुत किया गया?

कुछ लोग अब तक इन प्रश्नों से उलझे हुए हैं।

एक साहब ने कहा था : ''अगर मंटो ने दिल्लीप्रवास के दौरान केवल एक 'जेबकतरा' ही लिखा होता तब भी उसका दिल्लीप्रवास साहित्य के इतिहास में यादगार बन जाता।''

इनमें से किसी बात ने भी न तो हमें चौंकाया, न हैरान किया। हैरत इस बात पर है कि मंटो जिसे अनगिनत गालियाँ दी गईं, जिसे एक दुनिया ने अनैतिक कहा, उसी मंटो ने नैतिक मूल्यों के प्रभाव में आकर काँशी की उँगलियाँ कटवा दीं। उसे अनैतिक कहनेवाले इतना नैतिक साहस नहीं रखते थे।

कोई बहुत पुरानी बात नहीं। हमने एक टेलीविज़न इंटरव्यू में एस.एस.एस. ठाकुर को

देखा। ठाकुर अस्सी की लपेट में होंगे। कोई समय था, उन्होंने कौंशी और नेपोलियन को अपनी आवाज़ दी थी। इंटरव्यू में मंटो के ज़िक्र पर ठाकुर भावुकता में बह गए : "मंटो जैसा आदमी अब कहाँ !"

मंटोप्रेमी और फ़िल्मों के अध्येता श्याम को जानते हैं।

ब्रजमोहन मंटो के ताल्लुक़ से अब तक लगभग अजनबी नाम है।

मंटो के ख़ास मित्रों में ब्रजमोहन एक रोचक चरित्र रखता था। मंटो ने न केवल उसे अपनी कहानियों में समोया (बादशाहत का ख़ात्मा, पैरन) बल्कि अपनी पुस्तक 'बादशाहत का ख़ात्मा' उसी के नाम समर्पित की।

'एक शाम, दोस्तों के दरम्यान' श्याम और ब्रजमोहन के हवाले से उन्हीं के मिजाज़ के अनुसार मंटो को याद करने का एक वसीला है।

मेनरा : मेरे दोस्त, मंटो कहता है : ज़िंदगी मौत का दीबाचा[1] है।

शरद : हाँ, वह यह कहता है। और उसने चंद दीबाचों की इख़्ततामी सुतूर[2] भी लिखी हैं... वह यह कहता है : क्या अजब कि इनको पढ़कर आपको मरने का सलीक़ा आ जाए।

मेनरा : शरद, जीने का शऊर न हो तो क्या यह मुमकिन है कि मरने का सलीक़ा आ जाए !

शरद : नहीं... नामुमकिन... वो लोग जो जीने का हुनर नहीं जानते, उनको मरने का सलीक़ा भला कैसे आ सकता है।

मेनरा : तो आओ, मंटो की ख़ूबसूरत और चुस्त जुम्लेबाज़ी को नज़रअंदाज़ करते हैं... अब मैं तुमसे एक सवाल पूछता हूँ। जवाब देने से पहले बस एक बात ज़रूर ध्यान में रखना... यह ज़रूरी नहीं कि जो अल्फ़ाज़ तुम इस्तेमाल करो, जो अल्फ़ाज़ तुम सोच-समझकर बोलो, उनके मानी वही हों जो तुम हक़ीक़त में मुझ तक पहुँचाना चाहते हो... तो सुनो मेरा सवाल : क्या क्लोपेत्रा और नेपोलियन की ज़िंदगी, और उनकी मौत, हमारे किसी काम की है ?

शरद : मेरे यार, तुम एक तरफ़ तो जुम्लेबाज़ी को नज़रअंदाज़ करने की बात करते हो, और दूसरी तरफ़ सीधे-सादे लफ़्ज़ों के परदे में ढकी-छिपी जुम्लेबाज़ी करते हो... बज़ाहिर तो तुम पूछते हो, 'हमारे किसी काम की है ?' जबकि हक़ीक़त में तुम पूछते नहीं, कहते हो कि हमारे किसी काम की नहीं... तो फिर कैसा सवाल

और कैसा जवाब... अब मैं तुम्हारी जुम्लेबाज़ी को नज़रअंदाज़ करते हुए साफ़ और सीधी बात करता हूँ। मेरे अल्फ़ाज़ के मानी वही होंगे जो मेरे ज़ेहन में हैं, और...

मेनरा : देखो, मैं तुम्हारी बात काट नहीं रहा हूँ... कहना मैं यह चाहता हूँ कि तुम्हारे अल्फ़ाज़ की हुदूद[3] में रहकर मानी तक पहुँचना मेरी अपनी ज़िम्मेदारी है।

शरद : और मंटो की हुदूद ? उसकी ज़िम्मेदारी ? ख़ैर... तारीख़[4] के पन्नों में क्लोपेत्रा और नेपोलियन का वुजूद[5] हमारे लिए सिगरेट के धुएँ से ज़्यादा अहम नहीं... मंटो के तख़लीक़ी निज़ाम[6] में मंटो की क्लोपेत्रा और मंटो का नेपोलियन कितने अहम हैं... और अगर मंटो अहम है तो उसके पेट की भूक से हमें सरोकार है। वह भूका था। रोटी के मसले ने उससे रेडियाई ड्रामे और फ़ीचर लिखवाए... यह क्यों भूल जाते हो कि इस सारे चक्कर में हमारी मुलाक़ात काँशी से हो गई। क्या यह मुलाक़ात यादगार नहीं... ?

मेनरा : बोलो बोलो, तुम तो भरे बैठे हो।

शरद : बताओ, कितने लोग क़लम के ज़ोर पर ज़िंदा रहते हैं, या ज़िंदा रहने की हिम्मत रखते हैं... तुमने तो ख़ुद मुख़्तलिफ़[7] अस्पतालों की लैबोरेटरियों में बरसों झक मारी है... कितने अदीबों की मुलाज़िमत का संबंध उनके क़लम से है... बेशतर[8] लिखनेवाले यूनिवर्सिटियों में, दफ़्तरों में और न जाने कहाँ-कहाँ और न जाने क्या-क्या झक मारते फिरते हैं और फ़ुरसत के वक़्त... फ़ुरसत, तख़लीक़ के लिए फ़ुरसत की तलाश, वाह... और होता क्या है। सबके सब नहीं तो बेशतर, घटिया और ग़ैर-ज़िम्मेदार मुलाज़िम, और बुरे और आए-गए अदीब[9] साबित होते हैं... मियाँ, मंटो ने मुलाज़िमत की, माना झक मारी पर उसकी झक, काश सब लिखनेवालों का मुक़द्दर बन जाए।

मेनरा : थक तो नहीं गए मेरे दोस्त... ! मैं जानता हूँ तुम इतनी जल्दी थकनेवाले नहीं... मैं यह भी जानता हूँ कि तुम कहोगे : क्या हुआ जो क्लोपेत्रा और नेपोलियन की मौत मानवी एतबार से[10] अहम नहीं, पर मोजेल और बिशनसिंह की मौत तो ज़िंदगी के भेद खोलती है... शरद दत्त, मंटो से मुझे बस एक ही शिकायत है... साले को मरने के बाद भी तुम जैसे दोस्त मिल जाते हैं।

---

1. भूमिका; 2. अंतिम पंक्तियाँ; 3. सीमाओं; 4. इतिहास; 5. अस्तित्व; 6. रचना संसार; 7. विभिन्न; 8. अधिकांश; 9. साहित्यकार; 10. अर्थ की दृष्टि से।

परिशिष्ट
1

मंटो ने 'आओ' सिरीज़ के तहत दस रेडियाई नाटक लिखे थे।

हमने नौ नाटक विषयसूची में शामिल किए हैं और दसवाँ नाटक 'आओ बात तो सुनो' परिशिष्ट एक में।

कारण दो हैं।

एक : मंटो के अपने बयान के मुताबिक़ यह नाटक किसी और अदीब की तख़लीक़ से माख़ूज[1] है।

दो : इस नाटक का बुनियादी ढाँचा 'आओ' सिरीज़ के दूसरे नाटकों से क़दरे मुख़्तलिफ़[2] है।

---

1. लिया गया; 2. अपेक्षाकृत अलग।

आओ बात तो सुनो

[खट-खट, टाइप करने की आवाज़।]

किशोर : (*टाइप करने की आवाज़ के साथ-साथ*) Please note that the payment of Rs. 24/8/- and not that of Rs. 49/4-, will be made to you in due course... yours faithfully... Copy to Accountant for information. (*टाइपराइटर की गिरफ़्त से कागज़ आज़ाद करने की आवाज़; फिर इत्मीनान की साँस लेने की आवाज़*) शुक्र है, यह पहाड़-सा काम भी आख़िर ख़त्म हो ही गया।

लाजवंती : बड़ा उपकार किया है मुझ पर!

[नाक साफ़ करने की आवाज़।]

किशोर : (*नर्म आवाज़ में*) लड़ती क्यों हो बाबा, लड़ती क्यों हो···दफ़्तर की मक्खियों से एक रोज़ छुटकारा मिलता है तो तुम भुनभुनाना शुरू कर देती हो···जीने भी दोगी या नहीं···दफ़्तर का थोड़ा-सा काम बाक़ी रह गया था, क्या ख़त्म न करता?

लाजवंती : (*नाक साफ़ करने की आवाज़ के बाद*) 'दफ़्तर का थोड़ा-सा काम बाक़ी रह गया था', ये बहाने मेरे साथ न चलेंगे··· अठवारे में एक दिन इतवार का मिलता है कि घरवालों का दो घड़ी जी बहलाया जाए और तुम हो कि उस दिन भी यह निगोड़ी मशीन लेकर बैठ जाते हो··· सच कहती हूँ, किसी रोज़ इसको उठाकर बाहर फेंक दूँगी।

किशोर : (*मशीन पर ढकना रखने की आवाज़ के बाद*) लाजवंती, मैं जानता हूँ कि पाँच साल दफ़्तर में··· हाँ, पाँच साल दफ़्तर में Yours faithfully और Yours obediently टाइप करते-करते मेरी मरदाना शुजाअत[1] बिलकुल सर्द पड़ चुकी है, पर मैं तुमसे यह कहे देता हूँ कि तुम इस मशीन को हाथ न लगा सकोगी।

लाजवंती : (*नाक साफ़ करने की आवाज़ के बाद, रोती हुई आवाज़ में*) क्या मेरा इतना भी हक़ नहीं रहा?

किशोर : बड़ी मुसीबत तो यह है कि ज़रा-सी बात पर भी तुम आंसू बहाना शुरू कर देती हो··· अरे भई, तुम एक बार नहीं, लाख बार इस मशीन को हाथ लगा सकती हो··· मैंने तो सिर्फ़ यह कहा था कि तुम इसे बाहर नहीं फेंक सकती हो··· तुमसे तो इतनी भारी चीज़ उठाई भी न जाएगी।

लाजवंती : मुझे ज़ुकाम ने निढाल कर रखा है, वरना अभी तुम्हें अपनी ताक़त का इम्तहान दे देती।

[*नाक साफ़ करने की आवाज़।*]

किशोर : अरे, तुम्हें तो वाक़ई ज़ुकाम हो रहा है!

लाजवंती : ज़ुकाम, नज़ला, खाँसी··· आपके तुफ़ैल[2] सभी कुछ है।

किशोर : यह तो बुरी बात है··· किसी डाक्टर को दिखाना चाहिए। मैं जाता हूँ और डाक्टर हेमचंद्र को बुला लाता हूँ।

[*कुर्सी खिसकने की आवाज़। फिर चंद तेज़ क़दमों की चाप।*]

लाजवंती : (*क़दरे[3] ऊँची आवाज़ में*) कहाँ भाग चले···! आओ बात तो सुनो!

किशोर : कहो।

लाजवंती : मुझे डाक्टर-वाक्टर नहीं चाहिएँ··· मैं देसी दवा पी लूँगी।

किशोर : बोलो कौन-सी देसी दवा लाऊँ?

लाजवंती : दो पैसे का बनफ़शा, एक पैसे के उन्नाब, एक पैसे की इलायची, एक पैसे की दारचीनी और थोड़ा-सा शहद ख़ालिस।

किशोर : बस!

[*तेज़ी से उठते क़दमों की आवाज़।*]

लाजवंती : आओ बात तो सुनो। तुम तो बस भागे जा रहे हो···

[*वक़्फ़ा*[4] *।*]
हाँ, यह तो दवा हुई···वापस आते में कपड़े धोने का छतरी मार्का साबुन भी लेते आना···तुम्हारे सब रूमाल मैले पड़े हैं। और देखो, उसी दुकान से एक आने का सोडा भी ख़रीद लेना। मैं साथ ही अपनी गर्म चादर भी धो लूँगी।

किशोर : बहुत अच्छा···तो मैं चला।

लाजवंती : ज़रा ठहरो···खोपरे के तेल की एक बोतल भी लगे हाथों लेते आना···और हाँ, चाय भी तो ख़त्म हो गई है। लिपटन का सब्ज़ लेबिल वाला बंडल भी ज़रूर लेते आना···और एक रुपए की दानेदार शकर।

किशोर : कुछ और भी याद कर लो।

लाजवंती : (*नाक साफ़ करने की आवाज़ के बाद*) दियासलाई की डिबिया और कास्टर आयल की एक बोतल···मैं कहती हूँ, जुलाब ले ही लूँ।

किशोर : बस बस, अब मैं चला···इस इतवार के लिए इतनी चीज़ें ही काफ़ी हैं।
[*तेज़ क़दमों की आवाज़। वक़्फ़ा। फिर दरवाज़ा खुलने और बंद होने की आवाज़।*]
(*ऊँची आवाज़ में*) गोपू···गोपू···!
[*सीढ़ियाँ उतरने की आवाज़।*]

गोपाल : भैयाजी, आपने बुलाया है !

किशोर : हाँ भई, मैंने ही बुलाया है···मैं ज़रा काम से बाहर जा रहा हूँ, अब तुम कहीं खेलकूद में न लग जाना। स्कूल का सारा काम मेरे आने तक ख़त्म हो जाना चाहिए।

गोपाल : वह तो मैं कर ही रहा हूँ···पर आप बाहर जा रहे हैं ना ?

किशोर : हाँ हाँ !

गोपाल : तो जुग़राफ़िय-ए-आलम हिस्सा अव्वल[5] आज आपको लाना ही पड़ेगा। स्कूल में तो सब लड़कों ने ख़रीद लिया है।

किशोर : लेता आऊँगा···अब तू जा और अपना काम कर···शाबाश।

गोपाल : एक रफ़ कापी दो दस्ते वाली, दो पेंसिलें, रिलीफ़ के तीन निब और एक चप्पल दस नंबर की···ज़रूर लेते आइएगा।
[*तेज़ी से सीढ़ियाँ चढ़ने की आवाज़।*]

किशोर : (*ख़ुदकलामी*[6] *के तौर पर*) पर यह सारी फ़ेहरिस्त याद किसको रहेगी ?
[*खाँसी की आवाज़।*]

किशोर का बाप : किशोर, तू यहाँ खड़ा सोच क्या रहा है ?

किशोर : कुछ नहीं पिताजी···बाज़ार से कुछ चीज़ें लाना हैं। सोच रहा था, कोई शै[7] भूल न जाऊँ।

[तेज़ी से उठते क़दमों की आवाज़।]

किशोर का बाप : भागे क्यों जा रहे हो···इधर आओ, बात तो सुनो···यह जो तुम हर रोज़ ओकासा खाते हो, यह किस मर्ज़ की दवा है ! इस उम्र में तुम्हारा हाफ़िज़ा[8] इस क़दर कमज़ोर हो गया है ! जब मेरी उम्र को पहुँचोगे तो जाने क्या हाल होगा तुम्हारा···

[खाँसी की आवाज़।]

अगर यही बात है तो नोटबुक में लिख लिया करो···हाँ, तुम्हें याद रहे न रहे, ज़रा मुश्किल-सा नाम है···इसे लिख ही लो तो अच्छा है···सूप मने डक्स···बड़ा अच्छा टानिक है···और एक सेर तंबाकू ख़मीरा···और मेरे काले शू के तस्मे···और···बस यही तीन चीज़ें···पर याद से लेते आना।

किशोर : पिताजी, कोई और चीज़ ?

किशोर का बाप : अरे हाँ, दो आने का पोस्त और दाँतों के लिए मंजन···बस।

[खाँसी की आवाज़ और लौटते क़दमों की चाप।]

किशोर : (*ख़ुदकलामी के तौर पर*) किशोर, अब तू यहाँ से भाग···कोई और मुसीबत न आ जाए !

[क़दमों की चाप।]

[लंबा साँस लेने की आवाज़।]

शुक्र है, घर से बाहर तो निकल आया।

[ज़ोर से दरवाज़ा खुलने की आवाज़।]

पड़ोसन : मैं कह रही थी, यह किशोर बाबू ही की आवाज़ है, पर मेरी कमला मानती ही न थी···हाँ तो किशोर बाबू, आपके भैया आज बीमार हैं और संतो दो दिन की छुट्टी लेकर अपने गाँव चला गया है···मैं परसों उनसे कह रही थी कि घर में आटा दो वक़्त के लिए भी पूरा न होगा, पर उन्होंने मेरी एक न सुनी···अब देखिए, हाथ पर हाथ धरे बैठी हूँ···भाजी-तरकारी सब तैयार है पर रोटियाँ पकाने के लिए आटा ही मौजूद नहीं···आप बाहर जा रहे हैं ना ?

किशोर : (*थके हुए लहजे में*) बाहर ही जा रहा हूँ।

पड़ोसन : तो फिर तकलीफ़ की कोई बात नहीं, और फिर हमसायों[9] का काम तो वैसे भी ख़ुशी से करना चाहिए···ये सोलह रुपए हैं···

[रुपयों की खनखनाहट।]

और यह एक आना ··· पंद्रह रुपए में एक बोरी आटे की, और एक आना उसकी उठवाई ··· एक रुपए के चावल ··· मैं अब चलती हूँ ··· चूल्हे पर दूध धरा है, कहीं उबल न जाए।

[*दरवाज़ा बंद करने की आवाज़।*]

किशोर : (*ऊँची आवाज़ में*) कोई बाक़ी रह गया हो, और जिसे कुछ मँगवाना हो, मँगवा ले, वरना मैं जा रहा हूँ।

[*ज़ोर से दरवाज़ा खुलने की आवाज़।*]

पड़ोसन : मैं समझ रही थी कि आप चले गए होंगे ··· जब मैं अंदर गई तब याद आया कि आपके भाईसाहब के लिए दवा भी मँगवानी है ··· यह लीजिए नुस्ख़ा और यह एक रुपया।

[*दरवाज़ा बंद करने की आवाज़।*]

एक आवाज़ : (*रौब के लहजे में*) चार घंटे के बाद, आवाज़ की दुनिया का यह खेल फिर जारी।

[*दरवाज़ा खुलने की आवाज़।*]

नारायन : अरे किशोर, तुम हो ··· आओ भई आओ ··· कैसे आना हुआ? अरे यह क्या ···? कोई शादी-ब्याह रचाया है जो इस तरह लदे-फँदे आ रहे हो ···!

किशोर : (*हाँफने की आवाज़ के बाद*) मैं एक ज़रूरी काम से आया हूँ।

नारायन : कहो कहो, क्या काम है ··· पर तुम कुछ थके-थके से दिखाई देते हो।

किशोर : तुम्हारे पास चूहे मारनेवाली गोलियाँ हैं क्या?

नारायन : हैं!

किशोर : मुझे तीन-चार दे दो, पर वो इतनी बड़ी तो नहीं कि हलक़ से नीचे उतर भी न सकें?

नारायन : (*हैरत भरी आवाज़ में*) क्या कहा?

किशोर : (*बेज़ारी भरी आवाज़ में*) मैं क्या कह सकता हूँ ···! क्या मैं कुछ कहने के क़ाबिल रहा हूँ ···! मैं तो बोझ उठानेवाला ख़च्चर हूँ, गधा हूँ, कुछ भी नहीं हूँ ···

[*वक़्फ़ा।*]

पीने के लिए थोड़ा-सा पानी दो ··· मेरा हलक़ सूख गया है नारायन ··· उफ़, उफ़ ··· क्या ज़िंदगी है ··· परमात्मा के लिए मुझे चूहे

मारने की तीन-चार गोलियाँ दे दो··· मैं जाना चाहता हूँ।

नारायन : किशोर, किशोर··· तुम्हें क्या हो गया है··· बंडलों और पुड़ियों का यह बोझ तो हलका करो··· कुर्सी पर ज़रा बैठ के दम तो ले लो।

किशोर : तुम मुझे गोलियाँ ला दो, परमात्मा के लिए तुम मुझे गोलियाँ ला दो, और एक गिलास पानी भी।

नारायन : तुम यह क्या कह रहे हो किशोर?

किशोर : अगर तुम नहीं लाओगे तो मैं बाज़ार से ले लूँगा··· तुम नहीं तो कोई और दोस्त मुझ पर यह मेहरबानी कर देगा··· नारायन, किसी न किसी तरह मेरा ख़ात्मा ज़रूर हो जाना चाहिए।

नारायन : हौले-हौले बात करो किशोर··· कहीं मेरी बीवी न सुन ले!

किशोर : तुम्हारी बीवी सुन ले, मेरी बीवी सुन ले, दुनिया की सारी बीवियाँ सुन लें··· मुझे बस तुम गोलियाँ दे दो।

नारायन : मेरी समझ में नहीं आता कि तुम्हें क्या हो गया है।

किशोर : क्या हो गया है···? तुम··· तुम··· नारायन, तुम मुझसे पूछ रहे हो कि मुझे क्या हो गया है···? क्या मुझे कुछ नहीं हुआ···? क्या मेरे साथ अभी कुछ और होगा···?

[*वक़्फ़ा।*]

मेरा साँस फूल रहा है, काँधे शल हो गए हैं, दिमाग़ के परदे उड़ गए हैं, और तुम कहते हो कि मुझे क्या हो गया है···?

[*वक़्फ़ा।*]

दफ़्तर में छः दिन मक्खियों की भिनभिनाहट, टाइपराइटरों की आवाज़···'यह करो, वह न करो' की रट, और इतवार को यह मुसीबत··· बीवी को ज़ुकाम हो गया है, भाई का जूता फट गया है, गुस्लख़ाने का पलस्तर उखड़ गया है··· दर्ज़ी ने बीवी की चोली सीने पर ढीली और काँधों पर चुस्त बनाई है··· दर्ज़ी के कान खींचूँ या पड़ोसन के लिए आटे की बोरी लाऊँ···

[*वक़्फ़ा।*]

यह देखो··· इस पुड़िया में बनफ़्शा, उन्नाब, इलायची, दारचीनी और न जाने क्या-क्या बला बँधी पड़ी है··· यह सोडा, यह दस नंबर की चप्पल··· और यह··· और यह बोतल की तेल का एक खोपरा··· नहीं, तेल की खोपरी की एक बोतल··· देख लो, देख लो, दिमाग़ कितना परेशान है··· यह, यह··· हाँ हाँ, खोपरे के तेल की एक बोतल···

[*वक़्फ़ा।*]

और यह रफ़ कापी दो दस्तेवाली⋯ सूप मने डक्स⋯ जुग़राफ़िय-ए-आलम हिस्सा अव्वल⋯ पेंसिलें⋯ कास्टर आयल की एक बोतल⋯ दियासलाई का एक बंडल⋯ काले शू के तस्मे, लिपटन का सब्ज़ लेबिल वाला डब्बा⋯ शकर और यह कपड़े धोने का साबुन मार्का छतरी⋯ नहीं, साबुन धोने का छतरी मार्का कपड़ा⋯ लानत है, जो कुछ भी है⋯ और बाहर मज़दूर खड़ा है। उसके सर पर आटे की बोरी है और एक रुपए के चावल⋯ बताओ, परमात्मा के लिए बताओ, क्या मैं हमदर्दी का मुस्तहक़[10] नहीं⋯ ? क्या मुझे चूहे मारनेवाली गोलियाँ नहीं खा लेनी चाहिएँ ?

नारायन : ठहरो ठहरो किशोर, मुझे सोचने तो दो⋯ मुझे सोचने तो दो⋯ तुम्हें चूहे मारनेवाली गोलियाँ चाहिएँ ना, पर ये मैं तुम्हें कैसे दे सकता हूँ⋯ हो सकता है, अगले इतवार मुझे ही उनकी ज़रूरत पड़ जाए⋯ अगले हफ़्ते सावित्री मुझे बाज़ार भेजनेवाली है।

किशोर : तुम मेरी मदद नहीं कर सकते तो परमात्मा के लिए हमदर्दी का इज़हार कर दो⋯ क्या मैं इसके लायक़ भी नहीं ?

नारायन : किशोर, मुझे तुमसे पूरी हमदर्दी है।

किशोर : क्या तुम्हें यक़ीन है कि तुम सच कह रहे हो ?

नारायन : हाँ हाँ, क्यों नहीं !

किशोर : तुम्हें मेरे साथ हमदर्दी होनी ही चाहिए⋯ अच्छा अब मैं रुख़सत चाहता हूँ, मुझे दाँतों का मंजन और पोस्त ख़रीदना है।

नारायन : अब तुम सीधे घर जाओगे ना !

किशोर : हाँ, सीधा घर ही जाऊँगा।

नारायन : यह भी अच्छा हुआ⋯ मैं सोच रहा था कि यह कैसे हो सकेगा⋯ ख़ैर⋯ मिस्टर काँशीराम को तुम अच्छी तरह पहचानते हो ना ?

किशोर : हाँ, हाँ।

नारायन : उनसे मेरा परनाम कहना।

किशोर : कह दूँगा भई।

[*क़दमों की चाप।*]

नारायन : अरे भई, भाग कहाँ चले⋯ इधर आओ, बात तो सुनो।

किशोर : क्या है ?

नारायन : अरे तुम तो⋯

किशोर : मैं कहता हूँ, क्या है ?

नारायन : यह तोता बेल्जियम का है। इसे कुसक्कू कहते हैं। बहुत जल्द बातें सीख लेता है। इसीलिए तुम्हारी भाभी इसे पसंद नहीं करती⋯ एक

रोज़ भूले से मैंने सावित्री को नालायक़ कह दिया, अब यह नालायक़ हर रोज़ उसे नालायक़ कहता रहता है··· अब झगड़ा इस बात का है कि या तो मैं सावित्री को घर में रखूँ या फिर इस तोते को।

किशोर : हाँ, बात माक़ूल है।

नारायन : मैं यह चाहता हूँ कि इसे घर में न रखूँ··· तुम्हें तकलीफ़ तो होगी, पर इस पिंजरे को उँगली से लटका के ले जाओ और मिस्टर काँशीराम के घर पहुँचा दो, और···

किशोर : और ?

नारायन : और यह ओवरकोट भी, जो उन्होंने मँगवाया है।

किशोर : और तेल का वह कनस्तर भी, जो तुम उससे माँगकर ले आए थे।

नारायन : वह कौन-सा ?

किशोर : और सिवइयाँ बनाने की वह मशीन, जो तुम्हें मरम्मत के लिए मिस्तरी के पास भेजना थी।

नारायन : मेरे पास तो कोई ऐसी मशीन नहीं··· मैं तो अभी तक सिंगर मशीन की क़िस्तें तक अदा नहीं कर सका।

किशोर : और यह असबाब, जो तुम्हें मेरे कंधों पर लदवाकर स्टेशन पर भेजना था।

नारायन : कौन-सा असबाब··· ? यह तुम मेरी तरफ़ घूर-घूर के क्या देख रहे हो !

किशोर : कहाँ है तोते का पिंजरा··· ? लाओ, लाओ इधर··· कहाँ है ओवरकोट··· मैं तोते को कच्चा चबा जाऊँगा··· ओवरकोट की सदरी बना दूँगा···

[*हँसी की आवाज़; बेतहाशा हँसी की आवाज़।*]

मैं तुम्हारी तरफ़ घूर-घूर के क्यों देख रहा हूँ···

[*हँसी की आवाज़।*]

बोल मिट्‌ठू बोल··· खोपरे के तेल की एक चप्पल··· कास्टर आयल हिस्सा अव्वल··· काले शू का शहद··· रफ़ कापी की दो पेंसिलें··· बोल मियाँ मिट्‌ठू, इतवार की जै··· !

[*हँसी की आवाज़।*]

[*फ़ेड आउट*]

---

1. बहादुरी; 2. कृपा से; 3. अपेक्षाकृत; 4. अंतराल; 5. विश्व का भूगोल, भाग एक; 6. स्वयं से बातचीत; 7. वस्तु; 8. स्मरणशक्ति; 9. पड़ोसियों; 10. अधिकारी।

परिशिष्ट
2

आओ[1]

आओ सुनो[2]

ये ड्रामे रोटी के उस मसले (समस्या) की पैदावार हैं जो हिंदुस्तान में हर उर्दू अदीब के सामने उस वक़्त तक मौजूद रहता है जब तक वह मुकम्मल तौर पर ज़ेहनी अपाहिज न हो जाए। मैं भूका था, चुनाँचे मैंने ये ड्रामे लिखे।[3] दाद इस बात की चाहता हूँ कि मेरे दिमाग़ ने पेट में घुसकर ये चंद[4] मज़ाहिया (हास्यमूलक) ड्रामे लिखे हैं जो दूसरों को हँसाते रहे हैं, मगर मेरे होंठों पर एक पतली-सी मुस्कुराहट भी पैदा न कर सके।

सआदत हसन मंटो
कूचा वकीलाँ[5], अमृतसर
28 दिसंबर, 1940[6]

1. मंटो के रेडियाई ड्रामों का पहला मजमूआ।
2. "आओ" की भूमिका।
3. ये ड्रामे 1940 में आल इंडिया रेडियो, बंबई से ब्राडकास्ट हुए थे।
4. इन ड्रामों की तादाद दस है।
5. कूचा वकीलाँ, कटरा जैमलसिंह, अमृतसर में मंटो का आबाई (पूर्वजों का) मकान था।
6. मंटो ने "आओ" की भूमिका के आख़िर में "कूचा वकीलाँ" महज़ ज़ज्बाती वाबस्तग़ी (भावात्मक लगाव) के कारण लिखा है। वह 1940 से चंद बरस पहले मुस्तक़िल तौर पर अमृतसर छोड़ चुका था।

जनाज़े

उस शख़्स के नाम
जो मेरी मौत पर ऐसा ही मज़मून लिखेगा।

भूमिका

ज़िंदगी, मौन का दीबाचा (भूमिका) है। इस मजमूअे के मज़ामीन जिन्हें रेडियो इस्तलाह (शब्दावली) में फ़ीचर कहते हैं, चंद दीबाचों की इख़्ततामी सुतूर (अंतिम पंक्तियाँ) हैं।[1] क्या अजब कि इनको पढ़कर आपको मरने का सलीक़ा आ जाए।

सआदत हसन मंटो
देहली
29 मार्च, 1942

---

1. चंद दीबाचों की इख़्ततामी सुतूर :

1. चंगेज़ खाँ की मौत
2. तैमूर की मौत
3. क़्लोपेत्रा की मौत
4. नेपोलियन की मौत
5. बाबर की मौत
6. शाहजहाँ की मौत
7. टीपू की मौत
8. रास्पुतीन की मौत

मुंदरजा बाला (उपरोक्त) फ़ीचर 1941-42 के दौरान आल इंडिया रेडियो, देहली से ब्राडकास्ट हुए थे।

•

तीन औरतें[1]

अम्मा हव्वा के नाम

पेशलफ़्ज़ (प्राक्कथन)
यह है
कि
औरत ख़ुद
क़िस्म-ए-आदम
का
पेशलफ़्ज़ है।

सआदत हसन मंटो
देहली
यकम् अप्रैल, 1942

1. तीन ख़ूबसूरत औरतें
तीन मोटी औरतें
तीन सुलहपसंद औरतें
तीन ख़ामोश औरतें
तीन बीमारपुर्स औरतें
मुंदरजा बाला रेडियाई ड्रामे 1941-42 के दौरान आल इंडिया रेडियो, देहली से ब्राडकास्ट हुए थे।

•

अफ़साने और ड्रामे[1]

तस्नीम[2] के नाम

भूमिका

मगर इसकी ज़रूरत ही क्या है…

सआदत हसन मंटो
बंबई
28 नवंबर, 1943

---

1. इस मजमूअ़े में सात अफ़साने और छः ड्रामे शामिल हैं। ड्रामों के अवानात यूँ हैं : क़ानून की हिफ़ाज़त, एक मर्द, तीन उँगलियाँ, दो हज़ार साल बाद, तीन तोहफ़े, तोहफ़ा।
2. तस्नीम सलीम छत्तारी, एक अफ़सानानिगार (कथाकार), मंटो को भाई कहती थी; मंटो उसे बहन कहता था या नहीं, कौन जाने!

•

करवट[3]

अपनी तमाम बुरी आदतों के नाम

---

3. मंटो ने इस मजमूअ़े की भूमिका नहीं लिखी है; पब्लिशर ने भी तारीख़े-इशाअ़त (प्रकाशन-तिथि) दर्ज नहीं की है। ग़ालिबन (संभवतः) यह मजमूआ़ 1944 में छपा

था। इस मजमूअ़े में ग्यारह ड्रामे शामिल हैं जिनके उनवानात यूँ हैं : करवट, ख़ुदकुशी, हतक, रनधीर पहलवान, माचिस की डिबिया, मुहब्बत की पैदाइश, चूड़ियाँ, रूह का नाटक, उसका रामू, मामता (ममता) की चोरी, सलीमा।

•

मंटो के ड्रामे[1]

मैं अपने रेडियाई ड्रामों के इस मजमूअ़े को जै़ल के (निम्नलिखित) आर्टिस्टों के नाम मअ़नून करता हूँ :

एस.एस.एस. ठाकुर
ताज मुहम्मद
मुहम्मद हुसैन
बी.एन. मित्तल
रनधीर सिंह
हाफ़िज़ अब्दुर्रहमान रेहान
समीना ख़ातून
क़मरआए बेगम
ख़ुरशीद बेगम
अख़्तरी बेगम

मैंने **ये ड्रामे लिखे**; इन आर्टिस्टों ने आप तक पहुँचाए।

भूमिका

मैं इस वक़्त तक सौ से[2] ऊपर रेडियाई ड्रामे और फ़ीचर लिख चुका हूँ जो आल इंडिया रेडियो के मुख़्तलिफ़ (विभिन्न) स्टेशनों से ब्राडकास्ट हो चुके हैं।

इस मजमूअ़े में सिर्फ़ अठारह ड्रामे पेश किए गए हैं। इनकी टेकनीक, जैसा कि आपको इनके मुतालअ़े (अध्ययन) से मालूम होगा, आम रेडियाई ड्रामों से मुख़्तलिफ़ है। मनाज़िर की तब्दीली में जो दिक़्क़त पेश आती थी, मैंने चंद तरीक़ों से दूर करने की सई (प्रयत्न) की है। मैं जानता हूँ कि ये तरीक़े पेशेवर नक़्क़ादों (आलोचक) और क़दामतपसंद (रूढ़िवादी) तमसीलनिगारों को पसंद नहीं आएँगे, मगर उनकी हर्फ़गीरी (आलोचना) उस वक़्त तक बिलकुल फ़िज़ूल होगी जब तक इन दिक़्क़तों को दूर करने के लिए नए तरीक़े ईजाद न हों जो रेडियाई ड्रामे लिखने में पेश आती हैं।

मैं चूँकि इस मैदान में सबसे आगे हूँ, इसलिए मुझे यक़ीन है कि मुब्तदी (नवोदित) और ग़ैर-मुब्तदी ड्रामानवीस, दोनों मेरे ये अठारह ड्रामे पढ़कर मुफ़ीद (लाभकारी) मालूमात हासिल करेंगे। और भी अच्छा होगा अगर ये लोग मेरे ड्रामे रेडियो पर भी सुनें। इससे वो मेरे मुहासिन (गुण) और अपने अ़यूब (दोष) अच्छी तरह मालूम कर सकेंगे। मैं इसी तरह से अपने अ़यूब मालूम करता रहा हूँ।

पढ़नेवालों से मेरी दरख़्वास्त है कि वो इन ड्रामों को ख़ास रेडियाई ड्रामे समझकर पढ़ें। इस तरह वो ज़्यादा लुत्फ़ हासिल करेंगे।

बाज़ (कुछ) ड्रामों के मतन (मूल पाठ) में मुझे चंद तब्दीलियाँ करना पड़ी हैं बल्कि यूँ कहिए कि वो तब्दीलियाँ जो ब्राडकास्ट करते वक़्त ख़ास मस्लहतों की बिना पर की गई थीं, मैंने इन ड्रामों में नहीं रहने दीं। अलबत्ता अगर आप कभी ये ड्रामे रेडियो पर सुनेंगे तो उनमें ये तब्दीलियाँ ज़रूर होंगी।

सआ़दत हसन मंटो

''मंटो के ड्रामे'' में अठारह की तरतीब यूँ है :

1. नीली रगें
2. कबूतरी
3. इंतज़ार
4. इंतज़ार का दूसरा रुख़
5. कमरा नंबर नौ
6. टेढ़ी लकीर
7. जेबकतरा
8. ईद कार्ड
9. अकेली
10. जर्नलिस्ट
11. साड़ी
12. नक़्शे-फ़रियादी
13. बीमार
14. जुर्म और सज़ा
15. क्या मैं अंदर आ सकता हूँ
16. तोहफ़ा (यह ड्रामा ''अफ़साने और ड्रामे'' नामी मजमूअ़े में भी शामिल है।)
17. सलीमा (यह ड्रामा ''करवट'' नामी मजमूअ़े में भी शामिल है।)
18. हतक (यह ड्रामा ''सलीमा'' की तरह ''करवट'' नामी मजमूअ़े में शामिल है।)

1. मंटो ने इस मजमूअे की भूमिका में तारीख़ नहीं लिखी है और न ही पब्लिशर ने तारीखे-इशाअत दर्ज की है। यह मजमूआ 1944 में छपा था।
2. मंटो ने तक़सीमे-वतन से पहले सिर्फ़ तीन बरसों (1940-42) में सौ से ऊपर रेडियाई फ़ीचर और ड्रामे लिखे थे। इनमें से पचपन उसके छः मजमूओं (आओ, जनाज़े, तीन औरतें, अफ़साने और ड्रामे, करवट, मंटो के ड्रामे—ये मजमूअे तक़सीम से पहले ही छप गए थे) में शामिल हैं।

   बाक़ियों का क्या हुआ?

   यही कहा जा सकता है कि उन सबके मसौदे आल इंडिया रेडियो के मुख़्तलिफ़ स्टेशनों के गर्द आलूद कमरों में, ज़ंग और दीमक लगी अलमारियों में, घुन लगी फ़ाइलों में 'महफ़ूज़' (सुरक्षित) पड़े होंगे!

बिब्लियोग्राफ़ी

तक़सीमे-वतन से पहले की तख़लीक़ात

1. आओ कहानी लिखें
2. आओ ताश खेलें
3. आओ ख़त सुनो
4. आओ खोज लगाएँ
5. आओ रेडियो सुनें
6. आओ बात तो सुनो
7. आओ बहस करें
8. आओ अख़बार पढ़ें
9. आओ चोरी करें
10. आओ झूठ बोलें

11. चंगेज़ ख़ाँ की मौत
12. तैमूर की मौत
13. क़्लोपेत्रा की मौत
14. नेपोलियन की मौत
15. बाबर की मौत
16. शाहजहाँ की मौत
17. टीपू की मौत
18. रास्पुतीन की मौत

19. तीन ख़ूबसूरत औरतें

20. तीन मोटी औरतें
21. तीन सुलहपसंद औरतें
22. तीन ख़ामोश औरतें
23. तीन बीमारपुर्स औरतें

24. क़ानून की हिफ़ाज़त
25. एक मर्द
26. तीन उँगलियाँ
27. दो हज़ार साल बाद
28. तीन तोहफ़े
29. तोहफ़ा

30. करवट
31. ख़ुदकुशी
32. हतक
33. रनधीर पहलवान
34. माचिस की डिबिया
35. मुहब्बत की पैदाइश
36. चूड़ियाँ
37. रूह का नाटक
38. उसका रामू
39. मामता की चोरी
40. सलीमा

41. नीली रगें
42. कबूतरी
43. इंतज़ार
44. इंतज़ार का दूसरा रूख़
45. कमरा नंबर नौ
46. टेढ़ी खीर
47. जेबकतरा
48. ईद कार्ड
49. अकेली
50. जर्नलिस्ट

51. साड़ी
52. नक़्शे-फ़रियादी
53. बीमार
54. जुर्म और सज़ा
55. क्या मैं अंदर आ सकता हूँ।

56. तलव्वुन[2]

57. हिंदी और उर्दू[3]

तक़सीमे-वतन के बाद की तख़्लीक़ात

58. कार्ल मार्क्स[4]
59. जोन आफ़ आर्क का मुक़द्दमा[4]
60. इनसाफ़[4]
61. ग़ालिब और सरकारी मुलाज़िमत[4]

62. कटारी[5]

63. इस मँझधार में[6]

64. ऊपर, नीचे और दरम्यान[7]
65. नईमा
66. कमीशन

67. गाफ़ गुम[8]

---

1. मंटो ने जब कभी 1947 का ज़िक्र किया, वतन की आज़ादी के ताल्लुक़ से नहीं किया। उसने हमेशा 1947 का ज़िक्र ''तक़सीम'' और ''बटवारे'' के ताल्लुक़ से किया।
2. यह ड्रामा मंटो के तीसरे अफ़सानवी मजमूअे[1] ''धुआँ'' में शामिल है।
3. यह फ़ीचर ''मंटो के मज़ामीन''[2] (1942) में मौजूद है।
मंटो को अपने नाम की अहमियत का शऊरी[3] एहसास इस क़दर था कि उन दिनों उसने अपने तीन मजमूओं के नाम यूँ रखे : ''मंटो के अफ़साने'', ''मंटो के मज़ामीन'' और

''मंटो के ड्रामे''–उन दिनों के उसके हमअस्र[4] उसके नाम से चिढ़ जाया करते थे, हो सकता है, यह उसका फ़ितरी रद्दे-अमल[5] हो।

4. ये चारों ड्रामे/फ़ीचर पाकिस्तान में छपनेवाले मंटो के पहले मजमूअे ''तल्ख़, तुर्श और शीरीं'' में मौजूद हैं। यह मजमूआ 1948 में छपा था और हलके-फुलके मज़ामीन पर मुश्तमिल[6] है, जो पाकिस्तान में मंटो की इब्तदाई तख़लीक़ात[7] हैं।

   इन चारों ड्रामों/फ़ीचरों में से तीन–''कार्ल मार्क्स'', ''जोन आफ़ आर्क'' और ''ग़ालिब और सरकारी मुलाज़िमत''–तक़सीम से पहले लिखे गए थे।

5. इस मंज़रनामे[8] की पहली इशाअत[9] मशहूर (मुमताज़[10] नहीं) अदबी परचे ''नक़ूश'', लाहौर के ''नावेलेट नंबर'' में हुई थी।

   ''नावेलेट नंबर'' में मंटो का नावेलेट होना चाहिए था, लेकिन मंटो फ़ितरतन[11] (वह एक निशस्त[12] में अपनी तख़लीक़ मुकम्मल करने का आदी था) और मजबूरन (कि उसे फ़ौरन पैसे खरे करना होते थे) नावेलेट/नावेल यानी कोई तवील[13] तख़लीक़ नहीं लिख सकता था (अपना हद दर्जा मामूली नावेल ''बग़ैर उनवान'' के वह नामुकम्मल ही छोड़ चुका था), इसलिए उसने माली[14] ज़रूरतों के तहत एक ही निशस्त में यह मंज़रनामा घसीट डाला और ''नक़ूश'' के अदबी ताजिर[15] मालिक ने मंटो का नाम बेचने की ग़रज़ से यह मामूली मंज़रनामा ''नावेलेट नंबर'' में छाप डाला।

   दिलचस्प बात यह है कि मंटो की मक़बूलियत[16] के पेशे-नज़र[17] एक हिंदुस्तानी पब्लिशर ने यही मंज़रनामा ''शैतान'' के नाम से छापा और ख़ूब बेचा।

   आजकल ''कटारी'' पाकिस्तान में पाकेटबुक की सूरत में ख़ूब बिक रहा है।

6. मंटो ने ''इस मँझधार में'' 20 जनवरी 1950 को हल्क़-ए-अरबाबे-ज़ौक़ (एक मशहूर और अहम अदबी अंजुमन[18], सिर्फ़ लाहौर और पाकिस्तान ही की नहीं, बल्कि उर्दू दुनिया की) में पढ़ा था।

   इस ड्रामे की इशाअत के तीन बरस बाद जनवरी 1955 में, मंटो की मौत के चंद दिन बाद, उसके अफ़सानों के एक मजमूअे ''फुँदने'' में हुई थी, जिसे ''मक्तबा-ए-जदीद'', लाहौर ने शाया[19] किया था।

7. मंटो ने ''ऊपर, नीचे और दरम्यान'' को कहीं ''अफ़साना'' कहा है और कहीं ''मज़मून''।

   यह फ़ीचर एक रोज़नामे[20] ''एहसान'', लाहौर में 3 फ़रवरी 1952 को छपा था।

8. ''गाफ़ गुम'' मंटो का आख़िरी रेडियाई ड्रामा है जो उसके अफ़सानों के मजमूअे ''रत्ती, माशा, तोला'' में मौजूद है। यह मजमूआ मंटो की मौत के एक बरस बाद छपा था।

---

1. कथासंग्रह; 2. लेख; 3. चेतन; 4. समकालीन; 5. स्वाभाविक प्रतिक्रिया; 6. आधारित; 7. आरंभिक रचनाएँ; 8. दृश्य वर्णन; 9. प्रकाशन; 10. अद्वितीय; 11. स्वभाववश; 12. बैठक; 13. लंबी; 14. आर्थिक; 15. व्यापारी; 16. लोकप्रियता; 17. देखते हुए; 18. संगठन; 19. प्रकाशित; 20. दैनिक।

दस्तावेज़ : मंटो

मुक़दमे, पत्र, निबंध

राजकमल प्रकाशन

सआदत हसन मंटो

दस्तावेज़

4

चयन, संयोजन एवं परिचय

बलराज मेनरा, शरद दत्त

ISBN : 978-81-267-2874-9

मूल्य : ₹5000
(पाँच खंडों का पूरा सेट)

पहला संस्करण : 1993
पाँचवाँ संस्करण : 2019

प्रकाशक : राजकमल प्रकाशन प्रा. लि.
1-बी, नेताजी सुभाष मार्ग, दरियागंज
नई दिल्ली-110 002

शाखाएँ : अशोक राजपथ, साइंस कॉलेज के सामने, पटना-800 006
पहली मंजिल, दरबारी बिल्डिंग, महात्मा गांधी मार्ग, इलाहाबाद-211 001
36 ए, शेक्सपियर सरणी, कोलकाता-700 017

वेबसाइट : www.rajkamalprakashan.com
ई-मेल : info@rajkamalprakashan.com

मुद्रक : बी.के. ऑफसेट
नवीन शाहदरा, दिल्ली-110 032

MANTO DASTAVEZ (Vol. 4)
by Saadat Hassan Manto

अनुक्रमणिका

मंटो अपने वालिद गुलाम हसन के साथ

मंटो की वालिदा सरदार बेगम

सआदत हसन 12 साल की उम्र में; अमृतसर,1924

सआदत हसन दोस्तों के साथ; अमृतसर,1934

मंटो; बंबई,1938

<u>میرے تحریری بیان کی نقل</u>

"مین ساقی بکڈپو دہلی مطبوعہ کتاب بعنوان "دھوان" کا مصنف ہون - یہ کتاب مین نے سن ۱۹۴۱ء مین جبکہ مین آل انڈیا ریڈیو دہلی مین ملازم تھا ساقی بکڈپو کے مالک میان شاہد احمد صاحب کے پاس غالباً تین یا ساڑھے تین سو روپئے مین فروخت کی تھی - اسکے جملہ حقوق اشاعت اب ساقی بکڈپو کے پاس ہین -

اس کتاب کے جو نسخے مین نے عدالت مین دیکھے ہین ان کے ملاحظ سے پتا چلتا ہے کہ یہ کتاب کا دوسرا اڈیشن ہے -

چوبیس افسانون کے اس مجموعے مین سے جو انسانی زندگی کے مختلف شعبون سے متعلق ہین دو افسانے بعنوان "دھوان" اور "کالی شلوار" استغاثے کے نزدیک عریان اور فحش ہین ــــ مجھے اس سے اختلاف ہے کیونکہ یہ دونو کہانیان عریان اور فحش نہین ہین -

کسی ادب پارے کے متعلق ایک روزانہ اخبار کے اڈیٹر - ایک اشتہار فراہم کرنے والے منیجر اور ایک سرکاری مترجم کا فیصلہ صائب نہین ہو سکتا - بہت ممکن ہے کہ یہ تینون کسی خاص اثر - کسی خاص غرض کے ماتحت اپنی رائے قائم کر رہے ہون اور پھر یہ بھی ممکن ہے کہ تینون حضرات ایسی رائے دینے کے اہل ہی نہ ہون کیونکہ کسی بڑے شاعر - کسی بڑے افسانہ نگار کے افسانون پر صرف وہی آدمی تنقید کر سکتا ہے جو تنقید نگاری کے فن کے تمام عواقب وعواطف سے آگاہ ہو -

~~استغاثے نے جن دو افسانون پر کوئی حیرت افروز تنقید نہین کی~~

- صرف اتنا کہہ دینے سے کہ یہ دونو افسانے فحش ہین اس آدمی کی جو روشنی کا خواہشمند ہے - جو اپنے عیوب و محاسن جاننا چاہتا ہے اور انکی اصلاح کرنا چاہتا ہے ہرگز ہرگز تسکین نہین ہوتی ــــ مین اگر جواب مین صرف اتنا کہہ کر خاموش ہو جاؤن کہ یہ دونون افسانے فحش نہین ہین تو ظاہر ہے کہ مین اندھیرے مین اور بھی اضافہ کر دون گا ــــ مگر مین ایسا نہین کرون گا اور جہان تک مجھ سے ہو سکے گا اپنا مافی الضمیر بیان کرنے کی کوشش کرون گا -

زبان مین بہت کم لفظ فحش ہوتے ہین - طریقہ استعمال ہی ایک ایسی چیز ہے جو پاکیزہ سے پاکیزہ الفاظ کو بھی فحش بنا دیتا ہے - میرا خیال ہے کوئی بھی چیز فحش نہین لیکن گھر کی کرسی اور ہانڈی بھی فحش ہو سکتی ہے اگر ان کو فحش طریقے پر پیش کیا جائے گا ــــ چیزین فحش بنائی جاتی ہین کسی خاص غرض کے ماتحت -

عورت اور مرد کا رشتہ فحش نہین - اس کا ذکر بھی فحش نہین - لیکن جب اس رشتے کو چوراسی آسنون یا جوڑدار خفیہ تصویرون مین تبدیل کر دیا جائے اور لوگون کو ترغیب دی جائے کہ وہ تخلیے مین اس رشتے کو غلط زاویے سے دیکھین تو مین اس فعل کو صرف فحش ہی نہین بلکہ نہایت گھناؤنا - مکروہ اور غیر صحت مند کہون گا -

فحش اور غیر فحش مین میز کرنے کے لئے شاید یہ مثال کام دے سکے -

ایک آرٹ گیلری مین نمائش کے لئے ننگی عورتون کی بہت سی تصویرین پیش ہوئین - ان مین سے کسی نے بھی جیسا کہ ظاہر ہے دیکھنے والون کا اخلاق خراب نہ کیا اور نہ انکے شہوانی جذبات ہی کو ابھارا - الا ایک تصویر جس مین عورت کا سارا

तहरीरी बयान की नक़्ल

۳۱ لکشمی

یوسف صاحب

السلام علیکم ۔ مجھے بے حد افسوس ہے کہ

میرے بار بار رقعہ لکھنے پر بھی آپ نے میری درخواستوں کی طرف کوئی توجہ نہ دی۔

آپ نے میری کتابوں کا تین ہزار روپے کا معاملہ کیا تھا کہ آپ میری کتابوں کے حقوق دس سال کے لیے محفوظ رکھیں گے اور جو کتاب درمیان میں چھپیں گی ان کی اشاعت کا معاوضہ وصول کرتا رہوں گا۔

درمیان میری کئی کتابیں شائع ہو چکی ہیں۔ ظاہر ہے کہ آپ نے ان کا روپیہ وصول کیا ہوگا۔

اگر آپ میری شرافت سے اور زیادہ فائدہ اٹھانا چاہتے ہیں تو از راہ کرم قتیل شفائی صاحب کو جو یہ خط لے کر آئیں گے کم از کم دو ہزار روپیہ ادا کر دیں۔ ورنہ مجھے کوئی اور دوسری صورت اختیار کرنی پڑے گی۔

مجھے تو عدالت تک آپ کو تکلیف برداشت کرنی پڑے گی۔

یاد رہے کہ میں اس کا تقاضا کر رہا ہوں اور اپنا حق وصول کرنا جانتا ہوں۔

خاکسار

سعادت حسن منٹو ۳۰ جنوری ۱۹۵۰ء

مکرر: میں نے قتیل صاحب کو اپنی طرف سے کل اختیارات تفویض کر دیے ہیں۔ وہ جو مناسب سمجھیں گے کریں گے۔

سعادت حسن منٹو

मंटो का एक ख़त

पहला शब्द

यह एक साफ़-शफ़्फ़ाफ़ इत्तफ़ाक़ था कि एकांतवासी जर्मन दार्शनिक नीत्शे ने दास्तायेवस्की को दरयाफ़्त किया। फ़रवरी 1887 में नीत्शे के हाथ 'नोट्स फ्राम दि अंडरग्राउंड' का फ्रांसीसी तरजुमा लग गया और उसने फ़ौरन ही एक हमख़याल ज़ेह्न को पहचान लिया, एकमात्र मनोवैज्ञानिक जिससे वह कुछ सीख सकता था।

अब साहब, न तो बलराज मेनरा नीत्शे है और न ही मंटो दास्तायेवस्की है। कहना सिर्फ़ इतना है कि 1951 में जब मंटो उधर लाहौर में 'समाजी इंसान और फ़नकार के तसादुम[1] में' टुकड़े-टुकड़े हो रहा था, इधर दिल्ली की हार्डिंग लाइब्रेरी में सोलहसाला बलराज मेनरा के हाथ एक किताब लग गई। किताब के पहले पैराग्राफ़ में उसने यह जुम्ला पढ़ा :

''तुम जानते हो, इस सरमायापरस्त दुनिया में अगर मज़दूर मुक़र्रर[2] वक़्त के एक-एक लम्हे के एवज़ अपनी जान के टुकड़े तोलकर न दे तो उसे अपने काम की उजरत[3] नहीं मिल सकती।''

जैसे एक दोस्त ने मुहब्बत से दुख भरे लहजे में एक दोस्त से ये लफ़्ज़ कहे हों। ये लफ़्ज़ एक दोस्त ने एक दोस्त को लिखे थे, कहानी 'एक ख़त' में। यह थी मंटो से पहली मुलाक़ात।

Rene Wellek ने नीत्शे की 'दरयाफ़्त' को 'pure chance' कहा है। हम मंटो से पहली मुलाक़ात को ख़ुशगवार हादिसा कहते हैं। अगर कहीं मंटों की बजाय किसी तरक़्क़ीपसंद से मुलाक़ात हो गई होती तो आज कहीं मुँह छिपाने को भी जगह नहीं मिलती।

कहनेवाले ने तो यह भी कहा था :

गया दौरे-सरमायादारी गया

तमाशा दिखाकर मदारी गया

सरमायादारी ने तो ख़ैर क्या जाना था, क्या जाती, वह तो तेज़ी से आ रही है, हाँ बेचारे तरक़्क़ीपसंद सुपरफ्लाप हो गए। मंटो ने कहा था : 'हिंदुस्तान को लीडरों से बचाओ।' आज पूरी कौम चीख़ रही है : हमें लीडरों से बचाओ···

आप मेनरा से कह सकते हैं : मियाँ, क्यों बहक रहे हो!

साहब, हम क्या बहकेंगे, हम क्या बहकाएँगे। बहकनेवाले बहुत, बहकानेवाले बहुत :

मुल्ला, पंडित, ज्ञानी-ध्यानी
उनकी रोटी, उनका पानी

तो अर्ज यह है कि मुलाक़ात दोस्ती बन सकती है, बन जाती है, पर मुलाक़ात और दोस्ती से पहले हम कहीं न कहीं गुज़र-बसर तो करते ही हैं, शबो-रोज़ गुज़ारते ही हैं। शरद दत्त के शबो-रोज़ के उकता देनेवाले तसलसुल[4] में एक ऐसी घड़ी भी आई जब ज़िंदगी की भीड़-भाड़ और धक्कमपेल के बावजूद उसकी मुलाक़ात भोलू से हो गई जो अलिफ़ नंगा बाज़ारों में घूमता था और जहाँ कहीं टाट लटका देखता था, उसको उतारकर टुकड़े-टुकड़े कर देता था।

शरद दत्त का बयान है कि दीवाने भोलू ने, कुछ ही दिनों के अंदर-अंदर, शरद को अपने दोस्त बिशनसिंह से मिला दिया। बिशनसिंह तो बस दीवानों में एक ही दीवाना था।

बस साहब, शरद दत्त को, इंतज़ार हुसैन के मशहूर जुम्ले के मुताबिक़, मंटो हो गया। यह दोस्ती कुछ ऐसी है जैसे 'भूक' ने दीवाने पैदा कर दिए हों।

अदब की तारीख़ में 'दीवानगी' का एक आलम इस तरह भी मिलता है :

मरने से चंद माह पहले दास्तायेवस्की ने पुश्किन के बुत की नक़ाबकुशाई की। हमारे हाँ अव्वल तो अदीबों के बुत लगते ही नहीं, और अगर भूले-भटके एक-आध बुत लग जाए तो उसकी नक़ाबकुशाई अदीब लोग और अदबी अंजुमनें[5] किसी सियासी मछंदर से करवाती हैं। इसे आप भटक जाना कहना चाहें तो कह सकते हैं, लेकिन लगे हाथों इतनी बात और सुन लीजिए। इन दिनों अदीबों की किताबों की नथ आम तौर पर, ज़्यादातर लीडर लोग उतारते हैं और रस्मी से, चंद घिसे-पिटे जुम्लों में, हर विचारधारा के साहित्यकार को एक ही लाठी से हाँक रहे हैं। मंटो के सिलसिले में हमारे और पब्लिशर के 'समझौते' के मुताबिक़ किसी धोती परशाद, किसी शरई पाजामे को पास तक फटकने की इजाज़त नहीं दी जाएगी।

हाँ तो हम कह रहे थे कि दास्तायेवस्की ने पुश्किन के बुत की नक़ाबकुशाई की। साहित्य के इतिहासकार बताते हैं कि दास्तायेवस्की की तक़रीर सुनकर साहित्यकार तो क्या, आम साधारण रूसी नागरिक तक अपनी-अपनी निजी दुश्मनियाँ भुला बैठे थे और एक-दूसरे के गले लग गए थे।

बलराज मेनरा और शरद दत्त को तो एक-दूसरे के अस्तित्व तक का ज्ञान न था, दुश्मनियाँ तो उन्होंने वैसे भी नहीं पाली थीं। दोनों अपने-अपने तौर पर अलग-अलग, एक-दूसरे से बेख़बर, मंटो की संगत में ज़िंदगी गुज़ार रहे थे। और जब 1975 में, रीगल के पिछवाड़े, ज़ुबैर रिज़्वी के माध्यम से दोनों की मुलाक़ात हुई तो एक ही साथ दोनों का 'मैं' और 'तुम' ढह गए। बस वह मंटो बोलने लगा, और यूँ जानिए, ख़ुद मंटो ही सुनने लगा।

मंटो-मेनरा दोस्ती सन् इक्यावन में शुरू हुई।

मंटो-शरद दोस्ती का आरंभ सन् अट्ठावन में हुआ।

मेनरा-शरद दोस्ती, मंटो के ताल्लुक़ से, एमरजेंसी की सियाही में पनपी।

मंटो-मेनरा-शरद दोस्ती तीन व्यक्तियों या तीन नामों के गिर्द नहीं घूमती। इस दोस्ती को हर पल, हर घड़ी दसों दिशाओं में फैलाने का काम नीती ने भी किया है, भोलू ने भी, बिशनसिंह ने भी और मम्मद भाई ने भी।

आप, दोस्तों की इस महफ़िल में शामिल हो सकते हैं। शर्त सिर्फ़ इतनी है कि एहतजाज[6], वफ़ा और दर्दमंदी आपके जीवन के बुनियादी मूल्य हों—वही बुनियादी मूल्य जिन्होंने मंटो से इस चौथे खंड में शामिल मज़ामीन लिखवाए।

जी हाँ, तो पहले आप मज़मून पढ़िए और फिर ज़रा दम लेकर 'अंतिम शब्द' पर एक नज़र डालिए...

1. टकराव; 2. निर्धारित; 3. मज़दूरी; 4. निरंतरता; 5. संगठन; 6. प्रतिरोध।

सर खुजाता है जहाँ ज़ख़्मे-सर अच्छा हो जाए
लज़्ज़ते-संग[1] ब-अंदाज़ा-ए-तक़रीर नहीं

–ग़ालिब

लज़्ज़ते-संग

लाहौर के एक रुसवाए-आलम रिसाले में, जो फ़हाशी और बेहूदगी की इशाअत को अपना पैदाइशी हक़ समझता है, एक अफ़साना शाया हुआ है, जिसका उनवान है 'बू', और इसके मुसन्निफ़[1] हैं मि. सआदत हसन मंटो—इस अफ़साने में फ़ौजी ईसाई लड़कियों का कैरेक्टर इस दर्जा गंदा बताया गया है कि कोई शरीफ़ आदमी बर्दाश्त नहीं कर सकता। अफ़सानानिगार ने इज़हारे-मतलब के लिए जो उसलूब[2] इख़्तियार किया है और जो अल्फ़ाज़ मुंतख़ब[3] किए हैं, उनके लिए तहज़ीबो-शराफ़त के दामन में कोई जगह नहीं हो सकती, लेकिन हुकूमत अब तक ख़ामोश है। यही हुकूमत 'लज़्ज़तुन्निसा'[4] और 'कोकशास्त्र' ऐसी फ़न्नी[5] किताबों को भी क़ाबिले-मुआख़ज़ा[6] समझती है लेकिन ऐसे अफ़सानों की तरफ़ मुतवज्जेह[7] नहीं होती जो अदबे-जदीद[8] के नाम से सिफ़ली जज़्बात में हलचल डालने का मूजिब[9] हैं और (इसी हुकूमत ने) फ़हाशतनिगार अदीबों को खुली छुट्टी दे रखी है—वो क़ानून की गिरफ़्त से बेनियाज़[10] होकर गंदगी बिखेरते रहते हैं।

—हफ़्तावार 'ख़ैयाम', लाहौर

---

1. लेखक; 2. शैली; 3. चुनना; 4. कोकशास्त्र का उर्दू अनुवाद; 5. तकनीकी; 6. किसी अपराध की पकड़ के योग्य; 7. आकर्षित; 8. नया साहित्य; 9. कारण, हेतु; 10. बेफ़िक्र।

प्रेस ब्रांच के इंचार्ज चौधरी मुहम्मद हुसैन बहुत नेक ख़याल के बुज़ुर्ग हैं। इस क़िस्म के अफ़साने पढ़कर उनकी रूह यक़ीनन काँप उठती होगी। उनके हाथ में क़ानून है और वह उसे निहायत सख़्ती से इस्तेमाल कर सकते हैं। क्या उनके लिए यह मुमकिन नहीं था कि जिस तरह क़ाबिले-एतिराज़ मज़हबी मज़ामीन[11] लिखनेवालों के ख़िलाफ़ गवर्नमेंट की मशीनरी हरकत में आती है, उसी तरह वह इन गंदे अफ़सानों को लिखनेवाले सआदत हसन मंटो वग़ैरह, बेचनेवाले पब्लिशरों जो रिसाले की फ़रोख़्त से हज़ारों रुपए कमाते हैं और छापनेवाले प्रेस के मालिकों को फ़ौरन गिरफ़्तार कर लेते और उनमें से एक-एक को तीन-तीन साल के लिए जेलों में बंद करा देते—हमें यक़ीन है कि कोई भी अदालत उन अफ़सानों को क़ानून की रू से नहीं बचने देगी। ये (अफ़साने) साफ़ तौर से नौजवान लड़कों और लड़कियों में बदअख़लाक़ी फैलाते हैं और अवाम का मज़ाक़ बिगाड़ते हैं।

—रोज़नामा 'प्रभात', लाहौर

---

11. लेख।

'अदबे-लतीफ़'—इस नाम का एक रिसाला लाहौर से शाया होता है। यह कहने को तो एक अदबी-माहनामा है लेकिन अगर इसे अदबे-कसीफ़[12] कहें तो बजा है। इसका सालाना नंबर इस वक़्त हमारे पेशे-नज़र है जिसमें एक लचर और फ़हश अफ़साना अज़-क़लम फ़हशनिगार सआदत हसन मंटो शाया हुआ है जिसके ख़िलाफ़ हम निहायत पुरज़ोर एहतिजाज करते हैं। न फ़क़त इसके कोकशास्त्राना ख़यालात की वजह से बल्कि इसलिए भी कि यह गवर्नमेंट आलिया की वीमेंज़ ऑक्सिल्यॉरि[13] कोर की मसाई-ओ[14]-अरबाबे-जंग[15] की राह में रोड़ा अटकानेवाला और उसकी बदनामी का मूजिब है, हत्ता[16] कि उस महकमे को यह बेहूदा शख़्स क़हबाख़ाने का नाम देता है—हम हैरान हैं कि और छोटी-छोटी बातों पर तो गवर्नमेंट की मशीनरी फ़ौरन हरकत में आ जाती है लेकिन इस ख़िलाफ़े-तहज़ीब मज़मून पर उसकी अब तक नज़र नहीं पड़ी। क्या सुपरिंटेंडेंट प्रेस ब्रांच इस बदअख़लाक़ और बेअदब 'अदीब' और इस रिसाला मज़्कूर के[17] ख़िलाफ़ जल्द कोई कार्रवाई न करेंगे? देखा चाहिए… !

— उख़ुव्वत, लाहौर

---

12. गंदा साहित्य; 13. सम्मानित; 14. कोशिश, प्रयास; 15. युद्ध करनेवाले; 16. यहाँ तक; 17. उल्लिखित, उपरोक्त।

एक मक़ामी माहनामा ने सआदत हसन मंटो का एक फ़हश अफ़साना 'बू' शाया किया था। 'ख़ैयाम' में उस अख़लाक़ सोज़ हरकत के ख़िलाफ़ आवाज़ उठाई गई थी जो हुकूमते-पंजाब के कानों तक पहुँचे बग़ैर न रह सकी, चुनांचे मालूम हुआ है कि जिस पर्चे में 'बू' शाया हुआ था, वह ज़ब्त कर लिया गया है। यह ज़ब्ती 392/38 दफ़ा के मातहत अमल में आई है—हम इस फ़ैसले पर हुकूमते-पंजाब को मुस्तहिक़े-तबरीक[18] समझते हैं और उम्मीद करते हैं कि वह इस क़िस्म की फ़हाशी को मुस्तक़िल तौर पर रोकने के लिए कोई मुअस्सर[19] क़दम उठाएगी।

—**हफ़्तावार 'ख़ैयाम', लाहौर**

18. मुबारकबाद के योग्य; 19. असरदार।

331,
मलिक बिल्डिग,
मेव रोड,
लाहौर।

भाईजान, सलामे-शौक़!

ब्रादरम आग़ा ख़लिश साहिब का गिरामीनामा[20] परसों मिला था—आपकी अलालत[21] का इल्म हुआ। अल्लाह करे, आप अब अच्छे हों। जब आपको अपनी सेहत का अंदाज़ा है तो इतना ज़्यादा काम क्यों करते हैं कि दिनों साहिबे-फ़राश[22] रहते हैं। मुझे लौटती डाक में अपनी सेहत की हालत से मुत्तला कीजिए और लिल्लाह इतनी मेहनत न कीजिए कि आप इंजेक्शनों के काँटों में घिरे रह जाएँ। अभी बरसों तक आपकी ज़रूरत है।

लीजिए 'ख़ैयाम', 'आईना' (बंबई) और दीगर मेहरबानों के दम से 'अदबे-लतीफ़' का सालनामा[23] ज़ेरे दफ़ा 292 ताज़ीराते-हिंद और 38 डिफ़ेंस ऑफ़ इंडिया रूल्ज़, 29 मार्च की शाम को ज़ब्त हो गया—पुलिस ने छापा मारा और सालनामे के बाक़ी मांदा नंबर ले गई। अभी प्रोपराइटर और एडिटरों की गिरफ़्तारी अमल में नहीं आई लेकिन अफ़वाह है कि हम बहुत जल्द गिरफ़्तार कर लिए जाएँगे—यह ज़ब्ती आपके मज़मून और अफ़साने की वजह से अमल में आई है।

अहमद नदीम क़ासमी
एडिटर 'अदबे-लतीफ़'

---

20. पत्र; 21. बीमारी; 22. गंभीर रूप से बीमार; 23. वार्षिक विशेषांक।

मज़मून जिसका ज़िक्र महूला सद्र[24] ख़त में है, एक तक़रीर थी जो मैंने जोगेश्वरी कॉलेज, बंबई में तालिबे-इल्मों को पढ़ के सुनाई थी—इससे पहले चंद असहाब[25] 'अदबे-जदीद' के ख़िलाफ़ इस कॉलेज में तक़रीरें कर चुके थे, यही वजह है कि मैंने कॉलेज की मजलिसे-अदब की दावत क़ुबूल की और अपने ख़यालात का इज़हार किया। यह तक़रीर बाद में 'अदबे-जदीद' के उनवान से 'अदबे-लतीफ़' के ज़ेरे-इताब सालनामा 1944 ई. में मेरे अफ़साने 'बू' के साथ शाया हुई—मैं इसे ज़ैल में नक़्ल करता हूँ :

→

24. सुपुर्द किए गए; 25. महानुभावों।

अदबे-जदीद

मेरे मज़मून का उनवान अदबे-जदीद[1] है। लुत्फ़ की बात यह है कि मैं इसका मतलब ही नहीं समझता लेकिन यह ज़माना ही कुछ ऐसा है कि लोग उसी चीज़ के मुताल्लिक़ बातें करते हैं जिनका मतलब उनकी समझ में नहीं आता—पिछले दिनों गाँधी जी ने आग़ा ख़ाँ के महल में मरन-ब्रत रखा। जब लोगों की समझ में न आया कि वह किस तरह ज़िंदा रह सके हैं तो एक नारंगी पैदा कर दी गई। यह नारंगी भी कुछ दिनों के बाद नाक़ाबिले-फ़हम[2] हो गई। बाज़ आदमियों ने कहा कि नारंगी नहीं थी, मौसंबी थी। बाज़ ने कहा : नहीं, मौसंबी, नारंगी हर्गिज़ नहीं थी, माल्टा था—बात बढ़ती गई। चुनांचे इस फल की सारी ज़ातें गिनवा दी गईं : नारंगी, संगतरा, मौसंबी, माल्टा, चकोतरा, स्वीटलाइम, खट्टा लीमूं, मीठा लीमूं, वग़ैरह, वग़ैरह। फिर डॉक्टरों ने इनमें से हर एक की विटामिंज़ गिनवाईं। ग़िज़ाइयत को कैलोरीज़ में तक़सीम किया गया। एक बरस में पिचहत्तर बरस के बुड्ढे को कितनी कैलोरीज़ की ज़रूरत होती है, इस पर बहस की गई और साहिब, गाँधी जी की यह नारंगी या मौसंबी, जो कुछ भी थी, वह सआदत हसन मंटो बन गई—यह मेरा नाम है लेकिन बाज़ लोग अदबे-जदीद अलमारूफ़[3] नए अदब, यानी तरक्क़ीपसंद अदब को सआदत हसन मंटो भी कहते हैं और जिन्हें सिन्फ़े-करख़्त[4] पसंद नहीं, वो उसे इस्मत चुग़ताई भी कह लेते हैं।

जिस तरह मैं यानी सआदत हसन मंटो अपने आपको नहीं समझता, उसी तरह अदबे-जदीद अलमारूफ़ नया अदब यानी तरक्क़ीपसंद लिट्रेचर भी मेरी फ़हम से बालातर है और जैसा कि मैं अर्ज़ कर चुका हूँ, उन लोगों की समझ से भी ऊँचा है जो इसको समझने की कोशिश करते हैं। मिसाल के तौर पर चंद मज़मूनों में उस अदब को जिसके कई नाम हैं, और ज़्यादा नाम देने के लिए फ़हशनिगारी[5] और मज़दूरपरस्ती से भी मंसूब किया गया है।

मैं चीज़ों के नाम रखने को बुरा नहीं समझता। मेरा अपना नाम अगर न होता तो वो गालियाँ किसे दी जातीं जो अब तक हज़ारों और लाखों की तादाद में मैं अपने नक़्क़ादों[6] से वुसूल कर चुका हूँ—नाम हो तो गालियाँ और शाबाशियाँ देने और लेने में बहुत सहूलत पैदा हो जाती है लेकिन अगर एक ही चीज़ के बहुत से नाम हों तो उलझाव पैदा होना ज़रूरी है।

सबसे बड़ा उलझाव इस तरक़्क़ीपसंद अदब के बारे में पैदा हुआ है हालाँकि पैदा नहीं होना चाहिए था—अदब या तो अदब है, वर्ना अदब नहीं है। आदमी या तो आदमी है वर्ना आदमी नहीं है, गधा है, मकान है, मेज़ है या और कोई चीज़ है—कहा जाता है : सआदत

हसन मंटो तरक़्क़ीपसंद इंसान है—यह क्या बेहूदगी है । सआदत हसन मंटो इंसान है और हर इंसान को तरक़्क़ीपसंद होना चाहिए । तरक़्क़ीपसंद कहकर लोग मेरी सिफ़त बयान नहीं करते बल्कि अपनी बुराई का सुबूत देते हैं जिसका मतलब यह है कि वो ख़ुद तरक़्क़ीपसंद नहीं हैं यानी वो ख़ुद तरक़्क़ी नहीं चाहते—मैं ज़िंदगी के हर शोबे में तरक़्क़ी का ख़्वाहिशमंद रहा हूँ । मैं चाहता हूँ कि आप सब तरक़्क़ी करें । आज आप तालिब-इल्म[7] हैं, तरक़्क़ी करते-करते कल आप भी अपने आइडियल तक पहुँच जाएँ···

हर आदमी तरक़्क़ीपसंद है । वो लोग जिन्हें तख़रीबी या रजअतपसंद कहा जाता है, ख़ुद को तरक़्क़ीपसंद ही समझते हैं—और फिर हर ज़माने में क़रीब-क़रीब हर आदमी गुज़री हुई नस्ल के मुक़ाबले में अपने को ज़्यादा ज़हीन, तब्बाअ[8] और तरक़्क़ीयाफ़्ता इंसान ही समझता है । यही हाल अदब का है । शरर[9] के नावल और राशिद-उल-ख़ैरी के क़िस्से आजकल के अक्सर मुसन्निफ़ीन को बिलकुल बेजान मालूम होते हैं । पढ़नेवालों की भी यही कैफ़ियत है । मार्किट में चले जाइए, आज से दस-बीस बरस पहले के लिखनेवालों की किताबें स्टालों पर बहुत कम दिखाई देती हैं । कृश्न चंदर, राजेंद्र सिंह बेदी, इस्मत चुग़ताई और सआदत हसन मंटो की किताबें, एम. असलम, तीर्थराम फ़ीरोज़पुरी, सैयद इम्तियाज़ अली ताज और आबिद अली आबिद के मुक़ाबले में ज़्यादा पढ़ी जाती हैं । इसलिए कि कृश्न चंदर और उसके हमअस्र[10] नौजवानों ने ज़िंदगी के नए तजुर्बे बयान किए हैं ।

आज से बीस-पच्चीस बरस पहले मुल्क की सियासी और मजलिसी हालत बिलकुल मुख़्तलिफ़ थी—इसी तरह आप अंदाज़ा लगा सकते हैं कि पचास-साठ बरस और पहले कैसी होगी । अगर मुग़लिया हुकूमत का दौर-दौरा होता तो बहुत मुमकिन है, मेरे घर में एक हरमसराए होती । न होती तो कम-अज़-कम एक बीवी घर में होती और दो-तीन तवाइफ़ें मेरी मुलाज़मत में होतीं । मुझे बटेरें लड़ाने का शौक़ होता । यह मज़मून पढ़ने के बजाय मैं प्रिंसिपल साहिब बि-अल्क़ाबिदि की शान में एक क़सीदा[11] सुनाता जो ख़ुश होकर या तो मेरा मुँह मोतियों से भर देते या जोगेश्वरी कॉलेज मुझे बख़्श देते ताकि मैं इसे अपना तवेला बना सकूँ । मगर जैसा कि आप जानते हैं, हालात बहुत मुख़्तलिफ़ हैं । मुझे यहाँ से पैदल स्टेशन जाना पड़ेगा और फ़िल्मिस्तान में अपने आक़ाओं को जवाब देना पड़ेगा कि मैं इतनी देर डॉक्टर के पास क्या करता रहा—मैं उनसे झूठ बोल के आया हूँ कि डॉक्टर से टीका लगवाने जा रहा हूँ ।

हाँ, तो मैं अर्ज़ कर रहा था कि हालात बहुत मुख़्तलिफ़ हैं और हालात का यह इख़्तिलाफ़ ही अदब में मुख़्तलिफ़ रंग पैदा करता है । पहले फ़ारिग़-उलबाली[12] थी । लोग आरामपसंद और ऐशपरस्त थे । उस ज़माने के अदब में आपको बहुत-सी दिमाग़ी ऐयाशियाँ नज़र आ सकती हैं । वह ग़ुनूदगी[13] भी आप महसूस कर सकते हैं जो उस ज़माने के अदीबों पर तारी थी । उस ज़माने में शाइर अपने असील मुर्ग़ की जवाँमर्गी पर ज़ोरदार नौहा लिखता था और बहुत बड़ा शाइर तस्लीम किया जाता था । आज का शाइर अपनी जवाँमर्गी[14] के नौहे[15] लिखता है । उस अहद का क़िस्सानवीस जिन्नों और परियों की दास्तानें लिखकर नाम पैदा करता था । आज का अफ़सानानवीस उन मर्दों और औरतों

की कहानियाँ लिखता है जो जिन्नों और परियों से कहीं ज़्यादा दिलचस्प हैं। उस दौर का अदीब मुतमइन इंसान था। आज का अदीब एक ग़ैरमुतमइन इंसान है। वह अपने माहौल, अपने निज़ाम, अपनी मुआशरत[16], अपने अदब, हत्ता कि अपने आपसे भी ग़ैरमुतमइन है। उसकी इस बेइत्मीनानी को लोगों ने ग़लत नाम दे रक्खे हैं। कोई उसे तरक़्क़ीपसंदी कहता है, कोई फ़हशनिगारी और कोई मज़दूरपरस्ती। यह भी कहा जाता है कि इन अदीबों के आसाब पर औरत सवार है। सच तो यह है कि हुबूते-आदम[17] से लेकर अब तक हर मर्द के आसाब[18] पर औरत सवार रही है। और क्यों न रहे ? मर्द के आसाब पर क्या हाथी-घोड़ों को सवार होना चाहिए ? जब कबूतर कबूतरियों को देखकर गुटकते हैं तो मर्द औरतों को देखकर एक ग़ज़ल या अफ़साना क्यों न लिखें ? औरतें कबूतरियों से कहीं ज़्यादा दिलचस्प, ख़ूबसूरत और फ़िक्रख़ेज़ हैं। क्या मैं झूठ कहता हूँ ?

आज से कुछ अर्सा पहले शाइरी में औरत को एक ख़ूबसूरत लड़का बना दिया गया था। ज़ाहिर है कि उस ज़माने के शाइरों ने इसमें कोई मसलहत[19] देखी होगी। मगर आज के शाइर इस मसलहत के ख़िलाफ़ हैं। वो औरत के चेहरे पर सब्ज़े या ख़त के आग़ाज़ को बहुत ही मक्रूह[20] और ख़िलाफ़े-फ़ितरत समझते हैं और चाहते हैं कि दूसरे भी उसको उसकी असली शक्ल में ही देखें—ख़ुदा लगती कहिए, क्या आप अपनी महबूबा के गालों पर दाढ़ी पसंद करेंगे ?

मैं अर्ज़ कर रहा था कि ज़माने की करवटों के साथ अदब भी करवटें बदलता रहता है। आज उसने जो करवट बदली है, उसके ख़िलाफ़ अख़बारों में मज़मून लिखना या जलसों में ज़हर उगलना बिलकुल बेकार है। वो लोग जो अदबे-जदीद का, तरक़्क़ीपसंद अदब का, फ़हश अदब का, या जो कुछ भी यह है, ख़ातिमा कर देना चाहते हैं तो सही रास्ता यह है कि उन हालात का ख़ातिमा कर दिया जाए जो इस अदब के मुहर्रिक[21] हैं।

महमूदाबाद के राजा साहिब का, हैदराबाद के शाइर माहिर-उल-क़ादरी साहिब का या बंबई के दवाफ़रोश हकीम मिर्ज़ा हैदरबेग साहिब का इस लिट्रेचर के ख़िलाफ़ रेज़ूलूशन[22] पास करना बिलकुल बेकार है—जब तक औरतों और मर्दों के जज़्बात के दरमियान एक मोटी दीवार हाइल रहेगी, इस्मत चुग़ताई उसके चूने को अपने तेज़ नाख़ूनों से कुरेदती रहेगी; जब तक कश्मीर के हसीन देहातों में शहरों की गंदगी फैली रहेगी, ग़रीब कृश्न चंदर हौले-हौले रोता रहेगा; जब तक इंसानों में और ख़ासतौर पर सआदत हसन मंटो में कमज़ोरियाँ मौजूद हैं, वह ख़ुर्दबीन से देख-देखकर बाहर निकालता रहेगा और दूसरों को दिखाता रहेगा—राजा साहिब महमूदाबाद और उनके हमख़याल कहते हैं : यह सरासर बेहूदगी है। तुम जो कुछ लिखते हो, ख़ुराफ़ात है—मैं कहता हूँ, बिलकुल दुरुस्त है। इसलिए कि मैं बेहूदगियों और ख़ुराफ़ात ही के मुताल्लिक़ तो लिखता हूँ। राजा साहिब महमूदाबाद एक कान्फ्रेंस के सद्र बन जाएँ या हकीम हैदरबेग साहिब खाँसी दूर करने का मुजर्रब[23] शर्बत ईजाद कर लें, मुझे उनकी सदारत और उनके शर्बत से कोई दिलचस्पी नहीं। अलबत्ता जब मैं ट्रेन में बैठा-बैठा अपना नया ख़रीदा हुआ क़ीमती पैन निकालता हूँ, सिर्फ़ इस ग़रज़ से कि लोग देखें और मरऊब[24] हों तो मुझे अपना सिफ़लापन बहुत

दिलचस्प मालूम होता है। मेरे पड़ोस में अगर कोई औरत हर रोज़ ख़ाविंद से मार खाती है और फिर उसके जूते साफ़ करती है तो मेरे दिल में उसके लिए ज़र्रा बराबर हमदर्दी पैदा नहीं होती लेकिन जब मेरे पड़ोस में कोई औरत अपने ख़ाविंद से लड़कर और ख़ुदकुशी की धमकी देकर सिनेमा देखने चली जाती है और मैं ख़ाविंद को दो घंटे तक सख़्त परेशानी की हालत में देखता हूँ तो मुझे दोनों से एक अजीबो-ग़रीब क़िस्म की हमदर्दी पैदा हो जाती है। किसी लड़के को लड़की से इश्क़ हो जाए तो मैं उसे ज़ुकाम के बराबर भी अहमियत नहीं देता मगर वह लड़का मेरी तवज्जोह को ज़रूर खींचेगा जो ज़ाहिर करे कि उस पर सैकड़ों लड़कियाँ जान देती हैं लेकिन दरहक़ीक़त वह मुहब्बत का उतना ही भूखा है जितना बंगाल का फ़ाक़ाज़दा बाशिंदा। इस बज़ाहिर कामयाब आशिक़ की रंगीन बातों में जो ट्रेजडी सिसकियाँ भरती होगी, उसको मैं अपने दिल के कानों से सुनूँगा और दूसरों को सुनाऊँगा। चक्की पीसनेवाली औरत जो दिन भर काम करती है और रात को इत्मीनान से सो जाती है, मेरे अफ़सानों की हीरोइन नहीं हो सकती। मेरी हीरोइन चकले की एक टखियाई रंडी हो सकती है जो रात को जागती है और दिन को सोते में कभी-कभी यह डरावाना ख़्वाब देखकर उठ बैठती है कि बुढ़ापा उसके दरवाज़े पर दस्तक देने आया है। उसके भारी-भारी पपोटे जिन पर बरसों की उचटती हुई नींदें मुंजमिद[25] हो गई हैं, मेरे अफ़सानों का मौज़ू बन सकते हैं। उसकी ग़लाज़त, उसकी बीमारियाँ, उसका चिड़चिड़ापन, उसकी गालियाँ, ये सब मुझे भाती हैं। मैं उनके मुताल्लिक़ लिखता हूँ और घरेलू औरतों की शुस्ता[26] कलामियों, उनकी सेहत और उनकी नफ़ासतपसंदी को नज़रअंदाज़ कर जाता हूँ।

एतिराज़ किया जाता है कि नए लिखनेवालों ने औरत और मर्द के जिंसी ताल्लुक़ात ही को अपना मौज़ू बनाया है। मैं सबकी तरफ़ से जवाब नहीं दूँगा। अपने मुताल्लिक़ इतना कहूँगा कि यह मौज़ू मुझे पसंद है। क्यों है? बस है। समझ लीजिए कि मुझमें Perversion[27] है और अगर आप अक़्लमंद हैं, चीज़ों के अवाक़िबो-अवातिफ़[28] अच्छी तरह जाँच सकते हैं तो समझ लेंगे कि यह बीमारी मुझे क्यों लगी है—ज़माने के जिस दौर से हम इस वक़्त गुज़र रहे हैं, अगर आप उससे नावाक़िफ़ हैं तो मेरे अफ़साने पढ़िए! अगर आप उन अफ़सानों को बर्दाश्त नहीं कर सकते तो इसका मतलब यह है कि यह ज़माना नाक़ाबिले-बर्दाश्त है। मुझमें जो बुराइयाँ हैं, वो इस अहद की बुराइयाँ हैं। मेरी तहरीर में कोई नुक़्स नहीं। जिस नुक़्स को मेरे नाम से मंसूब[29] किया जाता है, दरअसल मौजूदा निज़ाम का नुक़्स है—मैं हंगामापसंद नहीं। मैं लोगों के ख़यालातो-जज़्बात में हेजान पैदा करना नहीं चाहता। मैं तहज़ीबो-तमद्दुन[30] की और सोसायटी की चोली क्या उतारूँगा जो है ही नंगी। मैं उसे कपड़े पहनाने की कोशिश भी नहीं करता, इसलिए कि यह मेरा काम नहीं, दर्ज़ियों का है—लोग मुझे सियाह क़लम कहते हैं लेकिन मैं तख़्ता-ए-सियाह पर काली चाक से नहीं लिखता, सफ़ेद चाक इस्तेमाल करता हूँ कि तख़्ता-ए-सियाह की सियाही और भी ज़्यादा नुमायाँ हो जाए। यह मेरा ख़ास अंदाज़, मेरा ख़ास तर्ज़ है जिसे फ़हशनिगारी, तरक़्क़ीपसंदी और ख़ुदा मालूम क्या-क्या कुछ कहा जाता है—लानत हो सआदत हसन मंटो पर, कमबख़्त को गाली भी सलीक़े से नहीं दी जाती...।

जब मैंने लिखना शुरू किया था तो घरवाले सब बेज़ार थे। बाहर के लोगों को भी हस्बे-मामूल[31] मेरे साथ दिलचस्पी पैदा हो गई थी। चुनांचे वो कहा करते थे : "भई, कोई नौकरी तलाश करो। कब तक बेकार पड़े अफ़साने लिखते रहोगे···" आठ-दस बरस पहले अफ़सानानिगारी बेकारी का दूसरा नाम था। आज इसे अदबे-जदीद कहा जाता है जिसका मतलब यह है कि लोगों के ज़ेहन ने काफ़ी तरक़्क़ी कर ली है। वह वक़्त भी आ जाएगा जब इस जदीद अदब का सही मतलब वाज़ेह हो जाएगा और हकीम हैदरबेग साहिब देहलवी को अपने शिफ़ाख़ाने से उठकर नए लिखनेवालों के रोग की तश्ख़ीस[32] नहीं करना पड़ेगी।

जब से जंग शुरू हुई है, अदबे-जदीद पर एक नए ज़ाविए से हमला किया जा रहा है। कहा जाता है कि जब सारी दुनिया जंग के शोलों में लिपटी है, हर रोज़ हज़ारों इंसानों का ख़ून मिट्टी में मिल रहा है, फ़ना बादा-ए-हर-जाम[33] बनी है, दूसरी अज्नास[34] की तरह इंसानों के गोश्त-पोस्त की दूकानें भी खुली हैं तो ये नए लिखनेवाले क्यों ख़ामोश हैं? क्या इनके क़लम सिर्फ़ जिंसियात[35] की रोशनाई ही में डूबते हैं? दुनिया का नक़्शा बदल रहा है, हर लहज़ा, हर घड़ी एक नए तूफ़ान का पैग़ाम ला रही है मगर उनके दिलो-दिमाग़ पर ऐसा जुमूद[36] तारी है कि दूर ही नहीं होता।

मैं फिर दूसरों की तरफ़ से जवाब नहीं दूँगा। अपने मुताल्लिक़ अर्ज़ करना चाहता हूँ कि दुनिया का नक़्शा वाक़ई बदल रहा है लेकिन अगर मैंने उसके मुताल्लिक़ कुछ लिखा है तो मेरा भी हुलिया बदल जाएगा। डरपोक आदमी हूँ, जेल से बहुत डर लगता है। यह ज़िंदगी जो बसर कर रहा हूँ, जेल से कम तकलीफ़देह नहीं। अगर इस जेल के अंदर एक और जेल पैदा हो जाए और मुझे उसमें ठूँस दिया जाए तो चुटकियों में मेरा दम घुट जाएगा। ज़िंदगी से मुझे प्यार है। हरकत का दिलदादा हूँ। चलते-फिरते सीने में गोली खा सकता हूँ लेकिन जेल में खटमल की मौत नहीं मरना चाहता। यहाँ इस प्लेटफ़ार्म पर यह मज़मून सुनाते-सुनाते आप सबसे मार खा लूँगा और उफ़ तक नहीं करूँगा लेकिन हिंदू-मुस्लिम फ़साद में अगर कोई मेरा सिर फोड़ दे तो मेरे ख़ून की हर बूँद रोती रहेगी। मैं आर्टिस्ट हूँ, ओछे ज़ख़्म और भद्दे घाव मुझे पसंद नहीं—जंग के बारे में कुछ लिखूँ और दिल में पिस्तौल देखने और उसको छूने की हसरत दबाए किसी तंगो-तारीक[37] कोठरी में मर जाऊँ, ऐसी मौत से तो यही बेहतर है कि लिखना-विखना छोड़कर डेरी फ़ार्म खोल लूँ और पानी मिला दूध बेचना शुरू कर दूँ। गोले और तारपीडो तो एक तरफ़ रहे, मैंने आज तक हवाई बंदूक़ भी नहीं चलाई—बचपन की बात है, हमारे पड़ोस में एक थानेदार रहते थे। उनके पास एक पिस्तौल था। पेटी उतारकर जब वह पलंग पर रखते तो सब बच्चों से कह दिया जाता : "देखो, उस कमरे में मत जाना, वहाँ पिस्तौल पड़ा है।" कभी हम डरते-डरते उस कमरे में चले जाते। दूर खड़े रहकर उस ख़तरनाक आले की तरफ़ देखते तो दिल धकधक करने लगता। ऐसा महसूस होता कि पड़े-पड़े वह पिस्तौल दग़ जाएगा··· अब आप ही बताइए : मैं और मेरे दोस्त टैंकों के बारे में क्या लिखेंगे—

मुझे चुस्त वर्दी पहनने का शौक़ नहीं है। पीतल और ताँबे के तमग़ों और

कपड़े के रंगीन बिल्लों से मुझे कोई दिलचस्पी नहीं। होटलें ं डांस करके, क्लबों में शराब पीकर और टैक्सियों में चूना-कत्था लगी लड़कियों के साथ घूमकर मैं वार ऐफ़र्ट[38] की मदद करना नहीं चाहता। इससे कहीं ज़्यादा दिलचस्प मशाग़िल[39] मुझे मयस्सर[40] हैं। मिसाल के तौर पर यह मशग़ला क्या बुरा है कि मैं हर रोज़ बंबई सैंट्रल से गोरेगाँव और गोरेगाँव से बंबई सैंट्रल तक बर्क़ी ट्रेन में सैकड़ों वर्दीपोश फ़ौजियों को देखता हूँ जो फ़तह-ओ-नुसरत[41] को और ज़्यादा क़रीब लाने के लिए शराब के नशे में मदहोश या तो टाँगें पसारे सो रहे होते हैं या निहायत ही बदनुमा औरतों से, मेरी मौजूदगी से ग़ाफ़िल, निहायत ही वाहियात क़िस्म का रोमांस लड़ाने में मसरूफ़ होते हैं *।

मैं इस जंग के बारे में कुछ नहीं लिखूँगा लेकिन जब मेरे हाथ में पिस्तौल होगा और दिल में यह धड़का नहीं रहेगा कि यह ख़ुद-ब-ख़ुद चल पड़ेगा तो मैं उसे लहराता हुआ बाहर निकल जाऊँगा और अपने असली दुश्मन को पहचानकर या तो सारी गोलियाँ उसके सीने में ख़ाली कर दूँगा या ख़ुद छलनी हो जाऊँगा। इस मौत पर जब मेरा कोई नक़्क़ाद यह कहेगा कि पागल था तो मेरी रूह इन लफ़्ज़ों ही को सबसे बड़ा तमग़ा समझकर उठा लेगी और अपने सीने पर आवेज़ां[42] कर लेगी...

→

मंटो ने 'अदबे-जदीद' एक जनवरी, 1944 ई. को लिखा था और मुकम्मल तौर पर यह मज़मून 'अदबे-लतीफ़' के सालनामे (1944) में शाया हुआ था; 'लज़्ज़ते-संग' में भी यह मज़मून मुकम्मल तौर पर मौजूद है लेकिन नाक़िस[43] तर्तीब और इशाअत की वजह से नुमायाँ नहीं है—जब इस मज़मून को मंटो ने 'मंटो के अफ़साने' (दूसरा मजमूआ) की दूसरी इशाअत से पेशलफ़्ज़ के तौर पर इस्तेमाल करना शुरू किया तो मुंदरिजा-बाला सतरें निकाल दीं।—सं.।

1. आधुनिक साहित्य; 2. समझ में न आने योग्य; 3. चर्चित नाम; 4. कठोरवर्ग; 5. अश्लील लेखन; 6. आलोचकों; 7. विद्यार्थी; 8. प्रतिभाशाली; 9. चर्चित लेखक; 10. समकालीन; 11. किसी की प्रशंसा व लयबद्ध वर्णन; 12. ख़ुशहाली; 13. नींद का ख़ुमार; 14. अकाल मृत्यु, जवान उम्र में मरनेवाला; 15. शोक गीत; 16. सामाजिकता; 17. मानव की उत्पत्ति; 18. दिलो-दिमाग़; 19. भलाई; 20. बुरी, घृणित; 21. प्रेरक; 22. प्रस्ताव; 23. आज़माया हुआ; 24. प्रभावित; 25. जम गई; 26. शिष्ट; 27. विकारग्रस्त, विकृतता; 28. हानि-लाभ; 29. संबंधित; 30. सभ्यता एवं संस्कृति; 31. यथापूर्व; 32. जाँच; 33. मृत्यु ऐसी शराब है जो हर पियाले अर्थात् शरीर के लिए है; 34. अनाज, सामान; 35. स्त्री-पुरुष के संबंधों; 36. जमाव; 37. छोटी व अँधेरी; 38. युद्ध की सफलता या प्रयास; 39. काम; 40. उपलब्ध; 41. विजय; 42. लटकाना; 43. ख़राब;

इस तक़रीर या मज़मून पर हुकूमते-पंजाब ने ज़ेरे-दफ़ा 38 डिफ़ैंस ऑफ़ इंडिया रूल्ज़ मुक़दमा चलाया—इल्ज़ाम यह था कि इसमें हुज़ूर मलिका-ए-मुअज़्ज़म की फ़ोर्सेज़ के मुताल्लिक़ ऐसी ग़लत बातें मौजूद हैं जिनसे उनको ज़ोफ़[44] पहुँच सकता है।

'बू' पर, जो इस किताब का पहला अफ़साना है, सिर्फ़ फ़हाशी का इल्ज़ाम था।

मुक़दमा, जैसा कि ज़ाहिर है, लाहौर में चौधरी बरकत अली वल्द चौधरी मुहम्मद नत्थू, साकिन[45] लाहौर (मालिक अदबे-लतीफ़), चौधरी नज़ीर अहमद वल्द चौधरी ग़ुलाम हुसैन, क़ौम अलराई, साकिन लाहौर (एडिटर), पीरज़ादा अहमद नदीम क़ासमी, साकिन लाहौर (एडिटर), सआदत हसन मंटो वल्द ग़ुलाम हसन, साकिन बंबई के ख़िलाफ़ मि. बनवारीलाल की अदालत में पेश हुआ।

मुझे बंबई से बहुत ज़रूरी काम छोड़कर हाज़िर होना पड़ा।

लाहौर पहुँचा तो ख़याल था कि मुझे गिरफ़्तार कर लिया जाएगा क्योंकि मेरे वारंट जारी हो चुके थे मगर सब-इंस्पेक्टर साहिब ने, जिनसे इत्तिफ़ाक़िया 'मकतबा-ए-उर्दू' में मुलाक़ात हो गई, मुझसे कहा कि मैं सुबह दूसरे मुल्ज़िमीन के साथ अदालत में हाज़िर हो जाऊँ।

गवर्नमेंट कॉलेज के बिलकुल सामने गर्दो-ग़ुबार में अटी हुई ईंटों की दोमंज़िला इमारत है जिसे 'ज़िला' कहते हैं। शायद जुगत के तौर पर—इस इमारत के एक कमरे में हम सब मुल्ज़िम पेश हुए।

पहले मेरी ज़मानत हुई, इसके बाद कार्रवाई शुरू हुई—मैं इससे पहले इसी अदालत में अपने अफ़साने 'काली शलवार' के मुक़दमे के सिलसिले में पेश हो चुका था, मजिस्ट्रेट साहिब चुनांचे मेरी तरफ़ देखते ही मुसकरा दिए।

इस्तिग़ासे[46] की गवाहियाँ होती रहीं—मैं ख़ामोश सुनता रहा, इसलिए कि सबकी-सब लायानी[47], बेहूदा और मंतिक़ो-इस्तिदलाल[48] से आरी थीं।

उसी रोज़ मैंने अपने वकील मि. हीरालाल सीबल की मार्फ़त अदालत से दरख़्वास्त की कि मेरी हाज़िरी आइंदा पेशियों में माफ़ कर दी जाए—अदालत ने यह दरख़्वास्त मंज़ूर कर ली।

इत्तिफ़ाक़ से उन दिनों मेरे बड़े भाई अलहाज मुहम्मद हसन मंटो, बार एट लॉ, जज़ाइर फ़िज़ी[49] से लाहौर आए हुए थे। मैंने उनको अपना अफ़साना 'बू' और मज़मून 'अदबे-जदीद' पढ़ने के लिए दिया और पूछा कि अंजाम क्या होगा।

दोनों चीज़ें बग़ौर पढ़ने के बाद उन्होंने जवाब दिया : "मेरा ख़याल है कि इस्तिग़ासे की

गवाहियाँ सुनने के बाद ही मजिस्ट्रेट मुक़दमा ख़ारिज कर देगा..."

—लेकिन ऐसा न हुआ, मैं बंबई चला आया, वहाँ लाहौर में फ़र्दे-जुर्म आइद हो गया और दोनों चौधरियों और अहमद नदीम क़ासमी को सफ़ाई के गवाह पेश करने में काफ़ी दौड़-धूप करनी पड़ी।

इसी दौरान में मि. बनवारी लाल तब्दील हो गए और उनकी जगह चौ. मेहदी अली ख़ाँ मुतअय्यन[50] हुए। चूँकि यह मुक़दमे की तफ़सील से बख़ूबी वाक़िफ़ नहीं थे, इसलिए फ़ैसला मुरत्तब[51] करने में काफ़ी देर हो गई।

2 मई, 1945 ई. को चौधरी मेहदी अली ख़ाँ ने बिलआख़िर फ़ैसला सुना दिया—उन्होंने सिर्फ़ इतना कहा : "सआदत हसन मंटो बरी है, इसलिए कि मि. बनवारी लाल उसे पहले ही बरी कर चुके हैं...'

मैंने सोचा, अगर ऐसा ही था तो मुझे बंबई से लाहौर आने की ज़हमत क्यों दी गई—अहमद नदीम क़ासमी भी बरी कर दिए गए लेकिन दोनों चौधरियों को साठ रुपए फ़ी कस के हिसाब से जुर्माना हुआ। अदम-अदायगी की सूरत में एक-एक माह क़ैदे-बा मशक़्क़त—मशक़्क़त का नाम सुनते ही दोनों चौधरियों ने जेब में हाथ डाला और जुर्माना अदा कर दिया।

इसके बाद चौधरी मेहदी अली ख़ाँ के फ़ैसले के ख़िलाफ़ मि. एम.आर. भाटिया, एडीशनल जज की अदालत में अपील की गई—फ़ैसला 24 नवंबर, 1945 ई. को हुआ जिसका तर्जुमा यह है :

> ज़ेरे-नज़र मुक़दमा दफ़ा 292 ताज़ीराते-हिंद के तहत है जिसमें बरकत अली और नज़ीर अहमद को साठ रुपए जुर्माना और अदम-अदायगी की सूरत में एक माह क़ैदे-बा-मशक़्क़त की सज़ा दी गई है—इस सज़ा के ख़िलाफ़ मुझसे अपील की गई है। मातहत अदालते-फ़ाज़िला ने अपने फ़ैसले में यह रिमार्क किया है कि मज़मून 'बू' का मुसन्निफ़ सोसायटी की नज़रों में सख़्त तरीन सज़ा का मुस्तहिक़[52] था और यह कि वही सही आदमी था जिसे क़ानूनी गिरफ़्त में लेना चाहिए था मगर पेशरौ फ़ाज़िल जज (मि. बनवारी लाल) ने उसे बरी कर दिया।
>
> मौजूदा मुलज़िमों में से एक पब्लिशर है और दूसरा एडिटर जिसने मज़मून छापा— क़ाबिले-ग़ौर अम्र[53] है कि ऐसे अश्ख़ास मुल्ज़िमीन की सफ़ाई में पेश हुए जो उर्दू ज़बान के आलिम होने की हैसियत में बहुत मशहूर हैं। मिसाल के तौर पर ख़ान बहादुर अब्दुर्रहमान चुग़ताई, मि.के.एल. कपूर, प्रो. डी.ए.वी. कॉलेज, राजेंद्र सिंह बेदी और डॉ. आई. एल. लतीफ़, प्रो. एफ़. सी. कॉलेज जो बतौर गवाहाने-सफ़ाई पेश हुए। इन

सबकी राय है कि मज़मून (बू) में ऐसी कोई चीज़ नहीं जो शहवानी[54] हिस्सियात पैदा करे, बल्कि इन लोगों का यह कहना है कि मज़मून तरक़्क़ीपसंद है और उर्दू अदब के मॉडर्न रुजहान से ताल्लुक़ रखता है हत्ता कि इस्तिग़ासा के गवाह नंबर 4 बशीर ने भी दौराने-जिरह में तस्लीम किया कि मज़मून इन्सान के अख़लाक़ पर बुरा असर नहीं डालता।

मेरी नज़र में मज़मून एक इश्क़िया कहानी है, एक लड़के और लड़की की जिसमें ऐसी बात का दिलचस्प ज़िक्र है जो अमूमन हर रोज़ नौजवान आदमियों में नहीं होती।

मातहत अदालते-फ़ाज़िला[55] ने हिंदुस्तानी नौजवानों की तअय्युश-पसंद[56] ज़िंदगी का ज़िक्र करते हुए अफ़सोस किया है और इस बात पर मातम किया है कि मुल्क में हिंदुस्तानियों का पुराना कैरेक्टर नाबूद[57] हो रहा है। मातहत अदालत के फ़ाज़िल जज ने वो ख़ूबियाँ भी याद कराई हैं जिनके लिए हम हिंदुस्तानी कभी मशहूर थे और यह नसीहत की है कि नए फ़ैशनों को ख़त्म कर देना चाहिए।

मालूम होता है कि मातहत अदालते-फ़ाज़िला के ख़यालात तरक्क़ीपसंद नहीं हैं—हमें ज़माने के साथ-साथ चलना है। हसीन चीज़ एक दाइमी मसर्रत[58] है। आर्ट जहाँ कहीं भी मिले हमें उसकी क़द्र करनी चाहिए। आर्ट ख़्वाह वह तसवीर की सूरत में हो या मुजस्समे की शक्ल में, सोयायटी के लिए क़तई तौर पर एक पेशकश है, चाहे उसका मौज़ू ग़ैर-मस्तूर[59] ही क्यों न हो—यही कुल्लिया तहरीरों पर भी मुंतबिक़[60] होता है।

जब मुल्क के मशहूरो-मारूफ़ आर्टिस्टों और अदीबों ने मुल्ज़िमीन के हक़ में कहा है तो सारा फ़ैसला यहीं हो जाता है—ज़ेरे-बहस मज़मून ऐसा मज़मून नहीं कि जिस पर किसी क़ानूनी अदालत में नुक्ताचीनी की जाए, इसलिए मुझे अपील मंज़ूर करने में कोई पसो-पेश नहीं। जुर्माना अगर अदा किया गया है तो वापस किया जाए—मैं अपील करनेवालों को बरी करता हूँ।

मुझे चूँकि 'शहादत' का रुत्बा हासिल नहीं करना है, इसलिए मैं उन तकलीफ़ों का ज़िक्र नहीं करना चाहता जो मुझे लाहौर आने-जाने में उठानी पड़ीं—एक लानत सिर से दूर हो गई, यही काफ़ी था। मुझे उन अख़बारों के मुताल्लिक़ भी कुछ नहीं कहना है जिनमें हफ़्तों बल्कि महीनों हुकूमत और रिआया को अख़लाक़ियात के सबक़ दिए जाते रहे। अफ़सोस सिर्फ़ इतना है कि ये पर्चे ऐसे लोगों की मिल्कियत हैं जो उज़्वे-ख़ास[61] की लाग़िरी[62] और कजी[63] दूर करने के इश्तिहार ख़ुदा और रसूल की क़स्में खा-खाकर शाया करते हैं लेकिन अपने एडिटरों की टेढ़ी-बंगी टाँगों और उनकी झुकी हुई कमरों का मुतलक़[64] ख़याल नहीं करते—मुझे उन क़लम से मज़दूरी करनेवालों से दिली हमदर्दी है। उनमें से अक्सर शरीफ़

आदमी हैं जिन्हें अदब से दूर का भी वास्ता नहीं लेकिन चूँकि पर्चा छपना ही चाहिए और उसमें शुरू से लेकर आख़िर तक कुछ लिखा भी होना चाहिए, इसलिए ये मजबूर इंसान सियासत, साइंस और अदब पर जो भी उनके नातरबियत-याफ़्ता दिमाग़ों में आता है, काग़ज़ पर घसीट देते हैं। मुझे अफ़सोस है कि सहाफ़त[65] जैसे मुअज़्ज़ज़[66] पेशे पर ऐसे लोगों का इजारा है जिनमें से अक्सर तिला-फ़रोश[67] हैं।

पंजाब की प्रेस ब्रांच के मुताल्लिक़ 'ईं दफ़्तरे-बेमानी' नहीं कह सकता, इसलिए कि यह दफ़्तर अपने मानी वक़्तन-फ़वक़्तन[68] ज़रूरत के मुताबिक़ निकालता रहता है— चंद बरसों से इसके मानी ये हैं कि अल्लामा इक़बाल मरहूम के बाद ख़ुदाए-अज़्ज़ो-जल्ल[69] ने अदब के तमाम दरवाज़ों में ताले डालकर सारी चाबियाँ एक नेक बंदे के हवाले कर दी हैं। काश, अल्लामा मरहूम ज़िंदा होते!

पुलिस की अदालतें तो ख़ैर पुलिस की अदालतें हैं—अंधी रूह और गंजे फ़रिश्ते···! इस अंधी रूह, गंजे फ़रिश्तों, और पंजाब के तिला-फ़रोश अख़बारवालों और रिसालों के मालिकों और उनके मरीज़ एडिटरों की बदौलत एक बार फिर मुझे लाहौर की उस अदालत में हाज़िर होना पड़ा जिसे जुगत के तौर पर ज़िला कहते हैं।

अब की मुक़दमा साक़ी बुक डिपो, देहली की शायाकर्दा किताब 'धुआँ' पर था—इल्ज़ाम वही फ़हाशी का था। दो अफ़साने ज़ेरे-इताब[70] थे; किताब का पहला अफ़साना 'धुआँ' और 'काली शलवार'।

'काली शलवार' पर अर्सा हुआ, क़ानूनी पोस्टमार्टम हो चुका था और सेशन कोर्ट में यह फ़हाशी से मुबर्रा[71] क़रार दी जा चुकी थी। मालूम नहीं एक बार फिर इस बेज़रर अफ़साने पर ताज़ीराते-हिंद की दफ़ा 292 क्यों आज़माई गई?

इस दफ़ा मामला कुछ ज़्यादा संगीन मालूम हुआ क्योंकि मेरे और मि. शाहिद अहमद देहलवी (मालिक साक़ी बुक डिपो) के अलावा वह कातिब भी गिरफ़्तार कर लिया गया जिसने 'धुआँ' लिखने के घिनावने जुर्म का इर्तिकाब[72] किया था। वो कुतुब-फ़रोश[73] भी गिरफ़्तार किए गए जिनके पास यह मलऊन किताब मौजूद थी। प्रेस जिसमें यह छपी थी, उसका मालिक भी धर लिया गया।

मैं सलीक़े का बहुत क़ायल हूँ। नागवार-से-नागवार चीज़ भी अगर सलीक़े के साथ की जाए तो मुझे नागवार मालूम नहीं होती—लाहौर सी.आई.डी. के एक सब-इंस्पेक्टर ने जिसका नाम शायद रामस्वरूप था, मुझे 5 दिसंबर, 1944 ई. को गोरेगाँव से मलाड पुलिस स्टेशन बुलवाया और बग़ैर वारंट दिखाए गिरफ़्तार कर लिया—मैंने वारंट के मुताल्लिक़ इस्तफ़सार किया तो रामस्वरूप ने कहा : "प्राइवेट काग़ज़ात मैं तुम्हें नहीं दिखा सकता।"

यह हरकत मुझे बुरी मालूम हुई, चुनांचे मैंने शाम को घर आकर अपने सोलिसिटर को टेलीफ़ोन किया जिसने मुझे बताया कि मेरी गिरफ़्तारी ग़ैरक़ानूनी है, इसलिए हस्बुलहुक्म[74] लाहौर की अदालत में हाज़िर होने की कोई ज़रूरत नहीं···

मैंने ऐसा ही किया लेकिन 8 जनवरी, 1945 ई. को मुझे मेरे मकान पर रात के 10 बजे क़ानूनी तौर पर गिरफ़्तार कर लिया गया—इस्मत चुग़ताई (मिसेज़ शाहिद लतीफ़) के साथ भी क़रीब-क़रीब यही सुलूक हुआ।

4 फ़रवरी 1945 ई. के 'क़ौमी जंग' (बंबई) में 'यह अदब और तहज़ीब पर हमला है' के उनवान से एक मज़मून अली सरदार जाफ़री के क़लम से शाया हुआ जिसकी इब्तिदाई सुतूर ये हैं :

> उर्दू के बेहतरीन अफ़सानानिगारों में सआदत हसन मंटो और इस्मत चुग़ताई के नाम बहुत मशहूर हैं— हाल ही में मंटो के अफ़सानों का एक नया मजमूआ 'धुआँ' और इस्मत के अफ़सानों का एक नया मजमूआ 'चोटें' देहली से शाया हुआ है। इन मजमूओं में दोनों अफ़सानानिगारों की बाज़ बहुत अच्छी कहानियाँ शामिल हैं लेकिन मालूम हुआ है कि हुकूमते-पंजाब ने इस्मत और मंटो के बाज़ अफ़सानों को उर्यां क़रार दे दिया है— अभी तक यह मालूम नहीं हो सका है कि इताब कौन से अफ़सानों पर नाज़िल हुआ है लेकिन दोनों किताबें ज़द में हैं—मुक़दमे की समाअत[75] अभी तक शुरू नहीं हुई है। स्पेशल मजिस्ट्रेट की अदालत में 2 फ़रवरी को इस्मत और मंटो की पेशी होनेवाली है—लेकिन अदालती कार्रवाई से पहले ही इन दोनों पर बहुत कुछ गुज़र गई है। 5 दिसंबर, '44 ई. को बंबई की पुलिस ने इस्मत चुग़ताई को बग़ैर वारंट के गिरफ़्तार कर लिया और एक हज़ार रुपए की ज़मानत पर रिहा किया। 6 दिसंबर को इस्मत को दादर पुलिस कोर्ट में हाज़िरी देनी पड़ी और उन्हें हुक्म मिला कि 6 जनवरी, 1945 ई. को दोबारा हाज़िर हों—जनवरी में पंजाब से इस्मत का वारंट आ गया और उन्हें दोबारा गिरफ़्तार कर लिया गया। इस मर्तबा दो हज़ार रुपए की ज़मानत देकर गुलूख़लासी[76] हुई और हुक्म मिला कि इस्मत 2 फ़रवरी को लाहौर के स्पेशल मजिस्ट्रेट की अदालत में जाकर हाज़िरी दें— तक़रीबन यही हश्र सआदत हसन मंटो का हुआ।

सआदत हसन मंटो का हश्र कुछ ज़्यादा ही क़ाबिले-रहम था—मुझे उन दिनों आसाबी दर्द की शिकायत थी। घर में रात के 10 बजे जब मुझे गिरफ़्तार किया गया तो मैं मारे दर्द के कराह रहा था। सीने पर गर्म बोतल थी लेकिन हुक्मे-हाकिम मर्गे-मुफ़ाजात[77], लाहौर हाज़िरे-अदालत होना ही पड़ा।

इस दफ़ा मुक़दमा राय साहिब लाला संतराम, स्पेशल मजिस्ट्रेट की अदालत में पेश हुआ।

एक लतीफ़ा सुन लीजिए : **अदालत में दाख़िल होने से पहले एक अधेड़ उम्र के शरीफ़-से साहिब आए और मुझसे हाथ मिलाकर उन्होंने कहा : ''आपसे मिलकर बड़ी ख़ुशी हुई।''**

मैंने पूछा : ''आपका इस्मे-गिरामी[78] ?''

अधेड़ उम्र के शरीफ़-से साहिब ने जवाब दिया : ''नानकचंद नाज़।''

मैंने अपना हाथ खींच लिया और कहा : ''माफ़ कीजिए, मुझे आपसे मिलकर ख़ुशी नहीं हुई...''

लाला नानकचंद नाज़ इस्तिग़ासा के मुअज़्ज़िज़तरीन[79] गवाह थे जो मेरे और इस्मत चुग़ताई, दोनों के ख़िलाफ़ भुगते—आप वाक़ई भुगते।

एक और लतीफ़ा सुन लीजिए : लाला जी ने इस्मत के अफ़साने 'लिहाफ़' के मुताल्लिक़ कहा कि इसमें गंदे अल्फ़ाज़ इस्तेमाल किए गए हैं।

हमारे वकील मि. हीरालाल ने पूछा : ''मसलन...?''

लाला जी ने 'चोटें' उठाईं। काफ़ी देर 'लिहाफ़' की वर्क़गर्दानी[80] के बाद एक लफ़्ज़ निकाला : ''मसलन आशिक़!''

हम सब मुसकरा दिए।

मि. हीरालाल ने लाला जी से कहा : ''यह लफ़्ज़ गंदा है तो आप इसकी जगह कोई दूसरा तजवीज़ कर दीजिए...''

लाला जी सोचने लगे।

मि. हीरालाल ने पूछा : '' 'यार' कैसा रहेगा?''

इस दफ़ा राय साहिब लाला संतराम भी मुसकरा दिए।

जब तक इस्तिग़ासे के गवाह पेश होते रहे, ऐसी मुसकराहटें जारी रहीं लेकिन अदालत बरख़्वास्त होने से पहले जब हमारे वकील ने दरख़्वास्त पेश की कि मुझे और इस्मत को आइंदा पेशियों में हाज़िर होने से माफ़ कर दिया जाए और जब मजिस्ट्रेट साहिब ने उसे मुस्तरद[81] कर दिया तो हम दोनों को यह तकलीफ़देह एहसास हुआ कि हम अदालत में पेश थे और हम पर फ़हाशी का संगीन जुर्म आइद था—मुझे इसका भी शदीद एहसास हुआ कि सख़्त सर्दी है और मैं आसाबी दर्द में मुब्तिला हूँ।

अदालत से बाहर मि. हीरालाल से मश्विरा किया गया।

एक ही सूरत थी कि हाई कोर्ट में अपील की जाए जो फ़ौरन ही दाख़िल कर दी गई—दूसरे दिन मैं और इस्मत ऑनरेबल जस्टिस इछरू राम की अदालत में पेश हुए।

आपने हम दोनों को ग़ौर से देखा और कहा : ''मुझे आप दोनों के अफ़साने बहुत पसंद हैं...''

हमें बहुत ख़ुशी हुई लेकिन उन्होंने अपील के काग़ज़ात ऑनरेबल जस्टिस दीन

मुहम्मद की अदालत में मुंतक़िल कर दिए।

अब फिर दूसरे रोज़ हाज़िर होना था। शाम को मेरी तबीयत बहुत ज़्यादा ख़राब हो गई। इत्तिफ़ाक़ से मेरा भान्जा मेजर अब्दुल वहीद उन दिनों लाहौर के मिलिट्री हस्पताल में मुतअय्यन था। उसने मेरा एक्स-रे लिया और बताया कि मुझे हाइड्रोन्यूमोथोरेक्स है यानी मेरे दाहिने फेफड़े के एक हिस्से में पानी और हवा दाख़िल हो गई है।

मेजर वहीद के कहने पर मैंने दूसरे दिन सुबह-सवेरे कर्नल अमीरचंद से भी तश्ख़ीस कराई। उन्होंने भी वही मर्ज़ बताया और राय दी कि मुझे आराम करना चाहिए। मैंने उनसे सर्टीफ़िकेट ले लिया कि शायद काम आ जाए—दाश्ता आयद बकार[82]...

दूसरे रोज़ मैं ऑनरेबल जस्टिस दीन मुहम्मद की अदालत में पेश हुआ—इस्मत ग़ैरहाज़िर थी।

जस्टिस दीन मुहम्मद ने क़हरआलूद निगाहों से मेरी तरफ़ देखा और बड़बड़ाए : "इन लोगों का वुजूद नंगे-अदब है..."

मुझे ऐसा लगा जैसे मेरी क़िस्मत पर मुहर लगा दी गई है।

उन्होंने अपील मंज़ूर करने से इनकार कर दिया लेकिन जब मैंने अपने वकील से कर्नल अमीरचंद का सर्टीफ़िकेट पेश करने के लिए कहा तो अपील एक क़हरआलूद दस्तख़त ने मंज़ूर कर दी।

मैं बंबई वापस चला आया।

बंबई में बहुत देर तक डॉक्टरों में यह बहस होती रही कि मेरा मर्ज़ क्या है। मेजर वहीद और कर्नल अमीरचंद की तश्ख़ीस यह कहती थी कि मुझे हाइड्रोन्यूमोथोरेक्स है लेकिन डॉक्टर लेमला और डॉ. एफ़. डब्ल्यू. बरजर (या बरगर) की एक्स-रे देखने के बाद यह राय थी कि सिर्फ़ न्यूमोथोरेक्स है। आख़िर यह फ़ैसला हुआ कि डॉक्टर एच.पी. मोदी से जो रेडियालॉजी के माहिर हैं, रुजू[83] किया जाए। चुनांचे उन्होंने मेरा पुराना एक्स-रे देखने और नया इम्तिहान लेने के बाद डा. एफ़. डब्ल्यू बरजर (या बरगर) को ख़त लिखा : मरीज़ इस वक़्त नार्मल हालत में है। न्यूमोथोरेक्स और सैयाल माद्दा[84] बिलकुल ग़ायब है। यह केस जैसा कि ज़ाहिर है, स्पांटेनियस् न्यूमोथोरेक्स की क़बील[85] से था, ऐसे चंद केस बाज़ औक़ात 'कोख़' में तब्दील हो जाते हैं...

इस 'कोख़' का मतलब मुझे लाहौर में मेजर वहीद ने बताया जब मैं उस मुक़दमे का फ़ैसला सुनने के लिए गया। मतलब यह था कि ऐसे चंद केस बाज़औक़ात दिक़ में तब्दील हो जाते हैं—लेकिन दिक़ और ज़िच[86] मैं उस वक़्त हुआ जब मैंने सफ़ाई के गवाहों की फ़ेहरिस्त तैयार की और रायसाहिब लाला संतराम ने उनकी गवाही बज़रिया कमीशन लेने से इनकार कर दिया। कोई गवाह हैदराबाद में था, कोई लखनऊ में और कोई बंबई में। रायसाहिब मुसिर[87] थे कि सबके-सब लाहौर ही में हाज़िर हों।

मुकर्रमी नियाज़ फ़तेहपुरी साहिब को जब लखनऊ में इसकी इत्तिला मिली तो उन्होंने लिखा : यक़ीनन कमीशन के ज़रिए से शहादत क़लमबंद हो सकती थी और इसमें बड़ी

आसानी थी। ताज्जुब है कि मजिस्ट्रेट ने इसे मंज़ूर नहीं किया और आपके मशीरे-क़ानून ने क्यों इस पर ज़ोर दिया...

मुझे मालूम नहीं, मि. हीरालाल ने इस पर ज़ोर दिया था या नहीं, बहरहाल रायसाहिब लाला संतराम का फ़ैसला अटल था जिसका नतीजा यह हुआ कि क़ाज़ी अब्दुल ग़फ़्फ़ार साहिब, एडिटर 'पयाम', हैदराबाद; लैफ़्टीनेंट कर्नल क़ुरैशी (आई.एम.एस., बंबई); नियाज़ फ़तेहपुरी साहिब, एडिटर 'निगार', लखनऊ; डॉ. ख़लीफ़ा अब्दुल हकीम साहिब, एम.ए.एल.एल.बी., पी-एच.डी. (उस वक़्त प्रिंसिपल, अमरसिंह कॉलेज, श्रीनगर); मि. हरेंद्र नाथ चट्टोपाध्याय, बंबई, जैसे अहलुर्राय[88] साहिबान के ख़यालात से न सिर्फ़ मैं बल्कि अदालत भी महरूम रही।

मैंने इनको और दूसरे हज़रात को गवाही की दावत इन अल्फ़ाज़ में दी थी :

> बंबई ; 30 सितंबर
> मुकर्रमी,
>
> तस्लीमात। लाहौर की अदालत में मेरे एक अफ़साने 'धुआँ' पर फ़हाशी के इल्ज़ाम में मुक़दमा चल रहा है। मैंने आपको गवाहे-सफ़ाई के तौर पर बुलाया है। मुतज़क्किरा-सद्र[89] अफ़साने के बारे में आपकी जो राय भी हो, मुझे मंज़ूर होगी, इसलिए कि फ़हाशी और ग़ैरफ़हाशी के अहम मौज़ू पर आप-जैसे अहलुर्राय अदीब और साहिबे-क़लम के ख़यालात न सिर्फ़ मेरे लिए बल्कि मुल्की अदब के लिए मुफ़ीद होंगे।
>
> मुझे उम्मीद है कि आप मेरी यह दावत क़ुबूल फ़रमाएँगे। शुक्रिया।
>
> नियाज़ केश[90]
> सआदत हसन मंटो

सबने मेरी दावत क़ुबूल की जिसके लिए मैं शुक्रगुज़ार हूँ—डॉ. मौलवी अब्दुल हक़ साहिब, सैक्रेटरी अंजुमन तरक़्क़ी-ए-उर्दू (हिंद) ने मेरे अरीज़े का जवाब[91] न दिया, बहुत मुमकिन है उन तक पहुँचा ही न हो—सरदार दीवानसिंह मफ़तून, एडिटर 'रियासत' की तरफ़ से जब मुझे कोई रसीद न आई तो मुझे बहुत गुस्सा आया क्योंकि मुझे उनकी दोस्ती पर नाज़ है।

मैंने फिर उनको लिखा।

जवाब आया :

> आपका दूसरा ख़त मिला—मेरा दाख़िला पंजाब में बंद है, इसलिए शहादत कैसे दूँ? यही मैंने समन पर लिख दिया था। अगर मजिस्ट्रेट पंजाब गवर्नमेंट से इजाज़त ले ले तो मैं जाने को तैयार हूँ...

एक और लतीफ़ा सुनिए : बंबई से मैंने लाहौर में प्रो. मोहन सिंह दीवाना को गवाही देने

के लिए लिखा—समन उनके पास पहले पहुँच चुके थे, मेरा ख़त उन्हें देर के बाद मिला। चुनांचे उन्होंने मुझे एक कार्ड लिखा :

> हज़रत सलामत !
>
> आपके वकील से एक मर्तबा पहले मुलाक़ात हुई थी। उन्होंने न मुक़दमे की वजह बयान की, न यह कहा कि किस अफ़साने पर तुम धरे गए हो। चार को पेशी थी। दस बजे हाज़िरे-अदालत हुआ। सवा बारह बजे तक धूप में सड़ता रहा, टाँगों को मसलता और बलग़म निकालता रहा—न जाए नशिस्तन न इज़्ने-रफ़्तन[92], सवा बारह बजे बुलवाया गया : "क्यों जी, वो कहानियाँ तुमने पढ़ी हैं···?" "हुज़ूर नहीं···"— "बरख़्वास्त"—लँगड़ाता-लँगड़ाता घर पहुँचा, देखा कि एक बड़े पेटवाला लिफ़ाफ़ा लैटर बाक्स से झाँक रहा है जिसमें हुज़ूर के इर्शादात[93] थे—मेरा क़ुसूर यह है कि मैं बेक़ुसूर हूँ। आप ख़फ़ा होंगे कि एक हमपेशा 'क़लम मार' ने यह क्या हरकत की। मैं ख़फ़ा हूँ कि वकील सुस्त, मुवक्किल सुस्ततर—मंटो को सुस्ती की बीमारी हो, यक़ीन नहीं आता···

और मुझे यह यक़ीन नहीं आता कि प्रो. मोहनसिंह दीवाना ने मेरी कहानियाँ पढ़ी ही नहीं थीं।

ग़लती मुझसे भी हुई कि मैंने 'बड़े पेटवाले लिफ़ाफ़े' ऐन उस वक़्त भेजे जबकि समन जारी हो चुके थे। इन लिफ़ाफ़ों में मैंने अपने उस तहरीरी बयान की नक़्ल भेजी थी जो मैंने अदालत में दिया था। चूँकि इस बयान का मेरी तहरीरों से गहरा ताल्लुक़ है, इसलिए मैं इसे ज़ैल में नक़्ल करता हूँ :

→

---

44. कमज़ोरी, नुकसान; 45. निवासी; 46. अभियोजन पक्ष; 47. बेकार, व्यर्थ; 48. तर्क व दलील; 49. फ़िज़ी एक नगर का नाम; 50. नियुक्त; 51. क्रम देने में; 52. हक़दार, अधिकारी; 53. बात; 54. कामुकता; 55. विद्वान न्यायाधीश; 56. ऐशो-आराम की; 57. समाप्त; 58. शाश्वत हर्ष; 59. स्पष्ट; 60. माफ़िक, लागू; 61. लिंग; 62. कमज़ोरी; 63. टेढ़ापन; 64. बिलकुल; 65. पत्रकारिता; 66. सम्मानित; 67. कामवर्द्धक तेल बेचनेवाले; 68. समय-समय पर; 69. सम्मान के साथ अल्लाह का नाम लेना; 70. क्रोध का कारण; 71. मुक्त, बरी; 72. अपराध; 73. पुस्तक विक्रेता; 74. आदेशानुसार; 75. सुनवाई; 76. झंझट से छुटकारा; 77. शासक का आदेश मानना ही पड़ता है; 78. नाम; 79. प्रतिष्ठित; 80. पृष्ठ पलटना; 81. रद्द करना; 82. रखी हुई चीज़ काम आ ही जाती है; 83. संपर्क; 84. द्रव पदार्थ; 85. कुटुंब; 86. विवश करना; 87. ज़िद करना; 88. विचारक; 89. प्रमुख रूप से वर्णित; 90. विनीत; 91. दरख़्वास्त, प्रार्थना पत्र का उत्तर; 92. न बैठने की जगह, न जाने की इजाज़त; 93. आदेश;

तहरीरी बयान

मैं साक़ी बुक डिपो, देहली की मत्बूआ किताब बउनवान 'धुआँ' का मुसन्निफ़ हूँ। यह किताब मैंने 1941 ई. में जबकि मैं आल इंडिया रेडियो का मुलाज़िम था, साक़ी बुक डिपो के मालिक मियाँ शाहिद अहमद साहिब के पास ग़ालिबन तीन या साढ़े तीन सौ रुपए में फ़रोख़्त[94] की थी। इसके जुमला हक़ूक़े-इशाअत[95] अब साक़ी बुक डिपो के पास हैं।

इस किताब के जो नुस्खे़ मैंने अदालत में देखे हैं, उनके मुलाहिज़े से पता चलता है कि यह किताब का दूसरा एडिशन है।

चौबीस अफ़सानों के इस मजमूए में जो इंसानी ज़िंदगी के मुख़्तलिफ़ शोबों[96] से मुताल्लिक़ हैं, दो अफ़साने बउनवान 'धुआँ' और 'काली शलवार' फ़हश हैं—मुझे इससे इख़्तिलाफ़[97] है क्योंकि ये दोनों कहानियाँ उर्यां और फ़हश नहीं हैं।

किसी अदबपारे के मुताल्लिक़ एक रोज़ाना अख़बार के एडिटर, एक इश्तिहार फ़राहम करनेवाले और एक सरकारी मुतर्जिम[98] का फ़ैसला साइब[99] नहीं हो सकता। बहुत मुमकिन है कि ये तीनों किसी ख़ास असर, किसी ख़ास ग़रज़ के मातहत अपनी राय क़ायम कर रहे हों, और फिर यह भी मुमकिन है कि तीनों हज़रात ऐसी राय देने के अहल[100] ही न हों क्योंकि किसी बड़े शाइर, किसी बड़े अफ़सानानिगार के अफ़सानों पर सिर्फ़ वही आदमी तनक़ीद[101] कर सकता है जो तनक़ीदनिगारी के फ़न के तमाम अवाक़िबो-अवातिफ़ से आगाह[102] हो।

इस्तिग़ासे ने मेरे इन दो अफ़सानों पर कोई बसीरत अफ़रोज़[103] तनक़ीद नहीं की। **सिर्फ़ इतना कह देने से कि ये दोनों अफ़साने फ़हश हैं,** उस आदमी की, जो रोशनी का ख़्वाहिशमंद है, जो अपने उयूबो-महासिन[104] जानना चाहता है और उनकी इसलाह[105] करना चाहता है, हरगिज़-हरगिज़ तस्कीन[106] नहीं होती—मैं अगर जवाब में सिर्फ़ इतना कहकर ख़ामोश हो जाऊँ कि ये दोनों अफ़साने फ़हश नहीं हैं तो ज़ाहिर है कि मैं अँधेरे में और भी इज़ाफ़ा कर दूँगा। मगर मैं ऐसा नहीं करूँगा और जहाँ तक मुझसे हो सकेगा, मैं अपना माफ़िउज़्ज़मीर[107] बयान करने की कोशिश करूँगा।

ज़बान में बहुत कम लफ़्ज़ फ़हश होते हैं, तरीक़े-इस्तेमाल ही एक ऐसी चीज़ है जो पाकीज़ा-से-पाकीज़ा अल्फ़ाज़ को भी फ़हश बना देता है। मेरा ख़याल है, कोई भी चीज़ फ़हश नहीं, लेकिन घर की कुर्सी और हाँडी भी फ़हश हो सकती है, अगर उनको फ़हश

तरीक़े से पेश किया जाए—फ़हश चीज़ें बनाई जाती हैं किसी ख़ास ग़रज़ के मातहत।

औरत और मर्द का रिश्ता फ़हश नहीं। उनका ज़िक्र भी फ़हश नहीं, लेकिन जब इस रिश्ते को चौरासी आसनों या जोड़दार ख़ुफ़िया तसवीरों में तब्दील कर दिया जाए और लोगों को तरग़ीब दी जाए कि वो तख़लिए[108] में इस रिश्ते को ग़लत ज़ाविए से देखें तो मैं इस फ़ेल को सिर्फ़ फ़हश ही नहीं बल्कि निहायत घिनावना, मक्रूह और ग़ैरसेहतमंद कहूँगा।

फ़हश और ग़ैरफ़हश में तमीज़ करने के लिए शायद यह मिसाल काम दे सके :

> एक आर्ट गैलरी में नुमाइश के लिए नंगी औरतों की बहुत-सी तसवीरें पेश हुईं। उनमें से किसी ने भी, जैसा कि ज़ाहिर है, देखनेवालों का अख़लाक़ ख़राब न किया और न उनके शहवानी जज़्बात ही को उभारा। अलबत्ता एक तसवीर, जिसमें औरत का सारा बदन तो कपड़ों में मस्तूर[109] था, सिर्फ़ एक ख़ास हिस्सा इस तरकीब से नीम-उर्यां[110] छोड़ दिया गया था कि देखनेवालों के जज़्बात में गुदगुदी-सी होती थी, फ़हश क़रार दी गई—क्यों? इसलिए कि आर्टिस्ट की नीयत में फ़र्क़ था और उसने जानबूझकर लिबास को कुछ इस तरह ऊपर उठा दिया था कि देखनेवालों के दिलो-दिमाग़ में हलचल-सी मच जाए और वो अपने तसव्वुर से मदद लेकर उस नीम-उर्यां हिस्से को उर्यां देखने की कोशिश करें।

तहरीरो-तक़रीर में, शेरो-शाइरी में, संग-साज़ी-ओ-सनम-तराशी में फ़हाशी तलाश करने के लिए सबसे पहले उसकी तरग़ीब टटोलनी चाहिए। अगर यह तरग़ीब मौजूद है, अगर उसकी नीयत का एक शायबा भी नज़र आ रहा है तो वह तहरीर, वह तक़रीर, वह शेर, वह बुत क़तई तौर पर फ़हश है।

अब हमें देखना है कि यह तरग़ीब[111] 'धुआँ' में मौजूद है या नहीं।

आइए, हम इस अफ़साने का तजज़िया[112] करते हैं।

मसऊद एक कमसिन लड़का है, ग़ालिबन दस-बारह बरस का। उसके जिस्म में जिंसी बेदारी की पहली लहर किस तरह पैदा होती है, यह इस अफ़साने का मौज़ू है—एक ख़ास फ़ज़ा और चंद ख़ास चीज़ों का असर बयान किया गया है जो मसऊद के जिस्म में धुँधले-धुँधले ख़यालात पैदा करता है, ऐसे ख़यालात जिनका रुजहान जिंसी बेदारी की तरफ़ है। यह बेदारी वह समझ नहीं सकता लेकिन नीमशऊरी तौर पर वह महसूस ज़रूर करता है—बेखाल का बकरा जिसमें से धुआँ उठता है; सर्दियों का एक दिन कि बादल घिरे हुए हैं और आदमी सर्दी के बावुजूद एक मीठी-मीठी हरारत महसूस करता है; हाँडी जिसमें से भाप उठ रही है; बहन जिसकी टाँगें वह दबाता है; ये सब अनासिर[113] मिलकर मसऊद के बदन में जिंसी बेदारी पैदा करते हैं। जवानी की इस पहली अँगड़ाई को वह ग़रीब समझ नहीं सकता और अंजामकार अपनी हॉकी-स्टिक तोड़ने की नाकाम सई करता-करता थक जाता

है। यह थकावट उस बेनाम-सी चिंगारी को, उस 'कुछ करने' की तहरीक को दबा देती है।

'धुआँ' में शुरू से लेकर आख़िर तक एक कैफ़ियत, एक जज़्बे, एक तहरीक का निहायत ही हमवार नफ़्सियाती बयान है। असल मौज़ू से हटकर इसमें दूर-अज़-कार बातें नहीं की गई हैं। इसमें हमें कहीं भी ऐसी तरग़ीब नज़र नहीं आती जो क़ारिईन[114] को शहवानी लज़्ज़तों के दायरे में ले जाए, इसलिए कि अफ़साने का मौज़ू शहवत नहीं है। इस्तिग़ासा अगर ऐसा समझता है तो यह उसकी कमनज़री है—ख़शख़ाश के दाने अफ़ीम की गोली बनने तक काफ़ी मराहिल तय करते हैं।

मैंने इस कहानी में कोई सबक़ नहीं दिया, अख़लाक़ियात पर यह कोई लैक्चर भी नहीं क्योंकि मैं ख़ुद को नामनिहाद नासेह[115] या मुअल्लिमे-अख़लाक़[116] नहीं समझता।

इंसान अपने अंदर कोई बुराई लेकर पैदा नहीं होता। ख़ूबियाँ और बुराइयाँ उसके दिलो-दिमाग़ में बाहर से दाख़िल होती हैं। बाज़ उनकी परवरिश करते हैं, बाज़ नहीं करते—मेरे नज़दीक क़साइयों की दूकानें फ़हश हैं क्योंकि उनमें नंगे गोश्त की बहुत बदनुमा और खुले तौर पर नुमाइश की जाती है। मेरे नज़दीक वो माँ-बाप अपनी औलाद को जिंसी बेदारी का मौक़ा देते हैं जो दिन को बंद कमरों में कई-कई घंटे अपनी बीवी से सिर दबवाने का बहाना लगाकर उससे हमबिस्तरी करते हैं—मैं समझता हूँ कि उस लड़के को (यानी मसऊद को) मुज़्तरिब करनेवाली चीज़ें ख़ारिजी थीं।

हिंदुस्तान में बच्चों के अंदर बहुत कमसिनी ही में जिंसी बेदारी पैदा हो जाती है। उसकी वजह किसी हद तक आपको मेरे अफ़साने के मुताले से मालूम हो सकती है—इतनी छोटी उम्र में जिंसी बेदारी का पैदा होना मेरे नज़दीक बहुत ही भौंडी चीज़ है, यानी अगर मैं किसी छोटे बच्चे को जिंसियात की तरफ़ राग़िब[117] देखूँ तो मुझे कोफ़्त होगी, मेरे सन्नाआना[118] जज़्बात को सद्मा पहुँचेगा।

अफ़सानानिगार उस वक़्त अपना क़लम उठाता है जब उसके जज़्बात को सद्मा पहुँचता है। मुझे याद नहीं क्योंकि बहुत अर्सा ग़ुज़र चुका है लेकिन 'धुआँ' लिखने से पहले मुझे कोई मंज़र, कोई इशारा या कोई वाक़िआ देखकर ज़रूर ऐसा सद्मा पहुँचा होगा जो अफ़सानानिगार के क़लम को हरकत बख़्शता है।

अफ़साने का मुताला करने से यह अम्र अच्छी तरह वाज़ेह हो सकता है कि मैंने उस बेनाम-सी लज़्ज़त में, जो मसऊद को महसूस हो रही थी, ख़ुद को या क़ाइरीन को कहीं शरीक नहीं किया है। यह एक अच्छे फ़नकार की ख़ूबी है।

मैं इस अफ़साने में से चंद सुतूर[119] पेश करता हूँ जिनसे अफ़सानानिगार के ग़ायत[120] दर्जा मुहतात[121] होने का पता चलता है कि उसने कहीं भी मसऊद के दिमाग़ में शहवानी ख़यालात की मौजूदगी का ज़िक्र नहीं किया है—ऐसी लग़्ज़िश[122] अफ़साने का सत्यानास कर देती।

एक : मसऊद के वज़न के नीचे कुलसूम की चौड़ी-चकली कमर में ख़फ़ीफ़-सा झुकाव पैदा हुआ जब उसने पैरों से दबाना शुरू किया, ठीक उसी तरह **जिस तरह मज़दूर मिट्टी गूँधते हैं** तो कुलसूम ने मज़ा लेने की ख़ातिर हाय-हाय करना शुरू कर दिया।

दो : कुलसूम की रानों में अकड़ी हुई मछलियाँ उसके पैरों के नीचे दब-दबकर इधर-उधर फिसलने लगीं। **मसऊद ने एक बार स्कूल में तने हुए रस्से पर एक बाज़ीगर को चलते देखा था, उसने सोचा कि बाज़ीगर के पैरों के नीचे तना हुआ रस्सा भी इसी तरह फिसलता होगा।**

तीनः बकरे के गर्म-गर्म गोश्त का उसे बार-बार ख़याल आता था। एक-दो मर्तबा उसने सोचा : "कुलसूम को अगर ज़िबह किया जाए तो खाल उतरने पर क्या उसके गोश्त में से धुआँ निकलेगा?" **लेकिन ऐसी बेहूदा बातें सोचने पर उसने अपने आपको मुजरिम महसूस किया और दिमाग़ को उसी तरह साफ़ किया जिस तरह वह स्लेट को स्फ़ंज से साफ़ किया करता था।**

मोटे हरूफ़ में लिखे गए अल्फ़ाज़ इस बात के ज़ामिन हैं कि मसऊद का ज़ेह्न कहीं भी शहवत से मुलव्विस[123] नहीं हुआ। वह अपनी बहन की कमर दबाता है जिस तरह मज़दूर मिट्टी गूँधते हैं; टाँगें दबाता है तो उसका ख़याल बाज़ीगर की तरफ़ चला जाता है जिसका तमाशा उसने एक बार अपने स्कूल में देखा था; और जब वह यह सोचता है कि उसकी बहन ज़िबह कर दी जाए तो क्या उसके गोश्त में से धुआँ निकलेगा तो फ़ौरन उसे बुरी बात समझकर अपने दिमाग़ से निकाल देता है और ख़ुद को मुजरिम समझता है—ख़ुदा जाने इस्तिग़ासा इस अफ़साने को फ़हश क्यों कहता है जिस अफ़साने में फ़हाशी का शायबा तक मौजूद नहीं।

अगर मैं किसी औरत के सीने का ज़िक्र करना चाहूँगा तो उसे औरत का सीना ही कहूँगा। औरत की छातियों को आप मूँगफली, मेज़ या उस्तरा नहीं कह सकते—यूँ तो बाज़ हज़रात के नज़दीक औरत का वुजूद ही फ़हश है मगर इसका क्या इलाज हो सकता है। मैं ऐसे लोगों को भी जानता हूँ जिनको बकरी का एक मासूम बच्चा ही मासियत[124] की तरफ़ ले जाता है। दुनिया में ऐसे अश्ख़ास[125] भी मौजूद हैं जो मुक़द्दस[126] किताबों से शहवानी लज़्ज़त हासिल करते हैं, और ऐसे इंसान भी आपको मिल जाएँगे, लोहे की मशीनें जिनके जिस्म में शहवत की हरारत पैदा कर देती हैं—लोहे की उन मशीनों का, जैसा कि आप समझ सकते हैं, कोई क़ुसूर नहीं। इसी तरह न बकरी के मासूम बच्चे का और न मुक़द्दस किताबों का।

एक मरीज़ जिस्म, एक बीमार ज़ेह्न ही ऐसा ग़लत असर ले सकता है। जो लोग रूहानी, ज़ेह्नी और जिस्मानी लिहाज़ से तंदुरुस्त हैं, असल में उन्हीं के लिए शाइर शेर कहता है, अफ़सानानिगार अफ़साना लिखता है और मुसव्विर[127] तसवीर बनाता है।

मेरे अफ़साने तंदुरुस्त और सेहतमंद लोगों के लिए हैं, नार्मल इंसानों के लिए जो औरत के सीने को औरत का सीना ही समझते हैं और इससे ज़्यादा आगे नहीं बढ़ते। जो औरत और मर्द के रिश्ते को इस्तेजाब[128] की नज़र से नहीं देखते, जो किसी अदबपारे को एक ही दफ़ा निगल नहीं जाते…

…रोटी खाने के मुताल्लिक़ एक मोटा-सा उसूल है कि हर लुक़्मा अच्छी तरह चबाकर खाओ, लुआबे-दहन[129] में उसे ख़ूब हल होने दो ताकि मेदे पर ज़्यादा बोझ न पड़े और

उसकी गिज़ाइयत बरक़रार रहे—पढ़ने के लिए भी यही मोटा उसूल है कि हर लफ़्ज़ को, हर सतर को, हर ख़याल को अच्छी तरह ज़ेहन में चबाओ। उस लुआब को जो पढ़ने से तुम्हारे दिमाग़ में पैदा होगा, अच्छी तरह हल करो कि जो कुछ तुमने पढ़ा है, अच्छी तरह हज़्म हो सके। अगर तुमने ऐसा न किया तो उसके नताइज बुरे होंगे जिसके लिए तुम लिखनेवाले को ज़िम्मेदार न ठहरा सकोगे—वह रोटी जो अच्छी तरह चबाकर नहीं खाई गई, वह तुम्हारी बदहज़्मी की ज़िम्मेदार कैसे हो सकती है ?

मैं एक मिसाल से इसकी वज़ाहत करना चाहता हूँ।

फ़्रांस में एक बहुत बड़ा अफ़सानानिगार गाई दी मोपासाँ गुज़रा है। जिंसियात उसका महबूब मौज़ू था। बड़े-बड़े डॉक्टरों और माहिरीने-नफ़्सियात[130] ने उसके अफ़सानों का अपनी इल्मी किताबों में हवाला दिया है—अपने एक अफ़साने में वह एक लड़के और एक लड़की की दास्तान बयान करता है जो बेहद अल्हड़ थे। पहली रात के मुताल्लिक़ दोनों ने सुनी-सुनाई बातों से एक अजीबो-ग़रीब तसवीर अपने ज़ेहन में खींच रखी थी। दोनों इस ख़याल से काँप रहे थे कि ख़ुदा मालूम कितनी बड़ी लज़्ज़त उनको पहली रात के मिलाप से मिलेगी—दोनों की शादी हो गई। दूल्हा माहे-अस्ल[131] मनाने की ख़ातिर दुलहन को एक होटल में ले गया। वहाँ पहली रात को, उस रात को जिसमें दोनों के ख़याल के मुताबिक़ शायद फ़रिश्ते उतरकर उनको लोरियाँ देनेवाले थे, दूल्हा और दुलहन हमबिस्तर हो गए। दोनों लेटे थे और बस। दुलहन ने शामते-आमाल[132] से इतना कह दिया : ''बस, क्या यही हमारी पहली रात थी जिसके हम दोनों इतने शीरीं ख़्वाब देखा करते थे...'' दूल्हा को यह बात खा गई। आख़िर मर्द ही तो था। उसने सोचा, यह मेरी मर्दानगी पर हमला है, चुनांचे उसकी मर्दानगी बिलकुल ही ख़त्म हो गई। अर्क़े-नदामत[133] में ग़र्क़ वह हुजरा-ए-उरूसी[134] से बाहर निकल गया, इस ग़र्ज़ से कि अपनी नाकाम ज़िंदगी किसी दरिया के सिपुर्द कर दे। ऐन उस वक़्त जब यह नया-नवेला दूल्हा इस ख़तरनाक फ़ैसले पर पहुँचा, फ़्रांस की एक कस्बी, एक वेश्या उसके पास से गुज़री। वह ग़ालिबन गाहक तलाश कर रही थी। उस इस्मत-बाख़्ता[135] औरत ने उसको इशारा किया। दूल्हा ने महज़ इंतिक़ाम लेने के लिए, सारी औरत ज़ात से बदला लेने के लिए वेश्या के इशारे का जवाब दिया कि हाँ, मैं तैयार हूँ—वह टखियाई उसे अपने घर ले गई। उसके ग़लीज़ घर में दूल्हा वह काम करने में कामयाब हो गया जो वह अपने नफ़ीस[136] होटल के हुजरा-ए-उरूसी में न कर सका था—अब वह वेश्या को भूल गया। दौड़ा-दौड़ा अपनी नई ब्याहता बीवी के पास पहुँचा जैसे उसे अपनी खोई हुई दौलत मिल गई है—दोनों पास-पास लेटे थे मगर अब उसकी बीवी को वह शीरीं[137] ख़्वाब देखने की ख़्वाहिश बाक़ी नहीं रही थी जिसका उसने पहले गिला किया था।

यह अफ़साना पढ़कर अगर कोई शख़्स, जो पहली रात को नाकाम रहा हो, सीधा वेश्या के कोठे का रुख़ करेगा तो मैं समझता हूँ, उस-जैसा चुग़द और कोई नहीं होगा—मेरे एक दोस्त ने यही बेवक़ूफ़ी की और उसका नतीजा यह निकला कि उसे अपना खोया हुआ वक़ार तो मिल गया, पर उसके साथ एक मक्रूह मर्ज़[138] चिमट गया जिसके इलाज के लिए उसे काफ़ी से ज़्यादा ज़हमत उठाना पड़ी।

पिछले दिनों मैंने आल इंडिया रेडियो, बंबई से एक तक़रीर नश्र की थी। इस तक़रीर में मैंने कहा था :

> अदब एक फ़र्द[139] की अपनी ज़िंदगी की तसवीर नहीं। जब कोई अदीब क़लम उठाता है तो वह अपने घरेलू मामलात का रोज़नामचा पेश नहीं करता। वह अपनी ज़ाती ख़्वाहिशों, ख़ुशियों, रंजिशों, बीमारियों और तंदुरुस्तियों का ज़िक्र नहीं करता—उसकी क़लमी तसवीरों में, बहुत मुमकिन है, आँसू उसकी दुखी बहन के हों, मुसकराहटें आपकी हों और क़हक़हे एक ख़स्ताहाल मज़दूर के।
>
> इसलिए अपनी मुसकराहटों, अपने आँसुओं और अपने क़हक़हों की तराज़ू में उन तसवीरों को तोलना बहुत बड़ी ग़लती है।
>
> हर अदबपारा एक ख़ास फ़ज़ा[140], एक ख़ास असर, एक ख़ास मक़सद के लिए पैदा होता है। अगर उसमें यह ख़ास फ़ज़ा, यह ख़ास असर, यह ख़ास मक़सद महसूस न किया जाए तो बस एक बेजान लाश रह जाएगी।
>
> मैं एक ज़माने से लिख रहा हूँ। ग्यारह किताबों का मुसन्निफ़-व-मुअल्लिफ़[141] हूँ। आल इंडिया रेडियो के तक़रीबन हर स्टेशन से मेरे ड्रामे और फ़ीचर ब्राडकास्ट होते रहते हैं। उनकी तादाद सौ से ऊपर है।
>
> मैं तहरीरो-तस्नीफ़ के जुमला आदाब से वाक़िफ़ हूँ। मेरे क़लम से बेअदबी शाज़ो-नादिर[142] ही हो सकती है—मैं फ़हशनिगार नहीं, अफ़सानानिगार हूँ।

दूसरे अफ़साने 'काली शलवार' के मुताल्लिक़ मैंने इसलिए कुछ नहीं कहा है कि यह लाहौर की सेशन कोर्ट में फ़हाशी से बरी क़रार दिया जा चुका है।

→

---

94. बेचना; 95. प्रकाशनाधिकार; 96. विभाग; 97. मतभेद; 98. अनुवादक; 99. दुरुस्त; 100. योग्य; 101. आलोचना; 102. परिचित, ज्ञाता; 103. उल्लेखनीय; 104. अच्छाई-बुराई; 105. संशोधन; 106. संतोष; 107. अपने दिल की बात, अपनी मंशा; 108. एकांत; 109. ढका हुआ, पर्दे में; 110. थोड़ा नंगा; 111. प्रलोभन; 112. विश्लेषण; 113. तत्व; 114. पाठक; 115. उपदेशक; 116. शिष्टाचार सिखानेवाला; 117. आकर्षित; 118. कलात्मक; 119. पंक्तियाँ; 120. बहुत; 121. होशियार, सतर्क; 122. ग़लती; 123. जकड़ा हुआ, लिपटा हुआ; 124. अपराध; 125. लोग; **126. पवित्र; 127. आर्टिस्ट; 128. आश्चर्य; 129. थूक; 130. मनोवैज्ञानिक; 131. हनीमून; 132. बुरे कार्य के परिणामस्वरूप; 133. शर्मिंदगी का पानी; 134. सुहागरात का कमरा; 135. ज़लील; 136. सुंदर; 137. मीठा; 138. घृणित रोग; 139. आदमी; 140. हवा, माहौल; 141. लेखक-संपादक; 142. अकस्मात्, कभी-कभार।**

मेरे इस बयान का कुछ असर न हुआ।

सफ़ाई के गवाहों में डॉक्टर सईद-उल्लाह, एम.ए., एल.एल. बी., पी-एच.डी., डी.एस-सी., प्रोफ़ेसर कन्हैयालाल कपूर, एम.ए., एल.एल.बी., डॉक्टर आई. लतीफ़, एम. ए., पी-एच. डी., मौलाना बारी अलीग, देवेंद्र सत्यार्थी-जैसी अहलुर्राय हस्तियाँ मौजूद थीं—इन हज़रात ने अपना क़ीमती वक़्त ज़ाया करके, सारा-सारा दिन अदालत में गुज़ारकर, मेरे हक़ में गवाही दी और कहा कि ज़ेरे-इताब[143] अफ़सानों में फ़हाशी का शायबा भी मौजूद नहीं, लेकिन रायसाहिब लाला संतराम ने दोनों अफ़साने फ़हश क़रार दिए और मुझे दो सौ रुपए जुर्माना अदा करने की सज़ा दी (अदम-अदायगी-ए-ज़ुर्माना की सूरत में कितने महीनों की क़ैदे-बामशक़्क़त थी, थी या नहीं, इसका मुझे इल्म नहीं)।

मैंने जब अपनी जेब से दो सौ रुपए निकाले तो स्पेशल मजिस्ट्रेट साहिब के होंठों पर एक स्पेशल मुसकराहट नुमूदार हुई—आपने कहा : ''ऐसा मालूम होता है कि आप कील-कांटे से लैस होकर आए हैं…''

बावुजूद कोशिश के मेरे होंठों पर स्पेशल मुसकराहट पैदा न हो सकी।

सेशन में अपील की गई।

पैरवी मि. हीरालाल सीबल ने की।

कई महीने गुज़रने पर एक रोज़ उनका तार आया कि **'मुबारिक हो, सेशन कोर्ट ने अपील मंज़ूर कर ली है, जुर्माना वापस हो जाएगा।'**

तीसरी दफ़ा अंजाम बख़ैर हुआ।

→

143. क्रोध की सीमा में आए।

एक और लतीफ़ा :

चंद रोज़ हुए, एक साहिब मुझसे मिलने आए।

मैंने नौकर से कहा : "पूछो, कौन है ?"

(नौकर ने) जवाब दिया : "सी.आई.डी. का आदमी है…"

ज़ाहिर है, मैंने सोचा, लाहौर से गिरफ़्तारी का वारंट है, लेकिन जब मैं उस सी.आई.डी. के आदमी से मिला और उससे पूछा : "फ़रमाइए, अब की बार मेरी किस कहानी पर इताब नाज़िल[144] हुआ है…" तो वह जैसे कुछ समझा ही नहीं।

वह कहने लगा : "इधर हम तपास[145] करने आया है…तुम्हारा नाम उधर कम्युनिस्ट पार्टी के ऑफ़िस में चोपड़ी में लिखा है…बोलो, तुम्हारा क्या ताल्लुक़ है उससे…"

यह सुनकर मुझे तसल्ली हुई—मुझे मज़ाक़ सूझा : "चोपड़ी से या कम्युनिस्ट पार्टी से ?"

"कम्युनिस्ट पार्टी से…"

मैंने कहा : "ताल्लुक़ है मगर नाजाइज़ ताल्लुक़ है…"

"क्यों है…"

"…इसलिए कि तुम्हारी हुकूमत यही समझती है, वर्ना तुम यहाँ तपास करने क्यों आते ?"

यह क़िस्सा भी ख़त्म हुआ।

आख़िर में मैं उन तमाम हज़रात का शुक्रिया अदा करना अपना फ़र्ज़ समझता हूँ जिन्होंने लाहौर की ऐसी अदालत में जहाँ शरीफ़ इंसानों को बैठने के लिए एक टूटी हुई कुर्सी भी नहीं मिलती, घंटों अपना क़ीमती वक़्त ज़ाया करके भैंसों के आगे बीन बजाई…

—सआदत हसन मंटो

बंबई
27 फ़रवरी, 1947 ई.

○ ○

144. आया हुआ; 145. पूछताछ।

सफ़ेद झूठ
अफ़सानानिगार और जिंसी मसाइल
कसौटी
इस्मत फ़रोशी

बचाव

सफ़ेद झूठ

माहवार रिसाला 'अदबे-लतीफ़' लाहौर के सालनामा 1942 में मेरा एक अफ़साना ब-उनवान 'काली शलवार' शाया हुआ था जिसे लोग फ़हश समझते हैं। यह सफ़ेद झूठ है।

अफ़सानानिगारी मेरा पेशा है। मैं इसके तमाम आदाब से वाक़िफ़ हूँ। इससे पेशतर इसी मौज़ूँ पर मैं कई अफ़साने लिख चुका हूँ। इनमें से कोई भी अफ़साना फ़हश नहीं। मैं आइंदा भी इस मौज़ूँ पर अफ़साने लिखूँगा जो फ़हश नहीं होंगे।

क़िस्सागोई हबूते-आदम से जारी है और मेरा ख़याल है, क़यामत तक जारी रहेगी। इसकी शक्लें बदलती जाएँगी लेकिन इंसान अपने एहसासात दूसरे अज़्हान[1] तक पहुँचाने का सिलसिला जारी रखेगा।

बेसवाओं पर अब तक बहुत कुछ लिखा जा चुका है और बहुत कुछ लिखा जाएगा। हर उस शै के मुताल्लिक़ लिखा या कहा जाता है जो सामने मौजूद है। बेसवाएँ अब से नहीं, हज़ारहा साल से हमारे दरमियान मौजूद हैं। उनका तज़्किरा इल्हामी किताबों में भी मौजूद है। अब चूँकि किसी इल्हामी किताब या किसी पैग़ंबर की गुंजाइश नहीं रही, इसलिए मौजूदा ज़माने में उनका ज़िक्र आप आयात में नहीं बल्कि उन अख़बारों, रिसालों या किताबों में देखते हैं जिन्हें आप ऊद और लोबान जलाए बग़ैर पढ़ सकते हैं और पढ़ने के बाद रद्दी में भी उठवा सकते हैं।

मैं एक ऐसा इंसान हूँ जो ऐसे रिसालों और ऐसी किताबों में लिखता है और इसलिए लिखता है कि उसे कुछ कहना होता है। मैं जो कुछ देखता हूँ, जिस नज़र और जिस ज़ाविए से देखता हूँ, वही नज़र, वही ज़ाविया मैं दूसरों के सामने पेश कर देता हूँ। अगर तमाम लिखनेवाले पागल थे तो आप मेरा शुमार भी उन पागलों में कर सकते हैं।

'काली शलवार' का पसमंज़र एक वेश्या का घर है। यह घर बये के घर की तरह हैरतअंगेज़ नहीं जिसके मुताल्लिक़ अजीबो-ग़रीब बातें मशहूर हैं। देहली में ऐसी औरतों के लिए एक मक़ाम मुंतख़ब करके बेशुमार घर बनाए गए हैं। मेरी सुलताना ऐसे ही एक बने-बनाए घर में रहती थी। उसने बये की तरह यह घर ख़ुद नहीं बनाया था। वह बये की तरह रात को जुगनू पकड़-पकड़कर अपना घर रोशन नहीं करती। रोशनी पैदा करने के लिए बिजली मौजूद थी और चूँकि यह बिजली मुफ़्त नहीं मिल सकती और न रहने के लिए

मकान ही किराए के बग़ैर मिल सकता है, इसलिए उसे मज़दूरी करना पड़ती थी। वह अगर ब्याही होती तो उसे यह सब चीज़ें मुफ़्त मिल जातीं। लेकिन वह ब्याही नहीं थी, महज़ एक औरत थी और जब औरत को बिजली के पैसे देने पड़ें, घर का किराया अदा करना पड़े और जिसके पल्ले ख़ुदाबख़्श-सा आदमी पड़ जाए जो फ़क़ीरों के पीछे मारा-मारा फिरे तो ज़ाहिर है कि वह ऐसी औरत नहीं होगी जो हम अपने घरों में देखते हैं।

मेरी सुलताना चकले की एक औरत है। उसका पेशा वही है जो चकले की औरतों का होता है। चकले की औरतों को कौन नहीं जानता। क़रीब-क़रीब हर शहर में एक चकला मौजूद है—बदरो और मोरी को कौन नहीं जानता। हर शहर में बदरोएँ और मोरियाँ मौजूद हैं जो शहर की गंदगी बाहर ले जाती हैं—हम अगर अपने मरमरीं ग़ुस्लख़ानों की बातें कर सकते हैं, अगर हम साबुन और लेवंडर का ज़िक्र कर सकते हैं तो उन मोरियों और बदरोओं का ज़िक्र क्यों नहीं कर सकते जो हमारे बदन का मैल पीती हैं? अगर हम मंदिरों और मस्जिदों का ज़िक्र कर सकते हैं तो उन क़हबाख़ानों का ज़िक्र क्यों नहीं कर सकते जहाँ से लौटकर, कई इंसान मंदिरों और मस्जिदों का रुख़ करते हैं। अगर हम अफ़यून, भंग, चरस और शराब के ठेकों का ज़िक्र कर सकते हैं, तो उन कोठों का ज़िक्र क्यों नहीं कर सकते, जहाँ हर क़िस्म का नशा इस्तेमाल किया जाता है?

भंगियों से छूतछात की जाती है। अगर कोई भंगी हमारे घर से गंदगी का टोकरा उठाकर बाहर निकले तो हम अपनी नाक पर रूमाल ज़रूर रख लेंगे। हमें घिन भी आएगी मगर हम भंगियों के वुजूद से तो मुन्किर[2] नहीं हो सकते। उस फ़ुज़ले से तो इनकार नहीं कर सकते जो हर रोज़ हमारे जिस्म से ख़ारिज होता है। क़ब्ज़, पेचिश और इस्हाल[3] वग़ैरह दूर करने के लिए दवाएँ इसीलिए मौजूद हैं कि हमारे जिस्म से फ़ासिद[4] माद्दे का इख़ाज[5] ज़रूरी है।

गंदगी के निकास के लिए नित नए तरीक़े सोचे जाते हैं, इसलिए कि गंदगी हर रोज़ जमा होती जाती है। अगर हमारे जिस्म में एक इन्क़िलाब बरपा हो जाए और उसके अफ़आल बदल जाएँ तो हम क़ब्ज़, पेचिश और इस्हाल की बातें नहीं करेंगे या अगर गंदगी के निकास के लिए कोई मेकानिकी[6] तरीक़ा ईजाद हो जाए तो भंगियों का वुजूद बाक़ी नहीं रहेगा।

हम अगर भंगियों के मुताल्लिक़ बात करेंगे तो यक़ीनन कूड़े-करकट और गंदगी का ज़िक्र आएगा। अगर हम वेश्याओं के मुताल्लिक़ बात करेंगे तो यक़ीनन उनके पेशे का ज़िक्र आएगा।

वेश्या के कोठे पर हम नमाज़ या दुरूद पढ़ने नहीं जाते। वहाँ हम जिस ग़र्ज़ से जाते हैं, ज़ाहिर है, वहाँ हम इसलिए जाते हैं कि वहाँ हम जा सकते हैं। वहाँ जाकर हम अपनी मत्लूबा[7] जिंस बे रोकटोक ख़रीद सकते हैं। जब वहाँ जाने की हमें खुली इजाज़त है, जब हर औरत अपनी मर्ज़ी पर वेश्या बन सकती है और एक लाइसेंस लेकर जिस्म फ़रोशी कर सकती है, जब यह तिजारत क़ानूनन जाइज़ तस्लीम की जाती है तो उसके मुताल्लिक़ हम क्यों बातचीत नहीं कर सकते?

अगर वेश्या का ज़िक्र फ़हश है तो उसका वुजूद भी फ़हश है। अगर उसका ज़िक्र मम्नूअ[8] है तो उसका पेशा भी मम्नूअ होना चाहिए। वेश्या को मिटाइए, उसका ज़िक्र ख़ुद-ब-ख़ुद मिट जाएगा।

हम वकीलों के मुताल्लिक़ खुले बंदों बातें कर सकते हैं। हम नाइयों, धोबियों, कुंजड़ों और भटियारों के मुताल्लिक़ बातचीत कर सकते हैं। हम चोरों, उचक्कों, ठगों और राहज़नों के क़िस्से सुना सकते हैं। हम जिनों और परियों की दास्तानें बैठ के घड़ सकते हैं। हम यह कह सकते हैं कि जब आसमान की तरफ़ शैतान बढ़ने लगता है तो फ़रिश्ते तारे तोड़-तोड़कर उसे मारते हैं। हम यह कह सकते हैं कि एक बैल अपने सींगों पर सारी दुनिया उठाए हुए है। हम दास्ताने-अमीर हमज़ा और क़िस्सा तोता-मैना तस्नीफ़ कर सकते हैं। हम लंधौर पहलवान के गुरुज़[9] की तारीफ़ कर सकते हैं। हम उम्रोअहयार की टोपी और ज़ंबील की बातें कर सकते हैं। हम उन तोतों और मैनाओं के क़िस्से सुना सकते हैं जो हर ज़बान में बातें करते थे। हम जादूगरों के मंत्रों और उनके तोड़ की बातें कर सकते हैं। हम अमले-हमज़ाद[10] और कीमियागरी[11] के मुताल्लिक़ 'जो मन में आए' कह सकते हैं। हम दाढ़ियों, पायजामों और सिर के बालों की लंबाई पर लड़-झगड़ सकते हैं। हम रोग़नजोश, पुलाव और क़ोरमा बनाने की नई-नई तरकीबें सोच सकते हैं। हम यह सोच सकते हैं कि सब्ज़ रंग के कपड़े पर किस रंग और किस क़िस्म के बटन सजेंगे—हम वेश्या के मुताल्लिक़ क्यों नहीं सोच सकते? उसके पेशे के बारे में क्यों ग़ौर नहीं कर सकते? उन लोगों के मुताल्लिक़ क्यों कुछ नहीं कह सकते जो उसके पास जाते हैं?

हम एक नौजवान लड़के और एक नौजवान लड़की का बाहमी[12] रिश्ता मुआश्क़ा[13] करा सकते हैं। उनकी पहली मुलाक़ात दाता गंज बख़्श के मज़ार में करा सकते हैं। एक दलाल बुढ़िया बीच में ला सकते हैं, जो उन दो बिछड़ी रूहों को बार-बार मिलाती रहे। हम आख़िर में उनके इश्क़ को नाकाम बना सकते हैं। दोनों को ज़हर पिलवा सकते हैं। उन दोनों के जनाज़े एक इस महल्ले से और एक उस महल्ले से निकलवा सकते हैं। फिर उन दोनों की क़ब्रें एक मोजिज़े[14] के ज़रिए से आपस में मिलवा सकते हैं और अगर ज़रूरत महसूस हो तो ऊपर से फ़रिश्तों के हाथों से फूलों की बारिश भी करा सकते हैं—हम वेश्या की ज़िंदगी क्यों बयान नहीं कर सकते? उसे तो फ़रिश्तों और उनके फूलों की ज़रूरत नहीं होती। वह अगर मरती है तो दूसरे महल्ले से कोई जनाज़ा उसकी मौत का साथ नहीं देता, कोई क़ब्र उसकी क़ब्र से मिलने की ख़्वाहिश नहीं करती।

वेश्या का मकान ख़ुद एक जनाज़ा है जो समाज अपने कंधों पर उठाए हुए है। वह उसे जब तक कहीं दफ़न नहीं करेगा, उसके मुताल्लिक़ बातें होती ही रहेंगी। यह लाश गली-सड़ी सही, बदबूदार सही, मुतअफ़्फ़िन[15] सही, भयानक सही, घिनावनी सही, लेकिन इसका मुँह देखने में क्या हर्ज है? क्या यह हमारी कुछ नहीं लगती? क्या हम इसके अज़ीज़ो-अक़ारिब[16] नहीं? हम कभी-कभी कफ़न हटाकर उसका मुँह देखते रहेंगे और दूसरों को दिखाते रहेंगे।

मैंने 'काली शलवार' में ऐसी ही एक लाश का मुँह दिखाया है। मुलाहिज़ा हो :

> सड़क की दूसरी तरफ़ माल गोदाम था जो इस कोने से उस कोने तक फैला हुआ था। दाहिने हाथ को लोहे की छत के नीचे बड़ी-बड़ी गाँठें पड़ी रहती थीं और हर क़िस्म के मालो-असबाब के ढेर लगे रहते थे। बाएँ हाथ को खुला मैदान था जिसमें बेशुमार रेल की पटरियाँ बिछी हुई थीं। धूप में लोहे की यह पटरियाँ चमकतीं तो सुलताना अपने हाथों की तरफ़ देखती जिन पर नीली-नीली रगें बिलकुल उन पटरियों की तरह उभरी रहती थीं। इस लंबे और खुले मैदान में हर वक़्त इंजन और गाड़ियाँ चलती रहती थीं। कभी इधर, कभी उधर। इन इंजनों और गाड़ियों की छक-छक फक-फक सदा गूँजती रहती थी। सुबह-सवेरे जब वह उठकर बालकनी में आती तो एक अजीब समाँ उसे नज़र आता। धुँधलके में इंजनों के मुँह से गाढ़ा-गाढ़ा धुवाँ निकलता था और गदले आसमान की जानिब मोटे और भारी आदमियों की तरह उठता दिखाई देता था। भाप के बड़े-बड़े बादल भी एक शोर के साथ उठते थे और आँख झपकने की देर में हवा के अंदर घुल-मिल जाते थे। फिर कभी-कभी जब वह गाड़ी के किसी डिब्बे को, जिसे इंजन ने धक्का देकर छोड़ दिया हो, अकेले पटरियों पर चलता देखती तो उसे अपना ख़याल आता। वो सोचती कि उसे भी किसी ने ज़िंदगी की पटरी पर धक्का देकर छोड़ दिया है और वह ख़ुद-ब-ख़ुद जा रही है। दूसरे लोग काँटे बदल रहे हैं और वह चली जा रही है, जाने कहाँ। फिर एक रोज़ ऐसा आएगा जब उस धक्के का ज़ोर आहिस्ता-आहिस्ता ख़त्म हो जाएगा और वह कहीं रुक जाएगी, किसी ऐसे मक़ाम पर जो उसका देखा-भाला न होगा।

ज़हीन पढ़नेवालों के लिए इससे अच्छे इशारे और क्या हो सकते हैं। सुलताना की ज़िंदगी का सही नक़्शा इन इशारों और किनायों[17] से मैंने पेश करने की कामयाब सई की है। देहली की म्युनिसिपैलिटी ने देहली की वेश्याओं के लिए एक ख़ास जगह मुकर्रर करते वक़्त यह न सोचा होगा कि मालगोदाम उनकी ज़िंदगी का सही नक़्शा पेश करता है लेकिन जो साहबे-नज़र हैं, वह उन मकानों और मालगोदाम को आमने-सामने देखकर 'काली शलवार' जैसे कई अफ़साने लिखेंगे।

इसी लाश का एक बार मैंने यूँ भी मुँह दिखाया था। मैं अपने मशहूर अफ़साने 'हतक' का आग़ाज़ इन सुतूर से करता हूँ :

> दिन भर की थकी-माँदी वह अभी-अभी अपने बिस्तर पर लेटी थी और लेटते ही सो गई थी। म्युनिसिपल कमेटी का दारोग़ा-ए-सफ़ाई जिसे वह सेठ के नाम से पुकारती थी, अभी-अभी उसकी हड्डी-पसलियाँ झँझोड़कर शराब के नशे में चूर, घर वापिस गया था। वह रात यहीं ठहरता, पर उसे अपनी धर्मपत्नी का बहुत ख़याल था जो उससे बेहद प्रेम करती थी।
>
> वह रुपए जो उसने अपनी जिस्मानी मशक़्क़त के बदले उस दारोग़े से वुसूल किए थे, उसकी चुस्त थूक भरी चोली के नीचे से ऊपर को उभरे हुए थे।

कभी-कभी साँस के उतार-चढ़ाव से चाँदी के यह सिक्के खनखनाने लगते और उनकी खनखनाहट उसके दिल की ग़ैर आहंग धड़कनों में घुल-मिल जाती और ऐसा मालूम होता कि उन सिक्कों की चाँदी पिघलकर उसके दिल के ख़ून में टपक रही है।

उसका सीना अंदर से तप रहा था। यह गर्मी कुछ तो उस ब्रांडी का बायस थी जिसका अद्धा दारोग़ा अपने साथ लाया था। और कुछ उस 'बेवड़ा' का नतीजा थीं जिसको सोडा ख़त्म होने पर दोनों ने पानी मिलाकर पिया था।

वह सागवान के लंबे-चौड़े पलंग पर औंधे मुँह लेटी थी। उसकी बाँहें जो काँधों तक नंगी थीं, पतंग की उस काँप की तरह फैली हुई थीं जो रात ओस में भीग जाने के बायस पतले काग़ज़ से जुदा हो जाए।

दाएँ बाज़ू की बग़ल में शिकन आलूद गोश्त उभरा हुआ था जो बार-बार मूँडने के बायस सियाही माइल रंग इख़्तियार कर गया था। ऐसा मालूम होता था कि नुची हुई मुर्ग़ी की खाल का एक टुकड़ा वहाँ पर रख दिया गया है।

यह सुलताना की एक बहन सौगंधी की तसवीर है। इसके पास ख़ुदाबख़्श के बजाय एक ख़ारिशज़दा कुत्ता था। ख़ुदाबख़्श सुलताना का दिल न बहला सका। मगर यह ख़ारिशज़दा कुत्ता सौगंधी के बहुत काम आया। मैं इस अफ़साने के आख़िर में लिखता हूँ :

कुत्ता अपनी टुंडमुंड दुम हिलाता सौगंधी के पास वापिस आया और उसके क़दमों के पास बैठकर कान फड़फड़ाने लगा। सौगंधी चौंकी। उसने अपने चारों तरफ़ एक हौलनाक सन्नाटा देखा। ऐसा सन्नाटा जो उसने पहले कभी नहीं देखा था। उसे ऐसा मालूम होता था कि हर शै ख़ाली है। जैसे मुसाफ़िरों से लदी हुई रेलगाड़ी सब स्टेशनों पर मुसाफ़िर उतारकर अब लोहे के शेड में बिलकुल अकेली खड़ी है। यह ख़ला जो अचानक सौगंधी के अंदर पैदा हो गया था, उसे बहुत तकलीफ़ दे रहा था। उसने काफ़ी देर तक उस ख़ला को भरने की कोशिश की, मगर बे-सूद। वह एक ही वक़्त में बेशुमार ख़यालात अपने दिमाग़ में ठूँसती थी मगर बिलकुल छलनी का-सा हिसाब था। इधर वह दिमाग़ को पुर करती थी और उधर वह ख़ाली हो जाता था। बहुत देर तक वह बेद की कुर्सी पर बैठी रही। सोच-विचार के बाद भी जब उसको अपना दिल परचाने का कोई तरीक़ा न मिला तो उसने अपने ख़ारिशज़दा कुत्ते को गोद में उठाया और सागवान के चौड़े पलंग पर उसे अपने पहलू में लिटाकर सो गई।

कौन है जो यह तसवीरें देखकर लज़्ज़त हासिल करने के वास्ते उन वेश्याओं के कोठे पर जाएगा। मेरी सुलताना और मेरी सौगंधी तन्हाई में देखनेवाली तसवीरें नहीं हैं, जिनके इश्तिहार आए दिन अख़बारों में छपते रहते हैं। वह कोई नया जोड़दार आसन पेश नहीं करतीं। वह इम्साक का कोई ख़ानदानी नुस्ख़ा नहीं बतातीं। वह कोई लच्छेदार आपबीती

नहीं सुनातीं कि शहवानी जज़्बात उभर आएँ।

मेरा ज़ेरे-बहस अफ़साना 'काली शलवार' अगर आप ग़ौर से पढ़ें तो ज़ैल की बातें आपके ज़ेहन में आएँगी :

एक : सुलताना एक मामूली वेश्या है। पहले अंबाले में पेशा करती थी। बाद में अपने दोस्त ख़ुदाबख़्श के कहने पर देहली चली आई। यहाँ उसका कारोबार न चला।

दो : ख़ुदाबख़्श ख़ुदा पर नाजाइज़ भरोसा करने और फ़क़ीरों की करामात पर ईमान लानेवाला आदमी था।

तीन : सुलताना का जब कारोबार न चला तो वह बहुत अफ़सुर्दा हुई। उसकी अफ़सुर्दगी में और इज़ाफ़ा हो गया जब ख़ुदाबख़्श फ़क़ीरों के पीछे-पीछे मारा-मारा फिरने लगा।

चार : मुहर्रम सिर पर आ गया। सुलताना की दूसरी सहेलियों ने काले कपड़े बनवा लिए मगर वह न बनवा सकी, इसलिए कि उसके पास कुछ नहीं था।

पाँच : इस मौक़े पर शंकर आता है, एक आवारागर्द। ज़हानत, हाज़िरजवाबी, और ख़ुशगुफ़्तारी के अलावा जिसके पास कुछ भी नहीं था। वह सुलताना के पास आता है और अपनी इन ख़ूबियों के मुआवज़े में उससे वह जिंस तलब करता है जिसे वह दाम लेकर फ़रोख़्त करती है। सुलताना यह सौदा क़ुबूल नहीं करती।

छ : दूसरी मर्तबा शंकर ख़ुद नहीं आता बल्कि उदास सुलताना उसे ख़ुद बुलाती है और उसे अपनी ठहरे पानी-ऐसी ज़िंदगी में एक हादिसे के तौर पर क़ुबूल कर लेती है। उससे मिलकर वह ख़ुश होती है मगर यह एहसास उसका पीछा नहीं छोड़ता कि मुहर्रम के लिए उसके पास एक काली शलवार की कमी है। वह शंकर से कहती है : ''मुहर्रम आ रहा है, मेरे पास इतने पैसे नहीं कि मैं काली शलवार बना सकूँ। यहाँ के सारे दुखड़े तो तुम मुझसे सुन ही चुके हो। क़मीस और दुपट्टा मेरे पास मौजूद था जो मैंने आज रंगवाने के लिए दे दिया है।''

सात : शंकर मुहर्रम की पहली तारीख़ को एक काली शलवार सुलताना के लिए ले आता है। ख़ुदाबख़्श का ख़ुदा और ख़ुदा रसीदा बुज़ुर्गों पर ग़ैरज़रूरी एतिक़ाद[18] काम नहीं आता लेकिन शंकर की ज़हानत काम आ जाती है।

यह अफ़साना पढ़कर दिलो-दिमाग़ पर क्या असर होता है ? क्या इसका प्लाट या इसका अंदाज़े-बयान लोगों को वेश्याओं की तरफ़ खींचता है ? मैं इसके जवाब में कहूँगा, हरगिज़ नहीं। इसलिए कि यह इस मक़सद के लिए नहीं लिखा गया है। अगर इसको पढ़कर ऐसा असर पैदा नहीं होता तो यह अफ़साना अख़्लाक़ियत से गिरा हुआ नहीं है। अगर यह अख़्लाक़ियत से गिरा हुआ नहीं है तो वह अफ़साना ऐसा गीत नहीं है, जिसे हज़ उठाने की ख़ातिर गाएँ और बार-बार गाएँ। कोई ग्रामोफ़ोन कंपनी इसके रिकार्ड नहीं भरेगी। इसलिए कि इस में जज़्बात उभारनेवाले दादरे और ठुमरियाँ नहीं हैं।

'काली शलवार' जैसे अफ़साने तफ़्रीह की ख़ातिर नहीं लिखे जाते। इनको पढ़कर शहवानी जज़्बात की राल नहीं टपकने लगती। इसको लिखकर मैं किसी शर्मनाक फ़अल का

मुर्तकिब[19] नहीं हुआ। मुझे फ़ख़्र है कि मैं इसका मुसन्निफ़ हूँ। मैं शुक्र करता हूँ कि मैंने कोई ऐसी मस्नवी नहीं लिखी जिसके अशआर[20] मैं आपकी ख़िद्मत में नमूने के तौर पर पेश करता हूँ :

हाथापाई से हाँपते जाना खुलते जाने में ढाँपते जाना।
वह मेरा मुँह से मुँह भिड़ा देना वह तेरा जीभ का लड़ा देना।
वह तेरा प्यार से लिपट जाना और दिल खोल के चिमट जाना।
हौले हौले पुकारने लगना ढीले हाथों से मारने लगना।
मुँह से कुछ-कुछ पड़े-बके जाना छूट जाने के गूँ तके जाना।
थक के कहना ख़ुदा के वास्ते छोड़ नींद आई है अब मुझे न झँझोड़।
वह तेरा ढीले छोड़ना बे बस वह तेरा सुस्त होके कहना बस।
बात बाक़ी नहीं रही अब तो रात बाक़ी नहीं रही अब तो।
कहीं तेरी यह बात निबड़ेगी या यूँ ही सारी रात निबड़ेगी।
मुझ में बाक़ी कुछ अब तो बात नहीं सुबह भी हो चुकी है रात नहीं।
देख अब आगे मार बैठूँगी या किसू को पुकार बैठूँगी।
आदमी की जो रीख़ निकलेगी मुँह से क्योंकर न चीख़ निकलेगी।
कभी फिर भी तो काम होवेगा देखियो कौन साथ सोवेगा।

—इक़्तिबासात[21] अज़ मस्नवी मीर दर्द,*
मत्बूआ अंजुमन-ए-तरक़्क़ी-ए-उर्दू।

शुक्र है कि मैंने अपनी प्यास और भूखी ख़्वाहिशाते-नफ़सानी को परचाने के लिए ऐसे अशआर नहीं लिखे :

लब से लब मेरे मिलाए रखना बाज़ू से वह सर उठाए रखना।
वह सीने पे लेट के सताना मतलब के सुख़न पे रूठ जाना।
वह मुँह में ज़बान की लज़्ज़तें हाय ज़ाहिर हरकत से रग़बतें[22] हाय।
अपना जो हुआ कुछ और इरादा जी चाहा कि इससे भी ज़्यादा।
वह हाथ को रख के जोशे-इनकार वा करने न देना बंदे-शलवार।
वह हाथ को दम-ब-दम झटकना वह तकिये पर सर को दे पटकना।
आहिस्ता लगानी आह लातें हीला की वह कैसी-कैसी बातें।
वह हाथ को ज़ोर से छुड़ाना वह होके तंग काट खाना।
वह नीचे पड़े ही तिलमिलाना क़ाबू से तड़प के निकल जाना।
वह चीं ब जबीं होके कहना किन बेकसियों से रोके कहना।

है तुमको यही शग़ल दिन-रात अच्छी नहीं लगती मुझको यह बात।
भरता ही नहीं है तेरा जी बस करता ही नहीं है तू कभी बस।
—कुल्लियाते मोमिन : मस्नवी दोयम,
मतबूआ नलवकिशोर, लखनऊ।

औरत और मर्द के जिसी रिश्ते के मुताल्लिक़ अगर इस अंदाज़ में कुछ कहा जाए तो मैं उसे मायूब[23] समझूँगा। इसलिए कि यह हर बालिग़ आदमी को मालूम है। तन्हाई में जब मर्द और औरत एक बिस्तर पर इस ग़र्ज़ से लेटते हैं तो इसी क़िस्म की हैवानी हरकात करते हैं। लेकिन वह ऐसी ख़ूबसूरत नहीं होतीं जैसा कि इन अशआर में ज़ाहिर की गई हैं। उनकी हैवानियत को शाइरी के पर्दे में छुपा दिया गया है। यह लिखनेवाले की शरारत है जो यक़ीनन क़ाबिले-गिरफ़्त है। अगर मर्द-औरत के इस हैवानी फ़अल का फ़िल्म बनाकर पर्दे पर पेश किया जाए तो मुझे यक़ीन है कि इसको देखकर तमाम सलीम-उद्दिमाग़[24] आदमी नफ़रत से मुँह फेर लेंगे। लेकिन जो अशआर मैंने ऊपर नमूने के तौर पर पेश किए हैं, वह इस हैवानी फ़अल की ग़लत तसवीर पेश करते हैं।

ऐसी शाइरी 'दिमाग़ी जल्क़[25] है, लिखने-पढ़नेवालों दोनों के लिए मैं इसे मुज़िर[26] समझता हूँ—मेरे अफ़साने 'काली शलवार' में ऐसा कोई ऐब नहीं। मैंने इसमें कहीं भी मर्द और औरत के जिसी मिलाप को लज़ीज़ अंदाज़ में बयान नहीं किया। मेरी सुलताना से जो अपने ग़ाहक गोरों को अपनी ज़बान में गालियाँ दिया करती थी और उनको उल्लू के पट्ठे समझती थी, किस क़िस्म की लज़्ज़त या किस क़िस्म के हज़ की तवक़्क़ो की जा सकती है? वह एक दूकानदार थी, ठेट क़िस्म की दूकानदार। अगर हम शराब की दूकान पर शराब की बोतल लेने जाएँ तो यह तवक़्क़ो नहीं करेंगे कि वह उम्रे-ख़ैयाम बना बैठा होगा या उसको हाफ़िज़ का सारा दीवान अज़बर याद होगा। शराब के ठेकेदार शराब बेचते हैं, उम्रे-ख़ैयाम की रूबाइयां और हाफ़िज़ शीराज़ी के शेर नहीं बेचते—मेरी सुलताना औरत बाद में है, वेश्या सबसे पहले है क्योंकि इंसान की ज़िंदगी में उसका पेट सबसे ज़्यादा अहम है। शंकर उससे पूछता है : ''तुम भी कुछ-न-कुछ ज़रूर करती होगी?''

सुलताना जवाब देती है : ''झक मारती हूँ।'' ... वह यह नहीं कहती कि मैं गंदुम का व्यापार करती हूँ या सोने-चाँदी की तिजारत करती हूँ। उसे मालूम है कि वह क्या करती है। अगर किसी टाइपिस्ट से पूछा जाए कि तुम क्या काम करते हो तो वह यही जवाब देगा : ''टाइप करता हूँ।''

मेरी सलताना और एक टाइपिस्ट में क्या फ़र्क़ है, ज़रा ग़ौर कीजिए।

---

1. मस्तिष्क; 2. इनकार करनेवाले; 3. अतिसार (दस्त); 4. दूषित; 5. निकालना; 6. मशीनी; 7. वांछित; 8. वर्जित; 9. गदा; 10. हमज़ाद (एक योनि विशेष या वेताल) को वश में करने का जंत्र-मंत्र; 11. सोना बनाने की विद्या; 12. पारस्परिक; 13. प्रेम करना; 14. दैवी चमत्कार; 15. दुर्गंधयुक्त; 16. प्रिय-संबंधी; 17. व्यंजनाओं; 18. श्रद्धा; 19. दोषी, पापी; 20. शे'र; 21. उद्धरण का बहुवचन; 22. इच्छा का बहुवचन; 23. लज्जाजनक; 24. स्वस्थ मानसिकतावाले; 25. मानसिक रति; 26. हानिकारक।

अफ़सानानिगार और जिंसी मसाइल

कोई हक़ीर[1] से हक़ीर चीज़ ही क्यों न हो, मसाइल पैदा करने का बायस हो सकती है—मसहरी के अंदर एक मच्छर घुस आए तो उसको बाहर निकालने, मारने और आइंदा के लिए दूसरे मच्छरों की रोकथाम करने के मसाइल पैदा हो जाते हैं—लेकिन दुनिया का सबसे बड़ा मसला यानी तमाम मसलों का बाप उस वक़्त पैदा हुआ था, जब आदम ने भूख महसूस की थी और उससे छोटा मगर दिलचस्प मसला उस वक़्त परदा-ए-ज़हूर[2] पर आया था, जब दुनिया के उस सबसे पहले मर्द की दुनिया की सबसे पहली औरत से मुलाक़ात हुई थी।

यह दोनों मसले जैसा कि आप जानते हैं, दो मुख़्तलिफ़ क़िस्म की भूखें हैं जिनका आपस में बहुत गहरा ताल्लुक़ है—यही वजह है कि हमें इस वक़्त जितने मआशरती, मजलिसी, सियासी और जंगी मसाइल नज़र आते हैं, उनके अक़ब में यही दो भूखें जलवागर हैं।

मौजूदा जंग का ख़ूनीं पर्दा अगर उठा दिया जाए तो लाशों के अंबार के पीछे आपको मुल्कगीरी की भूख के सिवा और कुछ नज़र नहीं आएगा।

भूख किसी क़िस्म की भी हो, बहुत ख़तरनाक है—आज़ादी के भूखों को अगर ग़ुलामी की ज़ंजीरें ही पेश की जाती रहीं तो इन्क़िलाब ज़रूर बरपा होगा। रोटी के भूखे अगर फ़ाक़े ही खींचते रहे तो वह तंग आकर दूसरे का निवाला ज़रूर छीनेंगे। मर्द की नज़रों को अगर औरत से दीदार का भूखा रखा गया तो शायद वह अपने हमजिंसों और हैवानों ही में इसका अक्स देखने की कोशिश करे।

दुनिया में जितनी लानतें हैं, भूख उनकी माँ है—भूख गदागरी[3] सिखाती है, भूख जराइम की तरग़ीब देती है, भूख इस्मत फ़रोशी पर मजबूर करती है, भूख इंतिहापसंदी का सबक़ देती है। इसका हमला बहुत शदीद[4], इसका वार बहुत भरपूर और इसका ज़ख़्म बहुत गहरा होता है—भूख दीवाने पैदा करती है, दीवानगी भूख पैदा नहीं करती।

दुनिया के किसी कोने का मुसन्निफ़ हो, तरक़्क़ीपसंद हो या तनज़्ज़ुलपसंद,[5] बूढ़ा हो या जवान, उसके पेशे-नज़र दुनिया के तमाम बिखरे हुए मसाइल रहते हैं। चुन-चुनकर वह उन पर लिखता रहता है। कभी किसी के हक़ में, कभी किसी के ख़िलाफ़।

आज का अदीब बुनियादी तौर पर आज से पाँच सौ साल पहले के अदीब से कोई ज़्यादा मुख़्तलिफ़ नहीं। हर चीज़ पर नए-पुराने का लेबिल वक़्त लगाता है, इंसान नहीं लगाता। हम आज नए अदीब कहलाते हैं। आनेवाली कल हमें पुराना करके अल्मारियों में बंद कर

देगी लेकिन इसका यह मतलब नहीं कि हम बेकार जिए, हमने मुफ़्त में मग़ज़दर्दी की। घड़ी की सुई जब एक से गुज़र कर दो की तरफ़ रेंगती है तो एक का हिंदसा बेमसरफ़[6] नहीं हो जाता। पूरा सफ़र तय करके सुई फिर इसी हिंदसे[7] की तरफ़ लौटती है—यह घड़ी का भी उसूल है और दुनिया का भी।

आज के नए मसाइल भी गुज़री हुई कल के पुराने मसाइल से बुनियादी तौर पर मुख़्तलिफ़ नहीं। जो आज की बुराइयाँ हैं, गुज़री हुई कल ही ने उनके बीज बोए थे।

जिंसी मसाइल जिस तरह आज के नए अदीबों के पेशे-नज़र हैं, उसी तरह पुराने अदीबों के पेशे-नज़र भी थे। उन्होंने उन पर अपने रंग में लिखा, हम आज अपने रंग में लिख रहे हैं।

मुझे मालूम नहीं, मुझसे जिंसी मसाइल के मुताल्लिक़ बार-बार क्यों पूछा जाता है। शायद इसलिए कि लोग मुझे तरक़्क़ीपसंद कहते हैं, या शायद इसलिए कि मेरे चंद अफ़साने जिंसी मसाइल के मुताल्लिक़ हैं या फिर इसलिए कि आज के नए अदीबों को बाज़ हज़रात जिसज़दा[8] क़रार देकर उन्हें अदब, मज़हब और समाज से यक क़लम ख़ारिज कर देना चाहते हैं—वजह कुछ भी हो, मैं अपना नुक़्ता-ए-नज़र बयान किए देता हूँ।

रोटी और पेट, औरत और मर्द—यह दो बहुत पुराने रिश्ते हैं, अज़ली[9] और अबदी[10]। रोटी ज़्यादा अहम है या पेट? औरत ज़्यादा ज़रूरी है कि मर्द? मैं इसके मुताल्लिक़ कुछ नहीं कह सकता, इसलिए कि मेरा पेट रोटी माँगता है लेकिन मुझे यह मालूम नहीं कि गेहूँ भी मेरे पेट के लिए उतना ही तरसता है जितना कि मेरा पेट। फिर भी जब मैं सोचता हूँ कि ज़मीन ने गेहूँ के ख़ोशों[11] को बेकार जन्म नहीं दिया होगा तो मुझे ख़ुशफ़हमी होती है कि मेरे पेट ही के लिए वसी-ओ-अरीज़[12] खेतों में सुनहरी बालियाँ झूमती हैं और फिर हो सकता है कि मेरा पेट पहले पैदा हुआ हो और गेहूँ की यह बुच्चियाँ कुछ देर के बाद।

कुछ भी हो, यह बात रोज़े-रोशन की तरह अयाँ है के दुनिया का अदब सिर्फ़ इन दो रिश्तों ही से मुताल्लिक़ है—इल्हामी किताबें भी जिनको आसमानी अदब कहना चाहिए, रोटी और पेट, औरत और मर्द के तज़्किरों से ख़ाली नहीं।

सवाल पैदा होता है कि जब यह मसाइल इतने पुराने हैं कि इनका ज़िक्र इल्हामी किताबों में भी आ चुका है तो फिर क्यों आज के अदीब इन पर ख़ामा फ़रसाई[13] करते हैं। क्यों औरत और मर्द के ताल्लुक़ात को बार-बार कुरेदा जाता है और बक़ौल शख़्से उरियानी[14] फैलाई जाती है—जवाब इस सवाल का यह है कि अगर एक ही बार, झूठ न बोलने और चोरी न करने की तलक़ीन[15] करने पर सारी दुनिया झूठ और चोरी से परहेज़ करती तो शायद एक ही पैग़ंबर काफ़ी होता—लेकिन जैसा आप जानते हैं, पैग़ंबरों की फ़ेहरिस्त ख़ासी लंबी है।

हम लिखनेवाले पैग़ंबर नहीं। हम एक ही चीज़ को, एक ही मसले को मुख़्तलिफ़ हालात में मुख़्तलिफ़ ज़ावियों से देखते हैं और जो कुछ हमारी समझ में आता है, दुनिया के सामने पेश कर देते हैं और दुनिया को कभी मजबूर नहीं करते कि वह उसे क़ुबूल ही करे।

हम क़ानूनसाज़ नहीं, मुहतसिब[16] भी नहीं। एहतिसाब और क़ानूनसाज़ी दूसरों का

काम है—हम हुकूमतों पर नुकताचीनी करते हैं लेकिन ख़ुद हाकिम नहीं बनते। हम इमारतों के नक़्शे बनाते हैं लेकिन हम मैमार नहीं। हम मर्ज़ बताते हैं लेकिन दवाख़ानों के मुहतमिम[17] नहीं।

हम जिंसियात पर नहीं लिखते। जो समझते हैं कि हम ऐसा करते हैं, यह उनकी ग़लती है। हम अपने अफ़सानों में ख़ास औरतों और ख़ास मर्दों के हालात पर रोशनी डालते हैं—किसी अफ़साने की हीरोइन से अगर उसका मर्द सिर्फ़ इसलिए मुतनफ़्फ़िर[18] हो जाता है कि वह सफ़ेद कपड़े पसंद करती है और सादगीपसंद है तो दूसरी औरतों को इसे उसूल नहीं समझ लेना चाहिए—यह नफ़रत क्यों पैदा हुई और किन हालात में पैदा हुई इस इस्तिफ़हाम[19] का जवाब आपको हमारे अफ़साने में ज़रूर मिल जाएगा।

जो लोग हमारे अफ़सानों में लज़्ज़त हासिल करने के तरीक़े देखना चाहते हैं, उन्हें यक़ीनन नाउम्मीदी होगी। हम दाव-पेच बतानेवाले ख़लीफ़े नहीं। हम जब अखाड़े में किसी को गिरता देखते हैं तो अपनी समझ के मुताबिक़ आपको समझाने की कोशिश करते हैं कि वह क्यों गिरा था?

हम रजाई हैं। दुनिया की सियाहियों में भी हम उजाले की लकीरें देख लेते हैं। हम किसी को हिक़ारत की नज़र से नहीं देखते—चकलों में जब कोई टखयाई अपने कोठे पर से किसी राहगुज़र पर पान की पीक थूकती है तो हम दूसरे तमाशाइयों की तरह न तो कभी उस राहगुज़र पर हँसते हैं और न कभी उस टखयाई को गालियाँ देते हैं। हम यह वाक़ा देखकर रुक जाएँगे। हमारी निगाहें इस ग़लीज़ पेशेवर औरत के नीम उरियाँ लिबास को चीरती हुई उसके सियाह इस्याँ[20] भरे जिस्म के अंदर दाख़िल होकर उसके दिल तक पहुँच जाएँगी, उसको टटोलेंगी और टटोलते-टटोलते हम ख़ुद कुछ अर्से के लिए तसव्वुर में वही करीह और मुतअफ़्फ़िन[21] रंडी बन जाएँगे, सिर्फ़ इसलिए कि हम उस वाक़े की तसवीर ही नहीं बल्कि उसके असल मुहर्रिक की वजह भी पेश कर सकें।

जब किसी अच्छे ख़ानदान की जबान, सेहतमंद और ख़ूबसूरत लड़की किसी मरियल, बदसूरत और क़लाश लड़के के साथ भाग जाती है तो हम उसे मलऊन क़रार नहीं देंगे। दूसरे उस लड़की को माज़ी[22], हाल और मुस्तक़बिल अख़लाक़ की फाँसी में लटका देंगे लेकिन हम वह छोटी-सी गिरह खोलने की कोशिश करेंगे जिसने उस लड़की के इद्राक[23] को बेहिस किया।

इंसान एक दूसरे से कोई ज़्यादा मुख़्तलिफ़ नहीं हैं। जो ग़लती एक मर्द करता है, दूसरा भी कर सकता है। जब एक औरत बाज़ार में दूकान लगाकर अपना जिस्म बेच सकती है तो दुनिया की सब औरतें ऐसा कर सकती हैं। ग़लतकार इंसान नहीं, वह हालात हैं जिनकी खेतों में इंसान अपनी ग़लतियाँ पैदा करता है और उनकी फ़स्लें काटता है।

ज़्यादातर जिंसी मसाइल ही आज के नए अदीबों की तवज्जोह का मर्कज़[24] क्यों बने हैं, इसका जवाब मालूम करना कोई ज़्यादा मुश्किल नहीं। यह ज़माना अजीबो-ग़रीब क़िस्म के अज़्दाद[25] का ज़माना है। औरत क़रीब भी है, दूर भी। कहीं मादरज़ाद बरहनगी नज़र आती है, कहीं सिर से लेकर पैर तक सत्र। कहीं औरत मर्द के भेस में दिखाई देती है, कहीं

मर्द औरत के भेस में।

दुनिया एक बहुत बड़ी करवट ले रही है। हिंदुस्तान भी, जहाँ आज़ादी का नन्हा-मुन्ना बच्चा ग़ुलामी के दामन से अपने आँसू पोंछ रहा है, मिट्टी का नया घरौंदा बनाने के लिए ज़िद कर रहा है—मशरिक़ी[26] तहज़ीब की चोली के बंद कभी खोले जाते हैं, कभी बंद किए जाते हैं। मग़रिबी तहज़ीब के चेहरे का ग़ाज़ा कभी हटाया जाता है, कभी लगाया जाता है। एक अफ़रातफ़री-सी मची है—नए खटबुने पुरानी खाटों की मूँज उधेड़ रहे हैं, पुराने खटबुने चिल्ला रहे हैं। हिली हुई चूलों से कहीं खटमल निकल रहे हैं, कहीं पिस्सू। कोई कहता है, इन्हें ज़िंदा रहने दो। कोई कहता है, नहीं, फ़ना कर दो। इस धाँधली में, इस शोरिश[27] में हम नए लिखनेवाले अपने क़लम सँभाले कभी इस मसले से टकराते हैं, कभी उस मसले से।

अगर हमारी तहरीरों में औरत और मर्द के ताल्लुक़ात का ज़िक्र आपको ज़्यादा नज़र आए तो यह एक फ़ितरी बात है—मुल्क, मुल्क से सियासी तौर पर जुदा किए जा सकते हैं। एक मज़हब दूसरे मज़हब से अक़ीदों[28] की बिना पर अलहदा किया जा सकता है। दो ज़मीनों को एक क़ानून एक-दूसरे से बेगाना कर सकता है लेकिन कोई सियासत, कोई अक़ीदा, कोई क़ानून औरत और मर्द को एक-दूसरे से दूर नहीं कर सकता।

औरत और मर्द में जो फ़ासला है, उसको उबूर करने की कोशिश हर ज़माने में होती रहेगी। औरत और मर्द में जो एक लरज़ती हुई दीवार हाइल है, उसे सँभालने और गिराने की सई[29] हर सदी, हर क़र्न[30] में होती रही है, जो उसे उरियानी[31] समझते हैं, उन्हें अपने एहसास के नंग पर अफ़सोस होना चाहिए। जो उसे अख़लाक़ की कसौटी पर परखते हैं, उन्हें मालूम होना चाहिए कि अख़लाक़ ज़ंग है जो समाज के उस्तरे पर बेएहतियाती से जम गया है।

जो समझते हैं कि नए अदब ने जिंसी मसाइल पैदा किए हैं, ग़लती पर हैं क्योंकि हक़ीक़त यह है कि जिंसी मसाइल ने इस नए अदब को पैदा किया है, यह नया अदब जिसमें आप कभी-कभी अपना ही अक्स देखते हैं और झुँझला उठते हैं—हक़ीक़त ख़्वाह शक्कर ही में लपेटकर पेश की जाए, उसकी कड़वाहट दूर नहीं होगी।

हमारी तहरीरें आपको कड़वी और कसैली लगती हैं मगर अब तक जो मिठासें आपको पेश की जाती रही हैं, उनसे इंसानियत को क्या फ़ाइदा हुआ है? नीम के पत्ते कड़वे सही मगर ख़ून ज़रूर साफ़ करते हैं।

---

1. तुच्छ, बहुत ही छोटी; 2. प्रकट; 3. भिक्षावृत्ति; 4. तेज़; 5. अतिवादी; 6. महत्त्वहीन; 7. अक; 8. यौनभावना से ग्रस्त; 9. अनादि; 10. अनंत; 11. बालें; 12. विस्तृत; 13. लेखन-कार्य; 14. नग्नता; 15. उपदेश; 16. पूछताछ करनेवाले; 17. व्यवस्थापक; 18. विरक्त; 19. प्रश्न; 20. पाप; 21. दुर्गंधयुक्त; 22. भूतकाल; 23. चेतना; 24. केंद्र; 25. परस्पर विरोधों; 26. पूर्वी; 27. उन्माद; 28. आस्थाओं; 29. कोशिश; 30. वह लंबा समय जो तीस से सौ वर्ष के बीच हो; 31. नग्नता।

कसौटी

यह नई चीज़ों का ज़माना है। नए जूते, नई ठोकरें, नए क़ानून, नए जराइम, नई घड़ियाँ, नई बेवक़्तियाँ, नए आक़ा, नए ग़ुलाम और लुत्फ़ यह है कि इन नए ग़ुलामों की खाल भी नई है जो उधड़-उधड़कर जिद्दत पसंद[1] हो गई है। अब इनके लिए नए कोड़े और नए चाबुक तैयार हो रहे हैं।

अदब भी नया है जिसके बेशुमार नाम हैं। कोई उसे तरक़्क़ीपसंद कहता है, कोई तनज़्ज़ुल पसंद[2]। कोई फ़हश कहता है, कोई मज़दूरपरस्त। इस नए अदब को परखने के लिए नई कसौटियाँ भी मौजूद हैं—यह कसौटियाँ परचे हैं। सालनामे, माहनामे, हफ़्तावार और रोज़ाना—इन परचों के मालिक और एडिटर भी नए हैं। कोई पाकिस्तानी है, कोई अखंड हिंदुस्तानी। कोई कांग्रेसी है, कोई कम्युनिस्ट—सब अपनी-अपनी कसौटी पर इस नए अदब को परखते रहते हैं और इसका खोटा-खरा बताते रहते हैं मगर अदब सोना नहीं जो उसके घटते-बढ़ते भाव बताए जाएँ। अदब ज़ेवर है और जिस तरह ख़ूबसूरत ज़ेवर ख़ालिस सोना नहीं होते, उसी तरह ख़ूबसूरत अदबपारे भी ख़ालिस हक़ीक़त नहीं होते। इनको सोने की तरह पत्थरों पर घिस-घिसकर परखना बहुत बड़ी बेज़ौक़ी[3] है।

अदब या तो अदब है, वरना एक बहुत बड़ी बेअदबी है। ज़ेवर या तो ज़ेवर है, वरना एक बहुत ही बदनुमा शै है। अदब और ग़ैर अदब, ज़ेवर और ग़ैर ज़ेवर में कोई दरमियानी इलाक़ा नहीं।

यह ज़माना नए दर्दों और नई टीसों का ज़माना है। एक नया दौर पुराने दौर का पेट चीरकर पैदा किया जा रहा है। पुराना दौर मौत के सद्मे से रो रहा है, नया दौर ज़िंदगी की ख़ुशी से चिल्ला रहा है। दोनों के गले रुँधे पड़े हैं, दोनों की आँखें नमनाक हैं—इस नमी में अपने क़लम डुबोकर लिखनेवाले लिख रहे हैं। नया अदब? ज़बान वही है, सिर्फ़ लहजा बदल गया है। दरअसल इसी बदले हुए लहजे का नाम नया अदब, तरक़्क़ीपसंद अदब, फ़हशअदब या मज़दूरपरस्त अदब है।

जब किसी इंसान का लहजा बदल जाता है, जब कोई इंसान हँसते-हँसते रोने लगता है, जब किसी राग के मद्धम सुर एकाएकी ऊँचे हो जाते हैं, जब बच्चा बिलखने लगता है तो आला मक़यास-उल-सोत यानी आवाज़ नापनेवाले आले से मेकानकी तरीक़े पर इस तब्दीली को नहीं जाँचते। जो अहले-दानिश[4] हैं, जो साहबे-ज़ोक़[5] हैं, हमेशा इस

कैफ़ियत, इस जज़्बे, इस मुहर्रिक[6] को टटोलने की कोशिश करेंगे जिसने यह तब्दीली पैदा की।

अदब एक फ़र्द की अपनी ज़िंदगी की तसवीर नहीं। जब कोई अदीब क़लम उठाता है तो वह अपने घरेलू मामलात का रोज़नामचा नहीं लिखता। अपनी ज़ाती ख़ुशियों, रंजिशों, बीमारियों और तंदुरुस्तियों का ज़िक्र नहीं करता। उसकी क़लमी तसवीरों में, बहुत मुमकिन है, आँसू उसकी दुखी बहन के हों, मुसकराहटें आपकी हों और क़हक़हे एक ख़स्ता हाल मज़दूर के। इसलिए अपने आँसुओं, अपनी मुसकराहटों और अपने क़हक़हों की तराज़ू में इन तसवीरों को तोलना बहुत बड़ी ग़लती है। हर अदबपारा एक ख़ास फ़ज़ा, एक ख़ास असर, एक ख़ास मक़सद के लिए पैदा होता है। अगर इसमें वह ख़ास फ़ज़ा, वह ख़ास असर और वह ख़ास मक़सद महसूस न किया जाए तो वह एक बेजान लाश रह जाएगी।

अदब लाश नहीं जिसे डॉक्टर और उसके चंद शागिर्द पत्थर की मेज़ पर लिटाकर पोस्टमार्टम शुरू कर दें। अदब बीमारी नहीं, बल्कि बीमारी का रद्दे-अमल है। अदब दवा भी नहीं जिसके इस्तेमाल के लिए औक़ात और मिक़दार की पाबंदी आइद की जाती है। अदब दर्जाए-हरारत है अपने मुल्क का, अपनी क़ौम का—अदब अपने मुल्क, अपनी क़ौम, उसकी सेहत और अलालत की ख़बर देता रहता है—पुरानी अल्मारी के किसी ख़ाने से हाथ बढ़ाकर कोई गर्द आलूद किताब उठाइए, बीते हुए ज़माने की नब्ज़ आपकी उँगलियों के नीचे धड़कने लगेगी।

कितनी सदियाँ गुज़र चुकी है, कितनी नस्लें इन गुज़री हुई सदियों के नीचे दफ़न हैं। ऐसा लगता है कि लाशों का एक अंबार है जिसकी चोटी पर हम खड़े हैं और नीचे एक अथाह समंदर की तरफ़ देख रहे हैं। आसमान की तरफ़ निगाह उठाते हैं तो ऐसा मालूम होता है जैसे हम इसके बिलकुल क़रीब पहुँच गए हैं। लेकिन आनेवाले ज़माने की एक छोटी-सी करवट, एक और सदी हमारी लाशों पर हमारी औलाद को खड़ा कर देगी। और हमारी औलाद समझेगी, हम ऊँचे हैं लेकिन सबसे पहली सदी की लाश कहाँ है? किस हालत में है? किसी को कुछ मालूम नहीं—लेकिन क़िस्सा-ए-आदम वही है। एक औरत और एक मर्द। दो औरतें और एक मर्द या दो मर्द और एक औरत—यह गरदाने अज़ल[7] से जारी है और अबद[8] तक जारी रहेगी।

इंसान को भूख पहले भी लगती थी, अब भी लगती है। ताक़त का ख़्वाहाँ पहले भी था, अब भी है, शेरो-शराब का शौक़ीन जैसा पहले था, वैसा ही अब है—तब्दीली क्या हुई है, कुछ नहीं। रोटी, औरत और तख़्त—और अगर इंसान इनसे उकता गया तो ख़ुदा, यानी एक ऐसी ताक़त जो रोटी, औरत और तख़्त से कहीं ज़्यादा नाक़ाबिले-फ़हम और नाक़ाबिले-रसा है।

इंसान औरत से मुहब्बत करता है तो हीर-रांझा की दास्तान बन जाती है, रोटी से मुहब्बत करता है तो ऐपीक्यूरेस का फ़लसफ़ा पैदा हो जाता है, तख़्त से प्यार करता है तो सिकंदर, चंगेज़, तैमूर या हिटलर बन जाता है और जब ख़ुदा से लौ लगाता है तो महात्मा बुद्ध का रूप इख़्तियार कर लेता है।

दुनिया बहुत वसी है। कोई च्यूँटी मारना बहुत बड़ा पाप समझता है, कोई लाखों इंसान

हलाक कर देता है और अपने इस फ़अल को बहादुरी और शुजाअत[9] से ताबीर करता है। कोई मज़हब को लानत समझता है, कोई इसी को सबसे बड़ी नैमत—इंसान को किस कसौटी पर परखा जाए? यूँ तो हर मज़हब के पास एक बटिया मौजूद है जिस पर इंसान कसकर परखे जाते हैं मगर वह बटिया कहाँ है? सब क़ौमों, सब मज़हबों, सब इंसानों की वाहिद कसौटी जिस पर आप मुझे और मैं आपको परख सकता हूँ, वह धर्मकाँटा कहाँ है, जिसके पलड़ों में हिंदू और मुसलमान, ईसाई और यहूदी, काले और गोरे तुल सकते हैं?

यह कसौटी, यह धर्मकाँटा जहाँ कहीं भी है, नया है न पुराना। तरक़्क़ीपसंद है न तनज़्ज़ुलपसंद। उरियाँ है न मस्तूर[10], फ़हश है न मुतहर[11]—इंसान और इंसान के सारे फ़अल इसी तराज़ू में तोले जा सकते हैं। मेरे नज़दीक किसी और तराज़ू का तसव्वुर करना बहुत ही बड़ी हिमाक़त है।

हर इंसान दूसरे इंसान के पत्थर मारना चाहता है, हर इंसान दूसरे इंसान के अफ़आल[12] परखने की कोशिश करता है। यह उसकी फ़ितरत है जिसे कोई भी हादिसा तब्दील नहीं कर सकता। मैं कहता हूँ, अगर आप मेरे पत्थर मारना ही चाहते हैं तो खुदारा ज़रा सलीक़े से मारिए। मैं उस आदमी से हरगिज़-हरगिज़ अपना सिर फुड़वाने के लिए तैयार नहीं जिसे सिर फोड़ने का सलीक़ा ही नहीं आता। अगर आपको यह सलीक़ा नहीं आता तो सीखिए—दुनिया में रहकर जहाँ आप नमाज़ें पढ़ना, रोज़े रखना और महफ़िलों में जाना सीखते हैं, वहाँ पत्थर मारने का ढंग भी आपको सीखना चाहिए।

आप ख़ुदा को ख़ुश करने के लिए सौ हीले करते हैं। मैं आपके इस क़दर नज़दीक हूँ, मुझे ख़ुश करना भी आपका फ़र्ज़ है। मैंने आपसे कुछ ज़्यादा तलब तो नहीं किया? मुझे बड़े शौक़ से गालियाँ दीजिए। मैं गाली को बुरा नहीं समझता, इसलिए कि यह कोई ग़ैर फ़ितरी चीज़ नहीं, लेकिन ज़रा सलीक़े से दीजिए। न आपका मुँह बदमज़ा हो और न मेरे ज़ौक़ को सदमा पहुँचे।

मेरे नज़दीक बस यह सलीक़ा ही एक कसौटी है इंसान के हर फ़अल के लिए, उसके गुनाह के लिए, उसके सवाब के लिए, उसकी शाइरी के लिए, उसके अफ़सानों के लिए—मुझे नामनिहाद नक़्क़ादों से कोई दिलचस्पी नहीं। नुकताचीनियाँ सिर्फ़ पत्तियाँ नोचकर बिखेर सकती हैं, उन्हें लमा करके एक सालिम फूल नहीं बना सकतीं।

बहुत से नक़्क़ाद गुज़र चुके हैं लेकिन अदब से बेअदबियाँ दूर नहीं हुईं। बहुत से पैग़ंबर आ चुके हैं लेकिन इंसान एक-दूसरे से मुत्तहिद[13] नहीं हुए—यह एक बहुत बड़ा अलम है। लेकिन मुसीबत यह है कि यह अलम ही इंसानियत की क़िस्मत है। इसकी ज़िंदगी और इसकी मौत, इसकी जवानी और इसका बुढ़ापा—यह अलम ही 'सआदत हसन मंटो' है। यह अलम ही आप हैं। यह अलम ही सारी दुनिया है जिसमें कसौटियाँ ज़्यादा हैं और कसे जानेवाले कम; जिसमें पत्थर कम हैं और सिर फोड़नेवाले ज़्यादा···

1. आधुनिकतावादी; 2. प्रकट; 3. बेवकूफ़ी; 4. विद्वान; 5. रसिक; 6. प्रेरक; 7. अनादिकाल; 8. अनंतकाल; 9. वीरता; 10. ढका हुआ, गुप्त; 11. श्लील; 12. करतूतों; 13. संयुक्त, सहमत।

इस्मत फ़रोशी

इस्मत फ़रोशी[1] कोई ख़िलाफ़े-अक्ल या ख़िलाफ़े-क़ानून चीज़ नहीं। यह एक पेशा है जिसको इख़्तियार करनेवाली औरतें चंद समाजी ज़रूरियात पूरी करती हैं। जिस शै के गाहक मौजूद हों, अगर वह मार्केट में नज़र आए तो हमें ताज्जुब न करना चाहिए। अगर हमें हर शहर में ऐसी औरतें नज़र आती हैं जो इस जिस्मानी तिजारत से अपना पेट पालती हैं तो हमें उनके ज़रिया-ए-मआश[2] पर कोई एतिराज़ न होना चाहिए, इसलिए कि हर शहर में उनके गाहक मौजूद हैं।

इस्मत फ़रोशी को गुनाहे-कबीरा यक़ीन किया जाता है। मुमकिन है, यह बहुत बड़ा गुनाह हो मगर हम मज़हबी नुक़ता-ए-नज़र से इसको जाँचना नहीं चाहते हैं। गुनाह और सवाब, सज़ा और जज़ा की भूल-भुलैयों में फँसकर आदमी किसी मसले पर ठंडे दिल से ग़ौर नहीं कर सकता। मज़हब ख़ुद एक बहुत बड़ा मसला है। अगर इसमें लपेटकर किसी और मसले को देखा जाए तो हमें बहुत ही मग़ज़दर्दी करना पड़ेगी। इसलिए मज़हब को इस्मत फ़रोशी से अलग करके हमने एक तरफ़ रख दिया है।

इस्मत फ़रोशी क्या है…?

इस्मत को बेचना यानी उस गौहर[3] को बेचना जिसको औरत की ज़िंदगी का सबसे क़ीमती ज़ेवर यक़ीन क़िया जाता है। इस ज़ेवर की क़द्र इसलिए बहुत ज़्यादा बढ़ गई है कि तज्रबे ने हमें बताया है, औरत जब एक बार इसको खो देती है तो समाज की निगाहों में उसकी कोई इज़्ज़त नहीं रहती। यह गौहर कई तरीक़ों से ज़ाय होता है : जब औरत की शादी हो जाए तो यह गौहर ख़ाविंद की जेब में चला जाता है। बाज़ औक़ात मर्द इसे ज़बर्दस्ती हासिल कर लेते हैं और बाज़ औक़ात शादी के बग़ैर औरतें इसे अपने दिलपसंद मर्दों के हवाले कर देती हैं। बाज़ औरतें हालात से मजबूर होकर इसे बेच देती हैं और बाज़ इसकी तिजारत करती हैं।

हम उन औरतों के मुताल्लिक़ कुछ कहना चाहते हैं जो पेशे के तौर पर अपनी इस्मत बेचती हैं, हालाँकि यह बिलकुल वाज़ेह चीज़ है कि इस्मत सिर्फ़ एक बार खोई या बेची जा सकती है। बार-बार इसको बेचा या खोया नहीं जा सकता। लेकिन चूँकि इस पेशे को उर्फ़े-आम में इस्मत फ़रोशी कहा जाता है, इसलिए हम इसे इस्मत फ़रोशी ही कहेंगे।

इस्मत फ़रोश औरत एक ज़माने से दुनिया की सबसे ज़लील हस्ती समझी जाती रही है

मगर क्या हमने ग़ौर किया है कि हम में से अक्सर ऐसी ज़लीलोख़्वार हस्तियों के दर पर ठोकरें खाते हैं··· क्या हमारे दिल में यह ख़याल पैदा नहीं होता कि हम भी ज़लील हैं।

मक़ामे-तास्सुफ़[4] है कि मर्दों ने इस पर कभी ग़ौर नहीं किया। मर्द अपने दामन पर ज़िल्लत के हर धब्बे को इस्मत फ़रोश औरत के दिल की सियाही से ताबीर करेगा। हक़ीक़त इसके बिलकुल बरअक्स है। औरतों में, ख़्वाह वह कसबी हों या ग़ैर कसबी, निन्यानवे फ़ीसदी ऐसी होंगी जिनके दिल इस्मत फ़रोशी की तारीक तिजारत के बावुजूद बदकार मर्दों के दिल की बनिस्बत कहीं ज़्यादा रोशन होंगे। मौजूदा निज़ाम के तहत जिसकी बागडोर सिर्फ़ मर्दों के हाथ में है, औरत ख़्वाह वह इस्मत फ़रोश हो या बा इस्मत, हमेशा दबी रही है। मर्द को इख़्तियार होगा कि वह उसके मुताल्लिक़ जो चाहे राय क़ायम करे।

हमने मुताद्दिद बार अपने कानों से ताईश-पसंद[5] अमीरों को अपना मालो-असबाब शहवत के तनूर[6] में ईंधन के तौर पर जलाकर यह कहते सुना है कि फ़लाँ तवाइफ़ या फ़लाँ वेश्या ने उनको तबाहो-बर्बाद कर दिया है—यह मुअम्मा अभी तक हमारी समझ में नहीं आया।

वेश्या या तवायफ़ अपने तिजारती उसूलों के मातहत हर मर्द से जो उसके पास गाहक के तौर पर आता है, ज़्यादा-से-ज़्यादा नफ़ा हासिल करने की कोशिश करेगी। अगर वह मुनासिब दामों पर या हैरतअंगेज़ कीमत पर अपना माल बेचती है तो यह उसका पेशा है। बनिया भी सौदा तोलते वक़्त डंडी मार जाता है। बाज़ दूकानें ज़्यादा क़ीमत पर अपना माल बेचती हैं, बाज़ कम क़ीमत पर।

ताज्जुब तो इस बात का है कि जब सदियों से हम यह सुन रहे हैं, 'वेश्या का डसा हुआ पानी नहीं माँगता' तो हम क्यों अपने आपको उससे डसवाते हैं और फिर क्यों ख़ुद ही रोना-पीटना शुरू कर देते हैं। वेश्या इरादातन या किसी इंतिकामी जज़्बे के ज़ेरे-असर मर्दों के मालो-ज़र पर हाथ नहीं डालती। वह सौदा करती है और कमाती है। मर्द अपनी जिस्मानी ख़्वाहिशात की तकमील[7] के मुआवज़े अदा करते हैं, बस···

मुमकिन है वेश्या किसी मर्द से मुहब्बत करती हो लेकिन हर वह गाहक जो एक ख़ास जज़्बे के ज़ेरे-असर उसकी दूकान में जाता है, दिल में यह ख़्वाहिश भी पैदा कर लेगा कि वह उससे सच्ची मुहब्बत करता है, यह क्योंकर मुमकिन है··· ? हम अगर किसी दूकान से एक रुपए का आटा लेने जाएँ तो हमारी यह तवक़्क़ो क़तई तौर पर मज़हका ख़ेज़ होगी कि वह हमें अपने घर में मदऊ करेगा और सिर के गंज का कोई लाजवाब नुस्ख़ा बताएगा।

वेश्या अपने उस गाहक के रू-ब-रू जो उससे मुहब्बत का तालिब है, अपने चेहरे पर मस्नूई[8] मुहब्बत के जज़्बात पैदा करेगी। यह चीज़ गाहक को ख़ुश करेगी। मगर वेश्या अपने सीने की गहराइयों में से हर मर्द के लिए जो शराब पीकर उसके कोठे पर झूमने लगता है और रूमान की एक नई दुनिया बसाना चाहता है, मुहब्बत की पाक और साफ़ आवाज़ नहीं निकाल सकती।

वेश्या को सिर्फ़ बाहर से देखा जाता है—उसके रंग-रूप, उसकी भड़कीली पोशाक,

उसके मकान की आराइशो-ज़ैबाइश[9] देखकर यही नतीजा मुर्त्तब[10] किया जाता है कि वह ख़ुशहाल है। यह दुरुस्त नहीं।

जिस औरत के दरवाज़े शहर के हर उस शख़्स के लिए खुले हों जो अपनी जेबों में चाँदी के चंद सिक्के रखता है, ख़्वाह[11] वह मोची हो या भंगी, लँगड़ा हो या लूला, ख़ूबसूरत हो या करीह-उल नज़र[12], उसकी ज़िंदगी का अंदाज़ा बख़ूबी लगाया जा सकता है। एक बदसूरत मर्द जिसके मुँह से पायरिया लगे दाँतों के तअफ़्फ़ुन[13] के भपके निकलते हैं, एक नफ़ासतपसंद वेश्या के हाँ आता है, चूँकि उसकी गिरह में उस वेश्या के जिस्म को एक ख़ास वक़्त तक ख़रीदने के लिए दाम मौजूद हैं। वह नफ़रत के बावुजूद उस गाहक को नहीं मोड़ सकती। सीने पर पत्थर रखकर उसको अपने उस गाहक की बदसूरती और उसके मुँह का तअफ़्फ़ुन बर्दाश्त करना ही पड़ता है—वह अच्छी तरह जानती है कि उसका हर गाहक अपोलो नहीं हो सकता।

टाइपिस्ट औरतों को हैरत-से नहीं देखा जाता। वह औरतें जो दायागीरी का काम करती हैं, उन्हें हैरत और नफ़रत से नहीं देखा जाता। वह औरतें जो गंदगी सिर पर उठाती हैं, उनकी तरफ़ हिक़ारत से नहीं देखा जाता। लेकिन ताज्जुब है कि उन औरतों को जो अच्छे या भौंडे तरीक़े से अपना जिस्म बेचती हैं, हैरत, नफ़रत और हिक़ारत से देखा जाता है!

हज़रात! यह जिस्म फ़रोशी ज़रूरी है... आप शहर में ख़ूबसूरत और नफ़ीस गाड़ियाँ देखते हैं। यह ख़ूबसूरत और नफ़ीस गाड़ियाँ कूड़ा-करकट उठाने के काम नहीं आ सकतीं। गंदगी और ग़िलाज़त उठाकर बाहर फेंकने के लिए और गाड़ियाँ मौजूद हैं जिन्हें आप कम देखते हैं और अगर देखते हैं तो फ़ौरन अपनी नाक पर रूमाल रख लेते हैं—इन गाड़ियों का वुजूद ज़रूरी है और इन औरतों का वुजूद भी ज़रूरी है जो आपकी गिलाज़त उठाती हैं। अगर यह औरतें न होतीं तो हमारे सब गली-कूचे मर्दों की ग़लीज़ हरकात से भरे होते।

यह औरतें उजड़े हुए बाग़ हैं, घूरे हैं जिनमें गंदे पानी की मोरियाँ बह रही हैं। यह इन गंदी मोरियों ही पर ज़िंदा रहती हैं—हर इंसान कैसे एक ही जैसे शानदार तरीक़े पर ज़िंदगी बसर कर सकता है?

ज़रा ख़याल फ़रमाइए, शहर के एक कोने में एक वेश्या का मकान है। रात की सियाही में एक मर्द जो अपने सीने में रात की सियाही से भी ज़्यादा सियाह दिल रखता है, अपने जिस्म की आग ठंडी करने के लिए बेधड़क उसके मकान में चला जाता है। वेश्या उस मर्द के दिल की सियाही से वाक़िफ़ है। उससे नफ़रत भी करती है। वह अच्छी तरह जानती है कि उसका अपना वुजूद दामने-इंसानियत पर एक बदनुमा धब्बा है। उसको मालूम है कि वह अज़्मिना-ए-बरबरियत[14] का एक ख़ौफ़नाक नमूना है मगर वह अपने घर के दरवाज़े उस मर्द पर बंद नहीं कर सकती—जो दरवाज़े मआशी कशमकश ने एक दफ़ा खोल दिए हों, बहुत मुश्किल से बंद किए जा सकते हैं।

वेश्या जो औरत पहले है वेश्या बाद में, चंद सिक्कों के एवज़ अपना जिस्म मर्द के हवाले कर देती है लेकिन उसकी रूह उस वक़्त जिस्म में नहीं होती—एक वेश्या के अल्फ़ाज़ सुनिए: ''लोग मुझे बाहर खेतों में ले जाते हैं... मैं लेटी रहती हूँ, बिलकुल बेहिस व बेहरकत,

लेकिन मेरी आँखें खुली रहती हैं । मैं दूर, बहुत दूर उन दरख़्तों को देखती रहती हूँ जिनकी छाँव में कई बकरियाँ आपस में लड़-झगड़ रही होती हैं । कितना प्यारा मंज़र होता है··· मैं बकरियाँ गिनना शुरू कर देती हूँ या पेड़ों की टहनियों पर कव्वों को शुमार करने लगती हूँ··· उन्नीस-बीस, इक्कीस, बाइस··· और मुझे मालूम भी नहीं होता कि मेरा साथी अपने काम से फ़ारिग़ होकर एक तरफ़ हाँफ रहा है··· "

मशाहदा[15] बताता है कि वेश्याएँ आमतौर पर ख़ुदा तरस[16] होती हैं– हर हिंदू वेश्या के मकान पर किसी-न-किसी कमरे में आपको कृष्ण भगवान या गणेश महाराज की मूर्ति या तसवीर ज़रूर नज़र आएगी । वह इस मूर्ति की सदक़ दिल से पूजा करती है जितनी कि एक बाइस्मत घरेलू औरत कर सकती है । इसी तरह वह वेश्या जो मुसलमान है, माहे-रमज़ान में रोज़े ज़रूर रखेगी । मुहर्रम में अपना कारोबार बंद रखेगी, सियाह कपड़े पहनेगी, ग़रीबों की मदद करेगी और ख़ास-ख़ास मौक़ों पर ख़ुदा के हुज़ूर में इज्ज़ोनियाज़[17] का नज़राना भी ज़रूर पेश करेगी । बादी-उन्नज़र[18] में इस्मत बाख़्ता औरतों का मज़हब से यह लगाव एक ढोंग मालूम होता है मगर हक़ीक़त में यह उनकी रूह का वह हिस्सा पेश करता है जो समाज के ज़ंग से यह औरतें बचा-बचा के रखती हैं–दूसरे मज़हब की वेश्याएँ भी आपको रूहानी तौर पर अपने-अपने मज़हब के साथ बड़ी मज़बूती से जुड़ी नज़र आएँगी । क्रिश्चियन वेश्या गिरजे में नमाज़ के लिए ज़रूर जाएगी । वह कुँवारी मरियम की तसवीर के पास दीया ज़रूर जलाएगी । दरअसल इस तिजारत में वेश्या अपने जिस्म को लगाती है न कि रूह को–भंग या चरस बेचनेवाला ज़रूरी नहीं कि इन मनशियात[19] का आदी हो, ठीक इसी तरह हर मौलवी या पंडित पाकबाज़ नहीं हो सकता ।

जिस्म दाग़ा जा सकता है मगर रूह नहीं दाग़ी जा सकती –वेश्या अपनी तारीक तिजारत के बावुजूद रोशन रूह की मालिक हो सकती है । वह अपने जिस्म की क़ीमत बड़ी बेदर्दी से वुसूल करती हो तो हो, मगर वह ग़रीबों की वसी पैमाने पर मदद भी कर सकती है । मुमकिन है, बड़े-बड़े अमीर उसके दिल में अपनी मुहब्बत पैदा न कर सके हों मगर वह सड़कों पर सोनेवाले एक आवारागर्द की फटी हुई जेब में अपना दिल डाल सकती है ।

वेश्या दौलत की भूखी होती है लेकिन क्या दौलत की भूखी मुहब्बत की भूखी नहीं हो सकती··· ? यह ऐसा सवाल है जिसके जवाब में हमें तफ़सील से काम लेना पड़ेगा : ख़ानदानी वेश्या और नौक्सीया[20] वेश्या में बहुत फ़र्क़ है और फिर वह औरतें या लड़कियाँ जो अपने ग़रीब माँ-बाप या अपने यतीम बच्चों की परवरिश के लिए मजबूरन अपना जिस्म छुप-छुपकर फ़रोख़्त करती हैं, उनकी हैसियत मुतज़क्किरा[21] सदर अक़साम[22] से बिलकुल जुदागाना है–ख़ानदानी वेश्या से हमारी मुराद वह कसबी है जो वेश्या के बत्न से पैदा होती है और उसी के घर में पाली-पोसी जाती है, दूसरे अल्फ़ाज़ में वह औरत जिसको ख़ास उसूलों के मातहत वेश्या बनने की तालीम दी जाती है । ऐसी औरतें जो उस माहौल में परवरिश पाती हैं, इश्क़ो-मुहब्बत को आमतौर पर ऐसा सिक्का तसव्वुर करती हैं जो उनके बाज़ार में नहीं चल सकता । यह नज़रिया दुरुस्त है, इसलिए कि अगर वह हर उस मर्द को, जो उनके पास चंद लम्हात गुज़ारने के लिए आए, अपना दिल दे दें तो ज़ाहिर है कि

वह अपने कारोबार में कामयाब नहीं हो सकतीं। आमतौर पर यही देखने में आया है कि इस स्कूल की वेश्याओं के सीने में इश्क़ो-मुहब्बत का उंसुर[23] कम होता है। दूसरे अल्फ़ाज़ में यह दूसरी औरतों के मुक़ाबले में मर्दों से इश्क़ करने में बड़ी एहतियात और बड़े बुख़्ल[24] से काम लेती हैं। मर्दों से रोज़ाना मेल-जोल उनके दिल में एक नाक़ाबिले बयान तल्ख़ी पैदा कर देता है। वह मर्दों को हैवानों से बदतर समझने लगती हैं। यही वजह है कि वह इस ज़िम्न[25] में एक हद तक 'मुन्किर'[26] हो जाती हैं मगर इसका यह मतलब नहीं कि उनका सीना मुहब्बत के लतीफ़ जज़्बात से ख़ाली होता है—जिस तरह भंगन की लड़की को गंदगी का पहला टोकरा उठाते वक़्त घिन नहीं आएगी, उसी तरह अपने पेशे का पहला क़दम उठाते वक़्त ऐसी वेश्याओं को भी हिजाब महसूस नहीं होगा। आहिस्ता-आहिस्ता हया और झिझक से मुताल्लिक़ा क़रीब-क़रीब तमाम जज़्बात उनमें घिस-घिसाकर मिट जाते हैं। चकले के अंदर जहाँ शहवतपरस्त[27] मर्दों के लिए उन औरतों के मकान खुले रहते हैं, लतीफ़ जज़्बात कैसे दाख़िल हो सकते हैं—जिस तरह बाइस्मत औरतें वेश्याओं की तरफ़ हैरत और ताज्जुब से देखती हैं, ठीक उसी तरह वह भी उनकी तरफ़ उसी नज़र से देखती हैं। अव्वल-उज़्ज़िक्र[28] के पेशे-नज़र में इस्तिफ़हाम[29] होता है : "क्या औरत इस क़दर ज़लील हो सकती है?" मोख़िर-उज़्ज़िक्र[30] यह सोचती हैं : "यह पाकबाज़ औरतें कैसी हैं···क्या हैं?"

वेश्या, जिसकी माँ वेश्या थी, जिसकी दादी वेश्या थी, जिसकी परदादी वेश्या थी, जिसने वेश्या का दूध पिया, जो इस्मत फ़रोशी के गहवारे[31] में पली, वहीं बड़ी हुई, जिसकी तिजारत का आग़ाज़ भी वहीं हुआ, इस्मत और बाइस्मत औरतों के मुताल्लिक़ क्या समझ

उन सौ लड़कियों में से जो वेश्याओं के घर में पैदा होती हैं, शायद एक-दो के दिल में अपने गिर्दो-पेश के माहौल से नफ़रत पैदा होती है और वह अपने जिस्म को सिर्फ़ एक मर्द के हवाले करने का तहैया[32] करती है लेकिन बाक़ी सब उसी रास्ते पर चलती हैं जो उनकी माँओं ने उनके लिए मुंतख़ब किया होता है।

जिस तरह एक दूकानदार का बेटा अपनी नई दूकान खोलने का शौक़ रखता है और इस शौक़ का इज़हार मुख़्तलिफ़ तरीक़ों से करता है, ठीक इसी तरह वेश्याओं की जवान लड़कियाँ अपना पेशा शुरू करने का बड़ा चाव रखती हैं। चुनांचे देखा गया है कि ऐसी लड़कियाँ नित नए तरीक़ों से अपने जिस्म और हुस्न की नुमाइश करती हैं। जब वह अपनी तिजारत का आग़ाज़ करती हैं तो बाक़ाइदा रसूम अदा की जाती है। एक ख़ास एहतिमाम के मातहत यह सबकुछ किया जाता है, बिलकुल उसी तरह, जिस तरह दूसरे तिजारती कामों की बुनियाद रखते वक़्त ख़ास रसूम को पेशे-नज़र रखा जाता है।

इन हालात के तहत, जैसा कि ज़ाहिर है, मुतज़क्किरा[33] सदर क़िस्म की वेश्याओं के दिल में इश्क़ पैदा होना मुश्किल है। यहाँ इश्क़ से हमारी मुराद वही इश्क़ है जो हमारे यहाँ अर्सा-ए-दराज से राइज[34] है। हीर-राँझा और सस्सी-पुन्नोवाल इश्क़···! ऐसी वेश्याएँ इश्क़ करती हैं मगर उनका इश्क़ जुदा क़िस्म का होता है। वह लैला-मजनूँ और हीर-राँझेवाला

इश्क़ नहीं कर सकतीं, इसलिए कि यह उनकी तिज़ारत पर बहुत असर डालता है। अगर कोई वेश्या अपने औक़ाते-तिजारत में से चंद लम्हात ऐसे मर्द के लिए वक़्फ़ कर दे जिससे उसे रुपए-पैसे का लालच न हो तो हम इसे इश्क़ो-मुहब्बत कहेंगे। उसूलन वेश्या को सिर्फ़ मर्द की दौलत से मुहब्बत होती है। अगर वह किसी मर्द से उसकी दौलत की ख़ातिर नहीं बल्कि सिर्फ़ उसकी ख़ातिर मिले तो यह उसूल टूट जाएगा और उसके साथ ही यह भी ज़ाहिर हो जाएगा कि उस वेश्या की जेब नहीं बल्कि उसका दिल कारफ़रमा है। जब दिल कारफ़रमा[35] हो तो इश्क़ो-मुहब्बत के जज़्बे का पैदा होना लाज़िमी है—चूँकि आमतौर पर औरत से इश्क़ो-मुहब्बत करने का वाहिद मक़सद जिस्मानी लज़्ज़त होता है, इसलिए हम यहाँ जिस्मानी लज़्ज़तों ही को इश्क़ के इस जज़्बे का मुहर्रिक समझेंगे, गो उसके अलावा और बहुत-सी चीज़ें भी इसकी तख़लीक़ो-तौलीद[36] की मुहीज[37] होती हैं। मिसाल के तौर पर वेश्या जो अपने कोठे पर हर मर्द पर हुक्म चलाने की आदी होती है, ग़ैर मुख़्ततम[38] नाज़बरदारियों[39] से सख़्त तंग आ जाती है, उसको आक़ा बनना पसंद है मगर कभी-कभी वह ग़ुलाम बनना भी चाहती है, हर फ़र्माइश पूरी हो जाने में उसको बहुत फ़ाइदा है मगर इनकार में और ही लज़्ज़त है। वह हर तरफ़ से दौलत समेटती है। यह काम उसका मामूल बन जाता है। इसलिए कभी-कभी उसके दिल में यह ख़्वाहिश पैदा होती है कि वह भी किसी के लिए कुछ ख़र्च करे। अगर सब उसकी ख़ुशामद करते हैं तो वह भी किसी की ख़ुशामद करे। अगर वह ज़िद करती है तो कोई उससे भी ज़िद करे। वह सबको धुत्कारती है तो कोई उसे भी धुत्कारे, सताए, मारे, पीटे। यह तमाम चीज़ें मिलकर उसके दिल में एक ख़ास मर्द को अपना रफ़ीक़ बनाने पर मजबूर करती हैं। चुनांचे वह इंतिख़ाब[40] करती है।

इंतिख़ाब का यह वक़्त बहुत नाज़ुक होता है। बहुत मुमकिन है, वह किसी रईसज़ादे पर अपने दिल के ख़ास दरवाज़े खोल दे और यह भी मुमकिन है कि वह अपने कोठे पर चिलमें भरनेवाले चरसनोश मीरासी के ग़लीज़ क़दमों में अपना वह सिर रख दे जिसके बालों को चूमने के लिए बड़े-बड़े राजाओं और महाराजों ने कई-कई हज़ार तिलाई अशरफ़ियाँ पानी की तरह बहा दी हों, और फिर उस पर भी कोई ताज्जुब न होना चाहिए कि वह ग़लीज़ आदमी उसी सिर को ठोकर मारकर परे हटा दे—इस क़िस्म के वाक़िआत देखने और सुनने में आ चुके हैं।

हमारे यहाँ एक मशहूर तवाइफ़ इस वक़्त भी मौजूद है जिसके इश्क़ में एक नवाब मुद्दतों लट्टू बना रहा मगर वह निहायत ही मामूली आदमी के इश्क़ में गिरफ़्तार रही। तवाइफ़ नवाब के इश्क़ का मज़हका उड़ाती थी और उधर उसके अपने इश्क़ का मज़हका उड़ाया जाता था। नवाब तवाइफ़ के इश्क़ में रुसवा हुआ और तवाइफ़ इस मामूली आदमी के इश्क़ में बदनाम हुई।

आम औरतों के मुक़ाबले में इन वेश्याओं के इश्क़ की शिद्दत[41] बहुत ज़्यादा होती है, इसलिए कि यह मर्दों के साथ मिलने-जुलने से नित नए आशिक़ाना जज़्बात से मुतार्रिफ़[42] होती रहती हैं। जब यह ख़ुद इसमें गिरफ़्तार होती हैं तो उनको जलन ज़्यादा महसूस होती

है—ऐसे बाज़ारों में जहाँ यह औरतें रहती हैं, मुतज़क्किरा सदर क़िस्म की कई कहानियाँ आपके सुनने में आ सकती है; ख़ासकर उन तअय्युशपसंद अमीरों को जिनकी थैलियों के मुँह उन जिस्मफ़रोश औरतों के कोठों पर खुलते हैं, ऐसी कहानियाँ अज़बर[43] याद हैं। यह कहानियाँ वह अक्सर मज़े ले-लेकर दूसरों को सुनाने के आदी हैं। इसी तरह सारंगिए, मीरासी, तबलची और वह लोग जिनकी आमदोरफ़्त ऐसे कोठों पर आम रहती है, भी आपको बहुत दिलचस्प क़िस्से सुनाएँगे।

इन्हीं लोगों से सुने-सुनाए क़िस्सों में हम एक ऐसी वेश्या की कहानी मिसाल के तौर पर पेश कर सकते हैं जो हज़ारों और लाखों में खेलती थी मगर उसका दिल एक चीथड़े लटकाए मज़दूर के खुरदुरे पैरों के तले हर रोज़ रौंदा जाता था। वह हर शब अपने दौलतमंद परिस्तारों[44] से सीमोज़र[45] के अंबार जमा करती थी मगर एक मज़दूर के मैले-कुचैले सीने में धड़कते हुए दिल तक उसका हाथ नहीं पहुँच सकता था। कहते हैं कि यह नाज़ुक बदन उस मज़दूर की ख़ुशनूदी हासिल करने के लिए कई बार सड़क के पत्थरों पर सोई।

इस क़िस्म का तज़ादो-तख़ालुफ़[46] जो इश्क़ो-मुहब्बत का असली रंग है, क़हबाख़ानों में देखा जाए तो बहुत शोख़ और पुरइसरार हद तक रूमानी नज़र आता है। इसकी वजह सिर्फ़ अक़बी मंज़र है जो पेशमंज़र के हर नक़्श को उभारता है। चूँकि आमतौर पर वेश्या के बारे में यही ख़याल किया जाता है कि वह सोना खोदनेवाली कुदाल है और मुहब्बत के जज़्बात से क़तई तौर पर आरी है, इसलिए जब कभी किसी वेश्या के इश्क़ की ऐसी दास्तान सुनने में आती है तो बड़ी अजीबो-ग़रीब और पुरइसरार मालूम होती है। हम ऐसी दास्तानों को इसी वजह से आम औरतों और मर्दों के मआश्क़ों की बनिस्बत ज़्यादा दिलचस्पी से सुनते हैं जैसे किसी माफ़ुक़ुलआदत[47] हादिसे की तफ़सील सुन रहे हों। हालाँकि दिल और उसकी धड़कनों से इस्मत फ़रोशी या इस्मतमआबी[48] का कोई ताल्लुक़ नहीं—एक बाइस्मत औरत के सीने में मुहब्बत से आरी दिल हो सकता है और इसके बरअक्स चकले की एक अदना तरीन वेश्या मुहब्बत से भरपूर दिल की मालिक हो सकती है।

हर औरत वेश्या नहीं होती लेकिन हर वेश्या औरत होती है। इस बात को हमेशा याद रखना चाहिए।

वेश्याओं के इश्क़ में एक ख़ास बात क़ाबिले-ज़िक्र है—उनका इश्क़ उनके रोज़मर्रा के मामूल पर बहुत कम असर डालता है। ऐसी तवाइफ़ें बहुत कम होंगी जिन्होंने इस जज़्बे की ख़ातिर अपना कारोबार क़तई तौर पर बंद कर दिया हो (किसी शरीफ़ लड़की के इश्क़ में गिरफ़्तार होकर शहर का शरीफ़ दूकानदार भी अपनी दूकान बंद नहीं करेगा।) आम तौर पर यही देखने में आया है कि वह अपने इश्क़ के साथ-साथ अपना कारोबार भी जारी रखती हैं। दरअसल मालो-दौलत हासिल करने की एक ताजिराना[49] तलब उनमें पैदा हो जाती है। नित नए गाहक बनाना और हर रोज़ अपना माल बेचना एक आदत-सी बन जाती है और यही आदत बाद में तबीयत की शक्ल इख़्तियार कर लेती है, इस तौर पर कि फिर इस

आदत या तबीयत का ज़िंदगी के दूसरे शौबों[50] से कोई सरोकार नहीं रहता। जिस तरह घर के नौकर झटपट अपने आक़ाओं के बिस्तर लगाकर अपने आराम का ख़याल करते हैं, ठीक इसी तरह यह औरतें भी अपने गाहकों को निबटाकर अपनी ख़ुशी और राहत की तरफ़ पलट आती हैं।

दिल ऐसी शै नहीं जो बाँटी जा सके। मर्द के मुक़ाबले में औरत कम हरजाई होती है। चूँकि वेश्या औरत है, इसलिए वह अपना दिल तमाम गाहकों में तक़सीम नहीं कर सकती। औरत के मुताल्लिक़ मशहूर है कि वह अपनी ज़िंदगी में सिर्फ़ एक मर्द से मुहब्बत करती है। हम समझते हैं कि यह बहुत हद तक ठीक है। वेश्या सिर्फ़ उसी मर्द पर अपने दिल के तमाम दरवाज़े खोलती है जिससे उसे मुहब्बत हो। हर आने-जानेवाले मर्द के लिए वह ऐसा नहीं कर सकती।

वेश्याओं के बारे में आमतौर पर यह शिकायत सुनने में आती हैं कि वह बड़ी बेरहम और जल्लाद सिफ़त होती है। मुमकिन है, सौ में से पाँच-छः इस नौइयत की हों मगर सबकी-सब ऐसी नहीं होतीं बल्कि यूँ कहिए कि हो नहीं सकतीं। वेश्या और बाइस्मत औरत का मुक़ाबला हरगिज़-हरगिज़ नहीं करना चाहिए। इन दोनों का मुक़ाबला हो ही नहीं सकता। वेश्या ख़ुद कमाती है और बाइस्मत औरत के पास कमाकर लानेवाले कई मौजूद होते हैं।

हमारे कानों में एक वेश्या के यह लफ़्ज़ अभी तक गूँज रहे हैं जो उसके दिल की तमाम गहराइयाँ पेश करते हैं। आप भी सुनिए : "वेश्या एक बेकस और बेयारो-मददगार औरत है। उसके पास हर रोज़ सैकड़ों मर्द आते हैं एक ही ख़्वाहिश लेकर... वह अपने चाहनेवालों के हुजूम में भी अकेली रहती है, बिलकुल तने-तन्हा... वह रात के अँधेरे में चलनेवाली रेलगाड़ी है जो मुसाफ़िरों को अपने-अपने ठिकाने पर पहुँचाकर एक आहनी छत के नीचे ख़ाली खड़ी रहती है। बिलकुल ख़ाली, धुएँ और गर्दो-गुबार से अटी हुई... लोग हमें बुरा कहते हैं, मालूम नहीं क्यों... वही मर्द जो रात की तारीकी में हमसे राहत मोल लेकर जाते हैं, दिन के उजाले में हमें नफ़रतो-हिक़ारत से देखते हैं... हम खुले बंदों अपना जिस्म बेचती हैं और उसको राज़ बनाकर नहीं रखतीं... मर्द हमारे पास यह जिन्स ख़रीदने के लिए आते हैं और इस सौदे को राज़ बनाकर रखते हैं। समझ में नहीं आता क्यों...?"

ज़रा उस वेश्या का तसव्वुर कीजिए जिसका इस दुनिया में कोई भी न हो। न भाई, न बहन, न माँ, न बाप और न कोई दोस्त। अपने गाहकों से फ़राग़त पाकर जब वह कमरे में अकेली, बिलकुल अकेली रह जाती होगी तो उसके दिलो-दिमाग़ की क्या कैफ़ियत होती होगी...? यह तारीकी उस अँधेरे में और कितनी तारीक हो जाती होगी...? अगर सारा दिन टोकरी ढोने के बाद मज़दूर को अपनी थकान दूर करने का ज़रिया नज़र न आए, अपनी दिलबस्तगी के लिए बीवी की बातें उसे नसीब न हों, न उसकी माँ हो जो उसके थके हुए काँधे पर हाथ रखकर उसकी तमाम कुलफ़तें[51] दूर कर दे, तो बताइए उस मज़दूर की क्या हालत होगी—उस मज़दूर और उस वेश्या, दोनों की हालत एक-जैसी है।

वेश्या एक रंगीन शै नज़र आती है... क्यों?

इस सवाल के जवाब के लिए हमें अपना दिल टटोलना पड़ेगा। यह कमज़ोरी हम मर्दों की निगाहों की है और इस कमज़ोरी के असबाब तलाश करने के लिए हमें अपने आप ही से बातचीत करना पड़ेगी। इस बारे में ग़ौरो-फ़िक्र के बाद हम जो मालूम कर सके हैं, यह है : वेश्या का नाम लेते वक़्त हमारे दिमाग़ में एक ऐसी औरत का तसव्वुर पैदा होता है जो मर्द की शहवानी ख़्वाहिशात उसकी मर्ज़ी और ज़रूरत के मुताबिक़ पूरी कर सकती है। गौ औरत और वेश्यापन, दो बिलकुल जुदा चीज़ें हैं मगर जब हम किसी वेश्या के बारे में कुछ सोचते हैं तो उस वक़्त औरत मय अपने पेशे के सामने आ जाती है। इसमें कोई शक नहीं कि इंसान पर उसके माहौल और उसके पेशे का बहुत असर पड़ता है मगर कोई वक़्त ऐसा भी होता है जब वह इन तमाम चीज़ों से अलग हटकर सिर्फ़ इंसान होता है। इसी तरह कोई ऐसा वक़्त भी ज़रूर आता होगा जब वेश्या अपने पेशे का लिबास उतारकर सिर्फ़ औरत रह जाती होगी। मगर अफ़सोस है कि हम हर वक़्त औरत और वेश्या को एक ही जगह देखने के आदी हैं—जब वेश्या को हम इस ऐनक से देखें तो हमें इसके साथ वह चीज़ भी नज़र आती है जिसे हम मर्द ऐशो-इशरत से ताबीर करते हैं—और ऐशो-इशरत का मतलब आमतौर पर जिस्मानी लज़्ज़त होता है।

जिस्मानी लज़्ज़त क्या है··· ? एक वक़्ती हज़ जो हमें अपनी बीवी या किसी और औरत की मदद से हासिल हो सकता है। अब यहाँ सवाल पैदा होता है कि शादीशुदा मर्द अपनी बीवियाँ छोड़कर इस वक़्ती लज़्ज़त के लिए बाज़ारी औरतों के पास क्यों जाते हैं ? जब उन लोगों की जिस्मानी ख़्वाहिशात घर में पूरी हो सकती हैं तो वह उसके लिए बाहर क्यों मारे-मारे फिरते हैं—इस सवाल का जवाब मुश्किल नहीं। आपको ऐसे कई मर्द नज़र आएँगे जो घर के मुरग़्ग़न[52] और लज़ीज़ खाने छोड़कर होटलों में जाते हैं। इसकी वजह सिर्फ़ यह है कि उनको होटलों के खाने की चाट पड़ जाती है। होटल की चीज़ों में ग़िज़ाइयत[53] कम होती है मगर उनमें एक और शै होती है जो इन लोगों को अपनी तरफ़ मुतवज्जेह करती है। इसे हम 'होटलियत' कहते हैं। एक ऐसी बुराई जो वस्फ़ बन जाती है बल्कि यूँ कहिए कि एक कशिश बन जाती है। इसमें होटल के मालिकों के फ़न का भी दख़ल होता है—इसके अलावा जो माहौल होटल में मयस्सर आ सकता है, वह उन्हें अपने घर में नसीब नहीं हो सकता। इंसान तबअन तनू पसंद है, इसलिए जब वह अपने रोज़मर्रा के प्रोग्राम में तब्दीली चाहे तो ताज्जुब न होना चाहिए। इसमें कोई शक नहीं कि होटलों में इन लोगों को अच्छा खाना नहीं मिल सकता और इसमें किसी शक की गुंजाइश नहीं कि यहाँ घर की बनिस्बत ज़्यादा ख़र्च बर्दाश्त करना पड़ता है मगर यही चीज़ तो यह लोग चाहते हैं। यही फ़र्क़ तो इन्हें घर से खींचकर होटलों में लाता है। यह नादानी है मगर लुत्फ़ की बात यह है कि इन्हें इसी नादानी में मज़ा आता है।

उस शादीशुदा मर्दों का भी यही हाल है जो अपनी बीवियाँ छोड़कर बाज़ारी औरतों की आग़ोश में लज़्ज़त तलाश करने आते हैं। अब आप पूछेंगे कि आया उन लोगों को इस तलाश में कामयाबी होती है ? हम कहेंगे, यक़ीनन—जिन औरतों के पास यह लोग जाते हैं, वह इस फ़न की माहिर होती हैं। वह यही चीज़ तो बेचती हैं। उनका पेशा ही यह है कि

घरेलू औरतों से बिलकुल मुख़्तलिफ़ रंग की लज़्ज़त पेश करें। अगर वह ऐसा न करें तो उनका कारोबार कैसे चले?

जैसा कि हम इस मक़ाले[54] के आग़ाज़ में कह चुके हैं, इस्मत फ़रोशी ख़िलाफ़े-अक़्ल चीज़ नहीं...

---

1. वेश्यावृत्ति; 2. जीविका; 3. मोती; 4. अफ़सोस की बात; 5. कामुक, विषय-लोलुप; 6. एक प्रकार की अँगीठी; 7. पूर्ति; 8. कृत्रिम; 9. सजावट; 10. निश्चित करना; 11. चाहें; 12. बदसूरत, कुरुप; 13. दुर्गंध; 14. नृशंसतापूर्ण ज़माना; 15. अनुभव; 16. धर्मभीरु; 17. ईश्वर के समक्ष अपनी असमर्थता प्रकट करना; 18. पहली नज़र; 19. मादक द्रव्य; 20. नई बनी हुई; 21. वर्णित; 22. किस्में; 23. तत्त्व; 24. कंजूसी; 25. प्रसंग; 26. इंकार करनेवाला; 27. कामवासना या भोग-विलास का रसिया; 28. प्रथम वर्णित; 29. प्रश्न; 30. अंत में वर्णित; 31. बच्चों को झुलाने का पालना; 32. संकल्प; 33. आरंभ; 34. प्रचलित; 35. प्रभावकारी; 36. पैदाइश; 37. बढ़ानेवाली, वर्धक; 38. समाप्त न होनेवाली, निरंतर; 39. नाज़-नख़रे; 40. चयन; 41. तीव्रता; 42. परिचित; 43. कंठस्थ; 44. प्रशंसकों; 45. धन-दौलत; 46. विरोधाभास; 47. स्वभाव के अनुकूल; 48. सतीत्व की रक्षा; 49. व्यापारिक; 50. विभागों; 51. कष्टों; 52. घी में तरतराता हुआ; 53. पौष्टिकता; 54. निबंध।

लरज़ता है मिरा दिल ज़हमते-मिह्रे-दरख़्शाँ पर
मैं हूँ वो क़तरा-ए-शबनम जो हो ख़ारे-बियाबाँ पर

– ग़ालिब

ज़हमते-मिह्रे-दरख़्शा

ज़हमते-मिहरे-दरख्शाँ
हाईकोर्ट जजमेंट
पसमंज़र

बंबई छोड़कर कराची से होता हुआ ग़ालिबन सात या आठ जनवरी, 1948 ई. को यहाँ लाहौर पहुँचा। तीन महीने मेरे दिमाग़ की अजीबो-ग़रीब हालत रही। समझ में नहीं आता था कि मैं कहाँ हूँ। बंबई में हूँ, कराची में अपने दोस्त हसन अब्बास के घर बैठा हूँ या लाहौर में हूँ जहाँ कई रेस्तोरानों में क़ाइदे-आज़म फ़ंड जमा करने के सिलसिले में रक़्सो-सरूद[1] की महफ़िलें अक्सर जमती हैं।

तीन महीने तक मेरा दिमाग़ कोई फ़ैसला न कर सका। ऐसा मालूम होता था कि पर्दे पर एक साथ कई फ़िल्म चल रहे हैं, आपस में गडमड, कभी बंबई के बाज़ार और उसकी गलियाँ, कभी कराची की छोटी-छोटी तेज़ रफ्तार ट्रामें और गधा-गाड़ियाँ और कभी लाहौर के पुरशोर रेस्तोराँ—समझ में नहीं आता था, मैं कहाँ हूँ। सारा दिन कुर्सी पर बैठा ख़यालात में खोया रहता।

आख़िर एक दिन चौंका क्योंकि जो रुपया बंबई से अपने साथ लाया था, कुछ तो घर में और कुछ घर से दूर क्लिफ़्टन बार में जज़्ब हो चुका था--अब मुझे क़तई तौर पर मालूम हो गया कि मैं लाहौर में हूँ जहाँ कभी-कभी मैं अपने मुक़दमों के सिलसिले में आया करता था और करनाल शॉप से बहुत से ख़ूबसूरत चप्पल ख़रीदकर अपने साथ ले जाया करता था।

मैंने सोचना शुरू किया कि अब क्या काम किया जाए। इस्तिफ़सार[2] करने पर मालूम हुआ कि तक़सीम के बाद फ़िल्मी कारोबार क़रीब-क़रीब मफ़्लूज हो चुका है। जिन फ़िल्म कंपनियों के बोर्ड नज़र आते हैं, वे उन बोर्डों ही तक महदूद हैं—बहुत तश्वीश[3] हुई। एलाटमैंटों का बाज़ार गर्म था। मुहाजिर[4] और ग़ैर-मुहाजिर धड़ाधड़ अपने असर और रुसूख़ से कारख़ाने और दूकानें एलाट करा रहे थे। मुझे मश्विरा दिया गया मगर मैंने उस लूट-खसूट में हिस्सा न लिया।

उन्हीं दिनों पता चला कि फ़ैज़ अहमद फ़ैज़ और चराग़ हसन हसरत मिलकर एक रोज़नामा जदीद ख़तूत पर शाया करने का इरादा कर रहे हैं। मैं उन हज़रात से मिला। अख़बार का नाम 'इमरोज़' था जो आज हर एक की ज़ुबान पर है। पहली मुलाक़ात पर अख़बार की डमी तैयार की जा रही थी, दूसरी मुलाक़ात हुई तो 'इमरोज़' के ग़ालिबन चार पर्चे निकल चुके थे। अख़बार का गेटअप देखकर जी बहुत ख़ुश हुआ। तबीयत में उकसाहट पैदा हुई कि लिखूँ लेकिन जब लिखने बैठा तो दिमाग़ को मुंतशिर[5] पाया। कोशिश के बावुजूद हिंदुस्तान को पाकिस्तान से और पाकिस्तान को हिंदुस्तान से अलहदा

न कर सका। बार-बार दिमाग़ में यह उलझन पैदा करनेवाला सवाल गूँजता : क्या पाकिस्तान का अदब अलहदा होगा? अगर होगा तो कैसे होगा? वो सबकुछ जो सालिम हिंदुस्तान में लिखा गया है उसका मालिक कौन है? क्या उसको भी तक़सीम किया जाएगा? क्या हिंदुस्तानियों और पाकिस्तानियों के बुनियादी मसाइल एक-जैसे नहीं? क्या उधर उर्दू बिलकुल नापैद हो जाएगी? यहाँ पाकिस्तान में उर्दू क्या शक्ल इख़्तियार करेगी? क्या हमारी स्टेट मज़हबी स्टेट है? स्टेट के तो हम हर हालत में वफ़ादार रहेंगे मगर क्या हमें हुकूमत पर नुक़्ताचीनी की इज़ाज़त होगी? आज़ाद होकर क्या यहाँ के हालात फ़िरंगी अहदे-हुकूमत के हालात से मुख़्तलिफ़ होंगे?

गिर्दोपेश जिधर भी नज़र डालता था, इंतिशार[6]-ही-इंतिशार दिखाई देता था। कुछ लोग बेहद ख़ुश थे क्योंकि उनके पास एकदम दौलत आ गई थी लेकिन उस ख़ुशी में भी इंतिशार था जैसे वह बिखरकर एक दिन हवा हो जानेवाली है। अक्सर मग़मूमो-मुतफ़िकर[7] थे क्योंकि वो लुट-पिटकर आए थे—मुहाजिरों के कैंप देखे। यहाँ ख़ुद इंतिशार के रोंगटे खड़े देखे। किसी ने कहा, अब तो हालात बहुत बेहतर हैं। कुछ अरसा पहले की हालत दीदनी[8] थी। मैं सोचने लगा अगर ये हालात की बेह्तरी है तो अबतरी मालूम नहीं कैसी होगी। ग़र्ज़ कि अजीब इफ़्रातो-तफ़्रीत[9] का आलम था। एक का क़हक़हा दूसरे की आह से दस्तो-गिरीबाँ था। एक की ज़िंदगी दूसरे के आलमे-नज़ा[10] से मसरूफ़े-पैकार[11] थी। दो धारे बह रहे थे। एक धारा ज़िंदगी का, एक मौत का। इनके दरमियान ख़ुश्की थी जिस पर गुरस्नगी-ओ-तश्नगी[12], शिकमसेरी-ओ-बलानोशी[13] साथ-साथ चलती थीं—फ़ज़ा पर मुर्दनी तारी थी, जिस तरह गर्मियों के आग़ाज़ में आसमान पर बेमक़सद उड़ती हुई चीलों की चीख़ें उदास होती हैं, इसी तरह 'पाकिस्तान : ज़िंदाबाद' और 'क़ाइदे-आज़म : ज़िंदाबाद' के नारे भी कानों को उदास-उदास लगते थे। रेडियो की लहरें इक़बाल मरहूम का यकआहंग कलाम दिन-रात अपने काँधों पर उठा-उठाकर थक और उकता गई थीं। फ़ीचर प्रोग्राम कुछ इस तरह के होते थे कि मुर्ग़ियाँ किस तरह पाली जाती हैं, जूते कैसे बनाए जाते हैं, फ़ने-दबाग़त[14] क्या है, रिफ़्यूजी कैंपों में कितने आदमी आए और कितने गए—क़रीब-क़रीब तमाम दरख़्त नंगे-बुच्चे थे। सर्दियों से बचने के लिए ग़रीब मुहाजिरीन ने उनकी छाल उतारकर अपनी खाल गर्म की थी, टहनियाँ काटकर पेट की आग ठंडी की थी। उन नंगे-बुच्चे दरख़्तों से फ़ज़ा और भी दिलशिकन हद तक उदास हो गई थी। बिल्डिगों की तरफ़ देखता था तो ऐसा महसूस होता था, सोग में हैं। उनके मकीं भी मातमज़दा थे। बज़ाहिर हँसते थे, खेलते थे, कोई काम मिल जाता था तो वह भी करते थे मगर गोया ये सबकुछ ख़ला में हो रहा था, एक ऐसे ख़ला में जो लबालब होने पर भी ख़ाली था।

मैं अपने अज़ीज़ दोस्त अहमद नदीम क़ासमी से मिला, साहिर लुधियानवी से मिला। इनके अलावा और लोगों से भी मिला। सब मेरी तरह ज़ेह्नी तौर पर मफ़्लूज थे। मैं यह महसूस कर रहा था कि ये जो इतना ज़बरदस्त भूचाल आया है, शायद इसके कुछ झटके आतिशफ़िशाँ[15] पहाड़ में अटके हुए हैं, बाहर निकल आएँ तो फ़ज़ा की नोक-पलक दुरुस्त

होगी और फिर सही तौर पर मालूम हो सकेगा कि सूरते-हालात क्या है ?

सोच-सोचकर मैं आजिज़ आ गया था, चुनांचे आवारागर्दी शुरू कर दी। बेमतलब सारा दिन घूमता रहता। ख़ुद ख़ामोश रहता लेकिन दूसरों की सुनता रहता—बेहंगम बातें, बेजोड़ दलीलें, ख़ाम सियासी मुबाहिसे[16]—इस आवारागर्दी से यह फ़ायदा हुआ कि मेरे दिमाग़ में जो गर्दो-ग़ुबार उड़ रहा था आहिस्ता-आहिस्ता बैठ गया और मैंने सोचा कि हल्के-फुल्के मज़ामीन लिखना चाहिएँ, चुनांचे मैंने 'नाक की क़िस्में' और 'दीवारों पर लिखना' जैसे फ़काहिया[17] मज़ामीन 'इमरोज़' के लिए लिखे जो पसंद किए गए। आहिस्ता-आहिस्ता मिज़ाह अपने आप तंज़िया रंग इख़्तियार कर गया। यह तब्दीली मुझे बिलकुल महसूस न हुई। मैं लिखता गया और मेरे क़लम से 'सवाल पैदा होता है' और 'सवेरे जो कल आँख मेरी खुली' जैसे तेज़ और तुंद मज़मून निकल गए। जब मुझे इस अम्र का एहसास हुआ कि मेरे क़लम ने गिर्दोपेश छाई हुई धुंध में टटोल-टटोलकर एक रास्ता तलाश कर लिया है तो मुझे ख़ुशी हुई। दिमाग़ का बोझ भी किसी क़दर हल्का हो गया। मैंने ज़ोर-शोर से लिखना शुरू कर दिया—मज़ामीन का यह मजमूआ बाद में 'तल्ख़, तुर्श और शीरीं' के उनवान से शाया हुआ।

तबीयत अफ़साने की तरफ़ माइल नहीं होती थी—इस सन्फ़े-अदब[18] को मैं बहुत संगीन समझता हूँ—इसलिए अफ़साना लिखने से गुरेज़ करता था। उन्हीं दिनों मेरे अज़ीज दोस्त अहमद नदीम क़ासमी जो ग़ालिबन ऊटपटाँग चीज़ें लिख-लिखकर तंग आ गए थे, रेडियो पाकिस्तान, पेशावर से अलहदा होकर लाहौर चले आए और उन्होंने 'इदारा-ए-फ़रोग़े-उर्दू' के इश्तिराक[19] से एक माहनामा पर्चा 'नक़ूश' जारी किया। उनके इसरार के बावुजूद मैं 'नक़ूश' के पहले चंद पर्चों के लिए कोई कहानी न लिख सका। जब वह नाराज़ हो गए तो मैंने पाकिस्तान में अपना पहला अफ़साना 'ठंडा गोश्त' लिखा।

क़ासमी साहिब ने यह अफ़साना मेरे सामने पढ़ा। वह ख़ामोश पढ़ते रहे मगर मुझे उनका रद्दे-अमल मालूम न हो सका। अफ़साना ख़त्म करने के बाद उन्होंने मुझसे माज़रत[20] भरे लहजे में कहा : ''मंटो साहिब, माफ़ कीजिएगा, अफ़साना बहुत अच्छा है लेकिन 'नक़ूश' के लिए बहुत गर्म है... ''

क़ासमी साहिब से कभी बहस नहीं हुई थी, इसलिए मैंने ख़ामोशी से अफ़साना वापस ले लिया और उनसे कहा : ''बहुत बेहतर, तो मैं आपके लिए दूसरा अफ़साना लिख दूँगा। आप कल शाम तशरीफ़ ले आइएगा।''

क़ासमी साहिब जब दूसरे रोज़ शाम को तशरीफ़ लाए तो मैं अपने दूसरे अफ़साने 'खोल दो' की इख़्तितामी[21] सुतूर लिख रहा था। मैंने क़ासमी साहिब से कहा : ''चंद मिनट... आप बैठिए, मैं अफ़साना मुकम्मल करके आपको देता हूँ।''

इस अफ़साने की इख़्तितामी सुतूर चूँकि बहुत ही अहम थीं, इसलिए क़ासमी साहिब को काफ़ी देर इंतज़ार करना पड़ा। जब अफ़साना मुकम्मल हो गया तो मैंने मुसव्विदा[22] उनके हवाले कर दिया : ''पढ़ लीजिए, ख़ुदा करे आपको पसंद आ जाए।''

क़ासमी साहिब ने अफ़साना पढ़ना शुरू किया। इख़्तितामी सुतूर पर पहुँचे तो मैंने नोट

किया जैसे किसी ने उनको झंझोड़ दिया है—अफ़साना ख़त्म करने के बाद वह कुछ न बोले। मैंने उनसे पूछा : "कैसा है?"

क़ासमी साहिब पर अफ़साने का असर अभी तक ग़ालिब था। उन्होंने मुख़्तसरन कहा : "अच्छा है...मैं लिए जाता हूँ" और आप रुख़्सत लेकर चले गए।

'खोल दो' क़ासमी साहिब के पर्चे 'नक़ूश-3' में शाया हुआ। क़ारिईन ने पसंद किया। हर एक का रद्दे-अमल यकसाँ था। आख़िरी सुतूर सबको झंझोड़कर रख देती थीं लेकिन एकदम हम सबको झंझोड़कर रख देनेवाला हादिसा वक़ू पज़ीर हुआ। हुकूमत को यह अफ़साना अम्ने-आमा[23] के मफ़ाद[24] के मनाफ़ी नज़र आया। चुनांचे हुक्म हुआ : 'नक़ूश' की इशाअत छः महीने तक बंद रहे—अख़बारों में हुकूमत के इस इक़दाम[25] के ख़िलाफ़ एहतिजाजन[26] बहुतकुछ लिखा गया मगर इम्तिनाई[27] हुक्म अपनी जगह पर क़ायम रहा।

मैंने एक रोज़ क़ासमी साहिब से मुसकराकर कहा : "अगर आप 'ठंडा गोश्त' शाया करते तो शायद ये बिजली आपके आशियाने पर न गिरती।"

काफ़ी दिन गुज़रने पर 'अदबे-लतीफ़' के नाइब मुदीर मेरे पास आए और 'ठंडा गोश्त' ले गए—अफ़साने की किताबत हो गई, कापियाँ जम गईं, प्रूफ़ निकल गए, ग़लतियाँ दुरुस्त करके जब वापस प्रेस में गईं तो किसी की नज़र 'ठंडा गोश्त' वाली कापी पर पड़ी। उसने अफ़साना पढ़ा तो छापने से इनकार कर दिया— क़हरे-दरवेश बर-जाने-दरवेश[28] इस अफ़साने के बग़ैर ही पर्चा शाया किया गया।

चौधरी बरकत अली साहिब कोयटा में थे। वापस आए तो उन्होंने 'अदबे-लतीफ़' के दूसरे शुमारे में 'ठंडा गोश्त' छपवाने की कोशिश की मगर नाकाम रहे—अफ़साने का मुसव्विदा मुझे वापस दे दिया गया।

इस दौरान में कराची से मुहतरमा मुम्ताज़ शीरीं के मुतअद्दिद[29] ख़त आ चुके थे कि मैं उनके 'नया दौर' के लिए कोई अफ़साना भेजूँ। मैंने उठाकर 'ठंडा गोश्त' उनको रवाना कर दिया। काफ़ी देर के बाद जवाब आया कि "हम देर तक सोचते रहे कि इसे शाया किया जाए या नहीं। अफ़साना बहुत अच्छा है। मुझे बहुत पसंद है लेकिन डर है कि हुकूमत के एहतिसाब[30] के शिकार न हो जाएं—" 'ठंडा गोश्त' यहाँ से भी ठंडा होकर वापस मेरे पास पहुँच गया। मैंने सोचा, अब इसे किसी रिसाले में नहीं छपवाना चाहिए।

छः महीने की इद्दत पूरी नहीं हुई थी कि हुकूमत ने 'नक़ूश' पर से 'न छापो' वाली क़ैद हटा दी। चुनांचे मैंने 'नया इदारा' के लिए एक मजमूआ मुरत्तब[31] किया जिसका उनवान मैंने 'नमरूद की ख़ुदाई' रखा। उसमें 'खोल दो' के साथ मैंने 'ठंडा गोश्त' भी शामिल कर दिया मगर क़ुदरत को कुछ और ही मंज़ूर था।

अज़ीज़ी आरिफ़ अब्दुल मतीन रिसाला 'जावेद' के एडिटर मुक़र्रर हुए तो मेरे पीछे पड़ गए कि मैं उनको 'ठंडा गोश्त' का मुसव्विदा इशाअत[32] के लिए दूँ। काफ़ी देर मैंने टालमटोल की मगर आख़िरकार उनके पैहम इसरार पर मैंने 'नया इदारा' के मालिक चौधरी नज़ीर अहमद साहिब को एक चिट लिख दी : ये 'जावेद' वाले अपना पर्चा ज़ब्त कराना चाहते हैं, बराहे-करम इनको 'ठंडा गोश्त' का मुसव्विदा दे दीजिए।

आरिफ़ साहिब अफ़साने का मुसव्विदा ले आए और उन्होंने उसे 'जावेद' के ख़ास नंबर मत्बुआ मार्च, 1949 ई. में शाया कर दिया।

पर्चा छपकर मार्किट में आ गया। अंदरूनी और बैरूनी एजेंसियों में भी तक़सीम हो गया। यहाँ तक ख़ैरियत रही। एक महीना गुज़र गया। मैं मुतमइन हो गया कि अब 'ठंडा गोश्त' पर कोई आफ़त नहीं आएगी मगर प्रेस ब्रांच की बागें अभी तक चौधरी मुहम्मद हुसैन साहिब (अब मरहूम) के हाथ में थीं। गो ज़ईफ़ी[33] के बायस उनके हाथ बहुत कमज़ोर हो चुके थे मगर उन्होंने ज़ोर का एक झटका दिया और पुलिस की मशीनरी हरकत में आ गई।

मैंने एक रोज़ उड़ती-उड़ती सुनी कि छापा पड़ा है और पुलिस 'जावेद' के ख़ास नंबर के पर्चे उठाकर ले गई है। मैंने जान-पहचान के चंद लोगों से पूछा। किसी ने इस ख़बर की तस्दीक़ की, किसी ने कहा : "अजी हटाइए, ये जावेदवालों का पब्लिसिटी स्टंट है।" इस दौरान में 'जावेद' के मालिक नसीर अनवर का रुक्क़ा मिला।

> मंटो साहिब,
>
> एक ख़बर सुनिए : आज पुलिस ने दफ़्तर 'जावेद' पर छापा मारा। तलाशी लेने पर बचे-खुचे चंद पर्चे अपने क़ब्ज़े में ले लिए। बाक़ी पर्चों की जाँच-पड़ताल हुई तो डिस्पैच रजिस्टर ने वाज़ेह कर दिया कि तमाम पर्चा हिंदो-पाक के मुख़्तलिफ़ स्टेशनों पर सप्लाई हो चुका है।
>
> रजिस्टर में से तमाम एजेंसियों के पते नोट कर लिए गए और आइंदा सप्लाई का हिसाब-किताब बंद कर दिया गया। यह कार्रवाई गिरफ़्तारी का पेशख़ेमा[34] है और मुझे यक़ीन है कि जल्द ही हम मुल्ज़िमों के कटहरे में होंगे—एक और बात काबिले-ज़िक्र है कि एक मुक़ामी इदारा इस छापे को इख़्तिरा[35] और प्रोपैगंडे से मंसूब करता है। मुझे हैरत है कि ऐसा क्यों है? ख़ैर, इसकी तस्दीक़ ख़ुद-ब-ख़ुद हो जाएगी। मुझे तो यह कहना है कि अब ज़रा वहीं चलिए जहाँ तीन बार सज़ा पाने पर आप बरी क़रार दिए गए थे। मेरा ख़्याल है कि यह बार आख़िरी बार होगी।

ख़बर की तस्दीक़ हो गई। मामला प्रेस एडवाइज़री बोर्ड के सामने पेश हुआ जिसके कन्वीनर कर्नल फ़ैज़ अहमद फ़ैज़, एडिटर 'पाकिस्तान टाइम्स' थे। उसमें 'जावेद' के मालिक नसीर अनवर भी मौजूद थे। उनकी ज़बानी उस मीटिंग की मुख़्तसर रूदाद[36] सुनिए :

> 'पाकिस्तान टाइम्स' के दफ़्तर में प्रेस एडवाइज़री बोर्ड की मीटिंग थी। फ़ैज़ अहमद फ़ैज़ कन्वीनर थे। मीटिंग में एफ़.डब्ल्यू. बस्टन (सिविल मिलिट्री गज़ट), मौलाना अख़्तर अली (ज़मींदार), हमीद निज़ामी (नवाए-वक़्त),

विक़ार अंबालवी (सफ़ीना) और अमीन-उद्दीन सहराई (जदीद निज़ाम) शरीक थे। चौधरी मुहम्मद हुसैन ने 'जावेद' का ख़ास नंबर पेश किया। आपने सबसे पहले पर्चे के बाग़ियाना और इश्तिआलअंगेज़[37] मज़ामीन नज़्मो-नस्र[38] गिनवाए: 'ग़ुलामी से आज़ादी तक', 'रक़्से-बिस्मिल', 'सैलाबे-चीन' यह थीं नज़्में—मज़ामीन में से 'लौरेंग से फ़्लैटी तक', 'खेड़ा बहादुर की जय' और 'चीन कितनी दूर है' ज़ेरे-बहस लाए गए। फ़ैज़ हुकूमत के आइद कर्दा[39] इल्ज़ाम की तरदीद करते रहे। दीगर अराकीन[40] ने हाँ-में-हाँ मिलाई और यूँ यह सियासी इल्ज़ाम टल गया—लेकिन नज़ला 'ठंडा गोश्त' पर गिरा। फ़ैज़ साहिब ने जब उसे ग़ैर फ़हश क़रार दिया तो मौलाना अख़्तर अली गरज उठे: ''नहीं-नहीं, अब ऐसा अदब पाकिस्तान में नहीं चलेगा। जनाब सहराई ने इस पर साद किया। विक़ार साहिब ने अफ़साने को मलऊन[41] और मतऊन[42] क़रार दिया। हमीद निज़ामी ने नवाए वक़्त का साथ दिया और जब एफ़.डब्ल्यू. बस्टन को चौधरी साहिब ने अंग्रेजी में 'ठंडा गोश्त' समझाया तो मुझे बेइख़्तियार हँसी आ गई। फ़र्माने लगे: ''इस कहानी की थीम यह है कि हम मुसलमान इतने बेग़ैरत हैं कि सिक्खों ने हमारी मुर्दा लड़की तक नहीं छोड़ी...'' मुझे हँसी तो आ गई थी लेकिन जब चौधरी साहिब ग़लत तर्जुमानी पर मुसिर[43] रहे तो मुझे अफ़सोस हुआ। मैंने लाख समझाया, फ़ैज़ साहिब ने भी हर तरह से इत्मीनान दिलाया लेकिन फ़ैसला यह हुआ कि अब अदालत ही इसका फ़ैसला करे।

चुनांचे चंद दिन बाद मैं, नसीर अनवर और आरिफ़ अब्दुल मतीन गिरफ़्तार कर लिए गए। गिरफ़्तार करनेवाले सब-इंस्पेक्टर चौधरी ख़ुदाबख़्श थे। बेहद शरीफ़। कई दिन मेरे मकान के चक्कर काटते रहे। उन दिनों मैं अक्सर बाहर होता। आखिर एक रोज़ वह मुझसे मिलने में कामयाब हो गए। बड़े अख़लाक़ से पेश आए और कहा: ''कल सुबह किसी दोस्त के साथ थाना सिविल लाइंस में तशरीफ़ ले आइएगा ताकि आपकी ज़मानत हो जाए।''—इससे पहले कई मर्तबा मुझे पुलिस के आदमियों से पाला पड़ चुका था। चौधरी ख़ुदाबख़्श साहिब का नर्म रवैया मुझ पर बहुत असरअंदाज़ हुआ।

दूसरे रोज़ सुबह को मैं थाने में हाज़िर हो गया—मेरे दोस्त शेख़ सलीम ने दस्तख़त किए और हम मुक़दमे के पहले मरहले से फ़ारिग़ हो गए।

आरिफ़ अब्दुल मतीन बहुत ही परेशान थे। उनका हलक़ ख़ुश्क हुआ जाता था। यह हैरत की बात है क्योंकि वह कम्युनिस्ट पार्टी के सरगर्म कारकुन हैं। अदालत से ख़ुदा मालूम क्यों इतने ख़ाइफ़[44] थे। बहरहाल समन जारी हुए। समाअत की तारीख़ मुक़र्रर हुई और हम तीनों ज़िला में हाज़िर हुए।

मेरे लिए यह जगह कोई नई जगह नहीं थी। अपने पिछले तीन मुक़दमों के सिलसिले में मैं यहाँ कई मर्तबा आ चुका था और धूल फाँक चुका था—नाम तो ज़िला कचहरी है लेकिन बेहद ग़लीज़ जगह है : मच्छर, मक्खियाँ, कीड़े-मकौड़े—हथकड़ियों और बेड़ियों की झनकारें—निहायत ही दक़ियानूस टाइपराइटरों की उकता देनेवाली टिपटिप—तीन टाँगों-वाली कुर्सियाँ जिनकी निशस्त का बेद ही ग़ायब है—दीवारों पर से पलस्तर उखड़ रहा है—बाग़ है जिसका लॉन इफ़लासज़दा[45] मैले-कुचैले कश्मीरी के सिर की तरह गंजा है—बुर्क़ापोश औरतें नंगे, गर्द से अटे हुए फ़र्श पर आलथी पालथी मारे बैठी हैं—कोई गंदी गालियाँ बक रहा है, कोई बिसूर रहा है—अंदर कमरों में मजिस्ट्रेट साहिबान निहायत ही वाहियात मेज़ों के पास बैठे मुक़दमों की समाअत फ़र्मा रहे हैं, पास यार-दोस्त बैठे हैं। दौराने-समाअत उनसे भी गुफ़्तगू जारी है···

अल्फ़ाज़ ज़िला कचहरी की सही तसवीर नहीं खेंच सकते—यहाँ की फ़ज़ा अलग, यहाँ का माहौल अलग, यहाँ की ज़बान अलग, यहाँ की इस्तिलाहात[46] अलग—अजीबो-ग़रीब जगह है यह, ख़ुदा इससे दूर ही रखे···

आपको नक़्ल लेनी हो तो दरख़्वास्त के साथ 'पहिए' लगाने पड़ेंगे। कोई मिसल मुआइने के लिए निकलवानी हो तो भी 'पहिए' लगाने पड़ेंगे। किसी अफ़सर से मिलना हो तो भी 'पहिए' लगाने पड़ेंगे। अगर काम फ़ौरी कराना है तो पहियों की तादाद बढ़ जाएगी—ग़ौर से देखने की ज़रूरत नहीं। अगर आपकी आँखें सिर्फ़ देख सकती हैं तो आपको ज़िला कचहरी में हर अर्ज़ी पहियों पर चलती नज़र आएगी। एक दफ़्तर से दूसरे दफ़्तर तक चार पहिए। दूसरे दफ़्तर से तीसरे दफ़्तर तक जाने के लिए आठ पहिए वक़्स अला हाज़ा[47]—अगर आप आदी मुजरिम नहीं तो आपके दिल में ज़बरदस्त ख़्वाहिश पैदा होगी कि कोई आपके पहिए लगा दे और धक्का दे दे ताकि आप ज़िला कचहरी से बाहर बिकल जाएँ।

वकील का सवाल दरपेश था। अदालत में हाज़िर होने से पहले जनाब तसद्दुक़ हुसैन ख़ालिद से मुलाक़ात हुई। आपने कमाले-मेहरबानी से ख़ुद ही कहा कि वह हमारे मुक़दमे की पैरवी करने में मसर्रत महसूस करेंगे। चुनांचे उनको ही तकलीफ़ दी गई।

ख़ालिद साहिब आए। हम मुल्ज़िमीन मियाँ ए. एम. सईद, पी.सी.एस. मजिस्ट्रेट दर्जा अव्वल की अदालत में पेश हुए। मियाँ साहिब मौसूफ़ किसी ज़माने में कप्तानी के ओहदे पर फ़ाइज़[48] थे मगर अब उनसे बंदूक़ लेकर अद्लो-इंसाफ़ की तराज़ू उनके हाथ में दे दी गई थी; छोटी-छोटी तेज़ आँखें, छरहरा बदन, रंग साँवला—कुर्सी पर बड़ी तम्कनत[49] से बैठे थे। हम मुल्ज़िमीन सलाम करके कटहरे में खड़े हुए तो आप हमारी तरफ़ देखे बग़ैर मिया तसद्दुक़ हुसैन ख़ालिद की तरफ़ मुतवज्जेह हुए। एक बार फिर ज़मानतें हुईं। उसके बाद दूसरी समाअत की तारीख़ मिल गई। हमने मियाँ सईद साहिब को सलाम किया और अदालत से बाहर निकल आए।

जून का महीना था। सबके हलक़ ख़ुश्क थे मगर आरिफ़ अब्दुल मतीन का हलक़ तो

बिलकुल ही लकड़ी हो रहा था—काश ! वहाँ कोई पार्टी मेंबर होता।

हम दो-तीन पेशियाँ इसी तरह भुगते। मौसम ज़ालिमाना हद तक गर्म हो चुका था लेकिन क़हरे-दरवेश बर जाने-दरवेश 'आवाज़ पड़ने तक' अदालत के बाहर खड़े रहते—क्योंकि डर लगा रहता कि अगर हम इधर-उधर हो गए तो मजिस्ट्रेट साहब का क़हर नाज़िल हो जाएगा। शुरू ही से उनका रवैया बहुत सख़्त था। ऐसा महसूस होता था कि वह पहले ही से अपने दिल में हमारे ख़िलाफ़ फ़ैसला मुरत्तब कर चुके हैं।

मियाँ ख़ालिद ने मुझसे कहा : "क्यों न हम इस अदालत से अपना मुक़दमा मुंतक़िल करा लें। मजिस्ट्रेट का रवैया साफ़ मुख़ासिमाना[50] है..."

मैंने कहा : "मियाँ साहिब, छोड़िए। दूसरी अदालत में मुक़दमा ले गए तो क्या हमें वहाँ लड्डू-पेड़े खिलाए जाएँगे। रहने दीजिए मुक़दमे को यहीं।"

मियाँ ख़ालिद मान गए। चुनांचे हम दो-तीन पेशियाँ भुगते—इस्तिग़ासे[51] की तरफ़ से मि. मुहम्मद याक़ूब वल्द मियाँ ग़ुलाम क़ादिर, मैनेजर कपूर आर्ट प्रेस, लाहौर, शेख़ मुहम्मद तुफ़ैल हलीम, असिस्टैंट सुपरिंटेंडेंट डी.सी. ऑफ़िस, लाहौर, सैयद ज़ियाउद्दीन अहमद मुतर्जिम[52] प्रेस ब्रांच, पंजाब गवर्नमेंट और चंद और हज़रात रस्मी तौर पर पेश किए गए।

सैयद ज़ियाउद्दीन ने कहा कि मेरी राय में 'ठंडा गोश्त' तमाम-का-तमाम फ़हश है।

मियाँ ख़ालिद के एक सवाल का जवाब देते हुए उन्होंने कहा कि जहाँ तक मुसन्निफ़ की कोशिश का ताल्लुक़ है, वह नेक है मगर अंदाज़े-इज़्हार और इस्तेमाले-अल्फ़ाज़ ग़लत है।

मियाँ ख़ालिद ने गवाह से एक और सवाल किया : "क्या मुसन्निफ़ को अपने किरदार के मुँह में ऐसे अल्फ़ाज़ नहीं डालने चाहिएँ जो उसकी सही शख़्सियत पेश करें ?"

सैयद साहिब ने जवाब दिया : "जिस क़िस्म का किरदार हो वैसे ही अल्फ़ाज़ इस्तेमाल करने चाहिएँ"—आपने यह भी तसलीम किया कि मुसन्निफ़ का यह काम है कि वह अच्छे-बुरे किरदार तख़लीक़[53] करे।

शहादते-इस्तिग़ासा ख़त्म हुई। मजिस्ट्रेट साहिब ने हस्बे-ज़ाब्ता[54] रस्मी तौर पर हमसे कुछ सवाल किए जिनका मुख़्तसर जवाब दे दिया गया। यह सिलसिला अदालती ज़बान में "इस्तिफ़सारे-मुल्ज़िम बिला हल्फ़"[55] कहलाता है और कुछ इस क़िस्म का होता है।

सवाले-अदालत : आप पर इल्ज़ाम है कि आपने ब-हैसियते-मुसन्निफ़ मज़मून 'ठंडा गोश्त' जो कि रिसाला 'जावेद' के ख़ास नंबर में ब-ग़र्ज़े-इशाअत नसीर अनवर प्रिंटर और पब्लिशर मुल्ज़िम हमराही और आरिफ़ अब्दुल मतीन और नसीर अनवर एडिटर रिसाला मज़कूर[56] को जो कि फ़हश था, दिया। यह जुर्म ज़ेरे-दफ़ा 292 ताज़ीराते-हिंद की तारीफ़ में आता है। क्यों न आपको इस जुर्म की सज़ा दी जाए ?

जवाब : (जो ख़ालिद साहिब ने मेरी तरफ़ से दिया) मैंने अफ़साना 'ठंडा गोश्त' 'जावेद' में ब-ग़र्ज़े-इशाअत दिया लेकिन वह फ़हश नहीं था और न मैं उसे फ़हश तसव्वुर करता

हूँ। यह अफ़साना इस्लाही[57] है।

सवाले-अदालत : मुक़दमा क्यों बनाया गया?

जवाब : पुलिस बेहतर जानती है। उसका नुक़्ता-ए-अख़लाक़ो-इस्लाह हमसे मुख़्तलिफ़ है।

सवाले-अदालत : कुछ और कहना चाहते हैं?

जवाब : इस मौक़े पर नहीं।

अब हमसे सफ़ाई के गवाहों की फ़ेहरिस्त पेश करने के लिए कहा गया। यह फ़ेहरिस्त हमने पहले ही से तैयार कर रखी थी। चुनांचे फ़ौरन पेश कर दी गई। मियाँ सईद साहिब ने जब बत्तीस नाम देखे तो ख़फ़ा हो गए। कहा : "मैं इतना हुजूम नहीं बुला सकता...।"

मियाँ ख़ालिद ने इसरार किया कि हर गवाह अपनी जगह पर बहुत अहम है।

मियाँ सईद ने अपने अंदाज़ में मज़हका उड़ाने की कोशिश की; मुम्ताज़ शीरीं साहिबा का नाम पढ़ा तो इरशाद किया : "यह मुम्ताज़ शांति कौन है..." अदालत के आदमी मियाँ साहिब के इस मज़ाक़ पर हँसे—हम होंठ भींचे ख़ामोश रहे।

बड़ी मुश्किलों के बाद मजिस्ट्रेट साहिब, दर्जा-ए-अव्वल चौदह गवाह बुलाने पर राज़ी हुए।

चुनांचे फ़ेहरिस्त पर निशान लगा दिए गए।

समन जारी हुए—मैं किसी गवाह से न मिला क्योंकि मैं चाहता था कि हर एक मेरे अफ़साने के मुताल्लिक़ अपनी बेलाग राय दे ताकि मुझे अपनी सही पोज़ीशन मालूम हो सके।

जिन गवाहों के समन की तामील हो चुकी थी, उनको सुबह सवेरे अदालत में हाज़िर होना पड़ता था—मैं बेहद शर्मिंदा था क्योंकि ग़रीब कामकाज छोड़कर कई-कई घंटे खड़े रहते थे। हम तो मुल्ज़िम थे लेकिन उनकी हालत भी हम-जैसी थी। हम अंदर कटहरे में खड़े रहते थे और वो अदालत के बाहर लोहे के जंगले के साथ लगे इंतज़ार करते रहते थे कि उन्हें कब आवाज़ पड़ती है।

मेरे दोस्त शेख़ सलीम की हालत क़ाबिले-रहम थी। सुबह-शाम पीने का आदी, सारा वक़्त जमाहियाँ लेता रहता था। आख़िर उससे यह अज़ीयत[58] बर्दाश्त न की गई—वह छोटी-सी बोतल में व्हिस्की भर के ले आता और थोड़े-थोड़े वक़्फ़े के बाद पीता रहता। अदब से उसको दूर का भी वास्ता नहीं लेकिन जब वह दूसरों से बातें करता तो यही कहता : "आख़िर फ़हाशी है क्या? मंटो का अफ़साना 'ठंडा गोश्त' मैंने पढ़ा नहीं लेकिन यह फ़हश नहीं हो सकता...मंटो आर्टिस्ट है।"

हमारी तरफ़ से पहले गवाह सैयद आबिद अली आबिद, एम.ए.एल.एल.बी., प्रिंसिपल, दयालसिंह कॉलेज, लाहौर थे। आपने बयान देते हुए कहा : "मैंने रिसाला 'जावेद' में 'ठंडा गोश्त' पढ़ा है। यह एक अदबपारा[59] है...मंटो साहिब की मैंने तमाम तसानीफ़ पढ़ी हैं। प्रेमचंद के बाद जो मुख़्तसर अफ़सानानिगार मशहूर हुए हैं, उनमें

सआदत हसन मंटो को एक ख़ास मक़ाम हासिल है··· इस अफ़साने से ईशर सिंह के किरदार का नुमायाँ तरीन असर यह है कि उसने जो नारवा हरकत की, उसकी सज़ा उसे फ़ितरत की तरफ़ से नफ़सियाती नामर्दी की सूरत में मिल गई···''

अदालत के एक सवाल पर आबिद साहिब ने कहा : ''वली से लेकर ग़ालिब तक सब, वह चीज़ जिसे फ़हश कहा जाता है, लिखते चले आए हैं। वह लिट्रेचर कभी फ़हश नहीं होता जो एक बार लिट्रेचर क़रार दिया जा चुका हो···''

इस्तिग़ासे की तरफ़ से सवाल किया गया : ''अदब मक़सूद-बिज़्ज़ात[60] है ?''

आबिद साहिब ने जवाब दिया : ''मैं पहले कह चुका हूँ कि अदब तनक़ीदे-हयात[61] है और उसमें इस सवाल का जवाब शामिल है। हर माक़ूल इंसान के क़ौल और फ़ेल का मतलब होता है लेकिन तमाम इंसान माक़ूल नहीं होते। हर क़ौल या फ़ेल सोसायटी की नज़रों में अच्छा या बुरा हो सकता है। अच्छे और बुरे फ़ेल जाँचने के लिए बेशुमार मेयार होते हैं···''

इस्तिग़ासे के एक और सवाल के जवाब में आबिद साहिब ने कहा : ''यह अफ़साना मेरे सब बच्चों और बच्चियों ने पढ़ा है··· मेरी एक लड़की जो फ़ोर्थ इयर में पढ़ती है, उससे कई बार सेक्स पर इल्मी बहस हो चुकी है जो उसके निसाब का जुज़[62] है···'' फिर आपने कहा : ''ख़ास आदमियों से, जो कि अदीब हैं, इस अफ़साने के बारे में मेरा तबादला-ए-ख़यालात हुआ है, सबने इसको बहुत सराहा है···''

सफ़ाई के दूसरे गवाह मि. अहमद सईद, प्रो. नफ़सियात, दयालसिंह कॉलेज, लाहौर थे। आपने अपने बयान में कहा कि अफ़साना 'ठंडा गोश्त' फ़हश नहीं है। इसमें एक बहुत बड़ा जिंसी मसला है—उनके नज़दीक फ़हश लफ़्ज़ की कोई बुनयाद ही नहीं—दूसरे अल्फ़ाज़ में फ़हाशी एक इज़ाफ़ी[63] चीज़ है। ज़ेहनी तौर पर बीमार अशख़ास[64] पर 'ठंडा गोश्त' पढ़ने से बुरा असर हो सकता है।

तीसरे गवाह डॉ. ख़लीफ़ा अब्दुल हकीम, एम.ए. एल.एल.बी., पी-एच.डी., साबिक़ डायरेक्टर ऑफ़ एजूकेशन, कश्मीर थे। आपने अपने बयान में कहा : ''इंसानी नफ़सियात[65] के अंदर जो ख़ैरो-शर[66] है, अदीब का यह काम है, वह उसको इस अंदाज़ से पेश करे कि जिससे इंसानी ज़िंदगी के हक़ाइक़ समझने में मदद मिल सके··· बुरे किरदार को इस अंदाज़ से पेश करे कि उसकी बुराई देखकर नफ़रत पैदा हो···''

ख़लीफ़ा साहिब ने अपने बयान में यह भी कहा : ''ज़ेरे-बहस अफ़साने के किरदार ईशर सिंह से शदीद कराहत[67] और नफ़रत पैदा होती है। यह किरदार बिलकुल सही है। ऐसे किरदारों पर ख़ास कैफ़ियतों के मातहत जिस्मानी हालत दुरुस्त होने के बावुजूद नफ़सियाती नामर्दी तारी हो सकती है···''

इन तीन गवाहों के बयान एक पेशी में हुए। चूँकि यह ख़ासे तवील थे और एक-एक लफ़्ज़ ख़ुद मजिस्ट्रेट साहिब को लिखना पड़ता था इसलिए वह झुँझला-झुँझला जाते थे। कई बार आपने तंग आकर कहा : ''मैं मजिस्ट्रेट हूँ या मुहर्रिर···'' लेकिन बहरहाल उन्हें अपना फ़र्ज़ अदा करना ही पड़ता था।

इस पेशी में एक बड़ी दिलचस्प बात हुई। मेरे हाथों में सिगरेटों का डिब्बा था, ग़ालिबन करेऑन ए का। मजिस्ट्रेट साहब की नजर पड़ी तो आपने मुझे एक बहुत बड़ी डाँट पिलाई : ''यह घर नहीं है, अदालत है··· '' मैंने मुअद्दबाना अर्ज़ किया : ''लेकिन हुज़ूर, मैं पी तो नहीं रहा हूँ··· ''

आपने और ज़्यादा गर्म होकर कहा : ''ख़ामोश रहो, डिब्बा अपनी जेब में रखो।''

मैंने हुक्म की तामील की—मजिस्ट्रेट साहब, दर्जा अव्वल ने मेज़ पर से अपना सिगरेट टिन उठाया और एक सिगरेट सुलगाकर पीना शुरू कर दिया और मैं मुल्ज़िमों के कटहरे में खड़ा उसका बिखरा हुआ धुआँ पीता रहा।

अगली पेशी पर मियाँ तसद्दुक़ हुसैन ख़ालिद तशरीफ़ न लाए क्योंकि उनके घर में कोई अलील[68] था। हमें तारीख़ मिल गई। उस तारीख़ पर मियाँ साहिब मौसूफ़ फिर तशरीफ़ न लाए कि उनका लड़का विलायत से वापिस आ रहा था और वह उसके इस्तक़बाल के लिए कराची चले गए थे। हम सख़्त उलझन में गिरफ़्तार हो गए। मैंने मजिस्ट्रेट साहिब से मुअद्दबाना[69] गुज़ारिश की कि हमें तारीख़ दे दी जाए, इसलिए कि हमारा वकील मौजूद नहीं है—आपने इससे इनकार कर दिया और हुक्म दिया कि कार्रवाई शुरू हो।

मैं बहुत सटपटाया। गवाह को आवाज़ दी गई। डॉ. सईद-उल्लाह एम.ए. एल.एल. बी., पी-एच.डी., डी.एस-सी. (इन दिनों पाकिस्तान एयर फ़ोर्स के सिविलियन ऑफ़िसर) तशरीफ़ लाए। अब मैं सोचने लगा कि क्या करूँ, मगर शायद इसलिए कि ख़ानदान के सब बुज़ुर्ग वकील और बाप सब-जज थे, दो बड़े भाई बैरिस्टर, इस लिहाज़ से ख़ून में किसी क़दर क़ानून घुला हुआ था, मैंने मियाँ तसद्दुक़ हुसैन साहिब ख़ालिद की जगह सँभाल ली और अपने गवाह नंबर चार डॉ. सईद-उल्लाह साहिब से बयान दिलवाना शुरू कर दिया। बात-बात पर मजिस्ट्रेट साहिब मुझे टोकते : ''तुम इस तरह सवाल नहीं कर सकते···तुम यह बात नहीं पूछ सकते···'' मैं डटा रहा।

डॉक्टर साहिब का बयान आधा ख़त्म हुआ था कि अदालत के कमरे में चार नौजवान वकील, काले कोट पहने, बड़े चुस्त, बड़े बाँके दाख़िल हुए और डॉक्टर सईद-उल्लाह साहिब के पास खड़े हो गए। एक, जिसकी पतली-पतली मूँछें थीं और जिसका रंग बाक़ी दो के मुक़ाबले में किसी क़दर साँवला था, मेरे साथ कटहरे के साथ लगकर खड़ा हो गया। थोड़ी देर के बाद जब मुझे साँस लेने का मौक़ा मिला तो उसने मेरे कान में कहा : ''मंटो साहिब, क्या हम आपके मुक़दमे की पैरवी कर सकते हैं?''

मैंने कुछ न सोचा और कहा : ''जी हाँ, आप मुक़दमे की पैरवी कर सकते हैं···'' चुनांचे पतली-पतली मूँछोंवाले उस नौजवान ने पैरवी शुरू कर दी।

मजिस्ट्रेट साहिब ने उससे पूछा : ''आप कौन?''

वकील ने मुसकराकर जवाब दिया : ''हुज़ूर, मैं इनका वकील हूँ। क्यों मंटो साहिब?''

मैंने इस्बात[70] में सिर हिला दिया।—कार्रवाई शुरू हुई। इस वकील के बाक़ी तीन साथी भी हिस्सा लेने लगे। उनकी सरगर्मी में बड़ा दिलकश लड़कपन था, वह जो कॉलेज

के ज़िंदादिल तुलबा[71] में होता है।

मजिस्ट्रेट भिन्ना गए। आपने उन तीन से पूछा : ''आप हज़रात क्यों बीच में बोल रहे हैं...''

उन्होंने जवाब दिया : ''हुज़ूर, हम मुल्ज़िमों के वकील हैं, क्यों मंटो साहिब ?''

मैंने पहले की तरह इस्बात में सिर हिला दिया।

डॉक्टर सईद-उल्लाह साहब ने अपने बयान में जो कुछ कहा मैं उसे मुख़्तसरन पेश करता हूँ। आपने फ़रमाया : 'ठंडा गोश्त' पढ़ने के बाद मैं ख़ुद ठंडा गोश्त बन गया'। पज़मुर्दगी[72] और अफ़सुर्दगी, यह था इसका असर। यह अफ़साना शहवानी हेजान हरगिज़ पैदा नहीं करता...ईशर सिंह का किरदार पेश करने के लिए मुसन्निफ़ ने दो-तीन दफ़ा गाली इस्तेमाल की है। शायद फ़नकार ने इसे मुनासिब समझा हो मगर गाली की शक्ल उसने इस तरह बदली है कि गाली मालूम नहीं होती...अगर वह गाली जो ईशर सिंह ने इस्तेमाल की है, गाली भी रहती, तब भी मेरे नज़दीक अफ़साना फ़हश न होता। गाली फ़हश भी हो सकती है और फ़हश नहीं भी हो सकती...अगर फ़नकार सही फ़नकार है तो वह गाली को बग़ैर ज़रूरत कभी इस्तेमाल नहीं करता। इस अफ़साने में गाली का इस्तेमाल फ़नकाराना है...

प्रोसीक्यूटर साहिब बड़े नस्तालीक़[73] क़िस्म के आदमी थे, बहुत बाँके, कजकुलाह[74], गर्दन में हल्का-सा शानदार ख़म, आँखों पर रिमलैस चश्मा जिसे वह बार-बार अपनी नाक से उतारते और जमाते रहते थे। आपने अज़-राहे-तमस्ख़ुर[75] कुछ कहा तो डॉक्टर सईद-उल्लाह साहिब बरस पड़े, इस ज़ोर से कि दूसरे कमरे में सूफ़ी तबस्सुम साहिब कुर्सी पर से उछलकर बाहर निकल आए। बहरहाल मामला टल गया।

प्रोसीक्यूटर साहिब ने जिनका नाम ग़ालिबन मुहम्मद इक़बाल था, डॉक्टर साहिब से पूछा : ''नफ़्से-मज़मून[76] के लिहाज़ से मुख़्तलिफ़ अदबा को मुख़्तलिफ़ अलक़ाब[77] दिए गए हैं, मसलन राशिद-उलख़ैरी को मुसव्विरे-ग़म, इक़बाल को मुसव्विरे-हक़ीक़त और ख़्वाजा हसन निज़ामी को मुसव्विरे-फ़ितरत कहा गया है, आप...''

डॉक्टर साहिब ने इक़बाल साहिब की बात काटकर कहा : ''मैं 'ठंडा गोश्त' के मुसन्निफ़ को मुसव्विरे-हयात का लक़ब दूँगा...''

अब कर्नल फ़ैज़ अहमद फ़ैज़ की बारी आई। आपने अपने बयान में कहा : ''मेरी राय में अफ़साना फ़हश नहीं है। एक अफ़साने के अलग-अलग अल्फ़ाज़ को फ़हश या ग़ैरफ़हश कहने के कोई मानी नहीं हैं। अफ़साने पर तनक़ीद[79] करते वक़्त मजमूई तौर पर तमाम अफ़साना ज़ेरे-नज़र होगा और होना चाहिए। महज़ उर्यानी[80] किसी चीज़ के फ़हश होने की दलील नहीं। मैं समझता हूँ कि इस अफ़साने के मुसन्निफ़ ने फ़हशनिगारी तो नहीं की है लेकिन अदब के आला तक़ाज़ों को भी पूरा नहीं किया है क्योंकि इसमें ज़िंदगी के बुनियादी मसाइल का तसल्लीबख़्श तज्ज़िया[81] नहीं है...''

जिरह के जवाब में फ़ैज़ साहिब ने कहा : 'मेरी भप्पियाँ ले रहे थे' अगर मौज़ू तक़ाज़ा करे तो मैं ऐसे अल्फ़ाज़ का इस्तेमाल जाइज़ समझता हूँ। 'मुँह भर-भर के बोसे लिए',

'चूस-चूसकर उसका सारा सीना थूकों से लथेड़ दिया' यह अल्फ़ाज़ पार्लियामेंट्री नहीं लेकिन अदबी एतिबार से जाइज़ हैं…"

फ़ैज़ साहिब के बाद सूफ़ी ग़ुलाम मुस्तफ़ा साहिब तबस्सुम, प्रोफ़ैसर गवर्नमेंट कॉलेज, लाहौर, तशरीफ़ लाए, आपने अपने बयान में कहा : "अफ़साना 'ठंडा गोश्त' लोगों के अख़लाक़ को ख़राब नहीं करता। हो सकता है इसके बाज़ फ़िक़रे अलग से फ़हश हों… आज इंसानी जिसियात को अदब का मौज़ू बनाकर हमारे लिट्रेचर का रुजहान एक सही सम्त की तरफ़ जा रहा है।"

जिरह का जवाब देते हुए सूफ़ी साहिब ने फ़रमाया : "कोई अफ़साना या अदबपारा फ़हश नहीं हो सकता जब तक लिखनेवाले का मक़सद अदब निगारी है। अदब बहैसियत अदब के कभी फ़हश नहीं होता।"

इक़बाल साहिब ने अपनी नाक पर से कई मर्तबा जल्दी-जल्दी रिमलैस चश्मा उतारा और जमाया। वह सूफ़ी साहिब को घेर-घारकर अपने मतलब की बात कहलवाना चाहते थे मगर सूफ़ी साहिब तिफ़्ले-मक्तब[82] नहीं थे। वह बीस बरस से उस्तादी करते चले आए थे, इक़बाल साहिब के जाल में न फँसे। एक मर्तबा तो आपने साफ़ कह दिया : "देखिए साहिब, आप लाख उलट-फेर करें लेकिन मैं वही कुछ कहूँगा जो मुझे कहना है।"

इक़बाल साहिब ने सवाल किया : "अगर किसी तहरीर, अफ़साने या अदबपारे के नताइज मुख़र्रिबुल[83] अख़लाक़ हों और मुसन्निफ़ का मक़सद तख़रीबे-अख़लाक़[84] न हो तो आप उस अफ़साने को फ़हश कहेंगे या नहीं?"

साफ़ ज़ाहिर था कि इक़बाल साहिब क्या चाहते हैं। सूफ़ी साहिब ने मुसकराकर जवाब दिया : "नहीं, इसलिए कि पढ़नेवालों के अपने ज़ेहनी रुजहानात भी शामिल होंगे, न कि मुसन्निफ़ का मतलब… तख़लीक़े-अदब मुसन्निफ़ अपनी तबअ से मजबूर होकर करता है, और यह तख़लीक़ औरों के लिए भी होती है…"

इक़बाल साहिब ने एक और सवाल किया : "अगर इस तस्नीफ़ से लोगों के अख़लाक़ पर बुरा असर पड़े तो इसकी ज़िम्मेदारी अदीब पर होगी या नहीं?"

सूफ़ी साहिब ने खट से जवाब दिया : "वह बरीउज़्ज़िम्मा[85] है।"

इक़बाल साहिब ने तंग आकर पूछा : "आख़िर मुख़र्रिबे-अख़लाक़ तहरीर क्या है?"

सूफ़ी साहिब ने जवाब दिया : "वह तहरीर जिससे लिखनेवाले का मक़सद महज़ तख़रीबे-अख़लाक़ हो…"

इक़बाल साहिब ने नाक पर अपना रिमलैस चश्मा जमा दिया और गर्दन को ज़रा ख़मीदा[86] करके जिरह बंद कर दी।

डॉक्टर आई. लतीफ़, हैड ऑफ़ दि साइकोलोजीकल डिपार्टमेंट, एफ़. सी. कॉलेज, लाहौर, बुलाए गए—मैंने उनका नाम सुना था लेकिन उन्हें देखा कभी नहीं था। आप सूफ़ी साहिब के बयान के दौरान में मियाँ सईद साहिब के पास बैठे थे और रिसाला 'जावेद' का ख़ास नंबर उनके हाथ में था। मैंने उनकी तरफ़ ग़ौर ही नहीं किया था। जब वह बयान देने लगे तो मैंने उन्हें ग़ौर से देखा। काला रंग। सबसे पहले मुझे उनकी तीखी मूँछें नज़र आईं।

आपने रिसाला एक तरफ़ रखा और कहना शुरू किया : "मैंने 'ठंडा गोश्त' अभी-अभी पढ़ा है। यह एक ग़लत रिसाले में छपा है। मेरा मतलब है, यह अफ़साना एक पापुलर रिसाले में नहीं छपना चाहिए था। अगर यह किसी साइंटीफ़िक रिसाले में केस हिस्ट्री के तौर पर, मर्दुमी और नामर्दुमी की ताईद या तर्दीद[87] में छपता तो इस पर फ़हाशी का इल्ज़ाम आयद नहीं हो सकता था··· जिन अल्फ़ाज़ की तरफ़ इशारा किया गया है, बोलने में मैं उनको बुरा समझता हूँ लेकिन केस हिस्ट्री में यह अल्फ़ाज़ बड़ी अहमियत रखेंगे।"

ख़ुदा मालूम क्या बात हुई कि डॉक्टर लतीफ़ ने एकदम पूछा : "मि. मंटो कौन हैं··· ?"

मैंने कहा : "जनाब, यह ख़ाकसार है।"

डॉक्टर साहिब की तीखी मूँछें थरथराईं। आपने मुझसे कुछ न कहा और बयान देने में मशग़ूल हो गए।

वकील साहिब ने मेरे कान में कहा : "मंटो साहिब, आपका यह गवाह तो होस्टाइल हो गया है। अब आप इस पर जिरह कर सकते हैं।"

मैंने कहा : "हटाइए···"

लेकिन वकील साहिब ने जिरह कर ही दी। इसके जवाब में डॉक्टर लतीफ़ साहिब ने कहा : "अफ़साना ऐसे रिसाले में, जिसको हर बच्चा, बूढ़ा, लड़का-लड़की पढ़ सके, नहीं छपना चाहिए था क्योंकि ऐसी तबा जो जज़्बात को मुश्तइल[88] करनेवाले तास्सुरात[89] क़ुबूल करनेवाली हों, यह अफ़साना पढ़कर मुश्तइल होंगी···"

जिरह ख़त्म हुई तो डॉक्टर लतीफ़ साहिब मेरे पास आए। उन्होंने हाथ मिलाया और कहा : "आपने मुझे गवाही के लिए बुलाया था तो कम-अज़-कम मिल तो लिए होते।"

मैंने मुसकराकर जवाब दिया : "इंशाअल्लाह[90] अब मुलाक़ात का शर्फ़[91] हासिल करूँगा···"

डॉक्टर साहिब ने फिर हाथ मिलाया और चले गए।

अब मैं उन चार नौजवान वकीलों के मुताल्लिक़ कुछ कहना चाहता हूँ जो बड़े अंदाज़ में मेरे मुक़दमे में दाख़िल हुए थे। पतली-पतली मूँछों, तीखी नाक और साँवले रंगवाले शेख़ ख़ुर्शीद अहमद थे। कॉफ़ी हाउस उनके बग़ैर नामुकम्मल है। दूसरे तीन थे : मि. मज़हर-उल-हक़, मि. सरदार मुहम्मद इक़बाल और मि. एजाज़ मुहम्मद ख़ाँ। आप लोगों को बार-रूम में मालूम हुआ कि मैं ख़ुद अपना केस कंडक्ट[92] कर रहा हूँ और परेशान हूँ तो वे मेरी मदद के लिए चले आए। मैंने उनका शुक्रिया मुनासिब व मौज़ू अल्फ़ाज़ में अदा किया।

शेख़ ख़ुर्शीद अहमद ने कहा : "इसकी कोई ज़रूरत नहीं··· लेकिन दाद दीजिए कि मैंने आपका अफ़साना 'ठंडा गोश्त' पढ़ा क्या, देखा तक नहीं है···" हम सब ख़ूब हँसे। शेख़ ने कहा : "और मैं शर्त लगाने के लिए तैयार हूँ कि मि. इक़बाल ने भी यह अफ़साना अभी तक नहीं पढ़ा है···"

हमारी तरफ़ से सात गवाह अब तक पेश हुए थे। बक़ाया गवाहों को बुलाने के लिए जब

शेख़ ख़ुर्शीद साहिब ने अदालत से दरख़्वास्त की तो मुस्तरद[93] कर दी गई। मजिस्ट्रेट साहिब ने इस ख़याल से कि हमारा पलड़ा वज़नी है, अदालत की तरफ़ से चार गवाह तलब किए : मौलाना ताजवर नजीबाबादी, शोरिश काश्मीरी, अबू सईद बज़्मी और डॉक्टर मुहम्मद दीन तासीर।

हमने कई तारीख़ें भुगतीं मगर ये हज़रात जमा न हुए। आख़िर एक तारीख़ पर सब आ गए। ताजवर साहिब से अलैक-सलैक हुई तो आपने लैक्चर पिलाना शुरू कर दिया कि मैं ऐसे ग़लीज़, फ़हश और वाहियात अफ़साने लिखता क्यों हूँ—मैं ख़ामोश सुनता रहा इसलिए कि मौलाना के साथ बहस करना फ़िज़ूल था।

आग़ा शोरिश बड़े पुरशोर तरीक़े पर मिले। अबू सईद बज़्मी ने मुझसे एक सिगरेट लिया और सुलगाकर टहलने लगे—आवाज़ पड़ी तो हम हाज़िरे-अदालत हुए। कार्रवाई शुरू हुई। पहले गवाह मिनजानिबे-अदालत[94] शम्स-उल-उलमा मौलाना एहसान-उल्लाह ख़ाँ ताजवर नजीबाबादी, प्रो. दयालसिंह कॉलेज, लाहौर थे। आपने फ़रमाया : "'ठंडा गोश्त' किसी मस्जिद में या किसी मजलिस में जमाअती हैसियत में सुनना पसंद नहीं किया जा सकता। अगर कोई पढ़े तो अपना सिर सलामत लेकर न जा सके। चालीस साला अदबी ज़िंदगी में ऐसा ज़लील और गंदा मज़मून मेरी नज़र से नहीं गुज़रा है..."

मैंने मौलाना से चंद सवाल किए तो आपने जवाबन कहा : "यह अफ़साना मैंने पहली बार दयालसिंह कॉलेज में पढ़ा लेकिन पूरा नहीं पढ़ा। थोड़ा-सा पढ़ा और लग्व समझकर बंद कर दिया...मस्नवी गुलज़ारे-नसीम में बकावली और ताज-उल-मुलूक की शादी का तज़्किरा[95] अख़लाक़ से मुतसादिम[96] है...फ़साना-ए-अजायब, मस्नवी बहारे-इश्क़, मस्नवी फ़रेबे-इश्क़ और अलिफ़ लैला में जो फ़हश हिस्से हैं, वो फ़हश हैं। हिकायते-ख़ानम और कनीज़ का ज़िक्र मस्नवी मौलाना रूम में आता है लेकिन मैंने नहीं पढ़ा...जिंसी तरग़ीब[97] का पहलू मस्नवी मौलाना रूम में नहीं हो सकता..."

जी चाहता था कि मौलाना को ख़ूब सताऊँ मगर मैंने मुनासिब ख़याल न किया और चंद सवाल और करके उनको छोड़ दिया—अब आग़ा शोरिश काश्मीरी वल्द आग़ा निज़ामुद्दीन, एडिटर हफ़्तावार 'चट्टान' मूँछों के अंदर मुसकराहटें बिखेरते तशरीफ़ लाए। मेरी तरफ़ देखकर आप खिलके मुसकराए और बयान देना शुरू कर दिया।

आपने फ़रमाया : "जहाँ तक मेरे इल्म और एहसासात का तअल्लुक़ है, मैंने 'ठंडा गोश्त' से अच्छे तास्सुरात फ़राहम[98] नहीं किए। मैं जिस समाज और घराने से तअल्लुक़ रखता हूँ, उसके पेशे-नज़र मैं ऐसा मज़मून अपने पर्चे में शाया नहीं करूँगा। मेरा मदरसा-ए-फ़िक्र इसे गवारा नहीं करता।"

इस्तिग़ासे के एक सवाल का जवाब देते हुए आग़ा साहिब ने कहा : "इससे ओबाश[99] क़ारी[100] को तरग़ीब होती है, उन लोगों को जिनका रुजहाने-तबीयत ख़ासतौर पर बदकारी की तरफ़ माइल हो..."

हमारी तरफ़ से आग़ा साहिब पर कोई जिरह न की गई—अबू सईद बज़्मी, एडिटर 'एहसान' लाहौर पेश हुए तो आपने अफ़साने को मुख़र्रिबे-अख़लाक़ क़रार दिया। उन्होंने

कहा कि : ''अफ़साना मानी और मतलब की वजह से क़ाबिले-एतराज़ है...''

मैंने बज़्मी से पूछा : '' क्यों हज़रत, यह बताइए, क्या इसी अदालत में आपके ख़िलाफ़ इज़ाला हैसियते-उर्फ़ी[101] का मुक़दमा चल रहा है...''

आपने जब 'जी हाँ' कहा तो मजिस्ट्रेट साहिब ने हैरत से पूछा : ''मेरी अदालत में ?''

बज़्मी साहिब ने फिर जवाब दिया : ''जी हाँ ।''

मजिस्ट्रेट साहिब ने क़लम से सिर खुजाकर पाइप सुलगाया और अपने काम में मश्ग़ूल हो गए।

आख़िरी गवाह मिनजानिबे-अदालत पेश हुए यानी डॉक्टर तासीर साहिब, प्रिंसिपल इस्लामिया कॉलेज, लाहौर।

आपने अपने बयान में कहा : ''कहानी अदबी लिहाज़ से नाक़िस[102] है लेकिन है अदबी । निशान लगाए हुए अल्फ़ाज़ कुछ इस कहानी के लिए ज़रूरी हैं कुछ ग़ैर-ज़रूरी । कुछ अल्फ़ाज़ ऐसे हैं जिनको नाशाइस्ता[103] कहा जा सकता है लेकिन मैं फ़हश इसलिए नहीं कहता कि लफ़्ज़े-फ़हश की तारीफ़ के बारे में मैं वाज़ेह नहीं हूँ...मेरे ख़याल में जिन लोगों का मैलान बदकारी की तरफ़ है, उनके लिए इस मज़मून में जिंसी तरग़ीब मौजूद है ।

---

1. नाचना-गाना; 2. पूछताछ; 3. चिंता; 4. शरणार्थी; 5. विखंडित, बिखरा हुआ; 6. बिखराव 7. उदास व चिंतित; 8. दर्शनीय; 9. कमीबेशी; 10. मृत्यु के समय की स्थिति; 11. युद्धरत, संघर्षरत; 12. भूख-प्यास; 13. पेट-भर खाना व अत्यधिक शराब पीना; 14. चमड़ा कमाना; 15. ज्वालामुखी; 16. बहसें; 17. मनोरंजक; 18. साहित्यिक विधा; 19. भागीदारी; 20. क्षमा, माफ़ी; 21. अंतिम; 22. पांडुलिपि; 23. जनता में शांति बनाए रखना; 24. लाभ; 25. क़दम, पग, कार्य का आरंभ; 26. विरोध में; 27. पाबंदी, शासन द्वारा प्रतिबंध लगा देना; 28. ग़रीब का ग़ुस्सा अपने ही ऊपर चलता है; 29. काफ़ी, बहुत; 30. जाँच-पड़ताल, सेंसर करना; 31. संपादित, व्यवस्थित; 32. प्रकाशित करने; 33. बुढ़ापा; 34. पूर्वसूचक, पूर्वाभास; 35. नई बात निकालना, अनहोनी; 36. कार्यवाही; 37. भड़कानेवाला, उत्तेजक; 38. पद्य एवं गद्य; 39. आरोपित; 40. दूसरी पार्टी, विपक्ष; 41. बुरा, गंदा; 42. धिक्कार योग्य; 43. अड़े रहना, दृढ़ रहना,; 44. डरे हुए, भयभीत; 45. ग़रीबी का मारा हुआ; 46. परिभाषा; 47. इसी तरह, ऐसे ही; 48. नियुक्त; 49. शानो-शौकत से, घमंड से; 50. विद्वेषपूर्ण, पक्षपात पूर्ण; 51. अभियोजन पक्ष, वादी की तरफ का वकील; 52. अनुवादक; 53. रचना,; 54. क़ानून के अनुसार; 55. अभियुक्त को बग़ैर शपथ ग्रहण कराए पूछताछ करना; 56. वर्णित, उल्लिखित; 57. सुधारनेवाला; 58. दुख, तकलीफ़; 59. साहित्यिक कृति; 60. अस्तित्व की अभिव्यक्ति का उद्देश्य; 61. जीवन-समीक्षा; 62. हिस्सा, भाग; 63. अतिरिक्त, अलग से; 64. जनता, लोगों; 65. मनोविज्ञान; 66. अच्छा-बुरा; 67. घृणा; 68. बीमार; 69. सम्मान सहित प्रार्थना; 70. स्वीकारोक्ति:; 71. विद्यार्थी, छात्र; 72. उदासीनता; 73. सभ्य; 74. टेढ़ी टोपीवाला; 75. मज़ाक से; 76. विषय के वर्गीकरण; 77. उपनाम, जो नाम किसी विशेषता के कारण दिया जाए; 78. उपनाम; 79. समीक्षा; 80. नग्नता; 81. विश्लेषण; 82. अनाड़ी; 83. शिष्टाचार को ख़राब करनेवाला; 84. शिष्टाचार को ख़राब करनेवाला; 85. अनुत्तरदायी; 86. झुकाकर, टेढ़ी करके; 87. खंडन; 88. उत्तेजक, उत्तेजित; 89. प्रभाव; 90. ईश्वर करे ऐसा ही हो; 91. सौभाग्य, गौरव; 92. संचालन; 93. रद्द कर देना; 94. अदालत की ओर से; 95. वर्णन; 96. विरोधी, विरुद्ध; 97. प्रलोभन; 98. प्राप्त, इकट्ठा; 99. शैतान, बदतमीज़; 100. पाठक; 101. मानहानि; 102. कमज़ोर; 103. अशिष्ट;

जिस शख़्स की तबअ में मैलाने-बदकारी न हो उसे इस मज़मून से जिंसी कराहत होगी, जिंसी तरग़ीब नहीं होगी। 'ठंडा गोश्त' का मतलब मुर्दा लड़की है। मैं इस कहानी को एक आम जिंसी कहानी समझता हूँ। यह – जिंसी अख़लाक़ ख़राब नहीं करती...

अदालत की तमाम कार्रवाई ख़त्म हुई। अब फ़ैसला बाक़ी था जो मियाँ ए. एम. सईद साहिब समाअत[104] के दौरान में कई बार ज़बानी सुना चुके थे। शेख़ ख़ुर्शीद अहमद को यक़ीन था कि हम सबको जुर्माना होगा।

फ़ैसले की तारीख़ सोलह जनवरी (यही साल) मुक़र्रर हुई।

नसीर अनवर बिलकुल बेपरवाह था। सारी समाअत के दौरान में वह हँसता, मुसकराता रहा। आरिफ़ अब्दुल मतीन अलबत्ता सारा वक़्त बहुत परेशान रहे। उनकी इस परेशानी का बाइस यह भी था कि उनके मुअम्मर[105] वालिद बड़े हिरासाँ[106] थे।

जब सफ़ाई की गवाहियाँ ख़त्म हुई थीं तो मैंने अपना तहरीरी बयान दाख़िल किया था। इस तहरीरी बयान को पढ़कर, मुझे अच्छी तरह याद है, मजिस्ट्रेट साहिब ने फ़रमाया था: "यह बयान ही मुल्ज़िम को सज़ा देने के लिए काफ़ी है..."

→

104. सुनवाई; 105. वयोवृद्ध, बुज़ुर्ग; 106. भयभीत;

तहरीरी बयान

मैं अफ़साना 'ठंडा गोश्त', मत्बूआ[107] माहनामा 'जावेद' लाहौर का मुसन्निफ़ हूँ जो इस्तिग़ासे के नज़दीक उर्यां और फ़हश है। मुझे इससे इख़्तिलाफ़ है। यह अफ़साना किसी भी नुक़्ताए-नज़र से ऐसा नहीं है।

फ़हाशी के मुताल्लिक़ बहुत कुछ कहा जा चुका है और कहा जा सकता है मगर यह एक तय शुदा अम्र है कि अदब हर्गिज़-हर्गिज़ फ़हश नहीं हो सकता। 'ठंडा गोश्त' को अगर अदब के दायरे से बाहर कर दिया जाए तो इसके फ़हश होने या न होने का सवाल पैदा हो सकता है। मगर यह अफ़साना एक अदीब की तस्नीफ़ है जो अदबे-जदीद में काफ़ी अहमियत रखता है। इसका सुबूत उसकी तसानीफ़ हैं और वो मज़ामीन जो क़रीब-क़रीब हर अदबी रिसाले में उसके फ़न पर शाया हुए हैं।

इससे पहले तीन मर्तबा मेरे अफ़सानों के बारे में शुब्ह हुआ था कि वो फ़हश हैं। चुनांचे मुझ पर मुक़दमे चले, सज़ाएँ हुईं लेकिन अपील करने पर हर बार सेशन कोर्ट में मुझे और मेरे अफ़सानों को फ़हाशी के इल्ज़ाम से बरी कर दिया गया।

मेरे एक मुक़दमे के सिलसिले में मिस्टर एम. आर. भाटिया, एडीशनल सेशन जज के फ़ैसले के ये अल्फ़ाज़ क़ाबिले-ग़ौर हैं:

> क़ाबिले-ग़ौर अम्र है कि ऐसे अशख़ास[108] मुल्ज़िमीन की सफ़ाई में पेश हुए हैं जो उर्दू ज़बान के आलिम होने की हैसियत में बहुत मशहूर हैं, मिसाल के तौर पर ख़ान बहादुर अब्दुर्रहमान चुग़ताई, मि. के. एल. कपूर, प्रो. डी. ए. वी. कॉलेज, राजेंद्र सिंह बेदी और डॉ. लतीफ़, प्रो. एफ़. सी. कॉलेज, जो बतौर गवाहाने-सफ़ाई पेश हुए। इन सबकी राय है कि मज़मून (बू) में ऐसी कोई चीज़ नहीं जो शहवानी हिस्सियात[109] पैदा करे बल्कि उन लोगों का कहना है कि मज़मून तरक़्क़ीपसंद है और उर्दू अदब के मॉडर्न रुजहान से तअल्लुक़ रखता है, हत्ताकि इस्तिग़ासे के गवाह नंबर चार बशीर ने दौराने-जिरह में तसलीम किया कि मज़मून इंसान के अख़लाक़ पर बुरा असर नहीं डालता।
>
> मातहत अदालते-फ़ाज़िला ने हिंदुस्तानी नौजवानों की तअय्युशपसंद[110] ज़िंदगी का ज़िक्र करते हुए अफ़सोस किया है और इस बात पर मातम किया

है कि मुल्क में हिंदुस्तानियों का पुराना केरेक्टर नाबूद हो रहा है। मातहत अदालत के फ़ाज़िल जज ने वो ख़ूबियाँ भी याद कराई हैं जिनके लिए हम हिंदुस्तानी कभी मशहूर थे और नसीहत (भी) की है कि नए फ़ैशनों को ख़त्म कर देना चाहिए।

मालूम होता है कि मातहत अदालते-फ़ाज़िला के ख़यालात तरक़्क़ीपसंद नहीं हैं। हमें ज़माने के साथ-साथ चलना है—हसीन चीज़ एक दाइमी मसर्रत[111] है। आर्ट जहाँ भी मिले, हमें उसकी क़द्र करनी चाहिए। आर्ट ख़्वाह वह तसवीर की सूरत में हो या मुजस्समे[112] की शक्ल में, सोसायटी के लिए क़तई तौर पर एक पेशकश है, चाहे उसका मौज़ू ग़ैर-मस्तूर[113] ही क्यों न हो। यही कुल्लिया[114] तहरीरों पर भी मुंतबिक़[115] होता है।

जब मुल्क के मशहूरो-मारूफ़ आर्टिस्टों और अदीबों ने मुल्ज़िमीन के हक़ में कहा है तो सारा फ़ैसला यहीं हो जाता है। ज़ेरे-बहस मज़मून ऐसा नहीं कि जिस पर किसी क़ानूनी अदालत में नुक़्ताचीनी की जाए इसलिए मुझे अपील मंज़ूर करने में कोई पसो-पेश नहीं। जुर्माना अगर अदा कर दिया गया है तो वापस किया जाए—मैं अपील करनेवालों को बरी करता हूँ।

इस फ़ैसले से यही नतीजा अख़्ज़[116] होता है कि आर्ट फ़हश नहीं हो सकता और किसी फ़नपारे पर किसी क़ानूनी अदालत में नुक़्ताचीनी नहीं की जानी चाहिए।

कोई लिट्रेरी पीस यानी अदबपारा मेयारी या ग़ैर-मेयारी हो सकता है, इसलिए कि आर्टिस्ट, हो सकता है, अपना मेयार क़ाइम न रख सके—अफ़सानानिगार का हर अफ़साना उसका शाहकार नहीं हो सकता।

'ठंडा गोश्त' के स्टैंडर्ड के बारे में कहा-सुना जा सकता है। यह कहा जा सकता है कि यह अफ़साना मेरे दूसरे अफ़सानों के पाये का नहीं—यह काम अदबी नक़्क़ादों का है और उन्हें इस बात का हक़ है कि वो जाँचें, परखें मगर इस अफ़साने पर किसी सूरत में भी फ़हाशी का इल्ज़ाम नहीं लगाया जा सकता। इसलिए कि मुसन्निफ़ की तरफ़ से अफ़सानवी अदब में, अच्छा-बुरा जैसा भी है, यह एक इज़ाफ़ा है। लेकिन ऐसी सूरत में कि मुझे अपनी पोज़िशन साफ़ करना है, आइए हम इस अफ़साने को अच्छी तरह जाँचें कि इसमें फ़हाशी का कोई पहलू निकलता है या नहीं :

'ठंडा गोश्त' जैसा कि ज़ाहिर है, एक अफ़साना है जिसका अक़बी मंज़र यूँ तो गुज़िश्ता फ़सादात हैं, लेकिन असल में जिसकी बुनियाद इंसानी नफ़्सियात पर क़ाइम है··· और इंसानी नफ़्सियात का जिस से चोली-दामन का साथ है।

अफ़साने में दो किरदार हैं : ईशर सिंह और उसकी दाश्ता या बीवी कुलवंत कौर।

दोनों ठेठ क़िस्म के गँवार सिक्ख हैं—दोनों जिंसी लिहाज़ से बहुत तगड़े हैं। यूँ कहना चाहिए कि ईशर सिंह को जिंसी तशफ़्फ़ी[117] सिर्फ़ कुलवंत कौर ऐसी औरत ही से और

कुलवंत कौर को जिंसी तशफ़्फ़ी सिर्फ़ ईशर सिंह ऐसे मज़बूत और तवाना[118] मर्द ही से मिल सकती है—दोनों की जिंसी ज़िंदगी बड़ी हमवार थी लेकिन एक ऐसा वक़्त आता है जब कुलवंत कौर महसूस करती है कि ईशर सिंह तब्दील हो गया है, उसकी जिंसी मुहब्बत में पहली-सी तवानाई नहीं रही, वह उससे बेरुख़ी बरत रहा है, किसी और औरत से उसने नाता जोड़ लिया है—असल बात यह थी कि ईशर सिंह एक ज़बरदस्त नफ़्सियाती रद्दे-अमल का शिकार हो जाता है जिसके बायस उसकी जिंसी तवानाई क़रीब-क़रीब मफ़्लूज हो चुकी थी। वह लूटमार के दौरान में क़त्लो-ग़ारत करने के बाद एक नौजवान मुस्लिम दोशीज़ा[119] उठा लाया था कि तब्दीली के तौर पर वह उससे जिंसी हज़ उठाए मगर जब उसने ऐसा करना चाहा तो उसे मालूम हुआ कि लड़की दहशत के मारे उसके कंधों पर ही मर चुकी है। उसके सामने एक ठंडी लाश पड़ी थी। उसकी तपती हुई शहवानी ख़्वाहिशात के सामने ठंडे गोश्त का लोथड़ा पड़ा था। उसका ईशर सिंह को कुछ ऐसा ज़बरदस्त एहसास हुआ कि वह नफ़्सियाती तौर पर नामर्द हो गया।

अगर ईशर सिंह का साबिक़ा ठंडी औरतों से पड़ा होता, अगर ईशर सिंह ख़ुद ठंडा मर्द होता तो उस पर इतना ज़बरदस्त नफ़्सियाती रद्दे-अमल न होता, मगर जैसा कि उसका किरदार पेंट किया गया है, वह जिंसी लिहाज़ से बहुत ही तवाना था और उसका जिंसी रिश्ता भी एक ऐसी औरत से था जो हर लिहाज़ से उसका हमपाया थी। यही वजह है कि ऊपर बयान किए गए हादिसे ने उसे जिंसी लिहाज़ से बिलकुल निकम्मा कर दिया।

यहाँ यह बात क़ाबिले-ग़ौर है कि क़त्लो-ग़ारत ने और लूटमार ने ईशर सिंह पर कोई असर नहीं किया था—उसने कई इंसानों को मौत के घाट उतारा था मगर उसके ज़मीर पर एहसास की एक हल्की-सी ख़राश भी नहीं आई थी, लेकिन जब वह लड़की की ठंडी लाश पर झुका तो उसकी मर्दानगी ग़ाइब हो गई।

'ठंडा गोश्त' के बत्न में जो कुछ भी है, ज़ाहिर है कि फ़हश नहीं। उनवान ही एक बैयिन[120] सुबूत है कि अफ़साना पढ़नेवालों के दिलो-दिमाग़ में शहवत की गर्म लहरें नहीं दौड़ाएगा—जो हादिसा ईशर सिंह को पेश आया, वह कैसे किसी क़ारी को शहवानी जज़्बात की तरफ़ माइल कर सकता है।

ईशर सिंह का अंदाज़े-गुफ़्तगू उसका अपना है। हज़ारों आदमी रोजमर्रा की ज़िंदगी में वो अल्फ़ाज़ इस्तेमाल करते हैं जो मुसन्निफ़ ने उसके मुँह से कहलवाए हैं। उसकी हरकात ग़ैर-फ़ितरी नहीं—यही कुछ कुलवंत कौर के मुताल्लिक़ कहा जा सकता है।

इस्तिग़ासे के फ़ाज़िल वकील ने ख़ासतौर पर इस बात पर ज़ोर दिया है कि ईशर सिंह के मुकालमों[121] में गालियाँ इस्तेमाल की गई हैं। मैं यहाँ गाली की नफ़्सियात पर बहस नहीं करूँगा, मगर यह एक खुली हुई हक़ीक़त है कि वो अल्फ़ाज़ जो इस्तिग़ासे के वकील के नज़दीक गाली हैं, असल में गाली नहीं हैं।

मैं यहाँ गाली की एक-दो मिसालें पेश करता हूँ।

उर्दू के मशहूर शाइर मिर्ज़ा ग़ालिब, मिर्ज़ा शहाबुद्दीन ख़ाँ साहिब के नाम एक रुक्क़े में लिखते हैं :

> "ये अशआर[122] जो तुमने भेजे हैं, ख़ुदा जाने किस वल्द-उज़्ज़िना[123] ने दाख़िल कर दिए हैं। अगर ये शेर मत्न[124] में पाए भी जावें तो यूँ समझना, किसी मलऊन ज़न-जल्ब[125] ने असल कलाम को छीलकर ये ख़ुराफ़ात लिख दिए हैं।"
>
> – उर्दूए-मुअल्ला : सफ़हा 217

मिर्ज़ा शहाबुद्दीन के नाम एक और ख़त में इरशाद होता है :

> "मियाँ, वह क़ाज़ी मसख़रा तो चूतिया है।"
>
> –उर्दूए-मुअल्ला : सफ़हा 218

गाली के ये नमूने तो हो गए, लेकिन अगर कोई शख़्स गुफ़्तुगू के दौरान में यह कहे : "मैं भी अजीब चूतिया हूँ कि आप यहाँ हैं और मैं आपको लाहौर ढूँढता फिरा…" तो ज़ाहिर है, लफ़्ज़ 'चूतिया' गाली नहीं है–'साला' हमारे यहाँ बहुत बड़ी गाली मुतसव्विर की जाती है लेकिन बंबई में लफ़्ज़ 'साला' कोई अहमियत नहीं रखता। आम गुफ़्तुगू में वहाँ ऐसे कई फ़िक़रे आपके सुनने में आएँगे :

> हमारा बाप साला बड़ा अच्छा आदमी था।
> साला हमसे मिश्टेक हो गया।
> साला कैसी बात करता है।

माँ-बहन की गाली यू. पी. और पंजाब में गुफ़्तुगू में आम इस्तेमाल होती है और किसी के कान खड़े नहीं होते। ख़ास-ख़ास गाली अक्सर लोगों का तकियाकलाम भी बन जाती हैं–ईशर सिंह भी चंद गालियों को तकियाकलाम के तौर पर ही इस्तेमाल करता है। इसलिए इस्तिग़ासे के फ़ाज़िल वकील का इस नुक्ते पर ज़ोर देना बिलकुल बेकार है।

इसके अलावा यह अहम बात भी पेशे-नज़र रहनी चाहिए कि ईशर सिंह जैसे उजड्ड और गँवार आदमी से शाइस्ता कलामी की तवक़्क़ोह कैसे की जा सकती है। उसके मुँह में अगर मुसन्निफ़ ने मुहज़्ज़ब और शाइस्ता अल्फ़ाज़ डाले होते तो अफ़साने में हक़ीक़त-निगारी का ख़ात्मा हो जाता, बल्कि मैं तो यह कहूँगा कि अफ़साना एक निहायत ही भौंडी शक्ल इख़्तियार कर लेता और आर्ट की सतह से बहुत ही नीचे ख़ुराफ़ात के खड्ड में जा गिरता।

सवाल यह है कि जो चीज़ जैसी है, उसे मिनोअन[126] क्यों न पेश किया जाए। टाट को अतलस[127] क्यों बनाया जाए। ग़लाज़त के ढेर को ऊद और अंबर के अंबार में क्यों तब्दील किया जाए–हक़ीक़त से इन्हिराफ़[128] क्या बेहतर इंसान बनने में हमारा मम्दो-मुआविन[129] हो सकता है? हरगिज़ नहीं–फिर ईशर सिंह के किरदार और उसकी गुफ़्तार पर एतराज़ क्या मानी रखता है।

ईशर सिंह गंदा दहन सही, अफ़साने का मौज़ू घिनावना सही, लेकिन क्या इसको पढ़ने के बाद हमें इंसानियत की वो रमक़ दिखाई नहीं देती जो ईशर सिंह के सियाह क़ल्ब[130] में ख़ुद उसका मक्रूह[131] फ़ेल पैदा करता है—और यह एक सेहतमंद चीज़ है कि इस अफ़साने का मुसन्निफ़ इंसानों और इंसानियत से मायूस नहीं हुआ। अगर मुसन्निफ़ ने ईशर सिंह के दिल और दिमाग़ पर नफ़्सियाती रद्दे-अमल पैदा न किया होता तो यक़ीनन 'ठंडा गोश्त' एक निहायत ही मुहमल[132] चीज़ होती।

मुझे अफ़सोस है कि वह तहरीर, जो इंसानों को बताती है कि वो इंसान से हैवान बनकर भी इंसानियत से अलहदा नहीं हो सकते, फ़हश और शहवत को उभारनेवाली समझी जा रही है—लतीफ़ा तो यह है कि अफ़साने में एक इंसान को उसकी रही-सही इंसानियत एक बहुत बड़ी सज़ा देती है।

यह बात भी क़ाबिले-ग़ौर है कि ईशर सिंह को अपनी चिरी हुई गर्दन का बिलकुल एहसास नहीं, उसको तो आख़िरी साँस तक सिर्फ़ एक ही बात सताती रहती है : वह एक ठंडी लाश से ज़िना[133] करनेवाला था।

फ़्रांस में मशहूर नावलनिगार फ़्लाबेयर की तस्नीफ़ 'मादाम बोवारी' पर फ़हाशी के इल्ज़ाम में मुक़दमा चला तो वकीले-सफ़ाई मोसियो सेनार ने फ़ाज़िलाना बहस के दौरान में कहा : "हज़रात! यह किताब, जो बक़ौल वकीले-इस्तिग़ासा शहवानी जज़्बात को भड़काती है, मोसियो फ़्लाबेयर के वसी मुताले[134] और ग़ौरो-फ़िक्र का नतीजा है। उसने अपनी तवज्जो मतीन[135] फ़ितरत की वसातत[136] से ऐसे ही मतीन और मलूल[137] मज़ामीन की तरफ़ मुन्अतिफ़[138] की है। वह ऐसा आदमी नहीं है जिसके ख़िलाफ़ वकीले-इस्तिग़ासा ने हेजानख़ेज़[139] तसवीरों की नक़्क़ाशी के इल्ज़ाम में जगह-जगह अपनी तक़रीर में ज़हर उगला है—मैं फिर दोहराता हूँ कि फ़्लाबेयर की फ़ितरत में बेइंतिहा संगीनी, शदीद संजीदगी और बेपनाह मलाल भरा पड़ा है।"

मैं अपने मुताल्लिक़ सिर्फ़ इतना कह सकता हूँ कि मैं एक शरीफ़ ख़ानदान का फ़र्द हूँ। इत्तिफ़ाक़ से मेरा पेशा तस्नीफ़ो-तालीफ़[140] है। अपनी फ़ितरत, और जो तालीम और तर्बियत मुझे मिली है, उसकी बदौलत मैंने आज तक सस्ता और सूक़ियाना[141] अदब पेश नहीं किया। उर्दू के जदीद अदब से जो लोग ज़रा-सा भी वास्ता रखते हैं उनको मेरे अदबी मक़ाम का इल्म है—'ठंडा गोश्त' में फ़्लाबेयर की फ़ितरत की बेइंतिहा संगीनी और शदीद संजीदगी शायद न हो लेकिन इससे इनकार नहीं किया जा सकता कि यह बेपनाह मलाल से भरा पड़ा है।

और जब सवाल मलाल का हो तो शहवत का सवाल ही कहाँ पैदा होता है।

अब अफ़साने को इस पहलू से भी देखा जाए कि मुसन्निफ़ की नीयत क्या है।

राय साहिब लाला संतराम की अदालत में अपने अफ़साने 'धुआँ' के सिलसिले में सफ़ाई का बयान देते हुए मैंने कहा था : तहरीरो-तक़रीर में, शेरो-शाइरी में, संगसाज़ी और सनमतराशी में फ़हाशी तलाश करने के लिए सबसे पहले उसकी तरग़ीब टटोलनी चाहिए। अगर यह तरग़ीब मौजूद है, अगर इसका एक शायबा[142] भी नज़र आ रहा है तो

वह तहरीर, वह शेर, वह बुत क़तई तौर पर फ़हश है ।

ज़ाहिर है कि ऐसी कोई तरग़ीब ज़ेरे-बहस अफ़साने में नहीं है । मैं अफ़साने का तज्ज़िया ऊपर कर चुका हूँ जो यह साबित करने के लिए काफ़ी है कि मुसन्निफ़ की नीयत में कोई फ़र्क़ नहीं है और उसने महज़ एक नफ़्सियाती हक़ीक़त को उसके सही रूप में अफ़साने की सूरत में पेश किया है ।

'ठंडा गोश्त' पढ़कर अगर किसी साहिब के जज़्बात बरअंगेख़्ता[143] हों तो उन्हें किसी ज़ेहनी मुआलिज[144] से रूजू करना चाहिए—'धुआँ' ही की सफ़ाई के सिलसिले में मैंने अपने बयान में कहा था : एक मरीज़ जिस्म, एक बीमार ज़ेहन ही ऐसा ग़लत असर ले सकता है । जो लोग रूहानी, ज़ेहनी और जिस्मानी लिहाज़ से तंदुरुस्त हैं, असल में उन ही के लिए शाइर शेर कहता है, अफ़सानानिगार अफ़साना लिखता है और मुसव्विर तसवीर बनाता है⋯मेरे अफ़साने तंदुरुस्त और सेहतमंद लोगों के लिए हैं, नार्मल इंसानों के लिए जो औरत के सीने को औरत का सीना ही समझते हैं, जो औरत और मर्द के रिश्ते को इस्तेजाब[145] की नज़र से नहीं देखते⋯

'ठंडा गोश्त' भी दूसरे अदबपारों की तरह सेहतमंद दिमाग़ों के लिए है, ऐसे दिमाग़ों के लिए नहीं जो मासूम और पाकीज़ा चीज़ों में भी शहवत कुरेद लेते हैं—अगर कोई औरत लोहे की मशीन की हरकत से शहवानी लज़्ज़त हासिल करती है तो क्या लोहे की मशीन या उसकी हरकत पर सिफ़ली जज़्बात बरअंगेख़्ता करने का इल्ज़ाम धरा जाएगा । दुनिया में तो ऐसे अशख़ास भी मौजूद हैं जो मुक़द्दस किताबों से भी शहवानी लज़्ज़त हासिल कर लेते हैं । ऐसे लोगों का तो इलाज होना चाहिए ।

अमरीका में मशहूर मुसन्निफ़ जेम्स ज्वाइस की तस्नीफ़ 'यूलीसेस' को फ़हाशी से बरी करते हुए जज वूलज़े ने अपने फ़ैसले में लिखा था : एक ख़ास किताब ऐसे जज़्बात और ख़यालात पैदा कर सकती है या नहीं इसका फ़ैसला अदालत की राय में यह देखकर होगा कि औसत दर्जे के जिंसी जिबिल्लतें[146] रखनेवाले आदमी पर उसका क्या असर होता है, ऐसे आदमी पर जिसे फ़्रांसीसी 'मामूली क़िस्म की हिस्सियात रखनेवाला इंसान' कहते हैं और जिसकी हैसियत क़ानूनी तफ़तीश की उस शाख़ में एक फ़र्ज़ी आमिल की होती है जैसे अदालते-ख़फ़ीफ़ा के मुक़दमों में 'समझबूझवाले आदमी' की हैसियत होती है या रजिस्ट्रेशन के क़ानून में ईजाद के मसले के मुताल्लिक़ 'फ़न के माहिर' की ।

क़ानून का तअल्लुक़ सिर्फ़ औसत दर्जे के आदमी से है, चुनांचे 'ठंडा गोश्त' के मुताल्लिक़ कोई फ़ैसला मुरत्तब करने से पहले यह देखना चाहिए कि उसके मुताले से एक औसत दर्जे की जिंसी जिबिल्लतें रखनेवालेआदमी के दिल और दिमाग़ पर क्या असर होता है ।

मशहूर अमरीकी नावलनिगार अरस्काइन काल्डवैल की तस्नीफ़ 'गाड्स लिटिल ऐकर' को फ़हाशी के इल्ज़ाम से बरी करते हुए अदालत ने अपने फ़ैसले में लिखा था : मुसन्निफ़ का मक़सद एक सच्ची तसवीर पेंट करना था । ऐसी तसवीरों में बाज़ ज़रूरी तफ़्सीलों का आ जाना लाज़िमी अम्र है और चूँकि ऐसी तफ़्सीलों का गहरा तअल्लुक़ ज़िंदगी

के जिसी पहलू से होता है इसलिए उन्हें बहीमाना साफ़गोई के साथ बयान कर दिया जाता है। अदालत यह हुक्म सादिर नहीं कर सकती कि ऐसी तसवीरें सिरे से बनाई ही न जाएँ—किरदारों की ज़बान बिलाशुब्ह भद्दी और गंदी है मगर अदालत मुसन्निफ़ से अनपढ़ और ग़ैरमुहज़्ज़ब लोगों के मुँह में शाइस्ता ज़बान डाल देने का मुतालबा भी नहीं कर सकती।

'ठंडा गोश्त' एक सच्ची तसवीर है। इसमें कोई इबहाम नहीं। बड़ी ही बहीमाना साफ़गोई से इसमें एक नफ़्सियाती हक़ीक़त की नक़ाबकुशाई की गई है—अगर इसमें कहीं गंदगी और ग़लाज़त है तो उसे मुसन्निफ़ के साथ नहीं, अफ़साने के किरदारों की ज़ेहनी सतह के साथ मंसूब करना चाहिए—किसी तहरीर के चंद अल्फ़ाज़ अगर चिमटे से उठाकर लोगों को दिखाए जाएँ कि ये फ़हश हैं तो इससे कोई सही अंदाज़ा नहीं होगा। इन अल्फ़ाज़ की जुदागाना इशाअत क़ाबिले-गिरफ़्त हो सकती है, बिलकुल उसी तरह जैसे ग़ालिब, मीर, एरिस्टोफ़ीन, चॉसर, बुकैशियो बल्कि किताबे-मुक़द्दस तक के बाज़ मक़ामात क़ो क़ाबिले-ताज़ीर गर्दाना जा सकता है, ताहम किसी तहरीर को समझने के लिए उसे मज्मूई तौर ही से देखना पड़ेगा।

मुझे आख़िर में यह कहने की इजाज़त दी जाए कि मुझे इंतिहाई अफ़सोस है, इस्तिग़ासे की तरफ़ से मेरी तस्नीफ़ 'ठंडा गोश्त' पर कोई अदबी तनक़ीद नहीं हुई। अगर ऐसा होता तो मुझे दिली मसर्रत होती। अफ़साने में अगर कोई फ़न्नी कमज़ोरी रह गई थी, बयान में अगर कोई सक़म[147] था, इंशा में अगर कोई ख़ामी थी तो मुझे इसका इल्म हो जाता और मैं कुछ हासिल कर पाता लेकिन मैं तो यहाँ मुल्ज़िमों के कटहरे में खड़ा हूँ और एक निहायत ही घिनावने इल्ज़ाम का मुँह देख रहा हूँ कि मैंने अपनी तस्नीफ़ के ज़रिए से लोगों के शहवानी जज़्बात उभारे हैं—इस इल्ज़ाम के ख़िलाफ़ मेरे दिल से एहतिजाज के सिवा और क्या चीज़ निकल सकती है।

हैरत है कि 'ठंडा गोश्त' पढ़कर क़ारी का ज़ेहन ख़ौफ़ो-नफ़रत में मलफ़ूफ़[148] होने की बजाय शहवत से मुलव्वस[149] हो सकता है!

और भी हैरत है कि ईशर सिंह को जो हौलनाक सज़ा मिली, वो पढ़नेवाले के दिल और दिमाग़ में शहवानी जज़्बात बेदार कर सकती है!

→

107. प्रकाशित; 108. बहुत-से लोग; 109. कामुकता; 110. भोग-विलास के रसिया; 111. शाश्वत हर्ष; 112. प्रतिमा; 113. बेपर्दा; 114. नियम, सिद्धांत; 115. चरितार्थ; 116. निकालना; 117. संतुष्टी; 118. तंदुरुस्त; 119. युवती; 120. स्पष्ट; 121. संवाद, कथोपकथन; 122. कविता संग्रह, शेरो का संग्रह; 123. अवैध संतान; 124. पुस्तक का मूल लेख; 125. एक गाली; 126. ज्यों-की-त्यों, हू-ब-हू; 127. रेशमी कपड़ा; 128. मुँह चुराना, बचना; 129. मददगार; 130. दिल, हृदय; 131. बुरा, गंदा; 132. बेकार, व्यर्थ; 133. व्यभिचार 134. गहन अध्ययन; 135. गंभीर; 136. माध्यम 137. गंभीर; 138. आकर्षित; 139. उत्तेजक; 140. लेखन-संपादन; 141. बाज़ारु; 142. झलक; 143. भड़कना; 144. चिकित्सक; 145. आश्चर्य; 146. प्रवृत्ति; 147. ऐब, ख़राबी; 148. लिपटा हुआ, भरा हुआ; 149. मिलना, जुड़ना।

सोलह जनवरी आन पहुँची।

शेख़ सलीम बहुत परेशान था। इस परेशानी के बायस उसने ज़्यादा पीना शुरू कर दी। नसीर अनवर हस्बे-मामूल बेपरवा था। अज़ीज़ी आरिफ़ अब्दुल मतीन का हलक पहले से ज्यादा ख़ुश्क हो गया था।

सोलह जनवरी की सुबह को पाँच सौ रुपए जेब में डालकर मैं ज़िला कचहरी रवाना हुआ। शेख़ सलीम पहले ही से वहाँ मौजूद था। वह सुबह से पी रहा था। बोतल पतलून की जेब में थी। ख़ुद बहुत मुज़्तरिब[150] था लेकिन बार-बार तसल्ली देता था : "भाईजान, फ़िक्र की कोई बात नहीं, सब ठीक हो जाएगा।" मैं यह सुनकर मुसकरा देता।

इतने में नसीर अनवर और आरिफ़ अब्दुल मतीन भी आ गए। आरिफ़ ने मुझसे बड़े तश्वीश[151] भरे लहजे में पूछा : "मंटो साहिब, आपका क्या ख़याल है, क्या होगा?"

मैंने जवाब दिया : "वो जो मंजूरे-ख़ुदा होगा…"

मजिस्ट्रेट साहिब आ चुके थे मगर फ़ैसला सुनाने के आसार दिखाई नहीं देते थे—ग्यारह बज गए, बारह बज गए, पानी पी-पीकर हमारे पेट अफर गए मगर आवाज़ न पड़ी। इतने में मेरे एक मुख़बिर ने मुझे बताया कि फ़ैसला तैयार है मगर मियाँ ए. एम. सईद इसमें शायद कुछ तरमीम[152] करना चाहते हैं।

थोड़ी देर बाद पता चला कि मियाँ साहिब ग़ायब हैं यानी अपने कमरे में मौजूद नहीं हैं और यह कि उन्होंने सुबह से किसी मुक़दमे को हाथ तक नहीं लगाया है—एक साहिब ने यह कहा कि वह बहुत परेशान हैं।

ग़रज़ जितने मुँह उतनी बातें।

थोड़ी देर के बाद मुख़बिर पक्की ख़बर लाया—एक तरफ़ ले जाकर उसने मुझसे सरगोशी में कहा : मैं फ़ैसला देख आया हूँ… जल्दी-जल्दी में देखा है और सिर्फ़ चंद आख़िरी सुतूरें। आपको यक़ीनन सज़ा होगी और जुर्माना भी… आपके नाम के आगे यह लिखा है : …and sentence him to undergo… इनका आगे जगह ख़ाली है। दूसरे मुल्ज़िमों को सिर्फ़ जुर्माना होगा। मैं जाता हूँ और ज़ामिन का बंदोबस्त करता हूँ…"

मैं सोचने लगा, सज़ा कितनी होगी? एक माह की, दो माह की या चंद दिनों की?

मैंने किसी से बात तक न की। अलबत्ता शेख़ ख़ुर्शीद साहिब को सबकुछ बता दिया। आपने फ़ौरन ज़मानत के काग़ज़ात तैयार कर लिए और मुझसे कहा : "घबराइए नहीं मंटो साहिब, सज़ा ज़्यादा-से-ज़्यादा दस-बारह यौम[153] की होगी।" लेकिन फिर कुछ सोचकर तश्वीशनाक लहजे में कहा : "कहीं ऐसा न हो, वह ज़मानत लेने से इनकार कर दे…"

यह सुनकर मुझे बहुत तश्वीश हुई क्योंकि मजिस्ट्रेट साहिब का रवैया शुरू ही से

मुख़ासिमाना[154] रहा था। लेकिन कुछ किया भी तो नहीं जा सकता था। ख़ामोश दिल-ही-दिल में पेचो-ताब खाता रहा। आख़िर मुझसे न रहा गया और मैंने शेख़ सलीम को सारी बात बता दी। मेरे जी का बोझ तो किसी क़दर हल्का हो गया मगर शेख़ बेचारा और ज़्यादा मुज़्तरिब हो गया, लेकिन उसने तसल्ली देने की ख़ातिर मुझसे कहा : ''कुछ फ़िक्र न करो भाईजान, मैं टैक्सी लेकर वहाँ जेल में पहुँचूँगा...रुपया सबकुछ कर सकता है। आपको कोई तकलीफ़ नहीं होगी। मैं ऐसे मामले नबेड़ना जानता हूँ। मेरा ख़याल है, आप इस वक़्त एक बड़ा पैग लगा लीजिए...''

मैंने कहा : ''नहीं शेख़ साहिब, शाम को।''

शेख़ साहिब ने कहा : ''तो आप मुतमइन रहें मैं आपको वहाँ पहुँचा दूँगा...''

यह सुनकर मुझे बेइख़्तियार हँसी आ गई।

एक बज चुका था। शेख़ सलीम, नसीर अनवर और मैंने गवर्नमेंट कॉलेज के हास्टिल के सामने घास के मैदान पर बैठकर आलू-छोले खाए और इस ख़याल से कि कहीं आवाज़ न पड़ जाए, जल्दी लौट आए और फ़ैसले का इंतज़ार करने लगे।

नसीर अनवर और आरिफ़ अब्दुल मतीन से मैंने इशारतन कई बार कह दिया था कि वो जुर्माने का बंदोबस्त कर लें ताकि ऐन वक़्त पर परेशानी का सामना न करना पड़े—शेख़ सलीम पी-पीकर स्कीमें सोच रहा था कि वह जेल में मुझ तक कैसे पहुँचेगा और मेरी आसाइश[155] का बंदोबस्त किन ज़राए से करेगा।

अज़ीज़ी मुश्ताक़ अहमद अपने एक दौलतमंद दोस्त शरीफ़ साहिब को मेरी ज़मानत देने के लिए पकड़ लाए थे। ये ग़रीब भी हमारी तरह खड़े बोर हो रहे थे। शेख़ सलीम को ग़ुस्सा था कि जब वह मौजूद है तो कोई और ज़मानत देने के लिए क्यों लाया गया है। मैंने उनसे कहा : ''शेख़ साहिब, अगर आपको ज़मानत देने ही का शौक़ है तो दो मुल्ज़िम और मौजूद हैं।''

शेख़ साहिब उस वक़्त अच्छे मूड में थे, वो मेरी यह बात सुनकर मुसकरा दिए और एक पैग और चढ़ाकर स्कीमें सोचने में महव हो गए। उनको इस बात की बहुत फ़िक्र थी कि मंटो की शाम ख़राब हो जाएगी।

पाँच बज गए। तश्वीश और तरद्दुद बढ़ता गया। नसीर बिलकुल बेपरवा था जैसे कुछ होनेवाला नहीं। उसकी यह बेपरवाई क़ाबिले-रश्क थी। आरिफ़ अब्दुल मतीन का हलक़ अब इतना ख़ुश्क हो चुका था कि उसने बोलना बंद कर दिया था—साढ़े पाँच हुए तो हमें बुलाया गया। फ़ौरन शेख़ साहिब को इत्तिला दी गई। वो भागे-भागे आए और हम सब हाज़िरे-अदालत हुए।

मियाँ ए. एम. सईद दाँतों तले क़लम दबाए, सामने मेज़ पर फ़ैसले के काग़ज़ रखे सोच में ग़र्क़ बैठे थे। शेख़ ख़ुर्शीद के चेहरे से साफ़ ज़ाहिर था कि वो बेहद मुज़्तरिब हैं। मेरा दिल ज़ोर-ज़ोर से धड़क रहा था। शेख़ सलीम का रंग ज़र्द था। आरिफ़ अब्दुल मतीन बार-बार होंठों पर ख़ुश्क ज़बान फेर रहा था—नसीर अनवर उसी तरह बेपरवा था।

प्रेस रिपोर्टर मौजूद थे। काग़ज़-पैंसिल हाथ में लिए वो बड़ी बेचैनी से फ़ैसले का

इंतज़ार कर रहे थे। चंद लम्हात मुकम्मल सुकूत तारी रहा, इसके बाद मियाँ ए. एम. सईद साहिब खँकारे, दाँतों की गिरफ़्त से क़लम आज़ाद किया, निब को रोशनाई दिखाई, फ़ैसले के काग़ज़ उलट-पलट किए और बहुत सोच-सोचकर एक काग़ज़ पर ख़ाली जगहें पुर कीं। इसके बाद मेरे बारे में अपना फ़ैसला सादिर फ़रमाया : तीन महीने क़ैदे-बा-मशक़्क़त और तीन सौ रुपए जुर्माना। अदम-अदायगी-ए-जुर्माना की सूरत में इक्कीस यौम मज़ीद क़ैदे-बा-मशक़्क़त।

शेख़ सलीम का रंग और ज़्यादा ज़र्द हो गया। उसने निगाहों-ही-निगाहों में मुझे तसल्ली दी। गोया यह कह रहा हो : कुछ फ़िक्र न करो, मैं वहाँ जेल में ज़रूर पहुँचूँगा...

मैं यह सोचने लगा था कि मजिस्ट्रेट ज़मानत क़ुबूल करेगा या नहीं... थोड़े वक़्फ़े के बाद मियाँ ए. एम. सईद ने दूसरी ख़ाली जगहें पुर कीं और बक़ाया दो मुल्ज़िमीन के बारे में फ़ैसला सुनाया : तीन-तीन सौ रुपया जुर्माना। अदम अदायगी-ए-जुर्माना की सूरत में इक्कीस यौम क़ैदे-बा-मशक़्क़त।

मैंने जुर्माना दाख़िल कर दिया। शेख़ ख़ुर्शीद साहिब ने मेरी ज़मानत के काग़ज़ पेश किए तो मियाँ ए. एम. सईद ने कहा : "मैं अगर ज़मानत मंज़ूर करता हूँ तो सज़ा का मतलब ही फ़ौत[156] हो जाता है..."

शेख़ ख़ुर्शीद साहिब ने यह इस्तिदलाल[157] पेश किया : "आपका इर्शाद दुरुस्त। मुल्ज़िम ने जुर्माना अदा कर दिया है जो अपील मंज़ूर होने की सूरत में यक़ीनन वापस मिल जाएगा। लेकिन वो दो-तीन दिन जो ज़मानत होने से पहले मेरा मुवक्किल जेल में काटेगा, अपील मंज़ूर होने पर क्या उसे वापस मिल जाएँगे..."

इस्तिदलाल बहुत माक़ूल था मगर फिर भी मियाँ ए. एम. सईद कुछ देर अड़े रहे, आख़िर में उन्होंने करमफ़र्माई[158] की और मेरी ज़मानत क़ुबूल कर ली।

आरिफ़ अब्दुल मतीन के वालिद साहिब ने उनका जुर्माना अदा कर दिया—अब रह गए नसीर अनवर। उनसे पूछा गया तो उन्होंने बड़ी बेपरवाई से कहा : "मेरे पास तो फ़िलहाल कुछ भी नहीं है..."

मजिस्ट्रेट साहिब ने हुक्म दिया कि हथकड़ी लगाओ और जेल में भेज दो।

नसीर अनवर उसी तरह ख़ामोश खड़ा रहा।

मेरे पास दो सौ रुपए मौजूद थे। चौ. नज़ीर, मालिक 'नया इदारा' से मैंने कहा कि वो एक सौ रुपए का बंदोबस्त कर दें मगर उनसे बंदोबस्त न हो सका। सिपाही हथकड़ियाँ लिए नसीर की पीठ पीछे खड़ा था। उनकी झनकार अदालत के कमरे में गूँज रही थी। बाहर पुलिस वैन थी, यानी सारे लवाज़िमात मौजूद थे।

आख़िर ख़ुर्शीद साहिब ही काम आए। आपने मियाँ ए. एम. सईद साहिब से बड़े मुनासिब और मौज़ूँ अल्फ़ाज़ में दरख़्वास्त की कि वो नसीर अनवर की ज़मानत ले लें, जुर्माने का रुपया वो कल सुबह दाख़िल कर देंगे। मजिस्ट्रेट साहिब ने यह दरख़्वास्त क़ुबूल कर ली। अब ज़ामिन का सवाल था। शेख़ ख़ुर्शीद साहिब ने पूछा : "इनकी ज़मानत कौन देगा?"

कोई आगे न बढ़ा। अचानक शेख़ सलीम ने, जो अब तक नशे में धुत हो चुके थे, शेख़ ख़ुर्शीद साहिब से मख़मूर[159] लहजे में कहा : "नसीर साहिब की ज़मानत मैं देता हूँ···"

मेरा दिल धड़कने लगा—अगर अदालत को मालूम हो गया कि शेख़ साहिब पिए हुए हैं तो उनकी ज़मानत कौन देगा ?

मुझे यक़ीन था कि वो ज़रूर धर लिए जाएँगे और सारा मामला चौपट हो जाएगा··· मैं इसी ख़ौफ़ के मारे कमरे से बाहर चला गया।

मैं बार-बार अंदर झाँककर देखता कि शेख़ सलीम गिरफ़्तार हुए हैं या कि नहीं, लेकिन ख़ैरियत गुज़री, नसीर अनवर की ज़मानत हो गई··· शेख़ साहिब झूमते हुए बाहर निकले और मुझे गले लगाकर रोने लगे : "अल्लाह मियाँ ने मेरे भाई को बचा लिया।" यह कहकर आपने जेब से बोतल निकालकर एक घूँट भरा जो कि आख़िरी था : "चलो भई चलें, कहीं दूकान बंद न हो जाए···"

नसीर अनवर बहुत ममनूनो-मुतशक्किर[160] था। बार-बार शेख़ सलीम का शुक्रिया अदा करता था। शेख़ साहिब ने उससे कहा : "शुक्रिया अदा करने की कोई ज़रूरत नहीं। मैंने अपना फ़र्ज़ अदा किया है। आप मेरे दोस्त के दोस्त हैं···"

अब सेशन में अपील करने की तैयारियाँ शुरू हुईं—मियाँ ए.एम. सईद के फ़ैसले की नक़्ल हासिल करने के लिए दरख़्वास्त दी गई। जब नक़्ल न मिली तो दरख़्वास्त के साथ नौ 'पहिए' लगाए गए, नक़्ल फ़ौरन मिल गई।

मियाँ साहब का फ़ैसला अंग्रेज़ी में था। ज़ैल[161] में उसका उर्दू तर्जुमा दर्ज है :

→

---

150. बेचैन; 151. अफसोस, चिंतित; 152. परिवर्तन; 153. दिन; 154. पक्षपातपूर्ण, विद्वेषपूर्ण; 155. ऐशो-आराम; 156. समाप्त; 157. तर्क; 158. दया, मेहरबानी; 159. नशीले; 160. एहसानमंद, कृतज्ञ; 161. नीचे।

फ़ैसला

एक उर्दू रिसाला बनाम 'जावेद' के एडिटर आरिफ़ अब्दुल मतीन, और उसके पब्लिशर नसीर का मय एक मुसन्निफ़ मुसम्मा[162] सआदत हसन मंटो को मेरे पास मुक़दमा ज़ेरे दफ़ा 292 पी. पी. एस. के लिए भेजा गया है। मौख़िरुल्-ज़िक्र[163] मुल्ज़िम के ख़िलाफ़ ये इल्ज़ाम है कि वह एक फ़हश कहानी, जिसका उनवान 'ठंडा गोश्त' है, का मुसन्निफ़ है और जो मज़्कूराबाला[164] रिसाला के एक ख़ास नंबर में शाया हुई है। दूसरे दो मुल्ज़िमों के ख़िलाफ़ यह इल्ज़ाम है कि उन्होंने इस कहानी को मुंदर्जाबाला [165] अंदाज़ में शाया करने का जुर्म किया है।

रिसाला 'जावेद' का ख़ास नंबर मार्च 1949 ई. में शाया हुआ था। यह सैयद ज़िया-उद्दीन मुतर्जिम[166] प्रेस ब्रांच, हुकूमते-पंजाब के इल्म में आया जो इस मुक़दमा में गवाहे-इस्तिग़ासा 3 की हैसियत से पेश हुआ है। उसका यह फ़र्ज़ है कि वह किसी भी तबाशुदा चीज़ में कोई फ़हश मवाद महसूस करे तो उसके बारे में हुकूमते-पंजाब को मुत्तला करे। उसके ख़याल में मज़्कूराबाला एडिशन में शायाशुदा कहानी बउनवान 'ठंडा गोश्त' फ़हश थी, चुनांचे उसने हुकूमते-पंजाब की तवज्जोह इस तरफ़ मब्ज़ूल[167] करवाई और इस सिलसिले में क़ानूनी कार्रवाई के लिए कहा।

इस कहानी की तस्नीफ़ और ख़ास नंबर में इसकी इशाअत से इनकार नहीं किया गया है, और न पहले दो मुल्ज़िम रिसाले के मुदीर[168] और नाशिर[169] होने से मुन्किर[170] हैं। लिहाज़ा अब सवाल सिर्फ़ यह रह जाता है कि कहानी बउनवान 'ठंडा गोश्त' फ़हश है या नहीं।

इस्तिग़ासे ने मज़्कूरा रिसाले के ख़ास नंबर को पेश किया है जो रिकार्ड में Ex. P. F. की हैसियत से दर्ज किया गया है। कहानी जो इस क़ानूनी चाराजोई[171] का मौज़ू है, इस शुमारे के सफ़हा 88 से 93 तक छपी है, मैंने निहायत ग़ौर से इस कहानी को पढ़ा है जो मौज़ू की तश्कील करती है और देखा है कि इस (कहानी) में गंदा तर्ज़े-बयान और नाशाइस्ता गालियाँ इस्तेमाल की गई हैं। मैंने यह भी महसूस किया है कि इस कहानी में कई शहवतपरस्ताना[172] मक़ामात पेश किए गए हैं और जिंसी इशारात का अक्सर ज़िक्र किया गया है।

यह तय करने के लिए कि आया कोई तस्नीफ़, मसलन ज़ेरे-बहस कहानी, फ़हश है या नहीं, ज़रूरी है कि एक मेयार मुक़र्रर किया जाए जिससे फ़हाशी की तमीज़ की जा सके।

3 क्यू.बी (1868 ई.) में हिकलिन रिपोर्ट में इसी मौज़ू के एक मशहूर मुक़दमे में लॉर्ड कोकबर्न जी.जे. ने सफ़हा 360 ता सफ़हा 371 पर फ़हाशी का यह मेयार मुक़र्रर किया था : इस क़िस्म का इल्ज़ामज़दा मवाद जो उन लोगों को बदअख़लाक़ी और बदचलनी की तरग़ीब दे जिनके अज़हान[173] इस क़िस्म के मखर्रिबुल-अख़लाक़ असरात क़ुबूल कर सकते हों और जिनके हाथों में इस क़िस्म का मवाद[174] पहुँच सकता हो—मालूम होता है कि हिंदुस्तान की तमाम अदालत-हाए-आलिया हमेशा इस मेयार की तक़लीद[175] करती रही हैं। इस मेयार से यह ज़ाहिर है कि क़ानून में मुस्तामला[176] उर्यानी इस माहौल से मुताल्लिक़ है जिसमें कि यह जाँची जानी है, (यानी) वो बातें जो एक पाकिस्तानी के अख़लाक़ के लिए ज़रर-रसां[177] ख़याल की जाएँ। जहाँ तक एक फ़्रांसीसी का तअल्लुक़ है (वो बातें) बिलकुल बेज़रर[178] समझी जा सकती हैं—हर सोसायटी के अपने अख़लाक़ी मेयार होते हैं और वो चीज़ें जो एक सोसायटी का अख़लाक़ी क़िवाम ख़याल की जाती हैं, बाज़औक़ात उसी दूसरी सोसायटी के मेयार के मुताबिक़ ग़ैर-अख़लाकी हो सकती हैं। इसी तरह इज़हार के बाज़ असालीब[179] का असर मुख़्तलिफ़ सोसायटियों के अफ़्राद पर मुख़्तलिफ़ होता है, ख़्वाह यह इज़हार मुख़ालिफ़ मेयारों[180] के नज़दीक ग़ैरअख़लाक़ी ही क्यों न हो, इसलिए ज़ेरे-बहस कहानी के फ़हश या ग़ैरफ़हश होने का फ़ैसला पाकिस्तान के मुरव्वजा अख़लाक़ी मेयारों के पसमंज़र पर करना होगा और उस असर के मुताबिक़ जो इस क़िस्म की तहरीर इस सोसायटी में रहनेवाले लोगों के अज़हान पर डालेगी।

लॉर्ड कोकबर्न का क़ायम कर्दा मेयार एक मुकम्मल और जामे तारीफ़ नहीं है। यह जैसा कि इसका मफ़हूम ज़ाहिर करता है, सिर्फ़ एक मेयार है। इसके अलावा कुछ और भी मेयार हो सकते हैं। उनमें से एक वह रुजहान है (यह इल्ज़ामज़दा मवाद में मौजूद है) जो क़ारिईन के अख़लाक़ी एहसासात को ठेस पहुँचाता है। ये मेयार भी क़ारिईन के अख़लाक़ पर मुन्हसिर है।

इस्तिग़ासा ने इब्तिदा में सिर्फ़ पाँच गवाह पेश किए और केस बंद कर दिया।

गवाह इस्तिग़ासा नंबर एक मि. मुहम्मद याक़ूब, मैनेजर कपूर प्रिंटिंग प्रेस, गवाह नंबर दो शेख़ मुहम्मद तुफ़ैल, गवाह नंबर चार मिर्ज़ा मुहम्मद असलम और गवाह इस्तिग़ासा नंबर पाँच ख़ुदाबख़्श ने इन उमूर के मुतअल्लिक़ शहादत दी जिनका फ़हाशी से कोई तअल्लुक़ नहीं। गवाह इस्तिग़ासा नंबर तीन सैयद ज़िया-उद्दीन ने दूसरे उमूर पर बयान करने के अलावा अपनी राय ज़ाहिर की कि ज़ेरे-बहस कहानी फ़हश है, ताहम रिकार्ड में कोई इस क़िस्म का मवाद नहीं जिनसे ज़ाहिर हो कि यह गवाह माहिरे-अदब समझा जा सकता है। मेरे ख़याल में क़ानूने-शहादत की दफ़ा नंबर 45 की रू से उसकी शहादत क़ाबिले-क़ुबूल नहीं है। इसलिए जहाँ तक फ़हाशी के मसले का तअल्लुक़ है, इस्तिग़ासे का केस जैसा कि इब्तिदाअन[181] पेश किया गया है, ख़ुद अदालत की राय और इल्ज़ामज़दा मवाद के मुताले के बाद उसकी माहियत पर मुन्हसिर हो गया।

मुल्ज़िमीन ने सफ़ाई में सात गवाह अदबी उमूर के माहिरीन के हैसियत से पेश किए।

इन गवाहों की शहादत से यह साबित करना मक़सूद था कि ज़ेरे-बहस तहरीर फ़हश नहीं है। सफ़ाई के इख़्तिताम पर इस्तिग़ासे ने दरख़्वास्त की कि मसले की अहमियत के पेशे-नज़र कुछ और माहिरीन बतौर अदालती गवाह बुलाए जाएँ और मैंने इंसाफ़ की ख़ातिर चार और माहिरों को बतौर अदालती गवाह बुलवाया।

बेशतर माहिरीन ने ख़्वाह वो सफ़ाई की तरफ़ से पेश हुए या अदालत की तरफ़ से, किसी-न-किसी फ़रीक़ के हक़ में राय दी कि ज़ेरे-बहस कहानी फ़हश है या नहीं—जैसा कि पहले कहा जा चुका है, ताज़ीरात में फ़हाशी की जो इस्तिलाह[182] इस्तेमाल हुई है, उसकी टैक्नीकल अहमियत है जिसका तअय्युन[183] अदालत को करना है। माहिरीन की शहादत उसी हद तक ज़रूरी है जहाँ तक यह अदब की मुरव्वजा मेयारों, इज़हार की शुस्तगी, सूक़ियानापन, अख़लाक़ी या ग़ैर-अख़लाक़ी हैसियत और उस रुजहान के मुताल्लिक़ जो कोई तहरीर क़ारिईन के अज़हान पर असरअंदाज़ हो, रोशनी डालती है। इन उमूर से यह तअय्युन करना अदालत का काम है कि कोई चीज़ 'फ़हाशी' की शराइत को पूरा करती है या नहीं।

सफ़ाई के गवाह नंबर एक मि. आबिद अली आबिद, नंबर दो मि. अहमद सईद, नंबर तीन डॉ. ख़लीफ़ा अब्दुल हकीम, नंबर चार डॉ. सईद-उल्लाह, नंबर पाँच फ़ैज़ अहमद फ़ैज़, नंबर छः सूफ़ी ग़ुलाम मुस्तफ़ा तबस्सुम और नंबर सात डॉ. आई. लतीफ़ सब साहिबे-इल्म हैं। उनके ख़याल के मुताबिक़, क्योंकि आर्ट ज़िंदगी का आईनादार है, इसलिए फ़नकार कोई ऐसी चीज़ जो ज़िंदगी की सच्ची तसवीर हो, हक़ीक़तपसंदाना तौर पर पेश करने से अपने हक़ूक़ से तजावुज़[184] नहीं करता। इसलिए वो यह जवाज़ पेश करते हैं कि ज़िंदगी का हक़ीक़तपसंदाना इज़हार फ़हश नहीं हो सकता। वो ज़ेरे-बहस कहानी की ग़ैरशाइस्ता ज़बान और उसके सूक़ियाना मुहावरों को भी क़ाबिले-गिरफ़्त नहीं समझते, क्योंकि ये (मुहावरे) इन क़िस्म की गुफ़्तगू की नुमाइंदगी करते हैं जो पेशकर्दा किरदार की नौ के लोग बोलते हैं—इनमें से बाज़ (गवाहों) ने यह कहा है कि कहानी में क़ारिईन के अख़लाक़ को बिगाड़ने का कोई मैलान नहीं पाया जाता। बाज़ ने इस नुक्ते पर ख़ामोशी इख़्तियार की है।

अदालती गवाह नंबर एक मौलाना ताजवर, नंबर दो आग़ा शोरिश काश्मीरी, नंबर तीन मौलाना अबू सईद बज़्मी और नंबर चार डॉ. तासीर भी इसी पाये के इल्मी आदमी हैं। इन गवाहों की शहादत से यह बात नुमायाँ होती है कि ज़ेरे-बहस कहानी बुरा अदब है और ग़ैरशाइस्तगी से पेश की गई है।

सफ़ाई के गवाह नंबर सात डॉ. आई. लतीफ़ ने राय ज़ाहिर की कि अगर ज़ेरे-बहस कहानी किसी मेडीकल जरीदे[185] में शाया होती तो यह एक सबक़-आमोज़[186] केस हिस्ट्री होती लेकिन एक मक़बूले-आम रिसाले में, जिसे हर शख़्स पढ़ सकता है, यह नामौज़ूँ मालूम होती है।

सफ़ाई के गवाह नंबर पाँच कर्नल फ़ैज़ अहमद फ़ैज़ का ख़याल है कि अगरचे वह इसे फ़हश नहीं कह सकते, ताहम[187] यह कहानी अदब का कोई अच्छा नमूना नहीं है। इसमें

बाज़ ग़ैरशाइस्ता मुहावरे इस्तेमाल किए गए हैं जिनसे इज्तिनाब[188] किया जा सकता था।

अदालती गवाह नंबर एक मौलाना ताजवर ने इसकी सख़्त और ग़ैरमुबहम[189] अल्फ़ाज़ में मज़म्मत[190] की और कहा कि उन्होंने अपने चालीस साला अदबी तजुर्बे में इससे ज़्यादा कोई चीज़ ग़ैरशाइस्ता नहीं देखी।

अदालती गवाह नंबर चार डॉ. तासीर की राय है कि इसमें उन लोगों का अख़लाक़ बिगाड़ने का रुजहान मौजूद है जो शहवानी हिर्स की तरफ़ माइल होते हैं।

पाकिस्तान के मुरव्वजा[191] अख़लाक़ी मेयार क़ुरआने-पाक की तालीम के हवाले से बहुत सही तौर पर मालूम हो सकते हैं। कहा जाता है कि ग़ैरशाइस्तगी और शहवानियत की लगाम शैतान के हाथ में होती है। ग़ैरशाइस्तगी, शहवानियत, नफ़्सपरस्ती[192] और सूक़ियानापन ज़िंदगी में मौजूद है। अगर अदबी मज़ाक़ के इस मेयार को तसलीम कर लिया जाए जिसे सफ़ाई के गवाहों ने बयान किया है तो ज़िंदगी के पहलुओं का हक़ीक़तनिगाराना इज़हार अच्छा अदब हो सकता है, लेकिन फिर भी यह हमारे मुआशरे के अख़लाक़ी मेयार की ख़िलाफ़वर्ज़ी करेगा।

मुल्ज़िम सआदत हसन मंटो की लिखी हुई कहानी एक सूक़ियाना आदमी के किरदार को पेश करती है जो अपनी माशूक़ा से, जिसे बहुत शहवतपरस्त दिखाया गया है, वहशियाना और सूक़ियाना अंदाज़ से जिंसी फ़ेल का तालिब होता है। जिंसी तज़्मीन[193] के साथ ग़ैरशाइस्ता गालियों का इस्तेमाल आम किया गया है। जिंसी नौ के अफ़आल[194] के सिलसिले में निस्वानी जिस्म की बाज़ पोशीदा आज़ा[195] का ज़िक्र निहायत बदतहज़ीबी से किया गया है। सारी कहानी एक नाशाइस्ता जिंसी मामले पर मर्कूज़[196] है। दरहक़ीक़त जिंसी बदतहज़ीबी ही इस कहानी का बुनियादी तसव्वुर है।

अदबी और नफ़्सियाती माहिर कहानी का एक ख़ास अंदाज़ से रद्दे-अमल क़ुबूल कर सकते हैं, ताहम मेरी राय में एक अल्हड़ नाबालिग़ पर इस क़िस्म की कहानी का रद्दे-अमल, इज़हार, बोलचाल और ख़यालात में ग़ैरशाइस्तगी की हौसलाअफ़ज़ाई की सूरत में होगा।

सआदत हसन मंटो जैसे बज़ोमे-ख़ुद[197] मशहूर मुसन्निफ़ की मिसाल पेशे-नज़र रखते हुए वो नौजवान जो इस कहानी को पढ़ेंगे, इसी तरह से ग़ैरशाइस्तगी को तक़वियत[198] देंगे।

कहानी बउनवान 'ठंडा गोश्त' को ग़ौर से पढ़ने के बाद मुझे इत्मीनान हो गया है कि इसमें क़ारिईन[199] का अख़लाक़ बिगाड़ने का मैलान मौजूद है और यह हमारे मुल्क के मुरव्वजा अख़लाक़ी मेयारों की ख़िलाफ़वर्ज़ी करती है। इसलिए मैं मुल्ज़िम सआदत हसन मंटो को एक फ़हश तहरीर पेश करने का ज़िम्मेदार ठहराता हूँ और उसे ज़ेरे-दफ़ा 292, पी.पी.सी. तीन माह क़ैदे-बा-मशक़्क़त और तीन सौ रुपए जुर्माने की सज़ा देता हूँ। अदम अदायगी-ए-जुर्माना की सूरत में उसको मज़ीद इक्कीस यौम की सज़ा भुगतनी पड़ेगी।

मुल्ज़िमीन आरिफ़ अब्दुल मतीन और नसीर अनवर जो वाज़ेह तौर पर जरीदे के मुदीर और नाशिर हैं जिसमें मज़्कूरा कहानी शाया हुई है, एक फ़हश तस्नीफ़ की इशाअते-आम के मुजरिम हैं और वो भी इसी दफ़ा के तहत आते हैं। ताहम उनके मामले में उनकी कमउम्री के पेशे-नज़र और फिर यह कि कहानी का मुसन्निफ़ एक ऐसा शख़्स था जो ख़ासी अदबी शुहरत का मालिक है, उन्होंने इस एतिमाद की वजह से कहानी क़ुबूल कर ली होगी कि यह क़ाबिले-क़ुबूल अदबपारा है, मैं उन हर दो मुल्ज़िमों के लिए तीन-तीन सौ रुपया जुर्माने की नर्म सज़ा तज्वीज़ करता हूँ। चूँकि यह इंसाफ़ के तक़ाज़ों को पूरा करेगी, इसलिए मैं इसके मुताबिक़ हुक्म देता हूँ। अदम-अदायगी-ए-जुर्माना की सूरत में मुल्ज़िमीन आरिफ़ अब्दुल मतीन और नसीर अनवर को इक्कीस यौम क़ैदे-बा-मशक़्क़त भुगतनी पड़ेगी।

दस्तख़त

ए. एम. सईद

मजिस्ट्रेट दर्जा अव्वल

लाहौर

→

162. पुरुषों के नाम के पहले लगाया जानेवाला शब्द जो प्रायः सरकारी और अदालती काग़ज़ों में लगाया जाता है; 163. अंत में वर्णित; 164. उपरोक्त; 165. उपरिलिखित; 166. अनुवादक; 167. आकर्षित; 168. संपादक; 169. प्रकाशक; 170. इनकार करनेवाला, किसी बात से मुकर जानेवाला; 171. दावा करना, मुकद्दमा; 172. कामुकतापूर्ण; 173. मानसिकता; 174. विषय-वस्तु, छपा हुआ अंश; 175. पैरवी, अनुकरण; 176. व्यावहारिक; 177. नुक़सानदेह, हानिकारक; 178. हानिरहित; 179. शैलियाँ; 180. स्तर; 181. आरंभ में; 182. परिभाषा; 183. विवेचना, निश्चित; 184. उल्लंघन; 185. जर्नल (Journal); 186. अनुकरणीय, शिक्षापूर्ण; 187. फिर भी; 188. बचा जाना, परहेज़; 189. स्पष्ट; 190. निंदा; 191. प्रचलित; 192. विषयलोलुप, कामुक; 193. उल्लेख; 194. कार्यों; 195. गुप्तांग; 196. केंद्रित; 197. अपने ग़लत विचार में; 198. बढ़ावा; 199. पाठकों।

28 जनवरी, 1950 ई. को सेशन में अपील दाइर कर दी गई—तारीख़ मिलने पर हम महरुल हक़ साहिब, सेशन जज, लाहौर की अदालत में पेश हुए। आपने इस बिना पर कि वह मुझे और मेरे ख़ानदान को बहुत अच्छी तरह जानते हैं और हमशहर (अमृतसर) के हैं, मुक़दमा मि. जोशुआ, एडीशनल सेशन जज की अदालत में मुंतक़िल कर दिया।

दूसरी पेशी पर हम हाज़िर हुए तो मालूम हुआ कि मि. जोशुआ ने केस वापिस महरुल हक़ साहिब को भेज दिया है, यह उज़्र ज़ाहिर करके कि वह उर्दू ज़बान अच्छी तरह नहीं जानते।

महरुल हक़ साहिब ने सोच-विचार के बाद मुक़दमा इनायत-उल्लाह ख़ाँ साहिब, एडीशनल सेशन जज की अदालत के सिपुर्द कर दिया—हम हाज़िर हुए तो इनायत-उल्लाह साहिब ने हमारे वकील से फ़रमाया : "यह केस चूँकि मेरे लिए अपनी नौइयत[200] का पहला केस है, इसलिए मैं अच्छी तरह स्टडी करना चाहता हूँ और इसके लिए वक़्त दरकार है... मैं आपको एक महीने बाद की तारीख़ देता हूँ।"

शेख़ ख़ुर्शीद अहमद ने कहा, "ठीक है।" चुनांचे दलाइल[201] के लिए 10 जुलाई की तारीख़ मुक़र्रर हो गई।

शेख़ ख़ुर्शीद अहमद साहिब ने अदालत से बाहर आकर मुझसे कहा : "अच्छा है, इस दौरान में मैं भी ख़ूब तैयारी कर लूँगा।" लेकिन उन्होंने अंदेशा ज़ाहिर किया कि हमारा केस ग़लत आदमी के पास गया है जो बड़ा तंग ख़याल है, दाढ़ी रखता है, नमाज़-रोज़े का पाबंद है।

मैंने कहा : "हटाइए, यहाँ नहीं तो हाई कोर्ट में देखा जाएगा..."

शेख़ ख़ुर्शीद साहिब ने इस दौरान में अपनी रहबरी[202] के लिए मुझसे कहा कि मैं अपने अफ़साने 'ठंडा गोश्त' पर एक मुख़्तसर-सा तब्सिरा लिख दूँ, चुनांचे मैंने दर्ज ज़ैल सुतूर लिखकर उनके हवाले कर दीं :

→

---

200. क़िस्म, प्रकार; 201. सुबूत पेश करना या तर्क देना; 202. मार्गदर्शन।

तब्सिरा

यूँ तो कहानी बज़ाहिर जिंसी नफ़्सियात के एक नुक्ते के गिर्द घूमती है लेकिन दरहक़ीक़त इसमें इंसान के नाम एक निहायत ही लतीफ़ पैग़ाम दिया गया है कि वह ज़ुल्मो-तशद्दुद और बरबरीयतो-हैवानियत[203] की आख़िरी हुदूद[204] तक पहुँचकर भी अपनी इंसानियत नहीं खोता। अगर ईशर सिंह अपनी इंसानियत खो चुका होता तो मुर्दा औरत का एहसास उस पर इतनी शिद्दत से कभी असर न करता कि वह अपनी मर्दानगी ही से आरी हो जाता।

इतने शदीद क़िस्म के असर को नफ़्सियाती नुक़्ता-ए-निगाह से मुनासिब व मौज़ूँ और क़रीब-अज़-हक़ीक़त दिखाने के लिए ज़रूरी था कि ईशर सिंह को जिंसी लिहाज़ से आम मर्दों के मुक़ाबले में ज़्यादा क़वी[205] बताया जाता, चुनांचे मुसन्निफ़ ने कहानी में जगह-जगह अपने क़लम की जुंबिश से बक़दरे-किफ़ायत ऐसा किया है।

ईशर सिंह के किरदार के जिंसी पहलू को और ज़्यादा उजागर करने और इस तरह उसके दर्दनाक अंजाम को क़ारी के लिए क़ाबिले-क़ुबूल बनाने के लिए मुसन्निफ़ ने कुलवंत कौर का किरदार पेश किया है जो ईशर सिंह ही की तरह आम औरतों के मुक़ाबले में जिंसी लिहाज़ से कहीं ज्यादा क़वी और तवाना है।

अगर ईशर सिंह एक आम मर्द होता, उसी तरह अगर कुलवंत कौर एक आम औरत होती तो यक़ीनी तौर पर अफ़साना 'ठंडा गोश्त' का अंजाम कुछ और ही होता। आम मर्द पर, जिसका जिंसी तअल्लुक़ एक आम औरत से रहा हो, एक लड़की की ठंडी लाश हर्गिज़-हर्गिज़ वह नफ़्सियाती असर नहीं कर सकती जो ईशर सिंह ने अपने क़वी और तवाना जिंसी किरदार के बायस महसूस किया, और इस शिद्दत से महसूस किया कि वह उसके नीचे दबकर, बल्कि पिसकर अपनी मर्दानगी खो बैठा।

शहवत एक जज़्बा-ए-आतशीं है। इंसान में अगर यह जज़्बा बेदार हो तो उसके जिस्म में गर्म रौ दौड़ जाती है, उसका दर्जा-ए-हरारत बढ़ जाता है, उसका दिलो-दिमाग़ तप जाता है—ज़ेरे-बहस अफ़साने का उनवान 'ठंडा गोश्त' है। ज़ाहिर है कि यह उनवान जो कि मानवी एतिबार ही से ठंडा है, कारी के दिलो-दिमाग़ में किसी क़िस्म की गर्मी पैदा नहीं कर सकता।

अगर कोई औरत जिंसी लिहाज़ से कमज़ोर हो तो हम उसे 'ठंडी औरत' कहते हैं, यानी ऐसी औरत जो मर्द में जिंसी ख़्वाहिश पैदा नहीं करती। अफ़साना 'ठंडा गोश्त' में क्लाइमैक्स पैदा करनेवाली एक लड़की की ठंडी लाश है, ऐसी ठंडी लाश जो ईशर सिंह-जैसे पुरजोश शहवानी मर्द की सारी मर्दानगी पर बर्फ़ की सिल की तरह गिरती है और उसे यख़बस्ता कर देती है—हम बख़ूबी सोच सकते हैं कि 'ठंडा गोश्त' पढ़नेवाले क़ारिईन पर, जो यक़ीनन ईशर सिंह की तरह पुरजोश शहवानी इंसान नहीं हो सकते, इस कहानी के अंजाम ने किस क़िस्म का असर छोड़ा होगा—सफ़ाई के गवाह डॉ. सईद-उल्लाह एम. ए., एल. एल. बी., पी-एच. डी., डी. एस-सी., ने अपने तास्सुरात को मुख़्तसर मगर जामे-अल्फ़ाज़ में क्या ख़ूब बयान किया है : अफ़साना 'ठंडा गोश्त' पढ़ने के बाद मैं ख़ुद ठंडा गोश्त बन गया।

जहाँ तक नार्मल इंसानों का तअल्लुक़ है, हम बिला-ख़ौफ़े-तरदीद कह सकते हैं कि यह अफ़साना पढ़ने के बाद उनका रद्दे-अमल ब-ईनहु[206] ऐसा ही होगा। यह जुदा बात है कि वो डॉ. सईद-उल्लाह साहिब की तरह अपने महसूसात को ब-तरीक़े-एहसन बयान न कर सकें।

एबनार्मल इंसानों के मुताल्लिक़ हम कुछ नहीं कह सकते क्योंकि ऐसे लोग मौजूद हैं जो लाशों से भी मुबाशरत[207] कर सकते हैं।

'ठंडा गोश्त' में मर्द और औरत के जिंसी तअल्लुक़ात को किसी मक़ाम पर भी लज़ीज़ अंदाज़ में पेश नहीं किया गया। अव्वलन इसलिए कि ऐसा अंदाज़ अफ़साने के मक़सद से मुतसादिम[208] था। सानियन[209] इसलिए कि अफ़साने का मुसन्निफ़ 'शहवतनिगार' नहीं है। 'ठंडा गोश्त' कोई जोड़दार आसन नहीं पेश करता, इम्साक[210] का नुस्ख़ा नहीं बताता, किसी ख़ुफ़िया तसवीर की झलक नहीं दिखाता—'ठंडा गोश्त' एक दर्दनाक तसवीर है, एक ऐसे मर्द की जिसमें इंसानियत की रमक़, उसके किरदार की तमाम हौलनाकियों के बावुजूद बाक़ी थी। इस रमक़ ने गो उसे अंजामकार नामर्द बना दिया और वह अपने जिंसी रफ़ीक़ के हसद के बायस निहायत ही तकलीफ़देह मौत से हमकनार हुआ। लेकिन यह बात क़ाबिले-ग़ौर है कि मरते हुए उसे अपनी मौत का एहसास बिलकुल नहीं था, इसलिए कि उसके दिलो-दिमाग़ पर सिर्फ़ एक चीज़ मुसल्लत[211] थी : उस लड़की की लाश का बर्फ़नाक रद्दे-अमल जिसके साथ वह मुबाशरत करना चाहता था।

मरने से पहले ईशर सिंह को अपनी बहीमियत[212] का एहसास भी हुआ। और यह एहसास उसके इर्द-गिर्द फैली हुई ज़ुलमत में रोशनी की एक किरन थी। लहू ईशर सिंह की ज़ुबान तक पहुँच गया। जब उसने उसका ज़ायका चखा तो उसके बदन पर झुरझुरी-सी दौड़ गई। उसने अपने आपसे कहा : 'और मैं... और मैं... भैनीया छः आदमियों का क़त्ल कर चुका हूँ...इसी कृपान से!'

ईशर सिंह ने अपनी कृपान से छः आदमी क़त्ल किए थे। जो नफ़्सियाती हादिसा उसे पेश आया, उससे पहले ग़ालिबन उसने कभी ग़ौर न किया होगा कि उसके हाथों छः

आदमियों का ख़ून हो चुका है। मगर अब वह अपने ख़ून का ज़ायक़ा चखते हुए सोचता है, बल्कि यूँ कहिए कि यह सोचने के क़ाबिल हो जाता है कि जिस कृपान ने मेरा गला क़ाटा है, उससे मैं छः आदमी काट चुका हूँ—जब वह 'छः आदमियों का क़त्ल कर चुका हूँ' के साथ 'भैनीया' इस्तेमाल करता है तो क्या हमें इस गाली में उसकी रूह की दर्दनाक चीख़ सुनाई नहीं देती ?

"और मैं··· और मैं··· भैनीया छः आदमियों को क़त्ल कर चुका हूँ··· इसी कृपान से !"

यानी : ईशर सिंह, तू दर्द और तकलीफ़ महसूस कर रहा है··· लेकिन जानता है कि इसी कृपान से तूने छः आदमी मारे हैं···

ईशर सिंह से हम उसके ख़यालातो-महसूसात के ख़ुश-असलूब[213] बयान की तवक़्क़ो नहीं कर सकते। वह एक गँवार आदमी है लेकिन उसने अपने ख़ाम अंदाज़ में सबकुछ बयान कर दिया है और यह ख़ाम अंदाज़ अपनी जगह पर मुनासिबो-मौज़ूँ है।

ईशर सिंह की क़ूव्वते-मर्दुमी[214] सल्ब[215] हो चुकी थी लेकिन वह अपने अंदर एक नई करवट महसूस कर रहा था—उसके मुक़ाबले में कुलवंत कौर के दिलो-दिमाग़ पर सिर्फ़ एक ख़याल मुसल्लत था, उस औरत का ख़याल जिसने उसके ख़याल के मुताबिक़ उसके शौहर ईशर सिंह को मोह लिया था। वह पूछती है : "कौन है वह हरामज़ादी ?"

ईशर सिंह की आँखें धुँधला रही थीं। एक हल्की-सी चमक उनमें पैदा हुई और उसने कुलवंत कौर से कहा : "गाली न दे उस भड़वी को···"

इन छः अल्फ़ाज़ में क्या मुसन्निफ़ ने ईशर सिंह के सारे जज़्बात जमा नहीं कर दिए। वह कुलवंत कौर को मना करता है कि वह उस औरत को गाली न दे लेकिन ख़ुद उसे 'भड़वी' कहता है। दरअसल गाली का रुख़ उसकी अपनी ज़ात की तरफ़ है। वह बज़ाहिर तो रहम उस औरत पर खाता है जिसको कुलवंत कौर 'हरामज़ादी' कहती है लेकिन दरहक़ीक़त उसको रहम अपनी हालत पर आता है।

ज़रा आगे चलिए तो सारा मतलब वाज़ेह हो जाता है।

कुलवंत कौर चिल्लाई : "मैं पूछती हूँ, वह कौन है ?"

ईशर सिंह के गले में आवाज़ रुँध गई : "बताता हूँ।" यह कहकर उसने अपनी गर्दन पर हाथ फेरा और उस पर अपना जीता-जीता ख़ून देखकर मुसकराया : "इंसान माइया भी एक अजीब चीज़ है।"

यहाँ हम ईशर सिंह को एक फ़ल्सफ़ी, एक ख़ाम फ़ल्सफ़ी की हैसियत से देखते हैं और इस ख़ाम फ़ल्सफ़ी[216] के अक़ब[217] में हमें सिर्फ़ एक चीज़ नज़र आती है : उस लड़की की ठंडी लाश जिससे ईशर सिंह जैसा गर्म मर्द मुबाशरत करना चाहता है।

वह मुसकराता है, सिर्फ़ मुसकराने के लिए नहीं। उसकी मुसकराहट दरअसल उसकी हैरत का मज़हर है। चूँकि वह समझ नहीं सकता कि उसके साथ क्या हुआ है, इसलिए वह मुसकरा देता है और अपने मुज़्तरिब ज़ेहन से फ़रार हासिल करने के लिए ख़ुद से कहता है : 'इंसान माइया भी एक अजीब चीज़ है···'

यह एक बहुत बड़ा अलमीया है जो किसी इंसान के साथ पेश आ सकता है।

उसको शहवानी जज़्बात की बरअंगेख़्तगी से क्योंकर मंसूब किया जा सकता है? कहानी जिसमें एक क़वी और तवाना मर्द की शहवत सर्द हो जाती है, पढ़नेवालों के सिफ़ली[218] जज़्बात कैसे मुश्तइल कर सकती है?

इसमें कोई शक नहीं कि 'ठंडा गोश्त' में चंद ऐसे अल्फ़ाज़ और फ़िक़रे मौजूद हैं जिनको अगर अफ़साने के जिस्म से नोचकर, अलहदा करके देखा जाए तो वो नाशाइस्ता और ग़ैरमुहज़्ज़ब मालूम होंगे, मगर वो अफ़साने का लाज़िमी जुज़ हैं जिनके बग़ैर अफ़साना मुकम्मल नहीं हो सकता। किसी लफ़्ज़ को या किसी फ़िक़रे को उसके गिर्द के माहौल के साथ ही देखना पड़ता है।

अगर आप 'जिगसॉ पज़ल'[219] में से एक टुकड़े को उठा लें और कहें: ''यह तो गधे की दुम है।'' तो ज़ाहिर है कि आप अपनी राय सही तौर पर क़ायम नहीं कर रहे हैं, इसलिए कि उस टुकड़े को उसके सही मक़ाम पर रखकर 'जिगसॉ पज़ल' को मिन-हैसुल-मजमू[220] देखना पड़ेगा, क्योंकि हो सकता है कि वह टुकड़ा दूसरे टुकड़ों के साथ जुड़कर किसी ख़ूबसूरत औरत के गले में पड़ी हुई लोमड़ी की खाल की शक्ल इख़्तियार कर जाए।

इसके अलावा हमें यह भी देखना है कि जो नाशाइस्ता और ग़ैरमुहज़्ज़ब अल्फ़ाज़ या फ़िक़रे हैं वो किस क़िस्म के इंसान के मुँह से निकले हैं। ईशर सिंह एक गँवार और ग़ैरमुहज़्ज़ब इंसान है, उसके मुँह से हम शाइस्ता और मुहज़्ज़ब गुफ़्तुगू की तवक़्क़ोह नहीं कर सकते।

अब हम गालियों की तरफ़ आते हैं जो ईशर सिंह के मुकालमों में हमें नज़र आती हैं।

हम इस हक़ीक़त से कभी इग़माज़[221] नहीं कर सकते कि अक्सर मुहज़्ज़ब और ग़ैरमुहज़्ज़ब इंसान (मर्द और औरतें) अपने रोज़मर्रा की गुफ़्तुगू में गालियाँ इस्तेमाल करते हैं। ईशर सिंह अपनी गुफ़्तुगू में गालियाँ बग़ैर किसी तकल्लुफ़ के इस्तेमाल करता है, इसलिए कि उसका मक़सद गाली देना नहीं। अक्सर मक़ामात पर वह गाली को बतौर तकियाकलाम इस्तेमाल करता है।

''और मैं··· और मैं··· भैनीया छः आदमियों को क़त्ल कर चुका हूँ।''

ज़ाहिर है कि गाली का रुख़ न तो ख़ुद ईशर सिंह की तरफ़ है न उन छः आदमियों की तरफ़ जिन्हें वह क़त्ल कर चुका है।

''गला चिरा हुआ है माँया मेरा।''

ज़ाहिर है कि 'गले' की कोई माँ नहीं है जिसको वह गाली दे रहा है।

''यह कुड़ीया दिमाग़ ही ख़राब है।''

इसके मुताल्लिक़ भी हम यही कह सकते हैं कि दिमाग़ की कोई बेटी नहीं है जिसको वह गाली दे रहा है।

इसी तरह कुलवंत कौर एक जगह कहती है: ''यह भी कोई माँया जवाब है।''

दो मक़ामात पर ईशर सिंह कहता है: ''इंसान माँया भी अजीब चीज़ है···''–''इंसान कुड़ीया भी अजीब चीज़ है!'' जैसा कि सफ़ाई के गवाह मि. आई. लतीफ़ ने कहा है, ये गालियाँ अपनी जगह बहुत नफ़्सियाती अहमियत रखती हैं। अफ़साने को ग़ौर से पढ़ने के

बाद क़ारी समझ सकता है कि इन गालियों में ईशर सिंह के मुज़्तरिब और मुतजस्सिस[222] दिलो-दिमाग़ की कर्बअंगेज़[223] कैफ़ियत झलकियाँ लेती है। वह अपनी हालत का सही जाइज़ा लेना चाहता है लेकिन नाकाम रहता है और आख़िरकार इन अल्फ़ाज़ में फ़रार हासिल करता है : ''इंसान माँया भी अजीब चीज़ है···! इंसान कुड़ीया भी अजीब चीज़ है···!!''

→

203. ज़ुल्म की ज़्यादती व हैवानियत; 204. सीमाएँ; 205. ताक़तवर; 206. उस-जैसा; 207. संभोग; 208. विपरीत, विरुद्ध; 209. दूसरे; 210. वीर्य स्तंभन (संभोग-क्षमता बढ़ाने); 211. लादा हुआ, हावी; 212. पशुता; 213. शिष्ट; 214. पौरुष, पुरुषत्व; 215. छिन चुकीं, समाप्त; 216. अधूरा दार्शनिक; 217. पीछे; 218. नीचतापूर्ण; 219. एक प्रकार की पहेली; 220. समग्र रूप से; 221. आँखें चुराना; 222. जिज्ञासु, खोजी; 223. दुखदायी।

दस जुलाई का दिन गरजता हुआ आन पहुँचा।

मुझे सख़्त तश्वीश लाहिक़[224] थी। घर में सब दुआएँ माँग रहे थे कि ख़ुदा ख़ैर करे।

जज साहिब ने ख़ास केस समझते हुए चार घंटे बहस के लिए वक़्फ़ कर रखे थे—मुझे डर था मियाँ ए. एम. सईद की तरह कहीं इनायत-उल्लाह ख़ाँ साहिब का रवैया भी मुख़ासिमाना न हो क्योंकि ज़ब्त करना मेरे लिए बहुत मुश्किल था। मियाँ सईद साहिब की अदालत में कई बार ऐसे मौक़े आए थे कि मैं छलक पड़ता मगर हैरत है, मैंने कैसे ज़ब्त किया!

हम सब सुबह हाज़िरे-अदालत हुए तो इनायत-उल्लाह ख़ाँ साहिब ने अपने धीमे लहजे में शेख़ ख़ुर्शीद साहिब से कहा : "माफ़ कीजिए, आपको आधा घंटा इंतज़ार करना पड़ेगा। मैं ज़रा ये छोटे-छोटे मामले तय कर लूँ।"

हम अदालत से बाहर निकल आए—आरिफ़ अब्दुल मतीन ख़ामोश था। शेख़ ख़ुर्शीद साहिब भी ख़ामोश थे। अपने साथ वह मोटी-मोटी क़ानूनी किताबों का एक ढेर उठा के लाए हुए थे। उनका दिमाग़ शायद उनके हवालों में गुम था। मैं हाई कोर्ट की सोच रहा था। नसीर अनवर छिदरी घास पर रूमाल बिछाकर बैठा हुआ ग़ालिबन कोई कश्मीरी गीत गा रहा था।

पौन घंटे के बाद हमें बुलाया गया—हम अदालत के कमरे में दाख़िल हुए और हमने जज साहिब को सलाम किया।

इनायत-उल्ला ख़ाँ साहिब ने गर्दन की एक हल्की-सी जुंबिश से उसका जवाब दिया।

हम मुल्ज़िमों के कटहरे की तरफ़ बढ़ने लगे तो आपने अपनी धीमी आवाज़ में कहा : "कुर्सियों पर तशरीफ़ रखिए।"

मैं समझा कि शायद यह किसी और से कहा गया है मगर उनका रूए-सुख़न[225] हमारी तरफ़ ही था। मुझे बड़ा ख़ुशगवार तअज्जुब हुआ—हम कुर्सियों पर बैठ गए। नसीर अनवर के होंठों पर मुसकराहट खेल रही थी। वह बेहद मुतमइन नज़र आता था।

पेशतर इसके कि बहस शुरू होती, जज साहिब बोले : "मैंने इस केस का बग़ौर मुताला किया है, आप हज़रात मुतमइन रहें, कोई दिक़्क़त पेश नहीं आएगी। मैंने मिसल में से सिर्फ़ अदालते-मातहत का फ़ैसला पढ़ा है। गवाहियों का मैंने मुताला करना ग़ैरज़रूरी समझा है, अलबत्ता अफ़साना 'ठंडा गोश्त' बहुत ग़ौर से पढ़ा है।

बहस शुरू होनेवाली थी कि इनायत-उल्ला ख़ाँ साहिब ने इस्तिग़ासे और सफ़ाई के वकीलों की तवज्जोह चंद निकात की तरफ़ दिलाई और वज़ाहत चाही। शेख़ ख़ुर्शीद

अहमद ख़ामोश रहे। एक-दो मर्तबा जज साहिब की ताईद में अलबत्ता कुछ ज़रूर कहा। प्रॉसीक्यूटर साहिब की तरदीद ख़ुद ख़ाँ साहिब कर रहे थे।

क़रीबन आधा घंटा क़ानूनी मुशिगाफ़ियाँ[226] करने के बाद आपने मुसकराकर कहा : "मैं सआदत हसन मंटो को अगर सज़ा दूँ तो वह यह कहेंगे, एक दाढ़ीवाले ने मुझे सज़ा दी..."

इसके बाद वह कुछ देर और अदालते-मातहत के फ़ैसले पर कुछ कहते रहे। आख़िर में हमसे मुख़ातिब हुए : "क्या आप लोगों ने जुर्माना अदा कर दिया था?"

हम सबने कहा : "जी हाँ।"

इस पर जज साहब ने कहा : "आप बरी हैं। जुर्माना आपको पूरे-का-पूरा वापस मिल जाएगा।"

मैं चंद लम्हात कुछ सोच न सका कि क्या हुआ है। शेख़ ख़ुर्शीद साहिब ने मेरा शाना पकड़कर हिलाया और कहा : "उठिए हज़रत, आप बरी हैं..."

अदालत से बाहर निकलकर जब मैंने चपड़ासियों को दस रुपए इनआम के तौर पर दिए तो मुझे एहसास हुआ कि मैं वाक़ई बरी हूँ और यह कि चौथी मर्तबा मेरा अंजाम बख़ैरो-ख़ूबी हुआ है। मैंने दिल-ही-दिल में ख़ुदा का शुक्र अदा किया जिसने एक बहुत बड़ी लानत से मुझे रिहाई दिलाई।

शेख़ ख़ुर्शीद साहिब अपनी कामयाबी पर बहुत ख़ुश थे और बजा ख़ुश थे।

[इनायत-उल्लाह ख़ाँ साहिब के अंग्रेज़ी ज़बान में लिखे हुए फ़ैसले का उर्दू तर्जुमा यह है]

→

224. मिली हुई; 225. बात का रुख़; 226. बाल की खाल निकालना।

अपील बख़िलाफ़े-हुक्म मि. ए. एम. सईद
मजिस्ट्रेट दर्जा अव्वल, लाहौर
मुवर्रख़ा 16 जनवरी, 1950 ई.

दावा ज़ेरे-दफ़ा 292 पी. पी. सी.

सज़ा

आरिफ़ अब्दुल मतीन : तीन सौ रुपया जुर्माना, बसूरते-अदम-अदायगी तीन हफ़्ते क़ैदे-बा-मशक़्क़त।

सआदत हसन मंटो : तीन माह क़ैदे-बा-मशक़्क़त और तीन सौ रुपया जुर्माना, बसूरते-अदम-अदायगी इक्कीस यौम क़ैदे-बा-मशक़्क़त।

नसीर अनवर: तीन सौ रुपया जुर्माना, बसूरते-अदम-अदायगी तीन हफ़्ते क़ैदे-बा-मशक़्क़त।

→

फ़ैसला

तीन नौजवानों, आरिफ़ अब्दुल मतीन, नसीर अनवर और सआदत हसन मंटो की तरफ से यह एक अपील है। अव्वलुज़्ज़िक्र[227] दोनों एक उर्दू रिसाला 'जावेद' के अलत्तर्तीब मुदीर और नाशिर हैं। तीसरा एक अदीब है जिसने मज़्कूरा रिसाले के मार्च, 1949 ई. में शायाशुदा एक ख़ास नंबर में अपनी एक कहानी जिसका नाम 'ठंडा गोश्त' है, छपने के लिए दी।

उन्हें बहुक्म मियाँ ए. एम. सईद, मजिस्ट्रेट दर्जा अव्वल, लाहौर मुवर्रिख़ा 16 जनवरी, 1950 ई., ज़ेरे दफ़ा 292 पी. पी. सी. (फ़हश किताबों की फ़रोख़्त वग़ैरह) की ख़िलाफ़वर्ज़ी के सिलसिले में मुजरिम क़रार दिया गया है। मुसन्निफ़ मि. मंटो को तीन माह क़ैदे-बा-मशक़्क़त और तीन सौ रुपया जुर्माना, बसूरते-अदम-अदायगी-ए-जुर्माना इक्कीस यौम मज़ीद क़ैदे-बा-मशक़्क़त की सज़ा दी गई है। दूसरे दोनों मुल्ज़िमीन यानी मुदीर और नाशिर को सिर्फ़ तीन-तीन सौ रुपया जुर्माना, बसूरते-अदम-अदायगी तीन-तीन हफ़्ता क़ैदे-बा-मशक़्क़त की सज़ा दी गई है।

ये तीनों अपील में पेश हुए हैं।

वाक़िआते-फ़ैसला ज़ेरे-अपील मौजूद हैं।

मज़मून की तरफ़ हुकूमत की तवज्जोह प्रेस ब्रांच के एक ओहदेदार ने मब्ज़ूल[228] कराई थी और चीफ़ सैक्रेट्री ने क़ानूनी चाराजोई का हुक्म दिया था।

मैंने फ़रीक़ैन के फ़ाज़िल मुशीराने-क़ानून को सुना है और मिसल का मुताला किया है—मेरा ख़्याल है कि मुल्ज़िमीन के ख़िलाफ़ जुर्म साबित नहीं किया जा सका, इसलिए सज़ा बरक़रार नहीं रह सकती। मेरा ख़याल है कि मज़मून ज़ेरे-बहस को फ़हश और ख़ास तौर पर ख़िलाफ़े-क़ानून क़रार नहीं दिया जा सकता।

मुल्ज़िमीन रिसाले से अपना तअल्लुक़ मानते हैं। अब तय करने के लिए फ़क़त एक सवाल है कि कहानी फ़हश और ख़सूसन ख़िलाफ़े-क़ानून है या कि नहीं। इस सिलसिले में कई नुक्ते पैदा होते हैं। अव्वलन यह कि लफ़्ज़ 'फ़हश' से हम क्या मुराद लेते हैं। दोम यह कि ऐसा मामला है जिसमें माहिरीन की शहादत पेश की जा सकती है, सोम यह कि आया यह मज़मून ज़ेरे-बहस क़ाबिले-इतलाक़[229] मेयारों के मुताबिक़ क़रार दिया जा सकता है?

मैंने क़ानूने-जराइम एडीशन 1945 ई. में रतनलाल वग़ैरह की कॉमेंट्री देखी है और

वहाँ उठाए हुए सवालों पर फ़रीक़ैन[230] के पेशकर्दा दलाइल पर ग़ौर किया है—फ़हाशी की जाँच का मेयार वहाँ यह मुक़र्रर किया गया है : आया फ़हाशी के तहत इल्ज़ामज़दा मज़मून में उन लोगों के अख़लाक़ बिगाड़ने और उनको बुरी तरग़ीब देने का मैलान है जिनके ज़ेहन ऐसे ग़ैरअख़लाक़ी असरात क़ुबूल करने के लिए तैयार हैं और जिनके हाथों में इस क़िस्म की अख़लाक़ के लिए ज़रर-रसाँ तस्नीफ़ है, अंदाज़ा किया जाए, उनके ज़ेहन में बदचलनी और बदकारी का असर पैदा करेगी, (अगर ऐसा है) तो यह एक फ़हश इशाअत होगी। क़ानून का मंशा है कि उस(की फ़रोख़्त) को रोका जाए। अगर कोई तहरीर हक़ीक़तन किसी एक भी जिंस के नौजवानों या ज़्यादा उम्र के लोगों के अज़हान को इंतिहाई गंदे और शहवत परस्ताना क़िस्म के ख़यालात समझाए तो उसकी इशाअत ख़िलाफ़े-क़ानून है, ख़्वाह मुल्ज़िम के पेशे-नज़र कोई दर-पर्दा मक़सद ही क्यों न हो जो मासूम हत्ता कि क़ाबिले-तारीफ़ हो। कोई चीज़ जो शहवानी जज़्बात को मुश्तइल करे, फ़हश है।

फिर ऐसे फ़ैसले भी हैं जो क़रार देते हैं कि महज़ फ़िक़रों और जुमलों को इसलिए माफ़ नहीं किया जा सकता कि बाक़ी की इशाअत नाक़ाबिले-एतिराज़ है, और कि यह कोई जवाज़[231] नहीं कि शायाशुदा मज़मून किसी मुम्ताज़ मुसन्निफ़ का लिखा हुआ है या ऐसे उस्लूब[232] में लिखा गया है जो आसानी से हर एक की समझ में नहीं आ सकता या यह कि इशाअत मेडिकल है और सिर्फ़ मख़सूस[233] गाहकों के पास बेची जाती है—हमें न सिर्फ़ तस्नीफ़ की माहियत को बल्कि हाज़िर मुआशरे की हालत को भी देखना है। अगर तस्नीफ़ बाज़ार में आज़ादाना मुहैया हो सकती है तो हमें यह तय नहीं करना कि मख़सूस या ख़्वाहिश से ख़रीदनेवाले गाहक और पढ़नेवाले कौन हैं। हमें तो सिर्फ़ यह देखना है कि आया यह अवाम तक पहुँच सकती है जिनमें दोनों जिंस के जवांसाल[234] और बड़ी उम्र के लोग भी शामिल हैं—पस हमें तस्नीफ़ की माहियत[235] का अपने समाज की मौजूदा हालत की रोशनी में तअय्युन करना है।

मेरे ख़याल में इस मामले को इस मक़ाम पर छोड़ा जा सकता है और हमें इसकी तरफ़ बाद में रुजू करना चाहिए, जब हम इस मसले पर ग़ौर कर चुकें कि आया यह सवाल माहिरों की राय से तय हो सकता है या नहीं—जहाँ तक इस अम्र का तअल्लुक़ है, मैं समझता हूँ कि यह मामला माहिरों की राय से हर्गिज़ तय पानेवाला नहीं। हमें इस पर ग़ौर नहीं करना कि इसके मुतल्लिक़ कुछ ख़ास और मुम्ताज़ अदीब क्या राय क़ायम करते हैं, इसके बरख़िलाफ़ हमें यह पड़तालना है कि पढ़नेवालों पर आमतौर से तहरीरो-तस्नीफ़ का क्या रद्दे-अमल होगा। अगर मेरा यह ख़याल दुरुस्त है तो फ़ाज़िल अदालते-मातहत की रिकार्ड-कर्दा शहादतों का कोई हिस्सा इस नुक्ते के लिहाज़ से क़ाबिले-क़ुबूल नहीं रह सकता। अगर हम उन हज़रात की शहादत को, जो फ़रीक़ैन या अदालत की तरफ़ से पेश हुए, आम पढ़नेवालों की शहादत की हैसियत से क़ुबूल करें और किसी एक फ़रीक़ को ख़ास अहमियत न दें तो रिकार्ड-शुदा शहादत अदालत को कोई ज़्यादा मदद नहीं देती। गवाहों की एक जमात ने यह कहा है कि ज़ेरे-बहस मज़मून इंतिहाई फ़हश है। दूसरी जमात ने इसके ख़िलाफ़ बयान दिया है और इसे एक ऐसा फ़नपारा क़रार दिया है जिसमें कोई भी

ग़ैरअख़लाक़ी चीज़ नहीं—ग़ौर करने पर यह पता चल सकता है कि यह राय ऐन क़ुदरती फ़र्क़ है। मुख़्तलिफ़ तबक़ों के पढ़नेवालों का रद्दे-अमल मुख़्तलिफ़ होता है। जब तक हम जाँच का एक मेयार मुक़र्रर न करें जिसको पेशे-नज़र रखा जाए, इत्तिफ़ाक़े-राय पैदा नहीं हो सकता। और यह भी ज़ाहिर है कि मुख़्तलिफ़ मिज़ाजों, उम्रों, पेशों और मुख़्तलिफ़ क़िस्म की तालीम हासिल किए हुए लोगों का रद्दे-अमल भी ज़रूर मुख़्तलिफ़ होगा, और अलावा इसके कि यह तय है, अख़लाक़ एक इज़ाफ़ी इस्तिलाह है, फ़हाशी के सवाल पर नज़रियात ज़रूर एक-दूसरे से मुख़्तलिफ़ और बहुत नुमायाँ हद तक मुख़्तलिफ़ होंगे—(इसलिए) मेरी राय में सही बात यह है कि इस मसले को उस 'अफ़सानवी आदमी' (यानी) 'पब्लिक के एक आम रुक्न' के नक़्ता-ए-नज़र से जाँचना चाहिए।

यह तय कर चुकने के बाद हमें यह देखने के लिए ज़ेरे-बहस मज़मून पर ग़ौर करना है कि यह हमारे समाज के मुसल्लमा अख़लाक़ी नज़रियात के ख़िलाफ़ कहाँ तक जाता है—इस मौक़े पर हमें ज़ेरे-अपील फ़ैसले के एक ग़लत मफ़रूज़े[236] और गुमराह करनेवाली दलील की तरफ़ इशारा करना है। फ़ाज़िल मजिस्ट्रेट ने इस बयान से इब्तिदा की है कि फ़हाशी की इस्तिलाह उस माहौल के साथ मुताल्लिक़ है जिसमें उसके मुताल्लिक़ फ़ैसला किया जाना है। उसने कहा है कि मुख़्तलिफ़ क़ौमों और सोसायटियों के मेयार मुख़्तलिफ़ हो सकते हैं—यहाँ तक वह दुरुस्त था। उसने ग़लती वहाँ की, जब उसने यह समझा कि पाकिस्तान के मुरव्वजा अख़लाक़ी मेयार क़ुरआने-पाक की तालीम के सिवा और कहीं से ज़्यादा सही तरीक़े पर मालूम नहीं हो सकते। फिर वह यह कहता है कि "ग़ैरशाइस्तगी और शहवतपरस्ती शैतान की तरफ़ से है"—इसमें शक नहीं कि यह हमारा आदर्श है (क़ुरआने-पाक की तालीम के मुताबिक़ अख़लाक़ी मेयारों की तशकील) लेकिन सवाल यह नहीं है, बल्कि सवाल यह है कि (आज) हमारे समाज की असली हालत क्या है। जैसा कि ज़ाहिर है, हमने अपना नस्बुलऐन[237] अभी तक हासिल नहीं किया है— (तो) अपील करनेवालों को इसके मुताबिक़ जाँचना चाहिए जिस तरह कि हमारी सोसायटी है, न कि उस तरह जैसा कि उसे होना चाहिए।

जब हम सोचते हैं कि कैसी-कैसी मत्बूआत[238] मार्किट में मौजूद हैं जिन पर कोई एहतिसाब[239] क़ायम नहीं तो हम इस नतीजे पर पहुँचते हैं कि ज़ेरे-बहस मज़मून कहीं कम क़ाबिले-एतिराज़ है—मुतादि्द 'असरारी' मत्बूआत की इशाअत के ख़िलाफ़ कोई पाबंदी नहीं जिनसे ज़्यादा और कोई चीज़ फ़हश नहीं हो सकती। सिनेमाओं में 'तमाशाओं' की नुमाइश पर कोई एहतिसाब नहीं जो ज़ेरे-बहस मज़मून से कुछ कम क़ाबिले-एतिराज़ नहीं होते—अगर हमें मग़रिबी तहज़ीब को अपनाना और उसको पसंद करना है जैसा कि हम कर रहे हैं तो मैं समझता हूँ कि हम ऐसी तहरीर पर जैसी कि हमारे सामने मौजूद है, माक़ूल तौर पर फ़हाशी का एतिराज़ नहीं कर सकते। यह तो उस तहज़ीब का लाज़िमी नतीजा है और हस्बे-मामूल इसके अलावा और कुछ नहीं—चूमाचाटी और बग़लगीरी एक ऐसी चीज़ है जो हर रोज़ सिनेमाओं में पेश की जाती है। बदकारी वह आम और बुनियादी ज़मीन है जिस पर 'सच्ची कहानियाँ' और दाइमी मुसल्लसें उस्तवार[240] की जाती हैं। दरहक़ीक़त

यही तमाम अंग्रेज़ी और मग़रिबी[241] नावलों का बुनियादी प्लाट है । अगर उन पर कोई एतिराज़ नहीं किया जाता तो मुझे कोई वजह नज़र नहीं आती कि हम क्यों इन नौजवानों पर सख़्ती करें ।

ज़ेरे-बहस कहानी रिसाले के सफ़हा 88 से लेकर सफ़हा 93 तक छपी है—क़िस्सा यूँ बयान किया गया है कि एक ख़ास शख़्स, जिसका नाम ईशर सिंह था, का एक ख़ास औरत कुलवंत कौर के साथ नाजाइज तअल्लुक़ था । उसने फ़सादात के दौरान एक मकान में छः आदमियों को क़त्ल किया था और एक ख़ूबसूरत लड़की को वहाँ से उठा लाया था । उसने उस लड़की के साथ ज़िना-बिलजब्र[242] करने की कोशिश की लेकिन उसे पता चला कि लड़की मर चुकी है । वह तो ठंडा गोश्त है । इस कहानी के मुताबिक़ इस इन्किशाफ़[243] ने ईशर सिंह पर ऐसा असर किया और उसके शहवानी जज़्बात को इतना सुन्न कर दिया कि जब वह बाद में कुलवंत कौर के पास गया तो वह इस क़ाबिल नहीं रहा था कि उसके साथ सो सके, हालाँकि उसने इस मक़सद के लिए (कुलवंत कौर के साथ सोने के लिए) इब्तिदाई क़दम उठाए थे—इस (अफ़साने) में यहाँ-वहाँ कुछ नाशाइस्ता इस्तिलाहें और कुछ क़ाबिले-एतिराज़ अल्फ़ाज़ मौजूद हैं और कुछ सूक़ियाना गालियाँ भी, बिलकुल उसी क़िस्म की जो हमारी सोसायटी के निचले तबक़े में आम हैं ।

अब किसी मज़मून की माहियत पर ग़ौर करने के लिए आदमी को कई इस्तिलाहात और तसरीहात[244] को ज़ेरे-नज़र रखना पड़ेगा, मसलन चंद एक का नाम लें तो एक मज़मून 'बाज़ौक़'' या 'बदज़ौक़', 'ग़ैरमुनासिब' या 'सूक़ियाना', 'नाशाइस्ता' या 'फ़हश' हो सकता है । इतने तद्रीजी [245] रंगों के इम्तिज़ाज[246] को एक-दूसरे से अलग हटाकर इस मज़मून को जिसे फ़हश क़रार दिया जाना हो, क़तई तौर पर 'ग़ैरशाइस्ता', 'ग़ैरअख़लाक़ी', 'ज़रर-रसां' और 'बहुत कुछ और' होना चाहिए, लेकिन ज़्यादा-से-ज़्यादा मैं इस मज़मून के मुताल्लिक़ कहूँगा तो वह यह है कि यह सूक़ियाना और नाशाइस्ता है ।

फ़ाज़िल पी. पी. एस. ने किसी ऐसे ख़ास क़ाबिले-एतिराज़ पैरों की तरफ़ इशारा नहीं किया है जिसको वह यक़ीनी तौर पर 'फ़हश' क़रार देता है—किसी शख़्स ने कहानी की चंद सुतूरों पर निशान लगाए हैं लेकिन वो ऐसी हैं जिनके मुताल्लिक़ मैं पेशतर ज़िक्र कर चुका हूँ और उनको दोबारा पेश करने से कोई मुफ़ीद मक़सद हासिल नहीं होगा । मुझे इसलिए फ़ाज़िल अदालते-मातहत से इख़्तिलाफ़ है । मैं यह वाज़ेह कर देना चाहता हूँ कि मेरा मक़सद यह नहीं है कि मुझे इस मज़मून से इत्तिफ़ाक़ है लेकिन मैं इसे 'फ़हश' या ज़्यादा क़ाबिले-एतिराज़ नहीं समझता ।

—चुनांचे मैं अपील मंज़ूर करता हूँ और तीनों अपील करनेवालों को बरी करता हूँ । वो पहले ही ज़मानत पर हैं । जुर्माना अगर अदा कर दिया गया है तो वह सारे का सारा वापस दे दिया जाए ।

→

एक लतीफ़ा सुनिए ।

ग्यारह जुलाई की सुबह को नज़ीर अहमद चौधरी, मालिक 'नया इदारा' और मुदीर 'सवेरा' जो दूसरे तरक़्क़ीपसंदों के साथ मिलकर मुझे रजअतपसंद[247] क़रार दे चुके हैं और हलफ़ उठा चुके हैं कि मेरी कोई तहरीर अपने 'सवेरा' में शाया नहीं करेंगे, तशरीफ़ लाए । उन्होंने बग़लगीर होकर बड़ी गर्मजोशी से मुबारकबाद दी और कहा : ''मंटो साहिब, 'ठंडा गोश्त' इनायत फ़रमा दीजिए कि मैं 'नमरूद की ख़ुदाई' में शामिल कर लूँ...''

मैं चौधरी साहिब की इस दरख़्वास्त पर कोई तब्सिरा नहीं करना चाहता ।

चंद दिन हुए, कोहाट से एक साहिब, ऑफ़िसर कॉडट मज़हर अली का ख़त मौसूल[248] हुआ :

> मुझे उम्मीद है, आपको याद होगा कि मैं कौन हूँ । रियाज़ साहिब की दूकान पर आपसे चंद मुलाक़ातों ही ने मुझे आपका गरवीदा[249] बना दिया था—बहुत दिन हुए, मैंने अख़बार में पढ़ा था कि आपको 'ठंडा गोश्त' से निजात मिल गई है । फ़ुर्सत कम होने के बायस आपको मुबारकबाद का ख़त न लिख सका । अब गो मुबारकबाद बहुत देर से है लेकिन फिर भी आप क़ुबूल फ़रमाएँ । मुझे पक्का यक़ीन है कि ऐसी मुख़ालफ़तों के बावुजूद आपके मद्दाह[250] बढ़ते ही जाएँगे ।
>
> सुना है, चौधरी मुहम्मद हुसैन साहिब जो आपके साथ अक्सर नोक-झोंक करते रहते थे, इस दुनिया ही से चल बसे । अब तो मामला कुछ बेमज़ा-सा हो गया । लेकिन दुनिया में सिरफिरों की कमी नहीं । कोई और साहिब उनकी जगह ज़रूर सँभाल लेंगे ।

मुझे चौधरी मुहम्मद हुसैन साहिब की वफ़ात[251] का बहुत अफ़सोस है । ख़ुदा उनको ग़रीक़े-रहमत[252] करे । अब कि वह इस दुनिया में नहीं हैं, मैं उनके मुताल्लिक़ कुछ कहना नहीं चाहता—उनकी जगह अगर कोई दूसरा सँभाल लेगा तो मैं कहूँगा : सरे-दोस्तां सलामत कि तू ख़ंजर आज़माई ।

सआदत हसन मंटो

लाहौर
29 अगस्त, 1950 ई.

○○

---

227. प्रथम वर्णित; 228. आकर्षित, ध्यानाकर्षित; 229. चर्चा किए जाने के योग्य; 230. दोनों पक्षों; 231. औचित्य; 232. शैली; 233. विशिष्ट, ख़ास; 234. नवयुवक; 235. वास्तविकता; 236. अनुमान, अंदाज़; 237. उद्देश्य; 238. मुद्रित पुस्तकें; 239. गणना, पाबंदी; 240. बनाई, मज़बूत; 241. पश्चिमी; 242. बलात्कार; 243. रहस्योद्घाटन; 244. स्पष्टीकरण; 245. क्रमिक, क्रमशः; 246. सम्मिश्रण; 247. प्रतिक्रियावादी; 248. प्राप्त; 249. प्रशंसक, चाहनेवाला; 250. चाहनेवाले, प्रशंसक; 251. मृत्यु; 252. दया ।

तअ़त्तुल[1]

'ठंडा गोश्त' का मुक़द्दमा क़रीब-क़रीब एक साल चला। मातहत[2] अदालत ने मुझे तीन माह क़ैदे-बामशक़्क़त[3] और तीन सौ रुपए ज़ुर्माने की सज़ा दी। सेशन में अपील की तो बरी हो गया। (इस हुक्म के ख़िलाफ़ सरकार ने हाईकोर्ट में अपील दायर कर रखी है; मुक़द्दमे की समाअ़त[4] अभी नहीं हुई।)

इस दौरान मुझ पर जो गुज़री उसका कुछ हाल आपको मेरी किताब 'ठंडा गोश्त' के दीबाचे[5] ब-उनवान[6] 'ज़हमते-मेहरे-दरख़्शाँ' में मिल सकता है।

दिमाग़ की कुछ अजीब-सी कैफ़ियत थी। समझ में नहीं आता था कि क्या करूँ। लिखना छोड़ दूँ या एहतिसाब[7] से क़तअ़न बेपरवा होकर क़लमज़नी करता रहूँ—सच पूछिए तो तबीयत इस क़दर खट्टी हो गई थी कि जी चाहता था, कोई चीज़ एलाट हो जाए तो आराम से किसी कोने में बैठकर चंद बरस क़लम और दवात से दूर रहूँ; दिमाग़ में ख़यालात पैदा हों तो उन्हें फाँसी के तख़्ते पर लटका दूँ; एलाटमेंट मयस्सर न हो तो ब्लैकमार्केटिंग शुरू कर दूँ या नाजायज़ तौर पर शराब कशीद करने लगूँ...

लाहौर, 11 जनवरी 1952 **(द :) सआ़दत हसन मंटो**

---

1. गतिरोध; 2. निचली; 3. सश्रम कारावास; 4. सुनवाई; 5. भूमिका; 6. शीर्षक से; 7. निषेधन।

○○

हाईकोर्ट जजमेंट

P L D 1952 Lahore 384

Before Muhammad Munir, C.J. and Muhammad Jan, J

CROWN—Appellant
versus
SAADAT HASSAN MINTO and two others—
Accused-Respondents

Crown v. Saadat Hassan Minto — — Muhammad Munir, CJ and Muhammad Jan, J

Crown's Appeal No. 584 of 1950, decided on 8th April, 1952, from the order of Inayat Ullah Khan, Additional Sessions Judge, Lahore, dated the 10th July 1950, acquitting the accused-respondents.

Penal Code (XLV of 1860), S. 292—
'Obscene'—Definition—
Outline of story innocuous yet details may be obscene—Obscenity to be determined with reference to standards current in society in which words are uttered or published—Intention of author—Whether material in determining obscenity.

हो सकता है कहानी की रूपरेखा एक सिरे से हानिरहित हो; इसके बाद वे ब्यौरे अश्लील हो सकते हैं जिनमें अभिव्यक्ति के कुछ प्रयुक्त पैराये इंतहाई बेहूदा हों और कुछ भोंडे इस्तआ़रे हों जो यौनकर्म के निष्पादन की ओर संकेत करते हों।

शालीनता और अश्लीलता की शब्दावलियाँ सापेक्ष होती हैं और एक समाज में जो चीज़ अश्लील या शालीनतारहित है, संभव है कि दूसरे समाज में वही चीज़ बिलकुल शालीन और नैतिक समझी जाए। इस सवाल पर ग़ौर करते हुए कि क्या कुछ शब्द और शैलियाँ अश्लील है या नहीं, हमें ऐसे मानदंडों का निर्धारण करना होगा जो उस समाज में प्रचलित हों जहाँ उन शब्दों और शैलियों का प्रयोग किया गया हो। इस मुल्क में या सभ्य संसार के किसी भी कोने में समाज की वर्तमान स्थिति को देखते हुए इस तथ्य में संदेह की गुंजाइश नहीं रह जाती कि संभोग की तैयारी की प्रक्रिया का वर्णन चाहे कितना ही दुरुस्त और यथार्थमूलक हो, उसे बहरहाल अश्लील समझा जाएगा। [P. 386] a

अश्लीलता की यह पहचान हमेशा क़ायम रही है कि क्या अभियोग की विषयवस्तु में ऐसे ज़ेहनों को बिगाड़ने और कुमार्ग की ओर प्रवृत्त करने का रुझान पाया जाता है जो अनैतिक प्रभाव ग्रहण कर सकते हैं और जिनके हाथों में इस क़िस्म की रचनाएँ पहुँच सकती हैं और यह कि इस रचना को प्रकाशित करने का मंशा या इरादा इसे अश्लील होने से नहीं बचा सकता अगर इसके ब्यौरे अपने-आपमें अश्लील हों। [P. 386] b

वह आपत्तिजनक इबारत जो अत्यंत पतित यौन संबंधी ब्यौरों से भरी पड़ी है और बिला शुब्हा दोनों लिंगों के नौउम्र ज़ेहनों, यहाँ तक कि बड़ी आयु के लोगों के भी ज़ेहनों में बदकारी और यौन-प्रवृत्ति के निकृष्ट विचारों का कारण बन सकती है, इस इबारत को अश्लील क़रार दे दिया गया है। यह सवाल यहाँ क़त्तई ग़ैरअहम है कि इस कहानी की रचना में लेखक का मंशा क्या था। [P. 387] c

Reg v. Hicklin 1868 L R 3 Q B 360 *rel.*
Kailashchandra Acharjya v. Emperor I L R 60 Cal. 201 *ref.*
Abdul Aziz Khan, Advocate-General for Appellant (Crown).
Abdur Rahman for Respondents.

Judgment

Muhammad Munir, CJ

मुहम्मद मुनीर, चीफ जस्टिस : सुनवाई का मुआमला पाकिस्तानी दंडसंहिता की धारा 292 के अंतर्गत लाए गए अभियोग पत्र से बरी किए जाने के ख़िलाफ़ सरकार की अपील है। इस मुक़द्दमे के प्रतिवादी आरिफ़ अब्दुल मतीन, नज़ीर अहमद और सआदत हसन मंटो हैं जिनके मुक़द्दमे बाबत इशाअत फ़ुहशियात[1] की सुनवाई मियाँ ए.एम. सईद, प्रथम श्रेणी मजिस्ट्रेट, लाहौर ने की और उनमें से पहले दो को तीन सौ रुपए फ़ी कस जुर्माना और तीसरे को तीन माह की क़ैदे-बामशक़्क़त और तीन सौ रुपए जुर्माना की सज़ा दी। अपील करने पर जनाब इनायतुल्लाह ख़ाँ, एडीशनल सेशन जज, लाहौर ने उपरोक्त मजिस्ट्रेट के फ़ैसले को रद्द क़रार दे दिया और प्रतिवादी को बरी कर दिया।

आरिफ़ अब्दुल मतीन उर्दू की एक पत्रिका 'जावेद' का संपादक और नज़ीर अहमद उसका प्रकाशक है। मार्च 1949 में उपरोक्त पत्रिका ने एक छोटी-सी कहानी शीर्षक 'ठंडा गोश्त' से प्रकाशित की जो सआदत हसन मंटो की लिखी हुई थी। प्रतिवादियों की सज़ा का कारण इस कहानी का प्रकाशन था जिसे अभियोग पक्ष ने कथित रूप से अश्लील और पाकिस्तानी दंडसंहिता की धारा 292 के अंतर्गत दंडनीय क़रार दिया। कहानी के प्रकाशन और लेखन को स्वीकार किया गया लेकिन यह आपत्ति की गई कि उपरोक्त कहानी एक साहित्यिक कृति है और अश्लील नहीं है। विद्वान मजिस्ट्रेट ने कहानी को अश्लील ठहराया लेकिन विद्वान एडीशनल सेशन जज ने आपत्ति को स्वीकार किया और अपील मंज़ूर की। हमारे सामने विचारणीय प्रश्न यह है कि क्या उपरोक्त कहानी पाकिस्तानी

Crown v. Saadat Hassan Minto — — Muhammad Munir, CJ

दंडसंहिता की धारा 292 के अनुसार 'अश्लील' है या नहीं है।

कहानी के केवल दो पात्र हैं : ईशरसिंह और उसकी रखैल कुलवंत कौर। ईशरसिंह को एक मज़बूत, हट्टा-कट्टा, ग़ुस्सैल और अक्खड़ सिख तथा कुलवंत कौर को उसी काया की हट्ठी-कट्ठी और विलासिनी स्त्री के रूप में पेश किया गया है। 1947 के सांप्रदायिक दंगों के दौरान ईशरसिंह ने अनेक लोगों को मौत के घाट उतारा और उनकी संपत्ति को हड़प कर लिया। एक दिन उसने एक ऐसे घर पर हमला किया जिसमें एक परिवार के सात व्यक्ति रहते थे। उसने उनमें से छः को मार डाला और सातवें को, जो एक सुंदर लड़की थी, अग़वा कर लिया। उस लड़की को अपने कंधों पर डालकर उसे थूहड़ की झाड़ियों में ले गया और ज़मीन पर लिटा दिया और उससे सुख लेने की कोशिश करने ही वाला था कि उस लड़की को मुर्दा पाकर भयभीत रह गया। चंद दिनों के बाद जब उसने कुलवंत कौर से संभोग करना चाहा तो उसने ख़ुद को लाचार पाया क्योंकि उसका यौनांग काम ही न कर पाता था। उसके आठ रोज़ बाद वह दोबारा कुलवंत कौर के पास संभोग के पक्के इरादे के साथ आया और हालांकि दोनों ने अपनी-सी बहुतेरी कोशिश की, फिर भी ईशरसिंह ने अभी भी ख़ुद को शारीरिक रूप से लाचार पाया। कुलवंत कौर को यह भ्रम हुआ कि उसके और ईशरसिंह के बीच कोई दूसरी औरत आ गई है। चुनाँचे उसने तरह-तरह के सवालात कर डाले। इस पर ईशरसिंह को बताना पड़ा कि उसने क्या किया था और उस पर क्या गुज़री थी।

जहाँ तक कहानी की रूपरेखा का प्रश्न है, कहानी पूरी तरह हानिरहित है हालाँकि यह सवाल उठता है कि जो कुछ बयान किया गया है उसे संभावित यौन-क्रिया का नाम दिया जा सकता है या नहीं। अभियोगपक्ष ने जिस चीज़ को अश्लील ठहराया है वह कहानी के तत्व और कुलवंत कौर से ईशरसिंह की बातचीत में प्रयोग किए गए शब्द हैं। कुछ वाक्य अत्यंत निकृष्ट हैं और कुछ भौंडे इस्तआरे हैं जो यौन-क्रिया के संपादन की ओर इशारा करते हैं। सबसे आपत्तिजनक दृश्य यह है कि जहाँ ईशरसिंह कुलवंत कौर से दोबारा मिलता है और उसे और ख़ुद को यौनकर्म के लिए तैयार करता है। रति की विधि को खुले बंदों बयान किया गया है। इबारत कुलवंत कौर के नंगे बदन के ज़िक्र से भरी हुई है और कुलवंत कौर को 'उबलती हाँडी' की मंज़िल पर लाने के लिए ईशरसिंह ने जो हरकतें कीं उसका पूरा-पूरा ब्यौरा पेश करती है। इन आरंभिक क्रियाओं को

Crown v. Saadat Hassan Minto — — Muhammad Munir, CJ

एक इस्तआरे 'फेंटना' और आख़िरी क्रिया को एक और इस्तआरे 'पत्ता फेंकना' के ज़रिए बयान किया गया है। शालीनता के किसी भी मानदंड के अनुसार यह इबारत निश्चित रूप से अश्लील है। यह सही है कि शालीनता और अश्लीलता की शब्दावलियाँ सापेक्ष होती हैं और एक समाज में जो चीज़ अश्लील या शलीनतारहित है, संभव है कि दूसरे समाज में वही चीज़ बिलकुल शालीन और नैतिक समझी जाए। मगर इस सवाल पर ग़ौर करते हुए कि क्या कुछ शब्द और शैलियाँ अश्लील हैं या नहीं, हमें ऐसे मानदंडों का निर्धारण करना होगा जो उस समाज में प्रचलित हों जहाँ उन शब्दों और शैलियों का प्रयोग किया गया हो। इस मुल्क में या सभ्य संसार के किसी भी कोने में समाज की वर्तमान स्थिति को देखते हुए इस तथ्य में संदेह की गुंजाइश नहीं रह जाती कि संभोग की तैयारी की प्रक्रिया का वर्णन चाहे कितना ही दुरुस्त और यथार्थमूलक हो, उसे बहरहाल अश्लील समझा जाएगा। अदालत में सफ़ाई की ओर से या अदालत के गवाहों की हैसियत से इस सवाल पर कि क्या विचाराधीन कहानी अश्लील थी या नहीं, बहुत-से साहित्यकारों और विद्वानों के बयानों पर ग़ौर किया गया। डाक्टर आई. लतीफ़, अध्यक्ष, मनोविज्ञान विभाग, एफ़.सी. कालेज, लाहौर, गवाह सफ़ाई सात ने बयान दिया कि यह कहानी यौनभावनाओं को भड़का सकती है और इसे किसी साहित्यिक पत्रिका में प्रकाशित नहीं होना चाहिए था। मौलाना एहसानुल्लाह ख़ाँ ताज़वर नजीबाबादी, प्रोफ़ेसर, दयालसिंह कालेज, लाहौर, गवाह अदालत एक ने संबद्ध रचना को नीतिविरुद्ध, निकृष्ट और घटिया शैली का क़रार दिया और कहा कि अपने चालीस वर्षीय साहित्यिक जीवन में उनका साबक़ा कभी भी ऐसी दुखदायक और निम्न कोटि की रचना से नहीं पड़ा था। इसी तरह शोरिश काश्मीरी, गवाह अदालत दो ने यह राय ज़ाहिर की कि उस समाज और परिवार को देखते हुए जिससे वे जुड़े हुए हैं, ऐसी अश्लील और निर्लज्ज रचना वे कभी भी न प्रकाशित करेंगे और न ही अपने लड़कों और लड़कियों को उसे पढ़ने की इजाज़त देंगे। मौलाना अबू सईद बज़्मी, संपादक 'एहसान', लाहौर, गवाह अदालत तीन ने बयान दिया कि यह कहानी नैतिकता की दुश्मन है।

प्रतिवादी मंटो ने अपने लिखित बयान में इस नुक्ते पर ज़ोर दिया कि लेखक का मंशा इस तथ्य का निर्धारण करता है कि प्रयोग किए जानेवाले शब्द अश्लील हैं या नहीं। प्रतिवादी के पक्ष को अनेकों लेखकों का अनुमोदन प्राप्त हुआ है जिन्होंने सफ़ाई की तरफ़ से

Crown v. Saadat Hassan Minto
— . —
Muhammad Munir, CJ

शहादतें दी हैं, मसलन जनाब आबिद अली आबिद, प्रिंसिपल, दयालसिंह कालेज, लाहौर, अहमद सईद, प्रोफ़ेसर, दयालसिंह कालेज, डाक्टर ख़लीफ़ा अब्दुल हकीम, अध्यक्ष, दर्शनशास्त्र एवं मनोविज्ञान विभाग, और भूतपूर्व डीन, जामिया उस्मानिया; डाक्टर सईदुल्लाह, सिविलियन आफ़िसर, रायल पाकिस्तान एयरफ़ोर्स; और सूफ़ी ग़ुलाम मुस्तफ़ा तबस्सुम, प्रोफ़ेसर, गवर्नमेंट कालेज, लाहौर। बड़े अफ़सोस की बात है कि अदालत में यह मुआमला साहित्यकारों के बीच मतभेद का मामला बन गया और हैरत की बात यह है कि उनमें इस कहानी के अश्लील होने के बारे में मतभेद पाया गया। जिन लोगों ने इस कहानी के प्रकाशन को अहानिकार समझा है, उनकी साहित्य और कला संबंधी धारणा कुछ भी हो, उन्हें यह बात याद दिलाना ज़रूरी है कि क़ानून में अश्लीलता की धारणा जिन अर्थों में व्यवहृत है उसे समझने में वे एक सिरे से ग़लती पर रहे हैं।

Reg Hicklin 1868 L R 3 Q B 360 के मुक़द्दमे से लेकर आज तक, अश्लीलता की यह पहचान हमेशा क़ायम रही है कि क्या अभियोग की विषयवस्तु में ऐसे ज़ेहनों को बिगाड़ने और कुमार्ग की ओर प्रवृत्त करने का रुझान पाया जाता है जो अनैतिक प्रभाव ग्रहण कर सकते हैं और जिनके हाथों में इस क़िस्म की रचनाएँ पहुँच सकती हैं और यह कि इस रचना को प्रकाशित करने का मंशा या इरादा इसे अश्लील होने से नहीं बचा सकता अगर इसके ब्यौरे अपने-आपमें अश्लील हों। इस मुल्क के कई मुक़द्दमों में यह परिभाषा लगातार स्वीकार की जाती रही है जिसकी हालिया मिसाल Kailash Chandra Acharjya Emperor I L R 60 Cal. 201 का मुक़द्दमा है और जिसमें इस विषय पर विस्तृत चर्चा की गई है। कहानी की वह इबारत जिसकी तरफ़ इस फ़ैसले में ऊपर विशेष रूप से संकेत किया गया है, अत्यंत पतित यौन संबंधी ब्यौरों से भरी पड़ी है और बिला शुब्हा दोनों लिंगों के नौउम्र ज़ेहनों, यहाँ तक कि बड़ी उम्र के लोगों के भी ज़ेहनों में बदकारी और यौन-प्रवृत्ति के निकृष्ट विचारों का कारण बन सकती है। यह सवाल यहाँ क़त्तई ग़ैरअहम है कि इस कहानी की रचना में लेखक का मंशा क्या था। ऐसे मामलों में अहमियत का पात्र मंशा या नीयत नहीं बल्कि रुझान होता है। बात यूँ न होती तो एक दोशीज़ा[2] जो माल रोड पर नग्नता की स्थिति में शरीर के ख़ुतूत की नुमाइश टहल-टहलकर कर रही होती, उसे किसी भी अश्लील क्रिया का दोषी न समझा जाता अगर

Crown
v.
Saadat
Hassan
Minto
— —
Muhammad
Munir, CJ

ऐसा करने में उसका मशा महज़ नग्नतावाद के शारीरिक लाभों का प्रदर्शन होता। लेकिन उपरोक्त उदाहरण में क्या इसके बारे में दो रायें हो सकती हैं कि यह कार्य अश्लील होगा या नहीं ?

अब जिस प्रश्न पर विचार करना बाक़ी रह जाता है वह प्रतिवादी के विद्वान वकील का पेश किया हुआ है। हमने पहले ही यह बात स्पष्ट कर दी है कि प्रतिवादियों के ख़िलाफ़ जो जुर्म है उसका संबंध पूरी कहानी से है। विद्वान वकील की आपत्ति यह है कि विद्वान एडीशनल सेशन जज ने प्रतिवादियों को जब बरी कर दिया तो विद्वान एडवोकेट जनरल का यह कर्त्तव्य था कि वे कहानी के उन हिस्सों को स्पष्ट करते जो अभियोगपक्ष की दृष्टि में अश्लील थे, ख़ास तौर पर जबकि अपील के तर्कों में यह अभियोग लगाया गया कि कहानी के कुछ हिस्से अश्लील हैं। हम इस आपत्ति में कोई वज़ नहीं पाते क्योंकि यह प्रकाशन जिसे अश्लील ठहराया गया है, कोई किताब नहीं, सिर्फ़ एक छोटी-सी कहानी है जो पूरी की पूरी अश्लील है। इससे अलग हटकर हमने अपील की सुनवाई को उस समय मुल्तवी कर दिया जब यह एतराज़ उठाया गया ताकि प्रतिवादियों के विद्वान वकील को एडवोकेट जनरल की ओर से वे हिस्से पहुँच जाएँ जिन्हें अभियोग पक्ष ने अश्लील ठहराया है। उन हिस्सों की आख़िरकार निशानदही कर दी गई और उनमें वह उद्धरण भी शामिल है जिसका हमने विशेष उल्लेख किया है। उपरोक्त कारणों के आधार पर हम सभी प्रतिवादियों को दोषी क़रार देते हैं और चूँकि पाकिस्तान के कुछ साहित्यिक क्षेत्रों में शालीनता के बारे में निहायत गुमराह करनेवाले विचार प्रचलित हो गए हैं और मंटो इन्हीं क्षेत्रों में शामिल है, इसलिए हम प्रतिवादियों में हर एक को मुबालिग़ तीन सौ रुपए जुर्माने या एक माह क़ैदे-बामशक़्क़त की सज़ा देते हैं।

Respondents sentenced.

O

अनुवाद : नरेश नदीम

O O

पसमंज़र

आज की ताज़ा ख़बर सुनी आपने ?

कोरिया की ?

जी नहीं।

बेगम जूनागढ़ की ?

जी नहीं।

क़त्लो-ग़ारत की किसी नई वारदात की ?

जी नहीं⋯सआदत हसन मंटो की।

क्यों⋯? मर गया ?

जी नहीं। कल गिरफ़्तार कर लिया गया।

फ़हाशी[1] के सिलसिले में ?

जी हाँ⋯पुलिस ने उसकी ख़ाना-तलाशी भी ली।

कोकीन या नाजाइज़ शराब वग़ैरह निकली ?

नहीं⋯अख़बारों में लिखा था कि उसके मकान से कोई नाजाइज़ चीज़ बरामद नहीं हुई।

लेकिन उसका वुजूद बज़ाते-ख़ुद[2] नाजाइज़ है।

जी हाँ⋯कम-अज़-कम हुकूमत तो यही समझती है।

फिर उसे बरामद क्यों न किया गया ?

यह बरामद और दरामद का मामला हुकूमत के अपने हाथों में है जिसे चाहे बरामद करे, जिसे चाहे दरामद करे ! सच पूछिए तो यह काम हुकूमतों ही के हाथ में होना चाहिए। वो इसका सलीक़ा जानती हैं।

इसमें क्या शक है⋯।

तो क्या ख़याल है आपका⋯? इस मर्तबा तो मंटो को फाँसी की सज़ा ज़रूर मिलनी चाहिए⋯

मिल जाए तो अच्छा है। रोज़ का टंटा ख़त्म हो।

आपने ठीक कहा है। 'ठंडा गोश्त' के बारे में हाई कोर्ट ने उसके ख़िलाफ़ जो फ़ैसला दिया है, इसके बाद तो उस कमबख़्त को ख़ुद-ब-ख़ुद मर जाना चाहिए था⋯मेरा मतलब

है ख़ुदकुशी कर लेनी चाहिए थी।

अगर वह इस कोशिश में नाकाम रहता...

...तो उस पर यक़ीनन मुक़दमा चलता कि उसने अपनी जान लेने की कोशिश की।

मेरा ख़याल है, यही वजह है कि वह ख़ुदकुशी से बाज़ रहा। वगरना वह बाज़ रहनेवाला आदमी नहीं।

तो आपका मतलब है कि वह अपनी फ़हाशी जारी रखेगा ?

अजी हज़रत ! यह उस पर पाँचवाँ मुक़दमा है। अगर उसे बाज़ रहना होता तो पहले मुक़दमे के बाद ही ताइब[3] होकर कोई शरीफ़ाना काम शुरू कर देता। मिसाल के तौर पर गवर्नमेंट की मुलाज़िमत कर लेता या घी बेचता, या महल्ला पीर गीलानियाँ के ग़ुलाम अहमद साहिब की तरह कोई दवा ईजाद कर लेता।

जी हाँ, ऐसे सैकड़ों शरीफ़ाना काम हैं। मगर वह परले दर्जे का हठधर्म है। लिखेगा और ज़रूर लिखेगा।

मालूम है आपको, इसका अंजाम क्या होगा ?

कुछ बुरा ही नज़र आता है।

छः मुक़दमे उस पर पंजाब में चल रहे होंगे, दस सिंध में, चार सूबा सरहद में, तीन मशरिक़ी पाकिस्तान में...वह इनकी ताब न लाकर पागल हो जाएगा।

दो मर्तबा तो पागल हो चुका है।

यह उसकी दूरअंदेशी थी...वह रिहर्सल कर रहा था ताकि सचमुच पागल हो जाए तो पागलख़ाने में आराम से रहे।

पागल होकर क्या करेगा ?

पागलों को होशमंद बनाने की कोशिश करेगा।

यह भी जुर्म है ?

मालूम नहीं। यह तो कोई वकील ही बता सकता है कि ताज़ीराते-पाकिस्तान में इसके लिए कोई दफ़ा मौजूद है या नहीं।

होनी चाहिए। पागलों को होशमंद बनाना दफ़ा 292 की रोशनी में तो बहुत ख़तरनाक जुर्म मालूम होता है।

दफ़ा 292 के बारे में तो अब हाई कोर्ट ने 'ठंडा गोश्त' का फ़ैसला करते हुए साफ़ तौर पर कह दिया है कि क़ानून को मुसन्निफ़ की नीयत से कोई वास्ता नहीं। वह नेक हो या बद, क़ानून को तो सिर्फ़ यह देखना है कि मैलान[4] क्या है ?

इसीलिए तो मैं अर्ज़ कर रहा था कि पागलों को होशमंद बनाने के फ़ेल में नीयत कैसी भी हो, उसके मैलान को ज़ेरे-ग़ौर रखना पड़ेगा, और ज़ाहिर है कि इस फ़ेल[5] का मैलान किसी सूरत में भी बेज़रर[6] क़रार नहीं दिया जा सकता।

ये क़ानूनी मूशिगाफ़ियाँ[7] हैं। इनसे हमें दूर रहना चाहिए।

आपने बहुत अच्छा किया जो बर्वक़्त तंबीह[8] कर दी क्योंकि ऐसी बातों के मुताल्लिक़ सोचना ही अज़ख़ुद एक बड़ा संगीन जुर्म है।

लेकिन हज़रत, मैं सोचता हूँ, अगर मंटो सचमुच पागल हो गया तो उसके बीवी-बच्चों का क्या होगा ?

उसके बीवी-बच्चे जाएँ जहन्नम में। क़ानून को उनसे क्या वास्ता।

दुरुस्त है लेकिन हुकूमत क्या उनकी मदद नहीं करेगी ?

हाँ, हुकूमत…हुकूमत की बात जुदा है। मेरा ख़याल है उसे मदद करनी चाहिए। और कुछ नहीं तो अख़बारों में इस बात का ऐलान कर देना चाहिए कि वह इसके मुताल्लिक़ ग़ौर कर रही है।

जब तक ग़ौर होगा, तब तक मामला साफ़ हो जाएगा।

ज़ाहिर है। अब तक होता तो ऐसा ही रहा है।

लानत भेजिए मंटो और उसके बीवी-बच्चों पर। आप यह बताइए, हाई कोर्ट के फ़ैसले का उर्दू अदब पर क्या असर होगा ?

उर्दू अदब पर भी लानत भेजिए।

नहीं साहिब, ऐसा न कहिए…सुना है कि अदब क़ौम का बहुत बड़ा सरमाया होता है।

होगा भाई…हम तो उसे सरमाया कहते हैं जो नक़्दी की सूरत में बैंक में पड़ा हो।

लाख रुपए की बात कही आपने…तो मोमिन, मीर, अहसन, शौक़, सादी, हाफ़िज़ वग़ैरह सब दफ़ा 292 साफ़ कर देगी ?

करना चाहिए वर्ना उसके वुजूद का मतलब ही क्या है ?

ये जितने अदीब और शाइर बने फिरते हैं अब इनको चाहिए कि होश में आएँ और कोई शरीफ़ाना पेशा इख़्तियार करें।

लीडर बन जाएँ…

सिर्फ़ मुस्लिम लीग के ?

जी हाँ, मेरा मतलब यही था। किसी और लीग का लीडर बनना फ़हश है।

बेहद फ़हश।

लीडरी के अलावा और भी शरीफ़ाना पेशे मौजूद हैं…डाकख़ानों के बाहर बैठकर पाकीज़ा इबारत में ख़ततूनवीसी[9] करें। दीवारों पर इश्तिहार लिखें। बेरोज़गारों के दफ़्तर में क्लर्क हो जाएँ…नया-नया मुल्क बना है, हज़ारों आसामियाँ ख़ाली हैं, कहीं भी समा जाएँ…।

जी हाँ…इतनी ख़ाली ज़मीन पड़ी है।

हुकूमत सोच रही है कि तवाइफ़ों और रंडियों के लिए रावी के पास एक बस्ती बना दे ताकि शहर की ग़लाज़त दूर हो। क्यों न इन शाइरों, अफ़सानानिगारों और अदीबों[10] को भी उनमें शामिल कर लिया जाए ?

बहुत अच्छा ख़याल है, ये लोग वहाँ ख़ुश रहेंगे।

लेकिन अंजाम क्या होगा ?

अंजाम की कौन सोचता है…जो होना होगा, हो जाएगा…

हाँ…वहाँ पड़े झक मारते रहेंगे…लोहे को लोहा काटता है, फ़हाशी को फ़हाशी काटती रहेगी।

बड़ा दिलचस्प सिलसिला रहेगा।

मंटो को तो ख़ासतौर पर वहाँ अपनी दिलचस्पी का मनभाता सामान मिल जाएगा।

लेकिन वह कमबख़्त उनका मुजरा सुनने के बजाय उन पर लिखेगा। कई सौगंधियाँ, कई सुल्तानाएँ पेश करेगा।

और कई ख़ुशिया[11], कई ढोंडू...

मालूम नहीं, कमबख़्त को ऐसे गिरे हुए इंसानों को उठाने में क्या मज़ा आता है। सारी दुनिया उन्हें ज़लील और हक़ीर समझती है मगर वह उनको सीने से लगाता है, उनको प्यार करता है।

उसकी बहन इस्मत ने उसके मुताल्लिक़ कुछ ठीक ही कहा था कि मंटो को अजीबो-ग़रीब तहलका डाल देनेवाली और सोतों को चौंका देनेवाली चीज़ों से बड़ी रग़बत है। वह सोचता है, अगर बहुत से लोग सफ़ेद कपड़े पहने बैठे हों, और कोई कीचड़ मलकर वहाँ चला जाए तो सब हक्का-बक्का रह जाएँगे... सब लोग रो-पीट रहे हों, वहाँ एक ऊँचा क़हक़हा लगा दो तो सब दम साधकर टुकर-टुकर मुँह देखने लगेंगे। बस धाक बैठ जाएगी, सिक्का जम जाएगा...

उसका भाई मुम्ताज़ हुसैन कहता है : वह नेकी की तलाश में निकलता है और उसकी एक किरन ऐसे इंसान के पेट से निकालता है जिसके बारे में आप इस क़िस्म की कोई तवक़्क़ो ही नहीं रखते। यह है मंटो का कारनामा।

यह बड़ी लग़्व[12] हरकत है बल्कि फ़हश हरकत है कि ऐसे इंसान के पेट से रोशनी की एक किरन निकाली जाए जिसमें सिवाय अंतड़ियों और फ़ुज़्ले[13] के और कुछ न हो।

और कीचड़ मल के सफ़ेदपोश लोगों के दरमियान कूद पड़ना...

यह और भी फ़हश है।

यह इतनी कीचड़ लाता कहाँ से है?

मालूम नहीं। कहीं-न-कहीं से ढूँढ निकालता है।

गंदगी का ग़व्वास[14] जो ठहरा।

आइए हम दुआ माँगें कि ख़ुदा हमें उसके लानती वुजूद से निजात दिलाए... इसमें ख़ुद मंटो की भी निजात है :

> ऐ ख़ुदा, ऐ रब्बुलआलमीन... ऐ रहीम, ऐ करीम! हम दो गुनहगार बंदे तेरे हुज़ूर गिड़गिड़ाकर दुआ माँगते हैं कि तू सआदत हसन मंटो को जिसके वालिद का नाम ग़ुलाम हसन मंटो है और जो बहुत शरीफ़, परहेज़गार और ख़ुदातरस आदमी था, इस दुनिया से उठा ले, जहाँ वह ख़ुशबूएँ छोड़ देता है और बदबुओं की तरफ़ भागता है। नूर में वह अपनी आँखें नहीं खोलता लेकिन अँधेरे में ठोकरें खाता फिरता है। सत्र[15] से उसको कोई दिलचस्पी नहीं, वह सिर्फ़ इंसानों का नंग देखता है। मिठाइयों से उसे कोई रग़बत नहीं, कड़वाहटों पर अलबत्ता जान देता है। घरेलू औरतों की तरफ़ वह आँख उठाकर भी नहीं देखता लेकिन बेसवाओं से घुल-मिल के बातें करता है।

साफ़ और शफ़्फ़ाफ़ पानी छोड़ के बदरौओं[16] में नहाता है। जहाँ रोना है, वहाँ हँसता है और जहाँ हँसना है, वहाँ रोता है। कोयलों की दल्लाली में जो अपना मुँह काला करते हैं, उनकी कालिख साफ़ करके हमें दिखाता है। तुझे भूलकर उस शैतान के पीछे मारा-मारा फिरता है जिसने तेरी उदूल-हुक्मी की थी··· ऐ रब्बुलआलमीन, उस शरअंगेज़[17], नजिसपसंद[18] और शरीर इंसान को इस दुनिया से उठा ले जिसमें वह बदकिरदारों और बदअतवारों[19] के नामा-ए-आमाल[20] की सियाहियाँ मिटाने की कोशिश में मसरूफ़ है··· ऐ ख़ुदा, वह बहुत शरपसंद है। अदालतों के फ़ैसले सुबूत हैं लेकिन ये अर्ज़ी अदालतें हैं, तू उसे इस दुनिया से उठा और अपनी आसमानी अदालत में उसके ख़िलाफ़ मुक़दमा चला और उसको क़रार वाक़ई सज़ा दे। लेकिन देख, उसे अदाएँ बहुत आती हैं, ऐसा न हो तुझे उसकी कोई अदा पसंद आ जाए··· तू सबकुछ जाननेवाला है। हमारी सिर्फ़ यह दुआ है कि वह इस दुनिया में न रहे। रहे तो हम-जैसा बनकर रहे, हम जो एक-दूसरे के ऐबों पर पर्दा डालते हैं···

'ईं दुआ अज़-मनो-अज़-जुमला जहाँ आमीन बाद!'[21]

---

1. अश्लील; 2. अपने आपमें; 3. तौबा करनेवाला; 4. अभिरुचि; 5. काम; 6. जिससे कोई हानि न हो; 7. बाल की खाल निकालना; 8. चेतावनी देना, ख़बरदार करना; 9. ख़त लिखना; 10. साहित्यकार; 11. मंटो के अफ़साने 'ख़ुशिया' का पात्र; 12. बहुत बुरी, वाहियात; 13. विष्ठा, मल-मूत्र; 14. ग़ोताख़ोर; 15. शरीर का वह भाग जिसको छिपाना आवश्यक है; 16. गंदी नाली; 17. बुराई फैलानेवाले; 18. ग़लीज, गंदगीपसंद; 19. बुरे तौर-तरीक़े, कुरीतियों; 20. कर्मपत्र; 21. यह प्रार्थना अक्षरशः सत्य एवं फलीभूत हो।

पाँचवाँ मुक़दमा

एक

अपने अफ़सानों के सिलसिले में मुझ पर चार मुक़दमे चल चुके हैं, पाँचवाँ अब चला है जिसकी रूदाद[1] मैं बयान करना चाहता हूँ।

पहले चार अफ़साने जिन पर मुक़दमा चला, उनके नाम हस्बे-ज़ैल हैं :

एक : काली शलवार

दो : धुआँ

तीन : बू

चार : ठंडा गोश्त

और

पाँचवाँ : ऊपर, नीचे और दरमियान

पहले तीन अफ़सानों में तो मेरी ख़लासी हो गई : 'काली शलवार' के सिलसिले में मुझे दिल्ली से दो-तीन बार लाहौर आना पड़ा।

'धुआँ' और 'बू' ने मुझे बहुत तंग किया, इसलिए कि मुझे बंबई से लाहौर आना पड़ता था···

···लेकिन 'ठंडा गोश्त' का मुक़दमा सबसे बाज़ी ले गया। इसने मेरा भुरकस निकाल दिया।

यह मुक़दमा गो यहाँ पाकिस्तान ही में हुआ, मगर अदालतों के चक्कर कुछ ऐसे थे जो मुझ-ऐसा हस्सास[2] आदमी बर्दाश्त नहीं कर सकता था कि अदालत एक ऐसी जगह है जहाँ हर तौहीन बर्दाश्त करना ही पड़ती है।

ख़ुदा करे, किसी को जिसका नाम 'अदालत' है, से वास्ता न पड़े—ऐसी अजीब जगह मैंने कहीं भी नहीं देखी।

पुलिसवालों से मुझे नफ़रत है—उन लोगों ने मेरे साथ हमेशा ऐसा सुलूक किया है जो घटिया क़िस्म के अख़लाक़ी मुल्ज़िमों से किया जाता है।

पिछले दिनों जब कराची के एक पर्चे 'पयामे-मशरिक़' ने मेरी इजाज़त के बग़ैर मेरा मज़मून 'ऊपर, नीचे और दरमियान' लाहौर के अख़बार 'एहसान' से नक़्ल किया तो

कराची की हुकूमत ने मेरा वारंट जारी कर दिया।

...मैं घर पर नहीं था। पुलिस के दो सब-इंस्पेक्टर, चार सिपाहियों के साथ आए और मेरे घर का मुहासरा[3] कर लिया।

मेरी बीवी ने उनसे कहा कि मंटो बाहर गया है। अगर आप चाहें तो मैं उसे अभी बुला लेती हूँ—वो मुसिर[4] थे कि मंटो घर ही में है और मेरी बीवी झूठ बोल रही है।

जब पुलिस आई थी, मैं उस वक़्त चौधरी नज़ीर अहमद की दूकान 'नया इदारा' में, जो 'सवेरा' का दफ़्तर भी है, बैठा था और मैंने एक अफ़साना लिखना शुरू किया था।

इस अफ़साने की मैंने बमुश्किल दस सतरें लिखी होंगी कि चौधरी रशीद अहमद साहिब, जो चौधरी नज़ीर के छोटे भाई हैं और 'मकतबा जदीद' के मालिक हैं, तशरीफ़ लाए—उन्होंने कुछ तवक़्क़ुफ़[5] के बाद पूछा : "यह आप क्या लिख रहे हैं?"

मैंने जवाब दिया : "एक अफ़साना शुरू किया है... और यह बहुत लंबा होगा।"

चौधरी रशीद साहिब ने बड़े तश्वीशनाक[6] लहजे में कहा : "मैं आपको एक बहुत बुरी ख़बर सुनाने आयां हूँ।"

ज़ाहिर है कि मेरा रद्दे-अमल क्या होगा—चंद मिनट तो मैं सोचता रहा कि 'बहुत बुरी ख़बर' क्या हो सकती है। कई ख़याल दिमाग़ में आए। मैं ऊपर, नीचे और दरमियान होता रहा मगर कुछ समझ में न आया।

आख़िर मैंने चौधरी रशीद से पूछा कि भाई, क़िस्सा क्या है?

उन्होंने कहा : "क़िस्सा यह है कि पुलिस आपके घर के दरवाज़े के बाहर खड़ी है। वह मुसिर है कि आप घर में हैं, इसलिए वह ज़बरदस्ती अंदर दाख़िल होने की कोशिश कर रही है।

मेरे पास अहमद राही और हमीद अख़्तर बैठे थे। जब उन्होंने यह सुना तो वो बहुत मुज़्तरिब[7] हुए। चुनांचे वो भी मेरे साथ हो लिए।

हमने ताँगा लिया और घर रवाना हुए।

जब वहाँ पहुँचे तो देखा कि फ़्लैट के दरवाज़े के पास पुलिस खड़ी है।

मेरा भानजा (हामिद जलाल) और बिरादरे-निस्बती[8] (ज़हीरुद्दीन) अपनी मोटरों के पास खड़े पुलिसवालों से महवे-गुफ़्तुगू[9] थे और उनसे कह रहे थे कि अगर आप तलाशी लेना चाहते हैं तो ले सकते हैं। आप यक़ीन मानिए कि मंटो घर में नहीं है।

वो ये बातें कर ही रहे थे कि मैं, अहमद राही और हमीद अख़्तर ताँगे में घर पहुँच गए—हमने रास्ते में चौधरी रशीद साहिब से कह दिया था कि वह अख़बारों को टेलीफ़ोन कर दें ताकि दूसरे रोज़, जो कुछ मेरे साथ गुज़रे, अख़बारों में छप जाए।

मैं, हमीद अख़्तर और अहमद राही जब घर पहुँचे तो देखा कि अब्दुल्ला मलिक खड़ा पुलिस के अफ़सरों से गुफ़्तुगू में मसरूफ़ है।

अब्दुल्ला मलिक कम्युनिस्ट है। उसकी तहरीर हमेशा 'सुर्ख़' होती है हालाँकि मैंने उसमें कभी वह सुर्ख़ी नहीं देखी जो असल सुर्ख़ी है।

अब्दुल्ला कम्युनिस्ट मेरे मकान के बाहर खड़ा था और सब-इंस्पेक्टरों और सिपाहियों से गुफ़्तुगू कर रहा था कि मैं, अहमद राही और हमीद अख़्तर ताँगे में पहुँचे।

सब-इंस्पेक्टरों और सिपाहियों ने मेरी बीवी और बहन को यह धमकी दी थी कि वो तलाशी लेना चाहते हैं और अगर दरवाज़े न खोले गए तो वो ज़बरदस्ती अंदर घुस आएँगे।

मैं जब पहुँचा और बाहर कंपाउंड में उन पुलिस अफ़सरों से मुलाक़ात हुई तो मेरा ख़याल है कि उन्हें बक़दरे-किफ़ायत नदामत[10] हुई—मैंने उन्हें अंदर मकान में तशरीफ़ लाने के लिए कहा। यह दावत उन्होंने क़ुबूल फ़रमाई और अंदर तशरीफ़ ले आए।

दो अफ़सर थे, बड़े अक्खड़ क़िस्म के—मैंने उनसे मुलाक़ात की वजह पूछी तो उन्होंने फ़रमाया कि कराची से वारंट आए हैं कि आपकी ख़ाना-तलाशी ली जाए।

मुझे बड़ी हैरत हुई—मैं कोई ख़ुफ़िया-फ़रोश नहीं हूँ। अफ़्यून नहीं बेचता, शराब का ग़ैरक़ानूनी कारोबार नहीं करता। मेरे पास कोकीन भी नहीं है, फिर ये पुलिसवाले, जो कराची से वारंट लेकर आए हैं, मेरी ख़ाना-तलाशी क्यों ले रहे हैं।

पुलिस अफ़सर जब अंदर तशरीफ़ लाए तो उन्होंने मुझसे पहले यह सवाल किया कि तुम्हारी लाइब्रेरी कहाँ है ?

मैं उनसे क्या कहता—मेरी लाइब्रेरी यहाँ पाकिस्तान में चंद किताबों पर मुश्तमिल[11] है। उनमें तीन डिक्शनरियाँ या लुग़त हैं।

मैंने उनसे अर्ज़ की : "मेरी जितनी किताबें थीं, वो तो बंबई में रह गईं। आपको अगर किसी पर्चे या पुर्ज़े की तलाश है तो आप बंबई तशरीफ़ ले जाएँ। एड्रेस हाज़िर है।"

वो अफ़सर कुछ ऐसे बदज़ोक़ थे कि उन्होंने इस बज़्लासंजी[12] की दाद न दी और मेरी ख़ाना-तलाशी शुरू कर दी। ख़ाना मेरा मैख़ाना नहीं। बीयर की आठ-दस ख़ाली बोतलें ज़रूर थीं, लेकिन पुलिस अफ़सरों ने उनको देखने की ज़हमत न की।

अल्मारियों में चीनी के प्याले थे। एक तिपाई पर छोटा-सा बक्स था जिसमें कुछ काग़ज़ात थे—पुलिस अफ़सरों ने एक-एक पुर्ज़ा देखा। अख़बारों के कुछ तराशे थे, वो उन्होंने अपने क़ब्ज़े में ले लिए।

उसके बाद मैंने उन अफ़सरों से कहा कि अब बराहे-करम तलाशी के वारंट जो दारुल-हुकूमत कराची से आए हैं, मुझे दिखा दीजिए—मगर उन्होंने इनकार कर दिया।

वारंट का काग़ज़ एक हवालदार के हाथ में था, उसने मुझे दूर से दिखाते हुए कहा : "यह है…"

मैंने उससे पूछा : "यह क्या है ?"

उसने जवाब दिया : "यह वही चीज़ है जिसके ज़रिए से हम यहाँ पहुँचे हैं।"

जब मैंने इसरार किया कि मैं यह काग़ज़ देखे बग़ैर नहीं टलूँगा तो उन्होंने वारंट का काग़ज़ दोनों हाथों में मज़बूती से पकड़े रखा और कहने लगे : "आप पढ़ लीजिए…"

मैंने सरसरी तौर पर पढ़ा तो मुझे मालूम हुआ कि ख़ाना-तलाशी के अलावा यह काग़ज़ मेरी गिरफ़्तारी का वारंट भी है।

अब ज़मानत का मरहला[13] दरपेश आया।

पुलिस अफ़सर कुछ इतने ख़ुदसर थे कि उन्होंने किसी की ज़मानत क़ुबूल न की—मेरा भानजा था गज़ेटिड अफ़सर। मेरा बिरादरे-निस्बती, वह भी गज़ेटिड अफ़रार। मगर

पुलिसवालों ने उनकी ज़मानत क़ुबूल न की, उनसे यह कहकर कि आप हुकूमत के मुलाज़िम हैं, हो सकता है कि आप कल बरतरफ़ कर दिए जाएँ।

क़िस्सा मुख़्तसर यह है कि मैंने दो मर्तबा अपनी अलालत के बायस कराची की अदालत को माज़रतनामा[14] मय डॉक्टरी सर्टीफ़िकेट पेश किया कि मैं हाज़िरे-अदालत नहीं हो सकता, लेकिन बकरे की माँ कब तक ख़ैर मनाएगी। मुझे बिलआख़िर कराची जाना ही पड़ा।

एक दिलचस्प लतीफ़ा : यहाँ जब आख़िरी वारंट आए तो ज़मानत देने के लिए घर में कोई मौजूद नहीं था।

मैं अपने बहुत से दोस्तों के पास गया मगर उनमें से कोई भी न मिला—आख़िर मुहम्मद तुफ़ैल साहिब के पास गया। वह बड़े शरीफ़ आदमी हैं, मेरे साथ बादिले-नाख़्वास्ता या ख़्वास्ता हो लिए। ज़मानत हो गई, इसलिए कि उनका एक अदबी इदारा है (वह 'नक़ूश' के मालिक भी हैं और मुदीर भी) और उनकी दूकान में जितनी किताबें हैं, वो इसकी ज़मानत हैं कि वह पाँच हज़ार की ज़मानत दे सकते हैं।

एक और लतीफ़ा सुनिए : "तुफ़ैल साहिब ने ज़मानत तो दे दी मगर उन्हें यह ख़तरा पैदा हो गया कि शायद मैं तारीख़े-मुक़र्ररा पर अदालत में हाज़िर नहीं हूँगा।

ख़ुदा गवाह है कि मेरे पास ज़हर खाने को भी एक पैसा न था—तुफ़ैल साहिब सुबह पाँच बजे मेरे ग़रीबख़ाने पर तशरीफ़ लाए। उनकी जेब में सैकिंड क्लास के दो टिकट थे—ताँगे का ख़र्च भी उन्होंने दिया। स्टेशन तक छोड़ने गए और जब तक गाड़ी कराची रवाना न हुई, वह मेरे साथ रहे—मेरे साथ उन्होंने मेरा एक दोस्त नसीर अनवर कर दिया था, ताकि मैं कराची यक़ीनी तौर पर पहुँच जाऊँ।

कराची में जो कुछ मुझ पर बीती, उसका हाल आपको फिर कभी सुनाऊँगा इसलिए कि सख़्त बीमार हूँ।

---

1. वृत्तांत; 2. संवेदनशील; 3. घेरना; 4. हठ करनेवाला; 5. देर; 6. चिंतित; 7. घबराया हुआ; 8. बहनोई; 9. बातचीत में लगे हुए; 10. लज्जा; 11. सम्मिलित; 12. परिहास; 13. कठिन काम; 14. उज़्र।

दो

(पाँचवाँ मुक़दमा) : ···'नक़ूश' के किसी पिछले शुमारे में (शुमारा : 29-30 फ़रवरी-मार्च, 1953 ई.) इस उनवान से मैंने एक मज़मून लिखना शुरू किया था लेकिन मुकम्मल न कर सका था, इसलिए कि मैं सख़्त बीमार था—बीमार तो मैं अब भी हूँ, और मेरा ख़याल है कि सदा बीमार रहूँगा, बाज़ अहबाब[1] कहते हैं कि तुम्हारी यह बीमारी ही सबकुछ है, यानी मेरी मज़मूननिगारी और अफ़सानानवीसी।

तुफ़ैल साहिब जो इस पर्चे के मालिक और एडिटर हैं, उन्होंने मेरे मुताल्लिक़ एक मज़मून भी 'मंटो साहिब' के उनबान से लिखा है—इस मज़मून पर बिरादरम अहमद नदीम क़ासमी ने, जो बदक़िस्मती से 'इमरोज़' के क़ाइम-मक़ाम एडिटर मुक़र्रर हो गए हैं, दर्ज-ज़ैल तब्सिरा किया है, 'नक़्क़ाद' के नाम से :

> मुहम्मद तुफ़ैल का मज़मून 'मंटो साहिब' शख़्सी और बहुत हद तक निजी हैसियत रखता है, और हमारे ख़याल में तुफ़ैल साहिब को उन 'राज़हाए दरूने-पर्दा'[2] को दरूने-पर्दा ही रखना चाहिए था जो मंटो साहिब के और उनके मरासिम[3] से मुताल्लिक़ हैं—नाशिर और अदीब नीज़ एडिटर और अदीब के ताल्लुक़ात का यूँ सरे-बाज़ार ऐलान होने लगे तो न नाशिरों को कहीं ठिकाना मिले और न अदीबो को—कमज़ोरियाँ और ख़ामियाँ किस में नहीं होतीं लेकिन उनको छापे के हवाले कर देना कम-अज़-कम हमारी नज़र में हुदूदे-एतिदाल[4] से तजावुज़[5] करना है। यह दुरुस्त है कि अदीबों और फ़नकारों की नन्ही ख़ामियों पर से नक़ाबकुशाई[6] उनकी शख़्सियत को ज़्यादा उजागर करने में मदद देती है, मगर ऐसी नक़ाबकुशाई भी क्या कि दूसरा आदमी नक्कू बनकर रह जाए—मज़मून के मुताले से मालूम होता है कि तुफ़ैल साहिब की नीयत बुरी नहीं; जज़्बात की रौ में आकर वह चंद बातें ऐसी कह गए हैं जो न कही जातीं या यूँ न कही जातीं तो बेहतर था।

मैं इस तब्सिरे से पहले तुफ़ैल साहिब को यह ख़त लिख चुका था :

> बिरादरम, अस्सलाम अलैकुम !
>
> कल रात मुझे सफ़िया ने बताया था कि आपने मुझ पर 'नक़ूश' में मज़मून लिखा है—ज़्यादा पीने की वजह से मुझसे ठीक पढ़ा नहीं जा रहा था; चूँकि सफ़िया को मज़मून पसंद था, इसलिए उसने मेरे कहने पर इधर-उधर से सुनाया जो मुझे क़तअन पसंद न आया; यही सबब हुआ कि मैंने आपको आधी दर्जन के क़रीब गालियाँ दीं; और उसके बाद मुझे नींद आ गई। सुबह उठकर अपनी आँखों से मज़मून पढ़ा तो मुझे पसंद आ गया—आपने जो कुछ लिखा है, उससे मुझे इनकार नहीं; अपनी कमज़ोरियों के बावुजूद (मैं) बेहद ख़ुश हूँ कि आपने जो कुछ लिखा है, उसमें हिचकिचाहट का शायबा[7] तक नहीं; जो कुछ मैं हूँ वह इस मज़मून में मौजूद है बल्कि वाफ़िर[8] मौजूद है—इस (मज़मून) में बाज़ बातें ऐसी (मौजूद) हैं जो मुझमें मौजूद थीं मगर मेरे लिए महसूस की हद से बाहर थीं।
>
> ख़ाकसार
> सआदत हसन मंटो

मैं अब इस (मज़मून) के मुताल्लिक़ कुछ और कहना नहीं चाहता—जो हक़ीक़त है, उससे मुझे कभी इनकार नहीं होगा; मैं अगर शराब पीता हूँ तो मैं इससे क्यों इनकार करूँ; मैंने अगर किसी से उधार लिया है तो मुझे इससे भी इनकार नहीं होना चाहिए; अगर मुझे दुनिया इस लिहाज़ से बुरा समझती है तो समझा करे—मैं अगर दुनिया की ऐसी बातों के मुताल्लिक़ ही सोचता रहता तो मेरा ख़याल है कि मैं सौ से ज़्यादा अफ़सानों का मुसन्निफ़ न होता।

साहिबे-नक़्दो-बसर[9] (अहमद नदीम क़ासमी) फरमाते हैं : ''यह दुरुस्त है कि अदीबों और फ़नकारों की नन्ही-नन्ही ख़ामियों पर से नक़ाबकुशाई उनकी शख़्सियत को ज़्यादा उजागर करने में मदद देती है। मगर ऐसी नक़ाबकुशाई भी क्या कि दूसरा आदमी नक्कू बनकर रह जाए''—मुझे मालूम नहीं कि तुफ़ैल साहिब के मज़मून के बाद मैं नक्कू बनकर रह गया हूँ या नहीं; इसका फ़ैसला होता रहेगा।

मुझे तुफ़ैल साहिब के इस मज़मून के मुताल्लिक़ सिर्फ़ इतना अर्ज़ करना है कि उन्होंने अपने बीमार भाई के दवा-दारू को महज़ इसलिए पसे-पुश्त[10] रखा और मेरी मदद फ़रमाई कि उन्हें अपने बुज़ुर्गों का यह क़ौल याद आ गया था कि किसी की ज़मानत हर्गिज़-हर्गिज़ नहीं देनी चाहिए, जिसका मुझे अफ़सोस है; अगर मुझे उनकी इस कमज़ोरी का इल्म होता तो मैं कभी अदालत में हाज़िर न होता; वह गिरफ़्तार होते, और जब वह किसी ज़ामिन की तलाश करते तो मैं उनसे कहता कि हज़रत, बुज़ुर्गों की उस नसीहत को पेशे-नज़र रखिए जिसको आप महज़ मुरव्वत की ख़ातिर भूल गए... ज़मानत को छोड़िए और चलिए मेरे साथ जेल में...

जैसा कि आपने इस मज़मून की पहली क़िस्त में पढ़ा होगा, यह मेरे पाँचवें मुक़दमे की रूदाद है।

मैं और मेरा दोस्त नसीर अनवर स्टेशन पहुँचे; टिकट तुफ़ैल साहिब ने ले ही दिए थे, मगर अब सवाल यह था कि जगह कैसे मिले—(फिर) हमारे पास बीयर की बोतलें (भी) थीं, (और) गाड़ी में उनके लिए भी जगह न थी।

मुझे मअन[11] याद आया कि मेरा एक हमजमात याकूब तौफ़ीक़ लाहौर स्टेशन पर असिस्टेंट स्टेशन मास्टर है; इत्तिफ़ाक़ की बात है कि वह उस वक़्त ड्यूटी पर थे; मैं उनसे मिला तो उन्होंने सीटों का बंदोबस्त कर दिया—चुनांचे हम कराची रवाना हो गए।

जिस डिब्बे में हमें जगह दी गई (थी), उसमें एक मौलवी साहिब भी सवार थे—वह तस्बीह के दाने फेर रहे थे।

मैंने सोचा कि यह तो वबाले-जान हो जाएँगे, चुनांचे (मुझे) एक तरकीब सूझी। मैंने नसीर अनवर से कहा कि भई, एक बीयर की बोतल तो खोलो।

उसने फ़ौरन सीट के नीचे से एक बोतल निकाली और खोलकर मेरे हवाले कर दी।

मौलवी साहिब अपनी तस्बीह के दाने फेरते हुए दूसरे स्टेशन पर उतर गए।

मुझे यहाँ एक और लतीफ़ा याद आ गया (है) :

लाहौर स्टेशन पर हमारे कंपार्टमेंट में एक साहिब अपनी अहलिया[12] के साथ तशरीफ़ लाए—साहिब को तो ख़ैर मैं और नसीर अनवर बर्दाश्त कर लेते, मगर साहिबा को बर्दाश्त करना बहुत मुश्किल था; असल में वह हमें बर्दाश्त न कर सकती थीं।

चुनांचे जब वो दोनों कंपार्टमेंट में दाख़िल हुए तो मैंने साहिब से कहा : "देखिए हज़रत, हम शराबी आदमी हैं...बीयर की पंद्रह बोतलें हमारे पास हैं...हम पिएँगे और वाही-तबाही बकेंगे।...आप शरीफ़ आदमी हैं और ग़ालिबन अपनी बीवी के साथ हैं...इसलिए बेहतर है कि आप किसी और कंपार्टमेंट में जगह तलाश कर लें..."

अब कि मैं यह मज़मून लिख रहा हूँ तो मुझे तुफ़ैल साहिब बताते हैं कि उन साहिब ने, जो अपनी बुर्क़ापोश अहलिया के हमराह थे, स्टेशन मास्टर से कहा कि फ़लाँ-फ़लाँ डिब्बे में जहाँ उन्हें जगह दी गई है, दो बदमाश बैठे हैं...

स्टेशन मास्टर ने ताज्जुब का इज़हार किया और कहा कि उस डिब्बे में तो सआदत हसन मंटो है जोकि बेहद शरीफ़ आदमी है—मगर उन साहिब ने कहा : "जी नहीं...उसने मुझसे ख़ुद कहा है कि वह शराबी-कबाबी है..."

बहरहाल वह बला टल गई, वह यूँ कि उन साहिब को किसी और कंपार्टमेंट में जगह दे दी गई और हम निर्चित हो गए।

(लाहौर से) कराची तक का सफ़र निहायत ज़लील है; सैकिंड क्लास में भी इतनी गर्द

आती है कि अलअमां[13]—बहरहाल सफ़र बीयर की बोतलों की बदौलत कट ही गया।

मेरा ख़याल था कि किसी होटल में ठहरा जाए, मगर जेब इजाज़त न देती थी—मैंने फ़ैसला किया कि ख़्वाजा नसीरुद्दीन के यहाँ ठहरा जाए, इसलिए भी कि बीवी ने ताकीद की थी कि : "देखो, मेरे भाई के पास जाना..."

मैंने सोचा कि सारी ख़ुदाई एक तरफ़, जोरू का भाई एक तरफ़—मैंने सारी ख़ुदाई को एक तरफ़ रखा और जोरू के भाई के पास चला गया।

(ख़्वाजा नसीरुद्दीन) बड़ा शरीफ़ आदमी है; माशाअल्लाह अच्छी मुलाज़िमत पर है, माक़ूल तनख़्वाह मिलती है; बहुत बड़े फ़्लैट में रहता है—उसने हमारी बड़ी आवभगत की। इत्तिफ़ाक़ से उसके साथवाला फ़्लैट ख़ाली था, वह मुझे और नसीर अनवर को दे दिया गया।

मुझे कोई ख़्वाहिश नहीं थी कि मैं वहाँ कराची में ज़्यादा दिन रहूँ, इसलिए कि बंबई में पंद्रह बरस रहने के बाद कराची में कोई कशिश नज़र नहीं आती थी।

दूसरे दिन हम मजिस्ट्रेट साहिब की ख़िद्मत में हाज़िर हुए।

मामूली-सी इमारत थी—एक छोटा-सा कमरा था जिसमें एडीशनल डिस्ट्रिक्ट मजिस्ट्रेट तशरीफ़ फ़रमा थे।

मुझ पर लाहौर में कई मुक़दमे चल चुके थे; मैं ज़िला कचहरी के आदाब से वाक़िफ़ था, यानी (वह जगह) जहाँ अदब-आदाब का कोई वास्ता ही नहीं।

मैं मजिस्ट्रेट साहिब के हुज़ूर सर-ता-पा[14] बंदगी बनके खड़ा हो गया।

उन्होंने मेरी तरफ़ देखा और पूछा : "आप क्या चाहते हैं?"

मजिस्ट्रेट साहिब के लहजे की मुलाइमी मेरे लिए बड़ी ताज्जुबख़ेज़ थी—मैंने अर्ज़ की : "जनाब, मेरा नाम सआदत हसन मंटो है... आज आपने मुझे मेरे मजमून 'ऊपर, नीचे और दरमियान' के सिलसिले में फ़हशनिगारी की दफ़ा 292 के मातहत तलब फ़रमाया है..."

आपने मुझे बड़े ग़ौर से देखा और कहा : "तशरीफ़ रखिए!"

मैंने ख़याल किया कि मालूम नहीं, उन्होंने किससे तशरीफ़ रखने को कहा है, क्योंकि लाहौर की अदालतों में तो ऐसा रिवाज नहीं—मैं खड़ा रहा।

जब मजिस्ट्रेट साहिब ने देखा कि मैंने तशरीफ़ नहीं रखी तो उन्होंने दोबारा कहा : "तशरीफ़ रखिए मंटो साहिब!"

मैं उनकी मेज़ के पास रखी हुई बेंच पर बैठ गया।

मजिस्ट्रेट साहिब थोड़ी देर के बाद मुझसे मुख़ातिब हुए : "आप इतने दिन तशरीफ़ क्यों न लाए?"

मैंने अर्ज़ की : "जनाब! मेरी तबीअत नासाज़ थी..."

मजिस्ट्रेट साहिब ने फ़रमाया : "आपने मेडीकल सर्टीफ़िकेट भेज दिया होता!"

मैंने झूठ बोला : "मैं इस क़दर बीमार था कि मेडीकल सर्टीफ़िकेट भेजने के मुताल्लिक़

सोच ही नहीं सकता था।"

मजिस्ट्रेट साहिब ने मेरा झूठ सुना और ख़ामोश रहे। फिर कहा : "आप क्या चाहते हैं ?"

मैं सोचने लगा कि मैं क्या चाहता हूँ। असल में तो मैं अपना छुटकारा चाहता था—मुझे बार-बार तुफ़ैल साहिब का ख़याल आता था जिन्होंने मेरी ज़मानत दी थी और बाद में उनको मेरी लाउबाली तबीयत के बायस सुबह-सवेरे सैकिंड क्लास के दो टिकटों के साथ आना पड़ा था।

मैंने कुछ देर सोचा और फिर मजिस्ट्रेट साहिब से कहा : "मुझे आप फ़ारिग़ कर दीजिए, मैं जल्दी वापस जाना चाहता हूँ।"

आपने फ़रमाया : "इतनी जल्दी तो यह काम नहीं हो सकता···मैंने आपका मज़मून अभी तक नहीं पढ़ा है···इंशाअल्लाह आज पढ़ लूँगा और कल सुबह फ़ैसला सुना दूँगा···"

मैंने और नसीर अनवर ने उनको आदाब अर्ज़ की और मोटरसाइकिल-रिक्शा में बैठकर बीयर पीने चले गए—यह रिक्शा मुझे कराची में बहुत पसंद आई; फ़टफ़ट करती चलती है; घंटों का फ़ासला मिनटों में तय होता है और किराया भी कुछ ज़्यादा नहीं होता।

दूसरे रोज़ हम अदालत में हाज़िर हुए।

मजिस्ट्रेट साहिब ने मेरे सलाम का जवाब दिया और फ़रमाया : "तशरीफ़ रखिए!"

मैंने बेंच पर तशरीफ़ रख दी।

आपने एक छोटा-सा काग़ज़ निकाला और फ़रमाया : "मैंने फ़ैसला लिख लिया है···" उसके बाद उन्होंने रीडर की तरफ़ देखा और उससे कहा : "आज क्या तारीख़ है ?"

उसने जवाब दिया : "पच्चीस···!"

मैं ज़रा ऊँचा सुनता हूँ—मेरे कान एक अरसे से ख़राब हैं—मैं समझा कि मुझे पच्चीस रुपए जुर्माना हुआ है, चुनांचे मैंने मजिस्ट्रेट साहिब से कहा :" जनाब, पच्चीस रुपए जुर्माना ?"

पच्चीस रुपए जुर्माने का यह मतलब था कि मैं अपील नहीं कर सकता था; उस सूरत में सज़ा बहाल रहती।

मजिस्ट्रेट साहिब ने ग़ालिबन पाँच सौ रुपए जुर्माना किया था, मगर जब उन्होंने यह सुना : 'पच्चीस रुपए जुर्माना' तो वह मुसकराए; क़लम लिया और जुर्माना पच्चीस रुपए में तब्दील कर दिया।

नसीर अनवर ने फ़ौरन जेब से पच्चीस रुपए निकाले और अदा कर दिए और साथ ही मुझसे कहा : "सस्ते छूटे हो, अपील-वपील का झंझट ग़लत होता, कब तक यहाँ अदालतों की ठोकरें खाते रहते···क्या तुम्हें 'ठंडा गोश्त' का मुक़दमा याद नहीं···"

मुझे 'ठंडा गोश्त' का मुक़दमा याद आ गया और मैं काँप-काँप गया।

मैंने ख़ुदा का शुक्र अदा किया कि उसने इतनी जल्दी मेरी ख़लासी कर दी।

मैं मजिस्ट्रेट साहिब को आदाब अर्ज़ करके जाने ही वाला था कि उन्होंने मुझसे कहा : ''आप कब वापस जा रहे हैं ?''

मैंने जवाब दिया : ''ग़ालिबन आज ही चला जाऊँगा।''

उन्होंने कहा : ''नहीं, आज न जाइए··· मैं आपसे मिलना चाहता हूँ।''

मुझे बहुत हैरत हुई कि वह मुझसे क्यों मिलना चाहते हैं—बहरहाल मैंने उनसे कहा : ''मैं कल तक ठहर जाऊँगा।''

उन्होंने मुझसे पूछा : ''कल चार बजे आपसे कहाँ मुलाक़ात हो सकती है ?''

मैं जिन-जिन बारों में जाकर बीयर पीता रहा था, मैंने उनका नाम ले दिया—वह परहेज़गार क़िस्म के आदमी थे, फ़ैसला कॉफ़ी हाऊस पर हुआ।

वक़्त चार बजे तय हुआ था मगर हम पंद्रह मिनट देर से पहुँचे।

मजिस्ट्रेट साहिब मौजूद थे—आपसे रस्मी-रस्मी गुफ़्तगू होती रही।

थोड़ी देर के बाद उन्होंने मुझसे बड़े प्यार से कहा : ''मंटो साहिब, मैं आपको इस दौर का बहुत बड़ा अफ़सानानिगार मानता हूँ··· आपसे मिलने का मक़सद सिर्फ़ यह था कि आप यह ख़याल दिल में लेकर न जाएँ कि मैं आपका मद्दाह[15] नहीं···''

मैं सख़्त मुतहैयर[16] हुआ : ''आप मेरे मद्दाह हैं तो जनाब, आपने मुझे जुर्माना क्यों किया ?''

वह मुसकराए : ''इसका जवाब मैं आपको एक बरस के बाद दूँगा···''

कई महीने गुज़र चुके हैं, चंद बाक़ी रह गए हैं—देखिए, मजिस्ट्रेट साहिब, जो अपने वादे के पक्के मालूम होते हैं, क्या इन्किशाफ़[17] फ़रमाते हैं।

---

1. कुछ लोग; 2. आंतरिक रहस्य; 3. संबंध; 4. बराबरी का दर्जा; 5. सीमा से बाहर होना, धृष्टता; 6. पर्दा उठाना, रहस्योद्घाटन; 7. झलक; 8. बहुत ज़्यादा; 9. आलोचनात्मक दृष्टिवाले; 10. नज़रअंदाज़; 11. सहसा, अकस्मात; 12. पत्नी; 13. त्राहि-त्राहि; 14. सिर से पैर तक; 15. प्रशंसक; 16. स्तब्ध, आश्चर्यचकित; 17. रहस्य प्रकट करते हैं।

अफ़सानवी सफ़र

इंतिसाब[1] और दीबाचे[2]

1. समर्पण, 2. भूमिका

पहला पड़ाव

चंद फ़िक्रतलब अफ़सानों का मजमूआ

आतिश पारे

वालिद मरहूम के नाम

यह अफ़साने दबी हुई चिनगारियाँ हैं।
इनको शोलों में तब्दील करना पढ़नेवालों का काम है।

अमृतसर : 5 जनवरी, 1936

दूसरा पड़ाव

मंटो के अफ़साने

पहली इशाअत[1] में : अख़बार 'दीन दुनिया', देहली के नाम
जिसमें मेरे खिलाफ़ सबसे ज़्यादा गालियाँ छपीं।

दूसरी इशाअत से : एक बार फिर
अख़बार 'दीन दुनिया', देहली के नाम
जिसमें मेरे खिलाफ़ सबसे ज़्यादा गालियाँ छपीं।

['मंटो के अफ़साने' की पहली इशाअत और दूसरी इशाअत के दीबाचे मुख़्तलिफ़ हैं—दूसरी इशाअत का दीबाचा एक तक़रीर[2] है, जो मंटो ने बंबई के जोगेश्वरी कॉलेज की मजलिसे-अदब में तालिबे-इल्मों के सामने पढ़ी थी—यह तक़रीर 'अदबे-जदीद'[3] के उनवान से 1944 में 'अदबे-लतीफ़[4]', लाहौर के सालनामे में शाया हुई थी, और इस तक़रीर या मज़मून पर हकूमते-पंजाब ने ज़ेरे-दफ़ा 38, डिफ़ेंस ऑफ़ इंडिया रूल्ज़ के तहत मुक़दमा चलाया था। इसे आप चौथे खंड में 'लज़्ज़ते-संग' के शीर्षक के तहत पढ़ सकते हैं—जहाँ तक 'मंटो के अफ़साने' की पहली इशाअत में मुख़्तसर-सी भूमिका का संबंध है, वह कोशिश के बावजूद हमें न मिल सकी।]

---

1. संस्करण; 2. भाषण; 3. आधुनिक साहित्य; 4. पत्रिका का नाम;

तीसरा पड़ाव

धुआँ

हसन अब्बास[1] के नाम

पेश लफ़्ज़

जब इस किताब का पहला अफ़साना 'साक़ी' में शायः हुआ तो मेरे एक दोस्त[2] ने, जो अंग्रेज़ी और उर्दू, दोनों ज़बानों में लिखते हैं, इस पर रायज़नी करते हुए कहा : ''तुम्हारा ताज़ा अफ़साना 'धुवाँ' फ़लाँ साहबा[3] ने पढ़ा··· उनका ख़याल है कि यह निहायत ग़लीज़ है।''

यह साहिबा डॉक्टरी का इम्तिहान पास कर चुकी हैं, मगर अब एक अर्से से प्रैक्टिस नहीं करती—मैं समझता हूँ कि इसी वजह से उन्हें वह अमले-जराही पसंद नहीं आया, जो मेरे अफ़साने में मौजूद है—बहरहाल मैं अपने अंग्रेजी और उर्दू में लिखनेवाले दोस्त और इल्मे-तिब में सनदयाफ़्ता ख़ातून का बेहद ममनून हूँ कि मुझे अपनी कहानियों के दूसरे मजमूए[4] का उनवान उस अफ़साने में मिल गया, जो दोनों को नापसंद था।

देहली : 7 दिसंबर, 1941

---

1. हसन अब्बास : अमृतसर में मंटो की आवारगी के दिनों का लँगोटिया।

2. अंग्रेज़ी और उर्दू, दोनों ज़बानों में लिखनेवाला दोस्त : मुल्कराज आनंद।

3. फ़लाँ साहबा : मंटो और मुल्कराज आनंद, दोनों ख़ामोश रहे हैं।

4. मंटो ने 'धुवाँ' को अपनी कहानियों का दूसरा मजमूआ कहा है। यह ग़लत है। 'धुवाँ' तीसरा मजमूआ है।

चौथा पड़ाव

अफ़साने और ड्रामे[1]

तसनीम[2] के नाम

पेश लफ़्ज़

मगर इसकी ज़रूरत ही क्या है।

बंबई : 28 नवंबर, 1943

---

1. इस मजमूए में सात अफ़साने और छ: ड्रामे शामिल हैं।

2. तसनीम : नवाब छत्तारी की साहबज़ादी तसनीम सलीम छत्तारी; एक आई-गई अफ़सानानिगार।

पाँचवा पड़ाव

चुग़द

उस चुग़द के नाम
जो अपने चुग़द होने का बीच खेत इक़रार करे।

दीबाचा

इस किताब का पहला एडीशन बंबई में छपा था—बँटवारे के बाद इसका पूरा मुसव्वदा कुतुब पब्लिशर्ज़ लिमिटेड के हवाले करके मैं पाकिस्तान चला आया था। यहाँ से मैंने अली सरदार जाफ़री को, जो उन दिनों कुतुबवालों के हाँ मुलाज़िम थे, लिखा : 'किताब जल्द शायःहोने की सिर्फ़ एक ही सूरत है कि इसका दीबाचा आप ख़ुद ही लिख लें। आप जो कुछ भी लिखेंगे, मुझे मंजूर होगा।'

आपने जवाब में लिखा : 'मैं बड़ी ख़ुशी से तुम्हारी किताब पर दीबाचा लिखूँ, हालाँकि तुम्हारी किताब के लिए दीबाचे और ख़ुसूसियत से मेरे दीबाचे की ज़रूरत नहीं है। तुम जानते हो कि मेरे और तुम्हारे अदबी नज़रिये में बहुत इख़्तिलाफ़[1] है, लेकिन इसके बावुजूद मैं तुम्हारी क़द्र करता हूँ और तुमसे बहुत-सी तवक़्क़आत[2] वाबस्ता किए हुए हूँ।'

मैंने यह ख़त मिलने पर जाफ़री साहब से कहा : 'तों ठीक है, किताब बग़ैर दीबाचे ही के चलने दीजिए।' लेकिन इस दौरान में मुझे उनका दूसरा ख़त मिला, जिससे मालूम हुआ कि उन्होंने एक मुख़्तसर दीबाचा लिखकर किताब में शामिल भी कर लिया है—यह दीबाचा जैसा भी है, 'चुग़द' के पहले एडीशन में मौजूद है।

इस एडीशन में उसको मैंने हज़फ़[3] कर दिया है, इसलिए नहीं कि ख़ुदानख़्वास्ता मुझे जाफ़री साहब से कोई इनाद[4] पैदा हो गया है, या मैं उनसे नफ़रत करने लगा हूँ—दरअसल पिछले दिनों बंबई के नामनिहाद तरक़्क़ीपसंदों ने मेरी तहरीरों के बारे में जो बेमानी शोर बरपा किया और मुझे यक क़लम 'अदब बाहर' किया, उसके पेशे-नज़र मैं मुनासिब नहीं समझता कि इस हलक़े का एक बहुत ही सरगर्म कारकुन मेरी 'रजअतपसंदी[5]' का दुमछल्ला बना रहे।

इस किताब का एक अफ़साना 'बाबू गोपीनाथ' जब 'अदबे-लतीफ़' में शाया हुआ तो मैं बंबई ही में मुक़ीम था। तमाम तरक़्क़ीपसंद मुसन्निफ़ीन ने इसकी बहुत तारीफ़ की। इसको उस साल का शाहकार अफ़साना क़रार दिया। अली सरदार जाफ़री, इस्मत चुग़ताई और कृश्न चंदर ने ख़ुसूसन इसको बहुत सराहा। 'हल के साए' में कृश्न ने इसको नुमाया जगह दी—मगर यकायक ख़ुदा मालूम कैसा दौरा पड़ा कि सब तरक़्क़ीपसंद इस अफ़साने की अज़्मत[6] से मुनहरिफ़[7] हो गए। शुरू-शुरू में दबी ज़बान से इस पर तनक़ीद[8] शुरू हुई। सरगोशियों में इसको बुरा-भला कहा गया, मगर अब भारत और पाकिस्तान के तमाम तरक़्क़ीपसंद ममटियों पर चढ़कर इस अफ़साने को रजअतपसंद, इख़लाक़ से गिरा हुआ, घिनावना और शरअंगेज़[9] क़रार दे रहे हैं।

यही सलूक मेरे अफ़साने 'मेरा नाम राधा है' के साथ किया गया, हालाँकि जब शाया हुआ था तो तमाम तरक़्क़ीपसंदों ने उछल-उछलकर उसकी तारीफ़-तौसीफ़[10] की थी।

अली सरदार जाफ़री ने 'चुग़द' पर जब दीबाचा 'सुपुर्दे-तरक़्क़ीपसंदी' किया तो मुझे ख़त लिखा: 'दीबाचे के मुताल्लिक़ तुम्हारी राय मालूम करना चाहता हूँ। मैंने बहुत ख़ुलूस और मुहब्बत से लिखा है—मैं तुम्हारी अफ़सानानिगारी पर एक तवील मज़मून लिखने का इरादा कर रहा हूँ। तुम्हें अब तक दक़ियानूसी क़िस्म के लोगों ने सिर्फ़ गालियाँ ही दी हैं। उनसे और किसी चीज़ की तवक़्क़ोह बेकार थी।'

यह सतरें पढ़ के क्या जी नहीं चाहता कि उनके सब अल्फ़ाज़ तरक़्क़ीपसंदों के मुँह पर दे मारे जाएँ और रजअतपसंदी को ज़ेरे-लब मुसकराने का मौक़ा दिया जाए।

इसी ख़त में अली सरदार जाफ़री लिखते हैं: 'तुम्हारी कहानी 'खोल दो' को मैं इस दौर का शाहकार समझता हूँ।'

तरक़्क़ीपसंदों के साथ या इस कहानी के साथ यह ट्रेजिडी हुई कि यह माहनामा 'नक़ूश', लाहौर में शाया हुई, जो पाकिस्तानी तरक़्क़ीपसंदों के गुरु जनाब अहमद नदीम क़ासमी मूजिद 'ज़िंदगी आमोज़ व ज़िंदगी आमेज़ अदब' की ज़ेरे-इदारत[11] शाया होता था, वर्ना यह भी 'अदब बाहर' कर दी जाती और मैं तरक़्क़ीपसंदी का सुर्ख़ मुँह देखता रह जाता।

मेरी किताब 'सियाह हाशिए' तरक़्क़ीपसंदों ने सिर्फ़ इसलिए नापसंद की कि इस पर दीबाचा हसन असकरी का था, जिसका नाम वह सियाह फ़ेहरिस्तियों में दर्ज कर चुके थे—चुनांचे अली सरदार ने हस्बे-मामूल बड़े ख़ुसूस और मुहब्बत के साथ मुझे लिखा: 'यहाँ लाहौर से मेरे पास एक ख़बर आई है कि तुम्हारी किसी नई किताब पर हसन असकरी मुक़दमा[12] लिख रहे हैं। समझ में नहीं आ सका, तुम्हारा और हसन असकरी का क्या साथ है? मैं हसन असकरी को बिलकुल मुख़्लिस नहीं समझता।'

तरक़्क़ीपसंदों की ख़बर रसानी का सिलसिला और इंतज़ाम क़ाबिले-दाद है। यहाँ की ख़बरें खेतवाड़ी के 'क्रेमलिन' में बड़ी सेहत से यूँ चुटकियों में पहुँच जाती हैं—अली सरदार को यहाँ से जो ख़बर मिली, बड़ी मोतबर[13] थी, चुनांचे नतीजा यह हुआ कि 'सियाह

हाशिए' प्रेस की सियाही लगने से पहले ही 'रूसियाह'[14] करके रजअतपसंदी की टोकरी में फेंक दी गई।

जिस वक़्त अली सरदार ने 'चुग़द' पर दीबाचा लिखने के लिए क़लम उठाया तो उन्होंने यह न सोचा कि मंटो और उनका क्या जोड़ है, जबकि उनके कहने के मुताबिक़ हमारे अदबी नज़रियों में बहुत इख़्तिलाफ़ है, मगर मेरे तरक़्क़ीपसंद दोस्त सोचा नहीं करते। यह उनके लिए शायद एक फ़अले-मनफ़ी[15] है।

सोचने की एक दिलचस्प मिसाल पेश करता हूँ :

'नया इदारा' का 'सवेरा', जिसके मालिक नज़ीर अहमद चौधरी हैं, 'अदब की तरक़्क़ीपसंद तहरीक का तर्जुमाँ' है। इसमें एक तरफ़ मेरा नाम सियाह फ़ेहरिस्तियों में शामिल करके मुझे रजअतपसंद, मफ़ादपरस्त[16] इन्फ़िरादियतपसंद[17], लज़्ज़तपरस्त और फ़रारी क़रार दिया जाता है, और दूसरी तरफ़ 'नया इदारा' मेरी एक तस्नीफ़ का इश्तिहार इन लफ़्ज़ों में देता है :

> सआदत हसन मंटो सदाक़त का अलमबरदार है—उसके हाथ में सचाई की दोधारी तलवार है, जिसे वह हुकूमत और समाज के घने जंगल में इंतिहाई बेरहमी से घुमाता है और बनावट और रिया के परदों को चाक करता चला जाता है। उसे गालियाँ मिलती हैं और वह मुसकरा देता है। वह दुआओं और सज़ाओं की परवाह किए बग़ैर एक ऐसी राह पर गामज़न[18] है, जिस पर सिर्फ़ वही चल सकता है।

मैंने जब यह इश्तिहार 'सवेरा' में पढ़ा था तो मैं मुसकराने के बजाय ख़ूब हँसा था—इश्तिहार की 'इसके पढ़ने से बहुतों का भला होगा' वाली ज़बान को छोड़िए और सोचिए कि यह तरक़्क़ीपसंद और उनके तरक़्क़ीपसंद नाशिर[19] ज़मीर की परवाह किए बग़ैर क्या एक ऐसी राह पर गामज़न नहीं, जिस पर सिर्फ़ वही चल सकते हैं।

पिछले दिनों भोपाल क़ान्फ्रेंस में इस्मत शाहिद लतीफ़ ने भरे मजमा में मर्दानावार अपने उन तमाम अफ़सानों पर लानत भेजकर उनसे क़लम ख़लासी करा ली थी, जो तवक़्क़ीपसंदी के धरमकाँटे में पूरे नहीं उतरते थे—यह तरक़्क़ीपसंद नाशिर क्यों इस्मत की-सी दयानतदारी से काम नहीं लेते। उन्हें चाहिए कि सियाह फ़ेहरिस्तिए रजअतपसंदों की तमाम किताबें नज़रे-आतिश कर दें। अगर वह ऐसा करें तो मैं उनके हाथ चूम लूँ।

आख़िर में मुझे यह कहना है कि तरक़्क़ीपसंदी से मुझे कोई कद नहीं, लेकिन नामनिहाद तरक़्क़ीपसंदों की उलटी-सीधी ज़क़ंदे[20] बहुत खलती हैं।

लाहौर : 26 अगस्त, 1950

---

1. मतभेद; 2. आशाएँ; 3. निकाल देना; 4. दुश्मनी; 5. प्रतिक्रियावादी; 6. महत्त्व; 7. विमुख; 8. आलोचना 9. उपद्रवी; 10. बड़ाई; 11. संपादन में; 12. भूमिका; 13. विश्वसनीय; 14. काला मुँह; 15. नकारात्मव कर्म; 16. अवसरवादी; 17. अलगाववादी; 18. चलना; 19. प्रकाशक; 20. छलाँग।

छटा पड़ाव

लज़्ज़ते-संग

पहली इशाअत : मुहम्मद हुसैन चौधरी के नाम
मर्दे नादाँ पर कलामे-नर्मो-नाज़ुक बेअसर

दूसरी इशाअत से : चौधरी मुहम्मद हुसैन साहब मरहूम के नाम
ख़ुद अज़ करदा-ए-ख़ुद शर्मसारतर गरोद

लाहौर के एक रुसवा-ए-आलम रिसाले में, जो फ़हाशी व बेहूदगी की इशाअत को अपना पैदाइशी हक़ समझता है, एक अफ़साना शाय हुआ है, जिसका उनवास है 'बू' और इसके मुसन्निफ़ है मिस्टर सआदत हसन मंटो···

मुक़दमा

सर खुजाता है जहाँ ज़ख़्मे-सर अच्छा हो जाए
लज़्ज़ते-संग बांदाज़ा-ए-तक़रीर नहीं

–ग़ालिब

सातवाँ पड़ाव

सियाह हाशिये

उस आदमी के नाम
जिसने अपनी ख़ूँरेज़ियों का ज़िक्र करते हुए कहा :
''जब मैंने एक बुढ़िया को मारा तो मुझे ऐसा लगा,
मुझसे क़त्ल हो गया है !''

(इस किताब का दीबाचा 'हाशिया आराई' के उनवान से मुहम्मद हसन असकरी ने लिखा था।)

आठवाँ पड़ाव

ख़ाली बोतलें ख़ाली डिब्बे

एक ख़ाली बोतल के नाम

पेश लफ़्ज़

जैसा कि पहले एलान किया गया था, यह किताब मेरे मत्बूआ[1] अफ़सानों और मज़्मूनों का मख़्लूत[2] मजमूआ थी, मगर जब मुसव्वदा कातिब के सुपुर्द किया जाने लगा तो मैंने सोचा, अफ़सानों और मज़्मूनों का जोड़ कुछ ठीक नहीं। चुनांचे मैंने मज़्मून निकाल लिए और उनकी जगह नए अफ़साने लिख दिए।

इन नए अफ़सानों में कुछ मत्बूआ हैं, कुछ ग़ैर मत्बूआ—इनकी ख़ुसूसियत, अलावा इसके कि यह मेरे लिखे हुए हैं, यह है कि हर अफ़साना एक ही निशस्त में लिखा गया है।

यह अफ़साने मेरे पहले अफ़सानों से किसी क़दर मुख़्तलिफ़ होंगे। इनमें अल्फ़ाज़ बक़दरे-किफ़ायत इस्तेमाल किए गए हैं और फ़िरोई तफ़सीलात से परहेज़ किया गया है। यह अम्र मलहूज़े-ख़ातिर[3] रहा है कि कम-से-कम अल्फ़ाज़ में हुर्फ़े-मुद्दआ[4] बयान हो जाए—मेरा ख़याल है, मुझे इसमें कामयाबी हुई है, लेकिन मुझे देखना है कि पढ़नेवालों का रद्दे-अमल क्या है।

ऐसे ही अफ़सानों का एक दूसरा मजमूआ 'ठंडा गोश्त' के उनवान से पेश कर रहा हूँ, जो अग़ालिबन 'ख़ाली बोतलें ख़ाली डिब्बे' के साथ ही मार्केट में आ जाएगा।

'ठंडा गोश्त' वह अफ़साना है, जिसको फ़ाज़िल अदालत के मातहत फ़हश क़रार देकर मुझे तीन सौ रुपए जुर्माना और तीन महीने क़ैदे-बामशक़्क़त की सज़ा दी थी, लेकिन अपील करने पर सेशन ने मुझे बरी कर दिया था।

'पेश-लफ़्ज़' की कोई ज़रूरत नहीं थी, लेकिन चूँकि मुझे क़ारिईन से यह चंद बातें करना थीं, इसलिए 'सरगश्ता ख़ुमारे-रसूमो-क़्यूद' होना पड़ा।

लाहौर : 26 अगस्त, 1950

---

1. प्रकाशित; 2. सम्मिलित; 3. ध्यान रखने योग्य; 4. उद्देश्य।

नौवाँ पड़ाव

ठंडा गोश्त

ईशर सिंह के नाम
जो हैवान बनकर भी इंसानियत न खो सका।

(मंटो ने इस किताब के दीबाचे के तौर पर 'ज़हमते-मह्‌रे-दरख़्शाँ को इस्तेमाल किया था जो आप पहले पढ़ चुके हैं।)

दसवाँ पड़ाव

नमरूद की ख़ुदाई

1. इस किताब का न कोई इंतिसाब है और न कोई दीबाचा।
2. किताब का उनवान ग़ालिब के इस शेर से लिया गया है :

    क्या वह नमरूद की ख़ुदाई थी।
    बंदगी में मेरा भला न हुआ।

3. मशहूर अफ़साना 'खोल दो' इसी किताब का पहला अफ़साना है।

ग्यारहवाँ पड़ाव

बादशाहत का ख़ात्मा

ब्रिजमोहन* के नाम

पेश लफ़्ज़

मुझे इन अफ़सानों के मुताल्लिक़ सिर्फ़ यह कहना है कि यह मेरे अफ़साने हैं—इनकी ख़ूबी, अलावा इसके कि यह मेरे हैं, यह है कि यह बहुत मुख़्तसर अर्से में सुपुर्दे-क़लम हुए हैं। जिन हालात में यह लिखे गए, उसका हाल मैं जानता हूँ या मेरा ख़ुदा, जो बड़ा बेनियाज़[1] है।

हर अफ़साने के इख़्तिताम[2] पर एक तारीख़ दर्ज है, जो बताती है कि अफ़साना कब लिखा गया—इन तारीख़ों से आपको मालूम हो सकता है कि मैंने यह मजमूआ मजमूई तौर पर कितने अर्से में तैयार किया—साहबे-नज़र क़ारिईन इस तारीख़ी मजमूए से मेरे ज़ेह्न के मुताल्लिक़ एक ख़ास अर्से की हद तक अपने-अपने ख़याल के मुताबिक़ राय ज़रूर क़ायम कर सकेंगे।

इन अफ़सानों में एक ख़ूबी या बुराई यह भी है कि इनकी तवालत[3] क़रीब-क़रीब यकसाँ है। यह मैंने अफ़सानानिगारी में एक नया तज्रबा किया है इसके मुताल्लिक़ मैं नाक़िदीने-फ़न[4] की राय बड़ी दिलचस्पी से पढ़ूँ और सुनूँगा।

और कुछ कहना नहीं चाहता, सिवाय इसके कि पाकिस्तान में अभी तक ज़िंदा हूँ।

लाहौर : 14 जून, 1950

---

* *बिज्रमोहन : मंटो का बंबई के दिनों का एक अजीबो-ग़रीब दोस्त—मंटो ने दो अफ़साने, 'बादशाहत का ख़ात्मा' और 'पैरन', अपने अजीबो-ग़रीब दोस्त के किरदार से लिए हैं।*

---

1. बोफ़िक्र; 2. अंत; 3. लंबाई; 4. आलोचकों।

बारहवाँ पड़ाव

यज़ीद[1]

(इस किताब का कोई इंतिसाब[2] नहीं है।)

ज़ैबे-कफ़न

फ़ारिग़[3] मुझे न जान कि मानिंदे सुब्हो-मिह्र[4]
है दाग़े-इश्क़ ज़ीनते-जैबे-कफ़न[5], हनोज़[6]

—ग़ालिब

जी चाहता है, आज आपसे, अपनी तहरीरें पढ़नेवालों से, तमाम 'मुक़दमाई' और 'दीबाचाई' तकुल्लफ़ात बरतरफ़ रख के बातें करूँ—यूँ तो मेरे अफ़सानों, ड्रामों और नीम अफ़सानवी मज़मूनों में भी अक्सर ऐसी बातें होती हैं, जिनका ताल्लुक़ बराहे-रास्त मेरे दिलो-दिमाग़ के उस ख़ाने से होता है जो आमतौर पर इंसान की अपनी ज़ात के लिए मख़्सूस होता है, लेकिन उन पर चौखटा चूँकि अफ़साने का होता है, इसलिए आप इन्हें उसी शक्ल में देखते रहे हैं।

आज मेरा दिल बहुत अफ़सुर्दा है। एक अजीब-सा इज़्मेहलाल[7] उस पर छाया हुआ है।

चार-साढ़े चार बरस पहले जब मैंने अपने दूसरे वतन बंबई को ख़ैरबाद कही थी तो मेरा दिल इसी तरह मग़मूम था। मुझे वह जगह छोड़ने का सद्मा था, जहाँ मैंने अपनी ज़िंदगी के बड़े पुरमशक़्क़त दिन गुज़ारे थे। उस ख़ित्ता-ए-ज़मीन ने मुझ-ऐसे आवारा और ख़ानदान के धुत्कारे हुए इंसान को अपने दामन में जगह दी थी—उसने मुझसे कहा था : ''तुम यहाँ दो पैसे रोज़ाना पर भी ख़ुश रह सकते हो और दस हज़ार रोज़ाना पर भी... अगर तुम चाहो तो दोनों सूरतों में दुनिया के मग़मूमतरीन इंसान की ज़िंदगी बसर कर सकते

हो ··· यहाँ तुम जो चाहो, करो। तुम्हारी ऐब जुई[8] कोई नहीं करेगा ··· यहाँ तुम्हें कोई नासेह[9] भी नहीं मिलेगा ··· हर कठिन काम तुम्हें ख़ुद करना होगा। अपनी ज़िंदगी का हर अहम फ़ैसला तुम्हें ख़ुद ही करना पड़ेगा ··· तुम फुटपाथ पर रहो या किसी आलीशान महल में, इससे मुझे कोई सरोकार नहीं ··· तुम जाओ या रहो, मुझे इससे कोई फ़र्क़ महसूस नहीं होगा ··· मैं जहाँ हूँ, मौजूद हूँ और मौजूद रहूँगी।''

वहाँ बारह बरस रहने के बाद जो कुछ मैंने सीखा, यह उसी का बायस है कि मैं यहाँ पाकिस्तान में मौजूद हूँ। यहाँ से कहीं और चला गया तो वहाँ भी मौजूद रहूँगा—मैं चलता-फिरता बंबई हूँ। मैं जहाँ भी क़याम करूँगा, वहीं मेरा अपना जहान आबाद हो जाएगा।

बंबे छोड़ने के बाद मैं अफ़सुर्दा था। वहाँ मेरे दोस्त थे, जिनकी दोस्ती पर मुझे नाज़ है—वहाँ मेरी शादी हुई। वहीं मेरा पहला बच्चा हुआ। दूसरे ने भी अपनी ज़िंदगी का पहला दिन वहीं शुरू किया—मैंने वहाँ चंद रुपयों से लेकर हज़ारों और लाखों तक कमाए और ख़र्च किए—मुझे बंबे से मुहब्बत थी और आज भी है।

मुल्क के बँटवारे से जो इन्क़िलाब बरपा हुआ, उससे मैं एक अर्से तक बाग़ी रहा और अब भी हूँ—लेकिन बाद में इस ख़ौफ़नाक हक़ीक़त को मैंने तस्लीम कर लिया, मगर इस तरह कि मायूसी को मैंने अपने पास तक न आने दिया।

मैंने उस ख़ून के समंदर में ग़ोता लगाया, जो इंसान ने इंसान की रगों से बहाया था और चंद मोती चुनकर लाया, अर्के-इन्फ़िआल[10] के और मशक्क़त के, जो उसने अपने भाई के ख़ून का आख़िरी क़तरा बहाने में सर्फ़ की थी; उन आँसुओं के, जो इस झुँझलाहट में कुछ इंसानों की आँखों से निकले थे कि वह अपनी इंसानियत क्यों ख़त्म नहीं कर सके—यह मोती मैंने अपनी किताब 'सियाह हाशिए' में पेश किए।

मैं इंसान हूँ, वही इंसान जिसने इंसानियत की इस्मतदरी[11] की थी; जिसने फ़ना को बादा-ए-हर जाम[12] बनाया था, जिसने दूसरी इजनास[13] की तरह इंसान के गोश्त-पोस्त को दूकानों में सजा-सजाकर बेचा था; मैं वही इंसान हूँ, जिसने पैग़ंबरी का रुत्बा हासिल किया और मैं वही इंसान हूँ, जिसने पैगंबरों के ख़ून से अपने हाथ रंगे—मुझ में वह तमाम कमज़ोरियाँ और ख़ूबियाँ मौजूद हैं, जो दूसरे इंसानों में हैं।

यक़ीन मानिए कि मुझे उस वक़्त दुख हुआ, बहुत बड़ा दुख, जब मेरे चंद हमअसरों ने मेरी इस कोशिश ('सियाह हाशिए') का मज़हका उड़ाया। मुझे लतीफ़ाबाज़ या-वा गो, सनकी, नामाकूल और रजअतपसंद कहा गया। मेरे एक अज़ीज़ दोस्त ने तो यहाँ तक कहा कि मैंने लाशों की जेबों में से सिगरेट के टुकड़े, अंगूठियाँ और इसी क़िस्म की दूसरी चीज़ें निकाल-निकालकर जमा की हैं। इस अज़ीज़ ने मेरे नाम एक खुली चिट्ठी भी शाया की, जो वह बड़ी आसानी से मुझे ख़ुद दे सकते थे। इस खुली चिट्ठी में भी उन्होंने 'सियाह हाशिए' की तज़्हीक[14] में खुले तौर पर क़लमकारी की।

मैं इंसान हूँ। मुझे ग़ुस्सा आया। मैंने उस आलम में उस कीचड़ के जवाब में ऐसी कीचड़ तैयार की, जो बहुत देर तक मेरे नामनिहाद नक़ादों के चेहरों पर जमी रहती।

लेकिन फिर मैंने सोचा और महसूस किया कि ऐसा करना ग़लती है—ईंट का जवाब पत्थर से देना इंसान की ख़सलत[15] है, इसमें कोई शक नहीं। लेकिन ख़ामोश रहना उसकी दानिशमंदी है, उसका तहम्मुल[16] है, उसकी बुर्दबारी[17] है।

मुझे ग़ुस्सा था, इसका नहीं कि अलिफ़ ने मुझे क्यों ग़लत समझा। मुझे ग़ुस्सा था, इस बात का कि अलिफ़ ने महज़ फ़ैशन के तौर पर एक सक़ीमो -अक़ीम[18] तहरीक की उँगली पकड़कर, बैरूनी सियासत के मस्नूई अबरू के इशारे पर, मेरी नीयत पर शक किया, और मुझे उस कसौटी पर परखा जिस पर सिर्फ़ 'सुर्ख़ी' ही सोना थी।

मुझे ग़ुस्सा था कि इन लोगों को क्या हो गया है—यह कैसे तरक़्क़ीपसंद हैं, जो तनज़्ज़ुल[19] की तरफ़ जाते हैं; यह इनकी सुर्ख़ी कैसी है, जो सियाही की तरफ़ दौड़ती है, यह इनकी मज़दूर दोस्ती क्या है, जो मज़दूर को पसीना बहाने से पहले ही मज़दूरी के मुतालबे[20] पर उकसा रही है; यह इनकी सरमाए के ख़िलाफ़ मेहनत की मुबारज़त[21] किस क़िस्म की है कि यह ख़ुद सरमाए से मुसल्लह[22] होना चाहते हैं और अपने महबूब हथियार दरांती और हथौड़ा अपने मुख़ालिफ़ों के हाथ में दे रहे हैं; यह इनका अदब में किस क़िस्म का इज्तिहाद[23] है कि ग़ज़ल को मशीन और मशीन को ग़ज़ल बनाने के मन्सूबे सोचे जा रहे हैं।

मुझे ग़ुस्सा था उनके आए दिन के मनशूरों[24] पर, उनकी तवील-तवील क़रारदादों[25] पर, उनके मुख़्तलिफ़ बयानों पर जिनका मसाला बराहे-रास्त रूस के क्रेमलिन से बंबई की खेतवाड़ी में आता था और वहाँ से मैकलोड रोड पहुँचता था—रूस के फ़लाँ शाइर ने यह कहा है, रूस के फ़लाँ अफ़सानानिगार का यह बयान है, रूस के फ़लाँ दानिशवर ने यह दानिशमंदाना बात कही है—मुझे ग़ुस्सा आता था कि यह लोग उस ख़ित्ता-ए-अर्ज़[26] की बात क्यों नहीं करते, जिस पर कि ख़ुद साँस लेते हैं—अगर हमने दानिशवर पैदा करने बंद कर दिए हैं तो इस बाँझपन का इलाज क्या सुर्ख़ तुख़्मरेज़ी[27] ही बाक़ी रह गया है?

मुझे ग़ुस्सा था, इसलिए कि मेरी बात कोई भी नहीं सुनता था—तक़सीमे-मुल्क के बाद मुल्क में इफ़रातो-तफ़रीत[28] का आलम था। जिस तरह लोग मकान और मिलें अलाट करवा रहे थे, उसी तरह वह बुलंद मक़ामों पर भी क़ब्ज़ा करने की जद्दोजहद[29] में मसरूफ़ थे। कोई एक लम्हे के लिए भी नहीं सोचता था कि इतने बड़े इन्क़िलाब के बाद हालात वह नहीं रहेंगे जो पहले थे। पुरानी पगडंडियाँ बड़ी सड़कें बनेंगी या उनका वुजूद ही मिट जाएगा, इसके मुतल्लिक़ वुसूक़[30] से उस वक़्त कुछ भी नहीं कहा जा सकता था। ग़ैर की हुकूमत और अपनों की हुकूमत में क्या फ़र्क़ होगा, इसके बारे में हतमी[31] तौर पर कोई क़यासआराई[32] नहीं हो सकती थी। फ़ज़ा कैसी होगी और उसमें ख़यालातो-एहसासात की सही नश्वो-नमा क्योंकर होगी और रियासत और हुकूमत से फ़र्द और जमात का रिश्ता कैसा होगा, यह ऐसी बातें थीं ज़िन पर इंतिहाई ग़ौरो-फ़िक्र की ज़रूरत थी। यह काम ऐसा था, जिसमें हमें बैरूनी नुस्ख़ों पर अमल नहीं करना चाहिए था—लेकिन अफ़सोस कि हमारे नामनिहाद दानिशवरों ने बड़ी जल्दबाज़ी से काम लिया और क़यादत[33] के शौक़ में अपना नीमरस जौहर प्याली में डाल दिया, जहाँ वह अदम निगहदाश्त[34] के बायस गलने-सड़ने लगा।

अदब के इन तरक़्क़ीपसंद ठेकेदारों ने पहले फ़ैसला किया कि उनकी जमात का कोई रुक्न किसी सरकारी पर्चे में काम करेगा न उसके लिए लिखेगा—मैंने इसकी मुख़ालफ़त की और उनको समझाया कि यह इक़दाम सरीहन ग़लत है, ग़लत ही नहीं बल्कि मज़हकाख़ेज़ है, इसलिए कि यह फ़ैसला इस एहतिमाल[35] पर चुग़ली खाता था जो तरक़्क़ीपसंद मुसन्निफ़ीन की जमात को अपने अरकान की ग़ैर साबितक़दमी के मुताल्लिक़ था या हो सकता था। इसके अलावा ऐसा फ़ैसला तो फ़रीक़े-मुख़ालिफ़ की तरफ़ से होना चाहिए था। मैं उसे भी बेहूदा क़रार देता, क्योंकि कोई भी सरकार सिर्फ़ वही चीज़ मुंतख़ब[36] करेगी, जो उसकी मंशा के मुताबिक़ होगी।

हमारी सरकार ने भी चुनांचे यही मज़हकाख़ेज बात की, कुछ देर के बाद, जब कि तरक़्क़ीपसंद अपनी अदम तआवुन की क़रारदाद का ढोल काफ़ी ऊँचे सुरों में पीट चुके थे, रेडियो के नश्रयात[37] और सरकारी पर्चों के औराक़ तरक़्क़ीपसंदों के इफ़कार के लिए बंद कर दिए गए। बाद में कुछ तरक़्क़ीपसंद 'अमृतधारा एक्ट' के तहत जेल में ठूँस दिए गए—हुकूमत हिमाक़त का दूसरा नाम है, इसलिए जो हिमाक़तें पै-दर-पै हुकूमत से तरक़्क़ीपसंदों को ख़ामोश करने के सिलसिले में सरज़द हुईं, मैं उन पर तब्सिरा करना नहीं चाहता।

मुझे अफ़सोस है कि अहमद नदीम क़ासमी और ज़हीर काश्मीरी वग़ैरा, जो बड़े बेज़रर[38] क़िस्म के इंसान हैं और जिनकी दिमाग़ी और जिस्मानी साख़्त लफ़्ज़ 'साज़िश' के सही मानों की मुतहम्मिल[39] नहीं हो सकती, बेकार जेल में डाले गए। पहले को बहनें बनाने का शौक़ है, दूसरे को भाई। मालूम नहीं, दोनों के इस मासूम शुग़्ल में सियासी रद्दे-अमल की शरारत हुकूमत को कहाँ से नजर आ गई।

ग़ुस्से में आकर बग़ैर सोचे-समझे हुकूमत ने इन लोगों को जेल में डाल दिया और ऐसे नाई के सुपुर्द कर दिया जो इनका हुलिया बिगाड़ के रख देगा—कुछ देर के बाद जब यह रिहा होकर आएँगे तो कौन कह सकता है कि यह किस क़िस्म की मख़लूक़[40] होंगे। सिर से पाँव तक मुँडे होंगे या उन पर बाल-ही-बाल होंगे; ग़ाज़ी[41] कहलाएँगे या शहीद लीडर बन जाएँगे या बाज़ार में मजमे लगाकर दवाइयाँ बेचेंगे; शाइरी और अफ़सानानिगारी से तौबा कर लेंगे या उन पर मर्दे-तसमा-पा की तरह सवार हो जाएँगे—इसमें तज़्हीक का कोई पहलू नहीं। अगर मुझे जेल में ठूँसा जाता तो मैं अपने मुताल्लिक़ भी यही कहता, बल्कि इससे कुछ ज़्यादा, इसलिए कि मैं बहुत ज़की अलहिस[42] हूँ।

हुकूमत और तरक़्क़ीपसंद मुसन्निफ़ीन की जमात, दोनों अहसासे-कमतरी का शिकार हुए—मुझे इसका अफ़सोस था और अब भी है। ज़्यादा अफ़सोस तरक़्क़ीपसंदों का था, जिन्होंने ख़्वाहमख़्वाह सियासत के फट्टे में अपनी टाँग अड़ाई। अदब और सियासत का जोशांदा तैयार करनेवाले यह अताई[43], क्रेमलिन के तज्वीज़कर्दा नुस्ख़े पर अमल कर रहे थे। मरीज़ जिसके लिए यह जोशांदा बनाया जा रहा था, उसका मिज़ाज कैसा है और उसकी नब्ज़ कैसी है, इसके मुताल्लिक़ किसी ने ग़ौर न किया। नतीजा जो हुआ, वह आपके सामने है कि आज सब अदब के जमूद[44] का रोना रो रहे हैं।

मेरा दिल आज बहुत अफ़सुर्दा है कि वह पर्चे, जो तरक़्क़ीपसंद मुसन्निफ़ीन की जमात के नुमाइंदे थे, उन्हें अपने नाख़ुदाओं के साथ कई उलट-सीधी ज़कंदें[45] लगाना पड़ीं और आख़िर में अपने तमाम मनशूरों, अपने तमाम बयानों और अपनी तमाम क़रारदादों को काग़ज़ों पर से ख़ुरचना पड़ा और उन अदीबों का दुबारा तआवुन[46] हासिल करने के लिए कई तावीलें[47] और कई माज़रतें[48] पेश करना पड़ीं, जिसको यह अपनी सियाह फ़ेहरिस्त में दाख़िल कर चुके थे और अपनी तरफ़ से हमेशा-हमेशा के लिए मलऊनो-मतऊन क़रार दे चुके थे।

मेरा दिल आज बहुत अफ़सुर्दा है, जब मैं सरकार से अदम तआवुन[49] का फ़ैसला करनेवालों को अपने फ़ैसले पर नज़रे-सानी[50] करते देखता हूँ—उन्होंने क्यों न सोचा कि इंसान की जद्दोजहद के वसी दाइरे में सबसे अहम जद्दोजहद पेट की है। हमारी हिम्मते-मर्दाना यज़दां पर कमंद डाल सकती है, हमारे जुनून के दश्त में जिब्रील एक ज़बू सैद[51] हो सकता है, मगर यह छिपी हुई हक़ीक़त नहीं कि हमें पेट की ख़ातिर बाज़औक़ात किसी उल्लू के पट्ठे नवाब की मदह सराई[52] भी करना पड़ती है—यह इंसान का बहुत बड़ा अलमिया[53] है, लेकिन यह अलमिया ही इंसान का दूसरा नाम है।

मेरे दिल में अब सारा ग़ुस्सा अफ़ुसुर्दगी में तब्दील हो गया है। मैं बहुत मलूलो-मग़मूम हूँ। जो कुछ मैंने देखा है और जो कुछ मैं देख रहा हूँ, उससे मेरी अफ़सुर्दगी मुज़्महिल[54] होती जा रही है—मेरी मौजूदा ज़िंदगी मसायब[55] से पुर है। दिन-रात मशक़्क़त करने के बाद बमुश्किल इतना कमाता हूँ, जो मेरी रोज़मर्रा की ज़रूरियात के लिए पूरा हो सके। यह तकलीफ़देह एहसास हर वक़्त मुझे दीमक की तरह चाटता रहता है कि अगर आज मैंने आँखें मींच लीं तो मेरी बीवी और तीन कमसिन बच्चियों की देखभाल कौन करेगा ? मैं फ़हशनवीस, दहशतपसंद, सनकी, लतीफ़ाबाज़ और रजअतपसंद सही, लेकिन मैं एक बीवी का ख़ाविंद और तीन लड़कियों का बाप हूँ—उनमें से अगर कोई बीमार हो जाए और मोज़ूँ व मुनासिब इलाज के लिए मुझे दर-दर की भीख माँगनी पड़े तो मुझे बहुत कोफ़्त होती है। मेरे दोस्त भी हैं जो मुझसे ज़्यादा मफ़लूकुलहाल[56] हैं; बरवक़्त अगर मैं उनकी मदद न कर सकूँ तो मुझे तकलीफ़ होती है। दीनवी मामलात में अगर मैं किसी का या अपना सर झुका हुआ देखूँ तो ख़ुदा की क़सम मुझे दुख होता है।

लेकिन जब मैं सोचता हूँ, अगर मेरी मौत के बाद मेरी तहरीरों पर रेडियो और लाइब्रेरियों के दरवाज़े खोल दिए गए और मेरे अफ़सानों को वही रुत्बा दिया गया जो इक़बाल मरहूम के शेरों को दिया जा रहा है तो मेरी रूह सख़्त बेचैन होगी। मैं उस बेचैनी के पेशे-नज़र इस सुलूक से बेहद मुतमइन हूँ जो अब तक मुझसे रवा रखा गया है—ख़ुदा मुझे उस दीमक से महफ़ूज़ रखे जो क़ब्र में मेरी सूखी हड्डियाँ चाटेगी।

मैं आज बहुत अफ़सुर्दा हूँ, जब मैं अपने गर्दो-पेश नब्ज़ शनासों[57] को यह कहते सुनता हूँ कि अदब पर जुमूद तारी हो गया है, अदब इन्हितात[58] पज़ीर है, अदब एक तअत्तुल[59] में गिरफ़्तार है—यह गुफ़्तार 'इस्लाम ख़तरे में है' की गुफ़्तारे-लायानी[60] से मिलती-जुलती है। अदब क़ायम बिलज़ात है, जिस तरह कि इस्लाम है—क़ुव्वत कभी इन्हितात पज़ीर

नहीं होती। उस पर कभी जुमूद या तअत्तुल तारी नहीं होता—एटम की क़ुव्वत उसके इन्किशाफ़[61] से पहले भी मौजूद थी और उसके इन्किशाफ़ के बाद भी मौजूद है और रहेगी उसके ग़लत इस्तेमाल या उसके अदम इस्तेमाल का यह मतलब नहीं होगा कि वह नहीफ़ हो गई है, जाँ ब लब[62] है, या मर गई है।

अदब उसी क़ुव्वत, उसी तवानाई, उसी आबो-ताब से ज़िंदा है, जिस तरह कि वह मनस्सए-शुहूद[63] पर आने से पहले जिंदा था; उस पर जुमूद और तअत्तुल तारी होने का सवाल ही पैदा नहीं होता—यह हमारा अपना जुमूद और तअत्तुल है, जिसे हम अदब के जुमूद और तअत्तुल से ताबीर करते हैं।

इस बोहरान के असबाबो-अव्वल[64] चुनांचे हमें अदब में नहीं, ख़ुद अपने अज़्हान में ढूँढ़ने चाहिएँ, और यह कोई मुश्किल काम नहीं। अदब के मुस्तक़ीम रास्ते से हटकर अगर हम इधर-उधर निकल जाएँ तो हमें यह नहीं कहना चाहिए कि रास्ता हमारे आगे से हट गया है—सियासत का मुक़ाम अलग है। उस तक पहुँचने के लिए अदब का रास्ता इख़्तियार करना ग़लत है। इसी तरह अदब की मंज़िले-सही तक पहुँचने के लिए सियासत के पेच-दर-पेच रास्तों पर गामज़न होना भी ग़लत है।

सोवियत रूस के (मौजूदा) अदब का लाख ढिंढोरा पीटा जाए, मगर यह हक़ीक़त है कि वह दोग़ली तहरीरें, जो वहाँ लाखों टन काग़ज़ों पर छपती हैं, अदब नहीं है, हर्गिज़ नहीं हैं। अदब, अदब है या कोई और शै है जिसका एक नमूना रूसी अदीबों की हालिया तहरीरों की शक्ल में पेश किया जा सकता है।

अदब पर किसी की इजारादारी हुई है न होगी। यह कोई ऐसा काम नहीं, जिसे ठेके पर देकर करा लिया जाए—'अदब पर जुमूद तारी है', यह एक ढकोसला है 'इस्लाम ख़तरे में है' की क़िस्म का। इसे खड़ा करनेवाले भी वही हैं, जो आज से चंद माँ पेशतर ममटियों पर चढ़कर पुकारते रहे हैं कि तरक़्क़ीपसंद मुसन्निफ़ीन ने तक़सीमे-हिंद के बाद अदब की लाज रख ली है... ग़रीब अदब मर रहा था, मगर उन्होंने अपना ख़ून देकर उसे ज़िंदा कर दिया है—हैरत होती है कि इतनी जल्दी उनके गिनती के चंद अरकान के मुक़ैयद[65] होने के फ़ौरन बाद अदब की ज़िंदगी फिर क्यों ख़तरे में पड़ गई।

मैं आज बहुत अफ़सुर्दा हूँ—पहले मुझे तरक़्क़ीपसंद तस्लीम किया जाता था, बाद में एकदम मुझे रजअतपसंद बना दिया गया। और अब फ़तवे देनेवाले सोच रहे हैं और फिर से यह तस्लीम करने के लिए आमादा हो रहे हैं कि मैं तरक़्क़ीपसंद हूँ।

और फ़तवों पर अपने फ़तवे देनेवाली सरकार मुझे तरक़्क़ीपसंद यक़ीन करती है, यानी एक 'सुर्ख़ा', एक कम्युनिस्ट। वह कभी-कभी झुँझलाकर मुझ पर फ़हशनिगारी का इल्ज़ाम लगा देती है और मुक़दमा चला देती है। दूसरी तरफ़ यही सरकार अपनी मत्बूआत में यह इश्तिहार देती है : 'सआदत हसन मंटो हमारे मुल्क का बहुत बड़ा अदीब और अफ़सानानिगार है, जिसका क़लम गुज़िश्ता हंगामी दौर में भी रवाँ-दवाँ रहा।'

मेरा अफ़सुर्दा दिल लरज़ता है कि मुतलव्विन-मिज़ाज[66] सरकार ख़ुश होकर एक तमग़ा मेरे कफ़न से टाँक देगी, जो मेरी दाग़े-इश्क़ की बहुत बड़ी तौहीन होगी।

बँटवारे के बाद अब तक मैं यह किताबें तर्तीबवार आपकी खि़द्मत में पेश कर चुका हूँ। इनसे आप बतरीक़े-एहसन मेरी दिमाग़ी कैफ़ियत का जायज़ा ले सकते हैं :

1. तल्ख़, तुर्श और शीरीं : इदारा-ए-फ़रोगे़-उर्दू (ग़ैर अफ़सानवी तख़्लीक़ात)
2. लज़्ज़ते-संग : नया इदारा
3. सियाह हाशिए : मकतबा-ए-जदीद
4. ख़ाली बोतलें ख़ाली डिब्बे : मकतबा-ए-जदीद
5. ठंडा गोश्त : मकतबा-ए-जदीद
6. नमरूद की खुदाई मकतबा-ए-जदीद नया इदारा
7. बादशाहत का ख़ात्मा : मकतबा-ए-उर्दू

इनके बाद अफ़सानों का यह ताज़ा मजमूआ पेशे-खि़द्मत है। इसमें सिर्फ़ दो अफ़साने मत्बूआ हैं, 'यज़ीद' और '1919 की एक बात'। बाक़ी ग़ैर मत्बूआ हैं—यह मजमूआ कितने अर्से में लिखा गया और कितने अर्से में शाय होकर आप तक पहुँचा, यह आपको मुतल्लिक़ा तारीख़ों से मालूम हो सकता है।

इस मजमूए का आखि़री अफ़साना 'मम्मी' लिखना शुरू किया था कि 16 अक्तूबर को ख़ान लियाक़त अली ख़ाँ, वज़ीरे-आज़म पाकिस्तान के क़त्ल की ख़बर मौसूल हुई, जिससे दिमाग़ बहुत मुज़्तरिब रहा। इसके बाद मेरी मँझली बच्ची जुजयाजी तपे-मुहरक़ा में मुब्तला हो गई। इसके बाइस भी मैं कई दिन परेशान रहा। नतीजतन इस अफ़साने की तकमील में ताख़ीर हो गई।

लाहौर : 28 अक्तूबर, 1951

---

1. अमीर मुआविया का लड़का जो बड़ा ही बदचलन और अत्याचारी था और जिसने हज़रत इमाम हुसैन को शहीद कराया था क्योंकि इमाम हुसैन उसके शासन के विरुद्ध थे; 2. समर्पण; 3. आज़ाद; 4. सुबह और सूरज की भांति; 5. कफ़न के गिरीबान की शोभा; 6. अभी तक; 7. उदासी; 8. निंदा; 9. नसीहत करनेवाला; 10. संकोचपूर्ण पसीना; 11. अपमान; 12. मृत्यु को ऐसी शराब बनाया था जो हर पियाले अर्थात् शरीर के लिए है; 13. अनाज, सामान; 14. मज़ाक उड़ाना; 15. आदत; 16. सहनशक्ति; 17. गंभीरता, बड़प्पन; 18. रोगी और नपुंसक; 19. पतन; 20. माँग; 21. युद्ध, लड़ाई; 22. हथियारबंद; 23. प्रयास; 24. वोषणापत्रों; 25. प्रस्तावों; 26. भूभाग; 27. बीजारोपण; 28. न्यूनाधिक; 29. संघर्ष; 30. विश्वास; 31. निशिचत रूप से; 32. अनुमान लगाना; 33. नेतृत्व; 34. देखभाल; 35. संदेह; 36. संकलित; 37. प्रसारण; 38. जिससे कोई हानि न हो; 39. सहनशील; 40. मनुष्य, लोग; 41. धर्मयोद्धा; 42. अति संवेदनशील; 43. नीम हकीम; 44. गत्यवरोध; 45. उछाल, छलांग; 46. सहयोग; 47. स्पष्टीकरण; 48. क्षमा; 49. असहयोग; 50. पुनरावलोकन; 51. निकृष्ट आखेट; 52. स्तुति; 53. त्रासदी; 54. थका हुआ; 55. दुख-तकलीफ़; 56. बदहाल, निर्धन; 57. नब्ज़ के जानकार, नाड़ीविद्; 58. पतनशील; 59. गत्यवरोध; 60. व्यर्थ वार्तालाप; 61. रहस्योद्घाटन; 62. मरणासन्न; 63. वह स्थान जहाँ ईश्वर की महिमा प्रकट हो; 64. कारण; 65. बंदी, क़ैदी; 66. अस्थिर।

तेरहवाँ पड़ाव

सड़क के किनारे

यह नन्हें चराग़
यह नन्हें सरदार
सिर्फ़ अपने लिए चमकते हैं—
जो कुछ यह देखते हैं,
जो कुछ यह सुनते हैं,
किसी को नहीं बताते।

(इस किताब का कोई दीबाचा नहीं, कोई इंतिसाब नहीं। बस शुरू के एक सफ़्हे पर रूसी शाइर मयातलफ़ की नज़्म 'चराग़हा-ए-सरे-राह'[1] का एक बंद दर्ज है, शायद 'सड़क के किनारे' के तअल्लुक़ से···)

1. सड़क के किनारे के दिये।

चौदहवाँ पड़ाव

सरकंडों के पीछे

इशाअत : अक्तूबर 1954

(कोई दीबाचा नहीं, कोई इंतिसाब नहीं।)

पंद्रहवाँ पड़ाव

फुंदने

इशाअत : जनवरी 1955

(न कोई दीबाचा, न कोई इंतिसाब)

सोलहवाँ पड़ाव

बुर्क़े

उन औरतों के नाम
जिन्हें बुर्क़ों से नफ़रत है।

(कोई दीबाचा नहीं।
यह किताब मंटो की मौत के बाद छपी थी।)

सत्रहवाँ पड़ाव : शिकारी औरतें

अट्ठारहवाँ पड़ाव : बग़ैर इजाज़त

उन्नीसवाँ पड़ाव : रत्ती, माशा, तोला

(मुंदरिजा बाला तीनों किताबें मंटो की मौत के बाद छपी थीं। किसी किताब का कोई इंतिसाब नहीं, कोई दीबाचा नहीं।)

○○

मैं अफ़साना क्योंकर लिखता हूँ

मुअज़्ज़ज़ ख़वातीनो-हज़रात[1] !

मुझसे कहा गया है कि मैं यह बताऊँ कि मैं अफ़साना क्योंकर लिखता हूँ।

यह 'क्योंकर' मेरी समझ में नहीं आया—'क्योंकर' के मानी लुग़त[2] में तो यह मिलते हैं : कैसे और किस तरह।

अब आपको क्या बताऊँ कि मैं अफ़साना क्योंकर लिखता हूँ। यह बड़ी उलझन की बात है। अगर मैं 'किस तरह' को पेशे-नज़र रखूँ तो यह जवाब दे सकता हूँ : ''मैं अपने कमरे में सोफ़े पर बैठ जाता हूँ, काग़ज़-क़लम पकड़ता हूँ, और बिस्मिल्लाह करके अफ़साना लिखना शुरू कर देता हूँ—मेरी तीन बच्चियाँ शोर मचा रही होती हैं। मैं उनसे बातें भी करता हूँ, उनकी बाहम लड़ाइयों का फ़ैसला भी करता हूँ। अपने लिए सलाद भी तैयार करता हूँ—कोई मिलनेवाला आ जाए तो उसकी ख़ातिरदारी भी करता हूँ—मगर अफ़साना लिखे जाता हूँ।''

अब 'कैसे' का सवाल आए तो मैं यह कहूँगा : ''मैं वैसे ही अफ़साना लिखता हूँ, जिस तरह खाना खाता हूँ, ग़ुस्ल करता हूँ, सिगरेट पीता हूँ और झक मारता हूँ।''

अगर यह पूछा जाए कि मैं अफ़साना क्यों लिखता हूँ तो इसका जवाब हाज़िर है।

''मैं अफ़साना अव्वल तो इसलिए लिखता हूँ कि मुझे अफ़सानानिगारी की शराब की तरह लत पड़ गई है।''

मैं अफ़साना न लिखूँ तो मुझे ऐसा महसूस होता है कि मैंने कपड़े नहीं पहने या मैंने ग़ुस्ल नहीं किया या मैंने शराब नहीं पी।

मैं अफ़साना नहीं लिखता, हक़ीक़त यह है कि अफ़साना मुझे लिखता है।

मैं बहुत कम पढ़ा-लिखा आदमी हूँ—यूँ तो मैंने बीस से ऊपर किताबें लिखी हैं, लेकिन मुझे बाज़ औक़ात हैरत होती है कि यह कौन है, जिसने इस क़दर अच्छे अफ़साने लिखे हैं, जिन पर आए दिन मुक़दमे चलते रहते हैं।

जब क़लम मेरे हाथ में न हो तो मैं सिर्फ़ सआदत हसन होता हूँ, जिसे उर्दू आती है न फ़ारसी, अंग्रेज़ी न फ़्रांसीसी।

अफ़साना मेरे दिमाग़ में नहीं, जेब में होता है, जिसकी मुझे कोई ख़बर नहीं होती।

मैं अपने दिमाग़ पर ज़ोर देता हूँ कि कोई अफ़साना निकल आए—अफ़सानानिगार बनने की भी बहुत कोशिश करता हूँ। सिगरेट पे सिगरेट फूँकता हूँ, मगर अफ़साना दिमाग़ से बाहर नहीं निकलता—आख़िर थक-हारकर बाँझ औरत की तरह लेट जाता हूँ।

अनलिखे अफ़साने के दाम पेशगी वुसूल कर चुका होता हूँ, इसलिए बड़ी कोफ़्त होती है।

करवटें बदलता हूँ; उठकर अपनी चिड़ियों को दाने डालता हूँ; बच्चियों को झूला झुलाता हूँ, घर का कूड़ा-करकट साफ़ करता हूँ; नन्हे-मुन्ने जूते, जो घर में जा-बजा बिखरे होते हैं, उठाकर एक जगह रखता हूँ—मगर कमबख़्त अफ़साना, जो मेरी जेब में पड़ा होता है, मेरे ज़ेहन में उतरता नहीं—और मैं तिलमिलाता रहता हूँ।

जब बहुत ज़्यादा कोफ़्त होती है तो बाथरूम में चला जाता हूँ, मगर वहाँ से भी कुछ हासिल नहीं होता।

सुना है कि हर बड़ा आदमी ग़ुस्लख़ाने में सोचता है—मुझे तजर्बे से यह मालूम हुआ है कि मैं बड़ा आदमी नहीं हूँ, इसलिए कि मैं ग़ुस्लख़ाने में भी नहीं सोच सकता।

हैरत है कि फिर भी मैं पाकिस्तान और हिंदुस्तान का बहुत बड़ा अफ़सानानिगार हूँ!

मैं यही कह सकता हूँ कि मेरे नक़्क़ादों[3] की ख़ुशफ़हमी है, या मैं उनकी आँखों में धूल झोंक रहा हूँ, उन पर कोई जादू कर रहा हूँ।

क़िस्सा यह है कि मैं ख़ुदा को हाज़िरो-नाज़िर रखकर कहता हूँ कि मुझे इस बारे में कोई इल्म नहीं कि मैं अफ़साना क्योंकर लिखता हूँ और कैसे लिखता हूँ।

अक्सर औक़ात ऐसा हुआ है कि जब मैं ज़च-बच[4] हो गया हूँ तो मेरी बीवी ने मुझसे कहा है : "आप सोचिए नहीं··· क़लम उठाइए और लिखना शुरू कर दीजिए।"

मैं उसके कहने पर क़लम या पैंसिल उठाता हूँ और लिखना शुरू कर देता हूँ।

दिमाग़ बिलकुल ख़ाली होता है, लेकिन जेब भरी होती है और ख़ुद-ब-ख़ुद कोई अफ़साना उछल के बाहर आ जाता है।

मैं ख़ुद को इस लिहाज़ से अफ़सानानिगार नहीं, जेबकतरा समझता हूँ, जो अपनी जेब ख़ुद ही काटता है और आपके हवाले कर देता है।

मुझ-ऐसा भी बेवक़ूफ़ दुनिया में कोई और होगा!

---

1. आदरणीय देवियो और सज्जनो; 2. शब्दकोश; 3. आलोचकों; 4. परेशान, हताश।

मंटो

मंटो के मुतअल्लिक़ अब तक बहुत कुछ लिखा और कहा जा चुका है, उसके हक़ में कम और ख़िलाफ़ ज़्यादा। यह तहरीरें अगर पेशे-नज़र रखी जाएँ तो कोई साहिबे-अक़्ल मंटो के मुतअल्लिक़ कोई सही राय क़ायम नहीं कर सकता। मैं यह मज़मून लिखने बैठा हूँ और समझता हूँ कि मंटो के मुतअल्लिक अपने ख़यालात का इज़हार करना बड़ा कठिन काम है, लेकिन एक लिहाज़ से आसान भी है, इसलिए कि मंटो से मुझे क़ुर्बत[1] का शर्फ़[2] हासिल रहा है…सच पूछिए तो मैं मंटो का हमज़ाद[3] हूँ।

अब तक उस शख़्स के बारे में जो कुछ लिखा गया है, मुझे उस पर कोई एतिराज़ नहीं, लेकिन मैं इतना समझता हूँ कि जो कुछ उन मज़ामीन में पेश किया गया है, हक़ीक़त से बालातर है। बाज़ लोग उसे शैतान कहते हैं, बाज़ गंजा फ़रिश्ता…ज़रा ठहरिए, मैं देख लूँ, कहीं वह कमबख़्त सुन तो नहीं रहा…नहीं-नहीं, ठीक है, मुझे याद आ गया कि यह वह वक़्त है जब वह पिया करता है…उसको शाम के छः के बाद कड़वा शर्बत पीने की आदत है।

हम इकट्ठे ही पैदा हुए और ख़याल है कि इकट्ठे ही मरेंगे, लेकिन यह भी हो सकता है कि सआदत हसन मर जाए और मंटो न मरे, और हमेशा मुझे यह अंदेशा बहुत दुख देता है, इसलिए कि मैंने उसके साथ अपनी दोस्ती निभाने में कोई कसर उठा नहीं रखी…अगर वह ज़िंदा रहा और मैं मर गया तो ऐसा होगा कि अंडे का ख़ोल तो सलामत है और अंदर की ज़र्दी और सफ़ेदी ग़ाइब हो गई है।

अब मैं ज़्यादा तम्हीद[4] में जाना नहीं चाहता, आपसे साफ़ कहे देता हूँ कि मंटो-ऐसा वन टू आदमी मैंने अपनी ज़िंदगी में कभी नहीं देखा जिसे अगर जमा किया जाए तो वह तीन बन जाए…मुसल्लस[5] के बारे में उसकी मालूमात काफ़ी हैं, लेकिन मैं जानता हूँ कि अभी उसकी तस्लीस नहीं हुई है…यह इशारे ऐसे हैं जो सिर्फ़ बाफ़हम सामिईन[6] ही समझ सकते हैं।

यूँ तो मंटो को मैं उसकी पैदाइश ही से जानता हूँ…हम दोनों इकट्ठे एक ही वक़्त ग्यारह मई सन् 1912 ईसवी को पैदा हुए…लेकिन उसने हमेशा यह कोशिश की है कि ख़ुद को कछुआ बनाए रखे, जो एक दफ़ा अपना सिर और गर्दन छुपा ले तो आप लाख ढूँढते रहें, उसका सुराग़ न मिले…लेकिन मैं भी आख़िर उसका हमज़ाद हूँ, मैंने उसकी हर जुंबिश का मुतालअः कर ही लिया है।

लीजिए, अब मैं आपको बताता हूँ कि यह ख़रज़ात अफ़सानानिगार कैसे बना…

तन्क़ीदनिगार[7] बड़े लंबे-चौड़े मज़ामीन लिखते हैं, अपनी हमादानी[8] का सुबूत देते हैं⋯शौपेनहावर, फ़्रायड, हीगल, नीत्शे, मार्क्स के हवाले देते हैं, मगर हक़ीक़त से कोसों दूर रहते हैं।

मंटो की अफ़सानानिगारी दो मुतज़ाद अनासिर[9] के तसादुम[10] का नतीजा है⋯उसके वालिद, ख़ुदा उन्हें बख़्शे, बड़े सख़्तगीर थे और उसकी वालिदा बेहद नर्मदिल⋯इन दो पाटों के अंदर पिसकर यह दाना-ए-गंदुम किस शक्ल में बाहर निकला होगा, इसका अंदाज़ा आप कर सकते हैं।

अब मैं उसकी स्कूल की ज़िंदगी की तरफ़ आता हूँ⋯बहुत ज़हीन लड़का था और बेहद शरीर। उस ज़माने में उसका क़द ज़्यादा-से-ज़्यादा साढ़े तीन फ़ुट होगा। वह अपने बाप का आख़िरी बच्चा था। उसको अपने माँ-बाप की मुहब्बत तो मयस्सर थी, लेकिन उसके तीन बड़े भाई जो उम्र में उससे बहुत बड़े थे और विलायत में तालीम पा रहे थे, उनसे उसको कभी मुलाक़ात का मौक़ा ही नहीं मिला था, इसलिए कि वह उसके सौतेले भाई थे⋯वह चाहता था कि वह उससे मिलें, उससे बड़े भाइयों-ऐसा सुलूक करें, लेकिन यह सुलूक उसे उस वक़्त नसीब हुआ जब दुनिया-ए-अदब उसे बहुत बड़ा अफ़सानानिगार तस्लीम कर चुकी थी।

अच्छा अब उसकी अफ़सानानिगारी के मुतअल्लिक़ सुनिए⋯वह अव्वल दर्जे का फ़्रॉड है⋯पहला अफ़साना उसने बउनवान 'तमाशा' लिखा जो जलियाँवाले बाग़ के ख़ूनी हादिसे से मुतअल्लिक़ था। यह अफ़साना उसने अपने नाम से न छपवाया। यही वजह है कि वह पुलिस की दस्तबुर्द[11] से बच गया।

इसके बाद उसके मिज़ाजे-मुतलव्विन[12] में एक लहर पैदा हुई कि वह मज़ीद तालीम हासिल करे⋯यहाँ इसका ज़िक्र दिलचस्पी से ख़ाली नहीं होगा कि उसने एन्ट्रेंस का इम्तिहान दो बार फ़ेल होकर पास किया था, वह भी थर्ड डिवीज़न में⋯और आपको यह सुनकर हैरत होगी कि वह उर्दू के पर्चे में नाकाम रहा था।

अब लोग कहते हैं कि वह उर्दू का बहुत बड़ा अदीब है और मैं यह सुनकर हँसता हूँ, इसलिए कि उर्दू अब भी उसे नहीं आती⋯वह लफ़्ज़ों के पीछे यूँ भागता है जैसे कोई जालीवाला शिकारी तितलियों के पीछे। वह उसके हाथ नहीं आतीं। यही वजह है कि उसकी तहरीरों में ख़ूबसूरत अल्फ़ाज़ की कमी है। वह लट्ठमार है, लेकिन जितने लट्ठ उसकी गर्दन पर पड़े हैं, उसने बड़ी ख़ुशी से बर्दाश्त किए हैं।

उसकी लट्ठबाजी आम मुहावरे के मुताबिक़ जाटों की लट्ठबाज़ी नहीं है। वह बिन्नौट[13] और फिकैत[14] है⋯वह एक ऐसा इंसान है जो साफ़ और सीधी सड़क पर नहीं चलता, बल्कि तने हुए रस्से पर चलता है। लोग समझते हैं कि अब गिरा, अब गिरा, लेकिन वह कमबख़्त आज तक नहीं गिरा⋯शायद गिर जाए औंधे मुँह कि फिर न उठे⋯लेकिन मैं जानता हूँ कि मरते वक़्त वह लोगों से कहेगा⋯"मैं इसीलिए गिरा था कि गिरावट की मायूसी ख़त्म हो जाए।"

मैं इससे पेशतर कह चुका हूँ कि मंटो अव्वल दर्जे का फ़्रॉड है। इसका मज़ीद सुबूत यह

है कि वह अक्सर कहा करता है कि वह अफ़साना नहीं सोचता, ख़ुद अफ़साना उसे सोचता है। यह भी एक फ़्रॉड है··· मैं जानता हूँ कि जब उसे अफ़साना लिखना होता है तो उसकी वही हालत होती है जो किसी मुर्ग़ी की अंडा देते वक़्त होती है··· लेकिन वह अंडा कहीं छुपकर नहीं देता, सबके सामने देता है··· उसके यार-दोस्त बैठे होते हैं, उसकी तीन बच्चियाँ शोर मचा रही होती हैं, और वह अपनी मख़्सूस[15] कुर्सी पर उकड़ूँ बैठा अंडे दिए जाता है जो बाद में चूँ-चूँ करते अफ़साने बन जाते हैं।

उसकी बीवी उससे बहुत नालाँ[16] है। वह अक्सर उससे कहा करती है, ''अफ़सानानिगारी छोड़ दो, कोई दूकान खोल लो···'' लेकिन मंटो के दिमाग़ में जो दूकान खुली है, उसमें मनिहारी के सामान से कहीं ज़्यादा सामान मौजूद है··· वह अक्सर सोचा करता है, अगर उसने कभी कोई स्टोर खोल लिया तो ऐसा न हो कि वह ख़ुद कोल्ड स्टोरेज यानी सर्दख़ाना बन जाए, जहाँ उसके तमाम ख़यालात और अफ़्कार[17] मुंजमिद[18] हो जाएँ।

मैं यह मज़मून लिख रहा हूँ और मुझे डर है कि मंटो मुझसे ख़फ़ा हो जाएगा··· उसकी हर चीज़ बर्दाश्त की जा सकती है, लेकिन ख़फ़गी बर्दाश्त नहीं की जा सकती··· ख़फ़गी के आलम में वह बिलकुल शैतान बन जाता है, लेकिन सिर्फ़ चंद मिनटों के लिए··· और वह चंद मिनट, अल्लाह की पनाह···

अफ़साना लिखने के मामले में वह नख़रे ज़रूर बघारता है, लेकिन मैं जानता हूँ, इसलिए कि उसका हमज़ाद हूँ··· कि वह फ़्रॉड कर रहा है··· एक दफ़ा उसने ख़ुद लिखा था कि उसकी जेब में बेशुमार अफ़साने पड़े होते हैं··· हक़ीक़त इसके बरअक्स है। जब उसे अफ़साना लिखना होगा तो वह रात को सोचेगा; उसकी समझ में कुछ नहीं आएगा; सुबह पाँच बजे उठेगा और अख़बारों से किसी अफ़साने का रस चूसने का ख़याल करेगा, लेकिन उसे नाकामी होगी; फिर वह ग़ुस्लख़ाने में जाएगा और वहाँ अपने शोरीदा सिर को ठंडा करने की कोशिश करेगा कि सोचने के क़ाबिल हो सके, लेकिन नाकाम रहेगा; फिर झुँझलाकर अपनी बीवी से ख़्वामख़्वाह का झगड़ा शुरू कर देगा; अब भी नाकामी होगी तो पान लेने चला जाएगा; पान उसकी टेबिल पर पड़ा रहेगा और अफ़साने का मौज़ू उसकी समझ में फिर भी नहीं आएगा··· आख़िर वह इंतिक़ामी तौर पर क़लम या पेंसिल हाथ में थाम लेगा और 786 लिखकर जो पहला फ़िक़रा उसके ज़ेहन में आएगा, उससे अफ़साने का आग़ाज़ कर देगा··· 'बाबू गोपीनाथ', 'हतक', 'मम्मी', 'टोबा टेक सिंह', 'मौज़ील', यह सब अफ़साने उसने इसी फ़्रॉड तरीक़े से लिखे हैं।

यह अजीब बात है कि लोग उसे बड़ा ग़ैर मज़हबी और फ़हश इंसान समझते हैं, और मेरा भी ख़याल है कि वह किसी हद तक इस दर्जे में आता है, इसलिए कि अक्सर औक़ात वह बड़े गंदे मौज़ूआत पर क़लम उठाता है और ऐसे अल्फ़ाज़ अपनी तहरीर में इस्तेमाल करता है, जिन पर एतिराज़ की गुंजाइश हो सकती है, लेकिन मैं जानता हूँ कि जब भी उसने कोई अफ़साना लिखा, पहले सफ़हे की पेशानी पर 786 ज़रूर लिखा, जिसका मतलब है बिस्मिल्लाह··· यह शख़्स जो अक्सर ख़ुदा से मुन्किर[19] नज़र आता है, कागज़ पर मोमिन बन जाता है··· वह कागज़ी मंटो है जिसे आप कागज़ी बादामों की तरह सिर्फ़ उँगलियों ही से

तोड़ सकते हैं, वरना वह लोहे के हथौड़े से भी टूटनेवाला आदमी नहीं।

अब मैं मंटो की शख़्सियत की तरफ़ आता हूँ, और चंद अल्फ़ाज़ में बयान किए देता हूँ···वह चोर है···झूठा है···दग़ाबाज़ है···मजमागीर है···

उसने अक्सर अपनी बीवी की ग़फ़लत से फ़ाइदा उठाते हुए कई-कई सौ रुपए उड़ाए हैं!···इधर आठ सौ लाकर दिए और उधर चोर आँख से देखता रहा कि वह कहाँ रख रही है, और फिर दूसरे ही दिन उनमें से एक सब्ज़ा[20] ग़ाइब कर दिया···जब उस बेचारी को अपने नुक़सान की ख़बर होती, वह नौकरों को डाँटना-डपटना शुरू कर देती।

यूँ तो मंटो के मुतअल्लिक़ मशहूर है कि वह रास्तगो[21] है, लेकिन मैं इससे इत्तिफ़ाक़ करने के लिए तैयार नहीं···वह अव्वल दर्जे का झूठा है। शुरू-शुरू में उसका झूठ घर में चल जाता था, इसलिए कि उस झूठ में मंटो का एक ख़ास टच होता था, लेकिन बाद में उसकी बीवी को मालूम हो गया कि अब तक उसे उस ख़ास मामले के मुताबिक़ जो कुछ कहा जाता रहा है, झूठ था···मंटो झूठ बक़दरे-किफ़ायत बोलता है, लेकिन उसके घरवाले, मुसीबत यह है, अब यह समझने लगे हैं कि उसकी हर बात झूठी है, उस तिल की तरह जो किसी औरत ने अपने गाल पर सुर्मे से बना रखा हो।

वह अनपढ़ है, इस लिहाज़ से कि उसने कभी मार्क्स का मुताला नहीं किया, फ़्रायड की कोई किताब आज तक उसकी नज़र से नहीं गुज़री, हेगल का वह सिर्फ़ नाम ही जानता है, लेकिन मज़े की बात यह है कि लोग, मेरा मतलब है तन्क़ीदनिगार यह कहते हैं कि वह इन तमाम मुफ़क्किरों[22] से मुतास्सिर है···जहाँ तक मैं जानता हूँ, मंटो किसी दूसरे शख़्स के ख़यालात से मुतास्सिर होता ही नहीं···वह समझता है कि समझानेवाले सब चुग़द हैं; दुनिया को समझाना नहीं चाहिए, उसको ख़ुद समझना चाहिए···ख़ुद को समझा-समझाकर वह एक ऐसी समझ बन गया है, जो अक़्लो-फ़हम से बालातर है···वह बाज़ औक़ात ऐसी ऊटपटाँग बातें करता है कि मुझे हँसी आती है।

मैं आपको पूरे वुसूक़ के साथ कह सकता हूँ कि मंटो, जिस पर फ़हशनिगारी के सिलसिले में कई मुक़दमे चल चुके हैं, तहारत पसंद[23] है, लेकिन मैं यह भी कहे बग़ैर नहीं रह सकता कि वह एक ऐसा पाअंदाज़[24] है जो ख़ुद को झाड़ता-फटकता रहता है।

---

1. सामीप्य; 2. सौभाग्य; 3. वेताल, वह शैतान या जिन्न जो हर इंसान के साथ पैदा होता और हमेशा साथ रहता है; 4. भूमिका; 5. त्रिकोण, तीन भाग करना; 6. श्रोतागण; 7. समीक्षक; 8. विद्वत्ता; 9. एक-दूसरे के विरुद्ध तत्त्व; 10. टकराव; 11. हत्थे चढ़ना; 12. चंचल; 13. एक प्रकार की लट्ठबाज़ी की कला में पारंगत; 14. एक प्रकार की लट्ठबाज़ी की कला में पारंगत; 15. ख़ास; 16. दुखी; 17. रचनाएँ; 18. जमना; 19. नास्तिक; 20. हरा अर्थात् सौ का नोट जो उस ज़माने में हरे रंग का होता था; 21. सत्यवादी; 22. विचारक; 23. सफ़ाई-पसंद; 24. वह टाट या चटाई जो कमरे के दरवाज़े पर पाँव पोंछने के लिए पड़ी रहती है।

मंटो के ख़ुतूत

एक : नदीम के नाम
दो : गवाह सफ़ाई के नाम
तीन : मुहम्मद तुफ़ैल के नाम
चार : तीन सिफ़ारिशी ख़त
पाँच : एक हिंदुस्तानी पब्लिशर के नाम
छ : मंटो का आख़िरी ख़त

जब अख़्तर शीरानी* के परचे 'रोमान' में अहमद नदीम क़ासमी† का अफ़साना 'बेगुनाह'‡ छपा तो मंटो को 'बेहद पसंद' आया। मंटो उन दिनों बंबई के फ़िल्मी हफ़्त रोज़ा 'मुसव्वर' का 'एडिटर इंचार्ज' था—उसने अख़्तर शीरानी के तवस्सुत[1] से अहमद नदीम क़ासमी का 'तआरुफ़' हासिल किया।

बात जनवरी, 1937 की है—बात 'हुमायूँ' में 'नया क़ानून' की इशाअत[2] से चंद माह पहले की है।

मंटो और अहमद नदीम क़ासमी के दरमियान जनवरी, 1937 में ख़तो-किताबत शुरू हो गई—फ़रवरी, 1948 में मंटो ने क़ासमी को आख़िरी ख़त लिखा, लाहौर से पिशावर।

मंटो ने क़ासमी को ग्यारह बरस और दो माह की मुद्दत में नव्वे ख़त लिखे और एक तार भेजा—यह मवाद[3] क़ासमी ने 1962 में, मंटो की मौत के सात बरस बाद, एक मजमूए की सूरत में, बउनवान 'मंटो के ख़ुतूत, नदीम के नाम' शाया किया।

अहमद नदीम क़ासमी की अहमक़ाना और ग़ैर ज़िम्मेदाराना तरतीब[4] के बावुजूद मंटो के ख़ुतूत का यह मजमूआ इस लिहाज़ से अहम है कि मंटो ने इतनी बाक़ाइदगी से, इतने लंबे अर्से तक और इतनी तादाद में किसी और को ख़त नहीं लिखे।

मंटो के ख़ुतूत की तफ़सीलात यूँ हैं :

एक : पहले तीन ख़त बंबई से लिखे गए, जनवरी और फ़रवरी, 1937 के दरमियान।

दो : चौथा ख़त नासिक शहर से लिखा गया, अप्रैल, 1937 में, जहाँ मंटो एक फ़िल्म की शूटिंग के सिलसिले में गया हुआ था।

तीन : फिर उनसठ ख़त बंबई से लिखे गए, मई, 1937 और दिसंबर, 1940 के दरमियान।

चार : वाहिद तार सात सितंबर, 1940 को भेजा गया।

पाँच : जनवरी, 1941 और जुलाई, 1942 के दरमियान देहली से तेरह ख़त लिखे गए।

---

* रूमानी शाइर ; सलमा और अज़रा, दो ख़याली महबूबाओं का ख़ालिक़।

† शाइर, अफ़सानानिगार, जर्नलिस्ट, एडिटर—पहले तरक़्क़ीपसंद अदीब और गुलाबी कम्युनिस्ट ; फिर मुस्लिम लीगियों से बड़ा मुस्लिम लीगी।

‡ एक हद दर्जा मामूली अफ़साना।

छ : फिर सितंबर, 1942 और जुलाई, 1947 के दरमियान बंबई से तेरह ख़त और लिखे गए।

सात : आख़िरी ख़त फ़रवरी, 1948 में लाहौर, पाकिस्तान से लिखा गया।

यानी

एक : पहले तरेसठ ख़त सिर्फ़ चार बरसों में लिखे गए।

दो : अगले तेरह ख़त उन्नीस महीनों में लिखे गए।

तीन : फिर तक़रीबन पाँच बरसों में सिर्फ़ तेरह ख़त लिखे गए।

चार : आख़िरी ख़त तक़सीम के बाद लिखा गया।

'मंटो-क़ासमी ख़तो-किताबत' का दूसरा रुख़ यूँ है :

'मंटो के ख़ुतूत' से पता चलता है कि क़ासमी ने मंटो को नव्वे से कहीं ज़्यादा ख़त लिखे—मंटो जनवरी, 1948 में क़ासमी के ख़ुतूत का बंडल बंबई से अपने साथ लाहौर ले गया था।

पंद्रह सितंबर, 1948 को क़ासमी ने मंटो के नाम एक तवील[5] ख़त लिखा।(दोनों दोस्त लाहौर में थे—क़ासमी पिशावर से लाहौर आ चुका था) यह ख़त न तो मंटो को दिया गया और न पोस्ट किया गया, बल्कि 'एक खुली चिट्ठी' के तौर पर पिशावर के तरक़्क़ीपसंद परचे 'संगे-मील' में छपा।

कहा जाता है कि मंटो को जब 'खुली चिट्ठी' की इत्तिला मिली तो उसने 'खुली चिट्ठी' पढ़े बग़ैर अपने घर जाकर क़ासमी के ख़ुतूत का बंडल उठाया और आग में डाल दिया।

हम मंटो के ख़ुतूत के सिर्फ़ वह इक़्तिबासात[6] पेश कर रहे हैं, जिनसे हम उसकी ज़ेहनी कैफ़ियत का अंदाज़ा लगा सकते हैं।

—संपादक

नदीम के नाम

बंबई* : फ़रवरी, 1937

आपने मेरी क़ाबिलीयत और अहलियत[7] का अंदाज़ा लगाने में बहुत जल्दी से काम लिया है। शायद आपको मालूम नहीं कि मैंने ख़ुद को कभी अदीब की हैसियत से पेश नहीं किया—मैं एक शिकस्ता दीवार हूँ जिस पर से पलस्तर के टुकड़े गिर-गिरकर ज़मीन पर मुख़्तलिफ़ शक्लें बनाते रहते हैं।

हस्बे-इरशाद[8] फ़ोटो भेज रहा हूँ। इससे आपको मालूम हो जाएगा कि मैं एक इन्टेलेक्चुअल रैक हूँ।

नासिक शहर : अप्रैल, 1937

मैं एक अर्से से अपने वुजूद को, तुर्गनेफ़ के अल्फ़ाज़ में, छकड़े के पाँचवें बेमानी पहिये के मानिंद फ़ुज़ूल समझता हूँ।

बंबई : 10 मई, 1937

मुझ में बहैसियत एक इंसान के बेहद कमज़ोरियाँ हैं। इसलिए मुझे हर वक़्त डर रहता है कि यह कमज़ोरियाँ दूसरों के दिल में मेरे मुतअल्लिक़ नफ़रत पैदा करने का मूजिब न हों। और अक्सर औक़ात ऐसा हुआ है कि इन्हीं कमज़ोरियों के बाइस मुझे कई सद्मे उठाने पड़े हैं। मैं इसी तल्ख़ हक़ीक़त के पेशे-नज़र शायद आपसे कई बार कह चुका हूँ कि आप मेरे मुतअल्लिक़ कोई राय मुरत्तब[9] न करें।

मैं बंबई में पचास रुपए माहवार कमा रहा हूँ और बेहद फ़ुज़ूलख़र्च हूँ। अगर आप यहाँ चले आएँ, तो मेरा ख़याल है कि हम दोनों गुज़र कर सकेंगे। मैं अपनी फ़ुज़ूलख़र्चियाँ बंद कर सकता हूँ। मुझे आपकी मजबूरियों का कामिल[10] एहसास है, इसलिए कि मैं इन मजबूरियों से ख़ुद गुज़र चुका हूँ। मैं आपको किराया रवाना कर देता और कर सकता था, इसलिए कि अभी आठ रोज़ हुए, मेरे पास पाँच सौ रुपए थे, और अब यह हालत है कि सिर्फ़ बीस रुपए बाक़ी हैं—मुझे किताबें ख़रीदने और यूँ ही रुपए बरबाद करने का ख़ब्त है और मैं

---

* *"मैं चलता-फिरता बंबई हूँ।"*
मंटो : लाहौर : 28 अक्तूबर, 1951.

इसी से लुत्फ़ उठाता हूँ—ज़िंदगी रहे तो रुपया पैदा किया जा सकता है।

आप यहाँ तशरीफ़ ला सकते हैं, मगर यह बात याद रखिए कि आपको मेरी ज़िंदगी की धूप-छाँव में रहना होगा। मेरे पास छोटा-सा कमरा है जिसमें हम दोनों रह सकते हैं। खाने को मिले या न मिले मगर पढ़ने के लिए किताबें मिल जाया करेंगी।

बंबई : मई, 1937

जुआ खेलना, शराब पीना और इसी क़िस्म के दूसरे फ़े'ल जिस्म से तअल्लुक़ रखते हैं—मुझमें (तो) रूहानी कमज़ोरियाँ और ज़ेहनी ख़ामियाँ (भी) हैं जिनकी तफ़सील में जाने के लिए मेरे क़ल्ब[11] में सुकून नहीं। यह चीज़ें आपको मेरे क़रीब रहने ही से मालूम हो सकती हैं।

बंबई : जून, 1937

स्टीवेन्सन की जिन तसानीफ़ का आपने ज़िक्र किया है, वह बहुत अच्छी हैं और फ़न्नी[12]-ओ-अदबी नुक़्ता-ए-निगाह से भी उनका मर्तबा बुलंद है, लेकिन जो चीज़ आपको रूसी नाविलनवीसों के अफ़्कार[13] में मिलेगी, उसका इन किताबों में नामो-निशान भी नहीं।

बंबई : मई, 1938

यह बहुत अच्छा है कि आप और मुझमें काफ़ी फ़ासला है और हमने अभी तक एक-दूसरे को नहीं देखा, क्योंकि मुझे यक़ीन है कि जब हम एक-दूसरे के क़रीब हो गए तो वह बात जाती रहेगी जो इस वक़्त मैं या आप महसूस करते हैं—इंसान बेहद ज़लील है...माफ़ कीजिएगा...और दिल ऐसी चीज़ है कि उस पर मैल जमते देर नहीं लगती।

मुझमें एक लाख एक ऐब हैं जो इस वक़्त आपकी निगाहों से पोशीदा हैं—आप मेरे क़रीब आ गए तो मैं बिलकुल नंगा हो जाऊँगा—क्या यही अच्छा नहीं कि हम दूर-ही-दूर रहें।

बंबई : सितंबर, 1938

मेरी शादी?

मेरी शादी अभी मुकम्मल तौर पर नहीं हुई। मैं सिर्फ़ 'निकाहया' गया हूँ।

मेरी बीवी लाहौर के एक कश्मीरी ख़ानदान से तअल्लुक़ रखती है—उसका बाप मर चुका है, मेरा बाप भी ज़िंदा नहीं। वह चश्मा लगाती है, मैं भी चश्मा लगाता हूँ। वह ग्यारह मई को पैदा हुई, मैं भी ग्यारह मई को पैदा हुआ था। उसकी माँ चश्मा लगाती है

मेरी वालिदा भी चश्मा लगाती है। उसके नाम का पहला हर्फ़ 'एस' है, मेरे नाम का पहला हर्फ़ भी 'एस' है—हम में इतनी चीज़ें कॉमन हैं, बक़ाया हालात के मुतअल्लिक़ मैं ख़ुद कुछ नहीं जानता—पहले वह पर्दा नहीं करती थी, मगर जब से उस पर मेरा हक़ हुआ है, उसने पर्दा करना शुरू कर दिया है, सिर्फ़ मुझसे।

बंबई : नवंबर, 1938

मेरी अस्ली शादी में अभी कुछ देर है—इस देर का बाइस मेरी माली कमज़ोरी के सिवा और क्या हो सकता है।

बंबई : नवंबर, 1938

पतिव्रता स्त्रियों और नेकदिल बीवियों के बारे में बहुत कुछ लिखा जा चुका है। अब ऐसी दास्तानें फ़ुज़ूल हैं—क्यों न ऐसी औरत का दिल खोलकर बताया जाए जो अपने पति की आग़ोश से निकलकर किसी दूसरे मर्द की बग़ल गरमा रही हो और उसका पति कमरे में बैठा सबकुछ ऐसे देख रहा हो, गोया कुछ हो ही नहीं रहा।

ज़िंदगी को उसी शक्ल में पेश करना चाहिए जैसी कि वह है, न कि जैसी वह थी, या जैसी होगी, या जैसी होनी चाहिए।

बंबई : दिसंबर, 1938

मुआफ़ कीजिएगा, मैं बहुत बातूनी हूँ—लेकिन यह ख़याल रहे कि मैं सिर्फ़ उन लोगों ही से बातें किया करता हूँ, जिनको मैं अपना अज़ीज़ यक़ीन करता हूँ।

बंबई : जनवरी, 1939

कल रात से मेरा मूड ठीक नहीं। तबीअत पर एक बोझ-सा महसूस कर रहा हूँ। एक अजीबो-ग़रीब थकान-सी तारी है। मैं इस इज़्मेहलाल[14] का सबब जानता हूँ मगर इस सबब के पीछे इतनी चीजें कारफ़रमा[15] हैं कि मैं फ़र्दन-फ़र्दन उन पर ग़ौर नहीं कर सकता और इज्तिमाई[16] सूरत में यह एक धुंध-सी मालूम होती हैं। मैं दरअसल आजकल उस जगह पहुँचा हुआ हूँ जहाँ यक़ीन और इनकार में तमीज़ नहीं हो सकती। जहाँ आप समझते भी हैं और नहीं भी समझते। बाज़ औक़ात ऐसा महसूस होता है कि दुनिया सारी-की-सारी मुट्ठी में चली आई है और बाज़ औक़ात यह ख़याल पैदा होता है कि हम हाथी के जिस्म पर च्यूँटी की तरह रेंग रहे हैं। यह एक ऐसा कांप्लेक्स है जो लफ़्ज़ों में बयान नहीं हो सकता। इससे रूह और दिमाग़ को सख़्त तकलीफ़ पहुँच रही है। समझ में नहीं आता कि क्या किया जाए।

मैं यह चाहता हूँ कि मेरे पास एक ऐसा स्विच बोर्ड आ जाए जिससे मैं हस्बे-ख़्वाहिश रौशनियाँ पैदा कर सकूँ। जिस वक़्त चाहूँ, घुप अँधेरा कर दूँ और जिस वक़्त चाहूँ, रौशनी का सैलाब बहा दूँ। क्या ऐसी चीज़ मिल जाएगी⋯? कुछ कहा नहीं जा सकता!

कुछ भी हो, मुझे इत्मीनान नसीब नहीं है। मैं किसी चीज़ से मुतमइन नहीं हूँ। हर शै में मुझे एक कमी-सी महसूस होती है। मैं ख़ुद अपने आपको नामुकम्मल समझता हूँ। मुझे अपने-आपसे कभी तस्कीन नहीं होती। ऐसा महसूस होता है कि मैं जो कुछ हूँ, जो कुछ मेरे अंदर है, वह नहीं होना चाहिए—उसके बजाय कुछ और ही होना चाहिए।

इश्क़ो-मुहब्बत के मुताल्लिक़ सोचता हूँ तो सिर्फ़ शहवानियत ही नज़र आती है—औरत को शहवत से अलग करके देखता हूँ तो वह पत्थर की एक मूर्ति रह जाती है—मगर यह ठीक बात नहीं, मैं जानता हूँ—नहीं, मैं जानना चाहता हूँ कि फिर आख़िर क्या है—क्या होना चाहिए—अगर यह नहीं तो फिर और क्या होगा।

किस क़दर अफ़सोसनाक चीज़ है कि औरतों के हमसाये होकर भी हम उनके बारे में कोई राय क़ायम नहीं कर सकते।

यह राजेंद्र सिंह साहिब बेदी कौन हैं—यह भी 'मिट्टी के ढेले' मालूम होते हैं। ख़ूब लिखते हैं। इनके अफ़साने आप ग़ौर से पढ़ा करें।

बंबई : जनवरी, 1939

मैं आगे कुछ और लिखना चाहता था कि मअन मेरे दिमाग़ में यह ख़याल आया कि आप और मैं, यानी क़ासमी और मंटो, मिट्टी के दो ढेले हैं जो लुढ़क-लुढ़ककर क़रीब आना चाहते हैं—मिट्टी के दो ढेले—ठीक है, इंसान मिट्टी का ढेला ही तो है।

बंबई : फ़रवरी, 1939

मैं अपनी ज़िंदगी का तीन चौथाई हिस्सा बदपरहेज़ियों की नज़र कर चुका हूँ—जब से मैंने होश सँभाला है, परहेज़ नहीं किया। अब तो यह वक़्त आ गया है कि 'परहेज़' लफ़्ज़ ही मेरी डिक्शनरी से ग़ाइब हो गया है। मैं समझता हूँ कि ज़िंदगी अगर परहेज़ में गुज़ारी जाए तो भी क़ैद है, अगर बदपरहेज़ियों में गुज़ारी जाए तो भी क़ैद—किसी-न-किसी तरह हमें इस ऊनी जुर्राब के धागे का एक सिरा पकड़कर उसे उधेड़ते रहना है और बस। मैं अपना काम आधे से ज़्यादा कर चुका हूँ। बाक़ी आहिस्ता-आहिस्ता करूँगा, इसलिए कि मैं बहुत जल्द मरना नहीं चाहता। जिस रोज़ मुझे मालूम हो गया कि मैं क्या हूँ तो मौत को बुलाने में कोई पसो-पेश न करूँगा।

मेरी ज़िंदगी एक दीवार है, जिसका पलस्तर मैं नाख़ूनों से खुरचता रहता हूँ। कभी चाहता हूँ कि इसकी तमाम ईंटें परागंदा कर दूँ, कभी यह जी चाहता है कि इस मलबे के ढेर पर एक नई इमारत खड़ी कर दूँ।

इसी उधेड़बुन में लगा रहता हूँ। दिमाग़ हर वक़्त काम करने के बाइस तपता रहता है। मेरा नार्मल दर्जाए-हरारत एक डिग्री ज़्यादा है, जिससे आप मेरी अंदरूनी तपिश का अंदाज़ा लगा सकते हैं।

मैं बहुत कुछ लिखना चाहता हूँ मगर नक़ाहत, वह मुस्तक़िल थकावट जो मेरे ऊपर तारी रहती है, कुछ करने नहीं देती। अगर मुझे थोड़ा-सा सुकून भी हासिल हो तो मैं वह बिखरे हुए ख़यालात जमा कर सकता हूँ जो बरसात के पतंगों के मानिंद उड़ते रहते हैं मगर... अगर... अगर-मगर करते-करते किसी रोज़ मर जाऊँगा और भी यह कहकर ख़ामोश हो जाएँगे : 'मंटो मर गया... !' मंटो तो मर गया, सही है, मगर अफ़सोस इस बात का है कि मंटो के वह ख़यालात भी मर जाएँगे जो उसके दिमाग़ में महफ़ूज़ हैं।

मंटो, मंटो के लिए ज़िंदा नहीं है, मगर इससे किसी को क्या—मंटो है क्या बला—छोड़िए इस फ़ुज़ूल क़िस्से को—आइए कोई और बात करें।

कृश्न चंदर साहब ख़ूब लिखते हैं 'हुमायूँ'* और 'अदबी दुनिया'† वग़ैरह में उनके अफ़साने पढ़ने का इत्तिफ़ाक़ हुआ है।

बंबई : मार्च, 1939

दरअस्ल मैं थक गया हूँ, बेहद थक गया हूँ।

आजकल मैं यह सोच रहा हूँ कि मुझे क्या सोचना चाहिए।

मेरे सीने में शिद्दत का दर्द हो रहा है। लिख रहा हूँ और ऐसा मालूम होता है कि क़लम में भी टीसें उठ रही हैं।

बंबई : जून, 1940

ज़िंदगी के जिन अद्वार[17] से मैं गुज़र रहा हूँ, उन पर नज़र करने की मेरे पास फ़ुर्सत नहीं—कई स्टेशन आते हैं जिन पर मेरी ज़िंदगी की गाड़ी ठहरती है मगर मैं थकावट से चूर सफ़र के आग़ाज़[18] ही से तंग आया हुआ वह बोर्ड ही नहीं पढ़ सकता जिससे मुझे स्टेशन का नाम मालूम हो जाए। अजब हालत है। कुछ समझ में नहीं आता और समझ में आए भी कैसे जबकि समझने की फ़ुर्सत ही नहीं।

कृश्न चंदर कहते हैं, मैं उनके लिए नया अफ़साना लिखूँ—जी चाहता है, उनको अपना ताज़ा फ़ोटो खिंचवाकर भेज दूँ। आँखोंवाले उसे देखकर कई नए अफ़साने पढ़ लेंगे।

मुझसे पूछो तो यह अफ़सानानिगारी बिलकुल बकवास है जिसके एवज़ सिर्फ़ शुक्रिया मिले—मेरा डॉक्टर, जो हर रोज़ मुझे दवा भेजता है, शुक्रिए के अलावा रुपए भी माँगता

---

* *उस ज़माने का एक अच्छा अदबी परचा।*

† *उस ज़माने का एक अच्छा अदबी परचा।*

है। कल उसने एक रुपया वापस भेज दिया था, इसलिए कि उसमें खनखनाहट कम थी—ख़याल था कि कल अफ़साना शुरू करूँगा मगर उस कम खनखनाहटवाले रुपए को हथेली पर रखा तो मेरी सब खनखनाहट ग़ाइब हो गई।

बहरहाल अफ़साना लिख दूँगा, इसलिए कि तुम्हारी सिफ़ारिश है और कृश्न चंदर से भी मुझे प्यार है—कृश्न चंदर साहिब को इतना जरूर लिख दूँ कि मेरी माँ मर गई है। उसका मातम करने के लिए मुझे जो फ़ुर्सत मिल सकती है, वह मैं उनके हवाले कर दूँगा।

बंबई : जुलाई, 1940

'नए ज़ाविए'* के लिए अफ़साना हाज़िर है—बच्चे की बीमारी और उसकी तीमारदारी के साथ-साथ मैंने यह अफ़साना पूरे आठ दिनों में मुकम्मल किया है, और लुत्फ़ यह है कि हर वक़्त इसी काम में मसरूफ़ रहा हूँ।

'हतक' के मुतअल्लिक़ आपका क्या ख़याल है? 'हतक' पढ़कर आप फ़ौरन बज़रिया रजिस्ट्री मिस्टर कृश्न चंदर को भेज दें। मेरे पास इसकी कोई नक़ल नहीं है। अगर आपको तकलीफ़ न हो तो इसकी एक नक़ल बनाकर अपने पास रख लें या मुझे रवाना कर दें—बेहद मम्नून हूँगा।

बंबई, अगस्त, 1940

मैं सिर्फ़ इस नतीजे पर पहुँचा हूँ कि सिर्फ़ फ़रेबकारी ही की बदौलत इंसान कामयाबी हासिल कर सकता है। क्या मैं फ़रेबकार बन जाऊँगा, मैं इसका जवाब अभी नहीं दे सकता। बहुत मुमकिन है कि हालात मुझे ऐसा आदमी बनने पर मजबूर कर दें।

नदीम साहब, अभी तक मैं जो कुछ चाहता हूँ, नहीं लिख सका। परेशानियाँ इस क़दर हैं कि ख़यालात गडमड हो जाते हैं—इसके अलावा जो कुछ मैं कहना चाहता हूँ, उसको सुनने के लिए कौन तैयार है?

मैं बहुत ख़ुश हुआ कि आपको 'हतक' पसंद आया। मुझे ख़ुद यह अफ़साना पसंद है। मैं ऐसे बहुत से अफ़साने लिख सकता हूँ।

बंबई : अगस्त, 1940

कृश्न साहब का ख़त मुझे मिल गया था। उन्होंने अफ़साना पसंद किया है—आजकल मैं 'ख़ुशिया' के उनवान से एक नया अफ़साना लिखने की कोशिश कर रहा हूँ। इसमें एक दल्लाल का ज़िक्र है।

---

* *कृश्न चंदर की तरतीब दी हुई किताब—'नए ज़ाविए' की सिर्फ़ दो जिल्दें छपी थीं; पहली जिल्द में मंटो का अफ़साना 'हतक' शामिल था और दूसरी में 'मूतरी'।*

बंबई : 23 सितंबर, 1940

जब मैं किसी से दोस्ती करता हूँ तो मुझे इस बात की तवक़्क़ो होती है कि वह अपना आप मेरे हवाले कर देगा। दोस्ती करने के मामले में मेरे अंदर यह एक ज़बर्दस्त कमज़ोरी है जिसका इलाज मुझसे नहीं हो सकता।

देहली* : जनवरी, 1941

मैं देहली से बोल रहा हूँ।

आपको यह तो मालूम हो गया होगा कि मैं रेडियो में नीम सरकारी मुलाज़िम हो गया हूँ।

चूँकि मेरी सेहत अक्सर ख़राब रहती थी, इसलिए मैंने बंबे छोड़ दिया है और अब यहाँ एक सौ पचास रुपया माहवार पर चला आया हूँ—आपको यह सुनकर तो ज़रूर ख़ुशी होगी कि चंद दिनों ही में मेरी सेहत बहुत अच्छी हो गई है।

देहली : अप्रैल, 1941

मेरा आरिफ़† सिर्फ़ दो दिन बीमार रहकर कल रात ग्यारह बजे इरविन हस्पताल में मर गया।

देहली : अप्रैल, 1942

आपसे कोई ग़लती या गुस्ताख़ी नहीं हुई। यह सारा क़ुसूर मेरे इज़्मेहलाल का है जो कई दिनों से मुझ पर तारी है। आजकल मैं बेहद सुस्त हो गया हूँ। बंबे की ज़िंदगी और यहाँ की ज़िंदगी में ज़मीन-आसमान का फ़र्क़ है। वहाँ मैं दोस्तनुमा दुश्मनों से अलग-थलग था, लेकिन यहाँ ऐसे बेशुमार लोगों से मिलना पड़ता है जिसके बाइस बहुत कोफ़्त होती है—यही बायस है इस इज़्मेहलाल का और यही बाइस है आपको ख़त न लिखने का।

देहली : जुलाई, 1942

यह दिल्ली बहुत बुरी जगह है। ख़ुदा की क़सम, इसने मुझ पर जुमूद तारी कर दिया है—बंबई में था तो कितनी जल्दी ख़तों का जवाब तुम्हें मिल जाता था। यहाँ ख़ुद तो मैं ख़तों का जवाब देता नहीं, लेकिन ख़तों का इंतज़ार ज़रूर करता हूँ—आजकल मेरे दिमाग़ की बहुत बुरी हालत है।

---

* *मंटो उन्नीस महीने तक 9, हसन बिल्डिंग, निकलसन रोड, देहली में रहा।*

† *मंटो ने आरिफ़ की मौत के नौ बरस बाद 1950 में एक बेटे की मौत पर बड़ा ही ख़ूबसूरत और नाज़ुक अफ़साना 'ख़ालिद मियाँ' लिखा था।*

बंबई : सितंबर, 1942

देहली में तुम्हारा ख़त मिला था। मैं जवाब देता लेकिन अफ़रातफ़री में यहाँ आना पड़ा। यहाँ आते ही बीमार पड़ गया। छः दाँत अब तक निकलवा चुका हूँ। सारा फ़साद इन दाँतों ही का था।

बंबई : मई, 1943

चंद रोज़ हुए, जबकि सफ़िया बिस्तरे-अलालत[19] पर पड़ी थी, देवेंद्र सत्यार्थी* का टेलीफ़ोन आया—मैंने उसको गालियाँ दीं। मेरे दिल में उसके मुताल्लिक़ जो ख़यालात भी थे, उनका इज़हार कर दिया और उससे खुले लफ़्ज़ों में कह दिया : "मैं तुमसे मिलना नहीं चाहता..."

उसने इसके बाद कमाले-ढिटाई से दो-तीन मर्तबा फिर फ़ोन किया, लेकिन मैंने अपना इरादा तब्दील न किया बल्कि उसकी इस ढिटाई ने मुझे और मुतनफ़्फ़र[20] कर दिया—अगर वह जवाब में मुझे गालियाँ देता और उस हमले का जवाब देता जो मैंने उस पर किया था तो बहुत मुमकिन है, मैं ख़ुद उसके पास जाकर उसे ले आता और अपने यहाँ मेहमान ठहरा लेता।

सफ़िया ने फ़ोन पर मेरी यह तमाम बातें सुनीं तो मुझे बुरा-भला कहा—मैंने उससे कहा : "मैं दिल में नफ़रत रखते हुए ज़बान पर प्यार-मुहब्बत के अल्फ़ाज़ नहीं ला सकता।"

बहुत ज़्यादा शराब पीने लगा हूँ, इसलिए नहीं कि कुछ लिख सकूँ। पीकर मैं लिख ही नहीं सकता। दरअसल मैं अपने अंदर वह बात ढूँढ़ रहा हूँ जो मुझे करना है। अगर मुझे यही कुछ करना है जो मैं अब तक कर चुका हूँ तो यह कुछ भी नहीं, यानी कोई बड़ा कारनामा नहीं।

बंबई : अक्तूबर, 1945

मैं सख़्त शर्मिंदा हूँ कि आप तो मुझसे इतनी मुहब्बत करें और मैं आपको ख़तों का जवाब भी न दे सकूँ। कुछ समझ में नहीं आता कि क्या उज़्र पेश करूँ, सिवाय इसके कि मैं बेहद सुस्त और काहिल हो गया हूँ।

समझ में नहीं आता, मुझे क्या हो गया है। ख़त लिखते वक़्त ऐसा महसूस होता है जैसे मैं बेकार की जिस्मानी मशक़्क़त कर रहा हूँ। क्या ही अच्छा होता, अगर आदमी लिखे बग़ैर अपने ख़यालात दूसरे तक पहुँचा सकता!

असल में इस एटम बम ने मेरी ज़िंदगी को बहुत सद्मा पहुँचाया है। ऐसा लगता है कि हर शै फ़ुज़ूल है।

---

* *'फ्रॉड मुझे पहली बार मंटो ने कहा था, और बड़ी मुहब्बत से।'—देवेंद्र सत्यार्थी : नई दिल्ली : 1965.*

बंबई : सितंबर, 1946

परसों सफ़िया के नाम आपका तार मिला—मुझे सख़्त शर्मिंदगी है कि मैं इतना अर्सा ख़ामोश रहा और आपको एक ख़त भी न लिख सका। इसका बाइस कुछ तो तसाहुल[21] है जो बिलकुल क्रोनिक[22] हो चुका है और कुछ मसरूफ़ियत भी थी।

आपको यह सुनकर ख़ुशी होगी कि नौ जुलाई को ख़ुदावंद तआला ने हमें एक नन्ही-सी बच्ची अता फ़रमाई है। मैंने उसका नाम निगहत* रखा है। उम्मीद है, आप पसंद करेंगे।

बंबई : फ़रवरी, 1947

मैं सख़्त नादिम[23] हूँ। मुझे आप-ऐसे ख़लीक़[24] और पुर ख़ुलूस दोस्त को बाक़ाइदा ख़त लिखना चाहिए—मैं क़ुसूरवार हूँ, लेकिन क्या क़ुसूरवार होकर भी आदमी एक क़िस्म का लुत्फ़ नहीं उठा सकता—अगर आप मुझे इस लुत्फ़…इस…इस क़ुसूर आलूद लज़्ज़त से महरूम रखना चाहते हैं तो लीजिए, मैं आपको यक़ीन दिलाता हूँ कि मैं अब से बाक़ायदा ख़तो-किताबत जारी रखूँगा।

बंबई : जुलाई, 1947

आपका शिकायतनामा मिला।

मैंने 'सवेरा' के लिए अफ़साना नहीं भेजा था।

बहरहाल आपके इरशाद पर एक नया अफ़साना 'पढ़िए कलमा' भेज रहा हूँ। उम्मीद है, आप पसंद करेंगे।

'स्वराज के लिए' के मुताल्लिक़ आपका क्या ख़याल है?

सफ़िया बख़ैरियत है। निगहत कल ख़ुदा के फ़ज़्ल से एक बरस की हुई है। उसकी सेहत इतनी अच्छी नहीं, इसलिए कि दाँत निकाल रही है।

उम्मीद है, आप पिशावर में ख़ुश होंगे—यहाँ फ़िल्म इंडस्ट्री की हालत क़ाबिले-रहम है।

लाहौर† : फ़रवरी, 1948

मुझे अफ़सोस है कि वादा करके आप तशरीफ़ न लाए। बहरहाल मैं ख़ुद एक काम से अपने एक अज़ीज़ दोस्त के साथ पिशावर आ रहा हूँ। इन्शाअल्लाह ख़ूब बातें होंगी। ज़ाहिर है कि तीन-चार रोज़ तक आप ही के पास क़याम रहेगा।

सफ़िया सलाम लिखवाती है। निगहत माशाल्लाह बसेहत है।

आपका
सआदत

---

* *निगहत के अलावा मंटो की दो बेटियाँ और हैं। दोनों की पैदाइश तक़सीम के बाद लाहौर में हुई थी।*

† *मंटो बंबई से सात या आठ जनवरी, 1948 को लाहौर पहुँचा था—उसकी बीवी और बच्ची कई माह पहले ही से लाहौर में थीं।*

○

(1)

अहमद नदीम क़ासमी 'मंटो के ख़ुतूत' की भूमिका में
लाहौर : दस मई, 1962

...''मगर फिर मैंने दो-तीन बार मंटो की ज़ात पर तनक़ीद कर दी। साथ ही उसके चंद ऐसे दोस्तों को बुरा-भला कह दिया जो मारे ख़ुलूस के उसकी बर्बादी की रफ़्तार को तेज़तर करते रहते थे। इसी पर मंटो मुझसे बिगड़ गया—मुझे उसका यह फ़िक़रा कभी नहीं भूलेगा: 'मैंने तुम्हें अपने ज़मीर की मस्जिद का इमाम मुक़र्रर नहीं किया है, सिर्फ़ दोस्त बनाया है...' नतीजा यह कि मैंने मंटो से कतराकर निकल जाने ही में अपनी और जज़्बात की आफ़ियत[25] समझी।''

(2)

जब भी हुकूमतें 'मेहरबान' हुईं, मंटो पर मुक़दमा चला।

मंटो की अदबी ईमानदारी का यह आलम था कि वह जिन लोगों को अपने दिफ़ाअ[26] में बुलाता था, उनसे मिलता तक न था—वह तमाम-तमाम लोगों को एक ही मज़मून का बस ख़त लिख दिया करता था।

'ठंडा गोश्त' के मुक़दमे में उसने डॉक्टर आई. लतीफ़, हैड ऑफ़ दी साइकोलोजी डिपार्टमेंट, एफ़ सी. कॉलेज, लाहौर को बुलवाया था जिसका उसने नाम तो सुन रखा था, लेकिन देखा न था—अदालत में अपना बयान देने के दौरान में डॉक्टर लतीफ़ ने एकदम पूछा था: ''मिस्टर मंटो कौन हैं?''

तो यह था मंटो।

इसी सिलसिले में उसका एक ख़त:

—संपादक

बंबई : 30 सितंबर, 1945

मुकर्रमी,

तस्लीमात। लाहौर की अदालत में मेरे एक अफ़साने 'धुआँ' पर फ़हाशी के इल्ज़ाम में मुक़दमा चल रहा है। मैंने आपको गवाह सफ़ाई के तौर पर बुलाया है। मुतज़क्किरा[27] सदर अफ़साने के बारे में आपकी जो राय भी हो, मुझे मंज़ूर होगी, इसलिए कि फ़हाशी और ग़ैर फ़हाशी के अहम मौज़ू पर आप जैसे अहलुर्राय अदीब और साहबे-क़लम के ख़यालात न सिर्फ़ मेरे लिए बल्कि मुल्की अदब के लिए मुफ़ीद होंगे।

मुझे उम्मीद है कि आप मेरी यह दावत क़ुबूल फ़रमाएँगे।

नियाज़केश
सआदत हसन मंटो

(3)

'नक़ूश'* का मालिक एडिटर मुहम्मद तुफ़ैल जब राइटर बन बैठा तो उसने एक ख़ाका 'मंटो साहब' लिखा और अपने परचे में छाप डाला।

'निजी हैसियत' के इस मज़मून को पढ़कर अहमद नदीम क़ासमी को तो तकलीफ़ हो गई, लेकिन मंटो ने मुहम्मद तुफ़ैल को मुंदरिजा ज़ैल ख़त लिखा :

लाहौर : 1953

ब्रादरम, अस्सलामुअलैकुम।

कल रात मुझे सफ़िया ने बताया था कि आपने मुझ पर 'नक़ूश' में मज़मून लिखा है—ज़्यादा पीने की वजह से मुझसे ठीक पढ़ा नहीं जा रहा था, चूँकि सफ़िया को मज़मून पसंद था, इसलिए उसने मेरे कहने पर इधर-उधर से सुनाया जो मुझे क़त्अन पसंद न आया ; यही सबब हुआ कि मैंने आपको आधी दर्जन के क़रीब गालियाँ दीं ; और इसके बाद मुझे नींद आ गई।

सुबह उठकर अपनी आँखों से मज़मून पढ़ा तो मुझे पसंद आ गया—आपने जो कुछ लिखा है, उससे मुझे इनकार नहीं। अपनी कमज़ोरियों के बावुजूद (मैं) बेहद ख़ुश हूँ कि आपने जो कुछ लिखा है, उसमें हिचकिचाहट का शायबा[28] तक नहीं। मैं जो कुछ हूँ, वह इस मज़मून में मौजूद है, बल्कि वाफ़िर[29] मौजूद है—इस (मज़मून) में बाज़ बातें ऐसी मौजूद हैं जो मुझ में मौजूद थीं मगर मेरे लिए महसूस की हद से बाहर थीं।

ख़ाकसार

सआदत हसन मंटो

(4)

अब पहले तीन ख़त पढ़िए :

ब्रादरम मुकर्रम जनाब डॉक्टर साहब‡,

अस्सलामुअलैकुम। मैंने बहुत कोशिश की कि आपके दौलतख़ाने का पता मिल जाए मगर न मिल सका। आज इतवार है, इसलिए आपसे कॉलेज में भी मुलाक़ात नहीं हो सकती। हामिले-रुक़्क़ा[30] असदुल्लाह† मेरे अज़ीज़ तरीन दोस्त हैं। इनको बोर्डिंग में दाख़िला चाहिए और इसके लिए आपकी सिफ़ारिश की ज़रूरत है।

---

* *पाकिस्तान का एक मशहूर अदबी परचा।*

‡ *डॉक्टर मुहम्मद बाक़र : प्रोफ़ेसर एंड हैड ऑफ़ परशियन डिपार्टमेंट, पंजाब यूनीवर्सिटी, लाहौर।*

† *मुहम्मद असदुल्लाह : मंटो का एक नौजवान दोस्त जिसने मंटो की मौत के बाद 1955 में मंटो की ज़िंदगी के आख़िरी दो बरसों पर एक किताब 'मंटो मेरा दोस्त' लिखी—**आजकल बर्लिन में** है—जनवरी 1987 में लंदन में एक इत्तिफ़ाक़िया मुलाक़ात के दौरान **मुहम्मद असदुल्लाह और** बलराज मेनरा के दरमियान मंटो पर एक तफ़सीली बातचीत हुई।*

उम्मीद है, आप मेरी ख़ातिर यह काम कर देंगे। कभी हलक़ा‡‡ में मुलाक़ात हुई तो मैं शुक्रिया अदा करूँगा। आपके ख़ुलूस के पेशनज़र चंद सुतूर लिखी हैं। ख़ुदा करे, आप मेरा यह काम बग़ैर किसी तकलीफ़ के कर सकें।

उम्मीद है, आप बख़ैरियत होंगे। अब हलक़ा में अगर मुझे अफ़साना पढ़ना हो तो आप सदारत फ़रमाइएगा। ज़रा लुत्फ़ आ जाता है।

ख़ाकसार
सआदत हसन मंटो
(लाहौर) 5 अक्तूबर, 1952

प्यारे* अज़ीज़,

अस्सलामुअलैकुम। मैं बहुत अर्से से बीमार हूँ, इसलिए 'माहे-नौ'† के लिए कुछ न लिख सका। और भी कुछ वजूह हैं जो आपको मालूम हो गई होंगी।

बहरहाल अब आपसे एक काम लेना है। हामिले-रुक़्क़ा मेरे अज़ीज़ दोस्त मुहम्मद असदुल्लाह हैं। वह कराची के किसी होस्टेल में जगह चाहते हैं। मुझे पूरी उम्मीद है कि आप इनकी मदद करेंगे। देखिए, मुझे मायूसी न हो।

उम्मीद है, आप बख़ैरियत होंगे। मैं 'माहे-नौ' के लिए दो अफ़साने बहुत जल्द आपकी ख़िद्मत में रवाना करूँगा।

ख़ाकसार
सआदत हसन मंटो
(लाहौर) यक़ुम अगस्त, 1953

मुकर्रमी व मोहतरमी जनाब हलीम साहब,**

तस्लीमात। आपको शायद याद न हो, मैं किसी ज़माने में जब कि आप अलीगढ़ यूनीवर्सिटी में थे, वहाँ का एक बदक़िस्मत तालिबे-इल्म था, क्योंकि मुझे अलालत†† के बायस तीन महीने के बाद यूनीवर्सिटी छोड़ना पड़ी थी।

मैं इस छोटे-से रिश्ते की बिना पर आपसे एक अज़ीज़ दोस्त मुहम्मद असदुल्लाह की

---

‡‡ *हलक़ा अरबाबे ज़ौक़—अदबी अंजुमन।*

* *मशहूर नावलिस्ट अज़ीज़ अहमद।*

† *हुकूमते-पाकिस्तान का एक अदबी माहनामा।*

** *बी. ए. हलीम : वाइस चांसलर, कराची यूनीवर्सिटी।*

†† *इस शक पर कि मंटो को टी.बी. की शिकायत है, उसे अलीगढ़ यूनीवर्सिटी से निकाल दिया गया था—बात 1935 की है।*

सिफ़ारिश करता हूँ। यह एस.एम. कॉलिज में दाख़िला चाहते हैं। तफ़सीलात वह ख़ुद ज़बानी अर्ज़ कर देंगे। अगर हो सके तो इनके लिए होस्टेल का बंदोबस्त भी फ़र्मा दीजिएगा। मैं मम्नूनो-मश्कूर हूँगा।

अगर ज़िंदगी हुई तो आपसे नियाज़ हासिल करूँगा। आपको यक़ीनन अपनी यूनीवर्सिटी का सबसे शरीर तालिबे-इल्म सरदार ख़ान बिलोच याद होगा। ख़ुदा जाने, वह कहाँ है?

ख़ुदा आपको ख़ुश रखे।

नियाज़केश

सआदत हसन मंटो

(लाहौर) यकुम अगस्त, 1953

मुंदरिजे बाला तीनों सिफ़ारशी ख़त मंटो ने अपने नौजवान दोस्त मुहम्मद असदुल्लाह के लिए लिखे थे—मंटो ने इसी तरह के बेशुमार ख़ुतूत बेशुमार लोगों के लिए बेशुमार लोगों को लिखे थे।

मंटो एक दर्दमद दिल रखता था—ज़रूरतमंद, मजबूर और दुखी लोग उसके पास सुबह-शाम पहुँचते थे और वह सिफ़ारशी ख़त लिख दिया करता था।

मंटो के ताल्लुक़ात इतने वसी थे और उसका नाम इस क़दर मशहूर था कि वह किसी को न भी जानता हो, सब उसे जानते थे—उसके एक ख़त से ज़रूरतमंद का काम हो जाता था।

(5)

एक ख़त एक हिंदुस्तानी पब्लिशर के नाम:

786

लाहौर।

यूसुफ़ साहब*!

अस्सलामुअलैकुम। मुझे बेहद अफ़सोस है कि मेरे बार-बार ख़त लिखने पर भी आपने मेरी दरख़्वास्तों पर कोई तवज्जोह न दी—आपने यहाँ मुझसे पाँच हज़ार रुपए का

* *तरक़्क़ीपसंद परचे 'शाहरा' और मकतबा शाहरा, उर्दू बाज़ार, दिल्ली, का मालिक।*

मुआहदा[31] किया था कि आप मेरी तमाम किताबों के हुक़ूक़ की वहाँ निगहदाश्त[32] करेंगे और जो किताब वहाँ छपेगी, उसका मुआवज़ा वुसूल करते रहेंगे—वहाँ मेरी कई किताबें शाया हुई हैं। ज़ाहिर है कि आपने काफ़ी रुपया वुसूल किया होगा।

अगर आप मेरी शराफत से और ज़्यादा फ़ायदा नहीं उठाना चाहते हो तो अज़ राहे-करम क़तील शिफ़ाई† साहब को मुआहदे की रक़म में से दो हज़ार अदा कर दें, वर्ना मुझे कोई दूसरी सूरत इख़्तियार करनी पड़ेगी, यानी मुझे ख़ुद वहाँ आने की तकलीफ़ बर्दाश्त करनी पड़ेगी।

याद रहे कि मैं अभी तक बक़ैदे-हयात[33] हूँ और अपना हक़ वुसूल करना जानता हूँ।

ख़ाकसार
सआदत हसन मंटो
30 फ़रवरी, 1954

मुकर्रर : मैंने क़तील साहब को अपनी तरफ़ से मुकम्मल इख़्तियारात दे दिए हैं। वह जो मुनासिब समझेंगे, करेंगे।

उन दिनों उर्दू के हिंदुस्तानी पब्लिशरों ने मंटो की दर्जनों किताबें छाप डाली थीं—इधर उसका कोई नया अफ़साना छपता, उधर कोई पब्लिशर नए अफ़साने के नाम पर पुराने अफ़सानों समेत एक किताब छाप डालता।

एक पब्लिशर ने तो एक किताब 'मंटो के फ़हश अफ़साने'‡ के नाम से छाप डाली और ढेरों रुपया बटोरा।

(6)

मंटो का आख़िरी ख़त, जो ग़ालिबन मंटो की आख़िरी तहरीर भी है। यह ख़त मंटो ने मरने से एक दिन पहले कराची के मैजिस्ट्रेट मेहदी अली सिद्दीक़ी* को लिखा था :

मुकर्रमी व मुअज़्ज़मी मेहदी अली ख़ाँ साहब,

तस्लीमात। मुझे अफ़सोस है कि इस दौरान मैं आपसे ख़तो-किताबत न कर सका। दरअसल मैं अलील था।

---

† मशहूर पाकिस्तानी शाइर जो 'शंकर व शाद' मुशाइरे में दर्जनों बार देहली आ चुका है।

‡ पंडित नेहरू के नाम एक ख़त में मंटो ने इस किताब का ज़िक्र किया है।

** मेहदी अली सिद्दीक़ी ने फ़हाशी के जुर्म में मंटो को सज़ा दी थी।*

मैं आपसे कोई-न-कोई सिफ़ारिश करता ही रहता हूँ, सिर्फ़ इसलिए कि मुझे आपके ख़ुलूस और मुहब्बत ने बहुत मुतास्सिर किया था, और मैं अपनी दानिस्त के मुताबिक़ यह समझता हूँ कि आप मेरी सिफ़ारिश कभी रद्द नहीं करेंगे।

हामिले-रुक्क़ा रफ़ीक़ चौधरी साहब मेरे अज़ीज़ हैं। इन पर आपकी करम फ़रमाई मुझ पर बहुत बड़ी करम फ़रमाई होगी। यह आपको ज़बानी तमाम हालात बता देंगे।

मेरे लायक़ कोई ख़िद्‌मत ?

मेरा इरादा है कि चंद दिनों के लिए कराची आऊँ। उम्मीद है, आपसे मुलाक़ात होगी।

नियाज़केश

सआदत हसन मंटो

(लाहौर) 17 जनवरी, 1955

---

1. माध्यम; 2. प्रकाशन; 3. सामग्री, विषयवस्तु; 4. संकलन; 5. लंबा; 6. अंश; 7. विद्वत्ता; 8. कथनानुसार; 9. निश्चित; 10. पूरा; 11. दिल: 12. कलात्मक; 13. रचनाएँ; 14. उदासी: 15. कार्यरत; 16. सम्मिलित, सामूहिक; 17. चरण, दौर; 18. आरंभ; 19. रोगशय्या; 20. विलग, घृणा से अलग होने का भाव; 21. आलस्य; 22. प्राचीन; 23. शर्मिंदा; 24. अच्छे स्वभाववाला; 25. भलाई; 26. रक्षा हेतु; 27. चर्चित; 28. झलक; 29. अत्यधिक मात्रा में; 30. पत्रवाहक; 31. अनुबंध; 32. देखभाल; 33. जीवन की क़ैद में, जीवित।

मेरी शादी

मैंने कभी लिखा था कि मेरी ज़िंदगी में तीन बड़े हादिसे हैं :

एक : मेरी पैदाइश, जिसकी तफ़सीलात का मुझे कोई इल्म नहीं।

दो : मेरी शादी।

तीन : मेरा अफ़सानानिगार बन जाना।

आख़िरी हादिसा चूँकि अभी तक हुआ चला जा रहा है, इसलिए उसके मुताल्लिक़ कुछ कहना क़ब्ल-अज़-वक़्त[1] होगा।

वह लोग जो मेरी ज़िंदगी के अंदर झाँककर देखना चाहते हैं, उनकी ख़ातिर मैं अपनी शादी की दास्तान बयान करता हूँ। यह मनो-अन[2] नहीं होगी, क्योंकि बाज़ वाक़िआत मुझे मसलहतन[3] गोल करने पड़ेंगे।

मैं पहले इस हादिसे का अक़बी मंज़र[4] पेश करता हूँ ताकि इसकी तफ़सीलात[5] उभर आएँ।

सन मुझे याद नहीं। ग़ालिबन बारह-तेरह बरस पहले जब अलीगढ़ यूनीवर्सिटी से मुझे इसलिए बाहर निकाल दिया गया था कि मुझे दिक़ का आर्ज़ा लाहक़[6] है, मैं अपनी बहन से कुछ रुपए लेकर सेहत दुरुस्त करने की ख़ातिर बटोत* चला गया वहाँ तीन महीने क़याम[7] करने के बाद मैं वापस अपने शहर अमृतसर में आया तो मुझे मालूम हुआ कि मेरी बहन† का लड़का फ़ौत[8] हो गया है।

यहाँ पर मैं यह बताना ज़रूरी समझता हूँ कि मैं वालिद के साए से महरूम[9] था। बहन की शादी पर जो जमा-पूँजी मौजूद थी, वह मेरी सादा लोह और नेकदिल माँ ने मेरे बहनोई के हवाले कर दी थी। अब यह हालत हो गई थी कि हम दूसरों के मुहताज थे—मेरे दो सौतेले बड़े भाई हमें चालीस रुपए माहवार दिया करते थे।

अमृतसर आते ही मेरा दिलो-दिमाग़ सख़्त मुज़्तरिब[10] हो गया। जी चाहता था, कहीं भाग जाऊँ या ख़ुदकुशी कर लूँ। मज़बूत इरादे का मालिक होता तो यक़ीनन मैंने ख़ुद को हलाक कर लिया होता—इसीलिए जब बंबे से हफ़्तावार 'मुसव्वर' के मालिक मिस्टर नज़ीर ने मुझे ख़त लिखा कि मैं बंबे आकर उनके परचे की इदारत[11] सँभाल लूँ तो मैंने फ़ौरन

---

* जम्मू औ श्रीनगर के दरमियान एक गाँव।

† वह बंबे । ब्याही हुई थी और चंद रोज़ अमृतसर रहकर वापस बंबे चली गई थी।

बोरिया बिस्तर बाँधा और बंबे चल दिया। मैंने यह भी न सोचा कि वालदा अमृतसर में अकेली रह जाएगी।

मिस्टर नज़ीर ने मुझे चालीस रुपए माहवार पर नौकर रख लिया। जब मैं उनके दफ़्तर में सोने लगा तो उन्होंने किराए के तौर पर दो रुपए तनख़्वाह में से काटना शुरू कर दिए—इसके बाद जब उन्होंने मुझे इंपीरियल फ़िल्म कंपनी में बहैसियत मुंशी यानी मुकालमानिगार[12] चालीस रुपए माहवार पर मुलाज़िम करा दिया तो मेरी तनख़्वाह आधी यानी बीस रुपए कर दी, जिसमें से दो रुपए दफ़्तर को रिहाइश के लिए इस्तेमाल करने के सिलसिले में काटे जाते रहे।

यह वह ज़माना था, जब इंतिहाई उरूज[13] के बाद इंपीरियल फ़िल्म कंपनी रू-ब तनज़्ज़ुल[14] थी। इसके मालिक सेठ आरडेशर ईरानी, जो एक बाहिम्मत आदमी थे, सरतोड़ कोशिशों में मसरूफ़ थे कि उनकी कंपनी की हालत सँभल जाए।

ज़ाहिर है कि ऐसी डगमग हालत में मुलाज़िमों को तनख़्वाहें वक़्त पर नहीं मिलती थीं—सेठ आरडेशर ने एक और ज़ुल्म किया कि हिंदुस्तान का पहला रंगीन फ़िल्म बनाने का फ़ख़्र हासिल करने के लिए बाहर से 'सिने कलर प्रोसेस' की मशीनें मँगवा लीं—वह इससे पेशतर हिंदुस्तान का सबसे पहला नातिक़[15] फ़िल्म 'आलमआरा' पेश करने का फ़ख़्र हासिल कर चुके थे।

कंपनी पर जब यह रंगीन बोझ पड़ा तो उसकी माली हालत और भी कमज़ोर हो गई, मगर जूँ-तूँ काम चलता रहा। कुछ-न-कुछ एडवांस के तौर पर मिल जाया करता था और बाक़ी हिसाब में जमा रहता था।

इत्तिफ़ाक़ ऐसा हुआ कि उस रंगीन फ़िल्म की डायरेक्शन मिस्टर मोती बी गुडवानी के सुपुर्द हुई, जो तालीमयाफ़्ता थे और मुझे पसंद करते थे—उन्होंने मुझसे कहानी लिखने के लिए कहा, जो मैंने लिख दी और उन्होंने पसंद की, मगर एक पेच आन पड़ा कि वह सेठ से कैसे कहें, पहली रंगीन फ़िल्म की कहानी का मुसन्निफ़[16] एक मामूली मुंशी है—बहुत सोच-बिचार के बाद यह तय हुआ कि अच्छे दाम वुसूल करने की ख़ातिर कहानी पर किसी शख़्सियत का नाम दिया जाए।

ऐसी कोई शख़्सियत मेरे दायरा-ए-अहबाब[17] में नहीं थी, लेकिन जब मैंने चारों तरफ़ नज़र दौड़ाई तो मुझे बहुत दूर शांति निकेतन में प्रोफ़ेसर ज़ियाउद्दीन (मरहूम) दिखाई दिए, जो टैगोर की यूनीवर्सिटी में तलबा को फ़ारसी पढ़ाते थे—मैंने उनको ख़त लिखा—वह मुझसे प्यार करते थे, इसलिए वह हमारे फ़्रॉड में शरीक हो गए। कहानी उन्हीं के नाम से पेश हुई और फ़िल्म बहुत बुरी तरह नाकाम रही।

कंपनी की हालत और भी अबतर[18] हो गई—इसी दौरान में मिस्टर नज़ीर की सिफ़ारिश से मुझे सौ रुपए माहवार पर 'फ़िल्म सिटी' में मुलाज़्मत मिल गई।

कारदार साहब कलकत्ते से बंबे आए तो 'फ़िल्म सिटी' ने एक फ़िल्म के लिए उनसे मुआहदा[19] किया। कहानियाँ तलब की गईं। उनमें एक कहानी मेरी भी थी, जो मियाँ कारदार ने पसंद की और उस पर काम भी शुरू कर दिया गया, मगर क़ुदरत को कुछ और

ही मंज़ूर था।

सेठ आरडेशर को पता चल गया कि मैं 'फ़िल्म सिटी' में हूँ—गो उनकी वह पहली-सी साख नहीं थी, लेकिन अपने तमाम हमउम्र प्रोड्यूसरों पर उनका रोब और दबदबा वैसे-का-वैसा क़ायम था। 'फ़िल्म सिटी' के मालिकों को उन्होंने कुछ ऐसी डाँट पिलाई कि मुझे कान से पकड़कर वापस इंपीरियल फ़िल्म कंपनी में भेज दिया गया, और साथ ही मेरी कहानी भी।

अब मेरी तनख़्वाह चालीस के बजाय अस्सी कर दी गई और वादा किया गया कि मुझे मेरी कहानी का मुआवज़ा अलहदा मिलेगा—उस कहानी की डायरेक्शन हाफ़िज़ जी (रतन बाईवाले) के सुपुर्द की गई।

जब मैं 'फ़िल्म सिटी' में मुलाज़िम हुआ था तो मैंने 'मुसव्वर' के दफ़्तर में रिहाइश छोड़कर पास ही एक निहायत ही ग़लीज़ चाल में एक खोली नौ रुपए माहवार पर ले ली थी। इस खोली में इस क़दर खटमल थे कि छत पर से बारिश के क़तरों की तरह गिरते थे।

इस दौरान में मेरी वालदा बंबे आ गई थीं और अपनी लड़की के पास क़यामपज़ीर[20] थीं—जब पहली बार वह मुझसे मिलने के लिए उस ग़लीज़ खोली में आईं तो उनकी आँखों में आँसू आ गए।

मेरे और मेरे बहनोई के ताल्लुक़ात कशीदा[21] थे— उसे ख़ुदा बख़्शे, उसका किरदार बहुत ही ख़राब था। मैं चूँकि नुक्ताचीनी करता था, इसलिए उसने अपने घर में मेरा दाख़िला बंद कर दिया था और मेरी बहन पर यह पाबंदी आइद[22] कर दी थी और वह मुझसे नहीं मिल सकती।

मैं अपनी माँ के आँसुओं का ज़िक्र कर रहा था, जो इसलिए उनकी आँखों से निकले थे कि उनका बेटा, जो नाज़ो-नअम[23] में पला था, अब ज़माने की गर्दिश से ऐसे ग़लीज़ जगह में रहता है। उसके पास कपड़े नहीं। वह रात को मिट्टी के तेल का लैंप जलाकर काम करता है। होटल में रोटी खाता है।

वह जब तक रोती रहीं, मैं शदीद[24] क़िस्म की दिमाग़ी और रूहानी अज़ीयत[25] में मुब्तिला रहा—जो दिन गुज़र चुके हैं, उनकी याद मेरे नज़दीक हमेशा फ़ुज़ूल रही है और फिर रोने-धोने का क्या मतलब है—मुझे हमेशा आज से ग़रज़ रही है। गुज़री हुई कल या आनेवाली कल के मुतअल्लिक मैंने कभी नहीं सोचा। जो होना था, हो गया और जो होनेवाला है, हो जाएगा।

रोने से फ़ारिग़ होकर मेरी वालिदा ने बड़ी संजीदगी से पूछा : "सआदत, तुम ज़्यादा क्यों नहीं कमाते?"

मैंने जवाब दिया : "बीबीजान, ज़्यादा कमाकर क्या करूँगा? जो कुछ कमा रहा हूँ, मेरे लिए क़ाफ़ी है।"

उन्होंने मुझे ताना दिया : "नहीं…बात अस्ल में यह है कि तुम ज़्यादा कमा नहीं सकते…ज़्यादा पढ़े-लिखे नहीं हो ना!"

बात दुरुस्त थी—पढ़ने में मेरा जी ही नहीं लगा था। तीन बार इंटरेंस में फ़ेल होने के

बाद जब कॉलेज में दाख़िल हुआ था तो मेरी आवारगी और भी बढ़ गई थी और मैं एफ़. ए. के इम्तिहान में दो मर्तबा नाकाम रहा था। फिर अलीगढ़ यूनीवर्सिटी में पढ़ने गया तो वहाँ से इस बिना पर निकाल दिया गया था कि मुझे दिक़ का आरिज़ा[26] लाहिक़ है—इन तल्ख़ हक़ाइक़[27] को महसूस करने के बावुजूद मैंने बीबीजान की बात को हँसी-मज़ाक़ में टालने की कोशिश की।

मैंने कहा : "बीबीजान, मैं जो कुछ कमाता हूँ, मेरी ज़ात के लिए काफ़ी है... घर में बीवी होती तो फिर आप देखतीं, मैं कैसे कमाता हूँ... कमाना कोई मुश्किल काम नहीं। आदमी आला तालीम के बग़ैर भी ढेरों रुपया हासिल कर सकता है।"

मेरी बात सुनकर वालिदा ने अचानक मुझसे सवाल किया : "शादी करोगे ?"

मैंने ऐसे ही कह दिया : "हाँ, क्यों नहीं !"

"तो इस इतवार को तुम माहिम आ जाना। फ़ुटपाथ पर खड़े रहना। मैं तुम्हें देखकर नीचे आ जाऊँगी...' वालिदा ने यह कहकर मेरे सिर पर हाथ फेरा : "तुम्हारी शादी का बंदोबस्त हो जाएगा, इन्शाल्लाह... लेकिन देखो, अपने बाल कटवा के आना !"

मैंने बाल न कटवाएँ। सनीचर की रात मैंने अपने कैनवस शूज़ पर पालिश की। और फिर इतवार की सुबह डबल रेट पर धुलवाई हुई सफ़ेद पतलून पहनकर और माहिम पहुँचकर इनिंग लिटोमैन्शंज़ के पास फ़ुटपाथ पर खड़ा हो गया।

वालिदा तीसरी मंज़िल के फ़्लैट की बालकनी पर मेरी मुंतज़िर[28] थीं। उन्होंने मुझे देखा तो नीचे आ गईं और मुझे साथ चलने को कहा।

बीस-पच्चीस गज़ के फ़ासले पर एक बिल्डिंग थी जाफ़र हाऊस—वालिदा ने उसकी दूसरी मंज़िल के एक फ़्लैट का दरवाज़ा खटखटाया, जो शायद नौकरानी ने खोला—हम अंदर दाख़िल हो गए।

वालिदा ज़नाने में चली गईं।

मेरा इस्तिक़्बाल[29] एक गोरे-चिट्टे अधेड़ उम्र के आदमी ने किया। उसने मुझे मर्दाने में बड़ी मुहब्बत और बड़े ख़ुलूस[30] के साथ बिठाया और फ़ौरन बेतकल्लुफ़ हो गए—आपने मुझसे और मैंने उनसे एक-दूसरे के मशाग़िल[31] के मुताल्लिक़ मालूमात हासिल कीं।

वह गवर्नमेंट के मुलाज़िम थे, पुलिस के महकमे में फ़िंगर प्रिंट स्पेशलिस्ट। तनख़्वाह वाजिबी थी। कई बच्चों के बाप थे। रेस और फ़्लैश के रसिया। क्रॉस वर्ड पज़्लस[32] बड़ी बाक़ाइदगी से हल करते थे, मगर कोई इनाम हासिल नहीं कर सके थे।

मैंने उनको अपने सारे हालात बता दिए—यह भी कह दिया कि मैं एक ऐसी फ़िल्म कंपनी में मुलाज़िम हूँ जहाँ तनख़्वाह नहीं मिलती, सिर्फ़ साँस की आमदो-रफ़्त जारी रखने के लिए कभी-कभी एडवांस के तौर पर कुछ मिल जाता है।

मैंने जब उनको यह बताया कि ऐसी पतली हालत में भी शाम को बीयर की एक बोतल ज़रूर पीता हूँ तो उन्होंने बुरा न माना—मुझे ताज्जुब हुआ।

मेरी बातों को उन्होंने बड़े ग़ौर से सुना था—जब मैं जाने के लिए उठा, तब तक मलिक हसन साहिब मेरीं किताबे-ज़िंदगी के तमाम ज़रूरी औराक़ का मुताला[33] कर चुके थे।

जब हम वहाँ से निकले तो वालिदा ने मुझे बताया : ''यह लोग अफ़्रीका से आए हैं। तुम्हारे भाइयों* को अच्छी तरह जानते हैं... इनके हाँ एक लड़की है, जिसका ब्याह करना चाहते हैं... कई रिश्ते आ चुके हैं, मगर इनको पसंद नहीं आए, असल में कोई कश्मीरी घराना चाहते हैं... मैंने इनसे तुम्हारी बात की है और कोई बात पोशीदा[34] नहीं रखी है।''

रही-सही जो कसर रह गई थी, वह वालदा ने पूरी कर दी थी।

मैं सोचने लगा कि यह सिलसिला क्या है। अगर वह लोग मान गए—हालाँकि मुझे इसका यक़ीन नहीं था, इसलिए कि मुझमें ऐसी कोई बात नहीं थी कि वह मुझे अपनी लड़की देते—तो क्या सचमुच मुझे शादी करना पड़ेगी और फिर ढेरों रुपए कमाना पड़ेंगे।

मलिक हसन साहिबने मुझे अगले इतवार खाने पर मदऊ[35] किया था—मैं हस्बे-वादा[36] वहाँ पहुँचा तो उन्होंने मेरी बड़ी आवभगत की। खाना आया। मुर्ग़ था, कोफ़्ते थे, साग-सालन भी था और धनिए-पोदीने और अनारदाने की चटनी। हर चीज़ लज़ीज़ थी, लेकिन गर्म मसाला और मिर्चें इस क़दर कि अलामान[37]। मेरे पसीने छूट गए।

दो-तीन इतवारों के बाद जब मैं उन लोगों में घुल-मिल गया तो मेरी वालिदा ने मुझे बताया कि उन्होंने मेरा रिश्ता क़ुबूल कर लिया है।

जब मैंने सुना तो चकरा गया। मैं तो शादी के इस क़िस्से को मज़ाक़ समझ रहा था। इसके अलावा मुझे क़तअन यक़ीन नहीं था कि मुझे कोई होशमंद इंसान अपनी लड़की देगा। मेरे पास था ही क्या। इंटरेंस पास, वह भी थर्ड डिवीज़न में। और मुलाज़िमत ऐसी जगह, जहाँ तनख़्वाह के बजाय एडवांस मिलता था। और पेशा फ़िल्म और अख़बार-नवीसी—ऐसे लोगों को शरीफ़ आदमी कब मुँह लगाते हैं।

एक ग़लीज़ खोली हासिल करने के लिए मुझे कितने जतन करने पड़े थे कि मालिक मकान को मालूम हो गया था, मैं फ़िल्म कंपनी में काम करता हूँ—बड़ी सिफ़ारिशों के बाद वह अंजाम कार राज़ी हुआ था।

जब वालिदा ने कहा कि उन्होंने बात पक्की कर दी है तो मैं सख़्त परेशान हुआ। मैं यह ख़बर सुनने के लिए बिलकुल तैयार नहीं था—मैंने वालिदा से कुछ न कहा और दिन-रात उठते-बैठते इस सोच में ग़र्क़[38] रहने लगा कि जो मुसीबत मैंने ख़ुद मोल ली है, उससे निजात कैसे होगी।

बहुत सोच-बिचार के बाद मैं इस नतीजे पर पहुँचा कि अब सोच-बिचार बिलकुल फ़ुज़ूल है और कि चे बादाबाद[39] कहकर मुझे अपनी किश्ती इस मँझधार में डाल देनी चाहिए।

मैंने फ़ैसला तो कर लिया, मगर यह सवाल बहुत ही परेशान करनेवाला था कि निकाह की रस्म के लिए रुपया कहाँ से आए—कंपनी से अब एडवांस मिलना भी बंद हो गया था, और उधर वालिदा ने तारीख़ मुक़र्रर कर दी थी।

मैंने कई मर्तबा सोचा कि बंबे से भाग जाऊँ, लेकिन किसी ग़ैर मरई ताक़त ने मेरे पाँव

---

* मेरे बड़े सौतेले भाइयों ने दस-बारह बरस मशरिक़ी अफ़्रीका में बैरिस्ट्री की थी।

जकड़ रखे थे—एक ही सूरत थी कि सेठ आरडेशर से मिलूँ और उनसे अपने निकाह के इख़राजात[40] के लिए कुछ रुपए माँगूँ—कंपनी की तरफ़ मेरे क़रीब-क़रीब डेढ़ हज़ार रुपए निकलते थे। अगर यह मिल जाते तो समझिए, मेरा सब तरद्दुद[41] दूर हो जाता बल्कि ऐश हो जाते।

मैं आरडेशर साहिबसे मिला—उनको इतनी फ़ुर्सत नहीं थी कि मेरी दास्तान ग़ौर से सुनते। उन्होंने टहलते-टहलते, जो कुछ मैंने कहा, बदरजा-ए-मजबूरी सुना।

आख़िर में उन्होंने मुझसे कहा : "देखो, कंपनी की जो हालत है, वह तो तुम जानते हो⋯अगर हालत अच्छी होती तो हम तुम्हारी शादी खुद कर देते।"

उनकी बात सही थी—जब कंपनी की हालत अच्छी थी तो वह अपने मुलाज़िमों की बेदरेग़ माली इमदाद किया करते थे—वह बड़े मुखय्यर[42] थे, मगर अब उनका हाथ इस क़दर तंग था कि उन्हें इस एहसास से बड़ी उलझन होती थी कि वह किसी सवाली की मदद नहीं कर सकते।

मेरी मायूसी का अंदाज़ा आप लगा सकते हैं—मैं चलने लगा तो उन्होंने मुझे आवाज़ दी और पास बुलाकर कहा : "मैं सिर्फ़ इतना कर सकता हूँ कि तुम्हें कुछ ज़रूरी चीज़ें ले दूँ⋯जाओ हाफ़िज़ जी को बुला लाओ।"

मैं हाफ़िज़ जी को उनके पास लेकर गया तो उन्होंने दो दूकानों का पता बताया और एक चिट पर कुछ लिखकर हाफ़िज़ जी को दिया : "मुंशी, मंटो को अपने साथ ले जाओ और जो कुछ इसे चाहिए, ले दो।"

मैं हाफ़िज़ जी के साथ हो गया—हम मोटर में एक बज़ाज़ की दूकान पर पहुँचे। वहाँ से मैंने दो साड़ियाँ लीं, सेठ आरडेशर के ज़ाती एकाउंट में।

दूसरी दूकान जौहरी की थी—मेरी दरख़्वास्त पर वहाँ से एक मुलाज़िम मुख़्तलिफ़ अक़साम[43] के ज़ेवरात लिए मेरे साथ चल पड़ा, क्योंकि मैं चाहता था कि लड़की ख़ुद अपने लिए ज़ेवर पसंद करे।

मैं और जौहरी का आदमी, दोनों जाफ़र हाऊस पहुँचे—लड़की की वालिदा को, जिनको मैं 'ख़ालाजान' कहता था, ज़ौहरी के आदमी ने कुछ ज़ेवरात दिखाए। उन्होंने हीरे की एक अँगूठी, मोतियों की बूटियाँ, एक पेंडेंट और दो तिलाई चूड़ियाँ पसंद कीं—मैंने ख़ालाजान पर बहुत ज़ोर दिया कि वह चंद और ज़ेवरात भी रख लें, मगर वह मुझ पर ज़्यादा बोझ डालना नहीं चाहते थे—काश! मैंने उनसे यह कह दिया होता : 'ख़ालाजान, ऐसा मौक़ा मुझे फिर कभी नहीं मिलेगा⋯मुझे कंपनी से डेढ़ हज़ार रुपया लेना है⋯जाते चोर की लँगोटी न छोड़िए⋯' मगर अफ़सोस, मैं उनसे यह कह न सका और यूँ उस रक़म में से सिर्फ़ चार-पाँच सौ रुपए ही वुसूल हो पाए, क्योंकि कंपनी मेरे निकाह होने के फ़ौरन बाद मरहूम हो गई।

अब नज़ीर साहब ने मेरी माहवारी तनख़्वाह फिर चालीस रुपए कर दी, जिससे मुझे कुछ ढारस हुई कि शाम को बीयर का सिलसिला जारी रहेगा।

निकाह मेरे लिए, ज़ाहिर है, बहुत मुहलिक[44] साबित हुआ—कंपनी से जो रुपया लेना था, वह अलग ग़र्क़ हुआ और घुटना अलग ज़ख़्मी हुआ।

घुटना ज़ख़्मी होने की दास्तान भी सुन लीजिए—बंबे में न कोई दोस्त था, न कोई अज़ीज़। बहन थी, लेकिन वहाँ मेरा हुक्क़ा-पानी बंद था। सारे काम मुझे ख़ुद ही करना थे—चंद आदमियों को इत्तिला देनी थी कि मेरा निकाह हो रहा है। छुआरे और इलायचीदाने ख़रीदना थे। बाल कटवाने थे और बस पर सवार होकर महाज़[45] पर जाना था।

मैं शाहजहाँ महल होटल के मालिक सैयद फ़ज़ल शाह को रस्म निकाह में शिरकत करने की दावत देकर जब लौट रहा था तो पथरीले फ़र्श पर मेरा पाँव फिसला और मैं इतने ज़ोर से गिरा कि बेहोश हो गया।

मैं ज़िंदगी में सिर्फ़ तीन मर्तबा बेहोश हुआ हूँ—सबसे पहले अपने निकाह पर सैयद फ़ज़ल शाह (मरहूम) को दावते-शिरकत देने पर। दूसरी मर्तबा अपनी वालिदा की अचानक मौत पर। फिर अपने लड़के की वफ़ात[46] पर।

यह गिरकर बेहोश हो जाना भी अच्छा शगुन नहीं था—चोट इस क़दर शदीद थी कि जब मुझे होश आया और मैं सीढ़ियाँ उतरने लगा तो मज्रूह[47] टाँग ने चलने से इनकार कर दिया। बड़ी मुश्किल से मार्केट तक पहुँचा। दर्द इस क़दर था कि हर क़दम पर बिलबिला उठता।

ख़ैर, छुआरे और इलायचीदाने लिए और माहिम पहुँचा। जाफ़र हाऊस की सीढ़ियाँ उफ़ताँ व ख़ीज़ाँ[48] तय कीं और निकाह की महफ़िल में जा पहुँचा—पंद्रह-बीस अश्ख़ास[49] मौजूद थे। मैं गावतकिए का सहारा लेकर बैठ गया। ज़ख़्मी टाँग दोहरी नहीं हो पा रही थी, इसलिए उसे अलग लेटे रहने दिया, गो यह बड़ी बदतमीज़ी थी—मगर जब अजीबो-ग़रीब नामवाले क़ाज़ी मरखे ने मुझे दो ज़ानू बैठने के लिए कहा तो मैंने जी कड़ा करके और दर्द की सारी टीस पीकर उनका हुक्म माना।

ईजाबो-क़ुबूल[50] की रस्म ख़त्म हुई तो मेरी जान-में-जान आई—टाँग सीधी की, दर्द के कई घूँट और पिए, मुबारकबादें वुसूल कीं और लँगड़ाता-लँगड़ाता अपने घर पहुँचा—मिट्टी के तेल का लैंप रोशन किया और खटमलों भरी खाट पर दराज़[51] होकर सोचने लगा कि आया सचमुच मेरा निकाह हो गया है—मैं आपसे सच अर्ज़ करता हूँ कि जेब में छुआरे और इलायचीदाने मौजूद होने और घुटने की चोट के बावुजूद मुझे यक़ीन नहीं आता था, मेरी ज़िंदगी का इतना बड़ा हादिसा वक़ूपज़ीर[52] हो चुका है।

मैं क़रीब-क़रीब शादीशुदा था। फ़र्क़ बस सिर्फ़ इतना था कि मेरी बीवी मेरी नौ रुपए माहवार की खोली में मौजूद नहीं थी। क़ानून की रू से मैं जब भी चाहता, उसे अपने साथ चलने को कह सकता था, लेकिन इतनी हिम्मत कहाँ थी। उसे खिलाता कहाँ से? सामनेवाले ईरानी होटल से और वह भी उधार? और उसे रखता कहाँ? खोली में तो एक ज़ाइद[53] कुर्सी के लिए भी जगह नहीं थी।

ज़ाहिर है कि बीवियाँ नहाती भी हैं, मगर वहाँ तो ग़ुस्लख़ाना ही नहीं था। दो मंज़िला बिल्डिंग थी, जिसमें चालीस खोलियाँ थीं। उन सबके साकिनों के बाहम इस्तेमाल के लिए सिर्फ़ दो ग़ुस्लख़ाने थे, जिनके दरवाज़े, मालूम नहीं, कब के ग़ाइब हो चुके थे।

मुझे इस एहसास से बड़ी उलझन होती थी कि मेरा निकाह हो गया है और एक लड़की के साथ, आज नहीं तो कल, मुझे शौहर की हैसियत से ज़िंदगी गुज़ारना होगी। इससे क़ब्ल[54] मैंने ऐसा कोई तजरबा नहीं किया था। मुझे क़तअन मालूम नहीं था कि बीवी क्या होती है और शौहर क्या होता है।

मेरी ज़िंदगी में दो-तीन लड़कियाँ ज़रूर आई थीं, मगर वह नौकरानियाँ थीं। उनसे मेरा तसादुम[55] ऐसे ही हुआ था, जैसे सड़क पर राह चलते दो अंधे एक-दूसरे से टकराएँ और चुटकियों में उस तसादुम से फ़रागत[56] हासिल करके अपनी-अपनी राह लें—मैं बड़ी ईमानदारी से महसूस कर रहा था कि मैं और सबकुछ तो बन सकता हूँ, लेकिन शौहर नहीं बन सकता—यह कोई मज़मूननवीसी और अफ़सानानिगारीवाला मामला नहीं था।

वक़्त गुज़रता गया—मैंने कोशिश की और सरोज मूवीटोन नामी फ़िल्म कंपनी में सौ रुपए माहवार पर मुलाज़िम हो गया। यह कंपनी तो शायद मेरी आमद ही की मुंतज़िर थी। अभी दो माह भी न गुज़रे होंगे कि इसका दीवाला पिट गया—अब तो मुझे यक़ीन हो गया कि मेरा निकाह मेरे लिए बहुत मनहूस साबित हुआ है—लेकिन स्वर्गवासी सरोज मूवीटोन के चलते पुर्ज़े मालिक सेठ नानू भाई देसाई ने कुछ ऐसी तिगड़म लड़ाई कि एक मालदार मारवाड़ी को फाँस लिया और सरोज मूवीटोन का नाम हटाकर हिंदुस्तान सिने टोन के नाम से एक नई फ़िल्म कंपनी खड़ी कर दी।

इस नई फ़िल्म कंपनी के लिए मैंने अपनी दूसरी फ़िल्मी कहानी 'कीचड़' के उनवान से लिखी, जो बाद में 'अपनी नगरिया' जैसे बेढंगे और बेतुके नाम से पेश हुई और कामयाब रही।

यह फ़िल्म अभी निस्फ़[57] भी तैयार नहीं हुई थी कि मारवाड़ी सेठ चाँदी के सट्टे में अपनी सारी दौलत गँवा बैठे, हत्ता कि अपनी शानदार मोटर भी, जिसका रंग बेदाग़ सफ़ेद था—मैंने इस हादिसे का रिश्ता भी अपने निकाह से जोड़ा। मुझे यक़ीन था कि चंद दिनों ही में इस नई कंपनी का दीवाला ज़रूर पिटेगा, लेकिन नानू भाई देसाई ने किसी-न-किसी तरह इधर-उधर से क़र्ज़ लेकर फ़िल्म मुकम्मल कर ही ली।

मेरा निकाह हुए क़रीब-क़रीब दस माह हो चले थे कि मुझे एक निहायत शर्मनाक हादिसे से दो-चार होना पड़ा—मेरा एक बेवक़ूफ़ दोस्त आशिक़ था। अनपढ़, जाहिल, ख़ुशामदी। लेकिन रक़्स के फ़न का माहिर—मुझे ख़ुश करने के लिए एक शाम उसने मुझे बीयर पिलाई, थोड़ी-सी ख़ुद भी पी और चहकने लगा। चहकते-चहकते वह मुझे अपने एक दोस्त की मोटर में बिठाकर एक लड़की के पास ले गया, जो बक़ौल उसके उसकी शागिर्द थी।

जब उसने दरवाज़े पर दस्तक दी तो अंदर से किसी निसवानी[58] आवाज़ ने पूछा : ''कौन है ?''

आशिक़ ने कहा : ''आशिक़।''

अंदर से एक मोटी गाली बाहर निकली : ''आशिक़ की…''

आशिक़ को जो गुस्सा आया तो वह दरवाज़ा तोड़कर अंदर दाख़िल हो गया।

थोड़ी देर बाद जब मैं अंदर गया तो मैंने देखा, वह एक नौकर को बुरी तरह पीट रहा है।

क़िस्सा मुख़्तसर करता हूँ—दूसरे रोज़ आशिक़ गिरफ़्तार हुआ तो उसने पुलिसवालों से कह दिया कि उसके साथ एक और आदमी भी था—चुनांचे मुझे भी गिरफ़्तार कर लिया गया।

माहिम में मेरे ससुराल को फ़ौरन मेरी गिरफ़्तारी का पता चल गया—मैं बहुत परेशान हुआ कि अब किस मुँह से उन लोगों के पास जाऊँगा, मेरी मन्कूहा[59] ने मेरे मुताल्लिक़ यक़ीनन बहुत बुरी राय क़ायम की होगीं, वह ज़रूर रोती होगी कि किस बदमाश से उसका पल्ला बाँध दिया गया है जिससे छुटकारा हासिल करना भी मुमकिन नहीं।

मैंने बहुत देर तक बड़ी ईमानदारी से ख़ुद को अपनी मन्कूहा की पोज़ीशन में रखकर ग़ौर किया और इस नतीजे पर पहुँचा कि मुझे ख़ालाजान से साफ़-साफ़ कह देना चाहिए : 'अगर इस वाक़िए के बाद, जो वाक़ई शर्मनाक है, आप मुझे अपनी बेटी देना मुनासिब ख़याल न करें तो मैं तलाक़ देने के लिए तैयार हूँ...'

जब मैंने उनसे अपने इन ख़यालात का इज़हार किया तो उन्होंने मुझसे कहा : "तुम पागल हो, जो ऐसी बातें सोचते हो...हमें तुम्हारी बेगुनाही का यक़ीन है।"

मेरे सीने का बोझ तो हल्का हो गया, मगर मेरे इस वहम में और इज़ाफ़ा हो गया कि निकाह मेरे लिए नहूसत-ही-नहूसत[60] लेकर आया है—कंपनी की हालत बहुत पतली हो गई थी। अब तनख़्वाहों के बदले एडवांस मिलना शुरू हो गया था। मेरी कहानी का हक़्क़ुलख़िद्मत[61] वाजिबुलअदा[62] था, मगर कोई सूरत नज़र नहीं आती थी कि यह कभी मिल भी पाएगा।

उधर वालिदा ने मेरे ससुराल के इसरार पर रुख़्सती की तारीख़ मुक़र्रर कर दी थी—एक बरस के क़रीब हो गया था निकाह हुए। वह लोग इंतज़ार करते-करते तंग आ गए थे।

मुझे कोई जल्दी नहीं थी, बल्कि यूँ कहिए कि मेरी दिली ख़्वाहिश थी कि रुख़्सती की नौबत ही न आए—मैं बहुत ख़ाइफ़[63] था कि मुझसे घर-बार न चलाया जा सकेगा और एक शरीफ़ लड़की की सारी उम्र बग़ैर किसी क़ुसूर के अज़ाब[64] में कटेगी—मगर दिन मुक़र्रर हो चुका था, जो मेरे लिए रोज़े-क़यामत[65] था।

हालाँकि हफ़्तावार 'मुसव्वर' की हालत बहुत अच्छी हो गई थी और अब उसका दफ़्तर भी बेहतर जगह पर मुंतक़िल हो चुका था, टेलीफ़ोन भी मौजूद था और मिस्टर नज़ीर के पास एक छोटी-सी कार भी थी, जिसमें वह इधर-उधर घूमकर इश्तिहार फ़राहम करते थे, मगर मेरी तनख़्वाह तो वही चालीस रुपए माहवार थी, हाँ अब मेरी रिहाइश मिस्टर नज़ीर के साथ दफ़्तर ही में थी।

मैं हर इतवार माहिम जाता, कभी-कभी दरवाज़े की दरज़ों में से अपनी बीवी की एक-आध झलक देख लेता और रात का खाना खाकर जब वापस आता तो सोते वक़्त अपने आप पर लानत भेजता कि मैंने क्यों शादी का खेल खेला, जबकि मुझे इस क़दर फिसड्डी निकलना था। मगर अब क्या हो सकता था। न पाए रफ़्तन न जाए मांदन[66] वाला मामला था।

रुख़्सती की तारीख़ में जब सिर्फ़ दस रोज़ बाक़ी रह गए तो मैं चौंका—एकदम उठा और दफ़्तर के पास ही, यानी उसी बिल्डिंग में, एक फ़्लैट पैंतीस रुपए माहवार पर ले लिया। चालीस मुझे मिस्टर नज़ीर से मिलते थे। मैंने उनसे कह दिया कि वह हर माह मेरा किराया अदा कर दिया करें—अब गोया मुझे पाँच रुपए माहवार पर अपना और अपनी बीवी का पेट पालना था।

मैंने फ़्लैट को अच्छी तरह साफ़ किया। उसका चोबी[67] फ़र्श और दरवाज़े, जो बेहद ग़लीज़ थे, सोडा कास्टिक से साफ़ किए और ताला लगाकर सीने में एक मौहूम[68] उम्मीद लिए नानू भाई देसाई की ख़िद्मत में हाज़िर हुआ और अपनी कहानी के मुआवज़े[69] और तनख़्वाहों के बक़ाया का तक़ाज़ा किया।

सेठ साहब ने साफ़ जवाब दे दिया कि वह मुझे एक डेढ़या भी नहीं दे सकते।

मैंने जब टका-सा जवाब सुना तो भिन्ना गया। ग़ुस्से में आकर मैंने सेठ को गालियाँ तक दे दीं—नतीजा यह हुआ कि मुझे बाहर निकाल दिया गया।

मैंने फ़ौरन 'फ़िल्म इंडिया' के एडिटर बाबूराव पटेल को टेलीफ़ोन किया। सारा माजरा सुनाकर मैंने उनसे कहा : "अगर नानू भाई ने मेरा हिसाब न चुकाया तो भूख-हड़ताल कर दूँगा⋯मेरा यह फ़ैसला अटल है।"

बाबूराव, जो मेरी हठ से वाक़िफ़ था, बहुत मुज़्तरिब हुआ—उसने फ़ौरन नानू भाई को टेलीफ़ोन किया और कहा कि अगर मंटो ने भूख-हड़ताल शुरू कर दी तो सारा प्रेस उसका साथ देगा। इसलिए उसे चाहिए कि वह फ़ौरन उसके साथ समझौता कर ले।

टेलीफ़ोन पर तो कोई समझौता न हुआ, लेकिन जब बाबूराव कंपनी के दफ़्तर में नानू भाई से मिला तो मुझे बुलाया गया—नानू भाई ने मुझसे माफ़ी माँगी और मैंने उससे—आख़िर फ़ैसला यह हुआ कि मैं आधी रक़म पर राज़ी हो जाऊँ, इसलिए कि कंपनी की हालत नाज़ुक है।

मुझे नौ सौ रुपए का एक पोस्ट डेटेड बेयरर चैक दिया गया—चंद रोज़ गुज़र जाने के बाद जब मैंने नानू भाई देसाई को टेलीफ़ोन किया कि तारीख़ आ गई है और मैं चैक कैश कराने जा रहा हूँ तो उसने कहा : "पहले मुझसे मिल लो।"

मैं उससे मिला तो उसने बड़े दुख भरे लहजे में कहा : "बैंक में रुपया नहीं है⋯क्या ऐसा नहीं हो सकता कि तुम पाँच सौ रुपए नक़द पर राज़ी हो जाओ⋯"

मैं फ़ौरन राज़ी हो गया, हालाँकि मेरी हक़ हलाल की कमाई के अट्ठारह सौ रुपए पहले नौ सौ हुए और फिर पाँच सौ—मैं मजबूर था कि रुख़्सती में अब सिर्फ़ चार रोज़ बाक़ी थे।

मैंने कंपनी की मोटर ली। उसमें सिर्फ़ पैट्रोल पंप तक जाने के लिए पैट्रोल था। मैंने अपनी गिरह से पैट्रोल डलवाया और ड्राइवर से कहा कि वह सीधा मार्केट चले।

पाँच सौ रुपए जेब में थे—मैंने उनसे अपनी दुलहन के लिए साड़ियाँ वग़ैरह ख़रीदीं—जब घर पहुँचा तो जेब क़रीब-क़रीब ख़ाली थी। और घर तो बिलकुल ख़ाली था। था। टूटी हुई कुर्सी तक न थी।

मेरे एक बुज़ुर्ग थे, हकीम मुहम्मद अबू तालिब अश्क अज़ीमाबादी। बड़े

मरंजांमरंज[70] आदमी थे—मैंने जब उनसे ज़िक्र किया कि दुलहन ला रहा हूँ, मगर घर ख़ाली है तो वह मुझे फ़र्नीचर की एक दूकान पर ले गए—उस दूकान का मालिक उनको अच्छी तरह जानता था, चुनांचे मुझे आसान क़िस्तों पर कुछ सामान मिल गया, मिसाल के तौर पर लोहे के स्प्रिंगोंवाली दो चारपाइयाँ, बरतन वग़ैरह रखने की एक अलमारी, एक लिखनेवाला मेज़, एक कुर्सी और एक सिंगार मेज़। यह सिंगार मेज़ सैकिंड हैंड था।

जब मैंने यह सारा सामान फ़्लैट में सजाने की कोशिश की तो मुझे बड़ी मायूसी हुई—दो जहाज़ी कमरे थे और उनमें यह फ़र्नीचर दिखाई ही नहीं देता था। चुनांचे मैंने दो मूढ़े ख़रीदे और एक कोने में जमा दिए। वह भी दूसरे फ़र्नीचर की तरह गुम हो गए। इधर-उधर से मुझे जो चीज़ भी मिली, मैंने कहीं-न-कहीं टिका दी—हर चीज़ ठिकाने लगाने के बाद कमरे पर बार-बार नज़र डालता और अपने आपको फ़रेब देने की कोशिश करता कि अब फ़्लैट भरा-भरा नज़र आता है।

रोज़े-मह्शर आख़िर आन पहुँचा—मैं सुबह से 'मुसव्वर' के दफ़्तर में बैठा हुआ था—वालिदा अब मेरे पास आ गई थीं। उनसे मैं यह कहकर आया था कि बरात का बंदोबस्त करने जा रहा हूँ।

मिस्टर नज़ीर ने मुख़्तलिफ़ लोगों के नाम रुक्क़े भेज दिए थे, जिनमें से अक्सर फ़िल्म लाइन से वाबस्ता[71] थे। मेरी बरात गोया एक फिल्मी बरात थी। मियाँ कारदार, डायरेक्टर गुंजाल, उस ज़माने के मशहूर एक्टर ई बिलीमोर्या और डी बिलीमोर्या, नूर मुहम्मद चार्ली और मिर्जा अशरफ़, बाबूराव पटेल और पहली रंगीन फ़िल्म की हीरोइन पदमा देवी, यह सब शरीक थे।

बाबूराव पटेल को जब मालूम हुआ था कि 'मंटो के घर में सिर्फ़ उसकी माँ है, जिसे अकेली मेहमानों की ख़ातिर-तवाज़े[72] करनी पड़ेगी' तो उसने पदमा देवी को हमारे हाँ भेज दिया था कि वह मेरी वालिदा का हाथ बँटाए।

मैंने किराए पर कुर्सियाँ मँगवा ली थीं और पासवाले ईरानी होटल से विमटो की बोतलें भीं कि उन पर जो ख़र्च उठता. वह मैं बाद में इत्मीनान से अदा कर सकता था, इसलिए मुझे उस तरफ़ से कोई तरद्दुद लाहक़[73] नहीं था—मैं तो इस तकलीफ़ और सोच में ग़र्क़ था कि घरबार कैसे चलेगा।

मैं दफ़्तर में बैठा हुआ था कि माहिम से मेरी बहन का टेलीफ़ोन आया—उसने मुझसे पूछा : "कहो, क्या हाल है ?"

पहले मैंने जवाब में आग़ा हश्र का मशहूर फ़िक़रा दोहराया : "शेर लोहे के जाल में है"···फिर मैंने कहा : "अजीब मख़मसे[74] में गिरफ़्तार हूँ। बरात की तैयारियाँ कर रहा हूँ, लेकिन जेब में सिर्फ़ साढ़े चार आने हैं···चार आने में सिगरेट की डिबिया आ जाएगी और दो पैसे में माचिस···चलो क़िस्सा पाक···"

वह बेचारी मेरी मदद करने से मजबूर थी। उसके शौहर ने तो उसको इतनी इजाज़त भी न दी थी कि वह रुख़्सती की रस्म में शरीक होती और अपने भाई को दूल्हा बना हुआ देखती।

उसने मुझसे कहा : ''सआदत, मैं तुम्हारे वारी जाऊँ, ज़रा-की-ज़रा अपनी मोटर मेरे घर के सामने रोकना...मैं तुम्हें देखना चाहती हूँ।''

मैंने और ज़्यादा गुफ़्तुगू न की, क्योंकि वह बहुत ज़्यादा जज़्बाती हो रही थी।

टेलीफ़ोन का सिलसिला मुनक़ता[75] करने के बाद मैं उठा—पड़ोस के सैलून से बाल कटवाए, हमाम में ग़ुस्ल किया। यह सब उधार।

शाम तक मैंने सिगरेट की सारी डिबिया फूँक डाली। अब मेरी जेब में सिर्फ़ एक माचिस थी, वह भी आधी।

फिर मैंने कपड़े तब्दील किए—टाई बाँधी और वह सूट पहना, जो मुझे ससुराल से मिला था—आईने में जब मैंने अपनी शक्ल देखी तो एक कार्टून-सा नज़र आया—मैं ख़ूब हँसा।

बत्तियाँ जलने से पहले सारे बराती जमा हो गए—पदमा देवी और मेरी वालदा ने सबकी ख़ातिर-तवाज़े की—इसके बाद वह क़ाफ़िला, जो दस-पंद्रह मोटरों पर मुश्तमिल[76] था, माहिम की तरफ़ रवाना हो गया।

मैं नानू भाई देसाई की मोटर में था, बग़ैर सेहरे के, सिर से नंगा—मेरे बालों की लंबाई माक़ूल थी।

जब हम जाफ़र हाऊस के क़रीब पहुँचे तो मैंने ड्राइवर से कहा कि वह मोटर ज़रा आगे ले जाए।

फ़ुटपाथ पर मेरी बहन खड़ी थी। उसकी आँखों में आँसू तैर रहे थे। उसने जब मेरे सिर पर मुहब्बत का हाथ फेरा, दुआएँ और मुबारकबाद दी तो मैं जल्दी से वापिस मोटर में बैठ गया और मैंने ड्राइवर से कहा कि वह मोटर बैक कर ले।

ख़ालाजान ने ऊपर खुले टैरेस पर दावत का इंतिज़ाम किया था, जो बहुत अच्छा था—रफ़ीक़ ग़ज़नवी, डायरेक्टर नंदा और आग़ा ख़लिश काश्मीरी के दरमियान बड़ी पुरलुत्फ़ नोकझोंक होती रही—सबने डटकर खाया, क्योंकि खाना बहुत उम्दा और लज़ीज़ था, कश्मीरियों की रिवायत के ऐन मुताबिक़।

खाना खाने के बाद ख़ुशगप्पियाँ शुरू हो गईं—आग़ा ख़लिश साहब ने एक पुरमिज़ाह[77] नज़्म पढ़ी, जो उन्होंने फ़िलबदीह[78] की थी।

यह सिलसिला ख़त्म हुआ तो मुझे नीचे बुलाया गया और दुलहन को मेरे सुपुर्द कर दिया गया।

यह सब मुझे एक ख़्वाब-सा मालूम होता है—दिमाग़ में जाने कितने ख़यालात तले-ऊपर आ रहे थे। दुलहन मेरे साथ थी—मैंने उसका हाथ पकड़ा और लरज़ाँ आवाज़ में कहा : ''चलो भई!''

हम नीचे उतरे। डी बिलीमोर्या ने अपनी कार पेश की वालिदा मेरे साथ थीं। पहले उन्होंने दुलहन को बिठाया। उसके बाद आप बैठीं, फिर मुझे अंदर आने को कहा—वह मेरे और दुलहन के दरमियान थीं और उनके घुटनों पर मख़मली जुज़दान में लिपटा हुआ क़ुरआन शरीफ़ था—मेरी और दुलहन की गर्दन हारों से लदी-फंदी थी। मोटर स्टार्ट हुई तो वालिदा ने ज़ेरे-लब कोई आयत पढ़ना शुरू कर दी—मैं अब किसी क़दर सँभल चुका था।

मेरा जी चाह रहा था कि दुलहन से ज़रा छेड़ख़ानी करूँ, मगर वालदा बीच में बैठी थीं और फिर कलामे-पाक पढ़ रही थीं। मेरी शरीर ख़्वाहिशें वहीं-की-वहीं सर्द हो गईं।

मुझे मालूम नहीं, रास्ता कैसे और कितने अर्से में कटा। बस एकदम घर आ गया—वह बिल्डिंग जो बहुत पुरानी वज़अ की थी, जिसकी साख़्त में लकड़ी ज़्यादा और ईंटें कम इस्तेमाल की गई थीं, जिसके मुताल्लिक़ मशहूर था कि वह किसी ज़माने में बंबई का बड़ा आलीशान होटल हुआ करती थी और जिसे हिज़ हाइनेस सर आग़ा ख़ाँ ने एक दोस्त से शर्त में जीता था।

वालिदा दुलहन के साथ ऊपर फ़्लैट में चली गईं। मैंने अपने दोस्तों का शुक्रिया अदा किया—इतने में मिर्ज़ा मुशर्रफ़ उस ट्रक में आन पहुँचा, जिसमें दुलहन का जहेज़ था : खाने का मेज़, कुर्सियाँ, स्प्रिंगवाला पलंग, तिपाइयाँ, सोफ़ा सेट और संदूक़ वग़ैरह।

यह असबाब उतरवाया गया तो मिर्ज़ा मुशर्रफ़ का ट्रकवाले से किराए पर झगड़ा हो गया, जो काफ़ी देर तक जारी रहा। मिर्ज़ा मुशर्रफ़ ने अपने मसख़रेपन का जी भर के मुज़ाहिरा किया—आख़िर जब यह झगड़ा निपटा और सारा सामान फ़्लैट में पहुँच गया और आरिज़ी तौर पर इधर-उधर टिका दिया गया तो मिर्ज़ा मुशर्रफ़ ने जाते हुए मेरे कान में कहा : "मुन्ने, देखो हमारी नाक न कट जाए कहीं!"

मैं थककर चूर-चूर था, हलक़ सूख के लकड़ी हो रहा था, इसलिए मसख़रे मिर्ज़ा मुशर्रफ़ के उस मज़ाक़ का कोई जवाब न दे सका।

दूसरे रोज़ मैंने महसूस किया कि मेरे वुजूद का एक चौथाई हिस्सा शौहर में तब्दील हो चुका है। इस एहसास से मुझे बहुत इत्मीनान हासिल हुआ।

मुझे बाहर बालकनी में एक रस्सी तनी नज़र आने लगी, जिस पर पोतड़े और कलोट टँगे हुए थे।

---

1. समय से पूर्व; 2. ज्यों-का-त्यों; 3. अच्छाई के दृष्टिकोण से; 4. पृष्ठभूमि; 5. विवरण; 6. रोगग्रस्त; 7. निवास; 8. मृत; 9. वंचित; 10. बेचैन; 11. संपादन; 12. संवाद-लेखक; 13. प्रगति; 14. पतन की ओर; 15. वाचाल; 16. लेखक; 17. मित्र-मंडली; 18. ख़राब; 19. अनुबंध; 20. ठहरी हुई; 21. तनावपूर्ण; 22. लागू; 23. लाड़-प्यार; 24. तेज़; 25. पीड़ा; 26. बीमारी; 27. तथ्यों; 28. प्रतीक्षक; 29. स्वागत; 30. अपनत्व; 31. काम; 32. वर्ग पहेली; 33. अध्ययन; 34. गुप्त; 35. आमंत्रित; 36. वायदे के अनुसार; 37. अल्लाह की पनाह; 38. तल्लीन; 39. जो होगा देखा जाएगा; 40. खर्चे; 41. चिंता; 42. दानी; 43. प्रकार; 44. प्राणघातक; 45. मोर्चा; 46. मृत्यु; 47. घायल; 48. जैसे-तैसे; 49. व्यक्ति; 50. निकाह के समय वर-वधु द्वारा एक-दूसरे से वचनबद्ध होना; 51. लंबा; 52. घटित; 53. अधिक; 54. पहले; 55. परस्पर टकराव; 56. छुटकारा; 57. आधा; 58. स्त्री की; 59. धर्मपत्नी; 60. दुर्भाग्य-ही-दुर्भाग्य; 61. पारिश्रमिक; 62. देय; 63. भयभीत; 64. कष्ट; 65. क़यामत का दिन; 66. मजबूरी जाहिर करने के लिए किसी तरह बात नहीं बनती; 67. लकड़ी का; 68. भ्रमात्मक; 69. पारिश्रमिक; 70. ऐसा व्यक्ति जो न तो दूसरों को दुखी करे और न स्वयं दुखी हो; 71. संबंधित; 72. आवभगत; 73. ग्रस्त होना; 74. दुविधा; 75. विच्छेद; 76. सम्मिलित; 77. हास्यपूर्ण; 78. तुरंत बिना सोचे कही हुई।

बग़ैर उनवान के

'मंटो के ख़ुतूत'[1] में से चंद जुमले 'बग़ैर उनवान के' के बारे में :

सितंबर, 1940 : मैं आजकल एक अफ़साना बउनवान 'उनवान के बग़ैर'[2] लिख रहा हूँ। 'कारवाँ'[3] में पढ़िएगा।

सितंबर, 1940 : आप यह लिखिए कि 'बग़ैर उनवान के' कैसा है ? इसकी दूसरी क़िस्त ग़ौर से देखिएगा। तीसरी क़िस्त अभी नहीं लिखी। कल लिखना शुरू करूँगा। मेरा ख़याल है कि यह आठ-दस क़िस्तों में छपेगा।

सितंबर, 1940 : आपने 'बग़ैर उनवान के' के मुतअल्लिक़ कुछ नहीं लिखा।

अक्तूबर, 1940 : क्या 'बग़ैर उनवान के' आप बाक़ाइदा पढ़ रहे हैं ?

अक्तूबर, 1940 : 'बग़ैर उनवान के' में आपने उस फ़िक़रे की दाद नहीं दी; बहुत ज़ुल्म किया : 'उसके नन्हे से सीने पर छातियों का उभार ऐसे था जैसे किसी मद्धम राग में दो सुर ग़ैर इरादी तौर पर ऊँचे हो गए हों।'

अक्तूबर, 1940 : मुझे ख़ुशी हुई कि आपने 'बग़ैर उनवान के' पसंद किया। यह सिलसिला[4] ख़ुदा मालूम कब तक जारी रहेगा। इस हफ़्ते की क़िस्त क़ाबिले-ग़ौर है, कई लिहाज़ से।

1. अहमद नदीम क़ासमी के नाम।

2. मंटो ने 'उनवान के बग़ैर' को बाद में 'बग़ैर उनवान के' कर दिया।

3. बंबई का एक हफ़्तरोज़ा—मंटो 'कारवाँ' में यकम अगस्त, 1940 को साठ रुपए माहवार पर शरीक हुआ। मंटो को जुलाई के आख़िर में, चार बरस की मुलाज़मत के बाद, फ़िल्मी हफ़्तरोज़ा 'मुसव्विर' से बिला वजह अलग कर दिया गया था—'कारवाँ' की इशाअत महदूद (सीमित) थी और मंटो नहीं चाहता था कि उसके हमअस्र 'कारवाँ' के लिए अपनी ग़ैर मत्बूआ (छपी हुई) तख़लीक़ात भेजे—उसने सितंबर के दूसरे हफ़्ते में 'कारवाँ' का पेट भरने के लिए, 'बग़ैर उनवान के' लिखना शुरू कर दिया।

4. नवंबर, 1940 के ख़ुतूत में 'बग़ैर उनवान के' का कोई ज़िक्र नहीं है। दिसंबर, 1940 में मंटो बहुत मसरूफ़ रहा और बंबई और लाहौर के गिर्द चक्कर काटता रहा।
   जनवरी, 1941 में वह आल इंडिया रेडियो, दिल्ली में नीम सरकारी मुलाज़िम हो गया।
   यूँ 'बग़ैर उनवान के' नामुकम्मल रह गया—1940 में इसके सिर्फ़ आठ बाब "कारवाँ' में छपे।
   जब 1954 में यह नामुकम्मल नाविल किताबी सूरत में छपा तो मंटो ने इसका इंतिसाब 'पंडित नेहरू के नाम' किया।

→

आए दिन सईद को ज़ुकाम हो जाता था—एक दिन जब ज़ुकाम ने ताज़ा हमला किया तो उसने सोचा : 'मुझे इश्क़ क्यों नहीं होता !'

सईद के जितने दोस्त थे, सबके-सब इश्क़ कर चुके थे; उनमें से कुछ तो अभी तक इश्क़ में गिरफ़्तार थे—उसकी अपनी हालत यह थी कि वह जिस क़दर मुहब्बत को अपने पास देखना चाहता, उसी क़दर उसको अपने से दूर पाता।

अजीब बात है कि उसको अभी तक इश्क़ नहीं हुआ था—जब कभी वह सोचता कि वाक़ई उसका दिल इश्क़ो-मुहब्बत से ख़ाली है तो उसे शर्मिंदगी-सी महसूस होती और उसके वक़ार[2] को ठेस पहुँचती।

बीस बरस का अर्सा, जिसमें कई बरस उसके बचपन की बेशऊरी की धुंध में लिपटे हुए थे, कभी-कभी उसके सामने लाश की मानिंद अकड़ जाता और वह सोचता कि उसका वुजूद अब तक बिलकुल बेकार रहा है··· मुहब्बत के बग़ैर आदमी क्योंकर मुकम्मल हो सकता है।

सईद को इस बात का एहसास था कि उसका दिल ख़ूबसूरत है और इस क़ाबिल है कि मुहब्बत उसके दिल में रहे : 'वह मरमरीं महल किस काम का, जिसमें रहनेवाला कोई भी न हो···'

उसका दिल मुहब्बत करने का अहल था—उसे इस ख़याल से बहुत दुख होता कि उसकी धड़कनें बिलकुल फ़ुज़ूल ज़ाया हो रही हैं।

उसने लोगों से सुन रखा था कि ज़िंदगी में एक बार मुहब्बत ज़रूर आती है—ख़ुद उसे भी इस बात का हल्का-सा यक़ीन था कि मौत की तरह मुहब्बत भी एक बार ज़रूर आती है : 'मगर कब··· ? काश ! मेरी किताबे-हयात मेरी अपनी जेब में होती जिसे खोलकर मैं फ़ौरन जवाब पा लेता··· मगर किताबे-हयात तो वाक़िआत ख़ुद लिखते हैं··· जब मुहब्बत आएगी, ख़ुद-ब-ख़ुद किताबे-हयात में नए वरक़ों का इज़ाफा हो जाएगा···'

वह उन नए वरक़ों के इज़ाफे के लिए बहुत बेताब था।

वह चुपचाप उठकर रेडियो खोलकर गीत सुन सकता था, जब चाहे खाना खा सकता था, अपनी मर्ज़ी के मुताबिक़ व्हिस्की भी पी सकता था जिसकी उसके मज़हब में मुमानअत[3] थी—वह अगर चाहता तो उस्तरे से अपने गाल भी ज़ख़्मी कर लेता, मगर वह हस्बे-मंशा किसी से मुहब्बत नहीं कर सकता था।

एक बार उसने बाज़ार में एक नौजवान लड़की देखी—लड़की की छातियाँ देखकर उसे ऐसा मालूम हुआ कि दो बड़े-बड़े शलजम ढीले कुरते में छुपे हुए हैं—शलजम उसे बहुत पसंद थे। सर्दियों के मौसम में कोठे पर जब उसकी माँ लाल-लाल शलजम काटकर सुखाने के लिए हार पिरोया करती थी तो वह कई कच्चे शलजम खा जाया करता था—उस लड़की को देखकर उसकी ज़बान पर वही ज़ाइक़ा पैदा हुआ जो शलजम का गूदा चबाते वक़्त होता है, मगर उसके दिल में उस लड़की से इश्क़ करने का ख़याल पैदा न हुआ। वह उसकी चाल को ग़ौर से देखता रहा जिसमें टेढ़ापन था, वैसा ही टेढ़ापन जैसा कि बरसात के मौसम में चारपाई के पायों में कान के बायस पैदा हो जाया करता है—वह उस लड़की के इश्क़ में ख़ुद को गिरफ़्तार न कर सका।

इश्क़ करने के इरादे से सईद अक्सर औक़ात अपनी गली के नुक्कड़ पर दरियों की दूकान पर जा बैठता था—वह दूकान उसके एक दोस्त की थी जो हाई स्कूल की एक लड़की से मुहब्बत कर रहा था। उस लड़की से उसके दोस्त लतीफ़ की मुहब्बत लुधियाने की एक दरी के ज़रिए से पैदा हुई थी। दरी के दाम, लड़की के बयान के बमूजिब[4], उसके दुपट्टे के पल्लू से खुलकर कहीं गिर पड़े थे, और लतीफ़ चूँकि लड़की के घर के पास ही रहता था, इसलिए उसने अपने चचा की झिड़कियों और गालियों से बचने के लिए लतीफ़ से दरी उधार माँगी थी और दोनों में मुहब्बत हो गई थी।

सईद की नज़रों के सामने से काफ़ी तादाद में औरतें गुज़रा करती थीं कि शाम को बाज़ार में आमदो-रफ़्त ज़्यादा हो जाती थी और फिर दरबार साहब जाने के लिए रास्ता भी वही था, मगर जाने क्यों उसे ऐसा महसूस होता कि जितने लोग बाज़ार में चलते-फिरते हैं, सबके-सब शफ़्फ़ाफ़[5] हैं—उसकी निगाहें किसी औरत, किसी मर्द पर रुकती नहीं थीं। लोगों की भीड़भाड़ को उसकी आँखें एक ऐसी मुतहर्रिक[6] झिल्ली समझती थीं जिसमें से वह आसानी के साथ, जब चाहतीं, देख सकती थीं।

उसकी आँखें किधर देखती थीं, यह न उसकी आँखों को मालूम था न ख़ुद उसे—उसकी निगाहें दूर, बहुत दूर सामने चूने और गारे के बने हुए पुख़्ता मकानों को छेदती हुई निकल जातीं, न जाने कहाँ, और फिर न जाने कहाँ-कहाँ घूमकर लौट आतीं, बिलकुल उन बच्चों के मानिंद जो अपनी माँ की छाती पर औंधे मुँह लेटे, उसके नाक और कान और बालों से खेल-खालकर अपने ही हाथों को ताज्जुब आमेज़ दिलचस्पी से देखते-देखते नींद के नर्म-नर्म गालों में धँस जाते हैं।

लतीफ़ की दूकान पर बहुत कम गाहक आते थे, इसलिए वह सईद की मौजूदगी को ग़नीमत जानते हुए उससे मुख़्तलिफ़ क़िस्म की बातें किया करता था—सईद सामने लटकी हुई दरी की तरफ़ देखता रहता जिसमें रंग-बिरंग के बेशुमार धागों के उलझाव ने एक डिज़ाइन पैदा कर दिया था—लतीफ़ के होंठ हिलते रहते और सईद यह सोचता रहता कि उसके दिमाग़ का नक़्शा दरी के डिज़ाइन से किस क़दर मिलता-जुलता है; बाज़ औक़ात तो वह यह ख़याल करता कि उसके अपने ख़यालात ही बाहर निकलकर उस दरी पर रेंग रहे हैं।

उस दरी और सईद की दिमाग़ी हालत में बला की मुशाबहत[7] थी। फ़र्क़ सिर्फ़ इतना

था कि रंग-बिरंग के धागों के उलझाव ने उसके सामने दरी की सूरत इख़्तियार कर ली थी और उसके अपने रंग-बिरंगे ख़यालातो-महसूसात के उलझाव ने ऐसी सूरत इख़्तियार नहीं की थी कि वह उसको दरी की मानिंद अपने सामने बिछाकर या लटकाकर देख सकता।

लतीफ़ बेहद ख़ाम[8] था। गुफ़्तगू करने का सलीक़ा तक उसे नहीं आता था—किसी शै में ख़ूबसूरती तलाश करने के लिए अगर उससे कहा जाता तो वह फ़र्ते-हैरत[9] से बिलकुल बेवक़ूफ़ दिखाई देता—उसके अंदर वह बात ही नहीं थी जो एक आर्टिस्ट में होती है, लेकिन इसके बावुजूद एक लड़की उससे मुहब्बत करती थी।

वह लड़की लतीफ़ को ख़त भी लिखती थी जिनको वह यूँ पढ़ता था, जैसे किसी तीसरे दर्जे के अख़बार में जंग की ख़बरें पढ़ रहा हो—उन ख़ुतूत में वह कँपकँपाहट उसे नज़र नहीं आती थी जो हर लफ़्ज़ में गुंधी होती है। वह लफ़्ज़ों की नफ़सियाती अहमियत से बिलकुल बेख़बर था, फिर भी एक लड़की उससे मुहब्बत करती थी और उसे ख़त भी लिखती थी।

अगर लतीफ़ से यह कहा जाता, देखो लतीफ़, यह पढ़ो, लिखती है :

> 'मेरी फूफी ने कल मुझसे कहा : "क्या हुआ है तेरी भूख को... तूने खाना-पीना क्यों छोड़ दिया है..." जब मैंने यह सुना, तब मुझे मालूम हुआ कि सचमुच मैं आजकल बहुत कम खाती हूँ... देखो, मेरे लिए कल शहाबुद्दीन की दूकान से खीर लेते आना... जितनी लाओगे, सब चट कर जाऊँगी... अगली-पिछली कसर निकाल दूँगी...'

कुछ मालूम हुआ लतीफ़, इन सुतूरों में क्या है—तुम शहाबुद्दीन की दूकान से खीर का एक बहुत बड़ा दोना लेकर जाओगे... लोगों की नज़रों से बच-बचाकर ड्योढ़ी में जब तुम उसे यह तोहफ़ा दोगे तो इस ख़याल से ख़ुश न होना कि वह सारी खीर खा जाएगी... वह कभी नहीं खाएगी... पेट भरकर वह कुछ खा ही नहीं सकती... जब दिमाग़ में ख़यालात का हुजूम जमा हो जाए तो पेट ख़ुद-ब-ख़ुद भर जाया करता है—लेकिन यह फ़लसफ़ा लतीफ़ की समझ में कैसे आता। वह समझने-समझाने से बिलकुल कोरा था। जहाँ तक शहाबुद्दीन की दूकान से चार आने की खीर ख़रीदने का ताल्लुक़ था, लतीफ़ की समझ में आता था; लेकिन खीर की फ़रमाइश क्यों की गई थी और उस ज़रिए से इश्तिहा[10] पैदा करने का ख़याल किन हालात के तहत उसकी महबूबा के दिमाग़ में पैदा हुआ, इससे लतीफ़ को कोई सरोकार नहीं था। वह इस क़ाबिल ही नहीं था कि इन बारीकियों को समझ सकता। वह मोटी अक़्ल का आदमी था जो लोहे के ज़ंग आलूद गज़ से निहायत भौंडे तरीक़े से दरियाँ मापता था और शायद इसी तरह के गज़ से अपने एहसासात की पैमाइश भी करता था—लेकिन यह हक़ीक़त है कि एक लड़की उसकी मुहब्बत में गिरफ़्तार थी जो हर जिहत[11] से उसके मुक़ाबले में अर्फ़ा-ओ-आला[12] थी। लतीफ़ और उस लड़की में उतना ही फ़र्क़ था, जितना लुधियाने की दरी और कश्मीर के क़ालीन में होता है।

सईद की समझ में नहीं आता था कि मुहब्बत कैसे पैदा होती है, बल्कि यूँ कहिए, पैदा हो सकती है—वह जिस वक़्त चाहता, ख़ुद पर रंजो-अलम तारी कर सकता था, लेकिन मुहब्बत—मुहब्बत, जिसके लिए वह इस क़दर बेताब था—कैसे पैदा होती है, कैसे पैदा हो

सकती है।

उसका एक और दोस्त, जो इस क़दर काहिल था कि मूँगफली और चने सिर्फ़ उसी सूरत में खा सकता था अगर उनके छिलके उतरे हुए हों, अपनी गली की एक हसीन लड़की से मुहब्बत कर रहा था—अगर उसके दोस्त से कहा जाता : 'ज़रा अपनी महबूबा के हुस्न की तारीफ़ करो' तो वह यक़ीनन ख़ालीउज़्ज़ेहन[13] हो जाता। वह हुस्न की तारीफ़ में दो लफ़्ज़ तक न बोल सकता था। कॉलेज में तालीम पाने के बावुजूद उसके ज़ेहन की नश्वो-नमा[14] बड़े अदना तरीक़े पर हुई थी, लेकिन उसकी मुहब्बत की दास्तान इतनी लंबी थी कि एक बड़ी किताब तैयार हो जाती।

'आख़िर इन जाहिलों को, इन लोगों को इश्क़ो-मुहब्बत करने का क्या हक़ हासिल हैं…?' कई बार यह सवाल सईद के दिमाग़ में पैदा हुआ और वह इस नतीजे पर पहुँचा कि मुहब्बत करने का हक़ हर शख़्स को हासिल है, ख़्वाह वह बेशऊर हो या बा-शऊर।

दूसरों को मुहब्बत करते देखकर दरअसल उसके दिल में हसद की चिंगारी भड़क उठती थी। वह जानता था कि यह बहुत बड़ा कमीनापन है, मगर वह ख़ुद को मजबूर पाता—मुहब्बत करने की ख़्वाहिश उस पर इस क़दर ग़ालिब रहती कि बाज़ औक़ात वह दिल-ही-दिल में मुहब्बत करनेवालों को गालियाँ भी दिया करता ; गालियाँ देने के बाद वह अपने आपको कोसता भी कि नाहक़ उसने किसी को बुरा-भला कहा है : 'अगर दुनिया के सारे आदमी एकदम मुहब्बत करने लगें तो इसमें मेरे बावा का क्या जाता है… मुझे सिर्फ़ अपनी ज़ात से ताल्लुक़ रखना चाहिए… अगर मैं किसी की मुहब्बत में गिरफ़्तार नहीं होता तो इसमें दूसरों का क्या क़ुसूर है… बहुत मुमकिन है, मैं किसी लिहाज़ से इस क़ाबिल ही नहीं हूँ… क्या पता, बेवक़ूफ़ और बेअक्ल होना ही मुहब्बत करने के लिए ज़रूरी हो…'

सोचते-सोचते एक दिन वह इस नतीजे पर पहुँचा कि मुहब्बत एकदम पैदा नहीं होती : 'वह लोग झूठे हैं जो कहते हैं कि मुहब्बत एकदम पैदा होती है… अगर ऐसा होता तो ज़ाहिर है, मेरे दिल में अब से बहुत अर्सा पहले मुहब्बत पैदा हो गई होती… अब तक कई लड़कियाँ मेरी निगाहों से गुज़र चुकी हैं… अगर मुहब्बत एकदम पैदा हो सकती तो मैं उनमें से किसी एक के साथ वाबस्ता हो सकता था…' किसी लड़की को सिर्फ़ एक-दो बार देख लेने से मुहब्बत कैसे पैदा हो जाती है, यह उसकी समझ में नहीं आता था।

उसके एक दोस्त ने जब उससे कहा : "कंपनी बाग़ में आज मैंने एक लड़की देखी… एक ही नज़र में उसने मुझे घायल कर दिया…" तो उसकी तबीअत मुकद्दर[15] हो गई—ऐसे फ़िक़रे उसे बहुत पस्त मालूम होते थे : 'एक ही नज़र में उसने मुझे घायल कर दिया… लाहौल वला… जज़्बात का किस क़दर आमियाना[16] इज़हार है।'

जब वह इस क़िस्म के पस्त और तीसरे दर्जे के फ़िक़रे किसी की ज़बान से सुनता तो उसे ऐसा महसूस होता जैसे उसके कानों में पिघलता हुआ सीसा डाल दिया गया है—पस्त ज़ेहनीयत और लंगड़े मज़ाक़ के लोग इस क़िस्म के फ़िक़रों से ख़ुश हो जाते थे—यह लोग, जो इश्क़ो-मुहब्बत की लताफ़तों[17] से बिलकुल कोरे थे, उसके मुक़ाबले में बहुत ज़्यादा सुकून और आराम की ज़िंदगी बसर कर रहे थे।

मुहब्बत और ज़िंदगी को एम. असलम* की निगाहों से देखनेवाले ख़ुश थे मगर सईद, जो मुहब्बत और ज़िंदगी को अपनी साफ़ और शफ़ाफ़ आँखों से देखता था, मग़मूम[18] था, बेहद मग़मूम।

एम. असलम से उसे बेहद नफ़रत थी। इतना छिछोरा रोमाननवीस उसकी नज़रों से कभी न गुज़रा था—एम. असलम के अफ़साने पढ़कर सईद का ख़याल टब्बी और कटरा कनयाँ की खिड़कियों की तरफ़ दौड़ जाता, जिनमें से रात को कसबियों के गाज़ा लगे गाल नज़र आते हैं—उसे तअज्जुब होता था कि अक्सर नौजवान लड़कों और लड़कियों में एम. असलम के अफ़साने मुआशिक़ा[19] पैदा करते हैं।

'जो इश्क़ एम. असलम के अफ़साने पैदा करते हैं, किस क़िस्म का इश्क़ होगा!' जब वह इस ख़याल पर थोड़ी देर ग़ौर करता तो उसे यह इश्क़ एक ऐसे सफ़ले आदमी की शक्ल में दिखाई देता जिसने नुमाइश की ख़ातिर अपने सब अच्छे-अच्छे कपड़े पहन रखे हों, एक के ऊपर एक।

वह जानता था, एम.असलम के अफ़सानों के बारे में उसकी राय कैसी भी हो, लेकिन हक़ीक़त यह है कि नौजवान लड़कियाँ उन्हें छुप-छुपकर पढ़ती हैं और जब उनके जज़्बात बरअंगेख़्ता[20] हो जाते हैं तो वह उस आदमी से मुहब्बत करना शुरू कर देती हैं जो उन्हें सबसे पहले नज़र आ जाता है—इसी तरह बहज़ाद†, जिसकी ग़ज़लें हिंदुस्तान की हर जान और बाई रात को कोठे पर गाती है, नौजवान लड़कों और लड़कियों में बहुत मक़बूल[21] था—क्यों, यह सईद की समझ से बालातर था।

बहज़ाद की वह आमियाना ग़ज़ल जिसका मतला है: 'दीवाना बनाना है तो दीवाना बना दे।' क़रीब-क़रीब हर शख़्स गाता था। सईद के अपने घर में उसकी चपटी नाकवाली नौकरानी, जो अपनी जवानी की मंज़िलें जैसे-तैसे तय कर चुकी थी, बर्तन माँजते वक़्त हमेशा धीमे सुरों में गुनगुनाया करती थी: 'दीवाना बनाना है तो दीवाना बना दे।'

इस ग़ज़ल ने सईद को दीवाना बना दिया था। वह जहाँ जाता, 'दीवाना बनाना है तो दीवाना बना दे' अलापा जा रहा होता। आख़िर क्या मतलब है··· छत पर चढ़ो तो काना इस्माईल एक आँख से अपने उड़ते हुए कबूतरों की तरफ़ देखकर ऊँचे सुरों में गा रहा है: 'दीवाना बनाना है तो दीवाना बना दे···' लतीफ़ की दरियों की दूकान पर बैठो तो बग़ल की दूकान में लाला किशोरीमल बज़ाज़ अपने बड़े-बड़े चूतड़ों की गद्दियों पर आराम से बैठकर निहायत भौंडे तरीक़े से गाना शुरू कर देता है: 'दीवाना बनाना है तो दीवाना बना दे···' दरियों की दूकान से उठो और घर जाकर बैठक में बैठो और रेडियो खोलो तो अख़्तरी बाई फ़ैज़ाबादी गा रही है: 'दीवाना बनाना है तो दीवाना बना दे···' क्या बेहूदगी है! सईद हर वक़्त यही सोचता रहता।

** एक मामूली नाविलिस्ट जिसने तक़रीबन एक लाख सफ़हात लिखे।*

† एक मामूली शाइर—राजकपूर की पहली फिल्म 'आग' के गीत बहज़ाद ही ने लिखे थे।

एक रोज़, जबकि वह बिलकुल खालीउज़्ज़ेहन था और पान बनाने के लिए छालिया काट रहा था, उसने ग़ैर इरादी तौर पर गाना शुरू कर दिया : 'दीवाना बनाना है तो दीवाना बना दे···' दूसरे ही लम्हे वह अपने आपमें बेहद ख़फ़ीफ़ हुआ। उसे ख़ुद पर बहुत ग़ुस्सा आया। फिर एकाएकी ज़ोर से हँसने के बाद उसने जानबूझकर ऊँचे सुरों में गाना शुरू कर दिया : 'दीवाना बनाना है तो दीवाना बना दे···' यूँ गाते हुए उसने तसव्वुर-ही-तसव्वुर में बहज़ाद की शाइरी एक ऊँचे क़हक़हे के नीचे दबा दी और जी-ही-जी में ख़ुश हो गया।

एक-दो बार उसके दिल में ख़याल पैदा हुआ कि वह भी एम.असलम की अफ़सानानवीसी और बहज़ाद की शाइरी का गिर्वीदा[22] हो जाए और यूँ किसी से इश्क़ करने में कामयाबी हासिल करे, लेकिन क़स्द[23] करने पर भी वह एम.असलम का अफ़साना पूरा न पढ़ सका और न ही बहज़ाद की ग़ज़ल में कोई ख़ूबसूरती देख सका।

एक दिन उसने अपने दिल में अहद कर लिया : 'जो हो, सो हो, मैं एम.असलम और बहज़ाद के बग़ैर ही अपनी ख़्वाहिश पूरी करूँगा···यही है ना कि नाकाम रहूँगा, तो भी मेरी नाकामी उन दो डुगडुगी बजानेवालों से अच्छी ही होगी···'

उस दिन से उसके अंदर इश्क़ करने की ख़्वाहिश और भी तेज़ हो गई और उसने हर रोज़ सुबह को नाश्ता किए बग़ैर रेल के फाटक पर जाना शुरू कर दिया जहाँ से कई लड़कियाँ हाई स्कूल की तरफ़ जाती थीं।

फाटक के दोनों तरफ़ लोहे का एक बहुत बड़ा तवा, जिस पर लाल रोग़न पेंट किया गया था, जड़ा हुआ था—दूर से जब वह उन दो लाल-लाल तवों को एक-दूसरे के पीछे देखता तो उसे मालूम हो जाता कि फ़्रंटियर मेल आ रही है। उसके फाटक के पास पहुँचते ही फ़्रंटियर मेल मुसाफ़िरों से लदी हुई आती और दनदनाती हुई स्टेशन की जानिब ग़ाइब हो जाती।

फाटक खुलता और वह लड़कियों के इंतज़ार में एक तरफ़ खड़ा हो जाता—उधर से पच्चीस-छब्बीस लड़कियाँ आतीं और लोहे की पटरियों को तय करके कंपनी बाग़ के साथवाली सड़क की तरफ़ हो जातीं, जिधर उनका स्कूल था—उन पच्चीस-छब्बीस लड़कियों में से दस को, जो कि हिंदू थीं, वह इसलिए ग़ौर से न देख सका कि बाक़ी पंद्रह-सोलह मुसलमान लड़कियों की शक्लो-सूरत बुर्क़ों में छुपी रहती थी।

दस रोज़ वह मुतवातिर फाटक पर जाता रहा। शुरू-शुरू में दो-तीन दिन वह उन पर्दापोश और बेपर्दा लड़कियों की तरफ़ मुतवज्जेह रहा, मगर दसवीं रोज़ जब सुबह की ठंडी-ठंडी हवा चल रही थी और जिसमें कंपनी बाग़ के तमाम फूलों की ख़ुशबू बसी हुई थी, उसने यकलख़्त अपने आपको लड़कियों के बजाय उन पस्त क़द दरख़्तों की तरफ़ मुतवज्जेह पाया जिनमें बेशुमार चिड़ियाँ चहचहा रही थीं।

'सुबह की ख़ुमार आलूद ख़ामोशी में चिड़ियों का चहचहाना कितना भला मालूम होता है···' जब उसने ग़ौर किया तो उसे पता चला कि वह एक हफ़्ते से लड़कियों की बजाय उन चिड़ियों, उन दरख़्तों और फ़्रंटियर मेल की मौत-जैसी यक़ीनी आमद से दिलचस्पी लेता रहा है।

इश्क़ शुरू करने के लिए उसने और भी बहुत से हीले किए मगर वह नाकाम रहा।

आख़िरकार उसने सोचा : 'क्यों न अपनी गली ही में कोशिश की जाए।'

चुनांचे एक रोज़ उसने अपने कमरे में बैठकर गली की उन तमाम लड़कियों की फ़ेहरिस्त बनाई जिनसे इश्क़ किया जा सकता था—जब फ़ेहरिस्त तैयार हो गई तो नौ लड़कियाँ उसके पेशे-नज़र थीं :

नंबर एक : हमीदा ; नंबर दो : सुग़रा ; नंबर तीन : नईमा ; नंबर चार : पुष्पा ; नंबर पाँच : बिमला ; नंबर छह : राजकुमारी ; नंबर सात : फ़ातिमा उर्फ़ फातो ; नंबर आठ : ज़ुबैदा उर्फ़ बेदी ; नंबर नौ :—उसका नाम उसे मालूम न था। नंबर नौ पशमीने के सौदागरों के हाँ नौकर थी।

अब उसने नंबरवार ग़ौर करना शुरू किया।

हमीदा ख़ूबसूरत थी—बड़ी भोली-भाली लड़की ; उम्र बमुश्किल पंद्रह बरस की होगी ; सदा मुतबस्सुम[24] रहती थी; बड़ी नाज़ुक—उसे देखकर ऐसा मालूम होता था कि सफ़ेद शक्कर की पुतली है, भुरभरी-सी; अगर ज़रा उसको हाथ लगाया तो उसके जिस्म का कोई हिस्सा गिर जाएगा—उसके नन्हे-से सीने पर छातियों का उभार ऐसे था जैसे किसी मद्धम राग में दो सुर ग़ैर इरादी तौर पर ऊँचे हो गए हों—अगर हमीदा से वह कभी यह कहता : 'हमीदा, मैं तुमसे मुहब्बत करना चाहता हूँ...' तो यक़ीनन हमीदा के दिल की हरकत बंद हो जाती। वह हमीदा से सीढ़ियों ही में ऐसी बात कह सकता था—उसने सोचा कि हमीदा ऊपर से तेज़ी के साथ नीचे उतर रही है, उसने हमीदा को रोका है, ग़ौर से उसकी तरफ़ देखा है और कहा है : 'मैं तुमसे मुहब्बत करना चाहता हूँ', हमीदा का नन्हा-सा दिल सीने में फड़फड़ाया है जैसे तेज़ हवा में दीए की लौ, और वह कुछ नहीं समझ सका है—वह हमीदा से कुछ नहीं कह सकता था। वह इस क़ाबिल ही नहीं थी कि उससे मुहब्बत की जाती। वह सिर्फ़ शादी के क़ाबिल थी। कोई भी ख़ाविंद उसके लिए मुनासिब था, क्योंकि उसके जिस्म का हर ज़र्रा बीवी था। उसका शुमार उन लड़कियों में हो सकता था जिनकी सारी ज़िंदगी शादी के बाद घर के अंदर सिमटकर रह जाती है ; जो बच्चे पैदा करती हैं और चंद ही बरसों में अपना सारा रंग-रूप खो देती हैं, और रंग-रूप खोकर भी जिनको अपने में कोई ख़ास फ़र्क़ महसूस नहीं होता—ऐसी लड़कियों से, जो मुहब्बत का नाम सुनकर यह समझें कि उनसे एक बहुत बड़ा गुनाह सरज़द हो गया है, वह मुहब्बत नहीं कर सकता था—उसे यक़ीन था कि अगर वह किसी रोज़ हमीदा को ग़ालिब का एक शेर सुना देता तो वह कई दिनों तक नमाज़ के साथ बख़्शिश की दुआएँ माँगकर भी यह समझती कि उसकी ग़लती माफ़ नहीं हुई है—फिर हमीदा ने सारी बात अपनी माँ से कह सुनाई होती और इस पर जो ऊधम मचता, उसके तसव्वुर ही से वह काँप-काँप उठता। ज़ाहिर है कि सब उसे मुजरिम क़रार देते और सारी उम्र के लिए उसके किरदार पर एक बदनुमा दाग़ लग जाता—कोई इस बात की तरफ़ ध्यान ही न देता कि वह तो सिदक़ दिली से मुहब्बत करने का मुतमन्नी[25] है।

नंबर दो सुग़रा और नंबर तीन नईमा के बारे में सोचना ही बेकार था, इसलिए कि वे एक कट्टर मौलवी की लड़कियाँ थीं। उनका तसव्वुर करते ही सईद की आँखों के सामने

मस्जिद की वह चटाइयाँ आ गईं जिन पर मौलवी क़ुदरतुल्ला साहब लोगों को नमाज़ पढ़ाने और अज़ान देने में मसरूफ़ रहते थे—दोनों लड़कियाँ जवान और ख़ूबसूरत थीं, मगर अजीब बात है कि उनके चेहरे मेहराबनुमा थे—जब सईद अपने घर में बैठा उनकी आवाज़ सुनता तो उसे ऐसा लगता कि आदत के तौर पर कोई धीमे-धीमे सुरों में दुआ माँग रहा है, ऐसी दुआ जिसका मतलब वह ख़ुद भी नहीं समझता—दोनों बहनों को सिर्फ़ ख़ुदा से मुहब्बत करना सिखाया गया था, इसलिए सईद उनसे मुहब्बत करना नहीं चाहता था—वह इंसान था और इंसान को अपना दिल देना चाहता था—सुग़रा और नईमा की इस दुनिया में इस तौर पर तर्बियत हो रही थी कि वह दूसरे जहान में नेकोकार[26] मर्दों के काम आ सकें—जब सईद ने उनके मुताल्लिक़ सोचा तो अपने आपसे कहा : 'भई नहीं, इनसे मैं इश्क़ नहीं कर सकता जो अंजामकार दूसरे मर्दों के हवाले कर दी जाएँगी ··· मुझे इस दुनिया में गुनाह भी करने हैं, इसलिए मैं यह जुआ खेलना नहीं चाहता ··· मुझसे यह न देखा जाएगा कि इस दुनिया में जिनसे मैं मुहब्बत करता हूँ, उस दुनिया में मेरे चंद गुनाहों के बदले वह किसी परहेज़गार के सुपुर्द कर दी जाएँ ··· ' चुनांचे उसने फ़ेहरिस्त में से सुग़रा और नईमा का नाम काट दिया।

नंबर चार पुष्पा, नंबर पाँच बिमला और नंबर छः राजकुमारी—यह तीनों लड़कियाँ जिनका आपस में ख़ुदा मालूम क्या रिश्ता था, सामनेवाले मकान में रहती थीं—पुष्पा के मुताल्लिक़ सोच-विचार करना फ़िज़ूल था, इसलिए कि उसका ब्याह होनेवाला था, एक बज़ाज़ से, जिसका नाम उतना ही बदसूरत था जितना पुष्पा का ख़ूबसूरत। वह अक्सर उसे छेड़ा करता था। वह खिड़की में से उसको अपनी अचकन दिखाकर कहा करता था : ''पुष्पा, बताओ तो मेरी अचकन का रंग क्या है ··· '' पुष्पा के गालों पर एक सेकिंड के लिए गुलाब की पत्तियाँ-सी थरथरा जाती थीं और वह बहादुरी से जवाब दिया करती थी : ''नीला ··· '' उसके होनेवाले ख़ाविंद का नाम कालूमल था—''लाहौलवला ··· किस क़दर ग़ैर शाइराना नाम है ··· जाने यह नाम रखते हुए इसके वालदैन ने क्या मसलहत देखी थी ··· '' वह जब भी पुष्पा और कालूमल के मुताल्लिक़ सोचता तो अपने दिल-ही-दिल में कहा करता : 'अगर और किसी वजह से पुष्पा की शादी नहीं रुक सकती तो सिर्फ़ इस वजह से रुक जानी चाहिए कि उसके होनेवाले पति का नाम निहायत ही लग़व है ··· कालूमल ··· एक तो 'कालू' और उस पर 'मल' ··· लानत है ··· आख़िर इसका मतलब क्या हुआ ··· ' लेकिन फिर वह सोचता : 'अगर पुष्पा की शादी कालूमल बज़ाज़ से न हुई तो किसी घसीटाराम हलवाई या किसी करोड़ीलाल सर्राफ़ से हो जाएगी ··· ' बहरहाल वह पुष्पा से इश्क़ नहीं कर सकता था, और अगर करता तो उसे हिंदू-मुस्लिम फ़साद का डर था ··· 'मुसलमान और हिंदू लड़की से मुहब्बत ··· अव्वल तो मुहब्बत वैसे ही बहुत बड़ा जुर्म है और फिर मुसलमान लड़के और हिंदू लड़की की मुहब्बत ··· ' शहर में कई हिंदू-मुस्लिम फ़साद हो चुके थे लेकिन जिस गली में वह रहता था, नामालूम वुजूहात की बिना पर फ़सादात के असरात से अब तक महफ़ूज़ रही थी। अगर वह पुष्पा, बिमला या राजकुमारी से मुहब्बत करने का इरादा कर लेता तो ज़ाहिर है, दुनिया की तमाम गाएँ और तमाम सूअर उस गली में इकट्ठे हो

जाते—हिंदू-मुस्लिम फ़सादों से सईद को सख़्त नफ़रत थी, इसलिए नहीं कि लोग एक-दूसरे का सिर फोड़ते हैं और लहू के छींटे उड़ाते हैं, नहीं, बल्कि इसलिए कि इन फ़सादों में सिर निहायत भद्दे तरीक़े पर फोड़े जाते हैं और लहू-जैसी ख़ूबसूरत शै को निहायत ही भौंडे तरीक़े पर ख़ाक में मिलाया जाता है—राजकुमारी जो पुष्पा और बिमला, दोनों से छोटी थी, उसे पसंद थी। राजकुमारी के होंठ, जो साँस की कमी के बायस ख़फ़ीफ़ तौर पर खुले रहते थे, उसे बेहद पसंद थे। उनको देखकर उसे हमेशा ख़याल आता था कि शायद एक बोसा उनके साथ छूकर आगे निकल गया है—एक मर्तबा उसने राजकुमारी को, जो अभी अपनी उम्र की चौदहवीं मंज़िल तय कर रही थी, अपने मकान की तीसरी मंज़िल पर बराए-नाम-से ग़ुस्लख़ाने में नहाते देखा था—अपने मकान के झरनों में से जब सईद ने राजकुमारी को देखा तो उसे ऐसा महसूस हुआ कि उसका कोई निहायत ही अछूता ख़याल दिमाग़ में से उतरकर सामने आ खड़ा हुआ है। सूरज की मोटी-मोटी किरनें, जिनमें बेशुमार फ़ज़ाई ज़र्रे[27] मुक्कैश[28] का छिड़काव-सा कर रहे थे, राजकुमारी के नंगे बदन पर फिसल रही थीं। उन किरनों ने उसके गोरे बदन पर सोने का पतरा-सा चढ़ा दिया था। बालटी में से जब उसने डोंगा निकाला और खड़ी होकर अपने बदन पर पानी डाला तो वह सोने की पुतली दिखाई दी। पानी के मोटे-मोटे क़तरे उसके बदन पर से गिर रहे थे, जैसे सोना पिघल-पिघलकर गिर रहा हो—राजकुमारी यूँ भी पुष्पा और बिमला के मुक़ाबले में बहुत होशियार थी। उसकी पतली-पतली उँगलियाँ, जो हर वक़्त यूँ मुतहर्रिक रहती थीं जैसे ख़याली जुराबें बुन रही हों, सईद को बहुत पसंद थीं। उन उँगलियों में रानाई थी और उस रानाई का सुबूत करोशिए और सुई के उन कामों से मिलता था जो वह कई बार देख चुका था—एक बार राजकुमारी के हाथ का बना हुआ मेज़पोश देखकर उसे ख़याल आया था कि राजकुमारी ने अपने दिल की बहुत-सी धड़कनें भी ग़ैर इरादी तौर पर मेज़पोश के नन्हे-नन्हे ख़ानों में गूँथ दी हैं—और एक बार जब कि वह उसके बिलकुल पास खड़ी थी, उसके दिल में मुहब्बत करने का ख़याल पैदा हुआ, मगर जब उसने राजकुमारी की तरफ़ देखा तो वह उसे एक मंदिर की सूरत में दिखाई दी। उसने महसूस किया कि वह उसके पहलू में मस्जिद की शक्ल में खड़ा है : 'मस्जिद और मंदिर में क्योंकर दोस्ती हो सकती है…' गली की तमाम लड़कियों के मुक़ाबले में राजकुमारी ज़ेहनी लिहाज़ से भी बुलंद थी। उसकी पेशानी, जिस पर हर वक़्त एक मद्धम-सी सलवट गहराई इख़्तियार करने का इरादा किए रहती थी, सईद को बहुत भली मालूम होती थी। उसका माथा देखकर वह दिल-ही-दिल में कहा करता : 'जब दीबाचा[29] इतना ख़ूबसूरत है तो मालूम नहीं, किताब कितनी ख़ूबसूरत होगी…मगर आह…' उसकी ज़िंदगी में ये 'मगर' सचमुच का मगर बन के रह गया था जो उसे ग़ोता लगाने से हमेशा बाज़ रखता था—और बिमला बेचारी तो पुष्पा और राजकुमारी के बीच में कहीं खो गई थी।

नंबर सात फ़ातिमा उर्फ़ फातो ख़ाली नहीं थी। उसके दोनों हाथ इश्क़ से भरे हुए थे, एक अमजद से जो किसी वर्कशॉप में काम करता था और दूसरा अमजद के चचेरे भाई से जो दो बच्चों का बाप था—फ़ातिमा उर्फ़ फातो उन दोनों भाइयों से इश्क़ लड़ा रही थी, गोया

एक पतंग से दो पेच लड़ा रही थी। एक पतंग में जब दो और पतंग उलझ जाएँ तो काफ़ी दिलचस्पी पैदा हो जाती है, लेकिन अगर उस तिगड्डे में एक और पेच का इज़ाफ़ा हो जाए तो ज़ाहिर है, उलझाव एक भूल-भुलैया की सूरत इख़्तियार कर लेगा—सईद को इस क़िस्म का उलझाव पसंद नहीं था। इसके अलावा फातो जिस क़िस्म के इश्क़ में गिरफ़्तार थी, निहायत ही अदना क़िस्म का था—जब सईद उस क़िस्म के इश्क़ का तसव्वुर करता तो पुरानी इश्क़िया दास्तानों की बूढ़ी कुटनी पीले काग़ज़ों के बदबूदार अंबार में से उसकी आँखों के सामने लाठी टेकती हुई आ जाती और उसकी तरफ़ यूँ देखती जैसे कहना चाहती हो : 'मैं आसमान के तारे तोड़कर ला सकती हूँ… बता तेरी नज़र किस लौंडिया पर है… उसे मैं यूँ चुटकियों में तुझसे मिला दूँगी…' उस बुढ़िया के तसव्वुर के साथ वह पाईंबाग़[30] के मुताल्लिक़ सोचता, या ज़ाहिरा पीर का मज़ार उसकी आँखों के सामने आ जाता था जहाँ वह बुढ़िया उसकी महबूबा को किसी बहाने से ला सकती थी—इस ख़याल के आते ही उसकी मुहब्बत का सारा जज़्बा सिमट जाता और एक ऐसी क़ब्र की सूरत इख़्तियार कर लेता जिस पर सब्ज़ रंग का गिलाफ़ चढ़ा हुआ हो और उस पर बेशुमार हार बिखरे हुए हों—कभी-कभी उसे यह ख़याल भी आता कि अगर कुटनी नाकाम रही तो कुछ दिनों के बाद इस महल्ले से उसका जनाज़ा निकलेगा और दूसरे महल्ले से उसकी नौजवान महबूबा का ; फिर दोनों जनाज़े रास्ते में टकराएँगे और दो ताबूतों का एक ताबूत बन जाएगा ; या फिर इश्क़िया दास्तानों के अंजाम की तरह जब उसे और उसकी महबूबा को दफ़न किया जाएगा तो एक मो'जिज़ा[31] रूनुमा[32] होगा और दोनों क़ब्रें आपस में मिल जाएँगी—वह यह भी सोचता कि अगर वह मर गया और उसकी महबूबा किसी वजह से जान न दे सकी तो हर जुमेरात को उसकी क़ब्र पर नाज़ुक-नाज़ुक हाथ फूल चढ़ाया करेंगे और दीया भी जलाया करेंगे ; बाल खोलकर वह अपना सिर क़ब्र के साथ फोड़ा करेगी और चुग़ताई* एक और तसवीर बना देगा जिसके नीचे लिखा होगा : 'हाय उस ज़ूदपशेमाँ[33] का पशेमाँ होना'; या कोई शाइर एक और ग़ज़ल लिख देगा जिसे एक ज़माने तक तमाशबीन कोठों पर तबलों की थाप के साथ सुनते रहेंगे। उस ग़ज़ल के शेर इस क़िस्म के होंगे : 'मेरी लहद पे कोई पर्दापोश आता है, चिराग़े-गोरे ग़रीबाँ सबा बुझा देना'—ऐसे शेर जब कभी वह किसी ग़ज़ल में देखता तो इस नतीजे पर पहुँचता कि इश्क़ तो गोरकन[34] है जो हर वक़्त काँधे पर कुदाल रखे आशिक़ों के लिए क़ब्रें खोदने को तैयार रहता है—इस इश्क़ से वह उस इश्क़ का मुक़ाबला करता जिसका तसव्वुर उसके ज़ेहन में था। जब वह उनमें ज़मीनो-आसमान का फ़र्क़ पाता तो सोचता कि या तो उसका दिमाग़ ख़राब है, या फिर वह निज़ाम ही ख़राब है जिसमें वह साँस ले रहा है—वह अगर कोई दीवान खोलता तो उसे ऐसा महसूस होता जैसे वह किसी क़साई की दूकान में दाख़िल हो गया है। हर शेर उसे बेखाल का बकरा दिखाई देता जिसका गोश्त चर्बी समेत बू पैदा कर रहा हो : 'हर बात ज़बान पर एक ख़ास क़िस्म का ज़ाइक़ा पैदा करती है… मैं जब इन दीवानों में शेर पढ़ता हूँ तो मेरी ज़बान पर वही ज़ाइक़ा

** अब्दुल रहमान चुग़ताई; मशहूर मुसव्विर—चुग़ताई ने चंद एक अफ़साने भी लिखे हैं।*

पैदा हो जाता है जो मैं क़ुर्बानी का गोश्त खाते वक़्त महसूस किया करता हूँ…' वह सोचता कि जिस शहर में आबादी का चौथा हिस्सा शाइर हो और ऐसे ही शेर कहता हो, वहाँ मुहब्बत हमेशा गोश्त के लोथड़ों के नीचे दबी रहेगी—सईद की मायूसी किसी-न-किसी वजह से एक-दो रोज़ के बाद ग़ाइब हो जाती और वह फिर नई ताज़गी के साथ अपनी मुहब्बत के मसले पर ग़ौरो-फ़िक्र करना शुरू कर देता।

नंबर आठ ज़ुबैदा उर्फ़ बेदी भरे-भरे हाथ-पैरोंवाली लड़की थी। वह दूर से देखने पर गुँधे हुए मैदे का एक ढेर दिखाई देती थी—गली के एक लड़के ने उसको एक बार आँख मार दी और बेचारे ने यूँ अपनी मुहब्बत की बिस्मिल्लाह की, लेकिन उसको लेने-के-देने पड़ गए—बेदी ने अपनी माँ को सारी रामकहानी सुनाई ; माँ ने अपने बड़े लड़के से पोशीदा तौर पर बातचीत की और उसको ग़ैरत दिलाई—नतीजा यह निकला कि आँख मारने के दूसरे रोज़ शाम को जब अब्दुलग़नी तिबाबत उर्फ़ हिकमत सीखकर घर वापस आया तो उसकी दोनों आँखें सूजी हुई थीं—कहते हैं कि ज़ुबैदा उर्फ़ बेदी चिक़ में से यह तमाशा देखकर बहुत ख़ुश हुई थी—सईद को अपनी आँखें बहुत पसंद थीं, इसलिए वह बेदी के बारे में एक लम्हे के लिए भी सोचना नहीं चाहता था—अब्दुलग़नी ने आँख के पलकारे से मुहब्बत का आग़ाज़ करना चाहा था और सईद को यह तरीक़ा बाज़ारी मालूम होता था—वह अगर बेदी को अपनी मुहब्बत का पैग़ाम देना चाहता तो अपनी ज़बान इस्तेमाल करता जो दूसरे रोज़ ही काट ली जाती—अमले-जर्राही[35] करने से पहले बेदी का भाई कभी न पूछता कि बात क्या है ; वह तो बस ग़ैरत के नाम पर छुरी चला देता ; उसको इस बात का ख़याल कभी न आता कि वह छः लड़कियों की इस्मत बर्बाद कर चुका है, जिनकी दास्तानें वह बड़े मज़े से अपने दोस्तों को सुनाया करता है।

नंबर नौ जिसका नाम उसे मालूम नहीं था, पशमीने के सौदागरों के हाँ नौकर थी—एक बहुत बड़ा घर था जिसमें चार भाई रहते थे। यह नौ नंबर, जो कश्मीर की पैदावार थी, उन चारों भाइयों के लिए सर्दियों में लिहाफ़ का काम देती थी। गर्मियों में वह सबके-सब कश्मीर चले जाते थे और नंबर नौ अपनी किसी दूर की रिश्तेदार औरत के पास चली जाती थी—वह लड़की, जो औरत बन चुकी थी, दिन में दो-एक मर्तबा उसकी नज़रों के सामने से ज़रूर गुज़रती थी। उसको देखकर वह हमेशा यही ख़याल किया करता था कि उसने एक औरत नहीं, बल्कि चार औरतें इकट्ठी देखी हैं। उस लड़की के मुताल्लिक़, जिसके ब्याह के बारे में अब चारों भाई फ़िक्र कर रहे थे, उसने कई बार ग़ौर किया। वह उसकी हिम्मत का क़ायल था कि वह घर का सारा काम-काज अकेली सँभालती थी। वह उन चारों सौदागर भाइयों की फ़र्दन-फ़र्दन ख़िद्मत भी करती थी—वह बज़ाहिर ख़ुश थी। उन चार सौदागर भाइयों को, जिनके साथ उसका जिस्म मुताल्लिक़ था, वह एक ही नज़र से देखती थी। उसकी ज़िंदगी, जैसा कि ज़ाहिर है, एक अजीबो-ग़रीब खेल था, जिसमें चार आदमी हिस्सा ले रहे थे। उनमें से हर एक को यह समझना पड़ता था कि बाक़ी तीन बेवक़ूफ़ हैं। यह भी मुमकिन है कि वह लड़की यह समझती हो कि सबके-सब अंधे हैं—लेकिन क्या वह ख़ुद अंधी नहीं थी—इस सवाल का जवाब सईद को नहीं मिलता था : 'अगर वह अंधी न होती तो

बयक वक़्त चार आदमियों से ताल्लुक़ात पैदा न करती... बहुत मुमकिन है, वह उन चारों को एक ही समझती हो क्योंकि मर्द और औरत का जिस्मानी ताल्लुक़ आमतौर पर एक-जैसा ही होता है...' वह अपनी ज़िंदगी के दिन बड़े मज़े से गुज़ार रही थी—'चारों सौदागर भाई उसे छुप-छुपकर कुछ-न-कुछ ज़रूर देते होंगे... क्योंकि जब मर्द किसी औरत के साथ कुछ अर्सा लुत्फ़ अंगेज़ तख़लिए[36] में गुज़ारता है तो उसके दिल में उसकी क़ीमत अदा करने की ख़्वाहिश ज़रूर पैदा होती है...' सईद उसको अक्सर बाज़ार में शहाबुद्दीन की दूकान पर खीर खाते, या भाई केसरसिंह मेवाफ़रोश की दूकान के पास फल खाते देखता था। उसे उन चीज़ों की ज़रूरत थी और फिर जिस आज़ादी से वह खीर और फल खाती थी, उससे पता चलता था कि वह उनका एक-एक ज़र्रा हज़्म करने का इरादा रखती है—एक बार जब शहाबुद्दीन की दूकान पर सईद क़ुल्फ़ी-फ़ालूदा खा रहा था और सोच रहा था कि वह इतनी सक़ील[37] शै कैसे हज़्म कर सकेगा, वह आई और चार आने की खीर में एक आने की रबड़ी डलवाकर दो मिनटों में सारी प्लेट चट कर गई। यह देखकर सईद को रश्क हुआ—जब वह चली गई तो शहाबुद्दीन के होंठों पर एक मैली-सी मुसकराहट पैदा हुई और उसने हर किसी को, जो भी उसकी बात सुन ले, मुख़ातिब करते हुए कहा : "साली मज़े कर रही है..." शहाबुद्दीन की बात सुनकर सईद ने लड़की की तरफ़ देखा जो कूल्हे मटकाती फलों की दूकान के पास पहुँच चुकी थी और शायद भाई केसरसिंह की दाढ़ी का मज़ाक़ उड़ा रही थी—वह हर वक़्त ख़ुश रहती थी—उसको ख़ुश देखकर सईद को बहुत दुख होता था। ख़ुदा मालूम क्यों सईद के दिल में यह अजीबो-ग़रीब ख़्वाहिश पैदा हो जाती थी कि वह लड़की ख़ुश न रहे—सन तीस के इख़्तिताम[38] तक वह उस लड़की के मुताल्लिक़ यही फ़ैसला करता रहा कि उससे मुहब्बत नहीं की जा सकती।

---

1. परिच्छेद; 2. आत्मसम्मान; 3. निषेध, वर्जित; 4. अनुसार; 5. साफ़, स्वच्छ; 6. गतिशील; 7. समानता; 8. अनुभवहीन; 9. हतप्रभ; 10. प्रेम, आकर्षण; 11. पहलू; 12. उच्च और उत्तम; 13. बिलकुल ख़ामोश हो जाना; 14. विकास; 15. अप्रसन्न; 16. घटिया; 17. कोमलता का बहुवचन; 18. दुखी; 19. परस्पर प्रेम; 20. उत्तेजित; 21. लोकप्रिय; 22. मोहित; 23. निश्चय; 24. मुसकराती हुई; 25. इच्छुक; 26. सदाचारी; 27. धूल के कण; 28. सोने-चाँदी के तारों का; 29. प्रस्तावना, प्राक्कथन; 30. किले के पीछे वाला बाग़; 31. चमत्कार; 32. प्रकट; 33. भूल करके पछतानेवाला; 34. क़ब्र खोदनेवाला; 35. शल्यक्रिया; 36. एकांत; 37. कुपाचक; 38. अंत।

मेरा साहब

''यह सन सैंतीस का ज़िक्र है···मुस्लिम लीग रू-ब-शबाब थी। मैं ख़ुद शबाब की इब्तिदाई मंज़िलों में था, जब ख़्वाहमख़्वाह कुछ करने को जी चाहता है। इसके अलावा सेहतमंद था, ताक़तवर था और जी में हर वक़्त यही ख़्वाहिश तड़पती थी कि जो क़ुव्वत[1] सामने आए, उससे भिड़ जाऊँ। अगर कोई क़ुव्वत सामने न आए तो उसे ख़ुद पैदा करूँ और मद्दे-मुक़ाबिल बनाकर उससे गुथ जाऊँ···यह वह वक़्त होता है, जब आदमी हर वक़्त कुछ करने के लिए बेताब रहता है···कुछ करने से मेरा मतलब है, कोई बड़ा काम: कोई बहुत बड़ा कारनामा सरअंजाम[2] न हो तो सरज़द[3] ही हो जाए, मगर कुछ हो ज़रूर।

''इस मुख़्सतर तमहीद[4] के बाद अब मैं फिर उस ज़माने की तरफ़ लौटता हूँ, जब ग़ालिब जवान था···मालूम नहीं; उसने अपनी जवानी के दिनों में किसी सियासी तहरीक में हिस्सा लिया था या नहीं, मगर ख़ाकसार मुस्लिम लीग का एक सरगर्म कारकून था। 'ग़ाज़ी आबाद कोर' मुझ-ऐसे कई नौजवानों की एक जमाअत थी, जिसमें मैं एक मुख़्लिस[5] मैंबर था···अपने इख़्लास[6] का ज़िक्र मैंने इसलिए बड़े वुसूक़[7] से किया है कि उन दिनों मेरे पास सिवाय इसके और कुछ था ही नहीं।

''यह उसी ज़माने का ज़िक्र है कि मुहम्मद अली जिनाह देहली तशरीफ़ लाए और मुसलमानों ने उनका शानदार जुलूस निकाला···जैसा कि ज़ाहिर है, ग़ाज़ी आबाद कोर ने उस जुलूस को पुर-रौनक़ और पुर-जोश बनाने में पूरा हिस्सा लिया। हमारी जमाअत के सालार[8] अनवर क़ुरैशी साहब थे, बड़े तनोमंद जवान, जो अब शाइरे-पाकिस्तान के लक़ब[9] से मशहूर हैं। हमारे कोर के जवानों के होंठों पर उन्हीं का तस्नीफ़ कर्दा क़ौमी तराना था। मालूम नहीं हम सुरताल में थे या नहीं, लेकिन इतना याद है कि जो कुछ भी हमारे हलक़ से बाहर निकलता, उसको सुरताल की पाबंदियों में जकड़ने का होश किसी को भी नहीं था: फ़रियाद की कोई लय नहीं है, नाला पाबंदे[10]-नै नहीं है···

''यह तारीख़ी जुलूस तारीख़ी शहर दिल्ली की तारीख़ी जामा मस्जिद से शुरू हुआ और पुरजोश नारे बिखेरता चाँदनी चौक, लाल कुआँ, हौज़ क़ाज़ी और चावड़ी बाज़ार से होता हुआ अपनी मंज़िल, यानी मुस्लिम लीग के ऑफ़िस पहुँचकर ख़त्म हो गया।

''इज्तिमाई[11] तौर पर इस तारीख़ी जुलूस में मुहम्मद अली जिनाह साहब को 'क़ायदे-आज़म' के ग़ैर फ़ानी[12] ख़िताब से नाराज़न[13] किया गया···उनकी सवारी के लिए छः घोड़ों की फ़िटन का इंतज़ाम था। जुलूस में मुस्लिम लीग के तमाम सरकर्दा अराकीन[14]

थे। मोटरों, मोटर साइकिलों, बाई-साइकिलों और ऊँटों का एक हुजूम था, मगर बहुत ही मुनज़्ज़म[15]... इस नज़्म[16] को देखकर क़ायदे-आज़म, जो तबअन[17] बहुत ही नज़्म पसंद थे, बहुत मसरूर[18] नज़र आते थे।

''मैंने इस जुलूस में उनकी कई झलकियाँ देखीं... उनकी पहली झलकी देखकर मेरा रद्दे-अमल, मालूम नहीं, क्या था। अब सोचता हूँ और तजज़िया[19] करता हूँ तो सिर्फ़ इस नतीजे पर पहुँचता हूँ कि ख़ुलूस चूँकि बेरंग होता है, इसलिए वह रद्दे-अमल भी यक़ीनन बेरंग था... उस वक़्त अगर किसी भी आदमी की तरफ़ इशारा करके मुझसे कहा जाता कि देखो, वह तुम्हारा क़ायदे-आज़म है, तो मेरी अक़ीदत उसे क़ुबूल कर लेती और अपने सर आँखों पर जगह देती... लेकिन जब मैंने जुलूस के मुख़्तलिफ़ मोड़ों और पेचों में उनको कई मर्तबा देखा तो मेरी तनोमंदी को धोखा-सा लगा... मेरा क़ायद और इस क़दर दुबला, इस क़दर नहीफ़[20] !

''ग़ालिब ने कहा था : वह आएँ घर में हमारे ख़ुदा की क़ुदरत है, कभी हम उनको कभी अपने घर को देखते हैं... वह हमारे घर आए थे—यह उनकी मेहरबानी और ख़ुदा की क़ुदरत थी... ख़ुदा की क़सम,, मैं कभी उनको देखता था, उनके नहीफ़ो-नज़ार[21] जिस्म को, उस मुश्ते-उस्तुख़्वाँ[22] को और कभी अपने हट्टे-कट्टे डील-डौल को—जी में आता कि या तो मैं सुकड़ जाऊँ या वह फैल जाएँ... मैंने दिल-ही-दिल में उनके नातवाँ[23] दस्तो-बाज़ू[24] को नज़रे-बद से महफ़ूज़ रखने के लिए दुआएँ माँगीं... दुश्मनों पर उनके लगाए हुए ज़ख़्मों का चर्चा आम था।

''हालात पलटा खाते ही रहते हैं। मालूम नहीं, पलटों का नाम हालात है या हालात का नाम पलटे... बहरहाल कुछ ऐसी सूरत हुई कि दिमाग़ में आर्ट का कीड़ा, जो कुछ देर से सो रहा था, जागा और आहिस्ता-आहिस्ता रेंगने लगा। तबीयत में यह उकसाहट पैदा हुई कि बंबे चलकर उस मैदान में क़िस्मत आज़माई की जाए... ड्रामे की तरफ़ बचपन ही से माइल था। सोचा कि शायद वहाँ चलकर अपने जौहर दिखाने का मौक़ा मिल जाए... कहाँ ख़िद्मते-क़ौमो मिल्लत[25] का जज़्बा और कहाँ अदाकारी का ख़ब्त[26]... इंसान भी अजब मजमूआ[27]-ए- अज़्दाद[28] है।

''बंबे पहुँचा... उन दिनों इंपीरियल फ़िल्म कंपनी अपने जोबन पर थी। वहाँ रसाई गो बहुत ही मुश्किल थी, मगर किसी-न-किसी हीले से दाख़िल हो ही गया। आठ आने रोज़ पर एक्स्ट्रा के तौर पर काम करता था और यह ख़्वाब देखता था कि एक रोज़ आसमाने-फ़िल्म का दरुख़्शिंदा[29] सितारा बन जाऊँगा।

''अल्लाह के फ़ज़्ल से बातूनी बहुत हूँ। ख़ुशगुफ़्तार न सही तो कुछ ऐसा बदगुफ़्तार भी नहीं... उर्दू मादरी ज़बान है, जिससे इंपीरियल फ़िल्म कंपनी के तमाम सितारे नाआश्ना[30] थे... उर्दू ने मेरी मदद देहली के बजाय बंबे में की। वह यूँ कि वहाँ के क़रीब-क़रीब तमाम सितारे अपनी गर्दिशों का हाल मुझसे लिखवाया और पढ़वाया करते थे। उर्दू में कोई ख़त आता तो मैं उन्हें पढ़ के सुनाता। उसका मतलब बताता। उसका जवाब लिखता... मगर इस मुंशीगीरी से और ख़ुतूतनवीसी से कोई ख़ातिर ख़्वाह फ़ाइदा न

हुआ। एक्स्ट्रा था, एक्स्ट्रा ही रहा।

''इस दौरान में इंपीरियल कंपनी के मालिक सेठ आरडेशर ईरानी के ख़ासुलख़ास मोटर ड्राइवर बुद्धन से मेरी दोस्ती हो गई और उसने इसका हक़ यूँ अदा किया कि फ़ुर्सत के औक़ात में मुझे मोटर चलाना सिखा दी। चूँकि यह औक़ात निहायत ही मुख़्तसर होते थे और बुद्धन को भी हर वक़्त यही धड़का लगा रहता था कि सेठ को उसकी चोरी का इल्म न हो जाए, इसलिए मैं अपनी तमाम ज़हानत के बावस्फ़ मोटर चलाने के फ़न पर पूरी तरह हावी न हो सका। हावी होना तो बहुत बड़ी बात है, बस यूँ समझिए कि मुझे बुद्धन की मदद के बग़ैर अलिफ़-जैसी सीधी सड़क पर सेठ आरडेशर की ब्यूक चलाना आ गई—उसके कल-पुर्ज़ों के मुताल्लिक़ मेरा इल्म सिफ़र था।

''अदाकारी की धुन सर पर बहुत बुरी तरह सवार थी, मगर यह सर का मामला था। दिल में मुस्लिम लीग और उसके रूहे-रवाँ क़ायदे-आज़म मुहम्मद अली जिनाह बदस्तूर बसे हुए थे... इंपीरियल फ़िल्म कंपनी में, कैनेडी ब्रिज पर, भिंडी बाज़ार और मुहम्मद अली रोड में और प्ले हाऊस पर अक्सर मुसलमानों की अक़लियत[31] के साथ कांग्रेस के सुलूक का तज़्किरा[32] होता था।

''इंपीरियल में सब जानते थे कि मैं मुस्लिम लीगी हूँ और क़ायदे-आज़म मुहम्मद अली जिनाह का नाम लेवा, लेकिन यह वह ज़माना था, जब हिंदू किसी के मुँह से क़ायदे-आज़म का नाम सुनकर उसके जानलेवा नहीं हो जाते थे। क़यामे-पाकिस्तान का मुतालबा[33] अभी मंज़रे-आम[34] पर नहीं आया था... मेरा ख़याल है, इंपीरियल फ़िल्म कंपनी के लोग जब मुझसे क़ायदे-आज़म का तारीफ़ी ज़िक्र सुनते थे तो यह समझते थे कि क़ायदे-आज़म भी कोई हीरो है, जिसका मैं परिस्तार[35] हूँ... यही वजह है कि एक दिन उस ज़माने के सबसे बड़े फ़िल्मी हीरो डी **बिलीमोरिया** ने टाइम्स ऑफ़ इंडिया का परचा मेरी तरफ़ बढ़ाते हुए कहा : 'लो भई, यह तुम्हारे जिनाह साहब हैं।'

''मैं समझा, उनकी कोई तसवीर छपी है... मैंने परचा **बिलीमोरिया** के हाथ से ले लिया। उलट-पलट करके देखा, मगर उनकी शबीह[36] नज़र न आई... मैंने बिलीमोरिया से पूछा : 'क्यों भैया, कहाँ है उनका फ़ोटो?'

''**बिलीमोरिया** की जान गिलबर्ट स्टाइल की बारीक-बारीक मूँछें मुसकराहट के बायस उसके होंठ पर कुछ फैल-सी गईं : 'फ़ोटो-वोटो नहीं है... उनका इश्तिहार छपा है।'

''मैंने पूछा : 'इश्तिहार...? कैसा इश्तिहार?'

''**बिलीमोरिया** ने पर्चा लिया और मुझे एक लंबा क़ालम दिखाकर कहा : 'मिस्टर जिनाह को एक मोटर मैकेनिक की ज़रूरत है, जो उनके गेराज का सारा क़ाम सँभाल सके।'

मैंने अख़बार में वह जगह देखी, जहाँ **बिलीमोरिया** ने उँगली रखी हुई थी और यूँ 'ओह' किया, जैसे मैंने एक ही नज़र में उस इश्तिहार का सारा मज़मून पढ़ लिया हो, हालाँकि वाक़िआ यह है कि ख़ाकसार को अंग्रेजी उतनी ही आती थी, जितनी डी बिलीमोरिया को उर्दू।

''जैसा कि मैं अर्ज़ कर चुका हूँ, मेरी मोटर ड्राइवरी सिर्फ़ अलिफ़-ऐसी सीधी सड़क तक महदूद थी। मोटर की मैकेनिज़्म क्या होती है, इसके मुताल्लिक़, हराम है, जो मुझे कुछ इल्म हो। सैल्फ़ दबाने पर इंजन क्यों स्टार्ट होता है, उस वक़्त अगर मुझसे कोई यह सवाल करता तो मैं यक़ीनन यह जवाब देता कि यह क़ानूने-मोटर है। सैल्फ़ दबाने पर बाज़ औक़ात इंजन क्यों स्टार्ट नहीं होता, इस सवाल का भी जवाब यह होता कि यह भी क़ानूने-मोटर है, जिसमें इंसानी अक़्ल को कोई दख़ल नहीं।

''आपको हैरत होगी कि मैंने बिलीमोरिया से जिनाह साहब के बँगले का पता वग़ैरह नोट कर लिया और दूसरे रोज़ सुबह उनके पास जाने का इरादा कर लिया··· असल में मुझे मुलाज़्मत हासिल करने का ख़याल था न उसकी तवक़्क़े थी। बस यूँ ही उनको उनकी रिहाइशगाह में क़रीब से देखने का शौक़ था। चुनांचे अपने ख़ुलूस को डिप्लोमा के तौर पर साथ लिए मैं माऊंट प्लेज़ेंट रोड वाक़े मालाबार हिल पर उनकी ख़ुशनुमा कोठी पर पहुँच गया।

''बाहर पठान पहरेदार था, कई थानों की सफ़ेद शलवार, सर पर रेशमी लुंगी, बहुत ही साफ़-सुथरा और बारौब ग्रांडियल और ताक़तवर··· उसको देखकर मेरी तबीयत ख़ुश हो गई। दिल-ही-दिल में कई मर्तबा मैंने उसके और अपने डंड[37] की पैमाइश की और यह महसूस करके मुझे बड़ी अजीब-सी तस्कीन हुई कि फ़र्क़ बहुत मामूली है, यही कोई एक आध इंच का।

''मुझसे पहले और कई उम्मीदवार जमा थे। सबके-सब अपनी अस्नाद[38] के पुलंदे बग़ल में दाबे खड़े थे··· मैं भी उनमें शामिल हो गया। बड़े मज़े की बात है कि अस्नाद तो एक तरफ़ रहीं, मेरे पास ड्राइविंग का मामूली लाइसेंस तक नहीं था। उस वक़्त दिल सिर्फ़ इस ख़याल से धड़क रहा था कि बस अब चंद लम्हों में क़ायदे-आज़म का दीदार होनेवाला है।

''मैं अभी अपने दिल की धड़कन के मुताल्लिक़ सोच ही रहा था कि क़ायदे-आज़म पोर्च में नमूदार हुए··· सब अटेन्शन हो गए। मैं एक तरफ़ सिमट गया··· उनके साथ उनकी दराज़ क़द और दुबली-पतली हमशीरा थी, जिनकी मुताद्दिद[39] तसावीर[40] मैं अख़बारों और रिसालों में देख चुका था। एक तरफ़ हटकर उनके बाअदब सकत्तर मतलूब साहब थे।

''जिनाह साहब ने अपनी यकचश्मी ऐनक आँख पर जमाई और तमाम उम्मीदवारों को बड़े ग़ौर से देखा··· जब उनकी मुसल्लह आँख का रुख़ मेरी तरफ़ हुआ तो मैं और ज्यादा सिमट गया।

''फौरन उनकी खुब जानेवाली आवाज़ बुलंद हुई··· मुझे सिर्फ़ इतना सुनाई दिया : 'यू···?'

''इतनी अंग्रेज़ी मैं जानता था। उनका मतलब था, 'तुम', मगर वह 'तुम' कौन था, जिससे वह मुख़ातिब हुए थे··· मैं समझा कि मेरे साथवाला है, चुनांचे मैंने उसे कोहनी से टहोका दिया और कहा : 'बोलो··· तुम्हें बुला रहे हैं।'

''साथवाले ने लुकनत[41] भरे लहजे में पूछा : 'साहब, मैं ?'

''क़ायदे-आज़म की आवाज़ फिर बुलंद हुई : 'नो··· टुम ।'

''उनकी बारीक मगर लोहे-जैसी सख़्त उँगली मेरी तरफ़ थी··· मेरा तन-बदन काँप उठा : 'जी, मैं ?'

'' 'येस !' यह थ्री नॉट थ्री की गोली तो मेरे दिलो-दिमाग़ के पार हो गई । मेरा हलक़, क़ायदे-आज़म के नारे बुलंद करनेवाला हलक़, बिलकुल सूख गया । मैं कुछ न कह सका··· मगर जब उन्होंने अपना मोनोकल आँख से उतारकर 'आल राइट' किया तो मैंने महसूस किया कि शायद मैंने कुछ कहा था, जो उन्होंने सुन लिया था, या वह मेरी कैफ़ियत भाँप गए थे और मेरे नुत्क़[42] को मज़ीद अज़ीयत[43] से बचाने के लिए उन्होंने 'आल राइट' कह दिया था ।

''पलटकर उन्होंने अपने हसीनो-जमील और सेहतमंद सेक्रेटरी की तरफ़ देखा आर उससे कुछ कहा । इसके बाद वह अपनी हमशीरा के साथ अंदरं तशरीफ़ ले गए··· मैं अपने दिलो-दिमाग़ की गड़बड़ जल्दी-जल्दी समेटकर वहाँ से चलने ही वाला था कि मतलूब साहब ने मुझे पुकारा और कहा : 'साहब ने तुम्हें कल दस बजे यहाँ हाज़िर होने के लिए कहा है ।'

''मैं मतलूब साहब से यह सवाल न कर सका कि साहब ने मुझे क्यों बुलाया है । मैं उनको यह भी न बता सका कि मैं बुलाए जाने के हरगिज़-हरगिज़ क़ाबिल नहीं हूँ, इसलिए कि मैं उस मुलाज़मत का बिलकुल अहल नहीं, जिसके लिए क़ायदे-आज़म ने इश्तिहार दिया था··· मतलूब साहब भी अंदर चले गए और मैं घर लौट आया ।

''दूसरे रोज़ सुबह दस बजे फिर दरे-दौलत हाज़िर हुआ··· जब इत्तिला कराई तो क़ायदे-आज़म के ख़ुशपोश, हसीनो-जमील और सेहतमंद सेक्रेटरी मतलूब साहब तशरीफ़ लाए और उन्होंने मुझे यह हैरतअंगेज़ मुज़्दा[44] सुनाया कि साहब ने मुझे पसंद किया है, और कि मैं फ़ौरन गैराज का चार्ज ले लूँ··· यह सुनकर मेरे जी में आई कि उन पर अपनी क़ाबिलियत का सारा पोल खोल दूँ और साफ़-साफ़ कह दूँ : 'हज़रत, क़ायदे-आज़म को इस ख़ाकसार के मुताल्लिक़ ग़लतफ़हमी हुई है··· मैं तो महज़ तफ़्रीहन यहाँ चला आया था··· यह आप गैराज का बोझ इस नाअहल[45] के काँधों पर क्यों धर रहे हैं···' मगर जाने क्यों, मैं कुछ न बोला··· इसका नतीजा यह हुआ कि आनन-फ़ानन गैराज का प्रधान बना दिया गया । चाबियाँ मेरे हवाले कर दी गईं ।

''चार कारें थीं, मुख़्तलिफ़ मेक की··· और मुझे सिर्फ़ सेठ आरडेशर ईरानी की ब्यूक चलाना आती थी, और वह भी अलिफ़-जैसी सीधी सड़क पर··· मालाबार हिल तक पहुँचने में कई मोड़ थे, कई ख़म और मोटर में आज़ाद को सिर्फ़ अपनी अकेली जान नहीं ले जाना थी, उसे ख़ुदा मालूम किन-किन अहम कामों पर उस रहनुमा को लिए-लिए फिरना था, जिसकी ज़िंदगी के साथ लाखों मुसलमानों की जान वाबस्ता थी ।

''मैंने सोचा, चाबियाँ वग़ैरह सब छोड़-छाड़ के भाग जाऊँ । भाग के सीधे घर पहुँचूँ, वहाँ से अपना असबाब उठाऊँ और टिकट कटा के दिल्ली का रुख़ करूँ··· मगर फिर

सोचता, यह दुरुस्त नहीं; बेहतर यही है कि बिला कमोकास्त[46] जिनाह साहब को सारे हक़ायक़[47] से बाख़बर कर दूँ और माफ़ी माँगकर इंसानों की तरह वापिस उस जगह चला जाऊँ जो कि मेरा असल मक़ाम था... मगर आप यक़ीन मानिए, मुझे पूरे छः महीने तक इसका मौक़ा न मिला...''

मैंने पूछा : ''वह कैसे ?''

मुहम्मद हनीफ़ आज़ाद ने जवाब दिया : ''आप सुन लीजिए... दूसरे रोज़ हुक्म हुआ कि आज़ाद मोटर लाए... वह जो ऐसे मौक़ों पर ख़ता हुआ करता है, ख़ता होते-होते रह गया... मैंने इरादा कर लिया था कि जूँही साहब सामने आएँगे, सलाम करके गैराज की चाबियाँ उनके हवाले कर दूँगा और उनके क़दमों में गिर पड़ूँगा, लेकिन ऐसा न हो सका... वह पोर्च में तशरीफ़ लाए तो इस बंदा-ए-नाबकार[48] के मुँह से उनके रोब के मारे एक लफ़्ज़ भी निकल न सका... इसके अलावा उनके साथ फ़ातिमा साहिबा थीं... औरत के सामने किसी के क़दमों में गिरना, मंटो साहब, कुछ बहुत वह था...''

मैंने आज़ाद की मोटी-मोटी आँखों में शर्म के लाल-लाल डोरे देखे और मुसकरा दिया : ''ख़ैर... फिर क्या हुआ ?''

''हुआ यह मंटो साहब कि ख़ाकसार को मोटर स्टार्ट करनी ही पड़ी... नई पेकार्ड थी... अल्लाह का नाम लेकर अटकल पच्चू स्टार्ट तो कर दी और बड़ी सफ़ाई से कोठी के बाहर भी ले गया, पर जब मालाबार हिल से नीचे उतरते वक़्त लाल बत्तीवाले मोड़ के पास पहुँचा... जानते हैं ना लाल बत्तीवाला मोड़ ?''

मैंने इस्बात में सर हिलाया : ''हाँ-हाँ !''

''बस साहब, वहाँ मुश्किल पैदा हो गई... उस्ताद बुद्धन ने कहा था : 'ब्रेक दबाकर मामला ठीक कर लिया करो...'' अफ़रा-तफ़री के आलम में कुछ ऐसे अनाड़ीपन से ब्रेक दबाई कि गाड़ी एक धचके के साथ रुक गई... क़ायदे-आज़म के हाथ से उनका सिगार गिर पड़ा। फ़ातिमा जिनाह साहिबा उछलकर दो बालिश्त आगे आ गईं और लगीं मुझे गालियाँ देने... काटो तो लहू नहीं मेरे बदन में। हाथ काँपने लगे। दिमाग़ चकराने लगा... क़ायदे-आज़म ने सिगार उठाया और अंग्रेज़ी में कुछ कहा, जिसका ग़ालिबन यह मतलब था कि वापिस ले चलो... मैंने हुक्म की तामील की... वापिस कोठी पहुँचने के बाद उन्होंने दूसरी गाड़ी और दूसरा ड्राइवर तलब फ़रमाया और जहाँ जाना था, चले गए... इस वाक़े के बाद छः महीने तक मुझे उनकी ख़िद्मत का मौक़ा न मिला।''

मैंने मुसकराकर पूछा : ''ऐसी ही ख़िद्मत का ?''

आज़ाद भी मुसकराया : ''जी हाँ... बस यूँ समझिए कि साहब ने मुझे इसका मौक़ा न दिया... दूसरे ड्राइवर थे। वह उनकी वर्दी में रहते थे। मतलूब साहब रात को बता देते थे कि कौन ड्राइवर, कब और किस गाड़ी के लिए चाहिए... मैं अगर उनसे अपने मुताल्लिक़ कुछ दरयाफ़्त करता तो वह कोई ख़ातिर ख़्वाह जवाब न दे सकते। यह मुझे बाद में मालूम हुआ... साहब के दिल में क्या है, इसके मुताल्लिक़ कोई भी वुसूक़ से कुछ नहीं कह सकता था और न उनसे कोई किसी अम्र के बारे में इस्तिफ़सार[49] ही कर सकता था... वह सिर्फ़

मतलब की बात करते थे और मतलब की बात ही सुनते थे... यही वजह है कि मैं उनसे इतना क़रीब होते हुए भी यह मालूम न कर सका कि अपने गैराज का क़ायद[50] बनाकर एक बेकार पुर्ज़े की तरह उन्होंने मुझे क्यों एक तरफ़ फ़ेंक रखा है।"

मैंने आज़ाद से कहा : "हो सकता है, वह तुम्हें क़तअन भूल ही गए हों।"

आज़ाद के हलक़ से वज़नी क़हक़हा बुलंद हुआ : "नहीं जनाब, नहीं... साहब भूले से भी कभी नहीं भूलते थे—उनको अच्छी तरह मालूम था कि आज़ाद छः महीने से गैराज में पड़ा रोटियाँ तोड़ रहा है... और मंटो साहब, जब आज़ाद रोटियाँ तोड़े तो वह मामूली रोटियाँ नहीं होतीं... यह तनो-तोश[51] मुलाहिज़ा फ़रमा लीजिए।"

मैंने आज़ाद की तरफ़ देखा—सन सैंतीस-अड़तीस में जाने उसका क्या तनो-तोश था, मगर मेरे सामने एक काफ़ी मज़बूत और तनोमंद आदमी बैठा था, जिसको आप एक एक्टर की हैसियत से यक़ीनन जानते होंगे। तक़सीम से पहले वह फ़िल्मों में काम करता था, और आजकल यहाँ लाहौर में अपने दूसरे एक्टर भाइयों के साथ फ़िल्मी सनअत की ज़बूंहाली[52] का शिकार किसी-न-किसी हीले गुज़र औक़ात कर रहा है।

मुझे पिछले बरस एक दोस्त से मालूम हुआ था कि यह मोटी-मोटी आँखों, सियाह रंग और कसरती बदनवाला एक्टर मुहम्मद हनीफ़ आज़ाद एक मुद्दत तक क़ायदे-आज़म मुहम्मद अली जिनाह का मोटर ड्राइवर रह चुका है। चुनांचे उसी वक़्त से मेरी निगाह उस पर थी—जब कभी उससे मुलाक़ात होती, मैं उसके आक़ा का ज़िक्र छेड़ देता और उससे बातें सुन-सुनकर अपने हाफ़िज़े में जमा करता रहता।

कल जब मैंने यह मज़मून लिखने के लिए उससे कई बातें दुबारा सुनीं तो मुझे क़ायदे-आज़म की ज़िंदगी के एक बहुत ही दिलचस्प पहलू की झलक नज़र आई... मुहम्मद हनीफ़ आज़ाद के जेह्न पर इस बात ने ख़ास असर किया था कि उसका आक़ा ताक़तपसंद था—जिस तरह अल्लामा इक़बाल को बुलंद क़ामत[53] चीज़ें पसंद थीं, उसी तरह क़ायदे-आज़म को तनोमंद चीज़ें मरग़ूब[54] थीं। यही वजह है कि अपने लिए मुलाज़िमों का इंतिख़ाब[55] करते वक़्त वह जिस्मानी सेहत और ताक़त सबसे पहले देखते थे।

उस ज़माने में, जिसका ज़िक्र मुहम्मद हनीफ़ आज़ाद करता है, क़ायदे-आज़म का सेक्रेटरी मतलूब बड़ा वजीह आदमी था, जितने ड्राइवर थे, सबके-सब जिस्मानी सेहत का बेहतरीन नमूना थे। कोठी के पासबाँ[56] भी नुक़्ता-ए-नज़र से चुने गए थे... इसका नफ़सियाती पसमंज़र इसके सिवा और क्या हो सकता है कि जिनाह मरहूम ख़ुद बहुत ही लाग़िर[57] और नहीफ़[58] थे, मगर तबीयत चूँकि बेहद मज़बूत और कसरती थी, इसलिए किसी ज़ईफ़ और नहीफ़ शै को ख़ुद से मनसूब होना पसंद नहीं करते थे।

वह चीज़ जो इंसान को मरग़ूब और प्यारी हो, उसके बनाव-सिंगार का वह ख़ास एहतिमाम[60] करता है। चुनांचे क़ायदे-आज़म को अपने सेहतमंद और ताक़तवर मुलाज़िमों की पोशिश का बहुत ख़याल रहता था—पठान चौकीदार को हुक्म था कि वह हमेशा अपना क़ौमी लिबास पहना करे। आज़ाद पंजाबी नहीं था, लेकिन कभी-कभी इरशाद होता था कि वह पगड़ी पहने। सर का यह लिबास बड़ा तरहदार है। चूँकि इससे

क़दो-क़ामत में ख़ुशगवार इज़ाफ़ा होता है, इसलिए वह आज़ाद के सर पर पगड़ी बँधवाकर बहुत ख़ुश होते थे और इस ख़ुशी में उसको इनाम दिया करते थे।

अगर ग़ौर किया जाए तो जिस्म की लाग़िरी का यह एहसास ही उनकी मज़बूत और पुर वजाहत ज़िंदगी की सबसे बड़ी क़ुव्वत थी। उनके चलने-फिरने, उठने-बैठने, खाने-पीने और बोलने-सोचने में यह क़ुव्वत हर वक्त कारफ़रमा[60] रहती।

मुहम्मद हनीफ़ आज़ाद ने मुझे बताया : ''क़ायदे-आज़म की ख़ुराक बहुत क़लील[61] थी⋯ वह इतना कम खाते थे कि मुझे बाज़ औक़ात ताज्जुब होता था कि वह जीते किस तरह हैं। अगर मुझे उस ख़ुराक पर रखा जाता तो यक़ीनन दूसरे ही रोज़ मेरी चर्बी पिघलने लगती⋯ हर रोज़ चार-पाँच मुर्ग़ियाँ बावर्चीख़ाने में ज़िबेह होती थी। उनमें से सिर्फ़ एक चूज़े की यख़्नी और वह भी बमुश्किल एक छोटी प्याली उनकी ख़ुराक का जुज़[62] बनती थी⋯ फ़्रूट हर रोज़ आता था और काफ़ी मिक़दार में आता, मगर वह सब मुलाज़िमों के पेट में जाता था⋯ हर रोज़ रात के खाने के बाद साहब काग़ज़ पर अशयाए-ख़ुर्दनी[63] की फ़ेहरिस्त पर निशान लगा देते थे और एक सौ का नोट मेरे हवाले कर देते थे। यह दूसरे रोज़ के तआम[64] के इख़राजात[65] के लिए होता था।''

मैंने आज़ाद से पूछा : ''हर रोज़ सौ रुपए ?''

''जी हाँ, पूरे सौ रुपए⋯ और क़ायदे-आज़म कभी हिसाब तलब नहीं फ़रमाते थे। जो बाक़ी बचता, वह सब मुलाज़िमों में तक़सीम हो जाता। कभी तीस बच जाते, कभी चालीस और कभी-कभी साठ-सत्तर⋯ उनको यक़ीनन इस बात का इल्म था कि हम हर रोज़ बहुत-से रुपए गोल कर जाते हैं, मगर इसका ज़िक्र उन्होंने कभी न किया⋯ अलबत्ता मिस जिनाह बहुत तेज़ थीं। अक्सर बिगड़ जाती थीं कि हम सब चोर हैं और एक आने की चीज़ का एक रुपया लगाते हैं⋯ मगर साहब का सुलूक कुछ ऐसा था कि हम सब उनके माल को अपना माल समझने लगे थे। चुनांचे मिस जिनाह की झिड़कियाँ और घुड़कियाँ सुनकर हम अपने कान समेट लेते थे। साहब ऐसे मौक़ों पर अपनी हमशीरा से 'इट इज़ आल राइट⋯ इट इज़ आल राइट⋯' कहते और मामला रफ़ा-दफ़ा हो जाता⋯ एक दफ़ा साहब के 'इट इज़ आल राइट' कहने से मामला रफ़ा न हुआ और मुहतरमा मिस जिनाह ने बावर्ची को निकाल दिया। एक बावर्ची को नहीं, दोनों बावर्चियों को⋯ क़ायदे-आज़म बयक वक्त बावर्चीख़ाने के लिए दो मुलाज़िम रखते थे। एक वह जो हिंदुस्तानी खाने पकाना जानता हो और दूसरा वह जो अंग्रेज़ी तर्ज़ के खाने पकाने की महारत रखता हो⋯ आमतौर पर हिंदुस्तानी बावर्ची बेकार पड़ा रहता था। बाज़ औक़ात महीनों के बाद उसकी बारी आती थी और उसको हुक्म मिलता था कि वह हिंदुस्तानी खाने तैयार करे, मगर क़ायदे-आज़म को उनसे दिली रग़बत[66] नहीं थी।''

आज़ाद ने बताया : ''जब दोनों बावर्ची निकाल बाहर किए गए तो साहब ने कुछ न कहा। वह अपनी हमशीरा के मामलों में दख़ल नहीं दिया करते थे। चुनांचे कई दिन दोनों वक़्त का खाना ताज होटल में तनावुल[67] फ़रमाते रहे⋯ इस दौरान में हम लोगों ने ख़ूब ऐश किए। घर से मोटर लेकर नए बावर्चियों की तलाश में निकल जाते और घंटों इधर-उधर

घूम-घामकर वापिस आ जाते कि काम का कोई आदमी नहीं मिला··· आख़िर में मिस जिनाह के कहने पर पुराने बावर्ची वापस बुला लिए गए।''

जो शख़्स बहुत कमख़ोर हो, वह दूसरों को बहुत खाते देखकर या तो जलता-भुनता है या बहुत ख़ुश होता है··· क़ायदे-आज़म दूसरी क़बील के कमख़ोरों में थे। वह दूसरों को खिलाकर दिली मसर्रत महसूस करते थे। यही वजह है कि हर रोज़ सौ रुपए देकर वह हिसाब-किताब से बिलकुल ग़ाफ़िल हो जाते थे, मगर इसका यह मतलब नहीं कि वह इस्राफ़पसंद[68] थे।

मुहम्मद हनीफ़ आज़ाद एक दिलचस्प वाक़ा बयान करता है : ''यह सन उनतालीस का ज़िक्र है···शाम के वक़्त वरली की सैर हो रही थी। मैं उनकी सफ़ेद पेकार्ड आहिस्ता-आहिस्ता चला रहा था। समंदर की मौजें हौले-हौले साहिल से टकरा रही थीं। मौसम में गुलाबी ख़ुनकी थी। साहब का मूड बहुत अच्छा था। मैंने मौक़ा पाकर ईद का जिक्र छेड़ा। इससे जो मेरा मतलब था, वह ज़ाहिर है··· साहब फ़ौरन ताड़ गए। मैंने बैक व्यू मिरर में देखा। उनके पतले होंठ मुसकराए। न जुदा होनेवाला सिगार मुँह से निकालकर उन्होंने कहा : 'ओह··· वैल वैल··· अभी टुम एक़दम मुसलमान हो गया है··· थोड़ा हिंदू बनो।' ''

आज़ाद को चार रोज़ पहले क़ायदे-आज़म मुसलमान बना चुके थे, यानी इनाम के तौर पर उसे दो सौ रुपए दे चुके थे। यही वजह है कि उन्होंने उसको थोड़ा-सा हिंदू बनने की तलक़ीन[69] की, मगर आज़ाद पर इसका कोई असर न हुआ।

इस ईद पर वह सैयद मुर्तज़ा जीलानी फ़िल्म प्रोड्यूसर के पास अपनी मुसलमानी मुस्तहकम[70] करने की ग़र्ज़ से आया था कि उससे मेरी मुलाक़ात हुई और मैंने यह मज़मून तैयार करने के लिए उससे मज़ीद मालूमात हासिल कीं।

क़ायदे-आज़म की घरेलू ज़िंदगी का सही नक़्शा मस्तूर[71] है और हमेशा मस्तूर रहेगा। आमतौर पर यही कहा जाता है लेकिन जहाँ तक मैं समझा हूँ, उनकी घरेलू ज़िंदगी उनकी सियासी ज़िंदगी में कुछ इस तरह मुद्‌ग़म[72] हो गई थी कि उसका वुजूद होने-न होने के बराबर रह गया था। बीवी थी, वह मुद्दत हुई उनसे जुदा हो चुकी थी। लड़की थी, उसने उनकी मर्ज़ी के ख़िलाफ़ एक पारसी लड़के से शादी कर ली थी।

मुहम्मद हनीफ़ आज़ाद ने मुझे बताया : ''साहब को इसका सख़्त सदमा पहुँचा था। उनकी ख़्वाहिश थी कि वह किसी मुसलमान से शादी करे, ख़्वाह वह किसी भी रंग व नस्ल का हो, लेकिन उनकी लड़की यह जवाज़ पेश करती थी कि जब साहब को अपनी शरीके-ज़िंदगी मुंतख़ब करने में आज़ादी हासिल थी तो वह यह आज़ादी उसे क्यों नहीं बख़्शते।''

क़ायदे-आज़म ने बंबे के एक बहुत बड़े पारसी की लड़की से शादी की थी। यह तो सबको मालूम है, लेकिन यह बात बहुत कम आदमियों को मालूम है कि पारसी इस रिश्ते से बहुत नाख़ुश थे। उनकी यह कोशिश और ख़्वाहिश थी कि वह जिनाह साहब से बदला लें—चुनांचे बाज़ दक़ीक़ारस[73] असहाब का यह कहना है कि क़ायदे-आज़म की लड़की का

पारसी के लड़के से शादी करना एक मुनज़्ज़म[74] साज़िश का नतीजा है।

मैंने जब इसका ज़िक्र आज़ाद से किया तो उसने कहा : "अल्लाह बेहतर जानता है⋯मुझे सिर्फ़ इस क़दर मालूम है कि साहब की ज़िंदगी में उनकी बीवी की मौत के बाद यह दूसरा बड़ा सद्मा था⋯जब उनको मालूम हुआ कि उनकी साहबज़ादी ने एक पारसी से शादी कर ली है तो वह बेहद मुतास्सिर हुए⋯उनका चेहरा इस क़दर लतीफ़ था कि मामूली-से-मामूली वाक़ा भी उस पर उतार-चढ़ाव पैदा कर देता था, जो दूसरों को फ़ौरन नज़र आ जाता था। उनके माथे पर हल्की-सी शिकन एक ख़ौफनाक ख़त की सूरत इख़्तियार कर जाती थी⋯उनके दिलो-दिमाग़ पर इस हादिसे से क्या गुज़री, इसके मुताल्लिक़ मरहूम की कुछ कह सकते थे। हमें सिर्फ़ ख़ारिजी[75] ज़रियों से जो कुछ मालूम हुआ, उसकी बिना पर कह सकते हैं कि वह बहुत मुज़्तरिब रहे। पंद्रह रोज़ तक वह किसी से न मिले। इस दौरान में उन्होंने सैकड़ों सिगार फूँक डाले होंगे और सैकड़ों मील अपने कमरे में इधर-उधर चक्कर लगाकर तय किए होंगे⋯सोच-विचार के आलम में उनको इधर-उधर टहलने की आदत थी। रात के सन्नाटे में वह अक्सर पुख़्ता और बेदाग़ फ़र्श पर एक अर्से तक टहलते रहते थे⋯नपे-तुले क़दम, इधर-से-उधर एक फ़ासला, ख़ामोश फ़ज़ा। जब वह चलते तो उनके सफ़ेद और काले या सफ़ेद और ब्राऊन शूज़ एक अजीब क़िस्म की यक आहंग टकटक पैदा करते जैसे क्लॉक मुऐयन वक़्फ़ों के बाद अपनी ज़िंदगी की ख़बर दे रहा हो⋯क़ायदे-आज़म को अपने जूतों से प्यार था, इसलिए कि वह उनके क़दमों में होते थे और हर वक़्त उनके इशारों पर चलते थे⋯पंद्रह दिन मुसलसल जेहनी और रूहानी तौर पर मुज़्तरिब रहने के बाद एक रोज़ वह एकाएकी नमूदार हुए। उनके चेहरे पर अब उस सद्मे का कोई असर बाक़ी नहीं था। उनकी गर्दन, जिसमें फ़र्ते-ग़म[76] के बायस ख़फ़ीफ़-सा ख़म पैदा हो गया था, फिर उसी तरह सीधी और अकड़ी हुई थी। लेकिन इसका मतलब यह नहीं कि वह उस सद्मे को बिलकुल भूल गए थे।"

जब आज़ाद ने क़ायदे-आज़म की ज़िंदगी के उस सद्मे का ज़िक्र दुबारा छेड़ा तो मैंने उससे पूछा : "वह उस सद्मे को नहीं भूले थे, यह तुम्हें कैसे मालूम हुआ?"

आज़ाद ने जवाब दिया : "मुलाज़िमों से क्या बात छुपी रहती है⋯कभी-कभी वह बड़ा संदूक़ खुलवाने का हुक्म देते। जस्त के उस जहाज़ी संदूक़ में बेशुमार कपड़े थे उनकी मरहूम बीवी के और नाफ़रमाबरदार लड़की के, जब वह छोटी-सी बच्ची थी⋯कपड़े बाहर निकाले जाते तो साहब बड़ी संगीन ख़ामोशी से उनको देखते रहते। एकदम उनके दुबले-पतले और शफ़ाफ़ चेहरे पर ग़मो-अंदोह[77] की लकीरों का एक जाल-सा बिखर जाता⋯'इट इज़ आल राइट⋯इट इज़ आल राइट' कहकर वह अपनी आँखों से मोनोकल उतारते और उसे पोंछते हुए एक तरफ़ चल देते।"

मुहम्मद हनीफ़ आज़ाद के बयान के मुताबिक़ क़ायदे-आज़म की तीन बहनें थीं। "फ़ातिमा जिनाह, रहमत जिनाह⋯तीसरी का नाम मुझे याद नहीं, जो डोंगरी में रहती थीं⋯चौपाटी कार्नर, नज़्द चनाई मोटर वर्क्स पर रहमत जिनाह मुक़ीम थीं। उनके शौहर कहीं मुलाज़िम थे। आमदन क़लील थी। साहब हर महीने मुझे एक बंद लिफ़ाफ़ा देते,

जिसमें कुछ करेंसी नोट होते। इसके अलावा वह कभी-कभी मुझे एक पार्सल-सा भी देते, जिसमें ग़ालिबन कपड़े वग़ैरह होते। ये चीज़ें मुझे रहमत जिनाह के यहाँ पहुँचाना होती थीं। यहाँ मिस फ़ातिमा जिनाह और ख़ुद साहब भी कभी-कभी जाया करते थे... उनकी वह बहन, जिनका नाम मुझे याद नहीं और जो डोंगरी में रहती थीं, शादीशुदा थीं। उनके मुताल्लिक़ मुझे सिर्फ़ इतना मालूम है कि वह आसूदा[78] हाल थीं और किसी इमदाद की मोहताज नहीं थीं... साहब का एक भाई भी था और उसकी मदद वह बाक़ाइदा करते थे, मगर उसको घर में आने की इजाज़त नहीं थी।''

क़ायदे-आज़म के इस भाई को मैंने बंबे में देखा है—सेवाय बार में एक शाम को मैंने देखा कि क़ायदे-आज़म की शक्लो-सूरत का एक आदमी रम के आधे पैग का आर्डर दे रहा है। वैसा ही नाक-नक्शा, वैसे ही उलटे कंघी किए हुए बाल, क़रीब-क़रीब वैसी ही सफ़ेद लट—मैंने उसके बारे में किसी से इस्तिफ़सार किया तो मालूम हुआ कि वह मिस्टर मुहम्मद अली जिनाह का भाई अहमद अली जिनाह है—मैं बहुत देर उसको देखता रहा। रम का आधा पैग उसने बड़ी शान से आहिस्ता-आहिस्ता लबों के ज़रिए से चूस-चूसकर ख़त्म किया। बिल जो एक रुपए से कम था, यूँ अदा किया जैसे एक बहुत बड़ी रकम हो। उसकी निशस्त से मालूम होता था कि वह बंबे की एक घटिया बार के बजाय ताजमहल होटल के शराबख़ाने में बैठा है।

गाँधी-जिनाह तारीख़ी मुलाक़ात से कुछ देर पहले बंबे में मुसलमानों का एक तारीख़ी इज्तिमा[79] हुआ था। मेरे एक दोस्त इस जलसे में मौजूद थे। उन्होंने मुझे बताया था कि प्लेटफ़ार्म पर क़ायदे-आज़म अपने मख़्सूस अंदाज़ में तक़रीर कर रहे थे और बहुत दूर उनका भाई अहमद अली जिनाह आँखों पर मोनोकल लगाए कुछ इस अंदाज़ से खड़ा था जैसे वह अपने भाई के अल्फ़ाज़ दाँतों तले चबा रहा है।

आज़ाद ने बताया : ''अंदरूने-ख़ाना खेलों में क़ायदे-आज़म को सिर्फ़ बिलियर्ड से दिलचस्पी थी... कभी-कभी जब उनको इस खेल से शुग़्ल फ़रमाने की ख़्वाहिश होती तो वह बिलियर्डरूम खुलवाने का हुक्म देते... सफ़ाई यूँ तो हर कमरे में हर रोज़ होती थी, मगर जब वह किसी ख़ास कमरे में जाने का इरादा फ़रमाते तो मुलाज़्मीन उनके दाख़िले से पहले अपना अच्छी तरह इत्मीनान कर लेते कि हर चीज़ साफ़-सुथरी और ठीक-ठाक है... बिलियर्डरूम में मुझे जाने की इजाज़त थी, इसलिए कि मुझे भी इस खेल से थोड़ा-बहुत शग़फ़[80] है... बारह गेंदें उनकी ख़िद्मत में पेश कर दी जातीं। उनमें से वह इंतिख़ाब करते और खेल शुरू हो जाता... मुहतरमा फ़ातिमा जिनाह पास होतीं। साहब सिगार सुलगाकर होंठों में दबा लेते और उस गेंद की पोज़ीशन को अच्छी तरह जाँचते, जिसके ठोकर लगाना होती थी। इस जाँच-पड़ताल में वह कई मिनट सर्फ़ करते। कभी एक ज़ाविए से देखते, कभी दूसरे ज़ाविए से। हाथ में क्यू को तौलते, अपनी पतली-पतली उँगलियों पर उसे सारंगी के गज़ की तरह फेरते, ज़ेरे-लब कुछ कहते, शस्त बाँधते और अगर कोई दूसरा मुनासिब व मोज़ूँ ज़ाविया उनके जेहन में आ जाता तो वह अपनी ज़रब रोक लेते। फिर हर तरफ़ से अपना पूरा इत्मीनान कर लेने के बाद जब वह क्यो गेंद के साथ टकराते और नतीजा उनके हिसाब के मुताबिक़ निकलता तो अपनी बहन की तरफ़ फ़ातहाना अंदाज़ में

देखकर मुसकरा देते।''

सियासत के खेल में भी क़ायदे-आज़म इसी तरह मोहतात[81] थे। वह एकदम कोई फ़ैसला नहीं करते थे। हर मसले को वह बिलियर्ड के मेज़ पर पड़ी हुई गेंद की तरह हर जाविए से बग़ौर देखते थे और सिर्फ़ उसी वक़्त अपने क्यो को हरकत में लाकर ज़रब लगाते थे, जब उनको उसके कारगर होने का पूरा वुसूक़ होता था। वह वार करने से पहले शिकार को अपनी निगाहों में अच्छी तरह तौल लेते थे, उसकी निशस्त के तमाम पहलुओं पर ग़ौर कर लेते थे, फिर उसकी जसामत[82] के मुताबिक़ हथियार मुंतख़ब करते थे। वह ऐसे निशानची नहीं थे कि पिस्तौल उठाया और दाग़ दिया, इस यक़ीन के साथ कि निशाना ख़ता नहीं जाएगा—निशानची की हर मुमकिन ख़ता शस्त बाँधने से पहले उनके पेशे-नज़र रहती थी।

आज़ाद के बयान के मुताबिक़ क़ायदे-आज़म आम मुलाक़ातियों से परहेज़ करते थे : ''दूर अज़ कार बातों से उन्हें सख़्त नफ़रत थी। सिर्फ़ मतलब की बात और वह भी इंतिहाई इख़्तिसार के साथ सुनने और करने की आदत थी। यही वजह है कि उनके ख़ास कमरे में, जहाँ बहुत कम लोगों को दाख़िले की इजाज़त थी, सिर्फ़ एक सोफ़ा था। इस सोफ़े के साथ एक छोटी-सी तिपाई थी। इसमें साहब अपने सिगार की राख फेंकते थे। सोफ़े के बिलमुक़ाबिल दो शोकेस थे। इनमें वह क़ुरआन मजीद रखे रहते थे जो उनके अक़ीदतमंदों ने उनको तोहफ़े के तौर पर दिए थे। उस कमरे में उनके ज़ाती काग़ज़ात भी महफ़ूज़ थे। आमतौर पर वह अपना ज़्यादा वक्त इसी कमरे में गुज़ारते थे। उस कमरे में कोई मेज़ नहीं थी…मतलूब या कोई और शख़्स जब भी उस कमरे में बुलाया जाता तो उसे दरवाज़े में खड़ा रहना पड़ता। वहीं वह साहब के अहकाम सुनता और उलटे पाँव चला जाता…सोफ़े के ख़ाली हिस्से पर उनके ज़ेरे-मुताला काग़ज़ात बिखरे रहते। कोई ख़त लिखवाना होता तो मतलूब को या स्टेनो को बुलवाते और ख़त या बयान की इबारत बोल देते…उनके लहजे में एक क़िस्म की करख़्तगी[83] थी। मैं अंग्रेज़ी ज़बान के मिज़ाज से वाक़िफ़ नहीं हूँ, लेकिन जब वह बोलते तो ऐसा महसूस होता कि वह ज़ोर न देनेवाले अल्फ़ाज़ पर भी ज़ोर दे रहे हैं।''

आज़ाद के मुख़्तलिफ़ बयानातों से यही मालूम होता है कि क़ायदे-आज़म की जिस्मानी कमज़ोरी का ग़ैर शऊरी या तहतुश्शऊरी[84] एहसास ही उन करख़्त मज़ाहिर[85] का बायस था। उनकी ज़िंदगी हबाब बरआब[86] थी, मगर वह एक बहुत बड़ा भँवर बन के रहते थे—बाज़ असहाब का तो यह कहना है कि वह इतने दिन सिर्फ़ इसी क़ुव्वत के बल पर जिए, जिस्मानी कमज़ोरी के इस एहसास की क़ुव्वत पर।

मुहम्मद हनीफ़ आज़ाद के बयान के मुताबिक़ बहादुर यारजंग मरहूम क़ायदे-आज़म के बेहतरीन दोस्तों में से थे : ''सिर्फ़ उन्हीं से उनके मरासिम[87] बहुत बेतकल्लुफ़ाना थे। वह जब भी उनके यहाँ क़याम करते तो दोनों शख़्सियतें ठेट दोस्ताना अंदाज में क़ौमी और सियासी मसाइल पर ग़ौर करतीं। उस वक़्त क़ायदे-आज़म अपनी आमरियत[88] कुछ अर्से के लिए अपनी शख़्सियत से जुदा कर देते…मैंने सिर्फ़ यही एक शख़्स देखा, जिससे साहब

हमजोली की तरह बातें करते थे। ऐसा महसूस होता था, जैसे वह उनके बचपन के साथी हैं... जब वह आपस में बातें करते तो कई मर्तबा क़ैदोबंद[89] से आज़ाद क़हक़हों की आवाज़ सुनाई देती... बहादुर यार जंग के अलावा मुस्लिम लीग से दूसरे सरबर आवर्दा अराकीन[90], मिसाल के तौर पर राजा महमूदाबाद, आई.आई. चंद्रीगर, मौलाना ज़ाहिद हुसैन, नवाबज़ादा लियाक़त अली ख़ाँ, नवाब इस्माईल और अली इमाम साहब अक्सर तशरीफ़ लाते थे, लेकिन साहब उनसे बिलकुल दफ़्तरी अंदाज़ में पेश आते... वह बेतकल्लुफ़ी कहाँ, जो बहादुर यार जंग के लिए मख़्सूस[91] थी।"

मैंने आज़ाद से पूछा: "ख़ान लियाक़त अली ख़ाँ तो अक्सर आते होंगे?"

आज़ाद ने जवाब दिया: "जी हाँ... साहब उनसे इस तरह पेश आते थे जैसे वह उनके सबसे होनहार शागिर्द हों। और ख़ान साहब भी बड़े अदब और बड़ी सआदतमंदी से उनका हर हुक्म सुनते और बजा लाते थे... जब उनकी तलबी होती तो वह मुझसे कभी-कभी पूछ लिया करते: 'कहो आज़ाद, साहब का मूड कैसा है...' साहब का जैसा मूड होता, मैं बता दिया करता... जब साहब के मूड में कोई ख़राबी वाक़े हो जाती तो कोठी के तमाम दरो-दीवार को फ़ौरन पता चल जाता था।"

क़ायदे-आज़म अपने मुलाज़्मीन के किरदारो-अत्वार[92] का बहुत ख़याल रखते थे। जिस तरह उनको तन के मैल से नफ़रत थी, उसी तरह वह मन के मैल से मुतनफ़्फ़र[93] थे... मतलूब उनको बहुत पसंद था, मगर जब उनको मालूम हुआ कि वह एक रज़ाकार लड़की से मुहब्बत की पेंगें बढ़ा रहा है तो उनको बहुत कोफ़्त हुई। वह इस क़िस्म की कोफ़्त ज़्यादा देर तक बर्दाश्त नहीं करते थे—मतलूब की तलबी हुई और उसे फ़ौरन मुलाज़्मत से अलहदा कर दिया गया, मगर उसको रुख़्सत करने के बाद वह उससे इस तरह पेश आए, जिस तरह दोस्तों से आते हैं।

आज़ाद बयान करता है: "एक बार मैं रात के दो बजे सैरो-तफ़्रीह से फ़ारिग़ होकर कोठी आया। वह दिन ऐसे थे, जब रगों में जवानी के ख़ून को खौलाने में एक अजीब क़िस्म की लज़्ज़त महसूस हुआ करती है... मेरा ख़याल था कि साहब को मेरे देर से आने का इल्म तक न होगा, मगर उनको किसी-न-किसी तरह पता चल गया। दूसरे रोज़ ही मुझे तलब फ़रमाया और अंग्रेज़ी में कहा: 'तुम अपना कैरेक्टर ख़राब कर रहे हो...' फिर टूटी-फूटी उर्दू में इरशाद हुआ: 'वैल, अब टुम्हारा शाडी बनाएगा...' चुनांचे चार माह बाद जब वह बंबई से देहली इजलास में शिरकत के लिए तशरीफ़ ले गए तो उनकी हिदायत के मुताबिक़ मेरी शादी हो गई। और मेरी ख़ुशक़िस्मती है कि महज़ उनकी वजह से मेरा रिश्ता सादात[94] ख़ानदान में हुआ, वर्ना मैं तो शेख़ था... लड़कीवालों ने मुझे इसलिए क़ुबूल किया कि 'आज़ाद क़ायदे-आज़म का ग़ुलाम है।'"

मैंने आज़ाद से दफ़्अतन एक सवाल किया: "क्या तुमने कभी क़ायदे-आज़म के मुँह से 'आई एम सौरी' सुना था?"

आज़ाद ने अपनी मोटी तनोमंद गर्दन ज़ोर से नफ़ी में हिलाई: "नहीं... कभी नहीं..." फिर वह मुसकराया: "अगर इत्तिफ़ाक़ से कभी 'आई एम सौरी' उनके मुँह से निकल जाता

तो मुझे यक़ीन है कि डिक्शनरी में से वह यह लफ़्ज़ हमेशा-हमेशा के लिए मिटा देते।"

मेरा ख़याल है, आज़ाद के इस बेसाख़्ता जुमले में क़ायदे-आज़म मुहम्मद अली जिनाह का पूरा किरदार आ जाता है।

मुहम्मद हनीफ़ आज़ाद ज़िंदा है, उस पाकिस्तान में जो उसके क़ायदे-आज़म ने उसे अता किया है और जो अब उसके होनहार शागिर्द लियाक़त अली ख़ाँ की क़यादत[95] में दुनिया के नक़्शे पर ज़िंदा रहने की जद्दो-जहद कर रहा है—उस आज़ाद ख़ित्ता-ए-ज़मीन[96] पर आज़ाद पंजाब आर्ट पिक्चर्ज़ के दरवाज़े के बाहर पानवाले की दूकान के पास टूटी हुई खाट पर बैठा अपने आक़ा का मुंतज़िर रहता है और उस अच्छे वक़्त के लिए दस्त ब दुआ रहता है, जब वक़्त पर उसकी तनख़्वाह मिल जाया करे। अब वह क़ायदे-आज़म की तलक़ीन के मुताबिक़ हिंदू बनने के लिए भी तैयार है, बशर्ते कि उसको इसका मौक़ा दिया जाए।

वह बेहद मुतफ़िकर था, जब मैंने उससे क़ायदे-आज़म की ज़िंदगी के बारे में उसके तअस्सुरात[97] के मुताल्लिक़ इस्तिफ़सार किया—उसके पास पान के पैसे भी नहीं थे।

मैंने जब उसके तफ़क्कुरात[98] इधर-उधर की बातों से किसी क़दर दूर किए तो उसने एक आह भरकर कहा : "साहब इंतिक़ाल फ़रमा गए हैं⋯ काश! उनके इस सफ़र में मैं भी शरीक होता⋯ उनकी सफ़ेद ओपन पेकार्ड होती, उसका व्हील मेरे हाथों में होता और मैं आहिस्ता-आहिस्ता उनको मंज़िले-मक़सूद तक ले जाता⋯ उनकी नाज़ुक तबीयत धचकों को बर्दाश्त नहीं कर सकती थी⋯ मैंने सुना है, वल्लाहो आलम दुरुस्त है या ग़लत, जब उनका जहाज़ कराची एयरोड्रम पर पहुँचा तो उनको गवर्नमेंट हाऊस तक पहुँचाने के लिए जो एंबूलैंस थी, उसका इंजन दुरुस्त हालत में नहीं था। वह कुछ दूर चलकर रुक गई थी⋯ उस वक़्त मेरे साहब को किस क़दर कोफ़्त हुई होगी!"

आज़ाद की मोटी-मोटी आँखों में आँसू थे।

---

1. ताक़त; 2. पूर्ति; 3. घटना; 4. भूमिका; 5. निस्वार्थी; 6. निस्वार्थता; 7. विश्वास; 8. नायक, अध्यक्ष; 9. उपाधि; 10. रोने के लिए किसी वाद्य की ज़रूरत नहीं; 11. सामूहिक; 12. अमर; 13. नारे लगाना; 14. नेता व सदस्य; 15. अनुशासित; 16. अनुशासन; 17. स्वभाव से; 18. प्रसन्न; 19. विश्लेषण; 20. कमज़ोर; 21. क्षीण; 22. मुट्ठी भर हड्डियों; 23. दुर्बल; 24. हाथ व बाँह; 25. देश-सेवा; 26. पागलपन; 27. समष्टि; 28. पारस्परिक विरोधों; 9. चमकता; 30. अनजान; 31. अल्पसंख्या; 32. वर्णन, चर्चा; 33. माँग; 34. सार्वजनिक; 35. उपासक, भक्त; 36. झलक; 37. बाज़ू; 38. प्रमाण-पत्रों; 39. बहुत-सी; 40. तसवीरें; 41. हकलाहट; 42. वाक्शक्ति; 43. परेशानी; 44. ख़ुशख़बरी; 45. नालाइक; 46. ज्यों-की-त्यों; 47. सच्चाइयाँ; 48. नाकारा इंसान; 49. पूछताछ; 50. नेता; 51. मोटा-ताज़ापन; 52. बर्बादी; 53. क़दवाली; 54. पसंद; 55. चुनाव; चयन; 56. रक्षक, देखभाल करनेवाले; 57. क़मजोर; 58. हल्का, कमज़ोर; 59. व्यवस्था; 60. कार्यरत; 61. बहुत कम, अल्प; 62. हिस्सा; 63. खाद्य पदार्थ; 64. भोजन, खाद्य पदार्थ; 65. ख़र्चे; 66. प्रेम; 67. भोजन करने, भक्षण; 68. ख़र्चीले; 69. निर्देश; 70. पक्का, मज़बूत; 71. छुपा हुआ, रहस्य;

72. मिला हुआ, डूबा हुआ; 73. बारीकी से देखनेवाले, कुशाग्र बुद्धि; 74. सुनियोजित; 75. बाह्य; 76. दुख की अधिकता; 77. चिंताएँ; 78. खाता-पीता; 79. सम्मेलन; 80. लगाव, शौक़; 81. सतर्क; 82. आकार; 83. कठोरता; 84. चेतना; 85. प्रदर्शन; 86. पानी के बुलबुले की तरह; 87. संबंध; 88. तानाशाही; 89. नियंत्रण; 90. मुख्य सदस्य; 91. विशिष्ट; 92. तौर-तरीक़े; 93. घृणित; 94. मुस्लिमों की एक उच्च जाति; 95. नेतृत्व; 96. ज़मीन के भाग पर; 97. विचार; 98. चिंताएँ।

विचारधारा; ९८. चिंताए।

शहीद साज़

मैं गुजरात का काठियावाड़ का रहनेवाला हूँ। ज़ात का बनिया हूँ। पिछले बरस जब तक़सीमे-हिंदुस्तान पर टंटा हुआ तो मैं बिलकुल बेकार था। माफ़ कीजिएगा, मैंने लफ़्ज़ 'टंटा' का इस्तेमाल किया। इसमें कोई हर्ज नहीं, इसलिए कि उर्दू ज़बान में बाहर के अल्फ़ाज़ आने ही चाहिएँ, चाहे वह गुजराती ही के क्यों न हों।

जी हाँ, मैं बिलकुल बेकार था। बस कोकीन का थोड़ा-सा कारोबार चल रहा था, जिससे कुछ आमदनी की सूरत हो ही जाती थी। जब बँटवारा हुआ और इधर के आदमी उधर और उधर के आदमी इधर हज़ारों की तादाद में आने-जाने लगे तो मैंने सोचा : 'चलो पाकिस्तान चलें... कोकीन का न सही, कोई और कारोबार शुरू कर देंगे...' चुनांचे वहाँ से चल पड़ा और रास्ते में मुख़्तलिफ़ धंधे करता पाकिस्तान पहुँच गया।

मैं तो चला ही इस नीयत से था कि कोई मोटा कारोबार करूँगा। चुनांचे पाकिस्तान पहुँचते ही मैंने हालात को अच्छी तरह जाँचा और अलाटमेंटों का सिलसिला शुरू कर दिया। मसका-पालिश मुझे आता ही था। चिकनी-चुपड़ी बातें कीं, एक-दो आदमियों से याराना गाँठा और एक छोटा-सा मकान अलाट करा लिया। इससे काफ़ी मुनाफ़ा हुआ तो मैं मुख़्तलिफ़ शहरों में फिरकर मकान और दूकानें अलाट कराने का धंधा करने लगा।

काम कोई भी हो, इंसान को मेहनत करना पड़ती है। मुझे भी चुनाँचे अलाटमेंटों के सिलसिले में काफ़ी तगोदो[1] करना पड़ी। किसी के मसका लगाया, किसी की मुट्ठी गर्म की। किसी को खाने की दावत दी, किसी को नाच-रंग की। ग़र्ज़ेके बेशुमार बखेड़े थे... दिन भर ख़ाक छानता, बड़ी-बड़ी कोठियों के फेरे करता और शहर का चप्पा-चप्पा देखकर अच्छा-सा मकान तलाश करता, जिसके अलाट कराने से ज़्यादा मुनाफ़ा हो।

इंसान की मेहनत कभी ख़ाली नहीं जाती। चुनांचे एक बरस के अंदर-अंदर मैंने लाखों रुपए पैदा कर लिए... अब ख़ुदा का दिया सबकुछ था। रहने को बेहतरीन कोठी, बैंक में बेअंदाज़ा माल-पानी... माफ़ कीजिएगा, मैं काठियावाड़ गुजरात का रोज़मर्रा इस्तेमाल कर गया, मगर कोई वांदा नहीं। उर्दू ज़बान में बाहर के अल्फ़ाज़ भी शामिल होने चाहिएँ... जी हाँ, अल्लाह का दिया सबकुछ था। रहने को बेहतरीन कोठी, नौकर-चाकर, पेकार्ड मोटर, बैंक में ढाई लाख रुपए, कारख़ाने और दूकानें अलग... यह सबकुछ तो था, लेकिन मेरे दिल का चैन जाने कहाँ उड़ गया। यूँ तो कोकीन का धंधा करते हुए भी दिल पर कभी-कभी बोझ

महसूस होता था, लेकिन अब तो जैसे दिल रहा ही न था। या फिर यूँ कहिए कि बोझ इतना आन पड़ा कि दिल उसके नीचे दब गया। पर यह बोझ किस बात का था?

आदमी ज़हीन[2] हूँ। दिमाग़ में कोई सवाल पैदा हो जाए तो मैं उसका जवाब ढूँढ़ ही निकालता हूँ... ठंडे दिल से (हालाँकि दिल का कुछ पता ही न था) मैंने ग़ौर करना शुरू किया कि इस गड़बड़ घोटाले की वजह क्या है?

औरत...? हो सकती है। मेरी अपनी तो कोई थी नहीं। जो थी, वह काठियावाड़ गुजरात ही में अल्लाह को प्यारी हो गई थी, लेकिन दूसरों की औरतें मौजूद थीं। मिसाल के तौर पर अपने माली ही की थी। अपना-अपना टेस्ट है... सच पूछिए तो औरत जवान होनी चाहिए और यह ज़रूरी नहीं कि पढ़ी-लिखी हो, डांस करना जानती हो... अप्पन को तो सारी जवान औरतें चलती हैं। यह काठियावाड़ गुजरात का मुहावरा है, जिसका उर्दू में नेमुलबदल[3] मौजूद नहीं है।

औरत का तो सवाल ही उठ गया और दौलत का पैदा ही नहीं हो सकता, इसलिए कि बंदा ज़्यादा लालची नहीं। जो कुछ है, उसी पर क़नाअत[4] है, लेकिन यह फिर दिलवाली बात क्यों पैदा हो गई थी।

आदमी ज़हीन हूँ। कोई मसला सामने आ जाए तो उसकी तह तक पहुँचने की कोशिश करता हूँ... कारख़ाने चल रहे थे, दूकानें भी चल रही थीं और रुपया आपसे आप पैदा हो रहा था... मैंने अलग-थलग होकर सोचना शुरू किया और बहुत देर के बाद इस नतीजे पर पहुँचा कि दिल की गड़बड़ सिर्फ़ इसलिए है कि मैंने कोई नेक काम नहीं किया।

काठियावाड़ गुजरात में तो मैंने बीसियों नेक काम किए थे। मिसाल के तौर पर जब मेरा दोस्त पांडो मर गया था तो मैंने उसकी रांड को अपने घर डाल लिया था और दो बरस तक उसको धंधा करने से रोके रखा था। विनायक की लकड़ी की टाँग टूट गई थी तो उसे नई ख़रीद दी थी और यूँ तक़रीबन चालीस रुपए उस पर उठ गए थे। जमनाबाई को गर्मी हो गई थी और साली को, माफ़ कीजिएगा, कुछ पता ही नहीं था। मैं उसे डॉक्टर के पास ले गया था और छः महीने बराबर उसका इलाज कराता रहा था... लेकिन पाकिस्तान आकर मैंने कोई नेक काम नहीं किया था और दिल की गड़बड़ की वजह यही थी, वर्ना और सब ठीक था।

मैंने सोचा, क्या करूँ...? ख़ैरात देने का ख़याल आया तो एक रोज़ शहर में घूमा और देखा कि क़रीब-क़रीब हर शख़्स भिखारी है। कोई भूखा है, कोई नंगा... किस-किसका पेट भरूँ, किस-किसका अंग ढाँकूँ... फिर सोचा, एक लंगरख़ाना खोल दूँ, लेकिन एक लंगरख़ाने से क्या होता है और फिर अनाज कहाँ से लाता। ब्लैक मार्केट से ख़रीदने का ख़याल पैदा हुआ तो यह सवाल भी साथ ही पैदा हो गया कि एक तरफ़ गुनाह करके दूसरी तरफ़ कारे-सवाब[5] का मतलब ही क्या है।

घंटों बैठ-बैठकर मैंने लोगों के दुख-दर्द सुने। सच पूछिए तो हर शख़्स दुखी था, वह भी जो दूकानों के थड़ों पर सोते हैं और वह भी जो ऊँची-ऊँची हवेलियों में रहते हैं। पैदल चलनेवाले को यह दुख था कि उसके पास काम का कोई जूता नहीं। मोटर में बैठनेवाले को

यह दुख था कि उसके पास कार का नया मॉडल नहीं। हर शख़्स की शिकायत अपनी-अपनी जगह दुरुस्त थी, हर शख़्स की हाजत अपनी-अपनी जगह माक़ूल थी।

मैंने ग़ालिब की एक ग़ज़ल, अल्ला बख़्शे, शोलापुर की अमीनाबाई चतलेकर से सुनी थी। एक शेर याद रह गया है : किसकी हाजत रवा करे कोई... माफ़ कीजिएगा, यह शेर का दूसरा मिसरा है। हो सकता है, पहला ही हो... जी हाँ, मैं किस-किसकी हाजत रवा करता, जब सौ में से सौ ही हाजतमंद थे। मैंने फिर यह भी सोचा कि ख़ैरात देना कोई अच्छा काम नहीं। मुमकिन है, आप मुझसे इत्तिफ़ाक़ न करें, लेकिन मैंने मुहाजरीन[6] के कैंपों में जा-जाकर जब हालात का अच्छी तरह जायज़ा लिया तो मुझे मालूम हुआ कि ख़ैरात ने बहुत से मुहाजरीन को बिलकुल ही निकम्मा बना दिया है। दिन भर हाथ-पर-हाथ धरे बैठे हैं। ताश खेल रहे हैं। जुगार हो रही है... माफ़ कीजिएगा, 'जुगार' का मतलब है 'जुआ', यानी 'क़िमारबाज़ी'... गालियाँ बक रहे हैं और फ़ोकट, यानी मुफ़्त की रोटियाँ तोड़ रहे हैं... ऐसे लोग भला पाकिस्तान को मज़बूत बनाने में क्या मदद दे सकते हैं। चुनांचे मैं इसी नतीजे पर पहुँचा कि भीख देना हरगिज़-हरगिज़ नेकी का काम नहीं... फिर मैंने सोचा, नेकी के काम के लिए और कौन-सा रस्ता है।

कैंपों में धड़ाधड़ आदमी मर रहे थे। कभी हैज़ा फूटता था, कभी प्लेग। हस्पतालों में तिल धरने को जगह नहीं थी। मुझे बड़ा तरस आया। बस यूँ जानिए, क़रीब था कि एक हस्पताल बनवा देता, मगर सोचने पर इरादा तर्क कर दिया... पूरी स्कीम तैयार कर चुका था। इमारत के लिए टेंडर तलब करता। दाख़िले की फ़ीसों का रुपया जमा करता। अपनी ही एक कंपनी खड़ी करता और टेंडर उसके नाम निकालता। इमारत पर एक लाख रुपया सर्फ़ करने की जगह सत्तर हज़ार ख़र्च करता और पूरे तीस हज़ार बचा लेता... मगर यह सारी स्कीम धरी-की-धरी रह गई, जब मैंने सोचा कि अगर मरनेवालों को बचा लिया तो यह जो ज़ाइद आबादी है, वह कैसे कम होगी।

ग़ौर किया जाए तो यह सारा लफ़ड़ा ही फ़ालतू आबादी का है। 'लफ़ड़ा' का मतलब है 'झगड़ा', वह झगड़ा, जिसमें फ़ज़ीहत भी हो। इससे भी मैं इस लफ़्ज़ 'लफ़ड़ा' की पूरी मानवियत बयान नहीं कर सका।

जी हाँ, ग़ौर किया जाए तो यह सारा लफ़ड़ा ही इस फ़ालतू आबादी का बायस है। अब लोग बढ़ते जाएँगे तो इसका यह मतलब नहीं कि ज़मीनें भी साथ-साथ बढ़ती जाएँगी, आसमान भी साथ-साथ फैलता जाएगा, बारिशें ज़्यादा होंगी और अनाज ज़्यादा पैदा होगा। इसलिए मैं इस नतीजे पर पहुँचा कि हस्पताल बनाना हरगिज़-हरगिज़ नेक काम नहीं।

फिर सोचा, मस्जिद बनवा दूँ, लेकिन अल्ला बख़्शे, शोलापुर की अमीनाबाई चितलेकर का गाया हुआ एक शेर याद आ गया : नाम मंजूर है तू फैज के असबाब बना... वह 'मंज़ूर' को 'मंजूर' और 'फ़ैज़' को 'फैज' कहा करती थी... नाम मंज़ूर है तू फ़ैज़ के असबाब बना, पुल बना, चाह बना, मस्जिदो-तालाब बना।

किस कमबख़्त को नामो-नमूद की ख़्वाहिश है। वह जो नाम उछालने के लिए पुल

बनाते हैं, नेकी का काम करते हैं···'ख़ाक !' मैंने कहा। नहीं यह मस्जिद बनवाने का ख़याल बिलकुल ग़लत है। बहुत-सी अलग-अलग मस्जिदों का होना भी क़ौम के हक़ में हरगिज़ मुफ़ीद नहीं हो सकता, इसलिए कि अवाम बँट जाते हैं।

थक-हारकर मैं हज की तैयारियाँ करने लगा कि अल्ला मियाँ ने मुझे ख़ुद ही एक रास्ता बता दिया···शहर में एक जलसा हुआ। जब जलसा ख़त्म हुआ तो लोगों में बदनज़्मी फैल गई। इतनी भगदड़ मची कि तीस आदमी हलाक हो गए···इस हादिसे की ख़बर दूसरे रोज़ अख़बारों में छपी तो मुझे मालूम हुआ कि वह हलाक नहीं, बल्कि शहीद हुए थे।

मैंने सोचना शुरू किया। सोचने के अलावा मैं कई मौलवियों से मिला। मालूम हुआ कि वह लोग, जो अचानक हादिसों का शिकार होते हैं, उन्हें शहादत का रुतबा मिलता है, यानी वह रुतबा, जिससे बड़ा कोई और रुतबा ही नहीं···मैंने सोचा कि अगर लोग मरने के बजाय शहीद हुआ करें तो कितना अच्छा है। वह, जो आम मौत मरते हैं, ज़ाहिर है कि उनकी मौत अकारत जाती है। अगर वह शहीद हुआ करें तो कोई बात बने।

मैंने इस बारीक बात पर और ग़ौर करना शुरू किया।

चारों तरफ़, जिधर देखा, ख़स्ता हाल इंसान थे। चेहरे ज़र्द, फ़िकरो-तरद्दुद[7] और ग़मे-रोज़गार के बोझ तले पिसे हुए। धँसी हुई आँखें, बेजान चाल, कपड़े तार-तार। रेलगाड़ी के कंडम माल की तरह या तो किसी टूटे-फूटे झोंपड़े में पड़े हैं, या बाज़ारों में बेमालिक मवेशियों की तरह मुँह उठाए बेमतलब घूम रहे हैं। क्यों जी रहे हैं, किसके लिए जी रहे हैं और कैसे जी रहे हैं, इसका कुछ पता ही नहीं। कोई वबा[8] फैली, हज़ारों मर गए। और कुछ नहीं तो भूख और प्यास ही से घुल-घुल मर गए। सर्दियों में अकड़ गए, गर्मियों में सूख गए···किसी की मौत पर कभी किसी ने दो आँसू बहा दिए, मगर अकसरियत की मौत ख़ुश्क ही रही।

ज़िंदगी समझ में न आई, ठीक है। उससे हिज़ न उठाया, यह भी ठीक है···वह किसका शेर है। अल्ला बख़्शे, शोलापुर की अमीनाबाई चितलेकर क्या दर्द भरी आवाज़ में गाया करती थी : मर के भी चैन न पाया तो किधर जाएँगे···मेरा मतलब है, अगर मरने के बाद भी ज़िंदगी न सुधरी तो लानत है सुसरी पर।

मैंने सोचा, क्यों न यह बेचारे, यह क़िस्मत के मारे, दर-दर के ठुकराए हुए इंसान, जो इस दुनिया में हर अच्छी चीज़ के लिए तरसते रहे हैं, उस दुनिया में ऐसा रुतबा हासिल करें कि वह, जो यहाँ उनकी तरफ़ निगाह उठाना भी पसंद नहीं करते, वहाँ उनको देखें और रश्क करें···इसकी एक ही सूरत थी कि यह लोग आम मौत न मरें, बल्कि शहीद हों।

अब सवाल यह था कि यह लोग शहीद होने के लिए राज़ी होंगे। मैंने सोचा, क्यों नहीं। वह कौन मुसलमान है, जिसमें ज़ौक़े-शहादत नहीं। मुसलमानों की देखादेखी तो हिंदुओं और सिखों में भी यह रुतबा पैदा कर दिया गया है···लेकिन मुझे सख़्त नाउम्मीदी हुई। जब मैंने एक मरियल से आदमी से पूछा : ''क्या तुम शहीद होना चाहते हो ?'' तो उसने जवाब दिया : ''नहीं।''

समझ में न आया कि वह शख़्स जी कर क्या करेगा। मैंने उसे बहुत समझाया : ''देखो

बड़े मियाँ, ज़्यादा-से-ज़्यादा तुम डेढ़ महीना और जिओगे। चलने की तुम में सकत नहीं। खाँसते-खाँसते गोते में जाते हो तो ऐसा लगता है कि बस दम निकल गया। फूटी कौड़ी तक तुम्हारे पास नहीं। ज़िंदगी भर तुमने सुख नहीं देखा। मुस्तक़बिल[9] का तो सवाल ही पैदा नहीं होता, फिर और जी कर क्या करोगे? फ़ौज में तुम भर्ती हो नहीं सकते, इसलिए महाज़[10] पर अपने वतन की ख़ातिर लड़ते-लड़ते जान देने का ख़याल भी अब्स[11] है। तो क्या यह बेहतर नहीं कि तुम कोशिश करके यहीं बाज़ार में या डेरे में, जहाँ तुम रात को सोते हो, अपनी शहादत का बंदोबस्त कर लो।"

उसने पूछा: "यह कैसे हो सकता है?"

मैंने जवाब दिया: "यह सामने केले का छिलका पड़ा है... फ़र्ज़ कर लिया जाए कि तुम इस पर से फिसल जाते हो... ज़ाहिर है कि तुम मर जाओगे और शहादत का रुतबा पाओगे।"

यह बात उसकी समझ में न आई—कहने लगा: "मैं क्यों आँखों देखे केले के छिलके पर पाँव धरने लगा... क्या मुझे अपनी जान अज़ीज़ नहीं?"

अल्लाह अल्लाह, क्या जान थी। हड्डियों का ढाँचा और झुर्रियों की गठड़ी!

मुझे बहुत अफसोस हुआ, और उस वक़्त और भी ज़्यादा हुआ, जब मैंने सुना कि वह कमबख़्त, जो बड़ी आसानी से शहादत का रुतबा इख़्तियार कर सकता था, ख़ैराती हस्पताल में लोहे की चारपाई पर खाँसता-खँकारता मर गया।

एक बुढ़िया थी। मुँह में दाँत न पेट में आँत। आख़िरी साँसें ले रही थी। सारी उम्र ग़रीबी की फ़्लिसी और रंजो-ग़म में गुज़री थी... मुझे बहुत तरस आया। मैं उसे उठाकर रेल के पाटे पर ले गया। माफ़ कीजिएगा, हमारे यहाँ 'पटड़ी' को 'पाटा' कहते हैं। लेकिन जनाब, जूँही उस बुढ़िया ने ट्रेन की आवाज़ सुनी, वह होश में आ गई और कूक भरे खिलौने की तरह उठकर भाग गई।

मेरा दिल टूट गया, लेकिन फिर भी मैंने हिम्मत न हारी... बनिए का बेटा अपनी धुन का पक्का होता है... नेकी का जो साफ़ और सीधा रास्ता मुझे नज़र आया था, मैंने उसको आँख से ओझल न होने दिया।

मुग़लों के वक़्तों का एक बहुत बड़ा अहाता ख़ाली पड़ा था। उसमें एक सौ इकावन छोटे-छोटे कमरे थे, बहुत ही ख़स्ता हालत में। मेरी तजुर्बेकार आँखों ने अंदाज़ा लगा लिया कि पहली ही बड़ी बारिश में सब की छतें ढह जाएँगी। चुनांचे मैंने उस अहाते को साढ़े दस हज़ार रुपए में ख़रीद लिया और उसमें एक हज़ार मफ़लूकुलहाल[12] आदमी बसा दिए। दो महीने का किराया वुसूल किया, सिर्फ़ दो रुपए माहवार के हिसाब से। तीसरे महीने, जैसा कि मेरा अंदाज़ा था, पहली ही बड़ी बारिश में सब कमरों की छतें नीचे आ रहीं और सात सौ आदमी, जिनमें बच्चे-बूढ़े सभी शामिल थे, शहीद हो गए।

वह जो मेरे दिल पर बोझ-सा था, किसी क़दर हल्का हो गया। आबादी में से सात सौ आदमी कम भी हो गए और उन्हें शहादत का रुतबा भी मिल गया।

तब से मैं यही काम कर रहा हूँ... हर रोज़, हस्बे-तौफ़ीक़, दो-तीन आदमियों को

जामे-शहादत पिला देता हूँ···जैसा कि मैं अर्ज़ कर चुका हूँ, काम कोई भी हो, इंसान को मेहनत करनी ही पड़ती है···अल्ला बख़्शे, शोलापुर की अमीनाबाई चितलेकर एक शेर गाया करती थी, लेकिन माफ़ कीजिएगा, वह शेर यहाँ ठीक नहीं बैठता। कुछ भी हो, कहना यह है कि मुझे काफ़ी मेहनत करना पड़ती है···मिसाल के तौर पर एक आदमी को, जिसका वुजूद छकड़े के पाँचवें पहिए की तरह बेमानी और बेकार था; जामे-शहादत पिलाने के लिए मुझे पूरे दस दिन जगह-जगह केले के छिलके गिराने पड़े, लेकिन मौत की तरह, जहाँ तक मैं समझता हूँ, शहादत का भी एक दिन मुक़र्रर है। दसवें रोज़ जाकर वह पत्थरीले फ़र्श पर केले के छिलके पर से फिसला और शहीद हुआ।

आजकल मैं एक बहुत बड़ी इमारत बनवा रहा हूँ। ठेका मेरी ही कंपनी के पास है। दो लाख का है। इसमें से छिहत्तर हज़ार तो साफ़ अपनी जेब में डाल लूँगा। बीमा भी करा लिया है। मेरा अंदाज़ा है कि जब तीसरी मंज़िल खड़ी की जाएगी तो सारी बिल्डिंग अड़ा-अड़ा-धम गिर पड़ेगी, क्योंकि मसाला ही मैंने ऐसा लगवाया है। उस वक़्त तीन सौ मज़दूर काम पर लगे होंगे। ख़ुदा के घर से मुझे पूरी-पूरी उम्मीद है कि यह सबके-सब शहीद हो जाएँगे, और अगर कोई बच गया तो इसका यह मतलब होगा कि वह परले दर्जे का गुनहगार है, जिसकी शहादत अल्लाह तबारक तआला को मंज़ूर नहीं।

---

1. दौड़-धूप; 2. कुशाग्र बुद्धि; 3. पर्यायवाची; 4. संतोष; 5. पुण्य के काम; 6. शरणार्थियों; 7. चिंता व परेशानी; 8. बीमारी; 9. भविष्य; 10. मोर्चे; 11. बेकार; 12. ग़रीब।

शेर आया, शेर आया, दौड़ना

ऊँचे टीले पर गडरिए का लड़का खड़ा, दूर जंगलों की तरफ़ मुँह किए चिल्ला रहा था : ''शेर आया, शेर आया, दौड़ना !''

बहुत देर तक वह अपना गला फाड़ता रहा । उसकी जवान बुलंद आवाज़ बहुत देर तक फ़ज़ाओं में गूँजती रही—जब चिल्ला-चिल्लाकर उसका हलक़ सूख गया तो बस्ती से दो-तीन बूढ़े लाठियाँ टेकते हुए आए और गडरिए के लड़के को कान से पकड़कर ले गए ।

पंचायत बुलाई गई—बस्ती के सारे अक़्लमंद जमा हुए और गडरिए के लड़के का मुक़दमा शुरू हुआ ।

फ़र्द जुर्म यही थी कि उसने ग़लत ख़बर दी और बस्ती के अमन में ख़लल डाला ।

लड़के ने कहा : ''मेरे बुज़ुर्गो, तुम ग़लत समझते हो···शेर आया नहीं था, लेकिन इसका यह मतलब नहीं है कि आ नहीं सकता ।''

जवाब मिला : ''वह नहीं आ सकता ।''

लड़के ने पूछा : ''क्यों ?''

जवाब मिला : ''महकमा-ए-जंगलात के अफ़सर ने हमें चिट्ठी भेजी थी कि शेर बूढ़ा हो चुका है ।''

लड़के ने कहा : ''लेकिन तुम्हें यह मालूम नहीं कि उसने, थोड़े ही रोज़ हुए, कायाकल्प कराई है ।''

जवाब मिला : ''यह अफ़वाह है···हमने महकमा-ए-जंगलात से पूछा था और हमें यह जवाब मिला था कि कायाकल्प कराने के बजाय शेर ने तो अपने सारे दाँत निकलवा दिए हैं, क्योंकि वह अपनी ज़िंदगी के बक़ाया दिन अहिंसा में गुज़ारना चाहता है ।''

लड़के ने बड़े जोश के साथ कहा : ''मेरे बुज़ुर्गो, क्या यह जवाब झूठा नहीं हो सकता ?''

सबने बयक ज़बान होकर कहा : ''हमें महकमा-ए-जंगलात के अफ़सर पर पूरा भरोसा है, इसलिए कि वह सच बोलने का हलफ़ उठा चुका है ।''

लड़के ने पूछा :'' क्या यह हलफ़ झूठा नहीं हो सकता ?''

जवाब मिला : ''हरगिज़ नहीं···तुम साज़िशी हो, फ़िफ़्थ कालमिस्ट हो, कम्युनिस्ट हो, ग़द्दार हो, तरक़्क़ीपसंद हो···सआदत हसन मंटो हो ।''

लड़का मुसकराया : ''ख़ुदा का शुक्र है कि मैं वह शेर नहीं, जो आनेवाला है··· मैं महकमा-ए-जंगलात का सच बोलनेवाला अफ़सर भी नहीं··· मैं··· '

पंचायत के एक बूढ़े आदमी ने लड़के की बात काटकर कहा : ''तुम उसी गडरिए के लड़के की औलाद हो, जिसकी कहानी सालहासाल से स्कूलों की इब्तदाई जमाअतों[1] में पढ़ाई जा रही है··· तुम्हारा हश्र भी वही होगा, जो उसका हुआ था··· शेर आएगा तो तुम्हारी ही तिक्का-बोटी उड़ाएगा।''

गडरिए का लड़का मुसकराया : ''मैं तो उससे लड़ूँगा। मुझे तो हर घड़ी उसके आने का खटका लगा रहता है··· तुम क्यों नहीं समझते हो कि 'शेर आया, शेर आया' वाली कहानी, जो तुम अपने बच्चों को पढ़ा रहे हो, आज की कहानी नहीं··· आज की कहानी में तो 'शेर आया, शेर आया का मतलब यह है कि 'ख़बरदार रहो, होशियार रहो'··· बहुत मुमकिन है, शेर के बजाय कोई गीदड़ ही इधर चला आए··· और इस हैवान को भी रोकना चाहिए।''

सब लोग खिलखिलाकर हँस पड़े : ''कितने डरपोक हो तुम··· गीदड़ से डरते हो।''

गडरिए के लड़के ने कहा : ''मैं शेर और गीदड़, दोनों से नहीं डरता, लेकिन उनकी हैवानियत से अलबत्ता ज़रूर खाइफ़[2] रहता हूँ और उस हैवानियत का मुक़ाबला करने के लिए ख़ुद को हमेशा तैयार रखता हूँ··· मेरे बुज़ुर्गो, स्कूलों से वह किताब हटा दो, जिसमें 'शेर आया, शेर आया,' वाली पुरानी कहानी छपी है··· उसकी जगह यह नई कहानी पढ़ाओ।''

एक बुड्ढे ने खाँसते-खँकारते हुए कहा : ''यह लौंडा हमें गुमराह करना चाहता है··· यह हमें राहे-मुस्तक़ीम[3] से हटाना चाहता है।''

लड़के ने मुसकराकर कहा : ''ज़िंदगी ख़ते-मुस्तक़ीम[4] नहीं है मेरे बुज़ुर्गो!''

दूसरे बूढ़े ने फ़र्ते-जज़्बात[5] से लरज़ते हुए कहा : ''यह मुल्हिद[6] है··· यह बेदीन है··· फ़ितना परदाज़ों[7] का ऐजेंट है··· इसको फ़ौरन ज़िंदाँ[8] में डाल दो।''

गडरिए के लड़के को ज़िंदाँ में डाल दिया गया।

उसी रात बस्ती में शेर दाख़िल हुआ।

भगदड़ मच गई—कुछ बस्ती छोड़कर भाग गए, बाक़ी शेर ने शिकार कर लिए।

मूँछों के साथ लगा हुआ ख़ून चूसता जब शेर ज़िंदाँ के पास से गुज़रा तो उसने मज़बूत आहनी सलाख़ों के पीछे गडरिए के लड़के को देखा और दाँत पीसकर रह गया।

गडरिए का लड़का मुसकराया : ''दोस्त, यह मेरे बुज़ुर्गों की ग़लती है, वरना तुम मेरे लहू का ज़ाइक़ा भी चख लेते··· !''

---

1. प्राथमिक कथाओं; 2. आतंकित; 3. सही राह; 4. सीधी लकीर; 5. भावावेश; 6. धर्म से विमुख; 7. दंगा करानेवालों; 8. कारागार।

बी ज़मानी बेगम

''ज़मीन शक़[1] हो रही है, आसमान काँप रहा है, हर तरफ़ धुआँ है, आग के शोलों में दुनिया उबल रही है, ज़लज़ले आ रहे हैं…यह क्या हो रहा है ?''

''तुम्हें मालूम नहीं ?''

''नहीं तो !''

''लो सुनो…दुनिया भर को मालूम है ।''

''क्या ?''

''वही ज़मानी बेगम…वही मुई चड्डो…''

''हाँ हाँ, क्या हुआ उसे ?''

''वही जो होता आया है…लेकिन इस उम्र में…? शर्म नहीं आई बदबख़्त को ।''

''यह बदबख़्त ज़मानी बेगम है कौन ?''

''हाएँ…वही सिकंदर की होती-सोती…मुई टखयाई चंगेज़ के पास रही, हलाकू की दाश्ता[2] बनी, कुछ दिन उस लँगड़े तैमूर के साथ मुँह काला करती रही…वहाँ से निकली तो नैपोलियन की बग़ल में जा घुसी…अब यह मुवा हिटलर बाक़ी रह गया था !''

''तो अब क्या हिटलर के घर है ?''

''बुआ, घर-घाट कैसा…निबाह हो सकता है कभी ऐसी औरत का !''

''तलाक़ हो गई क्या ?''

''तुम कैसी बातें करती हो बुवा…! तलाक़ तो तब हो, जो सहरे-जलवों की ब्याही हो…और फिर ऐसे मर्दों का भी क्या एतिबार है…दो दिन मज़े किए और चलो छुट्टी हुई ।''

''तो अब क्या हो रहा है…यह फ़ज़ीहता किस बात का ?''

''फ़ज़ीहता क्या है, पूरे दिनों से है…बच्चा पैदा होनेवाला है ।''

''तो फिर हो क्यों नहीं चुकता ?''

''हाँ सच तो है…कोई पहलौठी का तो है नहीं ।''

डॉक्टर आते रहे, लेकिन बी ज़मानी के बच्चा पैदा न हुआ– दर्दो-कर्ब[3] की लहरों में इज़ाफ़ा हो गया, ज़लज़ले और ज़्यादा ज़ोर से आने लगे, शोलों की ज़बानें और ज़्यादा तेज़ हो गईं ।

डॉक्टरों ने कान्फ़्रेंस की, हिकमत की सारी किताबें छानी गईं—तय हुआ कि हामिला को तेहरान ले जाया जाए, वहाँ रूस के माहिर डॉक्टर को बुलाया जाए और उससे मशवरा किया जाए।

तेहरान में ख़ास तौर पर जल्दी-जल्दी एक मैटरनिटी होम तैयार किया गया—बी ज़मानी बेगम दर्द से तड़पती रही और दुनिया के तीन बड़े डॉक्टर मशवरा करते रहे।

एक बोला : ''साहबान, इसमें कोई शक नहीं कि होनेवाला बच्चा हमारा नहीं है, लेकिन इंसानियत के नाम पर हमें मरीज़ा को इस मुश्किल से निजात दिलाना ही पड़ेगी।''

दूसरा बोला : ''हम तीन बड़े डॉक्टर तीन मुख़्तलिफ़ क़िस्म के तरीक़ा-ए-इलाज के माहिर हैं···सबसे पहले ज़रूरत इस बात की है कि हम एक तरीक़ा-ए-इलाज पर मुत्तफ़िक़[4] हों। अगर ऐसा हो गया तो बी ज़मानी बेगम के बच्चा पैदा होना कोई मुश्किल नहीं।''

तीसरा बोला : ''बिलकुल दुरुस्त है···आइए, हम फ़ौरन यह नेक काम शुरू कर दें।''

तीनों तरीक़े मिलाकर एक नया तरीक़ा बनाया गया, जिस पर तीनों बड़े डॉक्टर मुत्तफ़िक़ हो गए।

दुनिया का चेहरा ख़ुशी से तमतमा उठा—मगर बी ज़मानी के बच्चा पैदा न हुआ।

''यह क्या हो रहा है···बच्चा पैदा क्यों नहीं हुआ अभी तक?''

''बच्चा तो पैदा हो रहा था, मगर उसे रोक दिया गया है।''

''क्यों?''

''डॉक्टर सोच रहे हैं कि उसे गोद कौन लेगा।''

''हूँ···तो फ़ैसला क्या हुआ?''

''तुम कैसी बातें करती हो बुवा···ऐसे मामलों का इतनी जल्दी फ़ैसला कैसे हो सकता है···ख़ैर छोड़ो इस क़िस्से को, कुछ-न-कुछ हो ही जाएगा···जिसके हाँ औलाद नहीं है, वह ग़रीब उसे गोद ले लेगा।''

औलाद हर एक के थी। किसी के हाँ चार बच्चे थे, किसी के हाँ पाँच और किसी के हाँ सात। अब फ़ैसला कैसे हो।

एक और कान्फ़्रेंस हुई, डम बारटन औक्स में।

एक और मैटरनिटी होम अफ़रातफ़री[5] में बनाया गया। तीनों बड़े डॉक्टर वहाँ जमा हुए। हर एक ने सोचा, हर एक ने मामले की अहमियत समझने की कोशिश की।

बी ज़मानी बेगम बिस्तर पर पड़ी दर्द से कराहती रही।

एक बोला : ''साहिबान, हम साहिबे-औलाद हैं···इस बच्चें के वुजूद के हम ज़िम्मेदार नहीं, लेकिन इंसानियत का तक़ाज़ा है कि हम इसकी पैदाइश में हर मुमकिन तरीक़े से मदद करें···आख़िर इसमें होनेवाले बच्चे का क्या क़ुसूर है।''

दूसरा बोला : ''हम डॉक्टर हैं। हमारा मज़हब दवा है···हम चाहें तो इस होनेवाले नाख़लफ़[6] बच्चे को, जिससे हमारा कोई रिश्ता नहीं, एक फ़रमांबरदार, इताअत शिआर[7],

आज़ादीपसंद और इंसानियत दोस्त नौजवान बना सकते हैं।''

तीसरा बोला : ''बिलकुल दुरुस्त है... इस बच्चे की पैदाइश से दुनिया का एक बहुत बड़ा बोझ दूर हो जाएगा... हम डॉक्टर हैं। अपने फ़र्ज़ से हमें ग़ाफ़िल नहीं रहना चाहिए।''

आख़िर तय हो गया, एक और दस्तावेज़ पर अँगूठे भी लगा दिए गए कि होनेवाले बच्चे को तीनों बड़े डॉक्टर गोद ले लेंगे और तीनों मिलकर उसकी परवरिश करेंगे।

लेकिन बी ज़मानी बेगम की तकलीफ़ फिर भी रफ़ा न हुई। वह पड़ी दर्द से कराहती रही।

''आख़िर यह मुसीबत क्या है?''

''कुछ समझ में नहीं आता?''

''क़िस्सा यह है कि बच्चे को गोद लेने का तो फ़ैसला हो गया है, लेकिन ईस बी ज़मानी का भी तो कुछ बंदोबस्त होना चाहिए।

''मैं तो कहती हूँ, सात झाड़ू और हुक़्क़े का पानी...''

''लानत भेजें मुई हर्राफ़ा[8] पर...''

''नहीं बुवा, वह सोच रहे हैं कि यह कमबख़्त कहीं फिर...''

''ओह...''

एक और कान्फ़्रेंस हुई।

तीनों बड़े डॉक्टर आख़िरी बार पोस्डम में जमा हुए।

जल्दी-जल्दी एक मैटरनिटी होम तैयार किया गया—बी ज़मानी बेगम पेचो-ताब खाती रही और उधर कान्फ़्रेंस होती रही।

एक बोला : ''साहबान, दुनिया की फ़लाह[9] और बेहबूदी[10] के लिए आज इस बात का क़तई तौर पर फ़ैसला हो जाना चाहिए कि बी ज़मानी बेगम का यह बच्चा उसका आख़िरी बच्चा हो।''

दूसरा बोला : ''दुनिया के थन इस औरत के लातादाद[11] हरामी बच्चों को दूध पिला-पिलाकर सूख गए हैं... अब हमें इसको बाँझ करना ही पड़ेगा।''

तीसरा बोला : ''बिलकुल दुरुस्त है... होनेवाले बच्चे की सेहत और तंदुरुस्ती का ख़याल रखते हुए भी हमें ऐसा ही करना चाहिए।''

तय हो गया कि बच्चा फ़ौरन पैदा किया जाए और बी ज़मानी बेगम को हमेशा के लिए बाँझ कर दिया जाए।

अमले-जर्राही[12] शुरू हुआ—मैटरनिटी होम के बाहर दुनिया की सारी क़ौमें जमा हो गईं। बहुत देर तक सन्नाटा छाया रहा।

इसके बाद मैटरनिटी होम का दरवाज़ा फट से खुला और एक सफ़ेदपोश नर्स बाहर निकली—उसने अपनी बारीक आवाज़ में ऐलान किया : ''मुबारक हो... बी ज़मानी बेगम के बच्चा पैदा हो गया है... ज़च्चा और बच्चा दोनों बेहोश हैं।''

दुनिया की सारी क़ौमें फ़िक्रो-तरद्दुद में ग़र्क़ हो गईं।

एक बूढ़ा, लंगोटी पहने, खाँसता-खँकारता नर्स की तरफ़ बढ़ा।

नर्स ने पूछा : ''तुम कौन हो ?''

बूढ़े ने अपने ख़ुश्क होंठों पर ज़बान फेरी और लरज़ाँ आवाज़ में कहा : ''मेरा नाम हिंदुस्तान है।''

''ओह···क्या चाहते हो तुम ?''

''मैं सिर्फ़ यह पूछने आया हूँ कि लड़का हुआ है या लड़की ?''

''दुनिया की सारी क़ौमें बेइख़्तियार खिलखिलाकर हँस पड़ीं।

---

1. फटना, विदीर्ण; 2. रखैल; 3. पीड़ा; 4. एक मत; 5. हड़बड़ी; 6. कपूत; 7. आज्ञाकारी; 8. चरित्रहीन; 9. मुक्ति; 10. भलाई; 11. असंख्य; 12. शल्य चिकित्सा, आप्रेशन।

देख कबीरा रोया

नगर-नगर ढिंढोरा पीटा गया कि जो आदमी भीख माँगेगा, उसको गिरफ़्तार कर लिया जाएगा।

गिरफ़्तारियाँ शुरू हुईं।

लोग ख़ुशियाँ मनाने लगे कि एक बहुत पुरानी लानत दूर हो गई।

कबीर ने यह देखा तो उसकी आँखों में आँसू आ गए।

लोगों ने पूछा : "ऐ जुलाहे, तू क्यों रोता है ?"

कबीर ने रोकर कहा : "कपड़ा दो चीज़ों से बनता है—ताने और पेटे से··· गिरफ़्तारियों का ताना तो शुरू हो गया, पर पेट भरने का पेटा कहाँ है?"

एक एम. ए. एल. एल. बी. को दो सौ खड्डियाँ अलाट हो गईं।

कबीर ने यह देखा तो उसकी आँखों में आँसू आ गए।

एम.ए.एल.एल.बी. ने पूछा : "ऐ जुलाहे के बच्चे, तू क्यों रोता है··· ? क्या इसलिए कि मैंने तेरा हक़ ग़स्ब[1] कर लिया है ?"

कबीर ने रोते हुए जवाब दिया : "तुम्हारा क़ानून तुम्हें यह नुक्ता समझाता है कि खड्डियाँ पड़ी रहने दो और धागे का जो कोटा मिले, उसे बेच दो, आख़िर मुफ़्त की खटखट से क्या फ़ाइदा···लेकिन यह खटखट ही जुलाहे की जान है।"

छपी हुई किताब के फ़रमे थे, जिनके छोटे-बड़े लिफ़ाफ़े बनाए जा रहे थे।

कबीर का उधर से गुज़र हुआ—उसने दो-तीन लिफ़ाफ़े उठाए और उन पर छपी हुई तहरीर पढ़कर उसकी आँखों में आँसू आ गए।

लिफ़ाफ़े बनानेवाले ने हैरत से पूछा : "मियाँ कबीर, तुम क्यों रोने लगे ?"

कबीर ने जवाब दिया : "इन कागज़ों पर भगत सूरदास की कविता छपी हुई है···लिफ़ाफ़े बनाकर इसकी बेइज़्ज़ती न करो।"

लिफ़ाफ़े बनानेवाले ने हैरत से कहा : "जिसका नाम सूरदास है, वह भगत कभी नहीं हो सकता।"

कबीर ने ज़ारो-क़तार[2] रोना शुरू कर दिया।

एक ऊँची इमारत पर लक्ष्मी का बहुत ख़ूबसूरत बुत नस्ब[3] था।

चंद लोगों ने जब उस इमारत को अपना दफ़्तर बनाया तो उस बुत को टाट के टुकड़ों से ढाँप दिया।

कबीर ने यह देखा तो उसकी आँखों में आँसू उमड़ आए।

दफ़्तर के आदमियों ने उसे ढारस दी और कहा : ''हमारे मज़हब में यह बुत जाइज़ नहीं।''

कबीर ने टाट के टुकड़ों की तरफ़ अपनी नमनाक आँखों से देखते हुए कहा : ''ख़ूबसूरत चीज़ को बदसूरत बना देना भी किसी मज़हब में जाइज़ नहीं।''

दफ़्तर के आदमी हँसने लगे—कबीर धाड़ें मार-मारकर रोने लगा।

सफ़आरा[4] फ़ौजों के सामने जरनैल ने तक़रीर करते हुए कहा : ''अनाज कम है, कोई परवाह नहीं⋯फ़स्लें तबाह हो गई हैं, कोई फ़िक्र नहीं⋯हमारे सिपाही दुश्मन से भूखे ही लड़ेंगे।''

दो लाख फ़ौजियों ने 'ज़िंदाबाद, ज़िंदाबाद' के नारे लगाने शुरू कर दिए।

कबीर चिल्ला-चिल्लाकर रोने लगा।

जरनैल को बहुत ग़ुस्सा आया—वह पुकार उठा : ''ऐ शख़्स, बता सकता है, तू क्यों रोता है ?''

कबीर ने रोनी आवाज़ में कहा : ''ऐ मेरे बहादुर जरनैल, भूख से कौन लड़ेगा ?''

दो लाख फ़ौजियों ने 'कबीर-मुर्दाबाद' के नारे लगाने शुरू कर दिए।

''भाइयो, दाढ़ी रखो, मूँछें कतरो और शरई पाजामा पहनो⋯बहनो, एक चोटी करो, सुर्ख़ी सफ़ेदी न लगाओ, बुर्क़ा पहनो⋯'' बाज़ार में एक मौलवी चिल्ला रहा था।

कबीर ने यह सब देखा तो उसकी आँखें नमनाक हो गईं।

चिल्लानेवाले मौलवी ने और ज़्यादा चिल्लाकर पूछा : ''कबीर, तू क्यों रोने लगा ?''

कबीर ने अपने आँसू ज़ब्त करते हुए कहा : ''तेरा भाई है न तेरी बहन⋯और यह जो तेरी दाढ़ी है, इसमें तूने वस्मा[5] क्यों लगा रखा है⋯क्या तुझे सफ़ेदी अच्छी नहीं लगती।''

मौलवी ने कबीर को गालियाँ देनी शुरू कर दीं—कबीर की आँखों से टप-टप आँसू गिरने लगे।

एक जगह बहस हो रही थी।

''अदब 'बराए-अदब' है।''

''बकवास करते हो⋯अदब 'बराए-ज़िंदगी' है।''

''वह ज़माना लद गया⋯अदब तो प्रोपेगेंडे का दूसरा नाम है।''

''तुम्हारी ऐसी-की-तैसी⋯''

''तुम्हारे स्टालिन की ऐसी-की-तैसी⋯''

''तुम्हारे रज्अतपसंद[6] और फ़लाँ-फ़लाँ बीमारियों के मारे हुए फ़्लाबेयर और

बादेलेयर की ऐसी-की-तैसी…"

कबीर रोने लगा।

बहस करनेवाले बहस छोड़कर उसकी तरफ़ मुतवज्जेह हुए।

एक ने कबीर से पूछा : "तुम्हारे तहतुश्शऊर[7] में ज़रूर कोई चीज़ है, जिसे ठेस पहुँची है।"

दूसरे ने कहा : "तुम्हारे आँसू बुर्ज़ुवाई[8] सदमे का नतीजा हैं।"

कबीर और ज़्यादा रोने लगा।

बहस करनेवालों ने तंग आकर बयक ज़बान सवाल किया : "मियाँ, यह तो बताओ कि तुम रोते क्यों हो ?"

कबीर ने कहा : "मैं इसलिए रोया था कि आपकी समझ में आ जाए, अदब 'बराए-अदब' है, या अदब 'बराए-ज़िंदगी' है।"

बहस करनेवाले हँसने लगे।

एक ने कहा : "यह परोलतारी[9] मसख़रा है।"

दूसरे ने कहा : "नहीं, यह बुर्ज़ुवाई बहरूपिया है।"

कबीर की आँखों में फिर आँसू आ गए।

हुक्म नाफ़िज़[10] हो गया कि शहर की तमाम कसबियाँ एक महीने के अंदर-अंदर शादी कर लें और शरीफ़ाना ज़िंदगी बसर करें।

कबीर एक चकले से गुज़रा तो कसबियों के उड़े हुए चेहरे देखकर उसने रोना शुरू कर दिया।

एक मौलवी ने उससे पूछा : "मौलाना, आप रो क्यों रहे हैं ?"

कबीर ने रोते हुए जवाब दिया : "अख़्लाक़ के मुअल्लिम[11] इन कसबियों के शौहरों के लिए क्या बंदोबस्त करेंगे ?"

मौलवी तो कबीर की बात न समझा और हँसने लगा और कबीर की आँखें और ज़्यादा अश्कबार हो गईं।

दस-बारह हज़ार के मजमे में एक आदमी तक़रीर कर रहा था : "भाइयो, बाज़याफ़्ता[12] औरतों का मसला हमारा सबसे बड़ा मसला है। इसका हल हमें सबसे पहले सोचना है…अगर हम ग़ाफ़िल रहे तो यह औरतें क़हबाख़ानों में चली जाएँगी और फ़ाहिशा[13] बन जाएँगी…सुन रहे हो, फ़ाहिशा बन जाएँगी…तुम्हारा फ़र्ज़ है कि तुम इनको इस ख़ौफ़नाक मुस्तक़बिल[14] से बचाओ और अपने घरों में इनके लिए जगह पैदा करो…अपनी, अपने भाई या अपने बेटे की शादी करने से पहले तुम्हें इन औरतों को हरगिज़-हरगिज़ फ़रामोश नहीं करना चाहिए…"

कबीर फूट-फूट के रोने लगा।

तक़रीर करनेवाला रुक गया—कबीर की तरफ़ इशारा करके उसने बुलंद आवाज़ में

हाज़रीन से कहा : "देखो, इस शख़्स के दिल पर कितना असर हुआ है।"

कबीर ने गुलूगीर आवाज़ में कहा : "लफ़्ज़ों के बादशाह, तुम्हारी तक़रीर ने मेरे दिल पर कुछ असर नहीं किया है... मैंने जब सोचा कि तुम किसी मालदार औरत से शादी करने की ख़ातिर अभी तक कुँआरे बैठे हो तो मेरी आँखों में आँसू आ गए।"

एक दूकान पर यह बोर्ड लगा था : जिनाह बूट हाऊस।

कबीर ने उसे देखा तो ज़ारो-क़तार रोने लगा।

लोगों ने देखा कि एक आदमी खड़ा है, उसकी आँखें बोर्ड पर जमी हैं और वह रोए जा रहा है तो उन्होंने तालियाँ बजाना शुरू कर दीं : "पागल है...पागल है..."

मुल्क का सबसे बड़ा क़ाइद चल बसा तो चारों तरफ़ मातम की सफ़ें बिछ गईं।

अक्सर लोग बाज़ुओं पर सियाह बिल्ले बाँधकर फिरने लगे।

कबीर ने यह देखा तो उसकी आँखों में आँसू आ गए।

सियाह बिल्लेवालों ने उससे पूछा : "क्या दुख पहुँचा जो तुम रोने लगे?"

कबीर ने जवाब दिया : "यह काले रंग की चिंदियाँ अगर जमा कर ली जाएँ तो सैकड़ों की सत्रपोशी[15] कर सकती हैं।"

सियाह बिल्लेवालों ने कबीर को पीटना शुरू कर दिया : "तुम कम्युनिस्ट हो, फ़िफ़्थ कालमिस्ट हो, पाकिस्तान के ग़द्दार हो।"

कबीर हँस पड़ा : "लेकिन दोस्तो, मेरे बाज़ू पर तो किसी रंग का बिल्ला नहीं।"

1. अवैध क़ब्ज़ा; 2. फूट-फूटकर; 3. स्थापित; 4. पंक्ति में खड़ी हुई; 5. ख़िज़ाब; 6. प्रतिक्रियावादी, 7. अवचेतना; 8. धनी; 9. मज़दूरपरस्त; 10. लागू होना, जारी होना; 11. शिक्षक; 12. दुबारा से मिली हुई; 13. वेश्या; 14. भविष्य; 15. तन ढकना।

माहीगीर

[विक्टर ह्यूगो की एक नज़्म के तअस्सुरात]

समंदर रो रहा था।

मुक़ैयद[1] लहरें पथरीले साहिल के साथ टकरा-टकराकर आहोज़ारी[2] कर रही थीं। दूर, पानी की रक़्साँ[3] सतह पर चंद किश्तियाँ अपने धुँधले और कमज़ोर बादबानों के सहारे बेपनाह सर्दी से ठिठरी हुई काँप रही थीं। आसमान की नीली क़बा[4] में चाँद खिलखिलाकर हँस रहा था। सितारों का खेत अपने पूरे जोबन में लहलहा रहा था।

फ़ज़ा समंदर के नमकीन पानी की तेज़ बू में बसी हुई थी।

साहिल से कुछ फ़ासले पर चंद शिकस्ता झोंपड़ियाँ ख़ामोश ज़बान में एक-दूसरे से अपनी ख़स्ताहाली का तज़्किरा कर रही थीं—यह माहीगीरों के सर छुपाने की जगहें थीं।

एक झोंपड़ी का दरवाज़ा खुला था, जिसमें से चाँद की आवारा शुआएँ ज़मीन पर रेंग-रेंगकर उसकी काजल-ऐसी फ़ज़ा को नीम रोशन कर रही थीं—इस अंधी रोशनी में दीवार पर माहीगीर का जाल नज़र आ रहा था और एक चोबी तख़्ते पर चंद थालियाँ झिलमिला रही थीं।

झोंपड़ी के एक कोने में एक टूटी हुई चारपाई तारीक चादर में मलबूस[5] अँधेरे में सर निकाले हुए थी। उसके पहलू में फटे हुए टाट पर पाँच बच्चे महवे-ख़्वाब[6] थे। नन्ही रूहों का एक घोंसला जो ख़्वाबों से थरथरा रहा था।

पास ही उनकी माँ न मालूम किन ख़यालात में मुस्तग़रक़[7] घुटनों के बल बैठी गुनगुना रही थी।

यकायक वह लहरों का शोर सुनकर चौंकी।

बूढ़ा समंदर किसी आनेवाले ख़तरे से आगाह, सियाह चट्टानों और तुंद हवाओं और निस्फ़[8] शब की तारीकी को मुख़ातिब करके गला फाड़-फाड़कर चिल्ला रहा था।

वह उठी और बच्चों के बिलकुल पास जाकर उसने एक की पेशानी पर अपने सर्द लबों से बोसा दिया और फिर वहीं टाट के एक कोने में बैठकर दुआ माँगने लगी—लहरों के शोर में उसके अल्फ़ाज़ उभर रहे थे : ''ऐ ख़ुदा…ऐ बेकसों और ग़रीबों के ख़ुदा, इन बच्चों का वाहिद सहारा रात का तारीक कफ़न ओढ़े समंदर की लहरों के साथ लड़ रहा है…वह मौत

के अमीक़ गढ़े में पाँव लटकाए हुए है···इन बच्चों की ख़ातिर उसे हर रोज़ इस तूफ़ानी देव के साथ कुश्ती लड़ना पड़ती है···ऐ ख़ुदा, तू उसकी जान हिफ़ाज़त में रखियो······आह, अगर यह बच्चे जवान होते और अपने बाप की मदद कर सकते···!"

ख़ुदा मालूम उसे क्या ख़याल आया कि वह सिर से पैरों तक काँप गई। फिर वह थरथराती हुई आवाज़ में कहने लगी : "आह, बड़ा होने पर इनका भी यही शुग्ल होगा···फिर मुझे छः जानों का ख़दशा[9] लाहिक़ रहेगा···आह, कुछ समझ में नहीं आता···यह ग़ुर्बत···यह ग़ुर्बत···!" यह कहते हुए वह अपनी ग़ुर्बत और तंगदामानी[10] के ख़यालात में ग़र्क़ हो गई।

दफ़अतन वह उस अँधेरे ख़्वाब से बेदार हुई और उसके दिमाग़ में होटलों की देव क़ामत इमारतें और उमरा के राहत-कदों की तसवीरें खिंच गईं। उन इमारतों की दिलफ़रेब राहतों और उमरा की तअय्युशपरस्तियों[11] का ख़याल आते ही उसके दिल पर एक धुंध-सी छा गई—कलेजे पर किसी ग़ैर मरई हाथ की गिरफ़्त महसूस करके वह जल्दी से उठी और उसने दरवाज़े में से तारीकी में आवारा नज़रों से देखना शुरू कर दिया।

उसकी यह हरकत ख़यालात की आमद को न रोक सकी—वह सख़्त हैरान थी कि लोग अमीर और ग़रीब क्यों होते हैं, जबकि हर इंसान एक ही तरह माँ के पेट से पैदा होता है। इस सवाल के हल के लिए उसने अपने दिमाग़ पर बहुत ज़ोर दिया, मगर उसे कोई ख़ातिरख़्वाह जवाब न मिल सका।

एक और बात वह समझ नहीं पा रही थी—और वह यह कि उसका ख़ाविंद तो अपनी जान पर खेलकर समंदर की गोद से मछलियाँ छीनकर लाता है और मछलियों की मार्किट का मालिक बग़ैर मेहनत किए हर रोज़ सैकड़ों रुपए पैदा कर लेता है। उसे यह बात ख़ासतौर पर अजीब-सी मालूम हुई कि मेहनत तो करें माहीगीर और नफ़ा हो मार्केट के मालिक को। रात भर उसका ख़ाविंद अपना ख़ून-पसीना एक करे और सुबह के वक़्त उसकी आधी कमाई मार्केट के मालिक की बड़ी तोंद में चली जाए।

इन तमाम सवालों का कुछ जवाब न पाकर वह हँस पड़ी और बुलंद आवाज़ में कहने लगी : "मुझ कम अक़्ल को भला यह सब क्या मालूम···ख़ुदा सबकुछ जानता है, मगर···"

वह कुछ और कहने ही वाली थी कि रुक गई और काँप उठी—फिर वह बोली : "ऐ ख़ुदा, मैं गुनहगार हूँ···तू जो करता है, बेहतर करता है···कुछ और ख़याल करना कुफ़्र है···" यह कहती हुई वह ख़ामोशी से अपने बच्चों के पास आकर बैठ गई और उनके मासूम चेहरों की तरफ़ देखकर उसने बेइख़्तियार रोना शुरू कर दिया।

बाहर आसमान पर काले बादल मुहीब[12] डायनों की सूरत में अपने सियाह बाल परेशाँ किए चक्कर काट रहे थे। कभी-कभी बादल का कोई टुकड़ा चाँद के दरख़्शा[13] रुख़सार पर अपनी सियाही मल देता तो फ़ज़ा पर क़ब्र की तारीकी छा जाती और समंदर की सीमीं लहरें गहरे रंग की चादर ओढ़ लेतीं। तब किश्तियों के मस्तूलों पर टिमटिमाती हुई रोशनियाँ इस अचानक तब्दीली को देखकर आँखें झपकना शुरू कर देतीं।

माहीगीर की बीवी ने अपने मैले आँचल से आँसू ख़ुश्क किए और दरवाज़े के पास खड़ी

होकर देखने लगी कि दिन तुलू हुआ है या नहीं—उसका ख़ाविंद तुलू की पहली किरण के साथ ही घर वापिस आ जाया करता था—अभी सुबह का एक साँस भी बेदार न हुआ था। समंदर की तारीक सतह पर रोशनी की एक धारी भी नज़र न आ रही थी। बारिश काजल की तरह तमाम फ़ज़ा पर बरसने लगी थी।

वह बहुत देर तक दरवाज़े के पास खड़ी, अपने ख़ाविंद के ख़याल में मुस्तग़रक़ रही, जो बारिश में समंदर की तुंद मौजों के मुक़ाबले में लकड़ी के एक मामूली तख़्ते और कमज़ोर बादबान से मुसल्लह था।

वह अभी अपने ख़ाविंद के लिए दुआ माँग ही रही थी कि यकायक उसकी निगाहें अँधेरे में सामने खड़ी शिकस्ता[14] झोंपड़ी की तरफ़ उठ गईं, जो तारों से महरूम[15] आसमान की तरफ़ हाथ फैलाए लरज़ रही थी।

उस झोंपड़ी में रोशनी का नाम तक नहीं था और उसका कमज़ोर दरवाज़ा किसी नामालूम ख़ौफ़ की वजह से काँप रहा था और तिनकों की छत हवा के दबाव तले दोहरी हो रही थी।

''आह, ख़ुदा मालूम बेचारी बेवा का क्या हाल है⋯उसे कई रोज़ से बुख़ार भी तो आ रहा है⋯'' वह जेरे-लब गुनगुनाई, और यह ख़याल आते ही कि कहीं वह भी अपने ख़ाविंद से महरूम न हो जाए, वह काँप उठी।

सामने की शिकस्ता झोंपड़ी एक बेवा की थी, जो अपने दो कमसिन बच्चों समेत रोटी के क़हत[16] में मौत की घड़ियाँ काट रही थी। मुसीबत की मचलती हुई धूप में उस पर साया करनेवाला कोई न था—रहा-सहा सहारा दो नन्हे बच्चे थे जो अभी मुश्किल से चल-फिर सकते थे।

उसके दिल में हमदर्दी का जज़्बा उमड़ आया—बारिश से बचाव के लिए उसने सिर पर टाट का एक टुकड़ा रखा और हाथ में एक अंधी लालटेन थामकर वह उस झोंपड़ी के पास पहुँची। उसने धड़कते हुए दिल से दरवाज़े पर दस्तक दी—लहरों का शोर और तेज़ हवा की चीख़ो-पुकार उसकी दस्तक का जवाब थे।

वह काँपी और उसने ख़याल किया कि शायद उसकी अच्छी हमसाया गहरी नींद सो रही है।

उसने एक बार फिर दरवाज़ा खटखटाया और आवाज़ दी, मगर जवाब फिर ख़ामोशी था। कोई सदा, कोई जवाब झोंपड़ी के बोसीदा[17] लबों से नमूदार न हुआ।

उसने काँपते हुए दरवाज़े पर दबाव डाला—जैसे बेजान दरवाज़े ने लिम्स[18] की लहर महसूस की, वह मुतहर्रिक हुआ और खुल गया।

वह झोंपड़ी के अंदर दाख़िल हुई और जैसे वह ख़ामोश क़ब्र उसकी अंधी लालटेन से रोशन हो गई, जिसमें लहरों के शोर के सिवा मुकम्मल सुकूत[19] तारी था, जिसकी पतली दोहरी होती हुई छत से बारिश के क़तरे बड़े-बड़े आँसुओं की सूरत में गिरते हुए सियाह ज़मीन को तर कर रहे थे—फ़ज़ा में एक मुहीब ख़ौफ़ साँस ले रहा था।

वह ख़ौफ़नाक समाँ, जो झोंपड़ी में सिमटा हुआ था, देखकर वह सर ता पा इर्तिआश[20]

बनकर रह गई। उसकी आँखों में गर्म-गर्म आँसू छलके और फिर बेइख़्तियार उछलकर बारिश के टपके हुए क़तरों के साथ हमआग़ोश हो गए—उसने एक सर्द आह भरी और दर्दनाक आवाज़ में कहने लगी : ''आह, तो उन बोसों का जो जिस्म को राहत बख़्शते हैं···और माँ की मुहब्बत, गीत, तबस्सुम, हँसी और नाच का एक ही अंजाम है···क़ब्र···आह मेरे ख़ुदा!''

उसके सामने फूस के बिस्तर पर बेवा की सर्द लाश अकड़ी हुई थी। लाश के पहलू में दो बच्चे महवे-ख़्वाब थे—उसने महसूस किया, लाश के सीने में एक आह कुछ कहने को रुकी हुई है और पथराई हुई आँखें झोंपड़ी की ख़स्ता छत को चीरकर तारीक[21] आसमान की तरफ़ टकटकी लगाए देख रही हैं, जैसे उसे कोई पैग़ाम देना हो।

वह उस वहशतख़ेज़ मंज़र को देखकर चिल्ला उठी—थोड़ी देर वह दीवानाबार इधर-उधर घूमी।

यकायक उसकी नमनाक आँखों में एक चमक पैदा हुई और उसने लपककर लाश के पहलू से कमसिन बच्चे उठाकर अपनी चादर में लपेट लिए और उस दारुलख़तर[22] से लड़खड़ाती हुई अपनी झोंपड़ी में चली आई।

उसके चेहरे का रंग बदल गया था—उसने लरज़ाँ हाथों से बच्चों को मैले बिस्तर पर लिटा दिया और उन पर फटी हुई चादर डाल दी।

थोड़ी देर वह मुर्दा बेवा के पहलू से उठाए हुए बच्चों को देखती रही और फिर गुमसुम-सी अपने बच्चों के पास ज़मीन पर बैठ गई।

मुतलातिम समंदर उफ़ुक़ पर सफ़ेद हो रहा था। सूरज की धुँधली शुआएँ तारीकी का तआक़ुब कर रही थीं—वह गुमसुम बैठी अपनी ज़िंदगी के शिकस्ता तार छेड़ रही थी। उसके ग़ैर मर्बूत[23] अल्फ़ाज़ के साथ कनसुरी लहरें अपनी मग़मूम तानें छेड़ रही थीं।

''आह यह मैंने क्या किया···यह मुझसे क्या हो गया···सात हम और अब दो यह···अब अगर वह मुझे मारे तो मुझे कोई शिकायत नहीं होनी चाहिए···मैं भी अजीब हूँ। मैं जिससे मुहब्बत करती हूँ, उसी से ख़ाइफ़ हूँ···क्या इन्हें वापिस छोड़ आऊँ···नहीं···मैं उससे मुहब्बत करती हूँ। शायद वह मुझे माफ़ कर दे।''

वह इस क़िस्म के ख़यालात में ग़ल्ताँ व पेचाँ[24] बैठी हुई थी कि हवा के ज़ोर से दरवाज़ा हिला—उसका कलेजा धक-से रह गया। वह उठी और किसी को न पाकर वहीं मुतफ़िकर-सी[25] बैठ गई।

''अभी नहीं···बेचारा···उसे इन बच्चों के लिए कितनी तकलीफ़ उठाना पड़ती है···अकेले आदमी को सात पेट पालने पड़ते हैं और अब···मगर यह शोर कैसा है?''

वह चीख़ती हुई आवाज़ हवा की थी जो झोंपड़ी के साथ रगड़कर गुज़र रही थी।

''उसके क़दमों की चाप···आह, नहीं, यह तो हवा है···''

वह फिर अपने अंदरूनी ग़म में डूब गई—अब उसके कानों में हवाओं और लहरों का शोर मफ़्क़ूद[26] हो गया—सीने में ख़यालात के तसादुम[27] का क्या कम शोर था।

आबी जानवर साहिल के आसपास चिल्ला रहे थे। पानी में पड़े हुए संगरेज़े[28]

एक-दूसरे से टकराकर खनखना रहे थे। किश्तियों के चप्पुओं की आवाज़ सुबह की ख़ामोश फ़ज़ा को मुर्तइश[29] कर रही थी।

वह किश्ती की आमद से बेख़बर अपने ख़यालात में खोई हुई थी।

दफ़अतन दरवाज़ा एक शोर के साथ खुला--सुबह की धुँधली शुआएँ झोंपड़ी में तैरती हुई दाख़िल हुईं और साथ ही माहीगीर कांधों पर एक बड़ा-सा जाल डाले दहलीज़ पर नमूदार हुआ।

उसके कपड़े रात की बारिश और समंदर के नमकीन पानी से शराबोर हो रहे थे। आँखें शब बेदारी की वजह से अंदर को धँसी हुई थीं। जिस्म सर्दी और ग़ैर मामूली मशक़्क़त से अकड़ा हुआ था।

''बच्चों के अब्बा, तुम हो···'' माहीगीर की बीवी चौंक उठी। फिर उसने आशिक़ाना बेताबी से अपने ख़ाविंद को छाती से लगा लिया।

''हाँ, मैं हूँ प्यारी!'' यह कहते हुए माहीगीर के कुशादा[30], मगर मग़मूम चेहरे पर मसर्रत की एक धुँधली-सी रोशनी छा गई--वह मुसकराया--बीवी की मुहब्बत ने उसके दिल से रात की कुलफ़त[31] का ख़याल महव कर दिया।

''मौसम कैसा था?'' बीवी ने मुहब्बत-भरे लहजे में दरयाफ़्त किया।

''तुंद!''

''मछलियाँ हाथ आईं?''

''बहुत कम··· आज रात तो समंदर क़ज़ाकों[32] के गिरोह के मानिंद था।'' यह सुनकर उसकी बीवी के चेहरे पर मुर्दनी छा गई--माहीगीर ने उसे मग़मूम देखा और मुसकराकर बोला: ''तू मेरे पहलू में है, बस मेरा दिल ख़ुश है।''

''हवा तो बहुत तेज़ होगी?''

''बहुत तेज़··· मालूम हो रहा था कि दुनिया के तमाम शैतान मिलकर अपने मनहूस पर फड़फड़ा रहे हैं··· जाल कट गया, रस्सियाँ कट गईं और किश्ती का मुँह भी टूटते-टूटते बचा···'' फिर अपनी बात का रुख़ बदलते हुए उसने पूछा: ''मगर तुम शब-भर क्या करती रही हो प्यारी?''

वह रात की बात का ख़याल करके काँपी--उसने लरज़ाँ आवाज़ में जवाब दिया: ''आह, कुछ भी तो नहीं··· सीती-पिरोती रही, तुम्हारी राह तकती रही··· लहरें बिजली की तरहं कड़क रही थीं और मुझे सख़्त डर लग रहा था।''

''डर···! हम लोगों को डर किस बात का···''

''और हाँ, हमारी हमसाया बेवा मर गई है।'' उसने अपने ख़ाविंद की बात काटते हुए कहा।

माहीगीर ने दर्दनाक ख़बर सुनी, मगर उसे कुछ ताज्जुब न हुआ, शायद इसलिए कि वह हर घड़ी उस औरत की मौत की ख़बर सुनने का मुतवक़्क़े[33] था--उसने आह भरी और सिर्फ़ इतना कहा: ''तो बेचारी सिधार गई!''

''हाँ··· और दो कमसिन बच्चे छोड़ गई है जो लाश के पहलू में लेटे हुए हैं।''

बीवी की बात सुनकर माहीगीर का जिस्म ज़ोर से काँपा और उसकी सूरत संजीदा व मुतफ़िकर हो गई—एक कोने में अपनी ऊनी टोपी, जो पानी से भीग रही थी, फेंककर उसने अपना सिर खुजलाया और कुछ देर ख़ामोश रहने के बाद अपने आपसे बोला : ''पाँच बच्चे थे, अब सात हो गए... पहले ही इस तुंद मौसम में दो वक़्त का खाना नसीब नहीं होता, अब... मगर ख़ैर... इसमें किसी का कोई क़ुसूर नहीं... किस क़िस्म के हवादिस[34] बहुत गहरे मानी रखते हैं...''

वह कुछ अर्से तक़ उसी तरह अपना सिर घुटनों में दबाए सोचता रहा—उसकी समझ में न आ रहा था कि ख़ुदा ने उन बच्चों से, जो उसकी मुट्ठी के बराबर भी नहीं हैं, उनकी माँ क्यों छीन ली है; उन बच्चों से जो न काम कर सकते हैं और न किसी चीज़ की ख़्वाहिश कर सकते हैं।

उसका दिमाग़ उन सवालों का कोई हल न पेश कर सका—वह बड़बड़ाता हुआ उठा : ''शायद ऐसी बातों को एक पढ़ा-लिखा ही समझ सकता है...'' और फिर वह अपनी बीवी से मुख़ातिब होकर बोला : ''प्यारी, जाओ और उन्हें यहाँ ले आओ... अगर वह अपनी माँ की लाश के पास बेदार[35] हुए तो वह किसी क़दर वहशतज़दा हो जाएँगे... जाओ, उन्हें अभी ले आओ।'' यह कहकर वह अपने दिल में सोचने लगा कि वह उन बच्चों को अपनी औलाद की तरह पालेगा; वह बड़े होकर उसके घुटनों पर चढ़ना सीख जाएँगे, ख़ुदा उन बच्चों को इस झोंपड़ी में देखकर बहुत ख़ुश होगा और उन्हें, सबको ज़्यादा खाने को अता करेगा : ''प्यारी, तुम्हें फ़िक्र नहीं करनी चाहिए... मैं और ज़्यादा मेहनत से काम करूँगा...''

अपनी बीवी को चारपाई की तरफ़ बढ़ते हुए देखकर माहीगीर बुलंद आवाज़ में कहने लगा : ''तुम सोच क्या रही हो ?''

उसकी बीवी ने चारपाई के पास पहुँचकर चादर को उलट दिया : ''यह तो रहे बच्चे !''

दो बच्चे सुबह की तरह मुसकरा रहे थे।

यकुम फ़रवरी, 1935

---

1. बंदी; 2. रोना-पीटना, विलाप; 3. नाचती हुई; 4. वस्त्र; 5. लिपटी हुई; 6. गहन निद्रा; 7. तल्लीन, मग्न; 8. आधी; 9. भय; 10. निर्धन स्थिति; 11. ऐशो-आराम; 12. भयानक; 13. चमकीले; 14. जर्जर; 15. वंचित; 16. अभाव; 17. कमज़ोर; 18. स्पर्श; 19. ख़ामोशी, सन्नाटा; 20. कँपकँपाहट; 21. अंधकारमय; 22. भयानक स्थान; 23. रुक-रुककर बोले गए; 24. उधेड़बुन; 25. चिंतित; 26. समाप्त; 27. मुठभेड़; 28. पत्थरों के टुकड़े; 29. स्पंदित; 30. चौड़े चकले; 31. कष्ट; 32. लुटेरों; 33. आशान्वित; 34. घटनाएँ; 35. जागे।

ज़िंदगी

बिल्लौरी चूड़ियों ने खनखनाहट से पूछा : "मैं ख़ूबसूरत हूँ कि तू ?"

ऊद का धुआँ आग के बिस्तर से परेशान होकर उठा । हवा में साँप की तरह उसने बल खाकर कहा : "तू मेरे सीने का राज़ है या मैं ?"

फ़रिश्ते आसमान की हल्की-फुल्की फ़ज़ाओं में पर तौलकर रह गए । अब्रे-बहार[1] ने ख़ज़ाँ[2] की मुट्ठी खोली और बुलंद दरख़्तों से सरगोशियाँ शुरू कर दीं । तुलू-ए-आफ़ताब[3] की आड़ी-तिरछी किरनों के शोर से अँधियारा घबरा के उठा और भाग गया।

गागर ने छलकते हुए पानी से कहा : "तू इतना बेसब्र क्यों है ?"

घूँघट के नीचे एक कुँवारे चेहरे पर न जाने कितने रंग आए और चले गए ।

सौसन के फूलों में शहद की भूरी मक्खियाँ पड़ी ऊँघती रहीं। आस शबनम की बूँदों की मानिंद उसके दिल पर टपक रही थी । दरवाज़े ने हौले-से आह भरी और दहलीज़ के साथ बग़लगीर हो गया । थरथराते हुए होंठों पर एक कँपकँपी मुंजमिद[4] होते-होते रह गई ।

यह नस्र[5] की शाइरी का एक निहायत ही लतीफ़ नमूना है । चंद सतरों में ज़िंदगी का तमाम रस निचोड़कर भर दिया गया है । पहली सतर में तसव्वुफ़[6] का रंग है । बिल्लौरी चूड़ियों का अपनी खनखनाहट से पूछना : 'मैं ख़ूबसूरत हूँ कि तू ?' कितना अछूता ख़याल है और तसव्वुफ़ के चेहरे पर से यह नक़ाब को किस दिलकश अंदाज़ से उठाता है । शाइर का सीना क़ुदरत की रंगीनियों से मामूर[7] है । वह फ़रिश्तों तक पहुँचता है, मगर फ़ौरन ही ज़मीन पर अब्रे-बहार और बलंद दरख़्तों की सरगोशियाँ सुनने के लिए दौड़ आता है । नेचरियत[8] का ऐसा अच्छा नमूना हिंदुस्तान की शाइरी में मिलना मुहाल है । औज़ान[9] की क़ैद से आज़ाद यह मन्सूर[10] नज़्म देहातों में चलनेवाली हवा की मानिंद हल्की-फुल्की और मुअत्तर[11] है । इसमें ज़िंदगी है और इस ज़िंदगी के अंदर हरकत है, एक लतीफ़ हरकत । एक प्यारा इर्तिआश[12] है, ऐसा इर्तिआश जो कुँआरी लड़कियों के जिस्म पर तारी हुआ करता है ।

अल्फ़ाज़ की निशस्तो-बरख़्वास्त बहुत अच्छी है। मौज़ूनियत भी निहायत उम्दा है। ऐसा मालूम होता है कि इस नज़्मे-मन्सूर के मुसन्निफ़ ने दुल्हन की साड़ी में तारे बड़ी एहतियात से टाँके हैं। हर एक लफ़्ज़ चमकता है, लेकिन यह चमक ख़ीराकुन[13] नहीं।

आँखों को खलती नहीं, बड़ी प्यारी मालूम होती है।

इस नज़्म पर इसी तरह और बहुत कुछ लिखा जा सकता है। हर एक लफ़्ज़ के कई-कई मानी निकाले जा सकते हैं, मगर हक़ीक़त यह है कि यह नज़्मे-मन्सूर महज़ दिमाग़ी ऐयाशी है। लिखते वक़्त इसके मुसन्निफ़ के पेशे-नज़र सिर्फ़ यह बात थी कि लफ़्ज़ ख़ूबसूरत हों और उनकी तरतीब भी सुंदर हो, मगर मतलब कुछ न हो। चुनांचे नज़्म पढ़ने के बाद मज़ा तो आ जाएगा, मगर मतलब हरगिज़-हरगिज़ समझ में नहीं आएगा, क्योंकि यह इस ग़र्ज़ से लिखी ही नहीं गई।

यह नज़्म मैंने लिखी है और इस पर मैंने सिर्फ़ दो मिनट सर्फ़ किए हैं।

हिंदुस्तानी अदब में अब ऐसी नज़्मों का फ़ैशन आम हो गया है। 'यूरोप का लिटरेचर[14] चूँकि बहुत वज़नी हो चुका था, इसलिए लोगों ने इस क़िस्म की हल्की-फुल्की मन्सूर शाइरी की तरफ़ तवज्जोह दी, और यूरोप का क़ारी जो कि बोझल अफ़्कार[15] से तंग आ चुका था, ऐसी नज़्मों का दिलदादा हो गया। हिंदुस्तान चूँकि तक़लीद[16] का शुरू से आदी है, इसलिए उसके अदब ने इस नई क़िस्म की शाइरी को क़ुबूल कर लिया।

चुनांचे आज हम परदा-ए-सीमीं[17] पर न्यू थिएटर्ज़ की फ़िल्म 'ज़िंदगी' देखते हैं, जो इसी क़िस्म के अदबे-लतीफ़[18] का एक टुकड़ा है।

मैंने यह फ़िल्म देखी--जब मैं हॉल से बाहर आया तो मैं सोच रहा था कि मैंने क्या देखा है--हिंदुस्तान के जलीललक़द्र[19] मुकालमानवीस पंडित इंद्र के क़ौल के मुताबिक़ इस फ़िल्म में साइकोलोजी है, यानी कोई ऐसी चीज़ जो फ़हम से बालातर हो, एक निहायत ही लतीफ़ शै जो कि ईथर[20] में तैरती हो।

ख़्वाजा अहमद अब्बास साहिब और जमील अंसारी साहिब कहते हैं, '' 'ज़िंदगी' बहुत अच्छी फ़िल्म है।'' इसलिए मैं भी कहता हूँ कि यह फ़िल्म बहुत अच्छी है--मगर मैं ज़िंदगी देखने गया था, ज़िंदगी। मेरा ख़याल है, अब्बास साहब और जमील अंसारी साहब इसका मतलब बख़ूबी समझते होंगे।

हॉल में जब अँधेरा हुआ और 'ज़िंदगी' शुरू हुई तो मुझे उसकी रफ़्तार देखकर ऐसा महसूस हुआ कि शराबख़ाने में वेटर ने तेज़ो-तुंद शराब के बजाय ग़लती से मेरे हाथ में शिकंजबीं का गिलास थमा दिया है। अब मैं न उसे वापस कर सकता हूँ और न फेंक सकता हूँ। चूँकि यह हमारी ज़िंदगी के आदाब के मुनाफ़ी[21] है, चुनांचे दो घंटे तक मैं इस खट-मिठे शर्बत को आहिस्ता-आहिस्ता पीता रहा--खट-मिठा शर्बत, अगर उसमें काफ़ी बर्फ़ डाली गई हो, बदज़ाइक़ा नहीं होता।

'ज़िंदगी' अच्छी फ़िल्म है, इसलिए कि इसमें ज़िंदगी के सिवा सबकुछ है। इसमें खोटी दुवन्नी है जो सिर्फ़ बरवा ही चला सकता है। इसमें गीत हैं जो सिर्फ़ सहगल ही गा सकता है। इसमें मुकालमे[22] हैं जो सिर्फ़ जमना ही अदा कर सकती है। इसमें मदहोशी है जो पहाड़ी सान्याल की होशमंदी पर ग़ालिब नहीं आ सकती। इसमें फ़लसफ़ा है जो जमील अंसारी साहिब की समझ में आता है। इसमें मोमबत्ती बुझने का टच है जो फ़न्नी नुक़्त:ए-निगाह से बहुत ही बुलंद है और जो ख़्वाजा अहमद अब्बास साहब को बहुत पसंद आता है।

और इन सबके ऊपर इसमें टैलीपैथी[23] है जो मियाँ कारदार को बहुत पसंद आती है और जो फ़िल्म में बाक्स ऑफ़िस वैल्यू पैदा करती है ।

'ज़िंदगी' अच्छी फ़िल्म है, इसलिए कि यह डायरेक्टर बरवा ने तैयार की है और न्यू थिएटर्ज़ ने पेश की है और इसमें सहगल और जमना हैं ।

बंबई से पिशावर तक कई रेलगाड़ियाँ चलती हैं । इनमें कुछ तेज़ रफ़्तार हैं और कुछ सुस्त रफ़्तार—अगर आप सुस्त रफ़्तार गाड़ी में बंबई से पिशावर पहुँचना चाहते हैं, ख़्वाह दस-पंद्रह दिन सर्फ़ हो जाएँ तो आपको 'ज़िंदगी' बहुत पसंद आएगी । यह एक ऐसा ठहरा हुआ पानी है जिसमें कभी-कभी दरख़्त का कोई पत्ता गिरने से भँवर पैदा होते हैं । यह एक ऐसी सड़क है जिसमें कोई मोड़ नहीं आता और जो सीधी चली गई है, मौत के दहाने तक । ऐसा मालूम होता है कि 'ज़िंदगी' का मुसन्निफ़ अपनी आँखों पर पट्टी बाँधकर अपनी खेंची हुई सीधी लकीर पर हौले-हौले चल रहा है और आख़िर में धड़ाम से एक गहरी खाई में गिर पड़ता है ।

'ज़िंदगी'

ज़िंदगी की शिकायत है मौत से । ऐसा मालूम होता है कि ज़िंदगी घुटने टेककर मौत के दामन से आँसू पोंछ रही है । 'ज़िंदगी' एक ऐसी ज़िंदगी है जो कभी ज़िंदगी थी, ऐसे इंसानों की जो मैक्सिम गोर्की के लफ़्ज़ों में कभी इंसान थे—यह फ़िल्म ज़िंदगी की अरथी है जो हम बरवा के नातवाँ[24] काँधों पर देखते हैं । और यह तो आपको मालूम ही है कि मुर्दा चीज़ों का वज़न बहुत ज़्यादा हो जाया करता है । फ़िल्म के कई हिस्सों में आप महसूस करेंगे कि बरवा इस बोझ को उठाते-उठाते थक गया है । उसका दम फूल गया है और वह सुस्ताने के लिए एक सायेदार दरख़्त के नीचे बैठ गया है ।

मुझे हरकत से प्यार है । हर तेज़ रौ चीज़ को देखकर मर अंदर हरकत पैदा हो जाती है । दौड़ती हुई मोटरें, दनदनाती हुई गाड़ियाँ, तेज़ी से घूमते हुए पंगोड़े, यह सब मुझे प्यारे हैं । मैं समझता हूँ कि यह सब मेरी नब्ज़े-हयात[25] के साथ हमआहंग[26] हैं । यही वजह है कि 'ज़िंदगी' देखकर मेरे दिल में कोई उकसाहट पैदा नहीं हुई । मेरी ज़िंदगी के घोड़े को ऐड़ न लगी । मुझे कुछ न हुआ—मैं हॉल में जैसा गया था, वैसे-का-वैसा बाहर आ गया—मैं ज़िंदगी देखने गया था, मुझे मौत नज़र आई । मैं मानता हूँ कि ज़िंदगी का अंजाम मौत है, लेकिन मौत में भी तो ज़िंदगी है । मौत मुर्दा तो नहीं होती । वह मौत जो ज़िंदगी को अपने खुरदुरे हाथों में मसल देती है, जो रगे-हयात[27] को दबाकर उसका फड़कना बंद कर देती है, कैसे बेजान हो सकती है । मेरे ख़याल के मुताबिक़ मौत ज़िंदगी से कहीं ज़्यादा ताक़तवर है, ज़िंदगी से कहीं ज़्यादा ज़िंदगी से भरपूर है—मगर जो मौत मुझे 'ज़िंदगी' में नज़र आई, बेजान थी । ज़र्द, बिलकुल ज़र्द ।

फ़िल्म का अफ़साना एक बेकार ग्रेजुएट नौजवान और एक सितमरसीदा[28] औरत, जिसका शौहर शराबी और बदकार है, के किरदारों पर उस्तुवार[29] किया गया है । मालूम होता है कि अफ़सानानिगार ने एक दलदल पर इमारत खड़ी की है जो हर ईंट के दबाव से नीचे दबी जाती है—अफ़साने की हीरोइन दुखी है, इसलिए कि उसकी शादी एक ऐसे मर्द से

कर दी गई है जो शराबी है। वह अपनी स्त्री के हुक़ूक़ को पायमाल[30] करता है, अपनी धर्मपत्नी को मारता है और फिर उसको ठुकराकर घर से निकाल देता है—हीरोइन घर से बाहर निकल आती है और यह अफ़साने की मेराज[31] क़रार दी गई है—मेरी समझ में नहीं आता कि हीरोइन ने कौन-सा बहादुरी का काम किया। जिस औरत की ज़िंदगी अजीरन[32] थी, जिसको धक्के देकर घर से बाहर निकाल दिया गया, उसने अपने पति का घरबार छोड़ने की बहादुरी कैसे की? वह तो एक बेकार शै समझकर बाहर फेंक दी गई थी। ख़ुद बाहर निकलने की उसने हिम्मत नहीं की।

और फिर जब वह पति का घर छोड़कर बाहर निकलती है और रतनलाल आवारागर्द से मिलती है तो क्यों छुपी बैठी रहती है और रतनलाल क्यों पत्ता खड़कने पर भड़क उठता है—रतनलाल बेकार क्यों है? हम उसके हलक़ से इतने सुरीले गाने सुनते हैं। वह उनकी बदौलत कमा क्यों नहीं सकता? अगर 'ज़िंदगी' इस ज़माने की कहानी है तो वह न्यू थिएटर्ज़ ही में बड़ी आसानी के साथ नौकरी हासिल कर सकता था। अच्छे गानेवालों की हर फ़िल्म कंपनी को ज़रूरत है, फिर वह बेकार क्यों है—सारी फ़िल्म देखकर मुझे ऐसा महसूस हुआ कि वह बेकार रहना चाहता है, या उसे ज़बर्दस्ती अफ़सानानिगार ने बेकार रखा है। यही वजह है कि 'ज़िंदगी' का कैनवस अफ़सानानिगार ने बहुत ही महदूद[33] कर दिया है—ज़िंदगी एक तंगनाए नहीं, चौड़ा समंदर है जिसमें बड़े-बड़े जहाज़ भी चलते हैं और छोटी-छोटी किश्तियाँ भी। मगर इस फ़िल्म में तो रतनलाल और हीरोइन अपनी कश्तियों को उलटकर उसके पेंदों में सुराख़ बनाते रहते हैं।

जहाँ तक मैं समझ सका हूँ, 'ज़िंदगी' रतनलाल और हीरोइन की एक शिकायत है समाज से कि वह दोनों एक-दूसरे से गले न मिल सके। उन्हें एक-दूसरे का वस्ल नसीब न हो सका—मैं पूछता हूँ, क्या यह वस्ल ही ज़िंदगी का वाहिद नस्बुलऐन[34] है? क्या जिन्सी इश्क़ ही ज़िंदगी का महवर[35] है? क्या इसी महवर के इर्द-गिर्द ज़िंदगी घूमती है?

हीरोइन शादीशुदा है। चूँकि हिंदू मज़हब में तलाक़ नहीं है, इसलिए वह अपने बेकार आशिक़ से शादी नहीं कर सकती, और बेकार आशिक़ बाकार इसलिए नहीं बन सकता कि वह हीरोइन से शादी नहीं कर सकता—बस यह 'ज़िंदगी' का प्लाट है।

मैं तस्लीम करता हूँ कि मुहब्बत बहुत ताक़तवर चीज़ है। यह बेकारों को नौकरी भी दिलवा सकती है, उनके सीने में ज़िंदा रहने और कुछ कर गुज़रने की उकसाहट भी पैदा कर सकती है, मगर सवाल पैदा होता है कि हीरोइन और हीरो की मुहब्बत कौन-सी नौइयत[36] की है—जहाँ तक मैं समझ सका हूँ, उनका प्रेम महज़ जिन्सी है, और सच पूछिए तो फ़ीज़-मानिना[37] औरत और मर्द का प्रेम होता ही जिन्सी है। अगर इन दोनों का प्रेम जिन्सी दायरे से बाहर होता तो मुझे यक़ीन है, रतनलाल कुछ करता। गाने के अलावा वह तनाज़ो-लिलबक़ा[38] में हिस्सा लेने के लिए हाथ-पाँव मारता, इसलिए कि मुहब्बत फ़ालिज की कोई बीमारी नहीं है।

और फिर हीरोइन ने क्या किया?

वह पढ़ी-लिखी होशमंद औरत है। अपने दिल को अच्छी तरह समझती है। अपनी

मुश्किलात से वाक़िफ़ है। उसमें जुर्अत भी है। वह अपने बाप के घर जाने के बजाय एक नामहरम[39] मर्द के साथ एक ही कमरे में रात बसर करती है। बाज़ारों और गलियों में उसके साथ घूमती-फिरती है—वह अपने हुक़ूक़ के लिए लड़ सकती है और जैसा कि उसकी ख़्वाहिश है, नौकरी तलाश कर सकती है। और जुर्अत करके अपने आशिक़ को भी अपना सकती है, लेकिन वह कुछ नहीं करती। वह डरती है—क्यों ? इसका जवाब बरवा साहब ने आख़िर में दिया है।

और रतनलाल कारदारी अंदाज़ में बस समाज को गालियाँ देता रहता है।

समाज को गालियाँ ज़रूर दी जाएँ। अगर हो सके तो उसको फटे हुए जूतों का हार भी पहना दिया जाए। मुझे बड़ी ख़ुशी होगी, मगर सवाल यह है कि समाज है क्या? क्या हीरोइन और हीरो इस समाज ही का एक हिस्सा नहीं ?

समाज को अगर एक अड़ियल ख़च्चर समझ लिया जाए तो अफ़साने का हीरो रतनलाल उसकी दुम है जो मक्खियाँ हटाने की कोशिश में हिलती रहती है। कहते हैं, 'ज़िंदगी' एक बहुत बड़ी समाजी फ़िल्म है। इसमें कोई शक नहीं, इसलिए कि इसमें समाज का ज़िक्र आता है। और इसमें समाज के इस क़ानून को भी तोड़ने की कोशिश की गई है कि हर शादीशुदा औरत, जिसकी शादी ग़लत मर्द से कर दी गई हो, किसी दूसरे मर्द से रोमान लड़ा सकती है—मैं इसके हक़ में हूँ, मगर मैं एक बाक़ाइदा जंग देखना चाहता हूँ। कोई चीज़ तोड़ दी जाए, या उसको तोड़ने की तमन्ना दिल में पैदा हो तो मैं आँखों में आँसू और हलक़ में आहें देखने का क़ायल नहीं—बस हथौड़ा लिया जाए और बढ़कर उसे तोड़ दिया जाए। चलो छुट्टी हुई !

हीरोइन जब चाहे, इस क़ानून को तोड़ सकती है, इसलिए कि उसके पास दौलत का काफ़ी वज़नी हथौड़ा है। मालूम नहीं, वह किस मौक़े की तलाश में है—यहाँ एक बात और कहना पड़ती है कि ज़िंदगी में मवाक़े पैदा किए जाते हैं, ख़ुद-ब-ख़ुद पैदा नहीं होते।

यही वजह है कि मैं 'ज़िंदगी' को ज़िंदगी बख़्श नहीं समझता। मेरे ख़याल में यह फ़िल्म एक जिन्सी थकान है जो बरवा या अफ़सानानिगार पर तारी है—अब यह सोचना है कि इस क़िस्म की थकावट तारी होना ज़िंदगी है ? इसका जवाब शायद जमील अंसारी साहब दे सकें।

एक बात और खटकती है और वह यह कि हीरोइन घर से बाहर निकाल दिए जाने पर अपने बाप के घर जाने की बजाय हीरो के साथ चिपक जाती है, और जब सिनेमाई इत्तिफ़ाक़ से उसकी मुलाक़ात अपनी बहन से होती है और वह अपने क़रीबुलमर्ग[40] बाप से मिलती है तो वह बिस्तरे-मर्ग[41] पर उसकी जुर्रात की दाद देता है। "मैं बहुत ख़ुश हुआ हूँ बेटी कि तूने अपने बदकिरदार पति का घर छोड़ देने की हिम्मत की…" चुनांचे इस हिम्मत और जुर्अत के इनआम में वह अपनी सारी जायदाद उसके हवाले कर देता है—वह यह नहीं पूछता : 'तुम इतने दिन कहाँ रहीं ?'

अफ़साने में एक और टुकड़ा बहुत ही अजीबो-ग़रीब है। यह बताने के लिए कि रतनलाल के दिलो-दिमाग़ में हीरोइन का ख़याल समाया हुआ है, बरवा साहब ने एक

निहायत ही भौंडा टच दिया है—रतनलाल बाज़ार में जा रहा है कि एक दोस्त से उसकी मुठभेड़ हो जाती है। दोस्त कहता है : "अमाँ इतने रोज़ तुम कहाँ रहे... चलो मेरे साथ चलो... आज हमने दावत दी है, तुम ज़रा जादू के खेल दिखाना..." जादू के खेल नहीं दिखाए जाते, क्योंकि उनसे डायरेक्टर का मतलब पूरा नहीं हो सकता था। चुनांचे हीरो आवाज़ों का नक़्क़ाल बनता है और हीरोइन से बातचीत करता है—मेरे ख़याल में यह टच बरवा साहिब जैसे डायरेक्टर के शायाने-शान[42] नहीं है। तकनीकी नुक्तःए-निगाह से भी यह ग़ायत[43] दर्जा ख़ाम है और इसको देखकर ऐसा महसूस होता है कि डायरेक्टर कहानी सुनाते-सुनाते तमाशाइयों के कान में यह कहना शुरू कर देता है : "नाज़िरीन, यह याद रखिएगा कि हमारे हीरो के दिमाग़ में इस वक़्त हीरोइन बसी हुई है... हीरोइन, समझ लिया, हीरोइन।"

मुख़्तसर अल्फ़ाज़ में 'ज़िंदगी' के मुताल्लिक़ सिर्फ़ यह कहा जा सकता है कि यह एक आह है जो वाह में लपेटकर पेश की गई है। इसका पैकिंग अच्छा है—मिस्टर बरवा यूरोप से नुमाइशकारी का यह तरीक़ा शायद हाल ही में सीखकर आए हैं, और 'ज़िंदगी' की दुम में नमदा बाँधने का काम भी बरवा साहब ने बड़े सलीक़े से किया है, जिसकी दाद दिए बग़ैर मैं यह मज़मून ख़त्म नहीं कर सकता।

हिंदुस्तानियों की औहामपरस्ती[44] को बरवा साहब ने बड़े सलीक़े से पेश किया है, जिसके मुताल्लिक़ बाज़ नक़्क़ादों का ख़याल है कि यह एक बहुत बड़ा तन्ज़[45] है। मिसाल के तौर पर वह मंदिरवाला सीन मुझे बेहद पसंद है—सहगल ने गाने बहुत अच्छे गाए हैं, एक अपनी मर्ज़ी से; बाक़ी जमना की मर्ज़ी से। जब कभी जमना ने कहा : "मुझे वह गीत तो सुनाओ" तो सहगल ने इनकार नहीं किया। फ़ौरन ही बेचारे ने गाना शुरू कर दिया। ऐसे हीरो ख़ासतौर पर हीरोइन को बहुत पसंद होते हैं जो कभी इनकार न करें।

'ज़िंदगी' में एक कैरेक्टर बहुत दिलचस्प है, शराबी का, जो पहाड़ी साहब ने अदा किया है। अफ़साने में इसका काम सिर्फ़ शराब पीना या किसी से अपना दिल बहलाना है—पहाड़ी को शराबी के लिबास में देखकर इस 'ख़ुश्की' के ज़माने में कई शराबियों को बहुत ग़ुस्सा आया होगा, इसलिए कि वह सही शराबी नहीं है।

फ़िल्म में शराबी और आवारागर्द की तारीफ़ बरवा साहब ने अछूते अंदाज़ में की है जो आर्ट कहलाई जा सकती है।

जी चाहता है कि बरवा साहब की तरह इस रिव्यू[46] को भी एक फ़िल्म बना दूँ, मगर मेरी जेब में कोई न्यू थिएटर्ज़ नहीं है। और अगर न्यू थिएटर्ज़ न होगा तो ऐसी फ़िल्म क्योंकर बनाई जा सकती है।

पस लफ़्ज़।

इस रिव्यू के बाद मैं फिर ज़ैल की सुतूरें लिख रहा हूँ:

मैं एक बार फिर कहता हूँ कि 'ज़िंदगी' में ज़िंदगी नहीं है। इसमें मौत है और वह भी

बेजान मौत । 'ज़िंदगी' देखने के बाद अब मैं जब कभी उसका तसव्वुर करता हूँ तो मेरी आँखों के सामने रबड़ का रंगीन गुब्बारा आ जाता है, जिसकी हवा आहिस्ता-आहिस्ता निकल रही हो । 'ज़िंदगी' हवा भरा गुब्बारा नहीं । वह एक ऐसा गुब्बारा है जिसमें बहुत ज़्यादा हवा भरके उसे आहिस्ता-आहिस्ता ख़ाली कर दिया गया हो और आख़िर में एक छीछड़ा-सा बनकर रह गया हो ।

कहा जाता है कि अफ़साने में समाज के ख़िलाफ़ बग़ावत है और एक कमज़ोर औरत अपने नाज़ुक हाथों से समाज के बंधन तोड़ती है--'ज़िंदगी' मैंने इन दोनों आँखों से देखी है । मुझे यह बग़ावत और जुर्अत कहीं भी नज़र नहीं आई, बल्कि मुझे तो बुज़दिली-ही-बुज़दिली दिखाई दी है--फ़िल्म के एक सिरे से लेकर दूसरे सिरे तक जुर्अत का नामो-निशान तक नहीं ।

अफ़साने का आग़ाज़ श्रीमान रतनलाल हीरो के मकान से होता है जिसका किराया अदा नहीं किया गया है । मालिक मकान की आवाज़ सुनकर हीरो भाग उठता है--इसके बाद फ़िल्म में जो मंज़र भी आता है, उसमें आप हीरो और हीरोइन दोनों को ग़ैरों और दुश्मनों से भागते-छुपते ही पाएँगे ।

मैं 'ज़िंदगी' के अफ़सानानिगार से पूछना चाहता हूँ कि उन्हें डर किस बात का था ? उनके दुश्मन कौन थे ? उनका तआक़ुब[47] करने की किसी को ज़रूरत ही क्या थी ? वह इतने अहम नहीं थे कि लोग उनकी तरफ़ मुतवज्जेह होते । फिर वह छुपते क्यों थे ? वह इर्तिआशे-ख़फ़ी[48] क्या था जो हर वक़्त उन पर तारी रहता था ? ज़रा-सी आहट पर उनका दिल सीने से उछलकर बाहर आ जाता था, इसकी वजह क्या थी ?

शायद यह कैफ़ियत उस जुर्अत ने पैदा कर दी थी जो वह दोनों अपने अंदर पैदा करना चाहते थे--मैं पूछता हूँ कि यह जुर्अत किसलिए पैदा की जा रही थी--इस सवाल का जवाब अगर अब्बास साहब या जमील साहब से पूछा जाए तो वह वैसा ही जवाब देंगे जैसा कि 'ज़िंदगी' अपने मौज़ू से मुताल्लिक़ा सवालों का जवाब देती है ।

मुझसे पूछिए, मैं आपको बताता हूँ कि वह क्यों हाँ और ना के दरमियान थे । क्यों वह एकदम बुज़दिल और जुर्अतमंद थे । क्यों हर वक़्त उनका ज़मीर शशोपंज[49] की हालत में रहता था । क्यों वह वह नहीं थे जोकि होना चाहिए थे ।

मर्द और औरत के दरमियान सिवाय वस्ल के और चीज़ ही क्या है--हीरोइन अपने शराबी ख़ाविंद से बेज़ार थी । फिर उसने उसे धक्के मारकर घर से बाहर भी निकाल दिया था । वह मुहब्बत करना चाहती थी । मुहब्बत करने की जिस्मानी ताक़त उसके दिलो-दिमाग़ में इतनी शिद्दत[50] इख़्तियार कर गई थी कि उसने उस पहले मर्द से इश्क़ करना शुरू कर दिया जो घर से बाहर निकाले जाने पर उसे मिला--परदे पर हम इश्क़ का इज़हार हीरोइन की तरफ़ से देखते हैं और यह होना चाहिए था, इसलिए कि वह भूखी थी और उसकी भूख यकसर जिन्सी थी। उसने रतनलाल को अपने क़ुफ़्फ़ले-इश्क़[51] की चाबियाँ देते वक़्त यह नहीं सोचा कि वह कौन है और क्या है । वह बस एक मर्द चाहती थी । वह रतनलाल के साथ कई दिनों तक घूमती फिरी । एक रात वह उसके घर भी

सोई—इतनी जुर्अत उसने की, लेकिन रतनलाल को आज़ादाना तौर पर अपना बना लेने की जुर्अत उसमें नहीं थी।

मेरी समझ में नहीं आता कि फ़िल्म में रोना किस बात का रोया गया है? जब उसको इतनी जुर्रात थी तो क्या बाक़ी चीज़ों की तकमील के लिए वह मज़ीद जुर्अत नहीं कर सकती थी? और फिर समाज को क्यों बुरा-भला कहा गया है—जब हीरोइन रात को रतनलाल के घर में सोने का इरादा कर रही थी तो समाज ने खाट तो नहीं उलट दी थी। जब वह हीरो के साथ खुले बंदों बाज़ारों में चलती-फिरती थी तो समाज ने उसकी राह में काँटे तो नहीं बिछा दिए थे—ख़्वाजा अहमद अब्बास साहब कुछ भी कहें, मगर यह ज़ाहिर है कि वह दोनों जिन्सी तअल्लुक़ात पैदा करने के लिए मुज़्तरिब थे और चाहते थे कि उनके तअल्लुक़ात पर समाज का एतिराज़ न हो।

इस अफ़साने में यह जिन्सी सवाल सिर्फ़ दो अफ़्राद[52] से मुताल्लिक़ है। वह जो चाहे करते, उनके आमाल[53] का समाज की चौड़ी छाती पर क्या बोझ पड़ सकता था। क्या शराबी शौहरों की धुत्कारी हुई बीवियाँ ग़ैर मर्दों की आग़ोश में नहीं चली जातीं? उनके ऐसा करने से ज़िंदगी की रफ़्तार में कोई फ़र्क़ नहीं पड़ता। समाज के चेहरे का रंग उनके इस फ़ैल से नहीं बदलता। दुनिया में कोई भूचाल नहीं आता। कोई क़यामत बरपा नहीं होती—फिर एक ऐसे मोज़ू पर फ़िल्म तैयार करना क्या मानी रखता है, जिसका उमूमी[54] ज़िंदगी से कोई तअल्लुक़ नहीं। 'ज़िंदगी' ख़ास अफ़्राद के जिन्सी मिलाप की नाकामी का अफ़साना है। इसे बाक़ी सब लोगों से क्या सरोकार हो सकता है।

ज़िंदगी गंदे ख़ून के निकास का नाम नहीं है। ज़िंदगी का मफ़हूम[55] मसला-ए-इज़्दवाज[56] तक महदूद नहीं है। ज़िंदगी मर्द और औरत के मिलाप का नाम नहीं है—ज़िंदगी नाम है हरकत का। ज़िंदगी नाम है कशमकश का। ज़िंदगी नाम है बेबाकी का। ज़िंदगी नाम है ज़िंदा रहने का। ज़िंदगी नाम है ज़िंदा रहने के मुतालबे[57] का।

एक बेकार, महज़ बेकार सुस्त आदमी, जिसकी रग-रग और नस-नस में काहिली सरायत[58] कर गई थी; एक ग्रेजुएट जो इतना अच्छा गाता था कि हज़ारों रुपए माहवार कमा सकता था और जो जादू के खेल जानता था, बेकार था। जो जुए में एक खोटी दुवन्नी जीतकर बाज़ारों में घूमता रहता था—ऐसा शख़्स क्या अलिफ़-लैला के मर्दे-तस मा पा की तरह ज़िंदगी की गर्दन पर सवार नहीं था।

मुझे अफ़सोस है कि आख़िर में अफ़सानानिगार के हाथों हीरोइन की मौत वाक़े हुई—क्या ही अच्छा होता, अगर हीरो-ऐसे नाकारा और फ़ुज़ूल शख़्स के बोझ से ज़िंदगी को हल्का कर दिया जाता सितम-बालाए-सितम[59] यह शख़्स इश्क़ भी करता है और समाज को एक ही साँस में दो-दो सौ गालियाँ भी देता है—अगर मैं समाज होता तो उसके मुँह पर ऐसा 'ज़िंदगी' भरा चाँटा मारता कि फिर उसको बेकार रहने की कभी जुर्अत न होती।

एक बात और समझ में नहीं आती—हीरोइन का बाप इस बात से ख़ुश होकर कि उसने बहुत बड़ी जुर्रात की है, अपनी सारी जायदाद उसके हवाले कर देता है तो वह ख़ैरात देना

शुरू कर देती है। मुमकिन है, इस ख़ैरात का हीरोइन के साथ कोई नफ़सियाती रिश्ता हो, मगर मेरी समझ से यह बालातर है। ख़ैरात में रुपया सर्फ़ करके वह किस क़िस्म की प्यास बुझाना चाहती है ? क्या वह अपनी आक़िबत[60] सँवारना चाहती है ? क्या वह स्वर्ग में अपने लिए कोई अच्छा-सा बँगला रिज़र्व कराना चाहती है—आख़िर हातिमताई को शर्मिंदा करने की ज़रूरत उसे क्यों लाहिक़ होती है ?

ख़्वाजा अहमद अब्बास साहब कहते हैं : ''जो 'ज़िंदगी' देखने जाए, वह अपने साथ दो रूमाल लेकर जाए…''

बिलकुल दुरुस्त है। एक अपने आँसू पोंछने के लिए और दूसरा बरवा के लिए।

---

1. बरसात के बादल; 2. पतझड़; 3. सूर्योदय; 4. जमते; 5. गद्य; 6. भक्ति; 7. भरा हुआ; 8. प्रकृतिवाद; 9. वज़्न का बहुवचन, वृत्त; 10. गद्यात्मक; 11. सुगंधित; 12. कँपकँपी; 13. आँखों को चुंधियानेवाली; 14. साहित्य; 15. रचनाएँ; 16. अनुकरण; 17. सफ़ेद पर्दे; 18. हलका-फुलका साहित्य; 19. महामना; 20. अंतरिक्ष; 21. विपरीत; 22. संवाद; 23. दूसरों की भावनाओं को जानने की मानसिक क्रिया; 24. कमज़ोर; 25. जीवन की नाड़ी; 26. सामंजस्यपूर्ण; 27. जीवन की रग (प्राण); 28. पीड़ित; 29. सुदृढ़; 30. पद-ध्वस्त; 31. चरमोत्कर्ष; 32. कष्टमय; 33. सीमित; 34. उद्देश्य; 35. केंद्र, धुरी; 36. प्रकार, क़िस्म; 37. हमारे समय में, आजकल; 38. जीवन-संघर्ष; 39. ग़ैर, पराया; 40. मरणासन्न; 41. मृत्यु-शय्या; 42. जो व्यक्ति जैसा हो उसके लिए वैसा ही; 43. अति; 44. धार्मिकता (बहुदेववाद); 45. व्यंग्य; 46. समालोचना; 47. पीछा करना; 48. छुपी हुई थरथराहट; 49. असमंजस; 50. तेज़ी, तीव्रता; 51. इश्क़ के ताले; 52. व्यक्तियों; 53. कर्म; 54. जनसाधारण की; 55. उद्देश्य; 56. वैवाहिक समस्या: 57. माँग; 58. प्रविष्ट, समा जाना; 59. ज़ुल्म के ऊपर भी ज़ुल्म; 60. परलोक।

तरक़्क़ीयाफ़्ता क़ब्रिस्तान

अंग्रेज़ी तहज़ीबो-तमद्दुन[1] की ख़ूबियाँ कहाँ तक गिनवाई जाएँ। इसने हम ग़ैर मुहज़्ज़ब हिंदुस्तानियों को क्या कुछ अता नहीं किया–हमारी गँवार औरतों को अपने निस्वानी ख़ुतूत की नुमाइश के नित नए तरीक़े बताए; जिस्मानी ख़ूबियों का मुज़ाहिरा करने के लिए बग़ैर आस्तीनों के ब्लाउज़ पहनने सिखाए; मिस्सी काजल छीनकर उनके सिंगारदानों में लिपस्टिक, रूज, पाउडर और अफ़ज़ाइशे-हुस्न[3] की और चीज़ें भर दीं–पहले हमारे यहाँ मोचने सिर्फ़ नाक या मूँछों के बाल चुनने के काम आते थे, मगर तहज़ीबे-फ़िरंग ने हमारी औरतों को इनसे अपनी भवों के बाल चुनना सिखाया।

यह तहज़ीब ही की बरकत है कि अब जो औरत चाहे, लाइसेंस लेकर खुले बंदों अपने जिस्म की तिजारत कर सकती है। तरक़्क़ीयाफ़्ता मर्दों और औरतों के लिए सिविल मैरिज का क़ानून मौजूद है; जब चाहे शादी कर लीजिए और जब चाहे तलाक़ हासिल कर लीजिए; हींग लगती है न फिटकरी, मगर रंग चोखा आता है। नाचघर मौजूद हैं जहाँ आप औरतों के साथ सीने से सीना मिलाकर कई क़िस्मों के नाचों में शरीक हो सकते हैं। क्लबघर मौजूद हैं जहाँ आप बड़े मुहज़्ज़ब तरीके से अपनी सारी दौलत जुए में हार सकते हैं; मजाल है कि आप कभी क़ानूनी गिरिफ़्त में आएँ- शराबख़ाने मौजूद हैं जहाँ आप ग़म ग़लत कर सकते हैं।

अंग्रेज़ी तहज़ीबो-तमद्दुन ने हमारे वतन को बहुत तरक़्क़ीयाफ़्ता बना दिया है–अब हमारी औरतें पतलूनें पहनकर बाज़ारों में चलती-फिरती हैं; कुछ ऐसी भी हैं जो क़रीब-क़रीब कुछ भी नहीं पहनतीं लेकिन फिर भी आज़ादाना घूमती-फिरती हैं–हमारा मुल्क बहुत तरक़्क़ीयाफ़्ता हो गया है, क्योंकि अब यहाँ 'नंगा क्लब' खोलने की भी तजवीज़ हो रही है।

वह लोग सिरफिरे हैं जो अपने मुहसिन[4] अंग्रेज़ों से कहते हैं: 'हिंदुस्तान छोड़कर चले जाओ।' अगर अंग्रेज़ हिंदुस्तान छोड़कर चले गए तो हमारे यहाँ 'नंगा क्लब' कौन जारी करेगा? हम औरतों के साथ सीने से सीना मिलाकर कैसे नाच सकेंगे? हमारे चकले क्या वीरान नहीं हो जाएँगे? हमें एक-दूसरे से लड़ना कौन सिखाएगा? अगर हमारे यह मुहसिन चले गए तो मुस्लिम लीगें और हिंदू महासभाएँ कैसे क़ायम होंगी? मान्चेस्टर से जो कपड़े अब हमारी कपास से तैयार होकर आते हैं, फिर कौन तैयार करेगा? यह अच्छे-अच्छे लज़ीज़ बिस्कुट जो हम खाते हैं, फिर हमें कौन देगा?

जो तरक़्क़ी हमें और हमारे हिंदुस्तान को अंग्रेज़ों के अहद[5] में नसीब हुई है, और किसी के अहद में नसीब नहीं हुई— अगर हम आज़ाद हो भी जाएँ तो हमें हुकूमत करने की वह चालें नहीं आ सकतीं जो हमारे इन हाकिमों को आती हैं, इन हाकिमों को जिनके अहद में न सिर्फ़ हमारे होटलों, क्लबों, रक़्सख़ानों और सनीमाओं की, बल्कि हमारे क़ब्रिस्तानों की भी काफ़ी तरक़्क़ी हुई है।

ग़ैर तरक़्क़ीयाफ़्ता क़ब्रिस्तानों में मुर्दे उठाकर गाड़ दिए जाते हैं, जैसे वह कोई क़द्रो-क़ीमत ही न रखते हों—लेकिन तरक़्क़ीयाफ़्ता क़ब्रिस्तानों में ऐसा नहीं होता।

मुझे इस तरक़्क़ी का एहसास उस वक़्त हुआ, जब बंबई में मेरी वालिदा का इंतिक़ाल हुआ—मैं छोटे-छोटे निस्बतन ग़ैर-मुहज़्ज़ब शहरों में रहने का आदी था। मुझे मालूम नहीं था कि बड़े शहरों में मुर्दों पर भी हुकूमत की तरफ़ से पाबंदियाँ आइद हैं।

वालिदा की लाश दूसरे कमरे में पड़ी थी और मैं ग़म का मारा सिर न्योढ़ाए एक सोफ़े पर बैठा सोच रहा था कि इतने में एक साहब ने, जो अर्से से बंबई में रहते थे, मुझसे कहा : "भई, अब तुम्हें कुछ कफ़न-दफ़न की फ़िक्र करनी चाहिए।"

मैंने कहा : "यह तो आप ही करेंगे, क्योंकि मैं यहाँ नौवारिद[6] हूँ।"

उन्होंने जवाब दिया : "मैं सबकुछ कर दूँगा, मगर पहले तुम्हें किसी के हाथ इत्तिला भिजवा देनी चाहिए कि तुम्हारी वालिदा का इंतिक़ाल हो गया है।"

"किसको?"

"यहाँ पास ही म्युनिसिपैलिटी का दफ़्तर है, उसको इत्तिला देनी बहुत ज़रूरी है क्योंकि जब तक वहाँ से सर्टिफ़िकेट नहीं मिलेगा, क़ब्रिस्तान में दफ़नाने की इजाज़त नहीं मिलेगी।"

उस दफ़्तर को इत्तिला भेज दी गई।

वहाँ से एक आदमी आया और उसने तरह-तरह के सवाल करने शुरू कर दिए : "क्या बीमारी थी··· ? मरहूमा कितने अर्से से बीमार थी··· ? किस डॉक्टर का इलाज हो रहा था··· ?"

हक़ीक़त यह थी कि मेरी अदममौजूदगी में हार्ट फ़ेल हो जाने की वजह से मेरी वालिदा का इंतिक़ाल हुआ था। ज़ाहिर है, वह किसी की ज़ेरे-इलाज नहीं थीं, और न ही मुद्दत से बीमार थीं--मैंने उस आदमी से जो सच्ची बात थी, कह दी।

उस आदमी का इत्मीनान न हुआ और वह कहने लगा : "आपको डॉक्टरी सर्टिफ़िकेट दिखाना पड़ेगा कि मौत वाक़ई हार्ट फ़ेल हो जाने की वजह से हुई है।"

मैं सटपटा गया—मैं डॉक्टरी सर्टिफ़िकेट कहाँ से हासिल करता—कुछ सख़्त कलमे मेरे मुँह से निकल गए।

मेरे वह दोस्त, जो एक अर्से से बंबई में क़ियामपजीर थे उठे और उस आदमी को एक तरफ़ ले गए—वह कुछ देर उससे बातें करते रहे, फिर आए और मेरी तरफ़ इशारा करके कहने लगे : "यह तो बिलकुल बेवक़ूफ़ है···इसको यहाँ की बातों का कुछ इल्म नहीं।"

फिर उन्होंने मेरी जेब से दो रुपए निकालकर उस आदमी को दिए।

वह एकदम ठीक हो गया और कहने लगा : "अब आप ऐसा कीजिए कि दवाओं की चंद ख़ाली बोतलें मुझे दे दीजिए ताकि बीमारी का कुछ तो सुबूत हो जाए ... पुराने नुस्ख़े वग़ैरह पड़े हुए हों तो वह भी मुझे दे दीजिए।"

उसने इसी क़िस्म की कुछ और बातें भी कीं जिनको सुनकर मुझे थोड़ी देर के लिए ऐसा महसूस हुआ कि मैं अपनी वालिदा का क़ातिल हूँ और वह आदमी जो मेरे सामने बैठा है, मुझ पर तरस खाकर उस राज़ को अपने तक ही रखना चाहता है और मुझे ऐसी तरकीबें बता रहा है कि क़त्ल के निशानात मिट जाएँ—उस वक़्त मेरे जी में आई थी कि धक्के देकर उसको बाहर निकाल दूँ और घर में जितनी ख़ाली बोतलें पड़ी हैं, उन सबको एक-एक करके उसके बेमग़ज़ सिर पर फोड़ता चला जाऊँ—इस तहज़ीबो-तमद्दुन का भला हो कि मैं ख़ामोश रहा—मैंने अंदर से कुछ बोतलें निकलवाकर उसके हवाले कर दीं।

दो रुपए रिश्वत के तौर पर अदा करने के बाद म्युनिसिपैलिटी का सर्टीफ़िकेट हासिल कर लिया गया था—अब क़ब्रिस्तान का दरवाज़ा हम पर खुला था।

लोहे के बहुत बड़े दरवाज़े के पास एक छोटा-सा कमरा था, जैसा कि सिनेमा के दरवाज़े के पास बुकिंग ऑफ़िस होता है, उसकी खिड़की में से एक आदमी ने झाँककर अंदर जाते हुए जनाज़े को देखा। वह कुछ कहने ही को था कि मेरे दोस्त ने वह पर्ची, जो म्युनिसिपैलिटी के दफ़्तर से मिली थी, उसके हवाले कर दी—क़ब्रिस्तान के मैनेजर को इत्मीनान हो गया कि जनाज़ा बग़ैर टिकट के अंदर दाख़िल नहीं हुआ।

बड़ा ख़ूबसूरत क़ब्रिस्तान था—एक जगह दरख़्तों का झुंड था जिसके साये तले कई पुख़्ता क़ब्रें लेटी हुई थीं। इन क़ब्रों के आसपास मोतिया, चंबेली और गुलाब की झाड़ियाँ उग रही थीं।

पूछने पर मालूम हुआ कि यह क़ब्रिस्तान का सबसे ऊँचा दर्जा है जहाँ हाई क्लास आदमी अपने अज़ीज़ों को दफ़न करते हैं। एक क़ब्र के दाम मुब्लग[7] तीन सौ रुपए अदा करने पड़ते हैं। यह रक़म देने के बाद क़ब्रिस्तान की इस ठंडी और हवादार जगह में आप अपनी या अपने किसी अज़ीज़ की पुख़्ता क़ब्र बनवा सकते हैं। उसकी देखभाल करना हो तो आपको छः रुपए सालाना और देना पड़ेंगे। यह रक़म लेकर मैनेजर साहब इस बात का ख़याल रखेंगे कि क़ब्र ठीक हालत में रहे।

वह लोग जो तीन सौ रुपए अदा करने की इस्तितअत[8] नहीं रखते, उनकी क़ब्रें तीन या चार साल के बाद खोद-खादकर मिटा दी जाती हैं और उनकी जगह दूसरे मुर्दे गाड़ दिए जाते हैं। उन क़ब्रों को मोतिया, चंबेली और गुलाब की ख़ुशबू नसीब नहीं होती। वहाँ दफ़नाते वक़्त मिट्टी के साथ एक ख़ास क़िस्म का मसाला मिला दिया जाता है ताकि लाश और उसकी हड्डियाँ जल्द गल-सड़ जाएँ।

चूँकि एक ही शक्ल-सूरत की क़ब्रें क़तार अंदर क़तार चली गई हैं, इसलिए हर क़ब्र

पर नंबर लगा दिया गया है ताकि पहचानने में आसानी हो—यह नंबर चार आने में मिलता है।

आजकल अच्छे सिनेमाओं में भी ऐसा ही किया जाता है। नंबर लगे टिकट दिए जाते हैं ताकि हॉल में गड़बड़ न हो और आदमी उस नंबर की सीट पर बैठे जिस नंबर का उसके पास टिकट है।

जब मुर्दा दफ़न किया जाता है तो क़ब्रिस्तान का मुहतमिम[9] एक ख़ास नंबर, जो लोहे की तख़्ती पर लिखा होता है, क़ब्र के पहलू में गाड़ देता है। यह नंबर उस वक़्त तक गड़ा रहता है, जब तक क़ब्र किसी दूसरे मुर्दे के लिए ख़ाली नहीं की जाती।

नंबर मिलने से कितनी आसानी हो जाती है, यानी आप अपनी नोटबुक में दीगर तफ़सीलात के साथ अपने अज़ीज़ों की क़ब्रों का नंबर भी दर्ज कर सकते हैं :

जूते का नंबर : पाँच

जुराब का नंबर : साढ़े नौ

टेलीफ़ोन का नंबर : 44457

बीमे की पालिसी का नंबर : 225689

वालिदा की क़ब्र का नंबर : 4817

अगर ज़माना ज़्यादा तरक़्क़ी कर गया तो पैदा होते ही आपको अपनी क़ब्र का नंबर मिल जाया करेगा।

क़ब्रिस्तान में दाख़िल होते ही एक ख़ूबसूरत मस्जिद दिखाई दी, जिसके बाहर एक बहुत बड़े बोर्ड पर यह इबारत लिखी हुई थी :

ज़रूरी इत्तिला

> अगर कोई शख़्स अपने वारिस का कच्चा ओटा बनाना चाहे तो वह गोरखोद[10] बना देंगे। और कोई नहीं बना सकता। बड़ी क़ब्र बनाने के दो रुपए चार आने जिसमें सवा रुपया गोरखोदू की मज़दूरी और एक रुपया क़ब्रिस्तान का हक़। छोटी क़ब्र का सवा रुपया जिसमें गोरखोदू की मज़दूरी बारह आने और क़ब्रिस्तान का हक़ आठ आने। अगर न देंगे तो उनका ओटा निकाल दिया जाएगा। क़ब्रिस्तान में किसी को रहने की इजाज़त नहीं। हाँ मय्यत के साथ आवें और अपना तोशा[11] लेकर बाहर चले जावें। ख़्वाह मर्द हो या औरत, अगर कोई मय्यत बाहर से बग़ैर ग़ुस्ल के आवे और उसके साथ ग़ुस्ल देनेवाला भी हो तो उससे क़ब्रिस्तान का हक़ चार आने लिया जाएगा। जिस मय्यत को ग़ुस्ल रात को दिया जाएगा, उससे दो आना रौशनी का लिया जाएगा। कोई शख़्स क़ब्रिस्तान में दंगा-फ़साद न करे, अगर करेगा तो उसको पुलिस के हवाले कर दिया जाएगा। क़ब्र के वारिस अपने ओटे पर पानी डालने और दरख़्त लगाने का काम गोरखोदों के सुपुर्द कर दें तो उनको चार आना माहवार देना होगा। जो साहब न देंगे, उनकी क़ब्र पर गोरखोदू न पानी

डालेंगे और न दरख़्त उगाएँगे।

—मैनेजिंग ट्रस्टी

सिनेमाओं के इश्तिहार और क़ब्रिस्तान के इस एलान में एक गूना मुमासलत है, क्योंकि वहाँ भी लिखा होता है : 'शराब पीकर आनेवालों और दंगा-फ़साद करनेवालों को हवाल:ए-पुलिस कर दिया जाएगा।

बहुत मुमकिन है कि ज़माने की तरक़्क़ी के साथ बोर्ड पर लिखी इबारत में तर्मीमें होती जाएँ और कभी ऐसे अल्फ़ाज़ का भी इज़ाफ़ा हो जाए :

भूचाल आने या बमबारी की सूरत में मुंतज़िम[12] क़ब्रों के दाम वापिस नहीं करेगा। जो साहब अपने अज़ीज़ो-अक़ारिब[13] की क़ब्र पर एयर रेड शैल्टर बनवाना चाहें, उन्हें ढाई सौ रुपया ज़ाइद अदा करना पड़ेगा, लेकिन इस सूरत में भी क़ब्र की हिफ़ाज़त की ज़िम्मेदारी मुंतज़िम पर आइद न होगी। क़ब्र को एयर कंडीशंड बनाने के लिए छोटे-छोटे प्लांट दस्तयाब[14] हो सकते हैं। हर माह जितनी बिजली ख़र्च होगी, उसका बिल क़ब्र के वारिस को अदा करना होगा।

एक बोर्ड और दिखाई दिया जिस पर ग़ुस्ल वग़ैरह के निर्ख़[15] मुंदर्रिजा थे—मुलाहिज़ा हो :

नमाज़े-जनाज़ा और तलक़ीन पढ़ाई	: छः आने
ग़ुस्ल बड़ी मय्यत	: एक रुपया चार आने
ग़ुस्ल छोटी मय्यत	: चौदह आने
मय्यत के लिए पानी गर्म करने की लकड़ी	: चार आने
पानी भरने और गर्म करने की मज़दूरी	: दो आने
बड़ी मय्यत के बर्गे, फ़ी बर्गा	: ढाई आने
छोटी मय्यत के बर्गे, फ़ी बर्गा	: पौने दो आने

(नोट : बर्गा लकड़ी के उस तख़्ते को कहते हैं जो क़ब्र के गढ़े में मय्यत के ऊपर रखा जाता है ताकि मिट्टी नीचे न दब जाए।)

किसी अच्छे सैलून में जाइए तो वहाँ भी गाहकों की सहूलत के लिए इस क़िस्म के बोर्ड पर आपको मुख़्तलिफ़ चीज़ों के निर्ख़ नज़र आएँगे :

मर्दों की बाल कटवाई	: आठ आने
बच्चों की	: चार आने
औरतों की	: एक रुपया
बच्चियों की	: आठ आने
दाढ़ी मुँडवाई	: दो आने
बाल कटवाई और दाढ़ी मुँडवाई	: नौ आने
शैंपो	: दो आने

बाल कटवाई, दाढ़ी मुँडवाई और
शैंपो : दस आने

अगर बाल कटवाए जाएँ और साथ-ही-साथ दाढ़ी भी मुँडवाई जाए तो एक-दो आने की रिआयत हो जाती है—बहुत मुमकिन है, आगे चलकर क़ब्रिस्तानवाले भी कुछ रिआयत अपने गाहकों को दे दिया करें और कुछ इस क़िस्म का ऐलान कर दिया जाए : 'जो साहब साल में दो बड़ी क़ब्रें खुदवाएँगे, उनको एक छोटी क़ब्र मुफ़्त खोदकर दी जाएगी।' या 'जो हज़रत बयक वक़्त दो क़ब्रें खुदवाएँगे उनको गुलाब की दो क़लमें मुफ़्त दी जाएँगी', या 'जो असहाब कफ़न-दफ़न का सब सामान हमारे हाँ से ख़रीदेंगे, उनको क़ब्र का नंबर एक ख़ूबसूरत बिल्ले पर तिल्ले से कढ़ा हुआ मुफ़्त मिलेगा।'

यह भी बहुत मुमकिन है कि आनेवाले ज़माने में जब कि हमारे क़ब्रिस्तान और ज़्यादा तरक़्क़ीयाफ़्ता हो जाएँगे, क़ब्रों की एडवांस बुकिंग हुआ करेगी, यानी हम लोग अपने मुअम्मर[16] अज़ीज़ों के लिए दो-दो, तीन-तीन बरस पहले ही किसी अच्छे और फ़ैशनेबिल क़ब्रिस्तान में सीट बुक करा लिया करेंगे ताकि ऐन वक़्त पर तरद्दुद का सामना न करना पड़े—उस वक़्त मुर्दों को कफ़नाने और दफ़नाने का इंतज़ाम भी जदीद तरीक़ों पर होगा, चुनांचे बहुत मुमकिन है, गोरकनों की तरफ़ से अख़बारों में इस क़िस्म के इश्तिहार छपा करें :

ईसा जी मूसा जी एंड संस
कफ़न-दफ़न के माहिरीन

मय्यतों को जदीद आलात[17] की मदद से बग़ैर हाथ लगाए ग़ुस्ल दिया जाता है और बग़ैर हाथ लगाए कफ़न पहनाया जाता है।

क़ब्रिस्तानों की तरफ़ से भी ऐसे ही इश्तिहार शाया हों तो कोई ताज्जुब न होगा :

शहर का सबसे जदीद क़ब्रिस्तान
जहाँ मुर्दे उसी तरह क़ब्रों में सोते हैं, जिस तरह
आप अपने पुर तकल्लुफ़ बिस्तरों में सोते हैं।

बंबई शहर में इस वक़्त ऐसी कई अंजुमनें मौजूद हैं जो मय्यतों के कफ़न-दफ़न का इंतज़ाम करती हैं। आपको तकलीफ़ करने की कोई ज़रूरत नहीं। इन अंजुमनों में से किसी एक को इत्तिला भेज दीजिए। मय्यत को ग़ुस्ल दे-दिलाकर, कफ़न वग़ैरह पहनाकर इस अंजुमन के आदमी आपके घर से जनाज़े को उठाकर क़ब्रिस्तान ले जाएँगे और वहाँ दफ़न कर देंगे। किसी को कानोंकान ख़बर न होगी। जब सारा काम आपके इत्मीनान के मुताबिक़ हो जाएगा तो यह अंजुमन आपको अपना बिल पेश कर देगी।

आप बहुत मसरूफ़ आदमी हैं—इत्तिफ़ाक़ से आपके नौकर को मौत आ दबोचती है।

आपको उसकी मौत का बहुत अफ़सोस है, मगर आपको साहिले-समंदर पर अपने चंद ऐसे दोस्तों के हमराह पिकनिक पर जाना है जिनसे आपके कारोबारी मरासिम[18] हैं ; इसलिए आप फ़ौरन किसी अंजुमन के मुहतमिम को बुलाएँगे और फ़ीस वग़ैरह तय करके नौकर के कफ़न-दफ़न का इंतज़ाम कर देंगे। जनाज़े के साथ पेशेवर कंधा देनेवाले होंगे जो आपके मकान से लेकर क़ब्रिस्तान तक बलंद आवाज़ में क़ुरआन शरीफ़ की आयत पढ़ते जाएँगे ; क़ब्रिस्तान में नमाज़े-जनाज़ा पढ़ी जाएगी, जिसकी उजरत[19] बिल में शामिल होगी और बड़ी क़ब्र में, जिसकी क़ीमत दो रुपए चार आने होती है, आपका वफ़ादार नौकर दफ़न कर दिया जाएगा—साहिले-समंदर पर आप बड़े इत्मीनान से अपने दोस्तों के साथ हँसते-खेलते रहेंगे और क़ब्रिस्तान में भी हँसते-खेलते आपके नौकर की क़ब्र तैयार हो जाएगी। और अगर आपने इनाम देने का वादा किया होगा तो क़ब्र पर अंजुमन के आदमी फूलों की एक चादर भी चढ़ा देंगे।

चंद रोज़ हुए, मुझे उसी क़ब्रिस्तान में जाने का इत्तिफ़ाक़ हुआ—नोटिस बोर्ड पर एक एलाने-आम लिखा था :

> मुवरिख़ा[20] आठ जून, 1942 से बवजह गरानी क़ब्र की खुदाई की मज़दूरी में इज़ाफ़ा कर दिया गया है। बड़ी क़ब्र की खुदाई एक रुपया छः आने और छोटी क़ब्र की खुदाई चौदह आने।

जंग ने क़ब्रें भी महँगी कर दी हैं।

---

1. सभ्यता और संस्कृति; 2. असभ्य; 3. सौंदर्य-वृद्धि; 4. उपकारी; 5. काल में, समय में; 6. नया आया हुआ, नवागंतुक; 7. खरा; 8. सामर्थ्य; 9. प्रबंधक; 10. क़ब्र खोदनेवाले; 11. सफ़र म खान-पीने का सामान; 12. प्रबंधक; 13. मित्र एवं संबंधी; 14. उपलब्ध; 15. भाव, दर; 16. वयोवृद्ध; 17. आधुनिक उपकरणों; 18. संबंध; 19. मज़दूरी; 20. दिनांक।

दो गढ़े

मुझे आप अफ़सानानिगार की हैसियत से जानते हैं और अदालतें एक फ़हशनिगार की हैसियत से। हुकूमत मुझे कभी कम्युनिस्ट कहती है और कभी मुल्क का बहुत बड़ा अदीब। कभी मेरे लिए रोज़ी के दरवाज़े बंद किए जाते हैं, कभी खोले जाते हैं। कभी मुझे ग़ैरज़रूरी इंसान क़रार देकर 'मकान बाहर' का हुक्म दिया जाता है और कभी मौज में आकर 'मकान अंदर' कह दिया जाता है—मैं पहले भी सोचता था और अब भी सोचता हूँ कि मैं क्या हूँ और इस मुल्क में, जिसे दुनिया की सबसे बड़ी इस्लामी सल्तनत कहा जाता है, मेरा क्या मक़ाम है, मेरा क्या मस्रिफ़[1] है।

आप इसे अफ़साना कह लीजिए, मगर मेरे लिए यह एक तल्ख़ हक़ीक़त है कि मैं अभी तक ख़ुद अपने लिए अपने मुल्क में, जिसे पाकिस्तान कहते हैं और जो मुझे बहुत अज़ीज़ है, अपना सही मक़ाम तलाश नहीं कर सका—यही वजह है कि मेरी रूह बेचैन रहती है। यही वजह है कि मैं कभी पागलख़ाने में और कभी हस्पताल में होता हूँ।

मैं कुछ भी हूँ, बहरहाल मुझे इतना यक़ीन है कि मैं इंसान हूँ—इसका सुबूत यह है कि मुझमें बुराइयाँ भी हैं और अच्छाइयाँ भी। मैं सच बोलता हूँ; लेकिन बाज़ औक़ात झूठ भी बोलता हूँ। नमाज़ नहीं पढ़ता, लेकिन सजदे मैंने कई दफ़ा किए हैं—किसी ज़ख़्मी कुत्ते को देख लूँ तो घंटों मेरी तबीअत ख़राब रहती है, लेकिन मुझे अभी तक इतनी तौफ़ीक़[2] नहीं हुई कि मैं उसे उठाकर अपने घर ले जाऊँ और उसका इलाज मुआलिजा[3] करूँ। किसी दोस्त को माली मुश्किलात में गिरफ़्तार देखता हूँ तो मेरे दिल को बहुत दुख होता है, लेकिन मैंने अक्सर ऐसे मौक़ों पर उस दोस्त की माली इमदाद नहीं की, इसलिए कि मुझे शराब ख़रीदना होती थी। मुझे किसी अपाहिज लड़की से मिलने का इत्तिफ़ाक़ हो तो मेरे दिलो-दिमाग़ में तूफ़ान बरपा हो जाता है; मैं अपाहिज बनकर उसकी जगह इख़्तियार करके घंटों सोचता हूँ, उसकी ज़िंदगी के अलमिए के मुताल्लिक़ ग़ौरो-फ़िक्र करता हूँ; फिर मअन तहैया[4] करता कि मैं उससे शादी कर लूँगा, मगर यह तहैया फ़ौरन ग़ाइब हो जाता है, जब मैं इसका ज़िक्र अपनी बीवी से करता हूँ।

मैं अफ़सानानिगार हूँ। मेरे तख़ैयुलात[5] की परवाज़ बहुत ऊँची है, लेकिन अफ़सोस है कि ऊँचा उड़कर मैं फिर ऐसा गिरता हूँ कि पाताल की गहराइयों तक पहुँच जाता हूँ और वहाँ औंधे मुँह पड़ा सोचता हूँ कि जब गिरना ही था तो उड़ने का तकल्लुफ़ क्यों

किया—लेकिन शायद छोटे-छोटे हादिसे, जो हम छोटे बंदों की लग़ज़िश[6] के बाइस ज़हूरपज़ीर[7] होते हैं, मुझे बेहद मुतास्सिर करते हैं। मैं केले या ख़रबूज़े के छिलके कभी बर्दाश्त नहीं कर सकता जो सड़क पर पड़े होते हैं। मुझे उन लोगों की कमअक़्ली पर रोना आता है, जिनसे यह बेपरवाई सरज़द हुई है।

मुझे फिर रोना आता है, जब मैं देखता हूँ कि लोग अपने घर के चूहे पकड़ते हैं और दूसरे महल्ले में छोड़ आते हैं। अपने घर का कूड़ा-करकट निकालते हैं और झाड़ू से अपने हमसाए के दरवाज़े के साथ लगा देते हैं।

कहते हैं, यह हिमाक़तें तालीम की कमी की वजह से हैं—जब मुत्तिफ़िक़ा[8] तौर पर यह बात तस्लीम कर ली गई है तो फिर यह क्या हिमाक़त है कि तालीम आम नहीं की जाती। क्या इसका यह मतलब तो नहीं कि वह लोग, जिनके हाथ में तालीम देने का काम है, ख़ुद तालीम-याफ़्ता नहीं।

मैं झुँझला-झुँझला जाता हूँ, जब मैं सोचता हूँ कि हमारे हुक्काम परले दर्जे के ग़ाफ़िल हैं—एक शख़्स वज़ीर बनता है तो उसके घर की तरफ़ जो सड़क जाती है, उस पर हर रोज़ छिड़काव शुरू हो जाता है। उसकी सफ़ाई का ख़याल हर दारोग़ा को रखना पड़ता है, लेकिन वह मक़ामात, जहाँ सफ़ाई और छिड़काव की अशद ज़रूरत है, उनकी तरफ़ कोई आँख उठाकर नहीं देखता।

एक वज़ीर का हलक़ गर्दो-ग़ुबार के बाइस ख़राब हो जाए या दूसरे वज़ीर को मच्छर काट ले, इससे क्या होता है—वह सैकड़ों और हज़ारों बच्चे, जो गंदी मोरियों की तअफ़्फ़ुन[9] आमेज फ़ज़ा में रहते हैं, वह इन वज़ीरों से कहीं ज़्यादा अहम हैं, क्योंकि यही वह मख़्लूक़[10] है जो जंग के मैदानों में अपने सीने पर गोलियाँ खाते हैं और फ़त्हो-शिकस्त का फ़ैसला करती है।

यह बातें इतनी वाज़ेह और साफ़ हैं कि हर शख़्स जानता है, हत्ता कि हमारे हुक्काम भी। फिर भी समझ में नहीं आता कि अफ़रातो-तफ़रीत[11] क्यों हर जगह मुसल्लत[12] नज़र आती है। मैं तो बाज़ औक़ात ऐसा महसूस करता हूँ कि हुकूमत और रिआया का रिश्ता रूठे हुए ख़ाविंद और बीवी का रिश्ता है। बज़ाहिर है, लेकिन दरहक़ीक़त कुछ भी नहीं—मुझे बहैसियत अफ़सानानिगार यह रिश्ता बहुत दिलचस्प मालूम होता है। अगर आप भी थोड़ी देर के लिए ग़ौर करें तो बेशुमार दिलचस्पियाँ आपको इसमें मिल जाएँगी। बीवी अपनी मनमानी करती है, शौहर अपनी मनमानी। दोनों हुक़ूक़े-ज़ौजियत[13] अदा नहीं करते, लेकिन इसके बावुजूद ज़नो-शौहर हैं। आपस में निकम्मी बातों पर झगड़े होते हैं। शरीक देखते हैं और हँसते हैं, मगर उनका रिश्ता जूँ-का-तूँ बोदा रहता है।

हुकूमत और रिआया के बाहमी इख़्तिलात से- जिसे जबरी इख़्तिलात कहना सही होगा—बच्चे पैदा होते हैं, लेकिन बड़े सेफ़्टी एक्ट और आर्डीनेंस क़िस्म के, जिनकी शक्लो-शबाहत[14] हुकूमत से मिलती है न रिआया से। मैं इनके मुताल्लिक़ कुछ कहना नहीं चाहता, सिवाय इसके कि यह मेरी समझ से बालातर हैं।

मेरी समझ से बहुत चीज़ें बालातर हैं—मैं अमरीका की ज़रपरस्ताना मुलकगीरी की हवस समझ सकता हूँ। मुझे रूस के हथौड़े और उसकी दराँती के निशान का

अस्ल मफ़हूम[15] समझ में आता है, लेकिन यहाँ मेरे मुल्क में जो कुछ हो रहा है, मेरे फ़हमोइद्राक[16] से बालातर है। हो सकता है कि जो कुछ आज मेरी नज़रों के सामने हो रहा है, बहुत ऊँचा हो। लेकिन यह भी हो सकता है कि बहुत नीचा हो। बहरहाल मुझे इस बात का हमेशा अफ़सोस रहेगा कि मुझे समझनेवाला कोई नहीं मिला।

अमरीका से जो फ़ौजी इमदाद लेने का मुआहदा[17] हो रहा है, उसको एक अफ़साना निगार क्या समझेगा। तुर्की से पाकिस्तान का जो मुआहदा हुआ है, उस पर एक कहानी लिखनेवाला क्या तब्सिरा कर सकता है। वह यह भी नहीं पूछ सकता कि लियाक़त अली ख़ाँ के क़त्ल की तफ्तीश का क्या हश्र हुआ। उसमें यह सवाल करने की भी जुर्अत नहीं हो सकती कि लियाकत अली ख़ाँ के क़ातिल के क़ातिलों को क्या सज़ा मिली कि आख़िर वह भी इंसान था जो मौत के घाट उतार दिया गया—लेकिन वह यह तो पूछ सकता है कि वह दो गढ़े, जो तारघर के इस तरफ़ चौक में, मैक्लोड रोड की तरफ़ जानेवाली सड़क के आग़ाज़ पर खुदे हुए थे, उनका क्या मतलब था।

वह गढ़े शायद अब पुर कर दिए गए हैं, लेकिन वह ट्रक अभी तक वहाँ खड़ा है, जो उनका शिकार हुआ था। मालूम नहीं, वह कब तक वहाँ शिकस्ता हालत में खड़ा रहेगा और मेरी तरह सवाल करता रहेगा कि वह दो गढ़े, जो उसकी शिकस्तो-रेख़्त[19] का बाइस हुए, उनका मतलब क्या था।

अगर वह गढ़े सिर्फ़ इसलिए खोदे गए थे कि रात की नाकाफ़ी रौशनी में ताँगे उनमें गिरें, घोडे मरें या लूले-लंगड़े हों—साइकिल सवार अपनी हड्डी-पसली तुड़वाएँ--कोई मोटर साइकिल पर फ़िल्मी गीत की धुन अलापता हुआ आए और ऐसी पटख़नी खाए कि उसे सुरैया ही नज़र आए—तो मुझे कोई एतिराज़ नहीं कि पब्लिक को ऐसे तफ़्रीह के मवाक़े बहम पहुँचाने का काम कभी-कभी कारपोरेशन को करना ही चाहिए—मुझे यह झुँझलाहट होती है कि अगर मैं यह कहूँगा, मुझे कोई एतिराज़ नहीं है तो हुकूमत मुझे धर लेगी और यह इल्ज़ाम लगाएगी : "तुम्हें क्यों एतिराज़ नहीं है, जबकि हमें है।"

सच पूछिए तो आजकल एतिराज़ करने का ज़माना ही नहीं—सिगरेट ब्लैक में मिल रहे हैं। आप एतिराज़ करें तो इससे कुछ हासिल हुसूल नहीं होगा। छोटे दूकानदार आपसे यह रोना रोएँगे कि "साहब, जिनको कोटा मिलता है, हम उनसे ख़रीदते हैं...दस आने की डिबिया ग्यारह आने में मिलती है...हम अगर दो पैसे या एक आना मुनाफ़ा लेते हैं तो बताइए, क्या जुर्म करते हैं?"

आटे-दाल का भाव देखिए तो आटे-दाल का भाव मालूम हो जाता है। दम मारने की मजाल नहीं, लेकिन फिर भी आदमी सोचता है कि आख़िर सिगरेटों की ब्लैक क्यों हो रही है? वह, जिसे सोल एजेंट कहा जाता है, उससे यह सवाल क्यों नहीं किया जाता कि आख़िर सिगरेट उसी के ज़रिये आते हैं। क्या उसे कंपनी को ज़्यादा दाम देने पड़ते हैं? क्या कंपनी किसी वजह से ज़रूरत से कम सिगरेट मुहैया कर रही है? बहरहाल यह हुकूमत का फ़र्ज़ है कि वह दरयाफ़्त करे कि सोल एजेंट या कंपनी को क्या तकलीफ़ है ताकि इसके इज़ाले[20] के

लिए कोई तरकीब सोची जा सके—मगर मुसीबत यह है कि हुकूमत ख़ुद बहुत-सी तकलीफ़ों का शिकार है।

यूँ तो हमारे इर्द-गिर्द बेशुमार गढ़े हैं, जिनको पुर करने के लिए उम्रे-ख़िज़्र[21] दरकार है, लेकिन मैं उन दो गढ़ों की बात कर रहा था, जो तारघर के इस तरफ़ चौक में, मैकलोड रोड की तरफ़ जानेवाली सड़क के आग़ाज़ पर खोदे गए थे या ख़ुद-ब-ख़ुद खुद गए थे और जिन्हें रात की नीम तारीकी में कारपोरेशन लोगों की निगाहों से छिपाए रखती थी।

पाकिस्तान में अपना सही मक़ाम मैं अभी तक मालूम नहीं कर सका, लेकिन बज़ोमे-ख़ुद[22] यह समझता हूँ कि मेरी शख़्सियत बहुत बड़ी है और कि उर्दू अदब में मेरा नाम बहुत बड़ी अहमियत रखता है— यह ख़ुशफ़हमी न हो तो ज़िंदगी और भी अजीरन हो जाए—इसीलिए चंद रोज़ पहले मुझे उन गढ़ों की अहमियत मालूम हुई, जो बज़ाहिर ग़ैर ज़रूरी मालूम होते थे, लेकिन दरहक़ीक़त बहुत ज़रूरी थे।

ग़ैरज़रूरी इसलिए थे कि उनके बग़ैर भी लोग ज़ख़्मी हो सकते थे। वह न होते जब भी यहाँ शिकस्तो-रेख़्त का सिलसिला जारी रहता—ज़रूरी इसलिए थे कि उनकी मौजूदगी से यह ज़ाहिर होता था, कारपोरेशन के बग़ैर काम चल सकता है।

अर्सा हुआ, मुझे महकमा-ए-आबादकारी[23] की तरफ़ से यह नोटिस मौसूल[24] हुआ था कि तुम ग़ैरज़रूरी आदमी हो, इसलिए वह मकान जो तुम्हें अलाट किया गया है, ख़ाली कर दो—मेरा ख़याल है कि वह नोटिस बिलकुल ग़ैरज़रूरी था, इसलिए कि जब तक सड़कों पर ग़ैर महफ़ूज़ गढ़े मौजूद हैं, ग़ैरज़रूरी इंसानों को इन्ख़िलाअ[25] का हुक्म देने का सवाल बहुत मज़हकाख़ेज़[26] है।

चंद रोज़ हुए, मैंने टी हाऊस से निकलकर ताँगा लिया। तारघर के पास पहुँचा तो मुझे ख़याल आया कि मैकलोड रोड की तरफ़ से बीडन रोड चलना चाहिए कि रास्ते में फलों की दूकान आती है, जहाँ से मैं अमूमन अपनी बच्चियों के लिए मालटे वग़ैरा लिया करता हूँ।

ताँगे ने जब तारघर के इस तरफ़ मैकलोड रोड का रुख़ किया तो रात के धुँधलके में दफ़अतन मुझे दो बड़े भयानक गढ़े नज़र आए। मुझे हैरत है कि वह मुझे कैसे दिखाई दिए, इसलिए कि मुझे अंधराता का मर्ज़ है और मुझे रात के अँधेरे में कुछ दिखाई नहीं देता—मैं एकदम चिल्लाया। कोचवान ने मेरी चीख़ सुनकर बागें खींच लीं। घोड़ा कुछ इस तरह रुका कि ताँगा दो गज़ पीछे चला गया।

अगर घोड़े का क़दम एक फुट और आगे बढ़ जाता तो मालूम नहीं क्या हो जाता—ताँगेवाले ने मुझे हज़ार-हज़ार दुआएँ दीं कि उसका घोड़ा अपाहिज होने से बच गया, इसलिए कि सौ क़दम आगे एक शिकस्ता ताँगा पड़ा था, जिसका घोड़ा ज़ख़्मी हालत में कराह रहा था।

मैं सोच रहा था कि पाकिस्तान का सबसे बड़ा अफ़सानानिगार बच गया—उस वक़्त मुझे क़ौम के नुक़सान का ख़याल था। यह एहसास मुत्लक़[27] नहीं था कि मेरी बीवी है, तीन बच्चियाँ हैं। मुझे उस वक़्त सिर्फ़ यह ख़याल था कि मैं क़ौम का सरमाया हूँ जो तबाहो-बर्बाद होने से बच गया है, हालाँकि यह हक़ीक़त है कि मेरी मौत एक ग़ैरज़रूरी इंसान की

मौत होती। चंद अज़ीज़ों और दोस्तों की आँखें ज़रूर नमनाक होतीं, मगर इस मुल्क की एक आँख भी आँसू से भर न आती, जिसका सरमाया मैं ख़ुद को समझता हूँ।

मैं इस मामले में बहुत बड़ा चुग़द हूँ, लेकिन इस ख़याल से थोड़ी-सी ढारस होती है कि चुग़द होना ही इंसानियत की निशानी है। वल्लाहो आलम बिस्सवाब।

यह मेरी हिमाक़त थी कि मैंने उन दो गढ़ों को सिर्फ़ अपनी ज़ाते-अक़दस[28] से मंसूब किया, वरना उनमें हर इंसान की लाश समा सकती थी, ख़्वाह उसका नाम सआदत हसन मंटो होता या कुछ और।

यूँ तो बहुत-सी बातें समझ में नहीं आतीं, लेकिन यह बात तो बहुत ज़्यादा समझ में नहीं आती कि तारघर के इस तरफ़ जहाँ दो गढ़े खोदे गए थे या ख़ुद-ब-ख़ुद खुद गए थे, वहाँ कोई ऐसा निशान क्यों नस्ब[29] नहीं किया गया था, जो लोगों को बताता : "देखो अगर तुम्हें ज़ख़्मी होना या मरना है तो बसद शौक़ आओ—जुगला सामान मौजूद है। अगर मामला इसके बरअक्स है तो यहाँ से दूर रहो... अगर ख़ुदा को तुम्हारी मौत मंज़ूर है तो वह तुम्हें सीधी और साफ़ सड़क पर भी इज़राईल[30] के सिपुर्द कर देगा।"

सुना है, दूसरे मुल्कों में यह रिवाज है कि अगर सड़क पर कोई इस क़िस्म की सितमज़रीफ़ी[31] वाक़े हो तो हुक्काम उस मख़्दूश[32] जगह के इर्द-गिर्द रस्सा तान देते हैं या कोई ऐसा निशान लगा देते हैं, जिससे लोग ख़बरदार रहें। रात को सुर्ख़ लालटेन रख दी जाती है ताकि आने-जानेवाले ख़तरे से आगाह रहें।

यह तो हो नहीं सकता कि हमारी कारपोरेशन ऐसी मामूली-सी बात न जानती हो—अगर उसने तारघर के इस तरफ़ के उन दो अमीक़[33] गढ़ों को मख़्दूश क़रार नहीं दिया है तो इसमें ज़रूर कोई मसलहत होगी। वह शख़्स जो महज एक अफ़सानानिगार है, वह इसे क्योंकर समझ सकता है। लेकिन उसे अपनी हेचमदानी[34] का एतिराफ़[35] करते हुए इतना पूछने का हक़ तो ज़रूर है कि वह मसलहत क्या है? और कुछ नहीं तो उसे एक और अफ़साना लिखने का मवाद हासिल हो सके।

तारघर के इस तरफ़ जहाँ आज से कुछ दिन पहले दो गढ़े खोदे गए थे या ख़ुद-ब-ख़ुद खुद गए थे, एक शिकस्ता ट्रक तीन पहियों और बहुत-सी ईंटों के सहारे खड़ा है। मालूम नहीं, वह मुझसे कुछ कहना चाहता है या कारपोरेशन से—मैं तो उसकी बेज़बानी किसी हद तक समझ सकता हूँ, लेकिन कारपोरेशन जो बहुत बड़ी ड्रामानिगार है और अपने वक़्त की आग़ा हश्र[36] है, उसकी बेज़बानी समझ लेगी? मैं इसके मुताल्लिक़ कुछ नहीं कह सकता।

मेरी राय है कि हमारी सूबाई हुकूमत को फ़ौरन एक तहक़ीक़ाती कमीशन उन दो मुबय्यना[37] गढ़ों के ऊपर बिठा देना चाहिए। जब तक यह कमीशन अपनी रिपोर्ट के काग़ज़ों से उनको पुर करेगा, कई और गढ़े खोद दिए जाएँगे या ख़ुद-ब-ख़ुद खुद जाएँगे ताकि ऐसे ही दूसरे कमीशनों के लिए जगह पैदा हो सके।

तारघर के इस तरफ़ के दो गढ़े : ज़िंदाबाद।

और इस तरफ़ के वह घोड़े और इंसान, मुर्दाबाद, जो उनमें गिरकर मर न सके।

1. उपयोग; 2. उत्साह; 3. चिकित्सा; 4. निश्चय; 5. कल्पना; 6. भूल; 7. घटित; 8. सर्वसम्मति से; 9. बद्‌बूदार; 10. मनुष्य, सृष्टि; 11. न्यूनाधिक, कमोबेश; 12. छाया हुआ; 13. दांपत्य के कर्तव्य; 14. आकार-प्रकार; 15. अर्थ; 16. समझ, बुद्धि; 17. संप्रतिज्ञा; 18. आरंभ; 19. टूट-फूट; 20. निवारण; 21. लंबी उम्र; 22. अपने ग़लत विचार में; 23. आवास विभाग; 24. प्राप्त; 25. मकान ख़ाली करने का; 26. हास्यास्पद; 27. बिलकुल, क़तई; 28. पवित्रात्मा; 29. स्थापित; 30. यमराज, मौत का फ़रिश्ता; 31. विडंबना; 32. ख़तरनाक; 33. गहरे; 34. मूर्खता; 35. स्वीकृति; 36. प्रसिद्ध नाटककार का नाम; 37. कथित।

बिन बुलाए मेहमान

ग़ालिब कहता है :

> मैं बुलाता तो हूँ उनको मगर ऐ जज़्बा-ए-दिल
> उन पे बन जाए कुछ ऐसी कि बिन आए न बने

यानी अगर उसे बिन बुलाए मेहमानों से कद होती तो यह शेर हमें उसके दीवान में हरगिज़ न मिलता।

ग़ालिब कहता है, मैं बुलाता तो हूँ उनको, मगर मेरा जी तो यह चाहता है कि कोई ऐसी बात हो जाए कि वह बिन बुलाए चले आएँ, और सच तो यह है कि बुलाकर किसी के आ जाने में वह मज़ा कहाँ है, जो बिन बुलाए आ जाने में है, लेकिन समझ में नहीं आता कि क्यों लोगों को बिन बुलाए मेहमानों से ख़ुदा वास्ते का बैर है।

आप कहेंगे कि साहब, ग़ालिब ने तो माशूक़ों के मुताल्लिक़ कहा था कि उनका बिन बुलाए आ जाना आशिक़ों के लिए एक बहुत ही बड़ी बात है, लेकिन आपने तो ज़बर्दस्ती यह शेर मेहमानों के साथ चपेक दिया···

अच्छा साहब, यूँ ही सही, लेकिन नफ़सियात[1] की रोशनी तो मौजूद है। चलिए उसी में बिन बुलाए मेहमानों को देख लेते हैं।

यह नफ़सियात का ज़माना है। हर चीज़ आजकल इसी तराज़ू में तोली और इसी कसौटी पर परखी जाती है। लेकिन बिन बुलाए मेहमान का नफ़सियाती तज्ज़िया[2] करने से पहले इस बात का ख़याल रखना बहुत ज़रूरी है कि आया हर मेहमान को बुलाना ज़रूरी है, यानी क्या वही आदमी क़ाबिले-बर्दाश्त मेहमान होता है, जिसको मदऊ[3] किया जाए; ख़त लिखकर, दावती कार्ड भेजकर, तार देकर या टेलीफ़ोन करके अपने घर बुलाया जाए। इसका जवाब मनतक़[4] की रू से यही होगा कि ऐसे बुलाए हुए मेहमान, ज़रूरी नहीं, सौ फ़ीसदी क़ाबिले-बर्दाश्त साबित हों। इसी तरह हम इस नतीजे पर भी आसानी के साथ पहुँच जाएँगे कि बिन बुलाए मेहमान ज़रूरी नहीं, सौ फ़ीसदी नाक़ाबिले-बर्दाश्त साबित हों···वाज़ेह यह हुआ कि हर बिन बुलाए मेहमान पर नाक़ाबिले-बर्दाश्त और नाक़ाबिले-क़ुबूल का लेबिल लगा देना बहुत बड़ी ज़्यादती है।

और यह भी ज़्यादती है—यानी आप सारी उम्र नहीं बुलाएँगे तो क्या इसका यह मतलब

होगा कि आपके हाँ कोई आए ही नहीं; इसी इंतिज़ार में आदमी सूखता रहे कि आप कब बुलाते हैं, और बफ़र्ज़े महाल[5] मेहरबान होके आपने एक दफ़ा बुला लिया, तो इसके बाद आस लगाए बैठे हैं कि देखिए, आप फिर कब मेहरबान होके बुलाते हैं—ना साहब, बुलाना-वुलाना कोई ज़रूरी नहीं। जब भी किसी का जी चाहे, चला आए। दोस्तों में ऐसी भी क्या ग़ैरियत।

अरबों की मेहमाननवाज़ी मशहूर है, लेकिन हमने कभी यह नहीं सुना कि उन्होंने ऊँट रवाना करके मेहमानों को बुलाया हो। असल में वह मेहमाननवाज़ी ही क्या, जो बुलाकर किसी आदमी पर आइद की जाए। हम तो अरबों के मुताल्लिक़ यही सुनते आए हैं कि उनके मेहमान अक्सर बिन बुलाए ही होते थे—वह दिन को या रात को किसी भी वक़्त आ निकलते और दरवाज़े खुले पाते—हातिमताई कभी पैदा न होता अगर वहाँ मेहमानों को बुलाकर उनका मेज़बान बनने का दस्तूर होता।

अंग्रेज़ों की रोज़मर्रा की ज़िंदगी बड़ी नपी-तुली है। मिनटों और सैकिंडों का हिसाब किया जाता है। बिन बुलाए किसी के यहाँ जाना उनके नज़दीक बहुत बड़ी बदतमीज़ी है। यही वजह है कि हातिमताई के क़दो-क़ामत[6] की एक भी शख़्सियत उनकी तारीख़ में नज़र नहीं आती—लेकिन यहाँ हातिमताई के क़दो-क़ामत की शख़्सियतें पैदा करने का सवाल नहीं। हमें तो सिर्फ़ यह देखना है कि बिन बुलाए मेहमान को सोसाइटी क्यों ऐसी बुरी नज़रों से देखती है और मुआशरे[7] में उसकी हैसियत क्यों एक ख़ारिशज़दा कुत्ते से भी बदतर है।

मान न मान, मैं तेरा मेहमान—यह बिलकुल और चीज़ है, लेकिन बिन बुलाए मेहमान हरगिज़-हरगिज़ मलऊनो-मतऊन[8] नहीं होना चाहिए। बल्कि मेज़बानों को उलटा उनका शुक्रगुज़ार होना चाहिए कि वह उनमें ख़ुद एतिमादी[9] पैदा करने के मूजिब[10] होते हैं और ख़ुद एतिमादी, जैसा कि आप जानते हैं, इंसान के किरदार में बहुत ही ज़रूरी है।

ज़रा ग़ौर फ़रमाइए—अगर आप किसी बिन बुलाए मेहमान को बर्दाश्त नहीं कर सकते, जो ज़्यादा-से-ज़्यादा चार-पाँच रोज़ आपके पास ठहरकर अपनी राह लेगा, तो आप एक ऐसे बड़े नागहानी[11] हादिसे को क्योंकर बर्दाश्त कर सकेंगे, जिसका रद्दे-अमल बरसों जारी रहता है। मुल्क की सियासत में किसी अचानक तब्दीली को आपका ज़ेहन कैसे बर्दाश्त करेगा और आप क्योंकर उस तब्दीली के साथ ख़ुद को समो सकेंगे—अगर आप बिन बुलाए मेहमान को बर्दाश्त नहीं कर सकते तो माफ़ कीजिए, मौत के फ़रिश्ते का क्या कीजिएगा, जो हमेशा बिन बुलाए आता है?

दुनिया कुछ भी कहे, लेकिन यह अम्र वाक़ा है कि हर बिन बुलाए मेहमान की आमद न बुलानेवाले मेज़बान में ख़ुद एतिमादी पैदा करती है—दावत का ऐलान करके और ख़ुर्दो-नोश[12] का जुमला सामान तैयार करके एक, दस या बीस आदमियों को मेहमान बना लेना कोई बड़ी बात नहीं। बड़ी बात तो उस वक़्त होगी, जब आपके फ़रिश्तों को भी ख़बर न होगी और तीन-चार दोस्त बयक वक़्त या यके बाद दीगरे आपके घर आ धमकेंगे और आपको अफ़रातफ़री में उनके खाने-पीने और रहने-सहने का इंतिज़ाम करना पड़ेगा।

साहबे-ख़ाना या मेज़बान के सलीक़े का अंदाज़ा ऐलान करके दी हुई दावतों और

बुलाकर बनाए हुए मेहमानों की ख़ातिर-मदारत से बतरीक़े-अहसन कभी नहीं हो सकता—आपके, आपकी बेगम साहिबा के, आपके नौकरों के हुस्ने-इंतिज़ाम, ख़ुश सलीक़गी और रख-रखाव का सही अंदाज़ा सिर्फ़ उसी वक़्त होगा, जब आप इम्तिहान के लिए तैयार न होंगे।

इंस्पेक्टर जब बताकर स्कूलों का दौरा करते हैं कि वह फ़लाँ दिन, फ़लाँ स्कूल का मुआइना करेंगे तो उस दिन उस स्कूल का ग़लीज़तरीन कोना भी साफ़ होता है। सही मुआइना तो असल में उस वक़्त होगा जब इंस्पेक्टर सरप्राइज़ विज़िट[13] पर आ निकलेगा।

इंस्पेक्टर तो महज़ अपने फ़राइज़ से सबुकदोश[14] होने के लिए मुआइने पर आते हैं, लेकिन बिन बुलाए मेहमान ग़ैर शऊरी तौर पर मेज़बानों को अपने फ़राइज़ से सबुकदोश होने का मौक़ा बहम[15] पहुँचाते हैं—सोसाइटी उन्हें मलऊनो-मतऊन गरदानती है, लेकिन हक़ीक़त इसके बिलकुल बरअक्स है, इसलिए कि उनका वुजूद सोसाइटी के हक़ में बेहद मुफ़ीद है।

यहाँ तक कह चुकने के बाद मैं आपको बताना चाहता हूँ और बेझिझक बताना चाहता हूँ कि मैं बुलाने पर किसी के यहाँ आज तक नहीं गया। मुझे अच्छी तरह मालूम है, मेरे अक्सरो-बेशतर[16] मेज़बान मुझसे नालाँ हैं कि मैं बिन बुलाए आ धमकता हूँ, लेकिन इसके बावुजूद मैंने अपनी आदत नहीं बदली, इसलिए कि मुझे इसमें कोई क़बाहत[17] नज़र नहीं आती।

मैं शाइर मिज़ाज हूँ। ठस वाक़िआत और सपाट चीज़ों से मुझे कोई दिलचस्पी नहीं। शादी-ब्याह और सालगिरह वग़ैरह की दावतें मेरे लिए बिलकुल बेकैफ़[18] हैं। वह खेल-तमाशे भी मेरी नज़रों में कोई वक़अत नहीं रखते, जिनको देखने के लिए आदमी को वक़्त का पाबंद होना पड़े। मुझे उस बिस्तर पर कभी नींद नहीं आती जो मेरे लिए ख़ासतौर पर तैयार किया गया हो। वह मेहमाननवाज़ी मुझे खटकती है, जिसमें पहले की तैयारी की हल्की-सी झलक भी हो।

वह लोग जो मुझे या मेरे मिज़ाज के आदमियों को हिक़ारत की नज़रों से देखते हैं, उनके मुताल्लिक़ मुझे अफ़सोस से कहना पड़ेगा कि वह शेरियत से यकसर ख़ाली हैं। ड्रामे को समझने और उससे हिज़ उठाने की सलाहियत उनमें ज़र्रा भर नहीं। हादिसात का मुक़ाबला करने की ताब, माफ़ कीजिए, उनमें सिरे से होती ही नहीं।

ऊँची सोसाइटी की एक ख़ातून थीं, जिनके मुताल्लिक़ ऊँची सोसाइटी ही में यह मशहूर था कि वह परले दर्जे की मेहमाननवाज़ हैं। मतलब यह था कि वह हर हफ़्ते बिला नाग़ा एक पार्टी दिया करती थीं, जिसमें शहर की तमाम ऊँची शख़्सियतों को मदऊ किया जाता था—मैं उनके यहाँ जब भी गया, बिन बुलाए गया। वह मुझे बहुत ऊँचे दर्जे का बदतमीज़ समझती थीं। मैं समझता था कि वह बहुत ही ऊँचे दर्जे की ख़ातून हैं, लेकिन उनके दिल का निचला हिस्सा, जहाँ दर्द मिन्नते-कशे-दवा[19] नहीं होता, जहाँ तीरे-तमाम कश पर तीरे-नीम कश को तरजीह दी जाती है, सिरे से मौजूद ही नहीं था—नतीजा यह हुआ कि एक रात वह एक बिन बुलाई चुहिया को देखकर बेहोश हो गईं और यह सदमा

उन्हें ता दमे-आख़िर रहा कि उनके घर में, जहाँ एक मच्छर निकाल देने पर वह दस हज़ार रुपए हार देने के लिए तैयार थीं, एक चुहिया निकल आई।

मैं अर्ज़ कर चुका हूँ कि ऐसे लोगों में हादिसात[20] का मुक़ाबला करने की ताब बिलकुल नहीं होती। उस ख़ातून की जगह, जिनका ज़िक्र मैंने अभी-अभी किया है, अगर कोई ऐसी औरत होती जिसके दिल के निचले हिस्से में अगर 'ख़्वाही हयात अंदर ख़तरज़ी' का जज़्बा मौजज़न[21] होता तो मैं समझता हूँ, उस रात महफ़िल दरहम-बरहम[22] होने के बजाय और जम जाती और ऐसे लतीफ़े होते जो सबको ता दमे-आख़िर फ़रहाँ-ओ-शादाँ[23] रखते।

आप यक़ीन नहीं करेंगे, मगर आप कभी ऐसे मेज़बान को, जिसे बिन बुलाए मेहमानों से चिढ़ हो, शेक्सपियर के ड्रामे पढ़ने के लिए दीजिए, उस पर ज़र्रा बराबर असर नहीं होगा, जबकि वही ड्रामे दूसरे पढ़-पढ़कर सिर धुनेंगे—इसी तरह फ़ुनूने-लतीफ़ा[24] से भी ऐसे शख़्स लुत्फ़ अंदोज़[25] नहीं हो सकते, क्योंकि उनमें शै लतीफ़ की कमी होती है। अगर यह कमी न होती तो वह उन तमाम लताफ़तों[26] को समझ लेते, जो बिन बुलाए मेहमानों की आमद के साथ उनके घर में दाख़िल होती हैं।

आपकी अपनी बीवी के साथ ज़बर्दस्त चख़ हुई है। वह मुसिर[27] थी कि मैके जाएगी और ज़रूर जाएगी। आप इसके ख़िलाफ़ थे। नौबत यहाँ तक पहुँच चुकी थी कि आपने पूरा डिनर सेट ग़ुस्से में टुकड़े-टुकड़े कर डाला था और आपकी बीवी अपनी नई साड़ी चंदी-चंदी करके बैठी रो रही थी। आप तीन बार तलाक़ कहनेवाले थे कि दरवाज़े पर दस्तक हुई या ज़ोर से घंटी बजी। आपने उठकर दरवाज़ा खोला और देखा कि मैं अपनी बीवी-बच्चों समेत खड़ा हूँ—आप चिल्लाए : ''अरे तुम कहाँ ?'' आपने फिर मेरी बीवी की तरफ़ देखा और अपने चेहरे पर से कुदूरत[28] के तमाम आसार दूर करने की कोशिश करते हुए उसको आदाब अर्ज़ किया—थोड़ी देर ठिठके, फिर ज़ोर से मेरे कंधे पर हाथ मारा और तक़रीबन चिल्लाकर कहा : ''चलो भई अंदर''' बाहर सर्दी में क्या खड़े हो।''

चलिए साहब, हम अंदर दाख़िल हो गए—मैंने इधर-उधर देखा और पूछा : ''बेगम साहिबा कहाँ हैं''' सो रही हैं ?''

आपने खट से झूठ बोला : ''नहीं, अंदर हैं''' ज़रा तबीयत ख़राब है।''

मेरी बीवी ने झट बुर्क़ा उतारते हुए तश्वीश[29] भरे लहजे में कहा : ''हाए, क्या हुआ दुश्मनों को'''''

आपकी बेगम साहिबा ने अंदर कमरे में यह बातें सुनीं तो जल्दी-जल्दी नुची हुई साड़ी की चिंदियाँ बक्स में डालीं और आँसू पोंछती हुई बाहर निकल आईं और झट से मेरी बीवी को गले लगाकर कुछ इस ख़ूबसूरती से अपने बचे हुए आँसू निकाले कि उस ग़रीब को भी रोना पड़ा।

रात बहुत देर तक बातें होती रहीं। मैंने टूटे हुए डिनर सेट के मुताल्लिक़ पूछा तो आपको एक निहायत ही दर्दनाक दास्तान घड़ के सुनाना पड़ी कि नौकर ने लाख मना करने पर भी सारे बर्तन एक ही तश्त[30] में उठाए और अंधाधुंध मेज़ के साथ टकराकर सबके-सब फ़र्श पर गिरा दिए। ग़रीब नौकर को मैं भी आपके साथ गालियाँ देता रहा, हालाँकि मैं साफ़

देख रहा था कि सेट-शिकनी[31] आप ही का काम है, क्योंकि फ़र्श पर गिरकर प्लेटों के टुकड़े अलमारी तक कैसे पहुँच सकते हैं।

फिर सोने के वक़्त आपकी बेगम साहिबा ने ग़लती से अपना बक्स खोला और मेरी बीवी धुनी हुई साड़ी देखकर चिल्लाई : "हाए बहन, यह क्या ?" तो आपकी बेगम साहिबा को एक फ़र्ज़ी कहानी सुनाना पड़ी : "इन कमबख़्त चूहों ने तो नाक में दम कर रखा है···पिछले महीने मेरा साटन का सूट ग़ारत हुआ और आज यह नई साड़ी···गोलियाँ डालीं, तोसों पर ज़हर लगा के रखा, मगर इनसे निजात ही नहीं होती···" मेरी बीवी को अच्छी तरह मालूम था कि साड़ी ग़ारत करनेवाली ख़ुद आपकी बेगम है, क्योंकि चूहे फाड़ते नहीं, बोटियाँ नोचते हैं, लेकिन वह बेचारी आपको चूहे मारने की तरकीबें समझाती रही।

हम दस दिन आपके यहाँ रहे। आपको बहुत कोफ़्त हुई, इसलिए कि हम बिना बुलाए मेहमान थे। कई दफ़ा हमने आप मियाँ-बीवी को आपस में हमारे मुताल्लिक़ खुसर-पुसर करते सुना कि यह कमबख़्त टलते क्यों नहीं—अफ़सोस है कि आपने हमारी बरवक़्त आमद के फ़वाइद[32] पर ग़ौर न किया।

मैं ऐसी हज़ारों मिसालें पेश कर सकता हूँ।

एक साहब के यहाँ हम दस रोज़ ठहरे—उनकी बीवी, उनकी दो सालियाँ, उनके तीन बच्चे, सब बला के चटोरे थे। बिल्डिंग के पास से कोई भी ख़्वांचेवाला गुज़रे, ठहरा लिया जाता था और सैकड़ों रुपए माहवार यूँ बर्बाद कर दिए जाते थे। साहबे-ख़ाना को शिकायत थी कि खाना कोई नहीं खाता, लेकिन अल्लम-ग़ल्लम चीज़ें दिन भर खाई जाती हैं—हम सिर्फ़ दस रोज़ उनके यहाँ ठहरे। आप यक़ीन मानिए, चौथे रोज़ उन सबका चटोरापन ग़ाइब हो गया और वह बाक़ाइदा घर का पका हुआ खाना खाने लगे—लेकिन मुझे अफ़सोस से कहना पड़ता है कि हमारी आमद के इस इफ़ादी पहलू[33] को बिलकुल नज़रअंदाज़ कर दिया गया और हम पर बिन बुलाए मेहमान का लेबिल चस्पा कर दिया गया।

बिन बुलाए मेहमान के मुताल्लिक़ मेरा रवैया बहुत ही अच्छा है—जो आता है, बड़े शौक़ से आए, जब जी चाहे, आए। एक रोज़ रहे, दस रोज़ रहे, दस महीने रहे, मजाल है जो मेरे माथे पर हल्की-सी शिकन भी आ जाए—ज़्यादा आ जाएँगे तो मैं उनसे कहूँगा : "देखिए जनाब, हमारे पास दो पलंग हैं। इन्हें आप अपनी अक़्ल के मुताबिक़ इस्तेमाल कर सकते हैं···हमारी फ़िक्र न कीजिए। सोफ़ा है, उस पर मैं सो जाऊँगा, गद्दा है, उस पर मेरी बीवी आराम से सो सकती है। बच्चे हैं, उनका इंतिज़ाम भी हो जाएगा···" वह कहेंगे कि नहीं-नहीं, इस क़दर तकल्लुफ़ की क्या ज़रूरत है तो मैं कहूँगा : "बेहतर···आप सोफ़े और गद्दा सँभाल लीजिए, लेकिन देखिए, यह रेडियो मैं अपने कमरे में लिए जाता हूँ, इसलिए कि रात को अगर आपमें से कोई बजाएगा तो मुमकिन है, बाक़ियों को नागवार मालूम हो···और हाँ, जिस चीज़ की ज़रूरत हो, आप बाहर से ख़ुद ला सकते हैं···सिगरेटवाले की दूकान गली के नुक्कड़ पर है, दूध का शौक़ है तो दस क़दम और आगे चले जाइएगा। बड़ा अच्छा हलवाई है···"

जब तक जेब इजाज़त देगी, मैं अपने मेहमानों की खातिर-तवाज़े करता रहूँगा, लेकिन

जब वह जवाब दे जाएगी तो मैं उनसे एक रोज़ अचानक कहूँगा : "लीजिए जनाब, आज से तसवीर का दूसरा रुख़ शुरू होगा… हम आपके मेहमान, आप हमारे मेज़बान…" और अगर मामला बहुत ही नाज़ुक सूरत इख़्तियार कर गया तो हम अपने मेहमानों को वहीं अपने घर में छोड़कर किसी दूसरे के यहाँ बिन बुलाए चले जाएँगे। अल्लाह-अल्लाह ख़ैरसल्लाह।

आख़िर में उन लोगों से, जो कि बिन बुलाए मेहमानों से ख़ुदा वास्ते का बैर रखते हैं, मेरी दरख़्वास्त है कि वह और कुछ नहीं तो महज़ तफ़्रीह के तौर पर ही महीने में एक बार किसी बिन बुलाए मेहमान को अपने हाँ ज़रूर बुलवाया करें।

---

1. मनोविज्ञान; 2. विश्लेषण; 3. आमंत्रित; 4. तर्क; 5. विवश होकर; 6. क़द-काठी; 7. समाज; 8. जिस पर लानत-मलामत की गई हो; 9. आत्मविश्वास; 10. कारण; 11. अचानक; 12. खाने-पीने; 13. बग़ैर किसी पूर्व सूचना के अचानक किया जानेवाला दौरा; 14. ज़िम्मेदारी से अलग; 15. एक साथ; 16. अधिकांशतः; 17. कठिनाई; 18. बेमज़ा; 19. दवाई का एहसान लेनेवाला; 20. दुर्घटनाओं; 21. तरंगित; 22. अस्त-व्यस्त; 23. ख़ुशी व हर्ष; 24. ललित कला; 25. हर्षित; 26. आनंदों; 27. दृढ़; 28. मनोमालिन्य; 29. चिंता; 30. ट्रे; 31. सैट तोड़ना; 32. लाभ; 33. लाभदायक पक्ष।

दीवारों पर लिखना

कल एक दीवार पर यह हुक्म लिखा नज़र आया : 'इस दीवार पर लिखना मना है।'

मैंने सोचा, जब दीवार के मालिक को अपनी दीवार पर किसी क़िस्म की तहरीर पसंद नहीं थी तो यह हुक्म ही क्यों लिखवाया। ग़ालिबन इस नफ़सियाती ग़लती का नतीजा था कि वह सारी दीवार बेशुमार छोटे और मोटे, बदख़त और ख़ुशख़त हरूफ़ से भरी हुई थी।

शहर की क़रीब-क़रीब हर दीवार बग़ैर किसी नफ़सियाती तहरीक के लिखने-लिखाने का निशाना बनती है, जिससे यह नतीजा बरआमद होता है कि दीवारों पर लिखना इंसान की फ़ितरत में दाख़िल है। जिस तरह हम खाते हैं, पीते हैं, उसी तरह दीवारों पर लिखते भी हैं।

मेरी बच्ची है डेढ़ बरस की। उसने मुझे काग़ज़ों पर लिखते देखा है। जब उसके हाथ में पहली बार पेंसिल आई तो उसने काग़ज़ के बजाय मेरे कमरे की दीवारें ही काली कीं—वह इस शग़्ल में मसरूफ़ थी और मैं देख रहा था कि वह दीवारों पर सियाह लकीरें खींचकर एक अजीब क़िस्म की तस्कीन महसूस कर रही है।

शुरू-शुरू में इंसान अपनी तस्कीनो-तफ़्रीह के लिए लिखता है, लेकिन बाद में अपना पेट पालने के लिए लिखता है। इब्तिदा[1] में तो उसकी तहरीर सिर्फ़ दीवारें काली करती हैं, लेकिन आगे चलकर उसकी तहरीर दीवारें बनाती भी हैं और ढाती भी हैं। कोई चुग़ताई बन जाता है, कोई इक़बाल—और बाज़ दीवारों पर लिख-लिखकर ऐसी मुसव्विरी और शाइरी करते हैं कि इंसान देखकर नक़्श ब दीवार हो जाता है।

किताबी अदब है, अख़बारी अदब है, रसाइली[2] अदब है—इसी तरह दीवारी अदब भी है।

काग़ज़ पर सिर्फ़ कलेजा निकाल के रखा जा सकता है, लेकिन दीवार पर आप कलेजा, गुर्दे, दिल, फेफड़े सभी निकाल के रख सकते हैं—स्कूलों, कॉलेजों और मंडवों के बाथरूमों में जाइए। उनकी दीवारों पर आपको जुमला आज़ाए-इंसानी[3] की तसवीरें नज़र आ जाएँगी।

दीवारों पर तो ख़ैर इंसान लिखता ही है, लेकिन बैतुलख़ला[4] की दीवारों पर ज़रूर लिखता है—मस्जिद में चले जाइए। उसके ग़ुस्लख़ाने की दीवारों पर भी आपको तरक़्क़ीपसंद अदब और तरक़्क़ीपसंद मुसव्विरी बिखरी नज़र आ जाएगी। यही नहीं, आप

इन दीवारी तहरीरों से ज़रूरी मालूमात भी हासिल कर सकते हैं। मस्जिद के मुअज़्ज़िन साहिब किस तबीअत के मालिक हैं। इमाम साहब को कौन-कौन-से खाने मरगूब[5] हैं। स्कूल का कौन-कौन-सा उस्ताद मीर तक़ी मीर का क़तब[6] करता है। कॉलेज में प्रिंसिपल साहब मक़बूल हैं या नहीं। इसी तरह की और सैकड़ों बातें आपको एक ही निशस्त में इन दीवारों के मुताले से मालूम हो सकती हैं।

एक कहानी के सिलसिले में बंबई की एक फ़िल्म कंपनी से मेरा मुआहदा[7] हो रहा था। एग्रीमेंट पर सिर्फ़ दस्तख़त करने बाक़ी थे कि मुझे बाथरूम जाना पड़ा—सामने की दीवार पर ज़र्द चाक से यह लिखा हुआ नज़र आया : 'और तो सब ठीक है, लेकिन यह लोग पगार क्यों नहीं देते।' मैंने एग्रीमेंट पर दस्तख़त न किए—उस कंपनी में और सब ठीक था, ज़ाहिरी टीप टॉप बिलकुल दुरुस्त थी, लेकिन वहाँ काम करनेवालों को छः महीने से तनख़्वाह नहीं दी गई थी।

दीवार पर लिखना ऐसा ही है, जैसे सरे-बाज़ार आवाज़ बुलंद करके कोई ऐलान कर दिया जाए—लेकिन बैतुलख़ला की दीवारों पर वह उलूम[8] भी लिखे जाते हैं, जिनके मुताले के लिए सुकून, तन्हाई और इत्मीनाने-क़ल्ब[9] दरकार होता है—मुख़्तसर निशस्त ही में आप इन छोटी-छोटी लाइब्रेरियों से रोज़मर्रा की ज़िंदगी के सैकड़ों असरार[10] मालूम कर सकते हैं। भारी-भरकम किताबों की वरक़ गर्दानी[11] की ज़रूरत नहीं। ज़रा गर्दन उठाई और हैवलाक एलिस की चारों जिल्दों का निचोड़ देख लिया।

ग़ालिब का एक शेर है :

पकड़े जाते हैं फ़रिश्तों के लिखे पर नाहक़
आदमी कोई हमारा दमे-तहरीर भी था

चूँकि ऐसी दीवारों पर लिखते वक़्त दमे-तहरीर फ़रिश्ते नहीं हो सकते, इसलिए पकड़ने-पकड़ाने का सवाल ही पैदा नहीं होता। यही वजह है कि दीवारी अदब और मुसव्विरी की यह शाख़ हुकूमत के एहतिसाब[12] और उसके ख़ौफ़ से बिलकुल पाक रही है। इंसान इन दीवारों पर ताज़ीरात की तमाम दफ़आत से महफ़ूज होकर अपने ख़यालात और एहसासात की तर्जुमानी करता है, तमाम मुलम्माकारियों[13] से मुबर्रा[14] है।

इसी चारदीवारी के एक कोने में, अर्सा हुआ, यह फ़िक्रख़ेज़ तहरीर देखी गई थी : 'तुम्हारे हाथ भी कैसे-कैसे काम करते हैं।' दीवारी मुसव्विरी की इस ख़ास सन्फ़[15] में आज के नक़्क़ाद[16] मोस्ट मॉडर्न और सुर्रियलिस्टिक[17] मुसव्विरी की नुमायाँ झलक देख सकते हैं।

दीवारों पर लिखने और नक़्श व निगार बनाने के लिए ख़ास रोशनाई या रंगों की ज़रूरत नहीं। कोयला, खरिया मिट्टी, नीम पुख़्ता ईंट का टुकड़ा, दूध पत्थरी, गीरी, चूना, कत्था, तारकोल, इनमें से जो भी इंसपिरेशन[18] के वक़्त मौजूद हो, आप इस्तेमाल कर सकते हैं। क़लम और ब्रुश नहीं तो उँगली से भी काम लिया जा सकता है और अगर कोई

भी चीज़ मयस्सर नहीं तो नाख़ूनों ही से कुरेद-कुरेदकर आप अपना शौक़ पूरा कर सकते हैं।

फ़ारसी मुहावरा है : 'दीवार हम गोश दारद'[19]—लेकिन जब दीवारों पर लिखा जाता है तो उनके कानों की तरफ़ कोई ध्यान नहीं देता, बल्कि मैं तो समझता हूँ कि लिखनेवाले असल में दीवार के कानों ही में सरगोशियाँ करते हैं, ताकि कानों की यह कच्ची दीवारें जो कुछ सुनें, दूसरों तक पहुँचा दें।

अर्सा हुआ, लाहौर से पेशावर तक सफ़र करते हुए फ्रंटियर मेल के एक डिब्बे की चोबी दीवार पर मैंने यह तहरीर देखी थी : 'बिजली के तारों पर अबाबीलों के जोड़े बैठे हैं, लेकिन मेरा पहलू ख़ाली है··· मुझसे कोई मुहब्बत नहीं करता।' डेढ़ महीने के बाद इत्तिफ़ाक़ से लाहौर से वापिस आते हुए मुझे उसी डिब्बे में जगह मिली। इस इबारत के नीचे निस्वानी[20] ख़त में यह अल्फ़ाज़ लिखे थे : 'बदनसीब है वह इंसान, जिसका दिल मुहब्बत से ख़ाली है···' क्या अजब यह दोनों दिल, जो मुहब्बत से ख़ाली थे, एक रोज़ वक़्त के तारों पर मिल बैठे हों।

होटलों में आपने अक्सर दीवारों पर यह शेर देखा होगा :

दरो-दीवार पर हसरत की नज़र करते हैं
ख़ुश रहो अहले-वतन हम तो सफ़र करते हैं।

अगर आप ग़रीबुलवतन[21] हैं तो यह तहरीर देखकर यक़ीनन आपका दिल महज़ून[22] हो जाएगा।

दीवारों से बाज़ असहाब डायरी का काम भी लेते हैं। टेलीफ़ोन के बराबर की दीवार पर आपने कई नंबर और नाम याददाश्त के तौर पर लिखे हुए देखे होंगे—होस्टलों के कमरों की दीवारों पर ऐसी तहरीरें आम दिखाई देती हैं : '6.9.45 को दूध शुरू किया गया—धोबी को कपड़े दिए गए : 11.9.45।'

बंबई के एक होटल में, जहाँ आमतौर पर जहाज़ों के ख़लासी ठहरते थे, मैंने बादबानों, मस्तूलों और झंडों की तसवीरों के साथ-साथ ज़ैल की तहरीरें देखीं, जो अपना मतलब ख़ुद वाजह[23] करती है :

फ़्रांस··· फ़्रांस··· फ़्रांस : मादमूज़ील नयनी···
हाय!
सीरत के हम ग़ुलाम हैं सूरत हुई तो क्या
पाँचों वक़्त नमाज़ पढ़ा करो।
ओ जाने वाले बालमवा, लौट के आ, लौट के आ।
बक़लम ख़ुद जान मुहम्मद 2.9.47।

बक़लम ख़ुद लिखने का शौक़ बहुत ज़्यादा है, शायद इसलिए कि इससे वक़्ती तौर पर इंसान की ख़ुदी की तसल्ली हो जाती है। जिस तरह हिमालय की चोटियाँ मुसख़्ख़र[24] करने पर सैयाह अपने झंडे गाड़ आते हैं, इसी तरह कोई नई जगह देखने पर हम छोटे-छोटे इंसान

अपना नाम लिख आते हैं—अगर आपको क़ुतुब साहब की लाट की आख़िरी मंज़िल तक पहुँचने का इत्तिफ़ाक़ हुआ हो तो आपने देखा होगा कि वहाँ ताँबे के कड़े और पत्थरों पर हज़ारों बक़लम ख़ुद कंदा हैं— अमरीकी, रूसी और अंग्रेज़ी सिपाहियों ने जब रायख़ ताग की इमारत पर क़ब्ज़ा किया तो उसकी दीवारों पर अपना नाम लिखने में फ़ातिहाना मसर्रत[25] महसूस की।

दीवारों पर क़िस्मत भी आज़माई जाती है। चुनांचे आपने होटलों, घरों और स्कूलों की दीवारों पर चार लकीरों में घिरे हुए चलीपा[26] के निशान और दायरे अक्सर देखे होंगे—हिसाब के सवाल भी हल किए जाते हैं, सियासत की गुत्थियाँ भी सुलझाई जाती हैं और अपने दिल की भड़ास भी निकाली जाती है।

मुझे मशहूर एक्टर अशोक कुमार के बाथरूम में जाने का इत्तिफ़ाक़ हुआ था। उसकी एक दीवार पर बेशुमार घोड़ों के नाम, उनके वज़न और हैंडीकैप वग़ैरह लिखे थे। अशोक कुमार ने मुझसे कहा था कि वह रेस में जाने से पहले उसी दीवार पर से अपने लिए टिप निकाला करता है।

क़िलोपतरा को अभी मीठा बरस लगा था, जब इस्कंदरिया में यह रिवाज आम था कि आशिक़ अपनी पसंदीदा औरत का नाम दीवार पर लिख देते थे और अपना नाम पढ़कर औरत सोलह सिंगार किए अपने आशिक़ के इंतज़ार में वहाँ खड़ी रहती थी।

इंसान के दीवारों पर लिखने और नक़्क़ाशी करने के इसी फ़ितरी शौक़ ही की बदौलत अजंता और एलोरा के फ्रेस्को[27] नज़र आते हैं—इसकी मेराज[28] देखना हो तो रोमा के अज़ीमुश्शान कलीसाओं[29] की दीवारों के न मिटनेवाले नक़्श मौजूद हैं। सच पूछिए तो यूरोप के फ़न्ने-मुसव्वरी का निस्फ बेहतर आपको वहाँ दीवारों ही पर मिलेगा—मुग़लों की बे-मिस्ल ख़त्ताती[30], नक़्क़ाशी और मुसव्विरी के नमूने भी दीवारें ही पेश करेंगी।

इश्तिहारबाज़ी में भी दीवारें पेश-पेश हैं—लाहौर शहर की शायद ही कोई ऐसी दीवार हो, जिस पर आपको इश्तिहार लिखा हुआ नज़र न आए। बाल सफ़ा पाउडर से लेकर बाल उगाने के तेल तक जितनी दवाएँ हैं, आप उनका इश्तिहार दीवारों पर मुलाहिज़ा[31] फ़रमा सकते हैं। पतरस साहब ने भी अपने मशहूर मज़मून 'लाहौर का जुग़राफ़िया' में दीवारों की सतह पर लिखे हुए इश्तिहारों के फ़वायद[32] बयान किए हैं।

उन दाइमी इश्तिहारों की बदौलत अब ख़दशा नहीं रहा कि कोई शख़्स अपना या अपने किसी दोस्त का मकान सिर्फ़ इसलिए भूल जाए कि घर से निकलते वक़्त वहाँ चारपाइयों का इश्तिहार लगा हुआ था और घर लौटते वक़्त वहाँ अहले-लाहौर को ताज़ा और सस्ते जूतों का मुज़्दः[33] सुनाया जा रहा था—अब वुसूक़[34] से कहा जा सकता है कि जहाँ बहर्फ़ेजली[35] 'मुहम्मद अली दंदानसाज़'[36] लिखा है, वह अख़बार 'इन्क़िलाब' का दफ़्तर है और जहाँ 'बिजली, पानी, भाप का बड़ा हस्पताल' लिखा है, वहाँ डॉक्टर इक़बाल रहते हैं। 'ख़ालिस घी की मिठाई' इम्तियाज़ अली ताज का मकान है और 'कृष्णा ब्यूटी क्रीम' शालीमार बाग़ को, और 'खाँसी का मुजर्रब[37] नुस्ख़ा' जहाँगीर के मक़बरे को जाता है।

बंबई में कारपोरेशन ने एक बहुत लंबी दीवार, जो क्वीन्ज़ रोड पर वाक़े है और बर्क़ी

रेल की पटड़ी के मुतवाज़ी[38] दूर तक चली गई है, इन दीवारी इश्तिहारों के लिए मख़्सूस कर दी है। इस दीवार के पीछे पारसियों, ईसाइयों और मुसलमानों का क़ब्रिस्तान और हिंदुओं का शमशान है। मालूम नहीं, मज़हबी नुक़्ता-ए-नज़र से बंबई कारपोरेशन की हरकत दुरुस्त है या नादुरुस्त कि यह दीवार, जिस पर एक सिरे से लेकर दूसरे सिरे तक फ़िल्मों के बड़े-बड़े इश्तिहार पेंट किए गए हैं, एक अजीबो-ग़रीब तज़ाद[39] पेश करती है—अक़ब में हज़ारों इंसान दफ़न हैं, लेकिन पेशानी पर परी चेहरा नसीम बानो की यह बड़ी तसवीर नज़र आती है। ज़रा आगे बढ़िए तो मोटे-मोटे हुरूफ़ में 'हँसो हँसो ऐ दुनियावालों' का इश्तिहार दिखाई देता है। दीवार के पीछे जलती हुई चिता से धुआँ उठ रहा है, लेकिन सामने न्यू थिएटर्ज़ की फ़िल्म 'ज़िंदगी' का शोख़ रंग इश्तिहार चमक रहा है।

पिछले दिनों 'इलेस्ट्रेटेड वीकली ऑफ़ इंडिया' में इसी दीवार की मुतादि्दद रंगीन तसवीरें एक मज़मून के साथ शाया हुई थीं, जिसमें इश्तिहारों की इस जदीद सन्फ़[40] को बहुत सराहा गया था—लेकिन बचपन में जब हम 'चिचो चिच गलेरियाँ, दो तेरियाँ दो मेरियाँ' का दिलचस्प खेल खेलते थे और दीवारों पर कोयले से अनगिनत लकीरें खींचते थे तो बुज़ुर्गों ने हमेशा हमारे इस फ़अल की मज़म्मत[41] की थी।

उधर रूस में इन दीवारी तहरीरों ने इन्क़िलाब में पेश-अज़-पेश हिस्सा लिया—प्रेस पर हुकूमत का बहुत बड़ा एहतिसाब[42] था, इसलिए दीवारों ही के ज़रिए से अख़बारों और पंफ़लेटों का काम लिया गया। इस ज़रिए ने इन्क़िलाब के बाद शक्ल बदली और यह मज़दूरों का 'दीवारी अख़बार' या 'वाल पेपर' बन गया।

जब तक दीवारें सलामत हैं, उन पर इंसान लिखता और नक़्शो-निगार[43] बनाता ही रहेगा—पिछले दिनों उसने एक और क़दम तरक़्क़ी की तरफ़ बढ़ाया और फ़ज़ाओं पर लिखना शुरू कर दिया। 'पियर्ज़' सोप बनानेवालों ने एक हवाबाज़ की ख़िदमात हासिल कीं, जिसने जहाज़ की दुम से गाढ़ा धुआँ छोड़ते हुए कुछ इस तरह क़लाबाज़ियाँ खाईं कि फ़ज़ा में उस साबुन का धुआँधार नाम कुछ अर्से के लिए मुअल्लक़ हो गया।

बंबई में जब इस फ़ज़ाई इश्तिहारबाज़ी का मुज़ाहिरा[44] हुआ तो कारपोरेशन ने पियर्ज़ सोप बनानेवालों से फ़ज़ा इस्तेमाल करने का किराया तलब किया। मामला अदालत तक पहुँचा—फ़ैसला कारपोरेशन के हक़ में हुआ कि शहर की दीवारों की तरह फ़ज़ा भी उसके हलका-ए-इंतज़ाम में शामिल है।

---

1. आरंभ; 2. पत्रिकाओं का; 3. मनुष्य के शरीर के सभी अंगों; 4. शौचालय; 5. पसंद; 6. आलोचना, निंदा; 7. अनुबंध; 8. विद्याएँ; 9. मन की शांति, निश्चितता; 10. रहस्य; 11. किताबों के पृष्ठ पलटने; 12. निषेधन; 13. चापलूसियों; 14. मुक्त; 15. विधा; 16. आलोचक; 17. अति यथार्थवादी; 18. अंतःप्रेरणा; 19. दीवारों के भी कान होते हैं; 20. स्त्रैण, ज़नाना; 21. परदेसी; 22. दुखी; 23. स्पष्ट; 24. विजय; 25. विजयपूर्ण हर्ष; 26. क्रास, सलीब का निशान; 27. भित्तिचित्र; 28. उत्कर्ष; 29. विशाल गिरजाघरों; 30. अनुपम सुलेखन; 31. देखना; 32. लाभ; 33. ख़ुशख़बरी; 34. पूर्ण विश्वास; 35. मोटे अक्षरों में; 36. दाँत बनानेवाले; 37. आज़माया हुआ; 38. समानांतर; 39. विरोधाभास; 40. आधुनिक विधा; 41. निंदा; 42. निषेधन, अंकुश; 43. तसवीरें; 44. प्रदर्शन।

आदाद[1] के साथ अदब और ज़िंदगी की छेड़

मुसलमानों ने तेरह सौ साल हुकूमत की, मगर अब बेचारे तीन में हैं न तेरह में—लेकिन चौदह का अदद बड़ा मुबारक है। अगर किसी के चौदह तबक़[2] रोशन होते हैं तो पूरे चौदह होते हैं, सवा तेरह न पौने चौदह।

चौदहवीं का चाँद है, जिसके मुताल्लिक़ शाइरों ने क्या कुछ नहीं कहा— माशूक़ जब आशिक़ से मिलता है तो आशिक़ की मुहब्बत के आसमान पर चौदहवीं का चाँद तुलू होता है, इस मसलहत[3] के साथ कि दूसरी रात से ढलना शुरू हो जाएगा—और चौदह का सिन क्या-क्या क़यामत नहीं ढाता। मीठा बरस जवानों की ज़िंदगी में कूट-कूट के शीरनियाँ[4] भर देता है।

राजा रामचंद्र जी ने चौदह ही बरस का बनवास काटा। तेरह बरस या साढ़े तेरह बरस जंगलों में रह के आए होते तो वह बात कभी न बनती जो पूरे चौदह बरस काटने पर बनी। उनके अहद[5] का वह 'सुनहरा ज़माना' वक़्त की कोख ही में सोया रहता या ग़ैर तबई[6] मौत मर जाता।

और वह चौदह बरस काले पानी की सज़ा—ख़ुदा बचाए, बहुत अच्छा हुआ जो यह काला पानी भारत बन गया—लेकिन यह समझ में नहीं आता कि इस सज़ा की मीआद हमारे क़ानूनी ख़ुदाओं ने दस-ग्यारह बरस क्यों न रखी। कोई ख़ास मसलहत होगी।

तीन और तेरह के अदद आमतौर पर मनहूस ख़याल किए जाते हैं—पंजाब में तीसरे आदमी की शिरकत[7] पर कहा जाता है: 'तीसरा रलिया ते झगा गलया' यानी तीसरे का साझा बुरा—तीन काने हैं चौसर के, नामुरादी और नाकामी के निशान।

तीन तेरह करें तो इसका मतलब है कि आप तितर-बितर कर रहे हैं—बस जब किसी मुश्तइल[8] हुजूम को मुंतशिर[9] करना हो तो डायस पर चढ़कर बुलंद आवाज़ में यह नारा लगा दीजिए। सब तितर-बितर हो जाएँगे।

मरने पर आप क़ब्र में जाएँगे तो वहाँ भी तीन का अदद आपको नहीं छोड़ेगा--तीन दिन क़ब्र में आप पर ज़रूर भारी होंगे, लेकिन तीन हुर्फ़ भेजिए इस तीन पर।

लेकिन अभी यह सिलसिला कहाँ ख़त्म हुआ—अगर आप तीन-पाँच करेंगे तो इसका

यह मतलब होगा कि आप या तो किसी से तकरार कर रहे हैं या किसी का माल उड़ाए लिए जा रहे हैं।

अगर आप दावत में तीन आदमी बुलाते हैं और तेरह आ जाते हैं तो आप अपनी घरवाली से कहेंगे : 'तीन बुलाए तेरह आए, दे दाल में पानी…' लेकिन अगर ग्यारह-बारह आ जाते हैं तो फिर आप दाल में पानी नहीं डाल सकेंगे क्योंकि यह उसूल है कि मुहावरा कभी तब्दील नहीं हो सकता, ख़्वाह आपका हुलिया तब्दील हो जाए।

अब आप तेरह का एक लतीफ़ा सुनिए—यह अदद माशाल्लाह बड़ा हज़रत है।

एक साहब घर से सफ़र पर निकले। तेरह तारीख़ थी। तेरह नंबर के प्लेटफ़ार्म पर उनकी गाड़ी खड़ी थी। तेरह नंबर के डब्बे में उन्हें तेरह नंबर की सीट मिली। मंज़िले-मक़सूद पर होटल जाने के लिए उन्होंने टैक्सी ली तो उसका नंबर भी तेरह था। होटल में उनके कमरे का नंबर भी तेरह था—तेरह का अदद उनके साथ बुरी तरह चिपक गया था।

दूसरे रोज़ वह रेसकोर्स में बहुत देर से पहुँचे। तेरहवीं रेस शुरू होनेवाली थी। आपने सोचा कि शगून अच्छा है और तेरह नंबर के घोड़े पर ढेर सारा रुपया लगा दिया—और तेरह नंबर की रेस में तेरह नंबर का घोड़ा तेरहवें नंबर पर आया।

तेरह को छोड़िए, तीन का अदद बावुजूद इसके कि मनहूस ख़याल किया जाता है, हमारी ज़िंदगी का एक अहम जुज़[10] है—हिंदुओं में त्रिशूल; ईसाइयों में ख़ुदा, बेटे और रूहुलक़ुदस की मुक़द्दस तस्लीस; मुसलमानों में ख़ुदा, उसका रसूल और क़ुरआन पाक।

अब अदद चार को लीजिए—किसी के अगर लगते हैं तो चार चाँद ही लगते हैं। चाँद तो एक ही है, मालूम नहीं, बाक़ी तीन किन आसमानों से नोचकर लगाए जाते हैं—और चार दिन की चाँदनी है, जिसके आगे कुछ नहीं, सिर्फ़ अँधेरी रात है, जिसमें आप ठोकरें खाते फिरिए।

किसी का डंका बजता है तो तीन दांग नहीं, चार दांग बजता है, ख़्वाह किसी भी दांग तक उसकी आवाज़ न पहुँचे।

आदमी होशियार होता है तो चारों गाँठ होशियार होता है, ख़्वाह उसके पास एक छोटी-सी गाँठ भी होशियार होने के लिए न हो—और किसी को मार पड़ती है तो चार चोट की मार पड़ती है, यानी चार चोटें लगाईं और यह जा, वह जा।

ज़िंदगी होती है चार दिन की। पाँचवें दिन यह ख़त्म हो जाती है—अखाड़े में अगर कोई पहलवान गिरता है तो सवा तीन या साढ़े तीन शाने नहीं गिरता—उसे मुहावरे के मुताबिक़ पूरे चारों शाने चित गिरना पड़ता है, ताकि उसको मुकम्मल इब्रत[11] हासिल हो।

अगर मर्द अपनी औरत को घर में क़ैद रखना चाहे तो उस घर की चारदीवारी ज़रूर होनी चाहिए। पाँच या छः होंगी तो मामला बिगड़ जाएगा और तीन होंगी तो एक रास्ता भागने के लिए खुला रहेगा।

रसूले-अकरम[12] के अस्हाबःए-अर्बा[13] लीजिए : चार यार, पाँचवाँ कोई भी नहीं—इससे अदद चार की अज़्मत[14] बहुत ज़्यादा वाज़ेह हो जाती है।

तीन पहियों की मोटर या गाड़ी हो सकती है, लेकिन आप तीन पायों की चारपाई पर कभी सो नहीं सकते—और अगर आप बेमुरव्वत हैं तो आपको चार चश्म कहा जाएगा, ख़्वाह आपकी सिर्फ़ तीन आँखें हों, इसलिए कि मुहावरा वैसे-का-वैसा रहेगा।

और जब आप राही-ए-मुल्के-अदम[15] होंगे तो मुहावरादाँ अहबाब कहेंगे : 'आख़िर बेचारे चार के कंधे पर चढ़ गए।'

अब चालीस का अदद लीजिए। यह भी अपनी जगह काफ़ी अहम है—अगर आप निरे खरे बेवक़ूफ़ हैं, यानी बड़े हाई क्लास ईडियट हैं तो आपका वज़न चालीस सेर होना चाहिए, क्योंकि मुहावरा है 'चालीस सेर ऊत' सो अगर आप इस क़िस्म के साहबे-कमाल हैं तो आपको अपना वज़न मुहावरे के मुताबिक़ करना पड़ेगा।

बच्चा पैदा होता है तो माँ उनतालीस दिन के बाद नहीं, पूरे चालीस दिन के बाद नहाती है। मेरा ख़याल है, यह मुहावरा नहीं, रिवाज है और रिवाज की भी पाबंदी करनी पड़ती है। बड़ी बूढ़ियों से सुना है कि अगर एक दिन भी ऊपर-नीचे हो जाए तो आफ़त आ जाती है। इसलिए औरतें ऐसा नहीं होने देतीं। पूरे चालीस दिन चारपाई के साथ लगी रहती हैं।

और जब कोई मरता है तो उसका सोग भी चालीस दिन मनाया जाता है। चालीसवें दिन उसका चालीसवाँ होता है, यानी फ़ातहा पढ़ी जाती है। इसके बाद अगर मरनेवाले के अज़ीज़ उसको भूलना चाहें तो बड़े शौक़ से भूल सकते हैं, क्योंकि इतने दिन के सोग से मरहूमो-मग़्फ़ूर[16] की, सुना है, पूरी तशफ़्फ़ी[17] हो जाती है।

चिल्ला कमाना हो तो आपको चालीस दिन ही कमाना होगा। अगर आपने इस मीआद से एक दिन कम या ज़्यादा अमल किया तो आपके हक़ में क़त्अन ग़ैर मुफ़ीद होगा। मुमकिन है, चिल्ला उलटकर आप पर सवार हो जाए।

और आपको याद ही होगा कि अलीबाबा के साथ कितने चोर थे—पूरे चालीस, एक कम न एक ज़्यादा—किसी अलीबाबा से कहिए कि वह चालीस से कम चोरों की जमाअत बनाए, मजाल है जो 'खुल जा सिमसिम' काम करे—चुनांचे मैं अपने सियासी अलीबाबाओं को यही मश्वरा दूँगा कि वह अपने साथ चालीस सियासी चोर और गठकतरों की खेप रखा करें। इंशाल्लाह हर दरवाज़ा उनके 'खुल जा सिमसिम' कहने पर खुल जाया करेगा।

खाना खाने के बाद चहलक़दमी आतिब्बा-ए-क़दीम[18] का हुक्म है—आप खाना खाने के बाद घर से बाहर निकलें तो अपने क़दम गिनना शुरू कर दें, जहाँ चालीस क़दम ख़त्म हों, वहीं चारपाई बिछाएँ और सो जाएँ—अगर आप घर वापस आकर सोना चाहें तो घर से बाहर निकलने के बाद बीस क़दम आगे चलिए और फिर बीस क़दम पीछे चलिए, मगर देखिए, हिसाब में कोई ग़लती न हो, क्योंकि मेदे में ख़लल पैदा हो जाने का अंदेशा है।

अंग्रेज़ चहलक़दमी नहीं करते, शायद मुख़्तलिफ़ आबो-हवा के बायस, लेकिन वह खाना खाने के बाद फ़ोर्टी विंक्स लगाते हैं, यानी चालीस मर्तबा पलकें झपकने के अर्से तक क़ैलूला[19] करते हैं। वह ख़ुद पलकें नहीं झपकते, उनकी जगह कोई और झपकता है। वह ख़ुद सोए रहते हैं और जब फ़ोर्टी विंक्स पूरी हो जाती हैं, उनको जगा दिया जाता है।

और वह शमा, उजाला जिसने किया चालीस बरस तक ग़ारों में, उसके मुताल्लिक़ कौन नहीं जानता।

अब छोटे-मोटे अदद हैं—मिसाल के तौर पर उन्नीस-बीस का फ़र्क़। यानी कोई फ़र्क़ नहीं, लेकिन बैंकवाले इसे नहीं मानते। वह कहते हैं कि एक पाई का फ़र्क़ भी पहाड़ जितना फ़र्क़ होता है। उन्हें कौन समझाए कि मुहावरे के मुताबिक़ यह कोई फ़र्क़ नहीं, और फिर वह आने-पाइयों के चक्कर में इस क़दर ग़र्क़ रहते हैं कि उन्हें समझने-समझाने की फ़ुर्सत ही नहीं मिलती।

जो आदमी इक्कीस का हो, इसका मतलब है कि वह ग़ालिब है। उसका पल्ला भारी है, ख़्वाह दूसरा चाहे दस हज़ार ही का क्यों न हो।

अगर आप बत्तीस दाँतों से किसी के लिए बद्दुआ माँगें तो वह ख़ुदा के हुज़ूर क़ुबूल होगी—अगर आपके एक-दो दाँत झड़े हुए हैं तो बद्दुआ देने का ख़याल दिमाग़ से निकाल दीजिएगा।

बत्तीस धार का दूध है शीरे-मादर[20]। अगर एक धार इधर-उधर हो गई तो एक-न-एक दिन आपको छटी का दूध ज़रूर याद आ जाएगा।

अगर आप बदज़बान हैं तो आपकी ज़बान मुहावरे के मुताबिक़ या तो दस हाथ की होनी चाहिए या दस गज़ की। बहरहाल जो साहब यह सिफ़्त रखते हैं, वह अपनी ज़बान की पैमाइश ज़रूर करा लें।

दस के अदद ने, ख़ुदा मालूम, क्या गुनाह किया था कि हुकूमत ने ग़रीब को महा गुंडों और बदमाशों के साथ मन्सूब[21] कर दिया—दस नंबरिए काफ़ी मशहूर हैं, मगर अब कि हुकूमत उनके इन्सिदाद[22] की तरफ़ माइल हो रही है, शायद इस ग़रीब अदद की सुनी जाए।

नौ गज़े की क़ब्र क़रीब-क़रीब हर शहर में मौजूद है—मालूम नहीं, यह कौन साहब थे जो इतना बड़ा क़द सँभाले बयक वक़्त हर शहर में क़याम फ़रमाते रहे, और जब आपने इंतिक़ाल फ़रमाया तो पूरे नौ गज़ क़द के साथ तमाम शहरों में एक ही वक़्त फ़रमाया।

अच्छा, अगर आप राधा से नाचने के लिए कहें तो आपके पास पूरे नौ मन तेल मौजूद होना चाहिए—एक छटाँक भी कम हुआ तो वह नाचने से इनकार कर देगी और आपको दोस्त अहबाब के सामने ख़िफ़्फ़त उठानी पड़ेगी।

नौ नक़द न तेरह उधार दुरुस्त है—आप कहिए कि मियाँ, नौ और तेरह का क़िस्सा ख़त्म करो और मुझे चौदह उधार दे दो... मैं तुम्हें इसी हिसाब से सतरह दे दूँगा—मगर ऐसे बेवक़ूफ़ कम मिलते हैं।

एक का अदद था, वह ख़ुदावंद तआला जल्ले-जलालाहु[23] व हक़्क़े-शानाहु ने यह दुनिया बनाते ही अपने नाम हमेशा-हमेशा के लिए अलाट करा लिया था।

1. अंकों; 2. लोक; 3. संदेश, परामर्श; 4. मिठास; 5. युग; 6. अस्वाभाविक; 7. साझेदारी; 8. उत्तेजित; 9. तितर-बितर; 10. हिस्सा; 11. नसीहत; 12. हज़रत मुहम्मद साहब; 13. चार मित्र; 14. महत्त्व; 15. परलोकवासी; 16. मरने के बाद मोक्ष प्राप्ति; 17. तसल्ली; 18. प्राचीन काल के हकीमों; 19. दोपहर के खानें के बाद विश्राम; 20. माँ का दूध; 21. संबंधित; 22. रोकथाम।

सवेरे जो कल आँख मेरी खुली

अजब थी बहार और अजब सैर थी।

जी ने कहा कि घर से निकल, टहलता-टहलता ज़रा बाग़ चल।

बाग़ पहुँचने से पहले, ज़ाहिर है, मैंने कुछ बाज़ार और कुछ गलियाँ तय की होंगी और मेरी आँखों ने कुछ देखा भी होगा—पाकिस्तान तो पहले ही का देखाभाला था, पर जब से 'ज़िंदाबाद' हुआ, वह कल सवेरे देखा।

बिजली के खंबे पर देखा, परनाले पर देखा, 'शःनशीन[1] पर देखा, छज्जे पर देखा, चौबारे पर देखा—ग़रज़ेकि हर जगह देखा और जहाँ न देखा, वहाँ देखने की हसरत लिए घर लौटा।

पाकिस्तान : ज़िंदाबाद— यह लकड़ियों का टाल है।

पाकिस्तान : ज़िंदाबाद— फ़टाफ़ट मुहाजिर हेयर कटिंग सैलून।

पाकिस्तान : ज़िंदाबाद— यहाँ ताले मरम्मत किए जाते हैं।

पाकिस्तान : ज़िंदाबाद— गरमागरम चाय।

पाकिस्तान : ज़िंदाबाद— बीमार कपड़ों का हस्पताल।

पाकिस्तान : ज़िंदाबाद— अलहमदुलिल्लाह कि यह दूकान सैयद अनवार हुसैन मुहाजिर जालंधरी के नाम अलाट हो गई है।

एक मकान के बाहर यह भी लिखा हुआ देखा : 'पाकिस्तान : ज़िंदाबाद—यह घर एक पारसी भाई का है…' यानी हज़रत, कहीं इसे भी न अलाट करा लीजिएगा।

सुबह का वक़्त था। अजब बहार थी और अजब सैर थी।

क़रीब-क़रीब सारी दूकानें बंद थीं।

एक हलवाई की दूकान खुली थी—मैंने कहा, चलो लस्सी पीते हैं।

दूकान की तरफ़ बढ़ा तो क्या देखता हूँ, बिजली का पंखा चल तो रहा है, लेकिन उसका मुँह दूसरी तरफ़ है।

मैंने हलवाई से कहा : "यह उलटे रुख़ पंखा चलाने का क्या मतलब है?"

उसने घूरकर मुझे देखा और कहा : "देखते नहीं हो…"

मैंने ग़ौर से देखा—पंखे का रुख़ क़ायदे-आज़म मुहम्मद अली जिनाह की रंगीन तसवीर की तरफ़ था, जो दीवार के साथ आवेज़ाँ[2] थी—मैंने ज़ोर का नारा लगाया : 'पाकिस्तान :

ज़िंदाबाद' और लस्सी पिए बग़ैर आगे चल दिया।

बंद दूकान के थड़े पर एक आदमी बैठा पूरियाँ तल रहा था।

मैं सोचने लगा : 'अभी परसों मैंने इस दूकान से चप्पल ख़रीदे थे··· यह पूरीवाला किधर से आ गया ?' फिर ख़याल आया, 'शायद वह कोई दूसरी दूकान हो—लेकिन बोर्ड वही था और सामने वही फ़सादात में झुलसा हुआ मकान था, जिसकी बरसाती में बिजली का पंखा लटक रहा था और जिसको देखकर मैंने सोचा था कि आग फैलाने में उसने भी काफ़ी मदद दी होगी।

पूरीवाले ने मुझे मुख़ातिब किया और कहा : "क्या सोच रहे हैं आप बाबू जी··· गरमागरम पूरियाँ हैं !"

मैंने कहा : "भई, मैं ये सोच रहा हूँ कि जहाँ तुम बैठे हो, वहाँ जूतों की एक दूकान हुआ करती थी।"

पूरीवाला अपने माथे का पसीना पोंछकर मुसकराया : "जूतों की दूकान अब भी है, लेकिन वह नौ बजे शुरू होती है··· और मेरी सुबह छः बजे शुरू होती है और साढ़े आठ बजे ख़त्म हो जाती है।"

मैं आगे बढ़ गया।

क्या देखता हूँ, एक आदमी सड़क पर काँच के टुकड़े बिखेर रहा है—पहले मैंने ख़याल किया कि भला आदमी है। इस बात का एहसास रखता है कि लोगों को तकलीफ़ देंगे, इसलिए सड़क पर से चुन रहा है, लेकिन जब मैंने देखा कि चुनने के बजाय वह बड़ी तरतीब से उन्हें इधर-उधर गिरा रहा है तो मैं कुछ दूर खड़ा हो गया।

झोली ख़ाली करके वह सड़क के किनारे बिछे हुए टाट पर बैठ गया। पास ही एक दरख़्त था और उस पर एक बोर्ड लगा था : 'यहाँ साइकिलों के पंक्चर लगाए जाते हैं और उनकी मरम्मत की जाती है।'

मैंने क़दम तेज़ कर दिए।

दूकानों के साइनबोर्डों में एक ख़ुशगवार तब्दीली नज़र आई—पहले क़रीब-क़रीब सब अंग्रेज़ी में होते थे, अब कुछ दूकानों पर नाम और तहरीर, दोनों उर्दू लिबास में नज़र आए—किसी ने ठीक कहा है, जैसा देस वैसा भेस।

तहरीर ख़ुशख़त थी और नाम भी जाज़िबे-नज़र[3] थे। मिसाल के तौर पर 'आराइश'। ज़ाहिर है कि दूकान में आराइश से मुताल्लिक़ा सामान होगा—एक होटल खुला था। उसकी पेशानी पर अर्बी रस्मुलख़त[4] में 'माहज़र'[5] लिखा था—आगे चलकर एक दूकान थी, जिसका नाम 'पापोशियाना'[6] था, जूतों का आशियाना—एक दूकान की पेशानी पर यह बोर्ड आवेज़ाँ था : 'ज़महरीर'[7]। ज़रूर क़ुल्फ़ियों की दूकान थी।

मैंने ख़ुश होकर 'पाकिस्तान : ज़िंदाबाद' कहा और चलता रहा।

चलते-चलते साइकिल के चार पहियों पर एक अजीब वज़अ की हाथगाड़ी देखी—पूछा : "यह क्या है ?" जवाब मिला : "होटल !" चलता-फिरता होटल था। चपातियाँ पकाने के लिए अँगीठी और तवा मौजूद, चार सालन पहले से ही तैयार, शामी कबाब तलने के लिए

फ़्राई पैन हाज़िर, पानी के दो घड़े, बर्फ़, लैमोनेड, दही का कूंडा, लीमू निचोड़ने का खटका, गिलास, प्लेटें, गर्ज़ेकि हर चीज़ मौजूद थी।

कुछ दूर आगे बढ़ा तो देखा, एक आदमी छोटे-से एक लड़के को धड़ाधड़ पीट रहा है। मैंने वजह पूछी तो मालूम हुआ कि लड़का उसका नौकर है और उसने एक रुपए का नोट गुमा दिया है।

मैंने उस ज़ालिम को झिड़का और कहा : "क्या हुआ, बच्चा ही तो है⋯काग़ज़ का छोटा-सा पुर्ज़ा ही तो होता है एक रुपए का नोट। कहीं गिर पड़ा होगा⋯ख़बरदार जो तुमने इस पर हाथ उठाया।"

मेरी बात सुनकर वह आदमी मुझसे उलझ गया और कहने लगा : "तुम्हारे नज़दीक एक रुपए का नोट काग़ज़ का छोटा-सा पुर्ज़ा है⋯जानते हो, कितनी मेहनत के बाद यह काग़ज़ का छोटा-सा पुर्ज़ा मिलता है आजकल⋯" यह कहकर वह फिर उस बच्चे को पीटने लगा।

मुझे बहुत तरस आया। मैंने जेब से एक रुपया निकाला और उस आदमी को देकर बच्चे की जान छुड़ाई।

मैंने चंद क़दमों ही का फ़ासला तय किया होगा कि एक आदमी ने मेरे काँधे पर हाथ रखा और मुसकराकर कहा : "रुपया दे दिया आपने उस ख़बीस को ?"

मैंने जवाब दिया : "जी हाँ⋯बहुत बुरी तरह पीट रहा था बेचारे बच्चे को।"

"वह बेचारा बच्चा उसका अपना लड़का है।"

"क्या कहा ?"

"बाप और बेटे, दोनों का यही कारोबार है⋯दोनों दो-चार रुपए रोज़ाना इसी ढोंग से पैदा कर लेते हैं।"

मैं चकरा गया : 'वह ढोंग था, लेकिन⋯मार तो सच्ची थी⋯' मैंने कहा : "ठीक है⋯" और क़दम बढ़ा दिए।

एकदम शोर-सा बरपा हो गया—क्या देखता हूँ, लड़के हाथों में काग़ज़ों के बंडल लिए चिल्ला रहे हैं और अंधाधुंध भाग रहे हैं। भाँत-भाँत की बोलियाँ सुनने में आईं। अख़बार बिक रहे थे। ताज़ा-ताज़ा और गर्मागरम ख़बरें :

'देहली में जूता चल गया।'

'लखनऊ में फ़लाँ लीडर की कोठी पर कुत्तों ने हमला कर दिया।'

'पाकिस्तान के एक नजूमी की पेशींगोई[8] : कश्मीर दो हफ़्तों में आज़ाद हो जाएगा।'

दर्जनों अख़बार थे : आज का ताज़ा 'नवाये सुबह', आज का ताज़ा 'अबुलवक़्त', आज का ताज़ा 'सुनहरा पाकिस्तान', वग़ैरह-वग़ैरह।

अख़बारफ़रोश लड़कों का सैलाब गुज़र गया तो एक औरत नज़र आई। उम्र यही कोई पचास के लगभग। संजीदा और मतीन सूरत। एक हाथ में थैला था, दूसरे में अख़बारों का बंडल।

मैंने पूछा : "क्या आप अख़बार बेचती हैं ?

मुख़्तसर जवाब मिला : "जी हाँ।"

मैंने दो अख़बार ख़रीदे और दिल में उस अख़बारफ़रोश ख़ातून का एहतिराम लिए आगे बढ़ गया।

थोड़ी ही देर में कुत्तों का एक ग़ोल-का-ग़ोल नमूदार हुआ। वह सब भौंक रहे थे, एक-दूसरे को भंभोड़ रहे थे, प्यार कर रहे थे और काट भी रहे थे—मैं डरकर एक तरफ़ हट गया क्योंकि, पंद्रह रोज़ हुए, एक कुत्ते ने मुझे काट खाया था और मुझे दस सी.सी. के पूरे चौदह टीके अपने पेट में भुंकवाने पड़े थे।

मैंने सोचा : 'क्या यह सब कुत्ते पनाहगीर हैं या वह हैं, जो यहाँ से जानेवाले अपने पीछे छोड़ गए हैं⋯वह कोई भी हों, उनका ख़याल तो रखना चाहिए⋯जो पनाहगीर हैं, उनको फिर से आबाद किया जाए और जो बे आक़ा हो गए हैं, उनको उनकी नस्ल के एतिबार से उन लोगों के नाम अलाट कर दिया जाए, जिनके कुत्ते उस पार रह गए हैं⋯जिनका कोई वाली-वारिस नहीं, उनके लिए लकड़ी की टाँगें मुहैया की जाएँ ताकि वह उनसे ही अपना शुग्ल पूरा करते रहें⋯'

कुत्तों का ग़ोल चला गया तो मेरी जान-में-जान आई—मैंने क़दम बढ़ाने शुरू किए।

मैंने एक अख़बार खोला और उसे देखना शुरू किया—सरे-वर्क़ पर एक फ़िल्म एक्ट्रेस की तसवीर थी, तीन रंगों में। एक्ट्रेस का जिस्म नीम उरियाँ था। नीचे यह इबारत दर्ज थी : 'फ़िल्मों में बेहयाई का मुज़ाहिरा कैसे किया जाता है, इसका कुछ अंदाज़ा ऊपर की तसवीर से हो सकता है।'

मैंने दिल-ही-दिल में 'पाकिस्तान : ज़िंदाबाद' का नारा लगाया और अख़बार को फ़ुटपाथ पर फेंक दिया।

दूसरा अख़बार खोला तो एक छोटे-से इश्तिहार पर नज़र पड़ी—मज़मून यह था :

> 'मैंने कल अपनी साइकिल लायड्ज़ बैंक के बाहर रखी थी। काम से फ़ारिग़ होकर जब लौटा तो क्या देखता हूँ कि साइकिल पर कोई पुरानी गद्दी कसी हुई है और नई गद्दी ग़ाइब है। मैं ग़रीब मुहाजिर हूँ। जिस साहब ने मेरी गद्दी ली हो, बराहे-करम मुझे वापस कर दें।'

मैं ख़ूब हँसा और अख़बार तह करके अपनी जेब में रख लिया।

चंद गज़ों के फ़ासले पर एक जली हुई दूकान दिखाई दी। उसके अंदर एक आदमी बर्फ़ की दो मोटी-मोटी सिलें रखे बैठा था। मैंने दिल में कहा : 'इस दूकान को आख़िरकार किसी तरह से ठंडक पहुँच ही गई।'

फिर मैंने तीन-चार साइकिलें देखीं, थोड़े-थोड़े वक़्फ़े के बाद। इन्हें मर्द चला रहे थे और हर साइकिल के पीछे कैरियर पर एक-एक बुर्क़ापोश औरत बैठी थी। पाँच-छ: मिनट के बाद एक और उसी क़िस्म की साइकिल नज़र आई, लेकिन उस पर एक बुर्क़ापोश औरत आगे फ़्रेम के डंडे पर बैठी थी—दफ़्अतन ख़रबूज़े के छिलके पर से साइकिल फिसली—सवार ने ब्रेक दबाए लेकिन फिसलने और ब्रेक लगने के दोहरे अमल से साइकिल उलटकर गिर पड़ी।

मैं दौड़ा मदद के लिए—मर्द तो औरत के बुर्क़े में लिपट गया था और औरत बेचारी साइकिल के नीचे दबी हुई थी—मैंने साइकिल उठाई और औरत को सहारा देकर उठाया।

मर्द ने बुर्क़े में से मुँह निकालकर मेरी तरफ़ देखा और कहा : ''आप तशरीफ़ ले जाइए···हमें आपकी मदद की ज़रूरत नहीं···'' यह कहकर वह उठा, औरत के सिर पर औंधा-सीधा बुर्क़ा अटकाया और उसको डंडे पर बिठा यह जा, वह जा।

मैंने दिल में दुआ की कि आगे सड़क पर ख़रबूज़े का कोई और छिलका न पड़ा हो।

थोड़ी ही दूर जाने के बाद मैंने दीवार पर एक इश्तिहार देखा, जिसका उनवान बहुत ही मानीख़ेज़ था[9] : 'मुसलमान औरत और परदा।'

मैं बहुत आगे निकल गया—जगह जानी-पहचानी थी, मगर वह बुत कहीं नहीं था जो मैं देखा करता था।

मैंने एक आदमी से, जो घास के तख़्ते पर इस्तिराहत[10] फ़रमा रहा था, पूछा : ''क्यों साहब, यहाँ एक बुत हुआ करता था, वह कहाँ गया?''

इस्तिराहत फ़रमानेवाले ने आँखें खोलीं और कहा : ''चला गया।''

''चला गया···आपका मतलब है, अपने आप चला गया?''

वह मुसकराया : ''नहीं···वह उसे ले गए।''

मैंने पूछा : ''कौन?''

जवाब मिला : ''जिनका था।''

मैंने दिल में कहा : 'लो अब बुत भी हिजरत[11] करने लगे···एक दिन वह भी आएगा, जब लोग अपने-अपने मुर्दे भी क़ब्रों से उखाड़कर ले जाएँगे।'

यही सोचता हुआ क़दम उठाने ही वाला था कि एक साहब ने, जो मेरी ही तरह टहल रहे थे, मुझसे कहा : ''बुत कहीं गया नहीं···यहीं है और महफ़ूज़[12] है।''

मैंने पूछा : ''कहाँ?''

उन्होंने जवाब दिया : ''अजायबघर में।''

मैंने दिल में दुआ माँगी : 'ऐ ख़ुदा, वह दिन न लाइयो कि हम सब अजायबघर में रखे जाने के क़ाबिल हो जाएँ।'

ज़रा आगे एक देहलवी मुहाजिर अपने साहबज़ादे के साथ सैर फ़रमा रहे थे।

साहबज़ादे ने उनसे कहा : ''अब्बाजान, आज हम छोले खाएँगे।''

अब्बाजान के कान सुर्ख़ हो गए : ''क्या कहा?''

बरख़ुर्दार ने जवाब दिया : ''हम आज छोले खाएँगे।''

अब्बाजान के कान और सुर्ख़ हो गए : ''छोले क्या हुआ, चने कहो।''

बरख़ुर्दार ने बड़ी मासूमियत से कहा : ''नहीं अब्बाजान, चने दिल्ली में होते हैं···यहाँ सब छोले ही खाते हैं।''

अब्बाजान के कान अपनी असली हालत पर आ गए।

मैं टहलता-टहलता लारेंस बाग़ पहुँच गया—वही बाग़ था पुराना, लेकिन वह चहल-पहल नहीं थी। सन्फ़े-नाज़ुक[13] तो क़रीब-क़रीब मफ़क़ूद[14] थी—फूल खिले हुए

थे। कलियाँ चटक रही थीं। हल्की-फुल्की फ़ज़ा में ख़ुशबुएँ तैर रही थीं—मैंने सोचा: 'औरतों को क्या हुआ है जो घर में क़ैद हैं···ऐसा ख़ूबसूरत बाग़, इतना सुहाना मौसम···इससे लुत्फ़अंदोज़[15] क्यों नहीं होतीं···' लेकिन मुझे फ़ौरन ही अपने सवाल का जवाब मिल गया, जब मेरे कानों में एक निहायत ही भौंडे और सूक़ियाना गाने की आवाज़ आई—और जब मैंने लारेंस बाग़ की रविशों[16] पर फटी-फटी निगाहोंवाले गोश्त के बेहंगम लोथड़ों को महवे-ख़राम[17] देखा तो मुझे दुख हुआ और इस दुख में इज़ाफ़ा हो गया, जब मैंने सोचा कि फूल बेकार खिल रहे हैं, कलियाँ बेमतलब चटक रही हैं—यह जो उनकी तरफ़ देखे बग़ैर चले जा रहे हैं, यह जो उनके तअत्तुर[18] से बिलकुल बेख़बर हैं, क्या इनकी जगह इस बाग़ के बजाय ज़ेहनी शफ़ाख़ाना नहीं? कोई मदरसा नहीं जहाँ इनके दिमाग़ों की बंद खिड़कियाँ खोली जाएँ, इनकी रूहों के ज़ंगआलूद ताले तोड़े जाएँ—अगर कोई ऐसा नहीं कर सकता, मेरा मतलब है, अगर इंसान का ज़ेहन आजिज़ है इन इंसानों के ज़ेहन की इस्लाह करने में तो क्या वह इन्हें चिड़ियाघर में नहीं रख सकता, जो इसी बाग़ में क़ायम है।

मेरी तबीयत मुकद्दर[19] हो गई।

बाग़ से बाहर निकल रहा था कि एक साहब ने पूछा: "क्यों साहब, यही बाग़े-जिनाह है?"

मैंने जवाब दिया: "जी नहीं···यह लारेंस बाग़ है।"

वह साहब मुसकराए: "आप चिड़ियाघर से तशरीफ़ ला रहे हैं?"

"जी हाँ।"

वह साहब हँस पड़े: "क़िबला, जब से पाकिस्तान क़ायम हुआ है, इसका नाम बाग़े-जिनाह हो गया है।"

मैंने उनसे कहा: "पाकिस्तान: ज़िंदाबाद।"

वह और ज़्यादा हँसते हुए लारेंस बाग़ में चले गए—और मुझे ऐसा महसूस हुआ कि मैं दोज़ख़ से बाहर निकला हूँ।

हक़ा के बा अक़ूबते-दोज़ख़े बराबर अस्त
रफ़्तन ब पाए मरदई हमसाया दर बहिश्त

---

1. बैठने की चौकी; 2. लटका हुआ; 3. दृष्टि को खींचनेवाला; 4. लिपि; 5. जो कुछ उपस्थित है, जो खाना तैयार है; 6. जूताघर; 7. बहुत ही ज़्यादा ठंडी; 8. भविष्यवाणी; 9. अर्थपूर्ण; 10. आराम; 11. प्रवास, दूसरे देश में जा बसना; 12. सुरक्षित; 13. महिलाएँ; 14. ग़ायब; 15. आनंदित; 16. पगडंडियों; 17. धीरे-धीरे टहलने में व्यस्त; 18. सुगंध; 19. बोझिल।

अल्लाह का बड़ा फ़ज़्ल है

अल्लाह का बड़ा फ़ज़्ल है साहबान,

एक वह ज़माना-ए-जहालत[1] था कि जगह-जगह कचहरियाँ थीं, हाई कोर्टें थीं, थाने थे, चौकियाँ थीं, जेलख़ाने थे क़ैदियों से भरे हुए··· क्लब थे जिनमें जुआ चलता था, शराब उड़ती थी··· नाचघर थे, सनीमा थे, आर्ट गैलरियाँ थीं और क्या-क्या ख़ुराफ़ात न थी··· अब तो अल्लाह का बड़ा फ़ज़्ल है साहबान, कोई शाइर देखने में आता है न मौसीक़ार···

लाहौल वला, यह मौसीक़ी भी एक लानतों की लानत थी··· यानी आख़िर गाना भी क्या इंसानों का काम है··· ? तंबूरा लेकर बैठे हैं और गला फाड़ रहे हैं··· साहब, क्या गा रहे हैं··· ? दरबारी काँगड़ा, मालकौस, मियाँ की टोड़ी, अडाना और जाने क्या-क्या बकवास··· कोई उनसे पूछे कि जनाब, आख़िर इन राग-रागनियों से इंसानियत को क्या फ़ाइदा पहुँचता है ? आप कोई ऐसा काम कीजिए जिससे आपकी आक़बत[2] सँवरे, आपको कुछ सवाब पहुँचे, क़ब्र का अज़ाब[3] कम हो ।

अल्लाह का बड़ा फ़ज़्ल है साहबान, मौसीक़ी के अलावा और जितनी लानतें थीं, उनका अब नामो-निशान तक ज़िंदगी में नहीं और ख़ुदा ने चाहा तो आहिस्ता-आहिस्ता यह ज़िंदगी की लानत भी दूर हो जाएगी···

मैंने शाइर का ज़िक्र किया था··· अजीबो-ग़रीब चीज़ थी यह भी··· ख़ुदा का ख़याल न उसके रसूल की फ़िक्र, बस माशूक़ों के पीछे लगे हुए हैं··· कोई रेहाना के गीत गा रहा है, कोई सलमा के··· लाहौल वला, ज़ुल्फ़ों की तारीफ़ हो रही है, कभी गालों की । वस्ल के ख़्वाब देखे जा रहे हैं··· कितने गंदे ख़यालात के थे यह लोग··· हाय औरत, वाए औरत··· लेकिन अब अल्लाह का बड़ा फ़ज़्ल है साहबान, अव्वल तो औरतें ही कम हो गई हैं और जो हैं, पड़ी घर की चारदीवारी में महफ़ूज़ हैं··· जब से यह ख़ित्ता-ए-ज़मीन शाइरों के वुजूद से पाक हुआ है, फ़ज़ा बिलकुल साफ़ और शफ़ाफ़ हो गई है ।

मैंने आपको बताया नहीं, शाइरी के आख़िरी दौर में कुछ शाइर ऐसे भी पैदा हो गए थे, जो माशूक़ों के बजाय मज़दूरों पर शेर कहते थे । ज़ुल्फ़ों और आरिज़ों[4] की जगह हथौड़ों और दरांतियों की तारीफ़ करते थे··· अल्लाह का बड़ा फ़ज़्ल है साहबान कि उन मरदुओं से निजात मिली। कमबख़्त इन्क़िलाब चाहते थे··· सुना आपने, तख़्ता उलटना चाहते थे हुकूमत का, निज़ामे-सहाशरत[5] का, सरमायादारी का और नऊज़ुबिल्लाह[6] मुल्लाओं का ।

अल्लाह का बड़ा फ़ज़्ल है कि इन शैतानों से हम इंसानों को निजात मिली⋯ अवाम बहुत गुमराह हो गए थे। अपने हुक़ूक़ का नाजाइज़ मुतालबा करने लगे थे। झंडे हाथ में लेकर लादीनी हुकूमत क़ायम करना चाहते थे⋯ ख़ुदा का शुक्र है कि अब उनमें से एक भी हमारे दरमियान मौजूद नहीं, और लाख-लाख शुक्र है परवरदिगार का, अब हम पर मुल्लाओं की हुकूमत है और हर जुमेरात हम हलवे से उनकी ज़ियाफ़त[7] करते हैं।

आपको यह सुनकर हैरत होगी कि उस ज़माने में हलवे का नामो-निशान तक उड़ गया था⋯ मस्जिदों में हुजरों के अंदर बेचारे मुल्ला, ख़ुदा उन्हें करवट-करवट जन्नत नसीब करे, पड़े हलवे को तरसते थे। उनकी लंबी-लंबी नूरानी दाढ़ियों का एक-एक बाल शैतानी उस्तरों की मौत की दुआएँ माँगता था। अल्लाह का बड़ा फ़ज़्ल है कि यह दुआएँ क़ुबूल हुईं⋯ अब आप इस कोने से उस कोने तक चले जाइए, सारी दूकानें छान मारिए, एक उस्तरा भी आपको नहीं मिलेगा। अलबत्ता हलवा, जो कि हमारे रहनुमा मुल्लाओं की मज़हबी ख़ुराक है, आपको अब हर जगह और हर मिक़दार में दस्तेयाब हो सकता है।

अल्लाह का बड़ा फ़ज़्ल है, अब कोई ठुमरी-दादरा नहीं गाता। फ़िल्मी धुनें भी मर-खप चुकी हैं। मौसीक़ी का ऐसा जनाज़ा निकला है और इस तौर पर उसे ज़मीन में दफ़न किया गया है कि अब कोई मसीहा भी उसे दुबारा ज़िंदा नहीं कर सकता⋯ कितनी बड़ी लानत थी यह मौसीक़ी⋯ लोग कहते थे, यह आर्ट है⋯ कैसा आर्ट, कहाँ का आर्ट⋯ यह भी कोई आर्ट है कि आपने कोई गाना सुना और दुनिया के दुख-दर्द थोड़ी देर के लिए भूल गए। कोई गीत सुना और दिल आपका बल्लियों उछलने लगा और आप हुस्नो-इश्क़ की दुनिया में जा पहुँचे⋯ लाहौलवला। आर्ट कभी ऐसा गुमराहकुन[8] नहीं हो सकता⋯ 'घूँघट के पट खोल रे', 'पायल बाजी छनन-छनन', 'बाबुल नैहर मोरा छूटो जाए', 'रतियाँ कहाँ गवाँई रे'⋯ कोई शराफ़त है इन बोलों में⋯ अल्लाह का बड़ा फ़ज़्ल है कि अब ऐसी ख़ुराफ़ात मौजूद नहीं। अलहमदुलिल्लाह क़व्वाली है। सुनिए और सिर धुनिए। हाल खेलिए, हू हक़ के नारे लगाइए और सवाब हासिल कीजिए।

मुसव्विरी भी कुछ कम लानत नहीं थी। तसवीरें बनती थीं बरहना[9], नीम बरहना। मुसव्विर अपनी पूरी क़ुव्वते-तसव्वुर[10] हुस्न की तख़लीक़[11] में सर्फ़ कर देते थे, लेकिन यह कुफ़्र था⋯ तख़लीक़ सिर्फ़ ख़ुदा का काम है, उसके बंदों का नहीं। और फिर हुस्न की तख़लीक़? यह तो गुनाहे-कबीरा था⋯ अल्लाह का बड़ा फ़ज़्ल है कि हमारे दरमियान आज एक भी मुसव्विर मौजूद नहीं। जो थे, उनकी उँगलियाँ क़लम कर दी गई हैं ताकि वह अपनी शैतानी हरकतों से बाज़ रहें⋯ अब यह आलम है कि इस सर-ज़मीन पर आपको एक सीधी लकीर भी कहीं देखने में नहीं मिलेगी⋯ एक आदमी भी ऐसा मौजूद नहीं जो ग़ुरूबे-आफ़ताब[12] के मंज़र को देखकर उसे काग़ज़ या कपड़े पर मुंतक़िल[13] करने का ख़याल अपने दिलो-दिमाग़ में लाए⋯ सच पूछिए तो अब वह ख़ौफ़नाक हिस ही मिट चुकी है जिसे तलबे-हुस्न कहते हैं, तख़लीक़े-हुस्न की बात तो अलग रही।

नंगी औरतों की तसवीरें बनाई जाती थीं, नंगी औरतों के मुजस्समे[14] तराशे जाते थे। इसी पर मौक़ूफ़[15] नहीं, उनको बड़े प्यार से अजायबख़ानों में सजाया जाता था। उनके

बनानेवालों को इनामो-इकराम दिए जाते थे⋯जी हाँ, इनामो-इकराम⋯वज़ीफ़े दिए जाते थे। अल्क़ाब[16] इनायत किए जाते थे कि वाह मुसव्विर साहब, आपने नंगी औरत की तसवीर क्या ख़ूब खींची है। यह पिस्तान⋯लाहौलवला, मैंने किस चीज़ का नाम ले लिया⋯माफ़ कीजिए, मैं अभी हाज़िर हुआ⋯ज़रा कुल्ली कर आऊँ⋯

कुल्ली कर आया हूँ, लेकिन मुँह का ज़ाइका अभी तक ख़राब है⋯माफ़ कर दीजिएगा मुझे। सहवन[17] मेरे मुँह से एक ग़लीज़ चीज़ का नाम निकल गया, लेकिन आप तो इसका मतलब नहीं समझे होंगे, क्योंकि जितने गंदे और ख़राब लफ़्ज़ थे, सबके-सब लुग़ात में से निकाल दिए गए हैं।

मैं क्या अर्ज़ कर रहा था⋯? जी हाँ, अल्लाह का फ़ज़्ल है कि अब ऐसा कोई अजायबख़ाना मौजूद नहीं, जहाँ नंगी तसवीरें या सिर्फ़ तसवीरें जिन्हें आर्ट का नमूना कहा जाता था, देखने में आएँ—ऐसे जितने अजायबख़ाने थे, उनको फ़ौरन ही ढा दिया गया और मलबा दरियाओं में डाल दिया गया ताकि नामो-निशान तक बाक़ी न रहे।

उरयानी[18] की वबा[19] सिर्फ़ तसवीरों और मुजस्समों तक ही महदूद नहीं थी, शेरों और अफ़सानों में भी फैली हुई थी। वह ग़ज़ल और वह अफ़साना बहुत कामयाब मुतसव्वर[20] किया जाता था, जिसमें औरत और मर्द के जिस्मानी रिश्ते पर बहस की गई हो⋯किस क़दर मरीज़ाना ज़ेहनियत के थे वह लोग⋯रूहानियत के बारे में कभी कुछ सोचते ही नहीं थे⋯ज़मीन की बातें करते थे—ऊपर सात आसमान पड़े हैं, इसका इल्म ही नहीं था उनको⋯जिस्म की भूख का सोचते थे। रूह की भूख क्या होती है, उनके फ़लक को भी इसका पता नहीं था⋯अल्लाह का बड़ा फ़ज़्ल है कि जिस्म की भूख अब बिलकुल मिट चुकी है, और अल्लाह का फ़ज़्ल शामिले-हाल रहा तो सिर्फ़ रूह-ही-रूह रह जाएगी और हम फ़ानी इंसानों का जिस्म सिरे से ग़ायब ही हो जाएगा⋯ख़स कम जहाँ पाक!

कोई ज़माना था कि सैकड़ों परचे अदब के नाम पर शाया होते थे। उनमें लोगों का अख़लाक़ बिगाड़नेवाली हज़ारों तहरीरें आए दिन छपती थीं। समझ में नहीं आता, अदब क्या बला थी⋯अदब आदाब सिखाने की कोई चीज़ होती तो ठीक था। जो कहानियाँ, अफ़साने, मज़मून, नज़्में, ग़ज़लें अदब का नाम लेकर छापी जाती थीं, उनमें न तो छोटों को बड़ों का लिहाज़ करने की तालीम दी जाती थी और न मग़्रिब ज़दा[21] लोगों को ढेला लगाने की तरकीब ही बताई जाती थी। यह तो ख़ैर एक बहुत बड़ा और पाकीज़ा फ़न है कि आते-आते ही आता है, लेकिन इतना भी न था कि अवाम को दाढ़ी रखने, लबें कतरवाने ही की तरफ़ माइल किया जाता।

अदब उन नाअहल[22] हाथों में बस यह रह गया था। औरत और मर्द के जिंसी मसाइल⋯लाहौलवला क़ुव्वत⋯इंसान की नफ़सियात⋯नऊज़ुबिल्लाह⋯यानी हम फ़ानी इंसानों की ग़ैर फ़ानी रूह तक पहुँचने की कोशिश की जाती थी⋯हुस्नो-इश्क़ की दास्तानें, ख़ूबसूरत मनाज़िर[23] की तारीफ़ें, बड़े ही ख़ुशनुमा अल्फ़ाज़ में। कोई शामे-अवध की मदह सराई[24] कर रहा है, कोई सुबहे-बनारस की। क़ौसेक़ुज़ह[25] के रंगों को काग़ज़ पर उतारा जा

रहा है। फूलों, बुलबुलों, कोयलों और चिड़ियों पर हज़ारों सफ़हे काले किए जा रहे हैं…लेकिन साहबान, सवाल तो यह है…तारीफ़ उस ख़ुदा की जिसने जहाँ बनाया…

अल्लाह का बड़ा फ़ज़्ल है कि अब कोई फूल रहा है न बुलबुल…फूलों का नास मारा गया तो बुलबुलें ख़ुद-ब-ख़ुद दफ़ान हो गईं…इसी तरह और बहुत-सी वाहियात चीज़ें आहिस्ता-आहिस्ता इस सरज़मीन से, जहाँ उनके सींग समाए, चली गई हैं।

मैं अदब के मुताल्लिक़ अर्ज़ कर रहा था…हाँ साहब, मैंने आपको बताया ही नहीं कि आख़िर में अदब की एक बिलकुल ही नई क़िस्म पैदा हो गई थी। उस वक़्त लोग कहते थे कि यह हक़ीक़ी अदब है, यानी जो कुछ हम देखते हैं, बयान कर देते हैं…ग़ज़ब ख़ुदा का…ग़ौर फ़रमाइए। अगर आपको इस वक़्त, ख़ुदानख़्वास्ता, छींक आ जाए तो मुझे क्या हक़ पहुँचता है कि मैं इस अफ़सोसनाक वाक़े को क़लमबंद करूँ और फिर अदब के नाम से इसे दूसरों के सामने पेश करूँ…छींक के नफ़सियाती पहलू क्या हो सकते हैं…फ़रमाइए, क्या हो सकते हैं…हर चीज़ उसी ज़ाते-पाक की तरफ़ से आती है और उसी की तरफ़ वापस चली जाती है।

अल्लाह का बड़ा फ़ज़्ल है कि उस नाम-निहाद अदब और उन बरख़ुद ग़लत अदीबों का अब नामो-निशान नहीं रहा। कोई रिसाला छपता है, न जरीदा[26], न सहीफ़ा[27]… नऊज़ुबिल्लाह…उस ज़माने में लोगों को इतनी जुर्रात थी कि अपने ज़लील परचों को सहीफ़े कहते थे और ख़ुद को सहाफ़ी…अब तो साहब कोई अख़बार भी नज़र नहीं आता…हाकिम लोग अलबत्ता कभी-कभार जब ज़रूरत पड़े तो हमारी मालूमात के लिए चंद सुतूरें शाया कर देते हैं…अल्लाह-अल्लाह ख़ैर सल्लाह।

अब सिर्फ़ एक अख़बार हुकूमत की तरफ़ से छपता है और आप जानते हैं, साल में एक आध बार, जबकि अशद[28] ज़रूरत महसूस होती है…ख़बरें होती ही कहाँ हैं…अब ऐसी कोई बात होने ही नहीं दी जाती जो लोग सुनें और आपस में चःमैगोइयाँ[29] करें!…

वह ज़माना था, लोग बेकार होटलों और घरों में यह लंबे-लंबे अख़बार लिए घंटों बहस कर रहे हैं…कौन-सी पार्टी बरसरे-इक़्तिदार[30] होनी चाहिए। किस लीडर को वोट देने चाहिए। शहर की सफ़ाई का इंतिज़ाम क्यों ठीक नहीं। आर्ट स्कूल खुलने चाहिएँ। औरतों के मसावी हुक़ूक़[31] का मुतालबा दुरुस्त है या ना दुरुस्त…और ख़ुदा मालूम क्या-क्या ख़ुराफ़ात…

अल्लाह का फ़ज़्ल है कि हमारी दुनिया ऐसे हंगामों से पाक है…लोग खाते हैं, पीते हैं, अल्लाह को याद करते हैं और सो जाते हैं…किसी की बुराई में न किसी की अच्छाई में।

साहबान, मैं साइंस का ज़िक्र करना तो भूल ही गया…यह अदब की भी ख़ाला थी…ख़ुदा महफ़ूज़ रखे इस बला से…नऊज़ुबिल्लाह इस फ़ानी दुनिया को जन्नत बनाने की फ़िक्र में थे वह लोग, जो ख़ुद को साइंसदाँ कहते थे…मलऊन कहीं के…ख़ुदा के मुक़ाबले में तख़लीक़ के दावे बाँधते थे : "हम मस्नूई[32] सूरज बनाएँगे जो रात को तमाम दुनिया रोशन किया करेगा…हम जब चाहेंगे, बादलों से बारिश दोह लिया करेंगे…"

ज़रा ग़ौर फ़रमाइए…नमरूद की ख़ुदाई थी. जी और क्या…? सरतान[33] जैसी लाइलाज

और मुहलिक[34] बीमारी का इलाज ढूँढ़ा जा रहा है, यानी मलकुलमौत[35] के साथ पंजा लड़ाने की सई फ़रमाई जा रही है ··· एक साहब हैं कि दूरबीन लिए बैठे हैं और दावा कर रहे हैं कि वह चाँद तक पहुँच जाएँगे ··· एक सरफिरे बोतलों और मर्तबानों में बच्चे पैदा कर रहे हैं···

ख़ुदा का ख़ौफ़ ही नहीं रहा था पाजियों को ··· अल्लाह का बड़ा फ़ज़्ल है कि वह सब शैतान हमारे दरमियान से उठ गए ··· अब चारों तरफ़ सुकून है ··· कोई हंगामा नहीं, कोई वारदात नहीं। कोई शाइर नहीं, कोई मुसव्विर नहीं, कोई साइसदाँ नहीं ··· ज़िंदगी यूँ गुज़र रही है, जैसे गुज़र ही नहीं रही ··· क़ल्ब के लिए यह कितनी इत्मीनानदेह चीज़ है ··· लोग पैदा होते हैं, मर जाते हैं और किसी को कानों-कान ख़बर नहीं होती ··· ज़िंदगी से लेकर मौत तक एक बेआवाज़, साफ़-शफ़्फ़ाफ़ धारा बहा चला जा रहा है ··· कोई भँवर है न बुलबुला ··· लोग दोनों किनारों के साथ-साथ ठंडी-ठंडी रेत पर लंबी ताने सो रहे हैं ··· और क्यों साहबान, क्या जी नहीं चाहता कि इसी तरह सोए रहें, हत्ता कि जन्नत में दूध की नहरों के किनारे हमारी आँखें खुलें ··· ऊपर देखें तो अंगूर के ख़ोशे झुककर हमारे मुँह में आ जाएँ और हम फिर सो जाएँ···

यह ··· यह अख़बार कहाँ से आ गया ··· ओह, हम सो गए थे ··· सरकारी डाकिया फेंक गया होगा ··· बड़ी देर के बाद आया है यह परचा ··· देखें, क्या लिखा है ··· वह ज़माना बुरा था साहबान, लेकिन एक बात थी ··· अख़बारों की लिखाई-छपाई बहुत ही ख़ूबसूरत होती थी ··· लेकिन ख़ूबसूरती का क्या है ··· मआज़ल्लाह[36] ··· यह क्या ?

ठहरिए ठहरिए ··· कहीं मेरी नज़रें तो धोखा नहीं दे रहीं ?

जी नहीं, साफ़ पढ़ा जा रहा है :

'हुकूमत शशोपंज में : मम्लुकत[37] में एक आदमी गिरफ़्तार किया गया है।'

गिरफ़्तार ··· ? गिरफ़्तार किया गया है ··· ?

इल्ज़ाम यह है कि वह गली-गली और कूचे-कूचे शोर मचाता फिरता था : 'मैं इस मम्लुकत में नहीं रहना चाहता जहाँ ख़ुदा तो है पर शैतान नहीं है ···'

नऊज़ुबिल्लाह

''नामानिगार ख़ुसूसी का बयान है कि जब मुल्ज़िम को हुक्कामे-बाला के हुज़ूर पेश किया गया तो उसने चिल्लाना शुरू कर दिया : 'यहाँ जल्दी-जल्दी शैतान बुलाओ, वर्ना मैं पागल हो जाऊँगा ···' नामानिगार ख़ुसूसी यह भी बयान करता है कि मुल्ज़िम ने अपनी सफ़ाई में यह इन्किशाफ़[38] किया कि उसके क़ब्ज़े में हज़रत अल्लामा इक़बाल नूरुल्लाह[39] मरक़दा[40] का एक शेर मौजूद है—शेर फ़ारसी ज़बान का है, जिसे हम यहाँ दर्ज करते हैं

मज़ी अंदर जहाँ ने कोर ज़ौक़े
कि यज़दाँ दारदो शैताँ नदारद

लेकिन यह शेर अल्लामा इक़बाल मरहूम के मत्बूआ[41] कलाम में कहीं भी मौजूद नहीं है, हालाँकि वह हुकूमत की निगरानी में छापा जाता रहा है…''

बिलकुल दुरुस्त है…मुल्ज़िम सरीहन[42] चालबाज़ी कर रहा है… आगे क्या लिखा है, जी मैं पढ़ता हूँ : ''इल्ज़ाम की नौइयत बहुत संगीन है। हुकूमत सख़्त शशोपंज में मुब्तला है कि मुल्ज़िम पर मुक़दमा कैसे चलाया जाए, क्योंकि कोई अदालत ही मौजूद नहीं। मुक़दमे की समाअत[43] हो तो सज़ा मिलने की सूरत में उसे कहाँ रखा जाए, क्योंकि मम्लुकत में एक भी जेल मौजूद नहीं—लेकिन सुना है कि हुकूमत फ़ौरन ही एक हवालात, एक अदालत और जेल तामीर करा रही है।''

अल्लाह का बड़ा फ़ज़्ल है साहबान कि हुकूमत ने मामले की अहमियत और नज़ाकत को समझ लिया है।

---

1. असभ्यता का युग; 2. परलोक; 3. तकलीफ़; 4. कपोलों; 5. क़यामत का प्रबंध; 6. अल्लाह; 7. ख़ातिर; 8. पथभ्रष्टक; 9. नग्न; 10. कल्पनाशक्ति; 11. रचना, सृजन; 12. सूर्यास्त; 13. चित्रित; 14. प्रतिमाएँ; 15. स्थगित, विराम; 16. वह नाम जो व्यक्ति की किसी विशेषता के कारण हो; 17. अनजाने में; 18. नग्नता; 19. बीमारी; 20. समझा जाना; 21. पश्चिमी सभ्यता का अनुकरण करनेवाले; 22. अयोग्य; 23. दृश्यों; 24. प्रशंसा; 25. इंद्रधनुष; 26. समाचार-पत्र; 27. पुस्तक; 28. अत्यधिक; 29. विचार-विमर्श; 30. सत्तारूढ़; 31. समानाधिकार; 32. कृत्रिम; 33. कैंसर; 34. जानलेवा, घातक; 35. मौत का फ़रिश्ता, यमराज; 36. अल्लाह माफ करे; 37. राष्ट्र, देश; 38. रहस्योद्घाटन; 39. अल्लाह उनकी क़ब्र रोशनी से भरे; 40. स्वर्गवासी; 41. प्रकाशित; 42. स्पष्ट; 43. सुनवाई।

चचा साम के नाम

पहला ख़त

31, लक्ष्मी मैन्शंज़, हॉल रोड, लाहौर।
मुवर्रिख़ा 16 दिसंबर, 1951

चचाजान, अस्सलाम अलैकुम!

यह ख़त आपके पाकिस्तानी भतीजे की तरफ़ से है, जिसे आप नहीं जानते—जिसे आपकी सात आज़ादियों की मम्लुकत[1] में शायद कोई भी नहीं जानता।

मेरा मुल्क हिंदुस्तान से कटकर क्यों बना, कैसे आज़ाद हुआ, यह तो आपको अच्छी तरह मालूम है। यही वजह है कि मैं ख़त लिखने की जसारत[2] कर रहा हूँ, क्योंकि जिस तरह मेरा मुल्क कटकर आज़ाद हुआ, उसी तरह मैं कटकर आज़ाद हुआ और चचाजान, यह बात तो आप जैसे हमादान आलिम[3] से छुपी हुई नहीं होनी चाहिए कि जिस परिंदे को पर काटकर आज़ाद किया जाएगा, उसकी आज़ादी कैसी होगी!

ख़ैर इस क़िस्से को छोड़िए!

मेरा नाम सआदत हसन मंटो है और मैं एक ऐसी जगह पैदा हुआ था, जो अब हिंदुस्तान में है—मेरी माँ वहाँ दफ़न है, मेरा बाप वहाँ दफ़न है, मेरा पहला बच्चा भी उस ज़मीन में सो रहा है जो अब मेरा वतन नहीं—मेरा वतन अब पाकिस्तान है, जो मैंने अंग्रेज़ों के ग़ुलाम होने की हैसियत में पाँच-छः मर्तबा देखा था।

मैं पहले सारे हिंदुस्तान का एक बड़ा अफ़सानानिगार था, अब पाकिस्तान का एक बड़ा अफ़सानानिगार हूँ। मेरे अफ़सानों के कई मजमूए शाया हो चुके हैं। लोग मुझे इज़्ज़त की निगाहों से देखते हैं—सालिम हिंदुस्तान में मुझ पर तीन मुक़दमे चले थे और यहाँ पाकिस्तान में एक, लेकिन इसे अभी बने के बरस हुए हैं।

अंग्रेज़ों की हुकूमत भी मुझे फ़हशनिगार समझती थी और मेरी अपनी हुकूमत का भी मेरे मुताल्लिक़ यही ख़याल है। अंग्रेज़ों की हुकूमत ने मुझे अपील करने पर छोड़ दिया था, लेकिन मेरी अपनी हुकूमत मुझे छोड़ती नज़र नहीं आती—अदालते-मातहत ने मुझे तीन माह क़ैद बामशक़्क़त और तीन सौ रुपए जुर्माने की सज़ा दी थी। सेशन में अपील करने पर मैं बरी हो गया, मगर मेरी हुकूमत समझती है कि उसके साथ नाइन्साफ़ी हुई है। चुनांचे अब उसने हाई कोर्ट में अपील की है कि वह सेशन के फ़ैसले पर नज़रे-सानी करे और मुझे

क़गर वाक़ई सज़ा दे—देखिए, अदालते-आलिया क्या फ़ैसला देती है।

मेरा मुल्क आपका मुल्क नहीं। इसका मुझे अफ़सोस है—अगर अदालते-आलिया मुझे सज़ा दे दे तो मेरे मुल्क में ऐसा कोई परचा नहीं जो मेरी तसवीर छाप सके, मेरे तमाम मुक़दमों की रूदाद[4] छाप सके।

मेरा मुल्क बहुत ग़रीब है। उसके पास आर्ट पेपर नहीं है, उसके पास अच्छे छापेख़ाने नहीं हैं—उसकी ग़ुर्बत का सबसे बड़ा सुबूत मैं हूँ। आपको यक़ीन नहीं आएगा चचाजान कि बाईस किताबों का मुसन्निफ़ होने के बाद भी मेरे पास रहने के लिए अपना मकान नहीं। और यह सुनकर तो आप हैरत में ग़र्क़ हो जाएँगे कि मेरे पास सवारी के लिए पैकार्ड है न डौज—कोई सैकिंडहैंड मोटर-कार भी नहीं।

मुझे कहीं जाना हो तो साइकिल किराए पर लेता हूँ। अख़बार में अगर मेरा कोई मज़मून छप जाए और सात रुपए फ़ी कालम के हिसाब से मुझे बीस-पच्चीस रुपए मिल जाएँ तो मैं ताँगे में बैठता हूँ और अपने यहाँ की कशीद कर्दा[5] शराब भी पीता हूँ। यह ऐसी शराब है कि अगर आपके मुल्क में कशीद की जाए तो आप उस डिस्टलरी को एटम बम से उड़ा दें, क्योंकि एक बरस के अंदर-अंदर ही यह ख़ानाख़राब इंसान को नेस्तोनाबूद कर देती है।

मैं कहाँ-से-कहाँ पहुँच गया—अस्ल में मुझे भाईजान अर्सकाइन काल्डवैल को आपके ज़रिए से सलाम भेजना था। उनको तो ख़ैर आप जानते ही होंगे। उनके एक नाविल 'गॉड्ज़ लिटिल एकर' पर आप मुक़दमा चला चुके हैं—जुर्म वही था जो अक्सर यहाँ मेरा होता है, यानी 'फ़हाशी'।

यक़ीन जानिए, चचाजान, मुझे बड़ी हैरत हुई थी, जब मैंने सुना था कि उनके नाविल पर सात आज़ादियों के मुल्क में फ़हाशी के इल्ज़ाम में मुक़दमा चला है—आपके यहाँ तो हर चीज़ नंगी है। आप तो हर चीज़ का छिलका उतारकर अल्मारियों में सजाकर रखते हैं, वह फल हो या औरत, मशीन हो या जानवर, किताब हो या कैलेंडर। आप तो नंग के बादशाह हैं—मेरा ख़याल था, आपकी मम्लुकत में तहारत[6] का नाम फ़हाशी होगा मगर चचाजान, आपने यह क्या ग़ज़ब किया कि भाईजान अर्सकाइन काल्डवैल पर मुक़दमा चला दिया।

मैं इस सद्मे से मुतास्सिर होकर अपने मुल्क की कशीद कर्दा शराब ज़्यादा मिक़दार में पीकर यक़ीनन मर गया होता, अगर मैंने फ़ौरन ही मुक़दमे का फ़ैसला न पढ़ लिया होता। यह मेरे मुल्क की बदक़िस्मती तो हुई कि एक इंसान ख़स-कम-जहाँ-पाक होने से रह गया, लेकिन फिर मैं आपको यह ख़त कैसे लिखता। वैसे मैं बड़ा सआदतमंद[7] हूँ। मुझे अपने मुल्क से प्यार है। मैं इन्शाअल्लाह थोड़े ही दिनों में मर जाऊँगा। अगर ख़ुद नहीं मरूँगा तो ख़ुद-ब-ख़ुद मर जाऊँगा, क्योंकि जहाँ आटा रुपए का पौने तीन सेर मिलता हो, वहाँ बड़ा ही बेग़ैरत इंसान होगा जो ज़िंदगी के रवायती चार दिन गुज़ार सके।

हाँ तो मैंने मुक़दमे का फ़ैसला पढ़ा और मैंने ख़ाना साज़ शराब ज़्यादा मिक़दार में पीकर ख़ुदकुशी का इरादा तर्क कर दिया—भई चचाजान, कुछ भी हो, आपके हाँ हर चीज़ मुलम्मा चढ़ी है लेकिन वह जज, जिसने भाईजान अर्सकाइन काल्डवैल को फ़हाशी के जुर्म से बरी

किया, उसके दिमाग़ पर यक़ीनन मुलम्मा का झोल नहीं था। अगर वह जज—अफ़सोस है कि मैं उनका नाम नहीं जानता—ज़िंदा हैं तो उनको मेरा अक़ीदतमंदाना[8] सलाम ज़रूर पहुँचा दीजिए।

उनके फ़ैसले की यह आख़िरी सुतूर उनके दिमाग़ की वुसअत[9] का पता देती हैं : ''मैं ज़ाती तौर पर महसूस करता हूँ कि ऐसी किताबों को सख़्ती से दबा देने पर पढ़नेवालों में ख़्वाहमख़्वाह तजस्सुस[10] और इस्तेजाब[11] पैदा होता है जो उन्हें शहवतपसंदी[12] की टोह लगाने की तरफ़ माइल कर देता है, हालाँकि असल किताब का यह मंशा नहीं है। मुझे पूरा यक़ीन है कि इस किताब में मुसन्निफ़ ने सिर्फ़ वही चीज़ मुंतख़ब की है जिसे वह अमरीकी ज़िंदगी के किसी मख़्सूस[13] तबक़े के मुताल्लिक़ सच्चा ख़याल करता है। मेरी राय में सच्चाई को अदब के लिए हमेशा जाइज़ क़रार देना चाहिए।''

मैंने अदालते-मातहत से यही कहा था लेकिन उसने मुझे तीन माह क़ैदे-बामशक़्क़त और तीन सौ रुपए की सज़ा दी—उसकी राय यह थी कि सच्चाई को अदब से हमेशा दूर रखना चाहिए—अपनी-अपनी राय है।

मैं तीन माह क़ैदे-बामशक़्क़त काटने के लिए हमेशा तैयार हूँ लेकिन यह तीन सौ रुपए का जुर्माना मुझसे अदा न हो सकेगा—चचाजान, आप नहीं जानते, मैं बहुत ग़रीब हूँ। मशक़्क़त का तो मैं आदी हूँ, लेकिन रुपयों का आदी नहीं। मेरी उम्र उंतालीस बरस के क़रीब है और यह सारा ज़माना मशक़्क़त ही में गुज़रा है। आप ज़रा ग़ौर तो फ़रमाइए कि इतना बड़ा मुसन्निफ़ होने पर भी मेरे पास कोई पैकार्ड नहीं।

मैं ग़रीब हूँ, इसलिए कि मेरा मुल्क ग़रीब है। मुझे तो फिर दो वक़्त की रोटी किसी-न-किसी हीले मिल जाती है, मगर मेरे कुछ भाई ऐसे भी हैं जिन्हें यह भी नसीब नहीं होती।

मेरा मुल्क ग़रीब है, जाहिल है—क्यों, यह तो आपको बख़ूबी मालूम है—यह आपके और आपके भाईजान बुल के मुशतरिका[14] साज़ का ऐसा तार है जिसे मैं छेड़ना नहीं चाहता, इसलिए कि आपकी समाअत पर गराँ गुज़रेगा—मैं यह ख़त एक बरख़ुर्दार की हैसियत से लिख रहा हूँ, इसलिए मुझे अव्वल ता आख़िर बख़ुरर्दार ही रहना चाहिए।

आप ज़रूर पूछेंगे : ''तुम्हारा मुल्क ग़रीब क्योंकर है, जबकि हमारे मुल्क से इतनी पैकार्डें, इतनी ब्यूकें, मैक्स फ़ैक्टर का इतना सामान वहाँ जाता है...''

यह सब ठीक है चचाजान, मगर मैं आपके इस सवाल का जवाब नहीं दूँगा। आप अपने सवाल का जवाब ख़ुद अपने दिल से पूछ सकते हैं, अगर आपने अपने क़ाबिल सर्जनों से कहकर उसे अपने पहलू से निकलवा न डाला हो।

मेरे मुल्क की वह आबादी, जो पैकार्डों और ब्यूकों पर सवार होती है, मेरा मुल्क नहीं—मेरा मुल्क वह है, जिसमें मुझ ऐसे और मुझसे बदतर मुफ़्लिस बसते हैं।

यह बड़ी तल्ख़ बातें हैं—हमारे यहाँ शक्कर कम है, वर्ना मैं इन पर चढ़ाकर आपकी ख़िद्मत में पेश करता—इसको भी छोड़िए।

बात दरअसल यह है कि मैंने हाल ही में आपके मुल्क के एक अदीब ऐवलिन वॉग

(Evelyn Waugh) की तस्नीफ़[15] (The Loved One) पढ़ी है। मैं इससे इतना मुतास्सिर हुआ कि आपको यह ख़त लिखने बैठ गया—आप के मुल्क की इन्फ़रादियत[16] का मैं यूँ भी मौतरिफ़[17] था, मगर यह किताब पढ़कर तो मेरे मुँह से बेइख़्तियार निकला :

जो बात की, ख़ुदा की क़सम, लाजवाब की
वाहवा, वाहवा, वाहवा, वाहवा

चचाजान, वल्लाह मज़ा आ गया। कैसे ज़िंदा लोग आपके मुल्क में बसते हैं !

एवलिन वॉग (Evelyn Waugh) हमें बताता है कि आपके कैलिफ़ोर्निया में मुर्दों, यानी बिछड़े हुए अज़ीज़ों पर भी मुलम्माकारी की जा सकती है और इसके लिए बड़े-बड़े इदारे मौजूद हैं—मरनेवाले अज़ीज़ की शक्ल मक्रूह हो तो इनमें से किसी में भेज दीजिए—फ़ार्म मौजूद है। उसमें अपनी ख़्वाहिशात दर्ज कर दीजिए। काम हस्बे-मंशा होगा। यानी मुर्दे को आप जितना ख़ूबसूरत बनवाना चाहें, दाम देकर बनवा सकते हैं। अच्छे-से-अच्छा माहिर मौजूद है जो मुर्दे के जबड़े का ऑपरेशन करके उस पर मीठी-से-मीठी मुसकराहट सब्त[18] कर सकता है। आँखों में रोशनी पैदा की जा सकती है, माथे पर हस्बे-ज़रूरत नूर पैदा किया जा सकता है। और यह सब काम ऐसी चाबुकदस्ती से होता है कि क़ब्र में मुन्कर-नकीर[19] भी धोखा खा जाएँ।

भई ख़ुदा की क़सम चचाजान, आपके मुल्क का कोई जवाब पैदा नहीं हो सकता।

ज़िंदों पर ऑपरेशन सुना था—प्लास्टिक सर्जरी से ज़िंदा आदमियों की शक्ल सँवारी जा सकती है, इसके मुताल्लिक़ भी यहाँ कुछ चर्चे हुए थे, मगर यह नहीं सुना था कि आप मुर्दों तक की शक्ल सँवार देते हैं।

यहाँ आपके मुल्क का एक सैयाह आया था। चंद अहबाब ने मुझसे उनका तआरुफ़ कराया। उस वक़्त मैं भाई ऐवलिन वॉग (Evelyn Waugh) की किताब पढ़ चुका था—मैंने उनसे उनके मुल्क की तारीफ़ की और ये शेर पढ़ा :

एक हम हैं कि लिया अपनी ही सूरत को बिगाड़
एक वह हैं जिन्हें तसवीर बना आती है

सैयाह साहब मेरा मतलब न समझे, मगर हक़ीक़त यह है चचाजान कि हमने अपनी सूरत को बिगाड़ रखा है। इतना मस्ख़[20] कर रखा है कि अब वह पहचानी भी नहीं जाती, अपने आपसे भी नहीं—और एक आप हैं कि अपने मक्रूह[21] सूरत मुर्दों तक की शक्ल सँवार देते हैं। हक़ तो यह है कि इस दुनिया के तख़्ते पर एक सिर्फ़ आपकी क़ौम ही को ज़िंदा रहने का हक़ हासिल है बख़ुदा बाक़ी सब झक मार रहे हैं।

हमारी ज़बान उर्दू का एक शाइर ग़ालिब हुआ है। उसने आज से क़रीब-क़रीब एक सदी पहले कहा था :

हुए मर के हम जो रुसवा, हुए क्यों न ग़र्क़े-दरिया
न कभी जनाज़ा उठता, न कहीं मज़ार होता।

ग़रीब को ज़िंदगी में अपनी रुसवाई का डर नहीं था, क्योंकि वह अव्वल ता आख़िर रुसवाए-ज़माना रहा। उसको इस बात का ख़ौफ़ था कि बाद अज़ मर्ग रुसवाई होगी। आदमी वज़ेदार था। उसे ख़ौफ़ नहीं, यक़ीन था, इसलिए उसने गर्क़े-दरिया होने की ख़्वाहिश ज़ाहिर की कि जनाज़ा उठे न मज़ार बने।

काश ! वह आपके मुल्क में पैदा हुआ होता। आप उसका बड़ी शानो-शौकत से जनाज़ा उठाते और उसका मज़ार स्काई स्क्रैपर[22] की सूरत बनाते, और अगर उसकी ख़्वाहिश पर अमल करते तो शीशे का हौज़ तैयार करते जिसमें उसकी लाश रहती दुनिया तक ग़र्क़ रहती और चिड़ियाघर में लोग उसे जा-जाकर देखते।

भाई ऐवलिन वॉग (Evelyn Waugh) बताता है कि वहाँ मुर्दा इंसानों ही के लिए नहीं, मुर्दा हैवानों की नोक-पलक[23] दुरुस्त करनेवाले इदारे भी मौजूद हैं। हादिसे में अगर किसी कुत्ते की दुम कट जाती है तो दूसरी लगा दी जाती है। मरहूम की शक्लो-सूरत में उसकी ज़िंदगी में जितने ऐब थे, उसकी मौत के बाद चाबुकदस्त हाथ दुरुस्त कर देते हैं और उसे शानो-शौकत के साथ कफ़ना-दफ़ना दिया जाता है। उसकी तुर्बत[24] पर फूल चढ़ाने का इंतज़ाम भी कर दिया जाता है—और हर साल, जिस रोज़ किसी का पालतू मरा हो, उस इदारे की तरफ़ से एक कार्ड भेज दिया जाता है जिस पर कुछ इस क़िस्म की इबारत[25] होती है : 'जन्नत में आपका टौमी या जिम्मी आपकी याद में अपनी दुम या कान हिला रहा है।'

हमसे तो आपके मुल्क के कुत्ते ही अच्छे—यहाँ आज मरे, कल दूसरा दिन—यहाँ किसी का कोई अज़ीज़ मरता है तो उस ग़रीब पर एक आफ़त टूट पड़ती है और वह दिल-ही-दिल में चिल्ला उठता है : 'कमबख़्त यह क्यों मरा... मुझे ही मौत आ गई होती...'

सच तो यह है चचाजान, हमें मरने का सलीक़ा आता है न जीने का।

आपके मुल्क में एक साहब ने तो कमाल ही कर दिया—उनको यक़ीन नहीं था कि उनकी मौत के बाद उनका जनाज़ा सलीक़े और क़रीने से उठेगा, चुनांचे उन्होंने अपनी ज़िंदगी ही में अपने कफ़न-दफ़न की बहार देख ली। यह उनका हक़ था। वह बड़ी शाइस्तगी[26], नफ़ासत और अमारत[27] की ज़िंदगी बसर करते थे। हर चीज़ उनकी मंशा के मुताबिक़ होती थी। हो सकता है, उनका जनाज़ा उठाने में किसी से कोई कोताही हो जाती। बहुत अच्छा किया जो उन्होंने ज़िंदगी ही में अपनी मौत की आराइश[28] व ज़ीबाइश[29] देख ली—मरने के बाद होता रहे जो होता है।

ताज़ा 'लाइफ़'—मुवर्रिख़ा 5 नवंबर, 1951 : इंटरनेशनल एडिशन—देखा। वल्लाह, आप लोगों की ज़िंदगी का एक और ज़िंदगी आमोज़[30] पहलू आँखों के सामने रोशन हुआ। दो पूरे सफ़्हों पर तसवीरों के साथ आपके मुल्क के मशहूरो-मारूफ़ गैंगस्टर के जनाज़े की पूरी रूदाद मरक़ूम थी। दल्ली मोरीटी, ख़ुदा उसे करवट-करवट जन्नत नसीब करे, की शबीह[31] देखी। उसका वह आलीशान घर देखा जो उसने हाल ही में पचपन हज़ार डालर

में फ़रोख़्त किया था। उसकी वह पाँच एकड़ की एस्टेट भी देखी जहाँ वह दुनिया के हंगामों से अलग होकर आराम और चैन की ज़िंदगी बसर करना चाहता था। मरहूम का वह फ़ोटो भी देखा जिसमें वह बिस्तर पर हमेशा के लिए आँखें बंद किए लेटा है। उसका पाँच हज़ार डालर का ताबूत और उसके जनाज़े का जुलूस, जो फूलों से लदी-फँदी ग्यारह बड़ी-बड़ी मलोज़ीनों और पिचहत्तर कारों पर मुश्तमिल[32] है, देखकर, अल्लाह वाहिद शाहिद[33] है, आँखों में आँसू आ गए।

ख़ाकमे-बदहन[34], अगर आप इंतिक़ाल फ़रमा जाएँ तो ख़ुदा आपको दल्ली मोरीटी से ज़्यादा इज़्ज़त और शान इनायत फ़रमाए—यह पाकिस्तान के एक ग़रीब मुसन्निफ़ की दिली दुआ है, जिसके पास सवारी के लिए एक टूटी-फूटी साइकिल भी नहीं। वह आपसे एक ऐसी इस्तिदुआ[35] भी करता है कि क्यों न आप अपने मुल्क के दूरअंदेश आदमी की तरह अपनी ज़िंदगी ही में अपना जनाज़ा उठता देख लें—बंदा बशर है, हो सकता है, किसी से भूल-चूक हो जाए। हो सकता है, आपके चेहरे का कोई ख़त सँवरने से रह जाए और आपकी रूह को तकलीफ़ पहुँचे।

बहुत मुमकिन है, आप यह ख़त पहुँचने से पहले ही अपना जनाज़ा अपनी हस्बे-मंशा[36] अज़ीमुश्शान[37] धूमधाम से उठवा के देख चुके हों, इसलिए कि आप मुझसे कहीं ज़्यादा साहबे-फ़हमो-इद्राक[38] हैं और मेरे चचा हैं।

भाईजान अर्सकाइन काल्डवैल को सलाम और जज को भी, जिन्होंने उनको फ़हाशी के जुर्म से बरी किया था।

कोई गुस्ताख़ी हो गई हो तो माफ़ फ़रमाएँ।

ज़्यादा हदे-आदाब[39]।

आपका मुफ़्लिस भतीजा
सआदत हसन मंटो
सकना पाकिस्तान

---

1. राष्ट्रों; 2. हिम्मत; 3. सर्वगुण संपन्न, सुविज्ञ; 4. आपबीती, अदालती कार्यवाही; 5. खींची हुई; 6. पवित्रता; 7. आज्ञाकारी; 8. श्रद्धापूर्ण; 9. विस्तार; 10. प्रयास, जिज्ञासा; 11. आश्चर्य; 12. कामुकता, विषय-लोलुपता; 13. विशिष्ट; 14. साझे की; 15. रचित कृति; 16. अद्वितीय; 17. प्रशंसक; 18. लगाना, छाप; 19. इस्लाम धर्म के अनुसार क़ब्र में सवाल-जवाब करनेवाले फ़रिश्ते; 20. बिगाड़ना; 21. गंदी, घृणित; 22. गगनचुंबी भवन; 23. ख़ूबसूरत बनाना; 24. क़ब्र; 25.वाक्य, लेख; 26. शालीनता; 27. धनाढ्यता; 28. सजावट; 29. बनाव-सिंगार; 30. अनुकरणीय; 31. झलक, छवि; 32. आधारित; 33. एकमात्र गवाह; 34. मेरे मुँह में ख़ाक; 35. प्रार्थना, निवेदन; 36. इच्छानुसार; 37. बड़ी शान से; 38. बुद्धिमान; 39. बार-बार प्रणाम।

दूसरा ख़त

मुकर्रमी[1] व मोहतरमी चचाजान,

तस्लीमात !

अर्सा हुआ, मैंने आपकी ख़िद्मत में एक ख़त इर्साल किया था—आपकी तरफ़ से तो उसकी कोई रसीद न आई मगर, कुछ दिन हुए, आपके सिफ़ारतख़ाने[2] के एक साहब, जिनका इस्मे-गिरामी[3] मुझे इस वक़्त याद नहीं, शाम को मेरे ग़रीबख़ाने पर तशरीफ़ लाए। उनके साथ एक स्वदेशी नौजवान भी थे। उन साहबान से जो गुफ़्तुगू हुई, वह मैं मुख़्तसरन बयान कर देता हूँ।

उन साहब से अंग्रेज़ी में मुसाफ़हा[4] हुआ—मुझे हैरत है चचाजान कि वह अंग्रेज़ी बोलते थे, अमरीकी नहीं जो मैं सारी उम्र नहीं समझ सकता।

बहरहाल उनसे आध-पौन घंटा बातें हुईं—वह मुझसे मिलकर बहुत ख़ुश हुए, जिस तरह हर अमरीकी हर पाकिस्तानी या हिंदुस्तानी से मिलकर ख़ुश होता है—मैंने भी यही ज़ाहिर किया कि मुझे बड़ी मसर्रत[5] हुई, हालाँकि हक़ीक़त यह है कि मुझे सफ़ेद फ़ाम अमरीकनों से मिलकर कोई राहत या मसर्रत नहीं होती।

आप मेरी साफ़गोई का बुरा न मानिएगा।

पिछली बड़ी जंग के दौरान में मेरा क़याम[6] बंबई में था—एक रोज़ मुझे बंबे सेंट्रल जाने का इत्तिफ़ाक़ हुआ—उन दिनों वहाँ आप ही के मुल्क का दौरदौरा था। बेचारे टामियों को कोई पूछता ही नहीं था। बंबई में जितनी एंग्लो इंडियन, यहूदी और पारसी लड़कियाँ थीं, जो इस्मतफ़रोशी को अज़ राहे-फ़ैशन इख़्तियार किए हुए थीं, अमरीकी फ़ौजियों की बग़ल में चली गई थीं।

चचाजान, मैं आपसे सच अर्ज़ करता हूँ कि जब आपके अमरीका का कोई फ़ौजी किसी यहूदी, पारसी या एंगलो इंडियन लड़की को अपने साथ चिमटाए गुज़रता था तो टामियों के सीने पर साँप लोट जाते थे।

असल में आपकी हर अदा निराली है—हमारे फ़ौजी को तो यहाँ इतनी तनख़्वाह मिलती है कि वह उसका आधा पेट भी नहीं भर सकती, मगर आप एक मामूली चपड़ासी को इतनी तनख़्वाह देते हैं कि अगर उसके दो पेट भी हों तो वह उनको नाक तक भर दे।

चचाजान, गुस्ताख़ी माफ़—क्या यह फ़्रॉड तो नहीं—आप इतना रुपया कहाँ से लाते

हैं—छोटा मुँह और बड़ी बात है, लेकिन आप जो काम करते हैं, उसमें, ऐसा मालूम होता है, नुमाइश-ही-नुमाइश है—हो सकता है कि मैं ग़लती पर हूँ, मगर ग़लतियाँ इंसान ही करता है और मेरा ख़याल है कि आप भी इंसान हैं। अगर नहीं हैं तो मैं इसके मुताल्लिक़ कुछ नहीं कह सकता।

मैं कहाँ-से-कहाँ चला गया—बात बंबे सेंट्रल रेलवे स्टेशन की थी।

मैंने वहाँ आपके कई फ़ौजी देखे। उनमें ज़्यादातर सफ़ेद फ़ाम थे। कुछ सियाह फ़ाम भी थे—आपसे सच अर्ज़ करता हूँ कि वह सियाह फ़ाम उन सफ़ेद फ़ाम फ़ौजियों के मुक़ाबले में कहीं ज़्यादा तनोमंद[7] और सेहतमंद थे।

मेरी समझ में नहीं आता कि आपके मुल्क के लोग इस कसरत से चश्मा क्यों इस्तेमाल करते हैं—गोरों ने तो ख़ैर चश्मे लगाए ही हुए थे, कालों ने भी लगाए हुए थे, जिन्हें आप 'हब्शी' कहते हैं और बवक़्ते-ज़रूरत लिंच[8] भी कह देते हैं—यह काले क्यों चश्मे की ज़रूरत महसूस करते हैं?

मेरा ख़याल है कि यह सब आपकी हिकमते-अमली[9] है—आप चूँकि सात आज़ादियों के मुद्दई[10] हैं, इसलिए आप चाहते हैं कि इन कालों को, जिन्हें आप बड़ी आसानी से हमेशा के लिए आराम की नींद सुला सकते हैं और सुलाते रहे हैं, एक मौक़ा दिया जाए कि वह आपकी दुनिया को, आपके चश्मे से देख सकें।

मैंने वहाँ बंबे सेंट्रल के स्टेशन पर एक हब्शी फ़ौजी देखा। उसके डेंटर यह मोटे-मोटे थे—वह इतना तनोमंद था कि मैं डर के मारे सुकड़ के आधा हो गया, लेकिन फिर भी मैंने जुर्रत[11] से काम लिया।

वह अपने सामान के साथ टेक लगाए सुस्ता रहा था—उसकी आँखें मुँदी हुई थीं।

मैं उसके पास गया—मैंने बूट के ज़रिए से आवाज़ पैदा की।

उसने आँखें खोलीं तो मैंने उससे अंग्रेज़ी में कहा, जिसका मफ़हूम[12] यह था : ''मैं यहाँ से गुज़र रहा था कि आपकी शख़्सियत[13] देखकर ठहर गया...'' इसके बाद मैंने मुसाफ़हे के लिए हाथ बढ़ाया।

उस काले-कलूटे फ़ौजी ने, जो चश्मा लगाए हुए था, अपना फ़ौलादी पंजा मेरे हाथ में पेवस्त[14] कर दिया—क़रीब था कि मेरी सादी हड्डियाँ चूर-चूर हो जातीं, मैंने उससे इल्तिजा की : ''ख़ुदा के लिए...बस इतना ही काफ़ी है!''

उसके काले-काले और मोटे-मोटे होंठों पर मुसकराहट पैदा हुई और उसने ठेठ अमरीकी लहजे में मुझसे पूछा : ''तुम कौन हो?''

मैंने अपना हाथ सहलाते हुए जवाब दिया : ''मैं यहाँ का बाशिंदा हूँ...यहाँ स्टेशन पर तुम नज़र आ गए तो बेइख़्तियार जी चाहा कि तुमसे दो बातें करता जाऊँ।''

उसने मुझसे अजीबो-ग़रीब सवाल किया : ''यहाँ इतने फ़ौजी मौजूद हैं, तुम्हें मुझ ही से मिलने का शौक़ क्यों पैदा हुआ?''

चचाजान, सवाल टेढ़ा था लेकिन जवाब ख़ुद-ब-ख़ुद मेरी ज़बान पर आ गया।

मैंने उससे कहा : ''मैं काला हूँ और तुम भी काले हो...मुझे काले आदमियों से प्यार है।''

वह और ज़्यादा मुसकराया।

उसके काले और मोटे होंठ मुझे इतने प्यारे लगे कि मेरा जी चाहा, इन्हें चूम लूँ।

इसी तरह एक बार मुझे आपके हाँ की टाँगें बड़ी प्यारी लगी थीं।

चचाजान, आपके हाँ बड़ी ख़ूबसूरत औरतें हैं—मैंने आपकी एक फ़िल्म देखी थी—क्या नाम था उसका—हाँ याद आ गया : 'बेदिंग ब्यूटी।'[15]

यह फ़िल्म देखकर मैंने अपने दोस्तों से कहा था : ''चचाजान इतनी ख़ूबसूरत टाँगें कहाँ से इकट्ठी कर लाए हैं।''

मेरा ख़याल है, क़रीब-क़रीब दो-ढाई सौ के क़रीब तो ज़रूर होंगी।

चचाजान, क्या वाक़ई आपके मुल्क में ऐसी टाँगें आम होती हैं...? अगर आम होती हैं तो ख़ुदा के लिए—अगर आप ख़ुदा को मानते हैं—इनकी नुमाइश कम-अज़-कम पाकिस्तान में बंद कर दीजिए।

हो सकता है, यहाँ आपकी औरतों की टाँगों के मुक़ाबले में कहीं ज़्यादा अच्छी टाँगें हों—मगर चचाजान, यहाँ कोई उनकी नुमाइश नहीं करता। ख़ुदा के लिए यह सोचिए कि हम सिर्फ़ अपनी बीवी ही की टाँगें देखते हैं। दूसरी औरतों की टाँगें देखना हम अपने आप पर हराम समझते हैं—हम बड़े औरथोडोक्स[16] क़िस्म के आदमी हैं।

बात कहाँ से निकली थी, कहाँ चली गई—मैं इसकी माज़रत[17] नहीं चाहता कि आप ऐसी ही तहरीर पसंद करते हैं।

कहना यह था कि आपके वह साहब, जो यहाँ के क़ोंसिलख़ाने[18] से वाबस्ता हैं, मेरे पास तशरीफ़ लाए और मुझसे दरख़्वास्त की कि मैं उनके लिए एक अफ़साना लिखूँ।

मैं बहुत मुतहैयर[19] हुआ, इसलिए कि मुझे अंग्रेज़ी में लिखना आता ही नहीं—मैंने उनसे अर्ज़ की : ''जनाब मैं उर्दू ज़बान का राइटर हूँ...मैं अंग्रेज़ी लिखना नहीं जानता।''

उन्होंने फ़रमाया : ''अफ़साना उर्दू ही में चाहिए...हमारा एक परचा है, जो उर्दू में शाया होता है।''

मैंने इसके बाद मज़ीद[20] तफ़तीश की ज़रूरत न समझी और कहा : ''मैं हाज़िर हूँ।''

और ख़ुदा वाहिद नाज़िर[21] है कि मुझे मालूम नहीं था, वह आपके कहने पर तशरीफ़ लाए हैं—क्या आपने इन्हें मेरा वह ख़त पढ़वा दिया था, जो मैंने आपको लिखा था?

ख़ैर, इस क़िस्से को छोड़िए—जब तक पाकिस्तान को गंदुम[22] की ज़रूरत है, मैं आपसे कोई गुस्ताख़ी नहीं कर सकता—वैसे बहैसियत पाकिस्तानी होने के—हालाँकि मेरी हुकूमत मुझे इताअतगुज़ार[23] नहीं समझती—मेरी दुआ है कि ख़ुदा करे, कभी आपको भी बाजरे और निकसुक के साग की ज़रूरत पड़े और मैं ज़िंदा रहूँ कि आपको भेज सकूँ।

अब सुनिए—उन साहब ने, जिनको आपने भेजा था, मुझसे पूछा : ''आप एक अफ़साने के कितने रुपए लेंगे?''

चचाजान, मुमकिन है, आप झूठ बोलते हों और आप यक़ीनन झूठ बोलते हैं, बतौर फ़न।

यह फ़न मुझे अभी तक नसीब नहीं हुआ।

उस रोज़ मैंने एक मुब्तदी[24] के तौर पर झूठ बोला और उनसे कहा : ''मैं एक अफ़साने के लिए दो सौ रुपए लूँगा।''

अब हक़ीक़त यह है कि यहाँ के नाशिर[25] मुझे एक अफ़साने के लिए ज़्यादा-से-ज़्यादा चालीस-पचास रुपए देते हैं—मैंने 'दो सौ रुपए' कह तो दिया लेकिन मुझे इस एहसास से अंदरूनी तौर पर सख़्त नदामत[26] हुई कि मैंने इतना झूठ क्यों बोला—अब क्या हो सकता था।

लेकिन चचाजान, मुझे सख़्त हैरत हुई, जब आपके भेजे हुए साहब ने बड़ी हैरत से—मालूम नहीं वह मस्नूई थी या असली—फ़रमाया : ''सिर्फ़ दो सौ रुपए···! एक अफ़साने के लिए कम-अज़-कम पाँच सौ रुपए तो होने चाहिएँ।''

मैं हैरतज़दा हो गया कि एक अफ़साने के लिए पाँच सौ रुपए—यह तो मेरे ख़्वाबो-ख़याल में भी नहीं आ सकता था—लेकिन मैं अपनी बात से कैसे हट सकता था।

चुनांचे मैंने चचाजान, उनसे कहा : ''साहब देखिए, दो सौ रुपए ही होंगे···बस अब आप इसके मुताल्लिक़ ज़्यादा गुफ़्तगू न कीजिए।''

वह चले गए, शायद इसलिए कि वह समझ चुके थे, मैंने पी रखी है।

वह शराब, जो मैं पीता हूँ, उसका ज़िक्र मैं अपने पहले ख़त में कर चुका हूँ।

चचाजान, मुझे हैरत है कि मैं अब तक ज़िंदा हूँ, हालाँकि मुझे पाँच बरस हो गए हैं यहाँ का कशीदा ज़हर पीते हुए। अगर आप यहाँ तशरीफ़ लाएँ तो मैं आपको यह ज़हर पेश करूँगा। उम्मीद है, आप भी मेरी तरह हैरत अंगेज़ तौर पर ज़िंदा रहेंगे और आपकी सात आज़ादियाँ भी सलामत रहेंगी।

ख़ैर, इस क़िस्से को छोड़िए।

दूसरे रोज़ सुबह-सवेरे जब कि मैं बरामदे में शेव कर रहा था, आपके वही साहब तशरीफ़ लाए—मुख़्तसर-सी बातचीत हुई।

उन्होंने मुझसे फ़रमाया : ''देखिए, दो सौ की रट छोड़िए, तीन सौ ले लीजिए।''

मैंने कहा : ''ठीक है···''

चुनांचे मैंने उनसे तीन सौ रुपए ले लिए—रुपए जेब में रखने के बाद मैंने उनसे कहा : ''मैंने आपसे सौ रुपए ज़्यादा वसूल किए हैं, लेकिन वाज़ेह रहे कि जो कुछ मैं लिखूँगा, वह आपकी मर्ज़ी के मुताबिक़ नहीं होगा। इसके अलावा उसमें किसी क़िस्म के रद्दो-बदल का हक़ भी आपको नहीं दूँगा···''

वह चले गए—फिर नहीं आए।

चचाजान, अगर आपके पास पहुँचे हों और उन्होंने आपको कोई रिपोर्ट पहुँचाई हो तो अज़ राहे-करम अपने पाकिस्तानी भतीजे को उससे ज़रूर मुत्तले[27] फ़रमाएँ।

मैं वह तीन सौ रुपए ख़र्च कर चुका हूँ—अगर आप वापिस लेना चाहें तो मैं एक रुपया

माहवार के हिसाब से अदा कर दूँगा।

उम्मीद है कि आप सात आज़ादियों समेत ख़ुशो-ख़ुर्रम[28] होंगे।

ख़ाकसार
आपका भतीजा
सआदत हसन मंटो
31, लक्ष्मी मैन्शंज़, हॉल रोड, लाहौर

---

1. आदरणीय; 2. दूतावास; 3. नाम ; 4. हाथ मिलाना; 5. ख़ुशी; 6. निवासस्थान; 7. स्वस्थ; 8. बग़ैर जुती हुई ज़मीन; 9. कूटनीति; 10. वादी, दावा करनेवाला; 11. हिम्मत, साहस; 12. सारांश; 13. व्यक्तित्व; 14. घुसा देना, मिला देना; 15. अमरीका की एक फ़िल्म का नाम; 16. कट्टरपंथी, धर्मनिष्ठ; 17. क्षमा; 18. दूतावास के स्थानीय विभाग; 19. स्तब्ध; 20. अधिक; 21. देखनेवाला; 22. गेहूँ; 23. आज्ञाकारी; 24. आरंभकर्त्ता, नौसिखिया; 25. प्रकाशन; 26. शर्मिंदगी; 27. सूचित; 28. अत्यधिक प्रसन्न।

तीसरा ख़त

चचाजान,

तस्लीमात !

बहुत मुद्दत के बाद आपको मुख़ातिब कर रहा हूँ।

मैं दरअसल बीमार था। इलाज इसका वही, वही आबे-निशात अंगेज़[1] था साक़ी—मगर मालूम हुआ कि यह महज़ शाइरी-ही-शाइरी है। मालूम नहीं, 'साक़ी' किस जानवर का नाम है। आप लोग तो उसे उम्र ख़ैयाम की रुबाइयोंवाली हसीनो-जमील फ़ितरी[2] अदा और इश्वःतराज़[3] माशूक़ा कहते हैं, जो बिल्लौर की नाज़ुक गर्दन सुराहियों से उस ख़ुशक़िस्मत शाइर को जाम भर-भर के देती थी, मगर यहाँ तो कोई मूँछोंवाला बदशक्ल लौंडा भी इस काम के लिए नहीं मिलता।

यहाँ से हुस्न बिलकुल रफ़ूचक्कर हो गया है—औरतें पर्दे से बाहर तो आई हैं, मगर उन्हें देखकर जी चाहता है कि वह पर्दे के पीछे ही रहतीं तो अच्छा था। आपके मैक्स फ़ैक्टर ने उनका हुलिया और भी मस्ख़[4] करके रख दिया है—आप मुफ़्त गंदुम भेजते हैं, मुफ़्त लिट्रेचर भेजते हैं, मुफ़्त हथियार भेजते हैं, क्यों नहीं आप सौ-दो सौ ठेट अमरीकी लड़कियाँ यहाँ रवाना कर देते जो साक़ी-गिरी के फ़राइज़ बतरीक़े-अहसन अंजाम दें।

मैं अपनी बीमारी का ज़िक्र कर रहा था—इसका बायस वही ख़ाना साज़ शराब थी। अल्लाह इस ख़ानाख़राब का ख़ाना ख़राब करे। ज़हर है लेकिन निहायत ख़ाम क़िस्म का—सबकुछ जानता था, सबकुछ समझता था, मगर :

मीर क्या सादा हैं, बीमार हुए जिसके सबब
उसी अत्तार के लौंडे से दवा लेते हैं।

जाने उस अत्तार के लौंडे में क्या कशिश थी कि हज़रत मीर उसी से दवा लेते रहे, हालाँकि वही उनके मर्ज़ का बायस था—यहाँ मैं जिस शराबफ़रोश से शराब लेता हूँ, वह तो मुझसे भी कहीं ज़्यादा मरीज़ है। मैं तो अपनी सख़्त जान की वजह से बच गया, लेकिन उसके बचने की कोई उम्मीद नहीं।

मैं तीन महीने हस्पताल में रहा हूँ। जनरल वार्ड में था। मुझे वहाँ आपकी कोई

अमरीकी इमदाद न मिली–मेरा ख़याल है, आपको मेरी बीमारी की कोई इत्तिला नहीं मिली, वर्ना आप ज़रूर वहाँ से दो-तीन पेटियाँ टेरामाइसिन की रवाना कर देते और सवाबे-दारैन[5] हासिल करते।

हमारी फ़ॉरेन पब्लिसिटी बहुत कमज़ोर है। इसके अलावा हमारी हुकूमत को अदीबों, शाइरों और मुसव्विरों से कोई दिलचस्पी नहीं। आख़िर 'किस-किसकी हाजत रवा करे कोई।'

हमारी पिछली मरहूम गवर्नमेंट के आख़िरी ज़माने में जंग शुरू हुई तो अंग्रेज़ बहादुर ने फ़िरदौसी-ए-इस्लाम[6] हफ़ीज़ जालंधरी को सौंग एंड पब्लिसिटी डिपार्टमेंट का डायरेक्टर बनाकर एक हज़ार रुपए माहवार मुक़र्रर कर दिया। पाकिस्तान बना तो उसको सिर्फ़ एक कोठी और शायद एक प्रैस अलाट हुआ। अब बेचारा अख़बारों में अपना रोना रो रहा है कि 'तराना कमेटी' ने उसको निकाल बाहर किया है, जबकि सारे पाकिस्तान में अकेला वही शाइर है जो दुनिया की इस सबसे बड़ी इस्लामी सल्तनत के लिए क़ौमी तराना लिख सकता है और उसकी धुन भी तख़लीक़[7] कर सकता है–उसने अपनी अंग्रेज़ बीवी को तलाक़ दे दी है, इसलिए कि अंग्रेज़ों का ज़माना ही नहीं रहा। अब सुना है, वह किसी अमरीकी बीवी की तलाश में है–चचाजान, ख़ुदा के लिए उसकी मदद कीजिए, ऐसा न हो कि ग़रीब की आक़बत[8] ख़राब हो।

आपके यूँ तो लाखों और करोड़ों भतीजे हैं, लेकिन मुझ-ऐसा भतीजा आपको एटम बम की रोशनी में भी कहीं नहीं मिलेगा। क़िबला कभी इधर भी तवज्जोह कीजिए। बस आपकी एक नज़रे-इल्तिफ़ात[9] काफ़ी है। सिर्फ़ इतना ऐलान कर दीजिए कि आपका मुल्क, ख़ुदा उसे रहती दुनिया तक सलामत रखे, सिर्फ़ उसी सूरत में पाकिस्तान को–ख़ुदा इसके शराब कशीद करनेवाले कारख़ानों को नेस्तोनाबूद कर दे–फ़ौजी इमदाद देने के लिए तैयार होगा, अगर सआदत हसन मंटो आपके हवाले कर दिया जाए।

यहाँ मेरी वक़अत एकदम बहुत बढ़ जाएगी। मैं इस ऐलान के बाद शमा मुअम्मे और डायरेक्टर मुअम्मे हल करना बंद कर दूँगा। बड़ी-बड़ी शख़्सियतें मेरे ग़रीबख़ाने पर आएँगी। मैं आपसे बज़रिया हवाई डाक ठेठ अमरीकी मुसकराहट मँगवाकर अपने होंठों पर लगा लूँगा और उसके साथ उन सबका इस्तिक़बाल करूँगा।

मेरी उस मुसकराहट के हज़ार मानी होंगे। मिसाल के तौर पर: "आप निरे खुरे गधे हैं..." , "आप परले दर्जे के ज़हीन आदमी हैं...", "आपसे मिलकर मुझे बहुत कोफ्त हुई...", "आपसे मिलकर मुझे बेहद मसर्रत हासिल हुई...", "आप अमरीका की बनी हुई बुश्शर्ट हैं...", "आप पाकिस्तान की बनी हुई माचिस हैं...", "आप अर्क़े-गाउज़बाँ[10] हैं...", "आप कोका कोला हैं..." वग़ैरह-वग़ैरह।

मैं रहना पाकिस्तान ही में चाहता हूँ कि मुझे इसकी ख़ाक बहुत अज़ीज़ है जो मेरे फेफड़ों में मुस्तक़िल जगह बना चुकी है, लेकिन मैं आपके मुल्क में ज़रूर आऊँगा, इसलिए कि मैं अपना कायाकल्प कराना चाहता हूँ। फेफड़े छोड़कर मैं अपने तमाम बाक़ी आज़ा[11] आपके माहिरों के सुपुर्द कर दूँगा और उनसे कहूँगा कि वह उन्हें अमरीकी तर्ज़ का बना दें।

मुझे अमरीकी चाल-ढाल बहुत पसंद है, इसलिए कि चाल, ढाल का काम देती है और ढाल, चाल का। आपकी बुशशर्ट का नया डिज़ाइन भी मुझे बहुत भाता है। डिज़ाइन का डिज़ाइन और इश्तिहार का इश्तिहार—हर रोज़ यहाँ आपके दफ़्तर में गए, मतलब की यानी प्रोपेगंडे की चीज़ें बुशशर्ट पर छपवाईं और इधर-उधर घूमते फिरे। कभी 'शीज़ान' में जा बैठे, कभी कॉफ़ी हाऊस में और कभी चाइनीज़ लंच होम में।

फिर मैं एक पैकार्ड चाहता हूँ ताकि जब मैं यह बुशशर्ट पहने, मुँह में आपका तोहफ़े के तौर पर दिया हुआ पाइप दबाए माल पर से गुज़रूँ तो लाहौर के सब तरक़्क़ीपसंद और ग़ैर-तरक़्क़ीपसंद अदीबों को महसूस हो कि वह सारा वक़्त भाड़ ही झोंकते रहे हैं—लेकिन देखिए चचाजान, इसके पैट्रोल का बंदोबस्त आप ही को करना पड़ेगा। वैसे मैं आपसे वादा करता हूँ कि पैकार्ड मिलते ही मैं एक अफ़साना लिखूँगा, जिसका उनवान होगा : 'ईरान का नौ मन तेल और राधा।' यक़ीन मानिए, इस अफ़साने के शाया होते ही ईरान के तेल का सारा टंटा ही ख़त्म हो जाएगा और मौलाना ज़फ़र अली ख़ाँ को, जो अभी तक बक़ैदे-हयात[12] हैं, अपने इस शेर में मुनासिब व मोज़ूँ तरमीम[13] करना पड़ेगी :

वाय नाकामी कि चश्मे तेल के सूखे तमाम
ले के लायड जार्ज जब भागे कनस्तर टीन का

एक छोटा-सा, नन्हा-मुन्ना एटम बम तो मैं आपसे ज़रूर लूँगा। मेरे दिल में मुद्दत से यह ख़्वाहिश दबी पड़ी है कि मैं अपनी ज़िंदगी में एक नेक काम करूँ— आप पूछेंगे : 'यह नेक काम क्या है ?' आपने तो ख़ैर कई नेक काम किए हैं और बदस्तूर किए जा रहे हैं—आपने हीरोशिमा को सफ़हा-ए-हस्ती[14] से नाबूद[15] किया, नागासाकी को धुएँ और गर्दो-ग़ुबार में तब्दील कर दिया और इसके साथ-साथ आपने जापान में लाखों अमरीकी बच्चे पैदा किए—फ़िक्र हर कस बक़दरे हिम्मते-ओस्त[16]—मैं एक ड्राइक्लीन करनेवाले को मारना चाहता हूँ—हमारे यहाँ बाज़ मौलवी क़िस्म के हज़रात पेशाब करते हैं तो ढेला लगाते हैं—मगर आप क्या समझेंगे—बहरहाल मामला कुछ यूँ होता है कि पेशाब करने के बाद वह सफ़ाई की ख़ातिर कोई ढेला उठाते हैं और शलवार के अंदर हाथ डालकर सरे-बाज़ार ड्राइक्लीन करते चलते-फिरते हैं—मैं बस यह चाहता हूँ कि जूँही मुझे कोई ऐसा आदमी नज़र आए, जेब से आपका दिया हुआ मिनी एटम बम निकालूँ और उस पर दे मारूँ ताकि वह ढेले समेत धुआँ बनकर उड़ जाए।

हमारे साथ फ़ौजी इमदाद का मुआहदा[17] बड़ी मार्के की चीज़ है। इस पर क़ायम रहिएगा। उधर हिंदुस्तान के साथ भी ऐसा ही रिश्ता उस्तुवार[18] कर लीजिए। दोनों को पुराने हथियार भेजिए, क्योंकि अब तो आपने वह तमाम हथियार कंडम कर दिए होंगे जो आपने पिछली जंग में इस्तेमाल किए थे। आपका यह कंडम और फ़ालतू असलह[19] भी ठिकाने लग जाएगा और आपके कारख़ाने भी बेकार नहीं रहेंगे।

पंडित जवाहरलाल नेहरू कश्मीरी हैं। उनको तोहफ़े के तौर पर एक ऐसी बंदूक़ ज़रूर

भेजिएगा जो धूप में रखने से ही ठुस कर जाए। कश्मीरी मैं भी हूँ, मगर मुसलमान। मैंने अपने लिए आपसे नन्हा-मुन्ना एटम बम माँगा है।

एक बात और—यहाँ दस्तूर बनने ही में नहीं आता। ख़ुदा के लिए आप वहाँ से कोई माहिर जल्द-अज़-जल्द रवाना कीजिए। क़ौम बग़ैर तराने के तो चल सकती है, लेकिन दस्तूर के बग़ैर नहीं चल सकती—आप चाहें तो बाबा चल भी सकती है : जो चाहे आपका हुस्ने-करिश्मा[20] साज़ करे।

एक और बात—यह ख़त मिलते ही अमरीकी माचिसों का एक जहाज़ रवाना कर दीजिए। यहाँ जो माचिस बनी है, उसको जलाने के लिए ईरानी माचिस ख़रीदनी पड़ती है, जो आधी ख़त्म होने के बाद बेकार हो जाती है और जिसकी बक़ाया तीलियाँ जलाने के लिए रूसी माचिस लेना पड़ती है, जो पटाख़े ज़्यादा छोड़ती है और जलती कम है।

अमरीकी गरम कोट बहुत ख़ूब हैं। लुंडा बाज़ार इनके बग़ैर बिलकुल लुंडा था। मगर आप पतलूनें क्यों नहीं भेजते? क्या आप पतलूनें नहीं उतारते? हो सकता है कि हिंदुस्तान रवाना कर देते हों—आप बड़े काइयाँ हैं। ज़रूर कोई बात है—इधर कोट भेजते हैं, उधर पतलूनें। जब लड़ाई होगी तो आपके कोट और आप ही की पतलूनें, आप ही के भेजे हुए हथियारों से लड़ेंगे।

यह मैं क्या सुन रहा हूँ कि चार्ली चेपलिन अमरीकी शहरियत के हुक़ूक़ से दस्तबरदार[21] हो गया है। उस मसख़रे को क्या सूझी। ज़रूर उसको कम्युनिज़्म हो गया है, वर्ना वह सारी उम्र आपके मुल्क में रहा, वहीं उसने नाम कमाया, वहीं उसने दौलत हासिल की। क्या उसे वह वक़्त याद नहीं रहा, जब वह लंदन के गली-कूचों में भीख माँगा करता था और कोई उसे पूछता तक नहीं था—रूस चला जाता, लेकिन वहाँ मसख़रों की क्या कमी है—चलो इंगलिस्तान ही में रहे और कुछ नहीं तो वहाँ के रहनेवालों को अमरीकनों का-सा खुल के हँसना तो आएगा, और वह जो हर वक़्त उनके चेहरों पर संजीदगी और तहारत[22] का ग़िलाफ़ चढ़ा रहता है, कुछ तो अपनी जगह से हटेगा।

अच्छा अब मैं ख़त बंद करता हूँ।

हैडी ला मार को फ़्री स्टाइल का एक बोसा।

ख़ाकसार
सआदत हसन मंटो
15 मार्च, 1954
31, लक्ष्मी मैन्शंज़, हॉल रोड, लाहौर

---

1. ख़ुशी पैदा करनेवाला पानी अर्थात् शराब; 2. प्राकृतिक; 3. नाज़-नख़रेवाला; 4. बुरी शक्ल हो जाना; 5. दोनों जहान का पुण्य; 6. हफ़ीज़ जालंधरी की उपाधि, इस्लाम का फ़िरदौसी (फ़िरदौसी : फ़ारसी का प्रसिद्ध शायर जिसने महाकाव्य 'शाहनामा फ़िरदौसी' रचा और हफ़ीज़ जालंधरी ने 'शाहनामा इस्लाम' लिखा।); 7. रचना; 8. परलोक; 9. कृपा-दृष्टि; 10. यूनानी चिकित्सा प्रणाली की प्रसिद्ध औषधि, गावजबाँ का अरक़; 11. अंग; 12. जीवित; 13. संशोधन; 14. जीवन से वंचित, समस्त प्राणियों की मृत्यु; 15. समाप्त; 16. हर व्यक्ति के विचार उसके साहस व शक्ति के अनुसार हों; 17. समझौता; 18. मज़बूत, सुदृढ़; 19. अस्त्र-शस्त्र; 20. अनोखापन; 21. अलग होना, अधिकार निरस्त; 22. पवित्रता।

चौथा ख़त

31, लक्ष्मी मैन्शंज़, हॉल रोड, लाहौर, पाकिस्तान।

चचाजान,

आदाबो-नियाज़[1]।

अभी चंद रोज़ हुए, मैंने आपकी ख़िद्मत में एक अरीज़ा[2] इर्साल किया था। अब यह नया लिखा रहा हूँ। बात यह है कि जूँ-जूँ आपकी पाकिस्तान को फ़ौजी इमदाद देने की बात पुख़्ता हो रही है, मेरी अक़ीदत[3] और सआदतमंदी बढ़ रही है—मेरा जी चाहता है कि आपको हर रोज़ ख़त लिखा करूँ।

हिंदुस्तान लाख टापा करे, आप पाकिस्तान से फ़ौजी इमदाद का मुआहदा[4] ज़रूर करें, इर्सालिए कि आपको इस दुनिया की सबसे बड़ी इस्लामी सल्तनत के इस्तेहकाम[5] की बहुत ज़्यादा फ़िक्र है, और क्यों न हो, इसलिए कि यहाँ का मुल्ला रूस के कम्युनिज़्म का बेहतरीन तोड़ है।

फ़ौजी इमदाद का सिलसिला शुरू हो जाए तो आप सबसे पहले उन मुल्लाओं को मुसल्लह[6] कीजिएगा। उनके लिए ख़ालिस अमरीकी ढेले, ख़ालिस अमरीकी तस्बीहें[7] और ख़ालिस अमरीकी जायनमाज़ें[8] रवाना कीजिएगा। उस्तरों और क़ैंचियों को सरे-फ़ेहरिस्त रखिएगा। ख़ालिस अमरीकी ख़िज़ाबे-लाजवाब[9] का नुस्ख़ा भी अगर आपने उनको मर्हमत[10] कर दिया तो समझिए, पौ बारह हैं।

फ़ौजी इमदाद का मक़सद, जहाँ तक मैं समझता हूँ, इन मुल्लाओं को मुसल्लह करना है—मैं आपका पाकिस्तानी भतीजा हूँ, मगर आपकी सब रम्ज़ें[11] समझता हूँ—अक़्ल की यह अरज़ानी[12] आप ही की सियासयात की अता कर्द है। ख़ुदा इसे नज़रे-बद से बचाए।

मुल्लाओं का यह फ़िरक़ा अमरीकी स्टाइल में मुसल्लह हो गया तो सोवियत रूस को यहाँ से अपना पानदान उठाना ही पड़ेगा, जिसकी कुल्लियों तक में कम्युनिज़्म और सोशलिज़्म घुले होते हैं।

जब अमरीकी औज़ारों से कतरी हुई लबें होंगी, अमरीकी मशीनों से सिले हुए शरअई पाजामे होंगे, अमरीकी मिट्टी के अनटच्ड बाई हैंड ढेले होंगे, अमरीकी रहलें[13] और अमरीकी जायनमाज़ें होंगी, तब आप देखिएगा, चारों तरफ़ आप ही के नाम के तस्बीह ख़्वाँ होंगे।

यहाँ के निचले और निचले दरमियानी तबक़े को ऊपर उठाने की कोशिश तो, ज़ाहिर है, आप ख़ूब करेंगे—भर्ती इन्हीं दो तबक़ों से शुरू होगी। दफ़्तरों में चपड़ासी और क्लर्क भी यहीं से चुने जाएँगे। तनख़्वाहें अमरीकी स्केल की होंगी—जब इनकी पाँचों उँगलियाँ घी में होंगी और सर कड़ाहे में, तो कम्युनिज़्म का भूत दुम दबाकर भाग जाएगा।

भर्ती का, या कोई भी सिलसिला शुरू हो, मुझे कोई एतिराज़ नहीं। लेकिन आपका कोई सिपाही इधर नहीं आना चाहिए—मैं यह हरगिज़ नहीं देख सकता कि हमारी पाकिस्तानी लड़कियाँ अपने जवानों को छोड़कर आपके सिपाहियों के साथ चहकती फिरें।

इसमें कोई शक नहीं कि आप यहाँ ख़ूबसूरत और तनोमंद अमरीकी सिपाही भेजेंगे, लेकिन मैं आपको बताए देता हूँ कि हमारा ऊपर का तबक़ा तो हर क़िस्म की बेग़ैरती क़ुबूल कर सकता है कि वह पहले ही अपने दीदे आपकी लांड्रियों में धुलवा चुका है, मगर यहाँ का निचला और निचला दरमियानी तबक़ा ऐसी कोई चीज़ बर्दाश्त नहीं करेगा।

अलबत्ता आप वहाँ से अमरीकी लड़कियाँ रवाना कर सकते हैं, जो हमारे जवानों की मरहम-पट्टी करें, उनको रक़्स[14] करना सिखाएँ, उनको खुल्लमखुल्ला बोसे लेने की तालीम दें, उनकी झेंप दूर करें—इसमें आप ही का फ़ायदा है।

आप अपनी एक फ़िल्म 'बेदिंग ब्यूटी' में अपनी सैकड़ों लड़कियों की नंगी और गुदाज़ टाँगें दिखा सकते हैं—हमारे हाँ भी ऐसी टाँगें भेज दीजिए ताकि हम भी अपने इकलौते फ़िल्म स्टूडियो 'शाह नूर' में एक ऐसा ही फ़िल्म बनाएँ और, 'अपवा' वालों को दिखाएँ कि उन्हें कुछ मसर्रत हो।

हाँ, हमारे यहाँ 'अपवा' एक अजीबो-ग़रीब शै तख़लीक़ हुई है, जो बड़े आदमियों की बड़ी बहू-बेटियों के शुग़्ल का दिलचस्प नतीजा है। यह 'आल पाकिस्तान वूमेंस एसोशिएशन' का मुख़फ़्फ़फ़[15] नाम है। इसमें और ज़्यादा तख़फ़ीफ़[16] की गुंजाइश नहीं—कोशिश ज़रूर हो रही है जो आपको उन माइल ब तख़फ़ीफ़ ब्लाउज़ों में नज़र आ सकती है, जिनमें से उनके पहननेवालियों के पेट बाहर झाँकते नज़र आते हैं, अभी इब्तिदा[17] है, लेकिन अफ़सोस इस बात का है कि यह ब्लाउज़ आमतौर पर चालीस बरस से ऊपर की औरतें इस्तेमाल करती हैं, जिनके पेट कई मर्तबा कलबूत चढ़ चुके होते हैं—चचाजान, मैं औरत के पेट पर, ख़्वाह वह अमरीकी हो या पाकिस्तानी, और सबकुछ देख सकता हूँ, मगर उस पर झुर्रियाँ नहीं देख सकता।

'अपवा' वालियाँ तख़फ़ीफ़े-लिबास के मुताल्लिक़ हर वक़्त सोचने के लिए तैयार हैं, बशर्ते कि उन्हें कोई आज़मूदा[18] नुस्ख़े बताए—आपके यहाँ पैंसठ-पैंसठ बरस की बुड्ढियाँ अपने पेट दिखाती हैं, मगर उन पर, मजाल है, जो एक झुर्री भी नज़र आ जाए। मालूम नहीं, वह मुँहज़बानी बच्चे पैदा करती हैं या उन्हें कोई ऐसा गुर मालूम है कि साँप भी मर जाए और लाठी भी न टूटे।

बहरहाल अगर आपको यहाँ तख़फ़ीफ़े-लिबास चाहिए तो हालीवुड के चंद माहिरीन[19] यहाँ रवाना कर दीजिए—आपके यहाँ प्लास्टिक सर्जरी का फ़न उरूज पर है। फ़िलहाल ऐसे निस्फ़[20] दर्जन सर्जन यहाँ भेज दीजिए, जो हमारी बुड्ढियों को लाल लगाम के क़ाबिल

बना दें।

और सुनिए—मुक़फ़्फ़ा[21] शाइरी का ज़माना था तो हमारे यहाँ माशूक़ की कमर ही नहीं थी। अब ग़ैर मुक़फ़्फ़ा शाइरी का दौर है, मगर यह ऐसा उलटा पड़ा है कि अब माशूक़ की नापैद कमर कुछ इस तरह पैदा हुई है कि उसे देखो तो सारा माशूक़ उसके पीछे ग़ायब नज़र आता है। पहले यह हैरत होती थी कि वह इज़ारबंद[22] कहाँ बाँधती है। अब यह हैरत होती है कि वह किस दरख़्त का तना है जिसके गिर्द ग़रीब इज़ारबंद को बाँधने की कोशिश की गई है—आप मेहरबानी फ़रमाकर बनफ़्से-नफ़ीस[23] यहाँ तशरीफ़ लाइए और फ़ौजी मुआहदा करने से पहले इस बात का फ़ैसला कीजिए कि यहाँ माशूक़ की कमर होनी चाहिए या नहीं, इसलिए कि फ़ौजी नुक़्ता निगाह[24] से यह बहुत अहमियत रखता है।

एक बात और—आपके फ़िल्मसाज़ हिंदुस्तानी सनअते-फ़िल्मसाज़ी से बहुत दिलचस्पी ले रहे हैं। यह हम बर्दाश्त नहीं कर सकते—पिछले दिनों ग्रेगरी पैक हिंदुस्तान पहुँचा हुआ था। उसने फ़िल्म स्टार सुरैया के साथ तसवीर खिंचवाई और उसके हुस्न की तारीफ़ में ज़मीन-आसमान के क़ुलाबे मिला दिए। पिछले दिनों सुना था कि एक अमरीकी फ़िल्मसाज़ ने नरगिस के गले में बाज़ू डालकर उसका बोसा भी लिया था—यह कितनी बड़ी ज़्यादती है। हमारे पाकिस्तान की एक्ट्रेसें मर गई हैं क्या?

गुलशन आरा मौजूद है। यह जुदा बात है कि उसका रंग तवे की मानिंद काला है और लोग उसे देखकर यह कहते हैं कि गुलशन पर आरा चला हुआ है लेकिन है तो एक्ट्रेस ही। कई फ़िल्मों की हीरोइन है और अपने पहलू में दिल भी रखती है।सबीहा है। यह अलहदा बात है कि उसकी एक आँख थोड़ी-सी भैंगी है मगर आपकी ज़रा-सी तवज्जोह से दुरुस्त हो सकती है।

यह भी सुना है कि आप हिंदुस्तानी फ़िल्मसाज़ों को माली इमदाद[25] भी दे रहे हैं—चचाजान, यह क्या हरजाईपना है। यानी लल्लू-पंजू आता है, उसको आप मदद देना शुरू कर देते हैं।

आपका ग्रेगरी पैक जाए जहन्नम में—माफ़ कीजिए, मुझे ग़ुस्सा आ गया है—आप अपनी दो-तीन एक्ट्रेसें यहाँ भेज दीजिए, इसलिए कि हमारा इकलौता हीरो संतोष कुमार बहुत उदास है। पिछले दिनों वह कराची गया था तो उसने कोकाकोला की सौ बोतलें पीकर रीटा हैवर्थ को ख़्वाब में एक हज़ार मर्तबा देखा।

मुझे लिपस्टिक के मुताल्लिक़ भी आपसे कुछ अर्ज़ करना है—वह जो किसप्रूफ़[26] लिपस्टिक आपने भेजी थी, हमारे ऊँचे तबक़े में बिलकुल मक़बूल[27] नहीं हुई। लड़कियों और बुड्ढियों का कहना है कि यह महज़ नाम ही की किसप्रूफ़ है, लेकिन मैं समझता हूँ कि उनका किसिंग का तरीक़ा ही ग़लत है। मैंने देखा है लोगों को यह शुग्ल[28] फ़रमाते हुए। ऐसा मालूम होता है कि तरबूज़ की फाँक खा रहे हैं—आपके यहाँ एक किताब छपी थी, जिसका उनवान 'बोसा लेने का फ़न' था, मगर माफ़ कीजिए, किताब पढ़कर आदमी कुछ भी नहीं सीख सकता। आप वहाँ से फ़ौरन बज़रिये[29] हवाई जहाज़ एक अमरीकी ख़ातून रवाना कर दीजिए, जो हमारे ऊँचे तबक़े पर तरबूज़ खाने और बोसा लेने में जो फ़र्क़ है,

बतरीक़े-अहसन[30] वाज़ेह कर दे। निचले और निचले दरमियानी तबक़े को यह फ़र्क़ बताने की कोई ज़रूरत नहीं, इसलिए कि वह इन तकल्लुफ़ात से हमेशा बेनियाज़ रहा है और हमेशा बेनियाज़ रहेगा।

आपको यह सुनकर ख़ुशी होगी कि मेरा मेदा अब किसी हद तक आपके अमरीकी गंदुम का आदी हो गया है। अब आपकी गंदुम को हमारे यहाँ की आबो-हवा रास आनी शुरू हो गई है, क्योंकि अब इसके आटे ने पाकिस्तानी स्टाइल की रोटियों और चपातियों की शक्ल इख़्तियार करने का इरादा कर लिया है—मेरा ख़याल है, ख़ैरसिगाली[31] के तौर पर आप यहाँ के गंदुम का बीज अपने हाँ मँगवा लें। आपकी मिट्टी बड़ी ज़रख़ेज़[32] है। इस इख़्तिलात से जो अमरीकी-पाकिस्तानी गंदुम पैदा होगी, बड़ी ख़ूबियों की हामिल होगी। हो सकता है, कोई नया आदम पैदा हो जाए जिसकी औलाद हम और आपसे मुख़्तलिफ़ हो।

मैं आपसे एक राज़ की बात पूछता हूँ—पिछले दिनों मैंने यह ख़बर पढ़ी थी कि नई दिल्ली में भारत की देवियाँ रात को अपने बालों में छोटे-छोटे क़ुमक़ुमे[33] लगाकर घूमती हैं जो बैटरी से रोशन होते हैं। ख़बर में यह भी लिखा था कि बाज़ देवियाँ अपने ब्लाउज़ों के अंदर भी ऐसे ही क़ुमक़ुमे लगाती हैं ताकि उनका अंदर-बाहर रोशन रहे—यह उपज कहीं आप ही की तो नहीं थी? अगर थी तो चचाजान, सुब्हानल्लाह—मेरा ख़याल है, अब आप उन्हें कोई सफ़ूफ़[34] तैयार करके भेजें, जिसके खाने से उनका सारा बदन रोशन हो जाया करे और कपड़ों से बाहर निकल-निकलकर इशारे किया करे।

पंडित जवाहरलाल नेहरू पुराने ख़यालात के आदमी हैं। वह उस बापू के शागिर्द हैं, जिसने नौजवानों को यह हुक्म दिया था कि वह अपनी आँखों पर ऐसा शेड या हुड इस्तेमाल किया करें जो उन्हें नज़रबाज़ी से रोका करे। पिछले दिनों उन्होंने अपनी देवियों को तलक़ीन[36] की थी कि वह अपने सतर का ख़याल रखा करें और मैकअप वग़ैरा से परहेज़ किया करें, मगर उनकी कौन सुनेगा—अलबत्ता हालीवुड की आवाज़ सुनने के लिए यह देवियाँ हर वक़्त तैयार हैं—आप वह सफ़ूफ़ वहाँ ज़रूर रवाना करें। पंडित जी का रद्दे-अमल काफ़ी पुरलुत्फ़ होगा।

मैं इस लिफ़ाफ़े में आपको एक तसवीर भेज रहा हूँ। यह एक पाकिस्तानी ख़ातून की है, जिसने बंबई की मछेरनों की चोली का-सा ब्लाउज़ पहना हुआ है। इसमें से उसके पेट का थोड़ा-सा निचला हिस्सा झाँक रहा है। यह आपकी ख़्वातीन[36] के नंगे पेटों को एक अदद पाकिस्तानी गुदगुदी है।

गर क़ुबूल अज़तरफ़[37] ज़हे-अज़ो-शर्फ़[38]

आपका बरख़ुर्दार भतीजा
सआदत हसन मंटो
21 फ़रवरी, 1954

1. आदर के साथ प्रणाम; 2. प्रार्थना-पत्र; 3. आस्था; 4. समझौता; 5. सुदृढ़ता; 6. सुसज्जित; 7. इबादत करने की मालाएँ; 8. वह कपड़ा जिस पर खड़े होकर नमाज पढ़ते हैं; 9. बहुत अच्छा ख़िजाब; 10. भेंट; 11. आँखों के इशारे; 12. भेंट , तोहफ़ा; 13. लकड़ी का स्टैंड, जिसपर कुरआन रखते हैं; 14. नृत्य; 15. संक्षिप्त रूप; 16. घटाना, कम करना; 17. शुरुआत; 18. आजमाए हुए; 19. विशेषज्ञ; 20. आधा; 21. तुकांत; 22. कमरबंद; 23. स्वयं; 24. दृष्टिकोण; 25. सहायता; 26. जो चुंबन से न मिटे; 27. लोकप्रिय; 28. शौक़ ; 29. द्वारा; 30. अच्छे तरीक़े से; 31. शुभकामना; 32. उपजाऊ; 33. बिजली के बल्ब; 34. पाउडर, चूर्ण; ; 35. निर्देश; 36. महिलाओं; 37. ओर से, ; 38. सौभाग्य।

पाँचवाँ ख़त

मोहतरमी चचाजान,

तस्लीमात !

मैं अब तक आपको 'प्यारे चचाजान' से ख़िताब करता रहा हूँ, पर अब की दफ़ा मैंने 'मोहतरमी चचाजान' लिखा है, इसलिए कि मैं नाराज़ हूँ—नाराज़ी का बायस यह है कि आपने मुझे मेरा तोहफ़ा, एटम बम, अभी तक नहीं भेजा है । बताइए, यह भी कोई बात है ।

सुना था कि बाप से ज़्यादा चचा बच्चों से प्यार करता है, लेकिन ऐसा मालूम होता है कि आपके अमरीका में ऐसा नहीं होता—मगर वहाँ बहुत-सी ऐसी बातें नहीं होतीं, जो यहाँ होती हैं । मिसाल के तौर पर यहाँ आए दिन वज़ारतें बदलती हैं, जबकि आपके यहाँ ऐसा कोई सिलसिला नहीं होता—यहाँ नबी पैदा होते हैं, वहाँ नहीं होते । यहाँ उनके माननेवाले वज़ीरे-ख़ारजा[1] बनते हैं । इस पर मुल्क में हंगामे बरपा होते हैं, मगर कोई सुनवाई नहीं होती । इन हंगामों पर तहक़ीक़ाती कमीशन बैठता है और उसके ऊपर कोई और बैठ जाता है । वहाँ इस क़िस्म की कोई दिलचस्प बात नहीं होती ।

चचाजान, मैं आपसे पूछता हूँ, आप अपने यहाँ नबी क्यों पैदा नहीं होने देते ? ख़ुदा की क़सम, एक पैदा कर लीजिए, बड़ी तफ़्रीह रहेगी । बुढ़ापे में वह आपकी लाठी का काम देगा और इस लाठी से आप अमरीका की सारी भैंसें हाँक सकेंगे—भैंसें तो यक़ीनन आपके यहाँ ज़रूर होंगी ।

अगर आप नबी पैदा करने में किसी वजह से माज़ूर हों तो मुझे हुक्म दीजिए । मैं मिर्ज़ा बशीरुद्दीन महमूद साहब से गुज़ारिश करूँगा । वह अपना शाहज़ादा भेज देंगे—जल्दी लिखिएगा । ऐसा न हो, आपके दुश्मन रूस से माँग आ जाए और आप मुँह देखते रह जाएँ ।

बात एटम बम की थी, जो मैंने आपसे तोहफ़े के तौर पर माँगा था और मैं नबी और नबीज़ादों की तरफ़ चला गया—हाँ, कितनी मामूली बात थी । मैंने सिर्फ़ एक छोटा, बहुत ही छोटा एटम बम माँगा था, जिससे मैं एक ऐसे आदमी को उड़ा सकता, जो मुझे अपनी घेरेदार शलवार के अंदर हाथ डालकर ढेला लगाता नज़र आता है—लेकिन ऐसा मालूम होता है कि आपने मेरी ख़्वाहिश की शिद्दत[2] को महसूस नहीं किया, या शायद आप हाइड्रोजन बमों के तज्रबात में मश्ग़ूल थे ।

चचाजान, यह हाइड्रोजन बम क्या बला है—आठवीं जमाअत में हमने पढ़ा था कि

हाइड्रोजन एक गैस होती है, हवा से हल्की—आप इस कुर्रा-ए-अर्ज़[3] के सीने से किस मुल्क का बोझ हल्का करना चाहते हैं—रूस का ?

मगर सुना है, वह कमबख़्त नाइट्रोजन बम बना रहा है—आठवीं जमाअत ही में हमने पढ़ा था कि नाइट्रोजन एक गैस होती है, जिसमें आदमी ज़िंदा नहीं रह सकता—मेरा ख़याल है, आप इसके जवाब में आक्सीजन बम बना दें—आठवीं जमाअत में हमने पढ़ा था कि नाइट्रोजन और आक्सीजन गैसें जब आपस में मिलती हैं तो पानी बन जाता है—क्या ही मज़ा आएगा—उधर रूस नाइट्रोजन बम फेंकेगा, इधर आप आक्सीजन बम। बाक़ी दुनिया पानी में डुबकियाँ लगाएगी।

ख़ैर यह तो मज़ाक़ की बात थी—सुना है, आपने हाइड्रोजन बम सिर्फ़ इसलिए बनाया है कि दुनिया में मुकम्मल अमनो-अमान क़ायम हो जाए—यूँ तो अल्लाह की अल्लाह ही बेहतर जानता है, लेकिन मुझे आपकी बात का यक़ीन है। एक इसलिए कि मैंने आपका गंदुम खाया है, और फिर मैं आपका भतीजा हूँ—बुज़ुर्गों की बात यूँ भी छोटों को फ़ौरन माननी चाहिए, लेकिन मैं पूछता हूँ, अगर आपने दुनिया में अमनो-अमान क़ायम कर दिया तो दुनिया कितनी छोटी हो जाएगी। मेरा मतलब है, कितने मुल्क सफ़हा-ए-हस्ती[4] से नेस्तोनाबूद हो जाएँगे—मेरी भतीजी जो स्कूल में पढ़ती है, कल मुझसे दुनिया का नक़्शा बनाने को कह रही थी। मैंने उससे कहा : "अभी नहीं ··· पहले मुझे चचाजान से बात कर लेने दो ··· उनसे पूछ लूँ, कौन-सा मुल्क रहेगा और कौन-सा नहीं रहेगा, फिर तुम्हारे लिए नक़्शा बना दूँगा।"

ख़ुदा के लिए रूस को सबसे पहले उड़ाइएगा—उससे मुझे ख़ुदा वास्ते का बैर है।

सात-आठ दिन हुए, रूस के फ़नकारों का एक वफ़्द[5] आया था। ख़ैरसिगाली[6] करके, मेरा ख़याल है, अब वापस चला गया है। इस वफ़्द में नाचने और गानेवालियाँ थीं, जिन्होंने नाच-गाकर हमारे सादा लोह पाकिस्तानियों का दिल मोह लिया—अब आप इसके तोड़ में जब तक वहाँ से कोई ऐसा गाता-बजाता, नाचता-थिरकता ख़ैरसिगाली वफ़्द नहीं भेजेंगे, काम नहीं चलेगा।

मैंने आपसे पहले भी कहा था कि हालीवुड की चंद मिलियन डालर टाँगोंवाली लड़कियाँ यहाँ रवाना कर दीजिए, मगर आपने अपने कम अक़्ल भतीजे की इस बात पर कोई ग़ौर न किया और हाइड्रोजन बम के तज्रबों में मसरूफ़ रहे। क़िबला, जादू वह है, जो सर चढ़कर बोले।

ज़रा अपने सिफ़ारतख़ाने[7] मुतअय्यैना पाकिस्तान से पूछिए—यहाँ हर एक की ज़बान पर तामारा ख़ानम और मादाम आशूरा का नाम है।

यहाँ का एक बहुत बड़ा उर्दू अख़बार 'ज़मींदार' है। इसके एडिटर बड़े ज़ाहिद[8] ख़ुश्क क़िस्म के नौजवान हैं। उन पर इस रूसी वफ़्द ने इतना असर किया कि नस्र[9] में शाइरी करने लगे। एक पैरा मुलाहिज़ा फ़रमाइए :

> जब वह गा रही थी तो खचाखच भरे हुए ओपन एयर थिएटर में सामइन के साँस लेने की आवाज़ साफ़ सुनाई दे रही थी। थिएटर पर झुका हुआ तारों

भरा आसमान और स्टेज के चारों तरफ़ उभरे हुए सरसब्ज़ दरख़्त भी दम-ब-ख़ुद थे और गंभीर सन्नाटे में एक कोयल कूक रही थी। उसकी तेज़, गहरी और रूह को चीर देनेवाली आवाज़ तारीक[10] रात के सीने में जाबजा[11] अनदेखी रोशनी के गहरे घाव डाल रही थी।

पढ़ लिया आपने ?

चचाजान, यह मामला बहुत संगीन है। हाइड्रोजन बमों को फ़िलहाल छोड़िए और इस तरफ़ तवज्जोह दीजिए—आपके पास क्या हसीनाओं की कमी है। चश्मे-बद्दूर[12], एक-से-एक पटाख़ा-सी मौजूद है, लेकिन मैं आपको एक मशवरा दूँगा—जितनी भेजिएगा, सबकी टाँगें मिलियन डालर क़िस्म की हों और वह हमारे पाकिस्तानी मर्दों को बोसा देने से न घबराएँ—मैं आपसे वादा करता हूँ कि अगर आपने एक जहाज़ भर कोलीनूस टूथपेस्ट भेज दी तो मैं सबके दाँत साफ़ करा दूँगा। उनके मुँह से बू नहीं आएगी।

आप मेरी बात मान गए तो मैं आपकी सात आज़ादियों की क़सम खाके कहता हूँ कि रूसवालों के छक्के छूट जाएँगे और तामारा ख़ानम और मादाम आशूरा टापती रह जाएँगी और 'ज़मींदार' के एडिटर को दिन में तारे नज़र आने लगेंगे। लेकिन चचाजान, एक बात सुन लीजिए। अगर आपने एलिज़ाबेथ टेलर को भेजा तो उसके बोसे सिर्फ़ मेरे लिए वक़्फ़ होंगे। मुझे उसके होंठ बहुत पसंद हैं।

हाँ, इस ख़ैरसिगाली वफ़्द में कहीं उस हब्शी गवैए पाल राब्सन को आप शामिल कर लें—साला कम्युनिस्ट है। मुझे हैरत है, आपने उसे अभी तक ईस्ट अफ़्रीका क्यों नहीं भेजा ! वहाँ उसे बड़ी आसानी से माव टाव की तहरीक में माख़ूज़[13] करके गोली से उड़ाया जा सकता है।

मैं इस ख़ैरसिगाली वफ़्द का बेचैनी से इंतज़ार करूँगा और 'नवाए-वक़्त' के मुदीर से कहूँगा कि वह अभी से इसका प्रोपेगंडा शुरू कर दे। बड़ा नेक और बरख़ुर्दार क़िस्म का आदमी है। मेरी बात नहीं टालेगा—वैसे आप उसे तोहफ़े के तौर पर रीटा हेवर्थ की ऑटोग्राफ़्ड[14] तसवीर भिजवा दीजिएगा। बेचारा इसी में ख़ुश हो जाएगा।

मैं यह भी वादा करता हूँ कि जब आपका यह ख़ैरसिगाली वफ़्द लाहौर में आएगा तो मैं उसे हीरा मंडी की सैर कराऊँगा, शोरिश काश्मीरी साहब को मैं साथ ले चलूँगा कि वह इस इलाक़े के पीर हैं—हाल ही में आपने इस इलाक़े पर एक किताब भी लिखी है, जिसका उनवान 'उस बाज़ार में' है—आप अपने सिफ़ारतख़ाने को हुक्म दीजिए कि वह आपको शोरिश काश्मीरी साहब की किताब का तर्जुमा[15] कराके भेज दे। यहाँ एक-से-एक दुरुख़्शिंदा-ओ-ताबंदा[16] हीरा पड़ा है, हर तराश का और हर वज़न का।

अब और बातें शुरू करता हूँ।

पाकिस्तान को आपके फ़ौजी इमदाद देने के फ़ैसले और मशरिक़ी बईद[17] के दीगर मसाइल पर भारत और आपके इख़्तिलाफ़ात[18] पर पंडित नेहरू ने पिछले दिनों जो ज़बर्दस्त नुक़्ताचीनी की थी, सुना है, उसका यह रद्दे-अमल हुआ है कि आपके मुल्क की हिकमते-

अमली में एक नया रुजहान[19] तरक़्क़ी कर रहा है। बाज़ की राय है कि अमरीका भारत को अपने अज़ाइम[20] के मुताल्लिक़ इत्मीनान दिलाने की ज़रूरत से ज़्यादा कोशिश कर रहा है।

आपके जनूबी[21] एशियाई और अफ़्रीक़ी मामलात के आला अफ़सर—क्या नाम है उनका—हाँ, मिस्टर जान जोनीगंज़ ने अपने एक बयान में भारत के लिए अपने मुल्क के ख़ैरसिगाली जज़्बात की तर्जुमानी[22] की है। इसका तो यह मतलब निकलता है कि वाशिंगटन अब नई दिल्ली का एतिमाद[23] हासिल करने के लिए तड़प रहा है।

जहाँ तक मैं समझा हूँ, पाकिस्तान और भारत को ख़ुश रखने से आपका वाहिद मक़सद यही है कि जहाँ कहीं भी आज़ादी और जम्हूरियत का टिमटिमाता दीया जल रहा है, उसे फूँक से न बुझाया जाएगा बल्कि उसको तेल दिया जाए, तेल में डुबो दिया जाए ताकि वह फिर कभी अपने तिश्ना लबी[24] का शिकवा न करे—है ना चचाजान!

आप पाकिस्तान को आज़ाद देखना चाहते हैं, इसलिए कि आपको दर्रा-ए-ख़ैबर से बे-हद प्यार है, जहाँ से हमलाआवर सदियों से हम पर हमला करते रहे हैं। असल में दर्रा-ए-ख़ैबर है भी बहुत ख़ूबसूरत चीज़। इससे प्यारी और ख़ूबसूरत चीज़ पाकिस्तान के पास और है भी क्या?

और भारत को आप इसलिए आज़ाद देखना चाहते हैं कि पोलैंड, चेकोस्लोवाकिया और कोरिया में रूस की ज़ारहाना[25] कार्रवाइयाँ देखकर आपको हर दम इस बात का खटका रहता है कि यह सुर्ख़ मम्लुकत[26] कहीं भारत में भी दरांतियाँ और हथौड़े चलाना शुरू न कर दे—ज़ाहिर है कि भारत की आज़ादी ख़ुदा ना ख़्वास्ता छिन गई तो कितना बड़ा अलमिया[27] होगा। इसका तसव्वुर करते ही आप काँप उठते होंगे।

आपकी तारोंवाली ऊँची टोपी की क़सम, आप-ऐसा मुख़्लिस[28] इंसान कभी पैदा हुआ है और न होगा—ख़ुदा आपकी उम्र दराज़ करे और आपकी सात आज़ादियों को दिन दुगनी और रात चौगुनी तरक़्क़ी दे।

यहाँ एक इलाक़ा है मग़रिबी[29] पंजाब। इसके वज़ीरेआला हैं फ़ीरोज़ ख़ाँ नून—उनकी बेगम एक अंग्रेज़ ख़ातून हैं—आपने उनका नाम तो सुना होगा। हाल ही में आपने अपने दौलतकदे पर, जो पंचौली फ़िल्म स्टूडियो के आगे है, एक कान्फ्रेंस बुलाई। इसमें आपने मुस्लिम लीग के, जिसे मशरिक़ी पाकिस्तान में शिकस्ते-फ़ाश हुई है, कारकूनों[30] को मश्वरा दिया कि वह अपने-अप े इलाक़ों में इश्तिराकियों[31], यानी सुर्ख़ों के मुक़ाब्ले के लिए जद्दो-जहद करें।

देखिए चचाजान, आप फ़ौरन फ़ीरोज़ ख़ाँ नून साहब का शुक्रिया अदा कीजिए और ख़ैरसिगाली तौर पर उनकी बेगम साहिबा के लिए हालीवुड के सिले हुए दो-तीन हज़ार फ़्राक भेज दीजिए—कहीं आपने भेज तो नहीं दिए? मैं भूल गया था, क्योंकि अब वह साड़ी पहनती हैं।

बहरहाल नून साहब का इश्तिराकियत दुश्मन होना बड़ी नेक फ़ाल[32] है, क्योंकि कामरेड फ़ीरोज़उद्दीन मनसूर फिर जेल में होगा। मुझे उसका हर वक़्त दमे के मर्ज़ में

गिरफ़्तार रहना एक आँख नहीं भाता।

अब मैं आपको एक बड़ा अच्छा मश्वरा देता हूँ—हमारी हुकूमत ने हाल ही में कामरेड सिब्ते हसन को जेल से रिहा किया है। आप उसको अग़वा करके ले जाइए। मेरा दोस्त है, लेकिन मुझे डर लगता है कि वह अपनी प्यारी-प्यारी नर्म-नर्म बातों से एक रोज़ मुझे ज़रूर कम्युनिस्ट बना लेगा—मैं इतना डरपोक नहीं कि कम्युनिस्ट हो जाने पर मेरा कुछ बिगड़ जाएगा, मगर आपकी इज़्ज़त पर हर्फ़ आने का ख़याल है। लोग क्या कहेंगे! आपका भतीजा और ऐसे बुरे दलदल में जा धँसा—मेरी इस बरख़ुर्दारी पर एक शाबाशी तो भेजिए।

अब मैं अहवाले-रोज़गार[33] की तरफ़ आता हूँ—चचाजान, आपकी रीश मुबारक की क़सम, दिन बहुत बुरे गुज़र रहे हैं। इतने बुरे गुज़र रहे हैं कि अच्छे दिनों के लिए दुआ माँगना भी भूल गया हूँ। यह समझिए कि बदन पर लत्ते झूलने का ज़माना आ गया है। कपड़ा इतना महँगा हो गया है कि जो ग़रीब हैं, उनको मरने पर कफ़न भी नहीं मिलता, और जो ज़िंदा हैं, वह तार-तार लिबास में नज़र आते हैं—मैंने तो तंग आकर सोचा है कि एक 'नंगा क्लब' खोल दूँ, लेकिन सोचता हूँ, नंगे खाएँगे क्या—एक-दूसरे का नंग? और वह भी इतना करीह होगा कि लुक़मा उठाते ही वहीं रख देंगे।

कोई वीरानी-सी वीरानी है, कोई नंगी-सी नंगी है, कोई तुर्शी-सी तुर्शी है, लेकिन चचाजान, दाद दीजिए :

गो मैं रहा रहीने सितम हाय रोज़गार
लेकिन तेरे ख़याल से ग़ाफ़िल न रहा

लेकिन छोड़िए इस क़िस्से को—आप ख़ुश गुलू[34], ख़ुश अंदाम[35] और ख़ुश ख़राम[36] हसीनों का वह ख़ैरसिगाली वफ़्द भेज दीजिए। हम इस ग़ुर्बत में भी अपना जी पिशौरी कर लेंगे।

फ़िलहाल आप एलिज़ाबेथ टेलर के होंठों का एक प्रिंट भेज दीजिए। ख़ुदा आपको ख़ुश रखे।

आपका ताबेदार भतीजा
सआदत हसन मंटो
31, लक्ष्मी मैन्शंज़, हॉल रोड, लाहौर

---

1. विदेश मंत्री; 2. अधिकता, तीव्रता; 3. पृथ्वी का गोला; 4. प्राणियों के अस्तित्व; 5. दल; 6. शुभकामना; 7. दूतावास; 8. संयमी; 9. गद्य; 10. अँधेरी; 11. जगह-जगह; 12. बुरी नज़र न लगे; 13. गिरफ़्तार; 14. हस्ताक्षरित; 15. अनुवाद; 16. चमकता हुआ; 17. पूर्वी ऊँट; 18. मतभेदों; 19. रुचि; 20. प्रतिज्ञाएँ; 21. दक्षिणी; 22. अनुवाद; 23. विश्वास; 24. बहुत प्यासा; 25. हानिकारक; 26. राष्ट्र; 27. कष्ट; 28. निष्कपट, सज्जन; 29. पश्चिमी; 30. कार्यकर्त्ताओं; 31. कम्युनिस्टों; 32. शगुन; 33. जीविका की स्थिति; 34. सुरीली आवाज़वाली; 35. ख़ूबसूरत; 36. सुंदर चालवाली।

सातवाँ ख़त

चचाजान,

आदाओ-तस्लीमात।

माफ़ कीजिएगा, मैं इस वक़्त अजीब मख़मसे[1] में गिरफ़्तार हूँ। मेरे पिछले ख़त की रसीद मुझे अभी तक नहीं मिली। क्या वजह है ?

वह मेरा छटा ख़त था और मैंने उसे अहमद राही के हाथों पोस्ट करवाया था—डर है, कहीं गुम न हो गया हो !

यह दुरुस्त है कि हमारे यहाँ बाज़ औक़ात अगर लाहौर से शेख़ूपुरा कोई ख़त भेजा जाए तो ढाई-तीन साल के अर्से में पहुँचता है और यह महज़ छेड़ ख़ूबाँ[2] से चली जाए असद के तौर पर दानिस्ता[3] किया जाता है, लेकिन आपके साथ ऐसी दिल्लगी का ख़याल भी हमारे डाकख़ाने के महकमे को कभी नहीं आ सकता, इसलिए कि वह सबका-सब आपका मुफ़्त भेजा हुआ गंदुम खा चुका है।

जहाँ तक मैं समझता हूँ, सारी कारस्तानी रूस की है और इसमें भारत का भी हाथ है—पिछले दिनों लखनऊ में आपके इस बरख़ुर्दार भतीजे पर एक सिंपोज़ियम[4] हुआ था। उसमें किसी ने कहा था कि मैं आपके अमरीका के लिए अपने पाकिस्तान में ज़मीन हमवार कर रहा हूँ।

कितनी टुच्ची बात है—अभी तक आपने बुलडोज़र भेजे नहीं हैं और यह बात सारी दुनिया जानती है—मैं भारत के उस अक़्ल के अंधे से पूछता हूँ कि मैं अमरीका के लिए पाकिस्तान में ज़मीन किस चीज़ से हमवार कर रहा हूँ ? अपने सर से !

मेरी बातें बहुत देर के बाद आपकी समझ में आती हैं, सिर्फ़ इसलिए कि आप हाइड्रोजन बमों के तजरबात में मसरूफ़ हैं। आपको दीन का होश है न दुनिया का—क़िबला, इन बमों को छोड़िए। यह कोई मामूली बात नहीं है कि मेरा छटा ख़त कम्युनिस्ट बाला बाला ले उड़ें।

मेरे बस में होता तो मैं इन शरारतपसंदों के ऐसे कान ऐंठता कि बिलबिला उठते, मगर मुसीबत यह है कि मैं—अब आपको क्या बताऊँ—यहाँ के सारे बड़े-बड़े कम्युनिस्ट मेरे दोस्त हैं। मिसाल के तौर पर अहमद नदीम क़ासमी, सिब्ते हसन, अब्दुल्ला मलिक—हालाँकि मुझे इससे नफ़रत है, बड़ा घटिया क़िस्म का कम्युनिस्ट है—

फ़ीरोज़उद्दीन मनसूर, अहमद राही, हमीद अख़्तर, नाज़िश काश्मीरी और प्रोफ़ेसर सफ़दर।

चचाजान, मैं इन लोगों के सामने चूँ नहीं कर सकता, इसलिए कि मैं इनसे आए दिन क़र्ज़ लेता रहता हूँ। आप समझ सकते हैं कि मक़्रूज़ क़र्ज़ख़्वाह के सामने कुछ बोल नहीं सकता—आपने मुझे क़र्ज़ तो कभी नहीं दिया, अलबत्ता शुरू-शुरू में जब मैंने आपको पहला ख़त लिखा था तो उससे मुतास्सिर होकर आपने ख़ैरसिगाली तौर पर मुझे माली इमदाद भेजी थी, यानी तीन सौ रुपए भिजवाए थे। और मैंने आपके इस जज़्बे से मुतास्सिर[5] होकर दिल में यह अहद कर लिया था कि उम्र भर आपका साथ दूँगा, मगर आपने मेरे इस जज़्बे की दाद न दी और माली इमदाद का सिलसिला बंद कर दिया।

प्यारे चचाजान, मुझे बताइए, मुझसे कौन-सा गुनाह सरज़द[6] हुआ है कि आप मुझे सज़ा दे रहे हैं—लाहौर में जो आपका दफ़्तर है, उसके चपड़ासी भी मुझसे सीधे मुँह बात नहीं करते। दो-तीन जूनियर अफ़सर, जो मेरे पाकिस्तानी भाई हैं, उनमें आपने ऐसे सुर्ख़ाब के पर लगा दिए हैं कि वह मेरा नाम सुनते ही मुझे गालियाँ देना शुरू कर देते हैं।

आख़िर मेरा क़ुसूर?

मैंने अगर ख़ुलूसनियती[7] से तस्लीम किया कि आपने मेरी माली इमदाद की है तो इसमें आपके मुलाज़िमों ने क्या क़बाहत[8] देखी—भारत को आप करोड़ों डालर दे चुके हैं और वह तस्लीम करता है। मेरे पाकिस्तान को आपने मुफ़्त गंदुम भेजा और वह ग़रीब भी तस्लीम करता है—कराची में हम लोगों ने ऊँटों का जुलूस निकाला और बाक़ायदा इश्तिहारबाज़ी की कि आपने हम पर बहुत बड़ा करम किया है। यह जुदा बात है कि आपका भेजा हुआ गंदुम हज़्म करने के लिए हमें अपने मेदे अमरीकियाने[9] पड़े।

मेरी समझ में नहीं आता कि आप क्यों भारत को अरबों डालर क़र्ज़ दे रहे हैं। पाकिस्तान को फ़ौजी इमदाद देने का भी अपने वादा किया है—आप मेरा वज़ीफ़ा क्यों नहीं लगा देते। लोग क्या कहेंगे कि पाकिस्तान के इतने बड़े अफ़सानानिगार को सिर्फ़ तीन सौ रुपए देकर आपने हाथ रोक लिया। यह मेरी हतक है और आपकी भी। अगर आप वज़ीफ़ा नहीं देना चाहते तो न दें, पर क़र्ज़ में क्या मुज़ायक़ा[10] है। अज़ राहे-करम फ़ौरन एक लाख डालर मुझे क़र्ज़ दे डालिए ताकि मैं इत्मीनान के दो साँस ले सकूँ।

आग़ा ख़ाँ को तो आप जानते ही होंगे, क्योंकि वह भी बहुत बड़ा सरमाएदार है। उसकी हाल ही में प्लेटीनम जुबली मनाई गई थी—मेरा जी चाहता है कि मेरी भी एक जुबली हो जाए—आप मेरे प्यारे-प्यारे, बहुत ही प्यारे चचा हैं। आपसे चोंचले न बघारूँ तो क्या अपने मुल्क के वज़ीरे-आज़म मुहम्मद अली साहब से बघारूँ—ख़ुदा के लिए मेरी एक जुबली कर डालिए ताकि क़ब्र में मेरी रूह बेचैन न रहे।

पाकिस्तान, मेरा पाकिस्तान अपने फ़नकारों की क़दरदानी में ग़ाफ़िल[11] नहीं, लेकिन मुसीबत यह है कि मुझसे जो ज़्यादा हक़दार हैं, उनकी फ़ेहरिस्त बहुत लंबी है—पिछले दिनों मेरी हुकूमत ने ख़ान बहादुर मुहम्मद अब्दुलरहमान चुग़ताई के लिए पाँच सौ रुपए माहवार ताहयात[12] का वज़ीफ़ा मुक़र्रर किया। ख़ान बहादुर साहब अल्लाह के फ़ज़्ल[13] से

साहबे-जायदाद हैं, इसलिए वह मुझसे कहीं ज़्यादा मुस्तहिक़ थे—इसके बाद ख़ान बहादुर अबुल असर हफ़ीज़ जालंधरी साहब के लिए भी ताहयात इतना ही वज़ीफ़ा मंज़ूर किया गया, इसलिए कि वह भी साहबे-सरवत[14] हैं।

मेरी बारी ख़ुदा मालूम कब आएगी, इसलिए कि मैं अलाटशुदा मकान में रहता हूँ, जिसका किराया भी मैं अदा नहीं कर सकता।

बहुत से मुस्तहक़[15] असहाब पड़े हैं। मिसाल के तौर पर मियाँ बशीर अहमद बी. ए., मुदीर माहनामा 'हुमायूँ', साबिक़ सफ़ीर तुर्की, सैयद इम्तियाज़ अली ताज; मिस्टर इकराम, पी. सी. एस.; फ़ज़्ल अहमद करीम फ़ज़्ली; वग़ैरह-वग़ैरह—इन सबका नंबर पहले आता है, इसलिए कि इनको किसी वज़ीफ़े की एहतियाज[16] नहीं। लेकिन मेरी हुकूमत का दिल साफ़ है। वह ख़िद्‌मात देखती है, दौलत नहीं देखती।

वैसे मैंने कौन-सा इतना बड़ा काम किया है जो इन लोगों को छोड़कर मेरी हुकूमत अपनी तवज्जोह मेरी तरफ़ मुन्अतिफ़[17] करे और ईमान की बात तो यह है कि मैं सिर्फ़ इस बलबूते पर कि आपका भतीजा हूँ, आपसे दरख़्वास्त कर रहा हूँ कि मेरी कोई जुबली कर डालिए।

मेरी ज़िंदगी के दिन बहुत मुख़्तसर हैं। आपको दुख तो होगा मगर मैं क्या कहूँ कि इस इख़्तिसार[18] के बायस आपकी ज़ाते-शरीफ़[19] है। अगर आपको मेरी सेहत का ख़याल होता तो आप और कुछ नहीं तो कम-अज़-कम वहाँ से एलिज़ाबेथ टेलर ही को मेरे पास भेज देते कि वह मेरी तीमारदारी करती। मालूम नहीं, आप क्यों इतनी ग़फ़लत बरत रहे हैं। क्या आप मेरी मौत चाहते हैं, या कोई और बात है, जिसे आपने राज़ बना के रख छोड़ा है?

मगर यह राज़ अब राज़ नहीं कि मेरे मुल्क में कम्युनिज़्म बड़ी तेज़ी से फैल रहा है—आपसे क्या छुपाऊँ, बाज़ औक़ात मेरा भी जी चाहता है कि सुर्ख़ पर लगाकर सुर्ख़ा बन जाऊँ। अब आप ही फ़रमाइए, यह कितनी ख़तरनाक ख़्वाहिश है! इसीलिए, मेरे बुज़ुर्गवार, मैंने आपको यह मश्वरा दिया था कि रूसियों के सक़ाफ़ती[20] वफ़्द के तोड़ में वहाँ से 'पिन अप गर्ल्ज़'[21] का एक ख़ैरसिगाली वफ़्द रवाना कर दीजिए—सावन के दिन आनेवाले हैं। इस मौसम में हम लोग बड़े रोमांटिक हो जाते हैं। मेरा ख़याल है, अगर आप का इर्साल[22] कर्दा वफ़्द इस मौसम में आए तो बहुत अच्छा रहेगा। इसका नाम 'बर्शगाली वफ़्द'[23] रख दीजिएगा।

चचाजान, मैंने एक बड़ी तश्वीशनाक[24] ख़बर सुनी है कि आपके यहाँ तिजारत और सनअत[25] बड़े नाज़ुक दौर से गुज़र रही है। आप तो माशाल्लाह अक़्लमंद हैं, लेकिन एक बेवक़ूफ़ की बात भी सुन लीजिए—यह तिजारती और सनअती बोहरान[26] सिर्फ़ इसलिए पैदा हुआ है कि आपने कोरिया की जंग बंद कर दी है। यह बहुत बड़ी ग़लती थी। अब आप ही सोचिए कि आपके टैंकों, बम बार हवाई जहाज़ों, तोपों और बंदूक़ों की खपत कहाँ होगी?

इसमें कोई शक नहीं कि आलमी राय आमा की शदीद[27] मुख़ालफ़त की बिना पर आपको जंग बंद करना पड़ी है, लेकिन आलमी राय आमा आपके सामने क्या हक़ीक़त

रखती है। मेरा मतलब है, सारा आलम आपके एक हाइड्रोजन बम का क्या मुक़ाबला कर सकता है–कोरिया की जंग आपने बंद कर दी है। यह बहुत बड़ी ग़लती थी। ख़ैर इसको छोड़िए, आप हिंदुस्तान और पाकिस्तान में जंग शुरू करा दीजिए। कोरिया की जंग के फ़ायदे इस जंग के फ़ायदों के सामने मांद न पड़ गए तो मैं आपका भतीजा नहीं।

क़िबला, ज़रा सोचिए। यह जंग कितनी मन्फ़अतबख़्श[28] तिजारत होगी। आपके तमाम असलहसाज़[29] कारख़ाने डबल शिफ़्ट पर काम करने लगेंगे। भारत भी आपसे हथियार ख़रीदेगा और पाकिस्तान भी। आपकी पाँचों उँगलियाँ घी में होंगी और सिर कड़ाहे में।

वैसे आप हिंद-चीनी में जंग जारी रखिए। लोगों को तलक़ीन[30] करते रहिए कि यह बड़ा नेक काम है–फ़्रांसीसी अवाम और फ़्रांसीसी हुकूमत जाए जहन्नम में। वह इस जंग के खिलाफ़ हैं तो हुआ करें। हमें कोई परवा नहीं करनी चाहिए। आख़िर हमारा मक़सद तो दुनिया में अमनो-अमान क़ायम करना है, क्यों चचाजान!

मुझे आपके मिस्टर डलेस का यह कहना बहुत पसंद आया है कि आज़ाद दुनिया का मक़सद कम्युनिज़्म को शिकस्त देना है–यह है हाइड्रोजन बम की पुर-अज़-हुर्रियत[31] ज़बान।

जाहिल लोग यह कहते हैं के मग़रिबी इत्तिहाद[32] का मक़सद दूसरी अक़वाम[33] के दरमियान इख़्तिलाफ़ात को ताक़त के बग़ैर हल करना होना चाहिए–मैं पूछता हूँ, ताक़त के बग़ैर कोई इख़्तिलाफ़ आज तक हल हुआ है–आजकल तो सारी दुनिया इख़्तिलाफ़ात से भरी पड़ी है और इसका हल इसके सिवाय और क्या हो सकता है कि दुनिया को मुकम्मल तबाही की तसवीर पेश कर दी जाए और उससे कहा जाए : "तुम सब अपने घुटने टेक दो।"

बरतानिया के मिस्टर बेवन का मुँह आप क्यों बंद नहीं करते। आपकी बिल्ली और आप ही से म्याऊँ। ख़रज़ात आपके ख़िलाफ़ ज़हर उगल रहा है। आपके मिस्टर डलेस के मुताल्लिक़ कहता है कि वह जदीदतरीन[34] ख़यालात से बेबहरा और दुनिया को हाइड्रोजन बम से डरा-धमकाकर अपना उल्लू सीधा करते हैं–उल्लू कहीं का।

चचाजान, मुझे बड़ा ताव आता है, जब बरतानिया का कोई मसख़रा आपके ख़िलाफ़ ऊल-जलूल बकता है–मेरी मानिए, जज़ाइर[35] बरतानिया ही को सफ़हा-ए-हस्ती से नेस्तोनाबूद कर दीजिए। अलुलअज़्म[36] लोगों के लिए यह टापू हमेशा दर्दे-सर बने रहे हैं। अगर आप इनको उड़ाना नहीं चाहते तो वह बीस मील लंबी खाई पाट दीजिए जो बरतानिया अज़्मईन[37] को यूरोप से जुदा करती है। अल्लाह बख़्शे, नेपोलियन बोनापार्ट और हर हिटलर को इससे बड़ी चिढ़ थी। अगर यह न होती तो आज मिस्टर बेवन भी न होते और बहुत मुमकिन है, आप भी ग़फ़रुल्लाह[38] हो गए होते। जो परेशानियाँ अब आपको उठाना पड़ रही हैं, उनसे आपको यक़ीनन नजात मिल गई होती।

मैं आपसे सच कहता हूँ, आगे चलकर आपको यह बरतानिया बहुत तंग करेगा। 'मैं तो कंबल को छोड़ता हूँ, कंबल ही मुझे नहीं छोड़ता' वाला मामला हो जाएगा–पिछली जंग में

जर्मनी ने इटली को अपने साथ मिलाया, ग़रीब मुसीबत में गिरफ़्तार हो गया और लेने-के-देने पड़ गए—आप इस चक्कर में न पड़िएगा। बस अपने उसी पुराने उसूल पर क़ायम रहिए: "कैश एंड कैरी।"

रोदबारे-इंगलिस्तान[39] को पुर करके योरोप से मिलाने का मनसूबा आप यह ख़त मिलते ही बना लें। मेरा ख़याल है, आपके इंजीनियर एक महीने के अंदर-अंदर इस काम से ओहदाबरा[40] हो जाएँगे।

मैंने असल में यह ख़त आपको इसलिए लिखा था कि आप मेरी कोई जुबली मनाएँ, क्योंकि मुझे इसका बड़ा शौक़ है।

मुझे लिखते हुए पच्चीस बरस होने को आए हैं—मैं चोंचला ही सही, लेकिन मैं आपसे दरख़्वास्त करता हूँ और गिड़गिड़ाकर कहता हूँ कि और कुछ नहीं तो मेरी एक जुबली मना डालिए।

चूँकि मेरा पेशा लिखना है, इस मुनासबत[41] से इस जुबली का नाम 'मंटो-पारकर जुबली' होना चाहिए। बस आप मुझे 'पारकर फ़िफ़्टीवन' क़लमों से तुलवा दीजिए—तराज़ू मैं अहसान बिन दानिश की टाल से ले आऊँगा।

मालूम नहीं, एक क़लम का वज़न कितना होता है—मेरा वज़न इस वक़्त एक मन ढाई सेर है, लेकिन जुबली के रोज़ तक यह घटते-घटते एक मन रह जाएगा—अगर आपने देर कर दी तो मुझे बड़ी नाउम्मीदी का सामना करना पड़ेगा, इसलिए कि मेरा वज़न घटते-घटते सिफ़र रह जाएगा।

आप हिसाब लगा लीजिए कि एक मन में 'पारकर फ़िफ़्टीवन' क़लम कितने चढ़ते हैं, लेकिन ख़ुदारा[42] जल्दी कीजिए।

यहाँ सब ख़ैरियत है—मौलाना भाशानी और मिस्टर सहरवर्दी माशाल्लाह दिन-ब-दिन तकड़े हो रहे हैं। आपसे कुछ नाराज़ मालूम होते हैं—मौलाना को आप एक अदद ख़ालिस अमरीकी तस्बीह और मिस्टर सहरवर्दी को एक अदद ख़ालिस अमरीकी कैमरा रवाना कर दें। उनकी नाराज़गी दूर हो जाएगी।

हीरा मंडी की तवाइफ़ें शोरिश काश्मीरी के ज़रिए से मुजरा अर्ज़ करती हैं।

मुवर्रिख़ा 14 अप्रैल, 1954
आपका ताबेफ़रमान[43]
सआदत हसन मंटो
31, लक्ष्मी मैन्शंज़, हॉल रोड, लाहौर

---

1. उलझन; 2. सुंदरियों; 3. जानबूझकर; 4. संगोष्ठी; 5. सच्चे मन से; 6. घटित; 7. बग़ैर लोभ-लालच के; 8. बुराई; 9. अमरीका समर्थक बनाना; 10. आपत्ति, हर्ज; 11. लापरवाह; 12. आजीवन; 13. कृपा; 14. धनवान; 15. सहायता पाने के अधिकारी; 16. आवश्यकता; 17. आकृष्ट; 18. संक्षिप्त; 19. आप स्वयं; 20. सांस्कृतिक: 21. लुभावन लड़कियाँ; 22. भेजा हुआ; 23. बरसाती प्रतिनिधिमंडल; 24. डरावनी

सोचनीय; 25. उद्योग; 26. औद्योगिक संकट; 27. अत्यधिक; 28. लाभदायक; 29. हथियार बनानेवाले; 30. दीक्षा, नसीहत; 31. स्वतंत्र; 32. एकता; 33. क़ौम; 34. आधुनिक; 35. टापुओं; 36. साहसी; 37. संपूर्ण; 38. स्वर्गवासी; 39. नदी व नहरों के जाल से युक्त ब्रिटेन; 40. ज़िम्मेदारी पूरी करके मुक्त; 41. संबंध से; 42. ईश्वर के लिए; 43. आज्ञाकारी सेवक।

आठवाँ ख़त

चचाजान,

तस्लीमो-नियाज़।

उम्मीद है, आपको मेरा सातवाँ ख़त मिल गया होगा। उसके जवाब का मुझे इंतज़ार है।

क्या आपने रूसी सक़ाफ़ती[1] वफ़द के तोड़ में कोई ऐसा ही सक़ाफ़ती और ख़ैरसिगाली वफ़द यहाँ पाकिस्तान में भेजने का इरादा कर लिया है?

मुझे इससे ज़रूर मुत्तला[2] फ़रमाइएगा ताकि इस तरफ़ से मुझे इत्मीनान हो जाए और मैं यहाँ के कम्युनिस्टों को, जो अभी तक रूसी वफ़द की शानदार कामयाबी पर बग़लें बजा रहे हैं, यह ख़बर सुनाकर बरफ़ा[3] दूँ कि मेरे चचाजान रूसी वफ़द से भी कहीं बढ़कर ऐसा वफ़द भेज रहे हैं, जिसमें मिलियन डालर टाँगों और बिलियन डालर जोबनोंवाली लड़कियाँ शामिल होंगी और जिनकी एक झलक देखकर ही उनकी राल टपकने लगेगी।

आपको यह सुनकर ख़ुशी होगी कि हमारे सूबे के वज़ीरे-आला जनाब फ़ीरोज़ ख़ाँ नून साहब मैदाने-अमल में कूद पड़े हैं। आपने पिछले दिनों ज़ेरे-लब[4] सिर्फ़ इतना कहा था : "हमें कम्युनिस्टों की रेशादवानियाँ[5] दबाने की कोशिश करनी चाहिए..." मुबारक हो कि दाबने-दबाने का यह काम शुरू हो चुका है। बिसमिल्लाह कम्युनिस्टों के दफ़्तर पर पुलिस के छापे से हुई है और मैं यह ख़त इसी ख़ुशी में लिख रहा हूँ।

हमारे अख़बार कहते हैं कि बहुत जल्द सुर्ख़ों की भरमार शुरू हो जाएगी—महकमा पुलिस ने गिरफ़्तार किए जानेवालों की फ़ेहरिस्त तैयार कर ली है। अल्लाह ने चाहा तो बहुत जल्द यह फ़ितनासाज़[6] जेलों में होंगे—सबसे पहले अगर कामरेड फ़ीरोज़ुद्दीन मनसूर को क़ैद किया गया तो मुझे बड़ी राहत होगी। उसको दमें की शिकायत है। मैंने सुना है कि जिसको यह मर्ज़ हो, वह मरने का कभी नाम ही नहीं लेता। यह मर्ज़ की अगर ज़्यादती है तो कामरेड मनसूर की भी ज़्यादती है। मेरा ख़याल है कि अगर अब उसे जेल में डाला गया तो वह ज़रूर मर जाएगा। ख़स-कम-जहाँ-पाक।

अहमद नदीम क़ासमी भी यक़ीनन क़ैद हो जाएगा। मियाँ इफ़्तिख़ारुद्दीन ने उसको अपने परचे 'इमरोज़' का एडिटर बनाकर बहुत बड़ा जुर्म किया है। चाहिए तो यह कि मियाँ साहब गिरफ़्तार किए जाएँ, मगर वह बड़े काइयाँ हैं। पुलिस हथकड़ियाँ लेकर

उनकी कोठी पहुँचेगी तो वह मुसकराकर बाहर निकलेंगे और स्टे आर्डर दिखा देंगे। पिछले दिनों 'इमरोज़' और 'पाकिस्तान टाइम्स' के दफ़ातिर में किराए की नादहंदगी[7] के बायस ताले लगने ही वाले थे कि उन्होंने एक स्टे आर्डर मदारी की मानिंद थैले से बाहर निकालकर पुलिस की मुतहैयर[8] आँखों के सामने रख दिया था—बहरहाल अहमद नदीम क़ासमी भी क़ुसूरवार है। उसको ज़रूर सज़ा मिलनी चाहिए। कमबख़्त 'पंजदरिया' का क़लमी नाम रखकर आपकी तारों भरी टोपी उछालता रहता है—मेरी तो यह राय है कि आप छः अमरीकी लड़कियाँ, कुँवारी, उसकी बहनें बना दें। उसको राहे-रास्त पर लाने का यह नुस्ख़ा बहुत मुजर्रब[9] है कि उसे बहनें बनाने का शौक़ है। इस सूरत में उसको जेलख़ाने में ठूँसने की ज़रूरत बाक़ी नहीं रहेगी। जब पाँचों उँगलियाँ घी में और सर कड़ाहे में होगा तो कम्युनिज़्म उसके दिमाग़ से ऐसे ग़ायब होगा जैसे गधे के सिर से सींग।

जूँ ही यहाँ सुर्ख़ों की गिरफ़्तारियाँ अमल में आईं, मैं आपको मुत्तला कर दूँगा। मेरी बरख़ुर्दारियाँ नोट फ़रमाते जाइएगा—अगर आप अच्छे मूड में हों तो मुझे तीन सौ रुपए बतौर क़र्ज़ देना न भूलिएगा। पिछला तीन सौ तो मैंने दो दिन के अंदर-अंदर ही ख़त्म कर डाला था और आपकी यह इनायत क़रीब-क़रीब दो बरस पुरानी हो चुकी है।

मैंने अपने छटे ख़त के मुताल्लिक़, जो आप तक नहीं पहुँचा, तफ़तीश की थी। जैसा कि मुझे शक था, यह सब उन नाहंजार[10] कम्युनिस्टों की शरारत थी—अहमद राही को आप जानते हैं? वही 'तिरंजन' का मुसन्निफ़, जिसको हमारी हुकूमत ने पाँच सौ रुपया इनाम दिया था कि उसने पंजाबी ज़बान में बड़ी प्यारी नज़्में लिखी हैं। इसमें कोई शक नहीं कि यह नज़्में बड़ी प्यारी और नर्मो-नाज़ुक हैं, मगर आप नहीं जानते, यह अहमद राही बड़ा ख़तरनाक कम्युनिस्ट है। पार्टी ऑफ़िस में दूसरे मेंबर टूटे प्यालों में चाय पीते हैं, मगर यह छुप-छुपकर बीयर पीता है और पी-पीकर मोटा हो रहा है। मेरा दोस्त है। मैंने उसी को ख़त पोस्ट करने के लिए दिया था, मगर कम्युनिस्ट जो हुआ, मेरा ख़त गोल कर गया और जाकर पार्टी के हवाले कर दिया—मुझे अभी तक पूरे तौर पर ताव नहीं आया है और मेरे पास इतने पैसे भी नहीं हैं, वर्ना मैंने सोच रखा है कि एक दिन उसको इतनी बीयर पिलाऊँगा कि उसकी तोंद फट जाए—एक दिन कमबख़्त मुझसे कहने लगा : ''तुम अपने चचा साम को छोड़ दो और मालनकोफ़ से ख़तो-किताबत शुरू कर दो··· आख़िर मालनकोफ़ तुम्हारा मामूँ है···'' मैंने कहा : ''यह दुरुस्त है, लेकिन वह मेरे सौतेले मामूँ हैं··· उनको मुझसे, या मुझको उनसे कभी मुहब्बत नहीं हो सकती। इसके अलावा मैं जानता हूँ कि उनका अपने सगे भानजों से भी कोई अच्छा बर्ताव नहीं··· वह ग़रीब उन पर अपनी जान छिड़कते हैं, उनसे बेपनाह अक़ीदत रखते हैं, फटे-पुराने कपड़ों में अपनी ख़स्ताहालियों के बावुजूद उनकी ख़िद्मत करते हैं, और वह सिर्फ़ एक सूखी शाबाशी वहाँ से सुर्ख़ मोहर लगाकर रवाना कर देते हैं··· अंग्रेज़ चचा और अंग्रेज़ मामूँ इस रूसी मामूँ से लाख दर्जे बेहतर थे। गो 'सर', 'ख़ान बहादुर' और 'ख़ान साहब' ऐसे ख़िताबों ही से सरफ़राज़[11] फ़रमाकर टरख़ा देते थे, लेकिन मालनकोफ़ साहब तो यह भी नहीं करते···मैं जब मानूँ कि वह अब्दुल्लाह मलिक को, जो उनका सबसे वफ़ादार भानजा है, कोई छोटा-सा ख़िताब ही अता फ़रमा

दें··· अब्दुल्लाह मलिक के लिए जेल जाकर आराम व इत्मीनान से किताबें लिखने में कितनी आसानी हो जाएगी···"

कुछ भी हो, मैं आपका ग़ुलाम हूँ। आपने तो पहले तीन सौ रुपयों ही में मुझे हमेशा-हमेशा के लिए ख़रीद लिया था। अगर आप तीन सौ रुपए और भेज दें तो दूसरी ज़िंदगी में भी इस ग़ुलामी को बरक़रार रखने का वादा करता हूँ, बशर्ते कि अल्लाह मियाँ, जो आपसे बड़ा है, मेरे लिए पाँच-छः सौ रुपए माहवार का वज़ीफ़ा न मुक़र्रर कर दे। अगर अल्लाह मियाँ ने किसी हव्वा से मेरा निकाह पढ़वा दिया तो अफ़सोस है कि यह वादा उस सूरत में बिलकुल ईफ़ा[12] न हो सकेगा—मेरी साफ़ बयानी की दाद दीजिए। बात दरअसल यह है कि मैं अल्लाह मियाँ और उनकी हव्वा के सामने चूँ तक भी न कर सकूँगा।

आजकल हमारे यहाँ शाही मेहमानों का ताँता बँधा हुआ है—पहले शाह ईरान आए, फिर शाह इराक़; फिर प्रिंस अली ख़ाँ, आपकी रीटा हैवर्थ के साबिक़[13] शौहर; फिर महाराजा जयपुर और अब शाह सऊद वालिए सऊदी अरब।

मैं शाह सऊद ख़ालिदुल्लाह का आँखों देखा और कानों सुना हाल मुख़्तसरन बयान करता हूँ।

शाह सऊद अपने पच्चीस शहज़ादों समेत हवाई जहाज़ के ज़रिए से कराची पहुँचे, जहाँ उनका बड़ा शानदार इस्तिक़बाल हुआ—उनके शहज़ादे और भी हैं। मालूम नहीं, वे क्यों नहीं आए। शायद इसलिए कि दो-तीन हवाई जहाज़ और दरकार होंगे, या उनकी उम्र बहुत छोटी होगी और वे अपनी माँओं की गोद को हवाई जहाज़ पर तरजीह[14] देते होंगे—बात भी ठीक है। अपनी माँओं और ऊँटनियों का दूध पीनेवाले बच्चे ग्लैक्सो या काउगोट के ख़ुश्क दूध पर कैसे जी सकते हैं।

चचाजान ग़ौर करनेवाली बात है—शाह सऊद के साथ माशाअल्लाह उनके पच्चीस लड़के थे। लड़कियाँ, ख़ुदा मालूम कितनी होंगी। ख़ुदा उनकी उम्र दराज़ करे और शाह को नज़रे-बद से बचाए। मुझे बताइए कि आपकी सात आज़ादियोंवाली मम्लुकत में कोई ऐसा मर्दे-मुजाहिद या मर्दमख़ेज़[15] मौजूद है, जिसकी इतनी औलाद हो—चचाजान, यह सब हमारे मज़हब इस्लाम की देन है। नाचीज़ की यह राय है कि आप फ़ौरन अपनी सल्तनत का सरकारी मज़हब इस्लाम क़रार दे दें। इससे बड़े फायदे होंगे। क़रीब-क़रीब हर शादीशुदा मर्द को तीन और शादियाँ करने की इजाज़त होगी। अगर एक औरत चार बच्चे भी बड़े बुख़्ल[16] से काम लेकर पैदा करे तो इस हिसाब से सोलह लड़के-लड़कियाँ एक मर्द की मर्दानगी और उसकी चार बीवियों की ज़रख़ेज़ी[17] का सुबूत होंगे। लड़के और लड़कियाँ जंग में कितनी काम आ सकती हैं। आप जहाँदीदा[18] हैं और ख़ुद अंदाज़ा लगा सकते हैं।

मैं अमृतसर का रहनेवाला हूँ—मिस्टर रैड क्लिफ़ की मेहरबानी से यह अब भारत में चला गया है—इसमें एक हकीम थे, मुहम्मद अबू तराब। आपने अपनी ज़िंदगी में दस शादियाँ कीं। चार-चार करके नहीं, एक-एक करके। इन बीवियों से उनकी बेशुमार औलाद थी। जब उन्होंने नब्बे बरस की उम्र में आख़िरी शादी की तो पहली बीवी से उनके सबसे बड़े लड़के की उम्र पिचहत्तर बरस की थी और सबसे छोटे लड़के की उम्र, जो उनकी

नौवीं बीवी के बत्न से पैदा हुआ था, सिर्फ़ दो बरस की थी । एक सौ बारह बरस की उम्र में आपका इंतिक़ाल यहाँ लाहौर में एक महाजिर[19] की हैसियत से हुआ । किसी शाइर ने उनकी तारीख़े-वफ़ात[20] इस मशहूर मिस्रे में निकाली थी : 'हसरत उन ग़ुंचों पे है जो बिन खिले मुरझा गए ।'

यह भी अल्लाह तबारक तआला और उसके मंज़ूरशुदा मज़हब इस्लाम की बरकत है—अगर आपके शादीशुदा मर्दों को शुरू-शुरू में चार बीवियों को बयक वक़्त सँभालने में किसी क़िस्म की दिक़्क़त महसूस हो तो आप शाह सऊद को वहाँ बुलाकर उनकी ख़िद्मात से इस्तिफ़ादा[21] कर सकते हैं । आप उनके दोस्त हैं । उनके वालिद मरहूम से तो आपकी गाढ़ी छनती थी । मैंने सुना था कि आपने उनके और उनके हरम के लिए बड़ी आलीशान गाड़ियों का एक कारवाँ तैयार करके उनको बतौर तोहफ़ा पेश किया था—मेरा ख़याल है, शाह सऊद आपको अपने तमाम सदरी[22] नुस्ख़े बता देंगे ।

हमारे पाकिस्तान के साथ आजकल सिवाय हिंदुस्तान और रूस के क़रीब-क़रीब हर मुल्क दिलचस्पी ले रहा है । यह सब आपकी मेहरबानियों का नतीजा है कि आपने हमारी तरफ़ दोस्ती और तआवुन[23] का हाथ बढ़ाया और हम इस क़ाबिल हो गए कि दूसरे भी हम पर नज़रे-करम फ़रमाने लगे ।

हम पाकिस्तानी तो इस्लाम के नाम पर मर मिटते हैं—एक ज़माना था, जब हम मुस्तफ़ा कमाल पाशा और अनवर पाशा के शैदा थे । अनवर पाशा के मरने की ख़बर आती तो हम सब लोग सोग मनाते और सचमुच के आँसुओं से रोते । जब यह पता चलता कि अनवर पाशा ख़ुदा के फ़ज़्ल से ज़िंदा हैं तो हम ख़ुशी से नाचते, कूदते और घर में चिराग़ाँ करते—मुस्तफ़ा कमाल और अनवर, दोनों एक-दूसरे के जानी दुश्मन थे । हमें इसका कुछ इल्म नहीं था—तुरकों को हिंदी मुसलमानों से कोई दिलचस्पी नहीं थी । वह हमको तीन में समझते थे न तेरह में । इसका हमें कुछ-कुछ पता था, लेकिन हमें उनसे मुहब्बत थी—हम ऐसे शरीफ़ुन्नफ़्स[24] और सादा हैं कि हमें आमले और चंबेली के उस तेल से भी मुहब्बत है, जो यहाँ 'इस्लामी भाइयों का तैयार कर्दा' मिलता है । उसको हम अपने सरों में डालते हैं तो ऐसा कैफ़[25] आता है कि मौजूदा जन्नत की तमाम लताफ़तें[26] उसके सामने मांद पड़ जाती हैं । हम सब बड़े बुद्धू, मगर बड़े प्यारे लोग हैं । ख़ुदा रहती दुनिया तक हमारी तमाम सिफ़ात[27] क़ायम रखे ।

मैं बात शाह सऊद के दरूद मसऊद की कर रहा था, लेकिन जज़्बाती होकर इस्लाम के गुन गाने लगा । बात यह है कि इस्लाम के गुन गाने ही पड़ते हैं । हिंदू मज़हब, ईसाई रिलीजन, बुद्ध मत । आख़िर यह क्या हैं—क्या इनके माननेवालों में कोई एक फ़र्द पच्चीस लड़कों का बाप होने का दावा कर सकता है । इसीलिए मैंने आपको मश्वरा दिया था कि आप रियासत हाये-मुत्तहदा[28] अमरीका का सरकारी मज़हब इस्लाम मुक़र्रर फ़रमा दें ताकि आपको कोई जापान फ़तह करके हराम-बच्चे पैदा करने की ज़रूरत महसूस न हो । चचाजान, क्या आपको हरामीपना पसंद है ? मैं मुसलमान हूँ । मुझे तो ख़ुदा और उसके रसूल की क़सम, इससे सख़्त नफ़रत है । बच्चे ही पैदा करने हैं तो इसका कितना सहल

तरीक़ा इस्लाम में मौजूद है—निकाह पढ़वाइए और बड़े शौक़ से बच्चे पैदा कीजिए। मैं तो समझता हूँ कि आप भी चार शादियाँ कर लीजिए। चचीजान अगर बक़ैदे-हयात हैं तो कोई बात नहीं। आप मुशर्रफ़ ब इस्लाम[29] होकर तीन और शादियाँ कर सकते हैं। यहाँ पाकिस्तान में आप मशहूर एक्ट्रेस इशरत जहाँ बिब्बो को अपने रिश्ता-ए-मुनाकहत[30] में ला सकते हैं कि वह कई शौहरों का तजरबा रखती है।

शाह सऊद बड़ी पुरअज़ सहर[31] शख़्सियत के मालिक हैं। तैयारे से बाहर निकलते ही आप हमारे लाहौर के मोची दरवाज़े के गवर्नर जनरल जनाब ग़ुलाम मुहम्मद ख़ान से बग़लगीर हुए और इस्लामी भाइयों की रजिस्टर्ड अख़ूवत व मुहब्बत का मुज़ाहिरा[32] किया, जो बड़ा कुफ़्र शिकन[33] था। आपके एज़ाज़[34] में कराची के मुसलमानों ने अपनी बिसात से बढ़कर नारे लगाए, जलसे किए, जुलूस निकाले, दावतें कीं और इस्लाम की चौदह सौ साला रवायात को क़ायम रखा।

सुना है, शाह सऊद अपने साथ एक सोने से भरा हुआ बक्स लाए थे, जो कराची के मज़दूरों से बसद मुश्किल उठाया गया। आपने यह सोना कराची में बेच दिया और पाकिस्तान को दस लाख रुपए मर्हमत[35] फ़रमाए। फ़ैसला हुआ कि इस रुपए से ग़रीब मुहाजरीन के लिए एक कालोनी तामीर की जाएगी, जिसका नाम सऊदआबाद होगा—रहे नाम अल्लाह का।

मोतबर ज़राए[36] से मालूम हुआ है कि शाह सऊद ख़ैरसिगाली के तौर पर अपने दो साहबज़ादों की शादी हमारे पाकिस्तान में करना चाहते हैं। ज़हे नसीब।

सुना है, कराची में बेगम शाहनवाज़ को जब अरब शहज़ादों के लिए कोई मुनासिब रिश्ता न मिला तो उन्होंने बेगम बशीर को टेलीफ़ोन किया कि वह लाहौर में सिलसिला ज़ुबानी[37] करें, इसलिए कि लाहौर आख़िर लाहौर है और लाहौर में शहज़ादों के लाइक़ कुँवारी लड़कियों की क्या कमी है—चुनांचे सुना है कि बेगम बशीर ने बेगम जी. ए. ख़ान और बेगम सलमा तसद्दुक़ को साथ मिलाकर रवायती नायन के फ़राइज़[38] सरअंजाम दिए और ऊँचे घरानों में शाह सऊद के दो अर्जमंद[39] फ़रज़ंदों के लिए पैग़ाम लेकर गईं, मगर अफ़सोस है कि उन्हें कामयाबी नसीब न हुई। इसकी वजह यह बयान की जाती है कि हमारे ऊँचे तबक़े की जवान और नाकतख़ुदा[40] लड़कियों को अरब के यह 'ऊँट' एक आँख नहीं भाए। मैं समझता हूँ, यह उनकी ग़लती है। इससे पहले, जब कि पाकिस्तान नहीं बना था, सऊदी अरब से हिंदुस्तान के मुसलमानों का इस क़िस्म का रिश्ता हो चुका है। मौलाना दाऊद ग़ज़नवी और मौलाना इस्माइल ग़ज़नवी के ख़ानदान की एक दोशीज़ा[41] शाह सऊद के मरहूम वालिद बुज़ुर्गवार जनाब अब्दुलअज़ीज़ इब्ने सऊद के रिश्ताए-मुनाकहत में जा चुकी हैं। आपको शायद मालूम हो कि मौलाना इस्माइल ग़ज़नवी ने इसी सिले में सत्ताइस हज किए थे, हालाँकि एक ही हज काफ़ी था। मे दिल बदस्त आवर के हज अकबर अस्त[42]—गो बेगम बशीर, बेगम जी. ए. ख़ान और बेगम तसद्दुक़ को इस कारे ख़ैर में नाकामी का सामना करना पड़ा है, लेकिन मुझे यक़ीन है, कोई-न-कोई सबील[43] निकल आएगी। हमारे पाकिस्तान में दो ऐसी लड़कियाँ बरामद हो जाएँगी, जिनको

सरज़मीने-हिजाज़[44] के शहज़ादे सरफ़राज़ फ़रमाएँगे।

मैंने अपने किसी पिछले ख़त में अपने यहाँ की ख़्वातीन के मुताल्लिक़ आपको कुछ लिखा था, ग़ालिबन उन ब्लाउज़ों के बारे में जो बड़ी उम्र की औरतें पहनती हैं और अपने कलबूत चढ़े पेटों की नुमाइश करती हैं। इस पर हमारी यूनीवर्सिटी के शोबा-ए-फ़ारसी[45] के सदर जनाब डॉक्टर मुहम्मद बाक़र साहब बहुत जिज़बिज़[46] हुए। आपने मुझे कई मुहज़्ज़ब[47] क़िस्म की गालियाँ दीं और इसलिए मलऊनो-मतऊन[48] क़रार[49] दिया कि मैंने अपने यहाँ की औरत की बेहुर्मती[50] की है—लाहौल वला—मैंने जो कुछ बयान किया था, महज़ यह था कि बूढ़ी औरतों को अपनी उम्र से इस क़िस्म के नीम उरियाँ[51] चोंचले ज़ेब नहीं देते। मुझे डर है कि डॉक्टर साहब जब मेरा यह ख़त पढ़ेंगे तो मुझ पर फिर इल्ज़ाम धरेंगे कि मैंने फिर अपनी 'औरत' की बेहुर्मती की है।

बात असल में यह है कि हम लोग फ़ितरतन सादा लोह और बुद्धू हैं। हमारी औरतें तो बादनुमा मुर्ग़ियाँ हैं। जिधर हवा चलती है, हम उधर चल पड़ते हैं—शाह ईरान तशरीफ़ लाए तो ऊँची सोसाइटी की लड़कियों ने तरह-तरह से ख़ुद को सजाया कि शाह ईरान उन दिनों फ़ारिग़ थे। वह फ़रिया को तलाक़ दे चुके थे, मगर उन्होंने हमारी लड़कियों में सिर्फ़ रस्मी दिलचस्पी ली और ईरान जाकर सुरैया अस्फ़ंदयार से शादी कर ली। इसके बाद प्रिंस अली ख़ाँ आए। वह भी फ़ारिग़ थे, इसलिए कि आपकी रीटा हैवर्थ उनसे तलाक़ हासिल कर चुकी थी। हमारी ऊँची सोसाइटी की लड़कियों ने एड़ी-चोटी का ज़ोर लगाकर अपनी माँग-चोटी दुरुस्त की, नोक-पलक निकाली, मगर प्रिंस अली ख़ाँ ने उनकी सारी उमंगों पर ठंडा यख़ पानी फेर दिया और आपकी हालीवुड की एक और एक्ट्रेस जेन टर्नी से मुआशक़ा[52] शुरू कर दिया—ख़ुदा आपकी सात आज़ादियोंवाली मम्लुकत को क़ायमो-दायम रखे, फिर हमारे यहाँ शाह इराक़ आए, मगर हमारी ऊँची सोसाइटी की बाकिरा[53] लड़कियाँ उन्हें देखकर बहुत मायूस हुईं, इसलिए कि वह कम उम्र थे। एक ने कहा : "हाए, इस बच्चे का तो खेल-कूद का ज़माना है··· क्यों इस बेचारे पर सल्तनत का बोझ डाला गया है···" इसी तरह एक बूढ़ी ने, जिसका पेट बहुत ज़्यादा नंगा नहीं था, शाह इराक़ पर तरस खाकर कहा : "बुड्ढों से इस ग़रीब को क्या दिलचस्पी होगी··· जाओ इसके हमउम्र बुलाओ और उनसे इसको मिलाओ···" शाह इराक़ भी गए और अब शाह सऊद तशरीफ़ ले आए, अपने पच्चीस शहज़ादों समेत—गवर्नमेंट हाउस में उनकी शानदार दावत हुई, जिसमें ऊँची सोसाइटी की तमाम कतख़ुदा[54] और नाकतख़ुदा औरतों और लड़कियों ने शिरकत की। सिगरेट पीने की इजाज़त नहीं थी, 'अब्दुल्लाह' की भी नहीं। वह सिगरेट के धुएँ के बग़ैर बहुत महज़ूज़[55] हुए और यह हिज़ उन्हें ख़ालिस इस्लामी मेहमाननवाज़ी की बदौलत नसीब हुआ। उनके दो दर्जन से ज़ायद शहज़ादों ने अनारकली में सैकड़ों पाकिस्तानी जूते ख़रीदे और अपनी ख़ैरसिगाली का सुबूत दिया। अब यह जूते सहराए-अरब की रेत पर चलेंगे और अपनी देरपाई के फ़ानी[56] नक़्श[57] सब्त[58] करेंगे···

यह ख़त नामुकम्मल छोड़ रहा हूँ, इसलिए कि मुझे अपने पब्लिशर से अपनी नई किताब की रायल्टी वुसूल करनी है। वह दस रोज़ से वादे कर रहा है। मेरा ख़याल है, आज

वह दस रुपए तो ज़रूर देगा। यह मिल गए तो मैं यह ख़त पोस्ट कर सकूँगा, वर्ना...

जैन टर्नी को एक उड़ता हुआ बोसा।

आपका बरख़ुर्दार

सआदत हसन मंटो

22 अप्रैल, 1954

---

1. सांस्कृतिक; 2. सूचित; 3. ठंडा करना; 4. धीमे स्वर में; 5. षड्यंत्रों; 6. षड्यंत्रकारी; 7. अदा न करना; 8. स्तब्ध; 9. सफल; 10. नालाइक; 11. सम्मानित; 12. पूरा होना, निबाहना; 13. भूतपूर्व; 14. वरीयता, किसी की अपेक्षा दूसरे को महत्त्व देना; 15. वह स्थान जहाँ पर प्रतिभावान पुरुष पैदा होते हों; 16. कंजूसी; 17. उपजाऊपन; 18. अनुभवी; 19. शरणार्थी; 20. तारीख़े-वफ़ात निकालना (अरबी-फ़ारसी और उर्दू शाइरी की एक विधा है तारीख़गोई। किसी बड़े आदमी या महत्त्वपूर्ण घटना को याद रखने के लिए तारीख़ कही जाती है। तारीख़ में कुछ शब्दों के आधार पर केवल वर्ष की संख्या निकाली जाती है। अरबी वर्णमाला का हर अक्षर एक विशेष संख्या निर्दिष्ट करता है।); 21. लाभ; 22. दिल; 23. सहयोग; 24. अति सज्जन; 25. आनंद; 26. आनंद; 27. अच्छाइयाँ; 28. संयुक्त गण-राज्य; 29. इस्लाम धर्म ग्रहण करके; 30. शादी; 31. महत्त्वाकांक्षी; 32. प्रदर्शन; 33. धार्मिक भेदभाव मिटानेवाला; 34. सम्मान; 35. अनुदान; 36. विश्वसनीय सूत्रों; 37. रिश्ता ढूँढ़ना; 38. कर्तव्य; 39. प्रतिष्ठित; 40. कुँवारी; 41. युवती; 42. मनबहलाव हज के बराबर हैं; 43. राह; 44. अरब के अतिरिक्त समस्त संसार; 45. फ़ारसी विभाग; 46. नाराज़; 47. शिष्ट; 48. बहुत बुरा, घृणित; 49. स्वीकार; 50. अपमान; 51. अर्धनग्न; 52. इश्क़; 53. अविवाहिताएँ; 54. विवाहित; 55. ख़ुश; 56. शीघ्र समाप्त हो जानेवाले; 57. निशान; 58. अंकित।

नवाँ ख़त

चचाजान,

अस्सलामुअलैकुम ।

मेरा पिछला ख़त नामुकम्मल था, बस मुझे इतना ही याद रहा है—अगर याद आ गया कि मैंने उसमें क्या लिखा था तो मैं उसको मुकम्मल कर दूँगा ।

मेरा हाफ़िज़ा[1] यहाँ की कशीद की हुई शराबें पी-पीकर बहुत कमज़ोर हो गया है—यूँ तो पंजाब में शराबनोशी[2] ममनू[3] है, मगर कोई भी आदमी बारह रुपए दो आने ख़र्च करके शराब पीने के लिए परमिट हासिल कर सकता है । इस रक़म में पाँच रुपए डॉक्टर की फ़ीस होते हैं, वो लिख देता है कि जिस आदमी ने यह रुपए ख़र्च किए हैं, अगर बाक़ाइदा शराब न पिए तो उसके जीने का कोई इमकानं[4] नहीं ।

मुझे इल्म है, बहुत अर्सा हुआ, आपने भी अपने मुल्क में शराबनोशी क़त्अन ममनू क़रार दे दी थी । परमिटों का झगड़ा आपने नहीं पाला था—उसका नतीजा ख़ातिर ख़्वाह नहीं निकला था । बड़े-बड़े गैंगस्टर और बूट लैगर पैदा हो गए थे, जिन्होंने आपकी हुकूमत के मुक़ाबले में एक मुतवाज़ी[5] हुकूमत क़ायम कर ली थी । आख़िरकार नाकाम होकर आपको इम्तिनाए-शराब[6] का हुक्म वापस लेना पड़ा था ।

यहाँ इस क़िस्म की कोई वापसी नहीं होगी ।

हमारी हुकूमत मुल्लाओं को भी ख़ुश रखना चाहती है और शराबियों को भी । मज़े की बात यह है कि शराबियों में कई मुल्ला मौजूद हैं और मुल्लाओं में अक्सर शराबी—बहरहाल शराब बिकती रहेगी, इसलिए आपको मेरी तरफ़ से मुतरद्दुद[7] नहीं होना चाहिए । यूँ भी आप काफ़ी कठोर हैं । इतनी दफ़ा लिख चुका हूँ कि यहाँ की शराब बड़ी ज़ालिम है, लेकिन आपने कभी अपने बरख़ुर्दार भतीजे को इसके नुक़सानात से महफ़ूज़ रखने के लिए अपने यहाँ की व्हिस्की भेजने की ज़हमत गवारा न की—मैं अब इसके मुताल्लिक़ आपसे कोई बात नहीं करूँगा । मुझे झोंकिए भाड़ में । मेरे मुल्क पाकिस्तान की फ़ौजी इमदाद जारी रखिए । मैं ख़ुश, मेरा ख़ुदा ख़ुश ।

मैं ख़ुश हूँ कि आप मेरे ख़ुतूत अपने पाइप में जलाकर नहीं पीते । बल्कि ग़ौर से पढ़ते हैं और मेरे मश्वरों पर काफ़ी तवज्जोह देते हैं—इसी ख़ुशी में आपको मैं एक और मश्वरा देता हूँ । वह यह है कि रोज़नामा 'ज़मींदार' को आप इस तौर पर मदद दीजिए कि कानोंकान ख़बर न हो ।

इसके भैंगे मैनेजिंग डायरेक्टर और नीम लँगड़े एडिटर को रुपया वुसूल करने का कोई सलीक़ा नहीं। बानी-ए-'ज़मीदार' के फ़रज़ंदे-अर्जमंद मौलाना अख़्तर अली ख़ान, जिनको 'मौलाना' का ख़िताब विरासत में मिला है, भी यह सलीक़ा नहीं रखते थे, इसलिए कि जब उनको महकमा-ए-तअल्लकाते-आम्मा[8] के साबिक़ डायरेक्टर मीर नूर अहमद साहब की तरफ़ से (?) हज़ार रुपए 'मुँहबंदी' के मिले तो उन्होंने झट से एक नई अमरीकन कार ख़रीद ली और बड़े ठाट से उसकी मस्सी की रस्म[9] अदा की। यह उनकी सरासर हिमाक़त थी। वह इन दिनों जेल में हैं। ख़ुदा करे, वह उसी चारदीवारी में रहें और अपनी मज़ीद हिमाक़तों का सुबूत न दें। मगर मुझे हैरत है, उनके साहबज़ादे भी, जो आजकल 'ज़मींदार' की मैनेजिंग एडिटरी करते हैं, तालीमयाफ़्ता होने के बावुजूद निरे खुरे चुग़द हैं।

पिछले दिनों इस अख़बार के 'तैमूर लंग' पर मेरी हमदर्दी का दौरा पड़ा था। अगर आपके पाँव में लंग न होता तो आप यक़ीनन पाकिस्तान के डॉक्टर मुसद्दक़[10] होते। आप जब लिखना शुरू करते हैं तो सारे जहाँ का दर्द आपकी गर्दन पर मर्दे-तस-मा-पा की तरह सवार हो जाता है—आपको ख़ैर इससे पहले ही ख़बर पहुँच चुकी होगी कि जब डॉक्टर मुसद्दक़ की अपील की समाअत ईरान की अदालते-आलिया[11] में शुरू हुई तो इस पाकिस्तानी ज़हूरुलहसन[12] डार ने, जो 'बेडार' तहरीर में यदतूला[13] रखता है, कहा : "मैं कुछ कहना नहीं चाहता। मुझे उस तिलिस्मी अँगूठी पर पूरा ऐतिमाद है, जो मेरी बीवी ने मुझे पेश की थी।"

एक मर्तबा उन्होंने फ़ौजी अदालत में सरकारी वकील को कुश्ती लड़ने की दावत दे मारी थी। इसके बाद उन्होंने फ़रमाया था कि वह भूख हड़ताल फ़रमाएँगे और ख़ुदा के फ़ज़्लो-करम से दो दिन के अंदर-अंदर अल्लाह को प्यारे हो जाएँगे, मगर वह अल्लाह को बुरे भी न हुए और माशाल्लाह ज़िंदा रहे। बेहोश तो वह अक्सर होते रहे—पाकिस्तानी डॉक्टर मुसद्दक़, यानी ज़हूरुलहसन डार गो डॉक्टर नहीं, लेकिन बेहोश होते रहते हैं। जब भी उनको ग़शी का दौरा पड़ता है तो अली सफ़यान आफ़ाक़ी और मनसूर अली ख़ाँ उनको मौलाना ज़फ़र अली ख़ाँ का ईजादकर्दा लख़लख़ा[14] सुँघाते हैं ताकि वह होश में आ जाएँ और आज की डायरी लिखने के क़ाबिल हो सकें। उन्हीं की लंगड़ी टाँग देखकर किसी तरक़्क़ीपसंद ने एक शेर कहा था, जिसका मिस्रा-ए-सानी मुझे याद रहा है : "एक तोड़ी ख़ुदा ने दूसरी तोड़े रसूल।"

मेरा ख़याल है, यह उस तरक़्क़ीपसंद शाइर की ज़्यादती है, वर्ना डार साहब बड़े कोहना मश्क़[15] अख़बारनवीस हैं। वह गालियाँ खा के भी बेमज़ा नहीं होते और गालियाँ और सुठनियाँ[16] देकर भी उनका पेट नहीं भरता। और यह सब उस तिलिस्मी अँगूठी के तुफ़ैल[17] है, जो ग़ालिबन लड़कपन में उनको किसी क़द्रदान ने दी थी।

मुझे कहना यह था कि अगर आप 'ज़मींदार' को 'अख़बारी' मदद दें तो मेरी वुसातत[18] से दें ताकि मैं अपने हमदर्द ज़हूरुलहसन डार के लिए उसका हिस्सा अलग करके उसके हवाले कर दूँ—बेचारा मेरे घरबार का बड़ा ख़याल रखता है। मेरे मज़मून की आम क़ीमत पचास रुपए है। उसने इस ख़याल से कि मैं उस गिराँ क़द्र[19] रक़म को शराब में उड़ा दूँगा,

अपने ख़ास नंबर के लिए मुझसे एक मज़मून तलब किया और उसकी क़ीमत एहतियातन बीस रुपए मुक़र्रर फ़रमाई और यह तहैया[20] किया कि वह इस रक़म का चेक मेरी बीवी की ख़िद्मत में पेश करेगा ताकि मेरी हश्त-पुश्त[21] पर उसका एहसान रहे—मैं बहरहाल उसका मम्नूनो-मुतशक्किर[22] हूँ कि उसको मेरी 'बदज़ात'[23] से इतनी पुरख़ुलूस[24] दिलचस्पी है।

यहाँ के सब अख़बारों में एक सिर्फ़ 'ज़मींदार' ही ऐसा अख़बार है जिसको आपके डालर, जब चाहें, ख़रीद सकते हैं। अगर अख़्तर अली ख़ाँ रिहा हो गए तो मैं कोशिश करूँगा कि ज़हूरुलहसन डार ही इसका एडिटर रहे। बड़ा बरख़ुरदार लड़का है।

लेकिन आप अपने असर रुसूख़ से काम लेकर मीर नूर अहमद साहब को फिर महकमा-ए-तअल्लक़ाते-आम्मा का डायरेक्टर बनवा दीजिए। सरफ़राज़ साहब किसी काम के आदमी नहीं। वह लाखों रुपया अख़बारों में तक़सीम करने के बिलकुल अहल[25] नहीं। बेहतर होगा, अगर आप रुपया मेरी मार्फ़त रवाना करें। मेरा उन पर इस तरह कुछ रोब भी रहेगा और आपके प्रोपेगंडे का काम भी मेरी निगरानी में बतरीक़े-अहसन होता रहेगा।

आपके परचे जो यहाँ शाया होते हैं, अक्सर रद्दी में बिकते हैं—'रद्दी बोतलवाले' आपके बहुत मम्नूनो-मुतशक्किर हैं। इन परचों के काग़ज़ चूँकि मज़बूत होते हैं, सौदा-सुलफ़ के लिए लिफ़ाफ़े बनाने के काम आते हैं, आप इन्हें जारी रखिए कि हमारे यहाँ काग़ज़ की शदीद क़िल्लत है—मगर चलते-चलाते आप यहाँ के रद्दी में न बिकनेवाले परचे भी ख़रीद लिया कीजिए।

चचाजान, मैंने एक बहुत तश्वीशनाक ख़बर पढ़ी है। मालूम नहीं, कम्युनिस्टों की फैलाई हुई अफ़वाह है या क्या है। अख़बारों में लिखा था कि आपके यहाँ ख़िलाफ़े वज़े फ़ितरी के अफ़आल[26] ज़ोरों पर हैं। अगर यह दुरुस्त है तो बड़ी शर्म की बात है। आपकी मिलियन डालर टाँगोंवाली लड़कियों को क्या हुआ? डूब मरने का मक़ाम है उनके लिए।

ख़ुदा न ख़्वास्ता अगर यह सिलसिला आपके यहाँ शुरू हो चुका है तो अपने सारे आस्कर वाइल्ड यहाँ रवाना फ़रमा दीजिए। यहाँ उनकी खपत हो सकती है। वैसे भी हम लोग आपकी फ़ौजी इमदाद के पेशे-नज़र हर ख़िद्मत के लिए तैयार हैं।

मालूम नहीं, कामरेड सिब्ते हसन ने किसी-न-किसी तरीक़े से मेरा ख़त पढ़ लिया है। मेरा ख़याल है, यह वही ख़त है जो कामरेड अहमद राही ने बाला बाला[27] उड़ा लिया था। इसे पढ़कर सिब्ते हसन ने मुझे एक ख़त लिखा है। ज़रा उसकी ढिटाई मुलाहिज़ा फ़रमाइए—कहता है: "सआदत, तुम ख़ुद कम्युनिस्ट हो। चाहे मानो, न मानो..." चचाजान, यह ख़त ज़रूर आपकी नज़रों से गुज़रेगा। मैं आपकी सात आज़ादियों और आपके डालरों को हाज़िर नाज़िर रख के कहता हूँ कि मैं कभी कम्युनिस्ट था न अब हूँ। यह महज़ सिब्ते हसैन की शरारत है, बड़ी सुर्ख़ क़िस्म की। जो आपके और मेरे ताल्लुक़ात ख़राब करने पर दरपै है, वर्ना जैसा कि आपको मालूम है, मैं आपका बरख़ुदार और नमकख़्वार हूँ। यह अलग बात है कि उन तीन सौ रुपयों की, जो आपने कभी मुझे भेजे थे, मैंने सिर्फ़ जिमख़ाना व्हिस्की पी थी, जिसकी तारीफ़ मैं अपने किसी पिछले ख़त में कर चुका

हूँ। मैंने एक धेले का भी नमक नहीं ख़रीदा था। मुसीबत यह है कि डॉक्टरों ने मुझे नमक खाने से मना कर रखा है। जूँही उन्होंने इजाज़त दी, मैं आपको लिख दूँगा, ताकि आप वहाँ से ख़ालिस अमरीकी नमक मेरी रोज़मर्रा की ख़ुराक के लिए भेजते रहें और मैं सही मानों में आपका नमकख़्वार कहला सकूँ।

मैं एक बार फिर यक़ीन दिलाना चाहता हूँ कि मैं कम्युनिस्ट नहीं हूँ और न हो सकता हूँ। मैं क़ादयानी[28] बन जाऊँगा, मगर कम्युनिस्ट कभी नहीं बनूँगा, इसलिए कि साले महज़ ज़बानी जमाख़र्च से काम लेते हैं। हाथ से कुछ भी देते-दिलाते नहीं। यूँ तो क़ादयानी भी इसी क़िस्म के ख़सीस हैं, फिर भी वह पाकिस्तानी तो हैं। इसके अलावा मैं उनसे कोई बिगाड़ पैदा नहीं करना चाहता, क्योंकि मुझे मालूम है, आपको हाइड्रोजन बम के तज्रबों के बाद फ़ौरन एक नबी की ज़रूरत होगी, जो सिर्फ़ मिर्ज़ा बशीरुद्दीन महमूद ही मुहैया कर सकते हैं।

आजकल यहाँ के ठेठ मुसलमान सर ज़फ़रुल्लाह के बहुत ख़िलाफ़ हो रहे हैं। वह चाहते हैं कि उन्हें वज़ारत की गद्दी से उतार दिया जाए, सिर्फ़ इसलिए कि वह क़ादयानी हैं। ज़ाती तौर पर मुझे उनसे कोई परख़ाश[29] नहीं—मैं समझता हूँ, वह आपके लिए बहुत कारामद साबित हो सकते हैं। मेरा मश्वरा है कि आप उनको अपने यहाँ बुला लें। ख़ुदा के फ़ज़्लो-करम से वह आपके यहाँ की तमाम जिंसी बेराहरवी[30] को दूर कर देंगे।

इराक़ की हुकूमत की तरफ़ से आज यह ऐलान सुना है कि आप उस इस्लामी मुल्क को भी फ़ौजी इमदाद देने पर रज़ामंद हो गए हैं। यह भी मालूम हुआ है कि यह इमदाद ग़ैर मश्रूत[31] होगी—चचाजान, आप मेरे पास होते तो मैं आपके पाँव चूम लेता। ख़ुदा आपको रहती दुनिया तक सलामत रखे। इस्लामी ममालिक[32] पर आपकी जो नज़रे-करम हो रही है, उससे साफ़ पता चलता है कि आप बहुत जल्द मुशर्रफ़ ब इस्लाम[33] होनेवाले हैं।

मैं इससे पेशतर आपको मज़हब इस्लाम की चंद ख़ूबियाँ बयान कर चुका हूँ। अगर आप इस सआदत से मुशर्रफ़ हो चुके हैं तो फ़ौरन तीन और शादियाँ कर लीजिए—अगर चचीजान बक़ैदे-हयात[34] हों—अपने यहाँ की मशहूर एक्ट्रेस इशरत जहाँ बिब्बो को मैंने तैयार कर लिया है। आपकी दूसरी शादी इसी पाकिस्तानी ख़ातून से होनी चाहिए, इसलिए कि वह कई शौहरों का तज्रबा रखती है, और पीना-पिलाना भी जानती है। फ़िलहाल वह शादीशुदा है, लेकिन मैं उससे कहूँगा तो वह अपने पाँचवें या छटे शौहर से तलाक़ हासिल कर लेगी।

हाँ चचाजान, यह मैंने क्या सुना है कि आपकी रीटा हैवर्थ रूस जा रही है—ख़ुदा के लिए उसे रोकिए। उसने सर आग़ा ख़ान के साहबज़ादे प्रिंस अली ख़ाँ से शादी की थी, मुझे इस पर कोई एतिराज़ नहीं था। फिर उसने प्रिंस अली ख़ान से तलाक़ ले लिया था, उस पर भी मुझे कोई एतिराज़ नहीं था। लेकिन उसके रूस जाने पर मुझे एतिराज़ है। मुझे हैरत है कि आपने अभी तक उस शरीर औरत के कान क्यों नहीं ऐंठे।

रीटा हैवर्थ के रूस जाने की ख़बर मुझे कामरेड सिब्ते हसन ने बड़े फ़ख़्रो-इम्तिहाज़[35] से सुनाई थी। कमबख़्त ज़ेरे-लब मुसकरा रहा था, जैसे आपका मज़ाक़ उड़ा रहा हो—यह

हक़ीक़त है कि अगर रीटा रूस चली गई तो आपका और मेरा, दोनों का ऐसा मज़ाक़ उड़ेगा कि तबीयत साफ़ हो जाएगी।

कहीं यह सीमाब सिफ़त एक्ट्रेस मालनकोफ़ से शादी करने तो नहीं जा रही? अगर यही सिलसिला है और इसमें आपकी कोई सियासी चाल है तो मुज़ायक़ा[36] नहीं। दूसरी सूरत बहरहाल बहुत ज़िल्लत आफ़रीं[37] और ख़तरनाक है।

आज के अख़बारों में यह भी लिखा था कि रीटा के ख़िलाफ़ उसकी और प्रिंस अली ख़ान की बच्ची यासमीन और उसकी बड़ी लड़की, जो मालूम नहीं किस ख़ाविंद से है, की सही तौर पर परदाख़्त[38] न करने के इल्ज़ाम में मुक़दमा चल रहा है और कि दोनों लड़कियाँ अदालत की तहवील[39] में हैं। यह भी लिखा था कि रीटा मग़रिबी फ़लोरेडा में है, जहाँ हुकूमत उसके चौथे शौहर को मुल्क बदर[40] करने की कोशिश में मसरूफ़ है—यह क़िस्सा क्या है? मैंने अहमद राही से पूछा था, लेकिन वह गोल कर गया। उसकी बातों से, मैं अपनी ख़ुदा दाद ज़हानत से इतना मालूम कर सका कि यह सब रूसियों की कारस्तानी है। मेरी समझ में नहीं आता कि आप अभी तक ख़ामोश क्यों हैं।

मैं तो आपको यह राय देता हूँ कि रीटा के चौथे ख़ाविंद को, जो सुना है कि मौसीक़ार है, वहाँ फाँसी पर लटका दें—एटम बम या हाइड्रोजन बम बनाने के राज़ रूस के पास बेचने के इल्ज़ाम में माख़ूज़[41] करके—और रीटा को फ़ौरन यहाँ भेज दें। उससे कहें कि वह हमारे मिस्टर सहरवर्दी को फाँसकर उनसे शादी कर ले। इसके बाद वह मौलाना भाशानी से इज़्दिवाजी[42] रिश्ता क़ायम कर सकती है। फिर शेरे-बंगाल चौधरी फ़ज़ल हक़ साहब ख़ुदा के फ़ज़्लो-करम से मौजूद हैं और मशरिक़ी पाकिस्तान के वज़ीरे-आला मुक़र्रर हैं। इन तीन बड़ों से यके बाद दीगरे तलाक़ लेने के बाद वह साबिक़ वज़ीरेआज़म ख़्वाजा नाज़िमुद्दीन से रुजू[43] कर सकती है—ज़िंदा रहा तो मैं भी हाज़िर हूँ, लेकिन इस शर्त पर कि आप मेरी माली इमदाद बाक़ाइदगी से करते रहें।

आपके अख़बारात की इत्तिला है कि अक़्वामे-मुत्तहदा[44] में हमारे पाकिस्तान के मुस्तक़िल गंदूब प्रोफ़ेसर ए. एस. बुख़ारी को शौबा-ए-इत्तिलाआत[45] के अफ़सरे-आला का ओहदा पेश किया जा रहा है—मैंने तो यह सुना था कि सर ज़फ़रुल्लाह को अलहदा करके बुख़ारी साहब को वज़ीरे-ख़ारजा मुक़र्रर किया जाएगा, मगर मालूम होता है कि आप उन्हें मुस्तक़िल तौर पर अपने पास ही रखना चाहते हैं।

बुख़ारी साहब को मैं अच्छी तरह जानता हूँ। उनको मुझसे बहुत प्यार है, जिसका इज़हार वह हर पाँचवें या छटे बरस के बाद किसी-न-किसी अंदाज़ से करते रहते हैं। आप तो सिर्फ़ इतना जानते होंगे कि वह अंग्रेज़ी ज़बान के बहुत बड़े जादू बयान मुक़र्रिर हैं, लेकिन मैं उनको मज़ाह नवीस[46] की हैसियत से भी जानता हूँ। उनका एक मशहूर मज़मून 'लाहौर का जुग़राफ़िया' है, जिसे पढ़कर बड़े-बूढ़ों के इस क़ौल की सौ फ़ीसदी तसदीक़ हो जाती है कि लाहौर, लाहौर है, और बुख़ारी, बुख़ारी।

उनसे कहिए कि वह आपके अमरीका का भी जुग़राफ़िया लिखें ताकि आपके हुदूदअर्बा[47] से तमाम दुनिया अच्छी तरह वाक़िफ़ हो जाए—इसका रूसी ज़बान में तर्जुमा

कराके मामूँ मालनकोफ़ को ज़रूर भेज़ दीजिएगा।

लिखता मैं भी अच्छा हूँ, लेकिन मुसीबत यह है कि मैं आपके घर की मुर्गी बनकर दाल बराबर हो गया हूँ। वर्ना मैं आपकी शान में ऐसे-ऐसे क़सीदे लिख सकता हूँ, जो 'नवा-ए-वक़्त' के हमीद निज़ामी के फ़लक को भी सूझ नहीं सकते। एक मर्तबा मुझे अपने यहाँ बुलाइए, दो-तीन महीने अपनी सात आज़ादियों की मम्लुकत की सैर कराइए, फिर देखिए, यह बंदा-ए-आज़ाद आपकी तमाम ख़ुफ़िया सलाहियतों और ख़ूबियों का ऐतिराफ़[48] किन जानदार अल्फ़ाज़ में करता है। मुझे यक़ीन है, आप इस क़दर ख़ुश होंगे कि मेरा मुँह डालरों से भर देंगे।

जापान के साइंसदानों ने एक ऐलान में इस बात का इन्किशाफ़[49] किया है कि हाइड्रोजन बम का मौसम पर भी असर पड़ता है—हाल ही में आपने जज़ाइर[50] मार्शल में इस बम के जो तज्रबे किए थे, इन लोगों का कहना है कि जापान के मौसम पर उनका यह असर पड़ा है कि अप्रैल ख़त्म होने के बावजूद वहाँ अच्छी ख़ासी सर्दी है। मालूम नहीं, इन चपट जापानियों को सर्दी क्यों पसंद नहीं। हम पाकिस्तानियों को तो बहुत पसंद है। आप मेहरबानी करके एक हाइड्रोजन बम हिंदुस्तान पर फेंक दें। हमारे हाँ गर्मियों का मौसम शुरू हो चुका है। सर्दी हो जाए तो मैं बड़े आराम में रहूँगा।

रीटा से पूछिए, अगर वह मान जाए तो पाकिस्तान में उसकी पहली शादी मुझी से रहे। जवाब से जल्द सरफ़राज़ फ़रमाइएगा।

आपका ताबे-फ़रमान भतीजा
सआदत हसन मंटो
26 अप्रैल, 1954
31, लक्ष्मी मैन्शंज़, हॉल रोड, लाहौर

---

1. याददाश्त; 2. सुरापान; 3. निषेध, वर्जित; 4. भरोसा; 5. समानांतर; 6. शराबबंदी; 7. चिंतित; 8. जन-संपर्क; 9. प्रथम बार चलाने की ख़ुशी में मुहूर्त; 10. डॉक्टर मुसद्दक ईरान के प्रधानमंत्री थे; 11. सर्वोच्च न्यायालय; 12. प्रसिद्ध लेखक; 13. सिद्धहस्तता; 14. एक सुगंधित औषधि जो व्यक्ति की बेहोशी समाप्त करने के काम आती है; 15. अभ्यस्त; 16. शादी-विवाह के अवसर पर दी जानेवाली गालियाँ; 17. द्वारा, कारण; 18. माध्यम; 19. महत्त्वपूर्ण; 20. प्रण, प्रतिज्ञा; 21. सात पीढ़ियाँ; 22. कृतज्ञ; 23. बुरा व्यक्तित्व; 24. निष्कपट; 25. योग्य; 26. अप्राकृतिक, अस्वाभाविक; 27. ऊपर-ऊपर; 28. पाकिस्तान में प्रचलित नया धर्म; 29. द्वेष, रंजिश; 30. बदचलनी; 31. बग़ैर किसी शर्त के; 32. देशों; 33. इस्लाम धर्म ग्रहण करना; 34. जीवित; 35. गर्व से; 36. हर्ज; 37. अपमानजनक; 38. पालन-पोषण; 39. संरक्षण; 40. देशनिकाला; 41. गिरफ़्तार; 42. वैवाहिक; 43. सपर्क; 44. संयुक्त राष्ट्रसंघ; 45. सूचना विभाग; 46. व्यंग्य-लेखक, व्यंग्यकार; 47. भौगोलिक स्थिति; 48. समर्थन; 49. खोज; 50. टापुओं।

786

कत्बा

यहाँ सआदत हसन मंटो दफ़्न है।
उसके सीने में फ़न्ने-अफ़सानानिगारी के
सारे अस्रारो-रुमूज़ दफ़्न हैं–
वह अब भी मनों मिट्टी के नीचे सोच रहा है
कि वह बड़ा अफ़सानानिगार है या ख़ुदा।

सआदत हसन मंटो

18 अगस्त, 1954

अंतिम शब्द

बारह अप्रैल 1942 को मंटो ने लिखा था :

"लोग मुझे जानते हैं, इसलिए 'तआरुफ़'[1] की ज़रूरत नहीं। 'पेशलफ़्ज़'[2] मैंने इसलिए नहीं लिखा कि जो कुछ मुझे कहना है, मैंने अपने मज़ामीन में कह दिया है। 'दीबाचा'[3] या 'मुक़द्दमा'[4] मैंने इसलिए किसी से नहीं लिखवाया कि मेरे नज़दीक यह उस शहबाले की तरह मज़हकाखेज़[5] हद तक ग़ैरज़रूरी और ग़ैरअहम है जो दुल्हा के आगे या पीछे, घोड़े पर सजा-बनाकर बिठा दिया जाता है।"

दोस्तो,

लोग मंटो को जानते हैं, इसलिए तआरुफ़ की ज़रूरत नहीं।

'पेशलफ़्ज़' हमने इसलिए नहीं लिखा कि जो कुछ मंटो को कहना था, उसने अपने मज़ामीन में कह दिया है।

'दीबाचा' या 'मुक़द्दमा' हमने इसलिए नहीं लिखा कि हम नहीं चाहते, मंटो हमारी तहरीर को मज़हकाखेज़, ग़ैरज़रूरी और ग़ैरअहम शहबाला कहे, और हमारी दोस्ती में कोई नाख़ुशगवार लम्हा आए।

अगर आपने 'दस्तावेज़' को, पन्ने के बाद पन्ना, 'तआरुफ़ की पहली कड़ी' से इन लफ़्ज़ों तक हर्फ़-ब-हर्फ़ उसी तरतीब से पढ़ा है जो हमने हर दक़ियानूसी और तथाकथित स्कारली रवायत को तोड़कर पेश की है तो आपने अब तक मुश्किल 'मंटो-साफ़र' के बारे में वह सबकुछ जान लिया होगा जो हमारे ज़ेहन में एक दोस्त के बारे में मौजूद था, और जो अब अमली सूरत में आपके सामने रखा है।

मंटो ने अफ़साने की सिन्फ़[6] को, बड़ी संजीदगी से, संगीन सिन्फ़ कहा था। हमने उसके महसूसात की क़द्र करते हुए, बिना मुखौटा लगाए जो आज के संपादकों और डाक्टरों का ढर्रा है, अफ़सानानिगारी और आदमी, आदमी और समाज, समाज और मंटो के बारे में, भरपूर संजीदगी से बात कहने की कोशिश की।

और दोस्तो,

जैसे ही हम, मंटो की तरह, अफ़सानानिगरी की संगीन फ़ज़ा[7] से बाहर निकले, हमने भी, मंटो की तरह, इतमीनान का साँस लिया।

फिर हमने उसके ड्रामों और मज़ामीन के निस्बतन[8] आसान और सहल पड़ाव पर, अपने

कड़े और दोस्ताना सफ़र की दास्तान को मंटो-यात्रा में, शामिल कर दिया जिसने उसकी मौत के बाद ज़िंदगी पाई थी, और जिस मंटो-यात्रा के यात्री अब आप भी हैं। क्या 'दस्तावेज़' का अध्ययन किसी यात्रा से कम है!

हनीफ़ रामे—चित्रकार, अदीब, संपादक, सियासतदाँ, मुख्यमंत्री, गुमनाम और नाकाम सियासतदाँ—ने कहा था : "उनकी ज़िंदगी में जितनी दिलचस्पी उनके अफ़सानों में ली गई, (उनकी) मौत के बाद हरगिज़ न ली जाएगी।"

वक़्त बड़ा ज़ालिम नक़्क़ाद[9] है। वह मुख्यमंत्री का नाम इतिहास के कूड़ेदान में फेंक देता है और एक ग़रीब साहित्यकार का नाम उसकी 'मामूली' तख़लीक़ात के साथ, हर संवेदनशील नागिरक की ज़ुबान पर लिख देता है।

लेसली फ़्लेमिंग ने 'जर्नल आफ़ साउथ एशियन लिटरेचर' के मंटो विशेषांक में Later Topical Essays के तहत मंटो के मज़ामीन पर एक सफ़हा लिखा है। उसने एक-एक, दो-दो सतरों में अलग-अलग मज़मूनों को छुआ है। क्या यह तअज्जुब की बात नहीं कि वह 'चचा साम के नाम' लिखे गए आठ ख़तों के बारे में एक जुम्ला तो क्या, एक लफ़्ज़ तक न लिख सकी। क्यों?

मंटो ने जब ये ख़ुतूत लिखे थे, तब अमरीका में चचा आइज़नहावर की हुकूमत थी। और जब हमारी अमरीकी स्कालर ने Later Topical Essays नामी सफ़हा लिखा, तब अमरीका में चचा रोनल्ड रीगन की हुकूमत थी। यानी दोनों ज़माने रिपब्लिकन राष्ट्रपतियों के ज़माने थे। बात समझ में आती है और लेसली फ़्लेमिंग की ओढ़ी-ढाँपी झेंप साफ़ नज़र आती है।

चौथे, पाँचवें और छठे दशक के अधिकांश प्रगतिशील साहित्यकारों की रचनाएँ आज उनका मुँह चिढ़ाती हैं। और जो साहित्यकार संयोग से इस अंतिम दशक में जीवित हैं, उनकी तो यह हालत है कि वे अपनी रचनाओं से मुँह छिपाते फिरते हैं।

मंटो एकमात्र साहित्यकार है जिसने पचास बरस पहले जो कुछ लिखा, उसमें आज की हक़ीक़त भी सिमटी हुई नज़र आती है। आप चाहें तो इसे मंटवीयत कह सकते हैं।

दोस्तो, मरने के बाद मंटो कैसे ज़िंदा रहा, यह दास्तान फिर कभी...

---

1. परिचय: 2. प्राक्कथन; 3. भूमिका; 4. प्रस्तावना; 5. हास्यास्पद; 6. विधा; 7. वातावरण; 8. तुलना में; 9. पारखी, समालोचक।

बिब्लियोग्राफ़ी

मजमूए

1. मंटो के मज़ामीन
2. तल्ख़, तुर्श और शीरीं
3. ऊपर, नीचे और दरम्यान

मज़ामीन

1. छेड़ ख़ूबाँ से चली जाए असद
2. कुछ नहीं है तो अदावत ही सही
3. देहाती बोलियाँ (एक)
4. देहाती बोलियाँ (दो)
5. तहदीद अस्लहा
6. अगर
7. हिंदुस्तान को लीडरों से बचाओ
8. एक अश्क आलूद अपील
9. मुझे शिकायत है
10. शरीफ़ औरतें और फ़िल्मी दुनिया
11. हिंदुस्तानी सनअते-फ़िल्मसाज़ी पर एक नज़र
12. 'ज़िंदगी'—एक रिव्यू
13. इस्मतफ़रोशी
14. मैक्सिम गोर्की
15. सुर्ख़ इन्क़िलाब
16. बातें
17. लोग अपने-आपको मदहोश क्यों करते हैं?
18. किसान-मज़दूर-सरमायादार-ज़मींदार
19. तरक़्क़ीयाफ़्ता क़ब्रिस्तान
20. सफ़ेद झूठ
21. अफ़सानानिगार और जिंसी मसाइल
22. कसौटी
23. अदबे-जदीद
24. लज़्ज़ते-संग
25. हमारे मसाइल
26. दीवारों पर लिखना
27. नाक की क़िस्में
28. खाँसी पर
29. सवाल पैदा होता है
30. कुछ नामों के बारे में
31. मैं फ़िल्म क्यों नहीं देखता
32. सवेरे जो कल आँख मेरी खुली
33. यौमे-इक़बाल पर
34. महबूस औरतें
35. ईमानो-ईक़ान
36. परदे की बातें
37. मुफ़्तनोशों की तेरह क़िस्में
38. पटाख़े
39. आगरा में मिर्ज़ा नौशा की ज़िंदगी
40. ग़ालिब और चौदहवीं
41 ज़हमते-मिहरे-दरख़्शाँ

42. मंटो अपने हमज़ाद की नज़र में
43. मैं अफ़साना क्योंकर लिखता हूँ
44. पसमंज़र
45. अल्लाह का बड़ा फ़ज़्ल है
46. ज़रूरत है
47. मेरी शादी
48. किरचें और किरचियाँ
49. क़त्लो-ख़ून की सुर्ख़ियाँ
50. लीचियाँ, आलूचे और इलायचियाँ
51. बिन बुलाए मेहमान
52. अपनी-अपनी डफ़ली
53. गुनाह की बेटियाँ, गुनाह के बाप
54. चचा मंटो के नाम एक भतीजे का ख़त
55. यौमे-इस्तिक़्लाल
56. चचा साम के नाम एक ख़त
57. चचा साम के नाम दूसरा ख़त
58. चचा साम के नाम तीसरा ख़त
59. चचा साम के नाम चौथा ख़त
60. चचा साम के नाम पाँचवाँ ख़त
61. चचा साम के नाम सातवाँ ख़त
62. चचा साम के नाम आठवाँ ख़त
63. चचा साम के नाम नवाँ ख़त
64. आदाद के साथ अदब और ज़िंदगी की छेड़
65. चंद तसवीरे-बुताँ, चंद हसीनों के ख़ुतूत
66. दो गढ़े
67. तवेले की बला
68. पाँचवाँ मुक़द्दमा
69. पंडित नेहरू के नाम एक ख़त
70. बग़ैर उनवान के

दस्तावेज़ : मंटो

रेखाचित्र

राजकमल प्रकाशन

सआदत हसन मंटो

दस्तावेज़

5

चयन, संयोजन एवं परिचय

बलराज मेनरा, शरद दत्त

ISBN : 978-81-267-2874-9

मूल्य : ₹5000
(पाँच खंडों का पूरा सेट)

पहला संस्करण : 1993
पाँचवाँ संस्करण : 2019

प्रकाशक : राजकमल प्रकाशन प्रा. लि.
1-बी, नेताजी सुभाष मार्ग, दरियागंज
नई दिल्ली-110 002

शाखाएँ : अशोक राजपथ, साइंस कॉलेज के सामने, पटना-800 006
पहली मंजिल, दरबारी बिल्डिंग, महात्मा गांधी मार्ग, इलाहाबाद-211 001
36 ए, शेक्सपियर सरणी, कोलकाता-700 017

वेबसाइट : www.rajkamalprakashan.com
ई-मेल : info@rajkamalprakashan.com

मुद्रक : बी.के. ऑफसेट
नवीन शाहदरा, दिल्ली-110 032

MANTO DASTAVEZ (Vol. 5)
by Saadat Hassan Manto

विषय-सूची

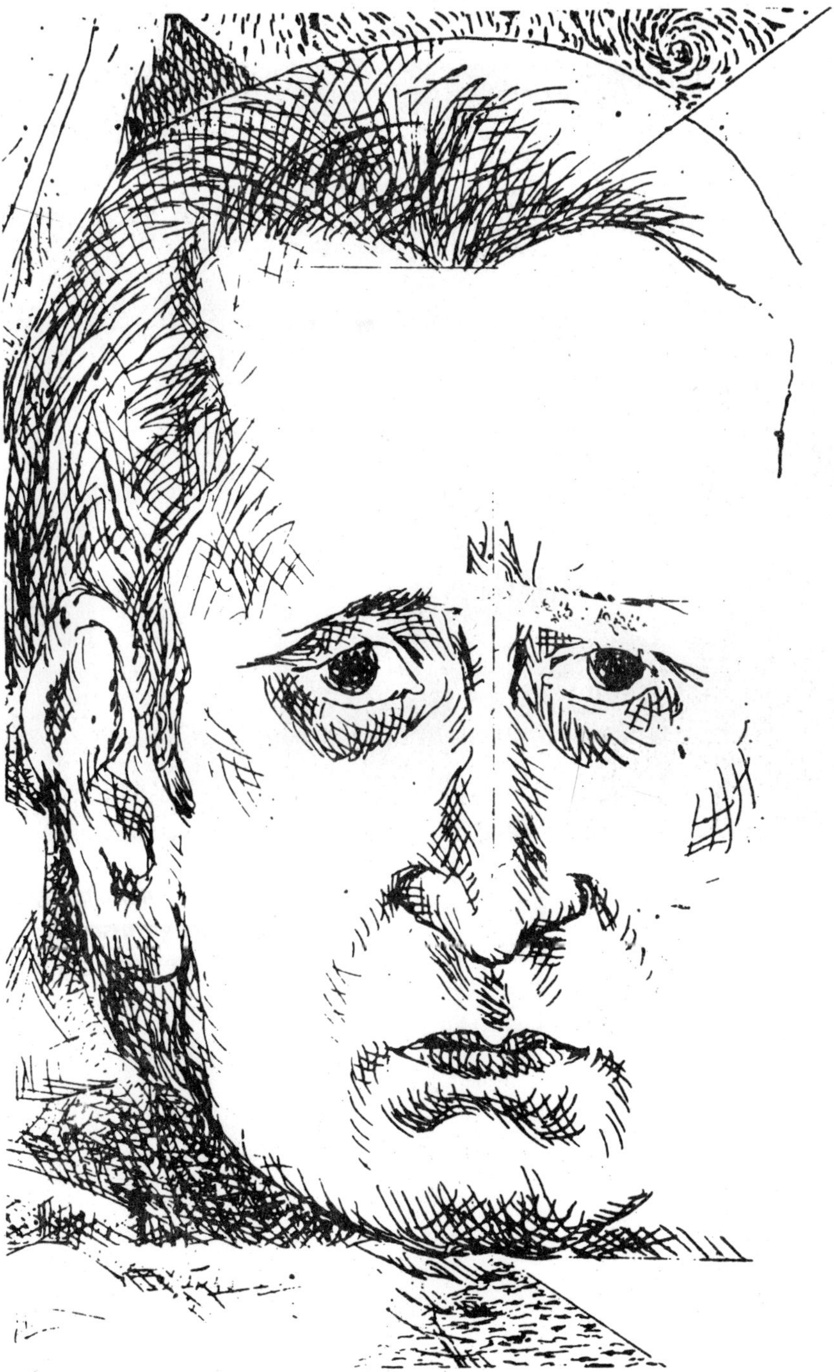

मंटो
कृति : रामचंद्रन

मंटो और सफ़िया मंटो
मंटो जब क़मीज़-पतलून पहनता था। बाद में
उसने यह लिबास छोड़ दिया था।

मंटो अपने भांजे हामिद जलाल के साथ; लाहौर, 1954

मेयो अस्पताल, लाहौर
18 जनवरी 1955 : सुबह साढ़े-दस बजे
पोर्च में एंबुलेंस पहुँची, डाक्टर लपके–
लेकिन मंटो दम तोड़ चुका था।

क़ब्र

A Public Meeting of Delhi Citizens
will be held at
Delhi Municipal Committee Hall
on **February 5, 1955, at 6 P. M.**
to mourn the death of the great short story writer, **Saadat Hasan Manto,** who passed away on January 18, 1955.

CONVENERS :—

Josh Malihabadi, Krishan Chandr: Qudsia Begum Zaidi, Yunus Dehlvi, Khushtar Grami, Dharmpal Gupta Wafa, Jagan Nath Azad, Shyam Sunder Pervez, Prakash Pandit, Zoe Ansari, and Satindra Singh.

मंटो की मौत के बाद दिल्ली में होनेवाली
शोकसभा का सूचनापत्र

पहला शब्द

मोहन गुप्त ने कहा : "भई हद कर दी दोस्तो, पाँचवें और आख़िरी खंड तक आन पहुँचे हो और मंटो की ज़िंदगी के बारे में एक लफ़्ज़ तक नहीं लिखा तुमने⋯यह क्या हरकत है ?"

मोहन गुप्त राजकमल प्रकाशन के, वह जो अंग्रेज़ी में कहते हैं, वन आफ़ दि डायरेक्टर्स हैं और मंटोनवाज़ी के झमेले में हमारे साथ टाँका लगा बैठे हैं।

हमने दोस्ताना टाँके के एहतिराम में मंटो की ज़िंदगी पर नज़र डालने की ठान ली।

अदब के एक पाकिस्तानी डाक्टर अनवार अहमद मंटो की ज़िंदगी पर इस तरह नज़र डालते हैं: "मंटो ग्यारह मई 1912 को समराला, ज़िला लुधियाना में पैदा हुए। वालिद मियाँ ग़ुलाम हसन मुंसिफ़ के ओहदे पर फ़ाइज़ थे। मंटो की वालिदा मियाँ साहब की दूसरी बीवी थीं और यह शादी उस वक़्त हुई जब उनकी पहली बीवी हयात[1] थीं और उनकी औलाद जवान⋯तीन बरस फ़ेल होने के बाद मंटो ने 1931 में मैट्रिक कर लिया⋯"

देखिए ना, डाक्टर साहिब कितनी तेज़ी से भागमभाग 1912 से 1931 में पहुँच गए। अरे भई, अगर आपको चंद सतरें घसीटना ही थीं तो कम-अज़-कम मंटो की वालिदा का नाम ही बता दिया होता जो सरदार बेगम था और जिन्हें मंटो बीबीजान कहा करता था।

डाक्टर अनवार अहमद ने नुस्ख़ा लिखने में जल्दी दिखाई सो दिखाई, मुहम्मद असदुल्लाह तो डाक्टर साहब का भी बाप निकला। असदुल्लाह की टेढ़ी-तिरछी रफ़्तार पकड़ ही में नहीं आती : "पैदाइश, ग्यारह मई 1912 को ज़िला अमृतसर के एक मुक़ाम सम्बराला में हुई। इब्तिदाई तालीम अमृतसर में हासिल की। इसके बाद अलीगढ़ यूनिवर्सिटी चले गए। कुछ मुद्दत रहे। वापस आए तो सहाफ़त[2] बतौर पेशा इख़्तियार करके रोज़नामा 'मुरव्वत' से मुंसलिक[3] हो गए। कुछ देर वहाँ काम करने के बाद लाहौर आकर लाला करमचंद के हफ़्तरोज़ा जरीदा 'पारस' से वाबस्ता हो गए। उस ज़माने में 'हुमायूँ' का 'फ़्रांसीसी नंबर' और 'आलमगीर' का 'रूसी नंबर' मुरत्तब[4] किया। आस्कर वाइल्ड के ज़ब्तशुदा ड्रामा 'वीरा' को उर्दू में मुंतक़िल[5] किया। रूसी अदब इतनी तेज़ी से उर्दू में लाए कि लोग उन्हें 'माहिरे-रूसियात' कहने लगे। इसके बाद बंबई चले गए। 'मुसव्वर' के इदारती फ़राइज़[6] अंजाम देते रहे और इसके साथ ही इंपीरियल फ़िल्म कंपनी

से भी वाबस्ता[7] हो गए। बंबई से आल इंडिया रेडियो, देहली में चले गए। वहाँ बेशुमार ड्रामे और रेडियो फ़ीचर लिखे। इसके बाद फिर बंबई चले गए। तक़सीम के बाद लाहौर आ गए। सारी उम्र बहुत ही हंगामाख़ेज़ जिद्दोजहद में गुज़री। काफ़ी घूमते-फिरते भी रहे मगर 18 जनवरी 1955 को एक ऐसे मकाम पर पहुँच गए जहाँ से कभी लौटकर नहीं आएँगे।"

असदुल्लाह ने 'लुधियाना' को 'अमृतसर' लिखने की जो ग़लती की, रोज़नामा 'मुसावात' को 'मुरव्वत' लिखने की जो भूल की उनको तो ठीक किया जा सकता है। लेकिन बयालीस बरस, अठ महीने और सात दिन 'उधार' ली हुई ज़िंदगी को उसने जल्दबाज़ी में जिस तरह ख़लास किया है वह अदबी ग़ैरज़िम्मेदारी की बदतरीन मिसाल है।

अफ़सोस इस बात का है कि मंटो के सिलसिले में ऐसी बदतरीन मिसालें उर्दू के अलावा दूसरी ज़बानों में भी मिलती हैं। मंटो की ज़िंदगी को सरसरी आउटलाइंस में समेटा जाता है और अपना काम चलाया जाता है।

ख़ालिद हसन ने वियाना में बैठे-बैठे मंटो के कुछ अफ़साने अंग्रेज़ी में तरजुमा किए जो Kingdom's End and Other Stories के उनवान तले ग्रेट ब्रिटेन से छपे। 'इंट्रोडक्शन' में जो ग़लतियाँ उनसे हुईं सो हुईं, वह रस्मी और सहल लफ़्फ़ाज़ी से आगे न बढ़ सके।

लेसली ए. फ़्लेमिंग ने Another Lonely Voice में मंटो की ज़िंदगी पर क़दरे बेहतर और क़दरे तवील बाब[8] लिखा, लेकिन वह गहराई तक न उतर सकीं, सच को न पा सकीं।

अनीस नागी बिलकुल सही कहते हैं : "मंटो की ग़ैरजानिबदार सवानहउमरी[9], मंटो की तफ़हीम और उर्दू अफ़साने की वज़ाहत के लिए एक अहम ज़रूरत हैं, क्योंकि मंटो उर्दू अफ़साने का एक अहद है। वह उर्दू का एक बाहिम्मत फ़नकार है जिसकी सवानहउमरी इस अहद के अदीबों के लिए एक मिसाल बन सकती है।"

पिछले पचास वर्षों में मंटो की ज़िंदगी का अहाता करने की तीन कोशिशें—कृश्नचंदर, मुहम्मद असदुल्लाह और अबू सईद कुरैशी की तीन नाकाम कोशिशें हमारी सिर्फ़ इतनी मदद करती हैं कि हम तक मंटो के मुख़्तलिफ़ अदवार[10] की कुछ अहम इत्तिलाआत पहुँचाती हैं।

वारिस अलवी कहते हैं : "अफ़साना में जब अफ़सानानिगार की ज़ात पेश-पेश होती है तो हक़ीक़त बेहिजाब[11] नहीं हो पाती। हक़ीक़त को क़ुबूल करने का हौसला मंटो ने ख़ुद को अफ़साना में रखकर ही पैदा कर लिया था। यूँ कहिए कि अफ़सानवी तकनीक ने उसे ज़िंदगी को क़ुबूल करने के आदाब सिखाए। मंटो कहानी में मौजूद है लेकिन वह कहानी का किरदार[12] नहीं, महज़ एक मीडियम है जिसके ज़रिये ज़िंदगी की एक हक़ीक़त बेनक़ाब होती है। मीडियम को अपने आदाब सीखने चाहिएँ और यह आदाब मंटो को सिखाता है

बाबू गोपीनाथ। मीडियम एक मानी में वह तवाइफ़ है जिसकी ज़ात हवसनाक[13] जज़्बात के दहकते शोलों में घिरी है लेकिन उन शोलों के दरम्यान जो चीज़ सर्द है, वह ख़ुद तवाइफ़ की ज़ात है। एक समाजी इंसान की हैसियत से मंटो की अपनी कुछ समाजी और अख़लाक़ी पासदारियाँ हो सकती हैं लेकिन बतौर एक फ़नकार के उसका फ़र्ज़ है कि वह अपनी ज़ात को इस क़दर महीन और शफ़्फ़ाफ़ बना दे कि हक़ीक़त अपनी हुस्नो-बदसूरती के साथ आर्ट में मुंतक़िल हो सके। फ़नकार के फ़न का दारोमदार इस बात पर रहता है कि वह अपने लिए कौन-सा रोल पसंद करता है। हादी, रहनुमा और पैग़ंबर का, या दर्दमंद तमाशाई का, या मुश्फ़िक़ो-मेहरबान ग़मगुसार का...।"

लीजिए, वारिस अलवी ने तो मंटो की ज़िंदगी पर फ़्लैपी नोट, इंट्रोडक्टरी नोट और मंटोनामे क़िस्म की तहरीरें लिखनेवालों का क़ीमा बना डाला।

समाजी इंसान और फ़नकार की डाइकोटमी समझे बग़ैर, मुतज़ाद[14] शख़्सियतों का टकराव समझे बग़ैर आप मंटो की ज़िंदगी का अहाता नहीं कर सकते।

वह कब पैदा हुआ, उसके माँ-बाप कौन थे, वह कहाँ-कहाँ रहा, वह कहाँ मरा, इन बातों की महज़ मुफ़स्सल जानकारी मंटो को समझने में हमारी मदद नहीं करती।

मंटो को समझने के लिए मंटो की तख़लीक़ात पढ़िए, मंटो समझ में आ जाएगा। तख़लीक़ात के हिसार[15] में वह साफ़ नज़र आता है। उससे सरसरी मुलाक़ात भी हो सकती है और भरपूर मुलाक़ात भी। इसका इन्हिसार[16] ख़ुद आपकी ज़ात है।

28 अक्तूबर 1951 को मंटो ने कहा था : "मैं चलता-फिरता बंबई हूँ।"

अगर हम बंबई को एक बड़े शहर के नाते समझने की कोशिश करें, तब भी बंबई को समझना इतना आसान नहीं। और अगर हम बंबई को एक इस्तिआरे[17] के तौर पर समझने की कोशिश करें, तब भी बंबई एक बड़ी मुश्किल बन जाएगा।

बंबई को कृशनचंदर न समझ सका, इस्मत चुग़ताई न समझ सकी, राजिंदरसिंह बेदी न समझ सके। सुरिंदर प्रकाश बेचारा तो क्या ख़ाक समझेगा।

मंटो ने बंबई को समझा और चलता-फिरता बंबई बन गया जो पाकिस्तान के समाजी इंसानों की समझ में न आ सका।

'दस्तावेज़' का यह पाँचवाँ और आख़िरी खंड मंटो के क़लमी ख़ाकों[18] पर मुश्तमिल[19] है।

क़लमी ख़ाकों की सिर्फ़ दो किताबें हैं : 'गंजे फ़रिश्ते' और 'लाउडस्पीकर'।

पहली किताब मंटो की ज़िंदगी ही में छप गई थी, और दूसरी किताब उसकी मौत के कुछ महीनों बाद। हाँ, दूसरी किताब में शामिल ख़ाके उसकी ज़िंदगी ही में छपे थे। एक ग़ैरमतबूआ[20] ख़ाका 'तपिश काश्मीरी' उसकी मौत के बाद अफ़सानवी मजमूए 'बग़ैर इजाज़त' में शामिल किया गया।

तक़सीम से पहले मंटो ने सिर्फ़ एक ख़ाका 'इस्मत चुग़ताई' लिखा था। बाक़ी सब ख़ाके तक़सीम के बाद लिखे गए।

हर ख़ाके में शख़्सियत के तानेबाने ख़ुद मंटो बुनता है और ख़ुद ही बयान करता है। बस एक ख़ाका, सिर्फ़ एक ख़ाका 'मेरा साहब' ऐसा है जहाँ मुहम्मद अली जिनाह की शख़्सियत ('ग़ैर' के हवाले से) शोफ़र आज़ाद की ज़बानी बयान की गई है। इस ख़याल से कि कहीं 'मेरा साहब' की मौजूदगी—मंटो, गंजे फ़रिश्तों, लाउडस्पीकरों और पढ़नेवालों के बीच—तकल्लुफ़ की बनावट न ले आए, हमने 'मेरा साहब' को मुतफ़र्रिक़[21] तहरीरों के चौथे खंड में शामिल किया है।

मंटो ने जितने भी ख़ाके लिखे हैं, इस आख़िरी खंड में शामिल हैं, सिवाय तीन के। उनके नाम हैं: चराग़ हसन हसरत, अनवर कमाल पाशा और तपिश काश्मीरी। इसीलिए आपको क़लमी ख़ाकों की बिब्लियोग्राफ़ी नज़र न आएगी।

'गंजे फ़रिश्ते' का इंतिसाब[22] यूँ है :

गंजे-मआनी[23] हज़रते-ग़ालिब
के नाम
हवसे-गुल का तसव्वुर में भी खटका न रहा
अजब आराम दिया बे-परो-बाली ने मुझे

11 जनवरी 1952 को 'गंजे फ़रिश्ते' के सिलसिले में मंटो कहता है :

"मैं ऐसी दुनिया पर, ऐसे मुहज़्ज़ब[24] मुल्क पर, ऐसे मुहज़्ज़ब समाज पर हज़ार लानत भेजता हूँ जहाँ यह उसूल मुरव्वज[25] हो कि मरने के बाद हर शख़्स का किरदार[26] और तशख़्ख़ुस[27] लांडरी में भेज दिया जाए जहाँ से वह धुल-धुलाकर आए और रहमतुल्लाह अलैह की खूँटी पर लटका दिया जाए। मेरे इसलाहख़ाने[28] में कोई शाना[29] नहीं, कोई शैंपू नहीं, कोई घूँघर पैदा करनेवाली मशीन नहीं। मैं बनाव-सिंगार करना नहीं जानता। आग़ा हश्र की भैंगी आँख मुझसे सीधी नहीं हो सकी। उसके मुँह से गालियों के बजाय मैं फूल नहीं झड़ा सका। मीराजी की ज़लालत पर मुझसे इस्तरी नहीं हो सकी, और न मैं अपने दोस्त श्याम को मजबूर कर सका हूँ कि वह बरख़ुद-ग़लत[30] औरतों को सालियाँ न कहे। इस किताब में जो फ़रिश्ता भी आया है, उसका मुंडन हुआ है, और यह रस्म मैंने बड़े सलीक़े से अदा की है।"

'लाउडस्पीकर' मंटो की मौत के आठ महीने बाद, सितंबर 1955 में छपी थी और इसे 'गंजे फ़रिश्ते' की 'दूसरी क़िस्म' कहा गया था। इसका इंतिसाब 'चराग़ हसन हसरत' के नाम है।

इस खंड में उन्नीस गंजे फ़रिश्ते विषयसूची में नज़र आते हैं जिनके 'कारनामों' की दास्तान अंदर के पन्नों में दर्ज है। यह सूची फ़रेबे-नज़र है।

उन्नीस गंजे फ़रिश्तों की मौजूदगी बीसवें गंजे फ़रिश्ते की दास्तान भी कह डालती है। क्या हमें उसका नाम भी लिखना होगा!

When I am dead, my dearest,
Sing no sad songs for me.

Christina G. Rossetti

---

1. जीवित; 2. पत्रकारिता; 3. संबद्ध; 4. संकलित या संपादित; 5. रूपांतरण; 6. संपादकीय, कर्त्तव्य; 7. संबद्ध; 8. अध्याय; 9. तटस्थ जीवनी; 10. दौर का बहुवचन; 11. बेपरदा; 12. पात्र; 13. वासनामय; 14. परस्पर विरोधी; 15. चारदीवारी; 16. दारोमदार; 17. रूपक; 18. रेखाचित्र; 19. सम्मिलित; 20. अप्रकाशित; 21. विविध, फ़ुटकर; 22. समर्पण; 23. अर्थ के भंडार; 24. सभ्य; 25. प्रचलित; 26. चरित्र; 27. व्यक्तित्व; 28. सुधार गृह; 29. कंघा; 30. जो अपने को कम होते हुए बहुत अधिक समझता हो।

आग़ा हश्र से दो मुलाक़ातें

तारीख़ें और सन मुझे कभी याद नहीं रहे। यही वजह है कि यह मज़्मून लिखते वक़्त मुझे काफ़ी उलझन हो रही है। ख़ुदा मालूम कौन-सा सन था और मेरी उम्र क्या थी, लेकिन सिर्फ़ इतना यार्द है कि बसद मुश्किल इन्ट्रेंस पास करके और दो दफ़ा एफ़ ए में फ़ेल होने के बाद मेरी तबीयत पढ़ाई से बिलकुल उचाट हो चुकी थी और जुए से मेरी दिलचस्पी दिन-ब-दिन बढ़ रही थी। कटरा जैमल सिंह में दीनू या फ़ज़लू कुम्हार की दुकान के ऊपर एक बैठक थी, जहाँ दिन-रात जुआ होता था। फ्लैश खेली जाती थी। शुरू-शुरू में तो यह खेल मेरी समझ में न आया लेकिन जब आ गया तो फिर मैं उसी का हो रहा—रात को जो थोड़ी-बहुत सोने की फ़ुर्सत मिलती थी, उसमें भी ख़्वाब राउंडों और तिरेलों ही के आते थे।

एक बरस के बाद जुए से मुझे कुछ उकताहट होने लगी। तबीयत अब कोई और शग़ल चाहती थी—क्या? यह मुझे मालूम नहीं था—दीनू या फ़ज़लू कुम्हार की बैठक में एक रोज़ इब्राहीम ने जो कि अमृतसर म्युनिस्पिलटी में ताँगों का दारोग़ा था, आग़ा हश्र का ज़िक्र किया और बताया कि वह अमृतसर आए हुए हैं। मैंने यह सुना तो मुझे स्कूल के वह दिन याद आ गए जब तीन चार पेशेवर लफ़ंगों के साथ मिलकर हमने एक ड्रामेटिक क्लब खोली थी और आग़ा हश्र का एक ड्रामा स्टेज़ करने का इरादा किया था। यह क्लब सिर्फ़ पंद्रह-बीस रोज़ क़ाइम रह सकी थी, इसलिए कि वालिद साहब ने एक रोज़ धावा बोलकर हारमोनियम और तबले सब तोड़-फोड़ दिए थे और वाज़े अल्फ़ाज़ में हमको बता दिया था कि ऐसे वाहियात शग़ल उन्हें बिल्कुल पसंद नहीं।

इस क्लब के बाक़ियात आग़ा हश्र के उस ड्रामे के चंद अल्फ़ाज़ हैं जो मेरे ज़हन के साथ अभी तक चिपके हुए हैं : "अर्थात इसके कर्म हैं।" मेरा ख़याल है, जब दारोग़ा इब्राहीम ने आग़ा हश्र का ज़िक्र किया तो मुझे उस वक़्त ड्रामे का पूरा एक पैरा याद था। चुनांचे मुझे इस ख़बर से एक गुना दिलचस्पी पैदा हो गई कि आग़ा हश्र अमृतसर में हैं। आग़ा साहब का कोई ड्रामा देखने का मुझे इत्तिफ़ाक़ नहीं हुआ था, इसलिए कि रात को घर से बाहर रहने की मुझे क़त्अन इजाजत नहीं थी। उनके ड्रामे भी मैंने नहीं पढ़े थे, इसलिए कि मुझे "मिस्ट्रीज आफ़ कोर्ट आफ़ लन्डन" और तीर्थराम फ़िरोज़पुरी के तर्जुमे-कर्दा अंग्रेजी जासूसी नाविल जैसी किताबें पढ़ने का शौक़ था। लेकिन इसके बावजूद अमृतसर में आग़ा साहब की आमद की ख़बर ने मुझे काफ़ी मुतास्सिर किया।

आग़ा साहब के मुताल्लिक़ बेशुमार बातें मशहूर थीं। एक तो यह कि वह कूचा वकीलाँ में रहा करते थे जो हमारी गली थी, जिसमें हमारा मकान था। आग़ा साहब बहुत बड़े आदमी थे—कश्मीरी थे, यानि मेरे हम क़ौम—और फिर मेरी गली में वह कभी अपने बचपन के अय्याम गुज़ार चुके थे। इन तमाम बातों का नफ़्सियाती असर जो मुझ पर हुआ, आप उसे बख़ूबी समझ सकते हैं।

दारोग़ा इब्राहीम से जब मैंने आग़ा साहब के मुताल्लिक़ कुछ और पूछा तो उसने वही बातें बताईं जो मैं औरों से हज़ार मर्तबा सुन चुका था कि वह पहले दर्जे के अय्याश हैं। दिन-रात शराब के नशे में धुत रहते हैं। बेहद गंदा दहन हैं—ऐसी-ऐसी गालियाँ ईजाद करते हैं कि मुग़ल्लज़ात में जिनकी कोई मिसाल नहीं मिलती। बड़े से बड़े आदमी को भी ख़ातिर में नहीं लाते—कंपनी के फ़लाँ-फ़लां सेठ ने जब उनसे एक बार ड्रामे का तक़ाज़ा किया तो उन्होंने उसको इतनी मोटी ग़ाली दी जो हमेशा के लिए उसके दिल में आग़ा साहब के ख़िलाफ़ नफ़रत पैदा करने के लिए काफ़ी थी, लेकिन हैरत है कि सेठ ने उफ़ तक न की और हाथ जोड़कर कहने लगा: "आग़ा साहब, हम आपके नौकर हैं"—बदीह गो थे—एक मर्तबा रिर्हसल हो रही थी। गर्मी के बाइस एक एक्ट्रेस बार-बार माथे पर से उँगली के साथ पसीना पोंछ रही थी। आग़ा साहब झुंझलाए और एक शेर मौज़ूँ हो गया:

अब्रू न सँवारा करो कट जाएगी उँगली।
नादान हो तलवार से खेला नहीं करते।

रिहर्सल हो रही थी। लफ़्ज़ "फ़ंड" एक एक्ट्रेस की ज़बान पर नहीं चढ़ता था। आग़ा साहब ने गरज कर "फ़ंड" का एक हम-क़ाफ़िया लफ़्ज़ लुढ़का दिया—एक्ट्रेस की ज़बान पर फ़ौरन "फ़ंड" चढ़ गया।

आग़ा साहब के कान तक यह बात पहुँची कि हासिद यह प्रोपेगंडा कर रहे हैं कि हिंदी के ड्रामे उनके अपने लिखे हुए नहीं, क्योंकि वह हिंदी ज़बान से बिल्कुल नावाक़िफ़ है। आग़ा साहब स्टेज पर ड्रामा शुरू होने से पहले आए और हाज़िरीन से कहा: मेरे मुताल्लिक़ चंद मुफ्सिदा-पर्दाज़ वह बात फैला रहे हैं कि मैंने अपने हिंदी के ड्रामे किराए के पंडितों से लिखवाए हैं—मैं अब आपके सामने शुद्ध हिंदी में तक़रीर करूँगा। चुनांचे आग़ा साहब दो घंटे तक हिंदी में तक़रीर करते रहे, जिसमें एक लफ़्ज़ भी उर्दू या फ़ारसी का नहीं था।

आग़ा साहब जिस एक्ट्रेस की तरफ़ निगाह उठाते थे, वह फ़ौरन ही उनके साथ ख़लवत में चली जाती थी।

आग़ा साहब, मुंशियों को हुक्म देते थे: "तैयार हो जाओ।" और शराब पीकर टहलते-टहलते बयक-वक़्त कौमेडी और ट्रेजिडी लिखवाना शुरू कर देते थे।

आग़ा साहब ने कभी किसी औरत से इश्क़ नहीं किया—लेकिन मुझे दारोग़ा इब्राहीम की ज़बानी मालूम हुआ कि यह बात झूट हैं, क्योंकि वह अमृतसर क़ी मशहूर तवाइफ़ मुख़्तार पर आशिक़ हैं। वही मुख़्तार जिसने "औरत का प्यार" फ़िल्म में हीरोइन का पार्ट अदा किया है।

मुख़्तार को मैंने देखा हुआ था। हाल बाज़ार में अनवर पेन्टर की दुकान पर बैठकर हम

क़रीब-क़रीब हर जुमेरात की शाम को मुख़्तार उर्फ़ दारी को नए से नए फ़ैशन के कपड़ों में मलबूस दूसरी तवाइफ़ों के हमराह ज़ाहिरा पीर की दरगाह की तरफ़ जाते देखा करते थे।

आग़ा साहब शक्लो-सूरत के कैसे थे, यह मुझे मालूम नहीं था। कुछ छपी हुई तस्वीरें देखने में आई थीं, मगर उनकी छपाई इस क़द्र वाहियात थी कि सूरत पहचानी ही नहीं जाती थी। उम्र के मुताल्लिक़ सिर्फ़ इतना मालूम था कि वह अब ज़ईफ़ हो चुके हैं—उस ज़माने में यानि उम्र के आख़िरी वक़्त में उनको मुख़्तार से कैसे इश्क़ हुआ, इस पर हम सबको, जो दीनू या फ़ज़लू कुम्हार की बैठक में जुआ खेल रहे थे, सख़्त ताज्जुब हुआ था—मुझे याद है, नाल के पैसे निकालते हुए दीनू या फ़ज़लू कुम्हार ने गर्दन हिलाकर बड़े फ़लसफ़ियाना अंदाज़ में कहा था : "बुढ़ापे का इश्क़ बड़ा क़ातिल होता है।"

एक बार आग़ा साहब का जिक्र बैठक पर हुआ तो फिर क़रीब-क़रीब हर रोज़ उन की बातें होने लगीं। हम में से सिर्फ़ दारोग़ा इब्राहीम, आग़ा साहब को ज़ाती तौर पर जानता था। एक रोज़ उसने कहा : "कल रात हम मुख़्तार के कोठे पर थे··· आग़ा साहब गाव तकिए का सहारा लिए बैठे थे। हम में से बारी-बारी हर एक ने उनसे पुरज़ोर दर्ख़्वास्त की कि वह अपने नए फ़िल्मी ड्रामे 'रुस्तमो-सोहराब' का कोई क़िस्सा सुनाएँ, मगर उन्होंने इन्कार कर दिया। हम सब मायूस हो गए। एक ने मुख़्तार की तरफ़ इशारा किया। वह आग़ा साहब की बग़ल में बैठ गई और उनसे कहने लगी : "आग़ा साहब, हमारा हुक्म है कि आप रुस्तमो-सोहराब सुनाएँ"··· आग़ा साहब मुस्कराए और बैठकर रुस्तम का पुर-ज़ोर मुकालमा अदा करना शुरू कर दिया। अल्लाह-अल्लाह, क्या गरजदार आवाज़ थी। मालूम होता था कि पानी का तेज़ धारा पहाड़ के पत्थरों को बहाए लिए चला जा रहा है।"

एक दिन इब्राहीम ने बताया कि आग़ा साहब ने पीना यकक़लम तर्क कर दिया है। जो आग़ा साहब के मुताल्लिक़ ज़्यादा जानते थे, उनको बहुत ताज्जुब हुआ। इब्राहीम ने कहा कि यह फ़ैसला उन्होंने हाल ही में मुख़्तार से इश्क़ होने की वजह से किया है—यह इश्क़ भी क्या बला थी, हम समझ न सके। लेकिन दीनू या फ़ज़लू ने नाल के कुल पैसे अपने तहमद के डब में बाँधते हुए एकबार फिर कहा : "बुढ़ापे के इश्क़ से ख़ुदा बचाए··· बड़ी ज़ालिम चीज़ होती है।"

जुए से मेरी तबीयत उकता ही चुकी थी। मैंने बैठक जाना आहिस्ता-आहिस्ता छोड़ दिया। इस दौरान में मेरी मुलाक़ात बारी साहब और हाजी लक़लक़ से हुई जो रोज़नामा "मसावात" के एडिटर मुक़र्रर होकर अमृतसर आए हुए थे। जीजे के होटल "शीराज़" में दोनों चाय पीने आते थे और अदब और सियासत पर बातें करते थे। उनसे मेरी मुलाक़ात हुई। बारी साहब को मैंने बहुत पसंद किया। इसी दौरान में जीजे ने अख़्तर शीरानी मरहूम को मदऊ किया। दिन-रात ठर्रे के दौर चलने लगे। शेरो-अदब से मेरी दिलचस्पी बढ़ने लगी। जो वक़्त पहले फ़्लश खेलने में कटता था, अब "मसावात" के दफ़्तर में कटने लगा। कभी-कभी बारी साहब एक-आध ख़बर तर्जुमे के लिए मुझे दे देते, जो मैं टूटी-फूटी उर्दू में कर दिया करता था। आहिस्ता-आहिस्ता मैंने फ़िल्मी ख़बरों का एक कालम संभाल लिया। बाज़ दोस्तों ने कहा कि महज़ ख़ुराफ़ात होती है, लेकिन बारी साहब ने

कहा : 'बकवास करते हैं। तुम अब तबाज़ाद मज़मून लिखने शुरू करो।"

तबाज़ाद मज़मून तो मुझसे लिखे न गए, लेकिन फ्रांसीसी नाविल-निगार विक्टर ह्यूगो की एक किताब "लास्ट डेज़ आफ़ द कंडेम्ड" मेरी अलमारी में पड़ी थी जो बारी साहब उठाकर ले गए। दूसरे रोज़ दोपहर के क़रीब मैं "मसावात" के दफ़्तर में गया तो कातिबों से मालूम हुआ कि बारी साहब को सरसाम हो गया है, एक किताब सुबह से बुलंद आवाज़ में पढ़ रहे हैं, थोड़े-थोड़े वक़्फ़े के बाद यहाँ आते हैं और एक लोटा ठंडे पानी का सर पर उडलवाकर अपने कमरे में चले जाते हैं—मैं उधर गया तो दरवाजे बंद थे और वह ख़तीबाना अंदाज़ में अंग्रेज़ी की कोई किताब निहायत ही ज़ोरदार इबारत पढ़ रहे थे। मैंने दस्तक दी। दरवाजा खुला। बारी साहब कुर्ते पाजामे बग़ैर बाहर आए। हाथ में विक्टर ह्यूगो की किताब थी। उसे मेरी तरफ़ बढ़ाकर अंग्रेजी में कहा : "इट इज़ ए वेरी होट बुक।" और जब किताब पढ़ने की गर्मी दूर हुई तो मुझे मश्वरा दिया कि मैं उसका तर्जुमा करूँ।

मैंने किताब पढ़ी। लिखने का अंदाज़ बहुत ही मुअस्सिर और ख़तीबाना था। शराब पीकर तर्जुमा करने की कोशिश की, मगर नज़रों के सामने सतरें गडमड हो गईं। सहन में पलँग बिछवाकर हुक़्क़े की नै मुँह में लेकर अपनी बहन को तर्जुमा लिखवाने की कोशिश की, मगर उसमें भी नाकाम रहा। आखिर में अकेले बैठकर दस पंद्रह दिनों के अंदर-अंदर डिक्शनरी सामने रखकर सारी किताब का तर्जुमा कर डाला। बारी साहब ने बहुत पसंद किया। उसकी इस्लाह की और याक़ूब हसन, मालिक "उर्दू बुक स्टाल" के पास तीस रुपए में बिकवा दिया। याक़ूब हसन ने उसे बहुत ही कलील अर्से में छाप कर शाया कर दिया—अब मैं साहिबे-किताब था।

"मसावात" बंद हो गया। बारी साहब लाहौर किसी अख़बार में चले गए। जीजे का होटल सूना हो गया। मेरे लिए कोई शग़ल न रहा। लिखने की चाट पड़ गई थी, लेकिन चूँकि दोस्तों से दाद न मिलती थी, इसलिए उधर कोई तवज्जे न दी। अब फिर दीनू या फ़ज़लू कुम्हार की बैठक थी। जुआ खेलता था, मगर उसमें अब वह पहला-सा लुत्फ़ और पहली-सी हरारत नहीं थी।

एक दिन दारोग़ा इब्राहीम ने फ़्लश खेलने के दौरान में बताया कि आग़ा हश्र आए हुए हैं और मुख़्तार के यहाँ ठहरे हुए हैं। मैंने उससे कहा : "किसी रोज़ मुझे वहाँ ले चलो।" इब्राहीम ने वादा तो कर लिया मगर पूरा न किया। जब मैंने तक़ाज़ा किया तो उसने यह कहकर टरखा दिया : "आग़ा साहब लाहौर चले गए हैं।"

मेरा एक दोस्त था हरि सिंह। अल्लाह बख़्शे, ख़ूब आदमी था। पाँच मकान बेचकर दो मर्तबा सारे यूरोप की सैर कर चुका था और उन दिनों छटे और आख़िरी मकान को आहिस्ता-आहिस्ता बड़े सलीक़े के साथ खा रहा था। फ़्रांस में सिर्फ़ छः महीने रहा था, लेकिन फ़्रांसिसी-ज़बान बड़ी बेतकल्लुफ़ी से बोल लेता था। बहुत ही दुबला-पतला मरियल-सा इन्सान था, मगर बला का फुर्तीला। चर्ब ज़बान और धाँसू, यानि बर्मे की तरह अंदर धँस जाने वाला। एक रोज़ मैंने उससे आग़ा हश्र का ज़िक्र किया। उसने फ़ौरन ही पूछा : "क्या तुम उससे मिलना चाहते हो?"

मैंने कहा : ''बहुत देर से मेरी ख़्वाहिश है कि उनको एक नज़र देखूँ।''

हरि सिंह ने फ़ौरन ही कहा : ''इसमें क्या मुश्किल है। जब से वह यहाँ अमृतसर में पंडित मोहसिन के हाँ ठहरा हुआ है, क़रीब क़रीब हर रोज़ मेरी उससे मुलाक़ात होती है।''

मैं उछल पड़ा : ''तो हरि, कल शाम को तुम मुझे उनके पास ले चलो।''

हरि ने अपना व्हिस्की का गिलास अपने पतले होंटों से लगाया और बड़ी नज़ाक़त से एक छोटा-सा घूँट भरके फ्रांसिसी ज़बान में कुछ कहा जिसका मतलब था : यक़ीनन मेरे दोस्त।

और हरिसिंह दूसरे रोज़ शाम को मुझे आगा हश्र काश्मीरी के पास ले गया।

पंडित मोहसिन जैसा कि नाम से ज़ाहिर है, कश्मीरी पंडित थे। नाम उनका जाने क्या था, पर ''मोहसिन'' उनका तख़ल्लुस था। मुशायरों में पुरानी दकियानूसी शाइरी के नमूने के तौर पर पेश होते थे। आपका कारोबारी ताल्लुक़ कटड़ा घनैयाँ के अमृत सिनेमा से था।

आग़ा साहब से पंडित जी की दोस्ती, मालूम नहीं, शाइरी की वजह से थी, या सिनेमा की वजह से, या कटड़ा घनैयाँ इसका बाइस था, जिसमें अमृत सिनेमा और मुख़्तार का बालाख़ाना बिल्कुल आमने-सामने थे। सबब कुछ भी हो, आग़ा साहब पंडित मोहसिन के हाँ ठहरे हुए थे और जैसा कि मुझे उनकी बाहम गुफ़्तगू से पता चला, दोनों एक दूसरे से बेतकल्लुफ़ थे।

पंडित मोहसिन की बैठक या दफ़्तर कटड़ा घनैयाँ के पास पश्म वाले बाज़ार से निकलकर आगे जहाँ सब्ज़ी की दुकानें शुरू होती हैं, एक बड़ी-सी डयोढ़ी के उफर वाक़े था। हरिसिंह आगे था, मैं उसके पीछे। सीढ़ियाँ चढ़ते वक़्त मेरा दिल धक-धक करने लगा। मैं आग़ा हश्र को देखने वाला था।

बाहर सहन में कुर्सियों पर कुछ आदमी बैठे थे। एक कौने में तख़्त पर पंडित मोहसिन बैठे गुड़गुडी पी रहे थे। सबसे पहले एक अजीबो-ग़रीब आदमी मेरी निगाहों से टकराया। चीख़ते हुए लाल रंग की चमकदार साटन का लाचा, दो घोड़े की बोसुकी की कालर वाली सफ़ेद क़मीस, कमर पर गेहरे नीले रंग का फुन्दनों वाला आज़ार बंद, बड़ी-बड़ी बेहंगम आँखें—मैंने सोचा, कटड़ा घनैयाँ का कोई पीर होगा, लेकिन फ़ौरन ही किसी ने उसको ''आग़ा साहब'' कहकर मुख़ातिब किया—मुझे धक्का-सा लगा।

हरिसिंह ने बढ़कर उस अजीबो-ग़रीब आदमी से मुसाफ़ह किया और मेरी तरफ़ इशारा करके उससे कहा : ''मेरे दोस्त सआदत हसन मंटो···आपसे मिलने के बहुत मुश्ताक़ थे।''

आग़ा साहब ने अपनी बड़ी-बड़ी बेहंगम आँखें मेरी तरफ़ घुमाईं और मुस्कराकर कहा : ''लार्ड मिंटो से क्या रिश्ता है तुम्हारा?''

मैं तो जवाब न दे सका, लेकिन हरिसिंह ने कहा : ''आप मिंटो नहीं, मंटो हैं···कश्मीरी।''

आग़ा साहब ने एक लंबी ''ओह'' की और पंडित मोहसिन से कश्मीरियों की ''अल'' के मुताल्लिक़ तवील गुफ़्तगू शुरू कर दी। मैं पास ही बैंच पर बैठ गया। पंडित जी को क़तअन

आग़ा साहब की उस गुफ़्तगू से दिलचस्पी नहीं थी, क्योंकि वह बार-बार उनसे कहते थे : "आग़ा साहब, इसको छोड़िए। यह बताइए कि आप कब मेरे लिए दो रील का मज़ाहिया ड्रामा लिखेंगे।"

आग़ा साहब को उस मज़ाहिया ड्रामे से कोई दिलचस्पी नहीं थी। वह गुफ़्तगू तो कश्मीरियों की "अल" के बारे में कर रहे थे, मगर ऐसा मालूम होता था कि उनका दिमाग़ कुछ और ही सोच रहा है। एक दो बार उन्होंने दौराने-गुफ़्तगू में अपने नौकर को मोटी-मोटी गालियाँ देकर याद किया कि वह अभी तक आया क्यों नहीं।

आग़ा साहब जब ख़ामोश हुए तो पंडित मोहसिन नें उनसे कहा : "आग़ा साहब, इस वक़्त आपकी तबीयत मोज़ूँ है। मैं काग़ज़ क़लम लाता हूँ, आप वह कमेडी लिखवाना शुरू कर दीजिए।"

आग़ा साहब की एक आँख भेंगी थी। आपने उसे घुमाकर कुछ अजीब अंदाज़ से पंडित जी की तरफ़ देखा : अबे चुप कर। आग़ा हश्र की तबीयत हर वक़्त मोज़ूँ होती है।"

पंडित जी ख़ामोश हो गए। और अपनी गुड़गुड़ी गुड़गुड़ाने लगे। दफ़ूअतन मुझे महसूस हुआ कि मेरा सर चकरा रहा है। तेज़ ख़ुशबू के भबके आ रहे थे। मैंने देखा आग़ा साहब के दोनों कानों में इत्र के फोए ठुँसे हुए थे और ग़ालिबन सर भी इत्तर ही से चिपड़ा हुआ था। मैं कुछ तो उस तेज़ ख़ुशबू और कुछ आग़ा साहब के लाचे और आज़ारबंद के शोख़ रंगों में क़रीब-क़रीब ग़र्क़ हो चुका था।

बाज़ार में दफ़ूअतन शोरो-गुल बर्पा हुआ। एक साहब ने उठकर बाहर झाँका और आग़ा साहब से कहा : "आग़ा साहब, तशरीफ़ लाइए, मेहंदी का जुलूस आ रहा है।"

आग़ा साहब ने कहा : "बकवास है।" और हादिसाए-करबला पर निहायत ही मुहक़्क़िक़ाना लेक्चर देना शुरू कर दिया। ऐसे-ऐसे नुक्ते निकाले कि सब दंग रह गए। आख़िर में बड़े ड्रामाई अंदाज़ में कहा : "दजले का मुँह बंद था। फ़्रात ख़ुश्क़ पड़ी थी। पीने को पानी की एक बूंद नहीं थी। मेहंदी गूँधी किससे गई···" आग़ा हश्र इससे आगे कहते-कहते रुक गए। एक साहब, जो ग़ालिबन शिया थे, महफ़िल से उठकर चले गए। आग़ा साहब ने मोज़ू बदल दिया।

पंडित मोहसिन को मौक़ा मिला। चुनाँचे उन्होंने फिर दर्ख़्वास्त की : आग़ा साहब, दो रील की कामेडी आपको लिखनी होगी।"

आग़ा साहब ने यह मोटी गाली दी : "कामेडी की··· यहाँ ट्रेजिडी की बातें हो रही थीं और तुम अपनी कामेडी ले आए हो।" यह कहकर आग़ा साहब ने हादिसाए-करबला के बारे में फिर आलिमाना अंदाज़ में बहस शुरू कर दी, क्योंकि वह जी भर के उस मौज़ू पर अपनी मालूमात और ख़यालात का इज़हार नहीं कर सके थे। मगर फ़ौरन जाने क्या जी में आई कि एकदम अपने नौकर को गालियाँ देनी शुरू कर दीं कि वह अभी तक आया क्यों नहीं। चुनाँचे वह सिलसिला मुन्क़ते हो गया।

थोड़ी देर के बाद इधर-उधर की बातें शुरू हुईं। किसी ने आग़ा साहब से मौलाना अबुलकलाम के तर्जे-इल्म के बारे में पूछा तो आप ने उसका जवाब कुछ यूँ दिया :

''महिउद्दीन के मुताल्लिक़ पूछते हो ''' हम दोनों इकट्ठे अमरीकी और ईसाई मुबल्लिगों से मंनाज़रे लड़ते रहे हैं। घंटो अपना गला फाड़ते थे। अजीब दिन थे वह भी।''

यह कहकर आग़ा साहब लाचे और आज़ारबंद के भड़कीले रंगों और कानों में उड़से हुए फोए और सर में चुपड़े हुए इत्र की तेज़ ख़ुशबू समेत बीते हुए दिनों की याद में कुछ अर्से के लिए खो गए। आपने मोटी-मोटी आँखें बंद कर लीं। जो हैयत आपने बना रखी थी, उससे गो आप रंडियों के पीर दिखाई देते थे, लेकिन उनका चेहरा बहुत ही बारौब था। आँखें बंद थीं। झुके हुए पपोटों की झुर्रियों वाली पतली जिल्द के नीचे मोटी-मोटी काँच की गोलियां-सी होले-होले हरकत कर रही थीं। उन्होंने जब आँखें खोलीं तो मैंने सोचा: कितने बरसों का नशा इनमें मुन्जमिद है, किस क़द्र सुर्ख़ी इनके डोरों में जज़्ब हो चुकी है।

आग़ा साहब ने फिर कहा: ''अजीब दिन थे वह ''' आज़ाद ढील के पेच लड़ाने का आदी था। मुझे आता था मज़ा खींच के पेच लड़ाने में। एक हाथ मारा। और पटिया काट लिया। हरीफ़ मुँह देखते रह गए ''' एक दफ़ा आज़ाद बहुत बुरी तरह घिर गया। मुक़ाबला चार निहायत ही हठधर्म ईसाई मिशनरियों से था। मैं पहुँचा तो आज़ाद की जान में जान आई। उसने उन मिशनरियों को मेरे हवाले किया। मैंने दो तीन ऐसे अड़ंगे दिए कि वह बौखला गए। मैदान हमारे हाथ रहा। लेकिन मेरा हलक़ सूख गया। क़यामत की गर्मी थी। मस्जिद दोज़ख़ बनी हुई थी। मैंने आज़ाद से कहा: वह बोतल कहाँ है? उसने जवाब दिया: मेरी जेब में। मैंने कहा: ख़ुदा के लिए चलो। मेरा हलक़ सूख के लकड़ी हो गया है। दूर जाने की ताब नहीं थी। वहीं मस्जिद में एक ग़ुस्लख़ाने के अंदर झक मारनी पड़ी।

इतने में आग़ा साहब का नौकर आ गया। आग़ा साहब ने अपने मख़सूस अंदाज़ में उसे गालियाँ दीं और वजह पूछी कि उसने इतनी देर क्यों की। नौकर ने, जो गालियों का आदी मालूम होता था, काग़ज़ का एक बंडल निकाला और खोलकर आगे बढ़ाया: ''ऐसी चीज़ लाया हूँ कि आपकी तबीयत ख़ुश हो जाए।''

आग़ा साहब ने खुला हुआ बंडल हाथ में लिया। शोख़ रंग के चार अज़ारबंद थे। आग़ा साहब ने एक नज़र उनको देखा और आँखों को बहुत ही ख़ौफ़नाक अंदाज़ में ऊपर उठाकर अपने नौकर पर गर्जे: ''यह चीज़ लाया है तू ''' ऐसे वाहियात अज़ारबंद तो इस शहर के कुँजड़े भी नहीं पहनते।'' यह कहकर उन्होंने बंडल फर्श पर दे मारा—कुछ देर नौकर पर बरसे, फिर जेब में से ग़ालिबन दो तीन हज़ार रुपए के नोट निकाले और उसे हुक्म दिया: ''जाओ, पान लाओ।''

पंडित मोहसिन ने गुड़गुड़ी एक तरफ़ रखी और कहा: नहीं नहीं आग़ा साहब, मैं मँगवाता हूँ।''

आग़ा साहब ने सब नोट तमाश बीनों के अंदाज़ में अपनी जेब में रखे और कहा: ''जाओ, तुम्हारे पास कुछ बाक़ी बचा हुआ है।''

नौकर जाने लगा तो उन्होंने उसे रोका: ''ठहरो ''' वहाँ से पता भी लेते आओ कि वह अभी तक क्यों नहीं आई।''

नौकर चला गया। थोड़ी देर के बाद सीढ़ियों की जानिब से हल्की-सी महक आई।

फिर रेश्मी सरसराहटें सुनाई दीं—आग़ा साहब का चेहरा बश्शाश हो गया। मुख़्तार, जो हरगिज़-हरगिज़ हसीन नहीं थी, ख़ुशवज़ा कपड़ों में मलबूस सहन में दाख़िल हुई। आग़ा साहब और हाज़िरीन को तस्लीमात अर्ज़ की और अंदर कमरे में चली गई। आग़ा साहब की आँखें उसको वहाँ तक छोड़ने गईं।

इतने में पान आ गए, जो अख़बार के काग़ज़ में लिपटे हुए थे। नौकर अंदर चला तो आग़ा साहब ने कहा : "कागज फेंकना नहीं, संभाल के रखना।"

मैंने एकदम हैरत से पूछा : "आप इस काग़ज़ को क्या करेंगे आग़ा साहब ?"

आग़ा साहब ने जवाब दिया : "पढ़ूँगा। छपे हुए काग़ज़ का कोई भी टुकड़ा जो मुझे मिला है, मैंने ज़रूर पढ़ा है।" यह कहकर वह उठे : "माफ़ी चाहता हूँ। अंदर एक माशूक़ मेरा इंतिज़ार कर रहा है।"

पंडित मोहसिन ने गुड़गुड़ी उठाई और उसे गुड़गुड़ाने लगे—मैं और हरिसिंह थोड़ी देर के बाद वहाँ से चल दिए।

मैं कई दिनों तक उस मुलाक़ात पर ग़ौर करता रहा। आग़ा साहब अजीबो-ग़रीब हज़ार पहलू शख़्सीयत के मालिक थे। मैंने उनके चंद ड्रामे पढ़े, जो अग़लात से पुर थे और निहायत ही अदना काग़ज़ पर छपे हुए थे। जहाँ-जहाँ कामेडी आती थी, वहाँ फक्कड़पन मिलता था। ड्रामाई मक़ामों पर मुकालमा बहुत ही ज़ोरदार था। बाज़ अशार सूफ़ियाना थे, बाज़ निहायत ही लतीफ़। सबसे पुरलुत्फ़ बात यह है कि उन ड्रामों का मौज़ू तवाइफ़ था, जिनमें आग़ा साहब ने उसके वुजूद को सोसाइटी के हक़ में ज़हर साबित किया था—और आग़ा साहब उम्र के उस आख़िरी हिस्से में शराब छोड़कर एक तवाइफ़ से बहुत पुरजोश क़िस्म का इश्क़ फ़र्मा रहे थे।

पंडित मोहसिन से एक दफ़ा मुलाक़ात हुई तो उन्होंने कहा : "इश्क़ के मुताल्लिक़ तो मैं नहीं जानता, लेकिन तर्के-शराब नोशी बहुत जल्द उनको ले मरेगी।"

आग़ा साहब तो कुछ देर ज़िंदा रहे, लेकिन पंडित मोहसिन यह फ़र्माने के तक़रीबन एक माह बाद इस दुनिया से चल बसे।

मैंने अब मुख़्तलिफ़ अख़बारों में लिखना शुरू कर दिया था। चंद महीने गुज़र गए। लोगों से मालूम हुआ कि आग़ा हश्र लाहौर में "रुस्तमो-सोहराब" नाम का एक फ़िल्म बना रहे हैं, जिसकी तैयारी पर रुपया पानी की तरह बहाया जा रहा है। उस फ़िल्म की हीरोइन, जैसा कि ज़ाहिर है, मुख़्तार थी।

अमृतसर से लाहौर सिर्फ़ एक घंटे का सफ़र है। आग़ा साहब से फिर मिलने को जी तो बहुत चाहता था, मगर ख़ुदा मालूम ऐसी कौन-सी रुकावट थी कि लाहौर जाना ही न हो सका।

बहुत दिनों के बाद बारी साहब ने बुलाया तो मैं लाहौर गया। वहाँ पहुँचकर कुछ ऐसा मश्ग़ूल हुआ कि आग़ा साहब को भूल ही गया। शाम के क़रीब हमने सोचा कि चलो उर्दू बुक स्टाल चलें। चुनांचे मैं और बारी साहब दोनों अरब होटल से चाय पीकर उधर रवाना हुए। उर्दू बुक स्टाल पहुँचे तो मैंने देखा कि आग़ा साहब याकूब के मेज़ के पास कुर्सी पर बैठे

हैं। मैंने बारी साहब को बताया कि आग़ा हश्र हैं। उन्होंने ग़ौर से उनकी तरफ़ देखा : ''यह हैं आग़ा हश्र।?''

आग़ा साहब का लिबास उसी क़िस्म का था। सफ़ेद बोस्की की क़मीस, गहरे नीले रंग का रेशमीं लाचा। सर से नंगे बैठे एक किताब की वर्क़ गर्दानी कर रहे थे। पास पहुँचा तो एकदम मेरा दिल धड़कने लगा, क्योंकि आग़ा साहब के हाथ में मेरी तर्जुमा की हुई किताब ''सरगुज़श्ते-असीर'' थी।

याक़ूब ने उठकर मेरा और बारी साहब का आग़ा हश्र से तारुफ़ कराया और कहा : ''यह किताब जो आप देख रहे हैं, मिस्टर मंटो की तर्जुमा की हुई है।''आग़ा साहब ने अपनी मोटी-मोटी आँखों से मुझे देखा। मेरा ख़याल था कि वह मुझे पहचान लेंगे, लेकिन उन्होंने मुझे देखने के बाद किताब के चंद औराक़ पलटे और कहा : ''कैसा लिखने वाला है विक्टर ह्यूगो?''

बारी साहब ने जवाब दिया : ''फ्रांसीसी अदब में विक्टर ह्यूगो का रुत्बा बहुत बुलंद है।''

आग़ा साहब वर्क़ पलटते रहे : ''ड्रामाटिस्ट था?''

अब की फिर बारी साहब ने जवाब दिया : ''ड्रामाटिस्ट भी था।''

आग़ा साहब ने पूछा : ''क्या मतलब?''

बारी साहब ने उन्हें बताया कि ह्यूगो असल में शाइर था। फ्रांस की रूमानी तहरीक का इमाम। उसने ड्रामे और नाविल भी लिखे। एक नाविल ''मुसीबतज़दा'' इतना मशहूर हुआ कि उसकी शाइरी को लोग भूल गए और उसे नाविलिस्ट की हैसियत से जानने लगे।

आग़ा साहब यह मालूमात बड़ी दिलचस्पी से सुनते रहे। आख़िर में उन्होंने याक़ूब से कहा कि ''सरगुज़रते-असीर''भी उन किताबों में शामिल कर ली जाए, जो वह ख़रीद रहे थे—मैं बहुत ख़ुश हुआ।

इसके बाद वह बारी साहब से बातें करते-करते उठे और अंदर शोरूम में चले गए। बारी साहब की गुफ़्तगू से आग़ा साहब मुतारिरार हुए थे। चुनांचे उन्होंने बारी साहब की सिफ़ारिश पर कई किताबें ख़रीदीं। इस दौरान में बारी साहब ने उनसे कहा : ''आग़ा साहब, आप हिंदुस्तानी ड्रामे की तारीख़ क्यों नहीं लिखते? ऐसी किताब की अशद ज़रूरत हैं।''

आग़ा साहब ने जवाब दिया : ''ऐसी किताब सिर्फ़ आग़ा हश्र ही लिख सकता है। उसका इरादा भी था, मगर वह कमबख़्त आजकल क़ब्र में पाँव लटकाए बैठा है... उसके दरवाज़े पर मौत्त दस्तक दे रही है।''

मैंने उनसे पूछा : ''आग़ा साहब, आपके ड्रामे जो बाज़ार में बिकते हैं...''

मैंने अभी जुमला पूरा भी न किया था कि आग़ा साहब ने बुलंद आवाज़ में कहा : ''लाहोलवला... आग़ा हश्र के ड्रामे और चीथड़ों पर छपें... बग़ैर इजाज़त के इधर-उधर से सुन-सुनाकर छाप देते हैं।'' इसके बाद उन्होंने बहुत ही मोटी गाली उन पब्लिशरों को दी, जिन्होंने उनके ड्रामे छापे थे।

मैंने उनसे कहा : "आप उन पर दावा दाइर क्यों नहीं करते ?"

आग़ा साहब हँसे : "क्या वुसूल कर लूँगा इन टटपूँजियों से ।"

बात दुरुस्त थी । मैं ख़ामोश हो गया ।

आग़ा साहब ने बाहर आकर याकूब से बिल तलब किया और जेब से तमाशबीनों के अंदाज़ में तीन चार हज़ार रुपए के बिलकुल नए नोट निकाले। उन दिनों दस-दस और पाँच-पाँच के नए नोट निकले थे, जो पहले नोटों की बनिस्बत छोटे थे—आग़ा साहब ने बताया कि चैक कैश कराने के लिए जब वह बैंक गए तो वक़्त हो चुका था । आपने क्लर्क से कहा : "आग़ा हश्र का वक़्त अभी पूरा नहीं हुआ । जल्दी चैक कैश करो ।"

क्लर्क को जब मालूम हुआ कि आग़ा हश्र हैं तो वह भागता हुआ मैनेजर के पास गया । फ़ौरन ही मैनेजर दौड़ा-दौड़ा उनके पास आया और अपने कमरे में ले गया । नए नोट मँगवा कर उसने बड़े अदब से आग़ा साहब को पेश किए और कहा : "मैं आपकी और कोई सेवा तो नहीं कर सकता । यह नए नोट आए हैं । सबसे पहले आपकी ख़िदमत में पेश करता हूँ ।"

बारी साहब ने एक नोट आग़ा साहब से लिया और उसको उँगलियों में पकड़कर कहा : "आग़ा साहब, गिरफ़्त कुछ कम हो गई है, ठीक उसी तरह, जिस तरह हुकूमत की ।"

आग़ा साहब ने उस फ़िक्रे की बहुत दाद दी : "ख़ूब, बहुत ख़ूब···गिरफ़्त कुछ कम हो गई है, ठीक उसी तरह, जिस तरह हुकूमत की···मैं किसी न किसी ड्रामे में इसे ज़रूर इस्तेमाल करूँगा ।"

बारी साहब बहुत खुश हुए । इतने में वह नौकर आया, वही जो पंडित मोहसिन के दफ़्तर में अज़ार बंद लाया था । उसके हाथों में चार कंधारी अनार थे । आग़ा साहब ने एक अनार लिया और नाक-भौं चढ़ाकर गाली दी : "निहायत ही वाहियात अनार हैं ।"

नौकर ने पूछा : "वापस कर आऊँ ?"

आग़ा साहब बोले : "नहीं बे। तू खाले।" उसके बाद उन्होंने एक वज़नदार गाली लुढ़का दी ।

आग़ा साहब जाने लगे तो मैंने आटोग्राफ़ बुक निकालकर उनके दस्तख़त लिए ।

आग़ा साहब जब काँपते हुए हाथ से अपना नाम लिख चुके तो कहा : "एक ज़माने के बाद मैंने यह चंद हर्फ़ लिखे हैं ।"

मैं अमृतसर चला आया । कुछ अर्से के बाद यह ख़बर आई कि लाहौर में मुख़्तसर अलालत के बाद आग़ा हश्र काश्मीरी का इतिक़ाल हो गया है । जनाज़े के साथ गिनती के चंद आदमी थे ।

दीनू या फ़ज़लू कुम्हार की बैठक पर जब आग़ा साहब की मौत का ज़िक्र हुआ तो उसने नाल के पैसे निकालकर अपनी जालीदार टोपी में रखते हुए बड़े ही फ़लसफ़ियाना अंदाज़ में कहा : "बुढ़ापे का इश्क़ बहुत ज़ालिम होता है ।"

अख़्तर शीरानी से चंद मुलाक़ातें

ख़ुदा मालूम कितने बरस गुज़र चुके हैं। हाफ़िज़ा इस क़द्र कमज़ोर है कि नाम, सन और तारीख़ कभी याद ही नहीं रहते—अमृतसर में ग़ाज़ी अब्दुर्रहमान साहब ने एक रोज़ाना पर्चा "मसावात" जारी किया। उसकी इदारत के लिए बारी अलीग मर्हूम और अबुलआला चिश्तीउसहाफ़ी हाजी लक़लक़ बुलाए गए—उन दिनों मेरी आवारागर्दी मैराज पर थी। बेमक़सद सारा दिन घूमता रहता था। दिमाग़ बेहद मुंतशिर था। उस वक़्त तो मैंने महसूस नहीं किया था लेकिन बाद में मालूम हुआ कि यह दिमाग़ी इंतिशार मेरे लिए कोई रास्ता तलाश करने के लिए बेताब था।

जीजे के होटल "शीराज़" में क़रीब-क़रीब हर रोज़ गपबाज़ी की महफ़िल जमती थी। बाला, अनवर पेंटर, आशिक़ फ़ोटोग्राफ़र, फ़क़ीर हुसैन सलीस और एक साहब, जिनका नाम मैं भूल गया हूँ, बाक़ाइदगी के साथ इस महफ़िल में शरीक होते थे। हर क़िस्म के मौज़ू ज़ेरे-बहस लाए जाते थे। बाला बड़ा ख़ुश-गो और बज़्लासंज नौजवान था। अगर वह ग़ैरहाज़िर होता तो महफ़िल सूनी रहती। शेर भी कहता था। उसका एक शेर अभी तक मुझे याद है:

अश्क मिज़्गाँ पे है अटक-सा गया।
नोक-सी चुभ गई है छाले में

जीजे से लेकर अनवर पेंटर तक सब मौसीक़ी और शाइरी से शग़फ़ रखते थे। वह साहब, जिनका नाम मैं भूल गया था, कैप्टिन वहीद थे। नीली-नीली आँखों वाले, लंबे-तडंगे, मज़बूत जिस्म। आपका महबूब मश्ग़ला गोरों से लड़ना था। चुनांचे कई गोरे उनके हाथों पिट चुके थे। अंग्रेज़ी बहुत अच्छी बोलते थे और तबला माहिर तबलचियों की तरह बजाते थे।

उन दिनों जीजे के होटल में एक शाइर अख़्तर शीरानी का बहुत चर्चा था। क़रीब-क़रीब हर महफ़िल में उसके अशआर पढ़े या गाए जाते थे। जीजा[1] आमतौर पर "मैं अपने इश्क़ में सबकुछ तबाह कर लूँगा[2]" गाया करता था। यह नए क़िस्म का जज़्बा

1. असली नाम—अज़ीज। 2. बहुत मुम्किन है कि यह मिसरा ग़लत हो।

सबके ज़ेहन पर मुसल्लत हो गया था। माशूक़ को जो धमकी दी गई थी, सबको बहुत पसंद आई थी।

जीजा तो अख़्तर शीरानी का दीवाना था। काउंटर के पास खड़ा गाहक से बिल वुसूल कर रहा है और गुनगुना रहा है : "ऐ इश्क़ कहीं ले चल।" मुसाफ़िरों को कमरे दिखा रहा है और ज़ेरे-लब गा रहा है : "क्या बिगड़ जाएगा, रह जाओ यहीं रात की रात।"

आशिक़ फ़ोटोग्राफ़र की आवाज़ गो बहुत पतली थी, लेकिन वह "ऐ इश्क़ कहीं ले चल" बड़े सोज़ से गाया करता था। मैंने जब भी उसके मुँह से यह नज़्म सुनी, मुझ पर बहुत असर हुआ। उस ज़माने में चूँकि तबीयत में इंतिशार था, इसलिए यह नज़्म मुझे अपने कंधों पर उठाकर दूर, बहुत दूर अनदेखे जज़ीरों में ले जाती थी।

इतना ज़माना बीत चुका है मगर वह कैफ़ियत, जो उस वक़्त मुझ पर तारी होती थी, मैं अब भी महसूस कर सकता हूँ—अजीबो-ग़रीब कैफ़ियत थी। जीजे के होटल के बहुत अंदर अँधेरी मगर ठंडी कोठरी में बैठा मैं यूँ महसूस करता : कश्ती में बैठा हूँ। परियाँ उसे खे रही हैं। नाज़ुक-नाज़ुक परोंवाली परियाँ। रात का वक़्त है, इसलिए मुझे उन परियों का सिर्फ़ साया-सा नज़र आता है। समंदर पुर-सुकून है। कश्ती हिलकोरे खाए बग़ैर चल रही है, किसी नामालूम मंज़िल की तरफ़। पापों की बस्ती बहुत पीछे रह गई है। हम दीनवी शोरो-ग़ुल से हज़ारों मील आगे बढ़ गए हैं···

जीजे के होटल में कुछ अर्से के बाद बारी साहब और चिश्ती साहब का आना-जाना भी शुरू हो गया। दोनों खाना खाते या चाय पीते और चले जाते। मगर जब जीजे को मालूम हुआ कि वह अख़बारी आदमी हैं तो फ़ौरन उनसे बेतकल्लुफ़ मरासिम पैदा कर लिए। बारी साहब अख़्तर शीरानी के कलाम से वाक़िफ़ थे लेकिन ज़ाती तौर पर शाइर को न जानते थे। चिश्ती साहब एक मुद्दत के बाद बग़दाद और मिस्र वग़ैरा की सैयाहत के बाद ताज़ा-ताज़ा वापस आए थे, इसलिए वह यहाँ के शोरा के मुताल्लिक़ कुछ नहीं जानते थे। फिर भी जब उन्होंने जीजे से अख़्तर शीरानी का कलाम सुना तो बहुत मुतास्सिर हुए।

इस दौरान में बारी साहब के साथ मैं घुलमिल गया। उनकी संजीदगी और मतानत भरी ज़राफ़त मुझे बहुत पसंद आई। मेरे ज़ेहनी इंतिशार को भाँपकर उन्होंने मुझे सहाफ़त की तरफ़ माइल किया और आहिस्ता-आहिस्ता अदब से रूशनास कराया—पहले मैं तीर्थराम फ़िरोज़पुरी के नाविल पढ़ा करता था, अब बारी साहब की वजह से आस्कर वाइल्ड और विक्टर ह्यूगो मेरे ज़ेरे-मुताला रहने लगे। ह्यूगो मुझे बहुत पसंद आया। बाद में मैंने महसूस किया कि फ़्रांसीसी मुसन्निफ़ का ख़तीबाना अंदाज़ बारी साहब की तहरीरों में मौजूद है। आजकल मैं जो कुछ भी हूँ, उसको बनाने में सबसे पहला हाथ बारी साहब का है। अगर अमृतसर में उनसे मुलाक़ात न होती और मुतवातिर तीन महीने मैंने उनकी सुहबत में न गुज़ारे होते तो यक़ीनन मैं किसी और ही रास्ते पर गामज़न होता।

चूँकि अब मैं किसी हद तक अदब से रूशनास हो चुका था, इसलिए मैंने अख़्तर शीरानी के कलाम को एक नए ज़ाविए से देखना शुरू किया। उसकी शाइरी हलकी-फुलकी और रूमानी थी। मैं अब ग़ौर करता हूँ तो अख़्तर शीरानी मुझे कालिज के

लड़कों का शाइर मालूम होता है। एक ख़ास उम्र के नौजवानों का शाइर, जिनके दिलो-दिमाग़ पर हर वक़्त रूमान की मकड़ी महीन-महीन जाले तनती रहती है। मुझे इस वादी में क़दम रखे ज़्यादा देर न हुई थी कि एक दोस्त से मालूम हुआ, अख़्तर शीरानी आए हुए हैं और "शीराज़ होटल" में ठहरे हैं। उसी वक़्त वहाँ पहुँचा मगर मालूम हुआ कि वह जीजे के साथ कहीं बाहर गए हैं। देर तक होटल में बैठा इंतिज़ार करता रहा मगर वह लोग वापस न आए।

शाम को पहुँचा तो होटल के सिंधी बावर्ची ने कहा कि सब ऊपर कोठे पर बैठे हैं—धड़कते हुए दिल के साथ मैं ऊपर गया। छिड़काव करके चारपाइयाँ बिछाई गई थीं। कुछ कुर्सियाँ भी थीं। देसी शराब का दौर चल रहा था। दस-बारह आदमी बैठे थे, जो मेरे-जाने पहचाने थे। सिर्फ़ एक सूरत अजनबी थी और वह अख़्तर शीरानी की थी। चपटा चेहरा, सपाट पेशानी, मोटी नाक, मोटे होंठ, गहरा साँवला रँग, छिदरे बाल, आँखें बड़ी-बड़ी और पुर-कशिश। उनमें थोड़ी-सी उदासी भी थी—बड़ी शुस्ता व रफ़्ता उर्दू में हाज़िरीन से गुफ़्तुगू कर रहे थे।

मैं पास पहुँचा तो बाले ने उनसे मेरा तआरुफ़ कराया। बड़ी ख़ंदा-पेशानी से पेश आए और मुझसे बैठने के लिए कहा। मैं चारपाई के पास कुर्सी पर बैठ गया। इसके बाद अख़्तर साहब जीजे से मुख़ातिब हुए: "अज़ीज़, इनके लिए गिलास मँगवाओ।"

गिलास आया तो अख़्तर साहब ने मुझे एक पैग बनाकर दिया जो मैंने शुक्रिए के साथ क़ुबूल किया। दो-तीन दौर हुए तो किसी ने अख़्तर साहब से अपना कलाम सुनाने की फ़र्माइश की। इस पर उन्होंने कहा: "नहीं भाई, मैं कुछ नहीं सुनाऊँगा…मैं सुनूँगा।" फिर जीजे से मुख़ातिब हुए: "अज़ीज़, सुनाओ 'रसीली अँखड़ियों से नींद बरसाते हुए आना।" यह कहा और एक ठंडी सांस ली, जैसे बीते हुए लम्हात याद आ गए हों। जीजे को मजाले-इन्कार नहीं थी। गला साफ़ किया और अख़्तर साहब की एक मशहूर ग़ज़ल गाना शुरू कर दी। सुर-ताल सब ठीक, मगर आवाज़ फटी-फटी-सी थी। फिर भी रँग जम गया। अख़्तर साहब पीते रहे और झूमते रहे।

दूसरे रोज़ दोपहर के वक़्त मैं शीराज़ होटल में बैठा अख़्तर साहब का इंतिज़ार कर रहा था—वह किसी दावत पर गए थे—कि एक बुर्क़ापोश ख़ातून ताँगे में आईं। आपने एक मुलज़िम से अख़्तर साहब के बारे में पूछा। उसने कहा: "कहीं बाहर तशरीफ़ ले गए हैं। आप अपना नाम बता दीजिए।" बुर्क़ापोश ख़ातून ने अपना नाम न बताया और चली गईं।

अख़्तर साहब आए तो मैंने उस ख़ातून की आमद का ज़िक्र किया। आपने बड़ी शाइराना दिलचस्पी से सारी बात सुनी और मुस्करा दिए। यूँ वह ख़ातून एक इस्रार-सा बन गईं। खाना खाने से पहले शाम को जब ठर्रे का दौर शुरू हुआ तो जीजे ने उस बुर्क़ा-पोश ख़ातून के मुताल्लिक़ अख़्तर साहब से पूछा: "हज़रत, वह कौन थीं जो आज दोपहर को तशरीफ़ लाई थीं।"

अख़्तर साहब मुस्कराए और जवाब गोल कर गए—बाले ने उनसे कहा : "कहीं सलमा साहिबा तो नहीं थीं ?"

अख़्तर साहब ने हौले से बाले के गाल पर तमाँचा मारा और सिर्फ़ इतना कहा : "शरीर।"

बात और भी ज़्यादा पुरइसरार हो गई जो आज तक सीग़ए-राज़ में है। मालूम नहीं, वह बुर्क़ापोश ख़ातून कौन थीं। उस ज़माने में सिर्फ़ इतना मालूम हुआ था कि अख़्तर साहब के जाने के बाद वह एक बार फिर शीराज़ होटल आई थी और अख़्तर साहब के बारे में उसने पूछा था कि कहाँ हैं।

सब बारी-बारी अख़्तर साहब की दावत कर चुके थे, वहीं शीराज़ होटल में। दावत देने का यह तरीक़ा था कि दिन और रात में ठर्रे की जितनी बोतलें ख़त्म हों, उनके दाम अदा कर दिए जाएँ। मैंने यह तरीक़ा भोंडा समझा और दो बोतलें स्कॉच व्हिस्की की लेकर एक शाम वहाँ पहुँचा। एक बोतल पर से काग़ज़ हटाया तो अख़्तर साहब ने कहा : "भाई, यह तुमने क्या किया। देसी शराब ठीक रहती। एक के बदले दो आ जातीं।"

मैंने अर्ज़ की : "अख़्तर साहब, यह ख़त्म हो जाए तो दूसरी मौजूद है।"

अख़्तर साहब मुस्कराए : "वह ख़त्म हो गई तो।"

मैंने कहा : "और आ जाएगी।"

आपने मेरे सर पर हाथ फेरा : "ज़िंदा रहो।"

दोनों बोतलें ख़त्म हो गईं। मैंने महसूस किया कि अख़्तर साहब स्कॉच से मुत्मइन नहीं थे। चुनांचे मुलाज़िम से अमृतसर डिस्टिलरी की कशीद कर्दा ठर्रे की एक बोतल मँगवाई। उसने अख़्तर साहब के नशे में जो ख़ाली जगहें थीं, पुर कर दीं।

चूँकि यह महफ़िलें ख़ालिस अदबी नहीं थीं और उनके पीछे वह अक़ीदत थी, जो उन लोगों को अख़्तर साहब से थी, इसलिए ज़्यादातर उन्हीं का कलाम पढ़ा, या गाया जाता। शेरो-सुख़न के मुताल्लिक़ कोई बसीरत अफ़्रोज़ बात न होती। लेकिन अख़्तर साहब की गुफ़्तगुओं से मैंने इतना अंदाज़ा लगा लिया था कि उर्दू शाइरी पर उनकी नज़र बहुत वसी है।

चंद रोज़ के बाद मैंने घर पर अख़्तर साहब की दावत की, मगर यह सिर्फ़ चाय की थी जिससे अख़्तर साहब जैसे रिंदे-बलानोश को कोई दिलचस्पी नहीं थी, लेकिन उन्होंने क़ुबूल की और मेरी ख़ातिर एक प्याली चाय भी पी।

उन महफ़िलों में बारी साहब बहुत कम शरीक हुए। अलबत्ता चिश्ती साहब, जो पीने के मामले में अख़्तर साहब से चंद पैग आगे ही थे, अक्सर उन महफ़िलों में शरीक होते और अपना कलाम भी सुनाते, जो आमतौर पर बेरूह होता था।

अख़्तर साहब ग़ालिबन दस दिन अमृतसर में रहे। इस दौरान में जीजे के पैहम इस्रार पर आपने शीराज़ होटल पर एक नज़्म कही। जीजे ने उसे बारी साहब की वसातत से बड़े काग़ज पर ख़ुशख़त लिखवाया और फ्रेम में जड़वाकर अपने होटल की ज़ीनत बनाया। वह बहुत

ख़ुश था, क्योंकि नज़्म में उसका नाम मौजूद था।

अख़्तर साहब चले गए तो जीजे के होटल की रौनक़ ग़ाइब हो गई। बारी सांहब ने अब मेरे घर आना शुरू कर दिया था। मेरा शराब पीना उनको अच्छा नहीं लगता था। ख़ुश्क वाइज़ नहीं थे। इशारों ही इशारों में कई दफ़ा मुझे इस इल्लत से बाज़ रहने के लिए कहा, मगर मैं बाज़ न आया।

बारी साहब तीन महीने अमृतसर में रहे। इस दौरान में उन्होंने मुझसे विक्टर ह्यूगो की एक किताब "सरगुज़श्ते-असीर" के नाम से तर्जुमा कराई। जब वह छपकर प्रेस से बाहर आई तो आप लाहौर में थे। मैंने तबाशुदा किताब देखी तो उकसाहट हुई कि और तर्जुमा करूँ। चुनांचे मैंने ऑस्कर वाइल्ड के इश्तिराकी ड्रामे "वीरा" का तर्जुमा शुरू कर दिया। जब ख़त्म हुआ तो बारी साहब को इस्लाह के लिए दिया, मगर मुसीबत यह थी कि वह मेरी तहरीरों में बहुत ही कम काँट-छाँट करते थे। ज़बान की कई ग़लतियाँ रह जाती थीं। जब कोई उनकी तरफ़ इशारा करता तो मुझे बहुत ही कोफ़्त होती। चुनांचे मैंने सोचा कि बारी साहब के बाद अख़्तर साहब को तर्जुमे का मुसव्वदा दिखाऊँगा।

अरब होटल में आने-जाने से मुज़फ़्फ़र हुसैन शमीम साहब से अच्छे-ख़ासे ताल्लुक़ात पैदा हो गए थे। मैंने उनसे इस्लाह की बात की तो वह मुझे उसी वक़्त अख़्तर शीरानी साहब के पास लाहौर ले गए। छोटा-सा ग़लीज़ कमरा था। आप चारपाई पर, तकिया सीने के साथ दबाए बैठे थे। अलैक-सलैक हुई। अख़्तर साहब मुझे पहचान गए—याराने-शीराज़ होटल के बारे में पूछा। जो कुछ मुझे मालूम था, मैंने उनको बता दिया।

शमीम साहब और अख़्तर साहब की गुफ़्तुगू बहुत पुरतसन्नो और पुरतकल्लुफ़ थी, हालाँकि मुझसे किसी शख़्स ने कहा था कि वह दोनों किसी ज़माने में यक जान व दो क़ालिब थे। बहरहाल शमीम साहब ने मेरे आने का मुद्दआ बयान किया। अख़्तर साहब ने कहा : "मैं हाज़िर हूँ। आज रात ही सारा मुसव्वदा देख लूँगा।"

अख़्तर साहब ने सीने के साथ तकिया इसलिए दबाया हुआ था कि उनके जिगर में थोड़े-थोड़े वक़्फ़े के बाद टीस-सी उठती थी। उस ज़माने ही में उनका जिगर क़रीब-क़रीब माऊफ़ हो चुका था—मैंने उनसे रुख़्सत ली और शाम को हाज़िर होने का कहकर शमीम साहब के साथ वापस अरब होटल चला आया। उन्होंने मुझसे इशारतन कहा कि अगर तुम अख़्तर से अपना काम जल्दी कराना चाहते हो तो साथ "वह चीज़" लेते जाना। मैं जब शाम को अख़्तर साहब के पास पहुँचा तो "वह चीज़" मेरे पास मौजूद थी, जो मैंने बड़े सलीक़े से पेश की। बोतल डरते-डरते बाहर निकाली और उनसे कहा : "क्या यहाँ इसकी इजाज़त है... माफ़ कीजिएगा, यह पूछना ही बड़ी बदतमीज़ी है।"

अख़्तर साहब की आँखें तमतमा उठीं। मेरा ख़याल है, वह सुबह के प्यासे थे। मुस्कराए और मेरे सर पर बड़ी शफ़क़त से हाथ फेरा : "शराब पीना कोई बदतमीज़ी नहीं।" यह कहकर बोतल मेरे हाथ से ली और तकिया फ़र्श पर रखकर उस पर बोतल का निचला हिस्सा ठोंकना शुरू किया ताकि कार्क बाहर निकल आए।

मैं उन दिनों पीता था मगर यूँ कहिए ज़्यादा पी नहीं सकता था। चार पैग काफ़ी थे।

मिक़्दार इससे अगर बढ़ जाती तो तबीयत ख़राब हो जाती और लुत्फ़ ग़ारत हो जाता।

इधर-उधर की बातें करते और पीते काफ़ी देर हो गई। अख़्तर साहब का खाना आया और जिस तरीक़े से आया, उससे मैंने यह जाना कि उनके घरवालों के ताल्लुक़ात उनसे कशीदा हैं। बाद में इसकी तस्दीक़ भी हो गई। उनके वालिदे-मुकर्रम हाफ़िज़ महमूद शीरानी साहिब[1] उनकी शराबनोशी के बाइस बहुत नालाँ थे। थक-हारकर उन्होंने अख़्तर साहब को उनके अपने हाल पर छोड़ दिया था।

रात ज़्यादा ग़ुजर गई तो मैंनें अख़्तर शहब से दर्ख़्वास्त की कि वह मुसव्वदा देखना शुरू कर दें। आपने यह दर्ख़्वास्त क़ुबूल की और मुसव्वदे की इस्लाह शुरू कर दी। चंद सफ़्हात देखे तो आस्कर वाइल्ड की रंगीन ज़िदगी की बातें शुरू कर दीं, जो ग़ालिबन उन्होंने किसी और से सुनी थीं। आस्कर वाइल्ड और लार्ड अल्फ्रेड डगलस के मुआश्क़े का ज़िक्र आपने बड़े मजे ले-लेकर बयान किया। वाइल्ड कैसे क़ैद हुआ, यह भी बताया। फिर उनका ज़ेहन एकदम लार्ड बायरन की तरफ़ चला गया। उस शाइर की हर अदा उन्हें पसंद थी। उसके मुआश्क़े जो कि लातादाद थे, अख़्तर साहब की निगाहों में एक जुदागाना शान रखते थे। बाद में मुझे मालूम हुआ कि लार्ड बायरन के नाम से उन्होंने कई ग़ज़लें और नज़्में भी लिखी थीं।

लार्ड बायरन एक संग-दिल, बेरहम और बेपर्वा इन्सान था। इसके अलावा वह एक बहुत बड़ा नवाब था जिसके पास दौलत थी। अख़्तर साहब क़ल्लाश थे, बड़े रहमदिल और इन्सानियत दोस्त। बायरन को बढ़िया से बढ़िया शराब मयस्सर थी, अख़्तर को बमुश्किल ठर्रा मिलता था। बायरन के मुल्क की फ़ज़ा और थी, अख़्तर के मुल्क की फ़ज़ा और। वह किसी सूरत में भी लार्ड बायरन नहीं बन सकते थे, लेकिन फिर भी उन्होंने अपने दिल की तस्कीन के लिए दो माशूक़ इख़्तिराअ कर लिए थे : सलमा और अज़रा।

सलमा के मुताल्लिक़ कई कहानियाँ मशहूर हैं। बाज़ कहते हैं कि सलमा हक़ीक़तन कोई सलमा थी। हो सकता है, ऐसा ही हो मगर जो सलमा हमें अख़्तर के कलाम में नज़र आती है, यक्सर तख़ैयुली है। उसका वुजूद इस क़द्र शफ़्फ़ाफ़ है कि साथ ईथरी मालूम होती है। एक और बात भी है। अगर सलमा कोई गोश्त-पोस्त की ज़िंदा औरत होती तो शाइर उससे इतनी वालिहाना मुहब्बत कभी न करता, मगर चूँकि वह उसकी अपनी तख़्लीक़ थी, इसलिए वह उससे बेपनाह मुहब्बत करता था।

लार्ड बायरन की बातें सुनते-सुनते मुझे नींद आ गई और मैं वहीं सो गया। सुबह उठा तो देखा, अख़्तर साहब फ़र्श पर बैठे मुसव्वदा देखने में मस़्रूफ़ हैं। बोतल में थोड़ी-सी बची हुई थी। यह आपने पी और आख़िरी सफ़्हात देखकर मुसव्वदा मेरे हवाले किया और कहा ''तर्जुमा बहुत अच्छा है। कहीं-कहीं ज़बान की अग़लात थीं, वह मैंने दुरुस्त कर दी हैं।'

मैंने मुनासिबो-मौज़ूँ अल्फ़ाज़ में उनका शुक्रिया अदा किया और अमृतसर रवाना ह गया। इसके बाद मैं जब कभी लाहौर जाता. अख़्तर साहब के नियाज़ ज़रूर हासिल

1. मरहूमो-मग़फ़ूर।

करता—एक बार गया तो देखा आपके सर पर पट्टियाँ बँधी हैं। उनसे दरयाफ़्त किया तो उन्होंने जवाब दिया : "मुझे तो क़त्अन याद नहीं लेकिन लोग कहते हैं, कल रात मैंने ताँगे में सवार होने की कोशिश की, मगर गिर पड़ा और यह चोटें इस वजह से आईं।"

अख़्तर साहब की अपनी ज़ात के बारे में यह साफ़गोई मुझे बहुत पसंद आई। बाज़ औक़ात वह बिलकुल बच्चे बन जाते थे। उनकी गुफ़्तगू और हरकात बिलकुल बच्चों की-सी होतीं—जहाँ तक मैं समझता हूँ, बच्चा बनकर वह बचकाना क़िस्म ही की मसर्रत महसूस करते थे।

कुछ अर्से के बाद मैं बंबई चला गया। अख़्तर साहब से इतने मरासिम नहीं थे कि ख़तो-किताबत होती, लेकिन जब उन्होंने रिसाला "रोमान" जारी किया तो मैंने उन्हें मुबारकबाद का ख़त लिखा। अब मैं अफ़्साना निगारी के मैदान में क़दम रख चुका था। तर्जुमे का दौर वहीं लाहौर और अमृतसर में ख़त्म हो गया था। मैंने तबाज़ांद अफ़साने लिखने शुरू कर दिए थे जो मक़बूल हुए थे। "रोमान" में अहमद नदीम क़ासमी का अफ़साना बहुत पसंद आया। बंबई के हफ़्तावार "मुसव्विर" में "रोमान" पर तब्सिरा करते हुए मैंने उसकी तारीफ़ की। अख़्तर साहब को अलहदा ख़त लिखा तो उसमें भी उस अफ़्साने को बहुत सराहा। चंद दिनों के बाद अहमद नदीम क़ासमी का मुहब्बत भरा ख़त मौसूल हुआ जो एक तवील सिलसिला-ए- ख़तो-किताबत का पेशख़ेमा था।

कुछ अर्से के बाद "रोमान" बंद हो गया और अख़्तर मेरी नज़रों से मुकम्मल तौर पर ओझल हो गए। कई बरस गुज़र गए। मुल्क की सियासियात ने कई रंग बदले, हत्ता कि बटवारा आन पहुँचा। इससे पहले जो हुल्लड़ मचा, उससे आप सब वाक़िफ़ हैं। इस दौरान में अख़बारों में ख़बर छपी कि अख़्तर साहब टोंक से पाकिस्तान आ रहे थे कि रास्ते में बलवाइयों ने उनको शहीद कर दिया। बहुत अफ़्सोस हुआ। मैं, इस्मत और शाहिद लतीफ़ देर तक उनकी बातें करते और अफ़सोस करते रहे।

कई अख़बारों में उनकी मौत पर मज़ामीन शाए हुए। उनकी पुरानी नज़्में छपीं, लेकिन कुछ अर्से के बाद उनकी मौत की उस ख़बर की तरदीद हो गई। मालूम हुआ कि वह बख़ैरो-आफ़ियत लाहौर पहुँच गए हैं। इससे बंबई के अदबी हलक़ों को बहुत ख़ुशी हुई।

तक़सीम के पाँच महीने बाद मैं बंबई छोड़कर लाहौर चला आया क्योंकि सब अज़ीज़ो-अक़ारिब यहीं जमा थे। इफ़्रातो-तफ़्रीत का आलम था। अख़्तर साहब से मिलने का ख़याल तक दिमाग़ में न आया। बड़ी मुद्दत के बाद यौमे-इक़बाल के जल्से में उनको देखा, मगर निहायत ही अब्तर हालत में।

रात के जल्से की सदारत अख़्तर साहब को करना थी। यूनिवर्सिटी हाल में हाज़िरीन की तादाद ख़ासी थी। जल्से में शिरकत के लिए हिंदुस्तान से अली सरदार जाफ़री और कैफ़ी आज़मी आए हुए थे। वक़्त हो चुका था मगर साहिबे-सदर मौजूद नहीं थे। मैंने साहिर लुधियानवी से पूछा तो उसने मुझे बताया : "अख़्तर शीरानी साहब हाल के बाहर पी रहे हैं। उनकी हालत बहुत ग़ैर है। इसलिए हम कोशिश कर रहे हैं कि वह सदारत न करें। मगर मुसीबत यह है कि वह मुसिर हैं।"

मैं बाहर गया तो देखा, वह दीवार के साथ लगकर खड़े हैं और पी रहे हैं—ज़हीर काश्मीरी के हाथ में बोतल है। आपने गिलास ख़त्म किया और जहीर से कहा : "चलो इज्लास का वक़्त हो गया है।" ज़हीर ने उनको रोका : "जी नहीं। अभी कहाँ हुआ है।" मगर अंदर हाल से नज़्म पढ़ने की आवाज आ रही थी। आपने लड़खड़ाते हुए अल्फ़ाज़ के अपने मुँह में कई-कई टुकड़े करते हुए कहा : "जलसा शुरू हो चुका है। मुजे आवाज़ आ रही है।" यह कहकर उन्होंने ज़हीर को धक्का दिया। इस मौक़े पर मैं आगे बढ़ा। अख़्तर साहब ने थोड़ी देर के लिए मुझे बिलकुल न पहचाना। नशे से उनकी आँखें बंद हुई जा रही थीं। मैंने उनको झंझोड़ा और अपना नाम बताया। इस पर उन्होंने एक लंबी "आह" की और मुझे गले लगा लिया और सवालों की बौछार शुरू कर दी। अल्फ़ाज़ चूँकि उनके मुँह में तले-ऊपर होकर टूट-टूट जाते थे, इसलिए मैं कुछ न समझ सका। ज़हीर ने मेरे कान में कहा कि मैं उन्हें अंदर हाल में न जाने दूँ, मगर यह मेरे बस की बात नहीं थी। मैंने और तो कुछ न किया, अख़्तर साहब से यह कहा : "इतनी देर के बाद आपसे मुलाक़ात हुई है। क्या इसकी ख़ुशी में बोतल में से मुझे कुछ न मिलेगा।"

आपने ज़हीर काश्मीरी से कुछ कहा, जिसका ग़ालिबन यह मतलब था कि सआदत को एक गिलास बनाकर दो। ज़हीर गिलास में आतिशे-सैयाल उंडेलने लगा कि अख़्तर साहब तेज़ी से लड़खड़ाते हुए हाल के अंदर दाख़िल हो गए और हमें इसकी उस वक़्त ख़बर हुई, जब उनको रोका नहीं जा सकता था। फिर भी मैं दौड़कर अंदर गया और चबूतरे पर चढ़ने से पहले उनको रोक लिया, मगर वह मेरी गिरफ़्त से निकलकर कुर्सी-ए-सदारत पर जा बैठे। जल्से के मुंतज़िमीन बहुत परेशान हुए। क्या करें, क्या न करें। सब इसी मख़्मसे में गिरफ़्तार थे। उनकी हालत बहुत बुरी थी। कुछ देर तो वह ख़ामोश बैठे कुर्सी पर झूलते रहे, लेकिन जब उन्होंने उठकर तक़रीर करना चाही तो मामला बड़ा संगीन हो गया। माइक्रोफ़ोन के सामने आप बार-बार अपनी ढीली पतलून ठीक करते और साबित क़दम रहने की नाकाम कोशिश में बार-बार लड़खड़ाते थे। आपकी लुक्नत-ज़दा ज़बान से ख़ुदा मालूम क्या निकल रहा था।

हाज़िरीन में से किसी शख़्स ने बुलंद आवाज़ में कहा : "यह शराबी है। इसे बाहर निकालो।" बस तूफ़ान बर्पा हो गया। एक ने पंजों पर खड़े होकर बड़े ग़ुस्से में कहा : "पाकिस्तान में क्या यही कुछ होगा।" दूसरा चिल्लाया : "और जलसे में ख़्वातीन भी मौजूद हैं।"

अख़्तर साहब बराबर बोलते रहे। एक तो वैसे ही उनकी कोई बात समझ में न आती थी, फिर शोर में तो वह शोर का एक हिस्सा बन गई थी। जब मामला बढ़ गया तो दोस्त अहबाब अख़्तर साहब को ज़बरदस्ती हाल से बाहर ले गए। फ़ज़ा बहुत ख़राब हो गई थी लेकिन शोरिश काश्मीरी की बरवक़्त तक़रीर ने मदद की और हाल पुरसुकून हो गया।

इसके बाद अख़्तर साहब से आख़िरी मुलाक़ात मेयो हस्पताल में हुई।

मैं परवेज़ प्रोडक्शन्स लिमिटेड के लिए एक फ़िल्मी कहानी लिखने में मसरूफ़ था कि अहमद नदीम क़ासमी आए। आपने बताया : "मैंने किसी से सुना है कि अख़्तर साहब दो

तीन रोज़ से ख़तरनाक तौर पर अलील हैं और मेयो हस्पताल में पड़े हैं, बड़ी कसमपुर्सी की हालत में। क्या हम उनकी कोई मदद कर सकते हैं?"

हम सबने आपस में मशवरा किया। मसूद परवेज़ ने एक राह निकाली, जो यह थी कि उनकी दो-तीन ग़ज़लें या नज़्में फ़िल्म के लिए ले ली जाएँ और परवेज़ प्रोडक्शंस की तरफ़ से पाँच सौ रुपए बतौर मुआवज़े के उनको दे दिए जाएँ। बात माकूल थी। चुनांचे हम उसी वक़्त मोटर में बैठकर मेयो हस्पताल पहुँचे।

मरीज़ों से मिलने के लिए हस्पताल में ख़ास औक़ात मुक़र्रर हैं, इसलिए हमें वार्ड में जाने की इजाज़त न मिली। ड्यूटी पर उस वक़्त जो डॉक्टर थे, हम उनसे मिले। जब आपको मालूम हुआ कि हम अख़्तर शीरानी से मिलना चाहते हैं, तो आपने बड़े अफ़सोसनाक लहजे में कहा : "उनसे मुलाक़ात करने का कोई फ़ाइदा नहीं।"

मैंने पूछा : "क्यों?"

डॉक्टर साहब ने उदास लहजे में जवाब दिया : "वह बेहोश हैं। जब से यहाँ आए हैं, उन पर ग़शी तारी है, यानी अल्कोहलिक कोमा।"

यह सुनकर हमें अख़्तर साहब को देखने का और ज़्यादा इश्तियाक़ पैदा हुआ। हमने इसका इज़्हार कर दिया। डॉक्टर साहब उठे और हमें वहाँ ले गए, जहाँ हमारा रूमानी शायर, सलमा और अज़रा का ख़ालिक़ बेहोश पड़ा था। बेड के इर्द-गिर्द कपड़ा तना था। हमने देखा, अख़्तर साहब आँखें बंद किए पड़े हैं। लंबे-लंबे नाहमवार साँस ले रहे हैं। होंठ आवाज़ के साथ खुलते और बंद होते थे—हम तीनों उनको इस हालत में देखकर पसमुर्दा हो गए।

मैंने डॉक्टर साहब से कहा : "क्या हम इनकी कोई मदद कर सकते हैं? डॉक्टर साहब ने जवाब दिया : "हम इम्कान भर कोशिश कर चुके हैं और इम्कान भर कोशिश कर रहे हैं। मरीज़ की हालत बहुत नाज़ुक है। गुर्दे और जिगर बिलकुल काम नहीं कर रहे। अंतड़ियाँ भी जवाब दे चुकी हैं। एक सिर्फ़ दिल अच्छी हालत में है। घुप अँधेरे में उम्मीद की बस यही एक छोटी-सी किरण है।"

जब हमने ख़्वाहिश ज़ाहिर की कि हम अख़्तर साहब के इस वक़्त में किसी न किसी तरह काम आना चाहते हैं तो डॉक्टर साहब ने कहा : "अच्छा तो मैं आपको एक दवा का नाम बताता हूँ। आप इसे हासिल करने की कोशिश कीजिए। यहाँ पाकिस्तान में तो बिलकुल नायाब है। मुमकिन है, हिंदुस्तान में मिल जाए।"

डॉक्टर साहब से दवा का नाम लिखवाकर मैं फ़ैज़ साहब के पास पहुँचा और उनको सारी बात बताई। आपने उसी वक़्त अमृतसर टेलीफ़ोन कराया और अपने अख़बार के एजेंट से कहा कि वह दवा हासिल करके फ़ौरन लाहौर भिजवा दे। लेकिन अफ़सोस, दवा न मिली। मसूद परवेज़ ने दिल्ली फ़ोन किया। वहाँ से अभी जवाब नहीं आया था कि अख़्तर साहब बेहोशी के आलम में अपनी सलमा और अज़रा को प्यारे हो गए।

बारी साहब

मुस्तबिद[1] और जाबिर हुक्मरानों का इब्रतनाक[2] अंजाम
रूस की गली-कूचों में सदाए इंतिक़ाम
ज़ारियत[3] के ताबूत में आख़िरी कील।

इन तीनों जली सुर्ख़ियों के क़दे-आदम इश्तिहार अमृतसर की मुताद्दिद दीवारों पर चस्पाँ थे—लोग ज़्यादातर सिर्फ़ यह सुर्ख़ियाँ ही पढ़ते थे और आपस में चःमै गोइयाँ[4] करते चले जाते थे।

मालूम नहीं, सन् कौन-सा था, मगर मौसम गिरफ़्तारियों का था। और ऐसे मौसम अमृतसर में आते ही रहते थे—ग़ालिबन उन दिनों बमों की वारदातें भी हुई थीं; ख़त डालनेवाले लाल-लाल भबकों में आग लगानेवाली चीज़ें डालने का शुग़्ल भी जारी था; फ़ज़ा ख़ासी सहमी हुई थी; इसलिए यह इश्तिहार, जो अमृतसर की दीवारों पर जा बजा चस्पाँ थे, पास से गुज़रनेवालों की तवज्जोह अपनी तरफ़ खींचते तो थे मगर वह जल्दी-जल्दी नज़रों से इश्तिहार की इबारत के चंद निवाले उठाकर अपना रस्ता पकड़ते थे कि कहीं इसी जुर्म में न धर लिए जाएँ।

यह इश्तिहार आस्कर वाइल्ड के एक घटिया से ड्रामे 'वीरा' के उर्दू तर्जुमे का था जो मैंने और मेरे लँगोटिए हसन अब्बास ने मिलकर किया था और इस्लाह अख़्तर शीरानी से ली थी—बारी साहब ने, जो मेरे और हसन अब्बास दोनों के गुरु थे, इस तर्जुमे में हमारी बड़ी मदद की थी।

किताब हमने ख़ुद सनाई बर्क़ी प्रेस में छपवाई थी और बारी साहब इसके तमाम फ़र्मे ख़ुद अपने कंधों पर लाद-लादकर घर लाए थे, ताकि महफ़ूज़ रहें। उनको ख़तरा था कि पुलिस छापा मारकर प्रेस में से सारी किताब उठा ले जाएगी।

मेरे और हसन अब्बास के लिए यह सब सिलसिला बड़ा दिलचस्प और हरारत बख़्श था—जेल में क्या-क्या सुऊबतें[5] उठाना पड़ती हैं और थानों में क्या दुर्गत होती है, इसके मुताल्लिक़ हमारे पुरजोश और खिलंदड़े दिमाग़ कुछ सोचना ही नहीं चाहते थे। कुछ ऐसा महसूस होता था कि अगर क़ैद हो गए तो यह वतन के लिए बड़ी क़ुर्बानी होगी। रिहा होकर आएँगे तो लोग हार पहनाएँगे और जुलूस निकालेंगे।

ड्रामा, रूस के दहशतपसंदों और नराजियों[6] की सरगर्मियों के मुताल्लिक़ था जिनके पास हर क़िस्म के हथियार मौजूद थे—अमृतसर में उन दिनों अगर कोई हवाई बंदूक़ से भी मुसल्लह होना चाहता तो यक़ीनन उसे तोप दम कर दिया जाता—कहाँ मास्को, कहाँ अमृतसर, मगर मैं और हसन अब्बास नए-नए बाग़ी नहीं थे। दसवीं जमात में दुनिया का नक़्शा निकालकर हम कई बार ख़ुश्की के रस्ते रूस पहुँचने की स्कीमें बना चुके थे, हालाँकि उन दिनों फ़ीराज़ुद्दीन मनसूर भी कामरेड एफ़. डी. मनसूर नहीं बने थे और कामरेड सज्जाद ज़हीर शायद बन्ने मियाँ ही थे। हमने अमृतसर ही को मास्को मुतसव्वुर[7] कर लिया था और उसी के गली-कूचों में मुस्तबिद और जाबिर हुक्मरानों का इब्रतनाक अंजाम देखना चाहते थे। हम कटरा जयमल सिंह, करमो ड्योढ़ी या चौक फ़रीद में ज़ारियत का ताबूत घसीटकर उसमें आख़िरी कील ठोंकना चाहते थे। कील टेढ़ी हो जाती या हथौड़े की ज़रब कील के बजाय हमारी किसी उँगली को ज़ख़्मी कर देती, इसके मुताल्लिक़ सोचने की ज़रूरत ही क्या थी—बारी साहब, इश्तिराकी[8] अदीब बारी हमारे गुरु थे। सोचना उनका काम था। लेकिन मुझे बार-बार महसूस होता था कि यह आदमी, जिसको हमने अपना रहनुमा बनाया है, बड़े कमज़ोर दिल का आदमी है। पत्ता ज़रा-सा खड़कता था तो वह चौंक पड़ते थे, पर हमारी पुरख़ुलूस गर्मजोशी उनके मुतज़िलज़ल[9] क़दमों को हमेशा मज़बूत बना देती थी।

अब सोचा जाए तो उस ज़माने की यह सब हरकतें छोटे-छोटे खिलौने मालूम होती हैं, लेकिन उस वक़्त यह खिलौने ही अज़ीमुलजुस्सा[10] और क़वी हेकल[11] थे। उनसे पंजा लड़ाना गोया किसी देव से ज़ोर आज़माई करना था—हमारे ख़लीफ़ा साहब यानी बारी अगर बुज़दिल न होते तो यक़ीनन हम चारों* उसी ज़माने में उन खिलौनों से अपना जी बहलाने के जुर्म में फाँसी पा गए होते और अमृतसर की ख़ूनी तारीख़[12] में ऐसे शहीदों के नाम का इज़ाफ़ा हो गया होता, जो अब ख़ुलूसे-दिल से कह सकते हैं कि उनको उस वक़्त अपने उस जोश के रुख़ का भी सही इल्म नहीं था।

मैंने बारी साहब को बुज़दिल कहा है, उनकी शख़्सियत पर किसी हमले की ग़र्ज़ से नहीं। असल में उनकी शख़्सियत की तरतीबोतदवीन[13] में इस बुज़दिली का बहुत नुमायाँ हिस्सा है। अगर किसी वजह से उनके दिमाग़ी और जिस्मानी निज़ाम से यह कमज़ोरी निकल जाती तो वह, वह बारी न होते जो वह थे, और उनका तशख़्ख़ुस बिलकुल जुदा क़िस्म का होता। हो सकता है, वह हॉकी के मशहूरे-आलम खिलाड़ी होते और दूसरे नामवर खिलाड़ियों की तरह उनकी उम्र किसी रियासत की नौकरी में गुज़रती। यह भी हो सकता है कि वह प्राइमरी स्कूल के उस्ताद से तरक़्क़ी करते-करते किसी यूनिवर्सिटी के रीडर हो जाते। और यह भी मुमकिन है कि वह भगतसिंह की तरह बमबाज़ होते—भगतसिंह उन्हीं के ज़िले, यानी लायलपुर का रहनेवाला था और बारी साहब उसको अच्छी तरह जानते थे—यह सिर्फ़ बुज़दिली ही का बायस है कि वह हमेशा इधर के रहे, न

* "कुछ अर्से के बाद अबू सईद क़ुरैशी भी हमारे तिगड्डे में शामिल हो गया था।"—मंटो

उधर के। वह सारी उम्र जहाँ रहे, मुअल्लक़[14] रहे। और मैं तो समझता हूँ, इस दौरान में उनके बला के तेज़ दिमाग़ में जो ख़याल भी पैदा हुआ, बुज़दिली की खूँटी से लटका रहा।

बारी साहब बड़ी-बड़ी निराली बातें और स्कीमें सोचते थे, ऐसी जो किसी और के ज़ेहन में आसानी के साथ नहीं आ सकतीं, मगर वह इतनी सुरअत से ग़ायब हो जाती थीं कि उनके आसार तक भी बाक़ी न रहते—बाज़ औक़ात ऐसा भी होता कि उन्होंने ज़िंदगी के समंदर में, अचानक किसी दिलचस्प टापू की मौजूदगी का इन्किशाफ़ किया; उसको सर करने के लिए क्या-क्या तदाबीर अमल में लाई जानी चाहिए, सबकी-सब समझा दीं; वहाँ पहुँचकर जो नेमतें और गड़ी हुई दौलतें मयस्सर आएँगी उनकी तसवीरकशी भी कर दी; सुननेवाले कमर बाँधकर उस मुहिम के लिए तैयार हो गए; उनमें से कुछ रख़ते-सफ़र बाँधकर रवाना भी हो गए; लेकिन जब मुड़कर देखा तो बारी साहब ग़ायब—वापस आकर उनसे इस्तिफ़सार करना चाहा तो उन्होंने किसी और दिलचस्प जज़ीरे[15] का ज़िक्र छेड़ दिया, जो वह इस दौरान में दरयाफ़्त कर चुके थे।

मुतज़क्किरा[16] सदर इश्तिहार चस्पाँ करने के बाद चुनांचे यही हुआ—मैं और अब्बास, दोनों, रात भर गिरफ़्तार हो जाने की सनसनी के साथ आधे सोए, आधे जागते रहे। दूसरे रोज़ नए नवेले दूल्हों की तरह हम तज्रबेकार बारी को ढूँढ़ते रहे कि उनसे पूछें, आगे क्या होगा—मगर वह ग़ायब थे—दो-तीन जगहें थीं जहाँ वह जाते थे, मगर उनमें से किसी एक पर भी वह मौजूद नहीं थे।

पंद्रह रोज़ के बाद वह अचानक नमूदार हुए तो उन्होंने एक हफ़्तावार पर्चा जारी करने की स्कीम से हमें अपने मख़्सूस[17] अंदाज़ में मुत्तला किया : "मैं आपकी तरह बेकार नहीं था... सारे इंतिज़ामात मुकम्मल कर लिए हैं। बस डिक्लेरेशन[18] दाख़िल करना है... मज़मून मैं आज ही से लिखना शुरू कर दूँगा।"

अमृतसर की दीवारों पर ज़ारियत के ताबूत में आख़िरी कील ठोंकनेवाले इश्तिहार कुछ तो उखड़ गए और कुछ क़ुव्वते-मर्दमी[19] की दवाओं के पोस्टरों तले दब गए, और हमारा जोश उधर से मुंतक़िल होकर हफ़्तावार पर्चे की इब्तिदाई कारवाइयों में दाख़िल हो गया।

'वीरा' नाक़िस किताबत और वाहियात तबाअत के बाइस मेरे घर में मुक़फ़्फ़ल[20] पड़ी रही, लेकिन 'ख़लक़' के सूरी हुस्न के लिए हमने अपनी पहली फ़िरोगुज़ाश्तों[21] **से फ़ायदा** उठाया—जब उस पर्चे का पहला शुमारा सनाई बर्क़ी प्रेस से मैं और बारी साहब कंधों पर उठाकर घर लाए तो उसकी गवारा किताबतो-तबाअत से हम बहुत मुतमइन थे।

बारी साहब के एक करमफ़रमा थे। मैं उनका नाम भूल गया हूँ, लेकिन इतना याद है कि वह सियाह दाढ़ीवाले एक साहब थे जो ग़ालिबन चमड़े के सौदागर थे—'ख़लक़' के अजरा में माली हाथ उसका था। वह और भी सरमाया लगाने के लिए तैयार थे, मगर बारी साहब मैदान छोड़ के भाग गए।

पहले शुमारे में सरे-वर्क़ पर उनका एक मज़मून था, 'हीगल से लेकर कार्ल मार्क्स तक।' एक मुख़्तसर-सा ख़ाका था, इश्तिराकी फ़लसफ़े के इरतिक़ा[22] के बारे में, जो मेरी और हसन अब्बास की फ़हम से बालातर था। असल में हम हीगल से वाक़िफ़ थे न कार्ल

मार्क्स से। आख़िरुलज़िक्र का नाम बारी साहब से कई मर्तबा सुना था, जिससे हमको इतना मालूम था कि कार्ल मार्क्स मज़दूरों का बहुत बड़ा हामी था। उसका फ़लसफ़ा क्या था और उसके डांडे हकीम हीगल से कहाँ और क्योंकर मिलते थे, ईमान की बात है, इसके मुताल्लिक़ हमारी मालूमात सिफ़र थीं।

अपने अफ़सानों के क़ारईन की दिलचस्पी के लिए यहाँ मैं एक बात बताना चाहता हूँ कि मेरा सबसे पहला तबेज़ाद[23] अफ़साना 'तमाशा' के उनवान से 'ख़लक़' के इसी शुमारे में शाया हुआ था। मैंने उस पर अपना नाम नहीं दिया था, इस डर से कि लोग मज़ाक उड़ाएँगे। उन दिनों मेरे जाननेवाले अज़ राहे-तनस्ख़ुर[24] मेरी सक़ीम तहरीरों पर ख़ूब हँसा करते थे—अजीब बात है कि बारी साहब ने, जिनको मेरी महदूद इल्मियत का पता था, मेरी हमेशा हौसला अफ़ज़ाई की, यहाँ तक कि मुझे मेरी इग़लात[25] से भी कभी रूशनास न किया। वह कहा करते थे : "सब ठीक है।"

बात में से बात निकल आती है—मुझे बारी साहब के मैदान छोड़कर भाग जाने के मुताल्लिक़ कुछ कहना था।

'ख़लक़' का पहला शुमारा शाया हुआ तो चंद रोज़ बड़े ख़ुशो-ख़रोश में गुज़रे। मैं और अब्बास यूँ महसूस करते थे, जैसे हमसे कोई कारनामा सरज़द हो गया है। कटरा जयमल सिंह और हॉल बाज़ार में हम एक नई शान से चलते थे, लेकिन आहिस्ता-आहिस्ता हमें महसूस हुआ कि अमृतसर की नज़रों में हम वैसे-के-वैसे आवारागर्द हैं—पान-सिगरेटवाले बदस्तूर अपने पैसों का तक़ाज़ा करते और ख़ानदान के बुज़ुर्ग बराबर अपना वही फ़ैसला सुनाते कि हमारे लच्छन अच्छे नहीं हैं—लच्छन वाक़ई कुछ अच्छे नहीं थे, इसलिए कि ख़ुफ़िया पुलिस ने पूछगछ शुरू कर दी थी और इसी सिलसिले में कूचा वकीलां तक पहुँच गई थी।

मेरे बहनोई ख़्वाजा अब्दुल हमीद साहब उन दिनों नए-नए रिटायर हुए थे। आप एक अर्से तक फिलौर के पुलिस स्कूल में उस्ताद रह चुके थे, इसलिए पंजाब पुलिस के क़रीब-क़रीब तमाम आदमियों को जानते थे—ख़ुफ़िया पुलिस के सिपाही जब बारी साहब का अता-पता मालूम करने के लिए कूचा वकीलां में पहुँचे तो उनकी ख़्वाजा साहब से मुठभेड़ हुई—वह बारी साहब का वह 'ख़तरनाक' मज़मून 'हीगल से कार्ल मार्क्स' तक पढ़ चुके थे। इसके अलावा वह बारी साहब को भी अच्छी तरह जानते थे और तारीख़ से जो बारी साहब को दिलचस्पी थी, उसकी क़द्र करते थे। बारी साहब का अंदाज़े-बयान, जो ख़तीबाना हुआ करता था, उन्हें पसंद था। इसलिए उन्होंने ख़ुफ़िया पुलिस के सिपाहियों से कहा : "जाओ, कोई और काम करो... हीगल और कार्ल मार्क्स तुम्हारी समझ में नहीं आएगा... ग़रीब बारी भी अभी तक उनके फ़लसफ़े को अच्छी तरह नहीं समझा है।"

ख़्वाजा साहब ने जब उनको यक़ीन दिलाया कि मज़मून में कोई बग़ावतअंगेज़ चीज़ नहीं है जिससे सरकारे-बरतानिया का तख़्ता उलटने का अंदेशा हो तो वह चले गए—लेकिन जब बारी साहब को इसका पता चला कि हुकूमत की मशीनरी हरकत में आ गई है तो उन्होंने 'ख़लक़' का सिर्फ़ दूसरा पर्चा निकाला और उसे मेरे पास छोड़कर कहीं

ग़ायब हो गए और बहुत दिनों तक, मालूम नहीं, कहाँ-कहाँ घूमते रहे। मुझे याद है कि उनका एक कार्ड मुलतान से आया था जिसमें कुछ इस क़िस्म का मज़मून था : "मुलतान की रसदगाहों[26] में अपने सितारों का मुताला कर रहा हूँ।"

यह अजीब बात है कि गर्दिश के दौरान में जब कभी उनका ख़त किसी शहर से आता तो उसमें यह इत्तिला इन्हीं अल्फ़ाज़ में ज़रूर होती कि वह उस शहर की रसदगाहों में अपने सितारों का मुताला कर रहे हैं—यह मुताला, मेरा ख़याल है, वह हर उस गली, हर उस कूचे की रसदगाह में करते रहे जहाँ उन्होंने कुछ अर्से के लिए क़याम किया—क़ब्र की तारीक रसदगाह में भी वह यक़ीनन अपने सितारों के मुताले में मसरूफ़ होंगे, मगर अफ़सोस है कि वह वहाँ से मुझे कोई पोस्टकार्ड नहीं भेज सकते।

मरहूम को पोस्टकार्ड बहुत पसंद थे, इसलिए कि लिफ़ाफ़ों के मुक़ाबले में उन पर ख़र्च कम होता है—ख़तों का जवाब देने के मामले में बहुत सुस्त थे—मुझे याद है, एक बार मैंने उन्हें अमृतसर से पै-दर-पै कई ख़त लिखे। जब कोई जवाब न आया तो मैंने पाँच-पाँच पैसे के दो टिकट उनको रवाना किए और यह ताकीद की कि वह अब जवाब ज़रूर दें। उनका जवाब आया, मगर पोस्टकार्ड पर—लिखा था : "तुम्हारे भेजे हुए टिकट मैंने बेच डाले··· एक कार्ड ख़रीदकर तुम्हें लिख रहा हूँ कि तुम्हारे सब ख़त मुझे मिल चुके हैं···"

मुझे बहुत गुस्सा आया। फ़ौरन लाहौर पहुँचा। इरादा था कि उनकी तबीयत साफ़ कर दूँगा, मगर जब हम अरब होटल में बैठे और मैंने उनकी ज़लील हरकत के मुताल्लिक़ बात करनी चाही तो उन्होंने लाहौर की रसदगाहों में मेरे सितारों का मुताला शुरू कर दिया और आख़िर में फ़ैसला यह किया : "तुम घर के मुआमलात ठीकठाक करके फ़ौरन लाहौर चले आओ और किसी अख़बार में मुलाज़मत कर लो।"

ऐसे कई मौक़े आए कि मैंने बड़ी संजीदगी से बारी साहब पर अपनी ख़फ़गी व नाराज़ी का इज़हार करना चाहा और वह भी इस इरादे के साथ कि उनकी मेरी कुट्टी हो जाए, मगर उनकी बातें कुछ ऐसी थीं कि मुझे ग़ैर मुसल्लह[27] कर देती थीं—मोटा-मोटा गोल चेहरा, सियाही माइल गंदमी रंग, बहुत बड़ा सिर, क़द मुतवस्सित, काले-काले होंठ, मसूढ़े भी काले। मगर जब उनके चेहरे पर मुसकराहट नमूदार होती थी तो आसपास के तमाम ख़द्दोख़ाल अपनी सियाह क़बा[28] उतार फेंकते जो अदालतों की-सी ख़ुश्क संजीदगी और मतानत[29] का बायस होती थी। सिर्फ़ उन मुसकराते हुए लम्हात की रसदगाहों में वह अपने सितारों का मुताला नहीं करते थे, और मैं समझता हूँ कि सिर्फ़ उन्हीं लम्हात में उनके मुसलसल मुताले से उकताए हुए सितारे भी थोड़ी देर के लिए मुसकरा लेते थे।

बारी साहब बुज़दिल थे। ख़ुदा की क़सम, बहुत बुज़दिल थे—ज़्यादा खा लेते तो डरते रहते थे कि उनकी तोंद निकल आएगी, हालाँकि फ़ाक़ों के ज़माने में भी उनके जिस्म का यह हिस्सा बढ़ता रहा। ज़्यादा तेज़ भागते नहीं थे कि उनके दिल पर इसका असर पड़ेगा, हालाँकि उनके जिस्म के इसी रईस उज़्व ने उनका साथ छोड़ा। बड़ी-बड़ी सुर्ख़ बग़ावतों के नीले नक़्शे तैयार करते थे और पटाख़े की आवाज़ सुनकर ज़र्द हो जाते थे।

उनको एक लड़की से मुहब्बत थी, लेकिन माँ-बाप किसी और से उनका रिश्ता पक्का

कर चुके थे। जब माँ-बाप को मालूम हुआ कि वह इश्क़ फ़रमा रहे हैं तो उन्होंने शादी की तारीख़ पक्की कर दी—बारी साहब उन दिनों मेरे साथ रहते थे। जब तारीख़ नज़दीक आई तो वह ग़ायब हो गए, लेकिन बकरे की माँ ज़्यादा देर तक ख़ैर न मना सकी—उनकी होनेवाली दुल्हन ने एक बड़ा मार्के का ख़त लिखा जिसमें यह धमकी दर्ज थी कि अगर उन्होंने उससे शादी न की तो वह उनके पेट में छुरी भोंक देगी—बारी साहब डर गए और शादी कर ली।

बर्मा की रसदगाहों में अपने सितारों का मुताला करने के लिए पहुँचे तो वहाँ एक बर्मी लड़की का सितारा उनके सितारों से टकराकर उनमें उलझ गया। आपने अपनी बीवी को वहाँ बुला लिया, लेकिन सितारों का उलझाव बदस्तूर क़ायम रहा। आख़िर जंग छिड़ जाने पर उनको एक मौक़ा मिला और वह वहाँ से भाग आए।

बड़े रनछोड़ क़िस्म के आदमी थे—इक़बाल की ख़ुदी का फ़लसफ़ा उनको इस क़दर प्रसंद आया था कि उसको अपना ओढ़ना-बिछौना बना लिया, मगर सर्दियों में मालूम हुआ कि वह काम नहीं दे सकता। इक़लाब के इरशाद[30] के मुताबिक़ उन्होंने अपनी ख़ुदी को मक़दूर[31] भर ऊँचा करने की कोशिश की, मगर बारी तआला ने उनसे कभी यह पूछने की तकलीफ़ गवारा न की कि ऐ बारी, बता तेरी रज़ा क्या है? आख़िर एक दिन वह ख़ुद ही इक़बाल से पूछने गए कि यह गड़बड़ क्या है।*

उन दिनों बारी साहब की अपने अख़बार के दफ़्तर में रात की पाली होती थी। आख़िरी कॉपी प्रेस भेजकर जब वह फ़ारिग़ होते तो अल्लामा इक़बाल मरहूम की क़ब्र पर चले जाते और देर तक उनकी रूह से फ़लसफ़ा-ए-ख़ुदी[32] पर बातचीत करते रहते—बहुत तंगहाल थे। तनख़्वाह कभी-कभी मिलती थी और वह भी क़िस्तों की सूरत में। अख़बारों के मालिक यह समझते थे कि उनके अमले के आदमी बारबरदार हैवान हैं; जिसको जो कुछ दे दिया जाए, वही बहुत है—बारी साहब हस्सास[33] आदमी थे। क़र्ज़ लेते थे, मगर [illegible] महसूस करते थे। ख़ुदी को काफ़ी बुलंदी पर ले गए थे, मगर अब उसमें और ज़्यादा बुलंदी तक पहुँचने की गुंजाइश बाकी नहीं रही थी—चुनांचे भिन्नाकर अल्लामा की क़ब्र पर गए और उनकी रूह से बड़े बाग़ियाना[34] सवाल करने शुरू कर दिए—मेरा ख़याल है, अगर अल्लामा ज़िंदा होते तो उन्हें उन सवालों का जवाब देते वक़्त बड़ी मुश्किल का सामना करना पड़ता।

बग़ावत का यह जोश भी उनके दिलो-दिमाग़ में ठंडा हो गया—अगर वह बुज़दिल न होते तो मेरा ख़याल है कि आम इंसानी ज़िंदगी पर इक़बाल के फ़लसफ़ा-ए-ख़ुदी के ततबीको-इतलाक़[35] के मसले पर यक़ीनन बसीरत अफ़रोज़[36] रोशनी डाल सकते, मगर वह तमाम कोंपलें, जो उनके हस्सास दिलो-दिमाग़ की शाख़ों से जोश के बायस फूटी थीं, उस बुज़दिली के बायस मुरझा गईं—मालूम नहीं, उनके दूसरे दोस्त मुझसे इत्तिफ़ाक़ करते

---

* ख़ुदी को कर बुलंद इतना कि हर तक़दीर से पहले,
ख़ुदा बंदे से ख़ुद पूछे, बता तेरी रज़ा क्या है।—इक़बाल

हैं या नहीं करते, लेकिन मैं समझता हूँ, अगर वह साबितकदम[37] होते और गर्दो-पेश की मुख़ालिफ़ क़ुव्वतों का मुक़ाबला डटकर करते तो उनके क़लम से 'इन्क़िलाबे-फ़्रांस' के बजाय 'इन्क़िलाबे-हिंदुस्तान' निकलती, और यह भी मुमकिन है कि अट्ठारह सौ सत्तावन का तात्या टोपे उनके क़ालिब[38] में दूसरा जन्म लेता।

इक़बाल की तरह वह भी ख़ुदा से यह कहते रहे : "कारे जहाँ दराज़ है, अब मेरा इंतज़ार कर", मगर उस बक़्त जबकि उनको ख़ुदा की तरफ़ से कोई बुलावा नहीं आता था--लेकिन जब बुलावा आया तो वह "कारे जहाँ दराज़ है, अब मेरा इंतज़ार कर" न कह सके और इक़बाल के मानिंद चल दिए—वह कनजश्के-फ़रोमाया[39] को शाहीन से लड़ाने के लिए तैयार करते रहते, मगर जब उसे पाली में उतारने का मरहला आता तो पिंजरा वहीं छोड़ के भाग जाते और उस ग़रीब को दो-दो चोंचें लेने और शिकस्त खाने का भी मौक़ा न मिलता।

बारी साहब ख़याली पुलाव पकाने के मामले में अव्वल दर्जे के बकावल थे। ऐसे-ऐसे लज़ीज़ पुलाव और बिरयानियाँ तैयार करते थे कि उनका ज़ाइक़ा देर तक दूसरों के दिलो-दिमाग़ से महव नहीं होता था—मुझे याद है, जब 'ख़लक़' दो इशाअतों के बाद उन्होंने बंद कर दिया और चंद अख़बारों में काम करने के बाद उन्हें कुछ हासिल वुसूल न हुआ तो उन्होंने एक हफ़्तावार अख़बार 'मोचना' निकालने का इरादा किया। उसकी सुर्ख़ियाँ कैसी होंगी, मज़ामीन किस नौइयत[40] के होंगे, इसके मुताल्लिक़ उन्होंने लफ़्ज़ों के ज़रिए ऐसी तसवीरकशी की कि उस मुजव्विज़ा पर्चे के कई शुमारे आँखों के सामने से गुज़र गए और देर तक फ़ज़ा-ए-आसमानी से हम पर, जो सुन रहे थे, मोचनों की बारिश होती रही।

एक बार सहाफ़त के पेशे से तंग आए तो जंग का यह रास्ता निकाला कि वह सहाफ़त को छोड़-छाड़ के चारा काटने की मशीन लगा लेंगे और मज़े की ज़िंदगी बसर करेंगे—उस मज़े की ज़िंदगी को उन्होंने तसव्वुर की आँखों से देखा और अपने मख़्सूस अंदाज़ में बयान करना शुरू कर दिया जो मेरे ज़ेहन पर मुर्तसम[41] हो गया। चुनांचे बहुत बाद में, जबकि मैं आल इंडिया रेडियो, देहली में मुलाज़िम था, मैंने एक रेडियाई ड्रामा 'जर्नलिस्ट' के उनवान से लिखा। इस ड्रामे के मर्कज़ी किरदार का नाम बारी ही था—जब यह नश्र हुआ तो एक हंगामा बरपा हो गया। हिंदुस्तान के क़रीब-क़रीब हर उर्दू अख़बार ने इसके ख़िलाफ़ नोट लिखे, इसलिए कि उससे अख़बार के मालिकों की तौहीन होती थी—ट्रेजिडी यह थी कि उन सहाफ़ियों से उस ड्रामे के ख़िलाफ़ लिखवाया गया जिनकी नागुफ़्ताबेह[42] हालत की अक्कासी उसमें की गई थी।

यहां पर उस ड्रामे के चंद इक्तिबास[43] नक़्ल करने शायद बेमहल नहीं होंगे—जर्नलिस्ट बारी सहाफ़त छोड़कर चारा काटने की मशीन लगा लेता है और बहुत ख़ुश है। उसकी ख़ुदकलामी मुलाहिज़ा हो :

अब्दुल बारी : (*हँसता है।*) रोज़ की कोई डेढ़-दो रुपए की आमदनी हो जाती है… सारा दिन यहाँ दूकान पर गुज़ारता हूँ और शाम को ठेके पर चला जाता हूँ… गप्पे हाँककर फिर टहलता-टहलता यहाँ आ जाता हूँ…

[*ज़ोर से हँसता है।*]

ख़बरें तर्जुमा करना पड़ती हैं न कापियाँ जोड़ना पड़ती हैं… टेलीफ़ोन की बक-बक न मुरासलों[44] की बकवास… कातिब न राइटर की सर्विस… (*हँसता है।*)

वल्लाह क्या गुर बताया है मेरे दोस्त ने… गर्मियों में दूकान के बाहर छिड़काव करके सो जाता हूँ… सर्दियाँ आएँगी तो अंदर घास के पास चारपाई बिछा लिया करूँगा… कितनी अच्छी ज़िंदगी है… मेरा तो यह जी चाहता है कि सब एडिटरों को, जो अख़बारों में अपनी ज़िंदगी तबाह कर रहे हैं, यह गुर बता दूँ… उनसे कहूँ कि अपने-अपने शहर में ऐसी मशीन लगवा लें और मुझे दुआ दें…

[*ज़िंदगी बड़ी हमवार गुज़र रही थी कि अचानक दूसरी जंगे-अज़ीम[45] छिड़ गई। इसकी इत्तिला बारी को शराबख़ाने में मिलती है और उसके दिलो-दिमाग़ में सोया हुआ सहाफ़ी जाग पड़ता है। उसको बहुत कोफ़्त होती है, जब वह आसपास बैठे हुए शराबियों की गुफ़्तगू सुनता है जो बटेरों से मुताल्लिक़ है—तंग आकर वह चिल्ला उठता है।*]

ख़ामोश… यह तुमने क्या बकवास शुरू कर दी है… तुम लोग वाक़ई बिलकुल जाहिल हो… योरोप में एक ऐसी जंग शुरू हो गई है जो कई मुल्कों को दुनिया के नक़्शे से हमेशा के लिए मिटा देगी… लाखों-करोड़ों आदमी हलाक हो जाएँगे… दुनिया में एक तूफ़ान मच जाएगा और तुम लोग हो कि बटेरों की लड़ाई का हाल बयान कर रहे हो… आख़िर तुम्हें क्या हो गया है?

पहला शराबी : क्या बक रहे हो?

दूसरा शराबी : (*क़हक़हा लगाकर*) मैं तो कुछ नहीं समझा…

[*वक़्फ़ा।*]

बारी, यह आज तू कैसी बातें ले बैठा है?

पहला शराबी : ज़्यादा पी गया है… इसके दिमाग़ को चढ़ गई है।

दूसरा शराबी : है भी तो बड़ी नामुराद चीज़!

अब्दुल बारी : तुम बकवास कर रहे हो… मैं बिलकुल होश में हूँ… तुम बेहोश हो रहे हो… मैं जो कुछ इस वक़्त सोच रहा हूँ, तुम्हारा फ़लक भी नहीं सोच सकता… तुम सबके-सब अनपढ़, बेवक़ूफ़ जाहिल हो।

पहला शराबी : अरे वाह रे मेरे मौलवी!

अब्दुल बारी : तुम मेरी बातों का मज़हका न उड़ाओ···

[*हँसता है।*]

मगर यह तुम्हारा क़ुसूर नहीं··· क़ुसूर मेरा अपना है··· मैंने अब तक अपनी असलियत तुमसे छुपाकर रखी है···तुम नहीं जानते, मैं कौन हूँ और सियासी दुनिया में मेरी किस क़दर अहमियत है।

पहला शराबी : मियाँ, तुम रुस्तम हो···लो बस अब जाने दो और कोई बात करो।

अब्दुल बारी : तुम्हें जब तक मेरी असल शख़्सियत मालूम नहीं होगी, तुम मेरा मज़हका उड़ाते रहोगे···जानते हो, मैं कौन हूँ···? मेरा नाम अब्दुल बारी है···मौलाना अब्दुल बारी, एडिटर रोज़नामा 'ख़लक़'।

इस आख़िरी जुमले में जो अलमिया पोशीदा है, वह किसी तब्सिरे का मोहताज नहीं।

बारी मरहूम ने बिलआख़िर सहाफ़त छोड़ दी थी और चारा काटने की मशीन लगा ली थी, गो यह मशीन उनकी नहीं, सरकारे-बरतानिया की मिल्कियत* थी—लोग अक्सर उनका मज़हका उड़ाते थे, इसलिए कि सारी उम्र अंग्रेज़ को गालियाँ देने के बाद उन्होंने उसी की नौकरी क़बूल कर ली थी। लेकिन वह यक़ीनन दिल-ही-दिल में यह ज़रूर पुकारते रहे होंगे : 'तुम्हें जब तक मेरी असल शख़्सियत मालूम नहीं होगी, तो मेरा मज़हका उड़ाते रहोगे··· मगर यह तुम्हारा क़ुसूर नहीं··· क़ुसूर मेरा अपना है···मैंने अब तक अपनी असलियत तुमसे छुपाए रखी।'

यह मेरी अपनी तावीलो-ताबीर[46] है कि बारी साहब ने अपनी ज़िंदगी में हमेशा फ़रार के रास्ते इख़्तियार किए और उन रास्तों पर भी उन्होंने हमेशा फूँक-फूँककर क़दम रखा। यही वजह है कि उनकी रूह लोगों की निगाहों से पोशीदा रही और इसमें क़ुसूर सरासर उनका अपना था। वह बड़ी-बड़ी चट्टानों से टक्कर लेने के लिए आगे बढ़ते थे, लेकिन उनका रुख़ किसी और तरफ़ हो जाता था और यह सबकुछ उनके अपने ज़ोम[47] में होता था।

उस ड्रामे में अब्दुल बारी एक जगह अपनी रौ में कहता है : ''पहली जंग से लेकर इस जंग के आग़ाज़ तक के वाक़िआत को अगर हम पेशे-नज़र रखें तो यह मालूम करके बड़ा दुख होता है कि मुहज़्ज़ब दुनिया ज़िल्लत की दलदल में धँसती चली गई है··· साइंस की तरक़्क़ी जारी है लेकिन अख़्लाक़ी ज़िम्मेदारी का एहसास कम होता चला गया है। नो-ए-इंसानी जहाँ थी, वहीं-की-वहीं खड़ी है। नस्ली इम्तियाज़ और मज़हबी अदावत बढ़ती गई है···नतीजा हमारे सामने है। पहले जंगनुमा सुलह, फिर सुलहनुमा जंग···मैं पूछता हूँ, आख़िर यह हमारी मुहज़्ज़ब दुनिया किधर जा रही है? क्या हम फिर जहालत के ज़माने में वापस जा रहे हैं? क्या एक बार फिर इंसान का ख़ून पानी से अर्ज़ां बिकेगा···क्या

---

* ''वह आख़िरी दिनों में ब्रिटिश इन्फ़ार्मेशन डिपार्टमेंट में मुलाज़िम हो गए थे।''

फिर हमारा गोश्त-पोस्त दूसरी अजनास की तरह बाज़ारों में बेचा जाएगा⋯ क्या होनेवाला है, कोई मुझे बताए, क्या होनेवाला है⋯ बेउसूली ने सैकड़ों उसूल पैदा कर दिए हैं और तफ़रका परदाज़ी ने हज़ारों जमातें पैदा कर दी हैं—इंसान, इंसान के ख़िलाफ़; मिल्लत, मिल्लत से नबर्दआज़्मा[48]; मुल्क, मुल्क से सितेज़ाकार[49]⋯ यह है बीसवीं सदी की इब्रतनाक दास्तान⋯"

यह ख़यालात बरट्रैंड रसल के हैं जो मैंने बारी साहब के मख़्सूस ख़तीबाना अंदाज़ में मुकालमे की शक्ल में तब्दील कर दिए थे—बारी साहब का दिमाग़ बरट्रैंड रसल के दिमाग़ से कम नहीं था, लेकिन वह एक ऐसे मुल्क में पैदा हुए थे जिसके अख़बारों के मालिकों से तंग आकर इन्हें कई बार यह कहना पड़ा था : "आप क़ौम की ख़िद्मत कर रहे हैं⋯ मैं क़ौम की, अख़बार की और आपकी ख़िद्मत कर रहा हूँ, लेकिन इस ख़िद्मत का मुआवज़ा मुझे कभी वक़्त पर नहीं मिलता, बल्कि यूँ कहिए कि मिलता ही नहीं⋯ पिछले तीन महीनों में आपने मुझे सिर्फ़ सोलह रुपए दिए हैं⋯ ख़ुदा का ख़ौफ़ कीजिए, मैं इंसान हूँ, पत्थर नहीं हूँ⋯ मुझे भूक भी लगती है। कभी-कभी मिठाई खाने को भी मेरा जी चाहता है⋯ मुझे आपने इस अख़बार का एडिटर बनाया था, कोई साधु या संन्यासी नहीं बनाया था जो मैंने दुनिया त्याग दी हो।"

तीन माह के अर्से में सिर्फ़ सोलह रुपए—मुमकिन है, यह मुबालग़ा आराई[50] हो, मगर यह वाक़ा है कि जब बारी साहब रोज़नामा 'अहसान' में काम करते थे तो उन्हें दफ़्तर से रद्दी चुराकर अपने इख़ाजात पूरे करने पड़ते थे—उन दिनों राजा मेहँदी अली ख़ाँ* भी वहीं मुलाज़िम थे। बारी साहब आदमी बड़े मुख़्लिस थे। जब उन्होंने देखा कि रद्दी बेचकर कुछ-न-कुछ वसूल हो जाता है तो उन्होंने राजा को भी इस वसीले[51] से आगाह कर दिया—बारी साहब तबअन एतिदाल पसंद[52] और मोहतात[53] थे, लेकिन राजा धड़ल्ले का आदमी था। उसने एक-दो बार तो सिर्फ़ चंद बंडल चुराए, इसके बाद उसने बारी साहब से कहा : "यह ख़ुरदाफ़रोशी[54] ग़लत है मौलाना⋯ मैं कल दो बोरियाँ लाऊँगा। उन्हें भरकर ले जाएँगे।"

बारी साहब डर गए, लेकिन राजा साहब ने उनको उस बड़ी डकैती पर आमादा कर लिया—बारी साहब पहरा देते रहे और राजा बोरियों में रद्दी भरता रहा। फिर मज़दूर बुलाए गए और वह बोरियाँ उठवाकर अपने साथ ले गए—राजा का बयान है कि उस दिन दोनों ने सनीमा देखा था।

राजा मेहँदी अली ख़ाँ से रिवायत है कि उन दोनों को एक दफ़ा बाज़ारों में भीख भी माँगनी पड़ी थी—स्कीम बारी साहब ने बनाई थी। लोगों के आगे दस्ते-सवाल क्योंकर दराज़ किया जाएगा, मिस्कीन[55] और क़ाबिले-रहम शक्लो-सूरत कैसी बनाई जाएगी, अपना दुखड़ा किस अंदाज़ से और किन अल्फ़ाज़ में सुनाया जाएगा, यह सब बारी साहब ने

---

51. राजा मेहँदी अली ख़ाँ—एक ज़माने के बाद जिन्होंने ख़ूबसूरत फ़िल्मी गीत लिखे और जिनकी मधुर धुनें मदन मोहन ने बनाईं—राजा मेहँदी अली ख़ाँ और मदन मोहन रुख़सत हो चुके हैं। —संपादक

ख़ुद सोचा और मुरत्तब किया था। लेकिन जब झोली फैलाने का मौक़ा आया तो बारी साहब झेंप गए और बमुश्किल दो-ढाई आने जमा कर सके। इसके बरअक्स राजा ने पौने तीन रुपए इकट्ठे किए।

यहाँ राजा के बयान किए हुए एक लतीफ़े का ज़िक्र ख़ाली अज़ दिलचस्पी न होगा : ग़ालिबन अनारकली में राजा भीख माँग रहा था। सामने से एक गूजर सर पर दूध का बहुत बड़ा वलटोहा उठाए चला आ रहा था। राजा ने, जो बारी साहब से इंसानी नफ़सियात पर कुछ लैक्चर सुन चका था, अंदाज़ा लगाया कि असामी मालदार है। अगर वह गूजर से अपनी हालते-ज़ार बयान करेगा तो गूजर का दिल ज़रूर पसीज जाएगा। राजा का ख़याल था कि उससे कम-अज़-कम एक रुपया तो ज़रूर मिल जाएगा। चुनांचे वह आगे बढ़ा—बारी साहब ने जो कुछ उसे बताया था, उसने बड़े ख़ुलूस के साथ गूजर को सुनाया—गूजर ने राजा से कहा : "ज़रा हाथ देना मेरे वलटोहे को···" राजा ने काफ़ी ज़ोर सर्फ़ करके गूजर के सर का बोझ उतारने में मदद दी। जब वलटोहा उतर गया तो गूजर ने अपने तहमद का डब खोला। उसमें कई नोट और बहुत-सा किरयाना था, लेकिन गूजर ने उनमें से सिर्फ़ एक पैसा निकाला और राजा की हथेली पर रख दिया। और सितम बालाए-सितम राजा से कहा : "लो जवान, अब वलटोहा रखवा दो मेरे सिर पर।"

और यह तो मैं भी जानता हूँ कि बारी साहब और हसन अब्बास, मुफ़िलसी के ज़माने में पेट में कुछ डालने के लिए फलों की उस दूकान से रात के वक़्त अक्सर केले और सेब चुराया करते थे, जिसके ऊपर उन्होंने एक कमरा किराए पर ले रखा था—उस कमरे में बिजली का कनैक्शन नहीं था, मगर बारी साहब ने हसन अब्बास को अपना 'बिजलीघर' बनाने की तरकीब समझा दी थी। चुनांचे वह एक ज़माने तक म्युनिसिपैलिटी के तार से अपना तार जोड़कर वह कमरा रोशन करते रहे।

मुझे एक और लतीफ़ा याद आ गया जो पुरानी अनारकली के उसी कमरे से मुताल्लिक़ है, जहाँ बारी साहब और हसन अब्बास इकट्ठे रहते थे : यह उस ज़माने की बात है, जब मैं ग़ालिबन सात बरस के बाद बंबई से आया था। इस दौरान में मामूली ख़तो-किताबत रही थी—हसन अब्बास मुझे स्टेशन पर ही मिल गया था। उन दिनों शराब पर कोई पाबंदी नहीं थी। स्पैंसरवाले रबड़ टायर गाड़ियों पर शराब आम बेचते फिरते थे—अब्बास से बड़ी देर के बाद मुलाक़ात हुई थी, चुनांचे इस ख़ुशी में हम दोनों ने फ़ैसला किया कि सुबह ही से शुरू कर देनी चाहिए ताकि जज़्बात घुटे-घुटे न रहें और जो बात की जाए, खुल के की जाए। यह फ़ैसला होते ही हमने अपने दिल की चाबियाँ जॉनीवाकर के हवाले कर दीं।

ख़याल था कि बारी साहब स्टेशन पर मौजूद होंगे, मगर बक़ौल हसन अब्बास, वह हस्बे-मामूल ज़लीलुल्दहर निकले। ताँगा लेकर हमने इधर-उधर तलाश किया और आख़िर ढूँढ़ निकाला। वह इसलिए छुप गए थे कि उन्होंने मेरी आमद के साथ ही शराब का सैलाब देख लिया था और बंद बाँधने में मसरूफ़ थे। मैंने और अब्बास ने उन्हें बहुत लान-तान की और पुरानी सोहबतों का हवाला देकर उनके आरिज़ी ज़ुह्द" की ख़ूब मिट्टी पलीद की। नतीजा यह हुआ कि वह एकदम ख़ुम-के-ख़ुम उँडेलने पर आमादा हो गए।

मालूम नहीं, उन दिनों अबू सईद क़ुरैशी बी.ए. का क़िला सर करने के लिए अपने आख़िरी हमले की तैयारी कर रहा था, या उस क़िले को फ़तह करने के बाद हाथ-पर-हाथ धरे बैठा था। बहरहाल वह हमें किसी-न-किसी तरह मिल गया—उसमें और पुराने सईद क़ुरैशी के बाप में कोई फ़र्क नहीं था। वह उसी तरह अब भी उम्र ख़ैयाम की रुबाइयाँ ख़रीदता था और नहर के किनारे, चाँदनी रात और गुल अज़ार माशूक़ के ख़्वाब देखता था—बारी साहब ने तज्वीज़ पेश की कि उस जुर्म की सज़ा उसको यह दी जाए कि वह एक अदद जॉनीवाकर ख़रीदे। मुजरिम ने सज़ा क़ुबूल की और फ़ौरन भुगत ली।

पुरानी अनारकली के उस तारीख़ी कमरे में हम सब जमा थे। मैं, बारी साहब, अबू सईद क़ुरैशी, हसन अब्बास और अब्दुल्लाह मलिक*—थोड़े अर्से के लिए राजेंद्र सिंह बेदी भी आया।

बारी साहब हस्बे-तौफ़ीक़ सफ़ाईपसंद थे। अपनी मेज़ की झाड़-पोंछ और उसके बनाव-सिंगार में काफ़ी वक़्त सर्फ़ करते थे। इस मामले में वह बिलकुल बच्चों की मानिंद थे—नाख़ून काटने की छोटी-सी क़ैंची है, वह भी अपने क़लमदान के साथ सजावट के तौर पर वहाँ रख दी है; साथ ही शेव करने का उस्तरा पड़ा है; कहीं से गोल बट्टा मिल गया है तो उसे आपने पेपरवेट बना लिया है; किताबों के ऊपर काग़ज़ के गर्दपोश चढ़े हुए हैं; उनके ऊपर सुई-धागा रखा है; एक फ़ाइल है और उसमें मुख़्तलिफ़ रिसालों से काटी हुई तसवीरें जमा हैं—बारी साहब को क़ैंची इस्तेमाल करने का बहुत शौक़ था। मालूम नहीं, क्यों। हो सकता है, इसलिए कि वह अख़बार की कापी ख़ुद ही जोड़ा करते थे। यह काम न्यूज एडीटरों के फ़राइज़ में अब भी दाख़िल है, लेकिन यह समझ में नहीं आता कि अख़बार की कापी जोड़ने से पहले उनको इस औज़ार से क्यों इतनी रग़बत[57] थी—मुझे अच्छी तरह याद है कि अमृतसर में रोज़नामा 'मसावात' के दफ़्तर में वह उँगलियों में क़ैंची फँसाकर जब कापी जोड़ने बैठते थे तो ऐसा लगता था कि वह कोई बहुत दिलपसंद काम शुरू करनेवाले हैं।

उनका मेज़ आमतौर पर दीवार के साथ लगा होता था, इस तरह कि जब वह लिखने बैठेंगे तो दीवार उनके सामने हो—लिखते वक़्त कोई रोक उनकी आँखों के सामने होनी ज़रूरी थी—मुझे याद है, एक बार मैंने घर में अपने मेज़ का रुख़ बदल दिया था। बारी साहब को कुछ लिखना था। कुर्सी पर बैठे तो बेचैनी महसूस करने लगे। मैंने वजह दरयाफ़्त की तो कहा : "जब तक मेरी आँखों के सामने कोई रोक न हो, मैं नहीं लिख सकता…" और यह कहकर उन्होंने वर्ल्ड एटलस उठाई और अपने सामने रख ली।

बात कहाँ-से-कहाँ पहुँच रही है, लेकिन मैं मजबूर हूँ। पुरानी अनारकली के कमरे से निकलकर ख़ुदा मालूम कहाँ जा रहा हूँ, लेकिन आप मुझे माफ़ कर दीजिए। जो बात ज़ेहन में उभरती है, मैं उसी वक़्त क़लमबंद कर देता हूँ कि भूल न जाऊँ—अभी-अभी जब मैंने तसव्वुर में उन्हें लिखते देखा तो वह अपने दाँत रगड़ रहे थे। यह बारी साहब की आदत

---

* "जो आजकल ज़्यादा ख़ूबसूरत है।"—मंटो

थी। लिखने के दौरान में वह अपने दाँत ज़रूर कटकटाते थे, जैसे ग़ुस्से में हों। छोटे-छोटे गोल हरुफ़ लिखते थे, इतने गोल के बाज़ औकात मेरे लिए उनकी इबारत के अक्सर लफ़्ज़ एक-दूसरे के तवाम होते थे।

पुरानी अनारकली के उस तारीख़ी कमरे में उनके मेज़ के साथवाली दीवार पर वह तारीख़ी ग्रुप भी आवेज़ा[58] था जो हमने अमृतसर में उतरवाया था। उसमें अब्बास है, मैं हूँ, बारी साहब हैं और अबू सईद क़ुरैशी भी मौजूद है। बारी साहब ने उस फ़ोटो के नीचे शायद 'अमृतसर स्कूल ऑफ़ थॉट' लिखा हुआ था। यह बारी मरहूम को बहुत अज़ीज़ था—'मिलाप' या 'प्रताप' के दफ़्तर में काम करते हुए, अपना कोट खूँटी से लटकाकर जब आप सिगरेट लेने के लिए बाहर निकले थे और सीधे बर्मा जा पहुँचे थे तो अपने साथ यह ग्रुप फ़ोटो लेते गए थे।

मैं जब उस कमरे में, जो अब्बास और बारी साहब का घर था, दाख़िल हुआ तो सबसे पहले बारी साहब ने मुझे वह ग्रुप दिखाया और अपने मख़्सूस अंदाज़ में, जिसमें बच्चों की तालियाँ पीटनेवाली ख़ुशी घुली होती थी, कहा : "ख़्वाजा साहब, यह देखिए..." इससे आगे वह और कुछ न कह सके, लेकिन उनके चेहरे के तमाम ख़द्दोख़ाल अपनी सियाह क़बा उतार चुके थे और मुसकरा रहे थे।

मरहूम को मुझसे बहुत मुहब्बत थी। उनको मुझ पर नाज़ भी था, मगर इसका इज़हार उन्होंने मेरे सामने कभी नहीं किया। और मुझे यह भी मालूम नहीं कि उन्होंने कभी किसी से इस अंदाज़ से कहा हो कि मंटो उनका बनाया हुआ है, हालाँकि यह हक़ीक़त है कि मुझे तहरीरो-तस्नीफ़[59] के रास्ते पर डालनेवाले वही थे। अगर अमृतसर में उनसे मेरी मुलाक़ात न होती तो हो सकता है कि मैं एक ग़ैर मारूफ़ आदमी की हैसियत से मर-खप गया होता, या चोरी-डकैती के जुर्म में लंबी क़ैद काट रहा होता।

मैं और अब्बास, बक़ौल बारी साहब काफ़ी 'गुट' थे। एक शराब का, दूसरा इतनी तवील मुद्दत के बाद मिलने का नशा। हम सब झूम रहे थे। अबू सईद क़ुरैशी की बोतल खोली गई और दौर शुरू हो गए—बारी साहब पीकर बहुत दिलचस्प हो जाते थे। वह, जो कपड़ों के बजाय जुज़दान[60] में लिपटे और कुर्सी के बजाय रहल[61] पर बैठे होने की तसवीर पेश किया करते थे, शराब के चंद घूँटों के बाद एक मुख़्तलिफ़ शक्ल इख़्तियार कर लिया करते थे। उनकी तबीयत में वह मज़ाहिया[62] और फ़रहिया[63] अनसर[64], जो अक्सर शरई पाजामा पहने रहता था, बेरीशो-बरूत[65] होकर सामने आ जाता था। उस वक़्त जी चाहता था कि वह बोलते रहें और हम सुनते रहें। और यह वाक़ा है कि ऐसे वक़्तों में किसी और को बोलने का मौक़ा भी वह शाज़ो-नादिर[66] ही देते थे।

राजेंद्र सिह बेदी, रूसी नाविलनवीस शोलोख़ोफ़ के 'एंड क्वाइट फ़लोज़ दी डान' के मुताल्लिक़ बातचीत कर रहा था। यह नाविल हममें से किसी ने भी नहीं पढ़ा था। बेदी कुछ इस अंदाज़ में गुफ़्तुगू कर रहा था कि मुझे ख़्वाहमख़्वाह उसमें शरीक होना पड़ा और यह ज़ाहिर करना पड़ा कि नाविल मेरा पढ़ा हुआ है। जब मैंने इसका इज़हार किया तो बेदी बौखला-सा गया—बारी साहब ताड़ गए कि मामला क्या है। उन्होंने शोलोख़ोफ़ की

नाविलनवीसी पर एक लैक्चर शुरू कर दिया। नतीजा यह हुआ कि बेदी को थोड़ी देर बाद बड़े बैंडेपन से इस बात का इक़रार करना पड़ा कि उसने शोलोख़ोफ़ का ज़ेरे-तब्सिरा[67] नाविल नहीं पढ़ा है। मैंने भी हक़ीक़त का इज़हार कर दिया। बारी साहब ख़ूब हँसे और आख़िर में उन्होंने अपने मख़्सूस अंदाज़ में हाज़रीन को बताया कि शोलोख़ोफ़ का नाम उन्होंने पहली मर्तबा बेदी के मुँह से सुना है और उसकी नाविलनवीसी पर जो लैक्चर उन्होंने पिलाया है, उनकी दिमाग़ी इख़तिरा है– राजेंद्र सिंह बेदी को दूर जाना था, इसलिए वह इजाजत लेकर चला गया।

ग़ालिबन दिसंबर के दिन थे। सख़्त सर्दी थी। मैं चूँकि एक मुद्दत तक बाहर रहा था, इसलिए यह सर्दी ख़ासतौर पर मुझे बहुत ज़्यादा महसूस हो रही थी–लोहे की अँगीठी मौजूद थी। बारी साहब ने फ़ौरन आग का इंतिज़ाम कर दिया। दरवाज़ा खोलकर बाहर गए और थोड़ी-सी लकड़ियाँ ले आए। उनको अँगीठी में क़रीने से रखकर उन्होंने जानीवॉकर की बोतल खोली और कुछ छींटे लकड़ियों पर मारे, फिर 'ज़रतुश्त[68], ज़रतुश्त' कहते हुए उनको माचिस दिखाई। जब आग सुलग उठी तो सजदे में चले गए।

सजदे का ज़िक्र आया तो मुझे याद आ गया है कि वह बड़े सजदागुज़ार थे–एक ज़माना था कि वह अमृतसर में पाँच के बजाय कभी आठ, कभी दस वक़्त नमाज़ पढ़ा करते थे। वह बैठक, जहाँ हम बैठा करते थे, उसका नाम उन्होंने 'दारुलअहमर'[69] रखा हुआ था। वहाँ जब भी उनको नमाज़ अदा करने की हाजत महसूस होती, बीबीजान* को आवाज़ देते और पानी का लोटा और जानमाज़ मँगवा लेते। यह तो उनके मन की मौज का क़िस्सा है, लेकिन जब कभी उनसे कोई ग़लती सरज़द हो जाती और मैं या अब्बास उस ग़लती को पकड़ लेते तो वह फ़ौरन अपने कान ऐंठना शुरू कर देते और सह्व के लिए एक-दो सजदे बड़े ख़ुलूस के साथ अदा करते।

मुझे अपना एक सजदा याद आ गया है जो अभी तक मेरे माथे में रड़क रहा है–यह भी अमृतसर ही की बात है। बारी साहब को मेरी शराबनोशी पसंद नहीं थी। मैं समझता था कि वह बनते हैं–एक शाम को वह मेरे साथ थे। हम सैर करते-करते रेलवे स्टेशन के रिफ़रेशमेंट रूम में पहुँच गए। मैंने बैरे को समझा दिया कि वह मेरे लिए व्हिस्की लाए और बारी साहब के लिए जिंजर, जिसमें एक पैग जिन का शामिल हो।

बारी साहब को कोई-न-कोई और ख़ासतौर पर पेट का आर्ज़ा लाहक़ रहता था–मैंने उनसे कुछ पीने के लिए पूछा तो कहने लगे : "नहीं मैं कुछ नहीं पियूँगा ··· मेरा मेदा ख़राब है।"

बारी साहब ज़िद्दी नहीं थे। थोड़ी-सी लैक्चरबाज़ी के बाद उन्हें किसी बात पर भी आमादा किया जा सकता था। चुनांचे मैंने अदरक के फ़ाइदे बताए और कहा कि जिंजर का पानी उनके मेदे की तमाम ख़राबियाँ दूर कर देगा। आप राज़ी हो गए।

मैंने व्हिस्की पीना शुरू कर दी और उन्होंने जिंजर, जिसमें जिन शामिल थी–यह

* मेरी वालिदा मरहूमा। –मंटो।

महलूल[70] जब उनके हलक़ से उतरा तो उनको फ़रहत हासिल हुई।

मैंने अपनी व्हिस्की ख़त्म करके जब दूसरा पैग तलब किया तो उन्होंने भी ख़्वाहिश ज़ाहिर की कि वह एक जिंजर और पिएँगे—बैरा उसी क़िस्म का एक और मश्रूब[71] तैयार करके ले आया।

बारी साहब को बहुत लुत्फ़ आया—उन्होंने मुझसे कहा : "अदरक के फ़ाइदे मैंने तिब की किसी किताब में पढ़े थे⋯ वाक़ई बड़े मार्के की चीज़ है⋯ वह बोझ-सा, वह ऐंठन-सी जो मैं सुबह से महसूस कर रहा था, बिलकुल ग़ायब है।"

मैं हँस पड़ा—इसके बाद मुझे उनको बताना पड़ा कि मार्के की चीज़ कौन-सी थी।

वह बहुत ख़फ़ा हुए, बल्कि यूँ कहिए कि उनको बहुत दुख हुआ—मेरी तिफ़्लाना हरकत उन्होंने माफ़ तो कर दी, मगर मैं महसूस कर रहा था कि उन्हें सख़्त रूहानी कोफ़्त हुई है। चुनांचे मैंने उनसे सदक़ दिल से वादा किया कि मैं आइंदा कभी शराब नहीं पियूँगा।

बैरा बिल लाया तो बारी साहब ने पैंसिल से उस पर इक़बाल का यह मिस्रा लिख दिया : "यारब दरोने सीना दिल बा ख़बरीदा।"[72]

मुझ पर इस वाक़े का बहुत असर हुआ, इतना असर कि जब मैं रात को घर लौटा तो गली के ठंडे फ़र्श पर मैंने सजदा किया और ख़ुदा से दुआ माँगी कि वह मुझे अपने इरादों में साबितक़दम रहने की तौफ़ीक़ अता फ़रमाए, और उस गुनाह को जो मुझसे सरज़द हुआ है, माफ़ कर दे—उस सजदे से तबीयत का बोझ तो हल्का हो गया, मगर एक और बोझ उस पर लद गया कि अब मैं पी नहीं सकता था—कई दिन गुज़र गए। हर वक़्त उदासी छाई रहती थी, लेकिन दिल के परचाने के लिए एक बात मौजूद थी कि मैं अपने वादे पर क़ायम हूँ और एक लानत से बचने की कामयाब कोशिश कर रहा हूँ।

एक दिन शाम को बारी साहब आए। मैं खिड़की में बैठा था। उन्होंने बाहर गली में खड़े-खड़े मेरा मिज़ाज पूछा—मैंने मुसकराकर कहा : "क्या पूछते हैं⋯ बस ठीक है!"

बारी साहब ने एक लम्हे के लिए सोचा और कहा : "मैं अभी आता हूँ।"

जब वह आए तो उनके पाजामे में शराब का अद्धा उड़सा हुआ था—मुझे सख़्त हैरत हुई। मैंने उनसे कुछ कहना चाहा मगर उन्होंने सुनने से इनकार कर दिया और बोतल खोलना शुरू कर दी।

इतने में अब्बास आ गया—बारी साहब के कहने पर सब दरवाज़े बंद कर दिए गए। अंदर से रोटी मँगवाई गई जो किसी ने भी न खाई। सालन वग़ैरह अलग रख लिए गए और गिलास छोड़कर बाक़ी बर्तन वापिस भेज दिए गए। अब्बास कुएँ से लोटे में पानी लाया और हम सबने पी—वह सजदा, जो मैंने गली के ठंडे फ़र्श पर उस रात ख़ुदा के हुज़ूर अदा किया था, मेरी पेशानी में तड़पता रहा*।

हम पी रहे थे तो हसन अब्बास ने छेड़ने की ख़ातिर बारी साहब से कहा : "आपकी यहाँ सब इज़्ज़त करते हैं। बीबीजान आपको नमाज़ी और परहेज़गार की हैसियत से जानती हैं।

* सजदे के इसी ताल्लुक़ से मंटो ने बरसों पहले एक अफ़साना 'सजदा' लिखा था जो उसके तीसरे अफ़सानवी मजमूए 'धुआँ' में मौजूद है।

उनके दिल में आपका एहतिराम[73] है... अगर वह यहाँ आ जाएँ तो क्या हो ?"

बारी साहब ने कहा : "मैं खिड़की खोलकर बाहर कूद जाऊँगा और फिर कभी उनको अपनी शक्ल नहीं दिखाऊँगा।"

बारी साहब हमेशा अपनी ज़िंदगी की कोई-न-कोई खिड़की खोलकर बाहर कूद जाते रहे—वह खिड़की खुली रहती, मगर वह फिर कभी उसको अपनी शक्ल न दिखाते।

खिड़की खोलकर बाहर कूद जाने से मैं किसी तज़हीक[74] का नाता नहीं जोड़ रहा। असल में वह निज़ाम जो अंग्रेज़ों से मुताल्लिक़ था, और जिसमें बारी मरहूम ने अँगूठा चूसने से लेकर क़लम चूसने तक, और कलम चूसने से लेकर अपना ख़ून चुसाने तक के तमाम मराहिल उफ़्ताँ व ख़ीज़ाँ[75] तय किए, और उसके बाद वह निज़ाम जिसमें उन्होंने इक़बाल मरहूम की उन तेग़ों के साए में जो रेडियो पाकिस्तान ने अपने प्रोग्रामों में बेनयाम की थीं, अपनी ज़िंदगी की शाम के आख़िरी धुँधलकों को सँवारने की कोशिश की, ऐसी बेशुमार खिड़कियों से पुर था जिनके खटके बाहर कूद जाने की हल्की-सी ख़्वाहिश पर भी ख़ुद-ब-ख़ुद खुल जाते थे।

फिर देखिए, मैं कहाँ-का-कहाँ पहुँच गया—बात पुरानी अनारकली के उस कमरे की हो रही थी जहाँ दिसंबर की ख़ून मुंजमिद[76] कर देनेवाली सर्दी में हम पी रहे थे। बारी साहब थोड़े-थोड़े वक़्फ़ों के बाद बाहर जाते और अँगीठी की आग बरकरार रखने के लिए ईंधन ले आते। बहुत देर के बाद मिलना हुआ था, इसलिए वक़्त गुज़रने का क़तअन एहसास नहीं था। बारी साहब ज़रतुश्त की अग़यारी[77] के लिए कितनी मर्तबा ईंधन लाए, यह भी याद नहीं, लेकिन अभी तक यह ज़रूर याद है कि जब मैं सुबह कमरे से बाहर निकला तो बाज़ार की तरफ़ लकड़ी का जो शकिस्ता-सा[78] जंगला था, बिलकुल ग़ायब था। उसकी राख अलबत्ता कमरे में अँगीठी के अंदर मौजूद थी।

अब्बास ने बारी साहब को धड़काया कि अगर मालिक मकान को इल्म हो गया कि वह जंगला जला-जलाकर आग तापते रहे हैं तो वह कबाब हो जाएगा और बयक बिनी व दोगोश[79] उनको निकाल बाहर कर देगा—बारी साहब, जैसा कि मैं बयान कर चुका हूँ, बहुत डरपोक थे। अब्बास ने जब उनको उस ग़ैर वाजिब हरकत से आगाह किया तो वह खिसियाने-से हो गए। उन्होंने बात को हँसी में उड़ाने की भौंडी-सी कोशिश की, मगर नाकाम रहे—आख़िर में अब्बास ने कहा : "हम उसको ख़बर होने से पहले निकल जाएँगे।"

लेकिन मुसीबत यह है कि निकल जाने से पहले उनके अलावा हर एक को ख़बर हो जाती थी—वह जब 'मिलाप' या 'प्रताप' के दफ़्तर से खूँटी से अपना कोट लटकाकर सिगरेट लेने के लिए बाहर निकले और बर्मा पहुँच गए तो उनका यही ख़याल था कि किसी को ख़बर तक न होगी, मगर जाननेवाले जानते थे कि वह किधर का रुख किए हैं।

बारी साहब ने मुख़्तलिफ़ छोटे-बड़े शहरों की रसदगाहों में अपनी क़िस्मत के सितारों का मुताला किया, लेकिन घूम-फिरकर आख़िर उन्हें लाहौर ही की रसदगाह में आना पड़ा जो किसी ज़माने में अरब होटल में थी और बाद में नगीना बेकरी में अपने जुमला

साज़ो-सामान के साथ उठ आई थी। यहाँ और वहाँ बड़े-बड़े मुहंदिस[80] और सिताराशनास[81] जमा होते थे। इनमें से कुछ उनकी ज़िंदगी में अपने सितारों से आगे दूसरे जहानों में चले गए और कुछ अपने बेनूर सितारों के लिए बुलंद नशीनों की चमक-दमक भीख के तौर पर माँगते रहे।

बारी साहब को जब कभी मैंने उन महफ़िलों में देखा, मुझे यूँ महसूस हुआ कि वह गरम-गरम काली कॉफ़ी का प्याला हैं जिसमें से भाप का धुआँ उठ रहा है जो सिर्फ़ चंद लम्हों के लिए फ़ज़ा में लहराता, बल खाता है और फिर उसकी नमी की आगोश में सो जाता है—उन महफ़िलों में, उन गुनगुनी, गरम व सर्द सोहबतों में उनके वज़नी सर की हंडिया से तरह-तरह के ज़ेहनी माकूलात[82] की ख़ुशबूदार भाप उठती, मगर उन होटलों और बेकरियों की कसीफ़ फ़ज़ा में थोड़ी देर अपनी नज़ाकत और नुदरत[83] पर इतरा-इतराकर वहीं सो जाती।

बारी साहब बातों के बादशाह थे—कूचा वकीलां के 'दारुल अहमर' में जब वह वली अल्लाह* का सहारा लेकर बैठते तो दिलचस्प बातों के दरिया बहने शुरू हो जाते—उन दिनों सरूर साहब+ भी कभी-कभी तशरीफ़ लाते थे। आप मेरी हरकातो-सकनात[84] में गहरी दिलचस्पी का इज़हार फ़रमाया करते थे। बारी साहब की तरह वह भी मेरी हौसला अफ़ज़ाई किया करते और बातों-बातों में मुझे यक़ीन दिलाते कि मैं बहुत जल्द तहरीरो-तस्नीफ़ के क़ाबिल हो जाऊँगा।

अमृतसर का ज़िक्र आया तो मुझे एक दिलचस्प लतीफ़ा याद आ गया : मैं, बारी साहब, हसन अब्बास और अबू सईद कुरैशी अपनी महफ़िल में किसी और की शमूलियत[85] पसंद नहीं करते थे—कामरेड फ़ीरोज़ुद्दीन मनसूर से हम सबकी साहब-सलामत थी। कभी-कभी वह भी 'दारूलअहमर' तशरीफ़ ले आते थे, मगर उनकी तशरीफ़ आवरी हम सबको नागवार मालूम होती थी। बारी साहब अज़राहे-मज़ाक़ कहा करते थे कि कामरेड साहब पोटाशियम परमैगनेट से बम बनाते हैं। अब्बास उनको फ़राड्दुद्दीन मनसूर कहता था। कुछ देर हम उनका आना-जाना बर्दाश्त करते रहे। आख़िर बारी साहब को एक तरकीब सूझी—कामरेड एफ़ डी. मनसूर कमरे में दाख़िल हुए तो बारी साहब ने बड़े भौंडे तरीक़े से आँख मारकर अब्बास से कहा : "ख़्वाजा साहब, चलिए...कहीं देर न हो जाए..." और उठकर खिड़कियाँ बंद करना शुरू कर दीं। मनसूर साहब जो बैठने का इरादा ही कर रहे थे, हमारे साथ चल पड़े। बाज़ार में निकलकर बारी साहब ने उनसे माज़रत तलब की और हम एक चक्कर काटकर फिर 'दारूल अहमर' वापस आ गए—बारी साहब बहुत ख़ुश थे, इतने ख़ुश कि वह देर तक हँस-हँसकर दोहरे होते रहे।

बारी साहब बहुत मामूली-मामूली बातों पर ख़ुश हो जाया करते थे। उनकी ख़ुशी, जैसा कि मैं इससे पहले कह चुका हूँ, बिलकुल बच्चों की-सी ख़ुशी होती थी। उसमें

* "गावतकिए को वह वलीउल्लाह कहा करते थे।"—मंटो
+ "आफ़ाक़" के मुदीर।"—मंटो

तालियाँ पीटने का शोर होता था—उनकी तोंद बढ़ी† हुई थी। जब वह हँसते थे तो वह भी हँसा करती थी।

मरहूम को पंजाबी ज़बान से बहुत मुहब्बत थी—एक ज़माना था कि वह पंजाबी को पंजाब की क़ौमी ज़बान बनाने पर तुले हुए थे। उन दिनों ग़ालिबन वह सिखों के अख़बार 'अजीत'† के एडिटर थे। जहाँ बैठते, अपनी नित नई स्कीमों का ज़िक्र छेड़ देते जिनके ज़रिए से वह उर्दू के बजाय पंजाबी राइज[91] करना चाहते। हर मिलनेवाले को तलक़ीन करते कि वह उर्दू के बजाय अपनी मादरी ज़बान पंजाबी में लिखा करे। उनका कहना था कि सिर्फ़ वही ज़बान जानदार होती है जिसमें दी हुई गाली वज़नदार हो और इन्फ़िरादियतो-नुदरत[92] रखती हो। उनका ईमान था कि दुनिया की कोई ज़बान गालियों के मामले में पंजाबी का मुक़ाबला नहीं कर सकती—और पुरलुत्फ़ बात यह है कि ख़ुद बारी साहब ने अपनी ज़िंदगी में एक सतर भी पंजाबी ज़बान में न लिखी।*

तक़सीम से पहले अनारकली में एक कैलाश होटल हुआ करता था। इसमें बार भी थी—मुक़दमात के सिलसिले में जब मैं लाहौर आता तो चौधरी नज़ीर के साथ इस होटल में दो-तीन महफ़िलें ज़रूर जमतीं, जिनमें बारी साहब को शरीक होने पर मजबूर किया जाता। हम बालाई मंज़िल पर चले जाते और व्हिस्की के दौर शुरू हो जाते—एक सिख बैरा था। बारी साहब जब दो पैग पी लेते तो उससे ठेट पंजाबी में गुफ़्तगू शुरू कर देते। उस वक़्त उनके दिलो-दिमाग़ में सिर्फ़ पंजाबी ज़बान की तरवीज[93] का ख़याल होता—लेकिन चार पैग के बाद वह काँटा बदलकर उर्दू की तरफ़ आ जाते और उसकी आलमगीरी[94] के मुताल्लिक़ तक़रीर शुरू कर देते और कहते कि पंजाबी गुंडों और लफ़ंगों की ज़बान है; बहुत ग़ैरमुहज़्ज़ब[95] है जो समाअत[96] पर गराँ गुज़रती है—पाँचवें और छटे पैग के दौरान में उर्दू से उनकी वालहाना मुहब्बत सुकड़ती रहती। जब पाँचवाँ और छटा पैग अपना काम कर जाता तो वह फ़ारसी की मिठास के गरवीदा[97] नज़र आते। ठेट ईरानी लहजे में फ़ारसी बोलने की कोशिश करते। फिर साँतवाँ पैग उन्हें पश्तो के पत्थरों में लुढ़काना शुरू कर देता। आठवें और नवें पैग में पंजाबी, उर्दू, फ़ारसी, पश्तो और अरबी उनके दिमाग़ में काकटेल बनकर झलकने लगती।

मरहूम बोलने और अपनी आवाज़ आप सुनने के बहुत शाइक़[98] थे। इतनी हिम्मत नहीं थी कि किसी जलसे में तक़रीर करते, लेकिन यार-दोस्तों की महफ़िल में अपना शौक़ पूरा कर लिया करते थे—देहली मुस्लिम होटल में से एक दफ़ा आप एक चमचा उड़ा लाए। आधी रात का वक़्त था। जब हम अनारकली के वस्त में पहुँचे तो आपने यह चमचा निकालकर बेलचे के मानिंद अपने काँधे पर रख लिया और 'चुप रास्त, चुप रास्त' करते

† "जिसके मुताल्लिक़ वह हमेशा फ़िक्रमंद रहते थे।"—मंटो।

† उन दिनों अजीत उर्दू में निकलता था। —संपादक

* ज़िंदगी के आख़िरी सात बरसों में मंटो ने हमेशा पंजाबी में बात की, शायद लाहौर के ज़ेरे-असर—मंटो कहता था : "जब मैं उर्दू में बोलता हूँ तो लगता है, झूठ बोल रहा हूँ..." और "जब मैं उर्दू बोलता हूँ तो मेरा जबड़ा दुखने लगता है।" —संपादक

एक दूकान के थड़े पर चढ़ गए और ख़ाकसारों की तहरीक पर एक अदद तक़रीर उगल के रख दी। बेशुमार आदमी जमा हो गए, लेकिन बारी साहब जोशो-ख़रोश के साथ बोलते रहे। इसके बाद हम सबने चौक में खड़े होकर 'अल्लामा मशरिक़ी : ज़िंदाबाद' के नारे लगाए। फिर मोतिए के हार ख़रीदे और अपने-अपने गले में डाल लिए।

बारी साहब ने एक हार अपनी कलाई के गिर्द लपेट लिया और मुझसे कहा : "ख़्वाजा साहब, चलो हीरामंडी चलें... मोतिए के इन फूलों की ख़ुशबू का रुख़ उसी तरफ़ है।"

हम सब हीरामंडी पहुँचे—बारी साहब के सर-बर ख़ूब घुटे हुए थे। बहुत देर तक हम उस मंडी की तंग व तारीक गलियों में घूमते रहे। इस दौरान में बारी साहब ने कई पठान टखियाइयों से पश्तो में बातचीत की। एक ऐसी ही टखियाई से मसरूफ़े-गुफ़्तगू थे कि उनकी जान-पहचान का एक आदमी उधर से गुज़रा। बारी साहब ने आगे बढ़कर उससे मुसाफ़ह किया।

उस आदमी ने पूछा : "मौलाना, यहाँ क्या हो रहा है?"

बारी साहब ने पठान कस्बी की तरफ़ देखा और जवाब दिया : "इस लड़की से सियासियाते-हाज़िरा[99] पर तबादला ख़यालात कर रहा था।"

सुबह अब्बास ने बारी साहब को रात के तमाम वाक़िआत सुनाए, ख़ूब नमक-मिर्च लगाकर, इस अंदाज़ में कि वह नदामत[100] महसूस करें—बारी साहब ने मुझसे तस्दीक़ चाही तो मैंने मस्नूई संजीदगी से कहा : "बारी साहब, यह वाक़ा है कि आपने कल रात बड़ी ज़लील हरकतें कीं जो आपकी शायाने-शान नहीं थीं।"

बारी साहब बहुत नादिम हुए, इस क़दर नादिम कि आपने फ़ौरन वज़ू करके नमाज़ पढ़ना शुरू कर दी।

बारी साहब को मुसलह बनने का शौक़ था। उनकी दिली आरज़ू थी कि वह एक बहुत बड़े रहनुमा बन जाएँ। हर चौक में उनका बुत नस्ब हो। वह कोई ऐसा कारनामा सरअंजाम दें कि आनेवाली तमाम नस्लें उन्हें याद रखें, मगर इसके लिए जुर्रत और बेबाकी की ज़रूरत थी, उसी क़िस्म की जुर्रत और बेबाकी जिसका मुज़ाहिरा वह कभी-कभी पीकर, हीरामंडी की गलियों में पठान टखियाइयों से सियासिते-हाज़िरा पर तबादला ख़यालात के दौरान में किया करते थे—लेकिन जब कभी उनसे ऐसी जुर्रत और बेबाकी सरज़द हो जाती तो वह वज़ू करके नमाज़ पढ़ना शुरू कर देते और उसकी अलाइशों से ख़ुद को पाक-साफ़ कर लेते।

वह क़ैंची को उँगलियों में फँसाकर अपने ख़यालातो-अफ़कार के ज़र्द-ज़र्द किताबत शुदा काग़ज़ों को काट-काटकर सारी उम्र अपनी ज़िंदगी की कापी जोड़ते रहे, मगर उसे पत्थरों पर कभी मुंतक़िल न कर सके, शायद इसी ख़याल से कि वह उनके बोझ तले पिस जाएँगे—उनको हमेशा किसी-न-किसी चीज़ के पिस जाने का ख़दशा लाहक़ रहता था, हालाँकि वह तमाम चीज़ों को पीसकर सफ़ूफ़ बना देना चाहते थे और उस सफ़ूफ़ को नुस्वार के तौर पर इस्तेमाल करने के ख़्वाहिशमंद थे।

वह अंग्रेज़ों के सख़्त दुश्मन थे, लेकिन यह तुरफ़ा[101] तमाशा है कि जब अंग्रेज़ चला

गया तो वह उसी के नौकर हो गए—उन्होंने 'कंपनी* की हुकूमत' जैसी बागियाना किताब लिखी, लेकिन उसी कंपनी के साबिक़ ठेकेदारों की मुलाज़्मत में उन्होंने अपनी ज़िंदगी के चंद आख़िरी और बड़े क़ीमती बरस गुज़ारे।

बहुत मुख़्लिस आदमी थे, इतने मुख़्लिस कि उन्होंने अपनी आनेवाली मौत से भी कोई लड़ाई-झगड़ा न किया। असल में वह लड़ाई-भिड़ाई से हमेशा घबराते थे। उनकी तबीयत सुलहकुन थी—दिल का आर्ज़ा उनको बहुत देर से था, मगर उसका इलाज उन्होंने जब भी किया, मुसालहत आमेज़[86] तरीक़े से किया। उसकी मुदाफ़अत[87] में उनसे कभी जारहाना क़दम न उठा।

मुझे याद है, मरने से दो रोज़ पहले मेरी-उनकी मुठभेड़ मेव रोड पर हुई। बोहरवाले चौक से दाएँ हाथ को उनका ताँगा जा रहा था। मुझे देखा तो उसे रुकवा लिया।

मैं उनसे नाराज़ था, सख़्त नाराज़, इसलिए कि वह दूर-दूर रहते थे। अंग्रेज़ों के हाई कमिश्नर के दफ़्तर में मुलाज़्मत इख़्तियार करने के बाद वह कुछ ऐसे बुझ गए थे कि अपने बेतकल्लुफ़ दोस्तों से अगर उनकी मुलाक़ात इत्तिफ़ाक़िया तौर पर हो जाती तो वह अजीबो-ग़रीब-सा हिजाब महसूस करते।

मैं उनके पास पहुँचा तो वह ताँगे से उतरे। मुझसे मुसाफ़ह[88] किया और मेरी ख़ैरियत दरयाफ़्त की। यह रसूम मुझे बहुत बुरी मालूम हुई—मैंने उनसे कहा : "बारी साहब, आप बहुत ज़लील हो गए हैं, इतने ज़लील कि आपने मुझसे मिलना-जुलना ही छोड़ दिया है⋯आपने अंग्रेज़ की नौकरी क्या की है, अपना सारा कैरेक्टर तबाह कर लिया है⋯"

मेरी लअन-तअन के जवाब में घुटी-घुटी, बीमार-बीमार-सी मुसकराहटें उनके ऊदे होंठों पर बिखरती रहीं। उनके चेहरे का रंग किसी क़दर ज़र्द था और आवाज़ नहीफ़ थी—मैंने उनसे पूछा : "ख़ैर छोड़िए इस क़िस्से को⋯यह बताइए, आपका मिज़ाज कैसा है?"

मेरे इस सवाल के जवाब में उन्होंने बड़ी संजीदगी से यह बताने की कोशिश की कि वह एक अर्से से दिल के आर्ज़े में मुब्तला हैं और सैकड़ों इलाज कर चुके हैं, मगर कोई इफ़ाक़ा नहीं हुआ। इसके बाद उन्होंने मुझे बताया कि मेव रोड पर कोई होम्योपैथ है और अब वह उससे रूजू कर रहे हैं।

मैंने उनसे अज़राहे-मज़ाक़ कहा : "यह रसदगाह बाक़ी रह गई थी जहाँ आप अपने सितारों का मुताला फ़रमाने जा रहे हैं⋯छोड़िए बारी साहब, आपको कोई आर्ज़ा-वार्ज़ा नहीं। आपको सिर्फ़ वहम की बीमारी है जिसका इलाज, सुना है, लुक़मान हकीम के पास भी नहीं था⋯आप ज़्यादा खाते हैं, इसलिए आपका मेदा ख़राब रहता है। तब्ख़ीर[89] के बायस जो बुख़ारात उठते हैं, आपके दिल पर भी असरअंदाज़ होते हैं⋯बस इतनी-सी बात है जिसे आपने बतंगड़ बना रखा है।"

मेरी बात उनके दिल को लगी*—कहने लगे : "मेरा ख़याल है, आप ठीक कहते

* ईस्ट इंडिया कंपनी

* "उनके दिल को हर बात लग जाती थी।"—मंटो

हैं···तब्ख़ीर की शिकायत तो मुझे है और बाज़ डाक्टरों की तश्ख़ीस[90] भी यही कहती है।"

बहुत देर तक मेरी-उनकी बातें हुईं। मुझे उन्होंने बताया कि वह तारीख़े-आलम† दोबारा फैलाकर लिख रहे हैं और तुर्की ज़बान में पंजाबी अल्फ़ाज़ तलाश कर रहे हैं।

बारी मरहूम से मैं अपनी आख़िरी मुलाक़ात का ज़िक्र कर रहा था, जब वह किसी होम्योपैथ से अपने दिल के आर्ज़े का इलाज पूछने जा रहे थे, उस दिल का जो ख़ुलूस से मामूर था, जो इस क़दर शरीफ़ था कि उसने बारी साहब की बुज़दिली का साथ दिया और धड़कना बंद कर दिया।

मैंने उन्हीं दिनों में आग़ा हश्र के मुताल्लिक़ एक मज़मून लिखा था†। उसमें जीजे के होटल में बारी साहब से पहली बार मुलाक़ात करने का ज़िक्र भी था। बारी साहब ने यह मज़मून पढ़कर मुझे एक ख़त लिखा था जिसमें अमृतसर के उन ऐयाम[102] की याद ताज़ा की थी, जब मैं, अबू सईद क़ुरैशी, अब्बास, आशिक़ फ़ोटोग्राफ़र और बारी साहब मिलकर बिलकुल ख़ब्तियों की तरह बाज़ारों में घूमा करते थे, बेमतलब, बेमक़सद। जब हमने 'फ़्री थिंकर्ज़' जैसी ऊटपटाँग जमाअत की बिना डाली थी। उसके क़वाइदो-ज़वाबित[103] में नंबर एक पर यह चीज़ थी कि फ़्री थिंकर जो भी चाहे, करे, किसी को उसका इस्तेहक़ाक़[104] हासिल नहीं होगा कि वह उससे उसके किसी फ़अल के मुताल्लिक़ इस्तिफ़सार करे—चुनाँचे अक्सर ऐसा हुआ कि हम सब जा रहे हैं कि अचानक बारी साहब मोड़ मुड़े और हमसे जुदा हो गए। बड़ी गर्मागरम बातें हो रही हैं कि अचानक अब्बास ख़ामोश हो गया और वापिस चला गया।

उस ख़त के बारे में बारी साहब से मुख़्तसर-सी गुफ़्तगू हुई—मैंने बारी साहब से कहा कि यूँ तो उन्होंने दावा किया है कि उनका हाफ़िज़ा बहुत तेज़ है, लेकिन वह उन ऐयाम की बहुत-सी बातों का तज़्किरा भूल गए हैं। बारी साहब ने नहीफ़ आवाज़ में माज़रत चाही और कहा कि उन्होंने वह ख़त बड़ी रवादारी में लिखा है—हिकायत बहुत दराज़ थी, लेकिन उन्हें सुकूने-क़ल्ब[105] मयस्सर नहीं था।

उन्होंने सुकूने-क़ल्ब का ज़िक्र किया तो मैं फिर उनके पीछे पड़ गया कि वह क्यों अपने क़ल्ब के पीछे पड़े हुए हैं जो अच्छा-भला है।

लेकिन तीसरे रोज़ सुबह छः बजे चाय की पहली प्याली पीकर मैंने सिगरेट सुलगाया और ताज़ा 'इमरोज़'* खोला तो पहले सफ़्हे पर यह सुर्ख़ी नज़र आई कि इश्तिराकी अदीब बारी का इंतिक़ाल हो गया है—कुछ अर्से के लिए मैं बिलकुल गुमसुम हो गया। मैंने फिर ख़बर की तरफ़ देखा-तीन कालमी सुर्ख़ी थी। ऐसा मालूम होता था कि कापी जोड़ते वक़्त यह सुर्ख़ी बारी साहब ने कैंची से काटकर ख़ुद अपने हाथों से बड़े क़रीने के साथ जमाई है।

इश्तरकी अदीब बारी, मेरा दोस्त, मेरा रहनुमा, तमाम उम्र अपनी ज़िंदगी की जली और ख़फ़ी सुर्ख़ियाँ जमाता रहा, लेकिन अफ़सोस कि वह उन के नीचे वह मज़मून न लिख

† "कई जिल्दों में एक मबसूत (विस्तृत) किताब जो मरहूम मुकम्मल न कर सके।"—मंटो

† जो इस किताब में शामिल है।

1. उस ज़माने में लाहौर का एक तरक़्क़ी पसंद रोज़नामा—आजकल सरकारी भौंपू।

सका जो उसके वज़्नी सर में परवरिश पाते थे और भाप बनकर लाहौर की बेकरियों और होटलों की कसीफ़ फ़िज़ा में जज़्ब हो जाते थे ।

बारी साहब क़ब्र में हैं—मालूम नहीं, उसमें भी कोई ऐसी खिड़की है जिससे वह कूदकर बाहर निकल सकें ।

1. अत्याचारी ; 2. नसीहत देनेवाला ; 3. रूसी बादशाह ; 4. वाद-विवाद ; 5. यातनाएँ ; 6. विरोधियों ; 7. कल्पना में मान लेना ; 8. साम्यवादी ; 9. कँपायमान ; 10. विशालकाय ; 11. बलिष्ठ आकृति ; 12. रक्तरंजित इतिहास ; 13. व्यवस्था एवं काट-छाँट ; 14. बीच में लटके रहना ; 15. टापू ; 16. ऊपर वर्णित ; 17. विशिष्ट ; 18. वैधानिक, प्रतिज्ञापत्र ; 19. स्तंभन-शक्ति ; 20. ताले में बंद ; 21. त्रुटियों ; 22. विकास ; 23. कल्पित रचना ; 24. मज़ाक के रूप में ; 25. त्रुटियों ; 26. वेधशालाओं ; 27. निरुत्तर ; 28. चोंगा ; 29. गंभीरता ; 30. आदेश ; 31. सामर्थ्य ; 32. आत्मा से संबंधित दर्शनशास्त्र ; 33. स्वाभिमानी ; 34. विद्रोह भरे ; 35. समर्थन व व्यवहार ; 36. ज्ञानवर्धक ; 37. दृढ़प्रतिज्ञा ; 38. शरीर ; 39. छोटी-सी चिड़िया ; 40. स्तर ; 41. अंकित ; 42. जिसका न कहना ही अच्छा हो ; 43. उद्धरण ; 44. पत्रों ; 45. विश्वयुद्ध ; 46. कल्पना से उद्भूत परिणाम ; 47. नेतृत्व ; 48. युद्ध-कुशल ; 49. आक्रमणकर्ता ; 50. अतिशयोक्तिपूर्ण कथन ; 51. साधन ; 52. संतुलित जीवन व्यतीत करनेवाला ; 53. सतर्क ; 54. थोड़ी-थोड़ी चीज़ों की बिक्री (पड़चून) ; 55. दयनीय ; 56. क्षणिक संयम ; 57. प्रेम ; 58. स्थित ; 59. लेखन कार्य ; 60. बस्ता ; 61. लकड़ी का स्टैंड, जिस पर पुस्तक रखकर पढ़ते हैं ; 62. हास्यास्पद ; 63. उपहासास्पद ; 64. अंग ; 65. दाढ़ी-मूँछ विहीन ; 66. यदा-कदा ; 67. जिसकी समीक्षा की जा रही हो ; 68. ईरान के एक अग्निपूजक धर्मप्रर्वतक का नाम ; 69. ख़ूनी घर ; 70. मिश्रण ; 71. शर्बत ; 72. अल्लाह, सीने के भीतर की बात का जानकारी दिल ही है ; 73. सम्मान ; 74. तिरस्कार ; 75. जैसे-तैसे ; 76. जमा देने ; 77. धूनी ; 78. पुराना-सा ; 79. एकदम दोनों कान पकड़कर ; 80. गणितज्ञ ; 81. ज्योतिषी ; 82. खाद्य पदार्थ ; 83. नवीनता ; 84. कार्य-व्यवहार ; 85. शामिल होना ; 86. थोड़ा ठीक होने लायक ; 89. निवारण ; 90. जाँच ; 91. प्रचलित ; 92. बेमिसाल, अनोखापन ; 93. प्रचार ; 94. सर्वज्ञता ; 95. अशिष्ट ; 96. सुननेवालों ; 97. प्रशंसक ; 98. इच्छुक ; 99. वर्तमान राजनैतिक घटनाओं ; 100. शर्म ; 101. अनोखा ; 102. दिनों ; 103. परंपराओं की नियमावलि ; 104. स्वामित्व, अधिकार ; 105. मन की शांति ।

इस्मत चुग़ताई

आज से तक़रीबन डेढ़ बरस[1] पहले जब मैं बंबई में था, हैदराबाद से एक साहब[2] का पोस्ट कार्ड मौसूल हुआ। मज़्मून कुछ इस क़िस्म का था :

''यह क्या बात है कि इस्मत चुग़ताई ने आपसे शादी न की ? मंटो और इस्मत, अगर यह दो हस्तियाँ मिल जातीं तो कितना अच्छा होता। मगर अफ़्सोस कि इस्मत ने शाहिद से शादी कर ली और मंटो...''

उन्हीं दिनों हैदराबाद में तरक़्क़ी पसंद मुसन्निफ़ों की एक कांफ़्रेंस हुई। मैं उसमें शरीक नहीं था–मैंने हैदराबाद के एक पर्चे में उसकी रूदाद देखी, जिसमें यह लिखा था कि वहाँ बहुत-सी लड़कियों ने इस्मत को घेरकर यह सवाल किया : ''आपने मंटो से शादी क्यों न की ?''

मुझे मालूम नहीं कि यह बात दुरुस्त है या ग़लत, लेकिन जब इस्मत बंबई वापस आई तो उसने मेरी बीवी से कहा कि हैदराबाद में जब एक लड़की ने उससे सवाल किया, क्या मंटो कुँवारा है, तो उसने ज़रा तन्ज़ के साथ जवाब दिया, जी नहीं, इस पर वह मोहतरिमा इस्मत के बयान के मुताबिक़ कुछ खिसयानी-सी होकर ख़ामोश हो गईं।

वाक़िआत कुछ भी हों, लेकिन यह बात ग़ैर-मामूली तौर पर दिलचस्प है कि सारे हिंदुस्तान में एक सिर्फ़ हैदराबाद ही ऐसी जगह है, जहाँ मर्द और औरतें मेरी और इस्मत की शादी के मुताल्लिक़ फ़िक्रमंद रहे हैं।

उस वक़्त तो मैंने ग़ौर नहीं किया था, लेकिन अब सोचता हूँ। अगर मैं और इस्मत वाक़ई मियाँ-बीवी बन जाते तो क्या होता ? यह ''अगर'' भी कुछ उसी किस्म की अगर है, यानि अगर कहा जाए कि अगर क्लोपितरा की नाक एक इंच का अठ्ठारहवाँ हिस्सा बड़ी होती तो उसका असर वादी-ए-नील की तारीख़ पर क्या पड़ता–लेकिन यहाँ न इस्मत क़्लोपितरा है और न मंटो, एंतनी। इतना ज़रूर है कि अगर मंटो और इस्मत की शादी हो जाती तो इस हादिसे का असर अहदे-हाज़िर के अफ़्सानवी अदब की तारीख़ पर एटमी हैसियत रखता। अफ़्साने, अफ़्साने बन जाते, कहानियाँ मुड़-तुड़ कर पहेलियाँ हो जातीं।

---

1. इस्मत के दिफ़ा में लिखा गया यह दोस्त नवाज़ मज़्मून 1947 के आसपास की तहरीर है।
2. यह ''एक साहब'' मौहम्मद असद उल्लाह हैं, जो इन दिनों बर्लिन में मुलाज़िम हैं। असद उल्लाह ने, 1955 में, मंटों के आख़िरी दिनों के बारे में एक किताब लिखी थी।

इंशा की छातियों में सारा दूध ख़ुश्क होकर या तो एक नादिर सफ़ूफ़ की शक्ल इख़्तियार कर लेता या भस्म होकर राख बन जाता और यह भी मुमकिन है कि निकाह-नामे पर उनके दस्तख़त उनके क़लम की आख़िरी तहरीर होते। लेकिन सीने पर हाथ रखकर यह भी कौन कह सकता है कि निकाह-नामा होता। ज़्यादा क़रीने-क़ियास तो यही मालूम होता है कि निकाह-नामे पर दोनों अफ़्साने लिखते और क़ाज़ी साहब की पेशानी पर दस्तख़त कर देते ताकि सनद रहे—निकाह के दौरान में कुछ ऐसी बातें भी हो सकती थीं :

''इस्मत, क़ाज़ी साहब की पेशानी, ऐसा लगता है, तख़्ती है।''

''क्या कहा?''

''तुम्हारे कानों को क्या हो गया है।''

''मेरे कानों को तो कुछ नहीं हुआ···तुम्हारी अपनी आवाज़ हलक़ से बाहर नहीं निकलती।''

''हद हो गई···लो अब सुनो। मैं यह कह रहा था, क़ाज़ी साहब की पेशानी बिलकुल तख़्ती से मिलती-जुलती है।''

''तख़्ती तो बिलकुल सपाट होती है।''

''यह पेशानी सपाट नहीं?''

''तुम सपाट का मतलब भी समझते हो?''

''जी नहीं।''

''सपाट माथा तुम्हारा है···क़ाज़ी जी का माथा तो···''

''बड़ा ख़ूबसूरत है।''

''ख़ूबसूरत तो है।''

''तुम महज़ चिढ़ा रही हो मुझे।''

''चिढ़ा तुम रहे हो मुझे।''

''मैं कहता हूँ, तुम चिढ़ा रही हो मुझे।''

''मैं कहती हूँ, तुम चिढ़ा रहे हो मुझे।''

''तुम्हें मानना पड़ेगा कि तुम चिढ़ा रही हो मुझे।''

''अजी वाह, तुम तो अभी से शौहर बन बैठे।''

''क़ाज़ी साहब, मैं इस औरत से शादी नहीं करूँगा···अगर आपकी बेटी का माथा आपके माथे की तरह है तो मेरा निकाह उससे पढ़वा दीजिए।''

''क़ाज़ी साहब मैं इस मर्दुए से शादी नहीं करूँगी···अगर आपकी चार बीवियाँ नहीं हैं तो मुझे से शादी कर लीजिए। मुझे आपका माथा बहुत पसंद है।''

कृष्ण चंदर 'चोटें'[1] के दीबाचे में लिखता है :

''सम्मत को छुपाने में, पढ़नेवाले को हैरतो इज़्तिराब में गुम कर देने में, और फिर यकायक आख़िर में उस इज़्तिराबो-हैरत को मसर्रत में मुबद्दल कर देने की सिफ़त में

1. इस्मत की एक किताब।

इस्मत और मंटो एक दूसरे के बहुत क़रीब हैं और इस फ़न में उर्दू के बहुत कम अफ़्साना निगार उनके हरीफ़ हैं।"

अगर हम दोनों को शादी का ख़याल आता तो दूसरों को हैरतो-इज़्तिराब में गुम करने के बजाय हम ख़ुद उसमें ग़र्क़ हो जाते, और जब एकदम चौंकते तो यह हैरत और इज़्तिराब, जहाँ तक मैं समझता हूँ, मसर्रत के बजाय एक बहुत ही बड़े फ़काहिए में तब्दील हो जाता—इस्मत और मंटो, निकाह और शादी। कितनी मज़्हका-खेज़ चीज़ है।

इस्मत लिखती है : एक ज़रा-सी मुहब्बत की दुनिया में कितने शौकत, कितने महमूद, अब्बास, असकरी, यूनुस और न जाने कौन-कौन ताश की गड्डी की तरह फेंट कर बिखेर दिए गए हैं। कोई बताओ, उनमें से चोर पत्ता कौन-सा है? शौकत की भूखी-भूखी कहानियों से लबरेज़ आँखें, महमूद के साँपों की तरह रेंगते हुए आज़ा, असकरी के बेरहम हाथ, यूनुस के निचले होंठ का स्याह तिल, अब्बास की खोई-खोई मुस्कराहटें और हज़ारों चौड़े-चकले सीने, फ़ुशादा पेशानियाँ, घने-घने बाल, सुडौल पिंडलियाँ, मज़बूत बाज़ू, सब एकसाथ मिलकर पक्के सूत के डोरों की तरह उलझ कर रह गए हैं। परेशान हो होकर उस ढेर को देखती हूँ, मगर समझ में नहीं आता कि कौन-सा सिरा पकड़कर खींचू कि खिंचता ही चला आए और मैं उसके सहारे दूर उफ़ुक़ से भी ऊपर एक पतंग की तरह तन जाऊँ।

मंटो लिखता है : मैं सिर्फ़ इतना समझता हूँ कि औरत से इश्क़ करना और ज़मीनें ख़रीदना तुम्हारे लिए एक ही बात है। सो तुम मुहब्बत करने के बजाय एक दो बीघे ज़मीन ख़रीद लो और उस पर सारी उम्र क़ाबिज़ रहो... ज़िंदगी में सिर्फ़ एक औरत... और यह दुनिया इस क़द्र भरी हुई क्यों है? क्यों इसमें इतने तमाशे जमा हैं? सिर्फ़ गंदुम पैदा करके ही अल्लाह मियाँ ने अपना हाथ क्यों न रोक लिया? मेरी सुनो और इस ज़िंदगी को जो कि तुम्हें दी गई है, अच्छी तरह इस्तेमाल करो... तुम ऐसे गाहक हो जो, औरत हासिल करने के लिए सारी उम्र सरमाया जमा करते रहोगे, मगर उसे नाकाफ़ी समझोगे। मैं ऐसा ख़रीदार हूँ, जो ज़िंदगी में कई औरतों से सौदे करेगा... तुम ऐसा इश्क़ करना चाहते हो कि उसकी नाकामी पर कोई अदना दर्जे का मुसन्निफ़ एक किताब लिखे, जिसे नारायण दत्त सहगल पीले काग़ज़ों पर छापे और डब्बी बाज़ार में उसे रद्दी के भाव बेचे... मैं अपनी किताबे-हयात के तमाम औराक़ दीमक बनकर चाट जाना चाहता हूँ, ताकि उसका कोई निशान बाक़ी न रहे। तुम मुहब्बत में ज़िंदगी चाहते हो, मैं ज़िंदगी में मुहब्बत चाहता हूँ।

इस्मत को अगर उलझे हुए सूत के ढेर में ऐसा सिरा मिल जाता, खींचने पर जो खिंचता ही चला आता और वह उसके सहारे दूर उफ़ुक़ से ऊपर एक पतँग की तरह तन जाती और मंटो अगर अपनी किताबे-हयात के आधे औराक़ भी दीमक बनकर चाटने में कामयाब हो जाता तो आज अदब की लोह पर उनके फ़न के नुक़ूश इतने गहरे कभी न होते। वह दूर उफ़ुक़ से भी ऊपर हवा में तनी रहती और मंटो के पेट में उसकी किताबे-हयात के बाक़ी औराक़ भुस भरके उसके हमदर्द उसे शीशे की अलमारी में बंद कर देते।

'चोटें' के दीबाचे में कृष्ण चंदर लिखता है : इस्मत का नाम आते ही मर्द

अफ़साना-निगारों को दौरे पड़ने लगते हैं। शर्मिंदा हो रहे हैं। आप ही आप ख़फ़ीफ़ हुए जा रहे हैं। यह दीबाचा भी उसी खिफ़्फ़त को मिटाने का एक नतीजा है।

इस्मत के मुताल्लिक़ जो कुछ मैं लिख रहा हूँ, किसी भी क़िस्म की खिफ़्फ़त को मिटाने का नतीजा नहीं। एक क़र्ज़ था, जो सूद की बहुत ही हलकी शरह के साथ अदा कर रहा हूँ।

सबसे पहले मैंने इस्मत का कौन-सा अफ़साना पढ़ा था, मुझे बिल्कुल याद नहीं। यह सुतूर लिखने से पहले मैंने हाफ़िज़े को बहुत खुर्चा, लेकिन उसने मेरी रहबरी नहीं की। ऐसा महसूस होता है कि मैं इस्मत के अफ़साने काग़ज़ पर मुंतक़िल होने से पहले ही पढ़ चुका था। यही वजह है कि मुझ पर कोई दौरा नहीं पड़ा, लेकिन जब मैंने उसको पहली बार देखा तो मुझे सख़्त नाउम्मीदी हुई।

एडलफ़ी चैंबर्स, क्लीयर रोड बंबई के, सत्रह नंबर फ़्लैट में, जहाँ 'मुसव्विर' हफ़्तावार का दफ़्तर था, शाहिद लतीफ़ अपनी बीवी के साथ दाख़िल हुआ। यह अगस्त 1942 ई. की बात है। तमाम कांग्रेसी लीडर, महात्मा गांधी समेत गिरफ़्तार हो चुके थे और शहर में काफ़ी गड़बड़ थी। फ़ज़ा सियासियात में बसी हुई थी। इसलिए कुछ देर गुफ़्तुगू का मौज़ू तहरीके-आज़ादी रहा। उसके बाद रुख़ बदला और अफ़सानों की बातें शुरू हुईं।

एक महीना पहले जबकि मैं आल इंडिया रेडियो, देहली में मुलाज़िम था, 'अदबे-लतीफ़' में इस्मत का 'लिहाफ़' शाया हुआ था। उसे पढ़कर, मुझे याद है, मैंने कृष्ण चंदर से कहा था : "अफ़साना बहुत अच्छा है, लेकिन आख़िरी जुम्ला बहुत ग़ैर-सना आना है।" अहमद नदीम क़ासमी की जगह अगर मैं एडिटर होता तो उसे यक़ीनन हज़्फ़ कर देता। चुनांचे जब अफ़्सानों पर बातें शुरू हुईं तो मैंने इस्मत से कहा : "आपका अफ़्साना 'लिहाफ़' मुझे बहुत पसंद आया। बयान में अल्फ़ाज़ को बक़द्रे-किफ़ायत इस्तेमाल करना आपकी नुमायाँ ख़ुसूसियत रही है, लेकिन मुझे ताज्जुब है कि उस अफ़साने के आख़िर में आपने बेकार-सा जुमला लिख दिया कि एक इंच उठे हुए लिहाफ़ में मैंने क्या देखा, कोई मुझे लाख रुपए भी दे, तो भी मैं नहीं बताउँगी।"

इस्मत ने कहा : "क्या ऐब है इस जुमले में?"

मैं जवाब में कुछ कहने ही वाला था कि मुझे इस्मत के चेहरे पर वही सिमटा हुआ हिजाब नज़र आया जो आम घरेलू लड़कियों के चेहरे पर नागुफ़तनी शै का नाम सुनकर नुमूदार हुआ करता है। मुझे सख़्त नाउम्मीदी हुई, इसलिए कि मैं 'लिहाफ़' के तमाम जुज़ियात के मुताल्लिक़ उससे बातें करना चाहता था। जब इस्मत चली गई तो मैंने दिल में कहा : "यह तो कमबख़्त बिलकुल औरत निकली।"

मुझे याद है, इस मुलाक़ात के दूसरे ही रोज़ मैंने अपनी बीवी को देहली ख़त लिखा : "इस्मत से मिला। तुम्हें यह सुनकर हैरत होगी कि वह बिलकुल ऐसी ही औरत है, जैसी तुम हो। मेरा मज़ा तो बिलकुल किरकिरा हो गया, लेकिन तुम उसे यक़ीनन पसंद करोगी। मैंने जब उससे एक इंच उठे हुए लिहाफ़ का ज़िक्र किया तो नालाइक़ उसका तसब्बुर करते ही झेंप गई।"

एक अर्से के बाद मैंने अपने इस पहले रद्दे-अमल पर संजीदगी से ग़ौर किया और मुझे

इस अम्र का शदीद अहसास हुआ कि अपने फ़न की बक़ा के लिए इन्सान को अपनी फ़ित्रत की हुदूद में रहना अज़बस लाज़िम है। डाक्टर रशीद जहाँ का फ़न आज कहाँ है? कुछ तो गेसुओं के साथ कटकर अलाहिदा हो गया और कुछ पतलून की जेबों में ठुस होकर रह गया। फ़्रांस में जार्ज साँ ने निस्वानियत का हसीन मलबूस उतार कर तसन्नो की ज़िंदगी इख़्तियार की। पोलिसतानी मौसीक़ार शोपेन से लहू थुकवा-थुकवा कर उसने लालो-गौहर ज़रूर पैदा कराए, लेकिन उसका अपना जोहर उसके बत्न में दम घुट के मर गया।

मैंने सोचा, औरत जंग के मैदानों में मर्दों के दोश-बदोश लड़े, पहाड़ काटे, अफ़साना-निगारी करते-करते इस्मत चुग़ताई बन जाए, लेकिन उसके हाथों में कभी-कभी मेहंदी रचनी ही चाहिए। उसकी बाँहों से चूड़ी की खनक आनी ही चाहिए। मुझे अफ़सोस है, जो मैंने उस वक़्त अपने दिल में कहा: ''यह तो कमबख़्त बिल्कुल औरत निकली।''

इस्मत अगर बिल्कुल औरत न होती तो उसके मज्मूओं में 'भूल भुलैयाँ', 'तिल', 'लिहाफ़' और 'गेंदा' जैसे नाज़ुक और मुलायम अफ़्साने कभी नज़र न आते। यह अफ़साने औरत की मुख़्तलिफ़ अदाएँ हैं, साफ़, शफ़्फ़ाक़, हर क़िस्म के तसन्नो से पाक। यह अदाएँ वह इश्वे वह ग़मज़े नहीं जिनके तीर बनाकर मर्दों के दिल और कलेजे छलनी किए जाते हैं। जिस्म की भोंडी हरकतों से इन अदाओं का कोई ताल्लुक़ नहीं। इन रूहानी इशारों की मंज़िले-मक़सूद इन्सान का ज़मीर है, जिसके साथ वह औरत ही की अनजानी, अनबूझी मगर मख़मली फ़ितरत लिए बग़लगीर हो जाता है।

उनकी रंगत बदली: ''बिचारा बच्चा... मर गया इसका बाप शायद।''

''ख़ाक तुम्हारे मुँह में... ख़ुदा न करे।'' मैंने नन्हे को कलेजे से लगा लिया।

''ठाएँ।'' नन्हे ने मौक़ा पाकर बंदूक़ चलाई।

''हाएँ पाजी... अब्बा को मारता है।'' मैंने बंदूक़ छीन ली।

और लोग कहते हैं, इस्मत नाशुदनी है, चुड़ेल है—गधे कहीं के। इन चार सत्रों में इस्मत ने औरत की रूह निचोड़ कर रख दी है और यह लोग उसे अख़लाक़ की इम्तिहानी नलियों में बैठे हिला-हिला कर देख रहे हैं। तोपदम कर देना चाहिए, ऐसी औंधी खोपड़ियों को।

'साक़ी' में 'दोज़ख़ी' छपा। मेरी बहन ने पढ़ा और मुझसे कहा: ''सआदत, यह इस्मत कितनी बेहूदा है। अपने मूए भाई को भी नहीं छोड़ा कमबख़्त ने। कैसी-कैसी फ़ुज़ूल बातें लिखी हैं।''

मैंने कहा: इक़बाल, अगर मेरी मौत पर तुम ऐसा ही मज़्मून लिखने का वादा करो तो ख़ुदा की क़सम, मैं आज मरने के लिए तैयार हूँ।''

शाहजहाँ ने अपनी महबूबा की याद क़ाइम रखने के लिए ताजमहल बनवाया। इस्मत ने अपने महबूब भाई की याद में 'दोज़ख़ी' लिखा। शाहजहाँ ने दूसरों से पत्थर उठवाए। उन्हें तरशवाया और अपनी महबूबा की लाश पर अज़ीमुश्शान इमारत तामीर कराई। इस्मत ने ख़ुद अपने हाथों से अपने ख़ाहराना ज़ज़्बात चुन-चुनकर एक ऊंचा मचान तैयार किया और उस पर नर्म-नर्म हाथों से अपने भाई की लाश रख दी— ताज, शाहजहाँ की

मुहब्बत का बरहना मरमरीं इश्तिहार मालूम होता है। लेकिन 'दोज़ख़ी' इस्मत की मुहब्बत का निहायत ही लतीफ़ और हसीन इशारा है, वह जन्नत जो उस मज़मून में आबाद है, उन्वान उसका इश्तिहार नहीं देता।

मेरी बीवी ने यह मज़्मून पढ़ा तो इस्मत से कहा : ''यह तुमने क्या ख़ुराफ़ात लिखी है?''

''बको नहीं। लाओ, वह बर्फ़ कहाँ है?''

इस्मत को बर्फ़ खाने का बहुत शौक़ है। बिलकुल बच्चों की तरह डली हाथ में लिए दाँतों से कटाकट काटती रहती है। उसने अपने बाज़ अफ़साने भी बर्फ़ खा-खाकर लिखे हैं। चारपाई पर कोहनियों के बल औंधी लेटी है। सामने तकिए पर कापी खुली है। एक हाथ में फ़ाउन्टेन पेन है और दूसरे हाथ में बर्फ़ की डली। रेडियो ऊँचे सुरों में चिल्ला रहा है, मगर उसका क़लम और मुँह दोनों खटाखट चल रहे हैं।

इस्मत पर लिखने के दौरे पड़ते हैं। न लिखे तो महीनों गुज़र जाते हैं, पर जब दौरा पड़े तो सैकड़ों सफ़्हे उसके क़लम के नीचे से निकल जाते हैं। खाने-पीने, नहाने-धोने का कोई होश नहीं रहता। बस हर वक़्त चारपाई पर कोहनियों के बल औंधी लेटी अपने टेढ़े मेढ़े आराब और इमला से बेनियाज़ ख़त में काग़ज़ों पर अपने ख़यालात मुंतकिल करती रहती है।

'टेढ़ी लकीर' जैसा तूल-तवील नाविल, मेरा ख़याल है, इस्मत ने सात आठ निशस्तों में ख़त्म किया था।

कृष्ण चंदर, इस्मत के बयान की रफ़्तार के मुताल्लिक़ लिखता है : अफ़्ससानों के मुताले से एक और बात जो ज़हन में आती है, वह है घुड़दौड़। यानि रफ़्तार, हरकत, सुबुक ख़रामी (मेरा ख़याल है, इससे कृष्ण चंदर की मुराद बर्क़ रफ़्तारी थी) और तेज़ गामी। न सिर्फ़ अफ़्साना दौड़ता हुआ मालूम होता है, बल्कि फ़िक्रे, किनाए और इशारे और आवाज़ें और किर्दार और जज्बात और अहसासात, एक तूफ़ान की सी बलाखेज़ी के साथ चलते और आगे बढ़ते नज़र आते हैं।

इस्मत का क़लम और उसकी ज़बान, दोनों बहुत तेज़ हैं। लिखना शुरू करेगी तो कई मर्तबा उसका दिमाग़ आगे निकल जाएगा और अल्फ़ाज़ बहुत पीछे हाँपते रह जाएंगे। बातें करेगी तो लफ़्ज़ एक दूसरे पर चढ़ते जाएंगे। शेख़ी बघारने की ख़ातिर अगर कभी बावरची-ख़ाने में चली जाएगी तो मामला बिल्कुल चौपट हो जाएगा। तबीयत में चूंकि बहुत ही उजलत है, इसलिए आटे का पेड़ा बनाते ही सिकी सिकाई रोटी की शक्ल देखना शुरू कर देती है। आलू अभी छीले नहीं गए लेकिन उनका सालन उसके दिमाग़ में पहले ही तैयार हो जाता है। और मेरा ख़याल है, बाज़ औक़ात वह बावरची ख़ाने में क़दम रखकर ख़याल-ख़याल में शिकम-सैर होकर लौट आती होगी— लेकिन इस हद से बढ़ी हुई उजलत के मुक़ाबले में उसको मैंने बड़े ठंडे इत्मीनान और सुकून के साथ अपनी बच्ची के फ़्राक सीते देखा है। उसका क़लम लिखते वक़्त इमला की ग़लतियाँ कर जाता है, लेकिन नन्ही के फ़्राक सीते वक़्त उसकी सुई से हल्की-सी लग़्ज़िश भी नहीं होती। नपे-तुले टाँके होते हैं और मजाल है जो कहीं झोल हो।

'उफ़ रे बच्चे' में इस्मत लिखती है : घर क्या है, मौहल्ले का मौहल्ला है। मर्ज़ फैले, वबा आए, दुनिया के बच्चे पटापट मरें, मगर क्या मजाल जो यहाँ एक भी टस से मस हो जाए। हर साल माशाल्लाह घर अस्पताल बन जाता है। सुनते हैं दुनिया में बच्चे भी मरा करते हैं। मरते होंगे। क्या ख़बर?

और पिछले दिनों बंबई में, जब उसकी बच्ची सीमा को काली खाँसी हुई तो वह रातें जागती थी। हर वक़्त खोई-खोई रहती थी। ममता, माँ बनने के साथ ही कोख से बाहर निकलती है।

इस्मत परले दर्जे की हटधर्म है। तबीयत में ज़िद है, बिल्कुल बच्चों की सी। ज़िंदगी के किसी नज़रिए को, फ़ितरत के किसी कानून को पहले ही साबिके में कभी कुबूल नहीं करेगी। पहले शादी से इन्कार करती रही। जब अमादा हुई तो बीवी बनने से इन्कार कर दिया। बीवी बनने पर जूँ-तूँ रज़ामंद हुई तो माँ बनने से मुन्किर हो गई। तक्लीफ़ें उठाएगी, सउबतें बरदाश्त करेगी मगर ज़िद से कभी बाज़ नहीं आएगी। मैं समझता हूँ, यह भी उसका एक तरीक़ा है जिसके ज़रिए से वह ज़िंदगी के हक़ाइक़ से दो चार होकर, बल्कि टकराकर उनको समझने की कोशिश करती है। – उसकी हर बात निराली है।

इस्मत के ज़नाना और मर्दाना किर्दारों में भी यह अजीबो-ग़रीब ज़िद या इन्कार आम पाया जाता है। मुहब्बत में बुरी तरह मुब्तला हैं, लेकिन नफ़रत का इज़हार किए चले जा रहे हैं। जी गाल चूमने को चाहता है, लेकिन उसमें सुई खुबो देंगे। हौले से थपकना होगा तो ऐसी धोल जमाएँगे कि दूसरा बिलबिला उठे। यह जारेहाना क़िस्म की मन्फ़ी मुहब्बत, जो महज़ एक खेल की सूरत में शुरू होती है, आमतौर पर इस्मत के अफ़सानों में एक निहायत रहम-अंगेज़ सूरत में अन्जाम पज़ीर होती है।

इस्मत का अपना अन्जाम भी अगर कुछ इसी तौर पर हुआ और मैं उसे देखने के लिए ज़िंदा रहा तो मुझे कोई ताज्जुब न होगा।

इस्मत से मिलते-जुलते मुझे पांच छः बरस हो गए हैं। दोनों की आतिशगीर और भक से उड़ जाने वाली तबीयत के पेशे-नज़र एहतिमाल तो इसी बात का था कि सैकड़ों लड़ाइयाँ होतीं, मगर ताज्जुब है कि इस दौरान में सिर्फ़ एक बार चख़ हुई, और वह भी हल्की-सी।

शाहिद और इस्मत के मदऊ करने पर मैं और मेरी बीवी सफ़ीया, दोनों मलाड[1] गए हुए थे। रात का खाना खाने के बाद बातों-बातों में शाहिद ने कहा : "मंटो, तुमसे अब भी ज़बान की ग़लतियाँ हो जाती हैं।"

डेढ़ बजे तक मैंने तस्लीम न किया कि मेरी तहरीर में ज़बान की ग़लतियाँ होती हैं। शाहिद थक गया। दो बंजे तक इस्मत ने अपने शौहर की पैरवी की। मैं फिर भी न माना। दफ़अतन कोई बात कहते हुए इस्मत ने लफ़्ज़ 'दस्त-दराज़ी' इस्तेमाल किया। मैंने झट से कहा : "सही लफ़्ज़ दराज़-दस्ती है"—तीन बज गए। इस्मत ने अपनी ग़लती तस्लीम न

1. बंबई के मुज़ाफ़ात में एक जगह, जहाँ शाहिद बंबे टाकीज़ की मुलाज़मत के दौरान में मुक़ीम था।

की। मेरी बीवी सो गई। शाहिद क़िस्सा ख़त्म करने के लिए दूसरे कमरे से लुग़त उठा लाया, 'द' की तख़्ती में लफ़्ज़ दस्त-दराज़ी मौजूद ही नहीं था। अलबत्ता दराज़-दस्ती और उसके मानी दर्ज थे। शाहिद ने कहा: "इस्मत, अब तुम्हें मानना पड़ेगा"– अब मियाँ-बीवी में चख़ शुरू हो गई। मुर्ग़ अज़ानें देने लगा। इस्मत ने लुग़त उठाकर एक तरफ़ फेंकी और कहा: "जब मैं लुग़त बनाऊंगी तो उस में सही लफ्ज़ दस्त-दराज़ी होगा। यह क्या हुआ दराज़ दस्ती··· दराज़-दस्ती।।"

कज-बहसी का यह सिलसिला-ए-दराज़ बहरहाल ख़त्म हुआ। इसके बाद हम एक दूसरे से कभी नहीं लड़े, बल्कि यूं कहिए कि हमने इसका कभी मौक़ा ही नहीं आने दिया। गुफ़्तगू करते-करते जब भी कोई ख़तरनाक मोड़ आया, यां तो इस्मत ने रुख़ बदल लिया या मैं रास्ता काट के एक तरफ़ हो गया।

इस्मत को मैं पसंद करता हूँ, वह मुझे पसंद करती है, लेकिन अगर कोई दफ़अतन पूछ बैठे: "तुम दोनों एक दूसरे की क्या चीज़ पसंद करते हो।" तो मेरा ख़याल है कि मैं और इस्मत, दोनों कुछ अर्से के लिए बिल्कुल ख़ाली-उज़्ज़हन हो जाएँगे।

इस्मत की शक्लो-सूरत दिलफ़रेब नहीं, दिलनशीन ज़रूर है। उससे पहली मुलाक़ात के नक़्श अब भी तक मेरे दिलो-दिमाग़ में महफ़ूज हैं। बहुत ही सादा लिबास में थी। छोटी कन्नी की सफ़ेद धोती, सफ़ेद ज़मीन का काली ख़ड़ी लकीरों वाला चुस्त ब्लाउज़, हाथ में छोटा पर्स, पाँव में बग़ैर एड़ी का ब्राउन चप्पल, छोटी-छोटी मगर तेज़ और मुत्जस्सुस आँखों पर मोटे-मोटे शीशों वाली ऐनक, छोटे मगर घुँघराले बाल-टेढ़ी माँग। ज़रा-सा मुस्कराने पर भी गालों में गडढ़े पड़-पड़ जाते थे।

मैं इस्मत पर आशिक़ न हुआ लेकिन मेरी बीवी उसकी मुहब्बत में गिरफ़्तार हो गई। इस्मत से अगर सफ़ीया उस मुहब्बत का ज़िक्र करे तो वह ज़रूर कुछ यूँ कहेगी: "बड़ी आई हो मेरी मुहब्बत में गिरफ़्तार होने वाली··· तुम्हारी उम्र की लड़कियों के बाप तक क़ैद होते रहे हैं मेरी मुहब्बत में।"

एक बुज़ुर्गवार अहले-क़लम को तो मैं भी जानता हूँ, जो बहुत देर तक इस्मत के प्रेम पुजारी रहे। ख़तो-किताबत के ज़रिए से आपने इश्क़ फ़र्माना शुरू किया। इस्मत शै देती रही, लेकिन आख़िर में ऐसा अड़ंगा दिया कि सुरैया ही दिखा दी ग़रीब को। यह सच्ची कहानी, मेरा ख़याल है, वह कभी क़लम-बंद नहीं करेंगे।

बाहम मुतसादिम हो जाने के ख़ौफ़ से मेरे और इस्मत के दरमियान बहुत ही कम बातें होती थी। मेरा अफ़साना कभी शाया हो तो पढ़कर दाद दे दिया करती थी। 'नीलम'[1] की इशाअत पर उसने ग़ैर मामूली जोशो-ख़रोश से अपनी पसंदीदगी का इज़हार किया: वाक़ई यह बहन बनाना क्या है··· आपने बिलकुल ठीक कहा है। किसी औरत को बहन कहना उसकी तोहीन है।"

1. जब यह कहानी मैगज़ीन में शाया हुई तो उसका उन्वान 'नीलम' था। बाद में मंटों ने इसी कहानी को 'मेरा नाम राधा है' के उन्वान से अपनी किताब 'चुग़द' में शामिल किया।

और मैं सोचता रह गया—वह मुझे मंटो भाई कहती है और मैं उसे इस्मत बहन कहता हूँ—दोनों को ख़ुदा समझे!

हमारी पाँच छः बरस की दोस्ती के ज़माने में ऐसा कोई वाक़िआ नहीं जो क़ाबिले-ज़िक्र हो। फ़हाशी के इल्ज़ाम में एक बार हम दोनों गिरफ़्तार हुए। मुझे तो पहले दो दफ़ा तजर्बा हो चुका था, लेकिन इस्मत का पहला मौक़ा था। इसलिए बहुत भन्नाई। इत्तिफाक़ से गिरफ़्तारी ग़ैर क़ानूनी निकली, क्योंकि पंजाब पुलिस ने हमें बग़ैर वारंट पकड़ लिया था। इस्मत बहुत ख़ुश हुई, लेकिन बकरे की माँ कब तक ख़ैर मनाती। आख़िर उसे लाहौर की अदालत में हाज़िर होना ही पड़ा।

बंबई से लाहौर तक काफ़ी लंबा सफ़र है, लेकिन शाहिद और मेरी बीवी साथ थे। सारा वक़्त ख़ूब हंगामा रहा। सफ़ीया और शाहिद एक तरफ़ हो गए और चिढ़ाने की ख़ातिर हम दोनों की फ़ुहश-निगाही पर हमले करते रहे। क़ैद की सऊबतों का नक़्शा खींचा। जेल की ज़िंदगी की झलकियाँ दिखाईं। इस्मत ने आख़िर झल्लाकर कहा : ''सूली पर भी चढ़ा दें, लेकिन यहाँ हलक़ से अनलहक़ ही निकलेगा।''

उस मुक़दमे के सिलसिले में हम दो दफ़ा लाहौर गए। दोनों मर्तबा कालिजों के तमाशाई तालिबे-इल्म मुझे और इस्मत को देखने के लिए टोलियाँ बाँध-बाँध कर अदालत में आते रहे। इस्मत ने मुझसे कहा : ''मंटो भाई, चौधरी नज़ीर[1] से कहिए कि टिकिट लगा दे कि यहाँ आने-जाने का किराया ही निकल आए।''

हम दो दफ़ा लाहौर गए और दो ही दफ़ा हम दोनों ने करनाल शाप से मुख़्तलिफ़ डिज़ाइनों के दस-दस बारह-बारह जोड़े सैंडिलों और जूतियों के ख़रीदे।

बंबई में किसी ने इस्मत से पूछा : ''लाहौर आप क्या मुक़दमे के सिलसिले में गए थे?''

इस्मत ने जवाब दिया : ''जी नहीं, जूते ख़रीदने गए थे।''

ग़ालिबन साढ़े तीन बरस पहले की बात है। होली का त्यौहार था। मलाड में शाहिद और मैं बालकनी में बैठे पी रहे थे। इस्मत मेरी बीवी को उकसा रही थी : ''सफ़ीया, यह लोग इतना रुपया उड़ाएँ... हम क्यों न इस ऐश में शरीक हों।'' दोनों एक घंटे तक दिल कुड़ा करती रहीं। इतने में एकदम हुल्लड़-सा मचा और फ़िलिमस्तान से प्रोड्यूसर मुकर्जी, उनकी भारी भरकम बीवी और दूसरे लोग हम पर हमला-आवर हो गए। चंद मिंटों ही में हम सबका हुलिया नाक़ाबिले-शनाख़्त था। **इस्मत की तवज्जो व्हिस्की से हटी और रंग** पर मर्कूज़ हो गई : ''आओ सफ़ीया, हम भी उन पर रँग लगाएँ।''

हम सब बाज़ार में निकल आए। चुनांचे घोड़-बंदर रोड पर बाक़ाइदा होली शुरू हो गई। नीले-पीले सब्ज़ और काले रँगों का छिड़काव-सा शुरू हो गया। इस्मत पेश-पेश थी। एक मोटी बंगालन के चेहरे पर तो उसने तारकोल का लेप कर दिया। उस वक़्त मुझे उसके भाई अज़ीम बेग चुग़ताई का ख़याल आया। एकदम इस्मत ने जर्नेलों के से अंदाज़ में रंगों परीचेहरा के घर पर धावा बोलें।''

1. लाहौर का एक मशहूर पब्लिशर।

उन दिनों नसीम बानो हमारे फ़िल्म 'चल-चलरे नौजवान' में काम कर रही थी। उसका बँगला पास ही घोड़बंदर रोड पर था। इस्मत की तजवीज़ सबको पसंद आई। चुनांचे चंद मिनटों में हम सब बंगले के अंदर थे। नसीम हस्बे-आदत पूरे मैकअप में थी और निहायत नफ़ीस रेशमीं जारजट की साड़ी में मलबूस थी। वह और उसका ख़ाविंद अहसान हमारा शोर सुनकर बाहर निकले। इस्मत ने, जो रंगों में लिथड़ी हुई भुतनी-सी लगती थी, मेरी बीवी से जिस पर मज़ीद रंग लगाने से मेरा ख़याल है कोई फ़र्क़ न पड़ता, नसीम की तारीफ़ करते हुए कहा : "सफ़ीया, नसीम वाक़ई हसीन औरत है।"

मैंने नसीम की तरफ़ देखा और कहा : "हुस्न है लेकिन बहुत ठंडा।"

ऐनक के रंग-आलूद शीशों के पीछे इस्मत की छोटी-छोटी आँखें घूमीं और उसने आहिस्ता से कहा : "सफ़रावी तबीयतों के लिए ठंडी चीज़ें मुफ़ीद होती हैं।" यह कहकर वह आगे बढ़ी और एक सैकिंड के बाद ही परीचेहरा नसीम सरकस का मस्ख़रा बन गई।

इस्मत और मैं बाज़ औक़ात अजीब-अजीब बातें सोचा करते : "मंटो भाई, जी चाहता है, अब मुर्ग़ और मुर्ग़ियों के रोमांस के मुताल्लिक़ कुछ लिखूँ।" या फिर कहती : "मैं तो फ़ौज में भर्ती हो जाऊँगी और हवाई जहाज़ उड़ाना सीखूँगी।"

चंद महीनों की बात है, मैं और इस्मत बंबे टाकीज़ से वापस इलैक्ट्रिक ट्रेन में घर जा रहे थे। मैंने बातों-बातों में उससे कहा : "कृष्ण चंदर के अफ़सानों में मैंने दो चीज़ें आम देखी हैं⋯ज़िना-बिलजब्र और क़ौसे-क़ज़ाह, जिसे वह क़ौसो-क़ज़ाह लिखता है।"

इस्मत ने दिलचस्पी लेते हुए कहा : "यह तो है।"

"सोचता हूँ, एक मज़मून लिखूँ जिसका उन्वान कृष्ण चंदर, क़ौसे-क़ज़ाह और ज़िना-बिलजब्र हो। मैं साथ ही साथ सोच रहा हूँ कि ज़िना-बिलजब्र से क़ौसे-क़ज़ाह का नफ़्सियाती रिश्ता क्या हो सकता है?"

इस्मत ने कुछ देर ग़ौर करने के बाद कहा : "जमालियाती नुक्ता-ए-नज़र से क़ौसे-क़ज़ाह के रंगों में इंतिहाई जाज़िबयत और कशिश है, लेकिन आप तो किसी और ज़ाविए से सोच रहे थे।"

मैंने कहा : "सुर्ख़ रंग, आग और ख़ून का रंग है। सनमयात में इस रंग को मरीख़ यानि जल्लाद फ़लक से मन्सूब किया जाता है⋯हो सकता है कि ज़िना-बिलजब्र से क़ौसे-क़ज़ाह के सिर्फ़ इसी रंग का दामन बँधा हो।"

"हो सकता है⋯आप यह मज़मून ज़रूर लिखिए।"

"लेकिन ईसाइयों के फ़ने-मुसव्विरी में सुर्ख़ रंग, इश्के-इलाही का मज़हर है⋯नहीं नहीं⋯" मेरे दिमाग़ में दफ़अतन एक ख़लिया फूटा : "सलीब पर चढ़ने के शदीद जज़्बे को भी इसी रंग में मानून किया गया है, और कुँवारी मरियम का लिबास सुर्ख़ होता है⋯यह इस्मत की निशानी है!" यह कहते-कहते मैंने अचानक इस्मत के सफ़ेद लिबास की तरफ़ देखा।

वह मुस्करा दी। "मंटो भाई, आप यह मज़मून ज़रूर लिखिए। मज़ा आ जाएगा⋯लेकिन उन्वान में से बिलजब्र उड़ा दीजिए।"

"कृष्ण को एतिराज़ होगा, क्योंकि वह जब्रिया फ़ेल समझकर ही तो रोता है।"

"बेकार रोता है। क्या मालूम कि मुह ज़ुल्म ही उसकी मज़लूम हीरोइनों को अच्छा लगा हो।"

"अल्लाह बेहतर जानता है!"

इस्मत की अफ़साना-निगारी पर काफ़ी मज़्मून लिखे गए हैं। हक़ में कम, ख़िलाफ़ ज़्यादा। कुछ तो बिलकुल मज्ज़ूब की बड़ हैं। चंद ऐसे हैं जिनमें ज़मीन आसमान के क़ुलाबे मिलाए गए हैं।

पितरस साहब ने भी, जिनको लाहौर के अदबी ठेकेदारों ने डिबिया में बंद कर रखा था, अपना हाथ बाहर निकाला और क़लम पकड़कर इस्मत पर एक मज़मून लिख दिया। आदमी ज़हीन हैं, तबीयत में शोख़ी और मिज़ाह है, इसलिए मज़्मून काफ़ी दिलचस्प और सुलझा हुआ है। आप औरत के लेबिल का ज़िक्र करते हुए लिखते हैं: एक मुक़तदिर[1] व पुख़्ताकार दीबाचा-नवीस ने भी, मालूम होता है, इन्शापर्दाज़ों की रेवड़ में, नर और मादा अलग-अलग कर रखे हैं। इस्मत के मुताल्लिक़ फ़र्माते हैं कि जिन्स के एतिबार से उर्दू में कमो-बेश उन्हें भी वही रुत्बा हासिल है जो एक ज़माने में अंग्रेजी अदब में जार्ज इलियट को नसीब हुआ। गोया अदब कोई टेनिस टूर्नामेंट है जिसमें औरतों और मर्दों के मैच अलाहदा होते हैं।

जार्ज इलियट का रुत्बा मुसल्लम, लेकिन इसका नाम ले देने से तुक बस यूँ ही मिला। अब यह अम्र एक अलाहिदा बहस का मोहताज है कि क्या कोई माबिल इम्तियाज़ ऐसा है, जो ख़रिजी और हंगामी-इत्तिफ़ाक़ी नहीं—बल्कि दाख़िली और जिबिल्लि और बुनियादी—जो इन्शा-पर्दाज़ औरतों के अदब से इंशा-पर्दाज़ मर्दों के अदब से मुमैयज़ करता है। और अगर है तो क्या है? इन सवालों का जवाब कुछ हो, बहरहाल इस नौअ का हरगिज़ नहीं कि उसकी बुनियाद पर मुसन्निफ़ीन को जिन्स के एतिबार से अलग-अलग दो क़तारों में खड़ा कर दिया जाए।

इन सवालों का जवाब, बहुत मुमकिन है, ऐसा न हो जिसकी बुनियाद पर मुसन्निफ़ीन को जिन्स के एतिबार से दो क़तारों में खड़ा कर दिया जाए। लेकिन जवाब देते वक़्त लोग यह ज़रूर सोचेंगे कि सवाल करनेवाला कौन है। मर्द या औरत? क्योंकि सिन्फ़ मालूम होने पर सवाल करनेवाले का जिबिल्लि और बुनियादी ज़ावियाए-निगाह बहुत हद तक वाज़े हो जाएगा।

पितरस साहब का यह कहना कि "गोया अदब कोई टेनिस टूर्नामेंट है जिसमें औरतों और मर्दों के मैच अलाहिदा होते हैं" ठेट पितरसी फ़िक्रे बाज़ी है। टेनिस टूर्नामेंट, अदब नहीं। लेकिन औरतों और मर्दों के मैच अलाहिदा होना बेअदबी भी नहीं।

पितरस साहब क्लास में लैक्चर देते हैं तो तलबा और तालिबात से उनका ख़िताब जुदागाना नहीं होता, लेकिन जब उन्हें किसी लड़के या शागिर्द लड़की से दिमाग़ी

1. आपकी मुराद सलाहउद्दीन साहब से है।

नशो-नुमा पर ग़ौर करना पड़ेगा तो माहिरे-तालीम होने की हैसीयत में वह उनकी जिन्स से ग़ाफ़िल नहीं हो जाएँगे।

औरत अगर जार्ज इलियट या इस्मत चुग़ताई बन जाए तो इसका यह मतलब नहीं कि उसके अदब पर उसके औरत होने के असर की तरफ़ ग़ौर न किया जाए। हीजड़े के अदब के मुताल्लिक़ भी क्या पितरस साहब यही इस्तिफ़सार फ़र्माएंगे, कि क्या कोई माबिल-इम्तियाज़ ऐसा है, दाख़िली और जिबिल्लि और बुनियादी, जो इंशापर्दाज़ हीजड़ों के अदब को इन्शापर्दाज़ मर्दों और औरतों के अदब से मुमैयज़ करता है।

मैं औरत पर औरत और मर्द पर मर्द के नाम का लेबल लगाना भोंडेपन की दलील समझता हूँ। मस्जिदों और मंदिरों पर यह बोर्ड लगाना कि यह इबादत और बंदगी की जगहें हैं, बहुत ही मुज़्हका ख़ेज़ है। लेकिन जब किसी मस्जिद और मंदिर के मुक़ाबले में किसी आम रिहाइशगाह को रखकर हम फ़ने-तामीर का जाइज़ा लेंगे तो उस पर मंदिर और मस्जिद की तक़दीस का असर अपने ज़हन से महव नहीं कर देंगे।

इस्मत के औरत होने का असर उसके अदब के हर-हर नुक़्ते में मौजूद है, जो उसको समझने में हर-हर क़दम पर हमारी रहबरी करता है। उसके-अदब की ख़ूबियों और कमियों से, जिनको पितरस साहब ने अपने मज़मून में ग़ैर-जानिबदारी से बयान किया है, हम मुसन्निफ़ की जिन्स से अलाहिदा नहीं कर सकते और न ऐसा करने के लिए कोई तन्क़ीदी, अदबी या कीमयाई तरीक़ा ही मौजूद है।

अज़ीज़ अहमद साहब 'नया दौर' में इस्मत की 'टेढ़ी लकीर' पर तन्क़ीद करते हुए लिखते हैं : जिस्म के एहतिसाब का इस्मत के पास एक ही ज़रिया है और वह है मसास। चुनांचे रशीद से लेकर टेलर तक, बीसियों मर्द जो इस नाविल में आते हैं, सबका अंदाज़ा जिस्मी या ज़हनी मसास से किया गया है। ज़्यादातर मसास की कैफ़ियत इन्फ़िआली-सी होती है। मसास ही इस्मत के यहाँ एहतिसाबे-मर्द, एहतिसाबे-इन्सान, एहतिसाबे-ज़िंदगी, एहतिसाबे-कायनात का वाहिद ज़रिया है—रज़ाइयों के बादलों में अब्बास के हाथ बिजलियों की तरह कोंदते हैं और लड़कियों के गिरोह में नन्ही-नन्ही लर्ज़िशें मचल-मचल कर बिखर जाती हैं। रसूल फ़ातिमा के चूहे जैसे हाथ मसास का तारीक रुख़ हैं। नीम-तारीक रुख़ मैटरन का वह मुनाफ़िरा या मुआश्क़ा है, जिसमें मेटरन को ताज्जुब था कि ज़हन में लड़कियाँ उन गुंडों की आँखें अपनी रानों पर रेंगती हुई महसूस नहीं करतीं। मसास के सिलसिले में शम्मन का निस्वानी अहसास रान की उँगलियों की सरसराहट महसूस करता है।

अज़ीज़ अहमद साहब का यह नज़रिया ग़लत है कि इस्मत के यहाँ एहतिसाब का ज़रिया एक फ़क़त मसास ही है। अव्वल तो मसास कहना ही ग़लत है, इसलिए कि यह एक ऐसा अमल या फ़ेल है जो कुछ देर जारी रहता है। इस्मत तो ग़ायत दर्जे की ज़कि-उलहिस है। हलका-सा लम्स ही उसके लिए काफ़ी है। इस्मत के यहाँ आपको दूसरी जिस्मानी हिसें भी महवे-अमल नज़र आती हैं। मिसाल के तौर पर सूंघने और सुनने की हिस। सौत का तो जहाँ तक मैं समझता हूँ, इस्मत के अदब से बहुत ही गहरा ताल्लुक़ है :

"घर-घर। फट शूँ। फ़िश।" बाहर बरामदे में मोटर भन्ना रही थी।

"रेडियो को मरोड़ते रहे। खड़-खड़, शटर-शटर, घर-घर।" मेरे आँसू निकल आए।

टनन-टनन। साइकिल की घंटी बजी। मैं समझ गई, एडना आ गई।

और जो ज़रा ऊंघने की कोशिश की तो धमाधम ठट्टों की आवाज़ छत पर आई।

और धम-धम छम-छम करती बहू सीढ़ियों पर से उतरी।

"ग़ुन-ग़ुन, ग़ुन-ग़ुन।" बहू मिनमिनाई।

मक्खी, तनन तनन करके रह गई।

बच्चा कूँ-कूँ करके चपड़-चपड़ मुँह मारने लगता।

बिल्ली की तरह सपड़-सपड़ रकाबी चाटने जैसी आवाज़ें आने लगीं।

टक-टक, टक-टक। घड़ी की तरह उसका दिल हिलने लगा।

मोटे-मोटे क़हक़हे लगाते हुए मच्छर।

एक पुर-अस्रार क़ब्रस्तानी सिस्की हवा में लर्ज़ती है।

घुँघरुओं की झनकार और तालियों की आवाज़ें एकबारगी मेरे जिस्म में रेंगकर हज़ारों नब्ज़ों की तरह फड़फ़ड़ाने लगीं।

इसी तरह सूँघने की हिस भी जगह-जगह मस्रूफ़े-अमल है :

और बू तो देखो, हुक़्क़े की सड़ांद है। तौबा, थू।

क़िवाम की बू ऐसी बस गई थी कि उसे नींद न आई।

सरसों का तेल आठवें दिन ही खट्टी-खट्टी बू देने लगता।

और जिस्म से अजीब घबराने वाली बू के शरारे निकलते थे।

गर्म-गर्म ख़ुशबुओं के इत्र ने और भी उन्हें अंगारा बना दिया।

मैंने नथने फुलाकर 'सूँ-सूँ' हवा को सूँघा। सिवाए इत्र, संदल और हिना की गर्म-गर्म ख़ुशबू के और कुछ महसूस न हुआ।

सर्द आहों, और भीनी-भीनी ख़ुशबू तक को रंग में समोकर दिखा दिया था।

पसीने से गल चुके थे और उनमें मरघट जैसी चिरांद आने लगी थी।

मर्दाना क़मीस, सिगरेट की बू में ग़र्क़, मलगजी-सी।

नीचे क्यारियों में से धनिए की नन्ही-नन्ही पत्तियाँ तोड़कर सूँघने लगी।

इस्मत की सब हिसें वक़्त पड़ने पर अपनी-अपनी जगह काम करती हैं और ठीक तौर से करती हैं। अज़ीज़ अहमद साहब का यह कहना कि जिन्स एक मर्ज़ की तरह इस्मत के आसाब पर छाई हुई है, मुमकिन है, उनकी तश्ख़ीस के मुताबिक़ दुरुस्त हो, मगर वह इस मर्ज़ के लिए नुस्ख़े तज्वीज़ न फ़र्माएं। यूँ तो लिखना भी एक मर्ज़ है। कामिल तौर पर सेहतमंद आदमी, जिसका दर्जा-ए-हरारत हमेशा सांढ़े अठ्ठानवे ही रहे, सारी उम्र अपनी ज़िंदगी की ठंडी स्लैट हाथ में लिए बैठा रहेगा।

1. पितरस साहब मुतवज्जे हों।

अज़ीज़ अहमद साहब लिखते हैं : इस्मत की हीरोइन की सबसे बडी ट्रेजिडी यह है कि दिल से न उसे किसी मर्द नें चाहा और न उसने किसी मर्द को। इश्क़ एक ऐसी चीज़ है, जिसका जिस्म से वही ताल्लुक़ है जो बिजली का तार से है। खटका दबा दो तो यही इश्क़ हज़ारों कंदीलों के बराबर रौशनी करता है। दोपहर की झुलसती लू में पंखा झलता है। हज़ारों देवों की ताक़त से ज़िंदगी की अज़ीमुश्शान मशीनों के पहिये घुमाता है और कभी-कभी ज़ुलफ़ों को सँवारता और कपड़ों पर इस्त्री करता है। ऐसे इश्क़ से इस्मत चुग़ताई बहैसियते-मुसन्निफ़ा वाक़िफ़ नहीं।

ज़ाहिर है कि अज़ीज़ अहमद साहब को इसका अफ़सोस है—**मगर यह इश्क़, जिससे** अज़ीज़ अहमद साहब वाक़िफ़ मालूम होते हैं, ऐसा लगता है कि उन्होंने पंज साला स्कीमों के मातहत तैयार किया है और अब वह उसे हर इन्सान पर आइद कर देना चाहते हैं—अज़ीज़ अहमद साहब को ख़ुश करने के लिए मैं फ़र्ज़ कर लेता हूँ कि इस्मत की हीरोइन उस इश्क़ के ए सी और डी सी, दोनों करंटों से वाक़िफ़ थी। फिर यह ट्रेजिडी कैसे वक़ू-पज़ीर हुई कि दिल से न उसे किसी मर्द ने चाहा और न उसने किसी मर्द को।

इस्मत वाक़ई अज़ीज़ अहमद साहब के तस्नीफ़-कर्दा इश्क़ से नाआशना है और उसकी यह ना-आशनाई ही उसके अदब का बाइस है। अगर आज उसकी ज़िंदगी के तारों के साथ उस इश्क़ की बिजली जोड़ दी जाए और खटका दबा दिया जाए तो बहुत मुमकिन है, एक और अज़ीज़ अहमद पैदा हो जाए, लेकिन 'तिल', 'गैंदा', 'भूल भुलैयाँ' और 'जाल' तस्नीफ़ करनेवाली इस्मत यक़ीनन मर जाएगी।

इस्मत के ड्रामे कमज़ोर हैं। जगह-जगह उनमें झोल है। इस्मत प्लाट को मनाज़िर में तक़सीम करती है तो नापकर क़ैंची से नहीं कतरती, यूँही दाँतों से चीर-फाड़कर चीथड़े बना डालती है। पार्टियों की दुनिया इस्मत की दुनिया नहीं। उसमें वह बिलकुल अजनबी रहती है। जिन्स, इस्मत के आसाब पर एक मर्ज़ की तरह सवार है। इस्मत का बचपन बड़ा ग़ैर सेहत बख़्श रहा है। पर्दे के उस पार की तफ़्सीलात बयान करने में इस्मत को यदे-तूला हासिल है। इस्मत को समाज से नहीं, शख़्सीयतों से शग़फ़ है। शख़्सीयतों से नहीं, अशख़ास से है। इस्मत के पास जिस्म के एहतिसाब का एक ही ज़रिया है और वह है मसास—इस्मत के अफ़्सानों की कोई सम्त ही नहीं—इस्मत की ग़ैर मामूली क़ुव्वते-मुशाहिदा हैरत में ग़र्क़ कर देती है—इस्मत फ़ुहश-निगार है—हलका-हलका तन्ज़ और मिज़ाह, इस्मत के इस्टाइल की मुमताज़ ख़ूबियाँ हैं—इस्मत तलवार की धार पर चलती है।

इस्मत पर बहुत कुछ कहा गया है और कहा जाता रहेगा। कोई उसे पसंद करेगा, कोई नापसंद। लेकिन लोगों की पसंदीदगी और नापसंदीदगी से ज़्यादा अहम चीज़ इस्मत की तख़्लीक़ी क़ुव्वत है। बुरी, भली, उरियाँ, मस्तूर, जैसी भी है, क़ाइम रहनी चाहिए। अदब का कोई जुग़राफ़िया नहीं। उसे नक़्शों और ख़ाकों की क़ैद से, जहाँ तक मुमकिन हो, बचाना चाहिए।

अर्सा हुआ, देहली के एक ज़ाते-शरीफ़ देश ने अजीबो-गरीब हरकत की। आपने

'औरों की कहानी, सुन मेरी ज़बानी' ''इसके पढ़ने से बहुतों का भला होगा।'' जैसे उन्वान से शाया की। उसमें मेरा, इस्मत, मुफ़्ती, प्रेमचंद, ख़्वाजा मौहम्मद शफ़ी और अज़ीम बेग चुग़ताई का एक-एक अफ़्साना शामिल था। दीबाचे में तरक़्क़ी पसंद अदब पर एक तन्क़ीदी चोट, मारूँ घुटना फूटे आँख के बमिस्दाक़, फ़र्माई गई थी, और उस कारनामे को अपने दो नन्हे-नन्हे बच्चों के नाम से मानून किया गया था। उसकी एक कापी आपने इस्मत को और मुझे रवाना की। इस्मत को देश की यह नाशाइस्ता और भोंडी हरकत सख़्त नापसंद आई। चुनांचे बहुत भन्नाकर मुझे एक ख़त लिखा : मंटो भाई, आपने वह किताब, जो देश ने छापी है, देखी ? ज़रा उसे फटकारिए और एक नोटिस दीजिए निजी तौर पर कि हर मज़्मून का जुर्माना दो सौ रुपए दो, वर्ना दावा ठोंक देंगे। कुछ होना चाहिए। आप बताइए, क्या किया जाए। यह ख़ूब है कि जिसका दिल चाहे उठाकर हमें क़ीचड़ में लथेड़ देता है और हम कुछ नहीं कहते। ज़रा मज़ा रहेगा। इस शख़्स को ख़ूब रगड़िए। डांटिए कि उलटा अलमबर्दार क्यों बन रहा है उरियाँ अदब का। उसने हमारे अफ़साने सिर्फ़ किताब फ़रोख़्त करने के लिए छापे हैं। हमारी हतक है कि हमें हर ऐरे ग़ैरे नत्थू ख़ैरे, कमअक़्लों की डाँटें सुनना पडें। जो कुछ मैंने लिखा है, उसको सामने रखकर एक मज़मून लिखिए। आप कहेंगे, मैं क्यों नहीं लिखती तो जवाब है कि आप पहले हैं।

जब इस्मत से मुलाक़ात हुई तो उस ख़त का जवाब देते हुए मैंने कहा : ''सबसे पहले लाहौर के चौधरी मोहम्मद हुसैन[1] साहब हैं। उनसे हम दर्ख़्वास्त करें तो वह ज़रूर मिस्टर देश पर मुक़दमा चलवा देंगे।

इस्मत मुस्कराई : ''तज्वीज़ तो ठीक है, लेकिन मुसीबत यह है कि हम भी साथ ही धर लिए जाएँगे।''

मैंने कहा : ''क्या हुआ⋯अदालत ख़ुश्क जगह सही लेकिन करनाल शाप तो काफ़ी दिलचस्प जगह है⋯मिस्टर देश को वहाँ ले जाएँगे और⋯''

इस्मत के गालों के गड्ढे गहरे हो गए।

1. प्रैस ब्रांच, हुकूमते-पंजाब का इन्चार्ज।

दीवान सिंह मफ़्तून

लुग़त[1] में 'मफ़्तून' का मतलब 'आशिक़' बयान किया गया है–अब ज़रा इस आशिक़े-ज़ार का हुलिया मुलाहिज़ा फ़रमाइए : नाटा क़द, भद्दा जिस्म, उभरी हुई तोंद; वज़नी सर जिस पर छिदरे खिचड़ी बाल जो केश कहलाने के हरगिज़ मुस्तहिक़[2] नहीं और अगर यह इकट्ठे किए जाएँ तो बमुश्किल किसी कट्टर ब्राह्मण की चोटी बने; गहरा साँवला रंग और छोटी-सी घिसी-पिटी दाढ़ी जो शायद किसी ज़माने में दाढ़ियों की लाज रखती हो, आँखें बड़ी न छोटी, मगर बला की तेज़ और मुज़्तरिब।

बहैसियते-मज्मूई[3] यह आशिक़े-ज़ार सरदार दीवान सिंह मफ़्तून, एडिटर हफ़्तावार 'रियासत' देहली : किसी ज़माने में राजाओं, महाराजों और नवाबों का दुश्मन, उनके राज़ फ़ाश करनेवाला मदारी···सहाफ़त[4] में एक नए, ख़ाम मगर बहुत ज़ोरदार अंदाज़े-तहरीर का मालिक···दोस्तों का दोस्त, बल्कि ख़ादिम और दुश्मनों का ज़ालिम तरीन दुश्मन–मचलन टायर का इश्तिहार मालूम होता है। फ़र्क़ सिर्फ़ इतना है कि इश्तिहार में जो टायरों की बनी हुई इंसाननुमा शक्ल है, उसके जोड़ों में दर्द नहीं होता, मगर दीवानसिंह मफ़्तून गठिया का मारा है और उसका बंद-बंद और जोड़-जोड़ दर्द करता है–आप उसके मेज़ पर क़लम-दवात के साथ हर वक़्त करोशन साल्ट[5] की बोतल देख सकते हैं। यह बोतल क़लमदान का ऐसा जुज़ बनकर रह गई है कि बाज़ औक़ात आपको ऐसा मालूम होगा कि दीवानसिंह मफ़्तून अपना क़लम रोशनाई में डुबोने के बदले करोशन साल्ट में डुबोता है और उसी से लिखता है।

जिस तरह दीवानसिंह मफ़्तून की कल सीधी नहीं, उसी तरह उसकी तहरीर का कोई जुमला सीधा नहीं होता–अदब का वह जाने कब से ख़ून कर रहा है, लेकिन सहाफ़त में उसका वही रुत्बा है जो 'बंबे सेंटीनल' के एडिटर आँजहानी बी जी हारनीमैन का था, बल्कि मैं समझता हूँ, उससे बालिश्त भर ऊँचा है।

हारनीमैन सिर्फ़ पुलिस से टक्कर लेता रहा–दीवानसिंह मफ़्तून ने अपनी पहलवानी के दम-ख़म कई अखाड़ों में दिखाए। उसने बड़ी-बड़ी रियासतों से पंजा लड़ाया। अकालियों से मुतसादिम[6] हुआ। मास्टर तारासिंह और सरदार खड़कसिंह से तलवारबाज़ी की। मुस्लिम लीग से चौमुखी लड़ा। पुलिस को तिगनी का नाच नचाया। ख़्वाजा गेसू दराज़ हज़रत हसन निज़ामी से चोहलें[7] की। तीस से कुछ ऊपर मुक़दमे चलवाए और हर बार

सुर्ख़रू रहा। लाखों बल्कि करोड़ों कमाए और उड़ा डाले। मुफ़लिसी के ज़माने में अगर कोई दोस्त आया तो चुटकियों में चार सौ बीस करके रुपया हासिल किया और उसकी तवाज़े पर ख़र्च कर दिया। जेबें लबालब भरी होने पर मोटर की हैड लाइट्स में नंगी औरतों का रक़्स देखा और अपने दोस्तों को दिखाया। आप कम पी, अपने यारों को जी भर के पिलाई।

दीवानसिंह मफ़्तून इकाई नहीं—वह दहाई, सैकड़ा, हज़ार है, दस हज़ार है, बल्कि लाख है। वह एक अजाइबघर है जिसमें सैकड़ों, बल्कि हज़ारों नादिर दस्तावेज़ात मुक़फ़्फ़ल[8] पड़ी हैं; वह एक बैंक है जिसके लैजरों में करोड़ों का हिसाब दर्ज है; वह स्काटलैंड यार्ड है जिसमें लाखों जराइम पेशा इंसानों के ख़ुफ़िया हालात मौजूद हैं।

अगर वह अमरीका में होता तो वहाँ का सबसे बड़ा गैंगस्टर होता। कई अख़बार उसके ताबे होते। बड़े-बड़े यहूदी सरमायादार उसके एक इशारे पर नाचते। वह राबिनहुड का भी बाप होता। मुफ़्लिसों के लिए उसकी तिजोरियाँ हर वक़्त खुली होतीं।

आप मफ़्तून को देखिएगा तो उसे मामूली-सा पढ़ा-लिखा अधेड़ उम्र का सिख समझेंगे, लेकिन वह बहुत पढ़ा-लिखा है—एक दिन मैंने उन्हें 'रियासत' के ख़ूबसूरत प्याज़ी रंग के कार्डों पर दस्तख़त करते देखा। कार्डों की दो-तीन ढेरियाँ लगी थीं। मैंने एक कार्ड उठाकर टाइप शुदा इबारत पढ़ी—बैरूनी मुल्क की किसी फ़र्म से फ़ेहरिस्त भेजने की दरख़्वास्त की गई थी। सब कार्ड इसी मज़मून के थे। मुझे बहुत हैरत हुई कि इतनी फ़ेहरिस्तें मँगाकर सरदार साहब क्या करेंगे—मैंने पूछा : "मफ़्तून साहब, क्या आप कोई स्टोर खोलनेवाले हैं?"

सर को सिक्खों के मख़्सूस[9] अंदाज़ में एक तरफ़ झटका देकर मफ़्तून ख़ूब हँसा : "नहीं मंटो साहब... मैं यह फ़ेहरिस्तें मँगा रहा हूँ कि मुझे इनके मुताले[10] का शौक़ है।"

मेरी हैरत में और इज़ाफ़ा हो गया : "आप मुताला फ़रमाएँगे, यानी फ़ेहरिस्तों का...हासिल क्या होगा?"

"मालूमात...मैं अपनी मालूमात में इसी तरह इज़ाफ़ा किया करता हूँ।"

"आपकी जो बात है, निराली है।"

"डनलप कंपनी क्या बनाती है?" उन्होंने एकदम मुझसे सवाल किया। मैंने झट से जवाब दिया : "टायर!"

इस पर उन्होंने मुझे बताया कि डनलप कंपनी सिर्फ़ टायर-ट्यूब ही नहीं बनाती, हज़ार हा और चीज़ें भी बनाती है। गाफ़ बाल, रबड़ के गद्दे-गद्दियाँ, रबड़ स्प्रिंग, नलकियाँ, हौज़ पाइप और ख़ुदा मालूम क्या-क्या।

जब फ़ेहरिस्तें आती हैं तो वह हर एक का बग़ौर मुताला करता है। इसीलिए मैंने कहा है कि सरदार दीवानसिंह मफ़्तून बहुत पढ़ा-लिखा आदमी है। वह तमाम फ़ेहरिस्तें पढ़ता है और जब वह बेकार हो जाती हैं तो महल्ले के बच्चों में तक़सीम कर देता है कि वह तसवीरें देखें और ख़ुश हों—बच्चों से उसे बहुत प्यार है।

बैरूनी मुमालिक[11] के कारख़ानों की फ़ेहरिस्तें पढ़-पढ़कर वह अपने पर्चे के ज़ोरदार इदारिए[12] लिखता है, 'नाक़ाबिले-फ़रामोश' का नाक़ाबिले फ़रामोश कालम लिखता है, सवालों का 'टचन' जवाब देता है और फ़साहतो-बलाग़त[13] का हर जगह ख़ून करता है ।

बहुत बद ख़त है । जिस तरह वह आप टेढ़ा-मेढ़ा है, उसी तरह उसके क़लम से निकले हुए हरूफ़ टेढ़े-मेढ़े होते हैं—मुझे हैरत है, कातिब उसका लिखा हुआ कैसे पढ़ता है । मुझे जब भी उसका ख़त आया, मैंने अंदाज़न उसका मतलब निकाला। दूसरी मर्तबा ग़ौर से डीसायफ़र[14] करने की कोशिश की तो मालूम हुआ कि मैंने पहली नज़र में जो मतलब अख़ज़[15] किया था, बिलकुल ग़लत था। तीसरी दफ़ा पढ़ा तो हरूफ़ अपनी सही शक्ल इख़्तियार करने लगे । चौथे मरहले पर बिलआख़िर इबारत मुकम्मल तौर पर रोशन हुई ।

दीवानसिंह मफ़्तून बहुत मोहतात[16] आदमी है—मुहावरा है, 'दूध का जला छाछ फूँक-फूँककर पीता है ।' वह छाछ के अलावा पानी भी फूँक-फूँककर पीता है— कातिब को हिदायत है कि जब उसकी लिखी हुई स्लिपें पीले काग़ज़ पर मुंतक़िल[17] हो जाएँ तो फ़ौरन वापस कर दी जाएँ । किताबत शुदा सुतूर में अग़लात[18] लगाने के बाद वह मेज़ पर पड़ी हुई काली संदूक़ची खोलेगा और उसमें तमाम स्लिपें डालकर उसको मुक़फ़्फ़ल कर देगा और जब परचा छपकर आ जाएगा तो अपनी तहरीरों को तलफ़[19] कर देगा—मालूम नहीं, यह एहतियात[20] क्यों बरती जाती है ।

उसकी सारी डाक एक थैले में मुक़फ़्फ़ल होकर आती है । उसे खोलकर वह एक-एक ख़त, एक-एक अख़बार बाहर निकालेगा और तरतीबवार मेज़ पर रखता जाएगा। लिफ़ाफ़ा खोलकर ख़त निकालने के बाद वह लिफ़ाफ़ा रद्दी की टोकरी में नहीं फेंकता, बल्कि ख़त के साथ पिन लगाकर नत्थी कर देता है । इसी तरह वह रिसालों और अख़बारों के रैपर भी ज़ाया नहीं करता—मैंने इस तर्ज़े-अमल के मुताल्लिक़ पूछा तो जवाब मिला : ''एहतियात हर हालत में अच्छी होती है''' हो सकता है, मैं किसी अख़बार या रिसाले के ख़िलाफ़ मुक़दमा करना चाहूँ—अब क़ानून यह है कि अगर लाहौर के किसी अख़बार या रिसाले ने मेरे ख़िलाफ़ लिखा है और रैपर जिस पर मेरा नाम और पता दर्ज है, मैं पेश नहीं कर सकता तो मुक़दमा सिर्फ़ लाहौर ही में चल सकता है। बसूरते-दीगर यह रैपर इस बात का सुबूत होगा कि मेरी बेइज़्ज़ती यहाँ देहली में हुई है जहाँ मुझे यह पर्चा इरसाल[21] किया गया है, इसलिए मैं यहाँ देहली की अदालत में दावा दाइर कर सकता हूँ...''

दीवानसिंह मफ़्तून पर जो आख़िरी* मुक़दमा चला, बहुत ख़तरनाक था। वह और एक बंगाली ब्लाकमेकर[22] जाली नोट बनाने के इल्ज़ाम में माख़ूज़[23] थे—मैं उन दिनों बंबई में था । एक दिन मुझे 'मुसव्विर वीकली' की मार्फ़त एक टाइप किया हुआ ख़त मिला जिस पर कोई दस्तख़त नहीं थे । टाइप में 'दीवानसिंह मफ़्तून' लिखा था और मुझसे दरख़्वास्त की गई थी कि मैं गवाह के तौर पर पेश हूँ ।

अर्सा हुआ, मैं देहली गया था और उनकी ख़िद्मत में हाज़िर हुआ था—मैं दफ़्तर पहुँचा

---

* 'ग़ालिबन बत्तीसवाँ'—मंटो ।

तो वहाँ कोई भी नहीं था। मैं एक कुर्सी पर बैठ गया और कमरे का जाइज़ा लेने लगा। बहुत बड़ा मेज़ था जिसके दोनों तरफ़ रेडियो पड़े थे। क़लमदान के पास करोशन साल्ट की दो बोतलें थीं। एक कोने में परदे के पीछे सोफ़ानुमा चीज़ थी जिस पर ग़ालिबन दीवान साहब इस्तिराहत[24] फ़रमाते होंगे। सब अलमारियाँ खुली थीं—मैंने यह और दूसरी तफ़्सीलात 'मुसव्विर' में एक मज़मून की सूरत में शाया की थीं और कहा था कि अगर इस कमरे में छोटा-सा कंपार्टमेंट बना दिया जाता जिसमें कमोड होता तो यह कमरा किसी रेल का बहुत बड़ा डिब्बा दिखाई देता—दीवान साहब ने यह मज़मून सँभाल के रखा हुआ था।

जब पुलिस ने छापा मारकर इस कमरे की अलमारी से एक किताब में रखे हुए सौ-सौ के ग़ालिबन छः नोट निकाले और सरदार साहब की गिरफ़्तारी अमल में आई तो उन्होंने मुझे सफ़ाई के गवाहों में रख लिया। उस मज़मून से और मेरी गवाही से यह साबित करना मतलूब था कि उनके दफ़्तर में कोई भी शख़्स बेरोक-टोक आ-जा सकता है।

मेरा ख़याल है, मैं देहली में दीवान साहब से अपनी इस मुलाक़ात के बारे में भी कुछ लिख दूँ कि यह ख़ासी दिलचस्प थी।

देर तक इंतज़ार करने के बाद जब वह न आए तो मैं चला गया। शाम को फिर आया तो वह दफ़्तर में मौजूद थे—मचलन टायर का इश्तिहार कुर्सी पर बैठा था। सर पर छोटी-सी सफ़ेद पगड़ी। क़लम उँगलियों में दबाए कुछ लिख रहे थे—चश्मे के शीशों के पीछे आँखें एक अजीब अंदाज़ में ऊपर करके मुझे देखा और यूँ उछले, जैसे रबड़ की ठोस गेंद उछलती है। मुझसे घुटघुट जफियाँ[25] पाईं और कहा : ''मुझे मालूम हुआ था कि आप आए थे… मैं एक ज़रूरी काम से बाहर गया हुआ था।

मुझे बैठने को कहा, बंबे के हालात पूछे, इधर-उधर की बातें शुरू कीं—मगर मैं महसूस कर रहा था कि वह मुझसे मुतवज्जेह[26] तो ज़रूर हैं, लेकिन उनका दिमाग़ कुछ और सोच रहा है।

बातें करते-करते उन्होंने टेलीफ़ोन का रिसीवर उठाया और एक नंबर मिलाकर दूसरे सिरेवाले से कहा : ''मैं सुंदरलाल बोल रहा हूँ, नई दिल्ली से… लाला हैं… ? कहाँ गए हैं… ? अच्छा।''

आपका दफ़्तर पुरानी दिल्ली में था, और यह भी ज़ाहिर है कि सुंदरलाल नहीं, दीवानसिंह मफ़्तून बोल रहा था—दौराने-गुफ़्तगू आपने कई मर्तबा इसी तरह मुख़्तलिफ़ नंबर मिलाए और जाली नामों से लाला के मुताल्लिक़ पूछा कि वह कहाँ हैं—मालूम नहीं, क्या चार सौ बीस थी, लेकिन मुझे इतना यक़ीन था कि उस लाले की शामत आ गई है या अनक़रीब आनेवाली है।

टेलीफ़ोन के ज़रिए से जब कुछ पता चला, या न चला तो उन्होंने सोलहवीं मर्तबा मुझे बीयर की दावत देने के बाद अपने ख़ास आदमी* को आवाज़ देकर बुलाया। उसके कान में कुछ कहा और रुख़्सत कर दिया—फिर वह मुझसे मुख़ातिब हुए : ''हाँ मंटो साहब, तो बीयर

*ग़ालिबन सरदार वरयाम सिंह। —मंटो

मँगवाऊँ आपके लिए ?"

मैंने झुँझलाकर कहा : "सरदार साहब, ज़बानी जमाख़र्च आपने आख़िर सीख ही लिया दिल्लीवालों से··· मँगवाइए। मँगवाते क्यों नहीं।"

मेरी बात सुनकर दीवान साहब ख़ूब खुलकर हँसे और अहालयाने[27] दिल्ली, यू.पी. को बेनुक़्त[28] सुनाने लगे—इंसानों की इस क़िस्म से उनको ख़ुदावास्ते का बैर है। चुनांचे जब भी उन्हें अपने दफ़्तर में किसी मुलाज़िम की ज़रूरत होती है तो इश्तिहार में यह बात ख़ासतौर पर लिखी होती है कि सिर्फ़ पंजाबी दरख़्वास्त भेजें। लेकिन अजीब बात है कि आप एहसान भैया को अपना बेहतरीन दोस्त यक़ीन करते हैं। उनके दिल में यू.पी. के इस बाशिंदे का बहुत एहतिराम[29] है।

एक मर्तबा दीवान साहब को अपनी मोटर एक तंग बाज़ार से गुज़ारना थी। मैं उनके साथ था। मोटर मुड़ी तो सड़क के ऐन बीच कई चारपाइयाँ बिछी दिखाई दीं। आप आग-बगूला हो गए और लगे दिल्लीवालों और उनकी हश्त-पुश्त को बेनुक़्त[30] सुनाने "कमबख़्तो, तुम्हारे इस्लाफ़[31] तुम्हारे आबाओ-अज्दाद[32] ने भी इसी तरह चारपाइयों पर दिन-रात सो-सोकर अपनी सल्तनत का बेड़ा ग़र्क़ किया था··· अब तुम्हारे पास क्या रह गया है जिसका बेड़ा ग़र्क़ करोगे··· ख़ुदा तुम्हारा बेड़ा ग़र्क़ करे।"

एक लड़के ने चारपाई उठाने की कोशिश की मगर उससे न उठ सकी। दीवान साहब मोटर से बाहर निकले और चारपाई को उठाकर फेंक दिया : "बरख़ुर्दार, तुमसे न उठती··· अपनी कमरिया देखो··· तुम्हारे वालिद बुज़ुर्गवार यक़ीनन तुमसे भी कहीं ज़्यादा नाज़ुक होंगे। उनसे तो पैख़ाने जाते वक़्त लोटा भी न उठाया जाता होगा।"

इस पर बहुत-से लोग जमा हो गए और उन्होंने करख़नदारों[33] की ज़बान में वाही-तबाही बकना शुरू कर दी, मगर दीवान साहब ने जैसे कुछ सुना ही नहीं। मोटर में आराम से बैठे और चलाना शुरू कर दी।

सरदार साहब को पंजाबी बहुत पसंद हैं, शायद इसलिए कि वह एक ज़माने से देहली में क़यामपज़ीर हैं, वरना यह हक़ीक़त उनकी नज़रों से ओझल नहीं कि सिर्फ़ पंजाबी होना, अच्छे इंसान की दलील नहीं। वह सीने पर हाथ रखकर यह कभी नहीं कह सकते कि अपने दफ़्तर की मुलाज़िमत के सिलसिले में पंजाबी की क़ैद लगाकर उन्होंने हमेशा फ़ाइदा उठाया। मैं अच्छी तरह जानता हूँ कि जितना नुक़सान उनको पंजाबियों ने पहुँचाया है, उसका अशरे-अशीर[34] भी दिल्ली, यू.पी. के रहनेवालों ने नहीं पहुँचाया।

अब मैं उनके आख़िरी और ख़तरनाक मुक़दमे की तरफ़ लौटता हूँ।

मैं देहली गया। सरदार साहब ज़मानत पर रिहा थे। मालूम हुआ कि उनको तंग करने के लिए उनके मुक़दमे की समाअत देहली से बहुत दूर गुड़गाँव की एक अदालत में हो रही है। हम वहाँ मोटर में गए। वकील ने मुझे समझा दिया था कि मुझे क्या कहना है। चुनांचे मेरी गवाही दस मिनट के अंदर-अंदर ख़त्म हो गई।

सरदार साहब को अपना तहरीरी बयान पेश करना था। जब वह हवालात में थे तो आपने इसके नोट ले लिए थे। अब यह छोटे टाइप में ग़ालिबन चालीस-पचास सफ़हात पर

फैला हुआ था–मैंने इसे जस्ता-जस्ता देखा और मेरा ज़ेहन फ्रांस के मशहूर मुसन्निफ़ ऐमिली ज़ोला के शुहरा-ए-आफ़ाक़[35] मज़मून 'आई एक्यूज़' (I accuse) की तरफ़ मुंतक़िल हो गया।

दीवानसिंह मफ़्तून का यह बयान मुल्ज़िम का सफ़ाई का बयान नहीं था, बल्कि फ़र्दे-जुर्म था, हुकूमत और उसके कारिंदों के ख़िलाफ़। आख़िर में उन्होंने अपने मुक़द्दमात की फ़ेहरिस्त लगा रखी थी। हर सफ़हे पर मुख़्तलिफ़ ख़ाने बनाकर यह वाज़ेह किया गया था कि कौन-सा मुक़दमा कब चला, किसकी ईमा[36] पर चला, किसकी अदालत में पेश हुआ और उसका क्या फ़ैसला हुआ–ग़ालिबन तीस मुक़दमे थे। उनमें से इकतीस में वह बाइज़्ज़त तौर पर बरी हुए थे। सिर्फ़ एक मुक़दमा था, बहुत बड़ा और बहुत मशहूर मुक़दमा जो नवाब भोपाल ने उन पर चलाया था और जिसमें उनको शायद सिर्फ़ उस अर्से की सज़ाए-क़ैद दी गई थी जो उन्होंने हवालात में गुज़ारा था।

सरदार साहब ने फ़ाज़िल जज के यह अल्फ़ाज़ ख़ासतौर पर अपने बयान में दर्ज किए हुए थे : ''मैं सरदार दीवानसिंह मफ़्तून, एडिटर 'रियासत', देहली की हिम्मत की दाद देता हूँ जो अपने महदूद ज़राए के बावुजूद तवील अर्से तक एक शहज़ादे का तंदही[37] के साथ मुक़ाबला करता रहा।''

नवाब भोपाल से सरदार दीवानसिंह मफ़्तून वाक़ई बहुत दिलेरी और साबित क़दमी से लड़ा, लेकिन इस जंग में उसका दीवाला पिट गया। जो जमापूँजी थी, सब पानी की तरह बह गई। कोई और होता तो उसकी हमेशा-हमेशा के लिए कमर टूट जाती, मगर मफ़्तून ने हौसला न हारा और जूँ-तूँ अपना प्यारा पर्चा 'रियासत' शाया[38] करता रहा।

उसने बड़े-बड़े आदमियों से मुक़ाबला किया और फ़तह हासिल की, लेकिन अपनी ज़िंदगी में एक आदमी से शिकस्त भी खाई–किससे...? ख़्वाजा हसन निज़ामी से...!

सरदार साहब ने एक दिन ज़च-बच[39] होकर मुझसे कहा : ''मैंने बड़ी-बड़ी क़ुतुब साहब की लाटों को झुका दिया, मगर यह कमबख़्त हसन निज़ामी मुझसे नहीं झुकाया जा सका... मंटो साहब, मैंने इस शख़्स के ख़िलाफ़ इतना लिखा, इतना लिखा है कि अगर 'रियासत' के वह तमाम पर्चे जिनमें यह मज़ामीन छपते रहे हैं, उस पर रख दिए जाएँ तो उनके वज़न ही से उसका कचूमर निकल जाएगा... लेकिन उलटा मेरा कचूमर निकल गया है... मैंने उसके ख़िलाफ़ इस क़दर ज़्यादा इसलिए लिखा कि मैं चाहता था, वह भिन्नाकर क़ानून को पुकारे–खुली अदालत में मुक़दमा पेश हो और मैं वहाँ उसकी ढोल की पोल खोल के रख दूँ... मगर वह बड़ा काइयाँ है... उसने मुझे कभी ऐसा मौक़ा नहीं दिया और न देगा।''

यह अजीब बात है कि किसी ज़माने में सरदार दीवानसिंह मफ़्तून और ख़्वाजा हसन निज़ामी में गाढ़ी छनती थी। मालूम नहीं, किस बात पर वह एक-दूसरे से अलग हो गए।

मैं फिर मुक़दमे की तरफ़ आता हूँ।

गुड़गाँव की अदालत ने उनको ग़ालिबन दो दफ़आत के मातहत बारह-बारह बरस क़ैदे-बा-मशक़्क़त की दो सज़ाएँ दीं–सरदार साहब ने गुड़गाँव ही में मुझसे कह दिया था कि वहाँ का मैजिस्ट्रेट उन्हें कड़ी-से-कड़ी सज़ा देगा। चुनांचे ऐसा ही हुआ–लेकिन उन्होंने मुझे तसल्ली दी थी : ''मुतफ़क्किर[40] होने की कोई ज़रूरत नहीं... हाई कोर्ट में साफ़

बरी हो जाऊँगा··· '' यह भी सही साबित हुआ—हाई कोर्ट ने उन्हें बाइज़्ज़त तौर पर बरी कर दिया।

सरदार साहब ने मुझसे गुड़गाँव में कहा था कि वह कुछ अर्से पहले शिमला में थे। वहाँ एक पार्टी में सरदार साहब के अलावा सर डगलस* यंग भी मौजूद थे, जिनके ख़िलाफ़ सरदार साहब बहुत कुछ लिख चुके थे—सरदार साहब को हैरत हुई, जब सर डगलस ने उनसे मिलने की ख़्वाहिश ज़ाहिर की।

बहरहाल उन दोनों की मुलाक़ात हुई और चीफ़ जस्टिस ने उनकी क़लम की तवानाई[41] की बहुत तारीफ़ की और कहा : ''अगर मैं कभी तुम्हारे काम आ सका तो यक़ीन मानना, मुझे बड़ी ख़ुशी होगी··· मैं तुम्हारी ज़रूर मदद करूँगा।''

जहाँ तक मैं समझता हूँ, सर डगलस के इस वादे का सरदार दीवानसिंह मफ़्तून की बरीयत में काफ़ी दख़ल है।

मुक़दमा देर तक चलता रहा। दीवान साहब हवालात में थे—इस मुक़दमे की रूदाद[42] बड़ी दिलचस्प है—इस्तिग़ासा की तरफ़ से यह कहानी पेश की गई थी कि दीवानसिंह ने कुछ जाली नोट, चलाने की ख़ातिर अपने दोस्त जीवनलाल मट्टू को एक लिफ़ाफ़े में लाहौर भेजे थे और यह लिफ़ाफ़ा रास्ते ही में पुलिस ने अपने क़ब्ज़े में ले लिया था। लिफ़ाफ़े में एक टाइप किया हुआ ख़त भी था। यह साबित करने के लिए कि वह ख़त दीवानसिंह मफ़्तून ने अपने दफ़्तर के टाइपराइटर पर तैयार किया था, पुलिस ने वह टाइपराइटर भी अपने क़ब्ज़े में ले लिया था और अदालत में पेश किया था—टाइप किए हुए ख़त में हर्फ़ 'ओ' और 'बी' के पेट भरे हुए पाए गए थे। जब हाईकोर्ट में पेशकरदा टाइपराइटर की तरहरीर का नमूना लिया गया तो 'ओ' और 'बी' के पेट बिलकुल साफ़ निकले—इसके अलावा वकीले-सफ़ाई की तरफ़ से यह इस्तिफ़सार[43] किया गया : वह लिफ़ाफ़ा जो बक़ौल इस्तिग़ासा दीवानसिंह मफ़्तून ने जीवनलाल मट्टू को भेजा, उस पर देहली के डाकख़ाने की मोहर ग्यारह* जनवरी की तारीख़ बताती है और लाहौर के डाकख़ाने की मोहर ज़ाहिर करती है कि वह लिफ़ाफ़ा पंद्रह जनवरी को डिलीवर हुआ; ग्यारह तारीख़ का चला हुआ लिफ़ाफ़ा मक्तूबइलैह[44] को ज़्यादा-से-ज़्यादा तेरह तारीख़ की सुबह को मिल जाना चाहिए था; दो दिन वह लिफ़ाफ़ा कहाँ भटकता रहा—इस सवाल का उठना था कि एक हंगामा बरपा हो गया—इस्तिग़ासा कोई माक़ूल[45] जवाब न दे सका और आएँ-बाएँ-शाएँ करता रहा—यह नुक्ता मुल्ज़िम को शक का फ़ाइदा बख़्शने के लिए काफ़ी था।

मैं उन दिनों आल इंडिया रेडियो, देहली में मुलाज़िम था—एक दिन मैंने अख़बारों में यह ख़बर देखी कि सरदार दीवानसिंह मफ़्तून, एडिटर 'रियासत', देहली जाली नोट बनाने के मुक़दमे में साफ़ बरी कर दिए गए हैं।

---

* 'उस ज़माने के चीफ़ जस्टिस।'—मंटो

* 'तारीखें ग़लत हैं··· असल तारीखें मुझे याद नहीं रहीं।'—मंटो

दूसरे दिन सुबह आठ-नौ बजे के क़रीब हसन बिल्डिंग, निकलसन रोड के फ़्लैट† नंबर नौ के दरवाज़े पर दस्तक हुई।

मेरी बीवी ने दरवाज़ा खोला।

मालूम हुआ कि दीवान साहब हैं तो मैंने दौड़कर उनका इस्तिक़बाल[46] किया—उन्होंने मुझे बाज़ुओं में ले लिया और घुट-घुट जफ़ियाँ पाइयाँ।

पेशतर इसके कि मैं उन्हें मुबारकबाद देता, उन्होंने मुझसे कहा : ''सुबहानल्लाह, लुत्फ़ आ गया।''

मैंने उनसे पूछा : ''किस बात का?''

आपने जवाब दिया : ''मैंने हवालात में आपकी किताब 'मंटो के अफ़साने' पढ़ी। इसका इंतिसाब[47] ख़ूब है··· 'अख़बार दीन दुनिया के नाम, जिसमें मेरे ख़िलाफ़ सबसे ज़्यादा गालियाँ छपीं···'‡ मैं आज सुबह देहली आया हूँ···मैंने सोचा, सबसे पहले चलकर मंटो साहब को दाद देनी चाहिए।''

इससे मुझ पर साबित हुआ कि शौ लतीफ़ उनमें बदरजा अत्म[48] मौजूद है।''

टाइपराइटर 'ओ' और 'बी' की कीज़ कैसे तब्दील हुईं और लिफ़ाफ़ा इतनी देर के बाद क्यों डिलीवर हुआ, यह एक राज़ है जो सदा राज़ रहेगा—जब मैंने उनसे इस बारे में पूछा तो वह यह कहकर टाल गए : ''मंटो साहब, यह हाथ की सफ़ाई है।''

हाथ की सफ़ाई थी या पाँव की, इस्तिग़ासे की तबीयत यक़ीनन साफ़ हो गई थी।

दीवान साहब को मुझसे प्यार है और मौलाना चिराग़ हसन हसरत का वह एहतिराम करते हैं—हम दोनों देहली में थे—दीवान साहब को जब भी फ़ुर्सत होती, वह हमें ढूँढ़ निकालते और किसी दूर-दराज़ ख़ामोश मक़ाम पर ले जाते। वहाँ हम सब बैठ के पीते, गप्पें लड़ाते। फिर वह हम दोनों को घर छोड़ जाते—ऐसी निशस्तों में कभी कोई सियासी या अदबी बात नहीं होती थी।

एक लतीफ़ा सुनिए जो उन्होंने ख़ुद मुझे सुनाया था : इंतिहाई मुफ़्लिसी के दिन थे कि उनका एक दोस्त आन वारिद[49] हुआ। पहले तो वह बहुत सिटपिटाए कि जेब में एक धेला भी नहीं था। फ़ौरन उनको एक तरकीब सूझी। उन्होंने लैमन की बारह बोतलें मँगवाईं। दो दोस्त को पिलाईं और दो ख़ुद पीं। बाक़ी आठ ग़ुस्लख़ाने में ख़ाली करवा दीं और नौकर से कहा कि वह जाए और बारह ख़ाली बोतलें बेच आए—जंग का ज़माना था। गोलीवाली बारह ख़ाली बोतलें अच्छे दाम ले आईं और दोस्त को रात का खाना खिलाने का मसला हल हो गया—दूसरे-तीसरे रोज़ उन्होंने दूकानदार को बारह बोतलों की क़ीमत अदा कर दी।

एक ज़माना आया कि वह आल इंडिया रेडियो के जानी दुश्मन हो गए। बस फिर क्या था, हर प्रोग्राम सुनते—एक रजिस्टर था जिसमें कई ख़ाने बने थे। उस रजिस्टर में दर्ज था

---

† ''मैं यहाँ रहता था''—मंटो

‡ 'मंटो के अफ़साने, मंटो का दूसरा अफ़सानवी मजमूआ, पहली इशाअत।

कि रेडियो के किस अफ़सर का किस गानेवाली से टाँका* है—अगर कोई गानेवाली किसी वजह से प्रोग्राम में शरीक न हो सकती और उसकी जगह किसी और को गवाया जाता तो उनको फ़ौरन मालूम हो जाता, किस अफ़सर की मेहरबानी हुई है।

बहुत दिनों तक वह ज़ुल्फ़िक़ार बुख़ारी के ख़िलाफ़ लिखते रहे। आख़िर में जुगल किशोर—हाल अहमद सलमान, डिप्टी डायरेक्टर जनरल, रेडियो पाकिस्तान—पर पिल पड़े।

जुगलकिशोर पहले कलकत्ते में थे। देहली तब्दील होकर आए तो उनको वहाँ की एक बंगालन ने मुहब्बतनामे भेजने शुरू कर दिए—जुगल को हैरत थी कि वह ख़त उनके पास नहीं पहुँचते, मफ़्तून को मिल जाते हैं—यह ग़ालिबन हाथ की सफ़ाई है।

बहरहाल मैंने मिन्नत-ख़ुशामद करके जुगल साहब की गुलूख़लासी[50] कराई और दीवान साहब से दरख़्वास्त की कि वह बंगालन के ख़तूत जुगल साहब को दे दें।

आपने मुसकराकर कहा : ''मैं इतना बेवक़ूफ़ नहीं... अगर आपका दोस्त यह ख़त पढ़ना चाहता है तो मैं नक़ल कराके उसको भिजवा दूँगा।''

मैंने ज़ोर देना मुनासिब न समझा।

देहली में एक शख़्स, जो अमृतसर का यानी मेरा हमशहर था, सख़्त परेशानी के आलम में मेरे पास आया—उसका छोटा भाई एक लड़की को भगाकर देहली ले आया था। उसके वारंट गिरफ़्तारी जारी हो चुके थे। वह इस मामले को सुलझाने के लिए मेरी मदद चाहता था—मैं उसे दीवान साहब के पास ले गया। उन्होंने सारा माजरा सुनकर हुक्म दिया कि अग़वा[51] करनेवाले और मुग़विया[52] को उनके पास लाया जाए।

दूसरे दिन दीवान साहब से मुलाक़ात हुई तो उन्होंने मुझसे कहा : ''वह लोग आ गए थे... मैंने सब ठीक कर दिया है।''

उन्होंने सब ठीक कर ही दिया होगा, वरना वह शख़्स मेरे पास दुबारा ज़रूर आता।

सरदार दीवानसिंह मफ़्तून की मालूमात के ज़राए बहुत वसी हैं—पाकिस्तान में किसी के फ़रिश्ते को भी मालूम नहीं था कि क़ायदे-आज़म ज़ियारत में ख़तरनाक तौर पर अलील हैं, लेकिन 'रियासत' में उनके अलालत पर एक नोट, गो बहुत ही दिल आज़ार, दो हफ़्ते पहले शाया हो चुका था जिसमें दीवान साहब ने अपने मख़्सूस ज़ालिमाना अंदाज़ में लिखा था : ''क़ायदे-आज़म मुहम्मद अली जिनाह बिस्तरे-मर्ग[53] पर हैं, लेकिन मेरी दुआ है कि ज़िंदा रहें और पाकिस्तान को...*

अब रियासतें नहीं रहीं। राजे हैं, न महाराजे जो उसके दिलपसंद खिलौने थे, मगर

* 'यह लफ़्ज़ उनकी ख़ासुलख़ास ईजाद है—मंटो।

* मंटो ने 'दिल आज़ार' लिखने के बावुजूद दीवानसिंह मफ़्तून के नोट का मुकम्मल हवाला दिया था, लेकिन पब्लिशर ने मंटो के ख़ाकों का दूसरा मजमूआ 'लाउड स्पीकर', जिसमें ख़ाका 'दीवानसिंह मफ़्तून' शामिल है, शाया करते वक़्त हवाला कतर डाला। पब्लिशर के लिए हवाला कतरने में आसानी यूँ हो गई कि किताब की इशाअत मंटो की मौत के आठ माह बाद हुई—हवाले का नामुकम्मल जुमला कुछ यूँ है : ''तबाहो-बर्बाद होता देखें।''

सरदार दीवानसिंह मफ़्तून ने यक़ीनन और खिलौने चुन लिए होंगे—राजा नहीं होगा, कोई वज़ीर होगा; महारानी नहीं होगी तो किसी बहुत बड़े सरमायादार की खुल खं.ननेवाली धर्मपत्नी होगी—मफ़्तून का जुनून कैसे फ़ारिग़ बैठ सकता है…

लोग उसे ब्लैकमेलर, दग़ाबाज़, चोर-उचक्का कहते हैं, मगर वह अपने पहलू में इंसानियत-दोस्त दिल रखता है…

पिछले फ़सादात में उसने जितने मुसलमानों को ख़ूँख्वार सिखों और हिंदुओं से बचाया, जितनी मुसलमान औरतों और उनके बच्चों को पनाह दी, उनके दिल से उसके लिए जो दुआएँ निकली होंगी, मेरा ख़याल है कि वह उसकी मग़्फ़िरत[54] के लिए काफ़ी हैं…

पिछले दिनों मैं सख़्त बीमार था—मेयो हस्पताल के ए वार्ड में मुझ पर नीम बेहोशी और बेहोशी दस-पंद्रह रोज़ तक तारी रही—जब मुझे होश आया तो मेरी बीवी और मेरी बहन ने मुझे बताया कि उस आलम में बार-बार मैं सरदार दीवानसिंह मफ़्तून को याद करता था। मैं यह समझता था कि मैं दिल्ली में हूँ, 'रियासत' का दफ़्तर कुछ दूर है, मगर वहाँ टेलीफ़ोन किया जा सकता है—मैं उनसे कहता : ''जाओ टेलीफ़ोन करो और दीवान साहब से कहो कि मंटो बुला रहा है आपको… बहुत ज़रूरी काम है।''

वह समझाते थे कि मैं लाहौर में हूँ, लेकिन मैं बज़िद[55] था : ''नहीं, मैं दिल्ली में हूँ… तुम जाओ और दीवान साहब को टेलीफ़ोन करो… वह फ़ौरन आ जाएँगे।''

गो उन दिनों मैं आलमे-नज़ा[56] में था, होने और न होने के दरमियान मुअल्लक़[57] था और मेरा दिमाग़ धुंध में लिपटा हुआ था, मगर मुझे अच्छी तरह याद है कि जहाँ मेरा बिस्तर था, उससे कुछ दूर फ़ासले पर एक दरवाज़ा था और उसके आगे एक बहुत बड़ा हॉल था जिसमें दो योरुपी बच्चे पिंग पांग खेलते रहते थे, और उस हॉल को तय करने के बाद बाहर देहली के प्लाज़ा सनीमा का गेट आ जाता था, मगर अफ़सोस, वह गेट हर वक़्त बंद रहता था—यही वजह है कि मैं बार-बार दरख़्वास्त करता कि वह टेलीफ़ोन करके सरदार दीवानसिंह मफ़्तून को बुलाएँ—मुझे कौन-सा ज़रूरी काम था, इसके मुताल्लिक़ मुझे कुछ मालूम नहीं।

अजीब बात है कि मेरे क़रीब-क़रीब माऊफ़[58] दिमाग़ में सिर्फ़ दीवान साहब की याद बाक़ी रही।

---

1. शब्दकोश; 2. अधिकारी; 3. संयुक्त रूप से; 4. पत्रकारिता; 5. दवाई; 6. टकराया; 7. हँसी-मज़ाक; 8. ताले में बंद; 9. विशिष्ट; 10. अध्ययन; 11. देश; 12. संपादकीय; 13. विस्तार से वर्णन करना; 14. गूढ़ वाचन; 15. समझना, निकालना; 16. सतर्क; 17. स्थानांतरित; 18. ग़लतियाँ; 19. नष्ट; 20. सावधानी; 21. भेजा; 22. छपाई के ब्लाक बनानेवाला; 23. अभियुक्त; 24. विश्राम; 25. आलिंगनबद्ध; 26. संबोधित; 27. प्रतिष्ठित-जन; 28. लतीफ़े; 29. सम्मान; 30. गाली-गलौज; 31. पूर्वजों; 32. बाप-दादा; 33. कारख़ानेवालों; 34. दसवाँ हिस्सा; 35. विश्वप्रसिद्ध; 36. इशारे; 37. पराक्रम; 38. प्रकाशित; 39. झुँझलाकर; 40. चिंतित; 41. शक्ति; 42. कार्यवाही; 43. पूछताछ; 44. जिसको पत्र लिखा जाए; 45. उचित; 46. स्वागत; 47. समर्पण; 48. भरपूर; 49. उपस्थित; 50. पीछा छुड़ाना; 51. अपहरणकर्त्ता; 52. अपहृता; 53. मृत्यु-शैया; 54. मोक्षप्राप्ति; 55. सानुरोध; 56. नरक; 57. लटका हआ; 58. विकृत।

तीन गोले

हसन बिल्डिंग्ज़ के फ़्लैट नंबर एक में तीन गोले मेरे सामने मेज़ पर पड़े थे। में ग़ौर से उनकी तरफ़ देख रहा था और मीरा जी की बातें सुन रहा था। इस शख़्स को पहली बार मैंने यहीं देखा। ग़ालिबन सन चालीस था। बंबे छोड़कर मुझे देहली आए कोई ज़्यादा अर्सा नहीं गुज़रा था। मुझे याद नहीं कि वह फ़्लैट नंबर एक वालों का दोस्त था, या ऐसे ही चला आया था। लेकिन मुझे इतना याद है कि उसने यह कहा था कि उसको रेडियो स्टेशन से पता चला था कि मैं निकलसन रोड पर हसन बिल्डिग्ज़ में रहता हूँ।

इस मुलाक़ात से क़ब्ल मेरे और उसके दरमियान मामूली-सी ख़तो-किताबत हो चुकी थी। मैं बंबई में था, जब उसने "अदबी दुनिया" के लिए मुझसे एक अफ़साना तलब किया था। मैंने उसकी ख़्वाहिश के मुताबिक़ अफ़साना भेज दिया, लेकिन साथ ही यह भी लिख दिया कि उसका मुआवज़ा मुझे ज़रूर मिलना चाहिए। इसके जवाब में उसने एक ख़त लिखा : "मैं अफ़साना वापस भेज रहा हूँ, इसलिए कि 'अदबी दुनिया' के मालिक मुफ़्तख़ोर क़िस्म के आदमी हैं।"—अफ़साने का नाम "मौसम की शरारत" था। इस पर उसने एतिराज़ किया था कि उस शरारत का मौज़ू से कोई ताल्लुक़ नहीं, इसलिए उसे तब्दील कर दिया जा। मैंने इसके जवाब में उसको लिखा : "मौसम की शरारत ही इसअफ़साने का मौज़ू है। मुझे हैरत है कि यह तुम्हें क्यों नज़र न आई।" मीराजी का दूसरा ख़त आया जिसमें उसने अपनी गलती तस्लीम कर ली और अपनी हैरत का इज़हार किया कि मौसम की शरारत में वह "मौसम की शरारत" मैं क्यों देख न सका।

मीराजी की लिखाई बहुत साफ़ और वाज़े थी। मोटे ख़त के निब से निकले हुए बड़े सही निशस्त के हुरुफ़, तिकोन की-सी आसानी से बने हुए, हर जोड़ नुमायाँ—मैं इससे बहुत मुतास्सिर हुआ था। लेकिन अजीब बात है कि मुझे इसमें मौलाना हामिद अली ख़ाँ मुदीर "हुमायूँ" की ख़त्ताती की झलक नज़र आई। यह हलकी-सी मगर काफी मरई मुमासलतो-मुशाबहत अपने अंदर क्या गहराई रखती है, इसके मुताल्लिक़ मैं अब भी ग़ौर करता हूँ तो मुझे ऐसा कोई शोशा या नुक्ता सुझाई नहीं देता, जिस पर मैं किसी मुफ़्रूज़े की बुनियादें खड़ी कर सकूँ।

हसन बिल्डिग्ज़ के फ़्लैट नंबर एक में तीन गोले मेरे सामने मेज़ पर पड़े थे, और मीराजी, लम-तड़ंगे और गोल-मटोल शेर कहनेवाला शाइर मुझसे बड़े सही क़दों-क़ामत और

बड़ी सही नोक-पलक की बातें कर रहा था, जो मेरे अफ़्सानों के मुताल्लिक़ थीं। वह तारीफ़ कर रहा था, न तन्क़ीस। एक मुख़्तसर-सा तब्सिरा था, एक सरसरी-सी तन्क़ीद थी, मगर उससे पता चलता था कि मीराजी के दिमाग़ में मकड़ी के जाले नहीं। उसकी बातों में उलझाव नहीं था, और यह चीज़ मेरे लिए बाइसे-हैरत थी, इसलिए कि उसकी अक्सर नज़्में इब्हाम और उलझाव की वजह से हमेशा मेरी फ़हम से बालातर रही थीं। लेकिन शक्लो-सूरत और वज़ा-क़ता के एतिबार से वह बिलकुल ऐसा ही था, जैसा उसका बेक़ाफ़िया मुब्हम कलाम। उसको देखकर उसकी शाइरी मेरे लिए और भी पेचीदा हो गई।

नून मीम राशिद बेक़ाफ़िया शाइरी का इमाम माना जाता है। उसको देखने का इत्तिफ़ाक़ भी देहली ही में हुआ था। उसका कलाम मेरी समझ में आ जाता था और उसको एक नज़र देखने से उसकी शक्लो-सूरत भी मेरी समझ में आ गई थी। चुनांचे एक बार मैंने रेडियो स्टेशन के बरामदे में पड़ी हुई बग़ैर मडगार्डों की साइकिल देखकर उससे अज़-राहे-मज़ाक कहा था : "लो, यह तुम हो और तुम्हारी शाइरी।" लेकिन मीराजी को देखकर मेरे ज़ेहन में सिवाय उसकी मुब्हम नज़्मों के और कोई शक्ल नहीं बनती थी।

मेरे सामने मेज़ पर तीन गोले पड़े थे। तीन आहनी गोले, सिगरट की पन्नियों में लिपटे हुए। दो बड़े, एक छोटा—मैंने मीराजी की तरफ़ देखा। उसकी आँखें चमक रही थीं और उनके ऊपर उसका बड़ा भूरे बालों से अटा हुआ सर—यह भी तीन गोले थे। दो छोटे-छोटे, एक बड़ा। मैंने यह मुमासलत महसूस की तो उसका रद्दे-अमल मेरे होंठों पर मुस्कराहट में नुमूदार हुआ— मीराजी दूसरे का रद्दे-अमल ताड़ने में बड़ा होशियार था। उसने फ़ौरन ही अपनी शुरू की हुई बात अधूरी छोड़कर मुझसे पूछा : "क्यों भैया, किस बात पर मुस्कराए?"

मैंने मेज़ पर पड़े हुए उन तीन गोलों की तरफ़ इशारा किया। अब मीराजी की बारी थी। उसके पतले-पतले होंठ महीन-महीन भूरी मूछों के नीचे गोल-गोल अंदाज़ में मुस्कराए।

उसके गले में मोटे-मोटे गोल मन्कों की माला थी जिसका सिर्फ़ बालाई हिस्सा क़मीस के खुले हुए कालर से नज़र आता था—मैंने सोचा : इस इन्सान ने अपनी क्या हैबते-कज़ाई बना रखी है—लंबे-लंबे ग़लीज़ बाल जो गर्दन से नीचे लटकते थे—फ्रैंच कट-सी दाढ़ी, मैल से भरे हुए नाख़ून—सर्दियों के दिन थे। ऐसा मालूम होता था कि महीनों से उसके बदन ने पानी की शक्ल नहीं देखी।

यह उस ज़माने की बात है जब शायर, अदीब और एडिटर आमतौर पर लांड्री में नंगे बैठकर डबल रेट पर अपने कपड़े धुलवाया करते थे और बड़ी मैली-कुचैली ज़िंदगी बसर करते थे—मैंने सोचा, शायर मीराजी भी उसी क़िस्म का शायर और एडिटर है—लेकिन उसकी ग़िलाज़त, उसके लंबे बाल, उसकी फ्रैंच कट दाढ़ी, गले की माला और वह तीन आहनी गोले, मआशी हालात के मज़हर मालूम नहीं होते थे। उनमें एक दरवेशानापन था, एक क़िस्म की राहिबयत—जब मैंने राहिबयत के मुताल्लिक़ सोचा तो मेरा दिमाग़ रूस के

दीवाने राहिब रासपोटीन की तरफ़ चला गया। मैंने कहीं पढ़ा था कि वह बहुत ग़िलाज़त पसंद था। बल्कि यूँ कहना चाहिए कि ग़िलाज़त का उसको कोई एहसास ही नहीं था। उसके नाखूनों में भी हर वक़्त मैल भरा रहता था। खाना खाने के बाद उसकी उँगलियाँ लिथड़ी होती थीं। जब उसे उनकी सफ़ाई मत्लूब होती तो वह उँगलियाँ पास बैठी शहज़ादियों और रईसज़ादियों की तरफ़ बढ़ा देता, जो उनकी तमाम आलूदगी अपनी ज़बान से चाट लेती थीं।

"क्या मीराजी उसी क़िस्म का दरवेश और राहिब था…?" यह सवाल उस वक़्त और बाद में भी कई बार मेरे दिमाग में पैदा हुआ—मैं अमृतसर में साईं घोड़ेशाह को देख चुका था जो अलिफ़ नंगा रहता था और कभी नहाता नहीं था। उसी तरह के कई और भी साईं और दरवेश मेरी नज़र से गुज़र चुके थे जो ग़िलाज़त के पुतले थे, मगर उनसे मुझे घिन आती थी। मीराजी की ग़िलाज़त से मुझे नफ़रत कभी नहीं हुई, उलझन अलबत्ता बहुत होती थी।

घोड़ेशाह की क़बील के साईं आमतौर पर बक़द्रे-तौफ़ीक़ मुग़ल्लज़ात बकते हैं, मगर मीराजी के मुँह से मैंने कभी कोई ग़लीज़ कलमा न सुना। इस क़िस्म के साईं बज़ाहिर मुजर्रद मगर दरपर्दा हर क़िस्म के जिंसी फ़ेल के मुर्तकिब होते हैं। मीरा जी भी मुजर्रद था, मगर उसने अपनी जिंसी तस्कीन के लिए सिर्फ़ अपने दिलो-दिमाग़ को अपना शरीके-कार बना लिया था। इस लिहाज़ से गो उसमें और घोड़ेशाह की क़बील के साइंयों में एक गुना मुमासलत थी, मगर वह उनसे बहुत मुख़्तलिफ़ था। वह तीन गोले था, जिनको लुढ़काने के लिए उसको किसी ख़ारिजी मदद की ज़रूरत नहीं पड़ती थी। हाथ की ज़रा-सी हरकत और तख़ैयुल की हलकी-सी जुंबिश से वह उन तीन अजसाम को ऊँची से ऊँची बुलंदी और नीची से नीची गहराई की सैर करा सकता था और यह गुर उसको उन्हीं तीन गोलों ने बताया था जो ग़ालिबन उसको कहीं पड़े हुए मिले थे। उन ख़ारिजी इशारों ही ने उस पर एक अज़ली व अबदी हक़ीक़त को मुन्कशिफ़ किया था : हुस्न, इश्क़ और मौत—इस तस्लीम के तमाम उक़लीदिसी ज़ाविए सिर्फ़ उन तीन गोलों की बदौलत उसकी समझ में आए थे। लेकिन हुस्न और इश्क़ के अन्जाम को चूँकि उसने शिकस्त ख़ुर्दा ऐनक से देखा था, जिसके शीशों में तरेड़े थे, इसलिए उसको जिस शक्ल में उसने देखा था, सही नहीं थी। यही वजह है कि उसके सारे वुजूद में एक नाक़ाबिले-बयान इब्हाम का ज़हर फ़ैल गया था जो एक नुक़्ते से शुरू होकर एक दायरे में तब्दील हो गया था, इस तौर पर कि उसका हर नुक़्ता उसका नुक़्ता-ए-आग़ाज़ है और वही नुक़्ता-ए-अन्जाम। यही वजह है कि उसका इब्हाम नुकीला नहीं था। उसका रुख़ मौत की तरफ़ था, न ज़िंदगी की तरफ़। रजाइयत की सम्त न क़ुनूतियत की जानिब। उसने आग़ाज़ और अन्जाम को अपनी मुट्ठी में इस ज़ोर से भींच रखा था कि उन दोनों का लहू निचुड़-निचुड़कर उसमें से टपकता रहता था। लेकिन सादियत पसंदों की तरह वह इससे मस्रूर नज़र नहीं आता था। यहाँ फिर उसके जज़्बात गोल हो जाते थे, उन तीन आहिनी गोलों की तरह, जिनको मैंने पहली मर्तबा हसन बिल्डिंग्ज़ के फ़्लैट नंबर एक में देखा था।

उसके शेर का एक मिस्रा है :

नगरी-नगरी फिरा मुसाफ़िर घर का रास्ता भूल गया।

मुसाफ़िर को रस्ता भूलना ही था, इसलिए कि उसने चलते वक़्त नुक़्ता-ए-आग़ाज़ पर कोई निशान नहीं बनाया था। अपने बनाए हुए दायरे के ख़त के साथ-साथ घूमता वह यक़ीनन कई बार उधर से गुज़रा, मगर उसे याद न रहा कि उसने अपना यह तवील सफ़र कहाँ से शुरू किया था। और मैं तो समझता हूँ कि मीराजी यह भूल गया था कि वह मुसाफ़िर है, सफ़र है या रास्ता। यह तस्लीस भी उसके दिलो-दिमाग़ के ख़लियों में दायरे की शक्ल इख़्तियार कर गई थी।

उसने एक लड़की मीरा से मुहब्बत की, और वह सनाउल्लाह से मीराजी बन गया। उसी मीरा के नाम की रिआयत से उसने मीरा बाई के कलाम को पसंद करना शुरू कर दिया। जब उसे अपनी उस महबूबा का जिस्म मयस्सर न आया तो उसने कूज़ागर की तरह चाक घुमाकर अपने तख़ैयुल की मिट्टी से शुरू-शुरू में उसी शक्लो-सूरत के जिस्म तैयार करने शुरू कर दिए, लेकिन बाद में आहिस्ता-आहिस्ता उस जिस्म की साख़्त के तमाम मुज़ैयात, उसकी तमाम नुमाया ख़ुसूसियतें तेज़ रफ़्तार चाक पर घूम-घूमकर नित नई हैयत इख़्तियार करती गईं, और एक वक़्त ऐसा आया कि मीराजी के हाथ, उसके तख़ैयुल की नर्म-नर्म मिट्टी और चाक, मुतवातिर गर्दिश से बिलकुल गोल हो गए। कोई भी टाँग मीरा की टाँग हो सकती थी। कोई भी चीथड़ा मीरा का पैराहन बन सकता था, कोई भी रहगुज़र मीरा की रहगुज़र में तब्दील हो सकती थी, और इन्तिहा यह हुई कि तख़ैयुल की नर्म-नर्म मिट्टी की सौंधी-सौंधी बास सड़ांध बन गई, और वह शक्ल देने से पहले ही उसको चाक से उतारने लगा।

पहले मीरा बुलंद-बाम महलों में रहती थी। मीराजी ऐसा भटका कि रास्ता भूलकर उसने नीचे उतरना शुरू कर दिया। उसको इस गिरावट का मुतलक़न अहसास न था, इसलिए कि उतराई में हर क़दम पर मीरा का तख़ैयुल उसके साथ था, जो उसके जूतों के तलवों की तरह घिसता गया। पहले मीरा आम महबूबाओं की तरह बड़ी ख़ूबसूरत थी, लेकिन यह ख़ूबसूरती हर निस्वानी पोशाक में मल्बूस देख-देखकर कुछ इस तौर पर उसके दिलो-दिमाग़ में मस्ख़ हो गई थी कि उसके सही तसव्वुर की अलमनाक जुदाई का भी मीराजी को अहसास न था। अगर अहसास होता तो इतने बड़े अलमिए के जुलूस के चंद ग़ैर मुब्हम निशानात उसके कलाम में यक़ीनन मौजूद होते, जो मीरा से मुहब्बत करते ही उसके दिलो-दिमाग़ में निकलना शुरू हो गए थे।

हुस्न, इश्क़ और मौत। यह तिकोन पिचककर मीराजी के वुजूद में गोल हो गई थी। सिर्फ़ यही नहीं, दुनिया की हर मुसल्लस उसके दिलो-दिमाग़ में मुदव्वर हो गई थी। यही वजह है कि उसके अर्कान-ए-सुलासा कुछ इस तरह आपस में गडमड हो गए थे कि उनकी तर्तीब दरहम-बरहम हो गई थी। कभी मौत पहले, हुस्न आख़िर और इश्क़ दरमियान में। कभी इश्क़ पहले, मौत उसके बाद और हुस्न आख़िर में। और यह चक्कर ना महसूस तौर

पर चलता रहता था।

किसी भी औरत से इश्क़ किया जाए, तिगडा एक ही क़िस्म का बनता है। हुस्न, इश्क़ और मौत। आशिक़, माशूक़ और वस्ल। मीरा से सनाउल्लाह का विसाल, जैसा कि जाननेवालों को मालूम है, न हुआ या न हो सका। इस न होने या न हो सकने का रद्दे-अमल मीराजी था। उसने मुआश्क़े में शिकस्त खाकर उस तस्लीस के टुकड़ों को इस तरह जोड़ा था कि उनमें एक सालिमियत तो आ गई थी, मगर असलियत मस्ख़ हो गई थी। वह तीन नोकें जिनका रुख़ ख़ते-मुस्तक़ीम में एक-दूसरे की तरफ़ होता है, दब गई थीं। विसाले-महबूब के लिए अब यह लाज़िम नहीं था कि महबूब मौजूद हो। वह ख़ुद ही आशिक़ था, ख़ुद ही माशूक़ और ख़ुद ही विसाल।

मुझे मालूम नहीं, उसने लोहे के यह गोले कहाँ से लिए थे। ख़ुद हासिल किए थे, या उसे कहीं पड़े हुए मिल गए थे। मुझे याद है, एक मर्तबा उनके मुताल्लिक़ मैंने बंबई में उससे इस्तिफ़सार किया था तो उसने सरसरी तौर पर इतना कहा था: "मैंने यह ख़ुद पैदा नहीं किए, अपने आप पैदा हो गए हैं।"

फिर उसने उस गोले की तरफ़ इशारा किया था जो सबसे बड़ा था: "पहले यह वुजूद में आया था। इसके बाद यह दूसरा, जो इससे छोटा है। इसके पीछे यह कोचक।"

मैंने मुस्कराकर उससे कहा था: "बड़े तो बावा आदम अलैहस्सलाम हुए। ख़ुदा उनको वह जन्नत नसीब करे जिससे वह निकाले गए थे⋯दूसरे को हम अम्माँ हव्वा कह लेते हैं और तीसरे को उनकी औलाद!"

मेरी इस बात पर मीराजी ख़ूब खुलकर हँसा था—मैं अब सोचता हूँ तो मुझे उन तीन गोलों पर सारी दुनिया घूमती नज़र आती है। तस्लीस क्या तख़्लीक़ का दूसरा नाम नहीं? वह तमाम मुसल्लसें जो हमारी ज़िंदगी की उकलीदीस हैं मौजूद हैं, क्या उनमें इन्सान की तख़्लीक़ी क़ुव्वतों का निशान नहीं है?

ख़ुदा, बेटा और रूहुलक़ुदूस: ईसाइयत के अक़ानीम—त्रिशूल, महादेव का सेह शाख़ा भाला—तीन देवता ब्रह्मा, विष्णु, महेश; त्रिलोक: आसमान, ज़मीन और पाताल—ख़ुश्की, तरी और हवा—तीन बुनियादी रँग: सुर्ख़, नीला और ज़र्द। फिर हमारे रूसूम और मज़हबी अहकाम—यह तीजे, सोम और तलैंडिया। वुज़ू में तीन मर्तबा हाथ मुँह धोने की शर्त। तीन तलाक़ें और सह गुना मुआनक़े। और जुए में नर्दबाज़ी के तीन पाँसों के तीन नुक़्ते यानि तीन काने। मौसीक़ी की तिय्ये—हयाते-इन्सानी के मलबे को अगर खोद कर देखा जाए तो मेरा ख़याल है, ऐसी कई तस्लीसें मिल जाएँगी, इसलिए कि उसके तवालुद व तनासुल के अफ़ाल का मेहवर भी आज़ाए—सुलासा है।

उक़लीदिस में मुसल्लस बहुत अहम हैसियत रखती है। दूसरी अशकाल के मुक़ाबले में यह ऐसी कट्टर और बेलोच शक्ल है, जिसे आप किसी और शक्ल में तब्दील नहीं कर सकते। लेकिन मीराजी ने अपने दिलो-दिमाग़ और जिस्म में इस तिकोन को, जिसका ज़िक्र ऊपर हो चुका है, कुछ इस तरह दबाया कि उसके रुकन अपनी जगहों से हट गए, जिसका नतीजा यह हुआ कि आस-पास की दूसरी चीज़ें भी इस तिकोन के साथ मस्ख़ हो गईं और

मीराजी की शाइरी ज़हूर में आई।

पहली मुलाक़ात ही में मेरी-उसकी बेतकल्लुफ़ी हो गई थी। उसने मुझे देहली में बताया था कि उसकी जिन्सी इजाबत आमतौर पर रेडियो स्टेशन के स्टूडियोज़ में होती है। जब यह कमरे ख़ाली होते थे तो वह बड़े इत्मीनान से अपनी हाजत रफ़ा कर लिया करता था। उसकी वह जिन्सी ज़लालत ही, जहाँ तक मैं समझता हूँ, उसकी मुब्हम मन्ज़ूमात का बाइस है, वर्ना जैसा कि मैं पहले बयान कर चुका हूँ, आम गुफ़्तगू में वह बड़ा वाज़े दिमाग़ था। वह चाहता था कि जो कुछ उस पर बीती है, अशआर में बयान हो जाए, मगर मुसीबत यह थी कि जो मुसीबत उस पर टूटी थी, उसको उसने बड़े बेढंगे तरीक़े से जोड़कर अपनी निगाहों के सामने रखा था। उसको इसका इल्म था। इस ज़िम्न में वह अपनी बेचारगी बहुत अच्छी तरह महसूस करता था, लेकिन आम आदमियों की तरह उसने अपनी इस कमजोरी को अपना खास रंग बनाने की कोशिश की और आहिस्ता-आहिस्ता उस मीरा को भी अपनी गुमराही की सूली पर चढ़ा दिया।

बहैसियत शाइर के उसकी हैसियत वही है जो गले-सड़े पत्तों की होती है, जिसे खाद के तौर पर इस्तेमाल किया जा सकता है। मैं समझता हूँ, उसका कलाम बड़ी उम्दा खाद है, जिसकी इफ़ादियत एक न एक दिन ज़रूर ज़ाहिर हो के रहेगी। उसकी शाइरी एक गुमराह इन्सान का कलाम है, जो इन्सानियत की अमीक़ तरीन पस्तियों से मुताल्लिक़ होने के बावजूद दूसरे इन्सानों के लिए ऊँची फ़ज़ाओं में मुर्ग़े-बाद नुमा का काम दे सकता है। उसका कलाम एक जिग-सा पज़ल है, जिसके टुकड़े बड़े इत्मीनान और सुकून से जोड़कर देखने चाहिएँ।

बहैसियत इन्सान के वह बड़ा दिलचस्प था। परले दर्जे का मुख़्लिस, जिसको अपनी इस क़रीब-क़रीब नायाब सिफ़्त का मुत्लक़न अहसास नहीं था--मेरा ज़ाती ख़याल है कि वह अशख़ास, जो अपनी ख़्वाहिशाते-जिस्मानी का फ़ैसला अपने हाथों को सौंप देते हैं, आमतौर पर इसी क़िस्म के मुख़्लिस होते हैं। इसमें कोई शक नहीं कि वह ख़ुद को सरीहन धोका देते हैं, मगर इस फ़रेबदिही में जो ख़ुलूस होता है, वह ज़ाहिर है।

मीराजी ने शाइरी की, बड़े ख़ुलूस के साथ। शराब पी, बड़े ख़ुलूस के साथ। भंग पी, वह भी बड़े ख़ुलूस के साथ। लोगों से दोस्ती की और उसे निभाया। अपनी ज़िंदगी की एक अज़ीमतरीन ख़्वाहिश को जुल देने के बाद वह किसी और से धोखा-फरेब करने का अहल ही नहीं रहा था। इस अहलियत कें अख़राज के बाद वह इस क़द्र बेज़रर हो गया था कि बेमिम्रिफ़-सा मालूम होता था। एक भटका हुआ मुसाफ़िर जो नगरी-नगरी फिर रहा है। मंजिलें क़दम-क़दम पर अपनी आग़ोश उसके लिए वा करती हैं, मगर वह उनकी तरफ़ देखे बग़ैर आगे निकलता जा रहा है, किसी ऐसी जगह जिसकी कोई सम्त है न रक़्बा—एक ऐसी तिकोन की जानिब जिसके अर्कान अपनी जगह से हटकर तीन दाइरों की शक्ल में उसके गिर्द घूम रहे हैं।

मैंने मीराजी से उसके कलाम के मुताल्लिक़ दो-तीन जुम्लों से ज़्यादा कभी गुफ़्तगू नहीं की। मैं उसे बकवास कहा करता था, और वह उसे तस्लीम करता था। उन तीन गोलों

और मोटे-मोटे दानों की माला को मैं उसका फ़ाड कहता था। इसे भी वह तस्लीम करता था, हालाँकि हम दोनों जानते थे कि यह चीज़ें फ्राड नहीं हैं।

एक दफ़ा उसके हाथ में तीन के बजाय दो गोले देखकर मुझे बहुत ताज्जुब हुआ। मैंने जब इसका इज़्हार किया तो मीराजी ने कहा : "बुरख़ुर्दार का इंतिक़ाल हो गया है···मगर अपने वक़्त पर एक और पैदा हो जाएगा।"

मैं जब तक बंबई में रहा, यह दूसरा बरख़ुर्दार पैदा न हुआ। या तो अम्माँ हव्वा अक़ीम हो गई थी, या बावा आदम मर्दम ख़ेज़ नहीं रहे थे। यह रही-सही ख़ारिजी तस्लीस भी टूट गई थी। और यह बुरी फ़ाल थी। बाद में मुझे मालूम हुआ कि मीराजी को इसका अहसास था। चुनांचे जैसा कि सुननें में आया है, उसने उसके बाक़ी के दो अक़्नूम भी अपने हाथ से अलहदा कर दिए थे।

मुझे मालूम नहीं, मीराजी घूमता-घामता कब बंबई पहुँचा—मैं उन दिनों "फ़िल्मिस्तान" में था। जब वह मुझसे मिलने के लिए आया, बहुत ख़स्ता हालत में था। हाथ में तीन गोले बदस्तूर मौजूद थे। बोसीदा-सी कापी भी थी, जिसमें ग़ालिबन मीरा बाई का कलाम उसने अपने हाथ से लिखा हुआ था। साथ ही एक अजीब शक्ल की बोतल थी, जिसकी गर्दन मुड़ी हुई थी। इसमें मीराजी ने शराब डाल रखी थी। बवक़्ते-तलब वह उसका काग खोलता और एक घूँट चढ़ा लेता था।

दाढ़ी गायब थी। सर के बाल बहुत हलके थे, मगर बदन की ग़िलाज़त बदस्तूर मौजूद थी। चप्पल का एक पैर दुरुस्त हालत में मौजूद था, दूसरा मरम्मत तलब था। यह कमी उसने पाँव पर रस्सी बाँधकर दूर कर रखी थी। थोड़ी देर इधर-उधर की बातें हुईं। उन दिनों ग़ालिबन "आठ दिन" की शूटिंग हो रही थी। उसकी कहानी मेरी थी, जिसके लिए दो एक गानों की ज़रूरत थी। मैंने इस ख़याल से कि मीराजी को कुछ रुपए मिल जाएँ,उससे यह गाने लिखने के लिए कहा, जो उसने वहीं बैठे-बैठे लिख दिए, मगर खड़े-खड़े क़िस्म के, निहायत वाहियात जो यक्सर ग़ैर फ़िल्मी थे। मैंने जब उसको अपना फ़ैसला सुनाया तो वह ख़ामोश रहा। वापस जाते हुए उसने मुझसे साढ़े सात रुपए तलब किए कि उसे एक अद्धा लेना था।

इसके बाद बहुत देर तक उसको साढ़े सात रुपए देना मेरा फ़र्ज़ हो गया। मैं ख़ुद बोतल का रसिया था। यह मुँह न लगे तो जी पर क्या गुज़रती है, इसका मुझे बख़ूबी इल्म था। इसलिए मै उस रक़म का इंतिज़ाम कर रखता। सात रुपए में रम का अद्धा आता था, बाक़ी आठ आने उसके आने-जाने के लिए होते थे।

बारिशों का मौसम आया तो उसे बड़ी दिक़्क़त महसूस हुई। बंबई में इतनी शदीद बारिश होती है कि आदमी की हड्डियाँ तक भीग जाती हैं। उसके पास फ़ालतू कपड़े नहीं थे, इसलिए यह मौसम उसके लिए और भी ज़्यादा तकलीफ़-देह था। इत्तिफ़ाक़ से मेरे पास एक बरसाती थी, जो मेरा एक हट्टा-कट्टा फ़ौजी दोस्त सिर्फ़ इसलिए मेरे घर भूल गया था कि वह बहुत वज़नी थी और उसके कंधे शल कर देती थी। मैंने उसका ज़िक्र मीराजी से किया और उसके वज़न से भी उसको आगाह कर दिया। मीराजी ने कहा : "कोई परवा

नहीं···मेरे कंधे उसका बोझ बर्दाश्त कर लेंगे।" चुनांचे मैंने वह बरसाती उसके हवाले कर दी, जो सारी बरसात उसके कंधों पर रही।

मरहूम को समंदर से बहुत दिलचस्पी थी। मेरा एक दूर का रिश्तेदार अशरफ़ है। वह उन दिनों पायलट था। जूहू में समंदर के किनारे रहता था। वह मीराजी का दोस्त था। मालूम नहीं, उनकी दोस्ती की बिना क्या थी, क्योंकि अशरफ़ को शेरो-शाइरी से दूर का वास्ता भी नहीं है। बहरहाल मीराजी उसके हाँ रहता था और दिन को उसके हिसाब में पीता था।

अशरफ़ जब अपने झोंपड़े में नहीं होता था तो मीराजी साहिल की नर्म-नर्म और गीली गीली रेत पर वह बरसाती बिछाकर लेट जाता और मुब्हम शेरे-फ़िक्र किया करता था।

उन दिनों हर इतवार को जूहू जाना और दिन भर पीना मेरा मामूल-सा हो गया था। दो तीन दोस्त इकट्ठे होकर सुबह निकल जाते और सारा दिन साहिल पर गुज़ारते। मीराजी वहीं मिल जाता। ऊटपटाँग क़िस्म के मशाग़िल रहते। हमने इस दौरान में शायद ही कभी अदब के बारे में गुफ़्तुगू की हो। हम मर्दों और औरतों के तीन चौथाई नंगे जिस्म देखते थे, दही-बड़े और चाट खाते थे, नारियल के पानी के साथ शराब मिलाकर पीते थे और मीरा जी को वहीं छोड़कर वापस घर चले आते थे।

अशरफ़ कुछ अर्से के बाद मीराजी का बोझ महसूस करने लगा था। वह ख़ुद पीता था मगर अपनी मुक़र्ररी हद से आगे नहीं बढ़ता था, लेकिन मीराजी के मुताल्लिक़ उसे शिकायत थी कि वह अपनी हद से गुज़रकर एक और हद क़ायम कर लेता है, जिसकी कोई हद नहीं होती—बेहोश पड़ा है मगर और माँगे जा रहा है। अपनी इस तलब का दायरा बना लेता है और भूल जाता है कि यह कहाँ से शुरू हुई थी और इसे कहाँ ख़त्म होना था।

मुझे उसकी शराबनोशी के इस पहलू का इल्म नहीं था लेकिन एक दिन इसका तज्रिबा भी हो गया, जिसको याद करके मेरा दिल आज भी अफ़सुर्दा हो जाता है।

सख़्त बारिश हो रही थी, जिसके बाइस बर्क़ी गाड़ियों की नक़्लों-हरकत का सिलसिला दरहम-बरहम हो गया था। 'ख़ुश्क दिन' होने की वजह से शहर में शराब की दुकानें बंद थीं। मुज़ाफ़ात में सिर्फ़ बांद्रा ही एक ऐसी जगह थी जहाँ से मुक़र्ररा दामों पर वह चीज़ मिल सकती थी। मीराजी मेरे साथ था। इसके अलावा मेरा पुराना लंगोटिया हसन अब्बास भी, जो देहली से मेरे साथ चंद दिन गुज़ारने के लिए आया था। हम तीनों बांद्रा उतर गए और डेढ़ बोतल रम ख़रीद ली। वापस स्टेशन पर आए तो राजा मेहंदी अली ख़ाँ मिल गया। मेरी बीवी लाहौर गई हुई थी, इसलिए प्रोग्राम यह बना कि मीराजी और राजा, रात मेरे ही हाँ रहेंगे।

एक बजे तक रम के दौर चलते रहे। बड़ी बोतल ख़त्म हो गई। राजा के लिए दो पैग काफ़ी थे। उनको ख़त्म करके वह एक कोने में बैठ गया और फ़िल्मी गीत लिखने की प्रेक्टिस करता रहा। मैं, हसन अब्बास और मीराजी पीते और फ़ुज़ूल-फ़ुज़ूल बातें करते रहे, जिनका सर था न पैर। कर्फ़्यू के बाइस बाज़ार सुनसान था। मैंने कहा कि अब सोना चाहिए। अब्बास और राजा ने मेरे इस फ़ैसले पर साद किया। मीराजी न माना। अद्धे की

मौजूदगी उसके इल्म में थी, इसलिए वह और पीना चाहता था। मालूम नहीं क्यों, मैं और अब्बास ज़िद में आ गए और हमने वह अद्धा खोलने से इन्कार कर दिया। मीराजी ने पहले मिन्नतें कीं, फिर हुक्म देने लगा। मैं और अब्बास दोनों इंतिहा दर्जे के सिफ़्ले हो गए। हमने उससे ऐसी बातें कीं कि उनकी याद से मुझे नदामत महसूस होती है। लड़-झगड़ कर हम दूसरे कमरे में चले गए।

मैं सुबहख़ेज़ हूँ। सबसे पहले उठा और साथवाले कमरे में गया। मैंने रात को राजा से कह दिया था कि वह मीराजी के लिए स्ट्रेचर बिछा दे और ख़ुद सोफ़े पर सो जाए। राजा स्ट्रेचर में लबालब भरा था, मगर सोफ़े पर मीराजी मौजूद नहीं था। मुझे सख़्त हैरत हुई। ग़ुस्लख़ाने और बावर्चीख़ाने में देखा। वहाँ भी कोई नहीं था। मैंने सोचा, शायद वह नाराज़ी की हालत में चला गया है। चुनांचे वाक़िआत मालूम करने के लिए मैंने राजा को जगाया। उसने बताया कि मीराजी मौजूद था। उसने ख़ुद उसे सोफ़े पर लिटाया था। हम यह गुफ़्तुगू कर ही रहे थे कि मीराजी की आवाज़ आई : ''मैं यहाँ मौजूद हूँ।''

वह फ़र्श पर राजा मेहंदी अली ख़ाँ के स्ट्रेचर के नीचे लेटा हुआ था। स्ट्रेचर उठाकर उसको बाहर निकाला गया। रात की बात हम सबके दिलो-दिमाग़ में औद कर आई, लेकिन किसी ने उस पर तब्सिरा न किया। मीराजी ने मुझसे आठ आने लिए और भारी-भरकम बरसाती उठाकर चला गया। मुझे उस पर बहुत तरस आया और अपने पर बहुत ग़ुस्सा। चुनांचे मैंने दिल ही दिल में ख़ुद को बहुत लानत-मलामत की कि मैं रात को एक निकम्मी-सी बात पर उसको दुख पहुँचाने का बाइस बना।

इसके बाद भी मीराजी मुझसे मिलता रहा। फ़िल्म इन्डस्ट्री के हालात मुन्क़लिब हो जाने के बाइस मेरा हाथ तंग हो गया था। अब मैं हर रोज़ मीराजी की शराब का ख़र्च बर्दाश्त नहीं कर सकता था। मैंने उससे कभी इसका ज़िक्र नहीं किया, लेकिन उसको इल्म हो गया था। चुनांचे एक दिन मुझे उससे मालूम हुआ कि उसने शराब छोड़ने के क़स्द से भंग खानी शुरू कर दी है।

भंग से मुझे सख़्त नफ़रत है। एक-दो बार इस्तेमाल करने से मैं उसके ज़िल्लत आफ़्री नशे और उसके रद्दे-अमल का तज्रबा कर चुका हूँ। मैंने मीराजी से जब उसके बारे में गुफ़्तुगु की तो उसने कहा : ''नहीं... मेरा ख़याल है, यह नशा भी कोई बुरा नहीं। इसका अपना रंग है, अपनी कैफ़ियत है, अपना मिज़ाज है।''

उसने भंग के नशे की ख़ुसूसियत पर एक लेक्चर-सा शुरू कर दिया—अफ़्सोस है कि मुझे पूरी तरह याद नहीं कि उसने क्या कहा था। उस वक़्त मैं अपने दफ़्तर में था और ''आठ दिन'' के एक मुश्किल बाब की मंज़रनवीसी में मश्ग़ूल था—मेरा दिमाग़ एक वक़्त में सिर्फ़ एक काम करने का आदी है—वह बातें करता रहा और मैं मनाज़िर सोचने में मश्ग़ूल रहा।

भंग पीने के बाद दिमाग़ पर क्या गुज़रती है, मुझे इसके मुताल्लिक़ सिर्फ़ इतना ही मालूम था कि गिर्दो-पेश की चीज़ें या तो बहुत छोटी हो जाती हैं, या बहुत बड़ी। आदमी हद से ज़्यादा ज़कीउलहिस हो जाता है। कानों में ऐसा शोर मचता है, जैसे उनमें लोहे के

कारख़ाने खुल गए हैं। दरिया पानी की हल्की-सी लकीर बन जाते हैं और पानी की हल्की-सी लकीरें बहुत बड़े दरिया। आदमी हँसना शुरू करे तो हँसता ही जाता है, रोए तो रोते नहीं थकता।

मीरा जी ने उस नशे की जो कैफ़ियत बयान की, वह मेरा ख़याल है, इससे बहुत मुख़्तलिफ़ थी। उसने मुझे उसके मुख़्तलिफ़ मदारिज बताए थे। उस वक़्त जबकि वह भंग खाए हुए था, ग़ालिबन लहरों की बात कर रहा था : "लो, वह कुछ गड़बड़-सी हुई··· कोई चीज़ इधर-उधर की चीज़ों से मिल-मिलाकर ऊपर को उठी···नीचे आ गई···फिर गड़बड़-सी हुई··· और, आहिस्ता-आहिस्ता आगे बढ़ने लगी···दिमाग़ की नालियों में रेंगने लगी···सरसराहट महसूस हो रही है···पर बड़ी नर्म-नर्म···पहले नून था···पूरे ऐलान के साथ···अब यह ग़ुन्ने में तबदील हो रहा है···धीरे-धीरे···हौले-हौले···जैसे बिल्ली गुदगुदे पंजों पर चल रही है···ओह, ज़ोर से मियाऊँ हुई···लहर टूट गई···ग़ाइब हो गई···" और वह चौंक पड़ता।

थोड़े वक़्फ़े के बाद वह फिर यही कैफ़ियत नए सिरे से महसूस करता : "लो, अब फिर नून के ऐलान की तैयारियाँ होने लगीं···ग़ड़बड़ शुरू हो गई है···आसपास की चीज़ें यह ऐलान सुनने के लिए जमा हो रही हैं···कानाफूसियाँ भी हो रही हैं···हो गया, ऐलान हो गया···नून ऊपर को उठा, आहिस्ता-आहिस्ता नीचे आया···फिर वही गड़बड़, वही काना फूसियाँ···आसपास की चीज़ों के हुजूम में नून ने अँगड़ाई ली और रेंगने लगा···ग़ुन्ना खिंचकर लंबा होता जा रहा है···कोई उसे कूट रहा है, रूई के हथोड़ों से···ज़र्बें सुनाई नहीं देतीं, लेकिन उनका नन्हा-मुन्ना पर से भी हल्का लम्स महसूस हो रहा है···गूँ, गूँ, गूँ···जैसे बच्चा माँ का दूध पीते-पीते सो रहा है···ठहरो, दूध का बुलबुला बन गया है···लो, वह फट भी गया···" और वह फिर चौंक पडता।

मुझे याद है, मैंने उससे कहा था कि वह अपने इस तज्रबे, अपनी इस कैफ़ियत को अशआर में मिनो-अन बयान करे। उसने वादा किया था। मालूम नहीं, उसने उधर तवज्जोह दी या भूल गया।

कुरेद-कुरेदकर मैं किसी से पूछा नहीं करता। सरसरी गुफ़्तगूओं के दौरान में मीराजी से मुख़्तलिफ़ मौज़ूओं पर तबादला-ए-ख़यालात होता था, लेकिन उसकी ज़ातियात कभी मारिज़े गुफ़्तगू में नहीं आई थीं—एक मर्तबा मालूम नहीं, किस सिलसिले में उसकी इजाबते-जिन्सी के ख़ास ज़रिए का ज़िक्र आ गया। उसने मुझे बताया : "इसके लिए अब मुझे ख़ारिजी चीज़ों से मदद लेनी पड़ती है···मिसाल के तौर पर ऐसी टाँगें, जिन पर से मैल उतारा जा रहा है···ख़ून में लिथड़ी हुई ख़ामोशियाँ···"

यह सुनकर मैंने महसूस किया था कि मीराजी की ज़लालत अब इस इंतिहा को पहुँच गई है कि उसे ख़ारिजी ज़राए की इम्दाद तलब करनी पड़ गई है—अच्छा हुआ जो वह जल्दी मर गया, क्योंकि उसकी ज़िंदगी के ख़राबे में और ज़्यादा ख़राब होने की गुंजाइश बाक़ी नहीं रही थी। वह अगर कुछ देर से मरता तो यक़ीनन उसकी मौत भी एक दर्दनाक इब्हाम बन जाती।

रफ़ीक़ ग़ज़नवी

मालूम नहीं क्यों, लेकिन मैं जब भी रफ़ीक़ ग़ज़नवी के बारे में सोचता हूँ तो मुझे मअन[1] महमूद ग़ज़नवी का ख़याल आता है, जिसने हिंदुस्तान पर सत्रह हमले किए थे, जिनमें से बारह मशहूर हैं—रफ़ीक़ ग़ज़नवी और महमूद ग़ज़नवी में इतनी मुमासलत[2] ज़रूर है कि दोनों बुतशिकन[3] हैं—रफ़ीक़ ग़ज़नवी के पेशे-नज़र कोई ऐसा सोमनाथ नहीं था जिसके बुत तोड़कर वह उसके पेट से ज़रो-जवाहर निकालता, फिर भी उसने अपनी ज़िंदगी में कई तवाइफ़ों को, जिनकी तादाद बारह तक पहुँच सकती है, इस्तेमाल किया।

रफ़ीक़ ग़ज़नवी के नाम से मालूम होता है कि उसके आबा व अजदाद[4] ग़ज़नी के रहनेवाले थे—मुझे मालूम नहीं कि उसने ग़ज़नी देखा है या नहीं। मुझे सिर्फ़ इतना मालूम है कि वह पेशावर में रहता था। उसको पश्तो बोलना आती है। अफ़ग़ानी-फ़ारसी भी जानता है। वैसे आमतौर पर वह पंजाबी में गुफ़्तुगू करता है। अंग्रेज़ी अच्छी-ख़ासी लिख लेता है। और अगर वह उर्दू में मज़मूननिगारी करता तो उसका बड़ा नाम होता।

उसको उर्दू अदब से बड़ा शग़फ़[5] है। उसके पास उर्दू लिट्रेचर का काफ़ी ज़ख़ीरा मौजूद है—जब मैंने पहली मर्तबा गुलशन महल, बंबई में उसके कमरे में बड़ी तरतीब से रखी हुई किताबें देखीं तो मुझे बड़ी हैरत हुई। मेरा ख़याल था कि वह महज़ एक मिरासी है, जिसे अदब से कोई वास्ता नहीं हो सकता, लेकिन जब उससे बातें हुईं तो उसने ऐसे-ऐसे मुसन्निफ़ों का नाम लिया जिनसे मैं वाक़िफ़ नहीं था। उसने मेरी मालूमात में यह इज़ाफ़ा किया कि एक अबुलफ़ज़ल सिद्दीक़ी हैं जो चरिंदों और परिंदों की कहानियाँ लिखने के बहुत बड़े माहिर हैं। चुनांचे मैंने उनके अफ़साने पढ़े और पसंद किए।

मेरी समझ में नहीं आता कि यह मज़मून, जो मुझे रफ़ीक़ ग़ज़नवी पर लिखना है, कहाँ से शुरू करूँ? लेकिन मेरा ख़याल है कि मज़मून शुरू हो चुका है और इसका ख़ात्मा बिलख़ैर भी हो जाएगा—मैं अपने हाफ़िज़े[6] को टटोलकर आपको बताना चाहता हूँ कि उससे मेरी पहली मुलाक़ात कब हुई।

अजीब बात है कि उससे जिस्मानी तौर पर मुतार्रुफ़[7] होने से पहले ही मैं उसे जानता था। कैसे जानता था, कब से जानता था, यह मुझे याद नहीं—आज से ग़ालिबन चौबीस-पच्चीस बरस पीछे की बात है, मैं अमृतसर में बिजलीवाले चौक से गुज़र रहा था कि एक पानवाले ने मुझे आवाज़ दी। मैं ज़रा रुककर उसकी दूकान के पास गया तो उसने

मुझसे कहा : "बाबू साहब, इतनी देर हो गई है, अब तो हिसाब चुका दीजिए।"

मैं बहुत मुतहैयर हुआ, इसलिए कि उस पानवाले से मेरा कोई हिसाब-किताब नहीं था—मैंने उससे कहा : "कैसा हिसाब...मैं तो आज पहली मर्तबा तुम्हारी दूकान के पास ठहरा हूँ।"

मेरी बात सुनकर पानवाले के होंठों पर मानीखेज़ मुसकराहट नमूदार हुई : "न देनेवाले इसी तरह कहा करते हैं।"

जब मैंने उससे तफ़सील चाही तो पता चला कि वह मुझे रफ़ीक़ ग़ज़नवी समझ बैठा था जो उससे उधार लेता रहा था—जब मैंने उसे यक़ीन दिलाया कि मैं सआदत हसन मंटो हूँ तो उसने मुझसे कहा कि मेरी और रफ़ीक़ की शक्ल बहुत मिलती-जुलती है।

रफ़ीक़ ग़ज़नवी का नाम तो मैं बहुत पहले सुन चुका था और उससे मिलने की मुझे कोई ख़्वाहिश नहीं थी, पर जब मैंने सुना कि उसकी शक्ल मेरी शक्ल के मुशाबा[8] है तो मुझे उसको देखने का इश्तियाक़[9] पैदा हुआ।

यह वह ज़माना था, जब मैंने आवारागर्दी शुरू कर रखी थी। तबीयत हर वक़्त उचाट-उचाट-सी रहती थी। एक अजीब क़िस्म की खुदबुद हर वक़्त दिलो-दिमाग़ में होती रहती थी। जी चाहता था कि जो चीज़ भी सामने आए, उसे चखूँ, ख़्वाह वह इंतिहा दर्जे की कड़वी ही क्यों न हो।

तकियों में जाता था और क़ब्रिस्तानों में घूमता था। जलियाँवाला बाग़ में घंटों किसी सायादार[10] दरख़्त के नीचे बैठकर किसी ऐसे इन्क़िलाब के ख़्वाब देखता था जो चश्मे-ज़दन[11] में अंग्रेज़ों की हुकूमत का तख़्ता उलट दे। स्कूलों को जाती हुई लड़कियों के झुरमुट देखता था और उनमें से कोई अच्छी-सी लड़की मुंतख़िब करके उससे इश्क़ लड़ाने के मनसूबे तैयार करता था। ब्रम बनाने के नुस्ख़े हासिल करने की कोशिश करता था। बड़े-बड़े गवैयों के गाने सुनता था और क्लासिकल मौसीक़ी को समझने के लिए पेचो-ताब खाता था।

मैंने उस ज़माने में शेर कहने की भी कोशिश की। फ़र्ज़ी माशूक़ों के नाम इत्र लगे काग़ज़ों पर बड़े-बड़े तवील मुहब्बतनामे भी लिखे, मगर बकवास समझकर फाड़ दिए—दोस्तों के साथ मिलकर चरस के सिगरेट पिए, कोकीन खाई, शराब पी, मगर जी की बेकली दूर न हुई।

शदीद आवारगी के इसी दौर में मुझे रफ़ीक़ ग़ज़नवी से मिलने की ख़्वाहिश हुई—चुनांचे मैंने तकियों में, शराबख़ानों में और रंडियों के कोठों पर जा-जाकर पूछा कि रफ़ीक़ ग़ज़नवी कहाँ है, मगर किसी ने उसका ठौर-ठिकाना न बताया। कई बार सुनने में आया कि वह अमृतसर में आया हुआ है। मैंने हर बार बड़ी मुस्तैदी से उसको ढूँढा, मगर उसका निशान न मिला।

एक दिन पता चला कि वह अपने एक दोस्त के हाँ ठहरा हुआ है। उसका वह दोस्त एक दरज़ी था—मैं उसका नाम भूल गया हूँ—उस दरज़ी की बैठक हमारे घर के पास करमो ड्योढ़ी की एक गली में थी, जहाँ वह काम करता था। मैंने रफ़ीक़ को वहाँ तलाश किया।

मालूम हुआ कि वह शहर के बाहर एक ग़ैरआबाद-से इलाक़े में मुक़ीम है, जहाँ उस दरज़ी का घर है—पता मुझे बाले ने दिया। वह ख़ुद वहीं जा रहा था, चुनांचे मैं उसके साथ हो लिया।

मुनासिब मालूम होता है कि यहाँ मैं बाले का तआरुफ़ करा दूँ—मुझे यह बताते हुए दुख होता है कि लोग उसे बाला कंजर कहते थे। मालूम नहीं, इंसानों के साथ उनके आबा व अजदाद की ज़ात क्यों मंसूब कर दी जाती है—बाला, जैसा कि मैं जानता हूँ, निहायत ख़ुशज़ौक़ नौजवान था। तालीमयाफ़्ता, ख़ूबसूरत, हँसोड़, बज़्लासंज,[12] शायर मिज़ाज। उसकी तबीयत में वह जौहर था, जो किसी भी इंसान को फ़न की बुलंदियों पर पहुँचा सकता है—उसको मालूम था कि लोग उसे किस नाम से याद करते हैं, लेकिन उसको इसकी कोई परवाह नहीं थी। वह रहता-सहता वहीं था, जहाँ औरतें अपना जिस्म बेचती हैं—अब वह कराची में रहता है और अपना फ़न बेचता है। पिछले दिनों मुझे एक अख़बार के ज़रिए से मालूम हुआ कि अब वह एक मशहूर मुसव्विर है, जिसकी तसवीरों की नुमाइश अहले-नज़र[13] हज़रात में बहुत मक़बूल हुई है।

बाला गाता भी था, मगर उसकी आवाज़ भद्दी थी— कैप्टेन वहीद, अनवर पेंटर, आशिक़ अली फ़ोटोग्राफ़र, शायर फ़क़ीर हुसैन सलीस और ज्ञानी अरोड़ सिंह दनदानसाज़,[14] इन सबकी एक बहीमाना[15] क़िस्म की टोली थी। इनका उठना-बैठना ज़्यादातर अनवर पेंटर या ज्ञानी अरोड़ सिंह दनदानसाज़ की दूकान में होता था; या इनकी निशस्त जीजे अज़ीज़ के होटल 'शीराज़' और उस दरज़ी की बैठक में होती थी, जिसका नाम मैं भूल गया हूँ।

भंग घोटी या गोश्त में भूनी जाती थी और तबले की थाप पर राग-रागनियाँ, ठुमरियाँ, दादरे अलापे जाते थे—आशिक़ अली फ़ोटोग्राफ़र की आवाज़ सुरीली लेकिन बहुत पतली थी। वह अक्सर रफ़ीक़ ग़ज़नवी की बहरों में गाता था। कैप्टेन वहीद तबला बजाता था। अनवर पेंटर सिर्फ़ दाद देता था। ज्ञानी अरोड़ सिंह दाँत उखेड़ना भूलकर ख़ान साहब आशिक़ अली ख़ाँ की गंभीर और बालिश्त भर चौड़ी आवाज़ में अक्सर पहाड़ी सुनाया करता था और बाला सिर्फ़ लतीफ़े, और कभी-कभी अपनी ताज़ा ग़ज़ल भी। मुझे उसकी एक ग़ज़ल का सिर्फ एक शेर याद रह गया है :

अश्क मिजगाँ[16] पे है अटक-सा गया
नोक-सी चुभ गई है छाले में।

हाले में, शिवाले में, उजाले में, वग़ैरह वग़ैरह—अच्छी ग़ज़ल थी।

ज्ञानी अरोड़ सिंह का अच्छा-भला काम चल रहा था, मगर जिसे आर्ट की चाट पड़ जाए, उसका अल्लाह ही हाफ़िज़ है। राग की दुनिया में वह ऐसा खोया कि दनदानसाज़ी की दूकान मय जुमला साज़ो-सामान के ग़ायब हो गई—अनवर पेंटर का भी दीवाला पिट गया। आशिक़ अली फ़ोटोग्राफ़र का भी यही हाल हुआ, चुनांचे वह एक दिन अमृतसर से ऐसा

ग़ायब हुआ कि अभी तक लापता है। जीजे अज़ीज़ का नामो-निशान तक बाक़ी न रहा। अब वह लाहौर में मतब[17] करता है। शायर फ़क़ीर हुसैन सलीस साबुन बना रहा है—ज्ञानी अरोड़ सिंह कामयाब एक्टर बना, मगर अब सुना है कि उसने दुनिया त्याग दी है और ख़ुदा से लौ लगाए बैठा है—कैप्टेन वहीद ने पाँच बच्चोंवाली एक औरत से शादी कर ली। आजकल ठेकेदारी करता है।

रफ़ीक़ ग़ज़नवी जिस रंग में पहले था, उसी में है। कराची में रेस के घोड़े दौड़ाता है और फ़िल्मों में मौसीक़ी भरता है।

बड़ी मुसीबत है, मैंने जब भी ऐसे मोज़ूआत पर क़लम उठाया, जो पुरानी यादों के मुताल्लिक़ हैं, तो हमेशा बहक गया—अब देखिए, मैं बात रफ़ीक़ ग़ज़नवी से मिलने की कोशिश की कर रहा था और चला गया फ़र्आत[18] में, लेकिन सच पूछिए तो मुझे फ़र्आत ही से मुहब्बत है और मैं ज़िंदगी को भी एक फ़रई चीज़ समझता हूँ।

हाँ जनाब, तो मैं बाले के साथ हो लिया—अप्रैल की ख़ुनक रात थी। ताँगा देर तक चलता रहा। आख़िर बाले ने एक नीम तारीक मक़ाम पर उसे ठहराया। बात तेईस-चौबीस बरस पहले की है, लेकिन मुझे अच्छी तरह याद है कि जिस एकमंज़िला मकान में हम दाख़िल हुए, वह पेड़ों और झाड़ियों से घिरा हुआ था। अंदर लालटेन जल रही थी—मीधा मोटा और वह दरज़ी, जिसका नाम मैं भूल गया हूँ, अपने चंद दोस्तों के साथ बैठे फ़लैश खेलने और शराब पीने में मश्ग़ूल थे।

मुझे मीधे मोटे से सख़्त नफ़रत थी। अव्वल तो यह कि वह मोटा और बहुत ताक़तवर था और दूसरे यह कि वह ज़बर्दस्ती मुझे फ़लैश खेलने को कहता और पत्तेबाज़ी करके मुझ पर आठ-दस रुपए का क़र्ज़ चढ़ा देता। फिर वह दूसरे-तीसरे दिन मुझे किसी बाज़ार या गली में पकड़ लेता और अपना ख़ौफ़नाक चाक़ू दिखाकर अपने पैसे वसूल कर लेता।

बाले ने दरज़ी से रफ़ीक़ के बारे में पूछा तो जवाब मिला कि वह दो रोज़ से ग़ायब है। कहाँ है, या हो सकता है, इसके मुताल्लिक़ उसे इल्म नहीं था—दरज़ी ने कहा : "बाले, तुम्हें मालूम ही है⋯जब वह किसी कोठे पर चढ़ता है, पंद्रह दिन के बाद ही नीचे उतरता है।"

बाला मुसकरा दिया, जिसका साफ़ मतलब यह था कि उसको अच्छी तरह मालूम है। रफ़ीक़ ग़ज़नवी से मिलने की मेरी यह कोशिश भी बेकार गई।

ग़ालिबन एक बरस के बाद मैंने रफ़ीक़ ग़ज़नवी का फ़ोटो आशिक़ अली फ़ोटोग्राफ़र के डार्करूम में एक डिश में पानी पर तैरता हुआ देखा।

आशिक़ अली बहुत अच्छा फ़ोटोग्राफ़र था। ग़ालिबन वह पहला शख़्स था, जिसने फ़ोटोग्राफ़ी के क़दीम उसूलों की ख़िलाफ़वर्ज़ी[19] की—आमतौर पर फ़ोटोग्राफ़र यह करते थे कि अपने गाहक को ख़ुश करने के लिए उसके चेहरे की वह तमाम लकीरें दूर कर देते थे, जो इंसान में उसके किरदार और तशख़्ख़ुस[20] की मज़हर[21] होती हैं। फ़ोटोग्राफ़र आमतौर पर गाहक के चेहरे को छिला हुआ आलू बना देते थे, जिस पर न कोई दाग़-धब्बा हो और न कोई सलवट या लकीर—आशिक़ अली कहता था, फ़ोटोग्राफ़र का काम यह है कि इंसान को उस तरह पेश करे जिस तरह कि वह उसे देखता है; कैमरे का काम सिर्फ़ अक्स लेना है

और बस—आशिक़ अली फ़ोटोग्राफ़र रोशनी और साये के इम्तिज़ाज[22] का ख़ास ख़याल रखता था।

रफ़ीक़ ग़ज़नवी की जो तसवीर मैंने देखी, मेरा ख़याल है, वह आशिक़ अली का शाहकार थी— रफ़ीक़ ने अरबों का लिबास पहना हुआ था। उसका लंबोतरा चेहरा बहुत पुरकशिश था। ख़द्दोख़ाल[23] तीखे और नुकीले नहीं थे, मगर जाज़िबे-नज़र[24] थे। बड़ी वजीह शक्लो-सूरत थी। नाक लंबी जो फुनंग के क़रीब चौड़ी हो गई थी। होंठ एक-दूसरे में पेवस्त। उनके दोनों तरफ़ छोटी-छोटी तिकोनें। बाल पीछे की तरफ़ कंघी किए हुए। लंबी क़लमें—मुझे उसमें और अपने में कोई मुमासलत नज़र न आई। मालूम नहीं, उस पानवाले को मुझ पर उसका धोखा कैसे हो गया था।

आशिक़ अली ने मुझे बताया कि रफ़ीक़ परसों आया था और उसी रोज़ शाम को वापिस लाहौर चला गया—मैं लाहौर पहुँचा तो मालूम हुआ कि वह रावलपिंडी में है। अब रावलपिंडी कौन जाता। मैं वापिस अमृतसर चला आया। आठवें रोज़ पता चला कि वह अमृतसर ही में एक तवाइफ़ के मकान पर नज़रबंद था—मैं झुँझला गया।

कई बरस गुज़र गए, मगर रफ़ीक़ ग़ज़नवी से मुलाक़ात की कोई सबील[25] पैदा न हुई। मैं यूँ भी थक-हारकर उसको तलाश करने की सरगर्मी तर्क कर चुका था। इस दौरान में अलबत्ता यह मालूम होता रहा कि वह कटड़ा घुनियाँ की क़रीब-क़रीब तमाम मशहूर तवाइफ़ों को 'सरफ़राज़'[26] कर चुका है।

रफ़ीक़ ग़ज़नवी की अपने मख़्सूस तर्ज़ में गाई हुई ग़ज़लें हर कोठे पर गाई जाती थीं।

यह क्या है जी?

रफ़ीक़ की बहर[27] है।

यह क्या अंदाज़ है सरकार?

हुज़ूर, रफ़ीक़ ग़ज़नवी का अंदाज़ है।

यह चकनाचूर घड़ी रफ़ीक़ साहब की है—कल उन्होंने तान जो ली तो ज़ोर से हाथ हिलाया। कलाई दीवार के साथ टकराई और घड़ी के हुए हज़ार टुकड़े।

परसों रफ़ीक़ ग़ज़नवी एक रंडी के कोठे पर गाना सुनाने लगा। साज़ सुर में किए गए—रफ़ीक़ ने तबलेवाले से कहा: "तुम भी करो सुर में अपने तबले···" तबलची ने कहा: "मैं कर चुका हूँ···" रफ़ीक़ ने कहा: "दुबारा करो···दाएँ तबले पर अभी-अभी एक मक्खी बैठ गई थी।"

लानत है उस मक्खी पर और लानत है रफ़ीक़ ग़ज़नवी पर।

उन दिनों यह ग़ज़ल आमतौर पर रफ़ीक़ की बहर में गाई जाती थी—देखिए, हाफ़िज़े पर ज़ोर देकर उसका कोई शेर याद करता हूँ—नहीं याद आ रहा—कुछ ऐसा ही था: "सो रहे हैं पासबाँ यार है ख़्वाबे-नाज़ में···" और ख़ुदा मालूम क्या: "न वो ग़ज़नवी में तड़प रही न वो ख़म है ज़ुल्फ़े-अय्याज़[28] में···" शायद इक़बाल की कोई ग़ज़ल थी—माफ़ कीजिएगा, मेरा हाफ़िज़ा बहुत कमज़ोर है।

इसके बाद मालूम हुआ कि ए.आर. कारदार लाहौर में पंजाब की पहली मुतकल्लिम[29]

फ़िल्म 'हीररॉझा' बना रहा है और रफ़ीक़ उसका हीरो है; हीरोइन अमृतसर की एक तवाइफ़ अनवरी है; जो आजकल रेडियो पाकिस्तान के डिप्टी डायरेक्टर जनरल जनाब अहमद सलमान साबिक़ जुगल किशोर मेहरा की बेगम हैं, क़ैदू का पार्ट एम. इस्माईल को दिया गया है।

फ़िल्म बन गई, मगर मैं लाहौर न जा सका, मालूम नहीं क्यों।

इस दौरान में मुख़्तलिफ़ अफ़वाहें सुनने में आती रहीं—कारदार का रफ़ीक़ से झगड़ा हो गया है। रफ़ीक़ अनवरी से रोमांस लड़ा रहा है। अनवरी की माँ सख़्त बरहम[30] है। ज़रूर एक रोज़ चाक़ू-छुरी चलेंगे।

एक दिन यह ख़बर आई कि रफ़ीक़ बड़े ड्रामाई अंदाज़ में अनवरी को ले उड़ा है।

यह ख़बर सच्ची थी—वाक़ई वह अनवरी को ले उड़ा था—अनवरी की माँ बहुत चीख़ी-चिल्लाई थी। रफ़ीक़ के पीछे गुंडे भी लगाए गए थे, मगर उसने कोई परवाह न की और शर्बते-विसाल व्हिस्की के साथ मिला-मिलाकर पीता रहा।

आख़िर एक दिन उसने अनवरी को उसकी माँ के पास अमृतसर रवाना कर दिया, इन फ़ातिहाना[31] मगर निहायत तकलीफ़देह अल्फ़ाज़ के साथ : ''लो सँभालो अपनी 'सुंड की पुड़ी' को।''

वह बेचारी अब अपनी 'सुंड की पुड़ी' को क्या सँभाल के रखती। जिस दिन के लिए उसने उसे सँभाल-सँभाल के रखा हुआ था, उस पर तो रफ़ीक़ ग़ासिबाना[32] क़ब्ज़ा कर चुका था। कर चुका था क्या, करके फ़ारिग़ भी हो चुका था। चुनांचे अनवरी की माँ ने मसलहत इसी में समझी कि वह यह 'पुड़ी', दूसरे लफ़्ज़ों में अपनी 'कुड़ी' ग़ैरमश्रूत[33] तौर पर रफ़ीक़ ग़ज़नवी के हवाले कर दे।

रफ़ीक़ ग़ज़नवी का हुस्नो-इश्क़ के सोमनाथ पर यह पहला मार्काआरा[34] हमला था।

अनवरी के बत्न और रफ़ीक़ के नुत्फ़े[35] से एक लड़की पैदा हुई, जिसका नाम ज़रीना रखा गया—जो जवान होकर नसरीन के फ़िल्मी नाम से ए.आर. कारदार की फ़िल्म 'शाहजहाँ' में 'रूही' के रूप में जलवागर हुई—हाल ही में रेडियो पाकिस्तान के डिप्टी डायरेक्टर जनरल जनाब अहमद सलमान साबिक़ जुगल किशोर मेहरा की दुख़्तरे-नेक अख़्तर की हैसियत से इसी लड़की का निकाह कराची में एक साहिबे-सर्वत से हुआ है।

कई और बरस गुज़र गए—इस दौरान में किन-किन मराहिल से मुझे गुज़रना पड़ा, उनका ज़िक्र मुनासिब मालूम नहीं होता, इसलिए कि इस मज़्मून का मोज़ूँ सिर्फ़ रफ़ीक़ ग़ज़नवी की ज़ात है।

मैं बंबे पहुँच गया और वहाँ बहुत देर तक अख़बारों में झक मारता रहा—इस दौरान में मुझे मालूम हुआ कि रफ़ीक़ ने अनवरी को छोड़ दिया है और अब कलकत्ते में है, जहाँ वह फ़िल्मों के लिए मौसीक़ी मुरत्तब करता है।

मैं लिखना शुरू कर चुका था और अदबी हलक़ों में मेरा तआर्रुफ़ भी हो गया था, इसलिए उर्दू अदब से दिलचस्पी लेनेवाले मुझे जानने लगे थे देर तक अख़बारों में झक मारने के बाद मैं फ़िल्मी दुनिया में दाख़िल हुआ। यहाँ भी एक-दो बरस झक मरना पड़ी।

अपने लिए कोई मक़ाम पैदा करते-करते मैं 'हिंदुस्तान सिने टोन' पहुँच गया, जिसके मालिक सेठ नानू भाई देसाई थे। आपने कई फ़िल्म कंपनियाँ क़ायम कीं और उनका दीवाला निकाला—अब उन्होंने 'हिंदुस्तान सिने टोन' के नाम से एक नई फ़िल्म कंपनी क़ायम की थी, जिसके क़याम के साथ ही दीवाले के आसार नज़र आने लगे थे।

मैंने इस कंपनी के लिए 'मड' यानी 'कीचड़' के उनवान से एक कहानी लिखी जो पसंद की गई। यह कहानी इश्तिराकी[36] ख़यालों पर उस्तुवार[37] की गई थी। मुझे हैरत है, उस ज़माने में सेठ नानू भाई ने इसे क्यों पसंद किया!

मैं मुकालमे लिखने में मसरूफ़ था कि मुझसे किसी ने कहा : "रफ़ीक़ ग़ज़नवी स्टूडियो में मौजूद है और तुमसे मिलना चाहता है।"

पहला सवाल जो मेरे दिमाग़ में पैदा हुआ, यह था कि वह मुझे कैसे जानता है—मैं सोच ही रहा था कि एक लमतड़ंग आदमी बहुत उम्दा सिले हुए सूट में नमूदार हुआ—यह रफ़ीक़ ग़ज़नवी था।

उसने कमरे में दाख़िल होते ही मुझे एक मोटी-सी गाली दी और कहा : "तो तुम यहाँ छुपे बैठे हो।"

उसी लम्हे, उसी सानिए[38] मुझे ऐसा महसूस हुआ कि मैं रफ़ीक़ ग़ज़नवी को अज़ल[39] से जानता हूँ—चुनांचे हम देर तक इधर-उधर की बातें बड़े बेतकल्लुफ़ अंदाज़ में करते रहे।

उसके लबो-लहज़े, उसकी हरकातो-सकनात[40] में एक अजीब सतही क़िस्म का लाउबालियानापन[41] था—जो तसवीर मैंने आशिक़ अली फ़ोटोग्राफ़र के डार्करूम में डिश के अंदर पानी में डुबकियाँ लगाती देखी थी, उसमें और गोश्त-पोस्त के रफ़ीक़ ग़ज़नवी में यह फ़र्क़ था कि वह गुंग थी और यह मुतकल्लिम।

रफ़ीक़ ग़ज़नवी के तकल्लुमे-अंदाज़[42] उस पर सजता नहीं था—अगर उसके होंठ न खुलते ... और अगर खुलते तो बेहंगम तरीक़ पर न खुलते कि उसके भद्दे दाँतों और मसूड़ों की बेवजह नुमाइश होती तो मुझे कोई एतिराज़ न होता। अगर उसकी गुफ़्तगू में बाज़ारियत का रंग न होता तो मैं शायद उसके भद्दे दाँतों और मसूड़ों को भी बर्दाश्त कर लेता, मगर मामला इसके बरअक्स था।

उसके हाथ नचाने का अंदाज़ भी मुझे पसंद न आया। मुझे यह महसूस होता कि वह जिससे मुख़ातिब है, बड़े अदना तबक़े से ताल्लुक़ रखता है। यह एहसास, ज़ाहिर है, मेरे लिए ख़ुशगवार नहीं था—बहरहाल चूँकि पहली मुलाक़ात थी और वह भी इतने इश्तियाक़ के बाद, मैंने इन छोटी-छोटी बातों का गहरा असर न लिया।

जब रफ़ीक़ जाने लगा तो उसने मुझे बताया कि वह बंबे सेंट्रल स्टेशन के सामने एक होटल में, जिसका नाम मैं भूल गया हूँ, ठहेरा है—वह बड़ी बेसरो-सामानी[43] की हालत में क़लकत्ते से आया था और उसको उम्मीद थी कि बंबई में उसे काम मिल जाएगा।

चूँकि उसने मुझे मदऊ किया था, इसलिए मैं शाम को उसके होटल में पहुँचा। थोड़ी-सी तलाश के बाद मुझे उसका कमरा मिल गया—अंदर दाख़िल होते ही सबसे पहले मुझे एक कोने में क़ालीन के एक टुकड़े पर विचित्र वीणा नज़र आई जो रेशमी कपड़े से ढकी

हुई थी। उसके सामने दूसरे कोने में रफ़ीक़ के जूते थे जो बड़े सलीक़े से रखे हुए थे—फिर मुझे एक औरत नज़र आई जिसके तवाइफ़ होने में कोई शको-शुब्हा नहीं था। वह ज़ोहरा थी, जो अब ज़ोहरा मिर्ज़ा है। मिर्ज़ा साहब किसी ज़माने में फ़िल्म डायरेक्टर थे और अब पंद्रह-सोलह बरस से वह एक फ़िल्म कंपनी खोलने की कोशिश में मसरूफ़ हैं।

ज़ोहरा के साथ दो बच्चे थे, एक लड़का और एक लड़की। लड़का छोटा था और लड़की बड़ी, जिसका नाम परवीन था। यह लड़की बाद में फ़िल्मी दुनिया में शाहीना के नाम से दाख़िल हुई। इसकी पहली फ़िल्म 'बेली' थी जिसकी कहानी मेरी थी और जो बहुत बुरी तरह नाकाम हुई—जब मैंने इस लड़की को ज़ोहरा के साथ देखा, उसकी उम्र उस वक़्त पाँच बरस की होगी।

देखिए, मैं लिखते-लिखते वाक़िआत की रौ में ऐसा बहा हूँ कि आपको यह बताना भूल ही गया कि जब मैं फ़िल्मी दुनिया में दाख़िल हुआ था, यानी जब मैंने इंपीरियल फ़िल्म कंपनी में बतौर मुंशी मुलाज़मत की थी तो उस ज़माने में दो नौजवान लड़कियाँ लाई गई थीं। एक दुबली थी, दूसरी मोटी—यह दोनों लड़कियाँ ज़ोहरा की छोटी बहनें थीं, शैदाँ और हीराँ।

शैदाँ बला की चंचल थी। बोटी-बोटी पड़ी नाचती थी। नाक-नक़्शा अच्छा—लेकिन बहुत तेज़ बोलती थी, इतनी तेज़ कि एक लफ़्ज़ दूसरे लफ़्ज़ पर सवार हो जाता। मुझे उससे गुफ़्तगू करते वक़्त बहुत उलझन होती थी—रफ़ीक़ से मुलाक़ात होने से पहले की बात है, मुझे शैदाँ से ही मालूम हुआ था कि फैकू भाई जान रफ़ीक़ ग़ज़नवी तो अनवरी को छोड़ चुके हैं और उन्होंने उसकी बड़ी बहन ज़ोहरा से ब्याह कर लिया है—शैदाँ को इंपीरियल की रंगीन फ़िल्म 'हिंद माता' में काम मिल गया था और जो कामयाब रही थी।

हीराँ मोटी और फुसफुस थी। यही वजह है कि वह फ़िल्मों में न चल सकी।

मैं आपको यह दिलचस्प लतीफ़ा सुनाता हूँ : एक रोज़ मैं किसी काम से इंपीरियल फ़िल्म कंपनी के मालिक सेठ आरडेशर ईरानी से मिलने गया। दफ़्तर का स्विंग डोर[44] खोलता हूँ तो क्या देखता हूँ, सेठ बड़े इत्मीनान से शैदाँ का एक पिस्तान[45] यूँ दबा रहे हैं, जैसे किसी मोटर कार का हार्न—मैं उलटे पाँव वापस चला आया।

अब मैं फिर ज़ोहरा की लड़की परवीन की तरफ़ आता हूँ—उसकी आँखें नीली थीं, जिस तरह ज़रीना अलमारूफ़[46] नसरीन की हैं—रफ़ीक़ की आँखें नीली नहीं। अनवरी और ज़ोहरा की आँखें भी नीली नहीं और रफ़ीक़ की यह दोनों बीवियाँ बिलतरतीब ज़रीना और परवीन की माएँ हैं—असल में आँखों का यह नीलापन दोनों लड़कियों को उनकी दादी से मिला है, जिसकी आँखें यह बड़ी-बड़ी और नीलगूँ थीं और जो क़द-काठ की बहुत तगड़ी थी, मगर चुनिया बेगम* की रसिया।

ख़ैर!

रफ़ीक़ मुझसे मिला—मैं कमरे का जाइज़ा लेते ही भाँप गया था कि वह इंतिहाई कसमपुरसी के आलम में बंबई आया है, और तलाशे-रोज़गार में सरगर्दां है।

* चुनिया बेगम यानी अफ़ीम।

मैं यहाँ आपको रफ़ीक़ ग़ज़नवी की अजीबो-ग़रीब शख़्सियत का एक अजीबो-ग़रीब पहलू दिखाना चाहता हूँ—जब उस पर बंबई की ज़बान में कड़की बमानी मुफ़िलसी का ज़माना आता है तो वह बेहतरीन लिबास पहनता है। जब ये दौर गुज़र जाता है तो वह मामूली कपड़े पहनने लगता है—यूँ वह हर लिबास में बाँका-सजीला नज़र आता है। उसको हर लिबास पहनने का सलीक़ा है।

होटल के कमरे में हम थोड़ी देर रहे। इसके बाद नीचे बग़ीचे में चले गए—मैं व्हिस्की की बोतल अपने साथ लाया था, चुनांचे हम देर तक पीते और बातें करते रहे—इस दौरान में एक दिलचस्प वाक़ा ज़हूरपज़ीर हुआ।

हम पी रहे थे कि एक भरे-भरे जिस्म और अच्छे-ख़ासे डीलडौल की औरत आई। उसने रफ़ीक़ की तरफ़ अपनी चुंधी आँखों से देखा और मुसकराकर कुर्सी पर बैठ गई—रफ़ीक़ ने उसको गिलास पेश किया जो उसने ले लिया। इसके बाद रफ़ीक़ ने मेरा उससे तआरुफ़ कराया।

वह कोई फ़िल्म ज़दा औरत थी। मैं उसे औरत ही कहूँगा, इसलिए कि वह लड़कपन की हुदूद से बहुत आगे निकल चुकी थी—रफ़ीक़ ने मुझे बताया कि वह सिख मज़हब से ताल्लुक़ रखती है और काफ़ी मालदार है; बंबई सिर्फ़ इसलिए आई है कि उसे अशोक कुमार के सिर्फ़ एक बार दर्शन हो जाएँ। मैंने इससे कहा : "साली, छोड़ अशोक कुमार को··· अपना डील-डौल देख··· तुम्हारी छाती पर अगर अशोक कुमार को बिठा दूँ तो ऐसा मालूम होगा, तोता तोप चला रहा है।"

ज़िला जगत[47], फबती रफ़ीक़ का महबूब तरीन मश्ग़ला[48] है, बल्कि यूँ कहिए कि उसकी तबीयत बन चुका है—वह सिखनी, जिसका नाम मैं भूल गया हूँ, वह फबती सुनकर ख़ामोश रही, लेकिन रफ़ीक़ ने बड़े ज़ोर का क़हक़हा बुलंद किया और देर तक हँसता रहा।

यह भी उसकी आदत है कि फबती कसेगा, चुस्त हो या फुसफुसी, कोई दाद दे या न दे, वह ख़ुब अपने को ख़ूब दाद देगा। इतना हँसेगा, इतना शोर मचाएगा कि मज़बूरन आपको भी उस ग़ुल-ग़पाड़े में शरीक होना पड़ेगा।

सिखनी मामूली शक्ल-सूरत की थी। मोटे-मोटे नक़्श, बहुत ही तंग माथा, मर्दनुमा—रफ़ीक़ उससे बातें कर रहा था, मगर मुझे एहसास था कि उसे उस औरत से कोई दिलचस्पी नहीं। रफ़ीक़ की बातें महज़ बराए बातें थीं। वह उस पर यह ज़ाहिर कर रहा था कि वह उससे जिस्मानी रिश्ता क़ायम करना चाहता है, मगर उस औरत के दिलो-दिमाग़ पर अशोक कुमार सवार था।

रफ़ीक़ ने जब ज़ोर दिया तो वह ठेट देहाती सिखनियों के अंदाज़ में झुँझला के बोली : "सुन ले रफ़ीक़, मैं कुत्तों····"

रफ़ीक़ ने फ़ौरन उसे टोका : "बस-बस··· तू नहीं जानती, मैं बहुत बड़ा कुत्ता हूँ, बड़ी आला नस्ल का।"

नस्ल-वस्ल के मुताल्लिक़ मैं कुछ नहीं जानता हूँ, लेकिन इतना कह सकता हूँ कि रफ़ीक़ ग़ज़नवी वाक़ई बहुत बड़ा कुत्ता है, जिसकी दुम सिर्फ़ तवाइफ़ें ही हिला सकती हैं।

कोई शरीफ़ ख़ातून लाख पुचकारे-चुमकारे, रफ़ीक़ की दुम में ख़फ़ीफ़-सी भी जुंबिश पैदा नहीं होगी।

यह मेरी और उसकी पहली मुलाक़ात थी—इसके बाद हम एक-दूसरे से मिलते-जुलते रहे।

मैं यहाँ उसके किरदार का एक और पहलू वाज़ेह कर दूँ कि वह अव्वल दर्जे का कमीना, सफ़ला[49] और ख़ुदग़र्ज़ है। अपनी ज़ात उसके लिए सबसे मुक़द्दम[50] है। वह खाना जानता है, खिलाना नहीं जानता। लेकिन मतलब होगा तो वह बड़ी पुरतकल्लुफ़ दावतें भी करेगा, मगर उन दावतों में भी वह मेहमानों का कुछ ख़याल न करते हुए सबसे पहले मुर्ग़ के बेहतरीन हिस्से अपनी प्लेट में डाल लेगा।

वह दोस्तों को बहुत कम सिगरेट पेश करता है—मैं आपको एक वाक़ा सुनाता हूँ, जब मुझे बड़ी ख़िफ़्फ़त का सामना करना पड़ा। एक स्टूडियो में उससे मुलाक़ात हुई। जंग का ज़माना था। सिगरेटों के तमाम अच्छे ब्रांड ब्लेक मार्केट में बिकते थे। मैंने उसके हाथ में करेवन ए का डिब्बा देखा। यह मेरे मरग़ूब[51] सिगरेट हैं। मैंने हाथ बढ़ाकर डिब्बा पकड़ना चाहा, मगर उसने अपना हाथ झटककर एक तरफ़ कर लिया।

मैंने कहा : "एक सिगरेट देना यार!"

उसने पीछे हटकर डिब्बा अपनी जेब में डाल लिया : "नहीं मंटो''' अव्वलन मैं अपना सिगरेट किसी को नहीं दिया करता, सानियन[52] यह सिगरेट आला दर्जे के हैं, तुम्हारी आदत बिगड़ जाएगी''' तुम अपने गोल्ड फ़्लैक पिया करो।"

मेरे जाननेवाले तीन-चार आदमी पास खड़े थे। मैं पानी-पानी हो गया। समझ न आया, क्या कहूँ और क्या करूँ। लाचार खिसियाना होकर अपनी टाँग नोचना शुरू कर दी।

रफ़ीक़ परले दर्जे का बेग़ैरत है। कहने को तो पठान है, लेकिन ग़य्यूर[53] क़तअन नहीं—सुना है कि पहले उसका सिलसिला ज़ोहरा की माँ से था। इसके बाद उसकी बड़ी लड़की मुशतरी से हुआ। फिर ज़ोहरा की बारी आई और आख़िर में ज़ोहरा की बहन शैदाँ की।

मुझे मालूम नहीं, शैदाँ से उसका टाँका कैसे मिला—इतना याद है कि वह उन दिनों माहिम में रहता था। एंक्लेटिव मैन्शन की बालाई मंज़िल पर उसका फ़्लैट था। उसके सामने मेरी बहन रहती थी।

मेरी शादी हो चुकी थी और मैं एडेलफ़ी चेंबर्ज़, क्लेयर रोड में मुक़ीम था—रफ़ीक़ का हमारे यहाँ आना-जाना था। रेडियो स्टेशन पर भी हमारी मुलाक़ात अक्सर हो जाती थी।

एक रोज़ वह अपना प्रोग्राम ख़त्म करके स्टूडियो से बाहर निकला तो बड़ी अफ़रातफ़री में था। देर के बाद मिला था, इसलिए मैंने पूछा : "सुनाओ रफ़ीक़, क्या हो रहा है आजकल?"

उसने जवाब दिया : "इश्क़ हो रहे हैं''' दुबले हो रहे हैं।"

वाक़ई इश्क़ हो रहे थे—एक दिन मालूम हुआ कि ज़ोहरा की छोटी बहन शैदाँ ने अफ़ीम खा ली है—ज़ोहरा भी चुनिया बेगम की आशिक़ है—दोनों बहनों में ज़बर्दस्त चख़

हुई थी। ज़ोहरा को सख़्त नागवार गुज़रा था कि शैदां उसके ख़ाविंद को उससे छीन रही है—अल्लड़ जवान शैदाँ को उसका फैकू भाईजान, मालूम नहीं, मुहब्बत के कितने जाम पिला चुका था। वह सर से पैर तक नशे में डूबी हुई थी। वह जो कहते हैं, इश्क़ और जंग में हर एक चीज़ जाइज़ है, बस वह ख़ुद को हक़ बजानिब समझती थी और फिर ख़ुद रफ़ीक़ भी उसकी तरफ़ माइल था। उसकी समझ में नहीं आता था कि उसकी बड़ी बहन ज़ोहरा मौतरिज़[54] क्यों है।

चख़ ज़बर्दस्त लड़ाई की शक्ल अख़्तियार कर गई। नतीजा यह निकला कि शैदाँ ने ज़ोहरा की अफ़ीम उड़ाकर निगल ली, ताकि इश्क़ की राह में अपनी जान दे दे—लेकिन जिसको अल्लाह रखे, उसे कौन चखे। शैदाँ शहादत का रुत्बा हासिल करते-करते बच गई, और इस हादिसे का अंजाम बख़ैर यूँ हुआ कि रफ़ीक़ बड़ी बहन ज़ोहरा के दिल का मकान ख़ाली करके छोटी बहन शैदाँ के दिल की नई कोठी में अक़ामत पज़ीर[55] हो गया।

सुना है 'तातीलों'[56] में वह कभी-कभी ज़ोहरा और शैदाँ की मोटी बहन हीराँ के दिल के डाकबँगले में भी ठहर जाया करता था—रहे नाम अल्लाह का और उसके एक नाचीज़ बंदे रफ़ीक गजनवी का।

जब रफ़ीक़ का इश्क़ ज़ोरों पर था, उस ज़माने में लेडी जमशेजी रोड, माहिम के 'गुलशन महल' में लाहौर क एक लाला जी आके ठहरे। आपके साथ एक ख़ूबसूरत लड़की ज़ैबुन्निसा थी। लाला जी अजीबो-ग़रीब आदमी थे। उनके पास आग लगाने को रुपया भी काफ़ी मौजूद था। उनको इस बात की कोई परवाह नहीं थी कि उनकी ज़ैबुन्निसा पसे-पर्दा[57] क्या करती है, क्या नहीं करती। वह अपने चुग़दपने में मस्त रहना चाहते थे—रफ़ीक़ दो-एक मर्तबा लाला जी से मिलने आया तो उसकी आँख ज़ैबुन्निसा से लड़ गई। लड़की सादा लोह थी। ग़रीब ने घर की सब अच्छी चादरें, ग़िलाफ़, दरियाँ वग़ैरह रफ़ीक़ के हवाले कर दीं। उसको खिलाती-पिलाती भी रही, लेकिन रफ़ीक़ बहुत जल्द उससे उकता गया—मैंने वजह पूछी तो कहने लगा : ''यार, बड़ी शरीफ़ औरत है··· मुझे लुत्फ़ नहीं आता।।''*

रफ़ीक़ को औरत में शराफ़त बहुत बुरी तरह खलती है, मालूम नहीं क्यों—यही हो सकता है कि उसका वास्ता चूँकि शुरू ही से एक ऐसे तबक़े की औरतों से पड़ा था, फ़हशकलामी और जुगतबाज़ी जिनका ओढ़ना-बिछौना होती है और जो सस्ते और बाज़ारू क़िस्म के मज़ाक़ करती हैं और ऐसे ही हँसी-ठट्ठे की दूसरों से तवक़्क़े करती हैं, इसलिए रफ़ीक़ के लिए शरीफ़ ख़्वातीन में कोई कशिश नहीं है—उसकी जिस्मानी हिस्सयात को बीवीपना बेदार नहीं कर सकता।

कहने को तो वह हर उस तवाइफ़ का शौहर था जो उसकी नीम बायराना ज़िंदगी में

---

* एक अहम और क़ाबिले-ग़ौर बात : मंटो और रफ़ीक़ ग़ज़नवी की पहली मुलाक़ात गालिबन सन अड़तीस में हुई। मंटो ने अफ़साना 'बाबू गोपीनाथ' सन सैंतालीस में लिखा और यह ख़ाका 'रफ़ीक़ ग़ज़नवी' सन चव्वन में—इस पैराग्राफ़ में जो वाक़ा दर्ज है, यही वह ख़ाम मवाद है जो 'बाबू गोपीनाथ' की बुनियाद बना है। —संपादक

आई, लेकिन दर हक़ीक़त वह उसका गाहक था। आम गाहक नहीं–ख़ास गाहक जो तवाइफ़ से लेता है, उसको देता नहीं; जैसा कि रफ़ीक़ अपनी इब्तिदाई ज़िंदगी में था।

जहाँ तक मैं समझता हूँ, ज़िंदगी भी रफ़ीक़ के नज़दीक एक तवाइफ़ है। वह हर रात उसके साथ सोता है। सुबह उठते ही पहले साँस के साथ वह उससे जुगतबाज़ी शुरू कर देता है। उसका गाना सुनता है, अपना सुनाता है। फक्कड़बाज़ी होती है और यूँ एक दिन ख़त्म हो जाता है।

मैंने उसको कभी मलूल नहीं देखा। वह बेहयाई और ढिटाई की हद तक हर वक़्त ख़ुश रहता है। यही वजह है कि वह तंदुरुस्त है। इतनी उम्र होने पर भी आप उसे मुअम्मर[58] नहीं कह सकते। बल्कि जूँ-जूँ उसकी उम्र में इज़ाफ़ा हो रहा है, वह जवान होता चला जा रहा है। मुझे कोई ताज्जुब नहीं होगा, अगर सौ बरस पूरे होने पर वह नन्हा-मुन्ना बच्चा बन जाए और अँगूठा चूसना शुरू कर दे।

वह शिवाजी पार्क में रहता था कि शैदाँ के मुर्दा बच्चा पैदा हुआ–मैं और मेरी बीवी अफ़सोस करने गए तो एक अजीबो-ग़रीब तमाशा देखने में आया।

रफ़ीक़ फ़र्श पर क़राक़ली टोपी पहने नमाज़ पढ़ने के अंदाज़ में बैठा था–मैं अंदर दाख़िल हुआ तो दूसरे कमरे से ज़ोहरा सियाह मातमी लिबास में नमूदार हुई। उसके बाल खुले थे और आँखें नमनाक। उसके साथ उसका रफ़ीक़ के बादवाला शौहर मिर्ज़ा था जो रफ़ीक़ के लड़के की मौत से बहुत मुतास्सिर दिखाई देता था–दूसरे कमरे से शैदाँ के रोने की आवाज़ आई तो ज़ोहरा लपककर अंदर गई और बुलंद आवाज़ में उसको दिलासा देने लगी।

मैं रफ़ीक़ के पास मब्हूत[59] बैठा सोच रहा था कि या अल्लाह, यह क्या मज़ाक़ है–रफ़ीक़ किसी ज़माने में ज़ोहरा का ख़ाविंद था। ज़ोहरा के बत्न से रफ़ीक़ के दो बच्चे थे, जो इस कमरे से उस कमरे में जाते थे और कभी उस कमरे से इस कमरे में आते थे। रफ़ीक़ अब ज़ोहरा की छोटी बहन शैदाँ का शौहर था और ज़ोहरा का शौहर था मिर्ज़ा–शैदाँ एक तरफ़ ज़ोहरा की बहन थी और दूसरी तरफ़ सौत–ज़ोहरा के बत्न से रफ़ीक़ के बच्चे शैदाँ के क्या लगते थे। बहनों के आपसी रिश्ते से ज़ोहरा की बच्ची परवीन तो शैदाँ की भानजी थी और बच्चा महमूद भानजा। और शैदाँ के जो मुर्दा लड़का पैदा हुआ था, वह ज़ोहरा का भानजा था। रफ़ीक़ के ताल्लुक़ से ज़ोहरा और शैदाँ बच्चों की सौतेली माएँ थीं–ज़ोहरा के बच्चों, परवीन और महमूद का रिश्ता रफ़ीक़ के नुत्फ़े के पेशे-नज़र रखते हुए शैदाँ के मुर्दा लड़के से जो हुआ, ज़ाहिर था–रफ़ीक़ और मिर्ज़ा, दोनों एक-दूसरे के हमज़ुल्फ़[60] थे⋯

मैं चकरा गया–लेकिन रफ़ीक़ ने बरवक़्त मुझे इस उलझन से निजात दिला दी। उसने कहा : "आओ बाहर चलें।"

हम बरामदे में पहुँचे तो रफ़ीक़ ने क़राक़ली टोपी उतारकर ज़ोर से एक तरफ़ फेंक दी और सिगरेट सुलगाकर कहा : "दुर फ़िट्टे मुँह⋯ग़म करते-करते चेहरा लंबोतरा हो गया है।" और खिलखिलाकर हँसने लगा।

ग़ैरत, शर्म और हया शायद इज़ाफ़ी चीज़ें हैं। आप मुझसे बहस करेंगे तो मैं मान लूँगा

कि यह वाक़ई इज़ाफ़ी हैं—भाई-बहन के इज़्दिवाजी[61] रिश्ते में क्या क़बाहत[62] है; बाप-बेटी के जिस्मानी ताल्लुक़ में क्या बुराई है; इसी तरह इग़लामबाज़ी[63] को ख़िलाफ़े-वज़ेह[64] फ़ितरी अमल क्यों क़रार दिया जाता है, जब कि यह रुझान इंसान की फ़ितरत में अज़ल से मौजूद है—कुछ भी हो, आप मुझे कमज़ोर कह लीजिए, रजअतपसंद बना दीजिए, लेकिन इन बातों के तसव्वुर ही से मुझे घिन आती है।

अर्सा हुआ, मैं बंबे से अपने किसी मुक़दमे के सिलसिले में लाहौर आया। उन दिनों रफ़ीक़ भी वहीं था। उससे मुलाक़ात सैयद सलामतुल्ला शाह के नीलामघर में हुई।

अल्लाह बख़्शे, शाह साहब बड़े रंगीले आदमी थे—मैंने उनसे रफ़ीक़ का पूछा तो उन्होंने बताया कि अंदर कमरे में है और बहुत ख़ुश है।

लाहौर ही में मुझे मालूम हुआ कि वह अमृतसर में अनवरी के बत्न से अपनी बेटी ज़रीना अलमारूफ़ नसरीन से मुलाक़ात करके आया है—रफ़ीक़ ने ज़रीना का बचपन देखा था। उसकी जवानी देखने का इत्तिफ़ाक़ नहीं हुआ था—असल में अनवरी ने कोई ऐसा मौक़ा ही नहीं आने दिया था कि ज़रीना अपने बाप को देख सकती। उससे यही कहा गया था कि वह बहुत बदसूरत और बदमाश है।

रफ़ीक़ के दोस्तों ने मिलजुलकर मन्सूबा बनाया और बाप-बेटी की मुलाक़ात का इंतिज़ाम कर दिया—रफ़ीक़ अमृतसर पहुँचा और ज़रीना से मिला।

रफीक ने मुझसे कहा : "मंटो, सरोक़द, बेहद ख़ूबसूरत, जवानी से भरपूर... मैंने जब उसे अपने बाज़ुओं में भींचा तो ख़ुदा की क़सम मज़ा आ गया।"

मैं रफ़ीक़ के इन अल्फ़ाज़ पर कोई तब्सिरा नहीं करना चाहता।

रफ़ीक़ ने मुझे बताया कि वह रुख़्सत होने ही वाला था कि अनवरी आन टपकी—उनमें हल्की-सी चख़ हुई।

रफ़ीक़ ने अनवरी से कहा : "ख़ामोश रह अनवरी... शुक्रिया अदा कर कि तुझे एक सोने की कान का मालिक बना दिया है मैंने..."

मालूम नहीं, रफ़ीक़ ने ऐसी सोने की कानें किस-किसको अता की हैं—रोज़े-महशर[65] जब खुदाई होगी, उसी वक़्त पता चल सकेगा—वैसे रफ़ीक़ ने एक बार मुझसे कहा था : "मालूम नहीं, मेरे बच्चे-बच्चियों की तादाद कितनी है... अल्लाह बेहतर जानता है कि वह सबसे बड़ा मर्दुमशुमार[66] है।"

रफ़ीक़ की एक 'सगी' बीवी भी थी, यानी सेहरे-जलवों की ब्याही... यह ग़रीब शादी के तीन-चार साल बाद ही मर गई। इसके बत्न से एक लड़की ज़ाहेरा है, जो पहले फ़िल्म डायरेक्टर ज़िया सरहदी* की बीवी थी और अब तलाक़ लेकर कराची में अपने बाप के साथ रहती है। मुझे इस लड़की की ज़िंदगी की क़ब्ल अज़ वक़्त[67] तबाही का बहुत अफ़सोस है

---

* ज़िया सरहदी ने तक़सीम के बाद दो अच्छी फ़िल्में, 'हम लोग' (बलराज साहनी और नूतन) और 'फ़ुटपाथ' (दिलीप कुमार और मीनाकुमारी) बनाई थीं—'महबूब प्रोडक्शंज़' के लिए अपनी तीसरी फ़िल्म 'आवाज़' बनाने के बाद ज़िया सरहदी ग़ालिबन सन चव्वन में पाकिस्तान चला गया था। — संपादक

और मैं समझता हूँ, इस तबाही में रफ़ीक़ का हाथ है, इसलिए कि वह हमेशा उसको अपनी ज़िंदगी का साँचा पेश करता था और कहता था : "तुम इसमें ढल जाओ।"

नतीजा इसका यह हुआ कि वह आज एक इब्रतअंग्रेज़[68] ख़राबे में तब्दील हो चुकी है—उसकी शादी के मुताल्लिक़ बंबे में एक झगड़ा-सा पैदा हो गया था, वह भी रफ़ीक़ की ग़फ़लत के बायस। उसको दूर करने के लिए उसने ज़ाहेरा से कहा : "देख पुत्तर, तू नज़ीर लुधियानवी से शादी नहीं करना चाहती, न कर... ज़िया सरहदी से कर... तज़बज़ब[69] में है तो दोनों से कर... अगर दोनों तुम्हें धोखा दे जाएँ तो कोई फ़िक्र न करना... मैं तेरा सबसे बड़ा ख़ाविंद हूँ, तेरा बाप।"

नज़ीर लुधियानवी को ज़ाहेरा ने धोखा दिया और ज़ाहेरा को ज़िया सरहदी ने। अब वह अपने सबसे बड़े ख़ाविंद, अपने बाप रफ़ीक़ ग़ज़नवी के पास है। बीड़ियाँ पीती है और उनकी राख में अपनी जवानी की वह तमाम चुलबुलाहटें कुरेद-कुरेदकर निकालने की नाकाम कोशिश करती है, जो कोई मुस्तक़िल[70] संजीदा शक्ल इख़्तियार कर सकती थीं।

मैं ज़ाहेरा के मुताल्लिक़ और कुछ नहीं लिखूँगा, इसलिए कि मेरे दुख में इज़ाफ़ा होगा।

रफ़ीक़ में खिलंदड़ापन इस उम्र में भी मौजूद है। छोटी-सी बात होगी और वह हँस-हँसकर अपना बुरा हाल कर लेगा। बहुत ख़ुश होगा तो उछलना-कूदना शुरू कर देगा।

हम फ़िल्मिस्तान में 'चल चल रे नौजवान' बना रहे थे। हीरो अशोक कुमार और हीरोइन परी चेहरा नसीम-बानो‡ थी। रफ़ीक़ इस फ़िल्म में एक रोल अदा कर रहा था—उसने मुझे बताया था कि वह नसीम की माँ छमियाँ यानी शमशाद को जानता है, जो किसी ज़माने में दिल्ली की क़यामतख़ेज़ तवाइफ़ थी।

दिल्ली में एक रात रफ़ीक़ को छमियाँ के बालाख़ाने पर जाने का इत्तिफ़ाक़ हुआ—छमियाँ गा रही थी और साथ-ही-साथ बिल्लौरी सुराही से जाम भर-भर के पेश कर रही थी। मुजरा सुननेवाले शहर के रईस थे—रफ़ीक़ की तरफ़ देखकर छमियाँ मुसकराई और उसे इशारे से अपने पास बुलाकर एक जाम पेश किया—शहर के रईस तो पी-पिलाकर चले गए और रफ़ीक़ पंद्रह रोज़ तक छमियाँ के बालाख़ाने में ज़ेरे-हिरासत[72] रहा।

मैंने नसीम से उसका तआरुफ़ कराया—रफ़ीक़ ने नसीम को जब दिल्ली में देखा था तो वह छोटी-सी बच्ची थी, जो बक़ौल रफ़ीक़ हर वक़्त चुनरिया ओढ़े इधर-उधर फुदकती रहती थी।

नसीम भी रफ़ीक़ को जानती थी। उनमें जो गुफ़्तुगू हुई, बहुत पुरतकल्लुफ़ थी। इसकी वजह यह थी कि नसीम अदब-आदाब और रख-रखाव मल्हूज़[73] रखती है। उसने रफ़ीक़ को ऐसा कोई मौक़ा न दिया कि वह 'ढीली' क़िस्म की कोई बात कर सकता।

रफ़ीक़ इसी में ख़ुश था, इतना ख़ुश कि मेरे कमरे में पहुँचते ही उसने बेतहाशा नाचना

---

‡ नसीमबानो : फ़िल्म 'पुकार' की नूरजहाँ—सायराबानो की माँ और दिलीप कुमार की सास।

शुरू कर दिया। नसीम के हुस्न की तारीफ़ में ज़मीन-आसमान के कुलाबे मिलाता वह मेज़ पर चढ़ा, फिर वहाँ से धम करके फ़र्श पर गिरा और लोटने लगा। लोटते-लोटते मेज़ के नीचे चला गया। उठा तो उसका सिर तड़ाक़ से मेज़ के साथ टकराया। इसकी परवाह न करते हुए वह मेज़ के नीचे से निकला और गाने लगा :

वह चले झटक के दामन मेरे दस्ते-नातवाँ[74] से
वह...वह...वह चले...वह चले...वह चले

मेरा ख़याल है, रफ़ीक़ चाहता था कि नसीमबानो से भी सिलसिला हो जाए, मगर अँगूर खट्टे थे, इसलिए उसने कोशिश फ़िज़ूल समझी और नसीम को देख-देखकर ही अपना जी पिशौरी करता रहा।

नूरजहाँ ग़ालिबन उसके हत्ते चढ़ जाती लेकिन वह बहुत बुरी तरह फ़िल्म डायरेक्टर सैयद शौकत हुसैन रिज़वी की मुहब्बत में गिरफ़्तार थी। मैं इसके मुताल्लिक़ किसी क़दर तफ़सील[75] से अपने मज़मून 'नूरजहाँ' में लिख चुका हूँ—अलबत्ता रक़्क़ासा सितारा बग़ैर रफ़ीक़ की ख़्वाहिश के और बग़ैर अपने इरादे के 'सरफ़राज़' हो गई।

पी.एन. अरोड़ा और सितारा का झगड़ा था और बीच में एक्टर नज़ीर भी फँसा हुआ था। इस तिगडम की गिरहें खोलते-खोलते रफ़ीक़ ने सितारा की गिरह भी खोल दी, कुछ इस तरह कि न रफ़ीक़ को पता चला और न सितारा को।

जिन दिनों सोहराब मोदी 'सिकंदर' बना रहा था, उन्हीं दिनों ज़हूर अहमद बंबई में जिस्मफ़रोशों की मंडी पवन पुल से एक नोवारिद और नौजवान तवाइफ़ मीना को ले उड़ा था और फिर उसने उस नौख़ेज़[76] को अपनी बीवी बना लिया था—मीना बाद में सोहराब मोदी के 'मिनरवा मोवीटोन' में मुलाज़िम हो गई।

रफ़ीक़ ग़ज़नवी ने 'सिकंदर' के लिए एक मार्शल कोरस मुरत्तब किया। उसके बोल शायद यह थे :

ज़िंदगी है प्यार की, प्यार से बिताए जा
हुस्न के हुज़ूर में अपना सिर झुकाए जा

यह कोरस बहुत मक़बूल[77] हुआ। शायद इसी ख़ुशी में उसने मीना के हुस्न के हुज़ूर में अपना सर झुका दिया, मगर ज़्यादा देर तक झुकाए न रखा। बस तीन-चार सजदे किए और मुसल्ला[78] उठाकर चल दिया।

पवन पुल ही में हैदराबाद से दो बहनें ग़ालिबन शहज़ादा मुअज़्ज़म जा से अपनी जान छुड़ाकर आबाद हुईं। बड़ी का नाम अख़्तर था, छोटी का अनवर। इनका वतन दरअसल आगरा था—अनवर बाली उम्र की थी, यही कोई चौदह-पंद्रह बरस की। उसकी मिस्सी की रस्म अभी तक अदा नहीं हुई थी—दोनों बहनें मुजरा करती थीं—बड़ी बहन अख़्तर पर हमारे दिल्ली के एक दोस्त हलदिया साहब सौ जान से फ़िदा थे।

एक रात मुझे हलदिया साहब के साथ इन दो बहनों के बालाख़ाने पर जाने का इत्तिफ़ाक़ हुआ।

मुजरा सुनने के बाद बातें शुरू हुईं तो रफ़ीक़ ग़ज़नवी का ज़िक्र आ गया—मैंने कहा : "बड़ा हरामज़ादा है।"

छोटी अनवर ने एक तीखी-सी मुसकराहट के साथ मेरी तरफ़ देखा : "आपकी शक्ल उससे मिलती-जुलती है।"

मुझसे कोई जवाब बन न आया और मैं पेचो-ताब खा के रह गया।

इस वाक़े का ज़िक्र मैंने रफ़ीक़ से किया—वह उनको नहीं जानता था। मुझसे पता पूछकर उसने उनके यहाँ आना-जाना शुरू कर दिया—मेरा ख़याल है, यह सिलसिला कम-अज़-कम एक बरस तक जारी रहा।

रफ़ीक़ ने पेशगोई[79] की थी कि अनवर एक दिन बहुत बड़ी मुग़ैयना[80] बनेगी और ठुमरी गाने में उसका कोई जवाब न होगा—रफ़ीक़ की पेशगोई सही साबित हुई। जिन लोगों ने अनवर को सुना है, इसकी तस्दीक़ करेंगे।

बंबें के बाद मैंने अनवर बाई आगरेवाली को दिल्ली रेडियो स्टेशन में देखा, जहाँ मैं उन दिनों मुलाज़िम था—अनवर हड्डियों का ढाँचा थी।

अल्लाह अल्लाह क्या इन्क़िलाब था। चंद बरसों ही में यह काया पलट—पवन पुल का वह चुलबुलापन, वह शरीर और तीखा ग़मज़ा[81] मालूम नहीं, कौन ज़ालिम उसके वुजूद से नोचकर ले गया था। अब वह एक लंबी आह था, बड़ी नाज़ुक, हवा के हल्के से हलकोरे से भी जिसके हज़ार टुकड़े हो सकते थे—माइक्रोफ़ोन के सामने गावतकिए का सहारा लेकर वह बैठ जाती, अपनी नहीफ़ गर्दन पर सर का सारा बोझ उठाती और तानपूरे के साथ अपना सुर लगा देती—उसकी आवाज़ सुननेवालों की रूह की गहराइयों में उतर जाती।

रफ़ीक़ गवैया कम है, मदारी ज़्यादा है—वह आपको अपना गाना सुनाने से पहले ही वज्द में ले जाएगा। बाजे के किसी सुर पर उँगली रखेगा और ख़ुद पर सर ता पा[82] रिक़्क़त तारी करके कहेगा : "हाय!" यह हाय बहुत लंबी होगी। फिर वह दूसरे सुर को दबाएगा और पहले से भी लंबी 'हाय' उसके हलक़ से निकलेगी, जो सामईन के रौंगटे खड़े कर देगी। इसके बाद वह बाजे में मज़ीद हवा भरेगा। उसकी आँखों की पुतलियाँ ऊपर चढ़ जाएँगी और एक जिगरदोज़[83] आह उसके सीने की गहराइयों से निकलेगी। और जब वह किसी और सुर पर उँगली रखेगा तो उस पर वज्द की कैफ़ियत तारी हो जाएगी। क़रीब होगा कि सुननेवाले अपने कपड़े फाड़ने और सर के बाल नोचने लगें, वह एकदम बेतहाशा हँसना शुरू कर देगा और फिर गाने लगेगा—आपको यूँ महसूस होगा कि प्यासी ज़मीन पर सावन की झड़ी खुलकर बरस जाने के बाद कोई माशकी अपनी मशक से छिड़काव कर रहा है।

गाते वक़्त वह बहुत बुरे-बुरे मुँह बनाता है। ऐसा लगता है कि उसे क़ब्ज़ है और उसके पेट में शिद्दत का दर्द है, जिसके बायस वह पेचो-ताब खा रहा है, कराह रहा है। उसको गाते देखकर, ख़ास तौर पर जब वह कोई पक्का गाना गा रहा हो, या तो ख़ुद आपको तकलीफ़ होगी, या उसकी हालत पर तरस आएगा और आप ख़ुलूसे-दिल से दुआ करेंगे कि ख़ुदा उसे इस करब से निजात दिलाए।

इज़रा मीर ने बंबे के बहुत से दौलतमंद यहूदियों के साथ मिलकर लाखों के सरमाए से

एक फिल्म कंपनी क़ायम की तो अपनी पहली फ़िल्म 'सितारा' के म्यूज़िक के लिए रफ़ीक़ ग़ज़नवी को मुंतख़िब किया—इज़रा मीर ख़ूबसूरत है। उसके साथी, यहूदी सरमाएदार भी ख़ुशशक्ल और रोबदाबवाले थे—रफ़ीक़ जब उनके साथ खड़ा होता था तो बिलकुल अलग नज़र आता था। उसकी शान ही दूसरी थी।

रफ़ीक़ जब काम शुरू करता है तो बड़े ठाट से शुरू करता है—एक सौ साज़िंदे होंगे, जिनके झुरमुट में खड़ा वह सबको हिदायात दे रहा होगा। पंजाबी मिरासियों के साथ मीरासीपन चल रहा होगा, बात-बात पर फबती और जुगत। जो क्रिश्चियन होंगे, उनसे अंग्रेज़ी में मज़ाक़ हो रहे होंगे। जो यू. पी. के होंगे, उनसे उर्दू में 'शुस्ताकलामी'[84] हो रही होगी।

एक दिन रफ़ीक़ दफ़्तर में इज़रा मीर के साथ बैठा फ़िल्म के किसी गाने के मुताल्लिक़ तबादला ख़यालात कर रहा था। मैं भी पास बैठा था। कोई बात करते-करते वह फ़ौरन रुक गया—दफ़्तर से ज़रा दूर म्यूज़िक-रूम था। वहाँ साज़िंदे उसकी एक कंपोज़िशन की रिहर्सल कर रहे थे—रफ़ीक़ ने अपने कान का रुख़ उस तरफ़ किया, जहाँ से आवाज़ आ रही थी और नाक-भौं चढ़ाकर बड़े अज़ीयत[85] भरे लहजे में कहा : "डैम इट...एक वायलन आऊट ऑफ़ ट्यून है।" और उठकर म्यूज़िक-रूम की तरफ़ चला गया।

मुझे मौसीक़ी से कोई शग़फ़ नहीं, गो मैंने अपने वक़्त के तमाम बड़े-बड़े गानेवालों और गानेवालियों को सुना है, लेकिन मैं राग विद्या न समझ सका।

रफ़ीक़ के मुताल्लिक़ मैं इतना ज़रूर कह सकता हूँ कि वह सुरीला नहीं है—मौसीक़ी का इल्म वह कहाँ तक जानता है, इसके बारे में राय देना मेरी तरफ़ से बहुत बड़ी ज़्यादती होगी। अलबत्ता वह लोग जो ख़ुद मौसीक़ार हैं और जिनका मौसीक़ी के मैदान में काफ़ी नाम है, उनमें से अक्सर का यह कहना है कि रफ़ीक़ बेसुरा है और सुर से एक-एक दो-दो सूत्र हट के गाता है—वल्लाहो-आलम बिल्सवाब[86]।

थोड़े ही दिन हुए, नूरजहाँ से बातें हो रही थीं कि रफ़ीक़ का ज़िक्र छिड़ गया—मैंने नूरजहाँ से रफ़ीक़ के बारे में दूसरों की मुंदरिजा बाला तनक़ीस[87] का ज़िक्र किया तो उसने जीभ दाँतों तले दबाकर और दोनों कानों को अपनी उँगली से छूते हुए कहा : "तौबा, तौबा...वह उस्ताद है, अपनी तर्ज़ का वाहिद मालिक।"

लेकिन नूरजहाँ ने यह तस्लीम किया कि अब रफ़ीक़ की आवाज़ में वह पहली-सी चमक-दमक नहीं रही और यह महज़ उम्र का तक़ाज़ा है। जहाँ तक इल्म का ताल्लुक़ है, नूरजहाँ उसे गुनी कहती है।

उसके एक गुन का मैं भी मौतरिफ़[88] हूँ :

वह बेशर्म है, बेहया है, बेग़ैरत है—लेकिन औबाश[89] नहीं।

उसकी उफ़्ताद[90], आम आदमी की नहीं, एक आर्टिस्ट की उफ़्ताद है।

वह अगर शरीअत[91] का पाबंद नहीं तो मुरव्विजा क़वानीन[92] का पाबंद ज़रूर है।

वह अगर किसी का दोस्त नहीं तो किसी का दुश्मन भी नहीं।

वह अगर सही मानों में किसी औरत का शौहर नहीं तो जहाँ तक मैं समझता हूँ, आज

तक उसने किसी औरत को मजबूर नहीं किया कि वह सही मानों में उसकी बीवी बने।

शरीफ़ औरतें चूँकि उसके मतलब की नहीं, इसलिए वह उनका एहतिराम करता है। ग़ैर शरीफ़ औरतें चूँकि उसको अच्छी लगती हैं, इसलिए वह उनकी बेहुर्मती[93] करता है—बैंक में रुपया हो तो अच्छे और शानदार कपड़े पहनने की ज़रूरत महसूस नहीं करता। बैंक बैलेंस ख़ाली हो तो अच्छे और शानदार कपड़े पहनना ज़रूरी समझता है।

दिल्ली के एक मुअज़्ज़ज हिंदू ख़ानदान की एक तालीमयाफ़्ता नौजवान दोशीज़ा को रफ़ीक़ से मुहब्बत हो गई। वह देर तक उसको इश्क़िया ख़त लिखती रही।

रफ़ीक़ बंबे में था कि उस लड़की का एक ऐसा ख़त आया कि वह परेशान हो गया—मुझे बड़ी हैरत हुई कि रफ़ीक़ और परेशानी दो मुतज़ाद[94] चीज़ें हैं?

उसने मुझे सारी रामकहानी सुनाई और कहा : "मंटो, यह लड़की पागल हो गई है...मैं एक हरजाई मर्द हूँ। मुझे इस अफ़लातूनी मुहब्बत से क्या वास्ता...कहती है, घर से भागकर मेरे पास आ जाएगी...आ जाए, ठीक है, लेकिन मैं कब तक उसकी शरीफ़ और पाकीज़ा मुहब्बत से चिपका रहूँगा...ख़ुदा के लिए तमाम शरीफ़ औरतें अपने घर में रहें, शादी करें, बच्चे जनें और जाएँ जहन्नम में...मुझे उनका इश्क़ दरकार नहीं...मेरी सारी उम्र गुज़र गई है खोटे सिक्के चलाते...खरे सिक्के मुझसे न चल सकेंगे।"

चुनांचे रफ़ीक़ ने उस हिंदू दोशीज़ा को ऐसा दिलशिकन ख़त लिखा कि वह अपने इरादे से बाज़ आ गई।

रफ़ीक़ पर मेरा यह मज़मून तिश्ना[95] है, और मुझे इसका शदीद एहसास है—उस पर किसी अख़बार, रिसाले या किताब के लिए जब भी कोई मज़मून लिखेगा, तिश्ना ही रहेगा, इसलिए कि उसकी हज़ार पहलू शख़्सियत का अहाता चंद सफ़हात नहीं कर सकते। ज़िंदगी रही तो मैं अपने तास्सुरात[96] क़लमबंद करके एक मुकम्मल किताब की सूरत में पेश करूँगा।*

आख़िर में एक लतीफ़ा सुन लीज़िए : "फ़िल्म 'चल चल रे नौजवान' के ज़माने में रफ़ीक़ ने प्रोड्यूसर एस. मुकर्जी, डायरेक्टर ज्ञान मुकर्जी, अशोक कुमार, पी.एल. संतोषी, शाहिद लतीफ़ और मेरी दावत की—हम सब रफ़ीक़ के मकान वाक़े शिवाजी पार्क पहुँचे। रफ़ीक़ हल्के-हल्के सुरूर में हारमोनियम सामने रखे फ़र्श पर बैठा था। पास ही शैदाँ थी और उसका भाई।

हम पहुँचे तो उसने हमारा इस्तिक़बाल किया—मेरा गालियों से और बाक़ियों का सलामों से।

शराब के दो-तीन दौर चले—दूसरों को उसने स्कॉच दी और मुझे अपनी हिंदुस्तानी सोलन—वह हस्बे-आदत बात-बात पर मुझे गालियाँ देता रहा—मैंने कोई जवाब न दिया।

खाना लगाया गया—हस्बे-मामूल उसने मुर्ग़े के गोश्त के अच्छे-अच्छे टुकड़े

---

* अफ़सोस, ज़िंदगी न रही—यह 'चंद सफ़हात' लिखने के बाद एक बरस के अंदर [illegible] गया और रफ़ीक़ ग़ज़नबी की 'हज़ार पहलू शख़्सियत' वक़्त की गर्द तले दब गई। —संपादक

निकालकर अपनी प्लेट में रख लिए।

खाना खाने के बाद एक-एक करके सब चले गए—मैं बैठा रहा।

शैदाँ अंदर जा के सो गई—रफ़ीक़ ज़्यादा पीने का आदी नहीं। वह पहले ही से बंबई की ज़बान में 'चकार' था। मुरग़न[97] खानों से उसकी आँखें मुँदने लगीं।

मैं चुपके से उठा, दूसरे कमरे में जाकर बड़े इत्मीनान से अलमारी खोली और स्कॉच की बोतल उठा लाया—आधी से कुछ कम थी। मैं आराम से पीता रहा और साथ-ही-साथ उसके साले को भी देता रहा—कभी-कभी मैं रफ़ीक़ को उकसा देता और वह ग़ुनूदगी[98] के आलम में चंद लुकनतभरी गालियाँ मुँह से उगल देता।

अब जो मैंने मुग़लज़ात बकना शुरू कीं तो रफ़ीक़ बिलबिला उठा—मेरी गालियों की फ़ेहरिस्त कोई इतनी लंबी-चौड़ी नहीं। दो-तीन बार मुँह भरा तो गालियाँ ख़त्म हो गईं। मैंने यह उस्तादी की कि एक गाली आधी करता और दूसरी आधी गाली के साथ जोड़कर लुढ़का देता। इस तरकीब से भी ज़्यादा देर तक काम न चला—लेकिन मैंने सोचा, कमबख़्त को होश कहाँ है; जो अल्लमग़ल्लम मुँह में आए, निकाल बाहर फेंको—चुनांचे मैंने यही किया।

रफ़ीक़ नशे में चूर पेचो-ताब खाता रहा—आख़िर उसने मुर्दा आवाज़ में कहा : "जाने दो मंटो, मेरी जान... मैं थक गया हूँ... मुझमें अब गालियाँ देने की सकत नहीं है..."

मैं यही तो चाहता था कि उसमें सकत न हो—वर्ना मैं और उसके मुक़ाबले की जुरंत करता!

मैंने रफ़ीक़ ग़ज़नवी पर यह मज़मून लिखा है, जिसे पढ़कर वह यक़ीनन अपने मख़्सूस अंदाज़ में मुझे बड़ी नस्तालीक़[99] गालियाँ देगा—लेकिन मैं लाहौर में हूँ और वह कराची में—फ़िलहाल मैं महफ़ूज़ हूँ—वह लाहौर आएगा तो मैं उसकी मुग़लज़ात सुन लूँगा। फिर उसकी दावत करूँगा और जिमख़ाना व्हिस्की में स्प्रिट घोलकर... ख़ुद पी लूँगा।

---

1. तुरंत; 2. समानता; 3. मूर्तिभंजक; 4. पूर्वज; 5. लगाव; 6. याददाश्त; 7. परिचित; 8. मिलती-जुलती; 9. लालसा; 10. छायादार; 11. पलक झपकते ही; 12. विनोदी; 13. पारखियो, विशेषज्ञों; 14. दंत चिकित्सक; 15. उद्दंडतापूर्ण; 16. मांस पिंड; 17. चिकित्सा; 18. बात से निकली बात; 19. उपेक्षा; 20. परिपक्वता; 21. अभिव्यक्ति; 22. सम्मिश्रण; 23. नैन-नक़्श; 24. अच्छे लगनेवाले; 25. रास्ता; 26. सम्मानित; 27. उर्दू में एक छंद; 28. महमूद ग़ज़नवी के गुलाम अयाज़ की ज़ुल्फ़ें; 29. वाक्; 30. नाराज़; 31. विजयपूर्ण; 32. लुटेरों की तरह; 33. बगैर किसी शर्त के; 34. उल्लेखनीय; 35. औरस, वीर्य; 36. साम्यवादी; 37. रची गई; 38. दृश्य; 39. अनादिकाल; 40. चाल-ढाल; 41. बेपरवाही; 42. बातचीत करने का तरीक़ा; 43. बगैर बोरिया-बिस्तर;

44. आगे-पीछे झूलनेवाला दरवाज़ा ; 45. स्तन ; 46. विख्यात नाम ; 47. उस्तादी से भरी ; 48. शौक़ ; 49. लोफ़र ; 50. प्रमुख ; 51. मनपसंद ; 52. दूसरी बात यह कि ; 53. स्वाभिमानी ; 54. आपत्तिकर्त्ता ; 55. प्रमुख ; 56. अवकाश के क्षणों ; 57. गुप्त रूप से ; 58. बूढ़ा ; 59. चकित ; 60. साढ़ू (दो बहनों के पतियों के बीच का रिश्ता) ; 61. वैवाहिक ; 62. बुराई ; 63. गुदा मैथुन ; 64. परंपरा-विरुद्ध ; 65. क़यामत के दिन ; 66. जनगणना करनेवाला ; 67. समय से पहले ; 68. नसीहत उत्पन्न करनेवाली ; 69. असमंजस ; 70. स्थायी ; 71. ऊपरी कमरा ; 72. क़ैद ; 73. ध्यान ; 74. कमज़ोर हाथों ; 75. विस्तार ; 76. नवयुवती ; 77. लोकप्रिय ; 78. नमाज़ पढ़ने की चटाई ; 79. भविष्यवाणी ; 80. गायिका ; 81. हावभाव ; 82. सिर से पैर तक ; 83. हृश्य को छूनेवाली ; 84. सभ्य वार्तालाप ; 85. दर्दभरे ; 86. पुण्यार्थ ; 87. अपमान ; 88. समर्थक ; 89. लोफ़र ; 90. चरित्रहीनता ; 91. इस्लामी क़ानूनों ; 92. प्रचलित रिवाजों ; 93. बेइज़्ज़ती ; 94. विलोम ; 95. प्यासा ; 96. विचारों ; 97. तर-बतर ; 98. ऊँघा, तंद्रा ; 99. सभ्य ।

नूरजहाँ

मैंने शायद पहली मर्तबा नूरजहाँ को फ़िल्म 'ख़ानदान' में देखा था—उस ज़माने में वह बेबी थी, हालाँकि पर्दे पर वह हरगिज़-हरगिज़ इस क़िस्म की चीज़ मालूम नहीं होती थी। उसके जिस्म में वह तमाम ख़ुतूत, वह तमाम क़ौसें मौजूद थीं, जो एक जवान लड़की के जिस्म में हो सकती हैं और जिनकी वह बवक़्ते-ज़रूरत नुमाइश कर सकती है।

नूरजहाँ उन दिनों फ़िल्मबीन लोगों के लिए फ़ितना थी, लेकिन मुझे उसकी शक्लो-सूरत में ऐसी कोई चीज़ नज़र न आई। एक फ़क़त उसकी आवाज़ क़यामतख़ेज़ थी—सहगल के बाद मैं नूरजहाँ के गले से मुतास्सिर हुआ। इतनी साफ़-शफ़्फ़ाफ़ आवाज़, मुरकियाँ[1] इतनी वाज़ेह, खरज[2] इतनी हमवार, पंचम इतना नुकीला—मैंने सोचा, अगर यह लड़की चाहे तो घंटों एक सुर पर खड़ी रह सकती है, उसी तरह जिस तरह बाज़ीगर तने हुए रस्से पर बग़ैर किसी लग़ज़िश[3] के खड़े रहते हैं।

नूरजहाँ की आवाज़ में अब वह लोच, वह रस, वह बचपना, वह मासूमियत नहीं रही, जो उसके गले की इम्तियाज़ी[4] ख़ुसूसियत थी, लेकिन फिर भी नूरजहाँ, नूरजहाँ है, गो लता मंगेशकर की आवाज़ का जादू आजकल हर जगह चल रहा है—अगर कभी नूरजहाँ की आवाज़ फ़ज़ा में बुलंद हो तो कान उससे बेएतिनाई नहीं बरत सकते।

नूरजहाँ के मुताल्लिक़ बहुत कम आदमी जानते हैं कि वह राग विद्या उतनी ही जानती है, जितनी कि कोई उस्ताद—वह ठुमरी गाती है, ख़याल गाती है, ध्रुपद गाती है और ऐसा गाती है कि गाने का हक़ अदा करती है। मौसीक़ी की तालीम तो उसने यक़ीनन हासिल की थी कि वह ऐसे घराने में पैदा हुई, जहाँ का माहौल ही ऐसा था—लेकिन एक चीज़ ख़ुदादाद भी होती है। मौसीक़ी के इल्म से किसी का सीना मामूर[5] हो, मगर गले में रस न हो तो आप समझ सकते हैं कि ख़ाली-ख़ूली इल्म सुननेवालों पर क्या असर कर सकेगा—नूरजहाँ के पास इल्म भी था और वह ख़ुदादाद चीज़ भी, जिसे गला कहते हैं। यह दोनों चीज़ें मिल जाएँ तो क़यामत का बरपा होना लाज़िमी है।

मैं यहाँ आपको एक दिलचस्प बात बता दूँ कि वह लोग, जिन पर ख़ुदा की मेहरबानी होती है, वह उससे नाजाइज़ फ़ायदा भी उठाते हैं—मेरा मतलब अभी आप पर वाज़ेह हो जाएगा।

चाहिए तो यह कि जो चीज़ ख़ुदा ने अता की हो, उसकी हिफ़ाज़त की जाए ताकि वह

मसख[6] न हो, लेकिन मैंने अक्सर देखा है कि लोग उसकी परवाह नहीं करते; बल्कि शऊरी या ग़ैर शऊरी तौर पर पूरी कोशिश करते हैं कि वह तबाहो-बर्बाद हो जाए।

शराब गले के लिए सख़्त ग़ैर मुफ़ीद[7] है, लेकिन सहगल मरहूम सारी उम्र बलानोशी करते रहे* —खट्टी और तेल की चीज़ें गले के लिए तबाहकुन[8] हैं और यह कौन नहीं जानता, मगर नूरजहाँ पाव-पाव-भर तेल का अचार खा जाती है और लुत्फ़ की बात यह है कि जब उसे फ़िल्म के लिए गाना होता है तो वह ख़ास एहतिमाम से पाव-भर अचार खाएगी, उसके बाद बर्फ़ का पानी पिएगी, फिर माइक्रोफ़ोन के पास जाएगी—उसका कहना है कि इस तरह आवाज़ निखर जाती है।

यूँ आवाज़ क्योंकर निखरती है और गला कैसे साफ़ होता है, इसके मुताल्लिक़ नूरजहाँ ही बेहतर जानती है—यूँ मैंने अशोक कुमार को भी बर्फ़ इस्तेमाल करते देखा है। जब उसे गाने की सदाबंदी कराना होती थी, वह सारा वक़्त बर्फ़ के टुकड़े चबाता रहता था।

जब तक रिकार्ड ज़िंदा हैं, सहगल मरहूम की आवाज़ कभी नहीं मर सकती—इसी तरह नूरजहाँ की आवाज़ भी एक अर्से तक ज़िंदा रहेगी और आनेवाली नस्लों के कानों में अपना शहद टपकाती रहेगी।

मैंने नूरजहाँ को सिर्फ़ पर्दे पर देखा था। मैं उसकी शक्लो-सूरत और अदाकारी का नहीं, उसकी आवाज़ का शैदाई था। वह कमउम्र थी, इसलिए मुझे हैरत थी कि वह क्योंकर इतने दिलफ़रेब तरीक़े पर गा सकती है!

उन दिनों दो आदमियों का दौरे-दौरा था, मरहूम सहगल का और नूरजहाँ का—यूँ तो उन दिनों ख़ुरशीद छाई हुई थी और शमशाद के भी चर्चे थे, मगर फिर नूरजहाँ की आवाज़ में सबकी आवाज़ें दब गईं।

सुरैया बाद की पैदावार है। मुझे अफ़सोस है कि सहगल और सुरैया इकट्ठे फ़िल्म में पेश हुए, लेकिन सहगल और नूरजहाँ दोनों अलग-अलग रहे। मालूम नहीं, प्रोड्यूसर के दिमाग़ में क्यों उनको यकजा करने का ख़याल पैदा न हुआ, या किसी और वजह से प्रोड्सूयर उनको एक फ़िल्म की कास्ट में इकट्ठा न कर सके। बहरहाल मुझे इसका अफ़सोस है और हमेशा रहेगा—अगर वह दोनों आमने-सामने हो जाते तो मौसीक़ी की दुनिया में निहायत ख़ुशगवार इन्क़िलाब पैदा हो जाता।

नूरजहाँ से मेरी पहली मुलाक़ात कैसे हुई, कब हुई, कहाँ हुई, यह एक लंबी दास्तान है।

मैं कई बरस बंबई की फ़िल्मी दुनिया में रहकर चंद वुजूह की बिना पर दिलबरदाश्ता[9] होकर दिल्ली चला गया और वहाँ मैंने आल इंडिया रेडियो में मुलाज़मत कर ली, मगर फिर वहाँ से भी दिल उचाट हो गया—बंबई से 'मुसव्विर' के एडिटर नज़ीर लुधियानवी और

---

* ''शराब जिस्म के लिए सख़्त ग़ैरमुफ़ीद है, लेकिन मंटो मरहूम सारी उम्र बलानोशी करते रहे।'' हमने सहगल के लिए मंटो का जुमला ख़ुद मंटो के लिए इस्तेमाल किया है—ज़रा इस इत्तिफ़ाक़ पर ग़ौर कीजिए : दो फ़नकार, सहगल और मंटो—दोनों को शराब ने मार डाला—मरते वक़्त दोनों की उम्र तक़रीबन एक थी—दोनों पंजाब में मरे; एक सालिम हिंदुस्तान के पंजाब में, दूसरा तक़सीमशुदा हिंदुस्तान के पाकिस्तानी पंजाब में—दोनों अठारह जनवरी को मरे! एक 1947 में, दूसरा 1955 में। —संपादक

मुतादि्दद[10] ख़तूत आए : ''तुम वापस चले आओ... 'ख़ानदान' के डायरेक्टर शौकत हुसैन रिज़वी यहाँ आए हुए हैं और मेरे पास ठहरे हुए हैं... उनकी ख़्वाहिश है कि तुम उनके लिए एक कहानी लिखो...''

मैं देहली छोड़कर बंबई लौट गया—यह उस ज़माने की बात है, जब 'क्रिप्स मिशन' फ़ेल हो चुका था।

मैं ग़ालिबन 7 अगस्त, 1940 को बंबई* पहुँचा और शौकत से मेरी पहली मुलाक़ात 17, एडल्फ़ी चेंबर्स, क्लेयर रोड पर हुई जो दफ़्तर भी था और रिहायशी मकान भी।

शौकत बड़ा बाँका-छैला नौजवान था। गोरा रंग, गालों पर सुर्ख़ी, जॉन गिलबर्ट स्टाइल की मूँछें, घुँघरयाले बाल, लंबा क़द, बहुत ख़ुशपोश, बेदाग़ पतलून, शिकनों से बेनियाज़ कोट, टाई की गिरह बहुत उम्दा; चाल में लटक—हम पहली मुलाक़ात ही में घुल-मिल गए। मैंने उसको बहुत मुख़्लिस[11] इंसान पाया।

मैं देहली से अपने साथ अपने पसंदीदा सिगरटों, यानी 'करेवन ए' का काफ़ी स्टाक लेकर आया था। जंग छिड़ी हुई थी, इसलिए बंबई में यह सिगरेट क़रीब-क़रीब नायाब थे—शौकत ने मेरे पास बीस-पच्चीस डिब्बे और पचास के क़रीब डिब्बियाँ देखीं तो बहुत ख़ुश हुआ।

हम दोनों का क़याम वहीं 17, एडल्फ़ी चेंबर्स में था। दो कमरे थे जहाज़ी साइज़ के। एक में दफ़्तर था, दूसरे में रिहाइशी मामला, मगर हम रात को दफ़्तर में सोते थे—मिर्ज़ा मुशर्रफ़ वग़ैरह आ जाते थे—वह हमारी चारपाइयाँ बिछा देते थे।

जब तक शौकत वहाँ रहा, बड़े हंगामे रहे—'करेवन ए' के सिगरेट और नासिक की हिरन मार्का व्हिस्की, जो बड़ी वाहियात थी, लेकिन इसके सिवा और कोई चारा ही नहीं था—शौकत 'ख़ानदान' के बाद गो बहुत बड़ा डायरेक्टर बन गया था, मगर लाहौर से बंबई पहुँचने और वहाँ कुछ देर रहने के दौरान में वह सबकुछ ख़र्च कर चुका था, जो उसने लाहौर में फ़िल्म की हंगामी और इख़्राजात[12] से पुर ज़िंदगी गुजारने के बाद पस अंदाज़ किया था। और मेरे पास तो सिर्फ़ चंद सौ थे, जो हिरन मार्का व्हिस्की में ग़र्क़ हो गए।

बहरहाल किसी-न-किसी हीले गुज़र होता रहा।

वह वक़्त बहुत नाज़ुक था। मैं सात अगस्त को बंबई पहुँचा और नौ अगस्त की सुबह को जब मैंने कहीं टेलीफ़ोन करने की कोशिश की तो लाइन 'डैड' यानी मुर्दा थी। बाद में पता चला कि काँग्रेसी लीडरों की गिरफ़्तारी चूँकि अमल में आ रही थी, इसलिए एहतियातन टेलीफ़ोन का सारा सिलसिला मुन्क़ता[13] कर दिया गया था—गाँधी जी, जवाहर लाल नेहरू और अबुलकलाम आज़ाद वग़ैरह सब गिरफ़्तार कर लिए गए और किसी नामालूम जगह मुंतक़िल कर दिए गए। शहर की फ़ज़ा बिलकुल ऐसी थी, जैसे भरी बंदूक़। बाहर निकलने का सवाल ही पैदा नहीं होता था। कई दिन हम हिरन मार्का शराब

---

* मंटो अगस्त 1940 में नहीं, अगस्त 1942 में देहली से बंबई पहुँचा था, तक़रीबन उन्नीस महीने देहली में रहने के बाद। —संपादक

पीकर अपना वक़्त काटते रहे। इस दौरान में फ़िल्म इंडस्ट्री में भी इन्क़िलाब बरपा हो चुका था। हालात चूँकि ग़ैरयक़ीनी थे, इसलिए किसी नई फ़िल्म की तैयारी कौन करता। चुनांचे जिन लोगों से शौकत की बातचीत चल रही थी, एक मुतऐयिन[14] अर्से के लिए खटाई में पड़ गई और हम नज़ीर लुधियानवी के हाँ के पके हुए बदमज़ा खाने खाकर लंबी तानकर सोते रहे। फिर भी कभी-कभार ज़िंदगी के आसार पैदा हो जाते और हम कहानियों के मुताल्लिक़ सोचना शुरू कर देते।

इस दौरान में मुझे मालूम हुआ कि नूरजहाँ भी बंबई में है—लेकिन ठहरिए, मैं आपको बताता हूँ कि मुझे कैसे मालूम हुआ—मेरा हाफ़िज़ा जवाब दे गया था। असल में मुझे आठ अगस्त ही को मालूम हो गया था, जबकि मेरी मुलाक़ात शौकत से नहीं हुई थी।

मुझे माहिम जाकर अपने चंद रिश्तेदारों से मिलना था। इसके अलावा एक रेडियो आर्टिस्ट समीना* का पता लेना था—इस लड़की को मैंने आल इंडिया रेडियो, देहली से बंबई भेजा था कि उसको फ़िल्म में काम करने का शौक़ था। मैंने उसको पृथ्वीराज कपूर और ब्रिजमोहन के नाम तआरुफ़ी ख़त लिखकर दे दिए थे। अब मैं यह मालूम करना चाहता था कि आया वह फ़िल्मी दुनिया में दाख़िल हो चुकी है या नहीं। लड़की ज़हीन थी; किरदारनिगारी[15] उसकी बहुत अच्छी थी; मुकालमे[16] बहुत रवानी के साथ अदा करती थी; शक्लो-सूरत की भी ख़ासी थी; इसलिए मुझे यक़ीन था कि वह कामयाब हो गई होगी।

मुझे पता चला कि वह शिवाजी पार्क में कहीं रहती है, मगर शिवाजी पार्क इतनी बड़ी जगह है कि समीना ख़ातून का पता लगाना बहुत मुश्किल था। चुनांचे मैं निज़ामी साहब के हाँ चला गया, जो पास ही कैडिल रोड पर रहते थे। मुझे उनका एड्रेस मालूम था, इसलिए कि वह अक्सर मुझे ख़त लिखते रहते थे—यह वही निज़ामी हैं, जिन्होंने मुम्ताज़ शांति को तर्बियत[17] दी, जिनके पास वली साहब बरसों पड़े रहे और आख़िर में मुम्ताज़ शांति को निज़ामी साहब के बताए हुए उसूलों ही के मातहत ले उड़े; यह वही निज़ामी साहब हैं, जिनकी बीवी गीता निज़ामी के नाम से मशहूर हुई और जिसने निज़ामी साहब के लात मारकर पै-दर-पै कई शादियाँ कीं, अदालतों में जिसके कई मुक़दमे चले और जो अब एक नई ख़ूबसूरत लड़की के साथ डांस पार्टी बनाकर शहर-ब-शहर पाकिस्तान का प्रचार कर रही है।

निज़ामी साहब से मेरी मुलाक़ातें सिर्फ़ ख़ुतूत तक महदूद थीं और वह भी जो बड़े रस्मी थे—मैंने उनको पहली मर्तबा उनके फ़्लैट ही पर देखा। मैं अगर उस मुलाक़ात को बयान

---

15. "बाद में कृश्नचंदर से जिसके मरासिम रहे।"—मंटो। समीना ख़ातून : मंटो के देहली में क़याम के दिनों की बात है, कृश्न चंदर अक्सर अपने और समीना ख़ातून के इश्क़ का ज़िक्र किया करता था—एक शाम मंटो चिढ़कर अपनी बीवी की ग़ैर मौजूदगी में समीना ख़ातून को अपने घर ले गया। वहाँ उसने समीना ख़ातून को कपड़े उतार देने को कहा। जब समीना ने कपड़े उतार दिए तो मंटो ने उससे कहा कि वह कपड़े पहन ले और कृश्न चंदर से जाकर कह दे कि वह अपने इश्क़ का ज़िक्र न किया करे—मंटो की इस 'हरकत' के बारे में देवेंद्र सत्यार्थी ने कहा है और नसीर अनवर ने लिखा है। —संपादक

करूँ तो मेरा ख़याल है, दस-पंद्रह सफ़हे उसकी नज़र हो जाएँगे। इसलिए मैं इख़्तिसार से काम लूँगा।

निज़ामी साहब, जो कि धोती और बनियान पहने हुए थे, मुझे बड़े तपाक से मिले—उन्होंने मेरे आने का मक़सद पूछा, जो मैंने अर्ज़ कर दिया।

आपने कहा : "समीना ख़ातून अभी आपके क़दमों में हाज़िर हो जाएगी।"

उनका एक मरियल क़िस्म का हिंदू मैनेजर था। उसको आपने हुक्म दिया : "मंटो साहब के लिए फ़ौरन समीना ख़ातून को हाज़िर करो···" यह हुक्म देने के बाद वह मेरी तरफ़ मुतवज्जेह हुए और उन्होंने कहा कि वह मेरे लिए हर क़िस्म की ख़िद्‌मत के लिए हाज़िर हैं। चुनांचे उन्होंने फ़ौरन ज़बानी तौर पर मेरे लिए एक उम्दा फ़्लैट, बेहतरीन फ़र्नीचर और एक अदद कार का बंदोबस्त कर दिया।

ज़ाहिर है कि मैं बहुत ख़ुश हुआ। मैंने मुनासिब व मोज़ूं अल्फ़ाज़ में उनका शुक्रिया अदा किया, जिसकी उनको बिलकुल ज़रूरत नहीं थी, इसलिए कि वह मेरे अफ़सानों के गरवीदा[18] थे।

क़ारईन से मुझे यह कहने की ज़रूरत नहीं कि निज़ामी साहब ज़बानी जमा ख़र्च के बादशाह हैं।

निज़ामी कुछ भी हो, लोग उसे भड़वा कहते हैं, कंजर कहते हैं—कुछ भी हो, मुझे उसका हुदूदे-अर्बा[19] मालूम नहीं। लेकिन मेरा मुताला यह कहता है कि वह एक मुहिम-जू[20] इंसान है। वह अपने फ़न में पूरी-पूरी महारत रखता है।

मैंने उस रोज़, यानी पहली मुलाक़ात के दिन देखा कि मुम्ताज़ शांति पर उसका इतना रोबदाब था जो किसी बाप का भी नहीं हो सकता, और वली साहब उसके सामने यूँ झुकते थे जैसे कोई साइस।

वह उस घर का बादशाह था, जिसको सब ख़िराज अदा करते थे—उसका काम सिर्फ़ प्रोड्यूसरों को खाने और शराब की दावतें देना था, ब्लैक मार्केट से पैट्रोल ख़रीदना था और मुम्ताज़ शांति को कामयाब होने के गुर बताना था : 'देखो अगर तुम यूँ मुसकराओगी तो फ़लाँ प्रोड्यूसर से तुम्हें कांट्रेक्ट ले देने का ज़िम्मा मैं लेता हूँ··· अगर तुम फ़लाँ सेठ से यूँ हाथ मिलाओगी तो इसका मतलब है कि दस हज़ार रुपए इसी रात हमारी जेब में होंगे···'

मैं वहाँ बैठा था और हैरान हो रहा था कि मैं किस दुनिया में आ निकला हूँ—वहाँ हर चीज़ मस्नूई[21] थी—निज़ामी साहब के हुक्म पर वली साहब उनके स्लीपर उठा के लाए और उनके क़दमों में रख दिए। इसमें बनावट थी; ख़ुदा की क़सम, यकसर बनावट थी।

और मुम्ताज़ शांति दूसरे कमरे में मामूली लिबास में, निहायत मामूली लिबास में खिड़की के परदों के लिए कीलें ठोंक रही थी और निज़ामी मुझसे कह रहा था : 'मंटो साहब, यह बच्ची निहायत सादा है··· फ़िल्म लाइन में रहकर भी इसे आसपास की दुनिया का कुछ इल्म नहीं··· मर्दों की तरफ़ तो यह निगाह उठाकर भी नहीं देखती और यह सब मेरी तर्बियत का नतीजा है।"

मेरा दिल कह रहा था कि यह सब फ़्रॉड है, यह सब जाल है—लेकिन मुझे निज़ामी

साहब की उनके मुँह के सामने तारीफ़ करनी पड़ी। लेकिन बात नूरजहाँ की हो रही थी।

मुम्ताज़ शांति को सीधे रास्ते पर लगाने और उसको सालेह तर्बियत देने के मुताल्लिक़ बातें करते-करते निज़ामी साहब ने नूरजहाँ का ज़िक्र किया और मुझे बताया कि इन दिनों वह भी उनके ज़ेरे-साया है और मुम्ताज़ शांति ही की तरह तर्बियत हासिल कर रही है—आपने कहा : ''मंटो साहब, अगर यह लड़की ज़्यादा देर लाहौर में रहती तो इसका बेड़ा ग़र्क़ हो जाता··· मैंने उसे यहाँ अपने पास बुला लिया है··· और समझाया है : 'देखो बेटा, सिर्फ़ फ़िल्म स्टार बनने से कुछ नहीं होगा··· कोई सहारा भी होना चाहिए··· अव्वल तो शुरू में इश्क़ लड़ाने की कोई ज़रूरत नहीं··· बस इधर-उधर दोनों तरफ़ से ख़ूब कमाओ। जब बैंक में तुम्हारा काफ़ी रुपया जमा हो जाए तो किसी ऐसे आदमी से शादी कर लो जो सारी उम्र तुम्हारा ग़ुलाम बनके रहे···' आपका क्या ख़याल है मंटो साहब··· आप तो बड़े दाना हैं।''

मैं क्या जवाब देता कि मेरी सारी दानाई तो निज़ामी साहब के फ़्लैट में दाख़िल होते ही नीचे फ़ुटपाथ पर चली गई थी—मैंने बस कह दिया : ''आप जो कर रहे हैं, मसलहत के ख़िलाफ़ क्योंकर हो सकता है।''

वह बहुत ख़ुश हुए। चुनांचे उन्होंने आवाज़ देकर नूरजहाँ को बुलाया। मगर उसी वक़्त टेलीफ़ोन की घंटी बजी और चंद लम्हात के बाद नूरजहाँ की आवाज़ किसी कमरे से आई : ''अभी आती हूँ··· कमाल साहब का फ़ोन आया है।''

निज़ामी साहब ज़रा मुसकराए—वह कमाल, सैयद कमाल हैदर अमरोही थे, 'पुकार' के शोहरतयाफ़्ता।

निज़ामी साहब मुझसे मुख़ातिब हुए : ''मैं अर्ज़ कर रहा था कि सहारा होना चाहिए··· नूरजहाँ के लिए कमाल अमरोही से बेहतर सहारा और कौन हो सकता है··· लेकिन मैं नूरजहाँ से साफ़-साफ़ कह चुका हूँ कि शादी-वादी का मामला ग़लत है··· बस वह अपना उल्लू सीधा किए जाए··· कमाल कमा सकता है। उसकी आधी कमाई अगर नूरजहाँ को मिल जाया करे तो क्या हर्ज है··· असल में मंटो साहब, इन एक्ट्रेसों को रुपया कमाने के गुर आने चाहिएँ।''

मैंने मुसकराकर कहा : ''आप गुरु जो मौजूद हैं।''

निज़ामी ख़ुश हो गया और उसने मुझे फ़ौरन एक फ़र्स्ट क्लास लैमन स्क्वैश पिलाया।

तो वहाँ, निज़ामी साहब के फ़्लैट में नूरजहाँ की साइंटिफ़िक तरीक़े पर तर्बियत हो रही थी—उसको तमाम चिलत्तर निज़ामी साहब की निगरानी में सिखाए जा रहे थे।

मेरी नूरजहाँ से सरसरी मुलाक़ात हुई—और मेरा रद्दे-अमल यह था कि यह लड़की, जो अपनी जवानी की मंज़िलें बड़ी सुरअत[22] से तय कर रही है और जिसके होंठों पर मुसकराहट और हँसी तिजारती रंग इख़्तियार कर रही है और जो मोटापे की तरफ़ माइल है, अपने उस्ताद की बेहतरीन शागिर्द साबित होगी।

लेकिन क़ुदरत को कुछ और ही मंज़ूर था।

निज़ामी की दरअसल यह ख़्वाहिश थी कि जिस तरह मुम्ताज़ शांति उसके क़ब्ज़े में है

और उसका रोबदाब तस्लीम करती है, उसी तरह वह बूढ़ी नायिका की तरह नूरजहाँ को भी अपनी नौची[23] बना ले—मुम्ताज़ शांति की सारी आमदनी निज़ामी की तहवील में रहती थी। ज़ाहिर है कि मुम्ताज़ शांति के मुक़ाबले में नूरजहाँ की क़द्रो-क़ीमत बहुत ज़्यादा थी और निज़ामी का होशियार दिमाग़ अच्छी तरह जानता था कि नूरजहाँ का मुस्तिक़बिल[24] ख़ैराकुन है। चुनांचे वह उसको अपने जाल में फँसाने की तैयारियाँ मुकम्मल कर रहा था कि सैयद शौकत हुसैन रिज़वी बंबई पहुँच गया।

सैयद शौकत हुसैन रिज़वी—वह शौकत, वह रिज़वी जिससे नूरजहाँ का इश्क़ लाहौर के पंचौली स्टूडियोज़ में लड़ चुका था; मुक़दमेबाज़ी भी हो चुकी थी; और बचने की ख़ातिर नूरजहाँ ने अदालत में यह बयान दिया था कि शौकत साहब से उसका कोई नाजाइज़ ताल्लुक़ नहीं है और वह तो उन्हें अपना भाई समझती है।

नूरजहाँ का वह अदालती भाई अब बंबई में मौजूद था, वसी व अरीज़ बंबई में जो हिंदुस्तान का हालीवुड है।

जब मैंने शौकत को बताया कि मैं नूरजहाँ से मिला हूँ, उस वक़्त मुझे उनके रोमान के मुताल्लिक़ कुछ मालूम नहीं था और न मैं यह जानता था कि दोनों के ताल्लुक़ात कशीदा[25] हैं—मैंने सिर्फ़ बर सबीले तज़्किरा[26] शौकत को बताया कि नूरजहाँ से मेरी मुलाक़ात निज़ामी साहब के घर में हुई है।

हिरन मार्का शराब का गिलास ज़ोर से तिपाई पर रखकर उसने बड़ी तुंदी से कहा : ''लानत भेजो उस पर।''

मैंने अज़ राहे-मज़ाक़ कहा : ''मैं हज़ार बार इसके लिए तैयार हूँ, मगर भई, वह तो तुम्हारी 'ख़ानदान' की हीरोइन रह चुकी है।''

शौकत ज़हीन है—वह फ़ौरन समझ गया कि मैं लफ़्ज़ 'ख़ानदान' पर खेला हूँ और मैंने उस लफ़्ज़ को ज़ूमानी[27] इस्तेमाल किया है—वह मुसकराया : ''मंटो, तुम बहुत शरीर हो···बात यह है कि मैं उसके मुताल्लिक़ कोई बात नहीं सुनना चाहता···मुझे मालूम है कि वह बंबई में है···साली मेरे पीछे-पीछे आई है, लेकिन मुझे अब उससे कोई सरोकार नहीं।''

मैंने कहा : ''मैं समझ रहा था कि तुम उसके पीछे-पीछे यहाँ आए हो।''

मैंने जब शौकत को बताया कि नूरजहाँ को कमाल अमरोही का टेलीफ़ोन आया था और यह कि निज़ामी उन दोनों को क़रीब लाना चाहता है तो मैंने महसूस किया कि शौकत बज़ाहिर बेएतिनाई और बेपरवाई बरत रहा है मगर अंदरूनी तौर पर सख़्त बेचैन हो गया है।

उसने फ़ौरन ही हिरन मार्का व्हिस्की का एक और अद्धा मिर्ज़ा मुशर्रफ़ से मँगवाया और हम देर तक पीते रहे।

उन दिनों लंबे-लंबे वक़्फ़ों के बाद नूरजहाँ का ज़िक्र छिड़ जाता—मैंने शौकत की गुफ़्तुगू से यह नतीजा अख़्ज़[28] किया कि वह अभी तक नूरजहाँ की मुहब्बत में गिरफ़्तार है; भाईवाला मामला तो महज़ हिकमते-अमली[29] था; उसको वह रातें याद आती थीं, जब

नग़मों की नन्ही-मुन्नी शहज़ादी उसके आग़ोश में होती थी और जब ग़ालिबन दोनों एक-दूसरे से जुदा न होने की क़समें खाया करते थे।

मैंने एक दिन शौकत से पूछ ही लिया : "देखो यार⋯ बताओ, सच-सच बताओ, क्या तुम्हें नूरजहाँ से मुहब्बत नहीं है ?"

शौकत ने ज़ोर से अपने सिगरेट की राख झाड़ी और किसी क़दर खिसियानेपन से कहा : 'है यार, है⋯ मगर लानत भेजो उस पर⋯ मैं उसको आहिस्ता-आहिस्ता भूल जाऊँगा।"

लेकिन क़ुदरत ज़ेरे-लब मुसकरा रही थी। वह जो फ़ैसला कर चुकी थी, अटल था।

शौकत का कांट्रेक्ट वी.एम. व्यास से हुआ, जो इससे पहले एक फ़िल्म के लिए नूरजहाँ से मुआहदा[30] कर चुका था।

अब लगे हाथों सेठ वी.एम. व्यास के मुताल्लिक़ भी कुछ सुन लीजिए : एक काइयाँ आदमी है। शुरू-शुरू में तबलची था⋯ फिर कैमरा क़ुली हुआ। आहिस्ता-आहिस्ता कैमरामैन बन गया। तरक़्क़ी के और ज़ीने तय किए तो डायरेक्शन का मौक़ा मिल गया। यहाँ से छलाँग लगाई तो प्रोड्यूसर बन गया। अब डायरेक्टर और प्रोड्यूसर है और लाखों में खेल रहा है—बहुत मुनहनी क़िस्म का इंसान है, मुझसे भी कहीं पतला। इतना पतला कि उसे कमीज के नीचे एक मोटा ऊनी बनियान पहनना पड़ता है कि उसकी पसलियाँ लोगों को नज़र न आएँ। मगर बला का फुर्तीला है और बड़ा मेहनती है। उसके मुक़ाबले में पहलवान थक जाएँगे, मगर वह डटा रहेगा, जैसे मशक़्क़त उस पर असरअंदाज़ हो ही नहीं सकती—उसकी एक और ख़ूबी है कि वह अपने ज़ाती सरमाए से फ़िल्म नहीं बनाता। वह एक फ़िल्म तैयार करके और उसको ठिकाने लगाकर अपनी दूसरी फ़िल्म का ऐलान कर देता है। उस वक़्त के जितने ऊँचे सितारे होते हैं, वह अपनी कास्ट में जमा कर लेता है।

बस कोई-न-कोई फ़नांसर उसके दाम में आ जाता है और वह काली माता का नाम लेकर क़ाम शुरू कर देता है।

नूरजहाँ बंबई में आई तो वी.एम. व्यास को पता चल गया। चुनांचे उसने फ़ौरन नूरजहाँ से कांट्रेक्ट कर लिया, इसलिए कि वह जानता था, 'ख़ानदान' और दूसरी फ़िल्मों की क़ाबिले-रश्क कामयाबी के बाद उसका नाम ही किसी फ़नांसर को फाँसने के लिए काफ़ी होगा—और जब उसको मालूम हुआ कि 'ख़ानदान' का डायरेक्टर भी बंबई में मौजूद है तो उसकी बाछें खिल गईं। उसने फ़ौरन अपने कारिंदे दौड़ाए, शौकत हुसैन रिज़वी से कई मुलाक़ातें कीं और एक फ़िल्म के लिए मुआहदा कर लिया।

फ़िल्म क्या होगी, कैसी होगी, कहानी क्या है, यह किसी को मालूम नहीं था—मगर सेठ वी.एम. व्यास ने जब किसी फाइनांसर को नूरजहाँ और शौकत हुसैन रिज़वी से अपनी सनराइज़ पिक्चर्ज़ के कांट्रेक्ट दिखाए तो उसे मत्लूबा[31] सरमाया किसी दिक़्क़त के बग़ैर फ़ौरन मिल गया।

क़ुदरत भी अजीब खेल खेलती है—न शौकत को मालूम था कि नूरजहाँ सनराइज़ पिक्चर्ज़ में आ चुकी है और न नूरजहाँ को पता था कि उसका अदालती भाई शौकत उसका हमराही है—बस बड़ी लंबी दास्तान है और मैं इसे मुख़्तसर करना चाहता हूँ।

एक दिन यह 'राज़' फ़ाश हो गया।

निज़ामी बहुत घबराया कि ऐसा न हो, उसका बना-बनाया खेल बिगड़ जाए—जो फ़िल्म शौकत को डायरेक्ट करना थी, उसकी हीरोइन नूरजहाँ थी और उन दोनों का पुनर्मिलन निज़ामी के लिए बड़ा अंदोहनाक[32] साबित हो सकता था—चुनांचे नूरजहाँ के वली की हैसियत से निज़ामी ने सेठ व्यास से कहा कि वह हरगिज़-हरगिज़ इस क़िस्म का सिलसिला बर्दाश्त नहीं करेगा। मगर सेठ व्यास उससे कुछ ज़्यादा ही काइयाँ निकला। उसने अपनी गुजराती हिकमते-अमली से, जो पंजाबी हिकमते-अमली के मुक़ाबले में बड़ी गहरी और धाँसू क़िस्म की होती है, निज़ामी को हमवार कर दिया—निज़ामी राज़ी हो गया कि नूरजहाँ हर हाल में शौकत की डायरेक्शन में काम करेगी, चाहे दुनिया इधर की उधर हो जाए। चुनांचे वहीं दफ़्तर में दोनों ने एक-दूसरे से मुआनक़ा[33] किया, हाथ मिलाए और एक-दूसरे के भाई बन गए।

अब दोनों अपनी-अपनी जगह पर ख़ुश थे। सेठ व्यास इसलिए कि उसने अपना उल्लू सीधा कर लिया था और निज़ामी इसलिए कि उसने एक फ़िल्मी सेठ की ख़ुशनूदी[34] हासिल कर ली थी और उसको ज़ेरे-एहसान कर लिया था।

सेठ व्यास कट्टर क़िस्म का वैष्णव था, वर्ना निज़ामी उसे उसी रात घर बुलाकर मुम्ताज़ शांति के हाथ के पके हुए मुर्ग़ और पुलाव से अपनी और उसकी दोस्ती ज़रूर मुस्तहकम[35] कर लेता, और अगर सेठ बोतल का रसिया होता तो निज़ामी अपने मरियल मैनेजर के ज़रिए दो अदद स्कॉच ब्लैक मार्केट से ज़रूर मँगवाता।

बहरहाल बात पक्की हो गई, क्योंकि निज़ामी सीने पर हाथ रखकर सेठ व्यास से कह चुका था : ''सेठ, अब कि तुमने मुझे भाई कह दिया है, मैं तुमको वचन देता हूँ कि मेंह हो या आँधी या तूफ़ान, कुछ भी हो, तुम्हारी शूटिंग होगी तो बेबी नूरजहाँ वक़्त पर पहुँचेगी।''

अब एक लतीफ़ा सुनिए : बात पक्की हो गई थी और मेरा भी सेठ व्यास से एक कहानी के लिए कांट्रेक्ट हो गया था और 'पेशगियाँ' भी मिल चुकी थीं, इसलिए नासिक की हिरन मार्का व्हिस्की की फ़रावानी[36] थी। मैं और शौकत चूँकि कहानी का मोज़ूं तलाश करने में मसरूफ़ थे, इसलिए दौर-पर-दौर चल रहे थे—चावला और सहगल, जो अब बड़े डायरेक्टर बन चुके हैं, और मिर्ज़ा मुशर्रफ़ हमारी अर्दली में होते थे। ज़रा व्हिस्की ख़त्म हुई और चावला भागे नागपाड़े; किसी और चीज़ की ज़रूरत हुई तो मिर्ज़ा मुशर्रफ़ हाज़िर।

लतीफ़े से लतीफ़ा निकलता है : मिर्ज़ा मुशर्रफ़ हमारे साथ होते थे। अजीब बात यह थी कि तीसरे पैग के बाद वह रोना शुरू कर देते थे। ज़ारो-क़तार रोते थे और शौकत के हाथ-पाँव चूमते थे। वह शकूक[37], जो शौकत के दिल में उनके बारे में कभी गुज़रे भी नहीं थे, उनका ज़िक्र करते थे और कहते थे कि वह सब ग़लत हैं। इसके बाद वह रो-रोकर अपनी नई ब्याहता बीवी को याद करने लगते थे और फिर गाना शुरू कर देते थे—यह सब फ़्रॉड , यानी जाल था, मगर फ़िल्मी दुनिया में इसके सिवा और होता भी क्या है।

अब मैं असल लतीफ़े की तरफ़ आता हूँ कि वह इस मज़मून का सबसे दिलचस्प हिस्सा है।

सेठ व्यास अपनी फ़िल्म की शूटिंग शुरू कर चुका था। जो सीन फ़िल्माए जा चुके थे, उनमें नूरजहाँ नहीं थी। दूसरे अल्फ़ाज़ में शौकत और नूरजहाँ की अभी तक सही मानों में मुलाक़ात नहीं हुई थी—एक रात नोटिस बोर्ड पर यह ऐलान चस्पाँ कर दिया गया कि नूरजहाँ सैट पर आ रही है। उसको बाज़ाबिता[38] तौर पर कंपनी की तरफ़ से मुत्तला कर दिया गया था।

उसी रात को मैं घूमता-घामता शिवाजी पार्क में रफ़ीक़ ग़ज़नवी के पास चला गया, उस मशहूर नग़मासाज़ और मौसीक़ार के पास जिसकी मुख़्तलिफ़ टाइयों की गिरहों में मुख़्तलिफ़ क़िस्म के रूमान बंधे हैं।

रफ़ीक़ ग़ज़नवी मेरा दोस्त है। मेरे और उसके बड़े ही बेतकल्लुफ़ मरासिम हैं—मैं उसके फ़्लैट पर पहुँचा तो महफ़िल जमी हुई थी। मैं बेधड़क अंदर दाख़िल हो गया। क्या देखता हूँ कि एक सोफ़े पर उसकी ताज़ा तरीन बीवी ख़ुरशीद उर्फ़ अनुराधा बैठी है और उसके साथ नूरजहाँ है। एक कुर्सी पर निज़ामी जी विराजमान हैं और फ़र्श पर हमारे रफ़ीक़ ग़ज़नवी साहब यूँ बैठे हैं, जैसे किसी सोमनाथ पर हमले की तैयारी कर रहे हैं।

रफ़ीक़ ग़ज़नवी के मुताल्लिक़ मैं चंद सुतूरों या चंद सफ़हों में कुछ लिख नहीं सकता। उसका तशशख़्ख़ुसो-किरदार[39] इतना वसी है कि उस पर अगर कोई ज़ख़ीम[40] किताब नहीं तो एक तवील मज़मून ज़रूर होना चाहिए—मैं अपने क़ारईन[41] से वादा करता हूँ कि यह क़र्ज़ एक-न-एक दिन ज़रूर चुका दूँगा।*

रफ़ीक़ मेरा दोस्त है—मैं अगर कल कलाँ मौत के आग़ोश में चला गया और वह भी कुछ देर बाद मेरी तरह मर गया तो हक़-रफ़ाक़त[42] कौन अदा करेगा। कौन इतने बड़े मौसीक़ार, इतने दिलचस्प किरदार की दास्ताने-हयात[43] बयान करेगा। इन्शाअल्लाह मैं करूँगा, वक़्त आने पर। ख़ैर यह जुमला मोतरिज़ा[44] था— रफ़ीक़ जैसे सोमनाथ पर अपने ताज़ा तरीन हमले की तैयारी कर रहा था। मैं नहीं कह सकता कि निज़ामी इससे ग़ाफ़िल था या नहीं। या नूरजहाँ को उसके इरादों का इल्म था, अल्लाह ही बेहतर जानता है।

मैं हैरान था कि उधर शूटिंग होनेवाली है और इधर स्कॉच के दौर चल रहे हैं—निज़ामी के हाथ में गिलास था। नूरजहाँ भी हौले-हौले ख़ुश रंग मश्रूब अपने होंठों के ज़रिए से चूस रही थी। ख़ुरशीद उर्फ़ अनुराधा तो ख़ैर पुख़्ताकार शराबियों की तरह घूँट भरती थी। और रफ़ीक़, ग़ज़ना का रफ़ीक़—उस ग़ज़ना का जिसने महमूद पैदा किया था और जो एक अयाज़[45] की मुहब्बत में गिरफ़्तार था—गिलास क़ालीन पर रखे मीरासियों के लतीफ़े सुना रहा था।

मैं जब अंदर दाख़िल हुआ तो उसने हस्बे-आदत इस्ति क़बाल के तौर पर एक भारी

---

* मंटो ने मरने से पहले यह क़र्ज़ चुका दिया था—इस किताब का अगला ख़ाका रफ़ीक़ ग़ज़नवी ही का है। चंद बरस पहले मंटो ने अपनी मशहूर और बड़ी कहानी 'बाबू गोपीनाथ' में मुहम्मद शफ़ीक़ तौसी के किरदार में रफ़ीक़ ग़ज़नवी को पेंट किया था।

भरकम गाली अपने मुँह से उगली। फिर फ़ौरन ही शरीफ़ाना लबो-लहजा इख़्तियार करके मुझसे कहा : ''आइए-आइए, तशरीफ़ रखिए···'' फिर नूरजहाँ की तरफ़ देखकर उसने मुझसे कहा : ''जानते हो इनको ?''

मैंने जवाब दिया : ''जानता हूँ।''

रफ़ीक़ चार पैग पीने के बाद आमतौर पर शराबी हो जाता है—लुकनत भरे लहजे में उसने मुझसे कहा : ''नहीं, तुम कुछ नहीं जानते मंटो··· यह नूर है··· नूरे-जहाँ है··· सरूरे-जाँ है··· ख़ुदा की क़सम, ऐसी आवाज़ पाई है कि बहिश्त में ख़ुशलहान से ख़ुशलहान हूर भी सुने तो इसे सिंदूर खिलाने के लिए जमीन पर उतार आए।

मैं जानता था कि वह तारीफ़ के पुल क्यों बाँध रहा है—दरअसल उन पुलों के ज़रिए ही से वह नूरजहाँ के जिस्म तक पहुँचना चाहता था।

मैंने महसूस किया कि नूरजहाँ को रफ़ीक़ से कोई दिलचस्पी नहीं है—वह उसकी बातें सुनती थी और उसको ख़ुश करने के लिए एक मस्नूई मुसकराहट अपने होंठों पर पैदा कर लेती थी।

रफ़ीक़ अव्वल दर्जे का कंजूस है, मगर उस दिन उसने ग़ैरमामूली फ़ैयाज़ी[46] का मुज़ाहिरा किया—उसने बोतल में से मुझे एक बहुत बड़ा पैग इनायत किया और इसरार किया कि मैं उसे एक ही जुरए में ख़त्म कर दूँ, ताकि एक दूसरा भी रहे।

सब पी रहे थे—नूरजहाँ का पैग बहुत हल्का था जिसे वह आहिस्ता-आहिस्ता होंठों के ज़रिए से चूस रही थी, जैसे मक्खियाँ फूलों से हौले-हौले शहद चूसती हैं।

रफ़ीक़ गिलास हाथ में थामे नूरजहाँ की तारीफ़ो-तौसीफ़ के मज़ीद पुल बाँध रहा था कि टेलीफ़ोन की घंटी बजी।

ख़ुरशीद उर्फ़ अनुराधा ने अपने दुबले-पतले मगर ख़ूबसूरत हाथ से टेलीफ़ोन का चौंगा उठाया, कान के ज़रिए से दूसरी तरफ़ की आवाज़ सुनी, सिटपिटाई और फ़ौरन चौंगे का मुँह बंद करके नूरजहाँ से मुख़ातिब हुई : ''सेठ व्यास हैं।''

निज़ामी ने किसी क़िस्म की परेशानी का इज़हार न किया और कहा : ''बेटा, कह दो कि नूरजहाँ यहाँ नहीं है।''

ख़ुरशीद उर्फ़ अनुराधा ने सेठ व्यास से मुनासिबो-मोजूँ अल्फ़ाज़ में कह दिया कि नूरजहाँ वहाँ नहीं है।

जब टेलीफ़ोन का सिलसिला ख़त्म हुआ तो रफ़ीक़ ने ख़ुरशीद से कहा : ''शैदाँ, जाओ अंदर से हारमोनियम ले आओ···सेठ व्यास जाए जहन्नम में।''

ख़ुरशीद अंदर गई और हारमोनियम की पेटी ले आई।

रफ़ीक़ ने उसको खोला, उसका ढकना उठाया और हवा भरके अपने मख़्सूस अंदाज़ में एक सुर छेड़ा और ख़ुद ही झूमने लगा : ''हाय, सुब्हानल्लाह···वाह !''

देर तक वह मुख़्तलिफ़ सुरों को छेड़-छेड़कर 'हाय सुब्हानल्लाह' और 'वाह-वाह' करता रहा—मेरा ख़याल है कि रफ़ीक़ पर अल्लामा इक़बाल का यह मिसरा सादिक़ आता है : देते हैं सुरूर अव्वल, लाते हैं शराब आख़िर।

गाने से पहले ही रफ़ीक़ सामईन[47] पर वज्द[48] तारी कर देने का आदी है– मगर उस दिन वह न गाया, इसलिए कि उसकी सारी तवज्जोह नूरजहाँ पर मक़ूज़[49] थी।

एक सुर छेड़कर उसने नूरजहाँ की तरफ़ अपनी मख़्मूर[50] आँखों से देखा और दरख़्वास्त की : ''नूर, बस हो जाए कोई चीज़…हाय कितना प्यारा और मधुर सुर है…चलो गाओ।''

आप पर्दे पर एक्टर-एक्ट्रेसों के ड्रामे देखते हैं और उनकी किरदारनिगारी से मुतास्सिर होते हैं–मैं आपको उस ड्रामे की एक झलक दिखाता हूँ, जो उस रोज़ वहाँ, रफ़ीक़ ग़ज़नवी के हाँ खेला गया। जीते-जागते, सौ फ़ीसदी हक़ीक़ी ड्रामे की झलक।

नूरजहाँ हारमोनियम लेकर सोफ़े पर रख लेती है–उसके पास ख़ुरशीद उर्फ़ अनुराधा व्हिस्की का गिलास लिए बैठी है। रफ़ीक़ ग़ज़नवी क़ालीन पर आलती-पालती मारे नूरजहाँ की तरफ़ अपनी इश्क़पेशा आँखों से देख रहा है और गाना शुरू होने से पहले ही झूम रहा है। दाएँ हाथ की कुर्सी पर श्री निज़ामी जी विराजमान हैं और उनके पास ही ख़ाकसार बैठा है जो अपना दूसरा पैग पी रहा है–नूरजहाँ गाना शुरू करती है। ग़ालिबन पीलू की ठुमरी है : 'मेरे नैन काजर बिन कारे' कि एक मोटर हौले से पोर्च में रुकती है। एक साहब उसके अंदर से निकलते हैं और सीधे अंदर कमरे में चले आते हैं। यह सेठ वी.एम. व्यास हैं–एक लहज़े के लिए सब बौखला जाते हैं, मगर निज़ामी फ़ौरन ही हालात पर क़ाबू पा लेता है। सेठ व्यास की आमद से गोया बेख़बर वह चिल्लाकर ख़ुरशीद उर्फ़ अनुराधा से कहता है : ''बेटा, यह क्या ज़ुल्म कर रही हो…इसे इतनी तकलीफ़ है और तुम इसे गाने पर मजबूर कर रही हो…देखो, एक बोल गाने के बाद इसका क्या हाल हो गया है…'' फिर वह नूरजहाँ से तश्वीशभरी आवाज़ में कहता है : ''लेट जाओ नूरजहाँ, लेट जाओ…'' और आगे बढ़कर उसे लिटा देता है। नूरजहाँ ज़ोर-ज़ोर से कराहना शुरू कर देती है। रफ़ीक़ उठकर इंतिहाई तश्वीश का इज़हार करता है। निज़ामी किसी क़दर तेज़ लहजे में ख़ुरशीद से मुख़ातिब होता है : ''उठ…बेटी, क्या सोच रही है…जा, जल्दी से गरम पानी की बोतल ला…'' ख़ुरशीद उठकर तेज़ क़दमों से कमरे से बाहर निकल जाती है–निज़ामी कराहती हुई नूरजहाँ को पुचकारता है और फिर सेठ व्यास से मुख़ातिब होता है :

''भाईजान, वह…वह तकलीफ़ है, वही जो औरतों को हुआ करती है…'' सेठ व्यास ख़ामोश रहता है। मैं भी दम-ब-ख़ुद हूँ–निज़ामी एक बार फिर कराहती हुई, दोहरी होती हुई नूरजहाँ को पुचकारता है और सेठ व्यास की तरफ़ देखकर कहता है : ''कल से ग़रीब दर्द के मारे पेचो-ताब खा रही है…मुझसे कहती थी : 'चचाजान, मुझसे शूटिंग न हो सकेगी…' पर मैंने कहा : 'नहीं बेटा, यह बुरा शगुन है…यहाँ बंबई में यह तुम्हारी पहली पिक्चर है और फिर शूटिंग का पहला दिन…यह भी छोड़ो, सेठ व्यास मुझे अपना भाई कह चुका है…तुम मर जाओ, मगर ज़रूर जाओ…' हम इसीलिए यहाँ आए थे कि रफ़ीक़ से थोड़ी ब्रांडी ले लें और फिर उसकी कार लेकर स्टूडियो पहुँच जाएँ…आप कुछ फ़िक्र न करें, आपका नुक़सान मेरा नुक़सान है…आप मेरे भाई हैं…नूरजहाँ अभी पहुँचती है…'' सेठ व्यास ख़ामोश रहता है। निज़ामी के सिवा और सब ख़ामोश रहते हैं…रफ़ीक़ ग़ज़नवी दाँतों से अपने नाख़ून काटता है–मैं सोचता हूँ : 'यह सब क्या है…कहानी मेरी है। म्यूज़िक रफ़ीक़ ग़ज़नवी दे

रहा है⋯शूटिंग चल रही है और हम हीरोइन के साथ रंगरलियाँ मना रहे हैं कि सेठ व्यास, हमारा आक़ा ऐन मौक़े पर पहुँच जाता है⋯' रंगरलियाँ ही तो थीं। व्हिस्की का दौर चल रहा था। नूरजहाँ गा रही थी : 'तोरे नैन काजर बिन कारे।' अच्छा-ख़ासा मुजरा हो रहा था—निज़ामी अपने मख़्सूस अंदाज़ में सेठ व्यास से कुछ और बातें करता है और यक़ीन दिलाता है कि जब वह दोनों एक-दूसरे को भाई कह चुके हैं तो फिर किसी क़िस्म के शको-शुब्हे की गुंजाइश ही नहीं रहती—तब ख़ुरशीद गर्म पानी की बोतल लेकर आ जाती है जो नूरजहाँ के पेट पर रख दी जाती है—नूरजहाँ कुछ सुकून का साँस लेती है—अब निज़ामी फिर सेठ व्यास से, जो अबुलहौल[51] बना खड़ा है, कहता है : "आप तशरीफ़ ले चलिए⋯मैं और रफ़ीक़ थोड़ी ही देर में नूरजहाँ को साथ लेकर आते हैं⋯मेरा ख़याल है, ख़ुरशीद भी साथ चले⋯औरतें औरतों के सब मामलात जानती हैं⋯" सेठ व्यास अपनी टोपी ठीक करता हुआ चला जाता है।

यह थी जीते-जागते, सौ फ़ीसदी हक़ीक़ी ड्रामे की झलक।

सेठ वी.एम. व्यास के जाते ही सबकी जान में जान आई।

नूरजहाँ ने गर्म पानी की बोतल अलग की और निज़ामी से कहा : "निज़ामी चचा, आपने तो कहा था : 'मत जाना' "

निज़ामी संजीदा हो गया : "बेटा, वह मैंने तुम्हारे भले ही के लिए कहा था⋯पहले ही दिन आदमी शूटिंग पर चला जाए और प्रोड्यूसर को फेरे न कराए तो वह सर पर सवार हो जाता है⋯अपनी मुम्ताज़ ही से पूछ देखो। जब तक स्टूडियो से गाड़ी न आए, मजाल है जो वह शूटिंग में जाए। और जब गाड़ी आती है तो मैं उसे कम-अज़-कम एक घंटा नीचे खड़ी रखता हूँ⋯रायबहादुर चुन्नीलाल मेरे इतने दोस्त हैं, मगर मैं उनकी भी कोई परवा नहीं करता। बाज़ दफ़ा तो ऐसा भी हुआ कि वह ख़ुद अपनी गाड़ी में मुम्ताज़ को लेने आए⋯बहरहाल अब सब ठीक है। ख़ुद आया है यहाँ चलकर⋯और फिर तुम बीमार हो और बीमारी की हालत में जा रही हो⋯सेठ व्यास को तुम्हारी बीमारी का ख़याल रहेगा⋯" इसके बाद निज़ामी ने कुछ देर और प्रोड्यूसर और आर्टिस्ट के बाहमी[52] रिश्ते की बारीकियाँ बयान कीं और वह तमाम गुर बताए, जो आर्टिस्ट को इस्तेमाल करने चाहिएँ।

फिर गुफ़्तुगू आहिस्ता-आहिस्ता शौकत हुसैन रिज़वी में तह्लील[53] हो गई।

निज़ामी अपनी बातों से ज़बरदस्ती नूरजहाँ के दिलो-दिमाग़ में यह ख़याल ठूँसना चाहता था कि अब उसको शौकत से कोई सरोकार नहीं; उसके दिल में अब शौकत के लिए कोई जगह नहीं; और यह कि उसे वही रास्ता इख़्तियार करना चाहिए, जिस पर मुम्ताज़ शांति उसकी हिदायत के मुताबिक़ इतने अर्से से चल रही है और इतना नाम और रुपया पैदा कर चुकी है।

अब उस गुफ़्तुगू में मुझे भी हिस्सा लेना पड़ा कि शौकत से मेरी अच्छी-ख़ासी दोस्ती हो गई थी और वह मुझसे इस बात का इक़बाल भी कर चुका था कि उसे नूरजहाँ से मुहब्बत है। फिर मिर्ज़ा मुशर्रफ़ के ज़रिए से उसका जो सिलसिला जारी था, उससे क़तई तौर पर यह साबित होता था कि वह दूसरी औरतों की आग़ोश में नूरजहाँ की याद को दफ़न करना

चाहता है और हिरन मार्का-जैसी थर्ड क्लास व्हिस्की से अपना ग़म ग़लत करने की कोशिश कर रहा है।

असलन शौकत घड़ीसाज़ था और अपने फ़न में महारते-तामाँ[54] रखता था, इसलिए कि वह हर शै की नोकपलक दुरुस्त करता रहता था। उसकी तबीयत किसी उखड़े हुए पुर्ज़े, किसी टेढ़ी कील, किसी ग़लत वक़्त देनेवाली घड़ी, कपड़े में किसी शिकन और सलवट को बर्दाश्त नहीं कर सकती। उसकी जिबिल्लत[55] में एक नज़्म है, वही नज़्म जो एक अच्छी घड़ी में होता है—मगर नूरजहाँ के मामले में वह ख़ुद को बेबस समझता था। वह उस घड़ी के कल-पुर्ज़े कैसे दुरुस्त कर सकता था, जिसको दिल कहते हैं। अगर दिल कोई ऐसी चीज़ होती जिसे वह अपने सामने रखकर मौहद्दब[56] शीशे में देख सकता, उसकी बालकमानी और उसकी गरारियों का मुताला कर सकता तो यक़ीनन वह पेचकश लेकर उसे सबका-सब खोल देता—मगर वहाँ मामला दिल का था।

उधर नूरजहाँ भी, जो अपने गले से बारीक-से-बारीक सुर निकाल सकती थी, हैरान थी कि अपने दिल से शौकत की याद कैसे निकाले। वह ख़याल बड़े-बड़े उस्तादों की तरह गा सकती थी, मगर एक ख़याल उसके दिलो-दिमाग़ पर हर वक़्त छाया रहता था और यह ख़याल उसके महबूब का था, बाँके छबीले शौकत का, जिसने उसको ज़िंदगी की बेहतरीन लज़्ज़त बख़्शी थी; जिसने उसके बदन में वह हरारत पैदा की थी, जो मौसक़ी-जैसी लतीफ़ चीज़ भी पैदा नहीं कर सकती—वह उसे कैसे भूल सकती थी, वह जो उसके जिस्म में एक अर्से तक डुबकियाँ लगाता रहा था।

शौकत के मुताल्लिक़ गुफ़्तगू शुरू हुई और नूरजहाँ ने ऊपरी दिल से उसके मुताल्लिक़ अपनी नफ़रत का इज़हार किया तो मुझसे न रहा गया—मैंने उससे कहा : "नूरजहाँ, जो कुछ तुमने कहा है, सब बकवास है और ख़ुदा की क़सम तुम्हारे दिल से नहीं निकला है···और जो कुछ मैं उस ख़र ज़ात शौकत से सुनता हूँ, ख़ुदा की क़सम, वह भी क़त्अन झूठ होता है···तुम दोनों एक-दूसरे पर मरते हो, मगर तुम दोनों ख़ुदफ़रेब हो···अभी कल ही, 'मुसव्विर' के दफ़्तर में तुम्हारी बातें हो रही थीं···कल शाम क्या, हर शाम जब मैं और शौकत पीना शुरू करते हैं तो वह किसी-न-किसी हीले तुम्हारी बात छेड़ देता है···फिर ख़ुद ही कहता है : 'उसकी बात न करो···' यही हाल तुम्हारा है···मैंने तुम्हारी याद में शौकत की आँखों में आँसू भी देखे हैं और मैं तुम्हें यह भी बता देता हूँ कि अगर वह तुमसे दूर रहा तो वह अपनी जवानी और अपनी सेहत तबाह कर लेगा···वह तुम्हारे बग़ैर ज़िंदा नहीं रह सकता···मालूम नहीं, तुमने उस पर क्या जादू फूँक रखा है!"

नूरजहाँ पर सकता-सा तारी हो गया।

मैंने फिर कहना शुरू किया : "नूरजहाँ, खुदफ़रेबी से काम न लो···मैं मानता हूँ कि निज़ामी साहब बड़े जहाँदीदा आदमी हैं, लेकिन इश्क़ो-मुहब्बत में वह गुर कभी नहीं चलते जो ज़िंदगी के दूसरे बाज़ारों में चलते हैं···यह सब खोटे सिक्के हैं।"

मैं एकदम निज़ामी साहब से मुख़ातिब हुआ : "क्यों निज़ामी साहब, क्या यह झूठ है?"

निज़ामी साहब कुछ ऐसे मेरी तक़रीर में गुम थे कि उन्होंने जब नफ़ी में अपना सिर हिलाया तो उन्हें मुत्लक़[57] इसका एहसास नहीं था। फिर जब एक धचके के साथ उन्हें अपनी ग़लती का एहसास हुआ तो मैं बहुत आगे निकल चुका था—मैं नूरजहाँ से, जिसकी आँखों में अब आँसू तैर रहे थे, कह रहा था : ''तुम दोनों बेवक़ूफ़ हो। एक-दूसरे से मुहब्बत करते हो, मगर उसे छुपाए फिरते हो... किनसे, ...यह दुनिया तो, माफ़ करना नूरजहाँ, किसी को भी मुहब्बत करते नहीं देख सकती...लेकिन इसका यह मतलब तो नहीं कि लोग मुहब्बत करना छोड़ दें...मुम्ताज़ शांति की ज़िंदगी वाक़ई क़ाबिले-रश्क है। निज़ामी साहब-जैसे शफ़ीक़ और होशियार चचा की सरपरस्ती में वह यक़ीनन ख़ुदा के फ़ज़्लो-करम[58] से और भी तरक़्क़ी करेगी, लेकिन...'' मैं फिर निज़ामी साहब से मुख़ातिब हुआ : ''लेकिन निज़ामी साहब, आपसे यह मख़्फ़ी[59] नहीं होगा कि हर आदमी के लिए एक ही चचा काम नहीं दे सकता...आपने जो हिदायात मुम्ताज़ शांति के लिए सोची थीं, ज़ाहिर है, वह नूरजहाँ के लिए कारआमद साबित नहीं हो सकतीं...दोनों के मिज़ाज में ज़मीन-आसमान का फ़र्क़ है। क्या मैं झूठ कहता हूँ?''

मैं अब निज़ामी को उस मक़ाम पर ले आया था, जहाँ वह मेरी कोई बात झुठला नहीं सकता था—मैंने मौक़ा ग़नीमत जाना और बोलता चला गया।

मैंने नूरजहाँ के दिलो-दिमाग़ पर, जो ग़ालिबन पहले ही से तैयार था, यह हक़ीक़त अच्छी तरह मुत्तसम[60] कर दी कि वह और शौकत एक-दूसरे के लिए बने हैं, और यह जो वह ख़ुदफ़रेबी से काम ले रहे हैं, बड़ी मोह्लिक[61] चीज़ है।

निज़ामी जब उठा तो वह कोई ख़ुश आदमी नहीं था*—मगर अपनी फ़ितरत से मजबूर वह मुझसे रूखेपन का इज़हार न कर सकता था। चुनांचे उसने पहले नूरजहाँ से कहा कि वह गर्म पानी की बोतल लेकर ख़ुरशीद के साथ स्टूडियो चली जाए और वहाँ वक़्तन-फ़वक़्तन दर्द का बहाना करती रहे। फिर उसने बड़ी ख़ुंदापेशानी[62] से मुझसे गुफ़्तुगू की और मुझे यक़ीन दिलाया कि उसने मेरे लिए फ़्लैट और फ़र्नीचर वग़ैरह का मुकम्मल बंदोबस्त कर रखा है; उसको हैरत थी कि मैं इतने दिनों कहाँ ग़ायब रहा, फ़्लैट की चाबी उसके मैनेजर के पास है और वह मेरा कब से मुंतज़िर है; मेरे लिए ब्लैक मार्केट से पैट्रोल हासिल करने के लिए भी उन्होंने इंतिज़ाम कर रखा है; इसके अलावा उनकी दिली ख़्वाहिश है कि मैं उनकी दावत क़ुबूल कर लूँ कि वह मेरी तवाज़े अलावा मुर्ग़ों के जानी वॉकर ब्लैक लेबिल से कर सकें।

मैंने मुनासिब व मोज़ूं अल्फ़ाज़ में उनका शुक्रिया अदा किया—वह मुसिर था कि मैं ज़रूर उसकी दावत क़ुबूल करूँ। चुनांचे मैंने क़ुबूल कर ली। मगर मुझे यक़ीन था कि अगर मैं उसके हाँ चला गया तो मुर्ग़ और जानी वॉकर ब्लैक लेबिल का ज़िक्र तक भी नहीं होगा।

ख़ैर...!

* ''इस जुमले में अंग्रेज़ीपन है, मगर यह मुझे पसंद है''—मंटो

निज़ामी साहब को छोड़िए कि वह निज़ामी साहब हैं, मालूम नहीं, किस रिआयत से। मुमकिन है, हसन निज़ामी देहलवी के मुरीद हों, या ख़ुद-साख़्ता निज़ामी हों—मुझे सिर्फ़ यह बताना है कि मेरी उस शाम की तक़रीरनुमा गुफ़्तगू ने न सिर्फ़ निज़ामी के तमाम प्लान दरहम-बरहम[63] कर दिए, बल्कि रफ़ीक़ ग़ज़नवी के भी, जो नूरजहाँ के जिस्म तक पहुँचना चाहता था।

वक़्त बीतने लगा।

मुझे मालूम हुआ कि नूरजहाँ अब कमाल अमरोही से कोई दिलचस्पी नहीं लेती; उसके टेलीफ़ोन आते हैं मगर वह कोई जवाब नहीं देती; वह अपनी सैकेंडहैंड कार लेकर आता है तो वह किसी कमरे में छुप जाती है और निज़ामी की हिदायत के मुताबिक़ अमल नहीं करती।

इन तमाम बातों की रिपोर्ट मेरे ज़रिए से शौकत तक पहुँच जाती थी। हमें इस बात का कामिल एहसास था कि नूरजहाँ मर्दे-तस्मा पा निज़ामी के शिकंजे में है और उसका वहाँ से निकलना मुश्किल है—चुनांचे हमने एक कान्फ्रेंस की, जिसमें नज़ीर लुधियानवी एडिटर 'मुसव्विर' वीकली, मैं और शौकत शामिल थे। तय हुआ कि वहीं, निज़ामी के मकान के पास ही कैडल रोड पर कोई मकान हासिल किया जाए।

तो नज़ीर लुधियानवी की कोशिशों से कैडल रोड पर साहिल समंदर के बिलकुल क़रीब ग्राउंड फ़्लोर पर एक निहायत उम्दा फ़्लैट मिल गया, जिसमें तीन ग़ुस्लख़ाने, कई कमरे और एक वसीओ-अरीज़[64] ड्राइंगरूम था।

नज़ीर ने, जो कि 17, एडेलफ़ी चेंबर्ज़-जैसे वाहियात फ़्लैट में रहते-रहते उकता गया था, शौकत से कहा कि वह शिरकत करने के लिए तैयार है; दोनों इकट्ठे रहेंगे—चुनांचे फ़ौरन फ़्लैट हासिल कर लिया गया। किराया ग़ालिबन एक सौ पिचहत्तर रुपए या दो सौ रुपए माहवार था। फ़र्नीचर और दूसरे साज़ो-सामान से चंद दिन के अंदर-अंदर यह जहाज़ी फ़्लैट सजा दिया गया—शौकत का बेडरूम समंदर की तरफ़ था।

इधर से अगर पाँच सौ क़दम का फ़सला तय किया जाता तो निज़ामी का फ़्लैट आता था—मतलब यह है कि अब नूरजहाँ और शौकत के दरमियान सिर्फ़ इतने ही क़दम का फ़ासला बाक़ी रह गया था।

मेरे ज़िम्मे जो काम तज्वीज़ किया गया था, वह मैं ख़ुश उस्लूबी से निभा रहा था—मैं कभी-कभी निज़ामी के हाँ जा निकलता और अगर नूरजहाँ वहाँ मौजूद होती तो उसको बता देता कि शौकत ने इतनी आहें उसके लिए भरी हैं और रात को पीने के बाद वह कितनी मर्तबा उसके फ़िराक़ में रोया है।

नूरजहाँ को मेरे ज़रिए यह भी मालूम हो चुका था कि शौकत उसके पड़ौस में मुक़ीम[65] है, और यह कि वह सिर्फ़ पाँच सौ क़दम साहिल के साथ-साथ चलकर उसके पास पहुँच सकती है—सैर-की-सैर और दीदारे-यार भी।

मैंने कितनी ही दफ़ा महसूस किया कि जो काम मैं कर रहा हूँ, किसी बूढ़ी कुटनी का है—मगर दोस्त के लिए आदमी क्या कुछ नहीं करता।

यहाँ मैं आप पर वाज़ेह कर दूँ कि मैं नूरजहाँ और शौकत की शादी के सख़्त ख़िलाफ़ था—एक्ट्रेस से शादी का सिलसिला ही मेरे नज़दीक बड़ी ग़लत बात है—दोनों एक-दूसरे के साथ रहें, बस ठीक है; जब उकता जाएँ तो अपना-अपना रास्ता पकड़ लें।

मगर शौकत पट्टा लिखवाने का क़ायल था कि ज़मीन सारी उम्र उसी की मिल्कियत रहे—मैंने उसे बहुत समझाया। वह मान गया कि अगर नूरजहाँ से उसका मिलाप हो गया तो वह उससे शादी नहीं करेगा।

मुझे जो करना था, कर चुका था—मैं अब अपनी कहानी का, जिसका उनवान 'नौकर' तज्वीज़ हुआ था, मंज़रनामा लिखने में बेतरह मसरूफ़ हो गया। इसके अलावा कैडल रोड और बाईकुल्ला में कई मील हाइल थे, इसलिए शौकत के हाँ मेरा आना-जाना कम हो गया।

उन दिनों अच्छी बीयर नायाब थी। इत्तिफ़ाक़ से एक रोज़ अमरीकी बीयर की चार फ़र्बेहअंदाम[66] बोतलें मुझे मिल गईं—मैं बोतलें साथ लेकर कैडल रोड पहुँचा। सुबह का वक़्त था और मैं चाहता था कि वह मश्रूब[67] नाश्ते ही से शुरू किया जाए।

जब वहाँ पहुँचा तो देखा कि फ़्लैट सुनसान है—नज़ीर लुधियानवी नहा-धोकर और नाश्ता करके दफ़्तर रवाना हो चुका है और शौकत सो रहा है।

मैं उसकी ख़्वाबगाह के पास पहुँचा और दस्तक दी। कोई जवाब न मिला। फिर मैंने ज़रा ज़ोर से दरवाज़ा खटखटाया।

अंदर से शौकत की ख़्वाब आलूद आवाज़ आई : "कौन है ?"

मैंने जवाब दिया : "मंटो।"

शौकत ने कहा : "ठहरो।"

मैं ठहरा रहा।

कोई तीन मिनट के बाद दरवाज़ा खुला और मैंने देखा, कमरे के इकलौते पलंग पर नूरजहाँ लेटी हुई है—मैंने नूरजहाँ को देखते ही नारा लगाया : "इन्क़िलाब : ज़िंदाबाद !"

नूरजहाँ की आँखें, ऐसा मालूम होता था, अभी-अभी लांड्री से धुल के आई हैं।

मैंने शौकत की तरफ़ देखा—वह मुज़्महिल[68] था।

मैंने उससे पूछा : "तो चित्तौड़गढ़ फ़तह हो गया ?"

शौकत मुसकरा दिया—उसकी मुसकराहट इत्मीनान-भरी थी।

उसने कहा : "आओ बैठो।"

मैं पलंग के पास ड्रेसिंग टेबिल के स्टूल पर बैठ गया और शौकत से मुख़ातिब हुआ : "क्यों भाई, यह मोहतरिमा कैसे तशरीफ़ लाईं ?"

शौकत ने फ़ातेहाना नज़रों से नूरजहाँ को देखा, जो पलंग पर चादर से ख़ुद को अच्छी तरह ढाँप रही थी : "बस कच्चे धागे से बँधी आई हैं।"

मालूम नहीं, नूरजहाँ कच्चे धागे से बँधी आई थी, या पक्के धागे से बँधी आई थी—पर मैं इतना ज़रूर कह सकता हूँ कि वह धागा जैसा भी था, उसकी तख़्लीक़[69] हाथों से नहीं, दिलों से हुई थी। वह धागा बड़े उम्दा तरीक़े पर बँटा हुआ था, वर्ना वह पाँच सौ क़दमों का

फ़ासला इतनी जल्दी और इतनी ख़ूबी से पाटा न जा सकता।

क़िस्सा मुख़्तसर यह कि शौकत के बेडरूम में जिस फ़र्नीचर की कमी थी, वह पूरी हो गई थी। अब वह मुकम्मल तौर पर सज गया था।

उधर निज़ामी के फ़्लैट में एक बत्ती बुझ गई थी, वह बत्ती जो एक पूरे बिजलीघर में तब्दील हो सकती थी।

निज़ामी ने नूरजहाँ को बहुत समझाया-बुझाया—नूरजहाँ के भाई ने उसको बहुत धमकियाँ दीं—पर जब इश्क़ का भूत सर पर सवार हो तो कानों के सारे दरवाज़े बंद हो जाते हैं; धमकियाँ और भभकियाँ, पंदो-नसाह[70] क़त्अन असरअंदाज़ नहीं होते।

एक रोज़ शौकत ने मुझसे कहा : "मंटो, मेरा ख़याल है, मैं साली से शादी कर लूँ।"

मैंने कहा : "यह तुम्हारी मर्ज़ी है कि तुम इसके मालिक हो... लेकिन मेरी ईमानदाराना राय यही है कि तुम्हारा यह इक़्दाम[71] दुरुस्त नहीं होगा... क्या तुमने इस बारे में अपने घरवालों से मश्वरा किया है?"

मेरे सवाल का जवाब शौकत गोल कर गया—बहरहाल मुझे यक़ीन था कि वह सोच-समझकर इक़्दाम उठाएगा और उजलत[72] से काम न लेगा।

बंबई में एक बुज़ुर्ग हकीम अबू मुहम्मद ताहिर अश्क अज़ीमबादी के नाम से थे। वह एक अजीब शै थे। उम्र आपकी पिचहत्तर बरस के क़रीब थी, मगर दिल जवान था और आँखों की बीनाई बिलकुल दुरुस्त थी। दाँत उनके सलामत थे। वह हर नई फ़िल्म का पहला शो देखते थे। पाँच ज़बानें बोलते थे। उर्दू, फ़ारसी, अरबी, अंग्रेज़ी और पंजाबी। बड़े मार्के के आदमी थे। तबाबत[73] से शग़फ़ था और शेरो-शाइरी से भी—शौकत से मैंने उनकी मुलाक़ात कराई तो वह उनका गरवीदा हो गया और उनको चचाजान कहने लगा।

हकीम साहब ने शौकत से दूर दराज़ का कोई रिश्ता भी पैदा कर लिया। उनके कहने के मुताबिक़ वह शौकत के ख़ानदान से बहुत पुराने मरासिम[74] रखते थे।

जैसा कि मैं इससे पहले अर्ज़ कर चुका हूँ, शौकत के हाँ मेरा आना-जाना बहुत कम हो गया था, इसलिए कि बाईकुल्ला और कैडल रोड में फ़ासला काफ़ी था। इसके अलावा मैं कहानी की मंज़रनवीसी में मश्गूल था।

चंद दिन गुज़रे तो हकीम साहब तशरीफ़ लाए—मुझे उनसे बड़ी अक़ीदत थी कि मेरी ज़बान दुरुस्त करने में आपने ग़ैरशऊरी तौर पर मेरी बहुत मदद की थी। उनको भी मुझसे मुहब्बत थी कि मैं उनकी ख़िद्मत के लिए हर वक़्त तैयार रहता था। बातों-बातों में आपने मुझे बताया : "शौकत बेटे का निकाह नूरजहाँ से हो गया है।"

मैं बहुत हैरान हुआ कि मुझे इसकी ख़बर तक न हुई—जब मैंने अपनी हैरत का इज़हार किया तो हकीम साहब ने सारा मामला गोल करने की कोशिश की।

जब वह नाकाम रहे तो उन्होंने मुझसे कहा : "देखो सआदत, यह सबकुछ ख़ुफ़िया तौर पर हुआ है, ताकी लोगों में चर्चा न हो... मैंने तुमसे ज़िक्र कर दिया कि तुम भी शौकत की तरह मेरे बेटे हो... बस अब यह राज़, राज़ ही रहे।"

वह राज कब तक राज़ रह सकता था?

मैं पिचहत्तर बरस के बुड्ढे से क्या बहस करता—मुझे गुस्सा सिर्फ़ इस बात का था कि शौकत ने मुझसे निकाह की बात क्यों छुपाए रखी। अगर उसे निकाह करना ही था तो मेरी शमूलियत[75] उसमें क्यों ज़रूरी न समझी। मुझे क्यों ताश की गड्डी में से जोकर समझकर अलग कर दिया गया—मेरे दिल में तकद्दुर[76] था, लेकिन शौकत से मैंने उसका ज़िक्र न किया कि इससे मेरी और उसके ताल्लुक़ात यक़ीनन कशीदा हो जाते।

दिन गुज़रते गए।

निज़ामी थक-हारकर बैठ गया—सैयद कमाल हैदर अमरोही ने हज़ारहा मर्तबा टेलीफ़ोन किया, सैकड़ों मर्तबा अपनी सैकेंडहैंड मोटर कार में निज़ामी के फ़्लैट के चक्कर काटे और आख़िर नाउम्मीद होकर दूसरे मशाग़िल में मसरूफ़ हो गया।

शौकत का बेडरूम आबाद था—वहाँ हँसी के छींटे उड़ रहे थे। नूरजहाँ के गले से नूर बरस रहा था—रफ़ीक़ ग़ज़नवी से जिस क़िस्म की धुनें बनवाना होती थीं, उनकी रिहर्सलें होती थीं—बस दो जवानियाँ कैडल रोड के उस फ़्लैट में खुल खेल रही थीं।

अब मैं आपको एक लतीफ़ा सुनाता हूँ : मेरे भाईजान सईद हसन*, बैरिस्टर जज़ायर फ़िजी, एक मुद्दत के बाद अमृतसर जाने के लिए बंबई तशरीफ़ लाए—उन्होंने मुझे इत्तिला दी थी कि वह बज़रिया हवाई जहाज़ आ रहे हैं—उन दिनों मैं माहिम में रहता था और हमारा फ़्लैट बहुत ही छोटा था—मैंने अपनी बीवी से मश्वरा किया। 'मुसव्विर' के एडिटर नज़ीर लुधियानवी भी मौजूद थे—तय यह हुआ कि भाईजान को कैडल रोड के उस फ़्लैट में ठहराया जाए, जहाँ नज़ीर और शौकत इकट्ठे रहते हैं।

वह फ़्लैट, जैसा कि मैं अर्ज़ कर चुका हूँ, बहुत बड़ा था—नज़ीर छड़ा छटाँक था। शौकत था और उसकी नूरजहाँ थी। और उनको तो बस हर वक़्त फ़क़त एक बेडरूम चाहिए था। बाक़ी कमरों से उन्हें कोई दिलचस्पी नहीं थी—इसलिए भाईजान के लिए, जो योरपी तर्ज़े-रिहाइश के आदी थे, एक अलहदा कमरे और ग़ुस्लख़ाने का इंतज़ाम बड़ी आसानी से हो सकता था—चुनांचे जब वह चंद रोज़ के लिए बंबई तशरीफ़ लाए तो मैं उन्हें कैडल रोड पर ले गया।

वह फ़्लैट देखकर बहुत ख़ुश हुए।

इमारत क़रीब-क़रीब नई थी, जदीद[77] तर्ज़ की—दो मंज़िला थी। ऊपर की मंज़िल में साहबे-मकान रहते थे। पिछली तरफ़ यानी जिधर समंदर का साहिल था, कोई दो सौ क़दम के फ़ासले पर एक छोटा-सा बाग़ीचा था। उसमें बच्चों के खेलने के लिए झूले थे और वह भी, जिन्हें अंग्रेज़ी में 'सी सा' कहते हैं और फिसलनेवाले तख़्ते।

समंदर की मर्तूब[78] हवा हर वक़्त आती रहती थी। बाज़ औक़ात वह इस क़दर तेज़ होती थी कि फ़्लैट के वह तमाम दरवाज़े वह तमाम खिड़कियाँ बंद रखनी पड़ती थीं, जिनका रुख़ समंदर की तरफ़ था कि चीज़ें अपनी जगह सलामत रहें।

उस फ़्लैट में भाईजान अपने मुख़्तसर से असबाब के साथ उतरे और बहुत ख़ुश

* मंटो के सौतेले बड़े भाई।

हुए—लेकिन चंद ही रोज़ में एक ट्रेजिडी वक़ूअपज़ीर[79] हो गई।

शौकत दुबारा नूरजहाँ को पाकर बहुत ख़ुश हुआ था। इस ख़ुशी का निकास किसी-न-किसी सूरत में नफ़सियाती तौर पर होना ही चाहिए था—फिर मिर्ज़ा मुशर्रफ़ मौजूद था, शौकत की देग का बहुत बड़ा चमचा। चावला था, सहगल था और दूसरे थे जो शौकत की फ़िल्म में शरीक होने के लिए बेक़रार थे।

फ़िल्मी दुनिया असल में रात की दुनिया है—दिन-भर सब अपने-अपने कामों में मशगूल रहते थे और सरे-शाम शौकत के यहाँ जमा हो जाते थे—व्हिस्की के दौर चलते थे, सूक़ियाना[80] क़िस्म के हँसी-ठट्ठे होते थे, गाने गाए जाते थे, कहानियाँ सुनाई जाती थीं और बाज़ औक़ात इतना शोर बरपा होता था कि ऊपर की मंज़िलवालों को पुकार-पुकारकर कहना पड़ता था : "बाबा ख़ामोश रहो...बाबा ख़ामोश रहो।"

एक रात शौकत ने ग़ालिबन एम.ए. मुग़नी को, जो परी चेहरा नसीमबानो के ढिंढोरची की हैसियत से मशहूर थे, अपने हाँ मदऊ किया। मिर्ज़ा मुशर्रफ़ भी था, मैं भी था, मेरी बीवी भी थी। दावते-तआम से फ़ारिग़ होकर मैं और मेरी बीवी फ़ौरन चले गए कि हमें एक ज़रूरी काम से कहीं जाना था।

भाईजान एक साहब शौकत अली के बेटे ज़ाहिद के हाँ मदऊ थे। वह देर से लौटे—जब उन्होंने हॉल में क़दम रखा तो देखा कि रिंदी व सरमस्ती बाल खोले नाच रही है और वह हाउ हूहे कि कान पड़ी आवाज़ सुनाई नहीं देती—मालूम नहीं, उन्होंने और क्या देखा कि सुबह उठते ही अपना सामान बँधवाकर ख़िलाफ़त हाऊस चले गए—मुझे और मेरे दोस्तों को उन्होंने इस क़दर तेज़ व तुंद लहजे में बुरा-भला कहा कि अब जब वह वाक़ा मुझे याद आया है, मुझे यूँ महसूस हुआ है कि मेरे कानों में पिघला हुआ सीसा उतरा है।

भाईजान ने असल में अपनी सारी ज़िंदगी क़ानून की किताबों में गुज़ारी थी। वह सारी उम्र मुक़दमे लड़ते रहे थे, लाहौर में, बंबई में, मशरिक़ी अफ़्रीका में, जज़ायर फ़िजी में—उनको क्या मालूम कि फ़िल्मी दुनिया क्या होती है और उसके आशिक़ और माशूक़ किस क़िस्म के होते हैं। यही वजह है कि वह पाँव सर पर रखकर भागे और उन्होंने ख़िलाफ़त हाऊस में जाकर पनाह ली—लुत्फ़ की बात यह है कि ख़िलाफ़त हाउस एक ऐसी गली में वाक़े है, जिसका नाम 'लव लेन' है, यानी मुहब्बत की गली।

यह क़िस्सा तो ख़ैर ज़मनन आ गया कि ज़ेबे-दास्तान के लिए किसी हद तक ज़रूरी था।

अब मैं नूरजहाँ की तरफ़ लौटता हूँ, जिसकी बड़ी बहन वहीं कैंडल रोड पर पास ही अपने भाई के ज़रिए पेशा कराती थी, मगर प्राइवेट तौर पर—मुझे मालूम नहीं कि दोनों बहनें आपस में मिलती थीं, या नहीं। जहाँ तक मैं समझता हूँ, शौकत ने इसकी इजाज़त नूरजहाँ को कभी न दी होगी।

नूरजहाँ का भाई परले दर्जे का जुआरी था। वह सट्टा खेलता था, ताश के पत्तों पर दाव लगाता था, रेसों में जाता था। उसको, ज़ाहिर है, नूरजहाँ और शौकत का मिलाप सख़्त शाक़[81] गुज़रा था। जैसा कि मैं इससे पेशतर अर्ज़ कर चुका हूँ, उसने चचा निज़ामी

के साथ मिलकर बहुत कोशिश की कि वह फिर एक-दूसरे से जुदा हो जाएँ और नूरजहाँ उन दोनों की रोज़ी का ठीकरा बन जाए, मगर यह बेल मंढे न चढ़ी।

शौकत को हर क़िस्म की धमकियाँ दी गईं, मगर वह भी एक दबंग आदमी है, उसने उनकी कोई परवाह न की। और नतीजा इसका यह निकला कि मुख़ालफ़त का वह महाज़[82] बिलकुल ख़ामोश हो गया।

फ़िल्म 'नौकर' की शूटिंग जारी थी। रफ़ीक़ ग़ज़नवी उसकी मौसीक़ी मुरत्तिब[83] कर रहा था। बज़ाहिर वह अपने काम में पूरे इन्हिमाक[84] से दिलचस्पी ले रहा था, मगर मैं साफ़ महसूस कर रहा था कि वह हर वक़्त एक उलझन-सी महसूस करता है, इसलिए कि उसकी नाक के ऐन नीचे एक और शख़्स उस लौंडिया को उड़ा ले गया था, जिस पर उसकी इश्क़ पेशा आँख थी।

बहरहाल फ़िल्म 'नौकर' की तकमील उफ़्ताँ व ख़ीज़ाँ[85] जारी रही।

इस दौरान में मुझे मालूम हुआ कि शौकत हुसैन रिज़वी फ़िल्मसाज़ी के मामले में बेहद मुतलव्विन[86] मिज़ाज है। उसको एक आदमी का काम पसंद नहीं आता, बल्कि यूँ कहिए कि वह फ़क़त एक आदमी के काम से मुतमइन नहीं होता—मैंने उसको 'नौकर' की कहानी का मंज़रनामा मय मुकालमों के लिखकर दे दिया था और उसने पंसद भी किया था, मगर बाद में मुझे पता चला कि वह ख़ुफ़िया तौर पर कई आदमियों से मुकालमे लिखवा रहा है। उनमें हमारे बुज़ुर्ग अश्क अज़ीमाबादी भी थे—मुझे बहुत ताव आया। जहाँ तक अश्क साहब का ताल्लुक़ था, मुझे क्या एतिराज़ हो सकता था, मगर दूसरों को मैं क़त्अन बर्दाश्त नहीं कर सकता था। मैंने चुनांचे बड़े गर्म अल्फ़ाज़ में शौकत से अपनी शिकायत का इज़हार किया।

आदमी समझदार है। हिकमते-अमली से काम लेकर उसने मेरे दिमाग़ पर बर्फ़ की कई सिलें रख दीं, मगर मैं दिल बर्दाश्ता हो चुका था कि कहानी भी मेरी मर्ज़ी के मुताबिक़ नहीं लिखी गई थी—कहानी के हर कोने और हर मोड़ पर शौकत ने अपनी मनमानी की थी।

मैं बड़ा हठधर्म और ज़िद्दी आदमी हूँ, लेकिन शौकत के सामने मेरी कोई पेश न चलती थी—इसके अलावा मैंने चंद दिन उसके साथ काम करके क़तई तौर पर जान लिया था कि यह शख़्स जो मेरे साथ हिरन मार्का व्हिस्की और करेवन ए के सिगरेट पीता रहा है और मेरी हर बात मानता रहा है, फ़िल्मसाज़ी के मामले में वही करेगा जो इसका घड़ीसाज़ दिमाग़ मुनासिब समझेगा—चुनांचे यही हुआ।

मैंने फ़ैसला कर लिया कि दबे पाँव फ़िल्म 'नौकर' की प्रोडक्शन से बाहर निकल जाऊँगा।

मैंने ऐसा ही किया—शौकत मेरे अड़ियल मिज़ाज से वाक़िफ़ था, इसलिए उसने मेरे फ़रार को अपने सुकून के लिए अच्छा ही समझा। बहुत मुमकिन था कि अगर मैं किसी नुक़्ते पर अड़ जाता तो फ़िल्म की शूटिंग महीनों खटाई में पड़ी रहती।

मुझे उससे शिकायत थी और उसको भी अपनी जगह यक़ीनन होगी, मगर हमारे

दोस्ताना ताल्लुक़ात में कोई फ़र्क़ न आया।

मैं इससे पेशतर अर्ज़ कर चुका हूँ कि मुल्क में सियासी गड़बड़ के बायस फ़िल्म इंडस्ट्री की हालत बिलकुल छुईमुई की-सी थी—कोई स्टूल पर चढ़कर इन्क़िलाब : ज़िंदाबाद का नारा लगाता था तो कई फ़िल्मों का इस्क़ात[87] हो जाता था। यूँ भी उन दिनों जंग के बायस ख़ाम माल क़रीब-क़रीब नायाब था। हालात चूँकि ग़ैर यक़ीनी थे, इसलिए बहुत कम फ़िल्म डायरेक्टरों की माली हालत अच्छी थी। प्रोड्यूसरों के पास एक घड़ा-घड़ाया माक़ूल बहाना मौजूद था : "रुपया कहाँ से लाएँ... जंग शुरू है... आज क्रीट की लड़ाई है तो कल फ़िनलैंड की और परसों जापान के हमले का ख़तरा है..." मगर सच पूछिए तो यही वह ज़माना था, जब प्रोड्यूसरों और सरमाया लगानेवाले मारवाड़ियों ने झोलियाँ भर-भर के कमाया।

शौकत का इस दौरान में एक और जगह कांट्रेक्ट हुआ, ग़ालिबन सेठ ज़वेरी* से—सेठ ज़वेरी एक बड़ा बरख़ुद ग़लत क़िस्स का इंसान था। बड़े अदना दर्जे से ताल्लुक़ रखता था, मगर जंग ने उसको सेठ बना दिया था और अब वह खुल-खेलना चाहता था। चुनांचे उसने एक फ़िल्म कंपनी खड़ी कर दी थी। दो-चार मोटरें ले ली थीं—ऊँची जगहों पर तो उसका हाथ नहीं पहुँचता था, मगर वह एक्सट्रा लड़कियों को फाँसने में कामयाब हो जाता था।

उस सेठ से शौकत का कांट्रेक्ट हुआ तो उसने शौकत को तीन हज़ार रुपए दिए। उस वक़्त मैं मौजूद था।

जब चेक कैश हो गया तो मैंने शौकत से रुपए ले लिए और कहा : "चलो डाकख़ाने चलो।"

डाकख़ाने पहुँचकर मैंने सबके-सब रुपए शौकत के घर रजिस्ट्री और बीमा कराके भेज दिए—मेरा ख़याल है, नूरजहाँ को मेरी यह हरकत यक़ीनन नागवार गुज़री होगी।

उसी दौरान में शौकत को मैंने मजबूर किया कि वह अपनी ज़िंदगी का बीमा करा ले। वह मेरी बहुत कम बातों को रद्द करता था। फ़ौरन मान गया। चुनांचे दस हज़ार रुपए की पालिसी ले ली गई—मालूम नहीं, मैं यह सबकुछ क्यों कर रहा था। अब सोचता हूँ तो मुझे अपनी यह तमाम हरकात बुज़ुर्गाना होने के बजाय तिफ़लाना[88] मालूम होती हैं। साफ़ 'ग़ैरों को नसीहत और ख़ुद मियाँ फ़सीहत'[89] वाला मामला था।

नूरजहाँ अब ख़ूब निखर गई थी—मर्द की क़ुर्बत भी औरत के हुस्न के लिए कितनी ज़रूरी होती है—उसके जिस्म के ख़ुतूत अब वाज़ेह शक्ल इख़्तियार कर चुके थे। वह तमाम ख़ाली जगहें, जो लाहौर में पुर न हुई थीं, वहाँ बंबई में पुर हो गई थीं। उस पर जिस्म की लज़्ज़तों के क़रीब-क़रीब तमाम इसरार मुन्कशिफ़[90] हो चुके थे—नूरजहाँ गो अब भी लोगों की ज़बान पर बेबी नूरजहाँ थी, मगर वह इश्क़ो-मुहब्बत का झूला झूलकर उन तमाम झोंटों से आश्ना हो चुकी थी जो उसकी रस्सियों में पोशीदा होते हैं।

एक दिन आउट डोर शूटिंग थी—बंबई के मुज़ाफ़ात[91] में किसी का एक ख़ूबसूरत बाग़

---

* बंबई की ज़बान में 'जौहरी' की बिगड़ी हुई शक्ल।—मंटो

था, जिसको शौकत ने मुंतख़िब किया था। कैमरे के लैंस के साथ रेड फ़िल्टर लगाकर मंज़रकशी करना थी कि दिन की बजाय रात मालूम हो और जो धूप हो, चाँदनी नज़र आए।

शौकत ने इसरार किया कि मैं उसके साथ ज़रूर चलूँ—मुझे देर हो गई, इसलिए मैं सेठ व्यास की गाड़ी में वहाँ पहुँचा।

नूरजहाँ को मैंने लोकेशन पर देखा तो मेरी आँखों को ज़बर्दस्त धक्का लगा—वह अजीबो-ग़रीब लिबास पहने हुए थी। उसके लिबास की वज़े क़ते मेरे लिए नई नहीं थी कि मामूली शलवार-क़मीस थी, मगर उनमें आँखों के लिए बड़ी ख़राश पैदा करनेवाली हिद्दत थी—शलवार जाली की थी, जिसे अंग्रेज़ी में 'नेट' कहते हैं—आमतौर पर यह कपड़ा खिड़कियों के परदों के लिए इस्तेमाल होता है—मालूम नहीं, यह नूरजहाँ की उपज थी या सैयद शौकत हुसैन रिज़वी की, मगर वह यह लाखों खिड़कियोंवाली शलवार पहने हुए थी, जिसमें से उसकी टाँगें बग़ैर किसी तकल्लुफ़ के छन-छनकर बाहर आ रही थीं। क़मीस भी उसी कपड़े की थी—अब आप ख़ुद ही अंदाज़ा लगा लीजिए कि उस मलबूस[92] ने नूरजहाँ को ढाँकने की कितनी कोशिश की होगी।

शोभना समर्थ भी मौजूद थी—नूरजहाँ को उस लिबास में देखकर मैं तो वल्लाह बौखला गया। ऐसा लिबास और फिर रोशनी के पेशमंज़र में—मैंने अपनी ज़ख़्मी निगाहें उधर से हटाईं और शोभना समर्थ के पास चला गया कि वह मस्तूर[93] थी।

शोभना समर्थ तालीमयाफ़्ता औरत है। गुफ़्तगू का सलीक़ा रखती है। चूँकि अच्छे मरहटा ख़ानदान की है, इसलिए उसमें हलकटपन* नहीं। बड़ी बातमीज़ औरत है—वह भी उस फ़िल्म में काम कर रही थी। मैं उसके साथ घास के एक तख़्ते पर बैठ गया और अपनी वह कोफ़्त, अपना वह तकद्दुर दूर करता रहा जो नूरजहाँ का खिड़कियोंवाला लिबास देखकर मेरे दिलो-दिमाग़ में पैदा हुआ था।

जैसा कि मैं इससे पहले बयान कर चुका हूँ, मुझे फ़िल्म 'नौकर' से कोई दिलचस्पी नहीं रही थी। शौकत अपनी मनमानी कर रहा था और मैं उसमें दख़ल देने से कतराता था कि मुबादा[94] उसके और मेरे ताल्लुक़ात ख़राब हो जाएँ।

नूरजहाँ से कैडल रोडवाले फ़्लैट में कई मर्तबा मुलाक़ातें हुईं—मैंने जब उसका और ग़ौर से मुताला[95] किया तो मुझे महसूस हुआ कि वह जिस तबक़े से ताल्लुक़ रखती है, उस तबक़े की ख़ुसूसियात उसमें बदरजा-ए-अतम मौजूद हैं। उसकी हर हरकत एक बनावटी अदा थी और एक नख़रा था, जिसे संजीदा निगाहें शायद ही क़ुबूल कर सकें।

मुझे ताज्जुब है—शौकत ठेठ हिंदुस्तानी† और नूरजहाँ ठेठ पंजाबी; एक लिहाज़ से जटनी; गाँव की मुटियार—लेकिन दोनों बहुत ख़ुश थे।

शौकत पंजाबीनुमा उर्दू बोलने की कोशिश करता और नूरजहाँ उर्दूनुमा पंजाबी—और

---

* बंबई की ज़बान में—मंटो

† यानी यू. पी. का बाशिंदा—मंटो

यह ख़ासी दिलचस्प चीज़ थी।

फ़िल्म 'नौकर' ख़त्म हुई तो शौकत और मेरे दरमियान फ़ासला बढ़ गया--वह इश्क़ के झूले झूलकर अब कारोबारी धंधों में मशगूल हो गया और मैं अपने कामों में--गाहे-बगाहे किसी फ़िल्म के दफ़्तर में या सड़क पर उससे मुलाक़ात हो जाती; वह भी चंद मिनटों की; ख़ैर-ख़ैरियत दरयाफ़्त की जाती और अपनी-अपनी राह ली जाती।

फ़िल्म इंडस्ट्री की हालत अब बेहतर थी--जंग का ख़ौफ़ प्रोड्यूसरों के सर से उतर चुका था और फ़िल्म इंडस्ट्री के तमाम मुताल्लिक़ीन[96] को मालूम हो चुका था कि यह ज़माना कमाने का है। चुनांचे लाखों रुपए इधर-से-उधर आ-जा रहे थे।

शौकत ज़हीन होने के अलावा कारोबारी आदमी भी है--उसने मौक़े से फ़ाइदा उठाया और कुछ अर्से के बाद उसने अपनी ज़ाती फ़िल्म कंपनी क़ायम कर ली और एक बड़ी कामयाब फ़िल्म बनाई। यूँ तो उसकी साख वैसे ही क़ायम थी कि फ़िल्म इंडस्ट्री के लोग उसे एक क़ाबिल डायरेक्टर और एक माहिर एडिटर मानते थे, लेकिन जब उसने अपनी ज़ाती कंपनी खोली तो इंडस्ट्री के हलक़ों में उसका विक़ार[97] और भी बढ़ गया।

आमतौर पर डायरेक्टर या प्रोड्यूसर फ़िल्मी दुनिया में किसी एक्ट्रेस से सिर्फ़ इसलिए शादी करते हैं कि वह उनकी किश्ती-ए-हयात में पतवार का काम दे--मालूम नहीं, शौकत ने नूरजहाँ से क्या इसी मक़सद के पेशे-नज़र शादी की थी, लेकिन मैं समझता हूँ कि अगर वह नूरजहाँ से शादी न भी करता तो भी उसकी आमदनी में रोज़ अफ़ज़ूँ तरक़्क़ी होती रहती, इसलिए कि वह अपने फ़न को जानता है और मज़दूरों की तरह मशक़्क़त कर सकता है।

मुझे मालूम नहीं, शौकत बंबई छोड़कर पाकिस्तान क्यों आया। शायद इसकी वजह यह हो कि वह बड़ा कट्टर क़िस्म का मुसलमान है। अगर वहाँ बंबई में किसी ने मुसलमानों के ख़िलाफ़ एक जुमला भी कह दिया होता तो मुझे यक़ीन है, वह उसकी खोपड़ी पेचकश से खोल देता और उसकी इस्लाह[98] करने की नाकाम कोशिश करता--और यह भी हो सकता है कि नूरजहाँ ने उसे मजबूर किया हो कि नूरजहाँ को लाहौर बहुत प्यारा है, क्योंकि पंजाबियों के कहने के मुताबिक़ 'लाहौर, लाहौर है।'

बंबई में शौकत बहुत कामयाब था। उसने एक-दो फ़िल्में ऐसी बनाई थीं, जिनसे उसकी धाक बैठ गई थी। वह करोड़ों रुपए वहाँ पैदा कर सकता था, लेकिन उसने पाकिस्तान को अपना घर बनाया।

शौकत का घड़ीसाज़ दिमाग़, जो सुई की ख़फ़ीफ़-सी हरकत बर्दाश्त नहीं कर सकता, यहाँ पाकिस्तान की फ़िल्म इंडस्ट्री के लिए, जो हालते-नज़ा[99] में थी, काम आया।

उसने शौरी का जला हुआ, सड़ा हुआ, निहायत शकिस्ता स्टूडियो हासिल किया और उसे एक आलातरीन निगारख़ाने में तब्दील कर दिया।

आपमें से बहुत कम हज़रात जानते होंगे कि शाह नूर स्टूडियो में जो भी कील ठुकी है, उसमें शौकत हुसैन रिज़वी का अपना हाथ है, जो पेच भी लगा है, उस पर शौकत का पेचकश का निशान है--शाह नूर स्टूडियो में छोटे-से बूटे से लेकर लेबॉरट्री की भारी

भरकम मशीनरी तक सब उसके हाथ की लगी है।

यह बहुत बड़ा वस्फ़ है, इतना बड़ा कि उसके और दूसरों के लिए नुक़सानदेह साबित हुआ है। हर बात में दख़ल देने से उसने कई गड़बड़ घोटाले किए हैं।

यूँ वह बड़े ठाठ से रहता है, लेकिन मैं आपको एक पुरलुत्फ़ क़िस्सा सुनाता हूँ : यहाँ लाहौर में आकर भी वह मेरा दोस्त है। मेरी अक्सर मदद करता रहता है--एक बार मैं उसके पास गया। उसकी बेदाग़ सफ़ेद क़मीस के बटन मौजूद नहीं थे। मैंने अपनी हैरत का इज़हार किया कि यह क्या क़िस्सा है।

शौकत ने मुसकराकर कहा : "क्या बताऊँ यार, पैसे ही नहीं हैं कि बटन ख़रीद सकूँ।"

मैंने जब उससे सिगरेट तलब किया तो उसने मुझे बताया कि वह दस रोज़ से सिगरेट उधार ले रहा है।

यह उस शख़्स की हालत थी, जिसके स्टूडियो में लोगों को रैफ़्रिजिरेटर का ठंडा पानी मिलता है; जहाँ फूल खिलते हैं और जहाँ कई माली काम करते है; जहाँ सैकड़ों मज़दूर हैं; जहाँ नूरजहाँ है जो आला से आला कपड़े पहनती है और मोटरों में घूमती है।

नूरजहाँ के मुताल्लिक़ कई अफ़वाहें मशहूर हैं। बहुत मुमकिन है कि उनमें से कुछ हक़ीक़त पर मबनी[100] भी हों--मैं तो इतना जानता हूँ कि वह दो निहायत प्यारे बच्चों की माँ है जो चीफ़्स कॉलेज के साफ़-सुथरे माहौल में तालीम हासिल कर रहे हैं और वह उनसे प्यार करती है।

पिछले दिनों चीफ़्स कॉलेज में एक जलसा था, जिसमें नन्हे-मुन्ने बच्चों ने हिस्सा लिया था। वहाँ एक डांस हुआ था, राधा-कृष्ण डांस--नूरजहाँ का बड़ा लड़का एक गोपी बना था। उस निस्वानी[101] लिबास में वह बहुत प्यारा दिखाई दे रहा था। उसका रक़्स भी बहुत ख़ूब था।

नूरजहाँ यक़ीनन रक़्स जानती है--मालूम नहीं, उसने अपने अकबर को ख़ुद तालीम दी है, या अकबर ने ख़ुद-ब-ख़ुद ख़ून के ज़रिए से यह सबकुछ सीखा है। बहरहाल अब देखना है कि अकबर और असग़र, जो चीफ़्स कॉलेज में तालीम हासिल कर रहे हैं, आगे चलकर क्या बनते हैं?

क्या यह बैरीमूरों और पृथ्वीराजों का ख़ानदान बनेगा, फ़िलहाल हम इसके मुताल्लिक़ कुछ नही कह सकते।

नूरजहाँ ज़रा बददिमाग़ है--उसको अपने हुस्न पर तो नाज़ नहीं होना चाहिए कि ऐसी कोई चीज़ उसमें नहीं है। एक फ़क़त आवाज़ है। गला है, जो नूर से भरा है। इस पर अगर उसे नाज़ है तो बजा है--मगर बददिमाग़ होने का यह फिर भी कोई सही जवाज़[102] नहीं।

मुझे याद है, एक मर्तबा मेरी बीवी ने बंबई में मुझसे कहा : "आप नूरजहाँ को अच्छी तरह जानते हैं⋯वह हमारे घर कई मर्तबा आ चुकी है। क्या वह अब नहीं आ सकती⋯मेरी चंद सहेलियाँ उससे मिलना चाहती हैं।"

मैंने कहा : "क्यों नहीं आ सकती⋯हज़ार मर्तबा आ सकती है।"

मैंने शौकत से कहा तो उसने दूसरे ही रोज़ नूरजहाँ को भेज दिया।

मैंने बहुत-सी एक्ट्रेसें देखी हैं, बड़े ऊँचे पाये की, बहुत मशहूर, बहुत मारूफ़[103] मगर उनमें मुझे वह तकल्लुफ़ नज़र न आया, जो नूरजहाँ में है—वह बनती है। उसकी मुसकराहट, उसकी हँसी, उसका सलाम, उसकी मिज़ाजपुरसी, सब मस्नूई ही होती है। मालूम नहीं, यह चीज़ उसकी तबीयत में कैसे दाख़िल हुई—बाज़ औक़ात जब मैं उसकी और शौकत की इज़्दवाजी[104] ज़िंदगी का तसव्वुर करता हूँ तो मुझे वह भी मस्नूई-सी दिखाई देती है।

ख़ैर—नूरजहाँ आई और सबसे बड़े पुरख़ुलूस तपाक से, जिसे मैं अब भी मस्नूई समझता हूँ, मिली—मैं चाहता था, औरतों को छोड़कर चला जाऊँ कि वह आज़ादाना तौर पर गुफ़्तगू कर सकें, मगर मेरी बीवी की एक सहेली ने इसरार किया कि मैं मौजूद रहूँ और नूरजहाँ से कहूँ कि वह गाना गाए।

मैंने चुनांचे फ़ौरन बड़े बेतकल्लुफ़ अंदाज़ में नूरजहाँ से कहा : ''भई, एक-दो गाने हो जाएँ···यह लोग तुम्हारी आवाज़ का ज़िंदा नाच-गाना सुनना और देखना चाहती हैं।''

नूरजहाँ ने एक पुरतकल्लुफ़ अदा से जवाब दिया : ''नहीं मंटो साहब, फिर कभी···मेरा गला ठीक नहीं।''

मैं कबाब हो गया—उसका गला बिलकुल ठीक था। उसका गला फ़ौलाद का है जो कभी ख़राब नहीं हो सकता—वह सरीहन[105] नख़रे कर रही थी।

मैंने फिर कहा : ''नूरजहाँ, यह बहाना यहाँ नहीं चलेगा···तुम्हें गाना पड़ेगा···मैं तो तुम्हें हज़ार मर्तबा सुन चुका हूँ, मगर इन लोगों को इश्तियाक़[106] है, इसलिए तुम्हें अच्छे-बुरे गले के साथ ही गाना पड़ेगा।''

बहुत देर तक उधर से इनकार, इधर से इसरार होता रहा।

मेरी बीवी ने कहा : ''जाने भी दीजिए···जब वह नहीं गाना चाहती तो आप इस क़दर ज़ोर क्यों दे रहे हैं।''

मैं भी एक ज़िद्दी हूँ। नूरजहाँ के पीछे पड़ गया।

आख़िर उसने फ़ैज़ की यह ग़ज़ल गाई : 'आज की रात साज़े दर्द न छेड़।'

कमबख़्त ने क्या धुन बनाई थी और क्या आवाज़ थी कि अब इतने बरस गुज़र जाने पर भी मेरे कान उस शहद भरी आवाज़ को सुन सकते हैं!

नूरजहाँ के कई आशिक़ होंगे—मैं ऐसे कई बावर्चियों को जानता हूँ जो चूल्हे के पास नूरजहाँ की तसवीरें लगाकर अपने साहिबों और मेमसाहबों का खाना पकाते हैं और उसके गाए हुए गीत अपनी कनसुरी आवाज़ों में गाते हैं।

घरों के उन नौकरों को भी मैं जानता हूँ जो निम्मी, नरगिस और कामनी कौशल को पसंद नहीं करते, लेकिन नूरजहाँ के वाला व शैदा हैं। जहाँ कहीं उसकी तसवीर मिल जाए, काटकर अपने टूटे हुए ट्रंक में रख लेते हैं और फ़ुर्सत के वक़्त उसे देख-देखकर अपनी आँखें सेंकते हैं। और नूरजहाँ को अगर कोई बुरा कहे तो लड़ने-मरने पर तैयार हो जाते हैं।

और मेरे घर में उसका एक आशिक़े-ज़ार मौजूद है। वह हर ख़ूबसूरत लड़की, हर दुल्हन, हर सुर्ख़पोश औरत को नूरजहाँ कहता है। उसको नूरजहाँ के गाए हुए गाने

क़रीब-क़रीब सब याद हैं—वह ख़ुद बड़ा हसीन है, लेकिन जाने उसे नूरजहाँ की कौन-सी अदा भा गई है कि वह दिन-रात उसी का ज़िक्र करता है।

वह मेरा क़रीबतरीन अज़ीज़ है—वह मेरी साली और मेरे भानजे का लड़का है। उसका नाम शाहिद जलाल है। हम सब उसे प्यार से टाको कहते हैं—उसको हम सब बहुत समझा चुके हैं : "देखो, तुम नूरजहाँ का ख़याल छोड़ दो... वह एक ब्याहता औरत है और उसके कई बच्चे हैं... तुम्हारी और उसकी शादी नहीं हो सकती..." मगर वह नहीं मानता।

वह फ़िल्म देखता है और अगर उसमें नूरजहाँ न हो तो उसे बहुत कोफ़्त होती है—यह कोफ़्त वह घर आकर नूरजहाँ के गाए हुए गाने गाकर दूर करता है और अपनी माँ और अपने बाप से कहता है : "मुझे और कोई नहीं चाहिए, सिर्फ़ नूरजहाँ चाहिए।"

पिछले दिनों उसके दादा मियाँ जलालुद्दीन एक काम से शौकत हुसैन रिज़वी के पास गए थे—उन्होंने शौकत से कहा : "देखो, तुम्हारी बीवी का एक आशिक़ पैदा हो गया है जो बुरी तरह उस पर लट्टू है... ऐसा न हो कि वह किसी रोज़ तुम्हारी बीवी को ले उड़े और तुम मुँह देखते रह जाओ।"

शौकत बहुत हैरान हुआ, इसलिए कि मियाँ साहब मौसूफ़ ने यह बात उसे बताई थी—पहले तो वह झेंपा, फिर उसने पूछा : "मियाँ साहब, वह कौन शख़्स है?"

मियाँ साहब ने मुसकराकर कहा : "मेरा पोता।"

शौकत ने पूछा : "आपका पोता...? क्या उम्र है उसकी?"

मियाँ साहब ने जवाब दिया : "यही कोई पाँच बरस के क़रीब।"

और यह हाल ही की बात है कि नूरजहाँ ने जब यह सारी बात सुनी तो वह बहुत महज़ूज़[107] हुई और उसने कहा : "मैं खुद अपने आशिक़ के पास जाऊँगी और उससे शादी करूँगी।"

शाहिद जलाल बहुत ख़ुश है। वह उस दिन का बड़ी बेताबी से इंतज़ार कर रहा है, जब नूरजहाँ ख़ुद उसके पास चलकर आएगी और वह उसे अपनी दुल्हन बनाएगा।

पिछले दिनों नूरजहाँ के एक और आशिक़ का क़िस्सा सुनने में आया था, मगर वह आशिक़ पाँच बरस का नहीं था। वह अच्छा-ख़ासा जवान था और ग़ालिबन नाई, यानी हज्जाम था। वह हर वक़्त नूरजहाँ के गाए हुए गाने गाता रहता था और उसी की बातें करता था।

एक दोस्त ने उस हज्जाम से पूछा : "क्या वाक़ई तुम्हें नूरजहाँ से मुहब्बत है?"

हज्जाम ने बड़े पुरख़ुलूस अंदाज़ में जवाब दिया : "इसमें क्या शक है!"

उसके दोस्त ने उसका इम्तिहान लेना चाहा : "अगर तुम्हें नूरजहाँ से सच्ची मुहब्बत है तो क्या महिवाल की तरह तुम अपना गोश्त दे सकते हो कि कबाब बनाकर उसे भेजे जाएँ।"

हज्जाम ने तेज़ उस्तरा निकालकर अपने दोस्त के हाथ में दे दिया और कहा : "लो, जहाँ से चाहो, मेरा गोश्त काट लो।"

उसका दोस्त, मालूम नहीं, किस क़िस्म का इंसान था—उसने हज्जाम के बाज़ू से पाव

भर गोश्त का टुकड़ा उस्तरे से काटकर अलग कर दिया और फिर घबराकर भाग गया।

हज्जाम साहब उस क़ुर्बानी के बाद ख़ून के बहाव के बायस बेहोश हो गए—उस आशिक़े-ज़ार को जब हस्पताल में दाख़िल किया गया और जब उसको थोड़ा-सा होश आया तो उसकी ज़बान पर नूरजहाँ का नाम था।

सैयद शौकत हुसैन रिज़वी की बेगम और अकबर और असग़र की माँ नूरजहाँ का ताज़ा इश्क़ बहुत ज़्यादा रुसवाकुन साबित हुआ है—वाक़िफ़कार हलक़ों का बयान है कि नूरजहाँ एक अर्से से क्रिकेट के मशहूर खिलाड़ी नज़र मुहम्मद* की जवानी और बजाहत[108] से बेहद मुतास्सिर नज़र आती थी और उनकी मुलाक़ातें अक्सर शको-शुब्हे की नज़रों से देखी जाती थीं—और बारहा उन मुलाक़ातों की वजह से शौकत और नूरजहाँ की ज़िंदगी में शदीद[109] बदमज़गी पैदा हो चुकी थी।

इस जोड़े के हालात से दिलचस्पी रखनेवाले, मुमकिन है, नज़र और नूरजहाँ के रूमान को इसलिए वक़अत न देते हों कि अब नूरजहाँ दो बच्चों की माँ बन चुकी है और ज़िंदगी के मुताद्दिद पुरशबाब साल शौकत की बीवी की हैसियत से बसर कर चुकी है, लेकिन इसे क्या कहिए कि मियाँ-बीवी की ज़िंदगी में एक और औरत ने दाख़िल होकर क़यामत बरपा कर दी।

शाह नूर स्टूडियो में एक नई लड़की निगहत सुलताना एक्ट्रैस बनने के लिए आई—शौकत हुसैन रिज़वी उसके हुस्नो-जमाल से बेहद मुतास्सिर हुआ।

नूरजहाँ उन दोनों की बाहमी दिलचस्पी में ख़तरा महसूस करने लगी—चुनांचे मामला जब कुछ और आगे बढ़ा तो क़सूर की जट्टी नूरजहाँ ने एक दिन निगहत सुलताना को चुटिया से पकड़कर ऐसे-ऐसे हाथ दिखाए कि अगर हीरोइन और शौकत हुसैन रिज़वी की महबूबा बनकर शाहनूर स्टूडियो पर हुकूमत करने का ख़्वाब देखनेवाली इस नई एक्ट्रैस के एक-दो हमदर्द हिम्मत से काम लेकर उसे न छुड़ाते तो उस रोज़ उसका जनाज़ा ही धूमधाम से निकलता।

इस हादिसे से बच निकलने के बाद निगहत सुलताना अदालत में जा पहुँची।

वाक़ा चूँकि शाह नूर स्टूडियो में हुआ था, जहाँ आज की मैडम और कल की बेबी नूरजहाँ बेताज मलिका की मानिंद हुकूमत करती है, इसलिए इस्तिग़ासा नाकाम रहा।

इस हादिसे ने शौकत और नूरजहाँ के दिलों में ज़हर भर दिया—दोनों एक-दूसरे से खिंचे-खिंचे रहने लगे।

इस वाक़े से नूरजहाँ के पुराने महबूब नज़र मुहम्मद को नूरजहाँ के क़रीब आ जाने का मौक़ा मिल गया और दोनों की नए सिरे से मुलाक़ातें शुरू हो गईं।

नूरजहाँ और नज़र की इश्क़बाज़ी का यह सिलसिला न जाने कब तक जारी रहता और

---

* 1952-53 में जब कारदार की कप्तानी में पहली पाकिस्तानी क्रिकेट टीम भारत में आई थी तो नज़र मुहम्मद ओपनिंग बैट्समैन के तौर पर उस टीम में शामिल था और उसने लखनऊ टेस्ट में सैंचुरी बनाई थी—मुदस्सर नज़र, आज का मशहूर पाकिस्तानी खिलाड़ी, नज़र मुहम्मद का बेटा है। —संपादक

यह इंतिक़ामी मुहब्बत न मालूम क्या सूरत इख़्तियार कर लेती कि नूरजहाँ की ज़ाती ख़ादिमा ने शौकत को दोनों की मुलाक़ातों से आगाह करके सबकुछ चौपट कर दिया।

एक दिन जब कि नूरजहाँ अपने इशरत कदा[110] में नज़र की आग़ोश में मचल रही थी, शौकत ने दोनों को रंगे हाथों पकड़ लेने के लिए छापा मारा।

इस बेजा मुदाख़लत[111] पर जब नूरजहाँ और नज़र ने ख़तरा महसूस किया तो नज़र अपनी जान की परवाह किए बग़ैर दूसरी मंज़िल की खिड़की में से कूद पड़ा।

अनजानी जगह और उजलत के अंदाज़े की ग़लती के बायस नज़र अपने-आपको सँभाल न सका और दाएँ हाथ की कलाई की हड्डी तुड़वा बैठा—यूँ नूरजहाँ के इश्क़ में क्रिकेट का नामवर खिलाड़ी हमेशा के लिए क्रिकेट के खेल से महरूम हो गया।

और नूरजहाँ बदस्तूर शौकत के लिए सुरूरे-जाँ बन गई—

नूरजहाँ का ख़ाविंद, बाँका छबीला सैयद शौकत हुसैन रिज़वी मौजूद है…

उसकी ख़ूबसूरत औलाद मौजूद है…

लाहौर का वह हज्जाम मौजूद है जो उसके लिए अपनी रान का नहीं तो अपने बाज़ू का गोश्त दे सकता है…

उसका पाँच बरस का आशिक़ शाहिद जलाल उर्फ़ टाको मौजूद है जो हर वक़्त उसको दुल्हन बनाने के ख़्वाब देखता रहता है…

वह बावर्ची मौजूद हैं जो उसकी तसवीर चूल्हे के पास रखकर खाना पकाते हैं; जो बर्तन माँजते वक़्त उसके गाए हुए गाने अपनी कनसुरी आवाज़ में गाते हैं और यूँ अपनी मशक़्क़त का बोझ हल्का करते हैं –

एक मैं हूँ, जो उसकी वाहियात अंगिया देखकर अपनी आँखें बंद कर लेता हूँ—मालूम नहीं, वह इतनी उठान में क्या ख़ूबसूरती देखती है। और सैयद शौकत हुसैन रिज़वी उसको इस ज़्यादती की इजाज़त क्यों देता है, जो बाज़ौक़[112] निगाहों पर बहुत गराँ गुज़रती है?

---

1. स्वर का उतार-चढ़ाव; 2. उच्चारण; 3. माधुर्यपूर्ण, चिकनी; 4. बेहतर; 5. परिपूर्ण; 6. विकृत; 7. हानिकारक; 8. नष्ट करनेवाली; 9. दिल उचटना; 10. अनेक; 11. हितैषी; 12. खर्चे; 13. समाप्त; 14. निश्चित; 15. अभिनय; 16. संवाद; 17. प्रशिक्षण; 18. प्रशंसक; 19. भौगोलिक ज्ञान; 20. संघर्षशील; 21. कृत्रिम; 22. शीघ्रता; 23. प्रेमिका; 24. भविष्य; 25. तनावपूर्ण; 26. यूँ ही बातों-बात में; 27. द्व्यर्थक; 28. निकालना; 29. नीति; 30. समझौता; 31. वांछित; 32. दुखदायी; 33. आलिंगनबद्ध; 34. कृपा; 35. सुदृढ़; 36. बहुतायत; 37. संदेह; 38. नियमपूर्वक; 39. पात्र की सुदृढ़ता; 40. मोटी; 41. पाठकों; 42. मित्रता का हक़; 43. जीवनी; 44. बाह्य प्रसंग;

45. महमूद गज़नवी के प्रेमपात्र ग़ुलाम का नाम ; 46. दानशीलता ; 47. श्रोताओं ; 48. आत्म-विस्मृति ; 49. केंद्रित ; 50. नशीली ; 51. हौल का अब्बा ; 52. पारस्परिक ; 53. विलीन ; 54. सिद्धहस्तता ; 55. स्वभाव ; 56. उभरा हुआ ; 57. बिलकुल ; 58. दया से ; 59. दिया हुआ ; 60. अंकित ; 61. हानिकारक ; 62. स्मित मुख ; 63. अस्त-व्यस्त ; 64. लंबा-चौड़ा ; 65. ठहरा ; 66. स्थूलकाय ; 67. पेय ; 68. शिथिल ; 69. रचना, निर्माण ; 70. शिक्षा व उपदेश ; 71. किसी कार्य में आगे कदम बढ़ाना ; 72. जल्दबाज़ी ; 73. चिकित्सा ; 74. संबंध ; 75. उपस्थिति, शामिल होना ; 76. उदासी ; 77. आधुनिक ; 78. आर्द्र ; 79. घटित ; 80. बाज़ारू ; 81. असह्य ; 82. युद्ध-स्थल ; 83. क्रमबद्ध ; 84. एकाग्रता ; 85. जैसे-तैसे ; 86. चंचल चित्त ; 87. गर्भपात, नष्ट होना ; 88. बचकानी ; 89. स्वयं अमल में न लाकर दूसरों को उपदेश देना ; 90. व्यक्त ; 91. मुख्य शहर से संलग्न बस्तियाँ ; 92. वस्त्र ; 93. वस्त्र पहने हुए ; 94. कहीं ऐसा न हो ; 95. अध्ययन ; 96. संबंधित कर्मचारी ; 97. मान-मर्यादा ; 98. सुधार ; 99. बिगड़ी हुई स्थिति ; 100. आधारित ; 101. ज़नाना, स्त्रियों के ; 102. औचित्य ; 103. प्रसिद्ध ; 104. वैवाहिक ; 105. स्पष्ट रुप से ; 106. अत्यधिक उत्कंठा ; 107. प्रसन्न ; 108. प्रतिष्ठा ; 109. अत्यधिक ; 110. शयनकक्ष ; 111. हस्तक्षेप ; 112. रसिक।

परीचेहरा नसीम बानो

मेरा फ़िल्म देखने का शौक़ अमृतसर ही में ख़त्म हो चुका था। इस क़द्र फ़िल्म देखे थे कि अब उनमें मेरे लिए कोई कशिश ही न रही थी—यही वजह है कि जब मैं हफ़्तावार 'मुसव्विर' को एडिट करने के सिलसिले में बंबई पहुँचा तो महीनों किसी सिनेमा का रुख़ न किया। पर्चा फ़िल्मी था और हर फ़िल्म का पास मिल सकता था, मगर तबीयत उधर राग़िब ही न थी।

बंबे टाकीज़ का फ़िल्म 'अछूत कन्या' उन दिनों एक सिनेमा में हफ़्तों से चल रहा था। जब उसकी नुमाइश का बाइसवाँ हफ़्ता शुरू हुआ तो मैंने सोचा : इस फ़िल्म में क्या है जो इतनी देर से चल रहा है। इसे देखना चाहिए।

बंबई में यह मेरा पहला फ़िल्म था। मैंने इसमें पहली मर्तबा अशोक कुमार और देविका रानी को देखा। अशोक कुमार का एक्टिंग ख़ाम था, मगर देविका रानी का काम बहुत मंझा हुआ था। फ़िल्म मज्मूई तौर पर कामयाब था। एक ख़ास बात जो मैंने नोट की, यह थी कि उसमें सूफ़ियानापन नहीं था। एक सीधी-सादी कहानी थी जो बड़े साफ़-सुथरे अंदाज में पेश की गई थी—मैंने अब गाहे-गाहे फ़िल्म देखने शुरू कर दिए।

उन दिनों एक्ट्रेसों में एक एक्ट्रेस नसीम बानो ख़ास मशहूर थी। उसकी ख़ूबसूरती का बहुत चर्चा था। इश्तिहारों में उसे परीचेहरा नसीम कहा जाता था। मैंने अपने ही अख़बार में उसके कई फ़ोटो देखे थे। ख़ुशशक्ल थी। जवान थी। ख़ासतौर पर आँखें बड़ी पुरकशिश थीं और जब आँखें पुरकशिश हों तो सारा चेहरा पुरकशिश बन जाता है।

नसीम के ग़ालिबन दो फ़िल्म तैयार हो चुके थे जो सोहराब मोदी ने बनाए थे और अवाम में काफ़ी मक़बूल हुए थे। यह फ़िल्म मैं न देख सका। मालूम नहीं क्यों—अर्सा गुज़र गया। अब मिनर्वा मोवी टोन की तरफ़ से उसके शानदार तारीख़ी फ़िल्म 'पुकार' की इश्तिहारबाज़ी बड़े ज़ोरों पर हो रही थी। परी चेहरा नसीम उसमें नूरजहाँ के रूप में पेश की जा रही थी और सोहराब मोदी ख़ुद उसमें एक बड़ा अहम किर्दार अदा कर रहे थे।

फ़िल्म की तैयारी में काफ़ी वक़्त सर्फ़ हुआ। इस दौरान में अख़बारों और रिसालों में जो 'स्टिल' शाया हुए बड़े शानदार थे। नसीम, नूरजहाँ के लिबासे-फ़ाख़्रा में बड़ी पुरवक़ार दिखाई देती थी।

'पुकार' की नुमाइशे-उज़्मा पर मैं मदऊ था। जहाँगीर के अदलो-इन्साफ़ का एक

मनघड़ंत क़िस्सा था जो बड़े जज़्बाती और थेटरी अंदाज़ में पेश किया गया था। फ़िल्म में दो बातों पर बहुत ज़ोर था : मुकालमों पर और मलबूसात पर—मुकालमे गो ग़ैर फ़ित्री और थेटरी थे। लेकिन बहुत ज़ोरदार और पुरशिकोह थे, जो सुननेवालों पर असर-अंदाज़ होते थे। चूँकि ऐसा फ़िल्म इससे पहले नहीं बना था, इसलिए सोहराब मोदी का 'पुकार' सोने की कान साबित होने के अलावा हिंदुस्तानी सन्अते-फ़िल्म साज़ी में एक इन्क़िलाब पैदा करने का मूजिब हुआ।

नसीम की अदाकारी कमज़ोर थी लेकिन उसकी कमज़ोरी को उसके ख़ुदादाद हुस्न और नूरजहाँ के लिबास ने, जो उस पर ख़ूब सजता था, अपने अंदर छुपा लिया था—मुझे याद नहीं रहा, पर ख़याल है कि 'पुकार' के बाद नसीम ग़ालिबन दो-तीन फ़िल्मों में पेश हुई, मगर यह फ़िल्म कामयाबी के लिहाज़ से 'पुकार' का मुक़ाबला न कर सके।

इस दौरान में नसीम के मुताल्लिक़ तरह-तरह की अफ़्वाहें फैल रही थीं। फ़िल्मी दुनिया में स्केंडल आम होते हैं। कभी यह सुनने में आता था कि सोहराब मोदी नसीम बानो से शादी करनेवाला है। कभी अख़बारों में यह ख़बर शाया होती थी कि निज़ाम हैदराबाद के साहबज़ादे मुअज़्ज़म जाह साहब, नसीम बानो पर डोरे डाल रहे हैं और अनक़रीब उसे ले उड़ेगें। यह ख़बर दुरुस्त थी, क्योंकि शहज़ादे का क़ियाम उन दिनों अक्सर बबई में होता था, और वह कई बार नसीम के मकान वाक़े मैरीन ड्राइव पर देखे गए थे।

शहज़ादे ने लाखों रुपए ख़र्च किए, बाद में जिनका हिसाब देने के सिलसिले में उन्हें बड़ी उलझनों का सामना करना पड़ा। लेकिन यह बाद की बात थी। आप रुपए के ज़ोर से नसीम की वालिदा शमशाद उर्फ़ छमिया को रज़ामंद करने में कामयाब हो गए। चुनांचे परीचेहरा नसीम का इलतिफ़ात ख़रीदकर आप उसे उसकी वालिदा समेत हैदराबाद ले गए।

थोड़े ही अर्से के बाद जहाँदीदा छमिया ने यह महसूस किया कि हैदराबाद एक क़ैदख़ाना है जिसमें उसकी बच्ची का दम घुट रहा है। आरामो-आसाइश के तमाम सामान मौजूद थे, मगर फ़ज़ा में घुटन-सी थी। फिर क्या पता था कि शहज़ादे की लाउबाली तबीयत में एकाएकी इन्क़िलाब आ जाता और नसीम बानो इधर की रहती न उधर की। चुनांचे छमिया ने हिकमते-अमली से काम लिया। हैदराबाद से निकलना बहुत मुश्किल था, मगर वह अपनी बच्ची नसीम के साथ वापस बंबई आने में कामयाब हो गई।

उसकी मदद पर काफ़ी शोर मचा। बड़ी पोस्टरबाज़ी हुई। दो पार्टियाँ बन गईं थीं। एक शहज़ादा मुअज़्ज़म शाह के कासा लेसों की, दूसरी नसीम बानो के हमदर्दों की। बहुत देर तक कीचड़ उछाली गई। इसके बाद यह मामला ख़ामोश हो गया।

मैं अब फ़िल्मी दुनिया में दाख़िल हो चुका था। कुछ देर 'मुंशी' की हैसियत से इंपीरियल फ़िल्म कंपनी में काम किया, यानी डायरेक्टों के हुक्म के मुताबिक़ उलटी-सीधी ज़बान में फ़िल्मों के मुकालमे लिखता रहा, साठ रुपए माहवार पर। तरक़्क़ी की तो हिंदुस्तान सिने टोन में सेठ नानू भाई डेसाई के यहाँ सौ रुपए माहवार पर मुलाज़िम हो गया। यहाँ मैंने अपनी पहली फ़िल्मी कहानी 'मड' के उनूवान से लिखी। इसका उर्फ़

'अपनी नगरिया' था। कहना यह है कि फ़िल्मी हल्क़े अब मेरे नाम से वाक़िफ़ हो चुके थे।

इस दौरान में एक ऐलान नज़रों से गुज़रा कि कोई साहब अहसान हैं और उन्होंने एक फ़िल्म कंपनी ताज महल पिक्चर्ज़ के नाम से क़ाइम की है। पहला फ़िल्म 'उजाला' होगा, जिसकी हीरोइन परीचेहरा नसीम बानो है।

इस फ़िल्म के बनानेवालों में दो मशहूर हस्तियाँ थीं। 'पुकार' का मुसन्निफ़ कमाल अम्रोही और 'पुकार' ही का पब्लिसिटी मैनेजर एम ए मुग़नी। फ़िल्म की तैयारी के दौरान में कई झगड़े खड़े हुए। अमीर हैदर कमाल अमरोही और एम ए मुग़नी की कई बार आपस में चख़ हुई। यह दोनों हज़रात ग़ालिबन अदालत तक भी पहुँचे, मगर 'उजाला' अन्जामे-कार मुकम्मल हो गई। कहानी मामूली थी, मौसीक़ी कमज़ोर थी, डायरेक्शन में कोई दम न था, चुनांचे यह फ़िल्म कोई कामयाब न हुआ और अहसान साहब को काफ़ी ख़सारा उठाना पड़ा। नतीजा यह हुआ कि उनको अपना कारोबार बंद करना पड़ा। मगर इस कारोबार में वह अपना दिल नसीम बानो को दे बैठे। अहसान साहब के लिए नसीम अजनबी नहीं थी। उनके वालिद ख़ान बहादुर मौहम्मद सुलेमान चीफ़ इन्जीनियर, नसीम की वालिदा उर्फ़ छमिया के परस्तार थे, बल्कि यूँ कहिए कि एक लिहाज़ से वह उनकी दूसरी बीवी थी। अहसान साहब को यक़ीनन नसीम से मिलने का इत्तिफ़ाक़ हुआ होगा। फ़िल्म की तैयारी के दौरान में तो ख़ैर वह नसीम के बिलकुल क़रीब रहे थे, लेकिन लोगों का बयान है कि अहसान अपनी झेंपू और शर्मीली तबीयत के बाइस नसीम से पूरी तरह खुल नहीं सके थे। सैट पर आते तो ख़ामोश एक कोने में बैठे रहते। नसीम से बहुत कम बात करते। कुछ भी हो, आप अपने मक़सद में कामयाब हो गए, क्योंकि एक दिन हमने सुना कि परीचेहरा नसीम ने मिस्टर अहसान से दिल्ली में शादी कर ली है और यह इरादा ज़ाहिर किया है कि वह अब फ़िल्मों में काम नहीं करेगी।

नसीम बानो के परस्तारों के लिए यह ख़बर बड़ी अफ़्सोसनाक थी। उसके हुस्न का जलवा क्योंकि सिर्फ़ एक आदमी के लिए वक़्फ़ हो गया था।

अहसान और नसीम का इश्क़ तमाम मराहिल तय करके शादी की मंज़िल तक कैसे पहुँचा, मुझे इसका इल्म नहीं, लेकिन इस सिलसिले में अशोक कुमार का बयान बहुत दिलचस्प है—अशोक एक साहब कैप्टिन सिद्दीक़ी का दोस्त था। यह मिस्टर अहसान के क़रीबी अज़ीज़ थे। 'उजाला' में उन्होंने काफ़ी रुपया लगाया था।

अशोक क़रीब-क़रीब हर रोज़ कैप्टिन सिद्दीकी के यहाँ जाया करता था। कुछ दिनों से वह महसूस कर रहा था कि कैप्टिन साहब के घर की फ़ज़ा बदली हुई है। शुरू-शुरू में तो वह कुछ समझ न सका, लेकिन एक दिन उसकी नाक ने महसूस किया कि हवा में बहुत ही उम्दा सैंट की ख़ुश्बू बसी हुई है। अशोक ने अज़-राहे-मज़ाक़ कैप्टिन सिद्दीकी से उस ख़ुश्बू के माख़ज़ के बारे में पूछा, लेकिन वह गोल कर गए।

एक दिन जब अशोक, सिद्दिक़ी साहब के घर गया तो वह मौजूद नहीं थे, लेकिन वह ख़ुश्बू मौजूद थी। बड़ी लतीफ़, लेकिन बड़ी शरीर—अशोक ने सूँघ-सूँघ कर नाक के ज़रिए से मालूम कर लिया कि वह ऊपर की मंज़िल से आ रही है। सीढ़ियाँ तय करके वह

ऊपर पहुँचा। कमरे के किवाड़ थोड़े-से खुले थे। अशोक ने झाँककर देखा। नसीम बानो पलंग पर लेटी थी और उसके पहलू में एक साहब बैठे उससे हौले-हौले बातें कर रहे थे। अशोक ने पहचान लिया—वह मिस्टर अहसान थे जिनसे उसका तआरुफ़ हो चुका था।

अशोक ने जब कैप्टिन सिद्दीकी से उस मामले के मुताल्लिक़ बात की तो वह मुस्कराए: "यह सिलसिला काफ़ी अर्से से जारी है।"

अशोक के इस बयान से नसीम और अहसान के इस मुआश्क़े पर जो रौशनी पड़ती है, उस पर किसी तब्सिरे की ज़रूरत नहीं? इश्क़ो-मुहब्बत में जो कुछ होता है, हुआ होगा। मुझे इतना इल्म है कि अहसान की वालिदा और बहनें सख़्त ख़िलाफ़ थीं कि वह नसीमं से शादी करे। चुनाँचे इस सिलसिले में बहुत झगड़े हुए, मगर ख़ान बहादुर मोहम्मद सुलेमान साहब को कोई एतिराज़ नहीं था, इसलिए यह शादी अमल में आ गई और नसीम फ़िल्मी दुनिया से दूर दिल्ली में रहने लगी, जहाँ उसने अपने बचपन के दिन गुज़ारे थे।

शादी पर और शादी के बाद कुछ देर अख़बारों में हंगामा रहा, मगर फिर नसीम फ़िल्मी हल्क़ों से ओझल हो गई।

इस दौरान में फ़िल्मी दुनिया में कई इन्क़िलाब आए। कई फ़िल्म कंपनियाँ बनीं, कई टूटीं। कई सितारे उभरे, कई डूबे। हिमांसू राय की अफ़्सोस-नाक मौत के बाद बंबे टाकीज़ में तवाइफ़ुल-मलूकी फैली हुई थी। देविका रानी[1] और राय-बहादुर चुनी लाल[2] में बात-बात पर चलती थी। नतीजा यह हुआ कि रायबहादुर अपने ग्रुप के साथ बंबे टाकीज़ से अलाहिदा हो गए। इस ग्रुप में प्रोड्यूसर एस मुकर्जी, मश्हूर हीरो अशोक कुमार, कवि प्रदीप, साउंड रिकार्डिस्ट एस वाचा, कामेडियन वी एच डेसाई, मुकालमे निगार शाहिद लतीफ़ और संतोषी शामिल थे। बंबे टाकीज़ से निकलते ही इस ग्रुप ने एक नई फ़िल्म कंपनी 'फ़िल्मस्तान' के नाम से क़ायम की। प्रोडक्शन कंट्रोलर एस. मुकर्जी मुक़र्रर हुए, जो एक सिल्वर जुबली फ़िल्म बनाकर बहुत शोहरत हासिल कर चुके थे। कहानी-वहानी लिखी गई। स्टूडियो नए साज़ो-सामान से आरास्ता हो गया। सब ठीक-ठाक था, मगर प्रोड्यूसर एस. मुकर्जी सख़्त परेशान थे। बंबे टाकीज़ से अलाहिदा होकर वह देविका रानी को ख़ार देने के लिए कोई सनसनी फैलानेवाली बात पैदा करना चाहते थे, और यह बात हीरोइन के इंतिख़ाब के मुताल्लिक़ थी।

बैठे-बैठे एक दिन एस. मुकर्जी को यह सूझी कि नसीम बानो को वापस खींचकर लाया जाए। यह वह ज़माना था, जब उसे अपने ऊपर पूरा एतिमाद था। पे-दर-पे कई कामरानियों के बाद उसको यह महसूस होने लगा था कि वह जिस काम में हाथ डालेगा, पूरा कर लेगा। चुनांचे फ़ौरन ही नसीम बानो तक पहुँचने के रास्ते सोच लिए गए।

अशोक की वजह से एस. मुकर्जी के भी कैप्टिन सिद्दीकी से बड़े अच्छे ताल्लुक़ात थे। इसके अलावा रायबहादुर चुनी लाल के अहसान के वालिद ख़ान बहादुर मोहम्मद सुलेमान से बहुत बेतकल्लुफ़ मरासिम थे। चुनांचे दिल्ली में नसीम तक रसाई हासिल करने में एस

---

1. मिसिज़ हिमांसू राय; 2. बंबे टाकीज़ के जनरल मैनेजर।

मुकर्जी को किसी मुश्किल का सामना न करना पड़ा, लेकिन सबसे बड़ा मरहला पहले अहसान को और फिर नसीम को रज़ामंद करना था।

मुकर्जी की ख़ुद-एतिमादी काम आई। अहसान ने पहले तो साफ़ जवाब दे दिया, लेकिन आख़िरकार रज़ामंद हो गया। फ़तहमंद होकर जब वह वापस बंबई आया तो अख़बारों में यह ख़बर बड़े ठाट से शाया कराई कि 'फ़िल्मिस्तान' के पहले फ़िल्म 'चल-चल रे नौजवान' की होरोइन परीचेहरा नसीम बानो होगी। फ़िल्मी हल्क़ों में सनसनी फैल गई, क्योंकि नसीम फ़िल्मी दुनिया से हमेशा के लिए अलाहिदगी इख़्तियार कर चुकी थी।

यह उस ज़माने की बात है जब मैं डेढ़ बरस आल इंडिया रेडियो दिल्ली के साथ मुन्सलिक रहकर वापस बंबई आया था और सैयद शौकत हुसैन रिज़वी के लिए एक कहानी लिखने में मसरूफ़ था।

यह कहानी लिखी गई। चंद और कहानियाँ भी लिखी गई। इस दौरान में घर से निकलना बहुत कम हो गया था। मेरी बीवी मेरे इस घरेलूपने से तंग आ गई थी। उसका ख़याल था कि मैं यूँ अपनी सेहत ख़राब कर रहा हूँ।

शाहिद लतीफ़ से मेरे मरासिम अलीगढ़ यूनिवर्स्टी से चले आ रहे थे। 'फ़िल्मिस्तान' के कामों से जब भी फ़रागत मिलती, वह मेरे यहाँ ज़रूर आता—एक दिन आया तो मेरी बीवी ने उससे कहा : ''शाहिद भाई, इनसे कहिए, कहीं मुलाज़मत कर लें। घर बैठकर इनका काम करना मुझे अच्छा नहीं लगता। सेहत ख़राब कर रहे हैं। कहीं मुलाज़मत कर लेंगे तो घर से बाहर क़दम तो रखा करेंगे।''

चंद रोज़ के बाद मलाड से शाहिद लतीफ़ का फ़ोन आया कि प्रोड्यूसर एस मुकर्जी मुझसे इन्टरव्यू करना चाहते हैं, क्योंकि सिनेरियो डिपार्टमेंट के लिए उन्हें एक आदमी की ज़रूरत है।

मुलाज़मत की मुझे कोई ख़्वाहिश नहीं थी। सिर्फ़ स्टूडियो देखने के लिए मैं 'फ़िल्मिस्तान' चला गया। फ़ज़ाँ बड़ी अच्छी थी, जैसे किसी यूनिवर्सिटी की। उसने मुझे बहुत मुतास्सिर किया। मुकर्जी से मुलाक़ात हुई तो वह मुझे बेहद पसंद आए। चुनांचे वहीं कंट्रेक्ट पर दस्तख़त कर दिए। तन्ख़ाह बहुत थोड़ी थी। कुल तीन सौ रुपए माहवार। और फ़ासला भी काफ़ी था। इलैक्ट्रिक ट्रेन से एक घंटे के क़रीब लगता था, गोरे गाँव पहुँचने में। लेकिन मैंने सोचा : ठीक है, तन्ख़ाह थोड़ी है लेकिन मैं इधर-उधर से कमा लिया करूँगा।

शुरू-शुरू में तो 'फ़िल्मिस्तान' में मेरी हालत अजनबी की-सी थी लेकिन बहुत जल्द मैं तमाम स्टाफ़ के साथ घुल-मिल गया। एस. मुकर्जी से तो मेरे ताल्लुक़ात दोस्ताना हद तक पहुँच गए।

इस दौरान में नसीम बानो की सिर्फ़ चंद झलकियाँ देखने का इत्तिफ़ाक़ हुआ। चूँकि सिनेरियो लिखा जा रहा था, इसलिए वह चंद लम्हात के लिए मोटर में आती और वापस चली जाती थी।

एस. मुकर्जी बड़ा मुश्किल पसंद वाक़े हुआ है। महीनो कहानी की नोक-पलक दुरूस्त करने में लग गए। ख़ुदा-ख़ुदा करके फ़िल्म की शूटिंग शुरू हुई, मगर यह वह सीन थे

जिनमें नसीम बानो नहीं थी। बिलाआख़िर उससे एक रोज़ मुलाक़ात हो गई। स्टूडियो के बाहर फ़ोल्डिंग कुर्सी पर बैठी थी। टाँग पर टाँग रखे थर्मोस से चाय पी रही थी। अशोक ने मेरा उससे तआरुफ़ कराया। ख़ंदा-पेशानी से पेश आई और बड़ी बारीक आवाज़ में कहा : ''मैंने इनके मज़ामीन और अफ़साने पढ़े हैं।''

थोड़ी देर रस्मी गुफ़्तगू हुई और यह पहली मुलाक़ात ख़त्म हुई। चूँकि वह मेकअप में थी, इसलिए मैं उसके असली हुस्न का अंदाज़ा न कर सका। एक बात जो मैंने ख़ासतौर पर नोट की, वह यह थी कि बोलते वक़्त उसे कोशिश-सी करनी पड़ती थी। यूँ कहिए कि जब वह बोलती थी तो मुझे यूँ महसूस होता था कि वह थोड़ी-सी मशक़्क़त कर रही है।

'पुकार' की नसीम में और 'चल-चल रे नौजवान' की नसीम में ज़मीनो-आसमान का फ़र्क़ था। उधर वह मलिका नूरजहाँ के लिबासे-फ़ाख़ा में मलबूस और इधर भारत सेवा दल की एक रज़ाकार की वर्दी में। नसीम बानो को तीन-चार मर्तबा मेकअप के बग़ैर देखा तो मैंने सोचा; आराइशे-महफ़िल के लिए इससे बेहतर औरत और कोई नहीं हो सकती। वह जगह, वह कोना, जहाँ वह बैठती या खड़ी होती, एकदम सज जाता।

लिबास के इंतिख़ाब में वह बहुत मोहतात है, और रंग चुनने के मामले में जो सलीक़ा और क़रीना मैंने उसके यहाँ देखा है, और कहीं नहीं देखा। ज़र्द रंग बड़ा ख़तरनाक है, क्योंकि ज़र्द रंग के कपड़े आदमी को अक्सर ज़र्द मरीज़ बना देते हैं, मगर नसीम कुछ इस बेपर्वा बेतकल्लुफ़ी से यह रंग इस्तेमाल करती थी कि मुझे हैरत होती थी।

नसीम का महबूब लिबास साड़ी है। ग़रारा भी पहनती है, मगर गाहे-गाहे। शलवार क़मीस पहनती है मगर सिर्फ़ घर में। वह कपड़े पहनती है, इस्तेमाल नहीं करती। यही वजह है कि उसके पास बरसों के पुराने कपड़े बड़ी अच्छी हालत में मौजूद हैं।

नसीम को मैंने बहुत मेहनती पाया। बड़ी नाज़ुक-सी औरत है, मगर सैट पर बराबर डटी रहती थी। मुकर्जी को मुतमइन करना आसान काम नहीं। कई-कई रिहर्सलें करना पड़ती थीं। घंटों झुलसा देनेवाली रौशनी के सामने उठक-बैठक करना पड़ती थी, लेकिन मैंने देखा कि नसीम उकताती नहीं थी। मुझे बाद में मालूम हुआ कि उसको अदाकारी का बहुत शौक़ है। हम शूटिंग के साथ-साथ रशेज देखते थे। नसीम बानो का काम बस गवारा था। उसमें चमक नहीं थी। वह सन्जीदा आदाएँ मुहैया कर सकती है, अपने मुग़लई ख़द्दख़ाल की हसीन झलकियाँ पेश कर सकती है, लेकिन नाक़िदाना निगाहों के लिए अदाकारी का जौहर पेश नहीं कर सकती। फिर भी 'चल-चल रे नौजवान' में उसका एक्टिंग पहले फ़िल्मों के मुक़ाबले में कुछ बेहतर ही था।

मुकर्जी उस में करख़्तगी और दुरुश्तगी पैदा करना चाहता था, मगर यह कैसे पैदा होती। नसीम बेहद सर्द मिज़ाज है। चुनांचे नतीजा यह हुआ कि 'चल-चल रे नौजवान'' में नसीम का कैरेक्टर गडमड हो के रह गया।

फ़िल्म रिलीज़ हुआ। रात को 'ताज' में एक शानदार पार्टी दी गई। फ़िल्म में नसीम जैसी भी थी, ठीक है, मगर 'ताज' में वह सबसे अलग नज़र आती थी, पुरवक़ार बाअज़्मत मुग़लिया शहज़ादियों की-सी शान और इन्फ़िरादीयत लिए।

'चल-चल रे नौजवान' की तैयारी में दो बरस, दो उकता देनेवाले बरस लग गए थे। जब फ़िल्म तवक़्क़ोआत के मुताबिक़ कामयाब और मक़बूल न हुआ तो हम सब पर अफ़्सुदर्गी तारी हो गई। मुकर्जी तो बहुत बेदिल हुआ, मगर कन्ट्रैक्ट के मुताबिक़ चूँकि उसे ताजमहल पिक्चर्ज़ के एक फ़िल्म की निगरानी करना थी, इसलिए कमरबस्ता हो कर काम शुरू करना पड़ा।

फ़िल्म 'चल-चल रे नौजवान' की तैयारी के दौरान में अहसान से मुकर्जी के ताल्लुक़ात बहुत बढ़ गए थे। जब ताजमहल पिक्चर्ज़ के फ़िल्म का सवाल आया तो अहसान ने उसकी प्रोडक्शन का सारा बोझ मुकर्जी के कंधों पर डाल दिया। मुकर्जी ने मुझसे मशवरा किया। आख़िर यह तय हुआ कि 'बेगम' के उनवान से मैं एक ऐसी कहानी लिखूँ, जिसमें नसीम की ख़ूबसूरती को ज़्यादा से ज़्यादा इस्तेमाल किया जा सके।

मैंने एक ख़ाका तैयार किया। मुकर्जी ने उसमें कुछ तबदीलियाँ कराईं। जब फ़िल्म तैयार हुआ तो मैंने बड़ी हैरत से यह महसूस किया कि जो कहानी मैंने सोची थी, वह तो रद्दी काग़ज़ों पर है और जो पर्दे पर चल रही है, वह महज़ उसका हल्का-सा साया है।

कहानी का क़िस्सा छोड़िए, मुझे कहना यह है कि 'बेगम' लिखने के दौरान में मुझे नसीम बानो को बहुत क़रीब से देखने के मवाक़े मिले। मैं और मुकर्जी दोपहर का खाना उनके घर पर खाते थे और हर रोज़ रात को देर तक कहानी में तर्मीमो-तन्सीख़ करने में मसरूफ़ रहते थे।

मेरा ख़याल था, नसीम बड़े आलीशान मकान में रहती है, लेकिन जब मैं घोड़ बंदर रोड पर उसके बँगले में दाख़िल हुआ तो मेरी हैरत की कोई इंतिहा न रही। बंगला निहायत शिकस्ता हालत में था। बड़ा मामूली क़िस्म का फ़र्नीचर था जो ग़ालिबन किराए पर लाया गया था। घिसा हुआ क़ालीन, दीवारें और फ़र्श सील-ज़दा।

इस पस-मंज़र के साथ मैंने परीचेहरा नसीम बानो को देखा। बँगले के बरआमदे में वह गवाले से दूध के कूपनों के मुताल्लिक़ बात-चीत कर रही थी। उसकी दबी-दबी आवाज़ जो ऐसा मालूम होता था, कोशिश के साथ हलक़ से निकाली जा रही है, गवाले से क़ुबूलवा रही थी कि उसने आध सेर दूध का हेर-फेर किया है। आध सेर दूध और परी चेहरा नसीम बानो, जिसके लिए कई फ़रहाद, दूध की नहरें निकालने के लिए तैयार थे—मैं चकरा गया।

आहिस्ता-आहिस्ता मुझे मालूम हुआ कि 'पुकार' की नूरजहाँ बड़ी घरेलू क़िस्म की औरत है और उसमें वह तमाम ख़ुसूसियात मौजूद हैं, जो एक ग़ायत दर्जा घरेलू औरत में होती हैं। उस की पिक्चर 'बेगम' की प्रोडक्शन शुरू हुई तो मलबूसात का सारा काम उसने संभाल लिया। अंदाज़ा था कि दस बारह हज़ार रुपए उस मद पर उठ जाएँगे, मगर नसीम ने दर्जी घर में बैठाकर अपनी पुरानी साड़ियों, क़मीसों और ग़रारों से तमाम लिबास तैयार करवा लिए।

नसीम के पास बेशुमार कपड़े हैं। मैं इससे क़ब्ल कह चुका हूँ कि वह लिबास पहनती है, इस्तेमाल नहीं करती। उस पर हर लिबास सजता है। यही वजह है कि 'बेगम' में एस

मुकर्जी ने उसको कश्मीर के देहात की एक अल्लहड़ लड़की के रूप में पेश किया। उसको क़लोपित्रा बनाया। हीर का लंबा कुर्ता और लाचा पहनाया। मोडर्न लिबास में भी पेश किया।

यक़ीने-वासिक़ था कि सिर्फ़ मलबूसात के तनव्वो ही के बाइस 'बेगम' बेहद मक़बूल साबित होगी, मगर अफ़्सोस कि निकम्मी डायरेक्शन और कमज़ोर म्यूज़िक की वजह से उसने दरमियाने दर्जे के फ़िल्मों का बिज़नेस किया।

हम सबने इस फ़िल्म की तैयारी पर बहुत मेहनत की थी, ख़ासतौर पर मुकर्जी ने। हम सब देर तक, बाज़ औक़ात रात के तीन-तीन बजे तक बैठे काम करते रहते। मैं और मुकर्जी कहानी की नोक-पलक दुरुस्त करते रहते और नसीम और अहसान जागने की कोशिश करते रहते। जब तक अहसान साहब की टाँग हिलती रहती, वह मेरी और मुकर्जी की बातें सुनते रहते। लेकिन जूँ ही उनकी टाँग हिलना बंद हो जाती, हम सब समझ जाते कि वह गहरी नींद सो गए हैं।

नसीम को इससे बड़ी झुंझलाहट होती थी कि उसका शौहर नींद का ऐसा माता है कि कहानी के निहायत ही दुश्वार-गुज़ार मोड़ पर लंबी तान कर सो जाता है। मैं और मुकर्जी अहसान को छेड़ते थे तो नसीम बहुत ही जुज़बुज़ होती थी। वह उनको अपनी तरफ़ से झंझोड़ कर जगाती थी, मगर ऐसा मालूम होता कि लोरी देकर उन्हें और गहरी नींद सुला रही है—जब नसीम की आँखें भी मुंदने लगतीं तो मुकर्जी रुख़्सत चाहते और चले जाते।

मेरा घर घोड़ बंदर से बहुत दूर था। बर्क़ी ट्रेन करीब-क़रीब पौन घंटे में मुझे वहाँ पहुँचाती थी। हर रोज़ निस्फ़ शब के बाद घर पहुँचता। एक अच्छा ख़ासा अज़ाब था। मैंने जब इसका ज़िक्र मुकर्जी से किया तो यह तय हुआ कि मैं कुछ अर्से के लिए नसीम के ही यहाँ उठ आऊँ।

अहसान बेहद झेंपू हैं। कोई बात कहना हो तो बरसों लगा देते हैं। उन्हें मेरी आसाइश का ख़याल था। वह चाहते थे कि जिस चीज़ की मुझे ज़रूरत हो, मैं उनसे बिला-तकल्लुफ़ कह दिया करूँ, मगर तकल्लुफ़ की यह हद थी कि वह हर्फ़े-मुद्दआ ज़बान पर ला ही नहीं पाते थे। आख़िर एक रोज उनके इसरार पर नसीम ने मुझसे कहा : "तहानूँ जिस चीज़ दी ज़रूरत होवे दस दिया करो।"

नसीम फ़स्ट क्लास पंजाबी बोलती थी। 'चल-चल रे नौजवान' के ज़माने में जब मैंने रफ़ीक़ ग़ज़नवी से, जो उस पिक्चर में एक अहम रोल अदा कर रहा था, ज़िक्र किया कि नसीम पंजाबी बोलती है तो उसने अपने मख़सूस अंदाज़ में मुझसे कहा : "तुम बकते हो···" मैंने उसको यक़ीन दिलाने की कोशिश की, मगर वह न माना।

एक रोज़ शूटिंग के दौरान जब नसीम और रफ़ीक़ दोनों मौजूद थे, और अशोक अंग्रेज़ी के "ज़बान मरोड़" फ़िक्रे नसीम से कहलवाने की कोशिश कर रहा था तो मैंने रफ़ीक़ से पूछा : "लाले, अद्धड़ोंजा किसे कहते हैं?"

रफ़ीक़ ने जवाब दिया : "यह किस ज़बान का लफ़्ज़ है ?"

मैंने कहा : "पंजाबी का···? बताओ इसका क्या मतलब है ?"

रफ़ीक़ ने अपने मख़सूस अंदाज़ में कहा : "मैंनू मालूम नईं, ओ अद्धड़ोंजे दे पुत्तर।"

नसीम ने गर्दन में हल्का-सा ख़म देकर रफ़ीक़ की तरफ़ देखा और मुस्कराकर पंजाबी में उससे पूछा सच्ची, तहानूँ मालूम नईं।"

रफ़ीक़ ने जब नसीम के मुँह से पंजाबी सुनी तो बक़ौल-शख़्से, वह अपनी पश्तो भूल गया। लुक्नंत भरे लहजे में उसने नसीम से उर्दू में कहा : "आप पंजाबी जानती हैं ?"

नसीम ने उसी तरह मुस्करा कर कहा : "जी हाँ।"

मैं नसीम से मुख़ातिब हुआ : "तो आप बताइए, अद्धड़ोंजे का मतलब क्या है ?"

नसीम ने कुछ देर सोचा : "वह लिबास जो घर में इस्तेमाल किया जाता है।"

रफ़ीक़ ग़ज़नवी अपनी पश्तो और ज़्यादा भूल गया।

नसीम की नानी अमृतसर की कश्मीरन थी। पंजाबी ज़बान उसने ग़ालिबन उसी से सीखी थी। उर्दू इसलिए बहुत शुस्ता व रफ़्ता बोलती है कि दिल्ली में अपनी माँ के साथ रही। अंग्रेज़ी जानती है, इसलिए कि कोन्वेन्ट में पढ़ती थी। मौसीक़ी से शग़फ़ रखती है, इसकी तालीम माँ ही से पाई, मगर माँ जैसा सुरीला गला न पाया। फ़िल्मों में अपने गाने ख़ुद ही गाती है, मगर उनमें रस नहीं होता। लेकिन अब मैंने सुना है कि उसने ख़ुद गाना तर्क कर दिया है।

नसीम के इर्द-गिर्द जो एक ख़ैराकुन हाला था, आहिस्ता-आहिस्ता ग़ायब हो गया। मुझे उनके बँगले के ग़ुस्लख़ाने में पहली बार नहाने का इत्तिफ़ाक़ हुआ तो मुझे बड़ी नाउम्मीदी हुई। मेरा ख़याल था कि वह जदीद साज़ो-सामान से आरास्ता होगा। मुताद्दिदत क़िस्म के नहानेवाले नमक होंगे, नायाब साबुन होगा, टब होगा। वह तमाम ऊट-पटाँग चीज़ें होंगी, जो हसीन औरतें और एक्ट्रेसें अपने हुस्न की अफ़्ज़ाइश के लिए इस्तेमाल करती हैं, मगर वहाँ सिर्फ़ एक जस्त की बाल्टी थी, एल्यूमीनियम का एक डोंगा और मलाड के कुएँ का भारी पानी कि साबुन घिसते रहो और झाग पैदा न हो।

लेकिन नसीम को जब भी देखो, तरो-ताज़ा और निखरी-निखरी नज़र आती थी। मेकअप करती थी मगर हल्का–शोख़ रंगों से उसे नफ़रत है। वह सिर्फ़ वही रंग इस्तेमाल करती है, जो उसके मिज़ाज़ के मुआफ़िक़ हों यानि मौतदिल।

इत्रयात से उसको इश्क़ है, चुनांचे अनवाओ-इक़्साम की ख़ुशबुआत उसके पास मौजूद रहती हैं। बाज़ सैंट तो बहुत ही क़ीमती और नायाब हैं। ज़ेवर एक से एक आला और बेश-क़ीमत है, मगर उनमें लदी-फंदी नहीं होती। कभी हीरे का एक कंगन पहन लिया, कभी जड़ाऊ चूड़ियाँ और कभी मोतियों का हार।

उनका दस्तरख़्वान मैंने कभी पुर-तकल्लुफ़ नहीं देखा। अहसान को दमे की शिकायत रहती है और नसीम को ज़ुकाम की। दोनों परहेज़ की कोशिश किया करते थे, नसीम मेरी हरी मिर्चें ले उड़ती थी और अहसान नसीम की प्लेट पर हाथ साफ़ कर देते थे। दोनों में खाने पर क़रीब-क़रीब हर रोज़ एक अजीब बचकाना क़िस्म की चख़ होती थी। दोनों की

निगाहें जब इस दौरान में एक दूसरे से टकरातीं तो देखनेवालों को साफ़ पता लग जाता कि वह मुहब्बत आशना हैं।

नसीम को जब मेरी बीवी ने अपने यहाँ मदऊ किया तो उसे सालनों में इस्तेमाल किया हुआ घी बहुत पसंद आया। खाने की मेज़ ही पर उसने पूछा : "यह घी आप कहाँ से मँगवाती हैं?"

मेरी बीवी ने जवाब दिया : "बाज़ार से⋯पोलसन का घी है⋯आम मिलता है।"

नसीम ने कहा : "दो डब्बे मुझे मँगवा दीजिए।"

मैंने नौकर से कहा—वह फ़ौरन पासवाले स्टोर से, जिसके साथ मेरा हिसाब चलता था, दो डब्बे ले आया।

इसी तरह वह दो-दो करके आठ डब्बे ले गई—एक दिन मुझसे कहने लगी : "आप वह घी का हिसाब तो कर लीजिए।"

मैंने कहा : "इसकी क्या ज़रूरत है?"

लेकिन जब उसने इसरार किया तो मैंने कहा : "कुल आठ डब्बे होते हैं⋯आप हिसाब कर लीजिए।"

नसीम ने कुछ देर सोचने के बाद कहा : आठ⋯मेरा ख़याल है, सात डब्बे आए हैं।"

"सात ही होंगे।"

"होंगे क्या, आप कहते हैं तो आठ ही होंगे।"

"आपने भी होंगे ही कहा।"

काफ़ी देर तक सात और आठ का हेर-फेर रहा। नसीम के हिसाब के मुताबिक़ डब्बे सात थे और मेरे और स्टोरवाले के हिसाब के मुताबिक़ आठ। फ़ैसला यूँ ही हो सकता था कि हम में से एक, दूसरे का हिसाब मान ले, मगर जब बात हिसाब की थी तो कौन मानता—आख़िर नसीम ने अपने मुलाज़िम से कहा कि ख़ाली डब्बे इकट्ठे करे। जब यह इकट्ठे करके नसीम के रूबरू पेश किए गए तो उनकी तादाद सात थी—नसीम ने फतेहाना अंदाज़ में मेरी तरफ़ देखा और कहा, "गिन लीजिए, सात हैं।"

मैंने फिर कहा : "सात ही होंगे, लेकिन मेरे हिसाब के मुताबिक़ आठ होते हैं।"

मुलाज़िम, नसीम से मुख़ातिब हुआ : "जी हाँ, आठ ही होते हैं⋯एक भंगन ले गई थी।"

मैं उनसे पाँच सौ रुपए माहवार लेता था। हर महीने उसकी पाई-पाई का हिसाब होता था, लेकिन उसमें कभी सात और आठ का हेर फेर न हुआ। मियाँ-बीवी दोनों मेरे काम से मुत्मइन थे, लेकिन मिस्टर अहसान किसी हद तक मेरी तेज़ तबीयत से नालाँ थे और उसका इज़हार वह अपनी हद से बढ़ी हुई पुरतकल्लुफ़ तबीयत के बाइस मुझ पर कभी न कर सके।

बज़ाहिर मिस्टर अहसान बहुत दबील क़िस्म के इन्सान हैं, मगर अपनी बीवी के मामले में बहुत सख़्तगीर वाक़े हुए हैं। नसीम को सिर्फ़ ख़ास-ख़ास लोगों से मिलने की इजाज़त है। आम एक्ट्रों और एक्ट्रेसों से नसीम को बात-चीत की मुमानअत है। वैसे

नसीम भी छिछोरों से नफ़रत करती है। शोरो-गुल बर्पा करनेवाली पार्टियों से वह ख़ुद भी दूर रहती है—लेकिन एक दफ़ा उसे एक बहुत बड़े हंगामे में हिस्सा लेना पड़ा।

यह हंगामा, होली का हंगामा था। जिस तरह अलीगढ़ मुस्लिम युनिवर्स्टी की एक ट्रेडिशन बरखा के आग़ाज़ पर "मड पार्टी" है, उसी तरह बंबे टाकीज़ की एक ट्रेडिशन होली की रंग पार्टी थी। चूँकि फ़िल्मस्तान के क़रीब-क़रीब तमाम कारकुन बंबे टाकीज़ के मुहाजिर थे, इसलिए यह ट्रेडिशन यहाँ भी क़ाइम रही।

एस. मुकर्जी उस रंग पार्टी के लीडर थे। औरतों की कमान उनकी मोटी और हँसमुख बीवी[1] के सुपुर्द थी—मैं शाहिद लतीफ़ के हाँ बैठा था। शाहिद की बीवी इस्मत चुग़ताई और मेरी बीवी सफ़ीया, दोनों ख़ुदा मालूम क्या बातें कर रही थीं कि एकदम शोर बर्पा हुआ। इस्मत चिल्लाई : "लो सफ़ीया वह आ गए, लेकिन मैं भी···"

इस्मत इस बात पर अड़ गई कि वह किसी को अपने ऊपर रंग फेंकने नहीं देगी। मुझे डर था कि उसकी यह ज़िद कहीं दूसरा रंग इख़्तियार न कर ले, क्योंकि रंग पार्टी वाले सब होली डे मूड में थे। ख़ुदा का शुक्र है कि इस्मत का मूड ख़ुद-बख़ुद बदल गया और वह चंद लम्हात ही में रंगों में लतपत भुतनी बनकर दूसरी भुतनियों में शामिल हो गई। मेरा और शाहिद लतीफ़ का हुलिया भी वही था जो होली के दूसरे भुतनों का था।

पार्टी में जब कुछ और लोग शामिल हुए तो शाहिद लतीफ़ ने बआवाज़े-बुलंद कहा : "चलो, परीचेहरा नसीम के घर का रुख़ करो।"

रँगों से मुसल्लह गिरोह घोड़ बंदर रोड की ऊँची-नीची तारकोल लगी सतह पर बेढंगे बेल-बूटे बनाता और शोर मचाता नसीम के बँगले की तरफ़ रवाना हुआ। चंद मिन्टों ही में हम सब वहाँ थे। शोर सुनकर नसीम और अहसान बाहर निकले। नसीम हल्के रँग की जारजट की साड़ी में मलबूस और मेकअप की नोक-पलक निकाले जब हुजूम के सामने बरआमदे में नुमूदार हुई तो शाहिद ने बज़न का हुक्म दिया, मगर मैंने उसे रोका : "ठहरो, पहले उनसे कहो, कपड़े बदल आएँ।"

नसीम से कपड़े तबदील करने के लिए कहा गया तो वह एक अदा के साथ मुस्कराई : "यही ठीक हैं।"

अभी यह अल्फ़ाज़ उसके मुँह ही में थे कि होली की पिचकारियाँ बरस पड़ीं। चंद लम्हात ही में परी चेहरा नसीम बानो एक अजीबो-ग़रीब क़िस्म की ख़ौफ़नाक चुड़ेल में तबदील हो गई। नीले-पीले रंगों की तहों में जब उसके सफ़ेद और चमकीले दाँत और बड़ी-बड़ी आँखें नज़र आतीं तो ऐसा मालूम होता कि बहज़ादा बर्मानी की मुसव्विरी पर किसी बच्चे ने सियाही उंडेल दी है।

रंग बाज़ी ख़त्म होने पर कबड्डी शुरू हुई। पहले मर्दों का मैच शुरू हुआ, फिर औरतों का। यह बहुत दिलचस्प था। मिस्टर मुकर्जी की फ़र्बे बीवी जब भी गिरती, क़हक़हों का तूफ़ान बर्पा हो जाता। मेरी बीवी ऐनक पोश थी। शीशे रंग आलूद होने के बाइस उसे

1. अशोक कुमार की बहन

बहुत कम नज़र आता था, चुनाँचे वह अक्सर ग़लत सम्त दौड़ने लगती। नसीम से भागा नहीं जाता था या वह ज़ाहिर करना चाहती थी कि वह इस मशक़्क़त की आदी नहीं। बहरहाल वह बराबर खेल में दिलचस्पी लेती रही।

नसीम और उसके मियाँ बड़े मज़हबी क़िस्म के आदमी हैं। मेरा मतलब उस क़िस्म के मज़हबी आदमियों से है जो उर्दू के अख़बारों के पुर्ज़े उठाकर चूमते हैं और सर-आँखों पर लगाते हैं। शाम को एक सितारा देखते हैं तो और दो देखने के लिए सारा आसमान खँगालना शुरू कर देते हैं। दोनों तवहहम-परस्त हैं, ख़ासतौर पर मियाँ अहसान। रेसकोर्स पर उनकी यह हालत देखनेवाली होती है। पास बहुत अच्छी टिप है। क़रीब है कि उस पर रुपया लगा दें कि एक काना आदमी पास से गुज़र गया। बस वहीं रुक जाएँगे। टिप का घोड़ा विन आ जाएगा तो नसीम से उलझ पड़ेंगे: "तुमने क्यों कहा था कि इस घोड़े पर न लगाना···नहीं आएगा।"

ऐसी हल्की-हल्की चख़ उनमें आम होती रहती थी, जो उनकी इज़्दिवाजी ज़िंदगी में रंग भरती रहती है।

नसीम के दो बच्चे हैं जो अकसर नानी के पास रहते हैं। वह उनको स्टूडियो की फ़ज़ा से दूर रखना चाहती है। उसको अपने मरहूम बाप से बहुत प्यार है। उनका फ़ोटो हर वक़्त उसके वेनिटी बैग में मौजूद रहता है—मुझे औरतों के बैग चोरी-चोरी देखने का बहुत शौक है। एक रोज़ मैं हस्बे-आदत नसीम का बैग खोलकर यह फ़ोटो देख रहा था कि वह आ गई। मैंने उससे कहा: "माफ़ कीजिएगा, यह मेरी बहुत बुरी आदत है···बताइए, यह किसका फ़ोटो है?"

नसीम ने फोटो हाथ में लेकर उसको प्यार भरी नज़रों से देखा और कहा: "मेरे अब्बा जी का।"

मुझे ऐसा महसूस हुआ कि एक छोटी-सी बच्ची है, जो मुझसे यूँ कह रही है: "मेरे अब्बा जी का और किसका?"

मैंने उससे यह न पूछा कि वह कौन हैं, कहाँ हैं—क्या यही काफ़ी न था कि वह उसके बाप हैं···नहीं, उसके अब्बाजी हैं।

ज़ैल का यह वाक़िआ बयान करने के बाद मैं वह मज़्मून ख़त्म करूँगा:

'बेगम' लिखने के दौरान में मिस्टर मुकर्जी के साथ एक मन्ज़र पर बहसो-तम्हीस करते-करते बहुत देर हो गई। रात के दो बजे थे। सुबह की पहली गाड़ी साढ़े तीन बजे मिलती थी। मेरी बीवी साथ थी। जब हमने रुख़्सत चाही तो नसीम ने कहा: "नहीं सफ़ीया, यहीं ठहर जाओ···यह भी कोई वक़्त है जाने का?"

हमने बहुत कहा कि कोई बात नहीं, मौसम अच्छा है, कुछ देर प्लेटफ़ार्म पर टहलेंगे, इतने में गाड़ी आ जाएगी। मगर नसीम और अहसान ने बहुत इसरार किया कि हम ठहर जाएँ। मुकर्जी चले गए, इसलिए कि उनके पास मोटर थी और उन्हें बहुत दूर भी नहीं जाना था। मैं बाहर बरआमदे में सो गया। अहसान वहीं कमरे में सोफ़े पर लेट गए।

सुबह नाश्ता करके जब मैं और सफ़िया घर चले तो रास्ते में सफ़िया ने मुझे यह बात

सुनाई जो दिलचस्पी से ख़ाली नहीं।

जब सफ़िया और नसीम सोने के लिए कमरे में दाख़िल हुईं तो वहाँ एक पलँग था। सफ़ीया ने इधर-उधर देखा और नसीम से कहा : ''आप सो जाइए।''

नसीम मुस्कराई और पलँग पर नई चादर बिछाकर कहने लगी : ''कपड़े तो बदल लें।'' कहकर उसने एक नया स्लिपिंग सूट निकाला : ''यह तुम पहन लो ''बिलकुल नया है।''

''बिलकुल नया'' पर ज़ोर था, जिसका मतलब मेरी बीवी समझ गई और लिबास तबदील करके बिस्तर पर लेट गई। नसीम ने इत्मीनान से आहिस्ता-आहिस्ता शब-ख़्वाबी का लिबास पहना। जब उसने चेहरे का मेकअप ऊतारा तो सफ़ीया ने हैरतज़दा होकर कहा : ''हाय, तुम कितनी पीली हो नसीम!''

नसीम के फीके होंठो से मुस्कराहट नुमूदार हुई : ''यह सब मेकअप की कारस्तानी है।''

मेकअप उतारने के बाद उसने चेहरे पर मुख़्तलिफ़ रोग़नयात मले और हाथ धोकर क़ुरान उठाया और तिलावत शुरू कर दी।

मेरी बीवी बेहद मुतास्सिर हुई। बेइख़्तियार उसके मुँह से निकला : ''नसीम, ख़ुदा की क़सम, तुम तो हम लोगों से कहीं अच्छी हो।''

इस अहसास से कि यह बात उसने ढँग से नहीं कही, सफ़िया एकदम ख़ामोश हो गई

क़ुरान की तिलावत करने के बाद नसीम सो गई।

परीचेहरा नसीम—'पुकार' की नूरजहाँ—मलिकाए-हुस्न—अहसान की रौशन—छमियाँ की बेटी और दो बच्चों की माँ!

नर्गिस

अर्सा हुआ, नवाब छतारी की साहबज़ादी तस्नीम[1] ने मुझे एक ख़त लिखा था :

''तो क्या ख़याल है आपका अपने बहनोई के मुताल्लिक़ ? वह जो अंदाज़ा आपकी तरफ़ से लगाकर लौटे हैं, उससे तो मुझे अपने लिए शादी मर्ग का अंदेशा हुआ जाता है। अब मैं आपको तफ़्सील से बता दूँ कि यह हज़रत मुझे आपके नाम से छेड़ा करते थे। और उनका ख़याल था कि जब वह मेरे नादीदा भाई से मिलेंगे तो न जाने क्या-क्या हिमाक़तें सरज़द होंगी और मुझे शर्मिंदगी होगी—और अब परसों से मुसिर हैं कि बंबई चलकर मंटो से मिलो। मंटो बहुत ही दिलचस्प आदमी हैं—और इस तरह कहते हैं, गोया मंटो मेरे बजाए उनका भाई है। और मैं हमेशा से कहती थी कि देखना यह हज़रत कैसे निकलते हैं—ज़बरदस्ती तो मुलाहिज़ा कीजिए—बहरहाल बहुत ख़ुश हैं कि मेरा इंतिख़ाब बहुत ख़ूब रहा—हमारे बिरादे-मोहतरम यानि इब्न भाई, सलीम से क़ब्ल ही पहुँच गए थे और उन्होंने सबसे क़ब्ल यही बात बताई कि वह आपसे नियाज़ हासिल करके आए हैं। नर्गिस का ज़िक्र अम्दन गोल करके बाक़ी सब तफ़्सील से बता दिया। फिर जब सलीम आए तो उन्होंने न सिर्फ़ दास्ताने-जब्बासाई बताई बल्कि आपकी और नख़शब की जंग का वाक़िआ भी दिलचस्पी से बयान किया। इस सिलसिले में सलीम माफ़ी ख़्वाह हैं। दोबारा जद्दन बाई के यहाँ जाने के मुहर्रिक शमशाद भाई थे, जो आपसे मिल चुके हैं। उनसे मुमकिन होता तो आपसे अलावा न जाते। और यह तो आप भी जानते हैं कि सलीम को अगर इश्क़ हुआ है तो लीला चिटनस से। वर्ना ऐसे बदनज़र भी नहीं।''

मैं बहुत मस्रूफ़ था, जब सलीम मेरे यहाँ आए। उनसे मेरी पहली मुलाक़ात थी, और बक़ौल तस्नीम के वह मेरे बहनोई थे, इसलिए उनकी ख़ातिरीदारी के सिवा और कोई चारा नहीं था। घर में जो हाज़िर था, उनको और उनके मुसाहिबों की ख़िदमत में पेश कर दिया। फ़िल्म से मुताल्लिक़ लोगों के पास एक तोहफ़े की चीज़ ''शूटिंग'' होती है, चुनांचे वह भी उनको श्री साउंड स्टूडियो में दिखा दी गई। ग़ालिबन ''फूल'' की थी जिसे डायरेक्टर धाँसू यानि आसिफ़ बना रहा था।

सलीम और उनके साथियों को बज़ाहिर मुत्मइन हो जाना चाहिए था, मगर ऐसा

1. मिसेज़ तस्नीम सलीम छत्तारी—कहानी।

मालूम होता है कि वह अपना प्रोग्राम बनाकर बंबे पहुँचे थे—सलीम ने बरसबीले-तज़्किरा मुझसे पूछा : "क्यों साहब, नर्गिस कहाँ होती है आजकल ?"

मैंने अज़राहे-मज़ाक़ कहा : "अपनी माँ के पास।"

मेरा मज़ाक़ ग़ैर तबइ मौत की गोद में चला गया, जब मेरे मेहमानों में से एक ने बड़ी नव्वाबाना सादा लोही से कहा : "जद्दन बाई के पास ?"

"जी हाँ।"

सलीम ने पूछा : "क्या उससे मुलाक़ात हो सकती है… मेरा यह मतलब है कि मेरे यह दोस्त उसको देखने के बहुत मुश्ताक़ हैं… क्या आप उसको जानते हैं ?"

मैंने जवाब दिया : "जानता हूँ, मगर मामूली सा।"

एक साहब ने बड़े बेढब अंदाज़ में सवाल किया : "क्यों ?"

इसलिए कि उसे और मुझे अभी तक किसी फ़िल्म में इकट्ठे काम करने का मौक़ा नहीं मिला।"

सलीम ने यह सुनकर कहा : "तो छोड़िए… हम आपको ख़्वाहमख़्वाह तक्लीफ़ देना नहीं चाहते।"

लेकिन मैं ख़ुद नर्गिस के हाँ जाना चाहता था। कई दफ़ा इरादा किया था, मगर अकेला जाना मुझे पसंद नहीं था। साथ मिलता तो था मगर निहायत ही बेहूदा, यानि दीदे फाड़-फाड़ कर घूरनेवाला। अब मौक़ा था। आदमी सादा लोह थे। महज़ अय्याशी के तौर पर नर्गिस को एक नज़र देखना चाहते थे ताकि वापस अपनी जागीरों और रियासतों में जाकर अपने दोस्तों और मुसाहिबों को मश्हूर फ़िल्म स्टार नर्गिस के चश्मदीद हालात सुनाएँ—चुनाँचे मैंने सलीम से कहा : "तक़लीफ़ की कोई बात नहीं। चलते हैं, मुमकिन है मुलाक़ात हो जाए।"

मैं नर्गिस से क्यों मिलना चाहता था ? बंबे में इतनी एक्ट्रेसें थीं, जिनके हाँ मैं जब चाहता, आ जा सकता था, मगर ख़ासतौर पर नर्गिस से मिलने का मतलब क्या था ? मेरा ख़याल है, इसका जवाब देने से पहले मैं आपको एक दिलचस्प वाक़िआ सुना दूँ।

मैं फ़िल्मिस्तान में मुलाज़िम था। सुबह जाता तो शाम को आठ के क़रीब लौटता। एक रोज़ इत्तिफ़ाक़ से वापसी जल्दी हुई, यानि मैं दोपहर ही के क़रीब घर पहुँच गया। अंदर दाखिल हुआ तो सारी फ़ज़ा मुर्तइश नज़र आई, जैसे कोई साज़ के तार छेड़कर ख़ुद छुप गया है। ड्रेसिंग टेबिल के पास मेरी दो सालियाँ खड़ी बज़ाहिर अपने बाल गूँध रही थीं, मगर उनकी उँगलियाँ हवा में चल रही थीं। होंठ दोनों के फड़फड़ा रहे थे, मगर आवाज़ नहीं निकलती थी। दोनों मिल जुलकर घबराहट की ऐसी तस्वीर पेश कर रही थीं जो अपनी घबराहट छुपाने की ख़ातिर बेमतलब दोपट्टा ओढ़ने की कोशिश कर रही हो। मुलहिक़ा कमरे के दरवाज़े का पर्दा अंदर की तरफ़ दबा हुआ था।

मैं सोफ़े पर बैठ गया। दोनों बहनों ने एक दूसरे की तरफ़ क़ुसूरवार निगाहों से देखा। होले-होले खुसर-फुसर की। फिर दोनों ने बयक वक़्त कहा : "भाजी सलाम।"

"वालेकुम अस्सलाम।" मैंने ग़ौर से उनकी तरफ़ देखा : "क्या बात है ?"

मैंने सोचा सब मिलकर सिनेमा जा रही हैं। दोनों ने मेरा सवाल सुनकर खुसर-फुसर की। फिर एकदम खिलखिला कर हसीं और दूसरे कमरे में भाग गईं।

मैंने सोचा कि शायद उन्होंने अपनी किसी सहेली को मदऊ किया है। वह आने वाली है और चूँकि मैं ग़ैर मुतवक़्क़े तौर पर जल्द चला आया हूँ, इसलिए उनका प्रोग्राम दरहम बरहम हो गया है।

दूसरे कमरे में कुछ देर तक तीनों बहनों में सरगोशियाँ होती रहीं। दबी-दबी हँसी की आवाज़ें भी आती रहीं। इसके बाद सबसे बड़ी बहन यानि मेरी बीवी बज़ाहिर अपनी बहनों से मुख़ातिब, मगर दरअसल मुझे सुनाने के लिए यह कहती हुई बाहर निकली : ''मुझे क्या कहती हो। कहना है तो ख़ुद उनसे कहो...सआदत साहब, आज बहुत जल्दी आ गए?''

मैंने वजह बयान कर दी कि स्टूडियों में कोई काम नहीं था, इसलिए चला आया। फिर अपनी बीवी से पूछा : ''क्या कहना चाहती हैं मेरी सालियाँ?''

''यह कहना चाहती हैं कि नर्गिस आ रही है।''

''तो क्या हुआ...आए। क्या वह पहले कभी नहीं आई?''

मैं समझा कि वह उस पारसी लड़की की बात कर रही हैं, जिसकी माँ ने एक मुसलमान से शादी कर ली थी और हमारे पड़ौस में रहती थी। मगर मेरी बीवी ने कहा : ''हाय, वह पहले कब हमारे हाँ आई है?''

''तो क्या वह कोई और नर्गिस है?''

''मैं नर्गिस एक्ट्रेस की बात कर रही हूँ।''

मैंने ताज्जुब से पूछा : ''वह क्या करने आ रही है यहाँ?''

मेरी बीवी ने मुझे सारा क़िस्सा सुनाया—घर में टेलीफ़ोन था, जिसे तीनों बहनें फ़ुर्सत के औक़ात में बड़ी फ़राख़दिली से इस्तेमाल करती थीं। जब अपनी सहेलियों से बातें करती-करती थक जातीं तो किसी एक्ट्रेस का नंबर घुमा देतीं। वह मिल जाती तो उससे ऊटपटाँग गुफ़्तुगू शुरू हो जाती : ''हम आपकी बहुत मद्दाह हैं। आज ही दिल्ली से आई हैं। बड़ी मुश्किलों से आपका नंबर हासिल किया है। आपसे मुलाक़ात करने के लिए तड़प रही हैं। ज़रूर हाज़िर होतीं मगर पर्दे की पाबंदी है... आप बहुत हसीन हैं। चांदे-आफ़ताब चांदे-माहताब। गला माशा-अल्लाह बहुत ही सुरीला है...'' हालाँकि उनको मालूम होता था कि उसमें अमीर बाई बोलती है या शमशाद।

आमतौर पर मशहूर फ़िल्म एक्ट्रेसों के टेलीफ़ोन नंबर डायरेक्ट्री में दर्ज नहीं होते। वह ख़ुद नहीं करातीं कि उनके चाहने वाले बेकार तंग न करें, मगर इन तीनों बहनों ने मेरे दोस्त आग़ा ख़लिश काश्मीरी के ज़रिए से क़रीब-क़रीब उन तमाम एक्ट्रेसों के फ़ोन नंबर मालूम कर लिए थे, जो उन्हें डायरेक्ट्री में नहीं मिले थे।

इस टेलीफ़ूनी शग़्ल के दौरान में जब उन्होंने नर्गिस को बुलाया और उससे बातचीत की तो वह उन्हें बहुत पसंद आ गई। उस गुफ़्तुगू में उनको अपनी उम्र की आवाज़ सुनाई दी। चुनांचे गुफ़्तुगूओं ही में वह उससे बेतकल्लुफ़ हो गईं, मगर अपनी असलियत छुपाई रखी। एक कहती, वह अफ़्रीक़ा की रहने वाली है। वही दूसरी बार यह बताती कि लखनऊ

से अपनी ख़ाला के पास आई है। दूसरी यह ज़ाहिर करती कि वह रावलपिंडी की रहने वाली है और सिर्फ़ इसलिए बंबई आई है कि उसे नर्गिस को एक बार देखना है। तीसरी यानि मेरी बीवी कभी गुजरातन बन जाती, कभी पारसन।

टेलीफ़ोन पर कई बार नर्गिस ने झुंझलाकर पूछा : "तुम लोग असल में कौन हो। क्यों अपना नाम पता छुपाती हो। साफ़-साफ़ क्यों नहीं बतातीं कि यह रोज़-रोज़ की टन-टन ख़त्म हो।" ज़ाहिर है कि नर्गिस उनसे मुतास्सिर थी। उसको यक़ीनन अपने सैकड़ों मद्दाहों के फ़ोन आते होंगे, मगर यह तीन लड़कियाँ उनसे कुछ मुख़्तलिफ़ थीं। इसलिए वह सख़्त बेचैन थी कि उनकी असलियत जाने और उनसे मिले-जुले। चुनांचे जब भी उसे मालूम होता कि उन पुर असार लड़कियों ने उसे बुलाया है तो वह सौ काम छोड़कर आती और बहुत देर तक टेलीफ़ोन के साथ चिपकी रहती।

एक दिन नर्गिस के पैहम इसरार पर बिल आख़िर तय हो गया कि उनकी मुलाक़ात होके रहेगी। मेरी बीवी ने अपने घर का पता अच्छी तरह समझा दिया और कहा कि अगर फिर भी मकान मिलने में दिक़्क़त हो तो बाईकुल्ला के पुल के पास किसी होटल से टेलीफ़ोन कर दिया जाए, वह सब वहाँ पहुँच जाएँगी।

जब मैं घर में दाख़िल हुआ, तभी बाईकुल्ला पुल के एक स्टोर से नर्गिस ने फ़ोन किया था कि वह पहुँच चुकी है, मगर मकान नहीं मिल रहा। चुनांचे तीनों अफ़रा-तफ़री के आलम में तैयार हो रही थीं कि मैं बलाए-नागहानी की तरह पहुँच गया।

छोटी दो का ख़याल था कि मैं नाराज़ हूँगा। बड़ी यानि मेरी बीवी महज़ बौखलाई हुई थी कि यह सब क्या है— मैंने नाराज़ होने की कोशिश की मगर मुझे इसके लिए कोई माक़ूल जवाज़ न मिला। सारा क़िस्सा काफ़ी दिलचस्प और बेहद मासूम था। अगर "कान-मिचोली" की यह हरकत सिर्फ़ मेरी बीवी से सरज़द हुई होती तो बिल्कुल जुदा बात थी। एक साली आधी घरवाली होती है और यहाँ दो सालियाँ थीं। पूरा घर ही उनका था। मैं जब उठा तो दूसरे कमरे में ख़ुश होने और तालियाँ बजाने की आवाज़ें बुलंद हुईं।

बाईकुल्ला के चौक में जद्दन बाई की लंबी चौड़ी मोटर खड़ी थी— मैंने सलाम किया तो उसने हस्बे मामूल बड़ी बुलंद आवाज़ में उसका जवाब दिया और पूछा : "कहो मंटो, कैसे हो ?"

मैंने कहा : "अल्लाह का शुक्र है··· कहिए आप यहाँ क्या कर रही हैं ?"

जद्दन बाई ने पिछली निशस्त पर बैठी हुई नर्गिस की तरफ़ देखा : "कुछ नहीं···बेबी को अपनी सहेलियों से मिलना था, मगर उनका मकान नहीं मिल रहा"

मैंने मुस्करा कर कहा : "चलिए, मैं आपको ले चलूँ।"

नर्गिस यह सुनकर खिड़की के पास आ गई : "आपको उनका मकान मालूम है ?"

मैंने और ज़्यादा मुस्करा कर कहा "क्यों नहीं··· अपना मकान कौन भूल सकता है ?"

जद्दन बाई के हलक़ ने अजीब-सी आवाज़ निकाली। पान के बीड़े को दूसरे कल्ले में तबदील करते हुए कहा : "यह तुम क्या अफ़्साना निगारी कर रहे हो ?"

मैं दरवाज़ा खोलकर जद्दन बाई के पास बैठ गया : "बीबी, यह अफ़्साना निगारी मेरी

नहीं है। मेरी बीवी और उसकी बहनों की है।" इसके बाद मैंने मुख़्तसरन तमाम वाक़िआत बयान कर दिए। नर्गिस बड़ी दिलचस्पी से सुनती रही। जद्दन बाई को बहुत कोफ़्त हुई : "लाहौल वला···यह कैसी लड़कियाँ हैं। पहले ही दिन कह दिया होता कि हम मंटो के घर से बोल रही हैं।···ख़ुदा की क़सम; मैं फ़ौरन बेबी को भेज देती। भई हद हो गई है। इतने दिन परेशान किया···ख़ुदा की क़सम, बेचारी बेबी को इतनी उलझन होती थी कि मैं तुम से क्या कहूँ। जब टेलीफ़ोन आता, भागी-भागी जाती···मैं हज़ार पूछती, यह कौन हैं जिनसे इतनी देर मीठी-मीठी बातें होती हैं। मुझसे कहती, कोई हैं। जानती नहीं, कौन हैं, मगर है बड़ी अच्छी। दो एक बार मैंने भी टेलीफ़ोन उठाया। गुफ़्तगू माशा-अल्लाह बड़ी शाइस्ता थी। किसी अच्छे घर की मालूम होती थीं। मगर माफ़ करना, कमबख़्त अपना नाम पता साफ़ बताती ही नहीं थीं। आज बेबी आई। ख़ुशी से दीवानी हो रही थी। कहने लगी, बीबी, उन्होंने बुलाया है। अपना एडरेस दे दिया है। मैंने कहा, पागल हुई हो। हटो, जाने कौन हैं, कौन नहीं हैं। पर उसने मेरी एक न मानी, बस पीछे पड़ गई। चुनांचे मुझे साथ आना ही पड़ा···ख़ुदा की क़सम, अगर मालूम होता कि यह आफ़तें तुम्हारे घर की हैं···"

मैंने बात काटकर कहा : "तो साथ आप नाज़िल न होतीं।"

जद्दन बाई के कल्ले में दबे हुए पान में चौड़ी मुस्कराहट पैदा हुई : "इसकी ज़रूरत ही क्या थी···मैं क्या तुम्हें जानती नहीं ?"

मर्हूमा को उर्दू अदब से सग़फ़ था। मेरी तहरीरें बड़े शौक़ से पढ़ती और सपंद करती थीं। उन दिनों मेरा एक मज़मून "साक़ी" में शाया हुआ था, ग़ालिबन "तरक़्क़ीयाफ़्ता कब्रिस्तान"। मालूम नहीं उनका ज़हन क्यों उस तरफ़ चला गया : "ख़ुदा की क़सम मंटो, बहुत ख़ूब लिखते हो। ज़ालिम क्या तंज़ किया है इस मज़मून में···क्यों बेबी, उस दिन क्या हाल हुआ था मेरा यह मज़मून पढ़कर।

मगर नर्गिस अपनी नादीदा सहेलियों के मुताल्लिक सोच रही थी। इज़्तिराब भरे लहजे में उसने अपनी माँ से कहा : "चलो बीबी।"

जद्दन बाई मुझसे मुख़ातिब हुई : "चलो भाई।"

घर पास ही था। मोटर स्टार्ट हुई और हम पहुँच गए। ऊपर बालकनी से तीनों बहनों ने हमें देखा। छोटी दो का मारे ख़ुशी के बुरा हाल हो रहा था। ख़ुदा मालूम आपस में क्या खुसर-पुसर कर रही थीं। जब हम ऊपर पहुँचे तो अजीबो-ग़रीब तरीक़े पर सबकी मुलाक़ात हुई। नर्गिस अपनी हम उम्र लड़कियों के साथ दूसरे कमरे में चली गई और मैं, मेरी बीवी और जद्दन बाई वहीं बैठ गए।

बहुत देर तक मुख़तलिफ़ ज़ावियों से कान मिचोली के सिलसिले पर तब्सिरा किया गया। मेरी बीवी की बौखलाहट जब किसी क़द्र कम हुई तो उसने मेज़बानी के फ़राइज़ सरअंजाम देने शुरू कर दिए।

मैं और जद्दन बाई फ़िल्म इंडस्ट्री के हालात पर तबादलाए- ख़यालात करते रहे। पान खाने के मामले में बड़ी ख़ुश-जौक़ थीं। हर वक़्त अपनी पंदनिया साथ रखती थीं।

बड़ी देर के बाद मौका मिला था, इसलिए मैंने उस पर ख़ूब हाथ साफ़ किया।

नर्गिस को मैंने एक मुद्दत के बाद देखा था। दस-ग्यारह बरस की बच्ची थी, जब मैंने एक दो मर्तबा फ़िल्मों की नुमाइशे-उज़मा में उसे अपनी माँ की उँगली के साथ लिपटी देखा था। चुंधियाई हुई आँखें, बेकशिश-सा लंबोतरा चेहरा, सूखी-सूखी टाँगें। ऐसा मालूम होता था, सो के उठी है या सोने वाली है। मगर अब वह एक जवान लड़की थी। उम्र ने उसकी ख़ाली जगहें पुर कर दी थीं, मगर आँखें वैसी की वैसी थीं। छोटी और ख़्वाब-ज़दा—बीमार-बीमार—मैंने सोचा इस रिआयत से इसका नाम नर्गिस मौज़ूँ व मुनासिब है।

तबीयत में निहायत ही मासूम खिलंदड़ापन था। बार-बार अपनी नाक पोंछती थी जैसे अज़ली ज़ुकाम की शिकार है— "बरसात" में इसको अदा के तौर पर पेश किया गया है— मगर उसके उदास-उदास चेहरे से साफ़ अयाँ था कि वह अपने अंदर किर्दार निगारी का जोहर रखता है। होटों को किसी क़द्र भींच कर बात करने और मुस्कराने में गो बज़ाहिर एक बनावट थी, मगर साफ़ पता चलता था कि यह बनावट सिंगार का रूप इख़्तियार करके रहेगी। आख़िर किर्दार निगारी की बुनियादें बनावट ही पर तो उस्तुवार होती हैं।

एक बात जो ख़ास तौर पर मैंने महसूस की, वह यह है कि नर्गिस को इस बात का कामिल एहसास था कि वह एक दिन बहुत बड़ी स्टार बनने वाली है। मगर यह दिन क़रीबतर लाने और उसे देखकर ख़ुश होने में उसे कोई उजलत नहीं थी। उस के अलावा वह अपने लड़कपन की नन्ही मुन्नी ख़ुशियाँ घसीट कर बड़ी-बड़ी बेहंगम ख़ुशियों के दायरे में नहीं ले जाना चाहती थी।

तीनों हम उम्र लड़कियाँ दूसरे कमरे में जो बातें कर रही थीं, उनका दायरा घर और कोन्वेंट की चारदीवारी तक महदूद था। फ़िल्म स्टूडियों में क्या होता है, रोमांस क्या बला है, इससे उनको कोई दिलचस्पी नहीं थी। नर्गिस भूल गई थी कि वह फ़िल्म स्टार है, पर्दे पर जिसकी अदाएँ बिकती हैं। और उसकी सहेलियाँ भी यह भूल गई थीं कि नर्गिस स्क्रीन पर बुरी-बुरी हरकतें करने वाली एक्ट्रेस है।

मेरी बीवी जो उम्र में नर्गिस से बड़ी थी, अब उसकी आमद पर बिल्कुल बदल गई थी। उसका सुलूक उससे ऐसा ही था, जैसा अपनी छोटी बहनों से था। पहले उसको नर्गिस से इसलिए दिलचस्पी थी कि वह फ़िल्म एक्ट्रेस है जो पर्दे पर बड़ी ख़ूबी से नित नए मर्दों से मुहब्बत करती है। हँसती है, आहें भरती है। कुदक्कड़े लगाती है। अब उसे ख़याल था कि वह खट्टी चीज़ें न खाए। बहुत ठंडा पानी न पिए। ज़्यादा फ़िल्मों में काम न करे। अपनी सेहत का ख़याल रखे। अब उसके नज़दीक नर्गिस का फ़िल्मों में काम करना कोई मायूब बात नहीं थी।

मैं, मेरी बीवी और जद्दनबाई इधर-उधर की बातों में मशग़ूल थे कि आपा सआदत आ गईं। मेरी हमनाम हैं और बड़ी दिलचस्प चीज़ हैं। तसन्नो[9] से लाखों मील दूर—हस्बमामूल[10] वह इस अंदाज़ से आईं कि जद्दनबाई से उनको मुतार्रिफ़[11] कराने का हमें मौक़ा ही न मिला। अपने दो-ढाई मन के वजूद के बोझ को सोफ़े पर हलका करते हुए बोलीं : "सफ्फोजान, तुम्हारे भाईजान से मैंने लाख कहा था कि ऐसी मरदार मोटर न

ख़रीदा, मगर उन्होंने एक न सुनी ··· दो क़दम चला होगा कि हाँपने लगा और खड़ी हो गई। अब खड़े हैंडल मार रहे हैं। मैंने कहा, आप जाइए, मैं तो सफ़्फ़ो के पास बैठती हूँ।''

जद्दनबाई ग़ालिबन किसी नवाब की बात कर रही थीं जो बहुत अय्याश था। आपा सआदत की वजह से यह बात मुकम्मल न हो सकी थी। जब फिर शुरू हुई तो आपा सआदत ने भी उसमें हिस्सा लेना शुरू कर दिया। काठियावाड़ की क़रीब-क़रीब तमाम रियासतों और उनके नवाबों को वह अच्छी तरह जानती थीं, क्योंकि रियासत मांगरौल के नवाबी खानदान में ब्याही गई थीं।

जद्दनबाई अपने पेशे की वजह से तमाम वालियाने-रियासत[12] को अच्छी तरह जानती-पहचानती थीं। बातों-बातों में एक बड़ी सियासतख़ोर क़िस्म की तवायफ़ का ज़िक्र छिड़ गया। आपा सआदत शुरूअ हो गईं : ''ख़ुदा उनसे महफ़ूज़ रखे। जिसके साथ चिमटती हैं, उसको दीन का रखती हैं न दुनिया का। दौलत बरबाद, सेहत बरबाद, इज़्ज़त बरबाद। सफ़्फ़ोजान, मैं तुम्हें क्या बताऊँ, सौ बीमारियों की एक बीमारी है यह तवायफ़।''

मैं और मेरी बीवी सख़्त परेशान कि आपा सआदत को कैसे रोकें। जद्दनबाई बड़ी फ़राखदिली से आपा सआदत की हाँ में हाँ मिला रही थीं और हम दोनों पसीना-पसीना हुए जा रहे थे। एक-दो बार मैंने उनको रोकने की कोशिश की मगर वह और ज़्यादा जोश में आ गईं। जी भर के गालियाँ देने लगीं—यकलख़्त उन्होंने जद्दनबाई की तरफ़ देखा। उनके सफ़ेद गोश्त भरे चेहरे पर एक अजीबोग़रीब थरथरी पैदा हुई। उनकी नाक की कील का हीरा गरदन की जुंबिश के साथ दो-तीन दफ़ा बड़ी तेज़ी से चमका और फिर उनका मुँह खुला। ज़ोर से अपनी रानों पर दोहत्थड़ मारकर उन्होंने तुतलाते हुए लहजे में जद्दनबाई से कहा : ''आप ··· आप तो जद्दन ··· आप जद्दनबाई हैं ना ! ···''

जद्दनबाई ने बड़ी मतानत से जवाब दिया : ''जी हाँ।''

आपा सआदत का मुँह और ज़्यादा खुला : ''ओह ··· तो आप ··· मेरा मतलब है कि आप तो बहुत ऊँची तवायफ़ हैं ··· क्यों सफ़्फ़ोजान ?''

सफ़्फ़ोजान बर्फ़ हो गई। मैंने जद्दनबाई की तरफ़ देखा और मुस्कुराया। मेरा ख़याल है, बहुत ही वाहियात क़िस्म की मुस्कुराहट थी। जद्दनबाई ने यूँ ज़ाहिर किया जैसे कोई बात ही नहीं हुई और उस बड़ी रियासतख़ोर क़िस्म की तवायफ़ के बक़ाया हालात बयान करने शुरू कर दिए जिसका ज़िक्र छिड़ने पर आपा सआदत को लेक्चर देना पड़ा था।

जद्दनबाई की कोशिश के बावजूद बात न जमी। आपा सआदत को अपनी ग़लती का और हमें अपनी ख़िफ़्फ़त[14] का बहुत ही शदीद एहसास था। मगर जब लड़कियाँ आ गईं तो फ़िज़ा का तकद्दुर[15] दूर हो गया। इधर-उधर की बातों के बाद नरगिस से फ़रमाइश की गई कि वह गाना सुनाए। इस पर जद्दनबाई ने कहा : ''मैंने इसको मौसीक़ी की तालीम नहीं दी ··· मोहन बाबू इसके ख़िलाफ़ थे और सच पूछिए तो मुझे भी पसंद नहीं था ··· थोड़ा-बहुत टूँ-टाँ कर लेती है।'' इसके बाद वह अपनी बेटी से मुख़ातिब हुई : ''सुना दो बेबी ··· जैसा भी आता है, सुना दो।''

नरगिस ने बड़ी ही मासूमाना बेतकल्लुफ़ी से गाना शुरू कर दिया। परले दर्जे की कनसुरी थी। आवाज़ में रस न लोच। मेरी छोटी साली उससे लाखों दर्जे बेहतर गाती थी, मगर फरमाइश की गई थी और वह भी बड़ी पुरइसरार, इसलिए दो-तीन मिनट तक उसका

गाना बरदाश्त करना ही पड़ा। जब उसने ख़त्म किया तो सबने तारीफ़ की। मैं और आपा सआदत ख़ामोश रहे। थोड़ी देर के बाद जद्दनबाई ने रुख़सत चाही। लड़कियाँ नरगिस से गले मिलीं। दोबारा मिलने के वादे-वईद हुए। कुछ खुसरपुसर भी हुई और हमारे मेहमान चले गए।

नरगिस से यह मेरी पहली मुलाक़ात थी।

इसके बाद और कई मुलाकातें हुईं। लड़कियाँ टेलीफ़ोन करती थीं और नरगिस अकेली मोटर में चली आती थी। इस आमदो-रफ़्त में उसके एक्ट्रेस होने का एहसास क़रीब-क़रीब मिट गया। वह लड़कियों से और लड़कियाँ उससे यूँ मिलती थीं जैसे वह उनकी बहुत पुरानी सहेली है, या कोई रिश्तेदार है। लेकिन जब वह चली जाती तो कभी-कभी तीनों बहनें इस इस्तअ़जाब[16] का इज़हार करतीं : "ख़ुदा की क़सम, अ़जीब बात है कि नरगिस बिलकुल एक्ट्रेस मालूम नहीं होती !"

इस दौरान में तीनों बहनों ने उसका एक ताज़ा फ़िल्म देखा जिसमें, ज़ाहिर है, वह अपने हीरो की महबूबा थी, जिससे वह प्यार-मुहब्बत की बातें करती थी और उसे अ़जीब-अ़जीब निगाहों से देखती थी। उसके साथ लगकर खड़ी होती थी। उसका हाथ दबाती थी। मेरी बीवी कहती : "कमबख़्त उसके फ़िराक़ में कैसी लंबी-लंबी आहें भर रही थी, जैसे सचमुच उसके इश्क़ में गिरफ़्तार है।" और उसकी छोटी दो बहनें अपने कँवारे, एक्टिंग से नाआशना[17] दिलों में सोचतीं : "और वह कल हमसे पूछ रही थी कि गुड़ की टाफ़ी कैसे बनाई जाती है।"

नरगिस की अदाकारी के मुताल्लिक़ मेरा ख़याल बिलकुल मुख़्तलिफ़ था। वह क़त्तई तौर पर जज़्बातो-एहसासत की सहीह अक्कासी नहीं करती थी। मुहब्बत की नब्ज़ किस तरह चलती है, यह अनाड़ी उँगलियाँ कैसे महसूस कर सकती थीं। इश्क़ की दौड़ में थककर हाँपना और स्कूल की दौड़ में थककर साँस का फूल जाना दो बिलकुल मुख़्तलिफ़ चीज़ें हैं। मेरा ख़याल है कि ख़ुद नरगिस भी इसके फ़र्क़ से आगाह नहीं थी। उसके शुरू-शुरू के फ़िल्मों में चुनाँचे दक़ीक़ारस निगाहें फ़ौरन मालूम कर सकती हैं कि उसकी अदाकारी यकसर फ़रेबकारी से मुअर्रा[18] थी।

तसन्नो का यह कमाल है कि वह तसन्नो मालूम न हो, लेकिन नरगिस के तसन्नो की बुनियादें चूँकि तजरबे पर उस्तवार नहीं थीं, इसलिए उसमें यह ख़ूबी नहीं थी। यह सिर्फ़ उसका ख़ुलूस था, वह बेपनाह ख़ुलूस जो उसे अपने शौक़ से था कि वह जज़्बातो-एहसात के निहायत ही ख़ाम इज़हार के बावजूद अपना काम निभा जाती थी। उम्र और तजरबे के साथ-साथ अब वह बहुत पुख़्तगी अख़्तियार कर चुकी है। अब उसको इश्क़ की दौड़ और स्कूल की एक मील की दौड़ में थककर हाँपने का फ़र्क़ मालूम है। अब तो उसको साँस के हलके से हलके ज़ेरो-बम[19] का नफ़सियाती पसे-मंज़र[20] भी मालूम है।

यह बहुत अच्छा हुआ कि उसने अदाकारी की मनाज़िल आहिस्ता-आहिस्ता तै कीं। अगर वह एक ही जस्त में आख़िरी मंज़िल पर पहुँच जाती तो अहले-ज़ौक़ फ़िल्मबीनों[21] के सन्नाआना[22] जज़्बात को बहुत ही गँवार क़िस्म का सदमा पहुँचता। और अगर लड़कपन के ज़माने में परदे से अलग ज़िंदगी में भी वह एक्ट्रेस बनी रहती और अपनी उम्र को अय्यार[23] बज़ाज़ों के गज से नापकर दिखाती तो मैं इस सदमे की ताब न लाकर यक़ीनन मर

गया होता।

नरगिस ऐसे घराने में पैदा हुई थी कि उसको लामुहाला एक्ट्रेस बनना ही था। जद्दनबाई के गले में बुढ़ापे का घुँघरू बोल रहा था। उसके दो बेटे थे, मगर उसकी सारी तवज्जह बेबी नरगिस पर मरकूज़[24] थी। उसकी शक्लो-सूरत मामूली थी। गले में सुर की पैदाइश का भी कोई इमकान[25] नहीं था, मगर जद्दनबाई जानती थी कि सुर मुस्तआर[26] लिया जा सकता है और मामूली शक्लो-सूरत में अंदरूनी रौशनी से, जिसे जौहर कहते हैं, दिलकशी पैदा की जा सकती है। यही वजह है कि उसने जान मारकर उसकी परवरिश की और काँच के निहायत ही नाज़ुक और छोटे-छोटे ज़र्रे जोड़-जोड़कर अपना दरख़्शाँ-ओ-ताबाँ[27] ख़्वाब पूरा किया।

जद्दनबाई थी, उसकी माँ थी, मोहन बाबू था, बेबी नरगिस थी, उसके दो भाई थे। इतना बड़ा कुनबा था जिसका बोझ सिर्फ़ जद्दनबाई के कंधों पर था। मोहनबाबू एक बड़े रईसज़ादा थे। जद्दनबाई के गले की तानों और मुरकियों में ऐसे उलझे कि दीन-दुनिया का होश न रहा। ख़ूबसूरत थे। साहबे-सरवत[28] थे। तालीमयाफ़्ता थे। सेहतमंद थे। मगर ये सब दौलतें जद्दनबाई के दर पर मुफ़लिस और गदागर[29] बन गईं। जद्दनबाई के नाम का उस ज़माने में डंका बजता था। बड़े-बड़े नवाब और राजे उसके मुजरों पर सोने और चाँदी की बारिश बरसाते थे। मगर जब बारिशें थम जातीं और आसमान निखर जाता तो जद्दनबाई अपने मोहन को उठाकर अपने सीने से लगा लेती कि इसी मोहन के पास उसका मन था।

मोहनबाबू ता-दमे-आख़िर[30] जद्दनबाई के साथ थे। वह उनकी बहुत इज़्ज़त करती थी, इसलिए कि वह राजों और नवाबों की दौलत में ग़रीबों के ख़ून की बू सूँघ चुकी थी। उसको अच्छी तरह मालूम था कि उनके इश्क़ का धारा एक ही सिम्त नहीं बहता। वह मोहनबाबू से मुहब्बत करती थी कि वह उसके बच्चों का बाप था।

ख़यालात की रौ में जाने किधर बह गया। नरगिस को बहरहाल एक्ट्रेस बनना था। चुनाँचे वह बन गई। उसके बामे-ऊरूज़[31] तक पहुँचने का राज़, जहाँ तक मैं समझता हूँ, उसका ख़ुलूस है जो क़दम-ब-क़दम, मंज़िल-ब-मंज़िल उसके साथ रहा है।

एक बात जो उन मुलाक़ातों में ख़ास तौर पर मैंने महसूस की, वह यह है कि नरगिस को इस बात का एहसास था कि जिन लड़कियों से वह मिलती है, वो जुदा क़िस्म के आबो-गिल[32] से बनी हैं। वह उनके पास आती थी। घंटों उनसे मासूम-मासूम बातें करती थी, मगर वह उनको अपने घर मदऊ करने में एक अजीब क़िस्म की झिझक महसूस करती थी। उसको शायद यह डर था कि वो उसकी दावत ठुकरा देंगी। यह कहेंगी कि वो उसके यहाँ कैसे जा सकती हैं। मैं एक दिन घर पर मौजूद था कि उसने सरसरी तौर पर अपनी सहेलियों से कहा : "अब कभी तुम भी हमारे घर आओ।"

यह सुनकर तीनों बहनों ने बड़े ही बैंडेपन से एक-दूसरे की तरफ़ देखा। वह शायद यह सोच रही थीं कि हम नरगिस की यह दावत कैसे क़ुबूल कर सकती हैं। लेकिन मेरी बीवी चूँकि मेरे ख़यालात से वाक़िफ़ थी, इसलिए एक रोज़ नरगिस के पैहम इसरार पर उसकी

दावत क़ुबूल कर ली गई और मुझे बताए बग़ैर तीनों उसके घर चली गईं।

नरगिस ने अपनी कार भेज दी थी। जब वो बंबई के ख़ूबसूरततरीन मुक़ाम मेरीन ड्राइव के उस फ़्लैट में पहुँचीं जहाँ नरगिस रहती थी तो उन्होंने महसूस किया कि उनकी आमद पर ख़ास इंतज़ामात किए गए थे। मोहनबाबू और उसके दो नौजवान लड़कों को मना कर दिया गया था कि वो घर में दाख़िल न हों, क्योंकि नरगिस की सहेलियाँ आ रही हैं। मर्द नौकरों को भी उस कमरे में आने की इजाज़त नहीं थी, जहाँ उन 'मुअ़ज़्ज़िज़'[33] मेहमानों को बैठाया गया था। ख़ुद जद्दनबाई थोड़ी देर के लिए रस्मी तौर पर उनके पास बैठी और अंदर चली गई। वह उनकी मासूम गुफ़्तगुओं में हारिज[34] होना नहीं चाहती थी।

तीनों बहनों का बयान है कि नरगिस उनकी आमद पर फ़ूली न समाती थी। वह इस क़दर ख़ुश थी कि बार-बार घबरा सी जाती थी। अपनी सहेलियों की ख़ातिरदारी में उसने बड़े जोश का इज़हार किया। पास ही पर्शियन डेयरी थी। उसके मिल्क शेक मशहूर थे। गाड़ी में जाकर नरगिस ख़ुद यह मशरूब जग में तैयार कराके लाई, क्योंकि वह यह काम नौकर के सुपुर्द करना नहीं चाहती थी, इसलिए कि फिर उसके अंदर आने का एहतमाल[35] था।

ख़ातिरदारी के इस जोशो-ख़रोश में नरगिस ने अपने नए सेट का गिलास तोड़ दिया। मेहमानों ने अफ़सोस का इज़हार किया तो नरगिस ने कहा : ''कोई बात नहीं''' बीबी गुस्से होंगी मगर डैडी उनको चुप करा देंगे और मुआ़मला रफ़ा-दफ़ा हो जाएगा।''

मोहनबाबू को उससे और उसको मोहनबाबू से बहुत मुहब्बत थी।

मिल्क शेक पिलाने के बाद नरगिस ने मेहमानों को अपना अलबम दिखाया जिसमें उसके मुख़्तलिफ़ फ़िल्मों के स्टिल थे। उस नरगिस में, जो उनको यह फ़ोटो दिखा रही थी, और उस नरगिस में, जो उन तसवीरों में मौजूद थी, कितना फ़र्क़ था ! तीनों बहनें कभी उसकी तरफ़ देखतीं और कभी अलबम के औराक़ की तरफ़ और अपनी हैरत का यूँ इज़हार करतीं : ''नरगिस, तुम यह नरगिस कैसे बन जाती हो ?''

नरगिस जवाब में सिर्फ़ मस्कुरा देती।

मेरी बीवी ने मुझे बताया कि घर में नरगिस की हर हरकत, हर अदा में अल्हड़पन था। उसमें वह शोख़ी, वह तर्रारी, वह तीखापन नहीं था जो उसके सरापा में परदे पर नज़र आता है। वह बड़ी ही घरेलू किस्म की लड़की थी। मैंने ख़ुद यही महसूस किया था। लेकिन जाने क्यों उसकी छोटी-छोटी आँखों में मुझे एक अ़जीबोग़रीब क़िस्म की उदासी तैरती नज़र आती थी, जैसे कोई लावारिस लाश तालाब के ठहरे पानी पर हवा के हलके-हलके झोंकों से इर्तआशपज़ीर[36] हो।

यह क़त्तई तौर पर तै था कि शोहरत की जिस मंज़िल पर नरगिस को पहुँचना था, वह कुछ ज़्यादा दूर नहीं। तक़ीदर अपना फ़ैसला उसके हक़ में करके तमाम मुताल्लिक़ा काग़ज़ात उसके हवाले कर चुकी थी। लेकिन फिर वह क्यों मग़मूम[37] थी ? क्या गैरशऊरी तौर पर[38] वह यह महसूस तो नहीं कर रही थी कि इश्क़ो-मुहब्बत का यह मसनूई[39] खेल खेलते-खेलते एक दिन वह किसी ऐसे लक़ो-दक़ सहरा में निकल जाएगी जहाँ सुराब[40] ही

सुराब होंगे ? प्यास में उसका हलक़ सूख रहा होगा और आसमान पर छोटी-छोटी बदलियों के थनों में सिर्फ़ इसलिए दूध नहीं उतरेगा कि वो यह ख़याल करेंगी कि नरगिस की प्यास महज़ बनावट है ? ज़मीन की कोख में पानी की बूँदें और ज़्यादा अंदर को सिमट जाएँगी, इस ख़याल से कि उसकी प्यास सिर्फ़ एक दिखावा है ? और यह भी हो सकता है कि ख़ुद नरगिस भी यह महसूस करने लगे कि उसकी प्यास कहीं झूठी प्यास तो नहीं।

इतने बरस गुज़र जाने पर मैं अब उसे परदे पर देखता हूँ तो मुझे उसकी उदासी कुछ मुज़्महिल[41] सी नज़र आती है। पहले उसमें एक मुस्तैद जुस्तजू थी, लेकिन अब यह जुस्तजू भी उदास और मुज़्महिल है। क्यों ? इसका जवाब ख़ुद नरगिस ही दे सकती है।

तीनों बहनें चूँकि चोरी-चोरी नरगिस के हाँ गई थीं, इसलिए वो ज़्यादा देर तक उसके पास न बैठ सकीं। छोटी दो को यह अंदेशा था कि ऐसा न हो, मुझे इसका इल्म हो जाए। चुनाँचे उन्होंने नरगिस से रूख़्सत चाही और वापस घर आ गईं।

नरगिस के मुताल्लिक़ वो जब भी बातें करतीं, घूमफिर कर उसकी शादी के मसले पर आ जातीं। छोटी दो को यह जानने ख़्वाहिश थी कि वह कब और कहाँ शादी करेगी। बड़ी जिसकी शादी हुए पाँच बरस हो चुके थे, यह सोचती थी कि शादी के बाद वह माँ कैसे बनेगी।

कुछ देर तक मेरी बीवी ने मुझसे नरगिस के साथ उस ख़ुफ़िया मुलाक़ात का हाल छिपाए रखा। आख़िर एक रोज़ बता दिया। मैंने मसनूई ख़फ़गी का इज़हार किया तो उसने सच समझते हुए मुझसे मुआफी माँगी और कहा : "वाक़ई हमसे ग़लती हुई, मगर ख़ुदा के लिए अब आप इसका ज़िक्र किसी से न कीजिएगा।"

वह चाहती थी कि बात मुझी तक रहे। एक एक्ट्रेस के घर जाना तीनों बहनों के नजदीक बहुत ही मायूब बात थी। वो इस हरकत को छिपाना चाहती थीं। चुनाँचे जहाँ तक मुझे मालूम है, इसका ज़िक्र उन्होंने अपनी माँ से भी नहीं किया था हालाँकि वह बिलकुल तंगख़याल नहीं थीं। मैं अब तक यह नहीं समझ सका कि उनकी वह हरकत, हरकते-मज़मूम[42] क्यों थी। अगर वो नरगिस के हाँ गई थीं तो इसमें बुराई ही क्या थी। अदाकारी मायूब क्यों समझी जाती है ? क्या हमारे अपने ख़ानदान के हलक़े में ऐसे अफ़राद[43] नहीं होते जिनकी सारी उम्र फ़रेबकारियों और मुलम्माकारियों में गुज़र जाती है ? नरगिस ने तो अदाकारी को अपना पेशा बनाया था। उसने इसको राज़ बनाकर नहीं रखा था। कितना बड़ा फ़रेब है जिसमें ये लोग मुब्तला रहते हैं।

इस मज़मून के आगाज़ में मैंने एक ख़त का कुछ हिस्सा नक़ल किया है जो मुझे तसनीम सलीम ने लिखा था। अब उसकी तरफ़ लौटता हूँ। दरअस्ल सारी बात ही उसी से चली थी।

चूँकि मुझे नरगिस को उसके घर में मिलने का इश्तियाक़[44] था, इसलिए मैं मसरूफ़ होने के बावजूद मिस्टर सलीम और उनके मुसाहिबों के साथ मेरीन ड्राइव चल पड़ा। चाहिए तो यह था कि मैं फ़ोन के ज़रिये से जद्दनबाई को अपनी आमद से मतला[45] कर देता और यह भी मालूम कर लेता कि नरगिस फ़ारिग़ भी है या नहीं, लेकिन मैं आम ज़िंदगी में भी चूँकि ऐसे तकल्लुक़ात का क़ायल नहीं, इसलिए बग़ैर इत्तला दिए वहाँ जा धमका। जद्दनबाई

बाहर बरामदे में बैठी सरौते से छालियाँ काट रही थी। मुझे देखा तो ब-आवाज़े-बुलंद कहा : ''ओह मंटो··· आओ, भाई आओ।'' फिर नरगिस को आवाज़ दी : ''बेबी, तुम्हारी सहेलियाँ आईं हैं।''

मैंने क़रीब जाकर उसे बताया कि मेरे साथ सहेलियाँ नहीं, सहेले हैं। जब मैंने नवाब छतारी के दामाद का ज़िक्र किया तो उसका लहजा बदल गया : ''बुला लो उन्हें।'' नरगिस दौड़ी-दौड़ी आई तो उससे कहा, ''तुम अंदर जाओ बेबी··· मंटो साहब के दोस्त आए हैं।''

जद्दनबाई ने मेरे दोस्तों की कुछ इस अंदाज़ से आवभगत की, जैसे वो मकान देखने और पसंद करने आए थे। वह बेतकल्लुफ़ी जो मेरे लिए मख़सूस थी, ग़ायब हो गई। 'बैठो', 'तशरीफ़ रखिए' में तब्दील हो गया। 'क्या पियोगे', 'क्या नोश फ़रमाइएगा' बन गया। 'तुम', 'आप' हो गया और मैं ख़ुद को चुग़द महसूस करने लगा।

मैंने अपनी ओर से अपने दोस्तों की आमद का मुद्दा बयान किया तो जद्दनबाई ने बड़े पुरतसन्नो अंदाज़ में मुझसे मुख़ातिब होते हुए मेरे साथियों से कहा : ''बेबी से मिलना चाहते हैं··· क्या बताऊँ, कई दिनों से ग़रीब की तबीयत नासाज़ है। दिन-रात की शूटिंग ने उसे बेहद मुज़्महिल कर दिया है। बहुत मना करती हूँ कि एक रोज़ आराम कर लो, मगर शौक़ ऐसा है कि नहीं सुनती। महबूब[46] ने भी कहा कि बेटा, कोई हर्ज़ नहीं। तुम रेस्ट कर लो। मैं शूटिंग बंद कर देता हूँ, मगर न मानी··· आज मैंने ज़बरदस्ती रोक लिया··· ज़ुकाम से निढाल हो रही है ग़रीब !''

यह सुनकर मेरे दोस्तों को, ज़ाहिर है, बहुत मायूसी हुई। नरगिस की एक झलक वो टैक्सी में बैठे-बैठे देख चुके थे और उसको मुफ़स्सिल तौर पर देखने के लिए बेताब थे। जब उनको मालूम हुआ कि उसकी तबीयत नासाज़ है तो उन्हें बड़ी कोफ़्त हुई। जद्दनबाई इधर-उधर की बातें किए जाती थी, जिनसे उनको कोई दिलचस्पी न थी। मैं साफ़ देख रहा था कि वो थोड़ी देर के बाद जम्हाइयाँ लेने लगेंगे और मुझे यह भी मालूम था कि नरगिस की नासाहज़ि-ए-तबीयत का बहाना महज़ रस्मी है। चुनाँचे मैंने जद्दनबाई से कहा : ''बेबी को ज़हमत तो होगी, मगर ये इतनी दूर से आए हैं। ज़रा बुला लीजिए।''

अंदर तीन-चार मर्तबा कहलवाने के बाद नरग़िस आई। सबने उठकर ताज़ीमन[47] उसे सलाम किया। मैं बैठा रहा। नरगिस का दाख़िला फ़िल्मी था। उसका सलाम का जवाब देना फ़िल्मी था। उसका बैठना-उठना फ़िल्मी था। उसकी गुफ़्तगू फ़िल्मी थी, जैसे सेट पर मुकालमे[48] बोल रही हो। और मेरे साथियों के सवाल-जवाब बड़े नव्वाबाना क़िस्म के ऊट-पटाँग थे :

''आपसे मिलकर बड़ी मुसर्रत हुई।''

''जी हाँ, आज ही बंबे पहुँचे हैं।''

''कल-परसों वापस चले जाएँगे।''

''आप माशाअल्लाह इस वक़्त हिंदुस्तान की चोटी की अदाकारा हैं।''

''आपके हर फ़िल्म का हमने पहला शो देखा है।''

''यह तसवीर जो आपने दी है, मैं इसे अपने अलबम में लगाऊँगा।''

इस दौरान में मोहनबाबू भी आ गए, मगर वह ख़ामोश बैठे रहे। कभी-कभी अपनी बड़ी-बड़ी ख़ूसबूरत आँखें घुमाकर हम सबको देख लेते। और फिर ख़ुदा जाने किस सोच में ग़र्क़ हो जाते।

सबसे ज़्यादा बातें जद्दनबाई ने कीं। उनमें उसने मुलाक़ातियों पर बड़े वाज़े[49] अल्फ़ाज़ में ज़ाहिर कर दिया कि वह हिंदुस्तान के हर राजे और हर नवाब को अंदर-बाहर से अच्छी तरह जानती है। नरगिस ने जितनी बातें कीं, बहुत मुख़्तसर और बनावट से भरपूर थीं। उसकी हर हरकत और हर अदा से यह साफ़ मुतरशह था कि वह अपने मिलनेवालों को ये चीज़ें प्लेट में डालकर बड़े तकल्लुफ़ से पेश कर रही है, ताकि वो उसका शुक्रिया अदा करें। वो दिली तौर पर ममनूनो-मुतशकर[50] थे, मगर इस तशक्कुर[51] से नरगिस मुतशफ़्फ़ी[53] नहीं थी। वह ग़ालिबन जवाब में तसन्नो ही की तालिब थी।

यह मुलाक़ात कुछ बहुत ही फीकी रही, मेरे लिए भी और मेरे साथियों के लिए भी। मेरी मौजूदगी में वो खुलकर अहमक़ाना बातें नहीं कर सके थे और मैं उनकी मौजूदगी के बाइस बहुत ही तकलीफ़दह घुटन महसूस करता रहा था। बहरहाल नरगिस का दूसरा रंग देखना दिलचस्पी से ख़ाली नहीं था।

सलीम अपने दोस्तों के साथ दूसरे रोज़ फिर नरगिस के हाँ गए। इसकी इत्तला उन्होंने मुझे न दी। मेरा ख़याल है, इस मुलाक़ात का रंग कुछ और ही होगा। नख़शब के साथ जिस जंग का ज़िक्र तसनीम ने अपने ख़त में किया है, वह मुझे बिलकुल याद नहीं। हो सकता है कि वह उस वक़्त वहाँ मौजूद हों, क्योंकि जद्दनबाई को शे'रो-शायरी से बड़ी दिलचस्पी थी और बंबे के अकसर शुअ'रा अपना कलाम सुनाने के लिए वहाँ जाया करते थे। यह भी हो सकता है कि नख़शब से उनकी शायरी ही पर इख़्तलाफ़े-राय[54] के बाइस हलकी-सी चख़ हो गई हो।

नरगिस का एक और दिलचस्प रंग मैंने उस वक़्त देखा, जब अशोक मेरे साथ था। जद्दनबाई कोई अपना ज़ाती फ़िल्म तैयार करने का इरादा कर रही थी। उसकी ख़्वाहिश थी कि अशोक उसका हीरो हो। अशोक हस्बे-आदत अकेला जाने से घबराता था, चुनाँचे वह मुझे अपने साथ ले गया।

दौराने-गुफ़्तगू में कई नुक़्ते थे, कारोबारी नुक्ते, दोस्ताना नुक्ते, ख़ुशामदी नुक्ते। ये नुक्ते बड़े ही दिलचस्प तरीक़े पर आपस में गडमड होते रहे। जद्दनबाई का अंदाज़ कभी बुज़ुर्गाना होता था और कभी हमअस्राना[55]। वह कभी प्रोड्यूसर बन जाती थी और कभी नरगिस की माँ, ऐसी माँ जो अपनी बेटी की क़द्रो-क़ीमत बढ़ाना चाहती है। मोहनबाबू से कभी-कभी हाँ में हाँ मिला ली जाती थी।

लाखों रुपये का ज़िक्र आया, वो जो ख़र्च हो चुके थे, ख़र्च होनेवाले थे और जो ख़र्च किए जा सकते थे। सबका हिसाब उँगलियों पर गिनवाया गया। नरगिस का यह अंदाज़ था कि देखो अशोक, मानती हूँ कि तुम मँझे हुए एक्टर हो, तुम्हारी धाक बैठी हुई है, मगर मैं भी किसी तरह कम नहीं। तुम मान जाओगे कि मैं अदाकारी के मैदान में तुम्हारा मुक़ाबला कर सकती हूँ। चुनाँचे उसकी तमाम कोशिशें इसी नुक्ते पर मरकूज़ थीं। इसके अलावा

कभी-कभी उसके अंदर औरत भी बेदार हो जाती थी। उस वक़्त वह अशोक से यह कहती मालूम होती : "तुम पर हज़ारों लड़कियाँ फ़रेफ्ता हैं, लेकिन मैं इसे क्या समझती हूँ। मेरे भी हज़ारों चाहनेवाले मौजूद हैं। यक़ीन न आए तो किसी मर्द से पूछ लो।" और साथ ही साथ इस चैलेंज की हलकी सी झलक भी होती : "हो सकता है, तुम ही मुझ पर मरना शुरू कर दो।"

और जद्दनबाई कभी मुसालहत की तरफ़...

और जद्दन बाई कभी मुसालहत की तरफ़ झुक जाती कि नहीं अशोक, तुम और बेबी दोनों पर दुनिया मरती है, इसीलिए तो मैं चाहती हूँ कि तुम्हें एक साथ पेश करूँ ताकि एक क़त्ले आम हो और हम सब ख़ूब फ़ाइदा उठाएँ—कभी-कभी वह एक और अंदाज़ इख़्तियार कर लेती और मुझसे मुख़ातिब होती : "मंटो अशोक इतना बड़ा एक्टर बन गया है, लेकिन ख़ुदा की क़सम, बहुत ही नेक आदमी है । बड़ा कम गो, बड़ा ही शर्मीला... ख़ुदा उम्र दराज़ करे । मैं जो फ़िल्म शुरू कर रही हूँ, उसमें अशोक के लिए ख़ासतौर पर मैंने कैरेक्टर लिखवाया है । तुम सुनोगे तो ख़ुश हो जाओगे ।"

मैं यह कैरेक्टर सुने बग़ैर ही ख़ुश था, इसलिए कि जद्दन बाई का कैरेक्टर ख़ुद बहुत ही दिलचस्प था, और नर्गिस जो रोल अदा कर रही थी वह तो और भी ज़्यादा दिलचस्प था । मेरा ख़याल है, अगर पर्दे पर वह हालात पेश किए जाते और उससे कहा जाता कि अशोक से मिलकर तुम्हें ऐसी गुफ़्तगू करना है तो वह कभी इतनी कामयाब न होती जितनी कि वह उस वक़्त थी ।

बातों-बातों में सुरैया का ज़िक्र आया तो जद्दन बाई ने नाक-भौं चढ़ाकर उसमें और उसके सारे ख़ानदान में कीड़े डालने शुरू कर दिए । सुरैया की ऐब जुई वह एक फ़र्ज़ के तौर पर करती थी : "उसका गला ख़राब है... बेसुरी है । बेउस्तादी है । दाँत बड़े वाहियात हैं... उधर सुरैया के हाँ जाओ तो नर्गिस और जद्दन बाई पर अमले-जर्राही शुरू हो जाता था । सुरैया की नानी, जो हक़ीक़त में उसकी माँ थी, हुक़्क़े के बुक़्क़े उड़ा-उड़ाकर दोनों को ख़ूब कोसती थी । नर्गिस का ज़िक्र आता तो वह बुरा-सा मुँह बनाकर मीरासनों के अंदाज़ में जुगत करती : "मुँह देखो, जैसे गला-सड़ा पपीता होता है ।"

मोहन बाबू की ख़ूबसूरत और बड़ी-बड़ी आँखें हमेशा-हमेशा के लिए मुँद चुकी हैं । जद्दन अपने दिल की बक़ाया हसरतें और तमन्नाएँ लिए मनों मिट्टी के नीचे दफ़्न है । उसकी बेबी नर्गिस, तसन्नो, और बनावट के आख़िरी ज़ीने पर पहुँचकर, मालूम नहीं और ऊपर देख रही है या उसकी उदास-उदास आँखें नीचे, सबसे पहले ज़ीने को देख रही हैं, जब उसने घुटनियों चलना सीखा था । वह ख़ैराकुन रौशनी में तारीक-तरीन सायं की तलाश में है, या तारीक-तरीन सायं में रौशनी की नन्ही-सी किरण टटोल रही है—रौशनी और साय का तानाबाना ही ज़िंदगी है, और इस तानेबाने की अक्कासी, फ़िल्मी ज़िंदगी है जिसमें कभी ऐसा पेच, ऐसा ख़म भी आ जाता है जब रौशनी, रौशनी रहती है न साया, साया !

1. प्रथम प्रदर्शन; 2. स्वपनिल; 3. स्पष्ट ; 4. मात्र-रचना; 5. सीधी; 6. पूरा-पूरा; 7. जल्दी; 8. दोषपूर्ण; 9. बनावट; 10. पहले के ढँग के अनुसार; 11. परिचित; 12. राज्यप्रमुखों; 13. एकाएक; 14. झेंप, लज्जा; 15. आश्चर्य; 16. अपरिचित; 17. परे, ऊपर, रहित; 18. उतार-चढ़ाव; 19. मनोवैज्ञानिक पृष्ठभूमि; 20. रूचि वाले दर्शकों के; 21. शिल्पकारों जैसे; 22. धूर्त; 23. केंद्रित; 24. संभावना; 25. उधार; 26. प्रकाशमान; 27. धनिक; 28. भिखारी; 29. मरते दम तक; 30. ऊँचाई; 31. पानी-मिट्टी; 32. सम्मानित; 33. बाधक; 34. संभावना; 35. कंपायमान; 36. दुखी; 37. अचेतन रूप से; 38. बनावटी; 39. मरीचिका; 40. निढाल; 41. अधम; 42. व्यक्ति; 43. उत्सुकता; 44. सूचित; 45. निदेशक महबूब; 46. सम्मान में; 47. संवाद; 48. स्पष्ट; 49. आभारी; 50. संतुष्ट; 51. मतभेद; 52. समकालीन जैसों:

अशोक कुमार

नजमुल हसन जब देविका रानी को ले उड़ा तो बंबे टाकीज़ में अफ़रा-तफ़री फैल गई। फ़िल्म का आग़ाज हो चुका था। चंद मनाज़िर की शूटिंग पाया-ए-तक्मील का पहुँच चुकी थी कि नजमुल हसन अपनी हीरोइन को स्लोलाइड की दुनिया से खींचकर हक़ीक़त की दुनिया में ले गया। बंबे टाकीज में सबसे ज़्यादा परेशान और मुतफ़िकर शख़्स हिमांशु राय था, देविका रानी का शौहर और बंबे टाकीज़ का दिलो-दिमाग़, पसेपर्दा।

मश्हूर जुबली मेकर फ़िल्म साज़ एस. मुखर्जी[1] इन दिनों बंबे टाकीज़ में साउंड इंज़ीनियर मिस्टर सावच वाका के असिस्टेंट थे। सिर्फ़ बंगाली होने की वजह से उन्हें हिमांशु राय से हमदर्दी थी। वह चाहते थे कि किसी न किसी तरह देविका रानी वापस आ जाए। चुनाँचे उन्होंने अपने आक़ा हिमांशु राय से मश्वरा किए बग़ैर अपने तौर पर कोशिश की, और अपनी मख़सूस हिकमते-अमली से देविका रानी को आमादा कर लिया कि वह कलकत्ते में अपने आशिक़ नजमुल हसन की आग़ोश छोड़कर वापस बंबे टाकीज़ की आग़ोश में चली आए, जिसमें उसके जौहर के पनपने की ज़्यादा गुंजाइश है।

देविका रानी वापस आ गई। एस. मुखर्जी ने अपने जज़्बाती आक़ा हिमांशु राय को भी अपनी हिकमते-अमली से आमादा कर लिया कि वह उसे क़ुबूल कर लें। और बेचारा नजमुल हसन उन आशिक़ों की फ़ेहरिस्त में दाख़िल हो गया जिनको सियासी, मज़हबी और सरमायादाराना हिकमते-अगलियों ने अपनी महबूबाओं से जुदा कर दिया था।

ज़ेरे-तक्मील फ़िल्म से नजमुल हसन को क़ैंची से काटकर रद्दी की टोकरी में फैंक तो दिया गया मगर अब यह सवाल दरपेश था कि इश्क़ आश्ना देविकारानी के लिए स्लोलाइड का हीरो कौन हो।

हिमांशु राय एक बेहद मेहनती और दूसरों से अलग-थलग रहकर खामोशी से अपने काम में शबो-रोज़ मुन्हमिक रहनेवाले फ़िल्म साज़ थे। उन्होंने बंबे टाकीज़ की नींव कुछ इस तरह डाली थी कि वह एक बावक़ार दर्सगाह मालूम हो। यही वजह है कि उन्होंने बंबई शहर से दूर मुज़ाफ़ात में एक गाँव को जिसका नाम 'मलाड' है, अपनी फ़िल्म कंपनी के लिए मुंतख़ब किया था—वह बाहर का आदमी नहीं चाहते थे, इसलिए कि बाहर के आदमियों के मुताल्लिक़ उनकी राय अच्छी नहीं थी—नजमुल हसन भी बाहर का आदमी

1. अशोक कुमार का बहनोई।

था।

यहाँ फिर एस मुखर्जी ने अपने जज़्बाती आक़ा की मदद की। उनका साला अशोक कुमार बी एस. सी पास करके एक बरस कलकत्ते में वकालत पढ़ने के बाद बंबे टाकीज़ की लेबारेट्री में बग़ैर तन्ख़ाह के काम सीख रहा था। नाक नक़्शा अच्छा था। थोड़ा बहुत गा-बजा भी लेता था। मुखर्जी ने चुनाँचे बरसबीले-तज़्किरा हीरो के लिए उसका नाम लिया। हिमांशु राय की सारी ज़िंदगी तजुरबों से दो-चार रही थी। उन्होंने कहा, देख लेते हैं। जर्मन कैमरा मैन वर्शिंग ने अशोक का टेस्ट लिया। हिमांशु राय ने देखा और पास कर दिया। जर्मन फ़िल्म डायरेक्टर फ्रांज़ ओस्टिन की राय उनके बरअक्स थी, मगर बंबे टाकीज़ में किसकी मजाल थी कि हिमांशु राय की राय के ख़िलाफ़ इज़हारे ख़याल कर सके। चुनाँचे अशोक कुमार गांगूली, जो उन दिनों बमुश्किल बाईस बरस का होगा, देविका रानी का हीरो मुतंख़ब हो गया।

एक फ़िल्म बना, दो फ़िल्म बने—कई फिल्म बने और देविका रानी और अशोक कुमार का नाजुदा होने वाला फ़िल्मी जोड़ा बन गया। उन फ़िल्मों में से अक्सर बहुत कामयाब हुए। गुड़िया-सी देविका रानी और बड़ा ही बेज़रर अशोक कुमार। दोनों स्लोलाइड पर शीरो-शकर होकर आते तो बहुत ही प्यारे लगते—मासूम अदाएँ, अल्हड़ ग़म्ज़े—बड़ा अहिंसाई क़िस्म का इश्क़—लोगों को, जो जारहाना इश्क़ करने और देखने के शौक़ीन थे, यह नर्मो-नाज़ुक और लचक़ीला इश्क़ बहुत पसंद आया। वह ख़ासतौर पर इस नए फ़िल्मी जोड़े की गर्वीदा हो गए। स्कूलों और कालिजों में तालिबात का, ख़ुसूसन उन दिनों, आइडियल हीरो अशोक कुमार था और कालिजों के लड़के, लंबी और खुली आस्तीनों वाले बँगाली कुर्ते पहनकर गाते फिरते थे :

तू बन की चिड़िया, मैं बन का पंछी, बन-बन बोलूँ रे…

मैंने अशोक के चंद फ़िल्म देखे। देविका रानी उसके मुक़ाबले में, जहाँ तक किर्दार निगारी का ताल्लुक़ है, मीलों आगे थी। और हीरो के रूप में अशोक, ऐसा मालूम होता था कि चाकलेट का बना है, मगर आहिस्ता-आहिस्ता उसने पर-पुर्ज़े निकाले और बंगाल के आदर्श अफ़ीमी इश्क़ की पेंग से बेदार होने लगा।

अशोक जब लेबारेट्री की चिल्मन से बाहर निकलकर नुक़्रई पर्दे पर आया तो उसकी तन्ख़ाह पच्छतर रुपए मुक़र्रर हुई। अशोक बहुत ख़ुश था। उन दिनों अकेली जान के लिए और वह भी शहर से दूर-दराज़ गाँव मलाड में इतने रुपए काफ़ी थे। जब उसकी तन्ख़ाह एकदम दुगनी हो गई, यानि एक सौ पचास रुपए माहवार तो वह और भी ज़्यादा ख़ुश था। लेकिन जब डेढ़ के ढाई मुक़र्रर हुए तो वह घबरा गया। उसने मुझे उस वक़्त की कैफ़ियत बयान करते हुए कहा : "बाइगॉड, मेरी हालत अजीबो-ग़रीब थी… ढाई सौ रुपए के नोट मैंने केशियर से लिए तो मेरा हाथ काँपने लगा। समझ में नहीं आता था कि इतने रुपए कहाँ रखूँगा… मेरा घर था एक छोटा-सा क्वार्टर। एक चारपाइ थ। दो तीन कुर्सियाँ और चारों तरफ़ जंगल… रात को अगर चोर आ जाए, यानि अगर उसको मालूम हो जाए कि मेरे पास ढाई सौ रुपए हैं तो क्या हो… ? मैं एक अजीब चक्कर में पड़ गया। चोरी-डकेती से

मेरी जान जाती थी। घर आकर बहुत स्कीमें बनाईं। आख़िर यह किया वह नोट चारपाई के नीचे बिछी हुई दरी में छुपा दिए···सारी रात बड़े डरावने ख़्वाब आते रहे···सुबह उठकर मैंने पहला काम यह किया कि वह नोट उठाकर डाकख़ाने में जमा करा दिए।''

अशोक मुझे यह बात अपने मकान पर सुना रहा था कि कलकत्ते का एक फ़िल्म साज़ उससे मिलने आया। कंट्रेक्ट तैयार था मगर अशोक ने उस पर दस्तख़त न किए। वह अस्सी हज़ार रुपए देता था और अशोक कुमार का मुतालबा पूरे एक लाख का था—कहाँ ढाई सौ रुपए और कहाँ एक लाख!

बंबे टाकीज़ में अशोक के साथ-साथ उस के बहनोई एस. मुखर्जी ने भी तरक्क़ी की। आदमी ज़हीन था—गिर्दी-पेश जो कुछ भी होता था, उसका बनज़रे-ग़ाइर मुताला करता था। आहिस्ता-आहिस्ता प्रोड्यूसर बन गया—मामूली प्रोड्यूसर नहीं, बहुत बड़ा बड़ा प्रोडयूसर, जिसने बंबे टाकीज़ के झंडे तले कई सिल्वर और गोल्डन जुबली फ़िल्म बनाए और मंज़र निगारी में एक ख़ास स्कूल की बुनियाद डाली—राक़िमुल-हरुफ़ इस सिन्फ़ में उसको अपना उस्ताद मानता है।

अशोक की हर दिल-अज़ीज़ी दिन-बदिन बढ़ती चली गई। चूँकि वह बाहर बहुत ही कम निकलता था और अलग-थलग रहता था, इसलिए जब लोग कहीं उसकी झलक देख पाते तो एक हंगामा बर्पा हो जाता। चलती ट्रैफ़िक बंद हो जाती। उसके चाहनेवालों के ठठ लग जाते और अक्सर औक़ात पुलिस के डंडे के ज़ोर से उसे हुजूम की बेपनाह अक़ीदत से निजात दिलाना पड़ती।

अशोक अपने अक़ीदतमंदों के वालिहाना इज़हार को वुसूल और बर्दाश्त करने के मामले में बहुत ही ज़लील वाक़ा हुआ है। फ़ौरन ही चिढ़ जाता है। जैसे किसी ने गाली दी हो—मैंने उससे कई दफ़ा कहा: ''दादा मुनी, तुम्हारी यह हरकत बड़ी वाहियात है···खुश होने के बजाए तुम नाराज़ होते हो। क्या तुम इतना भी नहीं समझते कि यह लोग तुमसे मुहब्बत करते हैं।'' लेकिन यह बात समझने के लिए शायद उसके दिमाग़ में कोई ऐसा ख़ाना ही नहीं है।

मुहब्बत से वह क़त्अन नाआश्ना है—यह तक़सीम से पहले तक की बात है। इस अर्से में उसके अंदर क्या तबदीलियाँ पैदा हुई हैं, उनके मुताल्लिक़ मैं कुछ नहीं कह सकता—सैकड़ों हसीन लड़कियाँ उसकी ज़िंदगी में आईं, मगर वह निहायत ही रुखे अंदाज़ में उनके साथ पेश आया। तबअन वह एक ठेठ जाट है। उसके खाने-पीने और रहने-सहने में एक अजीब क़िस्म का गँवारपन है।

देविका रानी ने उससे इश्क़ करना चाहा, मगर उसने बहुत ही ग़ैर-सन्नाआना अंदाज़ में उसकी हौसला-शिक्नी की। एक और एक्ट्रेस ने जुर्अत से काम लेकर उसको अपने घर बुलाया और बड़े ही नर्मो-नाज़ुक तरीक़े से उस पर अपनी मुहब्बत का इज़हार किया, मगर जब अशोक ने बड़े बेंडेपन से उसका दिल तोड़ा तो उस ग़रीब को पैंतरा बदलकर यह कहना पड़ा: ''मैं आपका इम्तिहान ले रही थी। आप तो मेरे भाई हैं।''

अशोक को उस एक्ट्रेस का जिस्म पसंद था। हर वक़्त धुली-धुली, निखरी-निखरी

रहती थी। उसकी यह चीज़ भी अशोक को बहुत भाती थी। चुनाँचे जब उसने क़लाबाज़ी लगाकर उसको अपना भाई बना लिया तो अशोक को काफ़ी कोफ़्त हुई।

अशोक इश्क़ पेशा नहीं, लेकिन ताक-झाँक का मर्ज़ उसको आम मर्दों का-सा है। औरतों की दावत तलब चीज़ों को बाक़ाइदा ग़ौर से देखता है और उनके मुताल्लिक़ अपने दोस्तों से बातें भी करता है। कभी-कभार किसी औरत की जिस्मानी क़ुर्बत की ख़्वाहिश भी महसूस करता है, मगर बक़ौल उसके : "मंटो यार, हिम्मत नहीं पड़ती।"

हिम्मत के मामले में वह वाक़ई बहुत बोदा है, लेकिन यह बोदा-पन उसकी इज़्दिवाजी ज़िंदगी के लिए बहुत ही मुबारक है। उसकी बीवी शोभा से अगर उसकी इस कमज़ोरी का ज़िक्र किया जाए तो यक़ीनन वह यही कहेगी : "ख़ुदा का शुक्र है कि गांगुली में ऐसी हिम्मत नहीं और ख़ुदा करे उसमें यह हिम्मत कभी पैदा न हो।"

मुझे हैरत है कि उसमें यह हिम्मत और जुर्रत क्यों पैदा न हुई, जबकि सैकड़ों लड़कियों ने जुर्रते-रिंदाना से काम लेकर उसको इश्क़ की आग में कूदने की तर्ग़ीब दी। उस की ज़ाती डाक में बिना मुबालग़ा हज़ारों औरतों के इश्क़ो-मुहब्बत से लबरेज़ ख़ुतूत आए होंगे, मगर जहाँ तक मैं जानता हूँ, ख़ुतूत के उस अंबार में उसने शायद एक सौ भी ख़ुद नहीं पढे—ख़त आते हैं और उसका मरियल सैकरेट्री डिसूज़ा उन्हें मज़े ले लेकर पढ़ता है और दिन बदिन मरियल होता जाता है।

तक़सीम से चंद माह पहले अशोक फ़िल्म 'चंद्र शेखर' के सिलसिले में कलकत्ते में था। वह शहीद सुहरावर्दी[1] के यहाँ से कोई सोलह मिलीमीटर फ़िल्म देखने के बाद अपने डेरे लौट रहा था कि रास्ते में दो ख़ूबसूरत एंग्लो इंडियन लड़कियों ने उसकी मोटर रोकी और लिफ़्ट चाही। अशोक ने चंद मिन्ट की यह अय्याशी तो कर ली मगर उसे अपने नए सिगरेट केस से हाथ धोने पड़े। एक लड़की जो शोख़ो-शंग थी, सिगरेट के साथ सिगरेट केस भी ले उड़ी। उस वाक़े के बाद अशोक ने कई बार सोचा कि उनसे रस्मो-राह पैदा की जाए। बात मामूली थी मगर उसकी हिम्मत न पड़ी।

कोल्हापुर में गुर्ज़, तलवार और ढाल क़िस्म का भारी भरकम हवन्नक़ फ़िल्म बन रहा था। अशोक का थोड़ा-सा काम उसमें बाक़ी रह गया था। वहाँ से कई बुलावे आए मगर वह न गया। उसकी तबीयत उस रोल से बहुत मुतनफ़्फ़िर थी, जो उसे अदा करने के लिए दिया गया था। मगर कंट्रेक्ट था, आख़िर एक रोज़ उसे जाना ही पड़ा। साथ मुझे ले गया। उन दिनों मैं फ़िलिमस्तान के लिए 'आठ दिन' नामी फ़िल्म लिख रहा था। चूँकि यह फ़िल्म उसे प्रोड्यूस और डायरेक्ट करना थी, इसलिए उसने कहा : "चलो यार, वहाँ आराम से काम करेंगे।"

मगर आराम कहाँ—लोगों को फ़ौरन मालूम हो गया कि अशोक कुमार कोल्हापुर आया हुआ है। चुनाँचे उस होटल के इर्द-गिर्द, जहाँ हम ठहरे थे, ज़ाइरीन जमा होने शुरू हो गए। होटल का मालिक होशियार था। किसी न किसी बहाने वह उन लोगों को मुंतशिर

1. उस वक़्त वज़ीरे-आला बंगाल। — संपादक

कर देता। लेकिन फिर भी बाज़ चिपकू क़िस्म के लोग होटल का तवाफ़ करते रहते और अपने महबूब एक्टर की ज़ियारत कर ही लेते। अपने अकीदतमंदों के साथ अशोक, जैसा कि मैं पहले कह चुका हूँ, बहुत ही अक्खड़ क़िस्म का सुलूक किया करता था। मुझे मालूम नहीं, उन का रद्दे-अमल क्या होता था, मगर बहैसियत एक नाज़िर के, मुझे सख़्त कोफ़्त होती थी।

एक शाम हम दोनों सैर को निकले। अशोक केमो फ़्लाज़ किए हुए था। आँखों पर चौड़ा चकला गहरे रंग का चश्मा, एक हाथ में छड़ी, दूसरे हाथ में मेरा कंधा ताकि हस्बे-ज़रूरत मुझे आगे पीछे कर सके। इसी तरह हम एक स्टोर में पहुँचे। अशोक को कोल्हापुर के स्टूडियो के गर्दो-ग़ुब्बार से महफ़ूज रहने के लिए कोई दवा ख़रीदना थी। जब उसने स्टोर वाले से वह तलब की तो उसने सरसरी नज़र से अपने गाहक की तरफ़ देखा और अल्मारी की तरफ़ बढ़ा, लेकिन फ़ौरन ही उसका डीलेड रीएक्शन बम की तरह फटा और वह मुड़कर अशोक से मुख़ातिब हुआ: "आप... आप कौन हैं?"

अशोक ने जवाब दिया: "मैं कौन हूँ...? मैं वही हूँ जो कि मैं हूँ।"

स्टोर वाले ने ग़ौर से अशोक के चश्मा ओढ़े चेहरे की तरफ़ देखा: "आप अशोक कुमार हैं!"

अशोक ने बड़े दिल-शिकन लहजे में कहा: "अशोक कुमार कोई और होगा... चलो मंटो।" यह कहकर उसने मेरे कंधे पर हाथ रखा और दवा ख़रीदे बग़ैर ही हम दोनों स्टोर से बाहर निकल आए। होटल का मोड़ मुड़ने लगे तो सामने से तीन मरहठी लड़कियाँ नमूदार हुईं। बहुत साफ़-सुथरी, गोरी-चिट्टी, माथों पर कुमकुम, बालों में वेनियाँ, पैरों में हल्के-फुल्के चप्पल। उनमें से एक, जिस के हाथों में मोसमियाँ थीं, अशोक को देखकर ज़ोर से काँपी। भिंची हुई आवाज़ में उसने अपनी सहेलियों से कहा: "अशोक!" और उसके हाथों की सारी मौसमियाँ सड़क पर गिर पड़ीं। अशोक ने मेरा कंधा छोड़ा और भाग गया।

अशोक से मेरी पहली मुलाक़ात 'फ़िल्मस्तान' में हुई, जब एस मुखर्जी की पूरी टीम ने बंबे टाकीज़ छोड़कर अपना नया फ़िल्मी इदारा क़ायम कर लिया था। यूँ तो मैंने कई बार उसकी कलकियाँ देखी थीं, मगर उससे मुफ़स्सल मुलाक़ात 'फ़िल्मस्तान' ही में हुई, जब मैं वहाँ मुलाज़िम था।

फ़िल्मी दुनिया की हर शख़्सियत पर्दे पर कुछ और, पर्दे से दूर कुछ और ही होती है। अशोक को चुनाँचे जब मैंने पहली मर्तबा क़रीब से देखा तो पर्दे के अशोक से बहुत मुख़्तलिफ़ था। गहरा साँवला रँग, मोटे और खुरदुरे हाथ, मज़बूत कसरती जिस्म, नीम गँवार लबो-लहजा, उखड़ा-उखड़ा ग़ैर फ़ित्री तकल्लुफ़—तआरुफ़ कराया गया तो मैंने उससे कहा: "आपसे मिलकर बड़ी मसर्रत हुई है।"

अशोक ने इसके जवाब में जो कुछ कहा, वह मोटे-मोटे अल्फ़ाज़ पर मुश्तमिल था। ऐसा लगता था जैसे उसने यह लफ़्ज़ रटे हुए हैं।

एक मर्तबा फ़िल्मस्तान में एक साहब सैरो-तफ़रीह के लिए आए। आपने बड़े

पुर-तकल्लुफ़ अंदाज़ में अशोक से कहा : "मुझे ऐसा महसूस होता है कि ख़ाकसार को इससे पहले भी जनाब से शर्फ़े-मुलाक़ात हासिल हो चुका है।"

अशोक ने गडमड लहजे में जवाब दिया : "जी⋯जी मुझे कभी मुक़ाबला नहीं हुआ⋯"

मुक़ाबले का क़ाफ़ उसने हलक़ से निकाला, लेकिन फ़ौरन ही उसको अहसास हुआ कि उसने यह लफ़्ज़ ग़लत इस्तेमाल किया है, मगर वह गोल कर गया।

अशोक को उर्दू बहुत अच्छी लगती है। शुरू-शुरू में उसने इस ज़बान में लिखना पढ़ना शुरू किया, मगर क़ायदे से आगे न बढ़ सका। फिर भी उसको थोड़ी-सी शुद-बुद है। एक दो सतर उर्दू में लिख लेता है। तक़सीम के बाद जब मैं उसे छोड़कर बंबे टाकीज़ से चला आया तो उसने मुझे उर्दू में एक ख़त लिखा कि वापस आ जाओ, मगर अफ़सोस है कि मैं चंद-दर-चंद वुजूह के बायस उसका जवाब न दे सका।

मेरी बीवी भी दूसरी औरतों की तरह अशोक कुमार की बहुत मद्दाह थी।

एक दिन मैं अशोक को अपने घर ले आया—कमरे में दाख़िल होते ही मैंने ज़ोर से आवाज़ दी : "सफ़िया आओ, अशोक कुमार आया है।"

सफ़िया अंदर रोटी पका रही थी—जब मैंने पे-दरपे आवाज़ें दीं तो वह बाहर निकली। मैंने अशोक से उसका तआरुफ़ कराया : "यह मेरी बीवी है दादा मुनि⋯हाथ मिलाओ इससे।"

सफ़िया और अशोक, दोनों झेंप गए--मैंने अशोक का हाथ पकड़ लिया : "हाथ मिलाओ दादा मुनि⋯शरमाते क्यों हो।"

मजबूरन उसे हाथ मिलाना पड़ा।

इत्तिफ़ाक़ से उस रोज़ क़ीमे की रोटियाँ तैयार की जा रही थीं। अशोक खा के आया था, मगर जब खाने पर बैठा तो तीन हड़प कर गया।

यह अजीब बात है कि बंबे में इसके बाद जब कभी हमारे यहाँ क़ीमे की रोटियाँ तैयार होतीं, अशोक किसी न किसी तरह आन मौजूद होता। इसकी तौजीह मैं कर सकता हूँ न अशोक—दाने-दाने पर मुहर वाला ही किस्सा मालूम होता है।

मैंने अभी-अभी अशोक को दादा मुनि कहा है। बंगला में इसका मतलब है "बड़ा भाई"—अशोक से जब मेरे मरासिम बढ़ गए तो उसने मुझे मजबूर किया कि मैं इसे दादा मुनि कहा करूँ। मैंने उससे कहा : "तुम बड़े कैसे हुए। हिसाब कर लो। मैं उम्र में तुमसे बड़ा हूँ।"

हिसाब किया गया तो वह मुझसे उम्र में दो माह और कुछ दिन बड़ा निकला। चुनाँचे अशोक और मिस्टर गांगुली के बजाए मुझे उसे दादा मुनि कहना पड़ा। यह मुझे पसंद भी था क्योंकि इसमें बँगालियों की महबूब मिठाई रसगुल्ले की मिठास और गोलाई थी। वह मुझे पहले मिस्टर मंटो कहता था। जब उससे दादा मुनि कहने का मुआहदा हुआ तो वह मुझे सिर्फ़ मंटो कहने लगा हालाँकि मुझे यह ना पसंद था।

पर्दे पर वह मुझे चाकलेट हीरो मालूम होता था, मगर जब मैंने उसको स्लोलाइड के ख़ोल से बाहर देखा तो वह एक कसरती आदमी था। उसके मुक्के में इतनी क़ुव्वत थी कि

दरवाज़े की लकड़ी में शिगाफ़ पड़ जाता था। हर रोज़ घर पर बॉक्सिंग की मश्क़ करता था। शिकार खेलने का शौक़ीन था। सख़्त से सख़्त काम कर सकता था। अफ़्सोस मुझे सिर्फ़ इस बात का हुआ कि उसे आराइश का क़त्अन ज़ौक़ नहीं था। वह अगर चाहता तो उसका घर दिलकश से दिलकश साज़ो-सामान से आरास्ता होता। मगर इस तरफ़ वह कभी तवज्जो देता ही नहीं था। और अगर देता था तो उसके नताइज़ ग़ैर-सना आना होते थे। ब्रश उठाकर ख़ुद ही सारे फ़र्नीचर पर गहरा नीला पेंट थोप देता, या किसी सोफ़े की पुश्त तोड़कर उसे दीवान की भोंडी शक्ल में तबदील कर देता।

मकान समंदर के एक ग़लीज़ किनारे पर है। नमकीन पानी के छींटे बाहर खिड़कियों की सलाख़ों को चाट रहे हैं, जगह-जगह लोहे के काम पर ज़ंग की पपड़ियाँ जमा हैं। उनसे बड़ी उदासी फैलानेवाली बू आ रही है, मगर अशोक इस से क़त्अन ग़ाफ़िल है। रेफ़्रिजरेटर बाहर कॉरीडोर में पड़ा झक मार रहा है। उसके साथ लगकर उसका ग्रांडील एलसेशन कुत्ता सो रहा है। पास कमरे में बच्चे उधम मचा रहे हैं और अशोक ग़ुस्लख़ाने के अंदर पाट पर बैठा दीवारों पर हिसाब लगाकर देख रहा है कि रेस में कौन-सा घोड़ा विन आएगा, या मुकालमों का पर्चा हाथ में लिए उन की अदाइगी सोच रहा है। अशोक को पामिस्ट्री और इल्मे-नुजूम से ख़ास शग़फ़ है। मुआख़िर-उज़्ज़िक्र इल्म उसने अपने बाप से सीखा है। मुतादि्दद किताबें भी पढ़ी है। फ़ुर्सत के औक़ात में वह शग्ल के तौर पर अपने दोस्तों की जन्म-पत्रियाँ देखा करता है।

मेरे सितारों का मुताला करके उसने एक दिन मुझसे सरसरी तौर पर पूछा: ''तुम शादी-शुदा हो?''

मैंने उससे कहा: ''तुम्हें मालूम नहीं?''

उसने कुछ देर ख़ामोश रहने के बाद कहा: ''जानता हूँ···लेकिन देखो मंटो, एक बात बताओ···नहीं···तुम्हारे तो अभी औलाद नहीं हुई।''

मैंने उससे पूछा: ''बात क्या है···बताओ तो सही।''

उसने हिचकिचाते हुए कहा: ''कुछ नहीं···जिन लोगों के सितारों की पोज़ीशन ऐसी होती है, उनकी पहली औलाद लड़का होती है···मगर वह ज़िंदा नहीं रहती।''

अशोक को यह मालूम था कि मेरा लड़का एक साल का होकर मर गया था।

अशोक ने मुझे बाद में बताया कि उसका पहला बच्चा जो कि लड़का था, मुर्दा पैदा हुआ था। उसने मुझसे कहा: ''तुम्हारे और मेरे सितारों की पोज़ीशन क़रीब-क़रीब एक जैसी है, और यह कभी हो ही नहीं सकता कि जिन लोगों के सितारों की पोज़ीशन ऐसी हो, उन के हाँ पहली औलाद लड़का न हो और वह न मरे।''

अशोक को इल्मे-नुजूम की सेहत पर पूरा-पूरा यक़ीन है बशर्ते कि हिसाब दुरुस्त हो। वह कहा करता है: ''जिस तरह एक पाई की कमी बेशी हिसाब में बहुत बड़ी गड़बड़ पैदा कर देती है, इसी तरह सितारों के हिसाब में मामूली-सी ग़लती हमें कहीं की कहीं ले जाती है। यही वजह है कि वुसूक़ के साथ कोई नतीजा क़ायम नहीं करना चाहिए, क्योंकि हो सकता है, हम से सह्व हो गया हो।''

रेस के घोड़ों के टिप हासिल करने में भी आमतौर पर अशोक इसी इल्म से मदद लेता है। घंटों बाथरूम में बैठा हिसाब लगाता रहता है, मगर पूरी रेस में सौ रुपए से ज़्यादा उसने कभी नहीं खेला, और यह अजीब इत्तिफ़ाक है कि वह हमेशा जीता है। सौ के एक सौ दस हो गए, सौ के सौ ही रहे, मगर ऐसा कभी नहीं हुआ कि उसके सौ में से एक पाई कम हुई हो—वह रेस जीतने के लिए नहीं, महज़ तफ़रीह के लिए खेलता है। उसकी हसीनो-जमील बीवी शोभा, तीन बच्चों की माँ, हमेशा उसके साथ होती है। मेंबर्ज़ इंक्लोज़र में दाख़िल होते ही वह एक कोने में अलग-थलग बैठ जाता है। रेस शुरू होने से चंद मिंट पहले अपनी बीवी को रुपए देता है कि वह फ़लाँ-फ़लाँ नंबर के टिकिट ले आए। जब रेस ख़त्म होती है तो उसकी बीवी ही खिड़की पर जाकर जीतनेवाले टिकिटों के रुपए वुसूल करती है।

शोभा घरेलू औरत है। तालीम वाजिबी है। अशोक कहा करता है कि वह अनपढ़ है मगर सिर्फ़ अज़-राहे-मज़ाक। उसकी इज़्दिवाजी ज़िंदगी बहुत कामयाब है। शोभा इतनी दौलत होने के बावजूद घर के काम-काज में मशग़ूल रहती है। ठेट बंगालियों की तरह सूती धोती पहने और उसके पल्लू के एक कोने में चाबियों का यह बड़ा गुच्छा उड़से, वह मुझे हमेशा अपने घर में मस्रूफ़ेकार नज़र आई—शाम को जब कभी व्हिस्की का एक दौर चलता तो गज़क की चीज़ें शोभा अपने हाथ से तैयार करती थी। कभी नमकीन पारे, कभी भुनी हुई दाल, कभी आलूओं के क़त्ले।

मैं ज़रा ज़्यादा पीने का आदी था, इसलिए शोभा अशोक से कहती : "देखो गांगूली, मिस्टर मंटो को ज़्यादती मत देना, वर्ना मिसिज़ मंटो हमको बोलेंगी।'

मिसिज़ मंटो और मिसिज़ गांगुली, दोनों सहेलियाँ थीं। उनसे हम दोनों बहुत काम निकालते थे। जंग के बाइस अच्छे सिगरेट क़रीब-क़रीब नापेद थे। जितने भी बाहर से आते थे, सबके सब ब्लैक मार्केट में चले जाते थे। यूँ तो हम आम तौर पर ब्लैक मार्केट ही से अपने लिए सिगरेट हासिल करते थे मगर जब किसी वसीले से सही क़ीमत पर कोई चीज़ मिल जाती, तो हम अजीबो-ग़रीब मसर्रत महसूस करते।

मिसिज़ गांगुली जब शापिंग करने निकलती तो मेरी बीवी सफ़िया को कभी-कभी अपने साथ ले जाती। क़रीब-क़रीब हर बड़े दुकानदार को मालूम था कि मिसिज़ गांगुली, मशहूर एक्टर अशोक कुमार की बीवी है। चुनाँचे उसके तलब करने पर ब्लैक मार्केट की तारीक तहों में छुपाई हुई चीज़ें बाहर निकल आती थीं। यूँ भी बंबे के मर्द, औरतों के मामले में काफ़ी नर्मदिल वाक़ा हुए हैं।

बैंक से रुपए निकलवाना हो, कोई रजिस्ट्री करवाना हो, सिनेमा या रेल गाड़ी के टिकिट लेना हों, मर्द पड़ा डेढ़ घंटा सूखता रहेगा लेकिन उसके मुक़ाबले में औरत को एक मिनट भी इंतिज़ार करना नहीं पड़ेगा।

अशोक ने अपनी शोहरत और हरदिल-अज़ीज़ी से शायद ही फ़ायदा उठाया, मगर दूसरे बाज़ औक़ात उसके इल्म के बग़ैर उसके ज़रिए से अपना उल्लू सीधा कर लेते थे—राजा मेहदी अली ख़ाँ ने एक दफ़ा बड़े ही दिलचस्प तरीक़े से अपना उल्लू सीधा किया। राजा फ़िल्मस्तान में मुलाज़िम था। मैं फ़िल्मस्तान छोड़कर वली साहब के लिए एक

कहानी लिख रहा था। एक रोज़ मुझे टेलीफ़ोन पर अशोक के सेक्रेट्री ने बताया कि राजा मेहदी अली ख़ाँ बीमार हैं। मैं वहाँ पहुँचा तो देखा कि जनाब की बहुत बुरी हालत है। गला इस क़दर ख़राब है कि आवाज़ ही नहीं निकलती। नक़ाहत का यह आलम है कि सहारा लेकर भी उठा नहीं जाता। और आप नमकीन पानी के ग़रारों और ओरियंटल बाम की मालिश से अपना मर्ज़ दूर करने की कोशिश फ़र्मा रहे हैं।

मुझे शुबा हुआ, कहीं डिप्थीरिया न हो। चुनाँचे मैंने उन्हें फ़ौरन मोटर में लादा और अशोक को टेलीफ़ोन किया। उसने मुझे अपने एक वाक़िफ़ डॉक्टर का नाम बताया कि वहाँ ले जाओ। मैं राजा साहब को वहाँ ले गया। तश्ख़ीस के बाद मालूम हुआ कि वाक़ई वही मूज़ी मर्ज़ है। डॉक्टर साहब के मश्वरे के मुताबिक़ मैंने फ़ौरन ही मुताद्दी अमराज़ के हस्पताल में उनको दाख़िल करा दिया। टीके वग़ैरा दिए गए। दूसरे रोज़ सुबह मैंने अशोक को राजा के मर्ज़ की नोअय्यत बताई। जब उसने कोई तश्वीश ज़ाहिर न की तो मुझे ग़ुस्सा आ गया : ''तुम कैसे इन्सान हो···एक आदमी ऐसे ख़ौफ़नाक मर्ज़ में मुबतला है। बेचारे का यहाँ कोई पुर्साने हाल भी नहीं और तुम कोई दिलचस्पी ही नहीं ले रहे।''

अशोक ने जवाबन सिर्फ़ इस क़द्र कहा : ''आज शाम को चलेंगे उसके पास।''

टेलीफ़ोन बंद करके मैं हस्पताल पहुँचा और देखा कि राजा की हालत पहले की निस्बत किसी क़द्र बहतर है। डॉक्टर ने जो टीके कहे थे, वह मैं ले आया था। यह उस के हवाले करके और दम-दिलासा देकर मैं अपने काम पर चला गया।

शाम को अशोक ने मुझे वली के दफ़्तर में पकड़ लिया। मैं नाराज़ था मगर उसने मुझे मना लिया। मोटर में हम हस्पताल पहुँचे। अशोक ने राजा से माज़रत तलब की कि वह बेहद मसरूफ़ था। इधर-उधर की बातें हुईं। इसके बाद अशोक मुझे घर छोड़कर वापस चला गया।

दूसरे रोज़ हस्पताल पहुँचा तो क्या देखता हूँ, 'राजा राजा' बना बैठा है। बिस्तर की चादर उजली, तकिए का गिलाफ़ उजला। सिगरेट की डिबिया, पान, सरहाने की विंडो सिल पर फूलदान। टाँग पर टाँग रखे हस्पताल का साफ़-सुथरा जोड़ा पहने, बड़े ऐयाशाना तौर पर अख़बार का मुताला कर रहा था—मैंने हैरत भरे लहजे में उससे पूछा : ''क्यों राजा, यह सब कैसे ?''

राजा मुस्कराया। उसकी यह बड़ी-बड़ी मूँछें थर्राईं : ''यह तो कुछ भी नहीं, अभी और देखना।''

मैंने पूछा : ''क्या मतलब ?''

ऐयाशी के सामान···कुछ रोज़ और मैं यहाँ रहा तो तुम देखोगे कि पास वाले कमरे में मेरी हरम सराय होगी···ख़ुदा जीता रखे मेरे अशोक कुमार को···बताओ, वह क्यों नहीं आया।''

थोड़ी देर के बाद राजा ने बताया कि वह सब कुछ अशोक का नूर-ज़हूर है—हस्पताल वालों को पता चल गया कि अशोक उसकी बीमार पुर्सी के लिए आया था। चुनाँचे हर छोटा बड़ा राजा के पास आया। हर एक ने उससे एक ही क़िस्म के मुताद्दिद सवाल किए।

क्या अशोक वाक़िई उसकी बीमार पुर्सी के लिए आया था ?''

''अशोक से उसके क्या ताल्लुक़ात हैं ?''

''क्या वह फिर आएगा ?''

''वह कब और किस वक़्त आएगा ?''

राजा ने उनको बताया कि अशोक उसका बहुत ही गहरा दोस्त है। उसके लिए अपनी जान तक देने को तैयार है। वह हस्पताल में उसके साथ ही रहने को तैयार था, मगर डॉक्टर न माने। सुबह-शाम आता मगर कंट्रेक्ट कुछ ऐसे हैं कि मजबूर है। आज शाम को ज़रूर आएगा—इसका नतीजा यह हुआ कि ख़ैराती हस्तपाल के ख़ैराती कमरे में उसको हर क़िस्म की सुहूलत मैस्सर थी।

वक़्त ख़त्म होने पर मैं जाने ही वाला था कि मेडिकल स्टूडेंट लड़कियों का एक गिरोह कमरे में दाख़िल हुआ—राजा मुस्कराया। फिर उसने मुझसे कहा : ''ख़्वाजा, हरम सराय के लिए यह साथ वाला कमरा, मेरा ख़याल है, छोटा रहेगा।''

अशोक बहुत अच्छा एक्टर है, मगर वह सिर्फ़ अपनी जान पहचान के बेतकल्लुफ़ लोगों के साथ मिलकर ही पूरी दिल जमअई से काम कर सकता है। यही वजह है कि उन फ़िल्मों में उसका काम इत्मीनान बख़्श नहीं है, जो उसकी टीम ने नहीं बनाए। अपने लोगों में हो तो वह खुलकर काम करता है। टेक्नीशियनों को मशवरे देता है, उनके मशवरे क़ुबूल करता है। अपनी एक्टिंग के मुताल्लिक़ लोगों से इस्तिफ़सार करता है। एक सीन को मुख़्तलिफ़ शक्लों में अदा करके ख़ुद परखता है और दूसरों की राय लेता है। इस फ़ज़ा से अगर कोई उसे बाहर ले जाता है तो वह बहुत उलझन महसूस करता है।

तालीम-याफ़्ता होने और बंबई टाकीज़ जैसे बाज़ौक़ फ़िल्मी इदारे के साथ कई बरसों तक मुन्सलिक रहने की वजह से अशोक को फ़िल्मी सनअत के क़रीब-क़रीब हर शोबे से वाक़िफ़ीयत हासिल हो गई है। वह कैमरे की बारीकियाँ जानता था। लेबारेट्री के तमाम पेचीदा मसाइल समझता था। एडिटिंग का अमली तज्रबा रखता था और डायरेक्शन की गहराइयों का भी मुताला कर चुका था। चुनाँचे फ़िल्मस्तान में जब उस से राय बहादुर चुन्नी लाल ने एक फ़िल्म प्रोड्यूस करने के लिए कहा तो वह फ़ौरन तैयार हो गया।

उन दिनों फ़िल्मस्तान का प्रोपेगंडा फ़िल्म 'शिकारी' मुकम्मल हो चुका था, इसलिए मैं कई महीनों की लगातार मेहनत के बाद घर में छुट्टियों के मजे उड़ा रहा था। एक दिन सावक वाचा आए। इधर-उधर की बातें करने के बाद कहने लगे: ''सआदत, एक कहानी लिख दो गांगुली के लिए…''

मेरी समझ में न आया कि सावक का क्या मतलब है। मैं फ़िल्मस्तान का मुलाज़िम था और मेरा काम ही कहानियाँ लिखना था। गांगुली के लिए कहानी लिखवाने के लिए सावक की सिफ़ारिश की क्या ज़रूरत थी। मुझसे वहाँ फ़िल्मस्तान का कोई ज़िम्मेदार रुक्न भी कहता, मैं कहानी लिखना शुरू कर देता। लेकिन बाद में मुझे मालूम हुआ कि अशोक चूँकि फ़िल्म ख़ुद प्रोड्यूस करना चाहता है, इसलिए उसकी ख़्वाहिश है कि मैं उसकी ख़्वाहिश के मुताबिक़ कोई निहायत ही अछूती कहानी लिखूँ। वह ख़ुद मेरे पास इसलिए न आया कि

वह दूसरों से कई कहानियाँ सुन चुका था।

बहरहाल सावक के साथ वक़्त मुक़र्रर हुआ और हम सब सावक ही के साफ़-सुथरे फ़्लैट में जमा हुए। अशोक को कैसी कहानी चाहिए थी, यह ख़ुद उसको मालूम नहीं था : "बस मंटो, ऐसी कहानी हो कि मज़ा आ जाए... इतना ख़याल रखना कि यह मेरा पहला फ़िल्म होगा।"

हम सबने मिलकर घंटों मग़ज़पाशी की, मगर कुछ समझ में न आया—उन दिनों आग़ा ख़ाँ की डाइमंड जुबली होने वाली थी, जिसके लिए सावक के फ़्लैट की परली तरफ़ ब्रेबोर्न स्टेडियम में एक बहुत बड़ा पंडाल तामीर किया जा रहा था। मैंने उस से इंस्परेशन हासिल करने की कोशिश की। सावक के सिटिंग रूम में सनम तराशी का एक निहायत ही उम्दा नमूना था। उसको भी दिमाग़ में घुमाया फिराया। अपने पुराने कारनामों पर नज़र डाली मगर कोई नतीजा बरआमद न हुआ।

दिन भर की सअई-ए-नाकाम की क़ोफ़्त दूर करने के लिए शाम को बाहर टेरेस पर ब्रांडी का दौर शुरू हुआ। शराब के इंतिखाब में सावक वाचा बहुत ही उम्दा ज़ौक़ का मालिक है। ब्रांडी चुनाँचे ज़ाइक़ा और क़िवाम की बहुत ही अच्छी थी। हलक़ से उतरते ही लुत्फ़ आ गया—सामने चर्च गेट स्टेशन था। नीचे बाज़ार में ख़ूब चहल-पहल थी। उधर बाज़ार के इख़्तिताम पर समंदर औंधे मुँह लेटा सुस्ता रहा था। बड़ी-बड़ी क़ीमती कारें सड़क की चमकीली सतह पर तैर रही थीं—थोड़ी देर के बाद एक हाँपता हुआ सड़कें कूटनेवाला इंजन नमूदार हुआ—मैंने ऐसे ही सोचा। ख़ुदा मालूम कहाँ से यह ख़याल मेरे दिमाग़ में आन टपका कि अगर इस टेरेस से कोई ख़ूबसूरत लड़की एक रुक़्क़ा गिराए, इस नीयत से कि वह जिसके हाथ लगेगा, वह उससे शादी करेगी तो क्या हो... ? हो सकता है कि रुक़्क़ा किसी पैकार्ड मोटर में जा गिरे... और यह भी हो सकता है कि रुक़्क़ा उड़ता-उड़ता सड़कें कूटनेवाले इंजन के ड्राइवर के पास जा पहुँचे[1]—हो सकने का यह सिलसिला कितना दराज़ था और कितना दिलचस्प!

मैंने इसका ज़िक्र अशोक और सावक से किया। उनको मज़ा आ गया। और मज़ा लेने की ख़ातिर हमने ब्रांडी का एक और दौर चलाया और बेलगाम ख़याल आराइयाँ शुरू कर दीं। जब महफ़िल बर्ख़ास्त हुई तो तय पाया कि कहानी की बुनियादें इसी ख़याल पर उस्तुवार की जाएँ।

कहानी तैयार हो गई, मगर उसकी शक्ल कुछ और ही थी। हसीना का लिखा हुआ रुक़्क़ा रहा, न सड़कें कूटने वाला इंजन। पहले-पहल ख़याल था कि ट्रेजिडी होनी चाहिए, मगर अशोक चाहता था कि कौमेडी हो और वह भी बहुत ही तेज़ रफ़्तार। चुनाँचे दिमाग़ की सारी क़ुव्वतें उसी तरफ़ सिर्फ़ होने लगीं। कहानी मुकम्मल हो गई तो अशोक को पसंद आई और शूटिंग शुरू हो गई। अब फ़िल्म का एक-एक फ्रेम अशोक की हिदायत के मातहत तैयार होने लगा। बहुत कम लोग जानते हैं कि 'आठ दिन' तमामो—कमाल अशोक की डायरेक्शन का नतीजा थी। पर्दे पर डायरेक्टर का नाम डी एन पाई दिया गया

1. इस ख़याल की बुनियाद पर फ़िल्म 'नौजवान' बनी थी।

था, जिसने इस फ़िल्म का एक इंच भी डाइरेक्ट नहीं किया था—बंबे टाकीज़ में फ़िल्म डायरेक्ट को बहुत कम अहमियत दी जाती थी। सब मिलकर काम करते थे। जब फ़िल्म नुमाइश के लिए पेश होता था तो एक कारकुन का नाम बतौर डायरेक्टर के पेश कर दिया था। यह तरीक़ाए-कार फ़िल्मस्तान में भी राइज था। डी एन पाई फ़िल्म एडिटर था और अपने काम में बहुत होशियार। चुनाँचे मुत्तफ़िक़ा तौर पर यही फ़ैसला हुआ था कि बहैसियत डायरेक्टर के उसका नाम फ़िल्म के क्रेडिट टाइटिल्ज़ में पेश किया जाए।

अशोक जितना अच्छा किर्दारकार है, उतना ही अच्छा हिदायतकार भी है। उसका इल्म मुझे 'आठ दिन' की शूटिंग के दौरान में हुआ। मामूली से मामूली मंज़र पर भी वह बहुत मेहनत करता था। शूटिंग से एक रोज़ पहले वह मुझसे नज़रे-सानी किया हुआ सीन लेता और ग़ुस्लख़ाने में बैठकर घंटो उसकी नोक-पलक पर ग़ौर करता रहता—यह अजीब बात है कि बाथरूम के अलावा और किसी जगह वह पूरी तवज्जो से फ़िक्र-तलब उमूर पर ग़ौर नहीं कर सकता।

इस फ़िल्म में चार नए आदमी बतौर एक्टर पेश हुए। राजा मेहदी अली ख़ाँ, उपेंद्र नाथ अश्क, मोहसिन[1] अब्दुल्लाह और राक़िमुल-हुरुफ़—तय यह हुआ था कि एस मुखर्जी को एक रोल दिया जाएगा, मगर वक़्त आने पर वह अपनी बात से फिर गए, इसलिए कि उनके फ़िल्म 'चल-चल रे नौजवान' में कैमरे की दहशत के बाइस मैंने काम करने से इन्कार कर दिया था। मुखर्जी को बहाना हाथ आया। असल में वह ख़ुद कैमरे से ख़ौफ़ज़दा थे।

उनका रोल एक शैल शॉक्ड फ़ौजी का था। इसके लिए लिबास वग़ैरा सब तैयार थे। जब मुखर्जी ने इन्कार किया तो अशोक बहुत सिटपिटाया कि उन की जगह और किसे मुंतख़ब करे। कई दिन शूटिंग बंद रही। रायबहादुर चुन्नी लाल जब लाल-पीले होने लगे तो अशोक मेरे पास आया। मैं चंद मनाज़िर को दोबारा लिख रहा था। उसने मेज़ पर से मेरे काग़ज़ उठाकर एक तरफ़ रखे और कहा : ''चलो मंटो।''

मैं उसके साथ चल पड़ा। मेरा ख़याल था कि वह मुझे नए गीत की धुन सुनवाने ले जा रहा है, मगर वह मुझे सेट पर ले गया और कहने लगा : ''पागल का पार्ट तुम करोगे।''

मुझे मालूम था कि मुखर्जी इन्कार कर चुका है और अशोक को उस ख़ास रोल के लिए कोई आदमी नहीं मिल रहा, लेकिन यह मालूम नहीं था कि वह मुझसे कहेगा कि मैं यह रोल अदा करूँ—चुनाँचे मैंने उससे कहा : ''पागल हुए हो?''

अशोक संजीदा हो गया और कहने लगा : ''नहीं मंटो, तुम्हें यह रोल लेना ही पड़ेगा।''

राजा मेहदी अली खाँ और उपेंद्रनाथ अश्क ने भी इसरार किया—राजा ने कहा : ''तुमने मुझको अशोक का बहनोई बना दिया, हालाँकि मैं शरीफ़ आदमी हरगिज़ इसके लिए तैयार न था क्योंकि मैं अशोक की इज़्ज़त करता हूँ... तुम पागल बन जाओगे तो कौन-सी आफ़त आ जाएगी।''

---

1. प्र अमृगर नीना का साबिक़ शौहर।

इस पर मज़ाक़ शुरू हो गया और मज़ाक़-मज़ाक़ में सआदत हसन मंटो, पागल फ़्लाइट लेफ़्टिनेंट कृपा राम बन गया—कैमरे के सामने मेरी जो हालात हुई, उसको अल्लाह बेहतर जानता है।

फ़िल्म तैयार होकर नुमाइश के लिए पेश हुआ तो कामयाब साबित हुआ। नाक़िदीन ने उसे बेहतरीन कामेडी क़रार दिया—मैं और अशोक ख़ास तौर पर बहुत ही मसरूर थे और हमारा इरादा था कि अब की कोई बिलकुल नए टाइप की फ़िल्म बनाएँगे, मगर क़ुदरत को यह मंज़ूर नहीं था।

सावक वाचा 'आठ दिन' की शूटिंग के आग़ाज़ ही में अपनी वालिदा के इलाज के सिलसिले में लंदन चला गया था। वह जब वापस आया तो फ़िल्मी सनअत में एक इंक़िलाब बर्पा हो चुका था। कई इदारों के दिवाले पिट गए थे। बंबे टाकीज़ की निहायत अबतर हालत थी। हिमांशु राय आँजहानी के बाद, देविका रानी चंद बरसों की इद्दत के बाद रूस के एक ज़िलावतन नवाब के आर्टिस्ट लड़के रोरिक से रिश्ताए-इज़्दिवाज क़ायम करके फ़िल्मी दुनिया त्याग चुकी थी।

देविका रानी के बाद बंबे टाकीज़ पर कई बेरूनी हमलावरों ने क़ब्ज़ा किया मगर उसकी हालत न सुधार सके। आख़िर सावक वाचा लंदन से वापस आए और जुर्अते-रिंदाना से काम लेकर बंबे टाकीज़ की इनाने-हुकूमत अशोक की मदद से अपने हाथ में ले ली।

अशोक को फ़िल्मस्तान छोड़ना पड़ा। इस दौरान में लाहौर से मिस्टर मोती बी गिडवानी ने मुझे तार के ज़रिए से एक हज़ार रुपए माहवार की ऑफ़र दी। मैं चला गया होता मगर मुझे सावक का इंतिजार था। जब अशोक और वह दोनों बंबे टाकीज़ में इकट्ठे हुए तो मैं उनके साथ था। यह वह ज़माना था कि हिंदुस्तान की तक़सीम के लिए अंग्रेज रफ़ कापियां पर नक़्शे बना रहा था। भुस में चिंगी डाल, यह बी जमालो अलग खड़ी होकर तमाशा देखने के लिए जगह बना रही थी।

मैंने जब बंबे टाकीज़ में क़दम रखा तो हिंद-मुस्लिम फ़सादात शुरू थे। जिस तरह क्रिकेट के मैचों में विकटें उड़ती हैं, बाउंड्रीयाँ लगती हैं, इस तरह उन फ़सादों में लोगों के सिर उड़ते थे और बड़ी-बड़ी आगें लगती थी।

सावक वाचा ने बंबे टाकीज़ की अबतर हालत का अच्छी तरह जायज़ा लेने के बाद जब इंतिज़ाम संभाला तो उसे बहुत-सी मुश्किलें दरपेश आईं। ग़ैरज़रूरी उन्सुर को जो मज़्हब के लिहाज़ से हिंदू था, निकाल बाहर किया तो काफ़ी गड़बड़ हुई। मगर जब उसकी जगह पुर की गई तो मुझे महसूस हुआ कि किलीदी आसामियाँ मुसलमानों के पास हैं। मैं था, शाहिद लतीफ़ था, इस्मत चुगताई थी, कमाल अमरोही था, हसरत लखनवी था, नज़ीर अजमेरी, नाज़िम पानीपती और म्युज़िक डायरेक्टर ग़ुलाम हैदर थे। यह सब जमा हुए तो हिंदू कारकुनों में सावक वाचा और अशोक के खिलाफ़ नफ़रत के जज़्बात पैदा हो गए। मैंने अशोक से इसका ज़िक्र किया तो हँसने लगा। "मैं वाचा से कह दूँगा कि वह एक डाँट पिला दे..."

डाँट पिलाई गई तो उसका असर उलटा हुआ। वाचा को गुमनाम ख़त वुसूल होने लगे कि

अगर उसने अपने स्टूडियो से मुसलमानों को बाहर न निकाला तो उसको आग लगा दी जाएगी। यह ख़त वाचा पढ़ता तो आग-बगूला हो जाता : "साले मुझसे कहते हैं कि मैं ग़लती पर हूँ...मैं ग़लती पर हूँ तो इनके बावा का क्या जाता है...आग लगाएँ तो मैं इन सबको उसमें झोंक दूँगा।"

अशोक का दिलो-दिमाग़ फ़िर्क़े-वाराना तास्सुब से बिलकुल पाक है। वह कभी उन ख़ुतूत पर सोच ही नहीं सकता था, जिन पर आग लगाने की धमकियाँ देनेवाले सोचते थे—वह मुझसे हमेशा कहता : "मंटो, यह सब दीवानगी है...आहिस्ता-आहिस्ता दूर हो जाएगी।"

मगर आहिस्ता-आहिस्ता दूर होने के बजाय वह दीवानगी बढ़ती ही चली जा रही थी और मैं ख़ुद को मुजिम महसूस कर रहा था, इसलिए कि अशोक और वाचा मेरे दोस्त थे। वह मुझसे मशवरे लेते थे, इसलिए कि उनको मेरे ख़ुलूस पर भरोसा था। लेकिन मेरा ख़ुलूस मेरे अंदर सिकुड़ रहा था—मैं सोचता था कि अगर बंबे टाकीज़ को कुछ हो गया तो मैं अशोक और वाचा को क्या मुँह दिखाऊँगा।

फ़सादात ज़ोरों पर थे—एक दिन मैं और अशोक बंबे टाकीज़ से वापस आ रहे थे। रास्ते में उसके घर देर तक बैठे रहे। शाम को उसने कहा : "चलो मैं तुम्हें छोड़ आऊँ।" शार्ट कट की ख़ातिर वह मोटर को एक ख़ालिस इस्लामी मौहल्ले में ले गया--सामने से एक बारात आ रही थी। जब मैंने बैंड की आवाज़ सुनी तो मेरे औसान ख़ता हो गए। एकदम अशोक का हाथ पकड़कर मैं चिल्लाया : "दादा मुनि, यह तुम किधर आ निकले!"

अशोक मेरा मतलब समझ गया—मुस्कराकर उसने कहा : "कोई फ़िक्र न करो।"

मैं क्योंकर फ़िक्र न करता। मोटर ऐसे इस्लामी मौहल्ले में थी जहाँ किसी हिंदू का गुज़र ही नहीं हो सकता था। और अशोक को कौन नहीं पहचानता था। कौन नहीं जानता था कि वह हिंदू है, एक बहुत बड़ा हिंदू जिसका क़त्ल मार्का-ख़ेज़ होता—मुझे अरबी ज़बान में कोई दुआ याद नहीं थी। क़ुरान की कोई मौज़ूँ व मुनासिब आयत भी नहीं आती थी। दिल ही दिल में अपने ऊपर लानतें भेज रहा था और धड़कते हुए दिल से अपनी ज़बान में बेजोड़-सी दुआ माँग रहा था कि "ऐ ख़ुदा मुझे सुर्ख़ रू रखियो...ऐसा न हो, कोई मुसलमान अशोक को मार दे और मैं सारी उम्र उसका ख़ून अपनी गर्दन पर महसूस करता रहूँ—यह गर्दन, क़ौम की नहीं, मेरी अपनी गर्दन थी। मगर यह ऐसी ज़लील हरकत के लिए दूसरी क़ौम के सामने नदामत की वजह से झुकना नहीं चाहती थी।

जब मोटर बारात के जुलूस के पास पहुँची तो लोगों ने चिल्लाना शुरू कर दिया : "अशोक कुमार, अशोक कुमार।" मैं बिलकुल यख़ हो गया। अशोक स्टेरिंग पर हाथ रखे ख़ामोश था। मैं ख़ौफ़ो-हिरास की यख़बस्तगी से निकल कर हुजूम से यह कहने वाला था कि देखो होश करो, मैं मुसलमान हूँ और यह मुझे मेरे घर छोड़ने जा रहा है—कि दो नौजवानों ने आगे बढ़कर बड़े आराम से कहा : "अशोक भाई आगल रास्ता नहीं मिलेगा...इधर बाज़ू की गली से चले जाओ।"

अशोक भाई? अशोक उनका भाई था। और में कौन था?

मैंने दफ़्अतन अपने लिबास की तरफ़ देखा जो खादी का था—मालूम नहीं, उन्होंने मुझे

क्या समझा होगा। मगर हो सकता है कि उन्होंने अशोक की मौजूदगी में मुझे देखा ही न हो।

मोटर जब उस इस्लामी मौहल्ले से निकली तो मेरी जान में जान आई। मैंने अल्लाह का शुक्र अदा किया तो अशोक हँसा : ''तुम ख़्वाहमख़्वाह घबरा गए··· आर्टिस्टों को यह लोग कुछ नहीं कहा करते।''

चंद रोज़ बाद बंबे टाकीज़ में नज़ीर अजमेरी की कहानी[1] पर मैंने जब कड़ी नुक्ताचीनी की और उसमें कुछ तबदीलियाँ करना चाहीं तो नज़ीर अजमेरी ने अशोक और वाचा से कहा : ''मंटो को आप ऐसे मुबाहिसों के दौरान में न बिठाया करें··· वह चूँकि ख़ुद अफ़्साना नवीस है, इसलिए मुतास्सिब है···''

मैंने बहुत ग़ौर किया। कुछ समझ में न आया। आख़िर मैंने अपने-आपसे कहा : ''मंटो भाई, आगल रास्ता नहीं मिलेगा··· मोटर रोक लो। इधर बाजू की गली से चले जाओ।''

और मैं चुपचाप बाजू की गली से पाकिस्तान चला आया जहाँ मेरे अफ़्साने 'ठंडा गोश्त' पर मुक़दमा चलाया गया।

1. जो 'मजबूर' के नाम से फ़िल्म बंद हुई।

मेरठ की क़ैंची

'चल चल रे नौजवान' की नाकामी का सद्मा हमारे दिलो-दिमाग़ से क़रीबन मुंदमिल[1] हो चुका था—फ़िल्मिस्तान के लिए ज्ञान मुकर्जी एक प्रोपेगंडा कहानी लिखने में एक अर्से से मसरूफ़ थे। कहानी लिखने-लिखाने और उसे पास कराने से पेशतर नलिनी जयवंत और उसके शौहर विरेंद्र देसाई से, जिससे वह अब तलाक़ ले चुकी है, कांट्रेक्ट हो चुका था। ग़ालिबन पच्चीस हज़ार रुपए में। एक साल उस मुआहदे[2] की मीआद थी।

एस. मुकर्जी, प्रोडक्शन कंट्रोलर हस्बे-आदत सोच-बिचार में दस महीने गुज़ार चुके थे—कहानी का ढाँचा था कि तैयार होने में न आता था।

बसदमुश्किल जूँ-तूँ करके एक ख़ाका मअरज़े-वुजूद[3] में आया, जिसे ज्ञान मुकर्जी अपने चर्मी थैले में डालकर देहली रवाना हो गए ताकि ज़बानी तौर पर उसमें कुछ और बातें डालकर हुकूमत से पास करा लें।

ख़ाका पास हो गया—जब शूटिंग का मरहला आया तो विरेंद्र देसाई ने यह मुतालबा किया कि उसके साथ एक बरस का और कांट्रेक्ट किया जाए, इसलिए कि पहले मुआहदे की मीआद ख़त्म हो रही थी।

रायबहादुर चुन्नीलाल, फ़िल्मिस्तान के मैनेजिंग डायरेक्टर, बड़े अक्खड़ क़िस्म के आदमी थे। चुनांचे नतीजा यह हुआ कि मुक़दमेबाज़ी हुई—फ़ैसला विरेंद्र देसाई और उसकी ख़ूबरू बीवी नलिनी जयवंत के हक़ में हुआ। इस तरह प्रोपेगंडा फ़िल्म, जिसकी कहानी का अभी सिर्फ़ ग़ैर मुकम्मल ख़ाका ही बना था, पच्चीस हज़ार रुपयों के बोझ तले आ गई।

रायबहादुर चुन्नीलाल को बहुत उजलत[4] थी कि फ़िल्म जल्द तैयार हो, क्योंकि बहुत वक़्त ज़ाया हो चुका था—जल्दी-जल्दी वली साहब को बुलाकर उनकी बीवी मुम्ताज़ शांति से कांट्रेक्ट कर लिया गया और उनको चौदह हज़ार रुपए बतौर पेशगी अदा कर दिए गए, ब्लैक में यानी रसीद के बग़ैर।

दो दिन शूटिंग हुई—मुम्ताज़ शांति और अशोक कुमार के दरमियान मुख़्तसर-सा मुकालमा था, जो बड़ी मीनमेख़ के बाद फ़िल्माया गया। मगर ज़ब पर्दे पर उस टुकड़े को देखा गया तो सबने मुम्ताज़ शांति को नापसंद किया। इस नापसंदीदगी में इस बात का भी बड़ा दख़ल था कि मुम्ताज़ शांति बुर्क़ा पहनकर आती थी, और वली साहब ने साफ़

अल्फ़ाज़ में एस. मुकर्जी से कह दिया था कि मुम्ताज़ शांति के जिस्म को कोई हाथ-वाथ न लगाए।

नतीजा यह हुआ कि मुम्ताज़ शांति को फ़िल्म से अलहदा कर दिया गया, इस बहाने से कि जो किरदार उसे अदा करना है, उसके लिए वह मुनासिब व मोज़ूँ नहीं, क्यों ऐसे कई मक़ाम आएँगे जहाँ हीरोइन को अपने जिस्म के बाज़ हिस्सों की उरियाँ नुमाइश करना पड़ेगी—क़िस्सा मुख़्तसर कि यह चौदह हज़ार भी गए।

अब कहानी का नामुकम्मल ढाँचा उनतालीस हज़ार रुपए के नीचे दबा पड़ा था।

रायबहादुर चुन्नीलाल तो बस लाल-पीले हो रहे थे—'चल चल रे नौजवान' की नाकामी ने कंपनी की हालत बहुत पतली कर दी थी। मारवाड़ियों से क़र्ज़ लेकर गुज़ारा बड़ी मुश्किल से हो रहा था—रायबहादुर की ख़फ़गी और परेशानी बजा थी।

एक दिन मैं, वाचा, पाई और अशोक कुमार स्टूडियो के बाहर कुर्सियों पर बैठे कंपनी की उन हिमाक़तों का ज़िक्र कर रहे थे, जिनके बायस इतना वक़्त और रुपया ज़ाया हुआ था कि अशोक कुमार ने यह इन्किशाफ़[5] किया कि जो चौदह हज़ार रुपए रायबहादुर ने मुम्ताज़ शांति को दिए थे, वह उन्होंने उससे क़र्ज़ लिए थे—अशोक कुमार ने यह इन्किशाफ़ अपनी काली पिंडी खुजलाते हुए कुछ इस अंदाज़ से किया कि हम सब बेइख़्तियार हँस पड़े, लेकिन फ़ौरन ही हमें चुप होना पड़ा।

सामने बजरी बिछी हुई रविश पर एक अजनबी औरत हमारी भारी-भरकम हेयर-ड्रैसर के साथ मेकअप-रूम की तरफ़ जा रही थी।

दत्ताराम पाई ने अपने काले, मोटे और बदशकल होंठ खोले और ख़ौफ़नाक तौर पर आगे बढ़े हुए औंधे-सीधे मैले दाँतों की नुमाइश की और वाचा को कोहनी का ठोका देकर अशोक कुमार से मुख़ातिब हुआ : "यह⋯यह कौन है ?"

वाचा ने पाई के सिर पर एक धौल जमाई : "साले, तू कौन होता है पूछनेवाला ?" पाई बदला लेने के लिए उठा तो वाचा ने उसकी कलाई पकड़ ली : "बैठ जा साले⋯मत जा उधर⋯तेरी शकल देखते ही भाग जाएगी।"

पाई अपने औंधे-सीधे दाँत पीसता रह गया।

अशोक कुमार, जो अभी तक ख़ामोश बैठा था, बोला : "गुड लुकिंग है !"

मैंने एक लहज़े के लिए ग़ौर से उस औरत को देखा और कहा : "हाँ नज़रों पर गराँ नहीं गुज़रती।"

अशोक कुमार मेरा मतलब न समझा : "कहाँ से नहीं गुज़रती ?"

मैं हँसा : "मेरा मतलब यह था कि जो औरत यहाँ से गुज़र कर गई है, उसे देखकर आँखों पर बोझ नहीं पड़ता⋯बड़ी साफ़-सुथरी है, लेकिन क़द की ज़रा छोटी है।"

पाई ने फिर अपने बदनुमा दाँतों की नुमाइश की : "अरे चलेगी⋯क्यों वाचा ?"

वाचा अब पाई के बजाय अशोक कुमार से मुख़ातिब हुआ : "दादा मुनि, तुम जानते हो, वह कौन है ?"

अशोक कुमार ने जवाब दिया : "ज़्यादा नहीं जानता⋯मुकर्जी से सिर्फ़ इतना मालूम

हुआ था कि एक औरत टेस्ट के लिए आज आनेवाली है।"

कैमरा और साउंड टेस्ट किया गया, जिसे हमने पर्दे पर देखा और सुना और अपनी-अपनी राय दी—मुझे, अशोक कुमार और वाचा को वह बिलकुल पसंद न आई, इसलिए कि उसकी जिस्मानी हरकात चोबी[6] थीं। उसके आज़ा की हर जुंबिश में तसन्नो[7] था। मुकालमे अदा करते वक़्त उसके अबरू पेशेवर रक़्क़ासाओं की तरह नाचते थे। मुसकराहट भी ग़ैर दिलकश थी—लेकिन पाई उस पर लट्टू हो गया। उसने कई मर्तबा अपने बदनुमा दाँतों की नुमाइश की और एस. मुकर्जी से कहा : "वंडरफ़ुल स्क्रीन फ़ेस है।"

दत्ताराम पाई फ़िल्म एडिटर था, अपने काम का माहिर—फ़िलिमस्तान चूँकि ऐसा इदारा है जहाँ हर शौबे के आदमी को इज़हारे-राय की आज़ादी है, इसलिए दत्ताराम पाई वक़्त-बे वक़्त अपनी राय से हम लोगों को मुस्तफ़ीद[8] करता रहता था, और ख़ासतौर पर मेरे तमस्ख़ुर[9] से दो-चार होता था।

हम लोगों ने अपना फ़ैसला सुना दिया था, लेकिन एस. मुकर्जी ने उस औरत को, जिसका नाम पारो था, प्रोपेगंडा फ़िल्म के एक रोल के लिए मुंतख़िब कर लिया—चुनांचे रायबहादुर चुन्नीलाल ने फ़ौरन उससे एक फ़िल्म कांट्रेक्ट मामूली-सी माहाना तनख़्वाह पर कर लिया।

अब पारो हर रोज़ स्टूडियो आने लगी—वह बहुत हँसमुख और घुलू-मिट्ठू हो जानेवाली तवायफ़ थी। मेरठ उसका वतन था, जहाँ वह शहर के क़रीब-क़रीब हर रंगीन मिज़ाज रईस की मंज़ूरे-नज़र[10] थी—पारो को वह लोग मेरठ की क़ैंची कहते थे, इसलिए कि वह काटती थी और बड़ा महीन काटती थी—वहाँ हज़ारों में खेलती थी, पर उसे फ़िल्मों में आने का शौक़ था जो उसे फ़िलिमस्तान ले आया।

जब उससे खुल के बातें करने का मौक़ा मिला तो मालूम हुआ कि हज़रते-जोश मलीहाबादी और हज़रते-साग़र निज़ामी भी अक्सर उसके हाँ आया-जाया करते थे और उसका मुजरा सुनते थे।

उसकी ज़बान बहुत साफ़ थी और जिल्द[11] भी, जिससे मैं बहुत ज़्यादा मुतास्सिर हुआ—छोटी आस्तीनोंवाले फँसे-फँसे ब्लाउज़ में उसकी सुडोल, मुतनासिब[12] और नंगी बाँहें हाथी के दाँतों की तरह दिखाई देतीं। सफ़ेद और ख़ूबसूरत जिल्द में ऐसी चिकनी चमक थी जो देवदार की लकड़ी पर रंदा फेरने से पैदा होती है।

वह सुबह स्टूडियो आती, नहाई-धोई, साफ़-सुथरी, उजली, सफ़ेद या किसी हल्के रंग की साड़ी में मलबूस। वह किसी साबुन का इश्तिहार मालूम होती—शाम को जब घर रवाना होती तो दिन गुज़रने के बावुजूद गर्दो-ग़ुबार का एक ज़र्रा तक उस पर नज़र न आता। वह वैसी ही तरो-ताज़ा होती, जैसी सुबह को होती।

दत्ताराम पाई उस पर और ज़्यादा लट्टू हो गया—शूटिंग शुरू नहीं हुई थी, इसलिए उसे फ़राग़त-ही-फ़राग़त थी—चुनांचे वह अक्सर पारो के साथ बातें करने में मश्ग़ूल रहता।

मालूम नहीं, वह उसके भौंडे और करख़्त लहजे, उसके औंधे-सीधे मैले दाँतों और उसके अनकटे मैल भरे नाख़ुनों को कैसे बर्दाश्त करती थी—सिर्फ़ एक ही बात समझ में आती है और वह यह कि तवायफ़ अगर बर्दाश्त करना चाहे तो बहुत कुछ बर्दाश्त कर सकती है।

प्रोपेगंडा फ़िल्म की कहानी का ढाँचा मेरे हवाले किया गया कि मैं बड़े ग़ौर से उसका मुताला करूँ और वह तरमीमो-तनसीख़[13] मेरी समझ में आए, बयान कर दूँ—मैंने उस ढाँचे के तमाम जोड़ देखे और इस नतीजे पर पहुँचा कि ऐसा बेजोड़ ढाँचा शायद ही किसी ने तैयार किया हो। कोई सर था न पैर—चूँकि मेरी क़ाबलियत का इम्तिहान था, इसलिए मैंने उन्हीं ख़ुतूत पर एक और ढाँचा तैयार किया, बड़े ख़ुलूस और बड़ी मेहनत से। इसकी वजह यह थी कि डायरेक्शन के फ़राइज़[14] मेरे कहने पर सावक वाचा को सौंपे जानेवाले थे जो मेरा अज़ीज़ दोस्त था।

नया ढाँचा जब फ़िल्मिस्तान की 'फ़ुल बैंच' के सामने पेश हुआ तो मेरी वह हालत थी, जो किसी मुजरिम की हो सकती है।

एस. मुकर्जी ने अपना फ़ैसला इन चंद अल्फ़ाज़ में दिया : "ठीक है, मगर इसमें अभी काफ़ी इस्लाह की गुंजाइश है।"

ज्ञान मुकर्जी से पूछा गया तो उन्होंने अपनी आदत के मुताबिक़ मुँह सिकोड़कर सिर्फ़ इतना कहा : "आल मोस्ट ठीक है।"

ज्ञान मुकर्जी वह हज़रत थे जो एस. मुकर्जी की डायरेक्ट की हुई तमाम फ़िल्मों के डायरेक्टर कहलाते थे, हालाँकि उन्होंने अपनी ज़िंदगी में एक फ़ुट फ़िल्म भी डायरेक्ट नहीं की थी।

असल में फ़िल्मिस्तान में काम करने का ढब ही निराला था--सारी फ़िल्म आपने डायरेक्ट की है, लेकिन पर्दे पर मेरा नाम दिया जा रहा है, कहानी मेरी है, लेकिन उसका मुसन्निफ़ आपको बना दिया गया है—बात यह थी कि वहाँ सब मिलजुलकर काम करते थे। आप इससे अंदाज़ा कर लीजिए कि दत्ताराम पाई, जिसे मालूम ही नहीं था कि फ़िल्मी कहानी क्या होती है, मुझे मश्वरे दिया करता था।

प्रोपेगंडा फ़िल्म की कहानी लिखने की दुशवारियाँ वही समझ सकता है, जिसने कभी ऐसी कहानी लिखी हो। सबसे ज़्यादा मुश्किल मेरे लिए यह थी कि मुझे पारो को, उसकी शक्लो-सूरत, उसके क़द और उसकी फ़नी कमज़ोरियों के पेशे-नज़र उस कहानी में दाख़िल करना था—बहरहाल बड़ी मग़ज़पाशियों[15] के बाद तमाम मराहिल तय हो गए। कहानी की नोकपलक निकल आई और शूटिंग शुरू हो गई।

हमने बाहम मश्वरा करके यह तय किया कि जिन मनाज़िर[16] में पारो का काम है, वह सबसे आख़िर में फ़िल्माए जाएँ ताकि पारो फ़िल्मी फ़ज़ा से और ज़्यादा मानूस हो जाए और उसके दिमाग़ से कैमरे की झिझक निकल जाए।

किसी मंज़र की भी शूटिंग होती, पारो बराबर हमारे दरमियान होती—दत्ताराम पाई अब उससे इतना खुल गया था कि बाहम मज़ाक़ भी होने लगे थे। पाई की छेड़-छाड़ मुझे बहुत

भौंडी मालूम होती और मैं पारो की अदम मौजूदगी में उसका तमस्ख़ुर उड़ाता—कमबख़्त बड़ी ढिटाई से कहता : "साले, तू क्यों जलता है ?"

जैसा कि मैं इससे पहले बयान कर चुका हूँ, पारो बहुत हँसमुख और घुल-मिट्ठू हो जानेवाली तवायफ़ थी। स्टूडियो के हर कारकुन से वह ऊँच-नीच से बेपरवा बड़े तपाक से मिलती थी। यही वजह है कि वह बहुत थोड़े अर्से में मक़बूल हो गई—स्टूडियो के निचले तबक़े ने उसे एहतिरामन पारो देवी कहना शुरू कर दिया और यह इतना आम हुआ कि फ़िल्म के उनवानात में पारो के बजाय पारो देवी लिखा गया।

दत्ताराम पाई ने एक क़दम और आगे बढ़ाया और कुछ ऐसी टिप्पस लड़ाई कि एक दिन पारो के घर पहुँच गया। थोड़ी देर वहाँ बैठा, उससे अपनी ख़ातिर-मदारात[17] कराई और चला आया—इसके बाद उसने हफ़्ते में एक-दो मर्तबा बाक़ाइदगी के साथ वहाँ जा धमकना शुरू कर दिया।

पारो अकेली नहीं रहती थी। उसके साथ एक अधेड़ उम्र का मर्द भी रहता था, क़दो-क़ामत में उससे दोगुना—मैंने दो-तीन मर्तबा उसे पारो के साथ देखा था। वह उसका पतिदेव कम और 'थामू' ज़्यादा नज़र आता था।

पाई ऐसे फ़ख़्रो-इब्तिहाज[18] से कैंटीन में पारो से अपनी मुलाक़ातों का ज़िक्र नीम आशिक़ाना अंदाज़ में करता कि हँसी आ जाती। मैं और वाचा उसका ख़ूब मज़ाक़ उड़ाते, मगर वह कुछ ऐसा ढीट था कि उस पर कुछ असर न होता—कभी-कभी पारो भी मौजूद होती। मैं उसकी मौजूदगी में भी पाई के ख़ाम और भौंडे इश्क़ का मज़ाक़ उड़ाता। वह बुरा न मानती और मुसकराती रहती—उस मुसकराहट से उसने मेरठ में जाने कितने दिलों को अपनी क़ैंची से कतरा होगा।

पारो में आम तवाइफ़ों ऐसा भड़कीला या छिछोरापन नहीं था। वह मुहज़्ज़ब[19] महफ़िलों में बैठकर बड़ी शाइस्तगी[20] से गुफ़्तुगू कर सकती थी—इसकी वजह यही हो सकती है कि मेरठ में उसके यहाँ आने-जानेवाले ऐरे-ग़ैरे नत्थू-ख़ैरे नहीं होते थे। उनका ताल्लुक़ सोसाइटी के उस तबक़े से था, जो शाइस्तगी के साथ महज़ तफ़रीह की ख़ातिर कोठों की तरफ़ माइल होता है।

पारो अब, स्टूडियो की फ़ज़ा में बड़ी अच्छी तरह घुलमिल गई थी—फ़िल्मी दुनिया में अक्सर ऐसा होता है कि जब कोई औरत या लड़की एक्ट्रेस बनती है तो उसको कोई-न-कोई फ़ौरन दबोच लेता है, जैसे वह गेंद है और जिसे बल्ले के साथ किसी ने हिट लगाई है और फ़ील्ड में खड़े खिलाड़ी इस ताक में हैं कि वह उनके हाथ में चली आए।

लेकिन पारो के साथ ऐसा न हुआ, शायद इसलिए कि फ़िल्मिस्तान दूसरे निगारख़ानों के मुक़ाबले में बहुत हद तक 'पाकबाज़' था—एक वजह यह भी हो सकती है कि पारो को कोई इतनी ज़्यादा जल्दी नहीं थी—और शायद ऐसा भी था कि फ़ील्ड में खड़े हुए खिलाड़ी अपने-अपने तौर पर मसरूफ़ थे।

मोहसिन अब्दुल्लाह* अपनी यक आहंग ख़ुश्क मुजर्रिद[21] ज़िंदगी से उकताकर पारसी लड़की वीरा को, जिसकी ज़िंदगी मोहसिन अब्दुल्लाह ही के मानिंद सपाट थी, शरीके-हयात[22] बनाने की कोशिश में मसरूफ़ था। इसी ग़र्ज़ के लिए उसे हमारे साथ सैकिंड क्लास में सफ़र करना छोड़ना पड़ा, क्योंकि वीरा फ़र्स्ट क्लास में आती-जाती थी। इसके बाद उसको रवायती 'ऐटीकेट' के मुताबिक़ आते-जाते वीरा की कुतिया की ज़ंजीर थामना पड़ती—आशिक़ों के इमाम मियाँ मजनूँ को भी तो लैला की कुतिया अज़ीज़ थी—इसलिए मोहसिन अब्दुल्लाह अपनी 'मसरूफ़ियत' के सबब पारो की तरफ़ तवज्जोह न दे सका।

वाचा को पारो से कोई दिलचस्पी नहीं थी—उसने बड़ी मुश्किलों के बाद ताज़ा-ताज़ा अपनी बदकार फ़्रांसिसी बीवी से निजात[23] हासिल की थी।

एस. मुकर्जी तो परी चेहरा नसीम बानो के चक्कर में थाऔर ज्ञान मुकर्जी का तो सवाल ही पैदा नहीं होता था कि वह एक औरत से शादी करके ही भर पाया था।

अपने मुताल्लिक़ मैं सिर्फ़ इतना कह सकता हूँ कि मुझे पारो की जिल्द बहुत पसंद थी—एक दिन मैंने शाहिद लतीफ़† से इसका ज़िक्र किया तो उसने मुसकराकर कहा : ''जिल्द बहुत पसंद है, ठीक है···लेकिन तुम्हें क्या मालूम, अंदर किताब कैसी है और मज़मून कैसा है?''

पाई की हालत अब बहुत मज़हकाख़ेज़ हो गई थी—पारो ने एक रोज़ उसे अपने घर मदऊ[24] किया था और उसे अपने हाथ से दो पटियाला पैग जानी वॉकर के पिलाए थे, और जब उसको बहुत ज़्यादा नशा हो गया था तो उसको बड़े प्यार से अपने सोफ़े पर लिटा दिया था—पाई को यक़ीन हो गया था कि पारो उस पर मरती है। और हम लोग चूँकि नाकाम रहे हैं, इसलिए हसद[25] की आग में जलते हैं—इस बारे में पारो का रद्दे-अमल क्या था, यह मुझे मालूम नहीं।

शूटिंग जारी थी। वीरा फ़िल्म‡ की हीरोइन थी और साइड हीरोइन का रोल पारो को अदा करना था। उसे बर्मा के किसी आज़ाद जंगली क़बीले की एक शोख़ो-शंग[26], तेज़ व तर्रार लड़की का रूप धारना था।

जूँ-जूँ पारो के मनाज़िर फ़िल्माए जाने का वक़्त क़रीब आता गया, मेरे अंदेशे बढ़ते गए—मुझे डर था कि वह इम्तिहान में पूरी न उतरेगी और हम सबकी कोफ़्त का मूजिब होगी।

आख़िर वह दिन आ गया, जो उसका पहला शूटिंग डे था—मेकअप और कास्ट्यूम से

* पुरइसरार नीना का साबिक़ ख़ाविंद—नीना : फ़िल्म 'मन की जीत' की हीरोइन—इस फ़िल्म के गीत जोश मलीहाबादी ने लिखे थे। — संपादक

† शाहिद लतीफ़ : इस्मत चुग़ताई का शौहर—प्रोड्यूसर-डायरेक्टर—मशहूर और अच्छी फ़िल्में 'ज़िद्दी', 'आरज़ू' और 'बुज़दिल'।

‡ फ़िल्म का नाम 'शिकारी' था।

मुज़ैयन[27] होकर वह कैमरे के सामने आई—अजीबो-ग़रीब तराश के भड़कीले रंगोंवाली फँसी-फँसी चोली, नाफ़ से ऊपर पेट की हल्की-सी झलक, घुटनों से बालिश्त भर ऊपर लहँगा।

ऐसा मालूम होता था कि वह कैमरे, माइक और ख़ैराकुन रोशनियों से क़त्अन मरऊब या ख़ाइफ़[28] नहीं है। मुकालमा उसको अच्छी तरह याद करवा दिया गया था और उम्मीद थी कि वह बोल जाएगी—मगर जब टेक का वक़्त आया तो उसका सारा वुजूद लकड़ी हो गया। मुँह खोला तो मुकालमा सपाट।

कई रिहर्सलें कराई गईं, मगर उस लकड़ी में जान के आसार पैदा न हुए। वह पेशेवर रक़्क़ासाओं की तरह अपने अबरू नचाती, जैसे भाव बता रही हो—तीन-चार रिटेक हुए तो मैं बिलकुल मायूस हो गया। वाचा तबअन बहुत जल्द घबरा जाता था। उसने देखा कि ऊँटनी की कोई कल सीधी नहीं तो एस. मुकर्जी से कहा कि वह उसे ठीक करे।

मुकर्जी उसे क्या ठीक करता—वह बनी ही कुछ ऐसे आबो-गिल[29] से थी, जिसमें बनाव, भाव और नृत्य कूट-कूटकर भरे हुए थे—उसने एक टेक गवारा-सी एक्टिंग की तो एस. मुकर्जी ने ग़नीमत समझकर साद[30] कर दिया।

हम सबने बड़ी कोशिश की कि उसका तसन्नो और 'चोबीपन' किसी-न-किसी हीले दूर हो जाए, मगर नाकाम रहे—शूटिंग जारी रही और वह बिलकुल न सुधरी। उसको कैमरे और माइक का कोई ख़ौफ़ नहीं था, मगर सेट पर वह हस्बे-मन्शा अदाकारी के जौहर दिखाने से क़ासिर[31] थी—इसकी वजह मेरठ के मुजरों के सिवा और क्या हो सकती थी। बहरहाल इतनी उम्मीद ज़रूर थी कि वह किसी-न-किसी रोज़ मँज जाएगी।*

चूँकि मुझे उसकी तरफ़ से बहुत मायूसी हुई थी, इसलिए मैंने उसके रोल में कतर-ब्योंत शुरू कर दी। मेरी इस चालाकी का इल्म उसको पाई के ज़रिए से हो गया। चुनांचे उसने ख़ाली औक़ात में मेरे पास आना शुरू कर दिया। घंटों बैठी इधर-उधर की बातें करती रहती, बड़े शाइस्ता अंदाज़ में, मुनासिबो-मोज़ूँ अल्फ़ाज़ में, जिनमें चापलूसी का रंग बज़ाहिर न होता—हाँ मेरी तारीफ़ होती।

एक-दो मर्तबा उसने मुझे अपने घर पर मदऊ भी किया। मैं शायद चला जाता, लेकिन उन दिनों मैं बहुत मसरूफ़ था—हर वक़्त मेरे आसाब[32] पर प्रोपेगंडा फ़िल्म† का मंज़रनामा सवार रहता था। यूँ तो मेरा हाथ बँटाने के लिए तीन आदमी, राजा मेहंदी अली ख़ाँ, मोहसिन अब्दुल्लाह और दीक्षित मौजूद थे, लेकिन—राजा मेहंदी अली ख़ाँ ने तआवुन[33] से इनकार कर दिया था, इसलिए कि वह हर वक़्त अपनी रूठी हुई बीवी को ख़त

---

* आख़िर एक वक़्त आया और पारो मँज गई—फ़िल्मिस्तान की कामयाब फ़िल्म 'शबनम' में उसने दिलीपकुमार और कामिनी कौशल के मुक़ाबिल एक ख़ानाबदोश लड़की का किरदार बख़ूबी निभाया था। —संपादक

† इससे पेशतर भी मंटो ने 'प्रोपेगंडा फ़िल्म' का ज़िक्र किया है—प्रोपेगंडा फ़िल्म से मुराद एंटी वार, एंटी जापान फ़िल्म है। —संपादक

लिखने में मसरूफ़ रहता था; मोहसिन अब्दुल्लाह तो वीरा से अपने ताल्लुक़ात मुस्तहकम[34] करने में मश्गूल था; और दीक्षित सिर्फ़ पारो को मुकालमे याद कराता रहता था।

फ़िल्म मे पारो को हीरो अशोक कुमार से अपने जारहाना इश्क़ का इज़हार करना था—मैं कुछ अर्से से नोट कर रहा था कि जब पारो और अशोक कुमार सेट पर एक-दूसरे के सामने होते हैं तो पारो की आँखें अशोक की आँखों में गड़ जाना चाहती हैं, जैसे उनको यह बताना मक़सूद[35] हो : "देखो, जो कुछ हो रहा है, झूठ नहीं, सच है।"

अशोक कुमार तबअन बहुत झेंपू क़िस्म का आदमी है। वह किसी औरत से खुल्लमखुल्ला इज़हारे-इश्क़ नहीं कर सकता…मुझे मालूम था कि उसको पारो पसंद है, लेकिन उसमें इतनी जुर्रात नहीं थी कि वह पारो से जिस्मानी ताल्लुक़ात पैदा कर सकता।

अशोक कुमार की ज़िंदगी में सैकड़ों नहीं, हज़ारों लड़कियाँ आईं। वह लॉर्ड बायरन बन सकता था, मगर वह अपनी शर्मीली तबीयत के बायस उन आसानी से फँस जानेवाली तितलियों को नाउम्मीद करता रहा। यह वह ज़माना था, जब वह किसी भी एक्ट्रेस पर हाथ डाल सकता था, बड़ी आसानी से। कई एक्ट्रेसें अपना दिल उसके क़दमों में पा अंदाज़ की तरह बिछाने के लिए तैयार थीं।

मैंने सोचा, पारो के दिल में जो खुदबुद हो रही है, वह कोई ताज्जुब की बात नहीं—फिर पारो नोवारिद[36] थी और ख़ुद को अशोक कुमार के साथ मुंसलिक[37] करके बामे-शोहरत[38] पर बड़ी जल्दी पहुँच सकती थी।

फ़िल्म में पारो का रोल एक आज़ाद जंगली क़बीले की ख़ुदसर और जारहाना क़िस्म का इश्क़ करनेवाली लड़की का था, जो अशोक कुमार से मुहब्बत करती थी, मगर वह वीरा के इश्क़ में गिरफ़्तार था—यह फ़िल्मी तस्लीस[39] पारो के अंदरूनी जज़्बात को मुश्तइल करने के लिए काफ़ी सामान बहम पहुँचा रही थी।

शूटिंग जारी थी, इनडोर और आउटडोर--एक दिन किश्तियों का एक सीन फ़िल्माया जाना था। इसके लिए बहुत दूर एक खाड़ी मुंतख़िब की गई। दो किश्तियाँ थीं। एक में अशोक कुमार को सवार होना था और दूसरी में पारो को। उसे यह हिदायत थी कि जब उसकी किश्ती अशोक कुमार की किश्ती के पास पहुँचे तो वह अशोक कुमार की किश्ती में कूद जाए।

पानी बहुत गहरा था—पारो हस्बे-हिदायत अशोक कुमार की किश्ती में कूदी मगर उसी वक़्त दोनों किश्तियों में फ़ासला कुछ ज़्यादा हो गया और वह पानी में गिर पड़ी।

वाचा मदद के लिए चिल्लाया—फ़ौरन साहिल पर से दो-तीन मछेरे पानी के अंदर घुसे और पारो को घसीटते हुए बाहर ले आए।

पारो, औरतज़ाद, मगर हैरत है कि उस हादिसे ने उसे बिलकुल ख़ौफ़ज़दा न किया--कपड़े ख़ुश्क हुए तो वह दूसरे टेक के लिए तैयार हो गई।

जब वह अपने भीगे हुए कपड़े निचोड़ रही थी तो मैंने और अशोक कुमार ने उसकी एक टाँग की झलक देखी, जो काफ़ी दिलचस्प और शरीर थी।

जब हम लोकेशन से फ़ारिग़ होकर घर की तरफ़ रवाना हुए तो रास्ते में अशोक कुमार ने

मुझसे कहा : "पारो की टाँग बड़ी अच्छी थी···जी चाहता था, रोस्ट करके खा जाऊँ।"

अजीब बात है कि अशोक कुमार ऐसा डरपोक और झेंपू अंदरूनी तौर पर सादियतपसंद था—इसकी वजह यही हो सकती है कि वह चूँकि अपने जज़्बात दबा लेने का आदी था, इसलिए रद्दे-अमल की सूरत में यह सादियत पैदा हो गई थी, कम-अज़-कम सोच की हद तक।

टू सीटर एम. जी कार में अशोक कुमार और मैं, दोनों स्टूडियो से घर वापस जाया करते और रास्ते में इधर-उधर की मुख़्तलिफ़ बातें किया करते—मोटर उस सड़क पर से भी गुज़रती, जिससे मुलाहिक़ा[40] गली में पारो का फ़्लैट था।

एक शाम जब हम उस सड़क पर से गुज़रे तो थोड़ी दूर आगे निकलकर अशोक कुमार ने मोटर रोक ली।

मैंने पूछा : "क्या बात है?"

मुड़कर अशोक कुमार ने उस गली की तरफ़ देखा और कहा : "आज होली की ख़ुशी में पारो ने दावत दी है···जाऊँ या न जाऊँ?"

मुझे क्या एतिराज़ हो सकता था—मैंने कहा : "जाओ।"

"तो चलो, तुम भी चलो।"

मैंने कहा : "मैं क्यों चलूँ···मुझे उसने मदऊ नहीं किया है।"

"इससे क्या फ़र्क़ पड़ता है?" यह कहकर उसने तेज़ी से मोटर घुमाई और फिर गली में दाख़िल होकर पारो के फ़्लैट के पास ब्रेक लगाई।

हॉर्न बजाया तो बालकनी में वाचा और पाई नमूदार हुए।

पाई ने मुझे देखा तो अपने मक्रूह[41] दाँतों की नुमाइश करते हुए बोला : "अरे तुम भी आ गए!"

वाचा ने अशोक कुमार से कहा : "आओ, दादा मुनि आओ···तुम्हारा ही इंतज़ार हो रहा था।"

पारो ख़िलाफ़े-मामूल पारसी साड़ी में मलबूस दुलहन-सी बनी बैठी थी।

हम कमरे में दाख़िल हुए तो उसने उठकर इस्तिक़बाल किया—मुझे देखकर उसने बड़े मुनासिब व मोज़ूँ अल्फ़ाज़ में माज़रत की कि वह मुझे मदऊ करना भूल गई थी।

फ़ौरन शराब का दौर शुरू हो गया।

पहला पैग ख़त्म हुआ तो पाई झूमने लगा—वाचा ने फ़रमाइश की कि एक-आध गाना हो जाए।

पारो ने चुग़लियाँ खानेवाली निगाहों से अशोक कुमार की तरफ़ देखा और कहा : "क्यों अशोक साहब, आप कुछ सुनेंगे?"

अशोक झेंप गया और अपने मख़्सूस अक्खड़ अंदाज़ में सिर्फ़ इतना कह सका : "आप गाएँगी तो मैं सुनूँगा।"

गाना शुरू हुआ—बाज़ारी क़िस्म की ठुमरी थी। इसके बाद एक ग़ज़ल गाई गई, फिर कोई फ़िल्मी गीत।

इस दौरान में पारो का शौहर, या जो कोई भी वह था, गिलासों में शराब और सोडा उँडेलता रहा।

दूसरे पैग के बाद पाई की आँखें मुँदने लगीं। अशोक कुमार ज़्यादा पीने का आदी नहीं, इसलिए वह डेढ़ पैग से आगे न बढ़ सका। वाचा ने तीसरे के बाद अपने गिलास का मुँह बंद कर दिया।

ठुमरियाँ, ग़ज़लें, गीत, बहुत देर तक होते रहे—फिर जब पारो ने एक भजन सुनाया तो मेरी मौजूदगी का एहसास करके एक नअत[42] शुरू की।

मैंने फ़ौरन उसको रोक दिया : ''पारो देवी, यह महफ़िले-निशात है⋯शराब के दौर चल रहे हैं⋯यहाँ काली कमलीवाले का ज़िक्र न किया जाए तो अच्छा है।''

उसने अपनी ग़लती का एतिराफ़ किया और माफ़ी की तलबगार हुई।

खाना बहुत अच्छा था।

अशोक कुमार जल्दी फ़ारिग़ हो गया—उसके हाथ धुलवाने के लिए पारो उठी।

जब अशोक कुमार वापिस आया तो घबराया हुआ-सा था—उसने जल्दी-जल्दी रुख़्सत चाही और मुझे साथ लेकर वहाँ से चल दिया।

रास्ते में कोई बात न हुई—उसने मुझे मेरे घर छोड़ा और चला गया।

कई दिन गुज़र गए—शूटिंग बाक़ाइदगी से हो रही थी।

एक शाम जब मैं और अशोक कुमार वापिस जा रहे थे तो शिवाजी पार्क के पास, जहाँ पारो का फ़्लैट था, उसने मोटर की रफ़्तार कम की और मुझसे मुख़ातिब हुआ : '' मंटो, तुम्हें एक दिलचस्प बात बताऊँ⋯!'' उसके लहजे में किसी क़दर कँपकँपाहट थी।

मैंने एक लहज़े के लिए सोचा कि दिलचस्प बात क्या हो सकती है। फिर मैंने कहा : ''बताओ।''

अशोक कुमार हँसने लगा : ''तुम्हें याद है, उस रोज़ जब मैं खाने से फ़ारिग़ हो गया तो पारो मेरे हाथ धुलवाने के लिए उठी थी⋯?''

उसने इतना कहा तो मुझे उसकी उस दिन की घबराहट याद आ गई : ''हाँ-हाँ!''

''हाथ धुलवाने के बाद जब ग़ुस्लख़ाने में उसने मुझे तौलिया दिया तो आहिस्ता से कहा : 'कल आप अकेले आइए, शाम को साढ़े छः बजे⋯' मैं घबरा गया और तौलिया फेंककर बाहर निकल आया।''

अशोक कुमार ने मोटर सड़क के किनारे ठहरा ली।

मैंने पूछा : ''तुम गए?''

''हाँ⋯'' अशोक कुमार ने स्टेयरिंग व्हील पर से हाथ उठाए और उन्हें ज़ोर-ज़ोर से मलने लगा : ''लेकिन भाग आया।''

मैं सबकुछ तफ़सील से जानना चाहता था—मैंने पूछा : ''हुआ क्या⋯मुझे पूरा सीनेरियो[43] बताओ।''

अशोक कुमार ने कहा : ''मैं बड़ा डरपोक हूँ⋯ जाने मुझे ऐसे मौक़ों पर क्या हो जाता है⋯ उसने मुझे सोफ़े पर बिठाया और आप क़ालीन पर मेरे साथ लगकर बैठ गई⋯फिर

उसने दो पैग मुझे पिलाए और थोड़ी-सी ख़ुद भी पी... और फिर वह लगी अपनी मुहब्बत जताने... मैं सुनता रहा और काँपता रहा... जब उसने मेरा हाथ थामा और दबाया तो जाने मुझे क्या हुआ... मैंने उसे बड़े ज़ोर से झटक दिया... उसकी आँखों में आँसू आ गए, लेकिन फ़ौरन ही कहीं ग़ायब हो गए... वह मुसकराकर कहने लगी : 'भैया अशोक, मैं तो आपका इम्तिहान ले रही थी...' मैंने यह सुना तो चकरा गया। उठा तो उसने फिर कहा : 'अशोक साहब, मैं तो आपको अपना भाई समझती हूँ...' मैंने कुछ न कहा और नीचे उतर आया... कार में बैठा, घर पहुँचकर आधा पैग पिया और और जब सोचा तो मुझे गुज़रे हुए वाक़े पर बड़ा अफ़सोस हुआ... क्या हर्ज था, अगर मैं..." अशोक कुमार के लहजे में तास्सुफ़[44] था।

मैंने कहा : "हाँ कोई हर्ज नहीं था।"

अशोक कुमार के लहज में तास्सुफ़ और ज़्यादा हो गया : "और मुझे वह पसंद भी थी।"

यह सुनकर मेरी नज़रों के सामने वह मंज़र आ गया जो एक रात पहले नौ बजे, स्टूडियो से बाहर सख़्त सरदी में फ़िल्माया गया था—जश्ने-मर्सरत[45] में लोग नाच रहे थे। अशोक कुमार अपनी हीरोइन वीरा की बाँहों में बाँहें डाले महवे-रक़्स था और पारो देवी एक तरफ़ मुजस्समा-ए-अफ़सुर्दगी[46] बनी अकेली खड़ी थी।

---

1. भरना; 2. अनुबंध; 3. अस्तित्व में; 4. जल्दी; 5. रहस्योद्घाटन; 6. काष्ठमय; 7. बनावट; 8. लाभान्वित; 9. व्यंग्य; 10. कृपापात्र; 11. मधुर; 12. समानुपातिक; 13. संशोधन एवं काट-छाँट; 14. दायित्वों; 15. दिमाग़ खपाई; 16. दृश्यों; 17. आवभगत; 18. गर्व मिश्रित प्रसन्नता; 19. सभ्य; 20. शिष्टता; 21. अविवाहित, कुआँरी; 22. जीवन-संगिनी; 23. मुक्ति; 24. आमंत्रित; 25. ईर्ष्या; 26. चंचल, चतुर व सुंदर युवती; 27. सुसज्जित; 28. भयभीत; 29. मनुष्य का ढाँचा; 30. स्वीकार; 31. असमर्थ; 32. स्नायुतंत्र; 33. सहयोग; 34. मज़बूत; 35. उद्देश्य; 36. नवागंतुक; 37. जोड़कर; 38. प्रसिद्धि के शिखर; 39. त्रिकोण; 40. जुड़ी हुई; 41. घृणित; 42. इस्लाम का धार्मिक गीत; 43. दृश्य; 44. पश्चाताप; 45. आनंदोत्सव; 46. दुख की मूरत।

मुरली की धुन

अप्रैल की तेईस या चौबीस थी, मुझे अच्छी तरह याद नहीं है—मैं पागल ख़ाने में शराब छोड़ने के सिलसिले में ज़ेरे-इलाज था कि श्याम की मौत की ख़बर एक अख़बार में पढ़ी। उन दिनों एक अजीबो-ग़रीब कैफ़ियत मुझ पर तारी थी। मैं बेहोशी और नीम-बेहोशी के एक चक्कर में फँसा हुआ था। कुछ समझ में नहीं आता था कि होशमंदी का इलाक़ा कब शुरू होता हैऔर मैं बेहोशी के आलम में कब पहुँच जाता हूँ। दोनों की सरहदें कुछ इस तरह आपस में गडमड हो गई थीं कि मैं ख़ुद को नोमेंसलैंड में भटकता महसूस करता था।

श्याम की मौत की ख़बर चुनाँचे जब मेरी नज़रों से गुज़री तो मैंने समझा, यह सब तर्के-शराब की कारस्तानी है जिसने मेरे ज़ेहन में हलचल पैदा कर रखी है। इस से क़ब्ल नीम-ख़्वाबी के आलम में कई अज़ीज़ों की मौतें मेरे लिए वाक़े हो चुकी थीं और नीम-होशमंदी के वक़्त मुझे यह भी मालूम हो चुका था कि वह सबके सब ज़िंदा हैं और मेरी सेहत के लिए दुआएँ माँग रहे हैं।

मुझे अच्छी तरह याद है, जब मैंने यह ख़बर पढ़ी तो साथ वाले कमरे के पागल से कहा : "जानते हो, मेरा एक निहायत ही अज़ीज़ दोस्त मर गया है..."

उसने पूछा : "कौन ?"

मैंने गुलूगीर आवाज़ में जवाब दिया : "श्याम।"

"कहाँ ? यहाँ पागलख़ाने में ?"

मैंने कोई जवाब न दिया। ऊपर तले कई तस्वीरें मेरे मुज़्तरिब दिमाग़ में उभरीं जिनमें श्याम था—मुस्कराता श्याम, हँसता श्याम, शोर मचाता श्याम, ज़िंदगी से भरपूर श्याम, मौत और उसकी हौलनाकियों से क़त्अन नाआश्ना श्याम—मैंने सोचा : "जो कुछ मैंने पढ़ा है, बिलकुल ग़लत है... अख़बार का वुजूद मेरे दिमाग़ की इख़्तिरा है।"

आहिस्ता-आहिस्ता अलकोहल की धुंध दिमाग़ से हटने लगी और मैं तमाम वाक़िआत को उनके सही ख़द्दख़ाल में देखने लगा, मगर यह अमल कुछ इस क़द्र सुस्त रफ़्तार था कि जब मैं श्याम की मौत के हादिसे से दो चार हुआ तो मुझे एक ज़बरदस्त धक्का न लगा। मुझे यूँ महसूस हुआ जैसे वह अर्सा हुआ, मर चुका था और उसकी मौत का सद्मा भी, अर्सा हुआ, मुझे पहुँच चुका था। अब सिर्फ़ उसके आसार बाक़ी थे। सिर्फ़ मल्बा रह गया था,

आहिस्ता-आहिस्ता जिसकी मैं खुदाई कर रहा था—शिकस्ता ईंटों के ढेर में कहीं श्याम की मुस्कराहट दबी हुई मिल जाती थी, कहीं उसका बाँका क़हक़हा।

पागलख़ाने से बाहर फ़रज़ानों की दुनिया में यह मशहूर था कि सआदत हसन मंटो, श्याम की मौत की ख़बर सुनकर पागल हो गया है—अगर ऐसा होता तो मुझे बहुत अफ़सोस होता—श्याम की मौत की ख़बर सुनकर मुझे ज़्यादा होशमंद हो जाना चाहिए था। दुनिया की बेसबाती का एहसास मेरे दिलो-दिमाग़ में ज़्यादा शदीद हो जाना चाहिए था और इंतिक़ामी जज़्बे के तहत अपनी ज़िंदगी को पूरी तरह इस्तेमाल करने का अज़्म मेरे अंदर पैदा हो जाना चाहिए था—श्याम की मौत की ख़बर सुनकर पागल हो जाना, महज़ पागलपन होता

तेशे बग़ैर मर न सका कोहकन असद
सरगश्तए-खुमार रुसूम व क़ुयूद था।

रुसूम व क़ुयूद के बुतों को तोड़नेवाले श्याम की मौत पर पागल हो जाना, उसकी बहुत बड़ी तौहीन होती।

श्याम ज़िंदा है, अपने दो बच्चों में जो उसकी बेलौस मुहब्बत का नतीजा हैं। ताजी[1] में जो बक़ौल उसके, उसकी कमज़ोरी थी और उन तमाम औरतों में जिनकी ओढ़नियों के आँचल उसके मुहब्बत भरे दिल पर गाहे-गाहे साया करते रहे और मेरे दिल में जो सिर्फ़ इसलिए सोगवार है कि वह उसकी मौत के सिराहने यह नारा बुलंद न कर सका—श्याम-ज़िंदाबाद।

मुझे यक़ीन है, मौत के होठों को बड़े ख़ुलूस से चूमते हुए उसने अपने मख़सूस अंदाज़ में कहा होता : "मंटो, ख़ुदा की क़सम, इन होठों का मज़ा कुछ और ही है..."

मैं जब भी श्याम के मुताल्लिक़ सोचता हूँ तो मुझे मशहूर रूसी नाविल नवीस आरतज़्बी शेफ़ का हीरो सीनाइन याद आ जाता है—श्याम आशिक़ था, इश्क़ पेशा नहीं था। वह हर ख़ूबसूरत चीज़ पर मरता था—मेरा ख़याल है कि मौत ज़रूर ख़ूबसूरत होगी, वर्ना वह कभी न मरता।

उसको तपिश और हिद्दत से प्यार था। लोग कहते हैं कि मौत के हाथ ठंडे होते हैं। मैं नहीं मानता। श्याम ठंडे हाथों का बिलकुल क़ाइल नहीं था। अगर वाक़िई मौत के हाथ ठंडे होते तो उसने यह कहकर एक तरफ़ झटक दिए होते : "हटो बड़ी बी, तुम में ख़ुलूस नहीं है!"

मुझे एक ख़त में लिखता है :

क़िस्सा यह है, जाने-मन कि यहाँ हर एक 'हिपटुल्ला' है, लेकिन असली 'हिपटुल्ला' तो यहाँ से बहुत दूर है—मेरी पूछते हो तो भई कोई ऐसी वजह मालूम नहीं होती कि हर्फ़-शिकायत लब पर लाऊँ—ज़िंदगी ख़ूब गुज़र रही है—रिंदी व मय नोशी, मय नोशी व रिंदी साथ-साथ चल रही है—ताजी छः महीने के अर्से के बाद वापस आ गई है। वह अभी तक मेरी एक बड़ी ज़बरदस्त कमज़ोरी है—और तुम जानते हो, औरत की मुहब्बत की गर्मी

1. मुम्ताज़।

की राहत महसूस करना कितनी फ़रहत-अँग्रेज़ चीज़ है—आखिर मैं इन्सान हूँ, एक नोर्मल इन्सान।

निगार[1] कभी-कभी मिलती है लेकिन अव्वलीन हक् त का है।

शामों को तुम्हारी दानिश्मंदाना बक्वास अक्सर याद आती है…

श्याम ने इस ख़त में एक लफ़्ज़ 'हिपटुल्ला' इस्तेमाल किया है। इसकी तश्रीह चूँकि ख़ाली-अज़-दिलचस्पी नहीं, इसलिए आप भी सुन लीजिए।

मैं बंबई टाकीज़ में मुलाज़िम था। उन दिनों कमाल अमरोही की फ़िल्मी कहानी 'हवेली[2]' की तश्कीलो-तक्मील हो रही थी। अशोक, वाचा, हसरत लखनवी और मैं, सब हर रोज़ बहसो-तम्हीस में शामिल होते थे। इन निशस्तों में काम के अलावा कभी-कभी ख़ूब ज़ोरों पर गप भी चलती थी। एक दूसरे से मज़ाक होते। श्याम को जब फ़िल्म 'मजबूर' की शूटिंग से फ़रागत होती तो वह भी हमारी महफ़िल में शरीक हो जाता।

कमाल अमरोही को आम गुफ़्तुगू में भी ठेट क़िस्म के अदबी अल्फ़ाज़ इस्तेमाल करने की आदत है, मेरे लिए यह एक मुसीबत हो गई थी, इसलिए कि अगर मैं आम फ़हम अंदाज़ में कहानी के मुताल्लिक़ अपना कोई नया ख़याल पेश करता तो उसका असर कमाल पर पूरी तरह नहीं होता था। इसके बरअक्स अगर मैं ज़ोरदार अल्फ़ाज़ में अपना अमदिया बयान करता तो अशोक और वाचा की समझ में कुछ न आता। चुनांचे मैं एक अजीब क़िस्म की मिली-जुली ज़बान इस्तेमाल करने लगा।

एक रोज़ सुबह घर से बंबई टाकीज़ आते हुए मैंने ट्रेन में अख़बार का स्पोर्ट्स कालम खोला। ब्रेबोर्न स्टेडियम में क्रिकेट मैच हो रहे थे। एक खिलाड़ी का नाम अजीबो-ग़रीब था: 'हिप टुल्ला'—एच. इ. पी. टी. यू. एल. एल. एच. ए—हिप टुल्ला'—मैंने बहुत सोचा कि आख़िर यह क्या हो सकता है, मगर कुछ समझ में न आया। शायद हैबतुल्लाह की बिगड़ी हुई शक्ल थी।

स्टूडियो पहुँचा तो कमाल की कहानी की फ़िल्मी तश्कील का काम शुरू हुआ। कमाल ने अपने मख़सूस अदीबाना और असर पैदा करनेवाले अंदाज़ में कहानी का एक बाब सुनाया। मुझसे अशोक ने राय तलब की: "क्यों मंटो?"

मालूम नहीं, क्यों मेरे मुँह से निकला: "ठीक है, मगर हिपटुल्ला नहीं!"

बात कुछ बन ही गई। 'हिपटुल्ला' मेरा मतलब बयान कर गया। मैं कहना यह चाहता था कि सिक्वेंस ज़ोरदार नहीं है।

कुछ अर्से के बाद हसरत ने उसी बाब को एक नए तरीके से पेश किया। मेरी राय पूछी गई तो मैंने अबकी दफ़ा इरादी तौर पर कहा: "भई हसरत, बात नहीं बनी… कोई हिप टुल्ला चीज़ पेश करो, हिप टुल्ला।"

दूसरी मर्तबा हिपटुल्ला कहकर मैंने सबकी तरफ़ रद्दे-अमल मालूम करने के लिए

---

1. निगार सुल्ताना,

2. जो 'महल' के नाम से फ़िल्माई गई।

देखा। यह लफ़्ज़ अब मानी इख़्तियार कर चुका था। चुनाँचे उस निश्स्त में बिला-तकल्लुफ़ मैंने इसे इस्तेमाल किया। हिपटिलेटी नहीं, हिपटोलाइज़ करना चाहिए वग़ैरा-वग़ैरा। लेकिन आचानक एक बार अशोक मुझसे मुख़ातिब हुआ। "हिपटुल्ला का असल मतलब क्या है? किस ज़बान का लफ़्ज़ है?"

श्याम उस वक़्त मौजूद था, जब अशोक ने मुझसे यह सवाल किया। उसने ज़ोर का क़हक़हा लगाया। उसकी आँखें सिकुड़ गईं। ट्रेन में वह मेरे साथ था, जब मैंने क्रिकट के खिलाड़ी के उस अजीबो-ग़रीब नाम की तरफ़ उसको मुतव्वजे किया था। हँस-हँस के दोहरा होते हुए उसने सबको बताया: "यह मंटो की नई मंटोइयत है... इसे तो कुछ न कुछ करना होता है... और कुछ नहीं सूझा तो अब यह हिपटुल्ला को खींचकर फ़िल्मी दुनिया में ले आया है..." कहना यह है कि खींचा-तानी के बग़ैर यह लफ़्ज़ बंबे के फ़िल्मी हलक़ों में राइज हो गया।

29-7-48 के ख़त में श्याम मुझे लिखता है:

प्यारे मंटो, अबकी दफ़ा तुम फिर ख़ामोश हो। तुम्हारी यह ख़ामोशी मुझे बहुत दिक़ करती है। इसके बावजूद कि मैं तुम्हारे दिमाग़ी तसाहुल से बख़ूबी वाक़िफ़ हूँ, मैं ग़ुस्से से दीवाना हुए बग़ैर नहीं रह सकता, जबकि तुम यकलख़्त चुप साध लेते हो। इसमें शक नहीं कि मैं भी कोई बहुत बड़ा ख़त-बाज़ नहीं हूँ लेकिन मुझे ऐसे ख़त लिखने और वुसूल करने में लुत्फ़ हासिल होता है जो ज़रा अलग क़िस्म के हों, यानि हिपटुल्ला!

लेकिन हिपटुल्ला यहाँ बहुत ही नायाब चीज़ हो गई है—इसे काग़ज़ पर लिखो तो कमबख़्त हिपटुल्ली बन जाती है और अगर यह हिपटुल्ली भी दस्तयाब न हो तो बताओ कितनी कोफ़्त होती है। माफ़ करना, अगर मैंने हिपटोलाइज़ करना शुरू कर दिया हो—लेकिन क्या करूँ। जब हक़ीक़तें गुम हो जाएँ तो इन्सान हिपटोलेट ही करता है, मगर मुझे कुछ पर्वा नहीं कि तुम क्या कहोगे, क्या नहीं कहोगे। मैं इतना जानता हूँ और तुम्हें इसका इल्म होगा कि तुम ऐसे बड़े हिपटुल्ला को इस मैदान में शिकस्त देने का सेहरा सिर्फ़ मेरे ही सिर है।

मंटो, किसी ने कहा है कि जब आशिक़ के पास लफ़्ज़ ख़त्म हो जाते हैं तो वह चूमना शुरू कर देता है और जब किसी मुक़र्रिर के पास अल्फ़ाज़ का ज़ख़ीरा ख़त्म हो जाता है तो वह खाँसने लगता है। मैं इस कहावत में एक और चीज़ शामिल करता हूँ। जब मर्द की मर्दानगी ख़त्म हो जाती है तो वह अपने माज़ी को पलट-पलट कर देखने लगता है—लेकिन तुम फ़िक्रमंद न होना मैं इस आख़िरी मंज़िल से कुछ दूर हूँ। ज़िंदगी बहुत मसरूफ़ और भरपूर है। और भरपूर ज़िंदगी में, तुम जानते हो, दीवानगी के लिए बहुत कम फ़ुर्सत मिलती है, हालाँकि मुझे इसकी अराद ज़रूरत महसूस होती है।

नसीम वाला फ़िल्म[1] क़रीब-क़रीब निस्फ़ मुकम्मल हो चुका है। अमर नाथ से एक फ़िल्म का कंट्रेक्ट कर चुका हूँ। ज़रा सोचो तो मेरी हीरोइन कौन है—निगार—मैंने ख़ुद

1. चाँदनी रात।

उसका नाम तज्वीज़ किया था, महज़ यह मालूम करने के लिए कि पर्दे पर उन पुराने जज़्बात का एआदा कैसे लगता है जो कभी किसी से हक़ीक़त की दुनिया में मुताल्लिक़ रहे हैं—पहले मसर्रत थी, अब महज़ कारोबार—लेकिन, क्या ख़याल है तुम्हारा, यह सिलसिला जोश-आफ़रीं नहीं रहेगा ?

ताजी अभी तक मेरी ज़िंदगी में है। निगार बहुत ही अच्छी है और उसका सुलूक बेहद नर्मो-नाज़ुक है। पिछले दिनों से रमोला भी यहाँ बंबे में है। उससे मुलाक़ात करने पर मुझे मालूम हुआ कि वह अभी तक उस कमज़ोरी को जो उसके दिलो-दिमाग़ में मेरी तरफ़ से मौजूद है, मग्लूब नहीं कर सकी है। चुनाँचे उसके साथ भी सैरो-तफ़रीह रही।

ओल्ड ब्वाय, मैं इन दिनों फ्लर्टेशन के फ़न में एडवांस ट्रेनिंग ले रहा हूँ मगर दोस्त, यह सारा सिलसिला बहुत ही पेचीदा हो गया है। बहरहाल, मैं पेचीदगियाँ पसंद करता हूँ।

वह मेरे अंदर जो क़िस्मत-आज़मा, मुहिम-जू और आवारा-गर्द है, अभी तक काफ़ी ताक़तवर है। मैं किसी मख़सूस जगह का नहीं और न किसी मख़सूस जगह का होना चाहता हूँ। मैं लोगों से मुहब्बत करता हूँ और उनसे नफ़रत करता हूँ। ज़िंदगी यूँ ही गुज़र रही है। दरअसल ज़िंदगी ही एक ऐसी माशूक़ा है जिससे मुझे मुहब्बत है—लोग जाएँ जहन्नुम में!

मुझे मुसन्निफ़ का नाम भूल गया है मगर उसका एक जुमला याद रह गया है। शायद वह भी दुरुस्त न हो मगर मफ़हूम कुछ इसी क़िस्म का था : "वह लोगों से इस क़द्र मुहब्बत करता था कि (ख़ुद को मुहब्बत करने में) कभी तन्हा महसूस नहीं करता था। लेकिन वह इस तौर पर उनसे नफ़रत करता था कि (नफ़रत करने में ख़ुद को) यको-तन्हा महसूस करता था…"

मैं इसमें और कोई फ़िक़्रा शामिल नहीं कर सकता।

इन दो ख़तों में ताजी का ज़िक्र आया है। ख़ुतूते-वहदानी में इतना तो मैं बता चुका हूँ कि यह मुमताज़ की तस्ग़ीर है। मुमताज़ कौन है यह ख़ुद श्याम बता चुका है कि वह उसकी कमज़ोरी है। सच पूछिए तो निगार, रमोला, सब उसकी कमज़ोरियाँ थीं। औरत दरअसल उसकी सबसे बड़ी कमज़ोरी थी और यही उसके किर्दार का मज़बूत-तरीन पहलू था।

मुमताज़, ज़ैब क़ुरैशी एम. ए. की छोटी बहन है। ज़ैब के साथ बंबे गई तो वहाँ ज़हूर राजा के भारी भरकम इश्क़ में फँस गई। कुछ अर्से के बाद उससे अपना दामन छुड़ा कर लाहौर वापस आई तो श्याम के साथ रोमांस शुरू हो गया। बंबे में जब श्याम की माली हालत दुरुस्त हुई तो उसने अपने होनेवाले बच्चों की ख़ातिर उससे शादी कर ली।

श्याम को बच्चों से बहुत प्यार था, ख़ास तौर पर ख़ुबसूरत बच्चों से, ख़्वाह वह हद दर्जा बदतमीज़ ही क्यों न हों। तहारत व नफ़ासत पसंद तब्क़ों की नज़र में वह ख़ुद बहुत बड़ा बदतमीज़ था। बाज़ औरतें तो उससे उसकी बदतमीज़ियों की वजह से सख़्त नफ़रत करती थीं, मगर वह बिल्कुल बेपर्वा था। उसने कभी उन औरतों की ख़ुशनूदी के लिए अपनी आदात सँवारने की कोशिश न की। उसका ज़ाहिरो-बातिन एक था। "मंटो, मेरी बातें सुनकर यह नाक-भौं चढ़ानेवाली सालियाँ सब बनती हैं… मेकअप की दुनियाँ में रहती हैं।"

लेकिन बाज़ औरतें उसकी बदतमीज़ियों से मुहब्बत भी करती थीं, क्योंकि उनमें बिस्तर की बू नहीं होती थी। श्याम उनसे खुले मज़ाक करता। वह भी उससे ऐसी बातें करतीं जो मुहज़्ज़ब सोसाइटी में क़ाबिले-सत्रपोश समझी जाती थीं—होठों पर मुस्कराहटें नाचतीं। हलक़ से क़हक़हे उछलते। हँसते-हँसते श्याम की आँखों में आँसू आ जाते। और मुझे ऐसा महसूस होता कि दूर कोने में तहारत पसंदी नोकीले कीलों पर आसन जमाए अपने गुनाह बख़्शवाने की रायगाँ कोशिश कर रही है।

श्याम से मेरी पहली मुलाक़ात कब और कहाँ हुई, मुझे बिल्कुल याद नहीं। ऐसा मालूम होता है कि मैं उससे मिलने से पहले ही मिल चुका था। वैसे अब सोचता हूँ तो इतना याद आता है कि बंबई में उससे शुरू-शुरू की मुलाक़ातें शायद लेडी जमशेद जी रोड पर हुई थीं जहाँ मेरी बहन रहती थी। 'हाइनेस्ट' में बालाई मंज़िल के एक फ़्लैट में डायमंड रहती थी। उसके हाँ श्याम का आना जाना था। दो तीन मर्तबा ग़ालिबन सीढ़ियों पर उससे मिलना हुआ। यह मुलाक़ातें गो रस्मी थीं, लेकिन फिर भी ग़ायत दर्जे तक बेतकल्लुफ़ थीं, क्योंकि श्याम ने मुझे ख़ुद ही बता दिया था कि डायमंडनाम की औरत, जो मिसिज़ श्याम कहलाती है, दरहक़ीक़त उसकी बीवी नहीं, लेकिन ताल्लुक़ात की बिना पर वह बीवी से कुछ ज़्यादा ही है। वह इज़्दिवाजी रिश्ते और उसके इश्तिहार का बिल्कुल क़ाइल नहीं था। लेकिन जब एक तक्लीफ़ के सिलसिले में उसे डाइमंड को हस्पताल में दाख़िल कराना पड़ा तो उसने रजिस्टर में उसका नाम मिसिज़ श्याम ही लिखवाया।

बहुत देर तक डायमंड के शौहर ने मुक़दमे बाज़ी की। श्याम को भी उसमें फँसाया गया, लेकिन मामला रफ़ा-दफ़ा हो गया। और डायमंड जो कि अब फ़िल्मी दुनिया में क़दम रख चुकी थी, और वज़नी जेबें देख चुकी थी, श्याम की ज़िंदगी से निकल गई—मगर श्याम उसको अक्सर याद करता था।

मुझे याद है, पूने के एक बाग़ में उसने मुझे सैर कराते हुए कहा : "मंटो, डायमंड ग्रेट औरत थी... ख़ुदा की क़सम, जो औरत इस्क़ात बर्दाश्त कर सकती है, वह दुनिया की बड़ी से बड़ी सऊबत का मुक़ाबला कर सकती है..." लेकिन फ़ौरन ही उसने कुछ सोचकर कहा : "यह क्या बात है मंटो, औरत फल-फूल से क्यों डरती है... क्या इसलिए कि यह गुनाह का होता है? मगर यह गुनाह और सवाब की बकवास क्या है, एक नोट असली या जाली हो सकता है, एक बच्चा हलाल का या हराम का नहीं हो सकता। वह झटका या कलमा पढ़ के छुरी फेरने से पैदा नहीं होता। उसकी पैदाइश का मूजिब तो वह अज़ीमुश्शान दीवानगी है जिसके मुर्तकिब सबसे पहले बाबा आदम और अम्माँ हव्वा हुए थे... आह यह दीवानगी!"

और वह देर तक अपनी मुख़्तलिफ़ दीवानगियों की बातें करता रहा।

श्याम बहुत बुलंद-बाँग था। उसकी हर बात, उसकी हर हरकत, उसकी हर अदा ऊँचे सुरों में होती थी। एतिदाल का वह बिलकुल क़ाइल नहीं था। महफ़िल में सन्जीदगी व मतानत की टोपी पहन कर बैठना उसके नज़दीक मस्ख़रापन था। शग़्ले-मय-नोशी के दौरान में ख़ास तौर पर अगर कोई ख़ामोश हो जाता या फ़लसफ़ी बन जाता तो उसे

नाक़ाबिले-बयान कोफ़्त होती। वह इस क़द्र झुंझला जाता कि बाज़ औक़ात बोतल और गिलास तोड़फोड़ कर गालियाँ देता महफ़िल से बाहर चला जाता।

पूने का एक वाक़िआ है। श्याम और मसूद परवेज़ दोनों 'ज़ुबेदा काटेज' में रहते थे। एक कहानी फ़रोख़्त करने के सिलसिले में मुझे वहाँ ठहरना पड़ा। मसूद तबअन ख़ामोशी पसंद है। शराब पीकर वह और भी ज़्यादा मुन्जमिद हो जाता। एक दिन सुबह से रम का दौर शुरू हुआ। इस दौरान में कई आए और बहक कर चले गए। मैं, मसूद और श्याम डटे हुए थे। श्याम बहुत ख़ुश था, इसलिए कि वह बहकने वालों से मिलकर जी भरके शोर मचाता रहा था। मगर शाम के क़रीब उसको दफ़अतन महसूस हुआ कि मसूद दिन की तमाम हाउ हू से अलग-थलग रहा है। नशे से चूर आँखों को सुकेड़कर उसने मसूद की तरफ़ देखा और तन्ज़िया लहजे में कहा : ''क्यों हज़रते परवेज़, क्या आपने अपना मर्सिया मुकम्मल फ़र्मा लिया है?''

मसूद हस्बे-आदत मुस्करा दिया। इतने में कृष्ण चंद्र आ गया और श्याम, मसूद की मुन्जमिद मुस्कराहट के पैदा कर्दा असर को भूल गया। दो एक दौर और चले तो श्याम ने कृष्ण से मसूद के नाक़ाबिले-बर्दाश्त इन्जमाद का ज़िक्र किया। कृष्ण की ज़बान का ताला खोलने के लिए दो पेग काफ़ी थे। चुनाँचे मसूद से मुख़ातिब होकर उसने लान-तान शुरू कर दी : ''तुम कैसे शाइर हो परवेज़··· सुबह से पी रहे हो और तुमने अभी तक कोई वाहियात बात नहीं की··· ख़ुदा की क़सम, जो शाइर वाहियात बकवास करना नहीं जानता, वह शाइरी भी नहीं कर सकता। मुझे हैरत है कि तुम शाइरी कैसे कर लेते हो। मेरा ख़याल है, तुम्हारी यह शाइरी यक़ीनन बकवास होगी और तुम्हारा पीकर यूँ केसटरआइल की बोतल बन जाना तुम्हारी असल शायरी है···''

यह सुनकर श्याम इस क़द्र हँसा कि उसकी आँखों से आँसू टप-टप गिरने लगे।

जब कुछ देर तक मसूद से छेड़ जारी रही तो वह उकसा। उठकर उसने हम सबके गिलास ख़ाली कर दिए और कहा : ''चलो बाहर चलें।''

हम बाहर निकले। मसूद के कहने पर सबने जूते उतारकर जेबों में रख लिए और दौड़ने लगे। उस वक़्त रात के बारह बजे होंगे। पूने की सब सड़कें सुनसान थीं। मैं, मसूद, श्याम और एक और, जिसका नाम मुझे याद नहीं रहा, दीवानावार शोर मचाते दौड़ रहे थे, बिलकुल बेमतलब, अपनी मंज़िल से नाआशना।

रास्ते में कृष्ण चंद्र का मकान पड़ता था। वह दौड़ से पहले हमसे अलग होकर चला गया था। दरवाज़ा खुलवाकर हमने उसे बहुत परेशान किया। उसकी समीना ख़ातून हमारा शोर सुनकर दूसरे कमरे से बाहर निकल आई। इस से कृष्ण और भी ज़्यादा परेशान हुआ, जिसके पेशे-नज़र हम वहाँ से रुख़्सत हुए और फिर सड़क-पैमाई शुरू कर दी।

पूना मंदिरों का शहर है। हर फ़लांग पर एक न एक मंदिर ज़रूर होता है। मसूद ने एक का घंटा बजाया। मैं और श्याम सजदे में चले गए और शिव शम्भू, शिव शम्भू कहने लगे। इसके बाद जो भी मंदिर आता, हम चारों यही अमल दोहराते और ख़ूब क़हक़हे लगाते। जब कोई पुजारी आँखें मलता बाहर निकलता तो हम ख़ामोश हो जाते और

चुपचाप चल पड़ते।

इस तरह तीन बज गए—एक सड़क में खड़े होकर मसूद ने वह मुग़ल्लज़ात बकीं कि मैं दंग रह गया, क्योंकि उसकी ज़बान से मैंने कभी नाशाइस्ता कलमा नहीं सुना था। मगर जब वह मोटी-मोटी गालियाँ उगल रहा था तो मैंने महसूस किया कि वह उसकी ज़बान पर ठीक तौर पर बैठती नहीं थीं।

चार बजे हम जुबैदा काटेज पहुँचे और सो गए, लेकिन मसूद शायद जागता और शेर करता रहा।

मय-नोशी के मामले में भी श्याम एतिदाल पसंद नहीं था। वह खुल-खेलने का क़ाइल था, मगर अपने सामने मैदान की वुसअत देख लेता था। उसकी लंबाई चौड़ाई को अच्छी तरह जाँच लेता था ताकि हुदूद से आगे निकल न जाए। वह मुझसे कहा करता था: "मै चौके पसंद करता हूँ... धक्के महज़ इत्तिफ़ाक़ से लग जाते हैं।"

एक छक्का मुलाहिज़ा हो:

तक़सीम होने से चंद माह पेशतर का ज़िक्र है। श्याम, शाहिद लतीफ़ के घर से मेरे यहाँ चला आया था। बंबई की ज़बान में कड़की यानि मुफ़्लिसी के दिन थे, मगर मय नोशी बड़ी बाक़ाइदगी से जारी थी। एक शाम बातों-बातों में ज़्यादा पी गए। राजा मेंहदी अली ख़ाँ भी इत्तिफ़ाक़ से मौजूद था। कर्फ़्यु का वक़्त हुआ तो उसने जाने की इजाज़त चाही। मैंने उससे कहा: "पागल हुए हो, पकड़े जाओगे।"

श्याम ने उससे अज़-राहे-मज़ाक़ कहा: यहीं सो जाओ। आजकल ताजी यहाँ नहीं है।"

राजा ने मुस्कराकर जवाब दिया: "मुझे नींद नहीं आएगी। स्प्रिंग वाले पलँगों पर मैं क़तअन सो नहीं सकता।"

श्याम ने एक गिलास में राजा के डील-डोल के मुताबिक़ ब्रांडी का पेग डाला और उसको दे दिया। "यह लो, इससे नींद आ जाएगी।"

राजा एक जुरए में सारा गिलास चढ़ा गया। बहुत देर तक ताजी की बातें होती रहीं, जो श्याम से नाराज़ होकर अपनी बहन के पास चली गई थी—हर आठवें दसवें रोज़ निकम्मी-निकम्मी बातों पर दोनों में चख़ हो जाती थी। मैं बिलकुल दख़ल नहीं देता था, इसलिए कि श्याम को यह बिलकुल पसंद नहीं था। हम दोनों में गोया दिल ही दिल में यह मुआहदा हो चुका था कि एक दूसरे के कामों में दख़्लअंदाज़ी नहीं करेंगे।

ताजी यूँ गई थी जैसे कभी वापस नहीं आएगी, और श्याम ने भी उसे यूँ विदा किया था जैसे वह फिर कभी उसकी शक्ल तक देखने का रवादार नहीं होगा। मगर दोनों एक दूसरे से दूर बैठे तड़पते रहते थे। शामों को तो श्याम अक्सर ताजी के मामले में बहुत जज़्बाती हो जाता था। मैं सोचता कि वह ज़रूर रात भर उसकी याद में जागता रहेगा, मगर कमबख़्त नींद का कुछ ऐसा माता था कि पलँग पर लेटते ही सो जाता।

मेरे फ़्लैट में सिर्फ़ दो कमरे थे। एक सोने का, दूसरा बैठने का। सोने वाला कमरा मैंने श्याम और ताजी को दे दिया था, और बैठने वाले कमरे में गद्दा बिछाकर मैं ख़ुद सोता था।

ताजी चूँकि मौजूद नहीं थी, इसलिए उसका पलँग राजा मेहदी अली ख़ाँ को मिल गया। रात बहुत गुज़र गई थी, इसलिए हम सब अपनी-अपनी जगह पर सो गए।

हस्बे-मामूल पौने छः के क़रीब मेरी जाग खुली। नीम ख़्वाबी के आलम में यूँ महसूस हुआ कि मेरे साथ कोई लेटा है। पहले मैंने ख़याल किया कि बीवी है, मगर वह तो लाहौर बैठी थी। आँखें खोलकर देखा तो मालूम हुआ कि श्याम है। अब मैंने सोचना शुरू किया कि यह कैसे मेरे पास पहुँच गया। अभी यह सोच ही रहा था कि जले हुए कपड़े की बू नाक में घुसी। पास ही सोफ़ा पड़ा था। अर्सा हुआ सिगरेट गिरने से उसका एक हिस्सा जल गया था, मगर इतनी देर के बाद अब बू आने का क्या मतलब था। आँखें ज़्यादा खुलीं तो मैंने धुएँ की कड़वाहट महसूस की और हलके-हलके दूधिया बादल भी देखे—उठकर मैं दूसरे कमरे में गया। क्या देखता हूँ कि वह पलँग, जिस पर श्याम सोया करता था, सुलग रहा है और पास ही दूसरे पलँग पर राजा मेहदी अली ख़ाँ अपनी तौंद निकाले, पड़ा ख़र्राटे ले रहा है।

मैंने क़रीब जाकर पलँग के जले हुए हिस्से का मुआयना किया। मेट्रस में बड़ी रकाबी के बराबर सुराख़ था जिसमें से धुआँ निकल रहा था। ऐसा मालूम होता था कि किसी ने आग बुझाने की कोशिश की है, क्योंकि पलँग पानी में तरबतर था। मगर मामला चूँकि रुई और नारियल के फूस का था, इसलिए आग पूरी तरह बुझी नहीं थी और बराबर सुलग रही थी। मैंने राजा को जगाने की कोशिश की मगर वह करवट बदल कर और ज़ोर से ख़र्राटे लेने लगा। एकदम पलँग के सियाह सुराख़ से एक लाल-लाल शोला बाहर लपका। मैं फ़ौरन ग़ुस्लख़ाने की तरफ़ भागा। एक बाल्टी पानी की उस सुराख़ में डाली और जब पूरी तरह इत्मीनान हो गया कि आग बुझ गई है तो राजा को झंझोड़-झझोड़ कर जगाया। उससे जब आतिश ज़दगी की वारदात के मुताल्लिक़ इस्तिफ़सार किया तो उसने अपने मख़सूस मिज़ाहिया अंदाज़ में ख़ूब नमक-मिर्च लगाकर वाक़िआत बयान किए :

तुम्हारा यह श्याम, हनुमान महाराज है··· रात ब्रांडी के तालाब में ग़ोता लगाते हुए मैं सो गया। दो बजे के क़रीब जब अजीब-अजीब आवाज़ें आईं तो मैं जाग पड़ा। क्या देखता हूँ कि श्याम एक बहुत बड़ा हनुमान है। उसकी गुफ़्फ़े-दार दुम के साथ मिट्टी के तेल में डूबी चिंदियाँ बँधी हैं और उनमें आग लगी है। श्याम पलँग पर ज़ोर-ज़ोर से उछल-कूद रहा है और अपनी दुम से आग लगा रहा है। जब आग लग गई तो मैंने आँखें बंद कर लीं और ब्रांडी के तालाब में ग़ोता लगा गया। सोने ही वाला था कि मुझे तुम्हारा ख़याल आया कि ग़रीब आदमी का पलँग, ऐसा न हो कि जलकर राख हो जाए। चुनाँचे उठा। श्याम ग़ायब था। दूसरे कमरे में तुम्हें हालात से आगाह करने के लिए गया तो क्या देखता हूँ कि श्याम अपने असली रूप में तुम्हारे साथ चिपटा लेटा है। मैंने तुम्हें जगाने की कोशिश की। अपने फेफड़ों पर ज़ोर लगा-लगाकर तुम्हें पुकारा। घंटे बजाए, ऐटम बम चलाए, मगर तुम न उठे। आख़िर मैंने होले-होले तुम्हारे कान में कहा : "ख़्वाजा उठो, स्काच व्हिस्की की एक पूरी पेटी आई है··· । तुम ने फ़ौरन आँखें खोल दीं और पूछा : 'कहाँ··· ' मैंने कहा : 'होश में आओ··· सारा मकान जल रहा है··· आग लग गई है आग··· ' तुमने कहा : 'बकते हो··· ' मैंने कहा : 'नहीं ख़्वाजा··· मैं ख़्वाज़ा ख़िज्र की क़सम खाकर कहता हूँ, आग

लगी है··· ' जब तुम्हें मेरे बयान पर यक़ीन आ गया तो तुम आराम से यह कहते हुए सो गए : ''फ़ायर ब्रिगेड को इत्तिला दे दो···' तुम्हारी तरफ़ से मायूस होकर मैंने श्याम को हालात की नज़ाकत से आगाह करने की कोशिश की। जब वह इस क़ाबिल हुआ कि मेरी बात उसके दिमाग़ तक पहुँच सके तो उसने मुझसे कहा : ''तुम बुझा दो न यार··· क्यों तँग करते हो···' और सो गया··· आग आख़िर आग है और उसका बुझाना हर इन्सान का फ़र्ज़ है। इसलिए मैं फ़ौरन अपनी सारी इन्सानियत मुज्तमा करके फ़ायर बिग्रेड बन गया और वह जग, जो मैंने तुम्हारी सालगिरह पर तोहफ़े के तौर पर दिया था, भर के आग पर डाल दिया··· मेरा काम चूँकि पूरा हो चुका था, नतीजा ख़ुदा के हाथ सौंप कर सो गया।''

श्याम जब पूरी नींद सोकर उठा तो मैंने और राजा ने उससे पूछा कि आग कैसे लगी थी। श्याम को यह क़तअन मालूम नहीं था। बहुत देर ग़ौरो-फ़िक्र के बाद उसने कहा : ''मैं आतिश-ज़दगी की इस वारदात पर कोई रौशनी नहीं डाल सकता···'' मगर जब राजा दूसरे कमरे से श्याम की जली हुई रेशमी क़मीस उठाकर लाया तो श्याम ने मुझसे कहा : ''अब तफ़्तीश करनी ही पड़ेगी।''

सबने मिलकर तफ़्तीश की तो मालूम हुआ कि श्याम साहब ने जो बनियान पहना हुआ है, वह भी दो एक जगह से जला हुआ है। ज़्यादा गहराइयों में गए तो देखा उनकी छाती पर रुपए-रुपए जितने दो बड़े आबले हैं। चुनाँचे शर्लक होम्ज़ ने अपने दोस्त वास्टिन से कहा : ''यह बात क़तअई तौर पर पायाए-सुबूत को पहुँच गई है कि आग ज़रूर लगी थी, और श्याम सिर्फ़ इस ग़र्ज़ से कि उसके हमसाए राजा मेहदी अली ख़ाँ को तक्लीफ़ न हो, चुप-चाप उठकर मेरे पास चला आया था···''

जब श्याम ने तहज़ीबो-तमद्दुन के मुरव्वजा क़वानीन के पेशे-नज़र ताजी से बाक़ाइदा शादी की तो मेरा ख़याल है, सिर्फ़ एक इंतिक़ामी जज़्बे के तहत उसने इतनी शानदार दावत की कि देर तक फ़िल्मी दुनिया में उसके चर्चे रहे। इतनी शराब बहाई गई कि ख़ुम के ख़ुम ख़ाली हो गए, मगर अफ़्सोस कि तहज़ीबो-तमद्दुन की सत्रपोश चोली के दाग़ धुल न सके।

श्याम सिर्फ़ बोतल और औरत ही का रसिया नहीं था। ज़िंदगी में जितनी नेमतें मौजूद हैं, वह उन सबका आशिक़ था। अच्छी किताब से भी वह उसी तरह प्यार करता था जिस तरह एक अच्छी औरत से करता था। उसकी माँ उसके बचपन ही में मर गई थी, मगर उसको अपनी सौतेली माँ से भी वैसे ही मुहब्बत थी जो हक़ीक़ी माँ से हो सकती है। उसके छोटे-छोटे सौतेले बहन-भाई थे। उन सबको वह अपनी जान से ज़्यादा अज़ीज़ समझता था। बाप की मौत के बाद सिर्फ़ उसकी अकेली जान थी जो इतने बड़े कुनबे की देख-भाल करती थी।

एक अर्से तक वह इंतिहाई ख़ुलूस के साथ दौलत और शुहरत हासिल करने के लिए हाथ-पाँव मारता रहा। उस दौरान में तक़्दीर ने उसे कई ग़च्चे दिए, मगर वह हँसता रहा : ''जाने मन, एक दिन ऐसा भी आएगा कि तू मेरी बग़ल में होगी···'' और कई बरसों के बाद आख़िर वह दिन आ ही गया कि दौलत और शुहरत दोनों उसकी जेब में थीं।

मौत से पहले उसकी आमदनी हज़ारों रुपए माहवार थी। बंबे के मुज़ाफ़ात में एक ख़ूबसूरत बँगला उसकी मिलकीयत था। और कभी वह दिन थे कि उसके पास सिर छुपाने को जगह नहीं थी, मगर मुफ़्लिसी के उन ऐयाम में भी वही हँसता हुआ श्याम था। दौलत व शुहरत आई तो उसने उनका यूँ इस्तिक़बाल न किया जिस तरह लोग डिप्टीकमिश्नर का करते हैं। यह दोनों मोहतरिमाएँ उसके पास आईं तो उसने उन को अपनी लोहे की चारपाई पर बिठा लिया और पटाख़-पटाख़ बोसे दाग़ दिए।

मैं और वह जब एक छत के नीचे रहते थे तो दोनों की हालत पतली थी। फ़िल्म इंडस्ट्री मुल्क की सियासियात की तरह एक बड़े ही नाज़ुक दौर से गुज़र रही थी। मैं बंबई टाकीज़ में मुलाज़िम था। उसका वहाँ एक पिक्चर का कंट्रेक्ट था, दस हज़ार रुपए में। अर्से की बेकारी के बाद उस को यह काम मिला था, मगर वक़्त पर पैसे नहीं मिलते थे। बहरहाल हम दोनों का गुज़र किसी न किसी तौर हो जाता था। मियाँ-बीवी होते तो उन में रुपए-पैसे के मामले में ज़रूर चख़ होती, मगर श्याम और मुझे कभी महसूस तक न हुआ कि हम में से कौन ख़र्च कर रहा है और कितना कर रहा है।

एक दिन उसे बड़ी कोशिशों के बाद मोटी-सी रक़म मिली—ग़ालिबन पाँच सौ रुपए थे—मेरी जेब ख़ाली थी। हम मलाड से घर आ रहे थे। रास्ते में श्याम का यह प्रोग्राम बन गया कि वह चर्च गेट किसी दोस्त से मिलने जाएगा। मेरा स्टेशन आया तो उसने जेब से दस दस रुपए के नोटों की गड्डी निकाली। आँखें बंद करके उसके दो हिस्से किए और मुझसे कहा। "जल्दी करो मंटो, इनमें से एक ले लो।"

मैंने गड्डी का एक हिस्सा पकड़ कर जेब में डाल लिया और प्लेट फ़ार्म पर उतर गया। श्याम ने मुझे 'टाटा' कहा और कुछ नोट जेब से निकाल कर लहराए : "तुम भी क्या याद रखोगे... सेफ़्टी की ख़ातिर मैंने यह नोट अलाहिदा रख लिए थे... हिपटुल्ला!"

शाम को जब वह अपने दोस्त से मिल कर आया तो कबाब हो रहा था। मशहूर फ़िल्म स्टार के के ने उसको बुलाया था कि वह उससे एक प्राइवेट बात करना चाहती है—श्याम ने ब्रांडी की बोतल बग़ल से निकालकर और गिलास में एक बड़ा पैग डालकर मुझसे कहा : "प्राइवेट बात यह थी... मैंने लाहौर में एक दफ़ा किसी से कहा था कि के के मुझ पर मरती है... ख़ुदा की क़सम, बहुत बुरी तरह मरती थी, लेकिन उन दिनों मेरे दिल में कोई गुंजाइश नहीं थी। आज उसने मुझे अपने घर बुलाकर कहा : "तुमने बकवास की थी... मैं तुम पर कभी नहीं मरी... ' मैंने कहा : "तो आज मर जाओ... ' मगर उसने हठ धर्मी से काम लिया और मुझे ग़ुस्से में आकर उसके एक घूँसा मारना पड़ा।"

मैंने उससे पूछा : "तुमने एक औरत पर हाथ उठाया ?"

श्याम ने मुझे अपना हाथ दिखाया, जो ज़ख़्मी हो रहा था : "कमबख़्त आगे से हट गई... निशाना चूका और मेरा घूँसा दीवार के साथ जा टकराया।"

यह कहकर वह ख़ूब हँसा : "साली बेकार तंग कर रही है।"

मैंने ऊपर रुपए-पैसे का ज़िक्र किया है—ग़ालिबन दो बरस पीछे की बात है। मैं यहाँ लाहोर में फ़िल्मी सन्अत की ज़बूँ-हाली और अपने अफ़्साने 'ठंडा गोश्त' के मुक़दमे की

वजह से बहुत परेशान था। अदालते-मातहत ने मुझे मुजरिम क़रार देकर तीन महीने क़ैदे-बा-मशक़्क़त और तीन सौ रुपए जुर्माने की सज़ा दी थी। मेरा दिल इस क़द्र खट्टा हो गया था कि जी चाहता था, अपनी तमाम तसानीफ़ को आग में झोंककर कोई और काम शुरू कर दूँ, जिसका तख़्लीक़ से कोई इलाक़ा न हो—चुंगी के महकमे में मुलाज़िम हो जाऊँ और रिश्वत खाकर अपना और अपने बाल बच्चों का पेट पाला करूँ—किसी पर नुक्ताचीनी करूँ, न किसी मामले में अपनी राय दूँ।

एक अजीबो-ग़रीब दौर से मेरा दिलो-दिमाग़ गुज़र रहा था। बाज़ लोग समझते थे कि अफ़साने लिखकर उन पर मुक़दमे चलवाना मेरा पेशा है। बाज़ कहते थे कि मैं सिर्फ़ इसलिए लिखता हूँ कि सस्ती शुहरत का दिलदादा हूँ और लोगों के सिफ़्ली जज़्बात मुश्तइल करके अपना उल्लू सीधा करता हूँ। मुझ पर चार मुक़दमे चल चुके हैं। उन चार उल्लुओं को सीधा करने में जो ख़म मेरी कमर में पैदा हुआ, उसको कुछ मैं ही जानता हूँ।

माली हालत कुछ पहले ही कमज़ोर थी। आस-पास के माहौल ने जब निकम्मा कर दिया तो आमदनी के महदूद ज़राए और भी सिकुड़ गए। एक सिर्फ़ "मक्तबा जदीद लाहोर" के चौधरी बिरादरान थे जो मक़्दूर भर मेरी इमदाद कर रहे थे। ग़म ग़लत करने के लिए जब मैंने कसरत से शराब-नोशी शुरू की तो उन्होंने चाहा कि अपना हाथ रोक लें, मगर वह इतने मुख़्लिस थे कि मुझे नाराज़ करना नहीं चाहते थे।

उस ज़माने में मेरी किसी से ख़तो-किताबत नहीं थी। दरअसल मेरा दिल बिलकुल उचाट हो चुका था। अक्सर घर से बाहर रहता और अपने शराबी दोस्तों के घर पड़ा रहता, जिनका अदब से दूर का भी वास्ता नहीं था। उनकी सोहबत में रहकर मैं जिस्मानी व रूहानी ख़ुद-कुशी की कोशिश में मसरूफ़ था।

एक दिन मुझे किसी और के घर के पते से एक ख़त मिला जो तहसीन पिक्चर्स के मालिक की तरफ़ से था। लिखा था कि मैं फ़ौरन मिलूँ। बंबे से उन्हें मेरे बारे में कोई हिदायत मौसूल हुई थी—सिर्फ़ यह मालूम करने के लिए कि यह हिदायत भेजने वाला कौन है, मैं तहसीन पिकचर्स वालों से मिला। मालूम हुआ कि बंबे से श्याम के पै-दरपै उन्हें कई तार मिले हैं कि मुझे ढूँढ़कर पाँच सौ रुपए दे दिए जाएँ। मैं जब उनके दफ़्तर में पहुँचा तो वह श्याम के ताज़ा ताकीदी तार का जवाब लिख रहे थे कि तलाशे-बिस्यार के बावजूद उन्हें मंटो नहीं मिल सका।

मैंने पाँच सौ रुपए ले लिए और मेरी मख़्मूर आँखों में आँसू आ गए।

मैंने बहुत कोशिश की कि श्याम को ख़त लिखकर उसका शुक्रिया अदा करूँ और पूछूँ कि उसने मुझे यह पाँच सौ रुपए क्यों भेजे थे। क्या उसको इल्म था कि मेरी माली हालत कमज़ोर है। इस ग़र्ज़ से मैंने कई ख़त लिखे और फाड़ दिए। ऐसा महसूस होता कि मेरे लिखे हुए अल्फ़ाज़ श्याम के उस जज़्बे का मुँह चिढ़ा रहे हैं जिसके ज़ेरे-असर उसने मुझे यह रुपए रवाना किए थे।

पिछले साल जब श्याम अपने ज़ाती फ़िल्म की नुमाइश के सिलसिले में अमृतसर आया तो थोड़ी देर के लिए लाहोर भी आ गया। यहाँ उसने बहुत-से लोगों से मेरा अता-पता

पूछा, मगर इस दौरान में इत्तिफ़ाक़ से मुझे ही मालूम हो गया कि वह लाहोर में मौजूद है। मैं उसी वक़्त दौड़ा उस सिनेमा पहुँचा जहाँ वह एक दावत खा के आ रहा था।

मेरे साथ रशीद अतरे था, श्याम का पूने का पुराना दोस्त—जब मोटर सिनेमा के सेहन में दाख़िल हुई तो श्याम ने मुझे और रशीद को देख लिया, एक ज़ोर का नारा उसने बुलंद किया। उसने ड्राइवर से मोटर रोकने के लिए बहुत कहा, मगर उसके इस्तिक़बाल के लिए इस क़दर हुजूम था कि ड्राइवर न रुका। मोटर से निकलकर पुलिस की मदद से श्याम और ओम एक ही क़िस्म का लिबास और सिर पर सफ़ेद पनामा हेट पहने सिनेमा के अंदर पिछले दरवाज़े से दाख़िल हुए। बड़े दरवाज़े से हम अंदर पहुँचे। श्याम—वही श्याम था, मुस्कराता, हँसता और क़हक़हे लगाता श्याम।

दौड़कर हम दोनों से लिपट गया। फिर इस क़द्र शोर मचा कि हम में से कोई भी मतलब की बात न कर सका। ऊपर-तले इतनी बातें हुईं कि अंबार लग गए और हम उनके नीचे दब के रह गए। सिनेमा से फ़ारिग़ होकर उसे एक डिस्ट्रीब्यूटर के दफ़्तर में जाना था। वह हमें भी अपने साथ ले गया। यहाँ जो बात भी शुरू होती, फ़ौरन कट जाती। लोग धड़ाधड़ आ रहे थे। नीचे बाज़ार में हुजूम शोर बर्पा कर रहा था कि श्याम दर्शन देने के लिए बाहर बालकनी में आए।

श्याम की हालत अजीबो-ग़रीब थी। उस को लाहोर में अपनी मौजूदगी का शदीद एहसास था, उस लाहोर में जिसकी मुतादि्दद सड़कों पर उसके रोमानों के छींटे बिखरा करते थे। उस लाहोर में जिसका फ़ासला अब अमृतसर से हज़ारों मील हो गया था। और उसका रावलपिंडी कहाँ था, जहाँ उसने अपने लड़कपन के दिन गुज़ारे थे। लाहौर, अमृतसर और रावलपिंडी, सब अपनी-अपनी जगह पर थे, मगर वह दिन नहीं थे। वह रातें नहीं थीं, जो श्याम यहाँ छोड़कर गया था। सियासत के गोरकन ने उन्हें नामालूम कहाँ दफ़न कर दिया था।

श्याम ने मुझ से कहा: "मेरे साथ-साथ रहो।" मगर उसके दिलो-दिमाग़ की मुज़्तरिब कैफ़ियत के एहसास ने मुझे सख़्त परागंदा कर दिया। उससे यह वादा करके कि रात को उस से फ़्लेटी होटल में मिलूँगा, चला गया।

श्याम से इतनी देर के बाद मुलाक़ात हुई थी मगर ख़ुशी के बजाय एक अजीब क़िस्म की घुटी-घुटी कोफ़्त महसूस हो रही थी। तबीयत में इस क़द्र झुंझलाहट थी कि जी चाहता था, कि किसी से ज़बर्दस्त लड़ाई हो जाए। ख़ूब मार-कुटाई हो और मैं थक कर सो जाऊँ। घुटन का तज्ज़िया किया तो कहाँ का कहाँ पहुँच गया। एक ऐसी जगह जहाँ ख़यालात के सारे धागे बुरी तरह आपस में उलझ गए। इससे तबीयत और भी झुँझला गई और फ़्लेटीज़ में जाकर मैंने एक दोस्त के कमरे में पीना शुरू कर दी।

नो साढ़े नो के क़रीब शोर सुनने पर मालूम हुआ कि श्याम आ गया है। उसके कमरे में मिलनेवालों की वैसी ही भीड़ थी। थोड़ी देर वहाँ बैठा, मगर खुलकर कोई बात न हुई। ऐसा मालूम होता था कि हम दोनों के जज़्बात में ताले लगाकर चाबियाँ किसी ने एक बहुत बड़े गुच्छे में पिरो दी थीं। हम दोनों उस गुच्छे में से एक एक चाबी निकालकर यह ताले

खोलने की कोशिश करते और नाकाम रहते थे।

मैं उकता गया। डिनर के बाद श्याम ने बड़ी जज़्बाती क़िस्म की तक़रीर की, मगर मैंने उसका एक लफ़्ज़ तक न सुना। मेरा अपना दिमाग़ बड़े ऊँचे सुरों में जाने क्या बक रहा था। श्याम ने अपनी बकवास ख़त्म की तो लोगों ने भरे पेट के साथ तालियाँ पीटीं। मैं उठकर कमरे में चला आया। वहाँ फ़ज़ली बैठे थे। उनसे एक मामूली बात पर चख हो गई। श्याम आया तो उसने कहा : ''यह सब लोग हीरा मंडी जा रहे हैं। चलो, आओ, तुम भी चलो।''

मैं क़रीब-क़रीब रो दिया : ''मैं नहीं जाता। तुम जाओ और तुम्हारे यह लोग जाएँ।''

''तो मेरा इंतिज़ार करो···मैं अभी आया।''

यह कहकर श्याम हीरा मंडी जाने वाली पार्टी के साथ चला गया। मैंने श्याम को और फ़िल्मी सन्अत से मुताल्लिक़ तमाम लोगों को मोटी-मोटी गालियाँ दीं और फ़ज़ली से कहा : ''मेरा ख़याल है, आप तो यहाँ इंतिज़ार करेंगे। अगर तक्लीफ़ न हो तो अज़-राहे-करम अपनी मोटर में मुझे मेरे घर तक छोड़ आइए।''

रात भर ऊट-पटाँग ख़्वाब देखता रहा। श्याम से कई मर्तबा लड़ाई हुई। सुबह दूधवाला आया तो मैं खोखले ग़ुस्से में जैसे उससे कह रहा था : ''तुम बिलकुल बदल गए हो···उल्लु के पट्ठे, कमीने, ज़लील···तुम हिंदू हो।''

नींद खुली तो मैंने महसूस किया कि मेरे मुँह से एक बहुत बड़ी गाली निकल गई है, लेकिन जब मैंने खुद को अच्छी तरह टटोला तो यक़ीन हो गया कि वह मेरा मुँह नहीं था, सियासत का भोंपू था जिससे यह गाली निकली थी। इसके मुताल्लिक़ सोचते हुए मैंने दूधवाले से दूध लिया जिसमें एक चौथाई पानी था। इस ख़याल ने मुझे बड़ी ढारस दी कि श्याम हिंदू था मगर पानी मिला हिंदू नहीं था।

अर्सा हुआ, जब तक़सीम पर हिंदू-मुसलमानों में ख़ूँ-रेज़ जंग जारी थी और तरफ़ैन के हज़ारों आदमी रोज़ाना मरते थे, श्याम और मैं रावलपिंडी से भागे हुए एक सिख ख़ानदान के पास बैठे थे। उसके अफ़राद अपने ताज़ा ज़ख़्मों की रूदाद सुना रहे थे जो बहुत ही दर्दनाक थी। श्याम मुतास्सिर हुए बग़ैर न रह सका। वह हलचल जो उसके दिलो-दिमाग़ में मच रही थी, उसको मैं बख़ूबी जानता था। जब हम वहाँ से रुख़्सत हुए तो मैंने श्याम से कहा : ''मैं मुसलमान हूँ···क्या तुम्हारा जी नहीं चाहता कि मुझे क़त्ल कर दो।''

श्याम ने बड़ी संजीदगी से जवाब दिया : ''इस वक़्त नहीं···लेकिन इस वक़्त जबकि मैं मुसलमानों के ढाए हुए मज़ालिम की दास्तान सुन रहा था, मैं तुम्हें क़त्ल कर सकता था।''

श्याम के मुँह से यह सुनकर मेरे दिल को ज़बर्दस्त धक्का लगा। उस वक़्त शायद मैं भी उसे क़त्ल कर सकता था, मगर बाद में जब मैंने सोचा और उस वक़्त और इस वक़्त में ज़मीनो-आसमान का फ़र्क़ महसूस किया तो उन तमाम फ़सादात का नफ़्सियाती पस-मंज़र मेरी समझ में आ गया जिसमें रोज़ाना सैकड़ों बेगुनाह हिंदू और मुसलमान मौत के घाट उतारे जा रहे थे।

इस वक़्त नहीं, उस वक़्त, हाँ—क्यों ? आप सोचिए तो आपको इस 'क्यों' के पीछे

इन्सान की फ़ितरत में इस सवाल का सही जवाब मिल जाएगा।

बंबई में भी फ़िर्के वाराना कशीदगी दिन बा दिन बढ़ती चली जा रही थी। बंबे टाकीज़ की उनाने-हुकूमत जब अशोक और वाचा ने संभाली तो बड़े-बड़े ओहदे इत्तिफ़ाक़ से मुसलमानों के हाथ में चले गए। इससे बंबे टाकीज़ के हिंदू स्टाफ़ में [illegible] लहर दौड़ गई। वाचा को गुमनाम ख़त मौसूल होने लगे जिसमें स्टूडियो को आग लगाने और मरने मारने की धमकियाँ होती थीं। अशोक और वाचा, दोनों को उनकी कोई पर्वा नहीं थी, लेकिन कुछ ज़कीउल-हिस होने के बाइस और कुछ मुसलमान होने की वजह से मैं हालात की नज़ाकत को बहुत ज़्यादा अहमियत दे रहा था। कई मर्तबा मैंने अशोक और वाचा से अपनी तश्वीश का इज़हार किया और उनको राय दी कि वह मुझे बंबे टाकीज़ से अलग कर दें, क्योंकि हिंदू यह समझते थे कि सिर्फ़ मेरी वजह से मुसलमान वहाँ दाख़िल हो रहे हैं। मगर उन्होंने कहा कि मेरा दिमाग़ ख़राब है।

दिमाग़ मेरा वाकई ख़राब हो रहा था। बीवी बच्चे पाकिस्तान में थे, तब से, जब वह हिंदुस्तान का एक हिस्सा था, और में उसे जानता था। उसमें वक़्तन फ़वक्तन जो हिंदू-मुस्लिम फ़सादात होते रहते थे, मैं उन से भी वाक़िफ़ था। मगर अब उस ख़ित्ताए-ज़मीन को नए नाम ने क्या बना दिया था, इसका मुझे इल्म नहीं था। अपनी हुकूमत क्या होती है, इस की तस्वीर भी कोशिश के बावजूद मेरे ज़ेहन में नहीं आती थी।

14 अगस्त का दिन मेरे सामने बंबे में मनाया गया। पाकिस्तान और हिंदुस्तान दोनों आज़ाद मुल्क क़रार दिए गए थे। लोग बहुत मसूर थे, मगर क़त्ल और आग की वारदातें बाक़ाइदा जारी थीं। 'हिंदुस्तान ज़िंदाबाद' के साथ-साथ 'पाकिस्तान ज़िंदाबाद' के नारे भी लगते थे। कांग्रेस के तिरंगे के साथ इस्लामी परचम भी लहराता था। पंडित जवाहर लाल नेहरू और क़ाइदे-आज़म मुहम्मद अली जिनाह, दोनों के नारे बाज़ारों और सड़कों में गूँजते थे। समझ में नहीं आता था हिंदुस्तान अपना वतन है या पाकिस्तान। और वह लहू किसका है जो हर रोज़ इतनी बेदर्दी से बहाया जा रहा है। वह हड्डियाँ कहाँ जलाई या दफ़्न की जाएँगी जिन पर से मज़हब का गोश्त-पोस्त, चीलें और गिध नोच-नोचकर खा गए थे। अब कि हम आज़ाद हुए हैं, हमारा गुलाम कौन होगा—जब गुलाम थे तो आज़ादी का तसव्वुर कर सकते थे, अब आज़ाद हुए हैं तो गुलामी का तसव्वुर क्या होगा। लेकिन सवाल यह है कि हम आज़ाद भी हुए हैं या नहीं।

हिंदू और मुसलमान धड़ाधड़ मर रहे थे। कैसे मर रहे थे, क्यों मर रहे थे, इन सवालों के मुख़्तलिफ़ जवाब थे। हिंदुस्तानी जवाब, पाकिस्तानी जवाब, अंग्रेज़ी जवाब। हर सवाल का जवाब मौजूद था, मगर उस जवाब में हक़ीक़त तलाश करने का सवाल पैदा होता तो उसका कोई जवाब न मिलता। कोई कहता, इसे ग़दर के खंडरात में तलाश करो। कोई कहता, नहीं, यह ईस्ट इंडिया कंपनी की हुकूमत में मिलेगा। कोई और पीछे हटकर इसे मुग़लिया ख़ानदान की तारीख़ में टटोलने के लिए कहता। सब पीछे ही पीछे हटते जाते थे और क़ातिल और सफ़्फ़ाक बराबर आगे बढ़ते जा रहे थे और लहू और लोहे की ऐसी तारीख़ लिख रहे थे जिसका जवाब तारीख़े-आलम में कहीं भी नहीं मिलता।

हिंदुस्तान आज़ाद हो गया था, पाकिस्तान आलमे-वुजूद में आते ही आज़ाद हो गया था लेकिन इन्सान इन दोनों ममूलुकतों में ग़ुलाम था। तास्सुब का ग़ुलाम, मज़्हबी जुनून का ग़ुलाम, हैवानियत व बरबरीयत का ग़ुलाम।

मैंने बंबई टाकीज़ जाना छोड़ दिया। अशोक और वाचा आते तो मैं ख़राबीए-तबीयत का बहाना कर देता। इसी तरह कई दिन गुज़र गए। श्याम मुझे देखता और मुस्करा देता। उसको मेरी क़ल्बी कैफ़ियात का बख़ूबी इल्म था। कुछ दिनों तो मैं ज़्यादा पीता रहा, फिर मैंने यह शग़्ल भी छोड़ दिया। सारा दिन गुम-सुम सोफ़े पर लेटा रहता। एक दिन श्याम स्टूडियो से आया, तो उसने मुझे लेटा देखकर मिज़ाहिया अंदाज़ में कहा : "क्यों ख़्वाजा, जुगाली कर रहे हो?"

मुझे बहुत झुंझलाहट होती थी कि श्याम मेरी तरह क्यों नहीं सोचता। उसके दिलो-दिमाग़ में वह तूफ़ान क्यों बर्पा नहीं हैं जिन के साथ मैं दिन-रात लड़ता रहता हूँ। वह उसी तरह मुस्कराता, हँसता और शोर मचाता रहता, मगर शायद वह इस नतीजे पर पहुँच चुका था कि जो फ़ज़ा उस वक़्त गिर्दो-पेश थी, उस में सोचना बिलकुल बेकार है।

मैंने बहुत ग़ौरो-फ़िक्र किया, मगर कुछ समझ में न आया। आख़िर तंग आकर मैंने कहा, हटाओ, चलें यहाँ से—श्याम की नाइट शूटिंग थी। मैंने अपना अस्बाब वग़ैरा बाँधना शुरू कर दिया। सारी रात इसी में गुज़र गई। सुबह हुई तो श्याम शूटिंग से फ़ारिग़ हो कर आया। उसने मेरा बँधा हुआ अस्बाब देखा तो मुझसे सिर्फ़ इतना पूछा : "चले?"

मैंने भी सिर्फ़ इतना ही कहा : "हाँ!"

इसके बाद मेरे और उसके दरमियान हिजरत के मुताल्लिक़ कोई बात न हुई। बक़ाया सामान बँधवाने में उसने मेरा हाथ बटाया। इस दौरान में रात की शूटिंग के लतीफ़े बयान करता रहा और ख़ूब हँसता रहा। जब मेरे रुख़्सत होने का वक़्त आया तो उसने अल्मारी में से ब्रांडी की बोतल निकाली। दो पेग बनाए और एक मुझे देकर कहा : "हिपटुल्ला।"

मैंने जवाब में 'हिपटुल्ला' कहा और उसने क़हक़हे लगाते हुए मुझे अपने चौड़े सीने के साथ भींच लिया : 'सुअर कहीं के…'

मैंने अपने आँसू रोके : "पाकिस्तान के…"

श्याम ने पुर-ख़ुलूस नारा बुलंद किया : "जिंदाबाद पाकिस्तान।"

"ज़िंदाबाद हिंदुस्तान" और मैं नीचे चला गया, जहाँ ट्रक वाला मेरा इंतिज़ार कर रहा था।

बंदरगाह तक श्याम मेरे साथ गया। जहाज़ चलने में काफ़ी देर थी। वह इधर-उधर के लतीफ़े सुनाकर मेरा दिल बहलाता रहा। जब विसिल हुआ तो उसने 'हिपटुल्ला' कहकर मेरा हाथ दबाया और गैंग वे से नीचे उतर गया—मुड़कर उसने मेरी तरफ़ न देखा और मज़बूत क़दम उठाता बंदरगाह से बाहर चला गया।

मैंने लाहौर पहुँच कर उसको ख़त लिखा। उन्तीस एक अड़तालीस को उसका जवाब आया :

"यहाँ तुम्हें सब लोग याद करते हैं। तुम्हारी और तुम्हारी बज़्ला-संजी की ग़ैर

मौजूदगी को महसूस करते हैं जो तुम बड़ी फ़राख़-दिली से उन पर ज़ाया करते थे। वाचा अभी तक इस बात पर मुसिर है कि तुम कन्नी कतरा गए। अबकी दफ़ा उसको इत्तिला दिए बग़ैर पाकिस्तान भागकर। अजीब मुतनाक़िज़ बात है कि वह जो बंबे टाकीज़ में मुसलमानों के दाख़िले की मुख़ालफ़त में सबसे आगे था, सबसे पहला आदमी था जो पाकिस्तान भाग कर चला गया—ख़ुद को अपने नज़रिए का शहीद बनाते हुए—यह वाचा का अपना नज़रिया है। मुझे उम्मीद है कि तुम ने उसको ज़रूर ख़त लिखा होगा। अगर नहीं लिखा तो फ़ौरन लिखो। कम-अज़-कम शराफ़त का यही तक़ाज़ा है।

तुम्हारा श्याम

आज चौदह अगस्त है, वह दिन जब पाकिस्तान और हिंदुस्तान आज़ाद हुए थे। इधर और उधर दोनों तरफ़ ख़ुशियाँ मनाई जा रही हैं, और साथ ही साथ हमले और दिफ़ा की तैयारियाँ भी ज़ोरो-शोर से जारी हैं—मैं श्याम की रूह से मुख़ातिब होता हूँ : "प्यारे श्याम मैं बंबे टाकीज़ छोड़कर चला गया था। क्या पंडित जवाहर लाल नेहरू कश्मीर नहीं छोड़ सकते··· है ना हिप्टुल्ला बात !"

के. के.

के. के.—यह उस मशहूर एक्ट्रेस का नाम है जो हिंदुस्तान के मुतादि्दद फ़िल्मों में आ चुकी है और आपने यक़ीनन उसे सीमीं पर्दे पर कई मर्तबा देखा होगा। मैं जब भी उसका नाम किसी फ़िल्म के इश्तिहार में देखता हूँ तो मेरे तसव्वुर में उसकी शक्ल बाद में, लेकिन सबसे पहले उसकी नाक उभरती है—तीखी, बहुत तीखी नाक। और फिर मुझे बंबे टाकीज़ का वह दिलचस्प वाक़िआ याद आ जाता है जो मैं अब बयान करनेवाला हूँ।

बँटवारे पर जब पंजाब में फ़सादात शुरू हुए तो कुलदीप कौर, जो लाहौर में थी और वहाँ फ़िल्मों में काम कर रही थी, हिजरत करके बंबई चली गई। उसके साथ उसका दाश्ता प्राण भी था जो पंचोली के कई फिल्मों में काम करके शुहरत हासिल कर चुका था।

अब प्राण का ज़िक्र आया है तो उसके मुताल्लिक़ भी चंद तआरुफ़ी सतर लिखने में कोई मुज़ाइक़ा नहीं। प्राण अच्छा-ख़ासा ख़ुश शक्ल मर्द है। लाहौर में उसकी शुहरत इस वजह से भी थी कि वह बड़ा ही ख़ुशपोश था। बहुत ठाट से रहता था। उसका ताँगा घोड़ा, लाहौर के रईसी ताँगों में सबसे ज्यादा ख़ुबसूरत और दिलकश था।

मुझे मालूम नहीं, प्राण से कुलदीप कौर की दोस्ती कब और किस तरह हुई, इसलिए कि मैं लौहार में नहीं था, लेकिन फ़िल्मी दुनिया में दोस्तियाँ अजाइब में दाख़िल नहीं। वहाँ एक फ़िल्म की शूटिंग के दौरान में एक्ट्रेसों का दोस्ताना बयक-वक़्त कई मर्दों से हो सकता है जो उस फ़िल्म से वाबस्ता हों।

जिन दिनों प्राण और कुलदीप कौर का मआश्क़ा चल रहा था, उन दिनों श्याम मरहूम भी वहीं था। पूना और बंबई में क़िस्मत आज़माई करने के बाद वह लाहौर चला गया था जिससे उसे वालेहाना मुहब्बत थी। इश्क़ पेशा इन्सान था और कुलदीप भी उस मैदान में उससे पीछे नहीं थी—दोनों का तसादुम हुआ। क़रीब था कि वह एक दूसरे में मुदग़म हो जाते कि एक और लड़की श्याम की ज़िंदगी में दाख़िल हो गई।

उसका नाम मुमताज़ था, जो ताजी के नाम से मशहूर हुई। यह ज़ैब क़ुरेशी एम ए की छोटी बहन थी। कुलदीप को श्याम की यह कलाबाजी पसंद न आई, चुनाँचे वह उससे नाराज़ हो गई और हमेशा नाराज़ रही। मैं यहाँ आपको यह बता दूँ कि कुलदीप बड़ी हटीली औरत है। जो बात उसके दिमाग़ में समा जाए उस पर अड़ी रहती है—मैं आपको एक दिलचस्प बात बताऊँ। यह वाक़िआ बंबई का है।

हम तीनों बंबई टाकीज़ में थे और शाम को बर्क़ी ट्रेन से अपने घर जा रहे थे। फ़र्स्ट क्लास का डिब्बा उस दिन क़रीबन क़रीबन ख़ाली था। हम तीनों के सिवा उसमें और कोई मुसाफ़िर न था।

श्याम तबअन बडा बुलंद बाँग और मुँह फट था। जब उसने देखा कि कंपार्टमेंट में कोई ग़ैर नहीं तो उसने कुलदीप कौर से छेड़ख़ानी शुरू कर दी—मैं समझता हूँ कि उसका असल मक़सद यह था कि वह रिश्ता, जो लाहौर में क़ायम होते-होते रह गया था, अब यहाँ बंबई में क़ायम हो जाए, क्योंकि ताजी से उसकी खटपट हो गई थी। रमोला कलकत्ता में थी और निगार सुलताना, नग़्मा-नवीस मधोक के पास। वह उन दिनों बक़ौल उसके ख़ाली हाथ था।

चुनाँचे उसने कुलदीप कौर से कहा : "के-के., तुम मुझसे दूर-दूर क्यों रहती हो··· इधर आओ मेरी जान, मेरे पास बैठो।"

कुलदीप कौर की नाक और तीखी हो गई : "श्याम साहब, आप मुझ पर डोरे न डालें।"

मैं उनकी गुफ़्तगू, जो मुझे मुकम्मल तौर पर याद है, यहाँ नक़्ल करना नहीं चाहता, इसलिए कि वह बहुत बेबाक थी। वैसे उसकी रूह अपने लफ़्ज़ों में बयान किए देता हूँ—श्याम कभी संजीदगी से बात नहीं करता था। उसके हर लफ़्ज़ में एक क़हक़हा होता था। उसने कुलदीप से उसी मख़सूस अंदाज़ में कहा : "जानेमन, उस उल्लू के पट्ठे प्राण को छोड़ दो और मेरे साथ नाता जोड़ लो··· वह मेरा दोस्त है लेकिन यह मामला बड़ी आसानी से तय हो सकता है।"

कुलदीप कौर की आँखें उसकी नाक की तरह बड़ी और तीखी हैं। उसका लबे-दहान भी बड़ा तीखा है। उसके चेहरे का हर ख़दोख़ाल तीखा है। जब वह अपनी बड़ी-बड़ी आँखें झपका कर बात करती है तो आदमी बौखला जाता है कि यह क्या मुसीबत है—उसने तेज़-तेज़ निगाहों से श्याम की तरफ़ देखा और उससे ज़्यादा तेज़ लहजे में उससे कहा : "मुँह धोकर रखिए श्याम साहब!"

श्याम पर औरतों की तेज़ गुफ़्तारी का भला क्या असर होता। उसने एक क़हक़हा लगाया और कहा : "के. के. मेरी जान, तुम लाहौर में मुझ पर मरती थीं। याद नहीं तुम्हें?"

अब कुलदीप ने क़हक़हा लगाया जिस में निस्वानी तन्ज़ भरा था : "आपको वहम हो गया था।"

श्याम ने कहा : "तुम ग़लत कहती हो··· तुम यक़ीनन मुझ पर मरती हो।"

मैंने कुलदीप की तरफ़ देखा और मुझे महसूस हुआ कि उसके जिस्म पर सुपुर्दगी की ख़्वाहिश मौजूद है, मगर उसका हटीला दिमाग़ उसकी उस ख़्वाहिश को रद्द करने की कोशिश में मसरूफ़ है—चुनाँचे उसने अपनी तीखी पलकें फड़फड़ा कर कहा : "मरती थी, लेकिन अब नहीं मरूँगी।"

श्याम ने अपने उसी लाउबालियाना अंदाज़ में कहा : "अब नहीं मरोगी तो कल मरोगी··· मरना बहरहाल तुम्हें मुझ पर ही है।"

कुलदीप कौर भन्ना गई : "श्याम, तुम मुझसे आज आख़िरी बार सुन लो कि तुम्हारा मेरा कोई सिलसिला नहीं हो सकता। तुम इतराते हो। हो सकता है लाहौर में कभी मेरी तबीयत तुम पर आई हो लेकिन जब तुमने बेरुख़ी बरती तो मैं क्यों तुम्हें मुँह लगाऊँ। अब इस क़िस्से को ख़त्म करो।"

क़िस्सा ख़त्म हो गया, सिर्फ़ वक़्ती तौर पर, क्योंकि श्याम ज़्यादा बहस बहसी का आदी नहीं था।

कुलदीप कौर अटारी के एक मशहूरो-मारूफ़ और मालदार सिख घराने से ताल्लुक़ रखती है। उसका एक फ़र्द लाहौर की एक मशहूर मुसलमान औरत से मुन्सलिक है, जिस को उसने लाखों रुपए दिए और सुना है कि अब भी देता है। यह मुसलमान औरत किसी ज़माने में यक़ीनन ख़ूबसूरत होगी मगर अब मोटी और भद्दी हो गई है। वह अटारी के सिख हज़रत अब भी बाक़ाइदा यहाँ लाहौर में फ़्लेटी होटल में आते हैं और अपनी मुसलमान महबूबा के साथ चंद रोज़ गुज़ार कर वापस चले जाते हैं।

जब बटवारा हुआ तो कुलदीप कौर और प्राण को अफ़्रा-तफ़्री में लाहौर छोड़ना पड़ा। प्राण की मोटर जो ग़ालिबन कुलदीप कौर की मिलकियत थी, लाहौर ही में रह गई—कुलदीप कौर एक बाहिम्मत औरत है। इसके अलावा उसे यह भी मालूम है कि वह मर्दों को अपनी उँगलियों पर नचा सकती है? वह कुछ देर के बाद लाहौर आई और फ़सादात के दौरान में यह मोटर ख़ुद चलाकर बंबई ले गई।

जब मैंने मोटर देखी और प्राण से पूछा कि यह कब ख़रीदी गई है, तो उसने मुझे सारा वाक़िआ सुनाया कि के. के. लाहौर से लेकर आई है, और यह कि रास्ते में उसे कोई तक्लीफ़ नहीं हुई, बस सिर्फ़ देहली में उसे चंद रोज़ ठहरना पड़ा कि एक गड़बड़ हो गई थी—यह गड़बड़ क्या थी, इसके मुताल्लिक़ मुझे कुछ इल्म नहीं।

जब वह मोटर लेकर आई तो उसने सिक्खों पर मुसलमानों के मज़ालिम बयान किए और इस अंदाज से बयान किए कि मालूम होता था, वह मेज़ पर से मक्खन लगाने वाली छुरी उठाएगी और मेरे पेट में घोंप देगी—मुझे बाद में मालूम हुआ कि वह जज़्बाती हो गई थी, वर्ना मुसलमानों से उसे कोई अदावत या बुग्ज़ नहीं।

असल में उसका कोई मज़हब नहीं। वह सिर्फ़ औरत है, एक ऐसी औरत जो ज़िस्मानी लिहाज़ से बड़ी पुर-ख़ुलूस है।

उसकी नाक बेहद तीखी है। उसकी आँखें बहुत तेज़ हैं। उसका लबे-दहान बहुत बारीक है—यही वजह है कि उसके चेहरे पर ज़रा-सा चढ़ाव बहुत तेज़ो-तुंद बन जाता है। इसके अलावा उसका लहजा और उसकी आवाज भी गैर मामूली तौर पर तुंदो-तर्रार है।

कुलदीप कौर की तीखी नाक का ज़िक्र मैं कई बार कर चुका हूँ। इस सिलसिले में आप एक लतीफ़ा सुन लीजिए।

मैं फ़िल्मस्तान छोड़कर अपने दोस्त अशोक कुमार और सावक वाचा के साथ बंबे टाकीज चला गया था। उस ज़माने में फ़सादात का आग़ाज़ था। उसी दौरान में कुलदीप कौर और उसका दाश्ता प्राण मुलाज़मत के लिए वहाँ आया।

प्राण से जब मेरी मुलाक़ात श्याम के तवस्सुत से हुई तो मेरी उसकी फ़ौरन दोस्ती हो गई कि बड़ा बढ़िया आदमी है—कुलदीप कौर से अलबत्ता कुछ रस्मी क़िस्म की मुलाक़ात रही।

उन दिनों तीन फ़िल्म हमारे स्टूडियो में शुरू होने वाले थे—चुनाँचे जब कुलदीप कौर ने मिस्टर सावक वाचा से मुलाक़ात की तो उन्होंने जोज़फ़ वर्शिग जर्मन कैमरामैन से कहा कि वह उसका कैमरा टैस्ट कर ले ताकि इत्मीनान हो जाए।

जोज़फ़ वर्शिग गोरे रँग और अधेड़ उम्र का मोटा-सा आदमी है। उसको हिमांशु राय मरहूम अपने साथ जर्मनी से लाए थे—जब जंग शुरू हुई तो उसे देवलाली में नज़रबंद कर दिया गया। एक अर्से तक वह वहाँ रहा। जब जंग ख़त्म हुई तो उसे रिहा कर दिया गया और वह फिर वापस बंबे टाकीज़ में आ गया, इसलिए कि मिस्टर वाचा से उसके दोस्ताना ताल्लुक़ात थे। वह अर्सा हुआ, बंबे टाकीज़ में इकट्ठे एक दूसरे के साथ काम करते रहे थे। उन दिनों मिस्टर वाचा साउंड रिकार्डिस्ट थे।

वर्शिग ने स्टूडियो में रौशनी का इंतिज़ाम कराया और मैकअप मैन से कहा कि वह कुलदीप कौर को तैयार करके कैमरा टेस्ट के लिए लाए। वह ख़ुद तैयार था। कैमरा नया था। उसको उसने अच्छी तरह देखा। रौशनियाँ दुरुस्त कराईं और अपना चुर्ट सुलगाए एक तरफ़ खड़ा हो गया।

कुलदीप कौर आई। मैंने उसे देखा। उसकी नाक पर मैकअप मैन ने सुर्ख़ी और सफ़ेदे के कुछ ऐसे ख़त लगाए थे कि वह दस गुना और तीखी हो गई थी। जब वर्शिग ने उसको देखा तो वह घबरा गया क्योंकि वह सर-ता-पा नाक थी।

कुलदीप कौर बिलकुल बेख़ौफ़ बेझिझाक कैमरे के सामने खड़ी हो गई। वर्शिग ने अब उसको कैमरे की आँख से देखा। मैं महसूस कर रहा था कि उसको बड़ी उलझन हो रही है। वह उसकी नाक ऐसे ज़ाविए पर बैठाने की कोशिश कर रहा था कि मायूब मालूम हो। बेचारा उस कोशिश में पसीना-पसीना हो गया। आख़िर उसने थक हार कर मुझसे कहा: "मैं अब एक कप चाय पीऊँगा..." मैं सारा मामला समझ गया था। चुनाँचे हम दोनों केंटीन में पहुँच गए। वहाँ उसने अपना पसीना पोंछते हुए मुझसे कहा: "मिस्टर मंटो, उसकी नाक भी एक आफ़त है। कैमरे में घुसी चली आती है। चेहरा बाद में आता है, नाक पहले आती है। अब मैं क्या करूँ। कुछ समझ में नहीं आता।"

मैंने कहा: "मेरी समझ में ख़ुद कुछ नहीं आता...तुम जानो, तुम्हारा काम जाने।"

फिर उसने एक और उलझन का इज़हार किया, लेकिन मेरे कान में: "मिस्टर मंटो उसका वह मामला भी ठीक नहीं है, लेकिन मैं उस से कैसे कहूँ..." यह कह कर मोटे वर्शिग ने अपना पसीना फिर पोंछा।

मैं उसका मतलब समझ गया, लेकिन वर्शिग ने फिर भी मुझे वज़ाहत से सबकुछ बता दिया और मुझसे दर्ख़्वास्त की कि मैं के.के. से दर्ख़्वास्त करूँ कि वह उस मामले को ठीक करे कि वह बहुत ज़रूरी है। नाक का वह कोई न कोई ज़ाविया निकाल लेगा, मगर उस मामले के मुताल्लिक़ वह कुछ भी नहीं कर सकता कि वह उसका काम है—मैंने उसकी

तशफ़्फ़ी की कि मैं सब ठीक कर दूँगा, क्योंकि उसने मुझे उस मामले की दुरुस्ती का हल बता दिया था, जो पैंतीस रुपए में बाईट वे एंड लेडाला की दुकान से दस्तयाब हो सकता था।

उस रोज़ टैस्ट क़िसी बहाने मौकूफ़ कर दिया गया। कुलदीप जब स्टूडियो से बाहर निकली तो मैंने बेतकल्लुफ़ी से सारी बात, जो उस मामले के मुताल्लिक़ थी, उसे बता दी और उससे कहा कि वह आज ही फ़ोर्ट में जाकर वह चीज ख़रीद ले जिससे उसके जिस्म का नुक्स दूर हो जाएगा। उसने बिला झिझक मेरी बात सुनी और कहा कि यह कौन-सी बड़ी बात है—चुनाँचे वह उसी वक़्त प्राण के साथ गई और वह चीज़ ख़रीद लाई। जब दूसरे रोज़ स्टूडियों में उससे मुलाकात हुई तो ज़मीनो-आसमान का फ़र्क़ था—यह चीज़ें ईजाद करने वाले भी बला के आदमी हैं, जो यूँ चुटकियों में "मामलों" को कहाँ से कहाँ पहुँचा देते हैं।

वर्शिंग ने जब उसे देखा तो वह मुत्मइन था। गो कुलदीप की नाक उसे तँग कर रही थी मगर अब दूसरा मामला बिलकुल ठीक था। चुनाँचे उसने टेस्ट लिया और जब उसका प्रिंट तैयार हुआ और हम सबने उसे अपने प्रोजेक्शन हाल में देखा तो उसकी शक्लो-सूरत को पसंद किया और यह राय मुत्तफ़िक़ा तौर तर क़ाइम हुई कि वह ख़ास रोल्ज़ के लिए बहुत अच्छी रहेगी, ख़ुसूसन वेंप के रौल के लिए।

कुलदीप कौर से मुझे ज़्यादा मिलने-जुलने का इत्तिफ़ाक़ नहीं हुआ—प्राण चूँकि दोस्त था और उसके साथ अक्सर शामें गुज़रती थीं, इसलिए कुलदीप भी कभी-कभी हमारे साथ शरीक हो जाती थीं। वह एक होटल में रहती थी जो साहिल समंदर के पास था। प्राण भी उससे कुछ दूर एक स्क्वायर में मुक़ीम था जहाँ उसकी बीवी और बच्चा भी था, लेकिन उसका ज़्यादा वक़्त कुलदीप कौर के साथ गुज़रता था। मैं अब आपको एक दिलचस्प वाक़िआ सुनाता हूँ।

मैं और श्याम, ताज होटल में बीयर पीने जा रहे थे कि रास्ते में मश्हूर नग़मा नवीस मधोक से मुलाकात हो गई। वह हमें एयरवेज़ सिनेमा के बार में ले गए। वहाँ हम सब देर तक बीयर नोशी में मशग़ूल रहे। मधोक टैक्सियों का बादशाह मश्हूर है। बाहर एक ग्रान्डील टैक्सी खड़ी थी। यह मधोक साहब के पास तीन दिन से थी।

जब हम फ़ारिग़ हुए तो उन्होंने पूछा कि हमें कहाँ जाना है—मधोक साहब को अपनी महबूबा निगार सुलताना के पास जाना था, जिससे किसी ज़माने में श्याम का भी ताल्लुक़ था। कुलदीप कौर भी निगार के आस-पास ही रहती थी—श्याम ने मुझसे कहा : "चलो प्राण से मिलते हैं।"

चुनाँचे मधोक साहब की टैक्सी में बैठकर हम वहाँ पहुँचे। वह तो अपनी निगार सुलताना के पास चले गए और हम दोनों कुलदीप कौर के हाँ। प्राण वहाँ बैठा था। एक मुख़्तसर-सा कमरा था। बीयर पी हुई थी। ग़ुनूदगी तारी थी, उसको ज़ाइल करने के लिए श्याम ने सोचा कि ताश खेलनी चाहिए। कुलदीप फ़ौरन तैयार हो गई लेकिन यह कहा कि फ़्लाश होगी। हम मान गए।

फ़्लाश शुरू हो गई। कुलदीप और प्राण एक साथ थे। प्राण ही पत्ते बाँटता और वही

उठाता था। कुलदीप उसके कांधे के साथ अपनी नुकीली ठोड़ी टिकाए बैठी थी, अलबत्ता जितने रुपए प्राण जीतता था, उठाकर अपने पास रख लेती थी।

उस खेल में हम सिर्फ़ हारा किए। मैंने फ़्लाश कई मर्तबा खेली है लेकिन वह फ़्लाश कुछ अजीबो-ग़रीब क़िस्म की थी। मेरे पिछत्तर रुपए पंद्रह मिनट के अंदर अंदर कुलदीप कौर के पास थे। मेरी समझ में नहीं आता था कि आज पत्तों को क्या हो गया है कि ठिकाने के आते ही नहीं।

श्याम ने जब यह रंग देखा तो मुझसे कहा : ''मंटो, अब बंद करो।'' मैंने खेलना बंद कर दिया—प्राण मुस्कराया और उसने कुलदीप से कहा : ''के. के., पैसे वापस कर दो मंटो साहब के।''

मैंने कहा : ''यह ग़लत है···तुम लोगों ने जीते हैं। वापसी का सवाल ही कहाँ पैदा होता है।''

तब प्राण ने मुझे बताया कि वह अव्वल दर्जे का नौसरबाज़ है। उसने जो कुछ मुझसे जीता है, अपनी चाबुक-दस्ती की बदौलत मुझसे जीता है। चूँकि मैं उसका दोस्त हूँ, इसलिए वह मुझसे धोका करना नहीं चाहता—मैं पहले समझा कि वह इस हीले से मेरे रुपए वापस करना चाहता है, लेकिन जब उसने ताश की गड्डी उठाकर तीन चार बार पत्ते तक़सीम किए और हर बार बड़े दाव जीतने वाले पत्तें अपने पास गिराए तो मैं उसके हथकंडे का क़ायल हो गया, यह काम वाक़िई बड़ी चाबुकदस्ती का है।

प्राण ने कुलदीप कौर से कहा कि वह रुपए वापस कर दे मगर उसने इन्कार कर दिया—श्याम कबाब हो गया। प्राण नाराज़ होकर चला गया, ग़ालिबन उसे अपनी बीवी के साथ कहीं जाना था। श्याम और मैं वहीं बैठे रहे। थोड़ी देर श्याम उससे गुफ़्तगू करता रहा। फिर उसने कहा कि आओ चलो, सैर करें। कुलदीप राज़ी हो गई।

टैक्सी मँगवाई गई। हम सब बाईकुल्ला रवाना हुए। क्लीयर रोड पर मेरा फ़्लैट था। हम सीधे वहाँ पहुँचे। घर में उन दिनों कोई भी नहीं था। श्याम मेरे साथ रहता था। हम फ़्लैट में दाख़िल हुए तो श्याम ने कुलदीप से छेड़खानी शुरू कर दी। कुलदीप बहुत जल्द तंग आनेवाली औरत नहीं। वह किसी मर्द से घबराती भी नहीं। उसको ख़ुद पर पूरा-पूरा एतिमाद है, चुनांचे वह देर तक श्याम के साथ हँसती खेलती रही।

हाँ मैं आपको यह बताना भूल गया कि जब हम क्लीयर रोड पर पहुँचे तो कुलदीप ने एक स्टोर के पास टैक्सी रोकने के लिए कहा कि वह सेन्ट की शीशी ख़रीदना चाहती है—श्याम सख़्त कबाब था कि वह उस रुपए से हर चीज़ ख़रीदेगी जो प्राण ने नौसर बाज़ी के ज़रिए मुझसे जीते थे।

मैंने उससे कहा : ''कोई हर्ज नहीं। तुम इस बात का कुछ ख़याल न करो। हटाओ इस क़िस्से को।''

कुलदीप के साथ मैं स्टोर में गया। उसने पारडे का सेन्ट पसंद किया। उसकी क़ीमत बाइस रुपए आठ आने थी। कुलदीप ने ख़ूबसूरत शीशी अपने पर्स में रखी और मुझसे कहा : ''मंटो साहब, क़ीमत अदा कर दीजिए।''

मैं उस सेंट के दाम हरगिज़ अदा नहीं करना चाहता था। मगर दुकानदार मेरा वाक़िफ़ था और फिर एक औरत ने इस अंदाज़ से मुझसे क़ीमत अदा करने को कहा था कि इन्कार करना मर्दाना वक़ार की तज़्लील का बायस होता। चुनाँचे मैंने जेब से रुपए निकाले और अदा कर दिए—फ़्लैट में जब श्याम को मालूम हुआ कि सेंट मैंने ख़रीदकर दिया है तो वह आग बगूला हो गया। उसने मुझे और कुलदीप कौर को पेट भर कर गालियाँ दीं, लेकिन बाद नर्म हो गया। उसका असल मक़सद यह था कि कुलदीप किसी न किसी तरह राम हो जाए। मैंने भी कोशिश की और कुलदीप कौर को समझाया कि अब उसके इख़्तिलाफ़ात मिट जाने चाहिएँ। कुलदीप मान गई। मैंने श्याम और उससे कहा कि मैं आता हूँ कि तुम दोनों आपस में समझौता कर लो, मगर उसने कहा कि नहीं, यह समझौता उसके होटल में होगा—टैक्सी नीचे खड़ी थी। दोनों उसमें चले गए।

मैं ख़ुश था कि चलो, यह क़िस्सा तय हुआ।

मगर पौन घंटे बाद ही श्याम लौट आया। वह सख़्त गुस्से में भरा हुआ था। मैंने जब उसे ब्रांडी का ग्लास पेश किया तो मैंने देखा कि उसका हाथ ज़ख़्मी है। ख़ून बह रहा है। मैंने बड़ी तश्वीश के साथ पूछा। वह कबाब था, लेकिन ब्रांडी ने उसके मूड को किसी क़द्र दुरुस्त कर दिया। उसने बताया कि जब वह के. के. के साथ उसके होटल में पहुँचा और वह टैक्सी से बाहर निकले तो वह मुन्किर हो गई : मुझे सख़्त गुस्सा आया...हम दोनों एक पथरीली दीवार के पास खड़े थे। मैंने उससे कहा : तुम लाहौर में मुझ पर मरती थीं। अब यह क्या नख़रा है। उसने जवाब में कुछ ऐसी बात कही कि मेरे तन बदन में आग लग गई। मैंने तानकर घूँसा मारा मगर वह एक तरफ़ हट गई और मेरा घूँसा दीवार के साथ जा टकराया। वह हँसती क़हक़हे लगाती ऊपर होटल में चली गई और मैं खड़ा अपना ज़ख़्मी हाथ देखता रहा।"

कुलदीप कौर अजीबो-ग़रीब शख़्सीयत की मालिक है। जिस तरह उसकी नाक तीखी है, उसी तरह उसका किर्दार तीखा और नुकीला है।

पिछले दिनों यह ख़बर आई थी कि उस पर हिंदुस्तान में पाकिस्तान की जासूसी का इल्ज़ाम लगाया है। मालूम नहीं, इसमें कहाँ तक सदाक़त है लेकिन मैं वुसूक़ से इतना ज़रूर कह सकता हूँ कि उस जैसी औरत, जिसका ज़ाहिर बातिन एक हो, माता हारी कभी नहीं बन सकती।

नवाब काश्मीरी

यूँ तो कहने को वह एक एक्टर था जिसकी इज़्ज़त अक्सर लोगों की नज़र में कुछ नहीं होती, जिस तरह मुझे महज़ अफ़्साना निगार समझा जाता है यानि एक फ़ुज़ूल-सा आदमी, पर यह फ़ुज़ूल-सा आदमी उस फ़ुज़ूल-से आदमी का जितना एहतिराम करता था, उतना एहतिराम कोई बेफ़ुज़ूल-सी शख़्सीयत किसी बेफ़ुज़ूल-सी शख़्सीयत का नहीं कर सकती।

वह अपने फ़न का बादशाह था। उस फ़न के मुताल्लिक़ आपको यहाँ का कोई वज़ीर कुछ न बता सकेगा—आप किसी चीथड़े पहने हुए मज़दूर से पूछ देखिए, जिसने चवन्नी देकर नवाब काश्मीरी को किसी फ़िल्म में देखा है तो वह उसके गुन (गुण) गाने लगेगा और वह अपनी ख़ाम ज़बान में आपको बताएगा कि नवाब काश्मीरी ने क्या-क्या कमाल दिखाए हैं।

इगंलिस्तान की यह रस्म है कि जब उनका कोई बादशाह मरता है तो फ़ौरन ऐलान किया जाता है : "बादशाह मर गया है, बादशाह की उम्र दराज़ हो।"

नवाब काश्मीरी मर गया है—मैं किस नवाब काश्मीरी की दराज़ी-ए-उम्र के लिए दुआ माँगूँ। मुझे तो उसके मुक़ाबले में तमाम किर्दार निगार प्यादे मालूम होते हैं।

नवाब काश्मीरी से मेरी मुलाक़ात बंबई में हुई। ख़ान काश्मीरी, जो उसका क़रीबी रिश्तेदार है, साथ था। बंबई के एक स्टूडियो में हम देर तक बैठे और बातें करते रहे। इसके बाद मैंने उसको अपनी एक फ़िल्मी कहानी सुनाई। उस पर कुछ असर न हुआ। उसने मुझसे बिला तकल्लुफ़ कह दिया : "ठीक है, लेकिन मुझे पसंद नहीं।"

मैं उसकी इस बेबाक तन्क़ीद से बहुत मुतास्सिर हुआ।

दूसरे रोज़ मैंने उसे फिर एक कहानी सुनाई। सुनने के दौरान में उसकी आँखों से आँसू टपकने लगे—जब मैंने कहानी ख़त्म की तो उसने रूमाल से आँसू ख़ुश्क करके मुझसे कहा : "यह कहानी आप किस फ़िल्म कंपनी को दे रहे हैं··· भड़वे का रोल मुझे बहुत पसंद है।"

मैंने उससे कहा : "यह कहानी कोई प्रोड्यूसर लेने के लिए तैयार नहीं।"

नवाब ने कहा : "तो लानत भेजो उन पर।"

नवाब मर्हूम को पहली बार मैंने 'यहूदी की लड़की' में देखा था, जिसमें रतनबाई हीरोइन थी। नवाब, अज़्रा यहूदी का पार्ट अदा कर रहा था—मैंने इससे पहले यहूदियों की शक्ल तक नहीं देखी थी। जब मैं बंबई गया तो यहूदियों को देखकर मैंने महसूस किया कि

नवाब ने उनका सही, सौ फ़ीसदी सही चरबा उतारा है[1]—जब नवाब मरहूम से बंबई में मुलाक़ात हुई तो उसने मुझे बताया कि अज़रा यहूदी का पार्ट अदा करने के लिए उसने कलकत्ता में पार्ट अदा करने से पहले कई यहूदियों के साथ मुलाक़ात की, उनके साथ घंटों बैठा रहा। जब उसने महसूस किया कि वह अज़रा यहूदी का रोल अदा करने के क़ाबिल हो गया है तो उसने मिस्टर बी. एन. सरकार, मालिक 'न्यू थियेटर्ज़' से हामी भर ली।

जिन अस्हाब ने 'यहूदी की[2] लड़की' फ़िल्म देखा है, वह नवाब काश्मीरी को कभी नहीं भूल सकते। उसने बूढ़ा बनने के लिए और पोपले मुँह से बातें करने के लिए अपने सारे दाँत निकलवा दिए थे ताकि किर्दार निगारी पर कोई हर्फ़ न आए।

नवाब बहुत बड़ा किर्दार निगार था। वह किसी ऐसे फ़िल्म में हिस्सा लेने के लिए तैयार न था जिसमें कोई ऐसा रोल न हो, जिसमें वह समा न सकता हो। चुनांचे वह किसी फ़िल्म कंपनी से मुआहिदा करने से पहले पूरी कहानी सुनता था। फिर घर जाकर उस पर कई दिन गौर करता था। आइने के सामने खड़ा होकर अपने चेहरे पर मुख़्तलिफ़ जज़्बात पैदा करता था—जब वह अपनी तरफ़ से मुत्मइन हो जाता तो मुआहिदे पर दस्तख़त कर देता।

उसको आग़ा हश्र काश्मीरी के ड्रामों से बहुत मुहब्बत थी--ताज्जुब है कि वह शख़्स, जो अर्से तक इंपीरियल थियेरेटिकल कंपनी के ड्रामों में स्टेज पर आता रहा और दादे-तहसीन वुसूल करता रहा, फ़िल्म में आते ही एकदम बदल गया--उसके लबो-लह्जे में कोई थियेटरपन नहीं था। वह अपने मुकालमे उसी तरह अदा करता था, जिस तरह कि लोग आम गुफ़्तगू करते हैं।

जिस थियेटरिकल कंपनी का मैंने ज़िक्र किया है, उसके ड्रामों 'खूबसूरत बला', 'नूरे-वतन' और 'बाग़े-ईरान' में नवाब मर्हूम ने अपनी अदाकारी के ऐसे जौहर दिखाए थे कि उसकी धाक बैठ गई थी।

नवाब काश्मीरी, लखनऊ के बड़े इमाम बाड़े के सैयद मुफ़्तिए-आज़म का इकलौता लड़का था—क़ुदरत की यह कितनी सितम ज़रीफ़ी है : कहाँ इमाम बाड़े का मुफ़्तिए-आज़म और कहाँ मंडवा—लेकिन बचपन ही से नवाब काश्मीरी को नाटक से लगाव था।

लखनऊ में एक नाटक कंपनी आई, जिसका मालिक कोई अग्रवाल था। उस कंपनी के खेल नवाब बाक़ाइदा देखता रहा। उसने महसूस किया कि वह उसी सिलसिले के लिए पैदा हुआ है—वह खेल देखकर घर आता तो घंटों उस ड्रामे के याद रहे हुए मुकालमे अपने अंदाज़ में बोलता।

उस नाटक कंपनी में चुनांचे एक मर्तबा उसने ख़ुद को पेश किया कि वह उसका इम्तिहान लें—डायरेक्टर ने जब नवाब की एक्टिंग देखी और मुकालमों की अदाइगी सुनी तो हैरानो शशदर रह गया। उसने फ़ौरन उसे अपने यहाँ मुलाज़िम रख लिया—यह मुझे

1. मंटो का यह तारीफ़ी जुम्ला भौंडा है।
2. आग़ा हश्र काश्मीरी का यह ड्रामा दूसरी बार 'यहूदी' के नाम से फ़िल्माया गया। बिमल राय डायरेक्टर थे और यहूदी का रोल सोहराब मोदी ने अदा किया था। दिलीपकुमार और मीनाकुमारी की मौजूदगी के बावजूद फ़िल्म घटिया था।

मालूम नहीं कि उसकी तन्ख़ाह क्या मुक़र्रर हुई।

उस कंपनी के साथ नवाब कलकत्ता पहुँचा, और वहाँ उसने अपने मज़ीद जौहर दिखाए। वह केरेक्टर एक्टर मशहूर हो गया—काउस जी खटाऊ जी ने उसकी अदाकारी देखी तो उसको एलफ्रेड थियेटर कंपनी में ले गया।

सेठ सुखलाल करनानी, एलफ्रेड थियेटर का मालिक था और परले दर्जे का गधा और बेवक़ूफ़ था। उसने अपने हवारियों से सुना था कि कोई एक्टर, जिसका नाम नवाब है और जो कमाल कर रहा है और जिसका कोई जवाब नहीं है, तो उसने अपने ठेट अंदाज़े-गुफ़्तगू में कहा था: "तो ले आओ उस सांड को।"

उस सांड को काउस जी खटाऊ जी ले आया—ज़ाहिर है, वह सांड नवाब काश्मीरी था। उसको ज़्यादा तन्ख़ाह देकर एलफ्रेड थियेटर में रख लिया गया—नवाब देर तक, मेरा मतलब है दो साल तक, करनानी की कंपनी के खेलों में काम करता रहा।

मुझे याद नहीं, कौन-सा सन था। ग़ालिबन यह वह ज़माना था, जब बंबई की इंपीरियल फ़िल्म कंपनी ने हिंदुस्तान का पहला बोलता फ़िल्म 'आलम आरा' बनाया था—जब बोलती फ़िल्मों का दौर शुरू हुआ तो मिस्टर बी एन सरकार ने, जो बड़े तालीम याफ़्ता और सूझबूझ के मालिक थे, 'न्यू थियेटर्ज़' की बुनियाद रखी। वह नवाब काश्मीरी से अक्सर मिलते रहते थे। उन्होंने नवाब को इस बात पर आमादा कर लिया कि वह थियेटर छोड़कर फ़िल्मी दुनिया में आ जाए।

बी एन सरकार, नवाब को अपना मुलाज़िम नहीं, महबूब समझते थे। उनका ज़ौक़ बहुत अरफ़ा व आला था। वह आर्ट के गरवीदा थे—नवाब मरहूम का पहला फिल्म 'यहूदी की लड़की' था। उस फ़िल्म की हीरोइन रतन बाई थी जिसके सर के बाल उसके टख़नों तक पहुँचते थे। उस फ़िल्म के डायरेक्टर एक बंगाली मिस्टर अठार्थी थे जो अब दुनिया त्याग चुके हैं। उस टीम में हाफ़िज़ जी और म्युज़िक डायरेक्टर बाली थे—उस तिगडम में क्या कुछ होता था, मेरा ख़याल है, इस मज़्मून में जाइज़ नहीं।

मिस्टर अठार्थी ने, जो बहुत पढ़े लिखे और क़ाबिल आदमी थी, मुझसे कहा था: "नवाब ऐसा एक्टर फिर कभी नहीं पैदा होगा। वह अपने रोल में ऐसे धंस जाता है, जैसे दस्ताने में हाथ···वह अपने फ़न का मास्टर है।"

हाफ़िज़ जी भी नवाब की तारीफ़ में रत्बुल्लिसान थे। वह कहते थे कि उन्होंने अपनी ज़िंदगी में ऐसा अच्छा एक्टर कभी नहीं देखा।

ख़ैर इन बातों को छोड़िए—मैं अब एक्टर नवाब की तरफ़ आता हूँ।

एक फ़िल्म में, जिसका उन्वान ग़ालिबन "माया" था, मरहूम को जेबकतरे का पार्ट दिया गया। उसने जब सारी कहानी सुनी तो यह कहकर इन्कार कर दिया: "मैं यह रोल अदा नहीं कर सकता, इसलिए कि मैं जेबकतरा नहीं हूँ। मैंने आज तक किसी की जेब नहीं काटी···" फिर वह कलकत्ते के एक वाहियात होटल में हर रोज़ जाता रहा। वहाँ उसकी कई जेबकतरों और उठाइगीरों से मुलाक़ातें होती रहीं। सुना है कि उनके साथ उसने शराब भी पी, हालाँकि उसे शराब की आदत नहीं थी—एक हफ़्ते के बाद वह मुत्मईन हो गया।

चुनांचे उसने फ़िल्म कंपनी के मालिक से कह दिया कि वह जेबकतरे का रोल अदा करने के लिए तैयार है—उसने इस दौरान में कई बदमाशों और बदकिर्दारों से दोस्ती पैदा कर ली थी और उनके तमाम ख़साइस सीख लिए थे। यही वजह है कि वह उस रोल में कामयाब रहा।

मरहूम की ज़िंदगी यूँ बड़ी पाक साफ़ थी—उसका एक अज़ीज़ ए एम अम्माद है। उसने मुझे बताया कि नवाब बड़ा तहारत पसंद था। शिया था। कोई काम बग़ैर इस्तिख़ारे के नहीं करता था—सुन्नी और शिया होने में क्या फ़र्क़ है, इसे जाने दीजिए। जब इन दो फ़िर्क़ों में लड़ाई झगड़े होते हैं तो इतना समझ में आता है कि उनके दिमाग़ों में मज़हबी फ़ुतूर है।

मैं तो नवाब मरहूम की बात कर रहा था—मैं 'मुक्ति' का वह सीन कभी नहीं भूल सकता, जिसमें उसने अपनी बदचलन बीवी को भुने हुए चने दिए थे। उसके बढ़े हुए हाथ में इतना ग़मो-अंदोह था जो चेहरा भी ज़ाहिर नहीं कर सकता।

'देवदास' में जब सहगल उसके मुँह पर थप्पड़ मारता है तो वह कुछ देर अपना चेहरा सहलाता है, जहाँ ज़र्ब आई है। फिर सिर्फ़ इतना कहता है : ''तुमने दीनू भाई को मारा···'' अब मैं क्या कहूँ, सारे हस्सास तमाशाई लर्ज़ जाते हैं।

फ़िल्म 'ज़िद्दी' में उसके भतीजे की बीवी कुलदीप कौर उसके पास से गुज़रती है। वह ग़ुस्से के आलम में (अपने यार) प्राण एक्टर के साथ जा रही होती है। नवाब काश्मीरी मर्हूम इनवेलिड्ज़ चेयर में बैठा है। वह कुलदीप कौर को जाते हुए देखता है और अजीब फ़लसफ़ीयाना अंदाज़ में हमकलामी करता है : ''फुर-से चली गई···''

मैं ज़्यादा तफ़सील में नहीं जाना चाहता, लेकिन आपको फ़िलहाल यह इत्तिला देना चाहता हूँ जो अभी तक किसी पर्चे में शाया नहीं हुई—उसकी पहली बीवी उसके अपने वतन की थी। उस लड़की से उसकी शादी कब हुई इसके मुताल्लिक़ मैं कुछ नहीं जानता। उस बीवी से उसकी कोई औलाद न हुई। जब उस तरफ़ से नाउम्मीदी हुई तो नवाब ने इधर-उधर किसी दूसरे रिश्ते को टटोलना शुरू किया। आख़िर उसने प्रिंस महर क़द्र, बादशाहे-अवध के बड़े लड़के की बेटी को निकाह में ले लिया।

जब यह शादी हुई तो घर में एक कोहराम मच गया। नवाब ने कोई पर्वा न की। नतीजा इसका यह हुआ कि उसकी पहली बीवी ने ख़ुदकुशी कर ली—अब आप उस ख़ुदकुशी का मुख़्तसर हाल सुन लीजिए : जब उसकी पहली बीवी को मालूम हुआ कि उसके ख़ाविंद ने दूसरी शादी कर ली है तो उसने नौकरानी से तोशक मँगवाई। उस पर मिट्टी का तेल छिड़का। इसके बाद अपने तनबदन पर भी यही तेल मला। अपने कपड़ों को भी उससे मानूस किया। फिर आराम से चारपाई पर लेटी, दियासलाई जलाई और ख़ुद को आग लगा ली और मर गई—नवाब को मालूम ही नहीं था कि उसकी पहली बीवी कोयला बन गई है। वह अपनी दूसरी बीवी के साथ दूसरे घर में था।

जब नवाब को मालूम हुआ कि वह मर गई है तो उसने उसकी तज्हीज़ो-तकफ़ीन का इंतिज़ाम किया—बाद में उसे मालूम हुआ कि आख़िरी वक़्त वह यह वसीयत कर गई थी : ''मैं अपनी दस हज़ार की इन्शोरेन्स पालिसी अपने ख़ाविंद के नाम करती हूँ। इसके अलावा एक सौ साठ तोले सोना भी उनकी तहवील में देती हूँ।''

नवाब सुनकर बहुत मुताज्जिब हुआ—उसे देर तक मिट्टी के तेल की बू आती रही।

मैं जब कभी सोचता हूँ तो मुझे यूँ महसूस होता है कि मैं मिट्टी का तेल हूँ, कैरोसीन हूँ, नवाब काश्मीरी हूँ—काश्मीरी मैं भी हूँ, लेकिन इतना ज़ालिम नहीं, जितना कि वह था, इसलिए कि उसने सिर्फ़ औलाद की ख़ातिर अपनी पहली बीवी को ख़ुदकुशी करने पर मजबूर कर दिया।

मैं भी काश्मीरी हूँ। मुझे काश्मीरियों से बहुत मुहब्बत है, लेकिन मैं ऐसे काश्मीरियों से नफ़रत करता हूँ जो अपनी बीवियों से बुरा सुलूक करते हैं।

मैं नवाब मर्हूम के फ़न का क़ाइल हूँ। मैं उसे बहुत बड़ा फ़नकार मानता हूँ—लेकिन जब भी मैंने उसे स्क्रीन पर देखा, मुझे घासलेट यानि मिट्टी के तेल की बू आई।

ख़ुदा करे, उसे दोज़ख़ नसीब हो कि वहाँ वह ज़्यादा ख़ुश रहेगा।

पुर असरार नीना

शाहिदा, मोहसिन अब्दुल्लाह की फ़र्माबरदार बीवी थी और अपने घर में ख़ुश थी, इसलिए कि अलीगढ़ में मियाँ बीवी की मुहब्बत हुई थी, और यह मुहब्बत उन दोनों के दिलों में एक अर्से तक बरक़रार रही।

शाहिदा उस क़िस्म की लड़की थी जो अपने ख़ाविंद के सिवा और किसी मर्द की तरफ़ नज़र उठाकर भी नहीं देखती लेकिन मोहसिन अब्दुल्लाह ऐसा नौजवान था जो मुख़्तलिफ़ मेवे चखने का आदी थी। शाहिदा को उसकी इस आदत का इल्म नहीं था। वैसे वह जानती थी कि उसके ख़ाविंद की बहनें बड़ी आज़ाद ख़याल हैं, वह मर्दों से बड़ी बेबाकी से मिलती हैं, उनसे जिन्सियात के बारे में गुफ़्तुगू करने से भी नहीं झिझकतीं—मगर शाहिदा को उनके यह अंदाज़ पसंद नहीं थे।

मोहसिन अब्दुल्लाह की एक बहन डाक्टर रशीद जहाँ ने तो ऐसे पर पुर्ज़े निकाले थे कि हद ही कर दी थी—मैं उन दिनों एम ए ओ कालिंज अमृतसर में पढ़ता था। उस कालिज में एक नए प्रोफ़ेसर साहबज़ादा महमूदुज़्ज़फर आए—यह डाक्टर रशीद जहाँ के ख़ाविंद थे।

मैं बहुत पीछे चला गया हूँ, लेकिन वाक़िआत क्योंकि अचानक मेरे दिमाग़ में आ रहे हैं, इसलिए मैं मजबूर हूँ कि इस मज़्मून का तसलसुल क़ायम नहीं रह सकेगा—बहरहाल आप पढ़ेंगे तो आप कड़ियाँ मिला सकेंगे।

प्रोफ़ेसर साहबज़ादा महमूदुज़्ज़फर बड़े ख़ुशशक्ल नौजवान थे। उनके ख़यालात इश्तराकी थे—उसी कालिज में फ़ैज़ अहमद फ़ैज़ साहब, जो बड़े अफ़ीमी क़िस्म के आदमी थे, पढ़ाया करते थे। उनसे मेरे बड़े अच्छे मरासिम थे।

एक हफ़्ते की शाम फ़ैज़ साहब ने मुझसे कहा कि वह डेराडून जा रहे हैं--चंद चीज़ें उन्होंने मुझे बताईं कि मैं ख़रीदकर ले आऊँ—मैंने उनके हुक्म की तामील की—इसके बाद हर हफ़्ते उनके हुक्म की तामील करना मेरा मामूल हो गया।

फ़ैज़ साहब दरअसल डेराडून में डाक्टर रशीद जहाँ से मिलने जाते थे। रशीद जहाँ से ग़ालिबन उनको इश्क़ की क़िस्म का कोई लगाव था—मालूम नहीं उस लगाव का क्या हश्र हुआ, मगर उन्होंने उन दिनों अपनी अफ़ीमगी के बावजूद, बड़ी ख़ूबसूरत ग़ज़लें लिखीं।

यह तमाम अक़्बी मनाज़िर हैं।

मोहसिन अब्दुल्लाह को किसी दोस्त की वसातत से बंबे टाकीज़ में मुलाज़मत मिल

गई—उन दिनों यह फ़िल्मी इदारा बड़ा वक़ार रखता था। इसके रुहे-खाँ हिमांशु राय थे, वह तन्ज़ीम और अच्छी फ़ज़ा के बहुत क़ायल थे। उनकी यही ख़्वाहिश होती थी कि वह पढ़े-लिखे लोगों को अपने स्टूडियो में जगह दें।

मोहसिन अब्दुल्लाह को लेबारेट्री में जगह मिल गई।

हिमांशु राय आंजहाँनी के अहकाम के मुताबिक़ स्टूडियों के किसी आला और मुत्वस्सित कारकुन को मलाड से, जहाँ कि यह निगार ख़ाना था, दूर रिहाइश इख़्तियार करने की इजाज़त नहीं थी। क़रीब-क़रीब सब स्टूडियो के आस-पास ही रहते थे—मोहसिन अब्दुल्लाह अपनी बीवी शाहिदा के साथ, क़रीब ही एक छोटी-सी टूटी-फूटी कोठी में मुक़ीम था।

मोहसिन लेबारेट्री में बड़ी तवज़्जे से काम करता था। हिमांशु राय उससे बहुत ख़ुश थे—मोहसिन की तन्ख़ाह उतनी ही थी, जितनी अशोक कुमार की थी, जब अशोक कुमार उस लेबारेट्री में मुलाज़िम हुआ था। यह अलग बात है कि अब अशोक कुमार एक कामयाब एक्टर बन रहा था। उन दिनों आज़ूरी और मुमताज़ भी वहीं थे। मिस्टर मुकर्जी जो उस वक़्त साउंड रिकार्डिस्ट मिस्टर वाचा के असिस्टेंट थे, सब ख़ुशबाश आदमी थे।

हर साल होली के मौक़े पर बड़ा दिलकश हंगामा बर्पा होता था। सब एक दूसरे पर रँग फेंकते, और बड़ी प्यारी रँग रलियाँ मचतीं।

'पुनर मिलन' की शूटिंग शुरू हुई तो हिमांशु राय ने स्नेह प्रभा प्रधान को, जो ख़ासी पढ़ी-लिखी लड़की थी, अपने इस फ़िल्म के लिए हीरोइन मुन्तख़ब किया—उन दिनों ख़्वाजा अहमद अब्बास वहाँ पब्लिसिटी का काम करते थे। मोहसिन और अब्बास, दोनों इस लड़की पर आशिक़ हो गए, जो सिंध की रहनेवाली थी और बंबई में नर्सिंग का कोर्स मुकम्मल कर चुकी थी—मोहसिन और अब्बास, दोनों चाहते थे कि प्रभा उनके जज़्बात की नर्सिंग करे, मगर वह बड़ी तेज़ नशतर थी। वह दोनों को चरके लगाती थी।

यह एक लंबी कहानी है, जिसे मैं फिर किसी वक़्त लिखूँगा[1]।

मोहसिन स्नेहा प्रभा प्रधान के इश्क़ में कुछ ऐसा मुब्तला हुआ कि उसने बेतहाशा जुआ खेलना शुरू कर दिया—उसे जितनी तन्ख़ाह मिलती, सब क़िमार बाज़ी की नज़र हो जाती।

शाहिदा सख़्त परेशान थी। उसको अपने घर से हर महीने कुछ न कुछ मँगवाना पड़ता था। उसके एक बच्चा भी हो चुका था जो आए दिन बीमार रहता। बच्चे के इलाज पर काफ़ी ख़र्च करना पड़ता था।

शाहिदा ने एक दिन मोहसिन से बड़े शरीफ़ाना अंदाज़ में कहा : "मोहसिन, तुम मेरा ख़याल नहीं करते···कम अज़ कम अपने बच्चे का तो करो।"

वह उस पर बहुत बरसा, इसलिए कि उसके सिर पर जुए और स्नेह प्रभा प्रधान का इश्क़ सवार था।

1. ज़िंदगी ने मंटो को इतनी मोहलत ही न दी कि वह यह लंबी कहानी लिख सकता।

मैं उन दिनों नानू भाई डेसाई के "हिंदुस्तान सिने टोन स्टूडियो" में मुलाज़िम था—शांता राम ने, जो प्रभात फ़िल्म कंपनी में कई शानदार फ़िल्म तैयार कर चुके थे, मुझे दावत दी कि मैं पूना आऊँ—कई सहाफ़ी और अफ़साना नवीस वहाँ जा रहे थे। वह ख़ैर-सगाली क़िस्म की दावत थी। मदऊ किए गए लोगों में एक शख़्स डब्लू ज़ैड अहमद भी था, जो ग़ालिबन साधना बोस की टीम में काम करता था—मुझे इतना याद है कि अहमद ने मुझसे कहा था कि वह बंगाली के मुकालमे उर्दू में तर्जुमा करता है।

हम पूना में दो रोज़ रहे—इस दौरान में मुझे अहमद के मुताल्लिक़ कुछ मालूम न हो सका, इसलिए कि वह अपने चेहरे पर ख़ोल चढ़ाए रखता था। उसकी हंसी, उसकी गुफ़्तगू, उसका हर अंदाज़ मस्नूई-सा दिखाई देता था। एक और बात, जो मैंने नोट की थी, यह थी कि वह मशहूर जर्मन यहूदी डायरेक्टर अरनस्ट की तरह हर वक़्त मुँह में एक लंबा-सा सिगार दबाए रखता था।

इसके बाद मेरी और अहमद की मुलाक़ात रमा शुक्ल एक्टर के मकान पर हुई—रमा शुक्ल मेरा दोस्त था। मैं जब उसके कमरे में दाख़िल हुआ तो मैंने देखा कि एक कोने में डब्लू ज़ैड अहमद बैठा रमा शुक्ल की महबूब शराब रम पी रहा है।

अहमद से अलैक-सलैक हुई, बड़ी रस्मी क़िस्म की—मैंने महसूस किया कि वह किसी से खुलकर बात करने का आदी नहीं—वह एक कछुआ है जो अपनी गर्दन, जब चाहे, अपने सख़्त ख़ोल के अंदर छुपा लेता है, आप ढूंढते रहें, मगर न मिले।

मैंने उससे कहा : "अहमद साहब,आप कुछ बात तो कीजिए।"

वह अपने मख़्सूस अंदाज़ में हँसा : "आप रमा शुक्ल से बातें कर रहे हैं⋯क्या यह आपके लिए काफ़ी नहीं हैं।"

यह जवाब सुनकर मुझे बड़ी कोफ़्त हुई—मुझे ऐसा महसूस हुआ कि मैं किसी सियासत-दाँ से हमकलाम हूँ—सियासत से मुझे सख़्त नफ़रत है।

अहमद से रमा शुक्ल के फ़्लैट पर मुतादि्दद मर्तबा मुलाक़ात हुई, लेकिन वह खुलकर फिर भी न बोला—वह कोने में कुर्सी पर बैठा रम पीता रहता। मैं और रमा शुक्ल अपनी बक्वास में मशगूल रहते।

क़रीब-क़रीब दो साल गुज़र गए—फिर मुझे किसी ने बताया कि डब्लू ज़ैड अहमद कोई फिल्म कंपनी क़ायम कर रहे हैं—मुझे बड़ी हैरत हुई कि बंगाली के मुकालमे तर्जुमा करनेवाला शख़्स कैसे फ़िल्म कंपनी बनाएगा, मगर उसने बना ली—पूना में उसका नाम "शालीमार स्टूडियो" रखा गया। इश्तिहार बाज़ी फ़ौरन शुरू हो गई।

मैंने वह इतिहार देखे—उनमें ख़ास ज़ोर एक एक्ट्रेस नीना पर दिया जाता था, जिसको बार-बार 'पुरअस्रार' कहा जाता था—मेरी समझ में नहीं आता था कि किसी एक्ट्रेस में 'अस्रार' क्या हो सकता है, जब उसे स्क्रीन पर आना है, उसके तो सारे भेद वहीं खुल जाएँगे।

दो बरस तक बराबर यही पब्लिसिटी होती रही—मैंने लोगों से पूछा कि यह पुर अस्रार नीना कौन है, मगर किसी को उस नए चेहरे के मुताल्लिक़ इल्म नहीं था।

बाबू राव पटेल, एडिटर, 'फ़िल्म इंडिया' के साथ मुझे इत्तिफ़ाक़न काम करने का मौक़ा

मिल गया—मैंने उससे पूछा तो उसने मुझे बताया : "साला तुम कुछ जानता नहीं... कैसा एडिटर बना फिरता है... वह... तुम मोहसिन अब्दुल्लाह को जानता है ?"

मैंने कहा : "हाँ नाम सुना है... कुछ-कुछ उसके मुताल्लिक़ जानता हूँ ।"

"नीना उसकी बीवी है... अब समझा ?"

"नहीं समझा ।"

"उसका नाम शाहिदा है ।"

मैंने जब बाबू राव पटेल से मज़ीद इस्तिफ़सार किया तो उसने मुझे बताया कि शाहिदा, रेनुका देवी की भावज है—मैंने रेनुका देवी को बंबे टाकीज़ की फ़िल्म 'भाभी' में हीरोइन के रोल में देखा था और उसकी किर्दार निगारी से बहुत मुतास्सिर हुआ था—अब मेरे दिमाग़ में दो भाभियाँ थीं : एक बंबे टाकीज़ की 'भाभी', दूसरी शाहिदा उर्फ़ नीना, रेनुका देवी की भाभी ।

मुझे डब्लू ज़ैड अहमद से मज़ीद मिलने का इत्तिफ़ाक़ हुआ और मैंने सोचा : वह बड़ा अंदाज़ा-गीर है, वह मुहिमें तय करनेवाला इन्सान है, सोवियत रूस के आमिरों की तरह कई-कई बरसों की स्कीमें बनाता है और बड़े इत्मीनान से उनके नताइज का इंतिज़ार करता है ।

मैं बड़ा जल्दबाज़ हूँ, इसलिए फ़ित्री तौर पर मुझे उससे कोई लगाव नहीं हो सकता था—मैं बड़ बोला था, वह निहायत कम-गो । उसमें तसन्नो ही तसन्नो था और मैं बनावट का सख़्त मुख़ालिफ़—वह बातें करता तो मुझे ऐसा महसूस होता, कोई मशीन बोल रही है ।

हाँ, मुझे इस बात का एतिराफ़ है कि वह जब भी बोलता, बड़ी जची तुली बात कहता, चाहे वह ग़लत ही क्यों न हो—वह कई ज़बानें बोलता था : मरहठी, गुजराती, उर्दू, अंग्रेज़ी और पंजाबी—असल में वह पंजाबी है । उसके ख़ानदान के मुताल्लिक़ मुझे कुछ इल्म नहीं मगर मैं इतना जानता हूँ कि मौलाना सलाहउद्दीन अहमद, एडिटर 'अदबी दुनिया' उसके भाई हैं । उसके एक भाई रियाज़ अहमद भी हैं जो किसी अच्छे सरकारी ओहदे पर फ़ाइज़ हैं ।

यह मज़्मून पढ़ने वाले मुश्किल से यक़ीन करेंगे कि मौलाना सलाहउद्दीन अहमद, डब्लू ज़ैड अहमद के भाई हैं, लेकिन यह हक़ीक़त है । मुझे मालूम नहीं, दोनों भाई एक दूसरे से मिलते हैं, या कि नहीं । लेकिन दोनों में एक मुमासलत ज़रूर है कि ख़ुशामद पसंद हैं ।

बांत शालीमार स्टूडियो के क़ियाम की हो रही थी, लेकिन मैं आपसे एक और बात अर्ज़ करना चाहता हूँ जो बहुत ज़रूरी है : डब्लू ज़ैड अहमद सिंध के मशहूर वज़ीरे-आज़म ग़ुलाम हुसैन हिदायत उल्लाह की लड़की से ब्याहा हुआ था । मालूम नहीं, उसका रिश्ता वहाँ कैसे हुआ । उन तफ़्सीलात के मुताल्लिक़ मुझे कुछ मालूम नहीं ।

[आज से एक माह पहले अहमद जब हाल रोड[1] पर अपने बाल कटवाने आया तो मेरी उससे मुलाक़ात हुई—मैं उस हज्जाम की दुकान के क़रीब ही रहता हूँ[2]—मैं उसको

1. हाल रोड, लाहौर । 2. लक्ष्मी मेन्सनज़, हाल रोड, लाहौर—लाहौर की ख़ूबसूरत माल रोड के किनारे।

ज़बरदस्ती अपने मकान में ले आया और उससे कहा : ''मैं नीना की मुताल्लिक़ कुछ लिखना चाहता हूँ। क्या तुम मुझे इसकी इजाज़त देते हो ?''–उसने अपने मख़सूस अंदाज़ में कहा: ''मैं आपको एक दो रोज़ में बताऊँगा।'' कई रोज़ गुज़र गए। इसके बाद अहमद से मेरी मुलाक़ात 'डायरेक्टर' के दफ़्तर में हुई। मैंने फिर उससे पूछा कि अब इजाज़त देने में कितने रोज़ चाहिएँ–उसके पाइप लगे होठों पर उसकी मख़सूस मुस्कराहट पैदा हुई। उसका नीम गंजा सिर ज़रा चमकने लगा और उसने कहा :''मैं आजकल बहुत मसरूफ़ हूँ··· बस एक हफ़्ते की मोहलत चाहता हूँ।''–चौधरी फ़ज़ले-हक़ साहब ('डायरेक्टर' के मालिक) और शबाब साहब ('डायरेक्टर' के मुदीर) बैठे थे। मैंने उनके सामने कहा: ''बहुत बेहतर··· एक हफ़्ता गुज़रने में क्या देर लगती है।''–दो हफ़्ते गुज़र चुके और मुझे अहमद से इजाज़त न मिली तो मैंने सोचा : ''ऐसे तकल्लुफ़ की ज़रूरत ही क्या है··· हर एक्टर, एक्ट्रेस, लिखनेवाला, और लिखनेवाली, अवाम की मिलकीयत होती है··· अगर तुम उनके मुताल्लिक़ लिखना चाहो तो बग़ैर इजाज़त लिख सकते हो।'' यही वजह है कि मैंने यह मज़्मून लिखना शुरू कर दिया।]

शालीमार स्टूडियो क़ायम हो गया–शाहिदा का ख़ाविंद वहाँ की लेबारेट्री का इन्चार्ज बना दिया गया।

अब जो कुछ मेरे इल्म में है, आपसे बयान करता हूँ।

शाहिदा को एक्ट्रेस बनने की कोई ख़्वाहिश नहीं थी। वह बड़ी घरेलू क़िस्म की औरत थी। उसको किसी क़िस्म का हंगामा पसंद नहीं था।

अच्छा अब आप यह भी सुन लीजिए–अहमद, जैसा कि मैं कह चुका हूँ, बड़ा अंदाज़ा-गीर था। उसने रूसियों की तरह एक पंजसाला स्कीम बनाई और उसके मातहत काम करना शुरू कर दिया। इस दौरान में उसने अपने मख़सूस कछवेपन से काम लिया–यह बड़ी लंबी दास्तान है। मैं इसे बयान नहीं करना चाहता, इसलिए कि इस मज़्मून में उससे कोई ज़्यादा असर पैदा नहीं हो सकेगा।

मोहसिन अब्दुल्लाह, स्नेह प्रभा प्रधान के इश्क़ में मसरूफ़ था–जब माली मुश्किलात पैदा हुईं तो उसने अपनी बीवी शाहिदा से कहा : ''तुम बड़ी बैकवर्ड हो··· मेरी बहनों की तरफ़ देखो, कितनी रौशन ख़याल हैं।''

शाहिदा ने उससे कहा : ''मुझे माफ़ कीजिए, मैं इतनी रौशन ख़याल नहीं हो सकती।''

उनके दरमियान कई चख़ें हुईं–मोहसिन चाहता था कि वह फ़िल्म लाइन में दाख़िल हो जाए, मगर शाहिदा को इससे कोई दिलचस्पी ही नहीं थी।

इस्मत चुग़ताई ने, जो 'ज़िद्दी', 'आरज़ू' और 'बुज़दिल' जैसे कामयाब फ़िल्मों की कहानी लिख चुकी है, मेरी बीवी को बताया कि शाहिदा अलीगढ़ में उसकी हमजमात रह चुकी है और बड़ी ऊत है, बहुत सादालोह।

मेरी बीवी बड़ी हैरान हुई–उसने इस्मत से पूछा : ''यह राय तुमने कैसे क़ायम की ?''

''मेरी सहेली है··· मैं उसको अच्छी तरह जानती हूँ।''

''तुम्हारी मेरे मुताल्लिक़ क्या राय है ?''

इस्मत ने जवाब दिया : ''तुम तो निरी खरी औरत हो।''

''इसमें क्या ऐब है?''

''कुछ भी नहीं···लेकिन तुम शाहिदा से बहुत ज़्यादा मुख़्तलिफ़ हो।''

''किस लिहाज़ से?''

''वह बेवकूफ़ है। तुम बेवकूफ़ नहीं हो···तुम अपने ख़ाविंद को संभालना जानती हो। उसको अपने ख़ाविंद को संभालना नहीं आता।

''यह तुम कैसे कहती हो?''

''मैं तुमसे कह चुकी हूँ कि मैं उसे अच्छी तरह जानती हूँ। उसके सारे घर से वाक़िफ़ हूँ···बहुत सीधी सादी-सी लड़की थी। हम कालिज में उसका मज़ाक़ उड़ाया करते थे। वह झेंप-झेंप जाया करती थी।''

इस्मत ने मेरी बीवी को बताया कि शाहिदा को इश्क़ो-मुहब्बत के मुताल्लिक़ कुछ मालूम नहीं था—इस्मत को हैरत थी कि शाहिदा कैसे मोहसिन की मुहब्बत में गिरफ़्तार हो गई—इस्मत का ख़याल था कि मोहसिन कुछ ज़्यादा ही शाहिदा के पीछे पड़ गया होगा कि वह रज़ामंद हो गई, इसलिए कि वह तबीयत के लिहाज़ से बहुत नर्म थी और उसे इस बात का कोई ख़याल नहीं होता था कि आगे चलकर क्या होगा।

मोहसिन ने, जैसाकि मुझे बाद में मालूम हुआ, शाहिदा को मजबूर किया कि वह फ़िल्म एक्ट्रेस बन जाए। वह बादिले-नाख़ास्ता रज़ामंद हो गई—चुनांचे उसके नातवाँ कांधों पर शालीमार स्टूडियो तामीर कर दिया गया। डब्लू ज़ैड अहमद एक प्रोड्यूसर बन गया और उसने शाहिदा को पुर असार नीना बना दिया। मालूम नहीं, यह नाम अहमद ने शाहिदा के लिए तजवीज़ किया था, या उसके शौहर मोहसिन ने।

अहमद ने फ़िल्म बनाने से पहले उस पुर असार नीना की बड़ी तशहीर की। हर पर्चे में यह नाम देखने में आता। लोगों के दिलों में बड़ा इश्तियाक़ पैदा हो गया कि यह कौन-सी आफ़ते-जान है। चुनांचे उस फ़िल्म का बड़ी बेचैनी से इंतिज़ार किया जाने लगा—फ़िल्म का नाम 'एक रात[1]' था। मालूम नहीं, उसकी तक्मील में कितनी रातें उसने काटी होंगी। बहरहाल वह बन गई।

उस फ़िल्म की कहानी मशहूर नाविल TESS[2] का चर्बा थी। उसमें शाहिदा, यानि पुरअसार नीना को गवालन का रोल दिया गया था—एक शख़्स उसकी इस्मत लूट लेता है। इसके बाद उसकी बाक़ाइदा शादी हो जाती है। वह बड़ी भोली-भाली है। अपने ख़ाविंद से अपनी गुज़िश्ता ज़िंदगी के उस हादिसे को बयान कर देती है। वह उसको धुत्कार देता है।

डब्लू ज़ैड अहमद अपनी पंज साला इस्कीम के मातहत शाहिदा से कुछ इस तरह मिल रहा था, जिस तरह मालोटोफ़ किसी दूसरे सफ़ीर से मिल रहा है।

शाहिदा का ख़ाविंद मोहसिन अपनी सरगर्मियों में मशगूल था। उसके नाकाम इश्क़

1-2. पुर असार नीना की एक फ़िल्म का नाम 'एक रात' ज़रूर था, लेकिन जो फिल्म TESS की बुनियाद पर बनाई गई थी, उसका नाम 'एक रात' नहीं, 'मन की जीत' था—'मन की जीत' के गीत जोश मलीहाबादी ने लिखे थे।

का सिलसिला स्नेह प्रभा प्रधान से बदस्तूर था। शाहिदा से उसको कोई लगाव नहीं था—यह मैं उस ज़माने की बात कर रहा हूँ जब शालीमार स्टूडियो क़ायम नहीं हुआ था।

उस ज़माने में—[मुझे अफ़्सोस है कि मैं यह मज़्मून ग़ैर मुसलसल लिख रहा हूँ, लेकिन इसके सिवा और कोई चारा नहीं, इसलिए कि ख़यालात, जैसे दिमाग़ में आते हैं, मैं क़लमबंद किए जाता हूँ]—अहमद, जो मोहसिन का दोस्त बन गया था, शाहिदा को बेगम कहता। उसकी ज़रूरत से ज़्यादा ताज़ीम करता। जब वह आती तो उठ खड़ा होता और उसे तस्लीम अर्ज़ करता—अहमद ने यह रवैया सोच समझकर इख़्तियार किया था, इसलिए कि वह मोहसिन की बेपर्वाइ का तक़ाबुल बनना चाहता था। वह बड़ा दक़ीक़ा शनास था। उसे मालूम था कि वह शाहिदा को एक दो बरस में नहीं, तो कम अज़ कम पाँच बरसों में ज़रूर हासिल कर लेगा।

अब मैं आपसे अर्ज़ करूँ कि फ़िल्मी दुनिया में अक्सरो-बेशतर हज़रात औरतों के ज़रिए से कामयाब हुए हैं। अहमद के पेशे-नज़र भी ग़ालिबन यही नुस्ख़ा था। उसने शाहिदा पर छा जाने के लिए काफ़ी वक़्त सर्फ़ किया—शाहिदा के ख़ाविंद मोहसिन अब्दुल्लाह को हर सम्त से ख़ुश करने की कोशिश की, मगर मोहसिन तबअन औबाश था।

शालीमार स्टूडियो में जब मोहसिन को लेबारेट्री इन्चार्ज बना दिया गया और उसकी माक़ूल तन्ख़ाह मुक़र्रर कर दी गई तो उसने अपने शग़ल और ज़्यादा ज़ोर-शोर से जारी रखें। शाहिदा सबकुछ एक घरेलू औरत की मानिंद देखती रही। कभी-कभी गिला-शिक्वा करती, मगर उसके ख़ाविंद पर, जो तन आसान था, कोई असर न होता। उसको बंबे टाकीज़ की घुटी-घुटी फ़ज़ा से बाहर निकलकर शालीमार स्टूडियो में एक बहुत बड़ा मैदान मिल गया था, जिसमें वह अपने अशग़ाल में बड़ी बेतकल्लुफ़ी से मस्रूफ़ रह सकता था।

शाहिदा गो एक्ट्रेस बन गई थी और उसे उस गवालन का रोल अदा करना था जिसकी इस्मत लूटी जानी थी, लेकिन उसे अपने शौहर से प्यार था। वह चाहती थी कि फ़िल्मी दुनिया से निकलकर घरेलू दुनिया में चली जाए। उसे पुर अस्रार नीना कहलाना पसंद नहीं था।

जब उसके मुताल्लिक़ इश्तिहार बाज़ी होते दो बरस हो गए तो उसके नन्हे-से घरोंदे में, जिसको दिल कहते हैं, अजीब-अजीब-सी धड़कनें पैदा होने लगीं जिनसे पहले वह ना आशना थी।

उसके सामने जो तक़ाबुल अहमद ने पेश किया, वह उस के मुताल्लिक़ सोचने लगी—अहमद आदाब का मुजस्समा था। इसके ख़िलाफ़ मोहसिन बहुत तक्लीफ़ देह क़िस्म का बेअदब। वह उससे बहुत बुरा सुलूक करता—इसके अलावा शाहिदा को सबसे बड़ी शिकायत यह थी कि मोहसिन स्टूडियो में दूसरी औरतों से इश्क़ लड़ाता फिरता था।

अहमद ने मोहसिन को जिस ओहदे पर मुक़र्रर किया था, मोहसिन उसे उसकी इस्कीम के मुताबिक़ संभाल न सका। अहमद ने मोहसिन को कभी टोका नहीं था कि वह जुआ क्यों

खेलता है, रेस में रुपया क्यों हारता है, स्टूडियो की लड़कियों से क्यों दिलचस्पी लेता है। वह तो चाहता था कि मोहसिन बुरी तरह उन ख़राबियों में गिरफ़्तार हो जाए, इसलिए कि वह ख़ुद एक बहुत बड़ी ख़राबी के दरपे था।

अहमद की स्कीम में, जो कुछ था, वह तो ज़ाहिर है, लेकिन भोली-भाली शाहिदा उसे न समझ सकी। वह अपने दिल की अजीबो-ग़रीब धड़कनों को भी नहीं समझती थी—वह मेकअप करती, आइने में अपनी शक्ल देखती और शरमा जाती। उसे यूँ महसूस होता कि वह गाल्ज़वर्दी[1] के नाविल TESS की गवालन है जिसकी इस्मत लूटी जानेवाली है।

शाहिदा ने जब फ़िल्म में अपना रोल अदा करना शुरू किया तो उसका हिजाब किसी क़द्र दूर हो गया—मोहसिन उसी क़द्र उससे दूर होता गया। वह यूँ महसूस करने लगी कि उसके कच्चे मटके तड़ख रहे हैं। वह नहीं चाहती थी कि यह क़ीमती मटके टूटें, लेकिन अहमद ने उनकी तरेड़ों को यक़ीन दिलाया कि वह ख़ुद बख़ुद ठीक हो जाएंगी।

तरेड़ें आहिस्ता-आहिस्ता ठीक होने लगीं, इसलिए कि अहमद ऐसे मामलों में बड़ा माहिर कारीगर है। उसने उनमें अपनी सियासत का सीमेंट भरना शुरू कर दिया—इसके साथ-साथ वह मोहसिन को भी चूना लगाता रहा था।

अहमद बड़ा अच्छा मैमार है। उसने अपना काम बहुत आहिस्ता, मगर बड़ी सफ़ाई से किया। आख़िर वह मोहसिन की ईंट को अपनी होनेवाली इमारत से निकालने में कामयाब हो गया।

उसने इस दौरान में शाहिदा को यक़ीन दिला दिया था कि उसका शौहर मोहसिन एक औबाश और नाकारा आदमी है और कि उसने मोहसिन को महज़ इसलिए अपने कारोबार में शरीक किया था कि उसकी आदात सुधर जाएँगी, मगर वह इस क़ाबिल साबित न हुआ।

शाहिदा यह सब बातें सुनती रही और उसको यकीन-सा आने लगा कि शायद यह दुरुस्त हैं।

लेबारेट्री का काम बहुत सुस्त रफ़्तार था। ख़ुद अहमद भी च्यूँटी की चाल चलने का आदी है—एक दिन उसने मोहसिन से बड़ी नर्मी से कहा : "देखिए आपसे काम नहीं होता, शायद इसलिए कि आप इसे अपने रुत्बे के मुताबिक़ नहीं समझते। मैं लेबारेट्री किसी और के हवाले कर देता हूँ। जो तन्ख़ाह आपकी मुक़र्रर की गई थी, बराबर आपको मिलती रहेगी।"

मोहसिन पहले तो सख़्त पेश में आ गया, लेकिन उसकी यह आग फ़ौरन अहमद ने बुझा दी, इसलिए कि वह बड़ा अच्छा फ़ायर ब्रिगेड है—चुनांचे शाहिदा का ख़ाविंद मुलाज़मत से अलहदा हो गया और उसे पेंशन मिलने लगी।

मैं मोहसिन को अच्छी तरह जानता हूँ। वह बयक वक़्त ज़कि-उलहिस और बेहिस है। उस वक़्त शायद उस पर बेहिसी तारी थी कि उसने अहमद का यह फ़ैसला क़ुबूल कर लिया।

1. TESS गाल्ज़वर्दी का नहीं, थामस हार्डी का नाविल है। – संपादक

मोहसिन को इस बात का क़तअन इल्म नहीं था कि उसकी बीवी, जिससे वह ग़फ़लत बरत रहा है और जिसको उसने मजबूर किया है कि वह उसकी बहनों की तरह आज़ाद हो, की माँग में कोई और होले-होले नया सिंदूर डाल रहा है। वह क़तअन ग़ाफ़िल था—उसको दरअसल अपनी बीवी से ज़्यादा दिलचस्पी नहीं थी। उसको तो बंबई और पूना के घोड़ों, ताश के पत्तों और पूने के काश्टों से शग़फ़ था।

फ़िल्म बन रहा था। शाहिदा, गवालन बनी, पुर अस्रार नीना के नाम से उसमें काम करने में दिन रात मस्रूफ़ थी और अहमद, डायरेक्टर की हैसीयत से, उसको ऐसी डायरेक्शन दे रहा था जो उसके मक़सद को पूरा कर सके।

मोहसिन अब्दुल्लाह काफ़ी वजीह मर्द है। लमतडंग, मज़बूत जिस्म, तालीम याफ़्ता मगर ज़रूरत से ज़्यादा रौशन ख़याल—उसने शालीमार स्टूडियो से अलाहिदगी इख़्तियार कर ली और अपनी बीवी की मुफ़ारक़त के मुताल्लिक़, जिससे उसने इश्क़ के मातहत शादी की थी, कुछ ज़्यादा ख़याल न किया। उसे शाहिदा पर कामिल एतिबार था, लेकिन इसके बावजूद उसे उसकी कोई पर्वा भी नहीं थी। वह अब आज़ाद था और उस आज़ादी से फ़ायदा उठाना चाहता था।

डब्लू ज़ैड अहमद बड़ा वज़ादार आदमी है। वह अपने अम्ले के दूसरे आदमियों को चाहे वक़्त पर तन्ख़ाह न दे सकता, मगर मोहसिन की पेंशन मुक़र्ररा वक़्त पर ज़रूर अदा कर देता। यह अहमद के केरेक्टर का एक ख़ास पहलू है। वह छिछोरा या कमीना नहीं। उसमें एक आला ख़ानदान के फ़र्द की तमाम ख़ुसूसियात मौजूद हैं। लेकिन सूए इत्तिफ़ाक़ से वह चूँकि फ़िल्मी दुनिया में दाख़िल हो चुका था और कि उसकी तबीयत सरासर सियासी थी, इसलिए उसे उस माहौल के मुताबिक़ ख़ुद को ढालना पड़ा—उसके पास कोई सर्माया नहीं था, लेकिन उसने लाखों रुपए समेटे। उनको उसने किसी अय्याशी में तबाह नहीं किया। दरअसल वह बड़ा सहल-निगार और सुस्त रफ़्तार है। इसके अलावा ख़ुशामद पसंद भी। वह बड़े छोटे पैमाने पर एक मुग़ल बादशाह है जो अपने इर्द-गिर्द शायरों, भांडों और इसी क़िस्म के दूसरे लोगों का जमघटा लगाए रखता है।

उसके हाँ साग़र निज़ामी, जोश मलीहाबादी, जाँ निसार अख़्तर, कृष्ण चंद्र एम ए और भरत व्यास मुलाज़िम थे। इनके अलावा डॉक्टर अब्दुल्लाह चुग़ताई और मेरा भांजा मसूद परवेज़ भी थे—यह सब अहमद के मकान के एक कमरे में बैठते। कहानी के मुकालमों पर बड़ी गर्मा-गर्म बहसें होतीं। सारी रात गुज़र जाती और कोई फ़ैसला न होता, इसलिए कि दरबारी माहौल होता था। कोई बात शुरू हुई तो जोश मलीहाबादी ने मौक़ा-महल के मुताबिक अशआर सुनाना शुरू कर दिए। वाह-वा हो रही है। मसूद परवेज़ ने, जिसका दिमाग़ उस ज़माने में हाज़िर था, फ़ौरन उसी ज़मीन में चंद शेर खोद डाले। साग़र निज़ामी को ताव आया तो उसने एक लंबी नज़्म तरन्नुम में पढ़ दी। कृष्ण चंदर उल्लू बना बैठा रहता। अफ़्साना निगार था। उसको शेरों से भला क्या वास्ता।

उन निशस्तों में काम बहुत कम होता, बातें बहुत ज़्यादा होतीं—भरत व्यास को यह अहसाते-कमतरी था कि वह उर्दू ज़बान नहीं जानता, इसलिए वह अपनी संस्कृत आमेज़

हिंदी बघारना शुरू कर देता।

कभी-कभी अहमद जब कोई मौज़ूँ फ़िक़रा बोलता तो जोश मलीहाबादी अश-अश करता और और कहता : "अहमद साहब, आप तो शायर हैं।" बस अहमद उस वक़्त अपना काम भूल जाता और शेर फ़िक्र करने लगता। महफ़िल बरख़ास्त कर दी जाती और अहमद सारी रात ग़ज़ल की तक्मील में मसरूफ़ रहता–मेरा ख़याल है, आज तक एक ग़ज़ल भी मुकम्मल नहीं हुई।

यह सब लोग अहमद के ख़ुशामदी थे–जोश मलीहाबादी को हर शाम रम का अद्धा मिल जाता–शुरू-शुरू में शालीमार स्टूडियो में चंद महीनों तक बाक़ाइदा तन्ख़ाहें मिलती रहीं। इसके बाद बेक़ाइदगी शुरू हो गई–अम्ले के आदमी सिर्फ़ एडवांस लेते थे।

वहाँ की फ़ज़ा अजीबो-गरीब थी। डायरेक्टर एक था मगर उसके असिस्टेंट दस बारह के क़रीब थे, असिस्टेंट के असिस्टेंट और दर असिस्टेंट। मालूम नहीं। यह लोग गुज़ारा कैसे करते थे, इसलिए कि तन्ख़ाह तो वक़्त पर मिलती ही नहीं थी।

बहरहाल यह अहमद का मोजिज़ा है कि उसने शालीमार स्टूडियों का भ्रम किसी न किसी तरह क़ायम रखा हुआ था। वह बड़ा काइयाँ इन्सान है। उसको मुश्किल से मुश्किल वक़्त भी परेशान नहीं कर सकता–वह बड़े इत्मीनान से चांदी की डिबिया में से पान निकालेगा, बटवे में से छालियाँ और तंबाकू निकालकर कल्ले में दबाएगा और मुस्कराना शुरू कर देगा।

अहमद में वह तमाम ख़ुसूसियात मौजूद हैं जो किसी पुरकार सियासत दाँ में हो सकती हैं। उसने इस सियासत की बदौलत शालीमार स्टूडियो बनाया और आहिस्ता-आहिस्ता अपना रस्ता माप कर शाहिदा पर क़ब्ज़ा कर लिया।

मेरी समझ में नहीं आता कि अहमद को शाहिदा में ऐसी क्या कशिश दिखाई दी कि उसने शाहिदा के सपाट जिस्म पर एक निगार ख़ाना तामीर कर दिया। शाहिदा ऐसी औरत ही नहीं थी जो एक्ट्रेस बनने के क़ाबिल हो, मगर शायद अहमद को उस वक़्त कोई और लड़की मुयस्सर नहीं थी, या आसानी से हाथ नहीं लग सकती थी कि उसने अपने दोस्त मोहसिन की बीवी से फ़ाइदा उठाने की कोशिश की, और बाद में उसके घरेलूपन से इतना मुतास्सिर हुआ कि उसकी मुहब्बत में गिरफ़्तार हो गया–लेकिन यह अम्र भी मुश्तबह है। हो सकता है, अहमद को शाहिदा से मुहब्बत न हुई हो और महज़ अपने मफ़ाद की ख़ातिर वह लगातार शाहिदा पर अपनी शराफ़त का बोझ डालता रहा हो और शाहिदा अपने ख़ाविंद मोहसिन को भूलती गई हो। मगर यह नज़रिया भी दुरुस्त नहीं, क्योंकि मुझे मालूम है कि तलाक़ होने तक वह अपने शौहर से जुदा होना पसंद नहीं करती थी–मैं इसके मुताल्लिक़ आगे चलकर कुछ अर्ज़ करूँगा। लेकिन मेरी समझ में यह बात नहीं आती कि शाहिदा, अहमद के साथ क्यों रहती थी। ठहरिए, मैं भूल गया। शुरू-शुरू में दोनों अलग-अलग रहते थे, लेकिन बाद में एक ही कोठी में रहने लगे।

जाने कौन-सा सन था। मैं फ़िल्मिस्तान में मुलाज़िम था। एस. मुकर्जी वहाँ के प्रोडक्शन कंट्रोलर थे। उन्होंने एक रोज़ मुझसे कहा : "तुम कहानी क्यों नहीं लिखते?"

मैंने, चुनांचे, पाँच दिन में चार कहानियाँ लिखीं। मुकर्जी साहब ने मुझसे कहा : ''मुझे सुनाओ।'' मैंने साफ़ इन्कार कर दिया और चारों कहानियाँ अपने भांजे मसूद परवेज़ को भेज दीं जो शालीमार स्टूडियो में मुलाज़िम था।

पहली कहानी 'कंट्रोलिस्तान' थी—मुझे चौथे रोज़ मसूद परवेज़ का तार मिला: ''तुम्हारी यह कहानी बहुत पसंद की गई है। बेहतर है कि तुम पूना चले आओ ताकि अहमद साहब से जुम्ला मामलात तय हो जाएँ।''

मैं पूना गया—अब यह एक लंबी हिकायत है कि मैं वहाँ किस तरह पहुँचा और मैंने शालीमार स्टूडियो में क्या कुछ देखा। सिर्फ़ एक दिलचस्प बात बताए देता हूँ: सबसे पहले मैं स्टूडियो की मूत्री में गया, क्योंकि मूत्री ही ऐसी जगह है जहाँ से मुताल्लिका फ़ज़ा के अक्सरो-बेशतर हालात मालूम हो जाया करते हैं—मैं जब अंदर दाख़िल हुआ तो सामने दीवार पर उर्दू ज़बान में यह जुम्ला लिखा दिखाई दिया : ''और तो सब ठीक है,पर यहाँ पगार यानि तन्ख़ाह नहीं मिलती।'' मैं बड़ा बद दिल हुआ। मैंने सोचा कि वापस चला जाऊँ, लेकिन मसूद परवेज़ ने मजबूर किया कि अहमद से मिल लो।

शाम को अहमद से मुलाक़ात हुई।

अहमद दफ़्तर में, यह बड़ा सिगार सुलगाए अपनी कुर्सी पर बैठा था—एक तरफ़ शाहिदा थी, दूर तरफ़ जोश मलीहाबादी।

जोश से अलैक सलैक हुई। उसके पास अनखुला रम का अद्धा था जो ग़ालिबन अहमद ने एहतिरामन मँगवाकर दिया था—अहमद से मैंने पंजाबी में गुफ़्तगू शुरू की, लेकिन फ़ौरन मुझे एहसास हुआ कि पास जोश और शाहिदा बैठे हैं जो पंजाबी ज़बान नहीं समझते। इसलिए मैंने उर्दू में बात-चीत शुरू कर दी।

मैंने जब अहमद को प्रभात फ़िल्म कंपनी में देखा था तो वह तरो-ताज़ा नौजवान था, पर अब उसमें बड़ी तबदीलियाँ पैदा हो गई थीं। ऐसा लगता था कि वह लू चलने के बाइस झुलस-सा गया है।

उसने मुझसे अपने मख़सूस रस्मी अंदाज़ में मुसाफ़ह किया था और शाहिदा उर्फ़ पर अस्रार नीना से भी मुतारिफ़ किया था, क्योंकि वह उस वक़्त वहीं दफ़्तर में मौजूद थी।

शाहिदा की शक्लो-सूरत में कोई ऐसी बात नहीं थी जिसमें कोई अस्रार पोशीदा हो। मामूली ख़द्दख़ाल की औरत थी—मैंने जब उसे पहली मर्तबा अहमद के दफ़्तर में देखा तो मुझे ऐसा महसूस हुआ कि वह आबी रँगों की ऐसी तस्वीर है जो बारिश में छत टपकने के बाइस अपने रँग खो चुकी है—उसमें एक्ट्रेसों की एक्ट्रेसियत नहीं थी।

वह ख़ामोश एक कुर्सी पर बैठी थी—उसको मालूम था कि मैं कौन हूँ, और वह यह भी जानती थी कि मैं उसके शौहर मोहसिन अब्दुल्लाह को अच्छी तरह जानता हूँ।

थोड़ी देर जोश मलीहाबादी से गुफ्तगू होती रही। वह अपना शाम का कोटा, यानि रम का अद्धा हाथ में थामे बैठा था, और अहमद मशहूर जर्मन यहूदी फ़िल्म डायरेक्टर अरनस्ट की नकल उतार रहा था, मेरा मतलब है कि एक लंबा सिगार होठों में दबाए बैठा था।

मैं वहाँ एक कहानी बेचने के सिलसिले में गया था। उसके मुताल्लिक़ तो उस दिन कोई

बात न हो सकी, हाँ मैंने शाहिदा उर्फ़ पुर अस्रार नीना को देख लिया।

यहाँ मैं एक और बात अर्ज़ करना चाहता हूँ—फ़िलिमस्तान में मैंने मोहसिन अब्दुल्लाह को भी मुलाज़िम रखवाया था। उसकी हालत बहुत पतली थी। एक दिन मैंने प्रोडक्शन कंट्रोलर मिस्टर मुकर्जी से कहा : ''मोहसिन बंबे टाकीज़ के ज़माने में आपका दोस्त रह चुका है··· आपको शरम आनी चाहिए कि वह ग़रीब कसमपुर्सी की हालत में ज़िंदगी बसर कर रहा है।''

मुकर्जी ने दूसरे रोज़ ही मोहसिन को बुलाया। आपस में दोस्ताना गुफ़्तुगू हुई। इसके बाद मुकर्जी ने दोस्ताना तौर पर मोहसिन से कहा कि वह फ़िल्मस्तान में क्यों नहीं आ जाता—मोहसिन राज़ी हो गया और उसकी तन्ख़ाह चार सौ रुपए माहवार मुक़र्रर हो गई।

मोहसिन अब्दुल्लाह बड़ा कामचोर है। उसको काम करने की आदत ही नहीं है—मेरा ख़याल है कि वह चाहता है कि दूसरा उसके लिए कमाए और वह खाए।

उन दिनों फ़िलिमस्तान में फ़िल्म 'आठ दिन' बन रहा था जिसकी कहानी मेरी लिखी हुई थी। 'आठ दिन' का मंज़ूर नामा जब मैं लिखने लगा तो मोहसिन ने मुझ पर बड़े अहसान किए। मुझे कई मशवरे दिए,जो फ़िल्मी नुक़्ता-ए-नज़र से बिलकुल ग़लत थे। मैंने उन्हें नज़रअंदाज़ कर दिया।

इस दौरान में वह मुझे बता चुका था कि उसको शाहिदा की मुहब्बत अब भी सताती है, हालाँकि मैं जानता था कि वह एक लड़की से, जो औरत बन चुकी थी, और जिस का नाम वीरा था और जिसे हमने 'आठ दिन' की हीरोइन मुंतख़ब किया था, अपना टाँका मिला रहा है।

शुरू-शुरू में मोहसिन सैकिंड क्लास में सफ़र किया करता था—बर्क़ी ट्रेन में तीन दर्जे होते हैं। थर्ड, सैकिंड और फ़र्स्ट—फ़िलिमस्तान शहर से काफ़ी दूर था, ग़ालिबन उन्नीस मील। यह मुसाफ़त तय करने में कम से कम पौन घंटा लगता था—जब राय बहादुर चुन्नी लाल ने फिल्म 'आठ दिन' के लिए वीरा के साथ कंट्रेक्ट किया तो मोहसिन ने फ़र्स्ट क्लास में आना जाना शुरू कर दिया।

मेरा ख़याल है कि अब इस सिलसिलाए-ख़याल को यहीं बंद कर देना चाहिए और असल मौज़ू की तरफ़ आना चाहिए।

मैं अहमद के दफ़्तर में बैठा एक अबुल-हौल को देख रहा था। उसके साथ शाहिदा उर्फ़ पुर अस्रार नीना बैठी थी, लेकिन मेरे नज़दीक उन दोनों में कोई पुरानी 'मिस्रियत' नहीं थी।

यूँ तो शाहिदा मेरे लिए बिलकुल अजनबी और नई थी, लेकिन इसके बावजूद मैं यह समझता था कि मैं उस को उसकी पैदाइश से जानता हूँ। जैसाकि मैं इससे पेशतर अर्ज़ कर चुका हूँ, वह बड़ी घरेलू क़िस्म की औरत है या दिखाई देती है।

मेरे दिलो-दिमाग़ में बेशुमार ख़यालात थे, इसलिए कि मैं मोहसिन अब्दुल्लाह का दोस्त बन गया था। उसने मुझसे अपनी ज़िंदगी के वाक़िआत कुछ इस अंदाज़ में बताए थे

1. अगर मंटो जैसे सादा-लोह दो चार और होते तो क्या होता भला! — संपादक

कि मैं एक सादा-लोह[1] होने की वजह से मुतास्सिर हुआ था। उसने मुझसे कहा था कि उसकी बीवी शाहिदा को उससे बतद्रीज छीना गया है—मुझे हैरत होती है कि एक ख़ाविंद से उसकी मौजूदगी में उसकी बीवी को बतद्रीज या नातद्रीज कैसे छीना जा सकता है—असल में मोहसिन शाहिदा से गाफ़िल था और स्नेह प्रभा प्रधान के इश्क़ में मुब्तला था। इसके अलावा उसको जूएबाज़ी का भी शौक़ था। फ्लैश खेलता और अक्सर हारता—उसको अपनी बीवी से हमेशा यह गिला रहता कि वह उसी बहनों की तरह आज़ाद ख़याल नहीं है। वह ग़रीब फ़िल्मी माहौल से क़तअन आश्ना होना नहीं चाहती थी। वह दिल ही दिल में कुढ़ती थी कि उसका ख़ाविंद, जो फ़िल्म लेबारेट्री में काम करता है, क्यों उसे मजबूर कर रहा है कि वह फ़िल्म एक्ट्रेस बन जाए—इसमें कोई शक नहीं कि शाहिदा एक ऊंचे, रौशन ख़याल और बेबाक ख़ानदान की फ़र्द थी, लेकिन इसके बावजूद उसमें हिजाब बदर्जा-अतम मौजूद था। उसने शुरू-शुरू में अपने ख़ाविंद मोहसिन अब्दुल्लाह से शिकायत की कि वह क्यों एक एक्ट्रेस से इश्क़ लड़ा रहा है, क्यों जुआ खेलता है और बेकार रुपया ज़ाया करता है, मगर मोहसिन अब्दुल्लाह ने अपनी बीवी की कोई बात न सुनी—डब्लू ज़ैड अहमद उनके घर बदस्तूर आता रहा। वह शाहिदा का इतना एहतिराम करता था कि वह समझती थी कि वह उस एहतिराम के क़ाबिल नहीं। उसको आहिस्ता-आहिस्ता यह महसूस होने लगा कि अहमद, जिसके साथ डब्लू ज़ैड चिपका हुआ है, कोई ऐसा मर्द है जो मोहसिन के मुक़ाबले में उस पर ज़्यादा जिन्सी अहसान कर सकता है—मोहसिन, मिस प्रधान के चक्कर में पड़ा था। मैं आपको यहाँ बता दूँ कि मिस प्रधान बड़ी क़ब्ज़ा-गीर औरत है और मोहसिन जो अपनी बीवी को क़रीब-क़रीब छोड़ चुका था, वह उसके बारे में क्या राय क़ायम कर सकती थी। ज़ाहिर है कि उनके रूमान का अन्जाम नाकाम रहा।

माफ़ कीजिएगा, मैं बहक गया और बातों-बातों में ख़ुदा मालूम कहाँ पहुँच गया। वैसे आपसे अर्ज़ यह करना था कि अहमद के दफ़्तर में जब शाहिदा से मेरी मुलाक़ात हुई तो मैं हस्बे-मामूल पिए था, और जब मैं पिए होता हूँ तो मुझे तकल्लुफ़ बरतना नहीं आता—चुनांचे मैंने शाहिदा उर्फ़ पुर अस्रार नीना से कहा : "आपका अस्रार तो मैं नहीं जानता, इसलिए कि वह तो डब्लू ज़ैड अहमद के पास महफ़ूज है... मैं इतना जानता हूँ कि आपने अपने शौहर के साथ धोका किया है।"

यह सुनकर डब्लू ज़ैड अहमद ने मेरी तरफ़ देखा और यह माज़रत करके कि उसे किसी से बाहर मिलना है, चला गया और साथ जोश मलीहाबादी को भी ले गया। ऐसे मामलों में डब्लू ज़ैड अहमद का कोई जवाब नहीं। वह हर रम्ज़ और हर किनाया पहचानता है। यही वजह है कि वह अपनी पंज साला इस्कीम के मातहत शाहिदा को हासिल करने में कामयाब हो गया, जिसको उसने पुर अस्रार नीना बना दिया। असल में अस्रार सारा अहमद का है, जिसने शाहिदा को एक लोटन कबूतरी बनाकर रख दिया है जो सिर्फ़ उसी के घर में अंडे देती है—एक अंडा उसने मोहसिन के घर में भी दिया था, जिसका चूज़ा से[illegible] मंद नहीं था। यह डब्लू ज़ैड अहमद की कारीगरी है, या आप इसे कोई और नाम दे दीजिए कि वह अब तक उसे पालता-पोसता है।

मैंने अहमद के चले जाने के बाद शाहिदा से सिलसिला-ए-गुफ़्तगू का आग़ाज़ किया—मैंने उसे कहा कि मोहसिन उसकी याद में अक्सर आँसू बहाता है।

यह सुनकर उसके मुरझाए हुए होटों पर एक अजीब-सी तन्ज़िया मुस्कराहट नुमुदार हुई : "मंटो साहब, आप उस शख़्स को नहीं जानते। उसका हर आँसू, अंग्रेज़ी के मुहावरे के मुताबिक़, मगरमच्छ का आँसू होता है। वह आँसू नहीं बहाता, बल्कि आँसू उसको बहाते हैं।"

शाहिदा का जुम्ला मेरी समझ में न आया। बहरहाल उसकी बेअस्रार संजीदगी ने यह ज़ाहिर किया कि जो कुछ उसने कहा है, उसमें दरोग़ की गुंजाइश नहीं हो सकती।

उन दिनों 'मीरा बाई' की तैयारियाँ हो रही थीं। इसके अलावा 'कृष्ण भगवान' के लिए अहमद ने हस्बे-दस्तूर पंज साला इस्कीम के मातहत भारतभूषण को कृष्ण भगवान का पार्ट अदा करने के लिए ज़ेरे-मुअहिदा कर रखा था। भारत भूषण को हर रोज़ बाक़ाइदगी के साथ मक्खन और दूसरी ताक़तवर ग़िज़ाएँ खिलाई जाती थीं कि वह बहुत दुबला था और इस क़ाबिल नहीं था कि मक्खन चोर बन सके।

भारत भूषण को मक्खन खिलाने के साथ-साथ अहमद, शाहिदा के अस्रार में इज़ाफ़ा करता गया, जो उसके प्रोग्राम के ऐन मुताबिक़ था।

अब मैं अहमद की सुनहरे जलवे की ब्याही बीवी की तरफ़ आता हूँ जिसका नाम साफ़िया है, ग़ुलाम हुसैन हिदायतउल्लाह मरहूम, वज़ीरे-आज़म सिंध की दुख़्तरे-नेक अख़्तर।

ज़ाहिर है कि जब ख़ाविंद किसी दूसरी औरत के साथ मसरूफ़ होगा तो उसकी अपनी औरत, जो रौशन ख़याल और आज़ाद हो, यक़ीनन किसी न किसी से राबिता पैदा कर लेगी। चुनाँचे यही हुआ—मशहूर कम्युनिस्ट लीडर सिब्ते हसन से सफ़िया का मुआश्क़ा हो गया।

[मुझे इस रूमान के मुताल्लिक़ पूरी मालूमात हासिल नहीं थी, इसलिए मैंने सिब्ते हसन से यहाँ लाहौर में कई मुलाक़ातें कीं, लेकिन उससे खुलकर बात न कर सका। हर रोज़ यही सोचता कि दूसरे रोज़ जब वह आएगा, जब मैं उससे मिलूँगा तो अहमद की बीवी के बारे में दरयाफ़्त करूँगा कि यह सिलसिला कैसे हुआ—मैंने सुना था कि सफ़िया, जो काफ़ी पढ़ी-लिखी औरत है, अमरीका किसी इल्मी कांफ्रेंस में शिरकत की ग़र्ज़ से गई थी। सिब्ते हसन भी उसके पीछे-पीछे गया और उन दोनों की शादी हो गई—मैं चाहता था, कि यह मज़्मून भरपूर तौर पर मुकम्मल हो और किसी लिहाज़ से भी तश्ना न रहे, लेकिन अचानक हुकूमत की मशीनरी हरकत में आई और सिब्ते हसन गिरफ़्तार कर लिया गया, इसलिए कि वह कम्युनिस्ट है—उसकी पहली गिरफ़्तारी से एक शाम पहले जब उससे मुलाक़ात हुई तो वह अपने पाइप में जहाँ का गर्द भरा तंबाकू पी रहा था। मेरी ख़्वाहिश थी कि उससे कुरेद-कुरेद कर अहमद की साबिक़ा बीवी सफ़िया के मुताल्लिक़ पूछूँ कि उससे उसका मुआशक़ा कैसे हुआ और अब वह कहाँ है—अहमद और सिब्ते हसन में ज़मीन आसमान का फ़र्क़ है। अहमद सियासी आदमी है, सिब्ते हसन उसके बरअक्स जज़्बाती। सिब्ते हसन को पंज साला इस्कीमें पसंद नहीं। वह चाहता है कि जो काम हो, फ़टाफ़ट हो। यूँ देखने में

बड़ा तीखा है वह, लेकिन अदंरूनी तौर पर बहुत मुलायम है—दूसरी गिरफ़्तारी से चंद रोज़ पहले वह मेरे यहाँ आया। मुसीबत यह थी कि मेरे और कई मुलाक़ाती मौजूद थे और मैं उनकी मौजूदगी में सिब्ते हसन से खुलकर बातें नहीं कर सकता था। बातों-बातों में उससे मैंने पूछा : "कहो, अब तुम कब जेल जाओगे।" सिब्ते हसन ने पाइप का एक कश लगाया और मुस्कराकर कहा : "चंद दिनों में।"—और वाक़ई वह पंद्रह बीस रोज़ के बाद जेल में दाख़िल कर दिया गया—और अहमद की साबिक़ा बीवी की बात फिर रह गई।]

मैं कहाँ से कहाँ पहुँच गया, लेकिन क्या करूँ, यह मौज़ू ही ऐसा है, जो हज़ार पहलू है।

शाहिदा का शौहर मोहसिन अब्दुल्लाह एक बड़ी ख़तरनाक लड़की स्नेह प्रभा प्रधान से इश्क़ फ़र्मा रहा था, मोहसिन की बीवी शाहिदा पर डब्लू ज़ैड अहमद बड़े सलीक़े से अपनी इस्कीम के मातहत आहिस्ता-आहिस्ता डोरे डाल रहा था, इधर-उधर और बहुत कुछ हो रहा था—कोई मिसिज़ नूरानी थी जो अहमद की रिश्तेदार थी। उसके साथ एक पंजाबी लौंडा इश्क़ लड़ा रहा था। मैंने कई मर्तबा इस पंजाबी लौंडे को मिसिज़ नूरानी के घर में, जो फ़ोरजट स्ट्रीट पर था, देखा। पंजाबी लौंडा भी अजीबो-ग़रीब था। मालूम नहीं, उसे कोई आरज़ा था या नहीं, लेकिन ज़ाहिर वह यही करता कि उसको दिल के दौरे पड़ते हैं। मिस्टर नूरानी ख़ामोश कुर्सी पर सिगार सुलगाए बैठे रहते और मिसिज़ नूरानी पंजाबी लौंडे को अपने हाथ से खाना खिलाती रहती। कभी-कभी बोसोकनार भी हो जाता, मगर मिस्टर नूरानी के सिगार की राख वैसी की वैसी उस पर साबुत व सालिम रहती।

अजीब सिलसिला था—मोहसिन अब्दुल्लाह, स्नेह प्रभा प्रधान के इश्क़ के चक्कर में था, उसकी बीवी पर अहमद अपना सिक्का जमा रहा था, उदार अहमद की बीवी सफ़िया, सिब्ते हसन से रुमान लड़ा रही थी, और उनके जानने पहचानेवालों में भी इसी क़िस्म का सिलसिला जारी था—मैंने जब यह सब कुछ देखा तो बख़ुदा चकरा गया कि यह क्या हो रहा है। मियाँ यहाँ बैठे हैं और बीवी किसी ग़ैर मर्द से चूमा-चाटी कर रही है। एक शौहर अपनी सेहरे जलवे की ब्याही बीवी को छोड़कर किसी एक्ट्रेस के पीछे मारा-मारा फिर रहा है—मेरा ख़याल है, दुनिया में ऐसे वाक़िआत की कमी नहीं। औरतें और मर्द हमेशा ऐसे ही सिलसिले करते आए हैं—एक बात यह भी है कि अगर कोई मर्द अपनी बीवी से बेएतिनाई बरते और किसी और औरत के इश्क़ में गिरफ़्तार हो जाए तो उसका नजीता ज़ाहिर है। हज़ारों में सिर्फ़ चंद औरतें ऐसी निकलेंगी जो किसी और मर्द से नाता न जोड़ें।

पूना में अहमद और शाहिदा इकट्ठे रहते थे। एक बंगला था, बहुत अच्छा। लेकिन अहमद उसमें कभी कभार आता। बेगम साहिबा की मिज़ाज पुर्सी करता और चला जाता—आहिस्ता-आहिस्ता उसने वहाँ मुस्तक़िल तौर पर क़ियाम कर लिया। अब वह दोनों एक साथ सुबह को नाश्ता करते, दोपहर को लंच खाते और रात को डिनर पर भी एक साथ होते—स्टूडियो में ख़ैर उनका एक-एक लम्हा एक दूसरे के साथ गुज़रता। अजीब बात है कि इस दौरान में अहमद ने कोई ऐसी हरकत न की, जिससे यह ज़ाहिर हो कि वह शाहिदा को अपने क़ब्ज़े में लाना चाहता है।

शाहिदा के ख़ाविंद मोहसिन अब्दुल्लाह को तो अहमद अपनी हिक्मते-अमली के

ज़रिए से अपने स्टूडियो से यूँ निकाल चुका था, जैसे मक्खन से बाल—मोहसिन बंबई में सड़कों पर पैदल चलता था। एक ज़माना वह भी था कि वह अपनी बीवी की वजह से बंबई से पूना कार में आया था, पर अब उसे कोई लिफ़्ट देनेवाला नहीं था।

मैं एक रोज़ टैक्सी पर लेमिंगटन रोड से गुज़र रहा था कि मोहसिन मुझे नज़र आया—मैंने टैक्सी रुकवाई और उसकी ख़ैर-ख़ैरियत पूछी : "सुनाइए मोहसिन साहब, आप कहाँ होते हैं आजकल ?"

उसके चौड़े-चकले चेहरे पर मुस्कराहट, अजीब क़िस्म की मुस्कराहट पैदा हुई : 'आज कल मेरा काम सड़कें नापना है।"

मैंने अज़-राहे-मज़ाक़ उससे पूछा : "लेमिंगटन रोड की लंबाई और चौड़ाई कितनी है ?"

उसने भी मेरे ही अंदाज़ में जवाब दिया : "आप जितनी लंबी, मुझ ऐसी चौड़ी।"

मैंने उससे कहा : "आओ, टैक्सी में बैठ जाओ। जहाँ तुम्हें जाना है, वहीं छोड़ दूँगा…" मगर उसने मेरी यह दावत क़ुबूल न की। मुझे ऐसा महसूस हुआ कि वह बहुत मुज़्तरिब है—उस इज़्तिराब की वुजूह कई थीं। एक तो यह कि वह अपनी बीवी को क़रीब-क़रीब खो चुका था। स्नेह प्रभा प्रधान उससे सख़्त बेएतिनाई बरत रही थी। इसके अलावा वह जुए में अपनी सारी जमा पूँजी हार चुका था और कोई मुलाज़मत भी नहीं थी जिसका आसरा होता।

मैंने उससे पूछा : "सुनाओ यार, मिस प्रधान का क्या हाल है ?"

उसने ज़हर ख़ंद के साथ जवाब दिया : "ठीक ठाक है… अब उससे ख़्वाजा अहमद अब्बास इश्क़ लड़ा रहा है।"

"उसका क्या हश्र होगा ?"

मोहसिन ने मुस्करा कर कहा : "दो तीन महीनों के अंदर-अंदर गंजा हो जाएगा।"

मैंने पूछा : "क्यों ?"

उसने जवाब दिया : "उस औरत को आप नहीं जानते… वह औरत नहीं, सेफ़्टी रेज़र है, और वह भी ऐसा कि उसके मूंडे हुए बाल फिर कभी नहीं उगते।"

मेरे जिस्म पर बेशुमार बाल हैं। मैंने सोचा : "अगर वह सेफ़्टी रेज़र मेरे हाथ आ जाए तो मैं कितनी जल्दी बालों की लानत से नजात पा जाऊँ।" मगर ख़ुदा का शुक्र है कि मैंने कोशिश न की, वर्ना मेरा भी हश्र वही होता जो मोहसिन अब्दुल्लाह और ख़्वाजा अहमद अब्बास का हुआ—ख़्वाजा गंजा हो गया और मोहसिन के बाल भी झड़ने लगे।

मुद्दत के बाद जब मैं फ़िल्मिस्तान में बहैसीयत अफ़्साना निगार और मंज़र नवीस मुलाज़िम हुआ तो मोहसिन से मेरी मुलाक़ात हुई। उसकी हालत बहुत दर्दनाक थी। मुझे मालूम था कि वह मिस्टर एस मुकर्जी का दोस्त है, इसलिए कि वह दोनों बंबे टाकीज़ में एक साथ काम कर चुके थे और वहाँ का माहौल बहुत दोस्ताना था—मैंने एस मुकर्जी को कहकर मोहसिन को फ़िल्मिस्तान में मुलाज़िम रखवा दिया।

डब्लू ज़ैड अहमद बंबे टाकीज़ से कभी वाबस्ता नहीं रहा। वह सिर्फ़ साधना बोस के

साथ एक दो बरस रहा। मालूम नहीं, साधना बोस के साथ उसके क्या ताल्लुक़ात थे। बहरहाल साधना बोस से अलग होकर उसने अपनी ज़ाती फ़िल्म कंपनी क़ायम की और उसका कर्ता धर्ता बन गया—मैं इससे पेशतर कह चुका हूँ कि अहमद बहुत स्याना और ज़हीन आदमी है। उसने बड़े-बड़े मारवाड़ियों को गच्चा दिया, कुछ ऐसे तौर पर कि उनको ख़बर तक न हुई।

एक दिन उसने ऐलान कर दिया कि शाहिदा उर्फ़ पुर अस्रार नीना उसकी बाक़ाइदा मन्कूहा बीवी बन चुकी है—उसकी अपनी सेहरे जलवे की ब्याही सफ़िया ग़ालिबन उस वक़्त अमरीका में थी, जहाँ सिब्ते हसन पहुँच चुका था।

जैसाकि मैं कह चुका हूँ, मैं उन दिनों पूना गया कि मुझे अपनी कहानी के सिलसिले में अहमद से बातचीत करना थी। मसूद परवेज़ वहाँ प्रधान बना बैठा था। वह मुझे अहमद के पास ले गया। उससे मुलाक़ात हुई। इधर-उधर की चंद रस्मी बातें और कहानी के मुताल्लिक़ बातें कीं और मैं वापस बंबई चला आया।

बंबई में जब मोहसिन अब्दुल्लाह से मुलाक़ात हुई तो मैंने उसको फ़िल्मिस्तान स्टूडियो में बताया कि मैंने उसकी शाहिदा को पूना में देखा था और उससे बातें भी की थीं।

मोहसिन ने बड़े इश्तियाक़ से पूछा: "क्या बातें हुई थीं?"

मैंने जवाब दिया: "इधर-उधर की।"

"मेरे मुताल्लिक़ भी कोई बात हुई?"

"हाँ हुई थी···मैंने उससे कहा था कि तुम उसकी जुदाई के ग़म में मर रहे हो।"

मोहसिन के चौड़े-चकले चेहरे पर हुज़्न के आसार पैदा हुए: "शाहिदा ने क्या कहा, यह सुनकर।"

"बस ख़ामोश रही।"

"ख़ामोश रही?"

"तो और क्या करती"···थोड़ी देर ख़ामोश रहने के बाद उसने सारा क़िस्सा दोहराया था···उसने कहा था: "मुझे यह फ़िल्म लाइन क़त्अन पसंद नहीं थी, लेकिन मोहसिन ने मुझे मजबूर किया था कि मैं इसमें दाख़िल हो जाऊँ। अब मैं इसमें दाख़िल हुई हूँ तो वह मुझे छोड़कर चले गए हैं, इसलिए कि शायद वह मुझे पसंद नहीं करते। एक्ट्रेसों के पीछे भागे-भागे फिरते हैं।"

मोहसिन ने अपना गला साफ़ किया और बलग़म दूर फ़ेंककर कहा: "मैं किस एक्ट्रेस के पीछे भागा फिरता हूँ···एक मिस प्रधान थी, लेकिन उससे तो मैंने क़ता ताल्लुक़ कर लिया है···अब कौन है?"

मैंने उसकी दुखती रग पर हाथ रखा: "मिस वीरा।"

यह वही मिस वीरा है जिसने फ़िल्मिस्तान के एक फ़िल्म में, जिसे नितिन बोस ने डायरेक्ट किया था, ग़ालिबन हीरोइन का रौल अदा किया था, लेकिन बड़े भौंडे अंदाज़ में—उस लड़की से, जो औरत बनकर ख़ुदा मालूम क्या बनने का इरादा कर रही थी, मोहसिन इश्क़ फ़र्मा रहा था—वह स्नेह प्रभा प्रधान की तरफ़ से मायूस हो चुका था,

इसलिए कि वह उससे मुतलतफ़ित होती ही नहीं थी। मिस प्रधान के और कई चाहनेवाले मौजूद थे, जिनमें से एक किशोर साहू था जो आज एक बहुत बड़ा फिल्म डायरेक्टर और प्रोड्यूसर है। उनकी शादी भी हो गई और तलाक़ भी, बड़े दिलचस्प अंदाज़ में—मेरा ख़याल है, मैं इस मज़्मून में कहीं अर्ज़ कर चुका हूँ कि मिस प्रधान बड़ी क़ब्ज़ा-गीर क़िस्म की औरत है। किशोर साहू ने किसी और औरत से राबिता पैदा करना चाहा होगा कि मिस प्रधान ने तलाक़ का मुतालबा शुरू कर दिया। साहू भी ग़ालिबन उसकी क़ब्ज़ा गीरी से तंग आ गया था, मगर तलाक़ का मामला बहुत टेढ़ा था, इसलिए कि शादी सिविल मैरिज क़ानून के तहत हुई थी और सिर्फ़ उसी सूरत में टूट सकती थी कि फ़रीक़ैन में से कोई एक यह साबित कर दे कि दूसरा ज़िनाकारी का मुर्तकिब हुआ है। चुनांचे मियाँ-बीवी, दोनों में बाक़ाइदा कांफ़्रेंस हुई और एक और रास्ता निकाला गया। यह तय पाया कि मियाँ अदालत में बीवी के इस इल्ज़ाम को तस्लीम करे कि वह इज़्दिवाजी फ़राइज़ अदा करने का अहल नहीं, यानि वह नामर्द है। किशोर साहू मान गया। जब मुक़दमा अदालत में पेश हुआ तो उसने खुले अल्फ़ाज़ में कह दिया कि वह औरत के क़ाबिल नहीं[1]।

ख़ैर—यूँ तो इस क़िस्से का ज़िक्र बज़ाहिर ग़ैर ज़रूरी मालूम होगा, मगर इस दास्तान के बयान करने में मुझे इसकी ज़रूरत महसूस हुई तो मैंने इसका ज़िक्र कर दिया।

जैसाकि मैं शायद बयान कर चुका हूँ, वीरा पारसी है। वह बहुत मायूसियों के बाद अपने वतन से हिजरत करके किसी शख़्स के साथ बंबई चली आई जो फ़िल्म इंडस्ट्री से वाबस्ता था। उस शख़्स ने वीरा को मोती लाल एक्टर के हवाले कर दिया, मगर मोती लाल जैसा इश्क़ पेशा उसे कब तक अपने साथ चिपकाए रखता। थोड़ी देर के बाद ही मोती लाल का जी उकता गया—वीरा शक्लो-सूरत के एतिबार से न मर्द कहलाई जा सकती है, न औरत। उसका सीना बिल्कुल सपाट है। सतह-मुर्तफ़ा-दकन मालूम होता है—मैं आपको एक दिलचस्प वाक़िआ सुनाऊँ: फ़िल्मस्तान में हम लोग 'आठ दिन' के उन्वान से एक फ़िल्म बना रहे थे। हमें कंपनी की तरफ़ से मजबूर किया गया कि मिस वीरा को हीरोइन का रोल दिया जाए। अशोक कुमार को सख़्त एतिराज़ था, मगर मैं समझता था कि मिस वीरा में अदाकारी की तमाम सलाहियतें मौजूद हैं, एक सिर्फ़ उसके सीने का सपाटपन दूर कर देना चाहिए—चुनांचे मैंने स्टूडियो के मेकअप मैन और लेडी हेयर ड्रेसर से मश्वरा किया। उन दोनों ने मुझसे कहा: "तरद्दुद की कोई ज़रूरत नहीं। हम यह मुश्किल हल कर देंगे।"—मुश्किल हल हो गई। वह चीज़, जो मिस वीरा के सीने पर नापेद थी, कपड़े और रुई के ज़रिए से तैयार करके उसको पहना दी गई—मिस वीरा जब शूटिंग से फ़ारिग़ होकर मोहसिन अब्दुल्लाह के साथ अपने घर जाती तो उस मस्नूई चीज़ को अपने जिस्म से अलाहिदा करके खूंटी पर लटका देती थी—मिस वीरा के पास एक छोटा-सा कुत्ता था। वह घर से बर्क़ी ट्रेन के ज़रिए से फ़र्स्ट क्लास में उस नन्हे-मुन्ने कुत्ते के साथ फ़िल्मस्तान आती। जब शूटिंग होती तो वह मिस वीरा के कमरे में बंधा रहता—मोहसिन अब्दुल्लाह

1. वह महज़ इत्तिफ़ाक़ की बात है कि बरसों बाद फ़िल्म 'गाइड' में किशोर साहू ने रोज़ी के नामर्द शौहर की भूमिका बड़ी ख़ूबसूरती से निभाई थी। —संपादक

सैकिंड क्लास में स्टूडियो आता था। एक दिन मैंने देखा कि वह फ़र्स्ट क्लास के डिब्बे से बाहर निकला। उसके हाथ में ज़ंजीर थी, जिसकी हुक के साथ मिस वीरा के कुत्ते का ख़ूबसूरत पटा मुन्सलिक था। सगे लैला वाला क़िस्म था—बहरहाल यह सिलसिला चलता रहा। उन दोनों में गाढ़ी छनने लगी। दोनों इकट्ठे खाते, इकट्ठे स्टूडियो आते और शूटिंग ख़त्म होने पर इकट्ठे वापस जाते।

उधर डब्लू ज़ैड अहमद को अपने स्टाफ़ को तन्ख़ाह देने की इतनी फ़िक्र नहीं रहती थी, मगर वह स्टाफ़ को बहलाना ख़ूब जानता था। अगर आज पूना की किसी पहाड़ी पर पिकनिक हो रही है तो दूसरे रोज़ मुशायरा मुन्अक़िद किया गया है।

एक रात मुशाइरा हो रहा था। उसमें मिस्टर अडवानी मौजूद थे—मालूम नहीं किस तरंग में आकर अहमद ने उनसे कहा : "वह मान गई है।"

अडवानी ने अहमद से पूछा : "कौन मान गई है?"

अहमद ने जवाब दिया : "शाहिदा... वह मुझसे शादी करने पर रज़ामंद हो गई है।"

मुझे मालूम नहीं कि उनकी शादी कहाँ हुई। मैं सिर्फ़ इतना जानता हूँ कि कोई स्टेट थी जहाँ उनका निकाह हुआ—स्टूडियो के स्टाफ़ के कई कारकुन मदऊ किए गए थे। उनमें से एक का बयान है कि शाहिदा शादी के बाद भी नाख़ुश थी।

जैसा कि मैं अर्ज़ कर चुका हूँ, वह बहुत कमगो, शरीफ़ और घरेलू क़िस्म की औरत है। उसको हुजूम से, बाजे-गाजे और शोरो-शर से सख़्त नफ़रत है—जब दुल्हा और दुल्हन को सजी सजाई मोटर में बैठाना था तो शाहिदा के क़दम नहीं उठते थे। उसकी आँखें आँसुओ से लबरेज़ थीं—शालीमार स्टूडियो की एक्ट्रेसों ने उससे कहा : "आप इतनी पीछे रह गई हैं... अहमद साहब के साथ-साथ चलें।" मगर उस पर अजीब क़िस्म का हिजाब तारी था। आख़िर अहमद ही को उसके पास आना पड़ा। उसने बड़ी जुर्रत से काम लेकर अपनी दुल्हन का हाथ पकड़ा और उसे मोटर में बिठाया।

डब्लू ज़ैड अहमद की पहली बीवी सफ़िया और शाहिदा बड़ी पक्की सहेलियाँ थीं—यह इस हज़ार पहलू दास्तान का एक और पहलू है—शाहिदा, जो बेवक़ूफ़ी की हद तक सादा लोह है, ग़ालिबन वह महसूस करती थी कि उसने अपनी सहेली के साथ भी दग़ा की है, लेकिन उसकी सहेली सफ़िया इस दौरान में मश्हूर कम्यूनिस्ट सिब्ते हसन के इश्क़ में गिरफ़्तार हो चुकी थी।

ख़ैर, मालूम नहीं सफ़िया कहाँ है। शाहिदा तो ख़ैर डब्लू ज़ैड अहमद के पास है और घरेलू ज़िंदगी बसर कर रही है।

शाहिदा, जिसे पुर असरार नीना कहा जाता है, परले दर्जे की कंजूस है, जैसा कि आम घरेलू औरतें होती हैं। वह अपनी ज़ात के लिए ख़र्च करती है, लेकिन दूसरों के मामले में एक पाई ज़्यादा ख़र्च नहीं करेगी।

जब वह शालीमार स्टूडियो में थी तो उसके मक्खी चूस रवैये से वहाँ के सब मुलाज़िम तंग आए हुए थे। वह कौड़ी-कौड़ी का हिसाब लेती थी।

एक दिन ड्रेस मैन के बिल की, जो अदा हो चुका था, उसने पड़ताल की तो उसको

मालूम हुआ कि हिसाब के मुताबिक़ कुछ सौ रुपए और साढ़े पाँच आनें बनने चाहिए थे, मगर वह छः आने वुसूल कर चुका था। चुनांचे बेगम साहिबा ने फ़ौरन ड्रेस मैंने को तलब किया और उससे कहा : "यह क्या गड़बड़ है... तुमने साढ़े पाँच आने की बजाए छः आने कंपनी से क्यों वुसूल किए हैं।"

ड्रेस मैन को जब बिल दिखाया गया तो वाक़ई साढ़े पाँच आने बनते थे। उससे हिसाब में ग़लती हो गई थी। चुनांचे उसने दो पैसे देकर अपनी ख़लासी कराई।

यूँ तो उसे स्टूडियो का हर मुलाज़िम बेगम साहिबा कहता था, लेकिन उनके दिल में उसकी कोई क़द्र नहीं थी, इसलिए कि वह आम एक्ट्रेसों की मानिंद फ़ुज़ूल ख़र्च, चर्ब ज़बान और यावा गो नहीं थी—वह एक मुहज़्ज़ब औरत थी। यह जुदा बात है कि उसने दूसरी शादी कर ली थी।

यह वाक़या है और इसकी शहादत के लिए कई सुबूत मौजूद हैं कि शाहिदा को फ़िल्म लाइन से कोई दिलचस्पी नहीं थी और न अब है। वह अपने घर में ख़ुश रहना चाहती थी, और रहना चाहती है।

मैंने हाल ही में उससे मुलाक़ात करना चाही, ताकि इस मज़्मून को बतरीक़े-अहसन मुकम्मल कर सकूँ, लेकिन अहमद ने कहा : "वह बहुत मस्रूफ़ हैं।"

मुझे उम्मीद है, मैं शाहिदा से एक रोज़ ज़रूर मिल पाऊँगा—यह मज़्मून तो वह ख़ैर क़िस्त[1]-वार पढ़ती ही रहेगी—उसकी आँखों में जो उदासी तैरती रहती है, उसकी चाल में ग़मज़दा धीमापन है और उसकी गुफ़्तगू में जो अजीब क़िस्म की अफ़्सुर्दगी है, उनके मुताल्लिक़ मुझे मालूमात हासिल करना हैं।

शाहिदा के मुताल्लिक़ आम ख़याल यह है कि वह बददिमाग़ है और किसी से मिलना जुलना पसंद नहीं करती—जहाँ तक मुझे मालूम है, यह ख़याल ग़लत है। मैं इससे पेशतर कह चुका हूँ कि वह ख़ामोशी पसंद और ठेठ घरेलू औरत है। उसे अपने घर के सिवा और किसी से दिलचस्पी नहीं। वह अलग-थलग रहना पसंद करती है। वह आदर्श बीवी है—अगर आप उससे पुरख़ुलूस अंदाज़ में बात करें तो वह अपना दिल खोलकर आपके सामने रख देगी। उसकी आँखों में आँसू आ जाएँगे और वह अपने पहले शौहर मोहसिन अब्दुल्लाह को याद करेगी। लेकिन अपने दूसरे खाविंद डब्लू ज़ैड अहमद को उसकी तमाम सियासियात, जिनको वह ग़ालिबन अपने भोलेपन की वजह से नहीं समझती, के बावजूद अपने दिल के क़रीब रखेगी।

मोहसिन अब्दुल्लाह के नुत्फ़े से शाहिदा के एक लड़का पैदा हुआ, जो सदा बीमार रहता है। डब्लू ज़ैड अहमद के नुत्फ़े से एक लड़की पैदा हुई है—लड़का शायद एबटाबाद में है और वहाँ किसी स्कूल में पढ़ता है—इस मामले में अहमद की तारीफ़ करना पड़ती है कि वह उससे बड़ी ही शफ़्क़त के साथ पेश आता है। हो सकता है कि यह शफ़्क़त महज़ दिखावे की हो—बहरहाल यह मानना पड़ेगा कि मोहसिन अब्दुल्लाह उस माज़ूर बच्चे की परवरिश बतरीक़े-अहसन कभी न कर सकता, इसलिए कि वह एक लाउबाली क़िस्म का

1. 'पुर अस्रार नीना' लाहौर के माहनामे 'डायरेक्टर' में क़िस्त-बार छपता था।

इन्सान है।

अहमद और मोहसिन में ज़मीन आसमान का फ़र्क़ है—अहमद अपनी ख़ुदादाद ज़हानत और मुहिम-जू तबीयत के बलंबूते पर कमाता है। इसके बरअक्स मोहसिन ऐसे सहारे ढूँढ़ता है जो उसे काम करने की लानत से नजात दिला सकें।

शाहिदा मुझसे बेहतर जानती होगी, लेकिन जहाँ तक मैं उसके साबिक़ शौहर को जानता हूँ, वह अव्वल दर्जे का कामचोर है। यूँ वह ख़ुद को बहुत मसरूफ़ ज़ाहिर करेगा, मगर उस मस्नूई मस्रूफ़ीयत का नतीजा हमेशा सिफ़र ही निकलेगा।

अहमद की ज़िंदगी मुसलसल तगो-दू की ज़िंदगी है। वह हर आफ़त का मुक़ाबला करने के लिए तैयार रहता है, इसलिए कि वह ख़ुद एक बहुत बड़ी आफ़त है जो फ़िल्म इंडस्ट्री पर नाज़िल हुई है--मैं इससे पेशतर अर्ज़ कर चुका हूँ कि वह रूसियों की तरह बड़ा इस्कीम बाज़ है। उसे अगर सिगार पीना होगा तो उसकी इस्कीम कई रोज़ पहले तैयार हो चुकी होगी। उसका हर क़दम ख़ास इस्कीम के तहत उठता है।

शाहिदा सीधी-सादी औरत है। उसे इस्कीमों से कोई वास्ता नहीं। वह सिर्फ़ यह चाहती है कि एक घर हो, जिसमें वह अपनी ज़िंदगी गुज़ार दे—वह किसी को ईज़ा नहीं पहुँचा सकती, इसलिए कि उसकी फ़ित्रत में ईज़ा रसानी का माद्दा ही मौजूद नहीं।

मैं जब भी उससे मिला, मैंने चाहा कि उससे कहूँ : ''तुम ईसाई मज़्हब इख़्तियार करके राहिबा बन जाओ। लेकिन वह ईसाई मज़्हब इख़्तियार किए बग़ैर और किसी राहिब ख़ाने में न रहने के बावजूद नन मालूम होती है—यूँ वह पार्टियों में जाती है, लेकिन महज़ तकल्लुफ़ के तौर पर। कुछ ऐसा मालूम होता है कि या तो वह अपने वुजूद से उकताई हुई है, या उस फ़ज़ा से, जिसमें वह साँस ले रही है। उसे अपने गिर्दो-पेश की किसी चीज़ से दिलचस्पी नहीं, शायद अपने आपसे भी नहीं—वह बर्फ़ का एक तोदा है जो क़ुदरत की सितम ज़रीफ़ी से पहाड़ों से फिसलकर खुले मैदानों में चला आया हो और आहिस्ता-आहिस्ता पिघल रहा हो--हो सकता है, शाहिदा को मेरी इस बात से इत्तिफ़ाक़ न हो, लेकिन अगर वह ग़ौर करे तो उसको मेरी इस तश्बीह की सेहत मानना पड़ेगी। क़ुदरत ने उसको मुफ़र्रह शर्बत की बोतल की शक्ल में दुनिया में भेजा था, लेकिन लोगों ने उसे उबालकर चाय की सूरत में तबदील कर दिया। इसमें शाहिदा का कोई क़ुसूर नहीं। क़ुसूर उन लोगों का है, जिन्होंने उसको ग़लत तौर पर इस्तेमाल किया—मोहसिन अब्दुल्लाह ने उसको अपनी रौशन ख़याल और आज़ाद बहनों का हवाला देकर बार-बार लान-तान की कि वह भी उन्हीं की मानिंद बनने की कोशिश क्यों नहीं करती--जब वह किसी क़द्र माईल हुई तो डब्लू ज़ैड अहमद ने उसे अपने पहले फ़िल्म की हीरोइन बना दिया, और वह जिसे फ़िल्मी दुनिया से कोई दिलचस्पी नहीं थी, शाहिदा से पुर अस्रार नीना बन गई।

मैं अक्सर सोचता हूँ कि जब वह इश्तिहारों में पुर अस्रार नीना का नाम जली हुरुफ़ में पढ़ती होगी तो उसका रद्दे-अमल क्या होता होगा। हो सकता है, वह अपनी उदास-उदास आँखों से वह इश्तिहार पढ़कर यह महसूस करती हो कि पुर अस्रार नीना, शाहिदा नहीं, कोई और होगी जिसको वह क़तअन नहीं जानती। या उसे यह ख़याल आता

तो कि वह कल क्या थी, आज क्या बन गई है। यह भी मुमकिन है कि अहमद के दिखाए हुए सब्ज़ बाग़ों में उसने ख़ुद को सब्ज़परी महसूस न किया हो। लेकिन यह भी हक़ीक़त है कि वह अन्जामेकार उन सब्ज़ बाग़ों ही में खो गई, शायद इसलिए कि उसने ऐसे बाग़ अपनी ज़िंदगी में पहले कभी नहीं देखे थे, या उनका कभी तसव्वुर भी नहीं किया था।

उसकी उदासपन की वजह यह भी हो सकती है कि उसका लड़का एक लिहाज़ से यतीम हो गया था—मैंने पूना में एक मर्तबा उससे पूछा। यह उस ज़माने का जिक्र है, जब वह और अहमद एक ही कोठी में इकट्ठे मगर अलाहिदा-अलाहिदा कमरों में रहते थे—मैंने उससे पूछा : "आप इतनी उदास-उदास क्यों रहती हैं ?"

वह और ज़्यादा उदास हो गई : "नहीं तो..."

"नहीं का मतलब, जहाँ तक मैं समझता हूँ, यह है कि इस उदासी की कोई न कोई वजह ज़रूर है।"

"कोई वजह नहीं।"

"यह कैसे हो सकता है...मैंने जब भी आपको देखा, हुज़्नो-मलाल में लिपटी हुई देखा...मेरी नज़र में कोई ख़ामी है या आप ख़ुद-फ़रेबी से काम ले रही हैं।"

शाहिदा के दिल में जैसे तीर-सा लगा : "आप इस गुफ़्तुगू को बंद कीजिए।"

मैंने पूछा : "क्यों ?"

उसने जवाब दिया : "आपको मेरे प्राइवेट मामलों में दख़्ल देने का कोई हक़ हासिल नहीं।"

मैंने कहा : "आप प्राइवेट प्रापर्टी नहीं हैं, पब्लिक प्रापर्टी हैं...आपके मुताल्लिक़ हर शख़्स अपनी दानिस्त के मुताबिक़ कुछ न कुछ कहने का हक़ रखता है।"

वह नाराज़ हो गई और उसकी नाराज़ी ने उसके चेहरे के ख़द्दख़ाल और ज़्यादा मग़्मून कर दिए।

मुझे उस वक़्त ऐसा महसूस हुआ कि वह एक ऐसी मोमबत्ती है जो तेज़ हवा में जलते रहने की कोशिश कर रही है, उसकी लौ थरथरा रही है, कुछ ऐसे अंदाज़ में जैसे उसे यक़ीन नहीं कि वह ज़्यादा देर तक ज़िंदा रह सकेगी।

मैंने उससे कहा : "अपने दिल का सही हाल कभी तो किसी को बता दीजिए।"

उसके माथे पर चंद शिक्नें नुमूदार हुईं : "आप कौन होते हैं मेरे दिल का सही हाल जानने वाले...मैं जैसी भी हूँ, जिस हाल में भी हूँ, ठीक हूँ...आप मेरे मुताल्लिक़ इतने मुतफिकर क्यों हैं ?"

"इसलिए कि आपसे बहैसीयत एक अफ़्साना निगार मुझे दिलचस्पी है।"

"आपको या किसी और अफ़्साना निगार को मुझसे दिलचस्पी नहीं लेनी चाहिए...मैं कोई खिलौना नहीं हूँ।"

"मैंने आपको खिलौना कभी नहीं समझा...आप गोश्त-पोस्त की बनी हुई औरत हैं, एक ऐसी औरत जिससे किसी ने अच्छा सुलूक नहीं किया...आपको गिला किससे है ? अपने ख़ालिक़ से, या उन मर्दों से जिन्होंने आपको खिलौना समझा ?"

शाहिदा के फीके होठों पर और भी ज़्यादा फीकी मुस्कराहट नुमूदार हुई, जैसे कोई बदरँग खिलौना टूट गया हो : "आप मुझसे इतनी ज़्यादा बातें मत कीजिए ··· मेरे सिर में दर्द हो रहा है।"

मैंने उसको चिढ़ाने के लिए पूछा : "इस दर्द का बाइस क्या है?"

"मुझे क्या मालूम ··· डाक्टर जानते होंगे।"

यूँ तो पूना और बंबई में बेशुमार डॉक्टर थे, जिनमें कई माहिर भी थे, लेकिन मुझे अच्छी तरह याद है, मैंने उस वक़्त सोचा था कि वह शाहिदा की बीमारी, असल बीमारी की तश्ख़ीस नहीं कर सकते।

वह अब भी[1] बीमार है। उसकी यह बीमारी जिस्मानी नहीं, रूहानी है।

इसमें कोई शक नहीं कि वह डब्लू ज़ैड अहमद से अपनी क़िस्मत वाबस्ता कर चुकी है—लेकिन, जहाँ तक मैं समझता हूँ, वह एक ख़ला में ज़िंदगी बसर कर रही है। वह यक़ीन के साथ यह भी नहीं कह सकती कि वह ज़िंदा है या मुर्दा। वह होने, न होने के बीच की फ़ज़ा में मुअल्लक़ है जहाँ फूल काँटे बन जाते हैं और काँटे फूल, जहाँ पर दूध और शहद की नहरें बहती हैं और साथ ही झुलसा देनेवाली तेज़ाब की नहरें भी—वह दरअसल बहार भी है और ख़िज़ाँ भी। ख़िज़ाँ के दौरान में उस पर हरियावल नज़र आ सकती है और बहार के मौसम में पतझड़—उसके किर्दार का मुताला और मुशाहिदा करते वक़्त कोई दक़ीक़ा शनास वुसूक़ से नहीं कह सकता कि वह किस उलझन में गिरफ़्तार है।

मौसमयात के माहिरीन आमतौर पर पेशीन-गोईयाँ करते रहते हैं कि आज मतला साफ़ रहेगा, या अब्र आलूद, घनगरज होगी, या धूप—शाहिदा के मुताल्लिक़ में ऐसी कोई पेशीन-गोई नहीं कर सकता। इसलिए कि वह अबुलहौल है। वह बरसती भी होगी, गरजी भी होगी और उसका मतला साफ़ भी रहता होगा—हाँ यह ज़रूर कहा जा सकता है कि उस पर अहमद की शख़्सीयत मुकम्मल तौर पर छाई हुई है।

अहमद, इतने बरस गुज़र जाने के बाद भी, शाहिदा से वैसा ही सुलूक करता है, जैसाकि उसने पहली मुलाक़ात के वक़्त किया था—वह अब भी उसकी इज़्ज़त करता है। ख़ुदा बेहतर जानता है कि उसमें ख़ुलूस कितनी रत्ती है—बहरहाल दोनों मियाँ-बीवी मस्नूई या ग़ैर मस्नूई ज़िंदगी बसर कर रहे हैं।

डब्लू ज़ैड अहमद ने अब ख़ुदा मालूम क्या पंजसाला इस्कीम बनाई है—उसने गोवन्मेट (आफ़ पाकिस्तान) से फ़िल्म कोआपरेटिव बनाने की मंज़ूरी हासिल की, कोआपरेटिव बैंक से लाखों रुपए लिए और अपना पहला (पाकिस्तानी) फ़िल्म 'रूही' बनाया। इस फ़िल्म के कारकुन उसके मंज़ूरे-नज़र दोस्त थे, चापलूस क़िस्म के—अब अहमद बहुत-सी क़ानूनी उलझनों में फँसा हुआ है। मुझे यक़ीन है कि वह उनकी गिरफ़्त में नहीं आएगा। वह अगर फ़िल्मसाज़ न होता तो बहुत बड़ा क़ानून-दान होता।

आज से दो ढाई महीने पहले की बात है। वह हाल रोड पर रहमान हेयर ड्रेसर के पास

1. 'अब भी' से मुराद, पाकिस्तानी लाहौर का वह ज़माना है जिसमें ख़ालिक़ मंटो और मख़लूक़ शाहिदा ने दिन गुज़ारे। —संपादक

आया। मैंने उससे शाहिदा और उसके इश्क़ के मुताल्लिक़ गुफ़्तगू करना चाही, मगर वह गोल कर गया–वह गोल करने का माहिर है। उसकी हँसी गो अक्सर मस्नूई होती है, लेकिन आप कभी नहीं समझ सकेंगे कि वह उस हँसी में आपके सवाल का जवाब छुपा रहा है।

बशर्ते-ज़िंदगी, मैं मज़ीद मालूमात हासिल करके शाहिदा उर्फ़ पुर अस्रार नीना के मुताल्लिक़ कुछ और भी लिखूँगा, लेकिन जैसाकि मैं पहले अर्ज़ कर चुका हूँ, उस गरीब में कोई अस्रार नहीं–अगर औरत को आप पुर अस्रार कहते हैं तो यह आपकी नादानी है–शाहिदा औरत ही नहीं, ठेठ औरत है।

शाहिदा से मिलकर, हो सकता है, आप··· मेरा मतलब है वह लोग, जो भड़कीलेपन को पसंद करते हैं, ना उम्मीद हों–लेकिन संजीदा आदमी उसे यक़ीनन बहुत एहतिराम की नज़रों से देखेंगे।

सितारा

लिखने के मामले में मैंने बड़े-बड़े कड़े मराहिल तय किए हैं, लेकिन मशहूर रक़्क़ासा और एक्ट्रेस सितारा के बारे में अपने तास्सुरात क़लमबंद करने में मुझे बड़ी हिचकिचाहट का सामना करना पड़ा है। आप तो उसे एक एक्ट्रेस की हैसियत से जानते हैं जो नाचती भी है और ख़ूब नाचती है, लेकिन मुझे उसके किर्दार का मुताला करने का भी मौक़ा मिला है जो अजीबो-ग़रीब है।

मैंने अपनी ज़िंदगी में कई औरतों के किर्दारो-अतवार का मुताला किया है, लेकिन हक़ीक़त यह है कि जब सितारा के हालाते-ज़िंदगी मुझे आहिस्ता-आहिस्ता मालूम हुए तो मैं चकरा गया। वह औरत नहीं, एक तूफ़ान है और वह भी ऐसा तूफ़ान जो सिर्फ़ एक मर्तबा आके नहीं टलता, बार-बार आता है। सितारा यूँ तो दरमियाना क़द की औरत है मगर बला की मज़बूत है। उसने जितनी बीमारियाँ सही हैं, मेरा ख़याल है, अगर किसी और औरत पर नाज़िल होतीं तो वह कभी जाँबर न हो सकती। वह तबअन बहुत हौसलामंद है, शायद इसलिए कि वह कसरत की आदी है।

मैंने देखा है कि सुबह सवेरे उठकर वह कम-अज़-कम एक घंटे तक रियाज़त करती थी और यह रियाज़त कोई मामूली रियाज़त नहीं होती थी। एक घंटा भरपूर नाचना हड्डियों तक को थका देता है, मगर सितारा मुझे कभी थकी-थकी दिखाई नहीं दी। असल में उसमें वह चीज़ जिसे अंग्रेजी में STAMINA कहते हैं, बार्दजा अतम मौजूद है। वह थकने वाली जिन्स नहीं। दूसरे थक हार जाएँगे मगर वह वैसी की वैसी रहेगी, जैसे उसने कोई मशक़्क़त नहीं की। उसको अपने फ़न से प्यार है, उसी वालेहाना क़िस्म का जो वह मुख़तलिफ़ मर्दों से करती रही है।

मामूली-से डान्स के लिए वह इतनी मेहनत करेगी, जितनी कोई रक़्क़ासा उम्र भर नहीं कर सकती। उसकी तबीयत में उपज है। वह हमेशा कोई ख़ास बात करना चाहेगी। चलत-फिरत जो एक नटनी में हो सकती है, उसमें ज़रूरत से ज़्यादा मौजूद है। वह एक सैकिंड के लिए भी निचली नहीं बैठ सकती। उसकी बोटी-बोटी थिरकती रहती है।

कहा जाता है कि वह नेपाल की रहने वाली है। मुझे इसके मुताल्लिक़ हत्मी तौर पर कुछ मालूम नहीं, लेकिन मैं इतना जानता हूँ कि सितारा के अलावा उसकी दो बहनें और थीं। यह त्रिशूल यूँ मुकम्मल होता है: तारा, सितारा और अलकनंदा। तारा और

अलकनंदा तो अब क़रीब-क़रीब मादूम हो चुकी हैं। मेरा ख़याल है, उनका नाम भी किसी को याद नहीं होगा।

इन तीन बहनों की ज़िंदगी वैसे बहुत दिलचस्प है। तारा की कई मर्दों से वाबस्तगी रही। इस हुजूम में एक शौकत हाशमी भी हैं जो अब तक कई पापड़ बेल चुके हैं। हाल ही में उनकी बीबी पूर्निमा ने उनसे तलाक़ ले ली है और वह इस सिलसिले में बड़े दर्दनाक बयान दे चुके हैं। अलकनंदा कई हाथों से गुज़री और आख़िर में प्रभात के शोहरतयाफ़्ता एक्टर बलवंत सिंह के पास पहुँची। उसके पास वह अभी तक है या नहीं, इसका मुझे इल्म नहीं।

इन तीनों बहनों की ज़िदंगी की रूदाद अगर लिखी जाए तो हज़ारों सफ़हे काले किए जा सकते हैं। लोग मुझे कोसते हैं कि मैं फ़ोश निगार हूँ, गंदा ज़ह्न हूँ, लेकिन वह यह नहीं सोचते कि इस दुनिया में कैसी-कैसी हस्तियाँ मौजूद हैं। मैं उन्हें फ़ोश नहीं कहता। मैं तो सिर्फ़ इतना जानता हूँ कि या तो कोई आदमी माहौल के बाइस मज़्मूमी हरकात का मुर्तकिब होता है या अपनी जिबिल्लत के बायस।

जो चीज़ आपको फ़ित्रत ने अता की है, उस की इस्लाह नफ़्सियाती इलाज से किसी हद तक हो सकती है, लेकिन अगर आप उससे ग़ाफ़िल रहे हैं तो उसकी ज़िम्मेदारी किस पर आयद होती है, यह जरा सोचने की बात है।

तारा, सितारा और अलकनंदा, तीन बहनें किस के हाँ पैदा हुईं, ग़ालिबन नेपाल के किसी गाँव में। वहाँ से वह एक-एक करके बंबई आईं कि फ़िल्मी दुनिया में क़िस्मत-आज़माई करें, लेकिन यह मुक़द्दर की बात है कि सिर्फ़ सितारा का सितारा चमका। जो बाक़ी दो थीं, वह टिमटिमाती रह गईं।

सितारा के मुताल्लिक़ जैसा कि मैं इस मज़्मून के आग़ाज़ में कह चुका हूँ, पूरी तफ़्सील से लिखते हुए झिझकता हूँ। वह औरत नहीं, कई औरतें हैं। उसने इतने जिन्सी सिलसिले किए हैं कि मैं इस मुख़्तसर मज़्मून में उनका अहाता नहीं कर सकता।

अंग्रेजी ज़बान में ऐसी औरत को निम्फोमेनियक कहा जाता है। यह औरत की एक ख़ास क़िस्म है जो एक मर्द के अलावा और सैकड़ों से ताल्लुक़ क़ायम करती है।

सितारा का मैं जब भी तसब्वुर करता हूँ तो वह मुझे बंबई की पाँच मंज़िला बिल्डिंग मालूम होती है जिसमें कई फ़्लैट और कई कमरे हों। और यह वाक़े है कि वह बयक-वक़्त कई मर्द अपने दिल में बसाए रखती थी। मुझे इतना मालूम है कि जब वह बंबई में आई तो उसका ताल्लुक़ एक गुजराती फ़िल्म डायरेक्टर से क़ायम हुआ, जिसका पूरा नाम मुझे याद नहीं रहा। लेकिन वह डेसाई था, दुबला-पतला मरियल क़िस्म का इन्सान। लेकिन था बहुत ख़ूबियों का मालिक। अपने काम में काफी होशियार था। मगर क़िस्मत ने उसकी यावरी न की। चूँकि ज़िद्दी था इसलिए जगह-जगह ठुकराया गया। उससे मेरी मुलाक़ात उस ज़माने में हुई जब सरोज फ़िल्म कंपनी ज़िंदा थी। लेकिन असल में ज़िंदा दरगोर थी—मेरी उसकी फ़ौरन दोस्ती हो गई, इसलिए कि वह फ़न-शनास था और अदबी ज़ौक़ भी रखता था। इसी दौरान में मुझे मालूम हुआ कि सितारा उसकी बीवी है लेकिन उससे

जुदा हो गई है। डेसाई को मगर इस जुदाई का इतना रंज नहीं था। उसकी बातों से मुझे सिर्फ़ इतना मालूम हुआ कि वह उस औरत से पूरा निपट नहीं सकता था।

सितारा उस ज़माने में किसी और के पास थी, लेकिन कभी-कभी अपने शौहर डेसाई के पास भी आ जाती थी। वह ख़ुद्दार इन्सान था, इसलिए वह उससे उमूमन बेएतिनाई बरतता था और उसे मुख़्तसर मुलाक़ात के बाद रुख़्सत कर दिया करता था।

हिंदुओं के मज़हब के मुताबिक़ कोई औरत तलाक़ नहीं ले सकती। डेसाई से सितारा की शादी हिंदू क़ानून के मातहत हुई थी, इसलिए अब भी वह मिसिज़ डेसाई है, हालाँकि वह कई मर्दों से मुन्सलिक हो कर उनसे अलहदगी इख़्तियार कर चुकी है। मैं उस ज़माने की बात कर रहा हूँ, जब डायरेक्टर महबूब का सितारा माइले-ब-उरूज था। महबूब ने उसे अपने किसी फ़िल्म में लिया तो उसके साथ सितारा के जिन्सी ताल्लुक़ात फ़ौरन क़ायम हो गए। उसकी रुदाद मेरा क़लम बयान नहीं कर सकता। सिर्फ़ बब्बू यानि इशरत जहाँ की ज़बान ही बयान कर सकती है।

आउट डोर शूटिंग के सिलसिले में महबूब को हैदराबाद जाना पड़ा था। वहाँ महबूब साहब हस्बे-दस्तूर बाक़ायदा नमाज़ पढ़ते थे और बाक़ाइदा सितारा से इश्क़ फ़रमाते थे। मैं यह सबकुछ लिखने में हिचकिचा रहा हूँ। असल में सितारा एक केस हिस्ट्री है। उस पर नफ़्सियात के किसी माहिर ही को लिखना चाहिए था।

बंबई में एक स्टूडियो फ़िल्मसिटी था। महबूब ने ग़ालिबन उसी में अपनी कोई पिक्चर बनाना शुरू की थी। उन दिनों वहाँ साउन्ड रिकार्ड करने वाले मिस्टर पी. एन. अरोड़ा थे, जो अब मशहूर प्रोड्यूसर हैं। बड़े मेहनती क़िस्म के नौजवान—फ़ज़ल भाई ने जो फ़िल्म सिटी के कर्ता-धर्ता थे, उनको विलायत भेजा था कि वह सदाबंदी का काम सीख के आएँ। उसी ज़माने में सेठ शीराज़ अली हकीम भी वहीं थे और लेबोरेट्री के इन्चार्ज थे। डायरेक्टर महबूब से तो सितारा का सिलसिला चल ही रहा था लेकिन बक़ौल दीवान सिंह मफ़्तून, एडिटर रियासत देहली, उसका टाँका पी. एन. अरोड़ा से भी मिल गया।

डायरेक्टर महबूब ने फ़िल्म ख़त्म किया तो सितारा पी. एन. अरोड़ा के हाँ बतौर बीवी या दाश्ता के रहने लगी। लेकिन इस दौरन में एक और हादिसा दरपेश आया। फ़िल्म सिटी ही में या किसी और स्टूडियो में, जहाँ सितारा काम कर रही थी, एक नौवारद अलनासिर तशरीफ़ लाए। यह बड़े ख़ूबसूरत जवान थे। कम उम्र। ताज़ा-ताज़ा डेरादून से तालीम हासिल करके आए थे। गाल सुर्ख़-सफ़ेद थे। उनको शौक़ था कि फ़िल्मी दुनिया में दाख़िल हों।

जब आए तो फ़ौरन उन्हें एक फ़िल्म में रोल मिल गया। इत्तिफ़ाक़ से उसके कास्ट में सितारा भी शामिल थी जो बयक वक़्त पी. एन. अरोड़ा, डायरेक्टर महबूब और अपने असली ख़ाविंद मिस्टर डेसाई के पास आया जाया करती थी।

मालूम नहीं, यह पहले की बात है या बाद की, मगर सितारा की दोस्ती नज़ीर से भी हो गई जिसकी पहली दाश्ता जो कि एक यहूदन एक्ट्रेस यासमीन थी, उसे दाग़े-मुफ़ारक़त दे गई थी। मुझे मालूम नहीं, किन हालात में उन दोनों की मुलाक़ात हुई लेकिन मैं इतना

जरूर जानता हूँ कि उन दोनों में गाढ़ी छनने लगी। नज़ीर सितारा का फ़रेफ्ता था और सितारा नज़ीर पर अपनी जान छिड़कती थी।

मैं नज़ीर को अच्छी तरह जानता हूँ। वह बहुत सख़्त मिज़ाज का आदमी है। वह औरत को ताबे रखने का क़ायल है। औरत का ज़िक्र ही क्या, मर्द भी जो उसकी मुलाज़मत में हों, उन्हें उसकी गालियाँ और घुड़कियाँ सहना पड़ती हैं।

वह आदमी नहीं, देव है लेकिन बड़ा मुख़्लिस देव। वह मेरा दोस्त है। जब कभी मुझसे मिलता है, सलाम दुआ के बजाय गालियाँ देता है लेकिन मैं जानता हूँ कि वह बेरिया है। उसका दिल खुलूस से मामूर है।

उस बेरिया और मुख़्लिस आदमी ने सितारा को कई बरस बर्दाशत किया। उसकी सख़्तगीर तबीयत के बायस सितारा को इतनी जुर्अत न हुई कि वह अपने पुराने आश्नाओं से राहो-रब्त क़ायम रखे, लेकिन वह औरत जो सिर्फ़ एक मर्द की रफ़ाक़त पे क़ाने न रहती हो, उसका क्या इला है। सितारा ने कुछ देर के बाद वही सिलसिला शुरू कर दिया जिसकी वह आदी थी। अरोड़ा, अलनासिर, महबूब और उसका ख़ाविंद डेसाई, सब ही उसके इल्तिफ़ात से मुस्तफ़ीद होते रहे। यह चीज़ नज़ीर की ख़ुद्दार तबीयत पर बहुत गिराँ गुज़रती थी। वह ऐसा आदमी है कि एक मतर्बा किसी औरत से ताल्लुक़ क़ायम कर ले तो उसे निभाना चाहता है, मगर सितारा किसी और ही आबोगिल की बनी थी। वह नज़ीर जैसे आदमी से मुतमइन नहीं थी।

मैं इसमें सितारा का कोई क़ुसूर नहीं देखता। जो कुछ भी उससे सरज़द हुआ, सरासर उसकी ज़िबिल्लत के बायस हुआ। क़ुदरत ने उसको इस तौर से बनाया है कि वह बादाए-हरजाम ही बनी रहेगी। कोशिश के बावजूद वह अपनी इस फ़ित्रत के ख़िलाफ़ नहीं जा सकती।

यासमीन मोतदिल औरत थी। ख़ूबसूरत, निस्वानियत का बड़ा अच्छा नमूना। मुझे अच्छी तरह याद है कि उसने जब नज़ीर से मुस्तक़िल घरेलू ज़िंदगी बसर करने का इरादा ज़ाहिर किया, तो नज़ीर ने जिसे हज़ारों अश्ख़ास बहुत सख़्तगीर समझते हैं, यासमीन को इजाज़त दे दी कि वह जिसके साथ शादी करना चाहती है, कर सकती है।

मेरी समझ में नहीं आता कि नज़ीर और सितारा का जिस्मानी ताल्लुक़ इतनी देर कैसे क़ायम रहा। नज़ीर से मेरी मुलाक़ात हिंदुस्तान सिने टोन में हुई। यह वह जमाना था जब फ़िल्म इंडस्ट्री निहायत नाज़ुक हालत में थी। आज फ़ाइनेन्सर सट्टेबाज़ लाखों के मालिक हैं, तो दूसरे दिन उनका दिवाला पिट रहा है।

हिंदुस्तान सिनेटोन पहले भरोज फ़िल्म कंपनी थी। इससे पहले ख़ुदा मालूम उसका क्या नाम था। मैंने एक कहानी 'कीचड़' के उन्वान से लिखी। जब मैंने सेठ नानू भाई डेसाई को सुनाई तो उसने बेहद पसंद की। मैं समझता था कि उस ज़माने में जबकि हुकूमत की तरफ़ से सख़्त क़िस्म का एहतिसाब आयद था, कोई प्रोड्यूसर उस कहानी को फ़िल्माने की जुर्रत न करता। मगर नानू भाई दिलेर आदमी था। उसने कहानी ले ली, मगर बाद में माली मुश्किलात दरपेश आईं तो वह मजबूर हो गया।

नज़ीर के लिए मैंने मज़दूर का एक अहम रोल लिखा था जो उसको बहुत पसंद था। जब उसको मालूम हुआ कि माली मुश्किलात के बायस यह बाग़ी फ़िल्म नहीं बनेगा तो उसने सेठ नानू भाई डेसाई से कहा : ''आप यह कहानी मुझे दे दीजिए ''' मैं अपना सबकुछ बेचकर इसके फ़िल्माने पर लगा दूँगा ''' '' मगर ऐसी नौबत न आई। नानू भाई को कहानी पसंद थी, चुनाँचे किसी न किसी तरह सर्माए का बंदोबस्त हो गया। फ़िल्म के डायरेक्टर दादा गुन्जाल थे, गुजराती—फ़िल्म मुकम्मल होकर रिलीज़ हो गया। लोगों ने उसकी तारीफ़ की, पसंद किया, मगर मैं मुत्मइन न था। लेकिन इसका मेरे मौज़ू से कोई इतना ज्यादा ताल्लुक़ नहीं : मुझे सिर्फ़ यह कहना था कि इस दौरान में नज़ीर को अपनी ज़ाती फ़िल्म कंपनी क़ायम करने की ख़्वाहिश पैदा हो गई। इसी ज़माने में यासमीन उससे रुख़सत होने की तैयारियाँ कर रही थी। नज़ीर अज़्म का मालिक है। उसने बहुत जल्द अपना ज़ाती फ़िल्म बनाने का इरादा कर लिया। चुनाँचे जहाँ तक मेरा हाफ़िज़ा काम देता है, उसका पहला फ़िल्म 'संदेसा' था।

इसके बाद उसने अपना दूसरा फ़िल्म बनाया जिसका नाम ग़ालिबन ''सोसाइटी'' था। उसमें उसने सितारा को भी कास्ट में शामिल किया और जो नतीजा हुआ वह ज़ाहिर है। वह दोनों एक दूसरे में मुदग़म हो गए और बहुत देर तक रहे। लेकिन इस दौरान में जहाँ तक मैं जानता हूँ, सितारा अपने पुराने दोस्तों के हाँ भी आती जाती रही। पी एन अरोड़ा के पास वह अक्सर जाती थी।

मैं आपको एक दिलचस्प लतीफ़ा सुनाऊँ। मुझे बंबई छोड़कर देहली जाना पड़ा। वहाँ मैंने आल इंडिया रेडियो की मुलाज़मत इख़्तियार की। क़रीब-क़रीब एक साल तक मैं बंबई की फ़िल्मी दुनिया के हालातों-कवायफ़ से ग़ाफ़िल रहा—एक दिन अचानक मैंने नई दिल्ली में अरोड़ा को देखा। हाथ में मोटी छड़ी, कमर दोहरी हो रही थी। यूँ भी बेचारा मुन्हनी क़िस्म का इन्सान है, मगर उस वक़्त बहुत ख़स्ता हालत में था। बड़ी मुश्किल से क़दम उठा रहा था जैसे उसमें जान ही नहीं—मैं ताँगे में था और वह पैदल। ग़ालिबन चहलक़दमी के लिए निकला था। मैंने ताँगा रोका और उससे पूछा कि यह क़िस्सा क्या है। उसका हुलिया क्यों इतना बिगड़ा हुआ है। उसने हाँपते हुए मगर ज़रा फीकी-सी मुस्कराहट के साथ कहा : ''सितारा ''' मंटो, सितारा,'' मैं सब समझ गया। मेरा ख़याल है आपको भी समझ जाना चाहिए। अब एक और लतीफ़ा सुनिए। अलनासिर जो अब बहुत मोटा और भद्दा हो गया है, जब वह शुरू-शुरू में फ़िल्म सिटी आया था तो बहुत ख़ूबसूरत था। बड़ा नर्मो-नाज़ुक, सुर्ख़ो-सफ़ेद डेरादून की पहाड़ी फ़ज़ा ने उसको निखार दिया था। मैं तो यह कहूँगा कि वह मिसाइयत की हद तक ख़ूबसूरत था। उसमें वह तमाम अदाएँ थीं जो एक ख़ूबसूरत लड़की में हो सकती हैं। मैं जब देहली में डेढ़ बरस गुज़ारने के बाद सैयद शौकत हुसैन रिज़वी के बुलाने पर बंबई पहुँचा तो उससे मेरी मुलाक़ात मिर्नवा मूवी टोन में हुई। वह गेट के बाहर खड़ा था। मैं हैरतज़दा हो गया। गालों का गुलाबी रँग नदारद। जिस्म पर पतलून ढीली ढाली। ऐसा मालूम होता था कि वह सिकुड़ गया है, निचुड़ गया है। मैंने उससे बड़े तश्वीश भरे लहजे में पूछा : ''मेरी जान, यह तुमने अपनी क्या हालत

बना ली है।" उसने अपना मुँह मेरे कान के पास लाकर सरगोशी में कहा : "सितारा···मेरी जान, सितारा।"

जहाँ देखो सितारा—मैंने सोचा कि यह सितारा सिर्फ़ ज़र्दियाँ पैदा करने के लिए पैदा हुई है। उधर पी एन अरोड़ा, इँगलैंड का तालीम-याफ़्ता सदा बंद और इधर डेरादून स्कूल का पढ़ा हुआ नौख़ेज़ लड़का।

अलग ले जाकर जब मैंने उससे पूरी तफ़्सील पूछी तो उसने मुझे बताया कि वह सितारा के चक्कर में पड़ गया था। जिसका नतीजा यह हुआ कि वह बीमार हो गया। जब उसको इस बात का अहसास हुआ कि अगर वह ज़्यादा देर तक उस चक्कर में रहा तो वह ख़त्म हो जाएगा तो वह एक रोज़ टिकिट कटा कर डेरादून चला गया, जहाँ उसने तीन महीने एक सेनीटोरियम में गुज़ारे और अपनी खोई हुई सेहत किसी क़द्र हासिल की। उसने मुझसे यह भी कहा कि वह इस दौरान में उसे हिंदी ज़बान में बड़े लंबे-लंबे ख़त लिखती रही लेकिन वह यह ख़त पढ़ नहीं सकता था, अलबत्ता उनकी आमद से काँप-काँप ज़रूर जाता था उसने फिर मेरे कान में कहा : "मंटो साहब, बड़ी अजीबो-ग़रीब औरत है।"

सितारा असल में है ही अजीबो-ग़रीब औरत। ऐसी औरतें लाख में दो तीन होती हैं। मैं जानता हूँ कि वह कई मर्तबा ख़तरनाक तौर पर बीमार हुई। उसको ऐसे-ऐसे आरिज़े लाहक़ हुए कि आम औरत कभी जाँबर न हो सकती, मगर वह ऐसी सख़्त जान है कि हर बार मौत को गच्चा देती रही। इतनी बीमारियों के बाद ख़याल था कि उसके नाचने की क़ुव्वतें सल्ब हो जाएँगी, मगर वह अब भी अपने अहदे-जवानी की तरह नाचती है। हर रोज़ घंटों रियाज़ करती है। मालिशिए से तेल की मालिश कराती है और वह सबकुछ करती है, जो पहले करती आई है। उसके घर में दो नौकर होते हैं। एक मर्द, एक औरत। मर्द आमतौर पर उसका मालिशिया होता है। जो औरत है, उसके मुताल्लिक़ मैं सिर्फ़ इतना ही कह सकता हूँ कि वह पुरानी कहानियों की कुटनी मालूम होती है जो आसमान में थिगली लगाया करती थीं। वह औरत मलमल की बारीक साड़ी पहनती है, इतनी बारीक कि उसका सारा ढीला-ढाला जिस्म उसमें से छन-छन कर बाहर आता रहता है और देखनेवालों के लिए कराहत का मूजिब होता है। यह औरत मैंने जब भी देखी, बहुत कमगो, मगर बड़ी तेज़ नज़र देखी। उसकी उम्र कम-अज़-कम पचपन बरस के क़रीब होगी। मगर वह जवानों की मानिंद चाक़ो-चौबंद थी। उसकी आँखें उक़ाब की तरह देखती थीं।

जब सितारा अकेली थी, यानि जब वह किसी एक की होके नहीं रहती थी तो उसका मकान दादर के ख़ुदादाद सरकिल में था और जो सिफ़्तें या क़बाहतें सितारा में हैं वह भी ख़ुदादाद हैं। नज़ीर जो अब स्वर्णलता से मुन्सलिक है, बड़ी ख़ूबियों का मालिक है। उसने बहुत देर तक सितारा को बर्दाशत किया मगर जैसा कि मैं इससे पेशतर अर्ज़ चुका हूँ, वह एक मर्द की औरत नहीं है। चुनाँचे जब नज़ीर तंग आ गया और उसको हत्मी तौर पर मालूम हो गया कि वह उससे निबाह नहीं कर सकता तो उसने एक रोज़ उससे हाथ जोड़ कर कहा : सितारा मुझे बख़्श दो। मुझसे जो ग़लती हो गई है, मैं उसके लिए पशेमान हूँ और तुमसे माफ़ी का ख़ास्तगार।"

नज़ीर, सितारा को मारा-पिटा भी करता था। वह इससे नाखुश नहीं थी। ऐसी औरतें ज़दो-क़बे से एक ख़ास क़िस्म की जिन्सी लज़्ज़त महसूस करती हैं, मगर उनसे मुन्सलिका मर्द कब तक हाथा-पाई करता रहे। वह ग़रीब भी एक अर्से के बाद आज़िज़ आ जाता है—अब इसी सिलसिले की एक और कड़ी के मुताल्लिक़ भी सुनिए : जिस ज़माने में सितारा, नज़ीर के यहाँ थी, उसी ज़माने में नज़ीर का भांजा के आसिफ़ भी वहीं था। के आसिफ़ बड़ा तनोमंद नौजवान था, बड़ा हट्टा-कट्टा। जवानी से भरपूर, जिसको औरत ज़ात से शायद कभी साबिक़ा ही नहीं पड़ा था, अपने मामूँ के हाँ रहता था और उससे फ़िल्मी सुनात के मुताल्लिक़ वाक़िफ़ीयत हासिल कर रहा था। दिल में सैकड़ों वलवले थे, बड़े अरमान थे, फिर फ़िल्मी-दुनिया में आकर उसने औरतों और वह भी एक्ट्रेसों को क़रीब से देखा था। उसके अलावा उसने अपने मामूँ नज़ीर और सितारा के बाहमी ताल्लुक़ात भी अपनी आँखों से देखे थे। यह वह ज़माना था, जबकि के आसिफ़ की जवानी फूटी पड़ती थी। यह वह दौर था, जब मर्द अपनी जवानी के जोश में पत्थरों की दीवार से भी भिड़ जाना चाहता है। और सितारा यक़ीनन एक पथरीली दीवार थी जो किसी से टकराना चाहती थी।

नज़ीर उस ज़माने में रंजीत फ़िल्म स्टूडियों के ऐन सामने एक अहाते के अंदर रहता था। बड़ी ग़लीज़-सी जगह थी। नज़ीर ने एक पूरा फ़्लैट ले रखा था। उसी में उसकी क़ायम की हुई "हिंद पिक्चर्ज़" का दफ़्तर भी था। दो तीन कमरे थे। उनमें तख़्लिया क्या हो सकता है। चुनाँचे पुरजोश नौजवाम के आसिफ़ को हर वह पहलू देखने का मौक़ा मिला जो मर्दो-ज़न को बाहमी ताल्लुक़ात से वाबस्ता होता है।

नौजवान आसिफ़ के लिए यह एक नया तजर्बा था। बड़ा हैरत-अँगेज़। उसने अपने शादी-शुदा दोस्तों से इज़्दिवाजी ज़िंदगी के अस्रार कई बार सुने थे मगर उसे कभी ताज्जुब नहीं हुआ था। उसको मालूम था कि एक बिस्तर होता है, जिस पर इन्सानी फ़ितरत अपना अज़्ली व अबदी खेल खेलती है। मगर आसिफ़ की आँखों ने जो कुछ एक बार महज़ इत्तिफ़ाक़ से देखा, वह बिलकुल मुख़्तलिफ़ था। बड़ा ख़ौफ़नाक, जिसने उसकी हड्डी-हड्डी झंझोड़ दी। उसने कई बार कुत्तों की लड़ाई देखी थी जो एक दूसरे से बड़े वहशत-नाक तरीक़े पर गुथ जाते थे। एक दूसरे को झंझोड़ते, भँभोड़ते, काटते और नोचते थे—उसका तन-बदन तर्ज़ गया। उसने सोचा यह मुहब्बत वुहब्बत सब बकवास है। असल में इन्सान दरिंदा है और उसकी मुहब्बत एक बड़ी ख़ौफ़नाक क़िस्म की कुश्ती। मगर उसको अखाड़े में उतरने और ऐसी कुश्ती लड़ने का शौक़ ज़रूर था। उसके बाज़ुओं में कुव्वत थी। उसके बदन में हरारत थी। उसके तमाम पट्ठे फ़ौलादी थे। उसकी ख़्वाहिश थी कि सिर्फ़ एक बार उसे मौक़ा दिया जाए तो वह हरीफ़ को चारों शाने चित गिरा देगा।

उस ज़माने में डायरेक्टर नय्यर[1] भी नज़ीर के साथ था। आसिफ़ और वह दोनों हम-उम्र थे। दोनों कुँवारे और ख़्वाबों की दुनिया में रहनेवाले। आपस में मिलते तो वह

1. अब पाकिस्तान का ज़हीन, मगर बदक़िस्मत डायरेक्टर।

औरतों की बातें करते, उन औरतों की जो मुस्तक़बिल में उनकी होने वाली थीं। पर जब सितारा का ज़िक्र आता तो दोनों काँप उठते और एक ऐसी दुनिया में चले जाते जहाँ जिन, देव और चुड़ैलें रहती हैं।

उनको क्या मालूम कि निम्फोमेनियक औरत क्या होती है। उनको क्या मालूम कि सितारा के मुकाबले में ऐसी औरतें भी हैं जिन्हें अगर बर्फ़ की सिल कहा जाए तो बजा है।

लेकिन उनको इतना मालूम था कि सितारा, नज़ीर के साथ वफ़ादार नहीं। वह हरजाई है—यूँ तो नज़ीर की होलटाइम दाश्ता के तौर पर रहती है मगर पी एन अरोड़ा के पास भी जाती है और कभी-कभी अपने पति डेसाई के पास भी, जो बेचारा बड़े हसरत के दिन गुज़ार रहा था—और फिर और भी थे, जिनमें अलनासिर भी शामिल था।

दोनों चक्राए-चक्राए रहते थे। उनकी समझ में कुछ नहीं आता था। नज़ीर के बिस्तर की हर शिकन का पस मन्ज़र उनको मालूम था। नज़ीर के खुरदुरे और गहरे साँवले रंग के चेहरे की गैन्डे ऐसी सख़्त खाल पर जो आए दिन दाग़-धब्ब पड़ते थे, उसका जवाज़ भी उनको मालूम था, लेकिन इस क़द्र दोनों को यक़ीन था कि यह सिलसिला ज़्यादा देर तक नहीं चलेगा, मगर वह चलता रहा अपने मामूल के मुताबिक़।

सुबह-सवेरे सितारा उठती और दूसरे कमरे में रियाज़ शुरू कर देती। यह भी हैरतनाक चीज थी कि सुबह उठते ही दो घंटे लगातार वहशियों की मानिंद नाचती रहे। ऐसे-ऐसे तोड़े ले कि ज़मीन घूम जाए। तबलची के हाथ शल हो जाएँ, मगर उसे कुछ न हो। रियाज़त के बाद वह अपने एक मख़्सूस मालिशिए से मालिश कराती थीं। उसके बाद नहा-धोकर वह नज़ीर के कमरे में जाती जो कि सो रहा होता। उसको जगाती और अपने हाथ से दूध या ख़ुदा मालूम किस चीज़ का एक प्याला उसे ज़बरदस्ती पिलाती। और फिर एक दूसरा नाच शुरू हो जाता। यह सब कुछ आसिफ़ और नैयर की आँखों के सामने हो रहा था—उनकी उम्र तजस्सुस की उम्र थी, जब आदमी ख़ाली कमरों में भी ख्वाह-मख्वाह खिड़की की दर्ज़ों से झाँक कर देखता है। रौशनदानों से भरे कमरों का जाइज़ा लेता है। ज़रा-सी आवाज़ आने पर उसके कान खड़े हो जाते हैं और वह उनमें मानी भरने की कोशिश करता है। नैयर आसिफ़ के मुक़ाबले में जिस्मानी लिहाज़ से बहुत कमज़ोर था। उसकी जिन्सी ख्वाहिशें भी इसी लिहाज़ से मोतदिल थीं, मगर आसिफ़ के मज़बूत और तनोमंद जिस्म की रग-रग में बिजली भरी हुई थी जो किसी पर गिरना चाहती थी। इसीलिए आसिफ़ चाहता था कि अंधेरी रात हो, आसमान पर काले बादलों का हुजूम हो, कान बहरे कर देने वाली बिजली की कड़क हो और तूफ़ाने-वादो-बाराँ में वह किसी का हाथ मज़बूती से पकड़े और उसे खींचता कहीं दूर ले जाए जहाँ पत्थरों का बिस्तर हो।

नज़ीर का अज़ीज़ होने के बाइस सितारा घंटों आसिफ़ के पास बैठी रहती और इधर-उधर की बातें करती रहती थी। जूँ-जूँ वक़्त गुज़रता गया, आसिफ़ का हिजाब कम होता गया जो वह लाहौर से अपने साथ लाया था, मगर उसको इतनी ज़ुर्रत नहीं थी कि वह सितारा को हाथ लगाता, क्योंकि वह अपने मामूँ की सख़्तगीर तबीयत से वाक़िफ़ था और उससे डरता था—लेकिन इस दौरान में वह इतना जान गया था कि सितारा उसकी तरफ़

मायल है। वह जब भी चाहे उसकी कलाई अपने मज़बूत हाथ में पकड़कर उसे जहाँ चाहे ले जा सकता है—मगर वह घुप अँधेरी रात, वह तूफ़ाने-बादो-बाराँ और वह पत्थरों का बिस्तर!

आसिफ़ झुंझला रहा था कि क़ुदरत इतनी तावीक़ क्यों कर रही है। जो होना है, आज ही क्यों नहीं हो जाता। गाड़ियाँ जिन्हें कल एक दूसरे से टकराना है, आज ही क्यों नहीं टकरा जातीं। मगर यह कैसे होता जब तक काँटा बदलने वाला काँटा न बदलता।

वह दो गाड़ियों की तरह एक प्लेट फ़ार्म पर रुकते थे मगर उनमें फ़ासला होता था। बहुत मामूली-सा फ़ासला, मगर जिस तरह एक गाड़ी दूसरी गाड़ी से हमकिनार नहीं हो सकती, इसलिए कि वह अपनी-अपनी पटरियों के साथ जकड़ी होती हैं, उसी तरह वह भी एक दूसरे से हमकिनार नहीं हो सकते थे।

जिस तरह इधर के मुसाफ़िर उधर के मुसाफ़िरों से खिड़कियों में से सर बाहर निकाल-निकालकर बातें करते हैं, उसी तरह वह भी करते थे, मगर फ़ौरन एक गाड़ी उधर रवाना हो जाती और दूसरी इधर। आसिफ़ को बड़ी झुंझलाहट होती थी, मगर वह घुप अँधेरी रात और तूफ़ाने-बादो-बाराँ का मुंतज़िर था।

आख़िर वह घुप अंधेरी रात, तूफ़ाने-बादो-बाराँ, रअदो-बर्क़ की जुमूला होलनाकियों के साथ आ ही गई।

बिलआख़िर सितारा के करतूत देखकर नज़ीर भोंचक्का होके रह गया।

नज़ीर के सर से अब पानी गुज़र चुका था। काफ़ी लान-तान के बाद उसने सितारा से कहा : "अब तुम यहाँ नहीं रह सकतीं... अपना बिस्तरा फ़ौरन गोल करो।"

सितारा, कुछ भी हो, आख़िर औरत ज़ात है। नज़ीर की सरज़निश के बाद उसमें इतनी ताक़त नहीं थी कि वह अकेली अपना बिस्तरा गोल कर सकती। नज़ीर से वह कैसे मदद माँगती। वह ग़ुस्से में बिफरा, मुँह में झाग निकालता बाहर निकलकर अपने दफ़्तर में जा बैठा। आसिफ़ ने उसके यह तेवर देखे तो उसको यक़ीन हो गया कि वह अंधेरी रात आ गई।

थोड़ी देर वह ख़ामोश बैठा रहा। उसके बाद उठा और आहिस्ता-आहिस्ता दूसरे कमरे में पहुँच गया, जहाँ सितारा पलँग पर बैठी अपनी चोटें सहला रही थी।

चंद बातों ही से उसे मालूम हो गया कि मामला ख़त्म है। दिल ही दिल में वह बहुत ख़ुश हुआ। चुनाँचे उसने सितारा को ढारस दी, कुछ इस तौर पर कि एक नया मामला शुरू हो गया।

आसिफ़ ने उसका बिस्तर बोरिया बांधा और उसके साथ उसके घर वाक़े दादर, ख़ुदादाद सरकिल छोड़ने गया।

यहाँ सितारा ने आसिफ़ का बहुत-बहुत शुक्रिया अदा किया।

आसिफ़ ने जुर्अत से काम लेकर सितारा का हाथ पकड़ लिया और कहा : "इसकी क्या जरूरत थी सितारा।"

सितारा ने अपना हाथ आसिफ़ की गिरफ़्त से छुड़ाने की कोशिश न की, मगर आसिफ़

मुत्मइन न था। थोड़ी देर राज़ो-नियाज़ की बातें हुईं। सितारा ने आसिफ़ को अपने उस सहर का मूना भी चखाया, जिससे वह उस वक़्त तक सैकड़ों मर्दों को—दुबले-पतले, हट्टे कट्टे, ज़िद्दी और वहशी—अपनी ख़्वाहिशात का ग़ुलाम बना चुकी थी।

अगर दिन होता तो आसिफ़ को यक़ीनन तारे नज़र आ जाते, मगर रात को उसे ख़ुदादाद सरकिल के उस फ़्लैट में दिन तुलू होता नज़र आया—उसकी मसर्रतों का दिन। मगर वह फिर भी मुत्मइन नहीं था। उसने सितारा से कहा, ''देखो, तुम्हारा मेरा संबंध बहुत मज़बूत होना चाहिए। हरजाई पन छोड़ो। बस एक की हो जाओ।''

सितारा ने उसे यक़ीन दिलाया कि वह आसिफ़ के सिवा किसी की तरफ़ आँख उठा कर भी न देखेगी। आसिफ़ मुत्मइन हो गया, मगर इस ख़ौफ़ से कि नज़ीर उससे इतनी देर लगाने की वजह न पूछ बैठे, आशिक़े-सादिक़ की तरह उसका हाथ चूमकर चला गया, और वादा कर गया कि वह दूसरे रोज ज़रूर आएगा।

वह गया तो सितारा उठी, सिंगार मेज़ के पास जाकर उसने अपने बाल दुरुस्त किए, साड़ी तबदील की और किसी की तरफ़ आँख उठाए बग़ैर नीचे उतरी और टैक्सी लेकर पी एन अरोड़ा के पास चली गई।

जुम्ला मोतरिज़ा है, लेकिन हुआ करे। कहना यह है कि सितारा को मुझसे सख़्त नफ़रत थी। मैं मुसव्विर का एडिटर था और बेलाग लिखता था।'' बाल की खाल'' और ''नित नई'' के कालमों में कई बार मैंने उसकी दुरगत बनाई थी, लेकिन बड़े सलीक़े से। उसमें कोई सूक़ियाना पन नहीं था। फिर भी वह नाराज़ थी। और मुझे उस नाराज़ी की, सच पूछिए तो कोई पर्वा भी नहीं थी, इसलिए कि मुझे उससे कोई ग़र्ज़ नहीं थी। और यूँ भी मैं फ़िल्मी हस्तियों से दूर-दूर ही रहता था।

मैंने ''नित नई'' या ''बाल की खाल'' के कालमों में जब नज़ीर और उसकी लड़ाई का ज़िक्र ज़रा नमक-मिर्च लगा के किया तो वह बहुत सीख़-पा हुई और उसने मुझे ख़ूब-ख़ूब गालियाँ दीं।

इसके बाद जब मुझे अपने जासूसों के ज़रिए से आसिफ़ और उसके ख़ुफ़िया मुआश्क़े का पता चला और मैंने चुभते हुए इशारों और किनायों में उसका ज़िक्र अपने कालमों में किया तो वह भन्ना गई और उसने आसिफ़ से कहा : ''तुम इस शख़्स को पीटते क्यों नहीं... ख़ुद नहीं पीटते तो किसी से पिटवाओ... या किसी और अख़बार वाले से कहो कि वह उसे अपने अख़बार में ढेरों की ढेर गालियाँ दे।''

आसिफ़ बड़े ज़र्फ़ का आदमी है। उसमें बुर्दबारी है। तहम्मुल है। मज़ाक़ समझने की अहलीयत रखता है, हालाँकि अनपढ़ है। उस ने सितारा की यह बातें इस कान सुनीं, उस कान निकाल दीं।

मामला अब ज़्यादा नज़ाकत इख़्तियार कर गया था। यह तो आपको मालूम हो चुका है कि सितारा किस क़िस्म की औरत है। अगर उससे किसी मर्द का वास्ता पड़ जाए तो उसकी रिहाई मुश्किल हो जाती है। फ़क़त एक अलनासिर ही था, जो चंद माह उसके साथ गुज़ार कर डेरादून भाग गया, वर्ना एक रोज़ उसकी अंतड़ियाँ बिलकुल जवाब दे देतीं और उसकी

क़ब्र बंबई के क़ब्रस्तान में बनी होती, जिसके कतूब पर कुछ इस क़िस्म का शेर मर्क़ूम होता :

लहद पे मिरी वह पर्दा-पोश आते हैं।
चिराग़े-गोरे-ग़रीबाँ, सबा, बुझा देना।

हाँ तो मामला बहुत नज़ाकत इख़्तियार कर गया था, इसलिए कि नज़ीर के दिल में शुकूक पैदा हो रहे थे। वह सोचता था, यह मेरा भांजा इतनी-इतनी देर कहाँ गायब रहता है—जब वह उससे पूछता तो वह कोई बहाना पेश कर देता।—मगर यह बहाने कब तक चलते। उनका स्टाक एक रोज़ ख़त्म होना ही था।

नज़ीर के दिल में सितारा के लिए अब कोई जगह नहीं थी। वह ऐसा आदमी नहीं कि अपना फ़ैसला तबदील कर दे। उसको सितारा की नहीं, आसिफ़ की फ़िक्र थी। अपने भांजे की, जिसको वह अपना अज़ीज़ समझता था और जिस को उसने सिर्फ़ इस ग़र्ज़ से अपने पास रखा था कि वह कुछ बन जाए।

अलबत्ता उसको फ़िक्र थी कि वह कहीं उस औरत के हत्ते न चढ़ जाए। वह उस औरत के साथ कई बरस गुज़ार चुका था। उस की रग-रग और नख़-नख़ से वाक़िफ़ था। उसको मालूम था कि आसिफ़ जैसे नौजवान उसका मन भाता खाजा हैं। और उनको अपने दाम में फँसाना उस ऐसी तजुर्बेकार औरत केलिए कोई मुश्किल काम नहीं था। लुत्फ़ की बात तो यह है कि वह ख़ुद-बख़ुद उसके दाम के नीचे आ जाते थे। एक बार फँस जाते तो फिर रिहाई मुश्किल हो जाती थी।

सितारा से किसी मर्द का साबिक़ा पड़ जाए और इत्तिफ़ाक़ से वह सितारा को पसंद आ जाए तो फिर दिन और रात का बेशतर हिस्सा उसी के साथ काटना पड़ता है। नज़ीर को आसिफ़ की पे-दरपे ग़ैर हाजिरियों ही से पता चल गया था। मगर जब आसिफ़ कहता "मामूं जान, यह आप क्या कह रहे हैं। मैं इसके मुताल्लिक़ तो सोच भी नहीं सकता" तो वह शशो-पंज में पड़ जाता। लेकिन दिल में उसे पूरा यक़ीन था कि यह लौंडा फँस चुका है, और झूठ बोल रहा है।

आसिफ़ वाक़िई झूठ बोल रहा था। मामला अगर किसी और औरत का होता तो वह यक़ीनन कभी झूठ न बोलता, मगर सितारा उसके मामूँ की दाश्ता थी। उसके साथ वह ऐसे ताल्लुक़ात क़ायम नहीं कर सकता था, वह ताल्लुक़ात जो क़ायम हो चुके थे।

पीछे हटना और फ़रार अब बहुत मुश्किल था। आसिफ़ इस "ज़ने तस्मा पा" की गिरफ़्त में था। भाग निकलने का सवाल ही पैदा नहीं होता था। उधर नज़ीर की आँखों में बराबर ख़ून उतर रहा था। उसको बस एक मौक़ा चाहिए था, ऐसा मौक़ा कि वह सबकुछ ख़ुद अपनी आँखों से देखे।

एक रोज़ नज़ीर ने वह सबकुछ देख भी लिया जो वह ख़ुद अपनी आँखों से देखना चाहता था। मेरा हाफ़िज़ा साथ नहीं देता। मुझे सारे वाक़िआत अच्छी तरह मालूम थे। मगर अब इतना अर्सा गुज़र गया है और बहुत-सी बातें ज़ेहन से उतर गई हैं। वह ख़ून जो नज़ीर की आँखों में एक अर्से से उतर रहा था, वह उस वक़्त पी गया और उन दोनों पर टूट

पड़ा।

आसिफ़ ने अपने मामूँ को क़स्में खा-खाकर यक़ीन दिलाने की कोशिश की कि वह दोनों बेगुनाह हैं। उनके दरमियान ऐसा कोई रिश्ता, ऐसा कोई ताल्लुक़ नहीं जिसके लिए उन्हें मूरिदे-अताब बनाया जाए—लेकिन नज़ीर उस वक़्त कुछ भी सुनने के लिए तैयार नहीं था। ऐसा मालूम होता था कि वह मार-मार के उन दोनों की हड्डियाँ-पस्लियाँ तोड़ देना चाहता है ताकि सारा क़िस्सा ही ख़त्म हो मगर मजीद[1] ने बड़ी होशियारी से बीच-बचाओ कर दिया।

नज़ीर मान गया। वह बहुत कम किसी की माना करता है या मगर उन दिनों मजीद, अंग्रेज़ी मुहावरे के मुताबिक़ उसकी "अच्छी किताबों" में था।

मजीद के आसिफ़ और सितारा के मुआश्क़े का इल्म था। सुना है कि उसने आसिफ़ को कई बार मुत्नबे किया था कि वह उस ख़तरनाक खेल से बाज़ आ जाए, मगर जवानी के वह दीवाने दिन, जिनमें से आसिफ़ की ज़िंदगी गुज़र रही थी, आसिफ़ और सितारा न माने और नतीजा इसका यह हुआ कि वह राज़, जिनको वह अपनी दानिस्त के मुताबिक़ बड़े दबीज़ पर्दों के अंदर छुपाए बैठे थे, फ़ाश हो गया।

नज़ीर जैसा कि मैं इससे पहले अर्ज़ कर चुका हूँ, बहुत सख़्तगीर आदमी है। ऐसे बहुत कम आदमी हैं, जिनको मालूम है कि वह नर्म दिल भी है। जो काम वह ख़ुद करता है, उसकी अच्छाई बुराई का शऊर रखता है जो औसत दर्जे का आदमी नहीं रखता। वह सितारा से एक अर्से तक जिस्मानी-तौर पर वाबस्ता रहा वह नहीं चाहता था कि यह वाबस्तगी आसिफ़ की सितारा से भी हो।

आसिफ़ उसका भांजा था। कहा जा सकता है कि वह इसी रिश्ते की बिना पर आसिफ़ और सितारा का मिलाप पंसद नहीं करता था मगर मैं जो नज़ीर के किर्दार के तमाम टेढ़े-तिरछे ज़ाबियों से वाक़िफ़ हूँ, वुसूक़ से कह सकता हूँ कि अगर आसिफ़ के बजाय कोई और आदमी होता तो वह उससे भी यही कहता : "देखो, इस औरत से बचो… एक सिर्फ़ मैं ही था जिसे अपनी तवानाई और क़ुव्वत पर नाज़ था, लेकिन मैं भी हार गया…"

नज़ीर ख़ुलूस का पुतला है, एक ऐसे ख़ुलूस का जो हर वक़्त बड़ा दुरुश्त और खुरदुरा लिबास पहने रहता है।

नज़ीर ने मजीद के कहने पर सितारा और आसिफ़ दोनों को छोड़ दिया, इसलिए भी कि आसिफ़ ने अपने मामूँ को यक़ीन दिलाया था कि उन दोनों के ताल्लुक़ात बिलकुल पाक और साफ़ हैं।

नज़ीर चला गया, मगर मुत्मइन नहीं था। बज़ाहिर वह एक अक्खड़ आदमी मालूम होता है, शौ लतीफ़ से कोरा, मगर वह दूसरों के दिल की गहराइयों में एक माहिर ग़ोताज़न की तरह उतर सकता है और फिर वह सितारा की एक-एक रग से वाक़िफ़ था। और जिस उम्र से आसिफ़ गुज़र रहा था, उसमें तो वह छलाँगें लगाता गुज़र चुका था। उसने ऐसी कई

1. उस ज़माने का एक एक्टर

मंजिलें देखी थीं जो आसिफ़ शायद सारी उम्र में भी न देख सके—वह मुत्मइन नहीं था।

इस हादिसे के बाद आसिफ़ और सितारा के दरमियान कुछ देर बातें हुईं। वादे-वईद हुए। क़स्में खाई गईं कि वह कभी एक दूसरे से जुदा न होंगे, वग़ैरा-वग़ैरा। इसके बाद आसिफ़ ने सच्चे आशिक़ों के अंदाज़ में सितारा से रुख़्सत ली और चला गया।

सितारा ने अपना मेकअप दुरुस्त किया, नए कपड़े पहने और टैक्सी मँगवाकर पी एन अरोड़ा के पास चली गई, जिसकी सेहत देहली के हकीमों के इलाज से अब किसी क़द्र बहाल हो चुकी थी और उसके पिचके हुए गालों में थोड़ा-सा गोश्त आ गया था।

अलनासिर भी था, डायरेक्टर महबूब भी थे, और ख़ुदामालूम और कितने थे। आसिफ़ गो एक बहुत ही कड़े मरहले से गुज़र चुका था मगर उसने सितारा के यहाँ अपनी आमदो-रफ़्त ब्यकसर मुन्क़ता न की और वह कर भी कैसे सकता था, जबकि पुरानी जादूगरनियों की तरह उस जादूगरनी ने आसिफ़ को एक मक्खी बनाकर अपनी दीवार के साथ चिपका रखा था। अब सिर्फ़ नजात का एक ही रास्ता था कि पुरानी कहानियों का कोई शहज़ादा सुलेमानी तावीज़ के ज़रिए से उस जादूगरनी का मुक़ाबला करता और अन्जामे-कार आसिफ़ उसके चुंगल से निकलता।

मैं जानता हूँ और अच्छी तरह जानता हूँ कि ताक़तवर से ताक़तवर सुलेमानी तावीज़ भी सितारा पर असर अंदाज़ नहीं हो सकता। वह एक ऐसा हिसार है जिसे लंधोर भी सर नहीं कर सकता।

यह चक्कर यूँ ही चलता रहा। नज़ीर और आसिफ़ के ताल्लुक़ात रोज़-बरोज़ कशीदा होते चले जा रहे थे।

हाँ मैं एक बात कहना भूल ही गया। जब नज़ीर ने सितारा का बिस्तरा गोल किया था तो रफ़ीक़ ग़ज़नवी, मश्हूर मौसीक़ार ने मुफ़ाहमत की कोशिश की। उसने सितारा, अरोड़ा और नज़ीर को अपने यहाँ बुलाया। शराब के दौर चले। रफ़ीक़ ने, जो गुफ़्तार का ग़ाज़ी है, बड़े फ़लसफ़ियाना अंदाज़ में गुफ़्तार और शराब के कई पैग पिलाए मगर कोई सूरत पैदा न हुई और जब कोई सूरत पैदा न हुई तो ख़ुदबख़ुद एक सूरत पैदा हो गई। रात भर सितारा, रफ़ीक़ के फ़्लैट में रही और वह उसको समझाता रहा कि अब कोई सूरत पैदा नहीं हो सकती।

अजीब बात है रफ़ीक़ ने फिर मुफ़ाहमत की कोशिश न की और न सितारा उसके यहाँ रात को यह सुनने के लिए गई कि अब कोई सूरत पैदा नहीं हो सकती। शायद इसलिए कि सितारा के किसी तोड़े में रफ़ीक़ को एक दो मातरे कम महसूस हुए होंगे। और यह भी हो सकता है कि सितारा ने यह भी महसूस किया हो कि रफ़ीक़ सुर से एक-आध सूत ऊपर या नीचे गाता है—इसके मुताल्लिक़ वुसूक़ से कुछ नहीं कहा जा सकता।

अब हम फिर सितारा और आसिफ़ की तरफ़ पलटते हैं। सितारा उस पर बहुत बुरी तरह लट्टू थी कि वह नौजवान ख़ामकार था। उसकी ज़िंदगी में सितारा शायद सबसे पहली औरत थी।

कहा जाता है कि नज़ीर ने एक बार फिर छापा मारा और दोनों को ऐन मौक़े पर जा

पकड़ा। इस दफ़ा किसने बीच-बचाव किया, इसका मुझे इल्म नहीं। बहरहाल मामला रफ़ा-दफ़ा हो गया, क्योंकि आसिफ़ ने अपने मामूँ को फिर यक़ीन दिला दिया कि उसके और सितारा के दरमियान ऐसी वैसी कोई बात नहीं—आसिफ़ और सितारा के सर से आई बला एक दफ़ा फिर टल गई, मगर इसका नतीजा यह हुआ कि एक दिन आसिफ़ ग़ायब हो गया। दूसरे दिन मालूम हुआ कि सितारा भी ग़ायब है। इस्तिफ़सार पर मालूम हुआ कि वह किसी तीर्थ की यात्रा करने गई है। अगर मौसम हज का होता तो यार लोग यक़ीनन उड़ा देते कि हज़रते आसिफ़ हज करने गए हैं।

मुझे मालूम नहीं, वह दोनों कहाँ गए थे। देहली से ख़बर मौसूल हुई कि सितारा मुशर्रफ़-बाइस्लाम हो चुकी है और उसका इस्लामी नाम अल्लाह रक्खी रखा गया है। और यह कि आसिफ़ ने उससे बाक़ाइदा निकाह पढ़वा लिया है।

उसके मामूँ नज़ीर पर इसका क्या रद्दे-अमल हुआ, इसके मुताल्लिक़ आप खुद सोच सकते हैं। पुर-लुत्फ़ बात यह है कि हिंदुओं के क़ानून के मुताबिक़ तलाक़ हो ही नहीं सकती। औरत एक दफ़ा किसी मर्द से वाबस्ता हो जाए तो सौ हीले करने पर भी ख़ुद को अपने पति से जुदा नहीं कर सकती। यूँ वह आवारा गर्दी कर सकती है, सैकड़ों मर्दों की आग़ोश की ज़ीनत बन सकती है, मगर रहेगी अपने पति की पत्नी। और यह भी है कि हिंदू औरत चाहे दूसरा मज़हब इख़्तियार कर ले मगर उसकी असल पोज़ीशन में फ़र्क़ नहीं आ सकता। इस लिहाज़ से गो सितारा, अल्लाह रक्खी बनकर बेगम के आसिफ़ हो गई थी मगर क़ानून की नज़रों में वह मिसिज़ डेसाई थी, उस बीमार सूरत डेसाई की बीवी जो रोटी कमाने के लिए बहुत बुरी तरह हाथ-पाँव मार रहा था।

जब इस ख़बर की तस्दीक़ हो गई तो मैंने 'मुसव्विर' के कालमों में जी भर के लिखा। क़रीब-क़रीब हर हफ़्ते इस नए ब्याहता जोड़े का ज़िक्र होता था, बड़े तन्ज़िया, फ़रहैया और फ़िकाहिया अंदाज में।

माहे-अस्ल यानी हनीमून मनाने के बाद जब यह जोड़ा बंबई वापस आया तो नज़ीर ख़ून के घूँट पीके रह गया। एक दफ़ा मुझे रेसकोर्स जाने का इत्तिफ़ाक़ हुआ। मैंने देखा कि हुजूम में से आसिफ़, शार्क स्किन के बेदाग़ सूट में मलबूस, फुरतीली सितारा की कमर में हाथ दिए चला आ रहा है। जब वह मेरे क़रीब पहुँचा तो वह पहले मुस्कराया, फिर हँसने लगा। और मेरी तरफ़ हाथ बढ़ा कर कहने लगा "भई ख़ूब, बहुत ख़ूब ...नमक-मिर्च, और बाल की खाल के कालमों में तुम जो लिख रहे हो, ख़ुदा की क़सम, लाजवाब है।"

सितारा त्यौरी चढ़ाकर एक तरफ़ हट गई मगर आसिफ़ ने उस तरफ़ कोई तवज्जो न की और मुझसे बड़े बुलंद-बाँग ख़ुलूस के साथ देर तक बातें करता रहा। मैं इससे पेशतर अर्ज़ कर चुका हूँ कि वह बड़े ज़र्फ़ का आदमी है। और अनपढ़ होने के बावजूद मिज़ाह और फ़िकाह समझने की अह्लीयत रखता है।

अब बंबई में हर शख़्स को, जिसे फ़िल्मी सन्अत से दिलचस्पी थी, मालूम हो चुका था कि कोई आसिफ़ है जिससे सितारा ने शादी कर ली है। भिंडी बाज़ार और मौहम्मद अली रोड के इरानी होटलों में, पंजाब और यू.पी. के मुसलमान जो मुस्लिम लीग की हिमायत में

थे, चाय की प्यालियाँ सामने रखकर अपनी बेपनाह मसर्रत का इज़हार करते थे कि मियाँ भाई ने एक काफ़िर औरत को मुसलमान करके अपने अक़्द में ले लिया है।

बाज़ कहते थे कि आसिफ़ को अब उस साली से एक्टिंग नहीं करानी चाहिए।

बाज़ कहते थे : "कोई वांदा[1] नहीं मगर जब बाहर निकले तो पर्दा ज़रूर किया करे।

बाज़ कहते थे : "हटाओ यार, यह सब अस्टन्ट है।"

बहरहाल जहाँ तक मैं समझता हूँ आसिफ़, सितारा से क़ानूनी तौर पर शादी कर चुका था—एक अर्से के बाद जब मैंने उससे पूछा : "क्यों धाँसू, क्या वाक़िई सितारा तुम्हारी मन्कूहा बीवी है ?" तो वह हँसा : "कैसा निकाह और कैसी शादी ?"

अब अल्लाह ही बेहतर जानता है कि असल मामला क्या था और क्या है।

आसिफ़ का अपना मकान कोई भी नहीं था। बस दोनों वहीं ख़ुदादाद सरकिल, दादर में रहते थे और खुलेबंदों रहते थे। सितारा की मोटर थी। उसमें घूमते थे।

मेरा ख़याल है, देहली में आसिफ़ ने शायद लाला जगत नारायन को इस बात पर आमादा कर लिया था कि वह उसे एक फ़िल्म बनाने का सरमाया दे। उससे शायद उसने कुछ एडवांस भी लिया होगा, जभी तो वह तँगदस्त नहीं था।

आसिफ़ में एक बहुत बड़ी ख़ूबी है कि ख़ुद एतिमाद है। उसके अंदर अहसासे-कमतरी का शाइबा तक मौजूद नहीं। वह बड़े-बड़े डायरेक्ट्रों और स्टोरी राइटरों के छक्के छुड़ा देता है, महज़ अपनी ख़ुदा-दाद क़ाबिलीयत की बदौलत। उस ख़ुदा-दाद क़ाबिलीयत को मैं हॉर्स सेन्स कहा करता था, आसिफ़ के सामने भी, मगर उसने कभी बुरा न माना।

आसिफ़ जब डायरेक्टर बना तो दूसरे तँग ख़याल और कम ज़र्फ़ डायरेक्टरों की मानिंद उसने अपना हल्क़ाए-फ़िक्रो-नज़र महदूद न रखा। उसने हर दिमाग़ को दाबत दी कि वह कोई अच्छी चीज़ पेश करे, जिसे वह बख़ुशी क़ुबूल करेगा।

मैं ख़ुदा मालूम कहाँ का कहाँ चला गया हूँ, मगर यहां मुझे एक लतीफ़े का ज़िक्र करना इसलिए दिलचस्प मालूम होता है कि मेरी ज़ात से मुताल्लिक़ है।

आसिफ़ उन दिनों "फूल" बना रहा था। मैं अपने फ़्लैट वाक़े क्लीयर रोड में था कि नीचे से मोटर के हार्न की ताबड़तोड़ आवाज़ें आईं। मैंने बाहर बाल्कनी में निकलकर देखा। एक बहुत बड़ी मोटर नीचे खड़ी थी। जब मैं जँगले पर झुका तो पिछली सीट से आसिफ़ ने खिड़की में से अपना वजनी सर बाहर निकाला और मुस्कराया—मैंने उससे कहा : "आओ, क्या बात है ?"

उसने दरवाज़ा खोला और पिछली सीट पर बैठी सितारा से कुछ कहा। इसके बाद मुझसे मुखातिब हुआ : "आता हूँ और बताता हूँ।"

लंबी-चौड़ी मोटर का इंजन स्टार्ट हुआ और वह चश्म-ज़दन में एडलफ़ी चैंबर्स के अहाते से बाहर निकल गई। आसिफ़ ने सीढ़ियों का रुख़ किया।

मैंने दरवाज़ा खोल दिया। एक मिनट में आसिफ़ अंदर दाख़िल हुआ और बड़े पुरजोश

---

1. हर्ज

अंदाज़ में मुझसे हाथ मिलाकर कहने लगा : "मैं तुम्हें अपनी कहानी सुनाने आया हूँ।"

मैंने अज़-राहे-मज़ाक़ कहा : "तुम्हें मालूम है, मैं फ़ीस लिया करता हूँ?"

आसिफ़ ने कुछ न कहा। मुझसे हाथ मिलाया और उलटे पाँव वापस चला गया। मैंने उसको आवाज़ें दीं। उसके पीछे दौड़ता गया, मगर उसने मेरी एक न सुनी। बस इतना कहा कि वह फ़ीस लेकर आएगा तो कहानी सुनाएगा वर्ना नहीं।

मैं बहुत पशेमान हुआ कि मैंने उससे ऐसा मज़ाक़ किया—मैं समझता था कि वह मेरी उस बात को उसी रँग में लेगा, जिस रँग में वह कही गई थी मगर मामला, इसके बरअक्स निकला और वह चला गया।

मैं ऊपर आया और अपनी बीवी से सारा क़िस्सा बयान किया तो उसने साफ-साफ लफ़्ज़ों में कहा कि यह मेरी ऐन हिमाक़त थी, इसलिए कि आसिफ़ मेरा बेतकल्लुफ़ दोस्त नहीं था। और यह वाक़े है कि उसके और मेरे मरासिम कुछ ज़्यादा नहीं थे। चूँकि वह और मैं तबअन साफ़ गो, दिल-शिकन हद तक साफ़ गो हैं, इसलिए जब मैंने उससे फ़ीस का मजाक किया था तो मेरे दिलो-दिमाग़ में कोई ऐसी बात नहीं थी जिससे मुझे उसके जज़्बात मज्रूह करना मतलूब थे और न मैं ऐसा बनिया हूँ कि उससे रुपए का तक़ाज़ा करता। मुझे तो सिर्फ़ कहानी सुनना थी और बस।

मैं कई डायरेक्ट्रों से उनकी थर्ड क्लास कहानियाँ, एक नहीं चार-चार मर्तबा सुन चुका था, क्योंकि वह मेरी राय के तालिब होते थे। मैंने उनसे कभी अपने वक़्त की, जो कि ज़ाहिर है ज़ाया होता था, क़ीमत तलब नहीं की थी।

मुझे अफ़्सोस था कि मैंने आसिफ़ को नाराज़ किया। मैं उसके मुताल्लिक़ सोच ही रहा था कि दरवाज़े पर दस्तक हुई। मैंने दरवाज़ा खोला। एक आदमी खड़ा था। उसने एक लिफ़ाफ़ा मेरे हाथ में दिया और चला गया। मैं अभी लिफ़ाफ़ा खोल ही रहा था कि नीचे से की आवाज़ आई। मैंने बाल्कनी में जाकर देखा। सितारा की कार थी। और वह एडलफ़ी चैंबर्स के गेट से बाहर निकल रही थी।

लिफ़ाफ़ा खोलकर मैंने देखा कि सौ-सौ के पाँच नोट हैं। उनके साथ एक मुख़्तसर-सी तहरीर थी; "फ़ीस हाज़िर है। अब मैं कल आऊँगा।"

मैं भौंचक्का रह गया।

दूसरे रोज़ सुबह नौ बजे के क़रीब वह उसी कार में आया। सितारा साथ थी, मगर वह ऊपर न आई। आसिफ़ को दस्तक देने की ज़रूरत महसूस न हुई, इसलिए कि दरवाज़ा खुला था और मैं उसके इस्तिक़बाल के लिए दहलीज़ में खड़ा था।

उसने मुझे देखते ही कहा : "क्यों डॉक्टर साहब, फ़ीस मिल गई आपको?"

मैं बहुत शर्मिंदा हुआ, जिसका इज़्हार मैंने बड़े पुर-ख़ुलूस और मौज़ूँ व मुनासिब अल्फ़ाज़ में किया और वह पाँच सौ उसको वापस करना चाहे।

आसिफ़ अपने मख़सूस अंदाज़ में हँसा और सौफ़े पर अपनी निशस्त जमाकर कहने लगा : "मंटो साहब, आप किस ख़याल में हैं। यह पैसा मेरा है न मेरे बाप का। प्रोड्यूसर का है। ग़लती मेरी थी, जो मैं बग़ैर फ़ीस के चला आया, हालाँकि मेरी नीयत वल्लाह हरगिज़

यह नहीं थी कि मुफ़्तों मुफ़्ती काम कराया जाए। आपका वक़्त यक़ीनन ज़ाया होगा और उसकी क़ीमत, ख़ुदा की क़सम, आपको ज़रूर मिलनी चाहिए··· लेकिन अब छोड़िए इस बकवास को और कहानी सुनिए।"

उसने मुझे कुछ और कहने की मोहलत न दी। वह बड़े सौफ़े पर था। मैं उसके सामने एक कुर्सी पर बैठ गया। आसिफ़ को मैंने कभी कहानी सुनाते या सुनते नहीं देखा था। उसने अपनी बोसकी की क़मीस की आस्तीनें ऊपर चढ़ाईं, पतलून के ऊपर के बटन जो पेटी का काम देते हैं, खोले और सौफ़े पर एक आसन जमाकर कहानी सुनाने के अंदाज़ में बैठ गया : "हाँ: तो कहानी सुनिए। उन्वान है 'फूल'। क्या ख़याल है आपका उन्वान के मुताल्लिक़ ?"

मैंने कहा : "अच्छा है"

"शुक्रिया। अब आप सुनिए··· मैं आपको मंज़र-ब-मंज़र सुनाता हूँ।" और उसने अपनी कहानी, जो ख़ुदा मालूम किसकी लिखी हुई थी, अपने मख़सूस अंदाज़ में सुनाना शुरू की। यह मख़सूस अंदाज़ कुछ इस क़िस्म का है कि कहानी सुनाने के दौरान में वह मदारीपन करता है यानी हस्बे-ज़रूरत वाक़िआत के उतार-चढ़ाव के साथ ख़ुद भी उतरता चढ़ता रहता है। अभी वह सौफ़े पर है, चंद लम्हात के बाद उसकी पुश्त की दीवार पर। दूसरे लम्हे उसका सर नीचे है और टाँगें ऊपर और धम से नीचे फ़र्श पर। उसके फ़ौरन बाद कुर्सी पर उकड़ूँ बैठा है मगर फिर फ़ौरन उठ खड़ा हुआ है। यूँ मालूम होता है कि इलैक्शन में कोई आदमी वोट हासिल करने के लिए तक़रीर कर रहा है।

कहानी ख़त्म हुई—बड़ी लंबी कहानी, शैतान की आँत की तरह।

चंद लम्हात ख़ामोशी में गुज़रे। इसके बाद आसिफ़ ने मुझसे पूछा : "क्या ख़याल है आपका कहानी के मुताल्लिक़ ?"

मेरे मुँह से यह अल्फ़ाज़ ख़ुद-बख़ुद निकल गए : "बकवास है।"

आसिफ़ ने ज़ोर-ज़ोर से अपने होंठ काटे और बौखला कर सौफ़े की पुश्त की दीवार पर बैठ गया और ग़ज़बनाक लहजे में पूछा : "क्या कहा ?"

कोई और होता तो बहुत मुमकिन है लड़खड़ा जाता, मगर मैं हमेशा ऐसे मामलों में साबित क़दम रहा हूँ—मैंने और ज़्यादा मज़बूती से कहा : "मैंने कहा था, बकवास है।"

आसिफ़ ने अपने मदारीपन से मुझे मुतास्सिर करने की बहुत कोशिश की। मुझे फ़ुज़ूल की झकझक पसंद नहीं थी। वह बहुत ऊँचे सुरों में बोलता था। मैंने सोचा, इसका इलाज यही है कि एक दफ़ा मैं भी अपने हलक़ को खुली छुट्टी दे दूँ। चुनाँचे मैंने उससे कहा : "सुनिए आसिफ़ साहब, आप एक बहुत वज़नी पत्थर मँगवाइए। उसको मेरे सर पर रखिए और उस पर वज़नी हथोड़े मारिए। ख़ुदा की क़सम, मैं फिर भी कहूँगा कि आपकी यह कहानी बकवास है।"

यह सबकुछ मैंने बहुत ऊँचे सुरों में कहा था। आसिफ़ सौफ़े की पुश्त की दीवार पर से नीचे उतर आया। आगे बढ़कर उसने मेरा हाथ अपने हाथ में ले लिया और अपने होंठ

चूसते हुए कहा : "ख़ुदा की क़सम, बिलकुल बकवास है···मैं तुमसे यही सुनने आया था।"

मैं समझा शायद मज़ाक़ कर रहा है, लेकिन चंद लम्हात के बाद मुझे मालूम हो गया कि वह क़तअन संजीदा था। चुनाँचे हम कहानी में तरमीमो-इस्लाह के मुताल्लिक़ सोचने लगे।

लतीफ़ा ख़त्म हुआ। यह मेरी ज़ात से यक़ीनन मुताल्लिक़ है मगर इसके बयान से मक़सद सिर्फ़ यह था कि आपको आसिफ़ और सितारा के किर्दार का तक़ाबुल नज़र आ जाए।

एक ज़माना गुज़र गया। आसिफ़ और सितारा मियाँ-बीवी की ज़िंदगी गुज़ार रहे थे--मगर यहाँ मुझे एक और लतीफ़ा याद आ गया है।

जिस ज़माने में आसिफ़ से मेरी दोस्ती नहीं थी, और उसका ताल्लुक़ भी सितारा के साथ क़ायम नहीं हुआ था, उसके चहेरे पर, बिला-मुबालग़ा दस हज़ार कीलें थीं और इतने ही मुँहासे थे, जिनके मुताल्लिक़ कहा जाता है कि यह जवानी की निशानियाँ है। मैं सोचता था, अगर जवानी की निशानियाँ इतनी बदनुमा हों और तक्लीफ़ दें तो ख़ुदा करे किसी पर जवानी न आए। मुझ पर, अल्लाह का शुक्र है, कभी आई ही नहीं।

मैं जब उसके चेहरे की तरफ़ देखता जो कि बिला-मुबालग़ा ख़ाना-ए-ज़ंबूर दिखाई देता था तो मुझे बड़ी कोफ़्त होती। मैं नीम हकीम भी हूँ। अपनी दानिस्त के मुताबिक़ और अपने डॉक्टर दोस्तों से मश्वरा करके मैंने कई दवाएँ ख़रीद कर उसको दीं मगर कोई फ़ायदा न हुआ। कीलें उसी तरह मौजूद थीं। मगर जब सितारा उसकी ज़िंदगी में आई तो चंद महीनों के अंदर-अंदर उसका चेहरा बिल्कुल साफ़ हो गया। सिर्फ़ निशान बाक़ी रह गए।

एक और लतीफ़ा सुन लीजिए। बंबे टाकीज़ में कमाल अमरोही और मैं दोनों इकट्ठे काम कर रहे थे। उसकी कहानी "महल" को फ़िल्म के लिए मौज़ूँ व मुनासिब शक्ल देने के लिए सोच विचार हो रही थी। इस दौरान में कमाल के दाहिने गाल पर एक छोटी-सी फुन्सी नुमूदार हुई जो उसको बहुत तक्लीफ़ देने लगी। उसने इस तकलीफ़ का ज़िक्र मुझसे किया। मैंने उससे कहा : "एक बड़ा सहल इलाज है और तेज़-बहद।"

उसने मुझसे पूछा : "क्या?"

मैंने उससे कहा : "तुम सितारा का घर जानते हो न?"

"हाँ हाँ, क्यों नहीं!"

"तो ऐसा करो, उसकी सीढ़ियों का एक चक्कर लगा आओ···मगर देखो, अंदर नहीं जाना।"

कमाल ज़हीन आदमी है। मेरा मतलब समझ गया और बहुत देर तक हँसता रहा।

लतीफ़े ख़त्म हुए।

बहुत देर तक सितारा और आसिफ़ इकट्ठे इज़्दिवाजी ज़िंदगी बसर करते रहे। अब दोनों ग़ालिबन महिम के एक फ़्लैट में रहते थे—हाँ वहीं रहते थे, क्योंकि वहाँ मेरा कई मर्तबा आना जाना हुआ। लेडी जमशेद जी रोड के चर्च के सामने एक गली थी, जिसके

आख़िरी सिरे पर एक तीन मंज़िला बिल्डिंग में ग़ालिबन तीसरी मंज़िल पर सितारा का फ़्लैट था।

मुझे यहाँ जाने का कई वार इत्तिफ़ाक़ हुआ था। उन दिनों आसिफ़ "फूल" बनाने के बाद ग़ालिबन "आनारकली[1]"बनाने की तैयारी कर रहा था। इसकी कहानी कमाल अमरोही ने लिखी थी मगर वह शायद उससे मुत्मइन नहीं था, क्योंकि वह कई आदमियों को दावत दे चुका था कि वह उसमें कुछ जिद्‌दत पैदा करें। मैं भी उन्हीं लोगों में से एक था।

मैं आमतौर पर सुबह आठ बजे के क़रीब वहाँ पहुँचता। दरवाज़ा एक बुढ़िया खोलती, जो मलमल की बारीक साड़ी पहने होती। उसे देखकर मुझे सख़्त कोफ़्त होती। मुझे ऐसा मालूम होता कि दरवाज़ा अलिफ़ लैला की किसी कुटनी ने खोला है।

मैं अंदर जाता और सौफ़े पर बैठ जाता। साथ वाले कमरे से, जो गालिबन ख़्वाब शाह थी, ऐसी-ऐसी आवाज़ें आतीं कि रूह लर्ज़-लर्ज़ जाती। थोड़ी देर के बाद आसिफ़ नुमूदार होता, हस्बे-आदत अपने होंठ चाटते हुए। उसकी हैयत-कज़ाई देखने की चीज़ थी। मलमल का कुर्ता जगह-जगह से फटा हुआ है। गर्दन और सीने पर नील पड़े हैं। बाल परेशान हैं। साँस फूली हुई है। मामूली अलैक-सलैक होती, और वह वहीं फ़र्श पर ढेर हो जाता। थोड़ी देर के बाद सितारा, आसिफ़ के लिए एक प्याला भेजती जिसमें, मालूम नहीं, किस चीज़ की खीर होती। आसिफ़ आहिस्ता-आहिस्ता बादिले-नुख़ास्ता प्याला ख़त्म करता। इसके बाद हम अपना काम शुरू कर देते जो ज़्यादा तर गप्पों पर मुश्तमिल होता।

काफ़ी अर्सा गुज़र गया। सितारा और आसिफ़ के ताल्लुक़ात बड़े मुस्तहकम नज़र आते थे। मगर एकदम जाने क्या हुआ कि यह सुनने में आया कि आसिफ़ अपने अज़ीज़ों में किसी लड़की से शादी कर रहा है। तारीख़ पक्की हो गई है और वह अनक़रीब अपने दोस्तों के साथ लाहौर रवाना होने वाला है।

मैं उन दिनों बहुत मसरूफ़ था, वर्ना उससे मिलकर ज़रूर दर्याफ़्त करता कि यह क्या क़िस्सा है। लेकिन मुझे इसका मौक़ा न मिला—एक रोज़ उससे सरे-राह मुलाक़ात हो गई। मैंने सरसरी तौर पर उससे पूछा तो उसने सिर्फ़ इतना कहा : "मैंने वह क़िस्सा ख़त्म कर देने की ठानी है···चुनाँचे हो जाएगा।"

वह कार में था, मैं पैदल था और उस को उजलत भी थी, इसलिए ज़्यादा बातें न हो सकीं। चंद रोज़ के बाद मालूम हुआ कि आसिफ़ एक बहुत बड़ी पार्टी के साथ रवाना हो गया है। इसके बाद यह इत्तिला मिली कि लाहौर में उसकी शादी बड़े ठाट से हुई। ख़ुम के ख़ुम लुंढाए गए। मुजरे हुए और राग-रंग की कई महफ़िलें जमीं। फिर सुना कि आसिफ़ अपनी नई-नवेली दुल्हन के साथ बंबई पहुँच चुका है और पाली हिल, बांद्रा में उसने एक कोठी का निस्फ़ हिस्सा किराए पर उठा लिया है। लेकिन बाद में मालूम हुआ कि पूरी कोठी नज़ीर के पास थी, जिसने आधी अपने भांजे को दे दी।

यह बड़ा ख़ुशगवार इन्क़िलाब था। मुझे मालूम नहीं, सितारा का रद्‌दे-अमल क्या

1. बाद में इसका नाम "मुग़ले-आज़म" रखा गया।

था। लेकिन मैं इतना जानता हूँ कि अरोड़ा के हाँ वह अक्सर जाया करती थी। और वह भी उसके हाँ अक्सर आया करता था।

उन दिनों आसिफ़ पाली हिल पर रहता था। नई नवेली दुल्हन पास थी। मेरा ख़याल है कि वह उन दिनों "अनार कली" की तैयारियों में मसरूफ था। उसकी कहानी कमाल हैदर अमरोही ने लिखी थी, मगर आसिफ़ उससे मुत्मइन नहीं था। उसने कई इन्शापर्दाज़ों से मश्वरा लिया था मगर वह फिर भी मुत्मइन नहीं था।

इस ज़िम्न में मैं आपको कई लतीफ़े सुना सकता हूँ मगर उनसे कोई मतलब हल नहीं होगा। कहना सिर्फ़ यह है कि आसिफ़ और उसकी नई-नवेली बीवी सुनहरे जलवों की ब्याही—चंद रोज़ ही इकट्ठे रहे। इसके बाद यह देखने में आया कि आसिफ़ साहब घर से ग़ायब हैं और रातें सितारा के साथ गुज़ारते हैं।

वह शादी ज़्यादा देर तक क़ायम न रही। नज़ीर का नौजवान लड़का भी वहीं था। मालूम नहीं क्या हुआ कि आसिफ़ ने अपनी बीवी के पास जाना छोड़ दिया। नाचाक़ी हुई। इसके बाद पता चला कि तलाक़ होने वाली है—इस दौरान में आसिफ़ बराबर सितारा के यहाँ जाता था।

उससे यह भी मालूम हुआ कि सितारा कारीगर है। उसका मुक़ाबला नई-नवेली दुल्हन नहीं कर सकती। चुनाँचे चंद महीनों के बाद आसिफ़ की दुल्हन अपने घर वापस चली गई और बाद में मालूम हुआ कि तलाक़ हो गई है।

अब फिर आसिफ़ और सितारा इकट्ठे थे। आसिफ़ की ब्याहता बीवी के मुताल्लिक़ कई अफ़साने मश्हूर हैं, मगर मैं उनका ज़िक्र करना नहीं चाहता, इसलिए कि मुझे उनकी सदाक़त के मुताल्लिक़ अच्छी तरह इल्म नहीं।

मैं सिर्फ़ इतना जानता हूँ कि आसिफ़ ने ब्याह किया, लाहौर में बड़े ठाट की मज़लिसें जमीं, इसके बाद आसिफ़ अपनी बीवी को लेकर बंबई आया, पाली हिल पर ठहरा और दो तीन महीने के अंदर-अंदर उसने अपनी बीवी को छोड़ दिया—इसकी वजह सितारा के सिवा और क्या हो सकती थी।

सितारा मर्दम शनास औरत है। उसको वह तमाम ढब आते हैं, जो मर्द को अपनी तरफ़ रागिब कर सकते हैं, बल्कि यूँ कहिए कि उसे दूसरी औरतों के लिए बिल्कुल नाकारा बना देते हैं। यही वजह है कि आसिफ़ ने अपनी बीवी को छोड़ दिया और सितारा की आग़ोश में चला गया, इसलिए कि उसमें कशिश थी।

आसिफ़ की शादी अपने ख़ानदान में हुई थी। उस ख़ानदान के मुताल्लिक़ मुख़्तलिफ़ रिवायात मश्हूर हैं, लेकिन मैं उनका तज़्किरा करना नहीं चाहता।

आसिफ़ ने अपनी ब्याहता बीवी को छोड़ दिया, शायद इसलिए कि उसमें वह ख़ुसूसियतें मौजूद नहीं थीं, जो सितारा में थीं। शायद इसलिए कि आसिफ़ कँवारी लड़की का क़ायल नहीं था। बहरहाल जो नतीजा बरआमद हुआ, वह हर शख़्स को मालूम है।

आसिफ़ की नई-नवेली दुल्हन चली गई और आसिफ़ ने फिर से सितारा के यहाँ क़याम शुरू कर दिया। इस क़याम के दौरान में अजीबो-ग़रीब अफवाहें मुश्तहिर हुईं, मगर मैं

उनके मुताल्लिक़ कुछ कहना नहीं चाहता।

मैंने यह मज़मून लिखा है। मुझे मालूम है कि आसिफ़ मुझसे नाराज़ नहीं होगा, इसलिए कि वह बड़े जर्फ़ का आदमी है, सितारा यक़ीनन नाराज़ होगी—मगर वह मुझे थोड़ी देर के बाद बख़्श देगी, इसलिए कि उसका ज़र्फ़ भी छोटा नहीं है। वह बडी क़द्दावर औरत है—हालाँकि उसका क़द बहुत पस्त है—वह मुझे, मालूम नहीं, कैसा आदमी समझती है, मगर मैं उसे बहैसियत औरत के ऐसी औरत समझता हूँ, जो सौ साल में शायद एक मर्तबा पैदा होती है।

बाबू राव पटेल

ग़ालिबन सन अड़तालीस की बात है कि बाबू राव से मेरी मुलाक़ात हुई। मैंने उन दिनों हफ़्तावार 'मुसव्विर' एडिट किया करता था। तन्ख़ाह वाजिबी थी, यानी कुल चालीस रुपए माहवार। 'मुसव्विर' का मालिक नज़ीर लुधियानवी चाहता था कि मेरी इस आमदनी में कुछ इज़ाफ़ा हो जाए, चुनाँचे उसने मेरा तआरुफ़ बाबू राव पाटेल एडिटर 'फ़िल्म इंडिया' से करा दिया।

इससे पहले कि मैं अपनी इस मुलाक़ात का हाल बयान करूँ, मुनासिब मालूम होता है कि मैं यह बताऊँ कि 'फ़िल्म इंडिया' मारिज़े-वुजूद में कैसे आया आप को याद होगा, एक ज़माना था जब पूना की प्रभात फ़िल्म कंपनी अपने पूरे उरूज पर थी। 'अमृत मंथन' और 'अमर ज्योति' जैसे अमर फ़िल्म पेश करके उसने हिंदुस्तान के अकनाफ़ो-अतराफ़ में ग़ैर-मामूली शोहरत हासिल कर ली थी। अब वह एक मामूली इदारा नहीं रहा था, बल्कि 'प्रभात नगर' में तबदील हो चुका था, जिस का हर रुक्न अज़्म व इज्तिहाद के नशे में मख़्मूर था। शांता राम, सैयद फ़त्ते लाल, ढेबर सबको एक ही लगन थी कि उनकी कंपनी, फ़न और तक्नीक में, सबको पीछे छोड़ जाए।

उसी ज़माने में जबकि प्रभात, वुसअत इख़्तियार कर रही थी और हामला औरत की तरह ख़ूबसूरत और बावक़ार थी, उसने अपने बतन से तीन बच्चे पैदा किए :

एक : फ़ेमस पिक्चर्स, जो प्रभात के फ़िल्मों का वाहिद तक़सीमकार इदारा मुक़र्रर हुआ—इसके मालिक बाबू राव पाई थे।

दो : बी. पी. सामंत एंड कंपनी। इश्तिहारों के तक़सीमकार। प्रभात के तमाम फ़िल्मों की नश्रो-इशाअत का काम इस इदारे के सुपुर्द हुआ।

तीन : न्यू जैक प्रिंटिंग वर्क्स। गुमनाम-सा प्रेस। इसके मालिक पारकर थे। इनको प्रभात ने अपने तमाम पोस्टरों, दस्ती इश्तिहारों, और किताबचों की छपाई का काम तफ़्वीज़ कर दिया।

'फ़िल्म इंडिया', न्यू जैक प्रिंटिंग वर्क्स से पैदा हुआ। पारकर, बाबू राव का दोस्त था। मामूली-सा पढ़ा-लिखा आदमी। उन दोनों ने मिलकर प्लान बनाया। प्रेस मौजूद था। काग़ज़ भी दस्तयाब हो सकता था, क्योंकि उन दिनों बहुत सस्ता था। बी. पी. सामंत कंपनी मौजूद थी। उससे प्रभात फ़िल्म कंपनी के अलावा दूसरी फ़िल्म कंपनियों के

इश्तिहार मिल सकते थे। ज़ाहिर है कि सब लवाज़िम मौजूद थे—और बाबू राव बड़ा मेहनती आदमी है और दक़ीक़ा-रस भी। इसके अलावा वह ख़्वाब देखने वाला आदमी नहीं। अंग्रेजी मुहावरे के मुताबिक़ वह कील के सर पर चोट लगाना जानता है, चुनाँचे जब 'फिल्म इंडिया' का पहला पर्चा शाया हुआ तो यह वाक़िआ है कि हिंदुस्तान में फ़िल्मी सहाफ़त का एक नया और अनोखा दौर शुरू हुआ।

बाबू राव के क़लम में फ़साहत थी, बलाग़त थी, गुंडों की-सी कजकुलाही भी थी। इसके अलावा उसमें एक नाक़ाबिले-नक़्ल तन्ज़ और मिज़ाह था। एक ज़हर था, जो मैं समझता हूँ, यहाँ हिंदुस्तान में किसी अंग्रेज़ी लिखनेवाले अदीब के क़लम को नसीब नहीं हुआ।

बाबू राव के क़लम की जिस ख़ूबी ने उसकी धाक जमाई, वह नुकीला, बहुत ही नुकीला तन्ज़ था जिसमें हलका-सा गुंडपना भी शामिल था। इस सिन्फ़ से हिंदुस्तानी आँखें बिलकुल नाआश्ना थीं, इसलिए उसकी तहरीरें लोगों के लिए चाट का मज़ा देने लगीं।

बाबू राव बड़े ठस्से का आदमी था। उसने अपना दफ़्तर अपालो स्ट्रीट की मुबारक बिल्डिग के एक वसी व अरीज़ फ़्लैट में क़ाइम किया और उसे हर मुमकिन तरीक़े से बारोब बनाया।

मुबारक बिल्डिंग के उसी वसी व अरीज़ दफ़्तर में बाबू राव से मेरी पहली मुलाक़ात हुई। उस वक़्त तक 'फ़िल्म इंडिया' के ग़ालिबन सात-आठ शुमारे निकल चुके थे जो मैं मुसव्विर के दफ़्तर में देख चुका था और मुतास्सिर हुए बग़ैर न रह सका।

मेरा ख़याल था, ऐसी सुथरी अंग्रेज़ी लिखनेवाला और नुकीले तन्ज़ का मालिक, दुबला-पतला और तीखे-तीखे नक़्शों वाला आदमी होगा, मगर जब मैंने एक जाट को एक जहाज़ी मेज़ के पास घूमने वाली कुर्सी पर बैठे देखा तो मुझे सख़्त नाउम्मीदी हुई—उसके चेहरे का कोई नक़्श, कोई ख़त ऐसा नहीं था जिसमें उसके क़लम का हलका-सा अक्स भी नज़र आ सकता। छोटी-छोटी आँखें, चौड़ा चकला चेहरा, मोटी नाक, बड़ा वाहियात लबे-दहान, दाँत बदनुमा—लेकिन पेशानी बड़ी।

जब वह मुझसे हाथ मिलाने के लिए उठा तो मुझे मालूम हुआ वह मुझसे ऊँचा है, यानि काफ़ी दराज़ क़द है। मज़्बूत डील-डौल, लेकिन जब उसने हाथ मिलाया तो गिरफ़्त बड़ी ढीली। और जब उसने उर्दू में बात-चीत शुरू की तो मेरा सारा मज़ा किरकिरा हो गया। गँवारों का-सा लबो-लहजा, बात-बात में बंबई के मवालियों की तरह 'साला' कहता था, और गालियाँ बकता था।

मैंने ख़याल किया, शायद इसलिए कि उसको उर्दू नहीं आती, लेकिन जब उसने टेलीफ़ोन पर किसी से अंग्रेज़ी में गुफ़्तुगू शुरू की तो ख़ुदा की क़सम, मेरे दिल में शक पैदा हुआ कि यह शख़्स हरगिज़-हरगिज़ वह बाबू राव पटेल नहीं जो 'फिल्म इंडिया' का इदारिया लिखता है, 'बॉम्बे कालिंग' रक़म करता है और सवालों के जवाब देता है। माज़अल्लाह, क्या लबो-लह्जा था। ऐसा लगता था कि अंग्रेज़ी, मरहठी में और मरहठी, बंबई की गँवार बोली में बोल रहा है। यहाँ भी हर फ़ुलस्टॉप के बाद या उससे पहले एक

'साला' ज़रूर आता था।

मैंने दिल में कहा: अगर यही साला बाबू राव पटेल है तो साला मैं सआदत हसन मंटो नहीं हूँ।

थोड़ी देर गुफ़्तगू हुई। नज़ीर लुधियानवी ने मेरी बहुत तारीफ़ की। इस पर बाबू राव ने कहा: ''मुझे मालूम है। वह साला आबिद गुल-रेज़ हर हफ़्ते मुझ को 'मुसव्विर' पढ़ के सुना जाता है...'' फिर वह मुझ से मुख़ातिब हुआ: ''यह साला मंटो क्या हुआ?''

मैंने उसको इसका मतलब समझा दिया।

मामला सिर्फ़ इतना था कि प्रभात के किसी फ़िल्म की चौपड़ी, यानि किताबचे में, जो कहानी का ख़ुलासा था, और जिसे बाबू राव ने लिखा था, मुझे उसका उर्दू में तर्जुमा करना था। मैंने यह ख़ुलासा ले लिया और तर्जुमा करके नज़ीर लुधियानवी के हाथ उसे भिजवा दिया जो उसने बहुत पसंद किया।

इसके बाद देर तक मेरी उसकी मुलाक़ात न हुई। मैं दफ़्तर से बहुत कम बाहर निकलता था। फिल्म कंपनियों में मुलाज़मत हासिल करने के लिए दर-बदर मारे फिरना, मैं उस वक्त भी अपनी शान के खिलाफ़ समझता था।

बाबू राव ने किसी न किसी तरह शांताराम को उकसाया कि वह प्रभात का एक माहाना पर्चा शाया करे जिसमें वह बिलकुल नए अंदाज से उनकी फ़िल्म कंपनी की और उन के फ़िल्मों की पब्लिसिटी करेगा। शांता राम गो अनपढ़ था, मगर आर्टिस्ट था और बहुत आला पाए का। तबीयत में उपज थी। फ़ौरन मान गया। बस फिर क्या देर थी, 'प्रभात' निकल आया और बड़ी शान से–बाबू राव ने बाक़ई बड़े अनोखे और प्यारे अंदाज़ में प्रभात वालों और उनके फ़िल्मों की पब्लिसिटी की।

नज़ीर लुधियानवी बड़ा वक़्त शनास और मतलब निकालने वाला आदमी था। फ़ौरन बाबू राव के पास पहुँचा, यह स्कीम लेकर कि प्रभात के हर शुमारे के कुछ हिस्से 'मुसव्विर' में भी शाया होने चाहिएँ।

मैं यहाँ एक बात अर्ज़ कर दूँ कि बाबू राव ने चूँकि ख़ुद मुफ़्लिसी के दिन देखे हैं, इसलिए वह हाजतमंदों पर हमेशा मेहरबान हो जाता है। उसको मालूम था कि नज़ीर की माली हालत कोई ज़्यादा अच्छी नहीं थी इसलिए वह फ़ौरन उसकी तजवीज़ मान गया। लेकिन उसको शुबा था कि जो कुछ उसने अंग्रेज़ी में लिखा है, उर्दू में मुंतक़िल न हो सकेगा। नज़ीर ने मेरा नाम लिया तो वह किसी क़द्र मुत्मइन हो गया।

ईमान की बात है, मेरा अंग्रेज़ी का इल्म बहुत महदूद है। बाबू राव ने जो कुछ लिखा था, वह मेरी समझ से बालातर तो न था, मगर उसका उर्दू में मिनो-अन तर्जुमा करना बहुत ही दुश्वार था। उसका एक ख़ास तर्ज़ था। अल्फ़ाज़ की निशस्तो-बर्ख़ास्त एक ख़ास ढब की थी। अंग्रेज़ी और अमरीकी, दोनों मुहावरे थे। बाज़ अल्फ़ाज़ पर वह खेल-खेल जाता था, अब मैं क्या करता। बहुत सोच विचार के बाद यही बात समझ में आई कि मज़्मून सामने रख लूँ और उसके मफ़हूम को अपने अंदाज़ और अपनी ज़बान में मुंतक़िल कर दूँ। चुनाँचे यही मैंने किया।

जब यह ख़ुराफ़ात छप गई तो नज़ीर पर्चा लेकर उसके पास गया—मैं भी नज़ीर के साथ था।

बाबू राव ने मुझे देखते ही कहा : ''साला तू भी बाबू राव बनने की कोशिश करता है।''

मैंने बड़ी संजीदगी के साथ उस को सारी बात समझा दी : ''तुम्हारी तहरीर को उर्दू में लाने की सिर्फ़ एक यही सूरत थी...मैं समझता हूँ, मैंने जो किया है, जाइज़ है।''

दायें हाथ की आख़िरी उंगलियों में सिगरेट दबाए ठेठ देहातियों और मवालियों की तरह उसने मुट्ठी बंद करके ज़ोर का कश लिया और कहने लगा : ''साला हमने आबिद गुल-रेज़ से सब सुना। बहुत मज़ा आई...मैंने उसको कहा...'' बाबू राव ने गाली दी : ''तू ठीक कहता था कि उर्दू का बहुत बड़ा राइटर है।''

मैं इस दाद से बहुत ख़ुश हुआ। चुनाँचे तय हो गया कि आइंदा तर्जुमे का यह सिलसिला इसी तरह जारी रहेगा—मगर दो ही शुमारों के बाद पर्चा बंद हो गया, क्योंकि प्रभात फ़िल्म कंपनी इतने ज़ाइद शाहाना ख़र्च की कफ़ील नहीं हो सकती थी।

मैं ज़्यादा तफ़्सीलात में नहीं जाना चाहता कि वह मुझे खींचकर और मौज़ूआत की तरफ़ ले जाएँगी जो इस दास्तान के रेशों के अंदर छुपे हुए हैं। मुझे असल में बाबूराव पटेल के मुताल्लिक़ अपने तास्सुरात बयान करना हैं।

चंद ऐसे वाक़िआत हुए कि नज़ीर से मेरे—नाँ नाँ, अभी नहीं, यह बाद की बात है—जी हाँ, मैंने शादी का इरादा कर लिया। उन दिनों मैं इंपीरियल फ़िल्म कंपनी में अस्सी रुपये माहवार पर नौकर हो गया था। यहाँ मैंने एक बरस मुलाज़मत की, मगर तन्ख़ाह सिर्फ़ आठ महीने की मिली। चार महीने की बाक़ी थी कि इस कंपनी का दिवाला पिट गया।

यहाँ से मैं सरोज फ़िल्म कंपनी में चला गया। मगर ऐसा हुआ कि मैं अंदर दाख़िल हुआ ही था कि कंपनी ने बंद होने का इरादा कर लिया। मुझे यक़ीन होने ही वाला था कि मैं सब्ज़-क़दम हूँ कि इस कंपनी के बंद होने के थोड़े ही अर्से बाद उसके सेठ ने हाथ-पाँव मारकर उसी चार-दीवारी में एक नई कंपनी खड़ी कर दी। यहाँ मैं सौ रुपए माहवार पर मुलाज़िम हुआ। एक कहानी लिखी। यह तीन चौथाई फ़िल्माई भी गई। इस दौरान में मेरा निकाह हो चुका था और सिर्फ़ रुख़्सती बाक़ी थी जिसके लिए मुझे रुपए की ज़रूरत थी ताकि कोई मामूली-सा फ़्लैट किराए पर लेकर उसे घर में तबदील कर सकूँ। जब रुपया माँगने का वक़्त आया तो सेठ नानू भाई ने साफ़ जवाब दे दिया, और कहा हालत सख़्त ख़राब है। उसकी हालत तो जो ख़राब थी, सो थी लेकिन यह ग़ौर फ़र्माइए, मेरी हालत कितनी ख़राब होगी। मैंने सेठ को सारे वाक़िआत से आगाह किया, मगर उसके कान पर जूँ तक न रेंगी। मामला बढ़ गया, तू-तू मैं-मैं शुरू हुई तो उसने मुझे कंपनी से निकाल बाहर किया। मेरी इज़्ज़त पर यह साफ़ हमला था। मेरा वक़ार बिलकुल मिट्टी में मिल गया था। चुनाँचे मैंने तहैय्या कर लिया कि वहीं बाहर सदर दरवाज़े पर बैठकर भूख हड़ताल शुरू कर दूँगा।

इस मामले की ख़बर किसी न किसी तरीक़े से बाबू राव तक पहुँच गई। उसने पहले तो

नानू भाई डेसाई को फ़ोन पर बहुत गालियाँ दीं, जब इसका कुछ असर न हुआ तो वह सीधा स्टूडियो पहुँचा और बारह सौ रुपए का फ़ैसला आठ सौ रुपए में करा दिया—मैंने कहा, चलो भागते चोर की लंगोटी ही सही।

मेरा घर बस गया। हाँ, मैं आपसे यह कहना भूल गया कि मैं जिस ज़माने में इंपीरियल फ़िल्म कंपनी में था, उन दिनों वहाँ एक बहुत ही शरीफ़ुल-तबा एक्ट्रेस पदमा देवी के नाम से थी। मेरे पहले फ़िल्म 'किसान कन्या'[1] की हीरोइन यही थी। मेरे उसके बड़े दोस्ताना ताल्लुक़ात थे, लेकिन उसका सही यानी जिस्मानी ताल्लुक़ बाबू राव पटेल से था, जो उस पर बड़ी कड़ी निगरानी रखता था।

यहाँ आपको यह बता देना भी मुनासिब मालूम होता है कि बाबू राव पटेल की उस वक़्त दो बीवियाँ थीं। उनमें से एक को मैंने देखा है, जो डॉक्टर थी।

ख़ैर, चंद ऐसे वाक़िआत हुए कि नज़ीर ने मेरी बेलौस [illegible] मत और दोस्ती ठुकरा दी—हम दोनों अलग हो गए। इसका मुझे अफ़्सोस न था। मैं उससे लेता ही क्या था, लेकिन फिर भी वह मेरे मकान का किराया, जो पच्चीस रुपए बनता था, अदा कर दिया करता था। उन दिनों मैंने रेडियो में भी लिखना शुरू कर दिया था, लेकिन अब चूँकि मेरी अकेली जान का सवाल नहीं था, इसलिए मैंने सोचा कि बाबू राव से मिलना चाहिए—लेकिन ठहरिए, मैं आगे चला आया। दरमियान में मुझे आपसे कुछ और भी कहना था।

मेरी शादी अजीबो-ग़रीब हालात में हुई थी। कुछ ऐसे क़िस्से थे कि मेरे घर में सिवाय मेरी वालिदा के और कोई नहीं था। फ़िल्म इडंस्ट्री के तमाम आदमी आ रहे थे, उनकी ख़ातिरदारी कौन करता। एक ज़ईफ़ औरत बेचारी क्या कर सकती थी।

बाबू राव को कहीं से मालूम हुआ कि मंटो परेशान है तो उसने अपनी चहीती रंगीन मलिका पदमा देवी को भेज दिया कि जाओ उसकी वालिदा का हाथ बटाओ। मुझे अच्छी तरह याद है, पदमा ने मेरी बीवी को शायद कोई ज़ेवर वग़ैरा भी दिया था।

चलिए, अब चलते हैं—जी हाँ, मैं बाबू राव के पास पहुँचा, इसलिए कि वह उर्दू का एक हफ़्ता-वार अख़बार 'कारवाँ' भी निकालता था, सिर्फ़ इस ग़र्ज से कि आबिद गुलरेज़ के लिए, जो उसका दोस्त था, रोज़ी का एक वसीला बन जाए। मगर आबिद गुलरेज़ एक लाउबाली तबीयत का शाइर आदमी था और उन दिनों अख़बार से अलाहिदा होकर मुकालमा-नवीसी, गीत-निगारी और फ़िल्म-साज़ी के चक्कर में पड़ा हुआ था।

मैंने बाबू राव को बरतरफ़ी का वह नोटिस दिखाया, जो मुझे नज़ीर ने भेजा था। उसे देखकर बाबू राव एक लहज़े के लिए चकरा गया। बहुत बड़ी गाली देकर उसने सिर्फ़ इतना कहा : "ऐसा ?"

मैंने इस बात में सिर हिला दिया।

बाबू राव ने फ़ौरन ही कहा : "तो साला तुम इधर क्यों नहीं आ जाता ··· अपना 'कारवाँ'

1. रंगीन फिल्म

है⋯साले को पूछनेवाला ही कोई नहीं।"

मैंने जवाब दिया : "अगर ऐसी बात है, तो मैं तैयार हूँ।"

बाबू राव ने ज़ोर से आवाज़ दी : "रीटा।"

दरवाज़ा खुला। एक मज़बूत पिंडलियों और सख़्त छातियों वाली गहरे साँवले रँग की क्रिस्चियन लड़की अंदर दाख़िल हुई।

बाबू राव ने उसे आँख मारी : "इधर आओ।"

वह उसकी कुर्सी के पास चली गई।

बाबू राव ने कहा : "मुँह इधर करो।"

उसने हुक्म की तामील की।

बाबू राव ने एक ऐसा धप्पा उसके चूतड़ों पर मारा कि उसके कूल्हों का सारा गोश्त हिल गया : "जाओ, कागज़ पैंसिल लाओ⋯" लड़की, जिसका नाम रीटा कारलाइल था और जो बाबू राव की बयक-वक़्त सैक्रेट्री, स्टेनो और दाशता थी, चली गई और फ़ौरन ही शार्टहैंड की कॉपी और पैंसिल ले आई। बाबू राव मेरे नाम का एपाइंटमेंट लैटर लिखाने लगा। तन्ख़ाह के पास पहुँचा तो रुक गया और मुझसे मुख़ातिब हुआ : "क्यों मंटो, कितना चलेगा⋯" फिर ख़ुद ही उसने कहा : "एक सौ पचास ठीक है?"

मैंने कहा : "नहीं।"

बाबू राव संजीदा हो गया : "देखो मंटो, यह साला 'कारवाँ' ज़्यादा अफ़ोर्ड नहीं कर सकता।"

मैंने कहा : "तुम मेरा मतलब ग़लत समझे हो⋯मैं साठ रुपए माहवार पर काम करूँगा, इससे कम न इससे ज़्यादा।"

बाबू राव समझा, मैं उससे मज़ाक़ कर रहा हूँ, पर जब मैंने उसे यक़ीन दिलाया कि मेरा ऐसा कोई मतलब नहीं तो वह अपने मख़सूस गँवार लहजे में बोला : "साला मैड मुल्ला।"

मैंने उससे कहा : "मैं मैड मुल्ला यानि पागल मुल्ला ही सही लेकिन मैंने यह साठ रुपए इसलिए कहे हैं कि मैं वक़्त का पाबंद नहीं रहना चाहता। जब चाहूँगा, आऊँगा, और जब चाहूँगा, चला जाऊँगा, लेकिन 'कारवाँ' वक़्त पर निकलता रहेगा।"

बात तय हो गई।

मैंने बाबू राव के दफ़्तर में ग़ालिबन छः सात महीने काम किया। इस दौरान में मुझे उसकी अजीबो-ग़रीब शख़्सीयत के मुताल्लिक़ कई बातें मालूम हुईं।

उसको रीटा कारलाइल से इश्क़ था। और वह समझता था कि दुनिया में और कोई लड़की उसके हुस्नो-जमाल का मुक़ाबला नहीं कर सकती। रीटा कारलाइल जैसा कि आम क्रिस्चियन लड़कियों का दस्तूर है, जिस रास्ते पर थी, चली जा रही थी, लेकिन बाबू राव की वजह से उसका भाव बढ़ गया था।

मुझे यक़ीन है, अगर रीटा उर्दू बोल सकती तो वह उसे चंद दिनों में फ़िल्मी आसमान पर पहुँचा देता। उसको अपने क़लम और उसके ज़ोर पर बहुत नाज़ है। वह समझता है कि वह अगर लकड़ी का एक टुकड़ा चुन ले और कहना शुरू कर दे कि यह नृत्य सम्राट है तो

यक़ीनन् वह चोबे-बेहरकत नृत्य सम्राट बन जाएगी और लोग उस पर ईमान ले आएँगे।

पदमा देवी गुमनामी के गोशे में पड़ी थी मगर जब उसके आग़ोश में आई तो उस ने उसे कलर-क्वीन यानि रँगों की मलिका बना दिया। उन दिनों 'फ़िल्म इंडिया' के हर शुमारे में उसके दर्जनों फ़ोटो होते थे, जिनके नीचे वह बड़े चुस्त फ़िक़रे और जुमले लिखता था।

बाबू राव ख़ुद-साख़्ता आदमी है। जो कुछ भी वह उस वक़्त था और जो कुछ भी वह इस वक़्त है, उसके बनाने में किसी का हाथ नहीं। जवानी ही में उसकी अपने बाप से किसी बात पर अनबन हो गई थी, चुनाँचे दोनों के ताल्लुक़ात मुंक़तअ हो गए। बाबू राव से मैंने जब भी बुड्ढे पटेल के बारे में सुना, यही सुना कि "वह साला पक्का हरामी है।"

मालूम नहीं, उन दोनों में से हरामी कौन है। अगर बुड्ढा पटेल हरामी है, बाबू राव के मानों में, तो ख़ुद बाबू राव भी उस बुड्ढे से हरामीपन में, जहाँ तक जूतों का ताल्लुक़ है, कई जूते आगे है, अपने और अपने बाप के जूते मिलाकर।

बाबू राव के क़लम में जिस नुकीले तन्ज़ का मैंने ज़िक्र किया है, अगर उसके अस्बाब तलाश किए जाएँ तो उसकी अवाइल की ज़िंदगी में मिल सकते हैं। वह ग़ज़नी का महमूद बनकर क्यों बुत-शिक्नी करना चाहता है, इसलिए कि बचपन में उसके वालिद ने उस की फ़ित्रत तोड़ने और अपने क़ालिब में ढालने की कोशिश की। उसकी शादी की, मगर उसकी मर्ज़ी के ख़िलाफ़—दूसरी शादी उसने ख़ुद की, मगर इस मर्तबा वह ख़ुद धोखा खा गया और चिढ़ गया, अपने आपसे, हर एक से।

बाबू राव के किर्दार के शै-नशीनों में कई बुत ओंधे और शिकस्ता पड़े हैं। कई बुड्ढे हरामी हैं। सैकड़ों बाज़ारी टखियाइयाँ हैं। लेकिन उन बुतों को तोड़-फोड़ कर उसे वह लज़्ज़त हासिल नहीं हुई तो सोमनाथ का मंदिर ढाकर ग़ज़नी के महमूद को हुई थी।

वह ऊँचे स्थान पर किसी को बैठे हुए नहीं देख सकता, लेकिन जो ज़मीन पर गिरा होगा, उसको उठाने के लिए वह कई कोस चल के आएगा। उसको ऊँचा करने के लिए वह एढ़ी-चोटी का ज़ोर लगा देगा और जब वह उफ़्तादा शख़्स उसकी मदद से और अपनी मेहनत से बुलंद मक़ाम हासिल करने में कामयाब हो जाएगा तो वह उसको गिराने की कोशिश करेगा।

बाबू राव मज्मूआ-ए-अज़दाद है।

एक ज़माना था कि शांता राम उसके नज़दीक दुनिया का सबसे बड़ा फ़िल्म डायरेक्टर था।

एक वह ज़माना आया कि उसने उसी शांता राम के फ़िल्मों में, बल्कि उसके किर्दार में भी कीड़े डालने शुरू कर दिए। कारदार के वह सख़्त ख़िलाफ़ था, लेकिन बाद में बाबू राव को उसकी हर अदा पसंद आने लगी। बँटवारा हुआ तो वह फिर उसके ख़िलाफ़ हो गया। उसका स्टूडियो और उसकी जायदाद ज़ब्त कराने के लिए उसने एढ़ी-चोटी का ज़ोर लगा दिया, लेकिन ग़रीब की क़िस्मत अच्छी थी कि बाल-बाल बच गया।

बीच में एक ज़माना आया कि उसने बनांगे-दुहुल एलान कर दिया कि फ़िल्म-साज़ी

सिर्फ़ मियाँ[1] भाई जानते हैं। जो रख-रखाव, जो सलीक़ा और क़रीना मुसलमान फ़िल्म डायरेक्टरों को वदीअत हुआ है, वह किसी हिंदू फ़िल्म-साज़ के हिस्से में नहीं आ सकता। मैं वह दिन भी जानता हूँ, जब पृथ्वी राज को वह एक हक़ीर कीड़ा समझता था और वह दिन भी याद हैं, जब किशोर साहू उसे बहुत खलता था।

बाबू राव पर दौरे पड़ते हैं। नफ़्सीयाती तौर पर उसका दिमाग़ बिलकुल दुरुस्त नहीं। वह एक बहकी हुई भटकी हुई ताक़त है—एक अंधी ताक़त जो कभी इधर अपना सिर फोड़ती है, कभी उधर—वह एक ऐसा आर्टिस्ट है जो अपने ज़ौम में गुमराह हो गया है।

मैं जब 'कारवाँ' में था तो 'फ़िल्म इंडिया' में मेरी ज़हानतो-जक़ावत के चर्चे आम होते थे। वहाँ से निकला तो मैं "यह मंटो कौन है''' जाने कौन बला है" हो गया। लेकिन थोड़े ही अर्से के बाद जब मेरा फ़िल्म 'आठ दिन' पेश हुआ तो उसने उसके रिव्यू में अपनी टोपी उतारकर मुझे सलाम किया और कहा कि मंटो हमारे मुल्क का मुंफ़रिद और ज़हीन अफ़साना निगार है।

जब बाबू राव प्रभात फ़िल्म कंपनी से मुन्सलिक था तो शांता आप्टे हिंदुस्तान की ख़ूबसूरत-तरीन एक्ट्रेस थी। वहाँ से अलाहिदा हुआ तो वह एकदम बदसूरत हो गई। उस के ख़िलाफ़ उसने काफ़ी ज़हर 'फ़िल्म इंडिया' में उगला, मगर वह भी मरहठे की बच्ची थी। एक रोज़ सवारी का लिबास पहने बाबू राव के दफ़्तर में घुस गई और सड़ाप-सड़ाप छः सात हंटर उसके जड़ दिए।

सुनते हैं, ऊँट की कोई कल सीधी नहीं होती—ऊँट के बाद दर्जा बाबू राव पटेल का आता है। उसकी भी कोई कल सीधी नहीं।

अर्सा हुआ, बंबई की अंग्रेज़ी सहाफ़त के बाबा मिस्टर बी.जी. हारनीमैन मर्हूम ने 'बांबे सैंटिनल' के ख़ास कालमों में चंद फ़िक्रे बाबू राव पर चुस्त कर दिए थे—बाबू राव को बड़ा ताव आया। उसने झट हत्तक इज़्ज़त का दावा दायर कर दिया। अस्सी बरस का गुर्गे-जहाँ-दीदा हारनी मैन बहुत हँसा। उसने एक दोस्त के ज़रिए से बाबू राव को यह पैग़ाम पहुँचवाया कि देखो अगर तुम चाहते हो कि मैं लड़ूँ तो मैं तैयार हूँ, लेकिन अगर तुम अपनी ख़ैरियत चाहते हो तो दो हज़ार की रक़म दाहिने हाथ से भिजवा दो ताकि मैं ख़ामोश रहूँ।

बाबू राव को और ताव आया, पर जब उसने ठंडे दिल से ग़ौर किया और बुड्ढे हारनीमैन के कारनामों पर नज़र डाली तो दो हज़ार रुपए उसकी नज़र कर दिए।

वह बेवक़ूफ़ है, परले दर्जे का अहमक़ है, पर उसके दिल में इन्सानियत की रमक़ मौजूद है। वह निरा खरा हैवान नहीं, ग़रीबों का हमदर्द है—मुझे अच्छी तरह याद है, एक मर्तबा उसने एक बात पर तूफ़ान बर्पा कर दिया था।

बंबई में जो ऊँची इमारतें हैं, उनमें लिफ़्ट लगी है। सीढ़ियाँ भी होती हैं। सबको यह लिफ़्टें इस्तेमाल करने की इजाज़त है लेकिन ग़रीब डाकियों को नहीं। अगर सिर्फ़ पाँचवीं मंज़िल के लिए एक ख़त हो तो उसे पूरा क़ुतुब साहब चढ़ना और उतरना पड़ेगा। बाबू राव

1. मुसलमान

ने बहुत तूफ़ान मचाया और इस ख़िलाफ़े-इन्सानियत हुक्म के ख़िलाफ़ बहुत देर तक सदाए-एहतिजाज बुलंद की और आख़िर उसे मन्सूख़ कराके रहा।

उसने हिंदुस्तानी सन्अते-फ़िल्म-साज़ी की सतह बुलंद करने में क़ाबिले-सताइश ख़िद्मात सर-अंजाम दी हैं। ग़ैर मुल्की फ़िल्म-साज़ों से जो हिंदुस्तान, हिंदुस्तानी रिवायात और ख़ुद हिंदुस्तानियों का मज़्हका उड़ाया करते थे, उसका उसने तुर्की-बतुर्की जवाब दिया। यूरोप का दौरा किया और उन लोगों को उनकी हिमाक़तों से आगाह किया।

वह कई बच्चों का बाप है। दर्जनों तो नहीं होंगे, लेकिन एक दर्जन के क़रीब ज़रूर होंगे, क्योंकि एक दिन जब मैं उसके घर गया था तो उसने अपने तमाम बच्चों को 'फ़ाल इन' का हुक्म दिया था। बाबू राव उन सबका शफ़ीक़ बाप है।

मगर—

बस इसी मगर के बाद वह बाबू राव शुरू होता है, जिसका आग़ाज़ और उसके बाद का कुछ हिस्सा मैंने देखा था। तामीर व तासीस, अज़्मत व बुज़ुर्गी के ख़िलाफ़ जो हल्की-सी कद उसकी तह्रीरों में झलकियाँ लेती थी,और आहिस्ता-आहिस्ता नुमायाँ हो रही थी, अब अपने पूरे भयानक लिबास में जल्वा-गर है।

महमूद ग़ज़नवी की बुत-शिक्नी का वह हल्का-सा परतौ, जो उसके दिलो-दिमाग़ में मौजूद था, अब निहायत भोंडी शक्ल में हमारे सामने मौजूद है।

दरमियान में उसने जवाहर लाल नेहरू की हर-दिल-अज़ीज़ी और अज़्मत से चिढ़कर उस को ''गाँधी का ले पालक'' और ''सारी क़ौम के सिर का दर्द'' कहा था। यही चीज़ अब बिगड़कर पाकिस्तान दुश्मन बन गई है, इसलिए कि पाकिस्तान हक़ीक़त बन गया है और दुनिया के नक़्शे पर अपने लिए एक अहम जगह पैदा कर रहा है। यह उसकी कज-रौ तबीयत के ख़िलाफ़ है।

'फ़िल्म इंडिया' में जैसा कि नाम से ज़ाहिर है, सिर्फ़ फ़िल्म से मुताल्लिक़ मज़ामीन होने चाहिएँ, और हुआ करते थे लेकिन आहिस्ता-आहिस्ता उसमें सियासत ने भी सिर निकालना शुरू कर दिया। और अब तो यह हालत है कि सियासियात, फ़िल्मियात और जिसियात कुछ इस तरह आपस में गडमड हो गए हैं कि बिलकुल बाबू राव की मौजूदा प्रो ज़िह्नीयत का नक़्शा पेश करते हैं। एक ही जगह पर आपको पाकिस्तान, मोरारजी देसाई, औरतों के अय्याम और वीरा के पपीतानुमा चेहरे का ज़िक्र मिलेगा। लियाक़त का मका होगा, साथ ही बाबू राव की तनोमंदी और मर्दमी, उसके साथ आचार्य किशोर साहू और आख़िर में वह गाँधी टोपी को अपनी फूँकों से उड़ाने की कोशिश कर रहा होगा।

सियासियात में क़दम रखकर वह समझता है कि यह भी कोई रीटा, सुशीला है, पद्मा है जिसे वह डुगडुगी बजाकर बाँस पर चढ़ा देगा और ख़ुद तमाशा देखेगा, हालाँकि वह अंदरूनी-तौर पर जानता है कि फ़िल्म-साज़ी के मैदान में वह बहुत बुरी तरह नाकाम रह चुका है और इस मैदान में उससे भी ज़्यादा नाकाम रहेगा—मगर छेड़-छाड़ उसकी सिरिश्त में दाख़िल है।

मुझ से आप पूछिए तो बाबू राव को हिंदुस्तान से ग़र्ज़ है न पाकिस्तान से। वह दरअसल

अज़मत और बुज़ुर्गी का दुश्मन है, वर्ना वह अपने उस बंगले में खुश है जो उसने एक बड़ी रक़म देकर उमर पार्क में ख़रीदा है। अपनी सैक्रेट्री सुशीला रानी से ख़ुश है जिसको आसमानों पर चढ़ाने के लिए उसने 'फ़िल्म इंडिया' दो बरस तक वक़्फ़ किए रखा। उसको एक फ़िल्म में भी पेश किया, इस ख़याल से कि दूसरे का हाथ रानी को न लगे। उसने यह फ़िल्म ख़ुद डायरेक्ट किया, लेकिन नतीजा सिफ़र। इस की बाबू राव को कोई पर्वा नहीं। उसके पास रानी है। उसके पास रेस के घोड़े हैं। उसके पास बेहतरीन दफ़्तर है। उसके पेट में सरतान है, लेकिन उसकी तिजोरी में काफ़ी दौलत है। वह उड़कर अमरीका जा सकता है और उसका इलाज करा सकता है—लेकिन उसको एक़ बहुत बड़ा दुख है।

मैं आपको बताता हूँ—उसको यह दुख है कि मुसलमान क्यों इतने बेवफ़ा होते हैं। मैं सच कहता हूँ, उसके कई मुसलमान दोस्तों ने उससे बेवफ़ाई की है। हिंदु दोस्तों ने भी की है, लेकिन मुसलमान उसे ज़्यादा अज़ीज थे। वह उनकी ख़ू-बू पसंद करता था। उनका रहन-सहन पसंद करता था। उसको उनकी ख़ूबसूरती पसंद थी। सबसे ज़्यादा उसको उनके खाने पसंद थे।

बाबू राव अक़ाइद के लिहाज से बहुत रौशन ख़याल है। उसकी एक लड़की प्रेस के एक मुसलमान मुलाज़िम के इश्क़ में गिरफ़्तार हो गई। मुसलमान क़रीब-क़रीब अनपढ़ था, और बाबू राव की लड़की ज़ाहिर है, तालीम-याफ़्ता थी—लेकिन इश्क़ ऐसी चीज़ें कब देखता है। दोनों भाग गए।

बाबू राव उन दोनों को पकड़कर ले आया। लड़की को लानत मलामत की और चाहा कि यह क़िस्सा ख़त्म हो जाए, लेकिन लड़की न मानी—बाबू राव ने उससे पूछा : ''तू क्या चाहती है ?''

लड़की ने जवाब दिया : ''मैं उससे शादी करना चाहती हूँ।''

बाबू राव ने अपनी लड़की की शादी प्रेस में काम करनेवाले मुसलमान से कर दी।

कुछ अर्से के बाद जब उससे मेरी मुलाक़ात हुई तो वह आँखों में आँसू भर के कहने लगा : ''यह तुम साला मुसलमान कैसा है ''एक तो हमसे छोकरी लेता है, फिर कहता है, खाने के लिए भी दो।''

इस पस मंज़र में भी बाबू राव की मौजूदा ज़हरीली तहरीरों को देखने की ज़रूरत है।

लेकिन यह कितनी बड़ी हिमाक़त है कि वह एक फ़र्द का या दो तीन अफ़राद का बदला एक पूरी क़ौम से लेना चाहता है। एक मज़हब से लेना चाहता है—बाबू राव तारीख़ का तालिबे-इल्म है। क्या उस पर यह हक़ीक़त आशकारा नहीं कि यह क़ौम और यह मज़हब सराब नहीं, एक ठोस हक़ीक़त है।

इस्लाम और हादिए-इस्लाम के ख़िलाफ़ लोग दरीदा-दहनी करते रहे हैं, लेकिन इससे कुछ फ़र्क़ नहीं पड़ता। पाकिस्तान के ख़िलाफ़ भी लोग एक अर्से तक ज़हर उगलते रहे हैं। इससे क्या होता है—मुझे अफ़्सोस तो इस बात का है कि हालात ने कितना शानदार क़लम ग़िलाज़त और गंदगी में डुबो दिया—कोई आर्टिस्ट किसी को मज़्हबी दिल-आज़ारी का बाइस नहीं हो सकता। वह आर्टिस्ट था, लेकिन (अफ़सोस) कि आम आदमी बन गया।

ख़ुदा की क़सम 'फ़िल्म इंडिया' के चंद पिछले शुमारे देखे। मुझे घिन आने लगी—बाबू राव और ऐसी गिरावट। ऐसा मालूम होता है कि वह आर्टिस्ट जो उसमें था, या तो सरतान बन के उसके पेट में चला गया है, या उसकी दो बीवीओं की बददुआओं, रीटा कारलाइल के बरीदा गेसूओं, और पद्मा देवी और सुशीला रानी के बिस्तरों में दफ़्न हो गया है।

किश्ते-ज़ाफ़रान

"लाइट्स ऑन, फ़ैन ऑफ़, कैमरा रेडी⋯ इस्टार्ट मिस्टर जगताप।"

"इस्टार्टिड।"

"सीन थर्टी-फ़ोर, टेक टेन।"

"नीला देवी, आप कुछ फ़िक्र न कीजिए। मैंने भी पिशावर का पिशाब पिया है!"

"कट-कट।"

लाइट्स ऑन हुईं—वी.एच. डेसाई ने राइफ़ल एक तरफ़ रखते हुए बड़े इत्मीनान से अशोक से पूछा : "ओ. के. मिस्टर गंगूली?"

अशोक ने, जो जल-भुनकर राख होने के क़रीब था, क़हर-आलूद निगाहों से ख़ला में देखा और ज़हर के चंद बड़े-बड़े घूँट जल्दी-जल्दी पीकर चेहरे पर मस्नूई ख़ुशी का इज़हार करते हुए डेसाई से कहा : "वंडरफुल⋯" फिर उसने मानी-ख़ेज़ नज़रों से मेरी तरफ़ देखा : "क्यों मंटो?"

मैंने डेसाई को गले लगा लिया : "वंडरफुल।"

हमारे चारों तरफ़ लोग अपनी-अपनी हँसी का बहुत बुरी तरह गला घोंट रहे थे। डेसाई बहुत ख़ुश था, चूँकि उसने बहुत देर के बाद मेरे मुँह से अपनी इस क़द्र पुर-जोश तारीफ़ सुनी थी। दरअसल अशोक ने कुछ अर्सा पहले मुझे मना कर दिया था कि मैं अपनी झुँझलाहट का इज़हार हरगिज़-हरगिज़ न करूँ, क्योंकि उसे अंदेशा था कि डेसाई बौखला जाएगा और सारा दिन ग़ारत कर देगा।

जब चंद लम्हात गुज़र गए तो डेसाई ने मुकालमा-आमोज़ दीक्षित से कहा : "दीक्षित साहब, नेक्स्ट डायलॉग?"

यह सुनकर अशोक जो कि 'आठ दिन' नामी फ़िल्म डायरेक्ट कर रहा था, मुझ से मुख़ातिब हुआ : "मंटो, मेरा ख़याल है, पहला डायलॉग एक दफ़ा और ले लें।"

मैंने डेसाई की तरफ़ देखा : "क्यों डेसाई साहब⋯ मेरा ख़याल है, इस दफ़ा और भी वंडरफुल हो जाए।"

डेसाई ने गुजराती अंदाज़ में अपना सिर हिलाया : हो⋯ तो ले लो अभी। गर्मा-गर्म मामला है।"

दत्ता राम चिल्लाया : "लाइट्स ऑन।"

लाइट्स रौशन हुईं। डेसाई ने राइफ़ल संभाली।

दीक्षित झट-से डेसाई की तरफ़ लपका और मुकालमों की किताब खोलकर कहने लगा : "मिस्टर डेसाई, ज़रा वह डायलॉग याद कर लीजिए।"

डेसाई ने पूछा : "कौन-सा डायलॉग ?"

दीक्षित ने कहा : "वही जो आपने इतना वंडरफ़ुल बोला था। ज़रा उसे दोहरा दीजिए।"

डेसाई ने राइफ़ल कंधे पर जमाते हुए बड़े संगीन एतिमाद से कहा : "मुझे याद है।"

दीक्षित ने इशारा किया : "मंटो साहब, ज़रा आप सुन लीजिए।"

मैंने डेसाई के कांधे पर हाथ रखा और बड़े ग़ैर-संजीदा लहजे में कहा : "हाँ तो वह क्या है डेसाई साहब···नीला देवी, आप कोई फ़िक्र न कीजिए। मैंने भी पेशावर का पानी पिया है।"

डेसाई ने अपने सिर पर पेशावरी लुंगी का ज़ाविया दुरुस्त किया और वीरा[1] से मुख़ातिब होकर कहा : "नीला देवी, आप कोई पेशावर न कीजिए। मैंने भी आपका पानी पिया है।"

वीरा इस क़द्र बेतहाशा हँसी कि डेसाई डर गया : "क्या हुआ मिस वीरा ?"

वीरा साड़ी के आँचल में हँसी दबाती सैट से बाहर चली गई। डेसाई ने तश्वीश ज़ाहिर करते हुए दीक्षित से पूछा : "क्या बात थी ?"

दीक्षित ने अपना हँसी से उबलता हुआ मुँह दूसरी तरफ़ कर लिया।

मैंने डेसाई की परेशानी दूर करने के लिए कहा : "नथिंग सीरियस···खाँसी आ गई थी।"

डेसाई हँसा : "ओह···" फिर वह मुस्तअद होकर अपने मुकालमे की तरफ़ मुतवज्जे हुआ : "नीला देवी, आप कोई खाँसी न कीजिए। मैंने भी देवी का···"

अशोक अपने सिर को मुक्के मारने लगा—डेसाई ने देखा तो मुतफ़क्किर हो कर उससे पूछा : "क्या बात है मिस्टर गंगूली ?"

अशोक ने एक ज़ोर का मुक्का अपने सिर पर मारा : "कुछ नहीं। सिर में दर्द था···तो हो जाए टेक ?"

डेसाई ने अपना कद्दू-सा सिर हिलाया : "हो।"

अशोक ने मुर्दा आवाज़ में कहा : "कैमरा रेडी···रेडी मिस्टर जगताप ?"

भोंपू से जगताप की मिनमिनाहट सुनाई दी : "रेडी।"

अशोक ने और ज़्यादा मुर्दा आवाज़ में कहा : "इस्टार्ट।"

"इस्टार्टिड।"

कैमरा इस्टार्ट हुआ। क्लैप स्टिक हुई।

"सीन थर्टी-फ़ोर, टेक इलेवन।"

---

1. फ़िल्म एक्ट्रेस वीरा—किरदार का नाम नीला देवी।

डेसाई ने राइफ़ल लहराई और वीरा से कहना शुरू किया : "नीला पानी" आप कोई देवी न कीजिए। मैंने भी पेशावर का..."

अशोक दीवानावार चिल्लाया : "कट कट।"

डेसाई ने राइफ़ल फ़र्श पर रखी और घबरा कर अशोक से पूछा : "एनी मिस्टेक मिस्टर गंगूली ?"

अशोक ने डेसाई की तरफ़ क़ातिलाना निगाहों से देखा। मगर फ़ौरन उनमें भेड़ों की सी नर्मी और मासूमियत पैदा करते हुए कहा : "कोई नहीं...बहुत अच्छा था, बहुत ही अच्छा..." फिर वह मुझसे मुख़ातिब हुआ : "आओ मंटो, ज़रा बाहर चलें।"

सैट से बाहर निकलकर अशोक क़रीब-क़रीब रो दिया : "मंटो, बताओ, अब क्या किया जाए। सुबह से यह वक़्त हो गया है। पेशावर का पानी इसके मुँह पर चढ़ता ही नहीं...मेरा ख़याल है, लंच के लिए ब्रेक कर दें।"

बड़ा माक़ूल ख़याल था, क्योंकि डेसाई से यह फ़ौरी तवक़्क़ो बिलकुल फ़ुज़ूल थी कि वह सही मुकालमा बोल सकेगा। एक दफ़ा अगर उसकी ज़बान पर कोई चीज़ जम जाए तो बड़ी मुश्किल से हटती थी। असल में उसका हाफ़िज़ा बिलकुल सिफ़र था। उसे छोटे से छोटा मुकालमा भी याद नहीं रहता था। अगर सैट पर वह पहली बार कोई मुकालमा सेहत के साथ अदा कर जाता तो उसे महज़ इत्तिफ़ाक़ समझा जाता था। मगर लुत्फ़ यह है कि ग़लत अदाइगी के बावजूद डेसाई को क़तअन उस बात का एहसास नहीं होता था कि उसने मुकालमे को किस हद तक, किस रुला देनेवाली हद तक मस्ख़ किया है।

मुकालमे की टाँग तोड़कर उसको मुकम्मल-तौर पर अपाहिज करके वह आम-तौर पर हाज़िरीन की तरफ़ दाद-तलब निगाहों से देखा करता था। उसकी एक-दो लड़खड़ाहटें यक़ीनन तफ़रीह का मूजिब होती थीं, मगर जब वह हद से तजावुज़ कर जाता तो सब के दिल में यह ख़्वाहिश पैदा होती कि उसके सिर के टुकड़े-टुकड़े कर दिए जाएँ।

मैं फ़िल्मिस्तान में तीन बरस रहा। इस दौरान में डेसाई ने चार फ़िल्मों में हिस्सा लिया। मुझे याद नहीं कि उसने एक मर्तबा भी पहले ही मरहले में अपना मुकालमा सेहत से अदा किया हो। अगर हिसाब लगाया जाए तो आँजहानी ने अपनी फ़िल्मी ज़िंदगी में लाखों फ़ुट फ़िल्म ज़ाया किया होगा।

अशोक ने मुझे बताया कि डेसाई की रीटेक्स का रिकार्ड पच्छत्तर है, यानी बाम्बे टाकीज़ में उसने एक बार एक मुकालमे को चौहत्तर मर्तबा ग़लत अदा किया। यह सिर्फ़ जर्मन डायरेक्टर फ्रांज़ ओस्टेन ही का हौसला था कि वह बहुत देर तक ज़ब्त किए रहा। आख़िर उसका पैमानाए-सब्र लबरेज़ हो गया। सिर पीटकर उसने डेसाई से कहा : "मिस्टर डेसाई, मुसीबत यह है कि लोग तुम्हें पसंद करते हैं। तुम्हें पर्दे पर देखते ही हँसना शुरू कर देते हैं, वर्ना आज मैंने तुम्हें ज़रूर उठाकर बाहर फैंक दिया होता।"

फ्रांज़ ओस्टेन की इस साफ़गोई का नतीजा यह हुआ कि चौहत्तर रीटेक हुए और स्टूडियो के हर कारकुन को बारी-बारी डेसाई को दम-दिलासा देने का फ़र्ज़ अदा करना पड़ा—कोई हीला कारगर नहीं होता था। वह एक बार उखड़ जाए तो कोई दवा या दुआ

बाअसर साबित नहीं होती थी। ऐसे वक़्तों में चुनांचे यही मुनासिब ख़याल किया जाता था कि नतीजा ख़ुदा के हाथ सौंपकर धड़ाधड़ फ़िल्म ज़ाया किया जाए। जब उसकी और डेसाई की मर्ज़ी बयक-वक़्त शामिले-हाल हो जाए तो सज्दाए-शुक्राना अदा किया जाए।

अशोक ने लंच के लिए ब्रेक कर दिया। जैसाकि आम दस्तूर था, किसी ने डेसाई से मुकालमे के बारे में गुफ़्तगू न की, ताकि जो कुछ हो चुका है, उसकी याद ताज़ा न हो। अशोक इधर-उधर की गप्पें सुनाता रहा। डेसाई ने हस्बे-मामूल अपनी तरफ़ से मिज़ाह-अंगेज़ बातें कीं। जिन में ज़र्रा बराबर मिज़ाह नहीं था, लेकिन सब हँसते रहे। लंच ख़त्म हुआ। शूटिंग फिर शुरू हुई। अशोक ने उससे पूछा : ''क्यों डेसाई साहब, आपको डायलॉग याद है?''

डेसाई ने बड़े वुसूक़ के साथ कहा : ''जी हो।''

लाइट्स ऑन हुईं। सीन थर्टी-फ़ोर, टेक ट्वेल्व शुरू हुआ—डेसाई ने राइफ़ल लहरा कर वीरा से कहा : ''नीला देवी··· आप··· आप'' और एकदम रुक गया : ''आई एम सौरी।''

अशोक का दिल बैठ गया, लेकिन उसने डेसाई का दिल रखने के लिए कहा : ''कोई बात नहीं··· जल्दी कीजिए।''

सीन थर्टी-फ़ोर, टेक थर्टीन शुरू हुआ, मगर डेसाई ने पेशावर से पेशाब को अलग न किया। जब चंद और कोशिशें भी बारावर न हुईं तो मैंने अलग ले जाकर अशोक को यह मश्वरा दिया : ''दादा मुनि, देखो यूँ करो··· जब डेसाई यह मुकालमा अदा करे तो कैमरे की तरफ़ पीठ करते हुए उसका बक़ाया हिस्सा अदा करे, यानि पेशावर का पेशाब पीया है, कैमरे के सामने मुँह करके न बोले।''

अशोक समझ गया, क्योंकि इस मुश्किल से निकलने की एक सिर्फ़ यही तरकीब थी। और हम बड़ी असानी से यह मुकालमा बाद में डब कर सकते थे। अगर वह सारा मुकालमा कैमरे के सामने मुँह करके अदा करता तो उसके होठों की जुंबिश सही मुकालमे के साथ चस्पाँ न हो सकती।

जब डेसाई को यह तरक़ीब समझाई गई तो उसे बहुत ठेस पहुँची। उसने हम सबको यक़ीन दिलाने की हर मुमकिन कोशिश की कि वह अब ग़लती नहीं करेगा, मगर पानी सिर से गुज़र चुका था और वह भी पेशावर का, इसलिए उसकी मिन्नत-समाजत बिलकुल न सुनी गई। बल्कि उससे कह दिया गया कि वह, जो उसके दिल में आए बोल दे।

डेसाई बहुत बद-दिल हुआ—उसने मुझसे कहा : ''कोई बात नहीं मंटो, मैं मुँह दूसरी तरफ़ मोड़ लूँगा, लेकिन आप देखिएगा कि मैं डाइलॉग बिलकुल कोरेक्ट बोलूँगा।''

''सीन थर्टी-फ़ोर, टेक फ़ोरटीन'' की आवाज़ आई। डेसाई ने बड़े अज़्म के साथ राइफ़ल हवा में लहराई और वीरा से मुख़ातिब होकर कहा : ''नीला देवी, आप कोई फ़िक्र न कीजिए···'' यह कह कर वह मुड़ा : ''मैंने भी पेशावर का पेशाब पिया है।''

सीन कट हुआ। डेसाई ने फ़तहमंदाना अंदाज़ में राइफ़ल कंधे पर रखी और अशोक से पूछा : ''क्यों मिस्टर गंगूली?''

अशोक अब बिलकुल संग-दिल बन चुका था। उसने बड़े रूखे अंदाज़ में कहा : ''ठीक़

है ठीक है…" फिर वह कैमरा मैन हरदीप से मुख़ातिब हुआ : "चलो नेक्स्ट शॉट।"

शूटिंग ख़त्म हुई—मुझे अपने एक दोस्त के साथ चर्च गेट जाना था, इसलिए हम जल्दी-जल्दी स्टेशन पहुँचे। गाड़ी खड़ी थी। हम एक डिब्बे में बैठ गए। क्या देखते हैं कि डेसाई साहब भी ब्राजमान हैं और मुसाफ़िरों को अपने कारनामे सुना रहे हैं।

मेरा दोस्त, जो उस दिन की शूटिंग देख चुका था, डेसाई के पास बैठ गया। दौराने-गुफ़्तुगू में उसने एक बड़ा बेढब-सा सवाल किया : "सैट पर जो लोग डायलॉग भूल जाते हैं, उनका क्या इलाज किया जाता है?"

डेसाई ने जवाब दिया। "मालूम नहीं…मैं तो कभी नहीं भूलता।"

उसका यह जवाब बेहद मासूम था, जैसे वह डाइलॉग भूल जाने के मर्ज़ से क़त्अन ना-आश्ना हो—मेरा ख़याल है कि ख़ुद उसको इसका कामिल यक़ीन था कि उससे कोई ग़लती सरज़द नहीं होती। और यह दुरुस्त था, इसलिए कि ग़लती का एहसास तो सिर्फ़ उसी सूरत में पैदा हो सकता है, अगर सेहत के मुताल्लिक़ हलका-सा तसव्वुर इन्सान के दिमाग़ में मौजूद हो। डेसाई मर्हूम के दिमाग़ में कोई ऐसा ख़ाना ही नहीं था जो ग़लत और सही में तमीज़ कर सके। वह इससे बिलकुल बेनियाज़ था, मासूमियत की हद तक।

वह लोग जो समझते हैं कि वह बहुत बड़ा मिज़ाह-कार था, यक्सर ग़लत है। वह जो यह समझते हैं कि वह बहुत बड़ा किर्दारकार था, क़तअन ना-दुरुस्त है। ऐसा गुनाह आँजहानी से कभी सरज़द नहीं हुआ। लोग अगर उसकी हरकात पे हँस-हँस के दोहरे होते ये तो उसका बायस कुदरत की छेड़खानी थी। ख़ुदावंदेताला ने उसकी तख़्लीक़ ही ऐसे आबो-गिल से की थी, जिसमें ज़ाफ़रान गुंधी हो।

एक दफ़ा रेसकोर्स पर मैंने दूर से उस की तरफ़ इशारा किया और अपनी बीवी से कहा : "वह रहा डेसाई…वह।"

मेरी बीवी ने उस जानिब देखा और बेइख़्तियार हँसना शुरू कर दिया।

मैंने पूछा : "इतनी दूर से देखने पर इस क़द्र बेतहाशा हँसने की कोई वजह?"

वह मेरे सवाल का इत्मीनान-बख़्श जवाब न दे सकी : "मालूम नहीं।" सिर्फ़ यह कह कर वह और ज़्यादा हँसने लगी।

आँजहानी को रेस का बहुत शौक़ था। वह अपनी बीवी और लड़की को साथ लाता था और दस रुपए से ज़्यादा कभी नहीं खेलता था। उस के बयान के मुताबिक़ कई जौकी उसके बहुत ही क़रीबी दोस्त थे जो उसको सोलह-आने खरी टिप देते थे। यह टिप वह अक्सर दूसरों को देता था, इस दर्ख़ास्त के साथ कि वह इसे अपने तक रखें और किसी और को न बताएँ। ख़ुद वह किसी और की दी हुई टिप पर खेलता था।

रेस कोर्स पर जब मैंने उसको अपनी बीवी से मुतारिफ़ कराया तो उसने एक श्योर, यानी यक़ीनी टिप दी। जब वह न आई तो उसने मेरी बीवी से पुर-ताज्ज़ुब लहजे में कहा : "हद हो गई है…यह टिप तो आना ही माँगती थी।" उसने ख़ुद एक दूसरे नम्बर का घोड़ा खेला था जो प्लेस में आ गया था। इस पर उसने किसी क़िस्म के ताज्जुब का इज़हार नहीं किया था।

डेसाई आँजहानी की अवाइली ज़िंदगी के मुताल्लिक लोगों की मालूमात बहुत महदूद हैं। ख़ुद मैं सिर्फ़ इतना जानता हूँ कि वह गुजरात के एक मुतवस्सित घराने का फ़र्द था। बी. ए. करने के बाद उसने एल. एल. बी. किया। छ-सात बरस तक बंबे की छोटी अदालतों की ख़ाक छानता रहा। उसकी प्रेक्टिस मामूली थी लेकिन उसका घरबार चलाने के लिए काफ़ी थी—जब वह दिमाग़ी आरिज़े में गिरफ़्तार हुआ तो उसकी माली हालत बहुत पतली हो गई। एक अर्से तक वह नीम-पागल रहा। इलाज मुआलजे से यह आरिज़ा दूर तो हो गया, मगर डॉक्टरों ने उसे दिमाग़ी काम करने से मना कर दिया, क्योंकि ख़तरा था कि मर्ज़ फिर औद न कर आए—अब डेसाई ग़रीब के लिए बड़ी मुश्किल थी कि वह करे तो क्या करे। वकालत, ज़ाहिर है कि यक्सर दिमाग़ी काम था, इसलिए उधर रजूह करने का सवाल ही पैदा नहीं होता था। कुछ अर्से तक वह इधर-उधर हाथ-पाँव मारता रहा। तिजारत से उसे कोई दिलचस्पी नहीं थी, हालाँकि उसकी रगों में ठेठ गुजराती ख़ून था।

जब हालात बहुत नाज़ुक हो गए तो वह सागर मूवी टोन के चमन लाल डेसाई से मिला और ख़्वाहिश ज़ाहिर की कि उसे स्टूडियो में काम मिल जाए। असल में उसका मक़सद यह था कि उसे एक्टिंग का मौक़ा दिया जाए। चमनलाल भी डेसाई था। उसने वी. एच. को मुलाज़िम रख लिया। उसके कहने पर चंद डायरेक्टरों ने आज़माइश के तौर पर उसे मुख़्तलिफ़ फ़िल्मों में थोड़ा-थोड़ा काम दिया और इस नतीजे पर पहुँचे कि उसको फिर आज़माना बहुत बड़ी ख़ता है। चुनाँचे वह कुछ अर्से के लिए बेकार सागर मूवी टोन में पड़ा रोटियाँ तोड़ता रहा।

इस दौरान में मिस्टर हिमांशु राय 'बंबे टाकीज़' क़ायम कर चुके थे जिसके मुताद्दिद फ़िल्म कामयाब भी हो चुके थे। इस इदारे के मुताल्लिक़ मशहूर था कि तालीम-याफ़्ता लोगों की क़द्र करता है। यह दुरुस्त भी था। चुनाँचे डेसाई क़िस्मत-आज़माई के लिए वहाँ पहुँचा। दो तीन चक्कर लगाने और मुख़्तलिफ़ सिफ़ारशी ख़ुतूत हासिल करने के बाद मिस्टर हिमांशु राय से मिला—हिमांशु राय ने उसकी शक्लो-सूरत और उसकी तमाम कमज़ोरियों को पेशे-नज़र रखते हुए एक ख़ास किर्दार वज़ा किया और हिंदुस्तानी स्क्रीन को एक ऐसा एक्टर बख़्शा जो एक्टिंग से बिलकुल ना-आश्ना था।

पहले ही फ़िल्म में वी. एच. डेसाई फ़िल्म-बीनों की तवज्जो का मर्कज़ बन गया। बंबे टाकीज़ के अमले को शूटिंग के दौरान में जो मुश्किलात पेश आईं, वह बयान से बाहर हैं। सबकी क़ुव्वते-बर्दाश्त जवाब दे जाती थी, मगर वह अपने तज्रबे में डटे रहे और आख़िर कामयाब रहे। उस पहले फ़िल्म के बाद डेसाई बंबे टाकीज़ के फ़िल्मों का ज़ुज़्वे-लायनफ़िक बन गया। उसके बग़ैर बंबे टाकीज़ का फ़िल्म ग़ैर-मुकम्मल और रूखा-फीका समझा जाता था।

डेसाई अपनी कामयाबी पे ख़ुश था मगर उसको हैरत हरगिज़ नहीं थी ? वह समझता था कि उसकी कामयाबी उसकी ज़हानत व ज़कावत और अनथक कोशिशों का नतीजा है. मगर ख़ुदा बेहतर जानता है कि इन तमाम चीज़ों का उसकी शोहरत और कामयाबी में ज़रा बराबर दख़ल नहीं था। यह सिर्फ़ क़ुदरत की सितम ज़रीफी थी कि वह फ़िल्मों को सबसे

बड़ा ज़रीफ़ बन गया।

मेरी मौजूदगी में उस ने फ़िल्मस्तान के तीन फ़िल्मों में हिस्सा लिया। उन तीन फ़िल्मों का नाम अलीअल-तर्तीब यह है 'चल-चल रे नौजवान', 'शिकारी', और 'आठ दिन'। हर फ़िल्म की तैयारी के दौरान में हम उसकी तरफ़ से मुताद्दिद बार मायूस हुए, मगर अशोक और मुखर्जी मुझे बता चुके थे कि उससे काम लेने के लिए पित्ता क़तई तौर पर मार देना पड़ता है, इसलिए मुझे अपनी जल्द घबरा जाने वाली तबीयत को क़ाबू में रखना पड़ा, वर्ना बहुत मुमकिन था कि मैं 'चल-चल रे नौजवान' की शूटिंग ही के दौरान दूसरे जहाँ को चल पड़ता। वैसे कभी-कभी गुस्से के आलम में यह ख़्वाहिश बड़ी शिद्दत से पैदा होती थी कि कैमरा उठाकर उसके सिर पर दे मारा जाए। माइक्रोफ़ोन का पूरा बूम उसके हलक़ में खोंस दिया जाए और सारे बल्ब उतारकर उसकी लाश पर ढेर कर दिए जाएँ, मगर जब इस क़स्द से उसकी तरफ़ देखते तो ये सफ़्फ़ाकाना अज़्म हँसी में तब्दील हो जाता।

मुझे मालूम नहीं, इज़्राईल-अलैहस्सलाम ने उसकी जान क्योंकर ली होगी क्योंकि उसको देखते ही हँसी के मारे उनके पेट में बल पड़-पड़ गए होंगे, मगर सुना है कि फ़रिश्तों के पेट नहीं होता। कुछ भी हो, डेसाई की जान लेते हुए वह यक़ीनन एक बहुत ही दिलचस्प तज्रबे से दो चार हुए होंगे।

जान लेने का ज़िक्र आया है तो मुझे 'शिकारी' का आख़िरी सीन याद आ गया है—उस सीन में हमें डेसाई की जान लेना थी। उसे बेरहम जापानियों के हाथों ज़ख़्मी होकर मरना था और मरते वक़्त अपने होनहार और बहादुर शागिर्द बादल[1] और उसकी महबूबा नीला देवी से मुख़ातिब होकर यह कहना था कि वह उसकी मौत पर मग़्मूम न हों और अपना नेक काम किए जाएँ। मुकालमों की सेहते-अदाइगी का सवाल हस्बे-मामूल मुश्किल था, मगर अब यह मुसीबत दरपेश थी कि डेसाई को किस अंदाज़ से मारा जाए कि लोग न हँसें। मैंने तो अपना फ़ैसला दे दिया था कि उसको अगर सचमुच भी मार दिया जाए तो लोग हँसेंगे। वह कभी यक़ीन ही नहीं करेंगे कि डेसाई मर रहा है या मर चुका है। उनके ज़ेहन में डेसाई की मौत का तसव्वुर आ ही नहीं सकता।

मेरे इख़्तियार में होता तो मैंने यक़ीनन यह आख़िर का सीन हज़्फ़ कर दिया होता, मगर मुश्किल यह थी कि कहानी का बहाव ही कुछ ऐसा था कि अंजाब में उस करेक्टर की मौत ज़रूरी थी जो कि उसे सौंपा गया था। कई दिन हम सोचते रहे कि इस मुश्किल का कोई हल मिल जाए, मगर नाकाम रहे। अब इसके सिवा और कोई चारा नहीं था कि उसे मरता दिखाया जाए।

मुकालमों की सेहत अब सानुवी अहमियत रखती थी। जब रिहर्सलें की गईं तो हम सबने नोट किया कि वह निहायत ही मज़्हका-ख़ेज तरीक़े पर मरता है। अशोक और वीरा से मुख़ातिब होते हुए वह कुछ इस अंदाज़ से अपने दोनों हाथ हिलाता है जैसे कूक भरा खिलौना। उसकी यह हरकत बहुत ही खंदा-ख़ेज़ थी। हमने बहुत कोशिश की कि वह

1. हीरो का यह रौल अशोक कुमार ने अदा किया था।

साकित पड़ा रहे और अपने बाज़ुओं को जुम्बिश न दे, मगर दिमाग़ की तरह उस का जिस्म भी उसके इख़्तियार से बाहर था।

बड़ी देर के बाद आख़िर अशोक को एक तरकीब सूझी और वह यह थी कि जब सीन शुरू हो तो वीरा और वह दोनों उसके हाथ पकड़ लें। यह तरकीब कारगर साबित हुई। सब ने इत्मीनान का साँस लिया। लेकिन जब पर्दे पर यह फ़िल्म पेश हुआ और डेसाई की मौत का यह मंज़र आया तो सारा हाल क़हक़हों से गूँज उठा—हमने फ़ौरन दूसरे शो के लिए उसको कैंची से मुख़्तसर कर दिया। मगर तमाशाइयों के रद्दे-अमल में कोई तबदीली वाक़े न हुई। आख़िर थक-हार कर उसको वैसे का वैसा ही रहने दिया गया।

डेसाई आँजहानी बेहद कंजूस था। किसी दोस्त पर एक दमड़ी भी ख़र्च नहीं करता था। बड़े अर्से के बाद उसने क़िस्तों पर अशोक से उसकी पुरानी मोटर ख़रीदी। वह ख़ुद चूँकि ड्राइव करना नहीं जानता था, इसलिए एक मुलाज़िम रखना पड़ा। फिर हुआ यह कि मुलाज़िम हर दसवें-पंद्रहवें रोज़ बदला जाने लगा। मैंने एक रोज़ उसकी वजह दरयाफ़्त की तो डेसाई गोल कर गया, लेकिन मुझे साउंड रिकार्डिस्ट जगताप ने बताया कि डेसाई साहब एक ड्राइवर रखते हैं, नमूने के तौर पर उसका काम दस-बारह रोज़ देखते हैं, और फिर उसे कंडम करके दूसरा रख लेते हैं। यह सिलसिला काफ़ी देर तक जारी रहा, मगर इसी दौरान में उसने ख़ुद मोटर चलाना सीख लिया।

आँजहानी को दमे की शिकायत बहुत अर्से से थी। यह मर्ज़ ला-इलाज क़रार दे दिया गया था। किसी के कहने पर उसने हर रोज़ दवा के तौर पर थोड़ी-सी ख़ुश्क भंग खाना शुरू कर दी थी और फिर वह उसका आदी बन गया था। शाम को सर्दियों के मौसम में ब्रांडी का आधा पैग भी पीता था और ख़ूब चहका करता था।

'आठ दिन' में एक सीन ऐसा था कि उसे पानी के टब में बैठना था। मौसम ख़ुशगवार था, मगर उसकी हद से ज़्यादा नाज़ुक तबीयत के लिए नाक़ाबिले-बर्दाश्त हद तक सर्द था। हमने इसके पेशे-नज़र पानी गर्म करवाया और साथ ही प्रोडक्शन मैनेजर से कह दिया कि ब्रांडी तैयार रखे। जिन अस्हाब ने यह फ़िल्म देखी है, उनको यह मंज़र ज़रूर याद होगा जिसमें टीकम लाला यानि डेसाई, सुरेंद्र के फ़्लैट के ग़ुस्लख़ाने में टब में बैठा है, सिर पर बर्फ़ की थैली है, एक छोटा पंखा चल रहा है और वह शराब के नशे में धुत यह कह रहा है : "चारों तरफ़ समंदर ही समंदर है। ऊपर बर्फ़ का पहाड़ है—" वग़ैरा-वग़ैरा।

शूटिंग ख़त्म हुई तो जल्दी-जल्दी डेसाई के कपड़े तबदील कराए गए। उसके बदन को अच्छी तरह ख़ुश्क किया गया। फिर उसको एक पैग ब्रांडी का दिया गया—ब्रांडी उसके हलक़ से नीचे उतरी तो उसने बहकना शुरू कर दिया। इतनी क़लील मिक़्दार ही ने उसे पूरा शराबी बना दिया—कमरे में सिर्फ़ मैं मौजूद था, चुनाँचे वह मुझे लुकनत-भरे लहजे में अपने तमाम कारनामों की दास्तान सुनाने लगा। कचहरियों में वह कैसे मुक़दमे लड़ता था और किस शानदार और ज़ोरदार तरीक़े पर अपने मुवक्किलों की वकालत करता था।

डेसाई, क़ायदे-आज़म मौहम्मद अली जिनाह मरहूम और श्री भोला भाई डेसाई की क़ानूनदानी और उनके ज़ोरे-वकालत का बहुत मोतरिफ़ था। क़ायदे-आज़म मरहूम से वह

कई बार शर्फ़े-मुलाक़ात हासिल कर चुका था और मुतादूदिद मर्तबा अदालते-आलिया में उनकी क़ानूनी मूशिगाफ़ियाँ सुन चुका था।

ग़ालिबन 'आठ दिन' फ़िल्माने ही का ज़माना था कि हुकूमते-पंजाब ने ज़ेरे-दफ़ा 292 मेरे वारंट जारी किए। मेरे अफ़साने 'बू' पर फ़हाशी का इल्ज़ाम था। इसका ज़िक्र डेसाई से हुआ तो उसने अपनी क़ानूनी वाक़िफ़ीयत बघारना शुरू कर दी। दफ़अतन मुझे एक दिलचस्प शरारत सूझी। वह यह कि अपने मुक़दमे की पैरवी के लिए उसे मुंतख़ब करूँ। अदालत में यक़ीनन एक हंगामा बर्पा हो जाता, जब वह मेरी तरफ़ से पेश होता। मैंने इस का ज़िक्र मुखर्जी से किया। वह फ़ौरन मान गए। बात वाक़ई मज़े की थी।

गवाहों की फ़ेहरिस्त बनाई तो मैंने इंडियन चार्ली नूर मौहम्मद को इसमें शामिल किया, चार्ली और डेसाई सारे लाहौर को अदालत के कमरे में खींचने के लिए काफ़ी थे। मैं इसका तसव्वुर करता तो मेरे सारे वुजूद में हँसी का चश्मा फूटने लगता, मगर अफ़सोस कि शूटिंग की मुश्किलात के बायस मेरा यह दिलचस्प ख़्वाब पूरा न हुआ।

डेसाई ने मुताल्लिक़ा दफ़ा के मुताल्लिक़ तमाम मालूमात हासिल कर ली थीं जो मेरे नज़दीक क़तई ज़रूरी नहीं थी, इसलिए कि मैं तो सिर्फ़ तफ़रीह चाहता था। नूर मौहम्मद चार्ली ने भी अपनी गवाही का ख़ाका तैयार कर लिया था, मगर वह उधर रंजीत में कुछ इस तरह अपने फ़िल्मों की शूटिंग में मसरूफ़ था कि एक दिन के लिए भी बंबे छोड़ नहीं सकता था।

डेसाई को अफ़सोस था कि उसे अपनी क़ानूनी क़ाबिलीयत दिखाने का मौका न मिला। कमबख़्त की निगाहों से यह बिलकुल ओझल था कि मुझे उसकी इस क़ाबिलीयत से कोई दिलचस्पी नहीं थी। मैं तो यह चाहता था कि जब वह अदालत में पेश हो तो बार-बार बोखलाए और जो कुछ कहना चाहता है, बार-बार भूले। पिशावर के पानी को पेशाब बनाए, और इतने रीटेक कराए कि सबकी तबीयत साफ़ हो जाए।

डेसाई मर चुका है। ज़िंदगी में सिर्फ़ एक बार उसने रीटेक होने नहीं दिया। रिहर्सल किए बग़ैर उसने इज़्राईल अलैहस्साल के हुक्म की तामील की और लोगों को मज़ीद हँसाए बग़ैर मौत की गोद में चला गया।

अंतिम शब्द

...और ख़ुद चेख़व को मोपासाँ की हक़ीक़तनिगारी पसंद थी।

अपने एक अफ़साने A Woman's Kingdom में चेख़व ने मोपासाँ का ज़िक्र यूँ किया है। इस अफ़साने का एक किरदार, एक दूसरी किरदार ऐना से कहता है :

"मोपासाँ, अज़ीज़े-मन[1], मोपासाँ को पढ़ो। उसके एक-एक सफ़हे में रूए-ज़मीन[2] की सारी दौलत से ज़्यादा तोल है। उसकी हर सतर में एक नया उफ़क़[3] है...नर्मो-नाज़ुक रूमानी महसूसात के साथ-साथ शदीद तूफ़ान, सनसनीखेज़ जज़्बात, शैतानी शहूवत[4], नाज़ुक रेशों का जाल..."

और ऐना इस लफ़्फ़ाज़ी की धुंध के परे सिर्फ़ एक चीज़ देख रही थी : ज़िंदगी, ज़िंदगी, ज़िंदगी। मोपासाँ के हाँ ज़िंदगी है...ज़िंदगी, मोपासाँ के हाथों ढलकर अफ़साने बन जाती है...

चेख़व और मोपासाँ का हमारे अफ़सानवी अदब पर भी ज़बरदस्त असर पड़ा है। मोपासाँ को पहचानने में तो हमें चंदाँ दिक्क़त न होगी, क्योंकि भला मोपासाँ के तर्ज़ का अफ़सानानिगार हमारे हाँ मंटो के सिवा और कौन हो सकता है—मंटो, हमारा मोपासाँ है।

मंटो के मौज़ूआत[5] भी मोपासाँ की तरह इनसान के वहशियाना, हैजानी[6] जज़्बात से ताल्लुक़ रखते हैं—जिंस[7], शहवानियत[8], ज़ुल्म, ईज़ादही[9], क़त्लो-ख़ून, तेज़ हैजानी जज़्बात, ग़ैरमामूली वाक़यात और तूफ़ानी हादिसात।

मंटो ने भी मोपासाँ की तरह ज़िंदगी का ज़ह्र इस तरह चखा था कि उसकी तल्ख़ी कामो-दहन[10] से उतरकर क़ल्बो-रूह तक पहुँच गई, लेकिन फिर भी मंटो ने मोपासाँ की तरह हमें यही एहसास दिलाया कि इनसान में बदी है, बदसूरती है, गंदगी है, हैवानियत है, लेकिन इनसानियत फिर भी ख़ूबसूरत है।

मंटो को पढ़ते हुए भी हमें वही एहसास होता है जैसे मोपासाँ के मुताल्लिक़ चेख़व के एक किरदार को हुआ था : ज़िंदगी, ज़िंदगी, ज़िंदगी। मंटो के हाँ ज़िंदगी है...ज़िंदगी, मंटो के हाथों ढलकर अफ़साने बन जाती है !

मुमताज़ शीरीं

Then, some time in 1850, she and her husband rented, near the village of Tourville-sur-Arques, five miles inland from Dieppe, the imposing Chateau de Miromesnil, an isolated, red-brick and white-stone Norman mansion complete with cover towers and a sixteenth-century chapel; and here, on the fifth of August, was born their first son, Henry-Rene-Albert-Guy de Maupassant.

और तैंतालीस बरसों के बाद :

But Maupassant's disintegration continued—the European name for the last stage of his syphilis, progresive paralysis, is more descriptive than the English equivalent, paresis—and its inexorable, violent progress was freely reported by Dr. Blanche to Paris society in the salone of Princesse Mathilde Bonaparte.

Death came to the body on July 6, 1893.

... the eloquence of the words Zola uttered beside the grave : "If he was understood and loved from the first, it was because the French soul found in him the gifts and the qualities that have created its finest achievements. He was understood because he had clarity, simplicity, moderation and strength. He was loved because he possessed a laughing goodness, a profound staire which miraculously is not unkind, and a brave gaiety which persists even through tears."

Francis Steegmuller

सन् तिरानवे बस कुछ ही दिनों की दूरी पर खड़ा है। वह बरस जब मोपासाँ को रुख़सत हुए सौ बरस हो जाएंगे।

कहानी का तालिबे-इल्म[††], दुनिया के किसी भी मुल्क में हो, मोपासाँ को नहीं भूल सकता।

हमारी हालत यह है कि हम और कुछ हों या न हों, कहानी के तालिबे-इल्म ज़रूर हैं।

मंटो भी हमें याद रहा, मोपासाँ भी हमें याद रहा।

हमारी याद का रूप 'दस्तावेज़' का इंतसाब है : मोपासाँ के नाम···

हमें यक़ीन है, मंटो को कोई एतराज़ न होगा।

'शुक्रिया' ऐसी चीज़ है कि अदा करने में चूक हो जाए तो फाँस बन जाती है।

दो बार हमसे यह चूक हो चुकी है और दोनों बार हमारी जान आफ़त में पड़ गई।

तीसरी बार हम हर उलझन से बचना चाहते हैं। हम चाहते हैं कि सारी बलाएँ एक साथ टाल दें :

हम दुनियावालों का शुक्रिया अदा करते हैं जिन्होंने वह 'आसान' हालात पैदा किए कि मुश्किलपसंद मंटो खुल खेल सका।

हम मंटो का शुक्रिया अदा करते हैं जिसने अपने आईना ख़ाना-ए-दिल में हमें उतरने की इजाज़त दी।

यह तो था पुराना क़र्ज़ जो सूद समेत हमने आज चुकाया। और यह है आज का क़र्ज़ जो हम आज ही चुकाते हैं :

हम इंतज़ार हुसैन, किश्वर नाहीद, अनवर सज्जाद, मुहम्मद असदुल्लाह, शमीम हनफ़ी और मुग़नी का शुक्रिया अदा करते हैं जो भूलभुलैयों में हमारे साथ भटके।

हम नरेश 'नदीम', ताहिर हुसैन और नंद कत्याल का शुक्रिया अदा करते हैं जो हमारे क़दमों की आहट सुनकर आधी रात को भी जाग उठे और हमारे साथ चल पड़े।

हम राजकमल प्रकाशन का शुक्रिया अदा करते हैं जिसने इंतज़ार के कड़े बरस झेले।

बला टली, जान बची। है ना ऐंटी की पैंटी पो !

और अब आख़िर में हम आख़िरी कंटीन्यूटली मिलाते हैं :

अपनी ज़िंदगी के आख़िरी दिनों में मंटो ने कुछ वक़्त एक नामुकम्मल और ग़ैरमतबूआ किताब की तरतीब में गुज़ारा। उसने किताब का नाम रखा : 'नाख़ुन का क़र्ज़'।

किताब का जो ख़ाका मंटो के ज़ेहन में था, वह हमारे ज़ेहन में मौजूद है। फिर वो सैकड़ों अहम नोट्स भी हमारी 'मंटो फ़ाइल' में रखे हैं जो हम 'दस्तावेज़' में शामिल न कर सके।

हमारा इरादा है कि साल भर में, 'दस्तावेज़' के पोस्टस्क्रिप्ट के तौर पर, 'नाख़ुन का क़र्ज़' अदा हो जाए।

तो दोस्तो,

साल भर की मुहलत, बस साल भर...

नई दिल्ली : 26 नवंबर 1992 **बलराज मेनरा, शरद दत्त**

---

1. मेरी प्यारी; 2. भूतल; 3. क्षितिज; 4. कामवासना; 5. विषय; 6. उथल-पुथल से भरे; 7. यौन; 8. कामातुरता; 9. कष्ट देना; 10. दाँत और मुँह; 11. अध्येता, छात्र।

एक यादगार सफ़र

हमारा इरादा है कि साल भर में **दस्तावेज़** के पोस्ट-स्क्रिप्ट के रूप में 'नाखुन का क़र्ज़' अदा हो जाये।

तो दोस्तो,

साल भर की मुहलत, बस साल भर…

''दस्तावेज़'' के उपर्युक्त अंतिम शब्द, पिछले बरस, छब्बीस नवंबर की शाम को लिखे गए थे और यूँ हम, अपनी दानिस्त में, **मंटो मंज़िल** पर पहुंच गए थे।

हमने सोचा था कि मंटो की तेज़ो-तुंद दुनिया में हाथ-पाँव मारने के बाद अब फ़ुर्सत के रात-दिन, हमारा हक़ होंगे। बस आराम से बैठेंगे, ज़रा बात करेंगे…

लेकिन इस दौरे-बलाख़ेज़ में फ़ुर्सत के रात-दिन भला कहाँ!

दिसंबर में, देश भर में जो कुछ हुआ–

जनवरी में, बंबई में जो कुछ हुआ–

और अब मार्च में, बंबई और कलकत्ता पर वह जो नयी बारूदी क़यामत टूटी है, लफ़्ज़ो-मानी और अक़्लो-ख़िरद की सीमाओं से परे है।

फ़ुर्सतें और आनंद तो धार्मिक विक्षिप्तता और राजनीतिक शत्रुता का निवाला बन गए हैं–अब तो बस लहूलुहान दिनों में तरसा कीजिए मन की शांति के लिए…

क़र्फ़्यूग्रस्त दिनों में, क़त्लो-ग़ारतगरी के दरमियान, आँसू गैस और फ़ायरिंग की फ़ज़ा में **दस्तावेज़** के प्रकाशन का काम मुकम्मल हुआ।

लाज़वाल[1] सच और दाइमी[2] हक़ीक़त का एक संगीन[3] और पुरउम्मीद रूप यह भी है कि स्थिति कितनी ही कुरूप हो जाए, जीने के लिए संघर्ष, ज़िंदगी में, मेयार[4] और हुस्न की ज़मानत बन जाता है।

जी हाँ—बदगुमानियों, अफ़वाहों और ख़ौफ़ो-हिरास[5] के माहौल में **दस्तावेज़** का ग़ैरयक़ीनी सफ़र शुरू हुआ राजकमल प्रकाशन के शोरूम से साहित्य-प्रेमियों और मंटो-दोस्तों तक जो शहर-शहर, हर सम्त मौजूद हैं, और जो कला और कलाकार के लिए ज़िंदा हैं, यह ग़ैरयक़ीनी सफ़र एक यादगार और ख़ुशगवार तज्रबा बन गया—दो महीने और नौ दिन के थोड़े समय में **दस्तावेज़** का पहला संस्करण, हार्ड बाउंड और पेपरबैक के अलग-अलग रूप में, मुकम्मल तौर पर फ़रोख़्त हो गया।[6]

हम पूरी ज़िम्मेदारी और ईमानदारी से इस बात को प्रमाणित करते हैं कि ऐसा यादगार और ख़ुशगवार तज्रबा न तो कभी मंटो की ज़िंदगी में हुआ और न उसकी मौत के बाद—उर्दू साहित्य के इतिहास में भी ऐसी कोई मिसाल[7] नहीं मिलती।

हिंदी में **दस्तावेज़** की स्वीकृति इस बात का प्रमाण है कि मंटो की यह नई पहचान कितनी अहम[8] है—और दुनिया के अहम अदीबो की तरह मंटो भी भाषा, देश और काल की सीमाओं में क़ैद नहीं।

भय और निराशा के तेज़ाबी वातावरण में **दस्तावेज़** के प्रकाशन और स्वीकृति ने जैसे 'मूतरी' की बदबू ग़ायब कर दी है, जैसे बदबुओं के इस लैंडस्केप में एक बेनाम सी महक फैल गई है···

तो दोस्तो,
दूसरा संस्करण,
आपकी नज़्र।[9]

नई दिल्ली : 18 मार्च, 1993 — बलराज मेनरा, शरद दत्त

1. शाश्वत; 2. शाश्वत; 3. कठोर; 4. स्तर; 5. भय और निराशा; 6. बिक गया; 7. उदाहरण; 8. महत्वपूर्ण; 9. भेंट।